KB252579

헤르만 바빙크의 『개혁파 교의학』은 17세기 개혁파 정통신학을 오늘날에까지 이어주는 단 하나의 길이라고 해도 과언이 아니다. 바빙크가 아니었다면, 16-17세기 개혁신학의 황금광맥은 극히 소수의 사람에게만 알려진 비전(祕傳)의 보물, 저 멀리 떨어져 손닿을 길 없는 유토피아와 같은 존재가 되어버렸을 것이다. 그의 수고로 개혁신학의 유산은 19세기로 이어졌고, 이제 21세기를 살아가는 우리의 손에까지 이르게 되었다. 하지만 바빙크의 『개혁파 교의학』은 누구나 쉽게 접근할 수 있는 책은 아니다. 그의 책을 제대로 이해하고 유익을 얻기 위해서는 상당한 신학 훈련과 독서의 인내가 필요하기 때문이다. 더구나 4권으로 이루어진 방대한 분량은 독자들의 접근을 더더욱 어렵게 만든다. 때마침 미국 칼빈 신학대학원 존 볼트 교수가 『개혁파 교의학』의 요지를 한 권으로 묶은 축약본을 냈다. 그의 수고로 개혁신학의 정수가 우리 눈앞에 드러나게 되었다. 그의 요약은 적절하고 훌륭하다. 혹시라도 이 책에서 아쉬운 점이 발견된다면 (그럴 가능성이 많지는 않을 것 같지만) 그것은 요약본이 갖는 한계일 뿐이며, 4권으로 이루어진 저작을 통해 해소될 것이다. 특별히 볼트 교수의 "편집자 주"는 매우 유익하며 본문을 이해하는 데 많은 도움을 준다. 이 축약본으로 바빙크를 시작하라! 그러면 당신은 결국 바빙크를 읽게 될 것이며, 그를 넘어 17세기에 이루어진 개혁신학의 완성체로 나아가게 될 것이다. 또한 이제 당신의 신학과 설교에는 하늘에서 땅으로 내리는 천상의 교리가 담길 것이다. 한글 번역도 매우 만족스럽다.

김병훈
합동신학대학원대학교 조직신학 교수

바빙크는 워필드, 카이퍼와 함께 20세기의 세계 3대 칼뱅주의 신학자로 불린다. 바빙크의 교의학은 계시의존 사고를 강조함으로써 이성적 논증에 치우친 워필드나 카이퍼보다 성경적인 정통 기독교 진리를 더욱 철저하게 변증하고 있다. 신앙과 이성은 대등한 신학의 원리가 될 수 없다. 신앙은 항상 이성을 초월하며 심지어 이성에 대립한다. 신앙은 오로지 성경적 계시에만 의존하여 신학의 내적 원리가 된다. 바빙크의 『개혁파 교의학』은 포스트모던 신학이 전통적 진리와 가치를 무너뜨림으로써 교회의 토대가 흔들리는 오늘날에 더욱더 그 빛을 발하고 있다. 그의 교의학적 진리는 영속적인 가치를 지닌다. 본서는 미국 칼빈 신학대학원 조직신학 교수인 존 볼트가 2009년에 펴낸 바빙크 『개혁파 교의학』 단권축약본을 우리말로 옮긴 것이다. 볼트는 이미 30년 이상을 바빙크의 신학 연구에 전념한 바빙크 전문가로서 네덜란드어로 된 4권의 방대한 『개혁파 교의학』을 영어로 번역하는 작업의 편집인이었다. 그는 본 축약본을 통해 일반 독자들도 바빙크의 방대한 교의학에 보다 쉽게 접근할 수 있도록 길을 열어주었다. 그는 세부적인 설명의 양을 줄이면서도 원 저자의 논의가 갖는 명료성이 희석되지 않고 학문적인 가치를 유지하도록 힘을 기울였다. 우리말 번역도 매끄럽게 되어 난해한 문장을 읽기에 편하다. 번역자들의 노고를 치하할 만하다. 정통신학에 관심을 갖고 바빙크 신학 원전에 접근하고자 하는 신학생, 목회자, 학자들에게 필독서로 추천할 만한 귀한 자료다.

김영한
기독교학술원장, 숭실대학교 명예교수

헤르만 바빙크는 교회의 사람이었다. 그는 신학이 성도의 교제라고 믿었다. 우리는 바빙크를 통해서 전체 보편교회에 속한 성도들과 교제하는 기쁨을 누린다. 한국교회는 이미 바빙크의 『개혁파 교의학』 4권 전체를 선물로 받았고 이제 그 전체를 효과적이고 탁월하게 요약한 한 권의 책을 더불어 받게 되었다. 요약은 전체를 다 끌어안지 못하는 아쉬움을 남기지만 좀 더 친근하게 바빙크의 신학에 다가갈 수 있는 길을 열어준다. 존 볼트가 밝혔듯이, 교리사에서 각 주제를 다룬 풍성함을 다 보지는 못하지만 정작 우리가 알아야 할 가장 중요한 신학자들의 사상은 알차게 전해진다. 한국교회는 바빙크를 힘입어 보편교회와 교제하며 함께한다. 아울러 바빙크를 통해 전해진 보편교회의 신앙고백을 같은 신앙으로 함께 고백할 수 있는 가능성을 높였다. 이제 우리는 이 신앙고백에 신실한 삶을 살아야 하는 사명을 가진다. 이 한 권의 요약본이 바빙크 『개혁파 교의학』 전체를 통해서 우리가 누릴 수 있는 것들을 좀 더 분명하고 강하게 전달해줄 것을 믿는다. 한국교회가 보편교회의 신앙고백 위에 세워지는 데 이 책이 지대한 공헌을 할 것이라고 확신한다.

김재윤
아세아연합신학대학교 조직신학 교수

바빙크의 『개혁파 교의학』은 정통 개혁신학의 통람으로서 성경의 근본 가르침을 조명하고 그 고백을 서술할 뿐만 아니라 소키누스, 슐라이어마허, 리츨로 대변되는 이성주의, 내재주의, 윤리주의에 대한 심오하고 날카로운 변증을 담고 있다. 지난 세기 말에는 그 영어 번역본이 다년간 각고의 노력 끝에 완성되어 널리 읽힘으로써 그 진가가 새롭게 재조명되고 있다. 무엇보다 각 지면마다 알알이 수록된 편집자 존 볼트 교수의 주옥같은 각주는 바빙크를 단지 옛 신학자가 아니라 여전히 우리와 함께 호흡하는 이 시대의 신학자로서 그려내었을 뿐 아니라, 그 학문적 의의와 정수가 우리에게 전수되어야 할 가치를 지녔음을 분명하게 보여주었다. 바빙크는 칼뱅의 신학을 충실히 계승하여 자신의 신학원리, 또는 계시의 원리를 수립하고 그 인식론적 기초 위에서 "십자가에서 다 이루신 그리스도의 대리적 속죄의 의가 칭의와 성화와 영화의 전 과정에 미친다"라는 사실을 뚜렷이 천명하고 있으나, 그 변증적 동기로 인하여 지나치게 많은 분량을 서론적 언급에 할애한 감이 없지 않다. 이러한 점을 고려하여 이번에 번역되는 그 축약본이 동일한 편집자에 의해 저술된 것이다. 본 축약본에는 바빙크 신학의 교리적 체계와 개요를 일별할 수 있는 간결함이 있다. 그러면서도 그 고유한 심오함은 상쇄되기는커녕 오히려 더욱 뚜렷이 부각되어 있다. 그러므로 이를 통하여 경건한 독자는 바빙크 신학을 부족함 없이 만끽하게 될 것이다.

문병호
총신대학교 신학대학원 조직신학 교수

종교개혁 이후 수 세기에 걸쳐 정교하게 발전되어온 정통 개혁주의는 바빙크의 『개혁파 교의학』에서 클라이맥스에 이르렀다고 해도 과언이 아니다. 이 기념비적인 작품은 개혁신학에 관심이 있는 사람이라면 결코 지나칠 수 없는 필독서다. 그러나 방대한 분량과 복잡하고 디테일한 내용 전개는 바빙크의 교의학에 담긴 진리의 보고를 탐색하는 길목을 가로막는 장애물로 작용하기도 한다. 의욕에 가득 차 완독에 도전했다가도 인내의 한계에 도달하여 중도하차하는 경우가 다반사였다. 이런 점에서 이번에 4권의 『개혁파 교의학』을 한 권으로 축약한 번역본이 출간된 것은 더 많은 사람들이 큰 어려움 없이 바빙크 교의학에 입문할 수 있는 길을 여는 계기가 되었다고 본다. 이 축약본이 바빙크 전문가이며 4권짜리 『개혁파 교의학』을 편집한 존 볼트의 작품이기에 더 신뢰가 간다.

박영돈
고려신학대학원 교의학 교수

남아프리카공화국 프레토리아 대학교 신학부 교수 콘라트 요하네스 베트마르(C. J. Wethmar)는 헤르만 바빙크의 방대한 저작 『개혁파 교의학』이 "백과사전적 성격"을 가진 책이라고 평가했다. 이 책의 핵심 내용을 성공적으로 요약하는 일이 그랜드래피즈의 칼빈 신학대학원에서 현대신학을 중심으로 조직신학을 가르치는 존 볼트의 손끝에서 이루어졌다. 이로써 독자들은 바빙크의 신학적 심장부로 곧바로 진입할 수 있는 좋은 디딤돌을 갖게 된 셈이다. 개인적으로는 이 요약본이 영어로 출간되자마자 백석대학교 전문대학원 석박사과정에서 이 책을 번역하면서 4학기에 걸쳐 읽은 경험이 있다. 그때 번역한 것을 편집하여 현재 신학대학원 조직신학 교재로 사용하고 있는데, 때마침 책의 우리말 번역이 끝나고 출간을 앞두고 있다며 추천의 글을 부탁받은 것이다. 시의적절하게 고마운 수고의 결실을 공식적으로 공유하게 되는 셈이어서 감회가 더욱 새롭다. 볼트에게 고마운 것은 엄격한 학자적 감수성에도 불구하고 가능한 한 바빙크의 말을 그대로 옮기는 방식으로 책을 요약한 수고 때문이다. 따라서 이 책을 읽는 독자들은 바빙크의 글을 직접 읽는 느낌을 가지는 혜택을 누리게 되는 셈이다.

유태화
백석대학교 신학대학원 조직신학 교수

한국 기독교가 세계 신학 연구에 영향을 끼친 사례 중 하나는 이것이다. 존 볼트 교수의 고백에 따르면, 그는 바빙크에 대해 강의해달라는 한국 신학생들의 요청에 따라 바빙크 연구를 시작했다고 한다. 그 결과 4권짜리 『개혁파 교의학』 전집을 출간하게 된 것이다. 이 전집은 막대한 분량을 자랑하며, 각 주제에 대해 역사적으로 다양한 논의와 논쟁을 담고 있어 바빙크의 개혁신학을 쉽게 이해하는 데는 약간의 어려움이 따를 수 있다. 이를 극복하기 위해 존 볼트 교수가 『개혁파 교의학』 전집의 핵심 주장만 단권으로 축약해 편집한 책이 바로 이 책이다. 그는 이 축약본에서 바빙크의 논의를 가능한 한 살려 독자들로 하여금 바빙크의 글로 직접 들어갈 수 있게 했다. 이 책으로 바빙크의 개혁신학을 파악한 후에 그 토대 위에서 『개혁파 교의학』 전권을 읽어간다면 분명히 큰 유익을 얻을 수 있을 것이다. 우리말로 옮기는 수고를 기꺼이 감당한 김찬영, 장호준 두 번역자 덕분에 바빙크의 풍성한 신학적 논의를 접하는 복을 누릴 수 있게 되었다. 이 책을 읽는 모든 독자들이 복음의 핵심을 성경적으로 풀어가는 바빙크의 논의를 따라가면서 삼위일체 하나님을 체험으로 알아가는 지식이 늘어가길 진심으로 소망한다.

이경직
백석대학교 신학대학원 조직신학 교수

헤르만 바빙크는 개혁파 정통주의의 마지막 세대에 속하는 신학자이며, 이 전통이 낳은 가장 위대한 신학자 가운데 한 명이다. 바빙크는 자신의 주저 『개혁파 교의학』(*Gereformeerde Dogamtiek*, I-IV, 1906-1911)에서 칼뱅으로 대변되는 역사적 개혁신학의 신학적 근거와 뿌리를 공교회의 스승들인 고대 동·서방 교부들과의 관계 속에서 치밀하게 해명해준다. 그뿐 아니라 중세신학, 로마 가톨릭신학, 루터 신학, 경건주의 신학 및 계몽주의 이래로 자신의 당대에까지 흥기했던 개신교 자유주의 신학을 포함한 거의 모든 신학 학파들과 끊임없이 대화하며, 철저하고 엄정한 성경주석의 근거 위에서 그것들의 장단점을 공정하고 엄밀하게 분석하여 비평적으로 해설함으로써 "특별계시(성경)에 의존하는 신앙적 사색"을 통하여 신학을 세우고자 하는 개혁신학의 방법론을 치열하게 관철시키고 있다. 그는 고대로부터 자신의 당대에 이르기까지의 철학사, 종교사 및 과학사에 대한 정통하고 해박한 지식과 더불어, 그것들이 신학사와 교섭하며 파생시킨 수많은 쟁점들을 해설해줌으로써, 신학적 사유의 범위와 범주에 있어 타의 추종을 불허하는 광대한 스케일을 유감없이 과시한다. 본서 『개혁파 교의학』(*Reformed Dogmatics. Abridged in One Volume*)은 네덜란드어로 집필된 4권의 방대한 『개혁파 교의학』을 영역본(*Reformed Dogmatics*, 4 volumes, 2003-2008)으로 편집한 존 볼트(John Bolt)가 그 4권의 책들을 다시 요약하여 단권으로 편집한 것이다. 원 저서인 『개혁파 교의학』이 4권으로 구성된 방대한 규모의 저작이기에, 독자들이 이 4권의 책을 읽고 그것의 내용과 강조점들 그리고 신학적 쟁점들을 파악하기란 결코 쉬운 일이 아니다. 이러한 난점을 해결하고 독자들에게 원 저서에 대한 연구 동기와 독서 의욕을 북돋우기 위해 집필된 책이 바로 『개혁파 교의학』의 단권축약본이다. 우리는 본서를 통해 역사적 개혁신학의 토대 위에 굳게 서서 교회와 학문의 보편성을 추구해간 바빙크 신학의 정수를 맛보게 될 것이며, 그 내용의 풍요로움, 그 범주의 광대함, 그 비평의 공정함, 그 체계의 치밀함 그리고 그 표현의 아름다움으로 인하여 경탄하게 될 것이다. 이에 이 책을 추천하며 일독을 권한다.

이동영
서울성경신학대학원대학교 조직신학 교수

바빙크 전문가인 존 볼트 교수가 수고하여 출간한 『개혁파 교의학』 단권축약본이 한글로 역간되는 것은 바빙크 신학의 진가를 아는 이들에게는 반가운 소식이 아닐 수 없다. 두 가지 종류로 번역되어 사랑을 받아온 『하나님의 큰 일』(*Magnalia Dei*, 1909; 영역본 *Our Reasonable Faith*)이 일반 성도들을 위해 저술한 책이라면, 본서는 바빙크의 난해하고 방대한 『개혁파 교의학』 전권을 요약한 책이라는 데 큰 의의가 있다. 그 가치를 알고 즐거이 읽는 독자들에게는 방대한 『개혁파 교의학』 전집이 풍성한 독서거리로 여겨지겠지만, 시간이 제한된 신학도들이나 목회자들에게는 전집이 부담스러울 수 있다. 그 방대한 내용을 거의 사분의 일 수준으로 요약하되, 중요한 신학적 논의들을 망라하고, 주요한 각주들을 포함하고 있는 본 축약본은 좀 더 많은 신학생과 목회자 그리고 성도들에게 유익이 될 것이다. 이 요약본을 여러 차례 성실하게 읽고 다시 전집을 읽어나간다면 신학을 전공하지 않은 일반 독자들도 바빙크의 신학을 올바르게 이해할 수 있을 것이다. 존 볼트는 바빙크의 대저를 요약하되 역사적 개혁주의를 추구하는 이들에게 익숙한 7각론(*loci*)의 형태로 재편집하면서도, 바빙크가 사용했던 580개의 절(#) 표기는 잘 포함하고 있으므로 네 권짜리 대작을 참고하는 데도 큰 어려움이 없을 것이다. 우리는 이 요약본을 통해 바빙크 신학의 정수가 무엇인지 파악할 수 있게 될 것이며, 그가 개진한 신학의 아름다움과 보편성을 만끽할 수 있을 것이다. 장로교[개혁교회]에 속한 모든 목회자들과 신학도들에게 일독을 권할 뿐 아니라, 더불어 항상 곁에 두고 참고용으로 삼을 것을 권한다. 또한 성경적 진리를 사모하는 신자들에게도 기꺼이 일독을 권한다.

이상웅
총신대학교 신학대학원 조직신학 교수

4권으로 이루어진 헤르만 바빙크의 『개혁파 교의학』은 하나의 고전이다. 이 책을 언급하지 않고 개혁신학을 논하는 것은 이제 불가능하다. 하지만 바빙크의 대작은 거대한 히말라야 산맥과 같아서 신학의 초보자들이 올라가기에는 너무 험준하다. 분량이 많을 뿐 아니라 내용 자체도 심오하기 때문이다. 이런 산일수록 훌륭한 안내자가 필요한데, 이번에 출간된 존 볼트 교수의 『개혁파 교의학』 단권축약본은 이 일을 탁월하게 수행하고 있다. 바빙크의 핵심적인 생각을 잘 포착하여 체계적으로 정리하고 있기 때문에 이 책만 읽어도 『개혁파 교의학』의 기본적인 내용은 충분히 이해할 수 있을 것이다. 또한 이 책을 읽고 나면 본격적으로 바빙크의 원작에 도전하고 싶은 용기가 생길 것이다. 이 점에서 볼트 교수의 저서는 상당 기간 동안 『개혁파 교의학』에 대한 최고의 입문서가 되리라 확신한다. 이 책을 읽는 모든 이들이 바빙크의 신학적 유산을 풍성하게 누려서 한국교회가 신학적으로 한층 더 부유해지기를 간절히 소망한다.

이성호
고려신학대학원 역사신학 교수

헤르만 바빙크는 개혁신학의 대변인이었다. 카이퍼가 19세기 말과 20세기 초에 네덜란드와 유럽에서 개혁신학과 칼뱅주의에 대한 관심을 다시 불러일으킨 칼뱅주의 르네상스의 선구자라면, 바빙크는 개혁신학의 내용이 무엇인지를 차분하게 설명해준 대표적인 인물이다. 우리는 개혁신학에 대한 이 두 학자의 기여를 높이 평가하며 존중한다. 그중에서도 바빙크는 우리에게 개혁신학에 입문하는 보다 안전하고 논란의 여지가 없는 길을 제시해주고 있다. 4권으로 된 그의 『개혁파 교의학』은 일반 성도들이 접근하기에 조금은 부담스러운 면이 있었지만, 이번에 출간되는 단권축약본은 한국의 모든 그리스도인들이 찬찬히 읽어야 할 책이다. 그리고 나서 바빙크가 성도들을 위해 쓴 『하나님의 큰 일』(*Magnalia Dei*)과 비교해본다면 개혁신학의 귀중한 열매들을 모두 얻을 수 있을 것이다. 이런 귀한 책들이 서점이나 서가에 꽂혀만 있다면 그것은 그야말로 부끄러운 일이다. 그러나 읽는 것도 중요하지만 그보다 중요한 것은 우리들 모두가 바빙크의 안내를 따라 성경에 가장 충실한 신학을 하는 것이다. 모든 그리스도인이 훗날 "하늘"에서 그와 만나 그와 대화하며 우리 모두의 주님이신 예수 그리스도와 이 교제를 실질적으로 이루시는 성령님과 아버지 하나님께 참된 경배를 할 수 있기를 바란다.

이승구
합동신학대학원대학교 조직신학 교수

존 볼트가 편집한 헤르만 바빙크의『개혁파 교의학』단권축약본이 번역 출간됨을 매우 기쁘게 생각한다. 본서는 4권으로 구성된 헤르만 바빙크의『개혁파 교의학』을 간결하게 단권으로 축약해 소개하고 있다. 4권으로 된 교의학 내용의 방대한 분량에 압도되어 쉽게 접근할 수 없었던 일반 목회자나 신학생들은 이 축약본을 통해 바빙크 신학에 입문하는 데 큰 도움을 얻을 수 있을 것이다. 특히 본서는 편집자의 주관적 해석이나 견해들을 최대한 배제하고 원저자의 목소리에 충실하고자 했다는 점에서 바빙크 신학의 입문서로 매우 적절하다 할 수 있다. 더구나 신학교에서 강의하는 교수들에게 벌코프나 후크마와 같은 한정된 개혁주의 교리신학의 교과서들 외에 보다 효과적으로 사용될 수 있는 건전한 개혁주의 교리신학 소개서가 한 권 더 추가된다는 것은 대단히 환영할 만한 일이다. 정통 개혁주의 시각에서 기독교의 주요 교리들의 토대를 다루고 있는 본서를 강력히 추천한다.

한상화
아세아연합신학대학교 조직신학 교수

Reformed Dogmatics

Abridged in One Volume

Copyright © 2011 by the Dutch Reformed Translation Society
Originally published in English under the title
Reformed Dogmatics, abridged ed.: Abridged in One Volume by Baker Academic,
A Division of Baker Publishing Group
P.O. Box 6287, Grand Rapids, MI 49516, U. S. A.
All rights reserved.

Used and Translated by the permission of Baker Publishing Group
through rMaeng2, Seoul, Korea.

Korean Copyright © 2015 by Holy Wave Plus Publishing Company

이 한국어판의 저작권은 알맹2 에이전시를 통하여 미국 Baker Academic과 독점 계약한
새물결플러스에 있습니다. 신 저작권법에 의하여 한국 내에서 보호받는 저작물이므로 무단
전재와 무단 복제를 금합니다.

개혁파 교의학

– 단권축약본 –

헤르만 바빙크 지음 | 존 볼트 엮음 | 김찬영·장호준 옮김

차례

REFORMED
DOGMATICS

편집자 서문 —19
약어표 —24

제1부 교의신학 서론

1장 학문으로서의 교의신학 —31
용어 —31
하나님에 대한 학문으로서의 신학 —40
확실성의 문제: 교회와 성경 —48
신앙과 신학 방법: 신학의 구조 —59

2장 교의신학의 역사와 문헌 —73
교의의 형성 —73
초기 교회의 교의 —75
콘스탄티누스에서 아우구스티누스와 중세까지 —83
로마 가톨릭의 교의신학 —92
루터파 교의학 —96
개혁파 교의학 —99

3장 교의신학의 토대들 —107
학문과 사고(제1원리들) —107
실재론과 보편자(로고스) —110
종교의 토대들 —114

4장 계시 — 129

　계시 개념 — 129

　일반계시 — 139

　특별계시, 성경계시 — 148

　"자연적인 것"과 "초자연적인 것" — 160

　기적, 언어, 역사 — 166

5장 성경 — 175

　하나님이 자기 백성에게 주신 영감된 말씀 — 175

　성경의 자기증거: 유기적 영감 — 193

6장 신앙 — 209

　신앙, 그리고 신학적 방법론 — 209

　신앙, 지성, 신학: 역사적-변증적 방법 — 212

　신앙, 감정, 신학: 종교적-경험적 방법 — 219

　신앙, 도덕, 신학: 윤리적-심리학적 방법 — 223

　신앙과 그 근거 — 233

　성령의 증언 — 241

　신앙과 신학 — 252

제2부 삼위일체 하나님과 창조

7장 하나님을 아는 지식 — 265

　신적 신비와 불가해성 — 265

　무신론의 문제점 — 280

　자연신학 — 286

　신 존재 "증명" — 292

　하나님의 이름: 적응과 신인동형론 — 299

8장 살아 계시고 행동하시는 하나님 — 311

　하나님의 이름들 — 311

하나님의 단순성: 본질과 속성들 —314

하나님의 고유한 이름들 —324

하나님의 비공유적 속성들 —333

하나님의 공유적 속성들 —349

9장 삼위일체 하나님과 그분의 경륜 —387

성경에서의 거룩한 삼위일체 —387

삼위일체 교의의 구성 —398

반대: 아리우스주의와 사벨리우스주의 —404

삼위일체의 언어 —408

세 위격 간의 구별 —415

경륜적 삼위일체, 유비, 논증 —424

삼위일체 하나님의 경륜 —434

펠라기우스주의의 도전 —438

타락전선택설과 타락후선택설; 항변파 —443

섭리, 그리고 예정에 대한 반대들 —449

예정과 유기 —452

10장 하늘과 땅의 창조주 —465

창조와 그에 대한 종교적 경쟁자들 —465

삼위일체 하나님에 의한 무로부터의 창조 —471

창조의 시간과 목적: 기독교 세계관 —478

천상: 영적 세계 —486

성경의 천사 —489

천사의 사역 —495

지상: 물질 세계 —502

"일주일" 창조와 과학 —504

성경과 지질학 —512

창조에서 보존으로: 섭리 —521

보존, 협력, 통치 —528

제3부 인간과 죄

11장 하나님의 형상 —543
인간의 기원 —543
인간의 본질 —553
인생의 귀결 —571
행위언약 —572
인생의 귀결에 대한 다른 견해들 —577
인간 기원의 통일성: 운명 공동체 —581

12장 타락한 세상 —589
죄의 기원 —589
죄의 보편적 확산 —610
실재론과 언약론 —622

13장 죄와 그 결과 —639
죄의 종교적 성격 —639
죄의 본질 —645
죄의 다양성과 정도 —651
죄에 대한 형벌 —657
고통과 죽음 —666

제4부 구속자 그리스도

14장 성부의 독생자 —677
은혜언약 —677
구속언약, 자연언약 그리고 선택 —684
중보자 그리스도의 인격 —693
그리스도의 두 본성 —701
성육신의 중심성 —708
그리스도의 인성과 신성 —713

15장 종이신 구원자: 그리스도의 비하 —727

종교, 문화, 구속, 희생 —727

중보자 예수 —743

우리를 위한 그리스도의 순종적 죽음 —754

16장 승귀하신 주 그리스도 —771

죽음과 비하를 통해 생명과 승귀로 —771

그리스도의 승귀의 단계들: 부활, 승천, 우편에 앉으심, 재림 —779

화해(속죄) —785

제5부 성령과 그리스도 안에서의 구원

17장 구원의 서정 —807

구원의 방식 —807

아우구스티누스, 그리고 펠라기우스주의의 위협; 종교개혁 —815

근대 세계에서 주체로의 전환 —828

삼위일체적 구원의 길, 그리고 진리 —843

18장 부르심과 중생 —857

하나님의 부르심 —857

거듭남 —862

중생의 본질과 범위 —873

19장 믿음과 회심 —887

믿음의 지식 —887

중생, 믿음, 지식 —901

회심과 회개 —909

죽임과 살림 —920

죄의 고백, 참회, 형벌 —928

20장 칭의, 성화, 견인 ―935

용서 ―935

칭의는 법정적이고 전가된 것이다 ―951

성화: 선물과 보상으로서의 거룩 ―963

성화 그리고 칭의에 대한 비판 ―972

선행, 완전주의, 견인 ―980

제6부 새로운 공동체를 창조하시는 성령

21장 영적 실체로서의 교회 ―993

교회의 영적 본질 ―993

통일성과 보편성 ―998

종교개혁의 접점들; 하나님의 백성 ―1002

교회의 표지들 ―1013

교회의 속성들 ―1020

유기체와 제도로서의 교회 ―1022

그리스도는 교회의 왕이시다 ―1039

교회의 영적 권세 ―1049

교회의 직분과 모임 ―1062

22장 성령의 은혜의 방편들 ―1081

은혜의 방편들 ―1081

말씀의 선포 ―1085

성령과 말씀 그리고 권세 ―1091

성례 ―1094

세례 ―1111

세례의 양식과 방법; 유아세례 ―1118

성찬 ―1132

성찬의 목적 ―1145

제7부 만물을 새롭게 하시는 성령

23장 중간상태 —1159

불멸성에 대한 질문 —1159

사후에 이어지는 것 —1173

죽음과 부활 사이 —1190

24장 그리스도의 재림 —1203

종말의 비전 —1203

천년왕국설 —1213

이스라엘, 천년왕국, 그리스도의 재림 —1222

25장 완성 —1249

주의 날 —1249

영원한 형벌의 대안들 —1262

창조의 회복 —1274

하나님의 긍휼의 풍성함 —1284

성경 색인 —1295

인명 색인 —1357

주제 색인 —1379

헤르만 바빙크의 『개혁파 교의학』은 고전이다. 네 권으로 구성된 그의 걸작을 단권 "개요"로 구성하는 작업은 결코 만만한 일이 아니다. 나는 바빙크의 신학을 30년 가까이 집중적으로 연구하는 과정에서 그의 인품과 업적을 높이 평가하게 되었으며, 이 책에는 그에 대한 나의 존경심을 표현하고자 하는 의도가 담겨 있다. 내가 출판사의 요청을 수락한 이유는 베이커 아카데믹이 『개혁파 교의학』의 영어 번역본을 출간하는 일에 열정을 보였을 뿐 아니라 오랜 기간의 작업을 통해 뛰어난 출판물을 내놓음으로써 바빙크의 유산에 대해 최고의 존경심을 드러냈기 때문이다. 내가 이 작업에 대해 확신을 가지게 된 이유는 『개혁파 교의학』을 영어로 번역하면서 각 장별로 내가 준비한 개요가 매우 유익했다고 말해준 사람들이 많았기 때문이다. 로저 니콜 교수는 친절하게도 그것들을 한데 엮으면 바빙크 신학에 대한 훌륭한 단권 요약판이 될 것이라고 제안해주었다.

그리하여 이 책이 태어나게 되었다. 물론 내가 앞서 언급한 개요를 십분 활용한 것은 사실이지만, 이 책은 그것과는 다른 성격의 작품이다. 요약 과정에서 나는 바빙크 자신의 소리, 심지어 그의 표현까지도 유지하기 위해 상당한 주의를 기울였으며, 가능한 한 편집자에 의한 변화와 의역을 최소화하려고 노력했다. 사려 깊은 독자들은 내가 『개혁파 교의학』에서 직접 옮겨온 문장들과 구절들을 발견할 수 있을 것인데, 나의 소망은 아주 조심성 있는 독자들조차도 모든 부분에서 바빙크의 소리만 듣게 되는 것이다. 여기서 편집자의 작업 방식을 이해하는 데 심포니 오케스트라의 비유가 도움이 될 것이다. 오케스트라의 작곡가와 지휘자는 바빙크 자신이며, 내 역할은 그의 편집 조교로서 "이번 공연"(요약판)을 위해 "그의" 악보 가운데 어느 부분을 줄이고 어느 부분을 수정할 수 있는지 선택하도록 돕는 것이다. 악보는 그의 것이며, 내가 아니라 그가 오케스트라를 지휘할 것이다. 필자의 손길이 감지되는 부분은 예리한 청취자에 의해 동일한 선율이 반복되는 것으로 들리게 될 부분이다. 때때로 내가 의도적으로 본문에 "끼어드는" 경우에는 각주에 이러한 사실을 적절하게 표시할 것이다.[1] "편집자 주"의 대부분은 본문의 축약으로 인해 필요하게 된 추가적인 역사적 해설이나, 본문에서 논의 중인 당대의 사상가들과 쟁점들에 대한 예증적인 언급들, 그리고 최신의 참고문헌 자료들로 이루어져 있다. 나는 교회일치운동에 불편을 초래할 수 있는 요소들(예를 들어 로마 가톨릭에 대한 일부 언급들)이나 내가 그의 판단에 동의할 수 없는 부분들(예를 들어 사도 시대 이후 성령의 특별한 은사가 중지되었다는 주장이나 복음전도자의 직무와 관련해)도 삭제하거나 수정하지 않고 그대로 살려두었다. 요컨대 나는 편집실 바닥에 무엇을 버려야 할지를 결정함에 있어 편집자 자신의 주관적 판단을 배제하기 위해 많은 노력을 기울였다. 내가 바빙크의 판단에 동의하지 않는 몇몇 드문 경우에, 나는 보다 객관적인 역사적 발전상(예를 들어 제2차 바티칸 공의회)이나, 또는 보다 최근의 학문적 지식(예를 들어 초기 교회의 유아세례에 관하여)에 근거하여 그렇게 하였으며, 편집자 주에 그러한 사실을 분명하게 표시하였다.[2] 놀라운 사실은 바빙크의 책이 완성된 이후로 상당히 많은 세월이 흘렀음에도 그런 수정이 극히 드물게 요구된다는 것이다. 별다른 표시가 없는 각주들은 바빙크 자신의 설명에 일치하는 것이든지, 또는 본래 본문에 있던 자료들을 편집자가 각주로 돌린 경우다.

내가 이 책을 준비하면서 따른 몇 가지 지침이 있다. 나는 원 저작의 세부사항, 특히 신학 역사를 다룬 내용 중에 상당히 많은 부분을 축약했는

---

1) 16장의 각주 1과 같은 경우다.
2) 22장의 각주 46, 51, 91과 같은 경우다.

데, 바빙크는 신학 역사 분야에서도 이름이 높다. 나는 특정 사상가에 대한 설명과 비평 가운데 어떤 것을 포함시킬지 선택해야 했고, 각주에 인용된 지지문헌도 통상적으로 고전 작품들―아우구스티누스, 토마스 아퀴나스, 장 칼뱅, 주요 교회 문헌들 등등―로 제한했다. 편집자로서 내가 세운 목표는 바빙크의 논의가 갖는 명료성을 희생하지 않으면서 세부적인 설명의 양을 줄이는 것이었다. 나는 58장으로 이루어진 원 저작을 25장으로 줄이면서 분명 많은 장들을 통합했고, 최대한 군더더기를 줄이려고 노력했다. 눈에 띄는 구조적 변화 가운데 하나는 인간론의 한 분야로서 섭리라는 주제를 다룬 독립적인 장(제2권 14장, [301-6])을 10장 "하늘과 땅의 창조주"의 결론 부분으로 옮긴 것이다. 이렇게 해서 본래적 의미에서의 신학과 인간론이라는 두 분야는 전체적인 틀을 유지한 채 구분이 되었고, 개신교 정통 교리의 고전적 순서를 유지하게 되었다. 사소한 변화는 제2권 3장의 처음 세 절([178-80])을 하나님의 이름을 포괄적으로 다루는 8장에서 7장으로 옮긴 것이다. 위의 절들은 "하나님을 아는 지식"에 대한 보다 폭넓은 논의에 포함되었고, 결과적으로 8장("살아 계시고 행동하시는 하나님")은 하나님의 속성들에 관한 체계적인 논의로 남을 수 있게 되었다. 원래 4권으로 이루어진 저작과 비교할 때 이 축약본에서 발견되는 또 한 가지 눈에 띄는 구조상의 차이점은, 전체 내용을 7부―서론과 6개의 고전적인 주제들―로 분명하게 구분했다는 점이다. 이것은 원 저작이 가지고 있는 전통적인 순서를 부각시키는 것인데도 그러한 사실이 즉각적으로 명백하게 드러나지는 않는데, 그 이유는 구원론을 다루는 부분이 원 저작에서 제3권과 제4권으로 분리되어 있기 때문이다. 가장 많이 줄인 부분은 제1권 1-6장이고, 가장 적게 줄인 부분은 종말론을 다루는 [축약본] 23-25장이다. 제4권의 종말론 부분은 각 주제에 대한 바빙크의 논의 가운데 가장 짧고 간결한 것이어서 줄이기가 훨씬 더 어려웠다.

이 책의 언어는 특정 어구들과 주요 인용들에 이르기까지 원 저작에서 직접 취해진 것이다. 종종 편집자는 문장 전체와 심지어 단락 전체를 그대로 가져와서 새롭게 요약된 내러티브의 구조에 맞게 재배열하기도 했다. 한편 주요 사상을 반복 기술하는 바빙크의 문체도 부분적으로 살려두었다. 특히 서론에서 다루어지는 주제들 가운데 계시, 종교, 교회에서 신학의 과제에 관한 개혁파의 입장을 옹호하는 바빙크의 진술이 반복되는데, 편집자는 초두에서부터 그의 문체를 보존하기 위해 노력했다. 이 축약본에서는 원 저작을 참조하는 데 도움을 주기 위해 네덜란드어 원본 제2판의 절 번호를 대괄호 안에 표기했다. 끝으로 나는 이 축약본을 준비하면서 새롭게 전기적·신학적 서론을 쓰지는 않았다. 독자들은 원 저작 각 권에 실린 서론들을 참조하면 될 것이다.

나는 2008년 7월부터 2009년 9월까지 이 축약본을 편집하는 작업을 진행했다. 여기서 나는 칼빈 신학대학원의 교무처와 이사회에 감사의 말씀을 드리고 싶다. 그들은 2008-9년 학기에 부분 안식년을 허락해줌으로써 학기마다 한 과목을 가르치는 것을 제외하고는 교수로서의 모든 책무에서 벗어날 수 있게 해주었다. 아울러 동료 교수들에게도 감사를 드린다. 그들은 1년이라는 긴 기간 동안 나의 공백으로 인해 전체적으로 수정된 교과과정으로 강의를 진행해야 하는 불편을 기꺼이 감수해주었다. 나는 또한 그들이 한결같이 바빙크에 대한 나의 열정을 지지해준 것에 대해서도 감사를 드린다. 2008년 가을 학기에 나는 『개혁파 교의학』 제1권을 집중적으로 다루는 세미나에서 10명 정도의 학생들로 이루어진 그룹을 지도했는데, 그들 중 절반이 제2권에 대한 토의를 위해 두 번째 학기와 세 번째 학기에 매주 비공식적인 모임을 가졌다. 그 기간이 정확히 내가 그 두 권에 대한 요약 작업을 진행하던 시기였기 때문에, 나는 그들의 적극적인 참여와 관심에 고무되어 있었을 뿐 아니라, 그들이 각 단원의 요점을 파악해가는 과정을 그들의 반응을 통해 배울 수 있었고, 그들이 찾아낸 요점과 그들의 반응은 나의 작업에도 상당한 도움을 주었다. 칼빈 신학대학원 학생들인 데이비드 살베르다(David Salverda, 제1, 2권)와 게일 두른보스(Gayle Doornbos, 제3, 4권)는 능숙한 컴퓨터 작업과 신중한 편집자적 조언을 제공했는데, 특히 히브리어와 그리스어를 입력하는 데 큰 도움을 주었다. 내가 이 작업을 마무리하던 2009년 초가을 무렵에 나는 게일의 견고한 신학적 판단과 편집자적 분별력, 그리고 모범적인 작업 태도에 무한한 신뢰를 가질 수 있었다. 그녀의 도움이 없었다면 이 작업을 완수할 수 없었을 것이다. 그녀의 도움에 깊이 감사한다.

『개혁파 교의학』의 축약본을 편집하는 바로 첫 단계부터 나는 이 작업에 동의하고 지원을 아끼지 않은 네덜란드 개혁파 번역위원회(the Board of the Dutch Reformed Translation Society)에 속한 친구들과 동료들에게 큰 빚을 지고 있다. 끝으로 베이커 아카데믹 편집부의 전문적인 조언과 따뜻한 격려에 감사드린다. 축약본을 출간하자는 아이디어를 제안하고 출판 과정을 안내해준 짐 키니(Jim Kinney)에게 감사드린다. 웰스 터너(Wells Turner)는 텍스트와 사람을 다루는 능력을 겸비한 탁월한 편집자다. 그는 나의 작업을 개선시켜주었고, 나의 단점과 결점에도 끊임없이 인내하며 결코 중도에 끼어들지 않았다. 이 기획을 수행하는 팀의 일원이 된 것은 나에게 크나큰 특권이었다. 모든 분들에게 감사드린다.

2009년 추수감사절에 캐나다에서

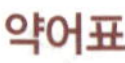

약어표

GENERAL AND BIBLIOGRAPHIC

ANF	*The Ante-Nicene Fathers*. Edited by Alexander Roberts and James Donaldson. 10 vols. New York: Christian Literature, 1885-96. Reprinted, Grand Rapids: Eerdmans, 1950-51.
CR	Corpus reformatorum. Edited by C. G. Bretschneider, H. E. Bindseil, et al. 101 vols. Halle a. Salle and Brunsvigae: Schwetschke, 1834-1959.
DB	*Dictionary of the Bible*. Edited by James Hastings. 5 vols. New York: C. Scribner Sons, 1898-1904.
DC	*A Dictionary of Christ and the Gospels*. Edited by James Hastings. 2 vols. New York: C. Scribner Sons, 1906-8.
Eng.	English versification, where this differs from the MT or LXX
ET	English translation
f./ff.	and the verse/verses following
KJV	King James Version
LXX	Septuagint (Greek translation of the Old Testament)
marg.	marginal reading; alternate translation
MT	Masoretic (Hebrew) Text of the Old Testament
NIV	New International Version
NPNF (1)	*A Select Library of Nicene and Post-Nicene Fathers of the Christian Church*. Edited by Philip Schaff. 1st series. 14 vols. New York: Christian Literature, 1887-1900. Reprinted, Grand Rapids: Eerdmans, 1956.

개혁파 교의학

NPNF (2)	*A Select Library of Nicene and Post-Nicene Fathers of the Christian Church*. Edited by Philip Schaff and Henry Wace. 2nd series. 14 vols. New York: Christian Literature, 1890-1900. Reprinted, Grand Rapids: Eerdmans, 1952.
NRSV	New Revised Standard Version
PG	Patrologiae cursus completus: Series graeca. Edited by J.-P. Migne. 161 vols. Paris: Migne, 1857-66.
PL	Patrologiae cursus completus: Series latina. Edited by J.-P. Migne. 221 vols. Paris: Migne, 1844-65.
pl.	plural
PRE[1]	*Realencyklopädie für protestantische Theologie und Kirche*. Edited by J. J. Herzog. 1st ed. 22 vols. Hamburg: R. Besser, 1854-68.
PRE[2]	*Realencyklopädie für protestantische Theologie und Kirche*. Edited by J. J. Herzog and G. L. Plitt. 2nd rev. ed. 18 vols. Leipzig: J. C. Hinrichs, 1877-88.
PRE[3]	*Realencyklopädie für protestantische Theologie und Kirche*. Edited by Albert Hauck. 3rd rev. ed. 24 vols. Leipzig: J. C. Hinrichs, 1896-1913.
RSV	Revised Standard Version
sing.	singular
v./vv.	verse/verses
Vulg.	Vulgate (Latin translation of the Bible)

ANCIENT WRITINGS

2 Bar.	*2 (Apocalypse of) Baruch*
Barn.	*Barnabas*
12 Clem.	*12 Clement*

Did.	*Didache*
Diogn.	*Diognetus*
Herm. *Mand.*	Shepherd of Hermas, *Mandate*
Herm. *Sim.*	Shepherd of Hermas, *Similitude*
Herm. *Vis.*	Shepherd of Hermas, *Vision*
Ign. *Eph.*	Ignatius, *To the Ephesians*
Ign. *Magn.*	Ignatius, *To the Magnesians*
Ign. *Phld.*	Ignatius, *To the Philadelphians*
Ign. *Rom.*	Ignatius, *To the Romans*
Ign. *Smyrn.*	Ignatius, *To the Smyrnaeans*
Ign. *Trall.*	Ignatius, *To the Trallians*
Pol. *Phil.*	Polycarp, *To the Philippians*

바빙크 르네상스의 개척자들인

Eugene P. Heideman과 Jan Veenhof에게

제1부
교의신학 서론

1장
학문으로서의 교의신학

용어

[1] 교회사 전반에 걸쳐 신학자들은 기독교 신앙에 대한 체계적 연구의 결과와 기독교 진리의 내용을 요약적으로 기술하기 위해 다양한 용어들을 사용해왔다.[1] 종교개혁 직후의 많은 개신교 신학자들은 루터파 신학자 필립 멜란히톤(Philipp Melanchthon)의 『보편논제』(*Loci Communes*)를 따라 신학의 다양한 주제들을 "로키"(*loci*)라고 지칭하기 시작했다.[2] 이러한 용법은 키케로 같은 고전적 저술가들이 그것을 그리스어 "토포이"(τοποι, 장소

---

1) 예를 들어 *On First Principles* (Origen); *The Divine Institutes* (Lactantius); *Enchiridion or Little Handbook* (Augustine); *Sentences* (Peter Lombard); *Summa Theologiae* (Thomas Aquinas); *Loci Communes or Common Places* (Philipp Melanchthon); *Institutes of the Christian Religion* (John Calvin).

2) 편집자 주—따라서 Berkhof의 *Systematic Theology*, new one-volume edition (Grand Rapids: Eerdmans, 1996 [1932; 1938]), 74 같은 전통적인 개혁파 신학의 저작은 내용을 여섯 개의 논제(*loci*)로 나누었다: 하나님에 대한 교리(신론), 인간에 대한 교리(인간론), 그리스도에 대한 교리(기독론), 구원의 적용에 관한 교리(구원론), 교회에 관한 교리(교회론), 마지막 일들에 관한 교리(종말론). 『벌코프 조직신학』(크리스챤다이제스트 역간).

들)에 대한 라틴어 번역어로 사용한 데서 유래했는데, 이것은 본래 수사학자들이 주어진 주제를 다룰 때 필요한 논거를 찾을 수 있는 일반적 규칙들이나 장소들을 가리키기 위해 사용한 말이었다. 다시 말해, "로키"는 토론자가 자신의 주장을 뒷받침하는 자료의 원천으로 사용하는 데이터베이스나 증거 구절 모음집이었다. 교회를 위해 작업하는 신학자들에게 "로키"는 특정 주제에 대한 성경 자체의 진술을 찾아볼 수 있는 장소를 의미했다.

멜란히톤의 『보편논제』는 종교개혁 복음주의 신학의 첫 번째 주요 저작이었는데, 이 책에서 그가 한 일은 페트루스 롬바르두스(Peter Lombard)의 『명제집』(Sentences)과 바울의 로마서를 주석하는 것이었다. 그의 책은 성경이 가르치는 기독교 신앙을 하나님, 창조, 죄, 율법, 은혜, 믿음, 소망, 사랑, 예정과 같은 몇몇 기본 항목 또는 범주 아래 다루는 기독교 진리의 개론서 역할을 했는데, 그 목적은 신자들에게 성경의 교훈을 가르치는 것이었다.

시간이 지나면서 이후 세대의 신학자들이 신앙의 진리들을 보다 체계적으로 다루기를 원함에 따라, 느슨한 용어인 "로키"는 인기를 잃고 그 대신 "테올로기아"(theologia, 신학)라는 표현을 선호하는 신학자들이 많아졌다. 그러나 "신학"이라는 용어만으로는 교회를 섬기는 여러 종류의 학문을 공정하게 다루기 어려웠다. 따라서 성경의 가르침에 대한 요약적 개관을 "실천"(practical)신학 또는 목회신학뿐만 아니라 성경윤리 또는 "도덕"(moral)신학과도 구별하기 위해, "교훈적"(didactic), "체계적"(systematic), "이론적"(theoretical), "단정적"(positive)이라는 수식어가 덧붙여졌다. 결국 이 특정한 유형의 "신학"을 묘사하기 위해서 "교의학"(dogmatics)이라는 용어가 부가되었다.[3] "교의학"이라는 용어는 그런 연구가 교회의 규범적 가르침 또는 교의들(dogmas)로 정착하게 해주는 이점이 있다. 교의는 반드시 믿어야 하는 것으로 성경에 정확하게 제시되어 있는 진리들을 말한다.

---

3) 최초의 사례는 L. Reinhart, *Synopsis theologiae dogmaticae* (1659)였다.

교회가 고백하는 진리들은, 교회가 그것을 인정하기 때문이 아니라, 오직 하나님의 권위에 기초하기 때문에 교의가 된다. 그럼에도 신앙의 교의는 언제나 신적 권위와 교회적 고백의 결합이었다. 교의는 특정 그룹에 의해 인정받은 진리다. 물론 교회의 가르침이 곧바로 신적 진리 자체와 동일시되어서는 안 되지만 말이다.

[2] "도그마"(*dogma*, 교의)라는 단어는 그리스어 "도케인"(*dokein*, 견해를 갖다)에서 유래했는데, 그것은 확고하기 때문에―다시 말해 결정되었기 때문에―변치 않는 것을 의미한다. 그래서 교부들은 기독교 신앙이나 신조를 신적 교의(divine dogma)로, 그리스도의 성육신을 신학의 교의(dogma of theology)로, 그리고 교회 안에서 교회를 위한 권위를 갖는 신앙의 진리들을 교회의 교의들(*dogmata* of the church)로 명명했다. 확고하게 정립되어 의심의 여지가 없는 교리적 진리들과 신앙생활을 위한 규칙들도 여기에 포함되었다. 한편으로 다른 권위들에 기초를 둔 다양한 "도그마"(dogma)가 존재한다. 정치적 도그마는 시민 정부의 권위에 기초하고, 철학적 도그마는 자명성 또는 논증에서 힘을 얻는다. 이에 반해 종교적 또는 신학적 도그마들의 권위는 오직 신적 증언에 의지하는데, 이방인들은 신탁(oracle)을, 개신교회는 성경을, 로마 가톨릭교회는 교회의 교도직(*magisterium* of the church)을 권위로 여긴다. 종교개혁 전통은 성경에 있는, 하나님의 권위로 주어진 진리 외에는 다른 어떤 진리도 인정하지 않는다. "하나님의 말씀이 신앙의 조항들을 확립한다. 어느 누구도 심지어 천사조차도 그것을 넘어설 수 없다."[4] 교의들, 즉 신앙의 조항들은 오직 "믿어야 할 것으로 성경에 분명하게 제시되어 있는" 진리들뿐이다.[5] 그러므로 개혁파 신학자들

---

4) *The Smalcald Articles*, II.2, in vol. 3 of *The Creeds of Christendom*, ed. Philip Schaff and rev. David S. Schaff, 6th ed., 3 vols. (New York: Harper & Row: 1931; repr., Grand Rapids: Baker Academic, 1990).

5) A. Hyperius, *Methodi theologiae, sive praecipuorum Christianae religionis* (Basel: Oporiniana, 1574), 34-35.

에게 모든 신학적 교의를 도출해내는 원리는 "하나님이 말씀하셨다"(*Deus dixit*)였다.

교의 개념은 또한 사회적 요소를 포함한다. 진리는 언제나 진리로 존중받기를 요구하는데, 교의의 권위는 사람들로부터 인정받음으로써 스스로를 유지할 수 있는 능력에 달려 있다. 주어진 명제가 하나님의 권위에 기초한다면 사람이 그것을 인정하는지와 상관없이 그 자체로 참이지만, 그 명제는 우리에게 참된 것으로 인정받도록 본래 의도되었고 그런 성향을 내재하고 있다. 교의는 결코 오류나 기만과 조화를 이룰 수 없다. 그러므로 모든 신자에게, 특별히 신학자에게 가장 중요한 일은 어떠한 성경적 진리들이 성령의 인도 아래 그리스도의 교회에서 보편적 승인을 얻었는지를 아는 것이다. 결국 교회는 이러한 과정을 통해 사적인 견해를 하나님의 진리로 오인하는 위험으로부터 보호되었다.

따라서 그리스도의 교회는 교의에 대해 책임을 가진다. 교회는 자신에게 맡겨진 하나님의 진리를 보존하고 설명하고 이해하고 변호하기 위해 그 교의를 지적으로 수용하고, 내적으로 소화하고, 세상 가운데 하나님의 진리로 고백하도록 부름받았다. 교회가 교의를 규정하는 권세는 주권적이지도 않고 법정적이지도 않다. 그 권세는 하나님의 말씀에 봉사하는, 실로 하나님의 말씀을 위한 권세다. 이 권위는 하나님이 자신의 교회에 주신 것으로서, 교회가 하나님의 진리를 고백하고 또한 말과 글로 표현할 수 있도록 능력과 권한을 부여한다. 교의신학자(dogmatic theologian)의 임무는 교회의 교의가 과연 성경에서 기원했는지, 그리고 어떻게 교의가 동일한 성경에 부합하면서도 확장되고 풍성해질 수 있는지를 검토하는 것이다. 교의신학자는 성경 가르침의 내적 일관성을 찾아서 그것이 온전히 표현되도록 한다. 이때 교의신학자는 교회의 신앙고백들에 의해 인도를 받지만, 그 신앙고백들의 역사적이고 특수한 한계들에 의해 제한을 받지는 않는다.

교의는 그것이 종교적이든 또는 신학적이든 간에 신적 권위와 교회의 신앙고백을 결합한 것이기 때문에 양자 간에 긴장이 존재한다는 것은 명백하며, 이것은 교의신학자에게 신적 진리와 교회의 신앙고백이 갖는 관계를 규정하는 난제를 던져준다. 교회의 교의는 결코 하나님의 절대적인 진리 자체와 동일하지 않다. 왜냐하면 교회에 약속된 성령의 인도하심이 인간의 오류 가능성을 배제하지 않기 때문이다. 동시에 많은 근대의 신학자들처럼 교의 자체를 "교의적이지 않은 복음"의 순수한 본질이 일시적으로 탈선한 것으로 평가절하하는 것도 잘못이다.[6] 교의에 대한 이와 같은 반대는 교의 자체에 대한 전반적인 반대가 아니라, 어떤 이들이 용납할 수 없다고 판단하는 특정한 교의에 대한 거부다. 예를 들어 아돌프 폰 하르낙(Adolf von Harnack)은 『교리사』(*History of Dogma*)에서 그리스 정신이 복음의 기저에 영향을 끼쳐 산출된 것이 기독교 교의라는 사상을 발전시켰다.[7] 또한 그는 많은 다른 이들의 견해를 따라, 하나님이 모든 인류의 아버지시고 우리 모두는 형제자매이며 하나님 나라는 개개인의 영혼 안에 존재한다는 일반적인 도덕적 확신에서 기독교의 본질을 찾고자 했다.[8] 하르낙이 모든 교의를 거부한 것은 아니다. 다만 역사적 기독교의 옛 교의들을 새 교의로 대체했을 뿐이다. 교의는 종교에 불가피하다. 우리는 신앙의 진리를 고수하기 위해 교의를 필요로 할 뿐만 아니라 교의에 불변하고 영구

---

6) 편집자 주—여기에는 "포스트모던 신학자들"이 첨가되어야 할 것이다. 이들은 "명제적인 진리"를 일종의 문화제국주의로 간주하여 공격하면서, 굳건한 교리적 내용을 그리스도인의 제자도로 대체한다. 예를 들어 Carl Raschke, *The Next Reformation: Why Evangelicals Must Embrace Postmodernism* (Grand Rapids: Baker Academic, 2005)를 보라. 이에 대한 비판으로는 특히 Andreas Köstenberger, ed., *Whatever Happened to Truth* (Wheaton: Crossway, 2006)를 보라.

7) Adolf von Harnack, *History of Dogma*, trans. N. Buchanan, J. Millar, E. B. Speirs, and W. McGilchrist, and ed. A. B. Bruce, 7 vols. (London: Williams & Norgate, 1896-1899), I, 17. 『기독교의 본질』(한들 역간).

8) A. von Harnack, *What Is Christianity?* trans. Thomas Bailey Saunders (New York: Harper, 1957). 편집자 주—이 입장에 대한 좀 더 완전한 요약과 비평으로는 H. Bavinck, "The Essence of Christianity", in *Essays on Religion, Science and Society*, ed. John Bolt, trans. Harry Boonstra and Gerrit Sheeres (Grand Rapids: Baker Academic, 2008), 33-47을 보라.

적인 요소가 있음을 인정해야만 한다. 교의 없는 종교, 막연하고 보편적인 형태의 교의라도 가지고 있지 않은 종교는 존재할 수 없으며, 교의 없는 기독교라는 것은 엄밀히 말해 착각이고 무의미한 것이다. 신의 존재, 계시, 인식 가능성에 대한 믿음 없이는 종교 자체가 불가능하다. 교의가 없다고 주장하는 이들은 자기들이 특정한 교의에 동의하지 않음을 말할 뿐이다. 정통 기독교 교의에 대한 거부 자체가 지극히 교의적이다. 따라서 의견의 차이는 종교에 교의가 필수적인가라는 문제에 있다기보다는, 어떤 교의를 긍정하는지 또는 거부하는지에 있다고 할 수 있다.

마지막으로 "교의"라는 말은 어떤 때는 좀 더 넓은 의미로, 또 어떤 때는 좀 더 제한된 의미로 사용된다. 때로 "교의"는 기독교 전체를 지칭하는데, 여기에는 성경에서 이끌어낸 신앙의 조항들과 교회의 의식 및 예식도 포함된다. 그러나 일반적으로는 좀 더 제한된 의미로 교회의 교리들(doctrines), 하나님의 말씀에 기초하기 때문에 모든 사람이 믿어야 하는 신앙 조항들을 지칭한다. 따라서 교의신학은 바로 그 신앙 조항들의 체계다.

[4] 그러나 교의학에 대한 이런 형식적인 이해는 한계를 가지고 있다. 우리는 교리의 실질적인 내용으로 나아갈 필요가 있다. 교의신학은, 예를 들어 토마스 아퀴나스(Thomas Aquinas)가 정의한 것처럼, "일차적으로 하나님에 대한 교의, 그리고 피조물의 원천과 목적이 하나님이라는 점에서 피조물에 대한 교의"를 다루는 것인가?[9] 신학의 "실천적" 적용에 관심을 둔 신학자들은 강조점을 구원을 필요로 하는 사람, 또는 제자로서의 그리스도인의 삶으로 옮겨가는 경향이 있다.

신학에 대한 보다 주관적이고 실천적인 이해는 임마누엘 칸트(Immanuel Kant, 1724-1804)의 철학에 의해 크게 증가했다. 칸트는 "지식"(knowledge)의 대상을 이 세상의 현상에 대한 감각 경험으로 엄격히 제한함으로써 하나님을 알 수 있는 가능성을 부인했다. 칸트는 영으로

---

9) T. Aquinas, *Summa Theol.*, I, Q.1 art.3, 7.

서의 하나님의 존재와 그것의 불멸을 도덕적 진리로 상정함으로써 신앙을 구해내려고 했다. 따라서 교의는 도덕적 동기들에 기초한 개인적 신앙의 확신으로서의 지위를 가졌다. 칸트를 따른 19세기 신학자들은 우리가 하나님을 알 수는 없고, 다만 믿을 수 있을 뿐이라는 칸트의 근본적인 형이상학적 확신을 공유했다.[10] 프리드리히 슐라이어마허(Friedrich Schleiermacher, 1768-1834)에게 기독교 신앙의 내용은 특정 시기의 기독교 신자들이 가진 경건과 신앙 그 이상도 이하도 아니다. "기독교 교리들은 그리스도인의 종교 감정을 말로 설명한 것"이고, 따라서 "교의신학은 특정 시기의 교회에 널리 퍼져 있는 교리를 체계화하는 학문이다."[11] 다른 이들 중에 알브레히트 리츨(Albrecht Ritschl, 1822-89) 같은 이들은 기독교 신앙의 내용을 엄격하게 도덕적·윤리적 용어로 구성함으로써 칸트를 좀 더 직접적으로 따른 데 반해, 에른스트 트뢸치(Ernst Troeltsch, 1865-1923)는 종교에 대한 역사적·심리학적·비교종교학적 연구를 신학 연구와 개요의 목적으로 삼았다. 교의신학이 기독교 신앙이라고 불리는 역사적 현상에 대한 묘사에 불과한 것으로 규정될 때, 그것은 신학이 아니라 종교학으로 전락하고 만다.[12]

기독교를 비롯하여 실재하는 종교에 대한 역사적·사회적·심리학적 연구는 타당하고도 적절한 학문 분야다. 문제가 되는 것은 "오직 이런 연구만이 정당하며 우리는 우리가 믿는 것이 무엇인지 알 수 없다"라는 주장이다. 그 이유가 철학적이든지 변증학적이든지, 신학을 종교학으로 바꾸는 것은 진리에 관한 물음을 회피하는 것이다. 이것은 신학을 연구하는

---

10) 편집자 주―Claude Welch, *Protestant Thought in the Nineteenth Century*, 2 vols. (New Haven: Yale University Press, 1972, 1985)를 보라.

11) F. Schleiermacher, *The Christian Faith*, ed. and trans. H. R. McIntosh and J. S. Steward (Edinburgh: T&T Clark, 1928), §§15, 19.

12) 편집자 주―이 부분에 대한 더 많은 논의를 위해서는 H. Bavinck, *Essays on Religion, Science and Society*, chaps. 1, 3을 보라.

이들에게 견딜 수 없는 부담인데, 왜냐하면 인간의 영혼은 교회에서 고백하는 신앙을 대학에서 무시하거나 거부하는 일을 받아들이지 못하기 때문이다. 인간의 정신은 그런 식의 이중장부, 또는 이중적인 진리개념을 받아들이지 못한다. 그러나 현실 세계에서는 기독교 신앙고백이 종교학에게 양보하는 일이 자주 발생하는데, 종교학은 스스로 편견을 거부하는 학문이라 주장하기 때문이다. 대학은 종교를 학문적으로 연구함으로써 지식과 학문의 외투를 가로채고, 교의신학을 신앙 경험과 목회의 실천에 초점을 맞춘 교단 신학교의 작업으로 격하시킨다. 그리하여 기독교에 대한 "학문적" 연구는 단지 기술적인(descriptive) 수준에 머물고 만다.

[5] 그러나 학문은 진리를 추구하는 것이기 때문에, 만일 교의신학이 진정한 학문이고자 한다면 존재하는 것에 대한 묘사로는 만족할 수 없으며, 반드시 진리로 여겨져야 하는 것이 무엇인지를 보여주어야만 한다. 기독교 신학은 모든 형이상학, 교리, 교의신학에 등을 돌리면서 종교를 주관적인 마음의 상태로 생각하는 이들에게 저항해야 한다. 그렇게 되면 종교는 참과 거짓 개념의 문제가 아닌, 감정과 기분의 문제로 축소되고 말기 때문이다. 신학의 메마른 지성주의를 반대한다는 명분 하에 감정으로 급선회하는 것도 잘못이다. 기독교는 하나님에 대한 지식의 진실성 여부에 따라 서거나 넘어진다. 따라서 만약 하나님이 알려질 수 없다면, 그리고 하나님이 알려지지 않았다면, 종교 자체가 붕괴된다. 이와 같이 기독교 신학의 존재 자체가 하나님이 알려질 수 있다는 가능성, 하나님이 인류에게 자신을 계시하셨다는 것, 우리가 이 지식에 대해 질서정연하게 말할 수 있다는 확신에 의존한다. 교의신학은 하나님에 대한 지식의 학문적 체계이며, 오로지 그렇게만 존재할 수 있다. 더 엄밀하게 기독교적인 관점에서 말하자면, 교의신학은 하나님이 자신에 대해, 그리고 자신과 관계를 맺고 있는 모든 피조물에 대해 자신의 말씀 가운데 교회에 계시하신 지식이다.

[6] 모든 이들이 신학을 이런 방식으로 이해하는 것에 만족스러워하지는 않는다. 하나님에 대한 지식을 체계적·학문적으로 검토하는 것이 가능

하고 또 그렇게 해야 한다는 주장뿐만 아니라, 하나님이 알려질 수 있다는 생각 자체에도 반론이 제기된다. 이 반대자들은 기독교 신앙이 머리로 탐구하는 지식에 관한 것이 아니라, 그리스도 안에서 하나님과 갖는 개인적인 관계, 즉 경건한 삶을 가능하게 하는 관계의 문제라고 주장한다. 이들은 우리가 굳이 지식에 대해 말해야만 한다면, 하나님에 대한 지식은 아주 다른 종류의 지식이라고 주장하면서 그것을 신앙지식(faith-knowledge)이라 부른다.[13] 신앙을 도외시하고 가슴을 위한 자리를 허락하지 않는 사변적이고 이성주의적인 신학에 대한 반대는 물론 합당하고 옳은 것이다. 그러나 지식을 감정이나 도덕적 행위로 대체하는 것은 범주를 혼동한 것이고, 그 자체로 심각한 문제를 초래한다. "신앙지식"이라는 말에 대하여 질문해야 할 것이 있다. 우리 신앙의 실제 대상이 존재하는가? 우리가 하나님을 믿는다고 말할 때, 하나님은 정말로, 즉 객관적으로 존재하시는가, 아니면 하나님은 우리의 주관적 의식(subjective consciousness)의 문제일 뿐인가? 하나님에 대한 지식에 이르는 방법이 이 세상과 세상의 대상물에 대한 지식을 얻는 수단과 다르다고 주장하는 사람들의 우려를 우리가 인정한다 하더라도, 진리의 문제를 피할 수는 없다. 물론 우리가 하나님의 존재를 믿는 이유가 일차적으로 사람들이 우리 이성을 납득시키는 엄청난 자료와 증거를 늘어놓았기 때문이 아니라는 것은 사실이다. 우리는 신앙을 통해서 그것을 알게 되는 것이지, 사물에 대한 외적인 지각을 통해서 알게 되는 것이 아니다. 그러나 우리는 지성을 신앙지식과 분리해서 괄호 안에 묶어놓을 수 없다. 신앙은 하나님에 대한 지식에 이르는 기능(faculty)이지, 그 원천(source)이 아니다. 하나님이 자연 현상이나 역사적 사실들처럼 경험적 연구의 대상이 될 수 없다는 것은 참으로 옳다. 하나님을 알 수 있도록 하기 위해, 하나님은 행위로만 아니라 말로도 자신을 계시하셔야

---

13) 예를 들어 Julius Kaftan, *The Truth of the Christian Religion*, trans. George
　　Ferries, 2 vols. (Edinburgh: T&T Clark, 1894).

했기 때문이다. 교의신학에 필요한 객관적 지식은 신적 계시에서 온다. 교의신학이 하나님에 대한 지식의 체계라고 말할 때 모든 자율적 사변은 차단된다. 이는 하나님이 하나님의 계시를 떠나서는 우리에게 알려질 수 없다는 말이고, 우리가 신학의 목표로 삼는 하나님을 아는 지식은 하나님이 말씀 안에서 자신에 대해 계시하신 하나님에 대한 지식을 옮겨 적은 것일 수밖에 없다는 말이다.

하나님에 대한 학문으로서의 신학

[7] 우리의 과제는 기독교의 지식 전체를 그것이 복음적 신앙(evangelical faith)에서 전개되어나온 방식과 일치하게 표현하는 일이다. 우리가 살피고 요약하는 하나님에 대한 지식은 언제나 신앙의 지식이어야 한다. 동시에 우리는 하나님이 자신을 계시하시되, 신앙을 통해 그 계시로부터 하나님을 아는 지식을 터득할 수 있는 방식으로 자신을 계시하셨다고 주장한다. 더욱이 하나님의 계시가 하나님에 대한 참된 지식을 포함한다면, 그것은 학문적으로 사유될 수 있을 뿐 아니라 하나의 체계로 요약될 수 있다. 신학자는 시종일관 하나님의 계시에 묶여 있으며, 새로운 진리를 생산해내는 것이 아니다. 신학자는 사유하는 사람으로서 하나님이 주신 진리를 재현할 뿐이다. 계시는 구원 얻는 신앙을 통해서만 받아들이고 소유할 수 있는 것이기 때문에, 교의신학자에게는 이 작업의 시작에서부터 진행과 마무리에 이르기까지 신자로서 작업하는 자세가 절대적으로 요구된다. 기독교 신학자는 결코 기독교 신앙보다 더 높은 지식에 이를 수 없다. 하나님에 대한 참된 신앙 지식이 존재하기 때문에, 교의신학은 하나님에 대한 지식을 그 탐구 내용의 일부분으로 삼으면서 스스로를 학문이라고 정당하게 주장할 수 있는 것이다.

이것은 오늘날 많은 그리스도인에게 이상하게 여겨질 것이다. 왜냐하면 많은 이들이 "학문"(science, 또는 "과학")이라고 하면, 물리학, 화학, 생물학, 지질학 같은 자연과학(natural science)을 생각하기 때문이다. 바로 이것이 우리가 가진 문제, 즉 경험주의(empiricism)와 자연주의(naturalism)의 횡포다.[14] 물리학 같은 "가장 엄밀한" 학문도 다소의 주관성을 포함하고 있음이 점점 더 분명해지고 있다. 어떤 사람이 가진 선험적인(*a priori*) 종교적·철학적 헌신이 무엇을 "사실"(facts)로 받아들일지를 좌우한다. 물론 이것은 우리가 본다고 믿는 것, 그리고 우리가 보았다고 생각하는 것이 자의적인 변덕에 의해 지배된다는 말은 아니다. 회의주의는 맹신만큼이나 부적절하다. 동시에 전적으로 초연한 과학적 객관성도 신화에 불과하다. 과학자가 가지는 모든 주관성에 대해 침묵한 채, 종교적·도덕적 확신과 같은 신앙이나 형이상학과 철학이 과학 연구에 미치는 영향을 부인하는 것은 부질없는 일이다. 설사 그것을 시도한다 할지라도 결코 성공하지 못할 것이다. 왜냐하면 학자와 사람은 결코 분리될 수 없기 때문이다.

[8] 이것을 염두에 둘 때 우리가 교의신학을 하나님에 대한 학문(science)이라고 말하는 것은 지극히 정당하다고 말할 수 있으며, 하나님에 대한 지식을 체계화하는 데 반대가 있을 수 없다.[15] 여기서 말하는 "체계"는 해당 분야의 지식을 이해 가능하고, 일관성 있고, 의미 있고, 질서 있는 전체로 묶는 일반적 학문 활동을 의미한다. 여러 진영에서 "체계" 개념에 대한 반대가 일어났다. 특히 시인과 문학비평가들이 조직신학 또는 교의신학에서 요청되는 추상적 개념에 반대한다. 그들의 전형적인 비판은 이런 것이다. "성경은 조직신학 책으로 기록되지 않았다.…[오히려 내러티브

---

14) 편집자 주—"자연주의"(또는 "물질주의"[materialism])와 손잡은 "경험주의"는 자연적·물질적 실재가 알 수 있는 전부고, 감각들을 통해서만 알 수 있다는 신념이다.

15) 편집자 주—아주 단순한 차원에서 교의신학의 학문적인 성격은 "신학자도 역시 각주를 사용한다"는 사실을 지적함으로써 변호될 수 있다. "학문적"(scientific)이라는 말은, 부당한 비방을 많이 받은 용어인 "스콜라주의"(Scholasticism)처럼, 해당 분야의 내용을 다루는 형식적인(formal) 방법을 가리키는 것이지, 내용을 결정한다는 의미는 아니다. 뒤에 나오는 각주 19를 보라.

로]…이미지와 이야기를 사용해 기록되었다."[16]

우리는 때로 이런 불평이 정당하다는 사실을 인정해야 한다. 서투르게 표현된 신학은 추상적이고, 생기 없고, 지적으로 무미건조해 보일 수 있다. 그러나 오용이나 남용이 모든 사용을 무효화하지는 않는다. 교의신학은 어떤 선험적 원리, 예들 들어 종교의 본질이나 기독교의 본질, 중생의 사실, 또는 경건의 경험으로부터 신앙의 진리를 끌어내려 해서는 안 된다. 이것은 사변이고 우리는 당연히 그것에 반대해야 한다. 교의신학은 모든 자료를 계시로부터 모으는 실증적 학문이기 때문에, 계시와 무관한 사변으로 계시의 내용을 바꾸거나 확장할 권리를 갖고 있지 않다. 신학자가 자신의 한계나 연약함 때문에, (체계적으로 서로 조화가 안 되는) 신앙의 진리들을 그대로 놓아둘지 또는 그중 하나를 정당하게 다루는 데 실패하면서까지 체계적 형식을 고수해야 할지 선택해야 하는 상황에 직면할 때, 우리는 체계를 포기해야 한다.[17] 신학자는 체계가 지배하게 하려는 유혹에 저항해야 한다. 그러나 이런 딜레마는 신학자가 유한하고 제한적이기 때문에 발생하는 일이다. 하나님 안에는 어떤 갈등도 존재하지 않는다. 하나님의 생각들은 서로 반대될 수 없고, 필연적으로 유기적인 통일체다. 신학자들의 피할 수 없는 임무는 "하나님의 생각들"을 하나님을 따라 생각하고, 그것들의 통일성을 추적하고 마음으로 받아들이는 것, 그리고 신학 작업을 통해 그것을 진술하는 일이다. 신학자의 유일한 책임은 하나님의 생각들을 하나님을 따라 생각하는 일, 그리고 하나님의 생각들에 객관적으로 존재

---

16) 편집자 주—Luci Shaw, "Reversing Entropy," *Image: A Journal of the Arts* 41, no. 4 (Winter 2003-4): 96.

17) 편집자 주—네덜란드의 개혁파 신학자 Hendrikus Berkhof는 이런 "체계"의 한계를 잘 포착해서, 자신의 책 *Christian Faith: An Introduction to the Study of the Faith*, trans. Sierd Woudstra (Grand Rapids: Eerdmans, 1979)의 서두에 Alfred Tennyson의 시를 인용하며 표현했다. "우리의 하찮은 체계들에는 그것들의 때가 있고 / 그때가 지나면 소멸하리 / 그것들은 당신의 빛이 깨어진 것에 불과하오니 / 오 주님, 주님은 그것들보다 크십니다."

하는, 그리고 신앙의 눈으로 발견하도록 성경에 보전되어 있는 통일성을 재현하는 일이다.

신학자의 임무는 종의 임무고, 모든 학문적 작업이 그런 것처럼 겸손을 요구한다. 신학자의 자신감은 하나님이 말씀하셨다는 것에 대한 확신에서 나온다. 따라서 신학자는 자신의 자리를 신앙 공동체 안에 두며, 성경에 복종하여 하나님의 계시를 다루는 것이 엄청난 특권과 영예임을 인정한다. 하나님에 대한 지식은 하나님의 말씀에 담겨서 교회에 주어졌다. 교회의 임무는 하나님에 대한 지식을 세상에 선포하는 것이고, 그렇기 때문에 모든 신자의 소명에는 지식을 초월하는 그리스도의 사랑을 아는 일과 그 지식을 통해 신앙을 심화하는 일이 포함되어 있다. 그렇게 함으로써, 만물의 목적이 그런 것처럼 신학의 최종 목적도 주님의 이름을 영화롭게 하는 것이 되도록 만들려는 것이다. 신학은 주님을 위해 존재한다.

[11-12] 신학의 진리는 신앙의 반대자들에 맞서 변호되어야 할 뿐만 아니라(변증학), 그리스도인의 제자된 삶에도 적용되어야 한다(윤리학). 신학적 윤리학은 교의신학과 분리될 수 없다. 그리스도 안에서 회복된 사람인 우리는 자신의 행실을 지배해야 한다. 우리는 생명과 구원에 대해 하나님께 전적으로 의존적이지만, 동시에 언제나 책임 있는 행위자다. 교의신학은 하나님이 우리를 위해, 우리 안에 행하신 일들을 서술하는 것인 반면에, 신학적 윤리학은 우리를 위해, 우리 안에서 하나님이 사랑과 은혜로 역사하시는 것을 체험한 사람들이 무엇을 행해야 할 것인지 설명한다. 따라서 교의신학은 신조(creed)—하나님이 행하신 일을 고백하는—와 밀접한 관련이 있고, 신학적 윤리학은 하나님의 교훈과 계명을 다룬다. 교의신학은 하나님에 대한 지식의 체계고, 윤리학은 하나님을 섬기는 일의 체계다.

[13] 교의신학을 구성하는 재료는 성경, 교회의 가르침, 그리고 그리스도인의 경험에서 나온다. 처음부터 성경이 신앙의 척도이자 모든 신학의 토대였다. 구약성경과 사도들의 글들 모두 그리스도의 교회에서 권위를

가지면서 지식의 원천으로 간주되었다. 교리는 그리스도와 사도들이 가르친 것이고, 성경은 교회의 신앙고백과 교리를 지배하는 신앙의 척도(*regula fidei*)였다. 고대로부터 교회의 교리를 위한 가장 중요한 증거는 성경의 증거였다. 말이나 글로 된 사도들의 증언과 가르침은 예수 그리스도에 대한 진리를 판별하는 기준이었고, 이것이 기독교회의 정경(canon)을 형성했다.

사도 이후 세대들이 세례 의식, 신앙의 진술, 행실에 관한 목회적 지침들을 발전시킴에 따라, 방대한 속사도 문헌들은 교회의 신앙 규범 중에서 중요한 부분이 되었다.[18] 교회가 더 넓은 세상으로 퍼져나가고 관여하게 됨에 따라, 거짓된 가르침에 맞서 신앙의 규범을 명료하게 하고 강화시키는 일이 필요해졌다. 광범위한 분파와 이단에 맞서기 위해 교회에 강력한 지도력이 필요했고, 필요에 의해 주교들(bishops)이 점차 사도적 가르침의 수호자 역할을 떠맡게 되었다. 그로 말미암아 주교들이 곧 사도들의 합법적인 계승자이며, 그리고 그들에게 주어진 "진리의 은혜"(grace of truth)라는 덕이 그들로 하여금 무엇이 순수하고 사도적인 기독교 진리인지를 결정할 수 있도록 권한을 부여했기 때문에, 그들이 기독교 진리의 담지자라는 생각이 표면으로 부상하게 되었다. 이런 과정을 거치면서 주교들의 가르침이 "진리의 규범"(rule of truth)이 되었고, 성경의 권위는 점차 희미해졌다.

[14] 성경의 평가절하에 대한 저항이 중세 시대에 시작되었고, 종교개혁 시대에 꽃을 피웠다. 개신교는 전통을 성경 위에 놓으려는 시도들에 거듭 저항하면서 교회가 다시금 성경에 닻을 내리게 하기 위해 애썼다. 기독교 신학의 역사를 보면, 소위 "스콜라적"(Scholastic) 신학에 반대하는 단순하고, 실천적이고, 성경적인 기독교에 대한 호소가 여러 번 있었다.[19] 이런

---

18) 여기에는 *Didache, Shepherd of Hermas, Letter to Diognetus* 같은 글들, 그리고 Ignatius (ca. AD 35-107), Justin Martyr (AD 110-165), Irenaeus (AD 120-202) 같은 속사도 교부(Apostolic Fathers, 또는 사도 교부)의 저술들이 포함된다.

19) 편집자 주—"스콜라주의"(Scholasticism)는 무미건조한 지성주의와 "죽은 정통"을 비난하는 말로 사용된다. 이런 견해에 대한 요약과 비판에 대해서는 Calvin Theological

노력들은 그 의도에 있어서는 칭찬할 만하지만, 종교개혁 이후 시기의 "성경신학"(biblical theology)에 대한 이러한 열정이 경건주의와 이성주의의 영향을 받아 교회의 신앙고백에 반대하는 구호가 되기도 했음을 간과해서는 안 된다. 전통을 성경보다 높이는 것은 잘못이다. 하지만 교회의 전통을 폄하하거나 무시하기 위해 성경을 사용하는 것도 잘못이다. 좋은 교회 전통은 다름 아니라, 교회로 하여금 스스로를 성령과 사도적 증언 및 가르침에 의해 창조된 그리스도의 몸으로 이해하도록 하는 데 토대가 되는, 성경에 대한 교회의 이해를 뜻한다. 성경과 교회의 가르침을 대립시키는 것은 마음과 생각, 감정과 지식을 분리시키는 것만큼이나 잘못이다. 교의신학이 가진 유일한 목적은 성경에 담겨 있는 하나님의 생각들을 진술하는 것이다.

[15-17] "성경적"이라는 수식어가 붙은 모든 것이 반드시 사도적 전통에 충실하고 신학적으로 유익한 것은 아니다. 경건주의는 교리에 담긴 기독교의 진리를 도외시하고 그리스도인의 주관적 경험으로 그 관심을 돌렸는데, 이것은 근대철학이 주관적 실재로 방향을 전환하면서 객관적 실재에서 멀어지게 하는 길을 열었다. 데카르트(René Descartes, 1596-1650), 칸트(Immanuel Kant, 1724-1804), 헤겔(Georg Wilhelm Friedrich Hegel, 1770-1831) 같은 철학자, 그리고 슐라이어마허(Friedrich Schleiermacher, 1768-1834)와 리츨(Albrecht Ritschl, 1822-89) 같은 신학자에게는 지식이 아니라 주관적 경험이 신학의 토대가 되었는데, 이들에게는 이미 신학 자체가 과학과 형이상학으로부터 분리된 것이었다. 그리스도인의 의식을 신학의 출

Seminary에 의해 출판된 Richard A. Muller, "Scholasticism and Orthodoxy in the Reformed Tradition: An Attempt at Definition," Inaugural Address, Calvin Theological Seminary, September 7, 1995를 보라. 바른 이해에 따르면 "스콜라주의"는 방법론, 특히 학교에서의 방법론을 가리킨다. 참조. Richard A. Muller, *Post-Reformation Reformed Dogmatics*, vol. 1, Prolegomena to Theology, 2nd ed. (Grand Rapids: Baker Academic, 2003), 34-37.

발점으로 삼으면서, 신학의 기초를 도덕(Kant와 Ritschl)이나 절대 의존 감정(Schleiermacher), 혹은 세계정신의 전개(Hegel)에 두려는 시도가 있었다. 신학 분과들의 객관성을 유지하기 위해 종교, 종교의 역사, 심리학에 대한 과학적 연구를 강조하는 쪽으로 방향의 변화가 있었다. 세계의 다른 종교들과 마찬가지로, 기독교 역시 역사적·비평적 검토의 대상이 되었다.[20] 예를 들어 만일 기독교가 타 종교보다 우월하다고 결론을 내리려면, 그 근거들은 실증적이고 역사적이어야 했다. 신적 계시에 호소하는 것은 전혀 허용되지 않았다.

[18] 이러한 접근법에는 심각한 어려움들이 있다. 물론 기독교를 포함하여 다양한 종교적 전통들에 대한 그런 실증적인 연구를 반대할 이유는 없다. 신앙이 가진 역사적·사회적·심리학적 측면을 살펴봄으로써 많은 것을 얻을 수 있는데, 이는 기독교 교의신학에 있어서도 마찬가지다. 회심, 신앙, 기도, 헌신, 황홀경, 명상 등의 종교 현상을 관찰하는 것은 유익할 뿐만 아니라 흥미로운 일이다.[21] 그뿐 아니라, 교의에 관한 저술에서 신앙고백적 요소와 문화적 요소를 간과하거나 부인하는 것도 잘못이다. 교회 교육의 편향성과 환경적 맥락들로부터 자유로운 사람은 아무도 없다. 우리는 항상 교회 교육을 포함하는 다양한 배경의 산물이다. 하지만 이런 요소들을 과장해서 신학이 과학적 방법론("종교사" 또는 "종교 심리학")만을 교

---

20) 여기서 핵심적인 인물은 독일의 신학자이며 철학자인 Ernst Troeltsch (1865-1923)다. 편집자 주—이 주제에 대한 좀 더 상세한 논의를 위해 Herman Bavinck, *Essays on Religion, Science and Society*, 특히 1장과 3장을 보라.

21) 편집자 주—Herman Bavinck, *The Philosophy of Revelation* (New York: Longmans, Green, 1909; repr., Grand Rapids: Eerdmans, 1953; Grand Rapids: Baker Academic, 1979), 209를 보라. 여기서 바빙크는 기독교 교의신학이 "특히 구원의 서정(*ordo salutis*) 교리에서 더 심리학적이 되어야 한다"고 제안한다. 바빙크는 H. Bavinck, *Reformed Dogmatics*, ed. John Bolt (Grand Rapids: Baker Academic, 2003-2008), III, 556-4 (##426-427a)에서, 자신의 제안에 따라 회심을 청소년의 성심리학적인 발달과 관련해서 탁월하게 분석했다.『개혁교의학』(부흥과개혁사 역간).

의신학의 유일한 합법적 방법론으로 사용하는 기술 작업인 것처럼 축소하는 것은 심각한 잘못이다.

아무런 전제가 없는 학문, 순수한 객관성은 어떤 연구에서도, 심지어 물리학이나 자연과학에서도 불가능하다. 인간 영혼의 가장 깊은 갈망과 표출을 다루는 학문들은 특히 더 그렇다. 종교적 감수성과 확신이 부족한 연구자는 종교를 연구하는 데 약점을 갖고 있는 것이다. 마치 음을 구별할 줄 모르는 사람이 음악평론가인 것처럼 말이다. 여기에는 다음과 같은 개인적 확신들이 개입할 여지가 있다. "진정한" 또는 "좋은" 종교의 기준을 어떻게 정할 것인가? 사람들 스스로 기준을 정하는 것은 사실상 불가능하다. 이 일을 책임 있게 수행하기 위해서는 신적 계시가 필요하다. 종교가 무엇인지, 좋은 종교가 어떤 것인지, 종교의 왜곡이 무엇인지에 대한 나름의 생각이 없이 세계의 종교들을 연구하는 사람은 없다. 그 누구도 종교 연구에 완전히 중립적인 태도를 견지할 수 없고, 모든 종교를 똑같은 것으로 다룰 수도 없다. 어느 지점에 이르러서는 연구자 자신의 종교적 관련성이 분명해질 것이다.

기독교의 경험적 자료만으로 권위 있는 신학을 만들어내려고 시도하는 이들은 자신의 작업이 불가능함을 인정할 때가 되었다. 물론 학문에서 경험적이고자 하는 것, 다시 말해 추상적인 관념이 아니라 실제로 경험하고 살아가는 사실에 기초한 기독교 공동체의 구체성으로부터 흘러나오는 교의신학에 도달하려고 애쓰는 것은 칭찬할 만한 목표다. 그러나 역사적·과학적 연구와 심리학적 연구가 채택한 방법으로는 이 목표에 도달하지 못하고, 도달할 수도 없다. 학자들이 역사적·심리학적으로 종교가 어떻게 생겨나고, 성장하고, 발전하고, 쇠퇴하는지 보여줄 수 있다고 가정해보자. 비록 그들이 현재까지는 그것을 보여주지 못했고, 앞으로도 결코 보여줄 수 없겠지만 말이다. 필요하다면 그들로 하여금 종교가 최상위의 문화적 힘이고 미래에도 그 위치를 유지할 것임을 통계적으로 증명해내도록 해보자. 그런데 이러한 작업들을 통해 종교가 진리에 기초하며 그 배후에 보이지 않는 실재가 있다는 결론이 도출될 수 있는가? 달리 말해, 신에 대한 믿음이 보편적이라는 점과 무신론이 이례적이고 직관에 반하는 것임을 그들로 하여금 증명해내도록 해보자. 그렇게 할지라도 다음과 같은 질문은 불가피하다. 신은 정말로 존재하는가? 아니면 신에 대한 믿음은 아이들에게 유용하지만 어른이 되어서는 필요가 없어지는 신화적 존재인 이빨 요정(tooth fairy)에 대한 믿음과 다를 바가 없는가? 이 질문에 대한 답은 경험적인 연구만으로는 얻을 수 없다. 다른 경로를 통해 이러한 확신을 얻지 못한 사람은 분명히 종교사학파(history-of-religions)의 방법과 심리학적 방법으로도 이러한 확신에 이르지 못할 것이다. 종교가 흥미로운 현상—마녀와 유령에 대한 믿음과 비슷한 것—에 불과한 것이 아니라 진리라는 확신, 그리고 하나님이 존재하시고 자신을 계시하시고 인간에게 알려질 수 있는 분이라는 확신을 이미 다른 근원을 통해 얻은 사람만이 형이상학과 종교철학에 이를 수 있다. 종교와 신앙이 신학적 설명에 선행해야 한다. 신학자는 신앙의 사람이어야 하고, 신앙의 사람에게 신학을 위한 첫걸음은 계시를 인정하는 것이다.

확실성의 문제: 교회와 성경

[19] 지금까지 논의한 것으로 볼 때, 교의신학의 방법론은 종교, 특히 기독교가 자연과학과 같은 학문이 확실성에 이르기 위해 일반적으로 취하는 방식 이외에 다른 방식을 가지고 있는가의 여부에 의해 결정되는 것임이 분명하다. 신학은 다른 학문으로부터 어느 정도의 독립성을 유지하고 있는가? 종교적 확실성은 인간의 보편적 확실성과 유사점들을 보여주면서도 자기 나름의 독특성을 갖고 있는 것인가?[22] 이 문제는 후에 계시와

---

22) 편집자 주—신앙의 확실성을 다른 종류의 확실성과의 관련성 속에서 분명하고 이해하기 쉽게 다룬 논의로는 Herman Bavinck, *The Certainty of Faith*, trans. H. der

신앙을 고찰할 때 좀 더 상세히 다루겠지만,[23] 여기서 몇 가지를 언급하는 것이 도움이 될 것이다.

인간의 폭넓은 감각과 앎에는 다양한 종류, 다양한 정도의 확실성이 있다는 것은 분명하다. 개인적 관찰에 의한 확실성이 있다. 우리는 눈으로 보고 귀로 듣고 손으로 만지는 것에 대해 절대적으로 확신한다. 또한 직관적인 확실성이 있다. 이것은 우리 정신의 고유한 구성에 의해, 어떤 강제도 없이 이성적 반성 이전에 저절로 갑작스럽게 얻게 되는 확신이다. 예를 들어 우리가 직관적으로 증명 없이 받아들이는 것들이 있다. 직선은 두 지점 사이의 가장 짧은 거리라는 것, 감각적 인식이 우리를 속이지 않는다는 것, 우리 외부의 세계가 실제로 존재한다는 것, 논리법칙이 신뢰할 만하다는 것, 참과 거짓, 선과 악, 옳고 그름, 아름다움과 추함이 다르다는 것 등이 여기 포함된다. 그 외에도 믿을 만한 사람의 증언에 기초한 확실성이 있다. 이것은 가장 중요한 것으로 일상생활과 역사 연구에서 우리가 갖고 있는 지식의 상당 부분이 이 확실성에 의해 확장된다. 마지막으로 추론에 근거하고 증거에 의해 뒷받침됨으로써 얻는 확실성이 있다. 우리는 다양한 학문 분야를 포함하는 방대한 인간 지식의 각축장에서 서로 다른 증거들과 다양한 수준의 확실성을 직면하게 될 것이다. 연인은 결혼을 약속하기에 앞서 수학적 확실성을 구하지 않는다. 일반적으로 사람은 먹을 음식에 독이 없다는 사실을 화학적으로 증명할 것을 요구하지 않는다. 모든 학문에 대해 동일하게 강력한 종류의 확실성을 요구할 수는 없다. 수학에서 얻을 수 있는 확실성은 자연과학에서 얻을 수 있는 것과 다르고, 그것은 또한 역사, 도덕, 법, 철학 등에서 얻을 수 있는 것과 다르다.

그렇다면 종교는 어떠한가? 종교적 확실성이 우리의 감각에서 비롯된 것으로 축소되거나, 또는 우리의 감각 경험으로부터 수학적·논리적으로

Nederlanden (Jordan Station, ON: Paideia, 1980)을 보라.
23) 편집자 주—아래의 4, 6장을 보라.

연역된 것으로 간주될 수 없다는 것은 명백하다. 만약 신이 존재하고 그분이 참 하나님이라면, 그분은 당연히 우리의 감각과 추론으로 포괄할 수 없는 분이어야 할 것이다. 우리의 뜻대로 소환되고 우리의 통제 아래 있는, 우리 마음대로 접근할 수 있는 신은 하나님이라고 불릴 수 없다. 종교는 그 나름의 고유한 성격을 지니며, 따라서 철학적 지식이 있는 자들뿐만 아니라 단순하고 복잡하지 않은 사람들도 접근 가능한 나름의 고유한 확실성을 갖고 있어야 한다. 하나님에 대한 우리의 적합성(aptitude)은 추상적 개념과 추론을 위한 우리의 지적 능력에 좌우될 수 없다. 만일 흔히 말해지는 것처럼 신앙이라는 것이 마음을 다하고 뜻을 다하고 힘을 다하여 하나님을 사랑하고 섬기는 것이라면, 그것은 계시, 즉 하나님의 권위로부터 오는 하나님의 말씀에 기초해야 한다. 신적 권위는 종교의 토대이고, 따라서 신학의 원천이며 기초이기도 하다. 이 모든 것이 종교의 개념과 본질에 당연히 내포되어 있다.

기독교는 이런 기준들을 다 충족시킨다. 기독교는 하나님이 일반계시와 특별계시를 통해 자신을 자연과 역사, 그리고 특히 중점적으로 그리스도 안에서 객관적으로 계시하신다고 주장한다. 기독교는 보편적 유효성을 주장하면서도 또한 자신을 위해 구별된 자리를 요구한다. 주관적 측면에서 기독교는 인류가 하나님의 형상대로 창조되었으며, 타락 후에도 신적 기원, 본성, 목적을 잊을 수도 없고 지울 수도 없다는 사실에 호소하고 있다. 이와 동시에 기독교는 인간이 자연적으로는 하나님의 성령의 일들을 알 수 없으며(고전 2:14), 하나님의 계시를 이해하고 하나님의 말씀이 가진 권위에 순복하기 위해서는 거듭나고 갱신되어야 한다고 말한다. 우리는 기독교가 다른 종교와 다를 바 없으며 종교적 진리에 이르는 길이 다양하다고 믿든지, 아니면 그리스도 안에서 계시된 하나님이 최고의 신이시며 보편적 신앙을 요구하신다고 믿든지 둘 중 하나를 택해야만 한다. 전자를 선택하는 사람은 더 이상 기독교 신학에 대한 책을 쓸 자격도, 능력도 없다. 교의신학자가 신앙의 영역 안에 머물 때만 그의 작업이 참된 것일 수 있다.

[20-21] 신학자가 하나님의 실재를 논하기 위해서는 먼저 하나님이 말씀하셔야만 한다. 신학이 진정한 지식을 다루는 것이 되려면 하나님이 알려질 수 있는 분이어야 하고, 하나님이 자신을 알려주셨어야 하며, 창조된 인간에게 하나님을 알 수 있는 능력이 있어야 한다. 신학이 참된 것이 되기 위해서는 신학자의 신앙에 토대를 제공하는 종교가 참이어야 하고, 또한 신학자의 신앙이 진실해야만 한다. 참된 종교에는 지식과 확실성에 이르는 나름의 구별된 길이 있다. 기독교 신학자들은 스스로를 신앙의 영역 안에 자리매김해야 하고, 교회의 전통과 개인적 경험을 사용하면서도 계시의 현실에 서 있어야 한다. 신학자는 계시에 묶여 있어야 하고, 교회의 신앙고백을 진지하게 받아들이는 동시에 기독교 신앙을 개인적으로 소유해야 한다. 이것이 바로 우리를 자유하게 하는 실재다. 이것이 마르틴 루터 같은 영웅적 인물들로 하여금 교회의 거짓된 가르침과 잘못된 행위에 맞서도록 만들어주었다. 우리는 사람보다 하나님께 순종해야 한다.

기독교 신학자가 계시에 근거한 신앙을 토대로 삼아야 한다고 했는데, 그렇다면 계시는 어디에서 발견되는가? 우리는 세 가지 요인—성경, 교회, 그리스도인의 의식—을 고려해야 하는데, 이 세 가지가 연달아서, 또는 함께 결합하여 기독교 신학의 원천으로 사용되었다. 종교개혁은 성경으로 되돌아가서, 고대 기독교회와 더불어 그것을 신학의 유일한 토대로 받아들였다. 로마는 전통을 존중하여 그것을 성경 옆에 두려는 경향을 가졌고, 이성주의자와 신비주의자는 모두 자신들의 신학 내용을 종교적 주체에게서 도출했다. 슐라이어마허 이래로 근대신학자들뿐만 아니라 정통신학자들에게서도 신학의 상당 부분은 의식(consciousness)의 신학으로 전환되었다. 이것은 많은 복음주의적 그리스도인들이 "예수와의 개인적 관계"를 강조하는 것에서도 드러나는데, 그것은 때때로 "머리로 아는 지식", 즉 교리와 신학에 대조되는 것으로 제시된다.

이것은 기껏해야 절반의 진실이다. 과거에나 지금이나 좋은 신학은 인격적인 것이며 또 앞으로도 그래야 한다는 것은 너무나 자명한 사실이기 때문에 굳이 언급하거나 요청할 필요조차 없는 것이다. 계시 안에 주어진 하나님에 대한 지식은 추상적이거나 비인격적인 것이 아니라 생생하고 인격적인 신앙의 지식이다. 성경에 담긴 객관적 계시는 성령의 선물인 주관적 조명을 통해 완성되어야만 한다. 게다가 교의신학을 포함한 모든 학문 작업은 저자의 흔적을 담고 있다. 교의신학 작업이 단순한 역사적 설명이 아니라 우리가 무엇을 믿어야 할지를 진술하는 작업이라는 바로 그 이유 때문에, 저자의 개성이 영향을 끼치는 것은 피할 수 없다. 그러나 이것은 신학자가 모든 객관적 통제에서 해방된다는 말이 전혀 아니다. 교리신학이 개인적이어야 한다는 기대는 신앙의 내용이 중요하지 않다는 식의 변덕이나 자의성으로 이어져서는 안 된다. 하나님의 뜻은 우리가 생각으로도 하나님을 사랑하고, 또한 하나님께 합당한 방식으로 그분을 생각하는 것이다. 바로 이를 위해 하나님이 자신을 계시하셨는데, 이 계시에 교의학이 전적으로 묶여 있다. 다른 모든 학문이 그 연구하는 대상에 묶여 있는 것처럼 말이다. 만일 어떤 신학 작업이 한 사람의 개인적 신앙을 표현한 주관적인 것으로 드러난다면, 그것은 더 이상 기독교 교의신학으로 간주될 수 없다. 교의학은 신적 계시가 가진 권위에 의존하고 또 그 계시를 내용으로 전개하기 때문에, 신적 계시가 존재해야만 교의학도 존재할 수 있다.

기독교 신학의 내용을 알게 되는 방식과 일반적인 대상을 알게 되는 방식에는 유사성이 있다. 우리는 우리가 속한 환경의 산물이며, 이는 종교의 영역에서도 마찬가지다. 우리는 우리를 기르고 양육하는 이들로부터 종교적 관념과 인상을 받아들이며, 또한 우리가 살아가는 영역에 항상 묶여 있다. 삶의 어떤 영역에서도 지성과 감성, 이성과 양심, 감정과 상상력은 진리의 원천이 아니라, 단지 진리를 인식하고 수용하는 기관들일 뿐이다. 우리는 우리 외부에 존재하는, 우리보다 더 큰 진리의 수납자들일 뿐이다. 우리는 우리 자신을 창조하지 않았으며, 우리가 살아가는 세계도 우리가 창조한 것이 아니다. 우리 몸이 물리적으로 자연에 매여 있고 자연에서 먹을 것과 마실 것, 쉼터와 입을 것을 얻어야 하는 것처럼, 우리는 정신적으로도—예술, 과학, 종교, 도덕의 영역에서—외부 세계에 의존한다. 요컨대 우리는 결코 자율적(autonomous)이지 않다.

우리가 스스로에 대해 극단적인 자율을 요구하게 되면 우리는 필연적으로 이신론(deism)이나 범신론(pantheism)에 빠지고 만다. 이신론은 사람을 신과 세상으로부터 독립된 존재로 만들 뿐 아니라 이성의 완전충족성을 설파하고, 결국 이성주의로 귀결된다. 반면에 범신론은 신이 사람 안에서 자신을 계시하고 자기의식에 도달한다고 가르침으로써 신비주의를 조장한다. 두 이론 모두 객관적 진리를 파괴하고, 이성과 감정, 즉 지성과 감성의 활동에 대해 방임주의적 태도를 취함으로써 결국 불신앙이나 미신으로 변질되고 만다. 이성은 모든 계시를 비판하여 사멸시키고, 감정은 우리에게 세상을 우리가 원하는 대로 그려내고 우리가 옳다고 생각하는 것을 교리라고 주장할 권리를 부여한다. 그러나 주목할 만한 사실은, 성경이 결코 사람을 종교적 진리에 대한 인식의 원천(source)과 기준(standard)으로 인정하지 않는다는 것이다. 어떻게 그럴 수 있겠는가? 우리는 날 때부터 소경된 자이고, 우리 마음의 생각은 부패해 있다. 성경은 진리의 지식을 위해 언제나 객관적 계시, 즉 하나님으로부터 비롯된 말씀과 교훈에 주목하도록 한다(신 4:1; 사 8:20; 요 5:39; 딤후 3:15; 벧후 1:19 등). 객관적 진리가 신앙에 의해 개인에게 수용된 이후에도, 그 신앙은 샘처럼 생명의 물을 자체적으로 내보내는 것이 아니라 다만 수로처럼 다른 근원에서 나오는 물을 우리에게 전달할 뿐이다.

[22] 이런 점을 고려할 때, 신학을 하는 올바른 방법은 "성경적 신학"을 전개하는 것이라고 생각될 수도 있다. 자신들의 신학 작업은 단지 성경의 가르침들을 요약하는 것일 뿐이라고 주장하는 사람들이 있다.[24] 그러

---

24) 편집자 주—Charles Hodge가 신학자의 임무를 "[성경의 진리들을] 수집하고, 진정성을 입증하고, 배열하고, 서로가 내적으로 갖는 관계성 속에서 드러내는" 것이라고 정

나 이런 정의는 방법론적 자각을 결여하고 있다. 성경에 대해 어떤 선입견도 갖지 않고, 성경의 내용을 완전무결하게 정확하고 객관적인 방식으로 재생산할 수 있는 사람은 아무도 없다. 모든 신자와 신학자는 무엇보다 먼저 자신의 종교적 확신을 신앙 공동체로부터 전수받은 후에, 그것을 배경으로 계시의 내용에 대한 특정한 이해를 첨가하고, 자신의 교회가 제공하는 안경을 끼고서 성경을 본다. 모든 신학자는 의식적으로 또는 무의식적으로 자신이 태어나고 양육을 받은 기독교 신앙의 전통에 서서, 즉 개혁파나 루터파, 또는 로마 가톨릭 신자로서 성경을 대한다. 이런 측면에서도 우리가 처한 환경은 단순히 떨쳐버릴 수 있는 것이 아니다. 우리는 언제나 시대의 자녀고, 환경의 산물이다. 모든 신학 교과서에는 저자의 개인적 관점과 교회적 관점이 반영되어 있고, 이것은 불가피한 일이다. 더 순수하게 "성경적"이기 위해서 기독교 전통을 초월하려고 시도하는 신학자들은 일반적으로 그들 나름의 "새로운" 전통들, 즉 교회의 전통을 솔직하게 인정하는 신학자에 비해 조금도 객관적(또는 "성경적")일 것이 없는 자기 나름의 전통을 만들어내는 데 그쳤다. 오히려 그들이 만들어낸 새로운 전통들은 그들이 거부한 전통만큼 지속적이지도 못했다. 역설적이게도, 교회 전통이 성경에 대해 말하는 것이 일반적으로 성경에 더 충실했다.

성경을 우리에게 특정한 질문들이 있을 때 참조해야 하는 법률문서로 취급하는 것은 잘못이다. 성경은 여러 저자가 서로 다른 시기에 다양한 내용을 기록한 많은 책들로 이루어져 있다. 성경은 살아 있는 전체로서, 추상적이지 않고 유기적이다. 성경이 우리에게 주어진 이유는 책에 기록된 정확한 단어와 구절을 그저 앵무새처럼 반복하라는 것이 아니라, 우리가 자유롭고 사려 깊은 하나님의 자녀로서 성경이라는 하나의 유기체를 통해 하나님의 방식대로 하나님에 대해 생각하게 하려는 것이다. 이 벅찬 과

의한 것은 이런 입장을 대변한다고 말할 수 있다. C. Hodge, *Systematic Theology*, 3 vols. (New York: Charles Scribner's Sons, 1888), I, 1; 뒤에 나오는 각주 27도 보라.

제를 홀로 수행할 수 있는 사람은 아무도 없다. 이 과제를 위해 교회가 지명되었고, 교회에게는 성령이 모든 진리 가운데로 인도하시리라는 약속이 주어졌는데, 이 과제는 오랜 세월에 걸쳐 수행되고 있다. 자신을 교회로부터, 다시 말해 전체 기독교와 모든 교리의 역사로부터 단절시키는 것은 기독교 신앙의 진리를 잃는 것이다. 그런 사람은 나무에서 분리되어 말라 죽어가는 가지나, 몸에서 잘려나가 썩기만을 기다리는 팔다리와 마찬가지다. 우리는 오직 성도의 교제 안에서만 그리스도의 사랑이 갖는 길이와 너비, 깊이와 높이를 이해할 수 있다(엡 3:18). 성경신학과 교의신학을 분리시켜서, 마치 하나는 성경의 내용을 재현하고 다른 하나는 교회의 교리들을 재진술하는 것처럼 생각해서는 안 된다. 교의신학의 유일한 사명은 하나님이 성경에 담아놓으신 하나님의 생각을 설명하는 것이다.

교의신학은 이것을 학문적인 양식(style)으로, 학문적인 형태(form)를 빌려서, 학문적인 방법(method)에 준하여 수행한다. 이런 의미에서 지난 세기들의 개혁파 신학자들은 좀 더 기초적인 교회의 교리문답과 구분되는, 소위 스콜라적인 신학의 정당성을 변호했다. 그들은 이런 방식으로 신앙과 신학, 교회와 학교의 통일성과 유대를 유지하면서, 동시에 신학의 학문성을 고수하고자 했다. 비록 하나님의 생각들이 높고 놀라운 것이라 해도, 그것들은 경구(aphorisms)가 아니라 유기적 통일체, 체계적 전체를 이루고 있기 때문에, 그것들을 면밀하게 탐구하고 학문적인 형태로 담아내는 것은 가능한 일이다. 성경 자체가 강조점을 추상적 인식이 아니라 교리와 진리, 지식과 지혜에 둠으로써 이런 신학적 작업을 독려한다.

[23] 따라서 좋은 교의학 방법론은 신학자를 편파성으로부터 지키기 위해 성경, 교회, 그리스도인의 경험(의식) 모두를 고려할 필요가 있다. 일반적으로 우리의 종교적 신념은 우리의 환경에서 비롯된다. 기독교를 포함한 모든 종교가 그렇다. 우리는 흔히 자신이 속한 교회의 가르침에 대해 의구심이 생길 때 기독교 역사에 등장한 다른 교회의 교리에 끌리는 것을 보게 된다. 침례교 신자가 오순절교회 신자가 되고, 루터교 신자가 개혁파

신자가 된다. 이런 변화는 물론 중대한 것이지만, 그렇다고 종교 자체나 그리스도인의 정체성을 상실하는 것은 아니다. 확립된 교리, 삶을 위로하고 뒷받침하는 교리는 그대로 유지된다. 이를 통해 볼 때 교의신학이 특정한 교회가 인정하는 대로 하나님의 진리를 서술하는 것은 가능하다고 말할 수 있다.

그러나 의심이 종교 생활에 훨씬 더 깊숙이 침투해서 신앙을 전부 잃고 회의주의와 불가지론(agnosticism)에 빠졌을 때는 신앙, 신앙고백, 교의신학이 불가능해진다. 무턱대고 반대하는 자와는 대화가 불가능하다. 사람은 자신이 가진 신념에 따라 소통하기를 원하기 때문에, 어떤 이들은 교회와 교제하기를 포기하고 철학 사조나 사회 운동으로 옮겨가기도 한다. 중요한 것은 그런 경우에도 종교적 신앙이 남아 있다는 사실이다. 다만 대상을 바꾸어 새로운 교의에서 확실성을 찾으려고 노력할 뿐이다.

[24] 따라서 기독교 신학은 하나의 특정한 기독교회와 신앙적 교제를 누리며 살아가는 사람에게만 가능하다. 이것은 종교적 신앙의 본질에 이미 내포된 것인데, 종교적 신앙은 우리 자신의 통찰이나 다른 사람의 권위에 근거하지 않고 오직 우리가 예배하는 외적 대상, 즉 하나님의 권위에 근거한다는 점에서 학문적 개념과 구분된다. 이 권위는 인정된(acknowledged) 권위다. 그 개념들은 종교적인 단체, 다시 말해 교회에서 신임과 승인을 받았다. 교리는 인간적 견해가 아니라 신적 진리를 다룬다. 교회가 신앙고백을 믿는 것은 그것이 학문적으로 증명되었기 때문이 아니라, 하나님이 말씀하셨다고 믿기 때문이다. 철학에서 종교적 신념을 추구하는 것은 종교와 학문을 혼동하는 것이고, 논란의 여지가 많은 박식한 판단이나 견해 외에는 아무것도 얻지 못할 것이다.

교회는 종교와 신학을 위한 자연적인 토양이고, 그렇기 때문에 오늘날 다양한 교회와, 또 그만큼 다양한 신학이 존재하는 것이다. 이것은 교회가 그리스도 안에서 완전히 성숙해질 때까지, 모두가 하나님의 아들을 믿는 것과 아는 것에 하나가 될 때까지 그럴 것이다. 모든 교회와 신학자는 자신이 속한 교회의 신앙을 철저히 생각하고 신실하게 제시함으로써 그러한 진리의 일치를 목표로 삼아야 한다. 그리스도는 자신의 교회에게 성령을 약속하셨는데, 그분은 교회를 모든 진리 가운데로 인도하실 것이다. 이약속에 따라 교리들의 역사가 장엄하게 조명됨으로써, 교리가 곧 성경에 대한 해설이며, 성령이 교회에게 말씀의 보화를 통해 주시는 설명이라는 사실이 드러날 것이다. 신학자는 자신의 영역을 자신의 교제권에 국한해서는 안 되며, 자신이 속한 교회의 고유한 신앙과 삶 전체의 맥락에서 보고 그 후에 다시 그리스도의 교회 전체 역사의 맥락에서 살펴야 한다. 우리는 이전 세대의 어깨 위에 서 있다. 우리는 구름같이 허다한 증인들에게 둘러싸여, 많은 물소리 같은 이 증언에 동참하라고 요청받고 있다. 모든 신학 작업은 온 세대의 교회가 하나님께 불러드린 송영과 전적으로 일치해야 하며, 그 송영의 일부분이 되어야 한다.

대부분의 교의신학 작업은 신학의 유일한 토대인 성경에 대한 교리에서 시작한다. 가장 잘 준비된 신학자는 그리스도의 교회와 함께 온전한 신앙의 교제를 나누며 살아가는 가운데 그 임무를 수행한다. 물론 신학자가 만들어지는 방식은 신학 작업이 재료를 얻는 일차적 원리와는 다르다. 모든 학문의 종사자들은 독자적 연구나 새로운 연구 영역으로 넘어가기 전에 먼저 권위자로부터 초기 지식을 얻어야 하고 해당 분야의 역사 및 현재의 지식 상태를 알고 있어야 한다. 달리 말하자면, 교육적 차원에서는 전통이 학문 작업에 선행한다. 그러나 전통은 결코 학문 자체와 혼동되어서도, 그 학문에 대한 지식의 원천으로 간주되어서도 안 된다. 점성술과 연금술이 근대의 천문학과 화학이 속한 전통의 일부임을 안다고 해도, 천문학과 화학에 대한 참된 지식을 위해 점성술이나 연금술을 찾지는 않을 것이다. 신학에 대해서도 마찬가지다. 교육적 차원에서는 교회가 성경에 선행한다. 그러나 논리적 순서에서는 성경이 교회와 신학의 유일한 토대다. 둘 사이에 갈등이 있다면 교회와 신앙고백이 성경에 굴복해야 한다. 오직 성경만 자증(αὐτοπιστος)하며 스스로의 해석자이므로, 아무것도 성경과 같은 지위에 놓일 수 없다. 「벨기에 신앙고백서」(Belgic Confession)의 제 5조에 진술되어 있는 것처럼,[25] 모든 기독교회들은 성경이 신학의 유일한 토대라는 신앙고백 안에서 연합되어 있다.

물론 「벨기에 신앙고백서」의 제2조는 하나님이 두 가지 수단—자연과 성경—을 통해 알려진다고 고백하고, 모든 개혁파 신학자들은 자연신학(natural theology)이 가진 진리와 가치를 옹호한다. 칼뱅은 자연신학을 기독교 신학의 일부분으로 포함시키면서, 신자가 자연의 일들 속에서 하나님을 좀 더 뚜렷하게 볼 수 있게 하는 안경이 바로 성경이라고 말했다.[26] 개혁파는 자연신학을 받아들이면서도 그것을 결코 신앙과 무관한, 구원 얻는 진리의 독자적 원천으로 생각하지 않았다. 개혁파 신학은 신앙을 토대로 하여, 성경으로 무장된 기독교적 시각으로—그리스도 안에서, 성경을 통해—아버지로 알게 되었던 바로 그 하나님의 발자국을 자연에서도 발견했다. 자연은 성경과 대등한 위치에 서서 자기 나름의 진리 체계를 제공하는 독립적 원리가 아니다. 오히려 자연은 성경에 의해 조명되어야 할 대상일 뿐이며, 자연을 창조주의 선물로 바로 평가하기 위해 성경이 필요하다.

그러므로 우리가 자연에서 이끌어낸 하나님에 대한 지식을 인정하더라도, 교의신학은 여전히 단 하나의 외적 토대(principium externum)만을 갖는데, 그것이 곧 성경이다. 교회의 전통들과 신앙고백들이 중요하지만, 그것들은 성경에 병행하는 추가적인 신학적 인식의 원천으로 존재하는 것이 아니다. 오늘날 성경 이외의 "순수한 전통"(pure tradition)은 존재하

---

25) "우리는 이 모든 책이, 아니 이 책들만 우리 신앙을 규정하고 정초하고 확립하는 거룩한 정경으로 받아들입니다. 그리고 우리는 이 책들 안에 들어 있는 모든 것을 의심없이 믿습니다. 교회가 이 책들을 받아들이고 인정하기 때문이 아니라, 이것들이 하나님으로부터 왔음을 무엇보다도 성령이 우리 마음에 증언하시기 때문에, 또한 이것들이 스스로를 하나님으로부터 온 것으로 증명하기 때문입니다. 눈먼 사람조차도 성경에 예언된 것들이 성취됨을 볼 수 있습니다."

26) John Calvin, *Institutes of the Christian Religion*, I.vi.1 (ed. John T. McNeill and trans. Ford Lewis Battles, 2 vols. [Philadelphia: Westminster, 1960], 1:69-71).

지 않는다. 우리는 기독교의 진리에 관해 성경에서 비롯되는 것 이상의 지식을 갖고 있지 않다. 모든 교의신학자는 하나님에 대한 선명하고 충분한 지식은 성경에서만 얻을 수 있으며 그것이 신학의 유일한 토대라고 단언한다. 개신교인들이 로마에 맞서 성경에 돌렸던 속성인 권위, 충분성, 완전성은 동일한 진리를 선언한다. 여기서는 "토대"(foundation, *principium*[원리])라는 용어가 "원천"(source, *fons*)이라는 용어보다 선호된다. "원천"은 샘에서 물을 긷듯 성경에서 교리를 끌어낼 수 있는 것처럼, 성경과 신학의 관계를 기계적인 것으로 묘사한다.[27] 그에 반해 "토대"나 "제1원리"는 유기적 관련성을 시사한다. 형식적 의미에서 성경에는 어떤 교리도 존재하지 않으며, 다만 교리를 위한 재료를 거기서 발견할 수 있을 뿐이다. 따라서 교의신학은 그리스도인 신학자의 사고하는 의식에 의해 흡수되고 재진술된 성경의 진리라고 정의될 수 있다.

신앙과 신학 방법: 신학의 구조

[25] 그러나 이것으로 교의신학의 인격적(personal) 특성, 즉 교의신학이 진술하려고 하는 것이 단순히 역사적 사실이 아니라 종교에서 진리로 간주되어야 할 것임이 부정되지는 않는다. 교의신학은 반드시 자의성과 변

---

27) 편집자 주―이러한 신학 방법론은 이 점에서 Charles Hodge로 대표되는 프린스턴 전통과 거리가 있다. Hodge는 성경을 "사실들의 창고"로 보는 경험적-귀납적 방법을 옹호했다. 따라서 신학자의 임무는 과학자들이 따르는 것과 동일한 규범들을 따라 "모든 사실을 확인하고, 수집하고, 결합하여" 질서정연한 체계로 만드는 것이다 (C. Hodge, *Systematic Theology*, I, 10-11). Bavinck는 여기서 신학과 관련해 "실험"(experiment), "가설"(hypothesis)과 같은 표현을 사용하는 것이 부적절하다고 주장한다. 하나님이 자신의 말씀으로 말씀하실 때 "실험"의 여지는 더 이상 없다. Hodge와 관련해서 다음을 보라. A. Kuyper, *Principles of Sacred Theology*, trans. J. H. De Vries (Grand Rapids: Eerdmans, 1965 [1898]), 318-319; Robert McCheyne Edgar, "Christianity and the Experimental Method," *Presbyterian and Reformed Review* 6, no. 22 (April 1895): 201-223.

덕으로부터 자유로워야 한다. 왜냐하면 교의신학이 실제 세상에 존재하는 대상에 매여 있기 때문이다. 신학이 인격적이어야 한다는 말이 알려질 수 있는 대상의 실재를 부인하는 핑계로 사용되어서는 안 된다. 신학의 인격적 특성을 신학의 객관성과 대립시키려는 것은 잘못이다. 신학의 대상이 실제로 존재할 때 비로소 신학이 인격적일 수 있다. 이것은 인간의 모든 지식과 학문에 대해서도 사실이다. 모든 학문은 대상에 매여 있고, 그 대상은 권위와 규범적 권력을 가짐으로써 해당 학문에 대해 우선적이고 더 큰 존재로 남아 있다.

또한 우리는 신학과 다른 여러 학문들 사이에 차이점들이 있음을 인정해야 한다. 인격적 동의는 대부분의 다른 학문들보다 신학에서 더 중요하다. 여기에는 인간적 공감과 반감이 상당히 개입된다. 교의신학에서는 인격성(personality)이 중요한 역할을 하는데, 이는 그것이 유감스럽게도 불가피한 일이기 때문이 아니라, 그것이 중요한 역할을 해야만 하기 때문이다. 하나님이 자신에 대한 지식을 전달하시는 계시는 신앙을 육성하는 것을 목적으로 한다. 계시는 우리 마음에 신앙을 조성하고 우리로 하나님과 올바른 관계를 맺게 하기 위해 "고안된" 것이다. 계시는 우리에게 지식을, 그것도 다른 학문들에서처럼 단지 추상적이고 이론적인 지식이 아니라 생생한 인격적 지식을 주기 위해 고안되었다. 한마디로, 신앙의 지식(knowledge of faith)을 주려는 것이다. 따라서 교의신학 작업을 위해서는 인격적 신앙이 필수적이다.

그러나 인격적 신앙은 참된 종교적 지식의 원천이 아니다. 만약 그렇다면 인간의 내적 자아를 신학의 대상과 원천으로 간주해야 할 것이다. 이것은 하나님의 실재를 하나님에 대한 우리의 주관적 의식과 혼동하는 것이다. 물론 하나님에 대한 사람의 주관적 반응은 중요하다. 그렇기 때문에 성경은 객관적 계시가 주관적 조명(illumination)으로 완성된다고 가르친다. 성경에 관한 개혁파의 교리는 성령의 증거에 관한 교리와 가장 긴밀하게 묶여 있다. 외적인 말씀은 우리 바깥에 머물러 있지 않고, 신앙을 통해 내적인 말씀이 된다. 우리에게 성경을 주신 바로 그 성령이 신자의 마음속에서 성경에 대해 증언하신다. 성경 자체가 그리스도의 교회의 의식(consciousness)에 성경이 받아들여지도록 힘을 기울인다. 그 결과 신자는 자신의 영혼 전체가 성경에 묶여 있다고 느낀다. 그들을 성경으로 이끄는 것은 교회가 가진 최고의 교사(Doctor ecclesiae)이신 성령이시다. 또한 신자가 오로지 목표로 삼아야 할 것은 성경에 담겨 있는 하나님의 생각을 자신의 의식 안에 받아들이고, 그것들을 이성적으로 이해하는 일이다. 그러나 신자는 이 모든 것에서 여전히 자기 나름의 성향, 양육, 통찰을 가진 사람으로 남아 있다. 신앙 자체가 모든 사람에게 동일한 방식으로 발생하지 않고, 동일한 강도를 갖지도 않는다. 개개인의 추론 능력도 날카로움, 깊이, 선명함에서 차이가 있는데, 이는 죄의 영향이 인간의 의식과 지성에 여전히 남아 있기 때문이다. 이 모든 영향의 결과로 교의신학은 인격적인 특성을 가지면서 다양한 형태로 존재한다.

다른 모든 학문에서와 마찬가지로 신학에도 다양성이 존재한다. 예언자와 사도들도 동일한 진리를 다른 관점에서 바라보았다. 신앙의 일치는 지식의 일치와 마찬가지로 아직 실현되지 않았다. 그러나 바로 이 다양성을 통해 하나님은 그분의 교회를 일치를 향해 이끄신다. 신앙과 지식의 일치가 이루어지는 순간, 교의신학도 자신의 임무를 완수하게 될 것이다. 그러나 그때까지 교의신학에 맡겨진 소명은 하나님이 성경에 담아놓으신 그분의 생각을 학문의 영역에서 해석하는 일이다.

[26] 신학자가 그리스도의 교회와 신앙의 교제 안에서 살아가며, 성경을 하나님에 대한 지식의 유일하고 충분한 기초(principium)로 고백할 때, 그는 자신의 임무에 가장 적합하게 준비된 것이다. 따라서 신학자는 자신의 신앙 내용을 교회로부터 전수받는다. 교육적 차원에서 보자면, 우리는 교회를 통해 성경에 이르는 것이다. 그러나 모든 신자와 마찬가지로, 신학자는 여기서 멈출 수 없다. 우리는 교회를 통해 알게 된 교리들의 본질을 낱낱이 분석하고, 그것들이 어떤 방식으로 성경에 기초하고 있는지 검

토하도록 부르심을 받았다. 그래서 이 임무는 먼저 교리를 객관적으로 재현하고, 그 다음에 그것들의 배후를 추적해 들어가는 데 있다고 종종 말해진다. 이것이 "역사적-분석적"(historical-analytical) 방법이라고 불리는 것이다. 이 방법에서는 교회의 가르침에서 시작하여 그 가르침을 요약한다. 이 방법은 몇몇 교리를 위해서는 적극적으로 추천할 만하고, 또한 신학자들이 지금까지 이 방법을 부당하게 평가해왔다는 비판도 타당할 것이다. 하지만 그럼에도 이 방법은 통일된 학문 체계를 세울 수 없다는 반대에 직면한다. 왜냐하면 이 방법을 따르자면 신학자가 검증이 필요한 서로 이질적인 교리들에 의해 압도당할 것이기 때문이다. 따라서 교의신학자는 다른 길을 택하는 편이 좋을 것이다. 강에서 원천으로 거슬러가는 것보다(역사적-분석적 방법), 원천에서 강으로 나아가는 것이 더 선호할 만하다. 교육적 관점에서 교회가 성경에 선행한다는 진리를 무시하지 않으면서도, 신학자는 신학의 토대(*principium theologiae*)인 성경 자체에 자기 위치를 정하여 거기로부터 교리들을 발전시킬 수 있다. 이 경우에 신학자가 하는 일은, 말하자면 교회의 지성적 수고를 되풀이하는 것이다. 우리는 교의들이 어떻게 유기적으로 성경에 기원을 두고 있는지, 다시 말해 교의학이라는 건물이 세워지는 견고하고 넓은 토대는 각각 분리된 단일 본문들이 아니라 전체로서의 성경이라는 것을 살펴보았다. 이것은 적절하게 "종합적-발생적"(synthetic-genetic) 방법이라고 불린다.

이 종합적-발생적 방법은 말씀과 역사적 사실을 한데 엮으면서, 성경이 단순히 우리가 설명해야 할 사실들만 전달하는 것이 아니라 오히려 성경 자체가 그 사실들을 선명하게 설명해준다는 사실을 인정한다. 성경은 사실들이나 금언들을 모아놓은 것이 아니라 그 자체가 하나님의 살아 있는 말씀, 곧 성령의 증언이다. 성경은 동의를 요청하는 것이 아니라 믿음을 요구한다. 하나님이 말씀하셨기 때문에 우리는 믿고, 신뢰하고, 순종해야 한다. 더욱이 성경의 메시지는 유기적 총체성과 질서를 보여주는 통일체다. 다양한 교의들은 분리된 명제들이 아니라, 단일체로서 통일성을 갖는다. 교의신학자는 성경의 교의적 진리들을 발생적·체계적으로 전개하는 비평적인 임무를 부여받았는데, 이러한 임무는 교의적 자료를 다루는 작업이 갖는 체계적 성격에 이미 내포된 것이다. 신학자는 이렇게 교의들을 발생적·체계적으로 전개할 때 발생할 수 있는 탈선들을 지적하고, 있을 법한 틈새들을 채우고, 그렇게 함으로써 미래를 위한 교의들의 발전에 기여하는 것이다. 이런 식으로 교의신학은 그리스도 안에 감추어져 있고 성경에 드러난 지혜와 지식의 보화를 설명하려고 노력한다.

[27-28] 그렇다면 이런 교의학적 작업은 어떻게 조직되고 구성되어야 하는가? 그것의 논리적 순서는 어떠해야 하는가? 초기 신학 저술들은 단순했고 체계적인 질서가 없었다. 오리게네스의 『원리에 관하여』(*Peri Archon*)는 자료들을 네 가지 주요 부분, 즉 하나님, 세계, 자유, 계시로 나눔으로써 질서를 부여했다. 아우구스티누스의 『편람』(*Enchiridion*)은 교의신학과 윤리학의 주제들을 세 가지 기독교 덕목인 믿음·소망·사랑이라는 표제어 아래에서 다루었다. 중세의 페트루스 롬바르두스(Peter Lombard)는 자신의 『명제집』(*Sentences*)을 네 권으로 나누었는데, 처음 세 권은 사물들(*res*)을, 마지막 권은 표지들(*signa*)을 다루고 있다. 롬바르두스는 계시의 내용 전체가 사물과 표지, 이 둘로 이루어져 있다고 생각했다. 이 순서에 따라 『명제집』 제1권은 "삼위일체의 신비"를, 제2권은 "물질적 사물과 영적 사물의 창조 및 형성"—창조, 천사들, 6일 동안의 창조, 인간, 타락, 죄—을 다룬다. 제3권은 "말씀의 성육신"으로서 그리스도의 위격과 사역, 믿음·소망·사랑, 네 가지 주요 미덕들, 그리고 다른 윤리적 주제들을 다룬다. 마지막으로, 성례를 다루는 제4권은 7성례, 부활, 심판, 천국, 지옥에 대한 교리를 담고 있다.

여기서 우리는 뚜렷한 진전을 목격할 수 있다. 주제들이 보다 나은 방식으로 배열되고 한계지어졌다. 전체가 나름의 구분된 대상을 가진 네 부분으로 나뉘었고, 윤리학 자료가 교의학 자체에 포함되었다. 이전에 간단하게만 언급되었던 성례가 상세히 다루어졌다. 반면에 순서 면에서 여전히 아쉬운 점이 많이 있었고, 성경과 교회, 특히 구원론 같은 여러 주제들은 거의 논의되지 않았다. 특히 형식적인 측면에서 명예의 전당은 보나벤투라(Bonaventure)의 『개요』(Breviloquium)가 차지해야 한다. 여기서 우리는 견고한 방법론적 접근, 자료에 대한 완벽한 숙달, 선명한 주제 구분, 의도적으로 채택된 구분 원칙을 발견한다. 이것은 보나벤투라가 제1부 1장에서, 신학은 일곱 가지 주제를 다 포함하면서도 단일한 학문이라고 말하는 것에서 분명히 드러난다. 왜냐하면 "하나님은 창조에서 사물의 작용인과 모범인(exemplary cause)일 뿐 아니라, 구속에서 그것들의 회복(또는 갱신, refectivum) 원리이고, 보응(remuneration[restoration])에서 그것들을 완성하는 원리"이기도 하기 때문이다.[28]

아퀴나스(Thomas Aquinas)가 『신학대전』(Summa Theologiae)에서 보여주는 구분은 전혀 다를 뿐 아니라 수준에서도 보나벤투라의 것에 미치지 못한다. 『신학대전』은 3부로 이루어져 있는데, 각 부는 질문들로, 이 질문들은 다시 조항들로 나뉘어 있다. 제1부는 하나님 그리고 죄가 침투하기 이전의 죄 없는 피조물을 다루는데, 여기서 하나님은 모든 사물의 제1원인이자 모범인이다. 제2부는 하나님의 형상인 인간에 대해 다루는데, 이것은 다시 첫째(prima)와 둘째(secunda)로 나누어져 있다. 제3부는 사람이 영생의 복을 얻을 수 있는 길, 즉 그리스도와 성례를 다룬다. 3개의 질문으로 구성된 부록은 연옥(purgatory)에 대해 논의한다. 아퀴나스는 모든 신앙 교리를 질문의 형태로 제시한 후에, 반대자들이 내놓을 법한 온갖 반대들을 미리 제기한다. 그 후에 권위(성경, 교부들, 또는 아리스토텔레스)에 호소하면서 주어진 질문의 진리를 논증하고 결론을 맺는다. 그다음에 추가적으로 설명하고, 제기된 반대들에 맞선 방어가 마지막으로 이루어진다.

[30-31] 종교개혁 신학은 본래 반(反)스콜라적 특징을 갖고 있었으

---

28) *The Works of Bonaventure*, vol. 2, *The Breviloquium*, trans. Jose De Vinck (Paterson, NJ: St. Anthony Guild Press, 1963), 33에서 인용.

며, 처음에는 아주 단순하고 실제적인 형태로 제시되었다. 1521년에 출판된 멜란히톤의 『보편논제』는 바울의 로마서에 대한 강의를 기반으로 했다. 이 『보편논제』가 철두철미 실제적이라는 점은 그것이 인간론적이고 구원론적인 주제들, 특히 죄와 은혜, 율법과 복음에 대한 주제들만 다루면서, 객관적 교의들인 하나님, 삼위일체, 창조, 성육신, 충족(satisfaction)과 같은 주제들은 논의하지 않은 채 남겨두었다는 사실에서 드러난다. 그러나 이어지는 출판본들에서는 논제(Loci)의 수와 내용이 증가하여, 하나님에서 시작하여 자연과 은혜에 나타난 하나님의 역사로 나아가는 종합적 분류 체계로 확장된다. 츠빙글리의 『참된 종교와 거짓 종교에 대한 주석』(Commentary on True and False Religion)과 『기독교 신앙 해설』(Exposition of the Christian Faith)도 많은 교리 논제를 다루었으나, 이내 칼뱅의 『기독교강요』에 가리고 말았다. 『기독교강요』의 최종판(1559)은 네 권으로 구성되었는데, 창조주 하나님에 대한 지식, 그리스도 안에 있는 구속주 하나님에 대한 지식, 성령의 사역(내적 사역[3권], 외적 사역[4권])을 다루고 있다. 이 분류는 엄격하게 삼위일체적인 것이 아니라 사도신경에서 이끌어낸 것이었다. 『기독교강요』의 출발점은 신학적이다. 하지만 칼뱅은 하나님에 대한 추상적 개념으로부터가 아니라, 자연과 성경을 통해 인간에게 알려진 하나님으로부터 시작한다.

17세기에는 개별적 논제들이 점차 스콜라 신학적인 방식으로 다루어졌고, 그러한 논제들이 신앙 및 삶과 갖는 관련성이 보다 적게 경험됨에 따라 점점 덜 분명하게 되었다. 이에 대한 반작용으로 신학은 보다 분석적인 성향을 띠게 되었다. 다시 말해, 신학이 인간의 구원과 행복을 주된 관심사로 하는 실천적(practical) 학문으로 간주된 것이다.[29] 신학은 하나님에

---

29) 편집자 주—여기서 "분석적"이라는 용어는 영미권의 "분석철학"(analytic philosophy) 전통과 관련된 것이 아니라, 진술된 목표에서 시작해 수단으로 거슬러 올라가며 작업하는 방법을 가리킨다.

대한 학문이라기보다는 구원에 이르는 데 필요한 사람의 지혜로 간주되었다. 모든 신자에게 중요한 관심사인 "내가 무엇을 하여야 영생을 얻으리이까?"와 같은 질문에 초점을 맞추는 것이 중요하게 여겨졌다. 「하이델베르크 교리문답」도 거듭해서 "이것을 아는 것이 당신에게 어떤 유익을 줍니까?"라고 묻는다. 그럼에도 이 방법은 신학적으로 부적절한데, 우리의 관심을 하나님의 객관적 실재에서 인간론적 관심사들로 돌려버리기 때문이다. 마찬가지로 언약신학자 요한네스 콕세이우스(Johannes Cocceius)도 신학적 관점을 인간학적 관점으로 바꾸었다. 그는 『하나님의 언약과 약속에 대한 교리』(Doctrine of the Covenant and Testament of God, 1648)에서 좀 더 성경신학적이고 반(反)스콜라적인 교의학을 제시하려는 의도로, 교의학의 모든 자료를 언약사상의 관점에서 분류했다. 그러나 콕세이우스는 언약의 시대들을 배열할 때 그것들을 너무 날카롭게 구분해서 은혜언약의 역사를 일련의 철폐(abrogations), 곧 언약의 폐지로 취급했고, 이로써 하나님의 언약 약속의 통일성은 상실되고 말았다. 이런 접근법을 반대하는 주된 이유는, 이 접근법이 그 출발점을 하나님께 두는 것이 아니라 하나님과 사람 사이의 언약에 두기 때문이다. 여기서 신론과 인간론은 구원 사역을 위한 전제로서의 서론으로만 기능할 뿐이다. 이런 접근법에서는 계시의 역사와 교의학의 내용 사이에 있는 어떤 경계도 상실되고, 교의신학의 고유한 작업이 허울 좋은 "성경신학"에 포함되어 약화된다.

[32] 교의신학의 형태는 근대철학의 영향 아래서 상당한 변화를 겪었는데, 결과적으로 내용은 줄어들고 방법에 대한 형식상의 논의는 늘어났다. 방법론과 인식론에 대한 질문들이 형이상학적 질문들을 압도하면서 중심 문제로 등극했다. 칸트가 하나님을 알 수 없다고 선언한 이후로, 신적 계시는 이성과 자연신학으로 대체되었다. 도덕과 종교적 감정이 신학의 출발점과 주제가 되었다. 신학의 실제 내용에 비해 종교철학을 다루는 서론 부분이 분량과 영향력 면에서 비약적으로 성장했다. 종교개혁 시대와 그 이전에는 성경의 진리와 권위를 기정사실로 받아들인 채 특정한 교

의들에 대해 논쟁을 벌였었는데 이제는 상황이 크게 달라졌다. 이제는 이성이 성경에 대한 역사적 비평과 함께 교회의 교의들에 도전하는 도구로 사용되었다. 인간 이성이 신앙 없이도 자연신학의 모든 진리를 산출해낼 수 있다는 확신이 팽배했다. 이성은 계시와 나란히 자기 나름의 영역을 갖게 되었을 뿐만 아니라, 결국 계시 자체를 장악할 정도로 자신의 세력을 확장했다. 계시의 진실성을 판단하는 특권이 이성에게 주어졌다. 자연신학이 견고한 토대와 순수하게 학문적인 기초를 제공해준다고 믿게 되었고, 계시 역시 이런 전제 하에 검토되었다. 이성은 더 이상 겸손한 종의 역할에 만족하지 않고, 통제하는 목소리가 되기를 원했다. 신학에 대한 서론은 계속 증가하면서 내용을 형성해갔다.

[33] 그러나 신학을 위한 이성주의적 토대는 칸트에 의해 시작된 철학적 도전을 견뎌낼 수 없었다. 특히 슐라이어마허는 신앙과 신앙의 교리를 구출하기 위해 그것들을 감정들 및 감정에 대한 묘사, 특히 "절대 의존 감정"(feeling of absolute dependence)에 제한하고자 했다.[30] 하지만 교의신학의 실제 구성은 19세기까지도 극적인 변화를 겪지 않는다. 19세기에 기독교에 대해 가해진 공격은 일차적으로 토대들 자체를 향한 것이었다. 교의학의 철학적 기반들이 비판을 받았다. 개별적 교리들이 아니라, 교리와 교의신학의 가능성 자체가 의문시된 것이다. 게다가 역사비평이 성경에서 신적 권위를 제거해버림과 동시에 종교적인 삶도 생명력을 잃어간 것은 당연한 이치였다. 신앙은 더 이상 그 자체로 확실한 것이 아니었다. 비평, 의심, 불확실성이 우위를 차지하게 되면서, "내가 믿나이다"라는 어린아이 같은 영웅적 고백을 듣기가 점점 힘들어졌다. 심지어 종교의 정당성과 가치에 대한 의문이 심각하게 제기되었다. 이에 따라, 그리고 부분적으로는 이것들 모두로 인해, 19세기 후반과 20세기 초반의 종교적인 삶은 이전에 비해 급격하게 쇠락했다. 종교계와 종교 연구 분야에서 움직임이 전혀 없

---

30) F. Schleiermacher, *The Christian Faith*, §4.

는 것은 아니었지만, 진정한 신앙적 삶은 찾아보기 힘들어졌다. 사람들이 여전히 자신들의 신앙고백을 믿고 있었을지는 모르지만, 더 이상 자신의 신앙을 고백하지는 않았다.[31]

[34] 슐라이어마허와 같은 신학자들이 형이상학을 포함한 지난날의 오류에서 신학을 해방시키려고 노력했지만, 그러면서 오히려 신학을 더욱 더 철학에 의존하도록 만들었다는 사실은 참으로 아이러니다. 신학의 방법이나 변증학의 문제가 신학 작업을 지배할 때 일반적으로 나타나는 현상은, 성경의 진리와 전통에 대한 구속력이 느슨해지고 그 시대의 철학에 점점 더 많이 의존하는 것이다. 개혁파 신학자들조차 자신들의 작업을 시작할 때 하나님에 대한 자연적 지식과 기독교에 대한 이성적이고 역사적인 증거를 신론의 서론(preamble)으로 삼음으로써 신앙에서 출발하는 것을 포기했다. 믿음에 대한 이유를 제시하는 것이 신앙 자체에서 말미암아야 하는 것이지, 그것이 신학을 위한 서론 역할을 해서는 안 된다.[32] 하지만 신학의 내용을 다루기 전에 그 토대들을 다루는 것은 여전히 유익하고 좋은 일이다. 다만 이 서론(*prolegomena*)의 자료가 신학적 성격을 상실하지 않도록, 또한 교의신학을 철학에 종속시키지 않도록 대단히 주의를 기울여야 한다. 신앙의 토대들(*principia fidei*) 자체가 신앙의 조항들(*articuli fidei*)로서, 인간적 논증과 증명이 아닌 신적 권위에 기초해 있다. 계시에 대한 인정, 즉 성경을 하나님의 말씀으로 인정하는 것은 신앙의 행위이며 또한 그 열매다. 교의신학은 처음부터 끝까지 신자가 자신의 신앙에 대한 근거와 내용을 고백하고 설명하는 일이다. 신앙의 토대는 이중적인 것으

---

31) A. Schweizer, *Die christliche Glaubenslehre nach protestantischen Grundsatzen dargestellt*, 2 vols. in 3 (Leipzig: S. Hirzel, 1863-72).

32) 편집자 주―이 입장은 Benjamin Warfield의 입장과 크게 다른 것이었다. Francis R. Beattie, *Apologetics, or, the Rational Vindication of Christianity* (1903)와 H. Bavinck, *De Zekerheid de Geloofs* (1901)에 대한 Warfield의 서평을 *Selected Shorter Writings of Benjamin B. Warfield*, ed. John E. Meeter, 2 vols. (Phillipsburg, NJ: P&R, 1973 [1907]), II, 93-123에서 보라.

로, 외적인 것과 내적인 것, 객관적인 것과 형식적인 것, 계시와 신앙으로 대별되며, 이 두 가지가 신학서론의 고유한 주제가 된다.

교의신학의 내용과 관련하여 다양한 구성 원리들이 제안되었는데, 그 중 하나는 사도신경의 삼위일체적 구조에 따라 성부와 창조, 성자와 구속, 성령과 성화로 분류하는 것이다.[33] 이 구조는 그 자체로 거부할 것은 아니지만, 몇 가지 이유 때문에 충분히 만족스럽지는 못하다. 우선 이것은 삼위일체 자체에 대한 논의를 수용할 수 없는데, 그 논의가 세 경륜들(economies) 중 어느 것에도 자연적으로 맞아떨어지지 않아서 그에 앞서는 장에서 가설(hypothesis)을 통해 논의되어야만 하기 때문이다. 게다가 이런 분류를 따르게 되면 밖으로 향하는 하나님의 사역(opera Dei ad extra)을 과도하게 세 위격의 개별 사역들(opera Dei personalia)로 생각하고, 한 분 하나님의 본질적인 사역(opera Dei essentialia), 즉 신적 위격(divine person)의 공동 사역들로 충분히 다루지 못할 위험이 있다. 비록 이 구조가 일체성(unity)을 보존한다 해도, 삼위일체가 경륜적(economically)으로만 이해되고 그 존재론적(ontological) 성격은 인식되지 못한다. 게다가 창조, 천사, 인간, 죄, 교회 등의 논제들을 그 자체로서 논의하는 것이 불가능하다. 교의신학의 내용을 기독론적 기초에 따라 구성하는 것은 훨씬 더 만족스럽지 못하다. 왜냐하면 흔히 이런 구성은 교의학의 토대와 인식의 원천이 성경이 아니라 그리스도의 위격(person)이라는 잘못된 가정에 기초하기 때문이다. 그러나 우리는 그리스도를 성경에서만, 그리고 성경을 통해서만 안다. 물론 그리스도가 성경의 중심점이고 주된 내용이라는 것은 분명한 사실이지만, 그럼에도 그리스도는 성경의 출발점이 될 수 없다. 그리스도는 하나님과 사람의 존재를 전제한다. 그리스도가 역사에 등장하신 것은 (에덴에서) 약속이 주어진 직후가 아니라 오랜 세월이 지난 후였다. 더 나아가, 아들을 통한 하나님의 계시는 그분이 예언자들을 통해 여러 부분과 여러 모

---

33) Heidelberg Catechism, Lord's Day 8.

양으로 하신 말씀을 무효화하지 않았다. 성경 전체가 하나님의 말씀인 것이지, 신약성경 또는 예수의 말씀들만 하나님의 말씀인 것은 아니다.

교의신학의 다른 구성들, 이를테면 세 가지 덕(믿음·소망·사랑), 또는 믿음·기도·계명, 또는 사람의 최종 목적과 운명, 또는 하나님과 사람 사이의 언약이나 교제, 또는 하나님 나라, 또는 생명·사랑·영 등의 개념들에 따른 구성들도 부적절하다. 이것들은 모두 많은 실천적 유익들을 갖고 있으며 교리문답에도 적절할 수 있다. 하지만 그것들은 중심적이지도 않고 충분히 포괄적이지도 않기 때문에, 하나님에 대한 지식의 체계인 신학 작업에는 적합하지 않다. 그것들은 외부에서 도입된 것이기 때문에 전체 체계를 장악할 수 없으며, 구성의 원리들로서 엄격히 고수된다 하더라도 다양한 논제들을 정당하게 다루는 데 실패할 수밖에 없다.

[35] 교의신학의 내용은 하나님에 대한 지식인데, 이것은 하나님이 그리스도 안에서 자신의 말씀을 통해 계시하신 것이다. 신자의 지식이 가지는 독특성은 그들이 삶 전체를 종교적이고 신학적인 관점에서 바라보고, 모든 것을 하나님의 빛 안에서, 즉 영원의 관점에서(*sub specie aeternitatis*) 바라본다는 것이다. 이것이 바로 신자의 세계관과 철학적·학문적 세계관의 차이점이다. 교의신학에서 말하고 있는 사람은 언제나 신자다. 신자는 하나님에 대해 사변적으로 생각하거나 추상적인 철학의 신 개념에서 출발하지 않고, 그리스도 안에서 그들에게 계시된 하나님에 대한 지식을 서술할 뿐이다. 그러므로 모든 교리에는 종교의 심장이 고동친다. 신학자는 자기의 신앙 내용을 설명하는데, 이것은 하나님 자신이 계시 안에서 신자들의 눈앞에 객관적으로 드러내신 것이다. 신앙의 내용은 신앙의 주체에 의해서가 아니라 신앙의 대상에 의해 지배되며, 교의학의 재료를 구성하고 배열하는 원리를 자신들이 묘사할 임무를 가진 대상 자체로부터 이끌어낸다.

이러한 출발점이 옳다면, 교의학에 적합한 구성 방법은 역사적-발생적(historic-genetic) 또는 종합적(synthetic) 방법일 것이다. 이 방법은 하나님을 출발점으로 삼고, 모든 피조물을 오직 하나님과 관련해서만 바라본다. 이 방법은 하나님으로부터 나오면서 하나님의 사역들로 내려가고, 그럼으로써 다시 하나님의 사역들을 통해 하나님께로 올라가서, 하나님 안에서 마친다. 따라서 이 방법에서는 하나님이 시작이고, 중간이고, 끝이다. 만물이 하나님으로부터 나오고, 하나님으로 말미암고, 하나님께로 돌아간다(롬 11:36). 기독교 신앙의 내용은 하나님, 곧 하나님의 존재와 사역에 대한 지식이다.

그러나 하나님과 하나님의 사역은 분명히 구별된다. 하나님은 창조주, 구속자, 완성자시다. 그분은 "창조를 통해 만물의 작용인과 모범인(exemplary cause)이 되시며, 구속을 통해 새롭게 하시는 원리시고, 회복(restoration)에서 완전하게 하는 원리시다"(Bonaventure). 교의신학은 그리스도 안에서 자신을 계시하신 하나님에 대한 지식의 체계이며, 기독교의 체계다. 또한 기독교의 본질은, 성부가 창조하셨으나 죄로 인해 파괴된 것이 하나님의 아들의 죽음으로 회복되며 성령의 은혜를 통해 하나님 나라로 재창조되는 것이다. 교의신학은 어떻게 완전히 자충족적이신 하나님이 자신의 피조물 가운데서 자신을 영화롭게 하시는지, 그리하여 그 피조물이 죄로 분열되어 있음에도 그리스도 안에서 다시 연합되는지를 우리에게 보여준다(엡 1:10). 교의학은 우리에게 하나님을, 처음부터 끝까지 언제나 하나님을 그려준다. 이 하나님은 존재하시는 하나님, 창조하시는 하나님, 죄에 맞서시는 하나님, 그리스도 안에 계신 하나님, 성령을 통해 모든 반대를 깨부수시고 모든 창조세계를 자신이 정하신 목적, 곧 자기 이름의 영광으로 다시 이끌어가시는 하나님이시다. 그러므로 교의신학은 따분하고 무미건조한 학문이 아니다. 그것은 신정론(theodicy)이고, 하나님의 모든 덕과 완전성에 대한 송영(doxology)이며, 경배와 감사의 찬송이고, "지극히 높은 곳에서 하나님께 영광"이다(눅 2:14). 신학은 하나님에 대한 것이고, 그렇기 때문에 하나님을 영화롭게 하는 송영의 목소리를 반영하지 않을 수 없다.

2장

교의신학의 역사와 문헌

교의의 형성

[36] 성경은 신학 교과서가 아니다. 성경의 언어는 구체적인 삶을 생생하고 직접적인 방식으로 표현한다. 교의신학은 성경의 진리에 대한 일관된 성찰에서 비롯되며, 개개인의 문제가 아니라 전체로서 교회의 임무인 동시에 결실이다. 성경은 금광이고, 교회는 거기서 금을 채굴하여 그 위에 교회의 인장을 찍어 유통시킨다. 우리는 일반적으로 교리의 형성이나 신학과 관련하여 교회의 전통을 과대평가하거나 또는 그와 반대로 평가절하하는 잘못을 범할 수 있다. 교회의 가르침에 대한 반대들은 흔히 예수의 고유하고 "진정한" 가르침이나 모범에 호소하여 이루어졌다.

교회의 전통에 대해 비판적 입장을 취한 사람이 바로 영향력 있는 교회사가 아돌프 폰 하르낙(Adof von Harnack)이었는데, 그는 초기 교회의 교리발전을 기독교와 이교인 그리스 철학 및 문화의 혼합으로 보았다.[1] 앞

---

1) "교리의 잉태와 발전은 그리스인의 정신이 복음의 토양에 작용한 결과다"(Adolf von Harnack, *History of Dogma*, trans. N. Buchanan, J. Millar, E. B. Speirs, and W. McGilchrist, and ed. A. B. Bruce, 7 vols. [London: Williams & Norgate, 1896-99], I, 17).

장에서 본 것처럼, 하르낙은 기독교에 그리스 정신이 유입된 것이 중대한 오류이며, 예수의 단순한 복음이 점차 부패한 것이고, 기독교의 진정한 본질을 잘못 해석한 것으로 보았다. 이 본질을 요약하자면 하나님의 아버지 되심, 인류의 형제 됨, 인간 영혼의 무한한 가치라는 것이다.[2] 하나님 나라는 그 내면에 예수의 형상이 살아 있는 사람들이 실현한 도덕적 실재다. 기독교 신학은 교의의 역사 전체를 제거한 후에, 주로 산상설교에서 발견되는 예수의 원래 복음으로 단호하고 철저하게 되돌아가야 한다. 물론 이러한 하르낙의 반대 주장도 동등하게 교의적인 입장이다. 이것은 교회의 자기 이해를 대체하기 위한 대안으로 제시된 것이지만, 그것 역시 교회의 교의 못지않게 교의적이다. 하르낙은 교회의 교의를 자신의 것으로 대체했을 뿐이다.

[37] 이것에 정반대되는 과대평가는 교의의 역사가 로마 가톨릭의 입장에 부합한다는 것이다. 기독교의 진리가 성경과 전통에 완전히 구현되지 않았기 때문에, 교회의 공식적(교황이 교황좌에서[*ex cathedra*] 선언한) 가르침도 무오한 권위를 인정받게 된 것이다. 그러나 로마 가톨릭 교회는 교회의 해석과 신적 진리를 동일시하지 않으며, 교회가 새로운 계시를 받는다고 주장하지도 않는다. 교황은 다만 해석의 권한을 소유할 뿐이며, 따라서 교황이 선포하는 교리는 성경과 전통에 실질적으로 내포되어 있던 것이라는 말이다. 또한 교황은 (예언자와 사도처럼) 영감 받은 것은 아니며, 다만 성령의 특별한 도움(assistance)을 받을 뿐이다. 로마 교회는 성경을 교리에 종속시켜야 하는지, 아니면 교리를 성경에 종속시켜야 하는지에 대한 딜레마에 계속해서 직면한다.

종교개혁은 처음부터 역사에 대한 과소평가와 과대평가 모두를 조심했다. 종교개혁은 모든 전통을 반대한 것이 아니라, 거짓되고 부패한 전통

---

2) Adolf von Harnack, *What Is Christianity?* trans, Thomas Bailey Saunders (New York: Harper & Brothers, 1957). 『기독교의 본질』(한들출판사 역간).

만을 반대했다. 개혁파 교회는 사도신경과 처음 네 번의 공의회가 채택한 신조들을 받아들였고, 교부들의 신학, 특히 아우구스티누스의 신학을 활용했다. 그럼에도 종교개혁은 성경으로 돌아갔고, 성경에서 흘러나오고 성경의 표준을 따르는 전통만을 인정했다. 교의신학의 자료는 성경에 주어져 있다. 교회는 성령의 인도 하에 성경을 해석했고, 핵심 교리들을 표현했고, 기독교 진리에 대한 요약을 제공했다. 교의의 형성과 교의적 반성의 역사는 전진과 후퇴를 모두 경험했지만, 전체적으로는 진보를 보여 준다. 성령의 인도하심이 향후 발생할 진보를 보증한다. 성령은 그리스도의 충만―이것은 그리스도의 진리와 지혜의 충만을 포함한다―이 교회에 거하게 하시고 교회가 하나님의 모든 충만하심으로 가득하게 하시기까지 쉬지 않으신다(엡 3:19). 우리는 핵심 교리들에 대한 교회의 이해가 점차 선명해지는 것을 본다. 교리의 발전에만 역사가 있는 것이 아니라, 학문적 신학의 발전에도 역사가 있다. 이 두 역사―교의와 교의신학의 역사―는 연관되어 있지만 구별되어야 한다.

초기 교회의 교의

[38] 교리 형성의 첫 시기인 속사도 교부 시대(2세기에서 4세기까지)에는 기본적으로 말과 글로 이루어진 사도들의 가르침이 영향을 끼쳤다. 교회는 자신들의 교리들을 편지 형식의 글과 간단한 신조로 표현했다. 기독교 복음의 근본 요소들―그리스도의 위격과 사역, 성령, 신앙, 회개, 교회, 세례, 성찬―에 대한 분석적 성찰은 제자도(discipleship)에 관한 실천적인 문제들에 비해 부차적인 것으로 여겨졌으며, 교회는 기독교의 진리를 복음의 지배하에 살아가는 실천적 삶으로 전환하는 데 더 큰 관심을 기울였다. 따라서 강조점은 "그노시스"(gnosis, 지식)가 아니라 오히려 거룩한 삶에, 사랑·온유·겸손·순종·순결·화평·일치 등의 기독교적 미덕을 실천하는 데 있었다. 일반적으로 유대교나 이교와 구분되는 기독교의 고유한 본질이

아직 선명하게 인식되지 못했고, 그 차이는 흔히 교의적이기보다는 윤리적인 문제로 이해되었다.

그러나 그리스도인들은 이렇게 성경의 진리를 단순히 되풀이하고 실천적으로 적용하는 것으로 만족할 수 없었다. 기독교회가 이교 문화의 공공연한 반대에 직면하면서 성찰과 변증의 필요성이 제기되었기 때문이다. 이방 세계는 처음에는 기독교를 핍박하고 증오하고 조롱하는 것으로 만족했다.[3] 하지만 기독교를 도외시할 수 없는 상황이 전개되면서부터는 학문적인 공격을 시작했는데, 이것은 어떤 의미에서는 오늘날의 반대와 크게 다르지 않았다.[4] 후대에 기독교에 대해 가해진 모든 반론이 이미 켈수스(Celsus)나 율리아누스(Julian, "배교자") 같은 저자들에게서 발견된다.[5] 이 저자들이 무기로 삼은 것들은 성경의 여러 책들(모세 오경, 다니엘, 복음서들)의 진정성과 진실성, 계시와 기적, 성육신, 속죄, 용서, 부활, 영원한 형벌 같은 교의들에 대한 반론이었다. 반론들은 금욕, 세상에 대한 경멸, 세련됨의 결여 같은 윤리적 문제들에 대해서도 이루어졌고, 마지막으로 당나귀 머리를 숭배하고, 유아를 살해하며, 간음을 행하고, 온갖 종류의 부도덕을

---

3) Tacitus, *Annals*, xv.44; Lucian, *Peregrinus Proteus*를 보라.

4) K. A. Kellner, *Hellenismus und Christenthum* (Köln: M. DuMont-Schauberg, 1866), 431ff. 편집자 주—21세기의 실례들로 Richard Dawkins, *The God Delusion* (New York: Houghton-Mifflin, 2006), 『만들어진 신』(김영사 역간); Sam Harris, *Letter to a Christian Nation* (New York: Knopf, 2006), 『기독교 국가에 보내는 편지』(동녘 사이언스 역간); Christopher Hitchens, *God Is Not Great: How Religion Poisons Everything* (New York: Warner Books, 2007), 『신은 위대하지 않다』(알마 역간) 등이 있다.

5) Origen, *Contra Celsum*, trans. H. Chadwick (Cambridge: Cambridge University Press, 1953; repr., 1965)을 보라. 편집자 주—율리아누스 황제(332-363)는 로마 제국을 다시 이교화하려는 목적으로, 363년에 기독교를 공격하는 세 권 분량의 책 *Against the Galileans*을 저술했다. 이 책에 대해 알려주는 자료는 오직 Cyril of Alexandria의 변증서 *For the Holy Religion of the Christians against the Books of the Impious Julian* 뿐이다(Johannes Quasten, *Patrology*, 4 vols. [Utrecht: Spectrum, 1950-], III, 129-130을 보라).

자행한다는 비방 섞인 고발 등도 포함했다.

　그러나 이런 학문적인 반박으로도 기독교를 이겨낼 수는 없었다. 그리하여 이교도들은 신피타고라스주의와 신플라톤주의가 시도했고 특히 미트라 종교가 열망한 것처럼[6] 옛 종교를 부활시키거나, 영지주의와 마니교에서처럼 기독교를 이교와 결합시켜야만 한다고 생각했다. 영지주의는 기독교를 온갖 이교적 요소들, 즉 신플라톤주의 철학, 시리아와 페니키아의 신화, 갈대아의 점성학, 페르시아의 이원론 등과 결합하고 융합함으로써 기독교를 흡수하려 했던 (그리하여 기독교의 절대적인 성격을 박탈하려고 했던) 특히 강력한 시도였다. 여기서 주된 질문은 어떻게 인간의 영이 물질(matter)의 속박에 빠졌으며, 그리고 어떻게 이 속박에서 해방될 수 있느냐 하는 것이었다. 악의 원인인 물질은 하나님(God)에게서 비롯된 것으로 설명될 수 없었고, 다만 낮은 단계의 신(deity)인 데미우르고스(demiurge, 조물주)에게서 파생되었다. 이 데미우르고스는 최고의 존재인 하나님과 감각계(the world of sense) 사이에 존재하는데, 그는 구약성경의 하나님과 동일시되었다. 물질에 포로가 된 영들을 해방시킬 목적으로 하나님으로부터 나오는 것들이 바로 다양한 아이온(aeons)인데, 이것들은 다양한 종교를 대표하며, 그리스도라는 아이온에 의해 정점에 도달한다. 사람을 구원하는 것은 "아스케시스"(ascesis, 금욕)와 결합한 "그노시스"(gnosis)다. 무식한 자들에게는 "피스티스"(pistis, 신앙; 신학)로도 충분하지만, "그노시스"(gnosis, 지식 또는

---

6) Franz Cumont, *Die Mysterien des Mithra: Ein Beitrag zur Religionsgeschichte der römischen Kaiserzeit* (Leipzig: Teubner, 1903); Julius Grill, *Die persische Mysterienreligion im römischen Reiche und das Christentum* (Tübingen: Mohr, 1903); 편집자 주—최근 문헌에는 다음의 것들이 있다. David Ulansey, *The Origins of the Mithraic Mysteries: Cosmology and Salvation in the Ancient World* (New York: Oxford University Press, 1989); Manfred Claus, *The Roman Cult of Mithras: The God and His Mysteries, trans. Richard Gordon* (New York: Routledge, 2001); Roger Beck, *The Religion of the Mithras Cult: Mysteries of the Unconquered Sun* (Oxford: Oxford University Press, 2006).

철학)야말로 최고의 것이며 진정으로 영적인 자들(πνευματικοι)의 소유물이다. 이런 사상들이 풍유적 해석을 통해 성경과 조화되었고, 신화에서 차용된 모양과 심상이 가공의 상상력으로 장식되어 표현되었다. 이 사상들은 기독교를 역사에서 관념으로, 즉 사변철학으로 바꾸었는데, 이것은 오랜 세월에 걸쳐 영향력을 행사하면서 헤겔과 셸링의 체계들에까지 영향을 미쳤다.

이런 다양한 공격들에 대응하기 위해 그리스도인들은 계시의 내용을 숙고하고, 거짓에 맞서 참된 기독교적 그노시스를 제시하지 않을 수 없었다. 따라서 이제는 계시된 진리가 방법론적·학문적 사고의 대상이 되었다. 신학은 교회 내부에서, 교회를 위해, 교회 사역자의 교육을 위해서 발생한 것이 아니라, 오히려 기독교에 대한 공격에 자극을 받아 그 공격에 맞서기 위해서 발생한 것이었다. 이런 이성적 활동에는 당연히 이교적 철학 지식이 필요했다. 사실 신학은 철학의 도움을 받고 동맹을 맺으면서 시작되었다. 영지주의자들이 이 작업을 먼저 시도했지만, 영지주의자들과 기독교 변증가들 간에는 그런 종합을 이루는 방식에서 본질적인 차이가 있었다. 영지주의자들에게는 철학이 재료가 되어 죄와 구원 개념의 내용을 형성했지만, 변증가들에게 철학은 주로 형식적인 것이었다. 영지주의자들은 다양한 철학들을 종교적 과정으로 제시하면서 기독교를 그 안에 포함시켰지만, 변증가들은 자신들이 최고의 진리로 인정하고 받아들인 기독교가 참된 철학이라는 것, 그래서 기독교 외부에서 들어온 모든 진리 요소를 자기 안에 통일시킨다는 것을 보여주려고 노력했다.

변증가들의 근본적인 사상은 이런 것이다. 하나님은 한 분이며, 표현할 수 없는 분이고, 영적인 존재다. 하지만 로고스(Logos)를 통해 그분은 또한 세상의 창조주시고, 만물의 궁극적 원인이시고, 모든 도덕적 선의 제1원리시다. 여기서 영지주의적 이원론이 극복된다. 왜냐하면 변증가들에 의하면 세상 모든 곳에 신적 로고스의 도장이 찍혀 있으며, 물질도 하나님이 창조하신 선한 것이기 때문이다. 인류는 본래 선하게 창조되었고, 이성과 자유를 받았으며, 불멸(ἀθανασια)에 이르도록 의도되었다. 그들은 이 것을 자발적 순종으로 얻어야만 했으며, 또 그럴 수 있었다. 그러나 마귀 (demons)의 유혹에 빠져서 인류는 감각의 지배하에 들어갔고, 결국 과오 와 죽음에 떨어졌다. 여기서도 이원론은 거부되고 죄의 원인은 인간 의지 에 자리하게 되었다. 따라서 사람을 거짓과 죽음의 길에서 돌이켜 불멸로 인도하기 위해 새로운 수단이 요구된다. 옛적부터 하나님은 로고스를 통 해 자신을 계시하셨는데, 그분은 진리의 지식을 몇몇 이방인들과 특별히 이스라엘의 예언자들에게 나누어주셨고, 마침내 아들이신 예수 그리스도 안에서 자신을 계시하셨다. 그분 안에서 이전의 모든 진리가 승인되고 완 성된다. 진리의 교사인 그리스도를 통해, 인류는 다시 본래의 목적에 이르 게 된다. 따라서 비록 변증가들이 다소 지성주의와 도덕주의로 치우치는 잘못을 범했음에도, 순교자 유스티누스의 경우에서 보는 것처럼, 그리스 도를—그의 피로 말미암아 우리가 죄 사함을 받게 되는—화해자와 구속 자로 이해하려는 노력이 여전히 존재했다.[7]

[39] 변증가들의 초창기 신학은 빈약했을 뿐만 아니라 편파성과 오 류로 여러 측면에서 손상되어 있었다. 제기된 문제들 자체가 어마어마하 게 많았을 뿐만 아니라, 신속하고 정확한 해법을 제시하기에는 너무 심 오하기도 했다. 견해의 차이가 빈번했고, 다양한 경향과 학파들이 생겨났 다. 곧 두 가지의 교의적인 경향이 분명하게 모습을 드러냈다. 하나는 테 르툴리아누스(Tertullian), 키프리아누스(Cyprian), 락탄티우스(Lactantius), 이 레나이우스(Irenaeus)로 대표되는 학파로서, 철학과 첨예하게 대립하면서 철학의 위험성에 대해 주의를 환기시켰다. 여기에는 한때 이레나이우스 의 제자이며, 오리게네스(Origen)가 쓴 것으로 생각됐던『모든 이단에 대

---

7) 편집자 주—영어로 번역된 변증가들의 글로는 *Ante-Nicene Fathers*, ed. Alexander Roberts and James Donaldson, 10 vols. (New York: Christian Literature, 1885- 1886; repr., Grand Rapids: Eerdmans, 1950-1951)가 있다.

한 논박』(*Refutation of All Heresies*)의 저자인 로마의 히폴리투스(Hippolytus of Rome)도 포함된다.[8] 이들은 모두 철학과 첨예하게 대립했다. 이레나이우스는 철학에 대해 엄하게 경고했고, 테르툴리아누스는 다음과 같은 유명한 말로 철학을 완전히, 가장 명백한 의미에서 배제시켰다. "아테네와 예루살렘, 학교와 교회, 그리스도인과 이단이 대체 무슨 상관(fellowship)이 있는가?"[9] 하지만 이들도 모두 아주 순진한 방식으로 철학을 여전히 사용하고 있었다. 신학에서 테르툴리아누스가 중요한 의미를 갖는 이유는, 그가 성경에는 전혀 나오지 않지만 이후의 삼위일체론과 기독론에서 결정적인 역할을 하는 몇몇 용어들, 즉 셋(*trias*), 삼위일체(*trinitas*), 충족하다(*satisfacere*), 공로(*meritum*), 성례(*sacramentum*), 한 본체(*una substantia*)와 세 위격들(*tres personae*), 한 위격 안의 두 본체(*duae substantiae in una persona*) 등을 도입했기 때문이다. 그러나 그들은 이런 작업을 행하면서도 교회의 신앙 안에 굳게 자리잡고 있었다. 이들은 역사적이고 실증적이고 현실적이었으며, 신앙과 신학, "피스티스"(*pistis*)와 "그노시스"(*gnosis*)를— 혹시 양적으로는(quantitative) 구분했을지언정—질적으로는(qualtitative) 구분하지 않았다.[10]

우리는 이들과 관련해서 아직 교의체계(dogmatic system)에 대해 말할 수 없음을 인정해야 한다. 이들의 저술에는 여러 교의가 연관성 없이 나열되어 있었기 때문에, 일정한 구성 원리를 찾으려는 노력은 헛수고에 불과하다. 심지어 테르툴리아누스와 히폴리투스는 기독론에서 여전히 영지주의를 완전히 극복해내지는 못했다. 그럼에도 이들의 신학, 특히 이레나이우스의 신학이 이어지는 세기들의 신학을 형성했다. 이후의 모든 교의들

---

8) 편집자 주—Introduction to Hippolytus's *The Refutation of all Heresies*," ANF, V, 3-7을 보라.

9) Irenaeus, *Against Heresies*, II, 25-28, *ANF*, I, 350-353; Tertullian, *The Prescription against Heretics*, chap. 7, *ANF*, III, 246.

10) Irenaeus, *Against Heresies*, II, 25-28, *ANF*, I, 350-353.

이 그의 저술에서 발견된다. 하나님의 통일성(unity), 성부와 성자의 본질적(essential) 통일성, 창조의 하나님과 구속의 하나님의 통일성, 구약의 하나님과 신약의 하나님의 통일성, 무로부터의 세계 창조, 인류의 하나 됨, 의지의 자유에 기원을 둔 죄, 그리스도의 양성(two natures), 그리스도 안에서의 하나님의 절대적 계시, 모든 사람의 부활 등, 이 모든 것이 영지주의에 맞서 이레나이우스에 의해 분명하게 진술되고 고수되었다. 최초로 신학을 기독교의 독자적인 학문으로 전개한 사람이 바로 이레나이우스였다.[11]

알렉산드리아의 신학자들이 철학과 영지주의에 대해 취한 태도는 아주 달랐다. 2세기 말과 3세기 초 무렵, 기독교의 진리를 학문적으로 진술하여 동시대의 의식에 전달하려는 열망이 여러 곳에서, 특히 알렉산드리아에서 일어났다. 우리에게 알렉산드리아 교리문답 학교의 기원과 설립에 대해 알려진 바는 없지만, 그것은 이미 주후 190년경에 존재해 있었고 위상과 영향력이 급속히 커져갔다. 남아 있는 저술을 통해 우리에게 알려진 첫 번째 교사는 알렉산드리아의 클레멘스(Clement of Alexandria)다. 하지만 그는 초기의 가장 영향력 있는 신학자인 오리게네스(Origen)의 그늘에 가려 있다. 그들의 목적은 교회의 교리를 이론적인(speculative) 학문으로 전환하는 것이었다. 물론 이들은 신앙을 고수했고, 영지주의자들과는 대조적으로 교회의 확실한 교리를 기초로 삼았다. 클레멘스는 신앙을 "간략한 학문"(γνωσις συντομος)이라고 부르기까지 할 정도로 신앙을 이교적인 지혜보다 더 가치 있게 여겼다. 기독교는 모든 사람을 위한 구원의 길이며, 오직 신앙을 통해서만 소유할 수 있는 것이다. 신앙의 내용은 교회에 의해 신조에 요약되어 있으며, 진리의 유일한 인식적 원천은 계시, 즉 성경이다. 클레멘스와 오리게네스도 이레나이우스나 테르툴리아누스와 마찬가지로 이 모든 것을 확고히 견지했다.

양자 간의 차이는 알렉산드리아의 신학자들이 신앙과 학문 사이에 질

---

11) A. Harnack, *History of Dogma*, II, 230-318.

적 차이가 존재한다고 가정했다는 점에서 시작된다. 신앙은 배움이 없는 단순한 사람에게 유익하고 필요한 것이다. 하지만 학식 있는 사람에게는 그것만으로 충분하지가 않다. 신학은 신앙의 내용을 학문으로 발전시켜서, 권위에 의존하지 않고 확실성과 타당성을 자체 안에서 발견하게 하는 것을 목표로 삼아야 한다. "피스티스"(신앙)는 "그노시스"(지식)의 수준에 이르기까지 길러져야 한다. 여기서 "그노시스"는 더 이상 이단을 저지하고 그것과 싸우기 위한 수단이 아니라, 그 자체로 목적이 된다. "피스티스"는 그저 육적(fleshly; 또는 "육신의"[somatic]) 기독교만을 산출해낼 뿐이고, 신학의 임무는 성경으로부터 영적(spiritual; 또는 "영의"[pneumatic]) 기독교를 발전시키는 것이다. 필론(Philo)이 유대인을 위해 시도한 일을 클레멘스와 오리게네스는 그리스도인을 위해 수행했다. 소크라테스를 비롯하여 그리스 철학 전체, 특히 플라톤과 스토아 철학에 정통한 오리게네스가 만들어낸 체계는 신학이 철학으로 함몰되는 위험을 감수하는 것이었는데, 여기에는 성자의 종속(subordination), 창조세계의 영원성, 영혼의 선재, 영과 물질의 이원론, 땅의 정화, 만물의 회복이 포함되어 있다. 영적·풍유적 해석은 이 모두를 성경과 조화시키기 위해 사용되었지만 사실상 기독교가 관념으로 용해되었고, 십자가의 미련한 것과 세상의 지혜 사이에 타협이 발생했다. 오리게네스의 신학은 교회 안에 반복해서 나타나는 중재신학(mediating theology)의 가장 인상적이고 풍성한 표본이다.[12]

3세기 초에 이르렀을 때 이미 기독교 신학의 토대들이 놓였다. 교회는 이방 종교와 유대교, 영지주의와 에비온주의(Ebionitism)에 맞서 의도적으로 단호한 입장을 취하면서 기독교의 독립성을 유지했다. 그러나 3세기에 로고스가 (그리고 성령이) 성부에 대해 갖는 관계와 관련해서 갖가지 논쟁이 내부적으로 발생했다. 교회는 일위신론적 단일신론

---

12) Charles Bigg, *The Christian Platonists of Alexandria* (Oxford: Clarendon; New York: Macmillan, 1886).

(Unitarian Monarchianism)의 두 유형인 역동적(dynamic) 단일신론 및 양태적(modalistic) 단일신론과 싸우면서, 예수 그리스도가 하나님이시며 성부와 (그리고 성령과) 구별되신다는 교리를 니케아 공의회(325)와 콘스탄티노플 공의회(381)에서 공식화했다. 신적 본질(divine being) 안에 세 위격들(hypostases)인 성부·성자·성령이 있다는 것은 4세기 말에 이르러서는 동방 교회와 서방 교회에서 모두 인정된 교리였다. 그리스도의 위격과 관련된 주제들이 신학적으로 논의된 것은 그다음 세기였지만 그 토대는 이미 놓였고, 기독교적 사색이 자신의 강도를 시험할 경계들도 이미 그어졌다.

이런 초창기의 교의적(dogmatic) 저자들은 변증과 논쟁을 위해 글을 썼고, 대개는 논쟁 중인 교리를 설명하는 것으로 만족했다. 특정한 교의적·윤리적 주제들―하나님의 통일성(unity), 그리스도의 성육신의 실재―을 다룬 다수의 논문들이 출판되었지만, 오리게네스의 『제1원리에 대하여』와 락탄티우스의 『신학체계』(*Divine Institutions*)만이 교의학적 체계의 실례로 간주될 수 있다.

콘스탄티누스에서 아우구스티누스와 중세까지

[40-41] 그리스도인 황제 콘스탄티누스의 등장과 관용칙령(Edict of Toleration, 313)으로 인해, 교회에 대한 외적 압박은 이단이라는 내적 압박으로 대체되었다. 주요한 교의적 발전들, 특히 기독론에 대한 발전이 동방에서 일어났다. 에베소 공의회(431)와 칼케돈 공의회(451)는 "한 위격에 두 본성이 분리와 분열 없이, 혼합과 변화 없이" 존재한다는 공식으로 기독론의 경계들을 설정했다. 그러나 논의는 하나의 본성인지 두 본성인지("단성론"[Monophysitism])에 대해서뿐만 아니라, 하나의 의지인지 두 의지인지("단의론"[Monotheletism])에 대해서도 계속되었다. 비록 기독론에 대한 논쟁이 4세기부터 8세기까지를 지배했지만, 교리문답 교육(catechesis)에 대한 요구는 광범위한 주제들―신론, 우주론, 인간론, 그리고 동정(virginity)

과 같은 윤리적 이슈들—을 다루는 많은 논문으로 이어졌다. 이 시기의 중요한 교의학적 저술은 카파도키아의 세 교부인 니사의 그레고리오스(Gregory of Nyssa, 330년경-395년경; 『삼신이 아님에 대하여』[*On Not Three Gods*]; 『사람의 조성에 대하여』[*On the Making of Man*]; 『거룩한 삼위일체에 대하여』[*On the Holy Trinity*]; 『교리문답 강론』[*The Great Catechism*]), 나지안주스의 그레고리오스(Gregory of Nazianzus, 329/330년-389/390년; 『[신학]강론』[*Orations*]), 바실리오스(Basil, 330년-379년; 『성령에 대하여』[*On the Holy Spirit*])의 것들이 포함된다. 이 동방의 3인조 신학자에 크리소스토모스(John Chrysostom, 347년경-407년; 『성직에 대하여』[*On the Priesthood*])가 추가되어야 한다. 교의학적으로 훨씬 더 중요한 저작은 위(僞) 디오니시우스(Pseudo-Dionysius)의 저술(『하나님의 명칭들』[*The Divine Names*]; 『천상의 위계』[*The Celestial Hierachy*]; 『교회의 위계』[*The Ecclesiastical Hierachy*])과 다마스쿠스의 요한(John of Damascus, 665년경-750년경; 『정통 신앙에 대한 강해』[*Exposition of the Orthodox Faith*]; 『지식의 원천』[*Source of Knowledge*])의 요약적인 저술이다. 또한 이 다마스쿠스 사람은 동방 정교회의 핵심적 요소이자 논란을 불러일으키는 요소인 성상숭배의 강력한 옹호자였다. 이렇게 해서 9세기부터 시작된 위대한 비잔티움(Byzantium)의 시기는 1453년에 투르크족이 콘스탄티노플을 점령할 때까지 지속되었다. 이때 동방 정교회가 살아남은 것은 러시아가 동방 정교회를 받아들이고 지지한 것에 상당부분 기인한다.

[42] 처음부터 서방 교회와 신학은 나름의 고유한 특성을 갖고 있었다. 동방에서 지배적인 주제는 썩어짐(φθορα)에 종노릇하는 인간과 그리스도로 말미암은 해방, 그리고 이로 말미암아 우리가 생명, 즉 신적 본성인 불멸에 참여하게 된다는 것이었다. 반면에 서방 교회에서는 사람이 하나님과 갖는 관계를 법정적이고 정치적인 범주, 즉 하나님의 계명을 어긴 죄인이 공의로운 하나님과 갖는 관계로 생각했다. 그리스도는 자신의 사역을 통해 하나님의 은혜, 죄의 용서, 율법을 순종할 힘을 획득하고, 새로운 피조물이 된 자들이 순종과 복종의 삶을 실제로 살아가게끔 인도한다. 동

방에서 사람들이 특히 사도 요한과 공명했다면, 서방 교회에서는 바울이 그랬었다.[13] 동방에서는 무게중심이 그리스도의 성육신에 있었고, 서방에서는 그리스도의 죽음에 있었다. 동방에서는 그리스도의 인격(person)이 중요했고, 서방에서는 그리스도의 사역이 중심이었다. 동방에서는 하나님이신 동시에 사람이신 본성, 즉 그리스도 안에서 양성의 합일에 주된 초점을 맞춘 반면에, 서방에서 중요한 것은 양성의 구분, 즉 그리스도가 하나님과 인간 사이에서 점하고 계시는 중보적 위치다. 동방에서는 신비적이고 예전적인 강조점이 지배적이었고, 서방에서는 정치적이고 법정적인 강조점이 지배적이었다. 이런 차이점이 시작부터 존재했기 때문에, 분열이 일어나는 것은 시간 문제일 뿐이었다. 콘스탄티노플이 힘을 얻으면서 동방 교회는 두 명의 황제, 두 개의 수도, 동등한 두 주교가 있는 두 진영 안에서의 일치를 추구했다. 그러나 로마는 자신을 콘스탄티노플과 대등한 정치적인 도시가 아니라, 콘스탄티노플보다 훨씬 고귀한 위치를 점하는 사도좌(sedes apostolica)로 내세웠다. 로마는 종교적 관심사를 대변하고 방어했는데, 자신의 주장과 권리를 마태복음 16:18에 기초시키고 또한 보편적(universal, 또는 공교회적[catholic]) 지위를 요구했다. 이처럼 서방 교회에는 세계를 정복하려는 공세적인 욕구가 있었다. 이런 두 가지 성향이 관습과 의식, 특히 필리오케(filioque)와 관련된 차이점과 결합해서 마침내 1054년의 분열을 낳았다.

그럼에도 서방 교회는 여러 면에서 동방 교회에 의존적이었다. 서방 교회는 속사도 교부들과 변증가들이 남긴 열매들, 그리고 공의회의 신학적이고 기독론적인 교의들을 그대로 받아들였다. 니케아 공의회(325)에서 제4차 콘스탄티노플 공의회(869-870)에 이르는 주요 공의회들은 모두 동방의 소아시아나 콘스탄티노플에서 개최되었고, 서방 교회에서도 인정되

---

13)편집자 주―Krister Stendahl, "The Apostle Paul and the Introspective Conscience of the West," *Harvard Theological Review* 55 (July 1963): 199-215을 보라.

었다. 교회의 교리를 위한 객관적 토대들은 동방에서나 서방에서나 동일했다. 동방의 사상 역시 푸아티에의 힐라리우스(Hilary of Poitiers, 368년 사망), 암브로시우스(Ambrose, 397년 사망), 히에로니무스(Jerome, 420년 사망), 아퀼레이아의 루피누스(Rufinus of Aquileia, 410년 사망), 요한네스 카시아누스(John Cassian, 360년-430년)를 통해 서방으로 옮겨갔다. 구약성경에 대한 풍유적 주해, 삼위일체와 기독론에 대한 논의, 플라톤적 신학, 수도원주의, 금욕주의, 동정에 대한 이상이 서방 교회에도 침투해서 유산으로 자리 잡았다.

[43] 동방과 서방의 이러한 교의적 발전 전체는 아우구스티누스에게서 절정에 이른다. 동방 신학자들의 삼위일체론과 기독론―테르툴리아누스와 암브로시우스의 저술에 담긴 인간·죄·은혜·신앙·충족·공로에 관한 교리, 신플라톤주의, 키프리아누스의 교회와 성례에 관한 교리, 히에로니무스와 힐라리우스의 수도원적 이상―전부를 흡수하고 풍부한 삶의 경험을 통해 내적으로 수용한 것은 아우구스티누스였다. 비록 아우구스티누스는 신학적 교의 체계를 만들어내지는 않았지만―그나마 가장 근접한 형태의 저술이 주요 신앙의 진리들을 사도신경을 따라서 해설한 『편람: 믿음·소망·사랑에 대한 안내서』(*Enchiridion: Handbook on Faith, Hope, and Love*)이다―온갖 신학적 문제에 대해 아우구스티누스보다 더 깊이 파고든 교부는 없었다. 훗날 교의신학의 서론(prolegomena)에서 다루게 될 모든 신학 주제들을 설명하고자 시도하고, 하나님을 알고자 애쓰는 사람의 인격과 관계된 궁극적인 심리학적 문제들을 간파한 첫 번째 사람이 바로 그였다.

아우구스티누스의 출발점은 인간, 인간의 자기의식, 인간이 궁극적으로 하나인 진리·행복·선에 대해 가지는 뿌리 깊은 갈망과 필요였다. 자신에 대한 지식과 하나님에 대한 지식은 그 사이에서 인간의 모든 생각이 오가는 두 기둥이다. 자연에 대한 지식은 경시된다기보다는 종속된다. "내가 하나님과 영혼을 알기를 갈망하나이다! 내가 나 자신을 알 수 있기를!

내가 당신을 알 수 있기를!"[14] 아우구스티누스는 진리에 대한 불타는 사랑에 사로잡혀서, 자신의 생각이 최고의 진리, 유일한 선, 영원한 이성, 만물의 기원인 하나님께 필연적으로 수렴된다는 것을 발견했다. 하나님이 그 자체로 선과 아름다움인 완전한 진리이기 때문에, 인간은 오직 하나님 한 분만을 생각하고 추구할 때 안식을 얻을 수 있다.[15] 하지만, 우리를 하나님과 진리로 이끄는 것은 이성이 아니라 신앙이다. 아우구스티누스의 사고 전체는 종교적·신학적이다. 그렇기 때문에 그는 세상을 포함한 모든 것을 하나님께 비추어 바라본다. 한편으로 세계는 상(像)에 불과한 비존재(nonbeing)이며, 따라서 사멸해버리기 쉽다. 다른 한편으로 그것은 하나님의 피조물로서 하나님의 마음속 생각들을 따라 창조된 예술작품이기 때문에, 차츰차츰 한 걸음씩 그 생각들을 실현하고 자체 안에 가장 풍성한 다양성을 지닌 우주(universe)를 형성해나간다. 창조세계는 이데아, 숫자, 질서, 단위에 기초한 우주(cosmos)인데 하나의 신적 의지, 하나의 지성에 의해 조화를 이루고 있다. 창조세계는 측량할 수 없을 만큼 광대한 결합체(commonwealth)로서, 이 안에서 죄는 형벌로 상쇄되는 결핍이고 궁극적으로는 전체의 아름다움과 조화에 기여한다. 이와 동시에 아우구스티누스는 죄를 심각하게 취급했다. "아직도 당신은 죄가 얼마나 무거운 짐인지 헤아리지 않았다."[16] 죄는 무엇보다 오만, 즉 영혼 안에 있는 교만(superbia)이고 육체 안에 있는 정욕(concupiscentia)이다. 아담 안에서 우리는 모두 범죄했고, 따라서 죄는 우리 모두의 운명이 되었다. 그것은 하나님 없음(carentia dei), 선의 결핍(privatio boni)이며, 행위일 뿐만 아니라 상태이기도 하다. 그것은 오염된 본성, 결함, 결여, 부패, 죄를 짓지 않을 수 없음이다. 이 상태에서의 구원은 오직 은혜로만 가능한데, 이 은혜는 예정에 기

---

14) Augustine, *Soliloquies*, II, 2.

15) Augustine, *Confessions*, I, 1.

16) 편집자 주—이 독특한 구호는 Anselm, *Cur Deus Homo*, chap. 21에서도 발견된다. 『인간이 되신 하나님』(한들출판사 역간).

원을 두며 그리스도의 위격과 사역에서 객관적으로 계시되었다. 객관적 은혜는 공교회적(Catholic) 신앙의 확실하고 올바른 토대이지만, 또한 신앙과 사랑을 주입하는 내적 은혜로서 우리 안에 주관적으로 들어와야 한다.

그러나 아우구스티누스에게 이 은혜는 가시적 교회와 그것의 성례 안에서만 작용한다. 교회는 구원의 기관, 은혜의 시여자, 권위의 좌소, 성경의 보증인, 사랑의 처소, 성령의 피조물, 실로 하나님 나라 그 자체다. 아우구스티누스는 공동체가 종교에 얼마나 중요한지를 절감했다. 교회는 신자들의 어머니인 것이다. 아우구스티누스의 예정과 은혜에 관한 교리들을 이런 교회 개념과 조화시키는 것은 어렵다. "밖에 있는 것처럼 보이는 많은 이들이 안에 있고, 또한 안에 있는 것처럼 보이는 많은 이들이 밖에 있다."[17] 양 우리 밖에 양이 있고, 그 안에 늑대가 있다. 로마 가톨릭과 개신교 모두 어느 정도 정당성을 갖고 아우구스티누스에게 호소한다. 로마 가톨릭은 교회, 성례, 권위에 대한 교리를 위해 아우구스티누스에게 호소하고, 종교개혁은 예정과 은혜의 교리에서 그와 동질감을 느꼈다. 아우구스티누스는 그를 뒤잇는 모든 신학 작업에서 가장 중요한 신학자다. 모든 개혁이 아우구스티누스에게, 그리고 바울에게 되돌아간다. 모든 교의는 아우구스티누스가 공식화한 것을 다른 모든 이들이 이어받아서 반복한 것에 불과하다. 그의 영향력은 모든 교회, 신학 학파, 분파에 미쳤다. 따라서 아우구스티누스는 어떤 한 교회가 아니라 모든 교회에 함께 속한다. 그는 보편적 교사(*Doctor universalis*)다. 심지어 철학조차도 아우구스티누스를 무시할 때 손해를 감수하는 것이다. 또한 그는 우아하고 마음을 사로잡는 문체, 세련되고 정밀하고 지극히 개인적인 동시에 모든 인간에게 보편적인 방식으로 자신을 표현했기 때문에, 오늘날 아우구스티누스는 다른 어떤 교부보다도 높이 인정받고 있다. 그는 모든 교부 가운데 가장 기독교적일 뿐 아니라 가장 현대적이기 때문에, 다른 어떤 이들보다도 우리에게 가

---

17) Multi qui foris videntur intus sunt et multi qui intus videntur foris sunt.

깝다. 그는 미적 세계관을 윤리적 세계관으로, 고전적 세계관을 기독교적 세계관으로 대체했다. 교의신학에서 우리는 가장 탁월하고, 가장 심오하며, 가장 풍성한 사상들을 그에게 빚지고 있다. 예나 지금이나 아우구스티누스는 기독교 역사에서 가장 뛰어난 교의학자다.

[44] 한 세기가 넘도록 아우구스티누스주의는 은혜의 교리에 관한 격렬한 논쟁의 대상이었다. 영국 수도사 펠라기우스, 코엘레스티우스(Celestius),[18] 에클라눔의 율리아누스(Julian of Eclanum)[19]와 같은 진정한 펠라기우스주의자들에 더해, 카시아누스(John Cassian)와 레랭의 빈켄티우스(Vincent of Lerins, 이 사람은 자신의 『비망록』[*Commonitorium*]에서 전통의 표지들을 나열할 뿐만 아니라, 또한 철저한 아우구스티누스주의에 대한 반대를 표명했다)를 포함하는 수도원 전통에 서 있는 비판자들도 아우구스티누스주의를 반대했다. 이 와중에 오랑주 공의회(Synod of Orange, 529)가 아우구스티누스주의에 우호적인 몇 가지 결정들을 내렸으나, 반(半)펠라기우스주의(semi-Pelagian) 사상이 퍼져나가는 것을 막지는 못했다. 오랑주 공의회는 선행하는 은혜 개념은 받아들였지만, 불가항력적 은혜와 배타적 예정은 명확히 채택하지 않았다. 뒤이은 여러 해 동안 손상되지 않고 남은 아우구스티누스주의는 별로 없었다. 때때로 (Augustine, Jerome, Ambrose와 더불어) 네 번째로 위대한 교회 교사로 불리는 교황 그레고리우스 1세(Gregory the Great, 604년 사망; 『목회지침서』[*The Book of Pastoral Rule*])는 새로운 것을 산출해내지는 않았으나, 앞선 교회 교사들의 사상을 수용해서 여러 방식으로 삶에 적용했다. 그레고리우스의 성향은 실천적인 동시에 신비적이고 풍유적이었다. 그는 로마 가톨릭교회를 외적인 합법적 종교로 수립했고, 중세 가톨릭주의에

---

18) 편집자 주―Celestius는 Pelagius와 마찬가지로 영국 출신이었는데, 그는 원죄도 세례의 사죄 효과도 부인했다. 그는 411년 카르타고 공의회에서 정죄되었다.
19) 편집자 주―Julian of Eclanum(386년경-454년)은 가장 뛰어나고 맹렬하게 Augustine을 반대한 사람 중 하나인데, Augustine의 전적 부패 교리에 마니교의 잔재가 있다고 비판했다.

실질적인 성격을 부여했다. 그는 고대 세계의 완성이며, 새로운 세계의 기초다. 그레고리우스는 예전(liturgy)에 관한 저술과 교회 음악을 통해 로마 가톨릭의 예배 형식을 북쪽의 게르만 민족에게 소개했다. 그는 교부들의 교의들을 대중화함으로써 미개한 이교도적 게르만 민족에게도 교회 교리가 실제적으로 도움이 되도록 만들어주었지만, 한편으로는 미신이나 금욕주의, 또는 행위를 통한 의를 조장하기도 했다. 그는 보에티우스(Boethius, 480년경-524년경; 『철학의 위안』[*The Consolation of Philosophy*]) 및 카시오도루스(Cassiodorus)와 함께 게르만 민족의 교육과 학문의 발흥에 큰 영향을 끼쳤다. 카시오도루스(565년경 사망)는 7개의 자유 학문(seven liberal arts)을 논의한 『자유학과』(*The Liberal Arts and Disciplines*)를 썼고, 신학 연구를 위한 방법론을 제공했다. 보에티우스가 게르만 민족에게 그리스 철학에 관한 지식과 활용을 소개했다면, 교회에서는 그레고리우스가 게르만 민족에게 신학을 전수했다.

7-8세기 무렵에 기독교화된 게르만 민족이 배출한 최초의 신학자들 가운데 한 사람은 이시도루스 히스팔렌시스(Isidore of Seville, 560년경-636년; 『명제집』[*Sentences*])였다. 그의 저술들은 당시 알려진 모든 것을 망라했는데, 그 성격에 있어 문법적·역사적·고고학적·교의적·도덕적·금욕적이었다. 그는 고전과 교부들의 가르침을 자기 민족에게 전수하기 위해 이교도들과 그리스도인의 저술들로부터 발췌한 것들을 제공했는데, 독창적인 내용은 없었다. 이시도루스의 저작은 그 이전 세기의 신학적 자산을 게르만 민족에게 전해주는 일종의 편람(*compendium*[개요서])이었다. 하지만 그는 이러한 유산을 독자적으로 다루지는 못했다. 샤를마뉴(Charlemagne)는 프랑크 왕국에 고대의 문화를 강제로 도입하려고 했다. 카롤링 왕조 시기에 위대한 학자들이 없었던 것은 아니었지만, 이 시기를 특징 지운 것은 부지런한 수집과 맹목적인 모방이었다. 권위의 역할은 여전히 아우구스티누스와 그레고리우스의 몫이었다. 카롤링 왕조 시기의 신학자들 가운데 가장 중요한 사람은 알퀸(Alcuin, 804년 사망)이었다. 그는 교부들의 저작

에 정통했고, 과거에 네스토리우스주의가 논박된 바로 그 논거로 양자론
(adoptionist)의 오류를 논박했다. 9세기에 고트샬크(Gottschalk)는 아우구스
티누스를 연구하면서 이중 예정(double predestination)을 고백하게 되었다.
필리오케(*filioque*) 공식(formula)이 스페인에서 프랑크 왕국으로 들어갔
고, 사도신경의 일부로 추가되었다. 이미 장티이 공의회(Synod of Gentilly,
767)에서 사람들은 그것이 신조의 지위를 갖는다고 확신했고, 아헨 공의
회(Synod of Aachen, 809)는 그것을 사도신경에 공식적으로 포함시켰다. 카
롤링 왕조 아래에 있는 지역들은 형상의 숭배(*servitium*)와 경배(*adoratio*)
를 요구한 제7차 세계공의회(Seventh Ecumenical Council=제2차 니케아 공의회
[Nicea II, 787])를 인정하지 않았으나, 9세기 이후에는 반대의 소리가 점차
사라졌다. 카롤링 왕조의 시기에는 미사가 더욱 발전했는데, 특히 파스카
시우스 라드베르투스(Radbert Paschasius, 『주님의 살과 피에 대하여』[*De corpore
et sanguine domini*, 831])가 여기에 기여했다. 언급할 가치가 있는 이 시기의
또 다른 인물은, 신학보다는 철학에 더 관련된 스코투스 에리우게나(John
Scotus Eriugena, 810년경-877년경)이다. 그는 사변신학(speculative theology)
의 아버지로서, 자신을 오리게네스의 그노시스(*gnosis*) 및 위 디오니시우
스의 신비주의와 연결했다. 그의 근본적인 원리는 신플라톤주의적 유출
(emanation) 교리였다. 그는 자신의 책 『자연의 구분에 대하여』(*De Divisione
naturae*)에서, 먼저 신학과 철학이 사실은 하나라고 진술한다. 올바른 이
성(*recta ratio*)과 참된 권위(*vera auctoritas*)는 충돌하지 않는다. 긍정신학인
신앙은 진리를 성경과 전통에 두지만, 부정신학인 이성은 이 진리에서 포
장지를 벗겨내고 그 안에 있는 사상을 추구한다. 그는 이렇게 해서 교의
학적 진리를 우주와 신의 발생 과정에 대한 철학적 가르침으로 바꾸었다.
그는 존재하는 모든 것을 하나의 표제, 즉 자연 아래에 두었는데, 이 자연
은—존재의 네 단계에서—로고스를 통해 현상세계에서 자신을 드러내고,
그 후에는 다시 하나님께 돌아간다.

로마 가톨릭의 교의신학

[45-46] 동방 교회와의 대분열을 다루기도 전에 로마 가톨릭 신학에 대해 말하는 것은 적절치 않다. 10세기 이후에 서방 교회에 새로운 활력이 일어났는데, 클뤼니에서 시작된 수도원 개혁과 십자군 전쟁으로 인한 지평의 확장이 여기에 크게 기여했다. 대학의 탄생은 스콜라적 방법을 사용하는 학문적 신학으로 이어졌다. 실증신학(positive theology)이 교의를 간단한 명제 형태로 제시하는 것과 달리, 스콜라 신학은 교의의 자료들을 학교에서 준수되는 방법, 즉 학문적 방법을 따라서 다룬다. 스콜라주의는 실증신학이 멈춘 바로 그곳에서 시작된다. 실증신학은 교의를 진술하고 증명하는 것으로 만족한다. 그러나 스콜라 신학은 교의들을 기본 원리로 삼는 것에서 시작해서 추론을 통해 교의들의 상호연관성을 추적하고, 계시된 진리에 대한 지식을 더 깊게 하고, 온갖 반대에 맞서 그것들을 변호하려고 시도한다.

이 방법론은 신학 연구에 큰 유익을 주었지만, 상당한 손실도 가져왔다. 신학자들이 그리스어와 히브리어에 대한 탄탄한 지식이 부족하게 되면서 성경과 다른 원전에 대한 연구를 경시하게 되었고, 대신에 아리스토텔레스의 철학 방법론이 중심 자리를 차지했다. 교의신학은 성경 및 교회의 살아 있는 신앙과의 연관성을 상실함에 따라 점차 철학의 체계처럼 변모했다. 우리는 캔터베리의 안셀무스(Anselm of Canterbury, 1033년경-1109년; 『모노로기온』[*Monologion*], 『프로스로기온』[*Proslogion*], 『인간이 되신 하나님』[*Cur Deus Homo*])가 쓴 저작들을 통해 그가 신앙으로 우리에게 주어진 이해를 더 깊게 하고자 하는 진심 어린 열망을 가졌다는 것, 그리고 그가 아리스토텔레스보다는 플라톤의 대화들과 더 유사한 방식으로 글을 썼다는 것을 발견할 수 있다. 페트루스 롬바르두스(Peter Lombard)와 알렉산더 할레시우스(Alexander of Hales)에 이르러서, 신학은 개별적 논문을 넘어 교의신학과 윤리학에 대한 체계적인 안내서로 진보했다. 알베르투스 마그누스(Albertus Magnus), 토마스 아퀴나스, 보나벤투라의 손에서 아리스토텔레스적 방법은 교회의 교리를 변호하는 공인된 방식이 되었다. 그러나 스콜라주의는 이런 높은 수준을 계속 유지하지 못했고, 오히려 둔스 스코투스(Duns Scotus, 1265년-1308년)의 저술에서, 그리고 특히 윌리엄 오컴(William of Ockham, 1285년경-1347년)과 가브리엘 비엘(Gabriel Biel, 1420년경-1495년)의 유명론(nominalism)에서 신학은 확실성을 상실하고 말았다. 유명론자들이 보편자(universals)의 존재를 부정한 것은 결과적으로 학문으로서의 신학에 대한 가능성마저도 부정하는 것으로 이어졌다. 실재는 신적 의지의 자의적 행위다. 그 결과로 회의주의뿐 아니라 에리우게나, 에크하르트, 뵈메의 신비주의가 교회의 정죄에도 불구하고 번성했다.

과거의 학자들이 평가한 것과 달리, 중세 신비주의가 스콜라주의에 적대적이지 않았음이 분명해졌다. 성 빅토르의 후고(Hugo)와 리카르두스(Richard) 같이 신비주의 성향을 가진 이들도 신학의 여러 부분을 다루면서 롬바르두스와 동일한 방법을 사용했다. 반대로 할레시우스, 알베르투스, 아퀴나스, 보나벤투라를 포함하는 스콜라 신학자들도 신비적인 저술을 유산으로 남겼다. 심지어 아퀴나스는 신비주의를 스콜라 신학에 통합시켰다.[20] 따라서 신비주의와 스콜라주의 사이에 본질적인 충돌과 적대감은 있을 수 없다. 정작 중요한 것은 건전한 신비주의와 불건전한 신비주의, 참된 신비주의와 거짓된 신비주의를 구별하는 일이다. 로마 가톨릭교회는 신플라톤주의, 영지주의, 에리우게나, 아말릭(Amalric), 에크하르트, 몰리노스(Molinos), 뵈메 등을 일관되게 정죄했지만, 위 디오니시우스, 알베르투스, 보나벤투라 같은 이들의 저술은 항상 칭송하고 인정했다. 그럼에도 신비적 신학의 목적은 학문적 훈련을 통해 하나님에 대한 신앙의 지식을 증가시키는 데 있지 않고, 성경묵상·기도·금식·금욕과 같은 영적인 훈련을 통해 하나님과 교제하는 데 있다. 아우구스티누스와 위 디오니시

---

20) T. Aquinas, *Summa Theol.*, II, 2 qu., 179ff.

우스는 중세의 건전한 신비주의가 영감을 얻는 주된 원천이었다.

[47-48] 중세에는 또한 중요한 저항 운동들도 일어났는데, 여기에는 카타리파(Cathars)와 왈도파(Waldensians)는 물론이고 존 위클리프(John Wycliffe)와 얀 후스(John Huss) 같은 개신교의 선구자들도 포함된다. 교회 안에 개혁에 대한 관심에서 비롯된 공의회 운동, 무엇보다 콘스탄츠 공의회(Council of Constance, 1414)가 있었지만, 개혁은 거의 이루어지지 않았다. 로마 가톨릭교회는 그때도 반대를 표명했는데, 이는 16세기 개신교 종교 개혁에 대해 트리엔트 공의회(Council of Trent, 1545-63)에서 반대했던 것과 동일하다. 트리엔트 공의회 이후의 로마 가톨릭교회는 아퀴나스를 토대로 다시 형태를 갖췄고, 종교개혁에 대항하는 첨예한 논쟁으로 특징지어졌다. 성경과 전통에 대한 성실한 연구를 수용한 신스콜라 신학이 스페인에서 번성한 데는 (주로 도미니크 수도회의) 학자들, 즉 프란치스코 데 비토리아(Francisco de Vitoria), 멜키오르 카누스(Melchior Canus), 페드로 데 소토(Peter de Soto)의 공이 컸다. 그런데 이렇게 스콜라주의가 부흥하고 빛을 발하는 데 특히 기여한 이들은 벨라르미누스(Bellarmine), 페트루스 카니시우스(Peter Canisius), 수아레즈(Fr. Suárez) 같은 예수회 사람들이었다. 이 예수회 신학은 펠라기우스주의적이었고, 죄·자유의지·은혜의 교리에 있어서 토마스와 달랐다. 도미니크 수도회에 속한 아우구스티누스주의자들인 루뱅의 바이우스(Baius of Louvain)와 나중에 이프르(Ypres)의 주교가 된 코넬리우스 얀센(Cornelius Jansen)의 반(反)예수회적 저서들은 여러 차례 추인된 교서 「우니게니투스」(*Unigenitus*, 1713)에 의해 최종적으로 정죄되었다. 교의학에서는 펠라기우스주의가, 윤리학에서는 개연주의(probabilism)가, 교회에서는 교황지상주의(papal curialism)가 승리했다.

[49] 로마 가톨릭교회는 근대 이성주의의 맹공, 특히 베이컨(Bacon), 데카르트(Descartes), 라이프니츠(Leibniz), 볼프(Wolff)의 공격 아래에 놓였다. 역사적이고 비평적인 연구들은 신학을 주변부로 밀어냈고, 스콜라주의는 학교로 철수했다. 이신론(deism)과 자연주의(naturalism)가 발흥하여

로마 가톨릭 신학에 영향을 끼치는 동시에 그것을 부수적인 것으로 만들어버렸다. 1773년에 예수회는 교황 클레멘스 14세 자신에 의해 금지됐다. 개신교 신학자들과의 논쟁은 뒷전으로 밀려났고, 자유사상가와 불신자들과의 갈등이 불거졌다. 야코비(Jakobi), 셸링(Schelling), 헤겔(Hegel) 같은 철학자들이 기독교 교리와 신학을 사변철학으로 바꿀 때 어떤 이들은 절충적이고 중재적인 입장을 취하여 이 둘을 화해시키려고 했지만, 교회가 이를 정죄했다. 로마 가톨릭교회는 사상가들과 저자들을 적극적으로 금서목록에 올리면서, 근대 사상을 정죄하는 시기에 진입했다.

그러나 이런 노력들이 성공하지 못하면서, 19세기는 신(新)스콜라주의의 부활을 목도하게 되었다. 1814년에 예수회가 재건되었고, 1854년에 마리아의 무염시태(immaculate conception) 교리가 선언되고, 1864년에 "오류표"(Syllabus of Errors, 오류들에 대한 교서요목)가 공표되고, 마지막으로 1870년에 [제1차] 바티칸 공의회가 교황의 무류성을 승인하면서 교황권이 강화되었다. 1879년에 교황 레오 13세가 회칙 「영원한 성부」(*Aeterni Patris*)에서 아퀴나스를 교회의 가르치는 박사(teaching doctor of the church)로 공표함으로써, 토마스주의는 로마 가톨릭 신학에서 다시 힘을 얻었다. 그러나 토마스주의는 학문적인 삶에 국한된 것이기 때문에, 로마 가톨릭의 경건을 육성하거나 새롭게 할 능력은 갖고 있지 않다. 오히려 개혁가톨릭주의(Reform Catholicism)나 로마 가톨릭의 아메리카주의(Americanism)가 현대적인 생활방식이 갖는 긍정적인 면을 많이 수용함으로써 로마 교회를 진지한 자기평가로 이끌 가능성을 보여주고 있다.[21]

---

21) 편집자 주—20세기 초에 내려진 이 판단의 타당성을 로마 가톨릭교회가 제2차 바티칸 공의회에서 받아들인 변화, 특히 *Gaudium et spes*, "Pastoral Constitution on the Church in the Modern World," December 7, 1965에서 볼 수 있다. 참조. 교황 레오 13세의 *Rerum Novarum* 발표 100주년을 기념하는, 교황 요한 바오로 2세의 회칙 *Centesimus Annus* (1991).

루터파 교의학

[50] 마르틴 루터는 사실 최초의 루터파 교의학자가 아니다. 이 명예는 필립 멜란히톤과 그의 『보편논제』(1521)에 돌려져야 한다. 그럼에도 루터가 은혜의 복음을 재발견한 것은 신학에서 대단히 중요한 의미를 갖는데, 바로 그것이 신학에 새 생명을 부여한 일이기 때문이다. 그러나 얼마 지나지 않아 루터파 진영 안에서 논쟁이 일어났다. 멜란히톤이 예정과 성찬에 대해 루터와 의견 차이를 보인 것은 그를 따르는 이들(Philippists)과 "그네시오"(Gnesio, 그리스어로 "진정한")-루터파로 알려진 "엄격한" 루터파 사이의 분열을 가져왔다. 그네시오-루터파가 필립주의자들을 "크립토"(crypto, "비밀스런")-칼뱅주의자로 간주했기 때문이다. 루터파 정통주의는 「일치 신조」(Formula of Concord, 1577-1580)에서 확정적인 형태에 도달했고, 요한 게르하르트(Johann Gerhard, 1637년 사망; 『신학보편논제』[*Loci Communes theologici*]), 요한 크벤슈테트(Joh. Quenstedt, 1617-1688; 『교훈-논증신학 또는 신학체계』[*Theologia didactico-polemica sive systema theologicum*]), 다비드 홀라츠(David Hollaz, 1713년 사망; 『강연신학 검토』[*Examen theologicum acroamaticum*])와 같은 17세기의 루터파 스콜라주의자들에 의해 변호되었다.

[51] 18세기에 인간의 주관성이 각기 다른 방식으로 강조되었다. 슈페너(Spener, 1635-1705; 『경건의 열망』[*Pia desideria*])와 프랑케(Francke, 1727년 사망)의 경건주의(pietism)는 성경적 사실주의(biblical realism)로, 때로는 묵시적 기대를 통해 정통주의에 도전했다. 니콜라우스 친첸도르프(Nicholas von Zinzendorf, 1700-1760)는 모라비아 형제단의 지도자로서 슈페너의 참회적(penitential) 경건주의를 넘어 감미로운 구세주를 선포하는 데까지 이르렀다. 루터파 지역들에서 정통주의는 인간의 주관으로 무게중심이 이동하면서 약화되었다. 계몽주의적 이성주의는 정통주의와 평행선을 달렸고, 또한 자율적 이성이 성경의 객관적 진리 위에 군림하게 함으로써 정통 교리와 신학의 권위를 약화시켰다. 철학이 신학에 대해 승리를 거두었다. 종교

와 신학의 내용은 임마누엘 칸트(Immanuel Kant)가 『오직 이성의 한계 내에 있는 종교』(*Religion within the Limits of Reason Alone*)[22]에서 발전시킨 것처럼, 이성주의적이고 도덕지향적이어야 했다. 종교는 덕을 이루는 수단이 된 것이다.

이에 대한 반작용으로, 요한 게오르크 하만(Johann Georg Hamann, 1730-1788), 프리드리히 야코비(Friedrich H. Jacobi, 1743-1819), 요한 고트프리트 헤르더(Johann Gottfried Herder, 1744-1804)의 낭만주의(romanticism)는 인간 감정의 직접적 경험을 각 사람 안에 있는 신적 요소의 좌소로서 드높였다. 이런 경향은 슐라이어마허의 신학에서 절정에 이르렀다. 그는 감정(feeling)으로 하나님을 향유하는 것이 종교이며, 이 감정이 공동체에 대한 열망으로 이어진다고 생각했다. 종교적 의식(consciousness)은 모든 신학적 반성을 위한 토대다. 주체(subject)로의 전환은 헤겔의 관념론(idealism)에서도 발견된다. 칸트의 불가지론(agnosticism)을 공유한 슐라이어마허와 달리, 헤겔은 절대자(Absolute)의 인식가능성(knowability)에 대한 이론을 받아들였다. 헤겔은 사고(thinking, 또는 Geist/Spirit)가 존재를 산출한다는 개념을 점진적 생성(evolutionary becoming) 개념과 결합함으로써, 종교의 역사를 포함하는 역사 전체를 관념들(ideas)이 "구현된"(made incarnate) 역사로 보았다. 따라서 성육신(incarnation)에 대한 기독교 신앙이 중요한데, 이는 그것이 하나님과 사람의 합일(union)에 대한 개념을 표현하기 때문이다. 헤겔 사상의 강조점은 기독교를 그 고유한 역사적 기초에서 분리시킴으로써 정통 기독교를 부인했다. 프리드리히 셸링(Friedrich W. J. Schelling, 1775-1854)과 같은 사상가들이 신학과 철학을 하나로 통합하는 헤겔의 체계가 갖는 특정한 문제를 인식했을 때, 그들은 필연성에 맞서 인간의 자유

---

22) I. Kant, *Religion within the Limits of Reason Alone*, trans. Theodore M. Greene and Hoyt H. Hudson (La Salle, IL: Open Court, 1934; repr., New York: Harper & Brothers, 1960).

와 행위를 강조하기 시작했다. 강조점은 우주적·신적 발생 과정을 논리적 필연성에서가 아니라 반대되는 것들의 신지학적(theosophic) 대립, 즉 질서와 혼돈의 대립, 영과 물질의 대립에서 찾는 것으로 옮겨갔다.

[52-53] 이런 흐름에 대한 불만으로 고전적 루터파 신학에 대한 관심이 19세기 후반에 회복되었다. 카프탄(Theodor Kaftan)과 제베르크(Reinhold Seeberg) 같은 신학자들은 정통주의와 현대주의를 연결하여 일종의 통합을 이루게 하려는 "중재신학"(mediating theology)을 시도했다. 동시에, 신학과 철학을 혼합하는 것에 대한 저항은 "칸트로 돌아가자"라는 운동으로 이어졌다. 리츨에 따르면 신학은 가치판단(value judgments)에 대한 것이다. 하나님 나라는 도덕적 공동체(moral community)다. 리츨의 사회복음 신학은 독일을 넘어 특히 미국에 심대한 영향을 끼쳤다.[23] 리츨은 신학과 철학, 과학과 종교를 두 개의 구분된 영역들로 분리시켰지만, 모든 학문 연구로부터 기독교의 고립을 선험적으로(a prioristic) 실행한 것에 대한 반대가 일어났다. 19세기 말에 이르자 기독교의 선험적 우월성이 많은 학자들에 의해 한켠으로 밀려났고, 기독교 신학은 기독교 신앙을 포함하는 종교들의 보편적 역사를 위해 포기되었다. 사람들은 이렇게 함으로써 신학 작업 전체가 학문적이고 객관적인 것이 되리라고 생각했다. 종교가 개인적·주관적·신비적이지만, 학문적으로 종교의 본질을 파악하고 그것이 취하는 갖가지 형태를 연구하는 것이 가능하다는 것이다. 그러나 에른스트 트뢸치(Ernst Troeltsch)[24]에게서 가장 잘 볼 수 있는 종교사(history-of-religions, 독일

---

23) 편집자 주—특히 Walter Rauschenbush, *A Theology for the Social Gospel* (New York: Abingdon, 1945); idem, *Christianizing the Social Order* (New York: Macmillan, 1912); idem, *Christianity and the Social Crisis* (New York: Macmillan, 1907)과 같은 저작들에 영향을 끼쳤다.

24) 편집자 주—Ernst Troeltsch, *Writings on Theology and Religion*, trans. and ed. Robert Morgan and Michael Pye (Atlanta: John Knox, 1977); 이 부분에 대한 더 자세한 논의를 위해 Herman Bavinck, *Essays on Religion, Science and Society*, ed. John Bolt, trans. Harry Boonstra and Gerrit Sheeres (Grand Rapids: Baker

어로 Religionsgeschichte, 네덜란드어로 Godsdienstwetenschap)의 방법은 기독교 교의학의 종말을 의미한다. 기독교 신학자가, 아니 어느 누구라도 신앙적 헌신을 제쳐놓고 모든 종교를 동등하게 객관적이고 중립적으로 다루는 것은 불가능하다.

개혁파 교의학

[54] 개혁파 신학의 역사를 서술하는 일은 루터파 신학의 역사를 서술하는 일보다 훨씬 더 어렵다. 개혁교회는 한 나라나 민족에 국한되지 않고 여러 나라와 민족에 퍼졌고, 그래서 개혁교회의 독특한 표현은 단 하나의 신앙고백서가 아니라 여러 신조에 담겨 있다. 루터파와 개혁파는 많은 부분에서 서로 동의하면서도, 시작부터 중요한 차이점들을—지리적으로나 신학적으로나—가지고 있었다. 신학적 차이의 핵심에는 궁극적 강조점의 차이가 자리잡고 있었다. 루터파가 제기한 가장 중요한 질문은 인간론적(anthropological)이었다. "나는 어떻게 구원받을 수 있는가?" 루터파에서는 행위 의(works-righteousness)가 복음의 진리로부터 가장 크게 떠난 것으로 여겨졌다. 이와 대조적으로 개혁파는 "하나님의 선택하시는 작정"에 있는 구원의 토대들을 고찰하려고 애쓰면서 신론적(theological) 질문을 제기했다. "하나님의 영광이 어떻게 증진될 것인가?" 개혁파에서는 우상숭배를 피하는 것이 주된 관심사였다. 루터교회보다는 다양한 개혁교회들에서 선택, 칭의, 중생, 성례 같은 교리들이 더 풍부하고 다면적으로 발전했지만, 개혁파 신학의 역사에 대한 연구는 오랫동안 등한시되었다.[25]

Academic, 2008), chaps. 1-3를 보라.

25) 편집자 주—이 상황은 20세기에 Calvin과 개혁파 정통주의에 대한 연구가 왕성해짐에 따라 달라졌다. *Calvin Theological Journal*에서 매년 제공하는 "Calvin Bibliography"와 Richard A. Muller, *Post-Reformation Reformed Dogmatics: The Rise and Development of Reformed Orthodoxy*, ca. 1520-ca. 1725, 2nd ed., 4 vols.

개혁파 신학은 훌드리히 츠빙글리(Ulrich Zwingli, 1484-1531)로부터 시작된다. 주권적이고 은혜로운 하나님에 대한 인류의 철저한 의존을 출발점으로 삼았던 그의 신학은 인간주의적 철학 개념들의 잔재에 의해 손상되어 있었다. 장 칼뱅(1509-1564)은 더 체계적인 사상가였고, 또한 철저히 성경적이고 실천적인 신학자였다. 그의 『기독교강요』는 개신교권 전체에서 연구되었다. 제네바의 칼뱅 계승자인 테오도루스 베자(Theodore Beza, 1519-1605; 『신학논총』[*Tractationes theologicae*])는 영향력 있는 신학자였고, 또한 직접 그리스어 신약성경을 펴낸 성경학자이기도 했다. 또 한 명의 스위스 출신 개혁가인 하인리히 불링거(Heinrich Bullinger, 1504-1575)의 주도적인 역할은 개혁파 신앙을 공고히 하고, 「제1·2차 스위스 신앙고백서」(The First and Second Helvetic Confessions, 1536/1566)와 『취리히 합의서』(*Consensus Tigurinus*, 1549)를 작성하는 데서 드러났다. 개혁파 신앙은 칼뱅의 영향 덕분에, 종종 종교적 박해를 피해 떠난 망명자들에 의해, 스위스에서 프랑스, 독일, 저지대 국가들(Low Countries, 유럽의 북해 연안지역으로 네덜란드가 대표적이다), 영국제도로 퍼져나갔다. 영국의 종교개혁은 처음부터 개혁파 성격이 강했고, 이것이 17세기까지 지속되었지만, 영국 국교회의 미온적인 태도로 청교도운동이 초래되었다. 스코틀랜드에서는 존 녹스(John Knox)의 지도력 아래 칼뱅주의가 번성했다. 팔츠(Palatinate, 하이델베르크)의 (독일) 개혁파 신학이 불링거의 언약에 대한 강조에 기초해서 다소 칼뱅과 독립적으로 발전했지만, 그렇다고 해서 스위스 종교개혁과의 신학적 차이점들을 강조하는 것은 잘못이다.

[55-56] 17세기에 개혁파 신학은 칼뱅의 "성경적 신학"(biblical theology)에서 좀 더 스콜라적인 신학으로 옮겨갔는데, 이는 중세의 발전들에 상응하는 것이었다. 히에로니무스 잔키우스(Jerome Zanchius, 1516-1590)와 폴라누스(Polanus, 1619년 사망) 같은 신학자들은 교부들 및 중세 스콜

(Grand Rapids: Baker Academic, 2003)를 보라.

라 학자들에 정통했음을 보여주었다. 이런 종류의 건설적인 개혁파 신학은 「도르트 신조」(Canons of Dort, 1618-1619), 「웨스트민스터 신앙고백서」(Westminster Confession of Faith)와 「대·소요리문답」(Larger and Shorter Catechisms, 1648), 「스위스 합의서」(Helvetic Consensus, 1675)와 같은 신앙고백적 진술들에서 정점과 종점에 이르렀다. 하지만 개혁신앙에 대한 직접적인 도전들도 발전했다. 이성주의, 신비주의, 주관주의(subjectivism), 재세례파(Anabaptism), 소키누스주의(Socinianism), 데카르트주의(Cartensianism), 그리고 특히 아르미니우스주의(Arminianism)가 고개를 들었다. 네덜란드에서 요한네스 콕세이우스(Johannes Cocceius, 1603-1669)의 언약신학이 데카르트주의와 동맹을 맺자, 히스베르투스 푸치우스(Gisbertus Voetius, 1589-1676; 『신학논쟁 선집』[*Disputationes Theoloicae Selectae*]; 『교회 정치』 [*Politica Ecclesiastica*]) 같은 이들은 이에 반대했다. 그러나 결국에는 푸치우스 같은 이들의 스콜라 신학은 데카르트적이고 콕세이우스적인 신학에 의해 무색해졌다. 개혁신앙으로부터의 이탈은 특히 프랑스의 소뮈르 학파(French Academy at Saumur)에게서 두드러졌는데, 이곳은 아미랄두스(Moise Amyraut)가 이성주의적 보편주의(아미랄두스주의, Amyraldianism)를 교회에 들여온 곳이다. 17세기에는 특히 영국에서 아르미니우스 계열이 영국 국교회뿐만 아니라 그 반대자들 사이에서도 세력을 얻었다. 아르미니우스주의와 아미랄두스주의의 영향 아래, 영국의 신학은 칭의에 관한 격렬한 논쟁에 휘말려 들었다. 여러 사람들 중에서도 리처드 백스터(Richard Baxter, 1615-1691; 『의롭게 하는 의』[*Justifying Righteousness*])가 취한 "신율법주의적"(neonomian) 견해는 신앙을 칭의의 근거로 간주했다. 신율법주의에 반대한 이들은 칭의의 근거가 전가된(imputed) 그리스도의 의에서만 발견된다고 주장했다.[26]

---

26) 편집자 주—이 논쟁은 북미 복음주의자들 사이에서 21세기에 다시 모습을 드러냈다. 그중에서도 특히 Guy Prentiss Waters, *Justification and the New Perspectives on*

그런 논쟁의 와중에 비국교도(nonconformist), 분리주의자(dissenting), 침례교(Baptist) 그룹들이 이신론이 그랬던 것처럼 성장했는데, 특히 청교도들의 저항(Puritan Revolt)이 있었던 혼란스런 기간에 그런 현상이 두드러졌다. 독립교회 또는 회중교회의 교회론은 사보이 선언(Savoy Declaration, 1659)에서 신앙고백적 토대를 구축했고, 이들 가운데 가장 저명한 신학자인 위대한 존 오웬(John Owen, 1616-1683)의 저술은 런던에서 출간된 판본(1826)에서 21권으로 이루어져 있었다. 영국의 신학은 교의학보다는 성경적·역사적·목회적·실천적 연구에 열중했다. 그에 비해 교의신학은 스코틀랜드에서 번성했는데, 가장 주목할 만한 것은 새뮤얼 러더포드(Samuel Rutherford, 1600년경-1661년; 『하나님의 은혜에 대한 변증』[*Exertationes Apologeticae pro Divina Gratia*])의 책이었다. 17세기의 영국에서, 당시의 정치적·교회적 혼란과 결합되어 나타난 대중의 실재론(realism)은 물론, 오컴(Ockham)의 유명론(nominalism)과 프란시스 베이컨(Francis Bacon)의 경험론(empiricism)에서 비롯된 지적 흐름도 종교가 공통성(commonality)을 추구하도록 만들었다. 이신론은 이를 위해 기독교를 포함한 모든 종교의 본질을 다섯 가지 진리로 요약했는데, 그것은 신이 존재한다는 것, 그가 경배되어야 한다는 것, 경배가 덕으로 이어져야 한다는 것, 사람들이 죄를 회개해야 한다는 것, 그들의 행위가 미래에 보상받거나 벌을 받으리라는 것이었다(Lord Herbert of Cherbury, 1593-1648; 『진리에 관하여』[*De Veritate*]). 이신론의 프로그램은 필연적으로 계시에 대한 정면공격을 수반했다. 존 로크(John Locke,

---

Paul: A Review and Response (Phillipsburg, NJ: P&R, 2004); idem, *The Federal Vision and Covenant Theology: A Comparative Analysis* (Phillipsburg, NJ: P&R, 2006); R. Scott Clark, ed., *Covenant, Justification and Pastoral Ministry* (Phillipsburg, NJ: P&R, 2007); Gary L. W. Johnson and Guy P. Waters, eds., *By Faith Alone: Answering the Challenges to the Doctrine of Justification* (Wheaton: Crossway, 2007); Cornelis P. Venema, *The Gospel of Free Acceptance in Christ: An Assessment of the Reformation and New Perspectives on Paul* (Edinburgh: Banner of Truth, 2006)을 보라.

1632-1704; *Reasonablness of Christianity* [1695])는 계시를 판단할 권한을 이성에 부여했다. 존 톨런드(John Toland, 1670-1722; *Christianity Not Mysterious* [1696])는 기독교가 이성에 "대적하는" 것을 갖고 있지 않을 뿐 아니라 이성을 "초월하는" 것도 갖고 있지 않다고 말했다. 앤서니 콜린스(Anthony Collins, 1676-1729; *Discourse on Freethinking* [1713])는 자유로운 사고, 즉 믿지 않을 것(unbelieving)을 추천했다. 매튜 틴들(Matthew Tindal, 1657-1733; *Christianity as Old as Creation* [1730])은 모든 계시를 제쳐놓으면서 자연신학만으로 충분하다고 주장했다. 이신론은 헨리 도드웰(Henry Dodwell, 1641-1711; *Christianity Not Founded on Argument* [1742])에게서 회의론으로 종결되었는데, 이 회의론은 데이비드 흄(David Hume, 1711-1776; *Philosophical Essays* [1748], *Natural History of Religion* [1757], *Dialogue on Natural Religion* [1776])에 의해 완성되었다. 신앙으로부터의 이러한 탈선에 대한 반응이 이성주의적이면서도 변증적인 중요한 작품들, 예를 들어 윌리엄 페일리(William Paley, 1743-1805)의 *Evidences of Christianity* (1794), *Natural Theology* (1802) 같은 저서들에서 발견된다.

[57] 18세기 중엽 동안에 항변파와 소키누스주의라는 옷을 입은 이신론과 이성주의가 때때로 좀 더 "성경적" 신학이라는 이름으로 세력을 얻으면서 개혁파 신학이 모든 곳에서 쇠퇴했다. 네덜란드에서는 전통적인 스콜라 신학에 대한 흥미가 상실된 것으로 여겨질 때, 여러 권으로 된 인상적인 책들이 빛을 보았다. 그런 책 중에 베르나르두스 디 모어(Bernhardus De Moor)의 『마르키우스의 편람에 대한 연속주석』(*Commentarius perpetuus in Marcki Compendium*, 전6권, 1761-1771), 그리고 캄페기우스 피트링가(Campegius Vitringa)의 사후에 출판된 『요약 서술된 금언을 통한 기독교 교리』(*Doctrina Christianae Religionis per aphorismos summatim descripta*, 전9권, 1761)가 있는데, 이들은 기본적으로 역사적이고 서술적인 작품들이었다. 주목할 만한 예외로 알렉산더 콤리(Alexander Comrie, 1706-1774; *The ABC of Faith; Exposition of the Catechism*; Nic. Holtius와

함께 쓴 *Examination of the Tolerance Project*, 전10권)가 있는데, 그의 개혁신앙에 대한 변호는 경건하고 강력했다. 영국교회의 신학자들은 이신론에 맞서, 예측하는 예언과 기적, 계시에 대한 변증적인 문제들에 몰두했다. 중요한 스코틀랜드의 신학자로는 토마스 보스턴(Thomas Boston, 1732년 사망; *A Complete Body of Divinity*, 3 vols. [1773]), 분리교회의 형제 설교자들인 에벤에저 얼스킨(Ebenezer Erskine, 1680-1754)과 랄프 얼스킨(Ralph Erskine, 1685-1752)이 있었다. 영국교회가 신율법주의 논쟁을 겪은 후에 스코틀랜드교회도 칭의 교리에 대한 자기들만의 신율법주의 논쟁을 겪었는데, 이것이 에드워드 피셔(Edward Fisher)의 『현대 신학의 정수』(*The Marrow of Modern Divinity*, 1646; 1700년과 1718년에 재출간)가 촉발시킨 이른바 "매로우 논쟁"(Marrow Controversy)이었다.[27]

[58] 개혁파 신학이 추락한 19세기에, 국제적인 복음주의적 부흥운동(Réveil)은 옵조우머(C. W. Opzoomer, 1821-1892; *De Godsdienst*)와 스콜턴(J. H. Scholten, 1811-1885; *Doctrine of the Reformed Church*)이 가르친 현대주의적 신학과 함께 네덜란드 개혁교회의 영혼을 걸고 각축을 벌였다. 스코틀랜드에서 시작되어 프랑스와 스위스로 옮겨간 이 부흥운동(Réveil)은 기독교적 뿌리를 가진 강력한 영적 운동이면서 개인주의적·귀족적·감리교적·박애적인 특성을 가지고 있었다. 이 운동은 이성주의적 이신론과 교조적 신앙고백주의(dogmatic confessionalism)에 반발한다는 공통점에도 불구하고, 웨슬리 형제와 휘트필드의 감리교와 모라비아 형제단을 포함하여 이전의 다양한 경건주의(pietism)를 취사선택하고 발전시킴으로써 지역마다 다채로운 형태를 취했다. 영국 교회의 삶과 신학에서 웨슬리 형제와 감리교의 중요성은 아무리 강조해도 지나치지 않다. 존 웨슬리(John Wesley,

---

27) 편집자 주—스코틀랜드교회의 총회(1720)가 Edward Fisher의 재출간 도서인 *Marrow of Modern Divinity*를 반율법주의를 지지하는 것으로 규정하고 정죄하면서, 그의 강한 칼뱅주의적 견해들은 스코틀랜드교회에 지속적인 논쟁을 초래했다.

1703-1791)와 조지 휘트필드(George Whitefield, 1714-1771)의 설교는 복음을 개인화해서 그것이 모든 사람에게 삶과 죽음의 문제가 되게 만들었다. 감리교는 영국 국교회의 39개조(Thirty-nine Articles) 가운데 어느 하나에서도 벗어나지 않으며, 다만 기독교의 진리 전체를 두 가지 초점, 즉 "개인의 회심"과 그리스도인의 완전으로 특징지어지는 "새로운 삶"에 맞추었는데, 이 삶은 개인 전도는 물론이고 금주, 금연 같은 문제에서도 도덕적 엄격함을 강조하였다. 그 결과 특정한 교리들이 반대되거나, 변경되거나, 부차적인 것으로 여겨졌다. 영어권 교회(그리고 그 너머)에 미친 감리교의 영향은 헤아릴 수 없을 정도다. 웨슬리는 영국과 미국의 개신교를 재형성했으며, 이후의 개신교 교회들에 거듭 나타난 부흥들을 간접적으로 이끌었다.

[59] 감리교는 기본적으로 "보통 사람들"의 현상이었다. 교회와 신학에서 영향력 있는 지도자 그룹들은 고교회파(High Church party)와 옥스퍼드 운동(Oxford Movement) 사이에서 논쟁들로 뜨거워졌는데, 옥스퍼드 운동은 로마 교회에게뿐 아니라 좀 더 관용적인 교회를 추구하면서 기독교와 문화의 화해를 모색한 광교회파(Broad Church party)에도 강한 친밀감을 갖고 있었다. 광교회파에게는 성육신(incarnation)의 교리가 중심이었다. 따라서 교회는 사회개혁을 주도함으로써 세상에서 육화(incarnate)되어야 한다고 주장했다. 19세기 후반에는 진화론(evolutionism), 관념론(idealism), 심지어 불교와 강신술(spiritism)까지 영국 사람들을 종교적으로 감화시키기 위해 경쟁을 펼쳤다.

[60] 북미에 소개된 개혁파 신학은 영국, 스코틀랜드, 프랑스, 네덜란드, 독일을 포함한 여러 방향에서 온 것이었다. 여기서 우리는 뉴잉글랜드에 뿌리를 내린 청교도적 칼뱅주의(Puritan Calvinism)와 중남부 지역에 유입된 스코틀랜드 장로교적 칼뱅주의(Scottisch Presbyterian Calvinism)를 구분할 필요가 있다. 뉴잉글랜드 최초의 신학자이면서 가장 중요한 신학자는 조나단 에드워즈(Jonathan Edwards, 1703-1758)였는데, 그는 심오한 형이상학적 사고능력을 깊은 경건과 결합시켰다. 하지만 19세기 전반에 티

모시 드와이트(Timothy Dwight, 1752-1817)와 나다니엘 테일러(Nathaniel W. Taylor, 1786-1858)는 에드워즈의 신학을 펠라기우스주의적으로 수정하고 "신 학파"(New School)라는 꼬리표를 붙였다. 특히 프린스턴 신학교를 근거지로 삼는 "구 학파"(Old School) 장로교는 17세기 칼뱅주의의 반복(reproduction)이었는데, 이는 기본적으로 「웨스트민스터 신앙고백서」와 「스위스 합의서」에 담겨 있고, 특히 투레티누스(F. Turretin)가 자신의 『변증신학』(*Theologia Elenctica*)에 상세히 해설한 것이다. 동일한 체계가 또한 제임스 손웰(James H. Thornwell, 1812-1862), 로버트 브레킨리지(Robert J. Breckinridge, 1800-1871), 로버트 대브니(Robert L. Dabney, 1820-98)에 의해 대변되었다. 좀 더 최근의 인물로서 구학파를 대표하는 신학자는 뉴욕 유니언 신학교의 은퇴 교수이며(1890-) 두 권으로 된 『교의신학』(*Dogmatic Theology*)을 저술한 쉐드(W. G. T. Shedd)다. 미국 교회에는 대각성 운동(Great Awakening)의 정신을 이어가는 강한 부흥의 흐름은 물론, 이단으로 기소된 바 있는 유니언 신학교의 찰스 브릭스(Charles Briggs, 1841-1913), 그리고 같은 신학교의 아서 맥기퍼트(Arthur C. McGiffert, 1861-1933) 같은 이들의 현대주의적 경향이 공존한다. 20세기 초엽에 개혁파 교회는 미국에서 위기를 맞이한 것으로 보이고, 미국에서 칼뱅주의를 위한 장밋빛 미래는 도래할 것 같지 않다.[28]

---

28) 편집자 주—20세기의 미국 개혁파 신학에 대한 좀 더 상세한 검토는 David F. Wells, ed., *Reformed Theology in America: A History of Its Modern Development* (Grand Rapids: Baker Academic, 1997)에서 볼 수 있다. 그중 한 장 전체가 네덜란드 개혁파 신학을 논의하는 데 할애되어 있다.

3장

교의신학의 토대들

학문과 사고(제1원리들)

[61-63] 만일 우리가 신학을 학문으로 간주한다면, 우리는 신학의 구조를 이루는 학문적 토대가 무엇인지 탐구해야 한다. 근대에는 일반적으로 이 작업이 철학에 맡겨졌는데, 이것은 교의신학에게 독자적인 학문적 지위를 부여하지 않는다는 점에서 환상에 불과한 출발점이라 할 수 있다. 다른 접근 방식들, 예를 들어 비교 종교학적 연구에서 시작하여 기독교의 본질을 도출해내려 하는 트뢸치의 접근과 같은 방식들도 결국은 실패할 수밖에 없다. 신학은 종교나 신앙에 대한 학문이 아니라 하나님에 대한 학문이다. 신학이 목표로 하는 것은 다름 아니라 이성적 피조물이 하나님을 알고, 하나님을 앎으로 하나님을 영화롭게 하는 것이다(잠 16:4; 롬 11:36; 고전 8:6; 골 3:17). 하나님이 기뻐하시는 바(εὐδοχια)는 사람이 하나님을 아는 것이다(마 11:25-26). 규범적으로 신학은 독립된 학문 분야이므로, 계시와 함께 시작하여, 신앙으로부터 발현하고, 다른 분야의 원리들을 도용하는 것이 아니라 자체 내에서 제1원리들(*principia*)[1]을 표명해야 한다.

---

1) 편집자 주—신학에서 *principia*라는 용어가 고전적으로 어떻게 사용되었고 무엇

일반적으로 "프린키피아"(*principia*)는 우리가 실재(reality)의 근본 원인들과 근거를 알 수 있게 하는 수단들을 의미할 뿐만 아니라, 실재의 근본 원인들과 근거 자체를 의미하기도 한다. 그래서 아리스토텔레스는 본질(being, *essendi*)의 원리, 존재(existence, *existendi*)의 원리, 인식(knowing, *cognoscendi*)의 원리를 구분했다. 신학자들도 이 용어들을 채택했다. 계시를 통해 하나님은 자신을 우리에게 만물의 제1작용인(the primary efficient cause of all things)으로 알리셨다. 성경은 신학의 외적·도구적(external instrumental) 작용인이고, 신적 계시는 또한 성령의 내적 조명(internal illumination of the Holy Spirit)을 요청한다. 따라서 우리는 신학을 위한 세 가지 근본 원리들을 확인하게 된다. 하나님은 본질의 원리(*principium essendi*)이고, 성경은 외적 인식의 원리(*principium cognoscendi externum*)이고, 성령은 내적 인식의 원리(*principium cognoscendi internum*)이며, 신학의 원리들은 따라서 삼위일체적이다. 성부가 로고스인 성자를 통해 성령 안에서 자신을 피조물에게 전달하신다. 또한 신학자들은 하나님 자신의 삼위일체적 자기 지식(원형적, archetypal)과 인간의 이해에 적응된 계시된 지식(모사적, ectypal)을 구분했다.

[64-65] 역사적으로 주체와 객체를 연관짓는 방식에서 차이를 보이는 두 가지 대표적인 학문적 사조가 있는데, 이성주의(rationalism, 주체 지향적)와 경험주의(empiricism, 객체 지향적)가 바로 그것이다. 이러한 구분은 그리스 사상에도 분명하게 존재했으며 근대에도 지속되고 있다. 이성주의(Parmenides, Plato, Descartes, Spinoza, Leibniz)는 변화무쌍한 지각(perceptions)과 표상(representations)의 세계에 정신적 질서를 부과하려는, 충분히 이해할 만한 시도였다. 다른 한편으로, 만약 우리가 사물(things) 자체에는

을 의미했는지에 대한 정확한 설명을 위해, Richard A. Muller, *Dictionary of Latin and Greek Theological Terms* (Grand Rapids: Baker Academic, 1985), 245-246의 "principia theologiae" 항목을 보라. 이어지는 내용에서 *principia*는 "근본 원리들", "토대들", 또는 "원천"으로 다양하게 번역될 것이다.

접근할 수 없고 단지 표상에만 접근할 수 있다고 주장한다면, 오직 사고(thought)만이 실제적인 것이라고 판단하는 일종의 관념론이 우위를 점할 것이다. 관념론은 우리의 지각에 명령을 내리고 그것을 분석하는 기관을 지식 자체의 근원으로 바꾸는데, 이는 마치 눈을 광원(光源)으로 삼는 것과 같다. 이런 변화의 결과로 우리는 감각이 늘 우리를 속이고, 실재에 대해 거짓된 인상을 준다고 결론을 내리게 된다. 관념론은 우리에게 유일한 실재는 우리가 의식하는 것뿐이라는 놀랄 만한 결론을 이끌어낸다. 나의 사고는 나의 사고에 대한 것이지, 사물 자체에 대한 것이 아니라는 말이다. 나의 사고가 아닌 것은 내가 품을 수도, 알 수도 없는 것이다. 그런 것은 내게 존재하지도 않는 것이다. 이런 확신, 즉 설명할 수 있는 나 자신의 바깥에 아무 실재도 존재하지 않는다는 확신은 어떤 의미에서 보더라도 세상에서 우리가 통상적으로 경험하는 자연적 실재를 거스른다. 본성적으로 우리는 현실주의자들이지, 사고를 존재로부터 분리하는 이원론자들, 즉 플라톤, 데카르트, 칸트 같은 이들이 아니다. 심지어 스피노자, 피히테, 셸링, 헤겔도 결국 두 가지를 동일시했다. 셸링이 분명하게 인정한 것처럼, "[여기로부터] 실재에 도달하기는 어렵다."

[66] 다른 한편으로, 경험주의는 감각 인식만이 우리 지식의 유일한 원천이라는 정반대의 견해에서 출발한다. 근대 경험주의(Francis Bacon, Locke, Hume, A. Comte, J. Stuart Mill)의 선구자는 그리스의 원자론자들(atomists)과 중세의 유명론자들이라고 할 수 있다. 경험주의자에게 정신이란 아무것도 기록되지 않은 수동적인 서판이다. 인간의 의식은 외부 세계에 전적으로 종속된다. 지각 기능이 우리가 지식을 추구하기 위해 가진 전부다. 모든 지적 활동에서 이 기능이 시작과 원천이다. 이 견해는 인간 정신의 능동적 역할, 모든 학문적 관찰에서 증명되지 않은 전제가 갖는 역할을 고려하지 못한 것이다. 경험주의는 이처럼 출발점에 결함이 있을 뿐 아니라, "정밀과학"(exact sciences) 이외의 다른 학문을 "학문"이라고 부르기를 거부한다. 신학을 포함하는 "인문과학"(human sciences) 전체가

배제된다. 모든 사람이 직면하는 근본적인 종교적·형이상학적 질문은 묵살된다. 이것을 진지하게 받아들이면, 결국 유물론으로 이어진다. 왜냐하면 우리의 지적 기능을 포함하는 인간의 의식 자체가 결국 물질계에 존재하는 설명 가능한 원인들, 즉 감각세계로 환원되어야 하기 때문이다. 정신은 단지 물질, 즉 생리학적으로 뇌라고 부르는 물질일 뿐이다. 바로 이 점이 근대철학과 과학에서 가장 실망스러운 부분이며, 우리는 근본적인 수정을 통해 스스로를 유물론과 관념론으로부터 보호해야 한다. 이 환원론(reductionism)은 비물질적인 사물들의 세계에 끔찍한 불의를 행하는 것이다. 왜냐하면 이 세계는 가치들, 즉 선과 악, 법과 관습, 종교와 도덕 같이 우리의 마음에 사랑과 증오를 불러일으켜서, 우리를 고양시키고 위로하든지 아니면 우리를 무너뜨리고 슬프게 만드는 모든 것들의 세계이기 때문이다. 이러한 인간 "정신"(spirit)의 세계, 이 어마어마한 비가시적 세계 전체는 우리가 감각으로 받아들이는 "실제 세계"(real world)만큼이나 우리에게 실재하는 것이다.

실재론과 보편자(로고스)

[67-68] 지식에 관한 어떤 이론이든지, 그 출발점은 우리가 우리의 일상적인 경험에서 자연스럽게 발견하게 되는 보편적이고 자연적인 확신이어야 한다. 실재는 우리 바깥에, 그것에 대한 우리의 생각과 거의 무관하게 존재한다. 테르툴리아누스의 말로 하면, "먼저 사람이 있었고, 그 다음에 철학자나 시인이 있는 것이다."[2) 사는 것이 먼저고, 철학하는 것은 그 다음이다(*Primum vivere, deinde philosophari*). 우리는 우리 자신의 감각을 신뢰한다. 이 감각이 우리로 하여금 외적이고 객관적인 세계를 믿도록 이끌어

---

2) Tertullian, *De testimonio animae*, chap. 5; *The Soul's Testimony*, ANF, III, 178을 보라.

서, 이 세계에 대한 우리의 정신적 표상(representations)이 다시 실재를 지시하게 하는 것이다. 이를 통해 우리는 학문적으로 증명되는 확신이 근본적인 확신도 아니며, 인간에게 유일한 확신도 아니라고 결론짓는다. 보편적이고, 형이상학적이고, 직관적이고, 직접적인 확신이 있는데, 이것은 자명하고 우리가 "신앙의 확신"이라고 부르는 것이다. 아우구스티누스 이래로 기독교 사상가들은 이성주의와 본유관념(innate ideas)을 거부하고, 대신에 감각의 우선성 및 실재가 인간의 정신에 부과하는 제약을 인정하는 "실재론"(realism)을 지지했다.

감각 인식(sense perception)은 모든 인간 지식의 출발점이다. "정신은 감각 인식이 없이는 사물을 알지 못한다."[3] "모든 지적 지식은 감각에서 나온다."[4] "우리의 지성은 감각상(sense image) 없이는 아무것도 이해하지 못한다."[5] 여기서 창조의 교리가 중요하다. 지성은 몸에, 즉 세상(cosmos)에 매여 있기 때문에, 감각에 의존하거나 감각에 기초하지 않고는 활동적일 수 없다. 모든 기독교 신학자들이 그렇게 생각했다. 그러나 기독교 신학에는 경험주의적 사고와 구분되는 점이 있는데, 지성(mind)이 나름의 특성을 갖고, 나름의 방식대로 작동하고, 감각을 초월하여 개념과 이상의 세계로 도약할 자유를 가진다고 주장하는 점에서 차이를 보인다. 인간의 정신은 외부 세계가 마음대로 글을 쓸 수 있는 백지도 아니고, 대상이 그저 반사되기만 하는 거울도 아니다. 그것은 자기 외부에 존재하는 진정한 세계를 표상할 수 있으며 그러한 표상들은 또한 그 세계에 대한 충실한 해석들일 수 있다. 이런 표상의 형성은 단순히 수동적이기만 한 것이 아니라 의식의 능동적인 행위다. 감각에 의한 인식 자체가 의식의 행위다. 대상을 바라보는 정신이 바로 표상을 형성하는 그 정신이다. 인간의 지성은

---

3) Aristotle, *De sensu*, c. 6.
4) T. Aquinas, *Summa Theol.*, I, qu. 84, art. 1 and 7.
5) T. Aquinas, *Summa contra gentiles*, III, 41.

또한 구체적 사건들로부터 일반적이고 보편적인 판단을 이끌어낼 수 있는 능력을 갖고 있다. 따라서 그것은 학문의 기관(organ)이다. 토마스 아퀴나스는 이것을 간결하고 명확하게 다음과 같이 설명했다. "학문은 개별 경우들에 대한 것이 아니다. 지성은 보편적인 문제들에 관심을 가진다."[6] 학문은 보편적이고 필수적인 것을 대상으로 삼고, 따라서 학문은 지성에 의해서만 산출될 수 있다. 보편자를 부인함으로써 사실상 모든 학문을 불가능하게 하는 모든 형태의 유명론과 반대로, 실재론은 사물 자체에 있는(*in re*), 따라서 사물 자체를 좇는 인간 정신에 있는(*in mente hominis post rem*) 보편자의 실재를 바르게 상정한다.

[69] 이에 대해 신학적으로 타당한 설명이 존재한다. 동일한 로고스가 우리 바깥에 실재를(요 1:3; 골 1:15), 그리고 우리 안에 사고의 법칙을 창조하셨다. 세상은 우리의 정신과 우리 외부의 실재가 유기적으로 연결되고 상응할 수 있도록 창조되었다. 세상은 하나님의 생각들이 체현(embodiment)된 것이다. 바로 이 때문에 학문이 가능하다. 「벨기에 신앙고백서」(제2조)의 표현에 따르면, 창조세계는 "아름다운 책이고, 그 안에 크고 작은 모든 피조물이 글자가 되어 하나님의 보이지 않는 것들을 성찰하게 한다." 창조된 세계는 인간 지식의 외적 토대(*principium cognoscendi externum*)다. 그러나 우리가 세상을 하나님의 피조물로 보려면 눈이 필요하다. 세상에서 빛나는 로고스가 우리의 의식에 자신의 빛을 비추셔야만 한다. 그것이 바로 스스로 로고스로부터 나온, 만물 안에 있는 로고스를 발견하고 인정하는 이성의 빛, 곧 지성이다. 이것이 지식의 내적 토대(*principium cognoscendi internum*)인데, 오직 하나님의 지성이 주시는 선물일 수밖에 없다. 아우구스티누스와 같은 여러 기독교 사상가들은 종종 태양에 대한 플라톤의 비유를 빌려와서 이것을 설명했다. 태양이 객관적으로는 대상을 비추고 주관적으로는 인간의 눈을 밝게 하는 것처럼, 그렇게

---

6) T. Aquinas, *Summa Theol.*, Ia, qu. 1, art. 2; idem, *Summa contra gentiles*, I, 44.

하나님 또는 선의 이데아는 빛이 되어 사물의 진리나 본질을 드러내고, 동시에 우리의 지성이 그 진리를 보고 인정할 수 있게 한다.[7] 아우구스티누스가 이 이미지를 취해서 말한 바에 따르면, "하나님은 정신의 태양이시다." 불변하는 진리의 빛 안에서 우리의 정신이 만물을 보고 판단한다("불변하는 진리 그 자체 안에서 이성적이고 지적인 정신이 모든 것들을 받아들이고, 바로 그 동일한 빛 안에서 그것이 이 모든 것들을 판단한다").[8] 태양이 빛을 비추지 않으면 우리의 눈으로 아무것도 볼 수 없는 것처럼, 우리 지식의 태양인 하나님의 빛 안에서가 아니라면 우리는 어떤 진리도 볼 수 없다.[9] 하나님은 이성의 빛이신데, 이해할 수 있도록 빛나는 모든 것이 그 빛 안에서, 그 빛에 의해, 그 빛을 통해 빛을 발한다. 토마스는 거듭해서 같은 방식으로 말하고 같은 은유를 사용하면서, 그렇다고 인간의 이성 자체가 신적이라는 의미는 아님을 주의 깊게 강조했다.[10] 이성은 그 자체로 신적 로고스가 아니며, 그 로고스에 참여할 뿐이다.[11]

마지막 분석에서처럼, 결국 자신의 신 의식으로부터, 그리고 자신의 피조물을 통해 진리의 지식을 우리 정신에 전달하는 분은 오직 하나님이시다. 이분이 바로 성자를 통해 성령 안에서 우리에게 자신을 계시하시는 성부시다. "여러 사람의 말이 우리에게 선을 보일 자 누구뇨 하오니, 여호와여 주의 얼굴을 들어 우리에게 비추소서"(시 4:6).

---

7) Hermann Siebeck, *Geschichte der Psychologie*, 2 vols. (Gotha: F. A. Perthes, 1880-1884), I, 226; II, 70.

8) Augustine, *The Literal Meaning of Genesis*, VIII, 25.

9) Augustine, *Soliloquies*, I, 8, 13; idem, *The Trinity*, 12, 15.

10) T. Aquinas, *Summa Theol.*, I, qu. 12, art. 2, ad 3; qu. 79, art.4; qu. 88, art.3, ad 1; II, 1, qu. 109, art.1 and 2; idem, *Summa contra gentiles*, III, 47.

11) T. Aquinas, *Summa Theol.*, I, qu. 79, art. 4.

종교의 토대들

[70] 학문과 마찬가지로, 종교에도 역시 근본 원리들 또는 토대들 (*principia*)이 있다. 그것들을 알기 위해서 우리는 종교의 본질을 규정하되, 특히 학문, 도덕, 예술과 다른 것으로서 규정할 필요가 있다. 기독교의 본 질은 논쟁의 여지가 있는 "종교"(religion)라는 말에 대한 어원 연구로부터 규정될 수 있는 것이 아니다. 일반적인 설명은 락탄티우스(Lactantius)의 것 인데, 그는 동사 *religare*와 연관지어서 종교가 사람을 하나님께 연합시키 는 끈이라고 생각했다.[12] 이렇게 기독교화된 단어는 널리 수용되었고, 라 틴어 번역 성경(Vulgate)의 사도행전 26:5과 야고보서 1:27에서 발견된다. 이 단어는 모든 유럽의 언어로 침투했고, 영어에서도 경건(piety) 및 경외 (godliness)와 더불어 수용되고 보존되었다.

성경은 종교에 대한 일반적 개념을 제공하는 대신에 다만 언약적인 방 식으로, 즉 하나님의 계시를 종교의 객관적 측면으로, 그리고 주를 경외 함을 종교의 주관적 측면으로 제시한다. "언약"(ברית)은 이스라엘의 종교 에 토대가 되는 "신적 제도"(διαθηκη, 출 20:1ff.; 34:10ff.; 34:27ff.; 사 54:10 등)를 가리키는 기본용어다. 이 언약은 이스라엘이 반드시 지켜야 하는 "신적 법령"(תורה, 교훈, 가르침, 율법, 주님의 율법책)을 포함하고 있다. 이것들은 "말 씀"(דברים, 민 12:6; 시 33:4 등); "계명"(מצוות, 창 26:5; 출 15:26 등); "명령"(פקודים, 시 119:4, 5, 15 등); "규례, 법도"(חקים, 출 15:26; 레 25:18; 욥 28:26; 시 89:32 MT[89:31, 개역개정] 등); "심판과 판단"(משפט, 민 36:13; 시 19:10 MT[19:9, 개역개정] 등); "도 리, 도"(דרכים, ארחות, 신 5:33; 욥 21:14; 시 25:4 등); "지킬 율법"(משמרת, 창 26:5; 레 18:30 등) 등으로 불렸다. 이런 많은 표현들은 이스라엘의 종교에서 객관적 측면—하나님의 법령—이 얼마나 중요한 것이었는지를 보여준다.

계명들은 내면화되어야 한다. 하나님을 섬겨야 하고, 그분의 계시를

---

12) Lactantius, *Divine Institutes*, N, 28.

 제1부 | 교의신학 서론

믿고 순종해야 한다. "주님을 경외함"(יראת יהוה)은 거룩한 율법에 대한 경건한 이스라엘 사람의 내적 성향을 표현하는데, 이 율법은 주님이 그에게 지키라고 지시하신 것이다. 성경적 종교는 우선적으로 마음의 문제이기 때문에 외적 준수만으로는 불충분하다. 주님의 요구는 두려움과 공포의 대상으로 이스라엘 백성의 바깥과 위에 머물러 있지 않고, 그들이 사랑하는 대상이 된다. 그들은 자신들의 지성으로 그것들을 숙고하고 의지적으로 준수한다. 주님의 율법은 종일토록 그들의 기쁨이 된다.

신약성경에서 우리는 본질적으로 동일한 견해를 만난다. 다만 이제 하나님은 자신의 (객관적) 계시를, 일련의 율법 가운데가 아니라 그리스도의 인격 안에서 주신다. 그분은 길이며 진리다(요 14:6). 주님의 도(행 18:25; 19:9, 23; 22:4), 가르침(마 7:28; 22:33; 요 7:16-17; 행 2:42; 롬 6:17; 딤전 1:10; 4:6, 16; 6:1, 3; 딤후 4:2-3; 딛 1:9; 2:1, 7, 10), 복음(막 1:1, 14-15 등), 하나님의 말씀(마 13:19; 막 2:2; 4:14-15; 고후 5:19 등)은 모두 그리스도에게 집중되어 있고, 다름 아니라 그 자체로 그리스도의 위격과 사역에 대한 설명이다. 신약성경에서 종교의 주관적인 측면은 주로 두 개의 그리스어 단어, 즉 "유세베이아"(εὐσεβεια)와 "피스티스"(πιστις)를 통해 제시된다. "유세베이아"는 하나님에 대한 거룩한 공경을 가리키는데, 의미적으로 라틴어 "피에타스"(*pietas*)와 연관이 있으며 자녀가 부모를 향해 갖는 태도를 표현한다. 이 단어는 신약성경에, 특히 목회 서신에 반복해서 등장한다. 그러나 "유세베이아"(εὐσεβεια)가 정말로 무엇이고 무엇이어야 하는지는 오직 복음에 처음으로 계시되었다(딤전 3:16).

일상적으로 신약성경의 주관적 종교를 가리키는 용어는 "신앙"(πιστις)이다. 그리스도 안에 있는 죄 용서와 구원의 복된 소식에 인간 편에서 응답하는 것이 신앙이다. 이것은 하나님의 은혜를 어린아이처럼 신뢰하는 것이며, 또한 그것은 즉각적으로 우리 마음에 사랑을 낳는다. "피스티스"(πιστις)와 "아가페"(ἀγαπη)는 그리스도인의 경건에 고유한 기본적인 태도들이다. 그리고 "라트레이아"(λατρεια, 롬 9:4; 12:1; 히 9:1, 6)와 "트레스케이

아"(θρησκεία, 행 26:5; 골 2:18; 약 1:27)는 신앙의 원리에 따라 하나님께 드려지는 예배와 경배를 가리킨다.

[71] 우리는 이런 성경의 가르침을 따라 객관적 종교와 주관적 종교를 구별하면서도, 두 측면이 분리될 수 없음을 인식한다. 참된 경건(godliness)은 결코 객관적이거나 외적이기만 한 것이 아니며, 마찬가지로 신앙도 단지 개인적이거나 주관적일 수만은 없다. 신앙은 외적 근거를 필요로 한다. 참된 종교는 전인(whole person)을, 즉 영혼과 육체, 생각, 마음, 그리고 온 힘을 요구한다. 그것은 인간에게 하나님을 진실한 신앙, 굳건한 소망, 열렬한 사랑으로 섬길 것을 요구할 뿐만 아니라, 영과 진리로 예배하고, 상한 심령과 통회하는 마음으로 그분께 희생의 제사를 드릴 것을 요구한다. 종교는 마음으로 하나님을 알고 사랑하고 섬기는 것과 관련된다. 따라서 하나님은 십계명의 처음 돌판에서 가장 먼저 이것을 사람에게 의무로서 명하신 것인데, 사람의 내면에 있는 주관적 종교는 이 의무에 상응해야 한다. 이 의무는 바로 하나님이 그분의 말씀 안에서 계시하신 방식대로 하나님을 알고 섬기고자 하는 내적 성향과 동기다. 그래서 토마스 아퀴나스에 따르면, 종교는 하나님을 직접적 대상으로 갖는 신학적 미덕(믿음, 소망, 사랑)의 문제가 아니라, 오히려 하나님이 목적이 되시는 도덕적 미덕(분별, 정의, 용기, 절제)의 문제다. 여기에 언급된 종교의 실제 목표는 하나님께 충실하게 드려지는 헌신이다. 종교는 정의의 덕에 속한다. 따라서 사람은 이 덕으로 하나님께 마땅한 헌신과 예배를 드린다.

[72] 종교개혁 시기의 신학자들은 종교 원리로서의 경건과 종교 행위로서의 예배를 좀 더 선명하게 구분했다. 경건은 무엇보다도 존재의 상태, 습성이나 성향으로서, 사람으로 하여금 하나님을 예배하도록 만들어준다. 둘째로 믿음·소망·사랑은 종교와 구별되는 별개의 신학적 미덕으로 생각되지 않고, 오히려 내적 종교의 주된 행위로서 종교 자체에 통합되었다. 츠빙글리는 종교가 그리스도인의 경건 전체―믿음, 삶, 율법, 의식, 성례―를 끌어안고 있다고 말했다. 종교의 특징은 그것이 "사람으로 하여금 하나

님을—사람이 바랄 수 있는—최고선으로 굳건히 신뢰하게 하고, 부모의 자리에 계신 그분을 즐거워하게 만드는 결합"이라는 것이다. 마지막으로 "그것은 영혼과 하나님의 결혼"이다.[13] 칼뱅에게서 우리는 세 가지 핵심 개념을 발견한다. 첫째는 하나님에 대한 "지식", 다시 말해 그분의 속성들(attributes)에 대한 감각이다. 둘째로 이 지식은 "경건"을 가르치는 적절한 교사다. 칼뱅은 이 경건을 "하나님의 유익에 대한 지식이 불러일으키는 하나님에 대한 사랑과 결합된 경외(reverence)"라고 정의한다. 마지막으로 예배 또는 헌신이라는 의미에서의 "종교"(religion)가 경건에서 나온다.[14] 심지어 슐라이어마허조차 종교를 경건의 차원에서 "절대 의존 감정"(absolute feeling of dependence)이라고 정의했다.[15] 이 정의는 불충분하지만, 진리의 요소들을 포함하고 있다. 피조물인 우리 인간은 하나님께 철저히 의존해 있다. 주관적으로 이것은 신앙, 즉 예배, 순종의 행위, 그리고 사랑으로 이어지는 신앙을 의미한다. 참된 종교는 하나님에 대한 절대적 신뢰, 그리고 그분에게 순종하는 가운데 살고자 하는 진실한 갈망으로 이루어져 있다.

하나님과 우리의 관계는 지극히 깊고 민감하며 또 풍성하고 다차원적이라서, 단일 개념으로 표현하기 힘들다. 그럼에도 의존(dependence) 개념은 우리의 피조물 됨에 근본적인 것이 무엇인지를 묘사해주기 때문에 좋은 출발점이 된다. 우리는 우연적이고 자기의식적이고 이성적이고 도덕적인 피조물로 창조되어서, 우연적이고 자기의식적이고 이성적이고 도덕적인 피조물로 창조된 다른 이들과 상호의존적인 관계에 있다. 우리 모두에게 공통적인 것은 우리의 창조주에 대해 절대적으로 의존한다는 점이다.

---

13) Ulrich Zwingli, *Opera*, ed. J. M. Schulthess, 8 vols. (Turici: F. Schulthess, 1842), III, 155, 175, 180.

14) J. Calvin, *Institutes of the Christian Religion*, I.ii.1 (ed. John T. McNeill and trans. Ford Lewis Battles, 2 vols. [Philadelphia: Westminster, 1960], 1:39-41).

15) F. Schleiermacher, *The Christian Faith*, ed. H. R. MacIntosh and J. S. Steward (Edinburgh: T&T Clark, 1928), §4.2, p. 15.

물론 돌, 나무, 동물도 능력으로 만물을 붙드시는 창조주에게 의존한다. 하지만 우리 인간은 전혀 다른 방식으로 의존적이다. 우리는 우리의 의존성을 의식할 뿐만 아니라, 이성적이고 도덕적인 피조물로서 다른 어떤 피조물이나 창조된 실체들도 누리지 못하는 자유를 갖고 있다. 이 점에서 우리는 하나님을 닮았다. 우리는 그분의 자녀(offspring)이고 형상(image)이다. 우리는 하나님께 절대적으로 의존적이기 때문에, 이 의존을 부정하는 것이 우리를 결코 자유롭게 하지 않고, 반대로 그것을 인정하는 것이 결코 우리를 노예 신분으로 전락시키지 않는다. 오히려 반대로, 우리 인간은 이 의존을 의식적이고 자발적으로 받아들일 때 최고로 자유롭게 된다. 우리는 우리가 하나님의 자녀인 바로 그 만큼만 사람이 된다. 하나님에 대한 우리의 의존을 주권적인 능력의 차원으로만 생각해서는 안 된다. 주권적이고 거룩하신 하나님은 하늘에 계신 우리 아버지, 곧 은혜롭고 자비롭고 공의롭고 거룩하신 분이다.

종교적 성향(predisposition)은 모든 사람 안에 있는 것이다. "종교의 씨앗은 모든 사람 안에 심겨 있다."[16] 그러나 타락한 인류 안에서 이 성향은 부패되었고, 거짓된 객관적 계시로 인해 "우상숭배" 또는 "자의적 숭배"(ἐθελοθρησκεια)를 낳는다. 따라서 종교가 참된 것이 되기 위해서는 두 가지가 필수적이다. 첫째, 외부에서 우리에게 오는 객관적 계시가 실제 있는 그대로의 하나님을 우리에게 알려주어야 한다. 둘째, 사람 안에 있는 부패한 종교성이 중생되고 갱신되어야 한다. 기독교 복음이 우리에게 주는 것은 바로 이런 필수적인 요소들이다. 성령에 의해 영감된 성경이 성령에 의해 중생한 인간의 마음 밭에서 열매를 맺는다. 성경은 성령에 의해 중생한 인간의 마음이 낳는 종교적 성향—하나님과 그분의 계시에 대한 그리스도인의 주관적 반응—을, 하나님의 모든 계명을 따라 살고 그분을 영화롭

---

16) J. Calvin, *Institutes*, I.iv.1.

게 하려는 적극적인 소원과 마찬가지로, 신앙이라고 부른다.[17] 그러므로 우리는 첫째 계명에 대한 「하이델베르크 교리문답」의 설명(제34주일, 제94답)보다 종교에 대해 더 아름답게 묘사한 구절을 생각할 수 없다. "내가 스스로 구원을 위태롭게 하기를 원치 않는다면 모든 우상숭배, 마술, 미신적 의식, 성인과 다른 피조물에게 기도하는 일을 피하고 멀리해야 합니다. 나는 유일한 참 하나님을 진심으로 인정하고, 그분만 신뢰하고, 겸손히 인내하면서 모든 좋은 것을 그분에게서만 기대하고, 온 마음을 다해 그분을 사랑하고 경외하고 공경해야 합니다. 요컨대, 나는 만사에 하나님의 뜻을 거슬러 행하기보다 차라리 모든 것을 포기해야 합니다."

[73-75] 근대에는 모든 종교에 대한 학문적·역사적·심리학적 비교연구가 시도되었다. 모든 종교가 형식적 유사성들(계시, 제의, 교리)을 갖고 있더라도, 실재하는 것은 일반적인 종교가 아니라 구체적인 종교들이고, 그것들은 모두 서로 충돌하는 주장을 포함하고 있다. 종교의 일반적인 본질에 이르려는 시도들은 막연한 제안들만 남긴 채 변변찮은 결말을 맞게 되었고, 그런 노력은 막다른 길에 이르렀다고 판단할 수밖에 없다. 모든 종교 바깥에 있으면서 그것들을 판단할 수 있는 진실로 객관적인 시점을 갖는 것은 불가능하다. 더 나아가 종교적 현상, 실천, 경전들에 대한 역사적 비교연구는 가능하고 적절하지만, 종교적 현상과 실천의 배후에 있는 태도와 성향을 객관적이고 중립적으로 시험하는 것은 불가능하다. 오직 종교적인 사람만이 종교적 현상들을 그것들의 실제적인 중요성을 고려하면서 연구하고 평가할 수 있다. 음치인 사람은 음악평론가가 되기에 부적당하다. 종교에 관한 학문의 연구자는 관찰과 묘사 이상의 것을 해야 한다. 그들은 현상들의 혼란스러움에 질서를 부여하고, 다른 종교들의 위치와 가치를 규정하고, 종교의 생명과 성장, 퇴보와 부패를 추적하고, 종교가 그것의 가장 순수한 형태와 가장 풍성한 발전을 보여주는 곳을 지시

---

17) Heidelberg Catechism, Q&A 114.

해야 한다. 이것은 다양한 종교적 현상들에 적용할 측정기준을 요구한다. 판단은 피할 수도 막을 수도 없는데, 여기에는 특정한 종교가 "참"인지 "거짓"인지에 대한 판단들도 포함된다. 모든 종교가 결단을 요구한다. 그 종교가 세워진 이야기들과 가르침들을 믿을 것인가 말 것인가, 그 종교의 제의적 실천들을 존중하고 도덕적 명령들에 순종할 것인가 말 것인가 하는 결단 말이다. 신앙, 가르침, 의식, 도덕적 실천에 대한 판단은 불가피하다. "진리 질문"(truth question)은 피할 수 없다. 객관성과 정확성으로 우리를 만족시키는, 모든 종교들에 대한 보편적 학문은 있을 수 없다. 인간의 종교들이 가진 다양하고 풍부한 실재를 축소하려는 모든 시도는 지나친 단순화의 함정에 빠지고 만다. 다른 곳에서와 마찬가지로, 여기서도 삶은 이론보다 크고 풍성하다.

[76] 그러나 이런 것들이 인간의 종교적 삶에 대한 우리의 학문적 검토 자체를 막아서는 안 된다. 먼저 인류학적으로 인간의 정신(psyche)에서 종교가 차지하는 자리에 대한 생각으로부터 시작하자. 종교는 일차적으로 지식인가, 아니면 도덕이나 감정인가? 이미 영지주의는 "그노시스"가 구원을 준다고, 다시 말해 지식이 "내적 사람의 구원"이라고 말했다.[18] 기독교 역사에는 이런 영지주의를 옹호하는 이들이 항상 있었지만, 이 영지주의는 특별히 근대철학에서 다시 등장했다. 많은 근대사상, 특히 관념론이 종교에 대한 영지주의적·지성주의적(intellectualistic, 주지주의적) 견해를 취한다. 헤겔에게는 전체 세계가 정신의 전개(unfolding)다. 종교는 지식의 한 형태인데, 오직 철학으로만 그것을 대체할 수 있다. "인간은, 하나님이 인간 안에서 하나님 자신을 아시는 한에서, 하나님을 안다. 그러므로 이 지식은 하나님의 자기의식(self-consciousness)이면서 또한 하나님의 자기의식에 대한 인간의 지식이며, "하나님에 대한 인간의 지식"은 곧 "인간에 대한 하나님의 지식"이다. 하나님을 알아가는 인간의 정신은 다름 아닌 하나

---

18) Irenaeus, *Against Heresies*, I, chap. 21.

님의 정신 그 자체다."[19]

[77] 그러나 칸트 전통은 종교를 주의주의적으로(voluntaristically) 도덕적인 행위(moral conduct)라고 정의하고, 그 좌소를 인간의 의지(human will)에 둔다. 여기에는 신앙을 인간의 노력으로 달성할 수 있는 "새로운 순종"으로 본다는 점에서 펠라기우스주의적 충동이 작동하고 있다. 윤리에 대한 강조는 사람이 가지는 종교에 관한 윤리적 유대감 및 신앙과 행위의 관련성을 상기시킨다는 점에서 그 가치를 인정받을 만하다. 행함이 없고 사랑이 없다면, 믿음은 죽은 것이다. 그럼에도 우리는 또한 종교와 도덕, 신앙과 행위를 주의 깊게 구별해야 한다. 전자가 후자에 선행하고 토대가 되며 또한 하나님에 대한 우리의 의무들과 관련되어 있다면, 후자는 우리의 이웃에 대한 우리의 의무들과 관련되어 있다. 결국 모든 진정한 도덕의 핵심에는 종교가 있다. 오직 하나님만이 양심을 강제하실 수 있는 것이다. 양심의 자유는 모든 인간에게 포기할 수 없는 요구이며 양도할 수 없는 권리인데, 이는 그들이 하나님의 형상대로 창조되었기 때문이다.

[78] 낭만주의(Romanticism)의 영향을 받은 다른 이들, 슐라이어마허 같은 이들은 종교를 주로 심미적인(aesthetic) 것으로 간주하면서 그것을 인간의 감정(human feeling)에 자리하게 한다. 신비주의와 경건주의의 역사가 이런 발전을 위한 길을 닦았다. 슐라이어마허는 자신을 "고차원의 모라비아교도"로 간주했다. 그는 『종교론』(*Speeches on Religion*, 1799)의 두 번째 강연에서 종교를 다음과 같이 묘사한다. 그에 따르면 종교는 무한자(the infinite) 안에서, 그리고 무한자를 통해서, 유한한(finite) 모든 것의 본질에 대해 직접적으로 의식하는 것이다. 종교는 사고나 행위가 아니며, 형이상학이나 도덕도 아니고, 무한자에 대한 감정(feeling)이다. 이 감정의 대상은

---

19) G. W. F. Hegel, *Sämtliche Werke*, ed. H. Glockner, "Jubilee" ed., 22 vols. (Stuttgart, 1927-1930), XVI, 428 ("*Vorlesungen über die Philosophie der Religion*," in *Werke*, XII, 428).

우리가 교제하는 가운데 살아가는 인격적 하나님이 아니라 통일체로 간주되는 우주, 전체로서의 세계다. 또한 이 무한자를 인식하는 기능은 지성도 이성도 의지도 아닌 감정인데, 이 감정은 무한자에 대한 정신의 중심이며 그 무한자를 직관하는 능력이다. 『기독교신앙』(*The Christian Faith*, 1821-1822)에서 그는 경건을 또한 감정, 즉 절대 의존 감정(feeling of absolute dependence)으로 묘사한다. 이 두 저서 사이에는 차이점이 있다. 『종교론』에서 하나님은 [우주적인] 전체이고, 감정은 무한자에 대한 직관이다. 『기독교신앙』에서는 하나님이 세계의 절대적 원인(causality)이고, 감정은 직접적 자기의식이고 절대적 의존이다. 이렇게 해서 하나님은 좀 더 자기 나름의 존재를 갖게 되고 세상과 구분되며, 따라서 종교도 그 나름의 내용을 갖게 되면서 세상에 대한 직관과 구분된다. 따라서 후기의 슐라이어마허는 전기의 그보다는 선호할 만하다. 그럼에도 종교를 심미적 감정으로 축소한 것은 여전히 잘못이다.

종교는 모든 인간적 문화 행위와 그 부산물, 즉 학문·도덕·예술에서 중심적인 위치를 차지한다. 종교적 감정과 심미적 감정을 혼동하는 것은, 근대의 흔한 오류인 신앙과 지식 또는 도덕을 혼동하는 것만큼이나 잘못이다. 그 두 가지는 본질적으로 구별된다. 종교는 삶, 즉 현실이다. 하지만 예술은 이상(ideal), 즉 외양이다. 비록 우리의 상상이 잠시 동안 우리를 현실 너머로 높여서 초월과 이상의 영역에 살게 할지라도, 예술은 이상과 현실 사이의 간격을 메우지 못한다. 사실 그 때문에 현실 자체가 바뀌지는 않는다. 비록 예술이 우리로 하여금 영광의 영역을 멀리서 흘끗 보게 해줄지라도, 우리를 그 영역으로 들여보내거나 그곳의 시민으로 만들지는 않는다. 예술은 우리의 죄책을 속량하지도 않고, 우리의 눈물을 닦아주지도 않고, 사나 죽으나 우리를 위로해주지도 못한다. 그것은 결코 저 세상을 이 세상으로 바꾸지 못한다. 오직 종교만이 이것을 할 수 있다.

여기서도 정서(affections), 즉 감정이 종교의 중요한 부분임을 짚고 넘어가지 않을 수 없다. 하나님께 대한 인격적 관계는 사람을 냉랭하고 무관심하게 두지 않고, 오히려 그들을 마음 깊은 곳에서 움직인다. 그것은 그들 안에 강한 기쁨의 감정이나 혐오의 감정을 일으키며, 다양한 정서, 즉 죄책, 걱정, 회개, 후회, 슬픔, 기쁨, 신뢰, 평화, 안식 등의 감정을 불러일으킨다. 종교는 사람의 마음에서 가장 깊고 민감한 정서들을 일깨운다. 정서는 한 사람의 종교에 따뜻함, 내밀함, 생명, 능력을 부여하는데, 이 감정은 지성주의의 무감각함과 도덕주의의 냉혹함에 날카롭게 대조된다. 마음 (heart, 가슴)이 종교의 중심이다. 그러나 감정이 종교의 유일한 기능도 아니고, 종교의 유일한 좌소와 근원도 아니다. 감정은 여기서 별도의 기능이 아니라 우리의 열정과 정서 전체로 취급되는데, 그 본질상 수동적이다. 그것은 단지 의식을 통해 접촉하게 된 것들에 대해 반응하고, 그 후에 기쁨이나 불쾌함의 감정으로 표출된다. 그것은 스스로는 아무것도 소유하지 않고, 자신에게서 아무것도 산출해내지 못한다. 어떤 감정과 정서도 그 자체로는 좋거나 나쁘지 않고, 참이나 거짓도 아니다. 이것들은 신앙의 범주들인데, 이 신앙이 바로 감정에 영향을 주는 것이다. 하지만 감정이 신앙에서 분리되어 종교의 독립적이고 배타적인 근원과 좌소가 될 때, 그것은 자기 본래의 특성을 상실하고 참과 거짓, 선과 악이라는 완전히 독립적인 범주가 되고 만다. 이렇게 되면 각자의 모든 감정이 이미 그 자체로 종교적이고, 참되고, 선하고, 아름답다. 그리고 이것이 바로 낭만주의가 전체적으로 저지른 엄청난 잘못이었다.

[79] 지성, 도덕, 감정이 참된 종교에서 실제로 중요한 역할을 하지만, 종교를 단 하나의 기능으로 축소하는 것은 잘못이다. 참된 종교는 하나님과 관계를 맺고 있는 전인을 아우르고, 지식·의지·감정을 포함한다. 우리는 뜻을 다하고, 목숨을 다하고, 힘을 다해 하나님을 사랑해야 한다. 바로 하나님이 하나님이시기 때문에, 그분은 영혼과 육체로 이루어진 우리 전체를, 우리가 가진 모든 능력과 관계와 함께 요구하신다. 물론 이렇게 인간이 하나님께 대해 갖는 관계에는 질서가 있다. 지식이 우선이다. 올바른 지식이 없이는 하나님에 대한 올바른 섬김도 있을 수 없다. "나는 내가 알

지 못하는 것을 갈망하지 않는다"(*Ignoti nulla cupido*). 알려지지 않는다는 것은 사랑받지 못한다는 것이다. "하나님께 나아가는 자는 반드시 그가 계신 것과 또한 그가 자기를 찾는 자들에게 상 주시는 이심을 믿어야 할지니라"(히 11:6). 하지만 성경, 특히 시편이 풍부하게 증언하는 것처럼, 하나님에 대한 지식은 마음을 관통해서 그곳에 갖가지 정서—두려움과 소망, 슬픔과 기쁨, 죄책감과 용서, 비참과 구원—를 불러일으킨다.

[80] 그렇다면 인간이 경험하는 종교의 기원은 무엇인가? 이 질문에 대한 만족할 만한 답변은—언어의 기원에 대해서와 마찬가지로—존재하지 않는다. 엄밀히 말해, 종교가 없는 사회를 찾는 것은 언어가 없는 사회를 찾는 것만큼이나 어렵다. 다시 말해 종교가 없는 사회는 존재하지 않는다는 것이다. 종교의 기원을 역사적·사회학적·심리학적 이유로만 설명하려는 시도는 언제나 실패하고 만다. 두려움, 성직자의 기만, 인간의 나약함, 행복에 대한 추구, 또는 무지도 만족할 만한 설명이 되지 못한다. 다윈은 종교의 씨앗이 동물 안에 배아 상태로 존재한다고 생각했다. 예를 들어 개가 주인을 향해 사랑을 표현하고 이 사랑에 종속과 두려움의 감정이 동반하는 것에서 이것을 볼 수 있다는 것이다.[20] 그러나 이런 유추는 실패로 끝난다. 왜냐하면 우리는 개의 정신적 삶에 대해 아는 바가 없고, 모든 종교에 수반하는 제의적 행위들—제사, 기도—이 동물들에게서 전혀 발견되지 않기 때문이다. 종교는 다른 동물과 대조되는 우리 인류의 구분된 특징 가운데 하나다. 락탄티우스의 말에 따르면, "종교는 사람을 짐승으로부터 구분 짓는 거의 유일한 요소다."[21]

어떤 이들은 종교의 뿌리를 인간의 자기보존 욕구, 즉 우리를 둘러싸고 위협하는 수많은 적대세력으로부터 자신을 보존하려는 욕구에서 찾으려고 한다. 종교가 두려움을 완화하려는 인간의 필요에서 직접적으로 기인

---

20) Charles Darwin, *The Descent of Man*, rev. ed. (New York: Appleton, 1896).
21) Lactantius, *Divine Institutes*, VII, 9.

한, 심리학적이고 부정적인 대응 매커니즘이라는 것이다. 다른 이들은 좀 더 긍정적으로 생각해서, 종교의 기원을 행복해지고자 하는 인간의 갈망에서 찾고, 종교가 유익을 얻기 위한 일종의 수단이라고 주장한다. 또 다른 이들은 자연의 필연성을 극복하려는 영혼의 분투에서 종교의 기원을 찾는다. 종교가 도덕적 자유를 향한 인간의 열망에서 비롯된다는 것이다. 어떤 이들은 이런 열망을 인간의 영혼이 자신의 고유한 신성을 추구하는 것으로 해석한다. 인간의 정신이 종교의 능력을 인정하고 믿고 신뢰할 때, 그 정신은 무한한 생명을 우리 자신이라는 존재의 가장 내밀한 차원으로 소유하는 것이다. 그래서 루돌프 오이켄(Rudolf Eucken)에 따르면 종교는 "사람 안에 있는 신적 생명"에 근거하고, "이 생명을 인간 자신의 생명으로 삼아 발전한다. 따라서 종교는 인류가 그들 존재의 가장 깊숙한 곳에서 신적 생명으로 들어 올려져서, 이로 말미암아 그 신성에 참여하는 것이다."[22]

이런 설명들은 인간이 자신의 종교적 여정에서 경험하는 방식에 반대된다. 위에 제시된 설명들은 추상적 개념들에 불과하고, 그들 자신의 순환 논리에서 헤어날 수 없다. 사람들은 흔히 자연의 힘들이나 그들 자신의 정신 등 아무것에나 신성을 돌리기도 하는데, 우리는 그런 경향이 어디에서 오는 것인지 전혀 추측할 수 없다. 인간이 어떤 것을 종교적 헌신의 대상으로 삼을 수 있기 전에, 이미 신성에 대한 특정한 감각이 있어야 한다. 실제로 우리는 양육과 교육을 통해 종교 공동체에 들어가고, 신에 대한 개념을 받고(receive), 우리 자신의 경험과 조화를 이루는 만큼 수용하여(accept) 우리 자신의 종교로 삼는다. 종교는 도움이나 이익에 대한 일반적인 바람이 아니라, 우리 자신보다 크고 뛰어난, 그리고 우리가 의존한다고 느끼는 특정 권세를 부르는 부름이다. 종교는 언제나 하나님과 세계 간에, 그리고 자연을 초월한 존재의 권능과 자연에 내재하는 종속적 힘들 간에 다소간

---

22) Rudolf Eucken, *Der Wahrheitsgehalt der Religion*, 2nd ed. (Leipzig: Veit & Co., 1905), 149ff.

의 구분을 상정한다. 물론 신적 권능이 자연현상에 내주하는 것으로 생각할 수는 있어도, 자연의 힘 자체가 종교적 경배의 대상인 적은 없으며, 자연 가운데 자신을 나타내고 역사하는 신적 존재가 종교적 경배의 대상이었다.

종교의 기원을 과학적·역사적·심리적·사회적 요인에서 찾으려는 모든 시도에 대한 가장 중대한 반론은, 이렇게 "발견되는" 하나님은 결코 하나님이 아니라는 사실이다. 여기서 발견되는 하나님은 설령 인간의 피조물은 아니라고 할지라도, 기껏해야 인간의 종에 불과하다. 여기서 하나님은 다름 아닌, 급할 때 도와주는 자, 사람에게 어떤 유익을 주기 위해 고안된 존재다. 여기서는 종교가 언제나 사람의 이기적 욕구—그것이 육체적이든 도덕적이든 간에—를 충족시켜주는 수단이다. 이기주의가 종교의 원천이고 기원이라는 것이다.[23] 이것에 따르면 사람의 근본욕구를 충족시키는 능력이 점차 커짐에 따라 종교는 사라질 것이고, 현대 사회는 점점 더 "세속화"될 것이다.[24] 종교의 기원을 인간의 자연적 욕망과 바람에서 찾으려는 시도에는 하나님이 사람을 창조한 것이 아니라 사람이 하나님을 만들었다는 가정이 깔려 있다. 주관적 종교가 객관적 종교의 원천이라는 것이다. 하나님을 어떻게 섬길지를 결정하고, 또 섬길 것인지 말 것인지를 결정하는 것은 사람이다. 그러나 이런 이해는 종교의 본질과 근본적으로

---

23) Eduard von Hartmann, *Religionsphilosophie* (Leipzig: Friedrich, 1888), I, 27.

24) 편집자 주—현대 산업국가가 점점 더 "세속화"될 것이라는 주장은 20세기 후반의 사회학 저술들의 주된 주장이었다. Bryan R. Wilson, *Religion in a Secular Society* (London: Watts, 1966); idem, *Religion in Sociological Perspective* (Oxford: Oxford University Press, 1982)를 보라. 20세기 후반과 21세기 초반의 상황들은 이런 세속화 테제에 심각한 이의를 제기했다; 현대 산업세계에서도 생생한 종교생활이 지속되었다. Steve Bruce, ed., *Religion and Modernization: Sociologists and Historians Debate the Secularization Thesis* (Oxford: Clarendon; Oxford: Oxford University Press, 1992); David Martin, *On Secularization: Towards a Revised General Theory* (Aldershot, England: Ashgate, 2005)를 보라.

충돌하고 애초에 설명하고자 했던 종교적 현상 자체를 파괴한다. 만일 "하나님"이 인간의 창조물이나 투사에 불과하고, 그것이 과학을 통해 우리에게 알려진 실재를 설명하려는 인간적 노력 또는 기술의 진보를 통해 가능하게 된 안전이나 편의성 같은 유익들을 제공하기 위한 수단에 불과하다면, 종교는 시들어 없어지고 말았을 것이다. 반대로 하나님이 실재하고 사람인 우리에게 종교가 불가피한 것이라면, 종교는 지속될 것이다. 종교는 계속 존재했고, 앞으로도 계속 존재할 것이다.

[81] 종교에 대한 학문적·역사적 연구는 종교의 기원에 답해줄 수 없다. 그 자체로 종교적이지 않지만, 외부의 영향 아래 결합되어 종교를 발생시키는, 인간에게 있는 여러 요인으로부터 종교의 보편성을 설명하는 것은 불가능하다. 종교는 하나님 없이 이해될 수 없고, 하나님을 알기 위해서는 하나님이 자신을 우리에게 계시해주셔야 한다. 하나님은 종교의 대전제고, 하나님의 존재와 계시는 모든 종교가 기초하는 토대다. 종교에서 계시는 인식의 외적 원리다. 이와 함께 종교를 위한 본성의 능력 또는 성향 역시 사람에게 있어야 한다. 하나님은 일을 중도에 그만두시는 법이 없다. 하나님은 빛뿐만 아니라, 빛을 보는 눈도 창조하신다. 외적 실재에 상응하는 내적 인식기관이 존재한다. 귀는 소리의 세계를 위해 만들어졌다. 피조물에 내재하는 "로고스"가 인간 안의 "로고스"와 상응하고, 그래서 학문이 가능한 것이다. 자연의 아름다움에 인간의 미적 감각이 응답한다. 이와 유사하게 하나님의 계시에 사람의 종교적 헌신과 실천이 응답한다. 결국 언제나 우리는 인간의 종교성에 직면하지 않을 수 없는데, 그것은 다양한 이름으로 불려왔다. "종교의 씨", "신성에 대한 감각"(Calvin), 종교적 감정(Schleiermacher, Opzoomer), 믿음(Hartmann), 무한에 대한 감정(Tiele) 등등. 사람에게는 신적인 것을 인식하는 어떤 능력이 있는데, 종교에 대한 학문적 연구는 이 능력으로 돌아가고 이 능력으로 마쳐야 한다.

종교의 효력은 모든 문화적 효력과 구분되고 문화적인 모든 것으로부터 독립성을 유지한다. 종교가 중심이며, 학문, 도덕, 예술은 주변적이다.

종교는 전인을 다 포함하는 데 반해, 학문, 도덕, 예술은 각각, 지성, 의지, 감정에 뿌리박고 있다. 종교의 목표는 하나님과의 교제 가운데 누리는 영원한 복락이지만, 학문, 도덕, 예술의 대상은 피조물로 제한되고, 참된 것, 선한 것, 그리고 아름다운 것으로 현세를 풍요롭게 하고자 애쓴다. 따라서 종교는 다른 어떤 것과 동일시될 수 없다. 모든 것을 좌우하는 특별한 역할을 하는 종교는 인류 역사와 삶에서 그 나름의 독자적 위치를 점유하고 있다. 종교의 필수불가결성은 사람들이 종교를 환상으로 거부하는 순간, 다시금 피조물을 자신의 하나님으로 바꾸어, 자신의 종교적 욕구를 어떻게든 보충하려 한다는 사실을 통해서도 증명될 수 있다. 따라서 계시와 종교는 인간 본성에 이질적인 것이 아니다. 하나님 형상의 담지자인 사람은 본디 종교적이다. 종교는 보편적 실재고 우리는 하나님을 위해 지음 받았다. 종교가 존재하는 이유는 하나님이 바로 하나님이시고, 그 하나님이 경배를 받기 원하시기 때문이다. 바로 이 목적을 위해 하나님은 자신을 우리에게 계시하셨고, 주관적으로 하나님을 알기에 적절하도록 우리를 만드셨다. 이것은 성경이 가르치는 것처럼 사람이 존재하는 첫 순간부터 하나님의 형상대로 창조된 종교적 존재였음을 의미한다. 종교는 이후 별도의 창조나 오랜 진화 과정에 의해서 추가된 것이 아니었다. 종교적 삶의 형태는 온전한 상태, 죄의 상태, 은혜의 상태, 그리고 영광의 상태에서 각기 다르지만, 타락이 종교의 본질 자체를 뒤집지는 않는다. 종교의 세 실재―하나님, 계시, 종교―는 영속적이고 하나님의 삼위일체적 존재에 뿌리박고 있다. 성부가 성자 안에서, 성령을 통해 자신을 계시하신다. 아들 외에는, 그리고 성령을 통해 아버지를 계시해주기로 아들이 선택하신 자 외에는 아버지를 아는 자가 없다(마 11:27; 요 16:13-14; 고전 2:10).

4장

계시

계시 개념

[82] 모든 종교는 필연적으로 계시라는 개념과 연관되어 있다. 계시에 대한 믿음이 모든 종교에서 발견된다는 것이다. 소위 "자연종교"에서도 신들에 대한 지식은 자연계의 비범한 사건들에 주어진 표증(signs)이나 신탁(oracles)을 통해 얻어진다. 인도의 베다(Vedas), 예언자가 되라는 자라투스트라(Zarathusthra)의 소명, 코란(Qur'an)에 묘사되어 있는 무함마드(Muhammad)의 계시, 이 모두가 계시에 대한 믿음이 모든 종교에 보편적으로 나타남을 보여준다. 계시와 종교는 함께 서고 함께 넘어진다. 계시가 없이는 종교도 없는 것이다.[1] 그 이유는 종교의 본질 자체와 직접적으로 관련되어 있다. 3장에서 살펴본 것처럼, 종교는 사람을 세계나 동료 인간과의 관계 속에서가 아니라 초자연적·비가시적·외적 능력—사람이 이 능력을 어떻게 받아들이든지 간에—과의 관계 속에서 바라본다는 점에

---

1) "비록 용어를 해석하는 방식에 차이를 보이기는 하지만, 계시 개념은 모든 종교에 보편적인 것이다"(C. P. Tiele, *Elements of the Science of Religion*, 2 vols. [Edinburgh and London: William Blackwood & Sons, 1897-1899], I, 131).

서 학문·예술·도덕과 본질적으로 구분된다. 사상가들이 이런 초자연적인 능력과의 관계를 종교에서 제거하고, 이 관계를 자기 자신과의 관계(Feuerbach), 인류 전체와의 관계(Comte), 우주 전체와의 관계(Strauss), 참된 것·좋은 것·아름다운 것과의 관계(Haeckel), 죽은 이들의 영들과의 관계(강신술) 등으로 생각할 때조차 이것은 여전히 참이다. 종교적 충동은 항상 존재하지만 종교의 성격은 변화를 거듭한다. 종교는 미신으로 탈바꿈할 수도 있고 환상으로 용해되어버리기도 한다. "하나 또는 그 이상의 초자연적 능력, 신 또는 신적 세계에 대한 믿음이야말로 모든 종교를 지지하는 기반이다. 신 없이는 종교도 없다."[2] 불교도 예외가 아닌데, 불교가 처음 등장했을 때 석가모니(Buddha)가 그 종교의 신이었기 때문이다.[3]

그러므로 종교에서는 신(deity)이 신자의 마음에 존재해야 하고 자신을 계시해야 하며, 결과적으로 어느 정도는 알려질 수 있어야 한다. 종교는 환상이거나, 아니면 하나님의 존재·계시·가지성(knowablity)에 대한 믿음에 기초해 있거나 둘 중 하나다. 왜냐하면 하나님이 하나님이시려면, 인간의 통상적인 연구로는 그분을 알 수 없어야 하기 때문이다. 우리가 그분을 알려면, 그분이 자신의 은폐성으로부터 나오셔서 어떤 방식으로든 자신을 알리셔야 하고, 따라서 자신을 계시하셔야 한다. 모든 종교가 초자연적인데, 이는 세상과 구분되고 세상보다 우월한 신적 능력이 세상에 내려와서 세상과 교제한다는 믿음이 종교의 기반이기 때문이다. 하나님은 결국 이것을 행하시기로 선택하셨다. 자연을 통해서든지 역사를 통해서든지, 지성에서 하시든지 마음에서 하시든지, 신의 현현으로 하시든지 예언으로 하시든지 간에 틀림없이 이것을 행하신다. 모든 종교는 계시에, 즉 하나님이 사람에게 의식적으로, 자발적으로, 의도적으로 자신을 드러내셨다는

---

2) Ibid., II, 73.

3) Ibid., I, 128; II, 74; G. T. Ladd, *Philosophy of Religion*, 2 vols. (New York: Scribner, 1905), I, 107ff.

믿음에 기초한다.

또한 이것은 우리가 종교에서 무엇을 찾고 있는지, 종교의 성패가 무엇에 달려 있는지 생각해볼 때 더욱 분명해진다. 일반적으로 우리는 종교에서 악으로부터의 해방과 우리가 최고선으로 간주하는 것의 획득, 즉 구원을 찾는다고 말해도 무방할 것이다. 모든 종교는 구원의 종교이고, 모든 종교의 교리는 구원론이다.[4] 내용(what)과 방법(how) 면에서 차이는 있지만 모든 종교의 질문은 동일하다. "내가 구원받기 위해 무엇을 해야 하는가?" 종교의 세 가지 주된 관심사—하나님, 인류, 구원—에 대한 답은 계시를 필요로 한다. 하나님을 알기 위해, 우리 자신과 하나님의 세계에서 그분 앞에 있는 우리의 상태를 이해하기 위해 계시가 필요하다. 우리 자신을 제대로 알기 위해서는 학문적 연구—해부학, 생리학, 심리학—를 통해 우리의 "인간됨"(humanness)에 대한 지식을 얻으려고 노력하는 것만으로는 충분하지 않다. 우리에게는 그 이상의 것이 필요하다. 인간의 기원과 목적, 하나님에 대한 우리의 관계, 죄로 말미암은 우리의 비참함, 구원의 필요성, 낙원에 대한 기억들, 그리고 미래의 소망에 관한 질문에 대한 해답이 우리에게 필요하다.[5] 이 질문들은 과학의 범위 너머에 있기 때문에 계시를 통해서만 대답될 수 있다. 구원의 문제에 있어서는 특히 그렇다. 구원자에 대한 믿음도 보편적인데,[6] 이 믿음 역시 계시에만 기초할 수 있다. 계시와 은혜는, 은혜와 신앙이 그런 것처럼, 긴밀히 연결되어 있다.

[83] 종교의 보편성은 모든 사람에 대한 하나님의 일반계시(general revelation) 또는 자연계시(natural revelation)의 실재에 기초하는데, 우리는 본 장의 뒷부분에서 이에 대해 살펴볼 것이다. 여기서 우리의 관심은 믿는 것과 아는 것, 신학과 철학의 관계에 대한 질문이다. 만약 하나님이 하

---

4) C. P. Tiele, *Elements*, I, 62ff.; II, 75, 117.
5) Ibid., II, 75ff., 109ff.
6) Ibid., I, 130, 166; II, 124ff.

나님 자신에 의해서만 알려질 수 있다면, 그리고 누구에게나 접근 가능한 하나님에 대한 인간의 일반적 지식이 불충분하여 인생의 가장 심오한 질문에 만족할 만한 답을 제공해줄 수 없다면, 결국 우리의 앎은 계시하시는 하나님에 대한 우리의 신앙과 긴밀하게 연결될 것이다. 계시를 이해하기 위해서는 신앙이 필요하다. 계시를 이해하기 위해 철학이 제공하는 범주에 의존하는 것은 대개 추상화와 지성주의로 이어진다. 특히 이신론은 계시를 이성에 종속시킴으로써 성경의 계시를 필요 없는 것으로 만들어버렸다. 곧 기독교의 핵심 진리들을 이성만으로도 알 수 있다고 주장하는 것이다. 이신론은 이성에 비중을 둠으로써 인간이 계시를 판단할 권리를 정당화했다. 그 어떤 기독교의 진리도 이성을 통해 알려진 것에 첨가될 수 없었고, 인간의 이성이 계시 내용의 참과 거짓을 결정했다. 특별계시(special revelation) 또는 성경계시(biblical revelation)는 불필요한 것으로 취급되었다. 이런 이성주의(rationalism)가 냉랭할 뿐만 아니라 영적으로나 지적으로나 불만족스러웠기 때문에, 어떤 이들은 계시를 천재적인 예술가들에게서 목격되는 신성의 불꽃(낭만주의, Hamann, Herder, Jacobi)으로, 또는 도덕적 완전성(Kant, Ritschl)으로 이해하기 시작했다. 예수는 이런 천재성과 도덕적 완전성을 최고로 체현하기 때문에 위대한 계시자가 되며, 따라서 자신과 교제하는 사람들에게 어떤 방식으로든 자신의 신성과 거룩함을 전달한다는 것이다. 독일의 관념주의 철학자 피히테(Johann Gottlieb Fichte, 1762-1814)가 좋은 예다. 그에 따르면 인간성의 귀결은 도덕적 완전성, 곧 윤리적 하나님 나라다. 그러나 인류가 일시적으로 도덕적 부패에 깊이 빠질 수 있기 때문에, 하나님은 한 사람을 일으켜 세우는 비상수단을 취하실 필요가 있었다. 이 사람은 신적 권위와 능력을 갖고 인류에게 그들의 도덕적인 운명을 다시금 상기시키고, 부패로부터 건져내고, 덕의 길로 나아가도록 설득한다. 계시는 일종의 현시(manifestation)로서 사람들에게 강한 인상을 남겨서 그들로 하여금 이 현시의 도덕적 목적을 이해하도록 가르친다. 계시는 우리의 관심을 사로잡으려는 하나님의 특별한 방법이다. 이렇게 하나님은 그리스도의 인격을 특별한 방식으로 일으켜 세우셔서, 자연 종교와 도덕의 내용이 권위 있게 선포되게 하셨고 또한 이것이 인간의 마음에 스며들게 하셨다. 계시는 여기서 하나님이 인류를 양육하시는 하나의 전략이고, 기독교 신앙은 이 땅에 하나님 나라를 세우는 도덕적 향상의 역사 과정으로 이해된다.

슐라이어마허의 신학은 동일한 주제의 변화된 형태였다. 계시의 중심은 그리스도의 인격에 있는 것이지, 교리나 또는 그리스도에 대해 우리가 믿는 내용에 있지 않다. 그는 『종교론』에서 계시를 "우주와 그 사람(that person)의 내면 깊은 곳에 있는 생명 간의 모든 독창적이고 새로운 교감"이라고 표현함으로써 계시에 대한 인격적 이해를 보여준다.[7] 이와 유사하게 그는 『기독교신앙』에서도 계시가 등장하는 "역사의 새로움과 독창성", "종교 공동체의 기저에 있는 사실의 독창성"에 대해서 말했다. 기독교에서 그리스도의 인격은 이처럼 독창적인 의의를 갖는다. 그는 충만하고도 방해받지 않은 교제를 하나님과 누리셨기 때문에, 비록 그가 어떻게 그러한 계시가 되셨는지 우리는 알지 못한다 할지라도, 그는 하나님의 특별한 계시다. 더 나아가, 그리스도로부터 나오는 영적 에너지로 말미암아 우리 역시 하나님과의 교제에 통합되고, 죄에서 해방된 새롭고 거룩한 삶에 참여하게 된다. 따라서 계시가 그 나름의 고유한 독창성을 특징으로 하지만, 그것의 효과와 목적은 그것이 나누어주는 새로운 생명에 있다. 슐라이어마허는 이런 주장들을 통해 계시를 교리가 아닌 생명의 전달로 정의하는 견해를 위한 길을 열었다.

이런 변화된 계시관은 19세기 신학계의 모든 학파들에 널리 퍼졌다. 소위 중재신학(Vermittelungstheologie)[8]은 슐라이어마허가 했던 것보다 역

---

7) F. Schleiermacher, *On Religion, Speeches to Its Cultured Despisers* (New York: Harper & Brothers, 1950), 89.

8) 편집자 주—"중재신학"(*Vermittelungstheologie*)은 19세기 독일신학의 한 학파로, Schleiermacher의 영향을 받아 기독교와 근대 관념론 철학을 종합해서 합리적이고 도

사를 더욱 강조했는데, 이는 그리스도 안에서 발견되는 하나님의 계시와 이스라엘의 예언자들에게서 발견되는 하나님의 계시 간의 역사적 연속성을 더욱 공정하게 대하는 것이었다. 또한 중재신학은 그리스도의 신성에 대한 고백으로 회귀했고, 우리가 슐라이어마허에게서 발견하는 것보다 더 선명한 용어로 그리스도가 자신의 교회 안에서 일하시는 것을 성령의 사역으로 돌렸다. 그럼에도 이 새로운 계시관, 다시 말해 신자들에게 전달되는 예수의 하나님 의식에 중심을 둔 견해는 기꺼이 받아들여졌다.[9] 심지어 신비주의를 거부하는 리츨조차도 그리스도의 인격으로 돌아가서 그를—무엇보다도 하나님 나라의 설립자로서 활동하신 공생애 동안의 그리스도를—하나님의 사랑, 은혜, 신실함의 계시자로 부르는 점에서 슐라이어마허와의 친밀성을 보여준다.[10]

이러한 새로운 계시 개념을 이전에 일반적으로 받아들여졌던 계시 개념과 비교해보면 다음과 같은 구별된 특징이 발견된다. (1) 기독교의 토대인 특별계시가 사람의 마음과 양심에서 좀 더 유기적으로 이해되고, 자연과 역사 속에서의 일반계시와 보다 긴밀하게 연결된다. (2) 이러한 새로운 계시 개념을 고수하는 학자들의 이해에 따르면, 특별계시는 그 자체로 예언과 기적을 통해, 다시 말해 언어뿐 아니라 행위를 통해 드러나는 역사적 과정으로서, 그리스도의 인격에서 절정을 이룬다. (3) 그들은 계시의 내용이 전적으로 또는 대개의 경우 가르침을 주된 목표로 삼는 것이 아니라

덕적으로 변호 가능한 종교를 세우려고 시도했다. 대표자로는 I. A. Dorner, J. Neander, H. Martensen, K. Nitzsch, J. Müller가 있다.

9) C. E. Nitzsch, *System of Christian Doctrines* (Edinburgh: T&T Clark, 1849), §22; I. A. Dorner, *A System of Christian Doctrine*, trans. Alfred Cave and J. S. Banks, rev. ed., 4 vols. (Edinburgh: T&T Clark, 1888), II, 133ff.; H. L. Martensen, *Christian Dogmatics*, trans. William Urwick (Edinburgh: T&T Clark, 1871), §§11, 12.

10) A. Ritschl, *Unterricht in der Christlichen Religion*, 6th ed. (Bonn: A. Marcus, 1903), §§20ff.; idem, *Die Christliche Lehre von der Rechfertigung und Versohnung*, 3rd ed., 3 vols. (Bonn: A. Marcus, 1895-903), III, 190ff., 599ff.

도덕적 개선, 죄로부터의 구원을 목적으로 하는 종교적·윤리적 진리에 있다고 보았다. (4) 그들은 역사 가운데 점진적으로 발생하는 계시와, 그 계시에 대한 성경의 기록(documentation) 또는 서술(description)을 선명하게 구분했다. 후자는 그 자체로는 계시가 아니라 단지 그 계시에 대한 다소 정확한 기록일 뿐이다. 이 차이가 제대로 고려된다면, 이런 특징들은 계시에 대한 우리의 이해를 풍성하게 한다.

또한 19세기에는 인간 안에서의 하나님의 자기의식을 인간이 하나님에 대한 의식을 얻는 것과 동일시하는 철학적 계시 이해가 등장했다(Schelling, Hegel). 이 의식의 표현이 먼저 예술에서는 상징적으로, 이어 종교에서는 가시적으로, 마지막으로 가장 고차원적인 형태의 표현은 철학에서 개념적으로 나타난다. 종교들의 역사는 절대자가 인간의 의식 가운데서 자기 자신에게 이르는 역사인데, 그것은 하나님과 인간의 본질적 일치를 드러내는 기독교에서 정점에 이른다. 이런 진화론적 범신론은 다비트 프리드리히 슈트라우스(David Friedrich Strauss, 1810-1874)와 같은 다수의 19세기 신학자들의 지지를 받았다.[11] 계시는 이성적 지식의 참된 표현인 자연을 거스르지 않는다. 여기서 초자연적 계시 개념은 전부 사라져버렸다. 성경적 계시의 내용도 이제는 다른 고대의 종교문헌들과 같이 취급된다. 성경(Bible)과 바빌론(Babel)이 동일한 지평에 놓인 것이다.[12]

이렇게 되면 기독교의 계시론은 유지될 수 없다. 만일 하나님의 계시가 자연의 흐름, 우주의 내적 진화와 일치한다면, 만일 종교가 기초해 있는 계

---

11) David Friedrich Strauss, *Die christliche Glaubenslehre in ihrer geschichtlichen Entwicklung und im Kampfe mit der modern Wissenschaft*, 2 vols. (Tübingen: C. F. Osiander, 1840-1841), §19; idem, *The Old Faith and the New, a Confession by David Friedrich Strauss*; authorized translation from the 6th ed. by Mathilde Blind (New York, Holt, 1873).

12) Friedrich Delitzsch, *Babel and Bible*, trans. W. H. Corruth (Chicago: Open Court, 1903); 독일어 원본: *Babel und Bibel: Ein Rückblick und Ausblick* (Stuttgart: Deutsche Verlags-Anstalt, 1904).

시가 인간적 상상의 산물에 불과하다면, 만일 신자가 계시에서 발견하는 진리가 인간의 고안물이라면, 그리고 계시에 대한 순진무구한 신앙이 미신에 불과하다면, 만일 자연만이 참된 계시, 다시 말해 이성적 지식의 참된 원천이라면,[13] 그렇다면 사도 바울이 유사한 맥락에서 말한 것처럼 "모든 사람 가운데 우리가 가장 불쌍한 자"(고전 15:19)일 것이다.

[84] 계시에 대한 오늘날의 신학적인 논의는 여전히 혼란과 모순 가운데 있는데, 이는 많은 신학자가 이미 진술된 확신에 근거해서 계시에 대해 말할 권리를 상실했음에도 계속해서 "계시"에 대해 말한다는 사실에 상당 부분 기인한다.[14] 자연주의적 입장에서는 계시 같은 것이 존재할 수 없다. 신에게서 인류에게 이르는 인격적 소통은 불가능하다. 만약 신이 존재하지 않는다면, 그리고 만일 포이어바흐가 말한 것처럼 "인간학이 신학의 비밀"이라면 종교와 계시는 자동적으로 정죄를 당할 것이고, 인간적 환상이 만들어낸 반응에 불과한 것으로 간주될 것이다. 그럼에도 "계시"라는 용어는 심지어 자연주의적 철학자들과 신학자들 사이에서도 여전히 사용되고 있다. 종교의 실재는 어떤 형태의 것이든지 계시에 의존하며, 인격적 신으로부터의 소통인 계시의 가능성 자체가 유신론적·초자연주의적 세계관을 요구한다. 유물론적 세계관은 이런 계시에 대한 모든 개념과 완전히 반대된다. 초자연주의적 세계관은 창조와 섭리를 모두 긍정한다. 하나님이 세상을 창조하셨고 그분의 섭리로 그것을 유지하시고 다스리시기 때문에, 그분은 세상을 절대적으로 초월하시면서 그분이 기뻐하시는 방식으로 그것을 사용하실 수 있다. 따라서 창조와 섭리는 하나님이 자신을 계시하실

---

13) E. Haeckel, *The Riddle of the Universe at the Close of the Nineteenth Century*, trans. Joseph McCabe (New York: Harper & Brothers, 1900), 306-307; 독일어 원본: *Die Welträthsel* (Stuttgart: E. Strauss, 1899), 354.

14) 편집자 주—계시 개념이 신학적으로 중요하다는 주장에 대한 20세기의 반론으로는, Gerald Downing, *Has Christianity a Revelation?* (London: SCM Press; Philadelphia: Westminster, 1964)을 보라.

수 있고 또한 그렇게 하기를 원하신다는 증거다.

여전히 문제가 남아 있다. 하나님이 자신을 계시하신다고 가정할 때, 계시에 대해 다양한 주장들이 경쟁하는 상황 속에서 계시의 사실성 여부를 어떻게 확증하는가? 결국 모든 종교가 계시에 호소하지 않는가? 일반적으로 행해지는 종교에 대한 여러 학문적 연구들은 여기서 별 도움이 되지 않는다. 그런 연구들의 주된 오류는 종교적으로 중립적인 학문 방법을 추구한다는 점이다. 가치중립적이고 편견 없는 객관적 관점을 견지한다는 것은 불가능하다. 계시에 대한 올바른 개념은 계시 자체에서만 도출될 수 있다. 만일 계시가 발생하지 않았다면, 계시의 개념들에 대해 생각하는 것은 모두 헛된 일이다. 그렇다고 진리에 대한 우리의 추구가 조금이라도 쉬워지는 것도 아니다. 정말 곤혹스러운 것은 모든 종교가 자기 나름대로 계시에 기초하고, 이 사실에 근거해서 자신을 참된 종교라고 주장한다는 사실이다. 그래서 많은 이론가들이 무관심주의(indifferentism)로 후퇴해서, 선한 삶을 살기만 한다면 무엇을 믿든 상관없다는 생각으로 자신을 위로하려고 하는 것도 이해가 간다. 그러나 이런 위로는 이내 사라져버리고 만다. 지구상에 실재하는 어떤 종교라도 그런 중립적 무관심주의를 용인하지 않을 것이다. 계시를 대하는 종교들의 태도에는 차이가 존재하며, 학문적 탐구를 수행하기 위해서는 판단이 불가피하다. 전제나 편향성이 없는 학문은 없는데, 인간 경험의 가장 내밀한 차원을 다루는 학문은 특히 더 그렇다. 종교와 관련된 학문들은 인간 역사와 경험의 흐름 바깥에 있지 않으며 또 그럴 수도 없다. 그것들은 역사와 경험에 내재해 있다. 학문적 탐구는 마음의 가장 기초적인 확신들에 대해서도 일치를 도출해내지 못한다. 만일 일치가 존재할 수 있다면, 그것은 오직 선교라는 방법을 통해서만 가능할 것이다. 오직 종교적 일치만이 인류에게 영적·지적 일치를 가져다줄 수 있을 것이다. 그리고 계시에 대해 답을 줄 수 있는 것은 오직 계시 자체뿐이다.

그러나 이런 표면적 순환론이 필연적으로 우리를 진리의 가능성에 대한 자포자기로 이끌고, 따라서 상대주의로 돌아서게 하는 것은 아니다. 수많은 사람이 진리·덕·아름다움을 상대적 개념에 불과한 것으로 여기고 그 기준이 인간 개개인 안에 있다고 말한다고 해서 논리적으로 사고하는 윤리적·심미적 인간이 사고 법칙, 도덕성, 아름다움에 대한 자신의 확신을 포기하지 않는 것과 마찬가지로, 모든 종교가 계시에 호소한다는 사실은 그리스도인이 기독교의 진리에 대한 자신의 확신을 포기할 이유가 될 수 없다. 인간 세계에는 이런 중요한 문제와 관련하여 근본적인 견해차가 존재하며, 또한 이슬람교, 불교 및 다른 종교의 신도들도 그리스도인들과 마찬가지로 자신들의 계시로부터 논증하고 자신들의 믿음에서 출발한다는 것 또한 사실이다. 이런 점에서 각자의 최선은 자신의 생각에 완전한 확신을 갖는 것이다. 그리스도인이 진리에 대해 증언할 수 있으려면, 우리에게 창조주와 구속자로 자신을 계시하신 그 하나님이 또한 그분을 따르는 이들에게 지혜를 주셔서 하나님의 계시를 이해하게 하시는 분임을 확신해야 한다. 그래서 우리는 학문—물론 강제가 아니라 자유로운 확신에 의해 수행된—과 연대한 기독교 신앙이 자연주의적 학문보다 인류의 영적·지성적 합일에 더 많이, 더 효과적으로 기여할 수 있을 것이라고 믿는다. 그런 합일은 모든 종교의 희망인데, 하나님의 통일성이 그것을 보증한다. 기독교의 계시에 기초한 학문 연구는 하나님을 섬기는 일이 될 뿐 아니라 세상에도 복이 되는 결과들을 산출한다. 그리스도인은 이론적으로가 아니라 실제적으로 자신들에게 주어진 일을 수행할 수 있을 뿐 아니라, 그것을 확신과 기쁨 가운데 행할 수 있다. 그리스도인은 하나님이 언제 어떻게 자신을 계시하실지 하나님께 지시하지 않으며, 단지 하나님이 친히 이 문제에 대해 말씀하실 것에 귀를 기울일 뿐이다. 우리는 이제 계속해서 성경이 계시에 대해 가르치는 것, 곧 계시의 주체와 대상, 본질과 내용, 방식과 목적에 귀를 기울일 것이다.

일반계시

[85] 초기 기독교 신학은 성경의 가르침을 따라 "자연적" 계시(종교, 신학)와 "초자연적" 계시를 구분하기에 이르렀다. 기독교는 하나님이 그분의 창조세계를 통해 모든 사람에게 자신을 알리신다고 고백함으로써 기독교가 다른 종교와 공통적으로 갖고 있는 요소들을 설명했다. 예를 들어 순교자 유스티누스(Justin Martyr)는 "온 인류가 타고난 이성의 씨앗"(σπερμα του λογου)으로부터 얻게 되는 "인간적 가르침"에 대해 말하고, 이것을 오직 그리스도를 통해서만 우리에게 오는 "[영적] 지식(γνωσις) 및 직관(θεωρια)"과 구분했다.[15] 기독교가 다른 종교와 구별되는 독특한 점은 성경을 통한 하나님의 특별계시에 기초한다. 교회 내에서 발생한 엄청난 신학 논쟁은 이 둘 사이에 놓인 관계의 성격, 특히 두 종류의 계시를 구분하는 경계에 대한 것이었다.

몇몇 신학자들이 자연과 이성을 통해 기독교의 핵심 교리들을 증명하려 시도하기는 했지만,[16] 자연적 신학과 초자연적·성경적 신학의 구분은 점점 더 엄격해져서 결국 이 둘의 대립은 절대적인 것이 되어버렸다. 초자연적·성경적 계시는 무죄한 사람들과 천사들의 지성조차도 초월한, 다른 질서에 속한 지식을 의미하기 시작했다. 이 논의에 공로 개념이 혼합됨으로써 신앙과 이성 간의 경계선은 흐려졌고, 하나님에 대한 우리 인간의 지식에 죄가 어떤 영향을 끼쳤는지 이해하는 것도 어려워졌다. 종종 이성주의와 초자연주의가 손을 잡고 어색한 동반관계를 이어갔다.

---

15) Justin Martyr, *2 Apology*, 8, 10, 13.

16) 편집자 주—예를 들어 Augustine(*The Trinity*에서 삼위일체); Anselm(*Cur deus homo*에서 성육신과 속죄의 교리들). 이 측면에서 가장 극단적인 것은 Raymond of Sabunde였는데, 그는 *Liber naturalis sive creaturarum*에서 기독교 신앙 교리 전체를 성경과 전통의 도움 없이, 스콜라적인 방법도 사용하지 않고, 다만 인간의 본성으로부터 확립하려고 시도했다.

종교개혁은 자연적 계시와 초자연적 계시를 구분하는 것에 이의를 제기하지 않았지만, 여기에 원칙적으로 전혀 다른 의미를 부여했다. "초자연적"이라는 말은 일차적으로 죄로 가득한 타락한 인간의 생각과 소원을 훨씬 뛰어넘는 계시를 지칭하기 위해 붙여졌다. 개혁파 신학자들은 자연신학을 긍정하면서도 그것을 기독교 신앙의 교리에 통합시켰다.[17] 그들은 인간의 지성이 죄로 어두워져서 자연적 계시조차도 제대로 알거나 이해할 수 없다고 생각했다. 그래서 하나님은 성경이라는 안경을 주셔서 우리가 자연적 계시를 "읽도록" 도우셔야 했다(Calvin). 또한 인간은 성령의 조명에 의해 밝혀진 신앙의 눈이 필요했는데, 이를 통해 하나님을 그분의 손이 하신 일들 속에서 보게 하려는 것이다. 더 나아가 재세례파(Anabaptist) 전통의 극단적 부류는 자연적 질서를 거부하고 혁명적인 방식으로 이 땅에 하늘나라를 세우려고 시도했다. 소키누스주의도 자연신학을 거부하고, 하나님에 대한 모든 지식을 특별계시에서 도출했다. 심지어 루터도 영적 영역과 현세적 영역을 분리하는 이원론적 견해로부터 자유롭지 못했다. 그 결과, 분열된 개신교 세계에서는 신학적으로 건전한 계시 이해가 자리를 잡지 못하면서 비극적인 결과를 가져왔다. 재세례파와 소키누스주의에서는 과도한 초자연주의가 이성주의로 전환되었고, 루터파와 일부 칼뱅주의자들 가운데서는 이성이 신앙과 어깨를 나란히 할 정도로 권위를 얻게 되었다. 결국 자연신학의 확대는 독일의 자연주의자들과 영국의 이신론자들이 계시를 불필요한 것으로 만들어버리는 지경에까지 이르게 되었다. 반대로 칸트 철학의 영향은 신학자들로 하여금 하나님의 실재를 긍정하는 비이성적 수단들을 찾아나서게 만들었다. 게다가 종교들의 역사는 순수하게 자연적인 종교가 어디에도 존재하지 않고, 모든 종교가 실

---

17) U. Zwingli, *Commentary on True and False Religion*, ed. S. M. Jackson and C. N. Heller (Durham, NC: Labyrinth, 1981), §3, "God"; J. Calvin, *Institutes of the Christian Religion*, I.i-v (ed. John T. McNeill and trans. Ford Lewis Battles, 2 vols. [Philadephia: Westminster, 1960], 1:35-69).

중적(구체적)이라는 점을 보여준다. 마지막으로 성경에 대한 역사적 비평 (historical-biblical criticism)은 초자연적 계시의 기반을 약화시켰고, 초자연 적 계시와 자연적 계시 사이의 경계를 지워버렸다.

[86] 성경은 "자연적" 계시와 "초자연적" 계시를 구분하지 않는다. 창 조계시는 성경보다 덜 초자연적이지 않다. 창조에서도 성경에서도 공히 일하시는 분은 하나님이시고, 그분의 섭리적 창조, 보존, 통치가 강력하 고 지속적인 하나의 계시를 형성한다. 모든 계시는 기원에 있어 초자연 적이다. 하나님이 언제나 일하고 계신다(요 5:17). 하나님의 외적 사역은 창조로 시작하는데, 이 창조가 하나님의 첫 번째 계시, 즉 뒤따르는 모든 계시의 시작이고 기초다. 하나님은 자신의 말씀으로 세상을 창조하시고 자신의 영으로 세상을 살아 움직이게 하시면서, 모든 이어지는 계시의 기본 윤곽을 이미 그려놓으셨다. 인간이 죄로 타락하기 이전에도 하나님 은 그들에게 특별한 말씀, 즉 시험적 명령과 약속으로 이루어진 행위언약 (창 2:16)을 주셨다. "먹지 말라…"는 것은 결코 자연에서만 추론될 수 없었 을 것이다. 우리는 단순하고 엄정한 선택 앞에 서 있다. 계시를 선택할 것 인가 아니면 자연주의를 선택할 것인가, 또는 보다 더 상위의 초자연적인 권능에 대한 믿음을 선택할 것인가 아니면 존재하는 자연이 전부라는 확 신을 선택할 것인가? 하나님 형상의 담지자로서 인간은 본질적으로 초자 연주의자다.

초자연적 계시는 비매개적(immediate) 계시와 동일하지 않다. 모든 계 시는 매개적(mediate)이다. 하나님은 언제나 방편을 통해, 신현을 통해, 말 씀과 행위를 통해 자신을 알리신다. 죄가 이 사실을 바꾸지 않는다. 심지 어 꿈과 환상조차도 유기적으로 발생하고 따라서 간접적이다. 사람이 하 나님을 직접적으로 인식하기에는 창조주와 피조물 간의 차이가 너무나 크다. 유한은 무한을 포괄할 수 없다(*finitum non est capax infiniti*). 이것이 영광의 상태에서의 "신적 직관"(*visio Dei*, 하나님을 봄), 즉 "우리가 그와 같을 줄을 아는 것은 그의 계신 그대로 볼 것이기 때문이니"(요일 3:2)라는 말과 어떻게 연관되는지에 대해서는 나중에 논의할 것이다. 어쨌든 우리는 그 때에도 창조주와 피조물 간의 차이는 여전히 존재할 것임을 안다. 어떤 피조물도 하나님을 있는 그대로, 그리고 하나님 자신 안에서 말씀하시는 대로 보거나 이해할 수 없다. 따라서 계시는 언제나 은혜의 행위다. 그 속에서 하나님이 자신의 피조물을, 곧 자신의 형상대로 창조된 피조물을 만나기 위해 자신을 낮추신다. 모든 계시는 신인동형론적(anthropomorphic)이며, 일종의 하나님의 인간화(humanization of God)다. 그것은 항상 어떤 형태로, 특정한 방식으로 발생한다. 자연적 계시에서는 그분의 신적이고 영원한 생각들이 피조물 안에 피조물의 방식으로 담김으로써, 사람이 사고 과정을 통해 그것을 이해할 수 있게 되었다.

죄의 등장이 계시의 사실 자체를 바꾸지는 않았다. 하나님은 물러가지 않으시고 만물의 보존과 통치 가운데 자신을 지속적으로 계시하신다. 하나님의 일반계시는 여전히 모든 시대의 모든 사람에게 적용된다. 하나님은 창조 가운데 자신의 영원한 능력과 신성을 드러내시고, 복과 심판을 통해 번갈아가며 자신의 선함과 진노를 나타내신다(욥 36-37장; 시 29편; 33:5; 65편; 67:7; 90편; 104편; 107편; 145편; 147편; 사 59:17-19; 마 5:45; 행 14:16-17; 롬 1:18). 하나님은 민족들과 사람들의 역사 가운데 자신을 계시하신다(신 32:8; 시 33:10; 67:4; 115:16; 잠 8:15-16; 행 17:26; 롬 13:1). 또 그분은 각 개인의 마음과 양심에 자신을 드러내신다(욥 32:8; 33:4; 잠 20:27; 요 1:3-5, 9-10; 롬 2:14-15; 8:16). 또한 하나님은 계시가 수반된 창조세계의 표징(signs)을 통해 특별한 방식으로 말씀하시는데, 노아에게 주신 무지개의 표징(창 9:12-17), 이집트의 일곱 해 풍년에 이은 일곱 해 기근(창 41장 이하), 출애굽 때 있었던 재앙(출 6장 이하)이 바로 그런 예다. 이런저런 이유들 때문에, 자연적 계시와 초자연적 계시를 구분하는 것은 일반계시와 특별계시를 구분하는 것과 일치하지 않는다. 후자의 구분이 전자의 구분보다 더 바람직하다.

[87] 일반계시가 불충분하다는 것은 기독교 신학자들의 일치된 확신이었다. 아우구스티누스는 이방인들 가운데 그리스도인들이 유익하게 사

용할 수 있는 약간의 진리가 있다고 확신했지만,[18] 그가 생각하기에 철학을 통해서는 구원에 이를 수 없었다. 철학은 목표만 알고 그에 이르는 길은 알지 못할 뿐만 아니라,[19] 오히려 길을 잃게 만든다. 자주 불의로 진리를 막고 교만 가운데 스스로 높이고,[20] 진리에 관한 지식에 필수적인 경건과 사랑은 결여하면서 말이다.[21] 일반계시의 불충분성에 대해서는 로마 가톨릭과 개신교 사이에 아무런 의견차가 없다. 토마스는 이성에게도 알려진 혼합된 신앙조항을 위해서조차 계시의 필요성을 주장했고,[22] 로마의 교리문답들과 공의회들도 이를 따랐다.[23] 이유는 분명하다. 일반계시는 우리에게 죄, 하나님의 진노, 은혜를 지적하지 못한다. 일반계시 안에 주어진 하나님에 관한 지식은 불확실하고, 일관성이 없고, 오류와 뒤섞여 있고, 대부분의 사람들에게 도달 불가능하다. 마지막으로 이신론자와 종교 사학파 학자들이 일반적으로 자연적·이성적 종교의 핵심요소라고 주장하는 것에 상응하는 종교는 실재한 적이 없다. 이신론의 신에게 바쳐진 신전도, 자연주의자와 유물론자의 신앙을 키워주는 제의도 없다. 종교는 살아 있는 실재다. 18세기 사상가들은 이성의 추상적 개념들 가운데서 기쁨을 찾을 수 있었을지 몰라도, 19세기는 자신의 역사 감각을 통해 그런 자연종교가 어디에도 존재하지 않았고 존재할 수도 없음을 이내 깨달았다. 오늘

---

18) Augustine, *On Christian Doctrine*, II, 60.

19) Idem, *Confessions*, V, 5; VII, 26; idem, *City of God*, X, 29.

20) Idem, *The Trinity*, XIII, 12, 13, 24.

21) Idem, *Confessions*, V, 4; idem, *City of God*, IX, 20.

22) T. Aquinas, *Summa Theol.*, I, qu. (1) art. 1; idem, *Summa contra gentiles*, I, 4.

23) "사도들이 가르치는 대로, 세상의 창조로부터 하나님의 보이지 않는 것들, 즉 하나님의 영원한 능력뿐만 아니라 신성이, 만들어진 것들에 의해 이해되고 분명히 보인다는 것은 사실이다. 그러나 만세와 만대로부터 감추어졌던 신비가 인간의 이해를 그토록 초월하기 때문에, 만일 하나님이 이방인 가운데서 이 신비의 풍성한 영광이 되신 그리스도를 성도들에게, 다시 말해 그가 신앙이라는 은사를 통해 알리기를 원하신 자들에게 나타내지 않으셨다면, 사람은 어떤 노력으로도 이런 지혜를 얻을 수 없었을 것이다"(트리엔트 공의회의 「로마 교리문답」[Roman Catechism] "서문").

날 대부분의 사람들은 모든 종교가 구체성을 가지며 계시에 기초한다는 데 동의하고 있다.[24]

[88] 그럼에도 일반계시는 이교 세계에서 그 의의가 크다. 그것은 모든 이방 종교의 견고하고 영구한 토대다. 성경에 따르면, 이방 종교들의 특징은 우상숭배에 있다. 이방의 신들은 우상이고, 실재하지 않으며, 거짓이고 헛것이다(사 41:29; 42:17; 46:1ff.; 렘 2:28; 시 106:28; 행 14:15; 19:26; 고전 8:5; 갈 4:8). 그런 종교들에 역사하고 있는 것은 악마적 권세다(신 32:17; 시 106:28; 고전 10:20ff.; 계 9:20). 이스라엘에게 주어진 계시의 바깥에, 그리스도의 바깥에 있는 이방 세계가 처한 상태는 흑암(사 9:1; 60:2; 눅 1:79; 요 1:5; 엡 4:18), 무지(행 17:30; 롬 1:10ff.; 벧전 1:14), 가공의 헛된 지혜(고전 1:18ff.; 2:6; 3:9ff.), 죄와 불의(롬 1:24ff.; 3:9ff.)로 묘사되었다. 종교들의 공통 기원을 추적하거나, 무종교적인 동물의 상태에서 원시종교(정령 신앙, 주물 숭배)로, 그리고 좀 더 영적이고 윤리적인 종교로 발전하는 과정을 추적함으로써 종교들 간에 존재하는 연속성과 엄청난 다양성 두 가지 모두를 설명하려는 시도들은 이내 실패한다. 이런 시도들은 무엇보다 종교의 퇴행 가능성을 간과했다. 19세기의 몇몇 학자들은 본래의 유일신론 또는 단일신론이 모든 이방 종교의 근저에 있다고 주장하기도 했다.[25]

이것은 타당해 보이는데, 왜냐하면 종교의 기원들이 학문적인 것으로 우리에게 이해되지 않는다고 하더라도, 우리는 하나님에 대한 개념이 아주 처음부터 근본적이었다고 결론짓지 않을 수 없기 때문이다. 우리가 종교에 대해 판단을 내리면서 병적인 표현과 건강한 표현을 구분하고, 시간에 따른 발전과 퇴보를 모두 인정한다면, 종교에 모종의 본질이 선도적인 관념과 원동력으로 처음부터 내재해 있어야 한다고 상정하는 것이 논리

---

24) F. Schleiermacher, *The Christian Faith*, ed. H. R. MacIntosh and J. S. Steward (Edinburgh: T&T Clark, 1928), §10.
25) 대표적인 인물로 F. W. J. Schelling, Max Müller, L. W. E. Rauwenhoff, S. Hoekstra, O. Pfleiderer, A. Jeremias, H. Winckler가 있다.

적이다. 우리는 적어도 종교의 본질을 그 원시적인 시작점에서가 아니라 전성기를 기준으로 판단해야 한다는 점은 확실히 인정해야 한다. 이것은 성숙한 어른으로부터 아이를 알 수 있고, 다 자란 나무로부터 도토리를 알 수 있는 것과 마찬가지다.[26] 이와 유사하게 우리는 원하든 원치 않든 하나님 개념을 모든 종교의 기초로서 상정하지 않을 수 없다. 모든 종교의 근원에 존재하는 기초로서 말이다. 하나님 없이, 그리고 하나님의 존재와 계시와 인식 가능성에 대한 시인 없이 종교의 기원과 본질을 만족스럽게 설명하는 것은 불가능하다.

또한 이것은 우리로 하여금 심지어 이방 종교에도 진리의 요소들이 있음을 인정하도록 이끈다. 기독교 외의 종교들에 대한 이전 연구들은 엄격하게 교의적·변증적·논쟁적 접근을 따라서, 기독교 외의 다른 종교의 창시자들(무함마드 같은)을 단지 사기꾼, 하나님의 원수, 악마의 공모자로 취급했다. 그러나 이 종교들이 좀 더 명확하게 알려진 이후에는 이런 해석이 지지될 수 없는 것으로 판명되었다. 그러한 해석이 역사와 충돌하고 심리학적으로도 거부되었기 때문이다. 성경은 이방인들 가운데도 하나님의 계시, 로고스의 조명, 하나님의 영의 일하심이 있다고 말한다(창 6:17; 7:15; 시 33:6; 104:30; 욥 32:8; 전 3:19; 잠 8:22ff.; 말 1:11, 14; 요 1:9; 롬 2:14; 갈 4:1-3; 행 14:16-17; 17:22-30). 여러 교부들(Justin Martyr, Clement of Alexandria, Augustine 등)도 이방 세계에 로고스의 활동이 있다고 생각했다. 아우구스티누스의 말로 하면 "하나님의 형상은 인간의 영혼에서 세상에 대한 애착의 얼룩에 의해 윤곽조차 남지 않을 만큼 지워진 것이 아니기 때문에, 사람은 불경건한 삶 가운데서도 율법에 들어 있는 어떤 것을 행하거나 인정한다고 정당하게 말할 수 있다."[27] 또한 정결하지 못한 사람들도 많은 참된 것을 인정

---

26) Pfleiderer, *Religion und Religionen*, 5; C. P. Tiele, *Elements*, II, 141-142; G. T. Ladd, *Philosophy of Religion*, I, 34, 103, 144.
27) Augustine, *On the Spirit and the Letter*, chap. 48.

한다.[28)]

중세에는 토마스가 심지어 아우구스티누스[와 비드]의 권위에 의존하여 동일한 것을 말했다. "오류와 뒤섞인 약간의 진리를 포함하지 않는 거짓 교리는 존재하지 않는다."[29)] 개혁파 신학자들은 일반은총의 교리로 이것을 인정한다. 이것으로 개혁파 신학자들은 자연신학만으로 충분하다는 펠라기우스주의의 오류를 거부하면서도, 진리·아름다움·선함이 이방 세계에도 존재함을 인정했다.[30)] 일반은총의 작용이 도덕적·지성적 삶이나 사회 국가적 영역에서는 대체로 인정되었으나 이방 종교에서는 훨씬 드물게 인정되었다. 이 종교들은 흔히 기만이나 마귀의 영향에서 기인한 것으로 간주되었다. 그러나 하나님의 영과 일반은총의 역사는 이런 종교들에서도 발견될 수 있다. 칼뱅이 "종교의 씨"나 "신성에 대한 감각"에 대해 언급한 것은 정당한 일이었다.[31)] 많은 종교들은 설사 그 안에 오류를 포함하고 있다 하더라도 사람들의 종교적 필요를 어느 정도 만족시켜주었고 삶의 고통과 슬픔 가운데 위로를 주었다. 종교의 모든 본질적인 요소들과 형식들(하나님에 대한 개념, 죄책감, 구원에 대한 갈망, 희생제사, 사제직, 성전, 예배, 기도)이 비록 부패한 모습으로나마 이방 종교에도 존재한다. 기독교야말로 진정한 진리의 종교이며, 이방 종교는 이에 대한 서투른 모방이다. 그리스도는 이스라엘에게 약속된 분이고 모든 이방인들이 갈망하는 대상이다. 이스라엘과 교회는 인류의 유익을 위해 선택되었다. 아브라함의 씨 안에서 이 땅의 모든 민족이 복을 받을 것이다.

[89] 하지만 일반계시는 이방 세계를 위해서만이 아니라 기독교를 위해서도 의미가 있다. 성경이 스스로 일반계시를 가치 있게 여긴다. 성경은 창조세계에 있는 하나님의 영광에 대해 풍성하게 증언하고(시 8편; 19편; 29편),

---

28) Augustine, *Retractions*, I, chap. 4.
29) T. Aquinas, *Summa Theol.*, I 2 qu. 109 art. 1; II 2 qu. 172 art. 6.
30) J. Calvin, *Institutes*, II.ii.13.
31) Ibid., I.iii.1-3; I.iv.1; II.ii.18.

우리를 모든 피조물의 생명의 원천인 하나님의 영에게로 인도하며(창 2:7; 욥 33:4; 시 104:29-30; 사 32:15), 예술적 재능과 지도력을 하나님의 영에서 비롯된 것으로 여긴다(출 31:2-5; 35:30-35; 민 27:18; 삿 3:10; 6:34; 11:24; 13:25; 14:6; 욥 32:8). 우리가 성경적 신앙의 눈으로 자연과 역사를 조망할 때 우리는 그 안에서 그리스도를 통해 아버지로 알려지신 바로 그 하나님의 자취를 발견할 수 있다. 그리스도인에게는 성경이라는 안경이 주어져서,[32] 모든 것 가운데서 하나님을 보며 하나님 안에서 모든 것을 본다. 그 결과, 그리스도인은 하나님의 피조물인 세계 속에서 고향에 있는 것 같은 편안함을 느낀다. 그리스도인이 자연 세계에서 받는 모든 것도 아버지 같은 하나님의 손에 의한 것이다.

또한 그리스도인은 여기서 모든 비그리스도인과 접촉할 수 있는 견고한 토대를 가진다. 그리스도인이 비그리스도인과 갖는 공통의 토대는 하나님의 형상대로 창조된 종교적 존재로서의 인간성에 있다. 하나님이라는 개념과 그분의 실존성, 영적 독립성과 세계의 영원한 운명, 도덕적 세계 질서와 그것의 궁극적 승리, 이 모든 것은 인간 정신에서 결코 떠나지 않는 문제들이다. 형이상학적 욕구는 억압될 수 없다. 일반계시가 인간의 갈망과 의문을 살아 있게 만들고, 계속해서 철학자들을 필요로 하게 만든다. 우리는 우리가 하나님의 형상대로 창조되었고 하나님 안에서만 안식할 수 있다는 현실을 피할 수 없다. 그리스도의 복음이 이 갈망을 충족시켜준다. 일반계시는 인류가 그리스도께 발견되고 치료될 수 있도록, 그리고 그 일이 이루어지기까지 인류를 보존한다.

모든 계시―일반계시와 특별계시―의 성취와 의미는 궁극적으로 그리스도 안에서 발견된다. 성경과 그리스도 안에 있는 하나님의 계시는 신앙이라는 안경을 제공해서 우리로 하여금 일반계시를 더 잘 이해할 수 있게

---

32) Raymond of Sabunde, *Theologia Naturalis* (Prologus) (Artentinae: Martinus Flach, 1496); J. Calvin, *Institutes*, I.vi.1.

만들어줄 뿐 아니라, 비그리스도인과 접촉하기 위한 기초가 된다. 기독교 신앙은 결코 내세적이거나 창조세계에 반하는 것으로 그려져서는 안 된다. 오히려 은혜와 자연이 기독교 신앙 안에서 결합되고, 일반계시는 천상의 왕국과 지상의 왕국을 연결한다. 이것은 창조와 구속을 하나의 거대한 종말론적 찬양으로 만든다. 종교생활은 인간의 일상적 경험이라는 직물에 한데 엮인다. 하나님은 창조와 구원 모두에서 동일하게 유일하신 사랑의 하나님이시다. 은혜는 자연을 회복한다.

특별계시, 성경계시

[90] 기독교는, 다른 모든 종교와 마찬가지로, 일반계시만으로 존속할 수 없다. 특별한 신적 노출 또는 나타남이 필요하다. 모든 종교에는 적어도 세 가지가 기본적으로 필요하다. 먼저, 종교적인 믿음은 가까이 있는 신을 갈망한다. 그래서 거의 모든 종교에 거룩한 장소, 거룩한 시간, 거룩한 형상이 있는 것이다. 둘째, 모든 종교에는 신들이 어떤 식으로든 인간에게 그들의 뜻을 계시한다는 믿음이 있다. 마지막으로, 곤경의 때에 신들의 특별한 도움이 주어질 것이라는 보편적인 믿음이 있다. 그러므로 나타남, 예측, 기적에 대한 믿음은 모든 종교에 필수적인 요소다. 가까움과 접근성, 신적 의지의 전달, 곤경 가운데서의 도움, 이런 것들이 종교의 주된 관심사다. 성경적 종교는 이런 관심사와 더불어 몇몇 종교적 형식(희생제사, 성전, 제사장)을 다른 종교와 공유할지 모르지만, 그 내용에 있어서는 근본적으로 다르다. 성경에 따르면, 하나님이 주도권을 가지신다. 메시아는 오직 이스라엘에서만 나왔다.

성경이 계시의 개념을 표현하는 핵심용어는 주로 이런 것들이다. "갈라"(נלה, 드러내다; niphal: 드러나다, 내보이다, 나타나다, 계시되다[창 35:7; 삼상 2:27; 3:21; 사 53:1; 56:1; 호 7:1 등]); "라아"(ראה, 보다; niphal: 보이다, 자신을 드러내다, 나타나다[창 12:7; 17:1; 18:1 등]); "야다"(ידע, 알다; niphal, piel, hiphil, hithpael: 알리

다, 가르치다[민 12:6]); "에피파네인"(ἐπιφανειν, 나타나다[눅 1:79; 딛 2:11]); "에 피파네이아"(ἐπιφανεια, 나타남, 특히 그리스도의 재림[살후 2:8; 딤전 6:14; 딤후 4:1; 딛 2:13; 딤후 1:10은 그리스도 초림]); "엠파니제인"(ἐμφανιζειν, 자신을 나타 내다, 자신을 보이다; 수동태, 자신을 드러내다, 나타나다[마 27:53; 요 14:21-22]); "그 노리제인"(γνωριζειν, 알리다[눅 2:15; 롬 9:22; 엡 3:3, 5, 10]); "델룬"(δηλουν, 알리 다, 드러내다, 계시하다[벧전 1:11; 벧후 1:14]); "데이크누나이"(δεικνυναι, 보이다 [요 5:20]); λαλειν(랄레인, 말하다[히 1:1; 2:2; 5:5]); 그리고 특히 "아포칼륍테 인"(ἀποκαλυπτειν)과 "파네룬"(φανερουν). 신약에서 "아포칼륍테인"과 "파네 룬"의 용법은 아주 선명하거나 일관적이지 않다. 그러나 어원적으로 "아 포칼륍테인"은 해당 대상을 감춘 덮개를 제거하는 것을 가리키고, "파네 룬"은 감춰진 문제 또는 이전에는 알려지지 않은 문제를 알리는 것을 가 리킨다. "아포칼륍시스"(Ἀποκαλυψις)는 어떤 것이 감춰진 원인을 제거해 서 이제는 드러난 것을 뜻한다. "파네로시스"(Φανερωσις)는 문제 자체를 공적으로 알리는 것이다. "아포칼륍테인"과 "파네룬"은 다시 "그노리제 인"(γνωριζειν)이나 "델룬"(δηλουν)과 구분되는데, 앞의 두 동사가 사물을 드 러내는 것을 의미하는 데 반해, 뒤의 두 동사는 계시된 것을 우리의 사고 하는 의식의 내용으로 가져오는 것을 의미한다.[33]

보편적으로 인간은 신적인 것의 나타남(theophany, 신현), 점술과 주술 (마술), 신의 뜻을 알고 있는 것으로 간주되는 지명된 대변자의 중재(예언) 에서 계시적인 의미를 찾았다. 우리가 강신술(spiritism), 신지학(theosophy), 텔레파시(telepathy), 부두교(voodoo), 주술(witchcraft)과 같은 현상은 물론 이고, 마귀적인 영향을 시사하는 이루 말할 수 없는 인간의 잔인하고 악 한 행위들에 직면할 때, 우리는 소위 인간 본성의 "어두운 면"에 광범위

---

33) 참조. Hermann Cremer, *Biblisch-theologisches Wörterbuch der neutestament-lichen Gräcität* (Gotha: F. A. Perthes, 1880); 영역본: *Biblico-Theological Lexicon of New Testament Greek*, trans. William Urwick, 4th ed. (Edinburgh: T&T Clark; New York: Scribner, 1892).

한 학문적 근거로 설명할 수 없는 초감각적인 힘이 포함되어 있음을 성경과 함께 인정하지 않을 수 없다. "하늘과 땅에는 자네 철학으로는 꿈도 꾸지 못할 일들이 많이 있네"(Shakespeare). 성경의 세계관은 이런 현상들의 실재를 인정한다(창 41:8; 출 7:8-12; 신 13:1-2; 마 7:22; 24:24; 살후 2:9; 딤후 3:8; 계 13:13-15). 동시에 성경은 이런 현상과 근본적으로 대립하면서, 그런 것들을 인정하거나 용인하지 않고, 절대적으로 금한다(레 19:26, 31; 20:27; 민 23:23; 신 18:10-11; 행 8:9; 13:6; 16:16; 19:13ff.; 갈 5:20; 계 21:8; 22:15). 형식상으로 어떤 유사성이 있는지 간에 내용은 전혀 다르다. 성경의 종교와 이방 종교의 차이는 언약·할례·희생제사·성막·사제직·예언과 같은 형식적인 문제에 있는 것이 아니다. 기독교에도 희생제사(엡 5:2), 제사장(히 7장), 성전(고전 3:16ff.)이 있다. 이교에서 어설픈 모방으로 나타나는 것이 이스라엘에서는 참 그림자와 형상으로 나타났고, 예수 그리스도 안에 있는 하나님의 충만한 계시 덕분에 기독교에서 참된 영적 실재가 되었다. 기독교를 구별하는 것은 메시아 강림에 대한 신앙이다.

[91] 우리가 앞서 말한 인간의 종교적 추구는 세 가지 기본적 갈망들, 즉 우리 가까이에 있는 신, 우리와 소통하는 신, 그리고 우리를 구원할 수 있을 정도로 충분히 강한 신에 대한 갈망으로 요약된다. 성경 계시는 몇 가지 독특한 계시의 방식을 보여주는데, 그런 방식들이 이러한 인간의 필요를 채워줄 수 있을 것이다. "가까이 있음"에 대한 성경 계시는 인지 가능한 방식으로 나타난 신적 임재에서 발견된다(신현; 창 12:7; 17:1, 22; 26:24; 35:9; 출 6:2; 또한 참조. 창 11:5; 출 4:24; 12:12, 23; 17:6; 민 23:4, 16; 삼상 3:21; 삼하 5:24). 이런 나타남(manifestation)은 하나님의 육체성을 전제하지 않으며, 또한 신적 존재의 유출도 아니다. 이 나타남은 비인격적 임재(바람, 불)[34]일

---

34) 아브라함에게(창 15:17ff.), 모세에게(출 3:2; 33:18ff.), 시내 산에서(출 19:9, 16ff.; 24:16; 신 5:23; 9:15; 히 12:18), 백성에게(출 13:21ff.; 14:19-24; 40:38; 민 9:21; 14:14; 신 1:33; 느 9:12, 19; 시 78:14), 회막 위에서(출 33:9; 40:34ff.; 레 9:23; 민 9:15-23; 11:17, 25; 12:5; 17:7; 20:6; 신 31:15; 시 99:7; 사 4:5), 지성소에서(출 25:8, 22; 29:45-

수도 있고 인격적인 존재들(천사)을 통한 것일 수도 있는데, 구약성경에서도 마찬가지지만[35] 신약성경에서는 인격적 존재를 통한 나타남이 더욱 두드러진다.[36] 이 모든 표적에서 우리는 신적 영광(כבוד, δόξα; 출 16:10; 24:17; 레 9:6, 23-24; 민 14:10; 16:19; 20:6)의 현현을 본다. 이 영광은 소멸하는 불(출 24:17; 레 9:23-24)과 구름(왕상 8:10-11; 사 6:4)으로도 묘사되었다.

하나님을 대신해서 말하는 특사들 중 "야웨의 사자"(מלאך יהוה, Messenger of God)는 특별한 위치를 차지했다. 야웨의 사자는 하갈(창 16:6-13; 21:17-20); 아브라함(창 18장; 19장; 22장; 24:7; 40장); 야곱(창 28:13-17; 31:11-13; 32:24-30; 참조. 호 12:4; 창 48:15-16); 모세(출 3:2ff.; 13:21; 14:19; 23:20-23; 32:34; 33:2ff.; 수 5:13-14; 삿 6:11-24; 13:2-23)에게 나타난다. 이 "야웨의 사자"(מלאך יהוה)는 하나님의 진정한 인격적 계시이자 현시인데, 그는 하나님과 구분되지만(출 23:20-23; 33:14ff.; 사 63:8-9), 그럼에도 이름(창 16:13; 31:13; 32:28, 30; 48:15-16; 출 3:2ff.; 23:20-23; 삿 13:3), 능력(창 16:10-11; 21:18; 18:14, 18; 출 14:19; 삿 6:21), 구원과 복(창 48:16; 출 3:8; 23:20; 사 63:8-9), 경배와 영광(창 18:3; 22:12; 출 23:21)에 있어서는 하나님과 하나다. 이후의 이스라엘 역사에서, 성막과 성전은 하나님이 거하시는 곳(왕상 8:10ff.; 대하 7:1ff.; 시 68:17; 74:2; 132:13ff.; 135:21)으로서 이스라엘의 경건한 자들이 동경하는 장소가 되었다(시 27:4; 42편; 43편; 48편; 50편; 63:2; 65편; 84편; 122편; 137편). 그러나 구약성경에 나오는 모든 신의 현현은 불완전하다. 하나님은 사람의 손으로 지은 집에 거하지 않으

46; 레 16:2; 26:11-12; 민 7:89); 참조. 또한 엘리야에게도(왕상 19:11ff.).

35) 창 18장; 19장; 28:12; 32:1-2; 신 33:2; 욥 33:23; 왕상 13:18; 단 8:13; 9:21; 10:5; 슥 1:7-6:5.

36) 천사들은 예수의 탄생 때(마 1:20; 2:13, 19; 눅 1:11; 2:9), 그분의 생애 가운데 반복해서(요 1:51; 마 4:6), 그분이 고난을 당하실 때(마 26:53; 눅 22:43), 부활과 승천 때(마 28:2, 5; 눅 24:23; 요 20:12; 행 1:10) 나타났다. 그들은 사도들의 역사에도 반복해서 모습을 드러냈다(행 5:19; 8:26; 10:3; 11:13; 12:7; 23:9; 27:23; 계 22:6, 16). 마지막으로, 그리스도의 재림 때 천사들이 동행할 것이다(마 16:27; 25:31; 막 8:38; 눅 9:26; 살전 3:13 등).

신다(왕상 8:27; 렘 7:4; 미 3:11; 행 7:48; 17:24). 대제사장은 지성소에 일 년에 단 한 번만 들어간다. 예언자들은 하나님이 심판과 구원을 위해 훨씬 더 영광스럽게 오실 것을 지적했다(시 50:3; 96:13; 사 2:21; 30:27, 40ff. 등 여러 곳; 미 1:3; 4:7; 습 3:8; 욜 3:17; 슥 2:10f.; 14:9). 신의 현현은 "사자"(ἀγγελος), "영광"(δοξα), "형상"(εἰχων), "말씀"(λογος), "하나님의 아들"(υἱος του θεου)이신 그리스도 안에서 절정에 이르며, 그분 안에서 하나님이 충만하게 계시되고 주어졌다(마 11:27; 요 1:14; 14:9; 골 1:15; 2:19 등). 하나님이 자기 백성 가운데 "거하심"(dwelling)은 그리스도와 그분이 보내시는 성령을 통해서 참된 영적 실재가 된다(요 14:23; 롬 8:9, 11; 고후 6:16). 신앙 공동체는 이제 하나님의 집이요 성령의 전이다(마 18:20; 고전 3:16; 6:19; 엡 2:21). 비록 이것이 완전히 실현되는 것은 새 예루살렘에서일지라도 말이다. 그때에는 하나님의 장막이 자기 백성과 함께할 것이다. 하나님이 그들 가운데 거하실 것이다. 그들은 하나님의 백성이 되고, 하나님이 친히 그들과 함께 계셔서 그들의 하나님이 되실 것이다. 그들은 그분의 얼굴을 보고, 그분의 이름이 그들의 이마에 새겨져 있을 것이다(마 5:8; 고전 15:28; 요일 3:2; 계 21:3; 22:4).

[92] 예언(prophecy) 또는 "영감"(inspiration)은 계시의 또 다른 방식이다. 그 안에서 하나님은 자신의 생각을 인간에게 전달하신다. 이 말씀은 들리는 음성(창 2:16; 3:8-19; 4:6-16; 6:13; 9:1, 8ff.; 32:26ff.; 출 19:9ff.; 민 7:89; 신 5:4; 삼상 3:3ff.; 마 3:17; 17:5; 요 12:28-29), 꿈(민 12:6; 신 13:1-6; 삼상 28:6, 15; 욜 2:28ff.)[37] 이상(visions, 창 15:1, 11; 20:7, 46:2; 민 12:6; 22:8-13; 24:3; 왕상 22:17-23; 사 6장; 21:6; 렘 1:11-14; 24:1; 겔 1-3장; 8-11장; 40장; 단 1:17; 2:19; 7장; 8장; 10장; 암 7-9장; 슥 1-6장; 마 2:13, 19; 눅 1:22; 24:23; 행 7:55; 9:3; 10:3, 10; 16:9; 22:17; 26:19; 고전 12-14장; 고후 12:1; 계 1:10 등)일 수도 있고, 제비뽑기(예를 들어 우림과 둠밈)에 의한 전달일

---

37) 성경에서 계시적인 꿈은 이스라엘 사람이 아닌 이들에게도 주어졌고(창 20장; 31장; 40장; 41장; 삿 7장; 단 2장; 4장), 전달하는 것이 하나님으로부터의 소식인 말씀일 때도 있고(창 20:3; 31:9, 24; 마 1:20; 2:12, 19, 22; 27:19), 아니면 종종 설명이 필요한 환상의 표현일 때도 있었다(창 28; 37:5; 40:5; 41:15; 삿 7:13; 단 2장; 4장).

수도 있다.[38] 다시 말하지만, 외형적으로는 이런 양상들이 성경과 상관없는 종교들의 것과 유사하다 해도, 여전히 중대한 차이점들이 존재한다. 그리스의 점술사들(seers)과 달리, 성경의 계시 수납자들은 의식의 억압을 겪지 않았다. 그들은 예언적 황홀경에서조차 의식을 유지하면서 보고, 듣고, 생각하고, 말하고, 묻고, 대답했다(출 4-6장; 32:7ff.; 사 6장; 렘 1장; 겔 4-6장 등). 하나님은 자신의 계획을, 특히 장래에 대한 계획을 계시하실 때(민 23ff.; 왕상 22:17; 왕하 5:26; 8:11ff.; 렘 1:13ff.; 4:23ff.; 14:18; 24:1ff.; 겔 8장; 암 7-9장; 슥 1-6장; 요한계시록 등) 꿈과 환상을 사용하셨다. 예언자들은 음성과 소리를 듣고(왕상 18:41; 왕하 6:32; 사 6:3, 8; 렘 21:10; 49:14; 겔 1:24, 28; 2:2; 3:12; 계 7:4; 9:16; 14:2; 19:1; 21:3; 22:8 등), 심지어 영에 사로잡혀서 다른 장소로 옮겨지기도 한다(겔 3:12ff.; 8:3; 43:1; 단 8:2; 마 4:5, 8; 행 9:10-11; 22:17; 23:11; 27:23; 고후 12:2; 계 1:9; 12; 14:1; 21:10).

그럼에도 대부분의 계시는 예언자들에게 (환상의 경험과 상관없이) 성령의 내적 조명을 통해 주어졌다. 구약성경에서 대부분의 계시는 예언자들에게 환상 없이 주어졌다.[39] 심지어 "환상"(vision)이라는 표현은 단순히 신적 예언을 위한 제유(提喩)로 폭넓게 사용되어, 아무것도 시각적으로 보여지지 않은 경우에도 등장한다(사 1:1; 2:1; 암 1:1; 합 1:1; 2:1; 삼상 3:15). 여기서 보다 중요한 점이 있는데, 진정한 계시는 외부에서, 즉 하나님께로부터 온다는 것이다. 하나님의 영은 예언자 위에 갑작스럽게, 능력 있게, 순간적으로 임한다(민 24:2; 삿 6:34; 14:19; 15:14; 삼상 10:6; 19:20, 23; 대상 12:18; 대하 15:1; 20:14; 사 8:11; 겔 1:3; 3:22; 8:1; 11:5; 37:1; 40:1). 이것은 구약성경의 예언자들이 하나님의 영을 통해, 하나님의 영으로 말했다는 신약성경의 증언에 의해

---

38) 제비는 여러 경우에 사용되었다. 대속죄일에(레 16:8), 땅(수 13:6; 14:2 등; 느 11:1), 레위 지파의 도성(수 21:4), 전리품(욜 3:3; 나 3:10; 옵 11절), 의복(마 27:35; 요 19:23)을 나눌 때; 어려운 사항을 결정할 때(수 7:1ff.; 삼상 14:42; 잠 16:33; 18:18; 욘 1:7); 공직자를 선출할 때(삼상 10:19; 행 1:26; 대상 24:5; 눅 1:9 등); 가책에 의한 심판(민 5:11-31)도 이 범주에 넣을 수 있다.
39) 예를 들어 이사야, 학개, 말라기, 오바댜, 나훔, 하박국, 예레미야, 에스겔의 경우가 그렇다.

확증된다(행 28:25; 벧전 1:11; 벧후 1:21).

구약성경에서는 성령이 사람에게 일시적으로 임하는데, 최고의 결정적인 예언자는 신약성경에 비로소 등장한다. 로고스인 그분은 하나님의 충만하고 완전한 계시이시다(요 1:1, 18; 14:9; 17:6; 골 2:9). 성령은 그분에게 임하시는 것이 아니라 그분 안에 한량없이 거하신다(요 3:34). 잉태에서 시작하여 사역을 거쳐 죽음과 부활에 이르기까지, 그분은 성령의 능력으로 살고 말하고 행하신다(마 3:16; 12:28; 눅 1:17; 2:27; 4:1, 14, 18; 롬 1:4; 히 9:14). 그분은 동일한 영을 자기 제자들에게도 주시는데, 중생(regeneration)과 성화(sanctification)의 영으로서만 아니라 계시(revelation)와 조명(illumination)의 영으로도 주신다(막 13:11; 눅 12:12; 요 14:17; 15:26; 16:13; 20:22; 행 2:4; 6:10; 8:29; 10:19; 11:12; 13:2; 18:5; 21:4; 고전 2:12ff.; 12:7-11). 성령은 여전히 몇몇 신자들을 예언자 직분에 합당한 인물로 세우시지만, 더 강조되어야 할 것은 모든 신자에게 기름 부음과 예언자적 사명을 주신다는 사실이다(마 11:25-27; 요 6:45; 행 2:17ff.; 벧전 2:9; 요일 2:20). 특별한 은사로서의 예언은 새 예루살렘에서 소멸될 것이다(고전 13:8; 계 21:27; 22:4, 15).[40]

[93] 기적들은 하나님이 자신의 역사를 통해 스스로를 계시하시는 방편이다. 말씀과 행위는 서로를 동반한다. 하나님의 말씀이 곧 행동이고(시 33:9), 또한 하나님의 활동이 곧 발언이다(시 19:2; 29:3; 사 28:26). 하나님의 역사들은 먼저 창조와 섭리에서 관찰되는데, 이는 곧 지속되는 역사인 동시에 기적이다(시 33:6, 9; 요 5:17). 그러나 평범한 자연 질서와 비범한 신적 권능으로 말미암은 행위 간의 구별은 유지되어야만 한다. 기적은 일종의 "창조"(בריאה), 즉 다른 방식으로는 절대 보여질 수 없는 전혀 새로운 것이다(출 34:10; 민 16:30). 기적은 "표적"(אותות, σημεια; 출 3:12; 12:13; 요 2:11; 4:54; 6:14; 9:16; 11:47)으로서, 하나님의 능력과 영광을 드러내 보인다(사 35:1-2; 욜 3:18;

---

40) 예언에 대한 더 상세한 내용은 A. B. Davidson, *Old Testament Prophecy* (Edinburgh: T&T Clark, 1903)를 보라.

암 9:13; 요 1:14). 이런 하나님의 능력과 자유는 자연을 통해서도 선포되지만(렘 5:22; 10:12; 14:22; 27:5; 사 40:12; 50:2-3; 시 33:13-17; 104편; 욥 5:9ff.; 9:4ff. 등), 특히 하나님 백성의 역사를 통해 드러난다(신 10:21; 11:3; 26:8; 29:2; 32:12ff.; 시 66:5ff.; 74:13ff.; 77:15ff.; 78:4ff.; 135:8ff.; 사 51:2, 9; 렘 32:20ff.; 행 7:2ff.). 따라서 구원의 역사는 완성의 때까지 기적으로 충만하다.

그러나 구약성경에 기록된 기적은 창조세계 자체에 충만하고 영구적인 갱신을 가져오지는 않았다. 기적에 대한 기억이 희미해질수록 그 효과도 약해졌다. 삶은 평상시의 흐름으로 되돌아가고, 자연이 승리한 것처럼 보였다. 이때 하나님의 계시가 예언자들을 통해 임했는데, 그들은 "주님의 날"(יום יהוה)이 도래하리라고 선언했다. 그날에 하나님은 하늘에서 표적을 보이시고(암 8:8ff.; 욜 2:30), 민족들을 심판하시고(사 24:16ff.), 자기 백성을 구원하시는 일을 통해(사 9:3; 10:24ff.; 11:15ff.; 43:16-21; 52:10; 62:8) 자신의 영광을 나타내시고, 자신의 놀라운 능력을 보이실 것이다. 하나님의 백성은 용서받고, 거룩해지고, 새 언약에 참여하게 될 것이다(사 44:21-23; 43:25; 겔 36:25-28; 렘 31:31ff.; 슥 14:20-21). 자연 자체가 낙원이 됨으로써 평화와 안전과 번영을 구가하게 될 것이다(호 2:17ff.; 욜 3:18; 렘 31:6, 12-14; 사 11:6-8; 65:25; 겔 34:29; 36:29ff.; 슥 8:12). 새 하늘과 새 땅이 도래하고, 이전 것들은 더 이상 기억되지 않을 것이다(사 65:17; 66:22).

이 모든 것이 그리스도 안에서 성취되었다. 그분의 성육신은 하나님이 친히 내려오셔서 우리의 인성을 온전히 취하신 것이며, 모든 기적들 중 가장 위대한 기적이다. 그분의 기적들은 하나님 임재의 표적(σημεια)이고, 신적 권능의 표현이며, 메시아 시대의 증거다(마 11:3-5; 12:28; 눅 13:16). 우리는 특히 창조세계를 치료하고 회복하는 예수의 권능의 행위들에서 최종적 영광을 예견할 수 있다. 예수 안에서 기적은 역사(history)가 된다. 그분의 역사 자체가 기적이다. 그리스도의 인격과 사역이 바로 하나님의 핵심적인 계시이며 다른 모든 계시는 이것을 중심으로 모여 있다. 기독교의 출현과 함께 하나님은 이제 자신의 능력과 영광을 특히 영적인 기적들, 다시 말해 죽었던 자들에게 새로운 탄생과 새로운 삶을 베푸시는 일을 통해 드러내 보이신다(엡 2:1-10). 성경은 "기적"(miracle)이 "자연"(nature)이 되는 새 시대(aeon)를 말씀하는데, 그때는 당위(what ought to be)가 존재(what is)와 더불어 화해하고, 그리스도 왕국의 충만함이 그 모든 영광 가운데 도래하고, 의가 거하는 새 하늘과 새 땅이 세워지는 때다(계 21-22장).

[94-95] 우리를 향한 하나님의 자기계시는 파편적으로 주어지는 것이 아니다. 그것은 유기적인 전체, 즉 창조에서 완성으로 이어지는 거대한 내러티브다. 자연과 역사 전체가 창조주 하나님을 증언한다. 만물이 그분께 돌아간다. 우리 바깥에 존재하는 이 계시는 인간의 지성과 이성, 양심과 마음에서 활동하는 하나님의 능동적 계시에 상응한다. 하나님의 영은 하나님 형상의 담지자인 모든 사람들 안에 거하시는데, 이 "거하심"(indwelling)이 비록 구원하시는 임재는 아닐지라도 그것은 자연과 역사 안에서 발견되는 것보다 더 강력한 계시다. 중요한 것은 "그리스도의 유익들을 적용하시는 성령의 구원 사역"과, 장 칼뱅이 "하나님의 영이 인류의 공동 유익을 위해 그분이 원하시는 사람들에게 베푸시는 가장 탁월한 복들"이라고 부르는 것을 구분하는 일이다.[41] 타락한 인류는 어두워진 눈으로 이 계시를 부분적으로만 보고, 그 진리를 의도적인 죄로 억누르기도 한다(롬 1:18-23). 따라서 올바르게 볼 수 있는 은혜로운 조명이 절실하다. 이에 대해 성경은 자연의 중요성이 하나님의 권능과 위엄을 증언하는 데 있다고 규정한다(욥 28:25ff.; 시 19:1; 90:2; 잠 8:24ff.; 사 40:26; 마 5:45; 롬 1:18-20).

모든 계시는―창조 가운데 있든지, 예언자와 사도들을 통해서 온 것이

---

41) 편집자 주―J. Calvin, *Institutes*, II.ii.16. Calvin은 있을 법한 반론을 미연에 방지한다. "성령이 경건하지 않은 자들과 어떻게 함께하실 수 있는지 물을 이유도 전혀 없다. 그들은 모두 하나님으로부터 멀어지지 않았는가? 신자 안에만 거하시는 성령에 대한 언급은 우리를 하나님께 성전으로 드린 거룩의 영에 대한 것으로 이해해야 하기 때문이다. 그럼에도 그가 성령을 힘입어 모든 것들을 채우시고, 움직이시고, 생기 있게 하시되, 존재들의 각 층위들이 창조의 법에 의해 받은 특유의 본성에 따라 그렇게 하신다."

든지, 성경에 있는 것이든지 간에─인간이 하나님을 알고, 섬기고, 영화롭게 하도록 만드는 데 그 목적이 있다. 타락 이후로 자연과 역사에 나타난 계시가 이 목적에 부합하지 못하게 됨에 따라, 하나님의 자비에 근거한, 변혁의 능력을 담지한 특별계시가 필요해졌다. 특별계시는 구원계시이며, 형식과 내용에 있어 자연계시와 다르다. 물론 동일한 하나님이 일반계시와 특별계시 모두를 통해 자신을 알리시지만, 일반계시에서는 하나님의 신성(θειοτης)이 두드러지는 데 반해, 특별계시에서는 삼위일체 하나님이 자신을 위격적 구별들 속에서 좀 더 선명하게 알리신다. 물론 하나님의 모든 외향적 사역(*opera ad extra*)은 하나님의 본질적인 사역들로서, 삼위의 하나 된 신성(Godhead) 안에서 행하신 것이다. 자연의 사역에서는 오로지 성부만이 창조주로서 말씀(로고스)과 성령으로 말씀하신다. 그러나 은혜의 사역에서는 하나님이 성자의 아버지시라는 아주 독특한 의미로 우리에게 찾아오시고, 이 성부는 그리스도로 성육신하신 성자를 통해서, 그리고 그리스도의 성령을 통해서 자신을 우리에게 계시하신다. 특별계시는 하나님의 구원하시는 계시다.

이 계시에서 하나님은 자신을 삼위일체 하나님, 즉 성부·성자·성령으로 우리에게 알리신다. 이 계시는 역사적으로 오랜 세월에 걸쳐 점진적으로 발전해서, 창조와 구원의 중보자이신 예수 그리스도 안에서 절정에 이른다. 그는 모든 것을 조성하시고 지탱하시는 로고스이신데(요 1:3; 골 1:15; 히 1:3), 이스라엘을 인도했던 야웨의 사자(출 14:19; 23:20; 32:34; 33:2; 사 63:8-9)라 말할 수도 있고 예언의 내용(요 5:39; 벧전 1:11; 계 19:10)이라 부를 수도 있을 것이다. 때가 차매 그분이 육신이 되어 우리 가운데 거하셨다(요 1:14). 따라서 그리스도는 창조와 재창조 모두의 중보자시다. "세상을 정돈하심으로 성부를 계시하신 분의 역할, 그분만 하실 수 있는 역할은 바로 이 동일한 가르침을 새롭게 하시는 것이다."[42] 계시, 특히 그리스도 안

---

42) Athanasius, *On the Incarnation*, chap. 14; Irenaeus, *Against Heresies*, I, IV, 6.

에서 주어진 계시가 구원에 대하여 갖는 중요성과 능력을 고려할 때, 계시의 충만함을 그 다양한 측면들 중 하나 또는 몇 가지로 축소하는 것이 얼마나 큰 잘못인지가 명백해진다. 계시 안에서 하나님은 친히 우리에게 찾아오셔서 자신을 주시는데, 그분은 우리에게 진리만이 아니라 의와 생명도 주신다. 계시는 사람의 지성에만 호소하는 것이 아니며, 예언이나 내적 조명으로만 이루어지는 것도 아니다. 계시는 사건 및 그 사건을 설명하는 말씀도 포함한다. 무엇보다 하나님의 계시는 구원하는 능력(saving power)으로 찾아와서, 눈먼 자의 눈을 뜨게 하고, 사로잡힌 자를 자유롭게 한다. 또한 우리는 계시가 가진 변화의 능력에만 몰두해서 인간의 죄가 어느 정도 광범위한지를 간과하지 않도록 주의해야 한다. 계시는 우리의 지성에 내재한 오류, 거짓, 기만에서 우리 자신을 자유롭게 하기 위해서도 필요하다. 계시는 생명의 전달일 뿐만 아니라 진리의 선언이기도 하다. 그래서 계시는 교리(doctrine)를 낳는다. 구원에 관한 하나님의 계획과 행동에서 계시의 말씀과 계시의 행위는 하나의 묶음을 이룬다.

[96] 마지막으로 특별계시의 목적과 목표는 하나님 자신의 삼위일체적 영광, 하나님이 자기 안에서 누리시는 기쁨이라고 할 수 있다. 계시의 목적은 하나님의 형상을 따라 인류를 재창조하고, 이 땅에 하나님 나라를 세우고, 세상을 죄의 권세에서 해방시키고, 이로써 주님의 이름을 모든 피조물 가운데 영화롭게 하는 데 있다. 그리스도의 사역이 완료됨과 동시에 그분의 말씀도 완성되었다(히 1:1-4). 엄밀히 말하자면, 우리는 더 이상의 계시를 기다리지 않는다. 따라서 예언(또는 예견)의 은사와 기적의 은사들이 사도 시대 이후에도 계속되었고 여전히 계속되고 있느냐라는 질문은 부차적인 것이다. 교부들의 증언이 그토록 풍성하고 강력하기 때문에, 초창기 교회 역사와 관련해서 이 질문에 부정적으로 답하기는 어렵다.[43] 그

---

43) T. Aquinas, *Summa Theol.*, II, 2 qu. 178; Gisbert Voetius, *Selectae disputationes theologicae*, 5 vols. (Utrecht, 1648-1669), II, 1002ff.

러나 그런 비상한 은사와 능력이 교회 가운데 일부 남아 있다고 할지라도, 그리스도에게 집중되고 성경에 기록된 특별계시의 내용은 그것들에 의해 풍성해지지 않는다. 다른 한편으로, 만일 우리가 아우구스티누스의 견해를 따라 그런 은사와 능력이 줄어들거나 중단되었다고 말한다고 해서 그로 인해 특별계시가 빈곤해지는 것도 아니다.[44] 성경이 분명하게 가르치는 바에 따르면, 하나님의 충만한 계시는 그리스도 안에서 주어졌고, 교회에 부어진 성령은 오직 그리스도를 영화롭게 하기 위해 오셔서 모든 것을 그리스도로부터 받으신다(요 16:14). 달리 말하자면, 인간으로 하여금 신적 계시를 인정하고 받아들여서 성자의 형상을 닮아가도록 하기 위해서는, 계시와 구원 안에 있는 그리스도의 객관적 사역에 더해서, 성령의 사역이 필요하다는 것이다. 베드로가 주님을 하나님의 아들로 고백했을 때 우리 주님이 말씀하신 대로 "이를 네게 알게 한 이는 혈육이 아니요 하늘에 계신 내 아버지"시다(마 16:17; 참조. 갈 1:15-16).

[97] 하나님은 구속하시고 계시하신다. 우리는 알고 이해하고 믿는다. 계시와 종교는 구별되지만 분리될 수 없다. 계시가 가능한 것은 오로지 하나님이 세상과 구별된 인격적 존재를 가지시고, 자신을 행위와 말씀으로 계시할 의지와 능력을 소유하시기 때문이다. 하나님이 그분의 말씀하심으로 자신의 생각을 우리에게 전달하시는 것은 흡사 한 사람이 다른 사람에게, 아버지가 아들에게, 선생이 학생에게 하는 것과 유사하다. 그렇게 계시는 우리에게 그것을 듣고, 받아들이고, 마음과 뜻을 다해 하나님을 알고 섬기고 사랑하는 삶으로 응답할 의무를 부과한다. 계시는 은혜와 사랑이 풍성하신 하나님의 의식적이고 자유로운 행위다. 하나님이 우리에게 자신을 알리시는 이유는 우리로 그리스도를 믿음으로 하나님의 은혜를 받아

---

44) H. J. A. M. Schaepman, *Menschen en Boeken* (Utrecht: Wed. J. R. van Rossumn, 1893-1903)에 따르면, "기독교라는 기적이 인류의 구성요소가 되었으므로, 소수의 기적이 일어나는 것은 기독교 신앙을 지탱하는 데 더 이상 절실하게 필요하지 않다"(18).

들이도록 하시기 위해서, 그리고 회개하지 않는 경우에는 더 엄중한 심판을 받도록 하시기 위해서다. 하나님은 우리에게 말씀하심으로써 우리를 고양시키셔서 하나님과 교제할 수 있게 하시고, 하나님의 성품에 참여하는 자가 되게 하신다(벧후 1:4). 하나님은 오늘도 여전히 말씀하신다. 특별계시는 어떤 의미에서는 과거에 속하지만, 하나님은 날마다 끊임없이 복음 아래 사는 모든 이에게 특별한 방식으로 자신을 계시하신다. 성령의 증언은 그리스도가 마지막으로 나타나실 때, 인류 역사 가운데 계시의 온전한 효력이 완성되기까지 계속될 것이다. 씨 뿌리는 시기는 추수 때 비로소 끝날 것이다.

"자연적인 것" 과 "초자연적인 것"

[98-99] 본 장의 나머지 부분에서 우리는 성경이 가르치는 계시 교리를 창조세계에 속한 자연계시와의 관련성 속에서 좀 더 살펴볼 것이다. 우선, 교회가 계시 교리를 잘못 이해한 두 가지 방식, 즉 초자연주의와 자연주의(이성주의)를 살펴보겠다. 로마 교회에서 발생하여 개신교 내의 여러 사상에 영향을 미친 초자연주의는 어떤 것인가? "자연적인 것"과 "초자연적인 것"의 구분은 성경에 낯선 개념이다. 자연은 하나님의 피조물이며, 결과적으로 자연은 초자연에서 비롯되고 초자연에 의존한다. 그럼에도 "자연적인 것"과 "초자연적인 것"을 구분하는 일이, 그리스도 안에 있는 하나님의 은혜나 성령으로 말미암는 중생의 기적이 보통의 평범한 자연적 사건에서 비롯될 수 없다는 것을 상기시켜준다는 점에서, 타당하다는 주장이 교부들의 글에 처음으로 나타났다. 이런 일들은 하나님의 행위로서, 자연을 "넘어선" 실재, 초감각적 세계를 가리킨다. 이렇게 볼 때 "초자연적" 이라는 말은 "유신론적" 이라는 말과 사실상 동의어다. 초자연적이라는 말은 이 세상이 존재하는 전부가 아님을 상기시킨다. 따라서 "초자연적인 것" 은 창조된 것을 초월하는 모든 것, 그리고 피조물이 아니라 하나님의 능력

에 그 원인이 있는 모든 것이다. 본 장 앞부분에서 논의한 내용을 요약하자면, 모든 계시가 초자연적이라는 것이다. 기적, 신현, 예언, 그리고 조명, 이 모두가 초자연적이다.

"초자연적"이라는 용어의 난점은 그것이 사용되어온 역사에서 비롯되었다. 흔히 이 용어는 기적과 동일시되었으나, 모든 기적이 초자연적이지만 초자연적인 사건 모두가 기적은 아니기 때문에 이런 용법은 잘못된 것이다. 이에 대한 반발로 현대 사상가들은 단순한 경험적 묘사나 분석을 거부하는 내재적 실재를 가리키는 용어로 이 말을 사용한다. 이런 맥락에서는 초자연적인 것 또는 "영적인" 것이 사람 안의 "특별한" 것, 다시 말해 물질적이고 신체적인 것을 넘어서는 특별한 것을 가리킨다. 로마 교회에서 사람의 목적은 자연적 목적과 초자연적 목적으로 나누어져 있다. 구속이 사람을 본래의 자연적인 창조상태의 완전함으로 회복시키는 것이라면, 초자연적 목적은 "신적 직관"(visio Dei), 하나님과의 신비적 연합, 신성화(θεωσις)라는 보다 고상한 목표를 지향한다. 이 교리의 씨앗은 몇몇 교부들의 견해에 이미 심겨 있었지만, 이 교리는 중세 스콜라주의에 의해, 특히 할레시우스(Hales), 보나벤투라, 그리고 아퀴나스에 의해 발전되었다.[45] [제1차] 바티칸 공의회는 "계시는…절대적으로 필요한 것으로 일컬어져야 한다.…왜냐하면 하나님은 자신의 무한한 선 가운데 사람을 초자연적 목적에, 즉 사람의 이해를 완전히 뛰어넘는 신적 유익에 참여하도록 정하셨기 때문이다"라고 공포함으로써 사람의 초자연적 목적에 관한 교리를 교회의 교의로 삼았다.[46] 자연적인 것과 초자연적인 것을 이처럼 날카롭게 대조시키는 것은 (초자연적) 계시와 창조 또는 자연을 이원론적으로 분

---

45) Alexander of Hales, *Summa universae theologiae*, II qu. 91 m. 1 a. 3; Bonaventure, *Breviloquium*, V, 1; T. Aquinas, *Disputed Questions on Truth*, qu. 27; idem, *Summa Theol.*, I, 2 qu. 62, art. 1.

46) H. J. D. Denzinger, *Enchiridion symbolorum et definitionum* (Wirceburgi, 1856), n. 882f.; Vatican Council I, sess. III. c. 2; 참조. can. II, 3.

리시키는 중대한 위험을 초래한다. 그러나 특별계시는 역사, 세상, 그리고 인류와 유기적으로 연결되어 있고, 따라서 결코 분리되지 않는다. 신학적으로, 은혜와 죄는 대립하지만 은혜와 자연은 그렇지 않다.

자연과 은혜의 이런 이원론은 교회를 은혜의 필수적 통로로 이해하는 성례전적 이해와 결합하여, [초자연적] 교회는 거룩하고 [자연적] 세상은 세속적이라는 식의 위계적 세계관을 초래했다. 로마 가톨릭에서는 교회적으로 성별되고 교회를 섬기는 데 동원된 사물만이 거룩하다.[47] 따라서 교회와 동일시되거나 교회적으로 국한된 것만이 진정 기독교적인 것으로 간주된다. 따라서 세상이 기독교의 영향을 받기 위해서는 교회의 통치에 복종해야 한다.[48] 자연과 은혜의 이원론은 교회가 세상을 지배한다는 생각과는 정반대되는 세상을 경멸하는 풍조를 부추겼고, 결과적으로 금욕주의와 수도원주의로 이어졌다. 은혜의 특별계시가 이런 식으로 이해되면, 특별계시는 자연이나 역사와 유기적 연관성을 갖지 못하고 전적으로 홀로 서 있는 존재가 되고 만다. 여기서 특별계시는 세상과 인류 속으로 들어오는 것이 아니라 바깥과 위를 떠도는 것이다. 이런 현상은 특별계시가 오직 기적을 통해서만 그 진실성을 확증할 수 있는, 이해되지 않고 이해할 수도 없는 신비로 다루어질 때 더더욱 그러하다.

종교개혁은 이런 세계관에 반발했고 계시와 자연의 양적 대립을 일종의 질적 대립, 즉 윤리적 대립으로 전환했다. 은혜는 자연과 대립하는 것이 아니라 죄와 대립한다. 성육신의 사실은 자연과 은혜를 분리시키는 모든 이원론과 싸운다. 복음은 창조물로서의 세상과 대립하지 않고 세상에

---

47) Joseph Deharbe, *Verklaring der Katholieke Geloofs- en Zedeleer*, ed. B. Dankelman, 3rd ed., 4 vols. (Utrecht: J. R. Van Rossum, 1880-88), I, 170; III, 588f.; IV, 598f.

48) 편집자 주—제2차 바티칸 공회의 이후 로마 가톨릭은 교회의 모든 정치적 통치 개념을 거부한다. *Lumen Gentium: Dogmatic Constitution on the Church: Gaudium et Spes: Dogmatic Constitution on the Church in the Modern World and Dignitatis Humanae: Declaration on Human Dignity*를 보라.

교묘히 들어온 낯선 요소인 죄와, 그리고 죄의 통치 아래 있는 세상과 대립한다. 계시와 창조는 반대되지 않는다. 왜냐하면 창조 자체가 일종의 계시이기 때문이다. 그리스도 안에서 주어진 계시는 하나님이 세상을 사랑하신다고 선포할 뿐 아니라, 그리스도가 이 땅에 오신 것이 세상을 심판하기 위해서가 아니라 구원하기 위해서며(요 3:16-17), 성부의 일을 멸하기 위해서가 아니라 마귀의 일을 멸하기 위해서라고(요일 3:8) 우리에게 선포한다. 그리스도는 참 인성을 취하셨고, 도덕적 의미에서 자연적 생명을 부인하셨지만 그것을 물리적으로 훼손하거나 억제하지 않으셨고, 마침내 자기 몸을 죽음에서 일으키셨다. 그리스도의 제자들도 십자가를 지고 자기를 부인하고 자기 스승을 따르도록 부름받은 것이지 금욕주의를 따르거나 세상에서 도피하도록 부름받은 것이 아니다. 반대로 예수는 세상에서 제자들을 데려가 달라고 성부께 기도하신 것이 아니라 세상 가운데 있는 제자들을 악한 자에게서 지켜달라고 기도하셨다(요 17:15). 종교개혁은 자연과 대립하는 기독교가 아니라 오직 죄와 대립하는 기독교를 추구했으며, 문화, 사회, 그리고 정치를 포함하는 삶 전체를 개혁하고 성화하는 결과를 낳았다. 다음 금언은 종교개혁에서 제자리를 되찾았다. 자연은 은혜를 천거하고, 은혜는 자연을 교정한다.

[100] 초자연주의는 자연을 경시하는 반면 자연주의는 자연을 높이기 위해 계시를 희생시킨다. 이성주의자와 이신론자는 이성의 법정을 만족시키는 것만을 계시로 인정하는 계시 개념을 주장한다. 이들은 모든 계시가 이성과 상충될 뿐 아니라 하나님이나 초자연적인 것을 가정할 필요가 없는 과학과도 상충된다는 신념에서 계시를 반대했다. 계시는 불필요하다.[49] 설령 계시가 발생할지라도 우리는 계시를 인식할 수 없고, 주어진 계시가 참인지를 판결할 보편적 기준이 우리에게는 없다는 것이다. 이것이 문제

---

49) 자연주의와 합리주의에 근거해 계시에 이의를 제기한 대표적인 사상가들로는 Leibniz, Spinoza, Lessing, Fichte, Kant, Voltaire, Rousseau 등이 있다.

의 끝이 아니다. 이성주의는 종교의 보편성과, 사람들이 자신의 종교가 계
시에 의존한다고 확신하는 이유를 설명해야 한다. 이성주의는 문제를 지
나치게 단순화한다. 그러나 계시는 종교에 대한 성찰에서 그렇게 간단하
게 제쳐놓을 수 있는 문제가 아니다. 사람들은 종교에서 계시가 결코 사라
지지 않는 이유를 각종 적응이론,[50] 풍유,[51] 신화,[52] 상징, 광범위한 "종교
사적"[53] 해석을 통해 설명하려고 시도했다.

계시를 자연주의적으로나 이성주의적으로 설명하려는 이런 시도들은
성경을 자연 및 역사와의 유기적 연관성 가운데 이해하게 하는 데 나름대
로 기여를 했다. 그러나 이런 설명들의 잦은 전이와 충돌 자체가 그것들이
만족스런 학문적 설명에 도달하지 못했음을 보여준다. 성경 계시와 성경
이 가르쳐주는 종교는 신앙에서 출발하지 않는 사람들에게는 여전히 수
수께끼로 남는다. 성경은 계시의 기원에 대한 모든 자연주의적·이성주의
적 설명을 거부하고, 계시의 기원을 오직 성령 하나님의 비상한 역사에 돌
린다. 초기 교회에서 예언은 사람의 뜻으로 낸 것이 아니었고 성령 하나님
이 사람을 감동시켜 말하게 하신 것이었다(벧후 1:21; 고전 2:11-12). 성경은
단순히 우리가 해석해야 하는 자료가 아니라, 그 자체가 사실에 대한 해석
이며 유신론적이고 초자연적인 독자적 세계관을 형성한다. 사실 계시를
받아들이느냐 받아들이지 않느냐는 우리의 세계관에 의해 좌우된다. 여
기서 결정적인 것은 역사비평이 아니라 자기비평이며, 학문이 아니라 신

---

50) K. G. Bretschneider, *Systematische Entwickelung aller in der Dogmatik
vorkommenden Begriffe* (Leipzig: J. A. Barth, 1841), 135ff.

51) Thomas Woolston, *Six Discourses on the Miracles of Our Saviour and Defences
of His Discourses* (1727; repr., New York: Garland, 1979).

52) D. F. Strauss, *Das Leben Jesu*, 2 vols. (Tübingen: C. F. Osiander, 1835-36), 27;
영역본: *The Life of Jesus*, Critically Examined, trans. Marian Evans, 2 vols. (New
York: Calvin Blanchard, 1860; repr., St. Clair Shores, MI: Scholarly Press, 1970).

53) H. Bavinck, *Reformed Dogmatics*, ed. John Bolt (Grand Rapids: Baker Academic,
2003-2008), I, 70-76, 170-174 (##17-18, 53)를 보라.

앙이다. 이것은 계시를 받아들이는 데 있어 지적·철학적 장애물은 사소한 문제에 불과하다는 것이 아니라, 궁극적이고 결정적인 요인은 아니라는 말이다. 계시에 기초한 종교를 신앙으로 받아들이느냐 하는 것이 결정적인 문제다. 즉 성경 내러티브의 중심인 그리스도가 바로 걸림돌이다. 종교 자체가 계시에 의존할 뿐 아니라 양자는 긴밀하게 결합되어 있다. 계시를 포기하는 사람은 계시에 기반을 둔 종교도 잃고 말 것이다. 성경의 계시와 성경의 종교, 성경과 기독교 신앙은 함께 서거나 함께 넘어진다.

[101] 이런 유신론적 세계관은 실재를 물질이든(유물론) 정신이든(범신론), 단일 실체로 환원하려는 모든 일원론과 날카롭게 대립된다. 유신론적 세계관은 하나님과 세상의 구별을 존중하고, 세상의 물리적·심리적·사회적·윤리적 실재를 각각 존중한다. 유신론은 일원론의 획일성 대신 창조세계의 다양성을 존중함으로써 다양성 가운데 통일성을 추구한다. 유물론이 심리현상에 걸려 넘어지는 데 반해, 범신론은 사유와 존재 사이에 놓여 있는 다리를 발견하지 못하고 다양성을 어떻게 다루어야 할지를 알지 못한다. 존재 자체가 신비고 기적이다. 어떤 것이 존재한다는 사실 자체가 사유하는 정신으로 하여금 경탄하지 않을 수 없게 만들며, 이런 경탄이 바로 철학의 시작이다. 사람이 이러한 존재의 사실을 지적으로 깊이 파고들면 파고들수록 경탄은 더 커진다. 왜냐하면 우리는 존재의 영역, 곧 우주 안에서 다양한 세력들이 기계적·식물적·동물적·심리적 세계에서만 아니라 종교적·윤리적·심미적·논리적 현상에서도 활동하는 것을 볼 수 있기 때문이다. 이 세력들은 나름의 성격과 법칙과 방식에 따라 작용한다. 유신론적 세계관에 따르면, 이 모든 요소와 세력들은 나름의 내적 법칙을 통해, 그리고 만물의 최종적·궁극적 원인이신, 지적이고 자유로운 하나님에 의해 매 순간 유지된다. 만물은 피조물로서 영속성 또는 지속성을 자체적으로 지니고 있지 않다. 만물을 지탱하고 다스리는 것은 바로 하나님의 영원하신 전능이다. 하나님, 하나님의 계획, 그리고 하나님의 통치를 아우르는 통일성 또는 조화가 만물을 온갖 다양성 가운데서 연결하고 통합하여 하

나의 목표로 인도한다. 하나님은 만물 가운데 현존하시고 만물은 하나님 안에서 살며 기동하며 존재한다. 자연과 역사는 하나님이 하신 일이며 하나님은 항상 일하신다(요 5:17). 만물이 하나님을 우리에게 계시한다. 물론 하나님의 행적을 보다 선명하게 보여주는 사건들이 있기는 하지만, 마음이 청결한 사람은 모든 일에서 하나님을 본다.

이런 세계관은 계시와 기적의 실재성과 완전한 조화를 이룬다. 이신론자의 주장과는 달리 자연은 기계가 아니며, 완성품이 아니라 완성되어가는 중에 있다. 계시와 기적은 자연과 모순되는 것이 아니라, 하나님의 목적을 향해 계속 발전해나가는 자연의 일부다. 이미 아퀴나스가 이렇게 말한 바 있다. "하나님이 자연의 흐름에 반하는 어떤 것을 행하실 때, 우주의 전체 질서가 와해되는 것이 아니라 하나의 개별 사물과 다른 개별 사물 사이에 존재하는 흐름이 깨지는 것이다."[54] 기적은 자연이 가진 고유한 힘과 그 힘이 작용하는 법칙을 바꾸지 않는다. 기적이라는 것은 특정한 시간에 "독자적인 법칙에 따라 작용하고 나름의 효과를 산출하는 다른 힘"이 출현함으로써 "자연의 힘"이 잠시 활동을 보류하는 것이다. 기적은 타락한 창조세계를 침범한 낯선 침입자가 아니다. 기적은 세상에 대한 신적 계획에 포함되어 있고, 부패한 자연을 구원하고 완성하는 하나님의 역사에 기여한다.

기적, 언어, 역사

[102] 그럼에도 계시와 기적이 이루는 실재의 질서는 일반적인 자연 질서와 본질적으로 구별된다. 계시와 기적은 영감 받은 인간의 자연적인 능력

---

54) Thomas Aquinas, *On the Power of God*, trans. Lawrence Shapcote (Westminster, MD: Newman, 1952), qu. 6, art. 1, Eugen Müller, *Natur und Wunder, ihr Gegensatz und ihre Harmonie* (Freiburg i.B. and St. Louis: Herder, 1892), 133에서 재인용.

이 고조되어 나타난 산물에 불과한 것이 아니다. 강신술(spiritism), 최면술(hypnotism), 텔레파시(telepathy) 같은 기이한 현상과 연관시켜서도 안 된다. 성경의 기적은 기독교 세계관에서 독특하고 필수불가결한 요소다. 하나님의 임재와 활동은 자연 질서에 국한되지도 않고, 그것에서 제외되지도 않는다. 계시와 기적은 자연적인 것에 긴밀하게 연결되는 동시에 그것과 구분된다. 우리는 새로운 학문적 통찰이 성경의 기적을 쉽게 설명하는 데 도움을 줄 것이라고 생각하는 변증학적 접근을 피해야 한다.[55] 또한 우리는 과학이 자연 세계에서 무엇이 가능하고 불가능한지 선언하는 것에 좌우되지 말아야 한다. 신학자와 자연과학자는 서로 존중하고 각자 자기 작업의 한계를 인정해야 한다. 우리는 성경에 등장하는 기적의 가치를 일부 유지하기 위해 그 가운데서 과학적이고 역사적인 "사실"(fact)을 추려내어 종교적·윤리적·영적 또는 "신비적"(mythical) 가치로 추정되는 나머지 요소들로부터 분리시키려는 모든 시도를 거부해야 한다.[56] 기적은 없어도 무방한 것이 아니다. 실제로 기적은 종교에서 계시만큼이나 필수불가결하다. "기적 없는 신앙이 존재한다는 것이 기적이다"("Ein Glaube ohne Wunder ist ein wunder Glaube"—Jos. Muller). 만약 우리가 기적을 부인한다면, 우리는 성경 계시와 기독교 복음 전반에 대해 의문을 제기하는 것이다. 계시와 기적은 단지 하나님의 개별적인 행동들에 불과한 것이 아니라, 하나님이 역사의 진행 과정 속에 계획하신 질서를 따르는 것이다. 계시의 문제는 믿음의 문제다. 계시에 대한 신앙은 구원에 대한 소망과 관련된 것이며, 죄와 죽음이 정복된 더 나은 또 다른 세상에 대한 소망의 문제다. 계시 안에서

---

55) 편집자 주—예를 들어 Newton의 "닫힌" 기계적 물리학에서 Einstein과 그의 동료들의 보다 "열린" 양자물리학으로 전환하는 것이 이를테면 부활하신 예수가 다락방에 있는 제자들에게 불현듯 나타나신 것과 같은 기적을 과학적으로 수용하는 데 기여한다는 주장이 여기 속한다.

56) 편집자 주—대표적으로 신약학자 Rudolf Bultmann과 그에 앞선 D. F. Strauss 같은 19세기 학자들이 시도한 "비신화화"(demythologizing)를 예로 들 수 있다.

하나님은 우리에게 찾아오시는데, 이는 우리를 자신에게 이끄셔서 우리와 영원토록 함께 거하시기 위함이다.

[103] 종교와 계시 간에는 물론이고, 계시와 종교의 "경전"(scripture) 간에도 긴밀한 관련성이 있다. 거의 모든 종교에 신화, 의식 규정, 예전 본문, 성직자 문서 등을 포함하는 텍스트들이 있다. 또한 많은 종교에는 신성한 경전의 역할을 하는 거룩한 책이나 책들의 모음집이 있다. 이 경전들은 종교의 내용―종교의 개념들, 가르침, 교의―을 담고 있는데, 이는 계시에서 비롯되고, 말로 표현되고, 한 세대에서 다른 세대로 전해지다가 마침내 경전 안에서 영구화되는 것이다. 이것은 전혀 놀라운 일이 아니라 언어 세계에서 극히 일반적인 현상이며 전적으로 인간적인 과정이다. 자기표현에 대한 욕구와 능력은 인간의 자기의식에 필수적이다. 우리는 생각하고 말한다. 우리는 말하고 글로 옮긴다. 기독교 경전의 기록된 말씀은 발화된 언어가 형태를 갖춘 것(incarnation)으로서, 계시를 지속적이고 보편적이고 영구적인 것으로 만든다. 이렇게 말이 민족과 나라를 만들어낸다. 언어는 민족의 영혼이고, 인류의 자산과 보물의 관리자며, 사람과 민족과 세대를 묶어주는 끈이요, 본질상 하나인 인류 세계를 의식적으로 묶어주는 위대한 단일 전통이다. 이것은 성경에 주어진 계시를 통해 살아가는 사람들에게도 마찬가지다. 계시의 말씀이 새로운 백성, 곧 거룩한 나라를 만드는데, 이들은 어둠에서 부르심을 받아 빛으로 들어가게 되었다(벧전 2:9-10). 성경 계시는 역사(history)이며 역사를 만들어낸다. 구원 역사의 위대한 행위와 사건들은 과거에 속해 있지만, 그럼에도 여전히 막대한 영향력을 행사하고 있다. 역사 또한 하나님의 생각과 하나님의 뜻에 대한 계시를 담고 있는데, 바울은 그러한 계시로 말미암아 거듭해서 경탄과 경배로 충만해졌다. 이것은 신비의 계시로서, 그것이 없는 사람은 어둠 속에서 더듬거릴 수밖에 없다. 성경 계시는 역사의 흥망성쇠에 참여하는 동시에 영원에 대한 생각들도 품고 있는데, 그로 말미암아 계시는 그것이 발생한 순간과 그것을 경험한 사람을 위해서뿐만 아니라 모든 시대와 모든 인간에게 가치

있는 것이다.

[104] 기독교 전통에서 진리는 성육신적(incarnational)인데, 이는 곧 진리가 우리의 시간과 공간에 성육신하신 하나님 아들의 역사(history)에 기초한다는 것이다. 이 진리는 역사적인 동시에 보편적인데, 그것은 역사를 통해 성육신적으로, 즉 보편 교회의 전통을 매개로 하여 전달되었다. 신적 계시가 인류의 삶에 완전히 들어오기 위해, 기록된 언어라는 종의 형태를 취했다는 것이다. 이런 의미에서 성경도 일종의 성육신, 그리스도 안에서 이루어진 하나님의 성육신의 산물이다. 성경은 도구적인 성격을 갖고 있다. 다시 말해 성경 자체가 아니라 그것이 선포하는 그리스도에 대한 헌신을 불러일으킨다. 우리가 거부해야 할 두 가지 오류가 있다. 첫 번째는 성경 계시를 영감 자체와 동일시하고, 이로써 성경을 그 배후에 실재하는 구속과 계시의 역사로부터 분리시키는 것이다. 계시를 성경의 영감된 말씀에만 국한하는 것은 하나님이 주신 모든 영감과 계시가 성경에 기록되지 않았음을 간과하는 처사다(요 21:25). 기록된 것은 사도들이 교회의 유익을 위해 전달해준 것이다. 그러므로 계시는 그 기원과 지속적 효과라는 측면에서 전통과 결부되어 있다. 이 또한 "자연적인"(natural) 것이다. 하나님은 자신의 계시에서 인류의 공존을 위해 자신이 그어놓으신 기본 방침을 따르신다. 인류는 개개인의 총합이 아니라, 모든 사람이 상호의존하며 살아가는 유기적 전체다. 계시는 이 법칙을 따른다. 재창조(re-creation)는 창조(creation)에 적응되었다. 삶의 모든 영역에서 우리가 전통을 통해 인류의 자산에 동참하는 것처럼, 종교에 있어서도 마찬가지다. 이것은 또한 성육신 개념에도 적용된다. 성육신 자체는 시간 속에서 한 번 일어난 사건이지만, 전통을 통해 모든 인간의 소유와 복이 된다. 우리가 모든 것을 이전 세대로부터 물려받는다는 것은 엄연한 사실이다. 우리는 세상에 아무것도 가지고 오지 않았다(딤전 6:7). 우리는 신체적으로나 심리적으로나 지적으로나 윤리적으로 우리를 둘러싼 세계에 의존적이다. 종교적으로도 마찬가지다. 역사에 내재하는 계시는 오직 전승을 통해, 부연하자면 가장 넓은

의미에서의 전승을 통해서만 우리에게 다가올 수 있다.

두 번째 오류는 성경과 계시를 거의 분리에 가까울 정도로 구분하는 것이다. 이런 주장은 아주 다양하게 표현되었다. "문자가 아닌 영", "성경이 아니라 그리스도의 인격", "말씀이 아니라 사실(fact)이 성경의 근본 원리다." 레싱은 "루터, 위대하고 거룩한 자여! 당신은 우리를 교황의 멍에로부터 해방시켰지만, 우리를 종이 교황(paper pope), 곧 문자의 멍에로부터 해방시켜줄 이는 누구인가?"라고 탄원한다. 이 견해는 계시와 영감을 일치시키는 견해만큼이나 잘못된 것이면서 또한 훨씬 더 위험한데, 왜냐하면 많은 경우에 계시와 "신적 영감"(θεοπνευστια)은 동시에 일어나기 때문이다. 신적 영감을 부인하고 성경을 멸시하는 사람은 계시 가운데 많은 부분을 잃게 될 것이다. 그들에게는 인간의 글밖에 남는 것이 없을 것이다. 게다가 계시의 기록(recording) 이전에 사실(fact)이나 말씀(word)이 선행한다 하더라도, 계시가 우리에게 알려지는 것은 오직 성경을 통해서다. 우리는 이스라엘 시대와 그리스도를 통한 하나님의 계시에 대해 성경을 통해서가 아니고는 그야말로 아무것도 모른다. 다른 주된 원칙은 없다. 그러므로 성경이 무너지면 모든 계시가 무너지는데, 이는 그리스도의 인격에 대해서도 마찬가지다. 계시가 역사라는 바로 그 이유 때문에, 계시에 대해 무언가를 알기 위해서는 모든 역사에 적용되는 일반적인 방법, 즉 사람의 증언(attestation)을 통할 수밖에 없다. 우리의 의식에서는 증언이 사실의 실재성을 결정한다. 우리는 사도들의 말씀 안에서 갖는 교제를 통하지 않고는 그리스도와 교제를 누릴 수 없다(요 17:20-21; 요일 1:3). 우리에게나 모든 시대의 교회에게 계시는 성경의 형태로만 존재한다. 마지막으로 신적 영감은 성경의 속성으로서 성경이 만들어지는 과정과 관련된 하나님의 독특하고 고유한 사역이며, 따라서 그 자체가 계시의 행위로 인정되고 존중되어야 한다. 이는 이어지는 논의를 통해 분명해질 것이다. 그러므로 성경에 대한 멸시와 거부는 계시에 대한 인간적 증언과 관련된 무해한 행위가 아니라, 하나님의 특별한 계시적 행위를 부인하는 것이다. 우리는 성경을 빌미로 계시를 공정하게 다루지 않아서도 안 되고, 계시를 빌미로 성경을 공정하게 다루지 않아서도 안 된다. 말씀 때문에 역사를 경시해서도 안 되고, 역사를 포용한다는 명목으로 말씀을 멸시해서도 안 된다. 정통주의적 지성주의(intellectualism)와 재세례파적 신령주의(spiritualism) 둘 다 성경 계시를 그리스도와 그의 구원을 선포하는 하나님의 신적 교육(pedagogy)에서의 마지막 행위로 존중하는 데 실패한다. 이런 의미에서 성경은 계시의 마침이자 면류관이고, 계시를 영구화하고 공포하는 도구이며, 직접적인 계시를 간접적인 기록 문서로 만드는 데 사용된 수단이다. 오직 성경만이 우리가 하나님으로부터 받아서 갖고 있는 유일하고 확실한 계시다.

[105] 계시 전체는 그리스도의 재림 때까지 완료된(complete) 것이 아니다. 이것은 두 시대(dispensations)로 나뉘는데, 첫째는 하나님의 객관적 계시가 그리스도 안에서 주어지는 시대(이를 준비하는 구약성경 시대를 포함한다)이고, 둘째는 성령의 시대, 즉 그리스도 안에서 성취된 객관적 구원이 신자에게 주관적으로 적용되는 시대다. 구약성경 전체의 경륜(economy)은 하나님이 자기 백성에게 오셔서 그리스도를 위한 "장막"(tabernacle)을 찾으시는 것으로 간주될 수 있다. 그리스도가 그 내용이다. 어둠을 비추는 로고스는 자기 백성에게 오셔서 예수 안에서 육신이 되신다. 그러나 그리스도가 영광을 받으시기 전까지는 성령이 주어지지 않았다(참조. 요 7:39). 성자의 시대는 성령의 시대에 길을 내준다. 성령은 모든 것을 그리스도로부터 받으시고, 이제 완료된(now-complete) 계시에 새로운 것을 전혀 더하지 않으신다. 성령은 완성된 그리스도의 사역, 곧 하나님의 충만한 은사와 계시를 인류에게 적용하신다. 그리스도는 은혜와 진리가 충만한 로고스시다. 그의 사역은 완료되었다. 성부 자신이 성자의 수고 안에서 쉼을 누리신다. 그의 사역은 보충되거나 증대될 수 없다. 그리스도 안에서 하나님은 자신을 완전히 계시하셨고 또한 완전히 내어주셨다. 따라서 성경은 완성되고 완료된 하나님의 말씀이다. 성령의 시대에는 새로운 객관적 계시는 없다.

그러나 이 계시가 완료되었다고 해서 그 효과가 중단되는 것은 아니라, 오히려 이제는 인류의 삶과 역사 전반에 영향을 미친다. 그리스도의 사역이 갖는 효력은 역사가 하나님의 목적에 따라 펼쳐지는 내내, 하나님이 인류 가운데 거하시는 날까지 계속된다. 이것이 모든 계시의 궁극적 목표다. 성경을 통해 하나님 자신이 계시를 세상에 전달하시고, 또한 인류의 삶과 생각에 계시의 내용을 실현하신다. 하나님은 자신의 영으로 그리스도의 교회에 거하시고, 두세 사람이 그리스도의 이름으로 모인 곳이라면 어디든지 그 가운데 계신다. 하나님은 지금도 계속해서 기적을 행하신다고 할 수 있는데, 이는 그가 중생, 성화, 영화를 통해 그리스도의 교회를 새롭게 하시기 때문이다. 영적인 기적은 중단되는 법이 없는데, 이는 하나님이 항상 일하시는 분이기 때문이다. 성령은 개개의 신자들을 중생시키시고, 교회로 모으셔서 그 안에 거하시고, 인간 의식에 영향을 끼치신다. 성령은 중생시키실 뿐 아니라 또한 조명해주신다. 말씀과 행위는 함께 가는데, 이는 성령의 경륜에서도 마찬가지다. 지금도 역시 계시는 지성을 조명하는 교리일 뿐만 아니라, 동시에 마음을 새롭게 하는 생명이다. 우리는 지성주의와 신비주의가 각각 나름대로 가지고 있는 편파성을 피해야 하는데, 이는 둘 다 계시의 풍성함을 거부하는 것이기 때문이다. 이 시대에 계시는 성경과 교회 안에서 함께 지속되는데, 이는 머리와 가슴, 곧 존재와 의식을 포함하는 전인이 새롭게 되어야 하기 때문이다. 이런 맥락에서 성경과 교회는 가장 긴밀하게 연결되어 있다. 성경은 교회의 빛이고, 교회는 성경의 생명이다. 성경의 빛 없이 교회가 생명을 갖는다는 것은 불가사의고, 교회를 떠난 성경은 수수께끼요 걸림돌이다. 완성(consummation)에 이르러 계시와 성경이 더 이상 필요하지 않게 되기까지, 교회와 성경은 성령 하나님에 의해 분리할 수 없도록 연결되어 있다.

성경은 오래된 과거 시대에 관한 책도 아니고, 단순히 과거의 인물과 사건을 우리와 이어주는 고대의 연대기도 아니다. 성경은 항상 살아 있고 영원토록 생명력을 유지하는 말씀이며, 하나님이 언제나 오늘처럼 자기 백성에게 하시는 말씀이다. 그것은 우리에게 영원히 계속되는 하나님의 말씀(speech)이다. 따라서 신적 영감은 성경의 영속적인 속성이다. 기록된 순간에만 "하나님이 숨을 불어넣으신"(God-breathed) 것이 아니라, 지금도 "하나님이 숨을 불어넣으신다." "그것은 신적으로 영감되었는데, 단지 기록되는 동안에만 기록자들을 통해서 하나님이 숨을 불어넣으신 것이 아니라, 읽히는 동안에도 성경을 통해 하나님이 숨을 불어넣으시는데, 성경은 하나님을 불어넣는다[하나님이 성경의 호흡이 되신다]."[57] 성경의 주된 목적은 우리에게 역사적인 정보를 주는 것이 아니다. 성경은 분명한 의도를 가지고 있다. "무엇이든지 전에 기록된 바는 우리의 교훈을 위하여 기록된 것이니, 우리로 하여금 인내로 또는 성경의 위로로 소망을 가지게 함이니라"(롬 15:4). 성경은 성령에 의해 기록되었는데, 성경이 기록된 목적은 성령이 교회를 지도하시고, 성도를 온전케 하시고, 그리스도의 몸을 세우시는 일에 도움이 되도록 하기 위한 것이다. 그 안에서 하나님은 매일 자기 백성에게 찾아오신다. 언젠가 우리의 존재와 의식이 완전히 새로워질 때, 계시는 종결되고 성경도 더 이상 필요치 않게 될 것이다. 그때는 "신적 영감"(θεοπνευστια)이 하나님의 자녀 모두의 몫이 될 것이다. 그들 모두가 주님으로부터 직접 배울 것이고 그분의 성전에서 그분을 섬기게 될 것이다. 예언과 기적은 그때 "자연"이 되는데, 이는 하나님이 자기 백성 가운데 거하시기 때문이다.

---

57) J. A. Bengel, *Gnomon of the New Testament*, rev. and ed. Andrew R. Fausset, 5 vols. (Edinburgh: T&T Clark, 1877), IV, 319(딤후 3:16에 대한 주석).

__5장__

성경

하나님이 자기 백성에게 주신 영감된 말씀

[106] 이번 장에서 우리는 성경이 자신에 대해 증언하는 내용, 특히 성경의 영감과 속성들에 대해 자세히 살펴볼 것이다. 성경이 하나님에 의해 영감되었다는 교리는 이미 구약성경에서 발견된다. 예언자들은 그들이 하나님에 의해 부름 받았고, 하나님을 대면하여 서 있으며, 그들이 전하는 메시지가 자신들의 말이 아니라 하나님의 말씀이라는 사실을 의식하고 있었다(출 3장; 4:12; 민 11:29; 22:38; 23:5; 신 18:15-18; 삼상 3장; 왕상 17:1; 왕하 3:14; 5:16; 대하 36:15; 렘 1장; 26:5; 27:15; 29:15; 겔 1-3장; 암 3:7-8; 7:15). 자주 사용되는 문구로는 "야웨께서 이같이 말씀하시되", "야웨의 말씀이 내게 임하여", 또는 야웨의 말씀(word), 야웨의 신탁(oracle), 야웨의 "발언"(utterance; נְאֻם[수동분사]) 등이 있다. 예언자들은 그들 자신을 야웨로부터 선명하게 구분한다. 야웨는 예언자들에게 말씀하셨고(사 8:1; 51:16; 59:21; 렘 1:9; 3:6; 5:14; 겔 3:26 등), 그들은 그들의 귀로 듣고 그들의 눈으로 보고(사 5:9; 6:8; 21:3, 10; 22:14; 28:22; 렘 23:18; 49:14; 겔 2:8; 3:10, 17; 33:7; 40:4; 44:5; 합 3:2, 16; 삼하 7:27; 욥 33:16; 36:10), 야웨의 말씀을 삼킨다(렘 15:16; 겔 3:1-3). 이처럼 그들은 하나님이 그들에게 계시하신 것과 그들 자신의 마음에서 일어나는 생각을 선

명하게 구별한다(민 16:28; 24:13; 왕상 12:33; 느 6:8; 시 41:6-7). 그들은 거짓 예 언자들이란 자신들의 마음에서 나온 것을 말하는 자들이며(겔 13:2-3, 17; 렘 14:14; 23:16, 26; 사 59:13), [하나님께로부터] 보내심을 받은 자들이 아니라고 (렘 14:14; 29:9; 겔 13:6) 고발했다. 기록된 예언적 말씀의 경우도 마찬가지다. 하나님의 명령에 의해 기록되었다고 밝히는 텍스트는 수적으로 많지 않 으며(출 17:14; 24:3-4; 34:27; 민 33:2; 신 4:2; 12:32; 31:19; 사 8:1; 30:8; 렘 25:13; 30:2; 36:2, 24, 27-32; 겔 24:2; 단 12:4; 합 2:2), 구약성경 가운데 지극히 일부에 국한 된다. 기록된 예언은 계시 역사에서 늦은 시기에 해당함에도 불구하고 필 수불가결한 단계로서, 신적으로 영감된 예언의 말씀을 미래 세대에게 전 하기 위한 방법이다. 하나님의 말씀이 예언자들에게 계시된 것은 그들 자 신을 위해서가 아니라 하나님의 백성을 위해서였다. 예언자들이 자신들의 예언을 기록하기 시작한 것은 그들의 말을 직접 들을 수 없는 자들에게도 그것을 전달하고자 했기 때문이다. 그들이 야웨의 이름으로 말하거나 기 록할 때, 그들에게는 자신들이 받은 것을 가감 없이 전달할 엄숙한 의무가 있었다(신 4:2; 12:32; 렘 1:7, 17; 26:2; 42:4; 겔 3:10). 기록된 예언들 가운데 많은 부분이 구두로는 전달된 적이 없었을 것이다. 기록된 예언의 대다수는 의 도적인 저술로서의 신중함과 문학적 기교를 보여준다. 구속사적 관점에서 볼 때, 하나님의 말씀이 문자로 기록되었다는 사실은 이후로 "야웨를 섬기 라는 명령"(service of YHWH)이 말과 이성적 설득을 통해 받아들여지게 될 것임을 시사한다.[1] 기록된 예언의 말씀은 주님이 구두로 하신 말씀과 동 일한 권위를 갖는 것으로 받아들여져야 했다(렘 36:10, 11; 25:3; 사 34:16).

비평학자들의 주장과는 달리 구약성경의 예언자들은 윤리적 유일신 사상을 "창안"하지 않았다. 예언은 토라를 전제한다. 비록 그것이 단순하

---

1) A. Kuenen, *The Prophets and Prophecy in Israel*, trans. Adam Milroy (London, 1877; repr., Amsterdam: Philo, 1969); 네덜란드어 원서: *De Profeten en de Profetie onder Israël* (Leiden: P. Engels, 1875), I, 74; II, 345f.

게 토라에서 추론된 것은 아닐지라도 말이다. 예언은 언약을 갱신하는 새로운 계시다. 예언은 하나님이 이스라엘과 맺으신 언약, 이스라엘에 대한 은혜로운 선택을 전제한다(호 1:1-3; 6:7; 8:3; 렘 11:6ff.; 14:21; 22:9; 31:31ff.; 겔 16:8ff.; 사 54:10; 56:4, 6; 59:21). 토라는 이스라엘이 민족으로서 존재하던 초기부터 권위를 가졌다. 시내 산 언약은 근간을 이루는 것이었으며, 구약성경에서 예언자와 중보자로서 모세의 지위는 독특한 것이었다(출 33:11; 민 12:6-8; 신 18:18; 시 103:7; 106:23; 사 63:11; 렘 15:1 등). 토라 전체가 스스로에 대해 신적 기원을 돌리고 있다. 모세를 통해 이스라엘에게 토라를 주신 분은 바로 야웨시다.

구약성경의 역사서들은 사실 예언적 역사이며, 구원 역사에 나타난 신적 행위들에 대한 해설서다(대상 29:29; 대하 9:29; 20:34 등). 이 책들은 (적어도 근대적인 기준에서 볼 때는) 엄밀한 역사 기록으로 의도된 것이 아니다. 구약 역사서의 기록 목적은 언약과 토라에 비추어 이스라엘의 역사를 기술하는 것이다(삿 2:6-3:6; 왕하 17:7-23, 34-41). 이스라엘의 역사는 과거, 현재, 미래에 대한 하나님의 마음과 일하시는 방식을 드러내기 위해 기록된 것이다. 이스라엘의 역사가들과 연대기 저자들은 야웨의 말씀을 예언자적으로 전달하는 자들이었다. 시가서들도 언약의 하나님으로부터 주어진 이전의 객관적 계시를 전제하며, 그것을 이스라엘 백성들의 삶이 갖는 종교적이고 윤리적인 측면들에 적용한다. 전도서는 "야웨를 경외함"에 대해 알지 못하고 그에 대적하는 세상이 얼마나 헛된지를 묘사한다. 욥기는 경건한 사람의 고난과 관련하여 하나님의 공의라는 문제를 집중적으로 다룬다. 잠언은 참된 지혜가 인간 삶의 다양한 측면들에 어떻게 적용되는지를 보여준다. 아가서는 사랑의 친밀성과 힘을 노래한다. 그리고 시편은 하나님의 신실한 백성들의 경험을 거울로 삼아 하나님의 은혜가 갖는 다채로움을 보여준다. 이스라엘의 감미로운 시편 작가인 다윗은 하나님의 영에 붙들려 말했고, 하나님의 말씀이 그의 혀에 있었다(삼하 23:1-3). 결국 이 글들은 모두 권위를 가진 정경으로 받아들여졌다.

정경으로의 인정과 수용은 구약성경의 다양한 글들이 형성되고 알려지는 과정에서 발생한 것이다. 야웨의 율법들이 성소에 보관되었다(출 25:22; 38:21; 40:20; 신 31:9, 26; 수 24:25ff.; 삼상 10:25). 시문학 작품들도 보존되었는데(신 31:19; 수 10:13; 삼하 1:18), 초기 단계에 시편이 제의적인 용도로 수집되었고(시 72:20), 히스기야의 신하들이 두 번째 잠언 모음집을 편집했다(잠 25:1). 예언서들이 널리 읽혔고, 후기 예언자들은 초기 예언자들의 저술을 토대로 삼았다(단 9:2). 70인역(LXX)은 여러 외경을 포함하지만, 이런 외경들 자체가 정경적인 책들의 권위를 증언한다(마카베오상 2:50; 마카베오하 6:23; 지혜서 11:1; 18:4; 바룩 2:28; 토비트 1:6; 14:7; 집회서 1:5[난외주]; 17:12; 24:23; 39:1; 46:15 등). 필론은 정경적인 책들만 인용한다. 에스라4서([=에스드라2서] 14:18-47)는 구약성경을 24권으로 구분하는 전통을 알고 있었다. 요세푸스는 구약을 세 부분으로 나누고, 22권의 책을 소개한다. 그러나 대부분의 학자들은 필론과 요세푸스의 구약 정경이 오늘날 우리가 가진 것과 동일하다는 견해를 피력한다.[2]

[107] 예수와 사도들에게 구약 정경은 신적 권위를 가진 것이었다. 이러한 사실은 그들이 구약성경을 권위 있는 책으로 언급하는 방식이나("기록되었으되": 마 4:4ff.; 11:10; 눅 10:26; 요 6:45; 8:47; "성경이 말씀하되": 마 21:42; 눅 4:21; 요 7:38; 10:35), 명시적인 가르침에(마 5:17; 눅 16:17, 29; 요 10:35; 롬 15:4; 벧전 1:10-12; 벧후 1:19, 21; 딤후 3:16) 반영되어 있다. 심지어 우리 주님은 직접적으로 하나님 또는 성령이 성경의 원 저자라고 말씀하시는데(마 15:4; 22:43; 막 12:26, 36), 히브리서 기자도 동일한 주장을 펼친다(1:5ff.; 3:7; 4:3, 5; 5:6-7; 7:21; 8:5, 8; 10:16, 30; 12:26; 13:5). 구약성경은 신약성경에―대개 70인역의 그리스어 번역으로―자주 인용되었을 뿐만 아니라 권위 있는 것으

---

2) G. Wildeboer, *Het ontstaan van den kanon des Oude Verbond* (Groningen: Wolters, 1891), 126ff., 134; 영역본: *The Origin of the Canon of the Old Testament*, trans. Benjamin Wisner Bacon (London: Luzac, 1895); H. L. Strack, "Kanon des Alten Testaments," *PRE³*, IX, 741-768.

로 항상 인정되었다. 거듭해서 예수와 사도들은 구약성경에 호소함으로써 자신들의 행동을 정당화하거나 자신들의 가르침을 입증한다(마 12:3; 22:32; 요 10:34; 롬 4장; 갈 3장; 고전 15장 등). 그들이 보기에 성경이 가진 신적 권위는 너무도 포괄적이어서 단어 하나, 심지어 점 하나까지도 구속력을 가지고 있었다(마 5:18; 22:45; 눅 16:17; 요 10:35; 갈 3:16). 이러한 권위는 신약성경 저자들이 구약성경을 인용하는 서로 다른 갖가지 다양한 방식이나 그들이 구약성경의 본문에서 발견하는 일반적이지 않은 의미에도 불구하고 도전받지 않는다. 예수와 사도들의 경우에, 구약성경에 대한 이런 주해는 단어나 문장이 본래 저자들이 짐작하거나 표현한 것보다 훨씬 더 깊은 의미와 훨씬 광범위한 의도를 가질 수 있다는 이해를 전제한다. 결국 신약성경은 구약성경을 사용하는 방식을 통해서도 성령의 능력으로 그리스도를 증언하고자 한다. 교회들로 하여금 이 글들(신약성경)을 정경으로 받아들이게 한 것은 바로 이러한 사도적 증언이었다. 성경은 다름 아니라 "말씀"(Word)이신 그리스도에 대한 증언이다.

성경에서 구약성경의 신적 권위를 확증하는 자기증언(self-testimony)의 역할을 하는 두 개의 핵심 구절이 있는데, 바로 디모데후서 3:16과 베드로후서 1:19, 21이다. 전자의 경우에 "하나님의 감동으로 된 모든 성경은 또한…유익하다"(every scripture inspired by God is also profitable)라는 번역은 "오펠리모스"(ὠφέλιμος; 유익하다) 뒤에 "에스틴"(ἐστιν; …이다)이라는 술어가 요구된다는 사실 때문에 어려움이 있다. "모든 성경은 (전반적으로) 하나님의 감동으로 된 것이고…유익하다"(every scripture [in general] is inspired by God and profitable)라는 번역은 명백하게 배제되어야 한다. 따라서 우리는 두 가지 번역 중에 선택을 해야 한다. 즉 거룩한 글들(15절)에 담긴 "성경 전체"(all Scripture) 또는 "모든 성경"(every Scripture)은 "하나님의 감동으로 된 것이다"(참조. "무엇이든지 전에 기록된 바", 롬 15:4). 내용적으로 여기에는 아무런 차이가 없다.

[108] 성경의 메시지가 신적 기원을 갖는다는 성경의 자기증언은 성

부를 알리고 그분의 일을 성취하기 위해 이 땅에 오신 분과 불가분의 관계에 있다. 예수 그리스도는 성부를 알게 하는 로고스요(요 1:1, 18; 17:6), 하나님의 모든 충만이 그 안에 거하는 분이며(골 1:19; 2:9), 충성되고 참된 증인이시고(계 1:5; 3:14; 참조. 사 55:4), 하나님의 모든 약속이 그 안에서 "예"와 "아멘"이 되는 아멘이시다(계 3:14; 고후 1:20). 그는 하나님에 의해 보냄을 받으셨고(요 8:42), 친히 보고 들은 것만 증언하신다(요 3:32). 그는 하나님의 말씀을 전하시고(요 3:34; 17:8), 진리만 증언하신다(요 5:32ff.; 18:37). 그의 증언은 참되고(요 8:14; 14:6), 하나님 자신의 증언으로 확증된다(요 5:32ff.; 8:18). 성경의 신적 권위에 대한 가르침은 예수가 선포하신 하나님의 말씀에서 중요한 요소이며, 따라서 만일 이 점에서 그가 실수하신 것이라면 그는 종교적인 삶과 가장 밀접하게 관련된 문제에서 잘못을 범하신 것이고, 결과적으로 그분은 더 이상 최고의 예언자로 인정받으실 수 없을 것이다. 우리가 예수를 선생으로서 진지하게 받아들인다면 우리는 성경에 대한 그의 가르침을 거부할 수 없다.

그러나 예수는 아무것도 글로 남기지 않으시고 우리 곁을 떠나가셨다. 예수는 자신의 참된 증언이 인류에게 오염되지 않은 채로 순수하게 전달되도록 하시기 위해 사도들을 선택하셨는데, 이들은 성부가 예수에게 특별히 주신 자들이고(요 17:6), 예수 자신이 친히 선택하신 자들로서(요 6:70; 13:18; 15:16, 19) 장래 임무를 위해 여러모로 준비시키시고 구비시키신 자들이었다. 사도들은 예수의 말씀과 행위를 귀로 듣고 눈으로 본 증인들로서(요일 1:1) 그 증언을 이스라엘과 온 세상에 전하도록 부름 받았다(마 28:19; 눅 24:48; 요 15:27; 17:20; 행 1:8). 그들이 이 임무를 충실하게 수행할 수 있도록 진리의 영이신 성령이 주어졌다(마 10:20; 요 14:26; 15:26-27; 16:7; 20:22). 성령은 이 제자들이 자신들의 성품과 은사, 기억과 판단을 동원하여 그분을 섬기도록 이끄시는데, 주어진 계시에 내용상으로 새로운 것은 아무것도 더하지 않으신다. 성령은 모든 것을 그리스도에게서 받으시고, 오직 그 범위 내에서만 사도들에게 감동하셔서 모든 것을 기억나게 하시고(요 16:13-

14), 결과적으로 예수의 증언이 성부를 영화롭게 하신 것처럼 또한 예수를 영화롭게 하신다(요 17:4).

오순절 이후로 특별한 의미에서 성령의 능력을 힘입은(요 20:22; 행 1:8; 엡 3:5) 사도들은 또한 이제 공개적으로 증인으로서 행동했다(행 1:8, 21, 22; 2:14, 32; 3:15; 4:8, 20, 33; 5:32; 10:39, 41; 13:31). 사도들은 처음부터 자신의 권리로 교회를 감독했고(행 8:14; 9:32; 11:22), 성령 안에서 결정을 내렸고(행 15:22, 28), 보편적으로 인정되는 권위를 그리스도의 이름으로 누렸다. 비록 예수가 자신의 말과 행위를 기록하라고 분명하게 명령하신 적은 없지만(오직 요한계시록에만 기록하라는 명령이 반복해서 등장한다: 1:11, 19 등), 사도들은 자신들의 글에서 주님과 동일한 권위를 가지고 말했으며, 그 글은 신실하고 참된 특별한 형태의 증언 역할을 했다(눅 1:2; 요 1:14; 19:35; 20:31; 21:24; 요일 1:1-4; 벧전 1:12; 5:1; 벧후 1:16; 히 2:3; 요삼 12절; 계 1:3; 22:18-19).

바울은 사도들 중에서도 독보적인 존재다. 바울의 주장에 따르면 그는 태어나기 전부터 구별되었고(갈 1:15), 예수 자신에 의해 사도로 부름을 받았고(갈 1:1), 예수를 개인적으로 보았고(고전 9:1; 15:8), 계시와 이상을 받았고(고후 12; 행 26:16), 그의 복음을 예수로부터 받았고(갈 1:12; 딤전 1:12; 엡 3:2-8), 유대주의자(Judaizers)에 맞서 그의 사도직을 변호해야 할 책임을 느꼈다(갈 1-2장; 고전 1:10-4:21; 고후 10:13). 따라서 그는 자신이 선포한 복음 외에는 다른 복음이 없고(갈 1:7), 자신이 신뢰할 만하며(고전 7:25), 자신이 하나님의 영을 받았고(고전 7:40), 그리스도가 자신을 통해서 말씀하셨으며(고후 13:3; 고전 2:10, 16; 고후 2:17; 5:20), 자신이 전한 것은 표현과 단어(고전 2:4, 10-13), 그리고 말과 글까지도(살전 5:27; 골 4:16; 살후 2:15; 3:14) 모두 하나님의 말씀이라고 확신했다(고후 2:17; 살전 2:13). 다른 사도들과 마찬가지로 바울도 완전한 사도적 권세를 거듭 행사했으며(고전 5장; 고후 2:9), 구속력 있는 명령을 내렸다(고전 7:40; 살전 4:2, 11; 살후 3:6-14). 때때로 바울이 교회의 판단에 호소하기도 했지만(고전 10:15), 그것은 승인이 아니라 지지를 위해서였다. 바울은 교회의 판단에 결코 의존하지 않았으며, 만일 누군가가 스스로를 예언자나 신령한 자로 생각한다면, 그의 주장이 사실인지는 바울의 글이 주님의 명령임을 인정하는 것을 통해 드러날 것이라고 말했다(고전 14:37).

사도들이 기록한 이 문서들은 그것을 접했던 교회들에서 아주 초창기부터 권위 있는 것으로 받아들여졌다. 얼마 지나지 않아 그것들은 회람되기 시작했고 결과적으로 더욱 광범위한 권위를 얻었다(행 15:22ff.; 골 4:16). 베드로는 유다서를 알고 있었으며, 베드로후서 3:16은 여러 바울 서신들과의 친밀성을 시사할 뿐 아니라 그것들이 성경의 다른 책들과 동등한 지위를 얻었음을 보여준다. 시간이 흐르면서 신약성경의 번역본들이 등장하기 시작했는데, 그것은 교회에서의 강독을 위한 것이었다. 벌써 2세기 초반에 이러한 번역본들이 존재했음이 확실하다.[3] 아테나고라스(Athenagoras), 테오필루스(Theophilus), 이레나이우스, 테르툴리아누스 등이 이미 그러한 번역들을 교의적으로 사용했다. 페쉬타(Peshitta)와 무라토리 정경 목록(fragment of Muratori)은 대부분의 신약성경 문서들이 2세기 후반에 정경으로서의 권위를 갖고 구약성경의 책들과 동등한 지위를 누렸음을 확증해준다. 몇몇 책들—야고보서, 유다서, 베드로후서, 요한2서와 3서—에 대해서는 계속해서 이견이 있었지만, 3세기에는 이처럼 "논쟁의 여지가 있는 글들"(ἀντιλεγόμενα)에 대한 반대도 점차 줄어들었다. 라오디케아(Laodicea, 366), 히포 레기우스(Hippo Regius, 393), 카르타고(Carthage, 397)의 공의회들은 그것들을 포함시킴으로써 정경을 완성했다.

이러한 교회의 결정들은 이 문서들과 관련하여 교회 안에 오랫동안 지속되어왔던 관례들을 단지 체계화하고 공식화한 것으로 간주되어야 한다. 교회는 정경을 창조한 것이 아니라 단지 승인하고 수용했을 뿐이다. "정경은 어떤 이들이 말하는 것처럼 인간의 단일한 행위에 의해 만들어진 것

---

3) Eusebius, *Ecclesiastical History*, III, 39; Justin Martyr, *1 Apology*, 66-67에 따르면 Papias가 그렇게 말했다.

이 아니라, 정신과 역사를 주관하시는 하나님에 의해 서서히 만들어진 것이다."[4] 신약의 정경이 2세기 후반에 공식적으로 확립되기 훨씬 오래전에 이미 신약성경의 글들은 사도들의 권위와 교회에서의 공적인 낭독을 통해 보편적인 권위를 인정받았다.[5] 교회로 하여금 구약성경과 신약성경 저작들의 정경성을 인정하도록 이끈 지도 원리가 무엇인지 분명하게 지적할 수는 없다. 사도적 기원이 결정적인 요인일 수는 없는데, 왜냐하면 마가복음, 누가복음, 히브리서도 정경에 포함되었기 때문이다. 또한 정경성을 인정하는 근거가 예수 그리스도에 관한 글들로서 복음서가 가지는 배타성에 있다고 말할 수도 없다. 누가복음 1:1은 [예수 그리스도에 관한 글을 저술하려고 붓을 든] 많은 다른 이들이 있었음을 언급하고 있으며, 이레나이우스에 따르면[6] "출처가 의심스럽고 위조된 엄청난 양의 글들"이 존재했기 때문이다. 우리가 분명하게 말할 수 있는 것은 이러한 승인이 즉각적으로, 그리고 그 책들 자체를 토대로 이루어졌다는 사실이다. 그것들은 의심이나 저항 없이 거룩하고 신적인 글들로 받아들여졌다. 그것들은 오로지 존재한다는 사실을 근거로 자체적인 권위를 갖는다. 저자들로 하여금 기록하게 하시고 교회로 하여금 그것을 승인하도록 인도하신 이는 바로 주님의 영이었다. 요약해서 말하자면, 성경 자체가 스스로를 하나님의 말씀으로 여기고, 또한 스스로를 그렇게 알린다.

---

4) 편집자 주—Bavinck의 원래 각주에는 "*PRE*[2] VII, 424에 인용된 Loescher"라고만 되어 있다. 이것이 가리키는 것은 Valentin Loescher, *De Causa Linguae Ebraeae* (1706)인데, Herman L. Strack의 글 "Kanon des alten Testaments"로 *PRE*[2], VII, 412–451에 나온다.

5) 이 주제는 교의사학자 Adolf von Harnack과 신약학자 Theodor Zahn 사이에 벌어진 중요한 논쟁의 원인이었다. 이 논쟁에 대해서는 W. Koeppel, "Die Zahn-Harnacksche Streit über die Geschichte des neutestamentlichen Kanons," *Theologische Studien und Kritiken* 64 (1891): 102–157; F. Barth, "Die Streit zwischen Zahn und Harnack über den Ursprung des N. T. Kanons," *Neue Jahrbücher für deutsche Theologie* (1893): 56–80을 보라.

6) Irenaeus, *Against Heresies*, I, 20.

"하나님의 말씀"(word of God) 또는 "주님의 말씀"(word of the Lord)이라는 표현은 성경에서 다양한 의미를 갖는다. 흔히 그것은 모든 것을 창조하시고 붙드시는 하나님의 능력을 나타낸다(창 1:3; 시 33:6; 147:17-18; 148:8; 롬 4:17; 히 1:3; 11:3). 더 나아가서 이 표현은 하나님이 예언자들에게 무언가를 알려주시는 수단으로 사용되는 특별계시를 묘사하기도 한다. "여호와의 말씀이 임하니라…" 신약성경에서는 더 이상 말씀이 "임하지" 않는다. 왜냐하면 이제는 말씀이 간헐적으로 위로부터, 또는 외부에서 예언자들에게 임하는 것이 아니라 그리스도 안에 임했고 계속 머물러 있기 때문이다. 또한 "하나님의 말씀"은 계시의 내용, 이스라엘에게 주어진 규례·율법·계명·율례를 의미한다(출 9:20-21; 삿 3:20; 시 33:4; 119:9, 16-17 등; 사 40:8; 롬 3:2 등). 신약성경에서 그것은 복음, 즉 하나님이 그리스도 안에서 드러내셨고 사도들이 선포한 복음을 지칭한다(눅 5:1; 요 3:34; 5:24; 6:63; 17:8, 14, 17; 행 8:25; 13:7; 살전 2:13 등). 마지막으로 "하나님의 말씀"이라는 명칭은 그리스도 자신에 대해 사용되었다. 그분은 "계시하는 분"이신 동시에 "계시의 내용"이라는 아주 독특한 의미에서 로고스시다. 하나님의 모든 계시와 말씀들은 자연과 역사에서, 창조와 재창조에서, 구약성경과 신약성경 모두에서 그 근거, 통일성, 중심을 그분 안에 두고 있다. 그분은 태양이시고, 각각의 하나님의 말씀들은 그분의 광선이다. 자연에, 이스라엘에, 신약성경에, 그리고 성경 전체에 담긴 하나님의 말씀은 단 한 순간도 그분으로부터 분리되거나 멀어질 수 없다. 하나님의 계시가 존재하는 것은 오직 그분이 로고스시기 때문이다. 그분은 인식의 제1원리신데, 일반적인 의미에서는 모든 지식에 대해, 특별한 의미에서는 성육신한 로고스로서 하나님·종교·신학에 관한 모든 지식에 대해 그러하시다(마 11:27).

[109] 초창기부터 기독교회는 구약성경에서 시작하여 성경 전체를 하나님의 말씀으로 받아들였다. 이스라엘의 고대 역사에서도 이미 야웨의 계명과 율례, 다시 말해 율법과 예언자의 권위가 확립되어 있었다. 이스라엘에서 모세와 예언자는 언제나 신적 권위를 가진 자들이었고, 따라서 그

들의 글들은 즉시 권위 있는 것으로 인정받았다. 그러나 시간이 흐르면서 모세에 의해 전수된 것으로 믿어진 구전에 대한 의존이 차츰 커지자 그 글들의 권위가 손상을 입게 되었다. 예수와 초기 교회는 구약성경에 대한 유대인들의 존중은 공유하면서도, 유대교 랍비 전통에 대한 광범위한 주장은 거부했다. 따라서 교회는 성경 없이 지낸 적이 결코 없었으며, 이는 오순절 성령강림 때도 마찬가지였다. 교부들은 성경에 관한 교의를 거의 언급하지 않는데, 이는 그들에게 그 권위가 기정사실이었기 때문이다. 이 것은 성경의 무오성을 의미하는 것으로 이해되었으며, 심지어 "성령에 의 한 받아쓰기"(dictation by the Holy Spirit)의 이미지가 사용되기도 했다. 하나 님이 성경의 저자시며 [인간] 기록자들은 성령의 손(도구)에 불과했다는 것이다. 성경은 "전능하신 하나님이 자신의 피조물에게 쓰신 편지"다.[7] 성 경의 권위는 완전하다(plenary). 중요하지 않거나 불필요한 것은 전혀 없으 며, 모든 것이 신적 지혜로 충만하다. "왜냐하면 그 어떤 것도 헛되지 않으 며, 하나님께 속한 것이라는 보증을 갖지 못한 부분은 하나도 없기 때문이 다."[8] 특히 오리게네스는 이를 강조해서 성경에 "신적 위엄의 충만함에서 나오지 않은 것"은 아무것도 없다고 진술했다. 히에로니무스도 이와 유사 하게 "하나님의 말씀에 있는 각각의 모든 표현, 음절, 부호, 마침표조차 풍 성한 의미를 담고 있으며 천상의 신비를 내뿜는다"라고 말했다. 따라서 성 경에는 아무 결함이나 오류가 없는데, 연대기적·역사적 문제에 있어서도 마찬가지다.[9] 아우구스티누스는 히에로니무스에게 쓴 편지에서, 정경의 기록자 가운데 "기록하는 도중에 실수를 범한" 사람은 아무도 없음을 굳 게 믿는다고 말했다. 따라서 실수가 발견될 때는 "이 책의 저자가 진리를 고수하지 못했다고 말하지 말고, 책의 사본에 결함이 있거나, 해석자가 실

---

7) 참조. Irenaeus, Augustine, Isidore 등에 관해, P. Dausch, *Die Schriftinspiration: Eine biblisch-geschichtliche Studie* (Freiburg i.B.: Herder, 1891), 87.
8) Irenaeus, *Against Heresies*, IV, 21, 3.
9) Theophilus, *To Autolychus*, 21; Irenaeus, *Against Heresies*, III, 5.

수했거나, 네가 그것을 이해하지 못한다고 말해야 한다."[10]

이와 동시에, 특히 몬타누스주의 및 각종 형태의 영적 "열광주의"에 대항하여 성경의 필요성을 변호한 이레나이우스, 오리게네스, 에우세비오스, 아우구스티누스, 히에로니무스 같은 이들은 영감의 과정에서 성경 저자들의 자기의식(self-consciousness)이 갖는 역할을 강조하기 시작했는데, 그들은 성경 저자들의 사전 조사, 지적 수준의 차이, 자료와 기억의 활용뿐만 아니라 언어와 문체상의 차이도 인정했다. 그러나 이 가운데 어떤 것도 성경의 신적 기원과 권위에 대한 그들의 믿음을 흔들지 못했다. 이러한 확신은 보편적으로 받아들여졌고, 고립된 교의적 진술에서보다는 성경이 실제로 사용되는 설교와 변증과 주해 작업에서 더욱 강력하게 증명되었다. 이 첫 번째 시기에 교회는 영감의 개념보다는 정경을 확립하는 일에 몰두했으며, "신적인 책들"(divine scriptures; 특히 구약성경)을 정경 문서들(canonical writings)로 받아들이고 그것들에만 권위가 있다고 생각했다.[11]

[110] 이 인식이 확장되어 신약성경의 사도적인 글들을 포함하는 데까지 이르면서, 이것이 "신적인 글들"(divine writings)이라는 확신은 교회의 보편적 믿음이 되었다. 공식적으로는 중세 교회에서도 성경을 신적이고 권위 있는 계시로 인정하는 것이 논란의 여지가 없는 지배적인 견해였다. 트리엔트 공의회도 비록 영감의 범위를 교회의 전통에까지 확장하기는 했지만 성경에 대한 이러한 신뢰를 확증해주었다. 트리엔트 공의회 이후

---

10) Augustine, *Against Faustus*, XI, 5.

11) H. Denzinger, *Enchiridion symbolorum et definitionum* (Wirceburgi: Stahelianis, 1856), n. 49, 125; K. R. Hagenbach, *Lehrbuch der Dogmengeschichte*, 3 vols. in 2 (Leipzig: Weidmann, 1840-1841), I, §§31ff.; 영역본: *A Textbook of the History of Doctrines*, trans. C. W. Buch and rev. Henry B. Smith, 2 vols. (New York: Sheldon, 1867); Wilhelm Kölling, *Die Lehre von der Theopneustie* (Breslau: C. Dülfer, 1891), 84ff.; W. Sanday, *Inspiration: Eight Lectures on the Early History and Origin of the Doctrine of Biblical Inspiration; Being the Bampton Lectures for 1893* (London and New York: Longmans, Green, 1893).

로 로마 가톨릭 신학자들은 성경의 영감에 대한 다양한 견해를 발전시켰는데, 영감의 성격과 범위에 대해서는 상당한 견해차가 존재했다. 어떤 이들(아우구스티누스회, 도미니크회, 얀센파)은 하나님의 영이 인간 저자들에게 적극적인 영향력을 행사했고 심지어 단어 하나하나에까지 영향을 끼쳤다는 상당히 엄격한 견해를 고수했다. 보다 덜 엄격한 견해(루뱅의 예수회)는 성경의 축자영감을 거부하면서 일반 영감의 개념을 다른 글들에까지ㅡ그 글들이 거짓을 담고 있지 않다는 전제 하에ㅡ확장했다. 어떤 이들은 성령의 인도하심에 대해 소극적이거나 부정적인 견해를 고수하면서, 성령의 역할은 단지 저자들을 오류로부터 지켜주는 데 그쳤다고 주장했다. 마지막으로 또 다른 이들은 영감을 소위 종교적·윤리적 가르침에 제한하면서 나머지 부분에 대해서는 다소의 오류 가능성을 인정했다.

오늘날 로마 가톨릭은 엄격한 축자영감 개념과 제한적 영감 개념 사이에서 중도적 견해를 취한다. [제1차] 바티칸 공의회(1870)는 교회가 성경의 책들을 "거룩하고 정경적"으로 여기는데, "이는 그것들이 단지 인간의 노력으로 창작된 후에 [교회의] 권위에 의해 승인되었기 때문도 아니고, 오류 없는 계시를 담고 있기 때문도 아니라, 성령의 영감 아래 기록되어 하나님이 그것들의 저자이시기 때문에, 그리고 바로 그런 책으로 교회에 맡겨졌기 때문이다"라고 선언했다. 이 공의회는 교회법(canon) 2조 4항에서 다시 한 번 성경의 책들이 "신적으로 영감되었다"라고 기록할 뿐 아니라, 3장("믿음에 대하여")에서 "신적이고 보편적인 신앙은 하나님의 말씀ㅡ그것이 성경이든지 또는 전통이든지 간에ㅡ에 담긴 모든 것을 믿는다"라고 선언한다.[12] 이 교령(decree)은 한편으로 영감을 하나님의 적극적인 행

---

12) H. Denzinger, *The Sources of Catholic Dogma*, trans. Roy J. Defaerrari, 30th ed. (Fitzwilliam, NH: Loreto, 2002), ##1787, 1809, 1792. Leo XIII는 1893년 11월 18일의 회칙 *On the Study of Holy Scripture*, 1899년 9월 8일에 프랑스 성직자에게 보낸 편지, 1899년 11월 25일에 프란체스코 수도회로 보낸 편지에서 동일한 입장을 취했다. 이 회칙은 영감을 다음과 같이 정의한다. "왜냐하면 초자연적인 능력으로 그[성령]가 그

위로, 다른 한편으로 성경의 무오성(infallibility)을 그 영감의 결과로 간주한다는 점을 아주 분명히 한다. 하지만 로마 가톨릭 신학자들 사이에서는 "양보론"(concessionism), 즉 일반적 의미에서 성경의 영감을 긍정하는 동시에 역사비평의 가장 급진적인 결론들 중 많은 부분을 수용하려는 경향이 증가하고 있다. 여기서 중대한 차이가 드러난다. 개신교에게는 엄격한 영감론을 붙드는 것 외에 다른 선택이 없다. 왜냐하면 영감론이 무너지면 다른 모든 것도 무너질 것이기 때문이다. 그러나 로마 가톨릭에서는 교의가 언제나 교회의 권위를 굳건한 토대로 삼기 때문에 모든 종류의 근대 학문을 수용할 수 있었다.

[111] 반면에, 종교개혁자들은 성경이 신적으로 영감된 특성을 가지고 있다는 주장을 온전히 수용했다. 그들은 완전히 적극적인 의미에서의 영감을 받아들였고, 그것을 성경의 모든 부분으로 확장시켰다. 때때로 루터는 자신의 구원론적 입장을 토대로[13] 성경의 몇몇 책(에스더, 에스라, 느헤미야, 야고보서, 유다서, 요한계시록)에 대해 호의적이지 않은 견해를 피력했고, 몇 가지 사소한 불일치를 인정하기는 했지만, 다른 한편으로는 가장 엄격한 의미에서 성경의 영감 교리를 고수했고 그것을 각 문자에까지 확장했다.[14] 루터파 신앙고백들은 언제나 성경의 신적 기원과 권위를 전제했다.[15] 루터파 교의학자들은 개혁파 학자들과 다르지 않았다. 예를 들어 칼

들[성경기록자들]을 그토록 움직이시고 몰아가셔서―그는 그들에게 그렇게 임재하셨다―그가 명령하신 것을, 그리고 그것들만, 그들이 먼저 바르게 이해하고 그 후에 신실하게 기록하기를 원하셨고, 최종적으로 적절한 단어들로 오류 없는 진리를 표현하셨다. 아니면 그가 전체 성경의 저자라고 말할 수 없을 것이다"(Denzinger, *Sources*, #1952).

13) 편집자 주―"그리스도가 선포되는가?"라는 해석학 원리가 정경성의 기준으로 사용되었다.

14) J. Köstlin, *The Theology of Luther in Its Historical Development and Inner Harmony*, trans. Charles E. Hay, 2 vols. (Philadelphia: Lutheran Publication Society, 1897), II, 521ff.; Fr. Pieper, "Luther's Doctrine of Inspiration," *Presbyterian and Reformed Review* 4 (April 1893): 249-266.

15) Augsburg Confession, preface 8, art. 7; Smalcald Articles, in vol. 3 of *The Creeds of Christendom*, ed. Philip Schaff and rev. David S. Shaff, 6th ed., 3 vols. (New

뱅은 성경을 완전하고 문자적인 의미에서 하나님의 말씀으로 여겼다.[16] 거의 모든 개혁파 신앙고백들이 성경에 대한 조항을 담고 있을 뿐 아니라 그 신적 권위를 분명하게 고백하는데,[17] 모든 개혁파 신학자들이 동일한 입장을 취한다.[18] 하지만 성경의 인간 저자들의 완전한 참여를 인정하는 완전히 유기적인 영감 이해는 단지 미미하게만 발전했다. 성경의 완전한 신적 영감을 변호하면서 비판자들과 조금도 타협하지 않으려는 열심은 지나친 주장으로 이어졌다. 성경 기록자들이 저자가 아니라 하나님의 필경사, 대필자, 공증인, 손과 붓에 불과하다는 것이다. 영감은 항상 "기록하도록 자극"하고 "내용과 단어를 제시"하는 적극적인 것으로 간주되었다. 영감의 범위는 모든 연대기적·역사적·지리적 내용과 실질적으로 모든 단어에, 심지어 모음과 발음 구분을 위한 부호에도 미친다.[19] 성경에 야만성이나 어법 위반은 존재하지 않아야 했고, 문체상의 차이는 이때는 이렇게 저때는 저렇게

York: Harper &Row: 1931; repr., Grand Rapids: Baker Academic, 1990), II, art. 2, 15; Formula of Concord, "Epitome."

16) J. Calvin, *Institutes of the Christian Religion*, I.vii-viii [ed. John T. McNeill and trans. Ford Lewis Battles, 2 vols. (Philadelphia: Westminster, 1960), 1:74-92]; idem, 딤후 3:16과 벧후 1:20에 대한 주석.

17) First Helvetic Confession, 1-3; Second Helvetic Confession, 1, 2, 13, 18; Gallican Confession, 5; Belgic Confession, 3; Ang., 6; Scots Confession, 18 등.

18) Zacharius Ursinus, *Volumen tractationum theologicarum* (Neustadt: Mathes Harnisch, 1584), 1-33; Jerome Zanchi, *De operum theologicorum*, 8 vols. ([Geneva]: Samuelis Crispini, 1617), VIII, col. 319-451; Franciscus Junius, *Theses Theologicae*, in vol. 1 of idem, *Opuscula theologica selecta*, ed. Abraham Kuyper (Amsterdam: F. Muller, 1882), chap. 2; Amandus Polanus, *Syntagma theologiae christianae*, I, 15; H. Bavink, ed., *Synopsis Purioris theologiae* (Leiden: D. Donner, 1881), disp. 2.

19) J. Buxtorf, *Tractatus de punctorum origine, antiquitate et auctoritate* (1648); idem, *Anticritica* (1653); Johann Heinrich Alsted, *Praecognita theologiae*, I-II, books I and II of *Methodus sacrosanctae theologiae octo libris tradita* (Hanover: C. Eifrid, 1619), 276; Polanus, *Syn. Theol.*, I, 75; G. Voetius, *Selectae disputationes theologicae*, 5 vols. (Utrecht, 1648-1669), I, 34; Consensus Helvetica, art. 2.

쓰기를 원하신 성령의 뜻으로 설명되었다.[20] 가장 극단적인 실례가 있다. 톨룩(Tholuck)에 따르면,[21] 1714년에 고타(Gotha)의 니체(Nitzsche)는 "성경 자체가 하나님인가"라는 문제를 다루는 논문을 저술했다.

인간이 기나긴 역사에서 보여온 하나님에 대한 반역과 그분의 계시에 대한 비판적인 반대를 생각할 때, 영감에 대한 극단적인 결론들을 통해 성경을 변호하려고 했던 열의는 이해할 만하다. 18세기에 일어난 이성주의자들의 성경비평은 아주 오래된 내력을 갖고 있다. 여호야김 왕은 하나님의 말씀이 언제나 실행되고야 만다는 단순한 사실을 무시하고서, 바룩의 두루마리를 불태우는 무의미한 반항을 자행했다(렘 36장). 마르키온과 같은 이들은 구약성경의 하나님을 신약성경의 하나님과 분리했고, 심지어 신약성경 내에서도 바울이 율법/복음, 육체/영을 대조시킨 것을 성경과 성경 사이에 쐐기를 박는 비평적인 해석학 도구로 사용했다. 켈수스(Celsus), 포르피리오스(Porphyry), 배교자 율리아누스(Julian the Apostate) 같은 신앙의 적들은 성경의 하나님과 성경의 사람들을 비방했다. 서양에서 성경이 거의 보편적이고 반론의 여지가 없는 지배권을 유지해오던 기나긴 시간이 지나가고, 18-19세기 근대 이성주의자들은 다시 성경에 기록된 글들의 진정성에 의문을 제기했다. 근대에 많은 관심이 성경 영감론에 집중되었고, 성경에 대한 비평적인 적대감은 증가했다. 그것이 켈수스든지 포르피리오스든지, 볼테르(Voltaire)든지 르낭(Renan)이든지, 슈트라우스(Strauss)든지 바우어(Baur)든지 상관없이 결론은 항상 동일했다. 성경은 오류와 거짓으로 가득한 책으로 여겨졌다.

성경에 특정한 가치와 중요성을 부여하고자 하는 신학자들은 영감에 대한 자신들의 견해를 수정했다. 성경의 영감을 종교적-윤리적 문제에만

---

20) Rohnert, *Inspiratione*, 205, 208; G. Voetius, *Select*. Disp., I, 34; Gomarus, *Opera omnia theologica*, 601에 따르면, J. Quenstedt와 Hollaz가 이렇게 설명했다.

21) A. Tholuck, *Vermischte Schriften grösstentheils apologetischen Inhalts*, 2 vols. (Hamburg: F. Perthes, 1862), II, 86.

국한하고, 역사, 지리 등과 관련된 각종 오류들은 인정하려는 시도도 있었다. 하나님의 말씀은 성경과 구분되었으며, 교리만 직접적으로 영감되었고, 다른 것에는 오류가 발생할 여지가 있다는 주장도 있었다.[22] "구원에 필수적인 것"과 "역사적이고 부수적인 것"을 구분하기도 했다. 하지만 이런 구분은 불가능하다. 성경에서 교리와 역사는 하나로 완전히 얽혀 있다. 또한 이것은 예수, 사도들, 전체 기독교회가 성경을 사용한 방식과도 모순된다. 결과적으로 이런 이원론적 견해는 슐라이어마허의 역동적(dynamic) 영감 이해에 길을 열어주었는데, 그는 영감을 성경의 특성과 속성을 다루는 문제에서 저자의 성품과 기질을 다루는 문제로 바꾸어버렸다.[23] 성경 기록자들이 가진 영감과 신자들이 가진 영감 사이에는 단지 정도의 차이만 있을 뿐이다. 그러나 성경의 모든 부분이 같은 정도로 영감된 것도 아니고, 모두가 하나님의 말씀인 것도 아니다. 다만 계시의 중심에 가까울수록 하나님의 영이 더 많은 숨을 불어넣으신 것이다. 따라서 성경은 신적인 동시에 인간적인 책으로서, 한편으로 가장 고등한 진리를 담고 있으나 동시에 유약하고, 오류의 가능성이 있으며, 불완전하다. 성경은 계시 자체가 아니라 계시의 기록(record)일 뿐이고, 하나님의 말씀 자체가 아니라 그 말씀을 기술한 것(account)일 뿐이다.

영감 교리의 주체를 성경 본문에서 저자의 성품(인격)으로 전환하는 신학적 수정의 중심에는 그리스도의 인격에 과도하게 몰입하려는 성향이 자리잡고 있다. 그분이 신학의 제1원리다. 성경은 아주 기묘한 방식으로 명맥을 유지하는데, 비록 그것이 여러모로 오류와 결함이 있다고 판명되기는 했지만, 그럼에도 여전히 어떤 식으로든 그리스도와 그의 가르침 및 모범의 진수를 계시한다고 믿어지고 있기 때문이다. 근대 신학자들은 성경에

---

22) Otto Fock, *Der Socinianismus* (Kiel: C. Schröder, 1847), 326ff.
23) F. Schleiermacher, *The Christian Faith*, ed. and trans. H. R. MacIntosh and J. S. Steward (Edinburgh: T&T Clark, 1928), §§128-132.

대해 갖은 비평을 가하면서도 그 종교적 가치를 계속해서 인정하는데, 성경을 이스라엘과 초기 기독교에 대한 지식의 원천으로 간주할 뿐 아니라 종교적-윤리적 삶을 진작하는 수단으로서도 그것을 보존하기를 원한다.

이것은 매우 불안정하며 결국에는 유지될 수 없는 입장이다. 그나마 다행스러운 점은 교회의 상황이 학계의 상황보다는 낫다는 것이다. 성경이 하나님의 감동으로 기록되었으며 가르침과 실천에 대해 권위를 갖는 것으로 받아들이는 그리스도인들이 여전히 많이 있다. 우리가 성경의 "종교적" 가치를 그 역사적·언어적 객관성에서 분리시키는 것이 치명적인 잘못임을 인정한다고 해서 성경의 세계에 대한 역사적 연구와 본문비평의 발전을 통해 얻은 유익한 통찰들을 간과할 필요는 없다. 심지어 알브레히트 리츨과 율리우스 카프탄 같이 과학적으로 치우친 신학자들조차도 만족스럽지는 않지만 다양한 방식으로 "그리스도 안에 있는 계시의 객관성"이 기독교의 토대라고 주장했다는 점을 잊지 말아야 한다.[24] 그들은 기독교 신앙에서 계시가 일차적으로 인간 안에서 발견되는 것이 아니라, 그들 바깥에 있는 역사에 자리잡고 있음을 올바르게 인정했다. 따라서 하나님의 외적인 역사적 계시가 기독교 신앙의 인지적 원천이며, 결과적으로 권위적 원리, 교의학의 자연적·필수적 제1원리가 된다.[25] 비록 카프탄이 성경을 단지 계시의 기록(record)으로 간주하고 "하나님 나라"와 "화해"라는 두 개의 미리 설정된 해석학적이고 "실천적인" 렌즈를 통해 성경을 걸러내어 이 두 가지 주제와 맞지 않는 모든 것을 거부함으로써 자신의 견해

---

24) Albrecht Ritschl, *Die christliche Lehre von der Rechfertigung und Versöhnung*, 4th ed., 3 vols. (Bonn: A. Marcus, 1895-1903), II, 9ff.; W. Herrmann, *Die Bedeutung der Inspirationslehre für die evangelische Kirche* (Halle: Niemeyer, 1882); J. Kaftan, *Wesen der christlichen Religion* (Basel: Bahnmaier's Verlag, 1881), 307ff.; Carl Emmanuel Nitzsch, *System of Christian Doctrines* (Edinburgh: T&T Clark, 1849), 212-252; E. Haupt, *Die Bedeutung der Heiligen Schrift für den evangelischen Christen* (Bielefeldand Leipzig: Velhagen & Klasing, 1891).
25) J. Kaftan, *Zur Dogmatik* (Tübingen: Mohr [Siebeck], 1904), 21ff., 109ff.

를 손상시키기는 했지만, 그럼에도 그가 계시의 권위를 교의학의 필수불가결한 토대로, 그리고 성경과 신앙고백들을 "무엇이 진정 기독교적인 것인지" 결정하는 유일한 권위로 삼은 것은 옳았다.

성경의 자기증거: 유기적 영감

[112] 성경 어디에서도 영감에 대해 분명하게 공식화된 교의를 제공하지는 않지만, 그럼에도 성경은 자신이 하나님의 감동으로 기록된 특성들을 가지고 있음을 우리에게 증거할 뿐 아니라 영감 교리를 구성하는 데 필요한 요소들을 제공한다. 성경 자체가 영감의 교리를 담고 있고 또 그것을 가르치는데, 성경이 영감 교리를 다루는 방식은 삼위일체나 성육신, 또는 대리속죄 등의 교리를 가르칠 때와 동일한 것으로서, 확고하고 분명하면서도 추상적 개념으로는 거의 도식화되지 않는다. 이 장의 앞부분에서 논의한 것처럼, 우리에게는 구약성경에 대한 우리 주님과 제자들의 태도가 하나의 본보기가 된다. 이렇게 영감의 문제에 대해 보다 귀납적이고 포괄적인 접근 방법을 택하는 사람들은 우리가 성경의 형성과 역사, 그 내용과 형태에 관해 배운 것들을 우리의 영감 교리에 통합시키려고 시도했다. 만일 영감에 관한 성경의 자기증거에 대한 우리의 진술들이 참되고 바람직한 것으로 인정받으려면, 그것들은 성경의 현상들과 일치해야 하고 성경으로부터 도출되어야 한다. "성경으로 하여금 스스로에 대해 말하게 하고 스스로 증언하게 하라"고 그들은 말한다. 그들은 성경을 정통주의적이고 스콜라주의적인 사고방식에 일치하도록 구속하려 하는 모든 이론들과 체계들에 반대한다. 그들의 비난에 따르면, 그런 태도는 성경에 대한 존중을 결여할 뿐 아니라 본문, 즉 성경의 사실들에 폭력을 행사하는 것이다.[26]

---

26) G. Wildeboer, *De Letterkunde des Ouden Verbonds* (Groningen: Wolters, 1893), V.

교회가 본문 스스로 말하게 하지 않고 미리 설정된 영감과 권위에 대한 개념을 성경 본문에 강요하는 일을 하지 말아야 한다는 우려는 존중받아야 한다. 여기서 우리 앞에 놓인 질문은 성경이 영감을 실제로 가르쳤느냐 가르치지 않았느냐, 그리고 우리가 그것을 믿을 것이냐 믿지 않을 것이냐 하는 것이다. 만일 성경이 그것을 가르친다면 우리는 또한—우리 자신이 하나님, 그리스도, 구원 등에 대한 성경의 진술에 매여 있는 것과 동일하게—성경이 말하는 것을 믿어야만 한다. 이른바 성경이라는 현상은 이러한 성경의 자기증거를 무효화할 수 없고, 이어지는 논의에서 반대 증인으로 소환될 수 없다. 인간의 학문적 연구는 성경의 어떤 부분들이 믿을 만한 것으로서 받아들여져야 하는지를 결정하는 독립된 제삼자가 될 수 없다. 성경의 발생과 구조에 대한 역사적 연구에 근거하여 자신의 성경론을 세우는 사람은 이미 성경의 자기증거를 거부하기 시작한 것이고, 따라서 더 이상 성경을 믿지 않는 것이다. 그들은 성경론을 성경 자체로부터 믿음을 통해 이끌어내는 것보다 자신의 연구에 기초해서 세우는 것이 더 낫다고 생각한다. 그들은 이처럼 자신의 생각으로 성경의 생각을 대체하거나 자신의 생각을 성경 위에 두는 것이다. 역사비평적 연구가 성경의 발생, 역사, 구조에 대한 선명한 통찰을 줄 수 있을지는 모르지만, 결코 성경에 대한 교의를 이끌어내지는 못한다. 그것은 성격상 성경이 그 자신에 대해 증언하는 내용으로만 수립될 수 있다. 『일리아스』(*Iliad*)의 기원과 구성 요소에 대한 역사적 탐구를 교리라고 말할 사람은 아무도 없을 것이다. 따라서 이러한 방법론을 통해 (서거나) 무너지는 것은 단지 어떤 "영감 이론"이 아니라 성경의 사실과 증언으로서의 "영감 자체"다.

성경은 스스로에 대해 "신적으로 영감된", "하나님이 숨을 불어넣으신"(θεοπνευστος) 것이라고 증거한다. 성경 전체에서 오직 디모데후서 3:16에만 나오는 이 단어는 능동형과 수동형으로 모두 사용될 수 있고, 따라서 "하나님이 숨을 불어넣으신"(God-breathing) 또는 "하나님에 의해 영감된"(God-breathed) 모두를 의미할 수 있다. 하지만 후자의 의미가 (Cremer

의 신약성경 사전과는 반대로) 의심할 여지없이 더 낫다. 그 이유는 (1) "테오스"(θεος)와 결합된 목적격 준동사들(objective verbals)은 가장 빈번하게—항상 그런 것은 아닐지라도—수동의 의미를 갖는다. 그런 예는 "테오그노스토스"(θεογνωστος; 하나님의 지식을 받은), "테오도토스"(θεοδοτος; 하나님에 의해 주어진), "테오디다크토스"(θεοδιδακτος; 하나님께 가르침을 받은), "테오키네토스"(θεοκινητος; 하나님에 의해 자극을 받은), "테오펨프토스"(θεοπεμπτος; 하나님에 의해 보냄을 받은) 등의 경우에서 볼 수 있다. (2) 수동의 의미는 베드로후서 1:21에 의해 지지될 수 있는데, 여기에서는 거룩한 사람들이 "성령에 이끌려서"(φερομενοι) 말했다고 기록되어 있다. (3) 신약성경 외에서 이 단어가 사용될 때는 항상 수동의 의미를 가진다. (4) 모든 그리스 및 라틴 교부들과 저자들은 만장일치로 이것을 수동의 의미로 이해한다.[27] 이에 따라 불가타 성경도 이 단어를 "신적으로 영감된"(*divinitus inspirata*)으로 번역했다. 물론 성경이 "영감을 준다"(inspiring)는 것은 부인할 수 없다. 문제는 디모데후서 3:16을 능동적인 의미로 축소한 이들은 성경이 영감을 준다고 말하기에 앞서 그것이 "영감된"(inspired) 것이라는 사실을 놓친다는 데 있다. 성경의 영감은 영웅적·시적, 또는 다른 종교적 영감과 동일시될 수 없다. 키케로가 "신적 영감 없이 위대한 인물이 된 사람은 없다"라고 한 말은 성경에 합당하지 않다. 성경의 1차 저자에게도, 2차 저자에게도 말이다.

그러나 동시에, 우리는 하나님의 영이 창조세계에 내재하시기에 성경의 영감이 가능하다는 것을 잊지 말아야 한다. 시인, 예술가, 선견자 등의 영감은 실제로 "유비로서" 성경이 말하는 영감을 조명하는 데 기여할 수 있다. 하나님의 내재(immanence)는 모든 영감의 기초이며, 여기에는 신적

---

27) 참조. B. B. Warfield 교수의 철저한 논증 "God-Inspired Scripture", *Presbyterian and Reformed Review* 11 (January 1900): 89-130; 편집자 주—이 논문은 The *Works of Benjamin B. Warfield*의 1권 *Revelation and Inspiration* (New York: Oxford University Press, 1927; repr., Grand Rapids: Baker Academic, 1991), 229-282에 다시 인쇄되었다.

영감이 포함된다(시 104:30; 139:7; 욥 33:4). 모든 피조물에게 존재와 생명을 매 순간 부여하는 것은 성령의 영감("숨")이다. 보다 구체적으로 말하자면, 주님의 영이 모든 총명과 지혜의 원리시다(욥 32:8; 사 11:2). 모든 지식과 기술, 모든 재능과 재주가 그분에게서 나온다. 창조세계에 거하시는 영이 재창조의 세계에 거하시는 영에 선행하며, 그 길을 예비하신다. 창조세계를 은혜롭게 구속적으로 갱신하시는 성자 그리스도의 사역에 성경의 계시도 동참한다. 영감은 엄밀히 말해 성령의 사역으로서 성령론의 범주에 속하지만, 그것은 또한 전적으로 성부의 창조하시고 섭리하시는 사역과 성자의 구속 사역의 일부이기도 하다.

여기서 분명히 해두어야 할 것이 있는데, 그럼에도 성경의 영감은 하나님의 일반적인 섭리 사역이 아니라, 특별계시에 속하는 것으로서 구원을 목적으로 하는 사역으로 간주되어야만 한다. 자연과 인류와 교회와 예언자들과 성경 저자들 안에서 이루어지는 하나님의 영의 활동들은 서로 관련되어 있고 유사하지만 동일하지는 않다. 성경 저자들이 그들에게 주어진 계시를 기록하는 데 몰두하도록 영감을 주시는 성령의 이 특별한 사역에는 기억을 돕는 일(요 14:26), 과거의 사건을 부활, 승천의 관점에서 새롭게 조명하는 일(요 16:12-14), 심지어 기록자가 하나님으로부터 분명한 명령을 받지 않은 당면한 문제에 대해 거룩한 판단을 내리는 일(고전 7:24, 40)까지도 포함된다. 성령은 인간 저자를 배제하지 않으시고 오히려 그들이 가진 모든 고유한 은사와 경험과 능력을 사용하신다.

[113] 우리가 앞에서 묘사한 것은 "유기적 영감"(organic inspiration)이라는 말로 가장 잘 정의된다. 우리는 성경에서 예언자 또는 대변자가 하나님을 대신하여 말할 때 사실상 주님 자신이 말씀하고 계신다는 사실을 확증하는 것으로 논의를 시작해야 한다. 예를 들어 우리는 "주께서 선지자로 하신 말씀"(참조. 마 1:22의 그리스어 본문)이라고 읽는다. 말씀하시는 분이 하나님이시기 때문에 그리스어 전치사 "휘포"(ὑπο)가 사용되었다. 하나님이 주어, 곧 말씀하시는 분이다. 반면에 예언자는—말하든지 기록하

든지-하나님의 도구다. 그렇기 때문에 예언자들에 대해서는 전치사 "디아"(δια)가 속격과 함께 사용되면서도, "휘포"는 단 한 번도 사용되지 않았다(마 1:22; 2:15, 17, 23; 3:3; 4:14 등; 눅 1:70; 행 1:16; 3:18; 4:25; 28:25). 실제로 말씀하는 분, 정보 제공자, 원 저자는 하나님 또는 성령이시고, 기록자들은 하나님이 말씀하시는 도구, 2차 저자, 필경사일 뿐이다. 영감은 단지 오류로부터 보호하는 것으로 축소되어서도 안 되고, "사람들의 영감"이라는 동력적인(dynamic) 방식으로 간주되어서도 안 된다. "오류 없음"이라는 전제에서 출발해서 역으로 본문의 영감성을 도출하는 것은 잘못이다. 로마 가톨릭이든지 개신교든지 기독교회가 성경의 책들을 거룩하고 정경적인 것으로 여기는 이유는 "이 책들이 오류 없는 계시를 담고 있기 때문이 아니라, 성령의 영감 아래 기록된 이 책들의 저자가 하나님이시기 때문에, 그리고 바로 그런 책으로 교회에 맡겨졌기 때문이다."[28]

"동력적인"(dynamic) 견해는 영감이 단지 성경 저자들 안에 종교적 감흥을 일깨워서 성경을 기록하게 하는 것에 불과하다고 보는데, 이런 견해는 영감을 중생과 혼동하고 성경을 경건서적과 동일선상에 둘 뿐만 아니라, 하나님이 말씀으로, 생각으로, 단어들로 자신을 사람들에게 계시하셨다는 사실을 원칙적으로 부정한다. 신적 영감은 무엇보다도 하나님이 예언자들과 사도들의 입을 통해 우리에게 말씀하시는 것인데, 그리하여 그들의 말(word)은 하나님의 말씀(Word)이 된다. 기록된 것은 "하나님에 의해 말해진 것"이다. 성령은 자신이 들은 것은 무엇이든지 말씀하실 것이고(λαλησαι) 장래 일을 선포하실 것(ἀναγγελει)이다(요 16:13). 하나님의 말씀들(λογια θεου, 행 7:38; 롬 3:2; 히 5:12; 벧전 4:11)은 항상 "신탁의 말씀, 신적 권위가 있는 전언"이다.[29] 디모데후서 3:16에서 성경을 "하나님이 숨을 불어넣

---

28) 편집자 주—Bavinck는 원래 라틴어로 된 인용구의 출처를 언급하지 않는데, 아마도 Christian Pesch, *De Inspiratione Sacra Scriptura* (Friburgi Brisgoviae: Herder, 1906), 412에서 가져온 것 같다(아래 각주 30을 보라).

29) B. B. Warfield, "The Oracles of God," *Presbyterian and Reformed Review* 11 (April

으신" 것이라고 부르는 것은 일차적으로 그 내용이 아니라 기원 때문이다. 그것은 "영감을 주기 때문에 영감된" 것이 아니라, 역으로 "성경이 하나님에 의해 영감되었기 때문에 영감을 주는(하나님의 숨을 불어넣는) 것이다."[30]

또한 영감에 대한 "기계적인"(mechanical) 견해도 2차 저자로서 성경 기록자가 수행하는 역할을 정당하게 다루지 못한다. 영감에서 신적이고 초자연적인 요소만 일방적으로 강조하는 것은 그것이 저자의 은사, 개성, 역사적 맥락과 갖는 연관성을 무시하는 것이다. 하나님은 성경 저자를 포함한 인간을 나무토막으로가 아니라 지적이고 도덕적인 존재로 다루신다. 우리는 이처럼 성경의 인간적이고 역사적인 측면을 이렇게 강조한 데 대해 근대 사상가들에게 감사할 필요가 있는데, 이는 그들의 탐구와 독려 덕분에 우리가 그것을 더 선명하게 볼 수 있게 되었기 때문이다. "동력적인" 견해도 "기계적인" 견해도 충분하지 않다. 성경 영감과 관련하여 가장 적절한 견해는 유기적인 것인데, 이것은 성경이 취한 종의 형체를 강조한다. 오직 이 방법만이 성경에 명백히 나타나는 신적 교육 방법, 즉 하나님이 오랜 세월 동안 점진적으로, 한 걸음씩, 더 높이, 더 많이, 더 선명하게 자기 백성에게 스스로를 알리신 그 방법을 존중한다. 성경 기록자들은 각자의 개성을 박탈당해서도, 자기 시대의 역사 위로 끌어 올려져서도 안 된다.

[114] 우리는 하나님이 세계를 "타자"(other)로, 즉 의존적이지만 자신과 구분된 존재로 창조하시고, 그리하여 하나님 형상의 담지자가 적절한 자유, 합리성, 의지를 갖게 하신 것에서 하나님이 일하시는 방식을 볼 수 있다. 하나님은 강제하지 않으시고, 설득하려 하신다. 육신이 되시는 로고스는 마음의 준비가 되어 있지 않은 사람을 갑작스럽게 취하시는 것이 아니라, 인간 본성에 들어가셔서 성령으로 그 본성이 자신에게 적절한 매개

1900): 217-260; 편집자 주―이 논문은 *The Works of Benjamin B. Warfield*의 제1권 *Revelation and Inspiration* (New York: Oxford University Press, 1927; repr., Grand Rapids: Baker Academic, 1991), 335-394에 다시 인쇄되었다.

30) C. Pesch, *De Inspiratione*, 412.

체가 되도록 준비하시고 빚으신다. 하나님은 중생과 회심의 과정에서도 인간의 능력과 은사를 억압하거나 파괴하지 않으시고, 그것들을 죄에서 깨끗하게 하심으로써 회복하시고 강화시키신다. 주님의 영은 예언자와 사도 안에 들어가시고 그들을 인도하셔서, 그들 자신이 스스로 하는 것처럼 살피고, 숙고하고, 말하고 기록하게 하셨다. 그들을 통해 말씀하시는 분은 하나님이시지만, 그와 동시에 그들 자신이 말하고 기록한다. 성령에 이끌려서, 그들 자신이 말한 것이다(ἐλαλησαν, 벧후 1:21). 그들의 타고난 기질과 성향, 그들의 성격과 경향, 그들의 지적 발달, 그들의 감정과 의지력은 이후에 임하는 소명에 의해 제거되지 않고, 마치 이 모두가 미리 성령에 의해 빚어져 있었던 것처럼 지금 동일한 영에 의해 섬기도록 소환되어 사용된다. 그들이 가진 모든 은사 및 능력과 함께 그들의 인격 전체가 부름 받은 소명을 위해 섬길 수 있도록 빚어진다. 예언자와 사도들은 성경을 기록하는 과정 내내 온전하게 그들 자신으로 남아 있었다. 그들은 사고하고 전달하는 그들의 능력, 그들의 감정 상태와 의지의 자유를 유지한다. 조사(눅 1:3), 성찰, 기억(요 14:26), 자료의 활용 등 일반 저자가 책을 저술하는 과정에서 이용하는 모든 통상적인 수단이 사용되었다. 어떤 경우에는—시편에서처럼—예언자와 사도들의 개인적 경험과 인생사가 글을 쓰는 데 필요한 재료가 되었다. 그래서 성경에는 모든 문학 장르, 즉 산문과 시, 송시와 찬송, 서사와 드라마, 서정시와 교훈시, 시편과 편지, 역사와 예언, 이상과 묵시, 비유와 우화(삿 9:7ff.) 등 온갖 문학 장르를 위한 여지가 존재한다. 여기서 각 장르는 그 나름의 성격을 유지하며, 따라서 그 나름의 내적 논리에 의해 판단되어야 한다.

성경은 인간 언어의 형태로 존재하는 하나님의 말씀이다. 말씀(λογος)이신 그리스도가 육신(σαρξ)이 되시고 인류 가운데 거하셨던(요 1:14) 것과 유사하게 말씀은 성경이 되셨는데, 이 성경은 하나님이 모든 사람에게 보편적으로 말씀하시는 수단이다. 유기적 영감은 계시의 중심 사실인 말씀의 성육신이 실현되고 적용된 것이다. 말씀이 성경(Scripture)이 되었고, 따라서 성경은 모든 경전(Scripture)이 겪는 운명에 맡겨졌다. 이 모든 일이 일어난 것은 모든 능력의 탁월함이―성경이 가진 능력의 탁월함을 포함하여―사람의 것이 아니라 하나님의 것이 되게 하기 위해서다. 성경은 전적으로 예언자와 사도들을 통해 말씀하시는 하나님의 영의 산물이며, 그와 동시에 전적으로 저자의 창작 활동의 산물이다.[31]

[115] 유기적 영감은 "기록에 관한"(graphic) 영감이고, 따라서 영감된 사상을 단어로부터, 또는 단어를 문자로부터 구분하는 것은 어리석은 일이다. 성경이 인격적인 특성을 강하게 띠고 있으며 우리에게 요구하는 것이 있다는 사실을 강조하는 것은 중요하지만, 이러한 "인격적"(personal) 특성이 성경의 실제 본문을 약화시키는 데 오용되어서는 안 될 것이다. 복음이 기록된 본문을 그리스도의 인격, 즉 성육신하신 말씀과 분리하는 것은 불가능하다. 그리스도에 대한 사도적 증언이 신뢰할 수 없는 것이라면, 그리스도에 대한 어떤 지식도 불가능하다. 여기에 더해서, 그리스도에게 권위가 있다면 그가 성경에 대해 가르치신 말씀에도 권위가 있다. 그렇다면 영감은 무엇보다 그리스도의 권위에 근거해서 받아들여져야 한다. "인격적"인 이론은 그리스도 자신의 권위와 충돌한다. 우리는 지식과 신앙을 분리해서 소위 "중재신학"(Vermittelungstheologie)의 추종자들처럼 대학 강단에서는 영감을 부정하고 교회 설교단에서는 그것을 실재로서 시인할 수는 없는 것이다. 머리와 가슴을 이런 식으로 분리하면 결과적으로 심각한 영적 질병을 초래하고야 말 것이다.

성경 본문을 하나님의 말씀으로 진지하게 받아들인다는 것은 성경의 모든 단어나 문자 자체에 고유한 신적 의미가 있는 것처럼 따로 떼어내서 읽는다는 뜻이 아니다. 단어들은 사상에 포함되어 있고, 모음들은 단어에

---

31) 편집자 주―여기서 Bavinck는 기독론적으로가 아니라 성령론적으로 말하고 있음을 반드시 기억해야 한다. 칼케돈의 기독론적인 범주를 성경에 적용하는 것은 부당하다. 성경은 "참 하나님이면서 참 사람"이 아니다. 오히려 성령의 사역은 인간 안에서, 인간의 본성이 존재론적으로 신격화되지 않고 모든 인간성을 유지하면서 이루어진다.

포함되어 있다. 유기적 영감 개념에서는 인간 언어가 갖는 온전한 인간성의 문제를 진지하게 다룬다. 영감 교리의 역사는 그 개념이 모음과 구두점에까지 점차 확대되었음을 보여준다(*inspiratio punctualis*). 이후에는 이것이 점차 축소되어 "구두점"에서 "단어"로(축자영감), 개별 "단어"에서 "말씀과 생각"으로(축자영감 대신에 말씀 영감), "생각으로서의 말씀"에서 "말씀의 주제"로(*inspiratio realis*), "주제"에서 성경의 "종교적-윤리적 내용"으로, "구원 얻는 신앙의 특별한 대상"으로(*inspiratio fundamentalis, religiosa*), 이런 대상에서 "인격"으로(*inspiratio personalis*), 마지막에는 결과적으로 초자연적인 은사로서의 영감을 전부 부인하기에 이르렀다. 이것은 곧이어 기독교 신앙 자체에 대한 거부로 이어진다. 성경에 "중심"과 "주변"이 있음은 분명한 사실이다. 모든 본문, 모든 구절, 모든 책이 신앙의 중심에 동등하게 가깝지 않다. 성경의 모든 책이 동등한 가치를 갖는 것도 아니다. 그러나 그 주변은 하나님의 사고 범위에서 배제되지 않은 채 부분으로서 존재한다. 성경의 영감은 완전한(plenary) 것이다.

[116] 이러한 영감 이해에 대한 비평신학의 반대는 여전히 강력하다. 반대들—예를 들어 역사 비평으로부터의 반대—을 무시해서도 안 되지만, 불신앙에서 비롯된 성경에 대한 영적·윤리적인 적대감의 존재도 간과해서는 안 될 것이다. 만일 성경이 그리스도 안에 있는 하나님의 계시에 대한 기술(account)이라면, 그것은 심판(κρισις)을 위해 이 세상에 오셨고 "많은 사람을 패하거나 흥하게 하기 위하여 세움을 받[으신]"(눅 2:34) 그리스도 자신이 초래했던 것과 동일한 반대를 불러일으킬 것이다. 그리스도는 빛과 어둠을 나누시고 여러 마음의 생각들을 드러내신다. 마찬가지로 성경은 살아 있고 활력이 있는 말씀으로서 마음의 생각과 뜻의 "판별자"다(참조. 히 4:12). 그렇기 때문에 성경이 줄곧 부인과 반대에 직면해왔다는 사실에 대해 조금도 놀랄 필요가 없다. 그리스도는 십자가를 지셨는데, 종(성경)이 그 상전보다 높아서는 안 될 것이다. 성경은 그리스도의 시녀(handmaiden)이므로, 그리스도가 받으신 비방에 참여하고 죄악된 인류에

게 적대감을 불러일으킨다.

성경에 대해 의문을 제기하는 것이 언제나 적대적 불신앙을 의미하는 것은 아닐지라도, 성경 앞에서 겸손한 태도를 갖는 것이 각 사람의 의무임을 강조하는 것은 중요하다. 성경이 우리를 판단해야지 우리가 성경을 판단하는 것이 아니다. 성령은 우리가 성경에 기록된 하나님의 말씀을 신뢰하고, 믿고, 순종할 수 있도록 우리 마음을 여신다. 성경에 대한 복종은 또한 일종의 지적 분투의 문제이기도 하다. 우리는 모든 지식과 진리에 대해 절망하지 않으면서도 우리의 한계, 신비의 실재, 우리 믿음의 약함을 인정해야 한다. 우리의 소망은 인간의 본성을 자기 안에서 회복시키신 참 사람이신 그리스도께 있다. 성경의 목적은 바로 우리에게 구원에 이르는 지혜가 있게 하려는 것이다(딤후 3:15). 성경에 대항하는 것은 일차적으로 인간의 마음에 있는 적대감을 표출하는 것이다. 물론 우리가 기억해야 할 것은 그러한 적대감이 우리 시대에 성경이 직면하게 된 비평에서만 표출되는 것은 아니며, 또 그것이 가장 강력한 반대도 아니라는 점이다. 하나님의 말씀인 성경은 모든 "육신에 속한"(unspiritual) 사람들에게 반대 받고 불신을 당한다. 원칙적으로 죽은 정통주의 시대에도 성경에 대한 불신앙적 태도는 역사지향적이고 비평적인 우리 시대에서와 마찬가지로 강력했다. 형태는 변할지라도 본질은 그대로 남아 있다. 성경에 대한 적대감이 켈수스와 포르피리오스의 비판과 같은 것으로 표현되든지, 또는 죽은 신앙에서 나타나든지, 원칙적으로는 동일한 것이다. 우리는 말씀을 행할 때 복 있는 사람이 된다(약 1:25). 주인의 뜻을 알고도 그것을 행하기를 거부하면 더욱 엄한 처벌을 받게 될 것이다(눅 12:47).

따라서 각 사람의 의무는 무엇보다도 먼저 하나님의 말씀에 대항하는 자신의 적대감을 내려놓고 "모든 생각을 사로잡아 그리스도에게 복종하도록"(고후 10:5) 하는 것이다. 오직 마음이 청결한 자만 하나님을 볼 것이다. 자기부인은 예수의 제자가 되기 위한 조건이고, 겸손은 배움을 위한 조건이다. 아우구스티누스는 말했다. "한 수사학자가 웅변의 제일 되는 규칙이 무엇이냐라는 질문을 받았을 때, 그는 '전달'(delivery)이라고 답했다. 둘째 규칙이 무엇이냐라는 질문에도 '전달', 셋째 규칙이 무엇이냐라는 질문에도 '전달'이라고 답했다. 그와 같이 당신이 만일 내게 기독교의 계율에 대해 묻는다면 첫째도, 둘째도, 그리고 셋째도 '겸손'(humility)이라고 답할 것이다." 칼뱅은 이 진술을 인용하면서 그에 대해 동의를 표하는데, 그는 여기에 "우리가 가진 철학의 기초는 겸손"이라는 크리소스토모스의 말을 덧붙인다.[32] 파스칼은 이렇게 외친다. "무력한 이성이여, 겸손하라! 미련한 본성이여, 잠잠하라!…하나님께 들으라!"

　이것은 신자들이 성경에 대한 모든 의문에서 벗어날 것이라는 말이 아니다. 신자라고 모든 의심에서 해방되는 것이 아니고, 성경에도 역시 의심을 불러일으키는 요소들이 많이 있다. 모든 신자가 이것이 사실임을 경험적으로 안다. "세상의 지혜"와 "하나님의 어리석음" 간의 대조를 모르는 신자는 단 한 명도 없다. 지식의 유무와 상관없이 모든 그리스도인이 늘 계속해서 벌여야 하는 동일한 전투가 바로 "모든 생각을 사로잡아 그리스도에게 복종"시키는 것이다(고후 10:5). 여기 이 땅에서 이 전투를 초월한 사람은 없다. 투쟁 없는 신앙은 없다. 믿는다는 것은 투쟁하는 것, 사물의 겉모습에 대항해 투쟁하는 것이다. 지적인 도전에 쉽게 양보하는 것은 신자들을 약화시킬 뿐, 해방시키는 것이 아니다. 우리는 성경에서 발견되는 지적 문제들을 위장하거나 무시할 필요가 없다. 설사 많은 문제들이 결코 해결될 수 없을지라도 말이다. 우리를 안심시키는 것은, 성경 자체가 자신의 영감에 맞서 제시하는 난제들 대부분이 최근에 우리 시대가 발견한 것이

---

32) J. Calvin, *Institutes*, II.ii.11. 편집자 주―Augustine의 인용은 *Letters*, cxiii, 3, 22 (PL 33:442; 참조. Fathers of the Church, 18:282)에서 가져온 것이다. Chrysostom에 대한 언급은 *De profectu evangelii 2* (PG 51:312)에 있는데, 원문에서는 "Θεμέλιος γάρ ἐστι τῆς καθ' ἡμᾶς φιλοσοφίας ταπεινοφροσύνη"라고 되어 있다(http://www.documentacatholicaomnia.eu/02g/0345-0407_Iohannes_Chrysostomus_De_profectu_evangelii_MGR.pdf).

아니라 이미 모든 시대에 알려져 있었다는 사실이다. 그럼에도 예수와 사도들, 아타나시오스와 아우구스티누스, 토마스와 보나벤투라, 루터와 칼뱅, 그리고 모든 교회의 그리스도인들이 수세기에 걸쳐 성경을 하나님의 말씀으로 고백하고 인정했다. 모든 반대가 사라지고 모든 불일치가 해결될 때까지 성경에 대한 믿음을 유보하겠다는 이들은 결코 신앙에 이르지 못할 것이다. "보는 것을 누가 바라리요?"(롬 8:24) 예수는 보지 못하고 믿는 자들이 복되다고 말씀하신다(요 20:29).

사실 반대와 난제는 모든 학문에 존재한다. 신앙으로 출발하려고 하지 않는 사람은 결코 지식에 이르지 못할 것이다. 인식론, 즉 지식에 관한 이론은 철학의 첫 번째 원리인데, 처음부터 끝까지 신비로 가득하다. 지식에 이르는 길이 완전히 드러날 때까지 학문적인 연구를 미루려는 사람은 시작조차 할 수 없을 것이다. 음식이 식탁에 올라오는 전 과정을 이해하기 전까지 먹지 않으려는 사람은 굶어 죽을 것이다. 마찬가지로 성경의 모든 문제가 해결되기 전에는 하나님의 말씀을 믿지 않겠다는 사람은 영적인 굶주림으로 죽을 것이다. 자연이 갖고 있는 수많은 수수께끼는 종종 우리로 하여금 지혜롭고 공의로운 하나님이 존재하는지에 대해 의심을 품게 만들 수 있다. 이때 우리는 성경과 관련해서도 스스로를 불가지론과 비관주의에 내던질 수도 있을 것이다. 그러나 절망은 학문의 영역에서도 투신자살과 같은 것이다. 불신앙을 수용한다고 해서 존재의 불가사의가 줄어드는 것이 아니라 오히려 늘어날 뿐이며, 더불어 마음의 불안도 더욱 커진다.

[117] 그럼에도 영감 교리를 반대하는 주장들에 대해 적절한 답변들이 존재한다. 영감에 대한 유기적 견해는 성령이 성경의 기록과정 내내 신적 기관으로 봉사하는 인간에게서 그 어떤 요소도 무시하지 않는다고 단언한다. 하나님의 계시는 추상적이거나 초자연적인 것이 아니라 구체적이고 역사적이며 살과 피를 가진다. 그것은 저 높은 곳에 머물지 않고, 우리의 정황 가운데로 내려온다. 신적 계시는 우리가 사는 이 우주를 구성하는 제거 불가능한 요소로서, 갱신과 회복에 영향을 주면서 지속적으로

기능하고 있다. 인간적인 것이 신적인 것의 도구가 되었고, 자연적인 것이 초자연적인 것의 계시가 되었고, 가시적인 것이 비가시적인 것의 표지(sign)와 인침(seal)이 되었다. 영감과 성경의 기록 과정 내내 인간 본성에 내재한 모든 은사와 힘이 사용되었다. 이것은 성경의 책들에서 발견되는 언어와 문체, 성격과 개성의 차이와 같은 문제들을 설명하는 데 도움을 준다. 마찬가지로 자료의 사용, 이전 저술들에 대한 저자들의 지식, 그들의 연구, 기억, 성찰, 인생 경험 모두가 유기적 견해에 수용된다. 성령은 위로부터 갑작스럽게 그들을 덮치신 것이 아니라 그들의 전 인격을 자신의 도구로 사용하신 것이다. 여기에도 역시 "은혜는 자연을 파괴하지 않고 완전하게 한다"라는 말이 적용될 수 있다. 저자들의 개성은 제거된 것이 아니라 유지되고 거룩해졌다.

또한 계시와 영감에 대한 유기적 견해에는 평범한 인생과 자연적 삶도 하나님의 생각들을 수종들 수 있다는 이해가 수반된다. 그리스도는 죄를 짓지 않으셨지만 인간적인 그 어떤 것도 자신에게 이질적인 것으로 여기지 않으셨으며, 또한 성경은 그분의 인간적 한계, 피곤함, 눈물에 대해 말한다. 성경은 일상의 아주 사소한 관심사조차도 간과하지 않는다(딤후 4:13). 기독교는 인간적인 것을 적대시하고 반대하는 것이 아니라 오히려 그것을 회복하고 갱신한다. 성경은 삶의 모든 것에 대해 말하는데, 그 방식은 언제나 신학적인 것이다. 성경의 의도는 그 내용과 통합되어 우리에게 주어진다. "무엇이든지 전에 기록된 바는 우리의 교훈을 위하여 기록된 것이니"(롬 15:4). 성경은 "교훈과 책망과 바르게 함과 의로 교육하기에 유익하니, 이는 하나님의 사람으로 온전하게 하며 모든 선한 일을 행할 능력을 갖추게 하려 함이라"(딤후 3:16-17). 성경은 우리로 하여금 구원에 이르는 지혜가 있게 한다(딤후 3:15). 성경은 학문을 위한 안내서가 아니다. 성경은 이스라엘의 역사 또는 예수의 전기, 아니면 팔레스타인 땅에 대한 지리적 관심을 채우기 위해 기록된 것이 아니다. 성경의 진정한 목적은 "우리로 하여금 구원에 이르는 지혜가 있게 하는" 것이다.

이것은 성경이 학문이나 세상에 대한 인간적 지식과 무관하다는 말이 아니다. "성경은 천체(heavens)가 어떻게 운행되는지 말해주는 것이 아니라, 우리가 어떻게 천국(heaven)에 가는지를 말해준다"라는 바로니우스(Baronius)의 말은 종종 오해를 불러일으켰다.[33] 그러나 성경은 학문과 예술에 대해서도 우리의 발에 등이며 우리의 길에 빛이 된다. 성경은 삶의 모든 영역에 대해 권위를 주장한다. 그리스도는 하늘과 땅의 모든 권세를 [받아서] 갖고 계시다. 영감은 성경의 모든 부분에 미치고, 종교는 전인의 문제다. 성경에 관련된 아주 많은 문제들이 다른 학문에서도 근본적으로 중요한 주제들이다. 인류의 창조와 타락, 인종의 통일성, 홍수, 민족들과 언어들의 발생 등은 다른 학문에서도 극히 중요한 사실들이다. 매 순간 학문과 예술이 성경과 접촉한다. 삶 전체의 기초원리들이 성경에 주어져 있다. 이 사실은 절대 경시되지 말아야 할 것이다.

또한 바로니우스 추기경의 말에는 중대한 진리가 있다. 성경의 "사실들"(facts)은—그것이 역사적인 것이든지 또는 다른 종류의 것이든지—별개로 그 자체를 위해서가 아니라 신학적인 목적을 위해, 즉 우리로 하여금 하나님을 알고 구원에 이르도록 하기 위해 전달되었다는 것이다. 성경은 결코 의도적으로 학문 자체에 관여하지 않는다. 그리스도 자신도, 비록 모든 오류와 죄에서 자유로우시지만, 엄밀히 말해 학문과 예술, 상업과 산업, 법과 정치 영역에서 활동한 적이 없으시다. 그리스도는 아버지의 영광을 계시하고 자기 백성을 구원하기 위해 이 땅에 오신, 은혜와 진리가 충만하신 구원자셨다. 하지만 죄의 부패가 우리 삶의 모든 영역을 오염시켰기 때문에, 그리스도의 은혜도 우리 존재의 가장 깊은 곳까지 미친다. 따라서 성경 역시 우리의 전인, 우리의 삶이 자리잡고 있는 가정과 사회, 학

---

33) Augustine은 이미 말했다. "우리가 복음서에서 읽는 것은 '내가 너희에게 보낼 보혜사는 해와 달의 경로에 대해 가르쳐 줄 것이다'라는 식으로 주님이 말씀하시는 것이 아니다. 왜냐하면 그분은 그들을 수학자가 아니라 그리스도인으로 만들기를 원하셨기 때문이다"(*Acts or Disputation against Fortunatus the Manichaean*, I, 10).

문과 예술 모두에 대해 말한다. 물론 성경은 엄밀히 말해서 학문적인 책이 아니며, 학문 세계의 빈틈없는 언어가 아니라 관찰과 일상의 언어로 말한다. 아마도 성경의 저자들은 천문학, 지질학, 동물학, 생리학, 의학 등에 대해 동시대 사람들보다 더 나은 지식을 가지지 못했을 것인데, 사실 그런 지식이 필요하지도 않았다. 왜냐하면 성경은 항상 진실한 일상적 경험의 언어를 사용하고, 우리를 "존재의 중심에서부터 종교적인" 피조물, 곧 하나님과의 교제를 갈망하는 자들로 다루기 때문이다. 성경은 인류의 구체적인 삶을 위한 책으로서, 가장 단순한 사람도 이해할 수 있는 언어로, 지식 있는 자와 무지한 자에게 동일하게 명료한 일상적인 인간의 언어로 말한다. 성경은 관찰과 지혜의 언어를 사용하는데, 이것은 지속적으로 학문 세계의 언어와 나란히 존재할 것이다.

성경이 나름의 의도적인 역사기술 방식을 갖고 있으며, 그것이 사실적인 정밀함을 추구하는 근대적인 탐구방식과는 다르다는 주장은 물론 옳은 것이지만, 우리는 그런 올바른 주장을 성경 내러티브의 실제 역사성에 대한 질문을 회피하기 위한 핑곗거리로 삼아서는 안 된다. 물론 이 역사들의 목적은 과거에 인류와 이스라엘에게 일어난 모든 일을 정확하게 말하려는 것이 아니라, 하나님의 계시의 역사를 우리에게 전해주려는 것이다. 성경의 목적은 우리에게 그 역사에 관련된 것들을 전해주고, 이를 통해 인생을 찾으시고 그들에게 다가오시는 하나님을 계시하는 것이다. 종교의 역사는 성스러운 역사다. 그럼에도 그것은 역사인 것이지, 전설이나 꾸며낸 이야기가 아니다. 성경의 모든 역사기술은 나름의 방향을 따라 사실을 증언하고 그 나름의 목표를 가진다. 성경이 우리가 (특히 근대적인 사람들이) 기대하는 정도의 정확성을 제공하지 않을지라도, 우리는 받은 것에 만족해야 한다. 그것으로 충분하다.

우리는 성경의 교리가 아직 완전히 발전되지 않았음을 인정할 필요가 있다. 성경학자들이 수행해야 할 작업이 아직 많이 남아 있다. 우리는 성경이 참으로 인간적인 특성을 가지고 있으며 다양한 문학 장르—산문과

시, 역사와 예언, 비유와 우화, 지혜문학—로 이루어졌다는 사실을 배웠지만, 그런 이후에도 우리에게는 확신할 수 없는 많은 문제가 있다. 부자와 거지 나사로가 가공의 인물인지 아니면 역사적 인물인지는 아직 해결되지 않은 문제다. 욥기, 전도서, 아가에 얼마만큼의 역사적 가치를 둘 것인가라는 문제도 마찬가지다. 예언과 관련하여, 우리는 구약성경의 예언자들이 자신의 환경에서 추출한 색채로 미래를 그려냈음을 기억하면서, 그들의 기록이 사실적인 것인지 또는 상징적으로 의도된 것인지를 각각의 경우마다 판단해야 한다.

하나님은 무한하시고, 모든 것을 아시고, 거룩하시다. 하지만 우리가 그분에 대해 말하는 모든 것은, 성경에 있는 것과 마찬가지로, 인간적인 말이다. 성경은 항상 가장 높고 거룩한 것들, 영원하고 보이지 않는 것들에 대해 인간적인 방식으로 말한다. 그리스도와 마찬가지로, 그것은 인간적인 그 어떤 것도 자신에게 이질적인 것으로 여기지 않는다. 하지만 바로 그런 이유 때문에 그것은 인류를 위한 책이며 세상 끝날까지 존재할 것이다. 그것은 오래된 책이지만 시대에 뒤떨어지는 법이 없다. 그것은 항상 젊고 신선하며 생명의 말씀이다. 하나님의 말씀은 영원히 있다.

6장
___

신앙

신앙, 그리고 신학적 방법론

[130] 계시를 수납하기 위해서는 앞서 논의된 외적 원리(계시)에 상응하는 내적 원리가 인간에게 있어야 한다. 계시는 주어져야 할 뿐만 아니라, 또한 받아들여져야 한다. 인간은 창조세계의 나머지 부분과 긴밀하게 연결되어 있다. 인간의 육체는 땅의 흙에서 취해졌고, 다른 육체들과 동일한 기본 요소로 구성되어 있기 때문에 물질세계와 가깝다. 인간은 생장을 위해 땅으로부터 자양분을 받는다. 그러나 우리는 또한 외부 세계를 지각하는 감각적인 피조물이고, 우리의 이성(λογος)을 통해 지적인 사물들에 내재한 "질서와 설계"(λογος)를 분별할 수 있다. 마찬가지로 인간은 외부 세계를 위해 그리고 외부 세계와의 관련성 속에 설계되었을 뿐 아니라, 동시에 신적 요소를 받아들일 수 있는 능력을 소유한다. 앞에서 이미 언급한 것처럼, 성경은 이런 종교적 성향, "신성에 대한 본유적 감각"(innate *sensus divinitatis*)이 인간 존재가 하나님의 형상대로 창조되었다는 사실에서 비롯된 것이라고 말한다. 종교는 계시와 그 계시를 받아들일 수 있는 인간의 수용력을 전제한다.

이런 종교적 수용력은 언제나 구체적으로 발현되며, 부모나 공동체의 종교 교사를 통해 우리 안에 주입된다. 이런 점에서 종교는 언어와 유사하다. 말하는 능력은 우리가 태어날 때부터 소유하는 것이지만, 우리가 생각을 표현하는 데 사용할 언어는 환경을 통해 우리에게 주어지기 때문이다. 한 인간이 자신이 태어난 종교 안에서 죽는 것은 보편적 규범이다. 개종은 보편적 규범을 벗어나는 예외이며, 대부분의 경우 신앙의 위기로 말미암아 발생하는 것이다. 자신의 종교에 만족하는 대다수의 사람들은 그 토대에 이의를 제기하지 않는다. 굶주린 사람이 자기 앞에 놓인 빵이 어떻게 준비되었고 거기에 무엇이 들어 있는지에 대해 탐구하지 않는 것과 마찬가지로, 종교적 신앙은 성찰의 결과로 주어지는 것이 아니다. 생존이 우선이고 철학은 그 다음이다. 과도한 종교적 자기비판은 영적 빈곤의 징후다.

그럼에도 신앙에 대한 비판적 성찰은 긍정적인 측면을 갖고 있다. 비록 그것이 상실된 신앙을 보상할 수 없을지라도 말이다. 종교가 가지는 독특한 본성으로 인해 신학은 고유한 인식론을 요구한다. 신학자는 철학자가 아니며, 지식에 관한 철학적 이론들이 신학에 있어 필수불가결한 전제조건도 아니다. 신학자에게 철학적 훈련은 유익하지만, 그 어떤 철학체계도 신학 작업을 좌지우지해서는 안 된다. 종교는 다른 어떤 힘보다 인간의 본성에 깊이 뿌리박혀 있다. 오직 종교만이 순교자를 낳는다. 종교적인 삶에 관한 한 우리의 감각적 지식과 이성은 한계에 부딪힌다. 인간 영혼의 깊이는 신비일 뿐이며 우리에게 분석을 허용하지 않는다. 우리는 스스로가 믿는 것을 대체 왜 믿는지 온전히 설명할 수 있는가? 우리는 신앙의 이유를 설명하거나 전달하려고 애쓰지만, 신앙에 대해 독자적인 이유를 주장하는 것 외에는 아무것도 할 수 없는 경우가 많다. "제가 여기에 서 있습니다. 저는 달리 행할 수가 없습니다. 하나님이여, 도와주소서!"

[131] 우리는 신앙의 불가사의한 요소들과 다양한 근거들을 존중하면서도 신앙이 결실에 이르게 하는 수단들을 검토해볼 수 있다. 우리가 종교적 지식을 얻는 기관―지성이든지, 마음이든지, 양심이든지―은 외부로부터 내용을 받아들인다. 단순히 지성, 이성, 마음, 또는 양심을 통해 종교적

지식과 확신에 도달했다고 주장하는 사람들은 심리학적·인식론적 교양을 결여하고 있음을 드러낼 뿐이다. 이런 기능들은 종교적 신앙의 원천이 될 수 없는데, 이는 그것들이 형식일 뿐이며 아무런 실질적인 내용도 포함하고 있지 않기 때문이다. 종교는 하나님의 존재(existence), 자기계시, 인식 가능성을 전제하고 요구한다. 계시는 외부에서 우리에게 오는 것이다. 그것은 우리에게 응답을 요구하지만 우리의 승인을 필요로 하지는 않는다. 오히려 신앙은 우리에게 믿고 순종하라고 역설한다. 신앙에 관한 우리의 모든 질문들은 근본적으로 권위의 문제와 관련된 것이다. 우리는 우리 자신을 넘어서서 우리의 외부에 존재하는 권위를 인정하는가, 아니면 자율(autonomy)을 주장하는가? 그리고 만약 자율을 선택한다면, 우리는 그 원천을 지성, 마음, 또는 양심 가운데서 어디에 두는가? 이 질문에 대한 답변에 따라 신학 작업을 이해하는 방식도 크게 달라질 것이다.

인간은 본성상 종교적이며, 우리의 종교적 수용력은 역사상의 종교를 통해 구체적으로 표현되고, 역사상의 종교에 의해 각성되고, 역사상의 종교에 적응해왔다. 그러나 여기에 부연할 것이 있는데, 그것은 이 수용력이 죄로 말미암아 부패했고 구원을 필요로 한다는 사실이다. 성경은 말하기를, 육에 속한 사람(the unspiritual)은 영의 일을 이해할 수 없고, 그것은 그들에게 어리석게 보일 뿐이며, 그들은 적대적인 마음으로 이를 거부하고 부인한다고 명시한다(고전 2:14). 교회의 신앙고백은 그리스도 안에서 드러난 하나님의 구원과 계시가 성령에 의해 신자에게 주관적으로 적용되어야 한다고 말한다. 성경에 기록되어 있고 그리스도 안에서 드러난 하나님의 객관적 계시는 종교적 지식에 있어 가장 우선하는 외적 원천(*principium cognoscendi externum*)이며, 성령은 지식의 내적 원천(*principium cognoscendi internum*)이다. 아들과 그 아들이 자신을 계시하시기로 선택하시는 자 외에는 아버지를 아는 자가 없고(마 11:27), 성령에 의하지 않고서는 아무도 "예수는 주님이시다"라고 말할 수 없다(고전 12:3). 로마 가톨릭교회는 제도적 교회가 영이 거하시는 곳이라고 가르치지만, 종교개혁에 따르면 이 성전은 유기체로서의 교회, 곧 신실한 자들의 모임이다. 모든 신자가 성령의 증거를 소유한다.

우리가 신앙과 그 다양한 근거 또는 우리가 호소하는 다른 권위들을 탐구할 때, 각각의 타당성과 한계를 동시에 고려해야 한다. 지성, 마음, 인간의 양심은 각각 신앙의 기초를 구성하는 요소들을 제공해주지만, 그것들을 그 자체로서 독자적으로 다루면 왜곡이 발생한다. 신앙을 오로지 지적인 것으로만 이해하면 사변에 빠지고 신앙의 감정적 측면과 도덕적 측면들을 무시하게 된다. 마찬가지로 종교적인 감정에만 전적으로 초점을 맞추면 진리와 옳고 그름의 문제를 무시하게 된다. 신앙을 정당하게 다루기 위해서는 각각의 요소를 차례대로 다룰 필요가 있다. 그런 가운데 우리는 과학, 예술, 도덕을 포함하면서도 그것들과 구분되는 독특한 현상인 종교에 필수적인 것이 무엇이며 그 핵심을 모호하게 하는 것이 무엇인지에도 주의를 기울여야 할 것이다. 이제 우리는 신앙의 핵심적인 측면인 지성, 감정, 도덕의 문제를 개별적으로 살펴보면서 그것들이 신학에 대해 갖는 관계, 그리고 권위에 관한 핵심 질문을 다룰 것이다. 이 세 가지 측면은 세 가지 신학적 방법론, 즉 역사적-변증적, 종교적-경험적, 윤리적-심리학적 방법론이라고 불리는 것에 상응한다. 우리는 지성을 중시하는 역사적-변증적 접근으로부터 시작하고자 한다.

신앙, 지성, 신학: 역사적-변증적 방법

[132] 교회의 역사에서 최초의 신학활동은 유대인과 그리스인에 맞서 복음을 변호하려는 변증적인 필요에서 비롯되었다. 교회는 태동하던 순간부터 갖가지 공격에 시달렸고, 시간이 흐르면서는 자기변호의 소명을 받은 것으로 스스로를 인식해갔다. 변증(apologetics)은 새로운 것이 아니라 계시만큼이나 오래된 것이다. 이는 자신이 전한 메시지의 진정성을 증명하도록 요구받았던 구약의 예언자들을 떠올려보면 쉽게 이해될 것이다. 기

독교 변증가들은 자신들의 신앙을 이방 종교의 이론적·실천적 내용과 비교한 후에 전자가 훨씬 우월하다고 판단했다. 기독교는 국가에 복이 되고 제국의 번성에 이바지하며 모든 인간에게 유익이 된다고 보았다. 기독교는 이교의 헛된 사상들을 포함하여 모든 이교적인 어둠의 헛된 영들로부터의 구출이자 해방이었다. "기독교는 신적 계시인 동시에 순수한 이성이다. 기독교는 유일하고도 참된 철학이다."[1] 이렇게 기독교 변증가들은 복음의 진리에 대해 견고하면서도 흔들림 없는 확신으로 시작했고, 이런 확신이 때로는 순교로 이어지기도 했다.[2]

기독교 신앙의 한 가지 중요한 요소는 이방 세계에도 참되고 선하고 아름다운 것이 많이 있다는 믿음이었다. 현존하는 모든 종류의 "진리의 씨앗들"을 거슬러 올라가보면, 세상을 창조하시고 이 세상에 태어나는 모든 인간들을 밝혀주시는 로고스에게로 도달하는데, 이 로고스는 또한 그리스도 안에서 육신이 되셨다. 그런가 하면 다른 이들은 진리의 씨앗들이 특별한 계시에서 비롯된다고 생각했는데, 이 계시는 하나님이 아득한 먼 옛날 인류에게 주신 것이며 이방인들 가운데도 어느 정도 보존되어 있는 것이다. 이 견해에 따르면 기독교는 세상 자체만큼이나 오래된 것이고, 처음부터 신적 계시 안에 배아처럼 들어 있었다. 이방의 종교와 철학체계 안에 존재하는, 그리고 사실상 모든 인간 영혼 안에 존재하는 참되고 선한 모든 것이 기독교를 증거한다. "영혼은 본성적으로 기독교적이다."

하지만 변증가들은 중대한 차이점을 얼버무리지 않는다. 그리스도와 예언자들의 거룩한 성품은 다른 종교의 창시자들이 가졌던 성품보다 우

---

1) A. von Harnack, *The Mission and Expansion of Christianity in the First Three Centuries*, trans. James Moffatt (London: Williams and Northgate, 1908; repr., New York: Harper Torchbooks, 1961), 225-226.

2) 편집자 주—가장 주목할 만한 예는 Justin Martyr(100년경-165년경)였는데, 그는 2세기 변증가들 중에 가장 위대한 인물로서 *Dialogue with Trypho the Jew*, *The First Apology*, *The Second Apology* (in *ANF*, I, 159-270)의 저자였다.

월하다. 그리스도의 자기 희생적인 죽음과 그분의 부활에 대한 사도들의
역사적 증언은 오직 기독교의 복음에만 주어졌다. 구원과 영생의 소망에
대한 기독교의 메시지는 유일무이하다. 성경의 고대성과 통일성, 그 숭고
함과 단순성, 성경 메시지의 풍성함과 다면적인 증거, 예언과 성취, 기적
등의 요소들이 기독교를 다른 모든 주장들 위로, 모든 의심 너머로 고양시
킨다. 그리스도인의 품행은 이교도의 우상숭배, 미신, 마술, 간음, 낙태 등
과 극명하게 대조되는 동시에 뛰어난 형제애, 환대, 관용, 그리고 과부와
고아, 가난한 자와 병든 자, 죄수와 노예, 핍박받는 자와 죽은 자에 대한
돌봄으로 특징지어졌다. 기독교가 제국에 복이 된다는 것은 상당히 설득
력 있는 주장이었는데, 이는 그리스도인들이 견고한 믿음을 가지고 있었
고, 그 믿음을 삶으로 실천했기 때문이다.

[133] 중세 스콜라 신학은 신앙에 기초했음에도 결국 신앙의 진리를
이성의 내용으로 바꾸었고, 자연적 진리와 초자연적 진리, 그리고 학문적
인 이성과 신앙을 분리하고 말았다. 로마 가톨릭 사상은 종교개혁에 대한
반응으로 교회 자체를 성경과 계시에 대한 믿음의 가장 강력한 기초로 삼
았다. 제1차 바티칸 공의회는 성령의 내적 도움을 인정하면서도 교회를
필수적인 외적 표지로서 받아들이지 않는 자들을 정죄했다.[3] 로마 가톨릭
에서 외적 증거들은 "신앙의 전제들"(preambles of faith), 다시 말해 초자연

---

3) [제1차] 바티칸 공의회, session III, chap. 3 "믿음에 대하여"는 이렇게 선언했다. "왜
　냐하면 기독교 신앙의 확실한 신뢰성을 위해 신적으로 준비된 수많은 놀라운 모든 것
　이 오직 가톨릭 교회에만 속해 있기 때문이다. 하지만 교회 자체가 스스로 신뢰성에 대
　한 크고 영속적인 이유가 되고 또한 교회 고유의 신적인 사명에 대한 이론의 여지없는
　증언이 되는 것은, 바로 교회의 놀라운 확장, 교회의 예외적인 거룩함, 모든 선한 일에서
　의 다함없는 풍부함 때문이고, 교회의 보편적 일치와 불가항력적 안정감 때문이다" (H.
　Denzinger, *The Sources of Catholic Dogma* [*Enchiridion Symbolorum*], trans.
　from the 30th ed. by Roy J. Deferrari [London and St. Louis: Herder, 1955], #1794).
　그리고 다음과 같이 정죄를 선언한다. "만일 누군가 신적 계시가 외적 증거로는 신뢰하
　게 만들 수 없다고, 그리고 그렇기 때문에 사람들이 각자의 내적 경험으로만, 또는 사적
　해석으로만 믿음에 이르게 된다고 말한다면, 그는 정죄를 받을지어다"(ibid., #1812).

적인, 곧 주입된 은혜에 필수적인 토대다. 역사적 변증과 이성은 "신앙으로 이끄는 동기"(*motiva credibilitatis*) 역할을 한다. 인간의 이러한 자연적 행위들은 성례전적으로 주입된 초자연적 은혜를 예비하는 역할을 하며, 궁극적으로 지복직관(beatific vision of God)으로 이끈다. 인간은 사다리를 타고 오르는 것처럼 단계적으로 상승하여 이러한 직관에 이르는 것이다.

종교개혁은 원칙적으로 이러한 로마 가톨릭의 위계체계에 반대하여 신앙이 성령의 신적 권위와 사역에만 의존한다고 주장했다. 하지만 개신교 신학자들 역시 자연신학의 개념들로 돌아가서, 계시의 진리에 대한 역사적 증거들을 찾으려고 했다. 심지어 칼뱅조차 성경의 신적 특성을 증명하는 것은 쉬운 일이라고 주장하면서 이를 위해 다양한 근거를 열거했고,[4] 다른 많은 신학자들도 그 예를 따랐다.[5] 이런 증거들이 적어도 "인간적 신앙"(human faith)을 불러일으키기에 충분하다는 확신은 뜻하지 않게 이성을 신앙에서 해방시키고, 자연신학과 성경에 관한 교리들을 구원 얻는 신앙과 무관한 것으로 만드는 결과를 낳았다. 이성주의가 소키누스주의, 아르미니우스주의, 데카르트주의, 이신론의 모습으로 나타나서 이런 흐름을 따라갔고 또 개신교 신학 안에 침투했다. 자연신학이 계시신학과

---

4) John Calvin, *Institutes of the Christian Religion*, I.vii.4-viii.13 (ed. John T. McNeill and trans. Ford Lewis Battles, 2 vols. [Philadelphia: Westminster, 1960], 1:78-92).

5) Zacharias Ursinus, *Volumen Tractationum Theologicarum* (Neustadtii Palatinorum: Mathes Harnisch, 1584), 1-33; Jerome Zanchi, *Operum Theologicorum*, 8 vols. ([Geneva]: Sumptibus Samuelis Crispini, 1617), col. 335ff.; Amandus Polanus, *Syntagma Theologiae Christianae*, 5th ed. (Hanover: Aubry, 1624), I, 17ff., 27-28. H. Bavinck, ed., *Synopsis purioris theologiae* (Leiden: Donner, 1881), disp. 2, 10ff.; 참조. Heinrich Heppe, *Dogmatik der evangelisch-reformierten Kirche* (Elberfeld: R. L. Friedrich, 1861), 20-22. 편집자 주—영역본: *Reformed Dogmatics*, ed. Ernst Bizer, trans. G. T. Thomson (London: Allen & Unwin, 1950); H. E. F. Schmid, *The Doctrinal Theology of the Evangelical Lutheran Church*, trans. Charles A. Hay and Henry Jacobs, 5th ed. (Philadelphia: United Lutheran Publication House, 1899), 57ff.

나란히 독립된 지위를 얻었고 결국은 계시신학을 대체했다. 이신론은 자연신학이 인간의 근본적인 종교적 필요를 채우는 데 전적으로 충분하다고 판단했다. 진정한 학문적 방법으로 종교에 접근하려는 갈망은 트뢸치(Troeltsch)와 같은 이들의 종교사학파 방법론으로 이어졌다. 신학은 교회와 신앙으로부터 철저히 해방되어 객관적·중립적·역사비평적 방식으로 다루어졌다. 이에 맞서 어떤 이들은 계시의 신적 권위를 긍정하는 초자연주의적 입장을 채택했으나, 경건과 이성의 철저한 분리에 굴복하는 치명적인 결과를 낳고 말았다. 이것은 2세기 교부들이 기독교를 효과적으로 변증했던 위대한 모습과는 아주 거리가 먼 것이었다.

[134] 신앙에 대한 지성적 변증이 비록 루소, 칸트, 레싱, 슐라이어마허와 같은 사상가들로부터 심각한 비판을 받기는 했지만, 우리는 이러한 역사적·변증적 입장에도 진리가 담겨 있음을 잊지 말아야 한다. 모든 신자의 의무는 온유함과 두려움으로 자기 속에 있는 소망에 관한 이유를 제시하고, 또한 복음을 거슬러 말하는 자들을 반박하는 것이다(벧전 3:15; 딛 1:9). 좋은 변증학은 교회와 세상에 복이 된다. 초기 교회가 이를 증명한다. 그러나 정당한 변증은 신앙을 뒤따르는 것이지, 계시의 진실성을 선험적으로 논증하려고 시도하는 것이 아니다. 그리스도인들은 어색하게 침묵을 지키면서 대적자들로부터 숨을 이유가 없다. 기독교 신앙은 삶의 실재에 부합하는 유일한 세계관이다. 변증가의 지성적 노력은 과도한 기대로 이어져서도 안 되고, 기독교 진리의 진정한 주체성을 부인하는 것으로 이어져서도 안 된다. 회심을 위해 이성에 의지하거나, 신앙을 오로지 지성적인 토대 위에 세우려고 하는 것은 언제나 실망만 안겨줄 것이다. 지성의 사제들이 인준하는 계시를 따르는 것은 희미한 확신밖에 주지 못한다. 길고 험난한 여정을 요구하는 이성적·역사적 검증에 신앙의 확신을 기초시키는 것은 잘못인데, 왜냐하면 그러한 여정은 결코 끝나지 않을 것이기 때문이다. 신앙의 의문과 도전은 우리가 순례자로 있는 한 늘 계속된다. 게다가 우리가 삶의 시련과 곤란에 직면하여 신앙의 위로를 구하는 순간에는 학

자처럼 냉정한 태도로 광범위한 탐구와 성찰에 매진할 여유는 없을 것이다. 만약 이것이 우리의 모범이 된다면 우리 가운데 대부분은 새로운 (지성의) 사제들에게 의존할 수밖에 없을 것이고, 우리의 구원은 지식인들의 결론에 좌우될 것이다. 그런 일이 일어나서는 안 된다. 영원이 거미줄에 매달려 있을 수는 없다. 우리가 구원의 위안과 축복 속에서 살고 죽기 위해서는 오류의 여지가 있는 인간의 지성적 결론 이상의 것이 필요하다. 우리에게는 하나님의 말씀이 필요하다. 우리가 그러한 말씀을 들었다는 신앙은 분명한 확신을 부여하는 성령의 증언에 기초한다. 신앙과 이성은 함께 간다. 신앙을 이성에 종속시키는 것도, 신앙과 이성을 분리시키는 것도 교회와 진리 문제에 도움이 되지 않는다.

[135] 19세기 유럽의 지적 사고는 계시와 이성의 분리에 대한 반작용과 응답으로 낭만주의(romanticism), 곧 주체의 지배와 자율에 굴복했다. 관념주의(idealism)는 주체 안에서 객관성을 찾았다. 피히테 같은 사상가들은 세계, 즉 비자아(non-ego)를 인간 주체의 정신, 곧 자아(ego)의 산물로 보았다. 관념주의를 회복시킨 예언자적 철학자는 헤겔이었는데, 그에게는 우주 자체가 하나의 생성과정, 곧 논리적인 관념의 진전이었다. 헤겔은 삼위일체와 성육신 같은 고전적인 기독교 교의를 하나님·덕·불멸에 대한 신학적 이성주의 대신 사변철학적 진리들로 바꾸었다. 이 견해에 따르면 종교는 형식과 상징(신화)으로 자신을 가리고 있기 때문에, 모든 교의에서 그 역사적 상징 형식들을 제거해서 배후에 있는 관념을 드러내야 한다. 역사는 껍질, 즉 포장지에 불과하며, 중심을 차지하는 것은 깊고 참된 철학이다. 이성은 온갖 상징적 형식과 표현에 대한 최종적 진리에 이르는 길이다. 이런 식으로 신학과 철학은 서로 타협점을 찾지만, 역사적 기독교 신앙은 근본적으로 변형되고 말았다. 인격적인 하나님은 절대관념으로 대체되었다. 이것은 부분적으로는 이신론적·초자연적 이성주의에 대한 반발이었지만, 그럼에도 헤겔은 결국 이성의 궁극적 승리를 대변한다.

[136] 이성주의가 기독교 전체를 왜곡한 데 비해, 헤겔과 슐라이어마

허는 교회와 교의로 돌이켰을 뿐 아니라 주관과 객관의 조화, 사고와 존재의 조화를 강조했다는 점에서 칭찬받을 만하다. 많은 지성인들이 계시와 종교를 경멸하면서 교회와 신앙으로부터 돌아섰다. 슐라이어마허와 헤겔은 용감하게 교회와 교의로 되돌아갔고, 비록 제한된 의미에서였지만, 그곳에서 깊은 종교적 진리를 발견했다. 명징성에 대한 이성주의적인 요구와 결별하고, 무시당하는 교회의 종교를 강력히 변호하고, 기독교 신앙의 타당성과 가치를 다시 주장한 것에서 그들의 정신력이 드러난다. 두 사람 모두 사고와 존재가 매우 밀접하게 연관되고 상응한다고 주장했다. 이성주의가 상식이라는 부당한 법정에서 종교를 정당화하려고 한 데 반해, 헤겔과 슐라이어마허는 종교가 인간의 삶에서 고유한 자리를 차지하는 독특한 현상이며, 또한 그렇기 때문에 그에 상응하는 독특한 기관이 인간 본성에 있어야 한다고 주장했다.

하지만 그들도 (이성주의자들과) 동일한 오류에 빠졌다. 사고와 존재가 상응한다는 논지에 만족하지 않고, 그 둘을 동일시한 것이다. 관념들이 실제 세계이고, 창조된 실재는 사유의 유출이다. 이처럼 사유와 존재를 동일시하는 것은 모든 사변철학의 기본 오류로서, 플라톤으로부터 시작되어 데카르트, 스피노자를 거쳐 피히테에 의해 근대에 다시 널리 퍼진 것이다. 여기서의 오류는 명백하다. 사고와 존재 간에 아무리 많은 유사점이 있다 하더라도, 그 둘 사이에는 차이점이 실재한다. 사유에서 존재가 도출될 수는 없는 것은 모든 피조물의 존재가 사유의 유출이 아니라 능력의 행위에 기인하기 때문이다. 이와는 대조적으로 기독교의 가르침이 확증하는 바는, 모든 것의 본질이 하나님의 사유에 기인하는 반면 그 존재는 하나님의 의지와 그의 창조하시는 능력의 행사에 기인한다는 것이다. 따라서 인간의 사유는 존재를 전제한다. 그것은 창조된 세계의 기초 위에서만 일어난다. 우리는 이미 마음에 내포되어 있음으로써 세계를 통해 우리 의식에 도달하는 것에 대해서만 성찰(re-flect)할 수 있다. 그러나 만약 근대철학에서처럼 외부에서 우리에게 도달한 모든 질료를 거부하면서 순수 이성이나 추상화된 감정을 출발점으로 삼는다면, 우리는 아무것도 갖지 못하든지, 설사 얻는다 해도 기껏해야 아무런 내용도 없는, 그리고 너무나 모호해서 그로부터―전체 우주 또는 기독교 계시와 종교는 고사하고―아무것도 유추해낼 수 없는 지극히 일반적인 원리밖에 얻어낼 수 없을 것이다. 따라서 이런 사변신학은 아무런 책임이 없는 것이 아니다. 신학은 하나님에 대한 지식이 아니라 인간학이나 "신앙론"(pisteology) 또는 교회론으로 전락하고 말았다. 요컨대 영지주의의 새로운 형태가 된 것이다.

헤겔과 슐라이어마허 이후의 사상사를 살펴보면 이 마지막 지점이 잘 못되었음을 확인할 수 있다. 근대 신학의 상당 부분은 정통 기독교의 역사적 실재론(historical realism)을 버리고 사변철학으로 피신하면서 기능상 영지주의적으로 변질되었다. 슐라이어마허는 신앙의 자리에서 출발했으나, 그 뒤를 이은 중재신학(mediating theology)은 진리의 증거를 인식적 필연성에서 찾았다. 슐라이어마허는 "지적인 비난자들"(cultured despisers)에게 종교를 전해주려는 열심을 가지고 있었지만, 십자가의 미련한 것을 세상의 지혜로 바꾸는 데 성공하지 못했고, 그의 명민한 통찰에도 불구하고 그리스도를 위해 이 시대의 자녀들을 얻지는 못했다. 그 어떤 종교도 논리 정연한 진리체계로 축소될 수 없다. 더구나 기독교는 [신적] 은혜의 역사(history)인데, 은혜는 논리적인 결론과는 다른 그 이상의 무엇이다. 따라서 기독교에서는 가장 심오한 사상가도 권위와 신앙에 대해 어린아이와 같은 입장을 벗어날 수 없다. 종교적 이성주의는 아무도 신경쓰지 않고 어느 누구도 살아가는 데 필요로 하지 않는 지적 논증과 추상적 관념들의 틀 안에 매여 있기 때문에 결국은 아무런 열매도 맺지 못한다. 생명의 물줄기는 전혀 방해받지 않고 그것을 지나쳐 흐른다.

신앙, 감정, 신학: 종교적-경험적 방법

[137] 역사적 논증과 사변적 논증이 열매를 맺지 못하자 많은 신학자들

은 기독교의 특정 진리들에 대한 근거를 찾기 위해 종교적 경험으로 돌아
섰다. 이러한 발전에는 슐라이어마허의 영향이 결정적이었는데, 특히 종
교는 지식이나 행위의 문제가 아니라 특정한 감정 상태의 문제이며, 따라
서 교의신학은 경건한 마음 상태에 대한 묘사라는 그의 주장에 영향을 받
았다. 역사비평으로 인해 성경의 권위에 대한 믿음이 약화되면서 그리스
도인의 경험이 확신의 근거가 되었고, 또한 신학에 대해 학문적이고 종교
적–경험적(religious-empirical)인 접근의 문이 열렸다. 여기서도 역시 그리
스도인의 확신은 외적·역사적 증거나 이성적 증거에서가 아니라 신앙 의
식(believing consciousness)에서 찾아졌다. 칸트가 형이상학을 배제한 이후
로, 이런 식으로 기독교 신학이 세속 학문 가운데서 명예로운 위상을 되찾
을 수 있으리라는 기대가 있었다. 필요한 일은 철저하게 경험을 중시하여,
종교적 경험의 사실들 위에 학문적인 구조를 세우는 것이었다. 신학은 형
이상학을 전적으로 거부하면서 믿는 주체를 출발점으로 삼았다. 교의신학
을 철두철미 이런 방식으로 체계화한 사람은 에어랑엔(Erlangen)의 신학자
프랑크(F. H. R. Frank, 1827-1894)였다.[6]

프랑크에 따르면, 종교적 확신을 줄 수 있는 것은 외적 증거도 아니고
성경·교회·전통의 권위도 아닌, 중생의 경험뿐이다. 신자는 기독교 신앙
의 진리 전체 내용을 그리스도 안에 있는 새로운 생명으로부터 즉각적으
로 받아들일 수 있다. 그의 교의 체계는 종교적 확신의 문제에 초점을 맞
춘다.[7] 먼저 프랑크는 신자가 확신에 이르는 심리적 경로를 체계적으로

---

6) 편집자 주—에어랑엔 학파는 일군의 루터파 신학자들을 가리키는데, 이들은 대략 1840
년 이후부터 에어랑엔 대학교(바이에른 주) 신학부에서 가르쳤다. 이들 중 영향력 있는
인물로는 성경신학자 J. Chr. K. von Hofmann (1810-1877), 신약학자 Theodor Zahn
(1838-1933), 교의신학자 G. Thomasius (1802-1875)와 Franz Herrmann Reinhold
Frank (1827-1894)가 있다. 이들은 다른 루터파들에 비해 신앙고백적인 정통주의에 덜
매여 있었지만, 19세기의 루터파 신앙고백과 신학에 대한 관심의 부흥에 기여했다.

7) 편집자 주—Frank는 "확신"에 대한 중요한 체계적인 책을 두 권 저술했다. *System der
Christlichen Gewissheit*, 2 vols. (Erlangen: A. Deichert, 1870-1873); *System der*

기술한 후에,[8] 별도의 연구를 통해[9] 기독교 신앙의 진리-내용을 종합한다. 공정하게 말하자면, 프랑크는 신앙의 대상이 선재하는 외적 실재임을 부인하지 않는다. 또한 그는 기독교의 확신이 말씀을 통해 생겨나는 것도 부인하지 않으며,[10] 오로지 거듭난 주체로부터만 객관적 진리를 이끌어내려 하는 것도 아니다.[11] 이 두 가지는 독립적인 의의를 갖고 있다. 분명 프랑크는 자신의 두 연구를 함께 고려하도록 의도했다. 중생에 대한 종교적 의식이나 확신과 신앙의 진리들 사이에는 일종의 상호성이 존재한다. 프랑크는 확신의 체계를 완성한 후에 말하기를 일종의 "반전"이 일어난다고 설명한다. 다시 말해 신앙 진리의 내용에 대해 종교적 경험을 통해 획득된 확신이 다시금 그 나름의 진리 주장들을 양산한다는 것이다. 내적 중생을 경험한 그리스도인은 이제 기독교 신앙의 내용 전체를 자발적으로 그리고 즉각적으로 참된 것으로 받아들인다.[12] 이렇게 신앙과 신학을 위한 근거와 권위는 종교적 경험에서 온다.

[138] 프랑크에 의하면, 기독교의 진리는 중생의 경험을 중심으로 세 개의 원을 형성한다. (1) 중생과 함께 즉시 주어지는 것, 즉 죄의 실재성·칭의·미래에 이루어질 완성, (2) 신자가 자신의 새로운 상태를 설명하는 데 필수적인 인격적 하나님의 실재, 삼위로 계시는 하나님의 존재, 신-인(God-man)이 이루신 속죄,[13] (3) 교회, 하나님의 말씀, 성경, 성례, 기적,

---

*Christlichen Wahrheit. System der Christlichen Wahrheit*는 1878-1880년에 에어랑엔의 A. Deichert에서 두 권으로 출간되었고, 2판은 1885-86년에, 3판은 1894에 출간되었다.

8) 편집자 주—*System der Christlichen Gewissheit*에서.

9) 편집자 주—*System der Christlichen Wahrheit*에서.

10) Franz Herman Reinhold Frank, *Dogmatische Studien* (Erlangen: A. Deichert, 1892), 56.

11) Ibid., 68-69.

12) F. H. R. Frank, *Gewissheit*, I, 193.

13) 이 세 진리들은 함께 초월적인 진리의 집합을 형성하면서 그리스도 안에서의 중생이 가져오는 도덕적 변화의 발생 요인을 지시한다.

계시, 영감 같은 것을 포함하는, 그리스도인의 삶에서 구속적인 경험을 일으키는 과도기적이고 일시적인 수단들. 프랑크의 체계는 중요한 진리를 담고 있는데, 하나님 나라를 보기 위해서는 중생이 필수적이라는 점이다. 프랑크가 자신의 통찰을 인식론적 문제―신자는 어떻게 확신에 이르는가?―에 국한시켰다면 아무런 이의도 제기되지 않았을 것이다. 그러나 경험과 인식으로부터 내용을 도출하려고 하는 것은 존재와 지식, 또는 객관적 진리와 주관적 확신을 혼동하는 것이다. 우리는 여기서 근대사상의 전형적인 혼동을 목격한다. 그것이 경험론적인 형태든지 또는 관념론적인 형태든지 말이다. 교의신학을 확신의 체계와 진리의 체계로 이중적으로 구성하는 것은 지지될 수 없는데, 이는 기독교적 확신이 그와 관련된 형이상학적·역사적 진리를 떠나서 묘사될 수 없기 때문이다. 결국 프랑크도 주관주의자다.

[139-140] 신학적 확신을 경험에 기초시키려는 다른 시도들도 성공하지 못했다. 기독교의 진리에 대한 확신의 기초는 그리스도인 자신이 아니라, 성령이 증언하시는 하나님의 말씀이다. 문제는 어느 정도 "경험"(experience)이라는 단어의 모호성에 있다. 경험은 모든 종교에서 중요하지만, 기독교에서 그것은 하나님의 말씀에 의해 일으켜지고 신앙과 함께하면서 신앙을 앞서지 않고 뒤따르며, 언제나 성경에 의해 교정되어야 한다. 경험이 아니라 성경이 신앙의 척도다. 예를 들어 우리는 사도신경의 조항들에서 "나는…믿습니다"를 "나는…경험합니다"로 바꿀 수 없다. 신앙의 결과를 신앙의 내용 및 근거와 혼동해서는 안 된다. 역사적인 기독교의 진리는 경험을 궁극적인 근거로 삼을 수 없다.

물론 종교적 경험의 중요성을 무시하는 것은 잘못이다. 종교적 경험을 경건과 분리할 수는 없는데, 우리는 성경 전체, 특별히 시편에서 종교적 경험을 묘사하는 고전적 표현들을 발견할 수 있다. 경험에 호소하는 일에는 주의가 필요한데, 이는―위대한 영적 저자들이 잘 알고 있었듯이―그런 호소가 온갖 취약점을 내포하고 있어서 우리를 정서적으로 치켜세우기도 하고 추락시키기도 하기 때문이다. 경험 자체로는 충분치 않으며, 하나님의 말씀으로 계속해서 교정되어야 한다. 우리의 정서적 삶을 위해서도 성경이 척도가 되어서 우리가 무엇을 경험해야 할지 알려준다. 한 가지 덧붙이자면, 우리가 한때 경험에 호소할 수는 있지만, 그 경험이 우리에게 가르쳐주는 사실은 기독교에 관한 역사적 사실과 진리를 그런 식으로 깨닫고 수용한 사람이 아무도 없다는 것이다. 경험은 그런 짐을 감당할 수 없다. 역사적 기독교의 진리는 경험을 궁극적 근거로 삼을 수 없다. 기독교의 역사적 사실들—성육신, 십자가 죽음, 부활, 승천, 오순절 성령강림—도 하나님에 대한 일반적인 감각과 양심의 확신이 할 수 있는 것처럼 직접 경험될 수 있는 것이 아니다. 게다가 종교적 경험은 주관적이고 개인적인 원리여서, 온갖 종교에 대한 독단에 문을 열어주고 사실상 무정부주의를 왕좌에 앉힌다. 종교는 사적인 것이라면서 말이다. 그러나 성경은 이렇게 말한다. "마땅히 율법과 증거의 말씀을 따를지니 그들이 말하는 바가 이 말씀에 맞지 아니하면 그들이 정녕 아침빛을 보지 못하고"(사 8:20).

신앙, 도덕, 신학: 윤리적-심리학적 방법

[141] 윤리적-심리학적 방법은 바로 앞에서 언급된 슐라이어마허와 프랑크의 종교적-경험적 방법과 여러모로 일치하면서도 칸트와 더욱 밀접하게 관련되어 있으며, 감정적 경험보다는 윤리적 자기주장을 더 많이 강조한다. 여기서 기독교는 감정이나 교리 또는 역사적 사실이 아니라, 인간의 의식에 호소하는 종교적-윤리적 힘이다. 이 견해에 따르면 실천이성에 의해 하나님의 존재, 자유, 불멸을 합리적으로 추론하는 것은 가능하다. 여기에는 인간이 선행하는 도덕적 상태, 선을 추구하는 성향, 구원의 필요성, 불만족에 대한 느낌 등을 가지고 있다는 이해가 전제되어 있다. 이런 사람이 기독교와 조우할 때 그들의 양심에는 논증과 증거 없이도 기독교가 신적 진리라는 인상이 주어진다. 왜냐하면 기독교는 그들의 종교적-윤

리적 필요를 만족시키고, 그들의 고상하고 높은 열망에 부합하며, 그들로 자기 자신과 화해하게 하고, 그들을 죄책과 죄의 짐에서 해방시키고, 그들에게 평화와 위로와 행복을 줄 뿐만 아니라, 이 모든 것을 통해 스스로가 하나님의 능력과 지혜라는 것을 증명하기 때문이다.

기독교 신앙이 인간의 도덕성에 부합한다거나 또는 다른 종교보다 더 우월하다는 입장은 변증가들에게까지 거슬러 올라간다. 우리는 테르툴리아누스에게서도 그런 모습을 발견할 수 있는데, 그는 영혼이 부지불식간에 그리스도에 대해 증언한다고 호소한다.[14] 다른 이들은 이교도들에게서 발견되는 "선한" 것을 가리킬 때 이 논거를 사용한다. 그들은 기독교를 참된 철학으로 간주한다. "올바른 말은 그것이 누구의 것이든지 상관없이 우리 그리스도인의 것이다."[15] 이와 유사하게 둔스 스코투스도 그의 『명제집』(Sentences) 머리말에서 계시 내용의 합리성, 그 도덕적 영향, 인간이 본래 그들의 운명에 이르는 데 필요한 계시의 충족성을 지적한다. 심지어 루소도 『에밀』(Emile)에서 예수의 삶과 가르침을 칭송하지 않을 수 없었다. "소크라테스의 삶과 죽음이 현자의 것이었다면, 예수의 삶과 죽음은 하나님의 것이었다."

근대에 이르러 도덕적 논증의 중요성이 증대된 데는 철학자 임마누엘 칸트의 역할이 상당히 컸다. 칸트의 철학체계에 따르면 인간의 지식에는 두 원천, 즉 사물에 대한 감각(senses)과 우리가 가진 지식의 형식에 대한 지성(intellect)이 있다. 그 위에 이성, 곧 순수이성이 있는데, 여기서 선험적 종합의 원리는 이성이 조건적인 것(the conditioned)에서 무조건적인 것(the unconditioned)으로 상승한다는 것이다.[16] 이런 특성으로 인해 이론

---

14) Tertullian, *The Soul's Testimony*, 1; 참조. idem, *Apology*, 17.

15) Justin Martyr, *2 Apology*, 13; 참조. Adolf von Harnack, *History of Dogma*, trans. N. Buchanan, J. Millar, E. B. Speirs, and W. McGilchrist, and ed. A. B. Bruce, 7 vols. (London: Williams & Norgate, 1896-1899), II, 129ff., 144ff.

16) I. Kant, *Critique of Pure Reason*, trans. N. K. Smith (1929; repr., New York: St.

이성(theoretical reason)은 관념들의 원리들을 형성하는데, 그것은 절대적이고 무조건적이고 초월적이다. 이성이 그 본성과 일치하게 산출한 관념들은 크게 세 가지, 곧 하나님, 자유, 불멸이다. 이 관념들의 대상들은 지각할 수 없고, 따라서 알려질 수도 없다. 우리는 오직 이성의 추론을 통해서만 그것들에 도달한다.[17] 이 세 가지는 모두 이론적으로 증명할 수 없는 것이다. 그것들은 우리의 지식을 증대시키지 않고, 다만 규정하고 정돈할 뿐이다. 이론이성은 이런 관념들이 실재를 갖는지, 또는 그것들이 무엇인지 우리에게 알려줄 수 없다.[18]

그러나 이성은 이론적일 뿐만 아니라 실천적이기도 하다. 그것은 자기 안에 도덕법과 정언명령을 가지고서 우리 자신의 의무를 우리에게 부과한다. 실천이성(practical reason)은 우리에게 우리 자신의 의무를 무조건적으로, 사심 없이, 오직 의무 자체에 대한 존중으로 말미암아 이행할 것을 요구하는데, 이로써 자연을 넘어선 질서, 도덕적 세계질서가 있음을 지적한다. 우리는 이 세상의 물질적 재화(material goods)를 훨씬 초월하면서 무엇보다 덕과 행복의 합일을 특징으로 하는 최고선(a supreme good)에 대해 눈을 뜬다. 만일 의무에 대한 이러한 명령이 환상이 아니라 실현 가능한 것이라면, 달리 말해 만약 우리 안팎의 도덕적 세계질서가 자연질서를 극복할 수 있다면, 우리는 이를 통해 하나님과 불멸도 존재해야 한다고 주장할 수 있다. 그러므로 이 세 가지는 실천이성의 공리들로서, 도덕법이 이들의 실재를 요구한다. 실천이성은 그것들이 존재할 것을 요구한다.[19]

칸트의 이 유명한 이론도 비판으로부터 자유롭지 못하다. 칸트가 실천이성에서 하나님이나 자유의 개념들이 공리로 간주된다고 주장할 때, 그

Martin's Press, 1965), 327-367, 386-393.

17) Ibid., 333-341.

18) Ibid., 386, 554, 576, 586, 589, 593ff.

19) I. Kant, *Critique of Practical Reason*, trans. Mary Gregor (Cambridge: Cambridge University Press, 1997), 92-122.

렇게 추정하는 이는 정확히 누구인가? 칸트는 두 개의 "동인"(agents)을 구분한다. 하나는 도덕 명령의 의무를 지고 있으며, 다른 하나는 추론에 의해 그로부터 관념들의 존재를 도출한다. 두 번째 경우에는 실천이성 자체가 논리적 추론에 관여하여 이론적 성격을 띠게 된다.[20] 더 중대한 또 다른 반대가 있다. 이론이성이나 실천이성은 무엇을 토대로 이러한 관념들의 존재를 유추할 수 있다는 것인가? 칸트는 이러한 결론이 모든 이성적 존재에게는 필연적이라고 주장한다. 달리 말하자면, 자유, 하나님, 불멸의 존재에 대한 가정은 도덕법의 존재만큼이나 필연적이고,[21] 따라서 칸트는 무엇보다 도덕법이 실현되려면 이 세 관념이 실재하는 것으로 가정해야 한다고 주장한다. 그러나 만약 이것이 칸트의 견해라면 여기서 우리가 다루고 있는 것은 심리적으로 중재된 공리가 아니라 객관적이고 "논리적"인 공리들이고, 따라서 다음과 같은 의문을 제기할 수 있다. 그렇다면 어떤 이유에서 이런 논리적 공리가 지식의 문제나 이론이성의 요소가 아니라는 것인가? 어째서 칸트는 이런 지식이 단지 실천적일 뿐이라고 주장하는가? 다른 곳에서[22] 칸트는 도덕적 신앙이 심리적-도덕적 근거들 위에서 참된 것으로 여겨진다고 공언한다. 따라서 이 도덕적 신앙은 "그것은 틀림없다"라고 말하지 않고 "나는 윤리적으로 확신한다"라고 말한다. 그것은 도덕적 확신이라는 전제에 의존한다.[23]

이와 유사하게 칸트는 『실천이성비판』(*Critique of Practical Reason*)에서 다음과 같이 주장한다. "온전한 사람은 이렇게 말할 것이다. '나는 신이 존재하기를 원한다. 나는 그 누구도 이 신앙을 내게서 빼앗아가도록 하지 않을 것이다. 내 도덕적 관심이 하나님의 존재를 요구한다. 도덕적 신앙은 명

---

20) L. W. E. Rauwenhoff, *Wijsbegeerte van den Godsdienst* (Leiden: Brill & Van Doesburgh, 1887), 325, 328.

21) I. Kant, *Practical Reason*, 119 각주.

22) Ibid., 92-122.

23) I. Kant, *Pure Reason*, 640-666.

령이 아니다. 명령된 신앙이라는 것은 모순이다. 의무감은 객관적이며, 도덕적으로 행동하고 행복해지기 위한 능력도 마찬가지다.' 그러나 미덕과 행복을 연결하는 것이 인격적 신에 의한 것인지, 아니면 본성의 결합에 의한 것인지를 우리는 알지 못한다. 도덕적 관심이 여기서 결정적 요인이다. 그것은 우리의 선택 능력 안에 있으나, 실천이성은 세계의 지혜로운 창조자에 대한 신앙을 지지하는 결정을 내린다."[24] 우리는 실제로 칸트에게서 이중 목적을 포착할 수 있다. 그는 한편으로 신앙의 합리성을, 다른 한편으로 신앙의 자유를 견지하려고 한다. 자유, 하나님, 불멸에 대한 믿음은 모든 사람이 가지고 있는 실천이성에 의해 자명한 것으로 전제된다는 점에서 객관적이지만, 그럼에도 그것은 개인의 도덕적 성향에 달려 있다.[25]

[142] 순수이성의 세계(감각과 과학의 사실)와 실천이성의 세계(초감각적 가치)를 칸트가 나눈 것은 신학에 심대한 영향을 끼쳤다. 만약 초감각적 (noumenal) 세계가 알려질 수 없는 것이라면, 하나님에 대한 지식으로서의 신학은 불가능하고, 신학은 단지 인간의 도덕적 행위에 대한 탐구나 종교적·도덕적 이상주의로 전락하고 말 것이다. 한 걸음 더 나아가서 윤리적 근대주의자들은 하나의 철학체계를 만들려는 시도를 멀리하면서 신앙과 학문을 가능한 한 선명하게 분리하고 종교를 도덕의 영역으로 제한한다. 그들에게 종교란 도덕적 이상주의, 도덕적 이상에 대한 헌신, 선(善)의 능력에 대한 믿음인데, 이 능력은 객관적인 실재를 가지고 있을 수도 있고 인간 정신의 개념에 불과한 것일 수도 있다.[26] 종교와 신학에 대한 이런 이해는 알브레히트 리츨(Albrecht Ritschl)의 문화개신교(신학적 자유주의)에서

---

24) I. Kant, *Practical Reason*, 119-121.
25) Kant의 이론적인 공리로서의 실천이성에 대해서는 특히 Arthur Schopenhauer, *Die Welt als Wille und Vorstellung*, 6th ed., 2 vols. (Leipzig: Brockhaus, 1887), I, 610-625를 보라; 편집자 주—이 책의 영역본을 참고하라. *The World as Will and Representation*, 2 vols. (New York: Dover, 1969)
26) L. W. E. Rauwenhoff, *Wijsbegeerte*, 116ff., 366ff.

절정에 이르렀다. 리츨에게 종교와 신학은 자연과 법칙의 세계가 아니라 영과 자유의 세계에 속한다. 기독교는 윤리적 종교, 즉 구원과 하나님 나라를 두 개의 초점으로 갖는 타원이며, 전적으로 영적이고 전적으로 도덕적인 종교다.

[143-144] 리츨이 플라톤적·형이상학적 견해를 대체하기 위해 채용한 지식 이론(인식론)은 그의 신학에서 매우 중요하다. 만일 그것이 단지 우리는 지각의 도움 없이 사변과 추론만으로는 사물들을 알 수 없다는 것을 의미할 뿐이라면 그것은 오히려 무해했을 것이다. 문제가 되는 것은, 사물이 그 드러난 모습과 완전히 일치하고 그 속에 남김없이 현존한다는 것이 그의 견해라는 인상을 강하게 받는다는 점이다. 리츨은 한 번도 이 점에 대해 적절한 반박을 하지 않았다. 만일 현상의 배후에 아무런 실체나 담지자가 존재하지 않는다면, 사물들이 아니라 그 영향만 존재하는 것이라면, 사물들의 존재가 단지 "관계 가운데 있음"에 지나지 않는다면, 결국 모든 객체의 "존재"(being)와 "본질"(being thus)이 관찰하는 주체에 의존하게 될 것이고, 모든 학문은 환상설(illusionism)과 유아론(唯我論, solipsism)의 암초에 걸리고 말 것이다. 종교의 전제를 실천적 도덕 경험에 두는 것 자체가 바로 결함인데, 이는 그것이 우리가 경험하는 순서와 반대되기 때문이다. 종교는 도덕을 뒤따르지 않고 선행한다. 형이상학 없는 도덕, 양심을 구속하는 절대적 권세와 무관한 의무감은 존재하지 않는다.

리츨이 종교를 알기 원하는 사람은 자신의 입장을 종교 안에 두어야 한다고 역설했던 점은 우리가 긍정적으로 받아들여야 할 것이다. 기독교 신앙과 무관한 자연신학을 미리 구성하고, 그것을 자기 신학의 출발점(preamble)으로 삼는 것은 잘못이다. 종교는 그 자체의 고유한 특징을 가지고 있으며, 결코 자연에 대한 학문적 탐구의 산물이 아니다. 더욱이 그것은 항상 실증적(구체적)이고 고유한 원천을 갖고 있으며, 또한 계시의 산물이다. 따라서 종교에 대해 알고자 하는 사람은 계시의 범위 안에 자신의 입장을 두어야 한다. 신학적 지식을 얻는 과정에서 신앙에게 주어진 역할이 (설사 그것이 주관적이다 하더라도) 있다는 점을 인정하는 것이 대단히 중요하다. 우리는 리츨에게서 발견되는 이런 강조점을 기꺼이 인정한다. 앞에서도 이 점에 대해서는 그런 입장을 취해왔다. 하지만 우리의 인정과는 별개로, 몇 가지 치명적인 오류들을 언급할 필요가 있다.

리츨은 기독교를 그리스도의 인격과 결부시키지만, 여기서 그리스도는 교회의 교리가 제시하는 의미로서가 아니라, 자신의 인격에 대한 신자들의 경험을 통해 그들에게 하나님을 계시하는 분으로 이해되었다. 한 개인이 신앙에 이르는 방식이 바로 이런 것이며, 리츨의 권위가 발휘되는 자리가 바로 여기다. 강한 도덕의식을 갖고 있으며, 도덕적 욕구를 느끼고, 도덕적인 이상에 목말라하고, 따라서 하나님을 추구하는 사람, 그런 사람은 예수에 대한 복음서들의 묘사를 대면할 때 반발할 수 없다. 그리스도의 인격이 우리에게 남기는 인상, 복음으로부터 우리 마음에 흘러들어오는 능력, 수치와 기쁨에 대한 도덕적 경험, 하나님 나라의 이상에 상응하는 우리의 필요와 요구, 이런 것들이 리츨과 그의 추종자들에게는 그리스도의 인격과 삶에 나타난 계시의 참됨을 증명하는 최종적 근거인 것처럼 보인다. 종교는 삶이다. 주관적 종교가 일차적이고 중심적이며, 그것이 객관적 종교의 심장을 이룬다.

하지만 여기서 "그리스도의 인격"은 누구를 가리키는가? 우리의 신앙의 근거이며, 우리의 도덕적 스승과 인도자로서 결정적인 중요성을 가진 그는 대체 누구인가? 그는 교회에 의해 고백된 분이 아니라 복음서에 대한 역사비평 연구의 전문가들에 의해 묘사된 존재라는 것이 밝혀진다. 리츨의 계승자들은 "역사의 예수"(Jesus of history)와 "신앙의 그리스도"(Christ of faith) 사이에 긴장 관계를 조성하는데, 그들은 예수의 이미지에서 신앙을 산출해내는 것이 정확히 무엇인지, 그리고 이런 일이 어떻게 발생하는 것인지에 대해 논쟁을 벌임으로써 절대 해결될 수 없는 갈등에 직면하게 된다. 그것은 그의 "내적 생명"이나 "도덕적 힘"인가, 아니면 하르낙이 제안한 것처럼, 인간에게 하나님 나라의 도덕적 파트너로서의 가치를 부여하는 성부 하나님과 인간의 영혼 사이의 관계인가? 만일 하르낙의 제안을 따른다면 성자가 아니라 오직 성부만이 예수가 선포하신 복음에 속하는 셈이다. 어떻게 이해되든지 간에, 리츨 학파에서 신앙의 내용이 종교적-윤리적 차원에 국한되었다는 것은 명백하다. 분명히 리츨주의자들은 그리스도 안에서 얻는 구원이 가지는 역사적 차원들이 중요하다는 점을 인정한다. 그들은 스스로가 기독론을 빈약하게 만든 장본인임에도 불구하고, 만일 역사비평 연구가 그리스도의 주 되심을 우리에게서 빼앗으려고 한다면 기독교 신앙은 즉시 그에 대항해 일어날 것이라고 입을 모아 주장한다. 이 점에 대해서는 매우 다행스럽게 생각하는 바다. 하지만 우리는 예수의 윤리적 가르침에 대한 자기 나름의 도덕적 이해로부터 신앙의 내용을 도출하는 그들의 방법론에는 저항해야 한다. 우리는 그리스도가 친히 지상에 세우신 자신의 몸인 교회의 신앙을 벗어나서는 이것을 충실하게 수행할 수 없다.

[145] 종교와 기독교를 윤리적-실천적으로 정당화하는 이러한 방법론은 많은 장점을 갖고 있다. 종교와 인간의 도덕적 필요 사이에 존재하는 관련성은 대단히 의미심장한 것이다. 사람의 마음과 양심을 만족시키는 것은 종교의 증표이자 면류관이다. 비탄과 슬픔의 때, 삶과 죽음의 기로에서 위로가 되지 못하고 병상에서와 임종 시에 할 말이 없는 종교, 의심하는 이들에게 용기를 주지 못하고 좌절한 이들을 일으켜 세우지도 못하는 종교는 그 이름을 가질 자격이 없다. 흔히 하는 것처럼 진리와 위로는 서로 상반되는 것이라고 주장하는 것은 종교가 아니다. 위로를 담고 있지 않은 진리, 인간의 종교적-윤리적 삶과 무관한 진리는 바로 그 점에서 더 이상 종교적인 진리일 수가 없다. 의학의 다양한 전문 분야들이 환자의 치료라는 하나의 목표를 지향하는 것처럼, 사람들은 종교에서 평안과 구원을 찾을 권리가 있다.

이것이 윤리적-심리학적 방법론의 강점이다. 여기서 종교를 평가하는 기준은, 사람의 마음을 만족시키고 죄책감과 불안에 시달리는 영혼에게 얼마만큼의 위로와 위안을 제공할 수 있는가 하는 것이다. 우리는 종교가 마땅히 위안을 제공해야 한다는 점을 사실로 인정한다. 하지만 반대로 그것이 종교의 참됨을 증명하지는 않는다. 사실상 모든 종교가 어느 정도의 위로와 만족은 제공할 수 있다. 비참과 죄책, 의심과 확신, 인내와 소망에 대한 경험은 그리스도인들뿐만 아니라 정도의 차이는 있겠지만 이슬람교도와 불교도들에게도 있다. 리츨과 다른 이들은 신학을 모든 형이상학과 근원적인 구원사적 사실들로부터 단절시킴으로써, 종교를 주관화하여 "우리를 위한" 실용적·도덕적 유용성으로 축소해버린다. 그러나 종교적-윤리적 경험과 평가가 그 대상의 참됨을 보증하지는 못한다. "가치"는 "참됨"과 동일하지 않다. 나는 "거짓"된 어떤 것을 내게 가치 있는 것으로 여길 수 있다. 가치 판단이 형이상학과 분리될 때, 그것은 교의학의 토대와 내용이 될 수 없다. 종교는 그 대상의 실재에 대한 확신을 내포한다. 종교적이고 윤리적인 평가는 주어진 문제에 관련된 사람이나 사실의 참됨을 전제한다. 따라서 가치 판단은 사실 판단에 의존하며, 그것들은 함께 서거나 넘어진다. 대상에 대한 판단이 그 실재에 근거하지 않았다면, 그것은 환상이나 상상의 산물 또는 이상을 형상화한 것에 불과할 것이다. 사람들이 인지하는 필요를 찾아 그것을 만족시키는 것만으로는 충분하지 않다. 하나님, 자유, 불멸의 실재를 실천적·도덕적 이성에서 도출하려는 노력은 우리 안에 있는 "선"을 증명하려는 것에 불과하다. 결국 여기서 산출되는 것은 주관적인 출발점 자체에 이미 들어 있던 것이다. 종교적 지식은 개인의 종교적 주장이 갖는 도덕적 가치에서 발견된다.

또한 우리는 사람들이 복음을 받아들일 준비가 되었음을 지나치게 강조하지 않도록 주의해야 한다. 아우구스티누스의 말을 바꾸어 표현하자면, 우리는 하나님을 위해 창조되었고 우리의 마음 속에는 그분을 향한 갈망(restlessness)이 있다. 그럼에도 현실 세계에서 기독교를 향한 영혼의 무의식적 동경을 보여주는 징후 같은 것은 거의 발견할 수 없다. 복음은 종종 속박으로부터의 해방으로서 기쁨으로 받아들여지기도 하지만, 선교의 역사는 사람들이 복음을 위해 그처럼 준비되어 있는 경우가 거의 없다는 사실을 보여준다. 복음은 본성적으로 인간의 취향이 아니며, 마치 사람들이 그러한 필요를 미리 상상이라도 하고 있었던 것처럼 그들의 필요에 쉽사리 부합하는 것도 아니다. 사람은 계시를 벗어나서는 자기 자신도, 자신의 참된 필요도 알지 못한다. 기독교가 인간의 필요에 상응한다는 자주 되풀이되는 주장이 한편으로는 진실을 담고 있지만, 다른 한편으로는 진리를 사람의 본성에 맞추어 재단하는 심각한 위험을 그 안에 품고 있다. 진리는 너무도 신적이어서 오히려 참으로 인간적이라는 명제는, 자칫하면 진리가 인간적이기 때문에 신적일 수 있다는 진술로 뒤집혀버린다. 설교가 예루살렘의 가슴에 호소하기보다 오히려 아첨하는 일은 기독교 강단에서도 그리 드물지 않다. 종교적 경험이란 인간이 감지하는 필요를 표현한 것에 불과하며, 기독교의 진리에 대한 충분한 증거가 될 수 없다. 경험을 기독교 신앙과 진리의 원천이나 표준으로 삼는 것은 기독교 신앙에서 역사적 성격을 빼앗고 신앙을 몇 가지 공허한 종교적-윤리적 명제로 축소하도록 허용하는 것이다. 그러나 이것은 기독교의 "관념"과 "사실"을 나누려는, 무익하고 반복되는 시도의 새로운 형태에 불과하다. 나무를 베면 더 이상 열매를 딸 수 없다. 샘을 막아버리면 신선한 맑은 물은 더 이상 흐르지 않을 것이다.

[146] 여기서 가장 심각한 반론은 이러한 접근이 언제나 신앙과 지식 간의 철저한 이원론에서 시작하고 끝난다는 것이다. 신앙과 지식이 서로 구분된다는 점은 우리도 인정한다. 확실히 신앙은 학문적 증명의 확실성이 아닌 그 나름의 확실성을 갖는다. 그러나 근대철학에 팽배한 이원론은 창조세계 전체를 두 개의 완전히 분리된 영역으로 나눔으로써 종종 인간 정신의 통일성, 학문과 진리의 통일성, 세계의 통일성, 신적 존재 자체의 통일성과 대치된다. 이런 이유로 그것은 믿는 것과 아는 것을 서로 조화시킬 수 없고, 실제로 오히려 갈등을 심화시킨다. 이원론은 허용될 수 없으며 불필요한 것이다. 가슴은 자신의 영역에서 머리만큼이나 진리를 인식

하는 데 좋은 기관이다. 근거 있는 신앙은 증거 있는 학문만큼이나 타당하다. 인간 정신의 통일성은 그러한 분리에 반발하며, 그러한 분리가 취하는 갖가지 형태는 그것이 자의적이라는 반증이다. 무엇보다도 기독교의 역사적 내용은 종교적 경험으로 축소될 수 없는 객관성을 갖는다. 구원은 거짓으로부터의 해방과 진리의 발견을 포함한다. 객관적 종교는 주관적 종교의 산물이 아니라 신적 계시를 통해 주어진 것이다. 교의는 정신적 경험에 대한 상징적 해석이 아니라, 하나님이 그분의 말씀을 통해 주신 진리의 표현이다.

신앙과 그 근거

[147] 우리는 지금 신적 계시를 소유하는 수단, 다시 말해 우리가 하나님의 말씀을 어떻게 우리 안에 받아들이는지 이해하기 위한 최선의 방법이 무엇인지 살펴보고 있다. 우리는 지금까지 이 장에서 기독교와 신학의 "내적 원리"가 지성이나 이성, 또는 "자연인"(육에 속한 사람)의 마음이나 의지에 있을 수 없음을 보여주려고 노력했다. 결국 어떤 증명과 논증도, 어떤 종교적 경험이나 윤리적 만족도 신앙의 가장 깊은 토대를 형성하지 못한다. 이것들은 모두 그들 스스로의 지지 기반이 되고 가치창출의 근원이 되는 더욱 견고한 토대를 전제한다. 그럼에도 학문적 연구의 영역으로서 기독교 신학이 인간의 주체에서 시작해야 한다는 것은 사실이다. 이것은 주관주의(subjectivism)가 아니며, 모든 학문은 여기서 시작해야만 한다. 빛은 눈을 전제하고, 소리는 귀로만 인식될 수 있다. 모든 객관적인 것은 우리의 주관적 의식이라는 수단에 의해서만 우리에게 존재한다. 의식이 없다면 온 세상은 우리에게 죽은 것이다. 객관과 주관 사이에 관계가 형성되려면, 언제나 인간 안에서 내적 원리가 외적 원리(계시)에 상응해야 한다.

마찬가지로 신적 계시에 상응하는 내적 원리가 있다. 기독교 신학을 위한 자리는 언제나 "믿음을 가진 주체", "신앙", 그리고 "신앙 공동체"였다. "신앙을 통해 이해로"(*per fidem ad intellectum*)라는 표어가 기독교 신학을 인도하고 통제한다. 성경 자체가 우리를 이처럼 성령의 내적 조명으로 안내한다. 먼저 하나님이 성자를 통해 우리에게 말씀하셨으며, 이어서 성령이 우리를 그 진리 가운데로 인도하기 위해 오셨다. 하나님은 우리에게 성경을 주셨을 뿐만 아니라, 또한 자신의 말씀을 믿음으로 받아들이고 고백하는 교회를 세우셨고 보존하신다.[27] 하나님의 진리는 오직 신앙으로만 알 수 있다. 비록 성경에서 "중생", "마음의 청결", "하나님의 영" 같은 다양한 용어들이 내적 원리, 곧 계시를 받아들이는 수단을 가리키는 말로 사용되지만, 가장 선호되는 용어는 "신앙"(faith)이다. 인간의 모든 지식이 의식을 통해 중재되는 것과 마찬가지로 계시도 인간 의식의 활동, 즉 신앙을 통해 알려진다. 하나님의 계시는 하나님의 말씀과 행위의 체계인데, 그것은 우리 외부에 독립적으로 존재한다. 그렇다면 어떻게 그것들이 우리의 의식을 통하지 않고 우리의 지식이 될 수 있겠는가? 하나님의 계시는 복음과 약속인데, 달리 말하자면 용서와 구원의 약속이다. 그러나 우리 편에서 그 약속에 부응하는 방법은 그것을 믿는 일, 다시 말해 신앙 외에는 없다. 오직 신앙을 통해서만 약속이 우리의 소유가 된다. 그러므로 신앙은 계시에 대한 내적 인식 원리(*principium internum cognoscendi*)이며, 종교와 신학에 대해서도 마찬가지다.

객관적으로나 주관적으로나 계시는 자연과 연결되고, 재창조는 창조와 연결된다. 삶의 모든 영역에서 우리의 출발점은 믿음이다. 우리의 자연적 성향은 믿고자 하는 것이다. 다만 획득된 지식과 경험이 우리에게 회의를 가르칠 뿐이다. 믿음은 사회의 토대고 학문의 기초다. 궁극적으로 모든 확실성은 믿음에 기초한다. 믿음의 보편성은 직접적이고 직관적인 진리 파악의 중요성을 시사한다. 우리가 실재에 대해 갖는 확실한 지식은 감각

---

27) H. Bavinck, *Reformed Dogmatics*, ed. John Bolt (Grand Rapids: Baker Academic, 2003-8), I, 504-507 (#131)을 보라.

을 통해 얻는 지식에만 국한되지 않는다. 공동체에서, 사회에서 삶을 가능하게 만드는 것은 입증 가능한 확실성보다는 직접적인 확실성이다. 아우구스티누스는 이것을 이해했고, 따라서 믿지 않는 사람은 결코 지식에 이르지 못한다고 말한다. "믿지 않는다면 이해하지 못할 것이다."[28] 사람들이 만일 "자신의 눈으로 보지 못한 것은 믿지 말아야 한다"라는 명제를 받아들인다면 가족, 우정, 사랑으로 이루어진 모든 유대가 끊어지고 말 것이다. "만일 우리가 눈으로 보지 못한 것을 믿지 않을 때 인간 사회의 화합이 지속되지 못하고 깨지는 것이 사실이라면, 보이지 않는 신적인 것들을 위해서는 얼마나 많은 믿음이 필요하겠는가!"[29] 따라서 수학적·논리적 증명 이외의 방법으로 확실성에 도달한다는 개념은 결코 인간 본성에 낯선 것이 아니다. 그것은 인생에서 기본적인 요소다. 그러한 믿음 없이는 평범한 사람도 존재할 수 없고, 일반적인 학문도 불가능하다.

[148] 하지만 그렇다고 해서 일반적이고 즉각적인 확실성이 종교적 신앙과 동일한 것은 아니다. 구원 얻는 신앙의 대상은 단순히 하나님의 말씀과 행위 자체가 아니라, 예수 그리스도 안에서 주어지는 하나님의 은혜다. 물론 신앙도 지식과 진리의 문제지만, 더 나아가서 그것은 하나님에 대한 신뢰와 항복이고, 인간과 하나님 사이에 존재하는 종교적 관계다. 계시가 시간과 공간 안에서 발생했고, 그리스도가 혈과 육을 지닌 역사적 인물이었음이 분명하지만, 기독교 신앙의 대상은 비가시적이며 관찰을 허용하지 않는다. 만일 우리가 어떤 것을 직접 관찰할 수 있다면, 신앙은 불필요하다. 신앙은 보는 것과 대비되며(롬 8:24; 고후 5:7), "보이지 않는"(히 11:1) 것들에 대한 확신과 소망이다. 많은 사람이 예수를 직접 보았지만 그분을 믿지 않았다. 단지 그의 제자들만이 예수 안에서 "아버지의 독생자의 영

---

28) Augustine, *The Trinity*, XV, 2 및 여러 곳.

29) Augustine, *Concerning Faith of Things Not Seen*, chap. 3; idem, *On the Profit of Believing*, chap. 10ff.; idem, *Confessions*, VI, 5.

광"(요 1:14)을 보았다. 참과 거짓의 범주는 여기서 적절하지 않다. 신앙은 그리스도 안에서 자신을 계시하신 하나님께 전적으로 항복하고 진심어린 신뢰를 보내며, 복음 안에 주어진 약속을 개인적으로 소유하는 것이다.

하나님의 약속들과 그리스도의 은혜에 대한 신앙이 우리에게 구원을 가져다주는데, 이 신앙은 그에 대한 지식이 타인(예를 들어 사도들)의 증언을 통해 우리에게 온다는 점에서 일반적인 믿음과 구별된다. 바로 이런 이유에서 구원 얻는 신앙의 지식은 성경에 묶여 있다. 칼뱅이 표현한 것처럼, 신앙의 진정한 대상은 "자신의 복음으로 옷 입혀지신" 그리스도다.[30] 따라서 신앙은 그리스도의 인격과 성경을 동시에 붙잡는다. 신앙은 그리스도를 구주로, 성경을 하나님의 말씀으로 받아들인다. 따라서 두 가지 접근법은 모두 참이다. 그리스도를 통해 성경에 이르고, 성경을 통해 그리스도께 이른다. 성경은 우리를 그리스도께 인도하고, 인간의 생각과 정서가 지금 하늘에 거하시는 분에게 향하도록 만든다. 역으로, 그리스도에 대한 신앙은 성경에 대한 우리의 믿음에 영향을 끼친다. 그 신앙은 우리를 성경에 확실하게 붙들어 매고, 우리로 하여금 고난과 죽음의 때에 그것을 신뢰하게 한다. 따라서 우리의 영혼은 성령이 이끌어가시는 신비로운 연합에 의해 결코 분리될 수 없는 방식으로 그리스도, 곧 하늘에 계시는 살아 계신 주님께 묶여 있을 것이다. 여전히 우리의 의식에는 "모든 바라는 것들"의 실상인 그리스도가 말씀 속에 담긴 하나님의 증언을 통해서만 존재한다. 그렇기 때문에 구원 얻는 신앙은 언제나 인식적인 요소도 포함한다. 우리의 신앙은 성경에 묶여 있다. 그것은 사도들과 예언자들의 증언에 기초한 하나님의 말씀이다.

신앙이 로마 가톨릭에서처럼 주로 지적 동의로 이해될 때, 그것은 "역

---

30) J. Calvin, *Institutes*, III.ii.6; 참조. Luther에 대해서 J. Köstlin, *The Theology of Luther in Its Historical Development and Inner Harmony*, trans. Charles E. Hay, 2 vols. (Philadelphia: Lutheran Publication Society, 1897), II, 434ff.

사적 신앙"으로 대상화된다. [제1차] 바티칸 공의회가 묘사한 신앙은 "초자연적인 덕인데, 하나님의 은혜가 베푸시는 감화와 도움은 이 덕을 통해 그분이 계시하신 것이 참되다는 것을 우리로 믿게 한다. 그 내적 진리가 자연적 이성의 빛에 의해 인식되기 때문이 아니라, 하나님 자신의 권위가 그렇게 하도록 만들기 때문이다. 그분은 계시하시는 분이시며, 속이지도 않으시고 속을 수도 없는 분이시다."[31] 로마 가톨릭 사상에서 신앙이란 성경과 교회가 가진 하나님의 권위에 근거하여 계시의 진리들에 대해 확고하고 분명하게 동의하는 것이다.[32] 당연히 이런 신앙은 구원을 위해 불충분하며, 보충되어야 하는 것으로 여겨졌다. 이처럼 "덜 형성된" 신앙이 "형성된" 신앙(*fides formata*)으로 변화되려면 의지의 영역에 존재하는 다른 덕, 즉 사랑이 더해져야 한다. 이로써 신앙은 "칭의"라는 "주입된 은혜"를 위한 일곱 가지 "준비들" 가운데 하나로 격하되고, 무게중심은 사랑으로, 즉 선행으로 이동한다. 이런 식으로 종교개혁의 오직 믿음(*sola fide*)은 거부되고, 칭의라는 주입된 은혜를 위한 준비로서의 지적 동의를 공로로 여기는 견해가 선호되었다.

신앙이 로마 가톨릭에서는 준비에 불과한 것이었다면, 종교개혁 사상에서 신앙은 성령의 특별한 은총으로 말미암아 새롭게 거듭난 사람의 행위로 간주되었다. 신앙은 철저하게 종교적이며, 고유한 확실성을 갖고 있었다. 종교개혁은 "역사적 신앙"과 "구원 얻는 신앙"을 근본적으로 구분했다. 어떤 경우에는 실제로 역사적 신앙이 구원 얻는 신앙에 선행하고 또한 그 자체로 큰 가치를 갖기도 하겠지만, 그럼에도 그것은 구원 얻는 신앙과 본질적으로 달랐고 또 앞으로도 계속 그럴 것이다. 종교개혁자들에게 구원 얻는 신앙은 분명히 지식도 포함했지만, 그렇다고 지식으로 축소될 수

---

31) *Documents of Vatican Council I*, 1869-1870, sel. and trans. John F. Broderick (Collegeville, MN: Liturgical Press, 1971), session III, "On Faith," chap. 3; H. Denzinger, *Sources*, #1789.
32) T. Aquinas, *Summa Theol.*, II, 2, qu. 2, art. 1, qu. 4, art. 2.

는 없었다. 개혁자들은 구원 얻는 신앙이 하나님의 은사라는 신앙고백에 이의를 제기하지 않았다. 그것은 인간의 자연적 능력이나 일반은총이 아니라 성령의 특별한 은총으로 말미암은 산물이었다. 그것은 새롭게 거듭난 사람의 행위였고, 따라서 구원 얻기에 충분한 것이었다. 여기서 신앙은 신약성경에서 가졌던 중심적인 지위를 다시 회복했다. 그것은 사랑으로 보충될 필요가 없고, 구원의 모든 유익을 나누는 데 충분하다. 이리하여 신자들은 기독교 진리의 현관이 아니라 바로 성소에 위치한 것이다. 그들은 그리스도께 포함되고, 그분의 모든 유익에 참여하고, 영생을 상속한다.

신앙을 깊이 이해했던 종교개혁 신학자들은 그 본질을 정확히 기술하기 위해 노력했는데, "앎"(knowing), "동의"(agreeing), "신뢰"(trusting), "피난처로 삼음"(taking refuge in) 등 다양한 정의들이 제시되었다. 여기서 중요한 것은 신앙이 단지 몇몇 교리적인 진리에 대한 앎에 불과한 것이 아니라, 우리의 영혼이 성경에 계시된 그리스도의 인격과, 그리스도의 말씀인 성경과 갖는 연합을 의미한다는 종교개혁 신학자들의 확신이었다. 구원 얻는 신앙의 대상은 그리스도 안에서 주어지는 하나님의 은혜다. 그 근거는 하나님이 자신의 말씀에서 증언하신 것이고, 그 창시자는 성령이시다. 모든 면에서 신앙은 종교적으로 규정되었다. 신앙은 신뢰(*fiducia*)뿐만 아니라 지식(*notitia*)과 동의도 포함하는데, 지식을 경시하고 교리와 신학에 무관심한 것은 신앙주의와 경건주의가 공유하는 오류다.

[149] 구원 얻는 신앙은 하나님 자신의 증언과 약속에 기초하는 고유한 확신(certainty)을 수반한다. 성경은 신앙과 관련하여, "담대함"(παρρησια, 히 4:16), "담대하게 나아감"(πεποιθησις, 엡 3:12), "온전한 보증"(πληροφορια, 히 6:11-12; 10:22)에 대해 말한다. 여기에 "담력"(θαρσος, 마 9:2), "즐거워함"(καυχησις, 롬 5:11), "기쁨"(χαρα, 벧전 1:8 등)과 같은 특성들이 덧붙여진다. 이와 대비되는 특성들은 의심, 염려, 두려움, 불신이다(마 6:31; 8:26; 10:31; 14:31; 21:21; 막 4:40; 눅 8:25; 요 14:1; 롬 4:20; 약 1:6). 확신은 성경 전반에 걸쳐 나타나는 신앙의 특징이다. 신자들은 극심한 시련이 찾아오거나 모든 것

이 그들을 대적할 때도, 바랄 수 없는 중에 바라고 보이지 않는 분을 바라보면서 굳건히 선다(욥 19:25; 시 23편; 32편; 51편; 롬 4:20-21; 5:1; 8:38; 히 11장 등). 그들은 자신의 신앙을 부인하느니 차라리 모든 것을 포기할 것이다. 그들에게 신앙보다 소중한 것은 없다. 돈도, 소유물도, 명예도, 심지어 생명까지도 신앙보다 더 소중하지 않다. 신앙은 "세상을 이기는 승리"다(요일 5:4).

이것은 그리스 철학이 알고 있던 확신, 즉 오감을 통한 "판단"(δοξα)과 성찰로 얻은 "지식"(ἐπιστημη) 모두를 능가했다. 아리스토텔레스는 한 걸음 더 나아가 증명에 기초한 지식과 증거에 기초한 지식을 구분했다. 이와 같이 학문에서는 확신을 얻기 위해 지각, 논증, 증거라는 세 가지 방법이 활용되었다. 이것은 경험주의자들과 이성주의자들 사이에 끝없는 논쟁의 문을 열었지만, 기독교는 이것을 해결하기보다는 또 다른 확신, 즉 신앙의 확신을 보여주는 방법을 택했다. 이 확신은 신앙 공동체, 특히 순교자들을 통해 구체적이고 실제적인 방식으로 의심 많은 세상을 향해 발현되었다. 이 같은 확신이 이론적으로는 기독교 신학을 통해 주장되고 전개되었다.

로마 가톨릭과 종교개혁의 진정한 차이를 보여주는 것이 바로 이 확신의 문제다. 핵심 질문은 신앙의 확신이 구원의 보증(assurance), 즉 구원에 대한 절대적 확실성을 포함하는가 하는 것이다. 아우구스티누스 이래로 로마 가톨릭교회와 신학은 구원의 보증을 거부하고 반대해왔다. 그러나 로마 가톨릭 신학자들은 계시의 객관적 진리와 관련해서는 신앙의 확신을 인정한다. 아우구스티누스는 "'만드신 만물에 분명히 보여 알려진'(롬 1:20) 진리가 있음을 의심하는 것보다, 내가 살아 있음을 의심하는 것이 더 쉽다"라고 말했다.[33] 일반적으로 개신교 신학자들도 이에 동의하는데, 칼뱅보다 신앙의 확신을 더 선명하고 강력하게 주장한 사람은 없었다. 그의 생각에 신앙은 "확실하고", "견고하고", "충만하고 확고하며", "이해"라기보

---

33) Augustine, *Confessions*, VII, 10.

다는 "확신"이고, "진심 어린 신뢰와 보증"이다.[34] 루터파 신학자들도 개혁파 신학자들만큼이나 신앙이 "확고한 동의"이며, 모든 의심과 불확실성을 배제하는 "확실한 지식"이라고 생각한다.[35]

이에 반해, 칸트가 실천이성의 토대로 주장한 도덕적 확신은 실천이성과 이론이성을 분리시키고, 따라서 기독교 계시의 진리를 지탱할 수 없다. 칸트에게는 믿는다는 것이 아주 미약한 형태의 앎인 데 반해, 기독교에서 믿는다는 것은 확실성 그 자체다. 대체로 칸트는 세 가지 종류의 확신—경험적, 논리적, 그리고 자신이 제안한 도덕적 확신—을 수용했다. 하나님은 초감각적이고 따라서 알려질 수 없기 때문에, 우리의 삶에 필요한 도덕적 진리에 기인하는 도덕적 확신은 전적으로 우리의 몫이다. 인간은 실천적이고 심리적인 근거 위에서 하나님의 존재, 영혼, 불멸을 믿는다. 이것은 도덕적 신앙이다. 이 도덕적 신앙으로 보장된 확신은 본질상 이론적일 수 없으며, 오히려 실천적이고 도덕적이다.

도덕적 확신에 대한 칸트의 이론은 신학에 큰 영향을 끼쳤다. 성경과 교회의 권위가 약화된 이후로 사람들은 종교와 신학의 토대를 도덕적 확신에서 찾았다. 칸트 자신도 인용한 적이 있는[36] 친숙한 본문인 요한복음 7:17이[37] 이런 사고를 수용하는 학파의 출발점이 되었다. 도덕적 확신이라는 개념에 심오한 진리가 있다는 점을 우리가 인정한다 하더라도, 성경, 교회, 기독교 신학의 종교적 확신을 칸트의 도덕적 확신으로 대체하는 것은 결코 추천할 수 없는 일이다.

---

34) J. Calvin, *Institutes*, I.vii.5; II.ii.8; III.ii.14ff.; III.xiv.8; III.xiv.24.

35) H. Schmid, *Doctrinal Theology of the Evangelical Lutheran Church*, 412ff.; Heidelberg Catechism, Q&A 21; H. Heppe, *Dogmatik der evangelisch-reformierten Kirche*, 384ff.

36) I. Kant, *Religion within the Limits of Reason Alone*, trans. Theodore M. Greene and Hoyt H. Hudson (New York: Harper & Row, 1934), 104.

37) "사람이 하나님의 뜻을 행하려 하면 이 교훈이 하나님께로부터 왔는지 내가 스스로 말함인지 알리라."

먼저 기억해야 할 것은 확신이 마음(mind)의 상태, 즉 인간의 마음이 갖는 정상적인 상태라는 점이다. 마치 건강이 몸의 정상적인 상태인 것처럼 말이다. 이와 대조적으로 의심과 불확실성은 불안과 우려와 비참의 상태다. 따라서 엄밀히 말하자면 확신 자체가 "도덕적"(moral)이라고 말할 수는 없다. 도덕적 진리들에 관한 도덕적 확신이 있을 뿐이다. 한편으로 지식과 진리를 향한 지성의 추구가 충족될 때 경험하는 확신이 있다. 지성은 진리를 발견할 때 만족하고, 그 안에서 안식하고, 그것을 통해 안전함과 든든함을 느낀다. 확신은 안식, 평화, 기쁨, 행복이다. 진리 안에 안식과 쉼이 있다(*in veritate requies*). 진리에 관한 학문적 확신과 도덕적·실천적 확신을 대립시키는 것은 잘못이다. 현실 세계에서는 그런 이원론이 전혀 존재하지 않는다. 주관적으로 말해서 머리와 가슴, 객관적으로 말해서 가시적인 것과 비가시적인 것은 그렇게 둘로 나뉠 수 없다. 학문적 "진리"는 도덕적 토대나 비도덕적 토대 위에서도 확실한 것으로 간주될 수 있으며, 도덕적 진리의 근거를 저울질하는 것은 마음이다. 또한 가슴(heart)도 학문적 연구에서 발언권을 갖는다. 이런 이유로 칸트의 도덕적 확신은 그리스도인이 갖는 신앙의 보증을 대체할 수 없다.

성령의 증언

[150] 그렇다면 우리는 어째서 우리가 믿는 것을 믿고 있는 것인가? 우리는 우리가 믿는 것에 대해 어떻게 확신을 가질 수 있는가? 믿는다는 것 자체가 믿어지는 것의 참됨을 증명하지는 않는다. 주관적 확신과 객관적 진리 사이에는 큰 차이가 있다. 신앙과 믿음의 경우에는 모든 것이 그 기초가 되는 토대에 달려 있다. 기독교 신학은 처음 이 문제들과 씨름하기 시작했을 때부터 지적이고 역사적인 증거가 신앙에 대한 최종적 근거가 될 수 없다고 생각했다. 계시가 증거에 의해 보다 신뢰할 만한 것으로 드러난다 할지라도, 그것은 여전히 신앙의 진리고 은혜의 선물이며, 앞으로도 계

속 그럴 것이다. 오직 하나님의 영이 홀로 사람에게 신적 계시의 참됨에 대한 내적 확신을 가져다주실 수 있다. 하나님의 계시는 오로지 종교적 의미로만, 하나님 자신의 권위에 근거하여 믿어질 수 있다. 신앙의 근거는 성령의 내적 증언(internal testimony of the Holy Spirit)이다. 다시 한 번 아우구스티누스가 우리의 안내자가 된다. 모든 것이 은혜인 것이다. "하나님은 우리의 신앙을 일으키시며, 우리가 믿게 하려고 우리의 마음속에서 경이로운 방식으로 일하신다."[38] 결국 믿는다는 것은 언제나 자발적인 행위다. "의도하지 않았는데 믿는 사람은 아무도 없다." 이를 위해 하나님은 자신의 은혜로 우리의 의지를 구부리시고, 우리가 지성을 동원하여 믿음을 가지도록 유도하신다.[39]

로마 가톨릭도 이를 인정한다. 예수회 신학자 수아레즈[40]는 신앙의 대상만이 아니라 신앙의 근거 자체도 신앙의 문제라는 견해를 취했다. 우리는 하나님이 성경에 자신을 계시하셨기 때문에 그것을 참이라고 믿을 뿐 아니라, 또한 하나님 자신이 그 사실에 대해 성경을 통해 증언하시기 때문에 하나님이 자신을 그곳에 계시하셨다는 사실을 믿는다. 계시는 믿는 "근거"(quo)이면서 동시에 믿는 "내용"(quod)이다. "왜냐하면 하나님을 믿는 것과 하나님으로 말미암아 믿는 것은 동일한 하나의 행위이기 때문이다." 눈이 색상을 분별할 수 있게 해주는 빛뿐만 아니라 색상 자체도 지각하는

---

38) Augustine, *Predestination of the Saints*, 2, 6.

39) Augustine, *Confessions*, XIII, 1; idem, *To Simplician—On Various Questions (De diversis quaestionibus ad Simplicianum)*, 1, qu. 2, n. 21. 편집자 주—J. H. S. Burleigh, *Augustine: Earlier Writings* (Philadelphia: Westminster, 1953), 404-405; idem, *On the Predestination of the Saints*, 19; idem, *On the Gift of Perserverance*, 16에서 볼 수 있다.

40) 편집자 주—스페인의 예수회 수사 Francisco Suárez (1548-1617)는 각 개인을 신적 은혜의 대상으로 생각한 "새로운" 토마스주의의 창시자다. 그는 "조화론"(congruism)의 체계를 제안했는데, 그는 중간지식 개념을 채용하여 하나님이 인간의 행위를 "미리 보실" 뿐이라고 가르쳤다.

것처럼, 그리고 이성이 유추된 진리를 알 수 있게 해주는 제1원리뿐만 아니라 유추된 진리 자체도 아는 것처럼, 그렇게 신앙은 계시된 진리들과 그 진리들이 기초로 삼는 증언 모두를 신적인 것으로 자각한다. [제1차] 바티칸 공의회는 "아무도 성령의 조명과 감동 없이는 구원을 얻는 데 필요한 복음 설교에 동의할 수 없다"라고 선언했다.[41) 따라서 결국 로마도 종교개혁 교회들과 동일한 주관적 관점을 수용한 것이다. 오직 성령만이 사람으로 하여금 신적 계시의 진리를 내적으로 확신하도록 만드실 수 있다.

이러한 입장은 순환론으로 보일 뿐 아니라 무한후퇴로 이어지는데, 이제 우리는 그 문제를 다루어야만 한다. 우리는 성경이 하나님의 계시라고 믿는데, 이는 성경이 우리에게 그렇게 말하기 때문이다. 이런 순환성은 하나님이 말씀하셨다는 내적 확신에 의해서만 중단될 수 있다. 이러한 하나님의 증언이 신앙의 최종 근거다. 믿고자 하는 우리의 의지(will)가 하나님의 은혜로 말미암아 신앙의 목적인(final cause)이 된다. 이것은 순전한 신앙주의(fideism)가 아닌가? 우리의 대답은 이중적이다. "당신은 왜 믿는가?"라는 질문에 대한 일차적이고 직접적인 대답은 "하나님이 말씀하셨기 때문이다"(Deus dixit)가 되어야 한다. 이보다 더 깊은 다른 근거는 없다. 하지만 여기에 덧붙일 것이 있다. 하나님은 자신의 말씀에 신실한 증인들에게 자신을 맡기셨다. 예언자들과 사도들의 증언은 하나님이 우리에게 말씀하시는 수단이다. 토마스는 이와 관련해 대사(ambassador)의 이미지를 사용한다.[42) 대사는 자신이 전하는 메시지의 내용, 즉 자신에게 임무를 부여한 자만 알고 있는 비밀을 통해 자신의 진정성을 증명한다. 예언자의 메시지가 참된 것임을 입증하는 것은 예언의 성취다. 우리 주님에 관한 복음서들의 가르침과 관련하여, 우리는 그리스도의 삶, 죽음, 부활에 관한 사도들의 증언이 신실하다는 사실에 의존한다.(고전 15장).

---

41) *Documents of Vatican Council I*, session 3, "De fide," chap. 3.
42) T. Aquinas, *Summa Theol.*, III, qu. 43, art. 1.

[151] 이로써 우리는 성경의 진리에 대한 성령의 증언이 곧 이 땅에서 그리스도를 믿는 자들로 이루어진 몸 안에서 확증된 증거라고 결론짓는다. 성령의 역사를 통한 사도적 증언, 곧 복음의 선포가 교회를 창조한다. 따라서 성경, 즉 예수 그리스도에 관한 복음이 교회를 창조했다는 말은 막연하면서도 옳은 것이다. 따라서 성경의 권위는 내용 그 자체에서 비롯된 것이지, 교회의 결정에 의해 주어진 것이 아니다. 이것이 바로 칼뱅과 같은 종교개혁자들이 "성경이 성령의 사역을 통해 스스로 참됨을 증명한다(αὐτοπιστος)"라고 했던 말의 의미다. 모든 교회가 오직 성령의 사역에 의해서만 발생하고 존재한다. 구원의 적용 전체가 성령의 사역이며, 성경에 대한 증언은 그분이 신자들의 공동체 안에서 하시는 수많은 활동 가운데 하나일 뿐이다. 이 증언은 사사로운 내적 조명이 아니라, 모든 그리스도인에게 공통되는 경험이다. 또한 성령의 증언은 지성의 조명이 아닌데, 이런 입장은 소키누스주의, 항변파, 그리고 아미랄두스 같은 몇몇 개혁파 신학자들의 이성주의와 대비되는 것이다. 성령은 우리를 이끄셔서 신뢰와 믿음을 통해 하나님의 약속들을 받아들이게 하시는데, 그 약속들은 성경을 통해 우리에게 전해졌다. 성경은 그리스도의 지체인 신자들의 마음에 주어진 성령의 증언를 통해 그 자체의 진리에 의해 인정받는다. 증거와 추론에도 많은 가치가 있지만, 증언은 그것들을 훨씬 능가한다. 성령의 증언은 모든 추론이나 실천적-도덕적 직관보다 더 탁월하다. 이곳이 바로 신앙과 신학이 설 수 있는 유일한 자리다. 개신교와 로마 가톨릭 신학자가 공히 인정해야 할 것이 있는데, 바로 신앙의 최종적이고 가장 깊은 근거는 외적 증거와 논증 또는 교회와 전통이 아니라, 오로지 인간 자신 안에, 예수 그리스도의 교회에 속한 지체로서의 종교적 주체 안에 있다는 점이다.

[152] 종교적 주체와 교회의 신앙에 대한 이런 입장은 보다 명확한 역사적-변증적 근거를 원하는 일부 신학자들에게는 난감한 것이다. 우리는 실제로 모든 진리, 모든 학문이 주관적 출발점을 갖는다는 점을 기억해야 한다. 객관적 실재에 접근하는 유일한 길은 주체의 관점에서 출발하는 것

이다. 그 자체로서의 사물은 우리에게 알려질 수도 없고 또 그렇게 존재하지도 않는다. 기독교 신학자의 의무는 이 문제를 종교적·유신론적으로 다루는 것이다. 만물을 창조하신 하나님은 인간을 다른 피조물과 의미 있는 관계 속에 두셨다. 이것이 바로 모든 지식의 토대가 되는 주체와 객체의 일치가 창조자의 신적 정신에 기인한다는 확신의 근거다. 동일한 로고스가 사람 안과 밖의 모든 것을 만드셨다. 그는 만물에 앞서 계시며, 만물은 그를 통해 연합하여 존재를 지속한다(요 1:3; 골 1:15-17). 인류와 세계에 속한 모든 생명의 원천과 동인이 되시는 분은 바로 하나님의 영이신데(창 1:2; 시 33:6; 104:30; 139:7; 욥 26:13; 33:4), 특히 지적·윤리적·종교적 삶의 원천과 동인이 되신다(욥 32:8; 사 11:2). 모든 진리 인식은 말씀(Word)에 대한 성령의 증거인데, 그 말씀으로 만물이 창조되었다. 사람의 모든 지식은 외부 세계의 상응하는 현상에 대한 정신의 증거다. 우리의 정신은 외부로부터 우리에게 이르는 진리를 계속해서 증거한다. 정신은 사고와 추론에 의해 자체적으로 진리를 산출하는 것이 아니다. 인간의 정신은 진리를 창조하거나 만들지 않고, 다만 그것을 재생산하고(re-produce) 그것에 대해 성찰할(re-flect) 뿐이다. 진리는 인간의 정신에 선행하며 그것으로부터 독립적으로 존재한다. 진리는 진리 그 자체 곧 로고스에 의존하며, 모든 것은 그 안에서 자기 존재를 갖는다. 인간인 우리는 진리를 창조하는 것이 아니라 다만 그것을 포착하고, 받아들이고, 증거할 뿐이다.

인간의 지식에서 일반적으로 참인 것은 또한 유비적으로 복음의 진리에서도 참이다. 예수는 자신이 보고 들은 것을 증언하셨다(요 3:32). 그는 진리에 대하여 증언하신 것인데(요 18:37), 그와 마찬가지로 사도들도 자신들이 그리스도 안에서 보고 만진 생명의 말씀에 대한 증인들이었다(요 15:27; 요일 1:3). 우리가 이 진리를 스스로 발견한 것이 아니라, 오히려 그것이 우리를 발견한 것이다. 우리는 그 진리에 의해 발견된 후로 그에 대한 증인이 되었다. 모든 진리는 그것을 아는 자를 증인, 선포자, 예언자로 변화시킨다. 진리가 우리의 정신으로 들어올 때 그것은 자신에 대한 증거를 함께 가져온다. 진리 자체가 우리 안에 증거를 낳는 것이다. 진리에 대한 인간 정신의 증거는 또한 유비적으로 성령의 증언에 대한 전제와 토대가 된다.[43] 그러나 유비(analogy)는 일치(identity)가 아니다. 기독교의 외적 원리(*principium externum*)는 자연을 통해 주어진 하나님의 일반계시가 아니라, 그리스도 안에 있는 하나님의 특별계시다. 내적 원리(*principium internum*)는 이 외적 원리에 상응해야 한다. "자연인"(육에 속한 사람)은 영의 일들을 알아차릴 능력이 없기 때문에, 성령에 의한 거듭남과 특별한 조명이 있어야 한다. 구약성경의 예언자들을 통해 약속된 영(렘 31:34; 겔 36:25ff.; 욜 2:28ff.), 곧 보혜사(요 15:26; 16:14)가 오순절 날에 부어졌다(행 2장). 하나님의 영원한 거처가 될 새 인류를 창조하시는 분이 바로 이 영이다.

복음의 진리는 모든 "제1원리들"과 마찬가지로 구속력이 있다. 도덕법도 자증적(αὐτόπιστος)이다. 도덕법을 거부하는 사람에게는 도둑질이 잘못이라는 점을 증명할 수 없다. 그것이 강력한 이유는 그것이 존재할 뿐만 아니라 스스로를 사실로 상정하고 지지하기 때문이다. 그것은 단정적이고 어떤 핑계나 예외도 허용하지 않기 때문에 구속력을 갖는다. 그와 동일한 상황이 신학에서도 지배적이다. 증명은 오직 추론된 명제들에 대해서만 가능하다. 그리스도의 신성은 성경의 권위를 인정하는 사람에게만 입증될 수 있다. 하지만 성경의 권위는 그 자체에 근거를 두며, 증명될 수는 없는 것이다. 성경은 자증적(αὐτόπιστος)이고, 따라서 신앙의 최종적 근거다. 그보다 더 궁극적인 근거는 존재하지 않는다. "당신은 왜 성경을 믿습니까?"라는 질문에 대해 그리스도인들은 문체의 장엄함, 예언의 성취, 내용의 숭고함, 사상의 깊이, 그것이 낳은 풍성한 열매와 같은 성경의 표지들과 기준들을 제시할 수도 있겠지만, 그러한 것들은 신자의 신앙을 위한 근거가 될 수는 없다. 하나님의 말씀인 성경과 신자의 영혼 간의 결속은 의식의 배후, 증거의 이면에 놓여 있다. 그것은 본질상 신비적이다. 다양한 학문

---

43) J. Calvin, *Institutes*, II.viii.1.

의 제1원리들에 대한 믿음이 그런 것처럼 말이다. "하나님이 그것을 말씀 하셨다"(*Deus dixit*)라는 것은 성경에 대한 교의를 포함하여 모든 교의에서 근본적인 원리(*primum principium*)다.

[153] 이러한 결론은 많은 이들에게 자의적인 것으로 비칠 수 있다. 결국 이슬람교도들도 코란에 대한 그들의 신앙을 옹호하면서 동일한 논리에 호소하지 않는가? 신자는 자신의 주관성 외에는 신앙의 반대자들에게 제시할 것을 가지고 있지 않은 것인가? 이에 대한 응답으로, 우리는 불신 앙도 사람의 마음에 뿌리내리고 있는 것이라는 사실을 언급한다. 증거와 논증은 신앙과 불신앙 모두에 영향을 끼치지만, 어느 쪽에도 결정적이지 않다. 여기서 신자는 불신자보다 불리한 입장에 있지 않다. 하나님은 보편적으로 알려지셨는데, 심지어 그 사실을 거부하는 자들에게도 마찬가지다(롬 1:18ff.). 하나님은 그분을 찾는 이들에게 충분히 알려질 수 있는 동시에, 그분을 피하는 이들에게는 충분히 감춰지신다. "보기를 원하는 이들에게는 충분한 빛이 있고, 보기를 원하지 않는 이들에게는 충분한 어둠이 있다. 택자들을 조명해주기에 충분한 명료함이 있고, 그들을 겸손하게 만들기에 충분한 어둠이 있다. 유기자들로 보지 못하게 하기에 충분한 어둠이 있고, 그들을 정죄하고 핑계하지 못하도록 하기에 충분한 명료함이 있다."[44] 게다가 성령의 내적 증거는 사적이지 않고 보편적이다. 모든 세대의 교회가 성경을 하나님의 말씀으로 증언한다. 공동체 안에서 양육된 신앙은 우리 지성의 통찰이나 우리 의지의 결정에 의해서가 아니라 하나님의 영의 은혜롭고 강력한 조명에 의해 존재하게 되는 것이다. 그렇기 때문에 대부분의 사람들은 자신이 태어나고 양육된 신앙 공동체 안에 머무는 것이다. 그들이 공동체에서 경험하는 것을 그들의 성경이 확증한다.

물론 회심이 일어나는 것은 사실이다. 기독교 선교의 역사가 회심에 의존할 뿐 아니라 회심의 존재를 증명한다. 그러한 회심은 언제나 종교

---

44) B. Pascal, *Oeuvres*, 3 vols. (Paris: Hachette, 1869), I, 345.

적-윤리적이고 영적인 성격을 갖고 있다. 우리가 믿도록 만들거나 우리 믿음을 바꾸게 하는 것은 단지 우리 지성의 통찰만도 아니고 일차적으로 우리 의지의 결정도 아니며, 오히려 우리보다 우월하고, 우리 의지를 굴복시키고, 우리 지성을 조명하고, 강요하지 않고서도 여전히 우리 생각과 마음을 사로잡아 그리스도께 복종시키는 능력이다(고후 10:5). 믿는다는 것은 우리 의식이 신적 계시와 직접적으로(증명을 거치지 않고) 연결되는 것이다. 그것은 또한 우리 의지가 기꺼이 원하도록 만드는 변화다. "그 누구도 원하지 않고서는 믿지 않는다"(*Nemo credit nisi volens*). 우리 의지가 변화되고 새롭게 되었기 때문에, 우리가 믿는 것은 자유로운 자기부인의 행위다. 하나님에 대한 참된 지식은 구속력을 갖지만 강압적이지는 않다.『디오그네투스에게 보낸 편지』가 멋지게 진술하는 것처럼, "강요하는 것은 하나님의 속성이 아니다."[45] 믿는다는 것은 자의적이지도 않고, 맹목적이지도 않다. 인간의 눈이 태양을 보는 즉시 그 실재를 확신하게 되는 것처럼, 거듭난 사람도 하나님의 계시가 참되다는 것을 "본다". 신자는 자기 자신을 포기할 수 없는 것과 마찬가지로 이 신앙도 포기할 수 없다.

신앙에 대한 반대는 내부에서 유래하기도 한다. 신자가 "영"과 "육", "새 사람"과 "옛 사람"의 충돌을 계속해서 경험할 때 마음의 죄와 생각의 오류가 집단적으로 신앙을 공격한다. 신자가 이 땅에 머무는 한 이런 종류의 영적 이원론은 그들 안에 남아 있다. 그러나 이것은 신앙을 무너뜨리지 않고 도리어 확증한다. 신앙이 우리 영혼에 본래적이지 않고, 삼단논법의 산물도 아니며, 우리 자신의 의지의 행위가 아니라는 점에 대해 이보다 더 좋은 증거가 어디 있겠는가? 그럼에도 우리는 믿는 것이다! 우리가 과거의 죄악된 육과 여전히 다투고 있다는 사실은 우리 자신의 영으로 하여금 본성적으로 하나님을 우리 아버지라 부르게 하거나 스스로를 그분의 자녀로 여기도록 만들 수 없음을 보여준다. 오직 성령만이 우리 영혼에 "내

---

45) *Diogn.*, chap. 7.

가 녀의 구원이다”라고 증언하실 수 있는데, 우리는 이 증언이 “평안하다, 평안하다, 아무 위험이 없다”라고 속삭이는 사탄의 유혹과 얼마나 다른지를 쉽게 인지할 수 있다. “과연 사람이 마귀에게 이끌려서 믿음으로 하나님을 아바! 아버지! 하고 부를 수 있겠는가?”[46] 성령이 주시는 첫 번째 확신은 바로 우리가 하나님의 자녀라는 것이다.

[154] 이러한 성령의 증언을 성경에만 제한하지 않는 것이 중요하다. 예수가 약속하신 성령은 보혜사이자 진리의 영으로서 먼저 사도들을, 그리고 이어서 그들의 말을 통해 모든 신자들을 진리로 인도하신다. 성령은 그들에게 그리스도를 증거하시고 그분을 영화롭게 하신다(요 14:7; 15:26; 16:14). 이를 위해 성령은 사람들의 죄를 깨우치시고(요 16:8-11), 그들을 거듭나게 하시고(요 3:3), 그리스도를 주로 고백하게 하신다(고전 12:3). 더 나아가 성령은 그들에게 “하나님 자녀로 양자 됨”과 “하늘의 기업”을 보증하시고(롬 8:14ff.; 고후 1:22; 5:5; 엡 1:13; 4:30), 신자들이 하나님으로부터 받은 모든 것을 알게 하시며(고전 2:12; 요일 2:20; 3:24; 4:6-13), 또한 교회에서는 모든 그리스도인의 덕과 영적 은사의 주인이 되신다(갈 5:22; 고전 12:8-11). 이로부터 성령이 신자의 충만한 신앙생활과 밀접하게 연결되어 있다는 것이 명백하게 드러난다. 성령은 신자인 우리의 영 안에서, 우리의 영과 함께, 우리의 영을 통해 자신을 전달하신다. 신앙은 그 자체가 성령의 역사이며(고전 12:3), 양자의 영 안에서 인치심과 확증을 얻는다. 믿는다는 것 자체가 우리의 마음에 있는, 그리고 우리의 영을 통한 성령의 증언이다.

성령이 행하시는 중요한 사역 가운데 하나는 우리가 하나님의 자녀임을 보증하는 것인데, 그것이 중요한 이유는 우리의 죄악된 영이 자주 하나님의 영과 대적함에도 우리는 보다 온전한 순종으로 나아가야 하기 때문이다. 성령의 조명은 기독교 진리의 인식적 원천이 아니다. 그것은 단

---

46) Johann Heinrich Heidegger, *Corpus Theologicae Christianae*, 2 vols. (Zürich: J. H. Bodmer, 1700), XXIV, 78.

지 성경과 구원 역사의 진리를 우리 마음에 인칠 뿐이다. 신앙은 구속의 역사적 실재들에 집중하여, 이 역사적 행위들이 우리를 위한 하나님의 구원 행위였다는 신뢰를 낳는다. 사도들의 증거를 영감하신 바로 그 성령이 지금 그 증거의 진리를 신자들의 마음에 인치신다. 그리스도인은 성경에 복종하는데, 이는 그들이 성경을 하나님의 말씀으로 믿기 때문이다. 이런 맥락에서, 성령이 증언하는 실제 대상은 성경의 진정성(authenticity)도, 정경성(canonicity)도, 심지어 영감(inspiration)도 아니고, 오히려 성경의 신성(divinity), 곧 신적 권위다. 성경의 신성을 손상시키는 모든 성경비평이 심각한 문제인 이유는 그것이 우리의 양자 됨, 영광의 소망, 구원의 확신에 대한 성경의 증언을 약화시키기 때문이다. 따라서 성경에 대한 교리는 심오한 종교적 관심사를 수반한다. "신적으로 영감되었고"(God-breathed) "하나님이 숨을 불어넣으시는"(God-breathing) 성경의 특징과 권위는 비기독교적 기원을 가진 사소한 문제가 아니라, 신앙 공동체가 하나님의 말씀에 기초하여 고백하는 주제이며 그 공동체 자체의 실존과 필수불가결하게 연결된 것이다. 그리스도가 성경의 중심이기 때문에, 성경에 대한 우리의 신앙은 우리가 그리스도를 신뢰하는 정도에 따라 증가하거나 감소한다. 기독교 자체의 진리 여부가 성경의 권위에 달려 있으며, 우리의 지성을 조명하고 우리의 마음을 열어서 "성령이 진리"(요일 5:6)이심을 우리에게 보증하는 성령의 증언도 마찬가지다. 이 증언은 성경 자체에 주어졌고, 교회가 대대로 그 말씀과 증언에 순종하는 가운데 경험한 복들 속에 구현되어 있으며, 각 신자가 성경에 대해 가지는 관계, 즉 하나님의 말씀이 진리라는 개인적인 확신으로 표현되는 유대 관계 속에 내포되어 있다.

[155] 성령의 증언은 그에 대한 신자의 응답이 다양하다는 사실에 의해 무효화되지 않는다. 신앙고백들 간에 의미심장한 차이점들이 발견되며, 그들이 성경에서 선별하는 구절의 차이도 무시할 수 없다. 그럼에도, 성경 자체에 대한 확신에서는 서로 다른 교파들 간에도 놀랄 만한 일치를 보여준다. 성경 교리에 대한 기독교회의 일치는 다른 어떤 교리에서보다

큰데, 심지어 삼위일체와 그리스도의 신성에 관한 교리도 예외가 아니다. 성경은 전체 교회에 주어졌고, 성경에 대한 성령의 증언은 교회가 존재하게 하는 모퉁잇돌이다. 성경에 대해서만 아니라 구원에 관한 모든 진리에서 성령의 증언을 제거해보라. 그러면 교회는 더 이상 존재하지 않을 것이다. 성경이 하나님의 말씀이라는 성령의 증언은 성령이 신앙 공동체의 입술에 두신 노래가 가진 단 하나의 음이다. 그것은 성령께 맡겨진 위대한 신적 사역, 곧 그리스도의 충만함이 그분의 공동체 가운데 충만하게 거하도록 하는 사역의 일부일 뿐이다.

우리는 성경과 성령의 능력, 특히 그 반대자들에 대해 행사하는 능력을 과소평가하지 말아야 한다. 우리 주 그리스도 예수 안에 있는 진리에 관한 증거가 하나님의 모든 자녀들의 마음에 성령을 통해 주어질 때, 그것은 가장 완고한 대적들에게도 깊은 인상을 남긴다. 마치 부도덕한 자들이 양심의 증언에 반대한다고 해서 인간의 양심 자체가 무력하게 되지 않으며, 미신과 회의주의의 흔적들이 학문을 침묵하게 만들지 못하는 것처럼, 성경의 진리가 육에 속한 자들의 듣지 못하는 귀에 떨어진다고 해서 성경이 효력을 잃는 것은 아니다. 이 모든 도덕적 힘들이 갖는 능력은 바로 그것들이 자신을 위해 합리적 증명을 사용하는 대신에 숭고한 위엄으로 모든 인간의 의식과 마주한다는 사실에 놓여 있다. 이 도덕적 힘들은 그들로 하여금 자기주장을 하게 하는 권위로부터 능력을 얻는다. 성경은 오늘날까지도 그리스도의 교회에서 자신의 권위를 유지하고 있다. 성경은 모든 신자를—가장 위대한 지성들과 고상한 영혼들까지도—자신의 권위에 굴복시켰다. 세상의 어떤 힘을 성경의 힘과 비교할 수 있겠는가? 성령의 증언은 세상의 지혜에 대해 십자가의 어리석음이 취하시는 승리인 동시에, 사람의 궁리에 대해 하나님의 생각들이 거두시는 승리다. 이런 의미에서 성령의 증언이 가지는 변증적 가치는 지극히 탁월하다. 우리의 믿음이 바로 세상을 이기는 승리다!(요일 5:4)

신앙과 신학

[156] 신앙의 확신을 위해 이렇게 성령의 증언에 의지하는 것만으로 충분한가? 신자에게는 그것으로 충분하다. 그는 학문적인 신학을 필요로 하지 않는다. 그럼에도 기독교회는 신앙으로 스스로를 제한하는 데 만족하지 않고, 거의 초창기부터 종교적 진리에 대한 지식을 추구하면서 독특한 학문인 신학을 탄생시켰다. 모든 신자가 여기에 전적으로 동의한 것은 아니다. 어떤 그리스도인들은 신학의 정당성과 가치에 이의를 제기했고 지금도 여전히 그런 이의를 제기하는 이들이 있다. 테르툴리아누스는 이렇게 말했다. "우리로서는 예수 그리스도에 대한 호기심도, 복음에 대한 탐구도 필요 없다. 우리는 믿을 때, 믿는 것 그 이상을 바라지 않는다."[47] 하나님이 그리스도인에게 바라시는 것은 선한 행실 외에 아무것도 없으며, "단순하고 꾸밈없는 마음으로 자신의 길을 계속 가는 것이 계율과 학문적 주장들을 연구하는 데 많은 관심을 쏟는 것보다" 더 낫다고 말하는 이도 있다.[48] 기독교회 안에는 보다 단순하고 실천적인 기독교를 원하면서 신학을 적대시하는 오랜 전통이 있다. "머리보다는 가슴과 손"이라는 구호는 새로운 것이 아니다.

종교개혁 사상가들은 처음에는 중세 스콜라주의를 거부한 르네상스 인문주의를 따르면서, 신앙의 실제적인 유익에 집중했다. 아리스토텔레스, 스콜라주의, 이성에 대한 루터의 평가는 잘 알려져 있다. 멜란히톤의 『보편논제』 초판에 의하면, "그리스도를 안다는 것은 바로 이것, 즉 그리스도의 유익을 아는 것이지, 당신들(스콜라 학자들)이 가르치는 것, 즉 그리스도의 본성과 성육신의 방식들을 주시하는 것이 아니다." 츠빙글리는 그리스도인이 된다는 것은 "그리스도에 대해 지껄이는 것이 아니라, 그리스

---

47) Tertullian, *The Prescription against Heretics*, 8.
48) John of Damascus, "De haeresibus," *Opera Omnia* (Basel, 1575), 585.

도가 걸어가신 대로 걸어가는 것이다"라고 말했다. 칼뱅도 신앙의 실천적인 측면을 동등하게 강조한다.[49] 하지만 많은 이들이 이를 넘어서 신학 자체를 거부하는 데로 나아갔는데, 특히 재세례파 전통과 후에는 경건주의 진영에서 그런 성향을 발견할 수 있다. 17세기에 개신교 교회들에서 신학을 스콜라적으로 다루는 방식이 진전되자 사방에서 반발이 일어났다. 더 단순하고 참된 신앙 교리에 대한 열망이 칼릭스투스(Calixtus), 콕세이우스(Cocceius), 슈페너(Spener), 친첸도르프(Zinzendorf), 폭스(Fox), 웨슬리(Wesley) 등을 사로잡았다. 19세기에는 이처럼 교의적이지 않은 실천적 기독교를 추구하는 경향이 다른 무엇보다도 역사비평과 슐라이어마허의 감정 신학으로 인해 더욱 강도를 더했다. 시간이 지나면서 교의학에 대한 반감은 더욱 일반적인 것이 되었다. 신학은 진정한 기독교 신앙과 그리스 철학의 잘못된 만남을 통해 산출된 것이며 예수의 순수하고 단순한 복음을 왜곡한 것이라고 간주되었다.[50] 기독교적 사랑의 삶이 차갑고 메마른 정통주의로 변질됨으로써 "지식"은 현대 학문과 충돌하게 되고, 결과적으로 지성인들이 기독교 신앙에서 멀어지는 결과를 낳았다는 것이다.[51]

신학에 대한 이런 불평들 중 어떤 것들은 유효하다. 종종 신학은 적절한 겸손을 결여한 채 사소한 논쟁으로 퇴보했으며, 이 땅에서 우리의 지식이 부분적이고 거울로 보는 것 같이 희미하다는 사실을 너무나 자주 망각했다. 종종 신학은 모든 질문에 답할 수 있고 모든 문제를 해결할 수 있다

---

49) J. Köstlin, *Theology of Luther*, I, 137ff.; P. Melanchthon, *Loci Comm.*, ed. Augusti (1821), 9; H. Bavinck, *De Ethiek van Ulrich Zwingli* (Kampen: Zalsman, 1880), 119; J. Calvin, *Institutes*, I.ii.2; I.v.9; I.xii.1; idem, 롬 1:19에 대한 주석.

50) A. von Harnack, *History of Dogma*, I, 17; E. Hatch, *The Influence of Greek Ideas and Usages upon the Christian Church* (London, 1890); 참조. J. Kaftan, *The Truth of the Christian Religion*, trans. George Ferries, 2 vols. (Edinburgh: T&T Clark, 1894).

51) 참조. 예를 들어 J. Kaftan, *Glaube und Dogma*, 3rd ed. (Bielefeld: Velhagen & Klasing, 1889).

는 생각에서 출발하는 것처럼 보이기도 했다. 그것은 자주 겸손과 온유함과 단순성을 결여했다. 무엇보다 신학은 "마땅히 생각할 그 이상의 생각을 품지 말라"(참조. 롬 12:3)는 권고를 마음에 새기고 사변을 피해야 한다. 근거 없는 추측을 늘어놓는 것보다는 명료하지 않음을 솔직하게 인정하는 편이 더 낫다. 그러나 오용은 사용을 폐기하지 않으며(*abusus non tollit usum*), 신학을 무시하는 것은 기독교를 감정이나 도덕으로 축소한다. 신학은 명료성을 위해서만 중요한 것이 아니다. 또한 그것은 신앙과 형이상학의 분리에서 발생된, 복음에 대한 편향된 해석을 피하기 위해서도 중요하다. 복음은 실재에 기초해 있다. 만일 하나님과 구원 역사가 실제가 아니라 우리 영혼의 바람과 도덕적 열망에 대한 진술에 불과하다면, 모든 종교는 망상일 뿐이다. 도덕적 실천으로만 이루어진 종교는 위로를 거의 주지 못한다. 자신을 구원하려는 우리의 모든 노력은 우리를 구할 수 없었다. 기독교 교리의 이면에서 "순수한" 복음을 찾으려는 시도는 정경 속 정경에 대한 주장으로 이어지고, 모든 세대의 보편교회와 누리는 교제는 단절되고 만다. 교의의 역사를 무효화하는 것은 또한 우리 자신이 속한 시대의 문화와 학문에 영향을 끼칠 기회를 빼앗는다. 그리스도인의 삶은 신비주의와 분리주의라는 병증으로 빠져들고, 학문적 사고는 그리스도의 진리를 통해 오류로부터 해방되지 못한다. 기독교의 본질, 계시, 하나님의 말씀의 내용, 그리고 그리스도의 인격에 관한 문제들은 사도들에 의해 결정되지 않고, 모두가 자신의 견해에 따라 이 문제를 결정한다. 더 이상 사도적으로 정의된 교회는 남아 있지 않으며, 사적인 의식만 남게 된다.

기독교의 보편적 합의의 전통에 비평의 원리가 도입된 이후로 그것은 결코 멈추지 않았다. 교의의 역사를 면밀히 검토해보면 로고스, 삼위일체, 첫째와 둘째 아담 등에 관한 교리들, 즉 그리스 철학과의 혼합물로 판명되었다고 말해지는 모든 교의가, 문자적으로는 아닐지라도 내용상으로는 분명히 성경에서 이미 발견된다는 사실을 확인할 수 있다. 그들의 견해에 따르면 하나님의 백성을 모든 진리로 인도할 성령에 대한 약속은 공허한 것으로 드러난다. 신앙 안에 있는 교회가 세상을 이긴 것이 아니라, 그 반대가 사실이다. 그렇다면, 신약성경 문헌들을 포함하는 사도적 증언 자체가 예리한 비평의 칼로 수술을 받아야만 한다. 그들이 보기에는, 특히 바울과 요한 같은 사도들이 이미 복음을 왜곡시켰음이 명백하다. 이미 1893년에 에른스트 폰 분젠(Ernst von Bunsen)은 바울이 예수의 복음을 사변적 신학으로 변질시켰다고 주장했고, 많은 사람이 여기에 동조했다.[52] 그리스도의 부활과 같은 "복음의 사실"(gospel fact)을 제거하는 것은 어려운 일인데도 사람들은 그것에서 종교적 가치를 없애려고 시도한다.[53] 그 결과 교의의 역사 전체가 의심스러운 것이 되어버렸다. 그것은 인간 정신, 즉 기독교 정신의 엄청난 탈선이다. 한마디로 말해 교의의 역사는 (Strauss에게서 볼 수 있는 것처럼) 교의에 대한 비평의 역사다.[54]

신학의 타당성과 정당성은 신적 계시를 통해 삶의 다양한 관계 가운데 있는 인류 전체에게 주어진 기독교 신앙의 본질에 기인한다. 계시는 전 세계를 대상으로 한다. 그것은 삶의 모든 영역에서 거짓에 대항하는 싸움에 동참한다. 그것은 가장 심오한 사고과정에 자료를 제공하며, 학문의 영역에는 인류와 세계에 대한 지식과 유기적인 관계 속에 하나님에 대한 지식을 심어준다. 신학과 철학이 긴밀한 관계를 갖는 것은 이런 이유에서다.

[157] 처음부터 기독교 신학은 신앙을 이해하고 설명하는 데 철학의 통찰을 사용해왔다. 기독교 신학은 단순히 하나의 철학체계를 통째로 가져온 것이 아니라 다양한 철학을 차용했는데, 그러면서도 언제나 계시를 통해 그것들을 시험했다. 따라서 신학은 교회의 산물이라 할 수 있는데,

---

52) Ernst Bunsen, *Die Reconstruction der kirchlichen Autorität* (Leipzig: Brockhaus, 1893); 또한 H. Bavinck, *Reformed Dogmatics*, I, 117-118(#36)도 보라.

53) A. von Harnack, *History of Dogma*, V, 83ff.

54) 심지어 Auguste Sabatier는 "교의의 역사는 참으로 교의에 대한 비평이다"라고 말한다. *Les religions d'autorité et la religion de l'esprit* (Paris: Librairie Fischbacher, 1904), xi; 참조. idem, *Esquisse* (Paris: Fischbacher, 1898), 208ff.

이는 신자들이 신앙의 교훈들을 숙고할 때 철학을 시녀로서 선별적으로 사용했기 때문이다. 초기 교회는 하나님의 진리를 숙고하고 변호하는 데 가장 적합한 철학만을 사용했다. 그들은 철학을 선택적으로 사용했고, 그것이 플라톤이든지 아리스토텔레스든지 간에 하나의 철학체계를 이어받은 것이 아니라 그리스 철학의 도움으로 그들 나름의 기독교 철학을 산출했다. 교회는 항상 철학의 오용에 대해 경계했고, 영지주의만 거부한 것이 아니라 오리게네스주의도 정죄했다. 개혁자들은 처음에는 스콜라주의와 철학을 조심스럽게 대했으나, 자신들이 하나의 분파로 전락하지 않으려면 자신들의 신학적 작업에 철학이 필요하다는 사실을 곧바로 깨달았다. 그래서 심지어 루터와 멜란히톤도 철학의 사용을 재개했으며 그 유용성을 인정했다.[55] 칼뱅은 처음부터 철학에 높은 지위를 부여하면서 그것을 "하나님의 탁월한 선물"로 간주했으며, 모든 개혁파 신학자가 그의 견해를 따랐다. 신학은 자신의 고유한 기준을 가지고 모든 철학을 시험하여 참되고 유익하다고 생각하는 것을 취함으로써, 철학을 적절하게 활용할 수 있다. 여기서 신학에 필요한 것은 하나의 철학체계가 아니라 철학 일반이다.

[158-159] 신학은 "신앙에서 이해로" 나아가지만(Augustine), 그럼에도 그것은 신앙과는 구별되며, 제도가 아닌 유기체로서의 교회의 산물이다. 신앙과 신학의 구분은 그리스도인이 되기 위해 인정해야 하는 기본 진리들과 신학자들에 의해 논의되는 보다 광범위한 진리를 구분하려는 교회의 노력으로 말미암아 더욱 분명하게 되었다. 로마 가톨릭의 "맹목적 신앙" 개념뿐만 아니라, 개신교에서의 (모든 신자를 위한) "주입된 신학"과 (학문적 신학자들만을 위한) "획득된 신학"의 구분, 또는 후대의 "근본적" 신앙 조항과 "근본적이지 않은" 신앙 조항의 구분은[56] 내용과 범위에서 신앙과 신

---

55) 참조. H. Schmid, *Doctrinal Theology of the Evangelical Church*, §5.

56) 따라서 Calvin은 이렇게 말한다. "왜냐하면 참된 교리의 모든 조항이 동일한 분류에 속하는 것은 아니기 때문이다. 어떤 조항들은 종교의 마땅한 원리로서 만인이 확신하고 의심하지 않아야 하는 필수적인 것들이다. 예를 들어 '하나님은 한 분이다', '그리스도

학의 구분을 반영한다. 유감스럽게도 그러한 구분들은 구원받는 데 필요한 최소한의 지식에 관한 쓸모없는 질문으로 이어졌다. 이 문제와 씨름한 개신교 신학자들은 "하나님이 말씀으로 계시하신 모든 것을 참된 것으로 여기도록 해주는" 어떤 지식과, "그리스도로 인해 나의 모든 죄가 용서되었다는 확신"이 신앙을 묘사하는 데 병행적으로 사용되고 있음을 간파했다.[57] 이로 인해 "지식"이나 "확신" 중 하나를 강조함으로써 무게 중심을 "일반적" 신앙이나 "특정한" 신앙 어느 쪽에든지 둘 수 있게 되었다. 다시 한 번 이런 논의들은 일부 진영에서 신자들을 머리와 가슴, 교리와 삶, 이성주의와 경건주의라는 틀에 따라 분리하는 결과를 낳았다.

본질적인 신앙 조항과 본질적이지 않은 신앙 조항의 구별이 개신교 진영의 연합을 위해 중요했지만, 이런 구별에는 신앙을 양적인 것으로 축소할 위험이 잠재되어 있었다. 신학을 이처럼 수량화하는 것은 로마 가톨릭의 성례주의와 맹목적 신앙 교리에 반대하여 일어난 종교개혁에서 그토록 중요하게 여겼던 그리스도와의 질적이고, 은혜롭고, 개인적이고, 유기적인 관계를 모호하게 만들었다. 종교개혁자들에게 신앙이란 하나님의 은혜를 신뢰하는 것이지, 측정할 수 있는 것이 아니다. 그것은 그리스도와의 개인적 관계이며, 수량화해서 더할 수 있는 것이 아니다. 신앙의 내용은 신앙 조항들의 계량적 총합으로 환원될 수 없다. 모든 신자는 원칙적으로 하나님의 은혜에 대해 동일한 지식과 신뢰를 공유한다. 신앙과 신학 간에 차이가 존재하지만, 본질의 차이가 아니라 정도의 차이일 뿐이다. 신학은 신앙의 원천이다. 신학의 "대상"은 신앙을 통해서만 접근 가능한데, 신학은 신앙의 내용을 성찰하고 신앙 안에서 수행되어야 한다. 신학 자체가

는 하나님이며 하나님의 아들이다', 우리의 구원은 하나님의 자비에 달려 있다' 등이 그런 조항들이다. 교회들 간에 논란의 여지가 있는 조항들도 있지만, 그런 조항들이 신앙의 일치를 깨뜨리지는 않는다"(*Institutes*, IV.i.12; IV.ii.1).

57) 편집자 주―Bavinck는 이것을 Heidelberg Catechism, Lord's Day 7, Q&A 21에서 가져온다.

종교적 성격을 가지는데, 그것은 신앙의 지식에도 해당되는 것이다. "거듭 나지 못한 자들의 신학"은 "역사적 신앙"과 같은 의미에서는 가능하지만, 그것이 참된 신학에 대해 갖는 관계는 "역사적 신앙"이 "구원 얻는 신앙"에 대해 갖는 관계와 동일하다. 참된 기독교 신학은 신앙의 지식을 더욱 심화하고 넓히는 동시에 그것과 불가분하게 연결되어 있다. 신앙과 신학은 서로를 필요로 한다. 신앙은 신학을 세속화로부터 보호하고, 신학은 신앙을 분리주의로부터 보호한다. 따라서 교회와 신학교는 상호 연대해야 한다. 좋은 신학은 신앙 공동체의 삶에 자리 잡아야 한다. 신앙과 신학은 하나님의 말씀이라는 원리와, 하나님을 아는 지식이라는 대상과, 하나님의 영광이라는 목표를 공유한다. 오늘날 만연한 교회와 신학교 간의 비뚤어진 관계는 교회와 신학 모두에게 재앙이다.

신학은 신앙에 대한 "믿음의 성찰"(believing reflection)이기 때문에, 또한 우리는 신학에서 이성이 맡은 역할을 생각해보아야 한다. 신앙을 이성 위에(*supra*), 또는 심지어 반대편에(*contra*) 두면서 신앙과 이성을 이원론적으로 분리해서는 안 된다. 한편에는 이성주의의 위험이 있고, 다른 한편에는 초자연주의의 위험이 있다. 결국 신앙은 이성 옆에 또는 위에 있는 기관이나 기능이 아니라, 이성의 성향 또는 습성이다. 신앙은 인간 의식의 자발적 행위며(동물은 믿지 않는다) 하나의 습관으로서 하나님의 자녀에게 자연스러운 호흡이 된다. 믿는다는 것은 자유로운 행위다. 그리스도인은 명령에 따라, 두려움 때문에, 강압에 대한 반응으로 믿는 것이 아니다. 하나님의 말씀에 대한 그들의 복종은 속박이 아니라 자유다. 이런 의미에서 신앙은 지성의 희생이 아니라 정신적 건강함(*sanitas mentis*)이다. 신앙은 그리스도인에게서 그것을 연구하고 성찰하고자 하는 갈망과 필요를 제거하는 것이 아니라 오히려 그 목적을 향해 채찍질한다. 신학은 인문학 분야에 대한 폭넓은 훈련과 준비를 요구한다. 인문학 연구를 통하지 않고는 신학의 전당에 들어설 수 없다. 신학 연구를 수행하는 자에게 철학적·역사적·언어적 예비교육은 필수적이다. 이런 훈련을 통해 문학적 다양성을 가진 성경 전체로부터 유기적으로 신학 체계를 세우는 과제를 수행할 능력이 배양된다. 후속 과제는 성경 자료들을 이성적으로 선별하여 동시대의 언어로 그것을 의미 있는 사상 체계로 요약하는 것이다.

신학 작업을 수행할 때 성경 전체를 활용하는 것이 중요하다는 점을 강조할 필요가 있다. 교의는 소수의 고립된 본문들이 아니라 성경 전체를 토대로 세워져야 한다. 교의는 성경 어디에서나 그러한 목적을 가지고 등장하는 원리들로부터 유기적인 방식으로 도출되어야 한다. 어쨌든 하나님, 인류, 죄, 그리스도 등에 대한 교리는 몇몇 진술들이 아니라 성경 전체에 퍼져 있으며, 몇몇 증거 본문에만이 아니라 심상과 비유, 의례와 역사에도 담겨 있다. 성경 어느 부분도 무시되어서는 안 된다. 이 원칙을 충실히 지키지 못했을 때 그 여파는 자의적이고 선별적인 성경 사용, 편파적이고 잘못된 신학, 병적인 종교생활로 이어졌다. 구약성경을 거부하는 마르키온파의 오류는 교회 역사에서 반복해서 나타났으며 근대신학에도 상당한 영향을 끼쳤다.

성경 전체가 교회를 교의적 결론들로 이끌었다. 삼위일체, 그리스도의 두 본성, 대속, 성례 등의 교리는 하나의 증거 본문에 기초한 것이 아니라, 성경 전체에서 주어진 수많은 사실들로부터 구성된 것이다. 교의들은 의문이 제기된 주제에 대해 성경이 가르치는 모든 것을 우리 자신의 언어로 간결하게 요약한 것이다. 이러한 작업을 위해서는 종종 성경에 문자적으로 등장하지 않는 용어를 사용할 필요가 있다. 가톨릭과 개신교 신학자들 모두 그렇게 할 권리를 옹호했는데, 이는 그들이 덜 성경적이고자 했기 때문이 아니라 오히려 더 성경적이고자 했기 때문이다. 그들은 성경이 본래의 광채를 가장 충만하게 발하는 때는 하나의 본문이 인용될 때가 아니라, 많은 본문에 담겨 있는 전체 진리가 교의로 응축되고 재현될 때라고 생각했다. 하나님이 우리를 부르신 것은 하나님이 생각하시고 자신의 계시에 펼쳐 보이신 것을 반복하게 하기 위해서가 아니라 성찰하게(*re-flect*) 하기 위해서다. 사유하는 신학적 지성의 임무는 모든 진리를 모아서 하나의 체계로 요약하는 것이다.[58] 체계는 모든 학문에서 최고의 염원(*desideratum*)이다. 마찬가지로 신학도 계시의 기저에 놓인 통일성을 발견하기까지 쉽지 않는다. 신학은 외부의 체계를 그대로 가져오지도 않을뿐더러, 진리를 그 본성에 이질적인 철학체계로 밀어넣지도 않을 것이다. 다만 대상 자체에 존재하는 체계가 인간의 의식에 재현될 때까지 탐구를 계속할 뿐이다. 신앙과 이성은 충돌하지 않는다. 기독교는 "합당한 예배 형태"(λογικη λατρεια, 롬 12:1)다.

[160] 신학 작업은 또한 겸손을 요구한다. 기독교 신학은 언제나 신비들(mysteries)을 다루는데, 신학은 그 신비들을 알고 경탄할 수는 있지만 그것을 완전히 이해하거나 가늠하지는 못한다. 이 신비들은 신약성경의 "신비" 개념과 동일시되어서는 안 된다. 신약성경에 사용된 "뮈스테리온"(μυστηριον; 신비)은 지적으로 이해되지 않고 또 이해할 수 없는 신앙의 진리를 가리키는 것이 아니라, 전에는 하나님 안에 감추어져 있다가 그리스도 안에서 절정에 이른 구원 역사를 통해 알려졌고, 지금은 신자들에 의해 이해된 어떤 사건(matter)을 가리킨다.[59] 이것은 영적 엘리트에게만 주어지는 비밀스런 "영적 지식"(*gnosis*)도 아니고, 자연과 초자연 사이의 엄

---

58) H. Bavinck, *Reformed Dogmatics*, I, 38-46 (##6-8)을 보라.

59) Hermann Cremer, *Biblico-Theological Lexicon of New Testament Greek*, trans. D. W. Simon and William Urwick (Edinburgh: T&T Clark, 1872), s.v. "προνοια"; Johann Caspar Suicerus, *Thesaurus ecclesiasticus* (Amsterdam: J. H. Wetsten, 1682), s.v. "μυστηριον". 편집자 주—Bavinck는 μυστηριον과 관련해 다음 성경 구절을 인용한다. 하나님 나라의 감추어짐에 대해서는 마 13:11, 막 4:11, 눅 8:10, 계 1:20, 17:5, 7; 그리스도 안에 있는 구원에 대한 하나님의 보편적 작정에 대해서는 롬 16:25, 엡 1:9, 3:3, 6:19, 골 1:26-27, 2:2, 4:3; 이 작정이 수행되는 방식에 대해서는 롬 11:25, 고전 15:51, 살후 2:7, 계 10:7; 하나님의 비밀을 맡은 청지기인 사도들에 의해 공표된 신비에 대해서는 롬 16:25-26, 골 1:26, 마 13:11, 고전 4:1; 역사 가운데 더욱더 명백해질 신비에 대해서는 고전 15:51-52, 살후 2:7; 신자에게 알려지는 신비에 대해서는 마 11:25, 13:11, 16:17, 롬 11:33, 고전 1:30; 지금 신자가 부분적으로 알고, 거울로 보는 것같이 희미하게 보기 때문에 신앙으로 걸어가야 함에 대해서는 롬 11:34, 고전 13:12, 고후 5:7 등이다.

청난 간극 때문에 알려지지 않은 어떤 것도 아니다. 그 차이는 형이상학적이라기보다는 영적인 것이다—죄가 그 장애물이라는 것이다. 무지나 어리석음이 아니라 바로 죄가 하나님을 온전히 보지 못하게 만드는 장애물이다. 이 세대의 신자는 하나님의 사랑이 얼마나 경이로운지 충만하게 이해할 수 없겠지만, 적어도 알려지고 보여지는 부분에 대해서만큼은 참으로 "알고" "보는" 것이다. 신자는 신앙의 경이 가운데 있으면서도 자신이 이성을 초월하는 신비에 직면해서 살아가고 있음을 의식하지 않기 때문에 그렇게 지적인 부담은 없다. 오히려 하나님의 은혜로 말미암은 기쁨 가운데 지적인 해방이 있을 뿐이다. 신앙이 경이로 바뀌고, 지식이 경배로 귀결되고, 신앙고백이 찬양과 감사의 노래가 된다. 신앙은 생명, 곧 "영생"이라는 지식이다(요 17:3).

제2부
삼위일체 하나님과
창조

제2부
삼위일체 하나님과 창조

7장

하나님을 아는 지식

신적 신비와 불가해성

[161] 하나님에 대한 지식(knowledge of God)이 신학의 독점적인 내용이다. 교의신학에서 다루는 모든 교리―세상, 인류, 그리스도 등 어떤 것을 다루든지―는 하나님에 대한 지식이라는 단 하나의 중심 교의에 대한 해설일 뿐이다. 모든 것이 하나님의 빛 속에서 고려되고, 그분께 포괄되고, 출발점이신 그분께 되돌아간다. 이 지식은 우리 자신에 대한 지식으로부터 분리할 수 없다. 아우구스티누스는 하나님과 자신 외에는 아무것도 알기를 원하지 않았다. "나는 하나님과 영혼을 알기 원한다. 더 알고자 하는 것은 없는가? 전혀. 그 이상은 아무것도 원하지 않는다."[1] 그런 이유로 칼뱅도 『기독교강요』를 하나님에 대한 지식과 우리 자신에 대한 지식으로 시작했고, 제네바 교리문답은 "인간의 삶에서 최고의 목적은 무엇입니까?"라는 첫째 질문에 대해 "인간이 자신을 창조하신 하나님을 아는 것입니다"라고 답한다.[2]

---

1) Augustine, *Soliloquies*, bk. I, ch. 2.
2) 참조. Westminster Shorter Catechism, Q&A 1, in *Creeds of Christendom*, ed.

신비는 신학적 숙고의 근원이다. 교의신학의 작업은 그 시작부터 신비에 휩싸인다. 왜냐하면 불가해한 분이신 하나님을 마주해야 하기 때문이다. 이 지식은 흠모와 경배로 이끈다. 왜냐하면 하나님을 아는 것이 곧 삶을 얻는 것이기 때문이다. 하나님을 아는 것이 우리에게 가능한데, 그 이유는 하나님이 인격적이시고, 땅 위로 높여지셨음에도 여전히 땅에 있는 인간과 교제 가운데 계시기 때문이다. 좋은 신학은 하나님에 대한 이러한 지식을 공개적으로 드러낸다. 좋은 신학은 자신을 말뿐인 수사학으로 전락시키는 것에 저항한다. 그것은 문제의 핵심, 즉 하나님을 예배하고 사랑하고 섬기기 위해 하나님을 아는 것을 추구한다. 그런 신학은 무미건조하고 학술적이기만 한 훈련이 결코 아니다. 그것은 삶과 관련하여 대단히 실천적이며 극히 생산적인 활동이다. 그리스도 안에 있는 하나님에 관한 지식은 결국 생명 그 자체다(시 89:16; 사 11:9; 렘 31:34; 요 17:3).

여기서 잠시 멈추어서, 우리가 하나님을 알고 또 하나님을 대변한다고 주장하는 것이 얼마나 대담한 일인지 생각해볼 필요가 있다. 우리가 어떻게 감히 그럴 수 있는가? 우리는 인간이고 그분은 주 우리 하나님이시다. 그분과 우리 사이에는 우리가 그분을 참되게 부를 수 있게 해주는 그 어떤 유사성이나 교제도 없는 것처럼 보인다. 우리가 하나님을 실제로, 그리고 참으로 알 수 있는가? 성경은 단 한 순간도 우리가 이에 대해 의심하도록 내버려두지 않는다. 따라서 성경에서는 하나님의 인식가능성이 결코 논쟁의 대상이 아니다. 어리석은 자는 자기 마음으로 "하나님이 없다"라고 말할지 몰라도, 두 눈을 뜨고 있는 사람이라면 하나님의 존재와 그분

P. Schaff and rev. D. S. Schaff, 6th ed. (New York: Harper & Row, 1931; repr., Grand Rapids: Baker Academic, 1990), III, 676. 편집자 주―제네바 교리문답에 대해서는 영어번역을 포함하고 있는 I. John Hesselink, *Calvin's First Catechism: A Commentary*, Columbian Studies in Reformed Theology (Louisville: Westminster John Knox, 1997)를 보라. 제네바 교리문답의 영어번역은 온라인으로도 이용이 가능하다. http://www.ondoctrine.com/2cal0504.htm.

의 영원한 능력과 신성에 대한 증거를 사방에서 발견한다(사 40:26; 행 14:17; 롬 1:19-20). 우리가 하나님에 대해 말할 엄두를 내는 것은 오직 한 가지 이유, 곧 하나님이 자신을 계시하셨다는 사실 때문이다. 우리가 가진 하나님에 대한 지식은 우리 자신의 탐구나 성찰에서 나온 것이 아니라, 하나님이 스스로 자연과 역사 가운데, 예언과 기적 가운데, 일상적인 수단과 비범한 수단을 함께 사용하셔서 자신을 우리에게 계시하셨기 때문에 가능해진 것이다. 성경에 따르면, 하나님의 계시의 목적은 다름 아니라 인간이 하나님을 알고 이로 인해 영생을 얻게 하려는 것이다(요 20:31).

이 계시로 인해 분명해진 사실은 무엇보다 먼저 하나님이 인격이시라는 것, 다시 말해 의식적이고 자유로운 의지를 가지신 분이며 세상에 갇혀 있지 않으시고 그 위로 높여지신 분이라는 것이다. 하나님과 세계를 동일시하는 범신론적 이해는 성경에서 아주 낯설다. 하나님은 땅 위로 높여지셨지만, 또한 전적으로 내재적이시고 특정 민족과 능동적으로 관계를 맺으신다. 하나님이 시온을 거처로 삼으시고, 자기 백성 이스라엘과 특별한 관계를 맺으신 것은 얽매임이나 제한이 아니라 선택이었다. 하나님이 친히 한 민족을 선택하셨다. 이스라엘 종교에 대한 진화론적 설명은 성경의 기록을 정당하게 다루지 못한다. 이스라엘 종교는 단일신교에서 윤리적 유일신교로 진화한 것이 아니라, 오히려 아브라함과 이스라엘에 대한 신적 소명, 그리고 하나님이 이스라엘과 맺으신 주도적 언약에 뿌리를 둔 것이다. 계시가 이스라엘 종교의 기초다. 비록 이스라엘의 실제 종교적 실천은 계시된 하나님의 부르심과 뜻에 부응하지 못할 때가 많았지만 말이다. 구약성경이 "다른 신들"을 언급하기는 하지만, 그것들이 실재한다고 간주한 것은 아니다. 이스라엘의 하나님만이 홀로 하나님이시고 하늘과 땅의 주님이시다. 그분은 하늘과 땅의 창조주시며, 정하신 때에 특정한 사람들에게 다양한 방식으로 자신을 드러내셨다.

구약성경에 나타난 하나님의 계시는 완전한(exhaustive) 것이라기보다는 부분적인 것이며, 예수 그리스도 안에서 주어진 최고의 영구한 계시에 대해 예비적 성격을 갖는다. 그럼에도 그것은 참된 계시다. 구약성경의 사건들, 이를테면 벧엘에서 야곱이 꾸었던 꿈, 모세와 불타는 가시떨기나무, 이스라엘 백성을 인도한 불기둥, 시내 산 위의 우레 등은 하나님을 포괄하거나 담아내지는 못하지만, 하나님의 임재에 대한 참된 표지와 보증이 된다. 이 인격적인 하나님은 계시 안에 자신을 제한하셔서 그처럼 특정한 장소, 시간, 사람들에게 가까이 오시지만, 그러면서도 동시에 자연의 전체 현실과 모든 피조물 위에 무한히 높여지신 분이다. 구약성경 전체에 걸쳐 이 두 요소는 함께 나타난다. 하나님은 통회하고 마음이 겸손한 자와 함께 하시는 분이실 뿐 아니라 지극히 존귀하시고 영원히 거하시는 분이다(사 57:15). 신약성경도 동일한 진리를 가르친다. 하나님은 가까이 가지 못할 빛에 거하신다. 아무도 그분을 보지 못했고 또 볼 수도 없다(요 1:18; 6:46; 딤전 6:16). 하나님은 모든 변화(약 1:17), 시간(계 1:8; 22:13), 공간(행 17:27-28), 피조물(행 17:24) 너머에 계신다. 아들과 성령 외에는 하나님을 아는 자가 없다(마 11:27; 고전 2:11). 그러나 하나님은 그리스도 안에 자신의 충만이 육체로 거하게 하셨고(골 2:9), 교회를 자기 성전으로 삼아 그곳에 거하시고(고전 3:16), 예수를 사랑하고 그분의 말을 지키는 자를 자신의 거처로 삼으신다(요 14:23). 또는 근대의 신학용어로 표현해본다면, 성경에는 하나님의 인격성과 절대성이 병존한다.

[162] 하나님의 인격성과 절대성 간의 이러한 통일성은 성경 계시를 벗어나서는 유지되지 않았다. 철학자들, 특히 플라톤 전통에 서 있는 철학자들은 하나님(또는 선)이 멀리 떨어져 있는 분, 알 수 없는 분으로서 존재조차도 초월한다고 여겼다. 플로티노스에게는 부정의 신학만 남아 있다. 우리는 하나님이 무엇이 아닌지만 말할 수 있다. 영지주의는 한걸음 더 나아가서, 하나님이란 우리가 결코 알 수 없고 형언할 수도 없는 영원한 침묵의 심연이라고 생각했다. 기독교 신학은 하나님에 관한 인간의 지식이 완전하지 않다는 데 동의한다. 우리는 하나님의 본질을 알 수 없다. 하나님에 대한 그 어떤 묘사나 이름도 하나님을 적절히 표현할 수 없기 때문

에, 인간의 언어로는 하나님이 무엇이 아니신지를 말하기 위해 고심할 수밖에 없다. 이미 『바나바 서신』이 이런 질문을 던진다. "만일 하나님의 아들이 성육신하지 않으셨다면, 인간이 어떻게 그를 보고 또 구원받을 수 있었겠는가?" 순교자 유스티누스는 하나님을 형언할 수 없고, 변함없고, 이름 없는 분이라고 부른다. "아버지", "하나님", "주님" 등과 같은 말조차 실제 이름이 아니라 "[그분의] 자비로운 행위와 사역에서 나온 호칭"이다. 만약 우리가 그럼에도 하나님을 "한 분", "선", "아버지", "창조주", "주님" 등으로 부른다면, 우리는 그분의 참된 본질이 아니라 단지 그분의 능력을 표현할 뿐이다. 하나님은 단일성조차 초월하신다. 아타나시오스가 표현한 대로, 하나님은 "모든 존재와 인간 이해를 초월하신다."[3] 오리게네스, 에우세비오스(Eusebius), 그리고 다른 많은 초창기 신학자들도 아우구스티누스와 마찬가지로 아타나시오스의 표현을 답습하고 있다.[4]

아우구스티누스는 하나님을 묘사할 때 "존재"의 개념에서 출발한다. 하나님은 야웨(יהוה, YHWH)라는 이름이 나타내듯이, 존재하시는 분이다. 이것이 하나님의 진정한 이름이며, 그분이 "원래"(in himself) 어떤 분이신지 알려주는 이름이다. 모든 다른 이름은 하나님이 "우리에게"(toward us) 어떤 분이신지 알려준다(*Serm.* 6 n. 4; *Serm.*7 n. 7). 그러므로 하나님이 어떤 분이신지 우리가 말하려고 할 때, 우리는 그저 모든 유한한 존재들과 비교

---

3) *Barn.*, chap. 5; Justin Martyr, *1 Apology*, 61; idem, *2 Apology*, 6; idem, *Dialogue with Trypho*, 127; Irenaeus, *Against Heresies*, IV, 20; Clement of Alexandria, *Stromateis*, V, 11-12; idem, *Paedagogus*, I, 8; Athanasius, *Against the Pagans*, 2.

4) Origen, *On First Principles*, I, 1, 5ff.; idem, *Against Celsus*, VI, 65; Eusebius, *Preparation for the Gospel*, V, 1; Theophilus, *To Autolycus*, I, 3; Tatian, *Oratio ad Graecos* (Leipzig: Heinrichs, 1888), 5; Minucius Felix, *The Octavius of Marcus Minucius Felix*, trans. G. W. Clarke (New York: Newman, 1974); Novatian, *Novatiani Romanae urbis Presbytery de trinitate liber* (Cambridge: Cambridge University Press, 1909), 2; Cyprian, *On the Vanity of Idols*, 5; Lucius C. Lactantius, *Divine Institutes*, trans. Sister Mary Francis McDonald (Washington, DC: Catholic University of American Press, 1964), I, 6.

해서 하나님이 어떤 분이 아니신지 말할 수 있을 뿐이다. 하나님은 "형언할 수 없다. 우리로서는 하나님이 어떤 분이신지를 말하는 것보다 하나님이 어떤 분이 아니신지를 말하는 것이 더 쉽다." 하나님은 땅, 바다, 하늘, 천사 등 어떤 피조물도 아니시다. 우리가 말할 수 있는 전부는 하나님은 무엇이 아니신가라는 것이다(*Expositions on the Psalms*, 86 n. 12; *On Christian Doctrine*, I, 6; *On Order*, II, 47). "우리는 사유함으로써 그보다 더 낫거나 고귀할 수 없는 본질에 이르려고 노력한다"(*On Christian Doctrine*, I, 7). "하나님이 존재하시는 바에 진정으로 상응하는 하나님 이해를 가진 자가 어디 있겠는가?"(*Isa*. VI, 29). 하나님은 이해될 수 없고 또 그래야만 한다. "왜냐하면 당신이 그분을 이해한다면, 당신이 이해하는 그분은 하나님이 아닐 것이기 때문이다"(*Serm.* 117 n. 5). 만약 우리가 그분에 대해 생각하는 것을 말로 표현하기 원한다면, 우리는 언어와 씨름해야 한다. "왜냐하면 하나님에 대해 생각된 것이 하나님에 대해 말해진 것보다 참되고, 하나님의 존재가 하나님에 대해 생각된 것보다 참되기 때문이다"(*The Trinity*, VII, 4). 설사 우리가 하나님에 대해 무언가를 굳이 말하려 한다 해도, 우리의 언어는 단지 모든 것을 능가하는 존재에 대해 무언가를 말하고 생각하게 해주는 용도 외에는 "적절하지" 않다(*On Christian Doctrine*, I, 6). "마치 어떤 지성도 하나님을 제대로 인식할 수 없는 것처럼, 어떤 정의도 하나님을 제대로 정의하거나 묘사할 수 없다"(*De. cogn. Verae vitae* 7). "하나님은 알지 못함에 의해 더 잘 알려진다"(*On Order*, II, 44).

[163] 하나님의 본질에 있는 이런 불가해성을 가장 강력하게 동의한 이들은 위 디오니시우스와 스코투스 에리우게나였다. 이들에 따르면 하나님은 존재와 지식조차도 초월하신다. 하나님이 모든 것의 원인과 기원이시라는 바로 그런 이유로, 우리는 성경에서처럼 하나님이 일으키시는 결과에 따라 그분을 명명할 수 있다. 따라서 하나님은 한편으로는 "이름이 없고"(anonymous), 다른 한편으로는 "많은 이름을 갖고 계신다." 그러나 우리가 하나님이 행하신 일로 인해 하나님께 돌린 긍정적인 이름들조차도

우리에게 하나님의 본질을 계시해주지 않는다. 왜냐하면 그것들은 피조물에게 적용될 때와 전적으로 다르고 무한히 완벽한 방식으로 하나님께 적합하기 때문이다. 따라서 부정의 신학이 긍정의 신학보다 뛰어나다. 그것은 하나님을 모든 피조물을 초월하는 분으로 우리에게 알린다. 하지만 부정의 신학조차도 우리에게 하나님의 존재에 대한 지식을 제공하지 못한다. 왜냐하면 결국 하나님은 모든 부정과 긍정, 모든 확언과 부인을 초월하시기 때문이다. 우리는 하나님이 계심을 알 뿐, 그분이 어떤 분인지는 모른다.[5]

스콜라 신학은 보다 신중했고 긍정적이었지만 하나님의 본질적인 불가지성에 동의했다. 토마스 아퀴나스는 하나님을 직접 보는 것, 또는 신앙에 의한 지식을 이성에 의한 지식으로부터 구분했다. 전자는 일반적으로 천국을 위해 남겨진 것이다. 지상의 모든 지식은 간접적이다. 하나님은 자신이 행하신 일들 안에서만, 특히 그분의 피조물의 완전함 안에서만 알려지실 수 있다. 하나님은 "그분의 피조물의 완전함 안에서 제시되는 한" 알려지실 수 있다.[6] 그러나 이후에 스콜라주의가 발전하는 가운데 모든 신적 속성이 정교하게 변증법적으로 다루어짐에 따라, 하나님의 불가해성에 대한 진리는 배후로 밀려났다. 하나님의 존재, 이름들, 본질, 위격들, 속성들이 너무 상세하고 정밀하게 다루어졌고, 이에 따라 하나님의 불가해성

---

5) Pseudo-Dionysius, *The Divine Names*, I, 1 (588B), in *Pseudo-Dionysius: The Complete Works*, trans. Colin Luibheid, Classics of Western Spirituality (New York and Mahwah, NJ: Paulist Press, 1987), 49-50. Pseudo-Dionysius, *The Divine Names and Mystical Theology*, trans. John D. Jones (Milwaukee: Marquette University Press, 1980), c. 1 §1ff., §2: c. 5. Erigena, *The Divine Nature*, I, 7ff.: II, 23ff.: III, 19ff.: A. Stöckl, *Geschichte der Philosophie des Mittelalters*, 3 vols. (Mainz: Kirchheim, 1864-1866), I, 45ff.: F. C. Baur, *Die christliche Lehre von der Dreieinigkeit und Menschwerdung Gottes*, 3 vols. (Tübingen: C. F. Oslander, 1841-1843), II, 274: J. I. Doedes, *Inleiding tot de Leer von God* (Utrecht: Kemink, 1876), 133ff.
6) T. Aquinas, *Summa Theol.*, I, qu. 12-13.

을 위한 여지가 남지 않게 되었다. 유명론과 신비주의는 이런 전개에 대한 두 가지 반응이었다.

유명론은 비록 불완전할지라도 하나님의 본질에 대한 지식이 어느 정도 존재한다는 스코투스의 온건한 주장에 반대를 표명했고,[7] 다소 회의적인 입장을 견지했다. 따라서 오컴은 다음과 같이 선언했다. "하나님의 존재(essence)나, 신적 본질(quiddity), 곧 하나님의 본성(nature)에 속하는 그 무엇 또는 참으로 하나님 자신이 여기 우리에게 알려져서, 더 이상 하나님으로부터 객체가 알려지는 방식으로 우리에게 전달되는 것이 전혀 없게 되는 일은 불가능하다."[8] 신비주의자들, 이를 테면 니콜라우스 쿠자누스(Nicholas of Cusa) 같은 이가 자신의 책 『박식한 무지』(*On Learned Ignorance*, 1440)에서 주장한 바에 따르면, 어떤 진리도 이성이 아니라 오직 신앙―인간 안에 있는 새로운 기관으로 신비적으로 이해된 신앙―으로만 얻을 수 있다. 종교개혁 이후에 로마 가톨릭 신학은 스콜라주의로 되돌아가서, 아퀴나스가 이해한 방식으로 하나님의 본질에 대한 불가지성의 교리를 다시 채택했다.[9] 이 교리는 교황 인노켄티우스 3세(Innocent III)가 소집한 라테란 공의회를 통해 교회 차원에서 정의되고 선언되었다. "하나님은 형언할 수 없다."

---

7) Duns Scotus, *Sentences*, I, dist. 3, qu. 2.

8) A. Stöckl, *Geschichte der Philosophie des Mittelalters*, 3 vols. (Mainz: Kirchheim, 1864-1866), II, 1009에 따르면 그렇다.

9) 참조. 특히 Franciscus Sylvius, *Commentarii in totam primam partem S. Thomae Aquinatis*, 4th ed., 4 vols. (Antwerp, 1693), I, 96ff. 편집자 주―1726년의 영어판 (Venice: Typographia Balleoniana)은 미소축쇄판(microform)으로 이용가능하다 (Pius XII Memorial Library, St. Louis University, St. Louis, MO). C. R. Billuart, *Cursus theologiae*, 9 vols. (1769-1770), I, 228ff.; Dionysius Petavius, *De theologicis dogmatibus*, 8 vols. (Paris: Vivès, 1865-1867), I, chap. 5; VIII, c. 6; G. M. Jansen, *Praelectiones theologiae fundamentalis* (Utrecht, 1875-1877), II, 78ff.; *Theologia Wirceburgensi*, 3rd ed., 10 vols. in 5 (Paris: Berche et Tralin, 1880), II, 73ff.; Christian Pesch, *Praelectiones dogmaticae* (1895), II, 46ff.

종교개혁 신학은 이 견해를 수정하지 않았다. 루터는 "감추어진" 하나님과 "계시된" 하나님, 다른 말로, 하나님 자신과 하나님의 말씀을 구별했다. 루터는 심지어 성육신하신 그리스도 안에 자신을 계시하신 하나님께 집중할 때도, 하나님의 존재의 충만이 계시되었음을 인정하지 않았다. 오히려 하나님 안에는 어둡고 숨은 배경, 곧 "자신의 본성과 위엄 가운데 계신 하나님, 자신의 절대성 안에 계신 하나님"이 남아 있었다. 그리고 루터에 따르면 하나님은 "도무지 알 수 없고, 이해할 수 없고, 접근할 수 없다."[10] 후기 루터파 신학자들은, 하나님의 본질과 하나님의 계시를 아주 날카롭게 구분하지 않으면서도, 하나같이 하나님에 대해 합당한 이름을 부여하거나 정의 내리는 것이 불가능하다고 단언했다.[11]

개혁파 신학은 루터의 "감추어진" 하나님 개념을 그대로 따르지는 않으면서도 하나님이 우리의 이해, 상상, 언어를 무한히 능가하신다고 주장했는데, 이러한 주장에는 모든 우상숭배에 대한 혐오감이 담겨 있다. 칼뱅은 우리가 하나님이 무엇인지에 대한 질문을 던지는 것은 헛된 사변이요 말장난이라고 주장한다. 우리로서는 "하나님의 본성은 무엇이며 하나님의 본성과 일관된 것은 무엇인가?"라고 묻는 것으로 충분하다.[12] 개혁파 신학자들은 하나님이 우리의 이해, 상상, 언어를 무한히 초월하신다고 만장일치로 주장한다. 그러나 개혁파 신학에서도 역시 하나님의 불가해성의 중

---

10) J. Köstlin, *The Theology of Luther in Its Historical Development and Inner Harmony*, trans. Charles E. Hay, 2 vols. (Philadelphia: Lutheran Publication Society, 1897), I, 99ff., 428ff.

11) Johann Gerhard, *Loci theologici*, ed. E. Preuss, 9 vols. (Berlin: G. Schlawitz, 1863-1875), II, c. 5; 참조. Heinrich F. F. Schmid, *Die Dogmatik der evangelisch-lutherischen Kirche*, 9th ed. (Gütersloh: Gütersloher Verlagshaus Mohn, 1979), § 17; Karl Bretschneider, *Handbuch der Dogmatik der evangelisch-lutherischen Kirche*, 4th ed., 2 vols. (Leipzig: J. A. Barth, 1838), I, 443.

12) J. Calvin, *Institutes of the Christian Religion*, I.ii.2; I.v.9 (ed. John T. McNeill and trans. Ford Lewis Battles, 2 vols. [1559; Philadelphia: Westminster, 1960], 1:41-43, 61-62); idem, 롬 1:19에 대한 주석.

요성은 점차 시야에서 사라졌다. 여전히 가르쳐지긴 하지만, 추상적으로만 존재하면서 아무런 영향도 끼치지 않았다. 이에 반해, 비록 비슷한 결과를 가져오기는 했지만, 개혁파 신학으로부터 이탈한 소키누스주의와 아르미니우스주의는 이 문제 자체에 전혀 관심을 갖지 않았다. 하나님에 대한 "지식"을 다루는 모든 논의는 한가한 형이상학적인 사변으로서, 하나님의 뜻에 대한 순종과 단순성을 위해 버려져야 할 것으로 간주되었다. 마치 사람들이 하나님의 위엄과 광대하심에 대한 모든 감각을 상실한 것처럼 보였다. 사람들은 소위 형이상학적 질문들을 전부 도외시하면서, 하나님의 뜻을 알고 행하기 위해 오직 하나님의 뜻에만 집중했다. 그들이 생각하기에 영생은 하나님을 아는 데 있지 않고 그분의 뜻을 행하는 데 있다.

[164] 종교개혁 전통이 하나님의 불가해성에 대해 가졌던 의식이 시들해졌을 때 철학자들, 특히 칸트가 이를 재천명했다. 이 쾨니히스베르크 철학자에 따르면, 세 가지 초월적 관념―영혼, 세계, 하나님―은 객관적으로 증명될 수 없다. 다만 지식의 필요조건으로 상정될 수 있을 뿐이다. 실천이성으로 그것들을 "안다"고 해서 우리의 실제적이고 유의미한 학문적 지식의 양이 증가되는 것은 아니다. 이 관념들은 그저 우리의 지식을 규정할 뿐이다. 하나님 개념은 (실재하지 않는) 형이상학이 아니라 윤리학에 속한다.[13] 철학적 불가지론과 신적 불가지성에 대한 이런 헌신은 피히테[14]와 슐라이어마허에 의해 공유되었다. 슐라이어마허는 『신앙론』에서 하나님이 우리 실존의 "근원"(whence)이시라고 진술했다. 그리고 그런 절대적 원인으로서의 하나님은 우리 지식의 대상이 될 수 없고, 오직 절대 의존 감정의 내용일 뿐이다.[15] 신적 불가지성의 교리는, 헤겔의 경우는 예

---

13) I. Kant, *Critique of Practical Reason*, trans. Mary Gregor (Cambridge: Cambridge University Press, 1997), 103ff.

14) J. G. Fichte, *Attempt at a Critique of All Revelation*, trans. Garrett Green (Cambridge and New York: Cambridge University Press, 1978), 152ff.

15) F. Schleiermacher, *The Christian Faith* (Edinburgh: T&T Clark, 1989), §4.4.

외로 하고, 근대 의식에 깊이 침투했다. 하나님에 대한 모든 진술은 인간에 대한 진술의 확장으로 보아야 한다. 하나님은 인간적 투사(projection)다(Feuerbach). 종교는 인류의 신격화(deification)다. 그러나 다른 이들에게 이런 무신론은 무리한 요구였다. 인간의 한계와 지식의 유한성을 고려할 때 그러한 판단은 삼가야 한다. 지식은 관찰 가능한 것에 제한되고(Comte, 실증주의), 그것을 넘어서 우리는 우리의 무지를 고백한다(불가지론). 결과는 비슷하다. 모든 형이상학이 불신을 당하면서 사변은 회피되었다.

이에 대한 반응으로 신학도 불가지론의 공포에 희생물이 되었고, 목소리를 줄이면서 하나님에 대한 지식에 대해 감히 말할 엄두를 내지 못하게 되었다.[16] 가능한 한 모든 형이상학적 요소들을 배제한 채, 신학은 오직 "종교적" 영역에 속한 것으로 제한되었다. "종교적"이라는 것이 무엇을 의미하든지 간에 말이다. 신학은 자신의 이름을 부끄러워하게 되면서 스스로를 종교학으로 탈바꿈하도록 방치했다. 불가지론이 사실상 신학의 죽음인데도 불구하고, 많은 신학자는 불가지론을 고수한 채 신학을 구출하고자 시도했다. 칸트는 이론이성으로 인해 잃어버린 것을 실천이성으로 되찾았다. 잉글랜드 출신의 허버트 스펜서(Herbert Spencer)는 온갖 논증을 통해 하나님의 가지성(knowability)을 강하게 반대했으면서도,[17] 알 수 없는 분에 대한 종교적 숭배의 여지는 남겨놓았다. 같은 방식으로 다른 이들은 학문이 기독교 신학에서 빼앗아간 것을 인본주의, 도덕적 이상주의, 이상의 수립, 강신술, 신지학, 불교 등에서 보상 받으려고 했다.

---

16) 편집자 주—이러한 인식론적 겸손과 하나님에 관한 지식에 대해 감히 말하려고 하지 않는 태도는 오늘날의 이른바 포스트모던 신학에서도 찾아볼 수 있다. 예를 들어 Brian J. Walsh and J. Richard Middleton, *Truth Is Stranger Than It Used to Be: Biblical Faith in a Postmodern Age* (Downers Grove, IL: InterVarsity, 1995)를 보라. 비판은 주로 "명제적 진리"라는 표제를 달고 있는 것들을 향했다. 건설적인 반응으로 Andreas Köstenberger, ed., *Whatever Happened to Truth* (Wheaton, IL: Crossway, 2006)를 보라.

17) H. Spencer, *First Principles*, 5th ed. (London: Williams & Norgate, 1887), 68-97.

[165] 불가지론(agnosticism)은 설득력 있는 논거를 갖고 있다. 인간으로서 우리는 우리가 가진 유한성의 제한을 받는다. 모든 궤변론자와 회의주의자들이 알고 선언했듯이, 인간의 모든 지식은 주관적이고 상대적이다. 우주에 있는 어떤 것도 홀로 성립하지 않는다. 객체와 주체는 상호의존적이다. 따라서 우리는 사물에 대한 우리의 관찰과 별개로 존재하는 사물의 본질이 무엇인지 결코 말할 수 없다. 우리가 말할 수 있는 것은 주어진 순간에 어떤 사물이 우리에게 이렇게 저렇게 보인다는 것뿐이다. 이런 면에서 "인간은 만물의 척도다." 이것은 너무 무거운 논증이다. 이것은 앞서 관념주의를 다룰 때 보여주었던 것처럼[18] 너무 많은 것을 증명하려 한다. 우리 사고의 주관성에 과도하게 호소하는 것은 외부 세계 전체를 무의미하게 만들며, 모든 지식의 신빙성을 떨어뜨린다. 그럼에도 우리의 전반적인 지식에 있어 불가지론에 대하여 참인 것은 우리가 가진 하나님에 대한 지식에 대해서도 참이다. 우리의 이러한 인식론적 곤경들에 한 가지를 덧붙이자면, 하나님에 관한 지식은 신인동형론적이다. 그 지식은 피조물로서 우리가 필연적으로 갖고 있는 한계에 맞추어진 것이다. 여기서 하나님, 세계, 영혼에 대한 초월적 관념은 우리의 행위를 규정하지만 그것을 학문적으로 증명할 수는 없다고 말한 칸트의 언급을 덧붙일 필요가 있다. 더 나아가 피히테 이후의 근대사상은 신의 절대성과 인격성이 영원히 양립 불가능하다고 주장한다. 하나님을 인격적 용어들로 이해하는 것은 하나님을 유한하게 만든다는 것이다. 하나님이 우리와 관계를 맺기 위해서는 어떤 방식으로든 제한되어야 한다. 그런 신을 바라는 자들은 여전히 행복주의(eudaemonism)의 권세 아래에 있다.[19] 결과적으로 남게 되는 것은

---

18) H. Bavinck, *Reformed Dogmatics*, ed. John Bolt (Grand Rapids: Baker Academic, 2003-2008), I, 214-217 (#64)을 보라.

19) J. G. Fichte, "Über den Grund unseres Glaubens an eine göttliche Weltregierung," in idem, *Gesamtausgabe*, 15 vols. (Stuttgart: Bad Cannstatt, 1977), V, 318-357; 참조. Kuno Fischer, *Geschichte der neueren Philosophie*, 2nd

비인격적이고 도덕적인 세계질서의 한 형태일 뿐이다. 이런 식의 주장이 근대 세계에 널리 퍼져 있다.

기독교 신학은 우리가 하나님을 인격적 존재로 보는 것과 절대자로 보는 것 사이에 긴장이 있음을 항상 인정해왔다. 우리는 우리 자신이 감각 지각을 통해 얻은 지식으로 제한되어 있는 반면, 하나님은 측량할 수 없는 위엄과 주권적 고귀함을 가지셨음을 확증한다. 이처럼 하나님이 그렇게 우리의 모든 이해와 묘사를 초월해서 계시지만, 그럼에도 우리는 우리 자신이 하나님에 대한 지식을 갖고 있다고 고백한다. 이 지식은 유비적이며 계시를 통해 주어진 선물이다. 우리는 하나님이 행하신 일들을 통해서, 그리고 하나님이 피조물인 우리와 맺으신 관계 안에서 하나님을 안다. 이 사실은 우리의 이해 너머에 있다. 그것은 신비지만 자기모순은 아니다. 오히려 이것은 기독교 신학이 부정의(apophatic) 신학과 긍정의(kataphatic) 신학 사이에 두었던 고전적 구별을 반영한다. 이는 "절대자를 안다"고 말하는 것은 엄밀한 의미에서는 자기모순임을 우리가 인정한다는 것이다. 우리가 안다고 하는 것은 그것을 구별하고, 추상화하고, 제한하고, 한정한다는 것이다. 만약 이것이 사유의 구조라면, 우리는 어쩔 수 없이 절대자를 유한한 것의 수준으로 끌어내려서 하나님을 인격적이고 제한된 인간과 같은 존재로 만들든지, 아니면 하나님을 시공간의 모든 한계를 초월하는 분으로 상정하여 하나님에 대한 우리의 관념에서 유한한 피조물과의 유사성을 모두 제거해버림으로써 결과적으로 종교에 아무런 가치가 없는 텅 빈 추상적인 관념만 남게 만들어버릴 수밖에 없다. 절대자는 우리의 사유를 거치면서 무(nothing)로 축소되고 만다. 우리는 해결할 수 없는 이율배반에 빠진다. 마치 우리에게는 무리한 사실성과 공허한 관념주의, 다시 말해 "인간적 성품의 확대에 불과한 하나님"과 "가슴의 종교를 얼어붙게 하고 파괴하는 차가운 추상" 사이에 양자택일만 남아 있는 것 같다.

---

ed., 11 vols. (Heidelberg: Winter, 1924), V, 628ff.

[166] 하나님의 불가지성에 대한 이와 같은 교리에 우리는 상당 부분 동의하고 진심으로 긍정할 수 있다. 하나님의 존재를 온전히 표현하는 이름도, 하나님을 정확히 포착하는 정의도 없다. 하나님은 자신에 대한 우리의 묘사, 생각, 언어를 무한히 초월하신다. 하나님은 어떤 피조물에도 비교될 수 없다. 기독교 신학은 하나님에 관해 충만하고 타당한 지식을 갖는 것이 가능하다고 생각하는 모든 종류의 얄팍한 합리주의에 늘 반대해 왔다.[20] 아우구스티누스는 여기에 담긴 심오한 종교적 의미를 다음과 같이 분명히 표현했다. "우리는 하나님에 대해 말하고 있다. 그대가 다 이해하지 못한다는 것이 놀라운가? 만일 당신이 하나님을 포괄적으로 이해할 수 있다면, 당신이 포괄적으로 이해한 것은 하나님이 아니다. 경솔하게 지식을 자랑하기보다는 경건하게 무지를 고백하라. 하나님에 대한 지식을 약간이라도 얻는 것은 엄청난 복이다. 그러나 하나님을 포괄적으로 이해한다는 것은 전적으로 불가능하다."[21] 하나님은 우리의 모든 사랑의 유일한 대상이신데, 이는 바로 하나님이 무한하고 불가해한 분이기 때문이다. 성경과 교회는 항상 그랬듯이 불가지론의 전제들을 받아들이고, 사람의 유한성과 하나님의 비교 불가능한 위엄을 칸트나 스펜서보다 훨씬 더 깊이 확신했음에도 불구하고, 이로부터 전혀 다른 결론을 이끌어냈다. 힐라리우스는 이렇게 말했다. "배움의 완성은 하나님을 알되 그가 알려지실 수 없는 것은 아니면서도 말로 표현할 수는 없는(indescribable) 분으로서 아는 것이다."[22] 기독교 신학은 하나님에 대한 우리의 지식이 유비적이라고 가르친다. 이 지식은 그 자체로는 알려질 수 없지만 그럼에도 자신이 창조한 존재 가운데 자신에 관해 어떤 것을 알려주시는 분에 대한 지식이다. 기독

---

20) Basil, *Hexaemeron*, hom. 1; Gregory of Nazianzus, *Orat.* 28; 참조. Joseph Schwane, *Dogmengeschichte*, 2nd ed. of vols. I-II, 1st ed. of vols. III-V (Freiburg i.B.: Herder, 1882-1895), II, 27ff.

21) Augustine, *Lectures on the Gospel of John*, tract. 38, *NPNF*[1], VII, 217-221.

22) Hilary of Poitiers, *On the Trinity*, II, 7.

교 신학은 불가지론이 해결 불가능한 모순으로 간주하는 것을 경탄할 만한 신비로 여긴다. 하나님이 어떻게 자신을 계시하셔서 피조물들 안에 자신을―시간 안에 영원을, 공간 안에 광대함을, 유한 안에 무한을, 변화 안에 불변을, 생성 안에 존재를, 말하자면 무 안에 모든 것을―다소간 알리실 수 있는지 우리는 전혀 이해할 수 없다. 이 신비는 이해될 수 없다. 다만 감사함으로 인정하고 신앙 안에서 받아들일 수 있을 뿐이다.

만약 우리가 하나님에 대해 유비적으로 말할 수 없다면, 우리는 하나님에 대해 전혀 말할 수 없다. 하나님이 알려질 수 없고, 어떤 식으로도 느껴지거나 경험될 수 없다면, 우리는 침묵하는 것밖에 다른 선택의 여지가 없다. 그렇게 되면 모든 종교는 붕괴해버리고 공허한 것이 되어버린다. 물론 "인격"(personality)과 같은 특정 용어를 하나님께 적용할 때는 사람에게 적용할 때와는 다른 의미를 갖는다. 근대인들이 "자아"(selves)를 가리켜 말할 때와 같은 의미로 그 용어를 하나님께 적용하면 우리는 삼신론의 이단이라는 오류에 빠지게 될 것이다. 하지만 인간과 "인격적"(personal) 하나님 사이에 유비 개념을 적용하는 것을 피하려 하면 우리는 필연적으로 하나님을 추상적 개념이나 공허한 상징으로 축소시키는 결과를 낳게 될 것이다. 이렇게 함으로써 근대의 철학적 불가지론(agnosticism)은 고대의 영지주의(Gnosticism)와 똑같은 오류를 범한다. 이들은 하나님을 "형언할 수 없는 심연"이나 "영원한 침묵"으로 축소함으로써 우주를 가장 절대적인 의미에서 하나님 없는(godless) 무엇으로 만든다. 결국 모든 것은 과연 하나님이 피조물의 영역 안에 자신을 계시하기로 작정하셨고 또 그렇게 할 수 있는 길을 찾으셨는지의 문제로 귀결된다. 교회와 기독교 신학은 이런 일이 실제로 일어났다고 단언한다. 계시 덕분에 우리는, 비록 포괄적인 것이 아니라 상대적이고 유한한 것이기는 하지만, 하나님에 대한 지식을 가질 수 있다. 불가해성은 불가지론을 의미하는 것이 아니라, 오히려 계시를 통해 하나님에 관해 구체적이고 제한적인, 그러면서도 분명하게 정의된 진정한 지식을 얻을 수 있다는 기독교적 주장을 구성하는 요소다. 바실리오스의 말처럼 "하나님에 대한 지식은 그분의 불가해성에 대한 인식에 있다."

무신론의 문제점

[167] 앞서 말한 것을 통해 우리는 다음과 같이 결론지을 수 있다. 계시 안에서 주어진 하나님에 대한 지식은 어떤 인간도 결코 온전히 이해할 수 없을 만큼 풍성하고 심오하다는 것이다. 하나님의 지식과 능력은 세계에 국한되지 않으며, 거기에 남김없이 드러나지도 않았다. 유한이 무한을 파악할 수 없는 것만큼이나 피조물에게는 온전한 계시가 불가능하다. "아들…외에는 아버지를 아는 자가 없느니라"(마 11:27; 참조. 신 29:29). 이것을 긍정한다고 해서 하나님의 가지성(knowablity)을 무효화하는 것은 물론 아니다. 하나님의 불가해성은 하나님의 가지성을 폐기하지 않고, 오히려 그것을 전제하고 확증한다. 비록 우리는 결코 하나님을 그 존재의 온전한 풍성함 가운데 다 알 수 없지만, 하나님은 자신의 영광의 무대인 창조세계에서 자신의 계시를 통해 모든 사람에게 알려지신다. 성경에 따르면 온 우주가 창조세계이고, 따라서 하나님의 계시이기도 하다(행 17:23-24; 롬 1:19-20). 세계는 결코 하나님 없이 존재하지 않는다. 절대적인 의미에서의, 다시 말해 절대적 능력을 부인하는 것으로서의 무신론은 거의 상상할 수조차 없다. 결론적으로 모든 사람은 그들이 신으로 받드는 어떤 힘을 인정한다. 바로 불가지론이 이에 대한 증거다. 불가지론은 회의주의와 마찬가지로 자신이 반대하는 것의 도움이 없이는 유지될 수 없다. 또한 무엇보다도 세계가 하나님 없이 생각될 수 없기에, 무신론적이고 무종교적인 민족은 없다. 결국 무신론자는 없다. 다만 신의 본성에 대한 논쟁이 있을 뿐이다. 이교도들은 그리스도인들을 "무신론자들"이라고 비난했는데, 이는 그들이 국가 신들을 숭배하지 않았기 때문이었다.[23] 보다 최근에 푸치우스는 이

---

23) Johann Caspar Suicerus, *Thesaurus ecclesiasticus* (Amsterdam: J. H. Wetsten,

용어를 광의적으로 데카르트에게도 적용했다.[24]

물론 실천적 무신론, 즉 세상에서 하나님 없이 살아가는 삶도 분명히 존재한다(시 14:1; 53:2; 엡 2:12). 그러나 절대적 의미에서의 의도적이고 이론적인 무신론은, 설령 있다고 하더라도 매우 드물다. 무신론적 자연주의 및 그와 유사한 사고 유형들은 종교적이기보다는 철학적인 경향을 가지며, 다른 이들의 종교적 견해들을 비판함으로써 존재의 기반을 얻는다. 이것들은 자발적으로 발생하지 않으며, 오랜 세월 지속되는 신앙 공동체를 만들지도 않는다. 철학자들조차도 순수 개념의 수준에 도달할 수 없는 사람들에게는 종교적 표상이 필요하다고 인정함으로써 이러한 사실을 받아들인다. 인격적 신에 대한 믿음은 자연스럽고 정상적이다. 그것은 인간의 의식에서 자발적이고 보편적인 방식으로 발생한다. 불신앙은 엄청난 노력을 요구한다. 왜냐하면 무신론을 지지하는 증거가 없기 때문이다. 하나님이 없다는 것을 증명하려는 사람은 전지하고 편재한 존재, 즉 하나님이 되어야만 할 것이다![25] 인간은 결국 지고한 힘(Supreme Power)이 존재한다는 것

1682), s.v. "θεος"; Adolf von Harnack, *Der Vorwurf des Atheismus in den drei ersten Jahrhundert* (Leipzig: J. C. Hinrichs, 1905).

24) Johann Franz Buddeus, *Theses theologicae de atheismo et superstitione*, ed. J. Lulofs (1747), 116; Voetius에 대해서는, A. C. Duker, *G. Voetius*, 4 vols. (Leiden: Brill, 1897-1915), II, 151ff.를 보라.

25) G. Voetius, "De atheismo," *Select. disp.*, I, 114-225; G. J. Vossius, "De origine ac progressu idololatriae," *Opera omnia*, I, chap. 3; Leydecker, *Fax veritas*, III, controv. 3; F. Turretin, *Institutes of Elenctic Theology*, trans. G. M. Giger and ed. J. T. Dennison, 3 vols. (Phillipsburg, NJ: Presbyterian and Reformed, 1992), III, qu. 2; S. Maresius, *Syst. theol.* (1673), 44; Buddeus, *Theses theol.*; C. Hodge, *Systematic Theology*, 3 vols. (New York: Charles Scribner's Sons, 1888), I, 198, 242; R. Flint, *Antitheistic Theories: Being the Baird Lectures for 1877* (Edinburgh and London: W. Blackwood, 1879), lecture 1; S. Hoekstra, *Das Christens Godsvrucht* (Amsterdam: Gebroders Kraay, 1866), 6; J. I. Doedes, *Inleiding tot de Leer van God* (Utrecht: Kemink, 1870), 57ff.; J. B. Heinrich and C. Gutberlet, *Dogmatische Theologie*, 2nd ed., 10 vols. (Mainz: Kirchheim, 1881-1900), III, 23ff.; P. B. Adlhoch, "Zur wissenschaftlichen Erklärung des Atheismos," *Philosophisches*

을 인정할 수밖에 없다. 그들이 참 하나님을 부인하는 바로 그 순간에 그들은 자신을 위해 거짓 신을 만든다. 이처럼 철학적 무신론, 자연주의, 유물론은 계속해서 범신론으로 변모한다.[26] 종교적 충동은 보편적 현상이다.

[168] 이처럼 종교적 충동이 보편적인 이유에 대한 설명은 다양하다. 종교가 인간에게 본유적인 것이라는 주장은 이미 고대에도 존재했다. 이것은 타당한 생각이다. 우리는 모두 아주 어릴 때부터 믿음, 소망, 사랑과 같은 정신적·영적·도덕적 실재들을 중력과 온도처럼 순전히 물리적인 힘만큼이나 실제적인 것으로 의식해왔다. 자기의식이라는 경이적인 현상이 그 증거다. 우리는 생각할 뿐 아니라 우리가 생각하고 있다는 사실을 의식한다. 아우구스티누스가 올바르게 지적한 것처럼, 영적 실재에 대한 진리가 가시적 실재에 대한 진리보다 더 확실하다. "우리 눈으로 보는 대상물은 존재하는 반면 우리 지성으로 인식하는 대상물은 그렇지 않다라고 말하는 것보다 터무니없는 일은 없다. 지성이 육안보다 비교할 수 없이 우위에 있다는 것을 의심하는 것은 어리석은 일이기 때문이다."[27] 그리스 철학자들은 우리에게 배움이 어떻게 가능한가 하는 문제를 탐구하면서 보편적 관념들에 대해 말했다. 플라톤은 배움을 기억의 문제로, 다시 말해 영혼이 선재의 상태에서 목격했던 순수 형상 또는 관념을 육신에 얽매인 후에 회상하는 것이라고 생각했다.[28] 아리스토텔레스는 감각 인식에서 출발

Jahrbuch 18/3-4 (1905); A. Sabatier, *Outlines of a Philosophy of Religion*, trans. T. A. Seed (New York: James Pott, 1902), 66ff.

26) Ludwig Büchner, *Force and Matter*, 4th ed., trans. from the 15th German ed. (New York: P. Eckler, 1891), 370ff.; E. Haeckel, *Naturale Schöpfungsgeschichte* (Berlin: G. Reimer, 1889), 20, 32, 64; 편집자 주―영역본: *The History of Creation*, trans. E. R. Lankester, 2 vols. (New York: D. Appleton, 1883); idem, *Der Monismus als Band zwischen Religion und Wissenschaft*, 6th ed. (Bonn: Emil Strauss, 1893); idem, *The Riddle of the Universe at the Close of the Nineteenth Century*, trans. Joseph McCabe (New York: Harper & Brothers, 1900), 288ff.

27) Augustine, *The Immortality of the Soul*, 10 n. 17; idem, *City of God*, xix, 18.

28) Eduard Zeller, *Die Philosophie der Griechen in ihrer geschichtlichen*

했지만, 그럼에도 이성에는 공리적이고 모든 논증의 기초가 되며 모든 사람이 인정하는 다양한 일반적 원리들이 존재한다고 생각했다.[29] 스토아철학자들은 인간의 사고 구조로 인해 누구나 감각 인식으로부터 도출해낼 수 있는 "공통적" 또는 "자연적" 관념, 그리고 "심어진 선(先)개념"(implanted preconceptions)에 대해 말했다.[30] 엄밀히 말해서, 신이 영혼에 심어놓은 "본유관념"이나 "선천적 미덕의 원리"와 같은 개념을 처음 발전시킨 사람은 키케로였다. 그는 "선천적으로 우리는 신들이 존재한다고 믿는다"라고 주장했다.[31]

근대철학에서는 이런 사상의 궤적이 데카르트에게서 시작되는데, 그는 모든 지식이 감각에 의해 촉발된다고 주장하면서도, 궁극적으로는 그 지식이 내면의 정신적 표상력에서 비롯되는 것으로 간주했다. 칸트는 지각의 본유적 형식, 오성의 범주, 이성의 형식에 대한 자신의 이론으로 이것을 수정했다. 관념주의, 특히 피히테와 헤겔의 관념론은 이것을 확장해서 모든 지식, 아니 사실상 모든 존재가 사고과정에서 생겨나는 것으로 생각하는 데까지 이르렀다. 본유관념이라는 개념은 모든 배움이 어떤 종류의 선행 지식을 전제한다는 가정에 기초한다. 추론과 증명은 공리적이고, 선험적이고, 확실한 원리에 근거를 둔다. 경험은 다만 우연적 진리인 "견해"를 제공할 뿐이다. 보편적이고 필연적인 진리는 인간의 정신에서만 비롯될 수 있다. 그런 보편적이고 필연적인 진리가 존재한다는 사실은 보편적 동의에 의해 확증된다. 영혼과 몸의 대립은 본질적으로 정신적 표상과 개념이 감각 인식에서 기원할 수 없다는 사실에 기인한다. 정신적 표상과

Entwicklung, 4th ed., 3 vols in 6 (Leipzig: O. R. Reisland, 1879-1920), II, 639, 643f., 829.

29) Ibid., III, 188ff.

30) Ibid., IV, 74ff., 389ff.

31) Cicero, *Tusculan Disputations*, I, 16, 36; III, 1, 2; idem, *De finibus*, V, 21, 59; idem, *The Nature of the Gods*, I, 1, 2; 참조. E. Zeller, *Philosophie der Griechen*, IV, 659ff.

개념은 인간 정신의 측면에서, 또는 인간이 그분 안에서 모든 관념을 보는 하나님의 영의 측면에서 설명되어야 한다.

본유관념에 대한 주장을 비판한 사람들로는 모든 자연신학을 거부한 소키누스파, 그리고 모든 지식이 감각 인식에서 나온다고 주장한 로크와 홉스 같은 경험론자들이 있다. "감각에 먼저 존재하지 않았던 그 어떤 것도 정신에 존재하지 않는다." 그들에게 본유관념 이론이 불필요했던 이유는 그 개념들의 기원이 다른 방식으로도 아주 잘 설명될 수 있었기 때문이다. 역사적으로 볼 때 인간의 표상과 개념 형성은 민족과 문화에 따라 굉장히 다양하다. 심지어 도덕적 원칙조차도 사람들 간에 차이가 있고, 따라서 본유적이지 않다. 가장 큰 의견 차이를 보일 수 있는 것은 선과 악에 관한 문제다. 따라서 허버트 스펜서와 그를 따르는 많은 이들이 믿는 바에 의하면, 진화론이 경험론(empiricism)과 생득설(nativism) 간의 아주 오래된 갈등을 해결할 수 있는 완벽하게 합리적인 설명을 갖고 있다. 진화의 법칙을 인간 정신에 적용할 때 도출되는 결론은, 인간 정신이 모두 단번에 생겨나거나 처음부터 변함없는 능력들을 부여받은 것이 아니라, 점진적으로 지금과 같은 정신이 되었다는 것이다. 이 견해에 따르면 경험론은 인간 역사의 초창기를 설명하는 데 적절하다. 인간 정신은 본래 백지상태였다. 그러나 무수한 세대의 경험에 의해 점진적으로 형성된 정신이 이제 전체 환경에 자연스럽게 맞춰진 여러 형태와 관념을 소유하게 된 것으로 여길 수 있다. 이것이 생득설의 원리이다.[32]

[169] 기독교 신학은 본유관념을 어떻게 생각하는가? 언뜻 보기에 그것은 계시가 아니라 자연을 통해 알려지는 진리, 이를테면 의도적인 연구와 성찰을 통해서가 아니라 자연발생적으로 획득되는 진리가 있다는 기

---

32) Charles Darwin, *The Descent of Man* (New York: D. Appleton and Co., 1871), chaps. 3-4; Spencer, in Spruyt, *Proeve van eene geschiedenis van de leer der aangeboren begrippen* (Leiden: Brill, 1879), 342; L. Büchner, *Force and Matter*, 344ff.

독교 신학의 보편적 전제와 친밀한 도식화인 것처럼 보인다. 게다가 만약 신 관념이 모든 사람에게 본유적인 것이라면, 이것은 무신론의 도전에 대응하는 중요한 답변이 될 것이다. 그러나 이것은 기독교 신학이 취한 입장이 아니다. 기독교 신학은 특별계시와는 별개로 보편적으로 알려진 자연적 진리가 있다고 가정하면서도 하나같이 본유관념의 개념은 거부했다. 아우구스티누스와 보나벤투라 같은 몇몇 신학자들은 신비적인 체험을 통하여 감각과 무관하게 직접적인 하나님에 대한 지식을 가르쳤다. 그러나 그럴 때조차 두 사람 모두 이러한 지식에 제한을 두었다. 이 지식은 은혜의 선물이고, 따라서 엄밀히 말해 본유관념이 아니라는 것이다. 우리가 말할 수 있는 것은 다만 우리가 창조된 존재로서 하나님으로부터 주어진, 그분을 알 수 있는 성향 또는 능력을 갖고 있다는 것뿐이다. 스콜라 신학은 본유관념의 개념을 거부하고, 그 대신에 사물의 본질이 지성적 지식의 진정한 대상이며 모든 지식이 감각 인식에서 출발하고, 지성은 개별 사물들에서 공통적이고 보편적인 것을 추상화함으로써 관념을 만드는 능력을 갖고 있다고 가르쳤다. 이 관념들은 본유적인 것이거나 이미 만들어진 상태로 지성에 동반하는 것이 아니라, 지성의 본성에 부합하면서 감각적 사물에 대한 관찰로부터 도출되는 것이다. 이것은 하나님 관념에 대해서도 마찬가지다. 하나님은 사물의 실체(substance)가 아니라 원인(cause)이시다. 따라서 하나님의 존재와 완전성은 어느 정도까지는 하나님의 사역에 대한 인식과 성찰을 통해 알려질 수 있다. 우리는 우리의 오성에 유한한 것에서 무한한 것으로, 개별자에서 보편자로 나아가는 자연적 성향(*habitus*)이 창조되어 있다는 의미에서만 본유적 지식에 대해 말할 수 있다.[33] 이것

---

33) 참조. H. Bavinck, *Reformed Dogmatics*, I, 223 (#67); T. Aquinas, *Summa Theol.*, I, qu. 2, art. 1; idem, *Summa contra gentiles*, I, 10-11; *Theologia Wirceburgensi*, 3rd ed., 10 vols. in 5 (Paris: Berche et Tralin, 1880), III, 5ff.; C. Pesch, *Compendium theologiae dogmaticae*, 5th ed., 4 vols. (Freiburg im Breisgau: Herder, 1935), II, 10-13; Joseph Kleutgen, *Die Philosophie der Vorzeit vertheidigt*, 2 vols. (Münster:

이 우리가 "자연신학"(natural theology)이라고 말할 때 의미하는 것이다. 하나님을 아는 자연적 성향 또는 능력이 창조된 모든 인간에게 존재한다.

자연신학

칼뱅은 이 능력을 가리켜 신성에 대한 감각(*sensus divinitatis*)과 종교의 씨앗(*semen religionis*)이라고 불렀다.[34] 루터와 루터파 신앙고백서가 모든 자연신학에 대해 아주 부정적이었던 반면에,[35] 개혁파 신앙고백서와 신학자들은 일관되게 그것을 긍정했다.[36] 칼뱅은 일반은총과 특별은총을 구분했고, 죄악된 인류에게조차 남아 있는 모든 선한 것을 일반은총의 차원에서 설명했다.[37] "하나님이 친히 모든 사람 안에 자신의 신적 위엄에 대한 이

Theissing, 1863; 2nd ed. 1878), I, 67ff., 587ff.; H. Denzinger, *Vier Bücher von der religiösen Erkenntnis*, 2 vols. (Frankfurt am Main: Minerva-Verlag, 1856; repr., Würzburg: Stahel, 1967), II, 28ff.

34) J. Calvin, *Institutes*, I.iii.1.

35) Luther는 하나님의 형상이 타락한 인류에게는 완전히 상실되었다고 믿었다. "[인간] 이성은 성령 없이는 하나님에 대한 지식을 전혀 갖고 있지 않다. 인간은 신적인 일들에 대해서는 완전히 암흑 속에 있다." 남아 있는 것은 "수동적 능력", 구원받을 수 있는 능력뿐이다. J. Köstlin, *Theology of Luther*, II, 344ff., 455ff.

36) 편집자 주—여기에 있는 Bavinck의 주장은 강조할 가치가 있는데, 이는 20세기에 Karl Barth가 개혁파와 모든 신학에서 행사한 권위 있는 교사 노릇 덕분에 자연신학에 대한 긍정이 실로 암흑기에 빠져들었기 때문이다. Emil Brunner, *Natural Theology: Comprising "Nature and Grace", and the reply "No!" by Karl Barth*, trans. Peter Fraenkel, introd. by John Baillie (London: G. Bles, Centenary, 1946); 참조. John W. Hart, *Karl Barth vs. Emil Brunner: The Formation and Dissolution of a Theological Alliance, 1916-1936* (New York: Peter Lang, 2001); James Barr, *Biblical Faith and Natural Theology* (Oxford: Clarendon, 1991); Ned Wisnefske, *Our Natural Knowledge of God* (New York: Lang, 1990); Stephen J. Grabill, *Rediscovering the Natural Law in Reformed Theological Ethics*, Emory University Studies in Law and Religion (Grand Rapids: Eerdmans, 2006)을 보라.

37) 참조. H. Bavinck, "Common Grace," trans. R. Van Leeuwen, *Calvin Theological Journal 24* (1989): 50-55.

해를 심으셨고, 지속적으로 그에 대한 기억을 새롭게 하시고 끊임없이 신선한 물방울을 떨어뜨리신다"(*Inst.* I.iii.1). 이런 종교의 씨앗은 결코 제거될 수 없다(*Inst.* I.iii.3). "이 종교의 씨앗"에 덧붙일 수 있는 것이 바로 하나님이 자신의 사역을 통해 보이시는 계시다. 따라서 이제 "사람들은 눈을 뜰 때 하나님을 보지 않을 수 없다"(*Inst.* I.v.1). "하나님의 영광의 불꽃을 전혀 볼 수 없는 곳은 우주에 티끌만큼도 없다"(*Inst.* I.v.1). 무엇보다 먼저 인간 자체가 소우주로서 하나님의 무수한 사역을 보여주는 탁월한 작업실이라 할 수 있는데(*Inst.* I.v.3-4), 또한 이것은 자연 전체의 영역에도 적용될 수 있으며, 따라서 우리는 경건한 마음으로 심지어 그것을 하나님이라고 부를 수 있을지도 모른다.[38] 모든 개혁파 신조와 신학자들이 동일한 주장을 펼친다. 예를 들어 푸치우스는 자연신학을 강력하게 변호하면서도 동시에 데카르트의 본유관념에 대한 견해는 단호하게 거부했다. 푸치우스에게 "심어진 신학"(*theologia insita*)은 "이성적 기능에 속한 능력 또는 성향을 뜻하거나 아니면 지성이 어떠한 노력, 선행 연구나 추론을 사용하지 않고서 근본 진리를 파악할 수 있다는 의미에서 자연적 빛을 뜻한다." 게다가 지성이 가지는 이러한 파악 능력에는 강제적이고 필연적인 측면이 존재한다. 사람은 "진리에 동의하도록 일종의 자연적 필연성에 의해, 그리고 지성 자체의 고유한 힘에 의해" 이끌린다. 이것은 눈을 뜨면 가시적인 사물을 반드시 보게 되는 것만큼이나 강제적이다. 따라서 "감각에 먼저 존재하지 않는 그 어떤 것도 지성에 존재하지 않는다"라는 유명한 금언은 우리 주변 세계가 직접적인 대상이나 산물로서, 또는 구성요소나 대조의 방식으로 어떤 식으로든 우리를 의식적인 지식으로 이끄는 데 필수적이라는 점에서 참이라 할 수 있다.[39]

---

38) J. Calvin, *Institutes*, I.i-v; 참조. II.ii.18; idem, 시 8편, 19편, 행 17장, 27-28장, 롬 1:19, 히 11:3에 대한 주석.

39) Gisbert Voetius, *Selectae disputationes theologicae*, 5 vols. (Utrecht, 1648-9), I, 141; V, 477ff., 516, 525.

[170] 기독교 신학이 왜 자연신학은 긍정하면서도 "본유관념"이라는 개념은 거부했는지가 이제 분명해졌다. 이 이론의 위험은 두 가지, 곧 합리주의와 신비주의다. 만약 인간에게 태어날 때부터 명석 판명하게 하나님에 대한 지식(Descartes), 존재에 대한 지식, 또는 모든 관념에 대한 지식(Plato)이 부여되었다면, 그들은 완전히 자율적이고 자충족적이 되어서 하나님도 세상도 계시도 필요로 하지 않게 될 것이다. 그들은 하나님의 계시 없이도 자연이나 성경에서보다 그들 자신의 정신에서 완전한 지식을 더욱 효과적으로 얻을 수 있을 것이다. 더 나아가 본유관념의 이론은 정신과 물질, 영혼과 육체 사이에 메울 수 없는 틈을 만들어낸다. 가시적인 것은 하나님의 사유가 체현된 창조세계로 간주되지 않을 것이며, 신성에 대한 지식은 오직 신성 내에서의 자기성찰에 의해서만 획득될 것이다. 우주는 자아가 되고, 자아는 우주가 된다.

실제로 이런 일이 벌어졌다. 신플라톤주의적 본유관념 개념의 영향으로 다양한 형태의 신비주의는 점차 외적 도움을 필요로 하지 않는, 그리고 내적 말씀과 영적인 빛과 "신적 직관"(vision of God)과 영혼의 가장 깊은 곳에서 갖는 하나님과의 교제로 만족하는 사색적 양상으로 변모해갔다. 다음으로 데카르트에 의해 근대철학에 소개된 하나님의 본유관념 이론과 연계된 이원주의는 라이프니츠, 볼프, 그리고 이후에 칸트, 피히테, 헤겔을 존재 자체의 전 세계를 인간 정신의 내적 사고과정으로부터 구성하는 합리주의로 이끌었다. 이와 같은 인간의 자립(자충족성), 그리고 육체와 물질 세계에 대한 경멸은 성경과는 전적으로 이질적인 사상인데, 성경은 우리가 영혼과 육체를 가진 하나님 형상의 담지자라고 가르치기 때문이다. 우리를 물질계에 묶어놓은 끈은 노예의 쇠사슬이 아니라 창조주 하나님께로 더 가까이 이끌기 위한 수단이다. 칼뱅의 멋진 표현에 따르면, "하나님의 영광의 불꽃을 전혀 볼 수 없는 곳은 우주에 티끌만큼도 없다".[40]

---

40) J. Calvin, *Institutes*, I.v.1.

기독교 신학은 신비주의와 합리주의에 대한 경험론의 비판을 공유하는데, 경험론은 본유관념 개념에 대해 심리적·역사적 반론을 제기한다. 신비주의자들과 합리주의자들이 사물의 본질은 감각적 인식을 통해 파악될 수 없고, 다만 하나님 안에서(Malebranche), 영혼의 상기(想起)를 통해서(Plato), 또는 인간 정신의 사고과정을 통해서만(Descartes, Hegel) 파악될 수 있다는 주장을 견지한 것은 옳았다. 하지만 그들은 세 가지 면에서 잘못을 범했는데, 감각의 우위성을 무시하고, 우리의 직접적 의식(immediate awareness)을 필요 이상으로 격상시키고, 무엇보다도 인간 지식의 질서를 존재의 질서와 혼동한 것이다. 따라서 합리주의와 신비주의는 하나님과 존재 질서를 인간 지식의 질서와 혼동한다는 점에서 범신론적이다. 이들은 이성의 빛과 하나님의 빛을, 우리 안에 있는 보편적 진리와 하나님의 마음 안에 있는 관념을, 그리고 우리의 "로고스"와 "하나님의 로고스"를 혼동한다.

반대로 기독교 신학은 세계가 하나님의 창조물이며 인간을 향한 계시라는 사실에서 출발한다. 우리는 하나님을 직접적으로 알 수 없다. 우리가 갖고 있는 하나님에 대한 지식은 모두 간접적으로 얻어진 것이고, 유비적 성격을 지닌다. 모든 지식이 그렇듯이, 하나님에 대한 지식은 우리의 감각 및 언어와 상징을 통해서, 그리고 부모와 다른 이들에 의해 우리에게 전달된다. 그렇지 않다면 우리는 하나님에 대한 표상이 그토록 다양하다는 사실을 설명할 수 없을 것이다. 하나님에 대한 지식, 도덕 질서에 대한 지식, 또는 아름다움에 대한 지식이 모두 본유적이라면, 이러한 지식들은 보편적으로 동일할 것이고 또 그렇게 인정될 것이다. 그러나 우리는 상황이 전혀 그렇지 않다는 것을 잘 안다. 비록 우리가 하나님을 감지하는 장치를 내장한 채 창조되었다 하더라도, 그것이 특정한 내용이나 구체적인 종교적 믿음을 제공하는 것은 아니다. 인간의 언어도 마찬가지다. 인간으로서 말할 능력을 갖고 있다는 것은 하나님의 형상으로서 우리가 갖는 중요한 부분이다. 그럼에도 구체적인 언어는 셀 수 없이 많은 형태로 존재하고,

또한 타고나는 것이 아니라 습득되어야 한다. 배워야 한다는 것이다. 마찬가지로 우리가 창조될 때 주어진 자연적인 종교적 능력은 아주 다양한 형태로 표현된다. 그러므로 비록 우리가 일반적인 방식으로 "자연신학"에 대해 말했을지라도, 엄밀히 말해 자연종교 또는 자연신학은 "자연적 권리"나 "자연적 도덕"과 마찬가지로 결코 구체적인 형태로 존재하지 않는다.

[171-172] 본유관념 이론에 대한 우리의 거부, 그리고 하나님에 대한 지식을 포함하여 모든 지식에서 감각 인식이 우선한다는 주장이 우리로 하여금 하나님의 형상의 담지자로서 우리가 보편적으로 경험하는 기초적이고 공통적인 것을 과소평가하는 반대 오류로 이끌게 해서는 안 된다. 이 점에서 "심어진 하나님에 대한 지식"을 말하는 것은 어떤 의미에서 적절하다. 우리는 우리 안에 하나님에 대한 감각을 발전시키는 인상과 지각을 자연 전체로부터, 다시 말해 인간 외부와 내부에서 습득한다. 하나님이 자신을 증거하지 않고 내버려두시는 사람은 없다. 여기서는 하나님에 대한 지식을 심어진 것과 획득된 것으로 구분하는 것이 중요하다. 전자에서 하나님의 계시는 인간의 의식에 작용하여 인상(impressions)과 직관(intuitions)을 만들어낸다. 하나님에 대한 획득된 지식에서는 인간이 하나님의 계시를 성찰하고, 추론과 논증을 통해 인상과 직관을 넘어서 더 선명한 관념에 이르기를 추구한다. 바로 이것이 우리가 "신학"이라고 부르는 것이고, 우리가 지식을 얻는 방식과 이유를 학문적으로 설명하려는 광범위한 자연적 인간 욕구의 한 부분이다. 심어진 것과 획득된 것 사이의 구분이 계시 또는 성경신학과 반대되는 자연신학에만 제한되어서는 안 된다. 하나님은 자신이 손수 지으신 창조세계 안에서 자신을 우리에게 계시하시지만, 그리스도인조차도 창조주 하나님을 참으로 알기 위해서는 성경과 성령의 조명에 의지한다.

우리가 여기서 하나님을 아는 지식에 대해 말한 것은 삶의 모든 영역, 즉 종교, 예술, 도덕, 법, 학문에 대해서도 참이다. "학문의 씨앗"은 인간에게 자연적으로 내재해 있다. 모든 학문은 보편적이고 자명한 원리에 기초해 있다. 모든 지식은 신앙에 근거한다. 모든 증명은 "입증의 원리"를 전제하는데, 이것은 보편적이다. 사고의 법칙은 모두에게 동일하다. 수학의 원리는 어디서나 동일하다. 선과 악의 차이는 누구에게나 알려져 있다. 그런데 이런 것들은 태어날 때부터 미리 만들어진 상태로 오는 것이 아니다. 우리는 세상에 태어날 때 성인이 아니라 돌봄이 필요하고 무력한 아기로 태어난다. 하지만 모든 아기는 미래에 성인으로 성장할 잠재력을 그 안에 지닌 채 세상에 나온다. 사람은 처음 눈을 떠서 자기의식을 가질 때부터 이미 지식과 학문을 추구한다. 우리는 인상들(impressions)을 통해 획득한 자료를 가지고 작업한다. 우리 인간은 어떤 지식 분야에서도 사물에 대한 인상이나 단순한 의식만으로는 만족하지 못한다. 인간은 알기 원할 뿐 아니라, 자신이 알고 있다는 사실 또한 알고 싶어한다. 우리는 우리가 어떻게 알고 왜 아는지 설명하기 원한다. 이것이 바로 일상의 평범한 경험적 지식이 진정한 학문적 지식으로 나아가는 동인이 된다. 이것은 하나님에 대한 지식과 신학에 있어서도 마찬가지다. 모든 사람의 정신에는 하나님의 작품 안에서 하나님을 볼 수 있는 능력이 있고, 모든 사람의 마음에는 율법의 요구가 기록되어 있다(창 1:26; 행 17:27; 롬 1:19; 2:15). 우리는 하나님에 대한 참 지식을 미리 만들어진 형태로 갖고 태어나는 것이 아니라 양육과 교육을 통해 얻는다. 신 지식은 강요된 것이 아니라 자연적인 것이다. 우리의 눈이 무언가를 보게 되면 그것에 대한 지식을 추구하는 것처럼, 우리 영혼은 우리 앞에 드러나신 분에 대한 지식을 갈망한다. 우리는 태어날 때부터 견고하고 틀림없고 확실한 신 지식에 이르는 능력(자질, 기능)과 성향(습성, 기질)을 갖고 태어난다. "심어진", "천성적", 그리고 "본유적"과 같은 단어가 사용된 것은 사람이 자신의 의식에 구체적인 내용을 갖지 않은 채 백지로 태어난다는 것을 반대하기 위해서가 아니라, 사람이 외부의 힘에 의해, 또는 일종의 강요에 의해 신 지식에 이른다는 견해를 반대하기 위해서였다. 인간이 하나님을 인식하는 일이 강요나 학문적 논증이나 증명을 통해서가 아니라 자발적으로 이루어지는 이유는, 인간이 하나님을 아는 능력을 지닌 존재로 창조되었고, 하나님에 대해 증언하는 세상 안에 살고 있기 때문이다. 이것이 바로 우리가 확증하고자 하는 바다. 우리는 하나님의 형상대로 창조되었고, 그분의 세상에서 살아간다. 하나님이 자신을 증거하지 않고 내버려두시는 사람은 없다(참조. 행 14:17). 하나님이 우리에게 자연의 영역에서 말씀하시든지 또는 은혜의 영역에서 말씀하시든지, 창조 안에서 말씀하시든지 또는 재창조 안에서 말씀하시든지, 로고스를 통해서 말씀하시든지 또는 그리스도 안에서 말씀하시든지, 하나님의 영으로 말씀하시든지 또는 그리스도의 영으로 말씀하시든지, 우리는 동일한 하나님이 우리에게 말씀하시는 것으로 듣는다. 자연과 은혜는 대립하지 않는다. 자연과 은혜 둘 다 한 분 하나님에게서 나오고, 한 분 하나님으로 말미암고, 한 분 하나님께로 돌아간다.

신 존재 "증명"

[173] 이러한 통찰은 소위 신 존재 증명을 과대평가하거나 과소평가하지 않고 올바르게 고려하도록 도와준다. 성경이 하나님의 실재를 증명하려고 시도하지 않는다는 말은 참이다.[41] 성경은 하나님의 실재에서 출발하며, 사람이 하나님을 알고 인정한다고 전제한다. "너희는 눈을 높이 들어 누가 이 모든 것을 창조하였나 보라"(사 40:26). 성경은 우리 앞에 하나님에 대한 논증을 제시하고서 그 논증의 설득력 여부를 우리에게 일임하지 않는다. 성경은 권위를 가지고 말한다. 그럼에도 기독교 신학은 하나님의 실재를 설명하기 위해 이교 철학의 도움을 받아들이는 한편, 이러한 논증이 신앙의 교리에 포함된 것이지 교리에 선행하는 조항은 아니라고 생각했다. 특별계시를 통하지 않고서 하나님에 대해 알려질 수 있는 것에 대한 기독

---

41) A. B. Davidson, *The Theology of the Old Testament*, ed. S. D. F. Salmond (Edinburgh: T&T Clark, 1904), 73ff.

교적 확신이 정당한 자연신학이다. 그러나 자연신학이 자립하여 자충족적이고 합리주의적인 방식으로 특별계시의 필요성을 배제할 때, 자연신학은 부당하고 불경한 것으로 전락한다. 근대사상, 특히 칸트와 다윈의 비평으로 인해, 존재론적 증명과 목적론적 증명은 어려운 시기를 보내기도 했으나 도덕적 증명은 일부 진영에서 여전히 설득력을 얻고 있다. 이번 장에서는 흔히 하나님의 존재에 대한 "증명"이라고 잘못 불리는 주요 논증들(arguments)을 간략하게 살펴볼 것이다.

[174] 신 존재 증명은 용어와 형태는 다를지라도 내용에 있어 일반적으로 동일하다. 먼저 우주론적 논증과 목적론적 논증은 각각 세상의 기원과 목적에서 하나님의 존재를 추론한다. 다른 두 증명(존재론적 논증과 도덕적 논증)은 각각 사람의 합리적 본성과 도덕적 본성에 기초를 둔다. 남은 두 가지 논증(보편적 동의로부터의 논증과 역사적-신학적 논증)은 기본적으로 역사에 입각하여, 각각 인류의 보편적 일치와 역사로부터 하나님의 존재를 추론한다.[42]

우주론적 논증

우주론적 논증은 입증할 수 있는 결과의 실재로부터 원인의 실재를 추론하고자 시도한다. 세상은 존재한다. 따라서 세상은 원인을 가져야 한다. 이 결론은 흄과 칸트의 비판에도 불구하고 그 자체로는 완전히 합당하다. 만약 우리가 인과율의 법칙을 더 이상 적용할 수 없다면, 모든 학문은 불가능하다. 우주론적 논증은 원인의 무한연쇄란 생각조차 할 수 없고 또 인과율의 법칙은 우주 전체에 적용된다는 가정에 달려 있다. 원인들이 무한

---

42) Alexander Balmain Bruce, *Apologetics* (Edinburgh: T&T Clark, 1892), 159ff.; R. Flint, *Antitheistic Theories J. McCosh, The Method of Divine Government* (New York: R. Carter, 1860); Samuel Harris, *God the Creator and Lord of All*, 2 vols. (Edinburgh: T&T Clark, 1897); J. Morris, *A New Natural Theology: Based on the Doctrine of Evolution* (London: Rivington, Percival, 1896).

히 이어진다는 것은 사실 생각조차 할 수 없고 또 불가능하다. 아무도 이런 무한연쇄를 수용하지 않는다. 따라서 우리는 자존적이며, 결과적으로 무한하고 영원하고 절대적인 세계 원인, 즉 절대적 근거라는 개념에 이르게 된다. 이것이 어떻게 묘사되고 명명되든지—예를 들어 일자, 하나님, 절대자, 실체, 힘, 물질 또는 의지 등으로—이것은 그 자체로 중요한 결론이다. 그러나 이 논증이 우리를 그리 멀리 데려가지 못한다는 것도 사실이다. 우리는 우주적 원인의 본성이나 특징에 대해 아무것도 알지 못한다. 그것은 초월적인가 아니면 내재적인가, 인격적인가 아니면 비인격적인가, 의식적인가 아니면 무의식적인가? 이런 질문에 대한 답을 우주론적 논증 자체로부터 도출하려는 시도는 헛되다. 원인의 무한연쇄가 불가능하다는 것을 인정할 때 우주론적 논증을 통해 얻을 수 있는 최선의 것은 자존적인, 최초의, 절대적 세계원인이다. 이것은 의미 있는 결론이지만, 성경이 하나님에 대해 말하는 것과는 여전히 거리가 멀다.

목적론적 논증

목적론적 논증은 세상의 질서, 조화, 아름다움, 그리고 목적에서 출발하여 의식을 가진 지성적 원인을 추론하도록 우리를 이끈다. 칸트는 목적론적 논증에 반대하여 이 논증이 기껏해야 우리를 세계 조성자에게로 인도할 뿐이며, 세계 창조자에게 인도하지는 못한다고 주장했다.[43] 유물론은 사물에 아무런 목적이 없으며, 자연에 목적이 존재하는 것처럼 보이는 모든 현상은 내재적 시스템으로 설명될 수 있다고 주장했다. 이에 반해 범신론은 세상에 목적이 있다는 점은 인정하면서도 이 목적은 비인격적이고 무의식적이므로 지성적 원인을 상정할 근거가 없다고 주장했다. 물론 양자는 학문적 주장이라기보다는 그 자체로서 신념이라 할 수 있다. 그리고

---

43) I. Kant, *Critique of Pure Reason, trans. Norman Kemp Smith* (1929; repr., New York: St. Martin's Press, 1965), 522ff.

목적이 있다는 점은 인정하면서 그 목적을 자연선택이나 생기론(生氣論)과 같은 비인격적 진화의 힘으로 설명하려는 시도들도 신념일 뿐이다. 이런 반론에 맞서 우리는 이렇게 말할 수 있다. 성경은 창조에 목적이 있음을 분명하게 가르치며(창 1장; 잠 8장; 고전 3:21-23; 롬 8:28 등), 거의 모든 철학자가 이를 긍정하고, 우리의 일상적 경험이 이를 각인시켜준다. 우리에게는 기후와 계절, 혈액순환, 식물의 결실, 손이나 눈과 같은 복잡한 신체구조는 말할 것도 없이, 광범위한 생태계가 우연의 산물로 여겨지지 않는다. 이것들은 지적 설계를 증거한다.[44] 알파벳 글자들을 임의로 던져서 호메로스의『일리아스』를 만들어낼 수 없는 것처럼 우주가 우연히 생겨날 수 없다는 것을 우리는 본능적으로 안다. 여기서 우리는 소박한 결론에 도달한다. 만일 우리가 세상에 목적이 있다는 것을 확증할 수 있다면, 지고의 존재자가 실재할 뿐만 아니라 그가 의식을 가진 존재라는 결론이 자연스럽게 뒤따른다.[45]

존재론적 논증

[175] 존재론적 논증은 여러 형태가 있는데, 모두 사유에서 존재를 추론하고자 시도한다. 존재론적 논증의 고전적 표현은 안셀무스의『모노로기온』(*Monologion*)과『프로스로기온』(*Proslogion*)에서 발견할 수 있다. 피조물에 관한 한, 이 논증이 참일 수 없음은 누구나 인정한다. 이 경우에는 실존하지 않는 존재를 상정하는 것이 가능하기 때문이다. 그러나 하나님의 경우에는 문제가 조금 다르다. 우리가 신 관념으로부터 신의 실재를 증명해

---

44) 편집자 주—여기 "지적 설계"라는 말은 Bavinck의 말이 아니라 편집자가 삽입한 것인데, 이것을 진화와 지적 설계에 대한 21세기 초반의 격렬한 논쟁에 대한 진술로 간주하지 말기 바란다. 본인이 여기서 "지적 설계"라는 표현을 일부러 삽입한 것은 Bavinck가 여기서 다루는 문제가 현재까지 계속되는 문제임을 나타내기 위해서이다.

45) J. Mayer, *Der teleologische Gottesbeweis und der Darwinismus* (Mainz: I. Kirchheim, 1901).

낼 수는 없다 할지라도, 우리가 하나님에 대해 생각할 때마다 우리가 필연적으로 하나님이 존재한다고 생각한다는 것은 사실이다. 하나님에게는 존재와 본질이 일치한다. 단 이 조건(하나님이 존재한다면)이 먼저 증명될 필요가 있다. 그러므로 존재론적 논증은 엄격히 말해 "증명"이 아니다. 우리가 단정지을 수 있는 것은 하나님이 존재한다는 믿음은 자의적이지 않다는 것, 그리고 존재하지 않는 하나님은 생각될 수 없다는 것뿐이다. 존재론적 논증의 가치는 사람으로 하여금 인간 의식의 이런 필연적 증언을 신뢰할 것인지, 아니면 자기 자신의 의식을 포기하고 저버릴 것인지에 대한 선택에 직면시키는 데 있다.

도덕적 논증

도덕적 논증은 인간의 양심, 죽음과 심판에 대한 두려움, 참회, 그리고 보상이나 형벌과 같은 도덕적 현상에서 지고의 주권적 입법자를 추론하고자 시도한다. 이런 도덕적 현상은 타락한 인류에게 도덕적 본성이 여전히 남아 있음은 강력하게 증언하지만, 의롭고 거룩한 하나님의 존재를 증명하지는 않는다. 특히 우주와 인류에 대한 진화론적 이해를 지지하는 자들은 자기들에게 만족스런 대안적 설명이 있다고 생각한다. 도덕은 일종의 생존을 위한 메커니즘이다. 시간이 지나면서, 사람들은 생존력이 높은 행실과 그렇지 않은 행실을 알게 되었다. 따라서 도덕은 오랜 세월에 걸쳐 발전된, 인간의 구성물이고 환경의 산물이라는 것이다. 더 나아가 "자연적 악"은 말할 것도 없고, 부도덕하고 악한 행실이 존재한다는 사실은 지고의 선한 입법자 개념과 모순되는 것처럼 보인다. 미덕에 항상 보상이 주어지거나, 악행에 항상 벌이 주어지는 것도 아니다. 심지어 종종 악인이 번영과 평안을 누리고, 의인이 박해와 압제를 당하기도 한다. 그리고 재난과 재앙이 무고한 자들에게 되풀이하여 임하는 것을 볼 때 자연은 선악에 무관심한 듯하다. 우리는 선이 악에게 궁극적으로 승리하리라고 보장할 수 없다.

다시 말하지만, 우리는 이 논증에서 진정한 의미에서의 어떤 "증명"도 갖고 있지 못하고, 다만 무정한 자연의 힘이 이 세상의 최종 승리자가 아님을 강하게 역설하는 증언을 가질 뿐이다. 우리의 양심은 우리를 결코 내버려두지 않는다. 가장 지독한 부도덕과 불법이 판치는 가운데도 도덕 질서는 분명히 존재한다. 온 세상이 일어나 도덕 질서에 반대하고, 지성인들이 도덕 질서에 수많은 반론을 제기할지라도, 사람들은 자신이 도덕적 행위자임을 여전히 주장할 것이고, 도덕적 세계질서의 실재와 우월성(supremacy)에 대한 믿음을 계속 유지할 것이다. 결과적으로 이런 확신은 그들로 하여금 만물을 통치하는 의롭고 거룩한 하나님을 인정하도록 이끌 것이다.[46)]

"보편적 동의"로부터의 논증

[176] 종교가 보편적 실재라는 사실로부터의 논증도 마찬가지다. 키케로 같은 저자들이 오래전부터 인지해온 이 논증은 종교사와 종교심리에 대한 현대의 연구에 의해 더 강화되었다. 오늘날 종교학자들은 종교가 인류의 공동자산이라는 데 거의 만장일치로 동의한다. 이런 현상에 대한 비종교적 설명은 항상 실패했다. 유일하게 타당해 보이는 결론은 모든 인간이 근본적으로 종교성을 갖고 있다고 인정하는 것이다. 종교가 보편적이라는 이 사실은 하나님의 실재, 계시, 그리고 가지성에 대한 강력한 증언은 되겠지만, 인간 정신의 보편적 병증(病症)과 일시적 환상이나 망상을 반영하

---

46) 우주의 도덕적 질서에 대한 논의는 특히 다음 글에서 발견된다: E. Zeller, *Vorträge und Abhandlungen geschichtlichen Inhalts*, 3 vols. (Leipzig: Fues [L. W. Reisland], 1865-84), III, 189ff.; M. Carriére, *De Zedelijke Wereldorde* (Leipzig: F. A. Brockhaus, 1880); E. von Hartmann, *Das sittlichen Bewusstsein* (Leipzig: W. Friedrich, 1886), 570ff.; P. Christ, *Die sittliche Weltordnung* (Leipzig: Brill, 1894); F. Traub, *Die sittliche Weltordnung* (Freiburg i.B.: Mohr [Siebeck], 1892); A. B. Bruce, *The Moral Order of the World in Ancient and Modern Thought* (London: Hodder & Stoughton, 1900).

는 것이라는 주장이 그릇됨을 증명하진 못한다. 이러한 사실로부터 종교의 미래와 하나님의 실재에 대해 확실하게 추론할 수 있는 것은 아무것도 없다. 그럼에도 우리는 여기서 "보편적 동의"를 신뢰할지 아니면 의심할지 선택해야 한다. 만약 우리가 보편적 동의를 거부하는 쪽을 선택한다면, 우리는 인류의 보편적 승인에 대한 신뢰성을 전적으로 의문시하는 것이며 우리 자신을 보다 근본적인 회의주의에 맡겨야 될 것이다.

역사적-신학적 논증

마지막 논증인 역사의 합목적성에 기초한 이 논증은 자신이 증명한다고 주장하는 것을 전제한다. 역사의 전개가 지혜롭고 전능한 세계통치자의 존재를 지시한다는 주장은 어디에서나 강력한 반론에 직면한다. 이 반론은 너무나 강력한 것이어서 만일 당신이 다른 지지기반을 가지고 있지 않다면 당신의 신앙을 쉽사리 흔들어놓을 것이다. 역사는 매번 우리에게 풀리지 않는 수수께끼를 던진다. 우리는 우리 입에서 수시로 터져 나오는 "어째서"라는 질문에 대한 답을 찾지 못한다. 인류가 지적으로 발달하고 물질문명이 진보하고 있다는 사실은 인정하지 않을 수 없지만, 인류가 종교적·도덕적으로 진보하고 있는지에 대해서는 상당한 의견차이가 존재하며, 또 이 문제에 답을 줄 수 있는 통계학문도 존재하지 않는다. 더 나은 미래를 희망하는 것이 사람에게 얼마나 중요한 문제인지 주목할 필요가 있다. 인간 정신은 역사의 종착점에 대해 어떤 만족할 만한 설명을 발견하기까지 쉬지 못한다.[47) 섭리에 대한 믿음이 시듦에 따라, 현대인들은 진화론적 진보에 대한 믿음에 열을 올리기 시작했다. 논리와 학문은 이런 믿음들을 입증하지도 반증하지도 못한다. 역사에 대한 다른 해석들이 가능하

---

47) 편집자 주―희망이 인간의 보편적 상수로서 항구적임을 신학적으로 다룬 것으로는 특히 Jürgen Moltmann, *The Theology of Hope: On the Ground and the Implications of a Christian Eschatology*, trans. Margaret Kohl (London: SCM; New York: Harper & Row, 1967)가 있다.

며, 결국 이것은 증명이 아니라 신앙의 문제다. 최종 결정권은 지성이 아니라 마음에 있다. 그러나 역사에 목적이 있고 인도자가 있다는 믿음은 인간의 마음에 제거될 수 없는 방식으로 심겨 있을 뿐 아니라, 그 믿음이 곧 역사철학의 필수불가결한 요소임을 잊지 말아야 한다. 여기서 우리는 또다시 다음과 같은 양자택일에 직면한다. 이것은 환상인가, 사실인가? 궁극적으로, 당신은 무신론을 선택할 것인가, 유신론을 선택할 것인가?

[177] 마지막으로 이런 "증명" 전반에 대해 평가해보자. "증명"이라는 용어가 부적절하기는 하지만 말이다. 하나님에 대한 이런 우주론적·목적론적·도덕적 증언(testimony)은 논리적·수학적 증명의 문제가 아니라 도덕적·종교적 진리의 범주에 속한다. 이런 증명들은 우리 믿음을 증대시키고, 강화하고, 때로는 명확히 하는 데 도움을 주지만, 우리 믿음의 근거가 될 수는 없다. 신 존재 증명은 세상을 믿음의 눈으로 관찰한 결과이며 신앙의 산물이다. 이러한 증명들에 의해 신앙이 발생하는 것이 아니며, 반대로 이 증명들에 대한 반론에 의해 신앙이 파괴되지도 않는다. 이것들은 이미 주어진 신앙을 강화하기 위해 하나님이 주시는 증언들이다. 이러한 증명들을 사람이 추론이나 연구 이전에 본성적으로 자기 영혼 깊이 확신하는 하나님에 대한 계시로 이해한다면, 그것은 증언으로서 적지 않은 가치를 지닌다. 이것들은 인류에 대한 하나님의 자기 계시의 일부분이다. 이것들은 하나님이 모든 사람에게 말씀하고 계심을 증언한다. 이러한 증명들을 종합하면, 하나님이 필연적이고 반드시 존재하는 분으로 여겨져야 하는 신적 존재이며, 모든 피조물의 유일한, 최초의, 절대적 원인으로서 목적을 갖고 의식적으로 만물을 다스리는 분이고, 모든 신자의 양심에 무엇보다 자신을 거룩한 분으로 계시하는 분임을 우리에게 알려준다.

하나님의 이름: 적응과 신인동형론

[178] 이제 우리는 성경을 통해 주어진 하나님에 대한 지식을 살펴보면서

추가로 몇 가지 형식적인 문제들, 특별히 그 지식의 성격에 대해 생각해볼 필요가 있다. 만약 하나님이 참으로 불가해하다면, 하나님을 명명하려는 우리의 노력을 어떻게 평가해야 할 것인가? 우리가 가진 하나님에 대한 지식은 하나님 자신의 자기지식(self-knowledge)에 얼마나 충실한가? 우리가 하나님께 돌리는 이름들이 비록 계시에 기초한다고는 하지만, 그것들은 하나님 자신에게 어느 정도로 참인가? 성경에서 하나님의 이름은 그분의 자기계시다. 오직 하나님만 자신에게 이름을 붙이실 수 있다. 하나님의 이름은 하나님이 세상 가운데, 세상에 대해 드러내시는 탁월함과 일치한다. 이름들은 사물을 인식하게 해주는 주된 특징들이다. 사람의 이름은 그를 식별하게 해주는 표지다. 비록 우리 시대는 고대인들과 달리 이름을 사람의 성격과 직접 연관시키지 않지만, 그럼에도 이름은 여전히 우리의 개성, 정체성, 명예와 가치를 나타내는 중요한 표지다. 우리는 자신의 이름이 잘못 표기되거나 발음되었을 때 존엄성이 손상을 입은 것처럼 불쾌감을 느낀다. 하나님의 경우는 더더욱 그러하다. 우리가 하나님께 이름을 붙이는 것이 아니다. 하나님이 스스로 이름을 붙이신다. 하나님은 자기 백성에게 자기 이름을 계시하신다. 이스라엘에는 야웨로, 교회에는 아버지로 말이다. 이러한 이름들은 하나님이 다양한 관계 속에서 스스로 계시하신 것으로서, 하나님 자신이다(레 24:11, 16; 신 28:58).

여기서 먼저 지적해야 할 것은, 하나님의 이름이 그분의 존재 자체를 계시하는 것이 아니라 자신의 계시 가운데 드러난 하나님을, 그리고 피조물과의 다양한 관계 가운데 드러난 하나님을 계시한다는 사실이다. 하지만 이 이름들은 자의적이지 않다. 하나님이 그런 방식으로 자신을 계시하시는 이유는 하나님이 그러한 분이기 때문이다. 그럼에도 주목할 만한 사실은, 성경 계시가 특별히 인류를 향한 것이고 인간의 언어를 사용한다는 점이다. 하나님은 우리에게 인간의 언어로 말씀하시고, 심지어 인간의 모습으로 자신을 나타내기까지 하신다. 따라서 우리는 신적 적응(divine accommodation)에 대해 말해야만 한다. 성경은 적응된 언어다. 성경은 우리 인간의 언어와 조건에 맞추어졌다는 점에서 철저히 신인동형론적(anthropomorphic)이다. 하나님은 인간의 기능, 신체기관, 감정, 감각, 행동을 통해 인간의 언어로 묘사된다. 성경은 하나님의 영광의 무대인 창조세계 전체에서 하나님을 묘사하기 위한 재료를 얻는데, 이는 하나님이 모든 창조세계에 내재하시기 때문이다. 따라서 기독교 신학은 하나님을 창조된 실재로부터 비워내는 모든 이원론(근대의 이원론을 포함하여)을 반대하는데, 그렇게 되면 신학은 하나님에 대해 전혀 말할 수 없을 것이기 때문이다. 하나님을 하나님의 작품에서 볼 수 있다는 것, 그리고 하나님의 작품 가운데 있는 하나님의 자기계시에 준하여 하나님을 명명할 수 있다는 것을 부인하는 것은 하나님을 알 수 있는 가능성 자체를 부인하는 것이다.

하나님이 자신을 일컫는 데 사용하시고 우리가 하나님을 부르는 데 사용하도록 허락하신 모든 이름은 신인동형론적─세상적이고 인간적인 관계들에서 유래한 것─이다. 하나님은 "엘"(강하신 분), "엘 샤다이"(전능자), "야웨"(존재하시는 분), 또는 아버지, 아들, 영, 선하신 분, 자비로운 분, 은혜로운 분, 거룩한 분으로 불리는데, 이 모든 표현들은 일차적으로 피조물에게 적용될 수 있는 것들이며, 그 후에 탁월한 의미로 하나님께 전이되는 것이다. 이른바 하나님의 비공유적 속성─불변성, 독립성, 단순성, 영원성, 편재성─조차도 유한한 세계로부터 도출되어 부정의 방식으로 진술된 것이다. 영원성은 시간성의 부정으로서가 아니고는 정의될 수 없다. 게다가 성경에서 인간에게 돌려지는 모든 것은 또한 하나님께 돌려졌다. 성경은 하나님이 혼(soul, 레 26:11; 개역개정은 "마음"으로 번역했다-역자 주)과 영(Spirit, 창 1:2; 마 12:28 등)을 갖고 계시다고 말한다. 성경은 그 외에도 하나님의 얼굴(출 33:20, 23; 사 63:9; 시 16:11; 마 18:10; 계 22:4), 하나님의 눈(시 11:4; 히 4:13), 하나님의 귀(시 55:3), 하나님의 코(신 33:10), 하나님의 입(신 8:3), 하나님의 입술(욥 11:5), 하나님의 혀(사 30:27), 하나님의 목(렘 18:17), 하나님의 팔(출 15:16), 하나님의 손(민 11:23), 하나님의 오른손(출 15:12), 하나님의 손가락(출 8:19), 하나님의 심장(창 6:6), 하나님의 창자(사 63:15; 렘 31:20; 눅

1:78), 하나님의 가슴(시 74:11; 요 1:18), 하나님의 발(사 66:1)을 언급한다. 기쁨(사 62:5; 65:19), 슬픔(시 78:40; 사 63:10), 근심(시 95:10), 두려움(신 32:27), 열심과 질투(신 32:21), 후회(창 6:6), 미움(신 16:22), 분노(시 2:5), 보복(신 32:35)과 같은 인간적인 감정도 배제되지 않는다. 하나님께 대하여 사용된 인간적 행위를 묘사하는 동사로는 살피다(창 18:21), 잊다(삼상 1:11), 기억하다(창 8:1; 출 2:24), 꾸짖다(시 18:15; 104:7), 쉬다(창 2:2), 일하다(요 5:17), 앉다(시 9:7), 일어나다(시 68:1), 거닐다(레 26:12), 방문하다(창 21:1), 기록하다(출 34:1), 죽이다(창 38:7), 괴롭히다(창 12:17), 판단하다(시 58:11), 정죄하다(욥 10:2), 새기다(사 49:16), 씻다(시 51:2), 기름 붓다(시 2:2), 치장하다(겔 16:11), 옷 입히다(시 132:16), 관을 씌우다(시 8:5)와 같은 것들이 있다. 그뿐 아니라 하나님은 종종 어떤 직업, 직무, 지위, 사람들 사이의 관계를 나타내는 명칭, 즉 신랑(사 61:10), 아버지(신 32:6), 재판장, 왕, 입법자(사 33:22), 용사(출 15:3), 설계자와 건축가(히 11:10), 농부(요 15:1), 목자(시 23:1), 의사(출 15:26) 등으로 묘사되었다. 이런 직업적인 묘사와 관련해서 그분의 자리, 보좌, 발등상, 막대기, 홀, 무기, 활, 화살, 방패, 마차, 깃발, 책, 인, 보화, 유업 등도 언급되었다. 마지막으로 하나님과 그분의 소유된 백성 간의 관계가 창조세계 내의 생물체와 무생물들에서 가져온 이미지들로 묘사되었다. 하나님은 사자(사 31:4), 독수리(신 32:11), 양(사 53:7), 암탉(마 23:37), 해(시 84:11), 새벽별(계 22:16), 빛(시 27:1), 등불(계 21:23), 불(히 12:29), 샘 또는 원천(시 36:9; 렘 2:13), 음식, 빵, 음료, 물, 기름(사 55:1; 요 4:10; 6:35, 55), 반석(신 32:4), 은신처(시 119:114), 망대(잠 18:10), 요새(시 9:9), 그늘(시 91:1; 121:5), 방패(시 84:11), 길(요 14:6), 성전(계 21:22) 등에 비유된다.

[179] 따라서 우리는 성경이 창조세계 전체에서 하나님에 대한 지식을 묘사하는 재료를 얻는다는 것을 알 수 있다. 신인동형론적 표현이 거의 아무런 제약 없이 사용되고 있다. 모든 피조물, 생물과 무생물, 유기체와 비유기체가 하나님의 위대하심을 우리에게 부분적으로 전달해주는 호칭들을 제공한다. 비록 하나님은 본래 이름을 갖지 않으시지만, 자신을 계시하

실 때에 많은 이름을 소유하신다. 아우구스티누스는 "만물이 하나님을 표현할 수 있다"라고 말하는 한편, "그러나 그 어느 것도 하나님을 합당하게 표현할 수는 없다. 이러한 [표현의] 빈곤은 어디에서나 발견된다. 하나님께 적합한 이름을 찾고 있는가? 결코 찾지 못할 것이다. 하나님에 대해 어떤 방식으로 말하려고 하는가? 하나님이 모든 것임을 발견할 것이다"라고 덧붙인다. 이를 명확히 하기 위해 아우구스티누스는 인체의 다양한 필요와 용도를 충족시키는 데 다양한 원천이 있음을 언급한다. 샘은 물을 제공하고, 해는 빛을 제공한다. 그러나 우리의 영혼에 관해서라면 상황이 다르다. 우리의 영혼에 필요한 것은 다양한 원천으로부터가 아니라 동일한 한 분 하나님으로부터 공급된다.

> [우리는 육체적인 필요를 채우기 위해 다양한 원천으로 나아가는데,] 빵은 물이 아니며, 의복은 집이 아니며, 또한 이들이 무엇이든지 간에 그것들이 하나님은 아니다. 왜냐하면 그것들은 가시적인 물질이기 때문이다. 하나님은 당신에게 모든 것이 되신다. 만일 당신이 배고프다면 하나님은 당신에게 빵이시다. 만약 당신이 목마르다면 하나님은 당신에게 물이시다. 만약 당신이 흑암 속에서 산다면 하나님은 당신에게 빛이시다. 하나님은 소멸하지 않는 분이기 때문이다. 당신이 벌거벗었다면 하나님은 당신에게 불멸의 의복이 되셔서, 이 썩을 것이 썩지 아니함을 입고 이 죽을 것이 죽지 아니함을 입을 것이다.[48]

보나벤투라는 "피조물에 속한 것에서 신적인 것으로의" 전이에 대해 말함으로써 더 나은 설명을 제공한다. 이것은 우리가 더 풍성한 이해 가운데서 하나님을 영화롭게 하는 데 필수적이다. 하지만 우리가 고려해야 할 것이 더 있다.

---

48) Augustine, *Lectures on the Gospel of John*, tract. 13.5 (on John 3:22-29).

하나님의 영광이 이 전이를 요구한다. 성경은 크게 찬양을 받으셔야 할 하나님이 언어의 결핍으로 인해 찬양을 덜 받으시는 일이 없도록, 피조물의 이름들이—수적으로 무한하다—하나님께 전이되어야 한다고 가르치고 있다. 그리하여 모든 피조물이 하나님을 찬양하는 것처럼 피조물에게 사용된 이름 또한 하나님을 찬양하도록, 그리고 단 하나의 이름만으로 합당하게 불리기에는 너무나도 영광스러우신 분이—하나님은 모든 이름 위에 뛰어나시기 때문에—모든 이름을 통해 영광을 받으시도록 하기 위해서다.[49]

칼뱅은 본인도 인정하는 것처럼 위험할 정도로 범신론에 가까운 표현을 사용하면서 다음과 같이 동의한다. "하나님의 영광의 불꽃을 전혀 볼 수 없는 곳은 우주에 티끌만큼도 없다." 하나님은 창조세계 전체에 내재하시기 때문에, 마음이 청결한 자는 모든 곳에서 하나님을 본다. 칼뱅은 "만일 경건한 마음에서 나오는 표현이라면 나는 자연이 곧 하나님이라고 경건하게 표현될 수 있다고 고백한다"라고 덧붙인다.[50]

이것은 창조세계에 존재하는 서열과 위계를 무시하는 말이 아니다. 모든 피조물이 하나님의 존재 가운데 어떤 면들을 나타내지만, 오직 인간만이 "하나님의 형상, 아들, 자녀"라고 불리는 영예를 갖는다. 그들만 "하나님의 소생"(행 17:28)이라고 불린다. 이 영광스러운 실재로 인해 우리가 자연계로부터 분리될 수 있는 것은 아니다. 동시에 우리는 창조세계에서 그 어떤 것도 하나님과 동등하거나 대립하는 자리에 두면 안 된다. 영지주의, 마니교, 신플라톤주의의 이원론 체계처럼 말이다. 우주를 더 이상 인간을 향한 하나님의 계시에 속한 요소로 여기지 않을 때 신학은 인간의 마음, 양심 또는 의지에 속한 사적인 존재로 전락하고 만다. 자연과 문화의 폭넓

---

49) Bonaventure, *Disputata S. Bonaventurae in libros sententiarum* (Lugduni, 1510), I, dist. 34, art. 1, qu. 4.
50) J. Calvin, *Institutes*, I.v.1, 5.

은 영역이 하나님과 별개로 존재하는 중립적인 영역으로 간주되며, 자연과 세계는 더 이상 신자에게 할 말이 없게 되고, 계시는 공적인 삶에서 모든 영향을 잃게 된다. 종교는 내적 휴식과 가정의 사생활에 국한되어, 우리의 공적이고 시민적인 삶에 진지하게 관여할 모든 권한을 상실한다. 신학은 점점 위축되어갈 것인데, 왜냐하면 신학이 더 이상 하나님으로부터 그리고 하나님을 통해 말하지 않음으로 인해 더 이상 하나님에 관해 말할 수 없게 되었기 때문이다. 더 이상 신학은 하나님을 부를 아무런 이름도 갖고 있지 않다. 하나님은 위대한 미지의 존재가 된다. 먼저 세상은 "하나님 없는"(ἄθεος) 영역이 되고, 다음으로 "하나님을 적대시하는"(ἀντίθεος) 영역으로 전락한다.

[180] 하나님께 이름을 부여하는 우리의 임무는 실로 도전적이다. 앞서 우리는 하나님이 불가해하시다는 것과 모든 유한한 피조물보다 우월하시다는 것을 배웠다. 그러나 하나님은 자신의 이름을 통해 유한한 것의 수준으로 내려오시고 자신의 피조물과 같이 되신다. 여기서 우리는 해결할 수 없을 것처럼 보이는 이율배반에 직면하게 된다. 한편으로 하나님은 이름이 없으시다. 다른 한편으로 하나님은 많은 이름을 가지신다. 우리는 모든 신인동형론을 배척한 후에 다시 그것을 도입하는 것이다. 우리는 무슨 권리로 이런 이름들을 하나님께 적용하는가? 대체 무슨 근거로 모든 피조물보다 무한히 우월하시고 유한한 것에 의해 결코 포괄될 수 없는 하나님께 이런 이름들을 돌리는가? 철학자들은 자주 이런 반론을 제기한다. 그들(예를 들어 Plato, Hegel)은 절대자, 일자, 생명, 이성과 같은 추상적인 이름을 선호하고 하나님에 대한 구체적인 표상들을 거부함으로써 해결점을 찾으려고 했다. 그러나 우리의 주장은 이것들도 여전히 신인동형론적이라는 것이다. 그것들은 부정을 통해 유한자에서 무한자로 나아가려는 시도들이다. 추상적인 신인동형론을 선호하면서 구체적인 신인동형론을 거부하는 것은 아무런 해결책도 될 수 없다. 우리는 하나님에 대한 우리의 유한한 이해가 제한적이기는 하지만 덜 참된 것은 아니라는 사실을 단순하

게 인정해야만 한다! 우리가 포괄적인 지식을 가질 수 있는 대상은 많지 않다. 가시적이고 물리적인 대상을 포함한 모든 실재는 우리에게 여전히 일종의 신비로 남아 있다. 우리 자신의 영혼을 포함한 영적인 것들에 대한 우리의 표현은 은유적이고 비유적이고 시적일 수밖에 없다. 그러나 이것은 우리가 말하는 것이 거짓이거나 틀렸다는 의미는 아니다. 오히려 진정한 시는 진리라 불릴 수 있다. 왜냐하면 진정한 시는 다양한 현상의 군(群)들 사이에 존재하는 닮음, 유사성, 연관성에 기초하기 때문이다. 모든 언어는 가시적인 것과 비가시적인 것 사이의 이같은 풍성한 상호침투에 관여한다. 상징적으로 말하는 것은 참이 아니라고 한다면 우리의 모든 사고와 지식은 환상에 불과할 것이고, 말하는 것 자체가 불가능할 것이다.

물론 우리가 가진 하나님에 대한 지식은 모두 모사적(ectypal)이다. 다시 말해 성경으로부터 파생된 것이다. 오직 하나님의 자기지식만이 충분하고, 파생된 것이 아니며, 원형적(archetypal)이다. 하지만 우리가 가진 유한하고 불충분한 지식도 여전히 참되고, 순수하고, 충분하다. 모사적인 지식은 단지 시적 상상의 산물인 상징적인 것으로 간주되어서는 안 된다. 그렇게 되면 하나님은 한낱 투사로, 종교는 그저 주관적인 예술로 전락하고 만다. 여기서 우리가 가진 하나님에 대한 지식을 묘사하기 위해 우리가 선택하는 단어들이 중요하다. 많은 근대 신학자들은 "유비적"이거나 "모사적"이라는 표현을 거부하기 위해 "상징적"(symbolic)이라는 단어를 선호했는데, 이 표현들은 본래 우리가 가진 하나님에 대한 지식이 온전한 명제적 진리임을 긍정하기 위해 사용된 것이었다. "상징"은 진리 주장이 아니라 심미적 주장을 암시하는 용어다. 지식에 대한 "참 또는 거짓"의 판단이 아니라, 우리가 가치 있게 생각하는 어떤 것에 대한 주관적 판단이라는 말이다. 이와 반대로 기독교 신학은 "상징"이라는 단어가 가진 온전한 의미를 되살린다. 예를 들어 피트링가(C. Vitringa)는 성경과 교회에 나타나는 거룩한 상징을 설명하는 것을 목적으로 하는 신학을 가리키기 위해 이 단어를 사용하는데, 그러한 신학 분과를 『상징신학』(theologia symbolica, 1726)이라 부른다.[51] 신앙적인 사람들은 하나님에 대한 표상을 자기 자신의 상상의 산물로 간주하지 않는다. 그들은 그러한 표상들을 객관적으로 참된 것으로 여기며, 그들이 이 사실을 의심하기 시작하는 순간에 그들의 종교는 힘을 잃고 죽어간다. 예술 작품은 상상의 산물이다. 그러나 우리가 종교를 예술로 바꾸는 순간에 우리는 종교가 우리에게 요구하는 것들을 윤리적으로도 종교적으로도 모두 상실하고 만다. 우리가 하나님의 피조물인 것이지, 하나님이 우리의 소유물은 아니라는 것이다. 우리가 가진 하나님에 대한 지식은 적응되고 제한된 것이지만, 그럼에도 그 지식은 실제적이고, 참되고, 신뢰할 만하다. 하나님은 스스로를 계시하신 그대로 참된 분이다. 계시된 하나님의 속성은 참으로 하나님의 본성을 계시한다. 만일 우리가 하나님의 이름을 우리의 내적 삶의 반영에 불과한 것으로 간주해버린다면 우리는 신앙의 확신을 위한 모든 근거를 잃게 될 것이다. 우리는 확실성을 위해 하나님을 의지할 수 없을 것이고, 그렇게 되면 인간 자체가 종교의 척도가 되어버린다. 인간이 어떠한지에 따라 하나님이 어떠하신지를 결정한다는 것이다.

물론 이것은 사람이 감당할 수 없는 짐이다. 성경은 바로 하나님이 하늘과 땅의 창조주시고, 존재하는 모든 것이 하나님의 생각 안에 관념으로 존재했으며 또한 영원히 존재한다고 선언함으로써 우리를 이 짐에서 해방시킨다. 그것들은 기원을 하나님으로부터 얻고, 하나님과 크고 작은 관계를 맺기 때문에, 피조물의 눈앞에 하나님의 덕을 드러낼 능력을 갖고 있다. 우주는 하나님이 창조하신 세계이므로 하나님의 계시인 동시에 자기

---

51) 편집자 주―*theologia symbolica*라는 용어는 또한 기독교회의 "상징"(symbols)인 신조와 신앙고백을 다루는 신학 분야를 가리키는 말로도 사용된다. 그래서 Abraham Kuyper는 자신의 권위 있는 책 *Principles of Sacred Theology*에서 "신조학"(Symbolics)을 신학 백과사전의 "교의론 항목들"이라고 부른 부분의 처음에 배치한다. Abraham Kuyper, *Encyclopaedie der Heilige Godgeleerdheid*, 2nd ed., 3 vols. (Kampen: Kok, 1909), II, 366-375을 보라.

현현이기도 하다. 하나님의 신성을 드러내지 않는 곳은 세상에 티끌만큼도 없다. 게다가 모든 피조물 가운데 인간은 독특한 위치를 차지한다. 피조물이 일반적으로 하나님의 덕의 자취만을 드러내는 데 반해, 우리 인간은 하나님의 형상이며 모양이다. 이러한 사실로 인해 하나님을 피조물의 영역에서, 특히 인간의 영역에서 가져온 이름들로 부를 수 있는 권리가 우리에게 주어지는 것이다. 우리가 하나님을 알 수 있는 이유는 우리가 하나님께 알려졌기 때문이다. "나를 이해해주셨기 때문에 나는 이해한다"(von Baader). 우리는 하나님을 의인화(신인동형화)할 권리를 갖고 있는데, 이는 하나님 자신이 인간을 창조하실 때 하나님의 형상대로 만드셨기(theomorphized) 때문이다(Jacobi). 그러나 성경은 이 와중에도 우리로 하여금 끊임없이 모든 피조물에 대한 하나님의 절대적인 초월성을 직면하게한다. 창조에는 하나님의 초월성과 내재성, 하나님과 피조물의 본질적인 차이뿐만 아니라 긴밀한 연관성 모두가 내포되어 있다. 하나님은 높고 거룩한 곳에 거하시지만, 또한 통회하고 마음이 겸손한 자와 함께하신다. 우리는 성경 어디에서나 이 주제를 발견할 수 있다(사 57:15).[52] 이런 이유에서 기독교 신학은 상징적이라기보다는 모사적(ectypal) 또는 유비적이라고 불려야 한다. 이것은 다음과 같은 의미다.

1. 우리가 가진 하나님에 대한 지식은 모두 하나님으로부터, 하나님을 통해 오는 것이고, 또한 하나님의 계시, 즉 객관적 이성에 근거를 둔다.
2. 하나님은 자신에 대한 지식을 피조물에게 전달하시기 위해 피조물의 이해력에 자신을 적응시키신다.
3. 우리가 가진 하나님에 대한 지식은 그 성격상 언제나 유비적일 뿐이고, 따라서 하나님이 자신에 대해 갖는 완전한 지식의 유한한 형상, 희미한 모양, 피조물적인 인상일 뿐이다.

---

52) H. Bavinck, *Reformed Dogmatics*, II, 33-34 (#161)를 보라.

4. 마지막으로 그럼에도 우리가 가진 하나님에 대한 지식은 참되고, 순
수하고, 믿을 만하다. 왜냐하면 그것은 그 원형인 하나님의 자기의식
과 세상에 드러난 하나님의 자기계시에 기초하기 때문이다.

8장

살아 계시고 행동하시는 하나님

하나님의 이름들

[181] 성경은 하나님의 다양한 이름을 우리에게 제시한다. 이 이름들은 언제나 구체적이며 결코 추상적이지 않다. 성경은 하나님의 속성 하나를 강조하기 위해 다른 속성들을 희생하는 일이 결코 없도록, 하나님의 모든 덕이 각각 충만하고 동등하게 드러나도록 주의를 기울인다. 하나님의 이름들은 하나님의 탁월함, 권능, 칭송(ἀρεται, 벧전 2:9)을 표현하는 호칭이다. 교회의 소명은 하나님의 "덕"을 선포하는 것, 즉 하나님이 행하신 모든 일에 나타난 영광(δοξα)으로 인해 하나님을 높이는 것이다. 성경은 하나님의 속성과 무관한 하나님의 존재에 대해 아무것도 알지 못한다. 하나님이 고유한 본성을 가지시며, 따라서 세상과 구분되는 독립적인 존재라는 사실을 강조하는 것은 중요하다. 하지만 또한 기억해야 할 것은, 계시와 별개로 인간 지성의 힘으로 발견되고 알려질 수 있는 하나님의 본질에 대해 성경이 말하지 않는다는 사실이다. 성경은 하나님의 존재론적 실재와 "경륜적" 자기 계시를 분리하지도 않고 대립시키지도 않는다. 하나님은 자신을 계시하시는 그대로 존재하신다. 하나님은 자신의 이름들을 통해 우리에게 알려지실 수 있게 된다. 우리가 가진 하나님에 대한 지식은 결코 완

전하지 않지만, 계시 안에서 우리에게 알려진 하나님의 속성들은 각기 우리에게 하나님의 존재의 충만함을 드러낸다.

기독교 신학은 이것을 늘 인정해왔다. 신학자들은 하나님의 이름을 논할 때 하나님의 고유한 이름에 대해서뿐 아니라 하나님에 대해 말해야 하는 모든 것, 곧 하나님의 속성들과 세 위격도 함께 다루었다. 모든 것이 하나님이라는 개념에 통합되었다.[1] 시간이 지나면서 신학자들이 하나님의 이름들을 구분하기 시작했는데, 이것은 그들이 하나님을 모든 피조물과 즉각적으로 구분시키는 속성, 가장 근본적으로 하나님의 존재 자체를 묘사하고 따라서, 말하자면, 다른 속성들이 도출될 수 있는 특정한 속성을 추적하면서 발생한 일이다. 유대인 필론은 플라톤주의의 영향 하에, 그 속성을 효과나 힘이 아니라 하나님의 존재 자체를 가리키는 유일한 이름인 야웨와 연결했다. 그래서 필론은 종종 하나님을 "존재하는 분" 또는 "존재하는 것"(ὁ ὤν 또는 τὸ ὄν)이라고 불렀다.[2] 하나님의 존재에 대한 이런 묘사를 이어받은 것은 기독교 신학이었다. "존재"(being)를 근본으로 하여 논의를 시작하는 것 말고 다른 대안들도 있었다. 예를 들어 둔스 스코투스는 "본질"(essence)이라는 개념이 하나님과 사람에게 동등한 의미로 병용될 수 있다고 여기면서, 단순히 무한한 존재와 유한한 존재를 구분했다.[3] 다른 이들은 절대적 존재로서의 하나님을 일관된 출발점으로 삼으면서 비슷한 구분을 했다.

[182] 개혁파 신학은 이러한 신학적 전통에 충실하면서도 다양성을 보여주었다. 17, 18세기에 이르러 소키누스주의자, 아르미니우스주의자, 이신론자는 형이상학적 문제를 거부하고 오직 하나님의 의지만을 강조했

---

1) 예를 들어 Irenaeus, *Against Heresies*, I, 14; II, 13, 35.

2) Eduard Zeller, *Die Philosophie der Griechen*, 3rd ed., 5 vols. (Leipzig: O. R. Reisland [L. W. Reisland], 1895), V, 356.

3) John Duns Scotus, *Quaestiones in libros sententiarum* (Frankfurt: Minerva, 1967), I, dist. 3, qu. 1; I, dist. 8, qu. 3.

다. 하나님을 아는 것은 하나님의 뜻을 아는 것 그 이상을 의미하지 않았다. 그 결과 하나님은 멀어졌고, 세계와 인류로부터 점점 동떨어지게 되었다. 냉랭한 도덕주의적 신 개념에 대한 반작용이 취해졌다. 철학자들은 최고의 존재 또는 최고의 본성에 대해, 무한한 존재 또는 심지어 지적 존재로서의 신적 본질에 대해 말하게 되었다. 예를 들어 스피노자는 하나님을 "[절대적이고], 유일무이하고, 무한하고, 필연적으로 존재하는 실체,…내재적인 제1원인"으로 보았고, 최고 지복의 원천인 "하나님에 대한 지적인 사랑"을 말했다.[4] 당시 위대한 지성들—괴테, 레싱, 헤르더—은 철학자 헤겔과 신학자 슐라이어마허와 함께 이런 주장에 이끌렸다. 그들의 손에서 이런 사변은 손쉽게 범신론으로 변질되었다. 비록 범신론은 유신론적 사상가들인 야코비, 로테, 로체, 셸링, 피히테, 도르너와 같은 이들에 의해 배척되었지만, 이들의 유신론 방어는 치명적인 요소를 양보하고 말았다. 하나님의 절대적 인격이 존재(being)가 아니라 생성(becoming)으로 생각되면서 신들의 발생과정이라는 사상이 하나님 개념에 도입되었다.

시대적으로 유리한 입장에 선 우리의 눈에는 이런 과거의 시도들이 승산 없는 헛된 노력처럼 보인다. 오늘날 지배적인 경향은 신학과 철학, 종교와 형이상학을 분리하는 것이다. 신학은 학문(Wissenschaft)의 대저택에서 쫓겨나서 사적인 신학교 교육을 위한 하인의 숙소로 유배되었다. 과거에 대학에서 신학이 차지하던 자리는 정밀하고 실증적인 종교학, 종교역사, 종교심리학이 차지했다. 결국 종교는 학문으로부터 스스로를 자유롭게 하고 모든 형이상학과 철학을 자신의 영역에서 몰아내는 데 힘을 쏟았다. 19세기에 신학이 형이상학으로부터 등을 돌리면서 신학은 종교를 도덕으로 축소시켰다. 신론과 관련해서 이것은 하나님의 본질이 윤리적 선과 전적으로 동일시되었음을 의미했다. 따라서 알브레히트 리츨은 가족의

---

4) B. Spinoza, *Ethics*, ed. and trans. James Gutman (New York: Hafner, 1949), I, prop. 7ff.; V, prop. 15ff.

도덕적 구조를 하나님에 대한 우리 생각의 표준으로 보았다.[5] 리츨은 기독교적 관점에서 볼 때 하나님은 주님, 왕, 주인이 아니라 아버지로 간주되어야 한다고 생각했다. 하나님은 선과 사랑의 원천이시다. 하나님은 절대적 존재가 아니라 사랑이시다.[6] 따라서 기독교 신학은 사랑의 개념에서 출발하여 모든 것(창조, 섭리, 화해, 칭의)을 그 개념을 통해 추론해야 한다.[7] 오늘날까지도 많은 신학자가 리츨이 닦아놓은 길을 따랐다. 물론 이러한 반향에도 가치가 없는 것은 아니지만, 지나치게 편파적인 면이 있다. 신학의 과제는 성경에 계시된 하나님의 속성들 모두를 공정하게 다루는 것이다.

하나님의 단순성: 본질과 속성들

[183] 기독교 신학의 교리 배후에는 하나님이 "단순하시다"는, 즉 결코 합성되지 않으셨다는 확신이 자리 잡고 있다. 하나님은 각각의 속성과 일치하신다. 하나님은 자신이 소유하신 바로 그것이다. 하나님에게 있어 "존재한다"는 것은 곧 지혜롭다, 선하다, 능력 있다는 말과 동일하다. 하나님의 모든 속성은 하나님의 본질과 일치한다. 하나님은 자신의 모든 속성에서 순수한 존재, 절대적인 실재이시다. 이것을 부인하는 것, 하나님의 특질들과 구분되는 다른 신적 본질을 주장하는 것은 다신론(polytheism)에 문을 열어주는 것이다.[8] 하지만 유사한 오류가 철학과 신학에 발생하는데, 플

---

5) A. Ritschl, *Die christliche Lehre von der Rechtfertigung und Versöhnung*, 2nd ed., 3 vols. (Bonn: A. Marcus, 1882-1883), III, 223-9.

6) Ibid., 255.

7) Ibid.

8) 편집자 주―여기에 있는 사상은 여러 개체가 공통적으로 갖고 있는 신성 또는 신적인 것의 본질을 개념적으로 정의하는 것과 관련된다. 그럴 때 이론적으로는 제우스, 헤르메스, 바알이 "신성"의 본질을 공유하지만, 존재의 속성 면에서 첫 번째 것은 신들의 우두머리이고, 두 번째 것은 신들의 전령, 그리고 세 번째 것은 풍요를 관장한다.

라톤이 존재하는 것들의 원형으로 관념들을 상정하고 그것들에 하나님과 별도로 독립적인 존재성을 부여하는 것이나, 필론이 신적 작용들을 실체(*hypostases, substances*)로 간주하는 것이 그 대표적인 예다.[9] 심지어 기독교 신학자들도 이런 오류에 빠졌다. 예를 들어 중세 시대에 길베르투스 포레타누스(Gilbert Porretan)는 하나님의 본질 또는 본성(신성)과 하나님 자신을 구분했다. 그의 주장에 따르면, 신성은 하나님이 하나님이시도록 하는 형상이지 그 자체로 하나님은 아니다. "하나님은 신성 덕분에 존재하시지만, 신성 자체가 하나님은 아니다."[10] 하지만 이처럼 하나님의 존재와 속성을 분리하려는 모든 시도들은 거부되어야만 한다. 하나님 개념에 본래부터 동반하는 요소들과 거기에 추가되는 것들을 구분하는 것은 불가능하다. 그렇게 하는 것은 우리가 가진 하나님 이해를 빈곤하게 만든다. 이것은 하나님의 사랑과 같은 핵심적인 속성들이 이를테면 하나님의 무한성 또는 능력과 같은 정도로 하나님께 절대적인 의미로 존재하는 것이 아니라는 인상을 줄 우려가 있다. 하나님의 충만한 위엄과 능력과 사랑은 희미해져 버린다. 신학은 하나님을 최고의 존재로 묘사하는 데서 출발하기 때문에, 하나님을 절대자로 간주하는 추상성에 자신을 가두어버린 철학과 동일한 귀결점에 다다랐을 것이라는 인상을 받을 수 있다. 하지만 기독교 신학은 우리가 하나님의 존재에 대해 말하기를 멈출 수 없다고 확신하면서, 우리가 방금 묘사했던 위험들을 하나님의 단순성에 대한 교리를 통해 사려 깊게 피해왔다.

[184] 기독교 신학이 하나님의 본질과 속성 사이의 구분을 거부했을 때, 이것은 하나님의 "존재"(being)를 부정하는 것도, 신론에서 "존재"라는 말의 사용을 금지하는 것도 아니었다. 이 구분은 하나님으로부터 비현실

---

9) E. Zeller, *Philosophie der Griechen*, V, 358ff.

10) 참조. Dionysius Petavius, "De Deo," in *De theologicis dogmatibus*, 8 vols. (Paris: Vives, 1865-1867), I, chap. 8.

적인 모든 것을 원천적으로 차단했으며, 하나님이 그분의 모든 속성 가운데 순수한 존재시며 절대적인 실재라는 것을 가능한 한 강하게 표현했다. 하나님은 순수한 존재—절대적이고 완전하며 유일하고 단순한—시기 때문에, 우리는 그분을 정의할 수 없다. 하나님을 포함하는 유개념은 존재하지 않으며, 동일한 유개념 내에서 하나님을 다른 존재와 구분시키는 특정한 차이점도 없다. 하나님이 모든 피조물과 공유하시는 "존재성"조차도 일치한다는 의미에서 같은 것이 아니라, 다만 유비적이고 비례적으로 이해되어야 한다. 하지만 우리는 하나님을 명명해야 한다. 우리는 하나님의 "존재"에 대해 말하고, 하나님을 하나님이 아닌 모든 것과 구분하지 않을 수 없다. 그러나 여기서 우리가 직면하는 문제는 하나님이 한편으로 이름이 없으시지만(anonymous), 다른 한편으로 많은 이름을 갖고 계시다는 것이다(polyonymous). 또한 하나님이 자신에 대해 계시하신 속성들이 너무 많아서 아무도 그것들을 완전하게 열거할 수 없다. 따라서 우리는 어떤 방식으로든지 묘사하는 것 자체를 완전히 그만두든지, 아니면 그 가운데서 선택을 해야 한다. 신학의 다양한 학파들이 이렇게 하나님의 이름과 속성을 정리하고 분류하는 시도들 가운데서 생겨났다.[11] 하나의 속성만을 근본적인 것으로 선택하면, 그 선택은 하나님에 대한 묘사 전체에 영향을 준다. 여기서 선택을 잘못하면 성경에 계시된 하나님과 다른 하나님을 우리에게 드러낼 우려가 있다. 예를 들어 사랑을 선택하는 것은 공의와 거룩 같은 다른 속성들을 덜 실제적인 것으로 간주하는 위험에 우리를 노출시킨다.[12]

기독교 신학은 하나님의 본질을 묘사하는 데 나타날 수 있는 편파성을 피하기 위해, 전통적으로 출애굽기 3:14에 주어진 "야웨"라는 이름과 연관되는 하나님의 자존성을 주된 속성으로 전면에 내세우려고 노력했다. "절

---

11) H. Bavinck, *Reformed Dogmatics*, ed. John Bolt (Grand Rapids: Baker Academic, 2003-2008), I, 287-95 (#83)를 보라.

12) Friedrich A. B. Nitzsch, *Lehrbuch der evangelischen Dogmatik*, 3rd ed., ed. Horst Stephan (Tübingen: J. C. B. Mohr, 1902), 352ff.

대적"이라는 말은 철학에서만 독점적으로 사용하고 규정해야 하는 것이 아니다. 실제로 "절대적"이라는 말은 철학자들이 사용할 때조차 종교적인 성격을 갖고 있다는 것은 충분히 뒷받침될 수 있는 타당한 주장인데, 이는 이 말이 인간의 기본적인 형이상학적 또는 종교적 필요에서 나오기 때문이다.[13] 종교와 신학에서 하나님은 언제나 하나님이어야 한다. 모든 것과 구분되고 그 위에 계신 분, 존재하는 모든 것의 창조주와 통치자, 신자가 곤경이나 죽음과 맞닥뜨렸을 때 의지할 수 있는 분으로서 말이다. 그렇지 않다면 하나님은 그들에게 더 이상 하나님일 수 없다. 그런 분으로서 하나님은 엄밀히 독립적이고 유일하게 절대적인 분이다. "절대성"이라는 개념은 추상적으로 획득된, 내용을 전부 상실한, 가장 일반적인 그런 것이 아니다. 오히려 이 개념은 하나님이 자신으로부터, 그리고 자신을 통해 존재하는 분이며, 지혜와 선, 의와 거룩, 능력과 복됨에 있어 절대적인 완전한 존재라는 종교적 확신에서 나온다. 하나님은 절대적이신데, 이는 독립적인 존재시며, 자기 자신에 대해서만 존재하신다는 것이다. "절대적이라는 것은 다른 어떤 것에도 의지하지 않는다는 말이다."[14] 이 확신은 성경이 분명하게 가르치는 것이다. 영원부터 영원까지 그는 하나님이시고, 처음과 마지막이시고, 만물이 그에게서 나오고 그로 말미암고 그에게로 돌아간다(창 1:1ff.; 시 33:6, 9; 90:2; 사 41:4; 43:10-13; 44:6; 48:12; 요 5:26; 행 17:24ff.; 롬 11:36; 엡 4:6; 히 2:10; 계 1:4, 8; 4:8, 11; 10:6; 11:17 등).

[185] 만약 하나님이 하나님이시라면, 즉 유일하고, 영원하고, 절대적인 존재시라면, 이는 곧 하나님이 피조물에게서 희미한 유비만을 발견할 수 있는 모든 완전함을 소유하신다는 것을 의미한다. 만약 하나님이 절대적으로 존재하는 분이라면, 하나님은 또한 지혜와 선, 의와 거룩, 능력과

---

13) Ibid., 356.

14) J. Alsted, *Encyclopaedia* (Herbornae Nassovorium, 1630), 596; 참조. Rudolf Eisler, *Wörterbuch der philosophischen Begriffe*, 2 vols. (Berlin: E. S. Mittler, 1904), "absolutum" 항목을 보라.

복됨에서도 절대적이실 것이다. 하나님은 자기에게서 나오고 자기로 말미암고 자기에게 돌아가는 존재로서 실로 존재의 충만이며, 독립적이고 최고로 완전한 존재시다. 우리가 하나님의 본질을 속성들로부터 구분할 수는 없지만, 속성들 간의 구별은 허용될 수 있다. 속성들은 하나님에 관해 각각 고유한 내용을 표현한다. 하나님은 친히 다양한 완전성을 우리에게 계시하셨고, 우리는 성경이 제공하는 이름들로 하나님을 부른다. 하나의 어떤 완전성도 하나님의 존재를 온전히 표현하지 못한다. 이 다양성은 하나님의 단순성과 충돌하지 않는다. 하나님은 유한한 피조물에게 자신을 여러 이름으로 계시하시는데, 이는 신적 본질이 그토록 무한하고 넘치도록 풍부해서 우리가 결코 한꺼번에 이해할 수 없기 때문이다. 따라서 하나님은 여러 모양으로, 한 번은 이런 모양으로, 다음 번에는 저런 모양으로 우리와 관계를 맺으신다.[15] 하나님은 영원히 동일하고 변함이 없으시지만, 하나님과 맺는 우리의 관계는 다양하다. 마치 빛이 여러 색깔로 나뉘어도 여전히 동일한 빛인 것처럼(Augustine), 그리고 불이 우리를 따뜻하게 할 때나, 우리를 밝혀줄 때나, 심지어 우리를 태울 때도 변하지 않는 것처럼 말이다(Moses Maimonides). 하나님이 여러 이름들로 불리시는 것은 바로 피조물 안에 하나님이 영원히 한결같은 자신의 존재로 산출하시는 여러 영향 때문이다. 이 이름들에서 우리가 대면하는 것은 언제나 동일한 존재이지만, 각각의 이름은 그 자체로 이 무한한 충만 안에 있는 본질이 참으로 무엇인지 우리에게 간결하게 진술한다. 하나님 안에서는 거룩과 자비가 본질상 같은 것일지라도, 이 두 속성에 대해 하나님의 자기계시로부터 형성된 우리의 이해에는 차이가 있다. 하나님의 존재를 적합하게 표현해줄

---

15) Augustine, *Lectures on the Gospel of John*, tract. 13; Peter Martyr Vermigli, *Petri Martyris Vermilii...Loci Communes* (London: Kyngston, 1576), 39; Bernhard de Moor, *Commentarius perpetuus in Johannis Marckii compendium theologiae christianae didactico-elencticum*, 7 vols. in 6 (Leiden: J. Hasebroek, 1761-1771), I, 582.

수 있는 단 하나의 이름은 없다. 이런 현실을 고려할 때, 하나님의 많은 이름들은 우리에게 모든 것을 초월하시는 하나님의 광대하심에 대한 인상을 전달하는 역할을 한다.

[186-187] 과거 신학자들은 피조물과 관련해서 하나님의 이름들을 얻는 세 가지 방법을 구별했는데, 곧 부정(negation)의 방법, 탁월(eminence)의 방법, 인과율(causality)의 방법이 그것이다. 첫 번째 방법은 하나님은 무엇이 아니라는 진술로 시작한 다음, 다소 결함이 있고 불충분한 방식으로 하나님에 대해 긍정적인 것을 서술한다. 위 디오니시우스, 다마스쿠스의 요한, 그리고 에리우게나는 이런 생각에서 출발해서 형식적인 구분을 지었는데, 즉 두 가지 신학으로, 곧 "부정의"(apophatic) 신학과 "긍정의"(kataphatic) 신학으로 나누었다.[16) 위 디오니시우스는 우리가 "모든 것을 부정하고 초월함으로써, 그리고 모든 것의 원인을 통해" 하나님에 대한 지식에 이른다고 말함으로써 세 가지 방법을 분명하게 표현한다.[17) 스콜라주의는 형식적으로 이 세 가지 구분을 받아들였고, 로마 가톨릭, 루터파, 개혁파 신학자들은 모두 계속해서 그것을 사용했다. 그러나 칸트부터 슐라이어마허에 이르는 근대 사상가들은 이 방법들의 일부 또는 전부를 거부했는데, 종종 아래로부터 하나님께 이르는 모든 유비적 사고를 거부하면서 우리는 하나님의 위치에서 시작하여 세상으로 하강하는 방식을 취할 수 있을 뿐이라고 주장했다.[18)

물론 우리는 하나님에 대한 논의가 계시에서 시작해야 한다고 주장한

---

16) Pseudo-Dionysius, *The Divine Names and Mystical Theology*, I, 2, 4; John of Damascus, *Exposition of the Orthodox Faith*, *NPNF*², I, 2, 4; Erigena, *On the Divine Nature*, I, 78.

17) Pseudo-Dionysius, *On the Divine Names*, 7, §3.

18) 이 세 가지 방법에 대해서는 I. A. Dorner, *A System of Christian Doctrine*, trans. Alfred Cave and J. S. Banks, rev. ed., 4 vols. (Edinburgh: T&T Clark, 1888-1891), I, 201ff.; C. Hodge, *Systematic Theology*, 3 vols. (New York: Charles Scribner's Sons, 1888), I, 339를 보라.

다. 하나님의 속성들에 대한 지식은 이 세 가지 방법이 고안되기 훨씬 전부터 존재해왔다. 이것들은 이미 잘 알려지고 묘사되어온 속성들에 대한 성찰에서 나온 것이다. 게다가 탁월의 방법과 인과율의 방법은 사실 하나이기 때문에, 이것들은 부정의 방법에 대조되는 긍정(affirmation, 확증)의 방법으로 함께 제시될 수 있을 것이다. 마지막으로 명심할 것은 인식의 방식을 존재의 방식과 혼동해서는 안 된다는 것이다. 실재에서는 피조물이 아니라 하나님이 우선적이시다. 하나님이 원형(원본)이시고, 피조물은 모사(닮음꼴)다. 하나님 안에서는 모든 것이 근원적이고 절대적이고 완전하다. 피조물 안에서는 모든 것이 파생적이고 상대적이고 제한적이다. 따라서 실제로는 하나님이 창조세계 내에 현존하는 사물을 따라 명명되는 것이 아니라, 피조물들이 하나님 안에 절대적인 의미로 존재하는 것에 따라 명명되는 것이다. 반대로 우리는 창조세계에 드러난 하나님의 계시로부터가 아니면 하나님에 대한 지식을 전혀 갖고 있지 않기 때문에, 우리는 믿음으로 행하는 것이지 봄으로써 행하는 것이 아니다. 우리는 하나님에 대해 오직 유비적이고 상대적인 지식이나 간접적인 종류의 지식, 다시 말해 창조세계에서 파생된 개념만을 얻을 뿐이다. 이러한 지식은 비록 완벽하지는 않을지라도 진실하지 않은 것은 아닌데, 왜냐하면 모든 피조물이 하나님의 것이며 하나님의 완전함을 어느 정도 드러내기 때문이다. 따라서 부정의 방법과 긍정의 방법 모두 우리가 채택할 수 있는 안전한 방법이다. 모든 것이 하나님께로부터 말미암았다는 바로 그 사실 때문에, 만물은 하나님께로 돌이킬 수 있으며 우리는 땅에서 하늘로 올라갈 수 있는 것이다. 하나님에 관한 모든 생각과 말은—긍정의 방법으로든 부정의 방법으로든—세상에서 취한 형상과 이미지를 사용한다.

피조물의 한계와 불완전성이 하나님 안에서 발견되지 않으며 하나님은 우리가 피조물 안에서 관찰하는 모든 완전함을 절대적인 의미에서 가지신다는 사실을 고백하면서, 우리는 부정의 방법과 긍정의 방법이 상호 보완적이라고 결론을 내린다. 그것들은 함께 하나님에 대해 하나의 순전한 지식을 형성한다. 우리가 하나님 안에서 부정하는 것에 대해 우리는 긍정적으로 진술할 수 있다. 우리가 하나님 안에서 가장 탁월한 의미로 긍정하는 것에 대해, 우리는 그것들이 피조물 안에서 같은 방식으로 존재한다는 것을 부정한다. 우리는 하나님이 불가해하며, 그렇기 때문에 알려질 수 있다고 고백한다. 하나님은 거룩하고 선하고 의로우시지만, 피조물과는 다른 방식으로 그러하시다. 그렇기 때문에 우리는 모든 속성이 하나님께 돌려지는 동시에 거부된다고 말할 수 있다. 신비주의는 이처럼 겉으로 보기에 역설적인 방식으로 하나님에 대해 말하기를 좋아한다. 하나님은 동시에 모든 이름을 가지시고(panonymous), 또한 아무 이름도 갖지 않으신다(anonymous). 하나님을 모르는 사람—하나님이 이해를 초월하는 분이라고 생각하는 사람—이 하나님을 가장 잘 아는 사람이다. 가장 찬란한 빛은 가장 깊은 흑암 가운데 있다(출 20:21). 그래서 위 디오니시우스는 하나님을 "모든 것에 대한 긍정과 모든 것에 대한 부정이신 분, 모든 긍정과 부정 너머에 계신 원인"이라고 불렀다.[19]

하나님의 속성들을 분류하는 모든 방법 중에서, 개혁파 신학자들 사이에서는 비공유적 속성과 공유적 속성 사이의 구분이 선호되었다. 이 구분은 한편으로 모든 피조물이 하나님과 관련되어 있다는 것을, 특히 인간이 하나님의 형상과 모양이라는 것을 긍정하고, 다른 한편으로 하나님이 창조세계로부터 본질적으로 구별되신다는 것을 긍정한다. "비공유적"(incommunicable)이라는 말은 하나님의 독특성을 특히 모든 형태의 범신론에 맞서 강조하고, "공유적"(communicable)이라는 말은 모든 피조물에

---

19) Pseudo-Dionysius, *The Divine Names and Mystical Theology*, chap. 2; 참조. M. J. Scheeben, *Handbuch der katholischen Dogmatik*, 4 vols. (1873-1903; repr., Freiburg i.B.: Herder, 1933), I, 483; 편집자 주—영역본: *A Manual of Catholic Theology: Based on Scheeben's "Dogmatik*," by Joseph Wilhelm and Thomas B. Scannell, 4th ed., 2 vols. (London: Kegan Paul, Trench, Trübner; New York: Benziger Brothers, 1909); J. B. Heinrich and C. Gutberlet, *Dogmatische Theologie*, 2nd ed., 10 vols. (Mainz: Kirchheim, 1881-1900), III, 309.

대한 하나님의 관련성을 분명히 한다. 전자에는 단일성, 단순성, 불변성, 영원성이 포함되었고, 후자는 일반적으로 다시 지성의 속성(지식, 지혜, 진실성), 의지의 속성(선, 의, 거룩), 능력의 속성으로 나뉘었다. 비공유적 속성들은 하나님의 초월성을, 공유적 속성들은 하나님의 내재성을 강조한다. 개혁파 신학은 여기에서 "비공유적", "공유적"이라는 용어를 사용하면서 범신론과 이신론이라는 이중 오류에 대한 기독교 유신론의 강력한 반대를 분명히 한다.[20]

하나님의 속성들을 구분하는 작업이 어떤 방식으로 이루어지든지 간에, 그것이 하나님을 둘로 나누는 것으로, 다시 말해 하나님의 절대성을 창조세계와의 관련성으로부터 분리하는 것으로나 하나님의 존재를 그분의 완전성들로부터 분리하는 것으로 받아들여져서는 절대로 안 된다. 우리가 가진 하나님에 대한 지식은 실제로 모사적이고, 유비적이며, 하나님의 자기 계시에 기초해 있다. 그러나 그것은 참된 지식이고, 또한 하나님의 속성들은 하나님의 존재와 일치하기 때문에, 우리는 하나님에 대해 말할 때 그분이 정말로 어떤 분이신지에 대해 참되게 말할 수 있다. 하나님은 자신의 완전성 내에서 우리에 대해 절대적으로 우월하신 동시에 자신의 피조물과 교통하시기 때문에, 하나님의 각 속성들은 다양한 의미에서 비공유적인 동시에 공유적이라고 말할 수 있다. "주님", "창조주", "보존자", "구원자" 등과 같은 상대적인 용어들이 하나님께 돌려지는 것은 오로지 창조와 관련해서, 그리고 창조가 이루어진 이후에 가능한 것이다. 종을 갖고 있지 않다면 "주인"으로 불릴 수 없다. 하나님의 종인 인간이 시간 안에 창조되었고, 그리하여 하나님은 시간 안에서 우리의 주님이 되셨다.[21] 신

---

20) 편집자 주—참조. 아래 각주 31과 51.

21) Augustine, *The Trinity*, V, 16; 참조. idem, *On Order*, II, 7; T. Aquinas, *Summa Theol.*, 1, qu. 13, art. 7; Anselm, *Monologion*, 15; P. Lombard, *Sententiae in IV liberis distinctae*, 3rd ed., 2 vols. (Grottaferrata: Colleggi S. Bonaventurae ad Claras Aquas, 1971-1981), I, dist. 30; Bonaventure, *Disputata S. Bonaventurae*

인동형론을 포함하는 모든 은유적 이름도 마찬가지다. 같은 방식으로 긍정적 이름들—"선", "거룩", "지혜" 같은 것들—이 우리 지성에 의미를 갖는데, 이는 우리가 그에 대한 예(모사)를 피조물에게서 보기 때문이다.[22] 하지만 이 모든 이름들이 아무리 상대적이고 은유적이고 긍정적이라 할지라도, 이것들은 하나님 안에 절대적으로, "고유하게", 따라서 "부정적으로" 존재하는 어떤 것, 피조물 속에 있는 것과는 다른 의미에서 하나님 안에 존재하는 어떤 것을 나타낸다. 이른바 부정적 또는 비공유적 속성들도 마찬가지다. 비록 이 속성들이 피조물에게 적용되는 어떤 특성을 하나님에 대해 부정하면서도, 어떤 의미에서는 모두 긍정적이고, 공유적이며, 전이할 수 있고, 상대적이기 때문이다. 만약 그렇지 않다면, 우리는 이 속성들을 결코 알 수 없고 명명할 수도 없었을 것이다. 부정적 속성도 긍정적 내용을 갖고 있다. 비록 우리가 영원성을 긍정적 의미에서 이해할 수는 없지만, 하나님이 모든 시간적 조건 위에 높이 계심을 아는 것은 큰 의미를 갖는다. 이를테면, 우리는 이 지식을 수단으로 삼아서 하나님에 대한 우리의 생각을 지속적으로 교정한다. 우리는 하나님에 대해 인간의 용어로 말하고 하나님께 온갖 인간적 속성을 돌리지만, 그렇게 하면서도 우리는 이 모든 속성이 피조물에게서 발견되는 것과 전혀 다른 의미로 하나님께 적용된다는 사실을 늘 선명하게 의식한다. 비록 우리가 하나님이 피조물 가운데 계시하신 것에 의해서만 하나님께 이름을 부여할 수 있다는 것이 사실이지만, 그럼에도 우리는 모든 피조물보다 무한히 높이 계신 분의 이름을 부르는 것이다. 모든 피조물, 그중에서도 특히 인간에게는 신적인 존재와의 관계에서 유비적인 요소가 있다. 그러나 피조물 안에서 발견되는 모든 완전함은 오직 하나님 안에서만 전적으로 고유하고 본래적인 방식으

---

in libros sententiarum (Lugduni, 1510), I, dist. 30, art. 1; Jerome Zanchi, *Operum theologicorum*, 8 vols. ([Geneva]: Samuelis Crispini, 1617), II, 24-6; Amandus Polanus, *Syntagma theologiae christianae*, 5th ed. (Hanover: Aubry, 1624), 192.
22) T. Aquinas, *Summa Theol.*, I, qu. 12, art. 12.

로 존재한다. 하나님의 모든 완전성들 안에서 피조물에 대한 하나님의 절대적 우월성과 관련성을 동시에 인식할 수 있다. 이처럼 하나님의 각 속성들은 어떤 의미에서는 비공유적이고, 어떤 의미에서는 공유적이다. 따라서 성경은 세상에 대한 하나님의 초월성과 적응을 동시에 주장한다.

하나님의 고유한 이름들

[188] 성경은 하나님의 완전성들만 묘사하는 것이 아니라 하나님의 인격적 이름들도 우리에게 계시한다. 만약 우리가 하나님의 이름들을 하나님의 속성과 구분해서 한정된 의미로 말한다면, 이 이름들은 독립적이고 인격적인 존재로서의 하나님을 가리키거나 부르는 이름으로 이해될 수 있다. 신적 존재를 위한 그러한 이름들은 모든 언어에 존재한다. 그리스어 "테오스"(θεός)와 같이 하나님에 대해 사용되는 단어들은 어원적으로 논쟁의 여지가 있다. 하지만 공통적인 것은 "하늘"과의 관련성인데, 중국어의 티안(天)과 타타르어 및 터키어의 타엥그리(Taengri)처럼 "하늘"이 "하나님"과 교환적으로 사용된다는 것이다. 성경에서도 "천국"(kingdom of heaven)이 "하나님 나라"(kingdom of God)와 동등하게 사용되는 것은 유사한 경향을 보여준다. "God"(독일어 Gott)이라는 단어의 어원도 불확실하다. 아마도 여기에 담겨 있는 의미는 "숨어 계신 분"(gudha 또는 gutha), "불리시는 분"(ghu), "선"(순수, cuddas), 또는 "명령하고 배치하는 [분]" 등일 것이다. 동인도 사람들이 사용한 아수라(Asura), 또는 페르시아 이름인 아후라(Ahura)는 살아 계신 분으로서의 신을 지칭한다.[23] 여기서는 어원이나 용어가 중요한 것이 아니라, 세계 모든 민족의 모든 종교에서 그런 식으로 이름을

---

23) H. Cremer, *Biblisch-theologisches Wörterbuch der neutestamentlichen Gräcität* (Gotha: F. A. Perthes, 1880), "θεός"를 보라; J. Köstlin, "Gott", *PRE*[3], VI, 779ff.; 참조. F. Kluge, *Etymologisches Wörterbuch der deutschen Sprache* (Strassburg: K. J. Trübner, 1883), "Gott"를 보라.

     제2부 | 삼위일체 하나님과 창조

부여한다는 보편적 사실이 중요하다. 하나님은 그 자체로 이름을 갖지 않으시지만 우리는 하나님을 불러야 하고, 이를 위해 우리에게는 이름 외에 다른 수단이 없다.

엘, 엘로힘, 엘샤다이

구약성경에서 하나님을 가리키는 가장 단순한 이름은 "엘"(אֵל)이며, 복수형 "엘로힘"(אֱלֹהִים)도 같은 어근에서 파생되었다. 이 이름은 하나님의 힘과 능력을 강조한다. 하나님은 높고 강한 분이다. 하지만 이 복수형을 성경에서 하나님에 대해 사용된 적이 한 번도 없는 장엄복수형으로 해석해서는 안 되며, 많은 이들이 그랬던 것처럼 삼위일체를 지시하는 것으로 간주해서도 안 된다. 이 단어는 이스라엘과 무관한 문맥에서도 단일한 하나님의 이름으로 나타나기 때문에,[24] 추상의 복수(Ewald) 또는 수량의 복수(Oehler)로서 "마임"(מַיִם)과 "샤마임"(שָׁמַיִם)의 경우에서처럼 무한의 실체를 지시하는 데 사용되었거나, 강조의 복수로서 능력의 충만함을 나타낸다(Delitzsch)고 보는 것이 더 낫다. "엘로힘이라는 이름은 신적 존재를 세상과의 근원적 관계, 지속적 인과관계 속에서 묘사한다. 이 이름은 직접적인 내적 존재가 아니라 관계를 일컫는 말이다. 사실 이 이름은 온 세상에 대한 절대적 초월의 개념을 표현한다."[25]

"엘룐"(עֶלְיוֹן; LXX: ὕψιστος)이라는 이름은 모든 것 위에 지극히 높으신 하나님을 가리킨다. 이 이름은 멜기세덱(창 14:18), 발람(민 24:16), 바빌론 왕

---

24) M. Noordtzij, *Oostersche Lichtstralen over Westersche Schriftbeschouwing* (Kampen: J. H. Bos, 1897), 41ff.

25) J. T. Beck, *Vorlesungen über christliche Glaubenslehre*, 2 vols. (Gütersloh: C. Bertelsmann, 1886-1887), II, 22; 참조. further, G. F. Oehler, *Theology of the Old Testament*, trans. Ellen D. Smith and Sophia Taylor (Edinburgh: T&T Clark, 1892-1893), §36; A. B. Davidson, *The Theology of the Old Testament*, ed. S. D. F. Salmond (Edinburgh: T&T Clark, 1904), 41, 99; R. Kittel, "Elohim," *PRE*³, V, 316-9.

(사 14:14; 참조. 막 5:7; 눅 1:32, 35; 행 16:17)이 사용했으며, 더 나아가 특히 구약 시문학에 자주 등장한다. "아도나이"(אֲדֹנָי)라는 이름, 그리고 더 강화된 형 태인 "만주의 주"(אֲדוֹן אֲדֹנִים) 또는 "온 땅의 주"(אֲדוֹן כָּל־הָאָרֶץ)가 가리키는 하 나님은 모든 것이 그 앞에서 복종해야 하는, 모든 사람을 종으로 삼으시 는 통치자다(창 18:27). 더 이른 시기에 바알(בַּעַל)이라는 이름은 그와 똑같 은 의미로 하나님께 사용되었지만(호 2:16[2:18 MT]), 후에는 이 용어가 우상 을 암시한다는 이유로 사용이 중지되었다.[26] 지금 언급한 이름들은 엄격 한 의미에서 고유한 이름들이 아니다. 이 이름들은 우상이나 사람(창 33:10; 출 7:1; 4:16), 또는 관료(출 12:12; 21:5-6; 22:7; 레 19:32; 민 33:4; 삿 5:8; 삼상 2:25; 시 58:1[58:2 MT]; 82:1)에게도 사용되었는데, 그러면서도 하나님을 부르거나 가리키는 일상적인 이름이 되었다. 게다가 이것들은 모든 피조물에 대한 하나님의 초월을 가리키는 셈족 언어의 일반적인 이름이다. 셈족 사람들 은 하나님의 종으로서 하나님께 깊은 의존감을 느끼면서 하나님을 "주"와 "왕"으로 부르기를 좋아했다. 이 이름들이 사용된 것은 하나님의 본질에 대한 철학적인 이론들을 표현하기 위해서가 아니라, 오히려 하나님이 자 신의 피조물, 특히 인간과 맺으시는 관계를 부각시키기 위해서였다.[27]

[189] 이 하나님은 지극히 높으시지만 또한 자신의 피조물의 수준으 로 몸을 낮추신다. 하나님은 창조를 통해 모든 민족에게 주신 일반계시를 초월하여 특별한 의미에서 이스라엘에게 자신을 알리신다. 이제 하나님이 특별계시를 통해 이스라엘에게 자신을 드러내시는 첫 번째 이름은 "샤다 이"(שַׁדַּי)또는 "엘 샤다이"(אֵל שַׁדַּי)인데, 이는 하나님이 아브라함을 많은 민 족의 아버지로 삼으시고 그와 맺은 언약을 할례 의식으로 인치실 때 아브 람에게 주어졌다(창 17:1). 따라서 이 이름은 족장시대에 거듭해서 등장한

---

26) J. Robertson, *Israel's oude godsdienst* (Culemborg: Blom en Olivierse, 1896), 200ff.; 편집자 주—영역본: *The Early Religion of Israel*, 2nd ed. (New York: Westminster [Thomas Wittaker], 1903).

27) W. Robertson Smith, *Die Religion der Semiten* (Freiburg i.B.: Mohr, 1899), 48.

다(창 28:3; 35:11; 43:14; 48:3; 49:25; 출 6:3; 민 24:4). 이 이름은 또한 욥기, 몇몇 시편들, 선지서에도 몇 번 나타난다. 신약성경의 상응하는 이름은 "전능하신 주"(παντοκρατωρ, 고후 6:18; 계 4:8 등)다. "엘 샤다이"의 기원은 확실하지 않지만, 이 이름이 등장하는 곳에서는 어디서나 능력과 무적의 힘이라는 개념을 강조한다. 이 이름이 우리에게 계시하는 하나님은 모든 능력을 소유하셔서 모든 반대를 이기시고 모든 것을 자신의 뜻에 복종시킬 수 있는 분이다. "엘로힘"이 창조와 자연의 하나님이라면, "엘 샤다이"는 자연의 모든 힘을 복종시켜서 은혜의 사역에 이바지하게 하시는 하나님이다.[28] 이 이름에서 하나님의 "신성"(θειοτης)과 "영원한 능력"(ἀϊδιος δυναμις)은 더 이상 공포의 대상이 아니라 복락과 위로의 원천이다. 따라서 이 지점 이후로 하나님은 거듭거듭 아브라함의 하나님(창 24:12), 이삭의 하나님(창 28:13), 야곱의 하나님(출 3:6), 조상의 하나님(출 3:13, 15), 히브리 사람의 하나님(출 3:18), 이스라엘의 하나님(창 33:20)으로, 그리고 이사야서에서는 이스라엘의 거룩하신 이(사 1:4; 5:19, 24 등)로 불리셨다. 하나님은 높으신 분, 하늘과 땅의 창조주, 전능자이시면서 동시에 자신의 백성과 특별하면서도 무한히 자애로운 관계 가운데 계시는 분이다.

야웨

성경은 은혜의 하나님을 우리에게 "야웨"(יהוה, YHWH)로 계시한다. 야웨는 약속의 하나님, 자기 백성을 구원하시는 신실하신 분이다. 야웨는 구약성경에서 하나님에 대한 최고의 계시다. 야웨는 하나님의 실제 이름이다. 유

---

28) 네덜란드 흠정역 성경(Statenvertaling) 창 17:1의 주(註). 편집자 주―네덜란드 흠정역 성경은 도르트 총회(1618-19)가 공식적으로 승인한, 주석이 달린 네덜란드어 번역 성경이다. J. Zanchi, *Op. theol.*, II, 43; Campegius Vitringa, *Doctrina christianae religionis*, 8 vols. (Leiden: Joannis le Mair, 1761-1766), I, 132; B. de Moor, *Comm. in Marckii Comp.*, I, 522ff.; G. F. Oehler, *Theology of the Old Testament*, §37; F. Delitzsch, *A New Commentary on Genesis*, trans. Sophia Taylor (Edinburgh: T&T Clark, 1899), 창 17:1에 대한 주석.

대인들은 이 이름을 탁월한 이름, 하나님의 본질을 묘사하는 이름, 하나님의 실제 이름, 영광스러운 이름, 신성 사문자(tetragrammaton)라고 불렀고, 레위기 24:16과 출애굽기 3:15(그들은 여기에서 "영원한"[לְעֹלָם, 레올람]을 동일한 자음의 "감추다"[לְעַלֵּם, 레알렘]로 읽었다)로부터 이 이름을 발음하는 것이 그들에게 금지되었다고 결론지었다. 70인역(LXX)은 야웨를 "아도나이"로 읽고 "퀴리오스"(κυριος)로 번역하는데, 신약성경도 이 전례를 따른다.

야웨라는 이름의 의미뿐 아니라 어원에 대해서도 많은 논쟁과 의견차가 존재한다. 우리가 출애굽기 3장에 호소한다 해서 의견의 차이가 사라지는 것은 아니지만, 그래도 우리는 바로 여기서 가장 선명한 암시를 얻는다. 13-15절에서 핵심 구절은 "나는 스스로 있는 자이니라"(I AM WHO I AM, אֶהְיֶה אֲשֶׁר אֶהְיֶה)다. 주님은 이 표현으로 모세를 부르시고, 자기 백성을 구원하기를 원하시는 자신이 바로 그들의 조상들에게 나타나셨던 하나님과 동일한 분이라고 말씀하신다. 스스로 계신 하나님은 어제나 오늘이나 영원토록 동일한 분이다. 이러한 의미가 15절에서 더 분명하게 드러난다. 야웨—너희 조상의 하나님, 아브라함과 이삭과 야곱의 하나님—가 모세를 보내시는데, 이것이 그분의 영원한 이름이다. 하나님은 자신을 단순히 "스스로 계신 분"으로 부르시고 자신의 자존성에 대해 아무런 설명도 하지 않으신 것이 아니라, 오히려 분명하게 자신이 어떤 분이며 어떻게 존재하시는지 진술하신다. 그렇다면 그분은 어떤 분이 되실 것이며 어떻게 존재하실 것인가? 이것을 한 단어나 구절로 요약할 수 없기 때문에, 우리에게는 "그는 스스로 있는 자일 것이다"(he will be what he will be)라는 말씀이 주어진다. 이것이 모든 것을 압축해서 보여준다. 이 덧붙임은 여전히 일반적이고 막연하지만, 또한 바로 그렇기 때문에 풍성하고 깊은 의미로 가득하다. 하나님은 족장들에게 계셨고, 지금 계시며, 앞으로도 계속 계실 것이다. 하나님은 자기 백성에게, 그리고 자기 백성을 위해 모든 것이 되실 것이다. 모세를 통해 이스라엘 백성에게 오신 하나님은 새롭고 낯선 하나님이 아니었다. 오히려 선조들의 하나님, 변하실 수 없는 분, 신실하신 분,

     제2부 | 삼위일체 하나님과 창조

영원히 시종일관한 분, 결코 자기 백성을 떠나거나 버리지 않으시고 언제나 다시 찾으시고 구원하시는 분이다. 하나님은 그 은혜, 사랑, 도우심에 있어 변하실 수 없고, 언제나 자기 자신이시기 때문에 지금 스스로 계신 그대로 언제나 계실 분이다. 그래서 하나님은 이사야서에서 자신을 "처음에도 나요, 나중 있을 자에게도 내가 곧 그니라"(אֲנִי הוּא, 41:4; 43:10, 13, 25; 44:6; 48:12)라고 부르셨다. 물론 이러한 견해의 근간에 하나님의 자존성(aseity)이 자리잡고 있지만, 그것이 전면에 등장하거나 이 이름에 직접적으로 표현되는 것은 아니다.

우리는 출애굽기 6:3에서 하나님이 떨기나무 불꽃 가운데서 모세에게 나타나시고 그에게 설명하시기 이전에는 야웨라는 이름이 알려지지 않았다는 뜻으로 이 구절을 이해해서는 안 된다. 분명히 그 전에도 이 이름은 존재했고, 주님이 스스로 거듭해서 사용하셨고(창 15:7; 28:13), 호칭으로 통용되었다(창 14:22; 15:2, 8; 24:3; 28:16; 32:9). 출애굽기 6:3은 주님이 이 이름의 의미를 최초로 알려주신 사건에 대한 기록이며, 여기서 주님은 그의 백성이 그것을 어떻게 이해하기를 바라시는지 친히 모세에게 말씀하셨다. 이때부터 야웨라는 이름에는 하나님이 자기 백성의 하나님이시고 계속 그러실 것이며, 은혜와 신실하심에서 변함이 없으리라는 사실에 대한 설명과 보증이 주어졌다. 족장시대부터 이집트 노예 기간까지 하나님이 자신의 약속들에 대해 변치 않으시고 신실하심을 오랜 기간에 걸쳐 증명하신 후에 이제 하나님이 말씀하신다. "이것이 너희가 나에 대해 알고 말하기를 내가 바라는 것이다." "나는 스스로 있는 자, 야웨, 변함없이 신실한 이, 선조들의 하나님, 지금도 또한 영원히 너희 하나님이다." 여기서 하나님은 옛 이름에 완전히 새로운 의미, 이제 비로소 그 백성이 이해할 수 있는 의미를 부여하신다. 이런 이유로 야웨는 "애굽 땅에 있을 때부터" 이스라엘의 하나님이시다(호 12:9; 13:4).

야웨 체바오트

[190] 구약성경에서 야웨라는 이름은 하나님에 대한 최고의 계시다. 어떤 새로운 이름도 더해지지 않았다. 야웨는 하나님의 진짜 이름(출 15:3; 시 83:18; 호 12:5; 사 42:8)이고, 이 이름은 다른 누구에게도 사용되지 않았다. 축약된 형태(-야)는 특히 찬양을 위한 이름 또는 찬사와 결합하여(할렐루-야, יָהּ-הַלְלוּ), 또한 독립적으로(출 15:2; 시 68:4[68:5 MT]; 89:8[89:9 MT]; 94:7, 12; 118:14; 사 12:2; 38:11), 때로는 "야웨"와 결합하여(사 26:4) 나타난다. "아도나이 야웨"의 조합(예를 들어 겔 22:12)도 흔하다. "야웨"라는 이름이 "체바오트"와 결합되면 그 의미가 강화된다(יהוה צבאות; 삼상 1:3; 4:4; 시 69:6 [69:7 MT]; 80:4 [80:5 MT]; 84:1; 84:8 [84:9 MT]; 사 1:24; 암 9:5; 학 2:7-9). 그러나 "체바오트"가 정확하게 무엇을 의미하는지 말하기는 쉽지 않다. 이것을 전쟁이나 군대, 아니면 대안적으로 전체 우주의 권세들과 요소들을 포함하는 하늘의 별들(창 2:1; 시 103:21; 사 34:1-2에 호소)과 연관시키는 해석들은 그럴듯하지 않은데, 이는 그것들이 여러 정황에서의 다양한 용례를 다 설명하지 못하기 때문이다.

아마도 "무리"(hosts, 개역성경에서는 "만군"으로 옮겼다)라는 의미에서 천사들로 간주했던 과거의 해석이 최선일 텐데, 이는 그러한 해석에 대한 지지가 성경에서 많이 발견되기 때문이다. "만군의 주"(Lord of hosts)라는 이름은 천사와 연관되어 반복적으로 사용되었고(삼상 4:4; 삼하 6:2; 사 37:16; 호 12:5-6; 시 80:1[80:2 MT], 4-5.; 89:5-8[89:6-9 MT]), 이 천사들은 흔히 하나님의 보좌를 둘러싸고 있는 "무리"(host)로 그려졌다(창 28:12-13; 32:1-2; 수 5:14; 왕상 22:19; 욥 1:6; 시 68:17[68:18 MT]; 89:8[89:9 MT]; 103:21; 148:2; 사 6:2). 통상적으로 성경은 천사의 무리(단수)로 말하지만, 또한 반복적으로 천사의 많은 무리들로도 언급한다(창 32:2; 신 33:2; 시 68:17; 148:2). 이것은 이 이름이 의미하는 것과 잘 들어맞는데, 이 이름에는 호전적 의미나 전쟁에 대한 암시가 전혀 없고(이런 암시는 삼상 4:4, 17:45, 삼하 6:2에서도 전혀 추론될 수 없다), 다만 어디에서나 왕이신 하나님의 영광을 표현한다(신 33:2; 왕상 22:19; 시 24:10; 사 6:2; 24:23; 슥 1:14; 14:16). 천사들은 하나님 또는 그리스도의 영광(δόξα)에 속하면서 그것을 높이고 확장한다(마 25:31; 막 8:38; 살후 1:7; 계 7:11). 성경 전체에서 "야웨 체바오트"는 위엄과 영광으로 충만한, 왕이신 하나님의 장엄한 이름이다. "엘로힘"이라는 이름은 하나님을 모든 것의 창조주와 보존자로 제시한다. "엘 샤다이"는 하나님이 전능하신 분으로서 자연으로 하여금 은혜에 기여하게 만드신다는 의미다. "야웨"는 하나님을 은혜 안에 영원토록 신실하게 머무시는 분으로 묘사한다. "야웨 체바오트"는 하나님을 자기 영광의 충만함 가운데 계신 왕으로, 대열을 맞춘 천사들의 무리에 둘러싸여 전능하신 이로서 온 세상을 통치하시는 분으로, 자기 성전에서 모든 피조물로부터 존경과 환호를 받으시는 분으로 묘사한다.[29]

[191] 신약성경에서 이 모든 이름은 보존되었다. "엘"과 "엘로힘"은 "하나님"($\theta\epsilon o\varsigma$)으로, "엘룐"은 "지극히 높으신 하나님"($\dot{\nu}\psi\iota\sigma\tau o\varsigma$ $\theta\epsilon o\varsigma$, 막 5:7; 눅 1:32, 35, 76; 8:28; 행 7:48; 16:17; 히 7:1; 참조. 눅 2:14, "지극히 높은 곳에서는 하나님께"[$\dot{\epsilon}\nu$ $\dot{\nu}\psi\iota\sigma\tauo\iota\varsigma$ $\theta\epsilon\omega$])으로 번역되었다. "아브라함과 이삭과 야곱의 하나님" 또는 "이스라엘의 하나님" 같은 명칭도 신약성경으로 넘어왔지만(마 15:31; 22:32; 막 12:26; 눅 1:68; 20:37; 행 3:13; 7:32, 46; 22:14; 24:14; 히 11:16), 일반적으로 이런 수식어들은 소유격인 "나의", "너의", "우리의", "너희의"라는 표현으로 대치되었는데, 이는 하나님이 그리스도 안에서 자신의 백성과 각 자녀의 하나님 아버지가 되셨기 때문이다(히 8:10; 계 7:12; 19:5; 21:3). "야웨"라는 이름은 몇 차례에 걸쳐 "알파와 오메가", "이제도 있고 전에도 있었고 장차 올 자", "시작과 끝", "처음과 마지막"으로 설명되었다(계 1:4, 8, 11 [KJV], 17; 2:8; 21:6; 22:13). 그 외에는 야웨를 아도나이로 읽은 70인역의 전례를 따라 "주"($K\upsilon\rho\iota o\varsigma$, 능력을 뜻하는 $\kappa\upsilon\rho o\varsigma$[퀴로스]에서 유래)로 번역되었다. "퀴리오스"($K\upsilon\rho\iota o\varsigma$)는 능하신 이, 주님, 소유자, 그리고 법적으로 능력과 권위를 행사하는 통치자(능력을 실제로 행사하는 이를 가리키는 $\delta\epsilon\sigma\pi o\tau\eta\varsigma$와 구별된다)를 의미

---

29) 참조. 추가로 "JHWH 체바오트"에 대해서는 G. F. Oehler, *Theology of the Old Testament*, §§195ff.; R. E. Raubsch, "Zebaoth," *PRE*², XVIII, 720.

하고, 신약성경에서 "주"는 하나님과 그리스도 모두에게 다양하게 사용되었다. 또한 "야웨 엘로힘"과 "야웨 엘로힘 체바오트"의 조합도 신약성경에서 "주 하나님"(눅 1:16; 행 7:37; 벧전 3:15; 계 1:8; 22:5)과 "주 하나님 전능하신이"(계 4:8; 11:17; 15:3; 16:7; 21:22)로 나타나는데, 예외적으로 로마서 9:29과 야고보서 5:4에서는 "체바오트"(만군)가 번역되지 않은 채 남아 있다.

아버지

우리 주 예수 그리스도가 추가하신 새로운 이름은 개인적 호칭인 "파테르"(Πατηρ, 아버지)인데, 이것은 하나님이 자기 백성과 맺으시는 특별한 가족 관계를 표현한다. 그러나 신적 존재를 이 이름으로 부르는 현상은 이방 종교에도 나타나고,[30] 구약성경에서 하나님과 관련해서 이미 여러 번 사용되었으며(신 32:6; 시 103:13; 사 63:16; 64:8; 사 3:4, 19; 31:9; 말 1:6; 2:10), 따라서 이스라엘도 반복해서 하나님의 아들로 일컬어졌다(출 4:22; 신 14:1; 32:19; 사 1:2; 렘 31:20; 호 1:10; 11:1). 구약성경에서 "아버지"라는 이름은 하나님이 은혜로 아브라함을 통해 조성하신 자기 백성에 대해 유지하시는 특별한 신정적(theocratic) 관계를 표현한다. "아버지"라는 이름은 기원과 창조주라는 더 일반적인 의미로 고린도전서 8:6, 에베소서 3:14-15, 히브리서 12:9, 야고보서 1:17에서 사용되었다(참조. 눅 3:38; 행 17:28). 그러나 무엇보다 이 이름은 하나님이 그리스도를 통해 자신의 모든 자녀와 맺고 계신 윤리적 관계를 표현한다. 구약 이스라엘이 하나님에 대해 가졌던 관계가 이에 대한 전형이며 모범이었다. 그러나 이제 그리스도 안에서 이 관계가 더 깊어지고 확대되었으며, 인격적·윤리적·개인적이 되었다. 이스라엘을 통해 알려졌던 신정 왕국이 하늘에 계신 아버지의 나라로, 아버지의 참되시고, 독생하시고, 사랑하시는 아들을 통해 가능하게 된 왕국으로 전환되었다. 바로 여기서 우리는 왕이 백성을 강제로 복종시키는 것이 아니라 자기 백성

---

30) W. Robertson Smith, *Die Religion der Semiten*, 27ff.

을 친히 창조하시고 보호하시는 아버지가 되시는, 완전한 왕권을 볼 수 있다. 여기서 왕국 백성인 신자는 자녀로 입양되고 또한 성령의 역사로 말미암아 그 사실을 인식하게 된다(요 3:5, 8; 롬 8:15ff.). 따라서 "아버지"는 하나님에 대한 최고의 계시이고, 또한 이 아버지가 성령을 통해 예수로 말미암아 우리에게 알려지셨기 때문에, 하나님의 이름에 대한 온전히 풍성한 계시는 삼위일체적으로, 즉 성부·성자·성령을 통해 주어진다. 처음부터 엘로힘이라는 이름 안에 있던 충만함이 점차 확대되어, 삼위일체적인 하나님의 이름 안에서 가장 충만하고 찬란하게 드러난다.

하나님의 비공유적 속성들[31]

[192] 이제 우리는 하나님의 고유한 이름들 너머에 있는 하나님의 본성과 활동에 대한 더 광범위한 가르침을 고찰하기로 한다. 비록 어떤 신학자들(John of Damascus, Bonaventure)은 삼위일체를 하나님의 일반적 속성들보다 먼저 다루지만, 우리는 후자에 대해 우선적이고 분명한 계시를 제공하는 성경의 가르침을 따르겠다. 삼위일체는 우리가 신약성경에 이르기 전에는 선명하게 계시되지 않았다. "야웨"와 "엘로힘"이라는 이름이 성부·성자·성령이라는 이름들에 앞선다. 하나님은 본래 독립적이시고 부족함이 전혀 없으시며, 모든 존재와 생명의 유일한 원천이시다. 야웨는 하나님의 이런 본질과 정체성을 가장 선명하게 묘사하는 이름이다. "나는 스스로 있는 자이니라." 이것이 바로 자신으로부터 존재하심뿐만 아니라 존재의 충만으로서 이해된 하나님의 자존성이 의미하는 것인데, 이 안에 다른 모든 신적 완전성이 포함되어 있다.

---

31) 편집자 주—정작 Bavinck 자신은 모든 신적 속성이 공유적이면서 동시에 비공유적이기 때문에, 비공유적 속성과 공유적 속성의 전통적 구별이 부적절하다고 생각했음에 주목해야 한다. 이 용어는 "속성들의 교류"(*communicatio idiomatum*)에 대한 루터파와의 논쟁에 유용했기 때문에 개혁파 신학자들에게 인기를 얻게 되었다.

자존성/독립성

그래서 우리는 하나님의 속성에 대한 논의를 "신"에 대한 정의에 있어 모든 사람이 다소간 인정하는 사실인, 자존성 또는 독립성에서 시작할 것이다. 하나님이 정말 하나님이시라면, 하나님은 스스로 충분해야 한다. 하나님은 아무것에도 의존하지 않고 아무것도 필요로 하지 않으며, 반대로 존재하는 모든 것이 하나님께 의존한다. 하나님이 모든 존재와 생명, 모든 빛과 사랑, 모든 선의 유일한 원천이시고(시 36:10; 행 17:25), 이제도 계시고 전에도 계셨고 장차 오실 알파와 오메가시다(사 41:4; 44:6; 48:12; 계 1:8). 하나님은 완전한, 최고의, 가장 뛰어난 존재로서, "더 나은 존재는 있을 수도 생각할 수도 없다." 하나님은 자기 안에 모든 존재를 갖고 계신다. 하나님은 무한하신 존재의 바다다. "당신이 하나님은 선하고, 위대하고, 복되고, 지혜롭고, 또 그와 같은 다른 어떤 속성을 지닌 분이라고 말한다면, 이것은 한 단어로 요약된다. 그는 존재한다(*Est*). 진실로 하나님에게 있어 존재한다는 것은 이 모든 것이 되신다는 의미다. 설령 당신이 그와 같은 속성 백 가지를 더할지라도, 하나님의 존재의 경계를 넘어설 수 없다. 그것들 전부를 말한다 해도 하나님의 존재에 아무것도 더하지 못하고, 그것들 가운데 아무것도 말하지 않는다 해도 하나님의 존재에서 아무것도 빼지 못한다."[32]

로마 가톨릭 신학자와 마찬가지로 종교개혁 신학자도 스콜라주의의 이런 논의를 따랐으나, 나중에 개혁파 신학자들은 "자존성"이라는 용어보다 "독립성"이라는 용어를 선호하게 되었다. 자존성은 하나님이 자신의 실재에 있어 자충족적이라는 것만을 표현해주는 데 반해, 독립성은 하나님이 포괄적 의미에서 모든 것에서 자충족적이심을, 자신의 실재, 완전성, 작정, 그리고 사역에 있어 자충족적이고 독자적이심을 시사한다. 그래서

---

32) Bernard de Clairvaux, *De consideratione* (Utrecht: Nicolaus Ketelaer and Gerhardus Leempt, 1473), I, 5, chap. 6.

과거에는 신학자들이 야웨라는 이름을 출발점으로 삼는 것이 일반적이었으나, 이후에는 하나님의 독립성이 비공유적 속성 가운데 첫 번째 속성으로 가장 흔히 등장하게 되었다.[33] 우리는 하나님의 독립성을 스스로 있는 존재로만이 아니라 다른 완전성을 포함하는 존재의 충만으로 이해해야한다. 하나님의 다른 모든 속성들은 자존성과 함께하며, 자존성이 풍성하고 다채롭게 전개된 것이다. 자존성은 창조주와 피조물의 측량할 수 없는 차이를 선명하고 분명하게 드러낸다. 그럼에도 모든 피조물 안에는 하나님의 자존성에 대한 희미한 유비가 존재한다. 범신론은 이것을 인정할 수 없지만, 유신론은 피조물이 전적으로 의존적임에도 그 나름의 구별된 실존을 가진다고 주장한다. 이런 실존에는 "자기 보존의 욕구"가 심겨 있다. 모든 피조물은 존재한다는 사실 자체로 인해 죽음을 두려워하고, 그래서 가장 작은 원자조차 자신을 파괴하려는 모든 시도에 저항한다. 다시 말하지만, 이것은 우리 하나님의 독립적이고 불변한 존재에 대한 그림자다.

불변성

[193] 하나님의 자존성에는 불변성이 당연히 함의되어 있다. 모든 것이 변하지만 하나님은 언제나 동일하시며 한결같으시다. 만일 하나님이 불변하시지 않다면, 그는 하나님이 아닐 것이다. 참 존재는 하나님에게만 속하고, 참으로 존재하는 것은 늘 그대로 존재한다. 성경은 하나님이 세상과 아주 생동적인 관계에 있는 것으로 묘사하기 때문에, 언뜻 보기에는 이런 불변성은 성경의 지지를 받지 못하는 것처럼 보일 수도 있다. 천지의 창조주이신 하나님은 오기도 하고 가기도 하시며, 자신을 계시하기도 하고 숨기기도 하시며, (분노 중에) 자기 얼굴을 돌리기도 하시고 은혜로 자기 얼굴

---

33) A. Hyperius, *Methodi theologiae, sive praecipuorum Christianae religionis* (Basel: Oporiniana, 1574), 87, 135; Peter van Mastricht, *Theoretico-practica theologia* (Utrecht: Appels, 1714), II, 3.

을 다시 비추기도 하신다. 심지어 하나님은 후회하기까지 하신다(창 6:6; 삼상 15:11; 암 7:3, 6; 욜 2:13; 욘 3:9; 4:2). 때가 차매 하나님은 그리스도 안에서 사람이 되셨고, 성령을 통해 교회 안에 거하신다. 하나님은 이스라엘을 버리고 이방인을 받아들이셨다. 그리고 하나님의 자녀들의 삶에는 죄책감과 용서에 대한 의식, 하나님의 진노에 대한 경험과 사랑에 대한 경험, 하나님의 부재에 대한 경험과 임재에 대한 경험이 계속 교차한다.

이와 동시에 성경은 이 모든 변화 가운데 하나님은 늘 동일하시다고 증언한다. 모든 것은 변하지만 하나님은 언제나 한결같으시다(시 102:26-28). 하나님은 야웨, 영원토록 변함없는 분이다. 동일한 하나님이 처음이신 동시에 마지막이시다(사 41:4; 43:10; 46:4; 48:12). 그분은 바로 그분이며(신 32:39; 참조. 요 8:58; 히 13:8), 오직 그만 불멸하시고 영원히 동일하시다(롬 1:23; 딤전 1:17; 6:16; 히 1:11-12). 하나님의 실재와 본질에 참인 것(불변성)은 하나님의 생각과 의지에도 참이다. 하나님은 사람이 아니시므로 거짓말하거나 후회하실 수 없다. 하나님은 자신이 말한 바를 행하신다(삼상 15:29). 하나님의 은사와 부르심에 후회란 없다(롬 11:29). 하나님은 자기 백성을 버리지 않으신다(롬 11:1). 하나님은 자신이 시작한 일을 완수하신다(시 138:8; 빌 1:6). 야웨이신 그분은 변하지 않으신다(말 3:6). 하나님에게는 "변함도 없고 회전하는 그림자도 없"다(약 1:17).

이런 토대 위에 기독교 신학은 하나님의 불변성 교리를 수립했다. 이신론이나 범신론과 달리, 존재하시는 하나님은 변할 수 없다. 왜냐하면 모든 변화는 존재의 감소일 것이기 때문이다. 이러한 하나님의 불변성 교리는 중요하다. 창조주와 피조물의 구분 자체가 존재와 생성의 구분에 달려 있다. 하나님에 대한 우리의 의존은 하나님의 불변성에 기인한다. 절대적 생성 개념은 기독교 신학에 낄 자리가 없고, 하나님의 불변성은 정적인 철학 용어로 이해되어서는 안 된다. 하나님의 불변성을 단조로운 일률성이나 경직된 부동성과 혼동하지 말아야 한다. 불변하는 하나님은 자기 피조물과 다채롭게 관계를 맺고 그들의 삶에 관여하시는 살아 계신 하나님이시다. 하나님은 초월적인 동시에 내재적이시다. 만일 하나님이 불변하지 않으시다면 그는 하나님이 아닐 것이다.[34] 이 하나님이 피조물의 수준으로 내려오실 수 있고, 초월적이면서도 모든 피조물 가운데 내재적으로 거하실 수 있다는 것이 바로 하나님의 위대함이다. 하나님은 자신을 조금도 상실하지 않고서도 자신을 주실 수 있고, 자신의 불변성을 절대적으로 유지하면서도 피조물과 무한히 관계를 맺으실 수 있다.

이 진리에 대한 다양한 예가 제시되었다. 아우구스티누스는 태양이 불태우든지 따뜻하게 하든지, 또는 해를 입히든지 활력을 불어넣든지 동일한 태양이며, 동전이 물건값으로 불리든 담보물로 불리든 동일한 동전인 것을 예로 들었다. 또 사람이 기둥을 오른쪽에서 보든 왼쪽에서 보든 그것은 여전히 기둥이다(Thomas Aquinas). 예술가가 자신의 내적 생각을 글로, 소리로, 말로, 색깔로 구체화해도 그는 변하지 않고, 학자가 자신의 사상을 책으로 기록해도 그는 변하지 않는다. 이런 비교 가운데 완전한 것은 존재하지 않지만, 그럼에도 이런 실례는 본질의 변화 없이 관계의 변화가 있을 수 있음을 보여준다. 이것은 하나님께는 특히나 참인데, 왜냐하면 불변하신 하나님 자신이 변화하는 모든 것의 유일한 원인이시기 때문이다. 우리는 하나님이 자신 없이도 존재할 수 있는 피조물—이런 피조물이 있기라도 하는 것처럼—과 관계를 맺으시는 것처럼 생각하지 말아야 한다. 하나님 자신이 피조물을 존재케 하시고, 바로 그렇게 하심으로써, 그리고 바로 그 순간 피조물은 하나님과 관계를 맺게 된다. 하나님 안에는 "이전"이나 "이후"가 결코 존재하지 않는다. 이런 단어는 전에는 존재하지 않다가 존재하게 된 사물에만 적용된다.[35] 바로 하나님의 불변적 존재 자체가 그 나름의 독특한 질서와 법칙을 지닌 가변적 존재들을 존재하게 하고 하

---

34) Augustine, *On Grace and Free Will*, II, 6; idem, *On Christian Doctrine*, I, 9; idem, *Confessions*, VII, 4.
35) Augustine, *City of God*, XII, 17.

나님 자신 앞의 무대에 세운다.

무한성

[194] 하나님의 불변성(또는 무한성)이 시간에 적용될 때 영원성이라 불리고, 공간에 적용될 때 편재성이라 불린다. 때때로 영원성과 편재성은 "하나님의 무한성"이라는 말 아래 묶였다. 그러나 "무한성"은 불분명한 용어인데, 특히나 철학자들은 무한성을 "끝없음"이라는 의미로 부정적으로 생각했다. 신플라톤주의, 카발라, 스피노자, 그리고 헤겔이 다들 비슷하게 이해했다. 그러나 하나님의 무한성은 유한한 존재로부터 추상에 의해 부정적으로 획득된 철학적 개념이 아니다. 하나님은 자신의 본질에 있어 긍정적으로 무한하시고, 절대적으로 완전하시고, 깊이와 질적인 의미에서 무한하시다. 하나님의 무한성은, 부정적으로는 하나님에게는 피조물과 달리 어떤 제한도 존재하지 않음을 의미하고, 또 긍정적으로는 하나님의 덕은 무한하며 하나님 안에 각종 미덕이 절대적 수준으로 존재함을 의미한다. 다시 말해서, 하나님의 무한성은 완전성과 동일하다.[36] 그러나 하나님의 무한성을 크기의 무한성—때로 사람들이 우주의 무한한 또는 끝없는 크기에 대해 말할 때의 무한성—으로 이해해서는 안 된다. 왜냐하면 하나님은 물질적이지 않고, 하나님께는 연장(延長)이 적용되지 않기 때문이다. 하나님의 무한성은 수학에서 말하는 무한소나 무한대와 같은 수의 무한성도 아니다. 이것은 하나님이 한 분이며 단순하다는 사실과 충돌한다. 하나님의 무한성은 "본질의 무한성"이다. 하나님은 자신의 독특한 본질에 있어 무한하시고 절대적으로 완전하신데, 질적이고 긍정적인 의미에서 철저하게 무한하시다. 이렇게 이해된 하나님의 무한성은 완전성과 동일해서, 별도의 속성으로 다룰 필요가 없다.

---

36) T. Aquinas, *Summa Theol.*, I, qu. 7.

영원성

시간에 제한받지 않는다는 의미에서 하나님의 무한성은 영원성이다. 성경은 그 어디에서도 하나님의 존재에 시작이나 끝이 있다고 말하지 않는다. 하나님은 시간 안에 들어오시면서도 여전히 그것을 초월하신다. 하나님은 처음이며 나중이시고(사 41:4; 계 1:8), 세상이 있기 전에 계셨으며(창 1:1; 요 1:1; 17:5, 24), 모든 것이 변할지라도 계속 존재하신다(시 102:27-28). 그분은 영원부터 영원까지 하나님이시다(시 90:2; 93:2). 하나님의 연수는 헤아릴 수 없다(욥 36:26). 하나님께는 천 년이 마치 우리가 어제 일로 생각하는 것만큼 짧다(시 90:4; 벧후 3:8). 영원한 하나님(사 40:28; 롬 16:26)이신 그분은 영원에 거하시며(사 57:15), 영원토록 살아 계시며(신 32:40; 계 10:6; 15:7), 자기 삶을 두고 맹세하시며(민 14:21, 28), "살아서 항상 계시는 하나님"이시며(벧전 1:23), 불멸하는 하나님이시며(롬 1:23; 딤전 6:16), 이제도 계시고 전에도 계셨고 장차 오실 분이다(출 3:14; 계 1:4, 8). 성경은 여기서 하나님에 대해서는 인간적인 방식으로, 영원성에 대해서는 시간의 형식을 빌려 말하면서도, 동시에 하나님이 시간을 초월하시고 시간의 기준으로 측정되거나 정의될 수 없으시다는 것을 분명히 밝힌다.

이신론의 이해와는 대조적으로, 하나님의 영원성은 질적인 것이며, 단순히 양적인 면에서 시간의 무한한 연장이 아니다. 기독교 신학은 또한 범신론의 오류도 피해야 하는데, 범신론은 영원성을 단순히 시간 자체의 실체나 본질로 간주한다. 영원성은 시작, 끝, 순간들의 연속을 배제한다. 영원과 시간 사이에는 양과 정도에서뿐만 아니라 질과 본질에서도 차이가 있다. 하나님은 출생하지 않으시고, 부패하지 않으시고, 변하실 수 없다. 시간은 모든 유한한 피조물의 존재 양식이다. 반면에 하나님은 영원히 "스스로 있는 자"(I AM)로서, 시작이나 끝이 없으시며 지속성의 관점에서 측정하거나 계수할 수 있는 대상이 아니다. 하지만 하나님의 영원성은 고정적이거나 부동적이지 않고, 존재의 충만함으로서 시간의 모든 순간에 현존하고 내재한다. 하나님은 시간 및 시간의 모든 순간을 자신의 영원성으로 채우신다. 하나님은 자신의 영원성과 함께 시간에 들어오시면서 시간에 대해 분명한 관계를 맺으신다. 영원과 시간은 양과 정도에 있어서뿐만 아니라 질과 본질에 있어서도 구분된다. 아우구스티누스는 현재가 과거가 되고 미래가 현재가 되는 곳에만 시간이 존재한다고 말함으로써 시간의 신비적인 모호함을 잘 포착했다. "대체 시간이 무엇인가? 만약 아무도 내게 묻지 않는다면, 나는 그것을 알고 있다. 그러나 만약 그것에 대해 내게 묻는 사람에게 설명하려고 한다면, 나는 그것을 알지 못한다. 그러나 이것만큼은 내가 안다고 자신 있게 말할 수 있다. 만약 아무것도 사라지지 않는다면 과거라는 시간은 존재하지 않을 것이다. 오고 있는 것이 아무것도 없다면 미래라는 시간은 존재하지 않을 것이다. 아무것도 존재하지 않았다면 현재라는 시간도 존재하지 않을 것이다"(Augustine, *Confessions*, XI, 14).

시간은 별도의 실체, 실재하는 무엇이 아니라 존재의 방식이다. 만약 피조물이 없었다면 시간도 없을 것이다. 비록 시간이 객관적으로 실재하는 것이며, 칸트가 생각한 것처럼[37] 단지 지각(observation)의 주관적 형식에 불과한 것은 아닐지라도, 시간을 측정하는 데는 사유하는 정신이 필요하다. 우리는 과거를 회상하고, 현재를 경험하고, 미래를 소망한다. 여기서 외적 시간과 내적 시간을 구분할 필요가 있다. 외적 시간이라는 표현을 통해 우리가 의미하는 것은 움직임을 측정하는 우연적이고 임의적인 척도다. 우리는 그것을 한결같고 보편적으로 알려진 천체의 움직임에서 이끌어낸다(창 1:14ff.). 이런 의미에서의 시간은 언젠가는 그칠 것이다(계 10:6; 21:23ff.). 그러나 내적 시간은 사물이 과거, 현재, 미래를 갖게 하는 존재의 방식이다. 따라서 시간의 본질적인 성격은 그것이 유한하다거나 끝이 없다는 것이 아니라, 순간들의 연속을 망라한다는 것, 그 안에 과거가 있고, 현재가 있고, 미래가 있다는 것이다. 이로부터 시간—내적인 시간—은 모

---

37) I. Kant, *Critique of Pure Reason*, trans. Norman Kemp Smith (New York: St. Martin's; Toronto: Macmillan, 1965 [1929]), 76 ("Time").

든 창조되었고 유한한 것들의 특징이 되는 존재의 방식이라는 결론이 나
온다. 누군가 "시간"을 말하는 것은 움직임, 변화, 측정 가능성, 계산 가능
성, 제한성, 유한성, 피조성에 대해 말하는 것이다. 시간은 피조된 존재의
지속 기간이다. 따라서 하나님 안에는 시간이 있을 수 없다. 하나님은 영
원부터 영원까지 스스로 계신 분이다. 하나님 안에는 "변함도 없으시고 회
전하는 그림자도 없으시다"(약 1:17). 하나님은 생성의 과정이 아니라 영원
한 존재시다. 하나님에게는 시작과 끝이 없고, 이전과 이후도 없다. 하나
님은 지속성의 관점에서 측정되거나 계수될 수 없다. 천 년이 하나님께는
하루 같다. 하나님은 영원히 "스스로 있는 자"시다(요 8:58). 그러므로 하나
님의 영원성은 오히려 과거나 미래가 없는 영원한 현재로 생각되어야 한
다. "하나님께는 모든 것이 현재적이다. 당신의 오늘은 영원이다. 영원성은
그 자체로 하나님의 본질이며, 그 안에는 변할 수 있는 것이 전혀 없다."[38]
　　그러나 그렇다고 해서 하나님의 영원성이 영원히 고정된, 부동하는 시
간의 순간이라고 생각되어서는 안 된다. 오히려 반대로 하나님의 영원은
하나님의 존재와 동일하고, 따라서 하나님의 존재의 충만과도 동일하다.
하나님은 영원하실 뿐만 아니라 바로 그 자신이 영원 자체시다.[39] 하나님
의 영원성에 대한 진정한 유비는 나태나 권태, 슬픔이나 두려움으로 인해
몇 분이 몇 시간 또는 며칠처럼 느리게 가는 것으로 느껴지는 현상과 같
은 내용 없는 실존이 아니다. 차라리 시간을 거의 느낄 수 없을 만큼 하루
하루가 날아가버리는 쾌활한 일꾼의 풍성하고 활기넘치는 삶의 유비가
더 적절할 것이다. 따라서 하나님의 영원은 추상적이고 초월적인 방식으
로 시간 위에 존립하는 것이 아니라, 시간의 모든 순간에 현존하고 내재한
다. 실제로 영원과 시간 사이에는 본질적인 차이가 있지만, 그들 사이에는
유비와 유사성도 있어서 전자가 후자 안에 내재하면서 작용할 수 있다. 시

---

38) Augustine, *Confessions*, XI, 10-13; idem, *True Religion*, c. 49.
39) T. Aquinas, *Summa Theol.*, I, qu.10, art. 2.

간은 자기 자신 안에, 그리고 자기 자신에 의해 존재할 수 없다. 하나님은 자신의 영원한 능력으로 시간을 그 전체성과 개별적으로 분리된 순간 안에서 유지시키신다. 하나님은 자신의 영원성으로 시간 및 매 순간을 채우신다. 매초마다 영원의 맥박이 고동친다. 하나님은 늘 영원히 계시고 영원에 거하시지만, 자신의 영원한 생각과 완전함을 드러내기 위해 시간을 사용하신다. 하나님은 시간을 영원에 굴복시키시고, 이로써 자신이 모든 세대의 왕이심을 증명하신다(딤전 1:17).

편재성

[195] 하나님의 무한성은 공간에 제한받지 않는다는 의미에서는 편재성(omnipresence)과 동의어라 할 수 있다. 하늘과 땅은 하나님을 담을 수 없지만(왕상 8:27; 대하 2:6; 사 66:1; 행 7:48), 하나님이 공간에서 배제되실 수도 없다. 오히려 하나님은 하늘과 땅을 자신의 임재로 채우신다. 이 편재성은 하나님의 존재와 능력 모두를 포함한다. 하나님은 "어딘가에" 계시지 않고, 오히려 하늘과 땅을 채우신다. 하나님은 독특하게 스스로에 대해 자기 자신의 장소가 되신다. 하늘은 창조된 것이지만, 성경 전체에서 처음 존재하게 된 이후로 특별한 의미에서 하나님의 거처와 보좌로 간주된다(신 26:15; 삼하 22:7; 왕상 8:32; 시 11:4; 33:13; 115:3, 16; 사 63:15; 마 5:34; 6:9; 요 14:2; 엡 1:20; 히 1:3; 계 4:1ff. 등). 하지만 또한 하나님은 땅에 내려오시고, 자기 백성을 방문하시고, 자기 백성 가운데 거하시고(출 19:6; 25:8; 신 7:6; 14:2; 26:19; 렘 11:4; 겔 11:20; 37:27), 특히 예루살렘에(출 20:24; 신 12:11; 14:23 등; 왕하 21:7; 대상 23:25; 대하 6:6; 스 1:3; 5:16; 7:15; 시 135:21; 사 24:23; 렘 3:17; 욜 3:16 등; 마 5:34; 계 21:10), 성막에, 그의 집 시온의 성전에(출 40:34-35; 왕상 8:10; 왕하 11:10, 13; 대하 5:14; 시 9:11; 사 8:18; 마 23:21), 언약궤 위에 있는 그룹 사이에(삼상 4:4; 삼하 6:2; 왕하 19:15; 대상 13:6; 시 80:1; 99:1; 사 37:16) 거하신다. 주목할 만한 점은 심오한 종교적·도덕적 임재를 표현하기 위해 성경이 공간적 이미지를 사용한다는 것이다. 하나님은 악인으로부터 멀리 계시지만(시 11:5; 37:9ff.;

50:16ff.; 145:20), 정직한 사람은 하나님의 얼굴을 볼 것이다(시 11:7). 통회하고 마음이 겸손한 자도 마찬가지다(사 57:15; 시 51:17-19). 하나님은 그리스도 안에서, 그리고 자신이 보내신 성령을 통해 자신의 성전인 교회 안에 거하시되(요 14:23; 롬 8:9, 11; 고전 3:16; 6:19; 엡 2:21; 3:17), 장차 자기 백성과 함께 거하시고 모든 사람에게 모든 것이 되시기까지 그렇게 하신다.

여기서도 우리는 우리가 하나님이 소유하신 각각의 속성을 인간의 용어로 표현한다는 것을 기억할 필요가 있다. 우리는 언제나 "어디엔가"의 차원에서 생각한다. 그러나 하나님은 모든 공간과 장소를 초월하신다. 하나님은 "어디엔가" 계시지 않지만, 하늘과 땅을 채우신다. 성경이 하나님과 관련해 무한한 공간의 언어를 사용할 때조차(사 66:1; 시 139:7; 암 9:2; 행 17:24), 우리는 하나님이 자기 자신 안에 존재하시면서 무한한 존재로서 공간에 관계하시고, 자신의 광대하심으로 공간의 모든 점을 가득 채우시고 유지하신다고 고백한다. 우리는 공간이 외적 지각의 형식(Kant)이 아니라고 주장해야 한다. 그렇게 되면 공간을 물질 세계로 축소하고, 시간을 내적·영적·지적 세계로 제한하게 될 것이다. 시간과 마찬가지로, 공간은 모든 피조된 존재의 실존 양식이며 외적으로뿐만 아니라 내적 관점에서도 생각될 수 있다.

기독교 신학은 이신론과 범신론을 모두 배제하는데, 후자에 맞서서 하나님이 공간(과 시간)을 초월하신다고 주장하는 한편, 전자에 맞서서는 그 둘 안에 완전히 내재하신다고 주장한다. 아우구스티누스는 이것을 설명하기 위해 영혼과 육체의 유비를 사용했다. 마치 전체로서의 영혼이 육체 전반에 그리고 육체 각 부분에 실재하는 것처럼, 그리고 마치 하나의 동일한 진리가 어디에서나 인정되는 것처럼, 그렇게 유비적인 방식으로 하나님은 모든 것 안에 계시고 모든 것은 하나님 안에 존재한다.[40] 아우구스티누스의 이런 생각은 나중에 로마 가톨릭과 개신교 신학자들에게서 유사한 형

---

40) Augustine, *Expositions on the Psalms*, VIII, 342-50 시편 74편에 대한 해석.

태로 재등장한다.[41] 또한 아우구스티누스의 유비는 하나님이 그분의 피조물들 안에 다양한 방식으로 거하신다는 것을 우리에게 상기시켜준다. 하나님의 물리적 내재와 윤리적 내재 사이에는 차이가 있다. 유비적으로 표현하자면, 사람들도 물리적으로는 아주 가까이 있으면서도 영과 사고방식에 있어서는 서로 간에 거리가 멀 수 있다(마 24:40-41). 영혼은 육체 전반에 그리고 모든 부분에 현존하면서, 여전히 각 부분에 특별한 방식으로 존재하는데, 머리에 존재하는 방식과 가슴에 존재하는 방식이 다르며, 손에 존재하는 방식과 발에 존재하는 방식이 다르다. 따라서, 가장 극명한 예를 들자면, 하나님은 천국에는 물론이고 지옥에도 현존하신다. 덜 극적으로 표현하자면, 우리는 하나님이 피조물들 안에 거하시는 방식에 따라 결정되는 차이점이 피조물들 사이에 존재한다는 것을 인정한다. 하나님은 창조된 존재들 안에 그들 존재의 정도에 따라 거하신다. 어떤 것에는 본질로, 다른 것에는 정의로, 또 다른 것에는 은혜 또는 영광으로 말이다. 무한한 다양성이 존재하는 이유는 그것들이 함께 하나님의 영광을 계시하기 위해서다. 한편 종교적이고 도덕적인 차이도 존재한다. 오직 인간만 책임 있는 도덕적 행위자다. 그리고 또 한 가지 중대한 차이가 있다. "깨끗한 자에게는 주의 깨끗하심을 보이시며 사악한 자에게는 주의 거스르심을 보이시리니"(시 18:26).

이것은 우리가 하나님으로부터 숨을 수 없다는 것을 상기시킨다. 하나님이 계시지 않는 "장소"는 없다(시 139편). 하나님의 편재를 부정하는 것은 아무런 유익이 없다. 하나님은 우리의 마음과 양심이 그것을 느끼게 하시며, 우리 중 누구에게서도 멀리 계시는 법이 없다. 오직 죄가 우리를 하나님으로부터 분리한다. 공간적으로가 아닌 영적으로 말이다(사 59:2). 가인

---

41) Anselm, *Monologion*, c. 20-23; T. Aquinas, *Summa Theol.*, I, qu. 8; idem, *Summa contra gentiles*, III, 68; Bonaventure, *Sent.*, I, dist. 37; Johann Gerhard, *Loci theologici*, ed. E. Preuss, 9 vols. (Berlin: G. Schlawitz, 1863-1875), I, c. 8, sect. 8; A. Polanus, *Syn. theol.*, II, c. 12; J. Zanchi, *Op. theol.*, II, cols. 90-138.

이 했던 것처럼 하나님을 떠나는 것, 하나님으로부터 도망치는 것은 위치상의 분리가 아니라 영적 불화의 문제다. "사람은 공간적으로가 아니라 부조화라는 측면에서 하나님으로부터 멀리 떨어져 있다."[42] 역으로 말해서, 하나님께 나아가고 그분의 얼굴을 구하기 위해 필요한 것은 성지순례가 아니라 자기를 낮추고 회개하는 일이다. 하나님을 찾는 자는 하나님을─먼 곳에서가 아니라 그들의 가장 가까운 곳에서─만난다. 이는 우리가 하나님 안에서 살며 기동하며 존재하기 때문이다. "하나님께 가까이 가는 것은 하나님을 닮는 것이다. 하나님으로부터 멀어지는 것은 하나님을 닮지 않는 것이다."[43] 아우구스티누스의 말에 따르면,

그러므로 하나님이 특정한 장소에 계신다고 생각하지 말라. 당신이 어떤 사람인지에 따라 하나님이 당신에게 어떤 분이신지가 결정된다.…만약 당신이 선한 사람이었다면, 하나님은 선하신 분이다. 그리고 만약 당신이 악한 사람이었다면, 하나님은 당신에게 악한 분으로 나타날 것이다. 만약 당신이 선한 사람이었다면 그는 돕는 분이며, 만약 당신이 나쁜 사람이었다면 복수하는 분이실 것이다.…당신은 당신 자신의 마음 안에 심판자를 갖고 있다. 당신이 어떤 나쁜 짓을 하기 원할 때, 당신은 물러나서…대중을 피해…집에서 사람들에게 보이는 열려 있는 곳을 피해서 당신의 방으로 들어간다. 그러나 당신은 당신의 방에서조차 다른 곳으로부터의 죄책감을 느끼며 두려워서 당신의 마음으로 물러나 거기서 사색한다. 그러나 하나님은 당신의 마음보다도 훨씬 더 깊고 내밀한 곳에 계신다. 따라서 당신이 어디로 도망가든지, 하나님은 거기에 계신다.…당신이 도망칠 수 있는 곳은 전혀 없다. 당신은 하나님으로부터 도망가기를 원하는가? 차라리 하나님께 피하라.[44]

---

42) Augustine, *Expositions on the Psalms*, 시편 94편에 대한 해설.
43) Ibid., 시편 34편에 대한 해설.
44) Ibid., 시편 74편에 대한 해설.

통일성

[196] 하나님의 비공유적 속성들 중에서 마지막 속성인 하나님의 단일성 (oneness)은 단수성(singularity)의 통일성과 단순성(simplicity)의 통일성으로 구분된다. 전자를 통해 우리가 의미하는 것은 신적인 본질이 하나뿐이며, 하나님은 그 존재의 본성 때문에 하나의 존재 이상일 수 없고, 따라서 다른 모든 존재는 오직 그분에게서 나오고 그분으로 말미암고 그분에게로 돌아간다는 것이다. 그러므로 이 속성은 하나님의 절대적 단일성과 독특성, 하나님의 배타적·수적 단일성을 가르치는데, 이로써 하나님의 내적 또는 질적 단일성을 표현하는 단순성과 구분된다. 하나님은 수적으로나 양적으로 하나인, 절대적이고 배타적인 분이다. 구약성경이 다신론으로부터 유일신론으로의 발전을 포함한다는 진화론적 견해는 옹호될 수 없는 것이다.

성경은 처음부터 끝까지 유일신적이다. 구약성경에서 계시와 관련하여 모종의 진전과 사상의 발전이 발견된다는 것은 틀림없는 사실이지만, 그럼에도 구약성경이 처음부터 끝까지 하나님의 단일성에 기초하고 있음을 우리는 세상과 인류의 통일성, 이스라엘의 선택과 언약, 율법에 기술된 종교와 도덕에 대한 가르침에서 볼 수 있다. 야웨는 세상의 창조주시며(창 1; 2), 온 땅의 주인이자 심판자시고(창 14:19, 22; 18:25), 유일한 주님(신 6:4)으로서 그 앞에 다른 신을 용납하지 않으신다(출 20:3). 신약성경에서 하나님의 이러한 단수성은 그리스도의 위격에서 더욱더 분명해진다(요 17:3; 행 17:24; 롬 3:30; 고전 8:5-6; 엡 4:5-6; 딤전 2:5).

기독교는 유일하신 참 하나님에 대한 이러한 고백과 함께 이방 세계에 등장했으며, 특히 로마 세계의 대중적인 다신교와 대면했다. 기독교 사상가들은 자신의 신앙고백적 입장을 강하게 확신하면서 하나님의 독특성을 증명하기 위해 성경에 호소할 뿐만 아니라, 인간 지식의 모든 영역에서 이 진리를 위한 근거를 도출했다. 이들은 인간 영혼의 증거, 많은 이방 철학자와 시인의 발언들, 세상과 인류의 통일성, 진리와 도덕의 일원적 성격, 그리고 자신과 대등한 존재를 용납하지 못하는 신적 본질에 호소했다. 이들은 다신론뿐 아니라 그것과 직간접적으로 관련된 모든 것을 비판했다. 악마 숭배와 미신, 점술과 마술, 인간의 신격화와 황제 숭배, 극장과 경기 등이 바로 그런 것들이다.[45] 다신론은 수세기에 걸친 이 격렬한 투쟁에서 패배했고, 종교적으로나 학문적으로 모든 힘을 상실했다. 다신론은 인간의 영을 만족시키는 데 실패했다. 한 분이신 참 하나님에 대한 신앙고백만이 종교, 진리, 도덕을 지탱할 수 있다.

하지만 다양한 형태의 다신론적 믿음과 실천은 심지어 현대 세계에도 아직 남아 있다. 한 분이신 참 하나님에 대한 고백이 약화되고 거부당할 때, 그리고 범신론이 추구하는 통일성이 결국 지성도 가슴도 만족시켜 주지 못할 때, 그럴 때 세계와 인류의 통일성, 종교, 도덕, 진리의 통일성도 더 이상 유지될 수 없다. 자연과 역사는 파편화되고, 의식적으로나 무의식적으로 조장된 다신교적 경향들을 따라 온갖 귀신 숭배와 미신이 다시 찾아온다. 근대 세계는 이러한 상태에 관해 풍부한 증거를 가지고 있는데, 따라서 하나님의 단일성에 대한 고백은 이전 시기보다 오늘날 더 큰 의미를 갖는다.[46]

단순성

[197] 단순성의 통일성은 하나님이 진실하시고 의로우시고 사랑이 많으시고 지혜로우실 뿐 아니라, 오히려 그 자체로 진리, 의, 사랑, 지혜시라는 것을 뜻한다(렘 10:10; 23:6; 요 1:4-5, 9; 14:6; 고전 1:30; 요일 1:5; 4:8). 그 절대적

---

45) A. von Harnack, *Mission and Expansion of Christianity in the First 300 Years* (New York: Harper, 1962), 125-146, 206-218, 234-239, 290-311.

46) 참조. 하나님의 유일성에 대해서: T. Aquinas, *Summa Theol.*, I, qu. 11; idem, *Summa contra gentiles*, I, c. 42; F. Turretin, *Institutes of Elenctic Theology*, trans. G. M. Giger and ed. J. T. Dennison, 3 vols. (Phillipsburg, NJ: Presbyterian and Reformed, 1992), III, qu. 3; O. Zockler, "Polytheismus," *PRE*[3], XV, 538ff.

인 완전성 때문에, 하나님의 모든 속성은 하나님의 본질과 일치한다. 때때로 철학적 근거들로 인해 반대를 받기는 했지만, 신적 단순성의 교리는 우리가 하나님을 이해하는 데 매우 중요하다. 만약 하나님이 어떤 의미에서든지 복합적인 분이라면, 하나님의 단일성, 독립성, 불변성의 완전성은 주장될 수 없다. 단순성은 철학적 추상이 아니라 피조물에게 발견되는 모든 완전성의 궁극적이고 신적인 수준을 하나님께 돌린 최종 결과물이다. 단순성은 하나님이 자기 안에 구별되고 무한한 생명을 가지신다는 것을 긍정하는 방식으로서 필수적이다. 신적 단순성의 교리가 형이상학적 추상일 뿐이며 삼위일체 교리와 부합하지 않는다고 주장하면서 반대하는 것은[47] 단순성의 교리 및 그에 대한 긍정의 배후에 숨겨진 의도를 오해하는 것이다. "단순한"의 반대말은 "이중적"(twofold) 또는 "삼중적"(threefold)이 아니라 "복합적"(composite)이라는 말이다. 하나님은 세 위격들로 구성된 것이 아니며, 그렇다고 각 위격이 그 위격의 존재와 위격적 속성들로 구성된 것도 아니고, 세 위격으로 존재하는 하나의 비복합적(단순한) 존재다. 더욱이 하나님의 단순성은 하나님에 대해 유와 종, 실체와 우연, 질료와 형상, 가능태와 현실태, 본질과 실존과 같은 범주적 구분들을 거부하는 것이다. 만일 우리가 하나님과 관련하여 이런 구별을 만들어냈다면, 하나님은 "그보다 더 나은 것이 생각될 수 없는" 바로 그분이 아니실 것이고, 사랑·정의·거룩 자체의 완전성도 아닐 것이다. 하나님은 독특하게 자기 자신인 분이며, 하나님보다 높은 것은 존재하지 않는다. 따라서 하나님은 지혜, 은혜, 사랑 등의 속성들과 완전히 일치하신다. 하나님은 절대적으로 완전하신,

---

47) I. Dorner, *System of Christian Doctrine*, I, 234ff.; Albrecht Ritschl, *Theologie und Metaphysik* (Bonn: A. Marcus, 1881), 12ff.; idem, *Rechtfertigung und Versuchung*, 2nd ed., III, 2ff.; W. G. T. Shedd, *Dogmatic Theology*, 3rd ed., 3 vols. (New York: Scribner, 1891-1894), I, 338; A. Kuyper, *Ex ungue leonem* (Amsterdam: Kruyt, 1882).

"더 높은 것은 아무것도 생각될 수 없는" 분이다.[48]

물론 피조물들의 경우는 다른데, 이는 그들 안에 존재, 본질, 삶, 앎, 의지, 행위 간의 구별이 있기 때문이다. "모든 복합적인 것은 창조된 것이다." 어떤 피조물도 완전히 단순할 수 없는 것은 모든 피조물이 유한하기 때문이다. 그러나 하나님은 무한하시고 하나님 안에 있는 모든 것도 무한하다. 하나님의 속성들 전부가 신적이고, 따라서 무한하고 하나님의 존재와 하나다. 이런 이유로 오직 하나님만 자충족적이시고, 완전히 복되시고, 자기 안에서 영광스러우시며 또한 그러실 수 있다.[49] 그러므로 하나님은 자신의 다양성 안에서 단순하시고, 자신의 단순성 가운데 다양하시다(Augustine). 따라서 하나님을 가리켜 사용되는 모든 규정, 모든 이름은 하나님의 존재에 대해 우리가 가진 지식을 부정하는 것이 아니라 오히려 그 지식을 풍성하게 하는 것이다. "신적 본질은 자기규정적이며, 아무것도 더해질 수 없다는 점에서 다른 모든 것과 구별된다."[50]

하나님의 공유적 속성들[51]

영성

[198] 우리는 하나님의 단순성에 대한 논의에서 자연스럽게(모든 물질적인 것은 복합적이기 때문에) 하나님의 영적 본성을 다루는 것으로 옮겨간다. 하나님이 영이시라는 것은 구약성경의 전제이며, 신약성경에서 명백하게 가르쳐진다. 성경이 인간적인 개념들을 동원하여 하나님께 일련의 신체 기관

---

48) Augustine, *The Trinity*, V, 10; VI, 1; Hugo of St. Victor, *The Trinity*, I, 12.

49) D. Petavius, "De Deo," in *Theol. dogm.*, II, chap. 2.

50) T. Aquinas, *Sent.*, I, dist. 8, qu. 4, art. 1, ad. 1; Joseph Kleutgen, *Die Theologie der Vorzeit vertheidigt*, 2nd ed., 5 vols. (Münster: Theissing, 1867-74), I, 204ff.

51) 편집자 주—"비공유적"과 "공유적"이라는 용어를 사용하는 데 중요한 제한이 있음을 기억해야 하는데, 이에 대해서는 위 각주 31을 보라.

들과 활동들—심장, 창자, 보기, 듣기, 냄새 맡기—을 돌리는 것은 사실이
지만, 거기에도 제한이 있다. 예를 들어 음식을 섭취하고 소화하고 생식하
는 기관이나, 맛보고 만지는 행동은 하나님께 돌려지지 않았다. 어디에서
도 하나님께 육체가 있다고 말하지는 않는다. 비록 구약성경 어느 곳에서
도 하나님은 영이시라고 분명하게 진술하지 않지만, 그럼에도 이 견해는
하나님에 대한 구약성경의 묘사 전체에 기본적인 것이다. 하나님은 자존
하시고(출 3:13-14; 사 41:4; 44:6), 영원하시고(신 32:40; 시 90:1ff.; 102:27), 편재하
시고(신 10:14; 시 139:1ff.; 렘 23:23-24), 비교할 수 없고(사 40:18, 25; 46:5; 시 89:7,
9), 눈으로 볼 수 없고(출 33:20, 23), "묘사할 수 없는"(출 20:4; 신 5:8) 분인데,
이는 하나님이 형상을 갖지 않으시기 때문이다(신 4:12, 15). 하나님이 사람
과 맺으시는 관계는 "영혼"이 "육체"에 대해 갖는 관계와 동일하며(사 31:3),
하나님은 바로 자신의 영으로 창조세계 안에 임재하시면서 모든 것을 창
조하시고 지탱하신다(창 2:7; 욥 33:4; 시 33:6; 104:30; 139:7 등).[52] 신약성경에
서 이것은 더욱 분명하다. 우리가 배울 수 있는 것은 하나님이 영원하시고
(롬 16:26; 딤전 6:16; 벧전 1:23; 계 1:8; 10:6; 15:7), 편재하시다는 것(행 17:27-28; 롬
1:22-23), 그리고 예수가 하나님을 분명하게 "영"($\pi\nu\varepsilon\upsilon\mu\alpha$)이라고 부르시며,
그렇기 때문에 우리가 하나님을 영과 진리로 예배해야 한다는 것이다(요
4:24). 사도들은 하나님을 보이지 않는 분이라고 부르면서 동일한 진리를
가르친다(요 1:18; 참조. 6:46; 롬 1:20; 골 1:15; 딤전 1:17; 6:16; 요일 4:12, 20).

비록 신지학자(theosophists), 범신론자, 소키누스주의자, 그리고 어떤
철학자들은 하나님이 육체를 가지신다고 주장하려 했지만, 교회와 기독교
신학은 하나님의 영성(spirituality)을 변함없이 견지했다. "영"이라는 말은
하나님이 독특한 실체이시므로 세상과 구별되시고, 비물질적이고, 인간의

---

52) G. F. Oehler, *Theology of the Old Testament*, §46; H. Schultz, *Alttestamentliche
   Theologie*, 4th ed., 2 vols. (Göttingen: Vandenhoeck & Ruprecht, 1889), 496-504;
   A. B. Davidson, *The Theology of the Old Testament*, 106ff.

감각으로 지각되실 수 없고, 복합이나 연장이 없으시다는 것을 의미하기 위해 사용되었다. 기독교 신학은 헤겔이 행한 것과 같은 철학적 시도들로 만족할 수 없는데, 그는 "영"(또는 "정신"; Geist)이라는 말을 사용하기는 했지만 그에게 그것은 관념(Idea)이 자연을 통해 이르는 최종적인 최상의 발전 단계를 의미할 뿐이었다. 이 관념은 인간 안에서, 특히 철학에서 최고의 형태에 이른다. "논리적인 것은 자연이 되고, 자연은 영(또는 정신)이 된다."[53] 헤겔은 여전히 영(정신)의 본질을 관념성, "그 자체로 존재하는 단순자"(simple being-in-itself), 또는 "자아성"(I-ness)에서 찾지만,[54] 하나님은 인간 안에서 그리고 인간을 통해서 오랜 과정을 거친 후에야 비로소 영(정신)이 되신다. 이런 범신론적 견해와 "하나님은 영이시다"라는 그리스도인의 고백 사이에서 우리는 아무런 일치점도 발견할 수 없다. 하나님의 영성은 창조세계의 "영적" 현실과 전혀 다르다. 그것은 독특한 것이다.

그럼에도 우리는 인간 영혼과의 유비에 대해 말할 수 있고 말해야만 한다. 영이신 하나님은 또한 "영들의 아버지"(히 12:9)시며, 모든 것—보이는 것과 보이지 않는 것—의 창조주와 아버지로서 하늘과 땅에 있는 영들의 원천과 기원이시다(히 11:3). 따라서 우리가 우리 자신의 영혼을 통해 신적 영성에 대해 희미한 감정을 형성할 수는 있지만, 우리 자신의 영혼이 우리에게 신비인 것과 마찬가지로 그것은 여전히 우리에게 이해를 초월하는 문제다. 하나님의 영성은 독특하고, 따라서 우리가 "영"이라는 용어를 사용할 때 우리는 그것을 하나님, 천사, 영혼에 대해 일의적이고 동의적으로가 아니라 유비적으로 적용하도록 주의해야 한다. 하나님의 영성은 하나님의 완전성을 의미하는데, 이 완전성을 부정적 용법으로 표현하면 비물질적·비가시적이라는 것이며, 천사의 영이나 인간의 영혼과 유비적 관계를 이

---

53) G. F. Hegel, *System der Philosophie*, part 3: *Die Philosophie des Geistes*, in *Sämtliche Werke*, X (1958), 474 (Werke VII/2, 468).
54) Idem, *Werke*, 14ff., 18ff.

룬다. 이 완전성을 긍정적 용어로 표현하면 모든 피조적·육적·영적 존재의 감춰진, 단순한(복합적이지 않은), 절대적인 근거라는 것이다. 하나님의 본성이 독특한 방식으로 영적이라는 우리의 고백을 고수하는 것은 매우 중요하다. 왜냐하면 하나님에 대한 우리의 예배와 섬김의 전체적 특성이 여기에 달려 있기 때문이다. 영과 진리로 예배하는 것은 하나님의 영성에 기초한다. 오직 그것만이—원칙적으로 영원히—모든 형상 숭배의 배제를 가져온다.

불가시성

[199] 하나님의 영성(영적 본성)은 성경에서 명백히 가르치는 하나님의 불가시성(invisibility)을 함의한다.[55] 그렇다면 성경이 "하나님을 보는 것"(seeing God)에 대해 말할 때 의미하는 것은 무엇인가? 교부들은 성경 자료들과 씨름하면서, 하나님이 특별한 은혜 행위들에 의해 일시적으로 자신을 보이실 수 있고 또 그렇게 하셨다고 주장했다. 모세에게(출 34장), 이사야에게(사 6장), 바울에게(고후 12장) 하셨던 것처럼 말이다.[56] "우리는 하나님을 볼 수 있는 능력을 우리 안에 가지지 못했지만, 하나님은 자신을 우리에게 보이실 수 있는 능력을 가지고 계신다."[57] 그러나 대다수의 교부들은 하나님의 본질과 관련해서 "신적 직관"(vision of God)에 대해 부정적인 견해를 보였다.[58] 비록 신플라톤주의의 영향 아래, 특히 위 디오니시우스의 신비주의적 저술을 통해 변화가 일어나기는 했지만 말이다. 이제는 영혼이 초자연적 은혜에 의해 고양되어 신성화되고 하나님을 본질적으

---

55) 참조. H. Bavinck, *Reformed Dogmatics*, II, 182-3 (#198).

56) Augustine, *Epist.* 112; idem, *Literal Meaning of Genesis*, XII, 27; Basil of Caesarea, *On the Hexaemeron*, hom. 1; Hilary of Poitiers, *On the Trinity*, V.

57) Ambrose, in D. Petavius, "De Deo," in *Theol. dogm.*, VII, chap. 7.

58) 예를 들어 Chrysostom, Gregory of Nyssa, Cyril of Jerusalem, Theodoret, Jerome, Isidore.

로 분명히 볼 수 있다고 믿게 되었다. 프로스페루스(Prosper)는 하늘에 있는 성도들이 "그들 자신의 창조주의 실체를 마음속에서 바라본다"라고 말했다.[59] 베르나르두스는 하나님의 모든 피조물 안에서 하나님을 볼 수 있으며, 또한 삼위일체도 그 자체로 볼 수 있다고 말한다.[60] 또한 피렌체 공의회의 선언에 따르면, 영혼들은 "천국에 들어가는 즉시 한 분이신 삼위일체 하나님을 실제 모습대로─그들의 공로의 차이에 따라 어떤 이는 다른 이보다 더 완전하게─보게 될 것이다."[61] 이 문제에 관한 논의가 중세 스콜라 신학에서 번성한 또 다른 이유는 하늘에 있는 천사들과 복자들(the Blessed)에게 기원하는 행위를 정당화하기 위해서였다. 이 견해에 따르면, 그들은 하나님 안에서 일어날 모든 것을 보기 때문에 지상의 신자들의 필요를 안다는 것이다. 물론 이렇게 하나님을 보는 것이 하나님을 포괄적으로 파악하는 데 이르는 것도 아니고, 또한 하나님을 보는 데도 공로에 따라 차이가 있다는 경고가 덧붙여지기는 했지만, 그럼에도 이 교리는 인간의 신격화(deification)를 낳게 되었다. 피조물인 인간은 초자연적 은사를 받아서 자기 공로로 스스로를 더 높은 수준으로 끌어올려서 하나님처럼 된다는 것이다.[62]

종교개혁 신학자들 사이에서도 이 질문과 관련해 의견이 분분했다. 몇

---

59) Prosper of Aquitaine, *De vita contemplativa* (Speyer: Peter Drach, 1486), chap. 4.

60) Bernardus Zane, Sermon 4, in *Oratio in festo omnium sanctorum* (Rome: Johann Besicken, 1500-1599?).

61) 참조. H. Denzinger, *Enchiridion symbolorum* (Wirceburgi, 1856), ##430, 456, 588, 870, 875; 영역본: *The Sources of Catholic Dogma*, trans. from the 30th ed. by Roy J. Deferrari (St. Louis: Herder, 1955).

62) P. Lombard, *Sent.*, IV, dist. 49; T. Aquinas, *Summa Theol.*, I, qu. 12.; I, 2, qu. 3, esp. art. 12; I, qu. 4, art.2; idem, *Summa contra gentiles*, III, chaps. 38-63; idem, Sent., IV, dist. 49, qu. 1-2; Bonaventure, *The Breviloquium*, vol. 2 of *The Works of Bonaventure*, trans. Jose De Vinck (Paterson, NJ: St. Anthony Guild Press, 1963), VII, chap. 7; M. J. Scheeben, *Handbuch der katholischen Dogmatik*, I, 562ff.; II, 294ff.

몇 루터파 및 개혁파 신학자들은 하나님의 본질을 보는 것이 불가능하지 않다고 판단했다.[63] 대부분의 개혁파 신학자들은 더 조심스럽게 이런 생각 자체를 전적으로 거부하거나 또는 스콜라주의의 사변들을 무시했다.[64] 이러한 조심성은 확실히 성경과 궤를 같이한다. 실제로 성경은 하늘에 있는 복자들이 하나님을 본다고 가르칠 뿐 더 이상 상세하게 설명하지 않으며, 또 다른 곳에서는 하나님을 볼 수 없는 분이라고 분명히 밝힌다. 장차 우리는 "[그분이] 우리를 아신 것처럼 [그분을] 알게 될"(고전 13:12) 것이다. 게다가 하나님은 무한하신 반면 인간은 유한하며, 영화의 상태에서도 여전히 그럴 것이기 때문에, 우리는 하나님을 유한한 인간으로서 보는 것 이상으로 볼 수 없다. 우리 유한한 인간의 의식에 있는 무한한 하나님에 대한 표상은 언제나 유한하며 영원히 그럴 것이다. 그러므로 하나님을 본다는 것은 "하나님의 본질을 보는" 것일 수 없다. 하나님을 보는 것은 언제나 "신적 겸손"(συγκαταβασις), 곧 하나님이 스스로 우리에게 내려오셔서 자신을 알게 하시는 계시를 요구한다. 마태복음 11:27은[65] 천국에서도 여전히 유효하다. 하나님을 그 본질로서 본다고 하는 것은 결과적으로 인류를 신격화(deification)하고 창조주와 피조물 사이의 경계를 제거하는 결과를 낳을 것이다. 참으로 인류의 행복은 "하나님에 대한 지복직관"(beatific vision of God)에 있지만, 이 바라봄은 언제나 우리의 유한하고 제한된 인간 본성에 부합하게 될 것이다. 위 디오니시우스적인 위계체계에서 발견되는

---

63) Heinrich Bullinger, on John 1:18, *In divinum Jesu Christi...Evangelium secundum Ioannem* (Tigvri: Froschouer, 1561); Polyander et al., *Synopsis purioris theologiae*, ed. H. Bavinck, 6th ed. (Leiden: D. Donner, 1881), LII, 11-24; A. Polanus, *Syn. theol.*, 9, 518; John Forbes, *De visione beatifica*, in *Opera omni*, 2 vols. (Amsterdam: H. Wetstenium & R. and G. Wetstenios, 1702-1703), I, 282-89.

64) J. Calvin, *Institutes*, III.xxv.11; F. Turretin, *Institutes of Elenctic Theology*, XX, qu. 8.

65) "내 아버지께서 모든 것을 내게 주셨으니, 아버지 외에는 아들을 아는 자가 없고, 아들과 또 아들의 소원대로 계시를 받는 자 외에는 아버지를 아는 자가 없느니라."

것과 같은 신성화($\theta\epsilon\omega\sigma\iota\varsigma$)는 성경의 지지를 전혀 받지 못한다.[66]

지식, 예지, 중간지식

[200] 성경은 하나님의 의식(consciousness)과 지식을 전제하는데, 이것을 비유적으로 빛이라고 말한다(요일 1:5; 딤전 6:16; 시 4:6; 27:1; 36:9; 43:3; 요 1:4, 9; 8:12; 약 1:17 등). "빛"이 함의하는 것에는 여러 가지—순수함, 거룩함, 기쁨, 복됨—가 있지만, "빛"이라는 단어의 비유적인 용법에서 가장 두드러진 것은 지성적 의미다. 그러나 지식은 금세 도덕적 요청으로 이어진다. 하나님이 우리의 마음을 밝히시고 예수 그리스도의 얼굴에 있는 하나님의 영광을 아는 지식의 빛을 비추심으로써(고후 4:6) 어둠 속에서 걷던 우리가(요 1:5; 3:19) 빛을 사랑하기를 배우고 다시 빛 가운데 걷게 된다(마 5:14, 16; 요 3:21; 롬 13:12; 엡 5:8; 빌 2:15; 살전 5:5; 요일 1:7 등). 하나님 안에는 어둠이 전혀 없다. 하나님은 전적으로 빛이시다. 하나님은 빛 가운데 거하시고, 그분 자신이 모든 빛의 원천이시다. 또한 하나님의 삼위일체적 생명도 온전히 의식적인(conscious) 것이다(마 11:27; 요 1:17-18; 10:15; 고전 2:10).

하나님의 지식의 범위를 벗어나는 것은 아무것도 없다. 그러나 범신론적 사고는 무의식(the Unconscious)을 만물의 통일성으로 간주함으로써 이것을 거부한다. 그렇게 되면 절대적 존재는 의식할 수 없어야 한다. 하지만 목적론적 세계관을 옹호하는 사람에게는 자기의식적이고 지적인 하나님이 반드시 존재해야 한다. 따라서 세상에서 목적을 발견할 수 있다면 필연적으로 신적 존재, 지적 존재를 인정할 수밖에 없다. 인간 의식의 실재는 같은 방향을 가리킨다. 무의식적인 것으로부터 의식의 발흥을 설명하는 것은 불가능하다. 결과에 원인보다 큰 것이 있을 수 없다는 것은 당연하다. "귀를 지으신 이가 듣지 아니하시랴, 눈을 만드신 이가 보지 아니하

---

66) 참조. H. Bavinck, *Reformed Dogmatics*, II, 511-588 (##279-300), 하나님의 형상에 대한 부분.

시랴"(시 94:9). 하나님의 자기의식은 하나님의 세계의식과 구별되지만 분리할 수는 없다. 하나님은 하나님 자신의 관념들에 내재한 무한한 충만함으로부터 세계를 창조하셔서 자기의 피조물 안에서 자신의 완전성을 가장 잘 드러내셨다. 하나님의 원형적 완전성은 우주에서 모형적으로 계시되었다. 따라서 하나님의 지식과 세계의식은 인류에게 공유될 수 있지만, 여전히 그것들은 세계에 대한 인간의 지식과는 질적으로 다르다. 유한한 인간의 의식과는 달리, 하나님의 자기의식에는 아무런 제한이 없다. 하나님은 모든 것을 아신다(요일 3:20). 하나님의 자기지식의 내용이 바로 하나님의 존재다. 하나님 안에서는 존재와 지식이 일치한다. 하나님 앞에는 어떤 피조물도 감추어지지 않았고, 하나님의 눈 앞에 모든 것이 벌거벗은 것같이 드러난다(히 4:13). 인간의 지식과 달리 하나님의 지식은 관찰에 기초하는 후험적 지식이 아니라 선험적이며 영원 전부터 현재다(롬 8:29; 고전 2:7; 엡 1:4-5; 딤후 1:9). 하나님께는 모든 것이 영원히 현재다. 하나님의 지식은 증가할 수 없다(사 40:13ff.; 롬 11:34).[67]

[201] 따라서 엄밀히 말해 신적 예지(foreknowledge)에 대해 말하는 것은 잘못이다. 하나님의 지식은 오직 하나밖에 없다. 하나님께는 "시간의 구분들"이 없다. "예지가 미래 일들에 대한 지식이 아니라면 무엇에 대한 것인가? 그러나 모든 시간을 능가하시는 하나님께 미래일 수 있는 것이 있겠는가? 만일 하나님의 지식이 바로 이것들을 포함한다면, 그것들은 하나님께 미래가 아니라 현재일 것이기 때문이다. 그리고 이런 이유로 우리는 더 이상 하나님의 예지라고 말하지 말고, 그냥 하나님의 지식이라고 말해야 한다."[68] "우리에게는 과거인 것도 미래일 것도 하나님이 보시기에는

---

67) Irenaeus, *Against Heresies*, 1, 12; Augustine, *The Trinity*, XI, 10; XII, 18; XV, 7, 13-14; T. Aquinas, *Summa Theol.*, I, qu. 14; idem, *Summa contra gentiles*, I, chaps. 44ff.

68) Augustine, *To Simplician-On Various Questions* (De diversis quaestionibus ad Simplicianum), II, 2.

모두가 즉각적으로 현재다."[69] "시간이 아무리 흘러도, 하나님께는 언제나 현재다."[70] 하나님의 지식에 구별을 두는 것은 전적으로 인간적인 생각이고, 성경의 가르침과 상충하지만, 그럼에도 그런 구별은 교회에서 끊임없이 제기되었다. 하나님의 지식이—이제 특별히 예지로 이해되어—의문시된 이유는 바로 많은 이들이 이 신적 전지성을 인간의 자유의지와 양립할 수 없는 것으로 여기기 때문이다. 만약 정말로 하나님이 모든 것을 미리 아신다면, 모든 것이 영원부터 확정되어 있는 것이고, 자유롭고 우연적인 행위의 여지는 더 이상 없을 것이다. 전지와 자유의지를 조화시키려는 시도는 둘 중 하나의 형태를 취할 것이다. 하나님이 단순히 자유로운 인간 행위자들이 무엇을 할 것인지를 아시는 것이든지(Origen), 아니면 하나님은 어떤 일이 일어날 뿐만 아니라 꼭 그렇게 되도록 작정하셨기 때문에 무슨 일이 일어날지를 아시는 것이다(Augustine). 후자의 경우에, 우리는 그것을 완전히 이해한다고 말하지 않으면서도 자유의지와 전지성을 모두 신앙의 조항으로 확증할 수 있다. 우리의 의지는 하나님이 우리로 하여금 갖기를 원하시는 만큼만 자유를 가진다.

종교개혁 이후에 우세해진 것은 "중간지식"(middle knowledge)이라는 새로운 개념인데, 이것은 우연한 사건들에 대한 신적 지식으로서 하나님의 작정에 논리적으로 선행하는 것이다. 이것은 특히 몰리나(Molina)와 수아레즈(Suárez)에 의해 주장되었는데, 로마 가톨릭의 예수회 신학자들에게는 받아들여졌지만 개혁파 신학자들에게는 거부되었다. 중간지식 이론은 펠라기우스주의의 무차별적 자유의지와 하나님의 전지를 조화시키려고 시도했고, 따라서 하나님의 작정과 양립할 수 없다. 하나님은 인간의 자유로운 행위에 대한 지식을 자신의 존재로부터가 아니라 피조물의 의지로

---

69) Gregory the Great, *Moralia in Iobum*, 1, 20, chap. 23. 편집자 주—H. Bavinck, *Reformed Dogmatics*, II, 188n40 (#199)을 보라.

70) Marius Victor, in D. Petavius, "De Deo," in *Theol. dogm.*, IV, chap. 4.

부터 얻으시고, 따라서 하나님의 지식은 세계에 의존하게 되어버린다. 피조물은 독립성을 얻게 되며 하나님은 이 세계의 최고 책임자로서 자신에게 종속된 자들의 종이 되신다. 이런 견해는 인간의 시점에서 미래의 우연한 사건이 하나님 편에서는 조금도 우연이 아니라고 주장한 아우구스티누스와 토마스 아퀴나스의 가르침과 다르다. 하나님은 우리가 무엇을 행하는지 아시기 전에 우리의 행동을 마냥 앉아서 기다리는 그런 분이 아니다. 만약 우리가 인간이 미래에 행할 우연적 행위들을 전적으로 열려 있는 것으로 남겨둔다면, 우리는 하나님의 약속들에 대해 아무런 확신도 갖지 못한다. 모든 결정을 영원히 기다리고, 모든 가능성에 대해 모든 가능한 계획을 예비해놓는 신을 우리는 대체 어떻게 생각해야 하는가? 그 성취가 사람에게 달려 있다고 할 때, 세상에 대한 계획의 개요라도 존재하겠는가? 최고 책임자가 자기에게 종속된 존재들의 종이 되는 통치에 무슨 가치가 있는가? 이것이 바로 하나님이 중간지식 이론에서 묘사되는 방식이다. 하나님은 지켜보고, 결정은 사람이 한다. 그러면 은혜는 공로에 따라 분배되고, 예정은 선행에 의존한다. 그러나 성경은 이런 추론을 반대한다. 성경은 사건들 사이의 조건적 연관성들을 가르치지만, 거기에 신적 결정이 있음을 결코 부정하지 않는다. 실제로 중간지식 이론은 인간 의지의 무차별적 자유를 신적 예지에 대한 언급과 조화시키지 못한다. 해법은 "무차별성"(indifference)이 아니라 "합리적 기쁨"에서 찾을 수 있다. 이런 합리적 기쁨은, 하나님의 예지와 충돌하기보다는 도리어 그 안에 내포되고 그에 의해 지지받는다. 인간의 의지는 그 본성, 선행하는 요인과 동기, 결정 및 결과와 함께 "하나님께 확실하고 또한 하나님의 예지에 포함되어 있는 원인들의 질서"에 통합되어 있다.[71] 우연적 사건과 자유로운 행위는 신적으로 알려지고 정해진 그것들의 본성에 일치하게, 점차적으로, 세계의 역사 가운데서 우리에게 계시된다.

---

71) Augustine, *City of God*, V, 9.

지혜

[202] 하나님의 지식을 또 다른 각도에서 "지혜"라고 부른다. 지식은 추론적이고 이론적이며 그리스 철학 모델에 가까운 데 반해, 지혜는 보다 동양적이고 관조적·직관적·실천적·목적지향적이다. 이런 동양적 특성은 이스라엘에게 현저히 나타났는데, 이것은 계시의 시녀 역할을 톡톡히 했다. 참 지혜의 뿌리는 야웨를 경외하는 것이고 참 지혜는 하나님의 율법에 순응하는 도덕성에 있다(신 4:6-8; 시 19:7; 111:10; 욥 28:28; 잠 1:7; 9:10). 세상의 조성과 이스라엘에게 주어진 계시 둘 다 하나님의 지혜에서 비롯되었다(욥 9:4; 12:13, 17; 37:24-38:38; 사 40:28; 시 19:7; 104:24; 신 4:6-8; 렘 10:12). 신약에서 지혜는 말씀과 동일시된다(롬 16:27; 딤전 1:17; 유 25절; 계 5:12; 7:12). 특히 하나님의 지혜는 십자가의 어리석음 가운데(고전 1:18), 그리스도 안에서(고전 1:24), 교회 안에(엡 3:10), 그리고 이스라엘과 이방에 대한 하나님의 모든 섭리 가운데(롬 11:33) 나타났다.[72]

필론과 그를 뒤이어 아우구스티누스는 플라톤의 이데아론을 수정하여 성경의 이러한 가르침에 연결했다. 아우구스티누스는 이데아들을 자율적인 것으로 보지 않고 하나님의 의지에 종속적인 것으로 보았다. 아우구스티누스는 하나님의 생각 속에 있는 이데아들이 하나님의 자기 지식과 동일하지 않고, 로고스 또는 성자와도 동일하지 않다고 주장함으로써 창조주와 피조물 사이의 구분을 내내 고수했다. 아우구스티누스에게 있어 창조는 하나님의 생각을 실현하는 것이었다. "만물이 하나님의 지혜로 만들어졌는데, 하나님의 지혜는 만물을 만들기에 앞서 계획에 따라 만물을 자

---

72) 참조. G. F. Oehler, *Theology of the Old Testament*, §§235ff.; Hermann Cremer, *Biblico-Theological Lexicon of New Testament Greek*, trans. D. W. Simon and William Urwick (Edinburgh: T&T Clark; New York: Charles Scribner's Sons, 1895), s.v. "σοφος"; F. Schleiermacher, *The Christian Faith* (Edinburgh: T&T Clark, 1989), §§168-9.

기 안에 담고 있다."[73] "만물은 이성으로 말미암아 창조되었다. 왜냐하면 하나님은 어떤 것도 부지중에 만드시는 법이 없기 때문이다. 하나님이 그것을 아시기 때문에 그것을 만드신 것이지, 그것이 만들어진 후에 알게 되신 것이 아니다."[74] 이렇게 이해된 이데아 개념은 몇몇 개혁파 신학자들을 포함해 여러 저자들에게서 나타났다.[75] 그러나 근대에 와서 신학자들은 이데아 개념을 거의 사용하지 않게 되었는데, 주된 이유 가운데 하나는 "이데아"라는 용어가 달리 이해되기 때문이다.

근대철학에서 이데아는 더 이상 하나님의 생각 안에 있는 "도안"(圖案)을 지칭하는 것이 아니라 하나의 개념을 지칭하는데, 감각 인식에서 파생된 개념이 아니라 순수 사유의 산물로서의 개념을 지칭한다. 그럼에도 고전적 용례가 단편적으로 특히 예술의 영역에 남아 있다. 예술의 영역에서 이데아란 말은 전형적 양식, 이상적이고 완전한 형식을 지칭한다. 그래서 우리는 하나님, 자유, 예술, 학문, 진, 선, 미, 등등에 대한 이데아를 말하는 것이다. 이 말이 하나님께 적용될 때는 하나님이 지혜로 만물을 만드셨음을 뜻하며, 여기서 지혜는 "하나님의 방식 가운데 첫 열매"다(잠 8:22; 골 1:15; 계 3:14). 하나님은 최고의 예술가시다. 인간 예술가가 자신의 이데아를 예술 작품으로 실현하는 것처럼, 하나님은 자신이 형성하신 이데아에 따라 만물을 창조하신다. 세상은 하나님의 예술 작품이다. 하나님은 온 우

---

73) Augustine, *Lectures on the Gospel of John*, tract. 1, *NPNF*[1], VII, 131-137.

74) Augustine, *Eighty-Three Different Questions*, qu. 46, n. 2; idem, *Literal Meaning of Genesis*, V, 8; idem, *The Trinity*, XV, 13; idem, *City of God*, XI, 10.

75) Clement of Alexandria, *Stromateis*, IV, chap. 25; V, chap. 3; Tertullian, *The Soul's Testimony*, 18; Eusebius, *Preparation for the Gospel*, 1, 14, chap. 44; Origen, on John 1:1; Pseudo-Dionysius, *On the Divine Names*, chap. 5; Anselm, *Monologion*, chaps. 8ff.; P. Lombard, *Sent.*, I, dist. 35; T. Aquinas, *Summa Theol.*, I, qu. 15, qu. 44, art. 3; idem, *Summa contra gentiles*, 54; idem, *Sent.*, I, dist. 36; Bonaventure, *Sent.*, I, dist. 35; A. Polanus, *Syn. theol.*, 267-268; J. Zanchi, *Op. theol.*, II, 201; G. Voetius, *Select. disp.*, 258ff.

주의 예술가이자 건축가다. 하나님은 계획 없이 일하시지 않으며, 하나님의 모든 일은 하나님의 지혜와 하나님의 이데아에 의해 인도된다. 물론 이런 이데아 또는 개념은 하나님 밖에 있는 것이 아니라 하나님 존재 자체에서 나온 것으로서 하나님의 존재에 본래적이다. 이런 의미에서만 우리는 피조물(하나님 이데아의 실현)이 하나님의 존재에 참여한다고 말할 수 있다. 이 참여는 신적 존재가 변화하여 피조물이 되거나 피조물이 신적 존재를 자기 안에 실제로 받아 소유하는 그런 것이 아니다. 피조물은 하나님이 창조하신 다양한 피조물 가운데 드러나는 신적 지혜를 통해서 하나님께 참여한다. 존재하는 모든 것은 자신이 참여하는 신적 지혜를 드러낸다.

따라서 죄는 자기 나름의 "존재"를 갖지 않음에 틀림없다. 왜냐하면 죄는 하나님의 지혜의 실현이 아니라, 존재의 축소, 결핍, 왜곡이기 때문이다. 물론 죄도 하나님의 지식의 대상이며 하나님의 지혜로 말미암아 하나님의 영광에 이바지하지만, 그럼에도 죄 자체는 하나님의 지혜에 속한 이데아도 아니고 하나님의 빛의 광채도 아니다. 악은 선의 이데아를 통해 알려지는, 선의 결핍이다.[76] 그러나 지혜는 만물을 창조하고 만물로 하여금 하나님의 이름의 영광이라는 목적을 향해 나아가도록 다스리는 "장인"(잠 8:30)이며, "만물의 조성자"(지혜서 7:21)이고, 또한 항상 그러하다.

진실성

[203] 하나님의 지적 속성 가운데 마지막은 하나님의 진실성이다. 하나님은 참되시고 신실하시며 믿고 의지할 수 있다. 하나님은 거짓말을 하실 수 없고, 오류에 빠지실 수도 없다. 하나님은 절대적으로 충만한 진리이며, 모든 진리와 실재의 원천이고 근거다. 하나님은 우리로 하여금 진리를 알게 하는 유일한 빛이시다. 진실을 가리키는 히브리어 "에메트"(אֱמֶת)는 동사 "아만"(אמן, 확고히 하다, 세우다, 뒷받침하다; 상태동사로서, 굳건하다; hiphil

---

76) T. Aquinas, *Summa Theol.*, I, qu. 15, art. 3.

형으로, 붙들다, 신뢰하다, 확신하다)에서 파생되었다. "에메트"는 주관적으로는 어떤 것을 단단히 붙잡는 행위, 즉 신앙(그리스어 πιστις)을 가리키고, 객관적으로는 신뢰받는 사람이나 근거의 확고함, 신뢰성, 참됨을 가리킨다. 영어 성경은 에메트를 "참된", "신실한", "진실" 등으로 번역했다. 하나님의 진실성이 지적 속성인 동시에 의지적 속성인 이유가 여기에 있다. 진실성과 진리, 신뢰성과 신실함은 분리할 수 없이 긴밀히 연결되어 있다. 야웨라는 이름 자체가 이미 그분은 늘 한결같은 하나님이심을, 신실한 하나님이시며 거짓 없는 하나님이심을 표현해준다(신 32:4; 렘 10:10; 시 31:6; 대하 15:3). 여기에는 (1) 하나님이 "헛것"에 불과한 거짓 신이나 우상과는 다른 실제의 참된 신이라는 것(신 32:21 등)과, (2) 이런 하나님은 항상 자신의 말과 약속에 신실하시며, 자신의 말과 약속이 진실함을 보이심으로써 자신이 완전히 신뢰할 만한 분이라는 것을 입증하신다는 뜻이 담겨 있다. 하나님은 사람이 아니시기 때문에 거짓말을 하거나 변개치 않으신다.(민 23:19; 삼상 15:29) 하나님에게서 나오는 모든 것에 진리의 인장이 새겨져 있다.

성경은 하나님의 "인자"(חֶסֶד)와 신실(참조. 창 24:49; 47:29; 수 2:14; 삼하 2:6; 15:20; 시 40:11), "한결같은 사랑"(חֶסֶד)과 진리(창 24:27; 출 34:6; 시 57:3; 61:7; 89:14 등등)를 거듭해서 언급한다.[77] 하나님은 자신을 가리켜 맹세하심으로써 자신의 말을 거듭 확정하셨다(창 22:16 등; 히 6:13). 하나님은 참되고 신실하신 하나님으로서, 언약을 지키시며(신 4:31; 7:9; 시 40:11; 호 11:1 등), 자기 모든 백성이 전적으로 신뢰할 수 있는 피난처가 되신다(시 31:5-6; 36:5ff.; 43:2; 54:7; 57:3; 71:22; 96:13; 143:1; 146:6 등). 마찬가지로 신약성경에서도 그분은 참 하나님, 즉 그리스도 안에서 자신을 계시하신, 실재하는 참 하나님으로 불린다(요 17:3; 요일 5:20). 하나님의 말씀은 진리고, 하나님의 복음은 진리고, 그리스도는 진리다(요 14:6; 17:17; 엡 1:13). 신약은 하나님이 구약 시대

---

77) 편집자 주—חֶסֶד의 번역 "인자"와 "한결같은 사랑"에는 네덜란드어 weldadigheid과 goedertierenheid의 구별이 반영되어 있다.

에 하신 약속, 즉 하나님이 아브라함에게 하신 거룩한 언약과 맹세의 성취이며 확정이다(눅 1:68-73). 하나님은 자신을 부인하실 수 없다(딤후 2:13). 하나님의 모든 약속이 그리스도 안에서 "예"와 "아멘"이 된다(고후 1:18, 20).

성경은 "진리"라는 말을 여러 의미로 사용한다. 형이상학적 또는 존재론적 진리는 본질의 참됨 또는 진실성을 말한다. 금으로 보일 뿐만 아니라 실제로도 금일 때 진짜 금이다. 이런 의미에서 진리는 모든 존재의 속성이고, 진리는 실체와 일반이다. 성경에서 하나님은 신이 아닌 모든 우상과 대조적으로 참된 분으로 일컬어진다. 하나님은 단순히 진리를 가지고 계신 것이 아니라 하나님 자신이 진리다. 윤리적 진리란 (언어적) 표현의 진리 또는 진실성을 말한다. 즉 한 인격의 존재와 그 인격의 자기계시 간의 일치를 말한다. 거짓말은 윤리적 진리에 반하는 죄다. 하나님에게 있어 하나님의 존재와 하나님의 자기계시는 완전히 일치한다(민 23:19; 삼상 15:29; 딛 1:2; 히 6:18). 하나님은 거짓말을 하거나 자신을 부인하실 수 없다. 마지막으로 사고와 실재 사이의 일치, 지성과 사물의 일치 또는 부합을 뜻하는 논리적 진리가 있다. 우리에게 있는 개념이 실재를 정확하게 묘사할 때, 그것은 참되다. 여기서 진리는 오류에 상반된다. 여기서도 하나님은 만물을 있는 그대로, 참으로 아신다는 점에서 진리다. 하나님은 자신의 존재에 있어 존재론적 진리이시듯, 자신의 지식에 있어서도 진리 자체시다. 따라서 하나님의 말씀, 율법, 그리고 복음은 순수 진리다. 이것들은 모두 마땅히 있어야 하는 진리들이다. "진리"라는 말은 이렇게 세 가지 의미로 구분되지만, 동시에 이것들은 또한 하나다. 이 세 가지 의미들 안에는 생각과 존재의 일치, 이상과 실재의 일치가 공통적으로 존재한다. 하나님은 그 생각과 존재가 일치하기 때문에 형이상학적 의미에서 진리시다. 하나님은 자신이 실제 존재하고 생각하시는 그대로 자신을 계시하고 말하고 행동하고 나타내시기 때문에 윤리적 의미에서 진리시다. 마지막으로 하나님은 만물을 있는 그대로 생각하시기 때문에, 아니 하나님이 생각하시는 대로 만물이 그렇게 존재하기 때문에, 논리적 의미에서도 진리시다. 하나님은 절대적으로 완전하고 충만한 진리다. 그러므로 하나님은 제1의 진리, 원(original) 진리, 모든 진리의 원천, 모든 진리 안에 있는 진리다. "오 하나님, 참된 모든 것은 당신 안에서, 당신으로 말미암아, 당신을 통해서 참됩니다. 진리이신 당신께 저는 간구합니다."[78]

선하심

[204] 하나님의 도덕적 속성들 가운데 첫째는 하나님의 선하심이다. 하나님의 선하심은 상대적이거나 공리적(utilitarian) 의미에서가 아니라 절대적 의미에서 이해되어야 한다. 하나님의 선하심은 완전함, 곧 모든 선의 총체다. "하나님 한 분 외에는 선한 이가 없느니라"(막 10:18; 눅 18:19). 하나님은 완전하시다(τελειος, 마 5:48). 따라서 하나님의 선하심은 하나님의 절대적 완전함과 하나다. 하나님 안에서는 "관념"(idea)과 "실재"(reality)가 하나다. 하나님은 자기 바깥에 어떤 목적도 갖지 않으시고, 자충족적이시며 완전히 충족적이시다(시 50:8ff.; 사 40:28ff.; 합 2:20). 여기에서 "복됨"(blessedness)이라는 말을 사용하는 것이 적절할 것이다. 아리스토텔레스의 전통에서 "복됨"은 생각하는 행위(thinking)와 그 결과(thought)의 통일이며, 추구와 갈망의 대상이 아니다. 하나님은 복되신 분인데, 이는 하나님이 자신의 완전함의 풍성함 가운데 안식하시기 때문이다. 하나님이 다른 것들을 사랑하실 때, 하나님은 그것들 안에서 자신을 사랑하신다. 하나님은 모든 선의 총체, 모든 완전함의 총체이신 자기 안에서 복되시다. 이 점을 강조하는 것이 중요한데, 이렇게 함으로써 둔스 스코투스 및 그를 따라 여러 학자들

---

78) Augustine, *Soliloquies*, I, 1; 참조. T. Aquinas, *Summa Theol.*, I, qu. 16, 17; I, 2, qu. 3, art. 7; idem, *Summa contra gentiles*, I, chaps. 59-62; III, chap. 51; Bonaventure, *Sent.*, I, dist. 8, art. 1; J. Gerhard, *Loci theol.*, II, c. 8, *sect.* 16; A. Polanus, *Syn. theol.*, II, chap. 27; J. Zanchi, *Op. theol.*, II, cols. 226-242; L. Meijer, *Verhandelingen over de goddelyke eigenschappen*, 4 vols. (Groningen: Jacob Bolt, 1783), IV, 1-88.

이 그랬던 것처럼 하나님의 선하심을 의지의 우위라는 차원에서 생각하는 것을 방지하기 위해서이다. 보나벤투라가 견지했던 보다 건전한 견해에 따르면, 지성과 의지가 함께 결합하여 복됨의 좌소를 이루었다.[79] 인간의 경우에 지복(beatitude)이 몸과 영혼 그리고 우리의 모든 능력을 포괄하는 것처럼, 하나님의 경우에도 그것은 완전한 지식뿐만 아니라, 동등하게 완전한 능력, 선, 거룩 등으로 이루어진다. "지복은 모든 선이 그 전체 가운데 완전한 상태다."[80]

복됨은 하나님의 피조물들에게도 선이다. 하나님 자신이 모든 피조물의 최고선, 모든 피조물이 갈망하는 대상이시다. 모든 선이 넘쳐 흐르는 원천이신[81] 하나님은 자신의 선하심을 피조물들에게 인자로, 자비로, 오래 참으심으로, 그리고 가장 놀랍게는 은혜로 나타내신다. "인자"(חֶסֶד)는 하나님이 자기 백성, 택하신 자들에 대해 가지시는 특별한 호의를 가리킨다(민 14:19; 삼하 7:15; 22:50; 대상 17:13; 시 5:7; 18:51). 신약성경에서 그것은 그리스도 안에 있는 하나님의 모든 풍성함 가운데 드러났다(롬 2:4; 고후 10:1; 엡 2:7; 골 3:12; 딛 3:4). 하나님의 선하심이 비참함 가운데 있는 자들에게 보여졌을 때 그것은 "자비"(רַחֲמִים, σπλαγχνα, *viscera*, *misericordia*; 신약성경: ἔλεος, οἰκτιρμος)라고 불리는데, 그것은 상냥하고(시 103:13), 크고, 풍성하다(출 20:6; 삼하 24:14; 느 9:19; 시 51:12; 119:156). 신약성경에서 자비의 아버지(고후 1:3)이신 하나님은 그리스도 안에서 자신의 자비를 나타내셨는데(눅 1:50ff.), 그리스도는 자비로운 대제사장이시다(마 18:27; 20:34 등; 히 2:17). 심판 받아 마땅한 자들을 남겨두시는 하나님의 선하심을 오래 참으심 혹은 인내(רחום 또

---

79) Bonaventure, *Sent.*, IV, dist. 49, pt. 1, art. 1, qu. 4-5.

80) Boethius, *The Consolation of Philosophy*, 4. On the blessedness of God: Augustine, *City of God*, XII, 1; T. Aquinas, *Summa Theol.*, I, qu. 26; J. Gerhard, *Loci theol.*, II, c. 8, sect. 19; J. Zanchi, *Op. theol.*, II, 155ff.; A. Polanus, *Syn. theol.*, II, chap. 17.

81) Belgic Confession, art. 1.

는 אֶרֶךְ אַפַּיִם, μακροθυμια, ἀνοχη, χρητοτης)라고 부르는데, 이것은 성경에서 자주 언급되는 속성이다(출 34:6; 민 14:18; 느 9:17; 시 86:15; 103:8; 145:8; 욜 2:13; 욘 4:2; 나 1:3). 하나님의 오래 참으심은 신약성경 시대에도 여전히 작용하는데, 그것은 그리스도를 선포하는 구절들에 나타난다(딤전 1:16; 벧후 3:15). 다른 무엇보다도 하나님의 선하심은 하나님의 은혜 안에 드러나는데, 이것은 자격 없는 죄인들에게 하나님이 자발적으로, 값없이 베푸신 호의다.

기독교 역사에서 은혜에 관한 온전한 교리를 처음으로 발전시킨 사람은 아우구스티누스였다. 하나님의 선하심이 어떤 유익들뿐만 아니라 하나님 자신을 전달할 때, 그것은 사랑으로 나타난다. 이 하나님의 사랑이 구약성경에서 언약적인 부부의 사랑으로 묘사되었다면(신 4:37; 7:8, 13; 10:15; 23:5; 대하 2:11; 사 43:4; 48:14; 63:9; 렘 31:3; 호 11:1, 4; 14:4; 습 3:17; 말 1:2), 신약성경에서는 "아가페"(ἀγαπη)로, 즉 성부께서 성자에게 그리고 그 성자를 통해 주시는 사랑으로 탁월하게 계시되었다. 성부와 성자 사이의 관계는 사랑의 삶으로 제시된다(요 3:35; 5:20; 10:17; 14:31; 15:19; 17:24, 26). 그러나 친히 사랑하시고 자신을 바치심으로 자기의 사랑을 입증하신(요 15:13) 그리스도 안에서 이 사랑이 부어진 대상에는 전체로서의 세상이나 교회뿐만 아니라(요 3:16; 롬 5:8; 8:37; 요일 4:9), 또한 각 개인도 포함된다(요 14:23; 16:27; 17:23; 롬 9:13; 갈 2:20). 참으로 하나님은 사랑하실 뿐 아니라 하나님 자신이 사랑이시고(요일 4:8), 하나님의 사랑이 우리가 하는 사랑의 토대, 원천, 모범이다(요일 4:10-11). 우리가 여기서 주의를 기울여 피해야 할 것이 있는데, 그것은 "하나님은 사랑이시다"라는 고백을 배타적인 의미로 이해해서 모든 신적 속성이 신적 사랑이라는 핵심 본질에서 나오는 것처럼 이해하는 것이다. 우리가 "하나님은 거룩하시다. 하나님은 의로우시다"라고 말하는 것도 동일하게 진리인 것이다.

거룩

[205] 하나님은 선하실 뿐 아니라 거룩하시고, 도덕적으로 완전하신 분이

   제2부 │ 삼위일체 하나님과 창조

다. 사람과 사물은 하나님께 대하여 선택되고 구별될 때만 거룩해질 뿐이다. "거룩"에 해당하는 히브리어의 어간 קדשׁ는 חדשׁ와 관련이 있는데, 일반적으로 "자르다, 분리하다"를 뜻하는 어근 קד에까지 거슬러 올라가는 말로서 단절과 격리를 뜻한다. "거룩하다"라는 단어는 일반적인 용법을 넘어서서 주로 하나님과 특별한 관계를 맺고 섬기게 된 많은 사람과 사물을 가리키는 말로 사용되었다. 야웨는 거룩하시기 때문에 자신을 위해 거룩한 백성, 거룩한 제사장, 거룩한 처소를 원하신다(출 19:6; 29:43; 레 11:44-45; 19:2; 20:26; 21:8; 신 28:9-10). 분리와 거룩함을 위한 부름에 포함된 것들은 특히 "거룩한 백성"(출 19:6), "거룩한 장소"(출 29:31), "거룩한 희년"(레 25:12), "거룩한 안식일"(출 16:23), "거룩한 그릇"(민 16:37), "거룩한 물"(민 5:17), 그리고 성소(출 15:17) 및 "거룩한 곳"과 "지성소"(출 26:33-34)였다. 이것은 창조 세계가 본질적으로 악하다는 것을 의미하지 않는다. 그것은 선하지만 일반적인 것(חל, profane)이어서, 하나님과 교제하지 않으며 하나님을 섬기는 데 부적합하다. 거룩한 분이신 하나님만이 홀로 부정한 것을 성별하시고 거룩하게 하실 수 있다. "나는 너희를 거룩하게 하는 여호와니라"(출 31:13; 레 20:8; 21:8, 15, 23; 22:9, 16, 32; 겔 20:12; 37:28). 하나님은 부정적으로는 민족, 사람, 장소, 날, 또는 대상을 선택하시고 다른 모든 것에서 구별하여 거룩하게 하시고, 긍정적으로는 이런 사람이나 사물을 성별하시고 특정한 규정에 따라 행하게 하심으로써 거룩하게 하신다. 하나님은 이스라엘을 그 땅의 모든 백성 가운데서 선택하시고, 자기 언약에 포함시키시고, 그들에게 자기 율법을 알려주심으로써 이스라엘 백성 전체를 거룩하게 하신다(출 19:4-6). 거룩하게 한다는 것은 단순한 구별 그 이상이다. 그것은 씻음, 기름 부음, 희생, 피 뿌림 등을 통해 사물이 모든 다른 사물과 공통적으로 갖고 있는 성격을 벗겨내고, 그 위에 그것이 어디에서든지 지니고 드러내야 하는 고유한 성격을 부여하는 것이다(레 8:15; 16:15-16; 욥 1:5 등). 거룩하신 분으로서 하나님은 창조주, 구원자, 그리고 이스라엘의 왕이시다(사 43:14-15; 49:7; 54:5; 62:12). 따라서 하나님의 구원받은 백성은 하나님께 감사하고 하나님을 거룩하신 분으로 찬양한다(시 30:4; 71:22; 97:12; 대상 16:10, 35).

이스라엘에게 하나님의 거룩하심이 의미하는 것은 구원(시 22:3-4; 89:18; 98:1; 103:1; 105:3; 145:21), 기도에 대한 응답(시 3:4; 20:6; 28:2), 위로(사 5:16; 합 1:12)이기도 하지만, 한편으로 이스라엘이 하나님과 맺은 언약을 깨뜨리고, 하나님의 이름을 더럽히고, 그 율법을 범하고, 거룩하지 않게 되었을 때에는 심판과 징계이기도 하다. 그러나 하나님은 징계 중에도 자기 백성을 잊지 않으시며, 하나님의 거룩함은 그들을 구원하시는 원인으로 남아 있다(사 6:13; 10:20; 27:13; 29:23-24; 43:15; 49:7; 52:10; 렘 51:5; 호 11:8-9 등). 결국 하나님의 거룩하심은 이방인들로 하여금 그분이 주님이심을 알게 함으로써 자신의 정당성을 입증할 것이고(렘 50:29; 겔 36:23; 39:7), 모든 불의에서 이스라엘을 구원하고 모든 죄악으로부터 정결하게 할 것이다(겔 36:25ff.; 39:7). 이것은 우리로 하여금 하나님의 거룩하심이 그리스도 안에서 탁월하게 드러나는 신약을 떠올리게 하는데, 이 그리스도 안에서 하나님은 자신을 교회에 주시고, 교회를 모든 죄악으로부터 구원하시고 깨끗하게 하신다. 여기서 하나님의 거룩하신 분(막 1:24; 눅 4:34; 행 3:14; 4:27), 즉 세상과 첨예하게 대비되시고(요 15:18), 절대적 의미에서 자신을 하나님께 성별하여 바치신 분(요 17:19)이 나타나실 때, 비로소 하나님의 거룩하심은 더 이상 심판과 징계의 원리가 아니며, 성령(구약성경에서는 이렇게 언급되는 것이 드물지만[시 51:11; 사 63:10-11], 신약성경에서는 반복해서 언급된다)은 교회를 거룩하게 하는 원리가 되신다. 이제부터 교회는 "거룩한 나라"(벧전 2:5, 9; 엡 2:19; 5:27)로서 거룩하고 흠이 없는 선택된 자들로 구성되고(엡 1:1, 4; 골 1:2, 22; 3:12; 고전 7:14), 죄에서 완전히 자유하며 정결하게 되어서, 영혼과 몸이 하나님께 영원히 성별된다.

의(정의)

[206] 거룩함과 밀접하게 연관된 것은 하나님의 의(righteousness)인데, 하나님은 이것을 통해 공정하고 공의롭게 의로운 자를 신원하시고 악한 자

 제2부 | 삼위일체 하나님과 창조

를 정죄하신다. "차디크"(צַדִּיק), "체데크"(צֶדֶק), "체다카"(צְדָקָה)는 법을 준수하는 사람의 상태를 말하는데, 따라서 "의"가 가진 일차적 의미는 법정적인 것으로 보인다. 재판관 앞에서 옳다고 판명되어 무죄가 선고되어야 할 사람은 "차디크"(צַדִּיק)로 여겨진다. 하나님은 온 땅의 심판자로서(창 18:15) 자신의 의를 역사 가운데, 세계에 대한 통치 가운데, 이스라엘을 섭리로 인도하시는 가운데 드러내신다. 하나님은 의로우시고, 하나님의 판단은 모두 의롭다(시 119:137; 129:4). 하나님의 진노는 극히 두려운 것이므로[82] 심각하게 다루어져야 한다(욥 21:17; 시 2:5; 6:1; 38:1; 76:7; 90:7; 102:10; 렘 10:24; 42:18). 하나님은 악인을 심판하시는데(겔 7:4, 9, 27; 8:18; 9:10), 그 대상에는 특히 자신의 언약 백성들도 포함된다(사 42:24-25; 렘 7:20; 21:5; 32:31 등; 애 2:2ff.; 3:43; 겔 5:13ff.; 7:3; 13:1 등; 슥 7:12ff.). 그러나 성경에 하나님의 보복적 정의가 실재하기는 하지만, 그럼에도 여전히 보상적 정의가 더 두드러진다. 여기서 하나님의 의는 대개 좋은 의미로, 의로운 자들을 옳다고 하시고 그들을 영예와 온전함의 자리로 높이시는 하나님의 속성으로 이해된다. 이 것은 이 땅—왕, 재판장, 모든 이스라엘 백성—의 정의를 위해서도 모범이 된다. 야웨는 참된 재판장이시고, 하나님의 의가 나타나는 것은 동시에 하나님의 은혜가 나타나는 것이기도 하다.

그러므로 비록 이스라엘이 죄악된 백성이고 따라서 혹독하게 징벌을 받았지만(사 43:26; 48:1; 53:11; 57:12; 59:4; 64:5), 이방인들과 비교하면 이스라엘이 의롭다고 할 수 있다. 그 모든 범죄에도 불구하고 이스라엘의 동기는 의로우며, 따라서 충분히 징계를 받은 후에는 하나님의 의가 그들의 의를 다시 일깨우고, 인정할 것이며, 그리하여 하나님이 자기 백성을 그들이 처한 모든 비참에서 건져내실 것이다(사 40:1ff.; 54:5, 7ff.; 57:15ff.; 61:1ff.). 이스라

---

82) 참조. 하나님의 진노에 대해서는, L. Lactantius, *De ira Dei*; Tertullian, *De ira Dei Lange*, "Zorn Gottes," *PRE*[1], XVIII, 657-671; R. Kübel, "Zorn Gottes," *PRE*[2], XVIII, 556-568; G. F. Oehler, *Theology of the Old Testament*, §48; H. Cremer, *Lexicon*, "ὀργή"를 보라.

엘이 기다리는 구원은 번영과 평화라는 외적인 복이 회복되는 것 이상을 의미하는데, 무엇보다도 죄 용서, 즉 하나님이 그들에게 새 마음을 주시기 위해 그들 위에 부으실 성령을 의미한다. 구원은 하나님이 충만하게 그들의 하나님이 되시고 또한 그들이 온전히 하나님의 백성이 되는 데 있다(사 43:25; 렘 31:33-34; 32:39-40; 33:8; 겔 11:19; 36:25; 욜 2:28ff.). 이 의는 단지 이스라엘만 위한 것이 아니고, 이방 민족들을 위한 것이기도 하다(사 2:2ff.; 45:22). 주님은 메시아를 통해서 자기 백성에게 하나님의 의를 주실 것인데, 그 메시아는 이방인들에게 공의를 가져오실 것이다(사 42:1). 그리고 주님은 새 하늘과 새 땅을 창조하시고, 그곳에 의가 거하도록 하실 것이다(사 65:17ff.).

이것이 신약성경에서 "의"(righteousness)가 의미하는 바다. "하나님의 의"(δικαιοσυνη θεου)는 메시아를 통해, 메시아로 말미암아 자기 백성에게 의를 베푸는 것이다. 하나님의 의는 그리스도 안에서 속죄의 수단을 제공하는데, 이리하여 하나님의 의로우심을 증명하고, 믿는 자를 의롭게 하며, 그들의 죄를 용서해주며(요일 1:9), 자기 백성에게 구원을 베풀 수 있다(요 17:25; 딤후 4:8). 비록 하나님의 진노가 이미 악인들 위에 머물러 있지만(요 3:36; 엡 2:3; 살전 2:16), 이 진노가 가진 모든 무시무시함은 미래에 비로소 온전히 드러날 것이다(마 3:7; 눅 3:7; 21:23; 롬 5:9; 살전 1:10; 5:9; 엡 5:6; 골 3:6; 계 6:16-17; 11:18; 14:10; 16:19; 19:15).[83]

교의신학에서 "의"라는 용어는 모든 신적 미덕의 총체라는 광범위한 의미를 가진다. 이러한 용법이 갖는 이점은 영지주의자들, 마르키온, 근대 신학자들과 같은 이들이 하나님을 사랑으로만 보면서 율법과 복음, 진노의 하나님과 은혜의 하나님을 날카롭게 구분하는 공격에 맞서, 하나님의 공의(justice)를 방어할 수 있는 기회를 제공한다는 것이다. 하나님의 공의

---

83) 성경에 나타나는 하나님의 의에 대해서는, H. Cremer, *Lexicon*, s.v. "δικαιοσυνη"; J. Köstlin, "Gott," *PRE*[2], V, 311; G. F. Oehler, *Theology of the Old Testament*, §47; A. B. Davidson, *Theology of the Old Testament*, 129ff.; 그리고 이후의 칭의론에 대한 장에 있는 참고문헌을 보라.

를 말하는 것은 우리를 추가적인 문제들로 이끈다. 하나님의 경우에는 자신보다 상위에 있어서 따르셔야만 하는 법이라는 것은 생각할 수 없는데, 이는 하나님의 뜻이 최고의 법이기 때문이다. 게다가 피조물들은 하나님 앞에서 자기 권리를 주장할 수 없다. 하나님이 그들의 창조주시며, 하나님과 별개로 그들이 호소할 수 있는 법은 없기 때문이다. 하나님께는 어떤 외적 의무도 없지만, 하나님의 의와 공의가 도덕적 기초 위에 놓여 있다는 것은 사실이다. 하나님은 자기 피조물에 대해 임의적이거나 변덕스럽게 행동하시지 않고, 자기 백성에 대해 은혜 안에서 언약적으로 행동하신다. 하나님은 거룩함과 은혜로 자신을 묶으신다. 하나님은 각 피조물에게 그 나름의 본성을 부여하시고 창조세계를 하나님의 법과 질서에 따라 다스리심으로써 "권리들"을 부여하시는데, 이 권리들은 존재하는 모든 것의 실존과 본성에 새겨져 있는 것이다. 이것들은 특히 이성적 피조물들에게 주어지는데, 그들 가운데서 삶의 모든 영역에 주어져 있다. 종류를 막론하고 모든 법과 권리는 그 궁극적 근거를 사회 계약이나 독자적으로 존재하는 자연법이나 역사가 아니라 하나님의 뜻 안에 갖는데, 이것은 "절대적 지배"가 아니라 선하고 은혜로운 뜻이다. 하나님의 은혜는 모든 법과 권리의 원천이다. 하나님은 최고의 입법자시며, 따라서 삶의 모든 영역을 떠받치는 공의의 질서 전체가 하나님 안에 뿌리박고 있다.

하나님의 주권적인 뜻

[207] 하나님의 주권에 속하는 속성들의 궁극적 기초는 만물의 창조주와 주님이신 하나님의 뜻(will)이다. 모든 것이 하나님의 뜻에서 비롯된다. 창조와 보존(계 4:11), 통치(잠 21:1; 단 4:35; 엡 1:11), 그리스도의 고난(눅 22:42), 선택과 유기(롬 9:15ff.), 중생(약 1:18), 성화(빌 2:13), 신자의 고난(벧전 3:17), 우리의 삶과 운명(약 4:15; 행 18:21; 롬 15:32), 그리고 삶을 이루는 가장 사소한 세부사항들조차도 말이다(마 10:29 등). 철학은 결코 이것으로 만족하지 못하고 계속해서 더 깊은 설명, 하나님 너머에 있는 궁극적 근거들로

서의 실재를 추구한다. 그러나 합리주의 철학자들의 시도에도 불구하고, 하나님의 뜻 너머에 고려될 수 있는 것은 전혀 없다. 순수한 사고 자체를 절대적으로 여기는 것, 헤겔처럼 사고에서 모든 내용을 제거하면서 존재(being)를 생성(becoming)으로, 현실태(actuality)를 가능태(potentiality)로 바꾸는 것은 형이상학적 속임수이며 개념들을 이용한 교묘한 장난에 불과하다. 존재는 의지 없이 절대적인 사고에서 나올 수 없다. 셸링과 같은 철학자들은 의지의 우위에 호소하면서 정반대의 오류를 범했다. 셸링은 "궁극적으로 의도(volition) 이외의 다른 존재는 없다. 의도는 원형적 존재며, 따라서 그것에만 존재에 관한 모든 술어들―근거 없음, 영원, 시간에 대한 의존으로부터의 자유, 자기 확증―이 적용된다. 모든 철학은 이 한 가지 궁극적 표현을 발견하기 위한 것이다"라고 말했다.[84] 의지는 궁극적 존재고 지성에 앞선다. "사물들은 그 근거를 하나님 안에 있는 하나님 자신이 아닌 것, 다시 말해 하나님의 존재의 근거 안에 갖고 있다." 사물들은 그 근거를 이 어두운 본성, 하나님의 무의식적 의지에 두고 있다. 여기서 의지는 그 말이 가진 진정한 의미에서의 의지가 아니고, 오히려 단순히 무의식적 욕망, 맹목적 충동, 그리고 본성의 어두운 힘에 불과하다. 우리가 아는 세계가 질서, 규칙성, 형태를 드러낸다고 하지만, 혼돈의 위협은 늘 존재한다. 셸링은 우주적 과정 전체를 자연과 정신, 어둠과 빛, 실재와 이상의 대립에서 추론했는데, 이것들은 하나님 자신 안에 영원부터 공존하고 있다. 이것은 하나의 가정을 전제하는데, 그것은 의지가 지성에 의해 제어되지 않으며, 모든 의도하는 것은 아직 존재하지 않는 것에 대한 원초적인 욕망, 추구, 불안, 갈망이라는 생각이다. 결과적으로 만일 의지가 분투

---

84) F. W. J. Schelling, "Philosophische Untersuchungen über das Wesen der menschlichen Freiheit und die damit zusammenhängenden Gegenstände," in *Ausgewählte Werke*, 4 vols. (Darmstadt: Wissenschaftlichle Buchgesellschaft, 1968), IV, 294; 영역본: Schelling, *Of Human Freedom*, trans. James Gutmann (Chicago: Open Court, 1936).

(striving)와 같이 원초적인 것이라면, 의지의 멸절이나 영혼의 상실이 아니고서는 어떤 안식이나 복됨도 피조물에게 있을 수 없다.

이것은 불교(열반)와 다양한 범신론적 신비주의의 가르침이지, 성경이나 기독교 신학의 가르침이 결코 아니다. 기독교는 영혼의 멸절이나 의지의 제거를 추구하지 않는다. 대신에 참된 복됨은 영혼을 최고 수준의 사랑으로 끌어올린다. 자신이 획득한 것 안에서 안식하고 즐거움을 누리려는 의지가 피조물들 안에 존재한다. 대상을 받아들임으로써 복됨을 누리는 것이 바로 사랑이다. 여기서 하나님의 뜻에 대한 우리의 확신들이 시사하는 바는 크다. 하나님의 뜻은 결핍에서 나오지 않는다. 그것은 하나님이 아직 소유하지 않으신 것에 대한 갈망이 아니다. 하나님은 완전히 충족적이시고 그 자체로 복되시다. 하나님의 사랑은 신적 자기사랑이다. 하나님은 스스로 하나님의 뜻의 대상이신데, 하나님 자신이 스스로 원인이 되신다는 의미에서가 아니라 오히려 하나님이 자신의 기쁨과 선한 즐거움을 의도하신다는 온전한 의미에서 그렇다. 하나님의 뜻은 하나님과 별개의 힘이나 능력이 아니다. 오히려 그것은 하나님 자신의 신적 존재, 하나님의 신적 사랑과 공존한다. 삼위일체 하나님은 신적 사랑으로 자신을 영원히 사랑하시고, 자기 안에서 전적으로 복되시다. 하나님 안에 있는 이 필연적인 뜻은 피조물에 대해 가지시는 하나님의 자유의지, 모든 창조된 것의 최종 근거와 구분되어야 한다. 복되신 하나님 자신이 피조물에게나 자신에게나 최고선이시다. 모든 것은 하나님이 기뻐하시는 선하신 뜻, 즉 하나님의 영광에 의하여, 그리고 그분의 영광을 위하여 창조되었다.

[208] 하나님의 뜻은 하나지만, 우리는 하나님 자신과 관련된 하나님의 뜻—"목적으로서의 하나님 자신에 대한 경향"—을 피조물에 대한 하나님의 뜻—"수단으로서의 피조물에 대한 경향"—과 구별해야 한다. 하나님은 영원히 그리고 필연적으로 자기 자신을 기뻐하신다. 여기서 자유와 필연성은 일치한다. 피조물들에 대해서는 사정이 전혀 다르다. 하나님은 자신이 기뻐하는 일이라면 무엇이든지 자유롭게 행하신다(시 115:3; 잠 21:1; 단

4:35). 하나님은 아무에게도 자신의 그 어떤 행위에 대해서든지 설명하시거나 정당화하실 필요가 없다(욥 33:13). 인간들은 하나님께 토기장이의 손 안에 있는 진흙과 같다(욥 10:9; 33:6; 사 29:16; 30:14; 64:8; 렘 18:1ff.). "열방이 통의 한 방울 물과 같고 저울의 작은 티끌 같으며"(사 40:15ff.). 인간들이 하나님께 대적하면서 스스로를 높이는 것은, 마치 도끼가 그 도끼로 찍는 자를 대적하면서 스스로를 높이거나, 톱이 그 톱으로 켜는 자에게 대적하면서 자신을 자랑하는 것만큼이나 어리석은 짓이다!(사 10:15) 그 어떤 인간도 하나님 앞에서 "권리"를 주장하거나 하나님께 "무엇을 하시나이까?"라고 물을 수 없다(욥 9:2ff., 12; 11:10). "진흙이 토기장이에게 너는 무엇을 만드느냐…말할 수 있겠느냐?"(사 45:9) 하나님 앞에서 우리는 침묵하며 손으로 입을 가려야만 한다(욥 40:4). 또한 신약성경도 그렇게 가르친다. 하나님이 하나님께 속한 것을 가지고 자기 뜻대로 하실 수 없는가?(마 20:15) 만물은 자신들의 존재에 대해—그것들이 있다는 사실과 그것들이 무엇인지에 대해—오직 하나님의 뜻에 의존한다(계 4:11). 하나님의 뜻이 모든 것의 궁극적 근거다. 긍휼과 완악이 모두 거기서 비롯된다(롬 9:15-18). 교회에서 성령은 자신이 의도하시는 대로 각 사람에게 은사를 나누어주신다(고전 12:11). 인간에게는 하나님의 자유로운 처분에 이의를 제기할 아무런 권리가 없다(마 20:13ff.; 롬 9:20-21). 이런 이유로 기독교 신학은 피조물들과 관련된 하나님의 뜻이 자유롭다고 말한다. 그래서 아우구스티누스는 하나님의 뜻이 모든 것의 최종적 근거라고 주장했다.[85] 더 깊은 근거는 없는 것이다. 왜 하나님이 세상을 창조하셨는지 묻는 질문에 대해, 하나님이 그것을 의도하셨기 때문이라는 답만 있을 뿐이다. 더 나아가 그 뜻의 원인을 캐묻는 자는 "하나님의 뜻보다 더욱 큰 어떤 것을 요구하는 것이다. 그러나 그런 것은 있을 수 없다"라고 대답한다.[86]

---

85) Augustine, *City of God*, XXI, 8; idem, *The Trinity*, III, 7, 19.
86) Augustine, *On Genesis, against the Manicheans*, I, 2; idem, *City of God*, V, 9.

많은 신학자들이 하나님의 절대적 자유로부터 출발해서 중세 유명론의 방식을 따라 생각하기 시작했다. 의지의 자유를 절대적인 무차별로 보는 펠라기우스주의 견해를 일관되게 하나님께 적용한 것은 둔스 스코투스였다. 여기서 근본적인 주장은 "하나님의 의지가 이것을 의도하신다"라는 것이다. 의지라는 선행 이유에 앞서는 것은 아무것도 없다.[87] 창조는 철저히 우연적(contingent)이다. 하나님은 세계를 절대적 자유 안에서 창조하셨는데, 설사 그렇게 하시려는 작정이 영원으로부터 세워졌을지라도 말이다.[88] 스코투스는 하나님의 절대적 자유의지로부터 인간의 자유가 전적으로 가능하다는 추론을 이끌어냈다. 그에 의하면, 인간의 의지는 "대립되는 행동들과 대상들에 대해" 자유롭다.[89] 오직 그러한 인간의 의지 자체가 모든 행동의 전적 원인이지, 외적인 선이 아니다. "또한 대상의 어떤 선함이 필연적으로 의지의 승인을 초래하는 것도 아니고, 다만 의지가 자유롭게 어떠한 선이라도 승인하며, 더 큰 선이든지 작은 선이든지 자유롭게 승인할 뿐이다."[90] "다름 아닌 의지(will)가 의지 안에 있는 의도(volition)의 전적 원인이다."[91] 의지는 심지어 지성조차도 앞선다. 비록 그 추구할 대상을 의지에 제공하는 것이 지성이지만, 그럼에도 지성이 대상을 주시하게 하는 것은 바로 의지이기 때문이다. 따라서 형식적으로는 지성이 아니라 의지가 복됨의 좌소다.[92] 이 유명론에는 급진적 결과가 뒤따른다. 스코투스에게 의지는 복됨의 좌소인데, 십계명의 둘째 돌판의 내용은 다른 것이 될 수 있었고, 로고스는 인간의 본성이 아닌 다른 본성을 취할 수 있었고, 성육신은 아마도 죄와 무관하게 일어날 수 있었다. 하나님은 인류를 다른 방식으로 구원하

---

87) Duns Scotus, *Sent.*, I, dist. 8, qu. 5, n. 24.
88) Ibid., II, dist. 1, qu. 2, n. 5.
89) Ibid., I, dist. 39, qu. 5, nn. 15ff.
90) Ibid., I, dist. 1, qu. 4, n. 16.
91) Ibid., II, dist. 25, qu. 1, n. 22.
92) Ibid., IV, dist. 49, qu. 4.

실 수도 있었다. 심지어 그리스도의 공로와 무관하게 말이다. 스코투스는
하나님의 자유와 전능을 지나치게 높여서 그 결과 적어도 목적으로 인도
할 수단은 완전히 자의적이 되어버렸다.[93] 다른 사람들—오컴, 예수회, 소
키누스파, 항변파, 데카르트—은 같은 길을 따르면서 하나님의 의지를 하
나님의 본성과 완전성들에서 분리시켰다. 이것이 형식적 자의성의 길이다.
창조, 성육신, 도덕법, 참과 거짓을 포함하는 모든 것이 다른 모습일 수도 있
었을 것이다. 기독교 신학은 범신론과 이신론 둘 다에 맞서 세계가 하나님
의 자유롭고 주권적인 뜻에 의해 존재하게 되었다는 것, 그리고 하나님은
자신의 의지에 대해 자신의 지혜로운 이유들을 가지셨다고 주장했다.

　　유명론은 기독교 신학에 경종을 울렸다. 기독교 신학의 임무는 하나님
의 뜻을 모든 것의 근거로 긍정하면서, 동시에 그 뜻에서 모든 자연적 특
성을 제거함으로써 단순한 자의성으로 전락시키지 않도록 주의를 기울이
는 것이었다. 이에 대응하여 기독교 신학은 신론에서 출발점을 하나님의
의지가 아니라 하나님의 본질에 두었다. 사물들의 현존(existence)은 하나
님의 의지에 달려 있지만, 사물들의 본성 또는 본질(essence)은 하나님의
마음에 달려 있다. 하나님은 로고스를 통해 세계를 창조하고 보존하신다.
그러므로 세상은 하나님의 사고에 기초한다. 하나님은 자의적이고 "우연
히"(accidentally)가 아니라, 오히려 최고의 지혜를 가지고 행하신다. 신학자
들은 하나님 안에 자의성이 있다는 비난은 피하면서 하나님의 본래적인
자유의지를 창조의 기초로 주장하기 위해 이 의지에서 신적 동기들을 찾
았다. 하나님의 자유로운 창조행위의 "이유"를 궁리한 신학자들은 하나님
의 선하심, 사랑, 또는 영광에 대해 말했다. "원인들"을 찾는 학문적 신학
은 그런 질문들을 피할 수 없다. 학문을 하는 모든 사람, 특히 신학자들의
첫째 의무가 겸손과 신중임을 절대 잊지 않으면서 말이다. 다시 말해 신학
은 하나님이 자연과 성경을 통해 알게 하시는 사실과 증거에 철저하게 묶

---

93) 참조. H. Ritter, *Geschichte der christlichen philosophie*, IV, 388ff.

여 있어야 한다는 것이다. 신학은 세계를 필연적인 것으로 만드는 범신론의 유혹, 그리고 세계를 우연의 산물로 만드는 이신론의 유혹 모두를 거부해야 한다. 이러한 두 이론에 맞서 기독교 신학은 세계가 하나님의 자유롭고 주권적인 의지의 행위에 의해 존재하게 되었으며, 하나님은 이 의지에 대해 하나님 자신의 지혜로운 이유를 가지셨다고 단호히 주장한다. 어떤 것이 우리에게 선한 유일한 이유는 바로 하나님이 그것을 의도하신다는 것뿐이다. 어떤 것이 그 자체로 또는 다른 이유 때문에 선한 것이 아니라면, 하나님은 결코 그것을 의도하실 수 없었다.[94] 하나님은 근본적으로 우연적인 세계를 자유롭게, 하나님의 선하신 기쁨을 위해 창조하셨다. 하나님의 뜻은 하나님의 존재, 지혜, 선함, 그리고 그분이 가지신 다른 모든 완전함과 하나다.[95] 그렇기 때문에 인간의 가슴과 머리는 하나님의 뜻 안에서 안식할 수 있는데, 이는 그것이 전능하시고 자비로우신 아버지의 뜻이지, 맹목적인 운명, 헤아릴 수 없는 우연, 또는 자연의 어두운 힘이 아니기 때문이다. 하나님의 주권은 무제한적 능력의 주권이면서, 또한 지혜와 은혜의 주권이기도 하다. 하나님은 왕이신 동시에 아버지시다.

악의 문제: 하나님의 계시된 뜻과 감춰진 뜻

[209] 하나님의 뜻에 관한 교리에는 여전히 다른 난점들이 있다. 하나님과 세계가 구별되기 때문에 "하나님 자신에 대한 경향"과 "피조물에 대한 경향"을 구별해야 하는 것처럼, 피조물들의 세계에서도 하나님이 의도하시는 것은 다양하다. 우리는 (피조물과 관련된) 하나님의 뜻을 피조물의 숫자만큼이나 다양하게 구별할 수 있다. 하나님의 자유의지는 온 세계가 그런 것처럼 풍성하고 다양하다. 가장 중요한 사실은 하나님이 모든 피조물에게 아버지시지만, 동일한 방식으로 그렇지는 않다는 것이다. 우리의 세상

---

94) G. Voetius, *Select. disp.*, I, 387.
95) T. Aquinas, *Summa Theol.*, I, qu. 19, art. 5.

에는 하나님의 뜻에 대한 교리에 특별한 어려움을 일으키는 문제가 하나 있는데, 바로 윤리적이고 물리적인 측면 모두에 존재하는 악의 문제다. 비록 악이 하나님의 통제 아래에 있을지라도, 그것은 선에 대한 것과 동일한 의미와 동일한 방식에서 하나님의 뜻의 대상일 수 없다. 우리가 무엇을 해야 하는지를 규정하는 하나님의 뜻(마 7:21; 12:50; 요 4:34; 7:17; 롬 12:2)과 하나님이 무엇을 행하시고 또 무엇을 행하실 것인지를 말하는 하나님의 뜻(시 115:3; 단 4:17, 25, 32, 35; 롬 9:18-19; 엡 1:5, 9, 11; 계 4:11) 사이에는 큰 차이가 있다. 하나님의 뜻이 이루어지기를 바라는 간구(마 6:10)와, 어린아이와 같이 자신을 의탁하며 드리는 "주님의 뜻대로 되기를 원하나이다"라는 기도(마 26:42; 행 21:14)는 서로 간에 어조가 상당히 다르다. 하나님의 실제 뜻이 하나님의 선하신 기쁨의 뜻이라는 것, 이 뜻이 하나님의 존재와 일치하며 효력이 있다는 것은 개혁파 신학에서 가장 일관되게 가르쳐졌다. 하나님의 "감춰진" 뜻—또는 더 낫게 "하나님의 선하신 기쁨의 뜻"—과 계시된 뜻은 양립할 수 있다. 하나님의 작정은 하나님의 궁극적인 뜻이고, 하나님의 계시된 뜻은 우리가 행하기를 하나님이 의도하시는 것을 나타낸다. 이러한 구분을 분명히 하지 못하면 하나님을 죄의 조성자로 만드는 위험에 처하고, 하나님 앞에서 인간에게 합리적·도덕적 책임을 부여하는 데 실패한다. 더욱이 그런 실패는 하나님의 의도와 세계 역사의 실제 결과 사이에 해결할 수 없는 이원론을 만들어낸다. 그 결과는 하나님께 영원한 실망이 될 것이다. 세계를 향한 하나님의 계획은 실패하고, 마지막에는 사탄이 승리한다. 그러나 하나님의 계시된(교훈적인) 뜻은 사실상 하나님의 (궁극적인) 뜻이 아니라, 단지 우리의 행위를 위한 규범으로 하나님이 내리신 명령일 뿐이다. 하나님의 교훈적인 뜻은 하나님이 무엇을 행하실지에 대해 말하는 것이 아니며, 하나님의 행위에 대한 규범도 아니다. 그것은 하나님이 하셔야 하는 것을 지시하지 않고, 우리가 무엇을 해야 하는지를 우리에게 말해준다. 그것은 우리의 행위를 위한 규범이다(신 29:29). 그러므로 그것이 하나님의 뜻이라고 불리는 것은 오직 은유적인 의미에서만 그렇다. 계시된 뜻은 감춰진 뜻이 실현되는 수단이다. 하나님은 책망과 경고, 금지와 위협, 조건과 요구를 사용하셔서 자신의 경륜을 이루신다. 하지만 하나님의 비밀스러운 뜻이 분명히 하는 것은 인간이 하나님의 계명을 어길 때조차 단 한 순간도 하나님으로부터 독립적이지 않고, 그것을 어기는 순간에도 하나님의 경륜을 따르며, 설사 의도하지 않았더라도 하나님의 영광을 위한 도구들이 된다는 것이다. 하나님의 계시된 뜻을 부인하는 이들은 죄를 진지하게 다루는 데 실패한다. 감춰진 뜻을 부인하는 것은 하나님의 주권에 대한 믿음을 약화시킬 것이다. 전자의 경우에 직면할 영적 위험은 고통스러운 현실들에 눈을 감는 얄팍한 낙관주의다. 후자의 경우에 직면할 위험은 이 땅에서의 삶을 저주하고 세상과 인간의 운명에 절망하는 어두운 냉소주의다. 기독교 유신론은 세계의 어둠이라는 현실을 인정한다. 하지만 그러면서도 계시된 교훈적인 하나님의 뜻이나 하나님의 감춰진 목적들이 영광스러운 결실에 이르게 될 것이라는 확신 속에서 그 어느 것도 부인하기를 거부한다. 게다가 하나님이 인간의 어리석음 가운데 하나님의 지혜를, 인간의 약함 가운데 하나님의 강함을, 인간의 죄 가운데 하나님의 은혜와 의를 높이실 때, 또한 우리는 신앙 안에서 하나님의 주권을 가장 찬란하게 증거한다.

전능

[210] 하나님은 그분의 주권 안에서 전능(omnipotent)하시다. “엘”, “엘로힘”, “엘 샤다이”, “아도나이” 같은 이름들은 하나님의 능력을 나타낸다. 하나님은 모든 것 위에 계신 전능한 왕이시고 주님이시다. 하나님이 행하신 모든 일이 하나님의 전능하신 능력을 선포한다. 더 나아가 그분은 “크고 두려운 하나님”(אֵל גָּדוֹל וְנוֹרָא, 신 7:21ff.), “이스라엘의 전능자”(אֲבִיר יִשְׂרָאֵל, 사 1:24), “크고 능력 있으신 하나님”(הָאֵל הַגָּדוֹל הַגִּבּוֹר)이시요 그 이름은 만군의 여호와”(렘 32:18), “강하고 능하신 이”(עִזּוּז וְגִבּוֹר, 시 24:8), “주”(אָדוֹן, κύριος, 마 11:25; 계 1:8; 22:5)라고 불리신다. 마찬가지로 신약성경에서 하나님은 “큰 임

금"(μεγας βασιλευς, 마 5:35; 딤전 1:17), "만왕의 왕이시며 만주의 주"(βασιλευς των βασιλευοντων και κυριος των κυριευοντων, 딤전 6:15; 참조. 계 19:16), "전능하신 주"(παντοκρατωρ, 고후 6:18; 계 1:8; 4:8; 11:17); "유일하신 주권자"(μονος δυναστης, 딤전 6:15)로서, 권세(ἐξουσια ἀρχη)와 권한(δυναμις, κρατος)은 물론이고(마 28:18; 롬 9:21), 행동할 수 있는 능력, 자격, 권세(마 6:13; 롬 1:20)를 소유하신 분으로 불리신다. 더 나아가 하나님의 전능은 하나님의 모든 사역에서 분명하게 드러난다. 창조, 섭리, 이집트로부터 이스라엘의 구출, 법칙에 따라 움직이는 자연, 경이로움이 있는 이스라엘의 역사―이 모두가 하나님의 전능을 크고 분명하게 선포한다. 하나님께 너무 어려운 일이란 존재하지 않는다. 하나님께는 모든 것이 가능하다(창 18:14; 슥 8:6; 렘 32:27; 마 19:26; 눅 1:37; 18:27). 하나님은 돌들로도 아브라함의 자손이 되게 하실 수 있다(마 3:9). 하나님의 능력은 무엇보다 구속의 사역에서, 그리스도의 부활에서 분명하게 드러난다(롬 1:4; 엡 1:20). 인류의 통치(창 1:26; 시 8편), 다스림의 권세(잠 8:15; 롬 13:1-6), 하나님의 백성의 힘(신 8:17-18; 시 68:35; 사 40:26ff.), 말(馬)의 힘(욥 39:19ff.), 강력한 우렛소리(시 29:3; 68:33 등)는 모두 하나님께로부터 나온다. 우리가 구하거나 생각하는 모든 것에 넘치도록 은혜를 베푸시는 것(고후 9:8; 엡 3:20; 벧후 1:3), 마지막 날에 죽은 자를 일으키시는 것(요 5:25ff.)도 하나님의 능력이다. 권능은 하나님께 속하고(시 62:11), 영광과 힘도 하나님의 것이다(시 96:7; 계 4:11; 5:12; 7:12; 19:1).

유명론자들은, 하나님의 뜻과 자유에 대한 자신들의 견해에 전적으로 일치하게, 하나님의 전능을 하나님이 의도하시는 것이라면 무엇이든지 행할 수 있는 능력으로뿐만 아니라 또한 무엇이든지 의도하실 수 있는 능력으로도 정의했다. 그들은 하나님도 자신의 "절대적"(absolute) 능력("부여된"[ordained] 능력과 구별된다)에 따라 죄를 짓고, 오류를 범하고, 고통을 당하고, 죽고, 돌이나 동물이 되고, 떡을 그리스도의 몸으로 변화시키고, 모순된 일을 하고, 과거를 되돌리고, 참인 것을 거짓으로 만들고 거짓인 것을 참으로 만들 수도 있었을 것이라고 판단했다. 그러므로 하나님은 자신의 절대적 능력을 따라서 순전한 자의성, 아무 내용 없는 절대적 능력으로 서 아무것도 아니지만 무엇이라도 될 수 있다. 다른 한편으로, 플라톤 같은 이들은 우리가 아는 실제 세계가 유일하게 가능한 세계라고 말했다. 이에 반해 성경과 기독교의 정통 가르침은, 하나님이 자기를 부인하실 수 없고[96] 하나님의 뜻과 존재가 일치한다고 진술하면서도, 또한 가능한 것이 존 재하는 것보다 더 크다고 주장한다. 개혁파 신학자들이 부정한 것은 하나 님 자신의 본성에 매여 있지 않은 "절대적 능력"이라는 개념이었다. 그러 므로 칼뱅은 그에 맞서면서 "절대적 능력이라는 허구"를 신성모독적이라 며 거부했다.[97] 하나님의 존재는 세계의 존재에 의해 소진되지 않는다. 현 실적인 것은 가능한 것을 온전히 망라하지 않는다. 영원은 시간 안에 자신 을 다 쏟아내지 않는다. 무한은 유한한 존재들의 총합과 동일하지 않다. 전 지는 피조물들 안에 구현된 지성적 내용물과 일치하지 않는다. 그러므로 또한 하나님의 전능은 세계에 드러난 끝없는 능력조차 무한히 초월한다.[98]

완전함, 복됨, 영광

[211] 하나님은 자신에게 있는 모든 완전성의 총체, 곧 그분보다 더 크고 더 높고 더 나은 존재는 사고에서든지 실재에서든지 있을 수 없는 분이다. 달리 말해, 하나님은 하나님이라는 개념에 완전히 상응하신다. 하나님은 자신에 대해 완전한 지식을 갖고 계시고, 우리의 마음에 자신에 대한 인상 을 심어놓으셨다. 우리에게 있는 하나님의 개념은 하나님으로부터 온다. 그래서 비록 하나님에 대한 우리 마음의 감각이 어두워져 있음에도, 우리

---

96) 하나님은 거짓말할 수 없고, 후회할 수 없고, 변할 수 없고, 시험받을 수 없고(민 23:19; 삼상 15:29; 히 6:18; 약 1:13, 17), 그리고 자기를 부인할 수 없다(딤후 2:13).

97) J. Calvin, *Institutes*, III.xxiii.1, 5; 참조. I.xvi.3; II.vii.5; IV.xvii.24; idem, 사 23:9와 눅 1:18에 대한 주석.

98) 참조. I. A. Dorner, *A System of Christian Doctrine*, I, 458ff.; C. Hodge, *Systematic Theology*, I, 406ff.; W. G. T. Shedd, *Dogmatic Theology*, I, 358ff.

는 세계와 우리의 삶에 있는 하나님의 현실을 외면할 수 없다. 우리가 성경에 의해 가르침을 받을 때, 우리에게 있는 하나님에 대한 감각은 선명해지고, 하나님을 참으로 계신 그대로 알도록 새롭게 배우고, 하나님의 모든 완전함에 "아멘!"이라고 말하게 될 것이다. 하나님의 각 속성이 신자들에게 소중하다.

하나님이 완전하시기 때문에, 성경은 또한 하나님을 "복된 분"(Blessed One)으로 말한다. 성경에서 "아셰르"(אֶשֶׁר)와 "마카리오스"(μακαριος), 즉 "복된"이라는 말은 대개 종교적 의미를 갖는다. 이것들은 하나님과 교제 가운데 살면서 하나님의 특별한 유익, 특히 죄 용서의 은혜를 받은 사람을 가리킨다(시 32:1; 롬 4:8). 신약성경에서 하나님은 두 번 "복되다"고 불리신다(딤전 1:11; 6:15). 히브리어 "아셰르"(אֶשֶׁר)는 신약성경에서 "마카리오스"(μακαριος)로 옮겨졌는데(Cremer에 따르면, εὐδαιμων보다 강력하고 이상적이다), 다시 라틴어에서는 "베아투스"(beatus), 영어에서는 blessed, 네덜란드어에서는 zalig로 번역되었다. 하나님의 복됨(blessedness)은 세 가지 요소를 갖고 있다. 첫째로 이것은 하나님의 절대적 완전함의 충만함을 표현한다. 하나님은 모든 덕의 총체, 최고의 존재, 최고선, 최고의 진리시다. 다른 말로, 하나님은 절대적 생명, 모든 생명의 원천이시기 때문에, 그분은 또한 절대적으로 복된 하나님이시다. 둘째로 "복된 하나님"이라는 명칭에는 하나님이 자신의 절대적 완전함을 아시고 기뻐하신다는 뜻이 포함되어 있다. 하나님은 자신의 완전함을 아신다. 하나님은 자신을 절대적으로 아시고, 자신을 절대적으로 사랑하신다. 사랑 없는 지식과 지식 없는 사랑 둘 다 생각조차 할 수 없고, 지식과 사랑 중 어느 하나가 다른 것에 대해 우선하지도 않는다. 마지막으로 하나님은 자신을 절대적으로 기뻐하시고, 자기 안에서 절대적으로 안식하시고, 절대적으로 자충족적이시다. 하나님의 생명은 범신론적 생명에서처럼 생성의 과정, 진화, 갈망과 추구의 과정이 아니라, 오히려 방해받지 않는 안식, 영원한 평화다. 하나님이 피조물들에 대해 가지시는 기쁨은 하나님 자신에 대한 기쁨의 일부다. "하나님이 자신의 복됨이시다. 복됨과 하나님은 동일하다. 하나님은 자신의 지성을 통해 자신의 완전함에 대해 온전히 아시고, 자신의 뜻을 통해 그것을 최고로 사랑하신다. 즉 하나님은 그 안에서 평안하게 쉼을 가지시는데, 이 쉼으로부터 기쁨이 샘솟는다. 이 기쁨으로 하나님이 자신을 최고선으로서 기뻐하신다."[99]

[212] 하나님의 완전함은 내적으로 하나님의 복됨의 근거이고, 외적으로 하나님의 영광을 수반한다. 영광(glory)을 가리키는 성경의 표현은 "카보드"(כָּבוֹד)와 "독사"(δόξα)다. 구약성경 용어인 "카보드"(כָּבוֹד)는 "무겁다, 중대하다, 중요하다"를 의미하는 동사 "카베드"(כָּבֵד)에서 파생한 것으로서 비중 있는, 중요한 사람을 가리킨다. 하나님의 영광을 나타내기 위해 사용되는 다른 단어들로는, 이름이 널리 알려진 이의 영광스러운 출현을 의미하는 "호드"(הוֹד), 그리고 그 나타남의 광채와 아름다움을 묘사하는 "하다르"(הָדָר)가 있다.[100] 70인역과 신약성경에서 사용된 상응하는 그리스어는 "독사"(δόξα)인데, 주관적으로는 어떤 사람이 받고 있거나 또는 받을 자격

---

99) Pseudo-Dionysius, *The Divine Names and Mystical Theology*, chap. 11; T. Aquinas, *Summa Theol.*, I, qu. 26; idem, *Summa contra gentiles*, I, chaps. 100-02; M. J. Scheeben, *Handbuch der katholischen Dogmatik*, I, §5; J. Heinrich and C. Gutberlet, *Dogmatische Theologie*, III, 856; J. Gerhard, *Loci theol.*, II, §306; David Hollaz, *Examen theologicum acroamaticum* (Rostock and Leipzig: Russworm, 1718), I, 1, 37; Karl Gottlieb Bretschneider, *Systematische Entwicklung aller in der Dogmatik verkommenden Begriffe*, 4th ed. (Leipzig: J. A. Barth, 1841), § 37; B. de Moor, *Comm. in Marckii Comp.*, I, 583; Hans Martensen, *Christian Dogmatics*, trans. William Urwick (Edinburgh: T&T Clark, 1871), §51; Friedrich A. Philippi, *Kirchliche Glaubenslehre*, 3rd ed., 7 vols. in 10 (Gütersloh: Bertelsmann, 1870-1890), II, 109; Alexander von Oettingen, *Lutherische Dogmatik*, 2 vols. (Munich: C. H. Beck, 1897-1902), II, 185; M. Kähler, "Seligkeit," *PRE*[3], XVIII, 179-184.

100) Franz Delitzsch, *Biblical Commentary on the Psalms*, trans. F. Bolton, 3 vols. (Edinburgh: T&T Clark, 1871), 시 8:6; 참조. A. Freiherr von Gall, *Die Herrlichkeit Gottes* (Giessen: J. Ricker [A. Topelmann], 1900).

이 있는 인정, 그리고 사람이 누리는 명성이나 존경을 의미한다(동의어: "티메"[τιμη] 와 "유로기아"[εὐλογια] , 계 5:12; 반의어: "아티미아"[ἀτιμια] , 고후 6:8). 객관적으로 "독사"(δοξα)는 공개적으로 드러난 사람이나 사물의 모습, 형태, 명망, 광휘, 광채, 영광을 뜻하거나, 또는 그 자체가 광휘 가운데 있음을 뜻하기도 하는데, 그 경우에는 "에이도스"(εἰδος, 모양), "에이콘"(εἰχων, 형상), "모르페"(μορφη, 형체)와 연관된다(사 53:2; 고전 11:7). "주님의 영광"이란 하나님의 모든 속성들 및 자연과 은혜 가운데 드러난 하나님의 자기계시와 불가분적으로 연결되어 있는 광채와 광휘를 뜻하는데, 하나님은 언제나 그처럼 영광스러운 형태로 자기 피조물들에게 나타나신다. 하나님이 입으신 이 영광과 위엄은 하나님의 모든 활동을 특징짓는데(대상 16:27; 시 29:4; 96:6; 104:1; 111:3; 113:4 등), 이는 하나님의 창조세계에 전체적으로도 드러나지만 (시 8편; 사 6:3), 특히 은혜의 영역에서 두드러진다. 그것이 이스라엘에게 나타날 때는(출 16:7, 10; 24:16; 33:18ff.; 레 9:6, 23; 민 14:10; 16:19; 신 5:24 등) 성막과 성전을 채웠으며(출 40:34; 왕상 8:11), 온 백성에게 전달되었다(출 29:43; 겔 16:14 등). 이 영광은 무엇보다도 그리스도, 독생하신 성자 안에서 드러났고 (요 1:14), 그를 통해 "복스러운 소망과 우리의 크신 하나님 구주 예수 그리스도의 영광이 나타나심"(딛 2:13)을 기다리는 교회 안에 나타났다(롬 15:7; 고후 3:18). 하나님의 영광은 흔히 하나님의 거룩함과 연결되었고(출 29:43; 사 6:3), 따라서 또한 불(출 24:17; 레 9:24)과 구름으로 묘사되었다(왕상 8:10-11; 사 6:4).

의심할 바 없이 성경이 이 불과 구름을 언급할 때 염두에 두고 있던 것은 하나님이 자신의 임재를 드러내신 가시적 피조물의 형태다.[101] 빛의 경우는 다른데, 빛은 자주 하나님의 영광과 비교되고 또한 자주 빛을 사용해서 하나님의 영광이 표현되었다. 성경에서 빛은 진리, 거룩, 복됨을 상징하는 이미지다(시 43:3; 97:11; 사 10:17). 빛이 자연 세계에서 의미하는 것—지

---

101) 참조. H. Bavinck, *Reformed Dogmatics*, I, 341 (#94).

식, 순결, 기쁨의 원천―을, 하나님이 영의 세계에서 의미하신다. 하나님은 신자들의 "빛"이시다(시 27:1). 하나님의 얼굴과 말씀은 빛을 비추신다(시 44:3; 89:15; 119:105). 그들은 하나님의 빛 안에서 빛을 본다(시 36:9). 하나님 자신이 순전한 빛이시고, 그 안에는 어둠이 조금도 없다. 하나님은 빛들의 아버지시고(요일 1:5; 딤전 6:16; 약 1:17), 약속대로(사 9:1; 60:1, 19-20; 미 7:8) 그리스도 안에서 빛으로 나타나셨다(마 4:16; 눅 2:32; 요 1:4; 3:19; 8:12; 요일 2:8-11). 따라서 이제 그분의 교회도 그 안에서 빛이며(마 5:14; 엡 5:8; 살전 5:5), 빛의 충만함을 마주하기 위해 밖으로 나간다(계 21:23ff.; 22:5; 골 1:12).

성경은 하나님의 얼굴, 영광, 위엄을 언급할 때 상징적 언어를 사용한다. 하나님의 완전성들이 모두 그렇듯이, 하나님의 영광도 그분의 피조물들에 반영되어 있다. 하나님의 영광은 공유적이다. 창조된 세계에는 하나님이 소유하고 계신 형언할 수 없는 영광과 위엄이 희미하게 반영되어 있다. 우리는 하나님의 피조물들에 대한 성찰을 통해 우리의 관심을 위로 향하게 하여 하나님의 영원성과 편재, 하나님의 의와 은혜를 말할 뿐 아니라, 그러한 성찰을 통해 하나님의 영광을 어렴풋이나마 볼 수 있다. 그러나 이것은 유비의 문제일 뿐이지 동일성의 문제는 아니다. "영광"이라는 말이 "아름다움"이라는 말보다 더 선호되는 이유가 바로 여기에 있다. "영광"은 하나님의 아름다움을 가리키는 성경의 특별한 용어다. 아우구스티누스는 "하나님의 아름다움"이라는 표현을 선호했는데, 이는 부분적으로는 그가 가졌던 신플라톤주의의 잔재다.[102] 비록 수많은 스콜라주의 및 가톨릭 신학자들이 이것과 관련해서 아우구스티누스를 따랐지만,[103] 개신교

---

102) Augustine, *On Genesis, against the Manicheans*, I, 21; idem, *Sermon* 241; idem, *Literal Meaning of Genesis*, III, 14; idem, *On Order*, I, 26; II, 51; idem, *De beata vita*, 34; idem, *Against the Academics*, II, 9.

103) Pseudo-Dionysius, *The Divine Names and Mystical Theology*, chap. 4, §7; Bonaventure, *Breviloquium*, I, chap. 6; D. Petavius, *Theol. dogm.*, VI, chap. 8; M. J. Scheeben, *Handbuch der katholischen Dogmatik*, I, 589ff.; J. B. Heinrich and C. Gutberlet, *Dogmatische Theologie*, III, 852; 참조. Heinrich Krug, *De*

신학자들은 하나님의 위엄과 영광에 대해 말하기를 선호했다.[104] 시편과
선지서에 자주 그려지는 것처럼(시 104편; 사 40장; 합 3장), 하나님의 영광 가
운데 드러나 있는 것은 하나님의 지극한 위대하심이다. 그것이 "영광스러
운" 것이라고 불리는 이유는 피조물들 안에 감사, 찬양, 존경을 불러일으
키기 때문이다. 그것이 "위엄"이라고 불리는 이유는 하나님의 절대적 존엄
과 결합되어 모든 피조물에게 복종을 요구하기 때문이다.

<hr>

pulchritudine divina libri tres (Freiburg i.B.: Herder, 1902).
104) J. Gerhard, *Loci theologici*, I, c. 8, sect. 18; A. Polanus, *Syn. theol.*, II, chap. 31;
P. van Mastricht, *Theoretico-practica Theologia*, II, chap. 22; H. Bavinck, ed.,
Synopsis purioris theologiae, VI, 43.

9장
삼위일체 하나님과 그분의 경륜

성경에서의 거룩한 삼위일체

[213] 신약성경에서 삼위일체의 계시로 만개하게 된 꽃의 씨앗들은 이미 구약성경에 심겨 있었다. 엘로힘, 곧 살아 계신 하나님은 자신의 말씀을 발하시고 자기 영을 보내심으로써 창조하신다. 세계는 삼중 원인에 의해 존재하게 되었는데, 바로 하나님의 말씀(창 1:3; 시 33:6, 9; 147:18; 148:8; 욜 2:11), 지혜로 실체가 된 말씀(욥 28:20-28; 잠 8:22ff.; 참조. 잠 3:19; 렘 10:12; 51:15), 그리고 하나님의 영(창 1:2; 시 33:6; 104:30; 139:7; 욥 26:13; 27:3; 32:8; 33:4; 사 40:7, 13; 59:19)이다. 하나님은 중재자인 자신의 말씀으로 모든 것을 존재하게 하시지만, 창조세계 안에 내재하시고 그 모든 것에 생기를 주시며 아름답게 하시는 것은 하나님의 영을 통해서다. 세계는 먼저 하나님에 의해 구상되었고, 곧바로 하나님의 전능하신 말씀에 의해 존재하게 되었다. 세상은 존재하게 된 이후에도 하나님과 무관하게 또는 하나님과 대립해서 존재하지 않고, 오히려 지속적으로 하나님의 영에 의지한다. 하나님의 영은 모든 생명과 온전함뿐만 아니라 거룩과 갱신에 대해서도 원리가 되신다. 삼중적인 신적 원리는 창조뿐만 아니라 재창조의 근간을 이루고, 구약성경 계시의 전체 경륜을 지탱한다.

구약성경에서 이 삼중 원인은 특별계시와 재창조의 사역에서 훨씬 더 분명하게 드러난다. 언약의 하나님 야웨는 자신의 말씀과 영을 통해서 자신을 자기 백성에게 계시하시고, 그들을 구원하시고, 보존하신다. 하나님, 특히 하나님의 말씀은 주님의 사자(그것이 창조된 천사든지 로고스든지) 안에 독특하고 강력하게 임재하셨다(창 16:6-13; 18; 21:17-20; 22:11-19; 24:7, 40; 28:13-17; 31:11-13; 32:24-30[참조. 호 12:4]; 48:15-16; 출 3:2ff.; 13:21; 14:19; 23:20-23; 32:34; 33:2ff; 참조. 민 20:16; 사 63:8-9; 슥 1:8-12; 3장; 말 3:1). 아우구스티누스 이전의 교부들은 하나같이 구약성경에 나오는 "주님의 사자"를 로고스의 신현으로 설명했지만, 아우구스티누스는 이 신현이 창조된 천사들을 통해 중재된 것이라고 믿었다.[1] 루터와 칼뱅은 야웨의 사자를 때때로 창조된 천사로, 다른 구절에서는 창조되지 않은 천사로 해석했다.[2] 그러나 이후의 개신교 해석자들은 이런 구절들이 주로 로고스를 가리키는 것으로, 특히 이런 구절들이 단지 천사의 현현만 가리킨다고 본 소키누스파, 항변파, 합리주의자들에 반대되는 자신들의 입장을 규정하는 것으로 이해했다. 그러나 이런 차이를 과장해서는 안 되는데, 왜냐하면 아우구스티누스와 그를 따른 이들은 그 창조된 천사 안에서 로고스가 자신을 아주 독특한 방식으로 계시했음을 인정하기 때문이다.[3] 야웨의 사자를 언급하는 모든 구절이 동일한 의미로 해석될 수 없음을 깨달을 때, 다음 사실이 분명해진다. 야웨라는 이름을 탁월하게 지닌 야웨의 사자 안에 하나님이, 특히 하나님의 말씀이 아주 독특하게 임재하셨다. 야웨의 사자는 야웨와 동일한 이름을 가지고, 동일한 능력을 발휘하고, 동일한 구원을 이루고, 동일한 복을 베풀고, 동일한 경배와 존경을 받는다.[4]

---

1) Augustine, *The Trinity*, III, 11; idem, *City of God*, XVI, chap. 29.
2) Christian J. Trip, *Die Theophanien in den Geschichtsbuchern des Alten Testaments* (Leiden: D. Noothoven van Goor, 1858), 49-58.
3) Chr. J. Trip, *Theophanien*, 65에서 A. Rivetus.
4) 참조. H. Bavinck, *Reformed Dogmatics*, ed. John Bolt (Grand Rapids: Baker

야웨가 재창조의 사역에서 객관적으로 자신의 말씀에 의해 야웨의 사자 안에서 자신을 계시하시는 것처럼, 지금 야웨는 자신의 영 안에서 자신의 영에 의해 주관적으로 자신을 계시하신다. 하나님의 영은 모든 생명과 온전함, 계시 영역에 있는 모든 은사와 능력의 원리가 되신다. 용기(삿 3:10; 6:34; 11:29; 13:25; 삼상 11:6), 육체적 힘(삿 14:6; 15:14), 예술적 기량(출 28:3; 31:3-5; 35:31-35; 대상 28:12-19), 다스릴 수 있는 능력(민 11:17, 25; 삼상 16:13), 지력과 지혜(욥 32:8; 사 11:2), 거룩과 갱신(시 51:12; 사 63:10; 참조. 창 6:3; 느 9:20; 삼상 10:6, 9), 예언과 예고(민 11:25, 29; 24:2-3; 미 3:8 등)의 원리가 되시는 것이다. 이 영은 메시아 위에 특별하게 머무시겠지만(사 11:2; 42:1; 61:1), 후에는 모든 육체에 부어지고(욜 2:28-29; 사 32:15; 44:3; 겔 36:26-27; 39:29; 슥 12:10), 모두에게 새 마음과 새 영을 주실 것이다(겔 36:26-27).[5] 구약성경 계시의 전체 경륜을 떠받드는 삼중 원리는 대제사장적 축도(민 6:24-26)에서 볼 수 있는데, 이것은 하나님의 삼중 계시를 되짚어서 지시하며 또한 사도적 축도(고후 13:13)에 대한 구약성경의 모범이 된다. 유사한 삼중 구분은 시편 33:6, 이사야 61:1, 63:9-12, 학개 2:5-6에서 볼 수 있다. 게다가 창세기 19:24, 시편 45:7, 110:1, 호세아 1:7 같은 구절은 신적 존재 안에 자기구분이 있음을 시사한다.

[214] 이런 구약성경의 생각들은 중간기 유대교에서 더욱 발전했는데, 여기서는 지혜가 신적 존재로 실체화되었다(집회서 1:1-30; 24; 참조. 바룩 3:9-4:4; 지혜서 1:4-7; 6:12-25; 7:25-26; 8:3-4; 9:1-2, 5-9, 17; 12:1; 16:12; 18:15-16). 그리스 철학의 영향 아래 필론은 플라톤의 이데아론, 스토아주의적 로고스론, 구약성경의 지혜에 대한 가르침을 단일한 체계로 융합시켰다. 그러나 필론은

Academic, 2003-2008), I, 329 (#91); Chr. J. Trip, *Theophanien*, 100ff.; A. Kuyper, De Engelen Gods (Amsterdam: Hoveker & Wormser, 1902), 189.

5) 참조. 구약의 성령에 대해서는 다음을 참조하라: B. B. Warfield, "The Spirit of God in the Old Testament," *Presbyterian and Reformed Review* 6 (October 1895): 665-687; H. Cremer, "Geist," *PRE*[3], VI, 450.

하나님과 세상을 형이상학적 이원론 안에서 분리된 채 유지하면서, 로고스를 하나님과 세상 사이에 존재하는 필수적인 중간체, 하나님과 세상 사이에 위치해서 양측 모두에 참여하는 실체로 간주했다. 필론은 로고스가 하나님이 창조되지 않으신 것처럼 창조되지 않은 것은 아니고, 동시에 유한한 것들이 창조된 것처럼 창조된 것도 아니라고 주장하면서, 이 로고스를 "제2의 하나님"(second God)이라고 불렀다. 이것은 유대교 신학에서 복잡한 천사론으로 발전하면서 점차 구약성경에서 이탈했다. 하나님의 전적 초월에 대한 유대교의 확신은 하나님이 창조를 행하시기 위해 다양한 중간 존재들을 필요로 하셨다는 생각으로 이어졌다. 하나님은 자연과 인류에게 있는 능력들을 이끄는 데 천사들을 사용하신다. 하지만 창조 또는 재창조를 위해서는 비록 피조물일지라도 신적 속성을 소유하는 실체들(hypostases)을 사용하시는데, 왜냐하면 이것들은 하나님의 대리자들이기 때문이다. 이 실체들에는 하나님의 보좌를 공유하는 "메트라톤"(metratons), 하나님의 말씀인 "멤라"(memra), 하나님 영광의 임재인 "셰키나"(shekinah), 하나님의 예언적 음성인 "바트 콜"(bath kol), 하나님으로부터 나와 고등한 지식을 나누어주는 영인 "루아흐 하코데쉬"(ruach hakkodesh)가 있다.[6]

이러한 전개는 구약성경의 가르침에서 명백히 엇나간 것이다. 구약성경은 이원론적이지 않다. "말씀"과 "지혜"는 하나님과 세상 사이의 중재자들이 아니라, 오히려 창조된 세계의 제1원리들로서 전적으로 하나님 편에서 있다. 필론의 중재자들은 창조주와 피조물 간의 경계를 허물고, 영지주의와 카발라주의로 나아가는 길을 연다. 게다가 필론에게는 "로고스"가 일차적으로 하나님의 이성과 사고인 데 반해, 구약성경에서 "말씀"은 우선적으로 이성이나 사고 "정신세계"(κοσμος νοητος)가 아니라 발화된(spoken) 말

---

6) J. A. Eisenmenger, *Entdecktes Judenthum*, 2 vols. (Königsberg in Preussen, 1711), I, 265ff.; II, 393ff.; F. W. Weber, *System der altsynagogalen palästinischen Theologie: Aus Targum, Midrasch und Talmud* (Leipzig: Dörffling & Franke, 1880), 172-189.

씀으로서, 이를 통해 하나님은 모든 것을 창조하시고 보존하신다. 마지막으로 이런 중간 존재들은 아무런 구원론적 의미를 갖지 않고, 메시아와 무관하다. 주님의 영은 실질적으로 무시되었다. 신약성경과 동일한 용어를 사용하지만, 그 의미 세계는 확연히 다르다. 필론에게는 로고스(이성)가 인간으로 성육신한다는 것은 터무니없었을 것이다. 그러나 신약성경에서 말씀의 성육신은 하나님의 최고 계시다. 형식은 일치하지만, 내용은 다르다. 필론과 요한의 공통점은 "로고스"라는 용어를 사용했다는 것뿐이다.

[215] 구약성경의 삼위일체적 개념들의 진정한 발전은 신약성경에서 발견된다. 한 분이신 참 하나님이 성자의 성육신과 성령의 부어짐 안에서 성부·성자·성령으로 계시되었다. 성자와 자기 자녀들과 관련해서 성부(Father)라는 이름을 가지시는, 성부라고 불리실 수 있는 그분은 또한 모든 것의 창조주시다(마 7:11; 눅 3:38; 요 4:21; 행 17:28; 고전 8:6; 히 12:9). 무엇보다 자신이 하나님께 대해 갖는 전적으로 독특한 관계 때문에 성자(Son)라는 이름을 가지시는 분은 로고스와 동일한 분인데, 성부는 그를 통해 모든 것을 창조하셨다(요 1:3; 고전 8:6; 골 1:15-17; 히 1:3). 그리고 특히 교회 안에서의 사역을 고려해서 자신의 이름을 부여받으신 성령(Holy Spirit)은 성부 및 성자와 함께 창조세계에 있는 모든 것을 아름답게 하시고 완성하시는 바로 그 영이시다(마 1:18; 4:1; 막 1:12; 눅 1:35; 4:1, 14; 롬 1:4). 이것은 구약성경의 성도들에게 계시된 말씀과 행위, 예언 및 기적과도 연속성을 갖지만, 창조와 구원의 삼중 원리는 신약성경에서 훨씬 더 분명하다. 신약성경의 계시는 철저하게 삼위일체적인데, 이는 예수의 탄생(마 1:18ff.; 눅 1:35)과 세례(마 3:16-17; 막 1:10-11; 눅 3:21-22)에서부터 그분의 가르침에 이르기까지 일관적이다. 그분은 성부와 구별되시지만, 성부의 독생자요 각별히 사랑받는 성자시고(마 11:27; 21:37-39; 요 3:16 등), 생명, 영광, 능력에서 성부와 함께하시는 분이고(요 1:14; 5:26; 10:30), 자기 제자들을 인도하시고 위로하시고 영원히 함께하실 보혜사(요 14:16)이신 성령을 성부로부터 보내시는 분이다(요 15:26). 예수는 자신의 이런 가르침을 "아버지와 아들과 성령의 이름

으로"(마 28:19)라는 세례 문구로 요약하시는데, 이는 구별되는 세 주체들 (성부·성자·성령)이 자신들을 계시하시는 하나의 신적 이름(τo ὄνομα, 단수) 안에서라는 말이다. 예수가 자신의 가르침을 성부와 성자와 성령의 이름으로 요약하시는 것처럼, 사도들도 거듭해서 이 이름들을 나란히 그리고 동등하게 배열한다(고전 8:6; 12:4-6; 고후 13:13; 살후 2:13-14; 엡 4:4-6; 벧전 1:2; 요일 5:4-6; 계 1:4-6).[7]

[216] 또한 성경은 삼위일체의 세 구별된 위격들 사이의 관계에 대한 통찰도 준다. 가장 일반적인 의미에서 성부 하나님은 모든 것의, 특별히 인간의 창조주시다(민 16:22; 마 7:11; 눅 3:38; 요 4:21; 행 17:28; 고전 8:6; 엡 3:15; 히 12:9). 특히 하나님이 놀라운 능력으로 자기 백성을 창조하시고 보존하셨다는 점에서 자기 백성인 이스라엘의 아버지시라는 사실에는 신정적 중요성이 있다(신 32:6; 사 63:16; 64:8; 말 1:6; 2:10; 렘 3:19; 31:9; 시 103:13; 롬 9:4). 하나님은 또한 성자의 아버지, 곧 "우리 주 예수 그리스도의 아버지"시다(롬 15:6; 고전 15:24; 고후 1:3; 갈 1:1; 엡 1:3 등). 이 아들 되심은 형이상학적인 것이다. 성자는 본래 영원부터(요 1:14; 8:38; 17:5, 24) "먼저 나신 자"시며 "독생자", 하나님의 완전한 형상으로서 성부와 독특한 관계를 가지신다. 성자는 피조물이 아니라 하나님이시고, 하나님이셨고, 언제나 하나님으로서 모든 것 위에 계셔서 영원토록 찬양을 받으실 것이다. 성령은 온 창조세계에 내재하는 생명의 원리로서의 하나님이다. 성령은 신적이시며 인격적이시다. 성령이 거룩하신 것은 그분이 하나님이시기 때문이다. 마지막으로 그리스

---

7) 신약성경의 삼위일체론에 대해서는 특히 다음 것이 참조할 만하다: I. A. Dorner, *A System of Christian Doctrine*, trans. Alfred Cave and J. S. Banks, rev. ed., 4 vols. (Edinburgh: T&T Clark, 1888-1891), I, 344ff. 편집자 주—본 편집자(John Bolt)는 Bavinck가 삼위일체에 대한 증거 구절로 사용되던 요일 5:7의 진정성을 다룬 부분을 생략했다. Bavinck는 본문비평적 이유에서 이 부분의 진정성이 "의심스럽다"고 판단했다(역자 주—개역개정["증언하는 이가 셋이니"]에는 이 부분이 없으나, KJV에는 "하늘에서 증언하는 이가 셋이니, 아버지와 말씀과 성령이니라. 그리고 이 셋은 하나이니라"고 되어 있다).

도가 성부와 관계를 맺으시는 것처럼, 성령은 성자와 관계를 맺으신다. 성자가 성부에 대해 증언하시고 영화롭게 하시는 것처럼, 성령은 성자에 대해 증언하시고 영화롭게 하신다. 성령에 의해 우리가 교제하는 대상은 다름 아닌 성자와 성부 자신이다. 성부는 창조와 구속에서 탁월하신 분이며, 신적 경륜에서 첫째시다. 우리가 "하나님"이라는 이름을 당연한 것으로 여기고 돌려드리는 분은 성부시다. 성부는 유일하신 참 하나님(μονος ἀληθινος θεος, 요 17:3)이시고, 한 분 하나님(εἰς θεος, 고전 8:6; 딤전 2:5)으로서, 주 예수 그리스도와 성령과 나란히 하나님 아버지(God and Father)로 언급되신다(고전 12:6; 고후 13:13; 살전 1:3; 계 1:6). 그리스도 자신도 그분을 아버지라고만 하지 않으시고 또한 하나님이라고 부르셨고(마 27:46; 요 20:17; 히 1:9; 2:17; 5:1; 10:7, 9), 그분 자신이 "하나님의 그리스도"라고 불리셨다(눅 9:20; 고전 3:23; 계 12:10).

아리우스주의자들은 이로부터 성부만 하나님이시라고 잘못된 결론을 내리는데, 이는 성경에 반대되는 것이다. 사실 그리스도께 돌려진 이름들은 삼위일체 하나님의 내재적 관계들을 계시한다. 로고스라는 명칭이 전제하는 것은 성경의 일관된 가르침, 즉 하나님이 창조와 재창조에서 동일하게 말씀으로 자신을 계시하신다는 것이다. 따라서 로고스는 하나님을 온전히 계시하실 수 있는 분인데, 이는 영원부터 하나님이 자신을 충만함 가운데 그분께 알리셨기 때문이다. 이런 이유에서도 복음은 "하나님의 말씀"(λογος του θεου)이라고 불린다. 또한 그리스도는 "하나님의 아들"로도 불린다. 구약성경에서 이것이 신정적 중요성을 가지는 것은 이스라엘이 하나님의 아들이라고 불릴 때다(출 4:22; 19:5-6; 신 1:31; 8:5; 14:1; 32:6, 18; 사 63:8; 렘 31:9, 20; 호 11:1; 말 1:6; 2:10). "하나님의 아들"은 시편 2:7에서 볼 수 있는 것처럼 분명히 왕과 관련된 함의를 갖고 있는데, 여기서 야웨는 시온의 기름 부음 받은 왕에게 "너는 내 아들이라 오늘 내가 너를 낳았도다"라고 말씀하신다. 이것이 신약성경에 인용되었을 때 사무엘하 7장에 있는 하나님의 작정, 그리고 다윗의 왕위와 관련된 메시아적 약속을 돌아보게 한다.

히브리서 기자(히 1:5; 5:5; 참조. 1:2-3)는 시편 2편에서의 인용을 그리스도가 성자로서 성부에 의해 나시는 영원성과 연결했는데, 곧 그리스도가 하나님의 영광의 광채시고 그 본성의 분명한 형상으로 나시는 영원성이다. 게다가 사도행전 13:33과 로마서 1:4에 따르면, 예수 그리스도가 하나님의 아들이라는 사실은 그가 죽은 자들 가운데서 부활하심으로써 강력하게 입증되었다.

우리가 고려해야 할 세 번째 이름은 "하나님의 형상"이다. 그것은 유비적으로는 사람에게 적용되지만, 절대적인 의미에서는 그리스도께 속한 것이다. 그리스도는 성육신 이전에 하나님의 모습(ἐν μορφῇ θεου, 빌 2:6; 개역개정은 "하나님의 본체"로 옮긴다-역자 주)으로 존재하셨고, 부요하셨고(고후 8:9), 영광으로 옷 입으셨다(요 17:5). 그리스도는 부활과 승천에 의해 그 상태로 되돌아가셨기 때문에, 우리는 그리스도가 그때나 지금이나 "보이지 아니하는 하나님의 형상"(εἰκων του θεου του ἀορατου, 골 1:15; 고후 4:4), 하나님의 영광의 반영이며 "그 본체의 형상"(ἀπαυγασμα της δοξης και χαρακτηρ της ὑποστασεως αὐτου, 히 1:3), 즉 성부의 본성의 정확한 각인이라고 말할 수 있다. 그리스도는 "모든 피조물보다 먼저 나신 이"(πρωτοτοκος πασης κτισεως, 골 1:15; 계 1:16-18)―모든 피조물 이전에 존재하셨다는 의미에서(즉 먼저 태어나신[πρωτοτοκος] 분이지, 먼저 창조되거나[πρωτοκτιστος] 먼저 만들어진[πρωτοπλαστος] 분이 아니다)―로서, 그리스도 안에서 모든 것이 창조되었다(ἐκτισθη, 골 1:16). "먼저 나신"(πρωτοτοκος, firstborn)이라는 표현은 그리스도를 피조물의 범주에 포함시키지 않고 오히려 제외시킨다. 이것은 "독생하신"(only begotten)이라는 표현과 더불어 성자가 하나님의 완전한 형상이신 로고스로서, 성부와 영원하고 전적으로 독특한 관계를 맺고 있는 분임을 나타낸다. 그리스도는 중보자로서 성부께 의존하시고 종속되시고, 아버지의 사역을 행하기 위해 보냄 받은 종이시고, 죽기까지 복종하시고, 언젠가 자기 나라를 성부께 바치실 분으로 묘사되었다. 이런 언급들은 그리스도와 성부의 본질적인 하나 됨을 조금도 손상시키지 않는다. 오히려 그리스도는, 비록 중보자로서의 지위와 직임(office)에서는 성부에게 종속적이실지라도, 본질(essence)과 본성(nature)에서는 동일하시다. 그리스도는 피조물이 아니라 하나님이시고, 하나님이셨고, 언제나 하나님으로서 모든 것 위에 계셔서 영원토록 찬양을 받으실 것이다(요 1:1; 20:28; 롬 9:5; 히 1:8-9; 벧후 3:18; 요일 5:20; 계 1:8, 17-18).

[217] 마지막으로 성경은 또한 "성령"(Holy Spirit)이라는 이름으로 하나님의 내재적 관계들을 조명한다. 그리스도가 성부와 관계를 맺고 있는 것처럼, 그렇게 성령은 그리스도와 관계를 맺고 있다. 성자가 성부에 대해 증언하고 영화롭게 하는 것처럼, 그렇게 성령은 성자에 대해 증언하고 영화롭게 한다. 우리가 성령을 통해 교제하는 분은 다름 아닌 성자와 성부 자신이다. 그리고 비록 우리가 하나님이라고 부르는 신적 존재가 "영"(요 4:24)이시고 "거룩"(사 6:3)하실지라도, 성경에서 "성령"이라는 용어는 신적 존재 안에 있는, 성부나 성자와 구별되는 특별한 위격을 가리킨다. 그 이름은 성령의 특별한 존재방식에서 비롯된 것이다. "영"(spirit)은 "바람", "숨"을 의미한다. 성령은 전능자의 숨(욥 33:4), 그분의 입김(시 33:6)이다. 예수는 성령을 바람에 비교하고(요 3:8), 자기 제자들에게 성령을 "불어넣으신다"(요 20:22; 참조. 살후 2:8). 성령은 온 창조세계에 내재하는 생명의 원리로서의 하나님이신데, 모든 살아 있는 것을 살게 하시고 따라서 모든 것이 하나님과 관계를 맺게 하신다. 그분은 인간들이나 피조물들의 영이 아니라 하나님의 영, 성령이시다(시 51:11-12; 사 63:10-11). 따라서 그분은 그리스도의 영, 아들의 영으로(롬 8:2, 9; 고전 2:4-16; 고후 3:17-18; 빌 1:19; 갈 3:2; 4:6; 벧전 1:11) 불리실 뿐만 아니라 "거룩"하신 하나님의 영, 주님의 영, 아버지의 영으로도(창 1:2; 사 11:2; 마 10:20) 불리신다. 이 점에 대해서는 옛 언약과 새 언약의 가르침 사이에 아무런 본질적인 차이가 없다. 전에 예언자들을 통해 말씀하셨고(마 22:43; 막 12:36; 행 1:16; 28:25; 히 3:7; 10:15; 벧전 1:10-11; 벧후 1:21), 노아의 날에 증언하셨고(벧전 3:19-20), 이스라엘에게 거부당하셨고(행 7:51), 믿음을 일으키셨던(고후 4:13) 바로 그 성령이 메시아 위에 강림하

시고 교회 안에 거하실 것이다(마 12:18; 눅 4:18-19; 행 2:16-18).

우리는 성령의 "나오심"(proceeding, 발출)에 대해 말하는데, 이를 위해 성경은 다양한 용어를 사용한다. 성령은 하나님에 의해 또는 그리스도에 의해 주어지고(민 11:29; 느 9:20; 사 42:1; 겔 36:27; 요 3:34; 요일 3:24; 4:13), 보내지고(시 104:30; 요 14:26; 15:26; 16:7; 갈 4:6; 계 5:6), 부어지고(사 32:15; 44:3; 욜 2:28-29; 슥 12:10; 행 2:17-18), 하나님께로부터 임하고(마 3:16), 이스라엘 가운데 놓이고(사 63:11; 학 2:5), 또는 어떤 사람에게 주어지거나(마 12:18), 불어넣어진다(요 20:22). 요한복음 15:26에서 예수는 성령(보혜사)이 "아버지로부터 나오신다"($\dot{\epsilon}\kappa\pi\text{o}\rho\epsilon\upsilon\epsilon\tau\alpha\iota$ $\pi\alpha\rho\alpha$ $\tau\text{o}\upsilon$ $\pi\alpha\tau\rho\text{o}\varsigma$)고 말씀하시는데, 이로써 오순절을 가리키시면서 성령의 인격적 임재 또는 인격성을 분명히 하신다. 온갖 인격적 능력과 행위가 성령께 돌려진다. 성령은 살피시고(고전 2:10-11), 판단하시고(행 15:28), 들으시고(요 16:13), 말씀하시고(행 13:2; 계 2:7, 11, 17, 29; 3:6, 13, 22; 14:13; 22:17), 의도하시고(고전 12:11), 가르치시고(요 14:26), 간구하시고(롬 8:27), 증언하신다(요 15:26). 성령은 성부 및 성자와 동등하시다(마 28:19; 고전 12:4-6; 고후 13:13; 계 1:4). 성령 역시 참 하나님이 아니시라면 이 중에 어떤 것도 가능하지 않다. 게다가 일련의 신적 속성들—영원성(히 9:14), 편재(시 139:7), 전지(고전 2:10-11), 전능(고전 12:4-6)—이 하나님의 영과 하나님 자신에게 동등하게 돌려졌는데, 이 사실은 다시 성령과 하나님 자신의 본질적 일치를 전제한다. 신적 사역들인 창조(창 1:2; 시 33:6; 104:30; 욥 33:4)와 재창조에 대해서도 동일한 주장을 할 수 있다. 성령은 그리스도의 직분을 위해 그분에게 기름을 부어 준비시키시고(사 11:2; 61:1; 눅 4:18; 사 42:1; 마 12:18; 눅 1:35; 마 3:16; 4:1; 요 3:34; 마 12:28; 히 9:14; 롬 1:4), 사도들이 맡은 임무를 위해 그들을 무장시키시고(마 10:20; 눅 12:12; 21:15; 24:49; 요 14:16ff.; 15:26; 16:13ff. 등), 신자들에게 은사와 능력을 나누어주시고(고전 12:4-11), 그리스도의 충만이 교회에 거하게 하신다. 아들로 말미암지 않고는 아무도 아버지께 올 수 없는 것과 마찬가지로(마 11:27; 요 14:6), 성령에 의해서가 아니면 아무도 "예수는 주님이시다"라고 할 수 없다(고전 12:3). 성령에 의해서가 아니면 하나님과 교제하는 것이 불가능하다. 동일한 성령이 신자들에게 그리스도의 유익들을 수여하신다. 거듭남(요 3:3), 죄를 깨달음(요 16:8-11), 양자 됨(롬 8:15), 새롭게 됨(딛 3:5), 하나님의 사랑(롬 5:5), 온갖 영적 열매(갈 5:22-23), 인치심(롬 8:23; 고후 1:22; 5:5; 엡 1:13; 4:30), 부활(롬 8:10-11)이 바로 그것이다. 성령은 우리 안에 사시는 하나님(또는 그리스도) 자신이시다(요 14:23ff.; 고전 3:16; 6:19; 고후 6:16; 갈 2:20; 골 3:11; 엡 3:17; 빌 1:8, 21). 성령은 성부 및 성자와 나란히 모든 복됨과 온전함의 원천으로 존재하신다(마 28:19; 고전 12:4-6; 고후 13:13; 계 1:4). 따라서 성령께 완전한 신적 영예를 돌리는 것이 마땅하다. 그리스도는 성령을 모독하면 용서받을 수 없다고 말씀하신다(마 12:31-32).[8]

물론 성경은 충분히 발전된 삼위일체의 교의를 우리에게 제공하지 않는다. 성경은 하나님이라는 단일한 이름이 성부·성자·성령이라는 이름 안에서만 비로소 충분히 밝혀진다고 가르친다. 성경은 하나님의 모든 외향적(*ad extra*) 사역이, 그것이 창조든지 재창조든지, 삼중의 신적 원인을 갖는다고 분명하게 선언한다. 더 나아가 이 삼중 원인은 세 구별된 주체를 이루는데, 이 주체들은 서로에 대해 위격들로서 관계를 맺는다. 따라서 성경은 신학이 삼위일체의 교의를 구성하는 데 사용한 모든 내용을 담고 있다. 철학이 기여한 본질적인 것은 아무것도 없다. 심지어 로고스 교리도 신약성경에 들어 있다. 그리스도인의 이성적 능력이 충분히 발전해서 여기 제시된 거룩한 신비에 입성하는 것은 다만 시간 문제였을 뿐이다.

---

8) 성령에 대한 중요한 문헌으로는 다음의 것들이 있다. John Owen, *Pneumatologia, or, A Discourse concerning the Holy Spirit* (London: J. Darby, 1674); idem, *The Holy Spirit and The Work of the Holy Spirit*, in *The Works of John Owen*, 16 vols. (London: Banner of Truth, 1966), vols. 3 and 4; A. Kuyper, *The Work of the Holy Spirit*, trans. H. De Vries (New York: Funk & Wagnalls, 1905); G. Smeaton, *The Doctrine of the Holy Spirit* (Edinburgh: T&T Clark, 1882); K. H. Cremer, "Geist, heiliger," *PRE*[3], VI, 450.

삼위일체 교의의 구성

[218] 속사도 교부들은 성자를 높이고 가현설과 에비온파 이단을 피하면서도, 성경이 삼위일체에 대해 제공하는 본질적인 요소들에 만족하면서 성경을 인용하는 것 이상의 일을 거의 하지 않았다. 그리스도는 성자, 하나님의 독생하신 아들(*1 Clem.* 36장; Ign. *Rom.* 1장; Ign. *Eph.* 20장; Ing. *Smyrn.* 1장; *Diogn.* 9-10장; *Barn.* 7.12), 하나님의 위엄의 광채와 홀(*1 Clem.* 16장, 36장), 만물이 복종하는 온 땅의 주, 만물의 창조주, 산 자와 죽은 자의 심판자(*Barn.* 7.12; *Diogn.* 7장; *Did.* 16장; Pol. *Phil.* 1장, 2장, 6장, 12장), 세상에 "하나님으로서" 보냄을 받으신 거룩하고 불가해한 로고스(*Diogn.* 7장)로 불렸고, 따라서 마땅히 "하나님"으로 불릴 수 있었다(*2 Clem.* 1장; Ign. *Rom.* 3장; Ign. *Smyrn.* 1장, 10장; Ign. *Eph.* 1.18-19). 순교자 유스티누스 같은 변증가들은 영지주의의 도전에 맞서 성자의 신성을 가르치는데, 그럼에도 성부와 성자 간의 내재적 관계에 대해서는 분명하게 말하지 않는다. 유스티누스는 반복해서 그리스도를 "하나님"으로, 심지어 정관사를 붙여서 "그 하나님"으로 부르고(『트리포와의 대화』 34장, 56장, 58장, 113장, 126장 등), 그리스도가 능력으로만 아니라 인격으로도 선재하신다고 주장한다(『트리포와의 대화』, 128장). 그러나 그리스 철학사상이 끼친 확실한 영향이 유스티누스의 표현들에 나타나는데, 여기에는 종속설(subordination)도 포함된다. 성자는 "성부 다음의 첫 번째 능력"(ἡ πρωτη δυναμος μετα τον πατερα, 『제1변증서』, 32장)이시고, "두 번째 자리"(δευτερα χωρα, 『제1변증서』, 13장)를 차지하시고, "아버지와 주님이신 분께 종속되신다"(ὑπο τω πατρι και κυριω τεταγμενος, 『트리포와의 대화』, 126장). 비록 유스티누스의 사상에 결함이 있을지라도, 그를 아리우스주의자라고 생각하는 것은 잘못이다. 아리우스주의는 당시에 아직 나타나지 않았고, 또한 유스티누스는 그리스도의 신성이 전체 구속사역과 기독교의 진리에 대해 갖는 중요성을 분명하게 이해하고 있다. 그런 이유에서라도 유스티누스는 성부·성자·성령을 함께 우리의 예배 대상으로 반복해서 언급한다(『제1변

증서』, 6장, 13장, 60장, 61장, 65장, 67장).

뒤이은 삼위일체 교리의 발전은—주로 철학적 요소를 제거하는 것이었는데—기독교 교의에 특별한 기여를 한 세 사람, 즉 이레나이우스, 테르툴리아누스, 오리게네스의 덕분이다. 그리스 철학의 영향을 가장 강하게 반대한 사람은 이레나이우스였는데, 그는 영지주의가 가진 "우주적 심연"(βυθος)으로서의 하나님 이해, 아이온(aeons)의 유출, 우주의 내재적 원리로서의 로고스를 강력하게 반대했다. 그에게 로고스는 피조물이 아니라 위격적 말씀(『이단 논박』, III, 8), 선재하는(II, 6; IV, 12), 참 하나님이시다(IV, 10, 14 등). 하나님은 단순하신데—모든 영, 모든 지성, 모든 사고, 모든 로고스(II, 16, 48)—성자와 성부 모두가 참 하나님이시다. 성자의 나심(generation)은 시간 안에서 일어나지 않았고, 성자는 영원히 하나님과 함께 존재하셨다(II, 18; III, 22; IV, 37). 이레나이우스는 성부·성자·성령의 통일성을 분명하게 말했는데, 그러면서도 성부·성자·성령의 온전한 신성을 단호하게 견지했다(IV, 6, 20, 33). 이레나이우스는 삼위일체가 어떻게 일치 가운데 존재하시는지 논하면서 미처 해결하지 못한 문제가 있는데 , 바로 어떻게 성부·성자·성령이 하나이며 같은 신적 본성을 공유하면서도 여전히 위격적으로 구별되시는가 하는 점이다.

테르툴리아누스는 이 점에서 이레나이우스를 보완하고 교정한다. 테르툴리아누스는 위격들의 삼위일체를 성부의 위격에서가 아니라 하나님의 존재 자체에서 이끌어내고, 이로써 삼위를 구별하면서도 동시에 일치성을 유지해낸 최초의 인물이었다. 세 위격들은 "하나의 실체, 하나의 본질, 하나의 능력을 가지신다. 이것들이 함께 한 분 하나님을 이룬다." 세 위격들은 질서와 경륜에서 구별되시고, "본질이 아니라 정도에 있어서" 셋이시다. 하지만 한 하나님으로서, "성부·성자·성령이라는 이름으로 정의되신다." 태양광선도 태양인 것처럼, 하나의 나누어지지 않는 실체 안에 여러 측면, 형상, 이미지, 부분들이 있다. 따라서 세 위격들은 하나이지만 동일하지는 않다. 성자는 성부와 구별되고 성령은 그 둘로부터 구별되지만, 그럼에도 그들은 "하나님"과 "주님"이라는 이름을 공유한다. 그들은 함께 하나의 하나님이시고 서로 분리되실 수 없다. 나무줄기와 가지, 샘과 시내, 태양과 태양광선이 분리될 수 없는 것처럼, 성부와 성자도 분리될 수 없다. 그것은 "자기 자신으로부터 삼위일체를 이끌어내는 단일성이다"(『프락세아스 반박』, 2ff.). 삼위일체의 교의가 그 참된 의미를 표현하는 데 필요했던 개념과 용어들을 제공한 사람이 바로 테르툴리아누스였다. 그는 로고스 사변을 낳으심(filiation)의 교리로 대체했고, 이로써 존재론적 삼위일체를 우주론적 사변에서 영구히 해방시켰다. 또한 그는 위격들의 삼위일체를 성부의 위격에서가 아니라 하나님의 존재 자체에서 이끌어낸 최초의 인물이었다.[9]

오리게네스는 내재적 삼위일체를 신적 존재 자체 안에 있는 영원한 과정으로 생각함으로써 한 걸음 더 나아갔지만, 그러면서도 삼위일체를 성부의 위격에서 이끌어냄으로써 성자를 성부께 종속시킨다. [성자의] 나심(generation)은 "영원한 나심"이다($\alpha i \omega \nu \iota o \varsigma$ $\gamma \epsilon \nu \nu \eta \sigma \iota \varsigma$, 『제1원리에 대하여』, I, 2, 4). 빛의 본성이 비추는 것이기에 비춤 없이는 빛이 존재할 수 없는 것처럼, 성부도 성자 없이는 존재하실 수 없다(『제1원리에 대하여』, I, 2, 4, 7, 10; 『켈수스 반박』, IV, 14, 16). 성자가 존재하시지 않았던 때는 없다(『제1원리에 대하여』, I, 2, 4; 『켈수스 반박』, VIII, 12). 성부는 성자가 존재하시기 전에는 성부가 아니시고, 성자를 통해서 비로소 성부이신 것이다(『제1원리에 대하여』, I, 2, 10). 성부와 성자는 모든 신적 속성을 공유하신다. 성자와 성부는 하나시다. 그런데 오리게네스는 이처럼 단일성과 동등성을 주장하면서도 위격들의 구별을 유지하기 위해 종속론을 동원하면서 테르툴리아누스 이전으로 되돌아가서, 삼위일체를 하나님의 존재가 아니라 성부의 위격에서 이끌어낸다. 오리게

---

9) B. B. Warfield, "Tertullian and the Beginnings of the Doctrine of the Trinity," *Princeton Theological Review* 16 (October 1905); (January 1906); (April 1906); 또한 *The Works of Benjamin B. Warfield*, 10 vols. (New York: Oxford University Press, 1930; repr., Baker Academic, 1991), IV, 3-112에도 실려 있다.

네스는 성부를 그 하나님(ὁ θεος), 하나님 자신(αὐτοθεος), 신성의 원천 또는 뿌리(ῥιζα θεοτητος), 만물 위에 가장 위대하신 하나님(μεγιστος ἐπι πασι θεος), 성자보다 우월하신(κρειττων) 분, 유일하고 완전한 신성, 모든 존재 위에 높여지신 분, 비가시적인 분, 불가해한 분으로 소개하는 한편 성자는 하나님(θεος, 정관사 없이)으로, "본질에서 성부와 다른"(ἑτερος του πατρος κατ᾽ οὐσιαν) 분으로 소개한다.[10]

[219] 교회는 니케아 공의회(AD 325)에서 오리게네스를 따르지 않았으며, 종속론을 거부하고 성자의 완전한 신성을 확증했다. 이것은 신성의 참된 단일성을 유지하는 데 노력을 기울이도록 교회적·신학적 논의의 성격을 변화시켰다. 니케아 공의회 이전에는 하나님의 단일성에서 셋을 유추하는 것이 주된 난제였으나, 니케아 공의회 이후에는 그 역이 주된 난제가 되었다. 삼위일체 교리를 정교화하고, 발전시키고, 완성하는 것은 아타나시오스, 세 명의 카파도키아 신학자들, 아우구스티누스의 몫이 되었다. 아타나시오스는 기독교가 그리스도의 신성과 삼위일체에 대한 고백에 의해 서거나 넘어진다는 것을 동시대의 그 누구보다 잘 이해하고 있었다. 삼위일체는 기독교의 심장과 중심으로서, 하나님 안에 있는 구분을 부인하는 유대교와 하나님의 하나 됨을 거부하는 이교들로부터 기독교를 구별한다(『세라피온에게 보내는 편지』, I, 28). 아타나시오스는 철학적으로 고무되어 영지주의적이고 아리우스적인 하나님과 세상 간의 이원론과 온갖 중간 존재들에 대한 생각을 동시에 거부했다(『아리우스주의자 반박』, II, 26).

아타나시오스에게 성부·성자·성령은 영원 전부터 셋이시지만, 하나의 본질과 동일한 속성들을 갖고 계시다. 하나님은 아무것도 되시지 않는다. 하나님은 영원히 그 자신으로 계신다. 항상 삼위일체이셨던 것처럼, 지금도 그러시고 계속 그러실 것이고, 그 안에 성부·성자·성령이 계신다

---

10) I. A. Dorner, *History of the Development of the Doctrine of the Person of Christ*, trans. Patrick Fairbairn, 3 vols. (Edinburgh: T&T Clark, 1868), II, 118ff.

(『세라피온에게 보내는 편지』, III, 7; 『아리우스주의자 반박』, I, 18). 성부는 항상 성부이셨고, 아버지 됨은 성부의 본성에 속한다(『니케아 결정을 변호함』, 12). 햇빛 없이 해를 생각할 수 없는 것처럼, 또 샘물 없이 샘을 생각할 수 없는 것처럼, 성자 없이는 성부를 생각할 수 없다. 하나님은 "자식 없는"(ἄγονος) 분이 아니라, 오히려 항상 말씀하신다(『아리우스주의자 반박』, II, 2; 『세라피온에게 보내는 편지』, II, 2). 성부도 성자도 존재하지 않으셨던 때는 없었다(『아리우스주의자 반박』, I). 성자는 피조물이 아니고, 하나님의 뜻에 의해 나신 것이 아니라 하나님의 존재로부터 나셨다(『아리우스주의자 반박』, I, 25). 비록 아타나시오스가 성령에 대해서는 훨씬 드물게 말하기는 했지만, 성령에 대해서도 동일한 주장을 할 수 있다(『세라피온에게 보내는 편지』, I, 20-21 등). 이 세 위격들은 참으로 구별된다. 그것들은 단일한 전체의 세 부분이 아니고, 하나의 동일한 대상에 대한 세 개의 이름도 아니다. 성부만이 성부이시고, 성자만이 성자이시고, 성령만이 성령이시다(『아리우스주의자 반박』, III, 4; IV, 1; 『세라피온에게 보내는 편지』, IV, 4, 6-7). 아타나시오스는 세 위격들이 "본질에서 동일하시고"(ὁμοούσιοι), 한 "실체"(ὑπόστασις)이시고, 세 위격이 서로 안에 존재하시고(『세라피온에게 보내는 편지』, I, 14; III, 6; 『아리우스주의자 반박』, III, 6), 사역에 있어 연합되신다(『세라피온에게 보내는 편지』, I, 28)라고 확증함으로써 일치성을 주장했다. 또한 아타나시오스는 성부가 삼위일체의 첫째 원리이고 원천이라고 가르쳤다(『아리우스주의자 반박』, IV, 1).

카파도키아 세 신학자들은 아타나시오스의 이런 가르침 대부분을 수용해서, 보다 많은 이름들과 실례들, 그리고 유비를 동원해서 그 가르침을 확증하고 명확히 했다. 서방 교회에서는 힐라리우스와 무엇보다 아우구스티누스가 각각 자신들의 『삼위일체론』에서 삼위일체 교리를 강력하게 변호했다. 동방 교회 전체는 필리오케(filioque, "그리고 아들로부터")와 관련해서만 서방 교회와 다를 뿐, 처음 일곱 번의 보편 공의회가 규정한 삼위일체론을 받아들였다. 15권으로 된 아우구스티누스의 『삼위일체론』은 이제껏 저술된 삼위일체론 해설 가운데 가장 깊이 있는 해설로서, 이전 교부들의 견해를 요약했을 뿐만 아니라, 중요한 수정을 덧붙여서 이 주제를 독자적으로 다루었다. 아우구스티누스는 성부의 위격이 아닌, 하나의 단순하고 비복합적인, 하나님의 본질을 출발점으로 삼았다. 이것으로부터 아우구스티누스는 삼위의 절대적 일체성을 아주 강하게 주장했고, 각 위격들은 전체 삼위일체만큼 크다고 단언했다(『삼위일체론』, VIII, 1, 2). 각 위격에는 동일한 하나님의 존재 전체가 있기 때문에, 세 하나님들, 세 전능자들(등등)이 있는 것이 아니라, 오직 한 하나님, 한 전능자만 있다(『삼위일체론』, V, 8). 세 위격들 간의 구별은 한 위격이 다른 위격과 구별되는 속성이나 우유성(偶有性)을 갖는 데서 비롯되는 것이 아니라, 위격들 간의 내적 관계에서 비롯된다.

첫 번째 위격은 성부인데, 성부라 불리는 것은 그분이 성자, 성령 등과 독특한 관계에 있기 때문이다(『삼위일체론』, V, 5). 이는 마치 "주", "창조주", 등의 호칭이 피조물에 대한 하나님의 여러 관계를 나타내지만 하나님의 존재에는 아무 변화가 없는 것과 같다(『삼위일체론』, V, 16-17). 아우구스티누스는 아타나시오스(참조. 『아리우스주의자 반박』, I, 59)를 뛰어 넘어, 모든 종속론을 배척했다. 성부가 성부로 불릴 수 있는 것은, 성부가 하나님으로서가 아니라 다만 위격으로서 성자의 아버지이기 때문이다. 아우구스티누스는 「니케아 신조」의 "하나님에게서 나신 하나님"이라는 표현도 같은 의미로 설명했다(『삼위일체론』, VII, 2-3). 마지막으로 아우구스티누스는 이전의 어떤 교부보다 삼위일체의 이미지, 유비, 흔적들을 열심히 찾았고, 이를 통해 신론과 우주론의 전체 연관성에 빛을 던져주었다(『삼위일체론』, IX-XV). 이렇게 해서 아우구스티누스는 테르툴리아누스가 시작한 것을 완성했다.

서방 교회는 동방 교회와의 온갖 일치점에도 불구하고, 삼위일체론에 있어 동방 교회와 다른 견해를 견지했다. 동방 교회는 성자와 성령이 둘 다 성부로부터 나오신다는 것 말고는 성자와 성령 사이에 다른 존재론적 관계가 없다고 고백했다. 그러나 서방 교회는 세 위격들의 동일본질과 상호관계는 "필리오케"(그리고 아들로부터) 없이는 제대로 표현될 수 없다고 생각했다. 서방 교회는 아우구스티누스에 동조했고, 아우구스티누스의 삼위일체론을 몇 가지 점에서 진전시켰으나, 결코 수정하거나 새로운 것을 더하지 않았다. 아타나시오스에게 잘못 돌려지곤 하는, 기원후 400년 이후에 등장한 것임에 틀림없는 아타나시오스 신조는 아우구스티누스의 정신을 발현하고 있다. 서방 교회는 이 신조를 기꺼이 받아들였으나 동방 교회는 이 신조를 환영하지 않았다.[11] 그리고 종교개혁자들도 아타나시오스 신조에 동의했다.[12]

반대: 아리우스주의와 사벨리우스주의

[220] 삼위일체 교리에 대한 반대는 밖으로부터(유대교와 이슬람교)뿐만 아니라 기독교 내에서도 등장했다. 삼위일체에 대한 신앙고백은 기독교의 맥박이다. 이 교리는 신자들로 하여금, 하나님의 본질의 단일성이 위격의 삼위성을 무효화하지 않고, 역으로 위격의 삼위성이 하나님 본질의 단일성을 폐하지 않는다는 중대한 난점에 직면케 했다. 삼위일체 교리에 대한 모든 오류는 삼위성을 보존하려고 본질의 단일성을 부인하거나(아리우스주의) 또는 삼위성이 유지될 수 없는 그런 단일성을 주장하는 데서(사벨리우스주의) 비롯된다. 아리우스주의의 중요한 선구자로는 2-3세기에 활동했던 사모사타의 바울(Paul of Samosata)이 있다. 사모사타의 바울은 그리스도가 초자연적으로 태어나서, 세례 때 성령으로 기름부음을 받아 자기 사역에 합당한 능력과 자격을 갖추고, 주(Lord)로 높여진 사람이라고 생각했으며, 그리스도의 선재와 신성을 단호히 부인했다. 사모사타의 바울이 가진 기

---

11) A. von Harnack, *History of Dogma*, trans. N. Buchanan, J. Millar, E. B. Speirs, and W. McGilchrist, and ed. A. B. Bruce, 7 vols. (London: Williams & Norgate, 1896-99), IV, 129ff.
12) Belgic Confession, art. 9은 「아타나시오스 신조」의 이름을 거명하며 언급한다.

독론은 양자론적 기독론이었다.[13] 아리우스주의는 종속론적이고 양자론적이다. 아리우스는 하나님이 "불출생적"($\dot{\alpha}\gamma \epsilon \nu \nu \eta \tau o \varsigma$)이고 시작이 없기 때문에, 절대적으로 유일무이하시다고 가르쳤다. 아리우스에 따르면, 하나님은 세상을 창조하시기에 앞서 만물을 창조할 때 매개자가 되는 중간적 존재, 독립적 실체($\dot{\upsilon} \pi o \sigma \tau \alpha \sigma \iota \varsigma$, $o \dot{\upsilon} \sigma \iota \alpha$)를 생겨나게 하셨다. 성경에서는 이 실체가 "지혜", "아들", "로고스", "하나님의 형상" 등으로 불린다. 마찬가지로 하나님은 세 번째, 더 낮은 실체($\dot{\upsilon} \pi o \sigma \tau \alpha \sigma \iota \varsigma$)인 성령도 생겨나게 하셨다. 따라서 비록 로고스가 "시간과 세대들 전에", 즉 세상이 존재하기 전에 창조되었다 할지라도, "그가 존재하지 않은 때가 있었다." 그러므로 이 로고스는 성부와 동일본질이 아니라, 본질적으로 성부와 완전히 구분되고 가변적이며, 로고스는 선뿐만 아니라 악도 선택할 수 있다. 그럼에도 로고스는 "완전한 피조물"로서 선을 선택했고 불변하게 되었다. 또한 이 로고스는 사람이 되어, 진리를 선포하고, 우리의 구원을 이루었기 때문에, 우리의 존경을 받기에 합당하나 경배의 대상은 아니다. 로고스는 하나님일 수 없다. 왜냐하면 로고스가 하나님이라면 두 신이 존재하게 되기 때문이다. 로고스는 피조물로서, 신에 도달한 완전한 피조물이다.

교회는 아리우스주의를 심각하게 다루어야 했다. 아리우스주의는 많은 추종자들을, 특히 콘스탄티누스 황제의 개종 이후 많은 추종자들을 얻었을 뿐만 아니라, 성경의 많은 구절들을 자신들의 강력한 무기로 사용할 수 있었다. 그들은 성경에서 하나님의 유일성(신 6:4; 32:39; 요 17:3; 고전 8:6), 성자의 출생 또는 나심(잠 8:22; 골 1:15), 성부에 대한 성자의 종속(요 14:28; 고전 15:28; 히 3:2), 그의 제한적 지식(막 13:32; 요 11:34), 제한적 능력(마 28:18), 제한적 선함(눅 18:19), 지혜의 성장(눅 2:52), 수난(요 12:27; 13:21; 마 26:39; 27:46), 주와 그리스도의 위치로 높여짐(행 2:36; 빌 2:9; 히 1:3-4 등)에 대한 증거를 발견했다. 또한 아리우스주의자들은 하나님의 독특성과 불출생

($\dot{\alpha}\gamma\epsilon\nu\nu\eta\sigma\iota\alpha$)을 증명하기 위해 아리스토텔레스 철학을 사용하기도 했다.

이와 정반대되는 견해, 곧 성부·성자·성령은 한 하나님의 단지 다른 이름이나 양태에 불과하다는 견해가 단일신론(또는 군주신론), 성부수난설, 양태론이란 이름으로 등장했다. 이 견해의 추종자들은 최고 지배자는 한 분일 수밖에 없다는 확신 아래, 성부 자신이 태어나시고 고난받으시고 죽으셨으며, "성부"와 "성자"는 다양한 관계 가운데 있는, 성육신 이전과 이후의 동일한 위격에 대한 이름들이라고 결론 내렸다. 3세기에 이 견해는 사벨리우스에 의해 전파되고 더욱 발전되었다. 사벨리우스에 따르면 성부·성자·성령은 동일한 하나님이고, 하나의 동일 존재에 대한 세 이름이다. 사벨리우스는 이 하나의 동일 존재를 "휘오파토르"($\upsilon\iota o\pi\alpha\tau\omega\rho$)라고 불렀는데, 성부·성자·성령이라는 세 이름을 이 존재의 연이은 세 에너지 또는 세 단계에 적용했다. 맨 먼저 하나님은 창조주와 입법자로서 성부의 "위격"($\pi\rho o\sigma\omega\pi o\nu$), 얼굴, 모습 또는 양태로 존재했고, 그 다음에는 구속자로서 성자의 위격 또는 얼굴로, 그리고 마지막에는 생명을 주시는 분으로서 성령의 위격 또는 얼굴로 존재한다. 사벨리우스는 하나님 안에 생성의 과정이, 하나님 존재의 계시 안에 역사적 과정이 있다고 생각했다.[14] 아리우스주의와 마찬가지로 사벨리우스주의도 성경에 호소했고 그리스 철학을 활용했다.

[221] 교회의 삼위일체 교의에서 좌우로 이탈한 아리우스주의와 사벨리우스주의는 여러 세기에 걸쳐 기독교회 안에서 지속되고 있다. 아리우스주의는 다양한 형태의 종속론으로, 소키누스주의로, 완전히 발달한 유니테리언주의로 나타났는데, 하나같이 성자가 성부와 동일본질임을 부인하거나 성자는 성부보다 열등하다고 주장한다. 종속론자들의 주장에 따르면 성부만이 하나님($\dot{o}$ $\theta\epsilon o\varsigma$)이시고, 성자는 자신의 본성을 성부와의 교제를 통해 받은, 파생된 의미에서 하나님($\theta\epsilon o\varsigma$)이시다. 이것은 테르툴리아누스,

---

14) A. von Harnack, *History of Dogma*, III, 51-73; idem, "Monarchianismus", *PRE*[3], XIII, 303.

클레멘스, 오리게네스, 니코메디아의 에우세비오스가 가졌던 견해인데, 이들은 성자에게 "성부의 바깥" 자리를 부여하고 성자가 "본질 면에서 성부와 유사하다"(ὁμοιουσιος)고 했다. 이후 시기에 이것은 항변파들의 입장이었는데,[15] 근대의 많은 신학자가 이런 입장을 취했다.[16] 아리우스 자신의 것과 동일한 아리우스주의가 종교개혁 이후의 시기에, 특히 잉글랜드에서 일어났다. 예를 들어 존 밀턴은 성자와 성령이 하나님의 자유로운 의지로 세계의 창조 이전에 창조되었고, 따라서 구약성경에서 사사들과 관원들처럼, 단지 그 직무 때문에 "하나님"이라고 불렸다고 주장했다.[17]

아리우스주의의 세 번째 재현은 소키누스주의인데, 이것은 성부만이 유일한 참 하나님이시며, 성자는 그저 창조된 인간으로서 중재되지 않은 초자연적 수태 전에는 전혀 선재하지 않았다고 주장했다. 성자가 창조된 것은 다른 이유가 아니라 새로운 율법을 선포하기 위해서였고, 이 임무를 완수한 후에는 하늘에 있는 자리로 올려져서 그곳에서 신적 은혜의 참여자가 되었다. 성자는 우리를 위한 최상의 모범으로 남아 있지만, 그 이상은 아니다. 성령은 다름 아니라 신적 능력이다.[18] 성령도 은혜도 구원에 필수적이지 않다. 아리우스주의, 그리고 그것의 소키누스주의적 형태는 성

---

15) Remonstrant Confession, art. 3; J. Arminius, *Opera theologica* (Leiden: Godefridum Basson, 1629), 232ff.; Simon Episcopius, *Institutiones theologicae*, IV, sect. 2, chap. 32, in vol. 1 of *Opera theologica*, 2 vols. (Amsterdam: Johan Blaeu, 1650-1665); Philippus van Limborch, *Theologia christiana ad praixin pietatis ac promotionem pacis christianae unice directa* (Amsterdam: Arnhold, 1735), II, 17, 25.

16) J. J. van Oosterzee, *Christian Dogmatics*, trans. J. Watson and M. Evans, 2 vols. (New York: Scribner, Armstrong, 1874), II, §52.

17) J. Milton, *De doctrina christiana*, ed. Charles Sumner (Brunsvigae: F. Vieweg, 1827), I, chaps. 5-6; 영역본: *A Treatise on Christian Doctrine: Compiled from Scripture Alone*, trans. Charles R. Sumner (Cambridge: J. Smith for Charles Knight, 1825).

18) *The Racovian Catechism*, trans. Thomas Rees (London, 1609; repr. London, 1818), qu. 94-190.

자와 성령을 신적 존재의 바깥에 위치시킴으로써 신적인 것의 하나 됨을 확증하려고 하지만, 다양한 형태의 사벨리우스주의는 성자와 성령을 하나의 신적 존재에 흡수시켜 삼위의 적절한 구별이 사라지게 함으로써 그것을 이루려고 한다. 성부·성자·성령은 하나이고 같은 위격이나 존재인데, 하나의 신적 존재의 활동이나 계시가 세 가지 양태로 나타난 것이다. 피오레의 요아힘(Joachim of Fiore)과 다비드 요리스(David Joris)에게서 볼 수 있는 것처럼, 삼위일체 하나님의 사역은 연속적인 세 시기에 나타나는 것으로, 이 시기들은 각각 삼위일체의 한 위격과 연관되는 것으로 여겨졌다. 특히 세르베투스(Michael Servetus)는 교회의 삼위일체 교리를 반박하는 데 자신의 지적 능력을 총동원했다. 영지주의적이고 신지학적인 사변은 야콥 뵈메, 친첸도르프, 스베덴보리(Swedenborg)의 삼위일체 사상에서 발견된다. 그런 신지학적인 생각은 칸트, 스피노자, 셸링, 헤겔, 슈트라우스에게서 발견되는 철저히 철학적인 삼위일체의 해석을 위한 길을 열어주었다.

삼위일체의 언어

[222] 기독교회에게 삼위일체 교리는 교의였고, 따라서 탁월한 신비였다. 교회가 믿은 바에 의하면, 기독교의 본질―그리스도의 인격 안에 있는 하나님의 절대적 자기 계시와 성령 안에 있는 하나님의 절대적 자기 전달―은 존재론적 삼위일체에 기초해 있을 때만 유지될 수 있었다. 교회는 성경의 가르침을 방어하기 위해 성경을 넘어서는 용어를 사용하는 것이 필요하다고 생각했는데, 이 관행을 아리우스주의자들과 종교개혁 이후 및 근대의 유사 아리우스주의자들은 정죄했으나 기독교 신학은 항상 옹호했다.[19] 성경에 대한 기독교의 신학적 숙고는 성경에서 합당한 추론들을 이

---

19) Augustine, *The Trinity*, VI, 10; T. Aquinas, *Summa Theol.*, I, qu. 29, art. 3; J. Calvin, *Institutes of the Christian Religion*, I.xiii.5 (ed. John T. McNeill and trans.

끌어내기 위해서라면 성경에 나오는 언어 너머로 자유롭게 움직일 모든 권리를 갖고 있다. 이것들도 마찬가지로 권위를 갖고 있다.[20] 실제로 성경에 대한 신학적 성찰은 성경을 벗어난 외부 용어를 사용할 자유가 없이는 전혀 불가능하다. 이런 것들을 사용하는 것은 새로운—성경 외적이거나 성경에 반대되는—교의들을 도입하려는 것이 아니고, 오히려 그 반대로 성경의 진리를 모든 이단에 맞서 방어하기 위해서다. 이 용어들은 일차적으로 부정적인 기능을 행사해서, 그리스도인의 사고가 계시의 진리를 보존하기 위해서 진행해야 할 경계를 표시해준다. "성경적 신학"을 주장하는 이들이 성경 외부 용어를 사용하는 교회적 정통주의보다 성경의 가르침에서 더 먼 경우가 아주 흔하다. 이것은 삼위일체 외에 다른 기독교 교리들에 대해서도 마찬가지로 사실이다.

따라서 우리는 삼위일체 교리에서도 흔치 않은 용어들이 점차 증가하는 것을 보는데, 이를테면 "호모우시오스"(ὁμοουσιος), "우시아"(οὐσια), "휘파르크시스"(ὑπαρξις), "휘포스타시스"(ὑποστασις), "프로소폰"(προσωπον), "겐난"(γενναν), "트리아스"(τριας), "우니타스"(unitas), "트리니타스"(trinitas), "숩스탄티아"(substantia), "페르소나이"(personae), "노미나"(nomina), "그라두스"(gradus), "스페키에스"(species), "포르마이"(formae), "프로프리에타테스"(proprietates) 등이다. 처음에 이 용어들의 의미는 정확하지도 분명하지도 않았다. "우시아"(οὐσια, 본질)라는 용어는 대개 하나님의 단일 본질을 지칭하는 데 사용되었으나, 아타나시오스는 사벨리우스주의에 대항하는 논쟁에서 성자가 성부와 "모노우시오스"(μονοουσιος, 단일본질)가 아니라 "호모우시오스"(ὁμοουσιος, 동일본질)라고 말함으로써 자신을 방어했다.[21] "휘포스타시스"(ὑποστασις, 실체, 존재하는 것)라는 용어는 때로는 하나의 존재를 가리

Ford Lewis Battles, 2 vols [1559; Philadelphia: Westminster, 1960], 1:125-128).

20) 참조. H. Bavinck, *Reformed Dogmatics*, I, 617-618 (#159).

21) Athanasius, *Statement of Faith*, NPNF[2], IV, 83-85.

키는 말로, 때로는 세 위격들을 가리키는 말로 사용되었기 때문에, 사람들은 때로는 하나님 안에 하나의 "휘포스타시스"가 있다고, 때로는 세 "휘포스타시스들"이 있다고 말했다. 바실리오스는 『우시아와 휘포스타시스에 대하여』(Concerning Ousia and Hypostasis)라는 편지에서 하나님의 존재 또는 본질에는 "우시아"(οὐσία)를, 세 위격들에는 "휘포스타시스"(ὑπόστασις)나 "프로소폰"(πρόσωπον)을 사용함으로써 이 용어들의 사용에서 상당한 일치성을 이룩했는데, 이 관행은 동방에서 표준이 되었다.[22]

서방에서는 용어가 더 안정되어 있었다. 테르툴리아누스는 하나님의 존재 또는 본질에는 "에센티아"(essentia)와 "숩스탄티아"(substantia)라는 용어의 사용을, 위격들에는 "페르소나"(persona)나 "숩시스텐티아"(subsistentia)라는 용어의 사용을 확립했는데,[23] 이 용법은 교회의 위대한 교사들과 신조에 의해 채택되었다. 하나님의 존재(단일성)와 위격들의 다양성(삼위성)에 대해 그리스어를 사용하는 교회와 라틴어를 사용하는 교회들 사이에 있었던 용어적 혼란에는 정통 기독교가 동방과 서방에서 직면했던 여러 도전들이 반영되어 있다. 아우구스티누스는 그리스어 "휘포스타시스"(ὑπόστασις)를 [라틴어] "숩스탄티아"(substantia)로 옮기는 것에 반대했다. 라틴어 숩스탄티아와 에센티아는 그리스어 휘포스타시스와 우시아에 정확하게 상응하지 않기 때문이다. 에센티아보다는 숩스탄티아가

---

22) I. A. Dorner, *Doctrine of the Person of Christ*, II, 313ff.; A. von Harnack, *History of Dogma*, IV, 83; E. Hatch, *The Influence of the Greek Ideas on Christianity* (repr., New York: Harper & Brothers, 1957), 275-82.

23) A. von Harnack은 *History of Dogma*, IV, 89n2에서, Tertullian에게 "숩스탄티아"(substantia)와 "페르소나"(persona)의 의미는 "법적, 정치적 개념"에서 빌려온 것이기 때문에, "숩스탄티아"(substantia)는 세 위격들이 공유하는 경륜이나 능력(vermögen)이란 의미를 지녔다고 주장한다. 그러나 Harnack의 이런 견해는 숩스탄티아와 페르소나의 구분은 단순히 문체적인 것일 뿐이라는 다른 학자들의 주장에 의해 신빙성 있게 논박된다. 이에 반하여 우리는 동방 교회와 서방 교회에는 "본질"과 "위격들"을 구별해야 할 논리적이고 신학적 필요가 있었다는(단지 문체상의 필요만이 아니라는) 주장에 주목해야 한다.

더 우시아(οὐσία)에 상응하는 말이었으며, 에센티아는 라틴어 사용자들에게 낯설고 익숙하지 않았다. 따라서 "우나 숩스탄티아"(*una substantia*, 하나의 본질)와 "트레스 페르소나이"(*tres personae*, 세 위격들)라는 표현이 라틴어에 남아 있었는데도 불구하고 아우구스티누스는 숩스탄티아의 사용을 아예 피하려고 했는데, 왜냐하면 그것이 본질(essence)과 우연적 특성들(accidents) 또는 속성들(properties) 사이에 분열이 있음을 시사하기 때문이다. 본질과 속성이 일치하는 하나님의 경우에 이것은 사실이 아니기 때문에, 아우구스티누스는 신적 존재를 에센티아로 묘사하는 것이 낫다고 여겼다.[24] 게다가 아리우스주의에 직면해서 세 위격들이 세 숩스탄티아들(*substantiae*)이 아니라 세 페르소나들(*personae*)이라는 것을 주장할 필요가 있었다. 이 언어는 중세 스콜라주의에서 더 발전했고, 종교개혁 신학자들도 그것을 받아들였다. 이 틀에 따르면 하나님 안에는 단 하나의 존재, 하나의 본질, 하나의 본성(*unitas naturae*), 그리고 위격들의 삼위일체가 있다. 하나님의 존재 안에서 세 위격들은 하나이고, 동일본질이고, 상호적으로 서로 안에 존재한다(ἐμπεριχώρησις, *circumincessio personarum*). 하지만 위격들은 구별된다. 하나님 안에는 "두 가지 나오심(emanations)이 있는데, 하나는 본성을 통한 것이고 다른 하나는 의지를 통한 것이며, 성부·성자·성령의 세 위격들이 있으며,…세 위격적 속성들이 있는데, 성부는 나시지 않았으며(unbegotten), 성자는 나셨으며(begotten, generated), 성령은 나오셨다(proceeds)".[25]

용어들에 대한 논쟁이 교회 안에서 빈번해졌는데, 특히 "위격"(person)의 개념에 대해 그랬다. 보에티우스가 제시한 영향력 있는 정의는 위격을 개별적·이성적 존재로 보는 것이었는데, 이것은 잠재적으로 삼신론과 신

---

24) Augustine, *The Trinity*, V, 8; VII, 4.

25) Bonaventure, *The Breviloquium*, in vol. 2 of *The Works of Bonaventure* (Paterson, NJ: St. Anthony Guild Press, 1963), I, chap. 3, 4; 참조. Anselm, *Monologion*, chaps. 29ff.; T. Aquinas, *Summa Theol.*, I, qu. 27-32.

적 단일성의 상실로 이어질 수 있었다. 근대에는 "인격성"(personality)이 영웅적 인간의 특징들에 적용되었고, 하나님께 적용하는 것은 흔히 거부되었다. 여기에는 사람의 인격성과 유사한 점들이 있지만, 삼신론에 빠지지 않도록 대단히 주의해야 한다. 유비의 정당성이 우리가 하나님과 관련해서 "본성"에 대해 말하는 것을 허용할지라도, 여기에도 차이가 있다. 인간의 본성은 구별된 개인들이 공통적으로 갖고 있는 것을 가리킨다. 인간의 본성은 추상적으로 존재하지 않고, 구체적인 개인들 안에서만 존재한다. 하나님의 경우에는 세 위격들 모두가 같은 신적 존재에 전적으로 참여한다. 하나이며 동일한 신적 속성이 각 위격 안에 개별적으로 존재하면서 동시에 세 위격들 모두 안에 집합적으로 존재한다. 따라서 하나님 안에는 하나의 정신, 하나의 의지, 하나의 능력을 가진 하나의 영원하고, 전능하고, 전지한 존재가 있다.[26] 우리가 시야에서 놓쳐서는 안 될 중요한 점이 있다. 삼위일체의 교의에서 "위격"(person)이라는 단어는 신적 존재 안에 있는 세 위격들이 "양태"가 아니라 자기 나름의 구별된 존재를 갖는다는 것을 의미할 뿐이다. 신적 존재는 삼위격적(tripersonal)이다. 그러므로 정착된 기독교 교의가 가르치는 것은 하나님의 한 존재 안에 세 위격들인 성부·성자·성령이 존재하고, 각 위격이 신적 본질을 온전히 공유하지만 위격적 속성들에서 차이가 있다는 것이다. 성부는 나시지 않고, 성자는 나시거나 출생하시고, 성령은 성부에게서(그리고 성자에게서) 나오신다는 것이다.

[223] 삼위일체에 대한 고백의 영광은 무엇보다도 단일성이 아무리 절대적이더라도 다양성을 배제하지 않고 포함한다는 데 있다. 하나님의 존재는 추상적 단일성이나 개념이 아니라 존재의 충만, 생명의 무한한 풍성함인데, 이것이 가진 다양성은 단일성을 손상시키지 않고 오히려 가장 충만히 펼친다. 신학에서는 신적 존재 안에 있는 구분들—성경이 성부·성자·성령이라는 이름들로 언급하는 것—을 "위격들"(persons)이

---

26) Athanasian Creed, 9-18.

라고 부른다. 동방 신학자들은 이 위격을 지칭하기 위해 처음에 "프로소폰"(προσωπον)이라는 용어를 사용했다. 프로소폰은 히브리어 "파님"(פָּנִים)에 상응하는 단어로서 얼굴, 외관, 역할을 의미한다. 그러나 이 단어는 오해를 불러일으키기 쉬웠고, 따라서 사벨리우스는 하나의 신적 "우시아"(οὐσια) 혹은 "휘포스타시스"(ὑποστασις)가 다양한 "프로소파"(προσωπα) 또는 얼굴들을 취했다고 가르쳤다. 이 견해에 반대하여 교부들은 신적 존재 안의 세 "프로소파"는 단순한 나타남이나 계시의 양태가 아니라, 위격들(hypostases)로 나타나는 "위격적 프로소파"(enhypostatic προσωπα)라고 주장했다. 따라서 "프로소폰"은 "휘포스타시스"로 대체되었는데, 이 단어는 단지 외양으로만이 아니라 실재하는 것, 즉 다른 것에 속하는 "우연적 특성들"과 구분되게 독립적으로 존재하는 것을 가리킨다.[27] 용어 차이는 반복적으로 동방과 서방 사이에 오해를 초래했지만, 사실은 양편이 같은 것을, 즉 세 신적 위격들이 "양태들"이 아니라 "실체들"이라고 가르친 것이었다. 따라서 교회의 언어에서 "프로소폰" 또는 "페르소나"라는 단어는 자존성, "휘포스타시스", 실체가 함의하는 특성을 본질적인 내용으로 갖게 되었다. 이후에 신학자들이 기독론 논쟁에서 네스토리우스주의와 단성론(Monophysitism)에 직면했을 때, "본성"(nature)과 "위격"(person)이라는 단어들의 보다 정확한 정의를 위해 고민하지 않을 수 없었다. "페르소나"(persona)라는 단어는 이제 두 가지, 즉 자존성과 합리성(또는 자기의식)을 표현하게 되었다. 이것이 스콜라주의만이 아니라, 초기 로마 가톨릭, 루터파, 개혁파 신학자들에게 의미하는 것이었다.

그러나 근대철학과 심리학에서 인격성(personality)에 대한 전혀 다른 개념이 나타났다. 첫째로 학자들이 점차 생각하기에 인격성은 유한한 존

---

27) 참조. 신약성경에서의 "휘포스타시스"(ὑποστασις) 용법 (고후 9:4; 11:17; 히 1:3; 3:14; 11:1)에 대해서 Hermann Cremer, *Biblico-Theological Lexicon of New Testament Greek*, trans. D. W. Simon and William Urwick (Edinburgh: T&T Clark; New York: Charles Scribner's Sons, 1895), s.v. "ὑποστασις"를 보라.

재들의 존재방식일 뿐이고, 인격성이나 자기의식, 자기결정은 하나님께 돌려질 수 없었다. 만약 신이 존재한다면, 그는 모든 것 안에 있으면서 무엇이든 할 수 있고, 어디에나 있는, 무의식적인 힘과 충동으로 생각될 수 있을 뿐이다. 둘째로 심리학에서는 인간의 인격성조차도 결코 독립적 실존을 의미하는 것은 아니라는 사고가 생겨났다. "자아"(I-ness), 즉 영혼은 실체가 아니라 심리적 현상들의 총체에 붙인 이름에 불과하고, 인격성이라고 부르는 것은 인간이라는 개별적 존재의 일시적 존재방식일 뿐이다. 따라서 인간 발전의 최고 단계로 여겨지는 인격성은 인생의 최종 목표, "이 땅의 사람들이 얻을 수 있는 최고의 행복"(Goethe)이 된다. 이것은 자연스럽게 영웅 숭배, 그리고 위대한 인격성과 천재성을 가진 개인들에 대한 신격화로 이어졌다. 인간에 대한 상당히 부적절한―개인의 정체성과 인격성은 단순히 심리현상의 총합 그 이상이다―이런 이해를 삼위일체 교리에 적용하기는 더욱 어렵다. 삼위일체 교리에서 "위격"(person)이라는 용어는 고유한 의미를 갖는다. 칼뱅은 "위격"을 단순하게 "하나님의 본질 안에 있는 실재"(subsistence in God's essence)로 정의했다.[28] 아우구스티누스가 언급한 바에 의하면, 우리가 위격들을 말하는 것은 "위격이 무엇인지 표현하기 위해서가 아니라 침묵하지 않기 위해서다".[29] 삼위일체 교의에서 "위격"이라는 단어는 신적 존재 안에 있는 세 위격들이 "양태"가 아니라 자기 나름의 구별된 존재를 가진다는 것을 의미할 뿐이다. 신적 존재의 단일성은 그 자체로 삼중의 존재를 가능하게 한다. 한 개인 안에 구현되기에는 너무 풍성한 인간의 본성은 여기서 희미한 유비 밖에 제공해주지 못한다. 인간 인격성의 충만함은 전체로서의 인류 안에만 존재할 수 있다. 신적 본성은 그 충만함을 세 위격들 안에서 전개하지만, 하나님 안에서 이

---

28) J. Calvin, *Institutes*, I.xiii.6.

29) Augustine, *The Trinity*, V, 9; VI, 10; 참조. Anselm, *Monologion*, chap. 37, 38; J. Calvin, *Institutes*, I.xiii.2-4.

세 위격들은 세 개별자들이 아니라 신적 존재 안에서 일어나는 삼중의 자기구별(self-differentiation)이다. 이 자기구별은 신적 본성이 스스로를 위격성으로 전개하신, 즉 삼-위격적으로 만드신 결과다. 인간 본성의 전개가 이중의 방식으로, 개인과 전체로서의 인류로 이루어지는 데 반해, 하나님 안에는 오직 하나의 전개만 있다. 하나님의 존재가 인격성으로 전개되는 것은 하나님의 존재가 세 위격들로 전개되는 것과 일치한다. 세 위격들은 완전한 자기 전개로 이끌린 하나의 신적 인격성인데, 이 자기 전개는 신적 존재로부터, 신적 존재를 통해, 신적 존재 안에서 이루어진다. 아우구스티누스의 말로, "하나님께는 존재한다는 것과 위격이라는 것이 서로 다른 것이 아니라, 완전히 같은 것이기 때문이다"(『삼위일체론』, VII, 6)

세 위격 간의 구별

[224] 하나님의 "존재"와 "위격" 간의 구별, 그리고 위격들 간의 구별은 신적 존재 안에 이러한 차이를 만들어내는 관계들을 고려할 때 더 분명해진다. 성경은 철저하게 유일신론적인데, 신적 본성과 완전성들을 성자와 성령에게 돌려서 성부와 동등한 위치에 놓는다. 성부·성자·성령은 하나의 신적 본질 안에 있는 구별된 주체들이면서, 또한 언제나 특정한 질서 가운데 나타난다. 위에서 언급했던 것처럼, 그 위격들 가운데 있는 이른바 "위격적 속성들"은 아버지됨(ἀγεννησια, "나시지 않음"[unbegottenness]), 아들 됨(γεννησις, "나심"[begottenness]), 거룩하게 하심(ἐκπορευσις, "나오심"[procession])이다. 위격들이 각각 다른 것은 한 분이 성부, 다른 한 분이 성자, 셋째 분이 성령이시라는 데 있다. 이 특징들은 영원하다. 아버지가 된다는 것이 인간에게는 우연적 속성일 뿐이다. 어떤 사람은 평생 아버지가 되지 않고, 또 아버지가 된 사람들도 이전에는 아버지가 아니었다. 남자로서 우리의 인간성은 우리의 아버지 됨 또는 아들 됨으로 그치지 않는다. 그러나 하나님의 경우에는 하나님이 되신다는 것과 위격성이 일치한다. 세 위

격들 각각 안에는 신적 존재가 성부 되심, 성자 되심, 성령 되심과 완전히 공존한다. 아버지 됨, 아들 됨, 나오심은 우연적 속성들이 아니라 신적 존재의 영원한 존재방식들이며 그 안에 있는 영원한 내재적 관계들이다. 우리가 가진 인간의 본성이 시간과 공간 안에서 전개되는 데 반해, 하나님의 존재의 전개는 "성부"·"성자"·"성령"이라는 이름들에 표현된 내재적 관계들의 전개와 일치하며 그것을 포함할 뿐만 아니라 그의 존재가 위격들로 전개되는 것과도 즉시, 절대적으로, 온전히 일치하며 또한 그것을 포함한다. 하나님의 존재 안에서의 발출들(processions)은 동시에 하나님 안에 절대적 인격성, 삼위일체적 특징, 내재적 관계들을 초래한다. 이것들은 인간의 본성이 개인, 가정, 전체로서의 인류 안에서 온전히 전개되도록 하는 모든 발출의 절대적 원형이다. 하나님의 "삼위성"(threeness)은 하나님의 "단일성"(oneness)에서 나오고, 그 안에 존재하고, 그것을 섬긴다. 게다가 세 위격들이 본질에서 차이가 없지만, 구별된 주체들(subjects), 실체들(*hypostases*), 또는 실재들(subsistences)로서 서로에게 절대적인 방식으로 관련되어 있다. 이 위격들이 주체들로서 갖고 있는 구별들은 위격들이 내재적으로 갖는 상호 관계들과 완전히 일치한다. 성부만이 오로지, 그리고 영원히 아버지시다. 성자만이 오로지, 그리고 영원히 아들이시다. 성령만이 오로지, 그리고 영원히 영이시다. 성부는 아버지로서 하나님이시고, 성자는 아들로서 하나님이시고, 성령은 영으로서 하나님이시다. 세 분 모두가 하나님이시므로, 모두 단 하나의 신적 본성에 참여하신다. 따라서 오직 한 분이신 하나님, 곧 성부·성자·성령이 계신다. 하나님이 영원히 찬양을 받으시기를!

[225-227] "성부"(Father)라는 이름은 첫 번째 위격에 대해 선호되는 표현이다. 성부의 위격적 속성은 아버지 되심 또는 "나시지 않음"(*ἀγεννησια*)이다. "성부"는 이 땅에서 유래해서 하나님께 돌려진 은유가 아니다. 여기서 "나시지 않음"은 피조물들과 대조되는 것이 아니라, 내적 삼위일체의 관계다. 이것과 관련해서 살펴볼 그리스어 단어가 두 개 있다. "겐

네토스"(γεννητος)는 동사 "겐난"(γενναν, 낳다)에서 나왔다. 반면에 "게네토스"(γενητος)는 "기네스타이"(γινεσθαι, 존재하게 되다, 태어나다)에서 나온 말이다. "게네토스"는 보다 광범위한 용어로서, 창조에 의해서든 출생에 의해서든 번식에 의해서든, 생겨나고 시작을 갖는 모든 것을 가리킨다. 처음부터 둘 사이가 분명하게 구분된 것은 아니었지만, 두 단어의 구별은 점차 통상적이게 되었다. 창조된 것들과 대조적으로, 세 위격들 모두 "아게네토스"(ἀγενητος, 나시지 않은)로 불릴 수 있었다. 세 위격들 모두 시간 속에서의 시작이 없기 때문이다. "아게네토스"는 세 위격들 모두에 공통되는, 신적 존재의 속성이다. 그러나 "아겐네시아"(ἀγεννησια)는 성부에게만 해당된다. 성자가 "겐네토스"(γεννητος, 나신)로 불릴 수 있었던 것은, 시간 안에서 생겨나셨기 때문이 아니라 영원으로부터 성부의 존재에서 나셨기 때문이다.[30] 교부들은 "아겐네시아"라는 속성이 하나님의 존재가 아니라 위격에 관련된다는 것을 지적했다. 하나님의 존재는 세 위격들 모두 안에 동일하시지만, "아겐네시아"는 하나님의 존재 안에 있는 관계이다. "아겐네톤"(ἀγεννητον)은 "성부로 존재함"과 전혀 동일하지 않다는 점에 주의하라.[31] 따라서 "성부"라는 이름이 "아겐네토스"(ἀγεννητος)라는 용어보다 선호되어야 한다.[32] 성부는 영원히 아버지시다. 성자는 영원으로부터 성부의 존재에서 나셨다. 그러므로 성경적 이름인 "아버지"는 첫 번째 위격의

---

30) 참조. Athanasius, *On the Incarnation*, VIII, 55; Basil, *On the Holy Spirit*, V, 9; VI, 15 (편집자 주―Bavinck는 자신의 책에 Basil, *Against Eunomius*(Basilius, *Adversus Eunomium*)라고 잘못 표기했다); John of Damascus, *The Orthodox Faith*, I, 8; Augustine, *The Trinity*, V, 3; Johann Caspar Suicerus, *Thesaurus ecclesiasticus* (Amsterdam: J. H. Wetsten, 1682), s.v. "ἀγεννησια".

31) Basil, *On the Holy Spirit*, VIII, 19 (편집자 주―Bavinck는 자신의 책에 Basil, *Against Eunomius*, I, 9, 15라고 잘못 표기했다); Gregory of Nazianzus, *Theological Orations*, III; Augustine, *The Trinity*, V, 5.

32) Basil, *On the Holy Spirit*, XV, 36 (편집자 주―Bavinck는 자신의 책에 Basil, *Against Eunomius*, I, 5라고 잘못 표기했다).

위격적 속성에 대해 훨씬 좋은 표현이고, 심지어 "하나님"이라는 단어보다 더 적절하다. "하나님"이 초월적 존엄을 나타내는 일반적인 이름인 데반해, "아버지"라는 이름은 구약성경의 야웨라는 이름처럼 고유한 이름으로서 하나님의 위격적 속성을 묘사하는 명칭이다. 하나님을 "아버지"라고 부르기를 거부하는 자들은 하나님의 창조를 부인하는 자들보다 더 하나님을 모욕한다. 그렇게 되면 우리에게 남는 것은 하나님에 대한 추상적이고 이신론적인 견해 밖에 없을 것이다. 하나님은 우리의 아버지시고, 땅에 있는 모든 아버지 됨은 하나님의 아버지 되심에 대한 멀고 희미한 반영에 불과하다(엡 3:14-15). 하나님은 참되고 완전한 의미에서 아버지시다.

하나님을 아버지라고 부르는 사람은 암묵적으로 성자를 부르는 것이다. 성부의 영원성은 성자의 영원성을 수반한다.[33] 성자의 나심(generation)은 영원해야 하는데, 이는 만약 성자가 영원하지 않다면 성부도 영원하실 수 없기 때문이다. "영원한 나심"(αἰωνος γεννησις)의 교리는 오리게네스가 최초로 사용한 표현으로서, 성부에 대한 성자의 관계를 지시하는 성경적 이름들에서 나온 것이다. 그 이름들에는 말씀, 지혜, 로고스, 아들, 맏아들, 독생자, 하나님의 형상, 형상(εἰκων), 본체(ὑποστασις), 인(印, χαρακτηρ)이 있다(참조. 히 1:3). 그러나 여기에는 주의해야 할 것이 있다.[34] "나심"은 인간적 유비인데 우리는 여기서 모든 불완전성과 감각적인 것과의 연관성들을 제거해야 한다. 하나님의 생산력(fecundity)은 하나님의 존재에 독특한 것으로서, 교부들에게서 흔히 발견되는 아름다운 주제다. 이것은 우리에게 하나님이 추상적이고, 경직되고, 단조롭고, 고독한 존재가 아니시라는 것, 오히려 충만한 생명이시라는 것을 상기시킨다. 생산적(γεννητικη)이고

---

33) Athanasius, *Against the Arians*, I, 23, 28; Gregory of Nazianzus, *Theological Orations*, III, 5, 17; John of Damascus, *The Orthodox Faith*, I, 8; Hilary of Poitiers, *De trinitate contra Arianos*, XII, 24.

34) Irenaeus, *Against Heresies*, II, 28, 6; Athanasius, *Against the Arians*, II, 36; Basil, *Against Eunomius*, II, 22, 24; Gregory of Nazianzus, *Theological Orations*, XX.

열매가 풍성한(καρπογονος) 것은 하나님의 본질(οὐσία)이다. 하나님은 전달 (communication)의 능력을 갖고 계시다. 하나님의 풍성한 생산력을 부인하는 자들은 하나님이 복된 생명의 무한한 충만이시라는 사실을 진지하게 다루지 못한 것이다. 이들에게는 추상적이고 이신론적인 신 개념만 남아 있을 것이다. 그렇지 않으면, 이런 빈약함을 보상하기 위해 그들은 범신론적인 방식으로 신적 존재 안에 세계의 생명을 포함시킨다. 삼위일체를 떠나서는 창조의 행위조차도 생각할 수 없는 것이 되어버린다. 만약 하나님이 자신을 전달하실 수 없다면, 하나님은 자신을 자기 밖으로, 피조물들에게 전달하실 수 없다.[35]

성자의 나심은 영적이고, 그렇기 때문에 분열이나 분리를 만들어내지 않는다. 인간에게 있는 가장 빼어난 유비는 사유와 언어의 관계다. 성경도 성자를 "로고스"[말, 말씀, 이성]라고 부르면서 이를 시사한다. 인간의 정신이 언어 안에서 객관화되는 것처럼, 그렇게 하나님은 자신의 존재 전체를 로고스 안에서 표현하신다. 하나님께 있어 낳으신다는 것은 말씀하신다는 것이고, 하나님의 말씀하심은 영원하다. 여기서 하나님의 말씀하심은 사람의 말이 제한되고 감각에 매여 있으며 그 자체 안에 아무런 생명을 갖고 있지 않다는 점에서 사람의 말과 차이가 있다. 하나님이 말씀하실 때 하나님은 로고스의 한 인격 안에서 자신을 완전히 표현하시는 것인데, 이 로고스도 하나님이 "그 안에 생명을 갖게 하셨다"(요 5:26). 성자는 성부의 존재 자체로부터 나셨다. 니케아 신조가 담고 있는 것처럼, 성자는 영원부터 "하나님에게서 나신 하나님, 빛에서 나신 빛, 참 하나님에게서 나신 참 하나님, 만들어지지 않고 나신, 성부와 동일본질"이시다. 아리우스주의자들의 주장과 정반대로, 성자는 피조물이 아니라 "만물 위에

---

35) Athanasius, *Against the Arians*, II, 2; John of Damascus, *Exposition of the Orthodox Faith*, NPNF², I, 8. 편집자 주—참조. H. Bavinck, *Reformed Dogmatics*, II, 420n50 (#254).

계셔서 세세에 찬양을 받으실 하나님"이시다(롬 9:5). 성자는 성부의 뜻에 의해 무로부터 시간 안에 출생하신 것이 아니라, 성부의 존재로부터 영원 안에서 나셨다. 따라서 "나심"(generation)은 성부의 실제적인 사역이나 활동(ἐνεργεια)으로 보아서는 안 되고, 오히려 우리는 "출생하는 본성"(φυσις γεννητικη)을 성부에게 돌려야 한다. 따라서 아리우스주의자들이 성자가 존재하지 않은 때가 있었다(ἦν ποτε ὁτε οὐκ ἦν)라고 말하는 것과는 반대로, 성자의 나심은 영원하다. 성자의 영원한 나심을 부인하게 되면, 성자의 신성만이 아니라 성부의 신성도 정당하게 다루는 데 실패한다. 성자의 영원한 나심을 부인하는 것은 성부로부터 영원한 아버지 되심을 박탈하고, 어떻게 하나님이 진정으로 적절하게 "아버지"라고 불리실 수 있는지를 아무런 설명 없이 남겨둔다.[36] 성부는 낳으시지 않는 때가 지금도 없고 과거에도 없었다. 성부는 영원히 낳으신다. "성부는 단일 행위로 성자를 낳으신 후에 성자를 그의 "기원"으로부터 놓아주시는 것이 아니라, 끊임없이 낳으시는 것이다."[37] 하나님께 있어 낳으신다는 것은 말씀하신다는 것이고, 하나님의 말씀하심은 영원하다.[38] 하나님의 자손(offspring)은 영원하다.

성령의 위격적 속성은 "나오심"(procession, ἐκπορευσις) 또는 "내쉬어짐"(spiration, πνοη)이다. 성령의 경우에는 신성과 위격성이 모두 논쟁의 대상이 되었다. 하지만 둘째 위격의 경우에 논쟁의 초점이 거의 언제나 신성

---

36) Athanasius, *Defense of the Nicene Definition*, 26ff.; idem, *On the Opinion of Dionysius*, 14ff.; idem, *Against the Arians*, I, 12ff.; Basil, *Against Eunomius*, II, 14ff.; idem, *On the Spirit*, 14ff.; Gregory of Nazianzus, *Theological Orations*, III, 3ff.

37) Origen, *S. P. N. Cyrilli archiepiscopi Alexandrini Homiliae XIX. in Ieremiam prophetam*, IX, 4; idem, *On First Principles*, I, 2, 2.

38) Athanasius, *Against the Arians*, I, 14, 20; IV, 12; idem, *On the Opinion of Dionysius*, 15-16; John of Damascus, *The Orthodox Faith*, I, 8; Augustine, *The Trinity*, VI, 1; T. Aquinas, *Summa Theol.*, I, qu. 42, art. 2; Johannes Polyander a Kerckhoven, André Rivet, Antonius Walaeus, and Antoine Thysius, *Synopsis purioris theologiae*, ed. H. Bavinck, 6th ed. (Leiden: Donner, 1881), VIII, 11.

에 있었던 데 반해, 셋째 위격의 경우에는 성령의 위격성이 문제였다. 물론 우리가 성경에서 성령의 신성과 위격성을 성부와 성자에 대해서만큼 강력하게 직면하지 않는다는 것은 사실이다. 하지만 성령에 대해 같은 고백을 하는 것이 종교적으로 얼마나 중요한지가 교회에서 점점 더 명확해졌다. 시간이 흐르고 교회가 구원의 주관적 측면들―중생, 신앙, 회심, 회개, 성화 등―에 대해 더 나은 이해를 추구함에 따라, 성령 안에서 그리고 성령을 통해서가 아니고는 성부, 성자와의 교제도 없다는 것이 분명하게 진술되어야 했다. 성령이 모든 구원의 주관적 원리라는 것을 성경은 의심의 여지 없이 확고히 한다. 성령은 피조물―능력이나 은사 또는 인격―이든지 아니면 참으로 하나님이든지, 둘 중의 하나다. 오직 성령이 참으로 하나님이실 경우에만 우리에게 성부와 성자를 전해주실 수 있다. 우리에게 하나님 자신을 주시는 분은 반드시 자신이 참으로 하나님이셔야 한다. 성령의 신성을 부인하는 이들은 성자의 신성도 주장할 수 없다. 삼위일체는 성령의 신적 위격 안에서 완성된다.

그러므로 성령의 위격성과 신성을 주장해야 할 또 다른 신학적 이유가 있다. 성령의 위격성과 신성 없이는 성부와 성자 사이에 참된 일치가 있을 수 없다. 삼위일체의 교의 전체, 기독교의 신비, 종교의 핵심, 우리 영혼이 하나님과 갖는 참되고 진정한 교제 등은 성령의 신성과 함께 서거나 넘어진다. 교부들은 이 상호연결성을 이해하면서 성자의 신성과 함께 성령의 신성도 옹호했다.[39] 니케아-콘스탄티노플 신조에서 교회는 "주님이시며 생명의 수여자이신 성령"에 대한 신앙을 고백하는데, 이 성령은 "성부와 성자로부터 나오시는 분, 성부와 성자와 더불어 경배받으시고 영광을

---

39) 참조. Athanasius, *Letters to Serapion*; 편집자 주―영역본: *The Letters of Saint Athanasius concerning the Holy Spirit*, trans. C. R. B. Shapland (London: Epworth, 1951); Gregory of Nazianzus의 *Theological Orations*, *On the Holy Spirit*; Basil의 *Against Eunomius*의 세 번째 책과 Basil의 *On the Spirit*; Gregory of Nyssa의 글 가운데 특히 *Against Ablabius*; Hilary of Poitiers, *On the Trinity*, XII.

받으시는 분, 예언자들을 통해 말씀하신 분"이다. 그 이후로 모든 그리스도인들은 "동일본질이신 삼위일체"(consubstantial Trinity)에 대한 신앙을 고백한다.[40]

성령이 성부 및 성자와 갖는 관계는 "주어진", "보내어진", "쏟아 부어진", "내쉬어진", "나온", "내려온"과 같은 동사 형태들이 암시하는 관계들인데, 기독교 신학은 이 관계를 묘사하기 위해 발출, 나옴, 내보내짐, 내쉼, 보냄, 쏟아부음 같은 용어들을 사용했다. 성경이 성령을 "루아흐"(רוח, 바람, 영), "프뉴마"(πνευμα)라고 부르고, 반복해서 숨이나 바람과 연관시켰기 때문에(욥 33:4; 시 33:6; 요 3:8; 20:22; 행 2:2 등), 선호된 용어는 "내쉬어짐"(spiration)이었다. 이 이상의 정의는 조심스러움을 그 특징으로 했는데, 특히 나심(generation)과 내쉬어짐(spiration)을 구별하면서, 나심이 성자께 부여되는 것처럼, 내쉬어짐은 성령께 부여되어 "그 자체의 생명"을 소유하시도록 한 것이다.[41] 아우구스티누스는 말하기를 "이 최고로 탁월한 본성에 대해 말하면서, 대체 누가 '태어남'(being born)과 '나옴'(proceeding)의 차이를 설명할 수 있겠는가? 태어난 모든 것이 나오지만, 나오는 모든 것이 태어난 것은 아니다. 마치 모든 인간이 두 발을 가지고 있더라도, 두 발을 가진 모든 것이 인간은 아닌 것처럼 말이다. 내가 아는 것은 이 정도이다. 그러나 나는 '나심'(generation)과 '나오심'(procession)의 차이도 모르고, 그렇다고 그것을 말할 능력을 갖고 있는 것도 아니다."[42] 신학자들이 모종의 구별을 찾으면서 발견한 것은 (1) 성자는 성부로부터만 나오시지만, 성

---

40) Basil, in A. Hahn, G. L. Hahn, and A. von Harnack, *Bibliothek der Symbole und Glaubensregeln der alten Kirche*, 3rd ed. (Breslau: E. Morgenstern, 1897), 70.

41) Athanasius, *Letters to Serapion*, I, 15ff.; Gregory of Nazianzus, *Theological Orations*, V, 7ff.; Basil, *The Holy Spirit*, 46ff.; John of Damascus, *The Orthodox Faith*, I, 8.

42) Augustine, *Contra Maximinum Arianorum episcopum*, III, 14 (PL 42:743); idem, *The Trinity*, XV, 17, 20; idem, *Lectures on the Gospel of John*, tract. 99, *NPNF*[1], VII, 131-137.

령은 성부와 성자로부터 나오신다는 것,[43] 또는 (2) 성령이 성부와 성자에게서 나오심은 태어나심이 아니라 주어지심이다(*ut datus, non ut natus*).[44] 마지막으로 특히 토마스와 그를 따른 자들은 나심과 내쉬어짐의 차이를 설명하면서, 나심은 "지성의 방식으로" 발생하고, 내쉬어짐은 "의지의 방식으로" 발생한다고 말한다. 이런 구별의 배후에 있는 전통은 "출생"을 사유하고 말하는 것에 비교하고, 성령을 성부와 성자를 연합시키는 사랑으로 말하는데, 이것은 중세 가톨릭에서 실질적으로 보편화되었다.[45] 개신교 신학자들은 "나심"과 "내쉬어짐"의 구별을 받아들였지만, 확실성을 가지고 말하기는 주저했다.

[228] 삼위일체론에서 동방 교회와 서방 교회의 중요한 차이가 갈수록 두드러졌다. 동방 교회는 성령이 성자를 통해 성부로부터 나오신다고 가르쳤으나, 성령이 성자로부터도 나오고 성자로부터 자기 존재를 받는다는 것은 거부했다. 서방 교회의 경우, 테르툴리아누스는 "나는 성령이 성부로부터 성자를 통해서 말고는 다른 어디서도 나오시지 않는다고 생각한다"라고 말했고,[46] 특히 아우구스티누스는 세 위격들을 단일 신성 안에 있는 관계들로 보고, 성령을 성부와만 연관 짓는 것이 아니라 성자와도 연관 지었다. 아우구스티누스 이후 성령이 성부로부터만 아니라 성자로부터도 나오신다는 주장은 서방 교회의 표준적 입장이 되었고, 결국 니케아 신조에 "그리고 성자로부터"(*filioque*, 필리오케)라는 구절을 삽입하기에 이르렀다.[47] 이에 반해, 동방 교회는 성부의 위격에서 통일성의 근거를 찾았

---

43) Augustine, *The Trinity*, XV, 26.

44) Ibid., V, 14.

45) T. Aquinas, *Summa Theol.*, I, qu. 27; idem, *Summa contra gentiles*, IV, 13, 15ff.; Bonaventure, *Breviloquium*, I, chap. 3.

46) Tertullian, *Against Praxeas*, 4, 25.

47) H. Denzinger, *Enchiridion symbolorum* (Wirceburgi, 1856), 98, 113, 136; 영역본: *The Sources of Catholic Dogma*, trans. from the 30th ed. by Roy J. Deferrari (London and St. Louis: Herder, 1955).

던 교부들을 넘어서지 않고 그 안에 머물렀다. 다마스쿠스의 요한은, 성령은 성자를 통해 계시되고 전달되기 때문에 성자의 영이기도 하며 성령은 성부로부터 성자를 통해서 나오신다고 말하기도 했다. 그러나 성령이 성자로부터 나오고 성자로부터 성령 자신의 존재를 받는다는 사상은 명백히 거부했다. 성자와 성령은 단일한 하나의 원인에서 기인한다.[48] 이것은 이후 줄곧 그리스 정교회의 교리로 남아 있다. 필리오케에 대한 그리스 정교회의 반대는 종속론의 마지막 잔재였다. 여기서 아무리 세 위격들이 완전히 하나이며 동등한 것으로 여겨진다 해도 이 하나 됨과 동등성은 성부의 존재로 인해 성자와 성령에게 귀속되는 것이었다. 성부가 신성의 원천이고 기원이다. 성부는 성자와 성령 안에서 자신을 계시하고, 성자는 하나님을 아는 지식을 주고, 성령은 하나님을 즐거워하는 기쁨을 준다. 성자는 성령 안에서 그리고 성령을 통해서 성부를 계시하는 것이 아니고, 성령은 성자를 통해서 신자를 성부에게 인도하는 것이 아니라는 것이다. 성자와 성령은 어느 정도 서로 독립해 있다. 성자와 성령은 성부에게 이르는 각자 나름의 길을 연다. 그래서 정통주의와 신비주의, 지성과 의지가 이원론적으로 병존하며, 이것은 그리스 정교회 경건의 특징이다.

경륜적 삼위일체, 유비, 논증

[229] 신적 존재 안에 있는 세 위격들의 내재적 관계는 밖으로(*ad extra*) 드러난다. 하나님의 외향적 사역(*opera ad extra*) 모두가 세 위격들에 공통되고 나뉘지 않는다. 그럼에도 본디 공통적인 속성과 사역을 특별히 각 위격에 돌리는 귀속(歸屬)이 존재한다. 만물에 단 하나의 근원(하나님)이 있을지라도, 만물은 성부로부터 나오고, 성자를 통해서 수행되고, 성령 안에서 완성된다. "존재론적" 삼위일체는 "경륜적" 삼위일체에 반영되기 때문

---

48) John of Damascus, *The Orthodox Faith*, I, 8, 12.

에, 존재론적 삼위일체 안에서 위격 간의 질서가 계시되는 방식에 따라서 특정 사역이—아벨라르두스가 생각한 것처럼 배타적이진 않을지라도[49]—각 위격에 돌려진다. 경륜적 차원에서 창조 사역은 특히 성부에게, 구속은 특히 성자에게, 성화는 특히 성령에게 돌려진다. 하나님의 모든 외적 사역에서, 성부는 자신으로부터 성자를 통해서 성령 안에서 친히 일하신다. 성경은 소위 구별 전치사—"에크"(ἐκ, -로부터), "디아"(διά, -를 통해), 그리고 "엔"(ἐν, -안에; 고전 8:6; 요 1:3, 14)—를 통해 이런 구별을 분명히 한다.

교회는 이런 구별을 일찍부터 알아챘다.[50] 아타나시오스는 에베소서 4:6에 거듭 호소하여, 하나님은 성부로서 만물 위에 계시고, 성자로서는 만물을 통해 계시고, 성령으로서는 만물 안에 계시고, 성부는 성자를 통해 성령 안에서 만물을 창조하고 재창조하신다고 말했다.[51] 바실리오스는 기도 가운데, 어떤 때는 "성자와 함께(μετα) 성령과 더불어(συν)" 성부에게 감사하고 또 어떤 때는 "성자를 통해 성령 안에서" 성부에게 감사한다고 비난받기도 했다. 바실리오스는 성령에 관한 자신의 책에서, 전치사의 구별에 대해 자세히 설명함으로써 위격들의 동등성을 부정하는 모든 위계적 구별에 반대했다.[52] 전치사들의 차이는 위격들의 위계를 보여주는 것이 아니라 위격들의 실재와 활동에 특정한 순서가 있음을 나타내는 데 초점이 있다고 그는 주장한다. 성부는 "기원 원인"이고, 성자는 "수행 원인"이고, 성령은 "완성 원인"이시다.[53] 이후의 신학자들은 동일한 구별을 되풀이해 사용했다.[54] 하나님의 모든 외적 사역에는 하나의 단일 주체

---

49) P. Abelard, *Introductio ad theologiam*, I, chaps. 7-14 (PL 178).

50) Irenaeus, *Against Heresies*, V, 18.

51) Athanasius, *Letters to Serapion*, I, 14, 28; II, 6-7.

52) Basil, *On the Spirit*, 3ff.

53) Ibid., 21, 22, 38.

54) 참조. 또한 F. W. J. Schelling, *Sämmtliche Werke* (Stuttgart and Augsburg: J. G. Cotta'scher, 1856-1861), II/3, 341ff. 편집자 주—여기 그리고 이후에 인용되고 있는 Schelling의 글은 *Philosophie der Offenbarung*이다. Schelling의 이 책은 1954

(*principium*)가 있으나, 세 위격들의 협동을 통해 이루어지고, 각 위격은 창조, 구속, 그리고 성화에 있어 고유한 역할을 맡고 고유한 임무를 이행한다. 모든 것이 성부로부터 나오고, 성자를 통해 수행되고, 성령 안에서 완성된다.

계시사(啓示史)에서 성부의 경륜은 특히 구약 경륜이었고, 성자의 경륜은 성육신으로 시작되었고, 성령의 경륜은 오순절에 시작되었다. 몬타누스에서 헤겔까지 이어지는 범신론적 경향을 따라서 이런 경륜과 구속사를 형이상학적 원리로 바꾸고, 삼위를 하나님의 자기 생성의 "역사"(history)에서 연이은 세 시기로 보는 것은 심각한 오류가 아닐 수 없다. 여기서는 경륜적 삼위일체가 존재론적 삼위일체를 대신하고, 우주생성론이 신들의 계보학으로 바뀐다. 이것은 삼위일체론의 진리를 완전히 뒤집고, 삼위일체 하나님의 외적 사역이 삼위일체 하나님 자신과 구별된다는 것과, 한 하나님에게서 나온다는 것을 부인하게 된다. 우리는 하나님의 창조 사역, 계시 사역, 그리고 구속 사역을 통해서 하나님을 알게 된다. 우리는 하나님의 이런 사역들 가운데 성경 계시의 인도를 받아, 창조 사역은 특히 성부에게, 구속 사역은 특히 성자에게, 성화 사역은 특히 성령에게 속한다는 것을 알게 된다. 그러나 이런 시간 안의 보내심은 하나님 존재 안에 있는 삼위의 내재적 관계에 대한 반영이고 성자의 나심과 성령의 나오심에 기초한다. 모든 시간의 추이는 하나님의 영원한 지혜 안에 무시간적으로 담겨 있다. 성부로부터 성자와 성령의 영원한 나오심이 있는 이유는, 성부가 성자와 성령을 통해서 그리고 성자와 성령 안에서 친히 자기 백성에게 오사 결국 "만유 가운데 모든 것이" 되기 위해서다.

[230] 삼위일체론은 인간의 이해를 훨씬 넘어서기 때문에, 교회는 이

넌에 *Wissenschaftliche Buchgesellschaft* (Darmstadt)에 의해 두 권으로 재출판되었다. 이 책의 영역본은 다음의 책을 보라: *Schelling's Philosophy of Mythology and Revelation*, trans. Victor C. Hayes (Armindale, NSW: Australian Association for the Study of Religions, 1995).

주제에 대한 성찰의 초기 단계부터 실례를 통해 설명하고 논증들을 사용했다. 3이란 숫자는 성경에서만 아니라[55] 성경 외의 다신론적 설화에서도 중요한 의미를 가졌다. 유대교 신학에 점차 나타난 중간 존재들[56]과 카발라에 언급되어 있는 세 가지 세피로트(*Sephiroth*, "왕권", "지혜", "이해")에서[57] 삼위일체론의 유비가 발견될 뿐만 아니라, 삼위일체의 흔적은 인도인들의 트리무르티(Trimurti; 브라만[Brahman], 비슈누[Vishnu], 시바[Siva])에서, 중국의 타오(道, Tao)의 세 형태들에서, 게르만족(노르웨이)의 주신들(오딘[Odin], 토르[Thor], 로키[Loki])에서, 그리고 신들에 대한 갈대아, 이집트, 그리스의 이해에서도 발견되었다.[58] 사람들이 특히 선호한 삼위일체의 유비 가운데는 플라톤의 우주론적 삼 원리―존재 및 선과 동일시되는 최고 정신($\nu o \upsilon \varsigma$), 이데아계, 그리고 물질($\H{\upsilon}\lambda\eta$)―가 있었다.[59]

이런 다신론적 유비보다 자연에서 취한 유비가 상대적으로 더 가치 있다. 순교자 유스티누스는 필론을 따라서, 다른 것을 사르면서도 자신은 그대로 남아 있는 불꽃을 예로 들었다. 테르툴리아누스는 뿌리가 열매를 내

---

55) 예를 들어 그리스도의 공생애 3년; 그리스도의 삼중직(예언자, 제사장, 왕); 부활 전 3일 동안 무덤에 있음; 골고다의 3개의 십자가; 십자가의 윗부분에 있던 명패에 세 가지 언어로 기록됨; 사랑하시는 세 제자; 세 증인(요일 5:8); 기독교의 세 가지 중요한 미덕(믿음, 소망, 사랑); 세 가지 정욕(요일 2:16); 세 가지 화(계 8:13 등등); 삼중의 축도 등.

56) F. W. Weber, *System der altsynagogalen palastinischen Theologie*, 172ff.

57) A. Franck, *The Kabbalah* (New York: Arno, 1973); Agrippa of Nettesheim, according to A. Stöckl, *Geschichte der Philosophie des Mittelalters*, 3 vols. (Mainz: Kirchheim, 1864-1866), III, 413; II, 236.

58) 참조. H. Zimmern, *Vater, Sohn und Fürsprecher in der babylonischen Gottes-vorstellung* (Leipzig: J. C. Hinrichs, 1896).

59) A. Tholuck, *Die speculative Trinitätslehre des späteren Orients* (Berlin: F. Dümmler, 1826); Johann Peter Lange, *Christliche Dogmatik*, 3 vols. (Heidelberg: K. Winter, 1852), II, 143ff.; F. C. Baur, *Die christliche Lehre von der Dreieinigkeit und Menschwerdung Gottes*, 3 vols. (Tübingen: C. F. Oslander, 1841-1843), I, 10ff., 18ff., 33ff.; F. Delitzsch, *System der christlichen Apologetik* (Leipzig: Dörffling & Franke, 1870), 286; Otto Zockler, *Theologia naturalis* (Frankfurt a.M.: Heyder & Zimmer, 1860), 689; 참조. F. W. J. Schelling, *Werke*, II/2, 78; II/3, 312ff.

고, 샘이 시내를 내고, 해가 햇빛을 내듯이, 하나님은 로고스를 내신다고 말했고, 그는 또한 "샘, 시내, 강"이나 "뿌리, 줄기, 봉오리"를 예로 들기도 했다. 다음과 같은 것들이 삼위일체의 유비로 사용되었다.[60] 공간의 삼차원, 시간의 세 구분, 자연계의 세 영역(광물계, 식물계, 동물계), 물체의 세 상태(고체, 액체, 기체), 인간 영혼의 세 기능(사고, 느낌, 갈망), 인간의 세 가지 능력(머리, 가슴, 손), 가족의 삼 요소(남편, 아내, 자녀),[61] 세 가지 이상(진, 선, 미), 음악의 3화음, 삼원색(노랑, 빨강, 파랑).

아우구스티누스와 특별히 중세 사상가들은 논리적 유비들을 발전시켰다. 아우구스티누스는 모든 사물은 존재, 동일성, 크기를 가져야 한다는 것을 거듭 지적했다. 질료, 형상(또는 미), 그리고 질료와 형상 간의 조화 또는 사랑은 실존하는 모든 존재의 기본 구성요소다.[62] "존재하는 모든 것에는 삼중적 원인, 즉 존재하게 하는 원인, 개별자이게 하는 원인, 내적 일관성을 지니게 하는 원인이 필요하다."[63] 이런 삼중성은 위 디오니시우스와 단테에게서도 발견된다. 전자는 『천상의 위계』(*Celestial Hierarchies*)를, 후자는 『신곡』(*Divine Comedy*)을 세 부분으로 나누었다. 근대철학에서는 칸트의 저술과 피히테, 셸링, 그리고 헤겔의 변증법적 방법에서 삼중성이 지배적인 틀이 되었다. 관념론은 모든 것을 의식의 산물, 즉 관념의 전개로 이해했고, 이것은 모든 것이 관념의 모순과 생성의 과정 가운데 발생된다는 주장으로 이어졌다. 따라서 관념은 긍정과 부정을 통해 한계에까지 나아가고, 정립과 반정립을 통해 종합으로 나아감으로써 전개되고 발전한다. 온 세상이 이런 "삼위일체적 질서"를 따라서 발전한다. 여기서 절대

---

60) Franz Delitzsch, *System der christlichen Apologetik* (Leipzig: Dörffling & Franke, 1870), 282ff.; O. Zockler, *Theologia naturalis*, 672ff.

61) 참조. Augustine, *The Trinity*, XI, 5ff.

62) Augustine, *The Trinity*, VI, 10; idem, *On True Religion*, chap. 7; idem, *De vita beata*, 34; 참조. T. Gangauf, *Des heiligen Augustinus speculative Lehre von Gott dem Dreienigen* (Augsburg: Schmidt, 1883), 209ff.

63) Augustine, *Eighty-Three Different Questions*, qu. 18.

정신은 자신에게로 되돌아가며, 자신을 의식하게 되는 즉대자적 정신(the thinking mind in and for itself)으로 나타난다.[64] 이런 철학의 영향으로 추상적 삼중성이 수많은 철학체계와 신학체계의 토대가 되었다.

어떤 이들은 삼위일체에 대한 유비를 넘어, 삼위일체에 대한 적극적 논거를 사유의 본질이나 사랑의 본질에서 찾으려 했다. 아우구스티누스는 삼위일체에 대한 선명한 흔적을 인간 의식과 이성에서, 특히 인간 영혼의 자기 지식(기억, 지성, 의지)에서 발견했다. 그럼에도 그는 이런 흔적들을 선험적이 아닌, 단지 후험적인 증거로만 간주했다. 아우구스티누스는 영혼의 자기 지식과 자기 성찰이 본질상 생산적이라고 주장한다. "이것은 자신에 대한 이해와 지식을 낳는다." 그런데 이 둘(자기 성찰과 자신에 대한 이해)은 의지 또는 사랑에 의해 연합된다. "'낳는 것'과 '낳아진 것', 이 둘은 세 번째 것인 사랑, 즉 '기뻐해야 하는 것'을 추구하거나 붙잡는 의지에 의해 연합된다"(『삼위일체론』, XIV, 6).[65] 이 모두는 하나님 형상의 담지자인 사람 안에서 거룩한 삼위일체에 대한 가장 분명한 유비가 발견될 것이라는 아우구스티누스의 깊은 확신에 뿌리박고 있다(『삼위일체론』, VI, 10; XV, 2; 『하나님의 도성』, XI, 26). 이 와중에도 아우구스티누스는 하나님과 우리의 어마어마한 차이를 상기시키는 것을 결코 잊지 않았다. 예를 들어 사람 안에 있는 삼위일체는 사람 자신이 아니라 사람 안에 있는 어떤 것, 사람에 대한 어떤 것인 데 반해, 하나님 안에 있는 삼위일체는 하나님 자신이고, 삼위는 한 하나님이다. 사람 안에 있는 기억, 지성, 사랑은 단지 능력일 뿐이지만, 신적 존재 안에 있는 삼위는 세 주체들(subjects)이다. 사람 안에 있는 이 능력들은 흔히 동등하지 않고 서로 보충하도록 의도되었으나, 신적 존재 안에는 위격들의 완전한 통일성과 동등성이 존재한다(『삼위일체론』, XV,

---

64) Wilhelm Windelband, *A History of Philosophy*, trans. James H. Tufts, 2 vols. (New York: Harper & Row, 1958 [1901]), II, 529-623, 특히 540-596.

65) 편집자 주—이 부분의 번역은 St. Augustine, *The Trinity*, trans. Edmund Hill (Brooklyn, NY: New City, 1990), 374-375에서 가져온 것이다.

7, 17, 20ff.). 아우구스티누스는 우리가 하나님을 얼굴과 얼굴을 대하여 보고 하나님의 형상으로 완전히 변하는 날에 대한 전망을 『삼위일체론』의 결론으로 삼는다. 그 날에 우리는 많은 말을 그치고, "끝없이 하나만을 말할 것입니다. 하나이신 당신을 찬양할 때, 우리 자신도 당신 안에서 하나가 될 것입니다"(『삼위일체론』, XIV, 12ff.: XV, 28).[66] "거기서 우리의 존재는 죽음을 모를 것이고, 우리의 지식은 오류를 범하지 않을 것이고, 우리의 사랑엔 아무 장애물도 없을 것이다"(『하나님의 도성』, XI, 28). 많은 신학자, 철학자, 그리고 사상가들이 사유에 근거한 이런 논증을 이어받았다.[67]

아우구스티누스는 사랑에서 도출한 유비도 좋아했다. 아우구스티누스는 "하나님은 사랑이시라"는 성경의 선언을 출발점으로 삼아, 사랑 안에는 "사랑하는 자, 사랑받는 자, 그리고 사랑 자체"라는 삼위일체성이 늘 존재함을 논증했다. 사랑 안에는 주체, 객체, 그리고 주체와 객체를 묶는 끈이 언제나 존재한다. "만약 당신이 사랑을 본다면, 다름 아닌 삼위일체를 보는 것이다"(『삼위일체론』, VIII, 8; IX, 1, 2). 이런 사변을 많은 이들, 특히

---

66) 편집자 주—이 부분의 번역은 *NPNF*[1], III, 228에서 가져온 것이다.

67) 예를 들어 Johannes Scotus Erigena, *The Division of Nature*, trans. Myra L. Uhlfelder (1681; repr., Indianapolis: Bobbs-Merrill, 1976), II, 113ff.; Anselm, *Monologion*, chaps. 29-67; T. Aquinas, *Summa Theol.*, I, qu. 45, art. 7; idem, *Summa contra gentiles*, IV, 26; idem, *Sent.*, I, dist. 3, qu. 2, art. 3; Bonaventure, *Breviloquium*, II, chap. 12; idem, *The Journey of the Mind to God*, chaps. 2-4; Luther, according to J. Köstlin, *Theology of Luther in Its Historical Development and Inner Harmony*, trans. C. E. Hay, 2 vols. (Philadelphia: Lutheran Publication Society, 1897), I, 99ff.; G. W. von Leibniz, *A System of Theology*, trans. Charles William Russell (London: Burns & Lambert, 1850); G. E. Lessing, *Erziehung des Menschengeschlechts und andere Schriften*, ed. Louis Ferdinand Helbig (Bern and Las Vegas: Peter Lang, 1980), §73; Schelling, *Werke*, II/3, 315; J. P. Lange, *Christliche Dogmatik*, II, 141; A. Kuyper, *De Schrift, het Woord Gods* (Tiel: H. C. A. Campagne, 1870); W. G. T. Shedd, *Dogmatic Theology*, 3rd ed., 3 vols. (New York: Scribner, 1891-1894), I, 183.

성 빅토르의 리샤르,[68] 보나벤투라,[69] 그리고 여러 현대 신학자들[70]이 따랐다. 이 유비는 사변적임에도 불구하고 확실히 성경과 공명한다. 그러나 삼위일체에 대한 야콥 뵈메나 셸링 같은 이들의 신지학적 해석에 대해서는 이런 평가가 불가능하다. 이런 신지학적 해석은 신플라톤주의, 영지주의, 그리고 카발라의 영향 아래 종교개혁 직전에, 피코 미란돌라(Pico Mirandola), 로이힐린(Reuchlin), 네테스하임(Nettesheim), 그리고 파라켈수스(Paracelsus)에게서 나타난 바 있다. 그런데 진정한 신지학 철학자는 16-17세기의 뵈메와 19세기의 바아더(Baader)와 셸링이었다. 셸링은 존재가 순수 사유로는 설명될 수 없다고 생각하여 이신론과 범신론을 모두 거부하고, 이신론의 단일성(oneness)과 범신론의 전체성(allness)을 합한, 복수의 전체-단일성(All-Oneness)을 내세웠다. 하나님은 주체(의지), 객체(개념), 그리고 주체와 객체의 일치인 주객체다. 여기서 신들의 기원과 우주발생론이 결합한다. 하나님은 피조물에게 자신을 계시하는 가운데 자신을 더 잘 알게 된다. "하나님"은 기본적으로 정신이고, 존재할 모든 것을 자기 안에 숨겨놓은 절대정신이고, 자신을 외부로 계시할 수 있는 자유로운 정신이다. 이 정신에 내재하는 세 가지 목적들은 신 외적 존재들에 대한 원인적 능력들로서,[71] 이것들이 역사로 자유롭게 들어와 그 자신의 목적을 이루는데, 마지막에야 비로소 자신을 완전히 실현한다. 이 절대정신은 자신을 계시하는 역사적 과정 가운데 성부, 성자, 그리고 성령이 된다. 신성 안의 특정한 분이 아닌, 신성 전체, 절대적 인격성으로서의 하나님은 성부라 불릴 수 있지만, 계시의 과정 마지막에야 비로소 성부다. 성자의 나심

---

68) Richard of St. Victor, *De trinitate*, III, chaps. 2ff.

69) Bonaventure, *Disputata S. Bonaventurae in libros sententiarum* (Lugdini, 1510), I, dist. 2, art. 1, qu. 2.

70) 예를 들어 J. Müller, *The Christian Doctrine of Sin*, trans. W. Urwick, 5th ed., 2 vols. (Edinburgh: T&T Clark, 1868), II, 181ff.; A. Peip, "Trinität", *PRE*[1], XVI, 465ff.; I. A. Dorner, *A System of Christian Doctrine*, I, 432ff.

71) F. W. J. Schelling, *Werke*, II/3, 240ff., 251ff., 261, 272.

은 영원하지 않다. 성자의 나심은 성자가 성부 바깥에 존재하는 것과 관련된 것이므로, 성자의 나심은 창조 때 시작되었다. 성자는 이 과정 끝에야 비로소 완전한 성자다.[72] 세 번째 능력도 마찬가지다.[73] 그래서 신성 전체가 구별된 삼신이 아닌, 구별된 한낱 세 이름도 아닌, 구별된 세 위격들 안에서 마침내 실현된다는 것이다.[74]

[231] 비록 근대철학이 사변을 통해 삼위일체 교의에 대한 관심을 다시 불러일으켰지만, 교회와 신학은 일반적으로 이러한 철학적 해석들에 대해 조심스러운 태도를 취했다. 많은 이들이 성경의 겸손함을 넘어서면서 삼위일체의 신비를 간파할 수 있는 능력이 있다고 주장한다. 후험적 유비와 논증들이 허용되었고, 창조세계에 있는 삼위일체의 흔적이 인정되었지만, 신자들은 이성과 유비에 의존하는 데 주의를 기울이도록 경고를 받았다. 성경이 유일하게 적법한 "증거"로 여겨졌고, 겸손은 적절한 태도였다. 토마스조차 위격들의 삼위일체를 자연적 이성으로 증명하려고 하는 것을 경계했다. 그런 시도는 신앙의 품격을 떨어뜨리고, 신앙이 약한 토대 위에 서 있다는 인상을 줌으로써 사람들로 하여금 신앙에서 멀어지도록 만들 수 있다는 것이다.[75] 유비는 창조세계 자체가 삼위일체 하나님의 흔적을 보여준다는 점을 우리에게 상기시키는 데 어느 정도 가치가 있다. 논증은 삼위일체에 대한 믿음이 불합리하지 않다는 것을 보여주도록 돕는다. 성경 자체가 온 우주, 특히 인류가 삼위일체 하나님의 작품이라는 것을 분명하게 가르치면서 이런 유비와 논증을 탐구할 자유를 우리에게 준다. 사유하는 마음은 삼위일체 교리를 정확하게 자연과 인류의 충만한 삶

---

72) Ibid., *Werke*, II/3, 312, 318, 321ff., 330ff.

73) Ibid., *Werke*, II/3, 333ff.

74) Ibid., *Werke*, II/3, 335, 337.

75) T. Aquinas, *Summa Theol.*, I, qu. 32, art. 1; 또한 P. Lombard, *Sententiae in IV libris distinctae*, 3rd ed., 2 vols. (Grottaferrata: Colleggi S. Bonaventurae ad Claras Aquas), I, dist. 3, n. 6과 거기에 있는 주석들을 참조하라.

에 둔다. 그리스도인의 마음은 존재의 모든 것이 삼위일체 하나님께 돌려질 때까지, 하나님이 삼위일체시라는 고백이 우리의 사고와 삶의 중심에서 기능하기까지 결코 만족을 얻을 수 없다. 따라서 삼위일체를 위해 제기된 유비와 논증이 이 교의가 참되다는 것을 증명하지는 못하더라도, 하나님의 이성적 피조물들이 삶과 사고에 대해 고백하는 일이 여러 면에서 유용하고 풍성한 의미를 가진다는 점을 분명히 인식시켜주는 중요한 역할을 한다. 결국 삼위일체에 대한 유비와 논증은 종교적 필요성 때문에 중요한 의미가 있는 것이지, 공허한 사변에 대한 열망이나 무절제한 호기심을 채우기 위한 것은 아니다. 하나님이 정말 삼위일체적이시라면 이것은 최고로 중요한 사실이어야 한다. 왜냐하면 바울의 말처럼 만물이 주에게서 나오고 주로 말미암고 주에게로 돌아가기 때문이다(롬 11:36).

삼위일체 교리는 이신론의 싸늘한 추상이나 범신론의 혼돈에 대항하여, 하나님이 참으로 살아 계신 하나님이시라는 사실을 우리에게 알려준다. 하나님은 자신을 세계와 본질적으로 구별되는 분으로, 그럼에도 고유의 복된 생명, 생명의 충만함을 가지신 "존재의 바다"로 알리신다. 하나님은 절대적 존재, 영원하신 분으로서, 이제도 계시고 전에도 계셨고 장차 오실 영원하신 분이고, 바로 그런 존재로서 영원히 살아 계시고 영원히 산출하시는 분이다. 삼위일체이신 하나님―성부·성자·성령―이 바로 우리가 사랑, 거룩, 선, 복된 분으로 아는 하나님이다. 삼위일체는 우리에게 하나님을 존재의 충만, 참된 생명, 완전한 거룩, 영원한 아름다움, 영광으로 계시한다. 또한 하나님께는 다양성 가운데의 통일성, 통일성 가운데 다양성이 있다. 이 질서와 조화가 하나님 안에 절대적으로 존재한다. 창조의 교리―하나님이 우주와 관계를 맺고 계시지만 동일하시지는 않다는 것―는 삼위일체의 토대 위에서만 유지될 수 있다. 하나님은 세계와 그 생성의 과정으로부터 구별되시지만, 멀리 떨어져 계신 것은 아니다. 창조는 한낱 우연으로도, 신적 자기 전개의 결과로도 간주될 수 없다. 창조는 그 근거를 하나님 안에 가져야 하지만, 하나님의 내적 생명의 한 국면이 아니다. 삼위일체 하나님에 대한 고백은 신적 생명의 풍부한 생산력을 지시한다. 성자의 영원한 나심과 성령의 나오심이 있다. 이 둘이 신성 안에 있는 내재적 관계들인 데 반해, 창조는 외향적(*ad extra*) 사역이다. 창조는 필연적인 것이 아니라 자유롭고 우연적인 실재다. 풍성하면서도 소통하는 내적 생명을 가지신 하나님이 창조하기로 결정하셨고, 그렇게 하시면서 참으로 "타자"인 실재에게 자기 자신을 전달하신다. 이런 이유에서 전체 기독교 신앙의 체계가 하나님이 삼위일체이심에 대한 고백과 함께 서거나 넘어진다. 삼위일체는 기독교 신앙의 중심이고, 모든 교의의 뿌리이고, 새 언약의 근본 내용이다. 삼위일체 교의의 발전은 언제나 일차적으로 형이상학적 질문이 아니라 종교적인 것이었다. 삼위일체의 교리에서 우리는 인류의 구원을 위한 하나님의 전체 계시가 내는 고동소리를 듣는다. 우리는 삼위일체 하나님의 이름으로 세례를 받고, 이 이름 안에서 영혼의 안식과 양심의 평화를 발견한다. 우리의 하나님은 우리 위에, 우리 앞에, 우리 안에 계신다. 우리의 구원은 삼위일체 교리와 결합되어 있다. 물론 우리는 이 지식의 신비를 다 파헤칠 수 없다. 참되고 신실한 신앙을 불러일으키는 데 필요한 모든 것이 우리에게 전부 주어졌다.

삼위일체 하나님의 경륜

[232] 이제 우리는 하나님의 존재 자체—오직 계시된 것만!—에 대한 논의에서 하나님의 사역으로 이동한다. 시간 안에서의 하나님의 작정들과 사역들은 하나님의 지혜와 지식의 가능성들을 모두 망라하지 않는데, 이는 하나님의 사역이 영원부터 영원까지 이르기 때문이다. 성부는 자기 안에 있는 생명을 성자께, 그와 함께 성령께, 영원히 주셔서 갖게 하신다(요 5:26). 세 위격들 간에 이루어지는 존재의 교통(community)은 절대적 활동의 생명이다. 성부는 성자를 영원히—세상의 기초를 놓기 전부터—알고 사랑하시며(마 11:27; 요 17:24), 성령은 하나님의 깊은 것을 통달하신다

(고전 2:10). 하나님의 이런 사역들은 모두 내재적이다. 피조물과 관련된 하나님의 사역들은 두 가지 부류로 나뉜다. 내향적(*ad intra*) 사역들 또는 하나님의 경륜(counsel)의 일부인 작정들(decrees), 그리고 창조와 구속 같은 외향적(*ad extra*) 사역들이 그것이다. 이것들은 하나님의 자유롭고 절대적인 주권적 의지의 발현이며 하나님 자신의 시간에 실현된다. 하나님의 모든 작정이, 선택과 유기조차도, 역사의 과정 속에서 우리에게 드러난다. 그러나 그것들은 영원히 있고 반드시 이루어질 하나님의 영원한 예지(foreknowledge)와 예정(foreordination)에 기초해 있다.

성경은 하나님의 작정들을 추상적으로가 아니라 역사 속에서 실현되는 것으로 묘사한다. 처음부터 인류는 두 무리로 나누어졌다. 하나님을 경외하는 거룩한 셋 계열(창 4:25-26; 5:1-32), 그리고 점점 더 하나님으로부터 소외된 가인 계열(창 4:17-24)로 나누어진 것이다. 홍수로 멸망시킬 악한 세상에서 하나님은 노아를 선택하시고 이어서 그의 아들 셈을 선택하셨다(창 6장; 9:25-27). 셈의 후손 가운데 아브라함이 선택되었다(창 12장). 약속의 자녀는 이스마엘이 아니라 그의 아들 이삭이었다(창 17:19-21; 21:12-13). 이삭의 아들들 가운데 야곱은 사랑받았지만, 에서는 미움받았다(창 25:23; 말 1:2; 롬 9:11-12). 야곱이 아들들을 축복할 때, 유다에게 으뜸의 자리가 주어졌다(창 49장). "약속"이 이스라엘에게 주어졌고(롬 2:28-29; 9-11장), 이스라엘은 하나님의 거룩한 백성이 되어야 했다(출 19:5; 신 7:6; 14:2; 26:18; 시 135:4; 말 3:17). 이스라엘로부터 야웨의 종 메시아가 나오신다(사 41:8; 42:1; 44:1; 45:4 등). 여기서 하나님이 선택하신 목적이 이러한 역사의 사실들에 선행한다. 역사는 선재하는 목적을 확인해준다. 구약성경이 가르치는 바에 따르면, 하나님은 자신의 말씀과 지혜로 모든 것을 창조하시고, 보존하시고, 다스리신다(욥 38장; 시 33:6; 104:24; 잠 8장 등). 모든 것이 그 기초를 하나님의 마음에 두고 있다. 하지만 구약성경은 또한 하나님이 미래를 미리 아시고 선포하신다고 분명하게 말한다(사 41:21-23; 42:9; 43:9-12; 44:7; 46:10; 48:3ff.; 암 3:7). 예언을 통해 하나님은 일어날 일과 그 일이 일어나는 방식 모두를 미리 알려주신다(창 3:14ff.; 6:13; 9:25ff.; 12:2ff.; 15:13ff.; 25:23; 49:8ff. 등). 하나님께는 지혜와 능력, 경륜(counsel)과 이해가 있다(욥 12:13; 잠 8:14; 사 9:6; 11:2; 28:29; 렘 32:19). 하나님의 경륜은 모든 것에 대한 하나님의 확정적인 생각과 고정된 작정이다(사 14:24-27; 단 4:24). 모든 것이 하나님의 경륜에 따라서 일어나는데, 이는 하나님의 경륜이 영원히 서고 아무도 그것을 거스를 수 없기 때문이다(사 14:24-27; 46:10; 시 33:11; 잠 19:21). 반면에 대적들의 도모(counsel, 꾀/계획/모략)는 무너지고 말 것이다(느 4:15; 시 33:10; 잠 21:30; 렘 19:7).

[233] 신약성경은 훨씬 더 분명한 언어로 하나님의 경륜에 대해 말한다. 하나님의 모든 사역이 하나님께 영원으로부터 알려져 있을 뿐만 아니라(행 15:18; 참조. 여러 독법들), 모든 것이 "하나님의 확정적 경륜과 예지"에 따라(행 2:23, KJV; 개역개정-하나님께서 정하신 뜻과 미리 아신 대로) 일어난다. 신약성경에 나오는 "불레"(βουλη)라는 단어는 경륜과 숙고에 기초한 하나님의 뜻을 가리키고, 따라서 신적 의지 자체를 가리키는 "텔레마"(θελημα, 참조. 엡 1:11, "그의 뜻의 경륜", βουλη του θελημα αὐτος; 개역개정-"그의 뜻의 결정대로")와 구별된다. 이러한 하나님의 경륜은 모든 것에 선행한다. 하나님의 경륜은 모든 것을 포함하는데(엡 1:11), 거기에는 인간의 죄악된 행위(행 2:23; 4:28; 참조. 눅 22:22)와 "멸하기로 준비된 진노의 대상들"(롬 9:22; 참조. 눅 2:34; 요 3:19-21; 17:12; 롬 1:24; 살전 5:9; 벧전 2:7-8; 유 4절)이 포함된다. 그러나 "하나님의 경륜"(βουλη του θεου)은 주로 구속 사역을 가리키는 말이다(눅 7:30; 행 13:36; 20:27; 히 6:17). 신약성경에는 하나님의 경륜을 묘사하는 추가적인 용어들로 풍부하다. 하나님의 "기뻐하심"(εὐδοκια, 마 11:26; 눅 2:14; 10:21; 엡 1:5, 9; 빌 2:13; 살후 1:11), "목적"(προθεσις, 롬 8:28; 9:11; 엡 1:11; 3:11; 딤후 1:9); "예지"(προγνωσις, 롬 8:29; 11:2; 벧전 1:2), "선택"(ἐκλογη, 막 13:20; 행 9:15; 13:17; 15:7; 롬 9:11; 11:5, 28; 고전 1:27-28; 엡 1:4; 살전 1:4; 벧후 1:10; 약 2:5), "예정"(προορισμος, 롬 8:29; 고전 2:7; 엡 1:5, 11). 또한 사도행전 13:48에 "영생을 주시기로 작정된(τεταγμενοι) 자는 다 믿더라"라고 기록되어 있는 것을 보라. 에베소서 2:10은 하나님이 선한 일을 행하게 하고자 신자들을 "예비하셨

  제2부 | 삼위일체 하나님과 창조

다"($\pi\rho o\eta\tau o\iota\mu\alpha\sigma\epsilon\nu$)고 말한다.

이 구절들의 핵심은 하나님이 구원의 사역을 자의적으로 행하시지 않고 오히려 확정된 계획, 불변한 목적에 따라 행하신다는 것을 말하려는 데 있다. 더 나아가 하나님의 목적이 있는 행하심은 선택적인 것이다. 모두가 구원받는 것은 아니다. 때때로 이에 반대하여 로마서 9장이 인용되어서, 하나님의 행하심이 그 원인과 실행을 시간 안에(in time) 갖는다는 증거로 사용된다.[76] 로마서 9장이 시간 안에 있는 하나님의 행위에 대해서 아주 분명하게 말하지만, 이 행위의 근거는 시간 바깥에, 오직 하나님의 뜻과 기뻐하심에만 있다. 선택의 근거를 전적으로 하나님의 은혜, 사랑, 기뻐하심에서만 발견할 수 있다는 가르침은 성경의 다른 곳에서도 발견된다(마 11:25; 눅 12:32; 엡 1:5, 9, 11; 딤후 1:9-10). 바울은 로마서 9-11장에서 선택의 공정성이나 정당성을 입증하려는 시도를 전혀 하지 않고, 단순히 하나님의 절대 주권에 대한 호소로 반대자들을 침묵시킨다. 우리에게는 하나님의 긍휼에 이의를 제기할 "권리"가 전혀 없다(롬 9:15ff.). 신약성경은 개별적인 사람들에 대한 하나님의 긍휼을 훨씬 더 분명하게 확증한다. 이것은 영생의 상속자들의 이름이 기록되어 있는 생명책에서 분명해진다(눅 10:20; 히 12:23; 빌 4:3; 계 3:5; 13:8; 20:12; 21:27; 22:19; 참조. 마 24:31; 눅 18:7; 행 13:48; 롬 8:33; 엡 1:4; 딛 1:1-2; 딤후 2:10; 벧전 1:1, 2, 9 등). 구약성경과의 또 다른 대조점은 하나님의 선택에 대해 약속된 목표가 어느 정도 "영화"(spiritualization)된다는 것이다. 목표는 가나안 땅이 아니라 영원하고 복된 하늘의 "유업"이다(벧전 1:4). 선택의 진정한 목적은 거룩(엡 1:4), 자녀됨(엡 1:5), 구원(살후

---

76) W. Beyschlag, *Die paulinische Theodicee Römer IX-I: Ein Beitrag zur biblischen Theologie*, 2nd ed. (Halle: Strien, 1896; 2nd ed. 1905); 참조. 다중 저자들의 논의로 "Der Gedankengang von Röm. 9-11", *Theologische Studien und Kritiken* 59 (1887): 295-320; 편집자 주—이런 반대 견해의 보다 현대적인 형태는 James Daane, *The Freedom of God: A Study of Election and Pulpit* (Grand Rapids: Eerdmans, 1973)에서 발견할 수 있다.

2:13), 영생(행 13:48), 그리스도를 본받음(롬 8:29; 요 17:24), 하나님을 영화롭게 함(엡 1:6, 12)이다.

펠라기우스주의의 도전

[234] 기독교 신학이 하나님의 결정하시는 경륜을 긍정할 때 마주치는 주된 신학적인 문제는 인간의 자유에 관한 것이다. 기독교 신학 안에서 벌어진 것과 유사한 논쟁이 철학과 타종교들, 특히 이슬람 내에 있었다. 교회는 모든 결정론적 사고에 대항해서 인간의 도덕적 자유의지와 책임성을 주장했다. 교회가 아우구스티누스의 주도 하에 예정의 교리를 명확히 하게 된 것은 펠라기우스의 가르침과 영향 때문이었다. 펠라기우스주의자들과 반(半)펠라기우스주의자들에게는 인간의 본성이 타락에 의해 전적으로 부패하지 않았다. 인간의 의지는 자유의지론적인 의미에서 자유롭고 계속 그럴 것인데, 심지어 타락 이후에도 그렇다. 선과 악이라는 두 조건들 사이에서 자유롭게 선택할 수 있는 것이다. 죄는 인간의 본성이 처한 상태(condition)가 결코 아니다. 모든 죄는 의지의 자유로운 행위다. 원죄라는 것은 없고, 단지 나쁜 예가 있을 뿐이다. 부패한 인간 본성은 하나님의 은혜와 협력할 수 있고, 또 그래야 한다. 예정은 다만 예지(foreknowledge)의 문제일 뿐이다. "[구원은] 우리가 원하는 것이고, 하나님이 완성하시는 것이다."[77]

이에 반해 아우구스티누스는 택자들(the elect)이 "믿었기 때문에 선택된 것이 아니라 믿도록 선택되었다"라고 주장했다(『성도의 예정』, 17). 하나

---

77) G. J. Vossius, *Historiae de controversiis, quas Pelagius eiusque religuiae moverunt* (Leiden: Patius, 1618; 2nd, emended ed., Amsterdam: Elzevir, 1655); A. von Harnack, *History of Dogma*, V, 172ff.; A. Souter, *The Commentary of Pelagius on the Epistles of Paul: The Problem of Its Restoration* (London: Oxford University Press, 1907).

님의 절대 주권적인 의지가 예정의 유일한 근거이며, 그 안에 선택과 유기가 모두 포함된다. 그는 로마서를 연구하는 가운데 자신의 입장에 이르렀고,[78] 성경의 가르침만을 전달하려고했다(『견인의 은사』[*On the Gift of Perseverance*], 19). 아우구스티누스의 예정론은 『심플리키아누스에게 던진 질문들』(*To Simplicianus*, AD 397)에 처음 제시되었고, 『책망과 은혜』(AD 427), 『성도의 예정』, 『견인의 은사』(AD 428/429)에서 더욱 발전되었다. 아우구스티누스가 주장한 바에 따르면, 하나님은 구원과 그에 이르는 수단을 예정하시는 것과 같은 차원으로 멸망과 그에 이르는 수단—다시 말해 죄—을 예정하시지 않는다. 하지만 아우구스티누스는 기꺼이 유기에 대해 말했다. 선택이 은혜의 행위라면, 유기는 신적 공의의 행위다. 하나님은 선택되지 않은 자들과 인내하지 않는 자들도 교회의 회원으로 포함시키셨는데, 그렇게 해서 예정된 자들이 교만하지 않고 거짓된 평안을 추구하지 않도록 하시기 위해서였다(『책망과 은혜』, 13). 왜 하나님이 어떤 이들은 구원하시면서 다른 이들은 멸망하도록 내버려두시는지는 신비다. 이것이 부당하지 않은 이유는 하나님이 아무에게도 무언가를 빚지지 않으시기 때문이다. 우리는 하나님의 덕이 선택과 유기 모두에서 드러난다고 고백할 뿐이다(『하나님의 도성』, XIV, 26).

[235] 펠라기우스주의는 에베소 공의회(431)에서, 나중에 오랑주 회의(529)에서 정죄되었다. 그러나 오랑주 회의는 인간의 부패가 얼마나 큰 것인지에 대해 우유부단한 입장을 취했고, 이로써 반(半)펠라기우스주의에게 문을 열어주었다. 예정에 관한 논쟁의 핵심이 되는 디모데전서 2:4("하나님은 모든 사람이 구원을 받기를 원하시느니라")은 중세 시대에도 아우구스티누스가 보편구원 개념을 피하기 위해 했던 것처럼 제한적 의미로 해석되었음에도 불구하고, 교회는 점차 바울과 아우구스티누스로부터 멀어졌다. 로마 가톨릭교회는 유명론의 영향을 받고 종교개혁에 맞설 필요를 느끼

---

78) Hermann Reuter, *Augustinische Studien* (Gotha: F. A. Perthes, 1887), 5ff.

면서, 트리엔트 공의회에서 자신의 입장을 더욱 굳혔다. 수립된 교의들 중에는 다음과 같은 것들이 있다. 인간의 자유의지는 완전히 상실되지 않았고, 참으로 선한 일들을 할 수 있다(Trent, session VI, chap. 1, can. 5, 7). 사람이 "구원 얻는 선"을 행하기 위해서는 성령의 은혜로운 선행적 영감을 필요로 한다(ibid., can. 1-3). 신자의 자녀들에게는 이 은혜가 세례를 통해 주어지고, 성인들에게는 하나님의 부르심을 통해 주어진다(ibid., chap. 5). 주입된 은혜는 불가항력적이지 않다. 그 은혜를 받아들이는 것은 우리로 선한 일들을 할 수 있게 하고, "당연한 은덕"(merit of condignity)에 의해 영생을 얻게 해준다(ibid., chaps. 6, 8; can. 4; 9-16).

트리엔트 공의회는 이 문제를 조심스럽게 다루었다. 한편으로는 선택이나 계시적 은혜의 필요성을 가르치는 것처럼 보인다. 특별한 계시가 아니면 "하나님이 자기를 위해 누구를 선택하셨는지" 알려질 수 없다(Session VI, chap. 12; can. 15-16). 또한 트리엔트 공의회는 "생명으로 예정된 자들만 칭의의 은혜를 얻으며, 부름을 받은 모든 다른 이들은 실제로 부름을 받기는 했지만 신적 능력에 의해 악으로 예정된 존재로서 은혜는 받지 못한다"(ibid., can. 17)는 가르침―마치 누군가가 이 조항에서 정죄하는 내용을 실제로 가르치기라도 한 것처럼!―을 정죄한다. 하나님의 보편적 소원을 모두가 구원받는 것은 아니라는 사실과 조화시키기 위해서, 스콜라 신학자들은 수많은 구별들을 고안해냈는데, 선행적 의지와 결과적 의지, "완전한 의미의" 예정과 "제한된 의미의" 예정, 은혜로의, 그러나 영광에 이르지 못하는 예정 등이 있다. 펠라기우스에 대항하는 모든 이들이 최초의 은혜가 예정되었다는 데 동의함에도 불구하고, 공로를 중시하고 은혜를 "가능케 하는 선행적 은혜"로 축소시키는 구별들이 도입될 때마다, 바울과 아우구스티누스는 한쪽으로 밀려났다. 하나님의 절대적이고 값없는 예정의 행동이 예지의 형태로 축소되고 그것에 의존적이 되었다. 이 경향은 몰리나의 사고에서 절정에 이르는데, 그는 하나님이 중간지식(mediate knowledge)에 의해 누가 예비적 은혜를 선하게 사용할지 미리 보시고, 그에 근거해서

    제2부 | 삼위일체 하나님과 창조

그 은혜를 베풀기로 결정하셨다고 믿었다. 그렇게 되면 유기는 누가 죄를 범하고 믿지 않을 것인지 하나님이 예견하시고(foresaw), 그들을 영원히 처벌하시는 하나님의 작정일 뿐이다.

[236] 종교개혁은 아우구스티누스와 바울에게로 회귀했다. 그러나 루터의 인간론적 지향과 멜란히톤의 신인협력설이 의미한 바는 예정이 루터파에서 주변적인 것으로 여겨졌으며 결과적으로 17세기 루터파 신학자들이 항변파의 신앙고백에 근접했다는 것이다. 첫째로 그들은 하나님의 선행적(antecedent) 의지를 가르쳤는데, 이에 의해 그리스도가 모두를 위해 죽으셨고, 하나님이 모두의 구원을 의도하시고, 복음이 모두에게 제공된다. 둘째로 그들은 결과적(consequent) 의지를 가르쳤는데, 이에 의해 하나님이 "최종적으로 그리스도를 믿을 것으로 예견하신 자들"에게 효과적으로 구원을 주시고, 은혜를 끝까지 거부하는 자들에게 멸망을 예비하시기로 결정하신다.[79] 1724년에 모스하임(Mosheim)은 항변파 5개 조항이 순수한 루터파 교리를 담고 있다고 선언했다.[80] 여기서 루터파 전통은 루터와 결별했으며, 또한 츠빙글리와 칼뱅의 입장을 고수한 개혁파 전통과도 다른 길을 간 것이다.

[237] 모든 개혁파 교회의 신앙고백서들에 예정론이 포함된 것은 주로 칼뱅의 덕분이다. 칼뱅은 『의지의 속박과 자유에 대한 건전하고 정통적인 교리의 변호』(*A Defense of the Sound and Orthodox Doctrine of the Bondage and Liberation of the Human Will*, 1543)에서, 네덜란드 캄펀의 알베

---

79) H. F. F. Schmid, *The Doctrinal Theology of the Evangelical Lutheran Church*, trans. Charles A. Hay and Henry Jacobs, 5th ed. (Philadelphia: United Lutheran Publication House, 1899), 279-292; 참조. Luther, *Bondage of the Will*; Philipp Melanchthon, *Loci communes* (Berlin: G. Schlawitz, 1856), "De hominis viribus adeoque de libeto arbitrio."

80) Alexander Schweizer, *Die protestantischen Centraldogmen in ihrer Entwicklung innerhalb der reformirten Kirche*, 2 vols. (Zürich: Orell & Fussli, 1854-56), II, 210.

르투스 피기우스(Albertus Pighius)에 맞서, 이 교리를 능숙하게 변호했다. 그는 히에로니무스 볼섹(Jerome Bolsec)에 맞서『하나님의 영원한 예정에 대하여』(De aeterna Dei praedestionatione, 1552)를, 로마 가톨릭에 맞서『트리엔트 공의회 결의사항과 그 해독제』(Acta Synodi Tridentinae cum antidoto, 1547)를 저술했다. 그럼에도 신앙고백적이고 신학적인 차이들은 남아 있었다.「하이델베르크 교리문답」(제52, 54문답),「영국 국교회 신조」(제7항),「제2차 스위스 신앙고백서」(제8항)는 예정에 대해 제한적으로 언급한다. 예정에 대한 가장 엄격한 칼뱅주의적 진술은「제네바 합의서」(Consensus of Geneva),「도르트 신조」, 휘트기프트 박사(Dr. Whitgift)[81]에 의해 작성된「램버스 신조」(Lambeth Articles, 1595),[82] 1615년의「아일랜드 신조」, 그리고「웨스트민스터 신앙고백서」에서 발견된다.[83]

차이들은 신학자들 사이에서도 발견됐는데, 예정론이 기독교 교리 체계의 어디에서 어떻게 다루어져야 하는지 등의 질문들에 대한 것이었다. 결국 모든 복의 원천과 토대에서 시작하는 종합적인 방법이 결과들을 먼저 고려하는 분석적 방법을 이겨냈다. 그러나 이런 차이들이 과장되어서는 안 된다. 이 차이들은 허용될 수 있다고 여겨졌는데, 이는 예정론이 신중하고 조심스럽게 다루어져야 마땅했기 때문이다. 하나님의 은혜로운 주도권은 두 방법 모두에서 강조되었다. 덜 선호되는 분석적 또는 후험적 방법을 따른 무스쿨루스의 말에 따르면, "우리는 선택을 신앙 다음에 다루는데, 이는 선택이 신앙을 뒤따른다고 생각하기 때문이 아니라 오히려 이 관점으로부터, 즉 신앙이라는 물줄기로부터 원천 자체를 되짚어보기 위해

---

81) In P. Schaff, *Creeds of Christendom*, III, 526; 편집자 주—엘리자베스 1세 치하의 켄터베리 대주교였던 John Whitgift(1532-1604)는 단호한 감독제 옹호자(반[反]장로교주의자)였고, 교리적으로 강력한 칼뱅주의자였다.

82) In P. Schaff, *The Creeds of Christendom*, 6th ed., 3 vols. (New York: Harper & Row, 1931; repr., Grand Rapids: Baker Academic, 1983), III, 523.

83) Ernst Friedrich Karl Müller, *Die Bekenntnisschriften der reformierten Kirche* (Leipzig: Deichert, 1903), 542.

서다."[84] 체계적 질서와 신학적 관심에 따라 예정론을 신론에서 다룰 것이 요구되었고, 따라서 이것이 모든 개혁파 신학자들에게 일반적인 순서가 되었다. 비개혁파 신학자들과 차이가 있는 이유는 비개혁파 신학자들은 성경을 재진술하려고 하는 데 반해, 개혁파 신학이 선험적이고 철학적으로 결정론적인 신 개념에서 추상적·사변적으로 예정을 추론하기 때문이 아니다. 가장 철저한 칼뱅주의자는 성경의 가르침을 재진술하려고 할 뿐이다. 진정한 차이는 개혁파에게 예정에 대한 최대 관심이 인간론적이거나 심지어 구원론적이지 않고, 다만 신론적―하나님의 영광―이라는 데 있다. 종합적 방법이 하나님의 명예(honor)라는 종교적 관심사를 최대로 보장한다.[85]

타락전선택설과 타락후선택설; 항변파

[238] 개혁파 신학 진영 자체 내에 존재하는 주된 차이점은 신적 작정들의 논리적 순서와 관련된 것이었는데, 타락전선택설과 타락후선택설 사이의 논쟁도 마찬가지다. 여기서 핵심 쟁점은 선택과 유기에 대한 작정이 창조하고 타락을 허용하는 것에 대한 작정에 논리적으로 앞서는가(supra-) 아니면 뒤따르는가(infra-) 하는 것이다. 차이들이 과장되어서는 안 된다. 수많은 토마스주의자들을 포함하여 아우구스티누스를 따르는 모든 이들은 일종의 이중 예정을 가르쳤는데, 어떤 의미에서 이것은 죄로의 타락과 유기를 하나님의 경륜 내에서 고려하고 단지 하나님의 허용이나 예지에 따른 것으로 여기지 않는 것이다. 여기서 관건은 하나님의 주권이다. "허용"이라는 말은, 아우구스티누스가 잘 알고 있었던 것처럼, 적극적인 의미

---

84) Wolfgang Musculus, *Loci communes theologiae sacrae* (Basel: Heruagiana, 1567), 534.
85) 참조. H. Bavinck, *Reformed Dogmatics*, I, 93 (#26).

로 이해되어야 한다. "물론 하나님의 허용은 자신의 뜻을 거슬러서가 아니라 오히려 자신의 뜻에 합하게 이루어지는 것이다."[86] 따라서 아무리 원죄가 유기를 위한 근거가 되기에 충분할지라도, 아우구스티누스의 생각에 원죄는 최종적이고 가장 깊은 근거가 아니었다. 그 근거는 오직 하나님의 의지와 주권적 기뻐하심에만 주어질 수 있다. 하나님은 긍휼히 여기고자 하는 자를 긍휼히 여기시고, 완악하게 하고자 하는 자를 완악하게 하신다.[87] 아담의 타락과 인간의 죄가 유기의 근접 원인(proximate cause)일 수는 있지만, 궁극 원인(ultimate cause)은 아니다. 비록 우리에게 알려지지 않았더라도, 타락 전에 존재했던 더 높은 하나님의 계획이 있어야 한다. 비록 칼뱅이 타락후선택설에 근거하여 추론을 진행하면서 자주 의도적으로 구원과 멸망의 직접적 원인에 자신을 한정시키지만, 여기서 그의 관심사는 목회적인 것이다. 택자와 유기자가 모두 똑같이 죄인이지만, 하나님은 택자에게는 자비로우시고 유기자에게는 공의로우시다.[88] 택자들은 공로가 자기에게 있다고 할 수 없고, 유기자들은 하나님을 탓할 수 없다. 하나님이 아무런 선재하는 계획도 없이 인류를 창조하기로 결정하신 후에 인간이 어떻게 할지를 기다리시고 지켜보셨다는 생각은 도무지 지지할 수 없다. "허용"(permission)과 "예지"(foreknowledge) 개념도 어려움을 해결하지 못한다. 하나님이 타락을 예견하셨다면 그것을 막으실 수 있었을 것이다. 하나님이 기꺼이 타락이 일어나는 것을 허용하셨던 것은 그렇게 하는 것을 좋게 여기셨기 때문이다.[89] 칼뱅에게는 타락전선택설의 강조점과 타락후선택설의 강조점이 번갈아 나타나는데, 이는 타락전선택설을 채택한

---

86) Augustine, *Enchiridion*, 95, 100.

87) Augustine, *Enchiridion*, 95; idem, *On the Predestination of the Saints*, 8-9; idem, *On Rebuke and Grace*, IV, 8.

88) J. Calvin, *Institutes*, III.xxiii.9, 11.

89) J. Calvin, *Institutes*, I.xviii.1; II.iv.3; III.xxiii.68; idem, *Concerning the Eternal Predestination of God*, trans. J. K. S. Reid (London: James Clarke, 1961), 176.

후대의 신학자들도 마찬가지다. 그들은 자신들의 타락전선택설이 옳다고 여기지만, 그렇다고 해서 단 한 순간이라도 타락후선택설의 견해를 정죄하거나 타락전선택설의 견해가 유일하게 타당한 견해로서 신앙고백서에 채택되어야 한다고 생각하지 않는다. 이들의 주장은 타락전선택설이 타락후선택설을 대신해야 한다는 것이 아니라, 자신들의 견해도 타락후선택설과 나란히 존재할 권리가 있다는 것이다.[90] 도르트 회의의 판단은 성격상 타락후선택설의 입장이었고, 따라서 인류의 타락이 "그 자신의 잘못으로" 인한 것이었음을 강조했지만, 그럼에도 타락전선택설을 정죄하지 않았다. 타락전선택설이 가진 어려움은 창조와 타락의 두 작정들에 의해 교회의 선택과 그리스도의 선택을 분리한다는 데 있다. 개혁파 신앙고백서들이 타락후선택설로 기울지만, 두 견해 모두 개혁파적인 것으로 불릴 자격이 있다.

[239] 타락후예정설이라는 더 온건한 예정론조차 반대에 직면했다. 소키누스주의자들은 예정론을 전적으로 거부했고, 구원하시는 은혜의 보편성에 대한 아르미니우스의 주장은 인간을 자기 운명에 대한 최종 결정권자로 만들면서 합리주의로 가는 길을 열었다. 18-19세기에 이르러 아르미니우스주의적 경향은 개혁교회 안에서 입지를 굳혔다. 여기저기에 흩어진 소수의 신학자들만이 개혁주의 입장을 고수했는데, 네덜란드에는 콤리(Comrie), 홀티우스(Holtius), 브라헤(Brahé)가 있었고, 스코틀랜드에는 보스턴과 얼스킨 형제가 있었고, 북미에는 특히 조나단 에드워즈(1703-1758)가 있었다.[91] 19세기에 이르러 자연, 역사, 인간에 대한 더 깊은 연구는 이신론적 펠라기우스주의가 견지될 수 없음을 보여주었고, 그 자리를 범신론적 또는 유물론적 결정론(determinism)이 대신하게 되었다. 그런 결정론과

---

90) 타락전선택설의 뛰어난 옹호자로는 Th. Beza, J. Piscator, A. Polanus, W. Whitaker, W. Perkins, W. Twisse, J. H. Alsted, F. Gomarus, J. Maccovius, G. Voetius가 있다.

91) 참조. J. Ridderbos, *De Theologie van Jonathan Edwards* (The Hague: J. A. Nederbragt, 1907).

성경적 예정론 사이에 근본적인 차이가 있음에도, 슐라이어마허를 포함해 많은 이들은 교회의 예정론을 결정론적 의미로 해석했다. 다른 이들은 예정을 시간 안에 있는 하나님의 내재적 행위로 축소시키고, 작정을 역사의 사실들과 동일시한다. 이렇게 해서 영원과 시간, 하나님과 세계의 구별이 사라지고, 범신론이 유신론을 대체했다. 대부분의 근대신학은 선택 교리를 갖고 있지 않지만,[92] 그럼에도 생명력 넘치는 교회는 견실한 신학자들과 함께[93] 주목할 만한 결과를 산출해냈다. 어색한 동반 관계가 있는가 하면 신앙고백적 유산을 공유하는 이들 사이에 뜻밖의 괴리가 발견되기도 한다. 미국에서 루터교 미주리 총회(Missouri Synod)가 칼뱅주의와 유사한 입장을 취한 반면,[94] 컴벌랜드 장로교회(Cumberland Presbyterian Church)는 「웨스트민스터 신앙고백서」를 아르미니우스주의 노선에 따라 수정했다.[95] 스코틀랜드와 미국에서 「웨스트민스터 신앙고백서」를 개정하는 과정에서 많은 이들이 이의를 제기했는데, 바로 선택과 유기의 교리, 이교도들과 유아기에 죽은 아이들의 멸망에 대한 믿음, 그리고 전반적으로 그들이 보기에 하나님의 보편적 사랑을 도외시하면서 한쪽으로 치우쳐서 하나님의 주권만을 출발점으로 삼는 신앙고백서의 경향에 반대하는 움직임이 있었다.[96]

---

92) 편집자 주—여기서 Bavinck는 Kaftan의 말을 인용했다: "근대 독일신학에는 선택교리가 존재하지 않는다"(Julius Kaftan, *Dogmatik*, [Tübingen: Mohr, 1897; 4th ed. 1901], 475).

93) 예를 들어 Eduard Böhl, *Dogmatik* (Amsterdam: Scheffer, 1887), 124ff., 527ff.; Charles Hodge, *Systematic Theology*, 3 vols. (New York: Charles Scribner's Sons, 1888), I, 535ff.; W. G. T. Shedd, *Dogmatic Theology*, I, 393ff.

94) A. W. Dieckhoff, *Der missourische Prädestianismus und die Concordienformel* (Rostock: E. Kahl, 1885); A. Späth, "Lutherische Kirche in America", *PRE*[3], XIV, 184-213.

95) P. Schaff, *The Creeds of Christendom*, 6th ed., 3 vols. (New York: Harper & Row, 1931; repr., Grand Rapids: Baker Academic, 1990), III, 771.

96) E. F. K. Müller, *Bekenntnisschriften*, 941ff.

[240] 하나님의 경륜은 시간 안에 존재하거나 시간 안에서 발생할 모든 것에 대한 하나님의 영원한 계획으로 이해되어야 한다. 존재하고 발생하는 모든 것이 하나님의 생각과 뜻의 실현이며 그 모형과 토대가 하나님의 영원한 경륜에 있다는 것은 성경 어디에나 전제되어 있다(창 1장: 욥 28:27; 잠 3:19; 8:22; 19:21; 시 33:11; 104:24; 렘 10:12; 51:15; 히 11:3; 사 14:24-27; 46:10; 행 2:23; 4:28; 엡 1:11 등). 만약 이성적 피조물들에게 생각과 목적이 행동에 선행한다면, 주님이신 우리 하나님께 이것이 얼마나 더 참되고 당연한 것이겠는가? 하나님의 지식과 의지가 없이는 아무것도 일어나지 않는다. 세계에 존재하는 합리성은 하나님 안에 있는 합리성을 전제한다. 창조세계가 지성과 지혜로 창조되지 않았다면 그 안에 어떤 합리성도 존재할 수 없었을 것이다. 게다가 우리는—그 안에서 지성과 의지가 일치하는 분이신—하나님의 계획이 실현되지 못하고 좌절되는 것은 상상도 할 수 없다. 하나님은 자신이 원하시는 것을 행하신다. 하나님이 말씀하시면 이루어진다. 하나님이 명령하시면 그대로 굳건히 선다(시 33:9). 하나님의 경륜은 유효적이고(사 14:27; 시 115:3; 135:6), 불변하고(사 46:10; 시 33:11; 히 6:17; 약 1:17), 독자적이다(마 11:26; 엡 1:9; 롬 9:11, 20-21).

이 작정(*ad intra*)은 시간 안에서의 실행(*ad extra*)에 대해서는 물론이고, 하나님 자신과도 구별되어야 한다. 하나님은 하나님의 작정이 아니다. 하나님의 자기 지식은 창조, 섭리, 구속에 그치지 않는다. 하나님의 경륜은 존재하는 모든 것의 "유효적"(efficient) 원인이며 "원형적"(exemplary) 원인이다. 하나님의 경륜이 유효적 원인이기 때문에, 모든 피조물은 하나님의 작정과 의지에 의해서만 존재할 수 있다. 하나님의 작정은 모든 현실의 "모태"다(습 2:2 MT, KJV). 존재하는 모든 것은 궁극적으로 하나님의 기쁘신 뜻(εὐδοκια του θεου)에 기초해 있다. 우리는 그 배후로 넘어갈 수 없다. 하지만 하나님의 경륜은 존재하고 일어나는 모든 것의 "원형적" 원인이기도 하다. 우리가 가진 개념들은 그에 앞선 창조세계의 존재에 의지한다. 그러나 하나님께는 사물에 대한 생각이 먼저이고, 그 다음에 하나님이 생각하신 것처럼 사물이 존재하게 된다. 우리는 하늘에 있는 것의 모양을 따라 지상의 장막을 만들라는 말씀(히 8:5)과 하늘과 땅에 있는 각 족속(πατρια)이 성부를 따라 일컬어졌다는 말씀(엡 3:15)에서 힌트를 얻어서, 일시적인 모든 것은 영원한 것의 모형이고, 존재하는 모든 것은 하나님의 계획의 재현이며, 존재하고 발생하는 모든 것은 궁극적으로 하나님의 존재에 대한 반영이라고 결론지을 수 있다. "하나님은 그 본질에서 모든 것의 형상이다"[97]라는 토마스의 진술은, 하나님의 세계 계획이 하나님의 존재와 동일하지 않다는 이유로 비판을 받기는 했지만, 올바르게 해석된다면 허위가 아니다.

하나님의 경륜은 또한 단일한 작정, 단일한 "예술적" 비전의 세계 계획이다. 비록 피조물들은 그것이 시간과 공간 안에 복사물로서 펼쳐지는 것을 보는 것으로 만족할 수밖에 없지만 말이다. 웨스트민스터 회의(1643-1646)에서 있었던 많은 논의 후에, 그 신앙고백서의 작성자들은 작정을 단수로 표현하기로 결정했다. "작정들"(decrees)이 아니라 "작정"(decree)이 선택된 것이다. 피조물인 우리가 하나님의 사랑과 그 외의 모든 완전함을 너비와 길이와 높이와 깊이라는 [시공간적] 차원에서 경험하는 것은 사실이다(엡 3:18-19). 하나님의 목적(purpose)과 계획(purposes)은 측량할 수 없을 만큼 풍성하고 다면적이고, 우리 앞에 엄청난 다양함 가운데 펼쳐지기 때문에, 우리는—인간적으로 말해—많은 신적 작정들(decrees)로 생각하고 말하게 된다. 하나님 안에 있는 작정의 통일성이 견지되고 모든 특별한 작정들이 분리할 수 없이 연결되어 있다는 점이 인정되는 한, 이러한 복수형의 사용이 비난받아서는 안 된다.

---

97) T. Aquinas, *Summa Theol.*, I, qu. 15, art. 1; I, qu. 44, art. 3; W. Ames, *Marrow of Theology*, trans. J. D. Eusden (1968; repr., Grand Rapids: Baker Academic, 1997), I, 7, 13ff.; F. Turretin, *Institutes of Elenctic Theology*, trans. G. M. Giger and ed. J. T. Dennison, 3 vols. (Phillipsburg, NJ: Presbyterian and Reformed, 1992), IV, 1.7.

섭리, 그리고 예정에 대한 반대들

[241] 물리적인 세계와 관련된 하나님의 경륜을 "섭리"(providence)라고 일컫는데, 이것은 보존과 통치를 포함한다. 사물들이 존재하는 것과 그것들이 존재하는 방식은 오직 하나님의 기쁘신 뜻에 달려 있다. 만약 이것이 받아들여진다면, 하나님의 경륜이 도덕적 세계와 인간의 행위에까지 이른다는 것도 인정되어야만 한다. 바로 이 점에 대해 반대자들이 목소리를 높인다. 그들이 주장하는 바에 따르면, 인류를 특징짓는 것은 도덕적 자유의지다. 우리는 우리 자신의 운명에 대해 창조자이며 주인이다. 예정은 우리의 자유를 박탈하고, 우리는 신적 결정론에 종속될 뿐이다. 이런 식으로 생각하는 것은 여러모로 잘못이다. 이원론적으로 자연적 세계와 도덕적 세계를 분리하고, 하나님의 통치를 자연적 세계에 국한하는 것은 불가능하다. 그러한 분리는 하나님을 그분의 세계에서 추방하고, 세계를 우연과 변덕에 맡겨버린다. 세계는 그 의도에 있어 하나의 유기적 전체다. 자연(φυσις)과 도덕(ἐθος)이라는 두 영역은 가장 긴밀하게 연결되어 있어서 항상 서로에게 침투한다. 온갖 유형의 펠라기우스주의가 시도하는 것처럼, 창조세계에서 하나님의 경륜과 통치가 끝나고 인간의 독립적 의지와 행위가 시작되는 지점을 지정하는 것은 도무지 불가능하다. 이 입장은 성경, 종교적 경험, 신학적 반성에 의해 확실하게 반대된다. 더 나아가, 하나님의 주권과 인간의 자유가 서로 경쟁 관계에 있는 것으로 설정해서 한 편을 희생해야 다른 한 편이 자유로울 수 있다면, 하나님은 더 이상 하나님이실 수 없다. 하나님은 세계로부터 완전히 추방되어야만 하는 것이다. 그러나 기독교회가 믿는 바에 따르면, 하나님은―그분이 하나님이시고 세상은 하나님의 창조세계이기 때문에―자신의 무한히 광대한 지식과 의지로 피조물들의 자유와 독립성을 파괴하시지 않고 창조하시며 유지하신다.

[242] 성경은 모든 힘겨루기를 거부하고, 신앙이 하나님의 은혜의 선물, 하나님의 사역이라고 가르친다. 성경은 신앙과 불신앙, 구원과 멸망

이 단지 하나님의 "있는 그대로의 예지"의 대상이기만 한 것이 아니라, 오히려 특별히 하나님의 뜻과 작정의 대상이기도 하다는 것을 분명하게 가르친다. 하나님의 예지(προγνωσις: 롬 8:29; 11:2; 벧전 1:2; 참조. 행 2:23)는 어떤 수동적 형태의 사전 인지도 아니고 의식 상태도 아니며, 오히려—히브리어 "야다"(ודע, 호 13:5 MT, NRSV의 난외주; 암 3:2 등)처럼—역사 속의 실현에 선행하는, 하나님이 자신의 예지 대상에 대해 내리시는 하나님의 자기 결정이다. 그것은 하나님의 목적(προθεσις), 미리 정하심(προορισμος), 선택(ἐκλογη)에 아주 긴밀히 연결되어 있고, 그 자체가 하나님이 기뻐하시는 뜻(εὐδοκια)에 따른 행위다. 신앙은 우리 자신의 성취가 아니라(고전 2:14) 하나님의 선물(엡 2:8; 빌 1:29; 고전 4:7), 곧 선택의 결과다(롬 8:29; 엡 1:4-5; 행 13:48). 이것이 모든 참된 신자의 경험이다. 이론상으로는 펠라기우스주의를 추종할 수도 있겠지만 그리스도인으로서의 삶을 실천함에 있어서, 특히 기도에 있어서는 모든 그리스도인이 아우구스티누스주의자다. 자기를 높이는 것이 배제되고, 영광은 하나님께만 돌려져야 한다. 아우구스티누스는 하나님의 은혜에 대한 교회의 신앙이 교회의 "보잘 것 없는 저술들"에서보다는 기도에서 더 잘 표현되었다고 올바르게 말했다.[98] 성경이 분명하게 가르치는 것처럼, 이 선택은 확실하고 불변적이다(단 12:1; 마 24:24; 25:34; 요 10:28; 롬 8:29-30; 벧전 1:2-4). 예지도 그 성격상 예정을 포함한다. 하나님은 택자들을 확실히 아시든지, 아니면 전혀 모르신다. 하나님이 택자들을 아신다면, 예지는 불필요하다. 만약 아니라면, 예지도 거부되어야 한다. 따라서 예정의 교리는 기독교회 전체의 교의다. 교회는 인간의 자유를 지켜낸다는 명목으로 하나님 안에 있는 지식과 관련하여 신적 자기 제한을 두려는 근대의 시도들을 단호히 거부해왔다.[99] 다시 한 번 우리는 아우

---

98) Augustine, *On the Gift of Perseverance*, 23; 참조. C. Hodge, *Systematic Theology*, I, 16.

99) 편집자 주—"열린 유신론"(open theism)이란 이름 아래 21세기 초 북미 복음주의 신학에 이런 견해가 다시 등장했다. 대표적인 저서로는 Gregory A. Boyd, *God of the*

구스티누스의 말에 동의한다. "그리스도의 교회가 예정이라는 신앙의 진리를 고수하지 않은 적은 단 한 순간도 없었다. 우리는 지금 새로운 이단에 맞서 새로운 관심사를 가지고 이 진리를 변호하는 것이다."[100] 게다가 펠라기우스주의는 인간의 정신을 만족시키는 데도 실패한다. 인류의 삶과 역사의 모든 지점에서 펠라기우스주의는 역사가 하나님의 목적에 따라 펼쳐진다는 두려운 사실과 상충한다.[101] 펠라기우스주의는 기만에 불과하고, 아무리 교묘하더라도 이 현실을 조금도 변화시키지 못한다.

[243-244] 펠라기우스주의가 전반적으로 견지될 수 없음이 드러난 이후에도 그것은 여전히 놀라운 힘을 갖고 있고, 예정론의 모든 지점을 공격하기 위해 거듭해서 돌아온다. 펠라기우스주의자들은 특히 디모데전서 2:4, 베드로전서 3:9과 같은 성경 구절에 호소하면서, 타락한 인류 모두에게 구원에 충분한 은혜를 제공해주는 하나님의 선행하는 조건적 작정이 있다고 주장한다. 실제 베풀어지는 은혜는 보편적이지 않고 특정적이라는 역사적인 사실을 펠라기우스주의의 이러한 주장과 조화시키는 것은 불가능하다. 애초에 기회는 평등하지 않다. 기독교 가정에 태어나는 것이나 나중에 복음을 접하게 되는 것은 과분하고 무조건적인, 일종의 선물이다. 게다가 복음을 들은 모든 사람이 믿음을 갖는 것도 아니다. 펠라기우스주의자들은 중요한 질문에 답할 수 없다. 만약 하나님이 충분한 은혜를 주셨다면, 왜 이 은혜가 몇몇 사람에게만 유효한가? 누구에게, 그리고 왜 "완전

Possible: A Biblical Introduction to the Open View of God (Grand Rapids: Baker Books, 2000); Clark H. Pinnock et al., *The Openness of God: A Biblical Challenge to the Traditional Understanding of God* (Downers Grove, IL: InterVarsity, 1994); John Sanders, *The God Who Risks: A Theology of Providence* (Downers Grove, IL: InterVarsity, 1998)가 있다. 이 견해에 대한 비판으로는 Bruce A. Ware, *God's Greater Glory: The Exalted God of Scripture and the Christian Faith* (Wheaton: Crossway, 2004)를 보라.

100) Augustine, *On the Gift of Perseverance*, Chap. 23.
101) C. Hodge, *Systematic Theology*, II, 349.

하고 유효한 은혜"가 주어지는가? 여기에서 펠라기우스주의는 혼란에 빠져 공로의 개념을 도입하는데, 이 견해는 성경의 지지를 전혀 받을 수 없다.[102] 마지막으로 펠라기우스주의가 언급하는 "영광으로의 예정", 즉 (하나님이 예견하신 것처럼) 끝까지 인내하는 사람들에게 구원을 주시는 세 번째 작정은 하나님의 작정을 완전히 조건적으로 만들어버린다. 실제 작정은 없고, 성취 여부가 불확실한 소원이 있을 뿐이다. 하나님이 자신에게 속한 자들을 모르신다. 반(牛)펠라기우스주의로 오염된 순수하지 못한 예정론을 견지하는 교회들에서조차 사람들은 여전히 예정에 대한 신앙을 고백한다. 비록 그 단어가 기독교 신학에서 여러 다른 방식으로 사용되었을지라도, "예정"(προορισμος)은 본질적이고 실질적으로 기독교 전체가 받아들인 교리이고, 펠라기우스주의는 사실상 기독교를 뒤엎는 것이다.

예정과 유기

타락전선택설과 타락후선택설은 둘 다 성경에 부합하고자 하는 입장들이기 때문에, 성경에 호소하는 것으로는 둘 사이의 차이점을 해소할 수 없다. 각 집단은 서로 다른 일련의 구절들에 호소한다. 타락후선택설이 가리키는 구절들에서 선택과 유기는 타락한 세상과 연관되고, 자비와 공의의 행위로 제시된다(신 7:6-9; 마 12:25-26; 요 15:19; 롬 9:15-16; 엡 1:4-12; 딤후 1:9). 타락전선택설이 강조하는 본문들은 하나님의 절대 주권을 선언하는데, 특히 죄와의 관계에서 그렇다(시 115:3; 잠 16:4; 사 10:15; 45:9; 렘 18:6; 마 20:15; 롬 9:17, 19-21). 두 견해가 각각 특정 본문들에 의존하고 다른 본문들을 공정하게 다루는 데 실패한다는 단순한 사실이 이미 그 둘 다 편향되어 있음

---

102) 편집자 주—여기서 Bavinck가 말하는 공로 개념은 특히 로마 가톨릭의 "당연한 은덕"(merit of condignity), 즉 성령의 능력을 힘입어 선행을 함으로 획득한 공로를 가리킨다.

을 시사한다. 어느 입장도 죄와 타락이 하나님의 계획과 작정에 포함되어 있음을 부인하지 않고, 둘 다 하나님이 죄의 조성자가 아니라는 것을 인정한다. 양쪽 모두 궁극적 원인을 하나님의 주권적이고 기뻐하시는 뜻에 둔다. 또한 두 견해는 작정들의 내용에 대해서도 일치한다. 유일한 차이는, 타락후선택설이 작정들의 역사적·인과적 순서를 고수하는 반면에 타락전선택설은 관념적·목적론적 순서를 선호한다는 것뿐이다. 두 입장 모두 강점을 갖고 있는 동시에 일방적인 성향을 띤다. 타락후선택설이 더 신중하고 덜 냉혹한 것으로 보이지만, 최종적으로 우리의 마음을 만족시키지 못한다. "허용"이나 "예지"와 같은 단어들은 아무것도 해결하지 못한다. 모든 문제가 그대로 남아 있다. 왜 하나님은 모든 것을 미리 아시면서도 인간을 타락할 수 있는 능력과 함께 창조하셨고, 또한 왜 하나님은 타락을 막지 않으셨는가? 왜 하나님은 한 사람의 타락 안에서 모든 인간이 타락하도록 허락하셨는가? 왜 하나님은 모든 사람에게 복음이 전파되도록 하시지 않고, 왜 모든 사람에게 믿음을 주시지 않는가? 요컨대, 만약 하나님이 어떤 것을 예지하시고 허용하신다면, 하나님은 그것을 기꺼이 하시거나 마지못해 하시는 것이다. 그러나 후자는 불가능하다. 하나님의 허용은 유효하며, 하나님의 의지에서 비롯된 행위다. 허용의 개념은 또한 하나님이 죄의 조성자라는 혐의에 대항할 효능이나 힘이 전혀 없다. 어떤 사람이 다른 이가 죄 짓고 멸망하는 것을 막을 힘을 가지고 있으면서도 그렇게 되도록 허용한다면 그는 죄를 짓도록 부추기는 사람만큼 책임이 있는 것이기 때문이다.

타락전선택설의 장점은 하나님을 정당화하려는 모든 부질없는 시도들을 그치고, 선택과 유기 모두를 단순히 하나님이 주권적으로 기뻐하시는 뜻에 돌린다는 데 있다. 그러나 여기에도 위험이 따르는데, 실제 사람들이 아니라 "가능한" 사람들을 선택과 유기의 대상으로 삼는다는 것, 그리고 그리스도의 구속적 사역이 선택의 수단이라는 것과 같은 의미에서 죄를 유기의 수단으로 삼는다는 것이다. 타락전선택설은 그들의 견해가 하나님을 죄의 조성자로 만든다는 비난에 직면할 때 그런 혐의를 단호히 부인하고, 죄와 유기의 다양한 "원인들" 사이에 중요한 구별들을 도입한다. 개혁파 신학자들이 "죽음으로의 예정"을 추정했을지 모르지만, 그 어떤 개혁파 신학자도 감히 "죄로의 예정"을 말하지는 않았다. 하나님이 죄의 조성자가 아니라는 것, 인간이 멸망을 위해 창조되지 않았다는 것, 유기를 통해서도 하나님의 공의의 엄정함이 드러난다는 것, 유기가 죄의 "일차적 원인"이 아니라 "우연적 원인"일 뿐이며 죄가 유기의 "유효한" 원인이 아니라 "충분한" 원인이라는 것 등은 모든 개혁파 신학자들의 공통적인 주장이다. 죄가 하나님의 뜻 바깥에 있지 않으면서도 하나님의 뜻에 상반되기 때문에, 타락전선택설을 주장하는 이들도 기꺼이 모순을 감수하면서 "허용", "예지", "유기"(dereliction)", "간과"(preterition) 같은 개념을 죄와 관련해서 도입해야 한다. 그 누구도 더 나은 용어를 제시할 수는 없다.

[245] 예정에 대한 타락전선택설의 견해도 타락후선택설의 견해도 성경 진리의 충만함과 풍부함을 담아내지 못하며, 우리의 신학적 사고를 만족시킬 수도 없다. 택자들에게 하나님의 자비를, 유기자들에게 하나님의 공의를 계시하는 것이 만사의 궁극적 목적이라고 상정하는 것은 잘못이다. 그 누구도 상실된 자들의 가련한 상태와 영광으로의 예정을 병립시켜 예정의 목표로 간주할 수 없다. 타락전선택설과 타락후선택설 간의 논쟁은 너무 자주 개인들에게 초점을 맞추면서 선택의 진정한 대상, 곧 새로운 머리이신 그리스도 아래서 회복된 인류를 강조하는 데 실패한다. 게다가 두 입장 모두 하나님의 영광이라는 최종 목적에 종속되는 모든 것들을 서로에게 종속되는 것으로 간주하는 경향을 보인다. 그러나 창조는 단지 타락에 이르는 수단에 불과한 것이 아니고, 타락이 은혜와 견인을 얻는 수단에 불과한 것도 아니며, 이것들이 구원과 영원한 비참에 이르는 수단에 불과한 것도 아니다. 우리가 하나님의 작정에 있는 세부사항과 여러 요소에 집중하고 어떻게 그것들이 서로 연관되는지 정확하게 기술하려고 논리적으로 시도할 때, 우리가 처하는 위험은 작정들이 내용상으로 세계사 전체

만큼이나 엄청나게 풍성하다는 사실에 대한 조망을 잃는 것이다. 세계사 전체는 하나님의 작정을 펼쳐낸 것이다. 이러한 목적을 달성하기 위해 우리가 기대하는 것은 새 하늘과 새 땅, 새로운 인류, 회복된 창조세계, 다시는 죄로 인해 방해받지 않고 영원히 진보하는 발전이다. 성경이 계시하는 바에 따르면, 하나님의 계획과 경륜의 궁극적 목표는 삼위일체 하나님의 명예와 영광이다.

그럼에도 타락전선택설에 담겨 있는 진리는 바로 모든 작정이 함께 통일체를 이룬다는 것, 모든 것이 종속되고 이바지하는 궁극적 목적이 있다는 것, 죄가 세상에 들어온 것은 하나님이 생각지도 못한 일이 아니라 하나님이 의도하신 일이라는 것, 창조는 재창조를 가능하게 하기 위해 의도되었다는 것, 그리고 아담이 창조될 때 모든 것이 그리스도를 염두에 두고 지어졌다는 것이다. 타락후선택설에 담긴 진리는 작정들이 목적론적·인과적 순서에 따라 구별될 수 있다는 것, 창조와 타락이 목적에 이르는 수단에 불과한 것이 아니라는 것, 죄는 재앙이며 그렇기 때문에 하나님이 의도하신 것일 수 없다는 것이다. 이와 관련된 구상의 온전한 통일성은 오직 하나님께만 알려져 있고, 목적론적으로나 인과적으로나 상호 연결되어 있는 패턴은 너무 풍성해서 "타락전선택설"이나 "타락후선택설"과 같은 하나의 단어로 재현될 수 없다. 어떤 유기체든지 모든 부분이 서로 연관되어 있고 상호 간에 서로를 규정하는 것처럼, 세계 전체도 신적 예술 작품으로서 모든 부분이 유기적으로 연결되어 있다. 그리고 하나님의 경륜은 바로 이 세상에 대한, 모든 국면들에 대한 영원한 설계다. 의미의 차원에서 하나님의 경륜은 포괄적 주개념이고, 예정은 이성적 피조물들의 영원한 상태와 거기에 이르는 단계와 수단에 대한 것이며, 이중 예정은 영생으로의 선택과 영벌로의 유기 모두에 대한 하나님의 적극적 의지를 가리킨다.

[246] 우리는 "이중 예정"(double predestination)이라는 개념을 피할 수 없다. 성경은 영원한 작정으로서의 유기에 대해 거의 말하지 않지만, 역사의 부정적인 사건들—고통, 굳은 마음, 불가해한 재앙—속에서도 하나님

의 능동적이고 주권적인 의지를 인식한다. 하나님은 가인을 거부하시고 (창 4:5), 가나안을 저주하시고(창 9:25), 이스마엘을 쫓아내시고(창 21:12; 롬 9:7; 갈 4:30), 에서를 미워하시고(창 25:23-26; 말 1:2-3; 롬 9:13; 히 12:17), 이방 인들로 하여금 자기 길을 가도록 허용하신다(행 14:16). 때로 하나님은 자 기 백성과 특정한 사람을 거절하신다(신 29:28; 삼상 15:23, 26; 16:1; 왕하 17:20; 23:27; 시 53:5; 78:67; 89:38; 렘 6:30; 14:19; 31:37; 호 4:6; 9:17). 하나님의 거절은 죄 에 대한 신적 반응 이상의 것이다. 종종 하나님의 적극적 행동은 미워하 심(말 1:2-3; 롬 9:13), 저주(창 9:25), 강퍅하고 완고하게 하심(출 4:21; 7:3; 9:12; 10:20, 27; 11:10; 14:4; 신 2:30; 수 11:20; 삼상 2:25; 시 105:25; 요 12:40; 롬 9:18), 보지 못하고 듣지 못하게 하심(사 6:9; 마 13:13; 막 4:12; 눅 8:10; 요 12:40; 행 28:26; 롬 11:8)으로 나타난다. 하나님의 다스리심은 모든 것에 이르고, 심지어 사람 의 죄조차도 하나님의 손안에 있다. 하나님은 거짓말하는 영을 보내시고 (왕상 22:23; 대하 18:22), 사탄을 통해 다윗을 부추기시고(삼하 24:1; 대상 21:1), 욥을 시험하시고(욥 1장), 느부갓네살과 고레스를 자기 종으로 부르시고(대 하 36:22; 스 1:1; 사 44:28; 45:1; 렘 27:6; 28:14 등), 아시리아를 진노의 막대기로 삼으신다(사 10:5ff.). 하나님은 그리스도를 원수들의 손에 넘기시고(행 2:23; 4:28), 많은 사람을 넘어뜨리기 위한 자로 세우시고, 사망에서 사망에 이 르는 냄새로, 걸림돌과 거치는 반석으로 삼으신다(눅 2:34; 요 3:19; 9:39; 고후 2:16; 벧전 2:8). 분명히 이 모든 하나님의 일들 속에 사람들 자체의 죄악됨이 있음을 간과해서는 안 된다. 하나님이 강퍅하게 하시는 과정 속에서 인간 은 스스로 강퍅해진다(출 7:13, 22; 8:15; 9:35; 13:15; 대하 36:13; 욥 9:4; 시 95:8; 잠 28:14; 히 3:8; 4:7). 예수가 비유로 말씀하시는 이유는 사람들로 하여금 보지 못하고 듣지 못하고 깨닫지 못하게 하기 위해서만 아니라, 사람들이 보고 듣는 것을 거부하기 때문이기도 하다(마 13:13). 하나님이 사람들을 죄와 거짓에 넘겨주시는 이유는 그들 스스로 이런 처분이 마땅한 자가 되었기 때문이다(롬 1:32; 살후 2:11). 그리고 신자가 원수들의 사악한 행위들에서 하 나님의 통치하시는 손을 보는 것은 후험적인 것이다(삼하 16:10; 시 39:9-10).

그럼에도 이 모든 것 가운데 하나님의 뜻과 능력이 드러나고 하나님의 절대적 주권이 나타난다. 하나님은 복도 지으시고 화도 창조하시며, 빛도 지으시고 어둠도 창조하신다(사 45:7; 암 3:6). 하나님은 악한 날을 위해 악인을 만드시고(잠 16:4), 자신이 원하는 모든 것을 행하시고(시 115:3), 모든 사람의 마음을 자신이 원하는 대로 기울이시고(잠 16:9; 21:1), 그들의 걸음을 정하신다(잠 20:24; 렘 10:23). 하나님은 동일한 진흙덩이로부터 하나는 귀히 쓸 그릇을, 다른 하나는 천히 쓸 그릇을 만드시고(렘 18; 롬 9:20-24), 자신이 긍휼히 여기기를 원하는 자를 긍휼히 여기시고 완악하게 하기를 원하는 자를 완악하게 하신다(롬 9:18). 하나님은 어떤 이들을 불순종으로 정하시고(벧전 2:8), 어떤 이들에게 판결(condemnation)을 내리시고(유 4절), 어떤 이들의 이름이 생명책에 기록되지 못하게 하신다.

신자는 이 모두를 다 이해한다고 주장하지 않는다. 다만 다른 대안―혼란스러운 신성의 맹목적 의지를 인정할 때 뒤따르는 염세주의―은 불가능하다고 믿는다. 신자는 끔찍한 삶의 현실을 기꺼이 직시하려고 한다. 무덤 위에 꽃을 뿌리거나, 죽음을 천사로 바꿔놓거나, 죄를 한낱 연약함으로 여기거나, 이 세상을 가능한 세계들 중 최선으로 간주하지 않는다. 칼뱅주의는 그런 허튼 소리를 혐오한다. 눈가림을 거부하고, "무시무시한 작정"(Calvin)이라고 기꺼이 말한다.[103] 물론 무시무시한 것은 작정이 아니라, 바로 하나님의 작정의 계시라는 실재, 성경과 역사를 통해 드러나는 실재다. 어떤 것도 이 실재를 무효화할 수 없는데, 심지어 이 실재에 대한 허구적 개념조차 제거할 수 없다. 그래서 칼뱅주의는 삶의 심각성을 온전히 고려하고자 하며, 만주의 주님이신 분의 권리를 옹호하고, 하나님의 설명할 수 없는 주권적 의지 앞에 경배하며 겸손히 무릎 꿇는다. 우리는 이 전능하신 하나님이 또한 우리의 자비로운 아버지시라고 믿는다. 이것은 "해결책"이 아니라, 가까이 가지 못할 빛에 거하시는 분, 즉 그 판단을 헤아릴

---

103) J. Calvin, *Institutes*, III.xxiii.7.

수 없으며 그 길을 찾을 수 없는 분 안에서 안식하라는 초대다. 우리가 하나님을 직접 대면하여 봄으로써 이 수수께끼들에 대한 우리의 질문들이 그치기까지, 사나 죽으나 우리의 유일한 위로는 그분 안에만 있다.

[247] 하지만 유기는 선택과 동일한 의미와 방식에서 예정의 일부인 것은 아니다.[104] 우리는 하나님의 권능을 하나님의 공의와 무관하게 제멋대로일 수 있다는 의미에서 "절대적"인 것으로 여겨서는 안 될 것이다. 그러므로 우리는 불의에 대한 혐의로부터 하나님을 "변호"하는 데 큰 주의를 기울여야 한다. 예를 들어 아우구스티누스는 설사 하나님이 무죄한 사람을 저주하셨다 하더라도 하나님이 불의하시지는 않을 것이라고 말한 적이 있다. "본래 무로부터 창조되어 존재하는 인류가 죽음의 죄책과 원죄 아래 태어나지 않았더라도, 만약 전능한 창조주가 그 가운데 몇몇을 영원한 멸망에 처하게 만들기를 원했더라면, 누가 이 전능한 창조주에게 '왜 이렇게 하셨습니까?'라고 말할 수 있을까?"[105] 누구라도 하나님의 비교할 수 없는 위대하심과 인간의 보잘것없음을 조금이라도 깨닫는다면, 그리고 우리가 얼마나 자주 사람과 동물의 아주 극심한 고통을 아주 초연히 응시하는지—특히 그 고통이 우리 자신에게 이익이 되거나 예술과 학문을 위한 것일 때—생각한다면, 이러한 진술을 이유로 아우구스티누스나 다른 이들을 비난하기를 주저할 것이다. 하나님께 해명을 요구하는 것은 말할 것도 없이 말이다. 우리를 무로부터 빚으신 분께, 우리가 가진 모든 소유와 모든 존재를 빚지고 있는 분께 감히 우리 자신의 "권리"를 말할 수 있을까? 하나님이 불의하시다고 비난할 권리를 갖고 있다고 주장하는

---

104) 편집자 주—여기서 Bavinck의 표현은 「도르트 신조」의 "결론: 거짓 비난을 물리침"에 나오는 표현과 유사하다. 거기서 「도르트 신조」는 "선택이 신앙과 선행의 원천과 원인인 것과 같은 방식으로 유기가 불신앙과 불경의 원인이다"라는 생각을 거부했다.

105) *Admonitio de libro de Praedestione et Gratia, et subsequente epistola Ferrandi ad Egyppium*, PL 65:843A. 편집자 주—Bavinck는 이것을 Augustine, *De praed. et gratia*, 16의 인용이라고 말한다. 그런데 Migne는, 정확하지는 않지만, 북아프리카 주교(462-527)였고 Augustine의 신학에 헌신적 추종자인 Fulgensius의 저술로 본다.

누군가에게 우리가 잠시 이런 식으로 대답할 수 있을지는 모르지만, 칼뱅과 그 이후의 개혁파 신학자들 거의 대부분은 결국 분개하면서 단호하게 그런 "절대적 통치"를 거부했다.[106] 모든 개혁파 신학자들은 하나님의 명예와 주권은 언제나 인정되어야 한다고 먼저 주장한 후에, 예정론을 가장 신중하고 섬세하게 다루라고 충고하면서 헛된 호기심으로 이 주제에 접근하는 모든 태도에 대해 경고했다. "따라서 지나치게 혹독한 것은 우리에게 적합하지 않다. 만약 성경이 선명하게 가르치고 경험이 확증하는 진리를 부인하거나 또는 이것이 하나님께 어울리지 않는다고 트집을 잡으려고 하지 않는 한 말이다."[107] 비록 하나님이 자신에게 속한 자들이 누구인지 아시며 택자들의 수가 적을 것이라고 언급되었더라도, "그럼에도 우리는 모든 사람에 대해 선한 희망을 품고, 어느 누구도 경솔하게 유기자로 생각하지 말아야 한다."[108]

죄가 하나님의 뜻을 벗어나 있는 것은 아니지만, 그것은 분명히 하나님의 뜻에 반대된다. 하나님의 뜻에 기초한 유기의 "작정"은 그 "실행"과는 구분되어야 한다. 하나님의 유기 행위는 물론 인간의 죄를 고려한다. 유기의 작정은 인간의 죄책을 통해 실현된다.[109] 유기의 작정을 다른 작정들과 동등하게 그 자체로서 다룬다면 그것은 오산이다. 하나님의 작정은 실재 자체만큼이나 폭넓고, 단일한 개념 안에 하나님의 영광이라는 목적과 그에 이르는 수단을 아우른다. 실제 삶에서는 죄와 은혜, 징벌과 복, 공의와 자비가 각각 별개로 존재하는 것이 아니라 모든 사람의 공통 경험으로서 존재한다. 여기서 우리는 유기자들도 이 땅에서 공통된 하나님의 복들을

---

106) H. Bavinck, *Reformed Dogmatics*, II, 237-240 (#208)를 보라.

107) J. Calvin, *Concerning the Eternal Predestination of God*, 184; Canons of Dort, I, 12, 14.

108) E. F. K. Müller, *Bekenntnisschriften*, 181에 있는 스위스 신앙고백서.

109) F. Turretin, *Institutes of Elenctic Theology*, IV, 14; H. Bavinck, ed., *Synopsis purioris theologiae*, XXIV, 50.

택자들과 공유한다는 사실을 기억할 필요가 있다. 그들은 많은 자연적 은사—생명, 건강, 힘, 먹을 것, 마실 것, 분복 등(마 5:45; 행 14:17; 17:27; 롬 1:19; 약 1:17)—를 받는데, 이는 하나님이 자신에 대해 증언하는 분이기 때문이다. 하나님은 그들을 오래 참으심으로 관용하신다(롬 9:22). 하나님은 그들에게 하나님의 은혜의 복음이 선포되게 하시고, 그들의 죽음을 기뻐하지 않으신다(겔 18:23; 33:11; 마 23:27; 눅 19:41; 24:47; 요 3:16; 행 17:30; 롬 11:32; 살전 5:9; 딤전 2:4; 벧후 3:9). 이로부터 우리는 가능한 모든 은혜의 수단을 사용해 유기자들조차 구원으로 부르는 것이 하나님의 뜻이라고 결론을 내린다. 물론 이 수단들 자체가 유기의 작정에서 흘러나오는 것은 아니다. 그것들은 그런 목적으로 오용될 수 있다. 사람들이 변명할 수 없게 하고, 그들을 강퍅하게 하고, 그들의 정죄를 더 중하게 하는 데 사용될 수도 있다. 마치 태양이 사람을 따뜻하게 할 수 있지만, 태울 수도 있는 것처럼 말이다. 그럼에도 그 수단들 자체는 유기의 방편이 아니라 구원을 위한 은혜의 방편이다.[110] 따라서 선택과 유기가 최후에는 전적 분리로 끝을 맺게 되겠지만, 이 땅에서는 지속적으로 서로 교차한다. 둘 다 최종 목적이나 원인이 아니다. 둘 다 하나님의 영광을 성취하기 위한 수단이다. 그러나 하나님이 모든 악에서 떠나 계시고 죄와 형벌을 그 자체로 원하시는 것은 아니며 유기를 기뻐하시지도 않지만, 자기에게 속한 이들에 대한 선택과 구속은 기뻐하신다.

[248-249] 마침내 예정은 선택에서 정점에 이른다. 선택은 삶의 모든 영역에 존재한다. 세상은 수고와 보상이라는 바리새인의 법에 따라 규정되어 있지 않다. 불평등과 불공정은 만연할 뿐만 아니라 지속적으로 존재한다. "청함을 받은 자는 많되 택함을 입은 자는 적다"는 법칙은 모든 곳에서 유효한 것 같다. 다윈의 적자생존 원리는 보편타당성을 가지면서 하나님의 창조세계 전체에 효력을 끼치고 있다. 몇 개의 열매를 맺게 하려

---

110) H. Bavinck, ed., *Synopsis purioris theologiae*, XXIV, 54ff.

고 수천 송이의 꽃이 땅에 떨어진다. 수백만의 생명이 태어나지만 상대적으로 소수만 살아남고, 살아남은 생명체들의 수명도 천차만별이다. 소수의 사람이 넘치는 부유함을 누리게 하려고 수천의 사람이 이마에 땀을 흘리며 일한다. 부유함, 예술, 학문 등 고귀한 모든 것이 가난, 착취, 무지 위에 세워진다. 성경과 개혁파 신학은 이 모든 문제의 이차적 원인들이 중요하다는 점은 인정하지만, 그렇다고 그것들이 최종적이고 가장 근본적인 원인은 아니다. 우리 인간은 "왜?"라고 하는 더 깊은 질문들을 던지지 않을 수 없다. 왜 각각의 피조물은 그런 식으로 존재하는가? 왜 피조물들은 종류, 본성, 성별, 종류, 능력, 지성, 부유함, 명예 등에서 그토록 끝없는 다양성을 가지는가? 왜 어떤 천사들의 타락과 멸망이 예견되고 미리 정해져 있는데, 다른 천사들은 영광으로 예정되었는가? 왜 인간의 본성이 그리스도께 취해지는 명예를 누리게 되었는가? 왜 어떤 사람은 기독교권에서 태어나고, 다른 사람은 비기독교권에서 태어나는가? 왜 한 아이는 유아 때 죽을지라도 언약의 자녀로서 천국에 가는데, 다른 아이는 언약 밖에서 은혜 없이 죽는가? 왜 어떤 사람은 신자가 되는데 다른 사람은 신자가 되지 않는가? 이 모든 질문은 유한한 인간이 답할 수 없는 것들이다. 과학은 사물들에 대해 사실은 진술할 수 있지만 원인은 결코 확정하지 못한다. 우리는 하나님의 주권적이고 기뻐하시는 뜻 안에서만 안식할 수 있다.

하나님의 주권적인 뜻은 조건적이지 않고 절대적이다. 비록 하나님이 죄와 형벌 사이에 인과관계를 만들어놓으셨고, 또한 그 관계를 각 사람의 양심 안에서 주장하실지라도, 유기의 작정은 그 궁극적 근거를 죄와 불신앙이 아니라 하나님의 뜻에 두고 있다(잠 16:4; 마 11:25-26; 롬 9:11-22; 벧전 2:8; 계 13:8). 이와 유사하게 신앙과 구원 사이에도 인과관계가 있지만, 선택의 작정은 예견된 신앙에 의해 생긴 것이 아니다. 오히려 반대로 선택이 신앙의 원인이다(행 13:48; 고전 4:7; 엡 1:4-5; 2:8; 빌 1:29). 심지어 선택에 있어서도, 엄밀히 말하자면 그리스도를 선택의 "원인"이라고 말하는 것은 정확하지 않다. 우리는 차라리 그리스도를 그분의 교회와 더불어 성부의 선

택하시는 사랑의 대상으로 보아야 한다. 그리스도는 성부의 사랑의 선물
인데, 이 사랑은 성자를 보내심에 선행한다(요 3:16; 롬 5:8; 8:29; 딤후 1:9; 요일
4:9). 성자가 성부를 움직여서 사랑하게 하신 것이 아니다. 선택하시는 사
랑은 성부 자신에게서 나온 것이다. 그래서 성경은 어디서든지 모든 작정
의 원인이 어떤 피조물이 아니라 오직 하나님 자신 안에, 하나님의 뜻과
기뻐하심 속에 있다고 가르친다(마 11:26; 롬 9:11ff.; 엡 1:4ff.). 그러므로 선택
은 신자와 불신자 모두에게 말할 수 없이 큰 위로의 원천이다. 만약 선택
이 공의와 공로에 기초해 있었다면 모두가 잃어버린 바 되었을 것이다. 그
러나 선택은 은혜를 따라 시행되고, 따라서 가장 비참한 사람에게도 희망
이 있다. 인간의 구원은 은혜롭고 전능한 하나님의 기쁘신 뜻에 확고하게
자리잡고 있다.

선택의 영광은 특히 선택의 대상, 곧 그리스도 안에 있는 하나님의 백
성 안에서 드러난다. "그리스도 안에서" 선택된다는 것은 그리스도의 몸
인 교회와 유기적으로 연합된다는 것이다. 그리스도는 교회의 머리로 미
리 정해지셨다. 이 공동체성의 강조는 때때로 하나님의 자녀 각각에 대한
개인적 선택에 대해 말하는 것을 피해야 할 이유로 간주되어 왔다. 그러
한 제한은 한낱 추상적인 것에 불과한데, 왜냐하면 인류, 백성, 가족, 교회
는 언제나 특정한 개인들로 구성되기 때문이다. 그러한 제한은 성경과도
상반된다. 왜냐하면 성경은 개인적 선택을 가르치고(말 1:2; 롬 9:10-12[야곱];
행 13:48[작정된 자는 다]; 롬 8:29[하나님이 미리 아신 자들]; 엡 1:4[우리]; 갈 1:15[바
울]), 택자들의 이름이 생명책에 기록되어 있다고 말하기 때문이다(사 4:3;
단 12:1; 눅 10:20; 빌 4:3; 계 3:5 등). 그럼에도 하나님의 선택에 대한 온전히 성
경적인 이해는 그리스도의 교회와 함께 "선택받은 자"(the elect One)로서
의 그리스도를 선택의 대상에 포함시킨다. 성경은 이것을 메시아와 관련
해서 가르친다(사 42:1; 43:10; 시 89:3, 19; 마 12:18; 눅 23:35; 24:26; 행 2:23; 4:28; 벧
전 1:20; 2:4). 이 행위를 "선택"이라고 부르는 것은 타당한데, 왜냐하면 성부
가 영원부터 성자를 중보자가 되도록 지명하셨고, 무엇보다도 그리스도

의 인성이—공로와 무관하게 오직 은혜로만—로고스와 연합하고 중보자의 직무를 맡도록 미리 정해졌기 때문이다. 성경은 교회가 그리스도의 형상을 본받고 그분의 영광을 보도록 그리스도 안에서 그리스도를 위해 선택되었다고 동일하게 강조하며 진술한다(요 17:22-24; 롬 8:29). 그리스도는 중보자만 아니라 교회의 머리가 되도록 미리 정해지셨다. 모든 것이 그리스도로 말미암아, 그리고 그리스도를 위해 창조되었다(고전 3:23; 엡 1:22; 골 1:16ff.). 선택은 교회에 주어진 첫 번째 유익, 곧 그리스도와의 연합 안에서 주어지는 유익이다. 선택은 하나님이 모든 시대에 걸쳐 지으신, 하나님 자신이 최고의 설계자와 건축가이신 성전에 대한 신적 구상이며 청사진이다. 창조와 타락, 보존과 통치, 죄와 은혜, 아담과 그리스도, 이 모두가 이 신적 건축물을 완성하는 데 기여하며, 이 건물 자체가 하나님의 명예와 영광을 위해 지어졌다. "만물이 다 너희 것임이라.…너희는 그리스도의 것이요 그리스도는 하나님의 것이니라"(고전 3:21-23).

10장

하늘과 땅의 창조주

창조와 그에 대한 종교적 경쟁자들

[250] 하나님의 경륜의 실현은 창조와 함께 시작된다. 창조주와 그분의 피조물 사이의 구별에 대한 긍정이 참된 종교의 출발점이다. 계시를 통해서만 참으로 알려질 수 있는 하나님과 무관하고 독립된 존재는 없다. 하나님은 존재하는 모든 것의 유일하고, 독특하고, 절대적인 원인이시다(창 1:2-3; 시 33:6; 104:29-30; 148:5; 욥 26:13; 33:4; 사 40:13; 48:13; 슥 12:1; 요 1:3; 골 1:16; 히 1:2 등). 하나님이 말씀하심으로 사물들이 생겨난다(창 1:3; 시 33:9; 롬 4:17). "만물이 주에게서 나오고 주로 말미암고 주에게로 돌아감이라"(롬 11:36; 고전 8:6; 히 11:3). 세계는 하나님의 뜻의 산물이고(시 33:6; 계 4:11), 하나님의 완전함들의 계시다(잠 8:22ff.; 욥 28:23ff.; 시 104:1; 136:5ff.; 렘 10:12). 세계는 하나님의 영광을 목표로 한다(사 43:16ff.; 잠 16:4; 롬 11:36; 고전 8:6).

창조에 대한 성경의 가르침은 존재의 문제에 대한 철학적인 설명으로 제시되지 않는다. 그것이 기원에 대한 물음에 답을 주지만, 그럼에도 그 진정한 의미는 종교적이고 윤리적인 것이다. 창조의 교리는 우리를 하나님 앞에 적절하게 자리매김하면서(출 20:11; 신 10:12-14; 왕하 19:15; 느 9:6) 우리에게 하나님의 위엄, 선하심, 지혜, 사랑을 보여주고(시 19장; 욥 37장; 사 40

장), 찬양과 감사를 불러일으키고(시 136:3ff.; 148:5; 계 14:7), 하나님 앞에서 겸손하고 온유하게 만들고(욥 38:4ff.; 사 29:16; 45:9; 렘 18:6; 롬 9:20), 고난의 때에 위로를 준다(시 33:6ff.; 65:5ff.; 89:11; 121:2; 134:3; 사 37:16; 40:28ff.; 42:5 등). 창조에 대한 가르침은 사람들의 신앙을 강하게 하고, 하나님에 대한 신뢰를 견고하게 한다.

[251] 성경은 독특한 창조론을 제시한다. 고대 세계의 다른 창조 이야기들과 신화들은 참된 창조 이야기들이 아니다. 이교적 우주생성론(cosmogonies)은 동시에 신들의 계보학(theogonies)인데, 모두 다신교적이면서 어떤 원시 물질의 존재를 상정한다. 유출론, 진화론, 이원론이 핵심적인 특징들인데, 세계는 신에게서 유출하여 신처럼 되어가는 것이거나 또는 두 개의 상충하는 원시 세력들의 산물이다.[1] 창세기와 현저한 유사성이 있지만, 갈대아 창세기(Enuma Elish)는 사실상 기원에 대한 이야기로서 벨(Bel)이 티아마트(Tiamat)로부터 세계를 만들어냈다고 하는데, 티아마트는 모든 것을 자기 안에 무질서하게 저장하고 있다.[2] 그리스 철학도 더 나을 것이 없었다. 그들은 사물들의 기원을 물질적 요소에서(이오니아 학파, 원자론자들), 또는 범신론적으로 하나의 영원불변한 존재에서(엘레아 학파), 또는 영원한 생성에서(Heraclitus, 스토아 학파) 찾았다. 그리스인들은 "퓌시스"(φυσις, 자연)와 "코스모스"(κοσμος, 세계)는 알았지만 "크티시스"(κτισις, 창조)는 알지 못했다. 신은 기껏해야 물질과 영의 이원론 가운데 세계를 형성하는 존재(데미우르고스, δημιουργος)에 불과하다. 기독교는 영지주의와의 논쟁에서 이교적인 신들의 계보학과 우주생성론에 대항해서 승리를 거두었다. 그러나 죄를 설명하면서 최고의 신과 더불어 하급 신, 또는 영원한 "휠레"(ὑλη, 물질)을 상정하는 것은 기독교 역사에서 계속 나타났다.

---

1) O. Zöckler, "Schöpfung und Erhaltung der Welt", *PRE*[3], XVII, 681-704.

2) H. H. Kuyper, *Evolutie of Revelatie* (Amsterdam: Hoveker & Wormser, 1903), 37-38, 117f.; 참조. H. Bavinck, *Reformed Dogmatics*, ed. John Bolt (Grand Rapids: Baker Academic, 2003-2008), II, 473-507 (##268-78).

또한 범신론을 옹호한 사람들도 있었다. 신플라톤주의의 영향을 받은 위 디오니시우스는 하나님 안에 관념들과 원형들이 영원히 존재한다고 가르쳤는데, 이 하나님은 자신의 넘치는 선하심에 의해 움직여져서 자기 피조물들에게 자신을 유출하심으로써 그 관념들에 실체를 부여하시게 되었다는 것이다.[3] 에리우게나는 무로부터의 창조를 분명히 가르치면서도,[4] 범신론적 색채를 띤 "네 가지 자연들"에 대해 말한다. 하나님 자신이 먼저 관념들 안에 자신을 창조하시고, 그 후에 자신의 피조물들에게 흘러나오셔서 모든 것 가운데 모든 것이 되시고, 마침내 창조하지도 창조되지도 않는 네 번째 자연 안에서 자신에게로 되돌아가신다. 이 과정의 원인은 하나님의 선하심, 모든 것이 되려고 하는 하나님의 충동(drive)이다.[5] 범신론이 기독교 세계 밖에서는 이븐 시나(Avicenna, 1036)와 이븐 루쉬드(Averroes, 1198) 같은 철학자들에 의해, 이슬람교도들 중에서는 수피즘(Sufism) 신비주의에 의해, 유대인들 중에서는 카발라 신비주의에 의해 전파되었다.[6] 이처럼 범신론, 이원론, 유출설과 같은 사상들은 신비주의자, 신지학자, 재세례파 가운데 종횡무진으로 나타났는데, 이를테면 피오레의 요아힘, 자유심령 형제단(Brethren of the Free Spirit), 자유사상가들(Libertines), 마이스터 에크하르트, 타울러, 세르베투스, 프랑크, 슈벵크펠트, 파라켈수스, 뵈메 같은 이들이 여기에 속한다. 범신론은 스피노자에 의해 근대철학에서 영예로운 지위를 회복했고, 셸링과 헤겔에 의해 19세기를 대표하는 체계로 승격되었다.

여기서 창조 교리는 전적으로 거부되었다. 피히테는 "창조를 전제하

---

3) Pseudo-Dionysius, *The Divine Names*, chap. 4, 10.

4) Johannes Scotus Erigena, *On the Division of Nature*, trans. Myra L. Uhlfelder (1681; Indianapolis: Bobbs-Merrill, 1976), bk. III, 5, 24, 33.

5) Ibid., III, 4, 20; III, 2, 4, 9; I, 12.

6) A. Stöckl, *Geschichte der Philosophie des Mittelalters* (Mainz: Kirchheim, 1864-1866), II, 28, 92, 181, 237.

는 것은 모든 잘못된 형이상학과 잘못된 종교적 가르침의 기저에 놓인 오
류…"라고 말한다.[7] 셸링은 무로부터의 창조가 "지성인에게는 십자가"라
고 했고,[8] 세계의 근거를 신의 어두운 본성(Urgrund, Ungrund, 흑암)에서 찾
으면서 신들의 계보학을 우주생성론과 결합시켰다. 이것은 맹목적 혼돈
의 원리이고, 세계의 무질서한 측면, 곧 악마적인 것이다.[9] 그러나 여기에
는 또한 빛·질서·규칙성을 세계에 가져오는 신적 지성의 능력도 작용하
고 있다. 신은 인류의 정신(spirit) 내에서 자신을 정신(Spirit)으로 드러내는
데, 이 인류의 정신 안에서 신은 완전한 인격성에 이른다.[10] 슐라이어마허
는 창조와 섭리의 구별을 거부했고, 하나님에 대한 만물의 절대 의존만 견
지된다면 세계가 일시적인가 또는 영원한가 하는 질문은 아무래도 상관
없는 것이라고 여겼다.[11] 또한 많은 신학자에게 하나님은 세계의 영원한
내재적 원인과 근거에 불과했다.

---

7) J. G. Fichte, *Die Anweisung zum seligen Leben* (London: Trübner, 1873), 160. 편집
자 주―새로운 독일어판이 함부르크의 Meiner 출판사에서 1970년에 나왔다. 이 논문은
J. G. Fichte, *Characteristics of the Present Age: The Way towards the Blessed Life:
Or, the Doctrine of Religion* (Washington, DC: University Publications of America,
1977)에서도 발견된다. Fichte의 논문에 대한 논의로는 H. Berkhof, *Two Hundred
Years of Theology* (Grand Rapids: Eerdmans, 1989), 26-28을 보라.

8) F. W. J. Schelling, *Sämmtliche Werke*, I/2, 44f.; I/8, 62f. 편집자 주―여기서는
Bavinck가 본래 인용한 Schelling의 전집만 아니라, 개정되진 않았으나 새롭게 페이지
를 단 Schelling의 선집, *Ausgewählte Werke*, 4 vols.(Darmstadt: Wissenschaftliche
Buchgesellschaft, 1968)과 관련 저술의 제목도 인용될 것이다. 이 새로운 판에 없는 글
의 경우 Bavinck가 본래 인용한 전집 *Sämmtliche Werke* (Stuttgart & Augsburg: J. G.
Cotta'scher, 1856-61)가 인용될 것이다.

9) 20세기에 Paul Tillich는 Schelling의 철학에 새로운 신학적 징검다리를 놓았다.
Systematic Theology, 3 vols. (Chicago: University of Chicago Press, 1951-1963).

10) F. W. J. Schelling, *Ausgewählte Werke*, IV, 303f. ("Philosophische Untersuchungen
über das Wesen der menslichen Freiheit und die damit zusammenhängenden
Gegenstände," *Sämmtliche Werke*, I/7, 359f.); idem, *Sämmtliche Werke*, II/2,
103f.; II/3, 262f.

11) F. Schleiermacher, *The Christian Faith*, ed. H. R. MacIntosh and J. S. Steward
(Edinburgh: T&T Clark, 1928), §§36, 41.

[252] 이러한 발전들과 더불어 우리는 유물론이 등장하는 것을 본다. 유물론은 모든 자연 현상들을 고정된 법칙들에 따라 기계적·화학적으로 분리, 연합하는 원자의 과정들로 설명하면서, 만물을 영원한 존재와 파괴할 수 없는 물질적 원자 개념에 기초시키고자 했다.[12] 유물론은 범신론이나 이원론과 마찬가지로 결코 과학적이지 않으며, 다만 과학을 빙자한 종교적 세계관일 뿐이다. 사물의 기원과 마지막은 인간의 관찰과 연구 영역 밖에 있다. 과학은 존재를 전제하고, 이미 창조된 사물의 기초에 의존한다. 따라서 범신론과 유물론은 사물의 신비로운 기원을 인정한다는 점에서 유신론과 같은 입장에 있다. 신중하게 검토해보면, 유신론은 경쟁 관계에 있는 사조들보다 오히려 지적으로 더 설득력이 있다.

범신론은 자신의 근본적인 문제를 극복할 수 없다. 어떻게 존재(being)가 사고(thought)에서, 또는 물질(matter)이 지성(mind)에서 나오는지, 그리고 어떻게 통일성(unity)이 다양성(multiplicity)으로 분기할 수 있는지 설명하지 못하는 것이다. 다음의 전형적인 표현들이 보여주는 것처럼, 범신론은 해답처럼 보이는 용어들을 나열하는 데 능숙하다. 관념은 형태를 취하고, 자신을 성육신하고, 자신을 객관화하고, 다른 존재의 방식으로 변한다. 관념은 자신을 나누어 자신을 차별화한다. 관념은 자신과 반대되는 것이 되도록 자신을 해방하고 자신을 실현시키기로 자유롭게 결정한다.[13] 할

---

12) F. A. Lange, *Geschichte des Materialismus und Kritik seiner Bedeutung in der Gegenwart*, 8th ed. (Leipzig: Baedekker, 1908).

13) F. W. J. Schelling, *Ausgewählte Werke*, I, 386f. ("Ideen zu einer Philosophie der Natur, Einleitung", Sämmtliche Werke, I/2, 62f.); idem, *Ausgewählte Werke*, III, 119f., 153f. ("Bruno oder über das göttliche und natürliche Princip der Dinge", *Sämmtliche Werke*, I/4, 223f., 257f.); G. W. F. Hegel, *The Encyclopaedia of Logic (with the Zusätze)*, trans. T. F. Geraets et al. (Indianapolis and Cambridge: Hackett, 1991), 306-7; idem, *Hegel's Philosophy of Nature*, trans. M. J. Petry (London: Allen Unwin; New York: Humanities Press, 1970). 편집자 주―여기서 Bavinck가 참조한 Hegel, *Werke*, VI, 413ff.; VII, 23ff.은 *Sämtliche Werke* (Stuttgart: F. Frommann, 1958), 8-10권에 있는 *System der Philosophie*의 §§243ff.(아마도 §252

수만 있다면 위의 표현들을 이해해보라! 낱말 놀이는 심오한 형이상학적
질문에도, 종교적 질문에도 답을 주지 않는다. 쇼펜하우어(Schopenhauer)
와 폰 하르트만(von Hartmann)은 범신론자들이 사고와 존재를 동일시하는
오류를 인식하면서, 의지를 우선시하고 절대자를 본성(nature), 의지(will),
충동(drive)으로 이해했다. "실체"(Substance), "관념"(Idea), "일자"(All, 전체),
또는 범신론에서 절대자를 어떻게 부르든지, 그 절대자는 존재의 충만이
아니라 순수한 가능성, 내용 없는 추상, 단지 무(nothing)일 뿐이다. 그리고
이것이 세계의 풍성함, 존재하는 것의 다양성을 설명해준다는 것이다! 이
러한 현학적 철학체계들은 인간의 종교적 필요를 만족시키지 못할 뿐만
아니라 내적 모순들로 가득하다. 모든 기독교회는 그에 맞서 단순하게 "나
는 전능하신 아버지 하나님, 천지의 창조주를 믿습니다"라고 고백한다.

유물론도 사물의 기원을 설명하는 데 실패한다. 범신론적 일원론[14]이
우주를 하나의 궁극적 원리에서 나오는 것으로 그리는 데 반해, 유물론
은 "원리들"의 다양성을 전제하지만 이 원리들은 나눌 수 없는 물질입자
에 불과하다고 주장한다. 이 세계관도 일관성을 결여하고 있다. 어떻게 인
과율의 원리를 따르는 유한한 현상들에 초월적이고 형이상학적인 의미를
부여할 수 있다는 말인가? 어떻게 유물론자가 형이상학적 도약을 감행하
여 물질이 영원하다고 말하는가? 유물론자들의 기준에 따르면, 과학자가
현상 세계 배후로 관통해 들어가려고 할 때, 그는 이미 과학자가 아니라
철학자나 형이상학자, 또는 아마도 신학자가 되어버린다. 이것은 유물론
이 자기 고유의 전제들을 부정하는 것인데, 왜냐하면 유물론은 모든 철학
에 대한 부정 위에 세워진 철학이기 때문이다. 이것은 내적으로 자기모순

까지)에 해당한다.

14) 범신론에 대해서는, H. Ulrici, "Pantheismus", *PRE*[1], 64-77; M. Heinze,
"Pantheismus", *PRE*[3], XIV, 627-641; A. Kuyper, "Pantheism's Destruction of
Boundaries", in *Abraham Kuyper: A Centennial Reader*, ed. James D. Bratt (Grand
Rapids: Eerdmans, 1998)를 보라.

이다. 유물론은 모든 절대자를 부정하고 원자를 절대화한다. 유물론은 하나님의 존재를 부정하고 물질을 신격화한다. 더 나아가, 물질의 본질과 본성은 심오하게 신비로운 것으로 남고 우리의 인식 능력을 벗어나는 것으로 여겨진다. 정신의 본성을 생각하고 상상하는 것이 보다 수월할 것이다. 물질은 용어이자 명칭이지만, 우리가 그것으로 무엇을 의미하는지 우리는 전혀 알지 못한다. 만약 우리가 물질을 이해했더라도, 그것의 기원을 설명하는 데서 벽에 부딪힐 것이다. 또한 유물론자들은 움직임, 변화, 심지어이 현존하는 세상이 (원자와 마찬가지로) 절대적이고 영원하다고 선언해야한다. 물리적 실재에 형이상학적 지위를 허용하게 되면 인간에게 본질적 요소인 의식과 자기의식의 존재를 설명하는 데도 실패한다. 애초에 유물론은 이 난제를 풀 수 없다. 그래서 많은 유물론자가 범신론과 신비주의로되돌아가는 것은 놀라운 일이 아니다. 해켈(Haeckel)의 저술에서 이런 회귀가 발견되는데, 예를 들어 그는 "모든 것 안에 있는 정신", "신적 지배력", "움직이게 하는 정신", 모든 것에 내재하는 "세계정신"에 대해 말한다.

삼위일체 하나님에 의한 무로부터의 창조

[253] 그리스도인은 삼위일체 하나님이 자신의 주권적인 뜻으로 온 세계를 무로부터 존재하게 하셨다는 것, 하나님 자신의 존재와 구별되는 존재가 되게 하셨다는 것을 믿는다. "무로부터의 창조"(*creatio ex nihilo*)는 창조주와 세계 사이의 본질적인 구별과 하나님께 의존하는 세계의 우연성을보존한다. 이에 대한 증거로 히브리어 단어 "바라"(ברא)나 그리스어 단어"크티제인"(κτιζειν)에 호소할 수 없는데, 이것들은 사람이 "창조하는 것"에도 사용되기 때문이다. 문자적으로 "무로부터 창조하다"라는 표현은 성경에는 없고, 마카베오하 7:28에 등장하는데, 거기서 하나님이 하늘과 땅을, 그리고 그 안에 있는 모든 것을 "무로부터 만드셨다"(ἐξ οὐκ ὄντων ἐποιησεν; Vulg.: *fecit ex nihilo*)고 언급된다. 그럼에도 성경은 무로부터의 창조를 분명

하게 가르친다. 어떤 이들은 창세기 1:1-3을 "태초에, 하나님이 천지를 창조하셨을 때—이때 땅은 혼돈하고 공허했다—하나님이 이르시되 '빛이 있으라'라고 하셨다"로 번역한다. 2절은 그렇게 되면 하나님의 창조하시는 행위에서 혼돈하고 공허한 땅의 존재를 전제하는 것이 된다. 이 번역은 받아들일 수 없는 것일 뿐만 아니라,[15) 그것이 시사하는 전반적인 견해가 창조 내러티브의 정신 전체와 충돌한다. 창세기 1장이 제시하는 "엘로힘"은 이미 있는 재료를 사용해서 예술 작품을 만들어내는 우주적인 조각가가 아니라, 오직 말씀하심에 의해, 오직 능력의 말씀을 발하심에 의해 모든 것이 존재하도록 불러내시는 분이다. 성경 전체가 동일한 목소리를 낸다.

전능하신 하나님은 무한하고 주권적인 소유자, 하늘과 땅의 "코네"(קֹנֵה, 주재)시다(창 14:19, 22). 하나님이 말씀하시면 그대로 이루어지고, 하나님이 명령하시면 견고히 선다(창 1:3; 시 33:9; 사 48:13; 롬 4:17). 모든 것이 하나님에 의해 창조되고(골 1:16-17), 하나님을 의지하고(출 20:11; 느 9:6 등), 하나님의 뜻에 의해서만 존재하고(계 4:11), 하나님에게서 나오고, 하나님으로 말미암고, 하나님에게로 돌아간다(롬 11:36). 오직 하나님만 영원하시고 불멸하시는 분이다. 영원한 무형의 물질에 대한 암시는 어디에도 없다. 하나님은 시간과 변화 너머에 계신다. 그는 산이 생기기 전부터 계셨고, 그 연대는 무궁하다(시 90:2; 잠 8:25-26). 하나님은 창세 전에 우리를 사랑하시고 선택하셨다(엡 1:4; 요 17:24; 참조. 마 13:35; 25:34; 눅 11:50; 요 17:5; 히 4:3; 9:26; 벧전 1:20; 계 13:8; 17:8). 로마서 4:17은 하나님이 "아직 존재할 수 없는 것"(τα μη ὄντα)을 "존재하는 것처럼"(ὡς ὄντα) 부르시고 이끌어내신다고 가르친다. 히브리서 11:3은 하나님이 세계를 만드셨으므로, 보이는 것은 "나타난 것으로부터"(ἐκ φαινομενων) 된 것이 아니라고 선언한다. 보이는 세계는 보이는 것으로부터 나오지 않았고, 모든 것을 자신의 말씀으로 존재하게 하신 하나님께 기초한다.

---

15) 편집자 주—NRSV가 이런 번역을 채택했다. 단, NRSV의 해당 난외주를 보라.

[254] 기독교 신학은 처음부터 이 교리를 가르쳤다.[16] "무로부터"(*ex nihilo*)라는 것은 존재의 유한한 세계가 무존재("무"를 명사적으로 받아들여서)로부터 나왔다는 것을 의미하지 않는다.[17] 예를 들어 에리우게나가 하나님을 무(*nihilum*)로 묘사한 것은 하나님이 모든 범주와 한계, 모든 존재와 본질을 초월한다는 점에서 그렇게 한 것이다. 만약 하나님이 모든 것을 무로부터 산출하신다면, 이것은 하나님이 "자신의―이미 있었던―'초본질성'(superessentiality)으로부터 본질을, 자신의 초생명력(supervitality)으로부터 생명들을 산출하신다"는 것을 의미한다.[18] 헤겔의 정의는 더 괴상한데, 그는 『논리학』(*Wissenschaft der Logik*)에서 "무"를 "비존재인 동시에 존재, 그리고 존재인 동시에 비존재"로 정의했다. 무는 동시에 모든 것, 즉 가능성의 측면에서 모든 것이고, 구체성의 측면에서는 아무것도 아니라는 것이다.[19] 말장난이 아니라, "무로부터"(*ex nihilo*)에서 "―로부터"(*ex*)는 원인을 가리키지 않고, 다만 물질적 원인(질료인)을 배제할 뿐이다. 세계는 그 원인을 오직 하나님 안에만 두고 있다.[20] 세계는 스스로 존재하지 않고, 다만 홀로 영원하시고 불멸하시는 하나님에 의해 주어진다.

"무로부터"라는 표현이 유용한 이유는 온갖 오류―영원한 물질의 개념들, 무형의 물질(ἄμορφος ὕλη)이라는 이교적 견해들, 존재론적 유출의 모든 형태―를 그 뿌리부터 잘라버리는 데 아주 적합하기 때문이다. 스콜

---

16) Herm. *Vis.* 1.1; *Theophilus to Autolycus*, II, 4; Tertullian, *The Prescription against Heretics*, 13; Irenaeus, *Against Heresies*, II, 10.

17) 편집자 주―21세기 신학에서 Karl Barth가 "하나님과 무(無)"의 문제에 새로이 주목했다; *Church Dogmatics*, vol. III, *The Doctrine of Creation*, ed. G. W. Bromiley and T. F. Torrance (Edinburgh: T&T Clark, 1961), III/3, §§50, 289-368를 보라.

18) J. S. Erigena, *On the Division of Nature*, III, 19-20.

19) G. W. F. Hegel, *The Encyclopedia of Logic*, 139-145 (*Wissenschaft der Logik*, in *Sämtliche Werke*, IV, 87-118).

20) Irenaeus, *Against Heresies*, II, 14; Augustine, *Confessions*, XI, 5; XII, 7; idem, *Literal Meaning of Genesis*, I, 1; Anselm, *Monologion*, chap. 8; T. Aquinas, *Summa Theol.*, I, qu. 45., art. 1 등.

라주의자들은 피조물이 하나님의 존재와 생명에 참여하는 것은 말할 것
도 없고, 모든 존재가 보편적 원인으로부터 유출(emanation) 또는 발출
(procession)된다고 말했다. 하지만 여기서 "유출"은 엄격하게 존재론적인
의미에서 하나님 자신의 존재가 피조물들에게 흘러들어간다는 것이 아니
었다. 이들이 말하려던 요지는 오히려 하나님이 자존적 필연 존재(*ens per
essentiam*)인 데 반해, 피조물은 참여를 통해 존재한다는 것이었다(*ens per
participationem*). 피조물은 자신들의 작용인이며 모범인(exemplary cause)
이신 하나님 안에서만 자기 존재를 갖는다.[21] 그래서 기독교 신학은 유출
과 창조 둘 모두를 긍정하면서도, 영지주의와 아리우스주의의 철학적 혼
란, 범신론과 이신론을 거부한다. 영지주의는 창조를 부정하고 유출만 인
정하기 때문에 세계를 신격화한다. 아리우스주의는 창조만 인정하고 유출
은 부정하기 때문에 성자를 피조물로 만들고 세계를 현세적으로 만든다.
그러나 기독교 신학은 유출과 창조, 곧 하나님의 이중 전달을 긍정한다.
하나는 태초에 하나님과 함께 계셨고 그 자신이 하나님이신 성자에게 전
달하신 것이고, 다른 하나는 시간 안에서 발생한 피조물에게 전달하신 것
이다. 전자는 나심(generation)이라 부르고, 후자는 창조(creation)라 부른다.
영원 전부터 나심을 통해 하나님의 완전한 형상이 성자에게 전달되고, 창
조를 통해서는 하나님의 미약하고 희미한 형상만이 피조물에게 전달된다.
그럼에도 이 둘은 연관된다. 나심이 없었다면 창조가 불가능했을 것이다.
만약 하나님이 성자에게 자신을 전달하시는 것이 절대적인 의미에서 불
가능했다면, 피조물에게 상대적인 의미에서 자신을 전달하시는 것은 더더
욱 불가능했을 것이다. 만약 하나님이 삼위일체가 아니셨다면, 창조는 불
가능했을 것이다.[22]

　　[255] 그 어떤 중간적 존재가 아닌, 삼위일체 하나님이 창조의 주체시

---

21) T. Aquinas, *Summa Theol.*, I, qu. 45, art. 1.
22) Athanasius, *Against the Arians*, I, 12; II, 56, 78.

다. 이레나이우스도 하나님이 창조하실 때 천사를 포함한 그 어떤 외적 수단의 도움조차 필요로 하지 않으셨음을 이미 지적했다.[23] 아우구스티누스는 이 점을 훨씬 더 강하게 표현한다. "가장 우월하며 변함없이 선하신 삼위일체에 의해 모든 것이 창조되었고", 이로써 창조세계 전체가 "삼위일체의 흔적"(*vestigium trinitatis*)을 갖고 있다.[24] 성경은 이 점에 대해 반론의 여지를 허용하지 않는다. 하나님은 모든 것을 성자를 통해(시 33:6; 잠 8:22; 요 1:3; 5:17; 고전 8:6; 골 1:15-17; 히 1:3), 그리고 성령을 통해(창 1:2; 시 33:6; 104:30; 욥 26:13; 33:4; 사 40:13; 눅 1:35) 창조하셨다. 하나님의 외향적 사역들은 나눌 수 없다. 신성 안에서 직무들의 경륜을 구별하는 것이 타당할지라도 말이다. 창조에 대한 주도권은 성부로부터 나오고, 따라서 창조는 경륜적(administrative) 의미에서 특히 성부에게 돌려진다. 성자는 단순한 도구가 아니라 인격적 지혜, 즉 로고스이며, 따라서 모든 것이 성자에 의해 창조되었다. 모든 것이 그리스도에 의해 존재하고 그 안에서 일관성을 가지며(골 1:17), 모든 피조물의 머리와 주인이신(엡 1:10) 그리스도를 위해 창조되었다(골 1:16). 성령은 내재하는 인격적 원인으로서, 성령에 의해 모든 것이 하나님 안에서 살며 기동하며 존재하고, 그들 고유의 모양과 형태를 받고, 그들의 목적으로 인도된다.[25] 마지막으로 하나님이 본질에서 하나이시고 위격들에서 구별되시는 것처럼, 창조 사역도 하나이고 나뉘지 않는다. 이 통일성 안에 여전히 풍성한 다양성이 존재한다. 세계가 통일체인 것은 하나님이 한 분이기 때문이고, 세계의 통일성은 본질상 하나님의 통일성을 드러낸다.

---

23) Irenaeus, *Against Heresies*, IV, 20.

24) Augustine, *Enchiridion*, 10; idem, *On the Trinity*, VI, 10; idem, *City of God*, XI, 24; idem, *Confessions*, XIII, 11.

25) A. Kuyper, *The Work of the Holy Spirit*, trans. H. De Vries (Grand Rapids: Eerdmans, 1941 [1900]), 21; H. Bavinck, *Reformed Dogmatics*, II, 318-322 (#229)을 보라.

[256] 성경은 특별한 방식으로 지혜와 로고스의 범주들을 통해 창조를 성자와 관련시킨다. 구약성경은 하나님이 자신의 말씀으로 모든 것을 창조하셨으며(창 1:3; 시 33:6; 148:5; 사 48:13), 지혜로 땅에 터를 놓으셨고 명철로 하늘을 펴셨다고(시 104:24; 잠 3:19; 렘 10:12; 51:15) 반복해서 진술한다. 창조에서 성자의 역할에 관한 가르침은 신약성경에서 더욱 정교해진다. 하나님은 성자로 말미암아 모든 것을 창조하셨고(요 1:3; 고전 8:6; 골 1:15-17), 그리스도는 "모든 피조물보다 먼저 나신 이"(πρωτοτοκος πασης κτισεως, 골 1:15), "하나님의 창조의 근본"(ἀρχη της κτισεως του θεου, 계 3:14), 알파와 오메가(계 1:17; 21:6; 22:6), 만물이 자기를 위해 창조되신 분(골 1:16)이다. 따라서 그리스도는 재창조의 중보자이실 뿐만 아니라 창조의 중보자시다. 이 로고스에 의해 성부가 모든 것을 창조하신다. 창조는 성부로부터, 성자를 통해, 성령 안에서 나오는데, 그리하여 성령 안에서, 성자를 통해, 다시 성부에게로 돌아갈 것이다.

그러나 이처럼 분명한 성경의 가르침이 영과 물질, 하나님과 세계 간에 다소 첨예한 대립을 상정하는 이원론적 견해들에 의해 성경과 모순되는 가르침으로 변질되었다. 성경적 언어, 특히 신약성경의 로고스 진술이 사용되기는 했지만, 창조 교리는 전복되어버렸다. 하나님은 볼 수 없고, 가까이 갈 수 없고, 숨겨진 분으로 여겨졌다. 세계는, 설사 신을 대적하지는 않더라도, "불경건"하고 "무신론적이고" 신성이 전혀 없는 것이 되었다. 이 대립을 조화시키기 위해 중간 존재―로고스―가 필요하게 되었다. 그와 같은 세계는 세속적이며, 하나님의 손에 의해서가 아니라 하나의 우주적 관념, 즉 세계의 생성 가능성에서 비롯된 것이다. 세계는 그리스도 안에서 의도되었고, 성육신은 죄와 무관하게 필연적인 것이다. 일부 재세례파와 여러 19세기 중재신학자들에게서 발견되는 이런 기독론의 종점은 구속이 창조를 삼켜버리고, 은혜가 자연을 무효화하는 것이다. "성자가 성부 안에서만 아니라 세계 안에서도 자기 생명을 갖는 것이 성자의 본질 자체에 속한다면, [그래서] 그가 성부의 마음이면서 동시에 세계의 영원한 마음,

즉 영원한 세계-로고스"[26]라고 한다면, 창조 자체가 하나님께 필연적인 것이 된다. 하나님은 그 자체로 자연, 세계의 근원, 심연(βυθος), 원초적 침묵(σιγη)이시다. 그는 인격과 영이 되기 위해 창조를 필요로 하신다. 창조는 하나님 자신의 역사(history)이고, 따라서 우주생성론은 신들의 기원에 관한 이론이 되어버린다.[27] 세속적 세계는 로고스에 의해 혼이 불어넣어지면서, 또는 영화되고 신화되면서 긍정적인 가치를 얻는다. 이 세계관의 최종 결과는 다름 아니라 회복된 이교주의와 그 마법에 걸린 세계다.[28]

반면, 창조를 인정하는 그리스도인들은 자연이 세속적이고 은혜에 종속된 것이라고 여기지 않았으며, 또한 그것을 창조하기 위해서는 열등한 이차적 존재가 필요하다고 생각하지도 않았다. 성자는 창조에서 자기 역할이 있다. 온 세상은 하나님의 생각의 실현이다. 성자는 로고스이며, 로고스는 성부가 자신의 모든 생각과 전 존재를 나타내는 말씀이다. 그러므로 성자는 "시작"(ἀρχη), "앞서 나신 자"(πρωτοτοκος), "창조의 기원"(ἀρχη της κτισεως), 그리고 창조를 가져오고 붙드는 맏아들이라 불리는 것이 합당하다. 하나님의 말씀은 살아 있고 힘이 있으며 유효하고 수행적이다. 더 나아가 성자는 세상의 목적인(causa finalis)이기도 하다. 세상은 성자를 위하여 창조되었다(골 1:16; 히 1:2). 모든 피조물은 머리이신 성자 안에서 그들이 비롯된 성부에게로 되돌아간다. 세상에 대한 관념, 세상의 원리(ἀρχη),

---

26) Hans Martensen, *Christian Dogmatics*, trans. William Urwick (Edinburgh: T&T Clark, 1871), §125; H. A. W. Meyer, *Critical and Exegetical Handbook to the Epistles to the Philippians and Colossians*, trans. John C. Moore, rev. and ed. William P. Dickson (Edinburgh: T&T Clark, 1875), 281-287 (골 1:16).

27) F. W. J. Schelling, *Sämmtliche Werke*, II, 2, 109.

28) 편집자 주—Bavinck가 여기서 묘사한 현상은 21세기 초반의 문화적 관념 세계에 분명히 나타났다. 세계를 순전히 물질적인 것으로, 심지어 기계로 이해하는 계몽주의와 이신론의 이해에 대한 반발로, 세상에 "다시 마법을 거는" 새로운 영성이 등장해 주목을 받았다. Morris Berman, *The Re-enchantment of the World* (Ithaca, NY: Cornell University Press, 1981)를 보라.

세상의 최종 목적(τελος) 모두가 삼위일체 하나님의 존재 안에 있다. 성부가 성자 안에서 발언하시는 말씀은 신적 존재에 대한 완전한 표현인 동시에, 이 말씀으로 말미암아 하나님의 존재 밖에 피조물로 존재하게 될 모든 것에 대한 완전한 표현이다. 성부와 성자는 성령을 내쉼(*spiratio*)으로써 성령의 "능동적 기초원리(*principium*)"가 되시고, 또 이 신적 내쉼은 신적 지혜 안에 관념으로 포함되어 있는 세상에 대한 신적 의지를 그 자체 안에 포함하고 있다.[29] 이와 같이 창조가 성부로부터, 성자를 통해, 성령 안에서 나오는 것은, 성령 안에서, 성자를 통해, 성부에게로 되돌아가게 하기 위함이다.

창조의 시간과 목적: 기독교 세계관

[257] 이런 이해는 창조와 시간의 난제에도 빛을 비춰준다. 성경은 단순하게 인간적 언어로 만물에 시작이 있다고 말한다. 성경은 산이 생기기 이전, 세상의 기초가 놓이기 이전, 창세 이전, 영원 이전의 때에 대해 말한다(창 1:1; 시 90:2; 잠 8:22; 마 13:35; 25:34; 요 1:1; 17:24; 엡 1:4; 딤후 1:9; 히 4:3; 벧전 1:20; 계 13:8). 본래 시간적 피조물인 우리는, 시간의 신비를 생각할 때 모든 것이 시작한 첫 순간에 대해 생각하지 않을 수 없고, 수많은 궁금증이 생길 수밖에 없다. 창조와 창조 행위로의 이행은 하나님의 불변성과 어떻게 조화될 수 있는가? 왜 하나님은 다른 때가 아닌 바로 그때 창조하셨는가? 시간을 초월하는 영원 가운데 계시는 하나님은 왜 그때 비(非)창조에서 창조로 이행하셨는가? 왜 하나님은 훨씬 오래전에 창조를 시작하지 않으셨는가?

이런 질문에 대해 다양한 답변들이 주어졌으나 모두 만족스럽지 못했

---

29) J. Kleutgen, *Die Philosophie der Vorzeit vertheidigt*, 2 vols. (Münster: Theissing, 1863; 2nd ed. 1878), II, 870.

다. 범신론은 하나님 안에서 존재와 사역은 동일하고, 따라서 하나님이 창조주가 되시는 것이 아니라, 창조 자체가 영원하고 세상이 하나님의 영원한 자기 계시라고 가르쳤다. 하나님은 논리적으로만 세상에 앞서는 것이다. 따라서 능산적 자연(*natura naturans*)은 소산적 자연(*natura naturata*) 없이는 생각될 수 없으며, 실체는 양태와 속성을 떠나서는 생각될 수 없고, 관념은 그 발현 없이는 생각될 수 없다.[30] 오리게네스는 영원한 물질을 거부하는 대신 하나님의 영원한 창조를 도입했다. 무수히 많은 세계들이 우리 세계 이전에 있었고 또 많은 세계들이 우리 세계를 뒤이을 것이다.[31] 이 견해는 니케아 공의회 때 정죄 받았으나, 다양한 형태로 재등장했다.[32] 그러나 오직 하나님만 영원하시기 때문에, 시간 이전 또는 시간 외적 존재에 대한 사변은 모두 무의미한 것이다. 칸트가 지적한 것처럼, 영원과 시간은 본질적으로 다르기 때문에 무한한 과거의 시간이란 생각할 수 없고, 따라서 세상의 시작은 틀림없이 존재한다. 설령 우리가 시간을 끝없이 연장하고, 우리 세상 이전에 수백만의 세상들이 있었다 할지라도, 시간은 여전히 시간일 뿐이며 결코 영원이 될 수 없다. 세상은 시간 없이는 생각될 수 없다. 시간은 모든 유한한 피조물의 존재방식이다. 영원성을 유한하고 시간적인 존재에게 돌리는 것은 불가능하다. 마찬가지로 영원에는 "이전"이나 "이후"가 있을 수 없기 때문에 "영원한 창조"란 불가능하다. 시간과 영원에 대한 오리게네스의 가설은 문제를 해결한 것이 아니라 문제가 되는 시점을 과거로 옮긴 것뿐이다.

하나님은 창조를 행하시기 전에 무엇을 하셨는가라는 질문은 훨씬 더

---

30) J. Erigena, *On the Divine Nature*, I, 73-74; III, 8-9, 17; B. Spinoza, *The Principles of Descartes' Philosophy* (Cogitata Metaphysica), trans. Halbert Haine Briton (Chicago: Open Court, 1905), II, chap. 10; G. W. F. Hegel, *Werke*, VII, 25.

31) Origen, *On First Principles*, I, 2; II, 1; III, 5.

32) H. Martensen, *Christian Dogmatics*, §§65-66; I. A. Dorner, *History of the Development of the Doctrine of the Person of Christ*, trans. Patrick Fairbairn, 3 vols. (Edinburgh: T&T Clark, 1868), III, 229-248.

터무니없는 질문이다. 아우구스티누스, 루터, 그리고 칼뱅은 잠언 26:5("미련한 자에게는 그의 어리석음을 따라 대답하라")에 근거해 이 질문에 답했다.[33] 이러한 질문에는 하나님이 시간 안에 존재하시며 하나님에게도 노동은 고된 것이기 때문에 쉼과 여가가 필요하다는 가정이 깔려 있다. 그러나 영원 가운데 거하시는 하나님은 순수 현실태(actus purissimus), 무한히 충만한 생명, 스스로 완전히 복된 존재시다. 따라서 하나님은 창조하시지 않는다고 무료하신 것이 아니며 창조에 관여하신다고 해서 피로하신 것도 아니다. "그러므로 [하나님의] 쉼에서는 무기력, 나태, 무위를 생각할 수 없는데, 이는 하나님의 일하심에서 노고, 애씀, 수고를 생각할 수 없는 것과 마찬가지다. 하나님은 쉬면서 일하시고, 일하면서 쉬신다."[34] 창조는 하나님 안에 어떤 변화도 초래하지 않았다. 창조는 하나님으로부터 유출된 것이 아니고 하나님의 존재의 일부도 아니다. 하나님은 변함없이 동일한 영원한 하나님이시다. 반면에 세상은, 아우구스티누스 이후 모든 기독교 신학자들이 인정한 것처럼, 시간 안에서 창조된 것이 아니라 시간과 함께 창조되었다.[35]

유한한 것은 모두 시간적 존재이며, 따라서 변화를 겪는다. 시간과 영원은 잠시 동안 나란히 달리는, 하나는 짧고 다른 하나는 무한히 연장되는 두 직선과 같은 것이 아니다. 영원은 시간의 원주 전체에 자신의 빛을 내뿜는 불변의 중심점과 같다. 우리는 하나님의 영원한 사유가 시간적 존재를 사유의 내용으로 삼을 수 있는 것처럼, 하나님의 영원한 의지는 영원

---

33) Augustine, *Confessions*, XI, 2; John Calvin, *Institutes of the Christian Religion*, I.xiv.1 (ed. John T. McNeill and trans. Ford Lewis Battles, 2 vols. [1559; Philadelphia: Westminster, 1960], 1:159-61); 편집자 주―Augustine와 Calvin은 "하나님은 그런 호기심을 가진 사람을 위해 지옥을 만들고 계셨다"고 답했다.

34) Augustine, *City of God*, XII, 17, trans. Marcus Dods (New York: Modern Library, 1950), 400.

35) Augustine, *Confessions*, XI, 10-13; idem, *City of God*, VII, 30; XI, 4-6; XII, 15-17; 참조. Tertullian, *Against Marcion*, II, 3.

하기를 그치지 않고서도 시간 안에 결과를 낳을 수 있고 또 결과를 낳는다고 고백할 뿐이다. 영원토록 하나인 하나님의 뜻이 가지는 능력은 하나님 안에 그 어떤 변화도 초래함 없이 이전에 존재하지 않던 것들을 존재하게 한다.[36] 오랜 후에 비로소 일어날 것에 대한 하나님의 의지도, 오래 전에 발생한 것에 대한 하나님의 의지도 영원하다. 하나님은 그것들을 영원히 의도하셨다. 그것들이 발생하는 순간, 그것들 안에는 변화가 있지만, 하나님 안에는 아무런 변화도 없다. 창조는 "분별할 눈이 있는 자들에게, 하나님이 자신의 창조물로부터 독립적이시라는 것과 하나님이 자신의 필요에 의해서가 아니라 무상의 무한하심으로 창조하셨다는 것을" 보여준다. "왜냐하면 하나님은 영원 전에도 피조물 없이 완전히 행복하셨기 때문이다."[37] 창조가 하나님의 의지에 따른 행위라는 말은 이슬람교, 유명론, 소키누스주의, 그리고 데카르트주의가 말하는 자의적 의지를 뜻하는 것이 아니다. 하나님의 뜻은 변덕스럽지 않다. 우리는 하나님의 의지가 변덕스럽다는 암시를 주는 모든 발상을 피해야 한다. 정통 기독교 신학은 하나님의 뜻이 그 어떤 강제나 필연성으로부터도 자유로운 동시에 동기를 가지며, 하나님은 자신의 외향적 사역을 행하실 때 높고 거룩한 목적을 갖고 행하신다고 가르쳤다.[38]

[258] 그러나 질문은 집요하게 계속된다. "하나님으로 하여금 세상을 창조하게 만든 동인은 무엇인가?" 성경은 시종일관 이 모든 것을 하나님의 뜻으로 돌린다(시 33:6; 115:3; 135:6; 사 46:10; 단 4:35; 마 11:25; 롬 9:15ff.; 엡 1:4,

---

36) 편집자 주─여기서 하나님의 공유적 속성과 비공유적 속성에 대한 Bavinck의 논의를 상기하는 것이 유익을 줄 것이다. 요지는 속성들의 세밀한 구별로 옥신각신하는 데 있지 않고 다음 사실을 주목하는 데 있었다. "우리는 하나님과 피조물의 유비를 말할 수 있고, 하나님은 아무 변화 없이도 자신을 참으로 전달하실 수 있다."

37) Augustine, *City of God*, XII, 17, trans. Marcus Dods, 400.

38) 참조. H. Bavinck, *Reformed Dogmatics*, II, 237-245 (##208-209) [= H. Bavinck, *The Doctrine of God*, trans. W. Hendriksen, Twin Brooks Series (1951; repr., Grand Rapids: Baker, 1985), 232-241].

9, 11; 계 4:11). 신적 존재 또는 신적 현실태의 넘쳐흐르는 풍부함을 출발점으로 삼는 유출론이나, 하나님은 텅 빈 순수 가능태로서 진정한 하나님이 되기 위해서는 세상이 필요하다고 함으로써 유출론과는 반대되는 주장을 펼치는 이론과는 달리, 성경은 하나님의 뜻과 영광이 창조의 궁극적 이유와 목적이라고 말한다. 이런 성경의 가르침은 사람을 최종 목적으로 삼고 창조 전체가 사람을 위해 존재한다고 여기는 자목적적 인간 개념을 거부한다. 하나님은 창조를 필요로 하지 않으셨고, 세상은 우리를 위해 존재하는 것이 아니다. 성경은 창조세계가 하나님의 속성을 계시하고, 하나님을 찬양한다고 말한다(시 8편; 19:1; 롬 1:19). 사람은 하나님의 형상을 따라, 하나님의 영광을 위해 창조되었으며(창 1:26; 사 43:7), 만물은 하나님에게서 나오고 하나님으로 말미암고 하나님에게로 돌아간다(롬 11:36). 그래서 테르툴리아누스는 말하기를 하나님은 "자기 위엄을 장식하기 위해" 세상을 창조하셨다고 했다.[39] "하나님의 영광"에 대한 이 같은 강조점은 점차 제자리를 찾았는데, 특히 중세의 안셀무스의 신학[40]과 무엇보다 개혁주의 신학[41]에서 그러했다. 개혁주의 신학은 하나님의 영예와 영광을 모든 교리와 실천의 근본 원리로 삼았다.

하나님의 영광을 창조의 최종 목적으로 강조하는 것에 대해 두 가지 반대가 제기되었다. 첫째, 그것은 하나님을 자기중심적이고 자기추구적이며 자신의 피조물을 격하하는 존재로 만든다는 것이다. 그러나 이것은 명백한 사실을 간과하고 있다. 사람인 우리가 우리에게 합당한 영예를 요구하는 것이 정당하다면, 하나님에게는 이것이 얼마나 더 참이겠는가? 하나님은 자신에게 합당한 영예와 영광 이외에 다른 것을 추구하실 수 없다.

---

39) Tertullian, *Apology*, 17.

40) Anselm, *Cur Deus homo*, 11.

41) 예를 들어 Jonathan Edwards, "Dissertation concerning the End for Which God Created the World", in *Ethical Writings*, ed. Paul Ramsey, vol. 8 of *The Works of Jonathan Edwards* (New Haven, CT: Yale University Press, 1989), 399-536.

결국 모든 피조물은 원하든 원치 않든 하나님 앞에 무릎을 꿇을 것이다(빌 2:9). 더 나아가 하나님의 영광은 사람의 영예와 가치를 깎아내리지 않고 오히려 드높인다. 다름 아닌 하나님이 우리의 최고선이다. 이레나이우스의 표현을 빌리자면 "하나님의 영광이 사람을 살아 있게 한다."[42] 또 다른 반대는 창조가 하나님의 완성에 기여함으로써 하나님의 필요를 충족시키는 역할을 한다는 것이다.[43] 이에 대한 반박으로, 해야만 하는 필수적인 과업과 자유로운 창조력과 천재성에서 비롯된 예술 활동을 대비시키는 것이 도움을 줄 수 있을 것이다. 경건한 신자는 강제나 보상에 대한 기대에서 하나님을 섬기는 것이 아니라, 자유로이 흘러나오는 기쁨과 사랑 때문에 하나님을 섬긴다. 이것은 우리에게 참된 것처럼 하나님에게도 참되고, 하나님의 기쁨, 기쁘신 뜻, 그리고 영광과 영예를 이해하기 위해서는 우리에게 참된 이것을 무한히 확대해야 할 것이다. 다시 말해 하나님은 자신에게 세상이 필요했기 때문에 세상을 창조하신 것이 아니라, 창조하려는 자신의 의지와 자신의 창조행위를 기뻐하셨기 때문에 창조하셨다. 따라서 창조주 하나님께 "예술가"의 범주를 적용하는 것이 아주 합당하다.

[259] 창조 교리는 성경적·기독교적 세계관의 토대다. 창조가 살아 있는 유기체로서 범신론적으로 신격화되거나 또는 기계적이고 물리적인 맹목적 힘으로서 유물론적으로 환원되어버리면, 우리는 세상의 풍부함과 다양성을 보지 못한 채 모든 구분을 따분한 균일성으로 해체해버리고, 세상에 의식적 목적과 지향점이 있음을 부인하게 된다. 성경적 창조 교리는 만물을 자신의 측량할 수 없는 지혜로 창조하신 하나님에게서 비롯된 심오한 통일성과 피조물의 풍부한 다양성을 둘 다 인정한다. 성경에서 세상을 가리키는 데 사용되곤 하는 "올람"(עוֹלָם)과 "아이오네스"(αἰωνες)라는 단어는 세상에 지속적인 기간이나 시대가 있으며, 세상에서 역사가 중요할 뿐

---

42) 편집자 주—Irenaeus, *Against Heresies*, IV, 20, 7.
43) D. F. Strauss, *Christian Faith*, I, 633.

아니라 확실한 지향점을 갖고 있다는 점을 시사한다. 이에 반해 세상을 가리키는 그리스어 "코스모스"(κοσμος)와 라틴어 "문두스"(*mundus*)는 세상의 아름다움과 조화를 강조한다. 세상은 두 가지 요소를 모두 가지고 있다. 바울이 교회를 몸과 건물에 비유하고 자라나는 성전으로 묘사하거나(엡 2:21), 베드로가 신자를 살아 있는 돌이라고 부른 것처럼(벧전 2:5), 세상은 역사이자 예술 작품이다. 세상은 성장하는 몸이고 세워지는 건물이다.

아우구스티누스는 이것을 아주 잘 이해했다. 『하나님의 도성』에서 그는 하늘의 도성(*civitas coelestis*)의 기원, 본질, 발전, 목적과 종국을 땅의 도성(*civitas terrena*)과의 관계 속에서 개괄하고 있다. 이와 동시에 거기서 아우구스티누스는 우주를 놀랍게 조화로운 것으로 설명했다. 우주(universe)라는 이름은 "통일"(unity)이라는 말에서 나왔다.[44] 이 통일성은 획일성이 아니라 무한히 다채로운 다양성이다.[45] "하나님은 어떤 것들에게는 존재를 보다 더 주셨고, 다른 것들에게는 존재를 보다 덜 주셨으며, 이렇게 하여 존재의 위계에 따라 세상을 정돈하셨다."[46] 이렇게 분배하는 이는 다름 아닌 하나님이고, 여기에 피조물의 공로는 전무하다.[47] "가장 작고 미천한 짐승에게 있어서조차 하나님이 짓지 않은 본성이란 없다. 하나님이 지으신 본성 없이는 아무것도 존재하거나 생각될 수 없다."[48] 이것이 바로 기독교 세계관이다. 세상은 많은 지체를 가진 한 몸으로 창조되었고, 모든 지체가 창조주를 가리킨다. 칼뱅은 "하나님의 영광의 불꽃을 전혀 볼 수 없는 곳은 우주에 티끌만큼도 없다"라고 말했다.[49] "온 세상에서, 하나가

---

44) Augustine, *On Genesis, against the Manicheans*, I, 21.

45) Augustine, *City of God*, XI, 10.

46) Ibid., XII, 2.

47) Augustine, *Eighty-Three Different Questions*, qu. 41; idem, *Divine Providence and the Problem of Evil*, I, 19; idem, *Literal Meaning of Genesis*, I, 9; II, 13; idem, *Confessions*, XII, 9; idem, *City of God*, XI, 33.

48) Augustine, *City of God*, XI, 15.

49) J. Calvin, *Institutes*, I.v.1.

다른 것보다 고상하며, 하나가 다른 것에 의존하며, 하나가 다른 것에 종속하고, 하나가 다른 것을 복종시키는, 수많은 사물들의 다양성, 구별, 질서보다 더 탁월하고 고상하고 아름답고 유익하고 신적인 것은 없다. 온 세상의 장식, 아름다움, 그리고 탁월함이 이것으로부터 비롯되며, 우리를 위한 온갖 쓸모, 효용, 유익이 거기서 생겨난다. 그리하여 다름 아닌 하나님의 선하심, 영광, 지혜, 능력이 더 찬란하게 비치며 계시된다."[50] 따라서 모든 이들에게 세상은 "신적 영광이 찬란하게 비춰는 선명한 거울"이고 극장이다.

기독교는 자연을 경멸하지도 신격화하지도 않는다. 죄인은 자연에 대한 오만한 지배와, 자연의 신비로운 힘으로 인한 깊은 소외와 캄캄한 절망이라는 양극단을 오간다. 주지주의와 신비주의가 번갈아 등장한다. 불신앙이 미신에 길을 열어주고, 유물론이 은비학(occultism)으로 바뀐다. 그러나 창조주 하나님에 대한 고백은 거짓된 낙관주의와 이기적 오만을 축출한다. 자연과 역사에는 이해할 수 없는 것들이 많다. 하나님의 길은 종종 추적이 불가능하다. 그러나 우리는 절망하지 않는다. 왜냐하면 모든 것이 전능하고 은혜로운 아버지의 통치 아래 있기에 합력하여 우리에게 선을 이룰 것임을 믿기 때문이다. 우리는 하나님이 창조하시고 질서를 부여하신 세상이 우연적인 것임을 참으로 인정할 수 있다. 세상이 존재하고 또 이런 식으로 존재하는 것은 필연이 아니라, 하나님이 그렇게 원하셨기 때문이다. 그래서 락탄티우스는 다음과 같이 옳게 말했다. "세상이 만들어진 것은 우리가 태어나도록 하기 위해서다. 우리가 태어난 것은 우리로 세상과 우리의 창조주인 하나님을 알도록 하기 위해서다. 우리가 하나님을 알게 된 것은 하나님을 경배하도록 하기 위해서다. 우리가 하나님을 경배하는 것은 불멸을 얻고…지극히 높으신 성부와 주님을 영원토록 섬기고, 하

---

50) Jerome Zanchi, *Operum theologicorum*, 8 vols. ([Geneva]: Samuelis Crispini, 1617), III, 45.

나님의 영원한 나라가 되기 위해서다. 이것이 만사의 요약이고, 하나님의
비밀이며, 세상의 신비다."[51]

천상: 영적 세계

[260] 성경에 따르면, 피조물은 영적 세계와 물질적 세계, "하늘에 있는 것
들과 땅에 있는 것들, 보이는 것들과 보이지 않는 것들"(골 1:16)로 나뉜다.
모든 종교가 이러한 영적 영역을 인정한다. 주신들 외에 온갖 반신이나 영
웅, 요정, 영, 정령 등도 종교적 숭배의 대상이었다. 지난 몇 세기를 거치면
서 천사, 귀신, 그리고 영적 세계에 대한 믿음은 내리막길을 걸었다. 임마
누엘 칸트조차 이런 것들의 존재 자체를 배제하진 않았지만,[52] 19세기 학
자들이 인간과 동물의 경계를 없애버린 것처럼 앞서 18세기 학자들은 천
사와 인간의 경계를 없애버렸다. 예를 들어 스베덴보리는, 천사가 본디 사
람이며 사람은 천사가 되도록 운명지어졌다는 것을 천사에게서 직접 배
웠다고 주장했다.[53] 현대신학은 천사에 대한 여지를 거의 남겨놓지 않는
다. 슐라이어마허는 천사에 대한 예수와 사도들의 가르침을 대중의 상상
에 맞춘, 요정 이야기나 동화와 흡사한 것으로, 신학적·종교적 중요성이
전혀 없는 것으로 치부했다.[54] 그럼에도 19세기 중반 무렵에는 유물론에

---

51) Lucius C. Lactantius, *The Divine Institutes*, VII, 6, trans. Mary Francis McDonald
   (Washington, DC: Catholic University Press, 1964), 488.
52) Otto Zöckler, *Geschichte der Beziehungen zwischen Theologie und Natur-*
   wissenschaft, 2 vols. (Gütersloh: C. Bertelsmann, 1877-1879), II, 69, 249.
53) Emanuel Swedenborg, *The True Christian Religion Containing the Universal*
   Theology of the New Church (New York: Swedenborg Foundation, 1952), 29n20,
   176n115, 179n118, 183n121; 편집자 주—모르몬교도 인간과 천사/신의 경계를 제거
   하는 경향이 있다; 참조. 말일성도 예수그리스도교회(모르몬교의 정식명칭) 공식 사이
   트의 성경사전 "천사" 항목을 보라(http://scriptures.lds.org/en/bd/a/84).
54) F. Schleiermacher, *The Christian Faith*, ed. H. R. MacIntosh and J. S. Steward
   (Edinburgh: T&T Clark, 1928), §42.

맞서, 죽은 자의 영혼이 실재할 뿐 아니라 죽은 자의 영혼과 이 땅에 살아 있는 자가 교제할 수 있다고 주장하는 강신론자들이 등장했다.[55]

[261] 영적 세계에 대한 믿음은 계시 진리에 뿌리박고 있고 계시 진리를 깊이 드러낸다. 하나님만이 이것을 우리에게 알려주실 수 있고, 실제로 하나님은 성경을 통해 이것을 우리에게 알려주셨다. 천사는 창조주와 피조물 사이의 "영역 중재자"로 필수적 존재임을 "증명"하려는 시도는 용납될 수 없다. 왜냐하면 이런 시도는 암암리에 창조주와 피조물(천사도 피조물이다) 간의 구별을 없애고 영지주의적 범신론으로 이어지기 때문이다. 과학이나 철학은 영적 실체의 존재 가능성을 반대하는 어떤 논증도 정당하게 펼칠 수 없다. 사람은 영적 존재이며 영적 생명은 물질대사로 설명될 수 없고, 따라서 영적 생명을 설명하기 위해서는 영적 실체를 인정해야만 한다. 이 영적 실체는 죽음 이후에도 존속하고, 영적 세계의 실재는 어떤 이성의 논증이나 경험적 사실과도 모순되지 않는다. 천사와 귀신은 선과 악 사이에서 갈등하고 씨름하는 사람들의 상상이 투사된 것에 불과하다고 주장하는 것은 부적절한 환원주의다.[56]

영적 세계에 대한 믿음은 성격상 철학적이지 않고 종교적이다. 종교에는 계시가 필수적이고, 계시는 가시적 세계 너머에 그리고 배후에 존재하면서 가시적 세계와 교통하는 영적 세계의 실재를 떠나서는 존재할 수 없다. 천사에 대한 믿음은 우리의 감각을 넘어선 세계에 대한 확신, 초월, 기적, 계시에 대한 확신을 표현한다. 사람인 우리는 감각의 세계에 만족하지 못하고, 이 세계보다 풍성한 다른 세계를 갈망한다. 물질주의와 자연주의에 대한 불만족은 언제나 유심론(唯心論)을 불러 일으켰다. 그러나 오늘날 유심론은 대개 강신술이고 이것은 한낱 미신일 뿐이다. 강신술의 주장

---

55) H. N. De Fremery, *Handleiding tot de Kennis van het Spiritisme* (Bussum, 1904); idem, *Een Spiritistische Levensbeschouwing* (Bussum, 1907).

56) I. A. Dorner, *A System of Christian Doctrine*, trans. A. Cave and J. S. Banks (Edinburgh: T&T Clark, 1891), II, 98.

은 입증되기 불가능하고, 강신술의 역사는 온갖 속임수와 그에 대한 폭로로 점철되어 있다. 이와 관련해 기이하고 놀라운 현상들 가운데 어떤 것들은 심리학적으로 설명이 가능하지만, 여전히 불확실하고 신비로운 것들도 존재한다. 우리는 이와 관련된 기이한 현상들을 죽은 자, 귀신, 자연의 감추어진 힘에 돌려야 하는가?[57] 강신술은 많은 경우 그것을 행한 사람들의 정신적 건강과 육체적 건강에 심각한 해악을 초래했다. 성경도 이를 금했다(신 18:11ff.). 우리는 이 세상과 저 세상을 잇는 다리를 놓을 수 없으며, 다리를 놓으려는 순간 미신에 빠지고 자신이 불러낸 영의 희생양이 되고 만다. 천사와 영적 세계의 실재를 부인하는 것도 문제지만, 영들에 대해 지나친 불건전한 관심을 갖거나 영적 세계에 대해 근거 없는 추론을 펼치는 것은 더 큰 문제다.

우리는 이 세계와 저편 세계의 경계를 존중해야 하는 것처럼, 지구 외에 다른 행성에 어떤 일이 발생하는지에 대해서도 모른다고 말해야 한다. 다른 행성에 이성적 생물이 있다는 믿음은 사변에 불과하고, 현대 과학에게도 지지를 받는 것이 아니라 오히려 과학과 모순된다.[58] 과학의 이런 선언은 기독교의 천사론에도 중요한 의미를 갖는다. 천사에 대한 타당한 철학적 반론은 존재하지 않는다. 인간 영혼과의 유비에 근거하여 천사의 존재를 찬성할 다양한 이유가 있다. 세상의 종교들도 천사를 긍정한다. 그리고 가장 중요한 것은 성경이 천사에 대해서 가르친다는 것이다. 더 나아가 성경의 천사론은 여러 다른 종교나 강신술의 가르침과 달리, 하나님의 영광을 도둑질하거나 참 종교의 순수성을 손상시키지 않는다. 천사에 대한 우리 믿음의 근거는 우리의 경험이 아니라 오직 성경뿐이다. 예수와 사도들도 천사에 대한 믿음을 공개적으로 거듭 피력했다(예를 들어 마 11:10

---

57) O. Zöckler, "Spiritismus", *PRE*[3], XVIII, 654-666.

58) Alfred R. Wallace, *Man's Place in the Universe: A Study of the Results of Scientific Research in Relation to the Unity or Plurality of Worlds* (New York: McClure, Phillips, 1903)를 보라.

[ἄγγελος, 사자]; 13:39; 16:27; 18:10; 24:36; 26:53; 눅 20:36; 고전 6:3; 히 12:22; 벧전 1:12 등). 우리가 요정이나 도깨비에 대해서 말하면, 그 말이 문자적 의미가 아니라는 사실을 모두가 안다. 그러나 예수 시대에 천사에 대한 믿음은 보편적이었고 예수의 진술은 예수 자신이 천사의 존재를 믿었음을 시사한다. 물론 신앙의 진정한 대상은 천사가 아니라 그리스도 안에 있는 하나님의 은혜다. 그래서 개신교 신앙고백서는 천사를 거의 언급하지 않는다.[59] 이와 관련해 개혁파 교회는 넘치기보다 오히려 부족했다. 천사는 우리 종교의 핵심 요소나 신앙의 대상은 아닐지라도, 계시 역사에서 큰 중요성을 갖는다. 우리는 천사에 대한 성경의 증언을 무시해서는 안 된다.

성경의 천사

[262] "천사"라는 이름은 그들의 본성이 아니라 직무에서 유래한 것이다. 히브리어 "말르아크"(מַלְאָךְ)는 단순히 "사자"나 "사신"을 의미하는 말로, 사람(욥 1:14; 삼상 11:3 등) 또는 하나님(학 1:13; 말 2:7; 3:1)에 의해 보냄 받은 사신으로서의 사람도 포함한다. 마찬가지로 "앙겔로스"(ἄγγελος)도 인간 사신을 가리키는 말로 사용되었다(마 11:10; 막 1:2; 눅 7:24, 27; 9:52; 갈 4:14; 약 2:25). 성경에 영적 존재 전체를 가리키는 구별된 통칭이 존재하지는 않지만, 영적 존재들은 종종 "하나님의 아들들"(욥 1:6; 2:1; 38:7; 시 29:1; 89:6), "영"(왕상 22:19ff.; 히 1:14), "거룩한 자들"(신 33:2-3; 시 89:5, 7; 슥 14:5; 욥 5:1; 15:15; 단 8:13), "순찰자들"(단 4:13, 17, 23)로 불렸다.

영적 세계도 물질계와 마찬가지로 다채롭다. 성경은 천사들 간에도 등급과 지위, 위엄과 영광, 사역과 직무에 차이가 있고 고유한 이름들이 있음을 가르친다. 성경이 첫 번째로 언급하는 것은 "그룹들"(כְּרֻבִים)이다. 그룹들은 에덴동산을 지키는 자들이었고(창 3:24), 이후 장막과 성전에서는 얼

---

59) Belgic Confession, art. 12; Heidelberg Catechism, Lord's Day 49.

굴로는 속죄소를 향하고 날개로는 속죄소를 덮고 있는 것으로 묘사되었
다(출 25:18ff.; 37:8-9; 대상 28:18; 대하 3:13; 히 9:5). 하나님은 그룹 사이에 좌정
해 계시고(시 80:1; 99:1; 사 37:16), 땅에 내려오실 때 그룹을 타고 오시는 것
으로 묘사된다(삼하 22:11; 시 18:10; 104:3; 사 66:15; 히 1:7). 요한계시록 4:6 이
하에서는 그룹들이 각각 앞뒤에 눈이 가득한 하나의 얼굴과 여섯 날개를
가진, 하나님의 보좌에 둘러서서 "거룩하다 거룩하다 거룩하다"를 밤낮으
로 노래하는 네 "생물"(ζωα)로 묘사된다. 어떤 학자들이 제안한 것과 달리,
그룹들은 자연 가운데 있는 신비적·상징적·신적 힘이 아니라, 살아 있는
인격적 존재들이다(창 3:24; 겔 1장; 계 4장). 여기서 그룹의 놀라운 능력과 위
엄은 소의 힘, 사자의 엄위, 독수리의 신속함, 사람의 지성과 같이 상징적
으로 표현되었다. 그룹들이 날아다닐 때 사용하는 날개와 에덴동산을 지
킬 때 사용했던 칼도 동일하게 그들의 능력과 영광의 속성을 가리킨다. 그
룹들은 천사들 가운데 높은 지위를 차지하고, 하나님의 능력, 위엄, 그리
고 영광을 다른 어떤 피조물보다 더 계시한다. 그래서 그룹들에게 에덴동
산, 장막과 성전, 그리고 하나님의 지상 강림에 있어 하나님의 거룩하심을
지키는 임무가 맡겨졌다.

이사야 6장에는 "스랍들"(שְׂרָפִים)이 언급되어 있다. 스랍들은 두 날개로
는 얼굴을 가리고, 두 날개로는 발을 가리고, 두 날개로는 하나님의 명령
을 신속히 수행하는, 여섯 날개를 가진 사람의 모습으로 상징적으로 제시
되었다. 스랍들은 그룹들과 달리 보좌에 앉은 왕 주위에 서서 섬기는 종으
로서, 하나님의 영광을 칭송하고 하나님의 명령을 기다린다. 그룹들이 능
력 있는 천사라면, 스랍들은 고귀한 천사다. 그룹들은 하나님의 거룩하심
을 지키고 스랍들은 제단에서 섬기고 속죄를 가져다준다. 마지막으로 우
리는 다니엘서에서 고유한 이름의 두 천사—가브리엘(8:16; 9:21; 참조. 10:5-
6)과 미가엘(10:13, 21; 12:1)—를 보게 된다. 신약성경에는 가브리엘(눅 1:17,
26)과 미가엘(유 9절; 계 12:7; 살전 4:16[이름이 직접 언급되진 않지만]) 천사뿐만 아
니라, 통치자들과 권세들(엡 3:10; [6:12;] 골 2:10), 주관자들(엡 1:21; 골 1:16), 보

좌들(골 1:16), 그리고 능력들(엡 1:21; [롬 8:38-39;] 벧전 3:22)로 묘사되는 천사도 언급된다. 이들 모두는 요한계시록에서 반복적으로 언급되는 일곱 천사와 더불어 천사들의 지위와 존귀에 차이가 있음을 시사한다. 그리고 이런 결론은 "만군"(צְבָאוֹת), "군대"(מַחֲנָיִם; 창 32:1-2), 군단(마 26:53), 천천만만의 수(신 33:2; 시 68:17; 단 7:10; 유 14절; 계 5:11; 19:14)와 같이 천사의 수가 아주 많음을 지시하는 표현들에 의해서도 지지된다.

천사에 대한 이런 풍부한 증언을 정리하려는 시도는 바람직하다. 그러나 위 디오니시우스의 정교한 위계적 분류(『천상의 위계』[*The Celestial Hierarchies*]와 『교회의 위계』[*The Ecclesiastical Hierarchies*]에서)는 성경 계시가 가르치는 바를 넘어섰다. 로마 교회의 이 존경받는 교사에 따르면, 창조란 하나님이 자신의 통일성에서 존재의 다양성으로 위계적으로 내려오시는 것이다. 위 디오니시우스에 따르면, 천상의 위계는 세 등급으로 이루어진다. 하나님만 섬기는 스랍들과 그룹들; 비가시적 피조계와 가시적 피조계를 섬기는 주관자들, 권세들, 그리고 능력들; 마지막으로 이 땅 위의 개개인과 민족들을 섬기는 통치자들, 천사장들, 그리고 천사들. 교회의 위계는 천상의 위계의 거울로서, 교회의 신비들(세례, 성찬, 서품), 교회의 사역자들(주교, 사제, 부제), 그리고 성도들(세례준비자, 신자, 수도사)로 나타난다. 천상의 위계와 교회의 위계 둘 다 그 목적은 신성화(deification)에 있었고, 이 두 위계는 로마 가톨릭 체계 전체에 비옥한 토양을 제공해주었기 때문에 로마 교회는 이를 보편적으로 받아들였다.[60] 그러나 성경은 천사들의 수효나 다양성에 대해 몇 가지 정보만을 제공해준다. 성경은 알 필요가 있는 것만을 우리에게 가르쳐준다. 천사들은 모두 영적 본성을 갖고, "섬기는 영"으로 불리며, 하나님을 영화롭게 하는 것을 최우선적인 활동으로 삼는다. 다양한 천사들은 영적·이성적·도덕적 존재라는 통일성을 갖고 있다.

---

60) John of Damascus, *Exposition of the Orthodox Faith*, II, 3; T. Aquinas, *Summa Theol.*, I, qu. 108; J. H. Oswald, *Angelologie* (Paderborn: F. Schöningh, 1883), 57f.

[263] 우리는 천사가 피조된 존재라는 것은 알지만(골 1:16에서는 명시적으로; 다음 구절들에서는 암시적으로: 창 1:1-2:4; 시 33:6; 느 9:6; 요 1:3; 롬 11:36; 엡 3:9; 히 1:2) 천사의 창조 시기에 대해서는 아는 바가 없다. 천지창조 이전에는 하나님 외에 아무것도 없었고, 다른 한편으로 천사는 천지와 거기 있는 만물이 완성되어 하나님이 자기 일을 쉬신 일곱째 날 이전에 창조되었음이 분명하다(창 1:31; 2:1-2). 창세기 1:1에 있는 "하늘"은 그 함의가 계시 역사 후반에야 비로소 밝히 드러나는 예기적(proleptic) 용어다. 성경은 때로는 하늘을 구름이 떠 있는 곳으로(창 1:8, 20; 7:11; 마 6:26 [영어 성경: "공중"]), 때로는 별이 있는 곳으로(신 4:19; 시 8:3; 마 24:29), 마지막으로 하나님과 천사들의 거처로(왕상 8:27; 대하 6:18; 시 115:16; 마 6:19-21; 히 4:14; 7:26; 8:1-2; 9:2ff. 등) 묘사한다. 구름과 별이 있는 하늘이 6일 동안 생겨난 것처럼, 천사들과 천사들의 거처로서의 "하늘"도 점진적으로 형성되었을 수 있다.

천사들은 모두 영적 피조물이라는 점에서 통일성을 갖는다. 그럼에도 풀리지 않은 의문들이 여전히 많이 남아 있다. 세부사항은 차치하고, 성경은 천사들이 하나님과는 달리 단순하거나 편재하거나 영원하지 않다고 지적한다. 이런 사실로 인해 혹자는 천사가 물질적 육체를 갖고 시공간에 제한된다고 결론지었다. 비록 천사가 사람에게 나타날 때 언제나 육체를 가진 가시적인 모습으로 나타나고, 또 그런 식으로 상징되고 그려질지라도, 하늘과 땅, 물질과 영을 혼합하여 그 차이를 없애는 온갖 범신론적 동일철학을 피하기 위해서는 천사에게 육체성을 돌리지 않는 것이 최선이다. 1215년 제4차 라테란 공의회는 천사들의 본성이 "영적"이라고 말했고,[61] 대부분의 로마 가톨릭 신학자와 개신교 신학자들도 이에 동의했다. 그럼에도 어떤 학자들은 천사가 육체를 갖는다는 확신을 피력했다. 이들은 순수 비육체성 개념은 형이상학적으로 생각될 수 없고 피조물 개념과

---

61) H. J. D. Denzinger, *Enchiridion symbolorum et definitionum* (Wirceburgi, 1856), 355.

도 양립할 수 없다는 것을 주된 이유로 들었다. 천사는 하나님과 마찬가지로 영적 존재이긴 하지만 또한 피조물이기 때문에, 하나님과는 달리 시공간의 제한을 받으며, 유한하다.

성경은 천사가 결혼하지 않고(마 22:30), 죽지 않고(눅 20:35-36), 보이지 않고(골 1:16), 제한된 공간에 "군대"처럼 많이 존재할 수 있고(눅 8:30), 살과 뼈가 없는(눅 24:39), 영(πνευματα; 마 8:16; 12:45; 눅 7:21; 8:2; 11:26; 행 19:12; [23:8;] 엡 6:12; 히 1:14)이라고 분명히 선언한다. 이와 관련해, 창세기 6:2의 "하나님의 아들들"(בְּנֵי־הָאֱלֹהִים)이 사람이 아닌 천사라는 견해는 지지될 수 없다. 마지막으로 여기서 죄에 대한 형벌은 바로 사람—죄를 범한 당사자—에게만 부과되었고, 천사는 언급되지 않았다(창 6:3, 5-7). 성경 어디에도 천사의 육체성은 언급되지 않는다. 시편 104:4(참조. 히 1:7)은 천사들이 바람과 불로 바뀐다는 의미가 아니라, 바람과 불이 하나님의 명령을 이행하는 것처럼 하나님이 천사들을 자신의 사역자로 사용하신다는 의미일 뿐이다. 성경에서 천사의 현현과 상징적 묘사가 언제나 육체를 가진 가시적 형상으로 이루어졌음에도 이것은 천사의 육체성에 대해 아무것도 증명해주지 않는다. 하나님도 영이시지만, 이사야(6장)는 하나님을 보좌에 앉으신 왕으로 목격했다. 그리스도는 육체로 나타나셨음에도 참 하나님이셨다. 우리는 천사에게 육체를 돌리는 것을 허용할 수 없다고 결론지어야 한다. 성경은 시종일관 하늘과 땅의 구별, 천사와 사람의 구별, 영적인 것과 물질적인 것의 구별, 가시적인 것과 비가시적인 것의 구별을 주장한다(눅 24:39; 골 1:16). 양편을 혼합하여 그 구별을 없애는 것은 일종의 범신론적 동일철학이다. 천사는 유한한 피조물이지만 영이기 때문에 사람보다 시공간 안에서 더 자유롭다. 천사는 번개처럼 빨리 움직일 수 있고 물리적 대상에 방해받지 않고 장소 이동이 순간적이지만, 하나님처럼 시공간을 초월하진 않는다. 사실 이 모두는 우리에게 상상하기조차 힘든 내용들이다. 그러나 성경은 이것을 분명히 언급하고 있다. 우리의 생각과 상상의 속도, 빛과 전기의 속도에서 우리는 무시할 수 없는 유비를 발견한다.

[264] 천사들은 모두—선한 천사와 악한 천사 둘 다—지성과 의지를 부여받은 이성적 존재다(욥 1:6ff.; 슥 3:1ff.; 마 8:28ff.; 18:10; 24:36; 고후 11:3; 엡 6:11 등). 그들은 자기의식이 있어서 말하고(눅 1:19ff.), 원하고(벧전 1:12), 기뻐하고(눅 15:10), 경배하고(히 1:6), 믿고(약 2:19), 거짓말하고(요 8:44), 죄를 짓는다(요일 3:8 등). 큰 능력이 그들에게 돌려진다(시 103:20; 눅 11:15ff.; 골 1:16; 엡 1:21; 3:10; 살후 1:7; 행 5:19; 히 1:14). 로마 가톨릭의 스콜라 신학은 천사들의 지식이 직관적이고 지성적이며, 창조될 때 본유관념을 통해 획득한 것이지 감각 인식에 의해 획득한 것은 아니라고 여겼다. 천사들은 초자연계로 높여져서, 하나님을 직접 바라봄으로써 그분을 안다.[62] 심지어 어떤 이들은—천사와 성인에게 기도하는 것을 옹호하기 위해—모든 것을 보시는 하나님을 바라보는 천사들은 하나님 안에서 모든 것을 보았고, 따라서 우리의 모든 곤란과 필요를 알았다고 가르친다.[63] 개신교에서는 좀 더 신중했다. 우리가 앎에 이르는 데도 신비가 많은데, 천사들에 대해서는 얼마나 더 많겠는가?(마 18:10; 24:36) 그들은 지식을 자신의 본성에서(요 8:44), 하나님의 사역들을 상고함으로써(엡 3:10; 딤전 3:16; 벧전 1:12), 하나님이 자기들에게 주신 계시를 통해서(단 8:15ff.; 계 1:1) 얻는다. 그럼에도 그들은 우리 마음이나 그들 서로의 은밀한 생각을 알지 못하며(왕상 8:39; 시 139:2, 4; 행 1:24 [그러나 삼하 14:20을 보라]), 따라서 그들은 서로 간에 생각을 전달하거나(고전 13:1) 말과 노래로 하나님께 영광을 돌리기 위해 언어를 필요로 한다. 그들은 미래에 대해, 즉 심판의 날(막 13:32)과 같은 미래의 일들에 대해 알지 못하며 다만 추측하는 데 그친다(사 41:22-23). 천사의 지식은 제한적이고 확장 가능하다(엡 3:10).

---

62) T. Aquinas, *Summa Theol.*, I, qu. 54-58; idem, *Summa contra gentiles*, II, 96-101; II, 49.

63) Gregory the Great, *Moralia in Iob*, 12-13; T. Aquinas, *Summa Theol.*, II, 2, qu. 83, art. 4; III, qu. 10, art. 2.

마지막으로 천사들은 모두 도덕적 존재다. 하나님을 밤낮으로 섬기는 선한 천사들이 있고, 진리에 머물지 않은 악한 천사들도 있다. 성경은 천사들의 원상태에 대해 거의 말하지 않고, 다만 창조 사역의 마지막에 "하나님이 지으신 그 모든 것을 보시니 보시기에 심히 좋았더라"라는 증언이 있을 뿐이다(창 1:31). 요한복음 8:44, 유다서 6절, 베드로후서 2:4은 모든 천사들이 본래 흠이 없는 고결한 존재였음을 전제하는데, 이것은 모든 마니교 사상을 완전히 배제하는 중요한 점이다. 성경이 침묵하는 곳에서 상상과 추론이 활발해진다. 아우구스티누스는 창조 당시에 일부 천사가 타락했고, 타락하지 않은 천사들을 하나님이 은혜로 확실하게 보존하신다고 생각했다. 개신교 신학은 이 입장을 고수하면서 선한 천사들도 여전히 죄를 지을 수 있다고 생각했던 오리게네스[64] 및 항변파에 맞섰다. 성경이 항상 제시하는 선한 천사들은 주님의 뜻을 변함없이 실행하는 신실한 무리다. 그들은 "여호와의 천사들"(시 103:20; 104:4), "택하심을 받은 자들"(딤전 5:21), "거룩한 자들"(신 33:2-3; 마 25:31), "거룩한" 또는 "광명의" 존재들(눅 9:26; 행 10:22; 고후 11:14; 계 14:10)로 불렸다. 그들은 날마다 하나님을 대면하며(마 18:10), 우리에게는 모범으로 제시된다(마 6:10). 장차 신자들은 천사들과 같이 될 것이다(눅 20:36).

천사의 사역

[265] 이로부터 우리는 천사들이 인간들처럼 창조되었고, 영적이고, 이성적이고, 도덕적인 존재들이라고 결론을 내린다. 천사와 인간 둘 다 본래 지식, 의, 거룩함으로 창조되었다. 둘 다 통치권, 불멸성, 복을 받았다. 둘 다 하나님의 아들들로 불린다(욥 1:6; 눅 3:38). 하지만 이것이 우리로 하여금 중요한 차이점들을 간과하게 해서는 안 된다. 오직 인간만이 하나님

---

64) Origen, *On First Principles*, I, 5, 3, 4.

의 형상을 지닌다. 천사가 전적으로 영적이기 때문에 피조물들의 위계에서 하나님과 더 가깝다는 생각을 우리는 거부해야 한다. 아우구스티누스가 잘 말했던 것처럼, "하나님은 사람 이외의 다른 피조물들에게는 하나님의 형상을 따른 존재라는 특권을 주시지 않았다."[65] 우리의 형상은 우리가 천사들과 공통적으로 소유하는 것에만 있지 않고 우리를 구분시키는 것에도 있다. 우리는 몸을 가진 피조물로서 이성적일 뿐만 아니라 감각적이기도 하다. 우리에게 땅에 대한 통치권이 주어졌는데(창 1:26), 이것은 우리를 예언자와 제사장으로만 아니라 왕으로도 삼으시는 왕이신 그리스도에 의해 회복된 형상의 본질적인 부분이다. 천사들은 왕이 아니라 단지 종일 뿐이다(히 1:14). 천사들 사이에는 혈연관계, 피의 유대가 없다. 따라서 우리는 공통의 "인간성"(humanity)을 말하듯이 "천사성"(angelity)에 대해 말할 수 없다. 천사들은 우리가 아담의 타락에 대해 갖는 유기적 일치를 공유하지 않고, 새로 구속된 그리스도의 몸에 포함될 수도 없다. 둘째 아담은 필수적인 동시에 가능한 존재였지만, 둘째 타락천사(Lucifer)는 없다. 이 땅은 하나님의 기적적인 행위들의 무대이고, 여기서 하나님 나라가 승리를 얻는다. 천사들은 그 얼굴을 이 땅으로 돌려서 구원의 신비를 보게 되기를 갈망한다(엡 3:10; 벧전 1:12). 천사가 인간보다 더 강력한—지성과 능력에서 더 뛰어난—영들이겠지만 인간들은 관계에서 훨씬 더 풍성하다. 충만한 하나님의 형상에 있는 그 모든 풍성함은 인간성 안에서만 전개된다. 그리스도는 천사들을 포함하는(골 1:16) 모든 것과 관계를 맺는 창조주시고 주님이시며 머리시지만(시 33:6; 잠 8:22ff.; 요 1:3; 고전 8:6; 엡 1:10; 3:9-11; 골 1:19-20; 히 1:2), 그분은 천사들의 화해자와 구원자는 아니시다. 오직 인간들만이 그리스도의 교회를 구성한다. 교회만이 그리스도의 신부고, 성령의 전이고, 하나님의 거처다.

[266] 성경은 천사들의 사역을 일반적(ordinary) 사역과 특별한(extra-

---

65) T. Aquinas, *Summa Theol.*, I, qu. 93, art. 3에서 재인용.

ordinary) 사역으로 묘사한다. 그들의 특별한 사역이란 구속사의 중요한 사건들에 참여하는 것을 가리키며, 일반적인 사역은 하나님을 밤낮으로 찬미하는 것이다. 천사들은 에덴동산을 지키고(창 3:24), 계시—축복의 계시든지 저주의 계시든지—를 전달하는데, 아브라함(창 18장), 롯(창 19장), 야곱(창 28:12; 32:1)에게 계시를 전달하고, 율법 수여를 통해 계시를 전달하며(히 2:2; 갈 3:19; 행 7:53), 이스라엘의 전쟁 시에 계시를 전달하고(왕하 19:35; 단 10:13, 20), 엘리야, 엘리사, 에스겔, 다니엘, 스가랴와 같은 예언자들에게 계시를 전달한다. 천사들은 예수가 탄생하실 때와(눅 1:13, 26-38; 2:10ff.) 시험을 받으실 때(마 4:11) 함께했으며, 예수의 초기 생애에 언제나(요 1:51), 특히 예수의 수난(눅 22:43), 부활(마 28장), 승천(행 1:10) 시에 함께했다. 뒤이어 이따금 사도들이 활동할 때도 천사들이 등장하는데(행 5:19; 8:26; 12:7ff., 23; 27:23; 계 1:1), 이로써 천사들의 특별한 사역은 그치고 장차 그리스도의 재림 시에 비로소 공적인 역할을 재개할 것이다(마 16:27; 25:31; 막 8:38; 눅 9:26; 살후 1:7; 유 14절; 계 5:2 등). 그때 천사들은 하나님의 대적들과 싸우고(계 12:7; 살전 4:16; [살후 1:7-8;] 유 9절), 택자들을 모으고(마 24:31), 불경건한 자들을 불에 던져넣을 것이다(마 13:41, 49). 천사들 자신이 구원을 성취하는 것은 아니다. 그들은 계시를 전달하고, 하나님의 백성을 보호하고, 하나님의 대적들과 맞서고, 하나님의 나라에서 온갖 봉사를 함으로써 그 역사에 참여한다. 천사는 구원을 상속받는 이들을 섬기는 봉사의 영이다. 그리스도가 오시고 하나님의 말씀이 충만하게 계시됨에 따라, 천사들의 특별한 사역은 중단되었다. 하나님이 자기 아들을 친히 주셨는데, 천사가 무엇을 더 줄 수 있었겠는가?

또한 천사들은 하나님을 밤낮으로 찬미하는 일반적 사역도 수행한다(욥 38:7; 사 6장; 시 103:20; 148:2; 계 5:11). 그들은 죄인의 회개를 기뻐하고(눅 15:10), 신자를 지키고(시 34:7; 91:11), 작은 자를 보호하고(마 18:10), 신자를 아브라함의 품으로 데려간다(눅 16:22). 어떤 이들은 이런 일반적 묘사에 만족하지 않고 도시, 나라, 민족, 땅, 바다, 세상 등을 지키는 수호천사의 교리를 발전시켰다. 헤르마스의 목자[66] 같은 기독교 저술가, 특히 오리게네스는 특별한 천사들에게 각자의 역할을 돌리는 유대교 사상을 좇았다. 치료의 천사 라파엘, 전쟁의 천사 가브리엘, 기도의 천사 미가엘 등이 그런 것들이다.[67] 교부들과 이후의 로마 가톨릭 신학, 그리고『로마 교리서』(IV, chap. 9, qu. 4, 5)는 수호천사를 인정했다. 칼뱅과 대부분의 개혁파 신학자들은 수호천사 개념을 거부했지만,[68] 한편에는 이에 동의하지 않는 이들도 있었다.[69] 루터파 신앙고백서들은 하늘에 있는 천사들의 중보기도를 긍정하지만,[70] 개혁파는 이 견해를 만장일치로 거부했다.

물론 성경은 천사의 보호와 중보기도에 대해 말한다(신 32:8; 단 10:13, 20; 마 18:10; 행 12:15; 히 1:14; 계 1:20; 2:1; 18:1ff.; 욥 33:23; 슥 1:12; 눅 15:7). 그러나 우리는 천사의 보호와 중보기도에 대해 말할 때, 성경 자체가 그런 것처럼 신중해야 한다. 중요한 본문인 다니엘 10:13, 20을 생각해보라. 여기에서 우리는 미가엘이 "가장 높은 군주 중 하나"(13절), "큰 군주", 이스라엘 백성의 "호위자"라 불리는 것을 알 수 있다(12:1; 10:21). 칼뱅과 이후의 개혁파 주석가들은 일반적으로 여기 등장하는 페르시아 군주를 페르시아

---

66) Herm. *Mand.* 6,2; Herm. *Vis.* 3,4.

67) Origen, *On First Principles*, I, 8; III, 3; idem, *Against Celsus*, V, 29; VIII, 31.

68) J. Calvin, *Institutes*, I.xiv.7; *Commentary*, 시 91편과 마 18:10에 대한 주석.

69) J. Zanchi, *Op. theol.*, III, 142; Guillaume Bucanus, *Institutiones theologicae* (Bern: Johannes & Isaias Le Preux, 1605), VI, 28; Johannes Maccovius, *Loci communes theologici* (Amsterdam: n.p., 1658), 394; Andreas Rivetus, *Operum theologicorum*, 3 vols. (Rotterdam: Leers, 1651-1660), II, 250; 참조. H. Heppe, *Reformed Dogmatics*, rev. and ed. Ernst Bizer, trans. G. T. Thomson (London: George Allen & Unwin, 1950; repr., Grand Rapids: Baker Academic, 1978), 212-213; Campegius Vitringa, *Doctrina christianae religionis*, 8 vols. (Leiden: Joannis le Mair, 1761-1786), II, 117.

70) Apology of the Augsburg Confession, art. 21; 편집자 주—이것의 영역본이 *The Book of Concord: The Confessions of the Evangelical Lutheran Church*, ed. Robert Kolb and Timothy Wengert (Minneapolis: Fortress, 2000), 107-294에 있다; Smalcald Articles, II/2.

의 왕들과 동일시했으나, 아마도 그것은 다른 존재, 즉 페르시아의 수호신 (guardian spirit)을 가리키는 것으로 보인다. 다니엘서는 하나님 나라(이스라엘)와 세상 나라(페르시아) 간의 전쟁에 대해 묘사하는데 이 전쟁은 두 차원에서 발생한다. 여기 이 세상에서, 그리고 영들의 영역에서 천사들 간에 전쟁이 벌어지는 것이다. 천사들은 하나님 나라와 이 세상 나라 사이에서 벌어지는 대규모의 영적 전투의 양편에서 참여한다. 이것이 우리가 추론할 수 있는 전부다. 여기서 모든 나라와 민족이 저마다 자신의 수호천사를 갖고 있다고 주장하는 것은 전적으로 불가능하다. 마찬가지로, 우리는 요한계시록 1:20 등을 근거로 모든 교회가 저마다 자신의 천사를 갖는다고 추론하면 안 된다. 일곱 교회의 "앙겔로이"(ἄγγελοι)는 그 교회들의 목회자들이나 대표자들을 의미한다. 이 편지들은 그들에게 보내진 것이며 그들의 사역을 칭찬하거나 또는 책망하고 있는 것이다.

수호천사의 교리를 지지하는 대표적인 구절은 마태복음 18:10인데, 의심의 여지없이 특정한 계급의 천사들에게 "작은 자"를 보호하는 임무가 맡겨졌음을 시사하는 본문이다. 그러나 이 본문이 정확히 의미하는 것은 무엇일까? 우리는 어떤 천사들에게 이 땅의 특정한 관심사들이 맡겨졌다는 일반적인 진술을 넘어설 수 있을까? 수호천사 개념과 천사들의 중보기도 사상의 원천은 외경 토비트다(12:6-22). 누가복음 15:7, 10은 천사가 죄인의 회개를 기뻐한다고 가르치지만, 이것은 엄밀한 의미에서 중보기도를 가리키는 표현이 아니다. 심지어 요한계시록 8:3은 천사가 향로로 성도들의 기도를 정결하게 한다고 하지만, 중보기도에 대해서는 한마디도 언급하지 않는다. 천사는 종일 뿐이고, 그가 수행하는 사역은 이사야 6:6-7에서 스랍들이 행한 것과 같다. 다시 말하지만, 개인적이거나 민족적인 수호천사의 존재를 믿을 근거는 없다.

[267] 수호천사와 그들의 중보기도에 대한 교리가 가진 문제는 이것이 숭배 또는 경배로 이어진다는 것인데, 골로새서 2:18이 이 점을 분명하게 언급하고 있다(θρησκεία τῶν ἀγγέλων). 많은 교부들이 천사숭배 또는 경

배에 대해 경고했다.[71] 구약성경 시대에는 여호수아가 천사에게 경배했으나(수 5:14), 신약성경에서는 천사가 요한의 경배를 거부했다(계 19:10; 22:9). 왜냐하면 천사들은 "동료 시종들"이기 때문이다. 이 경고들은 사실상 하나님을 경배하는 것과 천사에 대한 존경의 경계가 지워질 위험에 처해 있음을 상기시킨다. 천사에게 하는 간구(invocation)를 처음 명시적으로 언급한 사람은 암브로시우스였다. "천사들은 우리의 도움과 보호를 위해 주어졌으므로 우리는 그들에게 간청해야 한다."[72] 교회는 이 문제를 다룸에 있어 천사에게 적합한 "존경하다"(τιμαω)라는 용어와 하나님께만 합당한 "경배하다"(σεβαω)라는 용어를 구별했다.[73] 그러나 천사에게 간구하는 관행은 [제2차] 니케아 공의회(787)에서 승인되었고, 이후에 트리엔트 공의회는 그런 간구를 "선하고 유익하다"고 했다(sess. 25). 『로마 교리서』(III, chap. 2, qu. 4, no. 3)는 이것을 정당화하는데, 이는 천사들이 하나님의 얼굴을 바라보는 존재로서 "우리 구원의 보증"을 떠맡았기 때문이다. 『성무일도서』(*Roman Breviary*)는 천사에게 드리는 기도를 천사축일(Feast of the Angels)에 포함시켰고, 로마 가톨릭 교의학자들은 만장일치로 그것을 변호하면서 "성인 숭배"(veneration of saints) 항목에서 다룬다.

루터파와 개혁파 사람들, 그리고 사실상 모든 개신교도는 이런 천사 숭배를 성인 숭배와 함께 거부하는데,[74] 성경이 그것을 분명하게 금하

---

71) Irenaeus, *Against Heresies*, II, 32; Origen, *Against Celsus*, V, 4-5; VIII, 13; Athanasius, *Against the Arians*, II, 23; Augustine, *True Religion*, 55; idem, *Confessions*, X, 42; idem, *City of God*, VIII, 25.

72) Ambrose, *De viduis*, chap. 9, §55.

73) Eusebius, *Preparation for the Gospel*; Origen, *Against Celsus*, VIII, 13, 57.

74) Luther, according to J. Köstlin, *The Theology of Luther in Its Historical Development and Inner Harmony*, trans. Charles E. Hay (Philadelphia: Lutheran Publication Society, 1897), II, 23ff.; Ulirch Zwingli, *Opera*, I, 268f., 280f.; III, 135; J. Calvin, *Institutes*, I.xiv.10-12; 참조. III.xx.20-24; Johann Gerhard, *Loci theologici*, ed. E. Preuss, 9 vols. (Berlin: G. Schlawitz, 1863-1875), XXXVI, §§370-480 (천사에 대해서는, 특히, §427); Johann Andreas Quenstedt, *Theologia didactico-*

기 때문이다(신 6:13; 10:20; 마 4:10; 골 2:18-19; 계 19:10; 22:9). 오직 하나님만이 경배를 받으셔야 하며, 종교적 숭배가 다른 어떤 피조물에게도 돌려져서는 안 된다. 로마 가톨릭이 경배(λατρεια)와 공경(δουλεια)을 구별하는 것은 설득력이 없다. 공경을 종교적인 것과 일반적인 예의범절에 따른 것으로 구별하는 것은 합당할지라도, 천사와 성인에게 돌려지는 공경은 성격상 종교적이고, 따라서 성경과 관례가 함께 이것을 정죄한다. 성경은 이중의 종교적인 공경, 즉 더 낮고 더 높은 종류를 알지 못한다. 거듭해서 "섬기다"(δουλευειν)가 하나님[또는 그리스도]과 관련해서 사용되고(마 6:24; 롬 7:6; 14:18; 16:18; 갈 4:9; 엡 6:7; 골 3:24; 살전 1:9), "예배하다"(λατρευειν)는 인간에 대한 봉사에도 사용된다. 이 구별 자체가 어원학적으로도 성경적으로도 아무 지지를 받지 못하는 자의적인 것이다. 개신교는 천사에 대한 종교적 경배를 거부함으로써 천사가 그리스도인들의 종교생활에 필수불가결한 요소가 아님을 인정한다. 그럼에도 여전히 천사는 중요하다. 비록 정확히 어떤 방식인지는 알지 못하지만, 하나님이 그들을 통해 우리에게 영향을 끼치신다는 것은 분명하기 때문이다. 그들의 사역이 우리에게 비가시적이기 때문에, 그것은 단순히 믿음으로 긍정되어야만 한다. 우리는 천사에게 일반적인 예의범절에 따른 경의를 표해야 하고, 만약 천사가 우리 앞에 나타난다면, 우리가 이 땅의 왕이나 대통령의 사절에게 표하는 것과 같은 깊은 존경심으로 천사를 환영하는 것은 전적으로 합당할 것이다. 그러나 하나님의 계시는 예수 그리스도 안에서 종결되었기 때문에 천사가 나타나는 일은 더 이상 없을 것이고, 만약 나타난다고 하더라도 족장들, 예언자들, 사도들이 그들에게 나타났던 천사에게 표했던 것과 동일한 종류의 경의를 우리가 천사에게 표할 수는 없을 것이다. 우리가 천사에게 표할 경의

---

polemica sive systema theologicum (1685), I, 486; Francis Turretin, *Institutes of Elenctic Theology*, trans. George Musgrove Giger, ed. James T. Dennison, 3 vols. (Phillipsburg, NJ: Presbyterian and Reformed, 1992), VII, qu. 9.

는 단지 일반적인 예의범절에 따른 것일 뿐이다. 우리는 천사들과 하나라는 것을 느껴야 하고, 그들과 함께하고(히 12:22), 그들 및 다른 모든 피조물과 더불어 주님의 이름을 영화롭게 하는 찬양대를 이루는 것(시 103:20-21)에 대한 기대 속에서 산다. 이것이 천사들을 공경하는 유일하게 참된 방식이다. 따라서 제대로 이해된다면, 천사론은 우리에게 위로와 격려가 된다. 우리는 영적인 전쟁에서 혼자가 아니고, 오히려 우리를 둘러싼 구름같이 허다한 증인들과 함께 있다. 하나님이 완전함 가운데 섬김을 받으시는 다른 더 나은 세계가 있다. 계시 안에서 천사의 세계가 우리에게 내려온 것처럼, 그리스도 안에서 교회는 그 세계를 맞이하기 위해 올라간다. 우리는 천사들처럼 될 것이고, 하늘에 계신 우리 아버지의 얼굴을 날마다 볼 것이다.

지상: 물질 세계

[268] 이제 물질 세계를 생각해보자. 신학에 의해 오직 계시에 기초해서만 생각하게 되는 영적 세계와 달리, 물리적인 물질 세계는 모두에게 접근가능하며 정당한 철학적·과학적 탐구에 열려 있다. 물론 여기서 우리의 관심은 물질 세계에 대한 신학적 견해다. 우리는 물리학이나 생물학을 하려는 게 아니다. 이렇게 진술하면 우리는 곧바로 문제들에 직면한다. 신학은 다른 학문, 특히 자연과학과 어떻게 연관되는가? 양자는 보완적인가, 아니면 반대되는가? 양자는 실제로 갈등하는가, 아니면 그렇게 보일 뿐인가? 우리는 물질 세계에 대한 신학적 견해가 철학적·과학적 시각과 다르지만 분리되어서는 안 된다고 주장한다. 신학은 피조물들이 하나님의 작품이고 하나님의 속성을 어느 정도 계시하기 때문에 그것들을 다룬다. 따라서 피조물을 다루는 작업은 신학이며, 언제나 신학으로 남는다. 신학자, 철학자, 자연과학자는 같은 세계를 다루고 있다.

그렇기 때문에 우리는 과학이 객관적·물질적 실재를 다루는 반면에,

종교와 신학은 주관적 가치와 윤리 문제에 대해서만 말한다는 식으로 과학자들과 신학자들의 일을 나눌 수 없다. 그런 구분은 이론적으로도 실천적으로도 불가능하다. 모든 학문체계는 종교적 확신에 뿌리박고 있고, 모든 종교는 창조된 세계에 대해 나름의 관점을 갖고 있다. 모든 종교는 전통에 기초한 나름의 우주생성론을 갖고 있듯이 창세기 1장의 창조 이야기도 전통에 기초한 역사적 내러티브로 제시되는데, 다른 종교의 우주생성론과 어떤 측면들을 공유하면서도 여러모로 현저히 다른 모습을 보인다. 많은 이들이 성경과 『에누마 엘리쉬』나 『길가메시 서사시』와 같은 다른 고대 근동 이야기들 사이에 존재하는 유사성을 근거로 이스라엘 종교의 기원을 영향력 있는 주변 나라들의 신화와 내러티브에서 찾는 범바빌론주의(pan-Babylonism)를 주창했다.[75] 창세기 1장과 관련해서는 특히 혼돈에 대한 묘사가 "테홈"(תְּהוֹם, 깊음)과 "토후 와보후"(תֹהוּ וָבֹהוּ, 혼돈과 공허)라는 고대 용어로 묘사되었다는 점이 바빌론의 『에누마 엘리쉬』와의 유사성, 심지어 의존성을 뒷받침하는 증거로 사용되었다. 창세기 1:2의 "테홈"(תְּהוֹם)은 실제로 바빌론의 "티아마트"(Tiamat)에 상응하고, 구약성경에서 우리는 하나님이 자연의 세력과 전투를 벌이신다는 사상을 발견한다. 몇몇 본문들에서는 하나님께 반대하고 결과적으로 정복당하는 세력들에 대한 언급이 있는데, 예를 들어 "라합"(רַהַב; 욥 9:13; 26:12; 시 40:4 [40:5 MT, רְהָבִים; 영어 번역: "the proud"]; 87:4; 89:10f.; 사 30:7; 51:9ff.), "리워야단"(לִוְיָתָן; 욥 3:8; 41:1ff.; 시 74:12ff.; 104:26; 사 27:1), 용(תַּנִּין; 욥 7:12; 사 27:1; 51:9; 겔 29:3; 32:2); 뱀(נָחָשׁ; 욥 26:13; 사 27:1; 암 9:3)과 같은 것들이다. 그럼에도 주의 깊게 읽어보면 창조에 대한 이스라엘의 신앙이 신화에서 차용한 것이라고 주장할 만한 근거는 발견되지 않는다. "라합", "리워야단" 등의 용어는 구약성경에서 다양하게 사용되었고, 따라서 바빌론의 티아마트와 동일시할 이유가 없다.

---

75) T. Aquinas, *Summa contra gentiles*, II, 2ff.

게다가 이 언급들은 하나님이 구속 역사—예를 들어 이집트로부터의 구원(시 74:13-14; 89:10; 사 51:9-10)—가운데 정복하신 세력들을 가리키지, 하나님을 반대하는 어떤 자연 내적인 힘을 가리키는 것이 아니다. 이스라엘의 시인들과 예언자들이 이런 구원 역사적인 사건들을 묘사하기 위해 신화적 상징과 이미지를 사용한다는 사실이 이교의 신화를 신뢰할 수 있게 하는 것은 결코 아니다. 바빌론의 창조 신화는 창세기와 아주 거리가 멀다. 티아마트는 신들이 창조되기 전에 이미 존재하고 있는 혼돈이고, 나중에 그 신들에게 저항한다. 이에 반해 창세기 1:2의 "테홈"(תהום)은 원래의, 창조된 무형의 땅 상태를 가리키는데, 이것은 "토후 와보후"(תהו ובהו)가 신화적인 함의 없이 지시하는 것과 같다. 창세기의 창조 내러티브는 신들의 기원에 대해서는 암시조차 하지 않으며, 철저히 유일신론적이고, 무로부터의 창조를 가르치고, 본래부터 존재하던 물질에 대해서 도무지 아는 바가 없다. 유대인들이 바빌론 포로기나 그 이전에 바빌론 사람들에게서 이 이야기를 빌려 왔다는 것은 도무지 믿을 수 없다. 다신론적인 이방의 우주 생성론은 이스라엘 사람들을 경악하게 했을 것이고, 따라서 창세기 1장과 같은 적절하고 아름다운 유일신론적 내러티브로 쉽사리 전환되기에는 전혀 적절하지 않았다. 성경의 창조 이야기를 바빌론의 신화 같은 이방의 원천에 기초하게 하려는 노력들은 철저한 검토를 견더내지 못한다.

"일주일" 창조와 과학

[269] 창세기 1-2장에 대한 해석은 다양하고 풍부한 역사를 갖고 있다. 창세기의 첫 번째 절은 독립적인 사실에 대한 기록으로 읽힐 필요가 있다. 2절에 이미 땅이 존재한다. 비록 혼돈하고 공허한 상태일지라도 말이다. 1절은 이 땅의 기원을 알려준다. 땅은 처음부터 하나님에 의해 땅으로 창조된 것이며, 아리스토텔레스적 의미에서 "휠레"(ὕλη, 질료)나 원물질(prime matter), 또는 이교적 우주생성론에서 말하는 혼돈이 아니었다. "창

조된 혼돈은 모순이다"(Dillmann). "토후 와보후"(יָתֹהוּ וָבֹהוּ)와 "테홈"(תְּהוֹם)
은 일반적으로 "혼돈"(chaos)으로 이해되는 것과는 전혀 다른 것을 의미한
다. 창세기 1:2에 있는 땅의 상태는 적극적으로 파괴된 (또는 하나님께 저항하
는) 땅이 아니라 아직 덜 형성된 땅이다. 즉 "테홈"(תְּהוֹם)은 요동치는 많은
물인데, 어둠에 둘러싸여 있다. 성경 자체의 설명에 따르면, 이 땅은 "물에
서 나와 물로" 형성되었다(벧후 3:5; 시 104:5-9). 하나님의 창조 사역의 정확
한 때와 기간에 대해서 많은 논쟁이 있었다. 창세기 1장의 본문에서 1절의
"천지"와 2절의 형성되지 않은 땅에 대한 언급은 6일 창조에 앞서는 것으
로 보인다. 첫째 날의 사역은 하늘과 땅을 창조하는 것이 아니라, 빛을 창
조하고 빛과 어둠을 나누는 것이었다.

창조의 "주간"(week)과 "날들"(days)을 이해하기 위해서는 첫 번째 창
조 행위—무로부터 하늘과 땅을 즉각적으로 나오게 하심—를 6일 동안 일
어난 이차적인 분리 및 형성과 구분할 필요가 있다. 이 둘은 창세기 1:2
에 묘사된 혼돈 상태에 의해 구분된다. 두 번째 창조는 "시간 안에서"(in
tempore), 곧 6일 동안 일어나고, 보존과 통치의 사역들에 앞선다. 하늘과
땅이 하나님에 의해 창조된 바로 그 순간에, 즉시 하나님의 보존과 통치가
이어진다. 그럼에도 6일 동안의 사역은 여전히 틀림없이 하나님의 창조
행위로 남아 있다. 물질 자체는 "산출해낼" 수 있는 내재적 발전 능력이 없
다. 하나님은 창세기 1:1의 기초적인 재료로부터 말씀과 창조하심을 통해
온 우주를 산출해내셨다. 이미 존재하는 것과의 연계 속에서, 하나님은 모
든 새로운 것을 형성하실 때마다 전능하신 창조의 말씀을 발하셨다.

[270] 어떤 이들은 창조 주간을 3일씩 두 묶음으로 나누어서, 앞의 세
날과 뒤의 세 날이 서로 상응하게 한다. 이런 구도는 첫째 날과 넷째 날에
는 맞아떨어지지만, 둘째 날과 다섯째 날, 셋째 날과 여섯째 날에는 들어
맞지 않는다. 다섯째 날을 살펴보면, 궁창의 새는 둘째 날과 잘 맞지만, 물
고기와 수중생물은 셋째 날의 사역과 더 잘 맞는다. 더 낮은 수준에서 더
높은 수준으로의 진행, 유기적 생명을 위한 일반적인 조건에서 다양한 형

태의 유기적인 생명 자체로의 진행이 존재한다는 것은 확실하다. 이것은 한 주간을 세 부분으로 나눈 과거의 구분법이 더 낫다는 것을 보여준다. "창조"(창 1:1-2); 첫 3일의 "분리"(빛과 어둠, 하늘과 땅, 땅과 바다); 넷째 날부터 여섯째 날까지 준비된 땅에 각종 생명체가 살도록 "꾸밈".[76] 그러나 이런 구분도 여전히 엄격하게 의도된 것은 아닌데, 왜냐하면 셋째 날에 창조된 식물도 장식물의 역할을 하기 때문이다. 분리와 장식은 땅의 "토후"(תֹהוּ, 혼돈) 상태가 종식되었다는 표지이다. "라하프"(רחף, "위를 맴돌다"; 참조. 신 32:11)라는 동사의 사용은 "루아흐 엘로힘"(וְרוּחַ אֱלֹהִים)을 바람뿐 아니라 하나님의 영으로도 생각해야 한다는 것을 시사한다(참조. 시 33:6; 104:30). 피조물의 존재와 생명의 원리인 하나님의 영은 땅의 많은 물에 형태와 활기를 주는 방식으로 영향을 끼치면서 하나님의 창조적인 말씀들을 예견하는데, 이 말씀들은 이미 존재하는 조건들을 바탕으로 6일 동안 각종 피조물들이 생겨나도록 작용했다.

첫째 날의 사역은 빛의 창조, 빛과 어둠의 분리, 낮과 밤의 교대, 그로 말미암은 움직임, 변화, 생성으로 이루어진다. 빛은 발광체—해, 달, 별—와 구별되며, 또한 그것들에 선행한다. 빛은 식물을 포함하는 모든 생명의 성장을 위한 가장 보편적인 전제 조건이며, 또한 만물에 형태, 모양, 색상을 부여한다. 둘째 날에 궁창—우리 눈에 휘장(시 104:2), 차일(curtain, 사 40:22), 땅을 덮은 지붕이나 천장(창 7:11; 신 11:17; 28:12; 시 78:23; [말 3:10;] 등)으로 보이는 하늘과 구름—과 물을 머금은 땅(시 24:2; 136:6)이 분리되었다. 분리와 경계선 긋기 작업은 지속되는데, 빛과 어둠의 분리는 하늘과 땅의 분리에 보조적인 역할을 한다. 위에서 하늘과 구름, 아래에서 땅과 바다가 나뉜다. 둘째 날의 끝에는 하나님이 보시기에 좋았더라는 말씀이 없다. 그 이유는 둘째 날의 사역이 셋째 날의 사역과 긴밀히 연결되어 있으며, 신적 승인은 셋째 날의 끝에, 땅이 대륙과 바다, 산과 골짜기, 들과 시내를 가진

---

76) T. Aquinas, *Summa Theol.*, I, qu. 74.

체계가 될 때 주어지기 때문이다. 기계적·화학적·유기적 과정들이 세계를 형성하고 식물에 푸른 옷을 입힌다.

식물계는 해 없이는 존재할 수 있을지 모르지만, 빛 없이는 존재할 수 없다. 그러나 동물과 인간에게는 해가 필요하다. 따라서 동물과 사람이 창조되기 전에 해, 달, 별이 준비되었다. 넷째 날은 지구와 관련된 천체의 출현에 대해 말한다. 이것들이 한데 모여 밤낮과 계절을 정하고, 시간을 시·일·월·년으로 구분하고, 농사와 항해 시기, 연례적인 축제일들을 좌우한다. 이제 지구는 동물과 인간의 삶을 위해 준비되었다. 다섯째 날에는 하나님의 권능의 말씀에 의해 물이 각종 수중 동물을 내고, 하늘은 온갖 새들로 채워진다. 여섯째 날에는 육상 동물—특히 야생 동물, 가축, 기는 것들—이 창조되고, 끝으로 인간도 창조되었다. 인간은 하나님의 특별한 경륜에 따라 육체는 흙으로 지어졌지만, 영혼은 하나님에 의해 직접 창조되었다. 창조 전체가 완료되었다. "하나님이 지으신 그 모든 것을 보시니 보시기에 심히 좋았더라"(창 1:31). 그리고 일곱째 날에 하나님이 안식하셨다. 이 안식은 하나님이 자신의 일에 대해 가지신 만족과 기쁨의 결과다. 동시에 그것은 일곱째 날을 복되고 거룩하게 하시는 적극적인 행위다. 창조세계는 일곱째 날에도 그 존재를 지속하면서, 갖가지 능력을 덧입고 하나님을 섬기고 하나님을 영예롭게 하도록 구별됨으로써 주님의 섭리적인 돌보심 아래 발전하고 본래의 목적에 응답할 것이다.

[271] 기독교 신학은 이 여섯 날의 기간을 특별한 애정을 갖고 다루어 왔고, 이 주제를 다룬 문헌은 놀랄 만큼 풍부하다.[77] 창세기 1장은 기독교 세계관을 수립하기 위한 근거 자료가 된다. 천년이 훨씬 넘는 동안 창세기 1장에 대한 기독교 저술은 아리스토텔레스-프톨레마이오스의 세계관에

---

77) O. Zöckler, *Geschichte der Beziehungen zwischen Theologie und Natur-wissenschaft*, 2 vols. (Gütersloh: C. Bertelsmann, 1877-1879)에서 관련 문헌들 거의 전부가 다루어졌다; 참조. idem, "Schöpfung und Erhaltung der Welt", *PRE*³, XVII, 681-704.

의해 틀이 잡혔는데, 이에 따르면 지구는 우주의 중심부에 위치하며 움직이지 않는다. 모든 별과 광활한 하늘 전체가 그 주위를 돈다. 이 프톨레마이오스의 세계관은 여섯 날의 기간에 대한 주석에 영향을 끼쳤으며 사상적으로 두 학파의 기원이 되었다. 그 하나는 6일의 시간적 성격을 부정한 채 대체적으로 그 날들에 가상적 의미를 부여하여 온 세계가 한 순간에 동시적으로 창조되었다고 간주하며, 종종 다양한 풍유적 해석으로 귀결된다.[78] 다른 학파는 창조 내러티브의 문자적 의미를 고수한다.[79] 로마 가톨릭 스콜라주의와 개신교 신학은 두 번째 접근법을 따랐지만, 아우구스티누스의 대안적 해석도 존중하여 지속적으로 논의했으며, 결코 이단적이라는 낙인을 찍지 않았다.[80]

기독교회는 결코 특정한 과학적 세계관에 신앙고백적으로 매이지 않는다. 신앙을 비판하는 자들이 흔히 주장하는 것과 달리, 새로운 코페르니쿠스적 우주론에 대한 저항은 전반적으로 교회와 정통주의 자체에서 유발된 것이 아니었다.[81] 학문과 종교, 예술과 교회의 영역들에서 근대성에 직면하여 스스로의 입지를 지키고자 했던 것은 오히려 아리스토텔레스주의였다.[82] 기독교와 그 세계관은 프톨레마이오스나 코페르니쿠스와 함께

---

78) 이 학파에는 Philo, Clement, Origen, Athanasius, Augustine, Erigena, Abelard, Cajetan, Canus, Gonzales, 그리고 Moses Maimonides 등이 포함된다.

79) 특히 Tertullian, Basil, Gregory of Nyssa, Ephraem, John of Damascus이 이런 접근법을 따랐다.

80) Peter Lombard, *Sententiae in IV liberis distinctae*, 3rd ed., 2 vols. (Grottaferrata: Coleggi S. Bonaventurae et Claras Aquas, 1971-1981), II, dist. 15, 5; T. Aquinas, *Summa Theol.*, I, qu. 74, art. 2.

81) 참조. 예를 들어 J. W. Draper, *History of the Conflict between Religion and Science* (New York: D. Appleton, 1897).

82) E. Dennert, *Die Religion der Naturforscher*, 4th ed. (Berlin: Berliner Stadtmission, 1901), 13; R. Schmid, *Das naturwissenschaftliche Glaubensbekenntnis eines Theologen*, 2nd ed. (Stuttgart: Kielmann, 1906), 38-42 (영역본: *The Scientific Creed of a Theologian*, trans. J. W. Stoughton from the 2nd German ed. [New York: A. C. Armstrong, 1906]).

서거나 넘어지지 않는다. 성경이 지구 중심적 표현을 사용하고 또한 사물의 기원을 지구 중심적 관점에서 설명하는 것은 오늘날 우리가 일상생활에서 경험의 언어를 사용하는 것과 동일한 맥락이다. 비록 천체의 운행에 대한 오늘날의 이해가 성경의 이해와 다르기는 하지만 말이다. 우리는 성경 저자들이 그 당시에 보편적으로 수용된 세계관을 공유했다는 점을 기꺼이 인정할 수 있지만, 그들의 규범적 가르침은 그러한 세계관에 매이지 않는다. 당시에 통용되던 우주론이 규범적 효력을 가지는 것은 아니다. 예를 들어 성경이 사용하는 언어의 관점에서 여호수아 10:12-13, 열왕기하 20:9-11, 그리고 이사야 38:8에 서술된 기적을 설명할 수 있다. 이 구절들은 태양의 "멈춤"과 해 그림자의 "물러감"에 대한 과학적인 설명으로 의도된 것이 아니다. 오늘날에도 우리는 동일한 현상을 동일한 방식으로 묘사할 것이다. 성경은 기적을 사실로서 전하지만, 어떻게 그렇게 됐는지는 우리에게 설명하지 않는다.

여기에는 간과하지 말아야 할 중요한 점이 있다. 아무리 천문학적인 의미에서는 지구가 더 이상 중심이 아니라고 하더라도, 종교적·윤리적 의미에서는 지구가 여전히 중심이다.[83] 비록 인간이 여러 측면에서 모든 피조물 중에 가장 연약하지만, 그럼에도 우주를 다스릴 주인이며, 창조의 면류관이다. 지구는 다른 많은 행성들보다 수천 배나 작을지라도, 윤리적 의미에서는 우주의 중심이며 앞으로도 계속 그럴 것이다. 지구는 고등한 존재가 살아가기에 적합한 유일한 행성이다.[84] 여기에 하나님 나라가 세워졌다. 여기서 빛과 어둠 사이에 전투가 벌어지고 있다. 이곳에 세워진 교회에 하나님이 자신을 위한 영원한 처소를 준비하신다. 이 종교적 진리를 긍정하는 것은 물리적 우주론이나 천문학을 주장하는 것이 아니다. 우주

---

83) 편집자 주—여기에 주목할 만한 역사의 아이러니가 존재한다. 더 이상 지구를 우주의 중심으로 생각하지 않은 바로 그 "계몽된" 과학정신이 자율적인 이성적 인간을 우주의 중심으로 강조한 계몽주의를 촉발시켰다.

84) 참조. A. R. Wallace, *Man's Place in the Universe*.

에 대한 과학적인 정보는 하나님의 자리를 빼앗을 수 없다. 어떤 이들은 하늘을 샅샅이 뒤졌지만 하나님을 발견하지 못했다고 말하기도 한다. 측량할 수 없을 만큼 넓은 우주는 우리에게 여전히 크나큰 신비로 남아 있으며, 지금 자신에게 가장 가까운 곳에서, 자신의 마음과 양심에서, 그리고 말씀과 그리스도인의 공동체에서 하나님을 발견하지 못하는 사람은 우주에서도 하나님을 발견하지 못할 것이다. 아무리 그들이 돈으로 살 수 있는 최고의 망원경을 갖추었더라도 말이다.

[272] 따라서 기독교 신학에게 문제가 되는 것은 코페르니쿠스적 세계관이 아니다. 신학자들은 우주에 대한 정직한 과학 자료를 진지하게 대해야 하고, 특정 우주론들에 얽매여서는 안 된다. 성경 계시와 과학적 합의 간에 존재하는 중대한 갈등은 태양계와 지구의 생성을 다루는 기원의 문제와 관련된 것으로 보인다. 과학 이론들은 우주, 운동, 생명체의 기원을 우주 자체에 있는 내재적 힘으로 설명하려고 시도한다. 그러나 이것은 불가능하다. 창조세계의 원래 상태 자체가 하나님의 행위에 전적으로 의존한다고(이신론적으로라도) 인정하든지, 아니면 그 혼돈 상태가 현재의 우주 체계의 시작일 뿐 아니라 선행하는 우주의 종말과 파괴이며 그러한 선행 우주가 무한히 반복된다고 함으로써 물질과 운동이 영원한 것이라고 주장해야 한다.[85] 이 견해도 어떻게 물질이 운동으로 전환되었는지, 또는 어떻게 의식과 사고 같은 정신적 현상이 오로지 물질로부터 생겨나는지를 설명하지 못한다. 어떻게 원자들의 무의식적이고 무목적적인 운동이 우주의 형성을 야기할 수 있었을까? 이런 질서정연한 전체가 그런 혼

---

85) F. A. Lange, *Geschichte des Materialismus*, II, 522; D. F. Strauss, *Der alte und der neue Glaube* (Leipzig: Hirzel, 1872), 225; Ludwig Büchner, *Kraft und Stoff*, 133 (영역본: *Force and Matter; or Principles of the Natural Order of the Universe*, 4th ed., trans. from the 15th German ed. [New York: P. Eckler, 1891]); Ernst Haeckel, *The Riddle of the Universe at the Close of the Nineteenth Century*, trans. Joseph McCabe (New York: Harper & Brothers, 1900), 249-250.

돈 상태에서 비롯되었을 가능성은 아주 희박하고, 사실상 불가능하다. "창조를 우연의 장난스러운 변덕으로 여기는 것은 마치 베토벤 교향곡을 종이 위에 우연히 찍힌 자국과 점으로 설명하는 것만큼이나 순진한 발상이다."[86]

설령 이런 가설이 현상을 설명해냈다고 하더라도—사실 설명하지 못한다—그것은 여전히 증명될 수 없는 가설에 불과하다. 그러한 구상들(constructs)이 이해에 도움을 줄 수 있을지는 모르지만 그렇다고 해서 실재에 대한 사실적 설명이 될 수 있는 것은 아니며, 여전히 구상으로 남아있을 뿐이다. 가능성으로부터 실재에 대해 무슨 결론을 이끌어낼 수 있다는 말인가? 여기서 우리는 자연과학이 가르칠 수 없는 것을 얻기 위해 계시에 의지해야 한다. 이 계시는 모든 민족의 전통에 의해 뒷받침된다. 이 계시는 하나님이 세계를 형성하실 때, 불완전한 것에서 완전한 것으로, 단순한 것에서 복잡한 것으로, 낮은 것에서 높은 것으로 진행하기를 기뻐하셨다고 우리에게 가르친다. 창세기 1:2이 분명하게 보여주는 것처럼, 바로 이 점이 진화론의 요소 가운데 성경이 진리로서 인정하는 부분이다. 성경은 현재의 자연과학 가설이 끼워 맞춰져야 하는 대체 과학 이론이 아니다. 변증가들이 이러한 그릇된 시도를 하는 이유는, 우리가 세상의 기원에 대해 확신과 확실성을 갖고 말할 수 있는 유일한 수단이 창세기 기사라는 사실을 인지하지 못하기 때문이다. 창세기 1장은 과학이 줄 수 없는 것, 즉 "세상이 어떻게 시작되었는가?"라는 질문에 대한 답을 우리에게 준다. 기독교 신학자는 이 문제들과 씨름할 때 자연과학의 자료를 일반계시로서 진지하게 취급해야 하지만, 오직 특별계시, 즉 성경 계시만이 세계의 진정한 상태를 묘사할 수 있다는 것을 깨달아야 한다.

---

86) Oswald Heer, Eberhard Dennert, *Moses oder Darwin?* 2nd ed. (Stuttgart: Kielman, 1907), 50에서 재인용.

성경과 지질학

[273] 우리가 지구의 발달 역사를 고찰하다보면 태양계의 형성에 대한 질문들에 직면했을 때 마주치는 것과 유사한 어려움에 직면한다. 지질학은 지구 표면의 지층, 그리고 그 지층에서 발견된 동식물과 사람의 화석을 근거로 지구의 여러 발전 시기들에 관한 가설을 세웠는데, 이것은 성경의 가르침에 대해서도 질문을 제기한다. 지질학 이론이 지구 표면의 지층연구에 의해 산출된 정보에 기초한다는 점에서, 계시와 과학 간의 충돌은 심각할 수밖에 없다. 특히 두 가지 영역, 즉 다양한 피조물이 생겨난 "시간"과 "순서" 문제에 관심을 기울일 필요가 있다. 시간과 관련해서는 차이가 두드러진다. 구약성경 히브리어 본문과 70인역 간에 약간의 차이가 존재하지만, 성경의 연대기는 대략 6천년의 나이를 갖는 젊은 지구를 제안한다. 이에 반해 지질학적 시간은 수백만 년에서 심지어 수십억 년으로 측정된다.[87] 순서에 있어서는, 지질학적 순서와 창세기 1장의 순서가 전혀 양립할 수 없다.

[274] 성경과 지질학의 설명들을 화해시키려는 시도들은 다양한 결과를 가져왔다. "상징"(ideal) 이론은 창세기 1장을 하나님의 창조 행위에 대한 역사적 기술이 아닌 문학적·시적 묘사나 심지어 풍유적 묘사로 간주한다. 이 여섯 날은 연대기가 아니라 하나의 창조된 세계에 대한 다양한 관점들로서, 제한된 인간의 시각에 전체에 대한 보다 나은 조망을 제공한다. 이 접근법은 새로운 것이 아니며 단순히 근대 지질학의 도전에 대한 응답으로 생겨난 것도 아니다. 고대 교회에서는 오리게네스와 아우구스티누스가 이 이론에 대한 주목할 만한 지지자였다.[88] 근대철학과 신학은 이 노선

---

87) 편집자 주―Bavinck는 2000만년을 최대치로 말했다. 100년 후인 지금은 140-150억 년 까지 늘어났다.

88) 편집자 주―Augustine, *On Genesis*, vol. I/13 (*The Works of Saint Augustine: A Translation for the 21st Century*, trans. and ed. Edmund Hill, OP, Matthew

을 따라 창세기 1장은 "신화"(myth)로서, 기껏해야 종교적 핵심을 담고 있을 뿐이라고 간주한다. 두 번째 접근은 이른바 "복원"(restitution) 이론인데, 창세기 1장 2절과 3절을 분리한 후에, 지질학이 우리에게 가르치는 모든 사건과 현상을 2절에 언급된 혼돈 이전의 시기에 귀속시킨다. 이 이론은 "토후 와보후"(תהו ובהו, 혼돈과 공허)를 그 이전의 대참사가 초래한 파괴를 묘사하는 용어로 본다. 3절과 함께 시작되는 여섯 날로 이루어진 단위는 그 파괴 상태로부터의 회복(restoration)과 인류를 위한 거주지로서 지구의 준비를 묘사한다는 것이다. 이 견해는 창세기 1장에서 1절과 2절 사이에 천사들의 타락을 위치시킨 항변파 에피스코피우스(Episcopius)와 림보르흐 (Limborch)에 의해,[89] 그리고 19세기의 신지학자들인 셸링, 케얼(Keerl), 델리치 등에 의해 견지되었다. 세 번째는 "조화"(concordism) 이론인데, 창조의 날들을 아주 긴 기간으로 보면서 성경과 과학을 조화시키려고 노력했다. 이 견해도 고대 교회까지 거슬러 올라가는 것으로서 근대에 부활한 것이다.[90] 어떤 학자들은 조화 이론을 복원 이론과 연결하고 본질적 요소들에서 일치하는 것에 만족한다.[91] 마지막으로 때때로 "반(反)지질학" 이론이라고 불리는 네 번째 이론이 있다. 이 이론은 창세기 1장에 대한 문자적·

O'Connell, John E. Rotelle, OSA [Hyde Park, NY: New City, 2002]); 참조. idem, *Confessions*, bks. 11-13을 보라.

89) Simon Episcopius, *Institutiones theologicae*, in vol. 1 of *Opera theologica*, 2 vols. (Amsterdam: Johan Blaeu, 1650-1665), IV, sect. 3, 3; Phillip van Limborch, *Theologica christiana ad praxin pietatis ac promotionem pacis christianae unice directa* (Amsterdam: Wetstein, 1735), II, 19-21.

90) 편집자 주―조화 이론을 설명한 최근의 중요한 책들로 Hugh J. Ross, *Genesis One: A Scientific Perspective* (Sierra Madre, CA: Wiseman Productions, 1983); Davis A. Young, *Christianity and the Age of the Earth* (Grand Rapids: Zondervan, 1982), 조화 이론의 역사와 비판에 대해 3장과 4장; idem, *Creation and the Flood: An Alternative to Flood Geology and Theistic Evolution* (Grand Rapids: Baker Books, 1977), 81-134.

91) O. Zöckler, *Geschichte der Beziehungen zwischen Theologie und Naturwissenschaft*, II, 544.

역사적 견해를 지속적으로 견지하고, 지축(地軸)을 근본적으로 변화시킨 대재앙으로서의 노아의 홍수에 상당한 지질학적 중요성을 부여한다.[92] 그 후에는 창세기의 홍수가 정말 전지구적이었는지 아니면 단지 국지적인 것이었는지에 대한 논쟁들이 뒤따른다.

[275] 성경과 과학을 조화시키려는 이 네 가지 시도들이 모두 서로를 배제하는 것은 아니다. 성경이 과학의 언어가 아니라 일상적 경험의 언어로 말한다는 것, 창조를 이야기할 때 지구 중심적이거나 인간 중심적인 관점을 취한다는 것, 그렇기 때문에 성경은 지질학이나 다른 과학에 관한 지식을 제공하려는 것이 아니라 종교, 계시, 그리고 하나님에 대한 지식의 책으로 남는다는 것에 모두가 동의한다. "우리가 복음서에서 읽는 주님의 말씀은 '내가 너희에게 보혜사를 보내리니 그가 해와 달의 경로를 너희에게 가르칠 것이다!'라는 게 아니다. 주님은 수학자가 아니라 그리스도인을 만들기 원하셨기 때문이다."[93] 동시에 우리는 창세기의 창조 이야기가 한낱 신화나 시, 상상이 아니라 역사적 성격을 갖고 있음을 주장해야 한다. 그럼에도 교회의 신앙고백들이 창세기 1장에 대해 확정적 선언을 내리지 않는다는 것은 주목할 만하다. 기독교 신학은 다양한 해석들이 공존하는 것을 허용한다. 아우구스티누스를 따라서 우리는 이 문제를 신중하게 다룰 것을 권하는데, 그의 경고는 너무 자주 무시되었다. 충돌하는 것처럼 보이는 문제에 대해 성급하게 판단하기를 피하고, 진지한 연구를 하기 전에는 토론하지 말고, 자신의 무지 때문에 불신앙의 과학 앞에서 스스로를 웃음거리로 만들지 말라.[94] 따라서 우리는 상대적으로 어린 학문인

---

92) 이 견해는 Newton 이후 신빙성을 얻게 되었는데, Thomas Burnet은 자신의 *Theoria sacra telluri* (1682)에서 이 견해를 피력했으며 1696년 William Whiston이 *A New Theory of the Earth* (New York: Arno, 1978 [reprint of 1696 edition by R. Roberts for B. Tooke, London])에서 이 견해를 더 발전시켰다.

93) Augustine, *Proceedings against Felix the Manichee*, I, 10.

94) Augustine, *Literal Meaning of Genesis*, I, 18-21; 참조. T. Aquinas, *Summa Theol.*, I, qu. 68, art. 1.

지질학과 고생물학에서 많은 것을 배울 수 있고, 그것들이 밝혀주는 사실들을 두려워할 필요가 전혀 없다. 세계 역시 전능하신 하나님의 손에 의해 한 장 한 장 새겨진 책이다. 충돌이 일어나는 일반적인 이유는 성경과 자연의 책을 잘못 읽고 빈약하게 이해하기 때문이다. 과학을 정죄하는 신학자들은 비난받아 마땅한데, 다만 성경의 이름으로 비난할 것이 아니라 그들의 잘못된 견해 때문에 그렇게 해야 한다. 만일 자연과학자들이 성경이나 과학에 의해 정당화될 수 없는 방식과 세계관으로 자신들이 발견한 사실과 현상을 해석한다면, 그들은 비난받아 마땅하다. 발언하는 모두에게 요청되는 것은 겸손, 인내, 신중함이다.

이러한 예비적 언급을 염두에 두면서 나는 몇 가지 해석을 제안하고자 한다. 우선 창세기 1:1에 기록된 천지창조는 3절 이하에 나오는 6일 간의 사역에 선행하는 것으로 보인다. 그 기간은 짧을 수도 있고 길 수도 있다. 이것은 복원 이론을 지지하는 것이 아닌데, 본문은 땅이 황폐하고 공허하게 "되었다"(became)고 말하는 것이 아니라 다만 그러했고(was so) 또 그렇게 창조되었다고 말하기 때문이다. 창세기에서 하루는 아침으로 시작해서 아침으로 끝난다. 따라서 아침과 저녁으로 이루어진 날들은 첫째 날에 빛이 창조된 후에 비로소 존재한다. 그리하여 아우구스티누스와 토마스 아퀴나스를 비롯한 다른 많은 이들이 바르게 해석한 것에 따르면, 무로부터의 천지창조와 땅의 "토후 와보후"(תֹהוּ וָבֹהוּ) 상태는 날이 존재하기 전에 발생했다.[95] 성경은 하나님이 얼마나 많은 시간 동안, 어떤 식으로 천지를 창조하셨는지, 또는 혼돈한 땅의 상태가 얼마나 오래 지속되었는지 말해주지 않는다. 다만 여섯 날의 사역이 시작될 때 혼돈한 땅이 하나님의 영에 의해 유지되고 비옥하게 되었으며(창 1:2), 땅 위에 그리고 땅에 있는 모든

---

95) Augustine, *Confessions*, XII, 8; T. Aquinas, *Summa Theol.*, I, qu. 74, art. 2; W. G. T. Shedd, *Dogmatic Theology*, 2 vols. (New York: Charles Scribner's Sons, 1888-1889), I, 474.

것이 하나님의 말씀에 의해 생겨났다고 말한다.

[276] 우리는 땅이 형성되고 인간을 위한 거주지로 만들어진 나머지 날들을 고찰할 때도 주의를 기울여야 한다. 신앙에 본질적이지 않은 문제들에 대해서는 다른 의견들이 허용된다. 여호수아 10:12-13을 코페르니쿠스적 세계관에 대한 반론으로 간주하거나 과학과 성경을 화해시키는 조화 이론의 근거로 사용한다면, 우리는 아우구스티누스의 지혜로운 충고를 무시하는 것이다. 그는 성경의 모호한 것들에 대해서는 고정된 해석에 집착하지 말라고 충고하는데, 그렇지 않으면 본문이 보다 선명한 빛 아래 드러날 때, 성경의 본래 의미를 위해서 싸우는 것이 아니라 자기 견해를 방어하는 것으로 비춰질 것이라고 경고한다.[96] 조화이론은 종잡을 수 없는 지질학의 치명적 위험에 직면하게 되어 성경과 지질학의 조화라는 자신의 목표를 성취하지 못한다. 그뿐 아니라 창세기 1장의 날들은 저녁에서 아침으로 한 번 변화하는("저녁이 되고 아침이 되니") 기간을 가리키는 것이지, 저녁과 아침으로의 변경들이 수없이 발생한 기간을 가리키는 것이 아니다. 이것은 대부분의 학자들이 조화 이론을 버리고 상징적·시적·환상적, 심지어 신비주의적 이론으로 옮겨가기에 충분한 이유가 되었다.[97] 우

---

96) Augustine, *Literal Meaning of Genesis*, bk. 1, chap. 18 (trans. John Hammand Taylor [New York: Newman, 1982], 41): "모호하고 우리 시야를 초월하는 것들에 있어, 우리는 성경에도 이런 것이 다루어짐을 발견하는데, 우리가 받아들인 믿음을 침해함 없이 종종 다양한 해석들이 가능하다. 이 같은 경우 성급하게 돌진해, 그 가운데 하나를 확정적으로 단언하지 말아야 한다. 만약 진리탐구의 진전이 정당하게 우리가 단언한 해석을 무너뜨리면 그와 함께 우리도 무너지고 말 것이기 때문이다. 이것은 성경의 판단을 위해서가 아니라 우리 자신의 판단을 위해 싸우는 것이 될 것이다. 우리의 판단이 성경의 판단이기를 바라지 말고 성경의 판단이 우리의 판단이기를 바라야 한다." 참조. T. Aquinas, *Summa Theol.*, I, qu. 68, art. 1.

97) 예를 들어 O. Zöckler, "Schöpfung", *PRE³*; J. Reinke, *Die Welt als That: Umrisse einer Weltansicht auf naturwissenschaftlicher Grundlage*, 4 vols. (Berlin: Gebrüder Paetel, 1905), 481ff.; C. Holzhey, *Schöpfung, Bibel und Inspiration* (Mergentheim: Carl Ohlinger, 1902); Franz Hümmelauer, *Nochmals der biblische Schöpfungsbegriff* (Freiburg i.B.: Herder, 1898); M. Gander, *Naturwissenschaft*

리는 계시가 비유와 우화를 포함하는 온갖 문학적 장르를 사용할 수 있음을 인정한다. 그러나 해당 본문이 시적 묘사나 우화를 담고 있는지는 자의적으로 결정되어야 할 것이 아니라 본문 자체로부터 드러나야 되는 것이다. 창세기 1장을 시, 환상, 또는 신화로 해석할 근거를 본문 자체에서는 발견할 수 없다. 창세기 1장은 명백히 역사적 성격을 지니고 시종일관 자신을 역사로 제시하는 책의 서론 부분이다. 게다가 여섯 "날"의 역사적 성격이 부정되면, 피조물이 생겨난 전체 질서가 무너질 뿐만 아니라, 출애굽기 20:11에 따르면 한 주와 안식일의 제정은 6일 간의 창조와 이어지는 날에 하나님이 안식하신 사실에 기초하기 때문에, 한 주와 안식일 제정의 토대도 제거되고 만다.

이런 이유로 창세기 1장의 날들은 지질학의 연대들과 동일시되어서는 안 되고, 특별한 성격을 지닌 날로 이해되어야 한다. 각 날마다 많은 일들이 일어났고, 그 많은 일들이 몇 시간 안에 일어났을 것 같지는 않다. 고상하면서도 단순한 성경 이야기는 여섯 날의 많고 아름다운 창조사역을 일필(一筆)로 그려 보인다. 각 날의 실제 창조사역은 창세기가 숭고한 이야기로 요약해 들려주는 것보다 훨씬 더 웅장하고 풍성할 것임에 틀림없다. 이 모든 이유에서 성경 첫 장의 "날"은 하나님이 창조를 행하신 시간을 가리킨다. 하나님은 매일 아침 새로운 세계가 생겨나게 하시고, 하나님이 일을 마치시매 저녁이 시작되었다. 창조의 날들은 하나님이 일하신 날들이다. 하나님은 여섯 번 새로이 재개하신 사역을 통해 온 땅을 마련하시고 카오스를 코스모스로 바꾸셨다. 이것은 안식일 계명에서 우리의 모범으로 규정되었다. 사람도 6일 동안 일하고 하루를 쉬어야 한다. 이런 창조의 시간은 이스라엘의 예배력 구분의 기초였다. 이 창조의 시간은 온 세상에게도 하나의 상징으로 남아 있는데, 그것은 기나긴 이 세대가 하나님 자신의 때에 영원한 안식의 "날", 즉 우주적 안식일(히 4장)에 이를 것을 보여준다.

---

und Glaube (New York: Benziger Bros., 1905), 117.

[277] 우리는 지질학과 같은 과학 자료들을 고려할 때, 연구에 의해 밝혀진 사실들은 성경의 내용만큼이나 하나님의 말씀이며, 따라서 그렇게 받아들여져야 함을 기억할 필요가 있다. 그러나 사실과 사실에 대한 해석은 엄밀히 구별되어야 하고, 따라서 우리는 이 신생 과학[지질학]과 관련해, 무엇보다 지질연대의 길이와 지속기간에 대해 의문을 제기하는 바다. 지질학은 이른 시기 지구의 상태를 알려줄 수는 있어도 그런 상태의 원인, 기원, 그리고 지속기간에 대해서는 아무것도 말해줄 수 없고, 지구의 현상으로부터 지구의 역사를 재구성하는 것은 위태로운 시도가 아닐 수 없다. 지질학은 중요한 정보를 제공해주는 보조학문으로는 매우 유익할지 모르지만, 그것은 창조의 역사(history of creation)가 아니며 창조의 역사를 산출해낼 수도 없다. 따라서 남아 있는 것은 추측뿐이다. 셸링은 모든 출생은 어둠에서 빛으로의 출생이라고 말했다. 모든 기원은 어둠에 싸여 있다. 우리의 부모가 누구고 우리의 조상이 누구였는지 아무도 우리에게 말해주지 않는다면, 우리는 알지 못할 것이다. 만약 창조 이야기가 없다면, 우리는 지구의 역사를 알지 못하는 상태로 머물 것이다. 지질학은 창조 이야기의 차원으로 올라설 수 없다. 지질학자 리터 폰 홀게르(Ritter von Holger)는 아주 정확하고 멋지게 다음과 같이 말했다. "우리는 막이 이미 내린 후에 비로소 극장에 도착했다는 불쾌한 사실에 직면하지 않을 수 없다. 우리는 무대 뒤에 남겨진 장식, 무대장치, 무기 따위(고생물학 발견물이나 화석이 이에 해당한다)를 통해 어떤 연극이 상연되었는지 추측해내야 한다. 그렇기 때문에 우리는 틀리더라도 확실한 변명의 여지가 있다."[98]

지질학상의 기록은 매우 파편적이고 일관성을 발견하기 힘들기 때문에, 지질학상의 기록을 읽어내는 일에는 불확실한 것 투성이다. 탐구되어

---

98) A. Trissl, *Das biblische Sechstagewerk vom Standpunkte der katholischen Exegese und vom Standpunkte der Naturwissenschaften*, 2nd ed. (Regensburg: G. J. Manz, 1894), 73에서 재인용.

 제2부 | 삼위일체 하나님과 창조

야 할 것이 매우 많이 남아 있고, 모르는 것도 아주 많다. 지구의 현 상태가 수백만 년 전의 상태와 동일하리라는 가정은 그럴듯하지만 입증된 것은 아니다. 사려 깊은 한 자연과학자는 이렇게 말했다. "우리에게는 선사시대 사건이나 과정을 산정하는 데 적용할 정확한 표준이 전무하다."[99] 화석기록의 사용도 확실한 것이 못된다. 특히 진화론을 선험적으로 받아들이는 사람은 화석기록을 사용함에 있어 순환론에 빠지기 쉽다. 이때 지질학적 층에 존재하는 비일관성은 쉽게 간과되며,[100] 각기 다른 종류의, 중간 형태가 없는 유기 생물의 풍부한 세계에 대한 증거들은 쉽사리 무시된다.[101] 상당한 종류의 동식물 화석기록으로부터 얻을 수 있는 결론이라고는 화석기록이 해당 동식물이 시작된 "시기"가 아니라 해당 동식물이 살았던 높고 낮은 "지대"에 관한 것뿐이다. 오늘날 지구 전체에 살고 있는 동식물이 불현듯이 지층에 매장되어 화석화되었다고 가정할 때, 그 동식물의 분포에 대해서는 말할 수 있어도, 발생한 시기에 대해서는 각종 화석이나 그 화석이 발견되는 지층으로부터 확실한 결론을 내릴 수 있는 것이 전혀 없다. 또한 지질학적 시대의 구분이 불확실한 증거들에 기초하고 있을 뿐만 아니라, 한 지질학적 시대에서 다른 지질학적 시대로 넘어가는 주된 변화의 원인들, 그리고 홍적층의 형성 및 전지구적 분포의 원인은 더더욱 불분명하다. 산맥과 빙하의 형성 원인과 시기도 불확실하다. 지질학은

---

99) A. Zittel, *Aus der Urzeit: Bilder aus der Schöpfungsgeschichte* (Munich: R. Oldenburg, 1875), 556.

100) Friedrich Pfaff, *Schöpfungsgeschichte* (Frankfurt a.M.: Heyder & Zimmer, 1877), 5.

101) F. Pfaff, *Schöpfungsgeschichte*, 667-709. *Glauben und Wissen* (March 1906): 104-105에 따르면, G. H. Darwin은 남아프리카 강연에서 이렇게 말했다: "우리는 진화론이 토대로 삼는 사실들을 뒤섞인 형형색색의 유리구슬 더미에 비교할 수 있다. 진리를 추구하는 영리한 사람은 그 가운데 몇 개를 골라 한 줄로 꿰는데, 이는 이 구슬들이 다소 비슷하다는 것을 어쩌다 발견했기 때문이다.…그러나 이 구슬 더미 전체를 순서대로 꿰는 문제는 연구자의 총명을 언제나 부끄럽게 할 것이다.…발견되지 않은 것이 측량할 수 없이 광대하다는 사실은 인간의 교만을 꺾기 위해 영원히 계속될 것이다."

신생학문이며, 해명되지 않은 많은 질문 앞에 직면한다.

[278] 게다가 사태를 훨씬 더 복잡하게 만드는 "홍수" 사건(창 6-9장)이 있는데, 이에 관한 이야기는 사실상 거의 모든 민족에게서 발견된다. 이 홍수는 지구 전체에 엄청난 변화를 초래한 대격변이었다. 성경에 따르면, 홍수 이전의 인류는 위대한 지성, 힘차고 진취적인 기상, 용사의 담력, 오랜 수명, 강한 육체, 그리고 섬뜩한 사악함을 지녔다. 그런데 대홍수를 통해 거의 모든 사람이 죽고, 많은 동식물이 멸종하고, 자연은 억제되고, 우리가 현재 살고 있는 보다 온화한 세대(dispensation)가 시작되었다. 지구는 현재와 같은 모습을 바로 홍수에 의해, 그리고 홍수 이후에 비로소 갖게 되었다. 성경의 어떤 증언도 지질학적 사실과 충돌하지 않는다. 남아 있는 문제는 "시간"뿐이다. 노아의 홍수와 지질학의 홍적세를 일치시키는 데 있어 유일한 어려움은 시간이다. 지질학은 성경이 허용하는 것보다 훨씬 많은 시간을 요구한다. 그러나 이런 반대에 우리는 푸치우스의 말로 응수할 수 있다. "성경으로부터 정확한 계산은 얻을 수 없다."[102] 성경의 연대기와 지질학적 산정을 교조적으로 동일시하는 것은 피해야 한다.

요약하자면, 창세기 1:1의 창조 순간부터 홍수까지 성경은 19세기 지질학과 고생물학이 드러낸 모든 사실과 현상을 능히 수용할 수 있는 기간을 제시한다. 신학이 걱정해야 할 일은 바로 이것이다. 신학은 과학적 연구의 확실한 결과를 두려워하지 말아야 하고, 지나치게 불안해하면서 당대의 견해에 성급히 굴복하지도 말아야 한다. 조화 이론은 현명한 전략이 못된다. 피조물의 발생에 위계질서와 진전이 있다는 지질학의 가정은 성경과 일치한다. 첫째, 무기물의 창조가 있었고, 그 다음에는 식물계에서 시작하여 동물계의 창조로 나아가는 유기적 생물의 창조가 있었다. 다시 동물계 안에서는 먼저 수중동물, 그리고 나서 육지동물, 또 그 가운데서

---

102) Gisbert Voetius, *Selectae disputationes theologicae*, 5 vols. (Utrecht, 1648-69), V, 153.

포유동물의 창조가 있었다.[103] 신학은 신적이고 영원한 것들에 대한 학문이다. 신학은 자연과학이 제기한 문제와 씨름할 때, 자신의 신앙고백적 확신을 위엄 있고 영예롭게 견지하며 인내한다.

창조에서 보존으로: 섭리[104]

[301] 하나님은 자신이 하시던 일을 마치신 일곱째 날에 안식하셨다(창 2:2; 출 20:11; 31:17). 하나님의 안식은 피곤함으로 인한 것이 아니며, 그렇다고 무료한 휴식도 아니다. 하나님에게는 창조가 "노동"이 아니며, 보존이 "쉼"이 아니다. 하나님이 안식하셨다는 말은, 하나님이 새로운 종류의 사물을 만들어내길 그치셨다는 것(전 1:9-10), 즉 무로부터 사물을 만들어내는 진정한 협의적 의미에서의 창조사역을 마치신 후에 완성된 사역을 신적 기쁨으로 기뻐하셨음을(창 1:31; 출 31:17; 시 104:31) 가리키는 것일 뿐이다.[105] 이제 창조에서 보존으로 논의의 주제를 전환할 때가 되었다. 창조와 보존은 본질적으로 구별됨에도 불구하고, 긴밀히 관련되어 있어서, 보존 자체가 "창조"로 불릴 수 있다(시 104:30; 148:5; 사 45:7; 암 4:13). 보존도 창조 못지않은 신적 사역이다. 하나님은 게으른 신이 아니라 항상 일하시는 분이다(요 5:17). 모든 피조물은 애초에 오직 하나님을 통해서, 그리고 오직 하나님을 위해서 존재한다(느 9:6; 시 104:30; 행 17:28; 롬 11:36; 골 1:15ff.; 히 1:3; 계 4:11). 피조물은 독립적으로 존재할 수 없다. 독립적으로 존재하는 피조

---

103) F. Pfaff, *Schöpfungsgeschichte*, 742.

104) 편집자 주―이어지는 섭리에 대한 부분(##301-306)은 『개혁파 교의학』 2권의 짧은 마무리 장으로 등장하는 원래 순서와 다르다. 여기서 이 부분을 창조에 대한 장에 둔 것은 신론과 인간론이라는 두 주제의 경계를 분명히 하고, 2권에 속한 다른 장들과 분량을 비슷하게 맞추기 위함이다.

105) Augustine, *City of God*, XI, 8; XII, 17; idem, *Literal Meaning of Genesis*, IV, 8ff.; T. Aquinas, *Summa Theol.*, I, qu. 73; John Calvin, *Commentary on Genesis*, trans. J. King (Grand Rapids: Baker Academic, 1979), 103-5 (창 2:2).

물이라는 개념 자체가 모순이고 비실재다! 존재하고 발생하는 모든 것이 하나님의 통치 아래 있다. 하나님은 자신의 모든 피조물을 돌보시고, 굽어보시고(욥 34:21; 시 33:13-14; 잠 15:3), 모든 이들의 거주의 경계를 정하시고(신 32:8; 행 17:26), 모든 이들의 마음을 주장하시고(잠 21:1), 모든 걸음을 인도하시고(잠 5:21; 16:9; 19:21; 렘 10:23 등), 하늘의 군대와 땅의 거민들을 자기 뜻대로 다루신다(단 4:35). 이들은 진흙이 토기장이의 손에 있음 같이, 톱이 켜는 자의 손에 있음 같이 하나님의 손안에 있다(사 29:16; 45:9; 렘 18:6; 롬 9:20-21).

하나님의 섭리적 통치는 자기 백성에게 특별하게 미친다. 하나님의 백성의 역사가 이를 보여준다. 하나님은 어떤 이들이 자기 백성을 해하려고 의도한 악을 자기 백성에게 선이 되도록 바꾸셨다(창 50:20). 우리는 머리털까지 다 세신 바 되었고(마 10:30), 모든 것이 합력하여 우리의 선을 이룬다(롬 8:28)는 성경의 표현을 통해 세상에 우연이나 운명 같은 것은 없고(출 21:13; 잠 16:33) 오직 하나님이 모든 일을 자신의 뜻에 따라 결정하시고 이루신다는 것을(엡 1:11) 깨닫는다. 성경은 하나님이 만물을 통치하는 왕이시라고 거듭 말함으로써 앞서 말한 모든 내용을 아름답게 요약한다(시 10:16; 24:7-8; 29:10; 44:4; 47:6-7; 74:12; 115:3; 사 33:22 등). 하나님은 왕이시다. 하나님은 만왕의 왕이며 만주의 주시다. 하나님은 그리스도 안에서 자기 백성에게 아버지이신 왕이시고, 동시에 자기 자녀들을 통치하는 왕이신 아버지시다. 섭리 신앙의 참된 대상은 바로 이 하나님이며 또한 하나님의 절대적 능력과 완전한 사랑이다. 물론 섭리에 대한 가르침이 담고 있는 이런 특별한 내용들은 신자에게만 알려지겠지만, 섭리에 대한 일반적 가르침과 믿음은 자연에 나타난 하나님의 계시에 의해 모든 사람에게 부분적으로 알려져 있으며, 모든 종교—심지어 가장 부패한 종교라 할지라도—에 존재하는 "혼합 조항"이다. 섭리를 부정하면 종교 자체가 손상된다. 섭리 없이는 기도와 제사, 신앙과 소망, 신뢰와 사랑의 자리도 존재하지 않는다. 키케로는 "만약 신이 우리에게 아무 관심이 없다고 한다면, 신을 섬

길 이유가 무엇이겠는가?"라고 물었다.[106] 이처럼 철학도 하나님의 섭리를 인정하고 변호했다.[107]

그럼에도 이방 종교와 철학에서 말하는 섭리론은 기독교의 섭리론과 다르다. 창조 질서에 대한 기독교의 태도는 운명론적이지 않은 반면, 점성술은 지극히 미신적이다. 다양한 민족에게 알려진 이러저러한 섭리론은 사랑이 많으신 하늘 아버지의 은혜로운 돌보심이 아니었다. 철학의 섭리는 고난과 죽음의 때에 위로를 주지 못한다. "철학자들의 신"(예를 들어 Aristotle, νοησις νοησεως, "사유하는 사유 자체")은 세계 밖에, 즉 의지도 없고 행위도 없는 고독한 자기 성찰 안에서만 존재한다. 여기서 도움의 여지란 거의 없다. 스토아 학파는 섭리(προνοια)를 운명(είμαρμενη), 자연(φυσις)과 동일시했고, 에피쿠로스는 신들의 섭리적 간섭과 신들의 행복을 모순되는 것으로 간주했다.[108] 운명과 우연이 지배한다. 신의 배후에는 언제나 운명이 자리하고, 보다 낮은 피조물과 사소한 사건들에는 우연이 끼어들어 역사한다. "신들은 큰 일은 돌보고 작은 일은 무시한다"(*magna Dei curant, parva negligunt*).[109]

[302] 하나님의 섭리에 대한 기독교 신앙은 그런 것이 아니다. 하나님의 언약과 약속, 자비와 은혜에 기초한 섭리 신앙은 위로와 소망, 신뢰와

---

106) M. T. Cicero, *On the Nature of the Gods*, I, 2.

107) 예를 들어 Socrates, in Xenophon, *Memorabilia*, I, 4; IV, 3; idem, *Oeconomicus*; Plato, *Leg.*, X, 901; idem, *Rep.*, X, 613A; Aristotle, *Eth. nic.*, X, 9; M. T. Cicero, "De Stoa", in *On the Nature of the Gods*, II; 또한 I, 2; III, 26; L. A. Seneca, *De providentia*; idem, *De beneficiis*; Plutarch, *De fortuna*; Plotinus, "On Fate" (*Enneads*, III, 1) and "On Providence" (*Enneads*, III, 2); Philo, *On Providence*; 참조. Emil Schürer, *The History of the Jewish People in the Age of Jesus Christ* (175 B.C.-A.D. 135), rev. and ed. Geza Vermes, Fergus Miller, and Matthew Black (Edinburgh: T&T Clark, 1979 [orig. ed., 1885]), III, 531ff도 보라.

108) E. Zeller, *Outlines of the History of Greek Philosophy*, trans. L. R. Palmer, 13th ed. (New York: Humanities, 1969), 217, 237.

109) M. T. Cicero, *On the Nature of the Gods*, II, 167.

용기, 겸손과 인종(忍從)의 원천이다(시 23; 33:10ff.; 44:4ff.; 127:1-2; 146:2ff. 등). 섭리는 자연신학의 조항이 아니라, 그리스도의 십자가에서 하나님의 특별한 섭리를 목격하고, 그리스도인 자신의 마음에서 하나님의 용서와 중생의 은혜를 경험함으로써 얻어지는 기독교의 신앙 조항이다. 그리스도를 믿는 신앙은 신자들로 하여금 그들을 당혹스럽게 만드는 온갖 수수께끼에도 불구하고, 세상을 통치하시는 바로 그 하나님이 그리스도 안에서 자신의 모든 죄를 용서하셨고, 자녀로 받아주셨고, 영원한 복을 상속해주실, 사랑 많고 자비로운 아버지이심을 굳게 확신할 수 있게 해준다. 그리스도인은 하나님 아버지의 손길에 대한 신앙으로 온갖 고난과 눈물 가운데서도 기쁨으로 미래를 바라본다.

이와 관련해, 성경이 "섭리"라는 추상적 용어를 사용하지 않는다는 것은 주목할 만한 사실이다. 대신 성경은 섭리 활동 자체를 역사 안에서 그려 보인다. 성경 전체가 하나님의 섭리를 기록한 책이다. 성경은 하나님의 섭리 활동을 묘사할 때 다양한 표현을 사용한다. 하나님은 창조하시고(시 104:30; 148:5), 살리시고(욥 33:4; 느 9:6), 새롭게 하시고(시 104:30), 보시고, 살피시고, 감찰하시고(욥 28:24; 시 33:14ff.), 구원하시고, 보호하시고, 보존하시고(민 6:24ff.; 시 36:6; 121:7-8); 인도하시고, 가르치시고, 다스리시고(시 9:19-20; 25:5, 9 등), 일하시고(요 :17), 붙드시고(히 1:3), 돌보신다(벧전 5:7). 철학에서 나온 "섭리"(providence)라는 말을 교부들이 받아들여 기독교 신학에 적용하면서[110] 그 의미를 크게 변화시켰다. 본래 "섭리"는 미래에 일어날 것을 미리 보거나(*providentia*) 미리 아는(προνοια) 행위를 뜻했다. "섭리란 그것을 통해 미래의 사건을 보게 되는 매개 수단이다."[111] 그러나 기독교 신앙은 하나님의 섭리를 단지 예지에 불과한 것(*nuda praescientia*)으로 이해

---

110) J. C. Suicerus, "Pronoia", *Thesaurus ecclesiasticus* (Amsterdam: J. H. Wetsten, 1682).

111) "Povidentia est, per quam futurum aliquid videtur" (M. T. Cicero, *De inventione rhetorica*, II, 53).

하지 않았다. 기독교 신학은 하나님이 모든 것을 미리 아실 뿐만 아니라, 모든 것이 하나님에 의해 미리 결정되고 임명되었다고 고백한다. 섭리에는 하나님의 지성만이 아니라 의지도 관여한다. 만물의 기원과 보존은 단순히 예지의 문제나, 심지어 신적 작정의 문제도 아니며, 명확히 하나님의 전능한 행위에 달려 있는 것이다. 따라서 성경이 말하고 교회가 고백하는 섭리란 매 순간 만물을 보존하고 다스리는 하나님의 행위를 뜻한다.

섭리 교리는 교회사와 신학사에서 다사다난한 길을 걸었다. 섭리는 때때로 하나님의 속성에 속하는 것으로, 그 다음에는 작정(하나님의 내향적 사역, *opera Dei ad intra*)에 속하는 것으로, 그 다음에는 하나님의 외향적 사역(*opera ad extra*)에 속하는 것으로 여겨졌다. 종교개혁 신학에서 섭리는 때로 하나님이 그것에 따라 만물을 다스리는 자신의 "경륜"(*consilium*)으로,[112] 때로는 하나님의 외향적 사역으로 간주되었다.[113] 실제적으로 이런 차이가 결정적인 것은 아니었다. 그러나 하나님의 내적 행위(예지, 목적, 계획)와 외적 실행의 구별에 대한 강조는 "섭리"라는 말에 중대한 변화를 초래했다. 여기서 "미리 봄"(*providentia*)의 참된 의미, 즉 "목적을 향해 미리 정해진 사물들의 규정"이라는 관념은 사라지고, 대신 그 실행에 초점이 맞춰졌다. 더 나아가 이 실행도 보존(*conservatio*)과 통치(*gubernatio*)로 구별되었다.[114]

이후에 범신론과 이신론을 피하기 위해 보존과 통치 사이에 협력

---

112) Second Helvetic Confession, art. 6; Z. Ursinus, *Commentary on the Heidelberg Catechism*, trans. G. W. Willard (Grand Rapids: Eerdmans, 1954), qu. 27.

113) J. Calvin, *Institutes*, I.xvi.3-4; Johannes Polyander a Kerckhoven, Andre Rivet, Antonius Walaeus, and Antoine Thysius, *Synopsis purioris theologiae*, ed. H. Bavinck, 6th ed. (Leiden: Didericum Donner, 1881), XI, 3.

114) T. Aquinas, *Summa Theol.*, I, qu. 103-104; Bonaventure, *The Breviloquium*, trans. Jose De Vinck, in vol. 2 of *The Works of Bonaventure* (Paterson, NJ: St. Anthony Guilde Press, 1963), pt. II; Belgic Confession, art. 13; Heidelberg Catechism, Lord's Day 10, Q&A 27-28.

(concurrence) 또는 협동(cooperation)이 추가되었다. 이처럼 추가된 용어들이 갖는 의미의 차이로 인해 "섭리"라는 개념을 하나님 자신을 대신하는 추상적 용어로 사용하는 것을 피할 수 있었다. 단 우리는 이런 용어들을 성경적 의미로 주의 깊게 사용해야 한다.

[303] 섭리는 단지 예지에 불과한 것이 아니라 만물을 다스리는 하나님의 적극적 의지를 수반하며, 보존, 협력, 그리고 통치까지도 포함한다. 협동 또는 협력 개념은 한편으로는 범신론을 다른 한편으로는 이신론을 피하기 위해 고안된 것이다. 범신론에서 섭리는 맹목적 필연성으로 자연의 추이와 일치한다. 이신론에서는 섭리가 완전한 우연으로 대체되고, 하나님은 세상에서 쫓겨난다. 범신론에 맞서 창조와 보존의 구별이 특히 중요하다. 창조는 존재의 생산이고, 보존은 존재의 지속이다. 창조와 보존을 구별하는 데 실패할 때, 섭리는 자연의 추이와 동일시되는 결과가 초래된다. 하나님의 작정은 자연법칙과 동일하고, 하나님의 통치는 그야말로 "고정된 불변의 자연질서" 또는 "자연적인 것들의 연쇄"다.[115] 여기에는 기적, 제2원인들의 자기 활동, 인격성, 자유, 기도, 죄, 그리고 종교 자체조차도 낄 자리가 없다. 자연이 존재하는 전부고, 자연법칙은 고정적이고 불변하며, 자연이 바로 우리의 "운명"이다. 이 각본대로라면 사람의 소망은 죽임을 당하고, 사람은 의식도 의지도 없는 맹목적이고 불가항력적인 힘에 매여 있을 뿐이다. 하나님 아버지의 지혜롭고, 전능하고, 자애로운 돌보심(이것이 바로 섭리다)에 대한 기독교 교리에서 이보다 더 멀리 떨어질 수는 없을 것이다. 하나님의 뜻이 바로 우리 존재의 근거다. 우리의 선택과 행위도 하나님이 정하신 피조물의 원인과 결과의 연계 안에 있다.

범신론의 반대편에는 이신론이 있다. 이신론은 하나님과 세상을 분리시켜, 세상을 오로지 사람의 독자적인 통찰과 판단에만 내맡긴다. 세상이

---

115) B. Spinoza, *Tractatus Theologico-Politicus*, trans. S. Shirley (Leiden: Brill, 1991), c. 3; F. Schleiermacher, *The Christian Faith* (1928), §46.

일단 창조된 후에는 자신의 힘으로 존재하고 돌아간다는 것이다. 이처럼 이신론적 세계관은 이교적 우연론을 부활시켰다. 하나님은 사람의 결정에 대응하는 수준으로 제한되지만, 사람은 하나님조차도 그들이 무엇을 할지를 알지 못하고 통제하지 못할 만큼 완전히 자유롭게 행동한다. 하나님과 세상의 관계는 기계 제작자와 기계의 관계와 같다. 기계 제작자는 기계를 만들고 작동시킨 이후에는, 기계를 그 장치 자체에 맡기고 수리가 필요할 경우에만 개입한다.[116] 항변파는 이와 같은 자연의 독립성 개념을 공유하고서 보존을 하나님의 소극적 행위로만 간주하고, 협력 개념을 거부했다.[117] 17세기 중반부터 자연, 세계, 인간, 학문 등을 하나님에게서 해방하여, 그것들을 하나님, 기독교, 교회, 그리고 신학으로부터 독립시키려는 해방의 충동이 점점 더 강력해졌다. 이 세상은 가능한 최선의 세상이고, 지성과 의지를 지닌 인간은 자충족적이어서 존재하고 발전하는 데 충분한 자원을 창조 시에 부여받았다. 계시, 예언, 기적, 그리고 은혜는 전적으로 군더더기일 뿐이다. 이신론은 하나님의 실재, 창조, 섭리를 부정하지 않았으며 오히려 "최고 존재"를 언급하기를 선호하고 섭리에 대해서도 상술하고 있다. 그러나 이신론에서 섭리는 필수적인 신앙이 아니었다. 단지 미약한 형태의 보존만을 인정하는 이신론은 애초에 반(反)초자연주의적이다. 하나님은 진정한 의미에서 세상에 관여하지 않는다.

19세기 자연에 대한 지식의 폭발적 증가와 함께, 많은 이들이 무정하고 불변한 자연을 하나님의 통치로부터 완전히 분리시키는 쪽으로 기울어졌다. 종교는 가치와 도덕이라는 사적 영역으로 좌천되었다. 이 사적 영

---

116) J. Volkel, *De vera religione libri quinque* (Racoviae, 1630), II, c. 7; Johann Crell, *Liber de Deo ejusque attributis*, vol. 4 of *Opera omnia* (Amsterdam: Irenicus Philalethes, 1656), c. 2-6; Otto Fock, *Der Socinianismus nach seiner Stellung in der Gesammtentwicklung des christlichen Geistes* (Kiel: C. Schröder, 1847), 496ff.

117) *Remonstrant Confession*, chap. 6; S. Episcopius, *Inst. Theol.* IV, sect. 4.

역, 즉 "영"의 영역은 자율과 자유의 영역으로 이해되었고, 협력 또는 협동 개념은 불필요한 것으로 치부되었다. 네덜란드의 "윤리적 현대주의자들"[118] 같은 이들은 자연적 힘과 도덕적 힘을 전쟁 중인 마니교의 두 신들처럼 서로 대립시켰다. 이것은 매우 심각한 오류다. 왜냐하면 하나님을 세상과 분리시킬 뿐 아니라 하나님의 섭리가 인간의 자유와 경쟁하는 것으로 간주하기 때문이다. 이런 식으로 사람들은 인간의 자율성을 드높이려 했다. 사람이 자유를 갖기 위해서는 하나님이 부재하거나 무력해야 한다는 것이다. 하나님의 주권은 인류에 대한 위협으로 간주되었으며 결과적으로 비종교적 태도가 자리를 잡았다. 이신론자에게 구원은 하나님과의 교제가 아니라 하나님으로부터의 분리에 있다. 이신론자는 하나님과 분리되어 있을 때만, 즉 실천적 무신론에서만 편안함을 느낀다. 이신론자는 무신론자가 될 만큼 오래 살지 못한 사람일 뿐이다. 이신론은 자기모순이라는 곤란에 직면한다. 이신론자가 하나님의 통치에서 빼앗아온 영역은 우연이든 운명이든, 또 다른 힘의 지배하에 떨어진다. 이제 완전한 주관주의가 지배한다. 그러나 객관적으로 "우연한" 것은 존재하지 않고 또 존재할 수도 없다. 모든 것에는 원인이 있고, 모든 것의 궁극적 원인은 전능하고 지혜로운 하나님의 뜻이다.[119]

보존, 협력, 통치

[304] 하나님의 지식 및 작정과 구별되는 "하나님의 섭리"는 범신론과 이신

---

118) 편집자 주—여기서 Bavinck가 말하는 것은 윤리주의자들(the Ethischen)로 알려진 네덜란드 중재신학파다. H. Bavinck, *Reformed Dogmatics*, I, 127 (#39), 171 (#53), 290-292 (#83), 372 (#102), 436 (#115), 471-472 (#123), 519-520 (#135); idem, *De Theologie van Prof. Daniel Chantepie de la Saussaye* (Leiden: D. Donner, 1884)를 보라.

119) 참조. J. Calvin, *Institutes*, I.xvi.2, 9.

론에 대항하여 견지되어야 할 신앙의 요소인데, 「하이델베르크 교리문답」은 이를 다음과 같은 아름다운 말로 설명한다. "하나님의 전능하시며 언제나 함께하시는 능력으로서, 마치 하나님이 자기 손으로 하시는 것처럼, 하늘과 땅 그리고 모든 피조물을 보존하시고 통치하시는 것입니다.…실로 모든 것은 우리에게 우연이 아니라 하나님의 아버지와 같은 손길로부터 옵니다"(Lord's Day 10, Q&A 27). 섭리 교리는 시간 안에 존재하고 일어나는 모든 것을 총망라하는 것으로서 그 범위가 지극히 방대하다. 비록 하나님의 섭리 교리가 교의학에서 다루어지는 모든 주제에 미치면서 논리적으로는 하나님의 작정이 갖는 범위 전체를 포괄하지만, 그럼에도 우리는 이 논의를 하나님이 자신의 창조세계와 피조물들에 대해 갖는 관계로 제한하는 것이 더 바람직하다. 여기서 우리는 세 가지 측면, 즉 "보존"(preservation), "협력"(concurrence), "통치"(government)를 말할 수 있다. 하지만 이것들은 언제나 하나로 연결되어 있기 때문에, 실질적으로나 시간적으로나 이러한 측면들을 구별되는 연속적인 부분들로 나누지는 않는다. 처음부터 보존은 또한 통치이고, 통치는 또한 협력이고, 협력은 또한 보존이다. "보존"은 모든 것이 전적으로 하나님에게서 나오고 하나님으로 말미암고 하나님에게로 돌아가지 않는다면 아무것도, 즉 실체뿐 아니라 힘, 활동, 관념도 전혀 존재하지 않는다고 말한다. "협력"은 바로 이 섭리가 피조물의 구별된 존재를 확증하고 유지한다고 말하고, "통치"는 보존과 협력이 모든 것을 하나님에 의해 정해진 최종 목적이 이루어지는 방식으로 이끈다고 말한다. 따라서 섭리는 시종일관 하나의 단순하고 전능하고 편재하는 능력이다.

창조를 부정하는 범신론이나 섭리를 부정하는 이신론과 달리, 유신론은 창조와 섭리를 모두 인정하고, 창조와 섭리의 통일성과 구별을 실천적인 이유에서뿐 아니라 이론적인 이유에서도 설명하려고 시도한다. 그것을 인정하는 것, 다시 말해 모든 것에서 하나님의 경륜과 손길과 사역을 보고 또한 창조세계의 능력들과 은사들을 최고로 활성화하기 위해 발전시키려고 애쓰는 것이 바로 기독교 신앙의 영광이고 기독교적 삶의 비밀이다.

한편으로는 성경 자체가 섭리를 묘사할 때 창조하시고(시 104:30), 말씀하시고(시 33:9; 105:31, 34; 107:25; 욥 37:6), 자기 말씀과 영을 보내시고(시 104:30; 107:25), 붙드시는(히 1:3) 행위로 설명하는데, 그렇게 해서 만물이 하나님에게서 나오고 하나님으로 말미암고 하나님을 위해 존재하게 되는 것이다(행 17:28; 롬 11:36; 골 1:17). 하나님은 결코 한가하지 않으시다. 하나님은 신적 능력으로 자연과 은혜 양편에서 항상 능동적이시다. 그러므로 섭리는 적극적인 행위로서, 단순히 존재를 허용하시기만 하는 것이 아니라, 존재하도록 매 순간 역사하시는 것을 뜻한다. 섭리는 능력과 행위로서, 전능하고 무소부재한 능력이다. 하나님은 모든 피조물 안에 자신의 존재로 현존하신다. 하나님의 섭리는 모든 피조물에 미치고, 그 어떤 사소한 것도 하나님의 섭리 바깥에 있지 않다. 섭리는, 위대하시고 모든 것을 하실 수 있으며 편재하시는 하나님의 행위라는 점에서 창조와 같다. 섭리는 끊임없이 지속되는 창조다. 창조와 섭리는 단일한 행위이며, 구조에 있어서만 차이가 있다.[120]

"계속적 창조"(continued creation)라는 표현은 창조와 섭리의 구별을 없애려는 것이 아니다. 동시에 우리는 섭리가 창조 사역으로부터의 쉼을 뜻한다는 성경의 증언을 존중해야 한다(창 2:2; 출 20:11; 31:17). 섭리를 살피심(시 14:2; 33:13)이나 관찰하심(시 33:15; 103:3)으로 생각하는 것은 피조물의 존재, 자기활동, 자유를 전제한다. 창조와 섭리는 동일하지 않다. 섭리는 매 순간 무로부터 창조하는 것을 의미하지 않는다. 만약 그렇다면 모든 연속성과 창조된 인과 질서가 파괴될 것이고, 창조세계는 "존재의 외형"만 갖게 될 것이다. 여기서 피조물의 독립성, 자유, 책임은 사라지고 역사의 발전은 불가능하다. 하나님이 죄의 원인이 되고 만다. 만일 섭리가 "창조"

---

120) Augustine, *Literal Meaning of Genesis*, IV, 15; idem, *Confessions*, IV, 12; idem, *City of God*, XII, 17; T. Aquinas, *Summa Theol.*, I, qu. 104, art. 2; Z. Ursinus, *Commentary on the Heidelberg Catechism*, qu. 27.

라고 불릴 수 있다면 그것은 무로부터의 창조를 뜻하는 본래적 의미가 아니라 "계속적 창조"의 의미로 이해되어야 한다. 절대로 잊지 말아야 할 것이 있는데, 창조의 하나님과 섭리의 하나님은 동일한 분이며, 전능하시고 편재하시는 하나님의 능력이 창조와 섭리에서 동일하게 역사한다는 사실이다. 창조와 보존의 차이는 하나님의 존재 자체에서 유래한 것이 아니라, 단지 하나님이 피조물들에 대해 가지시는 관계에서 유래한 것이다. 창조는 존재하지 않는 것들을 존재케 하며, 보존(preservation)은 하나님이 자신의 존재와 구별된 실존을 허락받은 피조물들을 부르셔서 자신의 목적을 위해 사용되게 하시는 것이다. 창조는 존재를 산출하고, 보존은 존재를 지속시킨다. 이 모두는 우리의 이해를 까마득하게 뛰어넘는 신비다. 그리스도인은 모든 피조물이 그 실존을 하나님으로부터 받는다는 것을 믿을 뿐만 아니라, 실존하는 피조물로서 그 실재, 자유, 진실성이 증가할수록 하나님에 대한 의존성도 증가한다는 것을 믿는다. 하나님이 우리 안에 더욱더 거하실수록 우리의 완전함도 보다 더 커진다. 이런 의미에서 보존은 창조보다 더 위대한데, 피조물들에 대한 하나님의 점진적이고 점증하는 자기전달이 바로 보존이기 때문이다.

[305] 하나님의 섭리는 보통 "협력"이라고 불리는 교리로서, 제2원인이나 인간의 책임을 폐기하지 않는다. 여기서 우리가 고려하는 것은 "발전"인데, 이것은 혼돈이나 순수 가능태가 아니라 이미 만들어진 세계, 곧 우주로부터만 나올 수 있다. 인간은 힘없는 아기가 아니라 성인으로 세상 앞에 놓였다. 창조세계는 통일성 안의 다양성으로, 각 피조물은 각각 발전할 수 있는 법칙들과 원리들을 포함하는 고유한 본성과 함께 만들어졌다. 하나님은 모든 피조물에게 질서를 주셨는데, 이는 위반할 수 없는 법칙이다(시 148:6). 이것은 하나님의 경륜에 기초해 있고, 크고 작은 것들 가운데서 나타나는 설계다. 이 모두가 만군의 주님으로부터 온다. 하나님의 경영은 기묘하며 그 지혜는 광대하다(사 28:23, 29). 따라서 세계가 존재들의 원인들을 태중에 품고 있다고 말할 수도 있다. "어머니가 아직 태어나지 않

은 자식을 태중에 품고 있는 것처럼, 세계 자체도 아직 태어나지 않은 존재들의 원인들을 태중에 품고 있다. 이 원인들을 유일하게 창조할 수 있는 최고의 본질 안에서는 아무것도 태어나지도 죽지도 않으며, 존재하기를 시작하지도 그치지도 않는다."[121] 이 신적 협력은 모든 피조물과 모든 사건을 망라하는 하나님의 적극적이고 직접적인 뜻에 기초한다. 모든 것이 하나님 안에서 함께 존재하고 산다(행 17:28; 골 1:17; 히 1:3). 하나님이 제2원인들을 통해 역사하신다는 말은, 제2원인들이 하나님과 결과 및 그 귀결들 사이에 개입한다는 것을 의미하지 않는다.

이런 이유에서 기적은 자연법칙의 위반이 아니며, 하나님은 창조된 자연 세계의 일상적 질서를 유지하시는 데 많은 관심을 가지신다. 기적을 행하실 때 하나님은 단지 특별한 힘을 실행시키시는 것뿐인데, 이 힘은 다른 모든 힘과 마찬가지로 그 고유한 특성에 따라 작용하며, 따라서 그 고유한 결과를 가져온다. 하나님은 창조하실 때 사물들 안에 자신의 법들을 세우셔서 그것들이 서로 연결되어 질서를 이루도록 하셨다. 여기서 우리는 단순히 기계적 인과성으로 환원할 수 없는 "인과성"을 말할 수 있을 것이다. 창조세계 안에는 법칙들과 관계들이 다양한 영역에 걸쳐 존재하며, 우리는 이런 차이를 존중해야 한다. 도덕적이고 지적인 관계들은 가족과 시민적 삶과 같은 사회기관들이 그런 것처럼 그 나름의 구조와 법칙을 갖고 있다. 섭리 안에서 하나님은 창조 때 존재케 하신 사물들을—무효화하시는 것이 아니라—존중하시고 발전시키신다. "신적 섭리는 사물들의 본성을 파괴하는 것이 아니라 [그 본성을] 보존하도록 작용한다."[122] 따라서 하나님은 천사를 다스리실 때는 이러한 방법을, 사람을 다스리실 때는 저러한 방법을, 그리고 동식물을 다스리실 때는 또 다른 방법을 사용하신다. 각각의 경우에 하나님은 갖가지 피조물을 자신의 경륜을 성취하고 자신

---

121) Augustine, *The Trinity*, III, 9.
122) T. Aquinas, *Summa Theol.*, II, 1, qu. 10, art. 4.

의 목표에 도달하기 위한 수단으로 사용하신다. 기독교는 창조세계의 자연 질서를 긍정하면서 과학을 격려하고 과학을 가능하게 했다.[123] 자연을 신격화하거나 그것에 매혹당하면 과학적 진보를 이룰 수 없다. 기독교는 창조주와 피조물을 존재론적으로 분리함으로써 자연에 대한 연구를 신성모독이나 신에 대한 공격으로 느끼지 않도록 만들었다. 그뿐 아니라 기독교는 사람들을 자연 숭배와 온갖 두려움에서 해방했고, 자연에 대한 청지기적 책임과 함께 자연과 대면하는 독립된 지위를 그들에게 부여했다.[124] 신자는 오직 하나님 앞에서만 엎드리며, 다른 어떤 피조물에게도 그렇게 하지 않는다.

이것은 운명론적 체념이 아니다. 그렇다고 우리의 정당한 책임감이 인간의 능력을 지나치게 신뢰하는 오만을 위한 핑계가 되어서도 안 된다. 우리는 어린아이와 같이 하나님께 복종하고 하나님께 대한 섬김으로서 땅에 대한 다스림을 행사하도록 부름 받았다. 크롬웰의 다음과 같은 말이 참된 경건을 가르쳐준다. "하나님을 신뢰하고 만일을 대비하라." 이것은 하나님의 주권적이고 섭리적인 다스림과 인간의 책임을 존중한다. 섭리는 목적인을 인정하는 동시에 제2원인 또는 작용인도 존중한다. 범신론에는 진정한 원인들이 존재하지 않는다. 창조된 것들의 범주 안에 있는 제2원인들은 제1원인, 즉 하나님과 동일시된다. 하나님은 실질적으로나 형식상

---

123) "역설적으로 들릴지 모르지만, 근대 자연과학의 기원은 기독교에 있다"(E. H. DuBois-Reymond, *Culturgeschichte und Naturwissenschaft* [Leipzig: Veit, 1878], 28).

124) "히브리인들은 세상을 두려워하지 않고, 오히려 군주적 자기의식을 갖고 세상에 대한 두려움 없이 그것을 마주했을 뿐만 아니라, 또한 최고의 책임감을 가지고서 세상을 대면했다. 사람은 하나님의 대리인으로서 세상을 다스리되, 하나님의 대리인으로서만 다스린다. 사람은 자의적 충동이 아니라 하나님의 계시된 뜻만 따라야 한다. 그에 반해, 이교도는 세상에 대한 주제넘은 남용과 자연의 힘에 대한 유아적 두려움 사이를 배회했다"(R. Smend, *Lehrbuch der alttestamentlichen Religionsgeschichte* [Freiburg i.B.: Mohr, 1893], 453).

으로나 발생하는 모든 것의 주체이고, 따라서 죄의 주체이시기도 하다. 범신론에 따르면 현상들과 재현들만 있을 뿐이고, 이 현상들 배후에 있는 유일한 실재, 능력, 실체는 하나님 자신이다.[125] 반면에, 이신론에는 진정한 제2원인들이 없다. 왜냐하면 제1원인이 원래의 창조에만 국한되기 때문이다. 펠라기우스주의에서 하나님은 원래의 창조된 가능성(*posse*)에만 포함되어 있고, 인간 피조물의 원함(*velle*)과 행함(*facere*)에서는 전적으로 배제된다. 반(半)펠라기우스주의(그리고 신인협력설[synergism])에서는 제1원인과 제2원인이, 마치 두 마리 말이 마차를 끄는 것처럼 함께 역사하는 동반 원인으로 간주된다. 한 말이 다른 말보다 힘이 셀지라도 말이다. 그러나 성경은 하나님이 모든 것을 이루시기 때문에 피조물은 하나님의 손안에 있는 도구일 뿐이라고(사 44:24; 시 29:3; 65:10; 147:15ff.; 마 5:45; 행 17:25 등) 말할 뿐 아니라, 섭리는 창조와 구별되며 피조물의 존재와 자기활동을 전제한다고도(창 1:11, 20, 22, 24, 28 등) 말한다. 기독교 신학이 가르치는 바에 의하면, 제2원인은 제1원인인 하나님께 전적으로 종속되지만, 그럼에도 여전히 참된 원인들이다. 하나님은 제2원인을 가능케 하시고, 제2원인의 시작과 진행과 끝에 자신의 존재로 현존하신다. 하나님이 [우리 안에서] "행하사" "자기의 기쁘신 뜻을 위하여…소원을 두고 행하게 하신다"(빌 2:13). 제1원인과 제2원인들은 여전히 구별되어 존재한다. 제1원인은 제2원인들을 파괴하지 않고, 제2원인들은 제1원인의 결과로서만 존재한다. 제2원인들은 그 나름의 본성, 힘, 자발성, 작용방식과 법칙을 지닌 진정한 원인들이다. "사탄과 악인들은 그들 자신을 위해 행동하지 못하는 단순한 하나님의 도구들이 아니다. 우리는 하나님이 불의한 사람에게 역사하실 때 그를 돌이나 나무조각처럼 취급하신다고 생각해서는 안 되고, 하나님이 그에게 주신 그 자신의 본성적 특성을 따라 사고하는 피조물로서 사용하신다고

---

125) 참조. J. Kleutgen, *Die Philosophie der Vorzeit vertheidigt*, 2nd ed., 2 vols. (Münster: Theissing, 1878), II, 336-347; C. Hodge, *Systematic Theology*, I, 592.

생각해야 한다. 따라서 우리가 하나님이 악인들 가운데서 역사하신다고 말할 때, 그것은 그들이 그들 자신을 위해 일한다는 사실을 배제하는 것은 아니다."[126] 하나님의 주권과 인간의 책임 모두를 공정하게 기술하기 위해서는 이런 구별을 분명히 해둘 필요가 있다.

[306] 통치는 섭리의 최종 목적으로서, 왕이신 하나님의 통치가 완성되는 것을 뜻한다. 이것은 섭리를 구성하는 세 번째 새로운 요소라기보다는 보존과 협력에 이미 내포된 것이다. 하나님은 왕이시고, 하나님의 섭리란 왕으로서의 다스림, 즉 통치를 뜻한다. "왕"을 "아버지"에 대립되는 것으로 생각해서는 안 된다. 신구약 성경 전체가 "왕"과 "아버지"를 하나님의 이름으로 사용한다(시 103편; 사 64:8; 말 2:10; 마 6:10, 13, 33; 딤전 1:17; 6:15; 계 19:6 등). 하늘과 땅에 존재하는 모든 "부성"(patria)의 이름은 우리 주 예수 그리스도의 아버지이신 분에게서 유래한다(엡 3:14-15). 하나님을 "왕"으로 묘사하는 것은 전적으로 타당하다. 우주의 통치는 민주제도 아니고, 귀족제도 아니고, 공화제도 아니고, 입헌제도 아니고, 다만 군주제다. 하나의 분리되지 않는 입법, 사법, 행정권이 하나님께 속한다. 하나님의 주권은 본래적이고, 영원하고, 무한하고, 지극히 복되다. 하나님은 만왕의 왕이시고 만주의 주시다(딤전 6:15; 계 19:6). 하나님은 자신의 통치로 세상을 보존하시고 흔들리지 않게 견고히 세우신다(시 93:1). 하나님은 빛과 어둠을 정하시고(시 104:19-20), 비가 내리고 그치게 명하시고(창 7:4; 8:2; 욥 26:8; 38:22ff.), 눈과 서리와 우박을 주시고(시 147:16), 바다를 꾸짖어 잠잠하게 하시고(나 1:4; 시 65:7; 107:29), 저주와 파멸을 내리신다(신 28:15ff.). 이 통치는 포괄적이고 확정적이다. 어떤 반대도 하나님 앞에서 버텨낼 수 없다(시 93:3-4). 하나님의 나라는 반드시 임할 것이다(마 6:10; 고전 15:24; 계 12:10). 하나님은 반드시 온땅의 왕이 되실 것이며(슥 14:9), 그분의 나라는 영원하다

---

126) J. Calvin, *Treatises against the Anabaptists and Libertines*, trans. B. W. Farley (Grand Rapids: Baker Academic, 1982), 245.

(시 29:10; 딤전 1:17; 계 5:13; 11:15).

하나님의 통치를 받는 이성적 피조물에는 악도 포함되며, 그 악을 좋아하고 행하는 이들 역시 포함된다. 물론 하나님이 자신의 존재 전체로 죄를 미워하신다는 것은 모든 성경이 증언하는 바며(신 32:4; 시 5:4-6; 욥 34:10; 요일 5장), 또한 그분은 율법으로 죄를 금하시고 그에 대한 심판을 영원에서는 물론이고 시간 안에서도 행하신다. 이와 동시에 성경 전체는 죄가 하나님의 통치 아래 있다고 가르친다. 때때로 하나님은 죄를 미리 막으시고(창 20:6; 31:7), 악인들의 계획을 폐하시고(시 33:10), 시험에 저항할 힘을 주시고(고전 10:13), 또한 양심의 두려움과 불안으로 죄인을 억제하신다. 그러나 하나님이 항상 죄를 막으시는 것은 아니다. 하나님은 아담의 타락을 포함하여 인간의 갖가지 죄들을 "허용"하셨다. 하나님은 우리가 우리의 계획들을 따르도록 허용하시고(시 81:12; 행 14:16; 17:30), 사람들을 그들 자신의 정욕대로 내버려두신다(롬 1:24, 26, 28). 하나님이 죄를 지을 기회와 때를 만들고 조정하시는 것은 사람들을 시험하시고, 그들의 믿음을 강하게 하시고 확인하시거나, 아니면 그들을 벌주고 강퍅하게 하시기 위해서다(창 27; 출 4:21; 7:3 등; 대하 32:31; 욥 1장; 마 4:1; 6:13; 고전 10:13). 겉으로 보기에는 사람의 독단적 행위로 여겨지던 악행들이 결국에는 그 가운데 하나님의 손이 역사하고 있으며 하나님의 경륜 안에 포함되어 있는 것으로 드러난다(창 45:8; 대하 11:4; 눅 24:26; 행 2:23; 3:17-18; 4:28). 하나님은 토기장이며 인간은 진흙이다(렘 18:5ff.; 애 3:38; 사 45:7, 9; 64:7; 암 3:6). 하나님은 사람들을 그들 자신의 죄에 넘기시고, 그들의 죄악이 가득 찰 때까지 내버려두시고(창 15:16; 롬 1:24), 강력한 미혹의 영을 보내시고(살후 2:11), 많은 사람이 패하거나 흥하게 하기 위해 그리스도를 세우신다(눅 2:34; 요 3:19; 9:39; 고후 2:16; 벧전 2:8 등). 죄는 결코 하나님의 통제를 벗어나지 못한다. 하나님은 죄를 억제하시고, 제한하시고, 죄의 여세를 저지하시고, 심판을 통해 죄를 끝내기도 하신다(창 7:11; 출 15장; 마 24:22; 벧후 2:9). 하나님은 죄의 지속을 허용하실 때도 그것을 선도하셔서(잠 16:9; 21:1) 궁극적으로 그것이 하나님의 경륜을 성취하고 하나님의 이름이 영광을 받는 데 이바지하도록 하신다(창 45:7-8; 50:20; 시 51:4; 사 10:5-7; 욥 1:20-22; 잠 16:4; 행 3:13; 롬 8:28; 11:36). 때로는 신적 "허용" 을 말하는 것이 옳지만, 이것이 죄와 심판에 대한 하나님의 적극적인 주권 을 부인하는 식으로 이해되어서는 결코 안 된다.

죄(유죄로서의 악)와 마찬가지로, 고통(처벌로서의 악)도 하나님의 지배 아래 있다. 죽음은 하나님의 형벌이며 하나님의 명령으로 세상에 들어왔고 (창 2:17), 모든 재난과 역경, 슬픔과 고통, 환난과 심판이 하나님의 전능한 손에 의해 인류에게 임한다(창 3:14ff.; 신 28:15ff. 등). 신앙은 현재의 삶에서 언제나 죄와 형벌, 거룩과 복 사이에 존재하는 부조화와 씨름하는데(시 73 편; 욥기; 전도서), 신앙은 그 문제에 대한 "해결책"을 갖고 있지 않다. 신앙이 하는 일은 주님의 왕적 능력과 아버지 같은 사랑을 붙드는 것이다. 악인들 의 번영은 환상에 불과하지만, 의인들은 극심한 고난 가운데서도 여전히 하나님의 사랑과 은혜를 누린다(시 73편; 욥기). 신실한 자들의 고난은 흔히 그들 개개인의 죄가 아니라 인류의 죄에 그 원인이 있고, 그 목적은 인류 의 구원과 하나님의 영광에 있다. 고난이 이바지하는 여러 목적들에는 보 응(롬 1:18, 27; 2:5-6; 살후 1-2), 시험과 징계(신 8:5; 욥 1:12; 시 118:5-18; 잠 3:12; 렘 10:24; 30:11; 히 12:5ff.; 계 3:19), 강화와 확증(시 119:67, 71; 롬 5:3-5; 히 12:10-11; 약 1:2-4), 진리에 대한 증언(시 44:24; 행 5:41; 빌 1:29; 딤후 4:6-8), 그리고 하 나님을 영화롭게 하는 것(요 9:2) 등이 있다. 그리스도 안에서 고난은 영광 에 이르는 길이다. 모든 것은 하나님 나라를 세우고, 하나님의 속성을 계 시하고, 하나님의 이름을 영화롭게 하는 것으로 인도된다(롬 11:32-36; 고전 15:18; 계 11:15; 12:10 등).

섭리에 대한 우리의 탐구에는 여전히 많은 신비와 수수께끼가 남아 있 다. 그러나 하나님은 말씀의 빛을 이 모든 수수께끼와 신비에 비추시는데, 그 목적은 그것들을 해결하려는 것이 아니라 "우리로 하여금 인내로 또는 성경의 위로로 소망을 가지게" 하려는 것이다(롬 15:4). 섭리의 교리는 철학 적 체계가 아니라 신앙의 고백인데, 비록 표면적으로는 그렇게 보이지 않을지라도 오직 하나님이—그분의 전능하시고 편재하시는 능력으로—모든 것을 보존하시고 다스리신다는 것이다. 이 확신은 피상적 낙관론과 주제넘은 비관론으로부터 우리를 지킨다. 우리는 삶의 수수께끼를 부인하지 않으며 절망에 빠지지도 않는다. 하나님의 섭리는, 선은 물론이고 죄와 고난, 슬픔과 죽음에 이르기까지 모든 것을 아우른다. 평범하고 대수롭지 않고 괴로운 일에서는 하나님의 손길과 경륜을 보지 못하고, 중차대하고 기적적이고 선한 일에서만 그것들을 발견하는 신앙은 빈곤한 신앙이라 할 수 있다. 더욱이 스토아주의적 무관심이나 운명론적 체념을 참된 경건이라고 권하는 신앙에는 아무런 능력이 없다. 오히려 하나님의 전능하고 편재하는 능력은 우리로 하여금 형통할 때 감사하고 곤고할 때 인내하게 하며, 주님의 인도하심에 어린아이같이 복종하면서 신뢰하게 하는 동시에 무기력에서 깨어나 적극적으로 삶에 임하게 한다. 섭리는 삶의 모든 상황 속에서 신실하신 아버지 하나님이 우리의 육신과 영혼에 필요한 모든 것을 공급하실 것을 우리로 하여금 확신하게 할 뿐 아니라, 또한 이 암울한 세상에서 우리에게 보내시는 모든 역경을 하나님이 선으로 바꾸시리라는 믿음을 가지게 한다. 왜냐하면 하나님은 전능하셔서 이것을 하실 수 있고, 우리의 신실하신 아버지로서 그렇게 하기를 원하시기 때문이다.[127]

---

127) Heidelberg Catechism, Lord's Days 9 and 10, Q&A 26-28.

제3부
인간과 죄

제3부
인간과 죄

11장

하나님의 형상

인간의 기원

[279] 영적 세계와 물질적 세계의 결합체인 인류는 창조의 면류관이요 정점이다. 여섯째 날에(창 1:26ff.), 육지동물에 이어 남자와 여자로 창조된 인간은 동물과 유사성을 공유한다.

하지만 중요한 차이점도 있다. 동물들은 하나님의 명령에 따라 땅이 산출한 것이다(창 1:24). 하지만 인간은 신적 숙고를 거쳐 만물의 우두머리가 되도록 하나님의 형상으로 창조되었다. 이것은 창세기 1장과 2장의 창조 기사들에 의해 확인된다. 1장은 일반적 창조 역사를 제시하는데, 여기서 인류는 창조의 목표이자 종점이다. 2장은 무엇보다 인간 창조 및 다른 피조물에 대한 인간의 관계를 다룬다. 첫 번째 보도에서 인류는 창조의 면류관이고, 두 번째 보도에서는 역사의 시작이다. 창세기 1장은 창조 일반에 대해 더욱 상세하게 보도하고, 인류 창조는 간결하게 다룬다. 창세기 2장은 하늘과 땅의 창조를 전제하고, 주제순으로 창조 기사를 전개하며, 다른 피조물에 대한 인간의 관계를 묘사한다. 창세기 2:4b-9은 식물이 인간 이후에 만들어졌다는 것을 의미하지 않고, 다만 에덴동산이 그 사건 이후에 조성되었다는 것을 뜻한다. 마찬가지로 창세기 2:18ff.는 창조 사건의 객관적 과정을 묘사하려는 것이 아니라, 다만 남자를 돕는 배필을 동물 가운데서 발견할 수는 없으며, 그 자신과 같은 존재가 필요하다는 것을 보여주기 위한 것이다. 여자의 창조에 대한 묘사는 1장의 기사와 대립하는 것이 아니라, 그것에 대한 해설이다.

인간의 신적 기원은 교회와 신학의 역사에서 한 번도 의문시되지 않았다. 그러나 특별계시 밖에서는 온갖 추측들이 난무한다. 여러 이교 전설들은 인간 창조를 신들이나 반(半)신들에게로 돌린다.[1] 다른 이들은 인간이 땅에서 자생적으로 출현했다거나 또는 다른 어떤 동물에서 진화했다고 주장하며, 또는 어떤 나무의 열매라고 생각하기도 한다. 성경 계시를 벗어나서 제안된 인간의 기원에 대한 수많은 대안적 추측들 가운데 오늘날 지배적인 것은 자연선택에 의한 진화라는 다윈의 가설이다. 여기서 기독교가 반대하는 것은 그리스 철학에까지 거슬러 올라가는 발전 개념 자체가 아니라, 다윈의 가설이 지지하는 자연주의와 유물론이었다. 다윈이 명성을 얻은 이유는 비단 인간과 동물의 유사성을 보여주는 수많은 관찰 때문만이 아니라, 그가 그러한 관찰들을 인간이 동물 조상의 후예라는 가설에 잘 적용할 수 있게 만들어주었기 때문이었다. 다윈의 논지, 아니 가설은 이것이다. 종(species)은 항구적 속성을 갖지 않고 가변적이다. 고등한 생물은 모두 더 낮은 생물에서 진화했고, 따라서 인간은 고등한 원숭이에서 진화했다. 모든 유기물은 결국 순전히 기계적이고 화학적인 법칙의 지배 아래 무기물로부터 발생했다. 이것을 수행하는 진화 메커니즘은 "자연선택"이라고 불리는데, 이것은 자연이 생존과 번식에 가장 적합한 종을 선택하는 과정이다. 물론 이 가운데 어느 것도 증명될 수 없으며, 다만 생물들 사이에 존재하는 유사성, 돌연변이의 가능성과 다음 세대로의 속성 전달, 발생학과 고생물학적 기록에 기초한 가정과 추측일 뿐이다.

[280] 이 이론은 성경을 믿는 자들에게뿐 아니라, 보다 광범위하게 자

---

1) Hesiod, *Works and Days*, I, 23-25; Ovid, *Metamorphoses*, I, 82ff., 363ff.

연과학자들과 철학자들에게도 심각한 반대를 받았다. 19세기 말에 인류의 지성계는 현저한 변화를 경험했다. 자연과학, 문화, 기술에서 수많은 괄목할 만한 성과를 거두었지만 인간의 마음은 만족되지 못한 채 남겨졌고, 결과적으로 지성주의에서 신비주의로, 정밀과학에서 철학으로, 기계론(mechanicism)에서 역동론(dynamism)으로, 죽은 물질에서 살아 있는 힘으로, 무신론에서 범신론으로 돌아섰다. 일원론적 사유는 결국 유물론이 물질과 힘을 통해 이원론을 극복하지 못했음을 인정하게 되었고, 철학적 관념론은 물질과 자연 전체가 애초에 우리에게 관념의 형태로 주어진다는 통찰을 내놓았다. 자연주의와 유물론이 영적 파산을 드러냄에 따라, 이 신비주의적이고 심지어 범신론적이기까지 한 새로운 영성도 다원주의를 신뢰하지 않았다. 다원주의에 대한 비판은 적어도 다음 네 가지 요소를 포함한다.

첫째, 유전론은 생명의 기원을 적절히 설명하는 데 전적으로 무능한 것으로 판명되었다. 무기물의 우연한 결합이 유기물을 산출할 수 있었을 것이라는 주장(*generatio aequivoca*; "모호한 발생")은 지지될 수 없다는 것이 파스퇴르에 의해 판명되었다. "생명의 씨"(미생물이나 원형질)가 다른 행성에서 운석을 통해 왔다거나(Helmholtz, Thomson), 세포나 미생물은 영원하다고 하는 일련의 설명들은 모두 정신이나 마음을 만족시키는 데 실패하고 일종의 절망을 보여준다.[2] 이에 따라 많은 자연과학자들이 생기론(vitalism)으로 돌아갔다. 둘째, 다원주의는 유기적 존재들의 후속 발전을 설명할 수 없다. 성경은 피조물의 본질적 다양성과 차이가 하나님의 창조적 전능성에 기초한다고 가르치는 데 반해, 다원주의에서는 피조물에, 특히 유기적 존재들 안에 존재하는 이 다양성과 차이가 수수께끼로 남는다.

---

2) Edmund Hoppe는 "Geist oder Instinkt", *Neue kirchliche Zeitschrift* (1907), 39에서 이렇게 옳게 지적했다. "다원주의는 진화이론에 대한 설명을 제공하길 중단했다. 다원주의를 대신해 물질의 정신화(精神化)가 등장했고, 그때! 진화는 구출되었다."

이런 다양성이 단일 유기체나 심지어 네다섯 개의 원시 유기체들에서 나올 수 없다는 것은 점점 더 인정되고 있다.[3] 종은 형태학적으로도 생리학적으로도 너무 큰 차이를 보인다. 한 종에서 다른 종으로의 전이는 전혀 관찰된 적이 없고, 자연선택과 자웅선택은 그런 것들을 가능케 하기에 충분하지 않은데, 이는 또한 획득된 형질이 유전되는지도 확실하지 않기 때문이다. 다윈의 진화론과 정반대로, 형태학적 특성은 가장 덜 가변적이다. 만약 형태학적 변화가 느리게 발생하고 매번 그렇게 보잘것없다면, 그런 변화는 전이가 발생할 때 도움이 되기보다는 오히려 장애일 것이다. 예를 들어 아가미 호흡에서 폐 호흡으로 전환할 때 그 과정 자체는 생존경쟁에 도움이라기보다는 오히려 장애일 것이다. 따라서 자연과학자들은 성급하고 교조적인 판단을 자제하는 것이 좋을 것이다. 다윈주의는 역사적으로도 논리적으로도 실험과학이 아닌 철학의 결과다. 다윈 자신도 그가 제시했던 견해 중 여럿이 상당히 사변적이라는 점을 인정했다.[4]

다윈주의는 특히 인간의 기원에 대한 질문을 해결할 수 없다. 그것은 인간이 동물 조상에게서 나왔다는 결정적인 확증을 제공하지 못한다. 개체발생학(ontogeny)[5] 또는 인간 뼈와 두개골의 화석기록에 기초한 논증들

---

3) "단일 계통발생학을 지지하는 증거는 전무하다"(Erich Wasmann, *Biology and the Theory of Evolution*, trans. A. M. Buchanan, 3rd ed. [St. Louis: B. Herder, 1923], 291).

4) Charles Darwin, *The Descent of Man* (New York: D. Appleton and Co., 1871), 620.

5) 편집자 주—"개체발생은 계통발생을 되풀이한다." 개별유기체의 배아발달(개체발생)은 해당 종의 진화역사(계통발생)를 따른다는 이론이 1866년 독일 동물학자 Ernst Haeckel에 의해 제안되었다. (참조. *The History of Creation, or, The Development of the Earth and Its Inhabitants by the Action of Natural Causes* [Naturliche Schopfungsgeschichte], trans. and rev. E. R. Lankester, 2 vols. [New York: D. Appleton, 1883]); idem, *The Riddle of the Universe at the Close of the Nineteenth Century*, trans. Joseph McCabe (New York: Harper & Brothers, 1900). 오늘날 문자적 형태로의 이 이론은 설득력을 상실했으나, 이 이론을 지지하는 자들은 여전히 존재한다; Stephen Jay Gould, *Phylogeny and Ontogeny* (Cambridge MA: Belknap Press,

은 과도적인 형태들의 부재로 허우적대고 있다. 인간과 동물 사이에는 본질적 차이가 존재한다. 더 치명적인 것은 다윈주의가 우리 인류의 정신적 차원을 설명하는 데 철저히 실패한다는 것이다. 모든 인간적인 정신 현상(의식, 언어, 종교, 도덕성 등)을 동물에게서 나타나는 현상들로부터 도출하려는 시도는 그다지 성공적이지 못했다. 운동의 기원, 생명의 유래, 목적론과 마찬가지로, 인간의 의식, 언어, 의지의 자유, 종교, 도덕성도 여전히 해결되어야 할 수수께끼다. 정신이 뇌에 대해 갖는 관계는 담즙이 간에 대해 갖는 관계나 소변이 신장에 대해 관계와는 전혀 다르다. 막스 뮐러(Max Müller)가 말한 대로, 언어는 인간과 동물 사이에 놓인 루비콘 강이고 또 앞으로도 그럴 것이다. 종교에 대한 심리학적 설명은 유지될 수 없고, 도덕성을 단지 인간의 사회적 본능에서만 도출하는 것으로는 선, 양심, 책임성, 죄의식, 후회, 가책, 처벌의 당위성을 설명하지 못한다. 이렇게 다윈주의는 유물론으로 흐르는 경향이 있고, 거기서 가장 중요한 지지를 발견하며, 따라서 종교와 도덕을 전복하여 우리의 인간성을 파괴한다. 만일 우리가 타락한 인간으로서 그럼에도 "하나님의 형상을 지닌 존재"인 것이 아니라 단지 고등동물에 불과하다면, 우리는 책임 있고, 종교적이고, 도덕적인 존재라는 자리에서 격하된 것이다. 이런 진화의 관점에서는 하나님의 형상으로서의 인간이라는 주장은 견지될 수 없다. 진화론은 결국 우리를 성경이 제시하는 창조로 되돌려놓는다.

[281] 진화론은 인류의 연대, 통일성, 원거주지에 관해서도 성경과 충돌한다. 세계의 많은 민족이 인류의 연대를 아주 길게 잡는다. 인류 역사에 다수의 세계 시대(world ages)가 존재했다고 말하는 이들도 있고, 인류의 연대가 수십만 년 이상이라고 주장는 이들도 있다. 근대 인류학은 이처럼 확정되지 않은 동화 같은 수치를 다시 소개한다. 이 숫자들은 일만 년

Harvard University Press, 1985)을 보라.

에서 오십만 년, 그리고 그 이상을 오간다.[6] 진화론을 진지하게 받아들여서, 아주 작은 색소 점이 인간의 눈으로 발전하거나 원래의 신경 세포체가 포유동물의 뇌로 발전하는 데 시간이 얼마나 걸릴지 계산하고, 그 다음에 지구상의 모든 생명체들에게 이 수치를 적용할 때 추정되는 결과치는 실로 상상을 초월한다. 다윈 자신은 『종의 기원』(*Origin of Species*) 초판에서 지구상에 생명체가 존재한 기간이 3억 년이라고 했으며, 다른 학자들은 훨씬 더 오랜 연대를 주장했다.[7] 보다 최근에는 천만 년에서 일억 년 사이―여차 하면 수정되는 매우 불확실한 추정치[8]―로 그 수치가 좁혀지는 데, 결과적으로 인류의 발생이 생명의 기원에 좀 더 근접하게 되었다. 지질학에 기초한 계산은 가설적이고 결코 확실하지 않다. 지질학 자료는 문제에 대한 해결책이 될 수 없다.

하지만 우리는 다양한 민족들, 특히 이집트와 바빌론의 역사와 유적들이 제공한 몇몇 연대기적 정보들을 갖고 있다. 성경 자체가 가르치는 것처럼, 여기서 우리가 갖고 있는 정보들은 의심할 바 없이 우리가 역사에서 가능한 한 가장 먼 과거로 돌아갔을 때 존재하던 고대 문명들에 대한 것이다. 그러나 이 연대기는 상당히 불확실하기 때문에 그것에 지나치게 의존해서는 안 된다. 연구자들이 그것을 안내자로 삼는 것은 실타래 없이 미로에 뛰어드는 것과 같다. 우리는 이스라엘 민족의 경우에서만 실제로 역사와 연대기를 말할 수 있다. 주전 첫 번째 천년기의 연대는 상당히 잘 규명되어 있고, 때로는 세부사항까지도 확증된다. 주전 제2천년기와 관련해 우리에게 주어진 확고한 기준은 단 몇 개뿐이다. 제3천년기, 즉 주전

---

6) 예를 들어 A. R. Wallace는 오십만 년으로 말했다. James Orr, *God's Image in Man and Its Defacement in the Light of Modern Denials* (London: Hodder & Stoughton, 1906), 166.

7) Hugo de Vries, *Species and Varieties*, ed. Daniel Trembly MacDougal, 2nd ed., corr. and rev. (Chicago: Open Court, 1906), 14; 참조. J. Orr, *God's Image in Man*, 176.

8) J. Orr, *God's Image in Man*, 168.

2,000년 이전에 대해서는 모든 것이 불확실하다.[9] 성경의 연대에 관해서는 학자들이 합의에 도달하는 것이 요원하다는 사실을 염두에 두고서, 우리가 접근할 수 있는 시기는 주전 5천 년에서 7천 년을 넘지 못한다.

[282] 성경이 인류의 통일성을 가르친다는 사실에는 의심의 여지가 없다(창 1:26; 6:3; 7:21; 10:32; 마 19:4; 행 17:26; 롬 5:12ff.; 고전 15:21ff., 45-46). 모든 인간이 하나의 포괄적 집단(systema politikon)을 형성했다고 가르치면서 그에 따라 보편적 정의와 사랑을 선언한 스토아 학파를 제외하고는,[10] 이 가르침이 계시의 범위 밖에 살았던 민족들에 의해 인정된 적이 거의 없었다. 그리스인들은 교만하게 "야만인들"을 멸시했고, 인도의 민족들은 각기 다른 기원을 가진 네 개의 계급들(castes)을 만들어냈다. 르네상스 이후에 인류의 다양한 기원에 대한 견해가 진정한 다수기원론(polygeneticism)의 형태로, 또는 다양한 조상에게서 다양한 인종의 혈통이 유래했다는 복수(複數) 아담론(coadamitism)으로, 또는 아담이 유대인 또는 백인의 조상이었던 반면에 아담 이전의 조상으로부터 검은 피부를 가진 야만족들이 유래했다고 주장하는 전(前) 아담론(preadamitism) 등으로 다시 나타났다.[11] 다수 기원에 대한 견해가 더 그럴듯하게 된 것은 18세기에 세계의 민족들에 대한 지식이 널리 퍼지고, 사람들 간에 피부색, 머리카락, 골격, 풍습 등에서 엄청난 다양성이 있다는 것을 깨닫게 되면서이다. 1860년 이

---

9) F. Hommel, *Geschichte des alten Morgenlandes* (Leipzig: Göschen, 1895), 38.

10) E. Zeller, *Die Philosophie der Griechen*, 3 vols. (Leipzig: Fues [O. R. Reisland], 1879-1920), IV, 287ff.

11) 이 가운데 마지막 견해를 피력한 Isaac de la Peyrère는 1655년에 *Praeadmitae*라는 표제와 *Systema theologiae ex praeadamitarum hypothesi*라는 부제가 붙은 작은 책을 (저자, 인쇄업자, 장소를 언급하지 않고) 출판했다. 이 책에서 Peyrère는(창 4:14, 16-17; 6:2-4에 호소하여) 아담 이전에도 사람들이 존재했고, 아담 이전 사람들은 자연법은 범했으나 아담과 달리 하나님의 실정법은 범하지 않았다고 주장했다. 그의 견해는 Bayle, Arnold, 그리고 Swedenborg에 의해 명맥이 이어졌고, Wilberforce에 맞서 노예제도를 변호하는 데 사용되었다.

후에 다윈주의는 이 견해들에 덧붙여졌고, 많은 다윈주의 지지자들은 다수기원론자들이 되었다. 다윈주의 안에 있는 변이성 이론이 단일기원론(monogeneticism)을 옹호하는 데 아주 잘 사용될 수 있었을 텐데도 말이다. 다윈주의는 인류의 기원과 연대에 관한 질문을 해결할 수 없다. 동물에서 인간으로의 전이 기간은 너무 길기 때문에 "첫 번째 인간"이라는 것은 사실상 존재하지 않는다.

인류 안에 다양한 민족과 인종이 존재한다는 사실은 의심의 여지 없이 중요한 문제지만, 우리는 이 문제에 대한 해답에 접근조차 못하고 있다. 피부색, 머리카락, 두개골, 언어, 사상, 종교, 풍습, 관습 등에서의 차이가 너무 크고 또한 한 인종의 전지구적 확산―예를 들어 남태평양의 섬들과 아메리카로―에 대해서 알려진 바가 없기에, 민족들의 다양한 기원에 대한 생각은 전혀 우리를 놀라게 할 수 없다. 성경은 인류의 발전에 개입하신 하나님의 행위(창 11장)가 이 변화를 초래했다고 우리에게 가르친다. 가장 중요한 것은 이러한 확산과 다양성이 심오한 종교적·윤리적 의미를 갖고 있다는 사실이다. 고립과 언어 차이의 강화는 지적·영적 쇠퇴로 이어진다. 언어의 혼란은 생각과 의식과 삶의 혼란이 빚은 결과다. 그러나 이처럼 분열되고 깨어졌음에도 인류의 통일성은 보존되었다. 언어학에 대한 우리의 지식이 향상되면서, 우리는 과거에는 생각지도 못했던 유사성과 기원의 통일성을 언어들 사이에서 점점 더 발견한다. 다양한 언어들을 배타적으로 분리시키는 것은 불가능해 보인다. 따라서 창세기 10장은 모든 다양성에 맞서서 인류의 통일성을 견지하는데, 요한 폰 뮐러(Johann von Müller)는 "모든 역사는 이 장에서 시작해야 한다"고 올바르게 지적했다.

여기서 다윈주의는 공통의 기원에 대해 아무런 이의를 제기할 수 없고, 오히려 해당 종 내에서의 광범위하고 다양한 변화를 여러 외적 영향의 결과로 설명할 수 있는 개념적 틀을 제공한다. 인종들 간의 차이가 얼마나 크든지 상관없이, 보다 깊은 통일성과 유사성이 존재한다는 점은 명백하다. 서로 다른 인종 간에 결혼을 해도 생식 가능한 자녀를 낳을 수 있고, 생리적이고 사회적인 특성과 실천을 공유하며, 또한 많은 지적·종교적·도덕적·사회적·정치적 차원에서 공통점을 갖는다. 성경이 가르치는 인류의 통일성은 이 모든 것에 의해 강력하게 확증된다. 이러한 통일성을 확인하는 일은 지엽적인 것이 아니라 지극히 중대한 문제다. 이것이야말로 종교와 도덕의 전제이기 때문이다. 인류의 연대, 원죄, 그리스도 안에서의 속죄, 하나님 나라가 가지는 보편성, 교회의 보편성, 그리고 이웃 사랑과 같은 덕목들이 모두 인류의 통일성에 기초해 있다.

[283] 마지막으로 인류의 원거주지에 대해서도 의견 차이가 있다. 창세기 2장은 하나님이 아담을 창조하신 후에 에덴에 동산을 창설하셨다고 말한다(2:8). 따라서 "에덴"(עֵדֶן, 기쁨, 기쁨의 땅)은 낙원과 동일한 것이 아니며, 동산(LXX, παράδεισος)이 조성된 지역을 부르는 이름이다. 그때부터 낙원은 "에덴동산"(창 2:15; 3:23), "하나님의 동산"(겔 31:8-9), "여호와의 동산"(사 51:3)이라고 불렸고, 때로는 "에덴"과 동일시되었다(사 51:3; 겔 28:13; 31:9). 동산에서 흘러나오는 강은 네 근원 또는 줄기로 갈라지는데, 그 이름은 "비손", "기혼", "힛데겔", "프라트"(MT)였다. 마지막 두 강은 티그리스와 유프라테스지만, 처음 두 강에 대해서는 늘 의견이 분분했다. 어떤 이들은 에덴동산을 풍유적으로 해석했고,[12] 에우구비누스(Eugubinus, 1550년 사망)라 불리는 구비오의 아우구스티누스 스테우쿠스(Augustine Steuchus of Gubbio) 이전까지는 대부분의 사람들이 에덴동산의 지리적 위치를 확정하기를 꺼렸다. 에우구비누스는 자신의 『세계 창조론』(Kosmopoiia, Lyon, 1535)에서 하나의 가설을 전개했는데, 그에 따르면 네 강은 이른바 티그리스-유프라테스라는 거대한 강의 어귀들이며, 따라서 낙원은 현재 쿠르나(Qurna, Corna)라 불리는 도시 근방에 위치해 있다. 로마 가톨릭과 개신교 학자들은 모두 이 제안을 열렬히 받아들였다. 17세기 중반 무렵에 제안된 이른바 아르메니

---

12) Augustine는 낙원에 대해 세 가지 견해가 있다고 말했다; Augustine의 *Literal Meaning of Genesis*, VIII, 1을 보라.

아 가설(Armenia hypothesis)은 강들이 훨씬 더 북쪽에, 즉 아르메니아에 위치했을 가능성이 있다고 주장했다. 반면 프리드리히 델리치는 『낙원은 어디에 있었는가?』(*Wo lag das Paradies?*, Leipzig: Hinrichs, 1881)라는 자신의 책에서 낙원의 위치를 더 남쪽인 바빌론 지역으로 추정했다. 다른 이들은 이 기사가 전설이며, 비손과 기혼은 본래 인더스(Indus) 강과 옥서스(Oxus) 강을 나타낸다고 생각했고 미하엘리스(J. D. Michaelis), 크노벨(Knobel), 분젠(Bunsen), 에발트(Ewald), 그리고 또 다른 이들은 그것이 신화이며, 그 안에서 "하윌라"(Havilah)는 전설의 황금 대륙을 나타내고 기혼은 갠지스 강이나 나일 강을 나타낸다고 생각한다.[13]

대부분의 인류학자와 언어학자는 더 이상 창세기 2장을 고려하지 않고, 인류의 원거주지로 다양한 곳들을 언급한다. 그러나 그들의 견해는 전혀 일치하지 않으며, 사실상 모든 지역에 원거주지의 명예를 부여했다. 이와 관련해 많은 학자가 인류의 단일한 원거주지를 가정하지 않고 동물에서 사람으로의 진화가 지구의 여러 지역에서 발생했다고 믿으면서, 다원주의를 다수기원론과 결합시킨다(예를 들어 Haeckel과 다른 이들). 이러한 추측들은 과학이 이 부분에 대해 확실성을 갖고 말할 수 없다는 것을 보여주는 표지다. 인종학, 언어학, 역사, 자연과학은 인간의 원거주지로 아시아를 선택하는 것을 지지하는 정보를 제공해주며, 이러한 선택은 성경의 가르침과도 완벽하게 조화를 이룬다. 우리는 아시아에서 가장 오래된 민족들, 가장 오래된 문명, 가장 오래된 언어들을 발견한다. 고대의 역사 전체가 이 대륙과 연결된다. 유럽, 아프리카, 오스트레일리아와 아메리카의 인구가 이 지역으로부터 유입되었다. 이와 관련해 아직 답하지 못하는 많은 의문이 존재한다. 그러나 이 무지는 아시아가 인류의 요람이라는 성경의 가르침을 뒤엎을 이유가 되지 못한다. 낙원과 에덴의 위치에 대한 다양한

---

13) H. Zimmern, *Biblische und babylonische Urgeschichte*, 2nd ed., 2 vols. (Leipzig: J. C. Hinrichs, 1901)와 그의 창세기 주석을 보라.

견해는 정확한 위치 선정이 우리의 능력 밖에 있다는 점을 시사하지만, 성경과 과학은 한 목소리로 우리가 사람의 원거주지를 아시아에서 찾아야 한다고 증언한다.

인간의 본질

[284] 인간은 하나님 형상의 담지자로서, 하나님의 모양대로 창조되어 본래 의롭고 거룩한 존재다. 온 세계가 하나님의 속성들과 완전함들을 계시하고, 모든 피조물은 저마다의 방식으로 하나님의 생각을 구현한다. 그러나 오직 인간들만이 하나님의 형상이고 창조 전체의 머리와 면류관이며, "작은 신"($\mu\iota\kappa\rho o\theta\varepsilon o\varsigma$)인 동시에 "소우주"($\mu\iota\kappa\rho o\kappa o\sigma\mu o\varsigma$)다. 이교도들조차 이를 인정했고 사람이 신의 친족이며 소생이라고 말한다. 게다가 대부분의 민족들이 신들과 충만한 교제를 누리던, 순수와 지복의 황금시대에 관한 전승을 가지고 있다. 이 이야기들은 헤시오도스(Hesiod), 오비디우스(Ovid), 베르길리우스(Virgil) 같은 시인들에 의해 노래되었고, 또한 철학자들에 의해 인정되었다. 그러나 사람이 하나님을 닮은 존재라는 교리에 충만하고 참된 빛을 비춰주는 것은 오직 성경뿐이다. 첫 번째 창조 내러티브는 하나님이 인류를 자신의 형상과 모양대로 창조하셨다고 우리에게 말해준다(MT: בְּצַלְמֵנוּ כִּדְמוּתֵנוּ; LXX: $\kappa\alpha\tau'\ \varepsilon i\kappa o\nu\alpha\ \dot{\eta}\mu\varepsilon\tau\varepsilon\rho\alpha\nu\ \kappa\alpha\iota\ \kappa\alpha\theta'\ \dot{o}\mu o\iota\omega\sigma\iota\nu$; Vulg: *ad imaginem et similitudinem nostram*, 창 1:26-27). 이것은 창세기 5:1과 9:6에서 다시 확인되고, 시편 8편과 전도서 7:29에서 노래된다. 그 외에 구약성경은 본래의 온전한 상태(*status integratis*)에 대해 거의 말하지 않는다. 신약성경에서 이 주제를 직접 언급하는 곳은 인간이 "하나님의 형상과 영광"이라고 말하는 고린도전서 11:7과 "하나님의 형상대로 지음을 받았다"라고 말하는 야고보서 3:9뿐이다. 누가복음 3:38은 아담을 "하나님의 아들"이라고 말하고, 바울은 "우리가 그의 소생이라"라는 이교도 시인의 말을 인용한다(행 17:28). 하지만 간접적으로 에베소서 4:24과 골로새서 3:10도

여기서 중요한데, 이 구절들은 "하나님의 형상을 따라 의와 진리의 거룩함으로 지으심을 받은" "새 사람"을 "입으라"고 말할 뿐 아니라 "자기를 창조하신 이의 형상을 따라 지식에까지 새롭게 하심을 입은 자"라고 표현한다. 그리스도 안에서 새 사람이 무로부터 창조되는 것이 아니라 다만 갱신된다는 것을 "새롭게 되다"(ἀνακαινουσθαι, 골 3:10)라는 단어가 분명하게 가르친다. 이 두 구절의 기저에는 인간이 본래 하나님의 형상대로 창조되었고, 재창조에서는 그 모델을 따라 갱신되는 것이라는 사상이 깔려 있다.

"하나님의 형상"이 의미하는 것은 무엇인가? "형상"과 "모양"(צֶלֶם과 דְּמוּת, εἰκων과 ὁμοιωσις)은 분명 동일한 단어는 아니지만 상호 교환적으로 사용되고, 그 둘 사이에는 아무런 본질적·내용적 차이가 없다. 다만 "형상"은 보다 고정적이고, "모양"은 좀 더 유동적이며 "영적"이다. "형상"에서는 원형(prototype) 개념이 두드러지고, "모양"에서는 이상(ideal) 개념이 두드러진다.[14] 모양은 형상에 대한 추가적인 한정, 강화, 보충이다. "모양"(likeness) 그 자체는 "형상"(image)보다 약하고 포괄적이다. 동물은 사람과 어떤 특징을 공유하지만(모양), 사람의 형상은 아니다. "형상"은 하나님이 원형이고 사람이 모형이라는 것을 말해준다면, "모양"은 그 형상이 모든 부분에서 원체(the original)에 상응한다는 개념을 추가한다. 전치사 "안에"(בְּ, in) 와 "…을 따라"(כְּ, after) 의 차이에 기초해서 도출할 수 있는 결론은 아무것도 없다. 이 전치사들은 구분없이 사용되었기 때문이다. 더 나아가, "형상"과 "모양"이라는 단어들은 우리가 하나님 안에 있는 "형상" 또는 "모양"이라고 불리는 어떤 것을 따라 창조되었다고 말하는 것이 아니라, 단지 우리가 하나님의 형상과 모양이라고 선언하는 것이다. 이것은 특정한 속성들 (하나님 편에서든지 인간의 편에서든지), 이를테면 지성이나 영혼, 또는 거룩 같은 것을 가리키지 않고, 오히려 총체적 인간이 총체적 신성의 형상이라는 것

---

14) F. Delitzsch, *A New Commentary on Genesis*, trans. Sophia Taylor (Edinburgh: T&T Clark, 1899), 98-100, 창 1:26에 대한 주석.

이다. 따라서 하나님의 형상이 의미하는 것은 성자 안에서 우리에게 충만하게 주어진다. 성자는 말씀(λογος), 아들(υἱος), 형상(εἰϰων), 그리고 하나님의 각인(χαραϰτηρ του θεου[요 1:1, 14; 고후 4:4; 골 1:15; 히 1:3])으로, 우리가 닮아야 할 분이다(롬 8:29; 고전 15:49; 빌 3:21; 엡 4:23ff.; 요일 3:2). 성자와 마찬가지로 사람도 그 자체로 전부가 하나님의 형상이다. 물론 성자만이 절대적인 의미에서 하나님의 형상이시다. 성자는 영원한 독생자시지만, 우리는 창조된 하나님의 "아들들"이다. 이것이 무엇을 의미하는지 성경에 완전하게 진술되어 있지는 않지만, 그것은 하나님의 뜻에 따라 이루어지는(전 7:29), 모든 피조물에 대한 인간의 통치를 포함한다(창 1:26; 참조. 시 8편; 고전 11:7). 그리고 하나님의 형상 또는 그리스도와 일치하는 재창조는 일차적으로 의와 진리의 거룩함으로 지으심을 받은 새 사람을 입는 것이다.

[285] 총체적 인간이 총체적 신성의 형상이다. 하나님의 형상에 대한 광범위한 논의들이 부분적인 정의들, 즉 인간의 합리성, 창조세계에 대한 통치, 의지의 자유, 또는 사랑이나 정의 같은 도덕적 특성들로부터 생겨났다. 그러다가 형상(צֶלֶם)과 모양(דְּמוּת)의 구별에 호소하는 두 견해가 점차 부각되었다. 어떤 이들(Clement of Alexandria, Origen)은 "형상"이라는 개념을 합리성으로 정의된 원상태에 제한한 반면, "모양"은 순종을 통해 획득해야 하는 거룩함으로 간주했다.[15] 이런 "자연주의적" 견해는 의지의 자유를 강조했고, 거룩함은 도덕적 노력으로 성취해야 하는 선으로 보았다.[16] 다른 이들에 의하면, 적극적 거룩함의 은사인 "모양"은 창조 때 곧바로 받았지만 타락 때 상실하였으며, 그리스도를 통해서만 다시 얻을 수 있다.[17]

---

15) Clement of Alexandria, *Stromateis*, II, 22; Origen, *On First Principles*, III, 6.

16) Adolf von Harnack, *History of Dogma*, trans. N. Buchanan, J. Millar, E. B. Speirs, and W. McGilchrist, ed. A. B. Bruce, 7 vols. (London: Williams & Norgate, 1896-1899), II, 128-148.

17) Irenaeus, *Against Heresies*, V, 16, 2; Athanasius, *Against the Arians*, II, 59; idem, *Against the Pagans*, 2; idem, *On the Incarnation*, 3.

후일 펠라기우스는 첫 번째 견해에 호소하여, 인간의 본질과 원상태를 도덕적 선택의 형식적 자유와 동일시했다. 그는 우리가 자연적으로 하나님께 받은 완전에의 가능성은 상실될 수 없으며, 따라서 여전히 손상되지 않았다고 주장했다. 능력(*posse*)은 하나님이 주시지만, 원함(*velle*)은 우리에게 달려 있다.[18] 그 후 이 견해는 소키누스파, 재세례파, 항변파, 그리고 다수의 근대 신학자들에 의해 받아들여졌는데, 이들은 하나님의 형상을 오로지 인간의 자유로운 인격, 우리의 합리적·도덕적 본성, 우리의 종교 윤리적 성향, 하나님과의 교제로 들어가는 인간의 소명에 국한시켰다.[19] 이 견해는 인간의 본질을 자발적 진보의 끝없는 과정으로 보는 진화론적 이해에 문을 열어주었다. 낙원은 우리 앞에 놓여 있는 것이지, 우리 뒤에 있는 것이 아니라는 말이다.

[286] 이 견해는 성경에 정면으로 반대된다. 성경은 원시적인 동물 상태를 인간 역사의 초기단계로 보지 않는다. 이 가설은 과학적 증거에 의해서 뒷받침되지 않을 뿐만 아니라, 수많은 철학적이고 신학적인 반대들에 직면한다. 결정적인 것은 인간으로 존재한다는 것이 무엇인지에 대한 철학적 정의지 역사적 증거가 아니다. 우리는 근대주의자들 중에도 생명, 의식, 언어, 도덕, 종교, 진리와 거짓의 차이 등에 관한 질문들에 대해 눈에 띄게 상반된 견해가 병존하는 것을 본다. 이들은 진화를 긍정하고 온전한 상태(state of integrity)를 부정하면서도 인간의 종교적이고 도덕적인 성향의 독특성은 긍정하고자 하며, 따라서 펠라기우스주의가 가지는 본래의 천진

---

18) Augustine, *On the Grace of Christ*, I, 3ff.

19) I. Kant, *Religion within the Limits of Reason Alone*, trans. Theodore M. Greene and Hoyt H. Hudson (New York: Harper & Brothers, 1934), 21-23; J. G. Fichte, *The Vocation of Man*, trans. William Smith, 2nd ed. (Chicago: Open Court, 1910); F. Schleiermacher, *The Christian Faith*, ed. H. R. MacIntosh and J. S. Steward (Edinburgh: T&T Clark, 1928); Th. Häring, *The Christian Faith: A System of Dogmatics*, trans. John Dickie and George Ferries, 2 vols. (London: Hodder & Stoughton, 1913).

함, 도덕적 중립, 완전한 잠재성에 대한 개념에서 도피처를 찾는다. 그러나 창조와 진화를 중재하면서 둘 모두를 품으려는 "제3의 길"은 인간에 관한 한 옹호될 수 없다.

첫째, 성경은 인간들이 육체적으로든지 정신적으로든지 충분히 성장한 "힘이 넘치는 나이"의 성인들로,[20] 자유로운 행위자들로 창조되었다고 분명하게 가르친다. 그들에게 주어진 신적 인정(창 1:31), 시험적 명령(창 2:16-17), 동물들의 명명(창 2:19-20), 하와에 대한 선언(창 2:23-24), 유혹의 방식(창 3:1ff.), 타락 이후 아담과 하와의 태도(창 3:7ff.)에 비추어볼 때, 최초의 인간들이 적극적인 선으로 창조되었지 도덕적 중립상태가 아니었다는 것은 분명하다. 둘째, 이런 우유부단은 문제를 복잡하게 만들 뿐이다. 어떻게 잠재력이 현실로 발전하는가? 피히테는 말했다. "온 인류에 근원이 있음을 받아들이는 것이 필연적이라면, 이 첫 번째 인간 부부를 누가 양육했는지 궁금하지 않은가? 이들은 양육을 받아야 했다. 그러나 인간은 이들을 양육할 수 없었다. 따라서 이들은 인간이 아닌 다른 이성적 존재에 의해 양육을 받아야 했다.…정신이 그들을 받아들였다. 소위 가장 심오하고 고상한 지혜를 담고 있으며 모든 철학이 최종적으로 되돌아가야 할 결과를 내놓는 신뢰할 만한 고대 문서에 묘사된 그대로 말이다."[21] 하나의 기적을 피하기 위해 수많은 기적을 가정하다니, 믿기지 않는 일이다! 성경이 가르치는 것과 같은 온전한 상태로의 인간 창조를 부인할 타당한 근거는 남아 있지 않다.

또한 우리가 비판하고 있는 이 견해는 선천적 거룩함이 불가능하다고

---

20) Augustine, *Literal Meaning of Genesis*, VI, 13-14; Peter Lombard, *Sententiae in IV liberis distinctae*, 3rd ed., 2 vols. (Grottaferratta: Coleggi S. Bonaventurae et Claras Aquas, 1971-1981), II, dist. 17.

21) J. G. Fichte, *Grundlage des Naturrechts nach Principien der Wissenschaftslehre* (Jena: Gabler, 1796). 영역본: *The Science of Rights*, trans. A. E. Kroeger (New York: Harper & Row, 1970 [1889]).

생각한다. 거룩함이 언제나 투쟁과 노력의 산물이라고 우리에게 말하는 것이다. 만약 아담이 적극적으로 거룩한 존재로 창조되었다면, 그는 필연적으로 선했고 그렇지 않을 자유가 없었을 것이다.[22] 이것은 도덕적 삶 이전의 미분화된(undifferentiated) 상태를 요구하는데, 그로부터 사람이 자유의지의 행위를 이 방향 또는 저 방향으로 진전시켜야만 한다. 이것은 하나님의 형상을 완전히 벌거벗은 단지 형식적인 인격성으로 축소시키는 추상성에 불과한 것이다. 어떤 인간적인 실재도 이에 상응하지 않는다. 구체적인 지성과 의지를 가진 피조물로서 우리가 선을 행하는 것(doing)은 선한 본성(being)에 달려 있다. 그래서 성경은 거룩함이 창조와 재창조 모두에서 하나님의 선물이라고 가르친다. 그것을 가진 자는 말과 행실로 더 발전시킬 수 있지만, 갖지 못한 자는 스스로 획득할 수 없다. 마지막으로 진짜로 문제가 되는 것은 하나님이 자기 피조물에게 그들이 저항할 능력을 넘어서는 시험을 당하도록 허용하셨다는 암시들이다. 그렇게 되면 타락은 비난받을 수 없는 불행, 거의 불가피한 운명에 불과한 것이다. 이것은 온전한 상태와 부패한 상태의 경계를 제거한다. 순전히 형식적인 하나님의 형상은 타락 후에도 그대로 남아 있다.

[287] 로마 가톨릭 전통은 인간의 본성에 대한 자연주의적 견해에 대항하여 초자연주의적 견해를 내놓았는데, 이 견해에 의하면 주입된 은혜는 인간이 그들의 참되고 초자연적인 목적인 신적 직관(*visio Dei*, 지복직관)에 이르는 수단이다. 이 견해는 신자들이 그리스도와 그의 영에 의해 고양된 상태를 뜻하는 영광의 상태(*status gloriae*) 개념에서 유래한다(요 1:12; 롬 8:14-17; 고전 2:7ff.; 엡 1:15ff.; 벧후 1:2ff.; 요일 3:1-2 등).[23] 이것은 점차 신플라톤주의의 영향 아래 자연을 훨씬 초월하는 상태로, 즉 하나님을 그분의 본질

---

22) R. Rothe, *Theologische Ethik*, 2nd rev. ed., 5 vols. (Wittenberg: Zimmerman, 1867-1871), §§480ff.

23) M. J. Scheeben, *Handbuch der katholischen Dogmatik*, 4 vols. (Freiburg i.B.: Herder, 1933), II, 272-281.

에 따라 보는 것으로, 또는 신의 모습처럼 되거나 신처럼 되는 것으로, 심지어 신적 본성에 육체적으로 참여하는 것으로, 그리고 하나님과 "융합"하는 것으로 생각되었다. 여기에 공로적 선행의 교리가 덧붙여졌다. 세례를 통해 주어지는 주입된 은혜가 필요한 것은 분명하지만, 신자는 "당연한 은덕을 통해서"(*ex condigno*) [24] 영원한 복을 얻게 하는 선행을 할 수 있다. 이로부터 우리는 "덧붙여진 은사"(*donum superadditum*)라는 로마 가톨릭의 교리를 접한다. 아담이 가진 지상적으로 창조된 의(righteousness)는 최종적 영광이라는 목적을 성취하는 데 충분하지 않았다. 아담은 이를 위해 초자연적 은혜가 필요했는데, 이것은 그가 가진 피조물로서의 인간 본성에 덧붙여진 것이다. 은혜가 자연을 고양시키고 완전하게 한다. 이런 초자연주의는 로마 가톨릭 신학에서 가장 중요하고 특징적인 논제 가운데 하나를 이루며, 인성(humanity)에 대한 이중적 견해를 만들어낸다. 초자연적 은혜가 없는 인성은 무죄하지만, 그것의 목적은 물론이고 "자연적" 종교와 미덕도 이 땅에 국한된다. 하나님의 형상이라는 덧붙여진 은사는 초자연적 종교와 미덕, 그리고 천상의 목적을 산출한다.

로마 가톨릭의 이원론적 신학의 인간론은 여기서 멈추지 않는다. 만약 덧붙여진 은사가 하나님을 기쁘시게 하고 영생을 얻게 해주는 거룩한 삶에 필수적이라면, 원상태에 그것이 없다는 것은 아담이 죽음과 고통에 취약했다는 뜻이 된다. 그렇다면 죽음은 죄에 대한 형벌이 아니다. 마찬가지로 정욕(*concupiscentia*)과 같은 죄와 관련해서, 육체와 영의 갈등은 피조물에게 자연스러운 것이다. 로마 가톨릭은 이것을 해결하기 위해 (창조 때 주어진) 자연적(natural) 은사와 초자연적(supernatural, 덧붙여진) 은사에 세 번째 개념을 끼워 넣었는데, 바로 "원죄 이전의 은사"(preternatural gift; 과성은혜)다. 이것은 아담이 고통과 죽음에 떨어지지 않도록 지키고 그의 정욕

---

24) 편집자 주—참조. Richard A. Muller, *Dictionary of Latin and Greek Theological Terms* (Grand Rapids: Baker Academic, 1985), s.v. "meritum", 190-192.

을 억제했다. 이 세 가지 은사들—자연적 은사, 원죄 이전의 은사, 초자연적 은사—에 상응하는 세 가지 의가 있다. 『로마 교리서』는 이것들을 전체에 대한 일관된 이해 없이 그냥 나열할 뿐이다. 아담은 신적 은사 때문에 죽음과 고통에 취약하지 않고, 그의 영혼은 하나님의 형상과 모양을 따라 창조되었고, 게다가 그의 정욕은 억제되고 이성에 종속되었는데, 하나님은 이 모든 것에 원의(original righteousness)와 통치(dominion)를 더하셨다는 것이다. 하나님의 형상에 대한 로마 가톨릭의 교리는 내적으로 미완성이고, 어느 정도는 이런 이유로 신학적 지성을 만족시키는 데 실패한다.

[288] 이 교리가 부적당한 이유는 인생의 최종적 운명(final destiny)에 대한 그릇된 견해에 기초해 있기 때문이다. 우리가 현세와 내세에서 참여하는 은혜와 영광의 상태는 신의 성품에 대한 참여로, 하나님을 보는 것으로, 영생으로, 하늘의 복 등으로 성경에서 묘사되었다. 하나님은 어떤 눈도 보지 못한 것, 어떤 귀도 듣지 못한 것, 어떤 사람의 마음도 생각하지 못한 것을 신약의 은혜언약 시대에 하나님을 사랑하는 자들을 위해 예비하셨다(고전 2:9). 그러나 로마 가톨릭은 이러한 인생의 궁극적 결말을 신플라톤주의적 지복직관, 그리고 영혼과 하나님의 신비적 결합으로 본다. 그러나 성경은 반대로 영생을 포함하는 그리스도의 유익들이 단지 미래적이기만 한 것이 아니라 현재적 실재이기도 하다고 가르친다(고전 2:9-10; 요 3:16, 36; 17:3; 롬 8:14ff.; 갈 4:6; 요일 3:1-2). 심지어 신의 성품에 대한 참여도 이미 이 땅에서 허락된 약속이다(벧후 1:4). 게다가 "하나님을 보는 것"은 그리스도인의 윤리적 삶을 통해서 오는 것이지(마 5:8; 히 12:10; 요일 3:6), 공로적 행위들을 통해 오는 것이 아니다. 그 공로적 행위들이 은혜에 의해서만 가능하게 되었다고 해도 말이다. 우리의 주된 반론은 성경이 영광의 상태를 로마 가톨릭적인 의미에서 "초자연적"이고 "덧붙여진" 것으로 말하지 않는다는 것이다. 비록 이 영광의 상태가 우리의 생각과 상상을 훨씬 뛰어넘는 은혜의 선물이고(고전 2:9; 13:12; 요일 3:2), 또한 그리스도가 우리를 위

해 획득하신 것이 아담이 상실한 것보다 훨씬 많을지라도, 성경에는 원래 인간의 본성에 속하지 않고 "덧붙여진" 것에 대한 생각은 암시조차 없다. 공로라는 다리를 건설함으로써 우리가 (*ex condigno*: "당연한 은덕을 통해") 최종적 영광을 얻을 만한 자격이 있는 것처럼 만드는 것은 은혜라는 덕목을 제대로 다루지 못하는 것이다. 그렇게 되면 은혜는 죄라는 윤리적 문제에 대해서가 아니라 자연에 대해서 물리적으로 대립한다. 은혜는 죄와 죄책에 대한 하나님의 반응이 아니라, 저급한 인간 본성에 관한 것이 된다. 여기서 원죄는 그 극단성을 잃고, 그저 덧붙여진 은사의 상실을 가리킬 뿐이다. 영생조차도 더 이상 하나님의 참된 은혜의 선물이 아니라, 행한 일에 어울리는, 받을 만하고 적절한 보상일 뿐이다.

실질적으로 인간 본성에 대한 삼중적 이해는 죄인을 그 마땅한 자리보다 높이 두고 신자들 사이에서 부당한 서열을 만들어낸다. 그 결과는 "신적 직관"(*visio Dei*, 지복직관)으로 나아가는 도상에 있는 이들을 서열화하고 조직화하는 것—성직자와 평신도, 수도사와 일반인으로—인데, 그 서열의 정점에는 관상하는 신비주의자(contemplative mystic)가 있다. 가톨릭 사상에서는 모든 사람에게 그 나름의 자리가 있다. 곧 각 사람의 능력과 적합성을 고려해서 다양한 사람들을 위한 다양한 이상을 갖고 있고, 모든 사람에게 동일한 도덕적·종교적 목표를 적용하지 않는다.

로마 가톨릭이 종교개혁자들과 공유하는 난제는 어떻게 아담의 원의가 상실될 수 있는지를 설명하는 일이다. 로마 가톨릭은 이원론적으로 정신과 물질을 본질상 대립되는 것으로 상정하고, 충돌을 피하기 위해 초자연적 은혜를 요청함으로써 해결하고자 한다. 트리엔트 공의회의 유명한 옹호자인 추기경 벨라르미누스의 말에 따르면, "…창조의 시작부터 신적 섭리는, 물질적 조건에서 오는 인간 본성의 아픔 또는 연약함을 치료하기 위해, 인간에게 어떤 주목할 만한 선물, 즉 원의(original righteousness)를 더하셨다. 이로써 마치 (벨레로폰의) 황금 굴레를 사용하기라도 하는 것처럼, 낮은 자들은 높은 자들에게, 높은 자들은 쉽사리 하나님께 복종하게 하셨다."[25] 여기서 육체는 본질상 정신과 대립한다. 따라서 로마 가톨릭교회에 따르면 은혜는 초자연적 선물 그 자체이지, 죄에 대한 신적 반응으로 우연히 주어진 것이 아니다. 죄는 은혜의 본질을 어떤 식으로도 변화시키지 않는다. 은혜는 타락 전이나 후에도 인간을 본성 위로 고양시킨다. 구속의 종교로서 기독교는 본성을 회복(reparation)시키는 것이 아니라 고양(elevation)시킨다고 가르친다. 본성이 자신을 넘어서게 하고, 인성을 신격화하는 것이다. 이 논리에 따르면, 성육신은 타락 이전에도 죄와 상관없이 필연적이었다. 사람이 하나님처럼 되게 하시기 위해 하나님은 사람이 되셔야만 했다. 속죄가 성육신에 종속된다. 무게의 중심은 죄에 대한 배상과 용서에 있지 않고, 하나님의 인간화(humanization)와 인간의 신격화(divinization)에 있다. 종교개혁은 이런 신플라톤주의적·아레오파고스적 철학에 반대했다. 왜냐하면 성경이 결코 이런 식으로 자연적인 것과 초자연적인 것을 대립시키지 않기 때문이다. 성경이 아는 것은 다만 인간 됨에 대한 하나의 이상, 하나의 도덕법, 하나의 최종 운명, 그리고 모든 신자의 몫인 하나의 제사장직뿐이다.

[289] 개신교 신학자들은 이런 이원론적 이해, 특히 본성의 고양(高揚)이 공로적 성격을 갖는다는 주장을 거부했다. 또한 그들은 로마 가톨릭의 이런 입장이 원죄의 교리를 약화시킨다고 판단했다. 그러나 종교개혁자들도 형상에서 상실된 것과 남아 있는 것을 구별해야만 했다. 이를 위해 그들은 "실체", "본질", "속성", "은사", 심지어 "초자연적 은사" 같은 말을 사용했다. 그러나 개신교인들은 "초자연적 은사"라는 표현을 사용할 때도, 참 인간과 그리스도인 사이의 본질적 구분을 거부함으로써 그 표현에 다른 의미를 부여했다. 은혜는 본성을 창조된 특성 너머로 고양하고 개선하는 것이 아니라, 본성을 죄와 그 결과들로부터 회복하고 치유하는 것으로 여겨졌다. 종교개혁 전통은 자연과 은혜에 대한 로마 가톨릭의 견해를 원론

---

25) Robert Bellarmine, *De gratia primi hominis* (Heidelberg: J. Lancellot, 1612), 5.

적으로는 거부했지만 세부적인 부분에서는 분파별로 차이가 있었다. 루터파는 형상을 원의와 동일시하는 경향을 보였지만, 개혁파는 인간의 본질 전체를 형상에 포함시키는 대신, 형상을 좁은 의미와 넓은 의미로 구분했다. 이런 구별은 성경의 가르침을 보존하는데, 성경은 한편으로 타락한 인류가 여전히 하나님의 형상으로 불리고 또한 그렇게 존중되어야 한다고 가르치는 한편(창 5:1; 9:6; 행 17:28; 고전 11:7; 약 3:9), 하나님의 형상이 갖는 주된 내용(예를 들어 지식, 의, 거룩함)이 상실되었고 오직 그리스도 안에서만 되찾아진다고 가르친다(엡 4:24; 골 3:10). 개혁파 신학자들은 이런 식으로 은혜를 죄가 아니라 자연과 대립시키는 중대한 오류를 피했다. 또한 개혁파는 동산에서의 아담과 그가 아직 되어야 할 존재 사이에 있는 중요한 구분을 추가했다. 하나님의 형상이라는 주제는 넓은 의미에서의 하나님 형상, 좁은 의미에서의 하나님 형상, 그리고 하나님 형상의 발전 또는 귀결―즉 행위언약 교리에서―이라는 세 가지 영역에서만 비로소 적절하게 다루어질 수 있다.

[290] 이 논의들은 교리와 신학 전체에 걸쳐 중요성을 갖는다. 아담의 원의는 자연적이었는가, 아니면 적어도 부분적으로는 초자연적이었는가? 개혁파 신학자들은 전자를 견지했는데, 이는 하나님의 형상―예를 들어 원의―을 인간이라는 존재에 대한 개념과 분리할 수 없다는 견해를 유지하기 위해서였다. 로마 가톨릭의 견해에서는 우리가 "초자연적 의"를 상실하고도 여전히 선하고, 참되고, 온전하고, 무죄한 인간일 수 있다. 개신교인들은 이를 단호히 부정한다. 하나님의 형상과 죄인 사이에 중간상태라는 것은 없다. 하나님의 자녀, 하나님의 소생, 하나님의 형상이거나, 아니면 죄와 허물로 죽은 진노의 자녀이거나 둘 중 하나다. 그리스도의 완전한 의를 받는 것은 참으로 초자연적인 선물이지만, 그것은 "우연적"이고 "우발적"이다. 시력을 되찾은 맹인처럼, 우리는 우리 자신의 본질에 속하는 것을 되찾는다. 우리의 참된 인간성이 회복되는 것이다. 우리가 하나님께 드리는 영적 예배, "하나님이 기뻐하시는 거룩한 산 제물"(롬 12:1)은 단순

히 본래적이고 필요불가결한 방식으로 인간적이었던 것이다. 하나님은 우리가 하나님을 섬기고 사랑하는 일에 우리의 전인—생각, 마음, 영혼, 몸, 모든 힘—을 동원할 것을 요구하신다. 도덕법은 모든 시대의 모든 사람에게 동일하다. 따라서 "더 낮은" 또는 "더 높은" 의, 이중 도덕, 이중 의무라는 것은 없다.

이제 하나님의 형상과 원의에 대한 이 훌륭한 견해는 루터파보다는 개혁파 교회와 신학에서 더 분명하게 인정받았다. 루터파 신학에서 하나님의 형상은 원의에 제한되었고, 따라서 원의의 상실은 하나님의 형상이 전적으로 상실되었다는 것을 뜻했다. 이것은 영적인 것과 세상적인 것, 천상의 것과 지상의 것 사이를 너무 예리하게 구분하는 경향으로 이어졌다. 자연과 은혜, 창조와 재창조의 연관성은 가려졌다. 영적인 일에 완전히 귀멀고 눈먼 사람이 이 땅의 일에서 여전히 많은 선을 행하는 것을 생각할 때, 우리는 어떤 의미에서는 그들을 그리스도 안에 있는 하나님의 은혜로부터 독립적인 존재로 만드는 것이다. 개혁파 신학은 하나님의 형상을 넓은 의미와 좁은 의미로 구분하면서도 양자가 긴밀히 연결되어 있고 함께 충만한 하나님의 형상을 이룬다고 주장한다. 우리 안에 있는 "어떤 것"이 아니라 인간 그 자체, 즉 전인이 하나님의 형상이다. 죄는 좁은 의미의 하나님 형상을 상실케 하고 또한 넓은 의미의 하나님 형상을 훼손하고 망치면서 전인에 심대한 악영향을 미쳤다. 따라서 그리스도 안에 있는 하나님의 은혜는 전인을 회복할 뿐만 아니라 그 사람의 삶과 일 전체, 그리고 가정, 사회, 국가, 예술, 학문 등에도 중대한 의미를 갖는다.

[291] 중요한 것은 전인이 총체적 하나님의 형상, 즉 삼위일체 하나님의 형상이라는 사실을 고수하는 것이다. 인간의 영혼, 인간의 모든 기능, 지식, 의, 거룩함의 미덕, 그리고 인간의 몸조차 하나님을 형상화한다. 따라서 인간은 하나님의 형상을 지니거나 갖는 것이 아니라, 바로 하나님의 형상이다. 인간으로서 우리는 하나님의 모양이고 하나님의 소생이다(창 1:26; 9:6; 눅 3:38; 행 17:28; 고전 11:7; 약 3:9). 그러므로 하나님 자체, 즉 신성 전

체가 인간의 원형이다. 종종 인류가 성자의 형상이나 성육신하시는 그리스도의 형상을 따라 지음을 받았다는 주장이 제기되곤 하는데, 성경은 그런 생각을 지지하지 않는다.[26] 성경이 반복해서 말하는 바에 따르면, 인간은 하나님의 형상을 따라 지음을 받았으며, 우리가 그리스도를 본떠서 만들어진 것이 아니라 그리스도가 우리의 모양대로 지음을 받으셨으며(롬 8:3; 빌 2:7-8; 히 2:14), 우리는 그리스도의 형상을 본받은 자로서 이제 다시 하나님처럼 될 것이다(롬 8:29; 고전 15:49; 고후 3:18; 빌 3:21; 엡 4:24; 골 3:10; 요일 3:2). 따라서 더 바람직한 것은, 인간의 영혼에서 심리적 삼위일체의 유비를 찾는 것에 대해 아주 조심하면서,[27] 삼위일체 하나님이 (그리스도만이 아니라) 인류의 원형이시라고 말하는 것이다.[28] 하나님의 형상은 전인을 포함한다. 아무것도 배제되지 않고, 영혼과 몸, 모든 기능과 능력, 그리고 모든 조건과 관계에서 하나님의 형상인 것이다. 하나님의 속성들이 어떤 피조물에서는 다른 것들에서보다 더 선명하게 계시되는 것처럼, 하나님의 형상도 인간 유기체의 어떤 부분보다 다른 부분에서, 즉 몸보다는 영혼에서, 물리적 힘보다는 윤리적 미덕에서 더 선명하게 드러난다. 이것은 전인이 삼위일체 하나님의 형상이라는 진리를 바꾸지 않는다.

하나님은 무엇보다 먼저 인간의 영혼에서 보여질 수 있다. 성경은 하나님이 땅의 흙으로 사람을 지으시고 생기(נִשְׁמַת חַיִּים)를 그 코에 불어넣으

---

26) Clement of Alexandria, *Stromateis*, V, 14; Tertullian, *On the Resurrection of the Flesh*, c. 6; A. Osiander, in J. Calvin, *Institutes of the Christian Religion*, I.xv.2; II.xii.6 (ed. John T. McNeill and trans. Ford Lewis Battles, 2 vols. [1559; Philadelphia: Westminster, 1960], 1:184-186, 470-471); Hans Martensen, *Christian Dogmatics: A Compendium of the Doctrines of Christianity*, trans. William Urwick (Edinburgh: T&T Clark, 1871), §§72, 136-37; F. Delitzsch, *A System of Biblical Psychology*, trans. Robert E. Wallis, 2nd ed. (Edinburgh: T&T Clark, 1875), 86-87; etc.

27) J. Calvin, *Institutes*, I.xv.4; idem, 창 1:26에 대한 주석.

28) Augustine, *The Trinity*, XII, 6; T. Aquinas, *Summa Theol.*, I, qu. 13, art. 5.

심으로 사람이 생령(חַיָּה נֶפֶשׁ, ψυχὴ ζῶσα)이 되었다고 우리에게 말해준다. 생기(breath of life)는 생명의 원리이고 생령(living soul)은 인간의 본질이다. 성경은 이 두 가지로써 인간에게 독특하고 독립적인 자리를 부여하고, 범신론과 유물론을 모두 피한다. 인간의 비가시적 요소를 가리키는 "루아흐"(רוּחַ, 영; πνεῦμα) 와 "네페쉬"(נֶפֶשׁ, 혼; ψυχὴ)는 단순히 성경의 평행법을 반영하는 것이다. 성경이 이런 용어들을 인간과 관련하여 교차적으로 사용하기 때문에, 이런 용어들에 과학적 엄밀성을 돌리는 것은 잘못이다. 이것들은 별개의 두 실체를 가리키지 않고, 따라서 몸과 혼과 영의 삼분설을 초래하지도 않는다. 그러나 "영"과 "혼"을 구분하는 것은 인간이 동물과는 다르게 하나님 자신의 생기로 인해 "영"이 되었다는 사실을 우리에게 상기시킨다(창 2:7). 게다가 우리의 영은 하나님의 영과 구별된다(창 41:8; 45:27; 출 35:21; 신 2:30; 삿 15:19; 겔 3:14; 슥 12:1; 마 26:41; 막 2:8; 눅 1:47; 23:46; 요 11:33; 행 7:59; 17:16; 롬 8:16; 고전 2:11; 5:3-5; 살전 5:23; 히 4:12; 12:23 등). 우리는 천사와 마찬가지로 영적 존재나 천상의 실체에 대해 생각할 수 있고, 필요하다면 몸 없이도 존재할 수 있다. 그러나 천사와 달리 인간의 영적 요소는 몸에 적합하게 몸을 위해 구성되어 있으며, 우리의 지적이고 영적인 삶을 위해서 감각 세계에 매여 있기도 하다. 우리는 감각적이고 물질적인 존재로서 동물과 관련되어 있는가 하면, 이성적이고 영적인 존재로서 천사와 유사하다. 우리는 천사와 동물 사이에 존재한다. 우리는 양자와 관련되어 있으면서도 구별되는 존재로서, 우리 자신 안에 하늘과 땅, 보이지 않는 것과 보이는 것을 통합하고 화해시킨다. 우리는 하나님이 그리스도 안에서 천사가 아니라 인간의 본성을 취하셨음을 결코 잊지 말아야 한다. 바로 이 때문에 천사가 아니라 인간이 하나님의 형상, 소생, 자녀다.

둘째로 인간의 기능들(faculties)이 하나님의 형상에 속한다. 영이 우리 안에 있는 생명의 원리이고 혼은 그 주체이지만, 마음(heart)은 성경에 따르면 인간 생명의 기관(organ)이다. 마음은 우선 육체적 생명의 중심이고, 또한 은유적 의미에서 감정과 열정, 욕구와 의지, 사고와 지식에 이르는 정신적 생명 전체의 좌소이고 원천이다. 마음(heart)으로부터 흐르는 이 생명은 지성(mind)과 의지(will)라는 두 시내로 나뉜다. "지성"은 모든 인상, 인식, 지각, 관찰, 생각, 지식, 지혜를 포함하고 말과 언어로 구현된다. 또한 마음은 모든 감정, 열정, 충동, 성향, 애착, 욕구, 그리고 의지의 결정이 놓인 좌소다. 이것들은 반드시 "지성"(νοῦς)의 인도를 받고 행동으로 스스로를 표현한다. 인간이 가진 이런 정신적 능력과 활동의 다양함과 풍부함은 하나님을 반영한다. 이것들은 우리가 하나님을 닮고 즐거워하는 일이 가장 온전한 의미에서 가능하도록 만들어준다. 말하자면 모든 면에서, 그리고 하나님의 덕과 완전함 안에서 말이다. 심지어 아우구스티누스는 마음(*memoria*), 지성(*intellectus*), 의지(*voluntas*)에서 하나님의 삼위일체적 존재에 대한 유비를 보았다. 성부가 성자와 성령에게 생명을 주시고, 성령은 성자를 통해 성부로부터 나오시는 것처럼, 또한 인간 안에서도 영혼의 깊이 감춰진 생명인 마음(*memoria*)도 지성과 의지를 낳아서 존재하게 하고, 특히 의지를 순서적으로 지성 다음의 둘째 자리에 놓는다. 아우구스티누스의 지도력 덕분에 서방 신학은 신론과 인간론 사이의 긴밀한 연관성을 발견했고, 따라서 영혼의 깊이 감춰진 생명이 지적 기능과 의지적 기능을 통해 표출되며, 또한 의지적 기능은 지적 기능에 의해 안내되고 이끌린다고 가르쳤다.[29]

[292] 셋째로 하나님의 형상은 우리가 처음 창조될 때 주어진 지식, 의, 거룩함의 덕에서 드러난다. 우리는 도덕적으로 무차별적 능력과 가능성을 가진 중립적 존재로 창조되지 않았고, 애초에 육체적으로나 도덕적으로 성숙한 존재로, 지식이 있는 지성, 의가 있는 의지, 거룩함이 있는 마

---

29) 이렇게 하여, 서방 교회는 지성과 의지를 마음에서 분리시키는 펠라기우스주의와 합리주의의 오류를 피하고, 의식적이고 의지적인 삶을 경멸하고 마음의 심연으로 피해들어가는 신비주의의 오류를 피하고, 머리와 가슴을 중재 없이 나란히 두는 그리스 정교회 신학의 오류를 피했다. H. Bavinck, *Beginselen der Psychologie*, 2nd ed. (Kampen: Kok, 1923)을 보라.

음으로 창조되었다. 창조된 선의 원상태를 어린아이 같은 순진무구함으로 생각해서도 안 되지만, 그렇다고 이 본래의 온전한 상태(*status integratis*)를 영광의 상태(*status gloriae*)와 이미 동등했던 것처럼 과장하지도 말아야 한다. 아담의 지식은 순수했지만 제한적이었고 증가할 수 있었다. 아담은 믿음으로 행하고, 보는 것으로 행하지 않았다. 아담은 직관적 지식만이 아니라 추론적 지식도 가졌다. 아담은 오직 특별계시로만 미래를 알았다.[30] 마찬가지로 아담이 가진 창조된 의와 거룩함은 여전히 보존되고, 계발되고, 행위로 전환되어야 했다. 아담의 원의(*justitia originalis*)는 하나님의 값없는 선물이었고, 매 순간마다 하나님의 섭리로 보존되었다. 따라서 하나님과의 교제를 떠나서는 그것을 생각할 수 없다. 성자가 타락 전에 이미 연합의 중보자이셨던 것처럼, 성령도 그때 이미 인간 안에 있는 모든 지식, 의, 거룩함의 장인(craftsman)이셨다. 아담의 경우에 이와 같은 성령의 내주(indwelling)는 전적으로 자연스러운 것이었다. 참으로 선하고 온전한 인간은 성령의 교제를 떠나서는 생각조차도 할 수 없다. 따라서 타락하기 전에도 인간은 거룩한 삼위일체 전체의 거처, 성령의 가장 아름다운 성전이었다.

넷째로 인간의 육체도 필수적으로 하나님의 형상에 속한다. 신적 계시를 거부하는 것은 언제나 철학자들로 하여금 경험론이나 합리주의, 유물론이나 유심론(spiritualism)에 빠지게 한다. 그러나 성경은 양자를 조화시킨다. 인간은 "영"(πνευμα)을 갖고 있지만, 그 "영"은 심리적으로 구조화되어 있고 본성적으로 반드시 육체 안에 거주해야 한다. 인간은 본질상 육체적이고 감각적인 존재다. 먼저 (시간적으로는 아니라 하더라도, 논리적으로) 아담의 육체가 땅의 흙으로 지어지고, 그 후에 생기가 그에게 불어넣어졌다. 그는 지음 받은 땅을 따라 "아담"이라고 불렸다. 그는 "땅에서 났으니 흙에 속한 자"였다(고전 15:47). 육체는 감옥이 아니고 오히려 전능하신 하나님의

---

30) T. Aquinas, *Summa Theol.*, I, qu. 94, arts. 1-3.

손에서 나온 놀라운 예술작품이며, 영혼과 마찬가지로 인간의 본질을 구성한다(욥 10:8-12; 시 8; 139:13-17; 전 12:2-7; 사 64:8). 이 육체는 땅에 있는 우리의 장막 집이고(고후 5:1) 우리 인간에게 필수적이고 본질적이어서, 비록 죄로 인해 영혼으로부터 거칠게 찢겨나갔지만 죽은 자들의 부활 때 재결합될 것이다. 영혼과 육체의 결합은 윤리적이지 않고 물리적이다. 이 결합은 아주 긴밀하기 때문에 하나의 본성, 인격, 자아가 영혼과 육체, 그리고 이것들이 수행하는 모든 활동의 주체다. 하나의 동일한 생명이 육체 전체를 흐르면서도 각 기관에 그 나름의 방식으로 작용하고 나타난다. 영혼과 아주 긴밀하게 결합되어 있는 이 육체도 하나님의 형상에 속한다. 물론 이것은 어떤 이들이 생각하고 가르쳤던 것처럼,[31] 하나님도 물리적 육체를 갖고 계시다는 것을 의미하지는 않는다. 하나님은 "영"(πνευμα, 요 4:24)이시며 육체가 없으시다. 인간의 육체는 영혼의 도구로서의 구성이나 그 형태적 완전함에서 하나님의 형상의 일부이지, 육(σαρξ)이라는 물질적 실체에서 하나님의 형상이라는 것은 아니다.[32]

하나님은 영이시지만, 그럼에도 물질계의 창조주시며, 그것은 하나님의 계시와 현현이라 불릴 수 있다. 이 계시는 성육신에서 절정에 이르고, 인간의 영이 그 영의 현현으로서의 몸을 위해 계획되었다는 것을 가르친다. 하나님의 성육신은 인간의 몸이 하나님의 형상의 본질적 구성요소라는 증거다. 태초부터 창조세계는 하나님께 맞추어 개선될 수 있도록, 그리고 최고 수준으로 하나님을 닮고 또한 하나님의 가장 친밀한 내주하심이 가능하도록 배열되었으며, 인간의 본성도 곧바로 동일한 방식으로 창조되

---

31) 예를 들어 루터파 Andreas Osiander (1498-1552)

32) Augustine, *Literal Meaning of Genesis*, VI, 12; Gregory of Nyssa, *On the Making of Man*, c. 8; T. Aquinas, *Summa Theol.*, I, qu. 93, art. 6; idem, *Summa contra gentiles*, IV, 26; J. Calvin, *Institutes*, I.xv.3; Johannes Polyander a Kerckhoven, André Rivet, Antonius Walaeus, and Antoine Thysius, *Synopsis purioris theologiae*, ed. H. Bavinck, 6th ed. (Leiden: Didericum Donner, 1881), XIII, 13; Peter van Mastricht, *Theoretico-practica theologia* (Utrecht: Appels, 1714), III, 9, 30.

었다. 먼저 하나님이 사람을 자신의 형상대로 만들지 않으셨더라면, 하나님은 사람이 되실 수 없었을 것이다. 이로부터 또한 우리는 몸이 본래 불멸성에 참여했다고 결론을 내린다. 하나님은 죽은 자의 하나님이 아니라 산 자의 하나님이시다(마 22:32). 죽음은 죄의 결과다(창 2:7; 3:19; 롬 5:12; 6:23; 고전 15:21, 56). 아담의 경우에 이 불멸성은 조건적이었고 "죽지 않을 수 있음"(*posse non mori*)일 뿐이었지, 확정된 불멸성(*non posse mori*, 죽을 수 없음)이나 영원하고 소멸될 수 없는 생명은 아니었다. 조건은 순종이었다. 아담의 인간적 본성은 하나님의 명령을 범할 경우에 죽을 수 있고 또 반드시 죽도록 창조되었다. 아담은 땅에 매여 있었지만, 그럼에도 땅에 대한 통치를 행사할 수 있었다. 통치는 인간 안에 있는 하나님의 형상에서 필수적인 부분이다(창 1:26, 28; 2:19-20; 9:2-3; 시 8:7-9). 인간은 하나님의 형상의 담지자로서 다른 모든 피조물보다 높여져서 그것들의 주와 왕으로 임명되었다. 여기서 또한 우리는 낙원에서의 거주가 하나님의 형상의 일부라는 것을 인정해야 한다(창 2:8-15). 거룩함과 복됨, 덕과 행복, 윤리적 차원과 물리적 차원, 도덕적 질서와 자연적 질서, 존재와 현상, 정신과 물질, 이 모든 것은 함께 간다. 그러므로 타락한 인간성에 어울리는 장소는 저주 아래 있는 땅이다. 악인들은 장차 흑암의 장소에 들어갈 것이고, 의인들은 장차 하나님의 얼굴 빛 아래 다닐 것이다. 아직 타락하기 전에도 여전히 땅에 속해 있던 아담은 낙원을 자신의 거처로 삼았다.

[293] 따라서 전인이 하나님의 형상과 모양이라는 것은 영혼과 몸, 인간이 가진 모든 기능, 능력, 은사에서 그렇다는 의미다. 인간 안에 있는 어떤 것도 하나님의 형상에서 배제되지 않는다. 하나님의 형상은 우리의 인간성 전체에 이르고 인간다움을 구성한다. 하나님 안에 있는 모든 것―하나님의 영적 본질, 하나님의 덕과 완전함, 하나님의 내적 자기구별, 창조에서의 자기전달과 자기계시―에 대해 유한하고 제한된 유비와 닮음이 인간 안에서 발견된다. 인간은 피조물 가운데 최고이며 가장 완전한 하나님의 계시다. 성경의 가르침에서 하나님과 세계, 정신과 물질은 반대가 아

니다. 가시적·물질적 세계는 영적 세계 못지않게 아름답고 풍성한 하나님의 계시다. 온 세계는 위로 발돋움하고 절정에 이르고 완성되는데, 그 통일성, 목표, 면류관을 자연 전체의 요약인 인간 안에서 성취한다. 인간은 영으로서 천사와 흡사하며 비가시적 세계로 비상하지만, 동시에 그는 가시적 세계의 시민이고 모든 물질적 피조물과 연결되어 있다. 따라서 인간은 물질적 세계와 영적 세계의 통일, 우주의 거울, 모든 자연의 연결고리, 개요, 본보기, 소우주를 이루는데, 그렇게 인간은 하나님의 형상과 모양으로서 작은 신(μικροθεος)이다. 인간은 예언자로서 하나님을 설명하고 하나님의 탁월하심을 선포한다. 인간은 제사장으로서 모든 창조된 것을 하나님께 거룩한 제물로 드린다. 인간은 왕으로서 모든 것을 공의와 바름으로 인도하고 다스린다. 인간은 이 모든 것 속에서 여전히 훨씬 더 고상하고 풍성한 의미에서 하나님의 계시이자 형상이신 분, 즉 성부의 독생자시고 모든 피조물보다 먼저 나신 분을 가리킨다. 하나님의 아들인 아담은 그리스도의 모형(type)이었다.

인생의 귀결

[294] 인간의 궁극적 결말(destiny)은 전체적으로는 물론이고 개별적으로도 아담의 창조 때 주어지지 않았다. 그것은 장차 이루어야 할 목표였다. 아담이 아니라 그리스도가 바로 첫 번째로 충만하고, 참되고, 신령한 사람이셨다. 바울은 고린도전서 15:45-49에서 아담과 그리스도를 대조하고 비교하는데, 그들이 이룬 것에 의해서가 아니라(롬 5:12-21; 고전 15:22에서처럼), 그들의 본성과 인격의 관점에서 그렇게 한다. 첫 사람은 “살아 있는 존재”(ψυχη ζωσα), “육신의”(natural, ψυχικος), “땅의 흙으로 만들어진”(ἐκ γης χοϊκος) 자로 창조되었으나, 둘째 사람은 부활에 의해 “살려주는 영”(πνευμα ζωοποιουν), “신령한 사람”(πνευματικος), “하늘에서 온”(ἐξ οὐρανου) 분이 되셨다. 아담은 첫 번째로 창조되었지만, 아직 영화된 신령한 몸이 아니었기

때문에 그리스도보다 못하다. 아담은 타락 전에도 그리스도의 모형이었다. 그가 창조될 때 이미 그리스도가 예견되어 있었다. 창조는 원래 타락후선택설적(infralapsarian)이다. 자연적인 것이 영적인 것을 앞선다. 영적인 것은 자연적인 것 위에 세워진다. 사도는 여기서 창세기 1-2장에 기초하여 자신의 논지를 심오하고 폭넓게 제시하고 있다. 자연적인 것과 영적인 것 사이에, 온전한 상태와 영광의 상태 사이에 아주 넓은 간격이 있다. 부활 후에는 배와 음식 둘 다 폐하여질 것이고(고전 6:13), 하나님의 자녀들은 더 이상 결혼하지 않고 천사들과 같아질 것이다(마 22:30). 그러나 아담에게는 음식과 아내의 도움이 필요했다.

행위언약

아담의 온전한 상태는 잠정적이고 일시적이었다. 순종에 매여 있는 아담의 조건적 상황은 그리스도/아담의 병행과 함께 신학자들이 온전한 원상태를 언약, 곧 행위언약의 관점에서 생각하도록 자극했다. 그런 언약을 명시적으로 언급하는 것으로 볼 수 있는 유일한 성경 구절은 호세아 6:7인데, 이 구절은 이스라엘과 유다가 "아담처럼"(MT: כְּאָדָם; LXX: ὡς ἄνθρωπος; Vulg: *sicut Adam*) 언약을 어겼다고 말한다. "사람처럼"이나 "아담(도시명)에서"라는 번역도 불가능하지는 않지만, 그 개연성은 높지 않다. 바울이 로마서 5:12-21에서 아담과 그리스도를 병치시킨 것은 여기서 결정적이다. 우리와 아담의 관계는 우리와 그리스도의 관계와 같다. 아담의 범죄로 인해 죄책과 죽음이 우리에게 쌓이고, 그리스도의 의로 말미암아 우리는 의롭게 되었다. 이와 같이 아담은 그리스도의 모형이고, 우리의 대표, 즉 언약적 머리다.

[295] 이처럼 풍성하고 가치 있는 성경의 사상은 앞서 논의된 자연주의나 초자연주의에 의해 존중되지 않았다. 하나님의 형상을 인격과 의지의 힘으로 또는 원의를 부인함으로써 획득해야 한다고 생각하는 것은 모

두 성경적 가르침에 대한 왜곡으로 이어진다. 전자에서는 죽음이 자연스러운 것으로 여겨지고, 후자에서는 아담이 아픔이나 고통을 느낄 수 있다는 것이 부인되었다.[33] 어떤 이들은 더 멀리 나아가서, 타락 전에는 음식이 필요하지 않았거나 채식으로 제한되었으며, 생식(procreation)도 감각적 쾌락 없이, 심지어 성교(coitus) 없이 이루어졌다고 주장했다.[34] 어떤 이들은 인간이 남녀양성으로(androgynous) 창조되었으며, 하와의 창조는 타락의 증거라고,[35] 따라서 여자는 사실상 하나님의 형상과 인간의 본성에 참여하지 않았다고 주장했다.[36] 게다가 낙원은 종종 지극히 이상주의적이고 풍유적인 방식으로 이해되고 해석되었다. 다시 말해 동물은 죽지 않으며, 거칠고 부정한 동물은 존재하지 않고, 장미는 가시 없이 피고, 공기는 훨씬 더 깨끗하고, 물은 훨씬 더 부드럽고, 빛은 훨씬 더 밝은 곳이라고 여겨졌다는 것이다.[37]

그럼에도 아담이 아직 최고의 인간성을 소유하지 않았음을 모든 사람이 인정한다. 이 사실은 시험적 명령, 선택의 자유, 죄와 죽음의 가능성에 내포되어 있다. 아우구스티누스는 죄짓지 않을 수 있음(*posse non peccare*)과 죽지 않을 수 있음(*posse non mori*)을 죄지을 수 없음(*non posse peccare*)

---

33) Augustine, *City of God*, XIV, 26; T. Aquinas, *Summa Theol.*, I, qu. 97, art. 2.

34) Augustine, *The Retractions*, I, 10; Gregory of Nyssa, *On the Making of Man*, 16-17; John of Damascus, *Exposition of the Orthodox Faith*, II, 30.

35) 유대인들이 이렇게 생각했다. 참조. F. W. Weber, *System der altsynagogalen palästinischen Theologie* (Leipzig: Dörffling & Franke, 1880), 202ff.; Johannes Scotus Erigena, *On the Division of Nature*, trans. Myra L. Uhlfelder (Indianapolis: Bobbs-Merrill, 1976), II, 6, 10, 23; IV, 12; Böhme, Oetinger, Baader, 그리고 Schelling과 같은 신지학자들도 이렇게 생각했다; J. P. Lange, *Christliche Dogmatik*, 3 vols. (Heidelberg: K. Winter, 1852), II, 324ff.; F. Delitzsch, *A System of Biblical Psychology* (Edinburgh: T&T Clark, 1899), 102ff.

36) 참조. Augustine, *The Trinity*, XII, 7; T. Aquinas, *Summa Theol.*, I, qu. 93, art. 4; I, qu. 99, art. 2.

37) Luther의 창 3장 해설.

과 죽을 수 없음(*non posse mori*)으로부터 분명하게 구분했다. 후자는 아직 아담에게 주어진 것이 아니었고, 순종을 조건으로 부여되었다. 아우구스티누스도 아담이 하나님께 대해 가졌던 이 원래의 관계를 언약, 계약, 약정으로 묘사했으며,[38] 그가 "케아담"(כְּאָדָם)을 "아담처럼"으로 번역한 것은 많은 이들로 하여금 유사한 견해를 취하게 했다.[39] 성경은 신자들이 그리스도 안에서 하나님께 대해 갖는 관계를 거듭해서 언약으로 묘사하기 때문에, 아담과 그리스도 사이에 있는 병행에 대한 바울의 비교는 신학자들로 하여금 온전한 상태도 언약으로 생각하도록 이끌었다. 그들은 이 언약을 자연언약(*foedus naturae*) 또는 행위언약(*foedus operum*)이라고 불렀다. 이런 표현은 언약의 기초가 도덕법 위에 있음을 가리키는데, 이 도덕법은 원의 상태(original state of righteousness)에 있는 인간에게 본성에 의해 알려져 있는 것이다.

개혁파 신학자들은 이 언약을 은혜언약에 평행하는 것으로 특별한 애정을 갖고 가르치고 발전시켰다. 이것은 내용적으로 이미 「벨기에 신앙고백서」 제14조와 제15조, 「하이델베르크 교리문답」 제3주일과 제4주일(제6-11문답), 「도르트 신조」 3/4장에 포함되어 있고, 형식적으로도 「아일랜드 신조」(1615), 「웨스트민스터 신앙고백서」(1647), 「스위스 합의서」(1675), 「발케스 신조」(1693)에 포함되었다. 몇몇 로마 가톨릭과 루터파 신학자들은 행위언약의 교리를 받아들였지만, 항변파와 합리주의자들은 격렬히 반대했다. 최근에 행위언약의 교리는 다수의 신학자들에 의해 되살아났다.[40]

[296] 행위언약의 교리가 언제나 마땅히 그래야 하는 것처럼 분명히

---

38) Augustine, *City of God*, XVI, 27.

39) J. Marck, *Historia Paradisi* (Amsterdam: Gerardus Borstius, 1705), II, 6-7.

40) Charles Hodge, *Systematic Theology*, 3 vols. (New York: Charles Scribner's Sons, 1888), II, 117; G. Vos, "The Doctrine of the Covenant in Reformed Theology", in *Redemptive History and Biblical Interpretation*, ed. Richard B. Gaffin Jr. (Phillipsburg: Presbyterian & Reformed, 1980), 234-270.

진술되고 옹호되어온 것은 아니다. 이 교리는 지나친 스콜라주의적 상세화 때문에 그 생명력과 중요성을 상실한다. 그럼에도 행위언약의 교리는 성경에 기초해 있고 대단히 가치 있는 것이다. 언약은 참된 종교의 본질에 속하는 것으로서, 창조주와 피조물의 관계를 가능하게 하고 이성적·도덕적 인간이 하나님에 대해 의존적임을 분명히 한다. 이성적이고 도덕적인 피조물 중에서 모든 고등한 생명은 언약의 형태를 취한다. 언약은 자발적으로 의무를 지우고 사람들을 서로 묶는 방법이다. 사랑, 우정, 결혼, 그리고 사업, 산업, 학문, 예술 등의 모든 사회적 협력은 궁극적으로 언약에 기초해 있는데, 이는 곧 상호신뢰와 일반적으로 인정되는 온갖 도덕적 의무의 종합이다. 따라서 성경이 인간의 가장 고상하고 풍성한 삶, 즉 종교를 특징짓는 데 언약을 사용한다는 것은 조금도 놀라운 일이 아니다. 이것은 굉장히 중요하기 때문에, 이 교리에 대한 반론, 예를 들어 창세기 1장과 2장에 "브리트"(בְּרִית, 언약)라는 단어가 없다는 것을 지적하는 반론에 굴복하지 말아야 한다. 성경에서 아담과 하나님 사이의 종교적 관계가 "언약"이라는 용어로 불린 적이 한 번도, 심지어 호세아 6:7에도 없다고 할지라도, 타락 전 인간의 종교적 삶은 언약을 특징으로 한다. 개혁파 학자들이 편협하게 "언약"이라는 단어에 집착하지 않은 것은 내용 자체가 확실했기 때문이다. 명칭이 의심스러워도, 내용이 무사하면 된다(*de vocabulo dubitetur, re salva*). 이 경우 내용이 결코 포기되어서는 안 되는데, 이는 언약이 참된 종교의 본질이기 때문이다.

왜 그런가? 우선적으로 창조주이신 하나님과 피조물인 인간 사이에 무한한 차이가 있기 때문이다. 만일 종교라는 것이 주종관계 이상의 것이어야 한다면, 그리고 만일 그 대신 종교가 인간 사이의 우정과 사랑에서 유비를 발견할 수 있는 하나님과의 교통과 교제라면, 종교는 언약의 성격을 가질 수밖에 없다. 하나님이 내려오시고 자신을 피조물에게 낮추셔서, 그들에게 자신을 전달하시고 계시하시고 내어주셔야 하기 때문이다. 영원 속에 사시고 높고 거룩한 곳에 거하시는 하나님이 또한 마음이 겸손한 자와 함께 거하셔야 하기 때문이다(사 57:15). 이것은 다름 아니라 언약에 대한 묘사다. 종교들이 범신론적으로 하나님을 피조물적인 것으로 끌어내리거나, 이신론적으로 피조물 위로 끝없이 들어올리는 반면에, 성경적 종교는 무한히 크시면서 겸손하고 선하신 하나님, 주권자이시면서 동시에 아버지이신 하나님을 말한다. 오직 이러한 언약적 방식으로만 참된 교제와 진정한 종교가 가능하다. 하나님은 언약의 하나님이시다.

둘째 이유는 우리가 하나님 앞에서 아무런 권리도 가져오거나 소유할 수 없다는 데 있다. 우리는 하나님께 아무것도 주장할 수 없다. 우리는 피조물이고, 절대 의존적이고, 어떤 자격이나 공로도 없다. 우리는 지시받은 모든 것을 행한 후에도 여전히 무익한 종(δουλοι αχρειοι, 눅 17:10)이다. 그럼에도 우리가 가진 자유는 우리로 하여금 기도와 감사로 하나님께 나아가고, 하나님을 "아버지"라고 부르고, 하나님의 자비에 호소하고, 하나님께 구원과 생명을 기대하게 한다. 이 모든 것이 가능한 이유는 하나님이 자신을 굽히시는 선하심 가운데 이 권리를 우리에게 주셨기 때문이다. 모든 유익은 은혜의 선물로서 과분하며 자발적이다. 그러므로 참된 종교는 언약적이어야 하는데, 동산에서 그랬듯이 지금도 그런 것이다. 마지막으로 언약은 하나님이 남자와 여자를 이성적이고 도덕적인 존재로 창조하셨다는 사실을 존중한다. 하나님은 우리를 그런 존재로 다루시기 때문에 강제하지 않으시고 설득하신다. 하나님은 우리가 하나님을 사랑 가운데 섬길 때 자유롭고 기꺼이 하기를 원하신다(시 100:3). 우리가 하나님을 기쁘시게 하려고 행하는 일이 참된 종교인 것이 아니라, 하나님을 사랑과 기쁨 가운데 섬기도록 해주는 은혜가 곧 참된 종교다. 하나님 편에서는 언제나 거저 주심이 있고, 우리 편에서는 언제나 오직 감사만 있다. 우리는 아담의 순종이 자동적으로 영생을 보상으로 가져온다고 생각하지 말아야 한다. 하나님이 그것을 주실 의무는 없는 것이다. 여기서 행위와 보상 사이에는 그 어떤 자연적 관련성도 없다. 행위언약은 피조물의 의존성과 모든 행위의 공로 없음을 내포하는 하나님의 주권뿐만 아니라, 그럼에도 피조물에게 이 땅에 있는 것보다 뛰어난 복을 주기를 원하시는 하나님의 은혜와 관대함도 정당하게 다룬다. 행위언약은 인류의 의존성과 자유를 동시에 견지해준다. 이 언약이 그 기원에서 일방적인 이유는 이 언약이 그것의 모든 부분, 즉 조건과 성취, 준수와 보상, 위반과 형벌을 작정하시는 하나님의 자유롭고, 특별하고, 은혜로운 베풂에서 나오기 때문이다.

인생의 귀결에 대한 다른 견해들

[297] "덧붙여진 은사"(*donum superadditum*)에 대한 로마 가톨릭의 교리는 영생이 은혜의 선물이라는 확신을 존중하려고 하면서도 실제로는 공로적 선행을 재도입했다. 반대로, 루터파의 견해는 아담의 원상태를 이미 최고의 복을 소유한 것으로 드높였고, 따라서 일종의 반율법주의로 치우치는 경향을 보였다. 아담은 "법을 벗어나서"(*ex lege*) 존재했다는 것이다. 루터파 신학은 자주 인간의 원상태를 과장해서 시험적 명령의 긍정적 취지를 인식하는 데 실패한다. 그렇기 때문에 신자의 상태는 타락 이전 아담의 상태와 본질적으로 동일시되고, 구원은 전적으로 용서와 칭의의 차원에서 고려되었다. 루터파 신자들은 이것으로 만족할 수 있었다. 그들은 뒤로 거슬러 올라가 구원을 영원한 선택과 연결하거나, 앞으로 나아가 그리스도의 삶 전체, 선행, 영생과 연결할 필요성은 느끼지 못했다. 여기서는 예정도 견인도 필요하지 않게 된다.[41]

그러나 우리의 첫 조상은 타락 이전에 하늘의 영원한 안식을 아직 누리지 않았다. 온전한 상태는 아직 영광의 상태가 아니었다. 이에 반해, 개혁파 신학은 아우구스티누스의 발자취를 따라서 아담이 아직 최고의 삶

---

41) Luther, in J. Köstlin, *The Theology of Luther in Its Historical Development and Inner Harmony*, trans. Charles E. Hay (Philadelphia: Lutheran Publication Society, 1897), II, 361.

을 소유하지는 않았다고 단언했다. 즉 모든 두려움과 공포, 모든 타락의 가능성을 절대적으로 넘어서, 오류 및 죄를 범할 수 없고 죽을 수도 없는 상태를 포괄하는 실질적인 자유를 아직 소유하지 않았다는 것이다. 그리스도는 우리를 단순히 타락 이전의 아담의 상태로 회복하시는 것이 아니다. 그리스도는 아담이 타락하지 않았더라면 받았을 것을 얻어내시어 베푸시고, 우리를 아담 앞에 놓여 있던 여정의 시작이 아니라 끝에 두시고, 수동적 순종뿐만 아니라 능동적 순종의 요구도 완수하셨고, 우리를 죄책과 형벌에서 구해주실 뿐만 아니라 은혜를 통해 영생의 권리를 직접 부여해주신다. 그러나 아담은 이처럼 고상하고 복된 상태에 아직 이르지 않았고, 아직 영생을 소유하지 않았다. 그는 여전히 죄 지을 수 있고 죽을 수 있는 상태로 살았고, 따라서 어느 정도 두려움과 공포 가운데 여전히 있었다. 개혁파 신학자들은 이러한 가능성, 이러한 가변적 선, 이처럼 여전히 죄 지을 수 있고 죽을 수 있음이 하나님의 형상의 일부나 구성요소가 아니라, 오히려 그 경계, 한계, 테두리라는 것을 바르게 지적했다.[42] 그러므로 하나님의 형상은 온전히 발전해서—그러는 중에 죄와 죽음의 가능성을 정복하고 폐하면서—소멸하지 않는 영광으로 빛나야 했다. 아담은 그리스도가 아니었다. 자연적인 것은 영적인 것이 아니었다. 낙원은 천국이 아니었다. 개혁파 신학자들에 따르면, 죄는 모든 것을 부패시키고 망쳤지만, 실체가 아니기 때문에 창조세계의 본질이나 실체를 대체할 수 없었다. 죄인으로서 인간은 여전히 인간이고, 다른 모든 피조물 역시 죄의 저주에도 불구하고 본질적으로나 실체에서 동일한 존재로 남아 있다. 죄가 사물의 실체를 제거하지 않았던 것처럼, 은혜도 그것을 회복시키지 않는다. 변화된 것은 창조세계의 질료(*materia*)가 아니라 그 형상(*forma*)이다. 피조물

---

42) H. Heppe, *Reformed Dogmatics*, rev. and ed. Ernst Bizer, trans. G. T. Thomson (London: Allen & Unwin, 1950; repr., Grand Rapids: Baker Academic, 1978), 249-250; W. G. T. Shedd, *Dogmatic Theology*, 2 vols. (New York: Charles Scribner's Sons, 1888-1889), II, 104, 150.

이 죄로 변형된(deformed) 것은 그것이 은혜의 영역에서 전적으로 재형성되기(reformed) 위해서였다.[43]

개혁파의 견해는 상당히 큰 영향을 끼쳤다. 개혁파는 루터파와 항변파에 맞서 도덕법이 아담에게 본성에 의해 알려진 적극적 선이었다고 본다. 시험적 명령이 필요했던 것은 무엇보다도 아담이 죄의 가능성을 분명히 인식하도록 하기 위해서였다. 그는 금지(proscription)뿐 아니라 처방(prescription)에 대해서도 알아야 했다. 시험적 명령 속에서 도덕법 전체가 아담에게 일거에 제시되어서 그로 하여금 딜레마에 직면하게 했다. 하나님인가 자신인가, 하나님의 권위인가 통찰력에 의한 자율인가, 무조건적 순종인가 독자적 연구인가, 믿음인가 의심인가? 그것은 영원한 복됨 또는 영원한 멸망으로 이어지는 길을 여는 중대한 시험이었다. 또한 개혁파 신학자들은 안식일 명령이 도덕법에 속한다고 주장했다. 타락 전에 우리의 첫 조상들은 아직 영원한 하늘의 안식을 누리지 못했고, 6일 노동과 1일 안식의 규정에 종속되어 있었다. 이것은 종교생활이 문화생활과 별도로 나름의 형식과 의식을 요구한다는 것을 상기시키는 역할을 한다. 또한 개혁파 신학자들은 에덴동산에 있는 두 나무가 그 자체로 죽이거나 살리는 능력을 지녔다거나, 열매를 먹는 것 자체가 인간의 물리적 생명에 영향을 끼쳤다는 식의 주술적인 신지학의 견해를 거부했다. 개혁파 신학자들은 생명나무가 행위언약에 대한 표와 인으로서 성례적 방식으로 생명을 준다고 생각했다. 또한 개혁파 신학자들은 양성의 처녀, 성욕의 부재, 마술적 생식에 대한 모든 신지학적 사변을 성경에 반대되는 것으로 여기면서 만장일치로 거부했다.[44] 마지막으로 칼뱅과 대부분의 개혁파 신학자들은[45] 창세기 9:3에 주

---

43) Gisbert Voetius, *Selectae disputationes theologicae*, 5 vols. (Utrecht, 1648-1689), I, 776.

44) Johannes a Marck, *Historia paradisi* (Amsterdam: Gerardus Borstius, 1705), 279ff.

45) John Calvin, *Commentary on Genesis*, trans. J. King (Grand Rapids; Baker,

어진 허용 이전에는 인간에게 육식이 금지되었다고 가정하는 것이 근거 없는 일이라고 생각했다. 창세기 9:1-5은 새로운 계명이 아니라, 단지 창조의 축복에 대한 갱신이다. 유일하게 새로운 것은 고기를 그 생명과 함께, 즉 피와 함께 먹는 것에 대한 금지다. 창세기 9:5-7에 등장하는 사람의 피흘림에 대한 금지명령과 같은 것이 동물과 관련해서는 나타나지 않는다. 혹자는 채식주의에 대한 요구가 인류의 무법성과 퇴보에 맞서기 위해 타락과 홍수 이후의 상태에 더 부합한다고 기대할지도 모르지만, 그런 요구조항은 존재하지 않는다.

개혁파 신학은 아담이 아직 최고의 복을 누리지 않았다는 생각으로 깊이 물들어 있었다. 죄는 창조세계에 있는 모든 것에 크게 영향을 끼쳤고, 따라서 지구와 인류의 역사는 죄를 떠나서는 상상조차 할 수 없다. 그럼에도 우리는 영광의 상태를 위한 결론들을 단순히 온전한 상태에서 이끌어 낼 수 없다. 현재 세계의 다양성과 차이는 그 원인이 단순히 죄에 있는 것으로 돌려져서는 안 될 것이다. 많은 것들이 창조질서와 선에 원인을 두고 있다. 아우구스티누스주의와 개혁파 신학자들은 창조의 질료(*materia*)가 온전한 상태로 유지된다는 것을 긍정한다. 단지 형상(*forma*)만 대체되었다. 특정한 사회주의와 공산주의 운동들은 죄의 끔찍한 결과들에 맞서 싸운다는 점에서는 바람직하지만, 위의 사실을 잊고서 본성과 존재 자체에 대한 공격을 감행한다. 기독교는 혁명이 아니라 개혁을 선호한다.

1979), 98-100, 291-293 (창 1:29; 9:3에 대한 주석); J. Heidegger, *De libertate christianorum a re cibaria* (1662); G. Voetius, *Select. disp.*, IV, 387; V, 194; *Johannes Coccejus, Summa theologiae ex Scripturis repetita* (Amsterdam: J. Ravenstein, 1665), XX, 17; J. Marck, *Historia paradisi*, 341; Bernhard de Moor, *Commentarius perpetuus in Johannis Marckii Compendium theologiae christianae didactico-elencticum*, 7 vol. in 6 (Leiden: J. Hasebroek, 1761-1771), III, 35-38; etc.

인간 기원의 통일성: 운명 공동체

[298] 또한 언약은 충만하고 온전한 인성이 공동체 안에서 발견된다는 사실을 상기시킨다. 인류 전체가 창조와 재창조에서 하나님의 형상이다. 이것은 창조세계에 대한 아담의 머리 됨, 구속받은 인류에 대한 그리스도의 머리 되심이라는 언약적 머리 됨 개념을 강조한다. 하나님은 남자가 혼자 있는 것이 좋지 않다고 말씀하셨다(창 2:18). 그 둘만 있는 것도 좋지 않았고, 따라서 하나님은 즉시 번성의 복을 그들에게 선언하셨다(창 1:28). 하나님의 형상은 너무나도 풍성하기 때문에, 한 사람 안에서는 그가 아무리 풍성한 은사를 받았다고 해도 충만히 실현될 수 없고, 그 깊이와 풍성함은 수십억에 이르는 인류 안에서만 어느 정도 전개될 수 있을 뿐이다. 이 인류는 유기체다. 일정한 면적의 땅 위에 있는 영혼들의 무리나 개개인의 느슨한 집합이 아니라, 한 핏줄로부터 창조된 유기적 통일체다. 인류는 한 가족, 한 집안으로서 하나님의 형상과 모양이다. 이 형상은 처음에 모두 주어진 것이 아니라, 시간을 두고 은혜의 선물(Gabe)인 동시에 순종해야 할 사명(Aufgabe)으로서 전개된다. 오직 인류는 그 전체성 안에서만—단일한 머리 아래 모인 하나의 온전한 유기체로서 온 땅에 퍼져 있고, 예언자로서 하나님의 진리를 선포하고, 제사장으로서 자신을 하나님께 드리고, 통치자로서 지구와 온 창조세계를 다스리는—가장 충만히 완성된 형상, 가장 뚜렷하고 두드러진 하나님의 모양이다.

이와 동일한 진리를 우리는 교회가 그리스도의 신부, 성령의 전, 하나님의 거처, 모든 나라의 영광이 모일 새 예루살렘이라는 성경의 가르침에서 발견할 수 있다. 영광의 상태는 우리에게 여전히 기다려야 할 그림이지만, 그것은 또한 감추어진 형태로 지금 우리에게 주어져 있다. 우리는 이 최종 상태에 대한 보증금을 받았고, 그 원칙들은 변하지 않는다. 참된 종교, 도덕법, 우리의 최종 결말은 행위언약에서든지 은혜언약에서든지 본질적으로 동일하다. 둘 모두에서 목표와 결말은 하나님이 모든 것 중에서 모든 것이 되시는 하나님 나라, 거룩한 인류다. 여기서 우리는 하나님의 형상으로서 인류에 관한 중요한 진리 하나를 강조할 필요가 있다. 하나님의 형상이 구속받고, 새롭게 되고, 하나님을 영화롭게 하는 인류의 충만함 안에서 실현되기 위해서는, 인류가 하나의 머리 아래 연합되고 집약되어야 한다. 이것이 바로 행위언약 교리의 결정적 중요성이다. 인류는 그 기원에서 아담 안에 통일되어 있다. 구속받고 재구성된 인류인 교회는 자신의 머리인 예수 그리스도 아래 하나로 연합되어 있다. 인류가 물리적으로 한 혈통이라는 것만으로는 충분치 않고(행 17:26)—이것은 각종 동물에게도 마찬가지이다—윤리적이고 법정적인 통일성이 필요하다. 그리스도가 우리의 의와 생명의 원인이신 것처럼, 아담은 우리의 죄와 죽음의 원인이다. 하나님은 인류 전체를 한 사람 안에서 고려하시고 판단하신다. 행위언약에 대한 개혁파의 이해에서만 인류의 도덕적 통일성—육체적 통일성이 아니라—이 진가를 발휘한다. 시험적 명령은 아담이 온 인류의 조상이었을 뿐 아니라 머리이며 대표자였고, 따라서 아담의 행동이 모든 사람에게 결정적이었음을 보여준다. 몸 전체의 운명이 모든 지체를 위해 생각하고 판단하고 결정하는 머리에 달려 있는 것처럼, 인류의 운명도 아담의 손에 놓여 있었다. 만약 우리가 알지 못했기 때문에 아담 안에서 정죄받을 수 없었다면, 우리가 협력하지 않은 그리스도의 은혜 안에 받아들여질 수도 없었을 것이다. 행위언약과 은혜언약은 함께 서고 넘어진다. 인간으로서 우리는 혈통에 의해서만 아니라 복과 저주, 죄와 의, 죽음과 생명에 함께 참여하는 것으로도 함께 묶여서 결속되어 있다.

[299] 인류의 유기적 통일성에 대한 이런 강조는 인류의 기원과 번성을 이해하는 데도 도움을 준다. 인간 영혼의 선재(preexistence)에 대한 이론(Plato, Plotinus, Origen, Kant)은 영과 물질의 이교적 이원론에 뿌리를 두고 있고, 인류의 통일성을 파괴하고, 인간과 천사의 차이를 제거한다. 거시적(macro) 진화론을 긍정하면서 여전히 영혼의 불멸에 대한 믿음을 견지하려는 이들은 영혼이 어떤 식으로든 우주 어딘가에 항상 존재했다고 주장

하는 것 외에 다른 선택의 여지가 거의 없다. 그러나 기독교는 전혀 다른 전제에서 출발하고 하나님의 인격적 실재와 창조활동에 대한 신앙고백에 기초해 있기 때문에, 영혼의 영원한 선재를 가르칠 여지를 갖지 않는다. 영혼창조설(creationism)과 영혼유전설(traducianism) 사이의 논쟁은 아직 종결되지 않았다.[46] 둘 다 해결할 수 없는 난제에 직면하지만, 개혁파 신학자들은 동방 정교회와 로마 가톨릭 신학자들과 더불어 거의 만장일치로 영혼창조설을 받아들인 데 비해, 루터파 신학자들 사이에서는 영혼유전설이 주로 받아들여졌다. 각각의 견해를 지지하는 성경적 논거는 동등하게 강한 것으로 보인다. 영혼유전설이 호소하는 것은 하와가 "남자에게서"(*ex andros*, 고전 11:8; 창 2:23) 창조되었다는 것, 후손들이 그 조상의 허리 안에 있었다고 말하는 구절(창 46:26; 히 7:9-10), 영적 행위를 포함하는 "알다"를 의미하는 히브리어 단어 "야다"(ידע), 창조가 일곱째 날에 완성되었다는 것(창 2:2), 동물이 각기 종류대로 생산할 수 있다는 것(창 1:28; 5:3; 9:4; 요 3:6), 그리고 무엇보다 죄와 온갖 심리적 특성의 유전이다. 이에 반해, 영혼창조설은 아담의 영혼이 창조되었다는 것(창 2:7), 전도서 12:7, 스가랴 12:1, 특히 히브리서 12:9(참조. 민 16:22)과 같은 본문들, 그리고 무엇보다 영혼의 단순하고, 나눌 수 없고, 불멸하는 영적 특성에 호소했다.

영혼유전설과 영혼창조설이 둘 다 자신의 입장에 대한 유력한 논거를 제시하지만, 둘 다 난제들을 해결할 수 없다. 영혼유전설은 영혼의 기원과 죄의 유전을 설명할 수 없다. 흔히 이 질문들을 해결하려는 시도는 자녀의 영혼이 부모나 조상 안에 선재했다거나, 영혼이 남자나 여자, 또는 둘 모두의 씨 안에 물질적으로 존재했다는 생각을 재진술하는 것으로 귀결된다. 죄의 유전을 설명하는 데도 영혼유전설은 도움이 안 되는데, 왜냐하면 죄는 물질(material)도 아니고 실체(substance)도 아닌, 도덕적 자질, 도덕적

---

46) 편집자 주—영혼유전설에 따르면 영혼이 부모에게서 유래하고, 영혼창조설에 따르면 하나님이 수태 시에 영혼을 창조하신다.

죄책, 도덕적 부패이기 때문이다.[47] 영혼유전설은 "어떻게든" 정자와 난자가 자기 나름의 활력을 지니거나, 아니면 하나님이 생명을 그것들에 부여하신다는 견해로 이어질 것이다. 앞의 시나리오에서 우리는 이 활력이 어디서 왔는지 여전히 알 수 없고, 두 번째 시나리오는 사실상 수정된 형태의 영혼창조설에 불과하다. 이것을 태아의 발달에 대한 진화론적 개념과 통합하고, 정자와 난자의 결합을 새로운 존재가 스스로 영혼을 발전시키기 시작하는 순간으로 여기는 것은 문제를 해결하는 것이 아니라 다만 문제의 유형을 바꿀 뿐이다. 영혼유전설이 자신의 논리를 밀고 나갈 때, 그것은 유물론에 빠지거나, 아니면 영혼창조설을 이름만 바꿔서 몰래 다시 들여온다.

여기서 우리는 무수한 난제에 직면한다. 불멸의 영적 영혼이 유기체 안에 거하는 바로 그 순간, 비록 초기 상태에 불과할지라도 거기에 인간, 개인, 인격이 존재한다. 언제 그리고 어떻게 배아가 인간이 되는가? 언제 그리고 어떻게 자연적(psychic) 생명이 일어나고, 언제 그것은 영적 생명이 되는가? 이것이 점진적으로, 진화의 법칙을 따라 일어난다고 말하는 것은 자연적 생명과 영적 생명 사이에 있는, 생명력 있는 영혼과 불멸의 영적 영혼 사이에 있는, 그리고 동물과 인간 사이에 있는 본질적 차이를 제거한다. 배아가 인간이 되고, 영혼을 담은 몸이 되고, 항상 존재하는 자아가 되는 순간이 있어야 한다. 이것이 언제 또는 어떻게 발생하는지는 신비이고, 따라서 신학도 과학도 답을 제공할 수 없다. 영혼창조설과 영혼유전설 모두 이것을 설명할 수 없지만, 영혼창조설이 가진 장점은 이것을 신비로 남겨둘 준비가 되어 있으며 또한 겉으로만 그럴듯한 그릇된 설명을 시도하지 않는다는 데 있다. 겉으로만 그럴듯한 설명이 바로 영혼유전설이 처한 위험이다.

---

47) 유전설에 대한 반대와 창조설의 근거가 A. G. Honig, *Creationisme of Traducianisme?* (Kampen: Bos, 1906)에서 상세히 전개되었다.

영혼유전설은 우리가 인간에게 있는 많은 육체적·감정적·영적 특질의 유전에서 관찰하는 것들에 대해 답변을 내놓지만, 유전이라는 것이 극도로 복잡한 문제라는 것은 우리도 아는 바다. 우리는 괴테와 같은 천재가 나타나는 현상을 단순히 부모나 조상으로부터의 유전만으로는 설명할 수 없다. 각 사람의 영혼에 있는 독특성과 그 독특하고 뛰어난 재능을 우리가 생각할 때, 영혼의 형성에서 영혼창조설적 요소가 중요하다는 점을 인정하지 않을 수 없다. 그러나 하나님은 우선 육체와 별개로 영혼을 창조하시고 그 후에 육체 밖에 있는 영혼을 육체 안으로 들여보내는 것이 아니라, 적절한 때에 우리가 이해할 수 없는 방식으로[48] 이미 존재하는 자연적 생명을 더 높은 인간적·영적 생명의 차원으로 들어올리신다. 우리의 죄악된 본성은 우리의 영혼이 육체와 접촉하기 때문에 생기는 것이 아니다. 죄는 물질적인 것이 아니다. 우리는 차라리 영혼이 하나님의 창조 활동에 의해 이성적·영적 독립체로 존재하도록 부르심을 받았음에도, 배아의 자연적 생명 안에서—즉 부모와 조상의 생명 안에서—형성되었으며, 인류를 짓누르는 죄의 유대를 넘어서거나 그 바깥에 존재하는 것도 아니고, 오히려 그 조건 아래서, 그 가운데 존재하게 되었다고 생각하는 것이 좋다.[49]

[300] 비록 영혼창조설과 영혼유전설 모두 해결할 수 없는 난제에 직면해 있지만, 그럼에도 주목할 만한 것은 동방 정교회, 로마 가톨릭, 개혁파 신학자들이 거의 만장일치로 영혼창조설을 받아들인 데 반해, 영혼유전설은 루터파 신학자들 가운데서만 받아들여졌다는 사실이다. 그 이유는 인간의 본질과 운명에 대한 견해의 차이에 있다. 루터파는 하나님의 형상을 오직 몇몇 도덕적 성질에, 특히 원의에 국한하는데, 이로써 우리의 구체화 된 몸은 종교적으로나 신학적으로 무시해도 좋은 것이 되어버린다.

---

48) T. Aquinas, *Summa Theol.*, I, qu. 118, art. 2; idem, *Summa contra gentiles*, 59, 68.
49) G. Voetius, *Select. disp.*, I, 1097; Francis Turretin, *Institutes of Elenctic Theology*, trans. George Musgrove Giger and ed. James T. Dennison, 3 vols. (Phillipsburg, NJ: Presbyterian and Reformed, 1992), IX, 12.

그러면 인간과 천사, 인간과 동물 사이의 경계선들은 더 이상 분명하게 그어질 수 없다. 그러나 로마 가톨릭과 개혁파 신학자들이 때때로 천사들을 "하나님의 형상"이라 부르기는 했지만, 그들은 처음부터 하나님의 형상을 완전히 독특하고 고유한 인간의 본성 전체에서 찾았다. 왜냐하면 인간의 "영"(πνευμα)은 처음부터 인간의 "육체"(σωμα)와 연합하도록 만들어졌고, 인간의 육체는 처음부터 인간의 영을 위해 고안되었기 때문이다. 타락 전과 후, 온전한 상태와 부패한 상태, 은혜의 상태와 영광의 상태에서 인간은 천사와 동물로부터 항상 본질적으로 구별되었고 앞으로도 계속해서 그럴 것이다. 따라서 죄인이 하나님의 형상을 잃는다고 동물이 되는 것이 아니며, 구속받은 사람들이 천사가 되는 것도 아니다. 인간은 영원히 인간이고, 그렇게 인간으로서 하나님의 형상이다. 이 사실은 영혼창조설에서만 충분히 보호된다. 인간은 전적으로 독특한 존재로서 "존재"할 뿐 아니라, 또한 전적으로 특별한 방식으로 "유래"한다. 영혼창조설만이 인간의 고유한 독특성을 충분히 유지시키는데, 이는 영혼창조설이 범신론과 유물론 모두를 막아내고 또한 인간과 동물 사이에 놓인 경계선을 존중하기 때문이다.

하나님의 형상에 대한 루터파의 견해에서는 인류의 도덕적 통일성이 육체적 혈통에 우선권을 내어준다. 타락에서 모든 영적·도덕적 통일성이 사라질 때 자연종교와 자연적 도덕은 거의 무의미하게 되고, 오직 육체적 혈통만 인류를 하나로 묶을 수 있는데, 여기에는 죄에 관한 통일성도 포함된다. 죄는 일차적으로 윤리적인 것이 아니라 일종의 얼룩이나 오염이며, 비록 실체로 간주되지 않는다 할지라도 여전히 인류 전체에 영향을 미치고, 무엇보다 인간의 종교적이고 윤리적인 기능을 무력화한다. 로마 가톨릭과 개혁파 신학은 인류의 통일성이 육체적일 뿐 아니라 도덕적 본질도 갖는다고 주장했다. 육체적 혈통은 원죄를 설명하기에 충분하지 않고, 원죄를 물질화할 위험이 있다. 쉐드가 하는 것과 같은 실재론적 접근은[50] 아

---

50) 편집자 주—W. G. T. Shedd, *Dogmatic Theology*, 3rd ed., 3 vols. (New York:

담의 죄에 대한 우리의 연대(solidarity)나 그리스도 안에 있는 우리의 새로운 의를 제대로 설명하지 못한다. 오직 언약적 머리 됨이라는 개념만이 그것을 설명할 수 있다. 게다가 인류의 이와 같은 도덕적 통일성은 영혼창조설에 기초해서만 유지될 수 있다. 왜냐하면 이 통일성은 동물이나 천사에게 있는 통일성과 구별되는 고유한 성격을 갖고 있고, 따라서 육체적 혈통과 하나님의 창조적 행위 모두에 의해 고유한 방식으로 성립하기 때문이다.

마지막으로 루터파 신학은 인간의 운명에 대해 별로 신경 쓰지 않는다. 아담은 자신이 필요했던 모든 것을 이미 갖고 있었다. 아담은 본래 그대로만 있으면 되었다. 더 높이 이를 필요도 없고, 행위언약이나 영혼창조설을 위한 여지도 없다. 영혼유전설로 충분하다. 다시 로마 가톨릭과 개혁파 신학은 달리 생각했고, 인간의 보다 고상한 귀결이 하늘의 지복(至福), 영생, 하나님에 대한 관조(contemplation)에 있으며 이 모든 것은 순종의 방식으로만 획득될 수 있다고 생각했다. 비록 로마 가톨릭이 당연한(*ex condigno*) 은덕이라는 비성경적 개념을 이 지점에서 도입하지만, 로마 가톨릭과 개혁파 신학은 인간의 운명이 영원한 복됨에 있고, 이 복됨은 도덕적 순종의 방법으로만 획득될 수 있으며, 하나님이 온 인류를 대신해서 이 문제에 대한 결정을 아담의 손에 두셨다는 데 동의한다. 이런 이유에서도 두 진영은 영혼창조설에 도달했다. 여기에 두 가지 본질적 요소가 있다. (1) 모든 사람이 하나의 언약적 머리인 아담 아래 포함되어 있다. (2) 모든 사람이 자신의 온전한 개인적 정체성과 도덕적 힘을 보유한다. 육체적 혈통에 대한 영혼유전설의 입장으로는 우리의 죄가 결정론적 숙명, 자연의 과정, 우리에게 아무 죄책도 유발하지 않는 질병만을 의미할 것이다. 이런 식으로는 죄도 의도 적절히 설명할 수 없다. 우리의 죄와 의는 모두 전체로서의 인류와 그 머리 사이에 존재하는 언약적 관계를 전제한다.

오직 영혼창조설만이 인류의 고유한 독특성을 유지하고, 범신론과 유

Scribner, 1891-1894), II, chap. 1: "Anthropology"를 보라.

물론을 막아내고, 전체로서 인류의 유기적 통일성과 각 사람이 가진 독립적 중요성, 가치, 신비로운 개별적 인격 모두를 존중한다. 우리는 하나님의 성전의 산 돌(living stones)로서, 각자가 개인의 영광스러운 목적을 갖고 있다. 아담 안에서의 통일성 없이는 그리스도 안에서의 통일성도 위태롭다. 우리가 아담 안에서 저주받을 수 없었다면, 그리스도 안에서 무죄 선고를 받을 수도 없을 것이다. 세계, 지구, 인류는 하나의 유기적 전체로서 함께 서고, 함께 넘어지고, 함께 높여진다. 온전한 상태는—타락을 통해서든지 타락과 무관하게든지—하나님이 모든 피조물에게 자신의 영광을 주시고 "모든 것 안에서 모든 것"(고전 15:28)이 되실 영광의 상태를 위한 준비다.

12장
____

타락한 세상

죄의 기원

[307] 우리가 사는 이 타락한 세상은 선한 창조의 기초들에 의지하고 있다. 창조 후에 곧바로 죄가 침투했다. 죄의 기원은 신비다. 죄는 하나님으로부터 온 것이 아니지만, 동시에 하나님의 작정에서 제외되지도 않는다. 하나님은 거룩하시고(신 32:4; 욥 34:10; 시 92:15; 사 6:3; 합 1:13) 오직 선하시고, 모든 선의 넘쳐 흐르는 원천이시다(시 36:9; 약 1:13, 17; 요일 1:5). 하나님은 죄를 미워하시고, 정죄하시고, 심판하시고(시 5:4; 45:7; 롬 1:18), 자신의 계시된 율법(출 20장; 신 5장)과 각 사람의 양심(롬 2:14-15)으로 죄를 금하신다. 또한 하나님은 그리스도 안에서 죄를 속량하시고(롬 3:24-26), 자기 백성을 의롭고 거룩하게 하심으로써 구원하신다(고전 1:30). 그러나 우리에게는 죄와 악의 기원, 그리고 그것이 하나님의 선한 창조에 들어왔다는 설명할 수 없는 문제가 계속 남아 있다. 성경이 우리에게 말하는 바에 따르면, 하나님은 능력 있는 단 한 번의 행위로 인간이 죄와 죽음의 가능성을 넘어서게 하시지 않고, 언약적 자유라는 위험한 길을 가도록 결정하셨다. 하나님은 친히 인간을 만드시고 아담에게 그 자신뿐 아니라 후손에게도 영향을 끼치는 시험적 명령을 주셨는데, 이로써 죄의 가능성을 창조하셨다. 창세기

내러티브의 중심에는 선악을 알게 하는 나무와 그 열매를 먹지 말라는 명령이 있다. 피상적 해석들은 이 이야기가 최초 부모의 성적 각성에 대한 것이라고, 아이 같은 순진함에서 어른의 성숙으로 나아간 것을 뜻한다고 제안한다. 유사한 접근들은 그것을 어떤 의미에서 "각성"(awakening)의 이야기로, 인간을 더욱 신과 같게 만드는 지식을 얻는 이야기로, 지적·도덕적·영적 "진보"(progress)의 이야기로 간주한다. "인류를 위한 큰 걸음"이라는 것이다. 다른 이들은 선악을 알게 하는 나무 자체를 없애버리면서 이야기를 산산이 부수는데, 그렇게 하면서도 그것이 초래하는 심각한 결과는 깨닫지 못한다. 이 내러티브 자체를 편견 없이 읽는 사람이 받을 인상은 이 이야기에 심오한 통일성이 있다는 것, 그리고 이 이야기가 인류의 진보와 발전이 아니라 타락에 대해 우리에게 말하려는 명백한 의도가 있다는 것이다. 문맥 자체가 그것이 죄의 기원에 대한 이야기라는 점을 분명히 시사하는데, 이어지는 창세기 본문에서도 홍수가 있기까지 인간의 사악함이 증가한다는 점을 보여준다.

"선과 악에 대한 지식"은 무엇을 가리키는가? 이 "지식"을 얻는 것이 문화적 힘을 가리킨다고 하면서 전원생활의 단순성과 세계를 지배하는 문화를 대립시키는 제안들은 이 이야기의 초점을 완전히 무시하는 것이다. 성경은 인간의 문화 형성 자체가 악이라고 말하지 않는다. 창세기에 나오는 "타락" 내러티브의 핵심은 하나님으로부터의 자율(autonomy)을 향한 인간의 욕망이다. "선과 악을 안다"는 것은 선과 악, 옳고 그름을 스스로 결정한다는 것이고, 따라서 어떤 "외적인 법"도 따르기를 거부한다는 것이다. 요컨대 하나님으로부터의 해방에 대한 욕구이고, "하나님처럼" 되기를 원하는 것이다. 창세기의 쟁점은 인간이 하나님께 의지해서 발전하기를 원하는가, 하나님의 명령을 따라서 땅을 지배하고 구원을 추구하기를 원하는가, 아니면 그 명령을 어기고 하나님의 권위와 법을 거절하면서 제 발로 서고, 자신의 길을 가고, 자신의 "운"을 시험해보기를 원하는가 하는 것이다. 인간은 타락하면서 자신이 원했던 것을 얻었다. 다시 말해 하나님과 같이 되어, 자기 나름의 통찰과 판단으로 "선악을 알게" 된 것이다(창 3:22). 그러나 이러한 하나님으로부터의 해방은 참된 행복으로 이어지지 않았고, 또한 그럴 수도 없다. 바로 이런 이유에서 하나님은 자유를 향한 욕망과 독립에 대한 이러한 갈증을 시험적 명령을 통해 금하신 것이다. 그러나 인간은 자발적이고 고의적인 방식으로 자신의 길을 선택했고, 그러면서 시험에 실패했다.

[308] 죄는 간교한 뱀의 거짓말을 통해 들어온다. 뱀의 말은 종종 욕망, 성욕, 그릇된 추론에 대한 풍유로 잘못 이해되었다. 이 이야기에 대한 각종 신화적 해석들은, 타락 이전에 동물들이 말할 수 있었다는 식으로 설명하려는 시도는 말할 것도 없고, 모두 이 구절의 의도나 성경 전체의 가르침과 부합하지 않는다. 유일하게 타당한 해석은 고대의 주해를 따라, 우리에게 알려지지 않은 본성을 가진 영적이고 초지상적인 힘이 침투했다는 사실을 인정하는 것이다. 창세기 3장은 단순하게 눈에 보이는 사실을 기술할 뿐, 그것을 설명하지는 않는다. 게다가 비록 전체 내러티브가 두 왕국 사이에 있는 이 영적 갈등에 기초해 있음에도 불구하고, 성경의 나머지 부분은 이에 대해 침묵하는 편이다. 죄는 땅에서 시작된 것이 아니라, 영적 존재들의 반란으로 하늘에서 시작되었다. 인간의 경우에 사탄의 유혹은 타락을 야기했다. 성경은 죄의 기원을 오직 이성적 피조물의 의지에서 찾는다. 그럼에도 창세기 3장이 의문시되는 사건의 영적 배경을 전혀 언급하지 않는 것은 이해할 만하다. 죄의 본질, 힘, 결과는 역사의 과정 가운데 비로소 분명히 드러난다. 어둠의 깊이는 계시가 점진적으로 펼쳐지면서 드러난다. 성경의 나머지 부분은 죄로 타락하는 것에 대해 침묵하는 편이다. 주요 구절들(욥 31:33; 시 90:3; 잠 3:18; 13:12; 전 12:7; 사 43:27; 51:3; 65:25; 욜 2:3; 호 6:7; 겔 28:13-15; 요 8:44; 롬 5:12ff.; 8:20; 고전 15:21-22, 42-49; 고후 11:3; 딤전 2:14; 계 2:7; 22:2)은 다른 해석들에 열려 있고, 암시 정도만 담고 있는 경우가 흔하다.

성경이 타락에 대해 비교적 침묵한다는 것은 이 이야기가 "늦은" 기원을 갖고 있음을 말한다는 식으로 잘못 해석되어서는 안 된다. 원래의 "황금기"(golden age)에서 추락한 "타락"(fall)에 대한 이야기는 모든 민족에게서 발견되며, 또한 창세기는 구약성경의 예언자들로부터 바울이 로마서 5장과 고린도전서 15장에서 사용한 "첫째 아담/둘째 아담"의 비교에 이르는 전체 성경의 인간 이해에 토대가 된다. 예수는 마귀가 "처음부터"(ἀπ' ἀρχῆς, 요 8:44; 요일 3:8) 살인자였다고 말씀하시고, 바울(딤전 3:6)과 유다(유 6절)는 마귀와 그의 천사들의 타락과 정죄를 언급했다. 성경은 많은 내용을 말해주지 않지만, 분명한 것은 죄가 이 땅에서가 아니라 하늘에서, 하나님의 보좌 밑에서, 하나님의 직접적 현존 가운데서 시작되었다는 것이고, 또한 천사들의 타락이 인간의 타락에 앞섰다는 것이다. 어떻게 천사들의 타락이 인간의 타락과 정확히 관련되는지에 대해서는 설명되지 않았지만, 우리는 사탄이 인류의 원수, 유혹자, 중상자, 살인자(마 4:3; 요 8:44; 엡 6:11; 살전 3:5; 딤후 2:26), "큰 용", "옛 뱀"(계 12:9, 14-15; 20:2)이라는 것은 알고 있다. 성경은 나머지 부분에서 더러운 영들도 초인적인 일들을 할 수 있고, 사람을 일시적으로 자기 수중에 넣을 수 있다고 가르친다(마 8:28ff.; 막 5:7ff.; 눅 8:28ff.; 행 19:15). 사탄이 먼저 타락하여 아담과 하와를 유혹했고, 그 결과 아담과 하와도 타락했다. 죄의 기원은 오로지 이성적 피조물의 의지에 있는 것이다.

[309] 기독교회는 타락의 역사성을 주장하는데, 이것은 진화론적 주장은 물론이고 역사비평에 의해서도 도전받았다. 지질학, 고생물학, 그리고 모든 선사시대의 연구들은 첫 사람들이 가졌던 원래의 도덕적 완전성과 뒤이은 타락을 배제하는 것으로 보인다. 아마도 낙원은 과거가 아니라 미래에 있는데, 이것은 마치 우리가 흑암에서 나와서 빛과 생명, 평화와 행복으로 나아가는 것과 같다. 원래의 보편적 죄에 대한 개념을 옹호하는 학자들도 창세기 3장을 경험으로부터 논증하면서 흔히 이 비평에 순응한다. 예를 들어 찰스 고어(Charles Gore) 주교는 창세기 3장의 역사성을 인정하기를 꺼리는 동시에 기독교 신앙에 대한 비평도 용인하지 않으면서 다음

과 같이 주장한다. "죄에 대한 기독교 교리는 창세기의 처음 몇 장이 영감된 특정 문학 양식이나 특정 단계에 속한다는 믿음보다 훨씬 광범위하고 확실한 토대에 기초한다. 그 기초는 **인간의 도덕의식에 의해 수용되고 확증된** 강력한 토대인 우리 주님이다."[1] 성경의 증언에 대한 신뢰를 세상에 대한 인간 경험으로 대체하여 창세기 3장을 받아들이려는 시도는 성공하지 못한다. 여기에는 우리가 성경 없이도 세상을 정확하게 이해할 수 있다는 잘못된 가정이 깔려 있다. 역사적 기록은 그에 대한 우리의 지식과 전혀 별개의 사실이지만, 그럼에도 역사에 대해 우리가 가진 모든 지식이 증언, 곧 신뢰할 만한 증인들에 의존한다는 것은 여전히 참이다. 창세기 3장이 지극히 중요한 이유가 바로 여기에 있다. 창세기 3장은 하나님 앞에서의 인간의 원래 상태와 현재 상태에 대해 진술하는 영감된 증언이다. 이것 없이는 우리의 행복에 있어 필수적인 역할을 하는 위대한 진리를 깨달을 수 없다. 우리가 잊지 말아야 할 것이 있는데, 그것은 주된 비평적 거부가 창세기에 있는 문학적 전언(report) 자체가 아니라 그것을 통해 전해진 사건을 향한 것이라는 점이다. 이 사건은 기독교의 교리 전체가 함께 서거나 넘어질 정도로 중차대한 것이다. "신앙 전체가 예수 그리스도와 아담으로 성립되며, 도덕성 전체가 정욕과 은혜로 성립된다"(Pascal). (1) 아담의 타락, (2) 그리스도의 부활, 이 두 가지 진리 또는 사실이 기독교 교의학 전체를 지배한다.[2]

여기에 추가되어야 할 것은 타락의 실재에 대한 반대들 자체가 최근에 성경 연구와 고고학적/인류학적 연구에서 점차 재검토되고 있다는 사

---

1) C. Gore, *Lux mundi*, 13th ed. (London: Murray, 1892), 395; idem, *The New Theology and the Old Religion* (London: Murray, 1907), 233 (강조는 편집자의 첨가다); 참조. 또한 James Orr, *God's Image in Man and Its Defacement in the Light of Modern Denials* (London: Hodder & Stoughton, 1906), 298ff.

2) Jan Hendrik Gerretsen, *Rechtvaardigmaking bij Paulus in verband met de prediking van Christus in de synopticien de beginselen der Reformatie* (Nijmegen: Ten Hoet, 1905).

실이다. 동물과 같은 존재에서 오늘날 경험되는 인간과 다른 원시적 존재로의 진화에 대한 증거는 여전히 부족하다. 고고학적 증거가 보여주는 바에 의하면, 시간이 흐르면서 고대 바빌론과 이집트의 뛰어난 문명들로부터 점진적인 진보(progress)가 나타난 것이 아니라, 오히려 급진적인 퇴보(regression)가 일어났다. 따라서 창세기 기사와 인류의 통일성은 우리의 양심과 경험에 의해 확증된다. 대체적으로 오늘에 이르기까지도 자연과 역사에 관한 학문은 온전한 상태와 인간 타락의 사실성에 대해 발언할 권리가 없다. 창세기의 증언은 예언자, 사도, 그리스도 자신이 그것에 호소함으로써 확증되었고, 또한 전체 구원계시의 필수적인 구성요소로 이루어져 있다. 따라서 창세기의 증언은 사람들의 양심 가운데 계속 머물러 있으면서 우리의 일상적 경험의 현실과 완전히 들어맞는다.

비록 성경의 서술과 엄밀한 의미에서 병행을 이루는 자료는 발견되지 않았지만, 다른 고대의 신화들로부터 분명히 알 수 있는 것은 인류의 신적 기원과 운명, 황금기와 쇠퇴, 선과 악의 갈등, 신의 진노와 진정에 대한 공통 신앙이 인류의 종교적·도덕적 확신의 바탕에 자리하고 있다는 것이다. 그러나 죄의 기원과 본질은 그들에게 알려지지 않았다. 이교도들은 하나님을 더듬어 찾았으나 하나님을 발견하지 못했다(행 17:27). 그들은 죄의 기원을 이성적 피조물의 의지에서가 아니라 자연 자체에서 찾는다. 유교는 합리주의와 도덕주의의 피상적 형태인데, 인간이 본래 선하다고 여기면서 구원을 세계질서에 순응하는 덕스러운 삶에서 찾는다.[3] 불교에 따르면 신적 실체—아트만(Atman)이나 브라만(Brahman)—가 유일한 실재이고, 다른 모든 것은 환상(maya)이며 끊임없는 흐름 속에 있다. 고통과 슬픔은 욕망 속에서 발견되는데, 여기에는 존재하려는 욕망과 살려는 의지가 포함된다. 하지만 구원은 의식의 소멸 또는 존재의 멸절, 즉 열반(nirvana)

---

3) P. D. Chantepie de la Saussaye, *Lehrbuch der Religionsgeschichte*, 3rd ed., 2 vols. (Tübingen: Mohr [Siebeck], 1905), I, 249, A.I, 100ff.

에 있다.[4] 조로아스터교(파시교, Parsism)와 같은 다른 종교들은 철저히 이원론적이고, 악의 기원을 동등하게 궁극적이고 영원한 악의 원리에서 찾는다.[5] 철학자들은 죄가 인간의 의지로 극복할 수 있는 자만심(Seneca), 덕을 가르침으로써 극복할 수 있는 무지(Socrates), 불가피하고 필연적인 것(스토아 학파), 또는 심지어 선재하는 영혼의 타락(Plato)이라고 간주했다. 하지만 특별계시 밖에서는 죄가 이신론적으로 인간의 의지 차원에서만 다루어지거나, 아니면 범신론적으로 사물의 필연적 본질 자체에서 나오는 것으로 간주되었다.

[310] 두 가지 견해가 모두 기독교 안으로 들어왔다. 영국의 수도사 펠라기우스는 원죄 개념을 모조리 거부했고, 모든 사람이 아담과 같이 의지에 의해 도덕적 선택을 할 수 있다고 보았다. 타락은 처음에 일어난 사건이 아니라, 모든 사람의 죄에서 반복된다. 교회는 극단적 형태의 펠라기우스주의를 거부했음에도 불구하고 로마 가톨릭은 반(半)펠라기우스주의에 빠졌다. 그래서 완전히 타락하지는 않은 의지를 주장하고, 타락을 초자연적 은사의 상실로 한정하고 그것이 성례적 은혜로만 회복될 수 있다고 보았다. 종교개혁이 로마 가톨릭의 이원론을 거부했을 때, 개신교 내에 있는 일부 흐름들, 특히 소키누스파와 항변파와 같은 합리주의적 분파들은 어느 정도 은혜의 필요성을 거부함으로써 기독교를 변질시켰다. 그들은 하나님의 형상이 완전한 자유의지를 의미하며, 이것은 타락 이전의 아담이 가졌던 것과 마찬가지로 손상되지 않았다고 본다. 우리는 죄에 대한 성향을 갖고 태어나는데, 이것은 그 자체로는 유죄가 아니다. 속죄는 자범죄(actual sin)를 위해서만 필요하다. 고통과 죽음은 죄와 필연적으로 연결되어 있지 않고, 단지 우리가 가진 인간 조건의 부분일 뿐이다. 이 견해는 아주 불만족스러움에도 불구하고 19세기 후반에 특히 알브레히트 리츨에

---

4) Ibid., I, 411ff.; II, 89ff.
5) Ibid., II, 34ff., 199ff.

의해 되살아났다.

리츨이 주목할 가치가 있는 것은 그가 얼핏 불가능해 보이는 일, 즉 펠라기우스를 아우구스티누스와 조화시키려는 시도를 하기 때문이다. 리츨이 기독교 계시와 신앙을 출발점으로 삼은 것은 칭찬할 만하지만, 그는 죄에 대한 우리의 지식이 구약성경―타락 및 율법―에서 오는 것이 아니라 예수의 인격과 가르침인 복음으로부터만 온다는 잘못된 결론에 도달한다. 죄 용서의 복음이 우리의 죄악됨에 대한 지식의 근거다. 리츨은 펠라기우스에 동의하면서 인간의 의지와 자범죄가 인간의 죄악된 상태나 조건에 선행한다고 하지만, 또한 이 선행은 모든 사람의 집단적 죄, 모든 개인들의 합으로 여겨지는 전체로서의 인간의 죄에 적용된다. 그 다음에 그는 이 개별적인 죄악된 행위들이 서로 강화하여 집단적 죄의 현실을 창조해서 우리에게 영향을 끼치며, 모든 사람을 노예로 만드는 상호관계를 강화한다고 주장하면서 아우구스티누스에 의지한다. 요컨대 원죄라는 것은 없지만 집단적으로 일어나는 모든 사람의 죄악된 행위로부터 집단적 통일체, 즉 죄의 왕국이 생겨난다는 것이다.[6]

리츨의 접근법이 진화론과 결합될 때―순전히 유물론적이고 기계론적인 측면에서 그려진다면―선과 악에 대한 모든 생각, 즉 도덕적 삶의 가능성은 물리적이고 화학적인 과정 뒤로 사라지고 만다. 그러나 기계적 진화를 옹호하는 이들도 역설적으로 비일관성을 보이면서 선과 악, 도덕법과 도덕적 의무, 참됨과 선함과 아름다움의 문화에 대해서 여전히 말한다. 순수한 자연주의와 기계론은 인간 정신을 만족시킬 수 없기 때문에, 많은 이들이 우리의 "동물 조상"과 관련된 진화 이론을 받아들이면서도 첫 인간의 상태를 극단적으로 원시적인 의미로 이해하는 것, 우리의 조상들을 "현

---

6) A. Ritschl, *Die christliche Lehre von der Rechtfertigung und Versöhnung*, 2nd ed., 3 vols.(Bonn: A. Marcus, 1880-83), II, 241-46; III, 304-57. 편집자 주―제3권은 영어로 번역되었다: *The Christian Doctrine of Justification and Reconciliation* (Clifton, NJ: Reference Book Publishers, 1966); 영역본에서 죄에 대한 부분은 327-384다.

재의 윤리 기준으로…비난받을 만한" 존재로 그려내는 것에 반대한다.[7]
어떤 이들은 우리가 가진 원시적 동물의 본성을 넘어서 보다 인간화되
고, 문명화된 수준으로 올라서게 하는, 병행적 "영의 진화"(evolution of the
spirit)에서 해법을 찾는다. 죄는 이 상태로부터 "남겨진" 습성과 성향으로
되돌아가는 행위다. 죄는 시대착오(anachronism)이며—지금의 기준에 부응
하지 못하는 것이고—"타락"은 우리 모두에게 보편적으로 잠재하는 동물
적 힘의 위협을 말할 뿐이다. 인류는 한 번 타락한 것이 아니다. 옳고 그름
에 대한 영속적인 규범이 아니라 현재의 사회적 제약과 관습을 범할 때마
다 지속적으로 타락하는 것이다. 무엇이 옳고 그른지에 대해 사람들이 새
롭고 더욱 계몽된 이해를 만들어가면서 사회적 제약과 관습도 "진화"한다.
달리 말해서, 진화론적 관점에서 "죄는 획기적인 것이 아니라 이전의 발전
단계에 부수적이었던 습관들과 성향들의 존속 또는 오용이고, 죄의 죄악
됨은 그러한 시대착오에 있다." 아우구스티누스는 "타락"이 보편적이라고
강조했다는 점에서 옳았고, 펠라기우스는 죄가 언제나 의지적 행위라고
주장한다는 점에서 옳았다.[8] 우리는 자신의 "더 나은 본성"을 거슬러, "문
명화된" 사람이 행동해야 하는 방식에 반하여 행동할 때 죄를 짓는다. 모
든 사람이 "자기 영혼의 아담[또는 하와]이다."

[311] 아우구스티누스와 펠라기우스를 화해시키려는 이 시도는 여러

---

7) W. Ostwald, *Energetische Grundlagen der Kulturwissenschaft* (Leipzig: W. Klinkhardt, 1909), 120.

8) 다음 저자들이 다소 기독교적인 색채를 띠는 죄론과 진화론이 결합된 이런 견해의 여러 변이들을 견지했다. F. R. Tennant, *The Origin and Propagation of Sin*, 2nd ed. (Cambridge: Cambridge University Press, 1902); J. R. Illingworth, *Personality Human and Divine* (London: Macmillan, 1908); R. J. Campbell, *The New Theology*, popular ed. (New York: Macmillan, 1907); Sir Oliver Lodge, *The Substance of Faith Allied with Science: A Catechism for Parents and Teachers*, 3rd ed. (London: Methuen, 1907); W. E. Orchard, *Modern Theories of Sin* (London: Clark, 1909), 114ff.

단계에서 실패한다. 인류의 유물론적 진화에 대한 증거가 없다는 것을 떠나서, 이런 시도는 성경과 진화론이 인간의 기원과 원죄에 대한 두 개의 서로 배타적인 견해라는 불편한 사실을 간과하면서 그 둘 사이를 계속 오간다. 동물과 인간 사이에는 근본적 연속성이 있든지 없든지 둘 중 하나이지, 양다리를 걸칠 수 없다. 만약 어떤 이가 완전한 연속성을 긍정한다면, 인간이 가진 자유의지의 기원을 진화의 과정에서 어떻게 설명해야 할지 막막할 것이다. 어떻게 도덕적 의식이 원시적인, 동물과 같은 인간 안에서 생겨나는가? 만약 우리의 본성적 본능과 욕구가 그 자체로 악한 것이 아니라면, 어째서 그것들을 극복하려 하며 그럴 의지는 또 어디서 오는가? "우리의 더 나은 자아"라는 개념은 대체 어디서 올 수 있다는 말인가? 이것은 단지 "엄청나게 어려운 과제" 정도가 아니다.[9] 상상조차 할 수 없고 불가능하다. 의지를 어떤 식으로든 인간의 본성 밖에 있는 것으로 생각하는 것은 심리학적으로 불가능하다. 죄의 기원에 대한 이 이론은 성경의 증언에 정면으로 충돌하고, 또한 계시, 속죄, 유아세례 등에 대한 전체 기독교 신앙고백을 현대화하는 것이다.[10] 더욱 심각한 것은, 이런 이해로는 도덕적 자유가 위태로워질 뿐만 아니라, 도덕적 향상도 거의 불가능하게 된다는 것이다. 아무리 펠라기우스주의적 혈통을 내세우며 자유의지를 긍정할지라도, 실제로는 인간이 동물적 본성의 노예가 되는 그림을 제공한다. 죄의 힘이 증가하면, 죄의 기원에 대한 설명은 더욱 막막해진다. 여기서 우리는 죄를 인간의 감각적 본성으로부터 찾아서 인간의 죄책과 도덕적 책임에 의문을 제기할 것인지, 아니면 펠라기우스주의를 따라 죄를 전적으로 인간 의지의 이성적인 행위에게로 돌려서 죄가 다루기 어렵다는 것을 외면할 것인지 하는 몹시 어려운 선택에 직면한다. 죄의 수수께끼 앞에서 결국 인간의 사변은 죄와 악의 근원을 인간의 본성 자체에서, 우주 전

---

9) F. R. Tennant, *Origin and Propagation of Sin*, 86, 92, 113, 118, 119.
10) 참조. ibid., xii, xxviii, 113, 119, 123ff., 144, 446.

체의 본질에서, 또는 심지어 하나님 자신에게서 찾는 것으로 이어진다.

처음 두 입장은 일반적으로 어정쩡함과 비일관성으로 특징지어진다. 이 입장을 옹호하는 이들도 죄의 충동을 인간의 본성 또는 우주의 무질서나 부족함에 대한 느낌에 돌리기를 원하지는 않는다. 주목할 만한 것은 인간의 성(sexuality)에 대한 "엇갈린" 태도다. 성은 한편으로 선하지만, 다른 한편으로 정욕과 무질서한 감정의 원천이다. 필연적으로 세 번째 입장이 돌아온다. 죄와 악의 "원인"(why)에 대한 답을 발견하기 위해 우리는 하나님—그분의 존재 또는 행위—께 돌아가야 한다. 그래서 뵈메와 셸링으로 대변되는 신지학 전통은 하나님 자신 안에 있는 잠재력들의 긴장 속에서 죄를 찾는다. 여기서 타락은 역사의 원사실(Ur-fact)이다. 더 나아가 헤겔은 절대정신이 자신을 대체하는 존재로서의 세상에 스스로를 실현하는 것을 타락으로 보았다. 존재 자체를 가장 큰 죄로 여기는 불교까지는 여기서부터 단지 몇 걸음으로 충분하다. 확실히 성경 계시를 떠나서는 우리에게 답이 없다. 결국 죄와 악을 창조 자체나 하나님께 돌리는 잘못에 빠질 것이다. 의심할 것 없이 죄와 악의 기원 문제는 존재 자체에 대한 질문 다음으로 삶에서 가장 큰 수수께끼이며, 지성인이 짊어져야 하는 가장 무거운 십자가다. 우리는 이 답을 어디서 찾아야 하는가?

[312] 먼저, 철학은 이 세상이 타락 없이는 설명되지 않는다는 사실에 대한 증거를 제공하기는 한다. 하지만 타락이 어떻게, 또는 왜 있었는지에 대해서는 설명하지 못한다. 인간의 감각적 본성이 죄의 근원일 수는 없는데, 노인의 "영적" 죄—교만, 시기, 증오, 하나님에 대한 적대감—는 젊은이의 "육적" 죄보다 더 끔찍할 때가 많기 때문이다. 금욕주의는 아무것도 해결하지 못한다. 수도자들은 자기 마음 속의 죄를 가지고 수도원 생활에 들어간다. 여기서 "육"(flesh)에 대한 바울의 이해에 호소하는 것은 잘못이다. "육"(בָּשָׂר, σαρξ)은 인간 육체의 물질적 실체(고전 15:39)를 가리키는데, 이것은 영(πνευμα), 정신(νους), 마음(καρδια)과 대조되는 것이다(롬 2:28; 고후 7:5; 골 2:5). 또한 이것은 이 땅에 속하고, 연약하고, 부서지기 쉽고, 일

시적인 존재로서의 인간을 가리킨다(창 6:3; 18:27; 욥 4:17-19; 15:14-15; 25:4-6; 시 78:39; 103:14; 사 40:6; 렘 17:5; 롬 3:20; 고전 1:29; 갈 2:16). 그러나 이 단어의 가장 심오한 사용은 "육적인", "육에 속한", "육신을 따라 존재하고, 살고, 행하는" 인간의 죄악된 삶의 경향성을 가리키는 것이다(롬 3:7; 7:14; 8:3ff.; 고전 3:3; 고후 10:2-3 등). "육"은 "영"과 대조되지만, 여기서 언급되는 영은 죄악되며 거룩해져야 할 인간의 영(πνευμα)이 아니다(롬 12:1-2; 고전 7:34; 고후 7:1; 엡 4:23; 살전 5:23). 육과 대조되는 영은 하나님의 "성령"(πνευμα άγιον)으로서(롬 8:2, 9, 11), 그는 인간의 영을 새롭게 하며(롬 7:6; 8:14; 갈 5:18) 육체를 거룩하게 구별한다(롬 6:13, 19; 12:1; 고전 6:13, 15, 19-20). "육"은 하나님의 성령을 떠나 죄악된 자아와 그 욕구로 향하는 죄악된 마음의 방향(direction)을 말한다. 적절하게도 바울은 하나님에 대한 적의를 "육의 생각"(φρονημα της σαρκος, 롬 8:7)이라고 묘사한다. 결코 바울은 육으로 이루어진 육체가 죄의 원천이라고 시사하지 않는다. 이것은 육(σαρξ)의 영적·윤리적 성격을 간과한다. 바울이 육체의 부활을 강하게 긍정하고(고전 15장) 금욕주의를 거부하는 것(골 2:16; 살전 4:4)은 말할 것도 없다. 육(σαρξ)은 인간의 죄악된 삶의 경향이 하나님을 떠나 피조물로 향하는 것을 가리킨다.

이것은 두 번째 의미에서 육(σαρξ), 즉 이 땅에 속한, 연약하고, 부서지기 쉽고, 일시적인 존재인 인간이 자신 안에 거하는 죄의 실재(롬 7:17-18)에 대해 갖는 실질적 관련성을 부인하거나 무시하려는 게 아니다. "육"(flesh)은 죄가 우리를 지배하는 데 사용하는 도구다(롬 6:12). 우리는 땅의 피조물이고, 우리의 죄는 천사의 죄와 다르다. 유혹은 "육신의 정욕과 안목의 정욕과 이생의 자랑"을 통해 외부로부터 온다(요일 2:16). 인간의 감각적 본성이 자기 배를 신으로 삼고, 아래 것을 생각하고, 자기를 추구하고, 창조주보다 피조물을 더 존중하도록 이끈다(롬 1:21ff.; 빌 2:4, 21; 3:19; 골 3:2 등). 그러나 죄가 인간의 감각적 본성에서 나온다는 주장은 여기서 멈춰서는 안 되고, 반드시 더 자세한 설명으로 나아가야 한다. 죄의 원인을 본성 자체—물질성이든 유한성이든—에서 찾아서 스스로를 하나님과 관계없는 영원한 힘에 내맡기거나, 아니면 죄의 원인을 신적 존재 자체 안에 있는 어두운 본성이나 맹목적 의지에서 찾아야 하는 것이다. 이 심오한 통찰은 죄의 깊은 힘과 지배를 인정한다. 만약 죄가 그토록 심각하다면 그것은 우연히, 즉 하나님의 뜻과 경륜 밖에서 발생할 수는 없었다.

따라서 이 모든 것을 창조주에게 돌리는 쪽으로 방향을 전환하는 것은 자연스러운 일이다. 삶의 모순들에 직면하여 어떤 이들은 죄가 필수적 장애물이며, 우리가 도덕적으로 성장하고 완전해지기 위해서 반드시 극복해야 하는 것이라고 결론을 내렸다(Kant). 우리는 "성장"하기 위해 죄가 필요하다. 셸링의 말에 따르면, 모든 존재의 원리인 철통 같은 모순율이 없이는 "어떤 움직임도, 어떤 생명도, 어떤 진전도 없고, 다만 영원한 정지, 모든 힘의 죽음 같은 잠만 있을 뿐이다."[11] 모순율은 "영생의 원천"이다. 하나님이 하나님 "되기"(become) 위해서는 반드시 자기 안의 어두운 본성을 극복하셔야 한다. 하나님은 그 자체로는 "알려지지 않은 심연"(βυθος ἀγνωστος), 어두운 본성, 맹목적 의지, 그리고 그런 존재로서 물질의 창조주시다. "악이 존재하지 않기 위해서는 하나님 자신이 존재하시지 않았어야 한다."[12] 이 견해를 지지하는 자들은 자신들의 견해를 옹호하기 위해 죄와 재난을 "필연적인" 것으로 말하는 성경 구절들(마 18:7; 눅 24:26; 요 9:3; 고전 11:19; 딤후 2:20), 그리고 죄를 하나님의 경륜과 섭리에 포함시킨 아우구스티누스나 칼뱅과 같은 교사들에게 호소한다.

이것은 겉으로 보기에는 진리다. 확실히 죄는 하나님을 놀라움과 비탄

---

11) F. W. J. Schelling, *Ausgewählte Werke*, 4 vols. (Darmstadt: Wissenschaftliche Buchgesellschaft, 1968), V, 25, 127 ("Die Weltalter Erstes Buch" [1813]); *Sämmtliche Werke* (Stuttgart & Augsburg: J. G. Cotta'scher 1856-61), I/8, 219, 321; 참조. 또한 John Fiske, *Through Nature to God* (Boston and New York: Houghton Mifflin, 1899), "The Mystery of Evil"에 대한 첫 번째 논문.

12) F. W. J. Schelling, *Ausgewählte Werke*, IV, 347 ("Philosophische Untersuchungen über das Wesen der menschlichen Freiheit und die damit zusammenhängenden Gegenstände" [1809]; *Sämmtliche Werke*, I/7, 403).

에 빠뜨리는 우연이나 비극이 아니다. 그러나 이 견해는 죄를 영원한 것으로, 하나님을 죄의 궁극적 창시자로 만든다. 여기서는 사실상 진정한 의미에서의 "죄"는 존재하지 않으며, 모든 것이 환상일 뿐이다. 만약 우리가 여기서 "죄"에 대해 말한다면, 그릇된 것은 죄의 개념 자체다. 성경과 인간의 도덕적 의식은 염세주의와 방종으로 자연스럽게 이어지는 이런 결론을 반대한다. 죄는 인간 의지의 행위로서 윤리적 성격을 갖고 있고, 따라서 우주적으로 필연적이거나 영원한 어떤 것으로 환원되어서는 안 될 것이다. 악은 그 자체로 존재론적 실재를 가지지 않으며, 더 낮거나 덜한 정도의 선도 아니다. 죄는 기생하는 것이고, 하나님의 선한 창조에 철저히 상반된다. 죄는 물리치고 이겨내야 하는 것이다. 죄는 합리적이지도 않고 합법적이지도 않다. 죄는 무법(ἀνομία)이다. 죄는 피조물이나 하나님의 존재에 필연적이지 않다. 악은 존재하기 위해서 선을 필요로 한다. 하지만 선은 악을 필요로 하지 않고 거룩은 죄를 필요로 하지 않으며, 진리도 거짓을, 하나님도 사탄을 필요로 하지 않으신다. 물론 때로는 인간의 죄와 악이 선을 더 충만하게 드러내고 하나님의 속성을 영화롭게 하는 데 쓰이는 것이 사실이다. 그러나 이런 일이—죄의 의도에 거슬러, 죄의 동의나 협력 없이—일어나는 것은 하나님의 지혜와 전능에 의한 것이며, 죄는 하나님의 명예와 그 나라의 오심을 위해 봉사하도록 자신의 능력에 반대되게 강요당하는 것이다. 죄는 여기서 아무런 힘이 없다. 하나님의 전능하신 능력이 악에서 선을, 어둠에서 빛을, 죽음에서 생명을 이끌어낸다. 우리는 죄에 대한 책임을 하나님께 돌리면서 인간의 해방이라는 이름으로 우리의 죄악된 행동을 합리화하고 정당화하는 철학적 설명을 추구하지 말아야 한다.

[313] 동시에 성경이 단호하게 선언하는 것은 죄가 거룩하신 하나님의 경륜과 통치 밖에 있지 않으며, 그 하나님 안에는 아무런 죄가 없다는

사실이다.[13] 따라서 하나님이 죄에 대해 가지시는 관계가 무엇인가 하는 것은 난감한 주제다. 올바른 의도로 하나님을 죄에 대한 책임에서 면제시키려는 이들이 종종 죄의 "허용"(permission)을 말하지만, 이것은 언제나 부적절한 것으로 보인다. 아우구스티누스는 이것을 이해했다. "경이롭고 형용할 수 없는 방식으로, 하나님의 뜻을 거슬러 행해진 일조차 하나님의 뜻 없이 행해지지 않는다. 하나님이 허락하지 않으셨다면 행해질 수 없었을 것이고, 당연히 하나님은 자신의 뜻에 반하여서가 아니라 그것을 원하셔서 허용하신다. 또한 하나님이 그 전능하심으로 악에서조차 선을 이끌어내실 수 없었다면 스스로의 선하심 가운데 악을 허용하지 않으셨을 것이다."[14] 개혁파 신학은 여기서 아우구스티누스를 따랐고, 하나님에 관한 "난제들"(hard sayings)과 대면하는 어려움을 감수했다. 하나님은 어떤 의미에서 죄의 가능성을 원하셨고 죄를 지을 수 있는 인간을 창조하셨을 뿐만 아니라, 또한 마음을 강퍅하게도 부드럽게도 하시고, 죄악들을 명하시고, 사랑하기도 미워하기도 하신다(예를 들어 출 7:3; 삼하 16:10; 24:1; 말 1:3; 눅 2:34; 롬 9:17-18; 살후 2:11 등). 소극적 의미로 이해된 "허용"은 하나님과 죄의 관계가 갖는 문제가 무엇이든지 아무런 해결책을 제시하지 못하고, 하나님이 죄의 창시자라는 비난에 대응하는 데 완전히 실패했으며, 실제로 죄를 하나님의 섭리적 통치에서 제외시킨다. 모든 "허용"은 하나님의 의지(will)의 행위다. 하나님이 그것을 허용하기를 원하셨다(willed). 그러나 하나님은 죄의 행위자(agent)가 결코 아니시다. 오직 피조물만이 그렇다.

또한 비록 선과 악 모두가 만물에 대한 하나님의 섭리적 통치 안에 있을지라도, 하나님은 각각에 대해 다른 관계를 맺으신다. 선에 대한 하나

---

13) 앞의 8장을 보라; 참조. H. Bavinck, *Reformed Dogmatics*, ed. John Bolt (Grand Rapids: Baker Academic, 2003-2008), II, 345-347, 393-395, 615-619 (##233, 246, 306).

14) Augustine, *Enchiridion*, III, 95-100; idem, *The Trinity*, III, 4ff.; idem, *City of God*, XIV, 11; idem, *On Free Will*, 20-21.

님의 관계는 하나님의 성령이 주체 안에 일하셔서 적극적으로 그것을 행할 수 있게 하시는 것으로 이해해야 한다. 하지만 우리는 결코 죄를 이런 식으로 보지 말아야 할 것이다. 죄는 무법(lawlessness)이고 왜곡(deformity)이며, 하나님을 작용인(efficient cause)으로가 아니라 기껏해야 결핍인(deficient cause)으로 가질 뿐이다. 빛은 자신에게서 어둠을 산출할 수 없고, 어둠은 빛이 사라질 때 비로소 생겨난다. 죄가 하나님의 섭리 밖에 있지 않다는 말은, 일차적으로 하나님이 죄를 바로 그 본성에 상응하는 방식으로 다루신다는 것을 의미한다. 자연 법칙이 중력과 하늘의 궤도를 지배하는 것처럼, 죄도 역시 하나님의 규례들(ordinances)을 따른다. 이와 유사한 것이 질병, 부패, 죽음에서 발견되는데, 이것들은 건강, 발전, 생명과 정반대이지만 여전히 법칙들의 지배를 받는다. 이와 같이 도덕적 질서는 그 나름의 질서를 따르고, 따라서 죄의 결과인 죽음과 파괴가 인류 역사의 과정 속에서 발생한다. 죄가 갖는 이런 규범성은 하나님의 왕국이 거기까지도 통치권을 행사한다는 것을 보여준다. 죄인은 스스로 하나님으로부터 자유로울 수도 없고 독립할 수도 없다. 비록 전에는 그들이 자녀였으나 이제는 노예다. 죄를 범하는 자마다 죄의 종이 된다.[15]

[314] 하지만 왜 하나님은 죄를 자신의 작정과 그 시행에 포함시키시

---

15) 하나님과 죄의 관계에 대한 Origen, Athanasius, Basil, 그리고 다른 교부들의 견해는 Wilhelm Münscher, *Lehrbuch der christlichen Dogmengeschichte*, ed. Daniel von Coelln, 3rd ed. (Cassel: J. C. Krieger, 1832-1838), I, 157을 참조하라; 그리고 T. Aquinas, *Summa Theol.*, I, qu. 49, art. 2; II, 1, qu. 79, art. 2; idem, *Summa contra gentiles*, III, 3, 71; John Calvin, *Institutes of the Christian Religion*, I.xviii; II.iv (ed. John T. McNeill and trans. Ford Lewis Battles, 2 vols. [1559; Philadelphia: Westminster, 1960], 1:228-237, 309-316); idem, *Concerning the Eternal Predestination of God*, trans. J. K. S. Reid (London: James Clarke, 1961), 162-182 (*Corpus reformatorum*, 36:347-366 and 37:262-318); Peter van Mastricht, *Theoretico-practica theologia* (Utrecht: Appels, 1714), III, 10, 19 이하; F. Turretin, *Institutes of Elenctic Theology*, trans. George Musgrove Giger and ed. James T. Dennison, 3 vols. (Phillipsburg, NJ: Presbyterian and Reformed, 1992), VI, qu. 8.

는가? 우리는 하나님이 죄를 사용하셔서서 악인을 벌하시고(신 2:30; 수 11:20; 삿 9:23-24; 요 12:40; 롬 1:21-28; 살후 2:11-12), 자기 백성을 구원하시고(창 45:5; 50:20), 자기 백성을 시험하시고 징계하시고(욥 1:11-12; 삼하 24:1; 고전 10:13; 11:19; 고후 12:7), 자기 이름을 영화롭게 하신다는(출 7:3; 잠 16:4; 롬 9:17; 11:33 등) 것을 안다. 하나님은 절대적으로 거룩하시고 전능하신 분이기 때문에 우리가 할 수 없는 것을 하실 수 있다. 하나님은 죄를 자기 손안의 도구로 사용하실 수 있는 것이다. 만약 하나님이 죄를 절대적으로 거룩하고 주권 적인 방식으로 통치하실 수 없었다면 죄를 결코 용인하지 않으셨을 것이 다. 하나님은 하나님이시기 때문에 죄의 존재와 능력을 두려워하지 않으 셨다. 만약 하나님이 죄의 존재를 허락하셨던 것이 아니라면, 하나님은 자 신의 모든 속성에도 불구하고 창조세계 자체에 내재했던 가능성의 힘에 대해 우월하시지 않았다고 말해야 할지 모른다. 그러나 하나님은, 바로 그 분이 하나님이시기 때문에, 자유의 길이나 죄의 실재, 악함의 분출, 또는 사탄의 능력을 결코 두려워하지 않으셨다. 하나님은 자신이 죄를 절대적 으로 통제할 수 있음을 아셨기 때문에, "악이 존재하기를 전혀 허용하지 않는 것보다 악에서 선을 이끌어내는 것이 더 좋다고 여기셨다."[16] 아우구 스티누스가 창조의 질서 안에 죄의 자리를 지정하기 위해 사용하는 그 많 은 이미지들―그림의 음영(陰影), 음악의 대비(對比), 언어의 파격(破格)과 비어(卑語)―즉 전체의 조화와 아름다움을 부각시키는 상반된 요소들은[17] 어느 정도 진리를 담고 있지만, 또한 오해를 불러오기 쉽다. 이것들은 죄 가 어쨌든 하나님의 세계에 "어울린다"는 암시를 주고, 따라서 죄와 씨름 하거나 고통당하는 자에게 위로와 위안을 주는 데 실패한다. 물론 죄에 대

---

16) Augustine, *Enchiridion*, 112, 27; idem, *City of God*, XXII, 1; idem, *The Literal Meaning of Genesis*, trans. John Hammond Taylor (New York: Newman, 1982), II, 9; idem, *On Genesis, against the Manicheans*, II, 28.

17) Augustine, *City of God*, XI, 18; idem, *On Genesis, against the Manicheans*, I, 16; T. Aquinas, *Summa Theol.*, I, qu. 48, art. 2; idem, *Summa contra gentiles*, III, 61.

한 하나님의 통치에서조차, 아니 바로 그것을 통해 우리가 하나님의 속성들, 하나님의 은혜와 긍휼, 하나님의 자비와 인내, 고치시고 구원하시는 하나님의 능력이 영광스럽게 드러남을 본다는 것은 사실이다. 인간이 행위언약을 깨뜨렸을 때, 하나님은 우리에게 은혜언약을, 우리의 구원을 위해 자신의 영원한 아들을 주셨다. 세상에 있는 죄는 하나님과 그분의 사랑, 그분의 능력에 대한 우리의 신앙을 빼앗을 수 없을 뿐만 아니라, 오히려 우리를 이 신앙 안에서 확증하고 강화한다. "악이 존재한다면, 하나님도 존재하신다. 선의 질서가 제거되었다면, 선의 결핍인 악도 없을 것이기 때문이다. 하나님이 존재하시지 않았다면, 그런 질서도 없었을 것이다."[18] 우리는 하나님이 죄의 가능성을 원하셨다는 것, 그리고 천사와 인간을 죄짓고 타락할 수 있는 존재로 창조하셨다는 것을 의심하지 않는다.

[315] 어떻게 그 가능성이 실재가 되었는지는 신비로 남아 있다. 죄는 설명을 거부한다. 진정한 의미에서 기원(origin)은 없고 시작(beginning)만 있는 부조리다. 여기서 어떻게 우리의 "인간적 기능"과 "체현된 영혼으로서의 구조화 된 존재"가 죄의 길을 가능케 하고 이해할 수 있게 만드는지 고찰하는 것은 도움이 된다. 우리는 먼저 상상력에 대한 고찰과 함께 시작해야 한다. 토마스 아 켐피스가 말한 것처럼, "처음에는 그저 생각이 정신에 떠오르고, 다음에 상상이 그 생각에 진한 색깔을 칠하고, 그 후에 비로소 우리는 그것에서 즐거움을 느껴서, 악한 충동이 일어날 때 그것에 동의한다."[19] 정신은 죄의 생각을 품고, 상상은 그것을 꾸며서 매력적인 이상으로 바꾸고, 욕망은 그것에 관심을 보이고, 나아가 의지는 그것을 실행한다. 따라서 천사와 인간 모두의 경우에 상상력이 바로 계명의 위반을 하나

---

18) T. Aquinas, *Summa contra gentiles*, III, 71.

19) Thomas à Kempis, *The Imitation of Christ*, trans. William C. Creasy (Macon, GA: Mercer University Press, 1989), I, 13, 5; 그래서 일찍이 Augustine (*On Genesis, against the Manicheans*, II, 21)는 죄에 빠지는 모든 사람은 창 3장에 묘사된 동일한 과정을 경험한다고 지적했다. 약 1:13-15도 보라.

님과 동등함으로 나아가는 길로 여기게 만든 능력이었다. 그러나 우리는 죄와 타락의 문제에서 천사와 인간이 병행 관계에 있는 것으로 생각하지 말아야 한다. 우리가 천사의 타락에 대해 아주 조금 아는 것이라고는(딤전 3:6; 벧후 2:4) 그 시작과 원리가 교만, 즉 힘과 통치에서 하나님과 같아지려는 의지였다는 것이다. 천사들에게 유혹은 외부에서 오지 않았다. 인간과 달리, 그들은 미혹되지 않았다. 마귀는 거짓을 말할 때마다 "자기 본성을 따라서" 말한다고 예수가 말씀하실 때(요 8:44) 암시하는 것처럼, 천사들은 스스로 타락했다. 그러나 인간은 "땅에서 났으니 흙에 속한 자"로서 생령이 되었다(고전 15:45ff.). 창세기 3장은 아담과 하와가 "흙에 속한" 존재로 빚어진 피조물로서 받는 유혹이 교만의 문제라기보다는(물론 이것도 배제되지 않지만), 안목의 정욕, 육신의 정욕, 이생의 자랑에 대한 사탄의 외적 호소에 굴복한 것이었음을 말해준다. 이런 이유에서 성경은 인간의 감각적 본성과 죄를 긴밀히 연관시킨다. 이미 최초의 범죄에서 인간이 "육"(flesh)이라는 사실이 명백히 드러났다. 이후의 모든 죄는 우리 인간의 본성이 유혹받기 쉽고, 연약하고, 신뢰할 수 없는 것임을 강조한다. 이것은 "물질적인 것"과 "영적인 것"을 나누는 그리스 이원론이 아니다. 다만 지적인 것과 영적인 것을 포함하는 인간의 모든 죄가 인간의 "육체적"(흙에 속한) 본성에 상응하는 성격을 지니고, 따라서 천사의 죄와 다르다는 것을 상기시켜준다. 타락 이전의 인간은 고유한 "육체적"(흙에 속한) 본성을 거슬러 하나님의 형상이 된 것이 아니라, 인간을 정의하는 바로 그 "육체적"(흙에 속한) 본성 안에서 하나님의 형상이 되었다.

그럼에도 우리는 여전히 죄의 기원에 대해서는 어둠 가운데 남겨져 있다. 사실 죄악된 행위가 그 "원인"을 추적함으로써 "설명"될 수 있다고 생각하는 것은 터무니없다. 죄는 물리적으로든 논리적으로든 선행하는 환경, 추론, 고려사항에서 도출될 수 없다. 만약 죄가 정말 "이해"되었다면 그것은 선행하는 요인들로부터 필연적 결과로서 설명되었다는 것이고, 그렇다면 그것은 더 이상 죄가 아닐 것이다. 죄악된 행위들은 죄악된 의지를

"원인"으로 갖는다. 죄는 선의 결함, 결핍이다. "그러한 결핍의 원인—이미 말했던 것처럼, 작용인이 아니라 결핍인—을 발견하려고 하는 것은 어둠을 보거나 침묵을 들으려고 하는 것과 같다."[20] 그러므로 죄는 그 기원에서 어리석음과 터무니없음이었다. 죄는 진정한 의미에서 기원이 없고 단지 시작만 있을 뿐이다. 그러므로 사탄을 "모든 논리의 아이러니"라고 부른 것은 틀린 말이 아니다.[21] 여기서 우리는 우리 지식의 한계에 이른다. 죄는 존재하지만, 그럼에도 결코 자신의 존재를 정당화할 수 없을 것이다. 죄는 불법이고 불합리하다.

[316] 타락의 시간을 밝혀내려는 시도 역시 불가능하다. 그 시간을 창세기 1:1의 형성 이전의 혼돈 또는 선재하는 영혼 개념에서 찾으려는 시도들은 성경적으로뿐 아니라 신학적으로나 철학적으로도 근거가 없다. 후자의 견해는 인도, 페르시아, 이집트에서, 그리고 엠페도클레스, 피타고라스, 플라톤과 같은 여러 그리스 철학자들에게서, 로마 가톨릭에서, 유대교 카발라에서 발견되는데, 이런 견해가 존재하는 이유를 이해하기는 어렵지 않다. 때때로 이 땅에서의 삶이 잉태와 출생부터 시작하여 전적으로 불행한 것으로 비춰진다는 점에서, 선재(preexistence)라는 것은 과거의 존재로부터 도덕적 채무가 이체되었음을 암시한다. 현재의 삶에서 맛보는 고통과 슬픔은 이전에 행한 악에 대한 채무이자 벌이다. 이 빚을 갚는 데 실패하거나 심지어 부채가 증가하면, 지금 우리의 행위에 대해 미래의 존재에게 응분의 보답이나 벌을 떠넘기게 되는 것이다. 따라서 영혼의 선재와 윤회는 서로 연관되어 있다. 둘 다 카르마, 즉 보응의 개념에 의해 지배

---

20) Augustine, *City of God*, XII, 7.

21) A. Tholuck, *Die Lehre von der Sünde und vom Versöhner* (Gotha: F. A. Perthes, 1862), 15; W. G. T. Shedd, *Dogmatic Theology*, 3rd ed., 3 vols. (New York: Scribner, 1891-94), II, 156; J. Laidlaw, *The Bible Doctrine of Man* (Edinburgh: T&T Clark, 1895), 209.

된다.[22] 심지어 교부 오리게네스는 이성적 피조물의 삶에 있는 운명의 차이를 설명하기 위해서 영혼의 선재와 타락에 대한 이론을 받아들였다.[23] 신지학자들은 영혼의 선재와 타락 개념을 인간이 원래 남녀양성이었고 여자의 창조는 실제로 선행하는 타락의 증거라는 발상과 자주 결합시켰다.[24] 19세기에는 선재 개념이 진화 이론과 희한한 방식으로 연결되었다. 만약 모든 고등한 생명 형태들이 더 낮은 형태들에서 발전했다면, 인간의 영혼도 동물 세계에 미리 형성되어 있었고, 인간 안에서 계속 발전하다가, 죽을 때 더 높은 존재의 형태로 넘어갈 것임에 틀림없다. 여기서 다윈주의와 심령술은 서로 잘 통한다. 이전에 형성된 낮은 형태는 높은 형태로의 변형을 통해 보충된다. 동물은 인간이 되고, "인간"은 "초인간"이 되는 것이다.[25]

우리는 이런 사변을 피하면서 성경의 단순한 설명에 만족해야 한다. 죄의 가능성은 창조와 함께 주어졌으나, 타락은 그로부터 본질적으로 구분된다. 죄는 피조물의 의지에 의해 발생되었다. 따라서 그것은 피조물의 본질적 존재에 속하지 않고 불순종을 통해 발생한 것이다. 죄는 불법적으로 거기에 있는 것이지만 우연은 아니다. 죄가 분명히 하나님의 목적과 의지 안에 있다는 면에서 우리는 어느 정도 그리고 어떤 의미에서 그것이 있어야 했다고 말할 수 있을 것이다. 그러나 그렇다면 죄는 분명히 거기

---

22) P. Gennrich, *Die Lehre von der Wiedergeburt: Die christliche Zentrallehre in dogmengeschichtlicher und religionsgeschichtlicher Beleuchtung* (Leipzig: Deichert, 1907), 275ff.

23) 참조. H. Bavinck, *Reformed Dogmatics*, II, 460-463, 557-561 (##265, 292); J. Müller, *The Christian Doctrine of Sin*, trans. W. Urwick, 5th ed., 2 vols. (Edinburgh: T&T Clark, 1868), II, 76, 155.

24) 참조. H. Bavinck, *Reformed Dogmatics*, II, 565-568 (#295); Campegius Vitringa, *Doctrina christianae religionis*, ed. M. Vitringa, 8 vols. (Leiden: Joannis le Mair, 1761-1786), II, 265.

25) 참조. Herman Bavinck, *The Philosophy of Revelation* (Grand Rapids: Eerdmans, 1953), 293.

에 있지 말아야 할 것으로서, 존재할 아무런 권리가 없는 것으로서 있어
야 했다.

죄의 보편적 확산

[317] 우리의 원 조상의 첫 번째 죄는 그들 자신뿐만 아니라 후손에게도
비참한 결과를 초래했고, 창조세계 전체에 불행의 홍수를 불러왔다. 온 인
류가 이 죄로 인한 죄책, 오염, 결과를 짊어진다. 이러한 죄의 보편성은 널
리 인정되지만―"죄를 짓는 것은 모든 사람에게 보편적이다", "인간이 있
는 한 잘못이 있을 것이다"[26]―그것이 가장 분명하게 나타나는 곳은 성경
이다. 타락 이야기(창 3장) 이후에 성경은 어떻게 죄가 확산되고 확대되어
결국 하나님이 홍수 심판을 보내시는 지경까지 이르게 되었는지를 우리
에게 말해준다. 홍수 이전의 세대에 대해서는 그들의 사악함이 너무나 엄
청나서 "마음으로 생각하는 모든 계획이 항상 악할 뿐"이고 "온 땅이 하나
님 앞에 부패"했고 "포악함이 땅에 가득"했다고 전해진다(창 6:5, 11-12). 그
러나 홍수는 아무것도 바꾸지 못했다. 욥은 탄식하기를, 아무도 더러운 것
에서 깨끗한 것을 낼 수 없다고 했다(욥 14:4). "여호와께서 하늘에서 인생
을 굽어살피사 지각이 있어 하나님을 찾는 자가 있는가 보려 하신즉", 하
나님이 보신 것은 타락과 부정뿐이었다. "다 치우쳐 함께 더러운 자가 되
고 선을 행하는 자가 없으니 하나도 없도다"(시 14편; 53편). 야웨의 면전에
설 수 있는 자는 아무도 없는데, 주 앞에는 의로운 인생이 하나도 없기 때
문이다(시 130:3; 143:2). 신약성경도 우리에게 전혀 의심의 여지를 남겨놓지

---

26) T. Pfanner, *Systema theologiae gentilis purioris* (Basel: Joh. Hermann Widerhold,
   1679), IX, 7; K. G. Bretschneider, *Systematische Entwickelung*, 4th ed. (Leipzig:
   J. A. Barth, 1841), II, 16; F. R. de Lamennais, *Essay on Indifference in Matters of
   Religion*, trans. Henry Edward John Stanley (London: John Macqueen, 1895), III,
   393-408.

않는다. 세례자 요한은 하나님의 백성 모두에게 회개하라고 선포했고, 사도들은 모든 사람이 죄인이며, 또한 그들이 성부의 용서하시는 사랑, 그리스도의 구속, 성령의 새롭게 하심을 필요로 한다고 분명하게 설교했다(행 2:38; 5:31; 10:43 등). 마찬가지로 사도 바울이 로마서에서 상세하게 논증한 바에 따르면, 하나님의 목전에는 온 세상이 벌 받아 마땅하고, 따라서 율법의 행위로 의롭다 하심을 얻을 육체가 없다(롬 3:19-20; 참조. 5:12; 11:32; 고후 5:19; 갈 3:22; 요일 1:8; 5:19). 그 결과, 심지어 "세상"(world)이라는 단어조차 추가적 의미를 얻는다. 본래 세상은 하나님에 의해 창조된 실재지만(요 1:3; 골 1:16; 히 1:2), 이제 죄로 부패하여 하나님을 대적하는 세력이 되었다. 세상은 자신을 존재하게 하신 말씀(Logos)을 알지 못하고(요 1:10), 악한 자의 세력 아래 있고(요일 5:19), 사탄에게 예속되어 있고(요 14:30; 16:11), 언젠가 사라질 것이다(요일 2:17).

더 나아가 죄는 우리의 어린 시절, 출생, 심지어 잉태 때부터 우리의 특징이 된다(창 6:5; 8:21; 욥 13:26; 14:4; 시 25:7; 51:5; 58:3; 103:14; 사 43:27; 48:8; 57:3; 겔 16:3; 호 5:7; 요 3:6; 롬 7:7ff.; 엡 2:3). 성경은 "육"($\sigma\alpha\rho\xi$)—이 땅에 속한 우리의 감각적 본성으로서 "아래에서 난" 것이다—이라는 단어를 사용해 이것을 표현한다. "육"은 하나님 나라에 들어가거나, 하나님을 기쁘시게 하거나, 하나님을 보는 데 장애물이 된다(요 3:6, 31; 8:23; 롬 8:7-8; 고전 15:50). 우리는 "육"($\sigma\alpha\rho\xi$)으로서 날 때부터 부정하고 부패했고, "본질상($\phi\upsilon\sigma\epsilon\iota$) 진노의 자녀"다(엡 2:3; 참조. 롬 2:14-15; 고전 2:14). 성경은 단순하게 죄와 인간의 부패가 보편적이고 "자연적"이라고 전제한다. "그렇게 창조되었다"는 의미에서가 아니라, 우리의 타락한 세상을 염두에 두고서 말이다. 인간의 마음은 생명의 근원이지만(잠 4:23), 그것은 부패했고(창 6:5; 8:21; 시 14:1; 렘 17:9; 겔 36:26; 마 15:19), 모든 죄악의 원천이 되었다(막 7:21). 인간의 마음은 어두워졌고(욥 21:14; 사 1:3; 렘 4:22; 요 1:5; 롬 1:21-22; 고전 1:18-23; 2:14; 엡 4:18; 5:8), 교만해졌고, 길을 잃었고, 오염되었으며, 따라서 깨져야 하고, 비춰져야 하고, 정결케 되어야 한다(시 51:19; 잠 16:18, 32; 전 7:9; 사 57:15; 66:2; 고전 7:34; 고후 7:1;

살전 5:23). 인간의 영혼은 죄책과 더러움으로 얼룩졌고, 속죄와 회개가 필요하다(레 17:11; 시 19:7; 41:4; 잠 19:3, 16; 마 16:26; 딛 1:15; 히 9:9, 14; 10:22; 벧전 1:22). 우리 육체의 모든 지체―눈(신 29:4; 시 18:27; 사 35:5; 42:7; 벧후 2:14; 요일 2:16), 귀(신 29:4; 시 115:6; 135:17; 사 6:10; 렘 5:21; 슥 7:11), 발(시 38:16; 잠 1:16; 4:27; 6:18; 사 59:7; 롬 3:15), 입과 혀(욥 27:4; 시 12:3ff.; 15:3; 17:10; 렘 9:3, 5; 롬 3:14; 약 3:5-8)―는 불의의 도구로 사용된다. 심지어 성경의 성도들에게도 죄가 있는데, 로마서 7:10-25이 이에 대한 반론이 될 수 없는 이유는 여기서도 거듭난 사람의 분투를 말하기 때문이다.

로마서 7장은 우리에게 특별한 주의를 요구한다. 모든 세대의 펠라기우스주의자들과 대부분의 근대 주석가들은 로마서 7장에 호소함으로써 인간의 정신($\nu o \upsilon \varsigma$) 또는 영($\pi \nu \epsilon \upsilon \mu a$)이 육($\sigma a \rho \xi$)에만 거하는 죄에서 자유롭다는 것을 입증하려고 한다. 아우구스티누스식 주해―바울은 현재 시제를 사용하여 거듭난 사람이 죄와 벌이는 투쟁에 대해 말하고 있다는 것―가 여러 이유로 선호된다. 바울에 따르면 신자로 하여금 죄와 죽음에 대한 지식에 이르게 하는 율법(7-13절)은 그 자체로 죄악된 것이 아니며, 율법에 대한 속 사람의 동의는 그 신자의 육신의 반대와 긴장 관계에 있다(14-25절). 율법이 "거룩하다"고 여겨지기 위해서는 거듭나지 않은 사람의 인정 이상의 것이 요구된다. 거듭난 사람만이 이런 판단을 내릴 수 있다. 율법은 거룩하다. 따라서 책임은 전적으로 죄에게 있다. 처음에는 율법과 무관하게(9절), 이후에는 율법을 통해서 말이다(8, 14절). 그렇게 죄는 살아나서 바울이 자기 자신과 자신의 의에 대해 절망하도록 인도했고, 결국 죽음에 이르게 했다(9ff.). 그러나 이 죽음이 그리스도와 함께한 죽음이었기에(갈 2:20), 바울도 다시 살아나서 이제 자기의 중심과 주변 사이에 있는 갈등을 발견한다. 바울은 속 사람으로는 하나님의 율법을 사랑하지만, 그의 지체 속에는 또 다른 힘이 역사한다. 바울이 자신은 "육신에 속하여 죄 아래에 팔렸다"고 말할 때(롬 7:14), 자신이 "육신에 있는 자"(롬 8:8-9) 또는 "육신을 따르는 자"(8:4)라는 것을 의미하지 않는다. 바울은 이 강력한 힘에도 불구하고 자신이 "마음(νους)으로" 하나님의 법을 섬긴다고 감사한다(롬 7:25). 만약 로마서 7:14 이하가 거듭나지 않은 자에 대해서만 말할 뿐이라면, 거듭남은 필요치 않을 것이며, 도움을 주는 선행적 은혜(prevenient grace)만으로 충분할 것이다. 이렇게 될 때 죄와 은혜, 칭의와 성화, 신앙과 회개에 대한 성경의 가르침 전체가 쓰러지고 말 것이다.

[318] 성경에 따르면, 죄의 보편성은 우리의 첫 조상 아담과 하와의 타락에서 유래한다. 죄의 보편성은 창세기 3장에 분명하게 함의되어 있고—창세기 3:14 이하의 저주는 아담과 하와의 후손에게도 적용된다—구약성경의 나머지 부분에도 전제되어 있지만, 특히 사도 바울이 로마서 5장과 고린도전서 15장에서 자세하게 설명한다. 타락 이후의 역사는 죄의 보편적 확산과 전체 범위에 대해 풍부한 증거를 제공하고, 성경은 자주 그것을 인간의 덧없는 감각적 본성에서 찾는다(욥 4:17ff.; 14:4; 15:14ff.; 25:4ff.; 시 78:38ff.; 103:13ff.; 막 14:38; 요 3:6; 롬 6:7ff. 등). 우리는 그리스도의 은사가 아담의 타락에 따른 결과를 훨씬 능가한다는 바울의 강조점을 결코 간과해서는 안 된다. 하나님의 은혜가 풍성하다는 것이 로마서 5장에 있는 그의 설명에서 전면에 부각된다. "모든 사람이 죄를 지었으므로"(ἐφ' ᾧ παντες ἥμαρτον, 롬 5:12)라는 구절은 바울이 모든 사람의 죽음에 대한 원인을 각 사람의 자범죄에서 찾는다는 것을 의미하지 않는다. 바울은 고린도전서 15:22에서 모든 사람이 아담 안에서 죽는다고 분명히 진술하고 있기 때문이다. "죄를 지었다"(ἥμαρτον)는 것도 죄악된 상태가 아니라 행위를 가리킨다. 이 구절의 의미는 명백하다. 아담이 죄를 지었고, 그 결과로 죄와 사망이 세상에 들어와 통치하기 시작했다는 것이다. 물론 우리가 우리 자신의 죄 때문에 심판받는 것도 사실이다. 그러나 바울의 핵심은 우리의 죄악된 상태가 인류의 대표자인 아담의 죄 때문에 인류 전체에 내려진 하나님의 선행적 심판이라는 것이다. 이것이 원죄의 교리다. 한 사람의 범죄 때문에, 하나님은 사형선고를 동반한 "유죄" 판결을 모든 사람에게 내리셨다. 이 때문에 우리 모두는 개인적으로 죄인이고 죽음을 맞는다. 하나님은 한

사람의 대표자 안에서 모든 사람을 파악하고, 고려하고, 판단하고, 정죄하신다. 그렇기 때문에 그들 모두가 그에게서 죄인으로 나고, 모두가 죽음에 처한다.

[319] 원죄는 아우구스티누스가 고안해낸 새로운 가르침이 아니었지만,[27] 그 이전의 신학자들은 자유의지와 자범죄를 아담으로부터 물려받은 죄보다 더 강조하는 경향이 있었다. 하지만 펠라기우스는 이전의 저자들에게 호소하면서 자신의 인간론이 갖는 급진적 면모를 숨겼다. 펠라기우스에 따르면, 모든 사람은 순수한 영혼을 갖고 태어난다. 죄와 악은 모방을 통해서만 발생한다. 우리는 은혜와 무관하게 스스로 선을 원하고 행할 수 있다. 죄는 언제나 그리고 오로지 개인적인 문제일 뿐이다. 다른 사람의 죄로 우리를 기소하는 것은 하나님의 공의에 모순된다. 펠라기우스의 견해에 대한 역사적 선례는 그리스와 로마의 철학, 그리고 창조된 영혼이 순수하다고 생각한 유대 사상에서 발견된다. 펠라기우스주의는 인간의 본성적 선에 대한 가르침을 부활시켰다. 로마 가톨릭교회가 타락 때 은혜로 덧붙여진 은사만 상실되었고 본성은 흠 없이 그대로 있다는 초자연주의적 인간론을 가르치는 것에서도 반(半)펠라기우스주의의 색채가 느껴진다. 원죄에 대한 거부는 재세례파, 소키누스주의자, 모든 합리주의자들의 인간론에서 상투적인 것이었다. 18세기에 루소는 인간이 만들어낸 문화를 모든 악의 원천으로 여기고 거부하는 "자연으로 돌아가기 운동"의 사도가 되었다. 우리가 교육, 종교, 도덕, 사회, 국가에서 자연으로, 목자와 농부의 목가적 환경으로, 원주민의 순수하고 걱정 없는 생활방식으로 되돌아갈 때 비로소 인류의 덕과 행복이 회복된다는 것이다.[28] 이런 이상을 실현하려는 시도들—프랑스 혁명과 이를 따르는 모든 의붓자식들, 온

---

27) Augustine는 이렇게 말했다: "원죄는 내가 생각해낸 것이 아니다. 예로부터 가톨릭 신앙은 원죄를 믿어왔다"(*On Marriage and Concupiscence*, II, 42).

28) Jean-Jacques Rousseau, *Profession of Faith of the Vicar* (New York: P. Eckler, 1889).

갓 유토피아적 식민지들—은 천국을 이 땅에 가져오려는 헛된 시도를 보여준다. 그런 노력들은 현실에서는 필연적으로 실패하게 될 이상적 "자연" 사회들을 종이 위에 만들어낸다. 그럼에도 이런 꿈은 많은 이들에게 자녀 양육을 위한 안내로, 더 나은 미래 세계에 대한 낙관적 희망의 근거로서 지속된다.[29]

신학자들도 이런 병폐에서 자유롭지 못했다. 예를 들어 리츨은 죄를 자범죄에 국한했다. "죄의 법"은 개개인의 죄들의 총합일 뿐이다. 죄의 주체는 종족(race)으로서의 인류가 아니라—이것은 추상이고 심상에 불과하다—모든 개인의 총합으로서의 인류다. 일반적으로 죄악성의 실재는, 습관적 죄가 습관 또는 경향을 낳고, 이 죄악된 성향이 "넘쳐나" 타인에게 영향을 끼친 결과다. 우리 인간은 사회적 피조물로서 우리의 죄악된 습성을 서로 강화한다. 리츨에 따르면, 이것이 바로 우리의 "지체 속에 있는 죄의 법", 강력한 "또래 압력"(peer pressure)에서 발생하는 공통의 죄악성이다. 그러므로 무죄한 삶의 전개를 선험적으로 배제할 수는 없는데, 이는 어린 아이의 의지는 악을 지향하지 않고, 오히려 그 안에 선을 향한 일반적 경향이 있기 때문이라는 것이다.

역사와 경험은 이런 견해를 지지하지 않는다. 오히려 그것들은 성경의 묘사가 사실이라는 것을 보여준다. 심지어 "순진무구한" 어린아이도 처음부터 그 마음 밭에 죄의 씨앗들이 뿌려져 있음을 드러낸다. 무죄성에 대한 주장은 보편적으로 거부되었고, 모방은 인류에 대한 죄의 보편적인 힘을 설명하지 못한다. 죄 없는 사람은 존재한 적이 없다. 무엇보다 확실한 것은 죄가 개개인의 삶에 있는 우연한 현상이 아니라 인류 전체와 관련된 상태와 삶의 방식, 인간 본성의 속성이라는 것이다. 단지 가끔 나타나는 것이 아니라 모든 나이와 환경의 모든 사람에게 특징인 죄악된 행위는

---

29) 참조. H. Bavinck, *Paedagogische Beginselen* (Kampen: Kok, 1904), 82; idem, *Philosophy of Revelation*, 279.

죄악된 내적 성향을 가리키는데, 이는 마치 나쁜 열매가 나쁜 나무를, 혼탁한 물이 깨끗하지 않은 원천을 전제하는 것과 같다. 우리는 "어린아이의 순진무구함"을 말할지 모르지만, 이것은 상대적 순진무구함일 뿐이다. 모든 부모와 교사의 경험은 온갖 죄의 씨앗이 어린아이의 마음에 있다는 것을 말해준다. 심지어 감각적 죄보다 못한 것들, 즉 자기 추구, 허영, 질투, 무정함, 교만, 교활함, 속임, 거짓, 불순종, 고집 등과 같은 정신적인 죄가 이미 어린아이의 초기 단계에서 표출될 뿐 아니라, 현명한 양육으로 제어되지 않으면 그것은 해마다 증가한다. 죄악의 보편성에 대한 확신은 아주 강하고 넓게 퍼져 있어서, 자신이 죄가 없다고 주장하는 사람이 있다면 누구든지 즉시 자신에 대한 지식을 결여하고 있거나 심지어 정신적으로 질병이 있다고 여겨질 것이다.[30)] 인류가 개개인의 총합이며 죄는 상태가 아닌 의지의 행위라고 여기는 유명론자들만 죄가 보편적이지 않다는 생각을 품을 수 있을 것이다.

펠라기우스주의적 견해는 인간에게 더 큰 존엄성과 책임성을 부여하기 때문에 더 인간적이라고 주장한다. 그러나 실상은 정반대다. 그것은 시덥잖은 가르침이거나 가장 잔인한 가르침이다. 펠라기우스주의자는 양자택일에 직면한다. 만약 죄가 오직 모방에 의해서만 생긴다면, 외부 영향은 우발적인 효과만 있는 것이어서 아무것도 설명하지 못하고 죄의 보편성이 수수께끼로 남겨지든지, 아니면 외부 영향이 실제로 이 보편적 죄악됨의 원인이 되어 인간의 조건은 원죄에 대한 성경의 가르침보다 더 못한 것이 될 수밖에 없다. 펠라기우스주의는 전혀 현실성이 없든지 또는 잔인한 운명론이든지 둘 중 하나의 입장으로 연결될 수밖에 없다.

[320] 펠라기우스주의는 기독교회에 의해 정죄되었다. 그럼에도 인간의 의지가 약화되기는 했지만 전적으로 부패한 것은 아니라고 가르친 반

---

30) J. Müller, *The Christian Doctrine of Sin*, trans. W. Urwick, 5th ed., 2 vols. (Edinburgh: T&T Clark, 1868), II, 261.

(半)펠라기우스주의가 교회 안에서 크게 성장했다. 이 견해에 따르면, 아담의 타락이 그의 후손에게 영향을 끼친 것은 사실이지만, 우리의 도덕적 상태는 다만 병약해져서 육체의 욕구에 취약할 뿐이다. 트리엔트 공의회는 의지의 자유가 파괴되지 않았고, 정욕이 그 자체로 죄는 아니라고 가르쳤다. 재세례파, 항변파, 그리고 많은 근대 신학자들이 여기에 동의한다. 아담의 죄는 우리의 의지를 약화시킬 뿐, 우리를 원죄라는 전적 부패에 빠뜨리지 않는다. 이런 반(半)펠라기우스주의는 의지적인 무법으로서 죄가 가진 성격과 심각성을 간과하고, 죄와 죄책을 분리하고, 인간의 자유에 대한 의문도 해결하지 못한다. 온전하지만 약화된 의지는 원죄에 얽매인 의지보다 나을 것이 없다. 죄의 보편성을 모방으로 설명하는 것이 피상적이지만, 모방을 거부하는 반펠라기우스주의는 죄의 보편성에 대해 아무런 설명도 제시하지 않는다. 그들은 모든 사람의 부정하고 병든 상태가 유죄이며 처벌받을 행위로 이어진다는 점을 인정함으로써―약화된 자유의지를 실질적으로 아무 소용이 없는 것으로 만들면서―결국 이 끔찍한 현상을 전혀 설명하지 못한다. 은혜언약은 일단 제쳐두고, 어떻게 하나님의 공의가 하나님이 모든 사람을 그런 상태로, 다시 말해 유아기에 죽은 아기가 사망을 경험할 뿐 아니라 하나님과의 교제에서 배제되고 다른 모든 이들은 영원한 멸망에 처하게 되는 상태로 태어나게 허용하시는 것과 조화될 수 있는가? 반펠라기우스주의 이론은 이 문제에 접근하는 데 완전히 실패하고, 그저 피상적이고 하찮은 자유의지 교리에 만족한다.[31]

[321] 사도 바울과 그를 따르는 아우구스티누스는 둘째 아담으로서의 그리스도라는 대조되는 모델에 의해 가르침을 얻었고, 보편적 원죄의 책임을 첫째 아담에게 두었다. 원죄를 찬성하는 주장은 인류의 끔찍한 비참함을 죄에 대한 처벌로 설명하며 시작한다. 만약 모든 사람이 완전히 무죄했다면, 분명히 선하고 공의로운 하나님이 그들을 죄와 사망에 처하게 하

---

31) Ibid., II, 388ff.

실 수 없었을 것이다. 아담의 모든 자손을 짓누르는 이 무거운 멍에를 이해할 다른 길은 없다. 인간 삶의 비참함은, 아기의 첫 울음에서 임종 때의 마지막 신음에 이르기까지, 우리로 하여금 바울과 함께 원죄의 실재를 인정하도록 이끈다. "하나님은 불의한 재판관이 아니시기 때문에, 우리는 아기의 울음으로 시작하는 인류의 비참함과 마주할 때 원죄를 인정할 수밖에 없다."[32] 아담의 죄는 그의 후손을 포함한다. 그는 다른 사람들과 나란히 있는 사적인 개인이 아니었고, 모든 사람이 그 안에 포함되어 있었다. "모두가 그 한 사람이었다. 우리 모두는 그 한 사람 안에 있었다."[33] 그러나 아우구스티누스는 아담의 후손에 대한 죄책과 오염의 전달을 적절하게 설명하지 않았고, 정욕에 대한 그의 이해는 충동적인 성적 욕망과 너무 밀접하게 연관되었다. 아우구스티누스의 견해에 따르면, 본성의 부패는 특히 의지와 상관없이 발생하는 성기(性器)의 충동적 움직임에서 드러나는데, 수치심이 이를 증명해준다. 따라서 죄는 성적 충동에 의해 자기를 증식시키고, 온 인류를 죄짓지 않을 수 없는 참담한 필연성에 종속된 부패 덩어리로 만든다.[34]

로마 가톨릭의 스콜라 신학은 은혜로 덧붙여진 은사(원의)의 상실을 원죄로 이해하기 위해 정욕의 적극적 요소를 추가해서 이 견해를 수정했다. 트리엔트 공의회는 아주 신중하게 진술했다. 아담은 의를 상실했을 뿐만

---

32) Augustine, *Against Julian, an Unfinished Book*, in *The Works of St. Augustine: A Translation for the 21st Century*, ed. J. E. Rotelle (New York: New City, 1999), II, 77 그리고 여기저기; I, 25, 49; II, 107; III, 44, 202; VI, 17, 28.

33) Augustine, *On the Merits and Remission of Sins*, I, 10; idem, *City of God*, XIII, 14.

34) Augustine는 자신의 *On Marriage and Concupiscence*에서 거듭 이렇게 말했다. 참조. Adolf von Harnack, *History of Dogma*, trans. N. Buchanan, J. Millar, E. B. Speirs, and W. McGilchrist, and ed. A. B. Bruce, 7 vols. (London: Williams & Norgate, 1896-1899), V, 194ff.; Gustav Friedrich Wiggers, *Versuch einer pragmatischen Darstellung des Augustinismus und Pelagianismus*, 2 vols. (Hamburg: F. A. Perthes, 1830-31), I, 107ff.

아니라, 영혼과 육체가 더 나쁘게 변했다. 아담은 더럽혀진 후에 죄와 죽음과 육체의 형벌을 그의 후손에게 주입했고, 아담의 죄는 모방을 통해서가 아니라 유전을 통해 각 사람 안에서 자신의 죄가 되며, 오직 그리스도의 공로에 의해 세례를 통해서만 제거될 수 있다.[35] 그러나 트리엔트 공의회는 그 이상 상세히 진술하는 것을 의도적으로 삼갔다.[36] 죄의 성격은 더 자세히 정의되지 않았는데, "더 나쁘게"라는 말이 설명해주는 것은 거의 없다. 세례받은 자 안에 여전히 존재하는 정욕은 그 자체로는 죄로 여겨지지 않았으며, 단지 죄에서 나오고 죄로 기울어질 뿐이다. 자유의지는 상실되지 않고 단지 약화되었을 뿐이며, 죄가 역사하기 이전의 선행도 할 수 있다. 따라서 로마 가톨릭 신학에서는 무게중심이 정욕에서 원의의 상실로 옮겨갔다. 정욕이 그 자체로 죄악된 것이 아니라면, 아담의 죄가 전가되는 것 외에 원죄에 남겨진 구체적인 효력이 무엇인지 의문이다. 타락 이후의 인간 상태는 타락 이전의 상태와 다를 것이 거의 없다. 우리는 단지 "발가벗은 자연스러움"의 상태에 놓인 것이지, 부패의 상태에 처한 것은 아니다.[37] 원죄에서 남겨진 것은 별로 없다. 단지 자연적인 상태로 되돌아가는 것일 뿐이다. 초자연적인 것이 상실되었다 하더라도 자연적인 것은 온전히 남아 있다.

[322] 종교개혁은 로마 가톨릭이 원죄를 이렇게 약화시키는 것에 반

---

35) Decrees of the Council of Trent, sessions V-VI.

36) J. A. Möhler, *Symbolik: Oder Darstellung der Dogmatischen Gegensätze der Katholiken und Protestanten nach ihren öffentlichen Bekenntnisschriften* (Mainz: F. Kupferberg, 1838), 57.

37) "아담의 타락 이후 인간의 상태는 옷이 벌거벗겨진 사람과 본래 알몸인 사람의 차이만큼이나, 아담의 순수 자연상태와 차이가 없다. 원죄를 빼면 인간의 본성은 더 나쁠 것이 없다. 순수한 자연상태에서보다 연약함과 무지에 더 시달리는 것도 아니다. 마찬가지로 본성의 부패는 어떤 자연적 은사의 부족이나 어떤 나쁜 특성의 추가에서 유래한 것이 아니라, 아담의 범죄로 인한 초자연적 은사의 상실에서 유래한 것이다"(R. Bellarmine, "De gratia primi hominis", *De controversiis Christanae fidei, adversus huius temporis haereticos* [Cologne: gualtheri, 1617-1620], 5).

대했다. 원죄는 무언가의 상실에 불과한 것이 아니라 우리에게 있는 본성의 전적 부패다. 만약 우리가 이것을 "정욕"이라고 부른다면, 인간의 욕구 전체에 적용해야 한다. 칼뱅이 말한 것처럼 "사람 전체가 그 자체로 정욕일 뿐이다."[38] 이런 의미에서—아우구스티누스와 반대되게—정욕은 그 자체로 죄이며, 죄를 위한 기회에 불과한 것이 아니다. 인간 본성의 이러한 부패는 총체적이어서 인간은 본성적으로 아무런 영적인 선도 행할 수 없고, 모든 악으로 기울어 있고, 이것만으로도 영원한 형벌을 받아 마땅하다. 부인할 수 없는 사실은 특히 루터파에 속한 어떤 이들이 로마에 대한 반작용으로 자신들의 주장을 지나치게 강하게 펼침으로써 스스로 심각한 오해를 불러일으켰다는 것이다. 그러한 예들에는 루터가 원죄를 "본질적인 죄"(essential sin)와 "인간의 본질"(the essence of humans)이라고 불렀다는 것,[39] 「일치 신조」가 지성, 마음, 의지는 "모두 부패하여 죽었고", "돌이나 나뭇조각 또는 진흙"처럼 [선을] 행할 수 없다고 진술한 것이 포함된다.[40]

개혁파들은 루터파들이 사용한 강한 표현과 강렬한 심상을 경계하고자 주의를 기울였다. 그러나 개혁파들도 원죄가 소극적으로는 원의의 상실에 있고, 적극적으로는 본성의 부패에 있으며, 원죄는 전가된 아담의 범죄에 그 원인이 있다고 가르쳤다.[41] 이 가르침에 대한 개혁파 진영 내의

---

38) J. Calvin, *Institutes*, II.i.8.

39) J. Köstlin, *Luthers Theologie in ihrer geschichtlichen Entwicklung und ihrem inneren Zusammenhange*, II, 366ff. 편집자 주—영역본: *Theology of Luther in Its Historical Development and Inner Harmony*, trans. Charles E. Hay, 2 vols. (Philadelphia: Lutheran Publication Society, 1897).

40) J. T. Müller, *Die symbolischen Bücher der evangelisch-lutherischen Kirche*, 8th ed. (Gütersloh: Bertelsmann, 1898), 589, 594; 참조. F. H. Frank, *Theologie der Concordienformel*, 4 vols. in 2 (Erlangen: T. Blaesing, 1858-65), I, 138.

41) J. Calvin, *Institutes*, II.ii.5; idem, *Commentary on the Book of Psalms*, trans. James Anderson (Grand Rapids: Eerdmans, 1949), 시 51:7에 대한 주석; idem, *Commentary on the Epistle of Saint Paul to the Romans*, ed. and trans. John Owen (Grand Rapids: Eerdmans, 1948), 롬 5:12에 대한 주석; H. Heppe, *Die*

반대가 프랑스의 소뮈르 학파에서 죄의 간접적 전가라는 형태로 등장했다. 우리가 부패한 것은 전가된 죄책 때문이라는 가르침을 대신해서, 플라카이우스(Josua Placaeus, 1596-1665)는 순서를 뒤집었다. "우리에게 원죄가 전가된 것은 우리가 부패한 상태로 태어나기 때문이다."[42] 조나단 에드워즈와 뉴잉글랜드 신학(New England Theology)도 이 견해를 지지했다. 고전적인 아우구스티누스주의와 개혁파의 견해는 수명이 다된 것처럼 보였다. 피상적 이해들이 만연했는데, 예를 들어 게르비누스(Gervinus)는 1845년에 이렇게 썼다. "우리는 유전적인 죄에 대한 두려움을 상실했는데, 이것은 유령에 대한 두려움처럼 한낱 미신적 종교의 가르침이 조장하는 두려움에 지나지 않는 것이다."[43] 오늘날의 실정은 다르다. 칸트, 셸링, 쇼펜하우어 등의 철학을 포함한 근대 사상, [인간의] 유전과 [인간의] 연대성에 대한 이론, 광범위한 역사적·사회학적 연구들, 이 모두가 원죄의 교의에 대해 기대하지 않았던 중대한 지지를 제공했다. 신학이 이것을 거부한 후에 철학이 그것을 다시 집어들었다.

[323] 원죄에 대한 교리는 기독교 신학에서 가장 무겁고 어려운 주제 가운데 하나다. 우리는 그것 없이는 우리 자신을 이해할 수 없지만, 그것은 우리에게 여전히 이해할 수 없는 신비로 남아 있다. "설교에서 원죄보다 더 친숙한 것은 없지만, 그것만큼 이해하기 어렵고 신비로운 것도 없다."[44] "원죄는 모든 것을 설명하고, 원죄 없이는 아무것도 설명할 수 없다"(de Maistre). 하지만 이 교리 자체는 다른 어떤 것보다 더 설명을 필요로

Dogmatik der evangelisch-reformirten Kirche (Elbersfeld: R. L. Friedrich, 1861), 245ff.

42) Placaeus는 "Two-Part Disputation concerning Adam's First Sin"(1655)에서 이 견해를 상술했다. Placaeus의 견해는 1645년 샤랑통 공의회에서 정죄되었다.

43) F. Delitzsch, *System der christlichen Apologetik* (Leipzig: Dörffling & Franke, 1870), 119.

44) Augustine, *On the Catholic and Manichaean Ways of Life*, I, 22.

한다.[45] 성경과 기독교 사상에 따르면, 죄와 죽음이 세상에 들어온 원인은 바로 첫 사람의 첫 번째 범죄다. 아담의 불순종이 기원적 죄인 것이다. 성경이 이것을 분명하게 가르치고(롬 5:12; 고전 15:22), 경험이 매 순간 이를 확증한다. 이것은 우리의 이성에게 충격이다. 어떻게 이것을 자의적인 것으로 보지 않을 수 있겠는가? 우리는 몇 가지를 언급함으로써, 인간이 제기할 수 있는 가장 어려운 이 난제에서 모든 신비를 제거하지 않으면서도, 하나님 편에서 자의적이라는 인상을 주는 요인들을 제거할 수 있다. 중요한 것은 아담 안에서 우리가 갖는 유기적 통일성과 연대가 육체적인 것 이상이며, 그것이 대표자로서 아담의 역할과 함께 시작된다는 점을 우리가 상기하는 일이다. 여기서도 우리는 구속에서 우리를 대표하는 중보자이신 그리스도로 시작해야 한다. 만일 그리스도와 아담을 모든 인류의 대표로서가 아니라 육체적이고 사실적인 존재로서 비교한다면, 그 결말은 신학적 오류가 될 것이다. 그러면 참 사람이신 그리스도는 아담의 자손으로서 죄 없는 분이실 수 없다. 더욱이 그리스도의 의를 통한 구속을 이해할 수 있는 유일한 방법은 대표의 원리를 적용하는 것이다. 그리스도의 순종이 마치 우리가 그것을 성취한 것처럼[46] 우리에게 전가된다는 것은 우리가 개인적·육체적으로 그것을 행했다는 의미가 아니다. 그리스도가 우리를 위해, 우리를 대신해서 그 일을 행하셨다. 아담의 경우도 마찬가지다. 우리가 실재론적으로, 잠재적으로, 씨앗으로 아담 안에 포함되어 있었을지라도, 실제로 시험 명령을 개인적으로 위반한 사람은 아담이지 우리가 아니다.

실재론과 언약론

죄의 전파에 대한 실재론적 견해는—인간들의 육체적 유대관계를 강조하

---

45) 심지어 Rousseau도 원죄는 원죄 자체를 제외한 모든 것을 설명해준다고 말했다.
46) Heidelberg Catechism, Q 60.

면서—죄 안에 있는 인류의 통일성을 과감하게 옹호한다. 물론 인류가 개개인의 집합체가 아니라 유기적 통일체, 한 혈통, 한 가족이라는 것은 사실이다. 천사와 달리, 하나님은 우리 모두를 한 사람으로부터 만드셨다(행 17:26). 따라서 우리는 땅에 그냥 쌓아놓은 영혼들의 더미가 아니라 한 혈족으로서 온갖 유대관계로 연결되어 있고, 따라서 서로서로가 영향을 주고받는다. 그러나 여기서 실재론은 우리 각자 위에 아담의 죄책을 전가할 뿐만 아니라, 우리 자신의 죄에 덧붙여 우리 조상들의 모든 죄까지 쌓아놓는다. 이런 식으로 개인의 인격성에 대한 소중한 진리가 상실되고 만다. 하나님의 형상으로 창조된 개개인은 하나님 앞에서 독특하게 은사와 부르심을 받은 책임 있는 존재다. 참으로 우리는 "인류"의 일원이지만, 보편적 인간의 일시적인 나타남이나 대양의 물결 그 이상의 존재다. 인간의 상호관계가 천사나 동물의 상호관계와 다르다는 점은 앞에서 이미 언급되었다. 인간은 천사와 동물 양자와 관련되어 있으면서도 또한 그들과 다르다. 인간은 고유한 특성을 가진 피조물이다. 따라서 인간의 경우에 육체적 통일성은 충분치 않으며, 여기에 윤리적 · 언약적 통일성이 덧붙여진다.[47]

이것은 우리가 공동체를 더 넓게 경험하면서 아는 것과도 일치한다. 혈연에 기초한 공동체를 넘어서는 민족, 교회, 국가의 "도덕 공동체들"이 있는데, 이 모든 것은 고유한 삶을 가지면서 특정한 법칙들에 묶여 있다. 가족과 같이 육체적 혈통에 기초한 공동체조차 단지 핏줄로만 묶여 있는 것이 아니라, 기본적으로는 도덕 공동체다. 이런 공동체들 안에는 각 구성원을 서로서로 묶어주는 끈이 있고(고전 12:26), 또한 대표의 원리가 있어서 아버지, 어머니, 후견인, 관리자, 선생, 교수, 후원자, 안내자, 입법자, 군주 같은 이들이 공동체 전체에 결정적 영향을 끼친다. 아버지가 술주정뱅이인

---

47) 참조. 실재론에 대한 반대로는 A. A. Hodge, *The Atonement* (Philadelphia: Presbyterian Board of Publication, 1867), 99ff.

가정은 황폐해지고, 범죄자의 가정은 수치를 당하고, 영웅의 가정은 존귀를 얻는다. 신실하지 않은 목사 아래서 회중은 약화되고, 어리석은 군주가 통치하는 민족들은 쇠퇴하여 결국은 망한다. "왕이 어떤 일에 정신을 빼앗기든지, 벌 받는 것은 아카이아인(the Achaeans, [그리스인에 대한 Homer의 호칭])이다." 선한 일에서든지 악한 일에서든지 사람들 가운데는 연대성이 존재하고, 따라서 복의 공동체와 심판의 공동체가 있다. 우리는 이전 세대의 어깨 위에 올라서서 그들이 축적한 것들을 물질적이고 영적인 방식으로 물려받는다. 우리가 보유하는 선은 은혜의 선물로 거저 받은 것이다.

이전 세대의 복을 물려받는 일에 대해 반대하는 사람은 아무도 없지만, 죄의 결과들을 넘겨받을 때는 누구나 부당하다고 생각한다. 같은 아들이 아버지의 유산은 즐겁게 받아들이면서 아버지의 빚을 갚는 것은 거부한다. 이것은 새로운 애통이 아니라 이미 에스겔 시대에도 표현되었던 것이다.[48] 이스라엘이 스스로 의롭다고 생각하면서 죄의 연대성에 대한 구약성경의 율법을 원망할 때(창 9:25; 출 20:5; 민 14:33; 16:32; 수 7:24-25; 삼상 15:2-3; 삼하 12:10; 21:1ff.; 왕상 21:21, 23; 사 6:5; 렘 32:18; 애 3:40f.; 5:7; 스 9:6; 마 23:35; 27:25), 하나님의 답변은 자신의 권리에 대한 주장이 아니라, 그들이 회개하고 하나님께 되돌아오면 하나님이 행하실 일에 대한 선포였다. 실제로 죄와 고통에 연대성이 존재하는 것이 사실이지만, 하나님은 그것을 허용하시면서도 또한 그들에게 그것을 끊고 주님을 경외하면서 그 은혜를 누리는 새로운 공동체가 될 힘을 주신다. 이것이 죄의 연대성에 대한 하나님의 답변이다. 그리스도는 인류의 연대성이라는 진리를 아담과는 다른, 보다 나은 방식으로 보여주셨다. 연대성이 파괴된 것이 아니다. 만일 그러했다면 모든 사랑, 공감, 우정, 요컨대 우리가 "인간적"이라고 여기는 모든 것이 사라지고 말 것이다. 오히려 인류의 연대성은 그리스도 안에서

---

48) A. B. Davidson, *The Theology of the Old Testament*, ed. S. D. F. Salmond (New York: Charles Scribner's, 1904), 219ff., 283.

회복되고 다시 온전해졌다.

그러나 연대성의 법칙만으로는 원죄가 설명되지 않는다. 우리는 부모와 후견인, 철학자와 예술가, 종교의 창시자와 개혁자, 영웅, 왕과 정복자 등이 우리에게 남긴 복과 저주가 중요하면서도 여전히 제한되어 있음을 인식한다. 언제나 장소, 시간, 나라, 민족, 언어 등의 "환경"이 연대성을 제한한다. 그들의 영향이—좋은 것이든 나쁜 것이든—행사되는 범위는 언제나 제한된 구획들 내에 둘러싸여 있었다. 어떤 사람들—인류 문명의 거인들—에게는 연대성의 범위가 아주 크다 하더라도, 그 범위가 보편적이고 직접적이며 삭제 불가능한 것이라고는 결코 말할 수 없다. 오직 두 사람만이 그 삶과 행위가 인류 전체에 이르렀고, 그 영향력과 지배력이 땅끝까지 그리고 영원히 효력을 가졌다. 이것은 물론 아담과 그리스도를 언급하는 것이다. 아담이 세상에 들여온 것은 죄와 사망이고, 그리스도가 들여오신 것은 의와 생명이다. 아담과 그리스도는 전적으로 예외적인 위치를 차지하며, 따라서 오직 그들만 서로 비교될 수 있다. 인류의 범주 안에서 유추되는 다른 모든 관계들은 예증으로서 가치가 있을지라도, 그것들이 제공하는 것은 유비들일 뿐이지 동일성이 아니다.

아담과 그리스도는 인류의 유기적 통일성을 전제하지 않고 오히려 성립시킨다. 아담이 타락했다면 인류는 타락할 것이고, 그리스도가 일어서 계신다면 인류는 그리스도 안에서 일으켜질 것이다. 행위언약과 은혜언약은 인류의 유기적 통일성을 종교적·도덕적 의미에서 유지시키는 형식들이다. 하나님은 소수의 개개인이 아니라 하나님의 형상과 모양인 인류에 관심을 갖고 계시기 때문에, 인류는 한 사람 안에서 넘어지고 다시 일으켜져야 했다. 하나님의 정하심이 이렇고, 하나님의 심판이 이렇다. 하나님은 한 사람 안에서 모두가 죄인이라고 선언하셨고, 그렇게 인류는 아담에게서—부정하고 죽어가는 과정 가운데—태어난다. 하나님은 한 사람 안에서 모두가 의롭고 영생으로 성별되었다고 선언하신다. "하나님이 모든 사람을 순종하지 아니하는 가운데 가두어 두심은 모든 사람에게 긍휼을 베풀려 하심이로다"(롬 11:32).

[324] 죄가 죄를 낳는다. 아담과 그 후손의 경우에, 죄악된 상태가 죄악된 행위에 뒤따른다. 원죄의 오염(original pollution)은 원죄의 죄책(original guilt)에 대한 형벌이다. 펠라기우스주의자들이 반대하는 것은 바로 이 결론인데, 그들은 죄를 짓는 의지가 여전히 자유로운 상태여서 죄를 지을 수도, 짓지 않을 수도 있다고 믿는다. 그러나 흔히 성경은 결과적인 죄를 이전의 죄에 대한 벌로 간주한다(삼하 12:11-12; 왕상 11:11-31; 22:30ff.; 사 6:9-10; 7:17; 10:5-7; 14:3; 렘 50:6-8; 롬 1:24-28; 살후 2:11-12 등). 선행하는 충동과 욕구에서 비롯된 모든 의지의 행위가 그 충동과 욕구에 반작용을 일으키고 강화한다는 것은 또한 경험이 가르치는 바다. 이런 식으로 죄는 습관이 되고, 죄를 범하는 자는 죄의 종이 된다. 죄책과 오염이 함께 간다. 죄 자체만 놓고 볼 때는 죄가 죄에 대한 벌일 수 없는데, 이는 죄가 법을 어기는 행위이지만, 벌은 법을 유지시키는 것이기 때문이다. 그럼에도 결과적인 죄는 이전의 죄에 대한 벌이라고 불릴 수 있는데, 왜냐하면 그로 인해 죄인은 하나님으로부터 더 멀어지고, 더 비참한 존재가 되고, 온갖 탐욕과 정욕, 공포와 후회에 빠져들기 때문이다. 아담의 범죄가 인류의 끔찍한 타락의 시작이다. 여기서 우리는 도무지 설명할 수 없는 끔찍한 현실에 직면한다. 어떻게 단 하나의 죄가 이렇게 비참한 결과를 낳고, 인간의 본성을 이토록 철저하게 뒤엎을 수 있는가?

인생에서 죄의 결과가 죄악된 행위에 정비례하지 않는 것처럼 보일 때가 종종 있음을 우리는 안다. 무심코 뱉은 말 한마디가 한 평생에 걸친 눈물로 이어질 수 있고, 사소해 보이는 사건이 여러 세대에 걸쳐 여파를 남긴다. 우리의 행복 또는 불행이 하나의 "우연한" 사건에 달려 있는 경우도 있다. 우리의 모든 행위는 부메랑처럼 자기 자신에게 되돌아오고 우리의 성격에 흔적을 남긴다는 것을 우리는 경험으로 안다. 선행하는 충동과 욕구에서 비롯된 모든 의지의 행위는 그 충동과 욕구에 반작용적인 영향을 끼치고 강화한다. 이런 식으로 모든 죄는 습관, 성향, 열정이 될 수 있고,

폭군처럼 인간을 지배한다. 우리 인간은 가변적이고, 몹시도 유연하며, 온갖 기회, 상황, 환경에 순응하고 적응한다. 우리는 어떤 것에도 "익숙해질" 수 있다. 죄를 범하는 자는 죄의 종이 된다. 아담의 죄악된 행동은 무의식적이지 않았다. 죄악된 행위에 앞서 지성의 죄악된 생각(의심, 불신)과 마음의 죄악된 성향(탐욕, 교만)이 있었는데, 이것들은 뱀의 유혹에 의해 촉발되고 아담 자신의 의지로 육성된 것이다. 그럼에도 아담이 한 번 행한 범죄는 아담의 본성 전체의 생각, 태도, 성향을 근본적으로 변화시켰고, 그의 후손 모두에게 씻을 수 없는 오점을 남겼다. 아담의 죄는 하나님, 하나님의 빛, 하나님의 율법으로부터 급격한 분리를 가져왔다. 아담은 하나님과의 교제로부터 등을 돌리고 죄악된 어둠의 상태로 들어갔는데, 그는 온 인류를 자신과 함께 그곳으로 데려간 것이다. 우리 모두는 아담이 범죄함으로 타락했을 때와 동일한 도덕적 상태로 태어난다. 하나님과의 교제를 중단한다는 것은 곧 죄, 죄책, 죽음의 상태로 들어간다는 것이다. 죄에서 죄책과 오염은 언제나 함께 간다.

[325] 우리가 어떻게 이해하든지—실제적으로든지 언약적으로든지—아담의 범죄는 그의 모든 후손의 죄다. 우리는 아담 안에 포함되어 있고, 따라서 하나님 앞에서 죄책이 있는 죄인이다. 우리는 아담의 죄책과 오염을 공유하는데, 이는 그 둘이 언제나 함께 가기 때문이다. 그런데 우리는 이것을 하나님의 정하심으로 생각해야 한다. 재판장이신 하나님이 한 사람과 하나의 범죄에 대해 내리신 심판($\kappa\rho\iota\mu\alpha$)이 선행하는데, 이 심판($\kappa\rho\iota\mu\alpha$)은 아담뿐만 아니라 그의 모든 후손이 죄책이 있고 부정하며 죽어 마땅하다는 선고($\kappa\alpha\tau\alpha\kappa\rho\iota\mu\alpha$)를 포함한다(롬 5:16). 이 "기원된 죄"(originated sin)가 우리 모두의 경험이 되는 방식은 모방(imitation)이 아니라 전가(imputation)에 근거한 생식(generation)을 통해서다. 모든 사람이 아담에게서 났고, 죄책이 있고, 부정하며, 죽어가는 과정에 있다. 이런 기독교적 견해는 특성의 유전적 전파라는 개념과 동일하지는 않지만 흥미로운 유사성을 갖고 있다. 18세기는 인간의 자연적 선을 극찬하고, 불완전성을 사회의 탓으로

돌렸다. 하지만 19세기는 정반대의 주장을 펼쳤다. 오늘날 많은 이들은 다윈주의와 진화론적 사고에 영향을 받아서, 인간이 저지르는 악이 인간의 동물적 본성에서 나온다고 생각했다. 모든 사람 안에는 "인간 짐승"(la bête humaine)이 숨어 있다. "[물려받은] 동물 본성이 인간의 흠이다." 여기서 인간은 자연의 산물에 불과하며, 이 견해는 결정론적이고 운명론적으로 변질될 위험에 직면한다. 만약 특성의 유전적 전파가 불변의 법칙이라면, 인간의 존엄성, 독립성, 자유, 도덕적 책임은 환상에 불과하다. 우리는 단지 "자연"의 산물이고 희생물일 뿐이다.

이런 설명들은 너무 많은 것을 시도한다. 물려받은 특성들에 대한 언급은 몇 가지 법칙으로 요약하기에는 너무 복잡하다. 물려받은 연속성과 더불어 변이들도 있다. 인간은 영적이고 도덕적인 존재로서, 그들이 물려받은 강한 부정적 성향과 특성조차 넘어설 수 있는 능력을 갖고 있다. 육체적 유전은 원죄를 설명할 수 없다. 사람들이 이런 유물론적 환원에 반대해서 일어난 것은 놀라운 일이 아니다. 한편으로 우리는 "그 아버지에 그 아들", "사과는 사과나무에서 먼 곳으로 떨어지는 법이 결코 없다"와 같은 속담이 참됨을 알고 있다. 다른 한편으로 어떤 특성들은 유전되지 않는데, 우리는 어떤 것이 그런지, 또는 왜 그런지를 전혀 확신하지 못한다. 어떤 특성들은—인종적인 특징들처럼—불확실한 내력과 미래를 갖고 있는데, 왜냐하면 인류가 본시 하나였고 인종 간 결혼이 모든 것을 변화시키기 때문이다. 이 모두를 망라하는 "법칙들"의 발견이 요원한 것은 유전과 더불어 중대한 변이도 관찰되기 때문이다. 같은 나무와 가지에 있는 두 잎도 똑같지 않고, 이것은 유기체의 창조 전체에서 사실이다. 종종 같은 부모에게서 난 자녀들도 육체적으로 그리고 정신적으로 큰 차이가 있다. 이 분야에 대한 우리의 과학적 연구가 도움이 되지만, 우리는 인간 행동에 대한 우리의 이해에 여전히 존재하는 중대한 신비들을 존중해야 한다.

인간을 전적으로 그들의 과거 관점에서 바라보는 영혼유전설의 어떤 설명도 성공할 수 없는데, 이는 우리가 선재적이고 외적인 요인의 산물 그 이상의 존재이기 때문이다. 우리는 우리 자신에게 고유한 존재와 생명을 갖는다. 우리는 지식, 의지, 능력을 가진 존재다.[49] 인간은 물리적 영역을 초월해서 다른 더 높은 도덕적 세계로 들어갈 수 있는 능력을 갖고 있다. 이 세계에서도 법, 규칙, 질서가 지배한다. 여기에도 질서와 법칙, 원인과 결과가 있지만, 그것은 자연의 물리적 법칙과는 다른 종류의 질서다. 여기에는 엄청난 다양성도 있다. 모든 사람이 같지 않은데, 주체성, 자유, 책임, 의무, 죄책의 정도에서도 그렇다. 많이 받은 자에게는 많이 요구할 것이고, 적게 받은 자에게는 적게 요구할 것이다(참조. 눅 12:48). 인간은 인격으로서 행한다. 인간 스스로가 자신이 하는 행동의 원인이고 또 앞으로도 계속 그럴 것이다. 인간은 이유를 갖고서, 그러나 강요 없이 행동한다. 인간은 자유롭고, 자신이 가진 자유에 비례하여 자기의 행위에 대해 책임을 진다. 우리는 도덕적 세계질서의 규범적 규칙성뿐만 아니라 개인의 도덕적 자유도 인정할 필요가 있다.

기독교 신학은 유전이나 그것의 광범위한 지배력에 관한 사실들을 부인할 마음이 없다. 이 영역에 있는 하나님의 법칙들이 인정되고 존중되어야 하는데, 이는 어지러움의 하나님이 아니라 질서의 하나님이신 창조주를 영화롭게 하기 위해서다. 또한 우리는 개인적 죄책과 공동의 죄책을 나누는 경계선을 결코 정확하게 표시할 수 없음을 인정해야 한다. 원죄는 인류 전체의 집단적 행위이고 집단적 죄책이다. 세대에서 세대로 이어지는 죄가 이전 세대들의 아들들로부터 흘러서 이어지는 세대의 조건이 된다. 죄는 "각 사람 안에서 모두의 행위이며, 모두 안에서 각 사람의 행위이다."[50] 그러나 이것이 인간의 독립성과 자유를 제거해서 그들을 악한 세력의 수동적 도구로 묘사할 권리를 우리에게 주는 것은 아니다. 그렇게 모든

---

49) 개인은 인류의 나타남에 불과한 것이 아니다. 하나님은 각 사람의 기원에 특별한 창조적 생각과 의지적 행위를 쏟으신다. John Cynddylan Jones, *Primeval Revelation: Studies in Genesis I-VIII* (London: Hodder & Stoughton, 1897), 263.
50) F. Schleiermacher, *The Christian Faith* (Edinburgh: T&T Clark, 1989), §71.1-2.

의지력을 파괴하는 것은 사람들의 삶에 엄청난 파탄을 가져온다.

유전에 대한 과학적 정보는 원죄에 대한 교회의 가르침을 지지하는 것으로 기꺼이 인정되어야 할 것이다. 그럼에도 이것이 이 교리 자체를 강화하지 못하는 것은, 내일 동일한 학문에 의해 그 가르침이 어리석고 터무니없는 것으로 비판받는다고 해서 그것이 약화되지 않는 것과 마찬가지다. 원죄는 오늘날 우리에게 유전이라고 알려진 것과 동일시될 수 없다. 어찌됐든 원죄는 인간의 본질에 속하는 인간이라는 종의 특성이 아닌데, 이는 아무리 그것이 하나님의 명령을 어김으로 인해 인간의 본성에 들어왔을지라도 중생과 성화를 통해 제거될 수 있기 때문이다. 또한 원죄는 개인적으로 획득된 특성도 아니다. 원죄는 그토록 인간의 본성에 속한 부분이어서, 중생한 사람이라도 여전히 "본질상 진노의 자녀"를 낳는다. 어떻게 원죄가 전달되는가 하는 문제는 여전히 신비로 남아 있다. 그것은 어떤 물리적인 것─생식에 의해 전달되는─이 아니라, 인간이 원래 본성상 소유해야 하고 또한 소유하고 있는 하나님과의 교제를 상실한 인간의 도덕적 특성이다. 하나님은 아담의 범죄 때문에 그와 나누던 교제를 중단하셨던 것처럼, 모든 아담의 후손과도 교제를 중단하신다. 모든 사람은 아담에 대해 갖는 육체적이고 윤리적인 관계 때문에 죄가 있고 오염된 존재로 태어난다. "따라서 각 사람이 자신의 원죄에 대해 가장 직접적인 원리이고 주체며 창시자다."51)

[326] 죄의 보편적 지배에 대한 예외는 우리 주 예수 그리스도 밖에 없다. "아담의 경우에는 인격이 [인간의] 본성을 부패시킨다. 다른 사람들의 경우에는 [인간의] 본성이 인격을 부패시킨다."52) 성경은 로마 가톨릭

---

51) G. Voetius, *Selectae disputationes theologicae*, 5 vols. (Utrecht, 1648-1649), I, 1104, 1078ff.; Francis Turretin, *Institutes of Elenctic Theology*, IX, 12; J. Edwards, *The Works of Jonathan Edwards*, ed. Paul Ramsey (New Haven, CT: Yale University Press, 1989), II, 478.
52) T. Aquinas, *Summa Theol.*, III, qu. 8, art. 5; qu. 69, art. 3.

의 교리인 마리아의 무염시태(無染始胎, immaculate conception)와 몽소승천 (蒙召昇天, bodily assumption) 교리에 대해 어떤 보증도 하지 않는다. 교황 피우스 9세가 1854년 12월 8일에 "형언할 수 없는 하나님"(*Ineffabilis Deus*)이라는 교서에서 선언한 근거인 "지극히 복되신 동정녀 마리아가 잉태된 첫 순간부터 원죄의 모든 오염으로부터 보호되고 면제된 것은, 전능하신 하나님이 특별한 은혜와 특전으로, 인류의 구세주이신 예수 그리스도의 공로를 참작하셨기 때문"이라는 것은 전혀 설득력이 없다. 이 교리는 창세기 3:15, 시편 45:11ff., 아가 1:8-16, 2:2, 3:6, 4:1ff., 6:9, 지혜서 1:4, 누가복음 1:28, 41, 48, 요한계시록 12장과 같은 본문들과 노아의 방주, 감람나무 가지를 물고 온 비둘기, 불타는 떨기나무 등과 같은 모형들에 호소한다.[53] 본문을 이렇게 남용하는 것은 논거의 빈약함을 보여줄 뿐이며, 더 이상의 반박이 필요 없다. 오히려 성경은 그리스도를 제외하고는 모든 인간이 죄인이라고 단호히 가르친다.

마리아라고 예외는 아니다. 비록 마리아에 관해 특정하게 죄악된 말이나 행동이 기록되지는 않았을지라도(막 3:21과 요 2:3-4에서도), 마리아가 여전히 하나님 안에서 자신의 구주를 기뻐하고(눅 1:47) 복되다고 일컬음을 받는 것은 그리스도의 어머니이기 때문이지, 무죄하기 때문이 아니다(눅 1:28, 48). 로마 가톨릭교회는 마리아가 아담 안에 포함되지 않고 타락하지 않았다는 것이 아니라, 다만 그리스도의 공로를 참작하여 하나님의 특별한 은혜로 모든 원죄의 오염에서 보존되었다는 것을 말할 뿐이다. 따라서 마리아는 잉태된 첫 순간부터 원죄로부터 보존되었다는 것이다. 그러나 아퀴나스가 솔직히 인정한 것과 같이, 성경에 이 교리를 지지하는 근거는

---

53) 참조. 예를 들어 Spencer Northcote, *Mary in the Gospels* (London: Burns & Oates, 1906); A. Schaefer, *The Mother of Jesus in Holy Scripture* (Ratisbon [Regensburg]: F. Pustet, 1913); Matthias Joseph Scheeben, *Handbuch der katholischen Dogmatik*, ed. Leonhard Atzberger, 4 vols. (1874-1898; repr., Freiburg i.B.: Herder, 1933), III, 455-472.

전혀 없다. "정경 안에는 복되신 마리아의 성화와 관련하여, 마리아가 태중에서 거룩해졌다고 주장하는 전승은 전혀 없다."[54] 여기서 유일한 근거는, 마리아의 승천과 마찬가지로, 로마 가톨릭교회가 점차 마리아에게 돌린 중보직으로부터의 추론뿐이다. 마리아가 죄 중에 잉태되어, 죄를 짓고, 죽었다는 것은 적절치(conveniens) 않다는 것이다. 마리아는 죄가 없어야 한다. 따라서 마리아는 죄가 없다. 성경과 전통이 이것을 가르치지 않을지라도 말이다.[55]

[327] 만약 죄의 보편성에서 예외인 사람이 아무도 없다면, 인간 존재의 그 어떤 면도 죄의 오염에서 자유롭지 않다. 죄는 전인, 몸과 영혼, 마음과 정신, 우리가 가진 모든 인간적 기능과 능력을 지배한다. 사람의 마음은 어려서부터 악하고 모든 죄악의 근원이다(창 6:5; 8:21; 시 51:5; 렘 17:9; 겔 36:26; 막 7:21). 우리는 모두 허물과 죄로 죽었다(엡 2:1). 따라서 거듭남은 하나님 나라에 들어가기 위한 전제 조건이다(요 3:3). 구원 전체는 객관적으로 그리고 주관적으로 하나님의 은혜의 사역이다(요 6:44; 15:5; 고전 4:7; 15:10; 빌 2:13 등). 인간은 죄를 짓지 않을 수 없는 혹독한 필연성에 처해 있다. 전체 인간의 도덕적 부패에 대한 교리는 혹독한 것이고, 자연히 반감은 물론이거니와 심지어 몰이해까지 불러일으킨다. 그럼에도 그것은 성경의 분명한 가르침으로서 매일의 경험에 의해 확증된다. 만약 이 교리가 분명하게 설명된다면, 이것은 모든 사람의 경험에 의해 날마다 확증되고 반대자들의 증언을 통해 정당화된다. 주된 논점들은 다음과 같다.

1. 이 교리는 모든 사람이 악한 성향을 극대화한다는 것을 의미하지 않는다. 그들이 많은 "자연적 선"을 행할 수 없다는 것도 아니다. 다만

---

54) T. Aquinas, *Summa Theol.*, III, qu. 27, art. 1.

55) 참조. E. Preuss, *The Romish Doctrine of the Immaculate Conception, Traced from Its Source*, trans. George Gladstone (Edinburgh: T&T Clark, 1867); O. Zöckler, "Maria", *PRE³*, XIII, 309-336; J. B. Mayor, "Mary", in *DB*, III, 286-293.

인간 본성의 가장 깊은 경향, 가장 내적인 성향, 근본적인 방향이 하나님께로 향해 있지 않고 하나님을 떠났다는 것을 고백한다. 인간은 하나님께로 향해 있거나 하나님을 떠났거나, 둘 중 하나를 선택할 수밖에 없다. 인간 존재의 중심은 선하거나 또는 악하다. 제3의 선택은 없다.

2. 죄가 모든 인간 안에 거하고 우리 모두를 오염시켰으나, 그것은 실체(substance)가 아니다. 그것은 우리 인간의 본질이 아니며 그런 것이 될 수도 없다. 우리는 타락 후에도 여전히 인간이다. 인간 본성의 전적 부패에 대한 교리는 인간의 마음속 깊이 자리 잡은 죄악된 성향이 하나님과 이웃에 대한 적대감과 증오를 명백히 드러내는 행위들로 늘 분출된다는 것을 결코 의미하지 않는다. 죄악된 성향이 완전히 표출되지 못하게 개입하는 다양한 환경이 있다. 죄악된 행위가 정부의 칼, 여론, 수치와 형벌에 대한 두려움 등에 의해 억제된다. 그뿐 아니라 각 사람 안에는 여전히 자연적 사랑, 양육과 분투로 형성된 도덕성, 바람직한 체제와 환경 같은 긍정적 요소들이 남아 있다. 이 모든 것이 사람들을 이끌어서 아름답고 칭찬할 만한 덕을 실천하도록 한다. 비록 이것들이 죄악된 마음의 성향을 한동안 억제할 뿐, 뿌리 뽑지는 못하지만 말이다.

3. 인간이 선을 행하는 데 본성적으로 무능하다는 말은 물리적 필연성이나 숙명론적 강제를 의미하는 것이 아니다. 죄는 우리의 의지를 제거하지 않고, 다만 의지의 성향과 방향을 변화시켰다. 우리는 더 이상 선을 행하기를 원하지 않고, 이제 자발적으로 악을 행한다. "우리 안에 있는 의지는 항상 자유롭지만, 항상 선한 것은 아니다."[56] 이

---

56) Augustine, *On Grace and Free Will*, 15; for the Reformed view, see H. Heppe, *Dogmatik*, 237, 264; W. Cunningham, *The Reformers and the Theology of the Reformation*, ed. James Buchanan and James Bannerman (Edinburgh: T&T Clark, 1862), 471ff.; idem, *Historical Theology*, 3rd ed., 2 vols. (Edinburgh: T&T

런 의미에서 선에 대한 무능은 본성상 물리적인 것이 아니라 윤리적
인 것이다. 이것은 이를테면 의지의 무능이다. 의지는 현재의 타락한
상태에서도 그 본성 때문에 자유롭게 원하는 것 외의 다른 것을 할
수 없다. 의지는 자신이 원하는 것, 본성상 내키는 것 외의 다른 것을
할 수 없다.[57]

4. 마지막으로 성경과 교회가 인간의 전적 부패를 가르칠 때 최고의 기
준인 하나님의 율법을 적용한다는 것을 명심해야 한다. 선에 대한
무능의 교리는 신앙적 고백이다. 하나님 앞에서 우리는 아무런 선도
행할 수 없기 때문에, 하나님의 영에 의해 새롭게 되어야 한다는 것
이다. 이 출발점으로부터 아우구스티누스를 따르는 이들은 가장 확
고한 펠라기우스주의자들보다 훨씬 더 관대할 수 있고, 온 마음을
다해 사람들이 행하는 대부분이 선하고 아름답다고 인정한다. 그러
나 우리가 말하고 있는 선은 최고의 선이다. 우리가 따라야 하는 것
은 하나님의 법인 것이다. 덕과 선행은 구별된다. 진정한 선—거룩한
하나님의 눈에 선한 것—은 오직 믿음으로, 하나님의 율법을 따라,
그리고 하나님의 영광을 위해 행해진 것뿐이다. 하나님의 성소에 있
는 저울에 달아보면 우리의 모든 행위가 부족하다는 것이 밝혀질 것
이다. 이러한 기준에 비추어볼 때, 다음과 같은 성경의 판단이 유일
한 대답이다. "선을 행하는 자가 없으니 하나도 없도다"(시 14:3; 53:3).

Clark, 1870), I, 568ff.

57) 참조. T. Aquinas, *Summa contra gentiles*, IV, 52; idem, *Formula of Concord*, I,
12; J. Calvin, *Commentary*, 엡 2:3에 대한 주석; Z. Ursinus, *The Commentary of
Dr. Zacharius Ursinus on the Heidelberg Catechism*, trans. G. W. Willard (Grand
Rapids: Eerdmans, 1954), qu. 5, 8; Helvetic Confession, §§21-22; F. Turretin,
Institutes of Elenctic Theology, X, 4, 39; Charles Hodge, *Systematic Theology*,
3 vols. (New York: Charles Scribner Sons, 1888), II, 257-72; W. G. T. Shedd,
Dogmatic Theology, II, 219-257; III, 364-374.

어떤 이들은 성경이 이 문제에 대해 아무것도 결정해주지 않는다고 말하지만, 그들은 인류의 가장 위대한 자들에게서도 동일한 증언을 들을 수 있을 것이다. "우리의 덕은 종종 위장된 악에 지나지 않는다"(Rochefoucauld). "인간은 자기 자신 안에서도 다른 사람에 대해서도 속임수와 거짓과 위선일 뿐이다"(Pascal). "인간은 인간에게 늑대다." 국가가 없다면 인간 사회는 "만인의 만인에 대한 투쟁"으로 전락할 것이다(Hobbes). 칸트에 따르면, 인간이 본성상 악하다는 것, 선천적인 근본악을 소유하고 있다는 것은 역사의 증언에 의해 충분히 증명되었다. "사람에게는 각자의 값이 있는데, 그것을 위해 자신을 팔아넘길 것이다."

이것이 성경이 말하는 보편적 진리다. 선을 행하는 자가 없되 하나도 없다.[58] 피히테, 헤겔, 셸링, 쇼펜하우어도 증언한다. "노예의지를 주장하고 인간을 목석으로 묘사하는 사람들은 전적으로 옳다."[59] "인간을 사로잡고 있는 타고난 마음, 이것이 바로 싸워야만 하는 원수다."[60] "인간은 영원부터 자기 자신과 자기추구에 빠져 있고, 태어난 모든 사람은 어두운 악의 원리를 지닌 채 태어났다. 자기 안팎의 사람을 단지 피상적으로만 아는 사람이 아니고서는 부정할 수 없는, 인간 내면에 존재하는 이 근원적 악은 그 기원에 있어서 그들 자신의 행위다."[61] "동물 안에서는 물론이고 인간 안에서도 발견되는 주된 그리고 근본적인 동기는 이기심(egoism), 즉 존재

---

58) I. Kant, *Religion within the Limits of Reason Alone*, trans. Theodore M. Greene and Hoyt H. Hudson (New York: Harper & Row, 1960 [1934]), 34ff.

59) J. G. Fichte, *Das System der Sittenlehre nach den Prinzipien der Wissenschafts-lehre* (Hamburg: Meiner, 1798), 265. 편집자 주―영역본: *The Science of Ethics as Based on the Science of Knowledge*, trans. William Torrey Harris (London: K. Paul, Trench, Trübner, 1897).

60) G. W. F. Hegel, *Sämmtliche Werke*, 26 vols. (Stuttgart: F. Frommann, 1949-1959), 16, 270 (*Werke*, XII, 270).

61) F. W. J. Schelling, "Philosophische Untersuchungen über das Wesen der menschlichen Freiheit", in *Ausgewählte Werke*, IV, 332 (*Sämmtliche Werke*, I/7, 388).

하고 번성하려는 욕구다. 이 이기심은 동물에게나 인간에게나 공히 가장 밀접하게 연결되어 있어서, 사실상 그들의 내적 중심이나 본질과 동일하다." 억제하는 것들―품위, 형벌에 대한 두려움―이 제거되면, "만족할 줄 모르는 탐욕, 천박한 금전욕, 깊이 감추어진 허위, 음험한 악이 다시 표면으로 튀어오른다.…우리의 눈앞에서 공적으로 평화롭게 뒤섞여 있는 수많은 사람들은 그 주둥이가 튼튼한 마개로 안전하게 막혀 있는 호랑이와 늑대들로 간주되어야 한다." 심지어 인간의 양심도 타인에 대한 두려움 오분의 일, 미신 오분의 일, 편견 오분의 일, 허영 오분의 일, 습관 오분의 일로 이루어진다.[62]

인간에 대해 혹독한 판단을 내리는 것은 진실로 성경만이 아니다. 인간 자신이 스스로에 대해 가장 신랄하고 가혹한 판단을 내린다. 주님의 손에 빠지는 것이 사람의 손에 빠지는 것보다 항상 더 나은 것은 하나님의 자비가 크시기 때문이다. 하나님이 우리를 정죄하실 때, 그분은 동시에 용서하시는 사랑을 그리스도 안에서 제공해주시지만, 사람들이 사람들을 정죄할 때는 흔히 그들을 내쫓고 조롱거리로 만든다. 하나님이 우리를 정죄하실 때, 그 판결을 전달하게 하시는 사람들―예언자, 사도, 목사―은 스스로를 우리보다 우월한 자리에 위치시키지 않고 오히려 자신을 죄에 대한 우리의 공통 고백에 포함시킨다. 이에 반해 철학자들과 도덕주의자들은 사람들을 업신여길 때 자신들도 사람이라는 사실을 흔히 망각한다. 하나님이 우리를 정죄하실 때 말씀하시는 죄와 죄책은, 그것들이 아무리 크고 중할지라도 인간의 본질에 속하지 않기 때문에 제거될 수 있다. 그러나 흔히 도덕주의자들은 이기적인 동물적 경향들이 태생적으로 인간에게 속하고 본질을 이루는 부분이라고 말한다. 그들은 사람을 깎아내릴 뿐 높이

---

62) A. Schopenhauer, *Die beiden Grundprobleme der Ethik*, 3rd ed. (Leipzig: F. A. Brockhaus, 1881), 186ff.; idem, *Die Welt als Wille und Vorstellung*, 6th ed. (Leipzig: Brockhaus, 1887), I, 391ff.; idem, *Parerga and Paralipomena*, trans. E. F. J. Payne, 2 vols. (Oxford: Clarendon, 1974), II, 229ff.

지는 않는다. 만약 우리가 태생적으로 동물이라면, 어째서 하나님의 자녀로 살아야 하는가?

우리가 결코 잊지 말아야 할 것은 이것이다. 하나님은 자신의 기준에 따라 우리를 판단하고 정죄하시지만, 동시에 그리스도 안에서 충만한 사랑, 자비, 용서를 우리에게 제공해주신다. 스스로의 죄를 작게 판단하는 것은 작은 은혜를 요청하는 것이 되며, 우리에 대한 하나님의 사랑이 갖는 중요성을 폄하하는 결과를 낳을 것이다.

13장
죄와 그 결과

죄의 종교적 성격

[328] 원죄는 단순히 유전이 아니다. 그것은 모든 사람에게, 어디에나 있는 보편적 실재다. 이제 우리가 죄의 본질적 특성에 대해 논의해나갈 때 원죄와 그 유전적 전달로부터 알 수 있는 것에는 한계가 있는데, 왜냐하면 죄의 부패는 전개과정에서 비로소 충만히 드러나기 때문이다. 따라서 첫 번째 죄의 성격과 본질에 대해 상당한 이견이 있다는 것은 놀라운 일이 아니다. 천사들과 관련해서─창세기 3:5, 마태복음 4:3, 6:9에 있는 시험의 성격, 그리고 디모데전서 3:6에 있는 "교만하여져서 마귀를 정죄하는 그 정죄에 빠지지" 말라는 권고를 고려할 때─그들의 첫 번째 죄가 교만이었다고 결론을 내리는 것은 타당하다. 그럼에도 우리는 이에 대해 확실성을 주장할 수 없다. 거짓말(요 8:44) 또는 질투(지혜서 2:24)도 가능한 후보다. 이에 대해서 우리에게 계시된 것은 너무 적다.

로마 가톨릭에 따르면, 인간의 첫 번째 죄도 교만이었다(집회서 10:13; 토비트 4:13; 롬 5:19; 그리고 Augustine, Aquinas 및 다른 학자들의 증언).[1] 그러나 개

---

1) R. Bellarmine, "De gratia primi hominis", *Controversiis*, III, 4; Augustine, *The*

신교도들은 하와의 죄를 생각하면서, 일반적으로 의심과 불신으로 시작하고 교만과 탐욕이 뒤따른다고 했다.[2] 그런데 테르툴리아누스와 다른 이들은 원죄가 한 가지 종류의 범죄로 축소되어서는 안 된다고 바르게 말했다. 원리상 의식적이고 고의적인 불순종은 하나님의 모든 계명을 범하는 일이었다는 것이다. 그것은 하나님에 대한 불순종, 의심, 불신, 자기 자신을 높이는 것, 교만, 살인, 도둑질, 탐욕 등이었다. 아담의 죄는 모든 창조된 관계의 전복, 하나님에 대한 반역으로서 온 세상에 결정적인 영향을 끼쳤다. 이 죄는 사람의 전인—지성과 의지, 영혼과 몸—과 관련된 것이며, 죄악된 생각, 감정, 욕망, 움직임을 촉발시켰다.[3] 그것은 의식적이고 자발적인 행위로, 진정한 의미의 "하마르티아"(ἁμαρτια, 죄), "파라바시스"(παραβασις, 위반), "파라프토마"(παραπτωμα, 헛디딤), "파라코에"(παρακοη, 들으려 하지 않음, 불순종)였다(롬 5:12ff.). 첫 번째 사람들은 순진한 어린아이처럼 잘 몰라서 죄를 지었던 것이 아니다. 그들은 하나님의 형상의 담지자로서 자신의 지식과 의지를 동원하여 하나님의 명확하고 분명한 명령을 위반한 것이다. 이로 인해 그들의 불순종은 더욱 핑계할 수 없는 것이 되고 만다. 그것은 사소한 것도 아니고, 반(半)의식적이거나 실질적으로 무해한 일탈도 아니었으며, 발전과 진보는 더더욱 아니었다. 그것은 하나님에 대한 반역과 반란이자 진정한 의미에서의 타락이었고, 온 세상에 결정

Literal Meaning of Genesis, trans. John Hammond Taylor (New York: Newman, 1982), XI, 30; idem, *Enchiridion*, 45; idem, *City of God*, XIV, 13; T. Aquinas, *Summa Theol.*, II, 2, qu. 163ff.

2) Martin Luther, *Lectures on Genesis 1-3*, in vol. 1 of *Luther's Works*, ed. J. Pelikan and H. T. Lehman (St. Louis: Concordia, 1958); Johann Gerhard, *Loci theologici*, ed. E. Preuss, 9 vols. (G. Schlawitz, 1863-75), IX, 2; John Calvin, *Institutes of the Christian Religion*, II.i.4 (ed. John T. McNeill and trans. Ford Lewis Battles [1559; Philadelphia: Westminster, 1960], 1:244-246); H. Bavinck, ed., *Synopsis purioris theologiae* (Leiden: D. Donner, 1881), XIV, 9ff.

3) Tertullian, *An Answer to the Jews 2* (*ANF*, III, 151-174); Augustine, *Enchiridion* 45; Johannes Marck, *Historia paradisi* (Amsterdam: Gerardus Borstius, 1705), III, c. 2.

적인 영향을 끼쳤다. 타락은 세상이 하나님을 떠나 사악과 부패로 나아가
게 했다. 그것은 말할 수 없이 큰 죄이며,[4] 총체적 의미에서의 타락이었다.
기독교회와 기독교 신학은 첫 번째 죄를 언제나 지극히 심각한 것으로 다
루었다.[5]

[329] 죄는 무수한 도덕적 차원을 포함하는 매우 다면적인 것이지만,[6]
그 핵심은 하나님에 대한 종교적 반역이며 따라서 불법(ἀνομια, 요일 3:4)으
로 적절하게 요약된다. 이것은 인간의 법이 아니라 하나님의 법을 위반
한 것이며, 우리를 동료 인간, 사회, 국가에 대해서가 아니라 하늘의 재판
장이신 하나님과의 관계에 둔다. 이 법은 시대에 따라 여러 형태로 나타
났다. 아담의 경우는 완전히 독특했다. 아담 이후에는 어느 누구도 아담
과 같은 방식으로 죄를 지을 수 없다(롬 5:14). 아담에서 모세에 이르기까
지, 하나님이 공표하신 실정법은 없었다. 그래서 율법이 없는 곳에는 범법
도, 죄도, 죽음도 있을 수 없다는 반론이 제기될 수 있었다(롬 5:13; 4:15). 하
지만 여기서 바울의 관심은 아담의 범죄가 죄의 지배를 가져왔다는 것, 그

---

4) Augustine, *Against Julian*, trans. M. A. Schumacher, vol. 16 of *The Writings of Saint
Augustine* (Washington, DC: Catholic University of America Press, 1984), I, 165.

5) Augustine, *City of God*, XIV, 11-15; XXI, 12; idem, *Enchiridion*, 26-7, 45; T.
Aquinas, *Summa Theol.*, II, 2, qu. 163, art. 3; Decrees of the Council of Trent, V,
1; Belgic Confession, art. 14; Heidelberg Catechism, qu. 7, 9; P. van Mastricht,
Theoretico-practica theologia (Utrecht: Appels, 1714), IV, 1, 15.

6) 죄를 지칭하는 성경의 핵심어로는 "하타트"(חַטָּאת, 목표를 빗나감); "아벨" 또는 "아
본"(עָוֹן, עֶוֶל, 불의, 뒤틀림, 그릇됨, 탈선); "페샤"(פֶּשַׁע. 정해놓은 경계를 넘어감, 언약파
기, 변절, 반역); "슈가가"(שְׁגָגָה, 무심코 저지른 잘못); "레샤"(רֶשַׁע, 불경하고, 일탈적이고,
죄악된 행위)가 있다. 또한 "아샴"(אָשָׁם, 죄책, 범법); "마알"(מַעַל, 불성실, 부정[不貞], 배
신); "네발라"(נְבָלָה, 어리석음); "라아"(רַע, 악) 등으로도 표현되었다. 죄를 지칭하는 주
된 그리스어로는 ἀμαρτια, ἀμαρτημα, ἀδικια, ἀπειθεια, ἀποστασια, παραβασις, παρακοη,
παραπτω-μα, ὀφειλημα, ἀνομια, παρανομια가 있다. 이 그리스어 자체는 죄를 탈선, 불의,
불순종, 위반, 변절, 불법, 죄책으로 묘사한다. 더 나아가서 인간 안에 역사하는 죄의 권
세는 "사르크스"(σαρξ, 육체), "프쉬키코스"(ψυχικος, 자연인, 육의 사람), 그리고 "팔라이
오스 안트로포스"(παλαιος ἀνθρωπος, 옛 사람)로, 세상에 역사하는 죄의 권세는 "코스모
스"(κοσμος, 세상)라는 말로 지칭되었다.

래서 모든 사람이 개인적으로 죄인이라는 것을 말하려는 데 있다. 아담에서 시작하여 모세에 이르기까지도 죄와 죽음이 있었기 때문에(롬 5:13-14), 그 시대에도 틀림없이 법이 있었다는 것이다. 아마도 그것은 낙원이나 시내 산에서 주어진 것과 같은 실정법은 아니었겠지만, 사람들을 개인적으로 강제하고 정죄하는 법이었을 것이다. 로마서 2:12-26이 분명히 의도하는 것이 바로 이것이다. 이방인들은 모세의 율법을 갖고 있지 않았지만 그럼에도 죄를 지었고 율법 없이(ἀνόμως) 망했다. 왜냐하면 그들이 스스로에게 율법이 되고, 그들 자신의 양심이 그들을 고발하기 때문이다. 자연에 있는 하나님의 계시는 내용적으로 종교적이며 지성적인 계시로서 그들의 모든 결백을 폭로하기에 충분하다(롬 2:18ff.; 고전 1:21). 그러나 하나님이 이방인들의 경우에는 그들 자신의 길을 가게 허용하셨지만, 이스라엘에게는 모든 도덕적 행위의 지침으로서 자신의 율법을 계시해주셨다. 죄는 도덕적 비행을 포함했다.

최근에는 이 견해에 대해 강한 이의가 제기되었다. 어떤 이들은 초기 이스라엘의 "죄"(비참과 불행의 원인) 개념이 도덕적 행위와 무관하고, 자의적이고 변덕스러운 신을 "어떻게든" 성나게 만든 문제에 불과했다고 주장한다. 본래 "하타"(אטח)라는 단어는 윗사람에 대해 잘못하거나 잘못된 상황에 놓이는 것을 의미했다는 것이다(출 5:16; 왕상 1:21; 왕하 18:14). 나중에 비로소, 특히 예언자들이 윤리적 유일신론을 선포한 후에, 그것은 하나님의 율법에 대한 위반을 의미하게 되었고 따라서 이 단어의 윤리적 의미는 단지 점진적으로 획득된 것일 뿐라는 것이다. 이것은 새로운 비난이 아니라 영지주의와 마니교까지 거슬러 올라간다. 그들은 이런 이유에서 구약성경의 하나님을 그리스도의 아버지로부터 구분했는데,[7] 그들의 비난은 진실과 오류를 동시에 담고 있다. 고대 이스라엘에 하나님께 대한 범죄가 진정

---

7) L. Diestel, *Geschichte des Alten Testaments in der christlichen Kirche* (Jena: Mauka, 1869), 64ff., 114ff.

한 죄라는 개념이 없었다는 주장이 거짓이라는 사실은 "여호와께 지은 죄" 를 말하는 구절들을 통해 분명해진다(창 13:13; 38:9-10; 39:9; 42:18; 삼상 24:6; 25:39; 삼하 1:14; 12:13; 시 51:4). 이 모든 증언들은 죄가 하나님 보시기에 악한 것임을 고대 이스라엘이 이미 알고 있었다는 것을 넘치도록 분명하게 밝힌다. 게다가 죄악된 행위뿐 아니라, 죄악된 성향도 악의 범주에 속했다. 하나님은 생각과 마음을 감찰하시고(시 7:9; 17:3; 26:2; 139:23; 렘 11:20; 17:10; 20:12), 중심을 보시고(삼상 16:7), 사람의 마음을 요구하시는데(왕상 11:4; 15:13; 사 29:13; 겔 33:31; 잠 23:26), 이는 생명의 근원이 마음에서 나오기 때문이다(잠 4:23). 또한 하나님은 정결하고 새로운 마음, 살처럼 부드러운 마음을 사람들에게 주실 것이다(시 51:12; 렘 24:7; 31:33; 32:39; 겔 11:19; 36:26 등). 주님은 인간의 행위에서뿐만 아니라 마음의 성향에서도 악을 알아차리신다(창 6:5).

그러므로 죄는 질투하는 신의 변덕스런 불쾌감과 같은 자의적인 문제가 결코 아니다. 죄는 의식적으로 하나님의 계명을 어기는 것인데, 그것은 하나님께 반역하는 마음에서 나온다. 더 나아가, 하나님의 율법은 자의적이거나 기계적으로 부과된 것이 아니다. 하나님이 자신의 율법을 이스라엘에게 주셨을 때, 민족의 풍습을 폐지하시지 않고 오히려 갖고 계신 목적들을 성취하기 위해 그것들을 인정하시고, 통합하시고, 수정하셨다. 여기에 포함되는 것이 할례, 희생제사, 제사장직, 절기, 피의 보복, 환대 등이다. 열국들에뿐만 아니라 이스라엘에도 있었던 이런 관습들은 수정되고 통합되어서, 은혜언약 안에 있는 더 높은 질서를 위해 사용되었다. 더 나아가 이혼과 관련해서 예수는 모세가 이혼을 허락한 것이 인간 마음의 완악함 때문이라고 말씀하시는데(마 19:8), 이것은 일부다처제, 노예제도, 피의 보복, 연대책임 등과 같은 문제에도 그대로 적용된다. 우리는 이런 것들을 우리 시대의 기준으로 판단해서는 안 되고, 구약성경 시대의 특별한 상황과 당시에 하나님이 자기 백성을 위해 가지셨던 목적을 반드시 고려해야 한다. 여기에는 영적으로 미숙한 상태의 이스라엘을 그리스도 안에 있는 자유의 온전한 성숙으로 이끄는 율법의 교육적 중요성을 인식하는 것이 포함된다(롬 4:15; 5:20; 7:4; 갈 3:19, 23-24; 4:1ff.). 하나님의 율법이 인간의 관습을 포함할 수 있다 하더라도 그것은 언제나 관습 그 이상이다. 율법의 두 번째 돌판의 도덕적 계명과 유사한 것이 열국들의 법에서도 발견되지만, 이스라엘에게 모든 도덕법과 의식법은 주 이스라엘의 하나님, 자기 백성의 창조주와 구속자를 섬긴다는 차원에서 규정되었다. 이로써 죄의 개념은 레위기의 정결법과 외적으로 일치하느냐의 차원을 넘어 순종하는 마음이라는 내적 의의 차원으로 확장되고 확대된다. 그래서 예언자들은 순종과 자비가 제물보다 낫다는 주님의 판단을 늘 역설했다.

이런 예언자적 시각에 일치하도록 예수는 구약성경의 율법을 폐하지 않으시고 오히려 성취하신다. 예수는 마태복음 7:12에서 새로운 윤리의 원칙을 세우는 게 아니라 다만 자기 이웃을 사랑하라는 계명에 대해 실천적 해석을 제시하실 뿐이다. 그럼에도 예수는 죄의 개념과 죄에 대한 감각을 더 선명하고 깊게 하신다. 예수는 인간의 규례를 떠나 구약성경에 있는 하나님의 율법으로 되돌아가서, 율법을 하나의 영적 원리인 사랑으로 환원하시면서(마 22:37-40) 율법의 영적 성격을 다시 드러내시고(마 5장), 또한 율법이 하나의 전체임을 알려주신다(참조. 약 2:10). 예수는 바로 그 율법으로 판단하심으로써 위선의 탈을 벗기시고(마 23장), 윤리적인 것과 물질적인 것 사이의 유대를 끊으시고(막 7:15), 모든 죄의 근원인 마음으로 거슬러 올라가시고(마 15:18-19), 심지어 고통을 개인적 죄책으로부터 떼어놓으신다(눅 13:2-3; 요 9:3). 복음에 계시된 하나님의 은혜와 대조될 때 죄의 어둠은 훨씬 더 뚜렷이 드러난다. 율법은 여전히 죄에 대해 우리가 가진 지식의 원천으로 남아 있지만(롬 3:20; 7:7), 이 율법이 복음의 빛 안에서 읽힐 때 노예로 만드는 능력으로서 죄가 가진 끔찍함이 분명해진다(요 8:34; 롬 6:20). 이 능력은 율법에서 자신의 힘을 발견하며(고전 15:56), 육신과 그 욕심에 뿌리박고 있고(롬 7:18; 약 1:14), 그래서 오직 그리스도만이 그것을 깨뜨리고 정복하실 수 있다(요 8:36; 롬 8:2). 하나님의 은혜가 그리스도 안에 이미 충만히 드러났기 때문에 불신앙은 너무도 큰 죄다(요 15:22, 24; 16:9).

따라서 그리스도 때문에 걸려 넘어지는 것은 지극히 심각한 일이고(마 11:6), 은혜에서 떨어져나가는 것은 실로 무시무시한 일이며(히 2:3; 4:1; 6:4-5; 10:26), 성령을 모독하는 것은 용서받지 못할 죄다(마 12:31).

율법의 마침이신(롬 10:4; 갈 3:24) 그리스도는 율법의 저주와 종의 멍에에서 우리를 해방시키셨다(롬 6:14; 7:4; 10:4; 갈 2:19; 3:13; 5:18). 그러나 이것은 율법의 윤리적 내용을 무효로 하지 않고 도리어 굳게 세운다(롬 3:31). 성령은 우리의 마음을 새롭게 하시고, 하나님의 뜻이 무엇인지를 분별하고 알고 행하도록 가르치실 뿐만 아니라(롬 12:2; 엡 5:10; 빌 1:10), 또한 성령을 따라 행하도록 우리에게 능력을 주신다(롬 8:4). 구약성경을 통해 알려졌고 여전히 알려질 수 있는 하나님의 뜻은(롬 13:8-10; 15:4; 고전 1:31; 10:11; 14:34; 고후 9:9; 10:17; 갈 5:14) 우리에게 그리스도의 말씀과 삶을 통해 설명되었고(고전 11:1; 고후 3:18; 8:9; 10:1; 빌 2:5; 살전 1:6; 4:2) 또한 우리의 마음에 기록되어 있기 때문에(히 8:10; 10:16), 우리 자신의 양심에 울려 퍼진다(고전 8:7; 10:25; 고후 1:12). 그러므로 성경 전체에서 죄의 본질적 성격은 불법(ἀνομια, 요일 3:4), 즉 하나님이 자신의 말씀 안에서 계시하신 율법을 위반하는 것이다.

죄의 본질

[330] 기독교 신학은 성경의 이런 가르침에 기초해서 죄를 실체로 이해하는 모든 견해를 항상 거부했다. 기독교 신학의 견해에 따르면, 죄의 본질은 하나님 안에 있는 어떤 분노의 원리(Böhme), 하나님과 나란히 있는 악한 힘(마니교), 물질(ὑλη)이나 육(σαρξ)과 같은 어떤 물질적인 것(Plato, 유대인들, Flacius 등)에서 찾을 수 없다. 또한 죄를 순수부정, "아직 아니"의 상태, 존재의 발전에서 필수적인 요소, 또는 착각으로 보는 범신론적 이해도 거부되었다. 모든 존재는 그 자체로 선하다. 자연적인 모든 것은 그것이 자연적인 한 선하다. 따라서 악은 선에 대해서만 그 무언가다. 악은 존재하는 것에 대한 부정(no-thing), 선의 결핍 또는 부패일 뿐이다. 눈먼 것이 시

력의 결여인 것처럼, 죄는 선의 결핍, 결여, 부재, 또는 감소, 불균형이다.[8] 그러나 결핍으로서의 죄의 이해로는 충분치 않다. 또한 죄는 적극적이고, 파괴적이고, 부패시키는 힘이다. 죄는 인간이 소유해야 할 도덕적 완전의 결여이고, 능동적 위반을 포함한다. 죄는 능동적이고 부패시키는 원리, 무효화하는 파괴적인 힘이다. 죄는 그 자체로 존재하지 않는 것으로서, 윤리적이고 영적인 성격을 가졌는데, 언제나 구체적으로 표출된다. 그것은 하나님의 뜻을 알 수 있고 행할 수 있는 이성적 피조물이 하나님의 완전한 율법을 이탈한 것, 다시 말해 왜곡이다. 따라서 죄를 결여로 묘사하는 것은—다른 각도에서 볼 때—또한 행위라는 것을 전혀 배제하지 않는다. 죄는 "실체"(substance)나 사물(thing)이 아니라 선을 결여한 상태, 일종의 "활동"(ἐνεργεια)으로서, 마치 절름발이 개의 절뚝거림이 그 결함에도 불구하고 여전히 "걸음"인 것과 같다. 죄는 존재할 권리가 전혀 없음에도 존재하기 때문에 수수께끼고 신비다.

[331] 따라서 우리는 성경에 기초해서, 그리고 기독교 신앙고백과 일치하게, 죄의 본질적 성격을 다음과 같이 규정하고 설명할 수 있다. 먼저, 죄는 선에 대해 물리적으로나 형이상학적으로가 아니라 윤리적으로 대립하고, 자기만의 자립적·독립적 존재를 갖지 않는다. 선은 자유로운 선택에 의해 악의 원인이었으며 계속해서 악의 토대로 있다. 피조물로서의 타락한 천사와 인간은 계속해서 선한 존재로 남아 있으며, 매 순간 오직 하나님에 의해서, 하나님 안에서, 하나님을 위해 존재한다. 죄는 하나님이 주신 힘과 능력으로만 무언가를 할 수 있다. 따라서 사탄을 가리켜 하나님의 흉내쟁이라고 한 것은 적절한 표현이다. 심지어 강도 떼조차도 존속하려면 규칙을 존중해야 한다. 거짓말쟁이는 항상 자신을 진리로 가장하

---

8) Athanasius, *Against the Pagans*, 3ff.; Gregory of Nyssa, *The Catechetical Oration*, chap. 5; Pseudo-Dionysius, *The Divine Names*, chap. 5; John of Damascus, *Exposition of the Orthodox Faith*, 30.

여 옷을 입는다. 사탄은 자신을 광명의 천사로 나타낸다. 죄는 언제나 선에 기생해서 나타나고 활동한다. 죄는 창조할 수도, 파괴할 수도 없다. 따라서 천사나 인간, 그리고 자연이 가진 본질적 성격은 죄의 결과로 바뀌지 않았다. 본질적으로 죄는 인간에게 어떤 것도 빼거나 더하지 않았다. 동일한 인간이 이제 하나님을 향하지 않고, 하나님을 떠나 멸망으로 나아가는 것이다. 인간의 사랑, 지성, 의지, 자유는 제거된 것이 아니라 방향이 바뀐 것이다. 하나님으로부터 돌이켜 피조물에게로, 참되고 선하고 아름다운 것을 추구하는 데서 돌이켜 거짓을 진리로 간주하고, 악을 선으로 추구하며, 노예상태를 자유로 받아들이는 데로 향하게 되었다. "죄는 어떤 적극적 본질이 아니라 결핍, 부패한 경향성이다. 즉 창조된 의지 안에서 양태, 형식, 질서를 오염시키는 힘이다."⁹⁾ 하나님의 형상은 남아 있지만, 우스꽝스러운 모습으로 바뀌었다.

둘째, 죄가 결핍이라는 주장은 악이 하나님께 맞서 독립적인 힘으로 존재한다는 모든 마니교적 개념에 대한 거부라는 것을 명심해야 한다. 하지만 실상 죄는 언제나 구체적인 것이고 본질적으로 선한 행위의 그릇된 "형식"으로서만 발생하기 때문에 그 "내용"과 "형식"을 나눈다는 것은 난로의 열을 한순간도 난로와 분리시킬 수 없는 것처럼 몹시 어려운 일이다. 그럼에도 난로가 난로의 열과 동일하지 않은 것처럼, 죄와 결속된 존재나 행위 자체를 죄와 동일시할 수 없다. 신성모독의 경우조차도, 그것을 표현하는 데 필요한 힘과 언어는 그 자체로는 선하다. 모든 것을 그릇되고 죄악되게 만드는 것은 왜곡(deformity), 곧 하나님의 법에서 이탈하는 것이다. 오직 하나님의 법이 죄에 대한 기준이다. 이 하나님의 법만이 유일하게 우리에 대해 절대적 권위를 가지면서 우리를 우리의 양심에 묶고 의무를 지울 수 있다. 다른 모든 법들—심미적·사회적·정치적·교회적 법들—에 대

---

9) Bonaventure, *The Breviloquium*, vol. 2 of *The Works of Bonaventure*, trans. Jose De Vinck (Paterson, NJ: St. Anthony Guild Press, 1963), 109.

한 위반은 직접적으로 또는 간접적으로 도덕법을 위반하는 것을 포함할 경우에만 죄가 된다. 이 도덕법은 죄에 대한 지식의 원천으로서 창조 때 인간 안에 심겨졌고, 타락 후에도 그 양심에 영향이 지속되었고, 시내 산에서 선포되었고, 기독교 신자들에게도 구속력 있는 삶의 규칙으로 남아 있다(롬 3:20; 4:14; 5:20; 7:7).

이런 의미에서 슐라이어마허와 리츨 등이 주장한 것, 즉 죄는 그리스도 안에 있는 하나님의 은혜의 복음과 비교될 때 죄로서 가장 끔찍하게 드러난다는 것은 옳다.[10] 그러나 그렇다고 해서 복음에 대한 지식 이전에 또는 그 밖에서 범한 모든 죄가 단지 무지와 연약의 죄에 불과한 것은 아니며, 율법이 아니라 복음이 우리가 죄에 대해 갖는 지식의 원천이라는 것도 아니다. 죄를 제대로 알기 위해서는 기독교 신앙이 필요하지만, 이 신앙 역시 율법을 되돌아보고, 율법의 영적 성격을 발견하고, 이렇게 해서 죄의 진정한 본질에 대한 통찰을 얻는다. 복음은 우리가 하나님의 율법을 거슬러 범한 모든 범죄에 대한 용서를 포함한다. 은혜가 죄, 용서, 죄책을 전제하는 것처럼, 복음은 율법을 전제한다. 하나님이 우리에게 오시는 것은 훈계하고 징계하는 아버지로서뿐 아니라, 정언명령이 각 사람에게 증언하는 대로 명령하고 처벌하는 입법자와 심판자로서이기도 하다. 이 도덕법은 비록 논리법칙처럼 불가항력적이지 않고, 자연법칙처럼 깨뜨릴 수 없는 것도 아니지만, 그 위엄에서는 다른 모든 법칙을 능가한다. 이 도덕법은 의지에게 말하고, 자유로 호흡하고, 사랑에서 비롯되는 성취를 갈망한다. 동시에 이 도덕법은 모든 사람에게 차별 없이 호소하고, 모든 상황 안에서 그들에게 다가서고, 그들의 말과 행동만이 아니라 그들의 도덕적 상태까지 포괄하고, 양보 없이 자기 입장을 고수하고, 주권적 권위를 갖고

---

10) F. Schleiermacher, *The Christian Faith* (Edinburgh: T&T Clark, 1989), §112.5; A. Ritschl, *The Christian Doctrine of Justification and Reconciliation* (Clifton, NJ: Reference Book Publishers, 1966), 407ff.; J. Kaftan, *The Truth of the Christian Religion*, trans. George Ferries, 2 vols. (Edinburgh: T&T Clark, 1894), 250.

가차 없이 그리고 무조건적으로 요구하고, 위반에 대해서는 엄격한 처벌로 되갚는다. 도덕법은 신적 결정이며, 하나님의 뜻의 계시이고, 하나님의 존재 자체에 대한 표현이다.

셋째, 율법의 도덕적 성격은 죄가 지성과 의지를 지닌 이성적 피조물 안에만 있을 수 있음을 함의한다. 더 구체적으로 의지는 참된 주체, 즉 죄가 드러나는 곳이다. 도덕적으로 선한 것은 의지에 의해서만 실현될 수 있다. 의지의 영향과 전혀 무관하게 일어나는 것은 죄일 수 없다. 아우구스티누스가 한 말은 옳다. "자발적이지 않으면 결코 죄가 아닐 정도로, 그만큼 죄는 의지적인 악이다."[11] 그러나 여기서 우리는 죄가 의지의 행위 외의 다른 것일 수 없다는 펠라기우스주의적 이해에 빠지지 않도록 조심해야 한다. 아우구스티누스와 중세 교회는 "정욕"(concupiscence) 개념을 갖고 이 문제와 씨름했다. 여기서 관심은 처음 죄에 빠진 이후에 인간의 의지가 약화된 상태에 있음을 인정하게 하는 것이었다. 우리도 역시 자주 죄에 "빠진다". 그러나 죄를 항상 완전히 자발적인 행위로만 생각하는 것은 우리의 경험을 정당하게 다루는 데 실패한다. 우리는 우리에게 있는 강렬한 욕구가 죄악되다는 것을 알면서도 이 욕구에 저항할 힘이 우리에게 없다고 느낀다. 용어의 모호함은 차치하더라도, 아우구스티누스와 로마 가톨릭 교회는 정욕이 죄가 되는 것은 그것에 동의할 때뿐이라고 하면서 너무 쉽게 인간의 연약함을 수용했다. 정욕은 그것에 동의하지 않는 사람에게는 해를 입히지 않고, 오직 "죄에서 나오고, 죄로 기울기 때문에"만 죄로 불릴 수 있다는 것이다.[12]

종교개혁은 이에 강력하게 반대하면서, 우리의 의지 이전에 또는 그와 상관없이 우리 안에서 일어난 불순한 생각과 욕구도 마찬가지로 죄라고

---

11) Augustine, *True Religion*, 24.
12) *The Catechism of the Council of Trent*, trans. J. Donovan (New York: Catholic Publication Society, 1829), V, 5; *The Racovian Catechism*, trans. Thomas Rees (London, 1609; repr., London, 1818), II, 2, 7.

역설했다. 이것은 모든 욕구가 심리적이고 철학적인 의미에서 죄라는 것을 의미하지 않고, 다만 성경적이고 신학적인 의미에서 정욕이 우리를 하나님 앞에서 죄인으로 만든다는 것이다. 이것은 의심의 여지없이 옳은 견해다. 왜냐하면 죄가 의식적이고 자유로운 의지의 행위로 시작되었다는 것은 틀림없는 사실이지만, 이 첫 번째 죄악된 행위는 또한 인간의 본성을 부패시켰고 모든 면에서 하나님의 율법에 반대되는 상태를 남겼기 때문이다. 의지에서 기원한 죄는 이제 우리 안에서 우리의 의지 밖에, 우리가 가진 다른 모든 기능과 능력 안에, 영혼과 몸 안에, 더 낮고 더 높은 지적이고 능동적인 능력 안에 존재한다(창 6:3; 8:21; 출 20:17; 시 19:13; 51:5; 렘 17:9; 마 5:28; 막 7:21; 롬 7:7, 15-17; 8:7; 갈 5:7 등). 그러므로 모든 죄가 자발적인 것은 아니다. 그렇다고 어떤 죄는 의지와 전혀 상관없다는 의미는 아니다. 의지는 모든 자범죄(actual sins)에 선행하지만(약 1:15), 우리의 죄악된 상태와 비자발적인 죄도 우리의 의지와 전혀 상관없이 일어나지 않는다. 선행하는 의지만 있는 것이 아니라 동시적 의지, 결과적 의지, 승인하는 의지도 있다. 나중에 의지는 그것이 많든 적든 간에 우리 본성의 죄악됨을 승인하고 그 안에서 기뻐한다. 마찬가지로 의지가 이성의 조명을 받아 죄와 싸우거나, 거듭난 사람이 바울의 말을 빌려 자신이 행하는 악을 자신이 원치는 않는다고 증언한다 하더라도(참조. 롬 7:7-25), 그럴 때조차 죄는 우리의 의지의 유무에 의해 규정되지 않는다. 죄의 유일한 척도는 하나님의 율법이다. 같은 사람이 한편으로 금지된 것(정욕)을 부정하게 추구하고, 그러면서도 자기 의지의 가장 깊은 곳에서 그것을 피하고 싸운다. 그리고 거듭난 자를 포함한 모든 인간은, 그가 육체 가운데 있는 한 금지된 것을 어느 정도 항상 갈망하기 때문에, 아무리 제한된 의미에서 그것과 싸울지라도, 가장 근본적 차원에서는 모든 죄가 자발적이라고 말할 수 있다. 죄인에게 죄를 섬기도록 강제하는 것은 아무것도, 또 아무도 없다. 죄는 죄인의 밖이 아니라 그 사람 안에 좌정하여 그의 생각과 갈망을 죄악된 방향으로 인도한다. 죄인이 자신의 여러 기능과 능력으로 죄를 자신의 것으로 삼는

한, 죄는 죄인의 것이다.[13]

모든 것을 고려해볼 때, 죄는 불가해한 수수께끼로 판명된다. 죄는 존재하지만, 존재할 자격도 없고 그 기원을 설명할 수 있는 사람도 없다. 죄는 자신만의 독립적인 존재를 전혀 갖지 않고서 전적으로 창조세계 안에 있는 선에 의지해 살아가면서도, 파멸시키고 파괴하는 강력한 힘을 갖는다. 죄는 아무것도 아니고, 아무것도 갖고 있지 않고, 어떤 것도 스스로 할 수 없지만, 그럼에도 자신이 의존하고 있는 모든 것, 다시 말해 하나님의 피조물들이 하나님께 반역하도록 조직한다. 죄는 자존하시는 분과 전쟁 중에 있는 의존성으로서 자신의 독립을 위해 분투하고 있다. 죄는 영원히 존재하시는 분과 다투고 있는 일시적 생성(becoming)이다. 죄는 하나님이 자신의 창조 안에 허용하신 가장 큰 모순이지만, 하나님에 의해, 그분의 영광을 위한 도구로서 공의와 의의 방식으로 사용된다.

죄의 다양성과 정도

[332] 죄에는 다양함과 정도가 있는데, 먼저 인간의 죄와 마귀의 죄를 구별할 수 있다. 성경은 악한 영들의 왕국(βασιλεια, 마 12:26; 막 3:24; 눅 11:17-18),[14] 악, 궁극적으로 그리스도와 그분의 나라를 대적하는 어둠의 무리,

---

13) Heidelberg Catechism, Q 113; Francis Turretin, *Institutes of Elenctic Theology*, trans. George Musgrove Giger and ed. James T. Dennison, 3 vols. (Phillipsburg, NJ: Presbyterian and Reformed, 1992), IX, 2; XI, 21.

14) 악한 영들에 대한 믿음은 모든 민족에게서 발견된다. 일반적으로 모든 자연현상이 인격화되었듯이(물활론), 특히 재앙과 사고, 지진, 폭풍, 번개, 화재, 불행, 그리고 질병이 악한 영들로 말미암는 것으로 여겨졌다. 언제나 이런 미신은 주술, 즉 주문이나 특별한 행위를 사용해 초자연적인 인격적 영들로 하여금 이로운 결과를 낳게 하거나 악을 막게 만드는 기술로 이어졌다. 고대 수메르문화까지 거슬러 올라가는 이런 미신은 특히 바빌론에서 번성했다(O. Weber). 비록 미신과 주술이 이스라엘 사회에서도 크게 번성했다 할지라도, 율법과 예언자는 이런 것들에 강력히 반대했다(레 19:31; 20:6, 27; 신 18:10-11; 사 8:19-20; 렘 27:9; 29:8-9 등).

그리고 하나님의 자녀들을 속이고 고소하는 자들에 대해 말한다. 그 우두머리는 사탄이며,[15] 하나님과 그분의 백성의 주적이다. 사탄의 수하에는 수많은 귀신, 악한 영, 더러운 영, 사악한 영적 군대가 있으며, 이것들은 다시 여러 등급과 계급으로 나뉘고(고전 15:24; 엡 6:12; 골 2:15; 유 6절), 사악함에서 서로를 능가하고(마 12:45; 눅 11:26), 함께 사탄의 사자들을 이룬다(마 25:41; 고후 12:7; 계 12:7, 9). 이것들은 죄를 자신의 본성적 요소로 삼아 살고, 하나님의 피조물이면서도 결코 하나님이 사랑하시는 대상으로 등장하지 않는다. 이것들에게는 회복과 구원의 희망이 전혀 없다. 이것들은 언제나 그리고 어디서나 하나님의 대적자들, 하나님 나라를 훼방하는 자들이며, 그리스도의 반대자들이고, 인간을 속이는 자들, 하나님의 자녀를 고소하는 자들이다.

그러나 악령들에게조차도 죄는 형식이지 실체가 아니다. 이것들도 절대적으로 악할 수는 없는데, 왜냐하면 이것들은 하나님의 피조물이고 바로 그 점에서 선하기 때문이다. 그럼에도 이것들은 다만 하나님의 증오와 영원한 진노의 대상일 뿐이다. "우리가 절대적으로 악한 존재에 대한 관념을 갖는 것은 그것들의 절대적 사악함에서, 그리고 그것들의 진정한 실존에서 무언가를 빠뜨린다는 조건 하에서만 가능하다."[16] 사탄에 대한 믿음은 그리스도로 말미암은 구원에 대한 신앙의 한 요소는 아니지만, 그것과 밀접한 관련을 맺고 있다. "마귀 없이는 구원자도 없다!"라는 말은 진리를 담고 있다. 만약 죄가 없었다면 구원자도 없었을 것이고, 또한 죄의 심각

---

15) 성경에서 사탄은 여러 이름으로 불린다: "마귀", "사탄", "원수"(마 13:39; 눅 10:19), "참소자"(계 12:10), "악한 자"(마 13:19; 엡 6:16; 살후 3:3; 요일 2:13-14; 3:12; 5:18), "귀신의 왕"(마 9:34), "공중의 권세 잡은 자"(엡 2:2), "이 세상의 임금"(요 12:31), "이 세상의 신"(고후 4:4), "큰 용", "옛 뱀"(계 12:9; 20:2 등).

16) C. E. Nitzsch, *System of Christian Doctrines* (Edinburgh: T&T Clark, 1849), § 116 (편집자 주—Bavinck는 C. E. Nitzsch를 C. J. Nitzsch로 잘못 표기했다); F. A. B. Nitzsch, *Lehrbuch der Evangelischen Dogmatik*, prepared by Horst Stephan, 3rd ed. (Tübingen: Mohr, 1902), 337.

성은 사탄에 대한 교리에서 가장 생생하게 드러난다.[17] 사탄과 악령들에게는 구원이 없다. 사탄은 유혹에 "빠지지" 않았다. 사탄의 죄가 갖는 본성은 전적으로 자기 안에서 나온 것이다. 천사들은 단일 혈족으로 구성되지 않았고, 그렇기 때문에 천사들은 사탄의 죄 "안에서" 죄를 지은 것이 아니라 개별적으로 죄를 지은 것이다. 이들에게는 행위언약이 없고, 따라서 은혜언약도 없다. 그러므로 사탄의 죄가 아무리 인간의 죄와 많은 유사성을 보이더라도 그 기원, 성격, 결과에서는 전혀 다르다. 사탄의 죄는 절대적 성격을 갖고 있다. 사탄은 악에 대한 최고의 계시인 것이다. 여기서 위로가 되는 것은 사탄에 대한 승리가 죄에 대한 완전한 정복이라는 사실이다. 하나님은 사탄 안에서 죄에게 모든 기회를 부여하셔서, 죄가 무엇이며 무엇을 할 수 있는지를 보이도록 하셨다. 그리고 죄는 하나님의 창조세계에서 가장 고귀하고 위대한 최상의 피조물을 자신에게 굴복하게끔 만들었다. 그럼에도 죄는 최후의 승리를 얻지 못한다. 죄는 텅 비고 공허하며, 약하고 능력이 없다. 죄는 존재하지 않는다. 다만 존재하기를 원할 뿐이다. 죄는 참된 실재를 갖고 있지도 않고, 결코 이루지도 못한다. "혹자는 루시퍼가 오직 하나님만 참되시다는 것을 경험으로 배웠다고 말할 수도 있다. 그러므로 사탄도 천사처럼 하나님에 대한 좋은 증거다. 하나님이 존재하신다는 것을 선이 증명한다면, 악이 증명하는 것은 오직 하나님만 존재하신다는 사실이다."(Baader)[18]

---

17) A. von Oettingen, *Lutherische Dogmatik*, 2 vols. (Munich: C. H. Beck, 1897–1902), II, 459.

18) Augustine, *City of God*, XI, XII; Anselm, *The Fall of the Devil*, in *Anselm of Canterbury*, trans. and ed. Jasper Hopkins and Herbert Richardson, 4 vols. (Toronto and New York: Edwin Mellen, 1975), II, 127–177; T. Aquinas, *Summa Theol.*, I, qu. 63–64; Isaak August Dorner, *A System of Christian Doctrine*, trans. A. Cave and J. S. Banks, rev. ed., 4 vols. (T&T Clark, 1888), III, 85ff.; J. J. van Oosterzee, *Christian Dogmatics*, trans. J. Watson and M. Evans, 2 vols. (New York: Scribner, Armstrong, 1874), §76; A. Kuyper, *De Engelen Gods* (Amsterdam:

[333] 또한 인간의 죄에는 차이가 존재한다. 죄에 대한 책임의 정도를 평가하는 데는 인간의 의도가 매우 중요하다. 부지중에 지은 의도하지 않은 죄는 의식적이고 의도적으로(בְּיָד רָמָה, "오만방자하게") 행한 것과 동일하지 않다. 첫 번째 돌판의 계명을 범한 죄는 두 번째 돌판의 계명을 범한 죄보다 더 심각하다. 환경과 정도도 고려되어야 한다. 그럼에도 죄의 성격은 죄책에 대한 주관적 의식에 의해 규정되지 않으며, 무지조차도 변명이 되지 않는데, 특히 죄가 길고 짧은 기간 동안에 계속된 정도에 따라 죄에 대한 의식이 약화될 때는 더욱 그렇다(암 2:11ff.; 호 4:6; 미 3:1; 6:8; 잠 24:12; 전 5:1). 죄의 기준은 죄에 대한 의식이 아니라 하나님의 율법이다. 그래서 유대인과 이방인이 부지중에 죄를 지었다고 해서(눅 23:34; 행 3:17-19; 13:27; 17:30; 엡 4:18; 히 5:2; 벧전 1:14; 2:25), 그들의 죄에 대한 책임이 벗겨지는 것은 아니다(롬 1-3; 5:12ff.; 엡 4:17-19; 골 3:5-7; 고전 15:9; 딤전 1:13, 15). 슐라이어마허가 "일반적으로 죄는 그것에 대한 자각이 존재하는 경우에만 죄로 존재할 뿐이다"라고 주장한 것은 그릇된 것이다.[19] 그럼에도 부지중에 범한 죄는 강퍅한 마음에서 나온 죄와 같지 않고, 무지는 용서를 구할 근거를 제공한다.

죄도 역동적인 순서에 따라 발전한다. 암시에서 즐거워함으로, 즐거워함에서 동의로, 동의에서 실행으로 나아가는 것이 죄의 법칙이며, 여기에는 육욕과 자기추구가 함께 관련된다. 인간의 어떤 죄도 전적으로 감각적이거나 또는 전적으로 자기추구적이지 않다. 또한 육욕과 자기추구가 서로를 설명하지도 못한다. 둘 다 육체를 가진 영적 인격인 우리의 죄에 관련되어 있다. 인간의 모든 죄는 본질상 하나님으로부터 돌아서는 것, 불순종, 반역, 무정부 상태, 불법인 동시에 죄는 결코 자기충족적이지 않기 때문에, 피조물에게로 선회하여 우상숭배, 교만, 자기추구, 육욕으로 드러

Hoveker & Wormser, 1900), 197ff.
19) F. Schleiermacher, *Christian Faith*, §68.2.

난다.[20] 여러 종류의 계명, 의무, 덕, 도덕적 선이 있는 것처럼, 여러 종류의 죄가 있다. 이 다양성 속에서 우리는 대죄(mortal sin)와 소죄(venial sin)에 대한 전통적인 로마 가톨릭의 구별을 생각해볼 필요가 있다. 고해성사의 관행에 뿌리를 두고 있는 이 구별은 앞서 논의한 죄의 다양성과 정도를 존중하기 위해 의도되었다. 그러나 종교개혁자들은 이런 구별을 거부했다. 종교개혁자들은 죄의 다양성과 정도를 부정하지는 않았으나, 죄가 그것을 범한 죄인에게서 개인적이고 개별적인 방식으로 추상화되어서는 결코 안 된다고 주장했다. 죄인에게 필요한 것은 모든 죄로부터의 용서와 해방이다. 종교개혁자들은 종종 "대죄"(mortal)와 "소죄"(venial)라는 용어를 사용했으나, 거기에 다른 의미를 부여했다. 그들은 이를 통해 성령을 모독하는 죄를 제외한 모든 죄가 용서받을 수 있고, 신자가 실제로 모든 죄를 용서받았다는 것, 그러나 모든 죄는 본질상 죽음에 해당한다는 것을 의미했다.[21]

대죄와 소죄를 구분하는 것으로 비쳐질 수 있는 유일한 구절은 마태복음 5:22이다. 여기서 예수는 분노가 모욕적 언사와 함께 표출되는 것이 지옥의 형벌도 마땅할 만큼 큰 죄라고 가르치신다. 그러나 예수의 의도는 덜 중한 죄와 더 중한 죄를 구분하려는 것이 아니다. 다만 부당한 분노가, 비록 그것이 살인을 낳지 않을지라도, 특정한 상황에서는 지옥의 형벌이 마땅한 무거운 죄라는 것을 지적하려는 것이다. 오히려 제대로 이해할 때 이 본문은 대죄와 소죄의 구분을 지지하는 것이 아니라 그것을 반대하는 주장이다. 성경은 율법의 유기적 통일성을 가르치고(약 2:10), 율법의 아주 사

---

20) Bonaventure, *Disputata S. Bonaventurae in libros sententiarum* (Lugdini, 1510), II, dist. 42, art. 3, qu. 2.

21) J. Calvin, *Institutes*, II.viii.58; III.ii.11; III.iv.28; *The Catechism of the Council of Trent*, VI, 12; F. Turretin, *Institutes of Elenctic Theology*, IX, 4; P. van Mastricht, Theologia, IV, 3, 22; H. Heppe, *Die Dogmatik der evangelisch-reformierten Kirche* (Elberfeld: R. L. Friderichs, 1861), 257.

소한 위반—분노가 끓어오르는 것, 부정한 욕구, 과도한 확약, 헛된 말(마 5:22, 28, 37; 12:36; 엡 5:4)—조차도 원칙적으로는 죄악된 행동과 동등하며, 따라서 불법, 즉 하나님에 대한 반역으로서 죄를 짓는 것이라고 가르친다. 개혁파 전통은 죄를 죄인에게서 분리해서 손가락으로 세고 저울로 달 수 있는 양적인 것으로 여기는 추상적으로 파편화된 원자론적 견해를 거부한다. 로마 가톨릭의 접근법은 너무 자주 영혼이 혹시 대죄를 저지르지는 않았는지 지속적인 두려움의 상태에 있게 만들거나, 아니면 죄가 아주 사소하고 손쉽게 개선할 수 있는 것이라고 생각하게 만들기 때문에 경솔함과 무관심을 부추긴다.

[334] 성경이 현세뿐 아니라 내세에도 용서받을 수 없는 "사망에 이르는" 죄로 언급하는 유일한 죄는 성령을 모독하는 죄다. 구약성경에서도 율법 자체를 파기하는 것으로서(히 10:28) 속죄제사가 적용되지 않는 "오만방자하게"(민 15:30) 범한 죄에 대해서 말하기는 하지만, "성령을 모독하는 죄"는 예수가 처음 말씀하신 것이다(마 12:31; 막 3:29; 눅 12:10). 문맥상 여기서 예수는 성령으로 말미암아 그리스도 안에서 나타난 하나님의 은혜의 계시를 분명히 인정하면서도 악질적으로 거부하는, 의식적이고 고의적인 신성모독을 말하고 계심에 틀림없다. 예수가 사탄의 대리인이기 때문에 귀신을 쫓아낼 수 있는 것이라는(막 3:22; 마 12:25-30) 바리새인들의 비난은 성령에 대한 고의적인 신성모독이다. 왜냐하면 사탄의 자리에 하나님을 놓고, 하나님의 자리에 사탄을 놓기 때문이다. 이것은 그야말로 마귀적 태도다. 이것은 하나님과 하나님의 역사에 대한 의도적 증오 자체다. 여기서 용서란 있을 수 없다.

따라서 성령에 대한 신성모독은 단순한 불신앙이 아니고, 단순히 성령을 거스르고 근심하게 하는 것이 아니며, 단순히 성령의 인격성이나 신성을 부인하는 것도 아니고, 단순히 잘 알면서도 끝까지 죄를 짓는 것도 아니다. 이 성령 모독죄는 율법만 거스른 죄가 아니라 무엇보다 복음을, 가장 선명하게 나타난 복음마저 거스른 죄다. 따라서 이 죄에는 많은 것들

제3부 | 인간과 죄

이 선행한다. 그리스도 안에서 나타난 하나님의 은혜에 대한 계시가 주어지고 은혜의 계시에 대한 인정이 선행해야 한다. 은혜의 계시를 분명히 인정한 후에 복음을 거부하고 물리치는 것은 진리에 대한 단순한 의심이나 부인이 아니라 지성의 확신, 양심의 조명, 그리고 마음의 직관을 거스르는 부인이다. 이것은 하나님에 대한 의식적이고 의도적인 증오다. 이 정도면 그것은 더 이상 인간적인 죄가 아니라 이미 마귀적인 죄다. 이 성령 모독죄는 타락한 천사들이 범하는 죄의 반복이다. 복음서에 분명하게 언급된 이 죄는 히브리서 6:4-8, 10:25-29(참조. 히 2:3; 4:1; 12:15-17), 그리고 요한1서 5:16에서도 간접적으로 언급된다. 이 구절들은 사람이 완전히 강퍅해져서, 결국 본질상 용서받을 수 없게 만드는 죄를 다룬다. 이 죄는 성령 모독죄와 사실상 그리고 실질적으로 일치한다.

죄에 대한 형벌

[335] 타락 이후 즉시 죄에 대한 형벌이 집행되지는 않았다. 형벌은 지금도 완전히 시행되고 있지는 않으며, 최후의 심판 이후에 비로소 완전히 시행된다. 하나님은 인간의 삶과 역사가 지속될 수 있게끔 죽음의 형벌을 연기하고 완화하셨다. 타락 이후에도 역사가 지속된 것은 즉각적으로 효력을 발휘한 하나님의 은혜 덕분이었다. 타락의 모든 결과와 죄에 대한 형벌은 이중적 성격을 드러낸다. 그것은 하나님의 공의에 의해 정해진 것일 뿐만 아니라, 다른 관점에서 보면 은혜의 방편으로서, 하나님의 오래 참으심과 자비의 증거이기도 하다. 하나님이 창세기 2:17에서 하신 말씀—"네가 먹는 날에는 반드시 죽으리라"—은 거짓이 아니다. 왜냐하면 하나님은 죄에 마땅한, 참되고 완전한 형벌이 무엇인지를 선언하신 것뿐이기 때문이다. 죽음은 곧 하나님과의 교제가 파괴되는 것이며, 그것은 죄의 결과로 마땅한 것이다. 결국 죽음과 함께 모든 것—삶, 기쁨, 발전, 노동, 회개하고 용서받을 가능성, 하나님과의 교제 회복—이 끝난다. 따라서 타락 이후

시행되고 선언된 다른 모든 형벌—수치, 두려움, 하나님을 피해 숨음, 뱀과 땅에 대한 저주 등—은 진짜 형벌이었음에도, 하나님이 자신이 위협하신 바를 즉시 그리고 완전히 실행하지 않으셨음을 전제한다. 하나님은 인류와 세상에 대해 또 하나의 계획을 갖고 계셨고, 그래서 하나님은 자신의 오래 참으심과 자비 가운데 인류와 세상이 존재하도록 허락하셨다.

형벌은 두 가지 방식으로 하나님의 공의에 이바지한다. 형벌은 과거의 범법을 보상하고 미래의 범법을 예방해야 한다. 여러 민족들, 특히 이집트 사람들 가운데서처럼 이스라엘에서도 동해보복법(*ius talionis*)은 지배적이었다. 그러나 이 법은 자주 남용되었고, 예수는 산상설교에서 이런 남용에 반하여 말씀하셨다(마 5:38-42). 사리사욕을 위해 보복법을 남용하는 인간의 성향을 인지한 예수는 더 높은 원리를 제시하셨는데, 그것이 곧 사랑과 인내다. 예수의 제자들은 악한 자에게 대적하지 말아야 한다. 즉 "눈은 눈으로, 이는 이로"의 원칙을 따라 악을 악으로 갚아서는 안 된다. 그러나 그리스도의 이 말은 자신의 권리 변호를 전면적으로 금지하는 것이 아니다. 예수도 대제사장 앞에서 자신의 권리를 변호하셨고(요 18:22-23), 사도 바울도 그러했다(행 22:25; 23:3; 25:10). 우리는 타인과 자신의 권리를 주장할 때, 하나님과 이웃에 대한 사랑에서 그렇게 해야 한다. 보복과 보응은 구약성경에서도 주님 자신의 일이다(신 32:35).

[336] 보응은 형벌의 성경적 원리와 기준이다. 하나님은 정의롭고 공의로우시다. 하나님은 죄인을 무죄한 자로 여기는 법이 없으시지만, 가난한 자와 고통 받는 자에게 자비로우시다. 다른 사람에게 형벌을 선고하고 부과하는 일은 권위를 합법적으로 부여받은 사람에게만 허용되는 것이지, 강한 자나 윤리적으로 선한 자의 특권이 결코 아니다. 이 모든 권위는 하나님의 공의에 종속되고, 궁극적으로 하나님의 공의에 기초한다. 하나님과 무관하게 옳고 그름을 정하고 공의를 세우려는 시도는 결국 공의와 도덕의 폐기로 이어진다. "신적 형벌의 공의로움에 대한 교리는 기독교 신앙의 근본 조항에 속한다. 하나님이 악을 벌하신다는 사실이 모든 인간의 형

벌에 내재한 정의로움의 기초다. 형벌을 이행하는 자들은 하나님의 종으로서, 하나님의 이름으로 행하고, 하나님께 위임 받아 거룩한 직무를 수행한다. 따라서 형벌의 법규는 한낱 실용성의 문제가 아니라 하나님의 거룩한 뜻에 기초한, 선과 악에 대한 불가침의 관념에 기초한다.”[22]

근대 역사는 이런 판단이 옳음을 증명해주는 실례다. 오랜 기독교 세계관의 쇠퇴는 선과 악, 책임성과 의무감, 죄책과 형벌에 대한 개념을 수정하고 결국에는 폐기하고 추방하는 것으로 이어졌다. 하나님의 공의에 대한 믿음이 사라질 때, 지상의 정의에 대한 믿음도 함께 사라진다. 무신론은 모든 정의와 도덕의 말살임이 드러났다. 하나님도 없고, 주인도 없다! 비록 선과 악, 죄와 덕에 관한 믿음의 흔적이 남아 있기는 하지만, 죄와 범죄에 대한 설명을 인간의 죄악된 본성이 아니라 동물 조상이 물려준 잔재나 사회적 환경에서 찾았다. 이렇게 하여 인간의 도덕적 행위와 책임은 제거되고, 사회가 악의 원흉이 되었다. “사회는 자기에게 합당한 범죄자들을 갖는다”(Lacassagne).[23] 죄의 책임도 사회에 돌아갔다. “십자가에 못 박혀야 되는 것은 [범죄자]가 아니라, 그를 범죄자로 만든 바로 그것(사회)이다.”[24] 물론 이 견해에는 사회 전체를 감옥에 집어넣을 수 없다는 현실적 문제가 존재한다. 또한 이 견해에는 일관성이 없다. 범죄에 대한 책임이 사회에 있다고—현대의 범죄학자, 교육학자, 그리고 사회학자들이 이것을 열렬히 내세운다—할 때, 범죄자들에게는 돌릴 수 없는 자유의지, 도덕적 책임, 그리고 죄책을 대체 무슨 근거로 사회에 돌릴 수 있단 말인가? 사회만 너그럽게 봐주지 말아야 하는가? 어째서 범죄자들의 죄책과 달리

---

22) J. Kaftan, *Dogmatik* (Tübingen: Mohr, 1901), 339-340.

23) A. E. J. Modderman, *Straf geen kwaad* (Amsterdam: Muller, 1864); J. R. Brandes de Roos, *De strafmiddelen in de nieuwere strafrechtswetenschap* (Amsterdam: Scheltema, 1900).

24) Merkel, Dr. G. von Rohden, *Das Wesen der Strafe im ethischen und strafrecht-lichen Sinne* (Tübingen, 1905), 53에서.

사회의 죄책은 면제되지 말아야 하는가? 사회도 그 나름의 과거, 심각한 손상을 초래할 수 있는 과거를 안고 있다. 대체 무슨 근거로 개인에게서는 부인한 자유의지와 도덕적 책임을 사회에는 그토록 과감하게 돌리는가? 개인의 범죄에 있어 윤리적 기준을 내버린 이들은 이 기준을 다시 가져와서 사회에 적용할 수 없다.

이에 버금가는 중대한 비일관성이 또 존재한다. 이 견해에 따르면, 범죄자들은 사실상 애꿎은 희생자로서 비난보다는 동정을 받아야 하지만, 사회를 이런 범죄자들로부터 보호하기 위해 법적 처리는 불가피하다. 여기서 현대 범죄학자들은 진정한 난제에 직면한다. 범죄학자들은 분명하고 보편적인 의의 기준을 제거한 후에, 범죄를 "치료"가 필요한 질병으로 바꾸었다. 보복은 예수의 "윤리" 정신과 모순되고, 범죄를 억제하는 데도 효과가 없고, 범죄자에게 가혹하고 잔인한 것으로 간주된다. 그러나 보응을 치료로 대체해도 별 다를 것이 없다. 범죄자들을 환자로 다루어야 한다고 할 때의 문제점은 이 환자가 범죄자를 다루는 방식으로 "간호"받아야 한다는 것이다. 만약 국가가 가진 권한이 범죄자들에 맞서 국가를 보호하고 범죄자들을 치료하는 권한뿐이라면, 이 온갖 종류의 환자들을 자신의 권위와 자신의 방식대로 다루고, 공익에 부합하지 않는 것으로 판단된 종교적·도덕적 확신을 질병이나 과거의 잔재 또는 여파로 간주하고, 시민과 사회문화 전체의 교육을 떠맡으려는 사람들을 대체 어떻게 막을 것인가? 범죄와 질병의 경계선이 제거되고, 정의가 한낱 문화적 기호(嗜好)에 불과한 것으로 전락할 때, 자유 자체가 상실되고 시민들은 자의적이고 전능한 국가에게 넘겨진다.

그러나 현대 범죄학에 있는 긍정적 요소가 간과되지는 말아야 한다. 현대 범죄학이 범죄와 형벌에 대한 추상적 견해에 맞서, 범죄 행위와 범죄자의 인격의 관련성에 주목한 것은 옳았다. 범죄를 감소시키는 원인, 처리, 그리고 수단에 대한 연구는 분명 타당한 연구다. 우리는 범죄를 다룰 때, 누가 어떤 상황에서 죄를 범했는지 고려할 수 있고 또 고려해야 한다.

보응의 법은 모든 사람에게 동일한 것을 요구하는 것이 아니라 각 사람에게 정당한 몫을 요구하는 것이며, 동종(同種)의 정확한 갚음을 요구하는 것이 아니라 범죄의 심각함에 비례하는 형벌을 요구하는 것이다. 국가의 이익, 자기방어, 범죄 억제, 범죄자의 개선, 이 모두가 보응에 통합될 수 있고 보응의 구성요소로 자리할 수 있다. 반면 국가에 보응과 형벌이 빠져서는 안 된다. 범죄를 질병으로, 형벌을 교정으로 환원하면 사회는 미로에 빠지게 된다. 지상의 어떤 판사가 인간의 마음을 알 수 있고, 개선의 역량을 정할 수 있단 말인가? 현대 범죄학이 범죄자의 도덕적 개선을 위해서 보응과 형벌 개념을 제거하는 것은 국가로부터 정의의 표준을 빼앗아가는 것이다. 해당 범죄자가 "개선"되었는지를 누가 판단하는가? 형벌의 목적은 정의에 있다. 이 목적에 봉사하지 않는 형벌은 강압과 권력에 대한 의지를 조장할 뿐이다. 여기에 약자를 위한 법적 보호란 존재하지 않는다. 현대 범죄학은 보응과 형벌 개념을 골동품으로 일컫고, 범죄자의 도덕적 개선을 목적으로 채택함으로써, 정부에게서 정의의 힘을 빼앗은 후에 전적으로 자격 없고 부적합한 임무를 정부에 부과한다.

[337] 이 모든 이유로 형벌에는 반드시 보응의 요소가 필요하다. 애초에 형벌을 부과하는 이유가 형벌이 유익하기 때문이 아니라 정의가 형벌을 요구하기 때문이고, 범죄자가 도덕적으로나 법적으로 빚을 졌기 때문이다.[25] 이 정의는 그것을 유지하고 회복하기 위해 사람의 소유물과 생명을 청구할 만큼 지극히 가치 있는 것이다. 도덕적 세계질서는 사람이 지어

------

25) "형벌의 근본 목적은 보응이다. 복수심에 불타는 앙갚음도, 잔혹한 보복도, 피상적인 변상도 아니다. 오히려 이것은 더 높은 가치법칙을 따른, 죄과의 정도에 꼭맞는 형벌을 통한, 깨진 법질서의 권위 있는 회복이다. 사회보호, 범죄 억제, 개선과 같은 다른 목적은 이 목적과 함께 간다. 정의의 시행과 유익은 상호배타적이지 않다. 그러나 이런 동반하는 목적들은 정의의 근본사상에 들어맞고 종속되어야 한다"(Kahl, "Die Reform des deutschen Strafrechts im Lichte evang. Sozialpolitik", in *Die Verhandl. des vierzehnten Evang.-soz. Kongresses in Darmstadt am 3. und 4. Juni 1903* [Göttingen: Vandenhoeck & Ruprecht, 1903], 94-114).

낸 관념도, 사람이 산출한 사태도 아닌, 세상 가운데 있는 신적 공의의 계시와 활동이다. 이 도덕적 질서는 만물을 보존하고 통치하시는 하나님의 완전하고 거룩한 뜻에 기초한다. "정의가 무너지면, 지상에서의 인간의 삶은 더 이상 아무런 가치가 없다"(Kant). 형벌의 목적은 정의를 회복하고, 신적 공의를 유지하는 것이다. 이런 목적에 봉사하지 않는 형벌은 단지 강압과 지배력의 행사에 불과한 것으로 전락하고 만다.[26]

형벌은 언제나 모종의 고통이고, 재산, 자유, 몸, 생명에 있는 어떤 선의 박탈이다. 형벌은 "행위의 악 때문에 가해지는 고통의 악"이다. 정확히 어떤 이유에서 정의가 죄인에게 고통을 요구하고, 이것으로 도덕적 질서가 회복되는지를 말하기란 쉽지 않지만, 이것은 자의적이거나 우연적인 것이 분명 아니다. 도덕적 질서 또는 법적 질서가 침해되는 순간, 그 질서는 일어나서 배상을 요구한다. 도덕적 질서 뒤에는 살아 있는, 참되고 거룩한 하나님이 계시고, 그 하나님이 정의를 요구하신다. 만약 하나님이 죄를 벌하지 않으셨다면, 하나님은 자신이 선에게 부여하신 것과 같은 권리를 악에게 주신 것이고, 따라서 자기를 부인하시게 되었을 것이다. 따라서 죄를 벌하는 것은 하나님의 하나님 되심에 있어 필수적이다. 하나님은 죄인이 하나님의 율법을 달게 받고 순종하는 대신, 율법에 항거하고 스스로를 사실상 하나님과 동등한 존재로 삼는 것을 도무지 견디실 수 없다. 형벌은 오직 정의만이 존재할 권리를 가지며 오직 하나님만이 선하시고 위대하시다는 강력한 증거다.

형벌은 어느 정도 죄 자체로부터 나온다. 세상의 역사가 세상에 대한 유일한 심판은 아니지만, 세상에 대한 하나의 심판이다. 또한 하나님은 "자연적" 형벌 외에도 구체적이고 특별한 형벌을 세상에 내리신다. 성경은 사람의 특정한 고통에서 개인의 죄를 도출하지 말라고 경고하고(눅 13:4;

---

26) Augustine, *City of God*, XIII; T. Aquinas, *Summa Theol.*, II, 2, qu. 164; idem, *Summa contra gentiles*, IV, 51.

요 9:1), 하나님 아버지의 능력이 하나님을 사랑하는 자에게 모든 것이 합력하여 선을 이루게 하신다는 것을 상기시킨다(롬 8:28). 고통의 원인은 종종 세대, 민족, 인류의 죄에서 발견된다. 인간의 죄와 구체적 형벌의 연관성을 우리가 꿰뚫어볼 수는 없지만, 하나님이 이생에서 죄에 대해 내린 구체적 형벌이 자의적이지 않다는 것은 알 수 있다. 완전히 용서받은 신자들의 죄도 그 자체로는 언제나 죄고, 따라서 형벌을 받아 마땅하다. 그래서 개혁파 신학자들은 반율법주의자들에 맞서 신자들도 자신이 범하는 죄에 대한 용서를 여전히 간구해야 한다고 내내 주장했다. 하나님은 우리의 죄에 대해서 죄책, 오염, 고통, 죽음, 그리고 사탄의 통치라는 형벌을 우리에게 내리실 때 자신의 계획을 갖고 그렇게 하신다. 고통은 하나님의 섭리 안에서, 하나님의 은혜와 지혜에 의해서, 형벌의 역할만 하는 것이 아니라 시험, 징계, 그리고 양육을 위한 도구가 된다. 경건한 사람은 상(賞) 때문에 하나님을 섬기는 것은 아니지만, 소위 "이해관계를 떠난 사랑"을 옹호하는 자들이 말하는 것처럼 상에 무관심한 것도 아니다(고전 15:19). 바울은 신자가 그리스도 안에서 바라는 것이 다만 이 세상의 삶뿐이면 그는 모든 사람 가운데서 가장 불쌍한 사람이라고 말했다(고전 15:19).

[338] 하나님이 이생에서 죄에 대해 정하신 형벌로는 죄책, 오염, 고통, 죽음, 그리고 사탄의 통치가 있다. 죄에는 언제나 죄책이 수반된다. 성경과 양심 둘 다 이것을 우리에게 증언한다. 성경에서 죄와 관련된 용어들(עָוֹן과 חַטָּאת와 같은)이 부지불식 간에 죄책의 의미를 갖게 될 만큼, 죄, 죄책, 그리고 형벌은 긴밀히 연관되어 있다(창 4:13; 출 34:7; 레 24:15; 민 9:13 등). 구약성경에서 죄책으로서의 죄를 직접 가리키는 용어는 "아샴"(אָשָׁם, 창 26:10; 레 4:13; 5:2; 민 5:7 등)이고, 신약성경에서는 "오페일레마"(ὀφείλημα, 마 6:12; 참조. 5:26; 눅 7:41-42; 13:4)다.[27] 율법을 범하는 자는 율법의 요구에 더 단단

---

27) H. Schultz, *Alttestamentliche Theologie*, 4th ed., 2 vols. (Göttingen: Vandenhoeck & Ruprecht, 1889), 684ff.

히 매인다. 하나님은 죄인을 결코 놓아주지 않으시고, 율법을 이탈하는 모든 사람에게 저주를 선언하신다(신 27:26; 갈 3:10). "저주"(הָאָלָה, מְאֵרָה, קְלָלָה, καταρα, ἀνάθεμα, *maledictum*)는 "복"(בְּרָכָה, εὐλογια, *benedictio*, 신 11:26; 30:19)의 반대 개념이다. 하나님의 복이 사람에게 온갖 행복과 생명을 부여하듯이, 하나님의 저주는 사람을 부패, 파멸, 죽음, 심판, 사탄에게 넘겨준다. 인간은 타인에 대한 복과 저주를 단지 바라기만 할 뿐이지만, 하나님의 복과 저주는 언제나 수행적이고 그 뜻한 바를 반드시 이룬다. 하나님은 타락 이후에도 자신의 섭리적 은혜 가운데서 땅에 복을 선언하셨으나, 하나님의 백성 외에는 아무도 이것을 알지 못했다. 이교도들 사이에서는 저주에 대한 인식과 두려움(δεισιδαιμονια, *religio*)이 지배적이었고, 이것이 신들에 대한 신뢰보다 훨씬 더 중요했다. 하나님과 인간 사이에는 교제 없는 단절만 존재하고, 언약은 깨어졌고, 하나님이 자신의 피조물과 다투신다. 모든 사람이 하나님 앞에서 죄책이 있고, 형벌 받아야 한다(마 5:21-22; 막 3:29; 약 2:10). 하나님의 저주가 세상과 인류 위에 머물러 있다. 온 세상은 하나님께 해명해야 할 책임을 갖는다(롬 3:19). 온 세상이 하나님의 심판 아래 있고, 세상은 하나님께 아무런 할 말이 없다.[28]

이 객관적인 죄책은 인간 스스로 자신을 정죄하는, 죄책감을 갖는 양심을 통해 인간 의식에 반영된다. 죄책과 죄의식은 같은 것이 아니다. 다른 사람과 자기 자신으로부터도 숨은 죄가 존재하고(시 19:12), 모르고 범한 죄도 역시 죄다(행 17:27-29; 롬 1:19-21, 28; 딤전 1:13-15). 그럼에도 객관적 죄책은 정도의 차이는 있겠지만 인간 의식에 분명히 반영되고 수치심과 같은 보편적 감정으로 드러난다. 수치심은 치욕에 대한 두려움이고, 잘못되거나 부적절한 일에 관련되어 있다는 불쾌하고 고통스런 감정이다. 하

---

28) R. Kittel, "Segen und Fluch", *PRE*[3], XVIII, 148-54; W. B. Stevenson, "Benediction", in *DC*, I, 189-191; James Denney, "Curse", in *DB*, I, 534-35; J. Heinrici, "ἀναθεμα", *PRE*[3], I, 493-495.

나님의 은혜로 말미암아 인간은 자신이 지금과 다른 존재여야 한다는 의식, 모든 면에서 하나님의 율법에 일치해야 한다는 의식을 여전히 간직하고 있다. 그러나 현실적으로 인간은 자신이 마땅히 되어야 하는 존재가 아님을 증언한다. 이 증거는 양심이다. 양심은 인간 타락에 대한 주관적 증명이고, 하나님의 면전에서 인간의 죄책을 증언하는 증인이다. 하나님만이 인간을 기소하시는 것이 아니라, 인간 스스로도 양심 안에서 자신을 정죄하고, 자신에 맞서 하나님 편을 든다. 양심이 더 정확하고 빈틈없이 작동하면 할수록, 그것은 성경에 나타난 인간에 대한 하나님의 생각이 옳음을 더욱더 승인한다. 인류 가운데 가장 훌륭하고 고상한 자들이 자신을 희생해 가면서 인류가 유죄임을 선언함으로써 하나님의 참되심을 승인했다.[29]

[339] 죄의 형벌은 오염, 즉 하나님의 거룩하심에 반하는 생각, 욕구, 그리고 성향의 부패에서도 발견된다. 죄책은 우리로 하여금 형벌을 받지 않을 수 없게 하는 데 반해, 오염은 우리를 더럽힌다. 죄는 하나님의 의와 충돌한다는 점에서 죄책이고, 하나님의 거룩함과 상반된다는 점에서 오염이다. 죄책과 오염은 떼려야 뗄 수 없는 죄의 양면으로서 늘 함께 간다. 하나가 있는 곳에 다른 하나도 같이 있다. 죄책은 하나님과 우리의 객관적 관계를 깨뜨리고, 오염은 하나님과 우리의 주관적 교제를 손상시킨다. 죄인은 인간이기를 그치지 않지만, 우리의 삶 전체가 왜곡되고 죄를 섬기는 데 몰두한다. 죄는 행위언약의 파기인 동시에 하나님 형상의 파괴다. 전자의 차원에서 우리는 더 이상 하나님의 언약 동맹자가 아니다. 우리에게 에덴동산은 봉인되어 닫혔고, 생명나무로의 접근은 금지되었다. 이와 관련해 개혁파 신학은 좁은 의미의 하나님 형상―타락에 의해 상실된 참된 의와 거룩―과 넓은 의미의 하나님 형상―전체가 다 손상되고 부패되었으

---

29) 참조. 또 양심에 대해서는 H. Bavinck, *Beginselen der Psychologie* (Kampen: Bos, 1897), 111, 303를 보라.

나 파괴되지 않고 존속하는—을 구별한다.[30] 타락한 인간도 여전히 하나님 형상의 담지자다. 우리는 모두 부패한 한 인류에 속해 있고, 죄는 본질적으로 동일하지만, 다양한 방식과 다양한 모양으로 나타난다. 개인, 가정, 세대, 계층, 민족 나름의 특징적인 죄가 있다. 죄의 양상은 동양과 서양, 열대지역과 한대지역, 시골과 도시, 문명국과 미개국, 그리고 20세기와 이전 세기에서 다르게 나타난다. 가정의 죄, 사회의 죄, 민족의 죄가 있다. 특정 시대, 특정 상황, 특정 집단에 살인, 자살, 사생아 출산과 같은 특정 범죄의 섬뜩한 규칙성이 종종 나타난다. 우리가 "원죄"라고 부르는 것 외에도, "집단적 죄책과 집단적 범행"이 존재한다. 사람들이 서로 연결되어 있듯이, 사람들의 죄악된 성향과 행위도 서로 연결되어 있다. 단일한 생의 원리로 움직여지는 동시에, 피조계 자체만큼이나 다양하게 표현되는 "죄의 왕국"이 존재한다고 할 수 있다.[31]

고통과 죽음

[340] 죄가 세상에 들어옴으로써 인간은 통치권과 영광을 상실했다. 고통의 원인이 언제나 개인의 죄에 있는 것은 아니지만, 고통은 죄 일반의 결과다. 죄가 없었다면 고통도 없었을 것이다(레 26:14ff.; 신 28:15ff.; 겔 4:17; 호 2:8ff.; 계 18:8; 21:4). 이성 없는 피조물조차 인간의 죄로 말미암아 허무와 썩어짐에 종속되었고, 이제껏 진통 중에 탄식하며, 썩어짐의 종 된 상태에서 해방되기를 바라며 하나님의 자녀들의 영광스런 나타남을 고대하고 있다(롬 8:19-22). 고통은 보편적이며, 민감한 영혼들은 보편적인 고통 앞에서 비관주의와 절망으로 자주 선회했다. "슬픔 가운데 사는 것은 신들이 필멸

---

30) Belgic *Confession*, art. 14.

31) F. Schleiermacher, *Christian Faith*, §§71-72; A. Ritschl, *The Christian Doctrine of Justification and Reconciliation*, III, 334ff. (#41: "The Kingdom of Sin"); I. A. Dorner, *System of Christian Doctrine*, III, 54ff.

의 존재에게 정해놓은 운명이다. 신들 자신만이 염려가 없다"(Homer). 이성은 고통을 설명하지도 가볍게 하지도 못한다. 모든 고통이 특정한 죄에서 직접 기인하는 것은 아니지만, 죄와 연관성이 있는 것은 사실이다. 온 세상이 하나님의 저주 아래 있다. 하나님의 심판은 인간에게뿐 아니라 자연에도 중대한 변화를 초래했다. 성경은 통상적 의미의 비관성과는 거리가 멀지만, 고통을 알고 인정하며, 가장 절절한 비탄으로 고통을 묘사한다(창 47:9; 욥 3장; 6장; 7장; 9장; 14장 등; 시 22편; 38편; 39편; 69편; 73편; 74편; 79편; 89편; 90편 등; 전도서; 예레미야 애가; 마 6:34; 롬 7:24; 8:19ff.; 고전 15:19 등).

세상의 가장 위대한 지성들이 인간의 고통의 문제와 씨름했다. 근대 사상가들은 고통을 창조 자체의 존재론에 어떻게든 포함시키는 변증법적 사고로 점점 더 방향을 틀었다. 셸링은 천지 만물이 시원적 혼돈에서 나왔다고 생각했다. "이 선행하는 어둠 없이는 피조물도 실재하지 않는다. 악은 그것의 불가피한 분깃이다.…모든 발생은 어둠에서 빛으로의 발생이다."[32] 세계 진행의 전 과정이 고난의 길(*via dolorosa*)이다. 이와 유사하게 불교는 살려는 의지 자체를 모든 고통의 원인으로 간주한다. 철학자들은 고통을 설명하고자 할 때, 고통의 책임을 하나님께 직간접적으로 돌리기 일쑤였다. 어쨌든 고통이 없는 세상은 생각할 수 없다. 죄와 비참함이 없는 역사는 상상할 수도 없다. 고통과 죽음은 모든 자연적 유기체에 필수적으로 속하는 것처럼 보인다. 현대 자연과학은 유기적 영역과 무기적 영역 전체에서 모든 피조물이 맞붙어 싸우고 서로 죽이려 하는 생존 경쟁을 우리에게 보여주었다. 아픔과 고통이 아무리 자연스러운 것처럼 보일지라도, 우리는 위의 견해에 대해 다음과 같이 근거 있는 반론들을 제기할 수 있다.

---

32) F. W. J. Schelling, "Philosophische Untersuchungen über das Wesen der menschlichen Freiheit", in *Ausgewählte Werke*, 4 vols. (1809; repr., Darmstadt: Wissenschaftliche Buchgesellschaft, 1968), IV, 303ff. (*Sämmtliche Werke* [Stuttgart & Augsburg: J. G. Cotta'scher, 1856-1861], I/7, 359ff.).

1. 만일 장차 우리가 직간접적으로 죄로 인해 초래된 것이 틀림없는 고통만이라도 세상과 인류에게서 제거할 수 있다면, 대부분의 극심한 고통들은 즉시 멀리 사라지고, 고통의 문제는 아주 작은 차원으로 축소될 것이다. 죄와 비참의 긴밀한 연관성은 아무도 부인할 수 없다. 개인, 가정, 세대, 민족, 국가, 교회, 사회, 학문, 예술에 넘쳐흐르는 정신적·육체적 비참의 근원은 죄다. 모든 이가 동의하는 것처럼, 죄를 제거하면 남아 있는 고통은 거의 없을 것이다. "인간이 자신의 고통과 함께 들어가지 않은 세상은 어디나 완전무결하다"(Schiller).

2. 실러의 말이 비록 많은 진리를 포함하고 있기는 하지만, 그것이 전적으로 맞는 말은 아니다. 바로 위에 언급한 조건—죄가 직간접적으로 초래한 모든 고통의 제거—하에서도 여러 고통들이 여전히 있을 것이다. 지진, 허리케인, 뇌우, 홍수, 기근, 역병, 열차 사고 등의 원인은 개인의 죄에 돌릴 수 없다(눅 13:4; 요 9:1). 그럼에도 개인의 죄가 아닌 인류의 죄로 말미암은 이런 것들은 세상이 하나님의 저주 아래 있고 허무에 종속되어 있음을 드러낸다. 타락 이후 자연의 힘은 더 이상 인간의 지배 아래 있지 않으며, 적대적인 자연의 힘을 정복하는 데는 힘들고 고된 노동이 필요하다. 인류 전체는 자연과의 투쟁을 통해 힘의 원동력, 노동의 재료, 발전을 위한 자극을 발견했다. 땅에 대한 저주가 하나님의 은혜로 말미암아 인류에게 복으로 바뀌었다.

3. 자연 전체가 인류의 타락에 동참한다. 이것은 성경의 분명한 가르침이고, 인간이 창조에서 차지하는 중심적 위치로부터 자연스레 도출되는 사실이다. 개혁파는 타락으로 인해 창조세계에 초래된 변화에 대해서 말할 때, 일반적으로 신중하고 침착했다. 개혁파는 타락에도 불구하고 피조물의 실체는 변하지 않았다고 주장했다. 죄는 실체가 아니고, 사물의 실체를 증감시킬 수 없다. 인간이 타락 이후 여전히 인간인 것처럼, 자연 전체도 마찬가지다. 동식물계에 새로운 종(species)이 추가되지 않았다. 셋째 날에 풀, 채소, 그리고 열매 맺

는 나무가 하나님의 말씀으로 새롭게 창조된 것처럼(창 1:11), 가시나무와 엉겅퀴는 타락 이후에 하나님의 말씀으로 새롭게 창조된 것이 아니었다. 기는 것들과 야생 동물은 타락 전부터 이미 존재했다(창 1:24). 죄로 말미암아 부패한 동일한 기능, 능력, 그리고 힘이 다른 방향으로 작용하기 시작했다. 인간의 통치와 돌봄에서 벗어나고, 하나님의 저주를 받은 자연은 점차 퇴화되고 변질되었다. 오늘날의 육식동물이 타락 전에도 육식성이었는가와 같은 질문은 신학자들에게 흥미로운 문제다. 다윈은 『사육동물과 재배식물의 변이』에서 동물들이 바뀐 음식에 적응할 수 있음을, 관련된 여러 예를 통해서 보여주었는데, 이것은 우리의 주제와 관련해 신학자들에게도 매우 유익하다.[33] 또한 퇴화로 인해 나뭇가지가 가시로 변할 수 있고, 재배를 통해 가시가 나뭇가지로 바뀔 수 있다.[34] 동물을 잘 사육하면 이사야 11장과 65장에 묘사된 상태에 이를 수 있지 않을까? 하나님의 심판으로 인간에게 중대한 변화가 일어난 것처럼 자연에도 중대한 변화가 일어났다는 생각은 터무니없는 것이 결코 아니다.

4. 신학적 관점에서, 창조 자체가 이미 타락 이후를 염두에 둔 것임을 간과하지 말아야 한다.[35] 어떤 의미에서 타락은 하나님께는 뜻밖의 것도 아니고 낙담시키는 것도 아니었다. 하나님은 타락을 미리 보셨고, 타락을 자신의 경륜 안에 포함시키셨고, 타락을 이미 고려하고서 세상을 창조하셨다. 그러므로 세상의 머리인 아담이 타락할 때 온 세상이 지금과 같은 상태가 될 수 있도록 창조가 이루어졌다. 타락 전의 인간과 온 땅의 상태는 그대로 머물러 있을 수 없는 임시적 상

33) C. Darwin, *The Variation of Animals and Plants under Domestication*, 2 vols. (New York: D. Appleton, 1896).

34) Ibid., 310.

35) F. Delitzsch, *A New Commentary on Genesis*, trans. Sophia Taylor (Edinburgh: T&T Clark, 1899), 80.

태였다. 그것은 더 높은 영광으로 올려질 수도 있고, 인간이 범죄할 경우에는 허무와 썩어짐에 굴복될 수도 있는 그런 상태였다. 죄와 하나님의 저주로 인해, 우리를 혼란스럽게 하고 두렵게 하는, 무질서하고 혼돈스럽고 마귀적인 것이 본래적 조화를 뒤로 한 채 사방에서 나타났다. 피조계 전체에 우울의 장막이 드리워 있다. "피조물이 다 이제까지 함께 탄식하며 함께 고통을 겪고 있"다(롬 8:22).

[341] 고통은 죄에 대한 또 다른 형벌인 죽음에서 절정에 이른다. 근래 많은 신학자들이[36] 성경은 몇몇 구절을 제외하고는 죽음을 죄의 결과와 형벌로 간주하지 않는다고 생각한다. 비록 구약성경에서 의인과 악인은 죽음 자체에서가 아니라 고통과 죽음의 목적에서 차이가 나고(신 8:2ff.; 호 2:5ff.; 사 1:25ff.; 렘 5:3; 9:7; 31:18; 애 3:27ff.; 시 119:67, 71, 75; 잠 3:11ff.; 욥 1장 등), 죽음은 인간의 유기적 생체와 함께 가는 것(창 3:19; 18:27; 욥 4:19; 시 89:48ff.; 90:3; 103:14ff.; 146:4; 전 3:20; 12:7)이라는 생각에 진리가 담겨 있을지라도, 성경은 죽음 자체를 자연스러운 것이나 필연적인 것으로 여기지 않는다. 신약성경은 죄와 죽음의 연관성을 분명하게 가르친다(요 8:21; 롬 1:32; 5:12; 6:23; 고전 15:22, 55-56; 히 2:14; 벧전 4:6; 약 1:15; 5:20; 계 20:14; 21:4 등). 죽음에 대한 공포는 모든 생명체에 있어 생래적이다. 우리는 자신이 죽어야 한다는 것을 실제로는 믿지 않는다. 죽음은 인간에게 언제나 최종적이면서 최대의 원수였다. 비록 죽음의 공포를 극복하고 편안히 죽는 사람들이 있었고, 낭만주의는 죽음에 감상적으로 빠져들기도 했지만, 모두가 죽음에서 비정

---

36) F. Schleiermacher, *Christian Faith*, §59; A. Ritschl, *Christian Doctrine of Justification and Reconciliation*, III, 345ff.; J. Kaftan, *Dogmatik*, §29; K. Beth는 "Über Ursache und Zweck des Todes", *Glauben und Wissen* (1909): 285-304, 335-348에서, 과학이 죽음의 수수께끼를 여태 설명하지 못했음을 보여준다. 그러나 그는 죽음을 유기체에 본래 고유한 것으로 간주하고, 이 견해에 자신의 성경해석을 종속시킨다.

상적인 힘을 인지하고는 죽음으로부터 가능한 한 멀리 달아났다.[37] 자연
과학은 죽음을 자연적인 것으로 말할지 모르지만,[38] 사실 과학이 이렇게
말할 때는 자신이 설명할 수 있는 것 이상을 주장하고 있는 것이다. 죽음
은 그야말로 완전한 신비다. 많은 자연과학자들이 물질과 에너지는 불멸
하며, 심지어 단세포 원생동물도 죽지 않는다[39]고 주장한다. 그렇다면 이
런 것들로 구성된 유기체는 왜 죽는가? 이에 덧붙여, 유기체의 세포는 거
듭 갱신되지만 이 과정은 계속되지 않고 세포들은 쇠약해진다. 사람은 나
이가 들면서 생명력을 소진한다. 이 모두가 여전히 신비로 남아 있다. 과
학은 죽음이 필연적인 이유를 알지 못한다. 죽음의 수수께끼는 생명의 수
수께끼와 마찬가지로 풀리지 않은 채로 남아 있다.[40]

[342] 본 장에서 논의될 죄에 대한 마지막 형벌은 이 세상에 대한 사
탄의 통치다. 사탄이 인간을 유혹하여 타락하게 한 이래로(요 8:44; 고후
11:3; 딤전 2:14; 계 12:9, 14-15; 20:2, 10), 세상은 이 악한 자의 세력 안에 있다
(요일 5:19). 사탄은 "이 세상 임금"이고 "이 세상 신"(요 12:31; 16:11; 고후 4:4)

---

37) 미개민족(natuurvolken)에 대해서, 참조. W. Schneider, *Die Naturvölker: Miss-
verständnisse, Missdeutungen, und Misshandlungen*, 2 vols. (Paderborn:
Schöningh, 1885-1886), II, 397ff.; C. P. Tiele, *Elements of the Science of Religion*,
2 vols. (Edinburgh and London: William Blackwood, 1899), II, 237.

38) 예를 들어 Lauvergne는 이렇게 말했다. "인간의 죽음은 인간 존재의 논리적이고 자연
적인 귀결이다. 모든 것에 끝이 있다는 것은 가혹한 법칙이지만 어쨌든 법칙이다"(in
F. Delitzsch, *System der christlichen Apologetik* [Leipzig: Dörffling & Franke,
1870], 132). 죽음의 자연적 성격과 필연성에 대한 유사한 표현으로는 Rudolf Eisler,
Wörterbuch der Philosophischen Begriffe, 3 vols., III: 1511-1513 (Berlin: E. S.
Mittler, 1910), 표제어 "Tod"를 보라.

39) 참조. W. von Schnehen, "Die Ewigkeit des Lebens?" *Glauben und Wissen* (March
1907): 91-99; Weismann 교수는 죽음의 기원이 생리학에서 가장 어려운 문제 가운데
하나라고 말했다; 참조. James Orr, *God's Image in Man and Its Defacement in the
Light of Modern Denials* (London: Hodder & Stoughton, 1906), 253ff.

40) N. Smyth, *The Place of Death in Evolution* (London: T. Fisher Unwin, 1897); C. T.
Müller, *Das Rätsel des Todes* (Barmen: Wuppertaler Traktat-Gesellschaft, 1905);
O. Bloch, *Vom Tode*, 2 vols. (Berlin: Juncker, 1909).

이다. 귀신들, 즉 범죄한 천사들은 지옥에 던져져 심판 때까지 가두어졌지만(벧후 2:4; 유 6절), 그럼에도 이들은 여전히 강력한 권세를 갖고, 특히 이방 나라들에 대해 그 권세를 행사한다(행 16:16; 26:18; 엡 2:2; 6:12; 골 1:13; 고 10:20; 8:5; 계 9:20). 그리스도의 사역은 사탄 및 그 수하들과 공개적으로 전투를 벌이는 것이었고(마 4:1-11; 눅 22:3; 요 6:70; 8:44ff.; 13:2, 27), 비록 그때가 사탄의 시대였음에도(눅 22:53; 요 14:30) 그리스도는 사탄과의 전투에서 승리하셨으며(눅 4:13; 10:18; 11:22; 요 12:31; 14:30; 16:11; 골 2:15; 히 2:14; 요일 3:8), 사탄의 통치로부터 교회를 근본적으로 건져내셨다(행 26:18; 골 1:13; 요일 2:13; 4:4; 계 12:11). 그럼에도 사탄은 하나님의 백성을 대적해 전투를 벌이고(눅 22:31; 고전 7:5; 고후 2:11; 11:3, 13-15; 12:7; 살전 2:18; 3:5; 벧전 5:8; 계 12:10), 그래서 교회는 사탄과 중단 없이 싸우도록 부름받는다(마 6:13; 엡 6:12ff.; 롬 16:20; 벧전 5:9; 약 4:7; 계 12:11). 사탄은 마지막 때 온 힘을 다해 일어나 극렬히 공격하겠지만(마 24장; 막 13장; 눅 21장; 살후 2:1-2; 계 12-13장), 그리스도에 의해 제압되어 자신의 모든 사자들과 함께 불 못에 던져질 것이다(살후 2:8; 고전 15:24; 계 20:10). 악한 영들의 존재에 대한 믿음은 모든 민족, 모든 종교 가운데서 등장한다. 그리스도인들은 세상의 온갖 자연적 악—질병, 흉년, 기근, 역병, 죽음—을 사탄과 악한 영들에게 돌리는 이교의 미신을 멀리해야 한다. 교회는 이런 미신을 반대하는 데 한결같진 않았다. 어떤 교부들은 각 사람에게 수호천사와 함께 담당 귀신이 있다고 주장했다. 중세의 많은 사람들이, 마귀는 온갖 모습(고양이, 쥐, 염소, 돼지, 늑대인간)으로 위장해 나타날 수 있고, 온갖 해충을 만들어내고, 몽마로서 잠자는 여자를 덮치거나 잠자는 남자와 정을 통하고, 사람들이 자신과 피로 인친 계약을 맺도록 유혹하고, 홀린 사람들 속에 들어가고, 그들과 함께 공중을 날고, 그들을 동물로 바꾸고, 그리고 자연 가운데서 온갖 불행을 일으킨다고 생각했다. 개신교는 모든 곳에서 마귀를 몰아내야 한다는 로마 가톨릭의 미신적 요소를 거부했음에도, 마녀재판 같은 사회악을 제거하는 데 완전히 성공하지는 못했다. 그러나 종교개혁은 악한 영들의 실재를 인정하면서도, 하나님

　제3부 | 인간과 죄

의 섭리 및 그리스도와 그의 나라의 승리를 강조했다. 교회는 어둠의 왕국과 끊임없이 싸우지만, 예수는 주님이시고, 사탄의 권세와 영향력은 하나님의 섭리에 굴복한다. 우리의 삶과 그 결말은 사탄이 아니라 하나님의 손에 있다.

인간의 마음 깊숙이 뿌리박고 있어서, 이른바 온갖 지적 발전에도 불구하고 끊임없이 재발하는 미신은 성경을 성실히 따르는 신앙으로만 극복될 수 있다. 합리주의가 뿌리 뽑고자 시도한 이 미신은 새로운 모습―자기설(磁氣說, magnetism), 최면술, 텔레파시 강신술, 점성술―으로, 특히 불신 영역에서 다시 나타났다. 마귀의 존재에 대한 믿음은 죄의 끔찍한 심각성과 인간 구속의 가능성을 동시에 확보한다. 여기서 우리의 선택은 "인류 밖에 있는 하나의 마귀냐, 아니면 인간의 모습을 한 무수한 마귀들이냐" 둘 중 하나다.[41] 예전에도 오늘날에도 영적 싸움은 실재한다. 세상에는 하나님과 그분의 나라에 체계적으로 반대하면서 자신만의 왕국을 형성하고 있는 죄악된 권세가 역사하고 있다. 하나님과 그분께 속한 모든 것에 대항하는 계획적이고 방법론적인 반대가 존재한다. 이 싸움의 지휘권은 성경에서 "이 세상 임금"과 "이 세상 신"이라고 불리는 자의 손에 있다. 이 사탄은 에덴동산에서 나타났었고, 온 힘을 모아 성육신하신 그리스도를 공격했고(마 4:24; 8:16, 29, 31; 10:1; 막 1:26, 32, 34; 3:11, 15; 눅 4:34, 41; 8:2, 30; 13:32; 행 16:17-18; 19:15), 역사의 끝에 다시 나타나지만, 완전히 정복되고 말 것이다(살전 2:18; 살후 2:8-11; 계 9:1-11; 13:13-15; 19:20).

---

41) Albert Maria Weiss, *Apologie des Christentums*, 5 vols. in 7 (Freiburg i.B.: Herder, 1904-1908), II, 519.

제4부

구속자 그리스도

14장
성부의 독생자

은혜언약

[343] 비참함이 보편적으로 실재한다는 사실은 모든 사람에게 구원, 곧 위로부터 오는 구원의 필요성을 상기시킨다. "모든 인간은 신들을 필요로 한다"(Homer, *Odyssey* III, 48). 하지만 비참함이 이해되는 정도의 차이에 따라 사람들이 기대하는 구원도 달라진다. 비참함을 기본적으로 물리적인 것―불행, 재앙, 질병, 죽음―으로 이해하는 이교도들은 죄의 본질적 성격도, 은혜의 구원도 알지 못한다. 하지만 성경은 우리의 비참함이 죄라고, 다시 말해 하나님과의 교제를 윤리적으로 깨뜨리는 것이라고 말하며, 오직 하나님만이 이 관계를 다시 회복하실 수 있다고 가르친다. 여기서 요구되는 은혜는 성경 계시에서 언약이라는 형태를 취하는데, 이 언약은 자연적 과정을 통해서가 아니라 역사적 행위를 통해 이루어지고, 은혜의 풍성한 역사가 타락 직후에, 창세기 2:17이 경고하는 처벌이 아직 완전히 실행되지 않았을 때 시작되게 한다. 그 경고대로 이루어졌다면 온 인류는 멸절되었을 것이고, 지구는 황폐해졌을 것이고, 우주는 혼돈이나 무로 돌아갔을 것이고, 사탄은 승리했을 것이다. 하지만 아담과 하와는 자기들이 벌거벗은 것을 알게 되면서 무죄한 상태가 끝났다는 것을 보여주었고, 그들의

죄책감은 그들이 처음 느낀 수치심에서 드러났다. 그들의 양심이 일깨워진 것은—다시 말해 그들이 죄인이며 처벌을 받아야 한다는 사실을 자각하게 된 것은—타락한 천사들과 달리 타락으로 그들의 양심이 무뎌지지는 않았다는 것, 그들이 마귀가 되지 않았고 여전히 인간이었으며 구속받을 수 있었다는 것을 보여준다. 하나님은 타락 후에도 떠나가지 않으셨고, 범죄한 자들을 단 한순간도 포기하지 않으신다. 그들이 죄책, 수치, 공포를 느꼈다는 것은 이미 하나님의 영이 그들 안에서 일하신 것이고, 실제로 진노만이 아니라 은혜를 나타내신 것인데, 이는 타락 후에도 여전히 인간 안에서 이어지는 모든 종교적이고 윤리적인 삶의 기초를 계시한다. 하나님의 은혜는 하나님이 아담과 하와에게 오셔서 그들을 찾으시는 것에서 특히 드러난다. 하나님은 그들을 어리석음에 버려두지 않으시고 자신에게로 부르신다. 그 후 뱀과 인류에 대한 하나님의 처벌에서 하나님의 긍휼이 심판에 대해 승리를 거두는데, 이때 하나님이 악과 맺으신 언약을 파기하시고 뱀의 후손과 여인의 후손 사이에 적대감을 두시기 때문이다. 이제 남자와 여자는 영광에 이르기 위해 고난을 통과해야만 한다.

진노와 은혜, 공의와 긍휼이라는 이중 원리가 효력을 발한다. 첫 범죄에 대한 형벌이 어미이자 아내로서의 여자에게 내려진다(창 3:16). 아이를 해산할 때의 수고와 고통, 남편에 대한 욕망과 순종이 그것이다. 하지만 또한 그녀는 해산을 통해 모든 살아 있는 자들의 어미가 될 것이고 아이를 낳는 복을 받을 것이다(딤전 2:15). 남자 때문에 땅이 저주를 받았다. 인간은 땀을 흘리며 수고를 해야 소산을 먹고, 수고와 어려움으로 점철된 생을 마감한 후에는 흙으로 돌아간다(창 3:17-19). 그는 낙원에서 쫓겨나서 광활한 세상으로 보내졌지만(창 3:22-24), 여전히 자신의 수고를 통해 존귀함으로 복을 받았다. 인간의 수고는 버겁고 고되지만 여전히 하나님의 형상으로서 그에게 주어진 통치를 반영한다. 타락 후에 진노와 은혜, 공의와 긍휼이라는 이중 원리가 즉시 효과를 나타낸다. 이것이 바로 해학, 즉 눈물 섞인 웃음으로 가득하며 십자가의 증표 안에 존재하는 세계인데, 이 세

　　제4부 | 구속자 그리스도

계는 타락 후에 즉시 슬픔의 사람인 그리스도에게 주어질 것이며, 그분은 그것을 구원하고 다스리실 것이다. 바로 이 때문에 아담과 하와는 하나님이 평결을 내리시는 것을 들은 후에 겸손히 머리를 숙였다. 그들은 더 이상 아무 말도 할 수 없었다. 침묵 속에서 그들은 하나님의 평결을 반대 없이 받아들인다. 그럼에도 하나님의 약속에 의지해서 아담은 자기 아내를 생명, 생명의 원천, 산자의 어미를 뜻하는 "하와"라고 부른다. 창세기 3장의 약속에서 우리는 아주 간결하게 드러난 복음, 그리고 원론적으로 인류의 전체 역사를 발견한다.

[344] 창세기 3장에서 "언약"(covenant)이라는 단어가 등장하지는 않지만 그 실체는 발견할 수 있다. 근대 비평가들은 언약 개념이 이스라엘 역사에서 후대에 생겨났으며(그리고 가장 먼저 신명기에서 발견되며), 실제로는 포로기 이후의 현상이 족장들의 역사에 투영된 것이라고 여긴다.[1] 이 주장은 순환 논리에 의지하고 있다. 이스라엘 역사는 특정 성경 자료들이 진정성이 없는 것이라는 가정에 의해 재구성되고, 이렇게 재구성된 역사는 그에 반대되는 증거문서들을 무효화하는 데 사용된다.[2] 하지만 예언자들이 족장들과 하나님 간에 체결된 실제 언약을 토대로 한다고 보는 것이 더 바른 학문적 자세다(창 15:18; 17:2, 7, 9-14 등). 모든 예언자들이 야웨와 이스라엘 백성 사이에 특별한 관계가 존재한다는 생각을 전제하기 때문이다. 아모스는 하나님이 땅의 모든 족속 중에서 이스라엘만 아셨다는 이유만으로 그들을 용서하시지는 않을 것이라고 주장한다(3:2). 호세아는 하나님과 그분의 백성 간의 관계를 혼인관계에 비유하고, 6:7과 8:1에서 이스라엘이 깨뜨린 언약에 대해 말한다. 예언자들은 새로운 종교의 창시자들이

---

1) J. Wellhausen, *Geschichte Israels*, 2 vols. (Berlin: Reimer, 1878), I, 434ff.; R. Smend, *Lehrbuch der alttestamentlichen Religionsgeschichte* (Freiburg i.B.: Mohr, 1893), 116ff.

2) 참조. G. Vos, "Recent Criticism of the Early Prophets," *Presbyterian and Reformed Review* 9 (April 1898): 214-18.

아니라 백성과 더불어, 동일한 언약의 토대 위에 서서 그들에게 회개하고 돌이키라고 외친다. 이스라엘은 항상 자신들의 역사를 족장들에게까지 추적해 올라가지만(신 26:5; 호 12:13), 무엇보다도 시내 산에서 맺어진 언약이 이스라엘 전체 신앙이 의지하는 모든 토대 중 으뜸이다.

"언약"(בְּרִית)이라는 단어의 어원은 이 단어의 의미를 확정하는 데 전혀 도움이 되지 않는다. "자르다"라는 동사(ברה)에서 파생한 것으로 보이는 이 단어는 서로 반대 쪽에 놓인 도살한 짐승의 부분들 사이를 지나가는 고대 근동의 관습을 가리키는데, 이것은 언약을 깨뜨리는 사람이 그 짐승들과 같은 처지가 될 것임을 상징한다. 여기서 [언약의 체결을 의미하는] "언약을 자르다"(to cut a covenant)라는 표현이 나왔다(כָּרַת בְּרִית, ὅρκια τέμνειν, foedus ferire; 참조. 창 15:8ff.; 렘 34:19ff.). "브리트"(בְּרִית)가 세 요소로 이루어졌다는 사실이 창세기 21:22ff., 26:26, 31:44ff.에서 분명히 드러난다. 조항들을 포함한 맹세나 약속, 파기할 경우에 받을 저주, 이 저주를 상징적으로 표현하는 의식이 바로 그것들이다. 하지만 이 의식은 당시 세상 사람들의 모든 일상적인 계약과 조약에 사용되었기 때문에, "브리트"(בְּרִית)는 노아, 아브라함, 그리고 후대 이스라엘에게 익숙한 것이어서 하나님이 그분의 백성과 맺으시는 관계의 사회적이며 종교적인 성격을 이해하는 틀로 사용되었을 것이다. 성경의 언약이 일방적인지(unilateral, 왕이 신하에게 하사하는 것처럼), 쌍방적인지(bilateral) 하는 것은 이 말 자체로 가늠할 수 있는 것이 아니라, 양측 당사자의 성격에 따라 결정된다. 인간과 맺으신 하나님의 언약에는 일방적인 측면이 전면에 등장한다. 양측은 결국 동등하지 않다. 하나님은 자신의 규례들을 피조물에게 부과하시는 주권적인 분이다. 하나님이 아브라함과 언약을 맺으실 때(창 15:8-9.), 그것은 협정이 아니라 맹세다. 하나님의 약속은 그것을 성취할 의무를 자신에게 부여하고, 따라서 하나님이 제물로 바쳐진 짐승의 조각들 사이를 지나가신다. 다른 곳에서 하나님은 자신(창 22:16), 하나님이 영원히 사심(신 32:40), 자신의 "영"(nephesh; 암 6:8; 렘 51:14)을 두고 맹세하시는데, 이로써 사람들에게 "그 뜻이 변하지 아니함"(히 6:17)을 보여주시려는 것이다. 하나님의 언약이 갖는 쌍방적 측면들—언약의 상대방에게 부과된 의무들—은 결코 언약을 맺기 위한 조건이 아니라, 은혜로 언약에 포함된 사람들이 행해야 할 규칙들로 이해할 수 있다(창 17:1-2; 출 19:5-6, 8; 24:3, 7; 레 26:14ff.; 신 5:29; 27:10ff.; 28:1ff.; 30:1ff. 등). 은혜언약은 일방적인 것으로서, 하나님의 주권적이고 자비로운 약속들에 확고하게 기초해 있다. 하나님은 자신의 약속을 깨뜨리실 수 없다. 하나님이 그것을 지키겠다고 스스로 맹세하셨기 때문이다. 이 불변성은 구약성경의 예언의 언약 개념으로부터 점증하는 확실성으로 추론되었는데, 이 단어가 70인역에서 "언약"($\sigma \upsilon \nu \theta \eta \varkappa \eta$)이 아닌 "유언"($\delta \iota \alpha \theta \eta \varkappa \eta$)으로 번역된 것도 아마 이 때문일 것이다.

바로 은혜언약의 이 견고함과 굳건함에 우리가 그리스도인으로서 고백하는 신앙의 영광이 있다. 종교가 하나님과 인류 사이의 참된 교제가 되기 위해서는, 다시 말해 하나님뿐만 아니라 인간 상대자가 이성적이고 도덕적인 존재로서 자신의 의무와 더불어 권리도 부여받는 교제가 되려면, 오직 하나님이 사람들에게 내려오시고 그들과의 언약 안으로 들어오셔야만 한다. 이 행위를 통해 하나님은 인간 상대자에게, 그들의 배반과 불성실에도 불구하고, 영원한 구원을 허락하시기로 맹세하시는 동시에 스스로에게 의무를 지우신다. 하지만 마찬가지로 인간 상대자는 새로운 순종으로 권고를 받고 의무를 부여받아서 "때로 우리가 연약함으로 인해 죄에 빠진다고 해도 하나님의 긍휼을 포기하거나, 계속 죄 중에 머물러서는 안 된다." 이는 우리에게 하나님과 맺은 영원한 은혜언약이 있기 때문이다.[3] 은혜언약의 불변하는 기초는 우리의 덕이나 행위가 아니라 하나님의 긍휼이다.

[345] 언약의 교리는 기독교회에서 교의적인 중요성을 차지했는데,

---

3) 편집자 주—이 문장의 많은 부분은 네덜란드 개혁교회들에서 16세기부터 사용되어 온 유아세례 지침에서 인용되었다.

이는 기독교 신앙이 유대교와 갖는 관련성은 물론이고 그 차이도 알아야 했기 때문이다. 교회는 영지주의와 마르키온에 대항해서는 두 언약의 통일성을, 유대교에 대항해서는 그 구별성을 강조했다. 사도 바울 당시의 유대주의자들은 모세의 율법—특히 할례법—을 지킬 것을 이방인 중에서 그리스도인이 된 사람들에게도 요구했다(행 15장; 롬 16:17-18; 고전 7:18; 갈 5:3; 6:13; 빌 1:15-16; 3:2-3; 골 2:16, 21; 딤전 1:7-8; 딛 1:10, 14; 3:9). 교회는 유대교와 결별했고, 유대교의 성전이 훼파되자(AD 70; AD 135), 유대주의자들의 당은 기독교회 안에서 분파를 이루어(나사렛파[Nazarenes]와 에비온파[Ebionites]) 그리스도의 신성을 부인했다. 다른 한편으로 마르키온으로 대변되는 이원론적 영지주의는 구약성경을 열등한 하나님의 종교라고 공격하는 한편, 그리스도 안에서 전혀 다른 신—은혜와 사랑으로 충만한—이 자신을 계시했다고 주장했다. 교회는 결코 마르키온의 이원론을 용인하지 않았다. 대신에 교회는 자연과 은혜, 율법과 복음, 구약성경과 신약성경이 서로 구분되지만 결코 분리될 수 없다고 고백했다. 종교개혁 시대에 재세례파(Anabaptists)와 다른 이들(아르미니우스주의자들, 소키누스주의자들)이 다시 구약성경을 폄훼하면서 이 문제가 다시 중요하게 대두되었다. 루터파와 개혁파 전통 사이에도 중요한 차이가 생겼다. 개혁파 전통에서는 츠빙글리와 칼뱅과 함께 언약 교리가 가장 온전하게 발전했는데, 특히 올레비아누스(Olevianus)와 우르시누스(Ursinus)의 독일 개혁파 신학, 영국 청교도주의(Puritanism), 「웨스트민스터 신앙고백서」(Westminster Confession of Faith)에서 두드러졌다. 이 언약 신학의 중심에 있는 교리는 옛 언약과 새 "언약"(διαθηκη, 고후 3장; 라틴어 *testamentum* 또는 *instrumentum*은 처음에 경륜[economies]을, 이후에는 신구약 성경을 가리키는 말로 사용되었다)에 대한 것이었다. 이 둘은 그 기원과 내용에서 하나다. 하나님 또는 로고스가 이 두 언약의 창시자이시며, 이 두 언약을 통해 우리에게 하나의 믿음, 하나의 언약, 하나의 구원 방법이 제시된다. 유일한 차이는 옛 언약에 약속된 메시아가 이제 오셨다는 것뿐이다.

언약 교리는 개혁파 신학에서 가장 온전하게 발전했다. 언약신학은 츠빙글리에게로, 특히 재세례파에 대항해서 구약성경과 신약성경의 본질적인 일치를 변호하는 그의 논쟁에까지 거슬러 올라간다. 이것은 불링거와 칼뱅에게로, 그리고 그들을 통해 독일 팔츠(Palatinate)의 신학자들(Olevianus, Ursinus, Hyperius)과 영국 청교도들(Rollock, Perkins, Ames, 「웨스트민스터 신앙고백서」 제7장, Thomas Boston 등)에게 전해졌다. 네덜란드 개혁파 중에서는 클로펜부르크와 콕세이우스가 언약을 교의학 전체의 근본 전제와 지배 원리로 만들었다. 콕세이우스는 언약에 대한 특이한 견해, 이른바 연속적인 언약 폐기(successive covenantal abrogations)를 주장했는데, 이로 인해 실제로는 은혜의 핵심요소를 불확실하게 만들면서 약화시켰다. 콕세이우스에 대한 반론은 안식일에 대한 그의 견해, 두 경륜 안에 있는 교회에 대한 그의 이해, 구약성경 안에 있는 죄 용서($\pi\alpha\rho\epsilon\sigma\iota\varsigma$, 간과하기)와 관련된 것들이었다. 문제가 될 만한 것은 언약에 대한 그의 개념이 아니라, 그의 성경신학과 역사적 방법이었다. 그는 보다 더 "성경적인"(biblical) 신학을 위해 "스콜라적"(Scholastic) 신학을 거부했지만, 실제로 모습을 드러낸 것은 언약들의 통일성을 실질적으로 파괴하는 역사화된 교의학이었다. 은혜언약을 행위언약의 점진적·역사적·지속적 파괴의 전개로서 철저하게 부정적으로 해석함으로써 결국 언약에 아무것도 남지 않게 되고, 언약은 그저 일시적이고, 인간적이고, 항상 변하는 신앙의 형태뿐인 것으로 여겨졌다.[4] 콕세이우스 이후로 구약성경에 대한 보다 일반적인 경멸을 스피노

---

4) 참조. H. Bavinck, *Reformed Dogmatics*, ed. John Bolt (Grand Rapids: Baker Academic, 2003-8), I,603-7 (#156); G. F. Karl Muller, "Coccejus," *PRE*[3], IV, 186-94; Heinrich Heppe, *Geschichte des Pietismusund der Mystik in der reformirten Kirche: Namentlich der Niederlande* (Leiden: Brill, 1879), 217ff.;W. Geesink, *De Ethiek in de Gereformeerde Theologie* (Amsterdam: Kirchner, 1897), 49ff. 편집자 주—좀 더 Cocceius에게 동조적인 최근의 연구로는 다음을 보라, W. J. Van Asselt, *The Federal Theology of Johannes Cocceius: (1603-1669)*, trans. Raymond Andrew Blacketer (Leiden: Brill, 2001).

자, 칸트, 헤겔, 슐라이어마허와 같은 근대 사상가들에게서 발견할 수 있다. 결과적으로 유대교는 기독교를 준비시킨 한낱 이교에 불과한 것으로 여겨지게 되었다.[5]

　이스라엘과의 옛 언약은 그리스도 안에서의 새 언약을 위해 필수적인 준비 단계다. 언약은 하나지만, 이 언약에는 두 경륜(dispensations)이 있다. 옛 언약의 약속이 하나님의 때에 새 언약 안에서 성취되었다. 율법 조문이라는 그림자와 특수성이 영이라는 실체, 보편성, 자유가 되었다. 교부들의 가르침에 따르면, 열매가 씨앗에서 나오지만 씨앗과 별개인 것처럼, 복음도 율법에서 유래하지만 율법과는 별개다. 그러나 하나가 다른 하나에서 나온다고 해서 이질적인 것은 아니며, 다르다고 해서 반대되는 것도 아니다.[6] 구약성경에 있는 그 어떤 것도 신약성경에서 잃어버린 바 되지 않고, 오히려 모든 것이 성취되고, 성숙하게 되고, 온전히 자라게 되어, 결과적으로 일시적인 외피를 벗고 영구적인 중심핵을 산출해낸다.

구속언약, 자연언약, 그리고 선택

[346] 개혁파 교회와 신학에서 언약은 그리스도인의 삶을 위한 매우 중요한 실제적 자극이 되었다. 여기서 모든 언약은 하나님의 영원한 경륜, 삼위일체 하나님의 각 위격 간의 언약인 구원 협약(*pactum salutis*, 구속언약 [covenant of redemption])을 토대로 한다. 구원 사역은 세 위격으로 계신 한 분 하나님이 수행하시는 것으로, 그 안에서 서로 협력하시고 또한 각각 특별한 임무를 행하신다. 삼위 하나님—성부·성자·성령—이 구원 사역 전체를 함께 구상하시고, 결정하시고, 실행하시고, 완성하신다. 신자의 유익은

---

5) Friedrich Schleiermacher, *The Christian Faith* (Edinburgh: T&T Clark, 1989), §8.4, §12, §132.
6) Tertullian, *Against Marcion*, V, 11.

은혜언약이 시간과 역사 속에서 수행되고 계시되었지만, 그럼에도 영원하고 불변하는 토대인 삼위 하나님의 경륜에 기초하고 있다는 사실을 아는데 있다. 성부는 영원한 아버지시고, 성자는 영원한 중보자시고, 성령은 영원한 보혜사시다.

이 교리를 뒷받침하기 위해 인용되는 고전적인 본문(슥 6:13)은 아무것도 증명하지 않는다. 오히려 욥기 17:3, 이사야 38:14, 시편 119:122(이 중에서 어느 본문도 메시아를 언급하지 않는다), 그리고 히브리서 7:22(여기서 우리는 그리스도가 영원히 살아 계시는 분이며 그로 말미암아 새 언약이 영원히 계속될 것을 보증하신다는 사실을 확인한다)에서 추론된 것은 바로 구원의 약속(the pact of salvation)에서 그리스도가 영원 전부터 하나님 앞에서 우리의 보증인이 되신다는 사실이다. 학자적 엄밀함은 차치하더라도, 이 구원의 약속에 대한 교리는 성경의 사상에 뿌리내리고 있다. 중보자로서 성자는 성부께 순종하시고, 성부를 자신의 하나님이라고 부르시고(시 22:2; 요 20:17), 종으로서(사 49 이하) 일을 맡으시고(사 53:10; 요 6:38-40; 10:18; 12:49; 14:31; 17:4), 이루신 순종에 대해(마 26:42; 요 4:34; 15:10; 17:4-5; 19:30) 상을 받으신다(시 2:8; 사 53:10; 요 17:4, 11, 17, 24; 엡 1:20-21; 빌 2:9-10). 이러한 사역은 성육신에서 시작된 것이 아니다. 왜냐하면 그리스도의 중보 사역은 야웨의 사자의 인도 하에 이스라엘 시대에도 존재했기 때문이다(출 3:2, 3; 13:21; 14:19; 23:20-23; 32:34; 33:2; 민 20:16; 사 63:8-9). 신약성경의 본문들도 이 사실을 증언한다(요 8:56; 고전 10:4, 9; 벧전 1:11; 3:19). 하나님과 인간 사이에는 중보자가 한 분밖에 없고(요 14:6; 행 4:12; 딤전 2:5), 이 중보자는 어제나 오늘이나 영원토록 동일하시며(히 13:8), 영원 전에 중보자로 택정함을 받으셨고(사 42:1; 43:10; 마 12:18; 눅 24:26; 행 2:23; 4:28; 벧전 1:20; 계 13:8), 로고스로서 영원 전부터 계셨다(요 1:1, 3; 8:58; 롬 8:3; 고후 8:9; 갈 4:4; 빌 2:6 등). 따라서 성부·성자·성령에 의해 효력을 얻게 된 구속사역을 언약적 개념에 비추어봄으로써 신적 존재 안에 거하시는 세 위격의 생명을 언약적 생명으로, 즉 완성된 자기의식, 자유, 교제의 생명으로 생각하는 것이 타당해 보인다. 이 언약적 생명의 특징은 단어의 충만한 의미에서 약속(συνθηκη)이다. 구원 사역은 세 위격이 수행하시는 것으로, 그 안에서 서로 협력하시고 또한 각각 특별한 임무를 행하신다.

하지만 이 구원의 약속은 시간 속에서 이루어진 구원 역사와 불가분적으로 연결된 것이 아니다. 시간 속에서 계시된 은혜언약은 막연한 것이 아니라 영원하고 변하지 않는 기초, 반드시 적용되고 실행되는 삼위 하나님의 경륜과 언약에 의지해 있다. 그리스도는 성육신 이후에 비로소 일하기 시작하신 것이 아니며, 성령도 오순절 강림사건으로 자기 일을 시작하신 것이 아니다. 창조가 삼위일체의 사역인 것과 같이, 새 창조도 마찬가지로 처음부터 삼위 하나님의 활동이었다. 타락 후 창조세계에 베풀어진 모든 은혜는 성부로부터, 성자를 통해, 성령 안에서 온다. 우리는 구원 역사에서 변화, 발전, 진보를 목격하지만, 하나님 편에서는 아무 변화도 없고 회전하는 그림자도 없다(약 1:17). 성부는 영원한 아버지시고, 성자는 영원한 중보자시고, 성령은 영원한 보혜사시다. 태양은 시간의 흐름에 따라 지구의 일부분을 비추기도 하고 사라지기도 하지만, 태양 자체는 아침이나 저녁이나, 낮이나 밤이나 동일하게 존재한다. 비록 그리스도는 이 땅에서 자신의 사역을 역사 속에서 완수하셨고, 성령은 오순절이 되기까지 부어지지 않았지만, 그럼에도 하나님은 성자와 성령을 통해 획득되고 적용되는 유익들을 이미 구약시대에도 온전히 나누어주실 수 있었다. 구약성경의 신자들은 우리와 똑같은 방식으로 구원을 받았다. 오직 하나의 믿음, 한 분 중보자, 하나의 구원의 길, 하나의 은혜언약이 있을 뿐이다.[7]

[347] 구원의 약속이 시간과 역사 속에서 실행되는 것을 생각할 때 주의가 요구된다. 하나님은 아브라함과 이스라엘을 자신의 선택된 백성으로 삼으시지만, 하나님의 구원하시는 목적은 우주적이며 모든 민족을 아

---

7) G. Vos, "The Doctrine of the Covenant in Reformed Theology," in *Redemptive History and Biblical Interpretation*, ed. Richard B. Gaffin Jr. (Phillipsburg: Presbyterian & Reformed, 1980).

우른다. 때가 차면 전체로서의 인류, 유대인과 이방인이 십자가에 달린 한 사람 예수 그리스도 안에서 화목하게 될 것이다. 타락 후에 하나님이 아담과 하와에게 말씀하신 은혜의 첫 약속들은 인류 전체와 관련된 것이다. 또한 종교도 타락 이후에 사라진 것이 아니라 희생제사(창 4:3), 기도, 설교(창 4:26)라는 고정된 형태를 띠게 되었다. 문화가 경작, 목축, 도시건설과 함께 시작되었고(창 4:17), 예술과 학문이 융성하기 시작했다(창 4:20ff.). 인류 역사의 초반에 우리는 놀라울 정도로 긴 수명에서 복을 목격하는 동시에, 형제 살인, 칼에 의한 지배와 무력행사에서 크나큰 사악함도 목격한다. 그래서 하나님은 모든 인간의 생각이 항상 악할 뿐이라는 판결을 내리시기에 이른다(창 6:5). 하나님의 위대한 복은 끔찍한 홍수 심판으로 이어진다. 대홍수 이후에(창 8-11장) 하나님은 다시는 세상을 물로 심판하지 않겠다는 언약을 자연과 맺으시고, 인간의 수명을 줄이시고, 인류를 세계에 흩어지게 하셔서 하늘에 도달하려는 인간들의 야망을 꺾으신다. 하나님은 이방인들이 제멋대로 살도록 내버려두시면서도, 섭리에 따라 중요한 문화적·사회적 발전을 이루게 하신다. 하나님은 그들이 하나님의 손으로 행하신 사역들을 통해 드러나는 증거들을 전혀 접하지 못하도록 내버려두시지 않았다(행 14:16-17; 17:27-28; 롬 1:19; 약 1:17). 성령이 모든 생명, 능력, 미덕의 조성자이신 것은 이방인들 가운데서도 마찬가지다(창 6:17; 7:15; 욥 32:8; 시 33:6; 104:30; 139:2; 전 3:19). 이런 방식으로 하나님은 모든 사람에게 현존하시며, 그들은 어떤 의미에서 구원의 메시지를 위해 "준비된" 것이다.

[348] 하나님이 모든 민족―유대인과 이방인―을 향해 가지시는 보편적 관심이 이스라엘을 향한 하나님의 특별한 유익을 희석시켜서는 안 된다. 이스라엘이 열방 가운데서 부르심을 받았고 또 이스라엘과 열방의 종교 행위 사이에 많은 유사점―할례, 희생제사, 기도, 제사장, 성전, 제단, 의식들, 축제일, 도덕, 관습, 정치적·사회적 규범들, 심지어 신의 현현, 예언, 기적―이 발견되지만 둘 사이에는 근본적인 차이점이 있는데, 특별은총이 이스라엘에게만 있고 이교도들에게는 알려지지 않았다는 것이다. 이

교도의 종교는 자의적이고 율법주의적이다. 아브라함이 맺은 언약은 새로운 것이며 오직 하나님께만 기원을 둔다. 창조주는 아브라함 및 이스라엘과 맺으신 언약을 통해 자신이 또한 재창조자(Re-Creator)시며 구원자시기도 하다는 것을 나타내신다. 하늘과 땅의 창조주 "엘로힘"은 언약의 하나님 "야웨"시다(창 2:4; 출 20:11). 이스라엘에서 하나님과 세상의 관계는 창조주와 피조물의 관계로만 인식되었다. 이 하나의 교리만으로 모든 이교주의는 원칙적으로 거부된다. 이것이 참되고 순수한 신앙의 기초다. 더구나 하늘과 땅의 창조주는 또한 세상을 보존하시고 다스리시며, 자유롭고 은혜롭게 이스라엘과 특별한 관계를 맺으시는 분이다. 하나님은 이삭의 기적적인 출생을 통해 자신이 이스라엘의 창조주시며 재창조자이심을 증거한다. 이스라엘의 신앙에서는 인간이 하나님을 찾는 것이 아니라, 하나님이 인간을 찾으신다. 조상들과 맺은 이 언약은, 비록 다른 형태이기는 하지만, 시내 산에서도 계속된다. 이스라엘이 맺은 언약은 아브라함이 맺은 언약과 다르지 않다. 시내 산 언약은 은혜언약이었으며, 이후로도 은혜언약으로 남아 있다. "나는 너를 애굽 땅, 종 되었던 집에서 인도하여 낸 네 하나님 여호와니라"라는 선포는 율법을 여는 진술인 동시에 율법의 토대이고 은혜언약의 핵심이다(출 20:2). 이것은 영원히 지속되는 언약이어서, 이스라엘의 그 어떤 죄악과 악행으로도 깨질 수 없는 것이다(신 4:31; 32:26-27; 삿 2:1; 시 89:1-5; 105:8; 111:5; 사 54:10; 롬 11:1-2; 고후 1:20).

이스라엘에게 주어진 언약적 유익들은 아브라함에게 주어진 것과 동일하다. "나는 너의 하나님이 되고, 너와 네 후손들은 나의 백성이 될 것이다"라는 말씀이 아브라함에게 주신 위대한 약속이다(창 17:8). 같은 방식으로 하나님은 이스라엘의 하나님이시고, 이스라엘은 하나님의 백성이다(출 19:6; 29:46 등). 따라서 이스라엘이 받은 수많은 복들에는 가나안 땅, 자녀의 복, 장수, 번영, 원수를 이기는 것과 같은 일시적인 복들뿐 아니라, 하나님이 그들 중에 거하심(출 29:45; 레 26:12), 죄의 용서(출 20:6; 34:7; 민 14:18; 신 4:31; 시 32편; 103편 등), 아들 됨(출 4:22; 19:5-6; 20:2; 신 14:1; 사 63:16; 암 3:1-2 등),

성화(출 19:6; 레 11:44; 19:2) 등과 같은 영적이고 영원한 복들도 있다. 이러한 복들이 구약성경에서는 감각적 형태들로 옷을 입었다면, 그것들의 온전한 영적 의미는 신약성경에서 분명하게 드러났다. 그렇지만 언약에 대한 모든 기대는 아브라함에게 하신 말씀 속에 요약되어 있다. "너는 내 앞에서 행하여 완전하라"(창 17:1). 이스라엘이 미성년자처럼 율법의 지도 아래 있었을 때(롬 10:4; 갈 3:23-24; 4:1-2), 그들은 자신들의 역사 안에서 때의 충만과 그리스도의 오심을 위한 길을 예비했던 것이다. 죄악과 실패와 심판 아래 처해 있음에 대한 자각, 그리고 하나님의 은혜의 풍성한 계시와 구원의 날의 도래에 대한 강렬한 갈망, 이 모든 것은 이스라엘을 그리스도께로 이끌었고, 그분을 위해 예비되도록 만들었다. 준비와 성숙이 필요했다. "죄가 있기도 전에, 즉 인류의 시작과 함께 성육신하는 것은 하나님께 합당치가 않았다. 약은 환자에게만 주어지기 때문이다. 그렇다고 죄를 지은 직후에, 죄에 의해 겸비하게 되어서 구원자의 필요성을 인식하게 된 순간도 하나님이 성육신하시기에 적당한 시간은 아니다. 영원 전에 작정된 일은 때가 찼을 때 일어났다."[8]

성장하고 준비되는 이 시간이, 마치 하나님 안에 변화가 존재하기라도 한 것처럼 하나님이나 그리스도를 위해 필요했던 것은 아니며, 그렇다고 영적 유익들이 아직 존재하지 않았기 때문에 기다려야 했던 것도 아니다. 오히려 그 필요성은 인류의 상태로 말미암은 것인데, 그들은 하나의 종족으로서 구원받아야 했고 따라서 그리스도 안에 있는 구원을 위해 점차 준비되고 교육받아야 했기 때문이다.[9] 그리스도와 그분의 십자가는 세계의 전환점이다. 모든 것이 그것으로 수렴하고 그것에서 나온다. 이스라엘과 맺은 옛 언약은 그리스도 안에 있는 새 언약을 위해 필요한 준비였다. 언

---

8) T. Aquinas, *Summa Theol.*, III, qu. 1, art. 5.

9) John Calvin, *Institutes of the Christian Religion*, II.xi, xiii, xiv (ed. John T. McNeill and trans. Ford Lewis Battles, 2 vols. [1559; Philadelphia: Westminster, 1960], 1:449-64, 474-93).

약은 하나지만(눅 1:68-79; 행 2:39; 3:25), 약속과 성취(행 13:32; 롬 1:2), 그림자와 실체(골 2:17), 죽이는 율법 조문과 살리는 영(고후 3:6ff.), 종과 자유자(롬 8:15; 갈 4:1ff., 22ff.; 골 2:20; 히 12:18-19), 특수와 보편(요 4:21; 행 10:35; 14:16; 갈 4:4-5; 6:15; 엡 2:14; 3:6)으로 관련지어진 두 경륜이 있다. 하나님의 때에 옛 언약의 약속은 새 언약 안에서 성취되었다. 율법 조문이라는 그림자와 특수성이 영이라는 실체, 보편성, 자유가 되었다. 구약성경 가운데 신약성경에서 잃어버린 것은 하나도 없고, 다만 모든 것이 성취되고 무르익고 장성하여, 이제 일시적인 외피를 벗고 영구한 중심핵을 산출한다. 구약성경과 신약성경의 신자들이 걸었던 길은 똑같지만, 그들의 발걸음을 비춘 빛이 달랐다.[10] 옛 언약의 백성은 그림자를 벗어나 새 언약의 빛으로 들어왔다. 의의 태양이 하늘의 정점에 이르러 모든 민족을 비추었다. 율법과 예언자들의 예언은 성취되었고, 그것들의 목적과 마침이 되는 그리스도 안에서 귀결점에 이르렀다.

[349] 신약성경에서 성취된 은혜언약은 하나님이 자연 그리고 모든 피조물과 맺으신 언약으로 둘러싸여서 유지되었고, 지금도 그렇다. 콕세이우스가 가르친 것과 달리 은혜언약은 행위언약을 계승하는데, 폐지하는 것이 아니라 오히려 행위언약을 회복하고 성취한다. "은혜는 자연을 치유하고 온전하게 한다." 순종에 대한 하나님의 요구는 여전히 영생에 이르는 유일한 길이다. 행위언약과 은혜언약의 차이는 이제 하나님이 우리에게 오실 때 아담 안에서가 아니라 그리스도 안에서 오신다는 것인데, 그리스도는 아담이 했어야 할 모든 순종을 이행하셨다. 그리스도는 둘째이자 마지막 아담으로서 첫째 아담이 부패시킨 것을 회복하신다. 그리스도가 새로운 인류의 머리가 되신 것이다. 은혜, 오직 은혜만이 그리스도 안에 있

---

10) J. Calvin, *Commentary on the Epistles of Paul the Apostle to the Galatians, Ephesians*, Philippians and Colossians, trans. T. H. L. Parker (Grand Rapids: Eerdmans, 1965), 갈 3:23에 대한 주석.

는 이 새 언약의 본질적 특징이며 내용이다. 은혜언약은 가장 탁월한 하나님의 사역으로서 영원하고 파기될 수 없으며, 그 유일한 근거를 하나님의 선하신 기쁨에, 중보자의 사역에, 영원히 계신 성령께 둔다. 이것은 오로지 그리고 전적으로 하나님만의 일이다. 모든 인간적인 자랑이 배제되며, 모든 영광을 성부와 성자와 성령께 돌리는 것이 마땅하다.

은혜언약(the covenant of grace)은 또한 평강의 경륜(the counsel of peace) 과도 필수불가결한 관계를 갖는다. 비록 이 둘을 구분할 필요는 있지만 말이다. 평강의 경륜에서 그리스도는 보증인이며 머리시다. 은혜언약에서 그리스도는 중보자시다. 이런 방식으로 언약의 교리는 전체 구원 사역에서 하나님의 주권을 주장한다. 구원의 사역을 생각하고, 계획하고, 뜻하는 분은 성부시다. 그것을 보증하고 유효적으로 이루는 분은 성자시다. 그것을 실행하고 적용하는 분은 성령이시다. 고린도전서 15:45 이하에서 분명하게 드러나는 것처럼 아담은 타락 전에도 그리스도의 모형이었기 때문에, 은혜언약이 최초로 예비된 것은 노아나 아브라함을 통해서가 아니고, 그렇다고 아담과의 은혜언약을 통해서도 아니라, 사실상 행위언약 안에서 그리고 행위언약을 통해서이며, 이 모든 것은 다시 영원한 하나님의 경륜을 드러낸다. 하나님은 모든 것을 아시고 정하시는 분으로서, 아담을 창조하시고 행위언약을 세우실 때 그 경륜 안에 행위언약의 파기를 포함시키셨고, 따라서 이미 그리스도와 그분을 통한 은혜언약을 염두에 두셨다.[11]

[350] 은혜언약은 이처럼 놀라운 방식으로 전체 구원 사역에서 하나님의 주권을 강조한다. 그리스도가 아담보다 탁월하신 것처럼, 은혜언약은 행위언약을 능가한다. 삼위로 계신 하나님의 존재는 창조보다 재창조에서 훨씬 더 분명하게 드러난다. 구원의 사역을 생각하고, 계획하고, 뜻하시는 분은 성부시다. 그것을 보증하고 유효적으로 이루시는 분은 성자시다. 그것을 실행하고 적용하시는 분은 성령이시다. 이러한 구원의 사역

---

11) 참조. H. Bavinck, *Reformed Dogmatics*, II, 561–62 (#293).

전체는 전적으로 하나님의 일이다. 인간이 한 것은 아무것도 없다. 전적으로 은혜일 뿐이고 과분한 호의인 것이다. 동시에, 은혜언약은 또한 인간의 이성적·도덕적 본성이 온전히 발휘되게 한다. 여기서 선택과 차이점이 있는데, 선택에서 인간은 전적으로 수동적이다. 은혜언약은 선택된 사람들이 목적지에 이르는 길을 묘사한다. 은혜언약은 선택의 강이 영원을 향해 흐르는 물길인 것이다. 그리스도는 자신의 영을 보내심으로 자기에게 속한 이들을 가르치셔서, 그들이 의식적이고 자발적으로 이 언약에 동의할 수 있게 하신다. 은혜언약은 믿음과 회개에 대한 요구와 함께 오는데, 따라서 어떤 의미에서는 이것들이 은혜언약의 "조건"이라고 말할 수도 있다. 그럼에도 이것이 오해되어서는 안 된다. 하나님은 자신이 요구하시는 것을 친히 공급하신다. 그러므로 은혜언약은 그야말로 일방적(unilateral)이다. 그것을 구상하고, 계획하고, 한정하고, 보존하고, 실행하는 분이신 하나님으로부터 오는 것이다. 하지만 그것은 쌍방적(bilateral)이 되도록, 즉 하나님의 능력으로 신자들이 의식적이고 자발적으로 받아들이도록 계획되었다. 은혜언약에서 하나님의 명예는 인간을 희생해서 얻어지는 것이 아니라 오히려 인간의 유익을 위한 것인데, 전인을 새롭게 하고 개인의 자유와 존엄을 회복함으로써 그렇게 된다.

은혜언약은 인류의 새로운 머리이신 그리스도와 함께 우리에게 교회의 유기적 통일성을 생각하게 한다. 은혜언약은 선택이 개개인에 대한 것만이 아닌, 가족과 세대를 포함하는 유기적인 전체와도 관련되어 있음을 상기시킨다. 은혜언약은 개인에서 개인으로 옮겨 다니는 것이 아니라, 역사적이고 유기적으로 이어지는 것이다. 역사를 관통하고 또 여러 시대를 관통하면서, 창조주이며 보존자이신 성부가 정하신 시와 때에 스스로를 맞추는 것이다. 결코 단독자로서의 개인과 맺어지지 않고, 언제나 그 후손들과도 함께 맺어진다. 세대에서 세대로 이어지는 언약인 것이다. 은혜언약은 그리스도를 머리로 하는 새로운 인류의 조직으로서, 창조질서와도 관련될 뿐만 아니라 그것을 상기시키면서 질적으로 그리고 철저하게 창조세계 전체를 포함한다. 그러므로 내적으로는 불신앙 가운데 있는 사람이 일시적으로, 은혜언약이 이 땅에서 시행되고 집행되는 동안에, 언약 백성의 일부가 되는 것이다. 이들은 언약 안에 있을지라도, 언약에 속하지는 않을 것이다. 그러나 최후의 심판은 하나님께만 속하기 때문에, 이 땅의 삶에서 교회는 그런 이들을 사랑의 판단으로 대해야 한다(마 3:12; 13:29; 요 15:2; 딤후 2:20).

중보자 그리스도의 인격

[351] 은혜언약이 행위언약과 다른 점이 또 있는데, 그것은 은혜언약에 중보자가 있어서 하나님과 인류를 연합시킬 뿐만 아니라, 그 전에 둘을 화해시켜서 그들 사이의 깨어진 관계를 다시 회복시킨다는 것이다. 인간과 신 사이에 중보자가 필요하다는 것은 모든 종교에서 보편적으로 발견되는 사상이다. 비상한 말과 행위로 시간을 초월하고 역사를 바꾸면서 민족들의 삶과 발전에 심대한 영향을 끼치는 영웅적 인물들은 넘쳐난다. 이런 현상은 우연한 것이 아니라, 인간의 본성과 종교 그 자체에 깊이 뿌리내린 것이다. 중보자에 대한 믿음은 보편적인데,[12] 원시 민족들에서는 치료 주술사가, 보다 진보한 민족들에서는 점쟁이, 제사장, 그리고 왕이 그 역할을 맡았다.

더 나아가 많은 역사적 종교들이 특정 창시자의 이름과 연결되어 있는데, 이들은 나중에 보통 사람들보다 우월한 존재로 높여졌고 어느 정도 신격화되기까지 했다. 성육신과 신격화의 사상은 실질적으로 모든 종교에 나타난다. 어떤 종교에서는 심지어 선이 특정한 인물들―크리슈나(Krishna), 오시리스(Osiris), 발데르(Balder)―의 활동을 통해 결국 악을 극

---

12) C. P. Tiele, *Elements of the Science of Religion*, 2 vols. (Edinburgh and London: William Blackwood,1899), I, 130, 167; II, 119ff.

복할 것이라고 기대하는가 하면, 종종 왕들—고레스(Cyrus), 마케도니아의 필리포스(Philip of Macedon), 카이사르 아우구스투스(Caesar Augustus)—이 구원자(σωτηρ)로 불리고 환영받기도 했다. 헤라클레스의 신화, 플라톤의 『국가』(Republic) 제7권에 나오는 정의로운 인간에 대한 언급, 특히 베르길리우스(Virgil)의 네 번째 전원시와 시빌의 책들(Sibylline books)[13]과 같은 자료들을 근거로, 우리는 어느 정도 타당성을 갖고 이교에 존재하는 "무의식적 예언의 경향"(unconscious prophetic tendency)에 대해 말할 수 있다.

[352] 이를 근거로 많은 이들이 이스라엘의 메시아 대망 사상을 단순히 주변 국가들에서 빌려온 것으로 간주했다. 최근 구약성경 연구에서 긍정적인 발전상을 볼 수 있다. 이전에 비평적·역사적·문학적 접근은 모든 메시아 예언을 사후예언(*vaticinia ex eventu*)으로 치부하고, 그런 기록이 포로기 이전의 문서에서 발견될 때마다 후대에 삽입된 것으로 여기고 배제했다. 그러나 이제는 예언자적 메시아 대망이 포로기 이전에 실재했으며, 주변 민족들의 종교에도 유사한 것이 존재했다는 점이 인정된다. 학자들은 이제 주의 날, 이스라엘 원수들의 멸망, 이스라엘의 구원, 메시아의 나타남, 하나님 나라의 완성 등에 대한 종말론적 개념이 아주 오래되었다는 것을 인정한다. 이로써 메시아에 대한 구약성경의 그림은 고유한 것으로 인정될 수 있는데, 여기에는 기적적 탄생(사 7:14; 미 5:2), 신적 명칭들(사 9:6) 등이 포함된다.

하지만 종교사학파는 이러한 통찰을 취해서 반대 극단으로 몰고 간다. 그들은 이스라엘의 예언자들이 메시아와 그의 나라를 묘사하거나 일반적인 종말을 대망하면서, 먼 과거의 바빌로니아, 아시리아, 페르시아, 이집트까지 거슬러 올라가는 유서 깊은 개념과 표현, 유비와 상상을 이용했다

---

13) A. Deissmann, *Light from The Ancient East: The New Testament Illustrated by Recently Discovered Texts of the Graeco-Roman World*, trans. Lionel R. M. Strachan, new and rev. ed. (Grand Rapids: BakerAcademic, 1965), 3620-3; W. O. E. Oesterley, *The Evolution of the Messianic Idea* (London: Pitman, 1908).

고 주장한 것이다. 물론 여기에는 일말의 진실이 있는데, 이스라엘 백성에게 주어진 메시아에 대한 약속들은 넓게 보면 하나님이 전체 인류에게 주신 약속들, 특히 홍수 후에 셈족에 속한 민족들에게 주신 약속들에 기초해 있기 때문이다. 성전, 제단, 제사장, 희생제물, 할례 등에 관한 율법 제정과 관련해서도 많은 민족들에게서 이와 유사한 "차용" 현상이 일어나는 것을 볼 수 있으며, 마찬가지로 예언도 이스라엘의 역사뿐 아니라 주변 민족들의 역사에도 근거를 두고 있다. "창조세계의 상징" 또는 자연의 모형론은, 예수의 비유들에서 볼 수 있는 것처럼, 그리스도와 그의 나라에서 실현된다. 열방의 종교와 역사에는 무의식적 기대와 소망이 있고, 이것은 기독교에서 실현되었다. 하지만 종교사학파는 유비(analogy)를 동일성(identity)으로 착각하고 중요한 차이들을 간과한다. 무엇보다도 먼저, 하나님이 아브라함을 선택하신 후에 인류가 나뉘었고, 이스라엘은 다른 민족들로부터 분리되었다. 그 결과 이스라엘의 예언은 자기 백성에 대한 하나님의 심판을 담고 있으며, 구원자는 그들을 죄와 사망으로부터 구원하는 것이지, 사회적이고 정치적인 구원을 제공하는 것이 아니다. 이스라엘의 주변 민족들에게서 우리는 자기 백성을 고통에서 구원할 왕 같은 인물에 대한 기대를 발견한다. 구원자(σωτηρ)라는 이름이 왕들과 황제들에게 부여되기도 했다. 하지만 신약성경에서 이 용어는 죄와 사망에서 백성을 구원하고 그들에게 의와 생명을 주는 구원자를 가리키는 것으로 사용된다. 그리고 이스라엘의 비전은 우주적이다. 구약성경의 예언은 비전의 범위를 이스라엘 백성과 가나안 땅에 제한하지 않고 온 땅에까지 넓히고, 아브라함의 복을 온 인류에게 약속한다. 또한 그 복의 중심 내용은 하나님이 그의 하나님, 그리고 그의 후손의 하나님이 되시리라는 것이다. 하나님이 인류 역사의 끝에 자기 백성에게 약속하시는 것은 우주적이고 영적인 나라다.

[353] 예언은 이스라엘 역사에 새 길을 그려주는 것으로서, 하나님의 약속과 모형론적인 메시아 성취를 포함한다. 다윗에게 주어진 약속은 왕권이 그의 가문에 계속 머무르리라는 것이었다(삼하 7:8-16; 참조. 암 9:11; 호

1:11; 3:5; 미 5:1-2; 사 9:6-7; 11:1-2, 10; 렘 23:5; 30:9; 33:17, 20-22, 26; 겔 34:23-24; 37:22-24). 이 약속은 다윗의 위대한 자손을 통해, 곧 그가 이방인들을 포함하는 나라를 세움으로써 성취된다. 그는 영원한 왕으로서 기묘자, 모사, 전능하신 하나님(참조. 사 10:21; 신 10:17; 렘 32:18), 영존하시는 (자기 백성을 위한) 아버지, 평화의 왕(사 9:6-7)이라는 이름을 가지신다. 그는 영원히 다스리실 것이고, 의와 평강과 번영의 나라를 세우실 것이고, 또한 자기 영토를 이방인들 너머 땅끝까지 이르게 하실 것이다(시 2편; 45편; 72편; 겔 37:25; 슥 6:13; 9:10 등). 그는 주님이 기름 부으신 분이며, 그 위에 하나님의 영이 거하신다(신 18:15; 사 11:2; 40-60장; 말 4:5). 그는 왕이실 뿐 아니라 예언자와 제사장이시다(시 110편; 렘 30:21; 슥 3장; 6:13).

[354] 메시아 대망사상은 예언이 자취를 감춘 후에 이스라엘 백성들의 마음에 계속 살아 있었다. (유대교의) 묵시문학에서 우리는 이스라엘의 미래 구원과 통치에 대한 기대를 만나지만, 메시아에 대한 언급들은 그리 많지 않다(마카베오상 2:57; 4:46; 9:27; 14:41). 일반적으로 말해서, 자기의(self-righteousness)를 중시한 유대교는 메시아 대망사상에 그리 호의적이지 않았다. 결국 이스라엘은 율법을 갖고 있었으며 그 율법의 준수가 의를 가져다주는 것이었고, 구원자는 필요치가 않았다. 기껏해야 유대인들을 구출하고 그들의 정치적 운명을 회복할 수 있는 이 땅의 왕/메시아를 위한 여지가 있었을 뿐이다. 이 기대는 구약성경을 읽으면서 유지되고 공급되었는데, 유대인들은 456개나 되는 메시아에 대한 약속들을 찾아가면서 구약성경을 메시아적으로 해석했다. 메시아 대망사상은 묵시문학인 에녹1서, 솔로몬의 시편, 바룩2서, 시빌의 신탁(*Sibylline Oracles*), 에스라4서에서 자세히 설명되고 강조되었다. 이 존재는 보통 메시아, 인자, 택함을 받은 자, 또는 다윗의 자손으로 묘사되었고, 때로는 하나님의 아들이라고 불리기도 했으며, 베들레헴 출신의 선재하는 인간으로 간주되기도 했다. 그는 의롭고, 거룩하고, 많은 은사를 받아서 이 땅에 하나님 나라를 세울 것이었다. 신약성경의 증언에 따르면, 이것은 많은 부분에서 가난하고 비천한 자들

사이에서 발견되는 기대와 일치한다(눅 1:48, 74; 2:25 등).

이러한 기대들의 정황 속에서 그리스도가 나타나셨고 하나님 나라의 복음을 선포하며 다음과 같이 말씀하셨다. "때가 찼고 하나님의 나라가 가까이 왔으니 회개하고 복음을 믿으라"(막 1:15). 예수는 하나님 나라에 대한 새로운 이해를 소개하신다. 그 나라는 신앙적이고 윤리적인 것이지 정치적인 것이 아니다. 회개와 믿음과 거듭남 속에 있고, 아직 온전한 종말론적 실체로 도래하지 않았다. 예수가 자신의 하나님으로 인정하시고 고백하시는 분은 바로 이스라엘의 하나님(마 15:31)이신데, 이 하나님은 모든 왕들 위에 계시고(마 5:35; 18:23; 22:2) 하늘과 땅의 주님이시다(마 11:25). 하지만 또한 그분은 하늘에 계신 아버지로서 아비가 자녀를 돌보는 것처럼 왕권을 행사하신다. 하나님 나라는 또한 가족이자 공동체다(마 6:4, 6, 9; 7:11; 막 3:34-35). 하나님의 왕 되심과 아버지 되심은 경쟁 관계에 있는 것이 아니라 오히려 서로를 강화한다. 그 나라는 반드시 찾아야 하는 나라며(마 5:20; 6:33; 13:44-46), 죄의 용서와(마 9:2; 26:28; 눅 1:77; 24:47) 의로움과(마 6:33) 영생을(마 19:16; 25:46; 막 9:43) 담고 있는 선물로(마 19:29; 23:12; 24:47; 25:21, 34; 눅 6:32-33; 12:32, 37; 17:10; 22:29) 받아들여야 한다. 슈몰러(Schmoller)와 바이스(Weiss) 같은 학자들이 범한 실수는 예수의 가르침에 등장하는 하나님 나라에 전적으로 종말론적 의미만을 부여했다는 것이다.[14] 예수는 성경과 특히 나중에 묵시문학에서 발전된, 하나님 나라에 대한 종말론적 개념을 받아들이신다. 하지만 예수께는 하나님 나라—심판과 구원에 하나님이 개입하심—라는 개념이 두 번의 격동적 순간으로 이해된다. 구약성경의 예

---

14) O. Schmoller, *Die Lehre vom Reiche Gottes in den Schriften des Neuen Testaments* (Leiden: Brill, 1891); J. Weiss, *Die Predigt Jesu vom Reiche Gottes* (Göttingen: Vandenhoeck & Ruprecht, 1892); 개정 2판(1900)에서도 이러한 종말론적 관점이 유지되기는 하지만 어느 정도 약화된다; 영역본: *Jesus's Proclamation of the Kingdom of God*, trans., ed., and with an introd. by Richard Hyde Hiers and David Larrimore Holland (Philadelphia: Fortress, 1971).

언자들은 메시아의 오심을 단일한 것으로 간주했지만 예수의 오심은 이 것을 둘로 나눈다. 하나는 구원을 목적으로, 다른 하나는 심판을 목적으로 하며, 하나는 준비를 위한 것이고, 다른 하나는 완성을 위한 것이다.

[355] 예수는 그의 사역이 갈릴리에서 소망 가운데 시작되었지만 후에는 실패한 것처럼 보였기 때문에 이런 구분에 도달하신 것이 아니다. 요한이 세례를 통해 예수를 지명한 처음 시작부터(마 3:11ff.; 요 1:26ff.), 예수는 자신이 선포하신 복음이 가리키는 하나님 나라에서 자신이 맡으실 역할을 분명히 알고 계셨다. 자신이 메시아라는 예수의 인식은 자신이 하나님과 전적으로 독특한 관계를 누리고 있다는 지식에서 흘러나온 것이었다. 그렇기 때문에 예수는 스스로를 인자(사람의 아들)라 부르실 뿐 아니라 "하나님의 아들"이라고도 부르셨다. "인자"(Son of Man)라는 용어는 흔치 않았다. 이 말은 다니엘 7:13을 연상시켰고, 당시의 묵시문학(에녹1서와 에스라4서)에서 메시아를 지칭하는 것으로 이해되었다. 이 명칭을 사용하시면서 예수가 의도하신 것은 자신이 진정한 인간이고, 이스라엘뿐 아니라 모든 인간과 동족임을 가리키면서, 동시에 자신을 다른 모든 사람들로부터 구분하시고 또 그 위에 두시려는 것이다. 예수는 자신을 다니엘 7장에 나오는 묵시적 인자, 그리고 성부가 사랑하시어 자신의 사자로 보내신 고귀한 하나님의 아들로 아신다. 예수는 성자로서 성부를 유일하게 아시고, 또한 성부는 예수가 죄를 용서하시기 위해, 그리고 성부의 뜻을 계시하기 위해 자신의 특별한 권위를 행사하신다는 것을 아신다. 실상 하나님 나라는 여전히 미래에 있지만(마 5:3, 20; 6:10, 33; 7:21; 18:3; 19:23-24; 25:34; 26:29 등), 또한 현재적 실체이기도 하다(마 11:11-12; 12:28; 13:11, 19, 24, 31, 52; 막 4:26-29; 9:1; 눅 10:9; 17:21). 신자들은 이미 그 나라의 시민이며 그 나라에 참여한다(마 7:13-14; 13:23, 30; 28:18, 20; 막 10:15; 눅 7:28). 이제 그리스도는 왕이시고 자기에게 속한 이들도 왕과 제사장으로 삼으신다(계 1:6, 18; 3:21; 5:10). 하지만 하나님 나라는 그의 재림 때 완성된다(계 19-21장).

또한 "인자"라는 이름은 예수가 자신의 인격과 사역에 대한 모든 오해를 미리 불식시키고, 점진적으로 자신의 메시아직이 가진 참된 의미를 불어넣을 기회를 제공했다. 이 의미는 위로부터 오신 그리스도가 많은 고난을 당하시고 그 후에 자기 영광으로 들어가셔야 했다는 사실로 귀결된다. 따라서 예수가 계시하시는 것은 다음과 같다. (1) 그분은 다윗의 자손과 이스라엘의 왕일 뿐만 아니라 인자로서 모든 인간과 연결되어 있고 자기 생명을 많은 사람을 위한 대속물로 주신다. (2) 그분은 모든 인간 중에서 아주 독특한 위치를 차지하시는데, 이는 위로부터 오신 분으로서 성부와 끊임없는 교제 가운데 사시는 동시에, 죄를 용서하고 영생을 주실 수 있는 권세를 가지셨기 때문이다. (3) 그분은 유대인들이 자신들의 메시아에게 기대했던 것처럼 폭력으로 이 권세를 획득하실 수 없었고, 다만 주님의 종으로서 자기 백성들을 위해 고난을 당하시고 죽으셔야 했다. (4) 바로 이 길을 취하시면서 그분은 부활과 승귀의 영광, 하나님의 우편으로 높아지심, 심판을 위한 재림을 이루실 것이다.

예수는 자신을 "하나님의 아들"이라고도 부르셨다. 구약성경에서 이 명칭은 이스라엘 백성에게, 그리고 그 후에 왕, 특히 메시아에게 적용되었다.[15] 그리고 이 명칭이 귀신 들린 자들(마 8:29), 유대인들(마 27:40), 대제사장(마 26:63), 그리고 심지어 초기 제자들(요 1:49; 11:27; 마 16:16)에 의해 사용되었을 때에도 이러한 신정적 의미를 담고 있었을 것이다. 하지만 예수는 여기에 추가적으로 보다 깊은 의미를 더하신다. 그가 왕이신 것은 그분이 메시아이시고, 성부의 아들이시기 때문이다. 하나님이 그의 아버지시다(눅 2:49). 그는 성부가 사랑하셨고 자신의 마지막 사자로 보내신 외아들이시다(막 12:6). 하나님은 그를 "내 사랑하는 아들이요 내 기뻐하는 자"라고 부르셨다(마 3:17; 17:5). 이 아들 됨이 그의 온 생애, 모든 생각과 행위의 원천이다. 그는 사람들에게 복을 선포하셨고(마 5:3ff.; 눅 10:23), 죄를 용서하셨고

---

15) 참조. H. Bavinck, *Reformed Dogmatics*, II, 264-68 (#214); W. Sanday, "Son of God," in *DB*, IV, 568ff.; J. Stalker, "Son of God," in *DC*, II, 654ff.

(막 2:10), 자기의 제자들이 자신 때문에 모든 것을 버려야 한다고 요구하셨고(마 5:11; 10:18, 22 등), 그것을 영생에 들어가는 것과 연결했다.

사도들과 기독교회가 그리스도의 인격에 대해 가르친 모든 것은 원칙적으로 이미 공관복음서에 담겨 있었다. 부활은 공관복음서가 가르치는 것, 즉 예수가 하나님의 유일하신 아들, 육신을 입은 하나님 자신이시라는 것을 조명했고, 분명히 했고, 확증했다. 사도들은 복음서의 가르침을 확장하고 발전시켰을 뿐이다. 그것은 예수가 인간, 즉 "육신"(요 1:14; 요일 4:2-3)이 되셨다는 것인데, 그는 아브라함의 자손(갈 3:16)으로서 유다 지파(히 7:14)에서 나셨고, 다윗의 자손(롬 1:3)으로서 여인에게서 나셨다(갈 4:4; 히 2:14). 그는 온전하고 진정한 의미에서 사람이시고(롬 5:15; 고전 15:45; 딤전 2:15), 우리가 그런 것처럼 피곤과 갈증을 느끼시고 슬픔과 기쁨을 아신다(요 4:6ff.; 11:33, 38; 12:27; 13:21; 히 4:15). 그는 율법 아래 계셨고(갈 4:4), 죽기까지 순종하기를 배우셨다(빌 2:8; 히 5:8; 10:7, 9). 또한 그는 죄가 없으셨다(마 7:11; 11:29; 요 4:34; 8:29, 46; 15:10; 행 3:14; 고후 5:21; 히 4:15; 7:26; 벧전 1:19; 2:22; 요일 2:1; 3:5). 그는 또한 다시 살아나셨고, 영화롭게 되셨고, 하나님 우편에 앉으셨다(행 2:34; 5:31; 7:55 등). 그는 성육신 이전에도 계셨고(요 1:1; 17:5; 고전 10:4, 9; 히 11:26), 그때는 "하나님의 본체"(빌 2:6)시며, 모든 피조물보다 먼저 난 자(골 1:15)이셨다, 그를 통해 하나님이 모든 것을 창조하셨고 그 안에 모든 것이 있으며(요 1:3; 고전 8:6; 엡 3:9; 골 1:16), 완전히 독특한 의미에서 하나님의 아들이시고(요 1:14; 5:18; 롬 8:3, 32; 갈 4:4), 그 자신이 하나님이시다(요 1:1; 20:28; 롬 9:5; 살전 1:1; 딛 2:13; 히 1:8-9; 벧후 1:1; 요일 5:20).

[356] 이 영광스러운 진리는 너무나 풍성하고 깊어서, 그리스도인이 즉각적으로 자신의 의식에 수용하거나 또는 모든 오류를 반박하는 증거로 제시하기 위해 분명한 공식으로 재현하는 것이 불가능하다. 에비온주의는 예수를 단순히 우월한 인간으로만 보았고, 영지주의는 신적인 것과 물질적인 것을 날카롭게 분리했다. 이 두 경우에서는 인간적인 것과 신적인 것의 온전한 연합이 제대로 다루어지지 않았다. 이레나이우스 당시에

는 아직 두 본성에 대한 신조가 없었지만, 그럼에도 그는 그리스도가 참으로 성자, 로고스, 하나님 자신이시며, 그런 분으로서 인간이 되셨고, 이 성육신하신 로고스가 결코 깨뜨릴 수 없는 일치를 성립시키신다고 분명하게 가르친다. 그는 참으로 사람이시고 또 참으로 하나님이시다(*Adv. haer.* IV, 6, 7). 한 분이신 동일한 그리스도가 세상을 창조하셨고 또한 태어나셔서 죽으셨다(*Adv. haer.* III, 9, 3, 16, 6, 19, 1, etc.). 테르툴리아누스는 더 강력하게 그리스도 안에 있는 두 본질, 즉 육체적 본질과 영적 본질을 말하고, 또한 두 조건, 즉 신적 조건과 인간적 조건을 말하며(*De carne chr.* 5), 그리스도 안에 이중 상태, 즉 혼합되지 않지만 한 인격 안에 참여하는, 참으로 하나님이며 참으로 인간인 상태가 있었다고 말한다(*Adv. Pr.* 27). 신적인 것과 인간적인 것을 분리하는 네스토리우스적 경향과 그 둘을 혼합해버리는 유티케스적 경향에 대해 공식화된 신조가 제시된 것은 칼케돈 공의회에 이르러서였다. "한 인격 안에 두 본성이 혼합(confusion)이나 변화(change)나 분열(division)이나 분리(separation) 없이 존재한다." 하지만 이 신조는 동방 교회가 단성론(Monophysitism)과 신성화(θεωσις, divinization)[16]라는 오류로 빠지는 경향을 막지 못했고, 서방 교회 역시 신비주의와 인간의 신격화(deification)에서 자유롭지 못했다.

그리스도의 두 본성

[357] 그리스도의 두 본성은, 로마와 스콜라 신학에 따르면, 신성에서 인성으로 속성들의 교류가 있었음에도 계속 구별되어 존재했다. 이것은 예수가 결코 실제로 어린아이였던 적이 없다는 생각으로 이어졌다. 마치 열기 때문에 철이 달아오르는 것처럼 처음부터 예수 안에서 인성은 신격화되었고, 그렇게 인성은 신적 영광, 지혜, 능력에 참여하게 된다(περιχωρησις,

---

16) 참조. H. Bavinck, *Reformed Dogmatics*, I, 134n51 (#42).

θεωσις). 그리하여 예수는 경배의 대상이 되는 것이다. 루터파 신학은 속성들의 교류가 신성에서 인성(human nature)으로가 아니라 인격(person)으로 이루어진다고 여겼지만, 그럼에도 신성과 인성이 그 속성들과 더불어 "연합하고 혼합된다"고 생각하면서 인성을 원래 주어진 경계 이상으로 높였다.[17] 따라서 로마 가톨릭과 루터파 사상 간의 유사성은 성찬론뿐 아니라 기독론에서도 발견된다.

루터파 신학의 발전 과정에서, 논리적 구분이 성육신(incarnation; 육체를 취함)과 비하(exinanition; 자기비움: 모태에 잉태됨) 사이에 이루어졌다. 오직 로고스만 전자의 주체이고, "신인"(God-man)은 후자의 주체였다. 이것은 신성과 인성의 구분뿐 아니라, 비하(humiliation)와 승귀(exaltation)의 상태에 대한 구분에도 의문을 제기했다. "비하"(exinanition)의 본질에 대한 대논쟁이 기센(Giessen) 학파와 튀빙겐(Tübingen) 학파 사이에서 일어났다(1607-1624). 튀빙겐 학자들에 따르면, 그리스도는 이 속성들을 항상 가지고 계시면서 드러나지 않게 사용하셨고, 단지 공적으로 삼가셨을 뿐이다. 따라서 승귀의 상태는 다름 아니라 잉태된 순간부터 보이지 않게 존재했던 것이 볼 수 있게 드러난 것이다. 예수가 인간으로서 발달하신 모든 것은 그저 겉모습에 불과하게 되었다. 이런 이유로 기센 신학자들은, 그 이후의 루터파 신학자들과 마찬가지로, 그리스도가 비하의 상태에서는 자신에게 나누어진 신적 속성들의 사용을 전적으로 중지하셨다고 말하기를 선호했다. 신적 속성들을 가지고는 계셨지만, 능력으로만 가지고 계셨을 뿐 사용하지는 않으시고 승귀 이후에 비로소 그 능력을 행사하셨다는 것이다.[18]

---

17) See "Formula of Concord," in *The Book of Concord: The Confessions of the Evangelical Lutheran Church*, ed. Robert Kolb and Timothy J. Wengert (Minneapolis: Fortress, 2000); 그리스도의 인격에 대한 논의는 "Epitome"과 "Solid Declaration" 8항에서 볼 수 있다 (508-14, 616-34).

18) F. A. Philippi, *Kirchliche Glaubenslehre*, 3rd ed., 7 vols. in 10 (Gütersloh: Bertelsmann, 1870-90), IV, 1, 243ff.; E. Güder, "Stand Christi, Doppelter," *PRE*[1], XV, 784-99; J. Wagenmann, "Kenotiker undKryptiker," *PRE*[2], VII, 640-46; R.

반대로 개혁파 신학은 "유한은 무한을 포함할 수 없다"(*finitum non capax infiniti*)라고 주장하면서 인성과 신성을 분리하지 않으면서도 분명하게 구분했고, 이 원리를 비하의 상태는 물론이고 승귀의 상태에도 적용했다. 이처럼 개혁파 신학은 그리스도가 순전히 인간으로서 발달하는 것, 계속적인 은사의 교류, 비하와 승귀 사이의 실제적 구분을 위한 여지를 마련하면서도, 동시에 네스토리우스주의가 받았던 정죄를 피했다. 정교회, 로마 가톨릭, 루터파 신학에서는 강조점이 언제나 신적 존재의 성육신에 놓였는데, 이는 신적 본성(divine nature)이 하나님과의 교제인 구원을 성취하기 위해 필수적인 수단이었기 때문이다. 반면에 개혁파 신학은 육체가 되신 것이 성자의 위격(person)이었음을 강조했다. 우리의 본성을 입은 것은 성자의 본체(substance, 이면에 놓인 실체)가 아니라 그의 현존(subsistence, 개별 존재)이었다. 두 본성의 통일성은 변경할 수 없게 위격 안에 그 기반을 두었다. 삼위일체 교리나 하나님의 형상으로서의 인간, 그리고 언약에 관한 교리에서와 마찬가지로, 여기 그리스도에 관한 교리에서도 가장 충만하고 고상한 삶으로서의 지각 있는 인격적 삶에 대한 개혁파의 사상이 극적으로 전면에 두드러진다.[19]

[358] 많은 근대 사상가들은 칼케돈 신조의 울타리에 더 이상 만족하지 않는다. 그들은 칼케돈 신조를 그리스 이성주의의 산물이라고 여기면서 그리스도의 위격을 새로운 종교-윤리적 방향으로 재정의하려고 시도한다.[20] 임마누엘 칸트에게 "해야 한다"는 도덕적 당위는 필연적으로 "할

Seeberg, "Communicatio idiomatum," in *PRE*³, IV, 254-61.

19) 또한 J. Owen, "Declaration of the Glorious Mystery of the Person of Christ, God and Man," in vol. 1 of *The Works of John Owen*, ed. William H. Goold (Edinburgh: T&T Clark, 1862)을 보라.

20) D. F. Strauss, *Die christliche Glaubenslehre in ihrer Geschichtlichen Entwicklung*, 2 vols. (Tübingen: C. F. Osiander, 1840-41), II, 153ff.; A. von Harnack, *History of Dogma*, trans. N. Buchanan, J. Millar, E. B. Speirs, and W. McGilchrist, and ed. A. B. Bruce, 7 vols. (London: Williams & Norgate, 1896-99), I,

수 있다"를 함의하기 때문에, 예수는 그저 도덕적 모범, 덕을 가르치는 선생이 될 수 있을 뿐이다. 역사적 예수와 그의 사역, 죽음, 부활은 중요하지가 않다. 이상적 그리스도가 중요하다.[21] 피히테(Fichte), 셸링(Schelling), 헤겔(Hegel)은 기본적으로 동일한 접근을 다른 방식으로 전개한다. 피히테는 하나님과 인간이 완전히 하나라는 생각에서 출발한다. 그리스도의 위대한 역사적 의미는 우리가 그 안에서 최초로 이 진리를 깨닫고 분명하게 기술한다는 데 있다. 역사적 예수는 중요하지 않다. 중요한 것은 우리가 하나님과 하나라는 영원한 형이상학적 진리다.[22] 초기 셸링에게 절대자는 영원한 생성인데, 세계 안에서 로고스와 아들로서 자기를 드러낸다. 역사적 사실로서의 기독교는 그저 지나가는 의미밖에 없다. 하지만 관념은 영원히 지속된다. 이 세계가 하나님의 아들(the Son of God)이다. 세계는 생성과정에 있는 하나님 자신이다. 하나님의 성육신은 모든 생명과 역사의 첫번째 원리다. 모든 것은 성육신의 개념으로 이해되어야 한다. 이것은 기독교의 감추어진 진리이기도 하다. 외적으로 역사 속에서 표현된 것은 이 영원한 관념의 형식에 불과한 것이다.[23] 헤겔도 신학이 상징적으로 눈에 보이게 표현한 것을 철학이 개념으로 전환한다고 말했다. 그리스도만이 유

1ff.; VII, 118ff., 168ff.

21) I. Kant, *Religion within the Limits of Reason Alone*, trans. Theodore M. Greene and Hoyt H. Hudson (New York: Harper & Brothers, 1934), 115ff.; 참조. Isaak August Dorner, *History of the Development of the Doctrine of the Person of Christ*, trans. W. L. Alexander, 5 vols. (Edinburgh: T&T Clark, 1863-78), V, 35; J. W. Chapman, *Die Teleologie Kant's* (Halle: C. A. Kaemmerer, 1905).

22) J. G. Fichte, *Die Anweisung um seligen Leben oder auch die Religionslehre* (Berlin: Verlag der Realschulbuchhandlung, 1806); 참조. I. A. Dorner, *Person of Christ*, V, 95ff.

23) F. W. J. Schelling, "Vorlesungen über die Methode des akad. Studiums [1803]," in *Ausgewählte Werke*, 4 vols. (Darmstadt: Wissenschaftliche Buchgesellschaft, 1968), II, 520ff. (*Sämmtliche Werke*[Stuttgart & Augsburg: J. G. Cotta'scher, 1856-61], I/5, 286ff.); 편집자 주—Bavinck는 여덟 번째 강의를 언급하고 있다: "über die historische Construktion des Christenthums." 참조. I. A. Dorner, *Person of Christ*, V, 100.

일한 신인은 아니다. 인간은 기본적으로 하나님과 하나이며, 그들이 최고의 경지에 도달하면 이 사실을 인지하게 된다.[24] 그 다음 논리적 단계로 슈트라우스(Strauss)가 자신의 저작『예수의 생애』(*Life of Jesus*)[25]에서 진술하는 바에 의하면, 인간 자체가 성육신한 하나님으로서, 성령으로 잉태되어 죄 없는 삶을 살고, 죽음에서 부활하고 하늘로 다시 올라간다. 이러한 철학적 사고로부터 흘러나오는 근대신학에서, 역사적 예수는 하나님과 인간 사이의 통일성이라는 개념의 암막 뒤로 사라진다. 그는 단지 종교적 천재, 사람들을 일깨운 선생일 뿐이며, 그리스도 자신의 인격은 사실상 기독교의 근간을 이루는 요소가 아니다.[26]

반면에 슐라이어마허(Schleiermacher)는 이 사변적·철학적 접근을 거부하면서 예수가 교회에 대해 갖는 의미를 그에게서 발견되는 고도로 발달한 하나님 의식(God-consciousness)에서 찾았는데, 이것은 예수 안에 있는 신적 요소였다. 예수는 인간의 종교적 원형으로서 자신이 가진 하나님 의식을 제자들에게 전수하셨다. 기독교에 본질적인 것은 예수의 인격과 종교적 삶이지, 그의 교훈이나 도덕적 모범이 아니다.[27] 슐라이어마허는 그리스도의 인성이 아닌 인격에 종교적 이상의 실현을 재위치시켰는데, 이

---

24) G. W. F. Hegel, "Religionsphilosophie," in *Sämtliche Werke*, 26 vols. (Stuttgart: F. Frommann, 1949-59), XVI, 235ff. (*Werke* XII, 235ff.); 편집자 주―지금 Bavinck 는 헤겔 종교철학(1831년 강의)의 세 번째 부분을 말하고 있다. "The Consummate (Absolute) Religion," specifically the section "The Kingdom of the Father." 이를 축약한 형태는 다음 책에서 찾을 수 있다. *Hegel: Lectures on the Philosophy of Religion*, vol. 3, *The Consummate Religion*, ed. Peter C. Hodgson (Berkeley: University of California Press, 1985), 363-64. 참조. I. A. Dorner, Person of Christ, V, 131ff.

25) D. F. Strauss, *The Life of Jesus: Critically Examined*, trans. Marian Evans, 2 vols. (New York: Calvin Blanchard, 1860; repr., St. Clair Shores, MI: Scholarly Press, 1970), sect. 144-52, pp. 867-901.

26) D. F. Strauss, *The Old Faith and the New*, trans. Mathilde Blind (New York: Hold, 1873), 26ff.

27) F. Schleiermacher, *The Christian Faith* (Edinburgh: T&T Clark, 1989), §§91ff.; I. A. Dorner, *Person of Christ*, V, 98ff.

것은 엄청난 영향을 끼쳐서 신학자들이 예수 그리스도를 가장 탁월하고 전적으로 유일한 계시로 다루려고 노력할 때 기독론이 교의학에서 다시 확고히 자리매김을 하도록 해주었다.[28] 새 기독론 역시 예수의 인격에서 일어나는 역사적·인간적 발전에 대한 새로운 관심을 유발시켰고, 이러한 개선을 통해 "신인"(God-man)에 대한 칼케돈의 신앙고백을 고수하려고 노력했다. 따라서 생성(becoming)의 개념이 하나님으로서의 신인에게 적용되었다. 후기 셸링에 의해 주창된 후에,[29] "신인"의 생성이라는 개념은 신지학자들과 신학자들에게 막대한 영향을 끼쳤다.[30]

슐라이어마허 이후의 신학이 예수의 역사적 인격성을 상당히 강조했고 19세기의 창조적인 기독론적 사고들을 불러일으켰지만, 그 결과들은 많은 이들을 만족시키지 못했고 알브레히트 리츨(Albrecht Ritschl)을 필두로 하는 신학자들은 칸트가 했던 것과 같은 윤리적 관심으로 다시 돌아갔다. 리츨은 형이상학과 자연과학, 역사비평에 의해 부정되는 모든 것을 거부하는데, 이를테면 그리스도의 선재, 초자연적 잉태, 부활, 승천, 재림 등이다. 예수는 평범한 사람이었지만 탁월한 윤리적 감수성과 자각을 가지고 있었고, 그의 의지는 세계와 인류를 위한 하나님의 계획과 목적에 완

---

28) 이를테면 R. Rothe, Hofstede de Groot, C. E. Nitzsch, F. A. Kahnis, G. Thomasius,J. P. Lange 등이 있다.

29) 참조. H. Bavinck, *Reformed Dogmatics*, II, 322-29 (#230); F. W. J. Schelling, *Sämmtliche Werke*, II, 3, 317ff.

30) Gottfried Thomasius, *Christi Person und Werk*, 3rd ed., 2 vols. (Erlangen: A. Deichert, 1886-88), I, 409-45; H. L. Martensen, *Christian Dogmatics*, trans. W. Urwick (Edinburgh: T&T Clark, 1871),§133; F. Delitzsch, *A System of Biblical Psychology*, trans. Robert E. Wallis (Edinburgh: T&T Clark, 1899), 384ff.; F. L. Godet, *Commentary on John's Gospel* (Grand Rapids: Kregel, 1978), 요 1:14에 대한 주석; J. J. vanOosterzee, *Christian Dogmatics*, trans. J. Watson and M. Evans, 2 vols. (New York: Scribner, Armstrong, 1874), II, 752. 다음과 같은 영미 학자들도 이 가정을 호의적으로 받아들인다. B. B. Warfield, "Recent Theological Literature," *Presbyterian and Reformed Review* 10 (1899): 701-25; W.Lock, "Kenosis," in *DB*, II, 835; Alfred E. Garvie, "Kenosis," in *DC*, I, 927-28.

벽하게 부합했다. 예수 안에서 하나님 자신, 하나님의 은혜와 신실함, 인류를 향한 하나님의 뜻과 목적이 드러났고, 이에 따라 그는 이 땅에 하나님 나라를 세울 수 있었다. 그의 죽음은 하나님 나라가 모든 사람의 운명이라는 것을 확증한다. 그리스도는 형이상학적인 의미에서 하나님이 아니다. 오히려 그의 경우에 "하나님"이라는 이름은 그가 하나님 나라에서 갖는 지위와 상태를 나타낸다. 그의 존재가 아니라 그의 직무를 가리키는 것이다. 그리스도가 "하나님"이라고 불리는 것은 그가 우리에 대해 하나님의 자리와 가치를 점하기 때문이다.[31]

[359-361] 헤르만(Herrmann)과 하르낙(Harnack) 같은 이들이 리츨의 이런 접근을 따랐는데, 이들 모두는 "역사의 예수"(Jesus of History)를 추구했다. 리츨을 따른 모든 사람이 갖고 있던 모토는 "우리는 바울과 요한으로부터 공관복음의 예수께, 특히 산상설교의 예수께 돌아가야 한다"라는 것이었다. 예를 들어 하르낙은 기독교 신앙의 핵심을 사람들이 예수의 나타나심, 교리, 삶에 의해 하나님을 자기 아버지로, 자신을 그의 자녀로 경험하는 확신이라고 정의한다.[32]

하지만 리츨 학파의 기획은 성공하지 못했다. 리츨 학파가 내적으로 분열되었을 뿐만 아니라, 신약성경 분야의 급진적인 비평학자들조차 신학자들이 리츨 학파에 의해 묘사된 단순히 윤리적인 예수를 주장하는 것을 용납하지 않았다. 요한과 바울의 사상은 결국 공관복음 자체에서 발견되는 예수와 다르지 않은데, 여기서 자신의 메시아적 역할에 대해 고도로 자기의식적인 예수는 묵시적 인물로서 말씀하시고, 기적을 행하시고, 죄를 용서하시는 것과 같은 신적 특권을 갖고 계신다. 진정한 역사적 예수는 파

---

31) A. Ritschl, *The Christian Doctrine of Justification and Reconciliation* (Clifton, NJ: Reference Book Publishers, 1966), III, 379ff.

32) Adolf von Harnack, *What Is Christianity?* trans. Thomas Bailey Saunders (New York: Harper, 1957), 148; idem, *History of Dogma*, I, 17; 참조. H. Bavinck, *Reformed Dogmatics*, I, 117 (#36).

악하기 어려운 것으로 증명되었고, 비평적 성경학자들이 사도적 그리스도로부터 역사적 예수를 분리해낸 모든 방식들에도 불구하고 이 둘이 동일하다는 것은 더욱 분명해졌다.[33] 예수를 그리스도로, 살아 계신 하나님의 아들로 영접하지 않는 사람은 그를 공경할 수 없다. 게다가 예수에 대한 수정주의적인 묘사가 기독교회의 발흥과 예수를 하나님의 아들 그리스도로 고백하게 하는 힘을 설명하는 데 전적으로 부적절하다는 것이 더욱 분명해졌다. 이 모든 것을 교회의 기막힌 자작극으로 몰아가는 것은 말도 안 되는 일이다. 결론적으로, 복음서의 역사적 예수는 바울과 요한, 그리고 초기 교회가 고백한 그리스도와 동일하다.

성육신의 중심성

[362] 그리스도에 대한 교리는 교의신학의 전체 체계에서 출발점이 아니라 중심점이다. 또한 바로 여기서 기독교의 신앙적·윤리적 삶 전체가 고동친다. 성육신한 말씀이신 그리스도는 이렇게 세계사 전체에서 중심이 되는 사실이다. 성육신(incarnation)은 하나님의 삼위일체적 존재를 그 전제와 토대로 갖는다. 삼위일체는 신성과 인성 모두에 참여하는 중보자의 존재를 가능케 하고, 이로써 하나님과 인류를 통일시킨다. 바로 이런 이유로 하나님이 스스로 계신 분이면서 또한 자신을 다른 이들에게 나누실 수 있는 것이다. 성육신은 삼위일체 전체의 사역이다. 그리스도는 성부에 의해 보냄을 받으셨고 성령에 의해 잉태되셨다. 그러므로 신성 그 자체가 아니라 특별히 성자의 위격이 사람이 되셨다는 사실을 견지하는 것이 중요하다. 교회는 모든 시대에 걸쳐 성부수난설(patripassianism)을 정죄

---

33) 예수와 바울의 관계를 다루는 연구서들이 최근들어 많이 출간되었다. 그중에 중요한 저작들 몇 권을 언급하면 다음과 같다, W. Bousset, *What Is Religion?* trans. Florence B. Low (New York: Putnam, 1907); J. Weiss, *Paul and Jesus*, trans. H. J. Chaytor (New York: Harper, 1909).

했다. 비록 옛 형태―프락세아스(Praxeas), 헤르모제네(Hermogenes), 노에투스(Noetus), 베론(Beron), 베릴(Beryll), 사벨리우스(Sabellius)―로는 아닐지라도, 성부수난설의 기본적인 개념은 헤겔(Hegel), 셸링(Schelling), 하르트만(Hartmann) 등과 같은 이들의 범신론적 체계 안에 내재해 있다. 범신론적 체계는 절대자를 존재(being)가 아니라 생성(becoming)으로 보고, 또한 신성이 자신을 세계로 흘려보내면서 스스로를 유한하게 만든다고 여긴다. 모든 슬픔과 비참함으로 가득한 세상과 인류는 하나님의 생명 가운데 한 순간이며, 계시의 역사는 하나님의 수난의 역사다. 하지만 성경은 성육신을 성자에게 돌린다(요 1:14; 빌 2:6; 히 2:14-15). 심지어 개혁파는 루터파처럼 성자 안에 있는 신적 본성(divine nature, 신성)이 사람이 되었다고 말하는 대신, 성자의 위격(person)이 사람이 되었다고 말하는 것을 선호한다. 이 차이가 확실히 그리 중대한 것은 아니지만, 그럼에도―두 본성을 혼합하려는 모든 경향에 반대하여―개혁파는 성자의 위격 안에 신적 본성이 고유한 방식으로 존재했고, 그 성자의 위격이 인간적 본성(human nature, 인성)을 취하셨음을 강조했다.

[363] 성육신은 또한 창조와 연관되어 있다. 성육신이 필연적인 것은 아니었지만, 하나님의 형상으로 인간을 창조하신 것은 하나님의 성육신을 위한 전제와 준비다. 창조와 더불어, 그리고 창조 안에는 계시뿐 아니라 성육신의 가능성도 존재한다. 사실 창조 자체는 타락후선택설의 방식으로 이해되어야 하고, 아담은 그리스도의 모형으로 간주되어야 한다. 세계는 타락이 발생하면 다시 회복될 수 있게 창조되었다. 죄의 발생과 상관없이 성육신이 일어날 수 있었으리라는 생각이 상당히 흥미를 불러일으킬지라도―죄가 우발적이지 않고, 참된 종교가 중보자를 필요로 하고, 그리스도가 교회에 선행하신다는 사실을 생각할 때―그런 가설은 필요 없다. 하나님의 작정과 경륜에 관한 성경적 가르침은 충분하다. 성육신은 영원 전부터 준비되었다. 성육신은 하나님의 본질이 아니라 위격에 그 원인을 둔다. 성육신은 범신론이 말하는 것처럼 필연이 아니지만, 그렇다고 펠라기우스

주의가 말하는 것처럼 임의적이거나 우발적이지도 않다.

[364] 성육신은 타락 직후에 일어나지 않았고 신적 계시의 오랜 역사를 통해 준비되었다. 성자의 영원한 나심과 사람의 창조처럼, 계시는 성육신을 위한 또 다른 전제이며 준비였다. 성경은 때가 찼다는 말을 통해(엡 1:10; 갈 4:4) 성육신이 그때까지 일어나지 않은 것이 우연히 또는 임의로 그렇게 된 것이 아니라, 하나님이 자신의 지혜로 그렇게 정하신 것이라고 말한다. 특히 요한은 복음서의 도입부에서 성육신을 위한 역사적 준비를 표현한다. 하나님과 함께 계셨고 만물이 자신으로 말미암아 지은 바 되게 하신 로고스가 바로 육신이 되신 하나님이다. 계시와 성육신은 모두 하나님의 소통 가능성(communicability)에 토대를 두고 있다. 성육신을 위한 준비로서의 계시의 역사는 예수의 어머니로서 여인들 중에 가장 큰 복을 받은 사람인 마리아를 선택하시고 은혜를 입게 하심에 집중되어 있고 그곳에서 완성에 이른다. 모든 그리스도인들이 마리아를 매우 귀히 여기는 것도 바로 이 때문이다. 물론 로마 가톨릭이 무염시태와 무죄성, 몽소승천에 관한 교리들을 포함해서 마리아를 숭상하는 것은 너무 과도하고 비성경적이며, 오히려 전통 및 로마의 위계체계와 더 관련이 있지만 말이다. 로마 가톨릭에서 마리아 숭배는 하나님에 대한 진정한 기독교적 예배를 점차 몰아낸다. 종교개혁은 인간의 우상화에 반대하여 일어난 것인데, 가톨릭의 성모 교리는 이를 위배하는 것이다. 비록 주의가 필요하기는 하지만, 말씀이 육신이 되셨음을 고백하는 모든 개신교인들은 마리아를 여인들 중에서 은혜를 입은 자로, 그리고 하나님의 아들의 어머니가 되도록 하나님이 선택하시고 준비하신 자로서 대단히 존중한다.

[365] 그리스도는 성육신에서 선행하는 계시와 연결되어 있고, 또한 자연과 역사를 통해 자신의 오심을 준비하셨다. 하지만 그렇다고 해서 그리스도가 과거의 산물은 아니며, 이스라엘 또는 인류의 열매도 아니다. 어떤 인간도 단순히 그 부모와 환경만으로는 설명될 수 없는데, 그리스도는 더더욱 그렇다. 왜냐하면 성경에 따르면, 그리스도 안에는 육신이 되신 하나님의

말씀—태초에 하나님과 함께 계셨고 그 자신이 하나님이신 분—이 거하시기 때문이다. 성육신 교리는 자주 격렬한 저항에 부딪혔는데, 이 저항은 주로 성경에 잘못 호소하는 것에서 시작되었다. 하지만 그런 호소는 통하지 않을 것인데, 예수 자신이 그러한 호소에 장애물이 되시기 때문이다. 예수가 자신에 대해 무슨 말씀을 하시고 또 무엇을 행하시는지, 그리고 추종자들이 그를 무엇으로 묘사하고 어떻게 숭배하는지에 대한 정직한 평가는 우리에게 선택을 강요한다. 예수는 미친 광신도나 끔찍한 신성모독자든지, 아니면 진정한 하나님의 아들이다. 성경은 신성을 그리스도에게—단지 몇 몇 경우만 아니라 반복적으로—돌리면서 그가 영원 전부터 인격적으로 존재하시며(요 1:1; 8:58; 17:5; 롬 8:3; 고후 8:9; 갈 4:4; 빌 2:6), 초자연적 의미에서 하나님의 아들이시고(마 3:17; 11:27; 28:19; 요 1:14; 5:18; 롬 8:32), 만물을 창조하시고 붙드시는 분(요 1:3; 고전 8:6; 엡 3:9; 골 1:16-17; 히 1:3; 계 3:14), 교회의 주님(마 3:2; 5:11; 10:32, 37; 요 18:37; 고전 11:3; 엡 1:22; 골 1:18), 온 창조세계를 다스리시는 왕(마 11:27; 28:18; 요 3:35; 17:2; 행 2:33; 고전 15:27; 엡 1:20-22; 빌 2:9; 골 2:10; 히 2:8), 산 자와 죽은 자를 심판하러 오실 분(요 5:27; 행 10:42; 17:31; 롬 14:10; 고후 5:10)이라고 말한다. 후대에 교회의 교리로 결실할 씨앗들이 신약성경 내에서 실제로 발견된다. 마지막으로 하나님과 사람 사이의 참된 교제인 기독교 신앙 자체는 그리스도의 신성을 고백함으로써만 유지될 수 있다. 그리스도가 차지하는 위치는 석가모니, 자라투스투라, 무함마드가 각자의 종교에서 차지하는 위치와 전혀 다르다. 그리스도는 기독교의 선생도, 창시자도 아니다. 그리스도는 기독교의 내용이다. 성육신을 부인하면서도 예수에게 "하나님"이라는 명칭을 허용하려는 근대의 시도들은 결국 창조주와 피조물의 범신론적 혼합이고, 다시 이교적 우상숭배로 돌아가는 것이다. 여기서 아이러니는, 근대신학이 진화의 과정에 대한 합리적인 결론으로 인간을 신격화(*apotheosis*)하는 가능성은 받아들이면서도, 로마 가톨릭의 신성화(*divinization*) 개념에서처럼 그리스도의 신성은 부인한다는 것이다.

[366-367] 성경에 따르면, 성육신은 동정녀 탄생을 통해 이루어진다.

이 교리도 역시 교회의 역사 내내, 특히 19세기 후반에는 본문비평가들에 의해 공격을 받았다. 이들은 페시타 본문의 증거로부터 마태복음 1장에 나오는 동정녀 탄생에 대한 언급이 진짜가 아니라고 주장한다. 본문의 증거는 이 결론을 보증하지 않고, 비록 마태와 누가의 복음에서만 발견됨에도 불구하고 우리는 예수의 초자연적인 잉태가 복음서의 원래 메시지의 일부로 존재했다고 확신할 수 있다. 이 교리는 가장 초기 신조들이 출현하던 때부터 기독교 신앙고백의 일부분이었다. 일관되게 모든 복음서가 예수를 다윗의 후손인 동시에 하나님의 영원한 아들이라고 묘사한다. 하나님의 영원한 아들이신 분이 그와 동시에 다른 사람의 후손으로 나심으로써 인간이 되시기 위해서는 성령에 의해 초자연적으로 잉태되어야 했다. 우리 주님은 사람의 뜻을 따라 나지 않으셨다. 어떤 비평가들은 신들의 아들들에 대한 이교의 전설들을 증거 삼아 복음서 기자들이 그것들을 "차용"했다고 주장한다. 하지만 오히려 그 반대일 가능성이 크다. 그런 이교의 전설은 그리스도인들로 하여금 그와 유사해 보이는 가르침을 경계하고 멀리하게 했을 것이기 때문에, 그럼에도 동정녀 탄생에 대한 사도적 증언이 존재한다면, 그것이 사실일 가능성은 훨씬 높아진다. 게다가 복음의 가르침과 이교의 신화 사이에는 단지 피상적이고 외적인 유사성만 있을 뿐, 오히려 본질에서는 현격한 차이가 있다. 전설들의 가르침에서 신들의 감각적인 욕망을 부끄러움 없이 미화한 것은 복음서 이야기들에 담긴 단순성, 섬세함, 거룩함과 너무나 동떨어져 있다.[34]

언급해야 할 사실이 있는데, 바로 동정녀 탄생의 중요성은 마리아가 임신 기간에 그리고 출산 후에 처녀로 남아 있었는지에 대한 신학적 해석에 좌우되지 않는다는 것이다. 여기서 질문은 예수의 "형제들"과 "누이들"

---

34) G. H. Box, "The Gospel Narratives," *Zeitschrift für neutestamentliche Wissenschaft* (1905):80ff.; L. M. Sweet, "Heathen Wonderbirths and the Birth of Christ," *Princeton Theological Review* 6(1908): 83-117.

에 대한 복음서의 언급에 집중된다(마 12:46-47; 13:55; 막 3:21, 31; 6:3-4; 눅 2:7; 8:19; 요 2:12; 7:3, 5; 행 1:14; 고전 9:5; 갈 1:19). 어떤 이들은 (Jerome를 따라) 그들이 예수의 사촌들을 가리킨다고 생각한다. 다른 이들은 그들이 요셉이 이전 결혼에서 얻은 자식들을 가리키며, 따라서 그들은 예수의 이복형제들이었다고 주장한다. 셋째 견해는 그들이 실제로 요셉과 마리아의 자녀들이라는 것이다. 마리아가 계속 동정녀로 남아 있었다는 개념은 나중에 등장한 것이고, 마리아가 더 많은 아이들을 가졌는지에 대한 토론들은 흥미롭고 논쟁적이기는 하지만 교리적으로는 부차적인 문제다. 그러나 성령에 의한 초자연적 수태는 대단히 중요하며, 여기에는 많은 것들이 결부되어 있다. 그리스도는 성령의 능력으로(또는 "지극히 높으신 이의 능력으로"[눅 1:35]) 잉태되어 특별한 방식으로 성령의 기름 부음을 한량없이 받으셨는데(요 3:34), 이 기름 부음은 그의 삶 전체에 걸쳐 계속되었고 승귀의 상태에도 지속된다. 성경이 예언한 것처럼, 메시아는 기름 부음을 받으실 것이다. 메시아의 수태에 남자가 배제된 것은 예수가 행위언약에 포함되지 않으셨고, 따라서 하나님의 심판에서 인간의 죄와 상관 없으시다는 뜻이다. 이를 통해 분명해지는 것은, 성령이 이 수태와 관련하여 마리아에게 어떤 천상의, 또는 신적 실체를 주입시키신 것이 아니라, 다만 구름같이 그녀를 덮으시는 행위를 통해 그녀의 자궁이 잉태하도록 능력을 보이셨다는 점이다(참조. 출 40:34; 민 9:15; 눅 9:34; 행 1:8).

그리스도의 인성과 신성

[368] 이런 방식으로 하나님의 아들이 참으로 그리고 완전하게 사람이 되셨다. 지금까지 교회의 역사에서는 예수의 온전하고 참된 인성을 부정하려는 온갖 시도들이 있었다. 영지주의자들은 그에 대해 철학적으로 반대했다. 예수는 하늘로부터 영광스러운 영적 육체를 가져오셨는데 마치 물이 수도관을 지나는 것처럼 마리아를 통과하셨을 뿐이라고 믿는 이들도

있었고(Valentinus), 심지어 그가 유령의 육체를 취하셨다가 하늘로 돌아가실 때 그 몸을 버리셨다고 믿는 이들도 있었다(Apelles). 비슷한 개념들이 중세의 분파들에게서도 발견되고 재세례파들 사이에서 번성했는데, 이들은 그리스도가 마리아에게서 육체를 취하셨다는 것과 죄가 없으시다는 사실을 동시에 받아들일 수 없었다. 비록 이러한 개념들이 우리에게는 생소하지만, 사실 이러한 개념들이 다양한 형태로 표현하는 것은 바로 칸트와 헤겔 이후에 근대철학자들이 제안한 것처럼 이상적 그리스도와 역사적 예수를 분리시킨 것에 지나지 않는다. 하지만 성경은 그리스도의 온전한 인성을 분명하게 그려내면서 그가 자라고, 발달하고, 배고픔과 목마름, 분노와 슬픔, 그리고 고난과 죽음을 경험하셨다고 가르친다(마 4:2; 26:38; 눅 2:40, 52; 18:41; 19:41; 요 2:17; 11:35; 12:27; 19:28; 행 2:30; 롬 1:3; 5:15; 9:5; 고전 15:21; 딤전 2:5; 히 2:14, 17-18; 4:15; 5:1). 성경에서 그리스도가 육신으로 오셨다는 것은 너무도 확고한 사실이고, 따라서 이를 부인하는 이들을 적그리스도라고 부른다(요일 2:22). 그리스도의 인성을 부인하는 것은 초기 교회에서 목회적이고 구원론적인 이유로, "받아들이지 않는 자는 구원받지 못한 것이다"라는 문구를 통해 정당하게 거부되었다. 그리스도의 참된 인성에 대한 거부는 대부분 이원론에 근거해 있는데, 이것은 기독교에 위반되는 것이다. 고대 또는 근대의 영지주의에서 발견되든지, 종교개혁시대의 재세례파, 또는 19세기의 사변철학에서 발견되든지, 무한자와 유한자가 서로를 배제한다고 여기는 이원론적 확신은 거부되어야 한다. 만약 그리스도의 인성을 이루는 단 하나의 핵심 요소라도 하나님과의 참된 연합과 교제에서 배제된다면, 창조세계에 있는 하나의 요소가 이원론적으로 하나님과 동등한 위치에서 하나님과 대척관계를 이루는 셈이다. 그렇게 되면 하나님은 전능자, 하늘과 땅의 창조주가 아니다. 그렇게 되면 기독교는 진정으로 보편적이지 않다. 이 모든 이원론에 대항해서, 기독교 신앙은 하나님과 인간 사이에는 오직 한 분의 중보자, 참 신인이신 예수 그리스도가 계실 뿐이라고 주장한다(딤전 2:5). 이것이 복음의 핵심이다.

[369] 하나님과 사람이 그리스도 안에서 연합되었다는 성경의 가르침은 "두 본성"(two natures)이라는 교회의 언어로 응축되었다. 성경에서 신적이고 인간적인 속성들은 하나의 위격적 주체, 곧 한 분 예수 그리스도께 돌려진다. 성경에 따르면, 하나님과 함께 계시는 동시에 하나님이신 말씀이 육신이 되셨기 때문이다(요 1:14). 하나님의 영광의 광채이며 하나님의 본체의 형상이셨던 분이 우리의 혈과 육을 지니시고 모든 것에서 우리와 같이 되셨다(히 1:3; 2:14). 하나님은 자기 아들을 이 세상에 보내셔서 여자에게 나게 하셨다(갈 4:4). "하나님과 본체"로 계시지만 "자기를 비워 종의 형체를 가지셨다"(빌 2:7). 만물 위에 계셔서 세세에 찬양을 받으실 메시아가 "육체를 따라"(κατα σαρκα) 조상들에게서 나셨다(롬 9:5). 그 안에는 신성의 모든 충만이 "육신으로"(σωματικος) 거하신다(골 2:9). 근대는 신성을 하나님과의 도덕적 결합 정도로 축소하려고 노력하는 가운데 고대의 이단인 네스토리우스(Nestorius)를 다시 소생시키지만, 그것은 성경의 가르침과 전혀 부합하지 않는다. 네스토리우스는 영원하시고 본성에 따라 하나님의 아들이신 분은 마리아로부터 난 다윗의 자손과 전혀 다르고 또 구별된다고 믿었다. 그러므로 마리아는 "하나님의 어머니"(θεοτοκος)라고 불릴 수 없고, 그녀에게서 난 사람은 영원한 하나님의 아들이 아니라 하나님의 양자된 아들이다. 그리스도 안에서 이루어진 하나님과 사람의 연합은 본성적 연합이 아니라 도덕적 연합이며, 두 본성의 연합(ἐνωσις)이 아니라 결합(συναφεια)이라는 것이다. 그리스도 안에 하나님이 거하심은 신자들 안에 하나님이 거하시는 것과 질적으로가 아니라 정도에 있어서만 차이가 날 뿐이다. 이에 대한 답변으로 칼케돈 공의회는 두 본성의 연합이 분리나 나눔, 혼합이나 변화가 없는 것이라고 정확하게 선언했다. 단성론(Monophysitism)과 케노시스 기독론(Kenoticism)은 어떤 형태로도 받아들여질 수 없는데, 이는 이것들이 하나님의 불변성과 무한한 존재로서의 본성과 맞지 않기 때문이다. 물론 특히 바울에게, 그리스도는 부활을 통해 비로소 온전한 아들 됨에 들어가셨고(롬 1:4; 참조. 행 2:36; 5:30), 하늘로

부터 오신 주와 생명을 주시는 영이 되셨고, 모든 이름 위에 뛰어난 이름을 받으셨지만, 바울은 그렇다고 그리스도가 이미 성육신 이전에 하나님으로 계셨던 것과(고후 8:9; 빌 2:6; 골 1:15-17) 하나님의 독생자이셨던(롬 1:3; 8:32; 갈 4:4) 것을 어떤 방식으로도 부정하지 않는다. 그러므로 순전히 "가능성"(potentiality)일 뿐인 신성이나 신적 속성은 생각할 수 없고, 또한 발전을 통해 신적 본성을 자기 것으로 삼는 인간은 더 이상 피조물일 수 없다. 그런 존재는 하나님과 사람 사이의 중보자가 될 수 없는데, 이는 그가 하나님도 아니고 사람도 아니기 때문이다.

그리스도의 위격에 대한 성경의 모든 언급을 정당하게 다루려는 노력 가운데, 기독교 신학은 점차 두 본성 교리로 귀결되었다. 이 교리는 가설로 제시되지 않았고, 그렇다고 그리스도의 위격이라는 신비에 대한 설명으로 고안된 것도 아니다. 이것은 그리스도에 대한 성경 전체의 가르침을 축소나 변형 없이 그저 간추리기만 한 것으로, 그리스도의 신성이나 인성을 평가절하하며 좌로나 우로나 치우치는 수많은 오류에 대항해 고수되었다. 이에 따라 칼케돈 신조는 그리스도 안에 있는 신성과 인성의 연합이 구분도 없고(ἀδιαιρετος) 분리도 없음(ἀχωριστος)을 올바르게 선언했다. 그리고 이에 반대되는 진영에 대항해서는 동일한 확고함을 가지고 이 연합이 변질도 없고(ἀτρεπτος) 혼합도 없음(ἀσυγχυτος)을 천명했다. 따라서 마리아가 "하나님의 어머니"(θεοτοκος)라고 불리는 것은 적절하다.

[370] 신학이 진정으로 성경적이고 기독교적이기를 원한다면, 현재로서는 두 본성 교리를 고수하는 것이 최선이다. 칼케돈 신조의 언어는 신성불가침이 아니며 재진술에 열려 있다. 하지만 지금까지는 이것을 향상시키려는 모든 노력이 실패로 돌아갔다. 기독교의 핵심은 하나님과의 교제이기 때문에, 두 본성 교리는 기독교의 중심과 긴밀하게 연결되어 있다. 만약 성육신이 불가능하다면, 기독교는 하나님과 인간 피조물 사이의 교제를 담을 수 없다. 하지만 이런 의미에서의 종교가 죄에 의해 교란되었기 때문에, 하나님과 인간 사이에 진정한 복된 교제는 존재할 수 없다. 그렇

기 때문에 그리스도 안에서 이루어진 신성과 인성의 연합은 아주 특별한 것이어야 했다. 하나님과 인간 사이에 현존하는 종교적 관계와 동일한 것이어서는 안 되고, 새로운 시작, 회복된 참된 종교의 실현을 보여주는 것이어야 했다. 요컨대, 그것은 본질적으로 언약적이어야 했다. 그리스도는 다른 개인들과 나란히 있는 또 하나의 개인이 아니라 인류의 머리이자 대표이며, 둘째이자 마지막 아담이고, 하나님과 인간 사이의 중보자다. 그렇기 때문에 그리스도 안에서의 신성과 인성의 연합은 위격들(persons)의 연합이 아니다. 그리스도는 우리의 인간적 본성(nature, 인성)을 취하신 것이다. 그 결과는 위격들(persons)의 도덕적 연합이 아니라 성자의 위격안에 있는 본성들(natures)의 연합이고, 자연적(natural) 연합이 아니라 위격적 연합(personal union)이다.³⁵⁾ 이 연합의 결과는 새로운 본성(nature)도 아니고, 새로운 위격성(personality)도 아니고, 다만 그리스도로서 그리스도의 위격(person)이다. 하나님의 본체로 존재하셨던 그리스도는 그때부터 또한 사람의 모습으로 존재하셨다. 그리스도께 있는 이렇게 전적으로 고유한 본성으로 인해, 이 연합은 오직 성자의 위격과 비위격적 인성의 연합으로서만 이해될 수 있다. "본성"(nature)과 "위격"(person) 사이의 구분이 중요한 것은 바로 이 때문이다. 고대와 근대의 사상가들은—네스토리우스와 유티케스(Eutyches)로부터 헤겔과 도르너(Dorner)에 이르기까지—이것을 이해하는 데 실패한다. 그리스도 안에 있는 신성과 인성의 연합은 우리의 모든 말과 생각을 완전히 넘어서는 신비다. 어떤 비교도 성공적일 수 없는데, 그와 유사한 것이 존재하지 않기 때문이다. 하지만 결과적으로 이것은 천사들도 보기를 갈망하고 교회가 예배하며 흠모하는 경건의 신비다.

[371] 하지만 두 본성 교리에 대한 심각한 반발로서 항상 제기되던 주

---

35) Francis Turretin, *Institutes of Elenctic Theology*, trans. George Musgrove Giger and ed. James T. Dennison, 3 vols. (Phillipsburg, NJ: Presbyterian and Reformed, 1992), XIII, 6, 3.

장에 따르면, 이 교리는 그리스도의 인성을 제대로 다루지 못하며 그 안에 어떤 인간적 성장도 불가능한 것으로 만든다. 이런 주장은 신적 속성들이 인간적 본성으로 전달되는 것이 마치 인성을 압도하는 것처럼 비쳐지는 일단의 로마 가톨릭과 루터파 신학에 어느 정도 신빙성을 부여한다. 루터파는 "고유한 특성들의 교류"를, 두 본성의 속성들이 이 [신적] 위격에게 전달되었을 뿐 아니라 신성의 속성들이 인간적 본성에도 전달되었다는 의미로 해석했다. 인성은 신성과의 연합으로 신적 전능과 편재의 위치까지 고양되었다.[36] 로마 가톨릭 학자들은 은사들의 교류를 가르치면서 루터교가 말하는 고유한 특성들의 교류를 반대하는 한편, 위격적 연합으로 말미암아 그리스도의 인성이 처음 잉태되었을 때 "하나님의 성령과 은사를 충만히" 받았다고 말한다.[37] 여기서 속성들의 교류에 대한 교리 자체가 파괴된다. 속성들이 이미 공유되고 있다면 왜 그런 은사가 필요하다는 것인가? 결과적으로 루터파와 로마 가톨릭의 기독론에는 가현설의 요소가 담겨 있다. 순전히 인간적 성장은 여기서 제대로 다루어지지 않는다. 그에 대한 반작용으로 19세기 신학자들은 또 다른 극단으로 나아가 주님의 신성을 부인했다.

하지만 개혁파 신학자들은 은사들의 교류를 예수 안에서 인간적 성장이 가능하도록 해석했다. 개혁파 신학은 그리스도가 둘째 아담이지만 그럼에도 아담과 다르다고 주장했는데, 특히 아담은 성인이었지만 그리스도는 아이로 태어나셨으며, 그것도 낙원이 아니라 온갖 유혹과 악을 마주하게 되는 죄악된 세상에 태어났다는 점에서 다르다는 것이다. 아담과 달리 그리스도는 고난과 죽음을 당할 수밖에 없는 죄악된 육신의 모양으로 오셨다. 하나님이 자기 아들을 죄악된 육신의 모양으로 보내셨는데, 이는 곧

---

36) J. T. Müller, *Die symbolischen Bücher der evangelisch-lutherischen Kirche*, 8th ed. (Gütersloh: Bertelsmann, 1898), 679-80.
37) Roman Catechism, I, 4, 4.

형태와 외형에서 죄악된 육신과 동일하다는 것이다(롬 8:3). 개혁파 신학은 고유한 특성들의 교류라는 이 눈부신 교리 덕분에 그 어떤 신학보다도 그리스도의 신성은 물론이고 그의 참되고 진정한 인성을 보다 효과적으로 주장할 수 있었다. 이런 면에서 개혁파 신학은 탁월한 역할을 한다.

개혁파 신학자들은 성육신이 그 자체로, 즉 성육신이 일어난 죄의 조건과 별개로 이미 비하(humilation)의 행위였는지에 대해 의견이 갈렸다. 한편으로는 하나님과 인류 사이의 거리가 너무 멀어서 성육신 그 자체가 비하의 행위다. 하지만 그렇다면 그리스도가 지금 성부의 우편에서 영화롭게 되신 후에도 비하의 상태로 계시다고 말할 수 있을 것이다.[38] 이 논란을 잠재울 수 있는 최선의 방법은 바로 성육신이 그 자체로, 더 이상의 단서 없이, 항상 자신을 낮추는 덕의 행위였고, 그렇지만 여전히 엄밀히 말해서 비하의 상태에 들어서는 움직임은 아니라고 말하는 것이다. 성육신이 비하가 된 것은 연약한 인성을 취하셨다는 사실의 결과인 것이다. 그리스도의 지혜와 지식이 성장해갔다. 이 땅에서는 그 역시 나그네였다. 본질적으로 아담과 그리스도에게 믿음은 다름 아니라 하나님의 말씀과 약속을 붙잡는 행위, 보이지 않는 분을 의지하는 것이었다. 예수도 바로 그 일을 하신 것이다(마 27:46; 히 2:17-18; 3:2). 예수가 성부의 뜻을 온전히 아셨지만 속속들이 알지는 않으셨다는 사실을 통해 그분의 신적 의식과 인간적 의식이 연합되었음을 알 수 있다. 우리의 제한된 의식 이면에 존재의 세계가 있는 것처럼 그리스도의 인간적 의식 이면에 하나님의 심연이 있는데, 이것은 인간적 의식을 통해 아주 조금씩 점진적이고 제한된 정도로만 드러난다.[39] 예수는 또한 도덕적으로도 자라나셨다. 비록 그는 죄를 지

---

38) A. Kuyper, *De vleeschwording des Woords* (Amsterdam: Wormser, 1887), 38ff., 180ff.

39) F. Turretin, *Institutes of Elenctic Theology*, XIII, 12-13; W. G. T. Shedd, *Dogmatic Theology*, 3rded., 3 vols. (New York: Scribner, 1891-94), II, 281, 307, 329; A. Kuyper, *De vleeschwording des Woords*,152; idem, *The Work of the Holy Spirit*,

으실 수 없었지만, 그의 죄 없으심은 유혹과 고난에 대한 반응을 통해 드러났다. 여기서도 역시 그리스도의 인성이 아담의 인성보다 더욱 온전하게 발전했다. 온전한 상태(the state of integrity)에서는 분노, 슬픔, 연민, 동정 등과 같은 많은 감정이 드러날 일이 없었다. 하지만 그리스도는 하나님의 긍휼의 내적 움직임들로만 우리를 찾아오신 것이 아니었다. 오히려 그는 자기 본성 안에서 지성과 마음의 풍성한 세계를 우리에게 열어주셨는데, 이것은 아담에게는 없었고 또한 아직 있을 수 없었던 것이었다.

[372-373] 게다가 그리스도 안에는 앎이라는 인간적 능력, 지적 성장, 지혜와 지식에서 증가가 있었다. 로고스가 그리스도 안에서 정신($\pi\nu\epsilon\nu\mu\alpha$)의 자리를 차지한다고 하는 아리우스주의자들과 아폴리나리우스주의자들은 단성론자들과 더불어 그리스도 안에 그런 인간적 지식이 있다는 것을 받아들일 수 없었기 때문에, 점차 교부들은 그리스도의 인간적 지식이 처음 순간부터 완전하고 증가될 수 없는 것이었다고 주장하는 경향이 있었다. 그들은 이를 뒷받침할 적절한 성경적 근거들을 찾는 데는 실패하고—요한복음 1:14, 2:24-25, 6:64, 13:3, 골로새서 2:3, 9과 같은 구절들은 전인적 그리스도에 대한 것이지, 인간적 성장을 언급하는 것이 아니다!—그 대신 "적합함"(fittingness)에서 그런 근거를 발견했는데, 이 적합함은 실제로 하나님이 자신과 그토록 긴밀하게 연합되어 있던 인간적 본성에게 지식의 선물을 주셔야만 했다고 요구한다.[40] 개혁파 신학자들은 그에 대한 반응으로 그리스도의 주입되고 획득된 지식이 즉각적으로 완전했던 것이 아니라 오히려 점점 증가했다고 가르쳤다. 둘째로 그들은 이 땅에서 그리스도 역시 나그네였지 포괄적인 인식자(comprehensive knower)는 아니

---

trans. Henri de Vries (Grand Rapids: Eerdmans, 1941), I, chaps. 5and 6 (ed note: Originally published in 3 volumes by Funk & Wagnalls, New York, 1900; also published by AMG Publishers, Chattanooga, TN, 2001).

40) Joseph Kleutgen, *Die Theologie der Vorzeit vertheidigt*, 2nd ed., 5 vols. (Münster: Theissing,1867-74), III, 251.

셨으며, 믿음과 소망으로 행하셨지 보는 것으로 행하지 않으셨으며, 여기 이 땅에서 "지복지식"(beatific knowledge, *scientia beata*)을 나누지 않으셨다고 가르쳤다. 당연히 그리스도께 "믿음"은 긍휼을 베푸시는 하나님의 은혜에 대한 신뢰가 아니었다. 그런 선물은 오직 믿음으로써 죄인들에게 주어진다. 그리스도께 (그리고 타락 전 아담에게) 믿음은 다름 아니라 하나님의 말씀과 약속을 붙드는 행위였다. 이것이 정확하게 예수가 하셨던 일이다(마 27:46; 히 2:17-18; 3:2). 그리스도의 경우에 믿음과 소망은 떨리고 주저하는 것이 아니라 견고하고 강한 것이었다. 이 믿음과 소망이 우리 믿음의 주요 온전하게 하시는 분으로 하여금 유혹 중에도 굳건히 서 계시도록, 이 수고에 대한 상으로 자신에게 주어질 기쁨을 위해 십자가를 참고 부끄러움을 개의치 않으실 수 있도록 만들어주었다(히 12:2). 그리스도의 인간적 의식은 제한되어 있었고, 그가 성장하심에 따라 자라갔다.

하지만 그렇다고 예수가 여러 방면에서 실수하실 수 있었으리라고 추측해서는 안 될 것이다. 예를 들어 예수가 귀신들림, 식물학, 구약성경과 자신의 관계, 또는 미래에 관한 예언들에 대해 가지셨던 견해에 오류가 있었다고 하는 것은 겉으로만 그럴싸한 것이다. 그러한 반대는 예수가 오신 이유를 흐리게 만든다. 물론 예수는 과학에 관한 인간적인 가르침을 주지 않으셨다. 예수는 그런 목적을 위해 이 땅에 오지 않으셨고, 다만 성부를 우리에게 알리고 그의 일을 이루기 위해 오셨다. 하지만 이 일을 위해서는 그 역시 성부를 그 계시와 사역 속에서 알아야 했고, 따라서 구약성경이 하나님의 말씀인지 아닌지도 알아야 했다. 이것은 순전히 과학적인 지식이 아니라 종교적 성격을 지닌 지식, 교회의 신앙을 위해 가장 중요한 지식이었다. 이와 관련해 예수께 오류가 있다는 주장은 예수의 신성뿐 아니라 예수가 가지셨던 예언자적 직분, 그리고 그가 자신의 가르침을 아버지께 돌린 모든 증언들과도 상충한다(요 7:16; 8:26, 28, 38; 12:49-50).[41]

---

41) 참조. H. Bavinck, *Reformed Dogmatics*, I, 394-402 (##107-8); W. Caven, "The

예수의 도덕적 성장과 관련해서, 예수의 죄 없으심에 대한 도전은 그리스도의 신성을 고려하지 않은 데 그 원인이 있다. 이것은 투쟁을 통해 얻은 덕 외의 다른 덕은 없다는 잘못된 생각에서 나온 반론이며, 그렇게 해서는 기껏해야 실제적이고 역사적인 죄 없으심만을 성취함으로써 중보자로서의 예수께는 불충분하게 된다.[42] 그리스도 안에 도덕적 성장이 있지만, 그렇다고 테오도루스(Theodore of Mopsuestia), 네스토리우스 등이 해석한 것과 같이 예수가 죄를 지을 가능성을 가지고 태어나신 것은 아니며, 오히려 도덕적 노력과 투쟁을 통해 실제로 자신을 모든 죄로부터 지키시고 윤리적으로 최고 수준으로 자신을 발전시켜서 하나님과의 연합에 합당하게 하신 것이다. 비록 예수가 "순종함을 배우셨지만"(히 5:8ff.), 그럼에도 기독교 신학은 필연적인 죄 없으심도 확증한다. 그는 하나님의 아들, 로고스로서 하나님과 함께 계셨고 자신이 바로 하나님이신 분이다. 그는 성부와 함께 계시는 분이고, 항상 성부의 뜻과 일을 이루신다. 그리스도에 대해 이렇게 고백하는 이들에게 그가 죄를 짓고 타락할 수 있다는 것은 생각할 수도 없는 사상이다.

그렇다고 해서 이것이 하나님의 거룩하심과 사람으로서의 그리스도

Testimony of Christ to the Old Testament," *Presbyterian and Reformed Review* 3 (1892): 401-20; J. Denney, "Authorityof Christ," in *DC*, I, 146-53; D. W. Forrest, *The Authority of Christ* (Edinburgh: T&T Clark, 1906).

42) 초기 교회 시대의 예수의 죄없음에 대한 반대는 나중에 Kant, Fichte, Strauss와 그 외 사람들의 합리주의에서 다시 발견된다. 이외에도 예수가 마귀의 유혹을 받았다는 것은 그가 타락할 수 있는 존재라는 사실을 의미한다고 하거나, 요한에게 세례를 받는 것(마 3:13)이나, 그의 부모와의 관계(눅 2:49; 요 2:4; 막 3:33), 성전에서 드러난 그의 모습(요 2:15; 마 21:12), 바리새인들을 신랄하게 책망하는 모습(마 23:13), 마귀를 돼지 떼에게 들어가게 한 것(마 8:31), 무화과나무를 저주한 것(마 21:19)과 같이 그의 생애의 면면은 그가 불완전하다는 사실을 보여준다는 것이다. 특별히 다음 두 저작들이 그렇게 주장한다, F. Pécaut, *Le Christ et la conscience* (Paris: Cherbuliez, 1859), and E. Renan, *The Life of Jesus* (Buffalo: Prometheus Books, 1991). 마지막으로 우리의 중보자가 되기 위해서 그리스도는 원죄의 저주 아래서 태어나고 죄악된 육신을 입어야 했다는 것을 증명하려는 주장들이 있다.

의 거룩하심 사이의 본질적인 구분을 없애려는 것은 아니다. 예수는 선함 그 자체이신 하나님 외에는 선한 이가 없다고 말씀하셨다(마 19:16-17; 막 10:17-18; 눅 18:18-19). 인성에 따른 그리스도의 선함 또는 거룩함은 신적이고 본래적인 선함이 아니라 수여되고 주입된 것이고, 그렇기 때문에―유혹과 분투의 방식으로―드러나고 유지되고 확증되어야 한다. 주입된 선함은 획득된 선함을 배제하지 않는다. 후자는 전자를 전제한다. 좋은 열매는 오직 좋은 나무에만 열리지만, 또한 나무가 실한 것은 열매의 실함을 통해 드러나야 한다. 이처럼 그리스도는 유혹과 분투를 통해 자기 안에 있는 거룩함을 나타내야 했는데, 이 분투는 죄를 지을 수 없다는 사실(*non posse peccare*) 때문에 불필요하거나 무의미하게 되지는 않았다. 예수를 향한 시험은 내부가 아니라 외부에서 왔지만, 그는 고난과 죽음을 두려워하는 진정한 인성을 소유하셨다.[43] 따라서 그가 사탄과 대적들, 심지어 그의 제자들을 통해 받으신(마 4:1-11; 막 1:13; 눅 4:1-13; 마 12:29; 눅 11:22; 마 16:23; 막 8:33) 시험들도 실제적인 것이었다. 그는 이런 모든 시험 가운데서도 힘써 싸우는 가운데 신실하게 남아 있어야 했다. 이 죄 지을 수 없음(*non posse peccare*)은 강제의 차원이 아니라 본질적으로 윤리적인 문제였고, 따라서 윤리적으로 드러나야 했다.

그리스도는 하나님의 아들로서 전능하셨지만, 그럼에도 인성의 능력과 관련해서는 제한을 받으셨다. 우리는 반드시―성경 및 교회와 함께―

---

43) 히브리서에 따르면 예수가 당해야 했던 시험(히 2:18; 4:15)은 엄밀히 말해서 도덕성에 대한 시험도 아니었고 죄를 짓도록 하는 시험도 아니었다. 그가 당한 시험은 그가 과연 자신의 메시아직과 구속자로서의 부르심과 구원자로서의 직분을 끝까지 이루기까지 감내해야 했던 엄청난 고난을 견디고 지나갈 수 있을지에 대한 시험이었다. 하지만 예수는 시험을 당할 때도 그리스도였고 시험을 이기고 여전히 그리스도로 남아 있다. 그는 순종을 배웠다. 불순종에서 순종으로 변해간다는 말이 아니라 고난 속에서, 고난을 통해 그의 행위로 자신의 완전한 순종이 확연히 드러나도록 했다는 의미에서 그렇다. 참조. Karl Bornhauser, *Die Versuchung Jesu nach dem Hebräerbrief* (Leipzig: Deichert, 1905).

그리스도의 두 본성을 구분해야 하고, 또 이 두 본성이 한 신인의 사역에 연합되어 있으면서 각각의 본성에 속한 일을 하는 것으로 보아야 한다. 그렇기 때문에 기적을 행함과, 죄 용서와, 영생을 베풂과, 중보자의 사역에 속하는 모든 것은 그의 신성에뿐만 아니라 그의 인성에도 돌릴 수 있다. 따라서 인자와 메시아로서 그리스도는 죄를 용서하고 심판할 권세를 자신에게 돌리신다(마 9:2-8; 요 5:27). 그를 만질 때 능력이 그에게서 나왔다(눅 6:19). 그의 육체는 세상에 생명을 주는 떡이다(요 6:51). 성부는 모든 것을 그의 손에 주셨다(요 3:35; 13:3; 17:2). 아무도 그의 손과 그의 아버지의 손에서 양을 빼앗아갈 수 없다(요 10:28-30). 성부와 마찬가지로 그리스도는 기도에 응답하시고(요 14:13; 참조. 16:23), 성령을 보내시고(요 15:26; 참조. 14:26), 영생을 주신다(요 10:28; 17:2). 하지만 이 모든 것은 그의 능력이 인간의 능력으로서 계속 증가할 수 있음을 배제하지 않는다. 그는 나약하고 무력한 어린아이로 태어나셨고, 먹고 마셔야만 하셨고, 여행으로 지쳐서 우물가에 앉으셨다(요 4:6). 그는 심지어 기적을 베푸실 때도 사람들의 믿음에 의지하셨다(마 13:58). 그는 동산에서 천사를 통해 힘을 얻으셨다(눅 22:43). 그는 하늘과 땅의 모든 권세가 그에게 주어졌다는 것을 부활 후에 비로소 말씀하신다(마 28:8; 막 16:20; 눅 24:19). 그때 그는 이전에 아들로서 성부와 함께 가지셨던 영광을 중보자로서 받으시고(요 17:5), 그것을 인성과 나누신다. 부활에 의해 그리스도는—또한 사람으로서—산 자와 죽은 자의 주님이 되셨고, 모든 이름과 권세 위에 뛰어난 이름을 받으셨다(마 28:18; 빌 2:9; 골 2:3, 9; 히 2:7-8).

오로지 이런 이유로 그리스도가 경배 받고 높여지는 것이다. 성경은 우리의 믿음과 신뢰의 대상(요 14:1; 17:3; 롬 14:9; 고후 5:15; 엡 3:12; 5:23; 골 1:27; 딤전 1:1 등)이신 그리스도가 또한 우리의 종교적 숭배와 예배의 대상이 되심(요 5:23; 14:13; 행 7:59; 9:13; 22:16; 롬 10:12-13; 고전 1:2; 고후 12:8; 빌 2:9-11; 히 1:6; 계 5:12; 12[:10-11]; 22:17, 20)에 대해 전혀 의심할 여지를 두지 않는다. 성경에 따르면 그리스도를 예배하는 근거는 오직 그의 신성 때문이다. 성경은 확고하게 말한다. "주 너의 하나님께 경배하고 다만 그를 섬기라." 원칙적으로 이 말씀은 모든 이교적이고 로마 가톨릭적인 피조물의 신격화를 정죄한다. 중보자의 위엄과 사역들은 경배와 높임의 동기가 될 수 있고 또 그렇게 될 것이다. 마치 우리가 받아 누리는 모든 유익이 하나님을 경배하도록 하는 것처럼 말이다. 이것들은 아마도 경배를 위한 "근거들"이라고 불릴 수 있을 텐데, 이는 신적 존재가 그 안에서 일하시고 자신을 계시하시기 때문이다. 하지만 예배의 기초는 이 중보자가 하나님이라는 사실뿐이다.

___15장___

종이신 구원자: 그리스도의 비하

종교, 문화, 구속, 희생

[374] 세상 사람들이 보편적으로 느끼는 죄와 비참함은 구원의 필요성과 그에 대한 갈망을 불러일으켰고, 많은 종교에서 이것은 장차 도래할 한 인물, 특히 왕의 출현과 결부되었다.[1] 여기에 우리는 구속(redemption)의 개념이 거의 항상 화해(reconciliation) 개념과 결합해 있다는 사실을 덧붙일 수 있을 것이다.[2] 생존을 위해 몸부림치고 자연 및 다른 인간들의 무질서와 폭력적인 힘으로부터 보호받기 위해서, 사람들은 공동체를 형성하고 문화를 만들어낸다. 문화는 문명을 일으키면서—그것이 아주 성공적일 때는—많은 필요를 충족시켜주는가 하면, 또 다른 필요를 불러일으킨다. 결국 문화 자체가 영원을 향한, 구속을 향한 갈망을 충족시키기에는 부족하

---

1) 참조. H. Bavinck, *Reformed Dogmatics,* ed. John Bolt (Grand Rapids: Baker Academic, 2003-8),III, 238-40 (#351).

2) 편집자 주—본 장에서 네덜란드어 "verlossing"은 "구속"(redemption)으로 번역할 것이다. "verzoening"은 일반적인 의미로 쓰일 때는 "화해"로 번역하되 십자가 상의 그리스도의 구원 사역 교리와 같이 좀 더 특정한 의미로 쓰일 때는 "속죄"(atonement)로 번역할 것이다.

다는 점이 드러나는 것이다. "문명의 이기가 더욱 풍성하게 넘쳐날수록 우리의 삶은 더욱 공허해진다."[3] 이 갈망은 오직 모든 문화의 근간인 종교를 통해서만 충족될 수 있다. 인간이 추구하고 필요로 하는 구속을 통해 인간은 세상 너머로 고양되어서 하나님과의 교제를 누린다.

사람들은 구속을 향한 다양한 길—마술, 신비주의, 황홀경, 그리고 자연주의, 율법주의, 도덕주의—을 택하지만, 희생제사가 실질적으로 보편적이라는 사실에 대해서는 해명이 필요하다. 우리는 희생제사를 신의 호의를 얻기 위해 신에게 예배하면서 자발적으로 선물을 바치고 신 앞에서 그것을 파괴하는(מִנְחָה, עֹלָה, זֶבַח, אִשֶּׁה ; δωρον, ίερειον, προσφορα, θυσια, τελετη; oblatio, sacrificium) 종교적 행위로 이해한다. 예를 들어 인도의 베다(Vedic) 종교는 희생제사를 세상의 중심이라고 말한다. 희생제사의 기원과 성격을 설명하는 많은 가설이 제기되었다. 희생제사는 죄책을 없애는 것, 감사의 표현 혹은 헌신의 증표, 신의 호의와 맞바꾸는 것(do-ut-des; "당신이 주게 하려고, 내가 준다"), 또는 심지어 신과의 교제(음식을 나눔)로 간주되었다. 희생제사를 토테미즘의 한 형태로 보는 사람들도 있다. 짐승의 피와 살을 먹고 마시면서 그 짐승의 능력을 얻으려는 시도라는 것이다. 희생제사의 기원, 성격, 목적에 대한 설명은 다양하지만, 희생제사에 대한 만족할 만한 설명은 아직도 요원해 보인다.[4] 그럼에도 모든 시대 모든 장소에서 사람들이 희생제사를 바치도록 이끄는 엄청나게 강렬한 욕구가 보편적으로 존재한다는 사실은 참으로 주목할 만하다. 인간이 갖고 있는 뿌리 깊은 의식은 인간 자신이 보이지 않는 신적 능력에, 화해가 되었든지 그렇지 않든지 간

---

3) G. Heymans, *Der Toekomstige Eeuw der Psychologie* (Groningen: Wolters, 1909), 9.
4) 편집자 주—Bavinck가 세상 종교에서 발견되는 희생제사에 대해 말하면서 주로 사용한 두 가지 자료는 다음과 같다. P. D. Ch. de la Saussaye, *Lehrbuch der Religions-geschichte*, 3rd ed., 2 vols. (Tübingen: Mohr [Siebeck], 1905); and C. P. Tiele, *Elements of the Science of Religion*, 2 vols. (Edinburgh and London: William Blackwood, 1899).

에 관련되어 있다고 생각하고, 또한 희생제사를 통해 그 신적 존재에게 어떤 영향을 줄 수 있다고 생각한다. 아마도 하나님과의 교제를 위한 선물로서의 희생제사 개념은 타락 이전에도 있었을 것이다. 아우구스티누스가 말한 것처럼, 희생제사는 "우리를 거룩한 교제 안에서 하나님과 연합시키는 모든 일"이다.[5] 죄의 등장은 희생제사를 인간의 삶에 부가된 새로운 요소로 소개하는 것이 아니라, 다만 그 성격을 죄와 죄책에 대한 인식에서 나오는 속죄 행위로 바꾼 것뿐이다. 이제 사람들은 감사와 경외심이 아니라 두려움과 죄책 때문에 희생제사(와 기도)를 드린다. 따라서 구속의 개념은 화해의 개념과 긴밀히 결합되었고, 이 둘이 너무 밀접하게 연결되어 있어서 우리는 더 이상 일반적인 희생제사와 속죄의 희생제사를 분명히 구분할 수 없게 되었다. 모든 희생제사에는 어느 정도 속죄의 능력이 있는 것으로 인정된다.[6] 죄책과 비참함에 대한 인식이 더해가는 만큼, 실제 속죄의 희생제사는 점점 더 제의의 중심이 된다.

신과의 교제를 가능케 하고 유지시켜주는 성별된 사람들인 제사장이라는 특별한 계급이 점차 모든 종교에 생겨나서 희생제사를 드리고 신과 인간을 중재하는 역할을 담당했다. 마술사와 점쟁이, 특별히 왕과 예언자와 제사장이 그런 중보자로 행동한다. 제사장의 기원에 대해서는 알려진 것이 없지만, 사람들 중에 죄에 대한 인식이 더해감에 따라 중보자에 대한 이해도 더해갔다고 보는 것이 타당하다. 사람들은 스스로가 제사장으로서의 역할을 상실한 후에, 특별한 사람들이 자신들을 대신하여 신 앞에서 변호해주어야 한다고 느꼈다. 그런 식으로 모든 인간 제사장과 희생제사는 때가 차매 하나님과 사람 사이의 중보자 그리스도가 골고다에서 드리신 하나의 완벽한 희생제사를—직접적으로는 이스라엘에서, 간접적으로는

---

5) Augustine, *City of God*, X, 6.

6) W. Robertson Smith, *Die Religion der Semiten* (Freiburg i.B.: Mohr, 1899), 305, 309.

다른 민족들 사이에서—지시한다.

[375] 이스라엘의 제사장들은 백성들에게 하나님의 율법을 가르쳤고(출 28:30; 신 17:9; 33:8-10; 렘 18:8; 겔 7:26; 44:23-24; 학 2:12; 말 2:7), 희생제사를 드렸고(레 21:8; 민 16:5 등), 야웨를 대신해서 이스라엘을 축복했다(레 9:23; 민 6:23). 이스라엘이 드려야 할 여러 종류의 제사에는 유월절 제사(출 12장), 언약 제사(출 24:3-11), 번제와 감사제(레 1장; 3장), 죄(חַטָּאת)와 죄책(אָשָׁם)을 위한 제사들(속죄제와 속건제, 레 4-6장)이 있었다. 마지막에 언급한 속건제는 부지중에 지은 죄 때문에 하나님과의 교제가 끊긴다는 것을 전제하며, 죽임 당한 짐승의 피를 뿌리는 것에 의해 죄가 가려지고 교제가 회복되도록 만들어주었다. 사람이 자기 손을 짐승에 얹어서 전가하는 것에 의해 속죄(atonement)가 이루어진다. 피가 속죄를 이룬다. 이것이 하나님의 계획이었는데, 이는 피가 영혼의 담지자, 생명의 운반자로서 도살 이후에 그리고 도살에 의해 다시 자유롭게 되었기 때문이다(레 17:11). 제단 또는 속죄소에 뿌려진 이 피가 하나님의 임재 앞으로 나아갈 때, 제물을 드리는 자 또는 그의 죄가 이로 말미암아 거룩하신 하나님의 면전에서 가리움을 입었다. 달리 말하면, 속전(כֹּפֶר, λυτρον)의 역할을 하는 희생제사를 통해 제물을 바치는 사람을 그들의 죄로부터 덮거나, 더 나아가 바로 그 죄 자체를 하나님 앞에서(כָּפַר라는 동사가 전치사 עַל이나 בְּעַד와 함께 쓰임) 가리우는 이는 바로 하나님 자신과(신 21:8; 렘 18:23; 미 7:19) 그분의 대리인으로서의 제사장(레 5:13; 10:17; 15:15)이라고 할 수 있다. 여기서 강조해야 할 중요한 사실이 있는데, 바로 속죄를 위한 희생제사는 모든 죄가 아니라 특히 고의적이지 않은 죄들에 대해서만 제한적으로 적용된다는 것이다. "고압적으로"(high-handedly) 지은 죄(고의로 지은 죄)에 대한 형벌은 죽음이었다(민 15:30). 더구나 하나님이 이스라엘과 맺으신 은혜언약은 속죄를 위한 희생제물에 기초한 것이 아니라 그것들보다 앞섰고, 그 기초를 오직 "나는 너의 하나님 여호와니라"라는 약속에게만 두고 있다. 게다가 율법이 희생제사에 의한 속죄를 명시하지 않았던 수많은 죄들이 있다. 생각과 말로 지은 죄, 교만

과 자기 추구의 죄와 같이 광범위한 영적이고 육적인 죄악들에 대해서는 어떤 희생제사도 규정되지 않았다. 구약성경의 희생제사에서 핵심은 속죄, 즉 피 흘림으로 죄를 덮는 것이지만, 희생 제의 자체의 일차적 의미는 하나님의 백성으로 하여금 하나님의 긍휼에 호소하도록 지시하는 데 있다. 구약성경의 희생제사는 불완전하고 불충분했다. 제사장들 자신이 죄인이었고, 소와 염소의 피는 죄를 없앨 수 없었고, 희생제사는 끝없이 반복되어야 했다. 구약성경의 의식 제도는 임시적이고, 상징적이고, 모형론적인 의미를 가졌다.

이 모든 것은 장차 오실 고난받는 종을 고대하고 있는데, 그는 자기 백성의 죄를 위해 자신을 희생제물로 드릴 분이었다(사 53:10). 구약성경에는 고난받는 종과 기름 부음을 받은 왕에 대한 약속이 나란히 등장한다. 따라서 하나님의 의가 오직 고난을 통해서만 얻어지리라는 것은 명백하다. 희생제사의 의식으로 상징된 것은 속죄의 희생이 필요하다는 사실이다. 구약성경의 많은 예—모세, 다윗, 욥, 예언자들, 바알에게 무릎을 꿇지 않은 신실한 작은 무리들—는 의인이 가장 많은 고난을 당한다는 것, 하나님의 뜻을 대변하는 자들은 영광에 이르기 위해 고난을 통과해야만 한다는 사실을 보여준다. 이스라엘은 포로기와 그 이후에 종교적 공동체로서 주님의 종이 되어 고난과 비참함 속에 있었고 또 사방에서 압제를 당했지만, 그럼에도 여전히 이스라엘의 거룩한 자로부터 구속함을 받게 될 것이었다(사 41:8-9). 하지만 이스라엘도 진정한 의미에서 하나님의 종은 아니다. 이스라엘 자신이 구속을 필요로 하기 때문이다(사 41:14; 42:19-20). 이처럼 예비된 길은 새 언약의 예언자(신 18:15; 사 11:2; 렘 31:31; 말 4:5), 멜기세덱의 반차를 따르는 새로운 왕 같은 제사장(시 110편; 렘 30:21; 슥 6:13; 히 4-8장), 겸손한 기름 부음 받은 왕으로서 의를 집행하시고(사 11:1-2; 미 5:1-2; 겔 17:22; 렘 23:6) 모든 희생제사를 쓸모 없게 하는 분(사 60:21; 61:6; 렘 24:7; 31:34; 겔 36:25, 27)을 위한 것이다. 하지만 고난받는 메시아에 대한 기대는 예수가 오셨을 때 대중들이 가지고 있던 신앙의 내용이 아니었다. 예수의 제자들조차 그것을 받아들일 수 없었음을 볼 수 있다(마 16:22; 눅 18:34; 24:21; 요 12:34).

[376] 신약성경에 따르면, 그리스도는 구약성경의 율법과 예언자들을 그들의 희생제사 제도와 함께 성취하신다. 그리스도 안에서 하나님의 모든 약속은 예와 아멘이 된다(롬 15:8; 고후 1:20). 그리스도는 참된 메시아, 다윗 가문의 왕(마 2:2; 21:5; 27:11, 37; 눅 1:32 등), 예언자로서 가난한 자들에게 좋은 소식을 선포하시고(눅 4:17-19), 참된 언약의 희생제물, 하나님의 어린 양으로서 십자가에서 죽기까지 순종하심으로써 (롬 5:19; 빌 2:8; 히 5:8) 세상의 죄를 짊어지신다(요 1:29, 36). 그의 희생은 그를 존귀하게 했고, 또한 그의 백성에게는 구원의 복을 가져와서 우리 죄가 용서되고 없어짐으로 하나님과 화평하게 되었다. 비하의 상태에서 행한 그리스도의 사역은 성부께서 그에게 하라고 하신 일이었다(요 4:34; 5:36; 17:4). 그것은 곧 하나님의 뜻을 행하는 것이었다(마 26:42; 요 4:34; 5:30; 6:38). 이 하나의 "일"(ἔργον)은 많은 "일들"(ἔργα, 요 5:36)로 구분되는데, 이것들이 그의 아버지의 일들이다(요 5:20; 9:3; 10:32, 37; 14:10). 여기에는 성부가 그를 사랑하시고, 그 안에 거하시고(요 5:20; 10:38; 14:10), 그를 보내셨음(요 5:36; 10:25)을 증명하는 그의 기적들도 포함되어 있다. 이것들은 그에게 있는 하나님의 영광을 드러낸다(요 2:11; 11:4, 40). 그는 성육신하시고, 성령을 받으시고, 부활하시고, 영화롭게 되신 하나님의 아들로서 그 자신이 가장 위대한 기적, 모든 기적의 중심, 모든 것에 대한 재창조의 주체, 죽은 자들 가운데서 먼저 나신 이, 만물의 으뜸이시다(골 1:18).

성부의 독생자가 자기 백성을 위해 자신의 목숨을 버리는 것도 하나님의 뜻이었다(요 10:18). 신약성경은 그리스도의 죽음을 희생제사로, 그리고 구약성경의 희생 제의에 대한 성취로 본다. 그의 피는 새 언약의 피(마 26:28; 막 14:24; 히 9:13-14), 희생제물(θυσια, זֶבַח), 제물(προσφορα, δωρον; קָרְבָּן, מִנְחָה; 엡 5:2 등), 속전(λυτρον, ἀντιλυτρον; 마 20:28; 막 10:45; 딤전 2:6; 히브리어 단어 גְּאֻלָּה, פְּדוּיִם, כֹּפֶר에 대한 번역)이고, 그렇게 다른 사람이 감옥에서 풀려날 수 있도록 치르는 값, 다른 사람의 죄를 덮고 그렇게 그들을 죽음에서 구원하는 희생제사, 속죄의 방편이 된다. 그리스도는 값(τιμη, 고전 6:20; 7:23; 벧전 1:18-19), 화목제물(ἱλαστηριον, 롬 3:25)이시고, 속죄제물(θυμα)과 저주(καταρα, 갈 3:13)가 되셔서 우리에게 있는 율법의 저주를 담당하셨다. 그는 이것을 우리를 대신해서 하셨고(참조. ὑπερ σου, 몬 13절), 이로써 우리를 위해 구원(σωτηρια, 마 1:21; 눅 2:11; 요 3:17; 12:47)의 모든 유익을 획득하셨다. 더 구체적으로 말해 죄 사함(마 26:28; 엡 1:7), 죄를 없앰(요 1:29; 요일 3:5), 악한 양심을 씻고 구원하심(히 10:22), 의롭다 하심(롬 4:25), 의로움(고전 1:30), 아들 됨(갈 3:26; 4:5-6; 엡 1:5), 담대히 하나님께 나아감(엡 2:18; 3:12)을 얻게 하신 것이다. 그리스도는 세상의 빛이시고(요 8:12), 길과 진리와 부활과 생명이시고(11:25; 14:6), 우리의 지혜와 의로움과 거룩과 구속이시고(고전 1:30), 우리의 화평이시고(엡 2:14), 둘째이자 마지막 아담이시고(고전 15:45), 교회의 머리시고(엡 1:22), 하나님의 성전의 모퉁이돌이신데(엡 2:20), 그렇기 때문에 그리스도의 인격과 교제가 없이는 그의 유익에도 참여할 수 없다. 선물로 주신 성령(요 15:26; 행 2장; 갈 4:6)은 그리스도의 죽음, 부활, 승천을 통해 우리를 그리스도와 연합시켜서(롬 6:3-4; 갈 2:20; 6:14; 엡 2:6; 빌 3:20) 우리는 정결케 되고(엡 5:26; 요일 1:7, 9), 죄에서 씻음을 받고(고전 6:11; 계 1:5; 7:14), 하나님의 자녀로 거듭나게 된다(요 1:12-13). 우리는 율법의 저주에서 자유롭게 되어 그리스도 안에서 사탄을 이기고(눅 11:22; 요 14:30; 골 1:13; 2:15; 요일 3:8), 세상을 이기고(요 16:33; 요일 4:4; 5:4), 죽음과 죽음에 대한 두려움 그리고 심판을 이긴다(요 11:25; 롬 5:12ff.; 고전 15:21, 55-56.; 히 2:15; 10:27-28). 새 하늘과 새 땅(벧후 3:13; 계 21:1, 5) 그리고 만물의 회복(행 3:21; 고전 15:24-28)과 함께 영생이 영광 중에 온전히 드러날 때까지(막 10:30; 롬 6:22), 우리는 하늘의 유업을 기다리면서(요 14:2; 벧전 1:4) 믿음과 함께 소유하게 된 영생의 시작을 누린다(요 3:15, 36).

[377] 그리스도의 사역에 대한 교리의 역사에는 삼위일체 교리와 기독론을 특징짓는 첨예한 논란이나 명쾌한 진술이 결여되어 있다. 풍성하고 다양한 성경의 가르침은 여러 가지 조망을 가능하게 하는데, 이 모

든 조망이 진리의 핵심을 담고 있다. 그리스도는 예언자, 제사장, 왕이시다. 그의 죽음은 속전, 희생제사, 충족, 대가, 치유, 화목이다. 편향된 견해들이 발흥하여 죄에 대한 다양한 이해와 연결되었다. 죄를 지식의 결여로 볼 때, 그리스도는 온전한 진리를 계시하고 덕의 모범을 제공하는 로고스로 이해된다. 죄가 죄책보다는 힘으로 간주될 때, 구원이나 구속이 화해보다 강조된다. 널리 받아들여진 또 다른 견해—나지안주스의 그레고리오스(Gregory of Nazianzus)는 이것을 거부했다[7]—는 그리스도가 자신을 사탄에게 속전, 미끼, 또는 덫으로 넘겨주었고(욥 40:24), 이를 통해 마귀를 속이고 그의 지배 아래 있던 사람들을 빼앗아왔다는 것이었다.[8] 그리스도의 사역을 주로 모범적으로 또는 신자들 안에 있는 신비적 실체로 보는 견해들은 부적절한 것이고, 따라서 거부되어야 한다. 최고의 설명들—순교자 유스티누스(Justin Martyr), 「디오그네투스에게 보내는 편지」(*Letter to Diognetus*), 이레나이우스(Irenaeus)—은 우리를 대신한 그리스도의 희생을 하나님과의 온전한 화해라고 보았고, 그래서 그 희생이 온전한 구원, 용서, 영생을 보장한다고 했다. 우리는 테르툴리아누스와 아우구스티누스의 글에서 그리스도의 희생에 담긴 법률적·속죄적 요소가 크게 강조된 것을 보는데, 이런 강조는 중세에 캔터베리의 안셀무스(Anselm of Canterbury)의 위대한 저작 『인간이 되신 하나님』(*Cur Deus Homo*)과 더불어 절정에 이른다. 안셀무스의 기여는 (그리스도의 희생이 Duns Scotus에게는 하나님의 능력에 의한 거스를 수 없는 행위였고 Abelard에게는 단지 모범으로서의 의미만 있었던 데 반해) 그리스도의 대속하시는 죽음의 적실한 필연성을 강조했다는 것이다. 안셀무스의 가르침은 그 핵심적인 구성요소들을 통해 이후의 신학에 지속적인 의미를 남겼다. 그리스도가 이루신 구속이 일차적으로는 죄의 결과들인 죽음

---

7) Gregory of Nazianzus, *Theological Orations*, 45, 22.

8) Origen, 마 20:28에 대한 주석; Gregory of Nyssa, *The Catechetical Oration*, trans. J. H. Srawley (Cambridge: Cambridge University Press, 1903), orat. 22-26; John of Damascus, *The Orthodox Faith*, III, 1, 27.

과 사탄의 권세로부터의 구원이 아니라, 무엇보다도 죄 자체와 죄에 대한 책임으로부터 구원이라는 사실을 처음으로 그리고 가장 분명하게 이해한 사람은 바로 안셀무스였다. 이처럼 그리스도의 구속은 주로 하나님과 인간의 화해를 내용으로 한다.

종교개혁은 이 교리를 새로운 관점과 새로운 상황에 위치시켰다. 종교개혁에서는 죄로부터의 속죄—죄는 여기서 일차적으로 죄책으로 이해되었다—가 그리스도가 하신 사역의 중심이 되었다. 죄는 하나님의 진노를 초래했고, 오직 신인(God-man)이신 분의 대속적 죽음만이 하나님의 공의를 충족하고 그 진노를 누그러뜨릴 수 있다. 그는 언약의 보증인으로서 자신을 우리의 자리에 두셨는데, 이를 위해 죄에 대한 책임과 형벌을 다 담당하시고 하나님의 율법이 요구하는 모든 것에 완전히 순종하셨다. 그러므로 그리스도의 사역은 그의 비하나 그의 죽음에만 있는 것이 아니라, 오히려 예언자, 왕, 제사장으로서 그가 행하신 전적인—수동적일 뿐만 아니라 능동적이기도 한—순종에 있다. 칼뱅은 「제네바 교리문답」와 1539년판 『기독교강요』에서[9] 그리스도의 사역을 삼중직에 대한 항목에서 다루었고, 시간이 지남에 따라 많은 개혁파, 루터파, 로마 가톨릭 신학자들이 이 구조를 따랐다. 이런 식으로 화목의 객관적 측면과 주관적 측면들이 분명히 구분된다. 그리스도는 자신을 희생제물로 드리심으로써 하나님의 공의가 요구하는 것을 충족하셨기 때문에 객관적으로 그는 하나님과 인류 사이의 관계를 변화시키셨고, 결과적으로 다른 모든 피조물들과의 관계도 바꾸셨다. 죄의 용서가 주는 첫 번째 유익은 부패, 죽음, 율법, 사탄으로부터의 구원을 가져왔다는 것이다. 그리스도는 하나님과 인류 사이의 유일한 중보자, 모두에게 충분한 구원자, 가장 높은 예언자, 유일한 제사장, 진

---

9) John Calvin, *Institutes of the Christian Religion*, II.xv-xvii (ed. John T. McNeill and trans. Ford Lewis Battles, 2 vols. [1559; Philadelphia: Westminster, 1960], 1:494-534).

정한 왕이시다.

[378] 모두가 이런 이해를 가진 것은 아니었다. 초기 교회에서 에비온파(Ebionites)는 그리스도를 예언자로만 여겼고, 따라서 그가 교훈과 모범을 통해 사람들에게 죄에 대항해서 싸우는 능력을 주신다고 생각했다. 영지주의자들은 그리스도가 신적 지혜를 가진 영적 존재(aeon)로서, 우리를 조명함으로써 물질의 올무에서 벗어나게 하고 또한 영적인 사람들(πνευματικοι)로 만들기 위해 유령 같은 인간의 형태로 이 땅에 나타났다고 보았다. 이와 비슷하게 중세의 이원론적·범신론적·묵시적·자유사상적 분파들에게 그리스도의 유일한 의미는 사람들에게 그들의 참된 본성과 운명을 계시하셨다는 데 있었고, 그렇게 함으로써 성령의 시대에 그들에게 내재한 그리스도와 같이 될 가능성을 충분히 실현하는 것이었다. 그리스도의 참된 죽음과 부활은 각 사람의 거듭남(rebirth) 안에서 일어난다. 이런 생각들―기독교의 본질이 우리 안에(*in nobis*) 있는 예수의 영(spirit) 안에서 발견된다는―은 종교개혁시대에 여전히 들끓었고, 그것은 루터와 칼뱅이 우리를 위한(*pro nobis*) 그리스도의 선포된 말씀을 강조한 것에 반대하게 했다. 칼슈타트(Carlstadt), 프랑크(Franck), 슈벵크펠트(Schwenckfeld), 바이겔(Weigel), 그리고 다른 이들은 그리스도의 전가된 의에 대한 신뢰를 위험한 오류로 보았다. 그들이 말하는 바에 따르면, 우리의 구원은 그리스도가 우리 밖에서 그리고 우리를 위해서 하시는 무엇에 있지 않고, 오히려 그리스도가 하나님과의 신비한 교제를 통해 우리 안에서 그리고 우리를 통해 하시는 무엇에 있다.[10] 비슷한 견해들을 야콥 뵈메(Jacob Böhme)에게서,[11] 그리고 내적인 빛에 대한 퀘이커의 교리에서[12] 발

---

10) H. W. Erbkam, *Geschichte der protestantischen Sekten im Zeitalter der Reformation* (Hamburgand Gotha: Perthes, 1848), 247ff., 340ff., 441ff.

11) Joh. Claassen und J. Böhme, *Jakob Böhme: Sein Leben und seine theosophischen Werke*, 3 vols. (Stuttgart: J. F. Steinkopf, 1885), III, 31-76.

12) R. Barclay, *Verantwoording van de ware Christ* (Godgel, Amsterdam, 1757),

견할 수 있다. 그리스도의 사역에 대한 교회의 가르침은 신비주의 진영뿐
아니라 합리주의 진영으로부터도 공격을 받았다. 예를 들어 스탄카루스
(Stancarus)는 그리스도가 그의 인성에서만 우리의 중보자라고 가르쳤고,[13]
요한네스 피스카토르(Johannes Piscator)는 그리스도의 적극적 순종을 부인
했다.[14] 교회의 가르침은 그리스도의 사역을 일차적으로 모범으로 또는
오직 신자 안에 있는 신비적 실체로만 여기는 견해를 거부한다.

　　대리충족(vicarious satisfaction)의 교리에 대한 가장 심각한 도전은 합
리주의적 소키누스주의자들로부터 왔는데, 이들은 삼위일체와 그리스도
의 신성에 대한 교리도 부인했다. 그들이 보기에 충족(satisfaction)은 비성
경적이고, 불필요하고, 불가능하다. 무고한 자는 죄인을 위해 죽을 수 없
는 것이다. "구속"(redemption), "화해"(reconciliation) 등의 표현은 우리가 죄
를 섬기고 형벌을 받는 자리에서 자유롭게 되는 길을 그리스도가 우리에
게 보여주신 것을 가리킬 뿐, 희생제사를 통해 하나님과 화해해야만 했다
는 것을 가리키지 않는데, 이는 하나님이 우리를 은혜롭게 대하기를 원
하셨고 또 이것을 그리스도를 통해 알리셨기 때문이라는 것이다. 그리스
도의 죽음은 우리를 향한 하나님의 사랑을 오해의 여지가 없는 확실함으
로 확증하기 위해 필요하다.[15] 그의 부활의 목적은 하나님께 순종하는 자
들이 모든 죽음으로부터 자유롭게 되었다는 것을 자신의 모범을 통해 보
여주고, 또한 하나님께 순종하는 모든 자에게 영생을 주는 권세를 그리스

　　154; 편집자 주—영역본: *Barclay's Apology in Modern English*, ed. Dean Freiday
(Alburtis, PA: Hemlock, 1967).

13) D. H. Benroth (Schmidt), "Stancarus," *PRE*[3], XVIII, 752-54.

14) J. Piscator, *Epist. praest. virorum*, 156; 참조. Piscator, *Theses theol.*, XV, 18-
19. 편집자 주—Piscator에 관한 다음 작품을 참조하라: Heber Carlos de Campos
Jr., *Johannes Piscator* (*1546-1625*) *and the Consequent Development of the
Doctrine of the Imputation of Christ's Active Obedience* (Lewiston, NY, and
Lampeter, Wales: Edwin Mellen, forthcoming).

15) *Racovian Catechism*, trans. Thomas Rees (London, 1818), qu. 380, 383.

도에게 주기 위해서다.[16] 소키누스주의자들에 따르면, 전통적인 대신속죄 (substitutionary atonement)의 교리는 부주의와 불경건에 빠지게 한다. 결국 모든 죄가 속해질 수 있다면, 우리는 마음대로 죄를 짓게 될 것이기 때문이다. 흐로티우스(Hugo Grotius)는 그리스도의 충족에 대한 교리를 정당화하려고 시도했는데,[17] 이를 위해 그는 이 교리를 하나님 밖에 있으면서 하나님도 따를 수밖에 없는 공의, 하나님의 "통치적"(governmental) 공의에서 도출했다. 그리스도의 충족은 이렇게 다른 이들이 고난당하는 것을 막도록 고안된, 합당하지 않은 고난의 모범으로 바뀌었다. 흐로티우스의 통치적 공의 이론이 끼친 영향은 조나단 에드워즈(Jonathan Edwards)와 티모시 드와이트(Timothy Dwight)의 뉴잉글랜드 신학은 물론이고, 홉스(Hobbes), 로크(Locke), 콜리지(Coleridge), 존 테일러(John Taylor), 프리슬리(Priestley) 등 영국의 사상가들에게서도 발견되는데, 이들이 주장하는 바에 따르면 그리스도는 하나님의 공의보다는 하나님의 사랑의 계시이고, 하나님은 죄를 단지 교육적으로 유용한 "자연적"(결과적) 형벌로만 처벌하신다. 그리스도의 죽음은 그것이 어떻게 우리를 변화시키는지와 관련되어 있지, 하나님의 진노를 충족시키는 것과는 관련이 없다. 소키누스(Faustus Socinus)의 비판은 너무도 날카롭고 완벽해서, 이후에 그를 따르는 자들은 그의 주장을 되풀이하는 것 말고는 할 수 있는 게 거의 없었을 정도였다. 항변파들 (Remonstrants)은 그리스도의 충족 교리를 계속해서 주장하려고 했지만, 실제로는 이 교리에 대한 모든 반대를 고스란히 받아들였다.

[379] 이런 견해들에 대해 정통 신학자들이 심각하게 반대했음에도 불구하고, 소키누스주의자들은 근대신학이 그리스도의 직분과 사역에 대한 교리를 수정하는 데 큰 영향을 끼쳤다. 근대의 속죄 이론들은 법률적 충족 교리─그리스도가 우리를 대신해서 하나님의 의를 성취하셨다는 것─

---

16) Ibid., qu. 384.
17) *Defensio fidei catholicae de satisfactione Christi* (1617).

를 그리스도가 우리 안에 도덕적 변화를 일으키시면서 개인적·윤리적 방식으로 역사하심을 강조하는 것으로 대체한다. 그 변화가 우리의 지성에서 일어나든지, 마음에서 일어나든지 또는 의지에서 일어나든지 상관 없이 말이다. 셸링이나 헤겔의 관념론적 사고에서 역사적 예수는 그리 중요하지 않다. 중요한 것은 하나님을 떠났다가 하나님께 다시 돌아가는 세계 관념이다. 시간과 유한성에 종속된 세계와 인간이 바로 고난받고 죽임당하는 하나님이다.[18] 하나님의 화해는 우주의 과정(cosmic process)에서 필연적이고 객관적인 순간이다. 하나님은 스스로 자신과 화해하시고, 소외의 상태에서 자신에게 돌아가신다.[19] 실제 존재는 신성의 성육신이고, 우주의 과정은 하나님의 고난에 대한 이야기인 동시에 육신으로 십자가에 달리신 분의 구속으로 향하는 길이기도 하다.[20] 드레프스(A. Drews)에 따르면, 구속의 중보자는 심지어 가능하지도 않다. 왜냐하면 모든 구속은 하나님이 우리 안에서 이루시는 자기구속이기 때문이며, 하나님이 인간의 본질이시고 하나님이 스스로 인간 안에서 자기의식과 영적 자유를 성취하시기 때문이다.[21] 우리는 내재적 신성을 통해 구원받는데, 이것은 모든 인간 안에 거하면서 고난과 죽음을 통해 구원에 이르게 한다. 여기서

---

18) F. W. J. Schelling, *Ausgewählte Werke*, 4 vols. (Darmstadt: Wissenschaftliche Buchgesellschaft, 1968), I/5, 386-400.

19) G. W. F. Hegel, *Philosophie der Religion* (2), in *Sämtliche Werke*, 26 vols. (Zürich: J. H. Bodmer, 1700), XVI, 249-56 (*Werke*, XII, 249-56); 편집자 주―Bavinck가 "The Absolute Religion"으로부터 인용하는 이 대목은 다음 책에서 볼 수 있다. P. Hodgson, ed., *Hegel: Lectures on the Philosophy of Religion*, vol. 3, "The Consummate Religion" (Berkeley: University of California Press, 1988), 201-11.

20) E. von Hartmann, *Das sittliche Bewusstsein* (Leipzig: W. Friedrich, 1886), 688.

21) A. Drews, *Die Religion als Selbst-Bewusstsein Gottes* (Jena and Leipzig: E. Diederichs, 1906), 238ff.; 편집자 주―Drews는 역사적 예수의 존재에 의문을 가졌던 "예수가 신화였다"(Jesus-myth)고 주장하는 그룹의 일원이었다; Arthur Drews, *The Christ Myth*, trans. from the 3rd ed. (rev. and enlarged) by C. Delisle Burns (Chicago: Open Court, 1910; repr., [Westminster College-Oxford Classics in the Study of Religion] Amherst, NY: Prometheus, 1998).

죄 용서는 도덕적 갱신이나 성화에 앞설 수 없고, 오히려 그것들을 뒤따른다. 우리는 새롭게 된 후에 하나님의 자녀가 된다.[22] 종교의 주관적이고 윤리적인 측면이 객관적 측면을 지배하고, 종교는 도덕성과 자기구원(self-salvation)의 문제가 된다.

드레프스와 다른 이들의 공격으로부터 그리스도의 인격과 사역을 지켜내려는 노력은 부족하지 않았는데, 특히 슐라이어마허와 리츨이 두드러졌다. 리츨은 그리스도를 인류에게 도덕적인 하나님 나라를 가져오는 완전한 사람으로 제시했는가 하면, 슐라이어마허는 우리 안에 계신 그리스도를 통해 이루어지는 신비적 화해를 주장했다. 슐라이어마허가 교회의 언어를 사용했음에도—심지어 삼중직이라는 용어도 받아들인다—그리스도와의 신비적 교제에 대한 그의 언급은 죄와 죄책의 실재를 제대로 다루는 데 실패했을 뿐 아니라, 구속에 대해서도 역시 한쪽으로 치우쳐서 세계와의 조화라는 심미적인 측면에서만 바라보았다. 리츨은 역사적 예수와, 죽기까지 복종한 그의 완전한 순종과, 소명에 대한 그의 충성에 관심을 재조명하려고 노력했지만, 하나님을 사랑으로만 이해하기 위해 하나님의 심판과 진노에 대한 모든 언급들을 거부했다. 리츨과 그를 따랐던 자들—카프탄(Kaftan), 헤르만(Herrmann), 하르낙(Harnack)—에게 기독교는 단지 하나님의 뜻과 그리스도의 죽음에 합당하게 살아가는 윤리적인 삶의 문제, 그 목적에 이르는 교육적 방편일 뿐이다. 예수는 복음을 구성하는 내용(content)이 아니라, 단지 성부를 향한 안내자(guide), 사랑 안에 있는 복음의 능력을 개인적으로 실현한 인물일 뿐이다.[23]

[380] 다른 나라들에서도 그리스도의 사역에 대한 교리를 신비적으

---

22) 참조. 예를 들어 J. A. L. Wegscheider, *Institutiones theologiae christianae dogmaticae* (Halle: Gebauer,1819), §§140-42; T. Hobbes, *Leviathan* (London: J. M. Dent, 1924), chap. 41.

23) Adolf von Harnack, *What Is Christianity?* trans. Thomas Bailey Saunders (New York: Harper, 1957), 51-56, 63-70, 77, 125ff.

로나 도덕적으로 재구성하려는 비슷한 시도들이 있었다.[24] 첫째로, 근대
신학은 속죄(verzoening) 교리에 관심이 거의 없었다.[25] 여기서 문제는 죄
였다. 근대신학은 인간의 도덕적 능력을 높게 평가했고, 예수를 예언자,
모범, 도덕적 이상으로 보는 데 만족했다. 죄는 인간 발달에서의 결함이
나 지체에 불과해서 더 많은 사람들이 그리스도가 내딛으셨던 길을 따
를 때 극복될 것이었다. 어떤 속죄도 실제로는 필요하지가 않았다. 예수
를 따르고 도덕적 선을 견지하라는 부르심만이 필요했다. 근대신학에 대
한 불만이 특히 영어권 국가들에서 일어나서[26] 속죄가 다시 강조되었을
때에도 그리스도의 죽음에 대한 대리적·대속적 이해는 여전히 거부되었
다. 점차 무게 중심은 그리스도의 객관적 사역으로부터 우리 안에서 일어
나는 주관적 변화로 옮겨갔다. 호레이스 부쉬넬(Horace Bushnell)은 그리스
도의 고난이 모든 것을 참는 사랑으로서 대속적 성격을 갖는다고 보았으
며, 캠벨(John McLeod Campbell)도 마찬가지로 그리스도의 고난에 대한 원
인을 하나님의 공의가 아니라 하나님의 사랑에서 찾았다. 그리스도는 우
리를 대신해서 성부께 대리 회개(vicarious repentance)를 바치셨다. 속죄는
법적인 것이 아니라 도덕적이고 영적인 것이며,우리에게 법률적으로 전가
된 것이 아니라 신비적이며 윤리적인 방식으로 전가된 것이다. 토머스 얼
스킨(Thomas Erskine), 모벌리(R. C. Moberly), 모리스(F. D. Maurice), 캠벨(R. J.
Campbell) 등이 이와 비슷한 사상을 가졌고,[27] 프랑스와 스위스의 신학도

---

24) 네덜란드에서는 흐로닝겐(Groningen) 학파와 Daniel Chantepie de la Saussaye
   의 "윤리적" 신학이 그랬다; 참조. H. Bavinck, "Recent Dogmatic Thought in the
   Netherlands," *The Presbyterian and Reformed Review* 3/10 (1892): 209-28.

25) 위의 각주 2를 보라.

26) R. W. Dale, *The Atonement*, 18th ed. (London: Congregational Union of England
   and Wales, 1896).

27) Horace Bushnell, *The Vicarious Sacrifice, Grounded in Principles of Universal
   Obligation* (NewYork: C. Scribner's Sons, 1866); John McLeod Campbell, *The
   Nature of the Atonement and Its Relationto Remission of Sins and Eternal Life,*

마찬가지였다. 점차 대리충족(vicarious satisfaction) 교리는 그리스도의 사역에 대한 신비적·윤리적·도덕적 이해로 나아갔다.[28] 이 모든 노력들에서 공통되는 점은 형벌대속(penal substitution)에 관한 언급을 일절 거부한 반면, 그리스도의 죽음이 인류의 풍성한 복의 원천이라는 믿음을 유지하려는 강력한 의지를 보였다는 것이다. 게다가 그리스도와 우리를 어떻게든 연합시킴으로써 이 복들을 함께 나누는 것이 가능하다고 주장한다. 이 모든 근대적 재구성에도 불구하고, 예수의 대리고난과 죽음에 대한 고백은 지금도 교회에 살아남아 있고, 신학에서도 여전히 자주 그리고 대체적으로 결연히 옹호된다.[29]

6th ed. (London: Macmillan, 1886); 참조. H. F. Henderson, "The Row Heresy," in *The Religious Controversies of Scotland* (Edinburgh: T&T Clark, 1905), 147-81; R. C. Moberly, *Atonement and Personality*, 6th ed. (London: Murray, 1907); Thomas Erskine, *The Unconditional Freeness of the Gospel: In Three Essays* (Boston: Crocker & Brewster, 1828); F. D. Maurice, *The Doctrine of Sacrifice Deduced from Scriptures* (Cambridge: Macmillan, 1854); R. J. Campbell, *The New Theology* (New York: Macmillan, 1907); 참조. further F. L. Godet, *The Atonement in Modern ReligiousThought: A Theological Symposium* (London: Clarke, 1900); A. C. Lyttelton, "The Atonement," in *Lux Mundi*, ed. C. Gore (London: J. Murray, 1892), 201-29; G. B. Stevens, *The Christian Doctrine of Salvation* (Edinburgh: T&T Clark, 1905); W. Porcher Dubose, *The Soteriology of the New Testament* (New York: Longmans, Green, 1906); H. C. Beeching and A. Nairne, *The Bible Doctrine of Atonement* (London: Murray, 1906).

28) A. Sabatier, *The Doctrine of the Atonement and Its Historical Evolution*, trans. Victor Leulitte (New York: Putnam, 1904); E. Ménégoz, *La mort de Jésus et le dogme de l'expiation* (Paris: Fischbacher, 1905).

29) 이미 언급한 저작들 말고도 다음과 같은 저작들을 덧붙일 수 있다. C. Hodge, *Systematic Theology*, 3 vols. (New York: Charles Scribner's Sons, 1888), II, 480ff.; W. G. T. Shedd, *Dogmatic Theology*, 3rd ed., 3 vols. (New York: Scribner, 1891-94), II, 378ff.; A. A. Hodge, *The Atonement* (1907; repr., Grand Rapids: Baker Academic, 1974); B. B. Warfield, "Modern Theories of the Atonement," *Princeton Theological Review* 1 (1903): 81-92; R. S. Candlish, *The Atonement: Its Reality, Completeness, and Extent* (London: T. Nelson & Sons, 1861); H. Martin, *The Atonement in Its Relations to the Covenant, the Priesthood, the Intercession of*

중보자 예수

[381] 처음부터 예수가 그리스도라는 믿음은 기독교 신앙고백의 핵심과 중심이었다. 성경의 견해에 따르면, 예수는 기름 부음을 받은 중보자로서 예언자, 제사장, 왕의 직분을 성취하신다. 그는 하나님과 사람 사이에서 완전한 중보자이신데, 그 자신이 참 하나님과 참 사람이시기 때문이다. 그리스도와의 교제 가운데 있는 모든 사람은 "그리스도인"(Christian)이라 불리고(행 11:26), 그리스도 안에서 예언자, 제사장, 왕이 되도록 기름 부음을 받는다. 사도들의 글에서 "예수"와 "그리스도"라는 이름은 곧 가장 긴밀한 방식으로 연결되고 서로를 설명했는데, 이는 마치 그리스도의 인격이 그의 사역을 통해 알려지고 또한 그리스도의 사역이 그의 인격을 통해 알려진 것과 마찬가지다. 그리스어로 "이에수스"('Ιησοῦς), 라틴어로 Jesus, Jhesus, Hiesus로 표기된 이름은 이스라엘 사람들에게 흔한 것이었고, 이는 히브리어로 "예호슈아"(יְהוֹשֻׁעַ [신 3:21; 삿 2:7], 또는 יְהוֹשֻׁעַ [출 17:9; 민 13:16; 수 1:1; 삿 2:6; 삼상 6:14, 18; 왕하 23:8; 학 1:1; 슥 3:1])라고 표기했으며, 때때로 축약된 형태로 "호셰아"(הוֹשֵׁעַ [민 13:8; 왕하 15:30; 느 10:23; 호 1:1]) 또는 "예슈아"(יֵשׁוּעַ [스 2:2, 6; 느 7:7, 11, 39 등])로 쓰인다. 그 모양과 유래가 무엇이든지 오늘날 많은 학자는 이 이름이 יְהוֹ와 יָשַׁע로 이루어져서, "야웨가 구원이시다, 또는 도움이시다"를 의미한다고 본다(참조. 순서가 다르기는 하지만 거의 동일한

Our Lord (London: James Nisbet, 1870; Edinburgh: Knox, 1976); J. S. Lidgett, *The Spiritual Principle of the Atonement as a Satisfaction Made to God for the Sins of the World*, 2nd ed. (London: Charles H. Kelley, 1898); J. Denney, *The Death of Christ: Its Place and Interpretation in the New Testament* (London: Hodder & Stoughton, 1909); idem, *The Atonement and the Modern Mind*, 2nd ed. (London: Hodder & Stoughton, 1908); J. Stalker, *The Atonement* (London: Hodder & Stoughton, 1908); J. J. van Oosterzee, *Christian Dogmatics*, trans. J. Watson and M. Evans, 2 vols. (New York: Scribner, Armstrong, 1874), §§108ff.

조합이 יְשַׁעְיָהוּ라는 이름에 있다. 사 1:1).[30] 모세는 의도적으로 눈의 아들 호세아에게 여호수아라는 이름을 지어주었고(민 13:8, 16), 마태복음 1:21에서 요셉은 천사의 분명한 명령에 따라 자기 아들에게 예수라는 이름을 주었는데, 이는 그가 자기 백성을 죄에서 구원할 자였기 때문이다. 비록 이 이름이 때로 다른 사람들에게도 주어졌지만(행 7:45; 골 4:11; 히 4:8), 전적으로 독특한 의미에서는 예수께 속한 것이다. 그러므로 신자들은 그리스도의 이름으로 자신들을 부르는데, 이는 이 이름이 개인적이고 역사적인 이름이 아니라 공식적인 것이기 때문이고, 바로 이 그리스도와의 교제 속에서 그들 자신이 예언자, 제사장, 왕으로 기름 부음을 받기 때문이다.

이 역사적이고 공식적인 이름 외에도, 성경은 그리스도께 많은 다른 이름을 부여한다. 그는 하나님의 아들, 독생자, 하나님이 사랑하시는 아들, 말씀, 하나님의 형상, 하나님의 영광의 광채, 하나님의 본체의 형상, 모든 피조물 중에서 가장 처음 나신 분, 참 하나님이며 영생, 모든 것 위에 높임을 받으실 하나님(또는 더 정확히 말하면, 만물 위에 계셔서 세세에 찬양을 받으실 하나님[롬 9:5]), 임마누엘로 불린다. 또한 그는 인자, 요셉과 다윗의 자손, 나사렛 사람(마 2:23), 갈릴리 사람, 둘째 아담, 모든 피조물보다 먼저 나신 이, 잠자는 자들의 첫 열매로도 불린다. 마지막으로 그의 직분과 사역과 관련해서 그는 예언자, 주인, 선생, 제사장, 위대한 제사장, 대제사장, 주의 종, 하나님의 어린 양, 왕, 만왕의 왕, 주, 영광의 주, 만주의 주, 교회의 머리, 교회의 신랑, 영혼의 목자와 감독, 믿음의 주요 온전하게 하는 분, 구원의 창시자, 길과 진리와 생명, 생명의 떡, 생명의 왕, 부활과 생명, 양의 목자, 양 우리의 문, 세상의 빛, 광명한 새벽 별, 유다 지파의 사자, 아멘이시고 충성되고 참된 증인이신 분, 알파와 오메가, 처음과 나중, 시작과 끝, 산 자와 죽은 자들의 심판자, 만물이 그에 의해 그로 말미암아 그를 위하여 지어진 만유의 후사로 불린다. 이 모든 이름은 그리스도께 속한 비할 데 없

---

30) 참조. E. Nestle, "Jesus," in *DC*, I, 860.

는 존귀와 전혀 독특하고 고유한 지위를 충분히 증명한다.[31] 그는 창조와
재창조 모두의 중보자이시다.

"메시테스"(μεσιτης)라는 말은 70인역 욥기 9:33에 나온다. 이것은 구조
자 또는 돕는 자(심판, 중재자)를 뜻하는데, 욥이 하나님과 자기 사이에 서기
를 바랐던 존재다. 신약성경에서 이 이름은 오직 모세(갈 3:19-20)와 그리스
도(딤전 2:5; 히 8:6; 9:15; 12:24)에게만 주어지는 데 반해, 동사 "메시튜에인"(
μεσιτευειν, 둘 사이에 서다, 중재하다)은 하나님을 가리키면서 딱 한 번 쓰인다
(히 6:17). 반목하는 둘을 화해시키기 위해 둘 사이에 서는 사람을 가리키는
(신 5:5) 단어 "중보자"(mediator)는 예수의 인격이 차지하는 자리와 그의 사
역의 성격을 묘사하는 데 꼭 들어맞는다. 비록 이 개념이 모든 종교에서
발견되기는 하지만, 오직 예수 그리스도 안에서만 실현되었다. 그는 하나
님과 우리 사이에서 제3자가 아니라, 그 자신이 하나님의 아들이신 동시
에 인자, 모든 인류의 머리, 교회의 주님이시다. 그는 두 당사자 사이에 서
지 않고, 자신의 인격 안에서 그 두 당사자시다.

이 틀 안에서조차 종교개혁 신학자들이 논쟁을 벌인 문제들이 있었는
데, 이를테면 그리스도가 두 본성 모두에서 중보자이셨는지, 아니면 단지
그의 인성 안에서만 중보자이셨는지(Stancarus)와 같은 것들이다. 루터파
와 개혁파 신학자들이 주장한 바에 따르면 그리스도는 두 본성 모두에서
중보자이셨고, 영원 전부터 그렇게 세워지셨고, 이미 구약성경 시대에 중
보자의 직분을 성취하셨다.[32] 물론 때가 차매 그리스도가 육신이 되신 것
은 사실이지만, 그가 중보자로 선택되고 세워진 것은 영원 전부터다. 태초

---

31) 이런 모든 이름들이 가진 의미를 알려면 다음을 보라; B. B. Warfield, *The Lord of
Glory* (New York: AmericanTract Society, 1907).

32) J. T. Müller, *Die symbolischen Bucher der evangelisch-lutherischen Kirche*, 8th
ed. (Gütersloh: Bertelsmann, 1898), 622, 684; K. Benrath, "Stancarus," *PRE*[3], XVIII,
753; Francis Turretin, *Institutes of Elenctic Theology*, trans. George Musgrove
Giger and ed. James T. Dennison, 3 vols. (Phillipsburg, NJ: Presbyterian and
Reformed, 1992), XIV, qu. 2.

에 성자가 하나님과 함께 계셨고 그 자신이 바로 하나님이셨기 때문에, 중보자로서 그가 선택된 것은 자신과 상관없이 이루어지지 않았고 오히려 "구원 협약"(*pactum salutis*)의 성격을 갖는다. 구속은 성부·성자·성령의 공동 사역이다. 성부가 영원 전부터 그의 자녀들의 아버지셨고 성령이 영원 전부터 신자들의 위로자이셨던 것과 같은 의미에서, 성자는 영원 전부터 중보자로 세워지셨고 타락 직후에 자신의 사역을 시작하셨다. 이미 구약 성경 시대부터 그는 예언자, 제사장, 왕으로 일하셨다.[33] 타락 직후에 속죄와 구속을 위해 세계가 중보자이신 성자에게 주어졌기 때문에, 왕적 직분이 그리스도의 사역에서, 특히 구약성경에서 두드러진다. 하지만 그리스도의 왕권은 이 땅의 통치자들의 그것과는 전혀 다르다. 신정적인 다윗의 왕권을 통해 미리 보여진 것처럼, 그것은 하나님의 이름으로 행사되는 왕권으로서 하나님의 뜻에 종속되고 모든 것을 하나님을 영화롭게 하기 위해 인도하도록 고안되었다. 그것은 폭력과 무기에 의한 왕권이 아니다. 말씀과 성령으로, 은혜와 진리로, 공의와 의로 다스리는 왕권인 것이다. 따라서 이 왕은 동시에 예언자이며 제사장이다. 그의 권세는 진리와 의를 섬기는 데 사용되도록 예비되었다.

이런 이유로 왕적 직분의 개념에 반대하거나, 그리스도의 경우에 왕이라는 호칭을 은유적으로 사용하는 사람들이 있다.[34] 다른 사람들은 삼중직 사이의 구분을 거부하거나, 한 가지 직분만 인정하면서 다른 직분들을 희생했다. 실제로 많은 이들이 그리스도의 경우에 직분보다는 개인적인 부르심이라고 하는 것이 더 낫다고 여기는데, 이는 그리스도의 나라는 공의가 아니라 사랑의 나라인 데 반해, 직분이라는 개념은 법률적 공동체에 어울리기 때문이라는 것이다.[35] "직분"(office)이 "부르심"(calling)이라는

---

33) Augustine, in H. Reuter, *Augustinische Studien* (Gotha: Perthes, 1887), 93.

34) J. A. L. Wegscheider, *Inst. theol.*, §144; J. H. Scholten, *De Leer der Hervormde Kerk in Hare Grondbeginselen*, 2nd ed., 2 vols. (Leyden: P. Engels, 1850-51), I, 369ff.

35) A. Ritschl, *The Christian Doctrine of Justification and Reconciliation* (Clifton,

말과 구별되는 점은 그것이 통치권에 의해 임명되는 것을 포함한다는 것이고, 바로 그렇기 때문에 "직분"이 그리스도와 관련해서 사용되어야 할 표현인 것이다. 그리스도는 자기 스스로 중보자의 명예를 취하지 않으셨다. 하나님이 그를 택하셨고, 부르셨고, 세우셨다(시 2:7; 89:19-21; 110:1-4; 132:17; 사 42:1; 히 5:4-6). "그리스도"라는 이름은 하는 일이 무엇인지를 보여주는 이름이 아니라, 예수가 하나님에 의해 친히 선택되셨기 때문에 주장하실 수 있는 직분, 자격, 명예를 가리키는 이름이다. 특히 옛 언약 아래에서 왕들은 기름부음을 받았는데(삿 9:8, 15; 삼상 9:16; 10:1; 16:13; 삼하 2:4; 5:3; 19:10; 왕상 1:34, 39; 왕하 9:1-3; 11:12; 23:30), 아마도 거룩한 기름이 사용되었을 것이다(왕상 1:39; 시 89:20). "기름 부음 받은 자"(anointed one)는 신정통치를 실행하는 왕의 칭호였다(시 20:6; 28:8; 84:9; 89:38 등). 기름으로 바르는 것은 신적으로 거룩하게 구별되었다는 것, 하나님의 영으로 구비되었다는 것에 대한 상징이었다(삼상 10:1, 9-10). 그렇게 그리스도가 기름 부음을 받으신 것은 성령에 의한 것인데(사 11:2; 42:1; 61:1; 시 2:6; 45:7; 89:20; 눅 4:18; 요 3:34; 행 4:27; 10:38; 히 1:9), 곧 성령으로 잉태되실 때(눅 1:35)와 요한에게 세례를 받으실 때였다(마 3:16; 막 1:10; 눅 3:22; 요 1:32). 그리스도가 공생애를 시작하시고 하나님 나라를 세우실 때, 그는 기름 부음 받은 자, 의로운 왕, 주의 종으로서 그렇게 하셨다. 이 나라가 비록 지금은 영적이고 도덕적으로만 존재하지만 장차 하나님의 도성에서 외적인 형태를 갖추고 드러나도록 정해졌으며, 여기서 모든 불경건한 자는 사라지고 하나님이 만유의 주가 되실 것이다. 그리스도가 참되고 온전한 의미에서 왕이시기 때문에, 그의 왕권은 예언자와 제사장의 직분들을 포함한다.

[382] 하지만 많은 신학자들이 그리스도의 삼중직을 반대하고, 그 근거로 하나의 직분이 다른 것들로부터 구분될 수 없다는 점을 제시한다.[36]

NJ: Reference Book Publishers, 1966), III, 425.

36) 현대는 물론 과거에도 소키누스파 사람들과 Ernesti, Doederlein과 다른 사람

물론 그리스도의 어떤 행위도 엄격하게 특정한 직분에 국한시킬 수 없는 것은 사실이고, 몇몇 특정한 행위들을 예수의 삶에서 분리하여 어떤 것들을 예언자적 직분에 그리고 다른 것들을 제사장적 또는 왕적 직분에 부여하는 것은 지나치게 분리주의적인 접근이다. 그리스도는 어제나 오늘이나 영원토록 동일하시다. 그리스도 자신이 그의 전 인격 안에서 예언자, 제사장, 왕이시다. 그의 존재, 그의 말, 그의 행위 전체가 그 삼중의 존엄을 드러낸다. 두 가지만 예로 들어보자. 그가 행하신 이적들은 그의 가르침에 대한 표적이면서(요 2:11; 10:37 등), 또한 그가 갖고 계신 제사장적 연민(마 8:17)과 왕적 권세(마 9:6, 8; 21:23)를 드러낸다. 그의 중보기도에는 그의 대제사장적 직분뿐만 아니라 예언자적이고 왕적인 직분도 드러나 있다(요 17:2, 9-10, 24). 물론 우리의 중보자로서 그가 행하시는 활동들에는 한 가지 또는 그 이상의 직분들이 전면에 부각될 수 있을 것이다. 구약성경 시대와 그의 지상 사역 시기에는 예언자적 직분이, 그의 고난과 죽음에서는 제사장적 직분이, 승귀 상태에서는 왕적 직분이 부각되는 것이 사실이다. 하지만 실제로 그는 세 직분을 동시에 갖고 계시면서 성육신 전과 후, 비하와 승귀 상태 모두에서 그 셋을 동시에 일관되게 행사하신다. 그리스도는 성자로서 그리고 하나님의 형상으로서, 자기 자신을 위해서는 물론이고 우리의 중보자와 구원자로서 세 직분을 모두 감당하셔야 했다. 그는 하나님의 진리를 알고 그것을 드러내기 위해 예언자이셔야 했고, 자신을 하나님께 헌신하고 우리를 대신해서 자신을 하나님께 제물로 드리기 위해 제사장이셔야 했고, 하나님의 뜻에 따라 우리를 통치하고 보호하기 위해 왕이셔야만 했다. 가르치고 화해시키고 이끌기 위해, 또는 구원을 교훈하고 성

들이 그리스도의 삼중직을 반대했다. A. Ritschl, *Die christliche Lehre von der Rechtfertigung und Versohnung*, 2nd ed., 3 vols. (Bonn: A. Marcus, 1880-83), I, 520ff.; idem, *Justification and Reconciliation*, III, 408ff.; Theodor Haring, *The Christian Faith*, trans. John Dickie and George Ferries (London: Hodder & Stoughton, 1913), II, 493ff.

취하고 적용하기 위해서는 지혜·의·구속, 또는 진리·사랑·권세 이 세 가지 모두가 필수적이다. 그리스도가 하나님으로서 인간을 향해 갖는 관계(Christ's God-to-humanity relation)에 있어서 그는 예언자시다. 그리스도가 인간으로서 하나님을 향해 갖는 관계(his humanity-to-God relation)에 있어서 그는 제사장이시다. 그리스도가 온 인류의 머리가 되신다는 점에서 그는 왕이시다. 이성주의자들은 그리스도의 예언자적 직분만 인정하고, 신비주의자들은 제사장적 직분만 인정하며 천년왕국주의자들(millennialists)은 왕적 직분만 인정하는 데 반해, 성경은 지속적이고 동시적으로 세 직분 모두를 그리스도께 돌리면서 그를 우리의 대예언자, [대]제사장, 영원한 왕으로 묘사한다. 그에게 이 세 가지는 항상 긴밀히 결합되어 있고, 다른 것들 없이 어느 하나만 존재하는 일은 결코 없다. 그가 왕으로서 하시는 말씀과 행위에 권세가 있고, 그의 왕적 통치에 은혜와 진리가 충만하다.

[383-384] 그리스도는 그의 인격과 사역 전체에서 하나님의 사랑을 계시하신다. 이것은 한편으로 그리스도의 사역을 오로지 하나님의 심판하시는 정의에 대한 계시로만 보는 것이 잘못임을 의미한다. 이런 식의 이해는 우리 주 예수 그리스도의 아버지이신 하나님을 이교적인 신으로 전락시켜서, 희생제물로 그의 진노를 달래야 하는 분으로 만드는 것이다. 하지만 그리스도의 죽음을 단지 하나님의 사랑에 대한 표현으로만 보는 것도 잘못인데, 적어도 우리가 자주 상상하는 식의 사랑은 아니다.[37] 그리스도

---

37) Schwartzkopff는 하나님의 사랑은 죄를 증오하는 거룩한 사랑이어야 하고, 하나님의 의, 진노, 보응과 같은 것을 단지 하나님을 의인화하는 것 정도로 치부해서는 안 된다는 점을 인정한다. 그럴 경우 하나님의 사랑 역시 의인화된 것 정도로 치부되어야 하고 결국 하나님의 사랑 같은 것은 없는 것이 될 것이다. 하지만 그는 여기서 머물지 않고 거룩함과 사랑을 결합하여 전자가 후자를 위해 있고 후자에 종속되도록 한다. 하나님은 성부고 그의 모든 자녀를 구원에 이르게 하려고 한다. 하지만 자녀들이 끝까지 하나님의 이런 의도를 거부하면 하나님의 사랑이 그들을 몰아 멸망으로 치닫게 한다. 그러므로 진노, 심판, 형벌 등과 같은 것은 사랑의 표현이요 결과다. 하지만 이런 식으로 하면 하나님의 의로움은 단지 종말적 성격만을 가지게 되고 인간의 의지가 어떻게 반

의 죽음은 하나님의 공의에 의한 행위이기도 한 것이다. 영지주의와 마르키온주의자들처럼 구약성경의 진노하시고 복수하시는 하나님과 신약성경의 사랑과 긍휼을 베푸시는 하나님 사이를 분리하는 것은 결코 성경적이지 않다. 구약성경에 있는 "야웨 엘로힘"(*Yahweh Elohim*)은 공의로우시고 거룩하시고 자기 명예를 위해 질투하시고 죄에 대한 분노로 가득하시지만, 또한 은혜로우시고 자비하시고 용서하기를 원하시고 신실한 사랑으로 충만하시다(출 20:5-6; 34:6-7; 신 4:31; 시 86:15 등). 성부와 그리스도 사이에 반하는 것은 없다. 성부 자신이 바로 구원자(σωτηρ; 눅 1:47; 딤전 1:1; 딛 3:4-5), 즉 그리스도 안에서 세상을 자신과 화목하게 하시고 죄를 그들에게 돌리지 않으시는 분이다(고후 5:18-19). 그러므로 그리스도가 먼저 자신의 행위로 성부를 감동시켜서 사랑과 은혜를 베풀도록 하신 것이 아니다. 성부의 사랑이 먼저 있고, 그것이 하나님의 사랑의 선물이신 그리스도 안에서 드러나는 것이다(요 3:16; 롬 5:8; 8:32; 요일 4:9-10). 하나님의 공의와 사랑 사이에는 아무런 갈등도 없다. 하나님의 공의와 진노는 은혜와 반대되지 않고, 오히려 어떤 의미에서 그 안에 포함되어 있다. 그리스도의 보상적 희생제사를 통해, 믿음으로 말미암아, 은혜로써 불경건한 자들을 의롭다 할 수 있는 길이 열렸다. 우리를 의롭게 하는 은혜는 다름 아니라 공의와 의의 방식으로 실현되었다. "마치 천둥 구름 뒤에 태양이 감추어져 있듯이, 진노 뒤에 마지막 동인으로 감추어져 있는 것은 사랑이다"(Delitzsch).

이것은 우리에게 한 가지 질문을 불러일으킨다. 그리스도의 죽음은 필연적(necessary)이었는가, 아니면 자의적(arbitrary)이었는가(Duns Scotus)? 그리스도의 죽음을 통한 충족은 물론이고 성육신도 절대적인 의미에서

응하느냐의 여부에 따라 드러나는 여부가 결정되고 그렇게 되면 그리스도를 그의 피를 믿는 믿음으로 말미암는 속죄제물로 내어주고 예수를 믿는 자들을 의롭다 함으로 자신의 의로움을 나타냈다는 하나님에 대한 바울 서신의 서술과 부합하지 않는다. P. Schwartzkopff, "Gottes Liebe und Heiligkeit," *Theologische Studien und Kritiken* (1910): 300-313.

필연적인 것은 아니다. 그것들은 외부로부터 하나님께 강제되거나 또는 받아들이지 않을 수 없다는 의미에서 필연은 아니지만, 하나님의 속성들과 부합하고 그 속성들을 하나님께 영광이 되도록 가장 찬란하게 드러내는 행위들로서는 필연적이다. 몇 가지 이유로 우리는 이런 결론에 도달하게 된다. 첫째, 성경은 하나님이 모든 일을 하나님 자신을 위해 하신다고 가르친다(잠 16:4; 롬 11:36). 따라서 모든 일의 최종적 근거와 궁극적 목적은, 그리스도의 성육신과 충족에서도 마찬가지로, 하나님 자신에게 있어야 한다. 하나님은 자신을 위해 자기 아들을 우리의 죄를 위한 화목제물로 세상에 보내셨고, 그렇게 해서 자신의 속성들과 완전함들이 드러나게 하셨다. 전능하신 하나님은 [심지어] 죄까지도 어떻게 자신을 영화롭게 하는 방편으로 활용할 수 있는지 아신다. 둘째, 하나님은 절대적으로 의롭고 거룩한 분으로서 지극히 죄를 미워하신다는 것이 성경의 가르침이다 (창 18:25; 출 20:5; 23:7; 시 5:6-7; 나 1:2; 롬 1:18, 32). 죄는 반드시 하나님의 진노와 징벌을 불러일으킨다. 만약 하나님이 죄를 타당한 것으로 인정하셨고 사탄에게 동등한 권리를 부여하셨다면, 그것은 하나님이 자신을 부인하는 일이 될 것이다. 셋째, 하나님은 분명히 온 인류의 아버지시지만, 이 이름만이 하나님의 온전한 계시라고 생각하는 것은—그러면서 창조주, 통치자, 주권자, 율법의 수여자, 심판자 같은 하나님의 또 다른 이름들을 간과하는 것은—한쪽으로 치우쳐서 오류에 빠지기 쉽다. 하나님은 빚을 탕감해주고 모욕을 용서해주는 피해 당사자이실 뿐만 아니라, 또한 그 자신이 율법의 수여자, 보호자, 보응자시다. 하나님 자신이 의로우신 분이고, 그런 분으로서 속죄함이 없이는 죄를 용서하실 수 없다(히 9:22). 하나님은 공의를 회복하실 필요도, 은혜로 그것을 무효화하실 필요도 없다. 오히려 하나님은 그리스도의 십자가에서 공의와 은혜가 모두 나타나게 하셨다. 넷째, 도덕법 그 자체가 자의적 실정법(positive law)이 아니고, 오히려 하나님 자신의 본성에 기초해 있는 법이다. 그러므로 율법은 거스르거나 파기할 수 없다. 그리스도는 율법을 폐하러 오시지 않고 성취하러 오신 것이다

(마 5:17-18; 롬 10:4). 그는 율법의 위엄과 영광을 굳게 세우셨다. 따라서 믿음은 율법을 폐기하지 않고 오히려 굳게 세운다(롬 3:31). 다섯째, 죄는 성경이 묘사하는 여러 특징 중에서 하나님의 거룩한 위엄을 거스르는 범죄이고, 죽음의 형벌을 받기에 마땅하다(롬 1:32; 3:19). 마지막으로, 죄는 "하나님이…벌하지 않고 그냥 내버려두시기보다는, 사랑하는 독생자 예수 그리스도가 십자가 위에서 억울하고 수치스러운 죽음으로 형벌을 받게 하셨어야 할 만큼"[38] 엄청난 것이다. 만약 의가 다른 방식으로 얻어질 수 있었다면, 그리스도는 헛되이 죽으신 것이다(갈 2:21; 3:21; 히 2:10). 요컨대 그리스도의 성육신과 충족은 하나님이 자기 피조물들에 의해 다시 하나님으로 인정되고 영화롭게 되시기 위한 것이었다. 하나님은 그리스도 안에서 다시 자신을 계시하셨고, 주권을 회복하셨고, 모든 완전함을 확증하셨고, 자기 이름을 영화롭게 하셨고, 하나님 되심을 보전하셨다.

[385] 그리스도의 죽음이 죄를 위한 속죄(충족)로서 필연적이었다는 믿음은 거센 반발에 부딪혔으며 지금도 계속해서 그렇다. 광범위한 기독교 진영에서 공의와 사랑, 복음과 율법, 구약성경과 신약성경을 서로 대립시키는 입장이 지속되고 있다. 이 견해에 따르면, 하나님은 단지 사랑하는 아버지일 뿐 결코 죄를 심판하는 재판장이 아니시다. 기독교는 율법과 충족 또는 공의와 아무런 상관이 없으며, 구원을 위한 영적·도덕적 프로그램인 것이다. 율법과 심판은 국가의 영역일 뿐이며, 은혜의 복음과는 전혀 무관하다. 마르키온주의자들처럼 반대되는 요소들을 대립시키는 것은 기독교에서 항상 거부되어 왔다. 앞에서 본 것처럼, 하나님 안에서 공의와 사랑을 서로 상반되는 것으로 보는 것은 잘못이다. 만약 죄가 처벌받아 마땅한 것이 아니라면, 마찬가지로 은혜도 존재할 수 없다. 공의를 부정하는 자들은 동시에 은혜도 부정하는 것이다. 공의와 종교(도덕으로 여겨지는)를

---

38) 편집자 주—Bavinck가 참조 없이 인용한 이 구절은 수 세기 동안 개혁교회들이 사용해 온 성찬예식서(Form for Communion)에 나온다.

대조시키는 것 역시 적절하지 않다. 둘 다 하나님이 자기 피조물에게 정당하고 합당하게 요구하신 것에 근거하고 있다. 사랑 안에서 하나님을 섬기는 것은 하나님의 율법에 부합하고 하나님의 본성을 반영한다. 참된 종교는 율법을 폐하려고 하지 않는다. 모든 종교와 도덕성은 율법을 전제한다. 우리가 하나님과 하나님의 율법을, 심지어 죄와 상관없이, 우리 삶을 위한 기준으로 사랑하는 것이 하나님의 뜻이다. 사랑의 이름으로 율법을 없애려고 하는 것은 복음에서 그 중심을 빼앗는 것이다. 그렇게 되면 용서에 아무런 객관적 실체가 없게 되고, 죄가 비난받을 만한 것이 아니고 처벌받을 필요도 없다는 주관적 이해만 남는다. 용서는 실질적으로 전혀 필요치 않게 되며, 성화는 자율적 자기발전에 불과한 것이 된다. 선행에 의한 자기구원의 부담이 율법주의를 거부하는 것으로 탈바꿈해서 되돌아오는 것은 비극적 아이러니가 아닐 수 없다. 하나님이 자발적으로 충족의 권리를 포기하실 수 있는가? 적어도 이론적으로라도 말이다. 어떤 의미에서 이것은 지엽적인 질문이고, 여기서 더 중요한 문제는 우리가 용서를 충족과 반대되는 것으로, 마치 그것들이 서로를 배제하는 것처럼 사용되지 않도록 주의하는 것이다. 성경은 그것들을 서로 연결할 뿐만 아니라(레 4:31; 롬 3:24-26; 히 9:22), 충족이 곧바로 용서로 향하는 길을 열어준다고 가르친다. 배상(충족)으로 의무가 해소되는 금전적 채무와 달리, 개인적·도덕적 빚은 당사자가 값을 치러야 한다. 유죄인 사람을 대신할 누군가를 허락하는 것은 항상 은혜의 행위다. 충족은 그리스도가 하나님께 드리는 것이지만, 용서는 하나님이 우리에게 주시는 것이다. 하나님께 있어 그리스도의 충족은—하나님의 권리를 침해하지 않으면서—은혜로 죄를 용서하고 그렇게 해서 불의한 자들을 의롭다고 하시는 길을 연 것이다. 이것은 신자들의 양심이 그들 자신을 고발할 때 엄청난 위로가 된다. 그리스도의 완전한 충족(속죄)은 우리의 절대적이고, 번복될 수 없고, 영원한 용서에 대한 보증이 되기 때문이다.

우리를 위한 그리스도의 순종적 죽음

[386] 그리스도가 자기에게 속한 자들을 위해 이루신 사역은 하나님의 뜻에 절대적으로 완전히 순종하신 것이었다(마 3:15; 20:28; 26:42; 요 4:34; 5:30; 6:38; 롬 5:19; 갈 4:4; 빌 2:7-8; 히 5:8; 10:5-10 등). 이 풍성한 개념은 신학에서 제대로 인정되지 못할 때가 많았다. 그리스도의 고난은 자주 그 순종의 행위와 분리되어 순교자들과 수도사들, 금욕주의자들, 자의로 된 걸인들과 고행자들에 의해 모방을 위한 경건한 묵상의 대상이 되었다. 이런 식으로 그리스도의 적극적인 순종은 모호해지거나, 아니면 피스카토르(Piscator)의 경우처럼, 심지어 부정되었다.[39] 개혁파 신학자들은 잉태부터 죽음까지 그리스도의 전체 삶과 사역을 본질적으로 대속적인 것으로, 전적으로 자발적인 자기부인의 행위로, 새로운 인류의 머리로서 성부께 드려진 제물로 보았다. 그것이 성부가 그리스도께 맡기시고 또 그리스도가 죽음으로 끝마치신 유일한 사역이다(요 4:34; 17:4; 19:30). 죄 있는 육신의 모양으로(롬 8:3) 율법 아래 나신(갈 4:4) 그리스도는 이미 성육신 때 자기를 비워 종의 형체를 가지셨고, 계속해서 자기를 낮추시고 죽기까지 복종하셨다(빌 2:7-8; 고후 8:9). 이것이 바로 많은 사람으로 하여금 "의롭다 하심을 받아 생명에 이르도록 만들어주는"(δικαιωσις ζωης) 단 하나의 사역이고 단 하나의 순종이었다(롬 5:18-19). 그러므로 그리스도의 "충족"(속죄) 사역을 그의 고난으로만 한정하는 것은 성경에 완전히 반대된다. 그리스도가 우리를 위해 얻으신 구속은 또한 육신과 영혼, 즉 전인의 완전한 구속이다. 모든 것이 총체적으로 새롭게 된 것은 그의 순종의 열매다. 비록 우리가 지금은 그것을 단지 부분적으로, 특히 죄의 책임과 권세에서 구원받는 것으로 경험할 뿐이지만 말이다. 그리스도의 전 인격은 그의 능동적, 그리고 소극적 순종을 통해 전체 구속에 대한 완전한 보증이 되신다. 이 구속은 하나님이 은

---

39) H. Bavinck, *Reformed Dogmatics*, III, 345-47 (#378).

혜 안에서 각 사람에게, 인류에게, 세계에 베푸시는 것이다.[40]

[387] 이전의 몇 세기 동안 피스카토르와 많은 다른 이들이 그리스도의 적극적 순종을 그리스도의 중보사역에서 배제했다면, 근대신학에서는 그리스도의 소극적 순종이 자주 오해되거나 전적으로 부정되고 반대받았다. 근대신학은 하나님의 의를 만족시키는 것과 관련된 모든 개념을 거부하는 경향이 있고, 그리스도의 삶을 단지 거룩하고 도덕적인 순종에 대한 모범적 사례 정도로만 여기기를 선호한다. 그의 구속사역이 갖는 중요성은 그런 소명에 대한 신실함이 그를 따르는 자들에게 어떤 방식으로든 전달되었다는 데 있다. 헤겔의 영향으로 재등장한 고대의 사상에 따르면 하나님이 사람이 되신 것은 우리가 그의 자녀가 되게 하기 위해서였다는 것인데, 이로써 구원 행위로서의 성육신 자체로 다시 관심이 기울어졌다. 슐라이어마허와 다른 이들에게는 예수에게 있던 고도로 발달된 신 의식(God-consciousness)이 바로 우리를 구원에 이르게 하는 길이다. 다른 이들은 그리스도의 사역에 초점을 맞추고 그것을 재구성하여 인간적 수난과 연대하여 하나님 나라를 세우는 것으로 재구성했다. 그리스도는 인자로서 고난과 죽음을 인간들과 공유하셨고, 그로 인한 슬픔과 질병을 짊어지셨고, 자신의 삶과 죽음을 통해 사랑이 무엇이고 또 무엇을 할 수 있는지 보여주셨다는 것이다. 어떤 이들은 심지어 이것을 보편 속죄, 즉 온 인류의 죄를 덮는 것으로까지 확대했다.

그리스도의 죽음에 대해 이처럼 다양한 견해가 존재한다는 사실은 종종 성경 자체가 단 하나의 명확한 이해를 갖고 있지 않으며, 따라서 속죄에 대해 다양한 이론들을 용인한다는 주장에 의해 정당화되기도 한다. 하

---

40) 그리스도의 적극적인 순종에 대해서는 다음을 더 참고하라: J. Calvin, *Institutes*, II.xvi.5; III.xiv.12; idem, *Commentaries*, on Romans 5:19 and Galatians 4:4; F. Turretin, *Institutes of Elenctic Theology*, XI, 22; A. Ritschl, *Rechtfertigung und Versöhnung*, I, 271ff.; A. A. Hodge, *Atonement*, 248-71; J. Scott Lidgett, *Spiritual Principle of the Atonement*, 139ff.

지만 우리는 신약성경에 그리스도의 죽음을 묘사하는 풍성하고 다양한 이미지가 있으며 그중 하나만으로는 충분치 않음에도, 전체적으로 일관된 설명이 존재한다는 점을 인정할 필요가 있다. 속죄의 이론들은 각자의 고유한 관점을 견지할 필요가 있다. 이것들을 너무 크게 과장하는 사람들에 대항해서, 우리는 우리를 구원하는 것이 그리스도의 죽음이지 그 죽음에 대한 이론이나 교리가 아님을 상기해야 한다. 그리스도의 죽음이 갖고 있는 능력과, 그에 대해 우리가 내릴 수 있는 다소간 명확한 해석은 별개의 문제다. 그렇다고 속죄에 관한 모든 견해들을 동등한 권리를 갖는 가설들로 대할 수 있다는 말은 아니다. 문제는 이런 모든 생각 가운데서 어떤 것이 성경과 부합하는지, 그리스도의 죽음이 갖는 의미와 능력에 대해 성경 자체가 무엇을 가르치는지 하는 점이다. 이에 대해서라면 전반적인 그림은 상당히 분명하다. 그리스도 예수는 성부에 의해 보냄을 받으셨고, 우리의 존재로 들어오셨고, 우리의 죄책을 자기에게 담당시키셨고, 자기 목숨을 세상 죄를 위한 하나님의 어린 양으로, 대속물로 내어주셨고, 제사장적 사역을 마치신 후에 우리를 위해 계속해서 중보하신다. 이 틀 안에서 성경은 여러 관점을 밝혀준다. 그리스도의 인격과 마찬가지로, 그리스도의 중보사역도 그토록 다면적이고 풍성해서 한 마디 말로 포착하거나 단일한 형식으로 요약할 수 없다.

공관복음에서 그리스도는 하나님 나라를 전파하고 세우는 분으로 나타난다. 이 나라에는 성부의 사랑, 죄 용서, 의, 영생이 있다. 또한 예수는 메시아로서 자기 제자들에게 이 모든 유익을 줄 권세가 있음을 분명히 하신다. 그는 이 모든 복과 함께 새 언약을 맺고 확증하시기 위해 자기 생명을 많은 사람을 위한 대속물로 주시고, 자기 몸을 찢고 자기 피를 흘리신다(마 20:28; 26:28). 사도행전에 따르면, 그리스도의 죽음은 특히 법 없는 자들이 그리스도께 저지른 가공할 만한 범죄이지만, 그럼에도 영원 전부터 하나님의 경륜 안에 포함되어 있었다(행 2:23; 4:28; 5:30). 죽은 자 가운데서 다시 일으켜지고 주님으로 높여지신 그리스도는 회개와 죄 용서를 주신다(행 2:36; 4:12; 5:31). 바울에게 십자가는 크게 거치는 것이었지만, 하나님은 이 십자가를 통해 우리를 구원하시고 하나님 안에 있는 지혜와 의, 거룩과 구속, 구원과 영생을 주시기를 기뻐하셨다(롬 3:24; 고전 1:30; 고후 5:21; 갈 3:13). 히브리서는 그리스도를 특별히 완전하고 영원한 대제사장으로 묘사하는데, 그는 고난을 통해 완전하게 되셨고(히 2:10; 5:9), 단번에 자기를 드려 자기 백성의 죄를 없애셨고(7:27; 9:26; 10:12), 계속해서 우리를 위해 하늘에 계신 대제사장이시다(7:3, 25; 8:1; 9:14; 10:12ff.). 베드로는 그리스도의 고난을 묘사할 때, 우리 죄를 담당하시고, 우리를 헛된 행실에서 구속하시고, 우리에게 본을 보여 그 자취를 따라오게 하신 어린 양의 고난으로 그린다(벧전 1:18-19; 2:21-22). 그런가 하면 요한이 우리에게 알려주는 그리스도는 양과 사자, 생명과 빛, 생명의 떡과 물, 죽음으로 많은 열매를 맺는 밀알, 양들을 위해 자기 생명을 주는 선한 목자, 세상에 생명을 주는 구원자, 알파와 오메가, 시작과 끝, 처음과 나중 등이다. 이 모든 것은 서로를 배제하지 않고 보완하며, 그리스도의 사역에 대한 우리의 지식을 풍성하게 한다.

따라서 많은 다양한 이론이 있다는 것이 그 자체로 허위는 아니다. 다만 이것들이 서로를 배제할 때, 특히 그리스도의 죽음이 갖는 보상의 성격을 부인하기 위해 사용될 때 그 이론들은 불완전한 오류들로 밝혀지는 것이다. 심지어 앞에서 논의한 신비적이고 윤리적인 관점들도 핵심적인 성경자료에 정당하게 호소한다. 실제로 그리스도는 성육신을 통해 그의 인격 안에서 하나님과 인간의 연합을 이루셨고, 그런 분으로서 그리스도는 우리에게 하나님의 대변자시며 또한 하나님께 우리의 대변자시다. 그는 예언자로서 하나님을 우리에게 알리시고, 제사장으로서 우리를 위해 자신을 성부께 구별하신 임마누엘이신 것이다. 그리스도가 이 땅에 오신 것은 부르심을 이루시고, 하늘나라를 세우고, 자기 피로 새 언약을 확증하기 위해서다. 그리고 그는 이를 이루시기 위해 성부의 뜻에 순종하셨고, 죽기까지 복종하셨고, 하나님이 그의 고난과 죽음을 통해 사망에 대해 보복하시는 의로운 심판에 대해 "아멘"이라고 하셨다. 그의 고난이 우리의 죄에 대한 속죄이며 우리의 구속을 위한 속전이었을 뿐만 아니라, 그의 죽음 안에서 신앙 공동체가 그와 더불어 십자가에 못 박혔고, 그의 부활 안에서 동일한 공동체가 무덤을 이기고 다시 살아났다. 그리스도는 결코 혼자가 아니셨다. 그는 항상 인류와의 교제 가운데 계셨는데, 바로 그들의 본성을 취하신 것이다. 우리는 이런 강조점들 중에서 어느 하나도 소홀히 여겨서는 안되고, 성경 안에서 그 강조점들 이면에 있는 통일성을 추적하면서 더 통합된 전체로 연합시켜야 한다.

[388] 그리스도의 죽음에 대한 신비적이고 윤리적인 이해들이 그 자체로 틀린 것은 아니라고 해도, 그것만으로는 여전히 불완전하고 불충분하다. 아이러니한 것은, 그리스도의 고난과 죽음에 대한 신비적-윤리적 이론들은 대리적-보상적 견해들을 조직적으로 반대하고 제거하고자 하는데, 신비적-윤리적 이론들은 대리적-보상적 견해와 연결되지 않는다면 사실상 유지될 수 없다는 것이다. 그리스도의 죽음에 대해 근대가 가진 신비적이고 윤리적인 이해들 사이에는 주목할 만한 차이가 있다. 하지만 이것들은 공통적으로 객관적 대속을 주관적 화해로 변질시키고, 그리스도의 고난에 대한 대속적-보상적 견해를 연대적-회복적 견해로 대체시킨다. 그리스도가 우리를 구원하는 것은, 이를테면 우리의 죄책을 취하시고 우리의 형벌을 짊어지심에 의해서가 아니라 그의 거룩하고 모범적인 삶에 의해서다. 그 삶이 세상에 영속적인 영향력을 끼쳤고, 사람들이 죄를 떠나고 더 나은 사람들이 되도록 하나님의 사랑으로 감화를 받는 새로운 종교적·도덕적 상황이 만들어졌기 때문이다. 그리스도가 실제로 이런 유익들을 보장하신 것이 아니라, 다만 그가 자신의 강력한 모범을 통해 발휘하시는 영적이고 도덕적인 영향에 의해 우리의 구원을 위한 잠재력 또는 가능성을 만들어내셨을 뿐이다.

바로 이런 이유에서 일부 신학자들은 그리스도의 "직분"(office)에 대해 말하기를 거부하고 "소명"(vocation)이나 부르심(calling)만을 말한다. 이 두 용어 사이에는 큰 차이가 있다. 소명과 부르심은 그리스도의 사명이 하나님에 의해 정해진 것이라는 특징을 가진다는 점을 인정하지 않고, 그리스도를 그저 위대한 은사를 가진 사람 또는 하나님과 인간에 대해 의무를 느끼는 천재 정도로 축소시킨다. 그렇게 되면 그는 하나님으로부터 온 특별한 계시와 고유한 사명을 갖고 있지 않은 것이다. 하지만 이런 견해는 그리스도의 죽음을 적절히 설명하지 못하고, 주님이 자신의 직분에 대해 갖고 계셨던 의식과 관련된 성경의 제안에도 부합하지 않는다. 예수가 처음부터 자신의 사명에 대해 분명히 아셨으며, 주는 그리스도시라는 베드로의 고백(마 16:20ff.) 이후에 비로소 알게 되신 것이 아니라는 점은 그가 요한에게 받으신 세례(특히 요 1), 이사야의 예언을 자신에게 적용하신 것(눅 4:21), 제자들이 신랑 되신 자신을 빼앗길 것이라는 사실(막 2:20)에서 분명히 드러난다. 또한 그가 자신을 요나와 비교하시고(마 12:40), 광야에서 높이 들린 놋뱀에 비교하신 것에서도 마찬가지다(요 3:14). 오순절에 사도 베드로가 행한 설교에 따르면, 예수는 하나님이 "정하신 뜻과 미리 아신 대로" 그를 죽이는 자들에게 내준 바 되었다(행 2:23). 예수의 죽음은 우발적인 것이 아니라 반드시 일어나야 했던 일이었다. 하나님이 [죽음에서] 건져주시도록 그리스도가 기도하셨다고 말하는 마태복음 26:39, 42이나 히브리서 5:7도 이런 내용과 상치되는 것이 아니다. 그리스도의 고난과 죽음은 예외적인 성격을 갖는다. 예수는 하나님의 뜻을 온전히 알고 순종하셨지만, 그럼에도 임박한 죽음에 대해 고뇌하신다. 그는 자신의 죽음을 기뻐하지 않으시고 괴로워하셨고, 슬퍼하셨고, 놀라셨고, 죽을 정도로 두려워하셨고, 심한 갈등을 겪으셨고, 급기야 땀이 핏방울과 같이 되어 흘러내릴 정도였다(마 26:37-38; 막 14:33; 눅 22:44; 요 12:27). 그의 유기의 울부짖음은 그가 하나님에 의해 객관적으로 철저하게 버림 받았음을 말해준다. 이 죽음은 현자, 금욕주의자, 순교자의 죽음이 아니었다. "소크라테스의 삶과 죽음이 현자의 것이었다면, 예수의 삶과 죽음은 하나님의 것이었다"(Rousseau). 그뿐 아니라 그리스도의 죽음이 죄를 위한 충족, 곧 하나

님의 심판으로 이해된다고 해서 진노하시는 성부와 그가 벌하시는 사랑
하는 성자 사이에 신성의 균열이 존재한다는 것을 뜻하지도 않는다.[41] 그
리스도의 죽음을 통해 신자들에게 죄 사함, 의, 영생이 보장된다. 하나님
의 은혜는 그리스도의 충족과 공로를 무효로 만들지 않고, 오히려 그 공로
의 궁극적 토대가 된다. 하나님의 사랑이 독생자를 세상에 보내셨으며(요
3:16), 십자가에서 예수는 사랑하는 아들로 계셨다. 속죄에 대한 신비적이
고 도덕적인 이론들은, 비록 그것들이 성경적 진리의 요소들을 포함하고
있다고 해도, 이 토대를 떠나서는 유지될 수 없다.

[389] 그리스도의 죽음과 우리의 구원 사이에 존재하는 연관성에 관
한 모든 성경적 가르침은 그의 온전하고 완전한 순종이 대리충족(vicarious
satisfaction)으로 여겨질 때 비로소 제대로 다루어지는 것이다. 바로 이것
을 로마서 3:26에서 분명히 가르친다. 그리스도의 완전한 순종(시 4:8; 마
26:39; 히 10:5-7)은 적극적인 측면과 소극적인 측면으로 나뉠 수 있다. 타
락한 인류를 향한 하나님의 요구는 이중적이다. 하나는 사람이 율법을
완벽하게 지켜야 한다는 것이고, 다른 하나는 율법을 어긴 자는 형벌로
바로잡아야 한다는 것이다.[42] 그리스도가 우리를 위해 획득하신 유익들도
이중적이다. 우리가 받을 형벌을 담당하신 것, 그리고 아담이 순종함으로
얻어야만 했던 의와 생명을 획득하신 것이다. 그리스도의 순종은 아담이
걸어야 했던 길의 시작이 아니라 끝으로 우리를 인도한다. 그리스도를 믿
는 자들은 정죄받지 않고 영생을 얻는데(요 3:16, 18), 이 두 가지 유익은 분

---

41) Calvin은 이렇게 잘 지적한다. "하나님이 그리스도를 향해 화를 내거나 불화하신다는
말이 아니다. 어떻게 하나님이 사랑하는 아들을 향해 화를 내신단 말인가? '내 마음에
기뻐하는 자라'[참조. 마 3:17]. 그리스도 자신이 하나님 앞에서 미움을 받는 대상이라
고 한다면 어떻게 그런 분이 성부를 향해 다른 사람을 위해 중보하고 그것을 통해 성부
의 진노가 누그러진단 말인가? 그래서 우리는 이렇게 말한다. 그리스도는 하나님의 격
렬한 진노의 무게를 다 담당하셨다. 참으로 그는 매맞고 고통 당하셨으며(사 53:5), 진
노하시고 보응하시는 하나님의 모든 표증들을 다 경험하셨다"(*Institutes*, II.xvi.11).
42) 참조. H. Bavinck, *Reformed Dogmatics*, III, 348-49, 377-80 (##378, 386).

리할 수는 없지만 구분된다(단 9:24; 요 3:36; 행 26:18; 롬 5:17-18; 갈 4:5; 계 1:5-6). 그리스도의 적극적인 순종과 소극적인 순종은 병행한다. 둘 사이를 구분할 수는 있을지라도, 그것들은 그리스도의 삶과 죽음에서 항상 동시에 일어난다. 그의 행위는 고난이었으며, 그의 고난은 행위였다. 그것은 그리스도가 이루신 단 하나의 사역이었지만 하나님이 보시기에 너무나도 풍부하고 귀중했다. 따라서 그것으로 하나님의 의가 온전히 만족되었고, 모든 율법의 요구들이 다 채워졌고, (우리의) 영원한 구원이 모두 보장되었다.

그리스도의 충족은 대리충족(vicarious satisfaction), 보상(expiation), 대신속죄(substitutionary atonement)였다. 우리 주님의 중보적 고난은 창세기 22장에서 이삭을 대신하는 숫양을 통해 예표되었고, 손을 얹음으로써 제물을 바치는 자의 죄를 희생제물에게 옮기는 구약성경의 제사에서 제의적으로 행해졌지만(레 16:21), 이에 대한 가장 강력한 성경적 묘사는 고난받는 종을 그린 이사야 53장이다. 신약성경은 "뤼트론"(λυτρον[마 20:28; 막 10:45; 딤전 2:6])과 같은 단어들로 이것을 분명히 드러내는데, 이 단어는 "뤼에인"(λυειν, 풀어주다)에서 파생되어 누군가를 감옥이나 올무에서 풀려나게 하는 수단을 의미한다. 결국 일반적으로 어떤 사람을 풀려나게 하는 속전(ransom) 또는 금액인 것이다. 70인역을 보면 이것은 "게울라"(גְּאֻלָּה[레 25:51-52])나 "프두임"(פְּדוּיִם[민 3:46]), 또는 "코페르"(כֹּפֶר[출 21:30; 30:12; 민 35:31-32; 잠 6:35; 13:8])의 번역인데, 마지막 단어는 다르게 번역되기도 한다. "뤼트론"(λυτρον[막 10:45])이라는 단어의 의미는 신약성경에서 그리스도의 고난과 죽음을 "티메"(τιμη[고전 6:20; 7:23; 벧전 1:18-19]), 즉 값비싼 대가를 뜻하는 단어로 표현하는 모든 곳에서 더 확연하게 드러나는데, 이것에 의해 신자들은 되찾아지거나 몸값이 지불된 것이다(ἀντιλυτρον, 딤전 2:6; λυτρουσθαι, 눅 24:21; 딛 2:14; 벧전 1:18; ἀπολυτρωσις, 롬 3:24; 고전 1:30 등; ἀγοραζεσθαι, 고전 6:20; 7:23 등; 또는 ἐξαγοραζεσθαι, 갈 3:13; 4:5). 여기에 담겨 있는 생각은 인간이 본성적으로 죄의 속박 아래 노예로 있고, 그리스도의 보혈이라는 값비싼 대가에 의해 그로부터 풀려난다는 것이다.

신약성경의 가르침을 온전히 숙고하기 위해서 우리는 그리스도의 희생을 우리 자신에게, 그리고 우리가 지은 죄에 연결하는 전치사들도 고려해야 한다. "휘페르"(ὑπερ), "페리"(περι), "디아"(δια)는 그 자체로는 "…대신에"가 아니라 "…의 유익을 위해", "…를 위해서", "…때문에"를 의미한다. 하지만 이 전치사들이 그리스도의 희생과 우리의 죄 사이를 연결해주기 때문에, 대속(substitution)의 개념은 여기서 생략되거나 배제될 수 없다. 심지어 그리스도의 고난과 죽음에 대한 신비적이고 도덕적인 해석이 유지되기 위해서라도, 이미 법정적 의미에서 그리스도가 우리 대신에 고난당하고 죽으셨다는 것이 인정되어야 한다. 그리스도는 개인적으로 죄가 없으셨음에도 하나님의 의로우심을 나타내기 위한 속죄제물로 내어준 바 되셨고(롬 3:25), 우리를 대신하여 죄가 되셨고(고후 5:21), 우리를 대신하여 저주를 받은 바 되시고(갈 3:13), 친히 나무에 달려 그 몸으로 우리 죄를 담당하셨다고(벧전 2:24) 성경이 말할 때, 그리고 하나님이 그의 육신에게 죄를 정하셨고(롬 8:3), 십자가의 저주 받은 죽음으로 그를 심판하셨고, 그런 그를 통해 우리가 지금 하나님과 화해하고, 용서와 의와 생명을 누린다고 성경이 말할 때, 성경이 가장 분명하게 가르치는 것이 바로 그것이다. 우리가 이 모든 성경적 언급들 사이에 있는 상호연관성을 이해하기 위해서는 그리스도가 자신을 우리 자리에 두셨고, 우리 죄의 형벌을 짊어지셨고, 하나님의 공의를 충족하셨고, 그렇게 우리를 위해 구원을 이루셨다고 말하는 것 외에는 다른 방법이 없다.[43]

[390] 대리대속(vicarious substitution)의 교리에 대해 심각한 반대들이 일어났다. 소키누스주의자들은 어떤 사람을 다른 사람의 죄 때문에 심판

---

43) Plantz, "Vicarious Sacrifice," in *DC*, II, 793-800; A. A. Hodge, *Atonement*, 161ff.; H. Martin, *Atonement*, 198ff.; Scott Lidgett, *Spiritual Principle of the Atonement*, 286ff.

하는 것이 비도덕적이라고 여겼다. 또한 그들은 하나님이 죄가 없는 그리스도에게 진노하실 가능성을 부인했다. 대리대속에 대한 반대들의 많은 부분은 심각한 오해에서 나온다. 이 대속(substitution)을 범신론적·물리적 또는 영적인 의미로 이해하면 안된다. 여기에는 법정적인 성격이 있다. 그리스도가 인간의 죄를 위해 값을 치르신다는 것을 순전히 양적인 의미에서 받아들이면 안된다. 그리스도가 속죄하시는 죄는 무게나 크기를 측정할 수 있는 것이 아니다. 아퀴나스가 그리스도의 고난을 묘사하면서 그것이 충분할 뿐만 아니라 "인류의 죄를 위해 넘치는 충족"이라고 말한 것이 완전히 틀리지는 않더라도 말이다.[44] 종교개혁자들은 모든 수량화와 결별하면서 단순히 그리스도의 죽음이 온 세상의 죄에 대한 속죄를 위해 전적으로 충분하다고만 말했다. 또한 종교개혁은 그리스도의 능동적 순종을 이 충족에 포함시켰고, 이로써 믿음이 선행으로 증대되어야 할 필요가 있다고 주장하는 로마 가톨릭의 방식과 결별했다. 여기서 대리대속이라는 말은 하나님이 그리스도의 순종을 온 인류를 대신하는 것으로 받으셨음을 의미한다. 인류를 대표하는 머리인 아담 아래서 타락하여 하나님의 저주와 심판 아래에 있는 세계는 둘째 아담인 그리스도의 죽음에 의해 하나님의 은혜로 회복되었는데, 이는 그가 모든 의를 성취하시고 우리를 위해, 그리고 우리 대신에 하나님의 징벌을 받으셨기 때문이다.

[391] 한 사람이 다른 사람을 위해 고난당하고 죽을 수 없다고 하는 도덕적 반대는 실제 삶에서 사랑으로 말미암은 연민, 그리고 "함께 고난당하"는 일들이 존재한다는 사실에 의해 반박된다. 대속의 개념은 이처럼 인간 본성에 깊이 기초해 있는데, 이는 도덕적으로도 마찬가지다. 이것은 제사장제도와 희생제사들에서 체현되었고, 시와 신화에서 다양하게 표현되었다. "비극" 문학에서 영웅들이 죽음으로 속죄와 구원을 가져오는 것은 위대한 진리를 보여준다. 모든 인간적 위대함은 죄책의 심연을 지나가

---

44) T. Aquinas, *Summa Theol.*, III, qu. 48, art. 2; 참조. Roman Catechism, I/4, qu. 13, 2.

고, 충족은 어떤 이유로 정도에서 벗어났던 고결하고 위대한 존재가 죽음
으로 소멸될 때에 일어난다. 오레스테스(Orestes), 오이디푸스(Oedipus), 안
티고네(Antigone), 로미오와 줄리엣, 막스와 테클라(Max and Thekla), 이피
게니아(Iphigenia) 같은 인물들의 죽음은 그들과 우리를, 그리고 그들의 세
대와 우리를 화해시킨다. "순수한 인간성이 모든 인간적 연약함을 속죄한
다"(Goethe). 실제 역사에도 많은 예가 있다. 우리는 다른 이들의 고난 그
리고 심지어 죽음 때문에 살기도 하고 유익을 얻기도 한다. "죽은 사람에
대해서는 좋은 말만 하라"는 속담에서 우리 모두는 고난과 죽음이 가지는
속죄하는 능력을 존중하는 것이다. 특히 사랑과 연민으로 인한 고난에서
"대신속죄"의 능력이 드러난다. 가장 사랑하는 사람이 가장 아파한다. 그
러나 모든 인간적 유비는 그리스도가 순종과 죽음으로 우리를 사랑하신
그 큰 사랑 앞에서 의미를 잃는다. 그리스도는 하나님의 심판 아래 처한
모든 인간이 져야 할 상상할 수 없이 무거운 죄와 죄책의 짐을 자신에게
담당시키셨다.

그러나 만약 우리가 그리스도의 희생을 단지 인간 역사상 가장 위대한
연민의 표현으로만 본다면, 우리는 그것을 제대로 평가하지 못한 것이다.
우리의 거룩하고 긍휼이 많은 대제사장으로서 그리스도가 가지셨던 연민
은 당연히 그 자신에게 깊고 고통스러운 고난을 야기했지만(마 8:17; 9:36;
14:14 등), 그리스도는 자신의 고난을 하나님이 우리의 죄 때문에 자신에게
가하시는 심판으로 여기셨고(마 20:28; 26:28; 27:46), 성경은 그리스도가 우리
를 위해 죄가 되셨고 저주를 받으셨다고 증언한다(고후 5:21; 갈 3:13). 그리
스도의 대속에 대한 실제적이고 신비적인 이해―신비한 연합을 통해 우
리가 그리스도의 죽음에 참여한다―는 전적으로 성경적이지만(롬 6-8장; 갈
2:20; 엡 2:6; 골 2:11; 3:3 등), 그렇다고 이것이 그리스도와 그에게 속한 이들
사이에 맺어진 유일무이한 최초의 관계는 아니다. 성경에 따르면 이것은
언약적 관계 위에 세워졌다. 로마서 3-5장에 이어지는 6-8장을 앞부분과
분리하면 그 토대를 잃는다. 성경적 의미의 신비적 연합은 그리스도의 회

생이 담고 있는 객관적 속죄와 관련해서만 주장될 수 있다. 그리스도를 무엇보다도 먼저 언약의 머리로, 즉 언약적-법정적 의미에서 자기에게 속한 이들을 대신하는 분으로 보게 될 때만 가능하다는 것이다. 실제로 은혜언약은 그리스도의 인성과 희생보다 앞선다. 그리스도 자신이 새 언약의 보증인과 중보자시다(히 7:22; 8:6; 12:24). 그의 피는 언약의 피며, 따라서 속죄의 피다(마 26:28). 이 언약은 시간 속에서 처음 맺어진 것이 아니고, 영원에 그 기초를 두고 있다. 대리충족(vicarious satisfaction)은 삼위 하나님의 경륜, 탁월하고 완전하고 영원한 사랑의 생명, 흔들리지 않는 구속언약에 그 기초를 두고 있는 것이다. 바로 이 언약이 정한 대로 그리스도는 자기에게 속한 이들을 대신하시고, 그들의 죄와 자신의 의를 맞바꾸시며, 그들의 죽음과 자신의 생명을 교환하신다. "오, 이 얼마나 달콤한 교환인가! 도무지 헤아릴 수 없는 역사요, 도무지 예상치 못할 유익이로다! 많은 이의 사악함이 의로우신 한 분 안에서 감추어지고, 그 한 분의 의로움이 사악한 많은 이를 의롭게 하셔야 하리라!"[45]

[392] 그리스도는 그의 비하상태 전체에 걸쳐서 이 순종을 이루셨다. 신학자들은 그리스도의 인성과 신성에 관한 가르침을 그의 비하와 연결하기 위해 두 상태들에 대해 말하기 시작했는데, 그것이 바로 비하(humiliation)와 승귀(exaltation)다. 이것들은 항상 함께 보아야 한다. 그리스도의 삶 전체는 중보자의 직분으로 섬기는 것이었다. 성육신으로 시작되는 예수의 삶은 십자가에서 정점에 이르는 고난으로 완성된다. 성육신 자체가 이미 자기비움(κενωσις; 빌 2:7-8; 고후 8:9; 롬 8:3; 갈 4:4; 요 1:14)이었고, 신적 존재형식(μορφη θεου)을 인간적인 것(μορφη δουλου)과 맞바꾸는 교환이었다. 이 교환이 일어나는 순간에 그의 비하(ταπεινωσις)는 시작되었으며, 그의 죽음을 통해 그가 참으로 인간이며 아브라함의 자손이셨다는 사실

---

45) *Diogn.* 9; cited from *The Faith of the Early Fathers* (Collegeville, MN: Liturgical Press, 1970), 42.

이 증명될 때까지 하나님께 순종하신 것이 비하의 내용이었다. 이를 통해 그도 우리처럼 죄인 중 하나이셨으며 우리의 죄를 도말했음을 상징하는 표지를 받으셔야만 했다. 이것은 또한 하나님이 그의 하나님이셨고 그가 하나님의 아들이셨음을 나타내는 증거이기도 했다. 예수가 우리처럼 죄인 중 하나임을 표시하는 할례(눅 2:21)는 그의 죽음을 가리켰고 또 그 죽음으로 완성되었다(골 2:11-12). 그가 세례―할례만큼 그에게 필요한 것이었다(마 3:14)―를 받은 이유는 그가 중보자로서의 모든 의를 이루고, 하나님과의 교제에 대한 표와 보증을 받고, 성령으로 기름 부음을 받기 위해 그에게 꼭 필요한 것이었기 때문이었다. 둘째 아담으로서 그는 사탄의 시험을 받으셨지만 하나님과의 언약을 깨뜨리지 않으셨고, 오히려 하늘 아버지의 뜻을 행하셨다(요 5:19-20; 6:38). 가난한 자들과 병든 자들과 잃어버린 자들에게 제사장으로서의 긍휼을 나타내셨다(마 8:17; 11:5). 사탄과 세상과 죄, 그리고 이것들이 행하는 모든 활동에 대해 자신의 왕적 권세를 나타내셨다(눅 10:18; 요 12:31; 14:30; 16:33; 18:37). 성육신으로 시작되고 "위대한 수난"으로 완성되는 그리스도의 고난은 성부의 뜻이며 명령이고(마 26:39, 42; 요 10:17-18), 그의 절대적 순종에 대한 증거이고(빌 2:8; 히 5:8), 그의 제자들이 따라야 할 모범이고(벧전 2:21), 그들의 죄를 위한 속전이고(마 20:28; 26:28), 세상을 이긴 승리다(요 16:33; 골 2:15). 그는 빌라도의 재판에 넘겨진 후에 온 세상 앞에서 무죄로 선언되셨지만, 자신이 하나님의 아들과 이스라엘의 메시아라고 고백하심으로써 정죄를 당하셨다(마 26:63; 27:11). 이처럼 다른 사람을 위한 죽음으로서 그의 죽음이 가지는 성격(마 20:28)이 의문의 여지 없이 분명하게 모든 사람의 눈앞에서 드러났다. 잔인하고 야만적인 죽음은 율법의 가장 혹독한 요구를 충족시켰으며, 그가 하나님 앞에서 저주를 받으심으로써 우리에게서 율법의 저주를 제하시고(신 21:23; 갈 3:13), 우리의 죄로 인해 율법이 우리를 정죄했던 모든 악에서 우리를 완전히 구원하셨다. 그러므로 십자가는 복음의 중심에 서 있다(고전 1:23; 2:2; 갈 6:14). 그리스도가 흘리신 보혈은 그가 자원하여 자기 생명을 하나님께 구별하여 드리셨으며,[46] 그가 그것을 제물로 드리심으로써 속죄와 화평을 가져오셨음을 보여준다(마 26:27; 행 20:28; 롬 3:25; 5:9; 엡 1:7; 골 1:20; 히 9:12, 22). 그가 장사된 것은 그가 실제로 죽으셨음을 증명하고, 그가 죄에 대한 심판을 짊어지시는 죽음의 상태에서 사흘을 보내셨음을 상기시킨다(창 3:19).

[393] 그리스도가 장사되고 지옥에 내려가셨다는 사도신경의 진술은 많은 논란을 야기했다. 이 대목은 그리스도가 죽은 자들의 자리에 머무셨음을 말하는가? 오히려 이 생각은 기독교회의 초기에, 구약성경의 성도들을 포함하는 이미 죽은 이들에 대해 염려하는 신자들을 위한 위로로 나타났다. 여기서 주의를 기울여야 할 유일한 성경 구절은 베드로전서 3:18-22인데, 이 구절에 대한 해석은 어렵고 다양하다. 아우구스티누스 및 이후의 개혁파 전통은 이 구절이 성육신 이전의 그리스도가 성령 안에서 노아를 통해 말씀하셨음을 가리킨다고 생각했다. 다른 사람들은 이 구절을 문자적으로 받아들여서, 그리스도가 은혜를 떠나 음부(hades)로 들어가셔서 노아 당대의 영혼들에게 설교하셨다고 생각한다. 또 다른 이들은 "옥에 있는 영들"을 타락한 천사들과 연관시킨다. 베드로전서의 이 구절에서 사도신경의 "지옥에 내려가시고"가 의미하는 것을 발견하려는 사람들에게는 해결할 수 없을 것으로 보이는 두 가지 문제가 있다. 첫째, 여기서 베드로가 말하는 것은 그리스도가 그의 죽음과 부활 사이에 하신 무엇이 아니라, 분명히 그의 성육신 이전 또는 그의 몸이 다시 살아난 후에 하신 일에 대한 것이다. 둘째, "음부"(hades)라는 단어의 의미가 점차 달라졌다. 그리스도가 음부로 내려가셨다는 진술이 사용될 수 있었던 것은 이 단어가 여전히 일반적인 "사후 세계"를 가리켰고 아직 "지옥"(hell)이라는 의미를 얻기 이전이었기 때문이다. 그리스도가 고통의 장소, 실제 지옥으로 내려가셨다는 생각은 성경에서 전혀 발견할 수 없고, 가장 오래 된 그리스도인 저

---

46) "그가 죽으셨다. 연약해서가 아니다. 권세가 있었기 때문이다" (Augustine, *On Nature and Grace*, 26).

작들에서도 마찬가지다. 이 견해를 뒷받침하기 위해 제시된 성경 구절들이 별로 설득력이 없기 때문에, 종교개혁 신학자들은 심지어 그들이 함께 로마 가톨릭에 대응하는 와중에도 서로 간에 의견을 달리 했다.

사도신경의 이 조항과 관련된 사항을 간추려보면 다음과 같다.

1. "지옥에 내려가시고"라는 구절은, 설사 그것이 사도행전 2:27, 로마서 10:7, 에베소서 4:9 같은 본문들에서 유래한 것이라 할지라도, 역사적으로는 이 본문들에 담긴 것과 전혀 다른 의미를 획득했다.

2. 이 조항에 대한 그리스 (정교회)와 로마 가톨릭의 설명, 즉 그리스도가 음부에 가신 것은 선조들의 림보(limbo)에 있는 구약성경의 경건한 자들을 천국으로 이끌기 위함이었다는 식의 설명은 성경에서 전혀 지지받을 수 없다. 심지어 요한복음 8:56, 히브리서 10:20, 11:40, 12:22에서도 마찬가지이다.

3. 루터파의 견해는 그리스도가 자신의 승리와 능력을 사탄에게 알리기 위해 음부로 내려가셨다고 하는데, 나중에 우리가 보게 되겠지만, 비록 이 설명이 성경에 나오는 분명한 선언에 근거해 있더라도 "지옥에 내려가시고"에 대한 바른 설명이라고는 할 수 없다. 왜냐하면 이 단어들은—성경적으로도 역사적으로도—그런 설명을 허용하지 않고, 확실히 승귀의 상태에 이르는 단계가 아니라 다만 비하의 상태에 이르는 단계만 설명할 수 있기 때문이다.

4. 같은 이유로, 이 신앙조항을 이 땅에 있을 때 복음을 들어보지 못한 모든 이에게 복음을 전하기 위해 그리스도가 지옥에 내려가신 것이라고 설명하는 근대의 해석도 정확한 것이라고 볼 수 없다.

5. 베드로전서 3:19-22은 기껏해야 (나중에 이것이 정확한 이해가 아님을 보겠지만) 그리스도가 부활 후에 노아의 동시대 사람들에게 복음을 선포하셨다는 것을 말할 뿐이며, 이 선포를 잃어버린 모든 이에게, 또는 그들 중 많은 이에게 확장할 근거는 전혀 없다.

6. "옥에 있는 영들"(벧전 3:19)을 타락한 천사들과 관련시키는 주해는 이어지는 설명과 20절에 나오는 여덟 영들과의 대조에 의해 반박된다.

7. 지옥강하에 관한 조항이 가장 조화롭게 해석되기 위해서는 성경의 관련 구절(행 2:27, 31; 롬 10:7; 엡 4:9), 단어들의 개연성 있는 기원과 의미, 다른 조항들 속에서 차지하는 위치 등이 고려되어야 한다. 그렇게 볼 때 이 조항은 그리스도가 처하셨던 죽음의 상태를 가리키는데, 이것은 그가 죄의 형벌을 끝까지 당하시고 그것에서 우리를 구하시기 위해 죽으심과 다시 살아나심 사이에 존재하셨던 상태다. "그리스도가 지옥으로 내려가신 것은 이로써 우리가 거기에 다시 가지 않도록 하려 함이다."

이 해석은, 모든 개혁파 신학자가 일관되게 인정했듯이, 이 조항에 대한 칼뱅과 「하이델베르크 교리문답」의 설명에 표현된 생각과 반대되거나 모순되지 않고 오히려 그것을 보충하고 확장한다. 진실로 그리스도가 말할 수 없는 괴로움, 슬픔, 공포, 지옥 같은 고통을 십자가 위에서 짊어지신 것은 이를 통해 그가 우리를 그것들에서 구하려 하셨기 때문이다. 그가 죽으셨을 때 들어가신 죽음의 상태는 십자가 위에서의 영적인 고통만큼이나 그의 비하에서 필수적인 부분이었다. 이 둘 모두에서 그리스도는 자신의 완전한 순종을 이루셨다. 그는 고난의 잔을 마지막 한 방울까지 다 들이키셨고 죽음을 그 모든 쓰라림까지 맛보셨는데, 이는 죽음에 대한 두려움과 죽음 그 자체에서 우리를 완전히 구원하려 하심이었다. 이렇게 그리스도는 죽음의 권세를 가진 자를 멸하셨고, 거룩하게 된 자들을 한 번의 제사로 영원히 온전하게 하셨다(히 10:14).

16장

승귀하신 주 그리스도

죽음과 비하를 통해 생명과 승귀로

[395] 그리스도에게 죽음은 그의 비하의 끝이었고, 동시에 승귀에 이르는 길이었다. 모든 종교가 그런 것처럼, 이스라엘도 죽음을 생명에 이르는 길로 보았다. 하지만 이방 종교들의 신화에서 자연의 연례 주기를 신성화하는 것은 생명에 대한 실제적인 소망을 제공하지 않고, 다만 끊임없는 갈등 속에서 죽음과 생명이 서로를 대체한다는 일반적인 느낌만 줄 뿐이다. 이를 통해 주어지는 것은 갈등과 고난이 종종 승리와 자유에 대한 서곡이며, 인간의 영혼은 자기부인과 금욕에 의해 독립성을 얻을 수 있을 것이라는 막연한 느낌뿐이다. 기독교가 모습을 드러냈을 무렵 그리스와 로마의 자연종교들은 동방 신비종교들의 영향을 받아 자연세계로부터의 자유를 추구하는 신비주의적 종교들로 변형되어 있었다. 자연적인 식물의 생장과정에 영적이고 도덕적인 해석이 주어졌다. 눈에 보이고 부패하고 오염된 세상에서 정화된, 눈에 보이지 않는 영혼의 세계로의 해방이 추구되었다. 미신과 마술이 지식($\gamma\nu\omega\sigma\iota\varsigma$)[1]

---

1) 편집자 주―"그노시스"($\gamma\nu\omega\sigma\iota\varsigma$)라는 그리스어는 Bavinck가 아닌 영역본 편집자가 특정한 것이다.

으로 여겨졌고, 흔히 과도하게 한편으로는 금욕주의로, 다른 한편으로는 방탕으로 이어졌다.

　고대에서 우리가 만나는 이스라엘은 전혀 다른 세상이다. 우리는 여기서도 처음부터(창 3:14ff.) 고난, 갈등, 그리고 죽음이 생명에 이르는 길이라는 생각에 직면한다. 하나님의 백성의 역사를 통해 분명히 알 수 있는 사실은 온 인류의 역사가 죄와 의, 어둠과 빛, 사망과 생명, 위의 것과 땅의 것 사이에 계속되는 싸움이라는 것이다. 이 고난과 압제와 사망의 역사 한가운데서, 예언자적 약속에 근거한 이스라엘의 소망은 고난받는 주님의 종(사 53:10-11)에 의지하게 되었는데, 예수는 이미 자신의 사역 초기에 구약성경에 등장하는 이 인물과 자신을 동일시하셨다(눅 4:16ff.). 예수는 자신의 가르침에서 천국의 복은 심령이 가난한 자, 마음이 청결한 자, 온유한 자 등을 위한 것이며(마 5:3-12), 고난받고, 자기를 부인하고, 십자가를 지고, 예수로 인해 모든 것을 버리는 자가 천국에 들어간다고 말씀하셨다(마 10:37-38; 16:24). 그 나라의 법은 우리 자신을 잃음으로써 우리가 구원을 받는다는 것이다(마 10:39; 16:25; 19:29). 예수 자신이 이 법에 따라 사셨고, 그렇기 때문에 자기를 따르는 자들에게 그렇게 하기를 요구하신다(마 10:24). 물론 자기부인이 자기학대나 자기파괴, 또는 스스로의 양심을 마비시키거나 인격을 소멸시키는 것과 동일시되어서는 안 되겠지만, 자기부인이야말로 스스로를 구원하고 영생을 누리고 잃어버린 모든 것을 되찾는 길이다.

　비하와 승귀 사이에 존재하는 이처럼 긴밀한 관계는 공관복음보다는 요한복음에서 더 확연히 드러난다. 말씀이 육신이 되셨는데, 그는 종의 형체 속에서도 여전히 성부와 함께 나누신 영광을 나타내셨으며(1:14; 2:11; 11:4, 40), 그 영광은 심지어 그리고 특별히 그의 고난과 죽음에서도 드러났다(12:23; 13:31). 한 알의 밀이 땅에 떨어져 죽지 않으면 열매를 맺을 수 없다(12:24). 그러므로 그의 승귀가 시작된 것은 부활과 승천에서가 아니라, 십자가에 달리셨을 때다(3:14; 8:28; 12:32). 그는 인간의 손에 의해 십자가 위로 들리셨지만(8:28), 그 사건을 통해 온 땅 위에 자신을 높이시고 사람들을 자기에게로 이끄시는 분은 바로 예수 자신이시다(12:32). 십자가와 면류관, 죽음과 부활, 비하와 승귀가 모두 동일선상에 놓여 있다. 부활 후에 예수가 말씀하신 것처럼, 그리스도는 반드시 이 모든 고난을 받고 자기의 영광에 들어가야 할 것이었다(눅 24:26).

그러므로 원(原)복음의 핵심은 죽으시고 다시 살아나신 그리스도였다. 십자가의 거치는 것은—제자들에게도 마찬가지로(마 26:31)—부활에 의해 제거되었다. 그제서야 제자들은 예수가 죽으셔야 했고 또 성부의 뜻대로 죽으셨다는 것(행 2:23; 3:18; 4:28), 그의 부활을 통해 하나님이 그를 주와 그리스도가 되게 하셨으며(행 2:36), 그로 인해 회개와 사죄와 성령과 영생을 주시려 하셨음을 알게 되었다(행 2:38; 3:19; 5:31; 10:43; 벧전 1:3ff., 21). 이제 그는 하늘로 올려지셔서 심판을 위해 다시 오실 때까지 그곳에 머무시는데(행 1:11; 3:21), 왜냐하면 하나님이 그를 산 자와 죽은 자의 재판장으로 정하셨고(행 10:42; 17:31), 그 후에 하나님이 그 옛날 거룩한 예언자들의 입을 통해 말씀하신 것처럼 모든 것이 회복될 것이기 때문이다(행 3:21). 이와 유사하게, 바울은 다름 아니라 그리스도의 극심한 낮아지심 때문에 하나님이 그를 지극히 높이셔서 그에게 모든 이름 위에 뛰어난 이름, 즉 "주"(Lord)라는 이름을 주셨고(고전 12:3; 빌 2:11), 산 자와 죽은 자를 다스리는 권세를 주셨고(롬 14:9), 모든 것을 그 발아래 복종하게 하셨다고 가르친다(고전 15:25, 27). 이처럼 그는 영광의 주로서(고전 2:8) 하나님 우편에 앉으셨고(롬 8:34; 고전 2:8), 그 안에 신성의 충만이 육체로 거하시고(골 1:19; 2:9), 교회의 머리이신 그가 교회를 위해 간구하시고 또한 교회를 하나님의 충만함으로 충만케 하신다(롬 8:34; 엡 1:23; 3:19; 4:16). 여기에 히브리서가 덧붙이는 독특한 사상에 따르면, 성부와 함께 계시는 성자 그리스도는 만물의 창조주셨고, 성부에 의해 "만유의 상속자"로 세워지셨고(히 1:2; 2:8), 영원한 대제사장으로 정해지셨다(5:6; 7:17). 그는 잠시 동안 천사보다 못하게 되셨고(2:7, 9), 우리의 혈과 육을 취하셨고(2:14), 죄가 없으시다는 것을 제외하고는 범사에 우리와 같이 되셨고(2:17; 4:15), 받으신 고난을 통해 순종을 배우셨다(5:8). 하지만 이를 통해 또한 그리스도는 거룩하게, 곧 온전하게 되셨고(2:10; 5:9; 7:28), 하나님에 의해 멜기세덱의 반차를 따라 대제사장으로 세워지셨는데(5:10), 그는 하늘에 계신 전능자의 보좌 우편에 앉아 계신 대제사장이시다(1:13; 8:1; 10:12). 마지막으로 요한계시록은 그리스도를 자기 피로 우리를 사시고 씻으신 어린 양으로 그릴 뿐만 아니라(5:9; 7:14), 죽은 자 가운데서 먼저 나시고, 땅의 임금들을 다스리시고(1:5), 만왕의 왕이며 만주의 주로서 성부와 함께 보좌에 앉으시고, 존귀와 권세와 영광은 물론 음부와 죽음의 열쇠까지 가지신 분으로 그린다(1:18; 3:21; 5:12-13; 19:16). 이런 권세를 입으신 그리스도는 그의 교회를 다스리시고 보호하시며(2:1, 18 등), 언젠가는 그의 모든 원수를 물리치실 것이다(19:12-13).

[396] 이 모든 것이 빌립보서 2:6-11에 잘 요약되어 있는데, 이 본문은 예수가 죽기까지 자기를 낮추셨기 때문에 하나님이 그를 높이시고 그에게 모든 이름 위에 뛰어난 이름을 주셨다고 가르친다. 이 구절은 비하와 승귀의 두 상태 교리를 위해 다른 어떤 본문보다 토대가 되는 구절이지만, 성경의 나머지 부분도 동일한 진리를 확증한다. 구약성경에서 우리는 그에 대한 흔적을 주의 종이라는 인물에게서 만날 수 있으며, 빌립보서 2장을 포함하여 신약성경 전체가 복음의 핵심이 낮아지시고 높아지셨으며, 십자가에 달리시고 부활하신 그리스도라고 가르친다. 부활은 예수의 고난과 죽음의 의미를 제자들에게 결정적으로 드러냈고, 그들로 하여금 지상에서의 예수의 삶을 그의 승귀에 대한 신앙의 관점에서 되돌아보게 만들었다. 예를 들어 바울은 예수가 다윗 가문 출신이라는 것, 선조들로부터의 출생, 그의 완전한 순종, 성찬의 제정, 십자가에서의 고난과 죽음 등을 증거하지만(롬 1:3; 9:5; 빌 2:8; 고전 11:23 등), 바울 자신과 교회가 믿는 직접적인 대상은 높여지시고 영화롭게 되신 그리스도로서, 그는 낮아지셨던 분과 동일한 분이다. 비록 사도신경이 이 두 상태를 명시적으로 언급하는 것은 아니지만, 사도신경은 모든 세대의 그리스도인이 구속 역사의 사실로 이해하고 자신들의 신앙으로 고백한 사건들을 순서대로 담고 있다. 그리스

도 예수는 하나님의 독생자로서 성령으로 잉태되시고, 동정녀 마리아에게서 나시고, 십자가에 달리시고, 죽으시고, 장사되셨다. 그는 사흘 만에 죽은 자 가운데 다시 살아나셨고, 하늘에 오르셨고, 하나님 우편에 앉아계시다가, 그곳으로부터 살아 있는 자와 죽은 자를 심판하러 오실 것이다.

그러나 교회의 역사는 그리스도의 인격과 사역에 관한 교리적 논쟁으로 채워졌다. 영지주의자들은 역사적 예수와 천상의 그리스도를 분명하게 구분해서, 영원 전부터 계신 분이 유령 같은 몸을 입은 잠깐 동안만 자신을 드러내신 것이라고 주장한다. 이렇게 해서 그들은 그리스도의 실제적인 고난을 부인했고, 그들의 체계 안에 그리스도의 비하나 승귀를 위한 여지를 전혀 남겨두지 않았다.[2] 다른 이들도 그리스도의 온전한 인성에 대해 어려움을 느끼면서 암묵적으로 성육신을 영원성으로 바꾸었고, 그리스도의 역사적 현현을 영원한 관념에 대한 상징으로 증발시켰다. 하지만 칼케돈 신조의 입장을 취했던 신학자들도 심각한 어려움들에 직면했다. 한편으로 그리스도의 인성이 로고스와 갖는 친밀한 연합은 곧 인성이 많은 탁월한 은사와 능력을 부여받은 것으로 이해되어야 하고 최고의 존엄과 명예를 가진 것으로 봐야 한다는 것을 의미했다. 동시에, 타락한 인류를 구원하기 위해서는 그 인성이 연약하고 비천해서 순전히 인간적인 것으로 머물러 있었을 뿐만 아니라 고난당하고 죽을 수 있는 것으로 생각되어야 했다. 성육신과 비하의 역사적 실재성과, 신인으로 높여지신 그리스도의 영광을 모두 견지하는 것은 신학적으로 어려운 일이었다.

[397] 비하(humiliation)와 승귀(exaltation)라는 두 가지 연속적 상태는 때때로 두 본성−인성과 신성−교리와 지나칠 정도로 긴밀하게 연결되어 혼란을 야기했다. 이것은 루터파 기독론의 경우에 특히 사실이다. 스콜

---

2) Isaak August Dorner, *History of the Development of the Doctrine of the Person of Christ*, trans. William Lindsay Alexander, 5 vols. (Edinburgh: T&T Clark, 1863-78), III, 310ff.

라 신학자들이 그리스도의 인성에 특별한 신적 은사가 공유되는 것에 대해서만 말하는 반면, 루터파 신학자들은 그들이 가진 성찬에 대한 교리의 결과로 특정한 신적 속성들이 인성에 주어졌다는 고백에 이르렀다. 더 나아가 신인이 이 속성들을 사용하시지 않았거나 적어도 공적으로 사용하시지 않고 내려놓으셨던 것이지, 사실은 그것들을 갖고 계셨다고 주장한다. 따라서 루터파 신학자들에게 승귀의 상태는 다름 아니라 이전에 내려놓았던 신적 속성들을 다시 사용하시거나 공적 사용을 재개하신 것일 뿐이다. 그렇기 때문에 그리스도는 이전에 이미 갖고 계시지 않았던 것은 승귀의 상태에서도 아무것도 받지 않으신 것이다. 엄밀히 말하자면, 승귀의 상태에서 그리스도께 주어진 것 중에 잉태 때부터 존재하지 않았던 것은 아무것도 없다는 것이다.[3] 더군다나 그리스도의 인성은 살리심을 받은 순간부터 로고스와 연합함으로써 즉각적으로 전능하고, 전지하고, 편재하게 되었기 때문에, 승귀의 정도에서는 아무런 실제적인 계승도 없는 것이다. 이 그림을 완성하기 위해 급진적 재세례파와 소키누스주의에서는 영원과 시간 사이의 이원론이 성육신과 승귀 모두를 불가능하게 만들고 단지 관념들에 불과한 것으로 축소시킨다. 부활과 승천, 하나님 우편에 앉으심, 심판을 위해 다시 오심은 사실들이 아니고, 다만 그리스도가 하나님의 뜻에 부합하게 추구하셨고 또한 실현하실 도덕적 이상이라는 개념을 생생하게 표현한 것에 지나지 않는다.[4]

[398-399] 개혁파의 견해는 그리스도가 두 본성에 부합되게 중보자

---

3) "존귀하게 되면서 그리스도가 받은 것은 그전에는 없었던 무슨 새로운 능력이나 덕이나 위엄이 아니다. 자신의 나라를 다스릴 온전한 권한을 받은 것뿐이고 이는 로고스와의 연합 그 자체에서 그가 받은 것이다"(J. A. Quenstedt, *Theologia didactico-polemica sive systema theologicum* [1685], III, 368).

4) F. Schleiermacher, *The Christian Faith* (Edinburgh: T&T Clark, 1989), §§99, 105; A. Schweizer, *Christliche Glaubenslehre* (Leipzig: S. Hirzel, 1863-72), §123; D. F. Strauss, *Die christliche Glaubenslehre*, 2 vols. (Tübingen: C. F. Osiander, 1840-41), §§63-66.

(mediator)시라는 것이다. 중보자의 직분과 사역은 오직 참 하나님이신 동시에 참 사람이신 분에 의해서만 완수될 수 있었다. 신성과 인성이 한 인격 안에서 두 상태에 참여한다. 하지만 어려운 질문들은 여전히 남아 있는데, 이를테면 "케노시스"(*kenosis*)의 문제가 그런 것이다. 하나님의 아들은 과연 신적 속성들을 내려놓고 성육신하셨는가? 개혁파 신학은 성육신(육신을 취하심)과 비움(동정녀의 자궁에 잉태됨)을 논리적으로 구분한 루터파의 견해를 거부했으며, 아울러 인성에 신적 속성이 교류한다는 교리도 받아들이지 않았다. 이 구분은 루터파의 내부 논쟁으로 이어졌는데, 그리스도가 초기 생애 동안에 이 속성들의 사용을 내려놓으신 것이 튀빙겐 학파처럼 감추심[κρυψις]에 의해서였는지, 또는 기센 학파처럼 자기비움[κενωσις]에 의해서였는지에 관한 것이었다.[5] 개혁파 신학자들은 그리스도의 인성을 대할 때 언제나 그것을 연약하고 고난과 죽음에 취약한 것으로 이해했다. 죄가 없으시다는 점을 제외하고는 모든 면에서 우리와 같은, 부활 시까지는 영화롭게 되지 않은 상태인 것이다. 이런 식으로 그들은, 누가복음 2:40, 52이 부인할 수 없이 가르치는 것처럼, 예수 안에서 발견될 수 있는 순전히 인간적이고 진정한 발달을 존중했다. 개혁파 신학자들이 케노시스 문제를 대단히 주의깊게 다루면서—자기비움(κενωσις)에 신적 속성들의 일부 또는 전부를 내려놓는다는 의미를 부여하기를 단 한 순간도 원치 않으면서—주장한 바에 따르면, 그리스도는 영원 전부터 자발적으로 종의 모습을 취하셨으며 성육신을 통해서는 그의 신성에 있는 신적 영광을 내려놓으시거나 감추셨고, 따라서 그가 비하 가운데 거하실 때 적을 물리치거나 스스로를 기쁘게 하기 위해 결코 그것을 사용하지 않으셨다. 그리스도는 자기를 부인하는 희생적인 사랑으로 싸워서 이기셨는데, 그 사랑은 십자가 위에서의 죽음으로 절정에 이르렀다. 그러므로 그의 승귀는 진정한 변

---

5) 참조. H. Bavinck, *Reformed Dogmatics*, ed. John Bolt (Grand Rapids: Baker Academic, 2003-8), III, 257-58 (#357).

화, 그가 순종에 대한 상급으로 얻으신 상태다. 히브리서는 물론이고 빌립보서 2장에서 전치사 "디오"(δio, 그러므로)는 순종을 통해 높아지심을 얻으신 그리스도를 가리킨다. 이것은 그리스도가 낮아지심을 통해 비로소 높아지심을 받았다고 하는 성경의 전반적인 가르침과도 부합한다(사 53:10-12; 마 23:12; 눅 24:26; 요 10:17; 17:4-5; 빌 2:9; 히 1:3; 2:9-10; 5:7-10; 10:12; 12:2).

그리스도가 낮아지심으로 "받으신" 것은 신성에 참여함도, 예언자, 제사장, 왕의 직분도 아니다. 성경이 반복해서 진술하는 바에 의하면, 그는 태초에 하나님과 함께 계셨으며 그 자신이 하나님이시고(요 1:1ff.; 17:5; 롬 8:3; 고후 8:9; 갈 4:4; 골 2:9; 히 1:3 등), 영원 전부터 성부에 의해 왕, 예언자, 제사장으로 기름 부음을 받으셨으며, 이미 구약성경 시대에 그리고 이 땅에서의 여정 동안 그런 존재로 활동하셨다(딤후 1:9; 딛 3:4; 히 13:8; 벧전 1:11, 20). 그리스도는 출생에 의해 다윗의 후손이 되셨고(롬 9:5), "죄 있는 육신의 모양"을 취하셨고(롬 8:3), 약하게 되셨다(고후 13:4). 하지만 그는 부활에 의해 하나님의 아들이심이 공개적으로 선포되셨다(롬 1:4; 참조. 행 17:31). 그는 성육신 때 "하나님의 본체"(μορφη θεου, 빌 2:6)를 "종의 형체"(μορφη δουλου, 빌 2:7)와 바꾸셨지만, 부활 시에 이전부터 가지셨던 신성에 따른 영광을 받으셨고(요 17:2, 24), 영광의 주(고전 2:8), 하나님의 능력(고전 1:24)이 되셨고, 모든 이름 위에 뛰어난 이름, 즉 "주"라는 이름을 얻으셨다(κυριος, 요 20:28; 행 2:36; 고전 12:3; 빌 2:9-10). 그로 인해 그는 "퀴리오테스"(κυριοτης), 즉 권세와 능력을 받으셨고, 이로써 중보자, 예언자, 대제사장, 왕으로서 모든 피조물 위에 주 되심을 행사하시고, 대적들을 굴복시키시고, 자기 백성을 불러모으시고, 하나님의 타락한 피조세계를 다시 얻으실 수 있게 되셨다(시 2편; 7편; 110편; 마 28:18; 고전 15:21ff.; 엡 1:20-23; 빌 2:9-22; 히 1:3ff.; 벧전 3:22; 계 1:5 등). 부활을 통해 하나님은 그를 공개적으로 하나님의 아들·주·왕·중보자로 임명하시면서 "너는 내 아들이라 오늘 내가 너를 낳았다"라고 말씀하셨다(행 2:33, 36; 3:15; 5:31; 13:33; 17:31; 히 1:5).

소키누스주의자들이 그리스도의 승귀 상태에서만 왕적 존엄과 신성의 지위를 인정하려고 했기 때문에, 많은 신학자들이 그리스도와 관련해서 공로에 대해 말하기를 거부한 것은 이해할 만하다. 여기서 우리가 분명히 해야 할 것이 있는데, 승귀의 상태는 그리스도의 인격과 본성(들)이 아니라, 그의 중보적 사역의 영광을 가리킨다는 사실이다. 부활과 승천으로 그리스도는 새로운 상태로 들어가신다. 중보자로서 그는 지금 영광의 우편에 계신 것이다. 비록 그는 비하의 상태에서도 참으로 하나님이셨지만, 영광은 숨겨져 있었다. 승귀의 상태에서 신적 영광은 모두가 볼 수 있도록 외적으로 퍼지고, 그것을 보는 모든 이들은 예수를 주님으로 시인하여 하나님 아버지께 영광을 돌리게 된다. 그리스도는 하나님의 영에 의해 살리심을 받으셨는데(벧전 3:18), 이제 그 자신이 "살려주는 영"(πνευμα ζωοποιουν; 고전 15:45)이시다. 그리스도의 육체는 육의 몸(σωμα ψυχικον)에서 신령한 몸(σωμα πνευματικον)으로 변형되셨고, 이제 우리의 육체를 비슷한 방식으로 변형시킬 권세를 갖고 계신다. 이것이 바로 바울이 "주는 영이시니"(고후 3:17)라고 말할 수 있는 이유다. 그가 여기서 묘사하고 있는 것은 그리스도의 실체적 존재가 아니다. 오히려 그는 주의 영이 계신 곳에는 자유가 있기 때문에 그리스도인들이 율법으로부터 자유롭다는 자신의 논증을 강조하고 있는 것이다. 그리스도는 그 안에 "신성의 모든 충만이 육체로 거하시"(골 2:9; 1:19)는 분이며, 보이지 않는 하나님의 보이는 형상이시다(골 1:15). 신적 영광은 이제 그리스도의 인성에서 드러나고 그의 얼굴에서 빛난다(고후 3:18; 4:4, 6).

그리스도의 승귀의 단계들: 부활, 승천, 우편에 앉으심, 재림

[400] 만일 개혁파 신앙고백처럼 지옥으로 내려가신 것이 비하의 상태에 해당한다면, 우리는 승귀의 네 단계를 구분해서 부활, 승천, 하나님의 우편에 앉으심, 심판을 위해 다시 오심에 대해 말할 수 있을 것이다. 부활은 그리스도의 승귀에서 첫 단계다. 하나님의 능력으로 다시 살아나신 그리

스도는 모든 피조물보다 먼저 나신 분이고, 죽음과 음부의 열쇠를 가지신 분이고, 영생을 주는 권세를 가지신 분이다. 부활의 역사적 실재성은 예수의 여러 번 나타나심, 그리고 그에 대한 사도들의 증언에 의해 분명하게 입증되었다. 예수는 자신의 부활을 예고하셨는데(마 16:21; 20:19), 덧붙여 말씀하시길 성전인 자기 육체를 사흘 만에 일으킬 것이고(요 2:19-21), 자기 생명을 버릴 권세도 있고 다시 얻을 권세도 있으며(요 10:18), 자신이 바로 부활이며 생명이라고 하셨다(요 11:25). 그리스도는 과연 "죽은 자 가운데서 먼저 다시 살아나셨"으며(행 26:23), "잠자는 자들의 첫 열매"(고전 15:20), "죽은 자들 가운데서 먼저 나신 이"(골 1:18; 계 1:5), 많은 형제 중에 첫째시다(롬 8:29). 하나님의 경륜에서 그리스도는 계속해서 죽음에 매여 있을 수 없었고, 따라서 하나님이 그를 죽음의 고통에서 풀어 살리셨다(행 2:24). 죽음이 그리스도를 옭아맸지만(ὠδῖνες, 히브리어 "줄" 또는 "올무"에 대한 70인역의 번역을 따른 것이다; 시 18:5), 이 올무는 부활을 위한 수고의 고통이었고 부활의 순간에 하나님이 없애실 것이었다. 그리스도는 결코 다시 죽으실 수 없는데, 이는 죽음이 더 이상 그를 지배하지 않기 때문이다(롬 6:9, 10). 그는 죽으셨지만, 이제 그는 영원토록 사시고 사망과 음부의 열쇠를 가지신다(계 1:18). 그의 부활은 죽음으로부터의 출생이었고, 따라서 죽음을 이기신 것이요 죽음의 권세를 가진 마귀를 이기신 것이었다(고전 15:21-22; 히 2:14; 딤후 1:10).

처음부터 그리스도의 부활은 교회의 신앙을 성립시키는 대단히 중요한 요소였다. 이 신앙이 없었다면 교회는 애당초 생겨나지도 못했을 것이다. 모든 제자가 십자가에 걸려 넘어졌다. 예수가 잡히고 죽임을 당했을 때, 모두가 도망하고(막 14:50) 숨었다. 하지만 그들의 신앙이 다시 회복된 것은 예수가 다시 살아나신 것을 그들이 알게 되었을 때였다. 그들은 이제 예수의 전 생애를 부활의 빛 아래서 재고할 수 있게 되었다. 어떻게 그가 성령과 권능으로 기름 부음을 받으셨는지(행 4:27; 10:38), 어떻게 그의 사역과 이적이 그가 메시아이심을 증거했는지(행 2:22; 10:38), 어떻게 그가 하나님의 경륜을 따라 죽으셔야 했는지(행 2:23; 4:28), 어떻게 예수가 부활로 말미암아 주와 그리스도로, 지도자와 심판자로 세워지셨는지(행 2:20, 25, 36; 3:15; 4:26; 5:31; 10:42; 참조. 고전 15:3-4) 그들은 이제 알게 된 것이다. 부활에 대한 믿음은 가장 초기 교회의 신앙고백에 속해 있었다. 사도직의 중요한 표지는 예수의 부활에 대한 증인이 되는 것이었다(눅 24:48; 행 1:22; 2:32; 3:15 등). 예수가 부활 후에 제자들에게 여러 번 나타나신 것은 이 신앙을 위해서 중요한 토대였다. 부활의 확실성은 제자들/사도들 자신이 목격한 나타나심(appearance) 또는 그들이 온전히 신뢰했던 다른 이들의 증언에 근거해 있다(눅 24:34; 고전 15:5ff.). 이 나타나심은 아마도 예루살렘에서 일어났을 것이다. 왜냐하면 제자들은 처음에 여인들의 보고를 믿기를 거부했는데(눅 24:11, 24-25; 막 16:11, 13-14), [그 사이에 예루살렘에서 나타나심이 없었다면] 그들이 그런 마음 상태로 그리스도를 만나기를 기대하면서 갈릴리로 갔을 리가 만무하기 때문이다. 하지만 이어 갈릴리에서도 나타나심이 뒤따르는데, 예수는 그의 제자들에 앞서 그곳에 와 계셨다(마 28:16ff.; 막 16:7; 요 21장). 비록 누가는 갈릴리에서의 나타나심에 대해 아무 말도 하지 않고, 제자들에게 위로부터 오는 능력으로 입혀질 때까지 예루살렘에서 기다리라고 예수가 당부하신 것만을 기록하고 있기는 하지만 말이다(눅 24:49; 행 1:4). 부활이 일어난 것은 바로 예루살렘 인근이었다.

관련된 모든 일관된 증거에 따르면, 부활은 셋째 날에 일어났다. "제삼일에"(마 16:21; 20:19)라는 말과 "사흘 만에"(막 8:31; 10:34 등)라는 말이 기간의 차이를 암시하는 어떤 암시도 없이 번갈아 나온다(창 42:17-18). 하지만 "밤낮 사흘 동안"(마 12:40; 16:4)이라는 표현은 상징적으로 이해되어야 하고, 이 본문에서는 요나와 비교하기 위해, 또는 아주 짧은 기간에 대한 관용적인 표현으로 사용되었다. 만약 실제로 그렇게 일어나지 않았다면, 어떻게 제자들이 하나같이 부활이 셋째 날에 일어났다고 말할 수 있었는지 설명하기가 쉽지 않다. 이것을 단순히 구약성경의 예고나 신화 때문이라고 말하는 것은 신빙성이 떨어진다. 한목소리로 그날을 지목하기 위해서는 그 셋째 날에 제자들에게 틀림없이 무슨 일이 일어났어야만 한다. 게다가 만약 그리스도가 죽으신 바로 그 몸으로 실제로 부활하시지 않았다면, 빈 무덤을 설명할 길이 없다. 비록 빈 무덤이 그 자체로 부활에 대한 증거나 믿음의 근거는 아닐지라도, 그것이 대단히 중요하다는 것은 틀림없다. 예수가 죽은 것처럼 보였을 뿐이라거나(합리주의자들, Schleiermacher), 아니면 예수의 시신이 도난당했다는 식으로 부활을 "설명"하려고 시도하던 때가 있었다. 이것들은 설득하는 데 실패하였고, 제자들이 가졌던 주관적인 환상에 대한 이론들로 대체되었다. 하지만 주관적 환상은 신앙을 전제하는 것이지 신앙을 낳지는 못할 뿐 아니라, 그 당시 제자들의 상태는 믿음과는 거리가 멀었다. 제자들은 낙담해 있었고, 실의에 빠져 있었고, 큰 의심에 싸여 있었고, 처음에는 부활에 대한 보고를 믿으려고도 하지 않았다. 더구나 환상은 그것들의 신빙성을 해치는 정신적 문제들을 수반하는 때가 많다. 하지만 신약성경은 사도들 중에 그런 문제들이 발견된다는 증거를 전혀 제공하지 않는다. 또한 신약성경이 말하는 여러 번의 나타나심은 모두 장소, 시간, 인물에 대해 구체적이며, 셋째 날에 시작되어 바울에게 나타나심으로 마칠 때까지 연속성을 띤다. 그렇기 때문에―가능성 있는 설명으로서의 환상들과는 반대로―구별되고 인식 가능한 특징을 갖고 있었다. 그러므로 부활에 대한 모든 영적이고 주관적인 해석들은 거부되어야 한다. 오직 육체적 부활만이 빈 무덤과 제자들의 견고한 믿음을 설명할 수 있다. 그 외에는 아무것도 성경적 증언을 공정하게 다루지 못한다. 나타나심을 환상으로 보면서 "하늘로부터 온 전보"(telegram from heaven)[6]라

---

6) C. H. Weisse, *Die evangelische Geschichte*, 2 vols. (Leipzig: Breitkopf & Härtel, 1838), II, 432; T. Keim, *Geschichte Jesu von Nazara in ihrer Verkettung mit dem Gesamtleben seines Volkes*, 3 vols. (Zürich: Orelli, Fussli, 1867-72), III, 605; A. Schweizer, *Christliche Glaubenslehre*, II, 216ff.; H. Lotze, *Microcosmus*, trans. Elizabeth Hamilton and E. E. Constance Jones (New York: Scribner & Welford, 1866), III, 365ff.; Adolf von Harnack, *What Is Christianity?* trans. Thomas Bailey Saunders (New York: Harper, 1957), 124ff.; Kirsopp Lake, *The Historical Evidence*

고 설명하는 것은 육체적 부활에 대한 직접적 진술보다 조금도 덜 기적적이지 않을 뿐만 아니라, 사도들이 전하는 복음의 소식에 기만과 속임의 요소들을 더할 뿐이라는 것에 주의해야 한다. 삼일 만에 일어난 육체적 부활은 그리스도가 하나님의 아들이자(행 13:33; 롬 1:3) 메시아시며(행 2:36; 3:13-15; 5:31; 10:42 등), 성부가 중보자로서의 사역을 그에게 맡기셨고(행 2:23-24; 4:11; 5:31; 롬 6:4, 10 등), 그가 고난으로 높아지심을 얻으셨으며(눅 24:26; 행 2:33; 롬 6:4; 빌 2:9 등), 우리의 사죄와 칭의에 대한 보장이 되셨음을(행 5:31; 롬 4:25) 증명할 뿐 아니라, 성령의 선물(행 2:33), 영생(롬 6:4-5), 우리의 구원을 위한 토대와 약속(행 4:2; 롬 8:11; 고전 6:14 등), 사도적 기독교의 기초(고전 15:12ff.)에 대한 증거가 된다.

[401] 예수가 제자들을 가르치신 40일이라는 중요한 시기가 지난 후에(행 1:3), 예수는 하늘로 올라가셨고 성부의 우편으로 높아지셨다. 이 40일은 예수의 생애에서 아주 독특한 기간을 이룬다. 한편으로 그는 육체적으로 전과 동일하다. 그는 자기의 손과 옆구리를 보여주신다(요 20:20; 참조. 마 28:9; 눅 24:39). 그는 만져지시고(요 20:27), 음식을 드시고(눅 24:43; 요 21:12ff.), 볼 수 있게 올려지시고(행 1:9), 올려지신 그대로 다시 오실 것이다(행 1:11; 계 1:7). 동시에 그를 만지면 안 되었고(요 20:17), 사람들이 그를 알아보지 못했고(눅 24:16; 요 20:14), 신비한 방식으로 나타났다 사라지셨고(눅 24:36; 요 20:19), 그의 방문은 제자들을 놀라게 했다(눅 24:37; 요 21:12). 동일한 예수가 다른 형태로 나타나시는데(막 16:12), 연약함과 수치 가운데 죽고 장사되었던 육체($\sigma\omega\mu\alpha$)가 영광과 권능으로 다시 일으켜졌고, 영적인 육체로 변화되었다($\sigma\omega\mu\alpha$ $\pi\nu\epsilon\upsilon\mu\alpha\tau\iota\chi\circ\varsigma$; 고전 15:42ff.; 고후 13:4; 빌 3:21). 그는 부활을 통해 살려주는 영이 되셨다($\pi\nu\epsilon\upsilon\mu\alpha$ $\zeta\omega\pi\circ\iota\circ\upsilon\nu$; 고전 15:45; 고후 3:17). 40일은 예수에게도 제자들에게도 전환기였다. 예수는 여전히 이 땅에 계시

---

for the Resurrection of Jesus Christ (London and New York: Williams & Norgate, 1907), 265-79.

면서 이따금 제자들에게 나타나셨지만, 모든 것이 이전과 같지 않았다. 예수도 이전과 같지 않으셨다. 그는 제자들을 떠나 아버지 집으로 가시려는 참이었다(요 20:17; 참조. 14:2-4; 16:5-10; 17:13). 제자들은 승귀하신 그리스도와 갖는 새로운 관계, 즉 성령 안에서의 교제를 위해 준비되고 있었다. 예수는 여전히 그들과 함께 계시면서 그들과 더불어 그리고 그들을 통해 일하시겠지만, 다른 방식과 모양(μορφη)으로 그렇게 하실 것이다. 그때를 위해 그들은 예수 자신으로부터 40일 동안 가르침을 받았다(행 1:3; 10:40-42; 13:31). 그제야 제자들은 처음으로 예수가 전에 그들에게 하셨던 말씀들을 깨달았다. 이 말씀들은 그리스도가 당하셔야 했던 고난의 필요성과 중요성(눅 24:26-27), 성취된 구약성경의 예언들에 대한 설명(눅 24:27; 44-46), 이제 그가 받으시게 될 영광과 권세(마 28:18)에 관한 것들이었다.

예수는 그렇게 제자들을 가르치시고 구비시키신 후에, 40일째 되던 날에 하늘로 올라가셨다. 이 사건은 누가복음에만 기록되어 있지만(24:50-51), 신약성경에서 굉장히 중요하게 여겨진다. 예수 자신이 그것을 예고하셨고(마 26:64), 반복해서 암시하셨다(요 6:62; 13:3, 33; 14:28; 16:5, 10, 17, 28; 17:24). 베드로는 예루살렘에서의 공적 사역에서 이 사실을 계속해서 언급한다(행 2:33-34; 3:21; 5:31; 참조. 벧전 3:21). 바울도 이것을 반복해서 말하고(행 13:30-37; 엡 4:8-10; 빌 1:23; 2:9; 3:20; 골 3:1; 살전 1:10; 4:14-16; 딤전 3:16), 히브리서(2:9; 4:14; 6:19-20; 7:26; 9:24; 10:12-13; 12:2)와 요한계시록도 마찬가지다(1:13; 5:6; 14:14; 19:11-16; 22:1). 부활과 마찬가지로, 승천(ascension)은 처음부터 교회의 신앙을 구성하는 요소였다. 승천이 의미하는 것은 예수 그리스도가 성부에 의해 높여지시고 하늘로 받아들여지셔서, 모든 것이 회복될 때가 이르기까지 그곳에 계시리라는 것이다(행 3:21). 승천은 부활과 깊은 관련성 속에서 고려되어야 하지만, 그렇다고 이 둘을 동일시하는 것은 잘못이다. 이는 나타나심에 대한 성경의 가르침을 부인하는 것이 되기 때문이다. 승천은 그리스도가 하늘에서 얻으시는 영광의 상태로 들어가시는 것인데, 이 상태는 "하나님 우편에 앉으심"이라는 용어로 표현된다(롬 8:34;

   제4부 | 구속자 그리스도

엡 1:20; 골 3:1; 히 1:3, 13; 8:1; 10:12; 12:2; 벧전 3:22; 계 3:21). 이렇게 우편에 앉으심은 부활 및 승천과 긴밀하게 관련되어 있지만, 그 둘과 구분된다(행 2:32-34; 벧전 3:21-22; 롬 8:34). 그리스도는 이미 하나님 우편에 앉으시는 것에 대해 예고하셨고(마 19:28; 22:44; 25:31; 26:64), 부활과 승천이 일어난 직후에 제자들은 그리스도가 하나님 우편에 앉아 계신 것을 알았다(행 2:34; 7:56). 하나님 우편이라는 "장소"를 구체적으로 말할 때는 주의를 기울여야 한다. 우리가 절대로 잊지 말아야 할 것은, 여기서 우리가 틀렸다고 할 수는 없지만 여전히 인간의 방식과 상징으로 표현하고 있다는 사실이다(왕상 2:19; 시 45:9; 110:1; 마 20:21). 그래서 기독교회는 그리스도가 승귀하신 장소를 구체적으로 확정하려고 하지 않았다. 이 표현이 분명하게 의미하는 것은 그리스도가 하나님 자신이 가지신 것으로 생각할 수 있고 또 그렇게만 가능한 가장 높은 권세, 위엄, 영광의 자리로 높아지셨다는 것이다. 그리스도가 받으신 위엄은 하늘과 땅, 땅 아래 있는 모든 무릎이 그 앞에 꿇고, 모든 입술이 그가 주님이시라고 고백하도록 만듦으로써 아버지 하나님께 영광이 되게 하는 것이었다. "그가 모든 원수를 그 발 아래에 둘 때까지" 왕으로서 통치하시는 것이 마땅하다(고전 15:25; 히 2:8-9). 이것은 신자들에게 엄청난 위로가 된다. 우리의 대제사장이며 왕이신 분이 우리를 대신해서 간구하시고, 또한 위대한 궁극적 승귀의 때에 살아 있는 자와 죽은 자를 심판하러 오실 것이다.

화해(속죄)

[402] 그리스도는 우리의 중보자로서 우리의 온전한 구원을 위한 모든 유익을 획득하셨는데, 그 시작은 우리의 죄에 대한 객관적 속죄인 화해(reconciliation, καταλλαγη)다. 성경에 따르면 그리스도의 희생에는 객관적 의미가 있기 때문에 하나님께도 효력이 있다. 구약성경에서 희생제사는 하나님의 면전에서 그 제물을 바치는 자의 죄를 덮기 위해 고안되었다

(כפר, 70인역에서는 ἐξιλάσκεσθαι). 속죄는 하나님과 관련되어 일어나고 그 면전에서 행해진다(레 1:3; 6:7; 10:17; 15:15, 30; 19:22; 민 15:28; 31:50). 그것이 목표하는 것은 죄를 덮음으로써 하나님의 진노를 피하고(민 8:19; 16:46) 하나님을 진정시키려는 것이다(ἱλάσκεσθαι). 비슷하게 신약성경에서 그리스도는 우리의 죄를 위한 화목제물(ἱλαστήριον; 롬 3:25)이자 속죄제물(ἱλασμός; 요일 2:2; 4:10)이시며, 자비하고 신실한 대제사장으로서 "백성의 죄를 속량하려고" 하나님께 제사를 드리신다(히 2:17). 그러므로 화해는 일방적이지 않고 쌍방적이다. 우리가 하나님과 화목하게 되어야 할 뿐만 아니라, 하나님 역시도 우리와 화목하게 되셔야 하고, 그런 의미에서 하나님은 그리스도를 화목제물(ἱλασμός; 롬 3:25; 히 2:17; 요일 2:2; 4:10)로 내어주심으로써 진노를 거두시고 하나님과 우리 사이에 화평의 관계를 이루신다(롬 5:9-10; 고후 5:18-19; 갈 3:13). 속죄를 그리스도의 죽음과 부활의 핵심으로 인정하기를 거부하는 것은 하나님의 사랑을 오해하는 데서 비롯된다. 하나님의 진노는 악한 격노나 악의가 아니며, 하나님의 의로우심은 보복에 대한 목마름이 아니다. 우리의 죄 때문에 우리는 실제로 하나님의 진노의 대상들이지만, 칼뱅은 진술하기를 "그럼에도 주님은 우리 안에 있는 하나님의 것을 잃어버리시기를 원치 않으시기 때문에, 하나님 자신의 자애로움으로 사랑할 만한 것을 여전히 찾고 계신다."[7] 따라서 하나님의 진노와 의로우심은 최고의 사랑과 일치한다. 그리스도를 속죄의 수단으로 내어주신 것이 바로 이와 같은 하나님의 사랑이기 때문이다(고후 5:19). "하나님은 이미 우리를 사랑하심으로써 우리를 자기와 화해시키셨다. 먼저 하나님이 우리를 사랑하셨고, 그 후에 우리를 자기와 화해시키셨던 것이다."[8] 그리

---

7) John Calvin, *Institutes of the Christian Religion*, II.xvi.3 (ed. John T. McNeill and trans. Ford Lewis Battles [1559; Philadelphia: Westminster, 1960], 1:505-6).

8) Augustine, *The Trinity*, V, 16; idem, *Enchiridion*, 33; T. Aquinas, *Summa Theol.*, III, qu. 49, art. 4; J. Calvin, *Institutes*, II.xvi.2-4; F. Turretin, "De satisf.," in *Institutes of Elenctic Theology*, trans. George Musgrove Giger and ed. James T. Dennison,

스도의 희생에 의해 화해와 화평의 새로운 관계가 하나님과 인간 사이에 이루어졌다. 그리스도의 화해 사역의 유익에는 제한이 없고, 따라서 경험할 수 있는 모든 차원을 포함하고 모든 창조세계까지 미친다. 그러므로 "카탈라게"(καταλλαγη)는 속죄제물과 화목제물에 의한 화해다. 이 "카탈라게"(καταλλαγη)가 복음의 내용이다. 모든 것이 행해졌고, 하나님과 화해되었다. 우리 편에서 해야 할 남아 있는 것은 아무것도 없고, 사람들을 초대하는 것이 화해 사역의 전부다. 하나님과 화해하라! 복음을 믿으라!(롬 5:9-10; 고후 5:18-21; 참조. 엡 2:16; 골 1:20-22)

하나님의 은혜와 그 은혜로 말미암은 값없는 선물은 넘쳐나고(롬 5:15), 우리에게 주시는 유익들이 너무 많아서 다 열거할 수도 없다. 간추린 목록은 다음과 같다.

> 법정적인(juridical) 것으로는 죄 용서(막 14:24; 히 9:22); 의롭다 하심(롬 3:24; 4:25; 5:9; 8:34; 고전 1:30; 고후 5:21); 양자 됨(3:26; 4:5-6); 하늘의 유업(롬 8:17; 벧전 1:4); 구속(ἀπολυτρωσις;[9] 엡 1:7; 골 1:14; 히 9:15) 등이 있다.[10]

---

3 vols. (Phillipsburg, NJ: Presbyterian and Reformed, 1992), 49, 86, 87; W. G. T. Shedd, *Dogmatic Theology*, 3rd ed., 3 vols. (New York: Scribner, 1891-94), II, 401; A. A. Hodge, *The Atonement* (Philadelphia: Presbyterian Board of Publication, 1867), chap. 9; J. Scott Lidgett, *The Spiritual Principle of the Atonement as a Satisfaction Made to God for the Sins of the World*, 2nd ed. (London: Charles H. Kelley, 1898), chap. 5.

9) 그리스도로 말미암은 신자의 구속(ἀπολυτρωσις)이라는 개념은 노예를 위해 속전을 지불하거나 구입하던 당시의 풍습을 통해 적절하게 설명된다; G. A. Deissmann, *Licht vom Osten* (Tübingen: Mohr, 1908), 234ff.; E. Schürer, *Geschichte des judischen Volkes im Zeitalter Jesu Christi*, 4th ed., 3 vols. (Leipzig: J. C. Hinrichs, 1901-9), III, 18, 53.

10) 구속(ἀπολυτρωσις)은 때로 더 넓은 의미로 쓰이기도 한다(롬 3:24; 8:21, 23; 고전 1:30; 엡 1:14; 4:30; 벧전 1:18-19).

신비적인(mystical) 것으로는 그리스도와 함께 십자가에 못 박히고, 장사되고, 부활하고, 하늘에 앉는 것이 있다(롬 6-8장; 갈 2:20; 골 3:1-13).

윤리적인(ethical) 것으로는 거듭남(요 1:12-13) 또는 살려짐(엡 2:1, 5); 성화(고전 1:30; 6:11); 씻음(고전 6:11)과 깨끗하게 함(요일 1:9)과 피뿌림(벧전 1:2)이 몸과 혼과 영에서 일어나는 것(고후 5:17; 살전 5:23)이 있다.

도덕적인(moral) 것으로는 친히 우리에게 모범이 되신 그리스도를 닮아가는 것이 있다(마 10:38; 16:24; 눅 9:23; 요 8:12; 12:26; 고후 8:9; 빌 2:5; 엡 2:10; 벧전 2:21; 4:1).

경륜적인(economic) 것으로는 구약성경 언약의 성취와 새 언약의 체결(막 14:24; 히 7:22; 9:15; 12:24); 율법에서 자유함(롬 7:1ff.; 갈 2:19; 3:13, 25; 4:5; 5:1 등); 율법의 요구라는 멍에가 취소됨; 분리시키는 장벽의 제거; 유대인과 이방인의 화해; 양분되어 대립하는 것들이 그리스도 안에서 통일됨 등이 있다(갈 3:28; 엡 2:11-12; 골 2:14).

물리적인(physical) 것으로는 세상(요 16:33)과 사망(딤후 1:10; 히 2:15)과 지옥(고전 15:15; 계 1:18; 20:14)과 사탄(눅 10:18; 11:22; 요 14:30; 히 2:14; 고전 15:55-56; 골 2:15; 벧전 3:22; 요일 3:8; 계 12:10; 20:2 등)에 대한 승리가 있다.

재창조의 전체 계획, 즉 죄의 결과로 죄책을 짊어지고 부패하고 분열된 세계와 인류를 완전히 회복하는 것은 그리스도의 사역의 열매다. 객관적으로는 십자가 위에서 하나님과 세상 간에 화해($\varkappa\alpha\tau\alpha\lambda\lambda\alpha\gamma\eta$)가 이루어졌다. 때가 되면 그리스도는 흠이나 티가 없는 교회를 성부께 드리시고, 나라를 하나님께 바치실 것이다. 그리고 그때에 하나님이 만유의 주로서 만유 안에 계실 것이다(고전 15:22-28).

[403] 근대에는 그리스도의 사역의 열매를 묘사하는 "구속"(Erlösung)

과 "화해"(Versöhnung) 같은 용어들이 초기 교회의 용어들―"테오포이에 시스"(θεοποιησις[하나님처럼 만듦]), "테이오시스"(θειωσις[하나님처럼 됨, 신성화])―뿐만 아니라 안셀무스 이후의 용어들인 "충족"(satisfaction)과 "공로"(merit)까지도 대체하기에 이르렀다. 슐라이어마허는 구속이라는 용어를 유행시켰다. 그는 구속을 신자들 안에 주관적 변화를 가져오는, 예수의 하나님 의식이 신자들의 교제에 신비적으로 전달되는 것이라고 이해한다. 반면에 리츨은 이 변화의 윤리적 차원에 주안점을 둔다. 예수는 자신의 생애를 통해 하나님이 우리를 미워하시지 않고 사랑하신다는 것을 확신하게 하시며, 우리가 예수의 가르침과 모범을 따르도록 영감을 주신다는 것이다. 이런 식으로 죄와 죄책에 대한 의식이 제거되고, 우리가 하나님과 화목하게 된다고 주장한다. 슐라이어마허와 리츨 사이에는 차이가 있다. 전자는 그리스도의 인격을 전면에 내세우고, 후자는 그리스도의 사역을 부각시킨다. 하지만 이들은 공통적으로 그리스도의 구속 사역이 우리를 대신하고 우리를 위하여 드리는 그리스도의 객관적 순종의 화목제사라기보다는 우리 위에서와 우리 안에서 일어나는 주관적인 신비적·도덕적 영향이라고 평가절하했다. 여기서 그리스도는 단지 신적 영감을 받은 인간(ἄνθρωπος ἔνθεος)일 뿐, 하나님의 영원하고 유일한 아들은 아니다. 이는 그리스도의 인격에 대한 잘못된 이해일 뿐만 아니라, 그리스도의 사역을 폄하하고 그리스도 안에서 모든 것이 새롭게 될 것이라는 확신을 우리에게서 빼앗아버린다. 모든 것이 우리에게 달려 있게 되는 것이다. 하지만 재창조의 사역은 너무나 엄청나고, 심지어 창조와 섭리의 사역보다 훨씬 더 큰 것이기 때문에, 이 임무가 맡겨진 존재는 참되고 의로운 인간일 뿐만 아니라 모든 것보다 더 강력한 존재, 즉 참으로 하나님이셔야 한다. 하나님이 세상을 창조하실 때 매개가 되신 바로 그분만이 재창조의 중보자가 되실 수 있는 것이다.[11]

---

11) Bonaventure, *The Breviloquium*, vol. 2 of *The Works of Bonaventure*, trans. Jose

[404] 그리스도의 구속 사역은 무한한 가치를 갖고 있으며 온 세상에 영향을 미친다. 그리스도가 오신 것은 세상을 정죄하기 위해서가 아니라 구원하기 위해서고(요 3:17; 4:42; 6:33, 51; 12:47), 하늘과 땅에 있는 모든 것을 하나님과 화해시키기 위해서다(요 1:29; 고후 5:19; 골 1:20). 이 우주적 전망은 이사야 53:6, 로마서 5:18, 8:32, 고린도전서 15:22, 고린도후서 5:15, 히브리서 2:9, 디모데전서 2:4, 6, 베드로후서 3:9, 요한1서 2:2과 같은 구절에서도 드러나는데, 이는 때때로 모든 개개인에 대한 구원의 약속으로, 이를테면 보편구원으로 오해되기도 했다. 그런 이들—예를 들어 오리게네스, 펠라기우스, 아르미니우스—에 대항해서 기독교회의 주류는 아우구스티누스의 배타주의적 가르침에 충실했는데, 곧 모든 이가 구원받는 것이 아니라는 것이다. 아우구스티누스는 디모데전서 2:4("하나님은 모든 사람이 구원을 받…기를 원하시느니라")과 같은 구절들을 근거로 삼아, 민족, 계층, 지위의 다양함을 가리키면서도, 예정된 자들로만 구원의 범주를 제한했다.[12] 부활을 통해 그리스도는 "예정된 우리"를 새로운 생명으로 부르셨다. 그는 자신의 피로 "의롭게 될 죄인들"을 사시고 자유케 하셨다. "그리스도의 피로 구속된 자들은 모두 사람이다. 하지만 사람이라고 해서 모두가 실제로 그리스도의 피로 구속된 것은 아니다."[13] 스콜라주의도 대체적으로 아우구스티누스를 따랐다. 디모데전서 2:4을 대할 때, 우리는 마치 하나님이 일어나지 않을 일을 일어나도록 원하시기라도 했던 것처럼, 마치 실제로는 구원받지 않을 이들이 구원받기를 하나님이 원하셨던 것처럼 이해해서는 안 된다. 아우구스티누스의 이해가 널리 공감을 얻었다고 해서 신학자들과 목사들 간에 심각한 논의가 그친 것은 아니었다. 논의는 하나님의 선행하는 뜻과 결과적인 뜻, 그리고 무엇보다도 "충분하지만 유

De Vinck (Paterson, NJ: St. Anthony Guild Press, 1963), IV, chap. 1.

12) Augustine, *Enchiridion*, 103.

13) Augustine, *Confessions*, IX, 1; idem, *The Trinity*, IV, 13.

효적이지 않은" 뜻의 구별에 대한 것이었다.[14] 반(半)펠라기우스주의(Semi-Pelagianism)는 전자의 구분을 채택했다.[15] 하나님은 선행하는 뜻에 의해 모든 사람의 구원을 원하시지만, 결과적인 뜻에 의해서는 오직 하나님이 미리 보신, 신앙과 인내를 가진 사람들의 구원만을 원하신다는 것이다. 이 견해는 로마 가톨릭을 지배했고, 결국 루터파 신학에서도 받아들여졌다.[16]

하지만 그들 두 교파가 공유한 삼위일체, 그리스도의 신성, 충족에 대한 명확하고 분명한 신앙고백은 펠라기우스의 원리가 득세하는 것을 막았다. 소키누스주의자들 및 항변파들과 더불어 변화가 일어났다. 전자는 모든 객관적 기독교 교리를 거부했다. 비록 아르미니우스주의자들은 위대한 기독교의 진리들을 고수하려고 노력했지만, 그들도 역시 그리스도의 죽음이 모든 사람을 위한 것이었다는, 심지어 끝까지 믿음을 거부할 사람들까지지도 포함한다는 신념에 굴복했다. 이 경우에 그리스도의 죽음은 단지 모범적인 것에 불과해서, 그 누구에게도 아무것도 가져다주지 않고 다만 하나님이 다시 사람을 대하시고 새로운 조건을 부과하실 "가능성"만 제공할 뿐이다. 이를테면 하나님이 "인간의 자유의지"에 따른 순종을 원하신다는 식으로 말이다.[17] 다시 말하지만, 모든 것이 사람에게 달려 있었다. 「도르트 신조」(Canons of Dort)는 명백하게 제한 속죄(particular atonement)

---

14) 일례로, Peter Lombard, *Sententiae in IV liberis discinctae*, 3rd ed., 2 vols. (Grottaferrata: Colleggi S. Bonaventurae et Claras Aquas, 1971-81), III, 20, 3: "그리스도는 삼위 하나님께 모두를 구속하는 충분한 속전으로 자신을 드리셨다. 하지만 단지 선택받은 자들에게만 효력 있는 것이었다. 예정된 자들을 위해서만 구원을 효력 있게 역사하도록 만들었기 때문이다."

15) 예로부터 그리스 정교회의 신앙고백에 이미 이런 이해가 나타났다. 다음을 보라. John of Damascus, *The Orthodox Faith*, II, chap. 29; *Orthodox Confession*, 34, 47.

16) 참조. H. Bavinck, *Reformed Dogmatics*, II, 351-58 (##235-36); Council of Trent, VI, chaps. 2-3; Roman Catechism, I, 3, 7; J. T. Müller, *Die symbolischen Bücher der evangelisch-lutherischen Kirche*, 8th ed. (Gütersloh: Bertelsmann, 1898), 781.

17) Canons of Dort, II; Apol. conf., VIII, 10; J. Arminius, *Opera theologica* (Lugduni Batavorum[Leiden]: Godefridum Basson, 1629), 153.

를 가르치지만, 그러면서도 또한 그리스도의 희생이 "무한한 효용과 가치가 있어서 온 세상의 죄를 속하기에 충분하다"고 선언한다. 아르미니우스주의자들은 정죄를 받았지만 물리쳐지지는 않았다. 이들의 생각은 루터파와 성공회로 파고들었고, 스스로 공적인 교회들과 결별했던 여러 부류의 개신교적 신앙 형태들(침례교도, 웨슬리파 감리교도, 퀘이커교도, 이신론자들 등)에 의해 받아들여졌으며, 또한 개혁파 교회들 안에서도 강력한 영향을 끼쳤다.

[405] 개혁파 진영 자체에서 제한 속죄의 교리가 도전을 받은 곳은 특히 영국과 스코틀랜드였다. 이미 18세기 초반에, 영국 신학자들 가운데 특히 리처드 백스터(Richard Baxter)[18]로 대변되는 "중도적" 그룹은 카메론(Cameron), 테스타르(Testard), 아미랄두스(Amyraut) 등 프랑스 신학자들이 선행 작정(antecedent decree)과 그 뒤에 이어지는 제한 작정(particular decree)을 구별하는 데 동의했다. 선행하는 작정에 의해 그리스도가 모든 이를 위해 조건적으로 속죄를 이루시는데, 여기서 조건은 신앙이며, 그리스도는 이어지는 또 다른 제한 작정으로 그 속죄가 택자를 위한 것이 되게 하셔서 시간 속에서 그들에게 신앙을 주시고 틀림없이 구원으로 이끄신다는 것이다.[19] 스코틀랜드에서 소위 "매로우 사람들"(Marrow Men)이라고 하는 신학자들(James Hog, Thomas Boston, Ralph and Ebenezer Erskine,

---

18) Richard Baxter(1615-91)는 *Universal Redemption of Mankind by the Lord Jesus Christ*를 출판했고 영국에 아미랄두스주의(Amyraldism)을 소개하는 데 큰 기여를 했다. 그와 동시대 인물로서 *The Doctrine of Universal Redemption Asserted and Explained*의 저자인 Isaac Barrow(1630-77)는 아르미니우스주의에 천착했다(다음을 보라. W. Cunningham, *Historical Theology*, 3rd ed., 2 vols. [Edinburgh: T&T Clark, 1870], II, 328). 이들의 가설적 보편주의에 대항해서 만약 그리스도가 믿음을 조건으로 모든 사람을 위해 죽었다면, 실제로 믿어본 적이 전혀 없는 어린아이들을 위해서 죽은 것은 아니라는 반론이 제기되었다. 참조. B. B. Warfield, "The Making of the Westminster Confession, and Especially of Its Chapter on the Decree of God," *Presbyterian and Reformed Review* 12 (1901): 226-83.
19) 참조. H. Bavinck, *Reformed Dogmatics*, II, 368-72 (#239).

Alexander Moncrieff 등)이 가르친 것에 따르면, 그리스도의 희생은 모든 사람을 위한 "율법적·언약적 충분성"을 갖고 있어서 은혜의 보편적 제공을 위한 토대가 되었다.[20] 모두에게 그들을 위한 좋은 소식이 있다고, 그들을 위해 "그리스도가 죽으셨다"고, 즉 그들을 위해 구주가 제공되었다고 말할 수 있다. 그들을 위해 십자가에 달리신 그리스도가 계시다고 말이다("그리스도가 그들을 위해 죽으셨다"라고 할 수는 없을지라도). 속죄의 범위가 다시 논란이 된 것은 1820년대에 맥레오드 캠벨(McLeod Campbell)이 그리스도가 모든 사람을 위해 죽으셨다고 가르치기 시작하면서부터다. 그리스도는 하나님의 율법에 대해, 따라서 자기 이웃을 사랑하라는 명령에 대해서도 완벽하게 순종적이셨다. 그리스도 자신이 보편적인 이웃 사랑을 가르치셨기 때문에, 그의 죽음은 모든 사람을 위한 것이어야 했다. 비록 캠벨은 1831년에 축출되었지만, 그의 견해는 아주 영향력이 있었고, 제한 속죄의 교리가 여러 세기의 논쟁 후에 거의 보편적으로 포기되도록 하는 데 상당히 기여했다.[21]

[406] 이 논쟁의 내용을 분명히 하는 것이 중요하다. 핵심은 그리스도의 죽음이 무한한 가치와 효력을 가졌는가도 아니고, 실제로 어떤 사람들이 구원받지 못했는가도 아니다. 문제는 하나님이 뜻하시고 의도하신 것이, 그리스도가 예외없이 모든 사람의 죄를 위해 자신을 제물로 드리는 것이었는지, 아니면 단지 택자의 죄를 위해서만 드리는 것이었는지 여부

---

20) 참조. H. Bavinck, *Reformed Dogmatics*, I, 191-92 (#57); 또한 *Princeton Theological Review*의 매로우(Marrow) 논쟁을 보라 (1906): 331-35.

21) 참조. W. Cunningham, *Hist. Theol.*, II, 323ff.; J. Walker, *The Theology and Theologians of Scotland*, 2nd ed. (Edinburgh: T&T Clark, 1888), 79ff.; A. Robertson, *History of the Atonement Controversy in Connexion with the Secession Church from Its Origin to the Present Time* (Edinburgh: Oliphant, 1846); H. F. Henderson, *The Religious Controversies of Scotland* (Edinburgh: T&T Clark, 1905).

다.[22] 이 질문만 확실히 한다면, 성경의 가르침은 전혀 의심할 여지가 없다. 성경은 일관되게 그리스도의 희생을 교회에게만 연결하는데, 이 교회는 "많은 사람"(사 53:11-12; 마 20:28; 26:28; 롬 5:15, 19; 히 2:10; 9:28), "자기 백성"(마 1:21; 딛 2:14; 히 2:17; 7:27; 13:12), "양"(요 10:11, 15, 25ff.; 히 13:20), "형제"(히 2:11), "하나님의 자녀"(요 11:52; 히 2:13-15), "아버지께서 그에게 주신 자"(요 6:37, 39, 44; 17:2, 9, 24), "자기 교회"(행 20:28; 엡 5:25), "몸"(엡 5:23), 또는 신자들인 "우리"(롬 5:9; 8:32; 고전 5:7; 엡 1:7; 2:18; 3:12; 골 1:14; 딛 2:14; 히 4:14-16; 7:26; 8:1; 9:14; 10:15; 요일 4:10; 벧전 3:18; 벧후 1:3; 계 1:5-6; 5:9-10 등) 등으로 다양하게 묘사된다. 다른 성경 본문인 에스겔 18:23, 33:11, 요한복음 1:29, 3:16, 4:42, 디모데전서 2:4, 6, 디도서 2:11, 히브리서 2:9, 베드로후서 3:9, 요한1서 2:2, 4:14은 이 사실과 충분히 양립할 수 있는데, 이는 복음 선포가 모든 피조물에게로 확장되는 것이 신약성경을 구약성경과 구분짓기 때문이다.(마 28:19). 하나님은 사람을 차별하지 않으시고, 이방인과 유대인 사이에 아무런 구별도 두지 않으신다(행 10:34-35; 롬 3:29; 10:11-13). 게다가 "많은 사람" 또는 "모든 사람"에 대한 언급들은―하나님이 악인의 죽음을 전혀 기뻐하지 않으시고(겔 18:23), 모든 사람이 회개하고 구원을 받기를 원하신다고 말하는 것에서 볼 수 있듯이(딤전 2:4; 벧후 3:9)―보편 속죄를 염두에 둔 것이 아니라, 그리스도의 죽음이 많은 사람, 큰 무리를 위한 것이었으며 소수를 위한 것이 아니었음을 말하려는 것이다. 성경은 지나치게 많은 사람이 구원받는 것을 두려워하지 않는다. 하지만 보편구원론자들이 이것으로부터 그리스도의 속죄가 전적으로 보편적이라고 추론할 때, 이들은 성경 및 현실 모두와 충돌하는 것이다. 성경과 현실은 모든 사람이 복음을 듣는 것이 아니라는 사실을 분명하게 보여주기 때문이다. 여기서 우리가 다루고 있는 것은 계시된 하나님의 뜻으로서, 하나님께 대한 인간의 반응이 어떠해야 하는지에 대한 기준을 제시한다. "하나님의 선하고 기뻐

---

22) W. Cunningham, *Hist. Theol.*, II, 334.

하시는 뜻"을 넘어서는 것은 우리에게 허락되지 않았다. 우리는 그리스도가 구체적으로 누구를 위해 죽으셨는지 알 필요가 없다. 다만 중요한 것은 복음의 부름이 모든 이에게 다가간다는 사실이다.

또한 성경은 그리스도의 희생과 중보기도, 더 나아가 구원의 획득과 적용이 서로 분리할 수 없게끔 연관되어 있음을 암시한다. 희생은 그리스도의 중보기도를 위한 토대다. 따라서 후자의 영역은 전자만큼이나 광대하다. 만약 중보기도가 제한적이라면(요 17:9, 24; 롬 8:34; 히 7:25; 요일 2:1-2), 희생도 마찬가지다. 구원의 획득과 적용도 역시 분리할 수 없게끔 연결되어 있고(롬 8:28-34), 그리스도의 죽음에 그 토대를 두고 있다(롬 5:8-11). 그러므로 구원의 적용은 구원의 획득만큼 확장한다. 전자는 후자에 포함되어 있으며 그것의 필연적인 발전이다. 하나님이 사랑하시는 자들, 그리스도가 그들을 위해 속죄를 이루신 자들은 틀림없이 구원받는다. 우리는 선택해야 한다. 하나님이 모든 사람을 사랑하셨으며 그리스도가 모든 사람을 위해 속죄를 이루셨다고—그렇다면 그들 모두가 틀림없이 구원을 받을 것이라고—주장하든지, 아니면 성경과 경험이 그렇지 않음을 증언한다고 주장하든지 택일해야 한다.[23]

여기서 중요한 것은 신자들에게 주어지는 확신이 어떤 것인가 하는 점이다. 과연 그리스도는 자신의 죽음과 부활을 통해 실제로 자기에게 속

---

23) "그리스도의 죽으심은 하나님의 아들의 보배로운 죽으심으로 인하여 모든 택함 받은 자들이 생명을 얻어 구원받도록 하는 하나님의 가장 은혜로운 뜻과 목적으로 된 것이다. 하나님이 택함 받은 자들에게 믿음으로 의롭다 하는 이 선물을 주신 것은 그들에게 완전한 구원을 이뤄주시기 위한 것이다. 즉 그리스도가 십자가 상에서 피흘리심으로 새 언약을 확증하셔서 모든 사람과 족속과 민족, 즉 영원 전부터 구원에 이르도록 아버지가 아들에게 주신 모든 사람들을 구원하도록 한 것은 하나님의 뜻에 있었다. 오직 하나님의 뜻으로 말미암아 그리스도는 사람들에게 성령의 구원의 능력과 함께 모든 것을 주시되 십자가에서 죽으심으로 그들을 속량해주셨다. 따라서 믿기 전과 후에 지은 모든 죄악들을 그것이 원죄든 실제적인 죄든 간에 깨끗케 해주시며, 세상 끝날까지 점이나 흠 없이 신실하게 보존해주셔서 하나님 앞에서 영원토록 그 영광을 즐거워하도록 하시는 것이다"(Canons of Dort, II,8); 참조. Westminster Confession, VIII, 8; III, 6.

한 자들의 구원을 이루신 것인가, 아니면 단지 구원의 잠재력이나 가능성을 열어놓으신 것뿐인가? 개혁파 전통은 분명하게 전자의 입장을 선호했다. 오직 이 진리만이 성부·성자·성령 삼위일체 하나님이 하시는 사역의 통일성을 유지할 수 있을 것이다. 속죄의 범위가 보편적이라는 견해를 옹호하는 사람들은 아이러니하게도 그리스도의 사역이 가진 가치와 능력을 약화시킨다. 무게중심이 그리스도에서 그리스도인에게로 옮겨가고, 구원이 우리의 신앙에 달려 있게 되는 것이다. 하지만 개혁파의 생각은 달랐다. 그리스도는 단지 구원의 가능성만 열어놓으신 것이 아니라 자기에게 속한 자들의 구원을 진정으로 이루신다. 하나님은 그리스도 안에서 그리고 그리스도와 함께 모든 필요한 것들을 신자들에게 주신다(롬 8:32-33; 엡 1:3-4; 벧후 1:3). 그리스도 안에서의 선택은 모든 복을 함께 가져온다. 자녀로 삼으시고 자기 피로 구속하심(엡 1:3ff.), 성령의 은사(고전 12:3), 믿음(빌 1:29), 회개(행 5:31; 11:18; 딤후 2:25), 새 마음과 새 영(렘 31:33-34; 겔 36:25-27; 히 8:8-12; 10:16)이 바로 그런 것들이다.

마지막으로 문제되는 것은, 바로 보편구원론[24]이 온갖 잘못된 입장들로 이어진다는 것이다. 보편구원론은 신적 존재의 세 위격들 사이에 분열을 초래한다. 성부는 모두의 구원을 원하시고, 그리스도는 모두를 위한 속죄를 이루시는데, 성령은 믿음과 구원의 선물을 일부에게만 한정하시는 것이 되기 때문이다. 모두의 구원을 바라시는 하나님의 목적이, 모두에게 구원을 베풀기 원하지 않으시거나 또는 베푸실 수 없는 하나님의 뜻이나 능력과 갈등을 일으키는 것처럼 말이다. 보편구원론은 우선권을 선택과 언약보다 그리스도의 인격과 사역에 부여해서 그리스도와 우리 사이에 아무런 교제가 없게 하고, 이로써 그리스도가 그러한 맥락들과 단절되어

---

24) 편집자 주―여기서 사용된 용어(universalism)는 보편구원(ἀποκαταστασις, *apokatastasis*, "회복"; 여기에 대해서는 다음을 보라. *Reformed Dogmatics*, IV, 720-27 [##578-79])을 말하는 것이 아니라 단지 개혁신앙 전통에서 말하는 제한구속과 상반되는 의미에서의 구속의 범주를 가리킨다.

자기 백성을 위한 대리속죄를 하실 수 없게 만들어버린다. 또한 하나님의 정의를 폄하하고, 인간의 자유의지를 신과 같은 위치로 높여서 그리스도의 사역을 인정하거나 무효로 할 수 있는 것처럼 만든다. 마침내 성경 전체의 사상과 분명히 상반되게, 보편구원론은 멸망으로 이끄는 유일한 죄는 불신앙의 죄라고 말한다. 다른 모든 죄는, "불법의 사람" 적그리스도의 것까지도 포함해서, 전부 속죄가 이루어졌다는 것이다.

[407] 따라서 속죄는 제한적인 것이다. 속죄는 그 의도 면에서 택자를 위한 것으로 제한되어 있다. 그럼에도 우리는 이러한 제한 속죄가 여전히 보편적 의미를 갖고 있음을 간과하지 말아야 한다. 교회와 세상은 따로 구분해서 고려되어야 하지만, 그렇다고 창조와 함께 모든 사람에게 미치는 하나님의 공통 은혜, 택자와 그렇지 않은 자가 공유하는 은혜를 부인하는 것은 오류다. 엄밀히 말해서, 택자가 태어나고 살고, 먹을 것과 쉴 곳과 입을 것, 그리고 온갖 자연적 유익들을 얻는 것은 그리스도의 희생에 의한 유익들에 포함되지 않는다. 하나님이 택자를 향한 더 높은 목적 때문에 세계가 계속되도록 섭리적으로 허용하시는 것은 사실이다. 헤른후트파(Herrnhutters)나 경건주의자(Pietists)처럼 자연과 은혜, 창조와 구속 사이의 경계를 허물어버리고 성부를 대신해서 그리스도를 우주의 왕좌에 앉히는 것도 옳지 않다. 심지어 선택과 은혜언약은 선택의 대상과 은혜언약에 참여하는 자들을 전제하기 때문에, 그리스도에 의해 획득된 것이 아니라 그의 공로를 앞선다. 창조를 통해 성부는 재창조 사역을 위한 기초를 놓으시고, 성자는 자신의 사역으로 창조 사역에 깊숙히―죄가 있는 곳까지―거슬러 올라가신다. 여전히 두 사역은 구별되며 서로 혼동되어서는 안 된다. 그리스도는 자기에게 속한 자들 각각을 위해 똑같은 것을 획득하시지 않기 때문이다. 신앙을 갖기 이전의 신자들에게는―성별, 나이, 계층, 지위, 성격, 은사 등에 있어―상당한 다양성이 존재하는데, 이는 그들에게 주어진 은혜와 은사의 분량에 있어서도 마찬가지다(롬 12:3; 고전 12:11; 엡 3:7; 4:7). 은혜는 이런 본성적 자질을 폐기하지 않고 다만 치유하고 온전

하게 한다. 이것이 바로 교회가 세상에 속하지 않으면서도 세상에 존재하는 이유다. 그리스도는 모든 사람에게 공통되는 육체와 피를 취하셨고, 이로써 온 인류를 명예롭게 하셨다. 그리스도는 육체를 따라서는 인류라는 가족의 모든 구성원에게 형제시다. 그의 사역은 모든 이에게 가치가 있다. 심지어 그리스도를 믿지 않았고 또 절대 믿지 않을 사람들에게도 마찬가지인데, 이는 그리스도 때문에 온 세계가 여전히 살아가고 있기 때문이다. "예수 그리스도가 없었다면 세상은 더 이상 존재하지 않았을 것이다. 필연적으로 완전히 파괴되었거나 지옥이 되었을 것이기 때문이다"(Pascal). 비록 그리스도가 예언자, 제사장, 왕으로서 교회의 유일한 머리시지만, 복음이 세상을 향해 비추는 빛으로 인해 모든 사람이 유익을 얻는다. 창조된 세상이 썩어짐의 얽매임에서 해방되는 것, 창조세계가 영화롭게 되는 것, 하늘과 땅이 새롭게 되는 것—이 모든 것이 그리스도의 십자가가 가져온 열매다(롬 8:19ff.). 모든 피조물이, 심지어 천사들까지도,[25] 만물의 영화로운 구속에 포함된다(엡 1:10; 골 1:20). 온 창조세계가 어느 날 하나님 앞에서 온전하게—흠이나 주름진 것 없이—서는 것은 만주의 주, 만왕의 왕이신 그리스도의 사역 때문이다(히 12:22-28).

[408] 그리스도가 성부에 의해 맡겨진 위대한 사명을 이루시기 위해서, 또한 잃어버리고 타락한 창조세계를 더없는 충만함으로 이끄시기 위해서는 그에게 낮아지심뿐만 아니라 높아지심도 필요하다는 것은 자명한 사실이다. 우리는 거룩하셨고 경건하셨고 선하셨던, 그리고 놀라운 모범으로 역사에 영향을 끼치셨던 역사적 예수만으로는 만족할 수 없다. 승귀

---

25) 물론 천사들은 구원자와 화목하게 하는 자로서 그리스도를 필요로 하지 않는다. 오직 인간들만이 하나님의 형상을 따라 지어졌다. 그럼에도 악인들과 더불어 마귀가 지옥에 던져지는 것과 마찬가지로 천사들의 영역을 포함한 피조물의 전 영역이 회복되는 것을 바울이 가르친다고 보는 것이 엡 1:10과 골 1:20이 말하는 "타 판타"($\tau\alpha$ $\pi\alpha\nu\tau\alpha$)에 대한 바른 이해일 것이다. 죄는 모든 것을 어그러뜨렸다. 그리스도가 이루신 대속의 죽음은 만물을 회복시킨다. 전체 피조물(특정한 피조물이 아닌)이 새롭게 될 것이다(롬 8장; 계 21-22장).

를 통해 그리스도는 중보자로서 자신의 사역을 계속하신다. 달리 말해, 그리스도의 삼중직은 승귀의 상태에서도 계속된다. 그는 과거에도 지금도 우리의 대예언자, 우리의 유일한 대제사장, 우리의 영원한 왕이시다. 그는 어제나 오늘이나 영원토록 동일하시다.

물론 그리스도의 비하와 승귀 사이에는 중요한 차이가 있다. 종이었던 그가 이제 주와 통치자시다. 그의 사역은 이제 더 이상 순종의 희생제사가 아니라 왕적 통치의 수행으로서, 자기에게 속한 모든 자들을 불러 모으고 모든 원수를 발아래 두실 때까지 계속된다. 그가 하늘로 올라가신 것은 그곳에 자기에게 속한 자들을 위한 거처를 마련하시려는 것이고, 또한 여기 이 땅에서 자신의 완전한 순종으로 얻으신 충만함으로 그들을 채우시려는 것이다. 그리스도가 성부의 우편으로 높여지신 것은 교회를 완전하게 하시려는 것이다. 중보자의 사역은 위대하고 능력 있는 신적 사역으로서, 영원에서 시작해서 영원에 이를 때 비로소 완성된다. 하지만 이 사역은 부활의 순간에 두 부분, 즉 고난과 영광으로 나뉘었다. 그때 그것은 이 땅의 가장 낮은 곳까지 내려오심이었고, 이제 그것은 높은 곳으로 올라가심이다. 하지만 이 둘은 구원 사역을 위해서 동등하게 필요한 것들이다. 두 상태 모두에서 그는 같은 그리스도, 같은 중보자, 같은 예언자, 제사장, 왕이시다.

[409] 예언자로서 그리스도는 제자들을 40일 동안 가르치시고, 오순절에 성령을 보내심으로 자기 안에 감추어져 있는 지혜와 지식의 모든 보화를 세상에 알리신다. 사도들(요 20:22)과 모든 신자(행 2장)에게 주어진 약속된 성령(요 14:26; 16:13)은 사람들을 믿음으로, 또한 그리스도 및 성부와 함께 갖는 교제로 이끄심으로써(요 17:20; 요일 1:3) 복음의 진리를 알리시며 확증하신다(막 16:17; 행 5:15; 8:6-7, 13; 롬 15:18 등). 그는 목사와 교사라는 질서 있는 직분을 통해(롬 12:7; 고전 12:28; 엡 4:11; 딤전 5:17) 자기 교회를 주와 구주를 아는 은혜와 지식 안에서 세우시고, 성령의 역사하심으로 자기 영광의 복음의 광채를 그 위에 비추신다(고후 4:4, 6). 그리스도 자신이 자기

의 말씀과 성령으로 교회를 가르치셔서, 하나님의 가르침을 받은 그들이 예언자가 되어 하나님의 기이한 일들을 선포하게 하신다(민 11:29; 렘 31:33-34; 마 11:25-27; 요 6:45; 히 8:10; 요일 2:20). 그리스도는 이들 모두가 하나님의 아들을 믿는 것과 아는 일에 하나가 되도록 계속해서 교훈하신다(엡 4:13; 3:18-19). 이 모든 사역과 일은 존귀하게 되신 그리스도로부터 나오는데, 그는 교회의 한 주님이시고(고전 8:6) 그 안에 지혜와 지식의 모든 보화가 감추어져 있다(골 2:3; 고전 1:30). 진리이신 그리스도는 아버지를 알게 하셨고, 아버지께 우리를 이끄시고, 하나님을 아는 지식 안에서 영생을 주신다(요 1:17-18; 14:6; 17:3). 그리스도를 따르는 자들에게 다른 선생은 존재하지 않으며, 필요하지도 않다(마 23:8, 10).

히브리서가 지적하는 것처럼, 같은 방식으로 그리스도는 대제사장으로서 우리를 위한 중보기도를 쉬지 않으신다. 이 대제사장적 직분을 행하시기 위해 그리스도는 "하나님의 영광의 광채시요 그 본체의 형상"으로서 만물을 지으시고, 붙드시고, 기업으로 받으시는 아들이셔야만 했다(히 1:1-3; 4:14; 5:5; 9:14). 그도 마찬가지로 고난과 시험을 통해 순종을 배우시고 "온전하게" 되셔서, 하늘에서의 대제사장적 사역을 위해 예비되셔야 했다(2:10-11.; 4:15; 5:7-10; 7:28). 그는 자기의 온전한 희생으로 우리 죄를 깨끗하게 하셨고(1:3; 7:27; 9:12 등) 또한 대제사장으로서 성소에 들어가셨는데, 이는 구약성경에서 지성소로 예표된 것이었다(6:20; 9:12, 24). 그가 그렇게—양이나 소의 피가 아닌 자신의 보혈의 능력으로(9:12-14), 자기 몸의 장막(9:11)과 육신의 휘장(10:20)을 통해서—하신 것은 자신이 우리를 위해 하나님 앞에 나타나시고, 또한 자기를 힘입어 하나님께 나아가는 자들을 위해 기도하시기 위해서였다(7:25; 9:24). 그의 유일무이하고 온전한 희생(7:27; 9:12, 26, 28; 10:10, 12, 14; 13:12)은 새 언약을 세웠으며(8:8-9; 9:15-16), 죄용서(8:12; 10:18)와 하나님께 온전하고 자유롭게 나아감을 얻게 했다(4:16; 10:19). 이것은 단번에 이루어진 것으로, 반복될 필요도 없고 또 그렇게 될 수도 없다(9:12, 26-28). 이제 우리에게 있는 대제사장은 높은 곳에 계신 지극히 크신 이의 보좌 우편에 앉아 계신 분으로서(1:3; 3:1; 4:14; 6:20; 8:1), 하나님의 우편에 앉을 권리를 얻으신 온전한 대제사장이시다. 멜기세덱과 같이, 그는 의의 왕이신 동시에 평강의 왕이시고, 장차 도래할 하늘의 좋은 것을 획득하셨고 소유하시며 나누어주시는, 영원하시고 신령하신 하늘의 왕이시다. 그는 우리의 유익을 위해 하늘에서 하나님의 존전에 나타나시고, 우리를 위해 간구하시고, 우리를 온전히 구원하실 수 있는 분이신 것이다(7:25; 9:24). 바울보다 더 생동감 있게(예를 들어 빌 2:6-11), 히브리서는 그리스도의 비하 상태를 승귀하신 그리스도의 관점에서 조망하면서 전자를 후자를 위한 준비와 훈련으로 여긴다. 자기에게 속한 자들을 위해 자신을 바치신 그리스도는 이제 "항상 살아 계셔서 그들을 위하여 간구"하시는 제사장적 역할을 이어가신다(7:25). 그렇게 그리스도가 영원한 제사장-왕이시기 때문에, 이 땅의 교회는 더 이상 제사장을 필요로 하지 않는다. 모든 신자가 제사장이다(롬 12:1; 벧전 2:5; 계 1:6). 이처럼 그리스도는 우리의 유일한 제사장으로서 멜기세덱의 반차를 따라 항상 계시면서 우리의 죄를 끊임없이 자신의 희생으로 덮으시고, 성부와 함께 계시는 우리의 보혜사로 행하시면서 사탄과 세상과 우리 마음이 제기하는 모든 고소에 대항해서 우리를 위해 변호하신다. 또한 그리스도는 우리의 기도와 감사를 성부가 기뻐하게 만드시고, 지속적으로 우리를 확신시키셔서 은혜의 보좌 앞으로 담력을 가지고 자유롭게 나아가게 하시고, 우리에게 자신의 충만함에서 비롯된 은혜의 모든 복을 주신다(눅 22:32; 요 14:16; 17:9-10; 롬 1:7; 8:32-33; 고전 1:3; 고후 1:2; 엡 1:3; 딤전 4:8; 히 7:25; 9:24; 요일 2:2).

이런 식으로 그리스도는 자신의 말씀과 영으로 우리를 다스리시고 우리를 구비시켜 죄와 사탄을 이기게 하실 뿐만 아니라, 지금 그리고 앞으로도 우리의 영원한 왕으로 계신다. 그리스도가 왕으로 활동하기 시작하신 것은 그가 승귀하심으로써 "주"라는 이름을 받으시고, 하나님의 아들로 지명되시고(롬 1:4), 하늘과 땅의 모든 권세를 받으셨을 때다(마 28:18-20). 무엇보다도 그리스도는 왕으로서 은혜의 왕국에 속한 자기 백성을 다스리신다(시 2:6; 사 9:6; 11:1-5; 눅 1:33; 19:21-23; 23:42-43; 요 18:33; 19:19 등). 그
는 자신의 교회를 모으시고 보호하시고 다스리심으로써 그의 왕권을 드
러내시는데, 이를 통해 그의 교회를 영원한 복됨으로 인도하신다(마 16:18;
28:20; 요 10:28). 그리스도의 왕권은 이 땅의 왕들이 가진 것과 전혀 다른 특
징을 가지고 있기 때문에 신약성경에서 그리스도는 자주 교회의 머리라
고 불리며(고전 11:3; 엡 1:22; 4:15; 5:23; 골 1:18; 2:19), 그가 자신의 교회를 모으
시고, 보호하시고, 영원한 구원으로 이끄신다고 묘사한다. 그리스도는 중
보자로서 모든 피조물에 대해 권세를 가지신다(시 2:8; 72:8; 110:1-3; 마 28:18;
고전 15:24, 27; 엡 1:22; 빌 2:9-11; 벧전 3:22; 계 1:5; 17:14). 아직 무릎을 꿇지 않은
자들도 결국 그리하게 될 것이다(빌 2:10). 여기서는 사탄과 악의 영역이 그
리스도의 권세 아래에 있음을 강조하는 것이 중요하다. 그리스도는 마귀
의 일을 멸하기 위해 이 땅에 오셨고(요일 3:8), 평생 동안 마귀와 싸우셨다
(눅 4:13). 그는 특히 십자가를 통해 통치자들과 권세들을 이기셨고(골 2:15),
사탄에게서 죄와 죽음과 세상이라는 무기를 빼앗으셨고(요 16:33; 요일 4:4;
고전 15:55-56; 히 2:14), 자기의 왕권이 미치는 영토에서 그를 쫓아내셨다(요
12:31). 바울은 그리스도가 특히 승귀를 통해 악한 영들을 이기셨음을 에베
소서 4:8에서 주목한다. "그가 위로 올라가실 때에 사로잡혔던 자들을 사
로잡으시고." 달리 말해, 그리스도는 자신을 대적하고 반역하는 모든 적대
적인 세력들을 이기시고 전쟁 포로처럼 사로잡으셨다(참조. 골 2:15).[26]

우리가 난해 구절인 베드로전서 3:19-22에서 발견하는 것이 그와 같
은 생각일 것이다. 확실히 이 본문은 잃어버린 자들에게 복음을 선포하기
위해 지옥에 내려가신 것을 말하지 않는다. "그가"(ἐν ᾧ, 그 안에)라는 구절
은 살리심을 받은 그리스도를 가리키는 것이 분명하다. "가서"(πορευθεις; 참

---

26) 그리스도의 대적들에 대한 승리와 그의 승천 사이의 관계를 계속해서 주목하고 표현
하는 것도 이 때문이다. 일례로 「웨스트민스터 대요리문답」 53문은 그리스도가 "원수를
이기시고 제자들이 보는 가운데 지극히 높은 하늘로 올리우셨다"고 한다.

조. 22절)라는 표현은 그리스도가 노아의 당대 사람들에게 영(Spirit)으로 설교하신 것이 아님을 시사하는데, 이 단어는 베드로가 이 구절에서 의도한 바를 다르게 해석할 여지를 남겨두지 않는다. 이 단락은 전혀 다른 것을 말하고 있다. 베드로는 지금 신자들에게 선을 행하는 가운데 고난을 견디고, 그런 점에서 그리스도의 모범을 따르라고 권고하고 있다. 고난당하시고 죽으신 그리스도가 영으로 부활하셔서 하늘로 가신 것이고(지옥이 아니다; 참조. 22절), 모든 고난과 죽음에 대해 생명의 영이 승리하셨다는 것이 바로 옥에 있는 영들에게 주는 메시지(κηρυγμα)다. 노아와 그의 당대 사람들에 대한 언급이 적절하게 상기시키는 것이 있는데, 바로 노아와 그의 가족은 구원을 받은 반면에 하나님의 백성을 대적하는 불경건한 원수들은 심판을 당했다는 사실이다. 마찬가지로, 그리스도의 부활의 결과로 세례의 물은 불경건한 자들에게는 멸망인 반면 신자들에게는 구원이다. 죽은 자 가운데서 다시 사셨고 세례를 제정하셨고 그에 대한 권세를 주시는 그리스도는, 승천으로 모든 천사들과 능력들과 권세들을 굴복시키신 후에 지금은 하나님의 우편에 앉아계시기 때문이다. 그리스도는 선을 행하심으로써 악을 이기셨다. 이제 신자들이 그리스도의 발자취를 따르게 하자! 그리고 그리스도는 모든 타락한 영들에 대해 권세를 가지신 것처럼, 중보자로서 그의 모든 원수에 대해서도 (그의 권능의 나라에서) 권세를 가지신다. 그리스도는 모든 원수를 발아래 두실 때까지 결코 쉬지 않으실 것이다.

그리스도의 중보자적 직분은 종말에, 다시 말해 그가 "바실레이아"(βασιλεια), 왕권, 왕적 직분을 성부께 돌려드릴 때 종결될 것이다. 어떤 이들(예를 들어 Marcellus of Ancyra)은 이것을 그리스도의 나라와, 그의 인성과 로고스의 연합이 종결되는 것으로 이해했다.[27] 「니케아-콘스탄티노플 신조」(Niceno-Constantinopolitan Creed)는 그리스도가 살아 있는 자와 죽은

---

27) Joseph Schwane, *Dogmengeschichte*, 2nd ed., 4 vols. (Freiburg i.B.: Herder, 1882-95), II, 136, 148.

자를 심판하러 다시 오신다는 신앙고백에 "그의 나라는 끝이 없을 것이다"라는 말을 덧붙였다.[28] 개혁파 내에서도 이 문제에 대해 이견이 있었다. 이 차이들은 화해의 중보자직(mediatorship of reconciliation)이 종결된다고 말함으로써 쉽게 해결될 수 있고, 그리스도의 예언자적·제사장적·왕적 직분에 대해서도 같은 말을 할 수 있다. 하나님이 왕이 되실 것이고, [이를 통해] 만유의 주로서 만유 안에 거하실 것이다. 그러나 연합의 중보자직(mediatorship of union)은 계속 남아 있다. 그리스도는 계속 예언자, 제사장, 왕으로 계시는데, 왜냐하면 이 삼중직이 그의 인성과 함께 자동적으로 주어졌고, 하나님의 형상에 포함되었고, 하나님의 형상 그 자체이신 그리스도 안에서 최고로 그리고 가장 장엄하게 실현되었기 때문이다. 그리스도는 현재에나 장래에나 교회의 머리시고, 그에게서 모든 생명과 복됨이 영원토록 교회로 흐른다.[29] 이것을 부인하는 자들은 또한 성자가 미래의 어느 때에 그의 인성을 벗어버리고 파괴할 것이라는 교리에 도달할 수밖에 없다. 그리고 이에 대한 성경적 근거는 전혀 없다.

---

28) A. Hahn, *Bibliothek der Symbole und Glaubensregeln der alten Kirche*, 3rd ed. (Breslau: E. Morgenstern,1897), 146-66.

29) A. Kuyper, *Principles of Sacred Theology*, trans. J. Hendrik De Vries (Grand Rapids: Eerdmans, 1954 [1898]), 372; idem, *De vleeschwording des Woords* (Amsterdam: Wormser, 1887), 31, 195.

제5부

성령과
그리스도 안에서의
구원

17장
______

구원의 서정

구원의 방식

[410] 그리스도께 속한 자들에게 성령을 통해 그리스도의 사역을 적용하는 것을 우리는 신론적으로, 즉 하나님의 관점에서 조명해야 한다. 모든 종교가 구원의 길을 찾는다. 모든 인간은 행복을 갈망하는데, 그 이유는 인간의 마음은 하나님을 향하도록 만들어졌고 하나님을 찾기 전까지는 안식이 없기 때문이다(Augustine). 하지만 우리는 우리 자신의 이성의 어두움과 마음의 악함 때문에 하나님을 마땅한 방식으로 찾지 못하고, 정당한 장소에서 찾지 못한다. 이방 종교에는 하나님의 거룩이라는 개념이 없다. 그들은 죄를 바르게 이해하지도 못하고, 은혜에 대해서도 전혀 모른다. 그들은 그리스도를 알지 못하기 때문에 행위에 의지하여 구원을 추구한다.[1] "너 자신에

______

1) Max Müller가 성경이 가진 웅대하고 고결한 성격에 대해 "영국과 해외성서협회"(British and Foreign Bible Society)에서 행한 연설 중에서 탁월한 다음의 말을 인용한다: "옥스퍼드 대학교에서 산스크리트(Sanskrit)어 교수로서 일한 지난 40여년 동안 나는 세상의 여타 인간들을 연구하는 데 시간을 보낸 것 이상으로 동양의 경전들을 연구하면서 많은 시간을 보냈다. 그 결과 나는 감히 이런 경전들—브라만의 베다(Veda), 시바와 비시누의 푸라나(Purana), 이슬람교도들의 코란(Qur'an), 파르시스의 센다베스타(Sendavesta) 등—을 공통적으로 관통하고 있는 한 가지 기본적인 흐름이 있는 것을 발견하게 되었는데 그것

게 빛이 되어라!" 석가모니가 그의 제자들에게 말했다. "너 자신의 피난처가 되어라. 다른 무엇으로 피하지 마라. 진리를 등불과 같이 붙들라. 너 자신이 아닌 다른 누구에게 피하려고 하지 마라."[2] 이슬람교는 지옥의 심판에서의 해방에서 구속을 찾는데, 이것은 하나님이 한 분이심을 믿고 무함마드를 하나님의 예언자로 믿으며, 그에 더해 종교의 의무들(기도, 구제, 금식, 순례)을 행하면 자동으로 받는 것이다. 여기서도 구속은 하나님의 선물이 아니라 인간이 자기 행위로 얻는 것이다.[3] 기독교의 독특한 점은 예수 그리스도의 실재와 그가 온전히 하나님의 주도로 가져오시는 구속이다. 반면에 다른 모든 종교는 인간의 행위를 통해 구속을 추구한다. 모든 이교는 그리스도의 인격을 알지 못하기 때문에, 인간이 당면한 문제를 깨닫게 될 때 율법의 요구를 충족시킬 것을 요구한다. 수행해야 할 일들이 마술적이거나 제의적인 행위든지 또는 철저하게 도덕적인 행위든지 상관없이, 기독교 신앙이 아닌 모든 종교와 철학들은 자력구원적(autosoteric)이다.

성경적 관점은 전혀 다르다. 구원은 순전히 은혜의 선물이다. 하나님은 여인의 후손이 뱀과 원수가 되게 하시고(창 3:15), 자기 백성을 택하시고(창 12:1; 출 15:13, 16; 19:4; 20:2; 신 7:6-7), 그들과 언약을 맺으시고 율법을 주신다(창 15:1; 17:2; 출 2:24-25; 신 4:5-13). 또한 이 언약은 사랑과 순종이라

은 바로 인간의 행위를 통한 구원이다. 이런 경전들은 한결같이 구원은 값을 치르고 사야 되는 것이고 우리 자신의 행위와 공로를 값으로 치러야 한다고 가르친다. 하지만 우리가 가진, 동양으로부터 온 거룩한 책인 성경에서는 처음부터 끝까지 이런 가르침을 거부한다. 물론 이 거룩한 책도 진실하고 선한 일들을 항상 요구한다.…하지만 여기서 말하는 선한 일들은 하나같이 감사하는 마음에서 우러나는 것들이다. 감사의 제물이요 믿음의 열매인 것이다. 하지만 이런 선행이 그리스도의 참된 제자들을 위한 속전은 결코 아니다. (이런 [다른] 책들이 말하는 선하고 고상한 일을 간과해서는 안 되지만 참된 위로를 주는 것은 단 하나뿐이다.) 참으로 진실되고 온전히 받을 만하고 모든 인간, 모든 남녀와 어린아이들과 관련된 메시지는 그리스도 예수가 죄인들을 구하러 이 세상에 오셨다는 것이다."

2) Oldenberg, cited in H. Bouwman, *Boeddhisme en Christendom* (Kampen: Bos, 1906), 62.

3) W. Knieschke, *Die Erlosungslehre des Qoran* (Berlin: Runge, 1910), 34ff.

는 상호 의무를 요구한다(창 17:1; 출 20; 신 10:15-16 등). 비록 율법의 준수가 이 언약의 선행조건은 아니었지만 말이다. 하나님의 선택하시는 사랑만이 유일한 조건이다. 구약성경은—"불경건한"(ungodly) 사람들과 대조해서—"의로운"(righteous) 사람들에 대해 말하는데(시 7:8; 17:1ff.; 18:21; 26:1ff.; 35:24; 41:12; 44:18, 21; 71:2; 119:121; 왕하 20:3; 욥 16:17; 느 5:19; 13:14 등), 이들은 자기들의 의로움을 근거로 종종 하나님께 구원을 호소한다. 하지만 이 경건한 사람들의 의로움은 개인적 자질이 아니라 그들이 표방하는 특징적 요소다. 그들이 그런 권리를 갖는 것은 자신을 하나님께 맡기는 자들이기 때문이다. 그들은 하나님을 믿고(האמין, 창 15:6; 출 14:31; 대하 20:20; 사 28:16; 합 2:4), 하나님을 신뢰하고(בטח, 시 4:5; 9:10), 하나님께 피하고(חסה, 시 7:1; 18:2), 하나님을 경외하고(ירא, 시 22:23; 25:12), 하나님을 바라고(הוחיל, יחל, 시 31:25; 33:18), 하나님께 무언가를 기대하고(קוּה, 시 25:21), 하나님을 기다리고(חכָּה, 시 33:20), 하나님을 의지하고(סמוך, 시 112:8; נכון, 시 57:7), 하나님께 신실하게 남아 있다(דבק, חשק, 시 91:14; 왕하 18:6 등). 이 믿음이 의로 여겨지는데(창 15:6), 이는 다른 곳에서 하나님의 계명을 지키는 것이 의로움이라고 불리는 것과 마찬가지다(신 6:25; 24:13).

이러한 주관적 의는 근본적으로 하나님을 의지함에서 오는데, 그것이 하나님의 은혜의 열매인 동시에 성령의 사역이라는 것이 바로 구약성경에서 의로움의 본질이다. 예언자들은 하나님이 자기 백성과의 언약을 파기하시거나 그들을 저버리시는 일이 결코 없을 것이라고 선포했다(민 14:16; 신 32:26-27; 삼상 12:22; 욜 2:17-19; 사 43:21, 25; 48:8-11; 렘 14:7, 20-21; 겔 20:43-44; 36:32). 이 영원한 언약이 실패할 수 없는 것은 하나님의 은혜에 닻을 내리고 있기 때문이다(왕하 13:23; 대상 16:17; 시 89:1-5; 105:10; 106:45; 111:5; 사 54:10). 더구나 하나님은 새 언약을 세우실 것이며, 자신의 말씀과 성령이 그들에게서 떠나지 않게 하시고, 오히려 자기 이름을 인하여 그들의 죄를 용서하시고, 모두에게 성령을 부어주시고, 부드러운 마음을 주시고, 그들의 존재 가장 깊은 곳에 하나님의 율법을 새겨주시고, 그의 법도를 행하게 하실 것이다(신 30:6; 사 44:3; 59:21; 렘 24:7; 32:31ff.; 겔 11:19; 16:60; 18:31; 36:26; 39:29; 욜 2:28; 미 7:19 등). 이러한 하나님의 언약을 신뢰하는 것이 바로 구약성경에서 사람을 의롭게 하는 것의 핵심이다. 경건한 이스라엘 사람들은 하나님의 율법을 묵상했는데, 그들은 의로움을 자신의 행위가 아니라 하나님의 은혜에서 발견했고, 죄 용서를 구했고, 소망의 이유를 하나님께 두었다. 이스라엘도 그들의 언약의 하나님이 영원히 신실하심을 의지하는 가운데 믿음으로 살았던 것이다.

[411-412] 하지만 유대교는 포로기 이후 점점 더 율법주의로 흘러갔고, 율법의 요구를 철저하게 지킴으로써 오실 메시아를 위해 자신을 준비시켰다. 이스라엘은 압제와 핍박 속에서 하나님을 멀리 떨어져 계신 분으로 경험했고, 수세기 동안 자신을 계시하셨던 참되고 살아 계신 하나님보다는 하나님의 율법으로 돌아섰다. 메시아에 대한 기대는 이스라엘에서 계속 사그라지지 않았으며 종종 압제의 때에 극단적인 힘으로 일깨워졌지만, 여기에는 죄의 속량과 새 언약이 세워질 것에 대한 기대는 포함되어 있지 않았고, 다만 이스라엘에 정의가 이루어지고, 모든 압제에서 구원받고, 세상 모든 민족에 대한 이스라엘의 통치가 회복될 것에 대한 소망이 남아 있을 뿐이었다. 이에 따라 이스라엘은 철저하게 율법을 준수함으로써 다윗 가문의 왕이 도래할 것을 준비해야 했다. 그 결과는 바리새적 자긍심(마 19:20; 눅 18:11)과 죄인의 절망이라는 상반된 모습이었다. 율법은 죽음에 대한 두려움으로 사람들을 옭아매었는데(히 2:15), 그것은 감당할 수 없는 멍에였다(행 15:10). 이 멍에 아래 있는 자들은 구원에 대한 확신도, 하나님으로 인한 기쁨이나 하나님과의 교제 안에 있는 위로와 평화도 경험할 수 없었다. 에스라4서의 표현을 빌면, "율법을 받은 우리조차 우리 자신의 죄 때문에 멸망할 수밖에 없다."[4]

이런 상황에서 예수는 하나님의 통치에 대한 좋은 소식을 선포하셨다.

---

4) 편집자 주―제2에스드라서 9:36에 나오는 말이다.

은혜의 선물인 죄 용서가 바로 그것이다. 이 나라는 모든 심령이 가난한 자를 위한 것이었지, 율법을 지키는 유대인들만을 위한 것이 아니었다. 그 것은 하늘에 감추어진 보물이고 의로운 자에게 상급으로 주어지는 것이 지만(마 6:20, 33; 13:43-46; 19:21; 25:46; 막 9:43-47; 10:28-29), 또한 당시에 유대 인들이 꿈꾸었던 것과는 전혀 다른 나라였다. 본질상 정치적이 아니라 영 적이었으며(마 4:1-10), 마음의 청결함과 온유함과 긍휼과 겸손 등으로 특 징지어지고(마 5:3ff.; 18:4; 20:26-27), 보편적인 것으로서 유대인들만을 위한 것이 아니었다(마 8:11; 21:43). 또한 이 나라는 미래에만 존재하는 것이 아 니라 현재도 존재하며(마 11:12; 12:28; 눅 17:21), 씨앗과 누룩처럼 자라고 확 장되며(마 13:24ff.), 어린아이와 같이 받아들이는 믿음으로 들어가는 나라 다(막 10:15). 이 나라는 종말론적 의미에서 상급이지만, 일한 것에 따른 상 급이라고 하기에는 너무도 풍성해서 상급에 대한 모든 개념이 사실상 무 색해진다(마 19:29; 20:13-15; 25:21; 막 10:30; 특히 눅 17:10). 이 나라에 들어가기 위해 요구되는 의로움은 그 자체가 하나님의 선물로서(마 6:33) 죄 용서(마 26:28; 눅 1:77; 24:47 등), 영생(막 10:30; 눅 18:30)과 함께 주어진다. 이것은 의로 운 사람에게가 아니라 세리들과 죄인들(마 9:13), 잃어버린 자(마 18:11), 가 난한 자(마 5), 어린아이들(마 18:3; 막 10:15)에게 주어진다. 자기 자신의 의로 움은 소용없다. "회개"(μετανοια)와 "믿음"(πιστις), 잃어버린 자들에게 주시는 하나님의 선물인 그 나라의 복음을 받아들이고 신뢰하는 것이 필요하다.

구원의 적용은 구원을 얻는 것과 구분되지만 분리할 수는 없다. 사도 들의 설교는 성령의 권능을 입은 중보자이신 그리스도가 성취하신 사역 에 초점을 맞추었다. 그리스도는 승귀의 상태에서 살려주는 영이 되셔서 자신의 제자들을 목회 사역을 위해 구비시키시고, 또 세상이 죄와 심판에 대해 깨닫도록 하신다. 그는 같은 영으로 마리아에게 잉태되셨고(눅 1:35), 세례 시에 기름 부음을 받으셨고(마 3:11), 광야로 이끌리셨고(마 4:1), 복음 을 선포하셨고(눅 4:18ff.), 병든 자들을 고치셨고 더러운 귀신들을 쫓아내셨 다(마 12:28). 그리스도는 항상 성령으로 충만하셔서(눅 4:1) 그 능력으로 모든 사역을 이루셨고(행 10:38), 죽기까지 자신을 드리셨고(히 9:14), 죽은 자들 가운데서 부활하셔서 하나님의 능력 있는 아들로 선포되셨다(롬 1:3-4). 그리스도의 승귀 상태에서 성령은 그리스도의 소유가 되셔서 그리스도 자신이 영으로 불리시기까지 하신다(고후 3:17). 그리스도는 그 승귀 상태에서 모든 천사, 통치자들과 권세들을 자기 앞에 복종하게 하셨고(엡 4:8-10; 벧전 3:22), 자기를 따르는 자들에게 성령과 그의 은사를 주시는 살려주는 영이 되셨다(고전 15:45).

오순절 전에 존재하셨으며 위대한 일들을 이루셨던 성령은 이제 그리스도의 승천 후에 그의 성전인 교회 안에 거하기 시작하셨다. 구약성경의 예언자들이 약속했던 성령의 부으심은 창조와 성육신에 이어서 세 번째로 나타난 하나님의 위대한 사역이다(사 44:3; 겔 39:29; 욜 2:28ff.). 예수 자신의 가르침에는 성령과 관련된 두 가지 종류의 활동이 있다. 예수의 제자들과 관련하여(요 14:7), 성령은 그들을 위로하시고, 진리로 이끄시고, 영원히 그들에게 머무실 것이다(요 14:16; 15:26; 16:7). 교회와 관련하여, 성령은 죄에 대하여, 의에 대하여, 심판에 대하여 세상을 책망하셔서, 세상이 이 세 가지 모두에서 잘못되어 있음을 깨닫게 하신다(요 16:8-11). 그리스도는 오순절에 교회를 자신의 성전으로 만드셨다. 그가 끊임없이 거룩하게 하시고, 세우시고, 다시는 떠나지 않으실 성전으로 말이다. 이러한 성령의 내주하심은 인종적 이스라엘의 좁은 경계를 넘어서는 독립적 실존을 그리스도의 교회에 부여한다. 성령은 이제 그리스도의 몸을—성령이 예수의 공생애 기간에 그에게 하셨던 것처럼—거룩하고 온전하게 하셔야 한다. 이 일은 그리스도의 몸이 온전히 성숙함을 이루고, 만물 안에서 만물을 충만하게 하시는 이의 충만함(*pleroma*)에 이르기까지 계속된다(엡 1:23).

사도들 위에 임했던 성령의 부으심은 오순절의 방언의 이적을 포함하는 특별한 권능과 사역을 동반했다(행 2:4). 오순절에 있었던 현상은 의심할 여지 없이 방언(*glossolalia*)과 관련되었지만(행 10:47; 참조. 11:17; 15:8; 여기서 베드로는 다른 사람들이 성령을 받았다고 말하는데, 그게 아니었다면 그는 고넬료와 그의 온 집안이 "우리와 같이" 성령을 받았다고 하지 않았을 것이다), 여기에도 차이는 있었다. 사도행전 2:4은 "듣는 기적"(hearing miracle)을 묘사하지 않는다. 사람들은 사도들이 말하는 것을 각자의 출생지의 방언으로 들었으며, 그것은 영적 통역의 은사를 필요로 하는, 이해할 수 없는 언어가 아니었다(행 2:6, 8). 어떤 이들은 예루살렘에서 여러 언어로 말한 것이 방언과 예언의 결합이었으며, 하나님의 권능의 역사가 [그곳에 있던] 여러 민족의 모국어로 이해할 수 있게 선포된 것이었다고 말할 것이다. 나중에 등장하는 다른 방언의 은사는 이런 오순절의 이적보다 약하고 축소된 것이었다(행 10:46-47; 11:17; 15:8; 19:6). 말과 관련된 이러한 이적의 목적은 제자들이 외국어를 항구적으로 구사할 수 있게 구비시키려는 것이 아니라, 다만 이제 막 일어난 구원 역사의 위대한 사실을 특별한 방식으로 강력하게 각인시키기 위한 것이었다. 창조 때 새벽별들이 노래했고, 하나님의 모든 자녀는 기쁨으로 소리쳤다. 그리스도의 탄생 때 수많은 천군이 하나님의 기쁘신 뜻에 대해 환희의 노래를 불렀다. 교회가 태어난 날에는 교회 자신이 많은 언어로 하나님의 위대한 일들을 칭송한다.[5]

[413-416] 성령의 여러 특별한 역사들은 사도들이 활동하는 동안 계속되었는데, 그 이유는 이 시기에 예수가 주님이시라는 고백을 세상이

---

5) W. van Hengel, *De Gave van Talen: Pinksterstudie* (Leiden: D. Noothoven van Goor, 1864); commentary of H. Meyer et al. on Acts 2 and 1 Cor. 14 in *Critical and Exegetical Hand-Book to the New Testament*, 9 vols. (New York: Funk & Wagnalls, 1884); H. Cremer, "Geistesgaben," *PRE*[3], VI, 460-63. 최근 몇 년 동안 웨일즈, 로스엔젤레스, 크리스티아니아, 함부르크, 카셀 등지의 부흥에 동반한 현상들로 인해 방언이 새롭게 주목을 받았다. Sir Robert Anderson, *Spirit Manifestations and the Gift of Tongues* (London: Evangelical Alliance, 1900); D. Walker, *The Gift of Tongues and Other Essays* (Edinburgh: T&T Clark, 1906). Walker는 방언을 외국어로 말하는 것으로 보고 몬타누스주의자들(Montanists)과 칼뱅파 신교도(Camisards; 카미자르파), 어빙파(Irvingites)들 사이에서 일어나는 몇 가지 현상들을 가리킨다. 후자와 관련해서는 다음을 보라. F. Hencke, "The Gift of Tongues and Related Phenomena at the Present Day," *American Journal of Theology* 13 (1909): 193-206.

받아들이고 지켜나가도록 하는 데 필요했기 때문이다. 예를 들어 성경
은 제자들이 성령에 의해 말씀을 전하는 "담대함"(행 4:8, 31), 충만한 믿음
(6:5; 11:24), 위로와 기쁨(9:31; 13:52), 지혜(6:3, 10), 방언(10:46; 15:8; 19:6), 예언
(11:28; 20:23; 21:11), 나타남과 계시(7:55; 8:39; 10:19; 13:2; 15:28; 16:6; 20:22), 기
적적인 병고침의 능력(3:6; 5:12, 15-16; 8:7, 13)을 받았다고 전한다. 예수 자
신의 사역이 그랬던 것처럼, 교회에서 권능 있게 드러난 이런 특별한 위
업들도 두려움과 놀라움을 불러일으켰다(2:7, 37, 43; 3:10; 4:13; 5:5, 11, 13, 24).
이런 위업들은 원수들의 마음에 증오와 핍박을 불러일으켰을 뿐만 아니
라, 복음의 씨앗을 받아들일 토양도 준비시켰다. 고린도전서 12:8-10과
로마서 12:6-8에 열거된 은사들은 바울에 따르면 동일한 한 분 성령을 통
해 주어졌고, 그가 뜻하시는 대로 각 개인에게 분배되었는데(고전 12:11),
이는 구약성경에 주어졌던 약속의 성취이기도 하다(갈 3:14). 이 은사들은
위대한 추수를 보증하는 첫 열매고, 미래에 주어질 천상의 기업의 전조 역
할을 했다(롬 8:23; 고후 1:22; 5:5; 엡 1:14; 4:30). 이러한 은사들과 그 사용은 반
드시 예수가 주님이라는 신앙고백에 기반을 두어야 하고(고전 12:3), 이웃
과 지체들의 유익을 위해 진실하게 그리고 기꺼이 사용되어야 한다(고전
12:12-30). 중요한 것은 이러한 은사들이 과연 교회의 덕을 세우는 데 사용
되는가 하는 점이다(고전 12:7; 14:12). 사랑은 가장 탁월한 은사다. 사랑이
없이는 다른 모든 은사가 무가치하다(고전 12:31-13:13). 따라서 사도는 무게
중심을 성령의 한시적이고 찰나적인 현현으로부터 성령이 지속적으로 교
회 안에서 드러내시는 영적이고 도덕적인 일상적 행위들로 옮겨간다. 성
령의 임재를 증거하는 위대한 표지는 사도들의 가르침과 교제를 이어가
며 떡을 떼고 기도했던 독립적인 거룩한 공동체가 창조되었다는 사실이
다(행 2:42). 누가가 사도행전에서 증언하듯이 이들은 한 마음과 한 뜻이었
고, 어느 누구도 자신의 소유를 주장하지 않으면서 모든 것을 함께 나누
었다(행 4:32). 이 영으로 그들은 말씀을 선포할 자유와 담력을 얻었고, 믿
음이 강해지고 위로를 얻고 압제 중에도 기쁨을 누렸다(행 4:8, 31; 6:5; 9:31;

11:24; 13:52 등). 성령은 신자들의 마음에 죄 용서의 복음 선포를 확증하시고(요 15:26-27; 행 5:32; 고전 2:4; 고후 4:13; 살전 1:5-6; 벧전 1:12) 그들이 하나님의 자녀라는 사실을—즉 의롭다 함을 얻었음을—확신시키실 뿐만 아니라(롬 8:15-16) 또한 성화의 윤리적이고 신비한 유익들을 이루신다. 로마서 3-5장에 이어 로마서 6-8장이 뒤따른다. 성령은 신자들 안에 새 생명을 창조하시고(고후 5:17; 엡 2:10; 4:24; 골 3:9-10), 이로써 그들이 그리스도 안에서 존재하고, 살고, 생각하고, 행동하게 하신다(요 17:21; 롬 8:1, 9-10; 12:5; 고전 1:30; 고후 5:17; 갈 3:28; 5:25; 엡 1:13; 골 2:6, 10). 그리스도는 모든 것이시고, 모든 것 안에 계신다(골 3:11). 자신의 영으로 그리스도는 자기에게 속한 자들 안에 거하기 위해 오시고, 그들을 자신의 충만함으로 채우신다(요 14:23; 고전 3:16-17; 6:19; 15:28; 고후 6:16; 엡 2:22). 그래서 신자들은 그리스도의 모든 유익, 그의 지혜(고전 2:6-10), 의로움(고전 6:11), 거룩함(고전 6:11; 롬 15:16; 살후 2:13), 구속(롬 8:2, 23)에 참여한다. 성령 안에서 신자들은 그리스도의 장성한 분량까지 함께 자라고(고전 3:10-15; 엡 4:1-16; 갈 2:19), 인치심을 받고 영화롭게 된다(롬 8:11, 23; 고후 1:22; 5:5; 엡 1:13-14; 4:30).

아우구스티누스, 그리고 펠라기우스주의의 위협; 종교개혁

이레나이우스(Irenaeus)와 같은 초기 교회의 신학자들은 구원을 성령에 의해 적용된 그리스도의 사역과 긴밀하게 연결했다. 하지만 다른 많은 이들에게 복음은 점점 새로운 율법으로, 인간의 의지와 행위가 관련된 공로로 이해되었다. 회개(repentance)는 고해(penance)로 전락했고, 구원은 그리스도의 삶과 특별히 그의 고난을 흉내내는 것으로 외면화되었다. 순교자들, 금욕주의자들, 수도사들이 최고의 그리스도인들로 인식될 때가 많았다. 이런 흐름은 펠라기우스(Pelagius)의 가르침에서 정점에 이르렀는데, 그는 은혜를 부정하지 않으면서도 그것이 선을 택하고 악을 거부할 수 있게 하려고 모든 사람에게 주어지는 보편적 선물이라고 이해했다. 그렇다면 우리가 은혜를 받아들이는 것이 우리의 의지에 달려 있게 되기 때문에, 은혜는 그 진정한 의미를 상실한다. 하나님은 스스로 돕는 자를 도우시는 것이 된다. 또한 펠라기우스는 아담의 죄와 우리의 죄 사이에 있는 모든 연결을 잘라버리면서 기독교에서 절대적으로 중요한 것을 빼앗아버렸다. "창조하시는 은혜"—무언가를 바랄 수 있는 본성적 능력은 모두에게 주어졌다—와, 복음 선포 또는 그리스도의 모범에서 오는 "조명하시는 은혜"는 구원을 위해 반드시 필요하지 않았기 때문에, 은혜는 유효적이지도 않고 불가항력적이지도 않다. 은혜는 단지 사람들에게 도움을 줄 뿐이다. 펠라기우스주의의 견해에서는, 사람들이 은혜와 상관없이 많은 선을 행한다.[6]

아우구스티누스가 교회에 준 위대한 선물은 모든 형태의 펠라기우스주의를 명확하게 거부한 것이다. 아우구스티누스에 따르면, 우리의 의지는 처음부터 끝까지 묶여 있어서 하나님의 선하심을 향해 재조정되고 그 안에서 보존된다. 그것은 선물이지 공로가 아니며, 은혜이지 행위가 아니다. 성령은 바람처럼 그가 원하시는 곳으로 부시는데, "공로에 따라 움직이시지 않고 오히려 그것들을 산출하신다."[7] 은혜는 모든 공로보다 앞선다. 은혜는 먼저 오고, 예비하고, 앞서 가고, 유효적이다. 은혜는 "원하지 않는 자에게 먼저 오셔서 원하게 하신다."[8] 더 나아가 하나님의 은혜는 불가항력적이다. 사람의 의지에 역사하는 하나님의 은혜를 가로막을 것은 없다.[9] 객관적으로 그리고 주관적으로, 처음부터 끝까지, 구원 사역은 하나님의 은혜의 사역이며 오직 하나님의 은혜만이 역사한다. 그렇다고 하나님의 은혜가 인간의 자유의지를 억누르거나 파괴한다는 뜻은 아니다. 오히려 반대로, 은혜는 의지를 죄의 종노릇하는 데서 해방한다. "그러면

---

6) B. B. Warfield, *Two Studies in the History of Doctrine: Augustine and the Pelagian Controversy* (New York: Christian Literature, 1897), 7ff.

7) Augustine, *On the Grace of Christ and Original Sin*, 24.

8) Augustine, *Enchiridion*, 32.

9) Augustine, *On Admonition and Grace*, 12.

우리는 은혜를 통해 자유의지를 무효로 만드는가? 전혀 그렇지 않다! 아니, 오히려 우리는 자유의지를 확고히 한다. 율법이 믿음에 의해 확고히 되는 것처럼, 자유의지도 은혜에 의해 무효가 되지 않고 확고히 된다. 은혜가 의지의 건강을 회복시키기 때문이다."[10] 믿음과 사랑은 시작이 그렇듯이 그 진보 역시 하나님의 은혜에만 달려 있다. 우리는 그리스도 없이는 아무것도 할 수 없다. 그러므로 "우리는 시작할 때 '그의 긍휼이 나를 앞서 가실 것이다'라고 말하고, 마칠 때 '그의 긍휼이 나를 따를 것이다'라고 말한다."[11] 하나님이 "인간의 의지를 준비시키시고, 우리를 도우사 우리 안에서 시작하신 일을 온전하게 하신다."[12] 하나님의 긍휼이 "원하는 자와 함께 하셔서 그가 헛되이 원치 않게 하신다."[13] "인간의 의지가 선행이나 말, 생각으로 나타나기 위해서는 하나님의 은혜의 도우심을 힘입어야 한다."[14] 객관적으로 그리고 주관적으로, 처음부터 끝까지, 구원 사역은 하나님의 은혜의 사역이고 오직 하나님의 은혜만이 역사한다. 아우구스티누스의 견해는 교회의 교의가 되었고, 모든 정통적·복음적 기독교의 가르침으로 남아 있다.

　　펠라기우스주의는 카르타고 공의회(418)에서 정죄되었다. 또한 에베소 공의회(431)와 오랑주 회의(529)는 재차 펠라기우스주의를 정죄하면서 반(半)펠라기우스주의(semi-Pelagianism)도 거부했고, 그 결정은 교황 보니파키우스 2세에 의해 확증되었다.[15] 펠라기우스주의와 반(半)펠라기우스주

---

10) Augustine, *On the Spirit and the Letter*, 30, 참조. 33-34; see also Augustine, *On Grace and Free Will; idem, City of God*, XIV, 11; idem, *Against Two Epistles of the Pelagians*, I, 2.

11) Augustine, *Against Two Epistles of the Pelagians*, II, 9.

12) Augustine, *On Grace and Free Will*, chap. 33.

13) Augustine, *Enchiridion*, 32.

14) Augustine, *Against Two Epistles of the Pelagians*, II, 5.

15) H. Denzinger, *Enchiridion symbolorum* (Wirceburgi, 1856), #200; 편집자 주—영역본: *The Sources of Catholic Dogma* (London and St. Louis: Herder, 1955),

의는 이처럼 공식적인 로마 가톨릭의 가르침에서는 물론이고 아퀴나스와
보나벤투라 같은 위대한 신학자들에 의해서도 정죄되었다. 하지만 로마
가톨릭이 후에 다시 간접적으로 은밀하게 반(半)펠라기우스주의를 받아
들이지는 않았는지 의구심을 갖는 것은 당연하다. 로마는 선행적 은총을
말하면서, 펠라기우스와 그의 추종자들도 인지했던, 지성과 의지에 도덕
적 영향을 미치는 복음의 외적 부르심 이상의 것을 염두에 두지는 않았는
가? 예비적 은총의 주된 본질이 무엇인지에 대해서는 신학자들 사이에 의
견의 일치를 얻지 못한 부분도 있지만, 몇 가지 흐름은 명백했다. 우선 로
마 가톨릭은 의지의 자유가 죄에 의해 약화되기는 했지만 상실되지는 않
았다고 가르쳤다.[16] "자연인"은 그 자체로 완전한 인간인 것이다.[17] 다음으
로 로마 가톨릭은 "선행적 은총"(prevenient grace)이 믿는 능력(posse)을 수
여하는 은혜이지, 믿는 행위 그 자체는 아니라고 보았다. 오히려 선행적(실
제적) 은총은 복음을 듣는 모든 성인에게 주어졌지만, 그것을 받아들일지
거부할지는 그들이 결정한다. 제2차 오랑주 회의에 따르면, "가톨릭 신앙
은 또한 다음과 같이 믿는다. 세례를 통해 은혜가 받아들여진 후에, 모든
세례자는 신실하게 노력한다면 그리스도의 도움과 협력으로 영혼의 구원
에 관련된 것을 성취할 수 있으며 또 그렇게 해야 한다."[18] 트리엔트도 인
간이 선행적 은총에 동의하고 협력할 수 있지만, 또한 그것을 거부할 수도
있다고 선언했다.[19] 여기서도 믿음은 의롭게 하는 믿음에서처럼 중심적인
것으로 여겨지지 않았는데, 믿음은 기독교의 진리에 대한 동의일 뿐이기
때문이다. 믿음은 그 자체로는 의롭게 하지 않고, 성례적 은총의 주입을

81-82.

16) Synod of Orange (529), in H. Denzinger, *Enchiridion*, #144; Council of Trent,
   session VI, canon 1 and canon 5.

17) 참조. H. Bavinck, *Reformed Dogmatics*, ed. John Bolt (Grand Rapids: Baker
   Academic, 2003-8), II, 539-42 (#287).

18) H. Denzinger, *Enchiridion*, #169.

19) Council of Trent, session VI, canon 5 and canon 4.

위한 준비에 불과하다. 이 은총은 보상적 공덕에 의해 사람이 선을 행하고 하늘의 지복을 받을 만하도록 만들어준다. 로마 가톨릭교회가 말하는 은총은, 최소한 일차적으로는, 죄를 용서하시는 하나님의 값없는 호의를 의미하지 않는다. 그들에게 은총은 인간에게 주입되는 자질 또는 초자연적 능력으로서, 인간을 초자연적 질서로 끌어올리고, 그로 하여금 선을 행하고 보상적 공덕을 통해 하늘의 복을 얻을 수 있도록 만들어준다.

[417-418] 루터의 종교개혁을 촉발한 것은 일반적으로는 로마 가톨릭의 고해성사 체계였으며, 좀 더 구체적으로는 면벌부(indulgences) 판매였다. 루터는 하나님의 의를 하나님의 고유한 속성으로서가 아니라, 하나님이 은혜 안에서 오직 믿음을 통해 주시는 믿음의 의로 재강조했다.[20] 이것은 면벌부의 남용과 관련해서 로마 교회 지도부와의 갈등으로 이어졌는데, 사실 이러한 관행은 로마 교회가 복음을 율법주의적으로 격하시킨 직접적 결과다.[21] 루터가 로마서 1:17과 마태복음 4:17을 통해 깨달은 것은, 바로 "하나님의 의"(δικαιοσυνη θεου)와 회개(μετανοειν)의 의미가 로마의 참회 제도와 전혀 상관이 없으며, 다만 죄에 대한 참된 슬픔으로 특징지어지는 마음의 변화 및 은혜의 복음 안에서의 사면 선포와 관련된다는 것이었다. 의롭게 하는 것은 성례가 아니라 믿음이다.

종교개혁은 이처럼 그 기원에 있어서는 종교적이고, 특징에 있어서는 복음적이다. 루터는 사람들이 그리스도의 복음이 갖고 있는 원래의 참된 의미를 이해하도록 도왔다. 다시 죄와 은혜를 구원에 대한 기독교 교리의 중심에 둔 것이다. 죄의 용서, 즉 칭의는 언제나 불완전한 회개에 의지하

---

20) 이런 새로운 깨달음은 이미 Luther의 시편 주석(1513-15)에서 드러나 있으며, 그가 신비주의적 저술들, 특별히 *Deutsche Theologie (Theologia germanica)*에 점점 익숙해지고 바울과 Augustine에 대한 연구를 더해가면서 더욱더 깊어지다가, 마침내 그의 로마서 강의(Lectures on the Letter to the Romans)에서 명확해졌다(1515).

21) 편집자 주—Bavinck가 언급한 로마 가톨릭교회와 유대교의 율법주의 사이의 유사점들이 매우 인상적이다; *Reformed Dogmatics*, III, 495 (#410).

는 것이 아니라, 다만 하나님의 약속에 근거하고 오직 믿음으로만 우리의 것이 된다.

그러나 루터가 회개와 믿음의 관계를 어떻게 이해했는지에 대해서는 여전히 많은 논란이 있다. 루터에게 세 가지 요소는 참회, 믿음, 선행이었다. 루터는 항상 절대예정을 가르쳤다. 비록 나중에 이 교리의 오용을 막기 위해 그리스도 안에서의 하나님의 계시와, 복음 세계에서 구원의 보편적 제시를 강조하기는 했지만 말이다. 그러나 멜란히톤(Melanchthon)은 점점 더 신인협력설적인 입장을 받아들였다. 그 결과로 은밀하면서도 공공연한 신인협력설(synergism)을 루터파에서 발견할 수 있다. 은혜는 항상 사람이 저항할 수 있는 것이고, 따라서 잘못될 수도 있는 것이다. 은혜를 잃어버릴 수도 있고, 잃어버렸다가 반복해서 다시 얻을 수도 있는 것이다.[22] 그러므로 구원의 서정에서 무게 중심은 인간에게 놓여 있다. 인간의 저항은 성부·성자·성령 하나님의 전체 사역을 무효로 만들 수 있다. 중심은 믿음과 칭의에 있다. 부르심, 참회, 중생은 단지 예비적 기능을 가질 뿐이다. 모든 것이 믿음에, 특히 믿는 행위에 달려 있다. 루터파는 하나님의 은혜의 사역이 하나님의 영원한 작정과 언약에서 비롯된다는 것을 이해하지 못했는데, 그로 인해 이 사역을 자연, 세상, 인류와 다시 관련시키는 데도 실패한다. 그들은 그리스도와의 교제 가운데 사는 것만으로도 충분하다고 여겼으며, 왕이신 그리스도의 통치 아래 투쟁할 필요를 전혀 느끼지 못한다.

[419] 개혁파 견해는 루터파와 많은 것을 공유하지만, 개혁파 신학에서 구원의 서정은 그리스도와의 교제를 전제한다. 이것은 영원 전에 맺어진, 성부와 성자 사이의 구원 협약(*pactum salutis*)에서 발견되는 중보자와

---

22) Formula of Concord, "Solid Declaration," article II, 58-60, 69-73, 85, in vol. 3 of *Creeds of Christendom*, ed. Philip Schaff and rev. David S. Schaff, 6th ed. (New York: Harper & Row, 1931; repr. Grand Rapids: Baker, 1983).

택자 사이의 유대다. 속죄와 칭의는 이미 객관적이고 적극적인 방식으로 그리스도 사역의 열매로서 그리스도 안에 현존하며, 그리스도의 영에 의해 신자에게 적용된다. 모든 것이 이루어졌다. 하나님과 화목하게 되었고, 인간 편에서 추가해야 할 것은 남아 있지 않다. 구원의 적용도 역시 그리스도의 사역이지 우리가 하는 일이 아니다. 구원론은 신학적으로, 다시 말해 성부·성자·성령 하나님의 사역으로 이해해야 한다. 재창조가 객관적으로 그리스도 안에서 일어났듯이, 교회에서는 마땅히 성령에 의해 주관적으로 실행되어야 한다. 은혜언약이 선행하고, 그것이 곧 구원 사역의 기초이자 출발점이다. 신자가 먼저 믿음에 의해 자신이 은혜언약에, 그리고 택함을 받은 자들의 수에 속한다는 것을 알게 되는 것은 사실이지만, 인식론적 토대는 존재론적 토대와 구분된다. 구원의 획득이 언약의 방식으로 이루어지는 것과 마찬가지로, 적용도 언약적이다. 중생, 믿음, 회심은 신자들이 그리스도 안에서 하나님과 나누는 언약적 교제에 대한 준비가 아니라, 오히려 그 교제가 가져다주는 유익들로서, 성령에 의해 우리에게 주어지는 것이다. 따라서 택자들의 모임은 개인주의적·원자론적으로 간주되어서는 안 된다.

그 결과로 루터파와 개혁파 사람들은 회개를 약간 다른 방식으로 이해한다. 루터와 칼뱅의 개인적 경험의 차이들이 여기서 어느 정도 역할을 한다. 루터는 율법의 저주와 하나님의 진노가 자기 위에 머물러 있는 것을 느끼면서, 오랜 시간을 무거운 죄의식과 양심의 고통 속에서 살았다. 마침내 그는 오직 믿음으로 얻는 은혜로운 죄 용서에서 평안을 찾았다. 칼뱅의 회심은 종교개혁의 진리를 점진적으로 받아들이면서 이루어졌는데, 최종적으로 모든 의심과 주저함을 극복하고 자신을 무조건적으로 온전히 하나님의 뜻에 맡길 때까지는 그 사실을 공식적으로 인정하기를 주저했다. 칼뱅에게 새로움이란 은혜와 구원에 대한 갑작스런 체험에 있는 것이 아니라, 굳은 결심으로 하나님의 뜻에 결정적으로 순종하는 행위에 있었다. 칼뱅은 특히 일부 재세례파에서 새로운 회심자들에게 먼저 며칠 간 회개를 하도록 강요한 후에 은혜의 교제 안에 받아들이는 것을 주목하면서, 모든 율법주의적 형태의 회개를 거부하고 전혀 다른 종류의 회개, 즉 믿음에서 비롯되고, 그리스도와의 교제로만 가능하고, 평생 지속되고, "그리스도께 참여함으로써 우리에게 일어나는" 죽임(mortification)과 다시 살림(vivification)으로 이루어진 회개를 주장했다.[23] 여기에서 루터파의 회심 이해는―루터파 신앙고백과 신학에서[24]―참회(contrition)와 믿음(faith) 두 부분으로 나뉘는데, 이는 율법과 복음 사이의 대립에 따른 것이다. 이것은 칼뱅으로 하여금 "회개와 믿음은 영구적인 끈으로 함께 묶여 있지만, 혼동되기보다는 결합해 있는 것이어야 한다"고 주장하게 했다.[25] 그러므로 믿음과 회개는 각각 구원의 서정에서 어느 정도 독립적인 의미를 갖게 되었다. 이런 접근의 장점은 칭의가 더 순수하게 법정적 무죄 선언의 행위로 이해되고, 믿음은 더 큰 확실성과 확신을 얻게 된다는 점이다. 뒤에서 칭의를 다루면서 보게 되겠지만, 루터파 신학은 이 부분에서 전혀 분명하지 않다. 이제는 그리스도인의 삶도 더 큰 윤리적 의미를 얻고, 율법은 감사의 원리로서 인간 의지를 지배하고 동기를 부여하는 더 중요한 역할을 맡는다. 개혁파 그리스도인은 적극적으로 죄와 싸우도록 부름받았다. 그리스도인들의 도덕적 삶은 믿음을 뿌리로, 율법을 규칙으로, 하나님의 명예를 목표로 갖고 있다. 물론 이런 주제가 루터, 멜란히톤, 후기 루터파 신학자들에게 전혀 없지는 않다. 하지만 부처(Bucer), 칼뱅, 후기 개혁파 신학

---

23) John Calvin, *Institutes of the Christian Religion*, III.iii.2, 9 (ed. John T. McNeill and trans. Ford Lewis Battles, 2 vols. [1559; Philadelphia: Westminster, 1960], 1:593-95, 600-602).

24) 참조. Joseph T. Müller, *Die symbolischen Bücher der evangelisch-lutherischen Kirche*, 8th ed. (Gütersloh: Bertelsmann, 1898), 41, 167, 171, 174, 312, 634; Heinrich Friedrich Ferdinand Schmid, *The Doctrinal Theology of the Evangelical Lutheran Church*, trans. Charles A. Hay and Henry Jacobs, 5th ed. (Philadelphia: United Lutheran Publication House, 1899), 339ff.

25) J. Calvin, *Institutes*, III.iii.5.

자들에게 이 개념은 훨씬 깊고 광범위한 의미를 얻었다. 하나님의 영광을 증진하기 위한 목적으로 하나님의 뜻에 순종하는 것, 이것이 개혁파 진영에서는 그리스도인의 삶에 부여된 과업이 되었다.[26]

[420] 구원의 방식에 대한 다른 두드러진 이해들 중에는 지금까지 논의한 것과 정반대로 접근하는 신비주의(mysticism)와 합리주의(rationalism)가 있다. 신비주의는 모든 고등종교에서 볼 수 있는 현상으로, 보통 외적 권위를 믿는 것에 대한 반작용으로 더 깊은 종교생활을 추구한다. 특별한 실천, 훈련, 능력을 통해―부정과 정화의 방법으로(*via negativa, purgativa*)―기존의 정통적 방법에 의한 것보다 더 고차원적인 지식 또는 신적 존재와의 더 친밀한 교제를 얻으려고 하는 것이다. 신비주의는 신적인 것과 인간적인 것의 범신론적 혼합으로 전락하는 경우가 많다(브라만교, 신플라톤주의, 수피즘 등에서뿐만 아니라 기독교에서도 John Scotus Erigena, 자유심령 형제단[Brothers of the Free Spirit], Böhme 등에서 볼 수 있다).[27] 플라톤, 필론, 플로티노스, 그리고 위 디오니시우스를 따라, 신비주의적 삶은 주로 세 단계로 구분되는데, 바로 "카타르시스"(καθαρσις, *via purgativa*, 금욕주의), "포티스모스"(φωτισμος, *via illuminativa*, 명상), "에포프테이아"(ἐποπτεια, *via unitiva, contemplativa*, 황홀경)가 그것이다. 정화(purgation)의 단계에서 영혼은 죄에서 깨끗해지고 이 땅에 속한 모든 것으로부터 절연한다. 깨달음(illumination)의 단계에서 영혼은 하나의 특정한 것(그리스도의 고난, 그의 상처, 하나님의 사랑 또는 거룩함)에 몰두한다. 그리고 마지막 단계에서 영혼은 명상(meditation)을 통해 완전히 자신을 드린 대상과 가장 친밀하게 연합하거나 동일시된다. 그 뒤를 잇는 단계는 모든 신비주의자들이 인정하는 것처럼

---

26) 편집자 주―이런 과업의 내용은 "사람의 제일되는 목적은 하나님을 영화롭게 하고 그를 영원토록 즐거워하는 것이다"라는 「웨스트민스터 소요리문답」의 첫 번째 질문의 답이 잘 요약해주고 있다.

27) 참조. E. Lehmann, *Mystiek heidensche en christelijke*, trans. from the Danish by J. E. van der Waals (Utrecht: Honig, 1908).

사실상 묘사가 불가능한데, 지복적 관조, 신비적 연합, 약혼, 신비적 입맞춤, 피동적 변모, 신비적 수면, 죽음 또는 소멸, 영혼의 무덤 등[28] 여러 용어로 표현된다.

다른 한편으로, 합리주의는 예수를 단지 우리가 최선을 다해 따르고 본받아야 할 선생으로만 본다. 인간—죄로 약해지기는 했지만 무능력한 것은 아닌—은 그를 따름으로써 구원을 얻는다. 그러므로 이들에게 복음의 부름은 단지 그들의 지성과 의지에 도덕적 영향을 끼칠 뿐이다.

이 둘과 연관된 것이 반율법주의와 신율법주의라고 알려진, 구원의 서정에 대한 편향적인 이해다. 전자는 구원의 적용을 구원의 획득으로 축소하면서 사실상 둘을 동일시하는데, 이로써 모든 행위를 백안시한다. 후자는 다시 율법으로 돌아간다. 반율법주의는 그리스도가 모든 것을 이루셨고, 우리의 죄책뿐만 아니라 죄로 인한 부패까지 없애셨다고 주장한다. 성화는 이미 우리의 것이고, 인간이 해야 할 것은 아무것도 남아 있지 않다. "행함"에 대해 말하는 것은 무엇이든지 율법주의로 간주된다. 우리가 "할" 것은 그저 믿는 것, 즉 우리가 그리스도 안에서 이미 완전하다는 깨달음에 이르러서, 하나님이 우리에게 진노하신다는 착각을 내려놓는 것이다. 그들에 의하면 죄는 단지 착각에 불과한 것이어서, 그대로라면 세상은 무법천지가 되고 만다. 고대에는 그런 정서가 영지주의자들과 마니교도들에의해서, 중세에는 수많은 자유주의적 분파들에 의해 전파되었고, 종교개혁 시대와 그 이후에는 재세례파들 중에서와 자유사상가들의 분파에서,[29] 그리고 17세기 중반 무렵의 영국에서는 독립주의적 혼란들 속에서 되살

---

28) 참조. H. Bavinck, *Reformed Dogmatics*, I, 146-49 (#46).

29) 제네바에서 Calvin은 이들을 대항해서 싸워야 했다. 제네바에서 Calvin의 반대파와 자유주의자들로 이루어진 분파 간의 관계에 대해서는 다음을 보라. F. Kampschulte and W. Goetz, *Johann Calvin: Seine Kirche und sein Staat in Genf*, 2 vols. (Leipzig: Duncker & Humblot, 1869-99), II, 13. 편집자 주—John Calvin, *Treatises against the Anabaptists and against the Libertines*, trans. and ed. Benjamin Wirt Farley (Grand Rapids: Baker Academic, 1982).

아났다.[30] 반율법주의는 종교뿐 아니라 도덕과 정치의 영역에서도 일어난 현상이다. 근대에는 프리드리히 니체(Friedrich Nietzsche)와 무정부주의를 대변하는 사람들에게서 이런 이해를 볼 수 있다. 모든 종교개혁자들은 온갖 종류의 반율법주의를 결연히 거부했다.

[421] 이와 대조적으로 율법주의와 신율법주의에서는 율법을 준수하는 것이 비복음적(unevangelical) 구원의 방식이 된다. 율법주의는 소키누스주의자들과 항변파의 영향 아래에서 개신교에 침투했다. 여기서도 우리는 합리주의적 분파를 경건주의적 분파로부터 구분할 필요가 있다. 합리주의적 분파는 기본적으로 피스카토르(Piscator)의 가르침에 기초해 있는데, 그에 따르면 우리에게 필요한 의로움은 그리스도의 적극적 순종이 아니라 소극적 순종에 의해서만 완수된다![31] 이런 견해는 프랑스 개혁파 교회들이 가프(Gap) 회의(1603)와 로쉘(Rochelle) 회의(1607)를 통해 거부했음에도 불구하고 상당히 받아들여졌는데, 특히 소뮈르 학파(John Cameron과 Moïse Amyraut])에서 그랬다. 영국에서는 아미랄두스주의(Amyraldism)와 아르미니우스주의(Arminianism)가 동맹을 이루어서 신율법주의로 알려진 구원체계의 구상에 담긴 특징들을 형성했다. 여기서 신자의 칭의를 위한 토대는 그리스도의 전가된 의가 아니다. 오히려 신자 자신의, 불완전하지만 진실한 의로움이다. 이 견해에 따르면, 그리스도의 충족(satisfaction)은 모든 사람의 구원을 가능하게 했다. 그들로 "구원받을 수 있는 상태"에 이르게 한 것이다. 그리스도는 행위언약의 율법을 성취하심으로써 새로운 율법인 은혜의 율법을 들여오셨는데, 이것은 믿음과 회개, 참회하는 신자의 불완전하지만 진실한 순종을 골자로 한다. 신율법주의자들과 반율법주의자들 사이에서 벌어진 율법에 대한 논의와 논쟁은 17세기와 18세기에 걸

---

30) H. Weingarten, *Die Revolutionskirchen Englands* (Leipzig: Breitkopf & Hartel, 1868), 72ff.

31) 참조. H. Bavinck, *Reformed Dogmatics*, III, 347-51, 377-80 (##378, 386).

쳐 영국과 스코틀랜드를 휩쓸었다.[32] 그 결과로, 네덜란드에서와 마찬가지로 종교개혁의 원리들이 약화되고 말았다. 마찬가지로 조나단 에드워즈(Jonathan Edwards)가 아담과 그리스도의 경우에서 직접적 전가를 부인한 것은 뉴잉글랜드의 신학을 점점 더 플라카이우스(Placaeus)의 노선으로 이끄는 결과를 초래했다.[33]

[422] 신율법주의도 경건주의와 감리교에서는 다른 형태를 취했다. 여기서는 믿음과 순종이 아니라 믿음과 경험이 칭의를 위한 조건이 되었다. 개혁파 교회와 개혁파 신학 전통에는 처음부터 모든 스콜라주의를 배격하고 삶에 전폭적인 강조점을 두는 실천적 학파가 있었다. 이것은 특히 강한 반(反)아리스토텔레스적 철학자 페트루스 라무스(Peter Ramus)에 의해 지지되고 촉진되었다. 그는 철학에서 더 단순성을 원했고, 신학을 "바른 삶을 위한 교리"로 묘사하면서 그 목적이 "사물에 대한 지식이 아니라 그

---

32) 스코틀랜드의 "매로우 논쟁"(marrow controversy)은 Edward Fisher의 *Marrow of Modern Divinity* (1647)의 새로운 판본이 1718년에 출간되면서 시작되었다. 두드러지는 반신율법주의자(antineonomians)로는, John Eaton, *The Honey-Combe of Free Justification by Christ Alone* (London: Robert Lancaster, 1642); William Eyre, *Vindiciae justificationis gratuitae* (London: Edward Forrest, 1654); Tobias Crisp, *Christ Alone Exalted, in the Perfection and Encouragements of the Saints, Notwithstanding Sins and Trials* (London: R. Noble, 1643); John Saltmarsh, *Free Grace, or, The Flowings of Christs Blood Free to Sinners* (London: Giles Calvert, 1647); Samuel Crisp, *Christ Made Sin, Evinced from Scripture* (2 Cor. v.21) (London: J. A., 1691); Thomas Tully, *Justificatio Paulina sine operibus ex mente Ecclesiae Anglicanae, omniumque reliquarum quae reformatae audiunt, asserta & illustrata* (Oxford: Hall, 1674); Isaac Chauncy, *Neonomianism Unmask'd, or, The Ancient Gospel Pleaded against the Other, Called a New Lawor Gospel* (London: J. Harris, 1692-93); idem, *Alexipharmacon, or, A Fresh Antidote against Neonomian Bane and Poyson to the Protestant Religion* (London: W. Marshall, 1700) 등을 들 수 있다. 신율법주의자와 반신율법주의자 간의 논쟁에 대해 보다 자세한 정보를 얻으려면 James Buchanan, *Doctrine of Justification: An Outline of Its History in the Church and of Its Exposition from Scripture* (Edinburgh: T&T Clark, 1867), 강의 6, 7을 보라.
33) 참조. H. Bavinck, *Reformed Dogmatics*, III, 100 (#322).

것의 실천과 일관적인 적용"이라고 했다.[34] 이 견해는 많은 개혁파 신학자
들에 의해 받아들여졌는데, 여기에는 슈투름(Sturm, 스트라스부르), 트레멜리
우스(Tremellius, 하이델베르크), 피스카토르(Piscator, 헤르보른), 퍼킨스(Perkins,
케임브리지) 같은 이들이 포함된다. 퍼킨스의 제자인 에임즈(Ames)—나중에
마코비우스(Maccovius)와 더불어 프라네커(Franeker)의 교수가 되었다—는
신학이 "하나님을 향한 삶의 교리, 경건의 추구"로서 의지에 뿌리내리고
있다고 묘사했다.[35] 결과적으로 실천적 형태의 경건주의가 발흥했는데,
리처드 백스터(Richard Baxter), 헤르만 빗치우스(Herman Witsius), 빌렘 아
브라켈(Willem á Brakel), 빌렘 스콜팅하위스(Willem Schortinghuis) 같은 이들
이 이를 대변한다.[36] 이와 병행하는 움직임이 루터파 진영 내에서 일어나
서 슈페너(Philipp J. Spener, 1635-1705), 친첸도르프(Zinzendorf, 1700-1760)를
배출한 경건주의로 이어졌다.

　　여기서 존 웨슬리(John Wesley, 1703-1791)와 조지 휘트필드(George
Whitefield, 1714-1771)의 감리교를 언급하지 않을 수 없다. 대륙의 경건주의
가 과도하게 내향적이어서 오랫동안 지속되는 "참회의 사투"(Busskampf)
와 고된 자기 성찰을 강조하면서 어떤 믿음의 확신조차도 쓸모없는 것으
로 만들어버리기 일쑤였다면, 그에 반해 감리교는 성령의 "인침"으로 이
어지는 회심의 준비와 점진적 진보, 참회의 사투, "극적"(breakthrough) 회
심을 완전히 배제함으로써 영국과 개혁파의 뿌리를 저버리고, 그 대신에
유일한 강조점에만 몰두해서 회심이 전적으로 본인이 의식하는 가운데

---

34) Peter Ramus에 대해서는 다음을 보라. P. Lobstein, *Petrus Ramus als Theologe: Ein Beitrag zur Geschichte der protestantischen Theologie* (Strassburg: C. F. Schmidt, 1878); F. Cuno, "Ramus," *PRE*[3], XVI, 426-28.

35) H. Visscher, *Guilielmus Amesius: Zijn leven en werken* (Haarlem: J. M. Stap, 1894).

36) 참조. H. Heppe, *Geschichte des Pietismus und der Mystik in der reformierten Kirche* (Leiden: Brill,1879); A. Ritschl, *Geschichte des Pietismus in der reformierten Kirche* (Bonn: A. Marcus, 1880).

서 일어나는 일이며, 또한 "구원받은" 영혼들을 목록화할 수 있다고 주장했다. 사람들을 회심시킨 후에는 곧장 이들을 그리스도인으로서의 봉사에 적극적으로 투입해서 "피와 불"(구속과 성화)이라는 모토 아래 공격적으로 일하는 군대로 조직하고, 세상으로 행진해 들어가서 그리스도를 위해 맹렬하게 그것을 정복하도록 부추겼다. 실천적 현실로서의 살아 있는 믿음에 대한 이 강조는, 비록 교회 내의 죽은 정통에 대한 대응으로서 적절했으며 진정한 회심과 참된 믿음을 합당하게 요구했지만, 신자들을 "약한" 자들과 "강한" 자들, "육신에 속한" 자들과 "영적인" 자들로 분리하는 새로운 형태의 율법주의로 이어졌다. 비록 이런 종류의 기독교가 그 부흥주의적·감리교적 형태로 사람과 사회를 새롭게 하는 데 많은 열매를 거두었지만, 인간 주체와 현재의 경험 또는 순종이 하나님의 은혜와 그리스도의 사역보다 중심 자리를 차지한다는 것은 약점으로 남는다. 예를 들어 감리교는 일반적으로 교리에 별 가치를 두지 않고, 대개 기존의 제도화된 교회를 소홀히 하고, 세상을 향해 눈을 돌린다. 이런 형태의 기독교는 편향적이기는 하지만, 그럼에도 선한 열매를 풍성하게 맺는다.[37]

근대 세계에서 주체로의 전환

[423] 근대 사상은 이와 유사하게 하나님과 구원의 객관적 요소들(그리스도, 교회, 말씀, 성례)을 외면하고 종교적 주체를 중심에 둔다. 데카르트

---

37) P. Schaff, ed., *The Creeds of Christendom*, I, 882; III, 807; F. Loofs, "Methodismus," *PRE*[3], XII,747-801; John L. Nuelsen, "Methodismus in Amerika," *PRE*[3], XIII, 1-25; T. Kolde, *Der Methodismus und seine Bekämpfung* (Erlangen: Deichert, 1886); idem, Die Heilsarmee: Ihre Geschichte und ihr Wesen (Erlangen: Deichert, 1885); E. Kalb, *Kirchen und Sekten der Gegenwart* (Stuttgart: Verlag der Buchhandlung der Evangelischen Gesellschaft, 1907), 310ff.; W. J. Townsend, H. B. Workman, and George Eayrs, *A New History of Methodism*, 2 vols. (London: Hodder & Stoughton, 1909).

(Descartes)는 모든 지식의 토대와 출발점을 사고에 갇혀 있는 존재의 확실
성에 두었고, 더 나아가 지식의 명증성과 구별성을 그 지식의 참됨에 대한
기준으로 삼았다.[38] 스피노자(Spinoza)에게 선과 악은 객관적으로 존재하는
것이 아니라 다만 "생각의 양태들, 즉 개념들"일 뿐이며, 따라서 "선과 악
에 대한 지식은 우리가 그것을 인식하는 한 기쁨 또는 슬픔의 감정일 뿐
이다."[39] 그 후에는 명증성이 진리의 기준이라는 규칙이 계몽주의를 지배
하게 되었다. 확고한 합리주의는 또한 모든 외적 권위뿐만 아니라 개개인
으로 하여금 지성과 의지에 의존적이게 하는 계시나 은혜 같은 특정 개념
들을 거부했다. 사람들은 자유로운 합리적 존재로서 자기 자신의 통찰을
따라야만 한다. 지성의 계몽과 도덕적 개선은 복됨으로 나아가는 길로 여
겨졌다.[40]

칸트는 이러한 합리주의를 신랄하게 비판했고, (순수)이성을 감각 인식
(sense perception)의 세계로 제한했다. 하지만 칸트는 신앙을 위한 여지를
실천이성에 남겨두었다. 인간의 본성은 본래 선한 것이 아니라 결함이 있
고 악하며, 따라서 거듭남과 갱신이 요구된다고 결론을 내린 후에, 칸트는
펠라기우스주의의 노선을 따라서 인간의 궁극적인 자유와 도덕적 능력
을 도덕 명령의 존재에서 추론했다. "너는…해야 한다"는 필연적으로 "너
는…할 수 있다"를 함의한다는 것이다. 인간은 단지 자신이 가진 두 가지
성향들―악을 향한 것과 선을 향한 것―간의 갈등으로 인해 고통을 당하
는 것이며, 반드시 자유로운 지성적 행위로 자신을 구속해야 한다. 이런
노력 속에서 우리는 "위로부터의 도움"을 소망할 수 있지만, 결코 확신할

---

38) "결과적으로 나는 이제 나 자신이 명석 판명하게 인식하는 모든 것은 참이라는 것을 일
    반적 원리로서 확립할 수 있을 것 같다"(Descartes, *Discourse on Method*, chap. 4).
39) Baruch Spinoza, *Ethics*, ed. and trans. James Gutman (New York: Hafner,
    1949), IV, pref. and prop. 8; 편집자 주―*Spinoza Reader* (Princeton: Princeton
    University Press, 1994), 199, 204.
40) J. A. L. Wegscheider, *Institutiones theologiae christianae dogmaticae* (Halle:
    Gebauer, 1819), §152.

수는 없다. 주목할 만한 것은 여기서 칸트도 일종의 인내하는 신앙의 확신을 가르친다는 사실이다. 도덕적으로 점점 더 향상되는 사람은 결국 신의 호의를 입고 도덕적 완전에 이를 것이라는 소망을 갖게 된다. 도덕적 개선은 끝없는 과정이지만, "일관되게 자기 개선에 힘쓰는 사람은 구속에 이른다"(Goethe).

쇼펜하우어(Schopenhauer)와 특히 에두아르트 폰 하르트만(Eduard von Hartmann)과 같은 사상가들은 인간적 악의 현실과 은혜의 필요를 가리키기 위해 신앙의 용어를 사용하기는 했지만, 그것은 기독교 정통과 상당히 다른 의미를 담고 있었다. 이들에게 은혜는 여전히 인간의 도덕적 노력을 포함한다. 믿음은 전적으로 인간적 행위이고, 이를 통해 우리는 은혜를 얻는다. 여전히 인간의 주체가 중심에 있다.

[424] 칸트 이후의 철학은 다른 경로를 통해 피히테(Fichte), 셸링(Schelling), 헤겔(Hegel)의 관념주의적 체계들로 발전했다. 철학적 관념주의에서도 자기결정, 즉 자아는 여전히 인간적 자유의 핵심이다. 그리스도의 역사적 사역은 무시된다. 그의 사역은 인간의 의지에 의해 성취될 형이상학적·도덕적 이상일 뿐이다. 피히테, 셸링, 헤겔은 각각 고유한 방식으로 철학적 사유와 기독교적 진리를 통일시키려고 노력했지만, 절대자와 같은 지적 구성물에 신앙을 종속시킴으로써 중심에 그리스도의 인격과 사역을 담고 있는 역사적 기독교와는 전혀 다른 모습이 되어버렸다. 피히테는 무게 중심을 이론적 이성에서 실천적 이성으로, 지성에서 의지로, 지식에서 도덕적 행위로 옮겼고, 지식을 완전히 행위에 종속시켰다. 태초에 말씀이 아니라 행위가 있었다는 것이다. "자아"(또는 자기의식)는 심지어 자기 자신의 산물이고, "비-자아"(관념으로서의 세상)는 "자아"에 의해 상정된 것이다. 자아 외에는 아무것도 존재하지 않는다. "자아가 모든 것이다." 인간의 구속은 자기개선을 위한 분투에 달려 있다. "당신 자신을 주장하고, 당신 자신을 의식하고, 독립적이 되도록 힘쓰고, 당신 자신을 자유롭게 하

라."**41)** 말년에 피히테는 어느 정도 "종교적"이 된다. 인류의 운명은 행위와 행동이 아니고, 독립성과 자유도 아니며, 하나님 안에서의 삶, 하나님과 의 교제 안에서 안식하고 기뻐하는 것, 스피노자가 말한 것처럼 지적 사랑 (*amor intellectualis*)이다. 이것이 바로 가장 탁월하고 복된 영원한 삶이다. 피히테는 자신이 기독교에서, 특별히 요한복음에서 이런 생각을 발견했다 고 생각했다. 예수는 종교의 가장 내면적인 본질을 구체화한 분으로서 신 적 요소와 인간적 요소의 영원한 합일을 보여주시는 것이다. 그가 역사 속 에 나타나셨다는 것은 영원히 유효한 역사적 진리다. 이제 우리는 하나님 의 뜻을 아는데, 이는 그 뜻이 역사 속에서 실현되었기 때문이다. 우리가 이 뜻을 우리 자신의 것으로 삼을 때 우리는 구원받고, 영생을 발견하는 것이다.

셸링과 헤겔은 각각 나름의 방식으로 비슷한 결론에 이르렀다. 그리스 도는 주체와 객체, 영과 자연, 유한과 무한, 하나님과 사람의 통일성을 나 타내신다. 특히 헤겔은 자신의 철학체계에 기독교와 그 중심을 이루는 구 속을 위한 자리를 확보하기 위해 대단히 애썼다. 그래서 헤겔은 화해를 위 한 토대를, 절대자가 스스로 단순한 가능성으로부터 영원한 형성과정에 의해 구속의 실재로 나아가는 움직임 속에 두었다. 여기서 갈등 관계에 있 는 모든 대립들은 하나님의 본질적 하나 됨으로 화해된다. 신인적 인격이 신 그리스도 안에 거하시는 하나님이라는 관념 속에서 무한과 유한, 하나 님과 인류는 영원히 하나다. 그리스도는 "신인"(God-man)이시고, 그의 죽 음은 화해의 중심이다. 이는 그의 죽음이 죽음의 죽음, 부정들의 부정이었 고, 따라서 부활과 승천으로 이어졌기 때문이다. 그리스도 안에서 하나님 은 유한성을 그 극단에 있는 악과 더불어 취하셨는데, 그의 죽음으로 악 을 죽이시기 위함이었다. "하나님의 무한한 사랑이 그분으로 하여금 이질

---

41) K. Fischer, J. G. *Fichte und seine Vorgänger*, 2nd ed. (Munich: Basserman, 1884), 432.

적인 것을 파괴하려는 목적으로 자신을 그것과 동일시하게 했다." 따라서 이 죽음과 함께 의식의 반전이 시작된다. 그와 함께 "새로운 세상, 새로운 종교, 새로운 실재, 다른 우주적 조건"이 시작되는 것이다. 교회는 바로 이 토대 위에 세워졌다. 비록 신앙이 지각 가능한 (또한 역사적인) 측면에서 시작되기는 하지만, 그것은 관념으로까지 침투해서 전적으로 "영적인" 것이 된다. "기독교 신앙의 참된 내용은 역사가 아니라 철학을 통해 입증되어야 한다." 제도적 교회의 임무는 교회의 회원들을 양육하고 그들에게 이 진리를 알게 하는 것이다. 세례를 통해 교회는 자녀들이 비참함 가운데가 아니라 교회의 교제 가운데서 태어났다는 사실, 그리고 그들이 처음에는 교회의 권위를 따라 진리를 받아들이지만 점차 스스로 이 진리를 자기 것으로 삼아야 한다는 사실을 선포한다. 그들은 자유 안에서, 그리고 자유를 위해 태어났다. 그들은 교회 밖에서 들어온 사람들처럼 중생과 회심을 체험해야만 하는 것이 아니다. 단지 그들이 하나님과 화목되었고, 악이 정복되었고, 믿음을 통해 그들의 영이 되신 하나님의 영이 그들 안에서 그리고 그들을 통해 죄와 싸우신다는 생각을 이어가기만 하면 되는 것이다. 주의 만찬은 기독교 교리의 중심이고, 또 그렇기 때문에 아주 다양한 방식으로 이해되기도 하는데, 신자들은 이것을 통해 하나님과의 화해와 성령의 내주하심이 감각적·시각적으로 표현되는 것을 본다.[42]

[425-426] 주목할 만한 사실은 계몽주의시대 이후에 등장해서 칸트와 함께 시작된 철학이 기독교와의 연계를 시도하고 기독교의 종교적 진리를 철학적 체계로 만들어내려고 시도했다는 점이다. 비록 칸트 이후의 근대사상이 합리주의를 극복하고 "구속의 철학"을 발전시키려고 시도했

---

42) G. W. F. Hegel, *Philosophie der Religion*, in *Sämtliche Werke*, 26 vols. (Stuttgart: F. Frommann, 1949-59), XVI, 204-28 (Werke, XII, 204-29). 편집자 주—헤겔은 다음 글에서 친교를 성례로 이야기한다. *Lectures on the Philosophy of Religion*, vol. 3, The *Consummate Religion*, ed. Hodgson et al. (Berkeley: University of California Press, 1985), 23, 152-56, 235-36, 337-39, 372-73.

지만, 성취된 것은 단지 형태였지 실체가 아니었다. 참된 구속을 가져오는 것은 여전히 인간의 사고다. 기독교의 화해 교리는 철학을 통해서만 밝히 드러난다. 모든 사변적 어법을 배제하고 단순한 말들로 환원해보면, 여전히 관념주의 철학은 지성과 의지라는 인간적 노력에 의한 구원을 옹호한다. 예를 들어 회심은 실제로 인간의 참회 행위를 하나님의 관점에서 본 것이다. 구원하는 것은 철학이지 종교가 아니다. "철학이 하나님과 하나님 자신의 화해 및 하나님과 자연의 화해를 표현한다면 그것은 신학이다. 철학은 그 자체로 타자인 자연이 신적임을 확증한다. 철학은 유한한 정신이 특징적으로 화해를 향해 자신을 고양시키고, 부분적으로 세계의 역사 속에서 그 화해에 이른다는 것을 확증한다."[43] 이러한 사상은 오래 유지될 수 없었다. 헤겔 이후의 역사가 분명하게 보여주는 것은 목욕물과 함께 아기까지 버려졌으며, 형식뿐 아니라 내용 자체도 못 쓰게 되었다는 사실이다. 사람들은 그저 자신들의 지성과 의지의 행위들에 의해 자기 자신을 구원하도록 남겨지게 된 것이다.

비록 슐라이어마허와 함께 시작된 근대신학이 예수의 역사적 인격을 더 진지하게 받아들였지만, 여전히 인간의 주체성은 근대신학의 기독교 이해에서 중심에 있었다. 더구나 근대신학이 전통적인 기독교 용어들을 자주 사용하지만, 그것들에 상당히 다른 의미를 부여한다. 은혜가 실질적으로 신적 섭리와 일치하는 개념이기 때문에, 회심은 전적으로 하나님과 사람의 동시적 사역이다. 슐라이어마허에 따르면, 그리스도가 우리의 죄와 비참함 속으로 들어오신 후에, 그분은 우리를 자신의 거룩함과 복됨에 참여시킬 수 있는 능력과 부르심을 소유하셨다. 우리는 절대 의존 안에 있는 예수의 하나님 의식을 공유함으로써 이 교제 안에 들어간다. 칭의는 하

---

43) G. W. F. Hegel, *Philosophie der Religion*, in *Sämtliche Werke*, XVI, 287-88 (Werke, XII, 287-88); 편집자 주―이 구절은 *The Consummate Religion*, ed. Hodgson et al., 370-73에서 가져온 것이다.

나님의 초월적 행위가 아니라 죄책에 대한 의식을 제거하는 것이며, 우리가 하나님과 갖는 관계에 대한 의식을 변화시키는 것이고, 본성적 "자아"와 그 운명 간의 분리를 무효화하는 것이다.[44]

리츨(Ritschl)에게 칭의는 종합적 심판—선행을 근거로 하지 않고 선행에 앞서 선언된—으로서 공동체에 유효한 것이다.[45] 그가 다시 한 번 칭의를 구속 질서의 중심에 위치시킨 것, 그리고 선택의 대상으로 개인들이 아니라 교회를 강조한 것은 찬사를 받을 만하다.[46] 종교개혁이 말하는 칭의 교리가 잘못 해석되고 성화 교리와 혼동되던 시대에, 다시 신앙생활에서 칭의가 얼마나 중요한지에 사람들의 관심을 집중시킨 것은 리츨의 업적이다. 하지만 그리스도인들이 세상 문화 속에서 행동하도록 동기를 부여하려는 자신의 열망 때문에, 개인적 칭의와 확신에 대해서는 무관심하면서 하나님의 사랑만 일방적으로 강조하고 죄에 대한 하나님의 진노를 부인한 것은 잘못이다. 리츨이 신학을 형이상학에서 분리시키고 학문에는 자치권을 부여한 반면, 종교에는 객관적으로나 주관적으로나 적은 공간만을 허용한 것은 비극적인 일이다. 이것은 종교를 문화에 종속시키는 결과를 낳았고, 리츨 학파 내에서 하나님 나라가 세계의 개선을 수반한다는 믿음과 함께 문화적 낙관주의(Kulturseligkeit)가 발흥하는 동인이 되었다. 인간의 진보에 대한 이러한 확신은 과학 기술, 지식, 물질적 풍요가 마음에 평화를 가져다줄 수 없다는 깨달음에게 점차 자리를 내주었다. 물질적 발전은 영적 빈곤을 수반했다. 더 신비적이고 영적인 기독교에 대한 열망이 자라갔다. 사람들이 행위(doing)에 지쳐서 다시 존재(being)를 갈망하게 되었기 때문이다. 리츨의 교의신학은 점차 새로운 신비주의와 새로운 철학으로 이어지는 교의의 역사 가운데 일부가 되었다. 그의 신학적 방법론은 한편

---

44) F. Schleiermacher, *The Christian Faith* (Edinburgh: T&T Clark, 1989), §§106-12.
45) Albrecht Ritschl, *The Christian Doctrine of Justification and Reconciliation* (Clifton, NJ: Reference Book Publishers, 1966), 27-130.
46) Ibid., 118-19.

으로 종교사학파를, 다른 한편으로 종교심리학을 위한 길을 열어주었다.[47]

[427a] 종교에 대한 심리학적 연구는 상대적으로 생소한 학문인데, 그 뿌리는 독일의 경건주의와, 영국과 미국의 감리교 운동이다. 이들의 공통점은 종교의 무게중심을 객체에서 주체로 전환했다는 것이다. 종교심리학은 주관적 종교체험에서 출발하여 그로부터 모든 종교적 발전을 지배하는 법칙을 도출해내려고 한다. 개체발생이 계통발생을 반복한다는 진화론의 주장과 상응하게, 종교적 감수성은 규칙과 교의에 대한 어린아이 같은 복종으로부터 개별성과 숙고 능력으로 이행하는 청소년기의 갈등에 동반하는 성장통을 통해 성인의 원숙함으로 발달한다. 마치 문명화된 사회가 원시의 단계로부터 격세유전을 통해 더 높은 수준에 이르는 방식으로 말이다. 개개인에게 관찰되는 발달단계들은 전체로서의 인류가 가진 특징이다. 인류의 발달은 개개인의 인격에서 반복된다. 인간은 동물 세계에서 유아기로 진입하고, 청소년기에 사회적 피조물로 진화하고, 보편적 인류의 새로운 세계로 들어선다. 어린아이는 기본적으로 동물들과 같은 본능을 가지고 태어나서 본성적으로 자기를 추구하고, 고집스럽고, 전투적인데, 거기에 더해 분노, 과민함, 질투와 같은 것들로 드러나는 자기보존의 기초

---

47) 참조. H. Bavinck, *Reformed Dogmatics*, I, 70-76 (##17-18), 170-74 (#53), 542-48 (##142-43); 편집자 주—또한 Herman Bavinck, *Essays in Religion, Science and Society*, ed. John Bolt, trans. Harry Bonstra and Gerrit Sheeres (Grand Rapids: Baker Academic, 2008), 특히 chaps. 1, 3, 4, 9, 11, 12를 보라. 편집자 주—이어지는 절의 첫 번째 부분(#427)은 네덜란드어 제2판에서 처음으로 등장하는 전혀 새로운 내용으로 생애 마지막 십 년 동안 그가 종교심리학에 진지한 관심을 가졌다는 것을 보여준다. 이 내용은 1907년에 스웨덴의 "Royal Academy of the Sciences"에서 종교심리학을 주제로 행한 강의에 실린 것으로 다음 책에서 볼 수 있다. H. Bavinck, *Verzamelde Opstellen* (Kampen: Kok, 1921), 55-77; ET: *Essays in Religion, Science and Society*, chap. 4. 이 주제에 대해 Bavinck가 어떤 관심을 가졌는지, 그리고 이 주제에 대해 더 탐구하기 위해서는 다음을 보라. H. Bavinck, *The Philosophy of Revelation* (Grand Rapids: Eerdmans, 1953), chap. 8, "Revelation and Religious Experience"; idem, *Bijbelsche en Religieuze Psychologie* (Kampen: Kok, 1920).

적 본능을 가지고 있다. 여기서 종교심리학은 원죄 교리를 확증한다. 어린 아이에게는 모든 종교가 외적이다. "하나님은 그의 위에 그리고 그를 초월해 계신다." 그 뒤를 따르는 청소년기는 질풍노도의 시기다. 신체의 변화가 두드러지고, 젊은 남녀는 새로운 감각, 기쁨과 불쾌함, 공감과 혐오의 새로운 느낌들, 새로운 갈망, 소원, 이상의 세계로 들어서기 때문이다. 그들은 성생활에 눈을 뜨고 재생산(생식)을 통해 인류라고 하는 더 큰 사회에 기여하고 통합되는 능력을 갖게 된다. 고상하고 고차원적인 이상들에 대한 영적 개방성뿐만 아니라, 추상적 사고와 추론의 능력이 생긴다. 건강한 성인으로 자라는 이들은 "이중 회심", 즉 "두 번째 출생"을 경험해야 하는데, 이를 통해 그들은 동물적 본성, 어린아이 같은 자기중심성, 외적 규칙들과 통제에 대한 의존을 극복한다. 또한 그들은 자신의 정체성을 찾으려 씨름하는 위기 속에서 느끼는 성장통을 통해, 자기를 희생할 수 있고 인간 공동체에서 책임 있는 구성원이 될 수 있는 자유로운 인격들이 된다. 만일 사춘기가 두 번째 출생, 거듭남, 새로운 인격의 탄생, 개인적이면서 동시에 사회적인 인격이라면, 이 두 번째 출생은 그 자체에 고유한 병리들과 위험들, 그리고 고유한 일탈과 죄들을 수반한다. 이 시기에 영혼은 계속되는 불안과 동요로 괴로움을 당하지만, 우리는 성적 계몽과 종교적 회심 사이에 존재하는 흥미로운 병행관계에 주목할 필요가 있다. 물론 단순히 전자를 통해 후자를 설명할 수 있는 것은 아니다.

혼란스럽고 괴롭고 불안한 위기 상황에서 상대적으로 근심 없고 행복하며 확신 있고 안전한 내적 평안과 안식의 상황으로 전환하는 것을 사람들이 종교적 언어로 묘사할 때 "회심"이라고 하는데, 기독교는 이런 회심을 성령 하나님의 초자연적 사역의 열매로 본다. 하지만 종교심리학에 따르면, 과학적으로 말해서, 이러한 종교적 위기를 설명하기 위해 굳이 어떤 초자연적 요인을 의지할 필요가 없다. 아무리 생소하고 특이해 보일지라도, 그것은 심리학에 의해 모든 종교에서 비슷한 패턴으로 발생하는 정상적인 인간 발달의 일부분으로 설명될 수 있는, 지극히 자연적인 과정일 뿐이다. 물론 각 사람의 발달에 개인적인 차이들이—무엇보다도 양육과 환경, 성격과 기질, 성별과 나이에 따라서—있고 종교적 경험에도 여러 유형들이 있는 것은 사실이지만, 종교적 자각과 성적 자각이 청년의 삶에서 언제나 거의 동일한 시기에 나타나고 특정한 패턴을 따른다는 것도 마찬가지로 사실이다. 이 시기의 종교적 경험은 전형적으로 죄에 대한 자각, 죄책감, 심판에 대한 두려움, 절망, 우울감, 후회, 두려움과 같은 감정들, 그리고 두 세력들—다시 한 번 옛 사람과 새 사람, 어둠과 빛, 죄와 덕, 사탄과 그리스도로 다르게 묘사되었다—의 대결을 포함한다. "회심"이 일어나는 것은 싸움이 끝난 후에 마침내 죄, 비참함, 곤경의 경험이 평화와 기쁨, 용서와 화해, 하나님의 은혜와 교제의 경험으로 이어질 때다. 이런 종교적 경험들은 일반적으로 사춘기의 전형적인 경험과 질적으로 동일하며, 혹시 차이가 있다면 종교적 영역에서는 그것들이 신앙적으로 채색되고 해석된다는 점이다.

종교심리학에 따르면 우리는 "회심", "각성", "깨달음" 등의 종교적 체험이 모든 종교에서 모든 사람에게 나타난다는 점도 염두에 두어야 한다. 석가모니, 무함마드 등의 사람들은 바울, 아우구스티누스, 루터만큼이나 많은 종교적 위기를 경험했다. 기독교뿐만 아니라, 모든 종교가 개인적 삶과 공동체적 삶에서의 부흥에 대해 말할 수 있다. 모든 종교는 주관적 경험—신비주의, 금욕주의, 황홀경, 계시, 영감—은 물론이고 객관적 종교 현상들—교의, 제의, 교회—을 공유할 뿐만 아니라, 의식적이든지 무의식적이든지 종교적 발달과 사춘기 간의 연관성을 받아들이는 데 동의한다. 모든 종교에는 이 시기에 종교적 공동체로 온전히 받아들여지는 통과 의례가 있다. 로마 가톨릭에서는 이때 첫 성찬(first communion)을 시행하며, 루터파에는 견신례(confirmation)가 있고, 개혁파에는 공적 신앙고백(public profession of faith)이 있다.

따라서 종교심리학은 이 모든 것이 "잠재의식적"이거나 "무의식적"인 것을 포함하는 인간의 의식에서 일어나는 지속적 변화의 현상으로 설명될 수 있다고 믿는다. 우리에게 계속해서 새로운 지각들(perceptions)이 쏟아져 들어옴에 따라, 무의식적 자료인 인상들(impressions)이 지속적으로 활동하고 있는데, 그것은 언제든지 새로운 지각들에 의해 "자극받고" 대체될 것이다. 겉으로 의미심장하고 갑작스러운 "회심"으로 보이는 것은 사실 그동안 "표면 아래" 항상 존재해왔던 지각과 인상이 이제 단순히 공개되고 의식되는 것일 뿐이다. "갑작스러운 각성은 잠재의식 속에서 무르익어온 것들의 열매다." 이런 변혁들은 언제든지 인간의 의식 안에서 일어난다. 우리가 인간으로서 갖는 통상적인 경험의 한 부분인 것이다. 이런 관점에서 보면 회심은 일부만의 독특한(sui generis) 체험이 아닌, 모든 사람의 공통적인 경험이다. 사춘기 동안에 한 사람의 종교적 인격에서 각성이 일어나는 것은 청소년기에 자연적이고 필연적이고 정상적인 심리과정이다. 그러므로 특정한 신앙적 각성이 갖는 돌연성이 어떤 기적적이고 초자연적인 기원에 대한 증거가 될 수는 없다. 회심에 대한 이런 심리학적 설명은 인생의 성년기에 나타나는, 일반적으로 "성화"라는 용어로 묘사될 수 있는 종교적 발달 과정에 의해 지지를 받는다. 대개 사람이 성년이 되면 의심이 사라지고 자신의 신앙과 삶을 재정립하기 마련이다. 종교심리학에 따르면, 원숙한 성인은 종교적으로 "안정되고" 교리와 믿음의 내용들에 대한 비중은 감소하는 반면, 종교적 체험과 선행은 중요성을 더해간다. 자기중심적 성향들은 사회와 세상, 그리고 하나님이 중심을 이루는 새로운 성향들로 바뀌기 시작한다.

정리하자면, 종교심리학은 종교적 발달에 발상과 법칙 그리고 역동성과 기획이 공존한다고 주장하는데, 이는 개별적 인간에게뿐 아니라 보편 인류에게도 마찬가지다. 전자는 후자에서 재연된다. 우리는 여기서 세 가지 요소를 구분할 필요가 있다. 첫째, 인간 안에서 자신만의 독립적 인격으로의 진화가 있는데, 이는 인간이 수 세기에 걸쳐 동물세계에서 인간으로 탄생해가는 과정에 상응한다. 둘째, 개별적 인간에서 사회적 존재로의 진화가 있는데, 이는 사회가 무한한 형태와 복잡한 관계로 서서히 만들어

져가는 과정에 상응한다. 마지막은 사회적 인간이 인류와, 전체로서의 세
상과, "의롭게 하는 능력"인 신성의 일부분으로 진화하는 것이다. 스탠리
홀(Stanley Hall)[48]에 따르면, 지금 우리는 이 시기의 중간에 있다. 인간의 발
달을 위해 엄청나게 많은 세기가 이미 지났고, 앞으로도 수없는 세기가 남
아 있다. 지금 우리는 세상의 청소년기에 살고 있다. 우리가 목도하는 미
명은 저녁이 아니라 새벽의 것이다. 영혼은 이미 존재하는 것이 아니라 여
전히 생성 과정 중에 있다. "영혼은 여전히 만들어지고 있다." 그 안에 있
는 능력들은 지금 숲속에서 잠자는 이들처럼 여전히 수면 중에 있지만 언
젠가는 깨어날 것이다. 지금보다 더 큰 가능성으로 드러날 이 능력들은 장
차 도래할 "인간 왕국"의 통치를 보다 강력하게 증진시킬 것이다.

신학은 이런 심리학적 연구들과 관찰된 유사점들을 그냥 간과할 수는
없는데, 이는 신학이 회심과 같은 사건들의 의미를 탐구하기 때문이다. 우
리는 회심과 같은 영적 변화를 단순히 생물학적·심리학적 원인으로 환원
하는 모든 물질주의적 설명과 이론을 거부하고, 영혼의 생명과 그 종교적
내용이 독립적인 가치를 가진다고 주장한다. 동시에 우리는 사람의 인격
이 갖는 심신의 일체성을 주장하고, 영혼과 육체의 상호의존성을 인정한
다. 더욱이 질풍노도와 스트레스로 특징지어지는 청소년기가 젊은이의 종
교적 발달과 성적 발달이 함께 이루어지는 중요한 시기라는 점에는 논란
의 여지가 없다. 바로 이 시기에 독립적 인격성이 사람 안에 생성되는데,

---

48) 편집자 주—이 절의 내용은 대부분 G. Stanley Hall (*Adolescence: Its Psychology
and Its Relations to Physiology, Anthropology, Sociology, Sex, Crime, Religion
and Education*, 2 vols. [New York and London: D. Appleton, 1904])과의 직접
적인 논의에서 온 것이다. "질풍노도"(독일어로 Sturm und Drang)는 청소년기를 묘
사하기 위해 Hall이 즐겨 사용하는 표현이다. Bavinck가 언급하는 다른 심리학자로
는 Edwin Diler Starbuck (*The Psychology of Religion: An Empirical Study of
the Growth of Religious Consciousness* [London: W. Scott; New York: Scribner,
1901])이 있다. 참조. Bavinck, *Essays on Religion, Science and Society*, 63n2; and
"Editor's Introduction," in Bavinck, *Reformed Dogmatics*, III, 19.

여기에는 영적 성숙은 물론이고 성적·사회적 정체성과 성숙도 포함된다. 종교적 경험에 대한 심리학적 연구는 이 부분을 밝히는 데 도움이 되었다.

[427b] 하나님이 인간의 마음에 영원을 두셨기 때문에, 우리는—어떤 식으로든—다음과 같은 질문을 던지지 않을 수 없다. 나는 어떻게 최고선과 영속적인 행복을 발견할 수 있는가?[49] 나는 어떻게 하나님과 화해하고 그분과의 교제로 들어갈 수 있는가? 나는 어떻게 은혜로우신 하나님을 발견할 수 있는가?(Luther) 영생으로 인도하는 길은 무엇인가? 신학적으로 이런 물음들은 구원의 서정(*ordo salutis*) 또는 구원의 방식(*via salutis*)이라는 범주에 속한다. 개혁파 신학은 구원의 서정을 처음에는 회개, 믿음, 선행이라는 세 가지 제목 아래 다루었지만, 곧 이를 확장하여 부르심, 조명, 중생, 회심, 믿음, 칭의, 성화 등의 주제들을 포함시켰다. 우리가 살펴본 것처럼,[50] 개혁파 신학은 구원의 서정을 상당히 다양하게 다루는 것이 특징이었지만, 그럼에도 언제나 강조점은 그리스도의 사역이 성령에 의해 신자에게 유익하게 적용된다는 것이었다. 그래서 칼뱅은 『기독교강요』 제3권에 "우리가 그리스도의 은혜를 받는 방식: 그로부터 무슨 유익들이 우리에게 있는지, 또 그에 따른 효력들은 무엇인지에 대하여"라는 제목을 붙였다.

우리가 구원의 서정을 이해하기 위해 성경이라는 출발점으로 돌아갈 때, 우리는 즉각적인 어려움에 봉착한다. 그리스도의 죽음이 우리의 구원을 위한 모든 것을 성취했다고 하지만, 우리가 즉시 죄와 고통과 죽음으로부터 완전히 구원받은 것은 아니며, 완전한 거룩함과 복됨을 얻은 것도 아니다. 반대로 우리는 시간 속에서 믿음과 회개의 권유를 받는다. 거듭나고

---

49) 편집자 주—Bavinck는 앞의 논의에서 갑자기 이 부분으로 넘어온다. 종교심리학에 대한 논의를 계속 이어가지도 않을뿐더러, 평소와 달리 별 비판적인 반응도 없이 그것에 대해 서술하는 것으로 그친다. 이 새로운 분야에 대한 연구가 Bavinck에게 얼마나 의미가 있었는지를 보여주는 대목이다.

50) 참조. H. Bavinck, *Reformed Dogmatics*, III, 520-22 (#418).

의롭게 되고 거룩해지고 영화롭게 되어야 한다. 현재의 삶에서는 죄, 고난, 죽음에 종속되어 있다. 오직 많은 고난을 통해서만 하늘나라에 들어간다. 성경은 우리에게 두 가지 명백히 상반되는 진리를 말하는 것처럼 보인다. 한편으로는 모든 것이 성취되어서 구원을 위해 우리 인간이 해야 할 일은 더 이상 없다고 말하는가 하면, 다른 한편으로는 이미 이루어진 구원을 인간이 얻기 위해서는 가장 중요한 일들이 인간의 삶에 일어나야 한다고 말한다.

그렇기 때문에 우리가 직면해 있는 위험은 한편으로는 펠라기우스주의적 율법주의이며, 다른 한편으로는 율법폐기론이다. 기독교가 말하는 구원의 서정이라는 배가 항상 좌초될 위험이 있는 이유도 바로 이 쌍둥이 암초 때문이다. 율법주의(nomism, 다양한 형태와 정도의 펠라기우스주의)는 하나님의 작정들과 상충될 뿐만 아니라,[51] 그리스도의 인격과 사역을 합당하게 다루지 못한다. 만일 그리스도가 성취하신 것이 기껏해야 우리가 구원받을 수 있는 "가능성"뿐이고 우리의 손에 결정이 맡겨졌기 때문에 우리가 해야 할 일이 그토록 많이 남아 있다면, 구원에서 결정적인 요인은 우리에게 있는 것이다. 그리스도는 모범적인 선생으로 축소되고, 온전히 충분한 구원자가 아니게 되어버린다. 결국 펠라기우스주의는 기독교와 이방 종교 사이의 경계를 흐릿하게 만들고 사람들로 하여금 자신의 지혜와 힘으로 구원을 추구하도록 만든다. 펠라기우스주의는 구원의 확실성을 제거하고 사람들로 하여금 다시 하나님도 없고 세상에 소망도 없는 상태로 돌아가게 만든다(엡 2:12). 세계 역사의 마지막이 불투명해진다. 가장 중요한 질문—세계의 영원한 운명—과 관련해서, 세계의 경영이 인간에 손에 달려 있게 되는 것이다.[52] 경건주의와 감리교는 죽은 정통주의에 반대하고 기독

---

51) 참조. H. Bavinck, *Reformed Dogmatics*, II, 347-51 (#234), 377-82 (##242-43).

52) 편집자 주—그렇게 볼 때 아르미니우스주의 신학자들이 장래에 우발적으로 일어날 일에 대해서는 하나님도 모른다고 믿는 소위 "열린 유신론"(open theism)을 옹호하는 것은 당연한 귀결이다. 다음을 보라. David Basinger, *The Case for Freewill Theism:*

교를 삶에 적용함으로써 그리스도인들을 더 위대한 영성과 선행에 이르도록 고무시켰다는 점에서는 옳았지만, 종종 다른 극단으로 나아가서 강조점을 객체에서 주체로 옮겨놓았다. 그들은 그리스도에 의해 구원받는다는 사실을 부인하지 않았지만, 자신들의 노력과 에너지를 자기 자신과 신앙 체험(경건주의) 또는 선행의 순종(감리교)으로 향하게 했다. 기독교는 경건주의와 같이 세상에서 물러나든지 또는 감리교와 같이 세상에서 적극적으로 행하는지, 자연적인 삶과 분리되어 이원론적인 태도를 취하게 되고, 따라서 가족·사회·국가 및 과학과 예술에 유기적인 영향을 끼치지 못한다. 성화는 일상적인 것들로부터 물러나는 데 있기 때문에 긍정적이기보다는 부정적인 것으로 간주되었다.

반대의 범주에 반율법주의(antinomianism)가 있다. 이것은 우리가 반드시 인정해야 하는 중요한 진리를 옹호한다. 그리스도가 모든 것을 이루셨고, 우리는 우리의 구원을 위한 그의 희생에 아무것도 더할 것이 없고, 더할 수도 없고, 더할 필요도 없다는 것이다. 하지만 반율법주의자들은 이 진리를 전혀 다른 교리를 선포하는 데 이용한다. 즉 부활하시고 영화롭게 되신 후에는 그리스도께도 아무런 할 일이 남아 있지 않다는 것이다. 하지만 승귀의 상태에서도 그리스도가 하실 일은 많이 남아 있다. 그는 친히 이루신 구원을 자신의 교회에 적용하시고 나누어주셔야 한다. 이처럼

A Philosophical Assessment (Downers Grove, IL: InterVarsity, 1996); Gregory A. Boyd, *God of the Possible: A Biblical Introduction to the Open View of God* (Grand Rapids: Baker Books, 2000); Christopher A. Hall and John Sanders, *Does God Have a Future? A Debate on Divine Providence* (Grand Rapids: Baker Academic, 2003); William Hasker, *Providence, Evil and the Openness of God* (London and New York: Routledge, 2004); Clark H. Pinnock, *Most Moved Mover: A Theology of God's Openness* (Grand Rapids: Baker Academic; Carlisle, Cumbria, UK: Paternoster, 2000); Pinnock et. al., *The Openness of God: A Biblical Challenge to the Traditional Understanding of God* (Downers Grove, IL: InterVarsity, 1994); John Sanders, *The God Who Risks: A Theology of Providence* (Downers Grove, IL: InterVarsity, 1998).

반율법주의는 구원 사역의 적용을 무시하고, 원칙적으로 성령의 인격성과 활동을 부정한다. 반율법주의의 내적 동기는 범신론적 충동이다. 하나님과 인간은 본질적으로 하나이고, 따라서 영원 전부터 화해되었다. 구속이 의미하는 전부는 우리가 자신의 참된 상태에 대해 더 잘 알고 깨우침을 얻는 것이다. 하나님이 우리를 향해 진노하신다는 착각을 버리고, 그가 우리의 아버지로서 우리를 사랑하신다는 것을 인식해야 한다. 회개, 참회, 죄에 대한 후회, 지옥에 대한 두려움, 심판에 대한 공포, 용서를 비는 기도, 성화도 필요 없다. 이런 것들은 모두 펠라기우스적 오류로서, 하나님의 은혜와 속죄라는 객관적 사실을 정당하게 다루지 못한 것이라는 말이다. 여기서도 예수는 단지 예언자, 교사로서 우리에게 하나님의 사랑과 길들에 대해 깨닫게 하실 뿐이다. 우리는 단지 우리의 잘못된 견해에서 벗어나기만 하면 된다. 율법주의와 같이 반율법주의도 기독교의 핵심을 전적으로 거부하는 것으로 끝나고, 이교주의로 다시 주저앉고, 죄로부터의 구원을 인간의 합리주의적 계몽 또는 도덕주의적 개선으로 대체한다. 둘 다, 아리우스적 의미에서든지 또는 사벨리우스적 의미에서든지, 삼위일체에 대한 신앙고백을 거부한다.

삼위일체적 구원의 길, 그리고 진리

[428] 구원에 대한 성경적 견해는 성령의 고유한 사역을 인정하면서 온전히 삼위일체적이어야만 한다. 그리스도가 우리를 위해 얻으신 것은 그 자체로 완전하지만, 반드시 우리에게 그리고 우리 안에 적용되어야 한다. 칭의와 성화를 통해, 죄책·오염·죄의 권세로부터의 자유함을 통해서 말이다. 마치 어린아이가 심지어 태어나기도 전에 자기 아버지의 모든 소유에 대해 권리를 갖지만 훨씬 나중에야 그것을 소유하게 되는 것처럼, 나중에 믿게 될 모든 사람도 역시—그들이 믿기 오래 전에—그리스도가 얻으신 모든 유익에 대한 권리를 그리스도 안에서 이미 갖고 있는 것이며 단지

믿음으로 그것들을 소유하기만 하면 된다. 그러므로 구원의 획득은 이 유익들의 적용을 요청한다. 이 적용은 이중적이다. 그리스도가 우리를 죄와 그 결과로부터 구속하시기 때문에—그는 우리의 죄책과 형벌을 친히 담당하시면서 또한 우리를 대신해서 율법을 성취하셨다—우리는 성령의 능력 안에서 칭의를 얻는다(즉 죄의 용서와 영생에 대한 권리를 확신한다). 또한 우리에게는 성령의 능력이 성화를 위해 주어졌다(즉 우리 안에 그리스도의 형상을 새롭게 이루어간다). "성령이 친히 우리의 영과 더불어 우리가 하나님의 자녀인 것을 증언"하시고(롬 8:16), 우리를 거듭나게 하시고 하나님의 형상을 따라 우리를 바꾸어가신다. 이 적용의 사역은 성부에 의한 창조와 성자에 의한 구속만큼이나 신적인 사역이다. 그러므로 이 일을 이루시는 성령은 성부·성자와 함께 영원히 찬송과 송축을 받으실 유일하신 한 분 하나님이시다.

여기서 종교개혁의 원리들이 분명해진다. 자연은 하나님이 창조하신 것이고 하나님의 섭리에 달려 있으므로 은혜만큼이나 귀중하다. 그렇기 때문에 구속에서 성령의 사역은 또한 창조와도 연결되어 있다. 자연적인 생명 자체가 새롭게 된다. 종교개혁의 가르침에 따르면, 은혜는 죄와 대립할 뿐 자연과 대립하지는 않는다. 원칙적으로 단 하나의 대립만이 있는데, 바로 죄와 은혜 사이의 대립이다. 그렇기 때문에 종교개혁은 민족들에게서나 특별한 사람에게서나 자연적 생명에 대한 하나님의 인도에 교훈적 역할과 의미를 부여할 수 있었다. 하나님이 친히 수 세대에 걸쳐 일어나는 성령의 은혜로운 사역을 준비하시며, 또한 성령은 자신의 활동들을 통해 자연적 생명을 하나님의 인도와 연결하시고, 자신의 은혜로 자연적인 생명을 회복시키시고 죄의 권세에서 해방하시고 하나님을 위해 구별되게 하신다. 동시에 성령의 사역은 인간의 의지와 행위를 무효화하지 않는다. 은혜는 자연이 아니라 죄와 대립한다. 성부·성자·성령의 본질적 연합으로부터 성령이 성자의 사역과 긴밀한 관계를 갖는다는 사실이 도출된다. 본질에서 하나이신 세 위격은 다양한 활동들 가운데 함께 일하신다.

그리스도는 지상사역을 위해 성령으로 구비되시고 성령으로 한량 없이 기름 부음을 받으셨고, 온전히 성령을 얻으시고 모든 성령의 은사를 받으셔서 지금도 성령으로 사시고 다스리시고 통치하신다. 성부와 성자의 성령은 이제 "그의" 영, 즉 그리스도의 영이 되셨다. 그리스도가 영화롭게 되시기 전에 그는 아직 그리스도의 영이 아니었다. 하지만 이제 그는 그리스도의 영, 그리스도의 합법적 소유, 다시 말해 그리스도의 것이다. 그러므로 그리스도는 오순절에 성령에 의해 자신의 모든 유익을 자기 교회에 공급하시기 위해 이 성령을 보내신다. 성령은 모든 것을 그리스도로부터 취하신다. 아들이 아버지를 영화롭게 하기 위해 오셨던 것처럼, 이제는 성령이 아들을 영화롭게 하기 위해 내려오셨다. 성령은 그리스도의 모든 유익을 각자에게 분량에 따라 합당한 때에 그가 정하신 질서대로 적용하시는데, 이 일을 그리스도의 충만이 그의 교회 안에 거하시고 교회가 성숙함에 도달할 때까지, 즉 "그리스도의 장성한 분량이 충만한 데"(엡 4:13) 이를 때까지 행하신다. 구속의 서정은 구원의 적용(*applicatio salutis*)이고, 가장 합당한 질문은 "사람이 구원받기 위해 무엇을 해야 하는가?"가 아니라 "하나님은 자신의 은혜 안에서 무엇을 행하셔서 교회로 하여금 그리스도에 의해 획득된 온전한 구원에 참여하도록 하시는가?"라는 것이다. "구원의 적용"은 인간론적으로가 아니라 신론적으로 다루어야 할 하나님의 사역으로서, 성령이 그 창시자시며 따라서 성령의 특별한 사역으로 불릴 수 있다. "구원의 방식" 전체는 "성령의 적용하시는 은혜"다.

하지만 구원의 서정에 대한 이런 이해에 대항해 펠라기우스주의 진영에서 항상 반대가 제기되었다. 인간의 권리들이 부인되고, 인간의 자기 활동이 억압받고, 불경건한 삶이 조장된다는 것이다. 이런 반대는 율법의 행위로는 의롭게 될 인생이 없다(롬 3:20)는 성경의 증거를 뒤집기 위해 근본적으로 계산된 것이므로 결코 인정될 수 없다. 또한 이것은 심각한 오해에 기초해 있다. "구원의 적용"이 하나님의 사역이라는 사실을 믿는다는 것은 모든 도덕적 요인에 대한 인정을 배제하지 않고 오히려 온전히 포함하는데, 이러한 요인들은 하나님의 섭리의 인도하심 가운데 회심하지 않은 사람의 지성과 마음에 영향을 끼친다. 결국 자신의 자녀인 인생들을 인도하시고, 그들에게 증언하시고, 그들 위에 하늘로부터 유익들을 비처럼 내려주셔서(참조. 행 14:17), 그들로 하여금 하나님을 발견할 소망 가운데 하나님을 찾도록 하시는 분(참조. 행 17:27)은 하나님 자신이시다. 구원의 적용은 지금도 앞으로도 영이신 성령, 즉 그리스도의 영의 사역이다. 따라서 구원의 적용은 결코 강압적이거나 폭력적이지 않고, 오히려 언제나 신령하고 자애롭고 부드러우며, 사람을 다룰 때에 나뭇조각으로 대하는 것이 아니라 이성적 존재로서 그들을 조명하고 설득하고 이끌고 굴복시킨다. 성령은 인간의 죄로 인한 어둠이 하나님의 은혜의 빛에 항복하게 하시고, 영적 무력함을 영적 능력으로 대체하신다. "우리의 영과 더불어 우리가 하나님의 자녀인 것을 증언하시는" 분은 바로 하나님의 영이시다(참조. 롬 8:16). "이제는 내가 사는 것이 아니요 오직 내 안에 그리스도께서 사시는 것이라. 이제 내가 육체 가운데 사는 것은…하나님의 아들을 믿는 믿음 안에서 사는 것이라"(참조. 갈 2:20). "너희 안에서 행하시는 이는 하나님이시니 자기의 기쁘신 뜻을 위하여 너희에게 소원을 두고 행하게 하시나니", 이 하나님은 우리가 "두렵고 떨림으로" 우리의 구원을 이루기를 원하신다(참조. 빌 2:12-13). 오직 이러한 신학적 견해만이 우리에게 확신을 가져다주며 실제적으로 새로운 그리스도인로서의 삶을 보장해준다. 이에 반해 펠라기우스주의적 견해는 모든 것을—심지어 선이 이기고 하나님의 나라가 승리하는 것조차도—불안정하고 불확실하게 만든다. 모든 것이 인간의 예측할 수 없는 변덕에 달려 있기 때문이다. 이런 견해는 인간의 권리를 옹호한다는 명목 하에 하나님의 권리를 짓밟고, 인간에게는 기껏해야 변덕스러운 권리만 남겨둔다. 구원의 서정에 대한 신론적 견해는 인간론적 견해 속에 감추인 모든 선한 것을 다 망라할 뿐만 아니라, 하나님이 지으신 이성적이고 도덕적인 피조물로서의 인간을 정당하게 다룬다. 하지만 반대의 견해는 그렇게 할 수 없다. 인간으로부터 시작해서 무엇보다도 인간의 권리와 자유를 확보하려고 애쓰는 노력들은 언제나 하나님의 능력과 은혜를 제한하는 것으로 끝난다.

[429] 이 모든 것은 "은혜"라는 단어로 간추려진다. 이 단어는 공로 없이 얻은 하나님의 호의와 그로부터 솟아나는 많은 유익들, 은혜의 선물들을 의미한다(롬 5:20; 엡 1:7; 2:5, 8; 빌 1:2; 골 1:2; 딛 2:11; 3:7 등). 여기서 우리는 성령이 인간에게 주관적으로―내적으로―나누어주시는, 그들의 구원과 가장 긴밀하게 연관된 은혜의 선물들에 대해서만 논한다. 그와 같은 하나님의 특별한 은혜의 선물들은 복음의 설교를 통해 모든 듣는 자에게 제시되고 택자에게 유효하게 주어진다. 로마 가톨릭과 종교개혁이 이 지점에서 다르다. 로마 가톨릭은 지성을 비추고 의지를 일깨우는 것이 초자연적 능력이라고 보지만, 종교개혁은 복음의 은혜로운 초청과 부르심이라고 생각한다. 로마 가톨릭에서는, 타고난 또는 주입된 은혜는 하나님의 선물로서 인류를 "초자연적 질서로 고양시키고 어떤 면에서 신적 본성의 참여자로 만든다."53) 로마 교회가 생각하는 은혜는 무엇보다도 인간에게 덧붙여진 초자연적 자질로서, 인간을 원칙적으로 초자연적 질서로 고양시키고 신적 본성의 참여자가 되어 하나님을 직관하게 하며, 영생을 얻기에 합당한 적절한 공로 같은 초자연적 행위들을 수행할 수 있게 만들어준다. 은혜에 대한 이런 실체적(substantial) 이해에서 죄의 용서는 "하나님처럼 되고 하나님과 연합하는"54) 고양과 신성화에 비해 부차적이다.

종교개혁에서 은혜는 죄와 마찬가지로 본질이 아니다. 은혜는 우리를 자연 너머로 고양시키지 않고, 오히려 본성적 질서 안에서 죄에 종노릇하는 것으로부터 우리를 자유롭게 한다. 자연과 초자연 사이의 "물리적" 반목은 죄와 은혜 사이의 윤리적 반목으로 대체된다. 그리스도는 우리를 아담이 서 있던 길로 다시 데려가지 않으시고, 우리를 위해 모든 여정을 끝

---

53) Christian Pesch, *Praelectiones dogmaticae*, 9 vols. (Freiburg: Herder, 1902-10), V, 172, 188.

54) Dionysius, in Joann Baptist Heinrich and Constantin Gutberlet, *Dogmatische Theologie*, 2nd ed., 10 vols. (Mainz: Kirchheim, 1881-1900), VIII, 595.

까지 대신하셨다. 그리스도는 소극적 순종뿐만 아니라 적극적 순종도 다 이루셨다. 그분은 결코 실패할 수 없는 구원, 즉 영생을 획득하셨는데, 그것은 아담에게는 여전히 미래의 것이었다. 하지만 은혜는 아담이 타락하지 않았을 경우에 순종으로 얻을 수 있었던 것보다 더 많은 것을 주지는 않는다. 은혜언약은 방법 면에서 행위언약과 다를 뿐 궁극적 목표는 동일하다. 행위언약에서 약속된 동일한 보화가 은혜언약을 통해 주어졌다. 은혜는 본성을 회복시키고 그것을 가장 높은 정점으로 인도할 뿐이며, 결코 새롭고 다른 무엇을 그것에 덧붙이지 않는다. 재창조는 새로운 두 번째 창조가 아니다. 무슨 새로운 피조물을 존재에 덧붙이거나 어떤 새로운 실체를 도입하지 않고, 진정으로 "재구성"(re-formation)할 뿐이다. 이 과정에서 은혜의 역사가 죄의 권세에까지 미친다. 죄는 모든 것을 오염시켜서 창조 세계의 조직체와 피조물들의 본성 자체를 부패하게 했다. 따라서 은혜는 인류를 내적으로 그 존재의 중심에서 죄로부터 해방시키고 하나님 앞에 흠이나 주름이 없게 드러내는 하나님의 능력이다. 은혜는 전체 구원 사역의 처음과, 과정과, 마침이다. 인간의 공로는 전혀 없다. 창조와 구속처럼, 성화도 하나님의 사역이다. 그것은 하나님으로부터 나서, 하나님을 통하여, 결과적으로 하나님에게 인도함으로 하나님을 영화롭게 한다.

[430] 은혜의 특별한 유익들은 다양하고 다함이 없다. 신학자들은 이 유익들을 질서 있고 포괄적인 방식으로 다루기 위해 굉장히 애썼다. 로마 가톨릭 신학은 그것들을 교회의 관점에서 다루었으며, 위계적으로 조력은총(actual grace), 상존은총(habitual grace), 은총의 열매(the fruits of grace)로 정리했다. 사제는 성례를 통해 은혜를 신자의 마음에 주입하고, 회복하고, 증가시킨다. 은혜는 성례를 따른다. 그러나 종교개혁은 교회와 성례보다는 신자들과 그들을 구원에 이르게 하는 방식에 집중했다. 종교개혁이 구원의 서정에서 성령의 사역을 다시 전면에 배치했을 때, 처음에는 단순하게 회개·믿음·선행이라는 세 가지 주제로 다루었다. 하지만 머지않아 더욱 상세하게 다룰 필요를 느꼈다. 개혁파 신학자들은 성령과 말씀을 분리

한 재세례파에 대항해서, 그리고 성령의 "직접적" 역사를 말하는 자신들의
교리에 근거하여 개혁파가 말씀 설교를 소홀히 하고 업신여긴다고 비난
했던 항변파에 대항해서, "부르심"을 구원의 서정에서 맨 앞에 두었다. 창
조와 섭리에서처럼, 재창조에서도 하나님은 말씀을 통해 모든 것이 존재
하도록 부르신다. 게다가 중생이 제한적 의미에서 이해되고 믿음에 선행
하게 될 때, 부르심은 외적 부르심과 내적 부르심으로 나뉜다.[55] 개혁파 신
학자들은 항변파와 아미랄두스주의자들에 대항해서, 성령을 인간 스스로
의 모든 행위에 앞서 인간의 의지를 움직이는 동인으로 인정하면서 중생
이 선행한다고 주장했다. 신학자들은 또한 성령의 일하심과 그 활동의 열
매를 구분해야 할 필요를 느꼈다. 다른 말로 하면 믿음의 기능과 행위, 소
극적 의미의 회심과 적극적 의미의 회심, 또는 제한적 의미의 중생과 믿음
(그리고 적극적 의미의 회심) 사이를 구분해야 한다고 느낀 것이다. 중생에서
성령은 단순히 말씀에 의해 지성을 조명하실 뿐만 아니라, 직접적이고 즉
각적으로 새로운 정서들을 의지에 불어넣으신다.[56] 믿음과 회개는 성령의
전능한 활동의 열매들, 성령에 의해 마음에 심어진 씨앗의 열매들이다.

특히 경건주의와 감리교의 부흥주의가 던진 도전들에 대한 반응으로
더 많은 미묘한 차이들이 생겨났다. 개혁파는 구원받은 사람들 가운데 많
은 이들이 나이가 들어서야 거듭나고 회심한다는 사실을 부정하지 않았
다. 하지만 그들은 언약의 자녀들에게 일어나는 (제한적 의미의) 중생이 믿
음과 적극적 의미의 회심보다 앞선다고 믿었기 때문에, 경건주의와 감리
교가 나중에 요구한 것처럼 "두드러진 영향과 강한 끌림"이 항상 동반되
어야 하는 것은 아니었고 "시간을 두고, 단계적으로, 점차" 일어날 수도 있
다고 보았다. 또한 사람이 반드시 정확한 회심의 방식과 때를 말할 수 있

---

55) Canons of Dort, III-IV, 6-10.

56) 다음을 보라. H. Bavinck, *Saved by Grace*, ed. J. Mark Beach, trans. Nelson D.
Kloosterman (Grand Rapids: Reformation Heritage Books, 2008), 41-64.

어야 하는 것도 아니었다. 예를 들어 존 웨슬리가 1738년 5월 24일 저녁 8시 45분에 자신에게 회심이 일어났음을 알았던 것처럼 말이다. 중생은 시간의 어느 한 지점에 집중되어 있지 않고 그리스도인의 삶 전체로 확장되었다. 따라서 회심은 옛 사람이 지속적으로 죽고 새 사람이 지속적으로 부활한다는 것으로 가장 잘 묘사된다.[57]

마지막으로 몇몇 개혁파 신학자들은 칭의 교리와 관련해서도 이전에 일반적으로 받아들여지던 것과 다소 차이가 있는 견해를 갖게 되었다. 신율법주의자들(neonomians)의 오류—사죄의 조건으로서의 믿음—와 반(反)신율법주의자들의 과도한 수정—칭의를 오직 법정적으로만 이해해서 그리스도의 수동적 순종의 결과로 보는 것—에 대응하려는 목적으로, 개혁파 신학은 값없는 칭의 교리와 그리스도의 인격과 그의 적극적 순종으로 인한 유익들의 전가 교리를 동시에 주장했다. 다른 말로 하면, 칭의는 믿음의 결과로 또는 믿음 때문이 아니라, 믿음을 위해 일어났던 것이다. 택자는 믿음을 받기 전에 이미 의롭게 되었다. 실제로 그들이 믿음을 받는 것은 엄밀히 말해 그전에 이미 의롭게 되었기 때문인 것이다. 이런 객관적이고 적극적인 칭의는 창세기 3:15 이후의 복음과 그리스도의 부활(롬 4:25)을 통해 알려졌지만, 사실은 이미 선택의 작정 안에서, 즉 그들이 그리스도께 주어지고 그리스도가 그들에게 주어졌을 때, 그들의 죄가 그리스도께 전가되고 그리스도의 의가 그들에게 전가되었을 때 일어났다. 몇몇 개혁파 신학자들은 영원한 칭의를 말하면서도, 반율법주의가 영원한 칭의를 근거로 그리스도의 속죄(satisfaction, 충족)를 반대하고, 믿음의 본질을 바꾸고, 율법의 규범적 사용을 거부한 것을 두려워하여, 개혁파 신학이 칭의 교리에서 작정 교리로 소급하는 것을 거부했다. 더욱이 이것은 영원

---

57) Heidelberg Catechism, Lord's Day 23; Zacharias Ursinus, *The Commentary of Dr. Zacharius Ursinus on the Heidelberg Catechism*, trans. G. W. Willard (Grand Rapids: Eerdmans, 1954), qu. 59-61.

한 칭의라는 용어를 사용했던 사람들이 구원의 서정을 다루는 데 거의 또는 전혀 영향을 끼치지 않았다. 심지어 마코비우스(Maccovius)는 그리스도로 인한 유익들을 적극적 칭의, 중생, 믿음, 소극적 칭의, 선행의 순서로 다루면서 그것을 분명하게 거부하고 반대했다. 그럼에도 그는 계속해서 칭의를 영원 전에 이루어진 그에 대한 작정과 구분했다.[58] 18-19세기에 점차 교회들 안에 만연하기 시작했던 상황들은 구원의 서정에 대한 개혁파의 도식을 유지하기 어렵게 만들었다. 세속성이 교회에 침투함으로써, 언약의 자녀들이 "단계적으로 점차" 믿음과 회심에 이르던 패턴은 점점 더 불확실해져가고, 많은 사람이 믿음과 회개에 합당한 어떤 열매도 보여주지 못한 채 수년을 흘려보낸다. 이런 상황에서 어떤 진지한 신자들은 사람들이 어린 시절의 중생을 신뢰하거나 기독교 교리에 대한 역사적 신앙을 신뢰하는 것에 대해 경종을 울리고, 진정한 회심, 마음의 돌이킴, 구원의 진리에 대한 체험적인 지식을 가질 것을 강권할 임무를 부여받았다고 느끼기도 했다. 죽은 정통주의에 대한 반발로, 비밀집회와 부흥운동으로 특징지어지는 경건주의와 감리교회는 언제나 존재의 이유와 권리를 찾을 수 있었다.

[431] 이미 지적한 것처럼,[59] 부흥운동은 우리가 종교심리학이라 부르는 새로운 학문이 일어나는 기폭제가 되었다. 개혁파 전통에 속한 사람들은 종교적 현상들을 심리학적 관점으로 살펴볼 가능성과 정당성에 대해 불편함을 갖지 말아야 한다. 그것이 적절한 세심함과 존중심을 갖고 행해진다면 말이다. 세계가 우리 인간에게는 오직 의식 안에서 그리고 의식을 통해서만 존재하기 때문에, 의식의 내용에 대한 고려와 연구는 그 자체로 그리고 그것만을 위해서도 행해질 수 있지만, 또한 주관적으로 심리학적

---

58) Johannes Maccovius, *Loci communes theologici* (Amsterdam: n.p., 1658), 676. 이후의 논의에서 칭의에 대해 어떤 견해를 보이는지 참조하라.
59) H. Bavinck, *Reformed Dogmatics*, III, 556 (#426).

측면에서 연구하는 것도 가능하다. 어린이·청소년·성인·노인의 종교 생활이 갖는 각각의 고유한 특징들, 종교적 발달과 신체적·심리학적·도덕적 발달의 상관관계들, 종교적 각성과 사춘기의 상호관련성, 종교적 변화에서 무의식적 힘의 작용 등, 이 모든 것들이 우리의 시야를 넓혀주고, 종교생활에 대한 통찰을 심화시키고, 신학자·목사·설교자·선교사·교사·양육자들을 위해 가치 있는 결과를 양산해낸다. 하지만 종교심리학은 아직 신흥 학문이며, 때로는 무르익기도 전에 열매를 따는 데 여념이 없는 것처럼 보이기도 한다. 개혁파 전통의 사람들은 부흥주의적 관점에 대해 불편함을 가지고 있으며, 종교에 대한 심리학적 연구의 타당성을 인정하기는 하지만, 그럼에도 모든 종교 현상들이 심리학적으로 설명될 수는 없다고 주장한다. 종교심리학은 실제 삶에서 회심이 대체 무엇을 의미하는가 하는 지점까지는 우리를 가르칠 수 있지만, 그 자체로는 참된 회심과 유사 회심, 세상적 근심과 경건한 근심의 차이를 전혀 우리에게 말해주지 못한다. 왜 어떤 사람의 삶에서는 회심이 일어나는데 다른 사람의 삶에서는 그렇지 않은지, 또는 왜 어떤 사람의 삶에서는 이 시기에 회심이 일어나고 다른 사람의 삶에서는 훨씬 이르거나 늦은 시기에 일어나는지 설명하지 못한다. 종교심리학에는 이를 위한 고유한 기준이 없고, 그 자체로는 회심이 무엇인지도 모른다. 그리고 그럴 수밖에 없다. 오직 하나님만이 자신의 계시를 통해 그것을 하실 수 있다. 그러므로 어떤 종교심리학자들이 우리에게 회심에는 오직 심리학적 요인들만 작용하고 초자연적 요인을 위한 여지가 없다고 말하는 것은 아주 오만한 일이다. 유한자가 무한자와 접촉하고 그 안에서 안식을 발견하는 지점이 어디인지를 보여주는 것은 불가능하다. 인간 영혼의 깊은 곳에서, 누군가의 의식과 의지 너머에서 무슨 일이 일어나는지는 묻고 있는 당사자에게조차 신비이고, 외부에 있는 사람들에게는 더더욱 그렇기 때문에 우리는 현상들에 의지할 수밖에 없다. 이론적 지식에 토대를 둔 관념론이 외부 세계의 실재에 대해 내재된 믿음을 관찰에서 제거함으로써 인간의 지식을 약화시키듯이, 형이상학이 존재할 권리를 부정하는 종교심리학은 종교 현상들을 망상들로 해체해버린다.

특별히 이 학문은 종교의 진리에 대해 아무것도 말할 수 없다. 윌리엄 제임스(William James)는 종교 경험을 판단할 준거를 종교 현상들 자체에서 얻으려고 시도했다. 실용주의자인 제임스는 종교 현상들을 그것들이 갖는 사회적 유용성에 기초해서 판단해야 한다고 말한다. 종교에서 중요한 것은 하나님이 누구인지가 아니라 하나님이 우리에게 어떻게 소용되는지이다. "하나님이 아니라 삶, 그것도 더 많은 삶이…종교의 목적이다. 하나님은 알려지지 않았고, 다만 사용될 뿐이다"(James). 하지만 제임스는 심지어 이런 실용주의적 준거를 가지고도 난제를 극복하지 못한다. 만약 "생명력"이 종교의 참됨과 유효함을 판단하는 유일한 기준이라면, 남는 질문은—이것은 역사적 연구로 답할 수 없다—어느 종교 또는 어떤 이교도의 미신이 그런 "가치"를 산출하는지에 대한 것이다. 바꾸어 말하면, 우리는 어떻게 이 "가치"에 대한 합의에 도달하는가? 실용주의가 일관적이려면, "가치"는 오직 그것의 "가치"를 통해서만 판단될 수 있을 뿐이라는 식의 무한반복적 주장을 되풀이할 수밖에 없다. 하지만 이것이 불가능하기 때문에, 실용주의는 "가치"가 아닌 다른 길을 선택해서 종교의 진리와 유효성을 증명하지 못한다면 막다른 길에 다다르게 될 것이다. 이런 이유에서 제임스는 실패를 인정할 수밖에 없었고, 결국 신비주의로 돌아섰다. "마음에는 이성이 알지 못하는 자기만의 논리가 있다." 하나님의 은혜는 "무의식의 문"을 통해 역사한다고 결론을 내리면서 제임스가 자신을 상당히 완화된 의미에서이기는 하지만 "초자연주의자"라고 부른 것은 괜한 일이 아니다. 이렇게 해서 얻는 지식은 아주 미미하다. "무언가 더" 고차원적인 힘이 있다는 것에 대한 자각이 전부인 것이다. 여기서 분명해지는 것은, 종교심리학이 종교 생활을 더 잘 이해하는 데 중요한 기여를 할 수 있지만, 종교심리학만으로는 결코 교의학이나 철학, 또는 형이상학을 대체하거나 대신할 수 없다는 것이다. 종교심리학의 기능은 종교 현상들(사상, 감동)에 심리학적 가치가 있다는 사실을 확인하는 일과, 모호하고 정의할 수 없는 종교의 "본질" 안에서 종교의 실재를 찾는 일에 제한되는 것이다. 종교는 오직 계시에 기초할 때 실제성 또는 참됨을 유지할 수 있다.

[432] 주관적 경건에 대해 불충분한 설명만 줄 수 있는 학문인 종교심리학과 달리, 교의학의 임무는 구원의 서정이 무엇인지를 하나님의 말씀과 생각에 따라 제시하는 것이다. 성경은 그리스도 안에 있는 구원의 유익들을 설명하고 묘사하는 데 넘치도록 풍성하다. 여기서 주의할 것이 있다. 교의학이 사용하는 용어들이 성경 속에 등장하는 표현들과 정확하게 같은 의미를 담고 있는 것은 아니라는 사실이다. "그 표현들은 말하자면 집합적인 개념들이다. 개별적인 발전의 단계·수준·정도·국면보다는 완료된 사실 자체를 나타낸다."[60] 구원과 관련된 용어를 설명하는 학문적 사전을 만드는 데 성경만 사용할 수는 없는 노릇이다. 그 용어들은 성령을 통해 이루어진 하나의 위대한 변화의 사역이 가지는 다양한 측면들을 설명하기 위한 것들이다. 하지만 그렇다고 해서 신학자들이 우리 안에서 일어나는 성령의 역사를 성경에 있는 다양한 용어와 이미지를 사용해서 질서 있게 서술하려고 시도하는 것을 금지시켜서는 안된다. 삼위일체와 그리스도의 위격에 대한 교리에서처럼, 실제로 신학자들은 때때로 성경에 나오지 않는 용어들을 사용하거나, 그런 용어들에 성경에서 사용될 때보다 더 넓은 또는 더 좁은 의미를 부여해야 할 때가 있다. 하지만 그들의 의무는 성경을 문자적으로 한 단어 한 단어 반복하는 것이 아니라, 성경의 표현들에 감춰진 개념들을 발견하고 그것들 사이의 관계를 밝혀내는 것이다. 구약성경과 신약성경의 저자들이 사용하는 다양한 표현들과 심상들은 중심 문제들을 다양한 관점에서 그 모든 풍성함과 온전함 중에 밝히는 데 기여한다.

이것을 염두에 두면서, 개혁파 신학이 구원의 서정을 다룰 때 적용되어야 할 윤곽 또는 지침들을 다음과 같이 제안할 수 있다. 그리스도가 획

---

60) W. Schmidt, *Christliche Dogmatik*, 4 vols. (Bonn: E. Weber, 1895–98), II, 432.

 제5부 | 성령과 그리스도 안에서의 구원

득하셔서 자기 교회에 나누어주시는 유익들은 모두 은혜언약의 유익들이다. 이 언약은 그 토대를 영원에 두고 있는데, 하나님의 선하신 뜻 또는 경륜에 기초해 있기 때문이다. 하나님의 선택하시는 사랑과 성부의 선하신 뜻으로부터 모든 유익이 교회로 흘러들어간다. 이러한 유익들은 먼저 그리스도에 의해 가장 온전하게, 객관적이고 실제적인 방식으로 취해졌다. 다음으로 그것들이 성령에 의해 신자들에게 적용된다. 한편으로 성령은 모든 것을 그리스도로부터 취하시고 기꺼이 자신을 그리스도의 말씀에 묶으시고, 다른 한편으로 오순절 이후에는 교회와 교회의 각 지체 안에 인격적으로 거하시면서 그들을 하나님의 모든 충만으로 채우신다. 영원부터 성부가 교회에 주셨고 성자가 시간 속에서 얻으신 구원의 모든 유익은 동시에 성령의 선물들이다. 이처럼 그리스도는 성령을 통해, 성부 자신은 그리스도를 통해 자기의 모든 자녀를 자신과 누리는 가장 친밀한 교제 속으로 받아들이신다.

그리스도에 의해 획득되고 성령에 의해 적용된 구원의 유익들은 우연히 모아놓은 것이 아니라 유기적으로 연결되어 있다. 믿는 자들은 구원을 받을 것이다. 하나님 나라에 들어가기 위해서는 우리에게 중생이 필요하다. 믿음이 없이는 하나님을 기쁘시게 할 수 없다. 거룩함이 없이는 아무도 하나님을 볼 수 없다. 끝까지 견디는 자는 구원을 받을 것이다. 선행하는 것들을 받지 않고서는 뒤따르는 유익들을 얻을 수 없다. 따라서 부르심과 복음 설교가 다른 모든 유익에 앞선다. 원칙적으로 성령이 자신을 말씀에 묶으시기 때문이다. 말씀 선포는 교회에서 이미 믿는 이들을 위해서라도 계속된다. 전도 설교를 기성 교회에 맞추어진 설교와 구분하는 것은 타당하지만, 그럼에도 회중의 영적 건강을 위한 목회적 민감함은 때로는 위로의 지팡이를, 다른 때는 책망의 채찍을 요구한다. 세워야 할 때가 있는 반면, 무너뜨려야 할 때가 있다. 하지만 이로부터 (외적·내적) 부르심이야말로 (엄밀한 의미에서의 중생으로부터 유발되는) 믿음과 회개의 행위를 수반하는 최초의 유익이며, 그것을 통해 우리가 그에 뒤따르는 유익들을 얻게 된다는 점이 분명해진다.

요약하자면, 그리스도의 객관적 속죄에 기초한 칭의는 신자의 회개 행위와 그들이 은혜 가운데서 자라가는 성화의 삶에 선행한다. 그렇기 때문에 중생에서의 성령의 직접적인 사역이 믿음보다 앞서고, 또한 거룩한 자들만 영생을 얻을 것이기 때문에 순서상으로 성화가 견인보다 앞선다. 이것을 다른 방식으로 다음과 같이 진술할 수 있다. 그리스도가 먼저 하나님께 대한 우리의 관계를 회복시키시고, 그 후에 우리를 하나님의 형상을 따라 새롭게 하시고, 마지막으로 우리를 위해 하늘의 기업을 보존하신다. 달리 표현하자면, 우리는 예언자로서 부르심을 받았고, 제사장으로서 의롭게 되었고, 왕으로서 거룩하고 영화롭게 되었다. 따라서 구원의 서정에는 네 가지 유형의 유익들이 있는데, 부르심(그리고 엄밀한 의미에서의 중생, 믿음, 회개), 칭의, 성화, 영화가 그것이다.[61] 이 모든 것은 하나님으로부터, 그리스도 안에서, 성령의 능력과 역사를 통해 온다.

---

[61] 대개 교의학의 말미에 마지막 때에 이루어질 것(종말론)을 다루면서 영화를 다루는 것이 보통이지만 사실 영화는 구원의 방편(*via salutis*)에 속한 것으로 칭의, 성화와 불가분리의 관계를 가지고 있다. 다른 곳에서도 그렇지만 롬 8:30과 고전 1:30에서 이런 패턴을 볼 수 있다.

18장

부르심과 중생

하나님의 부르심

[433-434] 삼위 하나님이 창조와 새 창조에서 자신의 말씀과 영을 통해 모든 것을 만드신다(창 1장; 시 33:6; 요 1:3; 히 1:3; 11:3). 만물이 우리에게 하나님에 대해 증언한다. 율법으로서 하나님의 외적 부르심은 자연 안에서, 역사 안에서, 여러가지 경험 안에서 모든 사람에게 찾아온다. 구원을 위해서는 불충분하지만, 이 부르심은 죄악이 만연한 가운데서도 사회와 문화 속에 살아가는 인간 존재를 붙들고, 복음의 부르심을 위한 길을 예비한다. 구원에 이르게 하는 제한된 부르심은 복음의 말씀을 통해 오지만, 그렇다고 자연과 역사로부터 분리될 수 있는 것은 아니다. 은혜언약은 우주적인 자연 언약에 의해 지속된다. 로고스는 모든 것을 창조하셨고, 빛으로 어둠을 비추서서 세상으로 오는 각 사람을 밝혀주심으로써(요 1:14) 어느 누구라도 아무런 증언도 듣지 못하도록 내버려두지 않으시고, 하늘로부터 선을 행하시고 이방인들의 마음도 음식과 명랑한 기분으로 채우신다(시 19:2-4; 마 5:45; 요 1:5, 9-10; 행 14:16-17; 17:27; 롬 1:19-21; 2:14-15). 만물이 그리스도 안에 함께 있는데, 그는 만물을 자기 능력의 말씀으로 붙드신다(골 1:16; 히 1:3). 성부가 그리스도를 통해 모든 것을 창조하시고, 그리스도

가 우리의 구원을 획득하신 것처럼, 그는 또한 죄인을 부르시고(마 11:28; 막 1:15; 2:17; 눅 5:32; 19:10), 자기 포도원에 일꾼들을 보내시고(마 20:1-7), 혼인 잔치에 손님들을 초청하시고(마 22:2), 암탉이 새끼들을 모으듯이 자녀들을 모으시고(마 23:37), 사도와 교사로 세우시고(마 10장; 28:19; 눅 10장; 엡 4:11), 그의 목소리는 온 땅에 이르렀다(롬 10:18). 성육신하신 로고스, 바로 그를 통해 모든 것이 지음을 받았다. 은혜는 자연을 파괴하지 않고 회복시킨다. 여전히 복음의 특별한 부르심은 율법에서 나오지 않으며—계시된 율법도 예외는 아니다—우리를 순종으로 초청하는 것이 아니라, 선포로서 은혜로부터 흘러나와 우리를 믿음으로 초청한다. 더욱이 성령의 특정한 일하심과 증언이 항상 이 부르심에 수반되는데, 이 영은 그리스도가 자신의 영으로서 교회에 부어주신 분이다(요 16:8-11; 마 12:31; 행 5:3; 7:51; 히 6:4).

믿음으로의 부르심은 보편적으로 선포되어야 한다. 이것이 그리스도의 명령이며(마 28:19), 또한 성경이 우리에게 말하는 것에 의하면, 오지 않는 많은 이들이 그럼에도 부름을 받았다(마 22:14; 눅 14:16-18). 결과는 하나님의 손에 맡겨져야 한다. 우리는 그저 순종할 뿐이다.

따라서 복음을 거부하는 자들(요 3:36; 행 13:46; 살후 1:8)은 불신앙의 끔찍한 죄에 대해 책임이 있다(마 10:15; 11:22, 24; 요 3:36; 16:8-9; 살후 1:8; 요일 5:10). 보편구원론자들처럼 개혁파 신앙을 비판하는 자들은 선택과 제한 속죄의 교리들이 복음의 보편적 부르심에 대한 부정을 의미한다고 주장한다. 우리는 이에 대한 대답으로 복음이 사람들에게 선포되어야 한다고 말할 필요가 있다. 하지만 이 사람들은 택자 또는 유기자로서가 아니라, 구속을 필요로 하는 죄인으로서 복음을 듣는다. 개혁파 설교자들은, 이들에게 아르미니우스주의자들이나 보편구원론자들 못지않게, 복음의 내용을 메시지로 선포한다. "주 예수를 믿으십시오. 그러면 당신은 죄 용서와 영생을 얻을 것입니다." 물론 각 개인에게 "그리스도가 당신을 대신해서 죽으셨습니다"라고 말할 수는 없다. 하지만 제한 속죄를 부인하고 가설적 보편구원론을 설교하는 사람들도 그렇게 말하지 않는데, 그들은 인간의 수용을 조건으로 하는 보편적 구원의 가능성을 믿을 뿐이기 때문이다. 아무도 이 문제에 확실한 답을 제시하지 못한다. 믿음을 주실지 안 주실지는 하나님만 아시기 때문이다. 하나님은 단지 당신이 우리에게 무엇을 원하는지를 말씀하실 뿐이다. 겸손히 그리스도 안에서만 발견할 수 있는 구원을 찾으라고 말이다. 하지만 역사를 통해 볼 때 하나님의 부르심을 들었다고 해서 누구나 믿음에 이르는 것은 아니기 때문에, 우리는 지적 모순을 피할 수 없다. 조심스런 말이지만, 이 결과를 구원의 보편적 제안과 조화시키는 것은 우리의 임무가 아니라 하나님의 책임이다. 더 많은 사람이 구원받도록 부르심의 범위를 확장해서 완화한다고 지적 모순이 해결되는 것은 아니다. 우리가 반드시 피해야 할 인간적 유혹은, 방편을 사용하기 전에 결과에 대해 확실히 하고 싶어하는 것이다. 그 방편을 사용하지 않아도 되게 하기 위해서 말이다. 우리 주님의 명령이 문제를 해결한다. 따라서 우리는 복음을 선포하되, 회개하고 믿으라는 명령과 함께, "가리지 않고 무차별적으로"[1] 모든 사람에게 해야 한다.

우리가 겸손하게 하나님의 뜻의 신비를 인정할 때 하나님 자신의 영광이야말로 궁극적 목적이라는 것을 알고, 또한 하나님의 말씀이 결코 하나님께로 헛되이 돌아가지 않는다는 것을 믿는다. 하나님이 하시는 일은 결코 헛되지 않다. 하나님의 부르심을 거부하는 사람들조차도 간과할 수 없는 의미심장한 내용이 선포 자체에 드러나 있는데, 바로 하나님의 사랑은 무한하다는 것, 그리고 하나님은 죄인들의 죽음을 기뻐하지 않으시기 때문에 그들이 돌이켜서 삶을 얻어야 한다는 것이다(겔 18:23, 32). 하나님은 결코 우리를 붙드신 손을 놓지 않으시고, 우리와 우리의 섬김과 우리의 온전한 성별에 대한 요구들을 포기하지 않으신다. 그렇기 때문에 하나님은

---

1) 편집자 주—Canons of Dort, second head, art 5: "*Quae promissio omnibuspopulis et hominibus…promiscue et indiscriminatim et proponi debet cum resipiscentiae et fidei mandato.*"

자연과 역사, 마음과 양심, 복과 심판, 율법과 복음을 통해 하나님께 돌이키라고 우리를 부르신다. 넓은 의미에서 이 부르심은 타락한 피조물들을 향한 하나님의 요구를 선포하는 것이다. 그런 것으로서 이 부르심은 각 사람과 모든 인류로 하여금 의존성, 두려움, 존경, 의무, 책임에 대해 종교적이고 도덕적으로 자각하게끔 하는데, 이런 것들이 없이는 인류가 존재할 수 없다. 종교, 도덕, 법, 예술, 학문, 가족, 사회, 국가와 같은 것들은 모두 그 뿌리와 기초를 하나님으로부터 모든 사람에게 이르는 부르심에 두고 있다. 이 부르심은 "강권적 은혜"인데, 하나님이 하나님이시고 아무것에도 무관심하지 않으시며 저 세상뿐만 아니라 이 세상도 하나님께 가치 있는 것임을 증거한다. 또한 율법의 부르심은 복음을 위한 길을 예비한다. 하지만 아르미니우스적 의미에서[2] 인간의 의지를 통해 예비적 은혜[3]에서 구원하는 은혜로 발전하는 것이 아니라, 구원을 향해 창조된 본성적 토대로서 그렇게 한다. 중생(regeneration)에 심어진 영적 생명은 그에 앞서는 자연적이고 도덕적인 생명과 본질적으로 다르다.

그럼에도 불구하고, 모든 것을 지으시고 붙드시고 다스리시는 하나님은 자신이 원하시는 자들의 삶에 하나님의 때에 믿음의 선물을 주시고, 많은 다양한 방식으로 그들의 마음에 하나님의 은혜로운 사역을 준비시키신다. 따라서 모든 것은 하나님의 예비하심을 따라 뒤이어질 교회로의 "가입"과 부르심에 연결된다. 그러므로 개인의 삶에 주어진 "자연적" 환경

---

2) 개혁파 신학자들은 "예비적인 은혜"(preparatory grace)라는 말보다 "선행하는 은혜"(antecedent grace)라는 말을 선호한다.

3) 「도르트 신조」 첫 번째 교리 네 번째 오류: "믿음에 이르는 선택에는 사람이 본성의 빛을 합당하게 사용해야 하며, 경건하고 겸비하고 온유하고 영원한 생명을 위한 자격을 갖춰야 한다는 선행조건이 주어진다." H. Witsius, *The Oeconomy of Covenants between God and Man*, 3 vols. (New York: Lee & Stokes, 1798), III, 6, 9: "그렇기 때문에 중생이 처음 시작되기에 앞서 선행하는 준비 같은 것은 없는 것처럼 보인다." 참조. *Remonstrant Confession* and *Apologia pro confessione*, XI, 4; Peter van Mastricht, *Theoretico-practicatheologia* (Utrecht: Appels, 1714), VI, 3, 19-28.

들―출생지·가족·민족·양육·교육, 그리고 고통과 축복의 경험들, 율법과 복음의 선포, 양심의 발달―은 하나님이 사람들을 성령에 의한 거듭남을 위해, 그리고 후에 신자로서 교회에서 맡을 역할을 위해 준비시키시는 섭리적이고 은혜로운 방법들이다. 이렇게 올바른 의미에서 "예비적 은혜"를 말하는 것은 하나님이 자신의 은혜 사역을 우리의 자연적 삶에 관련시키신다는 것을 상기시키는 가치 있는 일이다. 창조·구속·성화는 성부·성자·성령의 신적 경륜 안에 있는 삼위 하나님의 사역이다. 하나님은 주권적이시고, 그의 인도하심은 다채롭고, 성령의 은혜는 풍성하고 넘쳐나고 값없이 주어진다. 우리는 각각 다른 방식들로 하나님 나라에 옮겨졌고, 하나님을 섬기는 데 다양한 임무를 수행하도록 부르심을 받았다. 모든 사람을 획일적 부르심의 모델에 따라 회심시키고 정형화하려는 사람들과 달리, 개혁파 신학은 하나님의 자유로운 주권을 존중하고 하나님의 은혜의 풍성함에 경탄한다.

[435] 개혁파 신학은 아우구스티누스를 따라 외적 또는 계시된 부르심과, 구원을 위해 효력 있는 성령의 내적 부르심을 구분한다.[4] 이런 구분은 죄의 보편성에 대한 성경의 증언을 존중한다. 모든 인간은 하나님 앞에서 심판을 받고(롬 3:9-19; 5:12; 9:21; 11:32), 각자의 죄와 허물로 죽었고(엡 2:2-3), 그 총명이 어두워졌다(고전 2:14; 엡 4:18; 5:8). 왜 어떤 사람은 믿고 다른 사람은 믿지 않는지는 인간의 이해력으로 설명이 안 된다. 오직 하나님과 그분의 은혜로만 이것을 설명할 수 있다(고전 4:7). 말씀을 설교하는 것 자체만으로는 충분하지 않다(사 6:9-10; 53:1; 마 13:13ff.; 막 4:12; 요 12:38-40 등). 성령은 구약성경에서 약속되었고(사 32:15; 렘 31:33; 32:39; 겔 11:19; 36:26; 욜 2:28), 오순절에 사람들을 거듭나게 하기 위해 부어졌고(요 3:5ff.; 6:63; 16:13),

---

4) 참조. Augustine, *Predestination of the Saints*, chap. 8; Calvin, on Romans 10:16; idem, *Institutes of the Christian Religion*, ed. John T. McNeill and trans. Ford Lewis Battles (Philadelphia: Westminster,1960), III.xxiv.8.

그들을 이끌어서 예수를 주님이라고 고백하고(고전 12:3) 그리스도를 증거하게 한다(요 15:26-27). 그러므로 인간의 의지나 노력이 아니라, 긍휼을 베푸시는 하나님께 달린 것이다(롬 9:16). 부르심은 하나님의 선택을 실행하는 방편이다(롬 8:28; 11:29). 우리 안에서 역사하셔서 우리가 하나님의 기쁘신 뜻에 따라 원하고 일하게 하시는 분은 하나님이시며(빌 2:13), 그분은 그 목적을 위해 그리스도를 죽은 자들 가운데서 살리시고 자신의 보좌 우편에 앉게 하실 때와 동일한 능력을 사용하신다(엡 1:18-20). 그러므로 구속 사역은 주관적으로든지 객관적으로든지 전적으로 하나님께만 돌려진다.

거듭남

하나님이 사람 안에서 이러한 변화를 이루시는 행위는 종종 "거듭남"(rebirth)이라 불리며(요 1:13; 3:3ff.; 딛 3:5 등), 그에 따른 열매는 새 마음(렘 31:33), 새 창조(고후 5:17), 하나님의 일(롬 14:20), 하나님이 그리스도 예수 안에서 만드신 것(엡 2:10), 하나님의 집(고전 3:9; 엡 2:21등)이라고 말해진다. 따라서 성경은 부르심이라는 표현을 이중적 의미로 사용한다. 먼저 이 단어는 성경에서 아무런 긍정적인 반응이 없는 부르심과 초청을 가리키기 위해 자주 사용되었다(사 65:12; 마 22:3, 14; 23:37; 막 16:15-16 등). 사람들은 여전히 완강해서 믿기를 거부하고, 하나님의 부르심에 저항한다(마 11:20ff.; 23:37; 눅 7:30; 행 7:51). 이들에게 복음은 어리석은 것에 지나지 않는데(고전 1:18, 23), 왜냐하면 그들이 도무지 이해할 수 없기 때문이다(고전 2:14). 이런 사람들에게 복음은 심판의 말씀이 된다(고후 2:15-16). 하지만 성경은 또한 언제나 효력을 갖는—선택이 실현되는—부르심에 대해서도 말한다(롬 4:17; 8:30; 9:11, 24; 고전 1:9; 7:15ff.; 갈 1:6, 15; 5:8; 엡 4:1, 4; 살전 2:12; 딤후 1:9; 참조. 벧전 1:15; 2:9; 5:10; 벧후 1:3). 따라서 종종 신자들은 단순히 "부르심을 받은 자"(롬 1:7; 고전 1:2, 24), 또는 "그리스도 안에서 부르심을 받은 자", "주 안에서" 부르심을 받은 자라고 불린다(고전 7:22). 즉 하나님께 부르심을 받은 자들은 그리스도께 속해 있고 그리스도와의 교제 가운데 산다는 것이다. 복음은 하나님의 능력으로서(고전 1:18, 24), 하나님의 뜻대로 부르심을 받은 자들에게 스스로를 입증한다(롬 8:28; 9:11; 11:28; 엡 1:4-5).

[436] 하나님의 효력 있는 부르심은 총체적이며, 따라서 말씀과 성령을 통해 하나님의 모든 일을 생각나게 함으로써—내적으로든지 외적으로든지, 간접적으로든지 직접적으로든지—이전에 영적으로 죽었던 사람이 그리스도와의 교제 가운데 거하는, 새롭고 영적으로 살아 있는 존재로 다시 태어나게 한다. 그리스어 단어 "팔링게네시아"(παλιγγενεσια)는 신약성경에 처음 나오는 것이 아니라 다른 문헌들에서도 발견되며, 거듭남의 개념 또한 고대 근동의 다른 종교들에도 있는데, 특히 미트라교(Mithraism)와 같은 신비종교들에서 두드러진다. 기독교의 중생을 신비종교의 죽었다가 다시 살아나는 신 개념으로 설명하려는 시도들은 별로 설득력이 없다. 신비종교들에 대해 우리가 아는 것이 별로 많지 않다는 점을 고려한다 해도, 그들의 이해와 풍습은 전혀 다른 종교적 환경과 세계관에서 온 것이다. 초기 기독교회의 신앙은 그리스도의 인격을 중심으로 삼았고, 처음부터 모든 이방 종교에 대해 반대의 입장을 취했다. 신약성경이 당시에 통용되던 그리스어 표현들을 사용할 때는—이것이 복음을 듣고 받아들이게 하는 유일한 방법이었다—그 단어들에 다른 더 깊은 의미를 부여하고, 점차 그 의미가 인간 의식의 내용이 되게 한다. 성경에서 단 2회만 "팔링게네시아"(παλιγγενεσια, 마 19:28; 딛 3:5)로 표현되고 그 외에는 다른 용어들로 표현되는 거듭남의 개념은 물론이고, "소테리아"(σωτηρια, 구원), "조에"(ζωη, 생명), "아포뤼트로시스"(ἀπολυτρωσις, 구속)와 같은 용어들도 마찬가지다.

[437-438] 신약성경은 구약성경 위에 세워진다. 율법이 주어졌을 때, 그리고 이후 예언의 시대에 말씀은 무엇보다도 하나님이 자신의 언약에 포함시키신 모든 백성을 향했으며, 백성들은 그 언약의 기초 위에서 마음을 다하고 뜻을 다해 주님을 섬기라는 요구에 직면했다(신 11:13; 수 22:5). 하지만 시간이 갈수록 백성들의 마음에 반역, 불충성, 완고함이 보다 분

명하게 드러남에 따라 예언자들은 전체 백성들에게는 물론 개개인의 마음에도 내면의 변화가 찾아와야 한다고 강력히 촉구했다. 인간 스스로는 이 변화를 가져올 수 없다(창 6:5; 8:21; 욥 14:4; 15:16; 시 51:5). 이스라엘이 선을 행하는 것은 사람이 자기 피부색을, 표범이 얼룩을 바꾸는 것만큼이나 어려운 일이다. 이미 악을 행하는 데 익숙해졌기 때문이다(렘 13:23). 마음은 만물보다 거짓되고 심히 부패했다. 오직 하나님만이 새로운 출생을 이루실 수 있다(시 51:10-12). 그때 이스라엘은 하나님이 심으신 연한 순, 그분의 손으로 만드신 작품과 같은 그분의 백성이 되어 하나님께 영광을 돌리게 될 것이다(신 10:16; 30:1-6; 사 54:13; 60:21; 렘 24:7; 31:18, 31ff.; 32:8ff.; 겔 11:19; 36:25ff.).

요한의 세례부터 예수의 설교, 사도들의 선포에 이르기까지, 하나의 일관된 메시지는 천국에 들어가려는 자에게 "메타노이아"(μετανοια), 즉 급진적인 돌이킴이 있어야 한다는 것이다. 예수가 니고데모에게 가르치신 것처럼, 사람은 "위로부터 나야" 한다. 즉 하나님 자신이신 성령으로부터 나야 한다는 말이다(요 3:6-8). 부르심을 입은 자들 안에서 그리스도 또는 그의 성령이 믿음을 통해 새로운 생명의 창시자와 기원이 되시기 때문에(갈 3:2; 4:6), 그들은 지금 "새로운 피조물"이다(고후 5:17). 구약성경과 신약성경이 언어와 표현 방식에서 차이를 보이기는 하지만, 기본적인 진리는 동일하다. 거듭남을 "마음의 할례"라고 하든지, 새 마음과 새 영을 주는 것이라고 하든지, 또는 하나님으로부터 나는 것이라고 하든지 상관 없이, 그것은 항상 엄밀한 의미에서 하나님의 일이며, 사람이 내적으로 변화되고 새롭게 되는 것이다. 이 변화는 세례를 통해 드러나고 인쳐진다. 사도 베드로에 따르면, 새로운 생명의 내용은 소망이다. 신자의 삶은 전적으로 소망에 의해 지탱되고 인도함을 받는다. 소망이 그들의 전체 삶의 방식을 특징짓는다. 어떤 경우에도 소망은 정적인 소유가 아니라 살아 있고 활동적이고 강렬한 것이다. 그것은 신자들에게 찾아와서 그들을 하늘의 유업에 붙들어놓는다(벧전 1:4-13). 그것은 또한 그들이 그리스도의 모범에 따

라 거룩한 삶을 살 수 있게 한다(벧전 1:14ff.). 바울은 서신들에서 자신이 다
메섹 도상에서 가졌던 체험—그리스도께 잡힌 바 됨(빌 3:12)—이 모든 신
자에게도 있어야 한다고 주장한다. 바로 그때 그들이 믿음을 얻고 그 믿음
에 의해 의롭다 하심과 자녀로 양자 됨을 얻는데(롬 3:22, 24; 4:5; 5:1; 갈 3:26;
4:5 등), 여기서 아들 됨의 확신은 성령의 증언에 의해 주어진다(롬 8:15-16;
갈 4:6; 고후 1:22; 엡 1:13; 4:30). 효력 있게 부르심을 입은 자들은 또한 곧바로
믿음에 의해 그리스도와의 교제 가운데로 받아들여진다. 그들은 장사되었
다가 일으킴을 받고(롬 6:3ff.), 그리스도와 함께 살리심을 받고(엡 2:1, 5), 그
리스도의 형상을 본받게 된다(롬 8:29-30; 고전 4:15-16; 고후 3:18; 갈 4:19). 그리
스도가 그들 안에 사시고, 그들은 그리스도 안에 산다(갈 2:20). 그들은 육
체와 세상에 대해 못 박혔고(갈 5:24; 6:14), 죽음에서 생명으로 옮겨졌다(엡
2:5; 5:14; 골 3:1). 그들은 새로운 피조물이며(고후 5:17), 하나님이 만드신 바
다(엡 2:10). 그들은 새 생명 가운데서 걸으며, 이제 성령의 전이며, 성령의
인도하심을 받는다(롬 6:4; 8:14; 고전 6:19; 갈 5:25 등). 이러한 전반적인 변혁은
세례를 통해 그들에게 구체적인 형태를 취한다. 그런 의미에서 세례는 신
자의 삶에서 위대한 전환점이며, 그들이 이전에 행하던 모든 행실과의 단
절이며, 그리스도와 그를 섬기는 데 완전히 항복하는 것이다. 하지만 하나
님 편에서 세례는 또한 그들이 그리스도와의 교제로 받아들여져서 그의
모든 유익에 참여함을 보여주는 인침이다(롬 6:3ff.; 갈 6:17). 거듭남 또는 중
생은 바울보다는 요한에게서 보다 중심적인 위치를 차지한다. 요한은 거
듭남과 중생을 "위로부터 나는 것"(γεννηθῆναι ἄνωθεν, 요 3:3; 참조. 3:31; 8:23;
19:11; 하나님으로부터 나는 것, 1:13; 요일 3:9 등), 물과 성령으로 나는 것(요 3:5),
즉 성령으로 나는 것(3:6, 8)으로 묘사하는데, 성령의 깨끗케 하시는 사역이
물로 상징된다(참조. 겔 36:25-27; 마 3:11). 하나님은 자기 아들을 세상에 보
내셔서 누구든지 그를 믿으면 멸망치 않고 영생을 얻게 하셨다(요 3:16, 36;
6:47; 20:31). 죄가 신자들의 삶에 계속해서 붙어 있지만(요일 1:8), 하나님의
씨앗이 그들 안에 머물고(요일 3:9), 따라서 그들은 그리스도와 그의 말씀

안에 거하면서(요 15:4-10; 요일 2:24) 자신들의 삶에서 하나님의 사랑을 드러낼 것을 여전히 권고받는다(요일 3:11-24; 4:7-12). 구약성경과 신약성경에서 산 소망으로 거듭난다는 것은 동시에 새롭고 거룩한 삶으로 거듭난다는 것을 뜻한다. 거듭남은 재창조의 전체 범위, 즉 사람들 마음속에서의 첫 시작부터 새 하늘과 새 땅에서 궁극적인 완성에 이르기까지를 포함한다. 이 중생 과정의 목표는 그리스도인들이 구약 이스라엘 백성들처럼 하나님의 특별한 소유인 참 이스라엘로서 하나님의 창조의 첫 열매가 되는 것이다(출 19:5; 신 7:6; 14:2; 26:18; 시 135:4; 사 43:21; 말 3:17; 참조. 벧전 1:23; 2:9). 이처럼 그리스도인들은 하나님이 그의 창조 전체를 통해 세우실 하나님 나라의 첫 열매들이 된다(참조. 롬 8:19-23; 히 12:23). 성경은 거듭남을 주로 세 가지 방식으로 말한다. (1) 사람들이 믿기 전에 그들 속에 하나님의 영에 의해 심어진 새 생명의 원리, (2) 거룩한 삶의 행위로 드러나는 인간의 도덕적 갱신, (3) 온 세상을 본래의 완전함으로 회복하는 일.

[439] 초기 교회의 선교적 상황에서 세례로 상징되는 거듭남은 신자에게 삶을 뒤바꾸는 중대 사건이었다. 그것은 유대교 또는 이교와 완전히 단절할 것을 요구했으며, 가난하고 소외되고 세련되지 못한 그리스도의 교회에 참여하는 행위였다. 그리스도인들은 스스로를 그리스도 안에서 하나님과의 교제와 새롭고 진정한 삶을 얻은 특별히 선택된 사람들, 새로운 종류의 사람들, 새 피조물이라고 느꼈다.[5] 하나님 편에서 볼 때 구원 사역은 부르심에 제한되었으며, 사람들 편에서 보자면 그들은 부르심을 듣고 회개하고 믿었을 때 세례를 통해 과거의 모든 죄를 용서받은 것이다. 세례는 죄악된 과거에서 거룩한 현재로의 위대한 전환점, 급진적 변화, 결정적 통로였다.

상황이 바뀌어서 교회가 이제는 회심을 통해서보다는 그들의 유아와 어린이들에게 세례를 줌으로써 회원을 얻는 경우가 더 많아지자, 교회는

---

5) *Barn*. 6, 11; Ign. *Eph*. 19-20; Ign. *Magn*. 1, 9; Ign. *Smyrn*. 4; *1 Clem*. 29, 58.

세례와 중생의 관계에 대한 이해를 달리해야만 했다. 서방 가톨릭 교회에서 자녀들은 자신들의 개인적 신앙에 근거해서가 아니라 그들이 태어나 속하게 된 교회의 신앙에 근거해 세례를 받았다. 세례는 더 이상 옛 삶과 단절하고 새로운 삶의 원리를 따르는 것을 의미하는 것이 아니라, 초자연적 능력의 주입을 의미했고, 결과적으로 중생은 점차 세례 때 성례적 은혜가 주입되는 것으로 이해되었다. 따라서 세례는 구원을 위해 필수적인 것이 되었고, 사람들은 처음뿐 아니라 삶 전체를 통해 교회와 사제에게 절대적으로 의존적이 되어버렸다. 동방 교회에서도 유사한 결과가 초래되었지만, 세례는 새로운 영원의 씨앗을 심는 것으로 생각되었다. 새로운 자질이 영혼에 주입되는 것으로 간주되었고, 세례 자체가 구원을 위해 필수적인 일이 되었다. 서방에서 중생은 그 참된 의미를 상실해서 교회의 중재를 통한 칭의로 변질되었으며, 교회의 성례는 은혜의 상태에 머물기 위해 필수적이었다. 여기서 중생은 영속적인 선이 아니라, 인간의 지속적인 노력 여하에 그 존재와 발전이 달려 있는 어떤 것이 되어버렸다.[6]

[440-441] 종교개혁이 하나님과 영혼 사이에 직접적인 관계를 회복하면서 반대한 성례 체계가 바로 이런 것이다. 이것은 교회보다 성경에, 성례보다 말씀에 우선권을 주었다. 이러한 원리는 재세례파가 은혜의 방편으로서의 교회와 성례를 거부하고 개인적 신앙과 고백을 세례를 위한 조건으로 만들면서 자체적으로 위험과 어려움에 처했다. 이에 대한 반응으로 루터파는 다시 중생을 세례에, 암묵적으로 교회에 종속시켰다. 이로써 믿음에 앞서는 최초의 중생과 이어지는 이차적 갱신 사이에 이원론을 형

---

6) The Council of Trent, sess. VI, 4ff.; Roman Catechism, II, chap. 2, qu. 25ff. 편집자 주—제2차 바티칸 공의회 이후 Robert I. Bradley, SJ와 Eugene Kevane이 번역해서 *The Roman Catechism*이라는 제목으로 출판된 영역판(Boston: Daughters of St. Paul, 1985)에서는 서론이 누락된 관계로 제1장은 세례에 관한 절로 시작한다. 바른 각주를 달자면 다음과 같이 될 것이다. II, chap. 3, qu. 26ff. 참조. H. Bavinck, *Reformed Dogmatics*, ed. John Bolt (Grand Rapids: Baker Academic, 2003-8), III, 514-17 (#416).

성했다. 개혁파 신학자들이 이 문제를 붙들고 씨름했지만, 신자의 자녀가
세례를 받을 근거와 관련해서는 모든 사람을 만족시킬 만한 해결책을 찾
지 못했다. 세례 전 중생(prebaptismal regeneration) 개념에서 그 근거를 찾
으려는 시도들은 몇몇을 만족시켰지만, 어떤 이들이 세례를 받았음에도
성인이 되어서 온전한 믿음에 이르지 못하는 현실에 봉착하게 되었다. 논
리적으로는 중생과 회개 또는 회심을 구분하고 전자가 후자를 앞선다고
주장하는 것이 필요하지만, 그것을 시간적인 순서대로 말하는 것에는 주
의를 기울여야 한다. 개혁파 신학은 스스로 일반적인 진술에 한정해서 중
생이 세례 전이나 세례 중에, 또는 세례를 받은 후 어느 시점에 일어날 수
있다고 했다.[7]

교회가 점차 쇠퇴하고 세상을 본받는 시기에는[8] "쉬운 믿음"과 "값싼

---

7) 개혁파 신학자들은 다음 몇 가지 점에 대해서는 전혀 이견이 없다: (1) 은혜언약이 약
속하는 유익은 대개 은혜의 방편을 통해 하나님이 나누어주시는 것이다; 그런 의미에
서 중생은 말씀과 관련이 있다. (2) 그럼에도 하나님이 이런 방편들에 매이는 것은 아니
기 때문에 하나님은 말씀 없이 특별한 방편을 통해 중생하게 할 수 있고 특별히 어린 자
녀들을 구원하심에 있어 그렇게 하실 수 있다. (3) 특히 분별 연령에 이르기 전에 죽은
신자의 자녀들의 경우에 그렇게 역사하신다. (4) 회중에 속한 신자들의 세례 받은 자
녀들의 말과 행위에서 그들이 선택받은 것과 거듭난 것을 부정하는 증거들이 명확히 드러
나기 전에는 선택받고 중생한 것으로 여겨야 한다. (5) 하지만 사랑으로 하는 이런 판단
이 신자의 자녀들에 대해 우리가 어떤 태도를 견지해야 할 지에 대한 원칙이 되어야 하
는 것은 분명하지만 그렇다고 해서 그것이 절대적이라고 주장할 수는 없다. 오히려, 애
초부터 신자의 자녀들이 하나님의 택함을 받은 자라고 할 만큼 세례 전에 거듭났는지
아니면 세례 이후에야 그런 거듭남이 일어나는지에 대해서는 논란이 있었다. Martyr, à
Lasco, Dathenus, Alting, Witsius, Voetius, Mastricht와 같이 전자의 의견을 주장한 이
들도 있었으나, Calvin, Beza, Musculus, Ursinus, de Brès, Acronius, Cloppenburg,
Walaeus, Maccovius, Bucanus, Turretin, Heidegger와 같은 대다수는 이 물음에 대해
유보적인 입장을 취했다.
8) 편집자 주—여기서 Bavinck가 어느 때를 말하는지 구체적으로 적시하지는 않지만 영
국 청교도운동과 궤를 같이하여 깊은 경건과 거룩한 삶을 위해 교회를 부흥시키려고
했던 17, 18세기 네덜란드의 후대 종교개혁을 가리키는 것이 분명하다. 다음을 보라.
Willem Teellinck, *The Path of True Godliness*, ed. Joel R. Beeke, trans. Annemie
Godbehere (Grand Rapids: Baker Academic, 2003).

제자도"의 문제에 대한 해결을 중생/회개 관계를 뒤바꾸는 것에서 찾았다. 성례는 단지 하나님의 보편적 사랑과 선의에 대한 일반적 확신을 가리키는 것으로만 여겨졌고, 교회는 사람들에게 복음을 받아들이고 회개 가운데 하나님께 돌이키라고 초청했다. 믿고 회개할 도덕적 힘을 가졌기 때문에 사람은 믿어야 한다("할 수 있다"[du kannst], 그러므로 "해야 한다!"[du sollst!]). 이런 믿음에 의해 사람이 중생하고 자신의 삶을 바로잡는다는 것이다. 마침내 계몽주의가 도래하자 사람들은 "거듭남"이라는 말을 기피하는 지경에 이르렀다. "계몽", "문화", "발달", "도덕적 양육", "생활의 개선"이 훨씬 우월하고 또한 실질적으로 더 적절한 말로 여겨졌다.

하지만 계몽주의가 "거듭남"이라는 말을 도덕적 개선이라는 말로 바꾼 후에, 다시 관념주의 철학이 그것을 채택했다. 물론 그들이 "삼위일체", "성육신", "속죄", "구속"과 같은 말들을 가지고 그랬던 것처럼 칸트(Kant), 피히테(Fichte), 셸링(Schelling), 헤겔(Hegel), 쇼펜하우어(Schopenhauer), 폰 하르트만(von Hartmann)과 같은 철학자들은 "중생"이나 "거듭남"을 기독 교회가 뜻했던 것과는 전혀 동떨어진 의미로 채웠다. 동시에 관념주의 철학에서 논의되던 많은 주제들이 적어도 초기에는 기독교의 전적 타락 교리와 결부되어 있었다는 것은 언급할 가치가 있다. 모든 인간에게서 발견되는 깊은 도덕적 부패는 계몽과 점진적 자기개선을 통해서는 결코 없앨 수 없는 "악으로 향하는 성향"이다. 필요한 것은 급진적 개혁, 마음의 혁명, 개인의 삶과 행위의 중심에서 일어나는 전적 전환이다. 관념주의 철학이 범신론적 방향으로 발전함에 따라, 그와 같은 인간의 거듭남은 인간 자신의 행위인 동시에 하나님의 일로 이해되었다. 그것은 "신적 변이"(divine transmutation)였다.[9] 이런 경향들이 인간의 자기성취에 대한 근대의 믿음

---

9) F. W. J. Schelling, *Ausgewählte Werke*, 4 vols. (Darmstadt: Wissenschaftliche Buchgesellschaft, 1968), IV, 332; idem, "Philosophische Untersuchungen über das Wesen der menschlichen Freiheitund die damit zusammenhängenden Gegenstande" (*Sämmtliche Werke* [Stuttgart & Augsburg: J. G. Cotta'scher, 1856-

과 완전히 절연하는 것은 아니지만,[10] 자연의 메커니즘에서 독립된 자유로운 "영의 생명"을 가정할 만큼 충분히 그러한 믿음을 껄끄러워했다. 인간은 지금 자신의 상태에서 고양되어 자신이 마땅히 되어야 할 존재로 변해야 한다. 그리고 이런 변화는 일종의 "신적 개입"(divine intervention)이 있어야 가능하다. "영적 문제에 있어 인간이 밟는 모든 길은 부정을 통해 긍정에 이르는 것이며, 절대적 생명(Absolute Life)의 에너지를 통한 내적 고양이 없다면 모든 수고가 헛된 것이다."[11] 내용은 상당히 다르지만 언어 자체는 기독교적으로 들린다.

슐라이어마허는 중생을 기독교 신앙에 대한 이해의 중심으로 삼으면서 중생 개념을 다시 신학 안으로 회복시켰다. 그에게 중생은 하나님의 은혜에 대한 새로운 의식이고, 그리스도의 의식을 공유함으로써 얻는 하나님에 대한 인간의 의존이다. 그가 중생을 교의신학에 다시 포함시키고, 그것을 종교적-윤리적 과정으로 이해하고, 또 그것을 그리스도의 인격에 관련시킨 것은 잘한 일이다. 하지만 그 과정에서 그는 범신론적 철학의 영향에서 완전히 벗어날 수 없었다. 그의 교리에는 회심에 앞서고 그리스도의 의에 기초하며 오직 믿음으로만 받아들이고 누리는 객관적 칭의를 위한

61], I/7, 388). Goethe의 "A Holy Longing"이라는 시에 등장하는 구절도 그런 심오한 의미를 담고 있다: "And as long as you do not possess it / this: die and be reborn / You are only a troubled guest on the dark earth" (translation of Henry Hatfield, *Goethe, a Critical Introduction* [Cambridge, MA: Harvard University Press, 1963], 118).

10) 일례로, Rudolf Eucken의 이 말을 생각해보라: "신앙은 인간 안에 있는 신적 생명(Divine Life)을 의지한다. 신앙은 이 생명을 인간 자신의 본성으로 굳게 붙드는 것을 통해 표출된다. 신앙은 또한 인간이 자신의 존재의 가장 근본에서부터 신적 생명 속으로 자라가는 것이고 신적 본성에 참여하는 것이다"(*The Truth of Religion*, trans. W. T. Jones [New York: G. P. Putnam's Sons, 1911], 206).

11) R. Eucken, *Truth of Religion*, 240; 참조. idem, *Hauptprobleme der Religionsphilosophie der Gegenwart*, 2nd ed. (Berlin: Reuther & Reichard, 1907), 83ff.; 95ff

여지가 전혀 없다.[12]

중재 신학(Vermittelungstheologie)에서는[13] 죄가 더 중요한 역할을 하지만, 근본적으로 그리스도 안에 있는 새 생명은 새로운 인격에 참여하는 것이었다. 죄를 위한 객관적 속죄나 칭의는 존재하지 않으며, 새로운 의식의 주관적 적용만 있을 뿐이다. 여기서 믿음의 내용은 신비적 체험으로 축소된다. 경건주의 진영에서 이어지던 이 개념들은 셸링(Shelling), 폰 바아더(von Baader) 등의 신지학적 사변에서 다시 전면에 등장했다. 중생은 사람이 정신(spirit)이 되는 것에 있다. 그것은 사고와 존재, 관념과 자연 사이에 완전한 연합을 이루는 것이다. 인간은 그리스도 또는 성령이 그 안에 온전히 내주하기까지 정신화(spiritualization)의 과정—생성 과정에 있는 새로운 인간—에 들어간다.[14] 인간 존재의 실체적 회복에 대한 이런 견해는[15] 그 자체로 이미 우리에게 상당히 낯선 것이며, 교리적 차원에서의 종교개혁은 정당하게 다루어지지 않는다. 이에 대한 반응으로 리츨은 다시 칭의에 주목해서 그것을 종합적인 판단으로 이해하고 그것을 교회의 소유로 여겼다.[16] 그러나 그를 비판하는 사람들은 리츨의 체계가 개인적 칭의와 중생을 다루지 못한다고 주장했다. 동일한 비판을 헤르만(Herrmann)에 대해서도 할 수 있는데, 그는 중생을 신앙의 체험과 같은 것으로 본다. 예수를 바라봄으로써 우리가 죄책감, 두려움, 공포로부터 벗어나고, 하나님의 사랑

---

12) F. Schleiermacher, *The Christian Faith*, ed. H. R. MacIntosh and J. S. Steward (Edinburgh: T&T Clark, 1928), §§106-9.

13) 편집자 주—Schleiermacher로부터 영감을 받은 중도주의 신학은 믿음의 주관성에서 비롯되었고 기독교 신앙과 기독교 신앙을 업신여기는 "교양 있는 멸시자들"의 근대 과학적 세계관을 접목시키려고 했다. 참조. H. Bavinck, *Reformed Dogmatics*, I, 49 (#9), 127 (#39), 166 (#51), 519-20 (#135), 522-24 (#136).

14) R. Rothe, *Theologische Ethik*, 2nd rev. ed., 5 vols. (Wittenberg: Zimmermann, 1867-71), 742-76.

15) F. Delitzsch, *A System of Biblical Psychology*, trans. R. E. Wallis, 2nd ed. (Edinburgh: T&T Clark, 1875), 381-417.

16) 참조. H. Bavinck, *Reformed Dogmatics*, III, 590 (#432).

을 확신하고, 잠잠하면서도 담대하게 우리의 도덕적 행위를 영위해나간 다는 것이다. 헤르만에 따르면 새로운 영적 능력이라는 의미에서의 거듭 남은 존재하지 않는다. 사실 중생은 다름 아니라 믿음을 가리키는 것인데, 그것은 물론 거듭남과 새로운 심적 경향, 새로운 용기를 수반한다.[17]

[442] 중생이 칭의에 대해 갖는 관계가 매우 중요하기는 하지만, 그것이 중생과 관련해서 제기되는 유일한 쟁점은 아니다. 이러한 쟁점들을 다루는 분야인 구원론은 삼위일체 교리나 그리스도의 두 본성 교리와 마찬가지로 난제들을 갖고 있다. 선교적 선포가 회개와 믿음으로 시작하고 그 후에 비로소 중생을 언급하는 것은 이해할 만하지만, 성경과 경험에 대한 성찰을 통해 우리가 깨달을 수 있는 것은 엄밀히 말해 중생이 믿음보다 앞서야 한다는 것이다. 만일 회개가 중생보다 선행한다면 유아기에 죽은 신자들의 자녀들이 어떻게 되는지에 대한 질문들이 골칫거리가 된다. 아직 회심하지 않았다면 그들은 잃어버린 바 될 것이다. 이와 대조적으로 그리스도인들의 정서뿐만 아니라 성경적 은혜언약의 교리도 이 자녀들을 구원에 포함시킨다. 더욱이 만일 구원이 진실로 하나님의 뜻에 근거하는 것이고 인간의 의지에 달린 것이 아니라면, 중생이 순서상으로 회개에 앞선다는 사실은 변할 수가 없다. 펠라기우스가 아니라 아우구스티누스를 택해야 한다. 하지만 윤리적·실천적 고려사항들도 있다. 중생에 대한 지나친 강조가 어떤 이들로 하여금 회개하고 믿을 필요성에 대해 무관심하게 만드는 한편, 다른 이들로 하여금 자신의 중생에 대해 확실성을 갖지 못하고 하나님이 자신을 중생시키실 것만을 기다리면서 복음의 부르심에 반응하는 데 무력하게 만드는 것이 가능할까? 교회는 신자의 자녀들이 중생했을 것이라고 가정하고 이에 근거해서 세례를 주는가? 아니면 로마 가톨릭과 루터파에서처럼, 세례가 어떻게든 중생의 씨앗을 뿌리는 것인가? 개혁파 전통은 중생과 믿음을 구분하고, 언약의 약속들에 기초해서 유아

---

17) J. Kaftan, *Dogmatik* (Tübingen: Mohr, 1901), 54-55.

들에게 세례를 주지만, 또한 말씀의 설교와 무관하게 성령이 자녀들의 마음에 주권적으로 역사하실 수 있다는 것도 인정한다. 그러므로 우리는 일반적으로 신자의 자녀들에 대해, 그들의 "말"과 "행실"을 통해 반대되는 증거가 나타나기까지는 사랑의 판단에 따라 그들을 거듭난 자로 간주해야 한다. 그렇기 때문에 성인들과 자녀들의 경우 모두에서 엄밀한 의미의 중생은—만일 시간적으로는 아니더라도 논리적으로는 확실히 언제나—믿음과 회개보다 앞섰다.

중생의 본질과 범위

[443] 거듭남(rebirth)의 개념은 성경에서뿐만 아니라 다른 종교들에서도 발견되기 때문에, 성경적 견해의 구별되는 특징들을 분명히 할 필요가 있다. 18세기부터 시작해서 현재에 이르기까지 서구 사고에 강한 영향을 끼치고 있는 불교나 힌두교와 같은 동양의 신지학과 달리, 거듭남은 환생을 의미하지 않는다.[18] 소망과 간절한 기대를 불러일으키는 기독교의 종말론과 달리, 불교에서 말하는 윤회—영혼에 어떤 변화도 일으키지 않으면서 영혼들이 일련의 다른 몸들에 무수히 많이 그리고 주기적으로 결합되는 것—는 불안과 염려를 불러일으키면서 양심과 의지를 억누를 것을 요구한다.[19] 거듭남이 회심에 대한 기독교적 이해에 적용되기는 하지만, 중생에 대한 성경적 견해를 그리스 신비종교로의 입문이나 심지어 유대교의 개종과 비교하는 것은 불충분하다. 중생에 의식의 변화, 생각의 계몽, 심

---

18) 윤회(metempsychosis)에 대해서는 마 19:28의 "갱신"(παλιγγενεσια)이라는 말과 관련된 새롭게 된 세상에 대한 개념과 마찬가지로 나중에 종말 교리에서 함께 다루게 될 것이다. (다음을 보라. H. Bavinck, *Reformed Dogmatics*, IV, 702-7 [#575]).

19) Paul Gennrich, *Die Lehre von der Wiedergeburt* (Leipzig: Deichert, 1907), 275-355; J. S. Speyer, *De Indische Theosophie en hare Beteekenis voor Ons* (Leiden: Van Doesburgh, 1910), 86-93.

지어 행동의 개선 등이 포함되기는 하지만, 중생은 그런 것들을 넘어선다. 또한 우리는 내적 자아가 "육체" 또는 질료로부터 벗어나는 것을 말하는 영지주의적 구속 개념으로 만족해서도 안 된다. 이성주의도, 또 위 디오니시우스에게 영감받은 것과 같은 신비주의도 우리에게 중생(regeneration)에 대한 올바른 견해를 제공하지 않는다. 이성주의와 신비주의는 평범한 신자들이 얻을 수 있는 것보다 더 높은 하나님에 대한 지식과 더 친밀한 하나님과의 교제를 주장한다. 신비주의에 따르면, 중생은 신적 본성에 대한 본질적 참여, 영혼이 신성과 실체적으로 연합하는 것이다. 영혼이 이 땅에서의 모든 속박들로부터 벗어나고, 모든 지각적 심상을 억제하고, 의식과 의지를 죽이고, 자신의 가장 깊은 존재로 향할 때, 거기서 하나님 자신을 발견하고 그와의 충만한 교제에 들어간다. 이처럼 숭고한 차원에서 하나님과 영혼은 하나다.[20] 다른 이들은 "거듭남"을 예수의 가르침과 모범에 점점 더 걸맞게 살아가는 삶의 변혁을 뜻하는 비유적 표현으로 축소시킨다. 여기서 중생과 회심은 동일한 것으로서, 전자는 하나님의 관점에서 그리고 후자는 사람 편에서 본 것이다.[21] 이와 대조적으로 개혁파 신학자들은 행동이나 기능뿐만 아니라 그 사람의 모든 수용력, 영혼과 몸, 마음, 지성, 의지를 포괄하는 전 인격이 중생의 주체라고 강력하게 주장했다. 따라서 중생은 단순히 억제할 뿐만 아니라 죽여야 하는 "옛 사람"에 대해 죽는 것과 더불어, 하나님의 형상을 따라 참된 의와 거룩함으로 지으심을 받은 전혀 새로운 사람으로 다시 살아나는 것을 말한다.[22]

---

20) 참조. H. Bavinck, *Reformed Dogmatics*, III, 528-31 (#420).

21) 소키누스주의자들과 항변파들이 이런 견해를 가졌고, Hodge에 따르면 북미 대륙의 "New Divinity School"에 속한 신학자들이 이런 이해를 따랐다(Emmons, Finney, Taylor). 다음을 보라. Charles Hodge, *Systematic Theology*, 3 vols. (New York: Charles Scribner's Sons, 1888), III, 7-15.

22) J. Calvin, *Institutes*, III.iii.5; P. van Mastricht, *Theologia*, VI, 3, 6-18; H. Bavinck, ed., *Synopsis purioris theologiae*, 6th ed. (Leiden: Donner, 1881), disp. 32, 13, 18-19; H. Witsius, *Oeconomy of the Covenants*, III, 6, 4; 참조. also Canons of Dort,

그러므로 중생이 행위에서 능력으로, 능력에서 영혼 자체로, 영혼에서 그 본질과 실체로 거슬러 올라갈 때, 그것은 필연적으로 무의식 안에서 자연스럽게 일어나야 한다. 물론 과거에는 무의식이 심리학에서 거의 다루어지지 않았고, 따라서 중생을 다루는 주제에서도 거의 고려되지 않았다. 재세례파에 반대하면서 개혁파는 자녀들이 자의식을 갖기 전에라도 그들을 중생의 유익에서 배제하기를 원하지 않았고, 신자들이 항상 자신의 중생 시기를 알아야만 한다는 데 동의하지도 않았다.[23] 거듭남은 그 자체로 경험이 아니라 믿음의 문제라는 것이었다. "이 태어남은 보거나 이해하는 것이 아니라 믿는 것이다."[24] 그러나 라이프니츠 이래로 "무의식"은 철학과 심리학에서 매우 중요하게 여겨졌다. 하지만 이 용어는 불분명하고 아주 다른 대상들을 의미하는 것으로 사용될 수 있다. 우리의 목적을 위해 무의식이라는 표제 아래 다루어질 수 있는 두 가지 본질적인 영역들이 있다. 첫째로 이 표제 아래 모든 인상들, 생각들, 열정들, 욕구들 등 주어진 순간에는 우리의 의식 속에 존재하지 않지만 이런저런 때에 회상이나 연상 등을 통해 떠오르는 것들을 나열할 수 있다. 여기에 포함된 것들에는 오랜 숙련과 훈련을 통해 갖게 된 기술과 능력은 물론이고, 어린 시절의 기억들이 있다. 둘째로 무의식은 또한 빛을 비추는 것처럼 의식을 일깨우는 모든 직관들과 연관될 수 있는데, 그것은 천재들·영웅들·예언자들·선견자들의 삶에서 크나큰 중요성을 가지며, 또한 투시, 몽유명, 텔레파시, 광범위한 주술현상들에서 힘을 발휘한다. 많은 사람의 생각에 이 현상들은 인간 정신에 숨겨진 신비로운 힘들 또는 사람들이 접촉하고 있거나 접촉할 수 있는 다른 영적 세계를 지시한다. 근대의 종교심리학자들은 무의식을 전자와 같이 해석하느냐 아니면 후자와 같이 해석하느냐에 따라 중

III-IV, 11.

23) J. Calvin, *Institutes*, III.iii.2.

24) Luther in W. Herrmann, *Der Verkehr des Christen mit Gott*, 6th ed. (Stuttgart: Cotta, 1908), 278.

생이나 회심을 다른 방식으로 설명했다. 전자의 경우에는 우리의 의식이 어떤 충격이나 다른 요인에 의해 혼란스러워지고 급격히 변화할 때 중생이 일어난다고 말한다. 이것은 종교적 현상이 갖는 독특한 가치와 적실성을 박탈하기 때문에, 이 설명에 만족하지 못하는 자들은 사람들에게 새로운 힘과, 보다 새롭고 광대하고 풍성한 삶을 제공해주는 다른 객관적이고 초자연적인 요소—우리가 "하나님"이라고 부르는 것—를 설정했다. 이 사람들은 온 우주를 통해 역사하고 그들 자신과 온 세상을 구원하는 그 존재와 연합되었다고 느낀다.

중생(회심)에 대한 이 설명들이 새롭고 독특하게 들리지만, 이것들은 오랫동안 합리주의와 신비주의에 의해 주어졌던 설명들을 연상시킨다. 전자는 좀 더 이신론적이고, 후자는 좀 더 범신론적이다. 전자는 모든 것을 말씀의 사역으로 설명하고, 후자는 말씀의 배후에 역사하는 성령에 대해 말한다. 중생은 전자에서는 순수하게 도덕적인 성격을 갖고 있고, 후자에서는 초자연적인 능력의 계시다. 하지만 두 해석 모두 종교심리학에 내재해 있는 심각한 약점을 드러낸다. 그것이 아무리 객관적이려 하고 치우치지 않으려고 애를 쓴다고 해도, 종교심리학은 종교현상들을 설명할 수는 있을지라도 그것의 내적 본성을 꿰뚫을 수는 없다. 따라서 진리의 문제에 봉착할 때 당혹스러워하고 무력하게 있을 수밖에 없는 것이다. 주어진 설명들은 필연적으로 심리학자들의 선입견을 반영해서 제멋대로고 주관적이며 자의적인 것으로 드러난다. 여기서 회심은 인간 의식의 다른 다양한 변형들과 동일한 수준의 현상이 되거나, 또는 동일하게 자의적으로 어떤 초자연적인 요소의 무의식적인 내적 작용으로 설명된다. 하지만 정말로 회심이 무엇인지, 그리고 마찬가지로 믿음, 기도, 칭의, 종교 등이 정말로 무엇인지에 대해서는 종교심리학이나 종교철학도 우리에게 말할 수 없다. 오직 성경만이 할 수 있다.

[444] "중생"(regeneration)이라는 용어의 포괄적 용례와 협소한 용례를 인식하는 것이 도움이 된다. 보다 광범위하고 더 넓고 온전한 의미에서 중

생은 한 인간의 전적 변화를 말한다. 제한된 의미에서 중생은 새로운 생명이 심어진 것을 가리키는데, 이것은 믿음과 회개에 앞서고 더 나아가 성화에 이르는 것이다.[25] 여기서 능동적인 하나님의 말씀―부르심―은 수동적 수용이나 하나님이 시작하신 일의 열매와 구분되어야 한다. 하나님의 부르심은 외적이고 내적인 요소를 모두 가진다. 외적으로 선포된 말씀은 인간의 의식에 설득력 있게 다가오지만, 성령의 내적인 역사가 있어야 인간이 이 말씀에 반응할 수 있다. 개혁파의 사고에서 부르심과 중생은 결코 분리되지 않고, 하나님의 내적 부르심은 논리적으로 외적 부르심에 항상 앞서는 것으로 보았다. 또한 개혁파 전통은 성령 하나님의 은혜로운 사역인 자신의 자녀를 향한 외적 부르심에 신앙 공동체가 실제적으로 참여함을 인정한다. 그들은 재세례파와의 논쟁에서 부르심과 중생의 관련성을 일관되게 주장하려고 노력했다. 신앙고백들, 교리문답들, 교의 교본들에서 부르심과 중생의 순서를 한결같이 충실하게 유지했다. 그들은 한편으로 재세례파와 모든 종류의 펠라기우스주의자들에게 맞서 말씀에 의한 외적 부르심과 도덕적 권고만으로는 구원을 얻는 데 불충분하기 때문에 인간의 마음에 성령의 특별한 역사가 뒤따라야 한다는 입장을 취했다.

[445] 성령의 이런 역사는 직접적이고 불가항력적이다. 여기서 개혁파 신학이 펠라기우스주의자들, 아르미니우스주의자들, 소뮈르의 신학자들에 대항해서 주장한 내용은 인간의 인격에 대한 하나님의 역사가 지성은 물론 의지와도 별개라는 것이다. 여기에는 협력에 대해, 또는 하나님이 인간의 정신을 계몽하셔서 그 정신이 의지를 계발하고 변화시키는 것에 대해 말할 여지가 없다. 오히려 하나님의 영은 친히 인간의 마음에 들어가시고, 실패할 수 없는 분명함으로 중생을 일으키시면서 인간의 의지에 결코

---

25) 개혁파 신학에서 "중생"을 영적인 생명이 심기운 것으로 이해하는 것은 성경에서 일반적으로 "중생"이 사용되는 방식("위로부터의 출생" 또는 "하나님으로부터의 출생")보다 제한적인 의미를 갖기 때문에, 그 의미하는 바를 확인하지 않고 양자가 같은 의미라고 생각하지 않도록 주의해야 한다.

의존하지 않으신다. 더구나 만일 중생에서 하나님의 영의 역사가 인간의 의지와 별개로 일어나는 것이라면 그것은 "불가항력적"이라고 불려야 한다. 아우구스티누스가 이미 말한 것처럼, "하나님의 은혜가 막힘없이 반드시 효력을 발휘하기 위해서는 인간 의지의 연약함에 도움이 필요하다."[26] 비록 "불가항력적"이라는 말은 개혁파 신앙의 반대자들에 의해 사용되었고 개혁파의 견해를 충분히 담아내지는 못하지만,[27] 어쨌든 그 의미는 분명하다. 하나님이 사람의 의지를 새롭게 하기로 자유롭게 결정하신다면 아무도 하나님을 거스를 수 없다는 것이다. 하나님의 내적 부르심은 항상 효력이 있다. 로마가 이에 동의하지 않는다는 사실은 트리엔트 공의회와 [제1차] 바티칸 공의회의 선언들에서 분명히 드러난다. 트리엔트의 진술에 따르면, 인간의 마음이 성령의 조명을 받을 때 "그가 스스로 아무것도 하지 않는 것은 아닌데, 그 이유는 그가 그것을 거절할 수도 있기 때문이다. 그렇다고 그가 자신의 자유의지로, 하나님의 은혜 없이, 하나님 보시기에 공의롭게 자기를 움직일 수 있는 것도 아니다."[28] 바티칸의 선언에 따르면, "사랑으로 역사하지 않는 믿음이라 할지라도 믿음 그 자체는 하나님의 선물이다. 또한 믿음의 행위는 구원과 관련된 역사다. 사람은 저항할 수 있을 때도 이 행위를 통해 하나님의 은혜에 동의하고 협력함으로써 하나님께 자유롭게 순종한다."[29] 여기서 펠라기우스주의자들과 반(半)펠라기우스주의자들의 가르침이 아우구스티누스와 토마스를 누르고 승리를 거두고 제세례파, 소키누스주의자들, 후기 루터파 등과 네덜란드의 항

---

26) Augustine, *On Admonition and Grace*, XII, 30.

27) 개혁파 신학자들은 "불가항력적 은혜"라는 말에 전적으로 동의한 것은 아니었다. 은혜는 종종 저항을 받기도 하고 거듭나지 못한 사람은 항상 그것을 거부한다는 사실이 어떤 식으로든 부정되는 것을 원치 않았던 것이다. 그래서 이들은 은혜의 유효성 또는 은혜의 불굴성으로 말하는 것을 선호했다. 즉 "불가항력적"이라는 말을 은혜는 궁극적으로 저항할 수 없는 것이라는 의미로 이해했던 것이다.

28) Decree of the Council of Trent, VI, 5.

29) Documents of the Vatican Council I, III, 3.

변파에 의해 받아들여졌다. 불일치의 핵심은 중생하지 않은 사람들이 하나님의 외적 부르심을 거부하는 것에 대해서가 아니라, 그들이 궁극적으로─하나님이 그들을 중생시키기를 원하셔서 그들의 마음에서 하나님의 효력 있는 은혜로 역사하시는 특정한 순간에─그 은혜를 거부할 수 있는지에 대해서였다. 개혁파가 "아니오!"라고 말했던 반면에, 항변파는 (충분한) 외적 부르심과 (효력 있는) 내적 부르심 사이에서는 물론이고 하나님의 기뻐하시는 뜻과 그의 계시된 뜻 사이에서도 구분을 모호하게 함으로써 긍정적으로 대답했다. 도르트 회의에서 확증된 모든 중요한 교리들은 인간 본성의 부패, (예견된 믿음에 기초하거나 기초하지 않은) 선택, 그리스도의 속죄의 보편성과 제한성, 성도의 견인이라는 대답에 집중되어 있다. 개혁파 신학자들은 그들의 단서를, 인간 영혼에 있는 은혜의 사역을 묘사하는 강력한 말씀들이나 이미지들과 더불어(신 30:6; 렘 31:31; 겔 36:26; 요 3:3, 5; 6:44; 엡 2:1, 6; 빌 2:13; 벧전 1:3 등) 성경이 타락한 인류를 눈멀고, 무능하고, 자연적이고, 죄와 범죄로 죽었다고 묘사한 것에서 취한다(렘 13:23; 마 6:23; 7:18; 요 8:34; 롬 6:17; 8:7; 고전 2:14; 고후 3:5; 엡 2:1 등). 그래서 그들은 중생에서 하나님의 은혜가 갖는 효력과 불요불굴성을 말했다.

[446] 중생에 이와 같이 하나님의 전능하고 확실히 효력 있는 은혜가 있다는 고백에 대항해서, 항변파는 인간의 마음과 양심, 지성과 의지에 호소하는 위협과 경고를 담은 일련의 성경 구절을 인용한다. 펠라기우스주의자들과 아르미니우스주의자들이 바라는 것은 인간의 자유와 책임성을 존중하는 것이지, 인간을 하나님이 조종하시는 꼭두각시로 전락시키는 것이 아니다. 그러나 잘 생각해보면, 현실은 하나님의 주권과 불가항력적인 은혜의 개념을 반대하는 자들의 믿음과는 전혀 상반된다. 만일 인간의 자유의지를 우리가 견지해야 할 가장 중요한 문제로 여기고 거기서 출발한다면, 우리는 하나님의 효력 있고 불요불굴한 은혜를 명백하게 가르치는 모든 본문들을 정당하게 대할 수 없다. 반대로, 만약 무엇보다 하나님의 권리들을 지켜내고자 하는 신학적 노선을 따른다면, 그래도 우리는 인간

을 이성적이고 도덕적인 존재로 일관되게 말하고 대하는 성경 구절들을 위한 여지를 여전히 남겨둘 수 있다. 아우구스티누스적이고 개혁파적인 견해는 합리적이고 도덕적인 행위자들로서의 피조물인 인간을 위한 여지를 가질 수 있고 또 실제로 그렇게 하지만, 펠라기우스주의자들과 항변파의 견해는 은혜가 절실히 필요하다는 성경의 가르침을 설명할 길이 없다. 만일 은혜가 거부할 수 있는 것이라면, 하나님은 주권을 박탈당하신다. 만일 인간의 의지가 단독으로 하나님께 동의할 수 있는 능력이 있다면, 중생은 불필요하다. 그리고 펠라기우스주의와 항변파의 입장이 가르치는 것처럼, 만일 인간의 의지를 촉발하기 위해 선행적 은혜가 필요하다면, 중립적 의지의 개념은 허구로 남을 것이다. 여기서 우리에게 주어지는 것이라고는, 유아기에 죽는 아이들의 경우에서 분명해지는 것처럼, 그럴 듯해 보이면서도 실재하지 않는 것뿐이다. 그 아이들은 스스로 무엇을 선택함이 없이 주권적인 은혜로만 구원받든지, 아니면 그런 은혜로는 불충분해서 스스로 무엇을 선택하기 전에 죽은 모든 유아가 다 잃어버린 바 되든지 둘 중의 하나다. 펠라기우스적이고 아르미니우스적인 입장은 전혀 자비롭지 못하다.

결국, 하나님이 자신의 효력 있는 은혜를 죄인들의 삶에서 영화롭게 하시는 것에 반대해서 펠라기우스주의가 무엇을 얻을 수 있는지는 여전히 수수께끼로 남는다. 만일 그것이 왜 하나님이 모두에게 은혜를 주시지 않는지를 묻는 것이라면, 그에 대한 호의적인 반응을 어디서나 발견할 것이다. 그 누가 마음속에서 이런 질문이 떠오르는 것을 느끼지 않았으며, 그로 인해 극심하게 흔들리지 않았겠는가? 그러나 그것은 펠라기우스도 아우구스티누스도 대답하지 못하는 질문이다. 우리 모두는 하나님의 기쁘신 뜻에 만족해야 한다. 하나님의 주권을 고백하는 사람들은 똑같은 강도로 복음이 모든 피조물에게 전파되어야 하고 하나님의 외적 부르심이 인류에게 복이 된다고 주장한다. 하지만 그들은 또한 어느 누구도 스스로 복음을 택하기에 충분하지 않다고 주장한다. 그렇기 때문에 초자연적 거듭남이 필요한 것이다. 어떤 경우든지 개혁파는 인간의 자유의지를 옹호하는 자들이 갖지 못한 이점을 갖고 있다. 그들은 하나님의 경륜이 반드시 이루어질 것이고, 하나님의 은혜언약이 결코 무너지지 않을 것이며, 그리스도가 참되고 완전한 구원자이시며, 언젠가는 반드시 선이 악을 이기게 될 것을 안다. 이런 입장에 대해 무슨 심각한 반대가 있을 수 있겠는가? 만일 우리가 알지 못하는 중에 아담의 정죄에 참여할 수 있다면─누구도 이 사실을 부인할 수 없다─왜 우리가 알지 못하는 중에 더욱더 그리스도 안에서 하나님의 호의에 받아들여질 수 없었겠는가? 은혜에 대한 이런 이해가 너무 강압적이라는 반론이 있다. 단도직입적으로 말해 이런 경우를 생각해보자. 하나님이 하나님이신데, 어떤 사람이 강제로 영원한 죽음에서 낚아챔을 당해서 영생으로 옮겨졌다고 해서 그가 그것에 대해 불평할 권리를 갖겠는가? 어떤 사람이 누군가가 자신에게 선택의 자유도 주지 않고 죽음의 위기에서 구출했다고 불평한다면 누가 그 사람에게 동의하겠는가? 하지만 이것은 경우가 조금 다르다. 내적 부르심과 중생에는 하나님 편에서 어떤 강제도 없다. 불에 타는 장작처럼 낚아챔을 당했다고 할지라도 은혜의 사역과 관련해서 강제성에 대해 불평했던 경건한 사람은 단 한 명도 없다. 강제는 하나님의 본질에 낯설다. 하나님은 강제하지 않고 설득하신다. 우리 모두가 알다시피, 자연적인 영역에서나 영적인 영역에서나 배분이 공평하게 이루어지지는 않는다. 모두가 다 똑같이 건강하거나 똑같은 환경에서 태어나는 것은 아니며, 모두가 동일한 은사와 장점을 부여받는 것도 아니다. 모든 사람이 구원받는 것은 아니다. 어떤 보응(karma) 이론이나 단순히 행위에 따른 보상으로 이것을 설명하려는 시도들은 복음의 메시지와 전혀 맞지 않는다. 예수는 의인이 아니라 심령이 가난하고 온유한 자가 복이 있다고 선언하셨다. 그가 오신 것은 의인을 부르시려는 게 아니라 서기관들과 죄인들을 회개시키고, 잃어버린 자를 찾아 구원하시기 위해서였다. 그리스도 안에 있는 하나님의 은혜, 충만하고 풍성하고 값없고 전능하고 능가할 수 없는 은혜야말로 복음의 중심이다.

[447] 중생의 목적은 우리를 변화시켜서 성령을 따라 행하고 살아가는 영적인 사람으로 만드는 것이다. 이런 삶은 그리스도 안에서 하나님과 누리는 친밀한 교제의 일부다. 성경은 이것을 할례받은 마음(신 30:6; 롬 2:29), 순전한 마음과 견고한 심령(시 51:17), 돌 같은 마음이 아니라 살처럼 부드러운 마음(렘 31:33ff.; 겔 11:19; 36:25), 새로운 피조물(고후 5:17), 하나님의 지으신 바(롬 14:20; 엡 2:10), 새 사람(엡 4:24; 골 3:10), 새 생명(롬 6:11; 엡 2:5; 골 3:3) 등으로 묘사한다. 또한 주목할 만한 것은 성경이 중생을 묘사할 때, 한 사람을 변화시켜서 그를 아무 판단을 받지 않으면서 만물을 분별하고(고전 2:15) 영적인 제사를 드리는(벧전 2:5), 영적 지혜를 가진(골 1:9) 신령한 존재로 만드는 것으로(요 3:6; 고전 4:1; 갈 6:1) 그린다는 것이다. 이들은 생명을 주는 영이 되셨고 하늘로부터 오신 주님이신 둘째 아담의 형상을 지니는데(고전 15:45-49), 그들도 언젠가는 영적인 몸을 받아서(고전 15:44) 그리스도의 영광스러운 몸과 같이 될 것이다(빌 3:21). 이 영은 하나님의 영이신데, 그를 통해 하나님이 세상을 지으시고 붙드셨으며(창 1:2; 시 33:6; 104:30), 은사와 능력을 나누어주시고(출 31:3; 삿 6:34; 14:6), 예언자에게 기름을 부으셔서 그들을 보내시고(사 48:16; 59:21; 겔 37:1), 자기 백성을 새롭게 하시고 거룩하게 하신다(시 51:10; 143:10; 사 11:2; 28:6; 32:15ff.; 겔 36:27; 39:29; 슥 12:10). 성령으로 잉태되시고 기름 부음을 받으신 그리스도는 자신의 사역을 성령의 능력 안에서 완수하셨고, 그토록 온전히 그 영을 받으셨기 때문에 그 자신이 영, 곧 생명을 주시는 영이라고 불리실 수 있다(고후 3:17; 고전 15:45). 따라서 이후로는 하나님의 영이 성부의 영, 성자의 영, 그리스도의 영, 주 예수의 영이시고(마 10:20; 롬 8:2, 9; 고후 3:17-18; 갈 3:2; 4:6; 빌 1:19; 벧전 1:11; 계 3:13), 그리스도에 의해 교회에 충만하게 보냄을 받으신다(요 15:26; 16:7; 행 2:4, 33 등).

오순절에 부어지신 성령이 그 직후에 주신 것은 공적 설교에서의 담대함(행 4:8, 31), 믿음의 능력(6:5; 11:24), 위로와 기쁨(9:31; 13:52)이었다. 나중에 특별한 은사들이 감소되었을 때, 성령의 임재와 역사는 특별히 그가 사람

들로 하여금 예수를 주님이라고 고백하게 하고(고전 12:3), 신자들로 하여
금 하나님의 자녀라는 자신의 지위를 확신하게 하며 모든 신자를 인도하
고(롬 8:14-16; 갈 4:6), 하나님의 사랑을 그들의 마음에 부어주고(롬 5:5), 그
들을 새롭게 하고 거룩하게 하는 것으로(고전 6:11; 딛 3:5; 벧전 1:2) 받아들여
졌다. 성령은 신자들이 영적 열매(갈 5:22-23)인 믿음과 소망, 그리고 특히
사랑을 맺게 하셨다(고전 13장). 성령은 약속의 날을 위해 그들을 인치셨고
(롬 8:23; 고후 1:22; 5:5; 엡 1:13; 4:30), 그들의 몸에 거하심으로 그들 몸의 지체
들이 의의 도구가 되게 하셨고(롬 6:13; 고전 3:16; 6:19), 또한 그들의 몸이 현
재 그리스도에 의해 그들에게 이미 주어졌고 장차 부활 시에 온전히 드러
날 생명에 참여하게 하셨다(롬 8:11; 골 3:4; 고전 15:42ff.). 거듭남에서 비롯된
생명은 인간의 관점에서 보면 믿음의 생명이라고 불릴 수 있지만(갈 2:20),
객관적으로 그것은 영의 생명, 그리스도의 생명, 신자 안에 있는 하나님의
생명이고, 그러므로 그 기원과 본질에서 초자연적이고 기적적이다. 바람
이 인간에 의해 미리 정해진 진로를 따르지 않고 원하는 곳으로 불며, 그
소리가 들려도 아무도 어디서 왔고 어디로 가는지 말할 수 없듯이, 성령으
로 난 자가 모두 그렇다(요 3:8). 하나님은 믿는 자들에게 또한 위로의 영,
자녀로서 양자의 영, 성화의 영(요 14:16-17; 갈 3:14)을 주신다. 여기에 우리
가 반드시 덧붙여야 할 것이 있다. 영의 생명은 확실히 개개의 신자들에게
주어진 선물이지만, 그와 동시에 이것은 처음부터 하나님과 나누는, 그리
고 그리스도 안에서 연합한 형제들과 나누는 친밀한 교제의 생명이라는
것이다. 신자들은 모두 한 성령에 의해 한 몸으로 세례를 받고(고전 12:13),
한 성령에 의해 아버지께 나아감을 얻고(엡 2:18), 한 몸과 한 성령 안에 함
께 있고(엡 4:4), 한 기초 위에서 함께 영적인 집, 즉 영 안에 있는 하나님의
처소로 지어지고(고전 3:9; 엡 2:22; 벧전 2:5), 성령과 동일한 교제를 누린다(고
후 13:13; 빌 2:1).

[448] 성령의 이런 사역을 창세기 1장부터 요한계시록 22장까지 살펴
보고 특별히 그의 중생시키시는 활동에 집중하게 되면, 우리는 중생이 전

적으로 또는 부분적으로 인간의 성취라거나 오직 개인의 삶과 행위의 도덕적 개선에만 있는 것이라는 주장을 논박할 필요가 없다. 성경이 말하는 거듭남은 생리학적 변화의 산물이나 또는 그에 수반하는 것으로 설명될 수 있는 단순한 정신적 현상이 아니다. 사람은 생명 자체의 조성자가 아닌 것과 마찬가지로, 자신의 중생을 홀로 또는 부분적으로도 만들어내지 못한다. 모든 생명과 마찬가지로, 중생의 새 생명은 더더욱 화학적 입자나 인간적 노력의 산물, 느리고 오랜 진화의 열매가 아니고, 오직 하나님의 창조적 행위, 하나님의 성령의 특별한 초자연적 활동의 산물이다. 본래 선하게 창조된 인간은 죄를 짓고 전적으로 부패해서 하나님과 친교할 능력이 없었다. 우리 자체는 근본적으로 악하기 때문에, 우리의 구속을 위해서 우리의 존재 전체에 영향을 끼치는 거듭남이 필요하다.

그뿐 아니라, 성경에 따르면 중생은 전혀 새로운 두 번째 창조로 존재하는 것이 아니다. 아무리 신자들이 그리스도 안에서 새로운 피조물로 만들어진다고 해도, 그들의 창조된 본성이 질적으로 변화되는 것은 아니다. 신자들은 온전한 사람으로, 처음 창조되었을 때와 마찬가지로 하나님의 형상을 담지한 자들로 온전히 남아 있다. 그들이 가진 자아의 연속성은 구속에서 유지된다. 이는 하늘과 땅을 새롭게 함으로 일어날 재창조(마 19:28)가 이 세상을 파괴하고 다른 세상을 무로부터 다시 창조하거나 또는 어떤 새로운 실체를 도입하는 것이 아니라, 지금은 허무에 굴복해 있는 피조물을 해방하는 일인 것과 마찬가지다. 죄는 창조세계의 본질이 아니라 그것의 뒤틀림이다. 그리스도는 둘째 창조자가 아니라 창조세계의 구속자시다. 구원은 창조의 회복과 삶의 개혁이다. 구속은 강압적이지 않고, 오히려 사람들을 죄의 강요와 권세로부터 구출한다. 새로운 생명은 하나님으로부터 오고 그의 사랑에서 태어난다. 이것은 다른 방식으로 이루어질 수 없는데, 왜냐하면 구원자로서 하나님의 명예가 엄밀히 말해서 이 인류와 이 세상에 대한 사탄의 권세를 재정복하는 데 전적으로 달려 있기 때문이다. 중생은 우리가 타락하지 않았다면 우리에게 없었을 것 외에는 아무것도 우리에게서 제거하지 않고, 우리의 존재에 대한 계획에 걸맞게 우리가 갖고 있어야 했지만 죄의 결과로 잃어버린 것을 다시 회복시킨다. 원칙적으로 중생은 우리를 하나님의 형상과 모양으로 회복시킨다.

만일 중생이 단순히 삶과 행위의 개혁만도 아니고, 그렇다고 무슨 새로운 실체를 주입하는 것도 아니라면, 구체적으로 무엇이 중생이란 말인가? 다른 교리들과 마찬가지로 여기서도 적극적으로 진리를 밝혀내는 것보다는 오류를 거부하는 것이 용이하다. 하나님이 계시하시는 것들 속에서 우리는 결국 도무지 헤아릴 수 없는 신비를 마주하게 되기 때문이다. 영원한 것이 시간적인 것을, 무한한 것이 유한한 것을, 창조주가 피조물을 접촉하는 지점에서 말이다. 이 땅에서 현상 이면에 자리한 것은 다른 사람들과 우리 자신에게 믿음의 대상으로 남는다. 영적 생명은 그리스도와 함께 하나님 안에 감추어져 있다(골 3:3). 만일 중생이 실제적 창조(실체의 주입)도 아니고 삶을 외적으로나 도덕적으로 개선하는 것도 아니라면, 결국 중생은 사람 안에 있어서 옛날부터 "성향"(habits) 또는 "자질"(qualities)이라고 불렸던 내적 경향성을 영적으로 새롭게 하는 것일 수밖에 없다.[30] 그럼에도 우리는 성경의 증언이 인도하는 대로 전인이 중생의 대상이고, 따라서 그들의 행위와 행실, 삶의 목적과 방향, 생각과 활동만 변화되어야 하는 것이 아니라 사람 자신이 변혁되고 존재의 중심에서 다시 새롭게 되어야 한다고 조심스럽게 말할 수 있다. 이 과정을 묘사하기 위해 성경은, 사람의 감정과 의지뿐만 아니라 의식 가운데 존재하는 마음에서 "생명의 근원이 난다"(잠 4:23)고 표현한다. 만일 예수가 말씀하시는 것처럼(마 15:29) 모든 악과 몰이해가 마음에서 나온다면, 바로 이 마음이 몸을 포함하는 전인에 영향을 끼치는, 중생이라고 불리는 변화가 일어나야 하는 중심이다. 바

---

30) Jonathan Edwards, *Religious Affections*, ed. J. E. Smith (1746; repr., New Haven: Yale University Press, 1959), 206 (part III, 1). "본성의 원리들"을 말하면서 Edwards 는 "보다 결정적인 의미를 담고 있는 단어가 없기 때문"이라고 덧붙인다.

울이 분명하게 진술하는 바에 따르면 성령은 신자의 몸을 성전 삼아 거하시며(고전 6:19), 신자 안에 거하시는 성령으로 인해 몸의 부활이 뒤따라야 하고(롬 8:11), 영적인 사람은 몸의 지체를 의의 도구로 만들고(6:13), 예수의 생명도 우리의 죽을 몸에 나타나게 된다(고후 4:11). 요컨대 중생이 가져오는 "새로움"은 우리의 인간적 본성을 건강한 상태로 회복시키는 것이다. 「도르트 신조」가 이것을 놀라운 언어로 진술한다. "하나님이 자신의 선하신 뜻을 택자들 안에서 행하실 때, 하나님은 중생하게 하시는 동일한 성령의 효력 있는 역사를 통해 인간 존재의 가장 깊은 곳까지 관통하셔서 닫힌 마음을 여시고, 굳은 마음을 부드럽게 하시고, 할례받지 않은 마음에 할례를 행하신다. 의지에 새로운 특성들을 주입하셔서 죽은 자를 살아나게, 악한 자를 선하게, 꺼리는 자를 자발적이게, 완고한 자를 순응하게 만드신다. 그는 이렇게 의지를 일깨우시고 강건하게 하셔서 좋은 나무처럼 선행의 열매를 맺게 하신다."31) 이것은 강제적인 것과 전혀 상관이 없다. 오히려 죄에 의한 강압적인 올무와 강요하는 권세로부터의 구출이다. 영적 생명은 그 첫 시작부터 영생이고, 중생하는 자 안에 있는 씨앗은 불멸하는 것이다. 그것은 하나님께로 나서, 그리스도의 부활을 통해 우리에게 흘러들어오고, 처음부터 성령의 친교 안에서 성취되고 유지되고 확증된다. 그렇기 때문에 이 생명은 죄를 짓거나 죽을 수 없고, 오히려 살고 역사하고 자라서, 때가 되면 믿음과 회심의 행위들 속에서 자신을 드러낸다.

---

31) Canons of Dort, III-IV, art. 12.

______
19장

믿음과 회심

믿음의 지식

[449] 그리스도 안에 있는 새로운 생명은 모든 자연적 생명과 마찬가지로 영양을 공급받고 튼튼해져야 한다. 중생한 사람들은 끊임없이 "하나님의 영을 통해 속 사람이 능력으로 강건하게" 되어야 한다(참조. 엡 3:16). 신자들이 강건해지는 것은 오직 주님 안에서 그리고 그 힘의 능력으로(엡 6:10), 그리스도의 영에 의해 그리고 그와의 교제 안에서다(롬 8:13, 26; 고후 13:13; 엡 3:16). 중생에서는 전인(全人)이 원칙적으로 재창조된다. 사람의 자아는 그리스도의 능력 안에서 그리고 그에 의해 죽고 다시 산다(갈 2:20). 성령은 사람의 존재 중심에서 주변에 이르기까지 일하시면서 그리스도 안에 거하는 새 사람(καινος ἀνθρωπος)을 창조하시는데(엡 4:24; 골 3:10), 이 창조는 작고 섬세하지만 모든 지체에 이르기까지 완전한 것이다. 영적 생명은, 성령에 의해 신비하고 불가사의하게 사람들 안에 심어진 것이지만(요 3:8), 처음부터 하나님의 말씀에 묶여 있다. 사람의 마음에 새겨진 형용할 수 없는 말씀은 그리스도가 성경에서 하신 말씀에 의해 알려진다.

성령이 우리로 하여금 그리스도의 말씀을 영적인 의미와 내용으로 깨닫게 하시고 우리의 지각을 진리에 대해 개방시키시는 행위를 성경은 "조명"(enlightenment)이라 부른다. 죄가 지각을 어둡게 했기 때문에(롬 1:21; 고전 1:21; 2:14; 엡 4:18; 5:8), 필요한 것은 지각이 새롭게 되는 일이다(롬 12:2; 엡 4:23). 이 일을 성령—지혜와 계시의 영(엡 1:17)—이 하시는데, 그는 우리를 모든 진리 가운데로 인도하시고(요 16:13), 모든 것을 가르치시고(요 14:26; 요일 2:20), 하나님의 일들을 깨닫게 하신다(고전 2:10-16). 하나님이 창조 때 능력의 말씀으로 흑암을 밝히셨던 것처럼, 그분은 그의 아들에 의해(마 11:27) 그리고 성령에 의해 사람들의 마음을 비추시고(고후 4:6) 마음의 눈을 밝히신다(엡 1:18). 그 결과로 그들은 빛의 자녀(눅 16:8; 엡 5:8; 살전 5:5), 빛의 나라의 시민들(골 2:12; 벧전 2:9), 빛 가운데 행하는 자들이 된다(엡 5:8; 요일 1:7; 2:9-11). 그들은 이제 하나님의 빛 안에서 빛을 본다(시 36:9).[1]

신자들은 성령으로 조명되어 새로운 믿음의 지식을 얻는다. 알지도 못하고 누리지도 못하는 구원은 구원이 아니다. 하나님은 그리스도 안에서 자신을 알게 하시고 누리게 하심으로써 구원하신다. 예수 그리스도의 얼굴에 있는 하나님을 아는 지식이 우리를 구원하고 의롭다 하고 죄 용서와 영생을 우리에게 베푼다(왕상 8:43; 대상 28:9; 시 89:15; 사 1:3; 11:9; 53:11; 렘 4:22; 31:34; 호 2:19; 4:1, 6; 마 11:27; 눅 1:77; 요 8:32; 10:4, 14; 17:3; 롬 10:3; 고후 2:14; 갈 4:9; 엡 4:13; 히 8:11; 벧후 1:2; 3:18; 요일 5:20). 이러한 믿음의 지식은 인간의 본성에 더해진 초자연적 부가물이 아닌데, 믿는다는 것은 모든 사람이 언제나 삶의 모든 영역에서 하는 일반적인 일이기 때문이다. 믿음은 창조된 인간의 보편적인 능력이다. 믿음이 없이는 어떠한 지식도 없다. 재창조는 세상에 새로운 실체를 들여오는 것이 아니며, 신앙은 사람에게 하나님이 원래 인간을 자기 형상으로 창조하셨을 때 인간의 본성이 가지고 있지 않던 새로운 능력이나 기능, 또는 활동을 부여하지도 않는다. "신앙의 회복"에 대해 말하는 것은 중생에서 믿음·소망·사랑을 포함하는 모든 인간적

---

1) 참조. H. Bavinck, *Reformed Dogmatics*, ed. John Bolt (Grand Rapids: Baker Academic, 2003-8), I, 347-48 (#96); R. Seeberg, "Erleuchtung," in *PRE*³, V, 457-59.

 제5부 | 성령과 그리스도 안에서의 구원

능력과 힘이 다시 새롭게 된다는 의미에서만 적절하다. 중생한 사람에게 하나님을 믿거나 그리스도를 믿는 것은 마치 모든 사람이 감각 세계를 믿는 것처럼 자연스럽다. 씨앗이 좋은 토양과 수분, 햇빛을 필요로 하는 것처럼, 중생에 의해 심어진 믿는 능력은 지속적인 내적 부르심에 대응해서만 믿음의 행위가 된다. 중생을 통해 하나님은 본래 하나님과 인간 사이에 존재했던 생명의 관계를 회복하신다. 하나님의 형상을 따라 창조된 인간은 다시 하나님 자신 및 하나님께 속한 모든 것에 대해 회복을 경험한다. 중생한 사람은 세상과 죄에 대해 십자가에 못 박히고 하나님을 향해 산다. 그들은 성령에 의해 조명되어 하나님을 알고 또 그 지식을 통해 구원받는다(요 17:3).

또한 강조해야 할 중요한 사실이 있는데, 이러한 주장이, 그리스도를 아는 지식을 자신의 마음에서 이끌어내고, 그리하여 말씀과 영을 대치시키고, 기록된 말씀을 무시하고 외적인 말씀을 희생시키면서 내적인 말씀을 부각시키고, 심지어 이런 입장을 성경에 호소하는(사 54:13; 렘 31:34; 마 11:25, 27; 16:17; 요 6:45; 고전 2:10; 고후 3:6; 히 8:10; 요일 2:20, 27) 신비주의자들의 시도와 조화되지 않는다는 것이다. 이에 반대해서 우리는 다음과 같은 사실들을 분명히 하기를 원한다.

1. 모든 지식은 객체와 주체의 관계를 전제한다. 우리가 보기 위해서는 볼 수 있는 눈이 있어야 한다. 알기 위해서는 알 수 있는 지성이 있어야 한다. 관찰자와 피관찰자, 인식아와 피인식아 사이의 이러한 긴밀한 관계는 그것들이 서로를 위해 창조되었음을 말한다.[2] 영적인 영역에서도 마찬가지다. 우리가 그리스도의 얼굴에서 하나님을 인식

---

2) 다시 말해 동일한 로고스에 의해; 참조. H. Bavinck, *Reformed Dogmatics*, I, 78-81 (#20), 217-19 (#65), 301-12(##85-86), 356-59 (#98), 380-85 (##104-5), 586-90 (#152), 605-13 (##156-58).

하기 위해서는 성령이 말씀에, 내적 부르심이 외적 부르심에, 조명이 계시에 더해져야 한다.

2. 우리가 하나님의 빛 안에서만 빛을 볼 수 있다고 성경이 진술할 때, 이는 우리가 이 지식의 실질적 내용을 우리 자신에게서 이끌어내야 한다는 말이 아니다. 오히려 그것은 우리를 우리 자신이 아니라 자연·율법·복음에 드러난 하나님의 계시와 관련시킨다(신 4:1; 사 8:20; 요 5:39; 롬 1:20; 15:4; 딤후 3:15; 벧전 1:25; 벧후 1:19; 요일 2:20-27 등).

3. 자연 세계에서 우리가 가진 지식의 "내용"은—우리가 자신의 의식, 지각, 이성을 동원한다 해도—항상 외부에서 오는 것이다.[3] 이러한 사실은 교리와 삶의 규칙으로서 객관적·외적 계시를 필요로 하는 영적인 문제들에서 특히 강화된다. 홀로 남겨질 때 우리는 오류와 거짓에 빠진다.

4. 더욱이 이러한 종교적 지식의 대상은 비가시적이며, 영적이고 영원하다. 눈으로 보지 못하고 귀로 듣지 못하고 사람의 마음으로 생각하지도 못한 것, 그것을 하나님이 자신을 사랑하는 자들을 위해 복음 안에 예비하셨다(고전 2:9). 이것들을 알기 위해서는 순전하고 혼합되지 않은 신실한 형상이 필요하다. 여기서 우리는 시각에 의존하여 행해서는 안 되며, 주님의 형상으로 변화하기 위해서 거울에 비친 주님의 영광을 바라보아야 한다(참조. 고후 3:18).

5. 마지막으로 신자 안에 있는 새로운 생명은 복음, 그리스도의 말씀, 그리고 성경을 그 지지기반과 신앙성장을 위한 양식으로 여기고 그것들을 가까이 한다. 성령의 증언은 신자들을 그리스도의 인격으로 이끄는 것과 동일한 강도로 성경에 묶는다.

---

3) 참조. H. Bavinck, *Reformed Dogmatics*, I, 78-81 (#20), 217-19 (#65); II, 68-70 (#170).

"믿음의 지식"이라는 말이, 우리가 성령을 통해 그리스도 안에서 하나님에 의해서가 아니라 믿음 또는 지식에 의해 구원받음을 의미하는 것으로 받아들여져서는 안 된다.[4] 불교에서는 "무의식적"(무념적) 구원이 존재의 절정일 수 있지만, 기독교의 구원은 우리가 그것을 알고 있을 때만 우리에게 온전히 유익을 준다. 그리스도인에게 존재의 최고 상태는 하나님을 아는 것이고, 또한 바로 이 지식으로 영생을 얻는 것이다. 따라서 지식은 우연히 그리고 외부로부터 부가된 구원의 요소가 아니라 구원에 필수적이다. 구원이 알려지지 않고 누려지지 않는다면 그것은 구원이 아니다. 그럼에도 현재의 삶에서 우리가 그리스도 안에서 누리는 하나님과의 교제는 완전하지 않고 우리의 지식도 불완전하기 때문에, 이 땅에서 우리가 가지는 하나님을 아는 지식은 "믿음의 지식"이다. 믿음이 하나님을 아는 지식을 얻는 유일한 길이다. 모든 유익(사죄, 중생, 성화, 견인, 하늘의 복락)은 오직 믿음을 통해서만 우리에게 주어진다. 우리는 이것들을 믿음에 의해서만 누린다. 우리는 오직 소망을 통해서만 구원받는다(참조. 롬 8:24).

[450] 성경적으로 말하자면, 믿음은 하나님과 그의 약속의 말씀을 향해 신뢰함으로 굴복하는 것이다. 구원은 하나님의 선택하시는 사랑에 기인하는 언약의 형태를 따라, 다시 말해 오직 믿음으로만 받아들일 수 있는 약속의 형태로 나타난다(창 3:15; 6:22; 7:5; 8:22; 12:4; 15:6; 17:21ff.; 22:2; 출 20:2; 신 7:8; 14:1 등). 사람과 하나님 간의 이러한 종교적 관계는 보통 하나님을 경외하고, 섬기고, 사랑하고, 붙드는 것, 그를 의지하는 것 등으로 표현된다.[5]

비록 구약성경에는 믿음을 가리키는 고유한 용어가 없지만, 우리가 사용하는 "믿는다"는 말에 관련된 가장 가까운 말은 "무엇을 견고히 하다, 붙

---

4) B. B. Warfield, "Faith," in *DB*, I, 837: "구원하는 믿음의 능력은 그러므로 믿음 그 자체에 있는 것이 아니라 믿음이 붙드는 전능한 구원자에게 있다."
5) 참조. H. Bavinck, *Reformed Dogmatics*, III, 491-95 (#410).

들다, 의지하다, 신뢰하다"를 의미하는 동사인 "헤에민"(הֶאֱמִין; אָמַן의 hiphil 형)이다. 구약성경에서 믿는다는 것은 하나님만 온전히 신뢰한다는 것이다. 하나님은 신실하신 분이며(신 7:9; 시 33:4; 89:37; 사 49:7; 65:16), 갈등과 반대에 굴하지 않고 지속적으로 하나님을 믿는 이들은 신실한 사람들이다(삼하 20:19; 시 12:1; 31:23; 101:6).

신약성경에서는 믿음(πίστις)이라는 말에 풍성한 종교적 의미가 부여되었다. "믿음"(πίστις)이라는 명사와 "믿다"(πιστεύειν)라는 동사는 신약성경에 자주 등장하며 독자적인 의미를 얻기에 이르렀다. 믿는다는 것은 그리스도인이 된다는 것이다(행 2:44; 4:4; 13:48 등). "믿는 사람들"은 그리스도인을 가리키는 다른 말이다(행 10:43; 딤전 4:3, 12). 더구나 "믿음"은 이제 교회 안에서 객관적인 세력이 된 기독교라는 종교와 동의어로 자주 사용되었다(행 6:7; 갈 3:23, 25; 6:10 등).[6] 복음서에서 구원은 믿음에 묶여 있다(눅 7:50; 막 5:34). 예수가 죽은 자들 가운데서 다시 살아나시고 하늘로 올라가시고 성령을 보내신 직후에, 사도들은 그가 하나님이 이스라엘로 하여금 회개하고 죄 사함을 받게 하시기 위해(행 2:38; 5:31) 주와 메시아로 삼으신 분이라고 선포하기 시작했다(행 2:36). 이윽고 주님에 대한 믿음을 특징으로 하는 교회가 생겨났다(5:14; 9:42; 11:17; 14:23).

처음부터 이 믿음은 두 가지 요소를 내포했는데, (1) 그리스도에 대한 사도적 메시지를 받아들이는 것과, (2) 지금도 하늘에 살아 계시면서 죄를 용서하고 완전한 구원을 베푸실 수 있는 전능하신 그리스도를 개인적으로 믿는 것이었다. 첫 번째 요소는 특히 요한 문헌에서 강조하는 것이며(요 2:22; 4:50; 5:47; 6:69; 8:24; 11:42; 13:19; 17:8, 21; 요일 5:1, 5), 두 번째 요소는 바울 서신에서 강조된다(롬 3:22; 갈 2:16, 20; 3:22; 엡 3:12; 빌 3:9). 사도들은 저

---

6) B. B. Warfield, "Faith," in *DB*, I, 828-31; 또한 딤전 1:19, 3:9, 4:1 등; Warfield에 따르면 동사 πιστεύειν(또는 명사 πίστις)은 신앙 교리가 아닌 "객관적인 권세로서 얻은 주관적인 믿음"을 가리킨다"(831).

　　　　제5부 | 성령과 그리스도 안에서의 구원

마다 믿음을 독특하게 묘사한다. 야고보는 믿음을 지성적으로만 바라보는 편향적인 시각에 반대하면서, 예수 그리스도에 대한 참된 믿음(약 2:1)은 선행을 통해 살아 있는 것임이 입증되어야 한다고 강조한다(약 2:17ff.). 소망의 사도인 베드로는 믿음을 그 결과인 구원 얻는 일과 결부시킨다. 여기서 믿음은 우리를 그리스도의 의에 참여하는 자로 만들며(벧후 1:1), 또한 선한 행실의 원리가 된다(벧전 1:7, 21; 5:9). 바울은 특히 믿음의 대상이신 예수 그리스도께 집중하는데, 예수는 하나님이 우리의 지혜, 의로움, 거룩함, 구원으로 삼으신 분이며(고전 1:30), 그분의 인격과 유익들에 우리는 율법의 행실과 상관 없이 오직 믿음으로만 참여할 수 있다(롬 3:21-28). 히브리서의 저자는 예수 그리스도를 믿음의 대상(히 3:14; 10:22; 13:7-8)과 "믿음의 주요 온전케 하시는 이"(12:2)로 인식하면서도, 믿음을 객관적 측면보다는 주관적 측면에서 바라본다. 그는 독자들에게 그들이 가진 믿음—보이지 않고 영원하며 장차 도래할 것들에 대한 확신(11:1)—의 진정성을 증명하기 위해서는 하나님의 신실함(11:11)과 능력(11:18-19)과 약속들(4:1-2; 6:12; 10:36; 11:6, 9, 26)에 굳게 붙어 있어야 한다는 점을 상기시키는 데 관심이 있었으며, 따라서 독자들에게 담대함(3:6; 4:16; 10:19, 35), 견고함(3:14; 11:1), 인내(10:36; 12:1), 소망(3:6; 6:11, 18; 10:23)을 가질 것을 촉구한다. 마지막으로 요한은 주로 현재적 실재의 관점에서, 믿음을 예수 그리스도가 육신으로 오셔서(요일 4:2) 우리에게 영생을 주심(요 3:16; 5:24; 6:47, 54; 20:31; 요일 3:14-15; 5:11)을 믿는 자들의 것으로 제시한다. 아들을 가진 자에게는 생명이 있다(요일 5:12).

하지만 이 모든 다채로운 다양성 속에서도 통일성은 완벽하게 보존되어 있다. 믿는다는 것은 언제나 그리스도의 인격에 대한 무한한 신뢰는 물론이고 하나님이 아들에 대해 사도들을 통해 주신 증언을 받아들이는 것을 포함한다. 이 두 가지는 분리할 수 없다. 사도적 증언을 진실로 받아들이는 자들은 자신의 구원을 위해 그리스도만을 신뢰한다. 하나님의 아들이신 그리스도께 자신의 신뢰를 두는 자들은 또한 그리스도에 대한 사도적 증언을 기꺼이 그리고 자유롭게 받아들인다. 그리스도는 역사적 인물, 성경의 그리스도이실 뿐만 아니라, 또한 살아 계시고 교회의 머리로서 다스리시는, 하늘에 계신 영화롭게 되신 주님이시다. 그는 구원을 과거에 이루셨을 뿐만 아니라, 오늘도 그것을 개인적으로 적용하신다. 성경적 믿음은 아는 바를 고백하지 않는 마음만의 믿음이나, 마음에서 우러나는 믿음에 근거하지 않은 고백을 모두 배제한다. 그것은 신비적인 동시에 이성적이고, 그리스도에 대한 무제한적이고 중단 없는 신뢰인데, 그리스도는 성경에 기록된 대로 나를 위해 모든 것을 하셨고 또 그 사실에 기초해서 지금부터 영원까지 나의 주님이시며 나의 하나님이시다.

[451] 그러나 교회 역사에서 믿음에 대한 이처럼 다채로운 성경적 교리는 제대로 인정받지 못했고, 그 풍성하고 온전한 종교적 의미는 상실되었다.[7] 로마 가톨릭교회에서 믿음은 하나님이 계시하신 모든 것에 대한 지적 동의로 축소되었다. 그래서 "지식 없는 믿음"(uninformed faith)[8]과 사랑에 의한 지식 있는 믿음을 구분하게 되었다. 오직 후자만 의롭게 하고 구원한다. 이것이 의미하는 바는, 믿음의 대상이 그리스도 안에 있는 하나님의 특별한 은혜가 아니며, 믿음이 그리스도가 나의 주 나의 구원자시며 나의 죄가 용서되었다는 확신으로 이루어지는 것도 아니라는 것이다. 결국 믿음은 지성의 문제로, 신뢰는 인간 의지의 문제로 간주되었다. 신뢰는 믿음의 결과지 믿음의 일부가 아니었다. 우리는 또한 이 신뢰가 절대적이지 않으며, 오류와 은혜 상실의 가능성이 배제되지 않은 도덕적이고 추측

---

7) 참조. H. Bavinck, Reformed Dogmatics, I, 571 (#148).
8) 편집자 주—미숙한 믿음(*fides informis*)이 말 그대로 "무지한 믿음"이나 "지식이 없는 믿음"을 뜻하지는 않는다. 오히려 이 말은 중세 스콜라 신학에서 말하는 사랑(*caritas*)으로 불러일으켜지고 교훈되고 따라서 적극적으로 선한 행실을 낳는 것을 뜻하는 "사랑으로 형성된 믿음(*fides caritate formata*)과 대비된다. 이 말이 칭의를 위한 행위의 필요성을 함축하는 한 종교개혁자들과 개신교 정통파는 믿음에 대한 이런 개념을 거부했다(Richard A. Muller, *Dictionary of Latin and Greek Theological Terms* [Grand Rapids: Baker Academic, 1985], s.v. *fides caritate formata*; *fides informis*).

에 근거한 확신에 불과하다는 사실을 지적할 필요가 있다.[9]

로마 가톨릭의 입장에서는 개인적 확신이 단호하게 부차적인 것으로 간주되거나 때로는 아예 무시되었던 것과는 달리, 종교개혁과 칼뱅에게는 믿음이 우리를 향한 하나님의 선의, 곧 "성령에 의해 우리 지성에 계시되고 우리 마음에 인쳐진" 것에 대한 개인적 확신을 의미했다.[10] 이것은 복음의 내용―하나님의 구원하시는 행위들의 역사―에 대한 지식을 포함하지만, 그 강조점은 우리를 향한 하나님의 약속들에 대한 신뢰, 바로 그리스도 자신 안에 있는 약속들에 대한 신뢰에 있다. 칼뱅에게 믿음의 "동의"는 머리가 아닌 가슴으로 하는 것이고, 이해보다는 감정의 문제다.[11] 더구나 종교개혁자들에게 믿음은 그것이 지식(cognito)으로 묘사되든지 아니면 확신에 찬 신뢰(fiducia)로 묘사되든지 간에 언제나 "확실한" 지식이며 "견고한" 확신이다. 믿음은 의심의 반대 개념이며, 개인적 구원의 확실성을 포함한다. 이것은 신자들이 일종의 절대적 확실성을 가진다는 것도 아니고 신자들이 다양한 종류의 불확실성과 씨름한다는 사실을 부정하는 것도 아니다. 다만 믿음이 그 자체로 항상 확실성의 문제라는 사실을 말하는 것이다.[12]

[452] 하지만 종교개혁을 통해 제시된 믿음에 대한 견해가 모든 의문을 잠재운 것은 아니다. 믿음에서 지식이 배제되지 않았고, 지식과 신뢰, 지성과 의지가 함께 다루어졌지만, 종교개혁 전통에 속한 그리스도인들은 여전히 어떻게 그 둘을 결부시킬 것인가 하는 문제와 확신의 문제로 씨름했다. 교회는 종종 지성을 강조하는 사람들과, 마음의 신비나 실천적

---

9) T. Aquinas, *Summa Theol.*, II, 1, qu. 112, art. 5; Council of Trent, VI, c. 9, can. 13-15; 참조. H. Bavinck, *Reformed Dogmatics*, I, 571 (#148); III, 514-17 (#416).

10) J. Calvin, *Institutes of the Christian Religion*, III.ii.7 (ed. John T. McNeill and trans. Ford Lewis Battles [Philadelphia: Westminster, 1960], 1:549-51); 참조. idem, *Commentary*, on Rom. 10:10.

11) J. Calvin, *Institutes*, III.ii.8.

12) J. Calvin, *Institutes*, III.ii.17ff.

기독교의 선행에서 확신을 얻고자 하는 사람들로 나뉘었다. 「하이델베르크 교리문답」은 단순히 이 둘을 나란히 두면서 "이것은 물론 저것도"의 형식으로 연결한다.[13] 이것은 전혀 만족스럽지 못했는데, 왜냐하면 이 문제와 관련하여 "그렇다면 어떻게 서로 다른 두 기능들이 믿음이라는 하나의 열매를 산출해내는가"라는 질문이 계속 제기되었기 때문이다. 여러 신학자들이 지식(*notitia*), 동의(*assensus*), 신뢰(*fiducia*)라는 세 가지 고전적 구분을 넘어서는 다양한 구분을 통해 이것을 해결하려고 시도했지만, 이러한 무수한 범주들은 자칫하면 믿음이 더 이상 칭의를 적용하는 도구로 간주되지 않는 위험을 초래할 수 있었다. 이에 대한 반응으로, 알렉산더 콤리(Alexander Comrie)와 그의 후계자들은 믿음의 "행위"에서 "성향"(*habitus*)으로 눈을 돌렸는데, 그들은 성향을 통해 신자가 그리스도께 접붙여지며, 그 뒤에 믿음의 행위가 따른다고 보았다. 이것은 「하이델베르크 교리문답」 제21문답을 제대로 다룬 것으로 보이지 않으며 문제를 해결하는 데도 실패했는데, 왜냐하면 믿음의 성향(믿음의 씨, 뿌리, 기능 또는 원리)을 정식으로 믿음이라고 부를 수는 없기 때문이다. 푸치우스(Voetius)가 주목했듯이, "이 [원리]는 유비의 원칙이나 또는 부적절하게 원인이나 원리에 대한 환유법을 사용하지 않고서는 믿음이라고 부를 수 없다. 씨가 나무가 아니며, 계란이 닭이 아니며, 뿌리가 꽃이 아닌 것과 같이, 이것은 정식으로 믿음이라고 불릴 수 없다."[14]

[453] 또 다른 문제가 제기되었다. 몇몇 신학자들이 신뢰 또는 확신(*fiducia*)을 진정한 공적인 믿음의 행위로 여기기를 거부했는데, 왜냐하면

---

13) 제7주일 제21문답: 질문. 참된 믿음이란 무엇입니까? 답. 참된 믿음이란 하나님이 그의 말씀에서 계시하신 모든 것을 진리로 여기는 분명한 지식인 동시에, 하나님이 값없이 은혜로 오직 그리스도의 공로를 힘입어 죄 사함과 영원한 의와 구원을 다른 사람에게만 아니라 나에게도 베풀어주셨다는 견고한 신뢰로서, 성령이 복음을 통해 내 마음에 불러일으키는 것입니다.

14) Gisbert Voetius, *Selectae disputations theologicae*, 5 vols. (Utrecht, 1648-69), II, 499; V, 288.

이 확신은 그리스도를 받아들이는 신앙과 동일시될 수 없었기 때문이다. 개혁파 신학자들은 벨라르미누스(Robert Bellarmine)와 다른 사람들이 제기한 이런 반대를 인정했고,[15] 따라서 그들은 우리가 의롭다 함을 받게 하는 믿음(*fides, per quam justificamur*)과, 그리스도를 통해 우리의 죄가 용서되었다는 것을 우리가 믿게 하는 믿음(*fides, qua credimus nobis per Christum remissa esse peccata*)을 구분했다. 전자는 칭의에 앞서고, 후자는 칭의에 따라온다. 이 구별은 시간적이라기보다는 논리적 의미에서 의도되었는데, 제한 속죄(particular atonement)의 교리 때문에 복잡해졌다. 개혁파 신앙고백에 따르면, 그리스도는 오로지 택자들을 위해서만 구원을 이루셨다. 우리는 누가 택자인지를 알지 못하기 때문에, 복음이 모두에게 차별 없이 전해져야 한다. 부름받은 모든 자는 믿을 의무가 있다. 복음 선포를 믿고 그리스도께 피하는 일반적 믿음이 자신의 구원에 대해 알게 되는 믿음의 반응 행위에 앞선다. 최초의 직접적 믿음 행위와 의식적 반응 사이에 심각한 의문이 끼어든다. 내 믿음은 진짜인가, 아니면 단지 시간적·역사적 믿음에 불과한 것인가? 1세대 종교개혁자들에게는 이것이 그리 긴급한 질문이 아니었다. 그들은 은혜로 말미암은 해방을 통해 넘치는 기쁨을 경험했고, 따라서 믿음에 대한 기쁨과 충만한 확신이 있었다. 다음 세대에는 확신에 찬 그리스도인이 보다 드물었는데, 상당수의 교인들은 자신이 정통

---

15) W. Ames, *The Marrow of Theology*, trans. J. D. Eusden (1968; repr., Grand Rapids: Baker Academic, 1997), I.27.16 (p. 162); Peter van Mastricht, *Theoretico-practica theologia* (Utrecht: Appels,1714), I, 1, 25; Francis Turretin, *Institutes of Elenctic Theology*, trans. George Musgrove Giger and ed. James T. Dennison, 3 vols. (Phillipsburg, NJ: Presbyterian & Reformed, 1992), XV, qu. 8, 7, 11; qu. 10, 3; qu. 12, 6; W. a Brakel, *The Christian's Reasonable Service*, trans. Bartel Elshout, 4 vols. (Ligonier, PA: Soli Deo Gloria, 1992-95), III, 357ff. (Dutch: XXXIV, 27). 참조. Westminster Confession, c. 18, 3; Rev. D. Beaton, "The Marrow of Modern Divinity' and the Marrow Controversy," *Princeton Theological Review* 4 (July 1906): 327-31.

에 속해 있다는 사실에 만족하고 이러한 문제들에 무관심하든지, 또는 지
성과 마음에 평화를 발견하지 못하는 구도자나 회의론자가 되어버렸다.
게다가 그리스도인으로서의 삶은 상당히 결여되어 있었다.

영국과 스코틀랜드 실천론자들의 영향을 받은 설교자들은 교회와 도
덕 교리의 부패를 통탄하면서 하나님의 심판을 선포하고, 인간의 마음과
삶의 개혁으로부터만 구원을 기대했다.[16] 이들은 정부와 교회 사역자들이
자신들의 의무를 다하도록 요구하고 스스로를 돌아보도록 촉구했다. 심지
어 어떤 이들은 단순한 문자적 지식을 강력하게 반대하고, 실천적이고 자
애롭고 경험적인 기독교를 위해 투쟁했다.[17] 다른 이들은 소위 "복음적 회
심"에 대해 의심의 눈초리를 보내면서 마음의 애통함, 죄에 대한 고백, 비

---

16) W. Teellinck, H. Witsius, J. van Lodenstein 등이 주로 큰 영향을 미쳤다. 편집자 주—
다음 책들을 보라. Willem Teelinck, *The Path of True Godliness*, ed. Joel Beeke,
trans. Annemie Godbeheere, in *Classics of Reformed Spirituality* (Grand Rapids:
Baker Academic, 2003); Carl J. Schroeder, *In Quest of Pentecost: Jodocus van
Lodenstein and the Dutch Second Reformation* (Lanham, MD: University Press
of America, 2001). 편집자 주—여기서 Bavinck는 17, 18세기 영국 청교도운동과 나란
히 일어난 네덜란드의 "후대 종교개혁"(Further Reformation, Nadere Reformatie)이
라 불리는 운동을 가리킨다. 이 운동을 전문으로 다루는 학술지를 발행하는 네덜란드
의 학자들은 이 운동을 다음과 같이 정의한다: "네덜란드의 제2차(또는 '후대') 종교개
혁은 생명력 있는 믿음의 결여 또는 타락에 대한 반응으로서 네덜란드 개혁교회 내에
서 17세기와 18세기에 걸쳐 일어난 믿음과 경건의 체험을 가장 중요한 문제로 삼았던
운동이다. 이런 관점을 통해 이 운동은 실질적이고 절차적인 개혁안들을 마련했고, 합
당한 교회적, 정치적, 사회적 동인들이 그 안들에 대해 본연의 역할을 담당하게 함으로
행실과 말로 교회와 사회와 국가를 계속해서 개혁해감으로써 그런 안들을 지속적으로
추구했다"(*Documentatieblad Nadere Reformatie* 19 [1995]: 108; cited in *The Path
of True Godliness*, 7-8, the series preface of the Classics of Reformed Spirituality
series).
17) 편집자 주—여기서 Bavinck는 다음과 같은 책들을 인용한다: J. Eswijler, *Ziels-
eenzame meditatien* (Rotterdam: 1685; 1739); J. Verschuir, *Waarheid in het
binnenste, of bevindelyke Godtgeleertheit*, 5th ed. ('s Gravenhage: J. Thierry,
1776); W. Schortinghuis, *Het innige Christendom* (1710; 2nd ed., 1740); Dr. J. C.
Kromsigt, *Wilhelmus Schortinghuis* (Groningen: J. B. Wolters, 1904), 141ff.

참함에 대한 자각 등을 그리스도와 그의 유익들을 얻기 위한 조건으로 주장했고, 구원의 서정에서 칭의와 거듭남을 믿음 다음에 위치시켰다.[18]

사람들의 영적인 삶이 이처럼 무기력하고 불확정적인 상태에 머물러 있는 것을 보면서 어떤 이들은 보다 안전한 길을 찾으려는 노력의 일환으로 믿음의 본질에 구원의 확실성을 다시 포함시켰다. 하지만 대개 이들은 자신의 대적자들이 우로 치우쳐서 오류를 범한 것과 마찬가지로 좌로 치우쳐서, 깊이 자리잡은 확신을 믿음의 온전한 실체, 즉 믿음의 형상적 현실유(*actus formalis*)로 여기는 오류를 범했다.[19] 이것은 자연스럽게 믿음이

---

18) 참조. Jac. Koelman, *De natuur en gronden des geloofs*, 4th ed. (Utrecht: Willem David Gromme, 1700); T. van der Groe, *Toetssteen der waare en valsche genade*, 8th ed., 2 vols. (Rotterdam: H. van Pelt & A. Douci Pietersz, 1752-53), I, 151, 251; II, 743ff., 951ff.; Adriaan van der Willegen, and Theodorus vander Groe, *Beschrijvinge van het oprecht en zielzaligend geloove* (Rotterdam: R. C. Huge, 1742). According to Lampe, faith precedes regeneration (F. A. Lampe, *De verborgenheit van het genaade-verbondt*, 4 vols. [Amsterdam: Antony Schoonenburg, 1726-39], 254-69, 287). 영혼의 피난처로서 그리스도를 의지하는 믿음은 깊이 뿌리를 내린 분명한 신뢰와는 구별되며, 또한 스스로를 성찰함으로 자신의 믿음이 참된 것을 확신하게 될 때에라야 얻을 수 있다. 나중에 그는 자신의 입장을 조금 완화해서 어느 정도 배고프고 목마른 것은 곧 먹고 만족하는 것을 함축한다는 사실을 인정했다. 예수를 진실로 찾는 자들은 또한 그를 즐거워한다. 간절히 찾는 자들이 찾을 것이기 때문이다. 따라서 씨에서 뿌리가 나는 것처럼 뿌리 깊이 자리한 확신은 피할 곳을 찾는 신뢰에서 비롯된다. 이런 신뢰는 그 자체로 일종의 믿음을 내포한다. 참조. J. C. Kromsigt, *Wilhelmus Schortinghuis*, 82ff.; 96ff.

19) 믿음의 행위―알고, 동의하고, 의지하는 등―는 이미 믿음을 전제하고 믿음은 본질적으로 그리스도에 관한 하나님의 참된 증거를 붙드는 것, 다시 말해 동의하는 것으로 이루어진다고 주장한 사람들(예를 들어 Jac. Schuts, *Beschrijving van het Zaligmahend Geloof* [Rotterdam: R. van Doesburgh, 1692])이 있는 반면, 또 다른 사람들(특히, Theod. van Thuynen, *Korte uitlegginge van het gereformeerde geloof* [Leeuwarden: Henrick Halma, 1722])은 믿음 자체는 본질적으로 우리가 하나님과 화목하게 되었고 죄 용서를 받았다는 사실에 대한 깊이 뿌리내린 확신으로 이루어진다고 주장했다. 그의 견해에 따르면 그가 싸우는 정밀주의자들은 오히려 순서를 뒤집어서 우리가 믿음(신앙적 체험, 선행)을 통해서만 하나님과 화목하게 된다고 주장한다. 개혁파 신앙고백에 따르면 칭의가 믿음에 선행하는 반면, 정밀주의자들은 로

란 "너의 죄가 용서되었다"라는 문장을 지적으로 받아들이는 것이라고 여기는 반율법주의로 이어졌는데, 그 문장은 처음부터 복음 안에서 하나님 자신에 의해 표현된 것이 아니라, 영원 전부터 선택의 작정에 담겨 있던 것이 마침내 그리스도의 인격과 사역을 통해 계시되었을 뿐이다.

[454] 이런 방식으로 구속의 순서에 대한 합리주의적이고 도덕주의적인 접근을 위한 토대가 마련되었는데, 18세기의 거의 모든 신학자들이 이 순서를 따랐다. 이 학파는 개혁파 원리들을 저버리면서 소키누스주의자들과 아르미니우스주의자들에게 동조했고, 믿음이—동의 또는 어느 정도의 신뢰(*fiducia*) 정도로만 받아들여져서—그 자체 안에 새로운 순종을 포함하고 미덕의 원천이 되는 경우에만 사람을 의롭게 할 수 있다고 가르쳤다.[20] 슐라이어마허는 기독교의 모든 것이 나사렛 예수가 가져오신 구속과 관련되어 있다고 가르침으로써 그에 대해 타당한 반론을 제기했다. 그러나 그 결과로 등장한 "마음의 신비주의"에서 믿음은 "그리스도의 완전함과 복됨의 적용"만을 의미하게 되었다.[21] 리츨은 슐라이어마허의 주장에 만족하지 못하고서, 공관복음에 묘사된 "역사적" 예수와, 인류 가운데 영적인 나라를 세우는 그의 사역에 초점을 맞추었다.[22]

믿음에 대한 이런 새로운 견해들은 펠라기우스주의와 아우구스티누스

마 가톨릭과 항변파들처럼 칭의가 믿음 뒤에 온다고 한다. 참조. A. Ritschl, *Geschichte des Pietismus in der reformierten Kirche* (Bonn: A. Marcus, 1880), 321ff.; J. C. Kromsigt, *Wilhelmus Schortinghuis*, 74ff.

20) 신율법주의에 관해서는 다음을 보라. H. Bavinck, *Reformed Dogmatics*, III, 531-35 (#421).

21) F. Schleiermacher, *The Christian Faith*, ed. H. R. MacIntosh and J. S. Steward (Edinburgh: T&T Clark, 1928), §108; 참조. H. Bavinck, *Reformed Dogmatics*, III, 550-54 (#425).

22) A. Ritschl, *The Christian Doctrine of Justification and Reconciliation*, trans. H. R. Mackintosh and A. B. Macauley (Edinburgh: T&T Clark, 1900; repr., Clifton, NJ: Reference Book Publishers, 1966), 98ff., 568ff., 582ff.; 참조. H. Bavinck, *Reformed Dogmatics*, III, 550-54 (#425).

주의 간의 대립을 초월하려고 시도했고, 또한 하나님이 모든 인류와 더불어, 다시 말해 인류와의 상호작용을 통해 따르시는 길을 통해 믿음이 생겨나게 했다. 믿음은 교리의 문제가 아니라, 그리스도를 통해 하나님을 신뢰하는 인격적 관계다. 하지만 믿음이 아무리 내적 수용이라 하더라도 그것이 기독교적이기 위해서는 항상 특정한 "지식"과 "동의"를 전제하고 포함해야 할 것이다.[23] 마지막으로 믿음에 대한 더 새로운 설명들은 믿음의 윤리적 성격을 힘써 강조한다는 점에서 큰 일치점을 보인다. 예를 들어 리츨에게 믿음은 특히 하나님 나라를 위해 일하는 것이며, 본질적으로 사랑과 동시에 일어나는 것이다.[24] 하지만 다른 이들은 믿음의 종교적 특징을 바르게 견지하여 칭의와 신비적 연합을 모든 개별 신자에게 주어지는 유익들로 여기면서도, 마찬가지로 믿음과 사랑, 칭의와 성화 간에 존재하는 내적 연결성을 유지하고 또한 기독교의 도덕적 갱신 능력을 부각하기 위해 최선을 다한다.

중생, 믿음, 지식

[455] 종교개혁 이후로 믿음에 대해 주어진 묘사들은 너무나 많고 다양해서, 믿음의 성격을 바르고 분명하게 정의하려는 사람으로 하여금 그 가능성에 대해 거의 절망하게 한다. 로마 가톨릭 신학은 믿음을 오로지 동의로 묘사하기 때문에, 아주 단순하고 이해 가능한 정의를 내린다는 장점을 갖는다. 그러나 성경에서 믿음은 단순히 지적인 행위이기만 한 것이 아니

---

23) W. Herrmann, *Der Verkehr des Christen mit Gott*, 6th ed. (Stuttgart: Cotta, 1908), 180: "무엇보다, 기독교 신앙은 일반적으로 교리에 관한 것이 아니라, 믿음으로 부름받은 사람들의 삶에서 분명한 영향으로 나타나는 조우에 관한 것이다. 그럼에도 지식이 믿음의 선행조건인 것은 분명하다."

24) A. Ritschl, *Justification and Reconciliation*, 584: "그리스도와 하나님을 믿는 믿음은 사랑의 범주와…개념 아래 속한다. 이런 믿음은 하나님과 그리스도를 향해 항상 그 의지가 방향을 전환하는 것으로서, 이것은 믿음의 내용 그 자체의 한 부분이다."

라, 하나님의 권능의 우편에 앉아 계신 그리스도와의 인격적 관계와 영적 유대이기도 하다. 믿음이란 그리스도인의 전반적인 삶의 원리이며, 우리가 그리스도와 그의 모든 유익을 얻는 방편이고, 모든 구원과 복의 주관적 원천이다. 믿음이 인간의 어디에 뿌리내리고 있든지, 그것은 우리의 모든 능력과 힘에 영향을 끼치고, 우리에게 방향을 제시하고 길을 인도하며, 우리의 지성과 마음, 생각과 행동, 삶과 행위를 통제한다. 믿음에 대한 이처럼 풍성한 개념에 바른 정의를 제시하기 위해 신학이 고심해야 했다는 것도 그리 놀라운 일은 아니다. 삶은 언제나 정의내릴 수 없을 만큼 신비하고 복합적이다. 그럼에도 구속의 순서를 묘사함에 있어 믿음에 성경이 허용하는 합당한 자리와 의미를 부여하는 것이 꼭 불가능하지만은 않다.

우리가 여기서 앞으로 더 나아가려면, 믿음이나 회심이 우리가 구원을 얻기 위한 조건이 아니라는 사실을 인정해야만 한다. 화해($\kappa\alpha\tau\alpha\lambda\lambda\alpha\gamma\eta$)를 속죄($i\lambda\alpha\sigma\mu\sigma\varsigma$)로부터 구별시키는 것은, 후자가 객관적인 데 반해 전자는 주관적인 동시에 객관적이라는 사실이 아니다. 복음의 메시지의 내용은 하나님이 화해를 이미 이루셨기 때문에 이 화해를 받아들이고 복음을 믿으라는 것이다. 그리스도 안에서 객관적으로 실현된 구원은 내적 부르심을 통해 개인적으로 적용되고 분배되며, 또한 중생을 통해 인간 편에서 수동적으로 받아들여진다. 중생이 일어날 때마다, 말씀을 듣기 이전에 일어나든지 혹은 도중에 일어나든지에 관계없이, 논리적으로 그것은 실제 믿는 행위에 항상 선행한다. "거듭나지 않았다면 어느 누구도 하나님의 말씀을 "구원을 얻도록"(salvifically) 들을 수 없기 때문이다."[25] 아버지가 이끌지 않으시면 아무도 그리스도께로 올 수 없다(요 6:44; 참조. 롬 8:7; 고전 2:14; 12:3 등). 개혁파 신학은 신적 주도권을 강조하면서 엄밀한 의미에서의 중생이 구원의 서정에서 논리적으로 첫 단계라는 생각에 이르렀다. 개혁파 교회들은 신자의 자녀에게 세례를 줄 때 중생을 추정하는 것이 아니라 그들에

---

25) Johannes Maccovius, *Loci communes theologici* (Amsterdam: n.p., 1658), 710.

대해 자비의 판단을 내리는 것이다. 이러한 견해에서는 인간의 자유와 독립성이 상실된다는 반론이 제기될 수 있는데, 그러한 반론은 사실상 펠라기우스적 경로를 택하고 중생을 개인의 자유로운 종교적 선택에 전적으로 의존하게 만들지 않는 한 모든 이에게 적용되는 것이다. 자녀들이 그들의 지식과 행위에 상관없이 하나님에 의해 받아들여졌다는 사실은, 특히 자녀가 유아기에 세상을 떠난 경우에 신자들에게 큰 위로가 된다. 이 선물이 기적적으로 유아들에게도 주어졌다는 사실은, 하나님께 나아가는 모든 문이 열려 있으며, 어떤 피조물과 어떤 심령이라도 그분께 나아갈 수 있다는 사실과 조화를 이룬다. 하나님은 성령으로 각 사람의 가장 깊은 존재 안에 들어가실 수 있는데, 말씀과 함께 또는 말씀 없이, 모든 의식을 통해 또는 의식과 상관없이, 나이가 들어서든지 또는 잉태되었을 때부터도 그렇게 하실 수 있다. 그리스도 자신이 성령으로 마리아의 자궁에 잉태되신 사실은 성령이 잉태의 순간부터 계속해서 인간 존재 안에서 거룩하게 하시는 현존으로 활동하실 수 있음을 증거한다. 인간의 영적 생명은 시초부터 은혜로 주어지는 하나님의 선물이다. 전인의 온전한 중생을 향해 이 생명이 계속되는 것도 동일한 생명의 선물이며, 이 생명은 영원 속에서 절정에 이르기까지 계속된다. 엄밀한 의미에서의 이런 중생 교리는 우리 개혁파 신앙고백에서 소중한 부분이다.

중생이 새로운 생명의 원리를 심는 것이라고 고백하는 일은 헤아릴 수 없는 "교육적" 가치를 가진다. 개혁파 신학자들은 "모든" 언약의 자녀들, 심지어 모든 "선택받은" 언약의 자녀들이라도 그들이 유아기에 세례를 받기 전에 또는 세례를 받을 때 이미 중생했다는 주장을 논란의 여지가 없는 교의로 받아들인 적이 결코 없지만, 그들은 그러한 거듭남이 사리를 분별하기 전인 아주 어렸을 때도 일어날 수 "있다"고 분명히 주장한다. 따라서 그들은 우리가 교회의 교제 가운데 태어나고 세례받은 모든 언약의 자녀들을, 그들의 "말"과 "행실"이 반대의 경우를 증명하기 전까지는, 자비의 판단에 따라 진정한 언약의 자녀들로 여기고 대해야 한다는 것을 불변

의 원칙으로 삼았다. 이러한 접근은 가정과 학교와 교회에서 가르치고 양
육하는 일에 대해 상당히 다른 시각을 갖도록 만들었다.[26] 그것은 또한 자
연과 은혜 사이의 유대관계를 유지시켜주며, 은혜언약과 세례의 실재로부
터 말미암고, 영적 생명의 통일성과 유기적 발전에 대한 믿음에 근거하며,
하나님이 인간의 마음속에 언제나 갑작스럽게 믿음과 회개를 일으키시는
것이 아니라, 때로는 심어진 생명으로부터 점진적으로 심리학적·교육학
적 과정에 따라 진보하고 발전하도록 만들기도 하신다는 사실을 충분히
인식한다.

이러한 견해는 믿음을 하나님의 선물로 묘사하는 성경 본문들과도 조
화를 이룬다(마 11:25-27; 16:17; 요 1:12-13; 6:44; 고전 12:3; 갈 1:16; 엡 1:11; 2:8; 빌
1:29; 2:13). 하나님이 자신의 경륜을 실행하시는 방편이 그 경륜 안에 포함
되어 있다. 하나님이 자신의 경륜을 아주 급격한 방식으로 실행하시든지
또는 점진적인 방식으로 실행하시든지, 자신의 기쁘신 뜻에 따라 원하시
고 일하시는 분은 은혜롭고 전능하신 동일한 하나님이시다. 우리를 새롭
게 하시는 하나님은 바로 세상을 존재하게 하신 하나님이다. 하나님은 자
신의 영으로 전체 창조세계에 거하시고, 그리스도의 영이신 같은 성령으
로 전체 교회와 그 교회의 각 지체 안에 거하신다. 하나님은 [그의 자녀들
에게 있는] 영적 생명을 매 순간마다 자신의 은혜의 능력과 말씀의 복으
로 강하게 하시고 자라게 하신다. 하나님이 사용하시는 방편에는 성경을
읽는 것, 부모의 권면과 책망, 교사들의 가르침, 공적 설교가 있다. 믿음과
하나님의 말씀은 서로에게 속해 있다. 믿음은 들음에서 오고, 들음은 그리
스도의 말씀을 통해 온다(롬 10:17).

[456-457] 하나님의 말씀과 상관없는 능동적인 믿음은 없기 때문에,
지식(동의)과 믿음 사이에는 모종의 관련성이 존재할 수밖에 없다. 이들 사
이의 관련성이 정확히 어떤 것인지를 파악하는 것은 쉬운 일이 아니다.

---

26) H. Bavinck, *Paedegogischen beginselen* (Kampen: Kok, 1904), 90-92.

사람들은 너무나 자주 지성주의에 대한 반작용으로 모든 강조점을 구원하는 믿음에 있는 감정과 신뢰의 요소에 두는데, 그렇게 해서 얻을 수 있는 것은 결국 정반대의 반작용뿐이다. 믿음과 지식 사이의 긴밀한 관련성은 우리가 일상에서 사용하는 "믿음"이라는 말에서 분명히 드러난다. 이것은 성경이 히브리어 "헤에민"(הֶאֱמִין)과 그리스어 "피스튜에인"(πιστεύειν)을 사용해서 나타내는 종교적 의미를 공유한다. 지식과 믿음 사이의 관계는 복합적이고 사람에 따라 다르다. 성경을 통해 그리스도께 인도되는 사람들이 있는가 하면, 그리스도를 통해 성경으로 인도되는 사람들이 있다.[27] 논리적으로 말하자면, 역사적 지식이 믿음에 앞서고, 지식과 신뢰는 함께 간다. 비록 구원하는 믿음이 확신과 확실성을 산출하는 분명한 지식인 것처럼 역사적 지식이 그 자체로 믿음을 산출할 수 있는 것은 결코 아니지만 말이다. 경건주의가 기독교에 대한 형식적 지식과 구분되는 체험적 지식을 주장한 것은 옳았지만, 역사적 진리와 분리된, 보다 고차원적인 다른 영적 진리를 주장한 것은 잘못이었다. 종교개혁은 처음부터 구원하는 믿음을 개인적으로 갖는 일이 필수적이라고 줄곧 주장했는데, 그것은 역사적 진리를 포함하는 것이었다. 칼뱅은 이것을 "그리스도 안에서 값없이 주신 약속의 진리 위에 세워졌으며 우리의 지각에 계시되고 우리의 마음에—머리가 아니라!—성령에 의해 인쳐진, 우리를 향한 하나님의 자비에 대한 굳건하고 확실한 지식"이라고 표현한다.[28] 따라서 시간적으로는 역사적 믿음이 구원하는 믿음에 앞서는 때가 자주 있고 그 자체로 부인할 수 없는 교육적 가치를 갖는다. 하지만 칼뱅이 말하고 의도한 것처럼, 그리스도 안에 있는 하나님의 은혜와 모든 구원의 진리에 대한 "굳건하고 확실한 지식"은 구원하는 참된 믿음의 열매 또는 내용이고, 따라서 완전한 것으로 간주될 수 있다. 성경이 "믿는 것"과 "아는 것"을 서로 번갈아

---

27) 참조. H. Bavinck, *Reformed Dogmatics*, I, 569-70 (#148).
28) J. Calvin, *Institutes*, III.ii.6-8.

가며 쓸 뿐만 아니라(요 6:69; 7:3-4; 고전 1:21; 고후 4:6 등), 칼뱅의 정의에서도 일반적 믿음(그리스도 안에 있는 구원에 대한 중심되는 약속)과 특별한 믿음(*fides specialis*, 우리를 향한 하나님의 자비에 대한 믿음)은 유기적으로 관련되어 있다. 구원하는 믿음은 성경으로 옷입으신, 즉 "자신의 복음으로 옷입으신" 그리스도를 알고 받아들이는 단회적 행위이며,[29] 무미건조한 합리주의와 그릇된 신비주의를 모두 배제한다. 기독교 신앙은 다른 것이 아니라, "무로부터 하늘과 땅을 창조하시고 그것들을 영원한 경륜과 섭리로 유지하시고 통치하시는 우리 주 예수 그리스도의 영원한 아버지가 우리의 하나님이시며, 또한 그의 아들이신 그리스도로 인해 우리의 아버지이시기도 하다"는 확신이다(「하이델베르크 교리문답」 제26답).

신학자들이 칼뱅의 정의를 받아들이기는 했지만, 그것이 실천적으로는 불충분한 것으로 드러났기 때문에 거기서 멈출 수가 없었다. 구원하는 믿음의 "지식"(*cognitio*)을 역사적 믿음의 "지식"(*notitia*)이나 "동의"(*assensus*)와 혼동하고 믿음에 대한 로마 가톨릭적 견해로 돌아가는 위험을 막기 위해,[30] 구원하는 믿음의 지식(*cognitio*)과 역사적 믿음의 지식(*notitia*)을 분명히 구분할 필요성이 대두되었다. 하지만 이것은 결국 가슴 대(對) 머리라는 과거의 양극단을 다시 만들어냈고, 신앙을 단순히 지식(*cognitio*)일 뿐 아니라 (게다가 특히) 확신(*fiducia*)이라고 말함으로써 믿음의 확신을 문젯거리로 만들었다. 이런 식으로 지식은 뒷전으로 밀려났고, 확신의 영역 자체에 수없이 많은 구분을 불러일으켰다.

구분하는 것 자체가 잘못은 아니었다. 하지만 이로 인해 사람들은 믿

---

29) Ibid., III.ii.6.

30) 로마 가톨릭은 Bellarmine처럼 역사적 믿음과 구원하는 믿음을 분명히 구분하는 것을 거부한다; Robert Bellarmine, "De justif.," in *De controversiis christianae fidei adversus huius temporis haereticos* (Cologne: G. Gualtheri, 1617-20), I, chap. 4. 하지만 믿음과 사랑은 날카롭게 구분한다(ibid. chap. 15). 반면에 항변파들은 일시적인 믿음과 구원하는 믿음으로 구분하는 것을 거부하고 믿음의 순종과 같은 것들을 포함시킨다. Remonstrant Confession of Faith, X; Apologia pro confessione, XVIII.

음의 두 행위를 시간적으로 연속되는 것으로 보고, 피난처를 찾는 일과 분명한 확신 사이에 자기 성찰이라는 행위를 끼워넣고, 믿음의 서로 다른 활동들을 믿는 과정에 나타나는 수많은 단계들로 간주하게 되었다. 이런 단계들에 상응하여 [나타난 경향은], 신자들을 여러 그룹으로 구분하여 각각을—설교의 적용이나 경건서적들에서—별개로 언급하는 것이었다. 요컨대 종교개혁은 믿음의 종교적 성격을 회복함으로써, 믿음이 종교적 진리들에 대한 단순한 동의와는 상당히 다른 무엇이라는 발견을 가져왔다. 참된 믿음은 특별한 믿음—그리스도의 인격과 우리를 향한 하나님의 자비를 대상으로 하는—이라는 깊은 통찰은 믿음이 단순한 것이 아니라 대단히 복합적인 현상이라는 사실을 점차 분명하게 드러냈다. 믿음은 지성과 의지를 포함했고, 두 가지 기능에 뿌리박고 있으면서 많은 속성들을 포함했다. 그것은 지성의 차원에서는 지식이며, 의지의 차원에서는 동의, 감정의 차원에서는 사랑·갈망·기쁨이었다.[31) 믿음에는 다수의 행위들이 포함된다. 비록 사람들이 그 행위를 앎, 동의, 신뢰 등으로 제한하거나 또는 그리스도를 영접하는 일을 그 행위의 중심에 위치시키기는 하지만 말이다.[32) 구원하는 믿음은 "하나의 단순한 성향이 아니라 복합적인 것이고, 따라서 단 하나의 표제 하에 이해될 수 없다."[33)

그러므로 우리는, 콤리(Comrie)를 따라, 우리로 하여금 그리스도께 접붙여지게 하는 믿음의 기질 또는 성향(*habitus fidei*)을 먼저 말한다. 종교개혁 교회들은 성경을 따라 점차 믿음을 새롭고, 규범적이고, 영적이고, 포괄적인 관계로 말했는데, 여기서 하나님은 무엇보다도 먼저 (중생 또는 성향으로서의 믿음으로) 우리를 하나님께로 향하게 하시고, 또한 우리는 우리의 능력과 힘을 다해 (실제적인 믿음으로) 우리 자신을 하나님께로 향하게 한다.

---

31) P. van Mastricht, *Theologia*, II, 1, 8-10.

32) Ibid., II, 1, 11; A. Comrie, *The ABC of Faith*, trans. J. Marcus Banfield (Ossett: Zoar, 1978).

33) F. Turretin, *Institutes of Elenctic Theology*, XV, 8, 13.

우리가 하나님과 맺는 관계―우리 주 예수 그리스도의 하나님이시며 아버지이신 영원하시고 전능하시고 은혜로우시고 자비로우신 분을 믿고, 신뢰하고, 사랑하고, 감사하고, 섬기는 것―는 "보는 것"의 문제가 아니라 "믿음"의 문제인데, 장차 우리가 하나님을 대면할 때에는 "보는 것"의 문제가 될 것이다.

만일 이것이 구원하는 믿음의 본질이라면, 그것을 지식이나 신뢰로 묘사하든지, 아니면 이 둘의 조합으로 설명하든지 별 문제가 안 된다. 칼뱅의 견해에 따르면 지식(*cognitio*)은 신뢰(*fiducia*)를 포함하고, 역으로 신뢰는 지식이 없이는 불가능하다. 단지 "…뿐만 아니라 …도(『하이델베르크 교리문답』 제21문답)라는 말로 나열하거나 연결하는 것만으로는 그것들 사이의 유기적 상호관련성을 묘사하기에 충분하지 않다. 중요한 것은 그리스도를 영접하고 그분을 인격적으로 받아들이되, 교리가 아니라 복음에서 제시된 그대로 받아들이는 것이다. 요컨대 참된 믿음은 은혜언약의 위대한 유익으로서, 우리를 그리스도께 접붙여서 우리로 하여금 그와 더불어 그의 모든 유익을 받아들이게 한다. 믿음이란 다름 아니라 그리스도를 그가 가져다주시는 모든 유익과 함께 주관적·인격적으로 (성향으로서의 믿음에서는 수동적으로, 실제적인 믿음에서는 능동적으로) 받아들이는 것인데, 믿음은 또한 그 자체로 확신을 가져다준다. 믿음의 반대는 염려(마 6:31; 8:26; 10:31), 두려움(막 4:40; 5:36), 의심(마 14:31; 21:21; 롬 4:20; 약 1:6), 근심(요 14:1)이다. 믿음은 무한한 신뢰이고(마 17:20), 보이지 않는 것들에 대한 확신(ὑπόστασις; 실체)과 신념(ἔλεγχος; 증거)이다(히 11:1). 로마 가톨릭에서처럼 확신의 가능성을 부정하는 것은[34] 끊임없는 자기반성과 지속적이고 근심 가득한 자기점검을 통해 확신을 추구하는 율법적 경건주의만큼이나 잘못된 것이다. (율법적 경건주의자들은 간헐적인 특별한 계시들을 통해서만 마음에 안도감을 느낄 수 있다.) 우리는 믿음이 "맹목적 동의" 이상이고 확신을 포함한다는 사실을 견지해

---

34) Council of Trent, VI, c. 9, can. 13-15.

 제5부 | 성령과 그리스도 안에서의 구원

야 한다. 확신은 외적으로 믿음에 더해지는 것이 아니라, 시작부터 원리적으로 믿음에 포함된 것이다. 그것은 우리 자신을 봄으로써가 아니라 우리의 시선을 자신에게서 그리스도께 옮김으로써 얻어지며, 가변적인 경험이나 불완전한 선행이 아니라 하나님의 약속에 기초한 것이다.

물론 신자들의 마음에도 때때로 의심과 두려움이 일어나는데(마 8:25; 14:30; 막 9:24), 이것은 신자들이 하나님의 확실한 약속을 붙들 때에만 이겨 낼 수 있는 투쟁거리로 남아 있다.[35] 따라서 믿음의 열매들이나 선행과 구분되는 다양한 믿음의 행위들, 예컨대 알고, 동의하고, 신뢰하는 일들은 시간의 흐름에 따라 이어지는 신앙의 단계 또는 수준이 아니라, 우리가 그리스도 안에서 어린아이인지 또는 장성한 신자인지에 따라 약할 수도 있고 강할 수도 있는, 개별적이거나 연관된 행위들이다. 따라서 믿음은 신구약성경 시대와 본질적으로 동일하고 또 앞으로도 계속 그럴 것이다. 믿음은 그리스도 안에 있는 하나님의 은혜의 풍성함을 마음속에서 무제한적·무조건적으로 신뢰하는 것이며, 바랄 수 없는 중에 바라는 것이며(롬 4:18), 바라는 것을 확신하고 보이지 않는 것들을 믿는 것이고(히 11:1), 하나님께는 모든 것이 가능하기 때문에(막 10:27; 11:23-24) 그리스도를 죽은 자들 가운데서 일으키신 이(롬 4:24; 10:9)가 지금도 죽은 자들을 일으키시고, 죄인들을 구원하시고, 존재하지 않는 것들을 영원히 존재하게 하신다는(4:17) 뿌리깊은 확신이다.

회심과 회개

[458] 중생을 통해 심어진 새로운 생명은 지성과 관련해서 믿음과 지식과 지혜를, 의지와 관련해서 회심과 회개를 낳는다. 넓은 의미에서 회심은 사람이 죄악된 습관와 행위를 청산하고 바른 길에 들어서게 하는 모든 종교

---

35) J. Calvin, *Institutes*, III.ii.17ff.

적 변화를 포함한다. 하나님은 아무런 증인 없이 떠나지 않으셨고, 오히려 자연과 역사, 마음과 양심을 통해 "실제적"[사물을 통해 매개된] 소명을 일으키셔서 모든 민족 중에 종교적이고 도덕적인 의식이 살아 있게 하신다. 그들이 아무리 자기들의 악함으로 하나님의 진리를 억누르고 그로 말미암아 평계할 수 없게 되었다 하더라도(롬 1:18ff.), 모든 인간은 죄, 죄책, 형벌, 그리고 그들이 따라야 할 도덕법을 어느 정도 예민하게 의식한다(롬 2:14-15). 이방인들 가운데서 이러한 인식은 인간의 영혼에 대한 깊은 통찰로 이어졌다. 예를 들어 아이스킬로스(Aeschylus)는 복수의 세 여신을 회화적으로 의인화하면서 죄악된 행위에 뒤따르는 회개, 후회, 회한을 잘 포착했다. "그 무엇보다도 그들을 더 괴롭히는 것은 그들 자신의 악행, 그들 자신의 두려움이다. 각 사람은 자신의 범죄로 괴로워하고 미칠 지경에 이른다. 자신의 악한 생각과 양심의 찔림이 그들을 두렵게 한다."[36] 사람들은 돌이킴과 덕스러운 삶에 이르는 열쇠가 자기 자신에 대한 지식이라는 것을 인지했을 뿐만 아니라, 이러한 자기인식이 얼마나 붙잡기 어렵고 성취하기 어려운 것인지에 대해서도 잘 알고 있었다. 따라서 자기인식은 회한 및 고백과 더불어 자기개선의 첫걸음인데, "참회는 언제 해도 늦지 않다."[37]

기독교뿐 아니라 모든 종교 체계는 그들이 유발하는 회심, 즉 그들이 사람들의 사상·성향·행동에 초래하는 변화를 통해 영향력을 얻는다. 어떤 회심은 보다 종교적이고, 다른 것들은 보다 윤리적이며, 좀 더 지성적이고 심미적인 회심도 있다. 하지만 모두가 동의하는 것은 사람들의 삶이 새로운 중심 사상을 따라 구성되고, 영혼들이 이전에는 알지 못했고, 소홀

---

36) M. T. Cicero, *Pro sexto Rosico Amerino*, in *The Speeches*, trans. John Henry Freese (London: W. Heinemann; New York: G. P. Putnam's Sons, 1930), c. 24; F. F. K. Fischer, *De deo Aeschyleo* (Amsterdam: J. A. Wormser, 1892), 62ff.; R. Mulder, *De conscientiae notione* (Leiden: Brill, 1908).

37) 예로부터 전해오는 이와 비슷한 많은 경구들을 위해서는 다음을 보라. R. Schneider, *Christliche Klänge* (Leipzig: Siegismund & Volkening, 1877), 272ff.

히 했고, 멸시했던 것들에 관심을 갖기 시작한다는 사실이다. 이런 변화는 모든 종교에서, 그리고 새로운 철학을 수용하거나 새로운 문헌을 발견함으로써 "새로운 영적 출생"을 갈구하는 모든 사람들에게서 발견되기 때문에,[38] 종교심리학은 종교적 회심을 "인격 변화"의 긴 목록에 포함시켰다. 그러나 이처럼 모든 차이를 균일화해버리는 경향에 대응하여, 회심이 특정한 의미를 가지며 종교의 영역에 속한 것이라는 사실을 고려할 필요가 있다. 종교심리학은 회심의 핵심 본질에 이를 수 없으며, 그것이 "무전제성"(presuppositionlessness)에 천착한다 해도 스스로가 회심으로 분류한 심리학적 현상들을 구분하고 분별할 아무런 기준을 제공하지 못한다. 여기서 중요한 것은 성경이 아주 특정하고 분명한 회심 개념을 제공한다는 사실이다.[39]

우리는 우리말로 "회개"(repentance) 또는는 "회심"(conversion)이라고 번역된 단어에서부터 논의를 시작할 수도 있지만, 아울러 성경이 제공하는 유익한 본보기들도 살펴보아야 한다. 구약성경에서 가장 자주 사용되는 단어로는 "나함"(נחַם)과 "슈브"(שׁוּב)가 있다. 첫 번째 단어(נחַם)는 "안타까워하다, 비탄에 빠지다, 회개하다"를 의미하는데, 사람과 관련해서도 사용되지만(삿 21:6, 15; 욥 42:6; 렘 8:6; 31:19), 특히 하나님을 묘사하는 데 주로 사용된다(창 6:6-7; 출 32:12, 14; 신 32:36; 삿 2:18 등). 다른 단어(שׁוּב)는 돌이키다, 돌아서다, 되돌아오다를 의미하고, 은유적으로 죄(왕상 8:35), 악(욥 36:10), 범과(사 59:20), 악의(겔 3:19), 악행(느 9:35 등)과 같은 행위에서 돌아서는 것을 의미하는 말로 사용된다. 사람이 돌이키는 방향은 전치사 "엘"(אֶל, …를 향해)로 표현된다. 하지만 "슈브"(שׁוּב)는 교의학에서 "회심"(conversion)이라고 부르는 것에 제한되지 않고, 하나님이 진노에서 돌이키시는 것(출 32:12), 이스

---

38) 예를 들어 John Stuart Mill은 1826년에 무엇보다도 William Wordsworth의 시를 읽음으로써 침체와 무기력상태를 극복했다; G. Jackson, *The Fact of Conversion* (New York and Chicago: Revell, 1908), 140을 보라.

39) 참조. H. Bavinck, *Reformed Dogmatics*, III, 584-88 (#431).

라엘이 하나님을 떠나 우상에게로 나아가는 것(수 22:16, 18, 23; 삿 2:19)에
도 사용된다. 예언서들에서는 "슈브"(שוב)가 점차적으로 종교적·윤리적 의
미를 더해갔다. 그러나 예언자들이 약속한 돌이킴은 단순히 장소적·시
간적인 것이 아니라 종교적·윤리적 의미에서의 회심으로서 마음과 삶의
변화가 동반되어야 했으며, 또 실제로도 그랬다. 이사야 10:21, 예레미야
31:21; 46:27, 호세아 6:1; 14:7, 스가랴 9:12 같은 구절들에서 두 가지 의미
를 모두 발견할 수 있는데, 종종 첫째 의미로 사용된 것인지 또는 둘째 의
미로 사용된 것인지를 구별하기가 어렵다. 하지만 한 가지 분명한 사실은,
내적으로나 외적으로나 전적인 변화가 백성들에게 요구되었다는 점이다.
하나님이 요구하시는 것은 깨지고 상한 마음(시 51:17), 그리고 전심을 다
해 돌이키는 것이다(욜 2:12). 하나님은 이것을 요구하실 뿐만 아니라, 또한
그것을 약속하시고 언젠가 새 언약의 날에 그것을 주실 것이다(렘 31:31ff.;
겔 36:25ff.; 슥 13:1; 말 4:6). 포로기 이후에는 율법주의적 경향이 발흥하여 이
러한 예언자적 사고방식은 포기되고, 점차 회심은 이전에 지은 죄를 참회
의 행위 등으로 보상하고 되갚는 일로 이해되었다. 이처럼 참회의 완성을
통해 회복을 이룸으로써 사람들은 이 땅에서 또는 내세에서의 상급을 요
구할 수 있는 공로를 다시 쌓을 수 있으리라는 것이다.[40]

[459-461] 이처럼 회심을 외현화하는 경향에 대항하여 세례자 요한과
예수는 "메타노이아"(μετανοια, 회개)를 요구했다. "나함"(נחם)과 "슈브"(שוב)
와 마찬가지로, "메타노이아"는 종교적·윤리적 회심을 초월하는 무언가를
의미했는데, 그리스어의 일반적인 용법에서 이 단어는 과거에 대해 유감
스럽게 여기고 그것과 결별한 채 더 나은 삶으로 돌이킨다는 의미를 가졌
다. 70인역에서 "슈브"(שוב)는 주로 "에피스트레페인"(ἐπιστρεφειν)으로 번역
되었는데, 일반 그리스어와 신약성경 그리스어에서도 (은유적) 도덕적 의
미로 쓰인다. "메타노이아"(μετανοια)와 "에피스트로페"(ἐπιστροφη) 사이에

---

40) 참조. ibid., III, 495-99 (#411).

는 분명히 차이가 있다. 전자가 죄악된 과거에서 돌이키게 하는 마음의 내적 변화를 강조한다면, 후자는 사람이 내면적 변화의 결과로서 외부로 드러내는 새로운 관계에 초점을 맞춘다. 동사 "메타멜레스타이"(μεταμελεσθαι, 회개하다)는 신약성경에 몇 번 나온다(마 21:29, 32; 27:3; 고후 7:8; 히 7:21). 우리가 기억해야 할 것은 회개 또는 회심이라고 번역하는 성경 용어들이 논리적으로나 교리적으로 정의되지 않은 채 보다 광범위한, 또는 좀 더 제한된 의미로 다양하게 사용된다는 사실이다. 회심의 교리가 이 단어들이 등장하는 본문에만 기초하는 것은 아니라는 점은 분명하며, 인류의 상태와 인류의 종교적·도덕적 방향전환의 필요성, 성격, 방식, 열매에 대해 묘사하는 모든 성경 구절의 바탕에는 회심의 교리가 자리하고 있다는 것이다. 예수는 니고데모에게 그가 반드시 "거듭나야" 한다고 말씀하셨는데(요 3:3, 5, 8), 바울은 동일한 내용을 전달하기 위해 우리가 필연적으로 십자가에 못 박히고 장사되어야 할 뿐 아니라 무엇보다도 그리스도 안에 있는 새로운 생명으로 부활해야 하며(롬 6:3ff.; 갈 2:19-20), 옛 사람을 벗고 새 사람을 입고(엡 4:22-24; 골 3:9-10), 이 땅에 속한 본성을 죽이고(골 3:5), 성령을 따라 행하고(롬 8:4), 그리스도 예수 안에서 하나님께 대하여 살고(6:11), 우리 몸의 지체들을 하나님께 의의 무기로 드리라고 말한다(6:13 등).

또한 성경은 회개를 다양한 종류로 구분한다. 고린도후서 7:10에서 바울은 구원에 이르는 회개를 가져오는, 후회가 없는 경건한 슬픔에 대해 말할 뿐 아니라 피상적이고 일시적인 후회로 특징지어지고 마음 깊은 곳에 뿌리내리지 않은, 죽음을 산출해내는 세상적 슬픔에 대해 언급한다. 세상적 슬픔은 죄책감과 회한을 가져온다 해도 전혀 경건하지 않다. 어떤 사람들은 곤경, 환난, 또는 타인의 죽음으로 인해 죄악된 행위들을 일시적으로 멈추고, 심지어 복음이나 율법의 설교에 의해 영향을 받아서(마 13:20-21) 교회에 출석하고 은혜의 방편에 참여하기도 하지만, 이내 하나님을 대적하는 삶으로 다시 돌아간다. 성경도 이런 예들을 많이 제공하며(왕상 21:27; 행 8:9ff.; 딤전 1:19-20; 딤후 2:17; 4:10), 심지어 사도 시대에도 "우리 중에 속해 있지 않기 때문에 우리를 떠나" 자기들을 사신 주님을 부인한 사람들이 많았다(벧후 2:1).

이 모든 것은 참된 회심과는 거리가 멀다. 참된 회심은 경건한 슬픔에서 나오고 자신의 죄에 대한 깊은 혐오를 포함하는데, 여기에는 공개적으로 죄에서 돌이켜서 하나님과 그의 율법으로 향하는 일이 수반된다(고후 7:10). 이것을 요구하시는 분은 하나님이시지만, 그 하나님이 또한 친히 이것을 선물로 주시고 틀림없는 구원으로 이끄신다는 것이 중요하다. 그런 진정한 회개에 대해 성경도 많은 실례와 증언을 제공한다(왕하 5:15; 대하 33:12-13; 마 3:6; 9:9[막 2:14]; 눅 19:8; 23:42; 요 1:46ff.; 4:29, 39; 9:38; 행 2:37ff.; 8:37; 9:6ff.; 10:44ff.; 16:14, 30ff. 등). 이 모든 이야기에 공통되는 요소는 마음의 내적 변화인데, 이것은 하나님의 얼굴 빛 안에서 죄악된 과거를 반추하게 하고, 슬픔·후회·겸손·죄의 고백으로 이끌고, 내외적으로 새로운 종교적·도덕적 삶을 시작하게 한다. 그러나 회심이 일어나는 환경과 방편은 다양하다. 구약성경을 알았던 유대인들에게는 성경에 근거한 장황한 설명들(행 8:35; 17:3; 18:28)이 그들을 그리스도께로 이끌어주는 방편이 될 수 있다. 유대인들은 다른 신들을 섬기는 법을 배우려 할 것이 아니라 예수를 그들의 메시아로 인정하기만 하면 되었다. 하지만 이방인들은 자신을 허탄한 것들로부터 살아 계신 하나님께로 돌이키고(행 14:15; 15:19; 26:20; 살전 1:9), 이전의 종교적·도덕적 삶과 완전히 단절해야 했다.

그렇다고 신자들이 완전하거나 죄가 없는 것은 아니며(약 3:2; 요일 1:8), 여전히 그들이 죄에 빠질 때는 다시 "돌이켜야" 한다. 그렇다면 우리는 신자들의 "회심"에 대해 말해야 하는 것인가? 신약성경에서 회심이라는 표현은 예외 없이, 유대인이나 이방인으로 양육받았지만 회심의 표지와 인침인 세례를 통해 교회의 일원이 된 사람들에게 적용되었다. 신약성경은 이미 모양새를 갖춘 교회의 역사를 담고 있는 것이 아니라, 다만 그 당시에 알려진 세상에 교회를 세우는 이야기를 담고 있다. 어떤 경우에는 교회의 역사 과정에서 신자들의 회심을 말하는 것이 필요해졌는데, 바로 그들이 중대한 죄에 빠졌을 때다. 처음에는 복음 선포가 너무나 놀라운 변화를 가져와서, 심지어 이방인 불신자들조차도 그것을 인정할 정도였다. 입교자들은 기독교 신앙과 삶의 방식에 대해 배웠다. 세례가 죄 용서에 대한 증표가 되고 성례는 오직 세례 이전에 지은 죄만 소급해서 용서한다는 신념이 퍼져감에 따라, 많은 사람이 세례를 가능한 한 늦게까지 미루는 현상이 발생했다. 교회가 자리를 잡고 교세가 증가하면서, 내부적 요인으로 그러한 연기는 사실상 불가능해졌고 자녀가 어릴 때 세례를 받게 하는 것이 원칙이 되었다. 따라서 세례 이후에 지은 죄가 논란이 되었고 많은 두려움을 자아냈다. 중대한 죄들―그리스도인에게 절대 있어서는 안 된다고 생각된 것들―을 더 쉽게 용서받을 수 있는 사소한 죄들과 구분하려는 시도들이 있었다. 때로는 완전주의 운동들이 발흥하여 죄에 빠져 타락한 이들이 교회로 돌아오는 것을 거부하고 엄격한 도덕주의적 원칙을 회원들에게 적용하려 시도하기도 했다. 결국에는 보다 온건한 견해가 승리하였고, 최소한 한 번의 추가적 회심이 가능한 것으로 여겨졌다.[41]

시간이 흐름에 따라 중대한 죄와 사소한 죄를 나눔으로써 핍박과 고난의 시기에 있었던 타락을 용인할 필요성이 생겼으며, 지나친 엄격함은 보다 인도적인 고해제도에 의해 대체되었는데, 이는 특히 카시아누스(Cassian) 같은 수도사들과 그레고리우스(Gregory) 같은 교황들에 의해 강조되었다. 이것은 원래 하나님 앞에서 홀로 자신의 죄를 고백하는 것으로 시작했지만, 고해를 "수행해야" 한다는 생각이 우세하게 되자 더 많은 구별들이 생겨났고,[42] 이제 교회는 사제들과 감독들을 통해 그리스도가 사죄의 은혜를 베푸시는 성례전적 방편으로 변모했다. 이제 사제는 성도들의 자발적인 고백을 듣고서, 용서받을 수 있는 범과를 덮어줄 수 있는 고

---

41) Herm. *Vis.* 2; Herm. *Mand.* 3; Herm. *Sim.* 8.11; 하지만 다른 곳에서는 보다 덜 관대하게 표현한다.

42) 용서받을 수 있는 죄와 용서받지 못할 대죄의 구분을 예로 들 수 있다. 죄책이 있는 상태(*reatus culpae*)와 심판을 받아야 할 상태(*reatus culpae*)로도 구분했다.

행을 그들에게 부과했다. 사제가 면죄를 선언할 수 있었지만, 죄인들은 여전히 사제가 그들에게 부과한 고해성사를 실행할 의무가 있었다. 그리스어 단어 "메타노이아"(μετανοια)를 "참회"(penitence)로 번역하고 "메타노에인"(μετανοειν)을 "고해하다"(doing penance)로 번역한 것이 이런 발전을 더욱 부추겼다. 고해성사를 현재의 삶에서 온전히 실행할 수 없었으므로, 부족한 부분은 후일 연옥에서의 고통으로 보충되어야 했다. 결국 이러한 접근은 부과된 고해성사를 다른 이의 중보와 공로를 통해 감소시키거나 단축시켜주는 면벌부라는 타락한 관행으로 이어졌다. 11세기부터 면벌부가 늘어났고, 이는 교황의 돈궤를 부유하게 하는 사업이 되었다. 트리엔트 회의에서 로마 가톨릭교회는 면벌부의 판매로 이어지는 오용들을 정죄하면서도, 정작 면벌부의 사용은 "기독교도를 위해 가장 유익한" 것으로 단호히 주장했다.[43]

로마 가톨릭의 고해성사와 관련해서 반드시 기억해야 할 것은 "충족 행위"(*satisfactio operis*)인 면벌부가 영원한 형벌로부터의 사면을 가져다주지는 않는다는 사실이다. 이것은 이미 그리스도에 의해 보장된 것으로서, "마음의 통회"(*contritio cordis*)와 "입술의 고백"(*confessio oris*) 후에 참회자에게 주어지는 것이기 때문이다. "충족 행위"는 죄 때문에 부과된 한시적 형벌을 짊어지는 것인데, 이것이 면벌부를 통해 경감될 수 있다는 것이다.[44] 하지만 이런 정교한 구분들이 일반 신자들에게는 생소한 것이었으며, 면벌부의 관행은 로마 가톨릭의 성사체계에서 통회와 뉘우침(불완전한 통회)을 구분함으로써 가져온 정교한 결의법과 함께,[45] 고해성사를 통해 구원을

---

43) Council of Trent, sess. 25 cont., "Decretum de indulgentiis."

44) 따라서 면벌을 보통 이렇게 정의한다: "면벌은 하나님의 법정에서(*in foro Dei*) 죄에 따라 선고된 일시적인 형벌을 사면하는 것으로서 교회의 보고(treasury)를 통해 공로를 적용함으로 효력을 발휘한다." 참조. J. H. Oswald, *Die dogmatische Lehre von den heiligen Sakramenten der katholischen Kirche*, 2nd ed., 2 vols. in 1 (Munster: Aschendorff, 1864), II, 201.

45) Thomas는 "통회"(contrition)와 "뉘우침"(attrition)을 다음과 같이 명시한다: "물질적

받는다는 인상을 만들어내는 경향을 보이게 된 것이다.

하지만 대중적인 경건과는 별도로, 로마 가톨릭의 신학에서 고해성사는 교회의 성례적 권능의 핵심적인 부분으로 여겨진다. 사제는 단순히 하나님 앞에서 신자가 하는 고백에 대한 증인일 뿐만 아니라, 그리스도가 이루신 사죄의 유익들을 나누어주는 권위를 부여받은 자라는 사실이, "내가 너를 사면한다"(*Absolvo te*)라는 선언 문구를 통해 분명해진다.[46] 고해성사를 통해 선언된 사면은 비록 "한시적인 죄악의 속죄"를 전제하기는 하지만 절대적인 의미를 갖는다.[47] 이런 이유로 "충족 행위"는 성사의 본질에 속한다기보다는 그 성사 전반에 관련된 것이다.

로마 가톨릭의 참회 체계는 고해가 7성사에 포함되는 것에서 정점에 이르렀다. 고해성사는 두 번째 세례지만 "고된 세례"로서, 대죄(mortal sin)로 인해 세례 때 받은 성화의 은혜를 상실한 사람들을 위한 유일한 구제책이다. 또한 그것은 소죄(venial sins)를 지은 사람들에게도 유익하기 때문에, 제4차 라테란 공의회의 결정에 따르면, 모든 신자가 적어도 1년에 한 번은 고해성사에 참여해야 한다.[48] 또한 고해는 사제가 재판장으로 기능한

인 것과 관련하여, 어떤 식으로든 감소된 것을 가리켜 마모되다, 닳다(attrite)라고 하지만 완전히 사라진 것을 가리키지는 않는다. 반면에, 파쇄(contrition)는 물질의 모든 부분이 최소한의 것으로 분열되는 동시에 제거되는 것을 가리킨다. 이런 이유로 영적인 문제에 있어서 뉘우침은 죄를 지은 것을 못마땅해하고 후회하는 것을 말하지만 죄와의 관계를 완전히 정리한 것을 말하는 것은 아니다. 하지만 참회는 죄와의 관계로부터 완전히 돌아선 것을 말한다"(*Summa Theol.*, III, supplement, q. 1, art. 2); 참조. Council of Trent, sess. XIV, c. 4.

46) "내가 너를 사면한다"는 이 말은 이 성사의 시행으로 효력 있는 사죄가 이루어졌음을 천명하고 있다"(Roman Catechism, II, chap. 5, qu. 14; 편집자 주—The post-Vatican II edition titled The Roman Catechism, trans. Robert I. Bradley, SJ, and Eugene Kevane (Boston: Daughters of St. Paul, 1985).

47) J. H. Oswald, *Die dogmatische Lehre*, II, 102; 참조. Council of Trent, XIV, c. 5: "자신의 환부를 의사에게 내보이기를 부끄러워하는 환자에게는 아무런 약도 소용이 없다."

48) 1215년에 교황 인노켄티우스 3세의 주재로 개최된 이 공의회는 법규 21에서 다음과 같이 천명했다: "남녀를 불문하고 분별 연령에 이른 모든 신자는 적어도 일 년에 한 번

다는 점에서 세례와 구분된다. 사제는 고백하는 것을 듣고서 행해진 죄들을 기록하고, 그 후에 참회자가 기꺼이 그리고 완전하게 형벌을 감당할 것을 기대하면서 참회의 책들에서 도움을 받아 적절한 고행을 부과하고 공적으로 완전한 용서를 선언한다. 따라서 로마 가톨릭에서 고해성사는 영적 법정이고 사제의 행위는 사법적 행위다.[49]

[462] 실질적으로 이 사법적·성례적 체계의 영향들은 평신도들이 구원을 위해 항구적으로—적어도 그들의 임종 시간까지는—사제에게 의존하도록 만든다. 이는 두 가지 개인적·실천적 결과를 가져올 수 있다. 신자들 자신의 죄에 대한 피상적인 평가에 의지해 사죄를 위한 참회의 의무들을 행함으로써 거짓된 안정감을 갖게 되든지, 아니면 자신의 구원에 대한 두려움과 불확실성 속에서 고뇌하게 된다. 이에 반해 종교개혁은 복잡한 로마의 성사체계를 거부하고, 그 대신 회심을 순종의 삶을 사는 가운데서 자기에 대해 죽고 그리스도에 대해 사는 이중 행위로 이해했다.[50] 루터는 "메타노이아"($\mu\epsilon\tau\alpha\nuo\iota\alpha$)를 회개와 죄 용서로 이해하는 성경적 의미를 재발견했다. 이 모든 것이 은혜의 선물이었고, 그리스도가 완수하신 사역을 신자에게 적용하는 것이었다. 참된 회심은 전인이 죄에서 하나님께로 돌아서는 종교적·윤리적 행위였다. 성경에서 회심이 어떤 때에는 보다 포괄적인 의미를 갖고, 또 다른 때에는 보다 제한된 의미를 갖는다는 사실을 주

은 자신을 담당하는 사제에게 지은 모든 죄를 신실하게 고백해야 한다." 참조. Council of Trent, XIV, c. 5, can. 6; Roman Catechism, II, chap. 5, qu. 32ff. 편집자 주—Bradley and Kevane, II, chap. 4, qu. 32ff. 그리스 정교회는 일 년에 네 번을 명한다, Orthodox Confession, 164.

49) 11세기에 출판되었으나 Augustine가 쓴 것으로 잘못 이해되고 있는 다음 책은 참회에 관한 수많은 문헌들을 언급하고 있다: *On True and False Penitence*. T. Aquinas, *Summa Theol.*, III, qu. 84-90; suppl., qu. 1-28; idem, *Summa contra gentiles*, IV, c. 70-72; Council of Trent, XIV; Roman Catechism, II, chap. 5. 편집자 주—Bradley and Kevane, II, chap. 4.

50) H. Bavinck, *Reformed Dogmatics*, III, 517-19 (#417).

목할 필요가 있다. 어떤 때는 회심이 중생, 믿음, 그리고 한 사람이 완전히 새롭게 되는 것을 포함하는가 하면, 어떤 때는 회심이 믿음과 분명하게 구분된다. 어떤 때는 회심이 새로운 생명이 시작될 때 일어나는가 하면, 어떤 때는 새로운 생명이 진보하고 회복될 때 일어나기도 한다. 어떤 때는 (μετανοια라는 단어에서처럼) 마음과 관점의 내적 변화가 전면에 부각되는가 하면, 다른 때는 (ἐπιστροφη라는 단어에서처럼) 회심의 결과이자 외적 표현인 돌아섬이 강조된다. 처음부터 개혁파 신학은 "메타멜레이아"(μεταμελεια)와 "메타노이아"(μετανοια), 즉 참회와 회심을 정도의 차이가 아닌 원리와 본질에서 구별했다. 이처럼 회심 개념은 적어도 한 방향으로는 정의되었다. 회심은 새로운 생명 이전에 또는 그것과 상관없이 일어나는 것이 아니라, 새로운 생명 안에서 일어나고, 믿음에서 나오고, (보다 제한적인 의미에서) 중생으로부터 발생한다. 시간이 지나면서 재세례파 및 항변파와의 갈등은 믿음과 회심에 대한 질문들을 제기했다.

이런 우려들에 대응하기 위해 개혁파 신학자들은 믿음의 성향(*habitus*)과 믿음의 행위(*actus*)를 구분했고, 이와 유사하게 회심으로의 성향과 실제적인 회심을 구분했다. "왜냐하면 회심의 은혜가 이중적이어서, 성향적인 것와 실제적인 것이 존재하기 때문이다. 전자를 통해서 인간은 성령의 능력으로 중생하고 믿음과 사랑의 능력을 받는다. 후자를 통해서는 이미 중생한 인간이 하나님의 말씀과 성령의 도우심으로 믿고 사랑하는 활동에서 이 능력들을 발휘한다."[51] 개혁파는 성향적 회심(*conversio habitualis*)을 오직 하나님의 중생시키시는 은혜에서만 비롯되는 주입된(획득한 것이 아닌) 성향으로 보았다. 항변파들은 순서를 뒤집어서 실제적 회심이 협력하는 은혜와 인간의 자유의지의 협동적 산물이라고 보았다. 이런 이유로 회심은 구원의 서정(*ordo salutis*)에 대한 개혁파 이해에서 점차 분명한 위치

---

51) 편집자 주―Bavinck는 라틴어로 된 이 인용문의 출처를 밝히지 않았다. Antonius Walaeus, *Leiden Synopsis purioris theologiae*, disp. 32, 2.

를 차지했다. 회심은 율법에 따른 회개 이상이면서, 또한 제한된 의미에서의 중생과도 구분된다. 동시에 이 회심은 "최초의 실제적 회심"(*conversio actualis prima*)으로서, 신자들의 탈선과 믿음의 타락 또는 영적 생활의 침체 뒤에 다시 필요한 "두 번째 실제적 회심"(*conversio actualis secunda*)과 구별될 뿐만 아니라, 그리스도인의 삶을 통해 계속되는 "지속적 회심"(*conversio continua*)"과도 구분된다.

죽임과 살림

회심에 대한 개혁파의 견해는 루터파와도 구별된다. 루터파 신학에서는 회심이 통회·믿음·선행의 세 부분으로 이루어진다. 통회(contrition)는 율법에 의해 촉발된 양심의 두려움을 뜻하는데, 그리스도 안에 있는 하나님의 은혜에 대한 확신으로서의 믿음이 그것을 잠잠케 하고 마음의 평화와 영혼의 쉼을 만들어낸다. 여기서 난제는 세 가지 항목 사이에 유기적 연결성이 상실된 것처럼 보인다는 것이다. 통회가 항상 믿음으로 이어지는 것은 아니며, 어떻게 새로운 순종이 믿음으로부터 나오는지도 분명하지가 않다.[52] 칼뱅을 따라서 개혁파 신학은 참회(*poenitentia*)를 그리스도인의 경험으로 간주하지 않는 대신, 온전한 회심(*resipiscentia*)을 그리스도인의 경험에 포함시켰다. 믿음은 회심에 포함되지 않고 구분되었으며, 둘 다 중생의 열매로 여겨졌다. 결과적으로 믿음은 특별히 칭의에, 회심은 성화와 관련되며, 따라서 회심(*resipscentia*)은 종교적 의미뿐 아니라 윤리적 의미도 갖게 되었다.[53] 칼뱅은 회심을 정의하기 위해 통회와 믿음(선행을 수반하든지 또는 아니든지)이라는 말을 쓰는 대신 로마서 6장을 따라 옛 자아를 죽이는 것(mortification)과 새 자아를 살리는 것(vivification)을 말했다. 이 점에서 수

---

52) H. Bavinck, *Reformed Dogmatics*, III, 520-22 (#418).
53) Ibid., III, 522-28 (#419).

　　　제5부 | 성령과 그리스도 안에서의 구원

없이 많은 개혁파 신학자들이 그를 따랐는데, 그중에서도 특히 우르시누스(Ursinus)가 자신의 교리문답과 주석(Explications)에서 칼뱅을 따르고 있다. 용어들이 점점 세밀해질수록, 죽이는 것과 살리는 것을 중생의 구성요소와 회심의 양상으로서 더욱 선명하게 구분할 필요가 있었다. 중생의 구성요소로서 그것들은 전적으로 하나님의 행위들이고 인간은 수동적이다. 하지만 죽이는 것과 살리는 것이 실제적 회심(resipiscentia)의 양상들이라면, 그것들은 하나님의 영으로 중생하고 믿음과 사랑의 덕들을 부여받은 인간의 행위들이다.[54]

이런 이해에서, 회심은 "최초의 실제적 회심"([순서상으로] 제한된 의미에서의 중생에 뒤따르고, 믿음과 함께하고 믿음과 연계되며, [순서상으로] 칭의에 앞서는)으로서 중생한 사람의 행위다. 그는 이 행위를 통해 죄의 진정한 본성을 알고, 미워하고, 떠나기를 배우며, 겸손한 죄의 고백과 더불어 그리스도 안에서 아버지이신 하나님께 돌아오고, 기쁜 마음으로 그의 길로 행하기에 이른다. 여기에는 지성의 조명이 포함되는데, 이를 통해 사람은 죄의 진정한 성격, 비통, 슬픔, 후회, 수치를 배울 뿐만 아니라, 죄를 겸손히 고백하고 미워하는 법, 죄에서 벗어나기로 의식적으로 확고히 결정하는 법, 그리스도를 통해 하나님 안에서 진심으로 기뻐하는 법, 그리고 모든 선행 가운데 하나님의 뜻에 따라 살기를 진정으로 갈망하고 사랑하는 법을 배운다. 그러므로 참된 회심은 도덕적 자기개선의 부수적 행위에 있거나, 어떤 중대한 죄를 떠나고 덕에 순응하는 것에 있지 않다. 그것은 한 사람의 삶의 방향이 완전히 바뀌는 것, 즉 죄와 근본적으로 단절하는 것이다. 참된 회심은 전인을 아우른다. 믿음과 회심 모두가 중생으로부터 비롯된다. 둘 다 마음에 뿌리를 내리고 있다. 하지만 믿음이 마음에서 의식의 측면에 이르기까지 역사하며 그리스도 안에 있는 하나님의 용서하시는 은혜를 적용

---

54) A. Polanus, *Syntagma theologiae christianae* (Hanover, 1609; Geneva, 1617), 469.

하는 반면, 회심은 주로 의지의 영역에서 활동하여 그 의지를 악에서 돌이켜 선으로 향하게 한다. 하지만 지성과 의지가 사람의 마음에 공동의 뿌리를 공유하는 것처럼, 믿음과 회심 역시 그러하다. 그것들은 끊임없이 상호 연결되어 있고, 서로 지원하고 고양한다.

[463] 비록 참된 회심이 본질 있어서는 언제나 동일하지만, 그것이 일어나는 방식과 시간에는 많은 차이가 존재한다. 기독교가 한 지역에 처음 등장할 때, 한 사람의 기존의 종교와 관습에 중대한 변화들을 만들어내는 일은 엄청난 희생과 헌신을 요구한다. 일반적으로 이러한 변화가 아무런 명예나 이익을 가져다주는 것이 아니기 때문에, 사람들이 자신만의 은밀한 이유들 때문에 세례를 받고 교회에 속하게 될 위험은 거의 없다. 비록 애초부터 알곡 가운데 가라지가 있었지만, 일반적으로 회심(ἐπιστροφη)은 마음의 내적 변화(μετανοια)에 대한 분명한 표지며 증거였다. 하지만 교회가 지위와 특권과 권세를 얻게 되면서, 영예롭지 못한 인간적 동기들 때문에 회심을 하는 경우도 발생할 수 있었다. 피선교지의 주민들이 새롭게 믿음에 이르는 경우나 또는 교회의 자녀들이 자각에 이르는 경우에 대해서, 단 하나의 규범적 양식을 미리 정해놓는 것은 잘못이다. 사람들에게 단 하나의 방식을 강요하거나 한 사람의 삶에서 성령의 사역을 재촉하는 것은 잘못이다. 단지 성경의 요구는 진심으로 죄를 슬퍼하고 전심으로 하나님의 은혜를 구하라는 것뿐이다. 사람은 자신이 언제 회심했는지를 정확히 알 필요가 없다. 정작 필요한 것은 진정한 삶의 개선을 추구하는 일이다. 우리는 신자의 자녀들이 믿음을 갖는 것을 당연한 일로 생각하는 유혹을 조심해야 한다. 이런 이유로 18-19세기 부흥운동과 경건주의는 기성교회의 무관심에 정당하게 반발했다. 하지만 이러한 반대를 하나의 체계로 만들어서 각 사람에게 "참회의 분투" 및 "약진", 두려움과 절망 및 그에 뒤따르는 갑작스런 평화와 기쁨의 동요를 요구하는 것은 하나님의 언약에 담긴 약속을 의문시하고 세례의 의미를 약화시키는 것이다. 그것은 전통의 힘이나 그리스도인의 가정에서 평안 가운데 진행되는 성령의 지속적인

사역, 그리고 심령에서 일어나는 하나님의 성령의 신비로운 내적 사역을 백안시하는 것이다. 그것은 일반적으로 학교와 교육이 갖는 의미를 강탈하고, 돌발적인 위기의식이나 강렬한 감정 또는 의식적인 회심에 초점을 맞춤으로써 아이들에게 불안감과 초조함을 주고, 그들을 내성적으로 만듦으로써 기독교적 양육에 부자연스러운 성격을 부여한다. 신자의 자녀들은 그들의 "말"과 "행실"에 의해 명백하게 반대되는 것이 드러나기 전까지는 약속의 후손들로 여겨져야 한다.

사춘기에 자녀들이 의존성에서 독립성과 자율성으로 나아가는 신체적·정신적·영적 발달 과정에서 아주 중요한 의미를 갖는 위기를 통과한다는 사실을 염두에 둔다면,[55] 우리는 신자의 자녀들의 "회심"이 불필요하거나 쓸모없고 소용없는 일이라고 여겨서는 안 된다. 출생과 세례를 통해 은혜언약 안으로 들어온 자녀들이 분별이 가능한 연령에 이를 때, 그들은 그들이 받은 세례와 그 세례가 요구하고 권고하는 새로운 순종에 응답해야 한다. 이것이 그들의 발달 과정에서 일반적인 위기의 시기에 일어난다는 사실을 고려할 때, 우리는 "성년"을 축하하는 의례들과 의식들을 좀 더 의미심장하게 생각해야만 한다. 심지어 이교도들도 그 중요성을 인식하고서 소년·소녀들에게 삶의 다음 단계로 나아가도록 엄숙한 통과의례를 거치도록 한다.[56] 기독교회의 역사에서도 첫 성찬 또는 견신례, 공적 신앙고백, 성찬의 참여, 또는 정회원으로의 가입이 일반적으로 이 시기에 이루어졌다. 너무 어린 나이에 종교적인 활동들을 통해 인위적으로 그러한 위기를 유발하려고 시도하는 것은 잘못이다. 우리에게 필요한 것은 자녀들의 종교적 발달을 신중하게 지켜보며 격려하고, 아동기의 특성을 무시하지 않으면서 이후 시기에 발달해야 할 것을 이때 요구하지 않고 많은 부분을 성령의 숨겨진, 고요한 인도하심에 맡기는 일이다. 천국은 겉으로 드

---

55) H. Bavinck, *Reformed Dogmatics*, III, 556-64 (#427a).
56) G. S. Hall, *Adolescence*, 2 vols. (New York: D. Appleton, 1904), II, 232-80.

러나게 임하지 않고, 오히려 씨앗처럼 싹이 나고 자란다(막 4:27). 일반적으로 청소년기에 이런 일이 일어나기 때문에 "회심은 특별히 청소년기의 현상이다"라고 말할 수 있다.[57] 회심의 다양성을 존중하는 것은 성령의 다채롭고 숨겨진, 놀라운 인도하심을 존중하는 것이다. 우리는 회심의 진정성을 강렬한 감정과 특이한 사건들의 존재 여부로 판단하면 안 된다. 회심의 많은 부분이 양육과 환경, 성격과 기질, 삶과 일에 달려 있다. 죄는 너무나 다양한 형태로 존재하며, 각 사람이 자신만의 죄를 갖고 있고 또 그로부터 구제를 받아야 한다. 그런가 하면 복음은 너무나 풍성한 것이어서 한 번은 이러한 진리로 구원을 찾는 자를 밝혀주고, 또 다른 순간에는 다른 진리로 동일한 일을 수행한다. 우리가 말할 수 있는 것은 언제나 참된 회심의 실체가 죄를 미워하고 그것으로부터 피하는 일과 하나님을 신실하게 사랑하며 섬기는 일 두 가지 모두를 포함한다는 사실이다.

[464] 회심의 이러한 두 가지 측면 중에서 어떤 때는 이것이, 어떤 때는 저것이 강조된다. 어떤 그리스도인들은 은혜가 보편적으로 주어졌다는 것을 거부하고서, 회심하지 않은 자들에게 전혀 복음을 전파하지 않으려고 한다. 그들은 그저 회심하지 않은 자들로 하여금 율법의 요구와 형벌만을 직면하게 하면서, 그들을 기다리고 있는 지옥의 영원한 멸망을 묘사할 뿐이다. 개신교가 쇠락했을 때, 경건주의와 감리교는 잠자는 영혼들을 깨우쳐서 그들이 구원과 자비를 위해 부르짖도록 하기 위해 심판을 선포하는 일에 매진했다. 슬프게도 이로부터 어떤 이들은 비참함이 반드시 은혜의 상태에 선행해야만 한다고 결론을 내렸고, 이로 인해 많은 그리스도인이 습관적으로 자신의 죄에 대해 신음하면서도 그리스도를 통해 하나님 안에서 마음으로 느끼는 기쁨은 거의 경험하지 못할 뿐 아니라, 감사의 삶

---

57) Edwin Diler Starbuck, *The Psychology of Religion: An Empirical Study of the Growth of Religious Consciousness* (London: W. Scott; New York: Scribner, 1901), 28.

에도 이르지 못하는 결과를 낳았다. 어떤 경우에는 무관심이라는 만성적 질병을 급조된 위기감으로 대체하려는 열망이 강렬한 감정들을 촉발시켰고 결국 경련과 히스테리, 비명과 울음, 통곡과 무의미한 소리들, 눈물을 흘리다가 기쁨 중에 뛰어오르며 춤추는 일들이 나타나기도 했다. 어떤 이들—예를 들면 웨슬리와 휘트필드—은 이것을 대단히 흔쾌히 받아들였던 반면에, 조나단 에드워즈는 마음에 일어난 영적인 역사들로 말미암은 정서들과 상상으로 만들어진 인상들의 결과로 말미암은 정서들을 신중하게 구분했다.[58] 다른 부흥운동들에서 나타났던 유사한 현상들도 다양한 판단들을 불러일으켰다. 부흥운동들에서 자주 목격되는 "편향성들"(one-sidednesses)은 강한 반응과 반작용을 유발해서 교회의 분열들이나 또는 자유주의 신학의 흐름들 같은 대안적 신학사조들로 이어졌다.[59]

미국의 부흥주의는 조나단 에드워즈 시대로부터 찰스 피니(Charles Finney, 1792-1875)의 시대에 이르기까지 중대한 변화를 겪었다. 에드워즈는 회심하지 않은 자들에게 설교할 때 하나님의 진노와 지옥의 고통들을 말했다. 회심은 두려움과 공포 가운데 있던 죄인들에게 위로와 평안을 가져다주었다. 피니는 인간이 자발적으로 죄인이 된 존재라는 전제에서 출발했고, 그들에게 바로 지금 이 순간 하나님께 그들의 마음을 드리기로 결정하라고 촉구했다. 바로 이 점에서 무디와 다른 전도설교자들도 그를 따랐지만, 에드워즈가 두려움을 선포하고 피니는 의무를 선포한 반면에 무디는 그리스도 안에서 발견할 수 있는 하나님의 사랑과 선물을 강조했다. 크리스천 사이언스(Christian Science)는 죄로 인해 슬픔과 회한을 느끼는 것

---

58) *Treatise concerning Religious Affections* (1746), in *The Works of Jonathan Edwards*, vol. 2, *Religious Affections*, ed. J. E. Smith (New Haven: Yale University Press, 1959); 참조. J. Ridderbos, *De Theologie van Jonathan Edwards* ('s Gravenhage: J. A. Nederbragt, 1907), 246ff.

59) 1741년, Gilbert Tennent가 필라델피아 노회 앞에서 "회심하지 못한 목사의 위험"이라는 제목으로 한 설교를 통해 미국 장로교회는 "old lights"파와 "new lights"파, 또는 "구파"(old side)와 "신파"(new side)로 나뉘게 되었다.

에 반발하여 정반대의 극단으로 치달았는데, 그들은 죄를 질병이나 죽음과 유사한 것으로 여기는 범신론적 입장을 취한다. 죄는 "마음 치료"(mind cure)를 통해 완전히 극복될 수 있는 마음의 오류들이라는 것이다. "생각은 사물이고, 생각은 힘이며, 따라서 생각하는 사람도 그런 존재다."[60]

이처럼 우울한 기독교에 대한 그와 같은 반발들은 이해할 만하고, 또 어느 정도는 타당하다. 하지만 그것들은 또한 지나치게 과장된 것이기도 하다. 우리 모두는 저마다 자신을 고소하고 판단하는 양심을 가졌기 때문에, 통회와 고백이 회심으로 가는 첫걸음이라는 느낌을 어느 정도는 가지고 있다.[61] 그리스도인은 경험적으로 죄가 그에 상응하는 정도의 강한 슬픔과 회한의 감정을 불러일으킨다는 것을 알고 있다. 죄에 대한 참된 내면의 고백은 불경건한 자들의 입술에서가 아니라 경건한 자들의 입술에서 나온다(시 6편; 25편; 32편; 51편; 130편; 143편; 스 9:6; 느 9:33; 사 53:4ff.; 59:12; 렘 3:25; 14:20; 애 3:39; 단 9:5ff.; 마 26:75; 롬 7:14ff.; 요일 1:8-9). 죄로 인한 슬픔은 회심의 필수요소이며, 삶의 갱신에 있어 또 다른 측면을 구성한다(눅 15:18; 18:13; 행 2:37; 9:6ff.; 16:30; 고후 7:10). 어떤 방식으로, 얼마나 오랫동안, 어떤 형태로 그러한 애통이 일어나야 하는지를 구체적으로 규정하지 않도록 특별한 주의를 기울여야 한다. 어떤 경건한 집단에서는 한 사람이 정확히 언제 회심했는지를 아는 것이 대단히 중요하게 여겨지기도 했다. 일정한 시간을 두려움과 공포 가운데서 보내고, 그로부터 대단히 기적적인 방식으로 구원받아야 한다는 것이다.

단지 성경은 사람들의 마음에 강직함과 진리가 있어야 하며, 죄에 대한 슬픔이 진실해야 한다고 요구할 뿐이다. 회심은 마음의 문제다(렘 3:10;

---

60) 참조. H. Bavinck, *Reformed Dogmatics*, III, 569n212 (#427b); W. James, *The Varieties of Religious Experience* (New York: Modern Library, 1902), 96ff.; Samuel McComb, "The Christian Religion as a Healing Power," *Hibbert Journal* 8 (October 1909): 10-27.

61) 참조. H. Bavinck, *Reformed Dogmatics*, III, 129-36 (#329).

눅 1:17; 행 16:14; 롬 2:29; 10:10). 그리스도인의 제자도에 있어 깊은 영적 실천이 오늘날에 비해 더 중요한 자리를 차지하던 때가 있었다. 당시에도 그들 중 지혜로운 사람들은 절제를 촉구했다.[62] 죄에 대해서 마음으로 느끼는 진정한 슬픔은 무익한 것도 아니고 시간낭비도 아니며, 다만 하나님이 우리를 내적으로 죄로부터 자유롭게 하시려고 우리와 함께 일하시는 방식이다. 최근 몇 년 사이에 종교심리학에서는 회개가 사람이 여전히 의로워질 능력이 있는 증거라고 주장했다. 사람은 회개 중에 자신을 정죄하고, 스스로 죄와 절연하고, 의의 편에 서고, 자기를 위해 용서의 길을 닦는다는 것이다.[63] 이것은 사실이지만, 회개를 단순히 후회와 혼동해서는 안 된다. 진정한 회개는 "자연인"에게는 불가능하며, 여기에는 성령의 중생하시는 권능이 요구된다. 따라서 참된 회심, 죄에 대한 참된 슬픔, 하나님께로 돌이켜 그분을 섬기는 진정한 회복은 율법만으로가 아니라, 복음에 의해서 보다 더 높은 수준에 도달하는 것이다. 죄를 아는 지식이 율법을 통해서 오는 것은 분명하다. 모든 죄는 그 기준을 율법에 두고 있고 따라서 불법($\dot{\alpha}\nu o\mu\iota\alpha$)이기 때문이다. 하지만 사람이 죄를 그 참된 본성으로 깨닫고 인정할 수 있는 것은 복음 때문이며, 죄를 깨닫는 것도 믿음의 열매로 보아야 한다. 율법과 복음은 사람의 회심에 함께 역사한다. 율법은 훈육의 방식으로 그리스도를 가리키지만, 복음은 그 빛을 율법 위에 비춘다.[64]

---

62) G. Voetius, *Exercitia pietatis* (Gorinchem: Paul Vink, 1664), 228; Roman Catechism, II, chap.5, qu. 23, 27. (편집자 주―Bradley and Kevane, II, chap. 4, qu. 23, 27.)

63) R. C. Moberly, *Atonement and Personality* (London: John Murray, 1901), 19ff.; 참조. H. Bavinck, *Reformed Dogmatics*, III, 295-98 (#368), 370-73 (#384), 380-85 (#387), 399-402 (#390).

64) 참조. H. Bavinck, *Reformed Dogmatics*, III, 520-28 (##418-19).

죄의 고백, 참회, 형벌

[465] 이처럼 회심은 마음의 문제이기 때문에, 종교개혁자들은 로마 가톨릭의 "뉘우침"(attrition) 개념을 불충분한 것으로 여겨 거부했다. 모든 종류의 두려움과 공포를 수반하는 참회가 회심에 앞설 수 있다. 하지만 그것은 참된 회심(resipiscentia)과 다르고, 참된 회심의 한 부분도 아니고, 반드시 참된 회심으로 이어지는 것도 아니다. 로마 가톨릭이 "통회"(contrition)와 "뉘우침"(attrition)을 주의 깊게 구분한 것은 끊임없는 논쟁들로 이어졌고, 실천적인 문제들을 해결하는 데 실패했다. 통회가 그토록 주의 깊게 규정되어서 통렬하고 신랄하고 강렬한 참회의 경우에만 유효하게 된다면, 오직 소수의 사람만이 그것을 얻을 수 있다. 그런가 하면, 오로지 지옥의 형벌에 대한 두려움에서 생겨나는 "불완전한 통회"로서의 "뉘우침"은 특정한 환경에서는 여전히 "하나님의 선물이며 성령이 자극하시는 것"으로 여겨질 수 있다. 트리엔트 공의회에 따르면, 이 뉘우침은 그 자체로 칭의를 가져올 수는 없을지라도 "죄인으로 하여금 고해성사를 통해 하나님의 은혜를 얻을 마음을 갖게 한다".[65] 이러한 트리엔트 공의회의 선언에도 불구하고, 많은 로마 가톨릭 신학자들은 뉘우침에 적어도 구제 행위를 더해야 할 필요성을 계속해서 주장한다. 하지만 성례를 통해 사면을 얻기 위한 선행 조건으로는 지옥의 형벌이나 일시적 형벌에 대한 두려움으로 충분하다고 여겼던 참회주의가 우위를 점했다. 교황 알렉산드르 7세의 교령은 첨예하게 대립하는 파당들이 서로를 이단으로 정죄하는 것을 금지하면서도, 이 문제는 미결로 남겨두었다. 신학자들이 논쟁하는 동안 신실한 성도들은 불확실성의 두려움 가운데 고통당한다. 두려움이 성례와 그것을 통해 주어지는 사면을 받기에 충분해지는 때는 언제인가? 고백자와 참회자 모두가 이 문제들과 관련해서 의심 가운데 머물러 있을 때, 뉘우침이라는

---

65) The Council of Trent, sess. XIV, c. 4.

대중적인 관행에 무슨 일이 생길지를 상상해보라! 사람이 사면을 얻는 데 필요한 최소한의 뉘우침은 얼마만큼인가에 대한 결의론적 탐구는 복음의 정신에 정면으로 위배된다.

마찬가지로 제4차 라테란 공의회(1215)에 따르면, 신자들은 분별 연령(보통 7세)에 이르자마자 적어도 1년에 한 번은 비밀리에 자신의 사제 앞에서 모든 죄를 고백해야 한다.[66] 엄밀히 말해서 고백은 대죄를 범하고 하나님의 거룩하게 하시는 은혜를 상실한 다음에 비로소 필요하다. 하지만 로마 가톨릭 신자에게 고해성사를 활용하지 않는 것은 현명하지 못한 일이 될 것이다. 대죄(mortal sins)와 소죄(venial sins) 사이의 경계를 명확히 구분하기 어렵고, 몇몇 예외들을 제외하면 모든 신자가 세례 후에 대죄를 짓고 반복적으로 은혜의 상태에서 떨어지기 때문이다. 그러므로 고백은 실질적으로 모든 신자에게 필요하고, 1년에 한 번뿐 아니라 가능하면 자주 하는 것이 좋다.[67] 이 고백은 반드시 포괄적이고 절대적이어야 한다.[68] 가톨릭 신학자들도 사제 앞에서의 사적인 고백이 직접적으로나 문자적으로 성경에 등장하지 않는다는 점을 스스로 인정한다.[69] 구약성경과 신약성경에서는 죄의 고백에 대한 언급이 반복되어 있다(레 5:5; 16:21; 민 5:7; 수 7:19; 스 10:1, 11; 느 1:6; 9:2-3; 시 32:5; 단 6:11; 9:4, 20; 마 3:6; 행 19:18; 약 5:16; 요일 1:9). 그러나 신

---

66) 1439년 피렌체 공의회에서 재확인되었다; Council of Trent, sess. XIV, cap. 5; Roman Catechism, II, chap. 5, qu. 38 (편집자 주—Bradley and Kevane, II, chap. 4, qu. 38).

67) Roman Catechism, II, chap. 5, qu. 39, 46 (편집자 주—Bradley and Kevane, II, chap. 4, qu. 39, 46).

68) Council of Trent, sess. XIV, c. 5; Roman Catechism, II, chap. 5, qu. 40-41 (편집자 주—Bradley and Kevane, II, chap. 4, qu. 40-41).

69) J. Pohle, *Lehrbuch der Dogmatik*, III, 484: "신약성경 어디서도 고해성사를 명시적이고 직접적으로 언급하는 대목은 없다. 설사 그렇게 한다 할지라도, 이런 사실이 고해성사를 뒷받침하는 강한 증거가 되지는 못한다." Duns Scotus와 다른 학자들이 유사한 언급을 하는 것을 보려면 다음을 참고하라. C. Pesch, *Praelectiones dogmaticae*, 9 vols. (Freiburg: Herder, 1902-10), VII, 155ff., 161ff.

학자들은 트리엔트 공의회를 따라서, 베드로(마 16:9)와 모든 사도(마 18:18)
에게 주시고 요한복음 20:22-23에서 성취된, 열쇠의 권세를 부여하신다는
그리스도의 약속에 근거한 추론에서 고해성사의 정당성을 찾는다. 이렇
게 그리스도는 이 말씀들로 사도들을—그리고 더 나아가 감독들과 사제들
을—통치자와 심판자로 세우셨고, "그리스도의 신실한 자가 지은 모든 대
죄를 이들에게 가져와서 열쇠의 권세에 의한 덕으로 죄를 사하거나 그대
로 두는 선고를 내리게 하신다".[70] 따라서 로마 가톨릭에서 고백은 죄 사
함에 관하여 교회의 권세가 갖는 법률적 성격에 따른 것이다. "죄 사함에
관하여 교회의 권세가 갖는 법률적 성격"은 "어느 정도 고해성사에 대한
로마 가톨릭 견해의 중심축"이라고 할 수 있다.[71]

　　종종 고백이 실질적 유용성을 갖는다는 점을 고려할 때, 몇몇 나라들에
서 루터파 교회가 여전히 어느 정도 이것을 유지하기를 원했고,[72] 일부 개
신교도들이 이것을 회복하기를 원하거나 최소한 다른 것으로 고백을 대체
하기를 원하는 것을 이해할 수 있다.[73] 그러나 고백이 복음, 용서의 은혜,
교회의 직무 및 권세의 왜곡과 연결된다는 점을 이해하는 사람들은 결코
그것을 되돌리기를 원하지 않는다. 로마 가톨릭교회가 그 감독들과 사제들
을 인간 마음의 가장 깊은 동기들에 대한 심판자들로 세우는 것은, 영원에
대한 한 인간의 신뢰를 다른 인간의 판단에 두도록 함으로써 본질상 인간

---

70) Council of Trent, sess. XIV, chap. 5.

71) J. Wilhelm and T. B. Scannell, *A Manual of Catholic Theology*, 4th ed., 2 vols.
(London: Kegan Paul, Trench, Trubner; New York: Benziger Brothers, 1909), IV, 3,
681. J. Pohle, *Lehrbuch der Dogmatik*, III, 416.

72) Augsburg Confession, arts. 11-12, in *The Book of Concord*, ed. Robert Kolb
and Timothy J. Wengert (Minneapolis: Fortress, 2000), 45; Apology of the
Augsburg Confession, art. 11 (Kolb and Wengert), 185ff.; Smalcald Articles, part
III, art. 8 (Kolb and Wengert), 321-23; "The Sacrament of Holy Baptism," art. 4
of The Small Catechism (Kolb and Wengert), 360-62; "A Brief Exhortation to
Confession" (Kolb and Wengert), 476-80.

73) W. Caspari, "Beichte," in *PRE³*, II, 540ff.

의 마음을 무오하게 아시는 하나님께만 속한 권리와 권세를 부당하게 갈취하는 것이다. 하나님 외에 누가 죄를 용서할 수 있는가?(사 43:25; 막 2:7).[74]

[466] 여기에 덧붙여야 할 사실은 사제가—완전한 통회는 일반적으로 존재하지 않으며 단지 일종의 뉘우침만 있기 때문에—원리적으로 그저 행해야 할 선행을 몇 가지 부과하는 것과 더불어 사면을 선언할 뿐이라는 것이다. 실제로 성경에는 용서를 받았음에도 여전히 여러가지 형벌을 당하는 신자의 예들이 있다.[75] 아담과 하와(창 3:16ff.), 미리암(민 12:14), 모세와 아론(민 20:12; 27:13-14; 신 34:4), 다윗(삼하 12:13-14), 고린도의 신자들이 그렇다(고전 11:30). 죄 용서는 자연이 알지 못하는 은혜의 유익이며, 또한 의인은 많은 고난을 통해 하나님 나라에 들어가야 한다(행 14:22). 그러나 성경이 가르치는 바에 따르면 신자들 자신의 죄나 또는 다른 이들의 죄로 인해 신자들에게 찾아오는 모든 고난은 형벌의 성격을 갖지 않으며, 다만 그들로 하여금 하나님의 거룩함에 참여케 하기 위한 유용한 징계일 뿐이다(욥 5:17; 잠 3:11; 고전 11:32; 히 12:5-11; 계 3:19).[76] 로마 가톨릭의 문제는 그들의 교회에 속한 가장 거룩한 사람들조차 자신을 현 세상의 고통이나 죽음에서 구할 수 없었다는 것이다. 따라서 "충족 행위들"(*satisfactiones operis*)은 현재의 삶에서는 거의 또는 전혀 의미가 없다. 그 전체 가치는 이론적으로든지 실천적으로든지 연옥에서 이 형벌들을 축소하거나 완화하는 데 있다. 더구나 하나님이 현재의 삶에서 전혀 처벌하시지 않는 죄들이 많이 있다. 여기서 로마는 연옥의 형벌을 제거하는 데 필요한 행위와 관련하여 추가적인 궤변을 발전시켜야 한다. 사람이 자신이 지은 죄에 대한 보상으로 하나님께 드릴 수 있는 세 가지 종류의 선행이 있다. 기도를 통해 바치는 영의 선행(*boni anima*), 금식함으로 내어드리는 육체의 선행(*boni corporis*),

---

74) J. Calvin, *Institutes*, III.iv.4-24.
75) Council of Trent, sess. XIV, c. 12-15; 참조. VI, can. 30.
76) J. Calvin, *Institutes*, III.iv.31ff.

구제를 통해 드리는 부의 선행(*boni fortunae*)이 그것이다.[77] 이러한 선행들이 신자들에 의해 행해지고 또한 그들의 경우 초자연적 원리에서 흘러나오기 때문에, 그것들은 "속죄적" 가치 또는 "보상의" 공로적 가치를 갖고 있다. 이것들은 신자들에게 천상의 복됨을 보장하는데, 이를테면 연옥에서 당하는 일시적 심판에서의 구원과 같은 것이다.

로마는 어떻게 상황에 적응해야 할지를 알고 있었다. 그래서 통회를 약화시키고, 사제가 죄인에게 부과하는 고해적 "배상"의 강도를 크게 경감시키고, 또한 "죄의 형벌에 대한 대가는 연옥에서 치른다"라고 신자들에게 확언했다. 동시에 로마는 고해성사에서 주어진 은혜가 대죄에 의해 어느 때라도 상실될 수 있으며, 하나님의 의가 요구하는 것을 철저하고 정확하게 지키면서 충족시킨다 하더라도 참회적 선행과 면벌은 다만 일시적인 형벌에서 구해낼 뿐이라고 가르침으로써 사람들에게서 확신을 빼앗았다. 사제는 "최고의 지도자"가 아니고 "하급 재판관"에 불과하기 때문에 부과된 형벌이 하나님의 정의가 요구하는 것에 미치지 못하는지를 결코 확신할 수 없고, 따라서 "주어진 배상을 통해 형벌이 얼마나 많이 경감되었는지는 오직 하나님만 아신다."[78]

따라서 이러한 참회의 체계 전체는 종교개혁에 의해 복음의 정신에 절대 부합할 수 없는 것으로서 거부되었다. 교회가 가진 열쇠의 권세는 하나님의 말씀을 시행하는 데 있기 때문이다. 그것은 "복음과 분리된 권세"[79]가

---

77) Council of Trent, sess. VI, c. 14은 이렇게 말한다, "죄를 지은 그리스도인이 드려야 할 배상은 "금식과 자선과 기도와 영적인 생명으로 인한 다른 경건한 훈련들이다. 이런 것들은 영원한 심판이 아닌…이 땅에서의 일시적인 심판을 위한 배상이다" (H. Denzinger, ed., *The Sources of Catholic Dogma*, trans. from 30th ed. by R. J. Deferrari [London and St. Louis: Herder, 1955], #806); 참조. T. Aquinas, *Summa Theol.*, qu. 15, art. 3.

78) 속죄를 위한 로마 가톨릭의 참회교리가 초래하는 불확실성에 대해서는 다음을 보라. J. Calvin, *Institutes*, III.iv.17, 22.

79) Ibid., III.iv.14.

아니라, 오히려 복음에 부합하는 권세다. 복음이 선포될 때 그 선포 자체는 권세가 아니라 사역이다. 왜냐하면 그리스도는 사실 그 권세를 사람이 아니라 자신의 말씀에 주셨고, "사람들을 그 말씀의 사역자로 만드셨"[80]기 때문이다. 루터는 자신의 95개조 반박문에서, 그리스도가 원하시는 것은 그리스도인의 전체 삶이 참회적이 되고, 그의 일평생이 죄에 대항하는 싸움이 되는 것이라고 강조했다. 칼뱅의 말로 하자면, "그리고 참으로 이 회복은 한 순간이나 하루, 또는 일 년 만에 이루어지지 않는다. 오히려 하나님은, 때로는 더딜 수도 있는 지속적인 진보를 통해 택자들에게서 육신의 부패를 제거하시고, 그들을 성전으로서 자신에게 성별하시고, 그들의 마음을 다시 새롭게 하심으로써 그들의 삶 전체에서 회개를 실천하게 하실 뿐 아니라 이 전쟁이 오직 죽음으로써만 끝나리라는 것을 알게 하신다."[81]

그러므로 종교개혁에서, 그리고 특히 칼뱅에게 회심은 윤리적으로 큰 의미를 갖게 되었다. 그리스도가 모든 것을 마치셨고 모든 죄를 대속하셨기 때문에(롬 3:25; 히 10:14; 벧전 2:24; 요일 1:7; 2:1), 하나님은 우리의 죄를 우리에게 돌리지 않으신다(고후 5:19). 따라서 선행은 죄 용서의 원인이 아니라 열매며, 회개는 "파선 이후의 두 번째 널빤지"가 아니라 자신의 세례로 되돌아가는 것이다. 그것은 그리스도 안에서 얻은 은혜의 보화, 즉 옛 자아가 점진적으로 죽고 새로운 자아가 생명으로 나아가는 일을 독립적·개인적으로 일생에 걸쳐 적용하는 것이다. 오직 이런 방식으로만 그리스도의 명예가 보존되고, 또한 오직 이런 방식으로만 인간의 양심이 평화와 안식을 얻을 수 있다.[82] 만일 확신이 우리의 행위를 통해 얻어지는 것이라면, 우리는 우리가 과연 해야 할 바를 다했는지에 대해 계속해서 두려움과 공포 가운데 머물게 될 것이며, 심지어 어린아이 같은 사랑과 순종으로 선한

---

80) Ibid., IV.xi.1.
81) Ibid., III.iii.9.
82) Ibid., III.iv.27; 참조. III.iv.2.

일을 행하는 데 이르지도 못할 것이다. 하지만 만일 죄 용서에 대한 믿음을 통해 우리에게 이미 확신이 주어졌다면, 우리는 또한 기꺼이 하나님의 자녀로서 하나님의 계명대로 살아가려고 할 것이다. 따라서 최초의 그리고 이어지는 회심은 하나님의 계명대로 살아가고 언제 어디서나 하나님을 기쁘시게 하는 일들을 행하는 것이다.

이와 유사하게, 참된 회개의 둘째 부분인 새로운 자아로서의 삶은 "마음의 동요와 불안이 잦아든 후에 얻는 행복"에 제한되는 것이 아니라, 오히려 "거듭남에서 비롯된, 거룩하고 헌신된 삶을 살고자 하는 열망을 의미한다. 이는 마치 사람이 자신에 대해 죽음으로써 하나님을 향해 살아가기 시작한다고 말해지는 것과 일맥상통한다."[83] 신자들이 때로 연약함 때문에 죄에 빠지기도 하지만, 그렇다고 해서 그들은 하나님의 긍휼을 포기해서도 안 되고 죄 가운데 계속 머물러서도 안 된다. 왜냐하면 세례는 그들이 하나님과 영원한 언약을 맺었다는 보증(seal)이며 부정할 수 없는 증거이기 때문이다.[84] 타락한 자가 회개하고 생명으로 돌이키는 일은, 최초의 회심에서와는 다르게, 전반적인 죄의 상태와는 관계가 없으며, 특별히 신자가 한때 빠졌다가 하나님의 능력으로 이제 돌아서는 심각한 죄에 집중되어 있다. 그러므로 이것은 특별한 회심으로서, 모든 것을 포괄하는 최초의 회심과 구분된다.

---

83) Ibid., III.iii.3.

84) 여기서 Bavinck는 수세기에 걸쳐 개혁파 교회들에서 유아세례를 위해 사용된 고전적인 문장을 인용하고 있다. *Psalter Hymnal* (Grand Rapids: CRC Publications, 1987), p. 957.

20장

칭의, 성화, 견인

용서

[467] 거듭남, 믿음, 회심은 인간이 은혜언약의 유익들을 받아들이고 누리는 조건들이다. 은혜언약에서 주어진 하나님의 모든 유익들 중 첫 번째 자리를 차지하는 것은 칭의, 죄 용서다. 모든 기쁨과 평화, 하나님과의 교제에 대한 모든 확실성은 어느 누구도 그에 대해 온전히 이해하거나 완전한 믿음을 가질 수 없는 유익인 죄 용서에 달려 있다. 이교도의 종교는 결코 이것을 이해할 수 없다. 신들을 인간과 마찬가지로 정념을 가진 존재로 그린다는 것은, 그들이 모욕을 당했을 때 인간의 선물과 기도로 진정시켜야 할 필요가 있음을 의미한다. 적어도 이런 사상은 죄를 짓는 것이 인간에게 일반적인 것처럼 용서하시는 것이 하나님께는 자연스러운 것이라는 얄팍한 생각보다는 죄를 좀 더 심각하게 받아들이도록 만든다.[1] 따라서 그리스도의 속죄적 희생을 거부하는 것은[2] 용서(forgiveness)의 개념은

---

1) Wernle에 따르면, "죄가 인간 본성에 부합한 것이라면, 용서는 하나님께 부합한 것이다." W. Walther, *Rechtfertigung oder religiöses Erlebnis*, 2nd ed. (Leipzig: A. Deichert, 1917), 33에 인용됨.

2) A. von Harnack, *What Is Christianity?* trans. Thomas Bailey Saunders, 2nd rev.

물론이고 정의(justice)의 가치를 전적으로 부인하는 데서 비롯된다. 진정한 의미에서의 용서는 쉽지도 않고 우리가 가진 정의(justice)에 대한 의식과도 자주 충돌하지만, 그것은 엄밀히 말해 정의를 전제하며, 그것과 함께 서거나 넘어진다. 기독교는 정의와 사랑을 십자가에서 한데 묶는 것을 독특한 특징으로 한다. 전통적인 동양 종교들과 서양 사상에서는 "인과적 필연"(karma, 보응)이라는 냉정한 법칙이 지배한다. 용서는 없고, 보응만 있을 뿐이다.[3] 영원한 심판이라는 개념은 전적으로 자연적인 것이다. 자연은 용서를 전혀 모른다.

우리는 성경에서 다른 종류의 생각들을 발견한다. 하나님의 언약이 하나님의 은혜로운 성품에, 그리고 함축적으로는 역사적 행위에 기초해 있기 때문이다. 은혜언약을 전제하는 속죄제사는 "부지중에" 지은 죄들을 속죄하는 길을 열었다(레 4:2ff.). 이것들은 결국 속죄제사에 의해 덮어지지 않는(민 15:30) "고의로" 지은 죄들과 구별되었다. 이스라엘이 언약의 규정을 준수하지 않고 우상숭배, 형상숭배, 안식일 모독 등의 죄들—언약 자체를 깨뜨리는, 그래서 암묵적으로 언약의 제사들로는 속죄될 수 없는 죄들—을 반복해서 지었기 때문에, 예언자들은 반역한 백성들에게 주님의 이름으로 임박한 심판의 날과 포로로 잡혀가는 형벌을 선포했다. 이스라엘이 벌을 받은 것은 엄밀히 말해서 그들이 하나님의 백성이기 때문이다(암 3:2). 하나님은 공의로우시기 때문에, 공의 안에서 높여지시고 의로움 가운데 자신을 거룩한 분으로 드러내신다(사 5:16). 하나님은 자신의 언약적 사랑 때문에 이스라엘을 잊으실 수 없다(호 11:8). 하나님은 서약을 통해 자신의 이름과 명예를 그들에게 묶으셨기 때문에 그들을 저버리실 수 없고, 자기 백성 가운데 일부, 즉 회개하는 남은 자들을 구원하실 것이다(사 4:3;

---

ed. (New York and Evanston, IL: Harper & Row, 1957), 142ff.

3) J. S. Speyer, *De Indische theosophie en hare beteekenis voor ons* (Leiden: Van Doesburgh, 1910), 83ff.

6:13; 7:3ff. 등). 하나님은 그들과 새 언약을 맺으시고, 그들의 모든 죄를 용서하시고, 새 마음과 새 영을 주셔서 자신의 규례를 따라 행하게 하실 것이다(렘 24:7; 31:31ff.; 32:37ff.; 겔 11:19ff.; 36:24ff.). 하나님은 메시아를 통해 그들을 위해 구원을 예비하실 것인데, 이 메시아는 이방인들에게도 공의를 가져오실 것이다(사 42:1). 따라서 그들의 의가 그분에게서 나온다(54:17). 오직 그분 안에만 의로움과 능력이 있다(45:24). 그분은 주님이시고 그들의 의로움이시다(렘 23:6; 33:16).[4]

구약성경은 많은 다양한 은유와 이미지를 사용해서 하나님을 은혜로운 분으로 묘사한다. 그런 예들에는 "나사"(נָשָׂא, 유보하다, 용납하다, 용서하다; 삼상 15:25; 욥 7:21; 시 32:1; 85:2; 사 33:24), "살라흐"(סָלַח, 용서하다; 출 34:9; 레 4:20; 시 25:11; 103:3), "아바르"(עָבַר, 지나가다, 통과하다; Hiphil형: 지나가게 하다, 없애다; 삼하 12:13; 24:10; 욥 7:21), "키페르"(כִּפֶּר, Piel형: 덮다, 속죄하다[레 16:17 등], 용서하다; 시 65:3; 78:38; 79:9; 사 6:7; 렘 18:23; 단 9:24), "마하"(מָחָה, 닦다, 닦아 없애다, 뿌리 뽑다; 시 51:1; 사 43:25; 44:22; 렘 18:23), "카바스"(כָּבַס, 씻다, 깨끗하게 하다; 시 51:2), "수르"(סוּר, 떠나다, 그치다; 사 6:7) 등이 있고, 그 외에도 "보지 않다"(민 23:21), "탓하지 않다"(시 32:2), "심판을 받지 않다"(시 143:2), "기억하지 않다"(사 43:25), "얼굴을 가리다"(시 51:9), "등 뒤로 던지다"(사 38:17), "바다 깊은 곳에 던지다"(미 7:19)와 같은 표현들이 있다. 이와 관련하여, 하나님이 자기 백성의 불법을 용서하시는 것에서 하나님의 신적 본질이 드러난다(미 7:18). 왜냐하면 하나님은 오직 자기 이름을 위해서만, 그리고 이방인들 중에서 자기 명성과 명예를 위해서만 용서하시기 때문이다(시 25:11; 79:9; 사 43:25; 겔 36:11, 23; 출 32:12; 민 14:13, 16; 신 9:28; 32:27). 하나님은 아브라함 및 다윗과 맺으신 언약과 그들에게 하신 맹세 때문에(시 89:3ff.; 105:8-9; 111:5; 렘 11:5; 겔 16:60; 미 7:20) 그들에게 전적으로 자비를 베푸신다(시 78:38). 용서하시는

---

4) 참조. H. Bavinck, *Reformed Dogmatics*, ed. John Bolt (Grand Rapids: Baker Academic, 2003-8), II, 223-24 (#206); III, 491-95 (#410).

분은 언제나 하나님이시고, 오직 하나님만 그렇게 하신다는 사실을 결코
잊지 말아야 한다(사 43:25; 45:21-25; 48:9-12). 그것은 값으로 살 수 있는 것
이 아니다.

[468] 포로기 이후에 유대인들은 하나님으로부터 의와 구원을 기대
하기보다 점점 더 행위를 통해 자신들의 의를 만들어내려고 했다(율법주
의).[5] 세례자 요한(마 3:2-10)과 예수가 선포한 메시지는, 할례만으로 충분
하지 않으며 죄 사함을 위해서는 회개의 세례와 하나님의 의를 선물로 받
아들이는 일(마 6:33)이 필요하다는 것이었다. 더욱이 하나님은 이 유익을
세리와 죄인들, 잃어버린 자들, 수고하고 무거운 짐을 진 자들, 오직 하나
님께만 자신의 모든 안위를 맡기는 자들에게 주신다. 예수는 하나님 나
라의 메시아로서 사죄의 유익을 나누어주시고(마 9:2ff.; 눅 7:48ff.), 자기 목
숨을 많은 사람을 위한 대속물로 내어주시고(마 20:28), 자기 피로 새 언
약을 세우시고, 죄 용서를 위해 자기 몸이 찢기고 자기 피가 흐르도록 하
시고(26:26ff.), 자기 제자가 되는 모든 이에게 영생을 약속하신다(10:37ff.;
16:24ff.). 사도들의 설교가 갖는 다양함 속에서도 일관되게 반복되는 것은,
그리스도가 얻으셨고 우리가 믿음으로 받게 되는 위대한 유익으로서의
죄 용서라는 주제다(요 3:36; 히 8:12; 10:17, 22; 약 2:1; 벧전 1:2, 19; 2:24; 3:18; 요일
1:9; 2:1-2, 12; 3:5). 구약성경, 특히 시편이 하나님의 성품을 자비로운 것으로
묘사한다면, 신약성경이 선포하는 하나님은 잃어버린 자들을 찾아 구원하
시고, 수고하고 무거운 짐진 자들을 일으키시는 분이다. 신약성경 전반에
걸쳐 다양한 방식으로 선포되는 바에 따르면, 용서는 특히 사도 바울에 의
해 법정적 측면에서 칭의로 강조되었다. 바울은 율법 아래 있는 바리새인
으로서의 자기 삶을 반추하면서, 신자들에게 오직 믿음으로 전가된 그리
스도의 의(또는 공의; 그리스어로 δικαιοσυνη)를 강조한다. 이 칭의가 자유를 낳
고, 신자들로 하여금 자유함 가운데 봉사케 하고, 그들에게 영생의 확신을

---

5) Ibid., III, 495-99 (#411).

준다(롬 1:17; 3:5, 21-22, 25-26; 10:3; 고후 5:21; 참조. 빌 3:9; 약 1:20; 벧후 1:1).

바울은 율법주의에 반대하여 율법의 행위로 의롭게 될 육체가 없다고 주장함으로써 모든 인간적인 자랑을 배제한다(롬 3:20; 4:2, 5; 8:3; 갈 2:16; 3:24-26; 4:1-7; 참조. 고전 1:29; 4:7). 하지만 바울은 그리스도인으로서도 법정적 도식에 신실하게 머물면서, 오직 의($\delta\iota\kappa\alpha\iota\sigma\sigma\upsilon\nu\eta$)를 통해서만 구원을 얻을 수 있다는 것에 동의한다. 율법 자체는 거룩하고, 공의롭고, 선하다(롬 7:12, 14; 딤전 1:8; 참조. 롬 3:31; 8:4; 13:8, 10; 갈 5:14). 하나님은 자신의 의를 다른 방식으로, 곧 율법으로 말미암지 않은 의(롬 3:21)로 나타내기를(또 그렇게 유지하시기를!) 기뻐하셨다. 바울의 신 중심적 입장은 법정적·사법적 측면을 여전히 담고 있는데, 율법주의에서는 이러한 측면이 지나치게 과장되어 있다. 바울에게도 율법과 순종에 대한 기대가 배제되지 않는다. 문제는 하나님의 율법과 관련된 의가 존재하느냐 그렇지 않느냐의 문제가 아니라, 오히려 그 의를 우리가 얻어내는 것이냐 아니면 은혜로 받느냐의 문제다. 율법인가 복음인가, 행위인가 믿음인가, 공로인가 은혜인가? 이 질문에 어떻게 대답하는지에 모든 것이 달려 있다. 만일 하나님과의 교제, 생명, 구원이 하나님의 선물들이라면, 그것들은 우리의 모든 행위에 앞서고 그것의 토대와 출발점이 되어야 한다. 그럴 경우 종교는 도덕성의 토대가 된다. 우리가 하나님을 사랑하는 이유는 그분이 먼저 우리를 사랑하셨고(요일 4:19), 그 사랑 안에서 우리를 위한 속죄제물로 그리스도를 바치셨기 때문이다. 하나님은 자기 공의를 보존하셨고 또한 예수 믿는 자들을 의롭게 하셨다(롬 3:25-26). 이 의는 신자의 외부에 있는 것도 아니고, 그렇다고 우리 안에 주입된 것도 아니다. 다만 무죄를 선언하시는 하나님의 공의로운 행위를 통해 우리에게 수여되었다. 하나님은 속죄의 희생제물로 그리스도를 내어주시고 그를 통해 의를 이루셔야 했다(고전 1:30; 고후 5:21; 빌 3:9). 이는 우리가 스스로 율법을 지킴으로써 성취하는 의와는 정면으로 대치되는 것이다(롬 10:3; 빌 3:9). 하나님은 그리스도의 의에 기초해서 우리를 의롭게 하시는데, 그 의는 믿음을 통해 우리의 것이 된다(롬 1:17; 3:22, 25, 28, 30;

10:6; 갈 2:16; 3:8, 24, 26; 엡 2:8; 빌 3:9; 딤후 3:15). 이 믿음은 우리에게 의로 여겨지는데(롬 4:3, 5, 9, 11, 22; 갈 3:6), 여기서 믿음은 그리스도 안에 있는 하나님의 은혜를 마음으로 신뢰하고, 그리스도와 인격적 관계를 맺고 교제하는 것을 의미한다(롬 10:9; 고전 6:17; 고후 13:5; 갈 2:20; 엡 3:17). 칭의는 신자를 모든 두려움과 공포에서 자유롭게 하며, 그가 자녀와 후사로 입양되었다는 확신과(롬 8:15-17, 23; 갈 4:5-7), 의의 소망(갈 5:5)을 부여한다. 만일 하나님이 의롭게 하신다면 누가 정죄하겠는가?

[469] 이 교리는 이미 바울 당시에도 반율법적이라는 오해를 받았다(롬 3:8, 31; 6:1, 15 등). 분명히 어떤 이들에게는 행함이 없는 죽은 믿음이 칭의를 위해서는 불충분하다는 야고보의 경고가 필요했다(약 2:14ff.). 다른 이들은 이에 대한 반작용으로 율법주의적이고 금욕적인 생활을 장려하기 시작했다(롬 14:1ff.; 갈 4:10; 골 2:16; 딤전 4:3-4). 교회는 이러한 긴장 가운데 살면서 종종 양극단 사이를 오가다가, 점차 그리스도인의 삶은 참회와 더불어 하나님의 계명에 순종하는 것이라고 생각하는 쪽으로 기울었고, 선행은 세례 후에 지은 죄를 처리하는 수단이 되었다. 신자는 죄책과 영원한 심판에서 면제되었지만, 여전히 이 땅에서의 형벌을 짊어지고 자신들에게 부과된 선행(충족 행위)에 힘쓸 의무가 있었다. 여기서 은혜는 성례를 통해 신자들에게 신적으로 주입되는 것으로 이해되었다.

로마 가톨릭의 교리 발전에서 용서의 유익들(칭의)과 죄로 인한 오염을 없애는 것(성화)은 서로 긴밀히 연결되어 있으면서도 동일하지는 않다. 트리엔트 공의회의 진술에 따르면, 칭의는 "죄를 사하는 것일 뿐만 아니라, 은혜와 은사를 자발적으로 받아들임으로써 속 사람을 성화시키고 갱신하는 것이다."[6] 하지만 이러한 구분은 구체적으로 시행할 수 있는 것이라기

---

6) Council of Trent, sess. VI, c. 7. M. J. Scheeben과 and L. Atzberger의 *Handbuch der Katholischen Dogmatik*, 4 vols. (orig. pub. 1874-98; Freiburg i.B.: Herder, 1933), IV, 60에 따르면, 이 둘 사이에는 실제적인 차이가 있다 .

보다는 추상적인 것이다. 따라서 로마 가톨릭에 의하면 칭의는 죄책을 용서하고 사람을 영원한 형벌로부터 자유롭게 하는 동시에 그를 내적으로 중생시키고 새롭게 하는 하나님의 행위다. 후자가 전자로 귀결되는 것이다. 성향적 은혜는 사죄와 성화 모두의 형식적 원인이다. 하나님은 백성들을 그들의 죄로부터 사하시는데, 논리적으로 말하자면, 그가 먼저 그들을 거룩하게 만드시기 때문이다.[7] 로마 가톨릭은 칭의와 성화를 분명하게 구분하지 않는다. 공정하게 말해서 로마 가톨릭은 이 모든 탁월한 유익을 오직 하나님의 자비에 돌리는데, 그분은 오로지 그리스도의 공로 사역에 의지하여 백성을 정결하게 하시고, 거룩하게 하시고, 약속의 성령으로 기름을 부으시는 분이다. 또한 로마 가톨릭은 믿음에 "인간 구원의 시작과 우리의 칭의의 기초"로서 중요한 위치를 부여하지만, 그럼에도 믿음은 계시 진리들에 대한 동의에 불과한 것으로 이해되었고 우리는 소망과 사랑이 없이는 그리스도와 연합될 수 없기 때문에,[8] 신자들은 자신이 그리스도께 속해 있다는 확신을 단지 믿음만으로는 가질 수 없다.[9] 로마는 그리스도의 의가 신자들에게 전가되는 것을 부인하지 않지만, 여전히 칭의가 그리스도의 의를 윤리적으로 주입하는 것도 포함한다고 주장한다.[10]

종교개혁은 루터가 로마 가톨릭의 전반적인 참회체계, 특히 면벌부 판매에 맞서면서 촉발되었다. 루터는 오랜 기간 "하나님의 의"가 가지는 의

---

7) 이렇게 성화의 유익을 평가절하하는 것은 죄책을 가져다주는 죄에 대한 감각을 약화시키는 것과 밀접히 관련된다.

8) Council of Trent, sess. VI, c. 7-8.

9) Ibid., c. 9, can. 13-16. 편집자 주—이 부분에 대한 로마 가톨릭과 개신교 간의 이해 사이에 자리한 내재적인 긴장에 대한 증거를 John Calvin과 Jacopo Sadoleto 간의 논쟁에서 찾아볼 수 있다. *A Reformation Debate: Sadoleto's Letter to the Genevans and Calvin's Reply*, ed. John Olin (New York: Harper & Row, 1966; repr., Grand Rapids: Baker, 1976).

10) C. Pesch, *Praelectiones dogmaticae*, 9 vols. (Freiburg i.B.: Herder, 1902-10), V, 186.

미와 씨름하면서 이러한 반대를 발전시켜갔다. 루터가 발견한 위대한 사실은 "하나님의 의"라는 것이 "하나님 자신이 의롭다는 의미에서의 의가 아니라, 우리가 복음을 믿음으로써 그분 안에서 의롭게 되는 의"를 의미한다는 것이었다.[11] 이러한 루터의 성숙한 확신들의 씨앗은 이미 1515년과 1516년의 로마서 강의에 나타난다.[12] 원자료는 특히 죄와 은혜, 율법과 복음, 행위와 믿음, 자신의 의와 하나님의 의를 대조하는 데 치중한다. 성경에서 "의롭다고 하다"(justify)는 "의롭게 여기다, 용납된 사람으로 대우하다, 죄를 전가하지 않다, 불신앙을 용서하다, 행위와 상관없이 의를 수여하다, 의를 전가하다"를 의미한다. 더 나아가 신자들은 치료가 온 생애에 걸친 과정이며 우리가 선행을 위해 의롭다 함을 얻었다는 점을 인식하면서, 하나님의 말씀을 그대로 받아들여야 한다. "우리가 의롭게 되는 것은 바르게 행하기 때문이 아니라, 의롭게 됨으로써 바르게 행하는 것이다. 그러므로 오직 은혜만이 우리를 의롭게 한다."[13] "어떤 사람이 의롭기 때

---

11) 하나님의 의에 대한 이런 새로운 이해는 Lombard, *Sententiae* (1509/1010)에 대한 여백 관주에서도 이미 찾아볼 수 있다. 참조. H. Bavinck, *Reformed Dogmatics*, III, 517-19 (#417).

12) Johannes Ficker, ed., *Luthers Vorlesung über den Römerbrief* 1515/1516, 2 vols. (Leipzig: Dieterich, 1908). 편집자 주—Bavinck가 인용하는 Luther의 로마서 강의의 판본은 결정판이 아니었다. 이 책의 결정판은 제56권으로 출판되었다. *Die Brief an die Römer*, in the Weimaredition of D. *Martin Luthers Werke* (Weimar: Böhlau, 1938). 본문에 Luther의 "주해"(제1권)와 "관주"(제2권)를 담고 있는 처음 두 권은 바이마르판에 단권으로 포함되었다. 1년 후(1939), Ficker는 또한 현존하는 학생노트 원고를 출판했고, 바이마르판 제57권에서 볼 수 있다. 로마서 주석(주해와 관주만을 말한다)과 이 원고의 역사에 관한 설명은 H. C. Oswald)가 편집한 루터전집(*Luther's Works*) 제25권에서 볼 수 있다(St. Louis: Concordia, 1972). Luther를 인용한 대목은 우리가 번역해서 인용하는 것이지만, 루터전집(영어판)에서 어디에 해당하는 대목인지도 Ficker의 예비적인 두 권의 본문에 대한 Bavinck의 원래 레퍼런스는 물론(예를 들어 Ficker, I. 32) 바이마르판(Weimarer Ausgabe)판의 레퍼런스와 함께(예를 들어 WA 56:32) 괄호로 제공할 것이다.

13) *Luther's Works*, 25:19n13 (WA 56:22n4; Ficker, I, 20); 25:35-36 (WA 56:40-41; Ficker, I,38); 25:261-62, 277 (WA 56:274-75, 290; Ficker, II, 113, 119).

문에 하나님이 그를 의롭게 여기시는 것이 아니라, 하나님이 그를 의롭게 여기시기 때문에 그가 의로운 것이다." "먼저는 사람이고, 그 다음이 행위다."[14] 그리스도인의 삶은 믿음의 삶이다. 우리는 하나님의 약속들을 신뢰하면서 낙심하지도, 거짓되게 안심하지도 말아야 할 것이다.

믿음은 (1) 우리가 죄인임을 믿는 것, (2) 하나님이 그리스도로 말미암아 은혜로 우리를 의롭게 하심을 믿는 것을 포함한다. 우리는 우리가 죄인이라는 사실을 받아들여야만 하는데, 다름 아니라 하나님이 그렇게 말씀하시기 때문이다.

비록 우리가 자신 안에서 아무런 죄를 인식하지 못한다고 할지라도, 그럼에도 우리는 우리가 죄인이라는 것을 믿어야 한다.…왜냐하면 믿음으로 내 안에 하나님의 의가 살아 있는 것처럼, 동일한 믿음으로 죄가 내 안에 살아 있기 때문이다. 다시 말해 우리는 믿음으로만 우리가 죄인임을 믿어야 하는데, 왜냐하면 그것이 우리에게 명백하지 않기 때문이다.…그러므로 우리는 하나님의 판단을 고수하면서, 우리가 불의하다고 하시는 말씀을 믿어야 한다. 왜냐하면 하나님은 거짓을 말씀하실 수 없기 때문이다.[15]

루터는 수동적 칭의를―우리에 대한 하나님의 판단이 참되다는 하나님의 말씀을 받아들이면서―능동적 칭의로부터 구분하는데, 여기서 우리가 믿음으로 받아들이는 것은 하나님이 우리를 의롭게 하신다는 사실이다.[16] 하지만 "하나님이 자신의 말씀을 의롭게 만드는 믿음을 의로 여기시기" 때문에, 수동적 칭의와 능동적 칭의는 동시에 일어난다. "그가 의롭게

---

14) *Luther's Works*, 25:19 (WA 56:22; Ficker, I, 20); 25:256 (WA 56:268; Ficker, II, 103-4).

15) *Luther's Works*, 25:215 (WA 56:231; Ficker, I, 69); 참조. 25:239 (WA 56:252; Ficker, II, 89).

16) *Luther's Works*, 25:210 (WA 56:226; Ficker, II, 64).

될 때 그가 의롭게 하시고, 또한 그가 의롭게 하실 때 그가 의롭게 된다."
참으로 "하나님의 수동적 칭의와 능동적 칭의, 그리고 (그분이 주시는) 믿음
과 그분을 믿는 것은 동일하다. 우리가 그의 말씀을 의롭게 한다(justify his
speech)는 사실이 바로 하나님의 선물이고, 바로 이 선물 때문에 하나님은
우리를 의롭다고 여기시는데(regards us as just), 이는 곧 우리를 의롭게 하
시는(justifies us) 것이다."[17]

루터는 믿음과 칭의를 긴밀히 연결하는데, 이로써 그는 칭의를 아무
런 결과도 없는 하나님의 자기선언에 불과한 것으로 축소해버리는 일을
피한다. 따라서 하나님은 "실제적으로 우리 안에서 의롭게 되시고, 우리
를 자신처럼 만드시기 때문에 찬양받기에 합당하시다."[18] 우리는 의롭게
여김을 받고 또한 의롭게 된다. 그는 그리스도의 죽음으로 우리 죄를 위
한 속죄를 행하셨고, 그의 부활로 우리를 위한 의를 이루셨다. 그러나 루
터는 칭의의 토대가 되는 의를 신자들 안에서 찾지 않았다. 대신에, 신자
들은 평생 동안 하나님께 다음과 같이 고백한다. "당신이 명령하시는 것
을 우리가 하지 않았고, 할 수도 없습니다. 당신이 명령하시는 것을 (우리
에게) 주십시오. 당신이 요구하시는 것을 할 수 있는 의지와 능력을 우리에
게 주십시오! 스스로 의로운 사람은 자신이 성취한 의를 신뢰합니다. 그러
나 신자는 의를 얻기를 갈망합니다."[19] 신자들이 원리적으로는 의롭다 하
더라도, 그들이 소유한 의는 오로지 하나님의 은혜로 말미암은 것이다. 신
자들은 자신이 죄인인 것과 자신의 의가 오직 하나님의 의에 기초해 있다
는 것을 평생에 걸쳐 믿는다. 이 땅에서 신자는 건강한 동시에 병자로, 의
로운 동시에 죄인으로, 무고한 동시에 죄 있는 자로 살아간다. "성도는 본
성적으로 항상 죄인이다. 따라서 그들은 외적으로 항상 의롭게 될 필요가

---

17) *Luther's Works*, 25:211-12 (WA 56:226-27; Ficker, II, 65-66).
18) *Luther's Works*, 25:205-7 (WA 56:220-22; Ficker, II, 59-61).
19) *Luther's Works*, 25:251 (WA 56:264; Ficker, II, 99).

있다." 우리의 의는 "오직 하나님의 전가로 말미암는 것이다. 칭의는 우리 안에 있지도 않고, 우리 능력으로 이룰 수 있는 것도 아니다. 우리는 본성적으로 그리고 내면에서부터 불경건하고 또한 앞으로도 그럴 것이다."[20) 따라서 칭의는 항상 진행 중이다. 그들은 "의인"(*justi*)보다는 "의롭게 된 자"(*justificati*)라고 불리는 것이 더 적절하다. 왜냐하면 오직 그리스도만이 "의로우시고, 우리는 지금도 항상 의롭게 되고 있고 칭의의 과정 중에 있기 때문이다."[21)

루터는 칭의에 대한 이러한 견해를 바탕으로, 거짓된 안정감과 낙심 두 가지 모두에 대해 경고했다. 그는 말하기를, 이 땅에서 우리의 삶 전체는 "의를 갈망하는 시간이지만, 그것을 온전히 얻지는 못한다. 그것은 오직 내생에서만 온전히 얻을 수 있다." 하지만 우리는 우리 자신에게서 내적인 죄를 완전히 떨쳐버리지 못한다고 낙심하면 안 된다. 왜냐하면 그것은 현재의 삶에서는 불가능하며, 하나님은 자비를 구하는 이들을 용서하시고 그들에게 죄를 전가하시지 않기 때문이다. 그리스도인의 삶은 언제나 믿음의 삶이다. 하나님은 자기 손의 일을 저버리지 않으시며 자신이 약속하신 것을 이루신다.[22) 그리스도인들은 이 믿음을 하나님의 말씀에 대한 순종으로 드러낸다. 순종은 책으로 배울 수 있는 것이 아니며, 선하고 위대한 일들을 축적한다고 얻을 수 있는 것도 아니다. 다만 작은 것에 대한 충성과,[23) 성령으로 힘을 얻고 하나님의 말씀을 기준으로 측량된 사랑의 순종이라는 자유로운 행위를 통해 드러난다.[24)

[470] 종교개혁은 처음부터 종교적인 동시에 윤리적이었다. 비록 시간

---

20) *Luther's Works*, 25:257 (WA 56:269; Ficker, II, 104-5).

21) *Luther's Works*, 25:43n2 (WA 56:265n2; Ficker, I, 45).

22) *Luther's Works*, 25:41-42n27 (WA 56:48n2; Ficker, I, 44); 참조. 25:267 (WA 56:279; II, 128).

23) *Luther's Works*, 25:420 (WA 56:427; Ficker, II, 253).

24) *Luther's Works*, 25:359 (WA 56:368-70; Ficker, II, 203); 참조. 25:407-10 (WA 56:415-18; Ficker, II, 242-43).

이 흐르고 논쟁이 뜨거워지면서 더욱 선명해지는 동시에 강조점에 변화가 생기기는 했지만 말이다. 이것은 루터의 칭의 교리가 "원죄(혹자는 그가 이것을 육욕과 동일시했다고 말한다)는 신자 안에서 극복될 수 없으며, 하나님의 긍휼에 대한 순전한 신뢰와 외적으로 주입된 그리스도의 의가 구원을 위한 충분조건이라는 확신"에서 나왔다는 주장이 거짓임을 밝혀준다.[25] 루터는 그 어디에서도 칭의(법정적 의미)와 성화를 날카롭게 구분하지 않는다. 루터에게는 의롭다는 선언과 의롭게 만드는 일이 칭의라는 하나의 주제에 속한 것이었다. 여러 종교개혁자들이 다양하게 설명하기는 했지만, 종교개혁이 종교적 관심과 윤리적 관심을 결합한 것은 구원이 시종일관 하나님의 일이지 인간의 일이 아님을 강조하려는 것이었다.[26] 율법과 복

---

25) Luther의 사고에서 이런 새로운 개념은 도덕적 파산에서 비롯된 것이 아니라 죄에 대한 깊은 자각으로부터 왔다는 사실을 Braun은 분명히 밝힌다. W. Braun, *Die Bedeutung der Concupiscenzin Luthers Leben und Lehre* (Berlin: Trowitzsch, 1908). Luther의 견해에 의하면 정욕(concupiscence)은 성적 욕망과 동일한 것이 아니라 영적인 죄를 포함하는 총체적인 죄의 근원을 가리킨다. 참조. F. Loofs, *Leitfaden zum Studium der Dogmengeschichte*, 4th ed. (Halle a.S.: M. Niemeyer, 1906), 696; K. Holl, "Luthers Rechtfertigungslehre 1516," *Zeitschrift für Theologie und Kirche* 20 (1910): 265; H. Bavinck, *Reformed Dogmatics*, III, 98-100 (#322).

26) 이는 곧 불의한 자들 가운데서 의로운 자가 되고 또는 의로운 자로 거듭난다는 말일 뿐 아니라 이들이 또한 의롭다 선언되거나 그렇게 여겨지는 것을 의미한다[성경은 이 두 가지 모두를 말한다]"(Apology of the Augsburg Confession, art. 4, pars. 79-120, in *The Book of Concord*, ed. Robert Kolband Timothy J. Wengert [Minneapolis: Fortress, 2000], 133-40); the citation is from art. 4, par. 72 (Kolb and Wengert, 132). 칭의에 대한 이 두 정의를 조화시키려는 시도들이 최근 몇 년 동안 없었던 것은 아니다: J. Kunze, *Die Rechtfertigungslehre in der Apologie* (Gütersloh: C. Bertelsmann, 1908). 그러나 O. Ritschl은 이를 가리켜 필사적인 노력이라 부른다. O. Ritschl ("Der doppelte Rechtfertigungsbegriff in der Apologie der [Augsburg]Konfession," *Zeitschrift für Theologie und Kirche* 20 [1910]: 292-338). Melanchthon은 원래 *justificatio*를 사죄뿐 아니라 중생을 가리키는 것으로 이해했다. 1529년부터 1532년 사이에 그는 실제로는 이 말이 단지 첫 번째 유익만을 포함한다는 것을 점진적으로 깨닫게 되었다.…[결과적으로] "중생을 통해 불의한 자에서 의로운 자가 되고, 사죄를 받아들인다"는 의미에서의 칭의는 "의식에서 일어나는 칭의"라 불린다

  제5부 | 성령과 그리스도 안에서의 구원

음의 대조, 모든 "적정한 은덕"(merit of congruity)과 "당연한 은덕"(merit of condignity)에 대한 반대, 공로와 무관하게 주어지는 칭의에 대한 강조, 하나님의 은혜와 그리스도의 공로에 대한 찬미는 모두 루터파가 로마 가톨릭을 비판한 내용이었으며,[27] 이는 루터파가 점차 멜란히톤을 따라 칭의에 법정적 의미만을 배타적으로 부여하는 것으로 이어졌다. 「일치 신조」(Formula of Concord)[28]가 고백하는 바에 따르면, (1) "단순히 그리스도에 관한 이야기를 아는 지식이 아니라" "하나님의 선물로서 참되고 살아 있는 믿음"을 뜻하는 믿음만이 우리로 하여금 그리스도를 우리의 구주로 붙들게 하고 따라서 "하나님 앞에서 효력 있는 의"를 붙들게 하는 방편이자 도구다. (2) 하나님은 우리의 죄를 순전히 은혜로 용서하신다. 아무 행위나 공로도, 또는 과거와 현재와 미래에 우리가 갖는 가치도 상관없다. 하나님은 그리스도의 순종의 의를 우리에게 주시고 우리에게 돌리신다. 또한 이의 때문에 우리는 하나님께 받아들여지고 의롭다 여김을 받는다. (3) "비록 칭의에 앞서는 통회와 칭의에 뒤따르는 선행은 하나님 앞에서의 칭의라는 조항에 속하지 않지만, 그럼에도 사람은 죄를 짓고 양심에 거슬러 행동하려는 악한 의도와 병존할 수 있는 종류의 믿음에 대해서 생각하지 말아야 한다.…선행은 언제나 의롭게 하는 믿음에 뒤따르며 확실히 그것과 함께 발견된다. 그것이 참되고 살아 있는 믿음이라면 말이다. 왜냐하면 믿음은 결코 홀로 있지 않고, 사랑과 소망을 동반하기 때문이다."

루터파 교회와 신학은 17세기에 합리주의와 경건주의의 압력 하에 예정 교리에서 떠나 변화를 겪었고, 인간적 성취와 선행이 믿음에서 자리를

(나중에, 수동적 칭의라 불린다). "의롭다 선언되다 또는 그렇게 여겨진다"는 의미의 칭의는 나중에 "능동적 칭의", 다시 말하면, 하나님의 판단에서 일어나는 칭의다.

27) 또한 루터파에는 Osiander, Stancarus, Major, Amsdorf 등과 논쟁을 벌인 집단들이 있었다.

28) 이어지는 내용은 「일치 신조」에서 인용했다: Formula of Concord, "Epitome," art. 3, "Righteousness," in Kolband Wengert, 495-96.

차지하기 시작했다. 은혜의 질서가 보상의 질서에, 복음이 율법에, 믿음이 행위에 양보한 것이다. 점차 칭의는 주관적인 문제, 용서와 새롭게 됨의 경험으로 변모했다. 슐라이어마허는 칭의를 회심의 이면이자 중생의 일부로 간주했고, 사실상 그리스도와의 교제 안에 있는 새로운 생명에 의존적이 되도록 만들었다. 그러나 리츨은 다시 칭의의 객관적 의미에 관심을 집중했고, 따라서 그것을 선행에 앞서는 종합적 판단으로 보았다. 하지만 그는 칭의를 하나님의 사랑에 관한 예수의 메시지에 대한 교회의 믿음을 소유하는 것으로 이해했는데, 이 믿음은 개인이 교회에 속함으로써 얻는 것이다. 이렇게 그는 칭의를 그리스도의 속죄적 죽음이 가져다주는 충족에서 분리시켰고 그것을 종교적 경험으로 전락시켰다.[29]

[471] 칭의 교리와 관련해서 루터파 신학과 개혁파 신학 사이에는 아무런 실질적인 차이가 없지만, 개혁파 신학에서 칭의 교리가 차지하는 위치와 강조점은 사뭇 다르다. 칼뱅은 예정을 자신의 신학에서 중심에 두었고, 그 빛 아래에서 칭의를 다루었다. 의롭다 함을 얻는 자는 택자다. "주님이 우리를 부르시고 의롭다 하시고 영화롭게 하실 때, 그는 다름 아니라 영원한 선택을 선포하시는 것이다."[30] 결과적으로, 그리스도의 의는 우리가 믿음으로 받아들이는 유익으로보다는 하나님이 우리에게 주시는 선물로 제시된다.[31] 더 나아가 칼뱅이 "자신의 공로와 상관없이 의롭게 됨"을 강조하는 이유는 그리스도의 공로가 충분하고 신자들에게는 확신이 필요하기 때문이며, 또한 그것이 하나님의 영광을 위하는 것이기 때문이다. 모든 자랑은 설 자리를 잃는다. 택자가 하나님에 의해 의롭게 되는 것은 다

---

29) H. Bavinck, *Reformed Dogmatics*, III, 550-53 (#425).

30) John Calvin, *Institutes of the Christian Religion*, III.xiii.2 (ed. John T. McNeill and trans. Ford Lewis Battles [1559; Philadelphia: Westminster, 1960], 1:764-65); 참조. H. Bavinck, *Reformed Dogmatics*, III, 522-28 (#419).

31) J. Calvin, *Institutes*, III.xi.1, 7, 17-18; etc.

른 무엇을 위해서가 아니라 하나님을 기뻐하기 위해서다.[32] 칼뱅은 특히 오시안더를 반대하면서 칭의와 성화를 구분하지만, 결코 분리하지는 않는다. 그리스도가 나뉠 수 없는 것은 태양의 빛과 따스함이 구별되는 효과들을 만들어내면서도 서로 나뉠 수 없는 것과 마찬가지다.[33] 그리스도는 그가 의롭게 하시는 자를 또한 거룩하게 하신다. 따라서 우리는 행위로 의롭게 되는 것이 아니지만, 행위 없이 의롭게 되는 것도 아니다.[34] "참으로 우리는 그리스도의 의가 우리에게 전가되게 하기 위해 멀리 떨어져서 그리스도를 바라보는 것이 아니다. 오히려 우리는 그리스도로 옷입고 그의 몸에 접붙여졌다. 다시 말해, 친히 그리스도가 우리를 자신과 하나되게 하신다."[35] 따라서 칼뱅은 칭의를 대단히 중시하기는 했지만, 그렇다고 구원의 서정 가운데서 독보적인 중요성을 갖는 요소로 간주하지는 않았다. 칭의에 주어진 자리는 한편으로는 선택과 그리스도의 선물 사이, 다른 한편으로는 구원과 영화 사이였다. 칭의는 "영원한 예정에서 장래의 영광으로 이행하는 도상에 있는 것이다."[36]

비록 칼뱅이 칭의를 한편으로 선택과 충족에, 다른 한편으로 성화와 영화에 밀접하게 연관시켰지만, 그의 추종자들은 다른 길을 택했는데, 이는 어느 정도 그가 이 믿음의 조항들이 갖는 신학적 어려움들을 해결하는 데 실패했기 때문이다. 특히 칭의가 선택과 대속에, 그리고 성화와 영화에 대해 갖는 관계가 그렇다. 칭의가 갖는 객관적·법정적 성격을 지나치게

---

32) Ibid., III.xii. 참조. Willy Lüttge, *Die Rechtfertigungslehre Calvins und ihre Bedeutung für seine Frömmigkeit* (Berlin: Reuther & Reichard, 1909), 76-82.

33) J. Calvin, *Institutes*, III.xi.6, 11, 24; III.xiv.9.

34) Ibid., III.xvi.1.

35) Ibid., III.xi.10; 참조. H. Bavinck, *Reformed Dogmatics*, III, 522-28 (#419).

36) Lüttge, Die *Rechtfertigungslehre Calvins*, 102. Lüttge는 Schneckenburger와 M. Schulze가 주창한(36, 56, 70, 85, 89) Calvin의 칭의 교리에 대한 부적절한 윤리적·종말론적 해석을 설득력 있게 논박하고, Calvin에 대한 Bucer의 바른 역할을 적절하게 회복한다(83).

강조하고 또한 칭의를 선택과 충족에 묶는 것은 믿음을 영원히 전가된 그리스도의 의를 담는 수동적인 그릇 정도로 축소시키는 결과를 낳는다. 이런 관점을 가지고는 성화에서 새로운 생명을 이끌어내기 어렵다. 하지만 그리스도의 의와 갖는 교제를 강조하는 것은 우리가 얻는 용서의 객관적 토대를 약화시킬 위험이 있다. 칼뱅이 한데 묶어놓은 것을 종종 그의 추종자들이 흩어놓았다.

합리주의는 새로운 형태의 율법주의를 만들어내면서 인간 주체의 믿음과 순종을 강조했다. 또한 합리주의와는 전혀 다른 사조인 경건주의와 감리교도 오랜 기간의 종교체험이나 급격한 회심이 구원의 조건이라고 주장하면서 인간의 주체성과 믿음의 체험으로 전환하는 모습을 보였다. 이에 대한 반작용으로 몇몇 개혁파 신학자들은 칭의의 객관성을 지나치게 강조했고, 인간의 반응의 중요성을 깎아내림으로써 반율법주의를 부추겼다. 다시 반작용으로 일어난 반(反)신율법주의는 칭의가 믿음에 앞선다고 보았다. 개혁파 신학자들은 양극단을 피하려고 노력하면서 능동적 칭의와 수동적 칭의를 조심스럽게 구분하기 시작했다. 이것이 의도한 것은 논리적 구분이지 시간적 구분은 아니었다. 어떤 이들은 이에 반대했는데, 왜냐하면 복음은 어느 누구에게도 개인적으로 "네 죄가 사해졌다"고 말하지 않기 때문이다. 설교자들은 누가 택함을 받았는지 모르기 때문에, 어느 누구에게도 그들의 죄가 사해졌다고 확신시킬 수 없다는 것이다. 복음을 들은 사람들은 이것을 믿을 수도, 믿지 않을 수도 있다. 그들은 믿음이 있기 전에는, 그리고 믿음이 없이는 자신의 선택을 알 수 없다. 개인들에게 실제로 요구되는 것은 회개 가운데 스스로 겸비하고, 그리스도께 피하기를 구하며, 점점 더 그리스도께 순복하는 것이다. 그러면 개인들은 자신을 살펴본 후에 확신을 가지게 되어, 자신의 죄가 용서되었고 장래의 구원이 확실하다고 여길 수 있는 담력을 얻는다. 그러나 이 과정이 한계에 이를 때, 초점은 다시 개인의 믿음과 그리스도께 순복할 "결심"으로 전환된다. 관심은 하나님의 은혜로부터 인간 주체로, 하나님의 행위에서 인간의 행동으로 옮겨진다. 이러한 복잡성들로 인해 개혁파 신학도 루터파 못지 않게 완전한 일치에 이르는 데 실패했다. 이런 두 가지 서로 다른 강조―하나님의 약속이라는 객관성과 믿음의 반응이라는 주관성―는 오늘날까지 개혁파 교회들에 남아 있다.

칭의는 법정적이고 전가된 것이다

[472-473] 칭의 교리에 의해 교회가 서거나 넘어진다. 우리가 구원받기 위해서는 무언가를 해야 한다고 말하든지 아니면 우리의 구원은 순전히 은혜의 선물이라고 해야 한다. 만일 우리의 행위, 우리의 덕, 우리의 성화가 주된 기준이라면, 우리는 마지막 숨을 거둘 때까지 의심과 불확실성에 머물러 있을 것이다. 모든 것을 아우르고 모든 것을 충족시키는 그리스도의 고유한 중보의 직분이 무시되고, 하나님의 영광은 강탈당하고 말 것이다. 종교개혁은 그러한 것들을 보존하려는 동기에서 로마 교회에 강력하게 대응하면서 오직 삼위 하나님의 은혜만이 우리의 모든 구원을 이끌어 가는 효력 있는 원인이며, 은혜는 인간에게 주입되어 그들을 초자연적인 상태로 고양시키는(*gratia elevans*) 무슨 형이상학적인 자질이 아니라 모든 인간의 노력에 앞서고 그들을 값없이 하나님과의 교제로 받아들이는 하나님의 용서하시는 자비와 호의라고 선언했다. 성부는 유효적으로 의롭게 하시고, 성자는 공로적으로, 성령은 적용함으로 그렇게 하신다. 하나의 도식으로 표현하자면, 믿음은 깨닫고, 성례는 인치고, 행위는 선포한다.[37]

칭의는 윤리적 행위가 아니라 법정적 행위다. 로마 가톨릭은 성경이 칭의와 선행을 대조시키는 것과는 달리 선행을 칭의에 대한 이해 자체에 포함시키면서 순서를 뒤바꾼다. 히브리어 "히츠디크"(הִצְדִּיק)는 사람을

---

37) B. de Moor, *Commentarius perpetuus in Joh. Marckii Compendium theologiae christianae didactico-elencticum*, 6 vols. (Leiden: J. Hasebroek, 1761-71), IV, 562.

무죄로 선언하는 재판장의 행위를 가리키는데, 이는 "정죄하다"를 뜻하는 히브리어 "히르쉬아"(הִרְשִׁיעַ)의 반대말이다(신 25:1-2; 욥 32:2; 33:32). 이 단어는 하나님과 관련해서도 사용된다(출 23:7; 왕상 8:32; 대하 6:23; 사 50:8). 이 단어가 구약성경에서 아직 죄 용서를 가리키는 표현으로 사용되지 않는다는 점은 다음과 같은 단어들이 사용된다는 사실을 통해 확인된다. 구원하다(시 39:8; 51:14), 정죄하지 않다(시 32:2), 잊고 기억하지 않다(사 43:25; 렘 31:34), 등 뒤로 던지다(사 38:17), 가리다(시 51:1, 9; 사 43:25), 용서하다(출 34:9; 시 32:1). 신약성경에서는 구약성경의 영향을 받아 그리스어 "디카이운"(δικαιουν, "바르고 공정하게 여기다")이 일관되게 윤리적 의미에 대조되는 법률적 의미를 얻었고(마 11:19; 12:37; 눅 7:29; 10:29; 16:15; 18:14), 바울에게서 확실히 법정적 의미로 사용된다. 이 단어가 윤리적 의미를 가질 수 없는 것은 그의 말에서 의롭게 되는 주체가 하나님이시기 때문이다(롬 3:4). 더구나 이 말은 "의로 여김을 받다"라는 단어와 교대로 나오며(4:3, 5), "판단하다"(κρινειν, 크리네인), "송사하다"(ἐγκαλειν, 엥칼레인), "정죄하다"(κατακρινειν, 카타크리네인, 8:33-34)라는 단어들과는 반대 개념으로 사용된다. "디카이오마"(δικαιωμα, 칭의)가 "카타크리마"(κατακριμα, 정죄, 5:19)의 반대인 것처럼 말이다. "디카이운"(δικαιουν)은 누군가를 무죄로 풀어주다, 의롭다고 선언하다라는 의미를 갖는다(δικαιον καθισταναι, 디카이온 카티스타나이, 5:19). "의롭게 하다"라는 의미의 "히츠디크"(הִצְדִּיק), "디카이운"(δικαιουν)이 윤리적 의미를 가질 수도 있지만, 우리는 칭의라는 주제에 대한 로마 가톨릭과 종교개혁 사이의 대립이 "윤리" 대 "법률"의 대립이 아니라, 행위(사랑)에 의한 칭의 대 그리스도의 의에 기초한 믿음에 의한 칭의의 대립으로 표현되었음을 기억할 필요가 있다. 때로는 "칭의"라는 단어가 더 넓은 의미를 가질 수 있다는 주장이 이사야 53:11, 다니엘 12:3, 고린도전서 6:11, 디도서 3:7, 요한계시록 22:11과 같은 구절들에 근거하여 제기되었다.[38] 이 구

---

38) A. Thysius, in H. Bavinck, ed., *Synopsis purioris theologiae*, 6th ed. (Leiden:

절들을 자세히 살펴보면, "가능하다"(possible)는 것이 반드시 "개연적이다"(probable)라는 뜻은 아니라는 사실이 분명해진다. 각각의 경우에 법률적 의미로 읽는 것이 가장 적절하거나 때로는 필연적이다. 이처럼 성경에는 "디카이운"(δικαιουν)이 한 번이라도 윤리적 의미로 사용되었다는 증거가 전혀 없다.

하나님의 율법은 분명하다(신 25:1). 의인은 무죄하다고 선고되어야 하며, 불의한 자는 정죄되어야 한다. 심지어 하나님도 이 규칙을 따라 행하신다. 하나님은 결코 죄 있는 자를 죄 없다 하지 않으시고, 죄 없는 자를 정죄하지도 않으신다(출 20:5ff.; 34:7; 민 14:18). "악인을 의롭다 하고 의인을 악하다 하는 이 두 사람은 다 여호와께 미움을 받느니라"(잠 17:15; 참조. 출 23:7; 잠 24:24; 사 5:23). 그런데 외견상으로 이에 명백히 반대될 뿐 아니라 하나님 자신이 말씀하신 것과 정반대로(롬 1:18; 2:13), 바울은 하나님이 경건하지 않은 자를 의롭다 하신다고 말한다(4:5).

이렇게 볼 때 펠라기우스주의자들이 무죄 선고를 위한 근거를 믿음에서, 다시 말해 인간의 선한 품성·덕·선행에서 찾고, 그것들이 그 자체 안에 완전성에 대한 보증을 갖고 있거나 또는 그리스도 때문에 하나님에 의해 완전한 것으로 인정받는다는 이유로 완전하다고 보는 것도 전혀 놀랄 일이 아니다. 그러나 성경은 우리의 의와 믿음의 의를 서로 대조한다(롬 10:3; 빌 3:9). 이것들은 "행위"와 "믿음"(롬 3:28; 갈 2:16), "보상"과 "은혜"(롬 4:4; 11:6)로서 서로 배타적이다. 거룩하신 하나님은 율법의 요구를 결코 포기하지 않으셨고, 다만 그리스도를 속죄의 방편 또는 희생으로 내어주셨는데, 이로써 스스로 의로우신 동시에 예수에 대한 믿음을 가진 자들을 의롭게 하시거나 무죄로 선언하실 수 있는 분이라는 사실을 드러내셨다(3:21-

Donner, 1881), disp. 33, 3. Curaeus는 성화를 칭의의 다른 부분으로 여겼다. 다음을 보라. H. Heppe, *Dogmatik des deutschen Protestantismus im sechzehnten Jahrhundert*, 3 vols. (Gotha: F. A. Perthes, 1857), II, 312.

26).[39] 그리스도의 의는 그의 이름에 대한 믿음과 분리될 수 없다. 하나님의 의는 그리스도 안에 계시되었는데, 이는 그리스도가 자신의 피로 말미암은 속죄의 희생으로 내어준 바 되셨기 때문이다. 그러나 그는 "디아 피스테오스"($\delta\iota\alpha\ \pi\iota\sigma\tau\epsilon\omega\varsigma$, 믿음을 통해; 3:25)의 주체시고, 사람들은 값없이 은혜로 말미암아 그리스도 예수 안에 있는 구속을 통해 의롭게 된다(3:22). 하지만 그렇다고 해서 이 말이 곧 믿음이 신자의 칭의에 대한 근거가 된다는 것을 의미할까? 이것이 다양한 방식들로 표현되는 로마 가톨릭, 항변파, 합리주의자, 신비주의자, 그리고 수많은 근대 개신교 분파의 입장이다. 이들 사이에 어느 정도 차이는 있지만, 그들은 모두 하나님이 죄인을 무죄로 선언하시는 근거가 되는 의를 전체적으로든지 부분적으로든지 인간 주체에서 찾는다. 비록 우리의 의는 불완전하지만, 그럼에도 하나님은 그것을 완전하다고 여기신다는 것이다. 그것이 그리스도 때문이든지, 또는 그것이 복음 안에 표현된 하나님의 뜻에 대한 일종의 순종이며 그래서 결과적으로 인간 행위자를 하나님이 받으실 만하게 만들기 때문이든지, 또는 그것이 원리적으로 완전하고 그 자체 안에 미래 완성의 보증을 담고 있기 때문이든지 말이다.

하지만 성경은 이런 이해를 전혀 뒷받침하지 않는다. 첫째, 신자를 무죄로 선언하는 하나님의 의는 복음 안에 객관적으로 계시되었는데, 이것은 율법의 행위와 상관없고 믿음에 선행한다(롬 1:17; 고후 5:19). 하나님이 그리스도를 화목제물($\iota\lambda\alpha\sigma\tau\eta\rho\iota\sigma\nu$, 롬 3:25)로 주신 것은 우리의 범과를 위함이었고(4:25a), 그리스도는 우리의 의롭다 하심[칭의]을 위해 부활하셨는데(4:25b), 이는 우리가 그리스도 안에서 의롭게 되었고 또 그래야만 했기 때문이다. 이것은 그의 은혜의 선물이다(롬 3:24; 5:15-17). 아담과 그리스도를 비교하는 것(롬 5장)은 하나님의 선물인 그리스도의 의와 더불어 모든 사람을 위한 죽으심을 가리키는데, 이는 "디카이오마"($\delta\iota\kappa\alpha\iota\omega\mu\alpha$), 즉 많

---

39) See H. Bavinck, *Reformed Dogmatics*, IV, 185 (#468).

은 사람에 대해 죄 없다고 선언하는 행위다(5:16). 한 사람의 순종으로 많은 이들이 의롭다고 여겨진다(5:19). 둘째, 믿음은 결코 칭의의 근거로 제시되지 않는다. 의 또는 칭의는 "믿음을 통해"(ἐκ πιστεως, through faith), "믿음으로 말미암아"(δια πιστεως, through faith), 또는 "믿음으로"(πιστει, by faith, 롬 1:17; 3:22, 26, 28, 30; 갈 2:16; 3:8, 24; 빌 3:9 등) 얻는 것이지, 결코 "믿음 때문에"(δια πιστιν, on account of faith) 얻는 것은 아니다. 믿음은 그 자체가 의라서 그 자체의 본질이나 행위로 의롭게 하는 것이 아니라, 그것이 우리의 의이신 그리스도에 대한 믿음이기 때문에 그 믿음의 내용이 의롭게 하는 것이다. 의롭게 하는 믿음은 정확하게는 그리스도를 대상과 내용으로 갖는 믿음이다. 칭의에서 믿음은 전혀 근거로 여겨지지 않고, 따라서 바울은 하나님이 불경건한 자를 의롭게 하실 수 있다고 말할 수 있다(롬 4:5). 셋째, "믿음이 의로 여겨졌다"는 표현은 하나님이 믿음 그 자체를 의의 행위로, "그리스도 안에 있는 하나님의 의"를 대신하거나 그와 나란히 있는 것으로 받아들이셨음을 의미할 수 없다. "로기제스타이"(λογιζεσθαι)라는 단어는 분명히 "누군가를 어떤 사람으로 여기거나 생각하다"를 의미할 수 있지만(고전 4:1; 고후 12:6), 여기서는 "어떤 사람이 개인적으로 소유하지 않은 어떤 것을 그에게 돌리다"라는 의미를 가지고 있다. 이처럼 믿는 자들의 죄는 그들에게 있는 죄이지만 그들에게 돌려지지 않고(롬 4:8; 고후 5:19; 참조. 딤후 4:16), 죄가 없는 분이신 그리스도께 돌려진다(사 53:4-6; 마 20:28; 롬 3:25; 8:3; 고후 5:21; 갈 3:13; 딤전 2:6). 믿는 자들에게는 그들이 갖고 있지 않은 의가 전가되고(롬 4:5), 그렇기 때문에 이런 전가의 행위는 선물이다(κατα χαριν, 은혜를 따라 주어진; 4:4). 믿는 자들은 하나님의 의(δικαιοσυνη θεου)를 갖는데, 이 의는 하나님이 그리스도 안에서 그들에게 주시는 것이다. 마지막으로, 만약 믿음 자체가 칭의의 근거라면, 하나님은 자신이 율법을 통해 요구하신 기준에 미치지 못하는 의를 받아들이시는 것이고, 복음은 율법을 확증하기보다는 오히려 무효화한다(롬 3:31). 그렇다면 하나님은 자신의 의를 포기하시며 자신을 부정하시는 것이든지, 아니면 믿음을 실제로는 믿음이 아닌, 충분한 의로 여기시는 것이고, 따라서 자신의 신실함에 합당하지 않은 일을 하시는 것이다. 여기서 신자들은 모든 위로를 강탈당한다. 만약 우리의 약한 믿음이 우리의 칭의를 위한 근거라면, 그리스도인의 삶은 계속되는 두려움과 불확실성으로 점철된 삶이 된다. 우리는 그리스도께 고정되기보다는 자기 자신을 바라본다. 그럴 경우 하나님을 섬기며 진정한 그리스도인으로서의 삶을 사는 것이 불가능해진다. 우리는 선행에 대해 말하기 전에, 재판장이신 하나님 앞에서의 두려움이 하나님의 아버지 같은 사랑에 대한 의식으로 변화되어야 한다.

[474] 전가된 의 개념에 대해서 중요한 반론들이 제기되었다. 예를 들어 만약 그리스도의 의가 그저 전가될 뿐이고 우리 밖에 있다면, 그것은 우리가 하나님 앞에서 의롭게 된 본질적인 모습일 수 없다는 주장이 제기되었다. 항상 참된 판단을 하시는 하나님은 실제로 의롭지 않은 사람을 의롭다고 하실 수 없다는 것이다. 그에 따르면, 칭의에서 전가된 의는 우리의 참된 모습일 수 없다. 우리는 내주하는 의에 근거해서만 의롭게 될 수 있을 뿐이다. 이것이 종교개혁의 교리를 비판하는 자들이 반복적으로 제기하는 반론이다.

이에 대한 반응으로, 먼저 이 반론이 실제로 사도 바울을 겨냥한 것임이 지적되어야 한다. 바울은 로마서 4:5과 5:16에서 하나님이 불경건한 자를 의롭게 하신다고 말한다. 여기서 최고의 인간적 유비는 양자 됨이다. 양자 된 자녀는 정말로 그 가정의 일원이고, 자녀로서의 모든 유익들을 부여받았다. 이것은 신분에 일어난 법적 변화다.[40] 하나님은 죄인들을 의롭다고 선언하시고, 자녀로 삼으시고, 그리스도와 그의 모든 유익을 약속하신다. 그렇기 때문에 그들은 의롭다고 불리고, 언젠가 모든 은혜의 보화를 소유로 얻게 될 것이다. 비판자들은 주입된 은혜가 "실제" 은혜인 데 반해

---

40) 편집자 주—양자 됨의 유비는 Bavinck의 것이지만, 이 양자 됨의 유비에 따른 추론은 편집자가 한 것이다.

전가는 상상력의 산물이라고 묘사하는데, 이것은 전가 개념에 대한 오해다. 하지만 칭의는 성화만큼이나 실제적이고 필수적이며, 전가도 주입에 비해 덜 실제적이거나 덜 필수적인 것이 결코 아니다. 유일한 차이가 있다면, 성화에서는 의가 윤리적 의미에서 우리의 것이 되는 데 반해, 칭의에서는 의가 법률적 의미로 우리에게 주어진다는 것이다. 소유주가 아직 자기 소유물로 취하지 않았다고 해서 법률적 행위가 허구인 것은 아니다. 만약 이것이 이 땅의 재판관들에 대해 사실이라면, 하늘의 심판자에 대해서는 얼마나 더 그렇겠는가? "의롭다 하신 이는 하나님이시니 누가 정죄하리요"(롬 8:33-34).

우리에게 법적으로 전가된 의는 여전히 성화에서 윤리적으로 효력을 발휘해야 한다. 우리가 의롭게 된 것은 하나님의 작정과 구원 협약(*pactum salutis*)에 원인을 둔다. 은혜언약은 우리의 출생이나 우리가 믿음에 이르는 것에 선행한다. 우리의 의는 특정한 의미에서만 "이질적"이다. 그것은 "머리"의 의이고, 또한 그렇기 때문에 그에 속한 지체들의 의이기도 하다. 하나님이 불경건한 자들을 의롭다 하실 때, 그가 그리스도 안에서 일으키신 의를 토대로 그렇게 하시는 것이다.

[475] 성경은 믿음과 칭의 사이에 긴밀한 관계를 설정한다. 의로 여겨지는 것은 믿음이다(창 15:6; 롬 4:3; 갈 3:6). 의인은 믿음으로 말미암아 산다(합 2:4; 롬 1:17; 갈 3:11). 하나님의 의는 믿음을 통해 나타나고(롬 3:22), 우리는 믿음으로 의롭게 된다(3:26; 5:1; 10:4, 10; 갈 2:16). 심지어 우리가 그리스도 예수를 믿는 것은 이로써 우리가 의롭다 함을 얻기 위함이라고 기록되어 있기도 하다(갈 3:6-18, 22-24; 또한 참조. 행 10:43; 13:39; 히 10:38 등). 칭의는 영원 전에 일어나는가 아니면 시간 속에서 일어나는가? 그리고 만약 후자라면, 그것은 그리스도의 죽음에서 일어나는가 아니면 부활에서 일어나는가? 복음을 설교할 때 일어나는가 아니면 그 전에 또는 동시에 일어나는가? 믿음과 함께 일어나는가 아니면 그 후에 일어나는가? 반(反)신율법주의자들은 물론이고 반(反)율법주의자들도 영원한 칭의를 고수한다. 전자

에게 우리의 믿음은 영원 전에 하나님이 행하신 것을 인정하는 것을 포함할 뿐이다. 후자는, 순전한 은혜의 복음이 율법과 뒤섞이는 것을 피하기를 간절히 추구하면서, 영원한 칭의를 시간 속에 있는 칭의의 시작과 토대로 보았다. 선택에 관한 하나님의 작정이 영원하다는 사실을 강조하는 것이 중요하기는 해도, 칭의가 영원 전에 일어난다고 말하는 것은 권할 만하지도 성경적이지도 않고, 또한 칭의가 시간 속에서 집행되고 외적으로 현실화되는 것을 설명해야 할 필요성의 문제들을 없애지도 않는다. 개혁파 신학은 지혜롭게도 영원한 작정과 시간 속에서의 집행을 구분한다.

칭의가 그리스도의 죽음과 부활에 묶여 있을 때(롬 4:25), 우리는 굳건한 성경적 근거 위에 있는 것이다. 우리의 칭의는 그리스도에 의해 얻어졌다. 객관적으로 성취된 것이다. 고린도후서 5:19이 그리스도 안에서의 화해를 "세상의 죄가 전가되지 않음"과 연결하기 때문에, 개혁파 신학자들은 그리스도의 죽음과 부활을 칭의와 얼마나 정확하게 연결할지를 두고 씨름했다. 복음은 만약 너희 인간들이 믿고 회개하고 계명을 다 지키면 하나님이 너희와 화해하실 것이라고 말하지 않는다. 오히려 하나님은 화해하셨다고, 세상의 죄과를 용서하셨다고 말한다. "사람들이여, 지금 이 복음을 믿으라. 이 화해로 들어가라. 당신의 적개심을 버리라. 하나님과 화목하라."[41] 죄 용서는 믿음에 의해 일어나는 것이 아니며, 우리의 행위로 얻어지는 것도 아니다. 오히려 그것은 이를테면 그리스도 안에 온전히 저장되어 있고, 믿음에 앞서고, 오직 믿음에 의해서만 받아들여지고 파악된다. 사도신경이 진술하는 것처럼 "죄를 사하여 주시는 것…을 믿사옵나이다".

문제를 명확히 하기 위해, 개혁파 신학자들은 능동적 칭의를 수동적 칭의로부터 구분했다. 칭의는 획득되고 적용된다. 구원자로서 그리스도는 객관적인 속죄뿐만 아니라 자기에게 속한 자들을 죄로부터 주관적으로 구속하시는 것도 목적으로 삼으신다. 다시 말하지만, 이것은 시간적 구분

---

41) 참조. H. Bavinck, *Reformed Dogmatics*, III, 447-52 (#402).

이 아니라 논리적 구분이다. 확실히 이 둘은 동시에 일어나고 함께 간다. 칭의를 얻는 것과 적용하는 것은 너무나 긴밀하게 연결되어 있어서, 둘 중에 어느 하나만 생각되거나 존재할 수 없다. 칭의를 얻는 것은 필연적으로 칭의를 적용하는 것을 포함한다. 능동적 칭의는 어떤 의미에서 이미 복음 선포, 즉 외적 부르심에서 일어나지만, 특징적으로는 내적 부르심에서 일어난다. 하나님이 그의 말씀과 성령으로 죄인들을 효력 있게 부르시고, 죄를 깨닫게 하시고, 그들을 그리스도께 나아가게 하시고, 그분 안에서 사죄와 생명을 발견하도록 하실 때 말이다. 이 구분은 믿음이 칭의를 위해 필요하고 그런 믿음은 그 자체로 하나님이 성령을 통해 중생하게 하시는 사역의 열매라는 이중의 확신을 지키려고 한다. 이런 구분은 우리를 도와서 율법주의를 피하게 하고, 신자들로 하여금 내적인 자기성찰로부터 그리스도 자신을 향하도록 돌이킴으로써 그들의 확신을 강화시키는 동시에, 믿음이 수용적인 기관이자 능동적인 힘이라는 것을 인식하게 한다. 믿음은 칭의를 위한 실질적 또는 형식적 원인이 아니다. 칭의는 그리스도와 그의 모든 유익을 받아들이는 행위다. 그러므로 믿음은 진정한 의미에서는 도구가 아니라 확실한 지식과 굳건한 확신이다. 이 지식과 확신은 성령이 사람의 마음에서 일으키시고, 이를 통해 사람들이 자신의 죄에도 불구하고 그리스도와 그의 모든 유익을 나눈다는 사실을 확신케 하시고 보증하시는 것이다.[42] 이런 믿음은 행함으로 드러나고, "행함으로 온전케 된다"(약 2:22).[43] 이런 의미에서, 믿음 자체가 행위(요 6:29), 가장 탁월한 행위, 모든 선행의 원리다. 이 사실을 칼뱅은 이렇게 표현한다. "오직 믿음만이 의롭게 한다. 그럼에도 불구하고, 의롭게 하는 믿음은 결코 홀로 있

---

42) J. Calvin, *Institutes*, III.xi.5; Heidelberg Catechism, Q 61; Belgic Confession, art. 22; WestminsterConfession, art. 14.

43) 바울과 야고보의 관계에 대해서는 J. Calvin, *Institutes*, III.xvii.11; idem, *Commentary*, on James 2을 보라.

지 않다."[44] 바울과 야고보는 결코 서로 상반되는 입장에 선 것이 아니다.

[476] 개혁파 신학자들이 칭의의 다양한 요소들에 대해 그리고 어떻게 그것들이 상호간에 관련을 맺는지에 대해 항상 일치하는 것은 아니다. 칭의를 그리스도의 순종 전체가 신자에게 전가되는 것으로 정의하고, 죄용서와 영생에 대한 권리의 두 부분으로 구성된 것으로 고려하는 것이 최선이다.[45] 때때로 자녀로 입양되는 것이 칭의의 두 번째 부분으로 언급되기도 했지만, 다른 이들은 그것을 칭의의 열매로 고려하기를 선호했다.[46] 칭의의 한 부분인 용서는 죄로 인한 모든 죄책과 그에 대한 심판에서 완전히 벗어나는 것인데, 과거와 현재의 죄뿐만 아니라 미래의 죄도 포함한다. 반율법주의에 대한 우려는 우리로 하여금 이런 주장을 주저하게 만들지 못하며, 오히려 날마다 용서를 위한 기도를 게을리하지 않도록 요청한다. 개혁파 신학자들은 용서가 죄의 "실제적 책임"(actual liability)을 제거하지만, "잠재적 책임"(potential liablity)까지 제거하지는 않는다고 주장했

---

44) J. Calvin, "Acta Synodi Tridentinae cum Antidoto," in *Calvini opera* (CR XXXV), VII, 477; idem, *Institutes*, III.xi.20.

45) Gisbert Voetius, *Selectae disputations theologicae*, 5 vols. (Utrecht, 1648-69), V, 279ff.; Francis Turretin, *Institutes of Elenctic Theology*, trans. George Musgrove Giger, ed. James T. Dennison, 3 vols. (Phillipsburg, NJ: Presbyterian & Reformed, 1992), XVI, 4.

46) F. Turretin, *Institutes of Elenctic Theology*, XVI, 6; A. Ritschl, *The Christian Doctrine of Justification and Reconciliation*, trans. H. R. Mackintosh and A. B. Macauley (Edinburgh: T&T Clark, 1900; repr., Clifton, NJ: Reference Book Publishers, 1966), 93; Otto Pfleiderer, *Der Paulinismus: Ein Beitrag zur Geschichte der urchristlichen Theologie*, 2nd ed. (Leipzig: O. R. Reisland, 1890), 189; H. J. Holtzmann, *Lehrbuch der neutestamentlichen Theologie*, 2 vols. (Freiburg i.B. and Leipzig: Mohr, 1897), II, 124. P. Martyr Vermigli, *Loci communes*, ed. R. Massonius (London, 1576), 354; Campegius Vitringa, *Doctrinachristianae religionis, per aphorismos summatim descripta*, 6th ed., 8 vols. (Leiden: Joannis le Mair; Arnheim: J. H. Möelemanni, 1761-86), III, 324; 참조. also J. Orr, *Sidelights on Christian Doctrine* (London:Marshall Bros., 1909), 157; R. S. Candlish, "Adoption," in *DB*, I, 41.

다. 용서받은 죄라도, 그 죄의 결과들은 남는다. 특히 신자들에게 죄는 죄책감, 고통, 회한, 하나님으로부터의 소외, 후회 등을 가져오고, 양심의 평화와 믿음의 담대함 및 확신을 빼앗아간다. 아무리 신자가 이미 오래전에 용서받았다 하더라도, 자기 마음의 부패를 깊이 들여다볼 때 과거의 죄를 고백해야 할 필요를 느낀다(시 25:7; 51:4-5). 그러므로 신자들이 확신 가운데 거할 수 있도록, 성령 하나님은 고백과 기도를 방편으로 삼으셔서 우리가 용서받았다는 사실을 깨닫게 하시고 강화시키신다. 우리의 믿음이 약할 때, 우리가 죄에 빠질 때, 신자들은 항상 확신을 가지고 은혜의 보좌로 나아가며 하나님의 신실하심에 기초해서 간구할 권리와 자유를 갖고 있는데, 이 하나님은 은혜의 선물과 부르심을 돌이키지 않으신다(롬 11:29; 히 4:12; 요일 1:9). 신자들은 의심과 낙심 가운데 기도하지 않으며, 마치 그들이 더 이상 하나님의 자녀가 아니고 다시 영원한 정죄를 직면하는 것처럼 기도하지도 않는다. 오히려 그들은 하늘에서 그들의 기도에 아멘으로 화답하시는 아버지께 그분의 자녀로서 믿음으로 기도한다.

비록 칭의에 대한 이해가 종종 용서로 한정되지만, 간과되지 말아야 할 것은 우리가 양자로 받아들여졌으며 또 영생의 권리를 얻었다는 사실이다(갈 4:5; 참조. 단 9:24; 행 26:18; 계 1:5-6). 양자 됨을 뜻하는 "휘오테시아"(υἱοθεσία)는 법정적(바울) 의미와 윤리적(요한) 의미를 다 가지고 있다. 후자에 대해서는 다음에 나오는 성화 부분에서 논의할 것이다. 그리스도의 의를 근거로 신자들이 죄 용서를 받는 것과 마찬가지로, 또한 그들은 양자로 받아들여져서 자녀가 된다(τεκνα θεου[테크나 테우]가 아니라 υἱοι θεου[휘오이 테우]). 그러므로 하나님의 선언에 근거한 이 양자 됨은 그리스도가 획득하셨고(갈 4:5), 믿음에 의해 우리 것이 된다(3:26). 죄책과 죄로 인한 형벌에서 자유롭다고 선언된 사람들은 동시에 자녀로 입양되며 아버지 같은 하나님의 사랑의 대상으로 여겨진다. 이를 통해 신자들은 많은 형제 중에서 맏아들이신 그리스도와 같은 지위를 얻는다(롬 8:29). 그리스도는 본성적으로 하나님의 아들이셨고(8:32), 그의 부활 때 그렇게 지명되셨다(1:3). 신자들은 양자 됨으로 "하나님의 자녀"가 된다. 마치 그리스도가 부활 때 성결의 영에 의해 하나님의 아들이라고 선언되신 것처럼(1:3), 신자들은 하나님의 영 안에서 의롭게 되고(고전 6:11), 동일한 영에 의해 자신들이 아들이라는 것을 확신한다(갈 4:6). 자녀로서 신자들은 또한 약속을 따라 후사가 된다 (갈 3:29; 4:7; 롬 8:17). 그리고 이 상속이 아직 당도하지 않은 미래에 그들을 기다리고 있기 때문에, 그들의 양자 됨은 여전히 소망의 대상이다(롬 8:23).

이미 구약성경에서 하나님은 자기 백성의 아버지로, 이스라엘은 하나님의 자녀로 불린다. 하지만 신약성경에서 이 아버지 됨과 자녀 됨은 훨씬 더 깊은 의미를 얻는다. 이제 하나님은 신자들의 아버지이신데, 신정적(theocratic) 의미에서가 아니라 윤리적(ethical) 의미에서 그렇다. 따라서 신자들은 하나님의 자녀로서 하나님으로부터 난 자들이고, 그리스도 안에서 믿음으로 하나님의 자녀가 되는 권세를 얻는다(요 1:12). 그들이 하나님을 있는 그대로 보는 날에 그들은 그의 자녀로서 온전하게 될 것이다(요일 3:2). 우리는 하나님의 자녀다. 우리의 법적 지위는 그리스도 안에서 주어졌고 온전한 구속의 날까지 담보(pledge)이신 성령에 의해 보증되었다(guaranteed). 성령은 신자들에게 그들의 양자 됨이 구속의 날까지 인쳐진 것에 대한 담보와 보증으로 주어졌고(고후 1:22; 5:5; 엡 1:13-14; 4:30), 그들에게 하늘의 유업으로 준비되었다(벧후 1:4-5). 성령에 의해 신자들은 계속해서 인도되고(롬 8:14처럼 ἄγονται[아곤타이]. 벧후 1:21에 있는 것과 같은 φέρονται[페론타이]가 아니다), 그들을 향한 하나님의 사랑(롬 5:5; 참조. 5:8)과 양자 됨(8:15-16; 갈 4:6)에 대해 확신하며, 이미 평화(롬 5:1; 빌 4:7, 9; 살전 5:23), 희락(롬 14:17; 15:13; 살전 1:6), 영생(요 3:16)의 수혜자들이다. 영원에 기원을 둔 칭의는 그리스도의 부활과 신자들의 부르심에서 실현되고, 최후의 심판 시에 하나님이 온 세계가 듣는 가운데 무죄 선고를 반복하실 때 모든 입술이 그리스도를 주님으로 고백함으로 성부 하나님께 영광을 돌리면서 비로소 온전히 완성될 것이다. 칭의가 이 모든 놀라운 열매들을 맺을 수 있는 것은 칭의에 능동적 칭의와 더불어 수동적 칭의가 포함되어 있고, 그것이 성령의 증거를 통해 신자들에게 그들의 죄가 개인적으로 사해졌다는 의식과 확신을 주기 때문이다(*fides specialis*).

이 교리는 신자들에게 크나큰 위로와 확신을 주고 위대한 일들을 하도록 구비시킬 것이다. 왜냐하면 믿음은 본질적으로 모든 의심에 반대되기 때문이다. 확실성은 믿음에 더해진 것이 아니다. 오히려 확실성은 처음부터 믿음 안에 잠재해 있다가 때가 되면 믿음에 의해 드러나는 것이다. 왜냐하면 믿음은 하나님의 선물이며, 성령의 역사이기 때문이다. 이 성령은 우리의 영에게 우리가 하나님의 자녀임을 증거하시고(롬 8:16; 갈 4:6), 그 어떤 것도 우리를 그리스도 안에 있는 하나님의 사랑에서 끊을 수 없음을 우리에게 확신시키신다(롬 8:38-39). 만약 칭의를 통해 우리에게 하나님과의 평화, 자녀됨, 은혜의 보좌로 자유롭고 분명하게 나아감, 율법으로부터 자유함, 세상과 상관 없음이 주어졌다면,[47] 그 믿음에서 선행이 자연스럽게 흘러나올 것이다. 선행은 영생을 얻기 위해 필요한 것이 아니다. 오히려 그것들은 신자가 이미 소유한 영생에 대한 계시, 인침, 증거다. 믿음에 포함되어 있는 확신은 하나님과 함께라면 모든 것이 가능하다는 것, 하나님이 죽은 자에게 생명을 주시며 없는 것을 있게 하시고(롬 4:17), 항상 사람들로 하여금 위대한 일들을 하게 하신다는 것이다. 이 믿음은 산에게 "들리워서 바다에 던져지라"고 말하고, 또 그대로 될 것이다(마 21:21).[48]

성화: 선물과 보상으로서의 거룩

[477] 애초부터 하나님의 구속계획은 성화와 영화를 포함하였다. 이스라엘은 거룩한 백성이 되기 위해 부르심을 입었다(창 17:7; 출 19:6; 레 11:44;

---

47) 율법으로부터의 자유에 대해서는 H. Bavinck, *Reformed Dogmatics*, IV, 443-60(##519-22)을 보라.

48) 믿음의 확실성에 대해서는 J. Calvin, *Institutes*, III.ii.14ff.; L. Ihmels, "Rechtfertigung," in *PRE³*, XVI, 482-83을 보라.

19:2; 20:7, 26). 이들의 마음과 행실의 청결이 부르심의 목표였다. 이 성화는 민족 전체로 확대되었고 삶의 모든 측면—종교적이고 도덕적이며, 시민적이고 사회적인—에 적용되었고, 구약의 제도 아래 특별히 의식적인 성격도 지니고 있다.[49] 이스라엘이 이런 언약의 요구를 만족시키지 못하고 심판 아래 놓이게 되자, 예언자들은 하나님이 자신의 언약을 파기하거나 그 백성을 잊지 않으시며 오히려 그들의 모든 허물을 사하고 새 마음을 부어 주는 새 언약을 세우실 것이라고 선포했다(렘 31:31-34; 겔 11:29). 죄 사함의 경우와 마찬가지로 성화 역시 하나님의 사역이고 선물이었다.[50]

포로기 이후, 이스라엘은 점점 더 독선적인 길을 선택하고 하나님과의 관계를 시종일관 율법적으로 이해하여 모든 삶을 행위와 보상이라는 도식으로 다루었다.[51] 여기서 예수는 율법의 영적인 의미로 되돌아가서 자신과 하나님 나라의 의를 바리새인들의 의와 구분하였다(마 5:20; 눅 18:10-14). 하나님은 제사가 아니라 인애를 원하신다(마 9:13). 온 맘과 뜻과 힘과 정성을 다하여 하나님을 사랑하고 이웃을 내 몸과 같이 사랑하는 일(막 12:33)은 오직 중생과 믿음과 회심을 통해서만 가능하다(막 1:15; 요 3:3). 친구들을 위해 자기 목숨을 버리고(요 15:10ff.) 죽음으로써(마 20:28; 26:26, 28), 예수는 우리가 자기 십자가를 지고 그분을 따르는 순례길에서 좇아야 할 모범을 우리에게 보여주셨다(마 5:10ff.; 7:13; 10:32-39; 16:24-26). 예수는 성부께로 떠나가셨지만, 여전히 그들 가운데 살아 계시고(마 18:20; 28:20), 그들 중에 거하시고(요 14:16-17), 포도나무에 달린 가지들처럼 그들을 자신과 일체가 되게 하셔서(요 15:1-10), 이들로 하여금 하나님을 영화롭게 하는 열매를 맺고(15:8), 그가 하셨던 일들을 하고(14:12), 그의 계명을 준행하고, 그의 사랑 안에 머물게 하신다(14:15, 24; 15:5, 10).

---

49) H. Bavinck, *Reformed Dogmatics*, II, 218-21 (#205).
50) Ibid., III, 493-95 (#410).
51) Ibid., III, 495-99 (#411).

죄 사함을 받은 예수의 제자들은 그분을 따르고 자기를 부인하며 십자가를 지도록 부르심을 입었다. 예수를 따르는 자들은 모든 것을(마 19:10-12; 10:35-36; 19:21) 포기하고, 심지어 자기 목숨까지도(10:39; 16:25) 내려놓을 준비가 되어 있어야 한다. 하지만 예수는 금욕주의자가 아니었다. 그분은 잔치에 참여하셨고(마 11:19; 요 2:2), 제자들에게 결혼이나 음식이나 술 같은 것을 금하지 않으셨고(마 6:16; 9:14), 사랑을 율법의 성취(5:43-48; 22:37-40)로 보셨고, 성실한 관리를 요구하셨고(25:15-30), 언젠가 만물을 심판하실 자로서 삶에 있어 신실함과 사려깊음(지혜, 신중)을 요구하셨다(7:24; 10:16; 24:15-18). 심지어 예수는 수행된 일들―핍박을 끝까지 견딤(마 5:10-12), 원수를 사랑함(5:46), 은밀한 구제(6:4), 예수의 이름을 고백함(10:32), 맡은 일에 신실함(24:45-47), 그분의 제자들을 섬김(10:41-42), 자신의 부르심에 신실함(25:14-30), 예수의 제자들에 대한 자비(25:32-46) 등―에 대해 상급 개념을 적용하심으로써 우리로 하여금 신실하게 행하도록 자극하신다. 그러나 예수는 또한 청중들에게 자기가 한 일을 과시하는 자들이 하나님의 상급을 잃어버릴 것이며(6:2, 5, 16), 하나님 나라의 상급은 이 땅에서 우리가 하는 모든 수고와 노력과 상대가 되지 않을 정도로 훨씬 더 크다는 것도 상기시키셨다(5:46; 19:29; 20:1ff.; 25:21-23; 눅 12:33). 이것은 하나님의 선물이다(마 6:33; 20:14-15; 26:28; 막 10:30; 눅 1:77; 24:47). 게다가 하나님 나라의 복은 무엇보다도 외형적인 복들이 아니라, 하나님의 자녀가 되고 청결한 마음을 소유하는 것이다(마 5:8, 9, 45, 48 등).

그리스도는 지상 사역을 완수하신 후에 하나님의 보좌 우편에서 영화롭게 되셨으며, 오순절 날 성령을 통해 그의 몸 된 교회에 자신을 전달하셨다. 성령은 처음에 특별한 은사와 능력들을 나누어주셨을 뿐만 아니라, 그리스도와 교회 간의 친교를 세우고 유지하셨다.[52] 하나님의 은혜로 죄 사함을 받았을 뿐 아니라 세례를 통해 그리스도와의 교제 안으로 들어오

---

52) Ibid., III, 499-506 (##412-13).

게(롬 6:3-11) 된 신자들은, 흑암에서 빛으로 옮겨졌고(골 1:13) 이제 택하신 족속과 왕 같은 제사장과 거룩한 나라를 이룬다(벧전 2:9). 이들은 그리스도를 의로 받았을 뿐 아니라 "거룩함"(ἁγιασμος)—"하기오테스"(ἁγιοτης)나 "하기오쉬네"(ἁγιωσυνη)로서의 거룩이 아닌 성화—으로 받았다. 그러므로 여기서 기대할 수 있는 것은 성화나 하나님께 구별됨의 결과가 아닌 과정이다(참조. 롬 6:22; 살전 4:4; 딤전 2:15; 히 12:14). 그리스도 안에서 씻음 받고 거룩하게 된(고전 6:11) 신자들은 성령의 전이요(고전 3:16; 6:19; 고후 6:16), 새로운 피조물이 되었다(고후 5:17; 엡 2:10). 따라서 성화는 무엇보다 하나님의 역사요(요 17:17; 빌 1:6; 살전 5:23), 더 구체적으로는 그리스도와 성령의 역사다(롬 8:4, 9-11; 고전 1:30; 6:11; 엡 5:27; 골 1:22; 살후 2:13; 히 2:11; 9:14; 10:10, 14, 29; 13:12; 벧전 1:2).

그럼에도 하나님이 신자들에게 소원을 두고 행하도록 하시기 때문에 신자들은 주 예수 그리스도의 날까지 자신의 영과 혼과 몸을 거룩하고 흠이 없도록 지킴으로써 두려움과 떨림으로 자신의 구원을 성취해야 한다(엡 1:4; 빌 2:15; 살전 3:13; 5:23). 그들은 끊임없이 육체와 싸워야 하고(고전 3:1; 갈 5:17), 스스로를 정결하게 하고, 육체를 그 정과 욕심과 함께 십자가에 못 박고, 자기 몸을 하나님이 받으실 만한 거룩한 산 제물로 드리고(롬 6:13; 12:1; 고후 7:1; 갈 5:24), 세상을 이기고, 하나님의 계명들을 지키고, 자신을 정결하게 하고, 빛 가운데 행하도록(요일 1:7; 2:1; 3:6, 9; 5:4 등) 부름심을 입었다. 이 모든 것들은 사랑의 실천으로 요약된다(롬 12:10; 13:8-10; 고전 13장; 엡 1:4; 5:2; 골 3:14; 살전 4:9; 요일 3:11ff.; 4:8 등). 특정한 형태의 절제—예를 들어 결혼(고전 7:8, 20ff.)—가 때로 바람직할 수도 있지만 결혼을 금하는 것과 음식을 삼가는 명령은 믿음에서 떠난 자들의 가르침이다(딤전 4:3). 그 어떤 것도 그 자체로 부정한 것은 없기 때문이다(마 15:11; 롬 14:14). 하나님이 지으신 모든 피조물은 선하기 때문에, 은혜는 자연의 권한을 정지시키지 않는다(고전 7:20-23).

그리스도인들은 단순한 생활방식을 따르고(딤전 2:9; 딛 2:3; 벧전 3:3) 세상 정욕에서 떠나도록(요일 2:15-17) 부르심을 받았다. 그리스도인들은 감사함으로 거룩한 삶을 살 수밖에 없다(롬 12:1; 고후 8:9; 요일 4:19). 왜냐하면 그들은 죄에 대해서 죽고 새 생명으로 살아났으며(롬 6:13-14; 7:4; 갈 2:19; 골 3:1-2), 육체가 아니라 성령을 따라 살고, 성령의 전이 되었으며(롬 8:5; 고전 6:15ff.), 빛의 자녀가 되고 빛 가운데서 행해야 하기(롬 13:12; 엡 5:8; 요일 1:6 등) 때문이다. 하나님의 자녀들은 그리스도 안에서 거룩해지라는 명령을 받았다. 신자로서 우리는 미래에 주어질 영광의 기쁨을 고대하는데, 그것은 은혜의 선물(롬 6:23; 고후 8:9; 엡 2:8 등)인 동시에 여전히 인내와 견인(롬 8:18; 고전 15:19; 고후 4:10, 17; 계 2:7, 10-11, 17 등)의 동기가 된다. 하나님은 당신을 찾고(히 11:6, 26), 관용하고(딤전 6:19), 믿음에 견고하게 서고(히 10:35), 신실하게 수고하는(고전 3:8, 14; 9:18; 골 3:24; 딤후 4:8 등) 자들에게 상을 주신다. 심지어 그리스도의 터 위에 세워진 자들을 위한 특별한 상급에 대해 언급하기도 한다(고전 3:12-15; 고전 9:16-17에서 바울을 참고할 것). 구원이 모든 신자들에게 주어지더라도 그들이 받아 누리는 영광은 각각의 행실에 따라 차이가 있을 것이다(마 10:41; 18:4; 20:16; 25:14ff.). 성경에서는 성화와 영화를 연결한다. 즉 여기서 뿌린 것을 영원 속에서 수확하게 된다(마 25:24, 26; 고전 15:42ff.; 고후 9:6; 갈 6:7-8). 거룩함(sanctification)이 없이는 누구도 주를 보지 못할 것이다(마 5:8; 히 12:14). 성화는 은혜에 의해 파기되지 않고 은혜에 도움이 된다. 신자들은 그리스도 예수 안에서 선한 일을 위해 지음 받은 하나님의 작품이다. 하나님은 그것이 우리들의 삶의 방식이 되도록 예비하셨다(엡 2:10). 자녀인 우리는 하나님의 상속자이며, 또한 그리스도와 공동 상속자다(롬 8:17). 그들은 자신들이 그리스도를 주님으로 섬길 뿐만 아니라 열정을 갖고 그 일을 수행하기 때문에, 주님으로부터 유업을 상급으로 받을 것을 안다(골 3:23-24).

[478] 신약성경의 가르침을 따르는 속사도 시대 교회(post-apostolic church) 역시 그리스도인들이 하나님의 새로운 인종과 민족으로서 자신을 세상과 구별했기 때문에 삶의 거룩을 지속적으로 강조했다. 하지만 결

국 교회가 처한 문화적 상황은 교회의 처신에 영향을 미쳤고 교회는 세례 후에 짓는 죄의 실체와 싸워야만 했다. 세례가 과거에 범한 죄들을 덮을 뿐이라 믿었고, 죄인들을 영구적으로 제명하는 엄한 관행을 가혹한 것으로 여겼기 때문에, 교회는 심각한 죄와 덜 심각한 죄를 구분하기 시작했다. 유대교와 스토아 철학의 신념에 영향을 받은 교회는 은혜의 복음이 세례 시까지만 영향을 미칠 뿐이고 세례 후에는 선행과 참회와 고백(사적이든 공적이든)과 기도와 인내와 금식과 구제 등을 행함으로써 죄 사함을 확보해야 한다는 생각에 빠지게 되었다.[53] 세례를 받은 이후에 죄를 범한 사람들은 율법 아래로 떨어져서 스스로 구원을 성취해야만 하였다. 복음을 하나의 새로운 법으로 이해한 이런 율법주의적 경향은 점차 권위주의적이고 위계적으로 변모하는 교회의 발전으로 인해 크게 강화되었다. 교회에 순종하는 것은 하나의 포괄적인 덕이 되었고, 도덕과 종교는 점점 교회가 지운 의무를 준행하는 것으로 보이게 되었다.

이런 율법주의와 결부하여 은자적이고 수도사적인 삶의 발전에 기여한 이중적 도덕성—일반 신자들을 위한 도덕과 "성인들"을 위한 도덕—이 출현했다. 일반적인 교훈들은 "완덕의 권고들"(counsels of perfection), 즉 순결, 가난, 순종과 같은 소극적인 덕들로 보완되었다. 다신교, 황제숭배, 극장문화 등과 같은 그리스-로마 시대의 상황에서 많은 그리스도인들은 세상을 이기려고 하기보다는 그곳으로부터 도망치는 데 바빴다. 이러한 상황이 금욕주의에 대한 원론적인 반대와 결부되었던 반면에, 삶의 실천은 또 다른 방향으로 이어졌다. 많은 그리스도인들이 기독교 외부의 수많은 집단들—영지주의자들, 마르키온주의자들, 몬타누스주의자들, 유대교와 이교도의 소종파들—에서 관측된 엄격주의를 모방하였다. 자기부인과 자기희생이라는 위대함을 보여준 사람들이 존경의 모델이 되었다. 사람들은 초기 기독교에서 모든 신자들을 가리키던 "성도들"(saints)이라는 용어로

---

53) 참조. H. Bavinck, *Reformed Dogmatics*, IV, 142 (#460).

그들을 구분하고 숭모하기 시작했다. 따라서 고대로부터—초기 그리스도 인들의 문헌에서 증언하는 바와 같이—특정한 금식일과 정해진 기도 시간, 사치의 절제, 특히 결혼의 절제, 속세로부터의 도피 등을 준수하는 것은 특별한 그리스도인의 미덕으로 찬양을 받았다. 2-3세기에 교회의 세속화가 증대되었을 때, 많은 교인들이 도피하여 교회 밖에서 자신의 신념을 실천했고, 처음에는 은자적인 삶을, 나중에는 수도자적인 생활을 시작했다.

두 종류의 도덕성 사이의 구분은, 바울이 고린도전서 7:25에서 추천한 것이 "교훈을 뛰어넘는 일(work)"이라고 주장했던 오리게네스와, 고린도 전서 7:25를 라틴어로 "내게 주의 교훈(praeceptum)은 없지만, [이러한] 권고(consilium)를 너에게 준다"라고 번역한 테르툴리아누스에 의해 이제 "교훈들"과 "완덕의 권고들"이라는 용어로 자리잡게 되었다. 교회에 의해 결코 공식적으로 법제화된 적은 없지만,[54] 그럼에도 이런 구분이 로마 가톨릭의 가르침과 실천에서 없어서는 안 될 요소일 뿐 아니라 가장 중요한 위치를 차지한다. 점차 "교훈들"(praecepta)을 넘어서는 "권고들"(consilia)은 순결(결혼의 절제; 마 19:11-12; 고전 7:7ff.), 가난(마 19:21; 고전 9:14), 순종(마 16:24; 눅 14:26ff.)의 세 가지 덕으로 해석되었다.[55] 이런 식으로 로마 가톨릭교회는 모든 사람에게 적용되는 의무들을 보존하는 것 외에도 미덕의 자유로운 실천을 위한 자리, 즉 바람직하고 칭찬할 만한 것들을 위한 영역을 계속해서 열어놓았다. 로마 가톨릭교회는 금욕적이고 명상하는 삶을 실제 삶보다 훨씬 더 가치가 있는 것으로 여긴다. 교훈은 사람들이 영생을 얻기

---

54) "완덕의 권고들"은 독신과 동정이 결혼보다 더 낫고 복되다고 선언한 트리엔트 공의 회에서 부분적인 지지를 받았을 뿐이다(H. Denzinger, ed., *The Sources of Catholic Dogma*, trans. from the 30th ed. by R. J. Deferrari [Londonand St. Louis: Herder, 1955], #980).

55) 이 세 가지 덕은 산상설교에서 빌려온 권유들과 더불어 확장되고 더 많아지는 때가 흔 했다(마 5:16, 29-30, 34-37, 39-41, 44; 6:31; 7:1등).

위해 필요한 반면에, 권고는 자유롭고 임의적이지만 사람들로 하여금 이 목표에 "더 바람직하고 신속하게" 도달하게 하는 이점을 갖고 있다.[56]

　　이런 율법주의적인 (그리고 반[半]펠라기우스적인) 경향은 자연스럽게 선행의 공로 교리를 낳았다. 하나님과 인간 사이의 모든 관계는 "네가 줄 수 있도록 내가 준다"(*do ut des*)로 규정되었다. 하나님을 섬기고 그의 계명을 지키는 자는 정당하게 보상을 요구할 수 있다.[57] 이런 유대교적 관점은 기독교 진영에, 특별히 70인역 안에 외경이 포함된 결과로써 큰 영향을 미쳤다. 로마 가톨릭에 있어 선행의 공로는 다음의 내용을 포함하는 신앙의 항목이다.

1. 의지는 죄로 약해졌지만 모든 자유를 빼앗기지는 않았고 하나님의 섭리 아래서 여전히 본성적으로 선행을 할 수 있다.[58]
2. 이런 본성적 능력을 잘 사용하는 사람들은 스스로를 주입된 은혜를 받기에 합당한 존재로 만들지는 못하지만, 소극적으로 이 은혜에 이르는 장애를 제거함으로써 스스로 은혜를 받을 준비를 할 수 있다.[59]
3. 적극적인 준비는 선행하는(현실적인) 은혜를 필요로 하지만, 준비하는 자들은 적정한 은덕(merit of congruity)을 받을 자격이 있다.[60]
4. 세례는 주입된 은혜, 즉 "영혼에 내재하는 자질" 및 모든 죄책과 죄의 오염으로부터의 구원, 내면의 갱신을 부여한다. 그것은 세례받은 자들을 치유하고 아담에게 주어진 추가적 은사인 초자연적 질서로까지 고양된다.[61]

---

56) T. Aquinas, *Summa Theol.*, II, 1, qu. 106-8.

57) H. Bavinck, *Reformed Dogmatics*, III, 496 (#411).

58) T. Aquinas, *Summa Theol.*, II, 1, qu. 109, art. 2-5; Council of Trent, sess. VI, c. 1, can. 5-7.

59) 참조. H. Bavinck, *Reformed Dogmatics*, III, 514-17 (#416).

60) T. Aquinas, *Summa Theol.*, II, 1 qu. 109, art. 6; Council of Trent, sess. VI, c. 5-6.

61) H. Bavinck, *Reformed Dogmatics*, III, 515-17 (#416).

5. 이 주입된 은혜에 더하여 세 가지 신학적 덕목들—믿음·소망·사랑[62]—이 있다. 그런데 이것들은 인간적 덕목들이 아니라 초인간적이거나 신적인 덕목들이어서, 지적 미덕들(지혜, 학문, 오성, 사려 깊음, 예술)과 도덕적 미덕들 또는 기본 미덕들(신중함, 정의, 인내, 절제)로 구분되는 인간적 덕목들과는 차별화된다. 이 모든 덕목들은 궁극적이고 최종적인 목표인 초자연적 목적을 그 대상으로 삼고 있다.[63]

6. 이 은혜로 인해 인간은 초자연적으로 선을 행할 수 있게 되고 은혜의 증대와 지복직관의 영생, 그리고 그런 환경 속에서 더 낮거나 더 높은 영광(면류관 또는 후광)을 받을 수 있다.[64] 트리엔트 공의회에 따르면 이것은 은혜를 파기하지 않는다. 이 모든 것이 하나님의 작정에 기초를 두고 그리스도의 공로와 은혜의 선물을 전제하기 때문이다.[65]

7. 큰 상급을 받을 만한 선행은 특별히 기도와 금식, 세상적인 것들에 대한 부정, 독신, 수도사적 삶, 자기고행, 순교와 같이 율법이 엄격하게 명령하지 않고 또 율법 자체를 넘어서는 것들이다. 이런 것들을

---

62) 트리엔트 공의회의 교리문답에 따르면, "은혜와 더불어 하나님이 영혼에 주입해주시는 가장 훌륭한 모든 덕목들이 이 은혜와 동반한다"고 되어 있다(Roman Catechism, II, chap. 2, qu. 50). Robert I. Bradley, SJ, Eugene Kevane이 번역한 *The Roman Catechism*이라는 제목의 제2차 바티칸 공의회 이후판(Boston: Daughters of St. Paul, 1985)은 서론에 나온 덕들의 목록을 생략했다. 그래서 제1장이 세례에 관한 부분으로 시작한다. 그러므로 제대로 각주를 달자면 II, chap. 1, qu. 51이라고 할 수 있다.

63) 로마 가톨릭 신학이 가르치는 덕의 교리에 대해서는 다음을 보라. T. Aquinas, *Summa Theol.*, II, 2.

64) 트리엔트 공의회는 "자신의 선한 행위로 의롭다 함을 받은 사람은 증대된 은혜와 영생을 받고, 은혜 가운데 죽는 경우 영생 자체를 얻을뿐더러 또한 더 큰 영광을 얻는다"라고 한다(sess. VI, can. 32).

65) Council of Trent, sess. VI, can. 16; T. Aquinas, *Summa Theol.*, qu. 114. 로마 가톨릭 신학에서, 은총의 교리는 보통 세 부분으로 논의된다: 실재적 은총(*gratia actuali*)을 가장 먼저 다루고 나서 성향적 은총, 또는 의롭게 하는 은총(*gratia habituali* [*justificante*])을 다루고, 그 다음에 마지막으로 은혜의 열매나 공로를 다룬다(*fructu gratiae seu de merito* [*Theologia Wirceburgensis*, VII, 467ff.])

행하는 사람들은 "종교적으로 탁월한 성인들"이다.[66] 그들의 공덕을 쌓는 행위는[67] 교회가 면벌부를 통해 신실한 자들에게 필요에 따라 나누어줄 수 있는 "공로의 보고"에 더해진다.

성화 그리고 칭의에 대한 비판

[479] 종교개혁은 이런 전체적인 도식을 거부하고 이신칭의론의 입장을 채택했다. 이 믿음은 예수 그리스도 안에서 하나님의 은혜에 대한 진심어린 인격적 신뢰다. 하나님과의 교제는 인간의 노력이 아니라, 오직 하나님 편에서 주시는 은혜의 선물에 의해 일어난다. 종교가 다시 도덕 앞에 위치하게 되었다. 가장 바람직한 것은 수용적인 관점에서 칭의를 다루는 것이다. 이는 신자가 그리스도를 주로 영접하는 것이 바로 믿음을 통해서라고 말하는 것이다. 확실히 이것은 사람들을 새롭게 하고 진심어린 희락을 불러일으키는, 살아 있고 활동적이며 강력한 믿음이라고 할 수 있다. 처음부터 믿음은 동시에 두 가지를 의미했다. 곧 수용하는 기관인 동시에 활동적인 힘이며, 제공된 선물을 받는 손인 동시에 의지를 따라 외적으로 일하는 손이며, 보이지 않는 것들과의 연대인 동시에 보이는 세상에 대한 승리이며, 종교적인 동시에 도덕적이다.

특별히 개혁파 신학에서 믿음은 중생의 결과로 생겨나며 중단없는 회개를 동반하는 것으로 여겨졌다. 이것은 공로나 상급을 더하기 위한 특별한 순종의 문제가 아니라, 어린아이와 같은 순종의 문제, 즉 십계명에 간결하게 규정된 바와 같이 하늘에 계신 우리 아버지의 뜻을 행하는 믿음의 순종의 문제다. 이 계명들과 더불어 기도 역시 그리스도인들의 감사의 삶

---

66) T. Aquinas, *Summa Theol.*, II, 2 qu. 81, art. 1, ad 1; and qu. 180ff. Aquinas는 여기서 명상적인 삶을 논한다.

67) "의무에 지나도록 하는 선행"이라는 말은 눅 10:35에서 유래했다. 여기서 *προσδαπανησης* 라는 말은 라틴어로 *supererogaveris*(과다하게 지출된 것)로 번역되었다.

에서 중요한 자리를 차지한다. 그러므로 종교와 도덕은 구별된다. 개신교 신학에서 금욕주의는 윤리학과 더불어 출현했으며,[68] 신학은 윤리학과 통합되었다. 일례로 칼뱅은 온갖 종류의 미덕과 의무들을 광범위하게 설명하면서 삶 전체를 로마서 12:1에서 비롯된 하나의 보편적 원리가[69] 지배하는 단일체로 일목요연하게 다룬다.[70] 그리스도인의 삶 전체는 하나님에 대한 예배로 드려진다. 우리는 우리 자신의 것이 아니고 하나님의 것이다. 우리는 전적으로, 그리고 사나 죽으나 항상 하나님께 속해 있다. 이러한 원리에서 출발하여 칼뱅은 디도서 2:12에서 표현된 바와 같이 그리스도인의 삶이 세 방향으로 확장되는 것으로 묘사한다. 곧 무신앙과 세상 정욕을 거부하는 그리스도인들은 절도 있고 의롭고 경건한 삶을—우리 자신에 대해 절도 있게, 이웃에 대해 공정하게, 하나님께 독실하게—살아야 한다.

믿음이 성령의 거듭나게 하시는 역사에 뿌리를 둔 살아 있는 믿음이라는 이런 종교개혁적 이해는 두 진영으로부터 반대를 받는다. 인문주의 합리론자들은 삶의 다양한 영역들을 신학의 지배와 기독교의 영향에서 벗어나게 하려고 노력했다. 종교개혁의 다양한 분파들과 신비주의자들은 이신칭의 교리에 만족하지 않았고 칭의에 성화를 덧붙일 것을 강력하게 요구하였다. 개신교회들이 교조주의에 빠졌을 때, 특별히 육신과 영혼, 교회와 세상을 날카롭게 대비시키는 신비주의적인 재세례파의 사상이 많은 사람들의 마음에 공감을 불러일으켰다. 경건주의자들과 감리교도들에게 있어 칭의는 완전에 이르는 성화와, 사랑과 순종 가운데 누리는 하나님과의 끊임없는 교제를 수반해야만 했다. 경건주의는 회심의 구체적인 방법

---

68) G. Voetius, *Exercitia pietatis* (Gorichem: Paul Vink, 1664); H. Heppe, *Geschichte des Pietismus und der Mystik in der reformirten Kirche* (Leiden: Brill, 1879), 23ff, names other works as well.

69) J. Calvin, *Institutes*, III.vi-x.

70) 이와는 반대로 Melanchthon은 점점 철학으로 회귀하는 가운데, Aristotle를 길잡이로 하여 윤리와 정치를 다루기 시작했고 기독교 신앙을 영혼의 내면적 삶과 자연법에 지배를 받은 그리스도인의 외면적 삶으로 제한했다.

을 규정한 후에, "세상 밖에" 위치하여 엄격하면서도 편협하게 한정된 도덕적 삶을 특징으로 하는 폐쇄적인 작은 모임들[비밀 집회소]로 경건한 자들을 불러모았다.[71] 감리교는 구체적인 회심의 방법을 발전시켰을 뿐 아니라 점차 특별한 성화 교리에 이르게 되었다. 인간은 칭의를 획득했다고 해서 이전보다 더 많은 선행을 할 수 있는 것이 아니다. 그러나 하나님이 의롭다 하신 후에, "순전하라!"고 선포하시고 거듭나게 하시고 성결하게 하시면, 악의 뿌리가 우리 마음에서 제거되고 죄는 더 이상 존재하지 않는다. 거룩한 완전은 "실제적 변화"요—칭의는 "관계적 변화"일[72] 뿐이다—두 번째 복이다. 그것은 죄에 대한 "이중적 치료"(double cures)[73] 가운데 두 번째 치료다. 나중에 몇 가지 수정이 가해지기는 하지만, 웨슬리의 가장 깊은 확신은 사람이 칭의 이후에 믿음을 통해 즉시 완전한 성화를 얻을 수 있는데, 이는 하나님이 그것을 원하실 뿐만 아니라 그리스도가 즉시 그것을 주실 준비가 되어 있기 때문이라는 것이다.[74]

그리스도인의 완전성 교리는 회심의 교리와 함께 감리교의 가장 위대한 교리이자 모든 것을 지배하는 가장 두드러진 교리라 할 수 있다. 그것은 주로 다음과 같은 내용을 담고 있다.

1. 칭의나 죄 사함은 믿음으로 받는 것인데, 반드시 성화가 뒤따라야 한다. 그리스도는 죄책과 죄의 형벌에서뿐 아니라 죄의 오염과 권세에서도 우리를 구원하시는 완전한 구원자시기 때문이다.

---

71) H. Bavinck, *Reformed Dogmatics*, III, 535-40 (#422).

72) 편집자 주—영어로 "실제적 변화"와 "관계적 변화"로 번역된 이 말은 출처 표기가 없기는 하지만 Bavinck 자신이 사용한 용어다.

73) 편집자 주—Augustus Toplady의 찬송시인 "Rock of Ages"에서 따온 말로, 죄책으로부터 구원하고 정결하게 하시는 그리스도의 이중적인 구원 사역을 가리킨다.

74) H. Bavinck, *Reformed Dogmatics*, III, 536-40 (#422); R. Southey, *The Life of John Wesley*(London: Hutchinson, 1903), 234-64; F. Loofs, "Methodismus," in *PRE³*, XII, 799.

2. 세부사항에서는 차이가 있지만, 이 성화는 죄의 오염과 권세로부터
의 완전한 해방으로 이루어진다.

3. 이 완전은 믿음으로 받는 것인데, 그 믿음이란 곧 전능하신 하나님
이 바로 지금 이 순간에 나에게 개인적으로 이 완전한 거룩을 기꺼
이 주려 하신다는 확신이다. 우리가 자신을 전적으로 그리고 무조건
적으로 하나님께 맡길 때 하나님은 "네 믿음대로 될지어다!"라고 말
씀하시고 우리를 모든 죄악에서 깨끗게 하신다. 우리가 이미 받은
것으로 믿고(다른 독법에 따라) 기도로 구한 것은 무엇이든지 우리 것
이 될 것이다(막 11:24). "믿음은 단지 기대하는 것이 아니다. 구한 것
을 이미 받은 것으로 여기는 것이 믿음이다."[75]

4. 성령을 받는 일은 종종 깊은 감정과 강한 육체적 떨림을 수반한다.
감리교 역시 이 성령의 "두번째 수여"를 그리스도의 재림—지상에
평화의 나라라고 하는 영광스런 시대가 시작되는—이 임박했음을
알리는 이 땅의 새로운 시대의 시작으로 여긴다. 이런 강조가 금욕주
의적 율법주의는 물론 기행들—세속적인 직업들에 대한 경시, 교회
와 신앙고백과 직분과 성례 등의 평가절하—을 불러일으킬 수 있을
지라도, 또한 그것은 선교와 자선사업이라는 위대한 역사들을 만들
어냈다. 교회와 사회 안에서, 그리고 자선사업과 선교 분야에서 기독
교가 활발하게 활동하게 된 데는 직접적으로든 간접적으로든 감리
교의 역할이 컸다고 할 수 있다.[76]

---

75) R. A. Torrey, *The Holy Spirit: How to Obtain Him in Personal Experience, How to Retain Him* (Chicago: Bible Institute Colportage Association, 1900-1928), 23.

76) J. L. Nuelsen, "Methodismus in Amerika," in *PRE³*, XIII, 14; all these points on Methodismare based on J. Wesley, *A Plain Account of Christian Perfection* (New York: Methodist Book Concern,1925). 독일에서 이 교리가 중요하게 다루어진 데는 다음 저작의 공이 컸다. Theodor Jellinhaus, *Das völlige gegenwärtigen Heil durch Christum*, 5th ed. (Berlin: Thormann & Goetsch, 1903). 참조. M. Schian, *Die moderne Gemeinschaftsbewegung* (Stuttgart: Greiner & Pfeiffer, 1909); idem, "Die

[480] 성화에 대한 적절한 이해는 그리스도가 우리의 의로움이라는 것과 동일한 의미로 그분이 우리의 거룩함이라는 확신에서부터 시작한다. 그리스도는 실제로 우리를 완벽하게 구원하신, 완전하고 모든 것을 충족시키시는(all-sufficient) 구원자다. 그분은 우리의 양심에 사죄를 선언하신 이후에 온전한 거룩과 영광을 우리에게 나누어주시기 전까지는 쉬지 않으신다. 그리스도는 단지 우리를 하나님의 심판에서 벗어날 정도로만 의인의 상태로 회복하시고, 그 후에는 스스로를 하나님의 형상에 따라 갱신하고 영생을 획득하도록 내버려두시는 것이 아니다. 그리스도는 "우리의 의와 거룩과 구속"이 되신다(고전 1:30). 그러므로 완전히 우리의 소유가 되어야 하는 거룩함은 그리스도 안에서 온전히 우리에게 준비되어 있다. 하나님은 그리스도 안에서 우리에게 의로움과 더불어 완전한 거룩함도 주시되, 우리에게 거룩을 전가시키기만 하시는 것이 아니라, 성령의 거듭나게 하시고 새롭게 하시는 사역을 통해 우리가 그 아들의 형상에 온전히 일치될 때까지 이 거룩을 내적으로 부여하신다.

논리적으로, 우리의 죄책을 제거하는 칭의는 죄의 오염에서 우리를 깨끗하게 하는 성화에 선행한다(롬 8:30; 고전 1:30). 게다가 칭의는 단번에 완결된 법정적 행위인 반면에, 성화는 우리의 인생 전반에 걸쳐 지속되는 윤리적 과정이다. 비록 칭의와 성화가 서로 구분되기는 하지만,[77] 그 둘이 결코 분리되어서는 안된다. 그리스도가 죽기까지 복종하신 것은 총체적 구속(ἀπολυτρωσις), 즉 죄의 법적 권세로부터의 구속(롬 3:24; 엡 1:7; 골 1:14) 뿐 아니라 죄의 도덕적 지배로부터의 해방(롬 8:23; 고전 1:30; 엡 1:14; 4:30)을 이루기 위한 것이었다. 이러한 구분은 하나님이 의롭고도 거룩하신 분이라

---

moderne deutsche Erweckungspredigt," *Zeitschrift für Religionspsychologie* 10 (1908): 11.

77) 칭의와 성화를 혼합하는 자들은 신앙생활을 약화시키고 신자의 위로를 앗아가고, 하나님을 인간에게 종속되게 하는 것이다. 이 둘을 분리하는 자들은 도덕적 삶을 약화시키고 은혜를 죄 아래 종속시키는 것이다.

는 사실에 기초한다. 하나님은 의로운 분으로서 그분의 모든 피조물이 그의 목전에서 죄책과 형벌로부터 자유롭기를 원하신다. 하나님은 거룩하신 분으로서 그들이 하나님 앞에서 죄로 오염되지 않고 순결하게 서기를 요구하신다. 더구나 칭의와 성화는 성령의 권능과 사역 안에서 하나가 된다. 이 성령은 그리스도가 자신의 사역을 하도록 그를 구비시키셨는데, 그의 잉태에서부터 승천까지 그를 인도하셨다. 그리고 이제 그리스도는 동일한 성령으로 그의 교회를 빚어가시고 구비시키신다. 예수가 제자들에게 약속하고 교회에 부어주신 성령은 확신을 주시는 양자의 영이실 뿐 아니라 갱신과 성화의 영이시다. 성령은 신자들 안에 내주하시고 그들은 성령 안에서 살고 행한다(롬 8:1, 4, 9-11; 고전 6:19; 갈 4:6 등). 이 때문에 그리스도는 자신을 그들에게 내어주시는데, 구속 안에서 객관적으로만이 아니라 성화 속에서 주관적으로 자신을 전달하시며 영적이고 신비한 방식으로 그들과 연합하신다. 그리스도는 이런 식으로 신자들 안에 살며 거하시고(요 14:23; 17:23, 26; 롬 8:10; 고후 13:5; 갈 2:20; 엡 3:17), 그들은 포도나무와 가지(요 15장), 머리와 지체(롬 12:4; 고전 12:12; 엡 1:23; 4:15), 남편과 아내(고전 6:16-17; 엡 5:32), 모퉁이돌과 건축물(고전 3:11, 16; 6:19; 엡 2:21; 벧전 2:4-5)과 같이 그분과 연합한다.

[481] 칭의는 물론 성화 역시 순전히 은혜의 선물이다. 이 두 가지 경우 모두에서 우리에게 주어진 유익은 그리스도 자신이다. 다시 말해 칭의에 의해 우리는 그리스도 안에서 하나님의 의가 된다. 성화에 의해 그가 친히 그의 성령으로 우리 안에 거하시고 그의 형상을 따라 우리를 새롭게 하신다. 칭의에 대해 논의할 때와 마찬가지로[78] 우리는 수동적 성화와 능동적 성화를 구분할 필요가 있다. 성경에서 성화가 성부(요 17:17; 살전 5:23; 히 13:20-21)와, 생명을 주시는 영이신 성자(고전 15:45; 엡 5:26; 딛 2:14)와, 특별히 성령(딛 3:5; 벧전 1:2)의 일로 여겨질 때, 신자들의 역할은 수동적이다.

---

78) H. Bavinck, *Reformed Dogmatics*, IV, 186-95 (#469)를 보라.

즉 그들은 그리스도 안에서 성화되며(요 17:19; 고전 1:2; 6:11), 또한 그들은 하나님이 만드시는 작품이다(엡 2:10). 이 모든 것이 하나님에게서 온다(고후 5:18). 하나님의 백성들은 "성도들"이라고 불린다(롬 1:7; 고전 1:2). 그들은 거룩할 뿐만 아니라 "택하신 족속이요, 왕 같은 제사장이요, 거룩한 나라요, 하나님의 소유된 백성"(벧전 2:9)으로서 거룩해지도록 부르심을 받았다. 신자들은 "그리스도 예수 안에서 거룩함을 입고"(고전 1:2), 성령으로 말미암아 거듭나고, 정결케 되고, 새롭게 된다(요 3:3; 고전 6:11; 딛 3:5). 그들은 죄 가운데 있는 옛 생활과 삶의 방식이 대조되고(고전 6:10; 엡 2:1), 점점 더 그리스도의 형상을 닮아가는(롬 8:29; 갈 4:19) 새로운 사람들이다(고후 5:17; 갈 6:15; 엡 2:10; 4:24; 골 3:10). 여기서 성화는 영화와 일치한다. "미리 정하신 그들을 또한 부르시고 부르신 그들을 또한 의롭다 하시고 의롭다 하신 그들을 또한 영화롭게 하셨느니라"(롬 8:30). 이 영화는 그리스도의 재림으로 완성될 때까지(고전 15:49, 51ff.; 빌 3:21; 골 3:4) 그리스도인의 일생 동안 지속된다(고후 3:18).

또한 성화는 그리스도인의 편에서 능동적으로 계속되는 회개로의 부르심이다. 성화는 선물인 동시에 임무다. 우리는 죄에 대해서 죽고 "우리 지체를 의의 병기로 드리고" 우리 자신을 온전히 하나님께 드려야 한다(롬 12:1; 고후 7:1; 살전 4:3; 히 12:14 등). 우리는 포도나무이신 그리스도에게 접붙임을 받고 또한 열매를 맺을 것을 요구받는다(요 15장). 성경은 언제나 이 두 측면, 곧 하나님의 포괄적 행위와 우리의 책임(빌 2:12-13)을 모두 견지한다. 능동적 성화는 "계속되는 회개"라 불리는 것과 일치하는데, 「하이델베르크 교리문답」에 따르면 이것은 옛 사람이 죽고 새 사람으로 사는 것이다.[79] 이런 이중성은 율법주의자들과 반율법주의자들에게 오해를 받아왔다. 율법주의자들은 선행이 구원을 위한 필요조건이라고 주장한다. 반면에 반율법주의자들은 그리스도의 완전한 희생제사가 그것들을 불필요

---

79) Heidelberg Catechism, Q&A 88.

한 것으로 만들었다고 여기기 때문에 회개, 죄 용서를 위한 기도, 선행에 무관심하다. 루터파는 이런 긴장을 특별히 어려워했고 이는 격렬한 논쟁을 야기했다.[80] 개혁파 신학자들은 선행이 공로의 의미보다는 현존이라는 의미에서 필요하다고 말함으로써 난제를 해결하려 했다. 선행의 현존은 신자 안에서 하나님이 행하시는 은혜 사역의 표지다. 이것은 성화의 수동적이고 능동적인 측면 모두를 분명히 강조하고, 두 가지 측면을 동일하게 힘주어 선포하고, 양자 간에 아무런 모순이나 충돌을 설정하지 않는 성경적 가르침이다. 하나님과 인간, 신앙과 도덕, 믿음과 사랑, 영적인 삶과 도덕적인 삶, 기도하는 것과 행동하는 것은 서로 상반되는 것들이 아니다. 우리가 하나님을 의지하는 것은 엄밀히 말해서 우리의 자유를 근거지우는 것이다. 우리는 율법 아래 있지 않고 은혜 아래 있기 때문에, 죄가 더이상 우리를 지배할 수 없다(롬 6:14). 다시 말해서 우리는 그리스도 안에서 죄에 대해 죽고 하나님에 대해 산다(롬 6:11). 신자들은 그리스도가 그들을 자유케 하신 바로 그 자유 안에 거한다. 그리스도 안에서 사랑으로 역사하는 믿음을 제외한 그 어떤 것도 능력을 발휘하지 못한다(갈 5:1, 6). 신자들의 몸은 그리스도의 지체요 성령의 전이며, 그들은 값주고 사신 바 되었고, 하나님께 속한 그들의 몸과 마음으로 하나님을 영화롭게 해야 한다(고전 6:15, 20).

---

80) 선행을 변호하는 사람들이 있는가 하면, 다른 사람들은 선행을 해롭게 여기고 선행이 구원에 오히려 장애가 되는 위험한 것이라고 말하는 데까지 나아간다. 「일치 신조」는 두 입장 모두를 정죄하고 신자들이 선행에 힘쓰는 것이 하나님의 뜻과 분명한 명령이기 때문에 성령이 신자의 마음에서 일하시고 이 땅과 내생에서 그리스도로 말미암아 하나님이 그것을 받으시고 상을 주시는 한에 있어서 선행은 "외적인 구원의 표지"라고만 말했다(Formula of Concord, "Solid Declaration," art. 4, "Concerning Good Works," in *The Book of Concord*, ed. Robert Kolb and Timothy J. Wengert [Minneapolis: Fortress, 2000], 574ff.).

선행, 완전주의, 견인

[482] 엄밀한 의미에서 선행은 참된 믿음으로써 행해지고, 하나님의 율법에 부합하며, 하나님의 영광을 위한다.[81] 개혁파가 이교도의 미덕을[82] 충분히 인정하고 그것을 하나님의 일반은총의 열매로[83] 평가한다 해도, 그것은 선행이 아니다. 오직 하나님의 면전에 설 수 있는 가장 고상한 의미에서의 참된 영적 선은 하나님을 알고 사랑하며, 그 사랑으로 감동받고 그의 계명을 지키는 사람들에 의해서만 성취될 수 있다. 우리가 지상에서 하나님을 대면하여 볼 수 없는 이상, 믿음은 하나님의 계시를 수용하고 있는 그대로의 참 하나님을 아는 유일한 방편이다. 믿음은 맨 처음 칭의 단계에서만 필요한 것이 아니라 그리스도인의 삶 전반에 걸쳐 수반되어야 하며, 성화 과정에서 영속적이고 대체불가능한 역할을 한다. 성화에 있어서도 우리를 구원하는 것은 오직 믿음뿐이며, 또한 그것은 성화의 과정에서 그리스도인들이 행해야 하는 유일하고 위대한 행위다. 믿음은 모든 자기의 존을 깨뜨리고 하나님의 약속만을 확고하게 붙든다. 우리는 먼저 믿음을 받아야만 무언가를 줄 수 있다. 믿음이 먼저 우리의 마음을 하나님의 은

---

81) Heidelberg Catechism, Q&A 91.

82) 펠라기우스주의자들은 미덕과 선행, 이교와 기독교 신앙 간의 구분을 없앴다. 이들은 자연법, 모세의 율법, 그리스도의 율법을 본질적으로 같은 것으로 본다. 로마 가톨릭은 자연적 선행과 초자연적 선행을 구분하고 타락한 인류라도 전자는 할 수 있다고 보았다. 하지만 Tertullian (*The Apology*, c. 45-46)와 Augustine (*Against Julian*, trans. M. A. Schumacher, vol. 16 of *Writings of St. Augustine* [Washington, DC: Catholic University of America Press, 1984], IV, c. 3, §§17, 25, 33)는 다르게 판단했다. 개혁파 사상가들은 이교도의 미덕을 기꺼이 인정하고 오히려 신자들을 부끄럽게 하는 모범으로 여겼다. 그럼에도 이교도들의 미덕과 신자의 선행 간의 근본적인 차이를 놓치지 않았다. 다음을 보라. J. Calvin, *Institutes*, II.ii.12ff.; II.iii.3ff.

83) 타락 이후에도 사람은 여전히 사람이었으며, 내적으로 많은 미덕들을 소유하고 있었고 외적으로 많은 선한 일들을 수행했는데, 그것은 인류의 시각과 기준으로는 인류 자신에게 대단히 가치 있고 존중받을 만한 것이었다.

혜에 대해 열리게 하고 성령의 능력 안에서 하나님과의 교제의 기쁨을 누리게 한 후에야, 그 믿음은 우리의 감사를 일깨우고 우리로 하여금 위대한 일들을 행할 수 있게 한다. 믿음은 신자들이 "내게 능력 주시는 자 안에서 내가 모든 것을 할 수 있느니라"(빌 4:13)라고 말하도록 촉구한다. 믿음은 율법을 세우고 그 도덕적 이상을 낮추는 것을 거절하지만, 또한 율법의 준수를 통해 구원과 생명과 평안을 찾으려는 모든 시도들을 끊는다. 신자들이 십계명에 표현된 대로 하나님의 뜻을 행하려고 노력하는 것은 바로 사랑으로 역사하는 믿음에서 나온 것이다. 율법주의자들과 반율법주의자들 모두 하나님의 율법이 부요하고 충만하다는 것과, 그 율법이 "교훈에 교훈을 더하고 규칙에 규칙을 더하는" 것으로 환원될 수 없다는 것을 망각한다. 십계명은 예언자들과 우리 주님이 논증하고 적용한 대로 이해되어야 한다. 이 시대에 반율법주의(antinomianism)는 선을 악이라, 악을 선이라 부르고 도덕적 무정부 상태(moral anarchism)에 왕좌를 내준 프리드리히 니체를 통해서 가장 극명하게 드러난다. 생각의 무질서가 앞서고 행동의 무질서가 뒤따르는 이런 도덕적 무정부 상태는 또 다른 "이중 도덕"을 불러일으키며, 스스로 "앎에 도달한"(γνωστικοι) 것으로 여기는 자들―지식인들과 예술가들, 천재들과 영웅들―이나 자신이 "군중"(horde)들의 "상식적인 도덕"을 초월해 있다고 주장하는 자들에게 특별한 유혹거리가 된다. 니체조차 그가 말하는 도덕성이 "초인"(superhuman)에게만 적합하다고 생각했다. 그러나 실제로 도덕적 무정부 상태는 매우 치명적인 결과를 낳기 때문에 삶의 보편적인 규범으로 장려될 수 없었다.

율법주의가 이런 반율법주의와 정면으로 대치됨에도 불구하고, 이 둘은 서로 달리 표현되면서도 실제로는 유사한 도덕적 이원론을 야기한다는 점에서 어느 정도 유사성을 보인다. 로마 가톨릭이 모든 사람에게 유효한 율법의 "교훈들"과, 모든 그리스도인에게 해당하는 것이 아니라 성인(sainthood)의 공로를 얻고자 하는 자들에게 적용되는 "복음적 권고"를 구분하거나, 경건주의와 감리교 및 이와 관련된 종교 운동들이 유사한 구분을 시도하는 것은 모두 시초에는 교회를 개혁하고 교회의 도덕성을 고양하려는 마음으로 행해진 것이었다. 하지만 결국에는 큰 교회(*ecclesia*) 내에 엘리트 그리스도인들로 이루어진 작은 교회(*ecclesiola*)를 만들어내는 결과를 낳았다. 이로써 그리스도인의 거룩한 삶은 몇몇 사람들만을 위한 것이 되어버렸다.

이중 도덕 안에는 개신교가 충분히 다루지 않은 일말의 진리가 있다. 완전한 자기부인과 특별한 헌신으로 그리스도의 대의를 이루기 위해 자신을 드린 사람들에 대해 우리가 아무리 많은 이론적인 의구심을 가지고 있다 하더라도, 실제로 우리는 그들에 대해 즉각적으로 존경을 표한다. 세상의 모든 재화를 부정하고, 결혼을 포기하고, 세상을 등지고, 모든 종류의 비참함과 고통을 견디는 일들이 모두 공로와 보상을 얻고자 하는 욕구에서 비롯되었다고 말하는 것은 너무도 쉬운 일이다. 산상설교에 나오는 주님의 가르침과 신약성경의 유사한 명령들을 몸소 증명해내기는 대단히 어려우며, 그 때문에 우리는 너무도 쉽게 그것을 일축해버린다. 개별 신자들은 그리스도인으로서 자신이 처한 상황과 환경에 더 깊은 사랑의 삶을 적용할 진정한 자유를 소유하고 있지만, 그 자체로는 허용가능한 것들이 경우에 따라 허용되지 않을 수 있다(롬 14:21, 23; 고전 8:13; 10:23). 한편으로 결혼하지 않고(마 19:11; 고전 7:7), 사례를 거절하고(고전 9:14-19), 세상의 모든 소유를 부인하는 일(마 19:21)이 의무가 되는 상황들도 있다. 우리는 그리스도인의 자유(*adiaphora*)의 영역과 "완덕의 권고들"을 도덕법이 가진 통일성과 보편성 안에서 바라보아야 한다. 이중 도덕이 율법주의적으로 흐르게 되면 그것은 일반적으로 완전주의나 "행위의"로 이어진다.

[483] 이중 도덕을 옹호하는 사람들은 모두 결국 성도의 완전 가능성의 교리, 선행의 공로성, 그리고 공로의 전달 가능성에 이른다. 율법주의는 자연스럽게 오늘날 다시 발흥한 이설인 완전주의로 이어진다.[84] 리츨

---

84) H. Bavinck, *Reformed Dogmatics*, IV, 237-48 (##478-79); L. Lemme,

과 다른 사람들은 바울이 회심한 후에는 불완전함에 대한 의식이 전혀 없었고 일반 신자들에 대해서도 그런 의식을 반영하지 않았다고 주장한다.[85] 또는 그가 비현실적 이상주의자로서, 그리스도가 곧 재림하시리라는 생각에 신자들의 삶에 현존하는 죄를 완전히 간과했다는 것이다.[86] 이 주장이 담고 있는 진리의 요소는 성경에서 하나님의 백성의 영광을 묘사하는 단어를 얼마든지 찾을 수 있다는 것이다. 즉 구약성경에서 이스라엘은 하나님이 선택하시고 사랑하시는 제사장 나라, 하나님 자신의 소유와 유산, 하나님의 영광에 의해 완벽하게 아름다운 그분의 아들과 종으로 불린다(출 19:5-6; 신 7:7ff.; 32:6, 8-9, 18; 사 41:8; 겔 16:14 등). 그리고 신약성경은 이 땅의 소금(마 5:13), 세상의 빛(14절), 하나님에게서 난 그의 자녀들(요 1:12-13), 그분의 택하신 족속과 왕 같은 제사장(벧전 2:9-10), 신의 성품에 참여한 자(벧후 1:4), 성령의 기름 부음을 받은 자(요일 2:20), 그리스도로 말미암아 왕과 제사장이 된 자(계 1:5), 죄를 지을 수 없는 자(요일 3:9; 5:18ff.) 등과 같은 표현을 사용한다. 성경은 교회에 탁월한 지위를 배정하고, 웅장한 이름들을 부여하며, 신성에 속하는 거룩과 영광을 교회에 돌린다. 이것은 과장이 아니라 믿음에서 나온 표현이다. 그러나 바울은 자신이 죄인임을 알고 있다. 자신의 (선한) 의도에도 불구하고 악이 바로 가까이에 놓여 있다(롬 7:21). 다시 말해 그는 육체 가운데 살고 있는데(갈 2:20), 그 육체의

"Vollkommenheit," in *PRE³*, XX, 733; O. Zöckler, "Perfectionisten of Oneida-Kommunisten in Amerika," in *PRE³*, XV, 130. 편집자 주—주목할 만한 사실은 Bavinck가 Benjamin B. Warfield의 포괄적이고 중요한 가치를 지닌 다음 작품을 언급하지 않는다는 것이다. *Perfectionism*, in *The Works of Benjamin B. Warfield*, 10 vols. (New York: Oxford University Press, 1929-1932; repr., Grand Rapids: Baker Academic, 1991), vols. VII and VIII.

85) A. Ritschl, *Die christliche Lehre von der Rechtfertigung und Versöhnung*, 4th ed., 3 vols. (Bonn: A. Marcus, 1895-1903), II, 365.

86) H. Scholz, "Zur Lehre vom 'Armen Sünder,'" *Zeitschrift für Theologie und Kirche* 6 (1896): 463ff.

소욕이 성령을 거스른다는 것이다(갈 5:17). 그의 육체 안에는 선한 것이 전혀 없으며(롬 7:18), 그는 완전에 이르지 못했다(빌 3:12).

특별히 로마서 7:7-25은 완전주의를 배격하고, 죄와 은혜 간의 긴장이 거듭난 자들의 삶 속에서 지속된다는 개혁파의 견해를 주장하는 데 있어 중요한 본문이다. 로마서 7장을 종교개혁자들의 관점에서 해석하는 것을 지지하는 가장 큰 이유는 본문 자체에 있다. 여기서 바울이 사용하고 있는 현재 시제는 오직 현재 시제로만 이해될 수 있다. 클레멘(Carl Clemen)은 "당신이 만일 사도가 여기서 수년 전의 자신의 상태를 회상하듯이 말하는 것이라고 믿는다면, 당신은 실제로 사도를 희극 배우로 만드는 것이다"라고 지적한다.[87] 성경은 그 어디서나 죄가 신자들의 일생에 걸쳐 그들 안에 하나의 실체(reality)로 남아 있다는 전제에서 시작한다. 그들은 끊임없이 죄 용서를 위해 기도하고(마 6:12-13), 죄를 고백할(요일 1:9) 필요가 있다. 성경의 모든 훈계와 경고는 신자들이 완전한 순종에 이르기 위해 단지 미약한 시작 단계에 머물러 있을 뿐이라고 전제한다. 그들은 모두 매일 많은 잘못을 저지른다(약 3:2). 만약 그들이 자신은 죄가 없다고 한다면 스스로를 기만하는 것이다(요일 1:8). 더욱이 성경은 결코 율법의 요구를 약화시키거나 신자의 연약함에 맞추어 조정하지 않는다. 이것은 율법주의적 완전주의자들의 행태다. 그들은 도덕법의 수준을 떨어뜨리고 죽음에 이르는 죄와 가벼운 죄, 죄를 짓는 것과 품는 것, 그리고 이와 유사하게 이 땅에서의 완전과 하늘에서의 완전, 상대적 완전과 절대적 완전을 구분한다. 그러나 성경은 다음과 같이 요구한다. "내가 거룩하니 너희도 거룩할지어다"(벧전 1:16). "하늘에 계신 너희 아버지의 온전하심과 같이 너희도 온전하라"(마 5:48; 약 1:4). 우리는 분명한 선택에 직면한다. 만일 우리의 행위가

---

87) Carl Clemen, *Die christliche Lehre von der Sünde* (Göttingen: Vandenhoek & Ruprecht, 1897), I, 112; W. C. van Manen, *De brief aan de Romeinen* (Leiden: Brill, 1891), 71.

불완전하고 완벽하지 못하다면, 우리 행위의 모든 공로성은 사라진다. 이 것은 로마 가톨릭의 가르침에 대한 종교개혁의 답변이다. 게다가 이생에서의 모든 완전 가능성 개념들은 율법의 요구들을 약화시키고 현존하는 관행에 순응할 것을 요구한다. 이 두 경우 모두 하나님의 도덕법이 가진 유기적 통일성은 상실되고 따라서 그리스도의 사역의 통일성도 상실된다. 감리교가 칭의를 성화로부터 분리시키고, 성화를 믿음의 특별한 행위(“이 중 치료”)를 통해 얻는 고립된 유익으로 간주하는 것은 믿음의 삶을 잘못 해석하는 것이다. 그리스도를 믿는 믿음은 그리스도와 그의 유익들 전체 를 능동적으로 사유화하는 단일 행위(a unitary act)다. 그리스도 안에서 우 리는 용서를 받고 거룩하게 된다. 그로 인해 우리는 그리스도 안에서 우리 의 생명의 충만함에 이르고 그를 대면하여 보기까지 우리의 머리 되신 그 리스도께로 점점 더 자라간다. 이제 우리는 성경의 “보상(reward)”이라는 표현을 이해할 수 있다. 우리의 행위는 우리가 영생의 “품삯”을 받기 위해 하나님께 드리는 무엇이 아니다. 하나님은 종말론적으로 우리를 독려하시 려고 “보상”이라는 표현으로 우리에게 말씀하신다.[88] 하나님은 그분 편에 서 품삯과 보상의 이미지를 사용하셔서 그분의 자녀들에게 주려고 의도하 신 구원과 영광을 표현하시는데, 이것은 이미 자신의 상속자가 된 자녀들 을 자극하고 격려하고 위로하시기 위한 것이다. 우리는 여기서 모든 문자 주의를 피해야 한다. 경제적인 차원에서의 접근은 도움이 되지 않는다. 더 좋은 유비가 이 세상의 인간 관계 속에서 발견되는 경우가 있다. 바로 섬 김과 사랑의 행위―아버지를 도와주는 아들, 환자를 치료하는 의사, 다른 사람들을 위해 아름다움을 창출하는 예술가들, 인류를 이롭게 하는 발명 가들―가 인정과 영예와 심지어 유형의 보상을 받을 때가 있다는 것이다. 하지만 그 행위가 엄밀히 경제적인 의미에서 “임금을 위한 노동”으로 간주

---

88) 편집자 주―“종말론적 독려”(eschatological incentive)라는 말은 Bavinck가 아닌 편 집자의 표현이다. 하지만 저자의 생각을 정확히 담아내고 있다.

되면 이 행위의 본질을 올바로 파악할 수 없다. 어떤 자녀가 뻔뻔스럽게도 마음속에 그런 생각을 품고 하나님의 심판대 앞에서 그런 말을 하겠는가? 우리가 하나님께 드리는 "행위"는 참된 믿음으로 행해졌을 때 하나님의 율법에 부합한 것이 되며, 하나님의 영광을 위하고 그분을 기쁘시게 하는 일이 된다. 또한 그것은 우리가 받는 보상이며 은혜의 선물 그 자체다.

[484] 성경은 성도의 견인도 성화와 마찬가지로 선물이자 임무라고 말한다. 신약성경은 반복해서 신자들에게 그들의 구원자와 주님께 변함없이 신실하고 진실하되(마 24:13; 요 15:1-10; 롬 2:7-8; 골 1:23; 히 2:1; 3:14; 6:11; 요일 2:6, 24, 27; 3:6, 24; 4:12ff.), 심지어 죽기까지 그렇게 할 것을(계 2:10, 26) 권고한다. 때때로 성경은 배교의 가능성이 실재하는 것처럼 말하기도 한다. "그런즉 선 줄로 생각하는 자는 넘어질까 조심하라"(고전 10:12). 또 성경은 신실하지 못함에 대해 무거운 형벌을 내리겠다고 위협한다(겔 18:24; 마 13:20-21; 요 15:2; 롬 11:20, 22; 딤후 2:12; 히 4:1; 6:4-8; 10:26-31; 벧후 2:18-22). 변절을 표현하는 몇몇 본문들(갈 5:4; 딤전 1:19-20; 4:1; 딤후 2:17-18; 4:10)을 토대로 많은 전통들은 받은 은혜를 완전히 상실하는 것이 가능하다고 가르쳤다. 반면에 아우구스티누스는 성도의 견인을 고백하기에 이르렀다. 또한 개혁파만이 이 교리를 지지했고 그것을 믿음의 확신과 연결했다.[89] 문제는 신자들 스스로가 자기 믿음을 유지하느냐 아니면 잃어버리느냐 하는 것이 아니라, 하나님이 스스로 시작하신 은혜의 역사를 지탱하고 지속하고 완수하시느냐 아니면 때로 죄의 능력이 그것을 완전히 망가뜨리도록 허락하시느냐 하는 것이다. 견인은 인간의 행위가 아니라 하나님께로부터 온 선물이다. 개혁파에서 견인 교리는 은혜의 사역이 지속되고 완성되는 것을 보증하시는 하나님의 선물로 간주되는데, 하나님은 신자들을 통해 이

---

89) Heidelberg Catechism, Q 1, 53-54; Canons of Dort, V; F. Schleiermacher, *The Christian Faith*, ed. H. R. MacIntosh and J. S. Steward (Edinburgh: T&T Clark, 1928), §111; J. J. van Oosterzee, *Christian Dogmatics*, trans. J. Watson and M. Evans, 2 vols. (New York: Scribner, Armstrong, 1874), §121.

   제5부 | 성령과 그리스도 안에서의 구원

것을 행하신다. 중생과 믿음에서 그분은 그 자체로 용납이 불가능한 성격을 가진 은혜를 주신다. 또 그분은 영원한 본성을 가진 생명을 주시며, 상호 불가분의 관계에 있는 소명, 칭의, 영화의 유익들을 베푸신다.

참된 신자의 변절에 대해 말하는 것처럼 보이는 성경 구절들(딤전 4:1; 히 6:4-8; 10:26-31; 벧후 2:1, 18-22)을 대할 때, 우리는 무지를 고백할 수밖에 없다. 그들이 진실로 거듭남의 은혜를 받았는지, 또는 그들이 실제로 그것을 잃어버렸는지 우리가 알 수 없기 때문이다. 그러므로 은혜의 전적 상실 가능성에 대해 이런 성경의 권고들에 근거하여 결론을 내리는 것은 완전히 잘못된 것이다. 결과의 확실성이 수단을 불필요한 것으로 만들지 않으며, 그것은 하나님의 작정 속에서 수단과 긴밀하게 연결되었다. 바울은 로마로 가는 배가 좌초되었을 때 그 배에 탄 사람 중 어느 누구도 목숨을 잃지 않으리라는 것을 분명히 알았지만, 다음과 같이 선포한다. "이 사람들이 배에 있지 아니하면 너희가 구원을 얻지 못하리라"(행 27:22, 31). 성경이 이 본문들(히 6:4; 10:26; 벧후 2:20; 요일 5:16)에 나오는 사람들을 가리켜 그들은 돌이켜 회개하도록 만들 수 없는 자들이라고 분명히 진술할 때, 여기서 지시하는 것이 마음을 강퍅하게 하는 심판이 함께 따르는, 회개가 불가능한 죄라는 사실은 부인할 수 없다. 그런 죄가 딱 한 가지 있는데, 바로 성령을 훼방하는 죄다.[90]

성도의 견인을 부정하는 자들은 그들 자신의 신학적이고 목회적인 문제들을 가지고 있다. 그들은 중생의 은혜를 잃게 만드는 죄들과 그렇지 않은 다른 죄들을 구분하는 것처럼 다양한 구분들을 더할 수밖에 없다. 일례로, 죽음에 이르는 죄와 그렇지 않은 죄에 대한 로마 가톨릭의 구분을 들수 있다. 이때 신자가 돌이킬 수 없을 정도로 은혜를 잃어버렸는지 아닌지를 점검하기 위해 강압적이고 결의론적인 정교한 기준들을 고안할 필요가 있다. 어떻게 이런 상태에서 신자가 확신을 발견하고, 더 큰 성화를 위

---

90) 참조. H. Bavinck, *Reformed Dogmatics*, III, 155-57 (#334).

해 구원의 기쁨과 평강 속에서 일할 수 있겠는가? 게다가 만일 성도의 배교가 가능하다면 어려운 문제들은 제거되기는커녕 더 많아진다. 우리가 불변하는 하나님의 작정을 굳게 붙들면, 인간의 어떤 의지로도 그 결과를 되돌릴 수 없다. 그러나 만일 우리가 어떤 의미로든 예정과 예지를 부정하면, 성부의 사랑과 성자의 은혜와 성령의 교통을 포함하여 모든 것이 불확실하게 되고 불안정하게 된다. 궁극적으로 바로 마지막 임종의 순간까지—진정 무덤 저편까지라면 어떨까?—인간의 의지가 결정적이고 모든 것을 지배하는 권력이 된다. 모든 것은 인간의 의지가 그렇게 될 것이라고 결정하는 그대로 이루어질 것이다.

그러나 성경은 전혀 다른 교리를 가르친다. 구약성경에서 은혜언약은 그 언약의 방법대로 행해야 할 의무를 수반하지만, 그렇다고 해서 인간의 순종에 좌우되는 것은 아니다. 그것은 오직 하나님의 신실하심에 기초한다. 이스라엘이 믿음에서 떠나 간음하게 되었을 때, 예언자들은 이 때문에 하나님이 변하시거나, 그의 언약이 흔들리거나, 그의 약속들이 파기될 것이라고 결론 내리지 않는다. 이와 반대로 하나님이 자발적으로 엄숙한 맹세와 함께 이스라엘과 연대하셨기 때문에 하나님은 자신의 언약을 파기하실 수도 없고 또 그런 일을 허용하시지도 않을 것이라고 가르친다. 바울이 이스라엘의 신실치 못함이라는 동일한 사실에 직면할 때, 그는 하나님의 말씀이 실패했다고 결론짓지 않고 하나님의 긍휼을 계속해서 신뢰하는 가운데 하나님의 은사와 부르심은 번복될 수 없다고 확신하면서 이스라엘의 혈통이라고 해서 모두 이스라엘에 속하는 것은 아니라고 주장한다(롬 9-11). 마찬가지로 요한도 변절한 자들에 대해 증거한다. "저희가 우리에게 속하지 아니하였나니 만일 우리에게 속하였더면 우리와 함께 거하였으리라"(요일 2:19). 은혜언약은 확고하고 맹세를 통해 인준되며, 결혼(엡 5:31-32)이나 유언(히 9:17)과 같이 파기될 수 없으며, 그 언약에 의해 하나님은 자신의 택자들을 부르신다. 하나님은 그들의 마음 깊은 곳에 법을 새기시고, 그들의 마음속에 하나님을 경외하는 마음을 두시며(히

8:10; 10:14ff.), 그들의 능력을 넘어서는 시험 당함을 허락하지 않으시고(고전 10:13), 그들 안에서 시작하신 선한 일을 확정하시고 완수하시며(고전 1:9; 빌 1:6), 그리스도가 오실 때 그들이 하늘의 기업을 상속하도록 지켜주신다(살전 5:23; 살후 3:3; 벧전 1:4-5). 부르심을 입은 자들은 또한 영화롭게 된다(롬 8:30). 자녀로 입양된 자들은 영생의 상속자다(8:17; 갈 4:7). 믿는 자들은 지금 여기서 이미 영생을 소유하고 있다(요 3:16). 이 생명 자체는 영원하기 때문에 상실되지 않는다. 그 생명은 죄를 지을 수 없기 때문에 죽을 수도 없다(요일 3:9). 믿음은 확고한 기반이며(히 11:1), 소망은 닻으로서(6:19) 우리를 실망시키지 않으며(롬 5:5), 사랑은 결코 다함이 없다(고전 13:8). 하나님은 자기 백성을 버리실 수도 없고, 버리시지도 않을 것이다. 믿음은 결코 우리를 실망시키지 않을 것이다.

제6부
새로운 공동체를
창조하시는 성령

21장

영적 실체로서의 교회

교회의 영적 본질

[485] "교회"라는 용어는 기독교에서만 제한적으로 사용되는 것이지만, 다른 종교들 내에도 기독교의 교회와 유사한 것들이 있다. 우리는 본성적으로 사회적 존재요 "정치적 동물"($\zeta\tilde{\omega}ον\ πολιτικον$)이다.[1] 즉 우리는 공동체로부터, 공동체 안에서, 공동체를 위해 태어나고, 단 한 순간도 공동체와 떨어져서 존재할 수 없다. 우리 모두는 하나님의 형상을 지닌 자들이며 하나님과의 관계가 다른 사람들에게 흘러나가기 때문에, 종교는 강력한 사회적 요소를 담고 있다.[2] 종교적 연대는 인간 공동체 내에서 가장 강한 결속력을 갖는다. 종교는 순전히 개인적이거나 사적일 수 없다. 한 개인의

---

1) 편집자 주—여기서 Bavinck는 출처를 언급하지 않고 Aristotle를 직접 인용한다. "인간은 정치적 동물이다"(from *Politica*, 1253a2, 1253a3; ET: *Politics*, trans. C. Lord (Chicago: University of Chicago Press,1984), 37.

2) F. Schleiermacher, *The Christian Faith*, ed. H. R. MacIntosh and J. S. Steward (Edinburgh: T&T Clark, 1928), §6; C. P. Tiele, *Elements of the Science of Religion*, 2 vols. (Edinburgh and London: W. Blackwood & Sons, 1897-99), II, 155-58.

영혼과 구원이 종교에 달려 있기 때문에, 모든 종교는 자신을 선전하고 선교를 수행하려고 노력한다. 종교는 항상 하나의 공통 교리와 공중 예배 형식을 만들어내며, 소위 인류 전체가 하나님의 완성된 형상이며 그의 성전과 몸이라는 의식에 의해 유지된다. 그러나 특별계시를 제외하면 하나님과 인류의 통일성에 대한 의식은 전반적으로 상실되었다. 그리하여 통일성은 시민 공동체와 종교 공동체가 일치하는 부족이나 민족의 구성원들에게 제한된다. 국가 자체도 유사종교적(cultic) 공동체다. 비록 몇몇 독립적 형태의 사제직, 희생제사, 제의들, 그리고 비밀결사단체들이 발흥하기는 했지만 이교들 중 그 어떤 종교도 기독교의 교회와 같은 독립적인 기관을 만들지는 않았다. 이슬람교만이 일종의 신정국가를 세웠을 뿐이다. 반면에 불교는 현세도피적 승려들로 이루어진 단체를 형성했을 뿐인데, 그들은 시민사회를 무력하게 하는 압력을 행사하고서도 결코 국가로부터 독립을 이루지 못했다.[3]

기독교회의 토대는 이스라엘 언약 공동체가 오로지 신적 법률에 의해서만 다스림을 받는 국가 공동체 겸 종교 공동체로 등장하는 구약성경이다. 비록 규정된 공동 제의는 전혀 없었지만—신자들의 가정은 곧 가장이 제사장으로 섬기는 종교 공동체였다—창세기 4:26은 가인의 후손들이 아니라 셋의 후손들이 야웨의 이름을 부르고 선포하기 시작했으며, 노아 홍수 이후에 셈, 함, 야벳 족속 사이에서 분열이 일어났다는 것을 암시한다. 하나님은 아브라함 및 그의 후손들과 언약을 체결하실 때 할례의 표식을 통해 교회를 세상과 외적으로 구별하셨다. 그것은 시내 산 기슭에서 국가 언약으로 확정되고 격상되었다. 제사장과 왕, 성전과 왕궁, 종교법과 시민

---

3) P. D. Chantepie de la Saussaye, *Lehrbuch der Religionsgeschichte*, 2 vols. (Freiburg i.B.: Mohr [Siebeck], 1887-89), I, 132; C. P. Tiele, *Elements of the Science of Religion*, II, 155-81; R. Falke, *Buddha, Mohammed, Christus*, 2nd ed., 2 vols. (Gütersloh: C. Bertelsmann, 1900), II, 155ff.

법이 서로 구분된[4] 이스라엘에서 교회와 국가가 동일시되지는 않았지만, 양자는 매우 긴밀히 연결되어서 시민들과 신자들, 국가와 하나님의 백성들은 한 개념이었으며 이스라엘의 전체 삶을 관장한 것은 바로 단 하나의 신적 법률이었다. 하나의 백성으로서 이스라엘은 "에다 야웨"(עֲדַת יהוה) 또는 "카할 야웨"(קְהַל יהוה)였다. 두 단어 모두 구약성경에서 아무런 의미상의 구별 없이 이스라엘의 집회(assembly)나 회중(congregation)을 가리키는 데 사용된다.

그러나 포로기 이후 유대교는 제2성전 시대와, 더 중요하게는 디아스포라 기간 동안 회당에서 예배를 드리기 위해 모인 종교 공동체가 되었다. 당시 회당에서는 신자들이 안식일(시 74:8; 행 15:21)에 함께 모여 토라를 읽고 가르침을 받았다. 회당 예배에서 가장 중요한 요소는 가르치는 것이었다(막 1:21; 6:2). 이런 모임들(συναγωγη)은 점점 유대인들의 종교생활의 중심이 되어갔다. 예루살렘 성전은 계속해서 존재했고 하나님의 특별한 임재가 있는 장소로서 지속적으로 영예를 누렸다. 하지만 디아스포라 유대인들은 성전과 제단, 제사장과 제사 없이 기도와 설교에서 자신들의 예배를 발견했다. 그리스어 "쉰아고게"(συναγωγη)와 "에클레시아"(ἐκκλησια)는 원래 유대인들의 이런 모임들을 위해 교차적으로 사용되었지만, 점차 구별되어 "쉰아고게"(συναγωγη)는 실제적인 집회(회중 또는 모임)를 가리키는 경향이 있었고, "에클레시아"(ἐκκλησια)는 하나님이 구원으로 부른 자들로 한정된 이상적 공동체(부름 받음[convocation] 또는 공동체)를 가리키는 단어가 되었다.[5]

---

4) 편집자 주—여기서 Bavinck가 주목하는 것은 교회와 국가는 서로 독립된 기관이어야 한다는, 현대 민주주의의 토대가 되는 확신이다. 그러나 이런 확신이 곧 공공의 영역에서 모든 종교적 열심을 배제해야 한다는 말은 아니다.

5) E. Schürer, *The History of the Jewish People in the Age of Jesus Christ (175 B.C.-A.D. 135)*, rev. and ed. Geza Vermes and Fergus Millar (Edinburgh: T&T Clark, 1979), II, 423-53 (German reference: *Die Geschichte des judischen Volkes im zeitalter Jesu Christi*, 4th ed. [Leipzig: Hinrichs, 1907], II, 497ff.); H. L. Strack, "Synagogen," in *PRE*[3], XIX, 223.

[486] 초기에 회당에서 자주 모이던 기독교회는 이내 "에클레시아"(ἐκκλησία)라는 이름으로 불리게 되었다. 그리스도가 자기 주변으로 모으신 교회 공동체를 먼저 친히 "카할"(קָהָל), "에클레시아"(ἐκκλησία)라고 부르셨다(마 16:18; 18:17). 이 용어를 후대에 (어느 편집자가) 예수의 것으로 돌렸다는[6] 현대 비평가들의 추측은 근거가 없다. 예수가 일반적 의미로 이 단어를 사용하시고 자기 주변에 모인 제자들의 무리를 "카할"(קָהָל), "에클레시아"(ἐκκλησία)라고 부르셨다는 주장은 전혀 문제될 것이 없다. 그 결과 예수가 마태복음 16:18과 18:17에서 자신의 교회에 관하여 이 단어를 사용하실 때, 그분은 여전히 아주 일반적인 의미로 그것을 사용하신다. 하지만 여기서 더 문제가 되는 것이 있다. 예수는 처음부터 자신이 하나님의 아들이시며 메시아시라는 사실과 미래의 고난에 대해 알고 계셨으며,[7] 참된 "카할"(קָהָל)을 회복함으로써 새 이스라엘을 만들고자 하신 것인가?[8] 이에 대한 깨달음은 예수의 승천과 오순절이 이르기 전까지 제자들에게 충분히 주어지지 않았다. 그들이 아직 성령을 받지 못했기 때문이다(요 7:39). 예수의 승천 후, 그리스도의 공동체인 신자들은 교회, 즉 이스라엘을 대신하여 하나님의 새로운 백성이 된 독립적인 종교 집회가 되었다. 사도행전 5:11, 11:26, 고린도전서 11:18, 14:19, 28, 35에서 "에클레시아"(ἐκκλησία)라는 말은 분명히 회중의 모임이나 집회를 가리킨다. 하지만 심지어 모여 있지 않을 때에도 이 단어가 다른 곳에서는 반복적으로 교회 자체를 언급하고 있고, 따라서 이 단어의 복수형태인 "에클레시아이"(ἐκκλησίαι)에 대해서도 말할 수 있다(롬 16:4; 고전 16:1; 갈 1:2; 살전 2:14 등). 예루살렘에서 시작

---

6) A. von Harnack, *The Constitution and Law of the Church in the First Two Centuries* (London: Williams & Norgate; New York: Putnam & Sons, 1910), 15.

7) 참조. H. Bavinck, *Reformed Dogmatics*, ed. John Bolt (Grand Rapids: Baker Academic, 2003-8), III, 248-53 (#355).

8) 참조. T. Zahn, *Das Evangelium des Matthäus*, 4th ed. (Leipzig: A. Deichert, 1922), 540.

된 교회는 소아시아로 퍼져나갔고, 심지어 교회가 상당한 규모로 성장했음에도 많은 성경구절이 모든 교회들을 하나의 "에클레시아"(ἐκκλησια)로 생각하고 그리스도의 몸이나 신부, 또는 충만(πληρωμα)으로 묘사했다(롬 12:5; 고전 12:12-28; 15:9; 갈 1:13; 엡 1:22; 5:32; 빌 3:6; 골 1:18, 24-25). 이 말은 그리스도의 우주적인 한 몸 안에 있는 개별 회중들과 지역 모임들의 근본적인 유기적 통일성을 강조한다. "에클레시아"(ἐκκλησια)는 하나님의 선택받은 백성들이다. 교회의 통일성은 하나의 신조와 교회의 직제와 총회제도의 설립에 의해 후험적으로(*a posteriori*) 생겨나는 것이 아니다. 그뿐 아니라, 개개인들이 교회와 상관 없이 먼저 신자가 되고 그 후에 연합하여 교회를 이루는 것이 아니다. 교회는 전체가 각 부분들보다 앞서 존재하는 유기체다. 교회의 통일성은 지역 교회들의 복수성보다 앞서고, 교회를 모으시고 다스리시며(요 10:16; 11:52; 17:20-21; 행 2:33, 47; 9:3ff.), 언제나 교회와 함께하시며(마 18:20), 교회와 가장 친밀한 관계를 맺으시며(요 15:1ff., 17:21, 23; 고전 6:15; 12:12-27; 갈 2:20), 그의 성령으로 교회 안에 계시는(롬 6:5; 8:9-11; 고전 6:15ff.; 엡 3:17 등) 교회의 머리 되신 그리스도(엡 1:23; 4:16; 5:23; 골 1:18; 2:19)에게 그 기초를 둔다. 모든 지역 교회는 그리스도라는 토대(고전 3:11, 16; 12:27) 위에 세워진 하나님의 백성들이요 그리스도의 몸이다. 그 지역에 있는 교회는 전체로서 존재하는 교회와 동일하고, 그리스도와 지역 교회와의 관계는 그리스도와 보편교회와의 관계와 같기 때문이다.[9] 가장 넓은 의미에서 "에클레시아"(ἐκκλησια)는 지상과 천상(히 12:23), 그리고 과거와 현재만이 아닌 미래까지를 모두 포함하는 하나님의 모든 백성들의 모임이다(요 10:16; 17:20).

---

9) T. Zahn, *Introduction to the New Testament*, 3 vols. (Edinburgh: T&T Clark, 1909), I, 509.

통일성과 보편성

[487] 그리스도의 교회가 갖는 이러한 영적 통일성은 속사도 시대에도 계속해서 표면화된다. 그리스도인들은 성도요 택함 받은 자들이다. 그리고 그들은 한 분 하나님, 한 분 그리스도, 한 분 은혜의 성령, 그리고 하나의 부르심을 가지고 있다.[10] 그리스도인들은 세상의 영혼이요,[11] 참 이스라엘이요, 하나님의 복을 받은 백성이다.[12] 그들은 모두 제사장이며,[13] 성령을 받은 자들이다.[14] 이들의 공통된 통일성은 "친교 속에서의 교제, 형제의 이름과 상호 환대의 서약" 등으로 입증된다.[15] 사도적 믿음에 대한 여러 도전에 직면하여 자연스러운 질문이 제기되었다. "참된 교회는 어떤 교회인가?" 점차 제시된 답변은 다음과 같았다. "전체 몸과 더불어 존재하는 교회, 즉 보편교회(Catholic Church)와 교제를 유지하는 교회다." 참된 보편교회는 모든 시대와 장소에 걸쳐 지상의 모든 신자들을 포함하며, 이 교회 밖에는 구원이 전혀 없다.[16] 이와 같이 교회의 통일성과 보편성은 점점 외형을 중시하게 되었고 제도적인 형태로 구체화되었다. 교회에 대한 이런 "보편적" 시각의 발전은 노바티아누스파와 도나투스파 같은 이단 분파들의 출현으로 인해 촉진되었다. 자신들이 성령을 소유하고 있다는 이런 분파들의 주장에 대하여 이레나이우스는 다음과 같이 기록하였다. "교회가 있는 곳에 하나님의 성령도 계시고, 하나님의 성령이 계시는 곳에 교회와 모든 종류의 은혜가 있는데, 성령은 곧 진리시다."[17] 키프리아누스에 따르

---

10) *1 Clem.* 46.

11) *Diogn.* 6.

12) Justin Martyr, *Dialogue with Trypho*, 116, 123, 135.

13) Irenaeus, *Against Heresies*, IV, 8.3; Tertullian, *Exhortation to Chastity*, 7.

14) Irenaeus, *Against Heresies*, IV, 36.2.

15) Tertullian, *Prescription against Heretics*, 20.

16) *1 Clem.* 57; Ign. *Eph.* 16; Ign. *Trall.* 7; Ign. *Phld.* 3; Herm. *Sim.* 9.16.

17) Irenaeus, *Against Heresies*, III, 24, 1; Tertullian, *On Prayer*, 2; Clement of

면, 주 하나님이 한 분이신 것처럼 오직 하나의 교회, 하나의 양떼, 한 분의 어머니만 존재하는데, 그 어머니로부터 모든 신자가 태어났으며 이 교회 바깥에는 구원이 전혀 없다.[18]

아우구스티누스 역시 특별히 도나투스파와의 논쟁(393-411)으로 인해 교회의 본질에 대해 관심을 갖지 않을 수 없었다. 여전히 그의 사고와 삶의 중심점은 은혜론이지 교회론이 아니었다. 아우구스티누스에게 있어 비록 교회가 은혜의 시여자가 아니더라도, 그는 교회가 신자들의 "어머니"요, 하나님이 일반적으로 그 안에 은혜를 베푸시는 집단이요, 성령과 사랑과 견인이 존재하고 그 바깥에는 전혀 구원이 없는 곳이라고 변호한다. 이처럼 아우구스티누스는 교회에 관해 완벽주의적 입장을 주장하는 것이 아니라, [그리스도의] "참된 몸"으로서의 교회와 "혼합된 몸"으로서의 교회를 구분한다.[19] "알곡 중에 가라지가 있고 좋은 물고기 중에도 나쁜 물고기가 있으며, 교회 밖에 많은 양들이 있고 교회 안에 많은 늑대들이 있다."[20] "교회와 '함께' 있고 성례의 교제 가운데 거하는 많은 사람들은 그럼에도 교회 '안에' 있지 않다."[21] "헌신된 어머니"요, "흠이나 주름이 없는 신부"요, "사랑스런 비둘기"요, "거룩한 교회"인 교회는 불경건한 자가 다수를 차지한다 할지라도 여전히 교회 됨을 유지한다. 아우구스티누스에게 있어 교회의 모든 거룩은 교회의 구성원들에게서가 아니라 주로 교리 및 객관적 제도, 은혜의 방편들, 그리고 예전(cult)에서 발견되는 것이기 때문

Alexandria, *Paedagogus*, I, 6; idem, *Stromateis*, VIII, 17.

18) Cyprian, *De unitate ecclesiae* (New York and Toronto: Macmillan, 1928), 5, 7.

19) Augustine, *On Christian Doctrine*, III, 32.

20) Chrysostom, *Homilie in Joannem*, 45; Augustine, *Against the Letters of Petilianus*, III, 3; idem, *On Baptism*, I, 10.

21) Augustine, *De unitate ecclesiae liber*, I, 74; 편집자 주—이 작품은 "*Ad catholicos fratres*"라고도 알려져 있는데 영어로 번역되지 않았다. 라틴어 텍스트는 PL 43:391-446과 *Corpus scriptorium ecclesiasticorum latinorum* (Vienna: Tempsky, 1909), 52:231-322에서 발견된다.

이다. 교회를 그들의 어머니로 소유하지 않은 자들은 하나님을 그들의 아버지로 소유할 수 없다.[22] 아우구스티누스의 이러한 사상들은 결과적으로 보편교회의 중요성을 점점 더 부각시키게 되었다. 반면에 지역 교회들은 더 이상 역사적 우선권을 차지하지 못한다. 지역 교회들이 전체 몸과 더불어 존재하고 그 감독직에 복종하는 경우에만 전체의 한 부분이 되고 또 참된 교회가 되기 때문이다.

이런 교회론은 교회의 위계적 구조 및 은혜를 부여하는 성례와 더불어 중세의 "가르치는 교회"(*ecclesia docens*) 개념에서 그 절정에 이르렀는데, 그것은 "듣는 교회"(*ecclesia audiens*)보다 앞설 뿐만 아니라 더욱 높임을 받는다. 후자는 전자에 수동적으로 복종하며, 그들에게 최상의 덕—구원에 필요한—은 교회가 믿고 있는 것에 대한 믿음이고 위계체계에 대한 순종이며 교황에 대한 복종이다. "교황이 있는 곳에 교회가 있다"(*ubi papa, ibi ecclesia*). 따라서 교회의 본질은 이런 "듣는 교회"의 특성에 달려 있지 않다. 객관적인 "가르치는 교회"는 그 회원들(듣는 교회) 모두가 불신자이고 불경건한 사람들이라고 해도 참된 교회로 계속 남아 있을 것이기 때문이다. 위계적이고 제도적인 교회는 몸이 인간의 영혼에 필요한 것처럼 매우 중요하다. 교회의 성례에 외적으로 참여하는 것은 구원을 위해 필수적이다. 왜냐하면 교회는 "로마나 갈리아 왕국이나 베네치아 공화국 사람들의 모임처럼 눈으로 볼 수 있고 손으로 만질 수 있는 것이기 때문이다. 교회는 합법적인 사역자들과 특별히 그리스도의 세상 대리자인 로마 교황의 통제 아래 동일한 성례에 참여하고 동일한 기독교 신앙을 고백함으로 함께 결합된 사람들의 모임이다."[23]

[488] 알비파(Albigensians)나 왈도파(Waldensians) 같은 분파 운동들과

---

22) Augustine, *On Baptism*, VII, 44; idem, *De unitate ecclesiae liber*, I; idem, *Answer to Letters of Petilian*, III, 9 (*NPNF¹*, IV).

23) R. Bellarmine, "De eccl. mil.," in *De controversiis christianae fidei adversus huius temporis haereticos* (Cologne: G. Gualtheri, 1617-20), III, 1.

존 위클리프와 얀 후스가 저항한 것이 바로 이런 교회관이었다. 이들의 경우 참된 교회를 식별하는 기준은 객관적인 말씀과 성례 사역이 아니라 사랑과 가난 속에서 그리스도의 법에 따라 사는 삶 가운데서 발견된다. 여기에는 교회 개념으로부터 세상 현실로의 전이 과정이 빠져 있었기 때문에 개혁을 위한 여러 시도들은 다른 분야로 전수될 수 없었고 그들의 노력은 아주 실망스러운 결말을 맞이하게 된다.[24] 16세기 종교개혁에 이르러서야 로마 가톨릭교회의 대안으로 인정될 만한 근본적으로 다른 교회관이 등장했다. 루터는 그 효력이 행위 자체에 있는(*ex opera operato*, 사효적인) 것으로 간주되는 성례나 선행들이 아니라, 오직 믿음으로 말미암은 죄 사함 속에서 영혼의 평안을 발견했다. 루터는 사제직, 제사들, 수도원주의, 제도권 교회에서 시행하는 성례의 효력과 같은 외형적인 것들의 중요성을 거부하는 가운데 그리스도인의 자유를 선포했고, 교회를 신자들의 모임, 즉 "성도들의 교제"로 보았다. 가시적 교회와 비가시적 교회의 구분이 이루어졌고 후자가 신앙의 대상이 되었다. 참된 가시적 교회의 표지는 말씀과 성례의 순전한 시행이다. 교회는 성도들의 교제요 신실한 자들의 모임이다. 말씀이 선포되고 말씀에 따라 성례가 시행되는 곳이라면 요람에 누운 유아들만 있는 곳이라 하더라도 그곳에 하나의 교회가 존재한다고 확언할 수 있다. "하나님의 말씀은 하나님의 백성들 없이 존재할 수 없다." 로마 가톨릭교회에 반하여, 그는 가시적 교회와 비가시적 교회를 구분함으로써 교회의 본질이 눈에 보이지 않는 것들, 즉 믿음, 그리스도와의 교제, 성령으로 말미암는 그리스도의 유익들 안에 있다는 것을 옹호했다. 이 구분은 또한 "현세에서 많은 악인들과 위선자들이 교회 안에 섞여 있는데, 그들은 교회의 예전에 관해서는 참된 교회의 회원임에도 불구하고 이 교회를

---

24) A. von Harnack, *History of Dogma*, trans. N. Buchanan, J. Millar, E. B. Speirs, and W. McGilchrist, and ed. A. B. Bruce, 7 vols. (London: Williams & Norgate, 1896-99), VI, 118-49.

구성하지 않고 오히려 마귀의 나라에 속한 자들"이라는 점을 인정하는 데 이용되었다.[25]

개혁파 신학에서 비가시적 교회는 특별히 하나님께만 알려진 택자들로 특징지어졌다.[26] 하나님이 일반적으로는 말씀과 성례를 방편으로 그리스도의 유익을 수여하시지만, 아주 드물게는 이런 방법에 구속받지 않으시고 교회라는 기관 밖에서도 구원을 허락하신다.[27] 더구나 개혁파 교회들은 거룩한 삶과 교회의 치리를 주요 표지로 간주하였다. 선택은 교회의 토대가 되는 것인데, 그것은 오직 믿음과 선행 가운데 스스로를 입증한다. 개혁파 신학자들은 영적 엘리트주의나 비판주의 또는 교리와 삶의 분리를 피하려고 노력하면서, 교회의 분열이나 위선자들의 존재와 같은 현실적인 문제들과 씨름할 때 가시적 교회와 비가시적 교회의 구분을 다양한 방식으로 이용하였다.

종교개혁의 접점들; 하나님의 백성

[489] 종교개혁은 교회 형태의 다양성을 가져왔다. 순차적으로 항변파, 소

---

25) Joseph T. Müller, *Die symbolischen Bücher der evangelisch-lutherischen Kirche*, 8th ed. (Gütersloh: Bertelsmann, 1898), 153-55; 편집자 주―여기서는 구체적으로 Apology of the Augsburg Confession, art. 7, pars. 9-16, in *The Book of Concord*, ed. Robert Kolb and Timothy J. Wengert (Minneapolis: Fortress, 2000), 174-77을 염두에 두고 있다.

26) Genevan Catechism, in *Calvin: Theological Treatises*, ed. J. K. S. Reid, Library of Christian Classics (Philadephia: Westminster, 1954), 103; also in E. F. K. Müller, *Die Bekenntnisschriften der reformierten Kirche* (Leipzig: Deichert, 1903), 126; First Scotch Confession, art. 16; Westminster Confession, art. 25; J. H. Alsted, *Theologica didactica* (Hanau: C. Eifrid, 1618), 590, etc.

27) John Calvin, *Institutes of the Christian Religion*, IV.xvi.19 (ed. John T. McNeill and trans. FordLewis Battles [1559; Philadelphia: Westminster, 1960], 2:1341-42); Z. Ursinus, *The Commentary of Dr. Zacharius Ursinus on the Heidelberg Catechism*, trans. G. W. Williard (Grand Rapids: Eerdmans,1954), qu. 21.

키누스파, 그리고 합리론자들은 이런 배경 속에서 하나님 나라가 지상에 임하도록 헌신한 제한된 종교적 모임이 교회라고 주장했다.[28] 여기에는 그리스도가 제정하신 기관으로서의 교회라는 개념이 들어설 여지가 거의 없었다. 이에 대한 반발로, 신비주의적이고 경건주의적인 분파 운동들이 종교적 경험과 분리주의의 일치를 추구했지만 결국 은혜와 피조된 자연 세계를 이중적으로 분리하는 동일한 결말에 이르렀다. 극단적인 뮌스터인 들(Münsterites)이나, 메노 시몬스(Menno Simons)의 좀 더 온화한 재세례파 나, 장 드 라바디(Jean de Labadie)와 니콜라스 친첸도르프 백작과 영국 독 립주의자들의 분파적 충동들이나, 또는 퀘이커교도들에게 교회란 맹세서 약, 공무, 특정한 음식과 의복, 그리고 사회적 교섭을 자발적으로 거부하 는 행위를 통해 스스로를 세상과 분리시키는 영적인 사람들의 교제로 이 해된다. 이와 유사한 견해들이 감리교와 구세군 사이에서 발견되었다. 이 런 종교적 상상력의 세계에서 근대의 세대주의적 전천년설의 창시자인 존 다비(John Darby) 같은 인물이 모든 교회와 교회적 형태들을 바벨과 같 은 것으로, 즉 완전히 부패하여 적그리스도의 출현을 예비하는 것으로서 모든 참된 신자들에 의해 전적으로 거부되어야 할 것으로 공개적이면서 도 단호하게 주장한 것은 조금도 이상하지 않다. 이제 신자들의 유일한 임 무는 세상으로부터 물러나 모임을 통해서 그들 각자의 은사로 서로를 교 화하고 잠잠히 그리스도의 재림을 기다리는 것뿐이다.[29]

---

28) Apology of the Remonstrants, 21-22; 편집자 주—Simon Episcopius, *Apologia pro confessione sive declaratione sententiae eorum* (n.p., 1629); ET: *The Confession or Declaration of the Ministers or Pastors Which in the United Provinces Are Called Remonstrants, concerning the Chief Points of the Christian Religion*, trans. T. Taylor (London: Francis Smith, 1676). P. van Limborch, *Theologia christiana* (Amsterdam: Arnhold, 1735), VII; I. Kant, *Religion within the Limits of Reason Alone*, trans. T. M. Greene and H. H. Hudson (New York: Harper & Brothers, 1934), 92ff., 109ff

29) F. Kattenbusch, *Die Kirchen und Sekten des Christentums in der Gegenwart*

비록 이런 추세가 교회의 해체와 교회 개념에 대한 급진적인 수정을
예시하는 것으로 보이기는 하지만, 그 반대 지표들도 있다. 최고의 통치권
이 거룩한 총회(Holy Synod)에 있고 행정장관을 통해 황제(czar)와 결속된
러시아 교회는 자신만이 유일하게 참된 정통교회라는 입장을 고수하는데,
그들은 각종 분파들에 대한 억압을 통해 제국 전체에서 믿음의 통일성을
유지하려고 힘쓴다.[30] 여전히 로마 가톨릭교회는 원리적으로 자기 자신 외
의 다른 교회들을 인정하거나 용인하지 않는다.[31] 통일성을 부과하려는 다
양한 시도들에도 불구하고, 교회는 현대 사회에서 점점 동질성을 잃어가
고 있다. 개신교 진영에서도 상황은 마찬가지다. "가톨릭교회(Catholicism)
에서 새로운 수도회들을 양산해내는 것과 동일한, 독특한 경건의 동기들
이 개신교에서는 새로운 분파를 산출하는 경향이 있다."[32] 개신교는 슐라
이어마허처럼—"기독교회는 거듭난 개인들이 함께 모여 모습을 갖추고 서
로 대화하고 협동하는 체계를 만든다"[33]—교회를 이해함으로써, 역사를 구
출하려다가 결과적으로 신적 제도로서의 교회를 잃어버리게 되었다. 본질
과 발현 또는 이상과 현실로서의 "가시적" 교회와 "비가시적" 교회라는 표
현에서 위안을 구하는 것이나,[34] 가시적·인간적 교회공동체를 비가시적·

(Tübingen: Mohr [Siebeck], 1909).

30) See K. P. Pobedonoszew, *Streitfragen der Gegenwart* (Berlin: Deubner, 1897).

31) 편집자 주—이런 Bavinck의 언급과 관련된 중요한 변화에 대해서는 다음을 보라.
Second Vatican Council's "Decree on Ecumenism" (*Unitatis redintegratio*) of
November 21, 1964. 그리고 다음을 보라. Pope John Paul II's encyclical, *Ut unum
sint* (1995).

32) Albrecht Ritschl, *Geschichte des Pietismus in der reformierten Kirche*, 3 vols.
(Bonn: A. Marcus, 1880), III, 303.

33) F. Schleiermacher, *The Christian Faith*, §115.

34) C. E. Nitzsch, *System of Christian Doctrine* (Edinburgh: T&T Clark, 1849), 186-
88; J. P. Lange, *Christliche Dogmatik*, 3 vols. (Heidelberg: K. Winter, 1852), II,
1090ff.; H. Martensen, *Christian Dogmatics*, trans. W. Urwick (Edinburgh: T&T
Clark, 1871), §191.

"영적"·"신적" 중심부로부터 분리시키는 방법으로서 하나님 나라와 교회[35] 또는 믿는 공동체와 교회[36]에 대해 말하는 것은 문제의 해결에 도움이 안 된다. 어떤 경우에든 지상에 있는 그리스도의 몸인 교회의 현실이 비역사적 관념 또는 이상을 위해 희생된다. 많은 현대 신학자들이 교회를 그리스도가 원하지도 의도하지도 않았으며 실제로 기독교 부패의 원인이 된 "제도"로 간주하는 것은 전혀 놀랄 일이 아니다.[37]

[490] 성경은 우리에게 교회에 관해 다양하고 풍성한 표현을 제공한다. "소집하다"를 뜻하는 동사들로부터 파생된 "카할"(קָהָל), "에클레시아"(ἐκκλησια)라는 단어는 이미 어떤 목적을 위해 모이고 그 목적을 위해 서로 연합된 사람들의 모임을 가리킨다. 신약성경에서 하나님의 이스라엘 백성은 그리스도의 교회로 대체되었는데, 그것은 이제 하나님의 "거룩한 나라, 택하신 족속, 왕 같은 제사장"이다. "에클레시아"(ἐκκλησια)를 번역하기 위해 사용된 church(kirk, kerk, kirche, chiesa)라는 단어는 그리스도의 교회가 갖는 이런 특징을 원어들만큼 명료하게 표현하지 못한다. 그것은 아마도 "퀴리아케 [오이키아]"(κυριακη [οικια]) 또는 "퀴리아콘 [오이콘]"(κυριακον [οικον])에서 파생되었을 것이다. 따라서 이것은 본래 회중 자체가 아니라 모임 장소, 교회 건물을 의미했다.[38] "교회"라는 단어에서는

---

35) August Johannes Dorner, *Kirche und Reich Gottes* (Gotha: F. A. Perthes, 1883); Alfred Krauss, *Das protestantische Dogma von der unsichtbaren Kirche* (Gotha: F. A. Perthes, 1876).

36) Ferdinand Julius Stahl, *Die Kirchenverfassung nach Lehre und Recht der Protestanten*, 2nd ed. (Erlangen: T. Blasing, 1862), 67; H. Bavinck, *De theologie van Daniel Chantepie de la Saussaye* (Leiden: Donner, 1884), 66ff.; J. J. van Oosterzee, *Christian Dogmatics*, trans. J. Watson and M. Evans, 2 vols. (New York: Scribner, Armstrong, 1874), §129.

37) H. Faber, *Das Christenthum der Zukunft* (Zürich: Schulthess, 1904).

38) J. C. Suicerus, *Thesaurus ecclesiasticus* (Amsterdam: J. H. Wetsten, 1682), s.v. ἐκκλησια; J. Köstlin, "Kirche," in *PRE³*, X, 316. 이런 파생을 거부하고 여전히 원형경기장(*circus*)에서 파생한 것으로 주장하는 학자들도 있다(ibid., 317). 또한 E. Glaser,

신약성경의 "에클레시아"(ἐκκλησια)라는 용어가 갖는 의미가 모호해졌고 "교회"가 "하나님의 백성"을 가리키는 명칭이라는 의식이 거의 다 파괴되었다.

"에클레시아"(ἐκκλησια)의 번역에 대한 기록들:[39] 이것은 또한 에클레시아(ἐκκλησια)가 네덜란드어(와 독일어)로 "kerk"(Kirche)라는 말 대신에 "헤멘테"(gemeente; Gemeinde)로 흔히 번역되는 이유다. 영어의 "공동체"(community)라는 단어와 마찬가지로 이것은 신자들의 교제(fellowship), 성도의 친교로서의 교회라는 의미를 보다 효과적으로 전달한다. 하지만 "헤멘테"(gemeente) 역시 지방정부의 실체들을 가리키는 공민적 용어(gemeentehuis=시청; gemeenteraad=시위원회; 영어 유사어: "community center")로 쓰이기 때문에, "케르크"(kerk)가 더 선호되는 번역어와 표준적인 용례가 되었다. 19세기에 네덜란드 개혁교회(Dutch Reformed Church)를 폐지하기 위한 의도적인 노력의 일환으로 네덜란드 법은 "kerkgenoostschap" 또는 는 "교회 협회"(church society)라는 말을 사용하기 시작했다. 이것은 교회의 자발적인 성격과 사회 기관으로서의 역할을 강조하지만, 성령이 창조하신 그리스도의 몸으로서의 정체성과 통일성을 희생시킨다.

더 중요한 것은 하나님의 백성으로서의 "교회"가 종말론적 개념으로서의 하나님 나라와 혼동되거나 동일시되어서는 안 된다는 점이다. 하나님 나라는 본래적 의미에서의 교회가 이 땅에 존재하는 방식과 동일하게 조

Woher kommt das Wort "Kirche"? (Munich: H. Lukaschik, 1901)에 따르면 krk나 krkh을 어근으로 해서 파생된 이 말은 하나님의 요새 또는 성으로서의 교회당을 가리킨다.

39) 편집자 주―이 문단은 Bavinck가 네덜란드어 본문에서 ἐκκλησια가 네덜란드어로 번역된 복잡한 과정을 한 페이지가 넘게 다루는 부분을 축약한 것이다. 여기서 그의 주된 관심은 kirk라는 말에 건물, 기관, 특정한 시대와 장소에 자리한 그리스도인 신자들의 모임이라고 하는 시민/사회적 측면을 포함하고 있음에도 불구하고 자신의 네덜란드 독자들로 하여금 교회는 무엇보다 그리스도의 몸, 성령의 교제 공동체, 부르심을 입은 성도들의 친교를 가리키는 말임을 잊지 않게 하는 것이었다.

직되지는 않는다. 하나님 나라는 심령이 가난한 자, 마음이 청결한 자, 어린아이와 같은 자들의 특별한 소유물이며, 성령에 의해 생겨난 화평, 희락, 즐거움이 존재하는 곳이다. "교회"는 이 세상의 용어이며, 교회의 특징적인 본질은 바로 하나님의 선택하시는 사랑의 실현으로서 "하나님의 백성"이라는 것이다. 교회에 수여된 복들은 주로 그 성격상 내적이고 영적이며, 부르심과 중생, 믿음과 칭의, 성화와 영화에 있다. 그 복들은 하늘나라의 소유물이고 은혜언약의 유익들이며, 현세와 무엇보다도 내세를 위한 약속들이다. 그럼에도 불구하고 의심할 바 없는 성령의 은사인 하나님 나라의 유익들이 하나님의 백성을 향한 선교를 위해 지상의 교회에도 주어진다는 것 역시 사실이다. 성령의 은사들이 신자들에게 분배되는 이유는 이를 통해 다른 사람들을 유익하게 하고 불신자들을 초청하여 그리스도를 믿게 하기 위함이다. 이것은 초자연적 은사들과 자연적 은사들을 모두 포함하는데, 자연적 은사들은 성령으로 말미암아 증대되고 거룩하게 된다. 하나님 나라와 교회는 분리될 수 없다. 그리스도는 교회의 머리로서 주어졌는데, 이는 마지막 날에 하나님이 자기 백성의 왕으로 공개적으로 드러나시고 만민 안에서 만유가 되시기 위함이다.[40]

이런 근거 위에서 교회는 그리스도의 몸(고전 12:27; 엡 5:23; 골 1:18), 그리스도의 신부(고후 11:2; 엡 5:32; 계 19:7; 21:2), 자기 목숨을 양들을 위해 내어 주고 그 양들을 아시는 그리스도의 양 우리(요 10장), 모퉁이돌인 그리스도와 사도들과 예언자들의 토대 위에(고전 3:17; 고후 6:16-17; 엡 2:20-22; 계 21:2-4) 산 돌들(벧전 2:5)로 세워진 하나님의 건축물, 성전, 집(마 16:18; 엡 2:20; 벧전 2:5), 하나님의 백성, 하나님의 소유, 하나님의 이스라엘이다(롬 9:25; 고후 6:16; 히 8:10; 벧전 2:9-10). "포도나무와 가지들"(요 15장)과 같은 유기적 이미

---

40) F. A. Philippi, *Kirchliche Glaubenslehre*, 3rd ed., 7 vols. (Gütersloh: Bertelsmann, 1883-1902), V, 3, 203; F. H. R. Frank, *System der christlichen Wahrheit*, II, 375; Julius Kaftan, *Dogmatik* (Tübingen: Mohr, 1901), 584.

지는 신자들을 가라지와 같은 자들(마 3:12), 포도나무에 붙어 있는 나쁜 가지와 같은 자들(요 15:2), 그리고 부름은 받았지만 선택을 받지 못한 자들(마 22:14)과 대조하기 위해 사용된다. 그 본질에 있어 교회는 참된 신자들의 모임이다. 진정한 믿음이 없는 자들은 외형적으로는 교회에 속할 수 있을지라도 결코 교회의 본질적 구성요소일 수는 없다. 그들은 교회 안에 있지만 교회가 아니다.

이것은 성경이 성도들의 친교에 대해 언급하는 방식을 통해 확증된다. 신자들은 한 주님, 하나의 세례, 만유의 아버지이신 한 분 하나님을 소유한다. 또한 그들은 한 성령을 소유하는데(엡 4:4-6), 그분과의 교제 안에서 살며, 그분을 통하여 거듭나고 한 몸으로 세례받고 그리스도와 연합한다(요 3:5; 14:17; 롬 8:9, 14, 16; 고전 12:3, 13; 고후 1:22; 5:5; 엡 1:13; 4:30; 요일 2:20). 이런 하나 됨에 있어 성령은 신자들 사이에 존재하는 다양성을 파괴하지 않고 오히려 보존하고 확증하신다. "은사들"은 모든 신자에게 나누어진 은혜의 유익들을 포함하지만(롬 5:15-16; 6:23), 보다 제한적인 의미에서 이 용어는 서로의 유익을 위해 다양한 분량과 정도로 신자들에게 수여된 특별한 은사들을 가리킨다(롬 1:11; 고전 1:7; 고후 1:11; 딤전 4:14; 딤후 1:6; 그리고 특별히 롬 12:6-9과 고전 12:12ff.). 이 모든 은사들을 그리스도로부터 취하신(요 16:13-14; 엡 4:7) 성령은 또한 그것들을 나누어주시는 분이다. 신약성경에 나오는 은사들의 목록을 분류하는 것은 어렵다. 어떤 은사들은 초자연적 성격을 지니고 있는 반면, 다른 것들은 성령에 의해 증대되고 거룩하게 된 자연적 은사들과 더욱 유사한 경향이 있다. 전자는 초기 교회에서 보다 두드러졌고, 후자는 교회의 정상적인 역사적 발전 과정에서 특징적으로 나타난다. 그것들은 교회를 세우기 위해(고전 14:12; 엡 4:12), "다른 지체들의 유익과 부요함을 위해 기꺼이 기쁨으로"[41] 공유되고[42] 사용되어야 한다. 은사

---

41) Heidelberg Catechism, A 55.
42) J. Calvin, *Institutes*, IV.i.3.

들은 가장 탁월한 은사인 사랑에 예속된다(고전 13장). 이 사랑은 이웃에 대한 보편적인 사랑보다 더 위대한 것으로서, 바로 믿음의 권속들인 형제자매를 위한 사랑이다. 예수는 이 사랑을 새 계명(요 13:34-35; 15:12; 17:26)이라고 부르셨는데, 왜냐하면 예수는 제자들에게 과거의 이스라엘처럼 혈연관계로 얽힌 자들 간의 사랑이 아니라, 다른 것과 혼합되지 않고 이 세상의 모든 집착들에 얽매이지 않은 순수한 사랑을 실천하라고 요구하시기 때문이다. 그리스도 안에서 우리는 형제자매요(마 12:48; 18:15; 23:8; 25:40; 28:10; 요 15:14-15; 20:17; 롬 8:29; 히 2:11 등), 아버지이신 하나님(엡 4:6)과 우리의 만형이신 예수(롬 8:29)와 함께하는 한 가정의 자녀들이다. 교회는 성도들의 교제 또는 친교다.[43]

[491] 가장 폭넓은 의미에서의 교회는 과거로부터 지금까지 그리스도를 믿는 믿음으로 구원받았거나 또는 앞으로 구원받게 될 모든 사람들을 포함한다. 교회가 이런 방식으로 정의될 때, 타락 "이전"의 아담과 하와는 아직 구원자를 필요로 하지 않았기에 교회에 속하지 않는다. 많은 신학자들이 해온 것처럼 천사들을 교회의 일원으로 포함시키는 것도 잘못이다. 왜냐하면 비록 그리스도가 진정으로 천사들의 주님도 되시고, 자신의 십자가로 천사와 인간을 포함한 만물을 하나님과 화목하게 하시고 또 서로 간에도 화목하게 하셨지만, 천사들은 하나님의 형상으로 지음받지도 않았고 타락하지도 않았으며 그리스도에 의해 구속받지도 않았고, 따라서 그리스도가 영생을 위해 불러 모으시는 교회의 지체도 아니기 때문이다.[44] 교회의 지체는 오로지 그리스도를 믿음으로 구원받은 사람들뿐이다. 에

---

43) 참조. H. Bavinck, *Reformed Dogmatics*, III, 499-506 (##412-13); W. Ames, *The Marrow of Theology*, trans. J. D. Eusden (1968; repr., Grand Rapids: Baker Academic, 1997), I, 31-32 (pp. 175-81); A. Neander, *History of the Planting and Training of the Christian Church by the Apostles*, 2 vols. (London: Bell& Daly, 1864); Cremer, "Geistesgaben," in *PRE*[3], VI, 460.
44) 참조. H. Bavinck, *Reformed Dogmatics*, II, 461-63 (#265); III, 470-75 (##407-8).

덴동산에서의 언약 때부터 바로 지금 이 순간까지 이 땅에서 살았던 모든 신자들과, 나중에 또는 심지어 마지막 때에 그리스도를 믿을 사람들도 교회의 지체들이다. 따라서 정해진 시간에 이 땅에서 살아가는 신자들의 모임으로서의 교회(전투적 교회)는, 가장 넓은 의미의 교회에서 볼 때는 작은 한 부분에 불과하다. 여전히 교회는 하늘에 기록되고 언젠가 하나님 앞에서 흠이나 주름이 없는 신부로 서게 될 사람들로 구성된 하나의 "에클레시아"(ἐκκλησια), 즉 하나의 단일한 모임이다. 우리 안에 이러한 동질성이 존재한다는 의식은 전투적 교회에 용기를 불어넣는다. 우리는 낙원에서(창 3:15)—또는 신약성경 시대와 관련짓는다면 예루살렘에서(행 1:8)—시작하여 우리 주님의 재림 때까지 남아 있는 거대한 증인의 집단에 속한다(히 12:1). 이런 의미에서 보편교회는 개교회 또는 지역 교회보다 앞선다. 교회란 전체가 부분들보다 앞서는 하나의 유기체다.

교회는 초창기부터 내부의 불신자의 문제를 해결하기 위해 고심했다. 구약성경에서 이스라엘이라 불린 모든 것이 이스라엘에 속한 것이 결코 아니었음에도 국가 전체가 하나님 나라라고 불렸다. 신약성경의 교회 안에서도 그 정도가 훨씬 덜하기는 하지만 알곡 가운데 쭉정이가 있었고 밀밭에 가라지가 있었다. 성경과 마찬가지로 신학도 이런 사실을 인정하고, 교회의 근본적 성격이 불신자가 아닌 신자들에 의해 결정된다고 일관되게 진술한다.[45] 사도 시대 이후 교회가 거듭해서 세속화되고, 부패하고, 분리되었을지라도, 우리는 여전히 그 모두를 교회라고 부른다. 아우구스티누스에서 로마 가톨릭의 교리문답에 이르기까지 교회는 성경이 말한 바와 같이 밭에는 잡초가 있고 타작마당에는 쭉정이가 있고 지혜로운 처녀들 가운데는 어리석은 처녀들이 있고 방주 안에는 부정한 짐승들도 있다는 것을 인정했었다.[46] 여기서 로마 가톨릭교회의 문제는 유형교회의 회

---

45) H. Bavinck, *Reformed Dogmatics*, IV, 279-81 (#486).
46) Roman Catechism, I, 10, qu. 6-7.

　　　제6부 | 새로운 공동체를 창조하시는 성령

원 됨, 역사적 믿음, 교회 규율의 준수, 그리고 교황에 대한 순복이 교회의 본질을 구성한다는 생각을 일관되게 견지한다는 것이다. 이에 반하여 종교개혁은 가시적 교회와 비가시적 교회를 구분했다. 이 구분은 전투적 교회에만 적용될 수 있는 것인데, 다시 말해 교회의 영적인 측면과 참된 구성원들과 관련해서는 교회가 비가시적이라는 뜻이다. 우리는 우리가 교회의 모든 구성원들을 볼 수 없고, 교회가 박해의 때에 숨어버리며 때때로 말씀과 성례의 사역을 박탈당한다는 이유로 교회를 "비가시적"이라고 부르는 것이 아니다. 어느 누구도 다른 사람의 영적 생활을 판단할 수 있는 무오한 기준을 하나님으로부터 받지 않았다. "교회는 가장 사적인 일들에 관하여 아무런 판단을 하지 않는다."[47] 주님만이 자신에게 속한 자들을 알고 계신다. 사실상 교회가 믿음의 대상이며 앞으로도 계속 그럴 것이다. "교회"라는 단어는 교회의 핵심적 요소를 구성하고 그 본질을 규정하는 신자들의 시각에서 하나님의 백성들에게 적용된다. "교회"라는 용어에는 제유법적인 요소가 있다. 곧 전체가 부분을 따라 명명된다. 교회는 참된 그리스도의 신자들이 모인 집단이고 또 앞으로도 그럴 것이다.

[492] 또 다른 개념상의 어려움은 교회가 한편으로는 성령에 의해 회집되고 은사에 따라 인도되는 살아 있는 유기체인 동시에, 다른 한편으로는 특정한 정치형태로 구성된 기관이라는 점이다. 여기서 두 가지 오류를 지적할 수 있다. (1) 그리스도의 몸에 순전히 영적으로 참여하는 것만을 중시하여 지상의 제도에 무관심한 열정주의의 오류가 있는가 하면, (2) 교회의 제도적이고 위계적인 구조를 교회와 동일시하는 로마 가톨릭의 오류가 있다. 전자에서 지상 교회는 하나의 관념이나 이상, 즉 선택이나 완전성이라는 관점에서 정의되는데, 문제는 선택이 추상적인 개념으로서 하나님의 작정과 마음 안에 존재하기 때문에 지상 교회의 실제 구성원인 사

---

47) *De intimis non judicat ecclesia* (F. L. Rutgers, *Die kerkrecht* [Amsterdam: Wormser, 1894], art. 61).

람들과 대응하지 못하는 데다가, 완전성 개념도 지상 교회의 실제 모습을 묘사하지 못한다는 점이다. 교회는 그야말로 전적으로 비가시적이 되어버린다. "듣는 교회"(ecclesia audiens)보다는 위계적 제도인 "가르치는 교회"(ecclesia docens)의 차원에서 교회의 본질을 정의하는 후자는 유형교회의 회원 됨과 부르심 및 세례가 결코 진정한 믿음의 증거가 되지 않는다는 점을 인정하지 못한다. 선택받지 못한 사람들이 부르심을 입고, 믿지 않는 많은 사람들 역시 세례를 받는다. 이스라엘에서 난 자가 모두 이스라엘은 아닌 것이다. 그래서 전자가 가시적 교회를 이루지 못하는 반면에, 후자는 비가시적 교회를 무시한다. 이런 오류들은 가시적 교회를 제도와 동일시하고 비가시적 교회를 유기체와 동일시하는 것으로 표현되지 않는다. 제도와 유기체는 모두 지상의 가시적 교회가 가지는 측면들이고, 이 둘 모두 비가시적인 영적 배경을 가지고 있다. 유일한 해결책은 신자들 안에 지속적으로 존재하는 옛 아담 역시 교회에 속하지 않았다는 것과, 교회는 지금도 완성되어가는 과정에 있다는 점을 인정하는 것이다. 참되고 충만한 교회의 정체성은 마지막 완성의 때에야 성취될 것이다. 비가시적 교회와 가시적 교회는 선택 받은 자들과 위선자들로 이루어진 두 개의 교회가 아니라 하나의 동일한 교회가 지닌 두 측면이다. 동일한 신자들이 한 경우에는 그들의 마음에 자리하고 오로지 하나님께만 확실히 알려진 믿음의 관점에서, 또 다른 경우에는 그들의 증언과 삶의 관점, 즉 우리에게 열려 있고 우리가 관찰할 수 있는 측면에서 관측된다. 지상 교회가 여전히 완성의 과정에 있기 때문에 이 두 측면은 심지어 가장 순전한 교회에서조차 결코 동일할 수 없다. 언제나 교회 안에 비신자들이 있고, 교회 밖에 신자들—어떤 이유에서 조직된(제도화된) 교회의 교제 밖에서 살아가지만 참된 믿음을 소유한 사람들—이 있을지라도, 교회의 본질은 신자들로만 이루어진다. 교회는 마지막 완성에 이를 때까지는 신앙의 조항일 뿐이며 항상 그렇게 남아 있을 것이다.

교회의 표지들

[493] 교회의 참된 회원이 누구인지는 오직 하나님만 아실지라도, 우리에게 참된 교회를 분별하는 길잡이가 전혀 없는 것은 아니다. 로마 가톨릭이 이 질문에 대해 절대적 확실성을 주장하는 것은 자기 능력 밖의 일을 요구하는 것이다. 그들이 주장하는 교회의 고대성, 주교들의 계승, 기적들, 회원들의 동질성, 지상 교회의 번창[48] 등과 같은 외적 "증거들"은 개신교가 순전한 말씀의 시행에 호소하는 것만큼이나 똑같이 주관적이다. 로마 가톨릭은 심지어 "신빙성 있는 증거들"에 대한 미묘한 이해와 함께 여전히 "위로부터 오는 유효한 능력의 도움"이 있어야 한다고 주장한다.[49] 또한 로마 가톨릭의 경우 믿음을 위한 가장 깊은 토대는 성경이나 교회가 아니라 "내면의 빛"이다. 신적 계시의 진리에 대해 한 사람을 내적으로, 그리고 충만한 보증을 가지고 확신시킬 수 있는 분은 오직 하나님의 영뿐이다. 무오한 교회와 교황을 가진 로마 가톨릭은 근본적으로 종교개혁 전통의 교회들보다 전혀 유리하지 않다. 교회와 교황은 아무리 가시적이라 할지라도 변함없이 "신앙의 조항들"일 뿐이기 때문이다.[50] 교회를 판단할 수 있는 유일한 기준은 성경 자체다. 참된 교회는 진실로 오직 한 가지 표지만을 가지고 있다. 즉 설교와 가르침과 신앙고백과 성례와 삶 속에서 다양하게 시행되고 고백되는 하나님의 말씀이다. 말씀, 오직 말씀만이 진실로 교회의 영혼이다.

로마 가톨릭은 자신의 통일성과 보편성을 자축하고 개신교 내부에 현존하는 분열에 대해 약간의 자기만족을 표하지만, 이 때문에 큰 대가를 치른다. 로마 가톨릭이 교회의 본질을 위계체계와 교황제―"교황이 있는 곳

---

48) R. Bellarmine, "De eccl. Mil.," in *Controversiis*, III, 10-12; IV, c. 4-18.

49) H. Denzinger, ed., *The Sources of Catholic Dogma*, trans. from the 30th ed. by Roy J. Deferrari (London and St. Louis: Herder, 1955), #1794.

50) H. Bavinck, *Reformed Dogmatics*, I, 510-12 (#133), 578-82 (#150).

에 교회가 있다"(*ubi papa, ibi ecclesia*)—의 관점에서 정의하기 때문에, 정작 로마 가톨릭교회 안에 개신교만큼이나 많은 분열이 있다는 사실을 간과하기 쉽다. 로마 가톨릭교회 내에서 이런 현상들은 다양한 수도회들이 공존하도록 허용되었다는 사실에서 드러난다. 게다가 로마 가톨릭은 교회 바깥에는 전혀 구원이 없다(*extra ecclesiam nulla salus*)라고 주장함으로써 큰 대가를 치른다. 제4차 라테란 공의회(1215)는 제1장에서 "그 바깥에서는 누구도 구원받지 못하는" 신자들로 이루어진 단 하나의 보편교회가 있다고 선언했다.[51] 트리엔트 공의회는 제5차 회기(1546년 6월 17일)에서 보편교회에 대한 믿음이 없이 하나님을 기쁘시게 할 수 없다고 주장했고,[52] 피우스 9세는 1854년 12월 9일에 자신의 훈시에서 "우리는 믿음에 기초하여 사도적인 로마 가톨릭교회 바깥에서는 어느 누구도 구원받을 수 없다고 주장해야 한다"라고 선언했다.[53] 따라서 바로 그런 성격으로 인해 로마 가톨릭교회는 비관용적이어야 한다.

그러나 로마 가톨릭교회 바깥에도 수백만의 그리스도인들이 존재한다는 사실은 그냥 무시해버리기에는 너무나 명백하다. 심지어 로마 가톨릭교회 내에도 이러한 교리를 고수하는 것이 어렵다는 것을 인지하고 타협점을 찾는 자들이 존재한다. 가톨릭교회는 "그리스도를 들어보지 못한 사람들에게서 발견되는 순전히 부정적인 불신앙은 죄다"[54]라고 한 미카엘 바이우스(Michael Baius, 1513-89)의 주장을 거부했다. 피우스 9세는 즉각적으로 자신의 훈시에서 로마 가톨릭교회 바깥에는 구원이 없다(*nulla salus*)는 주장에 다음을 덧붙였다. "참된 종교를 모른 채 수고하는 사람들은 이 무지를 극복하기 어려울지라도 이 때문에 비난받을 수 없음이 확실하다

---

51) 편집자 주—H. Denzinger, *Sources of Catholic Dogma*, #430.
52) 편집자 주—Ibid., #787.
53) 편집자 주—Ibid., #1647; 여기서는 "Singulari quadem"(December 9, 1854)이라는 훈시를 염두에 둔 것이다.
54) H. Denzinger, *Sources of Catholic Dogma*, #1068.

고 간주되어야 한다."

[494] 개신교에서 참된 교회의 표지들에 관한 교리는 다른 방향으로 작용했다. 종교개혁 운동을 정당화하기 위해 종교개혁자들은 로마 가톨릭 교회는 참된 교회가 아니며 종교개혁에 동조하는 교회들만이 성경의 가르침에 충실하다고 주장해야만 했다. 그들이 로마 가톨릭과 결별할 수 있었던 이유는 교회가 그 자체로는 신뢰할(αὐτοπιστος) 수 없고 진리로부터 떠날 수 있으며, 오직 성경만이 교회보다 더 큰 권위를 갖는다는 전제 때문이었다. 교회는 성경 자체의 기준들을 따라가면서—그리고 그것들 가운데 아주 다양한 표현들을 허용하면서—결국 교회의 핵심 표지인 하나님의 말씀으로 귀착된다. 그리스도는 그의 교회를 불러 모으시는데(마 28:19), 이 교회는 사도와 예언자들의 가르침 위에, 말씀과 성례에 의해(마 16:18; 엡 2:20) 세워진다. 말씀은 진실로 교회의 영혼이다.[55] 그래서 교회의 모든 사역은 곧 말씀의 사역이다. 교회의 표지들에 대한 개신교의 이해에 맞서 제기된 수많은 반론들은 그 목적을 이루지 못했다. 그 까닭은 그들이 용인되는 것보다 더 많은 권한을 표지들에 부여했기 때문이다. 예를 들어 그 기준들은 절대적이거나 무오하지 않다. 그것은 완벽하게 참된 교회와 전적으로 거짓된 교회를 구별하는 절대적인 기준이라기보다는 우리가 건전한 판단을 내리기 위해 사용할 수 있는 근거들이라 할 수 있다. 비록 신자들의 몸 안에 비신자들이 있고 교리와 예전 안에 불순한 요소들이 남아 있을지라도 이것은 한 교회 단체의 자격을 전적으로 빼앗지 못한다. 말씀의 순전한 집행은 개별 지체들의 진실한 믿음을 결정짓는 표지가 아니라 신자들의 모임으로서의 교회가 갖는 표지다. 또한 개혁파는 신자들의 모임으로서의 교회가 제도에서뿐만 아니라 믿음, 죄를 멀리함, 의의 추구, 하나님과 이웃을 향한 사랑, 그리고 육체를 십자가에 못 박음을 통해 분명

---

55) J. Calvin, *Institutes*, IV.xii.1.

히 드러난다고 강조했다.[56] 또한 말씀의 순전한 집행은 교회적 치리의 적용을 포함한다. 절대적인 의미에서 참된 교회를 세우는 것이 이 땅에서는 불가능하다. 같은 맥락에서 전적으로 거짓된 교회도 존재하지 않는다. 엄밀히 말해 그런 조건에 부합하는 교회는 실제로 존재할 수 없을 것이다. 개신교는 로마 가톨릭교회의 위계체계를 확고하게 거부하면서도 로마 가톨릭교회 안에 기독교적 요소가 존재한다는 점을 명백히 인정한다. 아무리 로마 가톨릭교회가 부패했다고 해도, 여전히 그 안에 "교회의 흔적들"과 "병든 교회의 잔재들"이 남아 있었다. 교황주의 안에도 여전히 "반쯤 훼파되기는 했지만 일종의 교회"가 남아 있었다.[57] 그와 같은 이유로 종교개혁자들은 절대주의와 인위적 분리에 대해 경고하였다. 칼뱅에 따르면, 신자들이 교회를 떠날 의무를 갖는 때는 "중대한 필수 교리들"이나 "신앙의 주요 교리들"이 거짓으로 대체될 때다.[58] 후에 국가 교회의 타락과 탈퇴의 압력에 직면했을 때 대다수의 목회자가 분리에 반대한 것도 동일한 이유에서다.[59] 결과적으로 "참된" 교회와 "순전한" 교회[60]를 구분하는 의미심장한 움직임이

---

56) Belgic Confession, art. 29.

57) 편집자 주—J. Calvin, *Institutes*, IV.ii.11. 여기서 Bavinck는 Calvin이 쓴 "사돌레토에 답하여"의 단락을 참고한다. "자신이 있는 교회만을 참 교회라고 하고 그외 세상의 다른 교회들은 부정하는 것은 얼마나 오만한가라고 할지도 모르겠지만, 사돌레토여, 진실로 우리는 당신이 치리하는 교회들도 그리스도의 교회라는 사실을 부정하지 않는다오" (John Calvin and Jacopo Sadoleto, *A Reformation Debate*, ed. J. C. Olin [New York: Harper & Row, 1966; repr., Grand Rapids: Baker, 1976], 75).

58) J. Calvin, *Institutes*, IV.i.12-20; idem, *Commentary*, on Matt. 13:40-41; idem, *Commentary*, on 2 Thess. 3:6.

59) Gisbert Voetius, *Politicae ecclesiasticae*, 3 vols. (Amsterdam: Joannis a Waesberge, 1663-76), IV, 488; W. à Brakel, *The Christian's Reasonable Service*, trans. B. Elshout, 4 vols. (Ligonier, PA: Soli Deo Gloria, 1992-95), II, chap. 25.

60) A. Polanus, *Syntagma theologiae christianae*, 532; Johann Heinrich Alsted, *Theologica didactica, exhibens locos communes theologicos method scholastic* (Hanau: C. Eifrid, 1618), 601ff.; A. Walaeus, in H. Bavinck, ed., *Synopsis purioris theologiae*, 6th ed. (Leiden: Donner, 1881), disp. 40, 37; Samuel Maresius, Systema theologicum (Groningen: Aemilium Spinneker, 1673), XVI, 20; Campegius

발생했는데, 전자는 배타적인 의미에서가 아니라 순전함의 정도에서 후자와 구별되지만, 기독교 신앙의 근본 조항들[61]을 견지한 일단의 교회들을 묘사하는 것으로 이해되었다. "거짓된 교회"는 지역 교회들 가운데 기반을 두고서, 하나님의 말씀보다는 그 자신과 자신의 규례에 더 큰 권위를 부여하는 미신과 불신앙의 위계적 세력들을 가리키는 용어가 되었다.[62]

[495] 역사 속에 존재한 "진실한" 교회는 완전하지가 않고 오히려 부인할 수 없을 정도로 어두운 측면을 가지고 있다. 교회는 분리와 분열로 갈기갈기 찢기고 어떤 교회들은 사도 시대로 되돌아가고 있다. 이런 모습들은 세상에 냉소와 경멸의 기회를 제공하고, 불신의 근거를 제공하며, 하나님께는 죄가 되고, 그리스도의 [일치를 위한 대제사장적인] 기도와 모순되는데, 이는 우리 지성의 어두움과 우리 마음의 사랑 없음에서 비롯된다.[63] 우리는 그리스도인으로서 그리스도의 교회 안에 수세기에 걸쳐 존재해온 분파와 불화에 대해 아무리 깊이 겸비한 태도를 취한다 해도 지나치지 않다. 유감스럽게도 그리스도인들은 그들이 그토록 열망하던 교회의 일치를 폭력적 수단(국가 권력을 이용한)이나 혼합주의 또는 합병과 같은 인위적인 방식으로 획득하거나 유지하려고 시도함으로써 스스로 혼란을 자초했다.[64] 게다가 역사도 자연과 마찬가지로 하나님의 사역 가운데서 하

Vitringa, *Doctrina christianae religionis, per aphorismos summatim descripta*, 6th ed., 8 vols. (Leiden: Joannis le Mair; Arnheim: J. H. Moelemanni, 1761-86), IX, 79.

61) 참조. H. Bavinck, *Reformed Dogmatics*, I, 612-13 (#158).

62) Belgic Confession, art. 29.

63) J. H. Gunning, *De eenheid der kerk* (Nijmegen: Ten Hoet, 1896); idem, *Hooger dan de kerk!* (Nijmegen: Ten Hoet, 1897); idem, *Rekenschap* (Nijmegen: Ten Hoet, 1898).

64) 영국, 스코틀랜드, 아메리카, 오스트레일리아에는 일치를 향하도록 하는 강력한 장치가 있다. 에딘버러 선교회의는 일치를 강조했고, Forsyth 의장이 "교회합중국"(the United States of the Church)이라 부른 것을 이루기 위해 많은 사람들이 일치를 추구하고 있다. 고백적인 분쟁의 본산인 독일에서는 고백적인 화평을 위한 청원이 끊이지 않고 있다. 예를 들어 L. K. Goetz, *Ein Wort zum konfessionellen Frieden*

나이며, 지상 교회의 분리와 분열까지도 관장하시는 하나님의 섭리와 별개로 진행되는 것이 아니기 때문에, 우리는 역사를 통해서도 교훈을 얻을 수 있다. 일치를 위한 그리스도의 기도는 하나님의 백성의 역사에 대한 그분의 무지에서 비롯된 것도 아니고, 그 백성을 다스릴 능력의 부재에서 온 것도 아니다. 그분의 기도는 일치가 이미 자신 안에 존재함을 보증할 뿐만 아니라, 정해진 때에 그분에 의해 성취된 일치가 모든 신자들 안에 분명히 드러나게 될 것을 보증한다.

이 점을 염두에 두고서 우리는 그리스도의 교회 안에서 일어나는 분열에 대한 올바른 이해를 위해 다음 사항들을 고찰한다.

1. 그리스도의 교회에 존재하는 모든 분리와 분열은 기본적으로 사도 시대에 그 기원을 두고 있다. 예루살렘의 사도들과 바울, 유대파 그리스도인들과 이방인 그리스도인들은 수많은 중요 이슈들에 대해 의견을 달리했다(행 15:39; 갈 2:11). 다양한 종류의 이단들과 분파들이 이미 그때에도 존재했다(고전 1:10; 11:18-19 등).

2. 사도 시대의 이런 분리와 분열은 우리에게 깊은 인상을 남기지 못했는데, 왜냐하면 우리는 신약성경에서 언제나 지역 교회의 문제를 우선적으로 다루기 때문이다. 교회가 "순수한 영적 일치를 통한 연대"의 단계에서 스스로를 교회의 "본질"로 간주하는 "위계적·제도적 단체"로 발전해가는 과정에서 수많은 참된 신자를 소외시키고 이단들과 분파들의 형성을 초래했다. 개신교가 어떤 형태로라도 위계적 억압을 통해 교회의 일치를 유지하려고 한다면 개신교는 이미 그 자체의 제1원리를 부정하는 것이다.

3. 엄밀히 말해 교회의 표지는 말씀[성경]이고 말씀에 대한 무오한 해

(Bonn: Carl Georgi, 1906); P. Tschackert, *Modus vivendi* (Munich: Beck, 1908); R. Schmolder, *Zum Frieden unter den Konfessionen* (Bonn, 1910), 168.

석은 결코 존재하지 않기 때문에, 그리스도는 모든 사람들에게 개인적으로 말씀을 해석하고 이해할 자유, 그리고 [말씀에] 신실하지 못한 단체들로부터 스스로를 분리할 자유를 허락하셨다. 비록 이러한 해석의 권리를 끔찍하게 남용할 수도 있고 또 그래왔지만, 그래도 우리는 이 권리를 존중하고, 이 자유를 없애려는 유혹을 피해야 한다.

4. 교회의 분열이 죄로 말미암아 초래된다는 점에는 의심의 여지가 없다. 동시에 하나님은 통일성 안에서 다양성을 사랑하시기 때문에, 교회 내에 존재하는 모든 다양성을 거부하는 것은 잘못이다. 유사한 예로 우리는 인류가 다양한 민족과 언어로 분열된 것이 죄로 인한 것일지라도, 그러한 분열 역시 그 안에 선한 요소를 지니고 있다고 믿는다. 그리스도는 이 땅의 많은 인종과 언어와 백성과 나라들로부터 그의 교회를 불러모으신다.

5. 그러므로 만일 우리가 "기독교가 전파된 곳마다 흩어져 발생한 지역 교회"를 교회로 받아들인다면, 지역 교회들 가운데서 절대적 의미의 참된 교회나 거짓된 교회는 있을 수 없다. 신앙고백들과 교회들이 얼마나 순전한가 하는 데는 정도의 차이가 있을 수밖에 없으며, 우리가 여전히 가장 순전한 신앙고백과 교회를 추구해야 한다는 점은 분명하지만, 신앙고백 가운데 근본적인 조항들과 그렇지 않은 조항들을 구분할 필요가 있다. 그렇다고 우리가 무차별주의나 혼합주의를 조장하려는 것은 아니다. "경건함에 이르는 진리"와 관련하여 중요하지 않은 것은 아무것도 없기 때문이다(딛 1:1).

6. 그러므로 "이단"과 "분열"이라는 말을 사용할 때는 신중을 기해야 한다. 전자는 교리의 문제와 관련하여 교회의 일치성을 깨뜨리는 것이고, 후자는 친교의 교제를 깨뜨린다. 이 두 가지 모두 큰 죄임에 틀림없다. 이와 동시에 교회가 현실적으로(*de facto*) 복수의 형태를 갖는다는 사실은 우리에게 필연적으로 융통성을 부여하는데, 이는 우리로 하여금 교회 정치의 외적 형태보다는 신앙의 영적 연대 안에서

통일성을 찾게 만든다.[65]

교회의 속성들

[496] 우리는 무엇보다 외형적이고 제도적인 연대가 가져다주는 통일성보다는 영적 연대로 말미암은 통일성을 추구할 필요가 있다. 교회의 핵심적인 속성들인 통일성, 거룩성, 보편성, 사도성과 관련하여 개신교는 로마 가톨릭과 다른 입장을 표명한다. 개신교는 이런 속성들을 우선적으로 로마 가톨릭처럼 특수한 위계 질서를 가진 제도 속에서 찾지 않는다. 통일성은 계급제와 교황직에서가 아니라 그리스도를 머리로 둔 교회의 영적 통일성 속에서 발견된다(엡 1:10; 5:23). 덧붙이자면 믿음과 소망과 사랑의 통일성, 세례의 통일성 등에 대해서도 말할 수 있다(엡 4:3). 이런 영적 통일성은 단순히 비가시적이기만 한 것이 아니라, 모든 그리스도인들이 그들의 분열에도 불구하고 갖게 되는 공통점을 통해 표현되기도 한다. "성결"이라는 것이 일차적으로는 성사의 구원적 용도에 의해 성취되는 예전적·제의적 성결로 이루어지고 단지 부차적으로만 일부 회원들의 개인적 성결로 말미암는다고 말하는 것은 옳지 않다.[66] 성결은 속 사람이 물과 성령

---

65) W. E. Gladstone, "The Place of Heresy and Schism in the Modern Christian Church," *Nineteenth Century* 36 (August 1894): 157-94; P. Hinschius, "Haresie," in *PRE³*, VII, 319-21; E. Sehling, "Schisma," in *PRE³*, XVII, 575-80. 교회의 다수성에 대해서는 다음 논의를 보라. A. Kuyper, *Encyclopedia of Sacred Theology* (New York: C. Scribner's Sons, 1898), 658ff.; Th. F. Bensdorp, *Pluriformiteit: Eenfundamenteele misvatting van Dr. A. Kuyper of een hopeloos pleidooi* (Amsterdam: G. Borg, 1901).

66) Roman Catechism, I, art. 10, qu. 13. 편집자 주―Bavinck는 실수로 질문 12를 인용한다. 제2차 바티칸 공의회판은 서론을 나열하지 않고 있는 관계로 제1장은 신조의 제1항으로 시작한다. 본 각주에서는 II, chap. 9, qu. 15이 타당한 인용이다. *The Roman Catechism*, trans. Robert I. Bradley, SJ, and Eugene Kevane (Boston: Daughters of St. Paul, 1985)

으로 거듭나서 하나님의 일부 계명만이 아닌 모든 계명을 따라 살기를 진정으로 바라는 성도들(요 17:19; 엡 5:25-27; 살전 4:3; 딛 2:14; 히 12:14; 벧전 2:9)의 "영적" 교제로 말미암는 것이다.[67] 보편성은 지리적·공간적·시간적 차원—온 땅에 퍼져 있고 사도들로부터 단절되지 않고 이어지는—의 문제일 뿐 아니라, 하나님이 모든 백성을 위해 의도하신 은혜와 진리의 충만함을 가리키는 것이기도 하다. 로마 가톨릭 신도들은 보편성에서 참된 교회의 본질적 표지를 찾으며, 그들이 교회의 교부들에게 지지를 호소하는 것은 나름의 장점을 가지고 있다. 그러나 그들과 마찬가지로 로마 교회도 자신의 교세 확장을 과장하고 개신교의 성장을 경시하는 경향이 있다. 통계가 모든 것을 말해주는 것은 아니다. "로마"(Roman)와 "가톨릭"(catholic)이라는 두 용어 사이에 근본적 모순이 있다. 따라서 "로마 교회" 또는 "교황 교회"(papal church)라는 명칭이 "가톨릭"(Catholic)이라는 말보다 그 본질을 훨씬 더 정확하게 표현한다. 모든 개신교 신도들은 사도신경에서 "나는 거룩한 공교회를 믿사오며"라고 고백한다.[68] 이들은 여기서 단순히 하나님이 모든 민족들을 구원하기로 작정하셨다는 구약성경과 신약성경의 가르침을 따른다(창 12:3; 시 2:8; 사 2:2; 렘 3:17; 말 1:11; 마 8:11; 28:19; 요 10:16; 롬 1:8; 10:18; 엡 2:14; 골 1:6; 계 7:9 등). 기독교는 세계적인 종교이고 그 교회는 가장 보편적이어서, 모든 민족과 세대, 모든 계층과 계급, 모든 시간과 장소에 적합하도록 의도된 국제적이고 범세계적인 신앙의 성격이 고백을 통해 분명하게 표현될 뿐만 아니라 실천을 통해 적용된다. 개혁파가 수많은 국가들에서 그들의 신앙을 고백하고, 도르트 총회에 개혁파 기독교 전통에 속한 모든 교회의 대표들을 초대했던 것은 그런 안목 때문이었다.[69]

보편성은 로마 가톨릭의 사상 중에서 사도성이라는 네 번째 속성과 긴

---

67) 편집자 주—Bavinck는 「하이델베르크 교리문답」 제44주일 제114문답을 인용한다.

68) Belgic Confession, art. 27; Apology of the Augsburg Confession, arts. 7-8.

69) H. Bavinck, "The Catholicity of Christianity and the Church," trans. John Bolt, *Calvin Theological Journal* 27 (1992): 220-51.

밀한 관련이 있다. 로마 가톨릭은 사도들이 그 교회를 세웠고, 그 가르침과 조직과 사역이 사도들의 것과 일치한다는 명목으로 이러한 속성을 주장하는데, 특별히 그 감독들이 사도들로부터 중단 없이 이어져 내려온 직분의 계승자들이며, 그들의 권세와 권위를 사도들로부터 합법적으로 직접 계승한 자들로부터 전달받았기 때문이라고 말한다. 그러나 성경은 이런 사도적 계승에 대해 일체 언급하지 않으며, 계승 자체가 교리의 순전함을 전혀 보장하지 않는다. 그러므로 개신교도들은 참된 교회를 구별짓는 특징으로 "장소와 인물의 계승"을 거부하고 "교리의 계승"을 택했다.

마지막으로 무결성과 무류성의 속성들은 지옥의 문이 교회를 이기지 못할 것이며, 세상 끝날까지 교회를 보존하실 것이라는 우리 주님의 약속에서 비롯된다(마 16:18; 28:20; 엡 4:11-13; 딤전 3:15). 그것은 제1차 바티칸 공의회에서 선언된 교황의 무류성에 대한 주장으로 이어지는 것이 아니며,[70] 교회의 현세적 성공과 안전을 약속하지도 않는다. 오히려 신약성경은 특별히 마지막 날의 고난과 핍박에 주의를 기울이게 한다(마 24:21-22; 눅 18:8; 딤후 3:1). 예수의 약속은 단지 이 땅에 신자들의 모임이 항상 있을 것이라는 보증일 뿐이다. 교회의 왕이신 그리스도는 아무리 규모가 작고 보잘것없을지라도 자기 이름을 고백하고 자기 안에서 모든 구원을 발견하는 신자들의 모임이 이 세상에서 항상 지속되도록 배려하실 것이다. 각각의 속성들은 교회의 종말론적인 측면을 보여준다. 그것들은 그리스도 안에서 우리의 것이 되며, 지금도 참되지만 오직 영원 속에서만 온전히 실현된다. 그리하여 속성들은 성령의 능력 안에서 우리가 추구해야 할 부르심들이다.

유기체와 제도로서의 교회

[497] 교회는 다스림(government) 없이는 존속할 수 없다. 다른 실체들과

---

70) H. Denzinger, *Sources of Catholic Dogma*, ##1832-40.

같이 교회도 그것을 지탱하고, 인도하고, 돌보고, 보호하는 권위 없이는 생각할 수 없다. 비록 모든 최종적 권위가 하나님께 있을지라도, 하나님은 영원 전부터 그리스도를 중보자로 지명하시고, 그리스도는 에덴동산 때부터 예언자직과 제사장직과 왕직을 수행하셨고, 구약성경 시대와 그가 지상에 머무시는 동안에 그것을 지속하셨으며, 지금은 하늘에서 하나님의 보좌 우편에 앉아 그것을 성취하신다.[71] 그러나 자신의 주권을 자기 백성들에게 전혀 양도하지 않고 나누어주지 않으면서도 그 주권을 행사하시는 데 있어 그들을 사용하시는 것은 그리스도의 기쁨이었다. 신자들의 모임인 교회는 그리스도가 다른 사람들을 자신의 품안으로 이끌어오시기 위한 도구로 사용되는데, 부분적으로는 교회가 완성되어가는 과정에 있기 때문이며, 따라서 수동적으로는 회집한 공동체로서의 유기체고, 능동적으로는 모든 신자들의 어머니로서의 기관이기 때문이다.

가시적 교회의 이러한 구분은 오늘날 교회의 이중성을 연상시킨다. 곧 우리는 직분과 은혜의 방편으로 교회(제도)를 대할 뿐 아니라 믿음과 삶의 공동체로 교회(유기체)를 대한다. 비록 어느 것이 더 우선권을 갖는지에 대해 신학자들이 갑론을박해왔음에도 불구하고, 그 어느 쪽도 상대방에 맞서서는 안 된다. 둘 다 그리스도의 사역이기 때문이다. 개신교의 교회론(개교회가 비가시적 유기체보다 앞선다)과 로마 가톨릭의 교회론(가시적이고 제도적인 교회가 개교회보다 앞선다)을 구별하는 방법으로 이러한 구분을 사용하는 일부 신학자들—슐라이어마허, 묄러(J. Möhler)—의 노력은 많은 점에서 교회사를 부정확하게 다루고 있다.

종교개혁이 로마 가톨릭에 대항한 것은 제도적 교회의 중요성에 대해서가 아니라, 로마 교회가 사제와 성사를 은혜의 방편으로 구원과 결합시킨 방식에 대한 것이었다. 칼뱅을 포함해[72] 개신교도들은 교회가 모임 공

---

71) H. Bavinck, *Reformed Dogmatics*, III, 475-82 (#409).
72) J. Calvin, *Institutes*, IV.i.4.

동체(*coetus*)인 동시에 신자들의 어머니(*mater fidelium*)라는 로마 가톨릭의 견해에 동의했는데, 그것은 오로지 그리스도가 이런 식으로 교회를 대하셨다는 이유에서였다. 공동체가 교회를 만들지 않았고, 그리스도가 공동체를 불러 모으는 일을 통해 교회를 만드셨다. 교회는 "거듭난 개인들이 한데 모여" 신자들의 공동체를 이룸으로써 생겨나는 것이 아니다.[73] 그들은 어디서 왔는가? 로마 가톨릭과 종교개혁 간의 진짜 문제는 "그리스도가 사제들에 의한 성사적 은혜의 집행에 구속되는가" 아니면 "그가 선포한 말씀과 성령을 통해 자기 백성들을 은혜로 불러모으는가"에 대한 것이다. 종교개혁자들은 하나님의 말씀이 선포되는 곳에 하나님의 백성이 있지만, 심지어 사제나 교황, 목사나 장로가 없는 곳에도 교회가 있다고 주장했다. 그럼에도 신자들의 모임으로서의 교회는 방편을 사용하지 않고는 모습을 갖추지 않는다. 그리스도와의 교제는 사도들의 말씀과의 교제와 직결된다(요 17:3; 요일 1:3). 자연 세계에서처럼 모든 인간은 친교의 산물이고, 개별 신자는 신앙 공동체를 모태로 해서 태어난다. 마치 모든 유기체에서 전체가 부분에 선행하는 것처럼, 보편적 교회는 개교회와 개별 신자들에 선행한다. 신자들은 생산자인 동시에 산물이다. 다시 말하면, 그리스도는 교회를 통해 자기 교회를 불러 모으신다. 교회를 이런 방식으로 이해함에 있어 종교개혁은 로마 교회의 계급구조와 재세례파의 열광주의를 모두 피하면서 이 둘 안에 있는 진리를 정당하게 다루었다. 교회를 식별하는 표지는 순전한 말씀의 집행과 신자들의 신앙고백과 행위다. 직분들과 은사들, 다스림과 백성들, 제도와 유기체, 이 모든 것들은 한데 속해 있다. 그것들은 분리될 수 없다.

[498] 성경은 아주 분명하게 이런 입장을 밝힌다. 교회는 하나님의 피조물이다. 인류의 죄악된 역사—아담, 아브라함, 이스라엘, 초기 교회로 이어지는—의 시작에서부터 모든 것이 성막과 제단, 희생제사, 제사장직을 통해 종교적으로뿐만 아니라 세속적으로도 조직화되었다. 아브라함

---

73) F. Schleiermacher, *The Christian Faith*, §115.

과 그의 직계 후손들은 할례의 표를 받았으며, 후손들에게 언약의 약속들을 전하고 하나님께 예배와 감사의 제사를 드리는 제사장들로서 그들의 동족을 섬겼다. 시내 산에서 이스라엘 백성은 세속적이면서도 종교적인 조직을 부여받았고, 제사장직과 희생제사, 성막과 제단, 광범위하게 배열된 율법과 규례들을 통해 하나님의 백성으로 드러났다. 세례자 요한은 죄 사함을 위한 회개의 세례를 선포했고 하나님의 백성들에게 죄악된 이스라엘로부터 자신을 구별하라고 촉구했다. 예수는 세례자 요한의 메시지와 세례를 이어받아 거기에 주의 만찬을 첨가하셨으며, 자기 주변에 교회(ἐκκλησια)를 불러 모으셨고,[74] 이 땅에 계시는 동안 친히 그 교회를 다스리셨으며, 열두 사도를 증인으로 임명하셨다. "열두 사도"로 알려진 그룹은 바울이 그들과 합류하기 오래 전부터 이미 존재했었다(마 26:33; 28:18-20; 눅 24:47; 요 20:19, 21; 고전 15:5, 7; 계 21:14). 그들은 예수가 친히 지명하신 자들이었다(눅 6:13; 참조. 11:49; 마 10:2; 23:34; 막 3:14; 6:30; 눅 9:10; 17:5; 22:14; 24:10). "사도"라는 말은[75] 심지어 "거짓 사도"(ψευδοαποστολος)라는 용어가 만들어질 정도로(고후 11:13) 처음부터 직무와 관계된 명칭이었다. 사도 목록의 변화가 보여주듯이, 누가 이 12명의 그룹에 속한 것으로 간주되어야 하는지는 아직 확실하지가 않았다(마 10:2-4; 막 3:16-19; 눅 6:14-16; 행 1:13). 우리는 맛디아가 유다를 대체한 것은(행 1:15-26) 알고 있지만, 바울과 12사도의 관계는 그리 명확하지가 않다. 바울은 이방인의 사도다(행 9:15; 13:47; 22:21; 롬 11:13; 갈 1:16; 2:7-9; 엡 3:8; 딤전 2:7; 딤후 1:11). 비록 그가 복음을 전할 때 언

---

74) 예수가 자신의 교회에 대해 말씀하시는 방식에는 이미 원리적으로 그 조직이 포함되어 있다. 참조. P. A. E. Sillevis Smitt, *De organisatie van de Christelijke kerk in den apostolischen tijd* (Rotterdam: T. de Vries, 1910), 36.

75) "사도들"이라는 말은 유다 바깥 지역의 유대관습과 관련된 특정한 명령을 수행하도록 산헤드린이 보낸 사람들을 가리키는 말로 유대인들 사이에서 통용되었을 가능성을 배제할 수 없다. A. von Harnack, *The Mission and Expansion of Christianity*, trans. J. Moffatt (New York: Harper, 1908), I, 458ff.; W. Staerk, *Neutestamentliche Zeitgeschichte*, 2 vols. (Berlin: G. J. Goschen, 1907), II, 43.

제나 일차적으로는 유대인들을 향했고(행 13:5, 14, 46 등), 한편으로 부활 사건 후에 12사도가 만민에게 복음을 전하도록 위임을 받았다 하더라도 말이다(마 28:19; 행 10:42). 그러나 바울의 사도직은 독특하다. 그는 자신의 사도직이 신적 기원과 독립성과 진정성을 갖는다고 주장한다(갈 1-2장; 고전 1:10-4:21; 고후 10:13). 그러나 부활하신 그리스도에 대한 그의 "사도적" 증거는 그리스도가 지상에 머무시는 동안 그와 함께했던 자들의 것과는 다르다. 하지만 사도직이 교회의 영속적인 토대가 될 수 있도록 사도직을 이방인의 세계로 옮김으로써 그것을 확정하고 확장한 것은 바울의 공헌이었다. 바울의 사역은 교회로 하여금 유대주의적 배타주의를 스스로 벗게 하고, 돌 감람나무인 이방인들을 참 감람나무인 이스라엘에 접붙이게 하는 데 도움을 주었다(롬 11:24). 유대인과 이방인들은 함께 모여 그리스도를 모퉁이돌로, 사도들을 터전으로 삼아 하나님의 새로운 백성을 이루었다.

"사도"로서 바울의 역할, 그리고 신약성경 시대(행 13:2-3; 14:4, 14; 롬 16:7; 고전 4:6, 9; 9:5; 15:7; 고후 8:23; 11:3, 5, 13; 12:11; 갈 1:19; 살전 2:7; 계 2:2)와 속사도 시대(디다케에서 볼 수 있는 것처럼)에 사도라는 용어가 "전도자들"이나 "예언자들"로 불리는 사도의 조력자들을 포함하는 것으로 폭넓게 사용되었다는 사실은 교회의 구조에 관해 우리에게 중요한 교훈을 준다. 전도자들은 종들이다(살전 3:2; 딤전 4:6; 6:11; 딤후 2:24). 그들은 은사와 더불어(딤전 4:14; 딤후 1:6), 자신의 이름(행 21:8)과 자체적인 서열(엡 4:11)과 특별한 임무(딤후 4:5)를 가진 직분(office)으로 부름받고 임명되었다. 그들의 직분은 지역 교회에 한정된 것이 아니라 보편교회(행 13:4ff.)로 확장되어, 모든 교회를 향해 권세와 권위를 행사한다(딛 1:5). 그들은 사도들의 "동역자"(살전 3:2), "함께 다니는 자들"(행 19:29), "함께 군사 된 자들"(빌 2:25), "함께 종 된 자들"(골 1:7; 4:7)로서, 사도들에게 순복한다(행 19:22; 고전 4:17; 딤전 1:3; 딛 1:5 등). 속사도 시대에 이 직분은 사라지고 "복음 전도자"라는 명칭이 사복음서의 저자들에게 주어지는데, 말하자면 복음 전도자들의 개인적인 정보는

불필요해졌다는 것이다.[76]

우리는 전도자들과 함께 "예언자들"을 만난다(롬 12:6; 고전 12:28-29; 엡 2:20; 3:5; 4:11). 예수가 약속하셨고(마 23:34; 눅 11:49), 성령이 세우신(행 2:17-18; 고전 12:11; 계 1:10) 예언자들은 거의 모든 교회들에서 대거 등장한다(행 6:5, 8; 11:27; 13:1; 21:9-10; 롬 12:6; 고전 12장; 엡 2:20; 3:5; 4:1-11; 살전 5:20). 그들 가운데 마지막이 사도 요한이고(계 1:1), 이후로 하나의 계층으로서의 예언자는 교회에서 사라진다. 비록 몬타누스주의와 초기 또는 후대의 다른 열광적 운동들이 예언을 되살리려고 노력했고 심지어 츠빙글리와 그 뒤를 잇는 많은 사람들이 성경을 설명하기 위한 도구로서 소위 "예언들"을 도입했지만 말이다.[77] 후자는 신약성경이 "예언"이라고 부른 것과 일치하지 않는다. 예언자들이 직분을 맡은 자들로 간주될 수는 있지만 그들은 그리스도나 그의 교회에 의해 직접 부름을 받거나 임명을 받지 않는다. 대신 그들은 성령으로부터 특별한 은사를 받고, 그들의 임무는 임시적인 성격을 갖는다. 선교 사역에서 사도들을 도왔던 전도자들과는 달리, 예언자들은 교화와 가르침을 통해 그들을 지원한다. 예언이 방언(*glossalalia*)보다 더 높은 위치에 있기는 하지만(고전 14:5, 32), 그럼에도 그것은 보편적이지 않고 일시적인 계시의 열매다(14:30). 신약성경의 사도들과 이후의 직분들 간에 어떤 유사성이 있을지라도, 원래의 사도들에게는 독특하고 차별적인 그 무언가가 있다. 모든 세대의 보편교회는 그들의 증거에 매여 있다. 그들은 성령을 한량없이 공유했다. 성령 하나님이 표적과 기사와 풍성한 영적인 복들로 그들의 증거에 인치셨다. 사도성은 틀림없이 그리스도의 교회가 갖는 한 속성이고 특징적인 표지다.[78]

---

76) 전도자들에 관해서는 다음을 보라; Suicerus, *Thesaurus ecclesiasticus*, s.v. εὐαγγελιον; V. H. Stanton, "Gospels," in *DB*, II, 234-49; N. J. D. White, "Gospels," in *DC*, I, 663-71.

77) Guder, "Prophezei," in *PRE*[3], XVI, 108-10.

78) 참조. H. Bavinck, *Reformed Dogmatics*, I, 397-402 (#108); A. von Harnack, *The*

베드로는 사도들 가운데서 가장 중요한 인물이며, 동등한 사도들 중에 선두주자다. 이미 예수와의 첫 번째 만남에서부터 베드로는 나중에 "게바"(Κηφας, 케파스; 히브리어 כֵף[케프]의 어미에 아람어 관사가 붙은 형태인 כֵיפָא[케파]를 그리스어로 표기한 것)라, "반석"(ἡ πετρα)이라, 그리고 남성 고유명사로서 "베드로"(Πετρος[요 1:44])라 불리게 되리라는 약속을 받았다. 예수가 메시아라는 그의 담대한 고백(마 16:13-20)은 예수로 하여금 베드로와 그의 신앙고백을 "반석"이라고 부르게 만들었는데, 그리스도는 그 위에 음부의 권세가 이기지 못할 정도로 아주 굳건하게 자신의 교회를 세우실 것이다. 베드로는 교회의 주요 설립자요, 모든 세대를 통틀어 그리스도를 고백하는 모든 신자들의 모범과 지도자다. 로마 가톨릭에 반하여, 교회의 사도적 토대와 다스림이 사도직의 지속을 의미하는 것은 아니다. 우리에게 그것은 제도로서가 아니라 사도의 말씀을 통해서 영향력을 행사하는데, 그것은 지속적으로 교회의 토대가 된다. 사도들이 여러 지역에 교회를 세울 때, 그들은 자신들의 것과는 본질적으로 다른 직분들을 제정했는데, 이 직분들은 여러 교회의 협력을 통해 생성되었다. 전도자와 예언자를 포함하는 "특별한 사도적 직분"과 함께, 교회 내에 그 교회에 의해 제정된 장로와 집사라는 "일반적 직분들"이 존재했다.

[499-500] 사도들은 그리스도에 의해 친히 세우심을 받았던 반면, 사도들을 따르던 자들은 사도들의 성공적인 복음 전파의 결과로 생겨난 회중 가운데서 그 회중에 의해 세움을 받았다. 교회가 확장되고 신자들이 가정들에서 모임을 가지게 됨에 따라, 지명된 자들에 의해서 공동체의 운영 지침들이 정해졌는데, 아마도 유대교의 회당을 모델로 삼았을 것이다. 사도의 직분이 보편적이지 않고 일시적인 직분이었던 반면에, 신자들의 모임으로서의 교회마저도 앞서는 "기초를 놓는" 직분, 곧 교사와 장로와 감

Mission and Expansion of Christianity, I, 458ff.; W. Patrick, "Apostles," in *DC*, I, 101ff.

독 및 집사의 직분은 하나의 지역 단체로서 이런 직분을 맡을 자들을 지명하고 선출할 권리를 갖는 교회를 전제한다. 임무와 직분이 상당히 유동적이었던 상황에서, 시간이 지남에 따라 그것들은 분화되었으며, 여기에 집사라는 독특한 직분이 더해졌다(행 6장). 이 구제하는 직분은 필요에 의해 생겨났다. "디아코니아"(διακονια)는 주님으로부터 부여받았고 교회 공동체의 섬김과 유익을 위해 사용된 모든 직분과 은사를 가리키는 신약성경의 용어다. 교회의 모든 지체는 그리스도의 "둘로스"(δουλος, 노예)이자 동료 신자들의 "디아코노스"(διακονος, 종)다. 집사의 직분은 말씀 사역에 더하여(행 6:4; 20:24; 딤전 1:12) 교회가 항상 가난한 자, 병든 자, 나그네 등에게 구제 사역을 지속하기 위해 세워졌다(롬 12:7; 고전 12:28; 벧전 4:11). 감독자의 직분을 묘사하기 위해 사용된 "장로"(πρεσβυτερος)라는 말은 나중에 더 정확한 의미를 담고 있는 "감독자"(ἐπισκοπος, 행 20:28; 빌 1:1; 딤전 3:2; 딛 1:7; 벧전 2:25)의 직분으로 묘사되고 대체되었다. 바울은 디모데전서 3장에서 각 직분들에 관해 말한 후에, 디모데전서 5장에서는 남녀노소(참조. 벧전 5:5)로 이루어진 교회의 다양한 지체들에 대하여 취해야 할 자세를 디모데에게 설명한다. 그리고 속사도 교부들(the Apostolic Fathers)은 교회의 실제 직분을 맡은 자들과 별도로 장로들의 계층에 대해 언급한다.[79] "에피스코포스"(ἐπισκοπος)와 "프레스뷔테로스"(πρεσβυτερος)를 구별하는 것은 디모데전서 5:17을 이해할 수 있는 유일한 길이다("잘 다스리는 장로들은 배나 존경할 자로 알되 말씀과 가르침에 수고하는 이들에게는 더욱 그리할 것이니라"). 모든 "프레스뷔테로이"(πρεσβυτεροι)가 "에피스코포이"(ἐπισκοποι)로 섬긴 것은 아니고, 배나 존경을 받을 자격이 있는 자들만 "에피스코포이"로 섬긴 것이다. 장로들(elders 또는 presbyters)은 교회 안에서 하나의 계층 또는 집단을 이루었지만, 감독자들(overseers)은 다스리는 직분을 맡은 자들이었다. 본문에 따르면 다스리는 직분을 맡은 감독자들과 가르치고 설교하는 직분을 맡아

---

79) *1 Clem*. 1:3; 3:3; 21:6; 47:6; 57:1; 63:3-4; Herm. *Vis*. 2.4; 3.1.

서 성례의 집행을 맡은 다른 사람들 간에는 분명한 구분이 있다. 물론 종종 그렇듯이, 장로들과 감독자들은 동일한 사람으로서 동일한 직분을 맡은 자들일 수 있다(행 20:17, 28; 딤전 3:1; 4:14; 5:17, 19; 딛 1:5, 7; 벧전 5:1-2). "장로"(presbyters)라는 명칭은 이 직분에 대해 전혀 밝혀주지 않고 또 그 때문에 다른 명칭들, 특히 "감독자들"(행 20:28; 빌 1:1; 딤전 3:2; 딛 1:7), "너희 위에 있는 자들"(롬 12:8; 살전 5:12), "다스리는 은사를 가진 자들"(고전 12:28), "인도자들"(히 13:7, 17, 24), "목자들"(엡 4:11) 등으로 대용되었다. 장로들은 자기 가정을 잘 다스리는 자여야 한다는 요구사항을 염두에 둘 때(행 20:28; 딤전 3:1-7; 딛 1:5-9; 벧전 5:1-3), 그들의 직분이 주로 교회를 감독하고 치리하고 인도하는 것임은 명백하다. 예루살렘 공회(행 15:4, 22-23)에서 장로들의 책임은, 그들이 필히 진리에 대해 약간의 지식을 가지고 있어야 함을 보여준다. 그러나 원래 감독자의 직분은 가르치는 일이 아니라 교회를 다스리는 일이었다. 초기 교회에서는 따로 가르치는 직분의 필요성을 아직 절감하지 못했다. 사도들과 전도자들과 예언자들은 교사로도 봉사했으며(행 13:1; 고전 14:3; 딤전 1:11), 회당에서와 마찬가지로(눅 4:16) 가르치는 일($\delta\iota\delta\alpha\sigma\kappa\alpha\lambda\iota\alpha$)은 특별한 직분이 없는 많은 사람들에 의해 자유로이 행해졌다(롬 12:7; 고전 12:8, 28-29; 14:26).

앞 문단에서 묘사된 조직, 다시 말하면 귀족적 장로제로 불릴 수 있는 조직은 곧 군주적 감독제도로 발전했다. 이것은 동방 교회에서 먼저 시작되었고, 서방 교회도 이내 그 선례를 따랐다. 이런 변화 중 상당 부분은 납득할 만한 것이다. 교회는 확장되어가는데 사도 시대의 종식과 함께 특별한 은사들이 그치고 여러 오류들과 이단들이 교회 안팎에서 드러남에 따라, 유능한 교사들을 통해 가르치고 훈계할 뿐만 아니라 진리를 거부하는 자들을 반박할 필요가 있었다(딤전 3:16; 딛 1:9). 교육과 더불어 보다 항구적인 교회 조직이 필요해졌다. 유대교의 서기관들과 예수 자신의 모범을 따라, 다른 사람들을 가르칠 자질이 있는 신뢰할 만한 사람들이 복음의 메시지를 위탁받았다(딤후 2:2). 예수(마 10:10; 눅 10:7)와 바울이 준수한 규칙(롬

15:27; 고전 9:6, 11, 14; 고후 11:7-9; 갈 6:6; 살전 2:5; 딤전 5:17-18; 딤후 2:6)에 따르면, 이 일군들은 보수를 받을 자격이 있다. 학식과 생계 대책의 필요성은 말씀 사역이 모든 감독자들에게가 아니라 극소수의 감독자에게만 주어진 이유다. 특정한 임무와 직분을 위임할 자를 선택하는 일에 처음에는 회중들도 참여했다(행 13:1-3; 고전 2:15; 12:10; 14:29; 고후 8:19, 참조. 23; 살전 5:19-21; 딤전 1:18; 4:14; 6:12; 딤후 1:6; 2:2; 요일 2:20, 27; 계 2:2, 6, 14-15, 20; 3:1ff.).[80] 그러나 시간이 흐름에 따라 교회를 하나의 기관으로 안정시킬 필요성이 대두되었고, 전도와 예언과 교훈에 관한 교회의 활동들은 주교직에 귀속되었다. 즉 "그들"만이 참된 전도자요 예언자요 교사가 되었다.[81] 여러 이단과 분파 운동에 직면하여 중요한 질문이 제기되었다. "참된 교회는 어디에 있는가?" 그 답변은, 참된 교회는 전체로서의 몸인 보편교회에 충실한 교회인데, 그 교회는 주교가 자리하는 교회다.[82] 여기서 주교는 더 이상 여러 동료들 중 첫째가 아닌 분명한 우선권과 권위를 가진 자로 간주되었다. 이전에는 감독자들과 집사들이 공동체의 동의에 의해 선택받았지만, 이제는 상황이 역전되었다. 이제 주교들은 사도직의 계승자들로 간주되었고, 따라서 전승의 담지자들(bearers)로서 특별한 권위를 부여받았다. 이런 감독제도의 중추적 요소는 가르치는 교회와 듣는 교회, 즉 성직자와 평신도 간의 구분이다.

이러한 교회 정치의 변화가 적어도 서방 교회에서는 모든 지역 교회에서 동시적으로 발생한 것은 아니다. 그것은 디다케(*Didache*)나[83] 헤르마스의 목자(*Shepherd of Hermas*)나,[84] 클레멘스 1서[85]에서는 발견되지 않는다.

---

80) *Did.* 15; *1 Clem.* 44; Pol. *Phil.* 11 (*ANF*, I, 135-46); 참조. Ign. *Phld.* 10 (*ANF*, I, 113-17); *Apostolic Constitutions* VIII, 4.
81) *Did.* 15.
82) Ign. *Smyrn.* 8.
83) *Did.* 15.
84) Herm. *Vis.* 3.5; 2.4.
85) *1 Clem.* 42, 44, 47.

군주적 감독제가 아주 일찍부터 발전했던 곳은 동방 교회인데, 이그나티우스가 이에 대해 논란의 여지가 없는 증거를 제공한다. 그는 반복해서 13번씩이나 감독들(*episcopoi*)과 장로들과 집사들을 세 가지 고유한 직분자들로 언급한다. 그럼에도 이그나티우스의 글에서 감독제도의 개념은 여전히 이제 막 시작되는 단계였다. "에피스코푸스"(*epicopus*)는 그리스도가 보낸 사람으로서 하나님의 선물(χαρις θεου)이요, 그리스도 또는 하나님의 형상이다.[86] 모든 이단과 분리를 피하기 위해서는 바로 이 사람과 통일성을 유지하는 것이 중요하다. 하지만 그는 전통의 계승자는 아니다. 신약성경의 제사장도 아니고, 사도직을 계승하는 자도 아니다. 그리스도와 더불어 사도들이 존재했던 것처럼, 장로들과 집사들의 회의가 언제나 그를 에워싸고 있다. 그는 지역 교회 안에서 직분을 맡은 자로 자신이 속한 지역 교회 밖에서는 권위가 없다. 이그나티우스는 계속해서 일관되게 이 "에피스코푸스"(*episcopus*)를 장로들 및 집사들과 연관시키면서도 그에게는 다른 직분자들보다 훨씬 높은 지위를 부여한다. 이그나티우스는 자주 이 인물을 하나님이나 그리스도와 비교하면서 교회의 모든 회원들이 그에게 거의 무제한적인 순종을 보일 것을 요구한다. 여기서 요한계시록 1:20-3:22이 중요하다. 이 본문을 따라 이그나티우스는 감독을 온 교회를 대표하는 "앙겔로스"(ἀγγελος)로 묘사하고 있기 때문이다.[87] 군주적 감독제도가 여기서 기원한 것일 수도 있다. 결과적으로, 여러 교회의 회중들로 이루어진 집단 내에서 이 감독과 관련이 있는 교회에 특별한 우선권이 돌아갔다. 이러한 사실은 어째서 감독만에게만 성찬, 임직, 사죄 등의 특정한 교회 예식들을 집행할 권위가 주어졌는지를 이해하는 데 도움을 준다.

[501] 이런 발전 과정에서 우리는 초기 교회의 전체 관계가 완전히 역

---

86) Ign. *Eph*. 6; Ign. *Magn*. 2, 7; Ign., Trall.2-3; Ign. Smyrn.8.
87) 참조. 예루살렘 교회에서 주님의 형제 야고보에게 돌아갔던 높은 위치다(행 12:17; 15:13; 21:18; 갈 1:19; 2:9).

전된 것을 볼 수 있다. 교회의 직분자를 세우는 일에 온 회중이 참여했던 것과는 달리, 2세기 중반에 이르러서는 "가르치는 교회"와 아무것도 말할 수 없고 그저 듣고 순복하기만 해야 하는 "듣는 교회"로 대비되는 성직자(κληρος)와 평신도(λαος)의 구분이 생겨났다.[88] 감독을 사도들의 합법적 계승자요 신자들의 영적 치리자로 여겼던 교회정치로서의 감독체제가 교회 통치의 방식과 방편으로 기능하기 시작했다. 이것은 기독교 전통의 다양한 교회들—그리스 정교회와 많은 다른 동방 교회들 및 그 분파들—이 조직되어 온 체계다.[89] 로마 가톨릭에서는 감독제도가 로마 교회의 감독에게 최상의 권위를 부여하는 주교제도로 발전했다. 2세기 중반 로마 교회에서 처음으로 주교들의 목록이 작성되었다. 주교직의 계승과 주교가 사도적 권위를 갖는다는 개념이 여기서 비롯되었다. 그러나 초기에는 로마 교회가 갖는 이런 수위성은 도덕적·종교적 성격이 강했다. 로마 교회는 기독교 전통 내의 동등한 많은 교회들 중에 첫째 자리를 차지하는 것으로 여겨지는 정도였다.[90] 키프리아누스 역시 같은 견해를 가지고 있었다. 모든 주교들이 동등하게 일정한 독립성을 유지하며, 같은 주교권을 공유하고, 한 주교인 것처럼 함께 교회의 머리를 이루며, "서로 간에 마음의 사랑과 동료들을 향한 존경과 믿음의 연대를 지키면서 사제단의 조화를 이룬다."[91] 그러나 감독직에 대한 이런 새로운 이해는 문제의 성격상 로마 교

---

88) H. Cremer, *Biblical-Theological Lexicon of New Testament Greek*, trans. D. W. Simon and W. Urwick (Edinburgh: T&T Clark; New York: Charles Scribner's Sons, 1895), s.v. κληρος; A. von Harnack, *History of Dogma*, trans. N. Buchanan et al., ed. A. B. Bruce, 7 vols. (London: Williams & Norgate, 1896-99), II, 87-88; W. Caspari, "Geistliche," in *PRE³*, VI, 463; H. Achelis, "Laien," in *PRE³*, XI, 218.

89) R. H. Hofmann, *Symboliek of stelselmatige uiteenzetting van het onderscheidene Christelijke kerkgenootschappen en voornaamste sekten* (Utrecht: Kemink en Zoon, 1861), §§44, 55, 62ff.

90) Irenaeus는 모든 교회와 모든 신자들은 사도적 전통을 순전하게 보존해온 "탁월한 권위"를 가진 로마 교회와 일치해야 한다고 적고 있다(Irenaeus, *Against Heresies*, III, 3).

91) Cyprian, *Epistles*, 43.5; 49.2; 55.24; 72.3; 73.26.

회에게 유리할 수밖에 없었다. 로마 교회의 위상과 명성, 그리고 이 교회의 주교가 수장이 되는 것은 자연스런 결과처럼 보였다. 따라서 "로마"와 "가톨릭"은 애초부터 서로 연결되어 있었고 함께 발전해갔다.[92] 로마라는 국제도시의 교회가 기독교회의 중심이 되었다. 로마 제국 내에서 도시로서의 로마가 갖는 중심적인 의미가 교회에까지 전가되었고, 결과적으로 로마 교회가 기독교 세계 전체의 머리가 되었다. 교황 레오 1세(Leo I, 440-461)는 분명한 의도를 담은 일곱 편의 편지를 통해 마태복음 16:18에 근거해서 로마 주교좌의 수위성을 발전시키고 그것을 신앙적 교의로까지 격상시켰다.[93]

그러나 동방 교회는 로마 교회 주교의 강압적 수위권 행사에 지속적으로 저항하면서, 콘스탄티노플 주교좌의 권리를 주장했다. 그래서 니케아 공회의 신조(교회법규 2와 3)는 알렉산드리아 주교의 영향권을 이집트로 제한하고 이렇게 덧붙였다. "콘스탄티노플의 주교는 수위성에 있어 로마 교회의 주교 다음 가는 영예를 가질 것이다. 왜냐하면 새 로마(콘스탄티노플)도 (옛) 로마 다음 가는 영예를 갖기 때문이다." 칼케돈 공의회(451) 교회법규 28은 옛 로마가 제국의 수도라는 이유에서 옛 로마 교회의 수위성(τα πρεσβεια)을 인정하면서도 "가장 거룩한 새 로마(콘스탄티노플)의 주교좌"에도 동일한 수위성(τα ισα πρεσβεια)을 부여했다. 따라서 로마 교회의 주교가 기독교 세계 전체의 목자가 된 적은 한 번도 없었다. 단지 서방(Latin) 기독교 진영의 머리가 되었을 뿐이다. 또한 교황의 힘은 정치적으로도 증대되었다. 특별히 9세기부터 15세기까지의 종교회의 운동 기간 중에 더욱 두드러졌다. 이전의 종교회의들은 황제가 소집하고, 공식적 혹은 비공식적으로 황제가 이끌어가고, 황제가 비준하는 제국의 회의들이었다. 그러나 교황의 힘이 확

---

92) A. von Harnack, *History of Dogma*, II, 105.

93) J. B. Heinrich and K. Gutberlet, *Dogmatische Theologie*, 2nd ed., 10 vols. (Mainz: Kirchheim, 1881-1900), II, 325ff.

장되자 교황은 일반 주교들처럼 지방 단위 또는 전국 단위의 회의들을 소집하는 차원을 넘어서서, 콘스탄티노플의 주교가 자신의 지역회의를 그리스 교회 전체의 회의로 만들었던 것처럼 서방 교회 전체가 참여하는 범교회적인 회의들을 소집하게 되었다. 따라서 서방 교회의 범교회적 회의들은 로마의 회의들로부터 발전했기 때문에 교황이 이를 소집하고, 이끌고, 비준했다. 수위성의 권위에 덧붙여, 로마 교회에는 무류성이 돌려졌다. 그레고리우스 7세는 자신의 교시에서 "로마 교회는 오류를 범하지 않았고, 성령의 증거와 마찬가지로 영속적으로 오류를 범하지 않을 것이다"라고 주장했다. 보니파키우스 8세는 1302년에 「거룩한 하나의 교회」(*Unam Sanctam*)라는 이름의 교서에서 이렇게 명한다. "모든 인간 피조물은 구원을 위해 로마 교황청에 순복하는 것이 절대적으로 필요하다는 것을 우리는 선언하고, 정의하고, 선포한다."[94] 베드로의 수위성에 대한 최종적이고 온전한 성명은 1870년 7월 18일에 제1차 바티칸 공의회에서 선언되었다. 이 공의회는 온 교회에 대한 관할권을 소유한 로마 교황에게 돌려진 수위성이 직접적이고 즉각적으로 베드로에게 약속되었고, 그리스도를 통해 그에게 주어졌으며, 베드로의 후계자인 로마의 주교에게서 지속된다고 선언했다. 또한 이 수위성은 "온 교회를 대상으로 하는 온전한 최고의 판결권을 포함하는데, 이 판결권은 믿음과 도덕의 문제뿐 아니라 온 세상에 흩어져 있는 교회의 통치와 치리에 관한 문제에도 미친다." 그러므로 교황은 "신자들의 최고의 재판장"이고, 교회와 관련된 모든 문제에 있어 최종적 결정권을 갖는다. 교황의 이런 수위성은 모든 회의의 결정 위에 있고, 어떤 회의에도 종속되지 않는다.[95]

[502] 종교개혁은 이러한 위계적 교회 개념과 성직자·평신도를 분리시키는 것에 정면으로 맞섰다. 물론 성경은 목자와 양, 건축자와 성전, 농

---

94) Ibid., II, 357ff.
95) H. Denzinger, ed., *The Sources of Catholic Dogma*, ##1822-40.

부와 일, 교사와 제자, 지도자와 따르는 자 등을 구분한다. 하지만 필수불가결한 구원의 증보자로서 소위 일반 성도를 섬기는 "성직자" 그룹을 형성하는 교회 내의 특별한 계층에 대해서는 전혀 언급하지 않는다.[96] 심지어 구약성경에서조차 이스라엘 백성은 전체로서 하나님의 기업과 소유요, 제사장 나라요, 거룩한 나라로서의 "클레로스"(κληρος)라고 말한다(출 19:5-6; 신 7:6; 14:2; 26:18-19; 32:9; 왕상 8:51, 53; 시 135:4; 사 19:25; 41:8; 렘 12:7-8; 욜 2:17 등). 신약성경은 모든 신자들에게 성령이 부어졌고, 그 성령은 모든 신자를 섬기는 일(diakonia)로 부르신다고 가르친다. 그리스도의 교회에서의 직분은 감독(magisterium)이 아니라 섬김(ministerium)이며, 위계체계(hierarchy)가 아니라 교회를 섬기는 것(hierodulia), 즉 목양(διαχονια) 또는 봉사(οἰχονομια)로서, 하나님의 기업(των κληρων, 벧전 5:3; 즉 장로들의 돌봄에 맡겨진 교회들을 의미한다: 마 20:25-26; 고전 3:5; 4:1; 고후 4:1-2; 엡 4:12) 위에 군림한다는 개념이 배제되어 있다.[97]

성경에 따르면 장로와 감독(bishop/overseer)은 실제로는 동일한 개념이며, 직분을 위계화하는 어떤 근거도 찾아볼 수 없다. 종교개혁자들은 교황 제도를 명확히 반대했다. 특별히 사도직을 교황이 계승한다는 개념에 대해서는 더욱 그러했다. 그래서 로마 가톨릭은 물론 국교회와 그리스 정교회로부터도 분리해 나올 수밖에 없었다. 신약성경은 감독(ἐπισχοπος)과 장로(πρεσβυτερος)를 공식적으로 구분하지 않는다. 신약성경은 장로직과 나란히 존재하는 고유한 제도로서의 감독직에 대해 알지 못한다. 사도, 예언자, 전도자와 같은 특별한 직분 외에는 직무상 단지 집사(deacon)와 장로

---

96) Roman Catechism, II, chap. 6, qu. 13; 편집자 주—이 목록은 the post-Vatican II edition에 따른 것이다(trans. R. I. Bradley, SJ, and E. Kevane).

97) 참조. Luther의 만인제사장 교리, J. Köstlin, *The Theology of Luther in Its Historical Development and Inner Harmony*, trans. Charles E. Hay, 2 vols. (Philadelphia:Lutheran Publication Society, 1897), I, 361, 371; II, 538ff.; J. Calvin, *Institutes*, IV.iv.9; IV.xii.1; idem, *Commentary*, on 1 Pet. 5:3; W. Caspari, "Geistliche," in *PRE³*, VI, 463.

(πρεσβύτεροι, 빌 1:1; 딤전 3:1, 8)라는 두 가지 일상적인 직분이 있을 뿐이다. 목사와 교사들(엡 4:11; 딤전 5:17), 즉 섬기는 은사를 가진 자들(고전 12:28)과 다스리는 위치에 있는 자들(롬 12:8; 살전 5:12) 또는 지도자들(히 13:7, 17)이 있을 뿐이다. 그리스도의 교회에는 어떤 계층적 구조도 존재하지 않는다(눅 22:25-25; 고후 1:24; 벧전 5:3). 이런 이유로 왈도파 및 위클리프와 더불어 종교개혁자들은 신약성경에 나오는 "장로"와 "감독"이라는 말이 서로 혼용되고 있다는 사실을 인정한 테오도레토스(Theodoret), 크리소스토모스(Chrysostom), 에피파니우스(Epiphanius) 등과 같은 많은 교부들을 따랐다. 심지어 세속 통치자들도 때로는 "감독"이라고 불렸다. 다시 말해 목사들 가운데 한 사람에게 "감독" 또는 "감독자"(superintendent)의 칭호를 부여하고서 지역 교회들을 지도하도록 했던 것이다.[98] 하지만 이것은 로마 가톨릭 교회에서 말하는 주교직과는 본질적으로 다르다. 성경에 따르면 사도직은 예외적이고, 한시적이고, 신약의 교회 안에서 되풀이될 수 없는 직분이다. 사도들은 예수의 말과 행적을 눈과 귀로 직접 보고 들은 자들이다. 그들은 그리스도가 친히 이 직분으로 부르신 자들로서, 이들은 성령의 특별한 기름 부으심을 받았으며, 교회의 토대를 놓고 메시지를 통해 그리스도와 그의 교회 간의 영원한 교제의 매개를 제공하는 특별한 일을 맡았던 자들이다. 이들의 직분은 전 세계에 산재하는 온 교회에까지 미쳤다(마 28:20). 심지어 로마 가톨릭 신학자들도 성경에 다른 사도들과 차별되고 그들 위에 군림하는 베드로의 수위성 같은 것이 전혀 언급되지 않는다는 점을 인정한다(마 16:18; 눅 22:32; 요 21:15-17).[99] 베드로의 고백은 그리스도가 교회를 세우시는 반석이

---

98) E. Sehling, "Episkopalsystem in der evangelischer Kirche," in *PRE³*, V, 425; Calvin도 이러한 관습을 반대하지 않았다(J. Calvin, *Institutes*, IV.iii.8; IV.iv.2ff.; IV.v.1ff.).

99) Joseph Wilhelm and Thomas Bartholomew Scannell, *A Manual of Catholic Theology: Base don Scheeben's "Dogmatik,"* 4th ed., 2 vols. (London: Kegan Paul, Trench, Trubner; New York: Benziger Brothers, 1909), II, 313ff.

다. 더 정확히 말하면, 그리스도 자신이야말로 사도들이 그들의 설교를 통해 교회의 기초로서 놓은 반석이시다(행 4:11; 롬 9:33; 고전 3:10-11; 엡 2:20; 벧전 2:5-6; 계 21:14). 베드로에게 주어진 교회의 열쇠라고 하는 권세(마 16:19)는 베드로에게뿐만 아니라 모든 사도들에게로까지 확장된다(마 18:18; 요 20:23). 성령의 특별한 인도와 능력은 모든 사도들에게 동일하게 주어진 특권이었다(마 10:20; 요 14:26; 15:26; 16:13; 20:22; 행 1:8; 엡 3:5).

마지막으로 설령 로마 교회가 말하는 그런 수위성이 베드로에게 주어졌다고 해도 그것이 어떻게 로마 교회의 주교에게 전수되는지 알 길이 없다. 베드로와 로마 교회의 수위성을 지지하기 위해 제시되는 역사적 근거들은 전혀 타당성이 없다. (1) 베드로가 로마에 있었고, (2) 그곳에 있으면서 주교직과 대주교직을 맡았었으며, (3) 의식적이고 의도적으로 이런 지위를 특정한 후계자에게 계승했다는 주장들은 역사적 신빙성이 없다. 기껏해야 고대 전승에서 일관되게 베드로와 바울을 함께 언급하고, 이 둘이 함께 로마에서 교회를 세우기 시작했다고 말하는 정도다. 더욱 주목할 것은 베드로에게는 바울에 대한 판결권이 없을 뿐 아니라, 오히려 베드로가 바울에게 책망을 받는다는 사실이다(갈 2:6, 9, 11). 2세기 말에서 심지어 3세기 초반에 속하는 헤게시푸스(Hegesippus), 이레나이우스(Irenaeus), 무라토리 정경 목록(Muratorian Fragment), 히폴리투스(Hippolytus), 테르툴리아누스(Tertullian), 에피파니우스(Epiphanius) 등의 글에 나타나는 감독들의 명단을 보면 이때까지도 베드로는 로마 교회의 주교로 여겨지지 않았다. 또한 베드로와 바울이 함께 로마 교회를 세웠고 리누스(Linus)를 그 교회의 감독으로 임명했다는 것이 공통된 이해다.[100] 이러한 고대의 전승이 수정되어 로마 교회를 설립하는 데 바울이 맡았던 역할이 점점 무시되고, 베드로가 로마 주교제도의 창시자요 로마 교회 최초의 주교로서 독보적인

---

100) Irenaeus, *Against Heresies*, I, 27, 1; III, 1, 1.

위치를 점하게 된 것은 빅토르 1세(Victor I, Zephyrinus, 180-217) 때였다.[101] 베드로가 20-25년간 주교로서 로마 교회에서 사역했다는 전설이 돌기 시작한 것도 바로 이때다. 로마 교회의 수위성, 교황의 권위, 로마 가톨릭교회의 진정성과 이 교회에 속한 교인들의 구원과 같은 교리들은 새로운 역사적 증거에 의해 언제라도 무효화될 수 있는 역사적 개연성에 기초한다. 말하자면, 영원성(eternity)이 거미줄에 매달려 있는 격이다. 소위 가톨릭교회(Catholic Church)라는 것이 실상은 로마 교회를 뜻한다. 이것이 로마 교회의 명칭이고 실체다.

그리스도는 교회의 왕이시다

[503-4] 우리가 결코 잊어서는 안 되는 것이 있다. 사도들을 통해 교회가 설립되었으며, 오직 사도들만이 교회의 설립자다. 이들의 증거를 통해 교회의 기초가 놓였다. 이들의 증거를 받아들이지 않으면 그리스도와의 교제도 있을 수 없다! 중세 로마 교회의 구조에 대한 반대와 저항이 위계구조의 확산으로 인해 증대한다고 해서 그것이 곧 모든 교회 조직이나 기관을 거부하는 것으로 이어져서는 안되며, 또 그런 구조와 조직을 단지 믿는 공동체가 편의와 필요에 따라 독자적으로 마련한 것으로 이해해서도 안 되는 이유가 여기 있다. 루터는 대체로 교회 정치를 본질적이지 않은 외적인 문제로 치부했기 때문에 그를 따르는 전통은 모든 교회 체계를 암묵적으로 기독교 정부의 몫으로 돌리기에 이르렀다.[102] 개혁파 신학자들은 몇 가지 이유를 들어 루터파의 이런 태도를 문제 삼았다. 신약성경에서 하나님의 백성 개념은 국민으로서의 삶과 종교적 삶이 서로 얽혀 있는 구약 이스라엘

---

101) Tertullian, *On Modesty*, 21; Cyprian, *Epistles*, 55.8; 59.14; 71.3; 75.17; Eusebius, *Ecclesiastical History*, III, 2; III, 4, 9; II, 14, 6.
102) 다음을 보라. H. Bavinck, *Reformed Dogmatics*, IV, 291-96 (#489).

의 개념과는 다르다. 오순절은 교회를 모든 인종적 정체성으로부터 분리시켰고 교회에 독립적인 위치를 부여했다. 교회의 기원은 성령이 선물로 부어진 기적적인 사건에 있다. 교회는 인간 의지의 산물이 아니다. 그렇기 때문에 교회만의 체계가 필요하다. 교회의 조직과 체계 문제는 결코 전적으로 "비본질적인 문제"(*adiaphora*)일 수 없다. 성경이 교회질서의 책은 아니지만, 그럼에도 성경은 우리가 무시하면 영적인 해를 입을 수밖에 없는 중요한 원리들을 제공해준다. 환경이 교회질서의 특정한 부분에 영향을 미칠 수밖에 없지만, 그럼에도 교회가 직분을 폐하거나 그것을 세속정부에 맡길 자유는 없다. 그리스도인이 아닌 세속 통치자보다는 그리스도인 세속 통치자가 그리스도인들의 모임에 여러 면에서 부합하는 것이 많지만, 그럼에도 교회와 국가가 하는 일은 다르다. 동일한 죄에 대해 교회는 국가와는 다른 방식으로 징계를 시행한다. 교회가 시행하는 권징은 국가가 부과하는 처벌과는 커다란 차이를 보인다. 가난한 자를 돌아보고, 양들을 다스리고, 말씀과 성례를 시행하고, 목사들을 부르고 세우는 것은 결코 지역 교회가 취사선택할 수 있는 일이 아니라, 지역 교회와 분리될 수 없는 엄숙한 의무다. 개혁파 신학자들의 이런 이해는 하나님의 주권에 대한 깊은 인식에서 비롯되었다. 부당하게 하나님의 선하심이나 사랑 또는 하나님의 부성에서만 일방적으로 출발하는 사람들은 이런 이해에 이르지 못한다.

하나님은 자연과 은혜, 창조와 재창조, 세상과 교회 등 전 영역에 걸쳐 모든 것을 다스리신다. 하나님의 규례와 법규는 우리의 삶의 원리다. 하나님의 피조물인 인간은 하나님께 순복하고 전적으로 순종해야 할 의무가 있다. 교회 안에서 이런 이해는 자연스럽게 그리스도의 왕권에 대한 고백으로 이어졌다. 물론 그리스도는 영원 전부터 기름 부음 받은 왕이심이 사실이지만, 그분의 낮아지심으로 인해 하나님은 모든 이름 위에 뛰어난 이름을 그분에게 주시고 그분을 높이셨다. 그리스도는 부활과 함께 하나님의 능력 있는 아들로 선포되시고, 주가 되시고, 하늘과 땅의 모든 권세를 받으셨고, 모든 원수를 발 아래 두시고, 하나님 나라를 완성하기까지 그렇게 통치하신다.[103) 그리스도의 왕권은 이중적이다. 권세의 왕권(시 2:8-9; 72:8; 110:1-3; 마 28:18; 고전 15:27; 엡 1:21-22; 빌 2:9-11; 히 1:6; 벧전 3:22; 계 17:14) 과 은혜의 왕권(시 2:6; 사 9:5-6; 렘 30:9; 겔 37:24; 눅 1:33; 요 18:33ff.; 엡 1:22; 4:15; 5:23; 골 1:18; 2:19)이 그리스도께 속한다. 전자는 후자에 종속되고 후자를 위해 사용된다. 성부는 그리스도께 자기 기업을 위해 만물을 통치할 권세를 주셨다(시 2:8; 히 1:2). 교회의 머리로서 교회에 역사하는 그리스도의 왕권 (엡 4:16; 골 2:19)은 세속 군주들의 것과는 전혀 다른, 성령과 말씀으로 다스리는 왕권이다. 우리의 중보자로서 그리스도는 지금 천국에서 일하시고, 교회와 직분들과 말씀과 성례를 통해 이 땅에서 성령으로 일하신다. 이 모든 것들은 그리스도의 손에 붙들린 도구로서 그가 구원의 역사를 적용하시도록 돕는 역할을 한다. 그리스도의 왕권은 개혁파 교회 정치의 중요한 원리로서 개혁교회의 신앙고백에도 포함될 뿐 아니라, 16세기 이래 그리스도의 교회 내에서 모든 인간적인 지배에 저항하고 교회의 자유와 독립성을 회복하고 보존하는 원동력이 되어왔다.[104)

교회에서 이루어지는 그리스도의 왕적 통치는 그리스도를 주로 고백하는 사도들의 신앙고백(마 16:18)이라는 토대 위에 *그가 교회를 세우심으로써* 시작되었다. 사도들은 그리스도의 도구로서 이 반석(고전 3:11) 위에 교회를 세우는 자들이었다. 그리스도는 가지를 지탱하는 포도나무로서 사도들을 구비시키고 자라게 하셨다(요 15). 교회는 유기체이므로 머리가 지체보다 앞서고, 보편적 교회가 지역 교회에 선행한다. 모든 개별적인 지역 교회는 활동하고 영향을 미치는 각자의 자리에서 하나님의 백성과 보편교회를 표상하는 한편, 각각의 교회는 자신만의 고유한 온전성과 독립성을 갖는다. 예루살렘 교회와 로마 교회를 포함해서 어느 한 교회가 다른 교회들 위에 어

---

103) H. Bavinck, *Reformed Dogmatics*, III, 475-82 (#409).
104) First Helvetic Confession, art. 18; Second Helvetic Confession, art. 17; Gallic Confession, art. 30; Belgic Confession, art. 31; Scots Confession, art. 16; Westminster Confession, arts. 25, 30; J. Calvin, *Institutes*, II.xv.3-5.

머니 교회로 군림하는 법은 없다. 모든 교회는 동등하다. 모든 교회—어느 한 교회가 다른 교회를 개척했다 할지라도—는 직간접적으로 동일한 방식으로 그리스도께 의존하고 있고 그의 말씀과 결속되어 있기 때문이다. 이런 이유에서 개혁파 교회들은 관구와 교구제를 폐지했다. 지역 교회들이 주교가 있는 교회와 주교에 의해 지배받고 연결되도록 하는 구조들 역시 폐지했다. 성경에 따르면 모든 교회는 독립적이며, 모든 다른 교회와 완전히 동등한 권세를 갖는다. 그러나 개혁파 교회론은 독립주의는 아니다. 지역 교회들은 영적으로 하나요 역사적으로 연결되어 있기 때문에, 이런 교회들은 동일한 믿음을 공유하는 모든 교회들과의 교제를 유지할 의무를 주님으로부터 받았다. 그러므로 모든 개교회는 그리스도의 몸에 대한 독립적 표현인 동시에 더 큰 전체 교회의 부분이다. 종교적 권세자들을 포함한 권세자들로부터 핍박과 어려움을 당할 때에도 개혁파 신자들은 자의적으로 비밀집회들이나 모임들로 나누어지지 않을뿐더러, 누구와 함께 모여 예배를 드리고 교제할 것인지도 자의적으로 결정하지 않는다. 그리스도가 자신의 교회를 이루시고, 하나님이 모든 거주의 기간과 경계를 정하신 것과 마찬가지로(행 17:26), 그리스도는 신자들을 지역별로 모으시고 이들로 하여금 독립적인 교회(*ecclesia*)로 행동하게 하신다. 여기서 은혜와 자연은 서로 대립하지 않는다. 오히려 은혜는 자연을 회복하고, 복음은 율법을 성취한다.

그리스도는 이러한 지역 교회들에게 중생, 회심, 믿음 등 구원의 선물뿐 아니라 카리스마타(*charismata*)로 알려진 신령한 은사들까지도 포함하는 다양한 선물을 부어주신다. 사도들이 활동하던 시대와 비교할 때 본질과 활동에서 부분적인 변화가 있기는 하지만, 성령은 여전히 오늘날도 신자들에게 은사를 나누어주셔서 이들로 하여금 서로를 섬기고 자신들을 한 몸으로 나타내게 하신다. 회중은 "거룩하신 자에게서 기름 부음을 받았고"(요일 2:20), 서로를 필요로 하는 많은 지체로 구성되었으며, 자신들에게 주어진 은사들을 무시하지 말아야 한다. 모든 지역 교회는 그리스도를 대장으로 모시고 마귀와 세상과 육신을 대항하여 싸우는 구원의 군대가 되어야 하고, 뒤로 물러설 줄 모르고 항상 싸울 준비가 되어 있는 용사들이 되어야 한다. 이것이 바로 모두가 서로 함께 고난당하고 기뻐하며, "다른 지체를 섬기고 부요하게 하기 위해서 기꺼이 기쁨으로" 그들의 특별한 은사들을 사용하는 성도의 교제다(「하이델베르크 교리문답」 제55문답). 모든 신자들이 은사를 가진 것처럼 이들은 모두 직분을 가진다. 유기체로서의 교회뿐 아니라 제도로서의 교회 내에도 주님의 부르심에 따라 각자에게 주어진 직무가 있다. 두 세 사람이 그의 이름으로 함께 모인 자리에는 그리스도도 함께 하신다(마 18:19-20). 그리스도는 모든 신자들을 위해 성령을 획득하시는데, 성령은 신자들 안에 거하시면서 그들을 성전으로 삼으신다(행 22:17; 고전 6:19; 엡 2:22). 그리하여 그들은 성령의 기름 부음으로 거룩하고 왕 같은 제사장이 된다(벧전 2:5, 9). 이들은 하나님의 탁월한 것들을 선포하고, 그의 이름을 고백하고, 모든 것을 아는 예언자들일 뿐 아니라(마 10:32; 요일 2:20, 27), 자신의 몸을 하나님이 기뻐하시는 거룩한 산 제사로 드리는 제사장들이며(롬 12:1; 히 13:16; 벧전 2:5, 9; 계 1:6; 5:10), 선한 싸움을 싸우고, 죄와 세상과 사망을 이기고, 장차 그리스도와 함께 다스릴 왕들이다(롬 6:12-13; 딤전 1:18-19; 딤후 2:12; 4:7; 요일 2:13-14; 계 1:6; 2:26; 3:21; 20:6). 이들이 "기름부음 받은 자들"이라는 뜻의 그리스도인이라는 이름을 가진 것도 이 때문이다(행 11:26; 26:28; 벧전 4:16).

예언자적이고, 제사장적이고, 왕적인 신자들의 이런 행위는 직분의 행사라고 부르는 것이 타당하다. 하나님은 자신의 형상을 따라 자신의 영광을 위해 우리를 지으셨다. 그래서 우리가 하나님을 알고, 사랑하고, 영화롭게 하고, 예언자, 제사장, 왕으로서 하나님을 섬기도록 말이다. 우리가 가진 직분을 성취하기 위해 우리는 성부께서 특별히 중보자, 주의 종, 예언자, 제사장, 왕으로 세우신 그리스도를 따른다. 또한 신자들이 부름받은 것 역시 이 직무를 이루기 위함이다. 기름 부음 받은 사람으로서 우리 역시 동일한 역사와 사역과 분투로 부르심을 받았다(요 12:26; 14:12). 그리고 이때부터 우리는 그리스도께 속한다. 우리는 이 땅의 소금이고, 세상의 빛이다. 또한 교회 안에서 그리고 교회에 대하여 우리는 삼중적 직무를 감당한다. 신자들은 교회에 참여하고 교회와의 교제를 유지해갈 의무가 있다. 또한 신자는 몸 된 교회의 유익을 위해 자신이 가진 은사를 사용하고, 교회의 지체들과 더불어 고난과 기쁨을 누리고, 신자들의 모임에 참여하고, 주의 죽으심을 선포하고, 서로를 돌아보고, 구제에 참여하는 등의 일을 하도록 부르심을 입었다. 마지막으로 신자들은 각자의 방식과 역량에 따라 교회를 세우고 개혁해갈 의무가 있다.

[505] 모든 신자들이 가진 이런 은사들과 직분을 토대로 그리스도는 교회 안에 특별한 직분들을 세우셨다. 사도들의 목회 사역은 이런 맥락에서 이해되어야 한다. 하지만 그럼에도 이런 직분들을 제정하시고 사람들을 이 직분으로 택하시고 구비시키시는 분은 그리스도다. 개혁파 신학자들은 목회자들의 권위는 실제로 회중에 속한 것이지만 회중의 이름으로 목회자들을 통해 집행되는 것이라고 종종 주장했다.[105] 현대에는 직분을 교회 조직과 관련짓는 것이 공통된 견해다. 이러한 견해는 부분적으로만 옳다. 마태복음 18:17-18에서 예수는 열쇠의 권세를 전체 교회에게 주신다. 하지만 여기서는 나중에 도입될 조직에 대한 언급은 없이 일반적인 의미로 교회라는 용어가 사용된다.

교회라는 조직체가 존재하기 시작하면서부터 열쇠의 권세는 사도들에게, 뒤이어서 감독들에게 주어지는 것을 본다. 이 권세는 "진실로 전체 교회의 덕을 위한 것이지만, 교회의 목회자들에 의해서만 합당하게 다루어져야 한다."[106] 그리스도의 교회에서 직분은 군림하는 권세가 아니라 섬기는 권

---

105) W. Ames, *Marrow of Theology*, I, 35, 6; F. Turretin, *Institutes of Elenctic Theology*, trans. G. M. Giger, ed. J. T. Dennison, 3 vols. (Phillipsburg, NJ: Presbyterian & Reformed, 1992), XVIII, qu. 24, 7, 8, 19, 26.

106) Samuel Maresius, *Systema theologicum* (Groningen: Aemilium Spinneker, 1673), XVI, 70.

세다. 직분은 교회의 유익을 위한 것이다(고전 3:22; 고후 4:5; 엡 4:12). 이런 의미에서 직분은 교회를 위해 존재하지만, 직분이 교회의 기능은 아니며 그 권위 역시 교회가 주는 것이 아니다. 구약성경의 제사장들과 예언자들은 하나님이 부르신 자들이었다(사 6:8; 렘 1:4-5; 호 1:1). 신약의 사도들은 그리스도가 택하시고 구비시키신 자들이었다(롬 1:1; 갈 1:1 등). 이와 달리, 거짓 예언자들과 거짓 사도들은 자신들의 이름을 들고 나타났다(렘 23:21, 32; 요 5:43). 진정한 종들은 "그리스도의 사역자들"(διακονοι Χριστου, 행 20:24; 골 1:7; 딤전 1:12), "그리스도의 종들"(δουλοι Χριστου, 롬 1:1; 갈 1:10; 벧후 1:1; ὑπηρεται Χριστου; 행 26:16; 고전 4:1), "하나님의 종들"(δουλοι θεου, 행 16:17), 그리고 "하나님의 동역자들"(συνεργοι θεου, 고전 3:9)이다. 이런 이유로 그들은 교회의 감독자(ἐπισκοποι)와 돌보는 자(προισταμενοι)로 세워졌다. 이들은 교회의 영적 안녕을 책임지는 교회의 감독자들(ἐπισκοποι)이고, 책임을 맡은 자들(προισταμενοι)이며, 교회의 지도자들이기 때문에 교회를 향해 존경과 순종을 요구할 수 있다. 하나님이 부르신 자가 아니면 어느 누구도 스스로 이런 영예를 취해서는 안 된다(요 10:1-2; 히 5:4). 모든 신자들이 "이 사람에게는 사망으로부터 사망에 이르는 냄새요 저 사람에게는 생명으로부터 생명에 이르는 냄새"로서 복음을 선포하도록(행 8:4; 13:15; 고전 14:26) 부르심을 입었음에도 불구하고, 주님의 이름의 권세와 능력으로 이 일을 하기 위해서는 특별한 사명과 명령이 요구된다.

교회의 직분은 가르치는 일과 다스리는 일을 포함하지만 이는 항상 군림이 아니라 섬김에 관한 것이다. 직분을 맡은 자들은 교회를 섬기는 그리스도의 사역자들이다. 그리스도는 부르심, 검증, 세움이라는 세 단계를 통해 자신의 종들을 직분으로 세우신다. 개인적 은사와 갈망에 대한 점검을 포함하는 "내적 부르심"은 반드시 그리스도를 대신하여 이루어지는 교회의 외적 부르심을 통해 확증되어야 한다. 가르치는 장로 또는 목사의 자질을 "검증"하는 데 있어 교회의 "가르치는 박사들"(신학 교수들)이 교회를 대표해 검증하거나 또는 교회가 검증하는 일을 도울 수는 있지만, 검증의

권리와 책임은 교회에게 있다(행 1:23-26; 6:2-6; 고후 8:17).[107] 회중이 선택을
할 때, 이 선택은 이미 사도, 전도자 등의 직분을 가진 자들의 지도하에 이
루어지고(행 1:15; 6:2; 14:23; 딛 1:5), 얼마 후에는 이웃한 감독들의 지도하에
이루어진다. 더구나 이런 선택은 자유롭고 자의적인 방식으로 이루어지
는 것이 아니라 직분을 위해 그리스도가 열거하신 조건과 기준에 따라(행
1:21; 6:3; 딤전 3장) 이루어진다. 마지막 단계인 "세움"은 안수를 포함하는데
(행 6:6; 13:3; 딤전 1:18; 4:14; 5:22; 딤후 1:6 등), 이것은 성례도 아니고 직분에 필
요한 은사를 나누어주는 의식도 아니며, 이 직분에 요구되는 은사를 가졌
음을 전제하는 의식이다. 성경은 직분자를 세우는 것과 전혀 무관한 안수
에 대해서도 언급한다. 구약성경에서 복을 빌 때(창 48:14; 레 9:22), 희생제
물들에게(출 29:10; 레 1:4), 평결을 내릴 때(레 24:14), 신약성경에서 예수가 병
자들을 고치실 때(마 8:15; 9:18; 막 5:23; 참조. 왕하 4:34; 5:11), 그들에게 복주실
때(마 19:15; 눅 24:50) 안수가 행해졌다. 하지만 맛디아, 바울, 바나바, 실라,
누가 등을 세울 때는 이런 식으로 손을 얹었다는 언급이 전혀 없다. 직분
자를 세우는 의식에 있어서 손을 얹는 것은 합당하지만 필수적인 요소는
아니다. 더구나 직분자를 세우는 의식이 직분을 합법화하는 것도 아니다.
오히려 그것을 통해 사람이 하나님으로부터 진실로 부르심을 입었고 직
분자로서 받아들여지고 인정되고 세워졌음을 하나님과 그의 회중 앞에서
공적으로 엄숙하게 선언하는 것이다.

[506] 그리스도가 직접 세우신 직분이 몇 가지인지를 두고 기독교회
내에서 의견이 분분하다. 사도 시대에는, 특별한 직분과 일반적인 직분 사
이의 경계와 더불어 직분들과 은사들의 경계가 아직은 유동적이었다. 하
지만 주교직이 등장함에 따라 계급적 위계체계가 발전했고 이에 따라 지
역 교회는 모든 자유와 독립성을 상실했으며 직분들과 지역 교회 간에 커
다란 간극이 만들어졌다. 소위 평신도들은 성직자들에게 의존적이 되었

---

107) 참조. H. Bavinck, *Reformed Dogmatics*, IV, 345-46 (#499).

다. 지역 교회 내에서 고유한 계층을 형성한 성직자 계급은 세습을 통해 세력을 확장했는데, 여기에는 지역 교회 내에서 특별한 사역을 수행하지 않으면서 성직자 계급에 속한 사람들도 포함되었다. 성직자들 역시 (성별되지 않은) "하급서품"과 (성별된) "상급서품"으로 나뉘었고, 상급서품에는 주교직과 집사직이 포함되었다. 집사의 직무도, 마치 레위인이 제사장을 수종드는 것처럼, 교회에서 유일한 참된 직분을 가진 주교가 사제로서 집전하는 미사를 수종드는 것으로 완전히 변질되었다. 주교가 있는 곳에 교회도 존재한다. 오로지 주교만이 다른 사제들을 임명할 수 있다. 따라서 주교가 사제를 양산해내는 것인데, 이를 달리 표현하면 주교가 곧 교회의 생산자가 되는 것이다. 교회 내의 이러한 계급적 위계체계에 대항하여 루터는 설교자의 본래 직분이 회복되는 것으로 만족했다. 물론 루터는 권징과 치리를 위해서, 그리고 가난한 자들을 구제하고 돌보기 위해서는 장로회와 집사회의 필요를 인정했다. 하지만 이런 직분의 본래 목적을 회복하는 데까지 나아가지는 않았다.

성경에 기반을 둔 장로교적 교회 형태가 회복된 데는 칼뱅의 노력이 크다. 칼뱅은 교회 권징을 시행할 장로들이 필요함을 인식하고 장로 직분을 개혁교회 정치의 특징적 표지로 삼았다.[108] 교회 정치에서 장로교 제도는 추상적인 원리가 아니라 하나님의 말씀으로부터 비롯된 것이고, 성경의 권위를 따라 교회에 도입되었다. 말씀 사역자의 직분과 더불어 장로와 집사의 직분을 회복함으로써 개혁파 전통은 성경이 말하는 지역 교회의 개념을 가장 정확하게 이해하고 지역 교회의 권리를 가장 굳건하게 확증했다. 현대에 이르러 신학자들은 "지역 교회 회중의 원리"(Gemeindeprinzip)를 주장했고 이런 토대 위에서 다양한 종류의 장로직과 집사직을 확립했다. 물론 칼뱅과 개혁파 전통은 시민들이나 사회들에

---

108) E. C. Achelis, "Presbyter in der alten Kirche," in *PRE³*, XVI, 5-9; E. F. K. Müller, "Presbyter, Presbyterialverfassung seit der Reformation," in *PRE³*, XVI, 9-16.

도 통치 질서가 필요함을 인식하고 있었지만,[109] 그들의 관심과 열정은 교회가 그리스도의 법에 신실하게 따르도록 하는 데 있었다. 교회의 질서는 성경에 따라 세워져야 한다. 물론 성경은 경전이지 법전이 아니기 때문에 세세한 상황까지 구체적으로 다루지는 않고, 오히려 많은 부분을 교회의 재량에 맡겨둔다.[110] 직분의 종류에 대해서는 개혁파 진영에서 여전히 의견이 분분하다. 말씀 사역자와 더불어 장로와 집사의 직분을 회복함에 있어 개혁파는 직분에 대해 성경이 어떻게 말하는지를 이해했으며, 지역 교회의 권리를 인정했다.

그리스도만이 교회의 왕이시다. 그는 계속해서 제사장, 왕, 예언자라는 자신의 삼중직을 통해 자신의 교회를 돌보실 뿐 아니라, 자신의 교회 내에 친히 세우신 삼중직을 통해서도 그렇게 하신다. 이렇게 교회를 돌보심에 있어 그리스도는 직분을 맡은 자들은 물론 모든 신자들과 사람들을 사용하신다. 비가시적 측면에서 교회의 통치 질서는 엄연한 군주제다. 가시적 측면에서 교회의 통치는 민주주의도 아니고, 군주제도 아니고, 과두 정치도 아니고, 귀족제와 장로제라 할 수 있다. 직분을 맡은 자들은 "고귀한 사람들"(ἀριστοι)이다. 돈이나 소유에서 그렇다는 말이 아니라, 영적인 은사에 있어 그렇다는 것이다. 그들은 그리스도가 준비시키시고 교회로 하여금 그리스도를 섬기는 일을 위해 따로 세우도록 허락하신 자들이다. 이들을 통해 그리스도는 자신의 교회의 영적·물질적 필요를 채우신다. 교사의 직분을 통해 교회를 가르치시고, 장로의 직분을 통해 교회를 이끄시고, 집사의 직

---

109) J. Calvin, *Institutes*, IV.xi.1; J. a Lasco, *Opera tam edita quam inedita*, ed. Abraham Kuyper, 2 vols. (Amsterdam: F. Muller, 1866), II, 45.

110) Synod of Wezel (1568), I, 9-10; Westminster Assembly (1648), "Form of Government," chap.1, art. 6: "비록 직분의 제정과 서임에 관한 적절한 방법뿐 아니라 교회 직분자의 성격, 자질, 그리고 권위가 성경에 기초하는 것은 사실이지만, 어떤 사회에서든지 권위를 행사할 인물을 선출하는 일은 전적으로 그 사회에 달려 있다"(*Constitution of the Presbyterian Church in the United States of America* [Philadelphia: Office of General Assembly, 1955], 240).

분을 통해 자신의 양들을 돌보신다. 이 세 직분 모두를 통해 그리스도는 우리의 대예언자, 영원한 왕, 자비로운 대제사장으로 자신을 드러내신다. 이처럼 우리는 신실한 사랑의 섬김을 통해 우리를 섬기시는 주님을 따른다.

교회의 영적 권세

[507] 교회는 국가와 마찬가지로 인류의 생래적인 기관이 아니다. 예언자와 제사장과 왕으로서의 역할을 하는 가장의 지도 아래 시민생활과 종교생활을 아우르는 인간 공동체의 가장 기본적인 형태가 바로 가정이다. 하나님은 세상에 죄가 들어온 이후, 살인에 대한 형벌로서 사형을 명하심으로써 사실상 정부를 제정하신 것이다(창 9:6). 이에 따라, 바벨탑이 세워진 후 하나님의 섭리 가운데 모든 나라마다 정부가 들어섰고, 인류는 나라별로 나뉘었다. 이스라엘은 여전히 모든 영역이 하나님의 신정적 통치 아래 있었지만, 죄는 또한 제도적·사회적 분리를 가져왔다. 시민생활과 종교생활 간의 분리는 이중적 상황을 불러왔고, 이로 인해 이 두 영역 간의 충돌 가능성이 상존했다. 공공의 삶에서 우리는 언제나 시민정부의 지도자와 더불어 제사장들이 존재하는 것을 볼 수 있다. 각 나라들마다 시민적 권위와 종교적 권위 간의 경계들이 다양하게 재설정되었다. 일반적으로 동양에서는 통치자의 권위가 제사장의 권위 아래 있었다. 서양, 특히 그리스와 로마에서는 종교가 곧 정치적 문제였고 제사장들은 국가의 임무를 수행하는 이들이었다. 고대 사회 어디에서도 이 두 권위 간의 완전한 분리와 구별은 찾아보기가 어렵다. 중립적 상태 같은 것은 전혀 존재하지 않았다.

애초에 족장사회로 구성되었다가 가정, 근친을 포함하는 확대가족, 씨족, 부족으로까지 나누어진 이스라엘은 왕정제도 하에서도 부족회의에서 중요한 문제들을 다루는 식으로 가계별 분리는 계속해서 이어졌다. 이로 인해 이스라엘의 통치방식은 민주적인 특징을 띠게 되었다. 이스라엘에서 교회와 국가 간에 구분이 없었다고 하는 것은 옳지 않다. 애초부터 시민적 관심사와 종교적 관심사 간의 구분이 있었고, 모세와 아론 간의 구분이 있었으며, 한편으로는 서기관과 사사의 일이 있었고, 다른 한편으로는 제사장과 레위인의 일이 있었다. 종교적 영역에서의 법률, 제도, 직분, 직분자는 국가적 영역에서와 차이를 보였으며, 심지어 부분적으로는 구성원의 자격에도 차이가 있었다.[111] 제사장의 역할은 성전에서 섬기고, 백성들이 가져온 제물을 갖고서 하나님께로 나아가고, 하나님의 복과 은혜를 백성들에게 나누어주고, 토라를 가르치는 것이었다(레 9:22; 10:11; 21:8; 민 6:22ff.; 16:5; 겔 44:23). 하지만 또한 이들은 자기 자신을 위한 희생제물을 드려야 했고(레 9:7; 16:6), 율법을 준행해야 했고(신 33:10; 렘 18:18), 백성들에 의지해서 살아가야 했다(레 23:10; 민 18:8-32 등). 제사장은 결코 독립적인 세속 권력을 행사할 수 없었다. 이스라엘은 한 번도 사제정치 국가였던 적이 없다. 하나님의 말씀을 백성들에게 선포하는 예언자들의 자유를 통해 성직자 계급으로부터 백성들의 자유가 보장되었다. 이방인들도 할례를 통해 이스라엘 백성이 될 수 있었다(출 12:48). 문둥병 등으로 부정하게 된 사람들도 일시적으로 격리될 뿐 여전히 이스라엘 백성으로 존속할 수 있었다.

이스라엘은 신정국가였다. 이스라엘에게 율법을 수여하고, 다스리고, 통치하는 이는 하나님이었다(사 33:32). 심지어 왕이라도 폭군이어서는 안 되며, 하나님께 선택되어 그의 형제 중에서 취해진 자이면서 하나님의 율법을 준수하는 자여야만 했다(신 17:14-20; 삼상 10:25). 모든 직분과 제도와 사람을 초월하는 하나님의 율법은 이스라엘의 전반적인 삶을 지배했으며, 이스라엘 백성이라면 누구나 차별 없이 이 율법을 준행할 의무가 있었다. 이스라엘은 거룩한 백성과 제사장 나라가 되어야 했다(출 19:6; 신 7:6). 정부는 시민 생활과 종교적 삶의 차이를 도외시하지 않으면서도 하나님의 율법을 적재적소에 집행해야 했다. 우상숭배, 형상숭배, 주술, 신성모독, 안식일 모독과 같이 첫 번째 돌판의 계명을 거스르는 행동을 한 자들은 사

---

111) Ph. J. Hoedemaker, "Kerk en staat in Israël," *Troffelen Zwaard* 1 (1898): 208-37.

형으로 다스려지는 때가 많았다(출 22:18, 20; 레 20:2, 6, 27; 24:11-16; 민 25:5, 7; 신 13:1-5; 17:2-7; 18:9-12 등). 종교는 국가적 대사였고, 범죄는 율법의 위반을 의미했다. 율법의 첫 번째 돌판을 거스르는 것은 언약을 파기하는 행위였다. 그럼에도 기억해야 할 것이 있는데, 율법은 단지 일반적인 몇 가지 규칙만을 제공하고, 많은 경우는 하나님이 친히 심판하시도록 남겨졌다는 사실이다. 가나안의 진멸, 아각과 아합의 집안에 대한 형벌은 각각 별개의 사안들이었다. 왕들을 통해 단행되었던 개혁들은 대부분 우상의 파괴와 야웨에 대한 공적 예배의 회복으로 한정되었다. 불신앙과 이단이 자주 등장했지만 엄밀한 추적조사가 이루어지지는 않았는데, 양심을 강제하는 것은 이들에게 생소한 것이었다. 이스라엘이 정치적 독립성을 상실함에 따라, 특별히 포로기 이후에 종교법은 점차 시민법과 분리되기 시작했다. 제사장들과 대제사장의 권력이 점점 더 커져갔지만, 바리새인 및 서기관들과의 위험한 대결은 불가피했다. 회당에서의 종교 생활은 점차 독립적인 형태를 띠게 되었는데, 이는 국가에 대해서뿐만 아니라 성전과 제사장들에 대해서도 마찬가지였다. 그들의 삶 전체가 점점 더 토라에 초점을 맞추는 방향으로 나아갔다. 회당의 주된 기능이 바로 토라를 가르치는 것이었다(마 4:23; 막 1:21; 행 15:21; 딤후 3:15).

[508] 예수는 자신의 제자들을 특정한 직분을 가진 교회(ἐκκλησια)로 조직하시고, 모든 다른 권위의 정당성을 인정함과 동시에 그들에게 특별한 영적 권세를 부여하셨다. 베드로의 신앙고백과 더불어 그에게 열쇠의 권세(마 16:19)를 위임하신 것은 그를 하늘나라의 청지기(οἰκονομος)로 임명하시는 주님의 방식이었다. 열쇠는 지배와 다스림의 표지(사 22:22; 눅 11:52; 계 1:18; 3:7; 9:1; 20:1)로서, 여기서는 "묶는 행위"(δεειν) 와 "푸는 행위"(λυειν)—묶고 푸는 사람이 아니다!—를 나타내고 "무언가가 허락되거나 또는 금지되었음을 선언하는 것"을 의미한다.[112] 대체로 이것은 과거의 일보다는 미

---

112) T. Zahn, *Das Evangelium des Matthäus*, 2nd ed. (Leipzig: A. Deichert, 1905),

래의 일에 관련된다. 따라서 베드로는 여기서 예수로부터 이 땅에 세워진 하늘나라에서 허락될 것과 그렇지 않을 것을—예수가 그리스도라는 신앙고백에 부합하게—결정하는 권세를 받고 교회의 중심에 선다. 그리하여 마태복음 16:19은 권징을 시행할 권리뿐 아니라 장차 위임될 전방위적 권세까지도 베드로와 사도들에게 돌리고 있다. 그들의 말은 모든 세대의 교회에게 구속력을 가질 것이다(요 17:20; 요일 1:3). 이들이 선포한 복음 외에 다른 복음은 없다(갈 1:8). 요한복음 20:23에서 알 수 있는 것처럼 사도들의 권세는 사람을 심판할 권세를 포함한다. 다른 복음서에 따르면, 전체 신앙 공동체는 교회의 계속된 화해의 노력에도 회개하지 않는 형제를 "이방인과 세리"로 여길 권세가 있다(마 18:17). 그리스도가 베드로와 사도들에게, 그리고 전체 교회에게 주신 권세에 대해 이후로 신약성경의 여러 구절이 정의를 내리고 있다. 이런 구절들을 통해 우리는 이 권세가 권위적·독립적·주권적 통치가 아니라, 하늘과 땅의 모든 권세를 가지신(마 28:18) 교회의 유일한 머리이시며(엡 1:22), 모든 직분과 은사를 나누어 주시는(엡 4:11) "그리스도를 섬기는 사역"(διακονια; λειτουργια; 행 4:29; 20:24; 롬 1:1 등)이라는 것을 알 수 있다. 이 권세는 그리스도가 교회를 통치하시는 방편인 말씀 및 성령과 분리될 수 없으며(롬 10:14-15; 엡 5:26), 그리스도의 이름과 권세로 행사된다(고전 5:4). 그러므로 이 권세는 말씀과 성례의 시행으로 이루어진 실제적이고 총체적인 권세요, 신령하고 도덕적인 권세다(마 28:19).

이런 모든 권세는 본질적으로 하나님이 가족, 사회, 국가, 예술, 과학 분야에서 다른 피조물 또는 사람들 위에 세우신 이들에게 주시는 권세와 구별된다. 예수는 그리스도—예언자와 제사장과 왕—가 아닌 다른 분으로서 일하신 적이 결코 없으며, 따라서 그분께 다른 직분은 없었다. 그리스도는 대제사장, 산헤드린 회원, 헤롯, 빌라도 등의 권위를 인정하셨으며, 세금을 지불하시고(마 17:24-27), 유산 문제로 다투는 두 형제 간의 중재

544ff.

자 역할을 거부하셨으며(눅 12:14), 가이사에게 합당한 것을 그에게 돌리라고 제자들에게 가르치셨고(마 22:21), 하늘로부터 불을 내려 자신들을 반기지 않는 마을을 사르자고 하는 야고보와 요한을 책망하셨으며(눅 9:54-55), 말고의 귀를 자른 베드로를 책망하셨고(요 18:10-11), 그리스도와 그의 이름을 위한다는 명목으로 무력을 사용하지 못하도록 제자들을 금하셨다(마 26:52). 이처럼 그리스도의 복음은 결코 자연을 적대시하지 않는다. 그리스도의 복음은 세상을 정죄하기 위한 것이 아니라 구원하기 위한 것이며(요 3:16-17), 가정, 결혼, 부모와 자녀, 주인과 종, 정부와 백성 간의 문제를 침해하지 않는다. 복음은 혁명적 힘이 아니라 영적·개혁적 힘이며, 창조 질서에 뿌리를 둔 모든 합법적 권위를 존중하고 인정하되, 삶의 모든 영역에서 발견되는 죄와 거짓에는 대항한다. 복음이 추구하는 전방위적 개혁은 선포되고 실천된 복음의 능력에서 비롯된다. 마찬가지로, 모든 피조물에게 복음이 전파되어야 한다고 말씀하신 예수의 명령처럼(막 16:15), 복음은 "모든 믿는 자에게 구원을 주시는 하나님의 능력"이고(롬 1:16), "좌우에 날선 어떤 검보다도 예리하여 혼과 영과 및 관절과 골수를 찔러 쪼개는" 날카로운 검이며(히 4:12), 자루 전체를 부풀게 하는 누룩이고(마 13:33), 만물을 재창조하는 원리이자 세상을 이기는 힘이다(요일 5:4).

[509] 초기 교회의 능력은 신자들의 복음증거와 선포 및 차분하고 평화롭고 경건하고 모범적인 삶에서 비롯되었다(딤전 2:2). 교회가 명성과 세력을 얻게 되자 점차 교회의 가르침과 치리에 있어서 주교의 성례전적·법정적 권세가 강조되었다. 치리권에는 교도권(*potestas docendi*)도 포함되며, 신품권(*potestas ordinis*)은 성례를 시행하는 권세로서 오직 주교에 의해 집전되는 신품성사를 통해서만 주어진다. 이런 견해에 따르면, 사죄는 예비적 의미만을 가진 말씀 선포를 통해서는 주어지지 않고, 성사에 참여하는 자들에게 주입할 은혜를 포함하는 사효적(*ex opere operato*) 성사에서만 주어진다. 이 사죄는 특별히 세례 시에 주어지고, 세례 이후에 지은 죄에 대한 사죄는 고해성사를 통해 주어진다. 성사는 사죄를 위한 법정적 행위다.

로마 교회의 사고방식에 따르면 사제직은 복음 선포와 상관 없이도 존재할 수 있다.[113)

[510] 황제교황주의를 표방한 동방 교회와는 달리 서방 교회는 국가 권력으로부터의 독립성을 유지했다. 하지만 교회가 스스로 갈취한 세속 권력이 증대됨에 따라 교회의 독립성은 심각하게 손상되었다. 교회의 세속 권력은 1870년 제1차 바티칸 공의회에서 교황 무류성을 주장함으로써 정점에 이른다.[114) 교황의 권력에 대한 주장이 정치적으로나 법률적으로는 사람들에게 강한 인상을 줄 수 있을지 모르지만, 종교적·도덕적 정당성은 희박한 것이 사실이다. 로마 가톨릭교회에서는 무류성을 가진 교황이 유일하고 절대적인 주권을 가지고 있으며, 교회의 모든 권위와 권세는 오직 교황으로부터 나온다. "교황이 있는 곳에 교회가 있다." 공의회에 따르면, 교황의 권세는 그리스도로부터 직접 받은 것으로서 어떤 성도나 주교나 회의에도 종속되지 않고 오직 하나님께만 종속된다. 교회의 모든 회원들은 개인적으로든 단체로든, 그리고 모든 주교들도 개인적으로든 공의회로서든, 믿음과 도덕의 문제뿐만 아니라 교회 권징과 치리의 문제에 있어도 교황에게 절대 복종해야 한다. "이런 공적인 가르침에서 벗어나는 사람은 누구든지 자신의 믿음과 구원을 위태롭게 하는 것이다." 이 권세의 한 부분은 가르치는 직분인데, 이와 관련하여 그가 "권위를 가지고"(*ex cathedra*) 말할 때 그는 신적 도움으로 말미암아 무오한 것으로 확정된다.

성경의 교리와 가장 오래된 고증들에 관한 앞의 논의에 비추어볼 때, 이러한 교황제가 성경적이지 않다는 사실에는 논의의 여지가 없다. 엄격

---

113) "누구든지 주님의 참된 몸과 피를 성별하여 드리는 권세, 죄를 남겨두거나 사면하는 권세를 부인하고, 사제제도를 부인하고, 복음을 설교하는 직분만을 인정하고, 복음을 설교하지 않는 자는 전혀 사제가 아니라고 하는 자에게는 저주가 있을 것이다"(Council of Trent, sess. 23, "Canons on the Sacrament of Order," canon 1, in H. Denzinger, *Sources of Catholic Dogma*, #961).

114) First Vatican Council, IV, c. 3-4, in H. Denzinger, *Sources of Catholic Dogma*, ##1826-40.

한 통일성 때문에 강력한 교황제가 때로 많은 개신교인들에게 인상적으로 여겨지는 것이 사실이지만, 정치적·법률적으로 인상적인 것만큼이나 윤리적·종교적으로는 허약하기 짝이 없는 체제다. 그 이유를 들자면, 첫째로 이런 무류성의 성격과 본질이 충분히 정의되지 않고 있다. 로마 교회가 교황에게 부여하는 지위면에서 보면 당연한 일인데도, 로마 교회는 사도들에게 돌렸던 것과 동일한 무류성을 교황에게 돌리지는 않는다. 교황은 무류한데, 성령의 영감에 의해서가 아니라 성령의 도우심과 교회를 오류로부터 보호하고 진리 가운데 보존하기 위한 하나님의 특별한 섭리 때문이다. 교황의 무류성은 사도들로부터 전해 오는 전통을 충실하게 보존하고 설명할 수 있다는 사실에 관한 것이다. 이런 무류성이 특별한 은사이기는 하지만 교황의 개인적이고 고유한 자질로서 그런 것이 아니라 오직 전체 교회의 머리인 교황으로서 그렇다는 것이다. 둘째로 교황이 "권위를 가지고"(*ex cathedra*) 말할 때는 무류하다는 말도 사실상 표준으로서는 무의미한데, 왜냐하면 교황이 언제 "권위를 가지고" 말하는지를 분별할 수 있는 사람은 교황 자신밖에 없기 때문이다. 교황은 언제라도 자신의 선언이나 다른 교황들의 선언이 "권위를 가지고"(*ex cathedra*) 말한 것이 아니라고 주장함으로써 그것을 철회하거나 또는 반대로 "권위를 가지고" 말한 것이라고 함으로써 유효하게 만들 수 있다. 오류 없이 가르치는 직분은 "우주적 교회에서 가장 온전한 최고의 평결권" 가운데 일부이기 때문에, 교황이 오류가 있는지 없는지에 대해 아무도 비판할 권리나 특권이 없고 ("누구도 그의 결정을 법적으로 검토할 수 없다") 무조건 순종해야 한다. 그렇지 않으면 누구라도 구원이 위태로워질 수 있다. 제1차 바티칸 공의회 제4차 회기, 법규집 제4항에서 교황이 신적 도움을 받아 모든 그리스도인의 목자와 선생으로서 권위를 가지고 말할 때, "온 교회가 붙들어야 할 믿음과 도덕에 관한 교리"를 정의할 때 그는 무류하다고 분명히 밝히고 있다.[115] 하

---

115) First Vatican Council, sess. IV, c. 4.

지만 이런 언급을 통해 보더라도 교황이 그와 같이 명시된 때가 아닌 다른 순간에도 무류하다고 생각할 이유는 없다. "권위를 가지고"(*ex cathedra*)라는 용어에는 사실상 경계선이 없다. 사실 교황의 무류성에 대한 공의회의 선언 자체에 악순환이 자리잡고 있다. 이런 선언을 한 공의회 자체가 무류한 것이 아니기 때문이다. 그렇다면 로마 가톨릭 신도들은 어떻게 교황 무류성을 그처럼 확신 있게 주장하는가? 제1차 바티칸 공의회는 교황이 영적인 영역에서 독립적이기 위해서는 세속적인 문제에서도 독립적이어야 한다는 생각을 포함하여 오랜 역사적 과정을 통해 만들어진 결과들을 제시했다. 1870년 교회국가를 폐기한 후부터 이런 생각이 점차 주목받기 시작했고 더욱 강조되어 표현되기도 했다. 피우스 9세와 레오 13세는 교황이 전세계의 주교로서 어떤 통치자에게도 종속되지 않고 특정한 국적을 갖지도 않으며,[116] 그의 선언은 가톨릭교회 신자들에게 구속력을 갖는다고 되풀이해서 주장했다. 교회국가 또는 성직자가 지배하는 국가 개념은 전혀 시대착오적인 발상일 뿐 아니라 이탈리아 국가의 연합을 저해하는 것이며, 국가와 교회 모두에 해가 된다.

이런 모든 사실로부터 우리는 교황이 가톨릭 신자들의 삶에서 절대적인 위치를 점하고 있다는 것을 알 수 있다. 로마 가톨릭교회는 영적 통치자가 다스리는 군주국가이며 왕국이다. "교황이 있는 곳에 교회가 존재한다"(*ubi papa, ibi ecclesia*). 교황의 수위성은 "기독교 신앙의 핵심이다"(*summa rei Christiane*).[117] 교황이 없으면 교회도 없고, 기독교도 없다.[118] 모든 사람은 교황에 복종함으로 구원에 이를 수 있다(Boniface VIII,

---

116) Gerardus Martinus Jansen, *Praelectiones theologiae dogmaticae*, 3 vols. in 2 (Utrecht: Van Ros sum, 1875-79), I, 657; K. von Hase, Handbuch der *protestantischen Polemikgegen die römisch-katholische Kirche*, 6th ed. (Leipzig: Breitkopf & Hartel, 1894), 254.

117) R. Bellarmine, "De rom. pontif," in *Controversiis*, foreword.

118) Veuillot, in K. von Hase, *Handbuch der protestantischen Polemik*, 187.

Unam Sanctam). 교황은 구원의 중재자요, 길이요, 진리요, 생명이다. [하나님과 비교할 때] 아직 한 가지 부족한 점이 있다면 예배를 받지 않는다는 점인데, 그것도 시간문제일 뿐이다.[119] 쉐이벤(Scheeben)과 앗츠베르거(Atzberger)가, 만일 교황의 수권성이 하나님의 역사로 말미암은 것이 아니라면 이것은 "신성모독적이고 악마적으로 하나님의 자리를 찬탈하는 짓이다"라고 말한 것은 참으로 옳다.[120]

[511] 종교개혁은 교회 권력의 이런 타락에 맞섰고, 선포된 말씀에 담긴 영적 능력에 대한 이해를 회복하기 위해 애썼다. 루터는 이렇게 말했다. "그리스도의 나라는 지상의 군주들과 왕들이 나라를 다스리는 방식을 따르는 물리적이고 세상적인 나라가 아니라 신령한 천상의 나라인데, 그 나라에 속한 자는 일시적인 소유나 지상의 삶에 관심을 갖기보다는 마음과 양심의 문제, 그리고 사람이 어떻게 하나님 앞에서 살아야 하고 하나님의 은혜를 얻는지에 대해 관심을 갖는다."[121] 그리스도가 교회의 유일한 머리시기 때문에, 오직 하나님의 말씀만이 강제력이 아닌 사랑과 자발적 순종을 통해 교회를 다스릴 수 있다.[122]

칼뱅 역시 유사하게 교회와 국가 간의 관계를 영혼과 육신, 장래의 삶과 현재의 삶 간의 유비로 차별화하고, 교회가 갖는 고유한 직분과 권세와

---

119) A. von Harnack, *History of Dogma*, VII, 116-17.

120) Matthias Joseph Scheeben and Leonhard Atzberger, *Handbuch der katholischen Dogmatik*, 4 vols. (1874-98; repr., Freiburg i.B.: Herder, 1933), IV, 427.

121) 편집자 주—Bavinck는 이 대목이 실린 2차자료만을 언급하지만 이 글은 분명히 Martin Luther의 말이다. [Cited by] R. Sohm, *Kirchenrecht*, 2 vols. (Leipzig and Munich: Duncker & Humblot, 1892-1923), 464, 488; 참조. J. Köstlin, *Theology of Luther*, II, 521ff., 541ff.; P. Drews, *Entsprach das Staatskirchentum dem Ideale Luthers?* (Tübingen: Mohr [Siebeck], 1908); K. Müller, *Kirche, Gemeinde und weltliche Obrigkeit nach Luther* (Tübingen: Mohr [Siebeck], 1910).

122) Luther, in R. Sohm, *Kirchenrecht*, 464, 468.

치리를 인정했다.[123] 말씀과 성례를 수종드는 것이 교회 정치의 유일한 형태요, 모든 교회적 권세의 총합이며, 교회가 받은 열쇠의 권세가 가진 전부다. 선포된 복음의 말씀 안에 주어진 그리스도의 권위는 교회가 가진 유일하게 합당한 권세다. 직접적이든 간접적이든, 교회의 모든 권세는 하나님의 말씀을 수종드는 것이다. 개혁파 신자들은 하나님이 시온의 왕으로 기름 부으신 그리스도가 자신에게 종속된 도구들, 다시 말해 자율적이거나 독립적이거나 주권적이지 않고 말씀에 종속된 도구들을 통해 자신의 영적 권위를 행사하신다는 확신에서 출발했다. 그리스도의 교회에 속한 모든 직분은 봉사(diakonia)의 직분이다. 개혁파 교회들은 교회 제도로서의 죄의 고백과 관련하여, 성찬을 준비하는 통례로서 정기적 또는 간헐적인 죄의 고백을 유지하기는 했지만, 그밖의 경우에는 개인적인 죄의 고백을 가정 심방을 통한 말씀 중심의 권징으로 대체했다.[124] 개혁파의 전통적 정치 형태를 특징짓는 것은 교회와 국가가 서로 구별되기는 하지만 교회가 전 인류의 유익과 인간 삶의 모든 측면에 신령한 유익을 가져다준다는 확신이다. 이것이야말로 기독교의 참된 보편성이다. 하나님이 세우신 세속 지도자도 하나님의 율법과 말씀에 종속된다. 전체로서의 인간 조건에 빛을 비쳐주는 성경은 또한 정치에도 적용이 된다. 하지만 실제적으로 이런 이론은 그렇게 오래 유지되지 못했고, 양심과 신앙의 자유에 대한 우려로 인해 교회와 국가 간의 완전한 분리에 자리를 내어주게 되었다.

그러나 루터파와 개혁파 전통 간에는 몇 가지 차이가 있다. 루터 자신이 로마 가톨릭의 파문령을 거부하고 교회 권징에서 모든 시민법적 형벌을 제거하기는 했지만, 분명한 것은 그 역시 권징의 시행을 통해 계속되는 권고에도 악행을 멈추지 않는 자들을 교회에서 제거하기를 바랐다는 사

---

123) J. Calvin, *Institutes*, IV.i-xi.

124) Zwingli, in E. Zeller, *Das theologische System Zwingli's* (Tübingen: L. F. Fues, 1853), 153; 참조. P. Biesterveld, *Hethuisbezoek* (Kampen: Bos, 1900).

실이다.[125] 하지만 장로 직분이 부재한 채 오로지 목사를 통해서만 시행되는 교회의 권징은 악용될 소지가 많았으며, 결과적으로 교회에서 권징 자체가 사라지거나 설사 남아 있더라도 (교회 회원과 시민들로 구성된) 혼합 법정을 통해서 유지되는 지경에 이르렀다.[126] 칼뱅에게 교회의 권징은 삶과 죽음의 문제였기 때문에 그는 악인을 교회에서 배제하는 교회의 권리를 위해 제네바에서 이십여 년을 싸웠고 1555년에야 이 권리를 되찾을 수 있었다. 권징이 교회의 중심은 아닐지라도, 교회를 든든히 서게 하는 힘줄 역할을 해야 한다. 교회의 권징을 의무적이고 필연적이며 유용한 것으로 여겼던 개혁파 교회는 한편으로는 로마 가톨릭이나 루터파와 구별되며, 다른 한편으로는 자연과 은혜를 대립시킴으로써 때로 출교를 지나칠 정도로 심각하게 적용하여 권징의 영적 성격을 손상시키는 재세례파나 메노파와도 구별된다.[127] 이것은 기독교 신앙과 자연적 삶의 관계에 대한 서로 다른 이해가 반영된 결과다. 모든 종교개혁자들은 세상이 악한 자의 지배 아래 있음에도 자연적 삶은 여전히 그 자체로 거룩하고 선한 것이며 천지를 지으신 전능하신 창조주 하나님의 솜씨라고 고백하면서, 자연적 삶을 교회의 억압과 권세로부터 자유롭게 하는 데 뜻을 같이했다(요일 5:19). 자

---

125) J. Köstlin, *Theology of Luther*, II, 526ff., 533ff.; the Lutheran Confessions in Joseph T. Müller, *Die symbolischen Bücher der evangelisch-lutherischen Kirche*, 75, 152, 165, 288, 329, 342; 편집자 주―여기서는 구체적으로 다음과 같은 루터파 문헌을 염두에 두었다. Apology of the Augsburg Confession, "Preface" (Kolb and Wengert, 110); ibid., arts. 7-8 (Kolb and Wengert, 174ff.); ibid., art. 11, pars. 60-62 (Kolb and Wengert, 290-91); Treatise on the Power and Primacy of the Pope, pars. 7-11, 70-73 (Kolb and Wengert, 331, 341-42).

126) 편집자 주―"혼합 법정"이라는 표현을 통해서 Bavinck는 교회 권위와 시민법적 권위가 "혼재하는"(gemengde consistoriën) 상태를 가리키고 있다.

127) J. Calvin, *Institutes*, IV.xii; P. van Mastricht, *Theoretico-practica theologia* (Utrecht: Appels, 1714), VII, 6; H. Bavinck, *Synopsis purioris theologiae*, disp. 48; F. Turretin, *Institutes of Elenctic Theology*, XVIII, qu. 32; S. Gallic Confession, art. 27; Belgic Confession, art. 29; Heidelberg Catechism, Q&A 83-85; Helvetic Confession, II, 18.

연적 삶과 초자연적 삶 간의 양적 반정립은 여기서 죄와 은혜라고 하는 질적·윤리적 반정립으로 변모했다.

하지만 종교개혁자들 간에도 여러 가지 차이점이 존재했다. 츠빙글리는 "육체"와 "영혼", 인간의 정의와 하나님의 정의라고 하는 중세적 이원론을 크게 벗어나지 않았다. 그리스도의 사역을 종교적이고 윤리적인 영역으로 제한하는 때가 많았던 루터는 자연적 삶을 이런 영역과 별개의 것으로 보았다. 복음은 내면과 마음과 생각을 바꿀 뿐이며 자연적 삶 전체를 변혁시키지는 못하는 것으로 간주되었다. 이런 점으로 미루어 왜 루터가 자주 이성, 철학, 법률학을 경멸하는 듯한 말을 했는지 이해할 수 있다. 루터파는 말씀과 성례가 바르게 시행되는 한 다른 문제들—교회의 예전들과 외적 치리의 문제들—은 비본질적인 것으로 여기거나 시민 정부의 몫으로 남겨놓을 수 있었다. 하지만 개혁파 교회는 루터파의 이러한 이해에 전적으로 반대했는데, 왜냐하면 그리스도만이 교회의 유일한 왕이라 여겼기 때문이다. 물론 시민 권력 역시 하나님이 세우신다. 하지만 그것은 시작과 본질과 통치 방식에 있어 교회와 엄연히 다르고, 교회의 권세를 국가에 양도하는 것은 그리스도의 왕권을 거스르는 것이었다. 그러나 이런 구분은 결코 분리를 의미하는 것이 아니었다. 개혁파는 기독교 국가의 정부에게 참된 교회를 보호하고, 교회가 확장되고 굳건히 서도록 돕고, 모든 우상숭배와 거짓 종교를 물리치고, 적그리스도의 왕국을 파괴할 것을 요구했다(「벨기에 신앙고백서」 제36조). 시민 권력자 역시 하나님의 말씀에 종속된다. 성경의 내용은 종교적일 뿐만 아니라 윤리적이고, 교회를 위한 것일 뿐만 아니라 온 인간에게 주시는 하나님의 말씀이며, 이 땅의 모든 생명과 피조물에게 빛을 던져준다. 기독교 진리는 우주적이고 보편적이며, 분명하고 명확하기 때문에 정부에도 이 말씀이 적용될 수 있다.[128]

---

128) 참조. H. A. Niemeyer, *Collectio confessionum in ecclesiis reformatis publicatarum*, 2 vols. (Leipzig: Iulii Klinkhardti, 1840), 9, 32, 54, 55, 82, 98, 114,

그러나 삶이 교리보다 더 큰 힘을 갖는 것으로 여겨졌고, 점차 말씀이 가진 절대적 위치는 약화되어갔다. 16세기에 이미 일단의 재세례파들과 소키누스주의자들은 정부가 종교 문제에 일절 관여해서는 안 되며, 특히 이단을 심판하는 일에 관여해서는 안된다고 주장했다. 따라서 국가에 대한 개혁파의 가르침은 실제적으로 많은 실제적인 난관에 봉착할 수밖에 없었다. 이론적으로는 교회와 국가가 구별되는 것이 당연하지만 실제로는 국가가 교회의 선언과 신앙고백에 종속되는 때가 많았다. 그런가 하면 정부는 교회와의 긴밀한 관계와 교회에 대한 책임감을 빌미로 자신들의 정체성에도 모순되는 폭력적 행위와 강압을 일삼았고, 의식 있는 많은 사람들의 마음에 국가에 대한 나쁜 이미지를 각인시키는 행위들을 자행함으로써 로마 가톨릭의 폭압을 떠올리게 했다. 이런 국가의 행위들은 양심과 신앙의 자유에 대한 개신교적 요구와도 부합하지 않는 것이었다. 개신교 진영 내에 부인할 수 없이 기독교적 성격을 띤 다양한 교회들과 신조들이 등장하게 되자, 가장 엄격한 그리스도인들조차 국가가 신앙고백적 성격을 띠어야 한다고 주장하거나 이단들은 처벌을 받아야 한다고 소리를 높이기가 어려워졌다. 이런 사실들의 영향으로 사람들은 점차 신앙고백적인 이해에서 일반적인 기독교적 이해로 옮겨가게 되었고, 한 걸음 더 나아가 국가에 대한 이신론적 이해를 가지게 되었다. 결국 18세기에는 "관용"과 "중도"가 화두가 되었다. 로저 윌리엄스(Roger Williams, 1603-83)를 필두

122, 326, 355, 387, 534, 610, 765, 810; 편집자 주—여기서는 구체적으로 다음과 같은 개혁파 문헌을 염두에 두고 있다. U. Zwingli, The Sixty-seven Articles (##29-41); 11th article on the magistrate; idem, Exposition of the Christian Faith, art. 87, "Magistratus"; First Confession of Basle (1534), art. 8; ibid., art. 8, disp. 221; Second Helvetic Confession, chap. XXX; Catechism of Geneva, art. 21; Gallican Confession, art. 24; First Scotch Confession, art. 24; Belgic Confession, art. 36; Thirty-nine Articles of the Church of England, art. 36 (art. 37); Tetrapolitan Confession (Strasburg Confession, 1530), art. 23; Bohemian Confession (1535), art. 16; J. Calvin, *Institutes*, IV.xx.

로하여 근대 세계에는 종교의 절대적 자유에 대한 요구가 계속해서 일어 났다. 그는 자신이 설립한 이주촌인 로드아일랜드에서 이 원리를 적용했 다. 이 이론은 점차 그리스도인들과 혁명주의자 진영에서 환영을 받게 되 었다. 1776년 이후로 아메리카의 몇 개 주가 이 이론을 받아들였고, 프랑 스 혁명을 통해 많은 나라들에서 이 이론에 대한 요구가 빗발치게 된 데 반해, 이 이론은 어디서도 순전하고 일관된 형태로 존재하지 않았고, 실제 로는 모든 사람들이 이 원리의 적용으로 인한 결과들을 두려워하여 움츠 러들었다.

교회의 직분과 모임

[512] 교회는 질서와 규율과 조직과 권위의 행사가 없이는 존속할 수 없 다. 질서와 규칙이 없이는 아무것도 존재할 수 없다는 것과, 형태가 없는 순수한 실체(ὕλη)는 철학적 추상에 불과하다는 것은 부인할 수 없는 보편 적 사실이다. 이것은 가족, 사업, 군대, 모임, 또는 일반 사회를 생각해볼 때 누구나 인정하는 사실이다. 혼란은 아무것도 이루지 못한다. 교회에서 의 논란은 질서와 규칙이 "있어야 하느냐"가 아니라 "어떤 규칙이 어떻게 있어야 하느냐"에 관한 것이고, 교회 정치의 형태와 본질이 정확히 무엇이 냐에 관한 것이다. 그리스도는 자신의 나라가 이 세상에 속한 것이 아니라 고 하셨다. 그렇다고 외적인 것들과 이 땅의 것들에는 전혀 관여치 않는다 는 의미에서 자신을 영적인 왕이라고 하신 것도 아니다. 성육신의 실체는 그리스도가 이 땅에 오신 것이 우리를 지상의 현실 세계로부터 데려가시 기 위함이 아니라, 그 속에서 우리를 구원하시기 위함임을 상기시킨다. 그 리스도는 어디서든 마귀의 일을 멸하고 하나님의 권리와 영예를 인정하도 록 하기 위해 오셨다. 화목케 하고 새롭게 하는 그리스도의 역사는 죄가 파 괴하고 오염시킨 모든 것에 미친다. 그리스도는 이런 세상에 자신의 나라를 세우신 후에, 그 속에서 그 나라가 유지될 뿐 아니라 삶의 모든 영역에 누룩

처럼 영향을 끼쳐서 필히 변혁을 일으키도록 만드신다.

그리스도는 자신의 교회 내에 친히 세우신 직분들에게 특별한 권세(ἐξουσία)를 주셨는데, 그 권세는 복음의 선포(마 10:7; 막 4:14; 16:15; 눅 9:2 등), 성례의 집전(마 28:19; 막 16:15; 눅 22:19; 고전 11:24-26), 다양한 이적 수행(마 10:1, 8; 막 3:15; 16:18; 눅 9:1; 10:9, 19 등), 죄를 그대로 두거나 용서하는 일(마 16:19; 18:18; 요 20:23), 권징의 시행(마 18:17; 고전 5:4), 양들을 먹임(요 21:15-17; 행 20:28), 구제(행 6:2), 그리고 복음 선포를 통해 생계를 유지할 권한(마 10:10; 고전 9:4ff.; 살후 3:9; 딤전 5:18) 등에 관계된 것이다. 그리스도가 교회의 직분과 그 직분을 맡은 자들에게 주신 권세는 그 기원, 작용, 본질, 목적, 방편에 있어서 정치적 권세와 차원이 다른 독특한 것이다. 다른 영역—가족, 직장, 학교, 사회, 국가—에서의 권세와 권위는 천지를 지으신 창조주로서의 하나님으로부터 온다(롬 13:1). 하지만 교회의 권세는 우리 주 예수 그리스도의 아버지로서의 하나님으로부터 직접 온다(고전 12:28; 엡 4:11; 행 20:28). 그러므로 교회는 이 땅의 다른 모든 권세로부터 자유롭고 독립적이다. 교회가 하나님으로부터 받은 권세는 세상의 권세와 달리 한 마디로 영적 권세다.

"영적" 권세라고 해서 그것이 비가시적이거나 전적으로 내적인 권세라는 의미는 아니다. 그리스도가 영적인 왕이신 것은 사실이지만, 그분은 육신과 영혼 모두를 다스리시는 분이기 때문이다. 말씀과 성례는 육신과 영혼을 포함한 전인을 대상으로 한다. 구제 사역은 인간의 육신적 필요를 채우는 것이어야 한다. "영적"이라는 말은 다음과 같은 의미를 갖는다. 교회의 권세는 하나님의 성령이 주신다(행 20:28). 교회의 권세는 오직 그리스도의 이름으로 성령의 능력을 통해서만 행사될 수 있다(요 20:22-23; 고전 5:4). 신자들만이 교회의 권세를 누린다(고전 5:12). 교회의 권세는 돈이나 재화나 생명을 위협하는 형벌이나 강압으로 역사하는 것이 아니라 확신, 믿음, 선의, 자유, 사랑과 같은 영적 무기들을 통해 영적이고 도덕적인 방식으로만 역사한다(막 16:16; 요 8:32; 고후 3:17; 10:4; 엡 6:7 등). 교회의 권세는 구원이라는 영적 목적을 위해 역사한다. 이 권세는 성도들을 온전케 하고 그리스도의 몸을 세우는 것처럼, 파괴가 아닌 세움을 위해 주어진 권세다(마 10:13; 막 16:16; 눅 2:34; 고후 2:16; 10:4, 8; 13:10; 엡 4:12; 6:11-18 등).[129] 이처럼 예수가 제자들로 하여금 권세를 "세상적으로" 사용하지 못하도록 금하면서 말씀하신 것처럼, 교회의 권세는 모든 정치적 권세와는 질적으로 다르다(마 20:25-26; 22:21; 눅 12:13-14; 요 6:15; 18:36; 벧전 5:3). 교회는 모든 형태의 강제, 폭력, 무력을 의도적으로 피해야 하며 국가가 행사하는 것이 마땅한 세속적 권력을 받아들이기를 거부해야 한다. 교회의 권세를 정치적 권세로 변질시키는 것은 물론, 교회의 권세를 국가에 넘겨주는 것 역시 잘못이다. 이 두 가지 극단 모두 자연과 은혜라는 지나친 반정립에 뿌리를 둔다. 재세례파는 교회를 정치적 실체로 생각함으로써 자연을 파괴하는 경향이 있었고, 로마 가톨릭은 자연을 사제제도를 가진 교회의 영역 아래 귀속시킴으로써 자연을 억압한다. 후자는 교회의 영적 권세를 정치적인 것으로 변질시킴으로써 교회의 권세가 가진 영적 성격을 제거해버렸다. 전통적으로 이는 교회의 권세를 세속 권력이나 형벌권과 구분하기를 꺼려하는 모습으로 나타났다. 종교개혁의 교회론은 말씀과 성례, 권징의 시행에서 순수하게 영적인 권세가 행사된다고 주장했다. 따라서 목사, 장로, 집사의 직분과 관련하여, 더 나아가 그리스도의 삼중직―예언자, 왕, 제사장―과 관련하여 우리는 그리스도의 교회 안에서 세 종류의 권세, 즉 가르치는 권세(예언자적 직분), 다스리는 권세(왕적 직분), 구제의 섬김 또는 권세(제사장적 직분)를 구분할 필요가 있다.

[513] 가르치는 권세(*potestas docendi*)는 그리스도의 예언자 직분에 근거한 것인데, 그는 이 직분을 위해 기름 부음을 받으셨으며 지금도 말씀과 성령으로 그 직분을 행하신다. 교회는 그 자체로 예언자다. 모든 그리스도인은 그리스도의 기름 부음에 참여하고 그의 이름을 고백하도록 부

---

129) G. Voetius, Pol. *eccl.*, IV, 783.

르심을 받는다. 그리스도는 대예언자시다. 하지만 통상 그리스도는 자기 몸의 지체들인 엄밀한 의미에서의 직분 맡은 자들을 통해서뿐만 아니라 각자 주어진 은혜의 분량을 따라 역사하는 모든 신자들을 통해 이 직분을 수행하신다. 교회의 가르치는 권세에 속한 많은 은사가 있는데, 대표적인 것으로는 지혜, 지식, 예언(고전 12:8ff.) 등을 들 수 있다. 복음 진리를 가르칠 책임은 각자의 자리와 부르심을 따라 모든 신자들에게 주어진다. 하지만 그 직분은 말씀을 맡은 목사들의 가르치는 사역을 통해 공식적으로 수행된다. 이 직분은 은사들을 억제하는 것이 아니라 지도하는 것이다. 복음을 선포하는 교도권은 로마 가톨릭에서처럼 성례에 종속되어서는 안 된다. 성경에 따르면 말씀이 성례보다 앞서기 때문이다. 말씀 없이는 성례가 존재할 수 없지만, 성례 없이도 말씀은 존재한다. 따라서 말씀을 수종드는 자들이 성례를 매번 시행해야 하는 것은 아니다(고전 1:14-17). 말씀이 항상 성례보다 선행한다. 말씀을 공적으로 수종드는 것은 신자들 간에 말씀을 가르치는 일과 동일시되어서는 안된다. 또한 이는 "이방인들"에게 전도의 말씀을 전하는 것과도 구별되고 장로들이 교회 회원들에게 개인적으로 말씀을 적용하는 것과도 다르다. 공적인 말씀 선포는 독립적인 직무다.

모든 말씀 적용은—공적이든 그렇지 않든—선한 목자이신 그리스도의 양을 먹이는 일이다(시 23:1; 80:1; 사 40:11; 49:10; 렘 31:10; 겔 34:15; 23; 요 10:11, 14; 히 13:20; 벧전 2:25; 5:4; 계 7:17). 그리스도의 권세 아래서 사역자들 역시 목자 또는 목사라고 불린다(사 44:28; 렘 2:8; 3:15, 23:1ff.; 겔 34:2ff.; 요 10:2; 21:15-17; 행 20:28; 고전 9:7; 엡 4:11; 벧전 5:2).[130] 하지만 목양과 가르침, 즉 "치리"와 "말씀과 교리를 가르치는 수고"라는 두 가지 활동은 서로 구분되고 각

---

130) 참조. *Formulier om te bevestingen de dienaren des Goddelicken Woorts* (Amsterdam and Haarlem: J. Brandt and Johannes Enschede, 1870); 편집자 주— 영역본: *Form of Ordination of the Ministers of God's Word*, in *The Psalter with the Doctrinal Standards and Liturgy of the Christian Reformed Church*, 2 vols. in 1 (Grand Rapids: Eerdmans-Sevensma, 1914), II, 70-72.

기 고유한 위치를 점하기 때문에(엡 4:11; 딤전 5:17) "교사"라는 칭호는 말씀 사역자를 가리키는 말이 되었다. 말씀을 준비하고 훈련한다는 의미에서, 말씀을 수종드는 일을 위해 전적으로 수고하고 헌신한다는 의미에서, 복음을 전함으로 생계를 유지할 권리를 가졌다는 의미에서, 신자들의 모임에서 공적으로 말씀과 성례를 수종들 수 있다는 의미에서 "교사"로 불리는 말씀 사역자(목사)는 양들을 먹이는 책임을 맡은 치리하는 장로와 구분된다(행 20:28; 벧전 5:2). 공적인 가르침이 주로 지적인 것을 가리키는 것으로 이해되어서는 안 된다. 목사들은 철저한 훈련과 지도를 받아야 한다. 그래야 교회가 항상 하나님의 말씀의 진리를 주장하고 보존해갈 수 있기 때문이다. 하지만 목사들은 다양한 수준의 회중들에게 적합한 설교를 할 수 있어야 한다. 교회는 그 믿는 바 진리를 고백하고 이 고백을 그 안에서 신앙고백으로 보존하고, 직분 맡은 자들에게 교회가 고백하는 믿음의 원리에 동의하도록 요구할 권리를 가지고 있다. 교회의 신앙고백에 동의하도록 요구하는 것이 성경의 충족성에 부합하지 않고, 그리스도인의 자유를 침해하며, 결코 용납될 수 없는 폭정을 교회 안으로 끌어들이는 행위이고, 더 깊은 연구와 발전을 저해하는 일이라고 주장하면서 이런 요구에 반대하는 것은 성경이 교회에 부과한 책임, 즉 "진리의 기둥과 터"가 되고, 모든 사람 앞에서 이 진리를 고백하고, 진리의 가르침에서 떠난 사람들을 거부하고, 모든 진리의 대적들에 대항하여 하나님의 말씀을 보존하라는 책임을 외면하는 것이다. 거짓과 속임이 횡행하는 세상에서 믿음의 원리 없이는 교회가 존재할 수 없다. 특별히 19세기의 역사가 가르치는 것처럼, 분명한 신앙고백이 없는 교회는 온갖 오류와 혼란에 찢기고, 특정한 사상을 견지하는 주도적인 학파에 휘둘릴 수밖에 없다. 믿음의 원리, 세례의 고백과 상징, 그리고 궁극적으로는 사도적 상징성에 있어서 교회는 초기 단계부터(즉 2세기 초엽부터) 고백적 교회로 존재해왔다. 믿음의 규칙은 강제를 위한 표준이 아니라 자발적 순종과 설득을 위한 표준이다. 더 나아가 오직 성경만이 그 자체로 신뢰할 만하며(*autopistos*), 무조건적인 믿음과

 제6부 | 새로운 공동체를 창조하시는 성령

순종을 요구하는 불변하는 것이다. 반면에 신앙고백은 항상 성경을 표준 삼아 검증되고 개정될 여지가 있다.

[514] 그리스도는 예언자이실 뿐 아니라 지금도 하늘에서 자신의 교회를 다스리시는(*potestas gubernationis*) 왕이시다. 넓은 의미에서 이 권세는 신자들이 서로에게 행사하고 나누어주는 모든 돌봄과 리더십을 뜻한다(롬 15:14; 골 3:16; 살전 5:11). 이 일을 위해 성령이 은사를 주시는데(롬 12:8; 고전 12:28), 그중에 제일은 사랑이며 이 사랑이 모든 은사를 아울러야 한다(롬 12:10; 고전 13:13; 빌 2:3; 벧전 5:5). 그리스도가 은혜의 영역에서 왕이신 것만큼이나 이 통치는 영적이고 사랑의 섬김으로 특징지어진다. 성경은 "내 양을 치라"는 말로 이런 사랑의 통치를 요약한다(요 21:15-17; 행 20:28; 벧전 5:2). 이 땅의 권세나 정치적 지배와 관계되는 모든 것은 이런 사랑의 통치에서 배제된다(고후 1:24; 벧전 5:2-3). 교회의 왕으로서 그리스도는 또한 장로와 같은 특별한 직분을 세우셔서 자신의 교회를 다스리신다. "내 양을 치라"는 말에는 하나님의 말씀을 수종드는 사역이 포함된다. 그럼에도 말씀을 공적으로 선포하는 것과 개인적이고 인격적으로 말씀을 적용하는 것, 일반적으로 양들을 치는 것과 양들을 개별적으로 돌아보는 것은 분명히 구분된다. 양들을 치는 일은 훈련과 징계를 다 포함한다. 심지어 극단적인 경우 출교도 포함된다. 성경에는 인내와 사랑과 다른 영적인 방편들을 특징으로 하는 교회 정치의 정형이 제시되어 있다. 치리의 목적은 항상 죄인을 회복하는 데 있다. 로마 가톨릭교회의 고해제도에도 나름 선한 부분이 있기는 하지만(약 5:16),[131] 잘 규정된 장로 제도의 사역에 비할 바는 아니다. 강압적 고백은 인간 양심의 자유와 상충하고, 은혜와 구원을 매 순간 불확실하고 불확정적인 것으로 만들고, 교회의 목사들로 하여금 죄와 형벌을 결의론적이고 양적으로 다루도록 하기 때문에 이로 인해 많은

---

131) J. Calvin, *Institutes*, III.i.13.

비도덕적 행위들이 야기된다.[132] 성경은 다윗 앞으로 나아간 나단, 아합에게 나아간 엘리야, 히스기야에게 나아간 이사야를 모범과 규례로 제시하면서, 우리도 그들처럼 개인적으로 그들의 죄를 책망해야 할 것을 시사한다. 오늘날 그리스도의 교회가 처한 상황은 지속적인 영적 돌봄을 필요로 한다. 교회가 세워진다고 곧바로 완전해지는 것이 아니다. 오히려 교회는 계속해서 김매기를 해줘야 하는 밭이다. 때를 따라 가지치기를 해줘야 하는 나무다. 끊임없이 시냇가와 푸른 초장으로 이끌어 꼴을 먹도록 해야 하는 양떼다. 항상 보수가 필요한 집이다. 신랑 앞에서 순결한 신부로 드러나기 위해 준비해야 할 처녀다. 교회는 병든 자, 죽어가는 자, 시험과 슬픔 가운데 있는 자들뿐 아니라, 가르침과 교훈, 경고와 위로를 필요로 하는 자들(예를 들어 비난 받고, 갈등을 겪고, 확신을 잃고, 넘어지고, 갇힌 자들)이 주 예수 그리스도를 아는 지식과 은혜 가운데서 자라가도록 힘써야 한다. 목사들도 감독과 지도가 필요한, 동일하게 연약하고 죄악된 사람들이다. 제대로 지도와 감독을 받지 않은 목사들은 자신들의 직분을 악용할 소지가 크다. 다시 말해 설교자는 말씀의 씨를 뿌리고 장로들은 그 씨가 결실할 수 있도록 돌보아야 한다.[133]

[515] 교회의 권징 사역(*potestas disciplinae*)은 특별히 감독자들의 일이다. 이 말은 히브리어로 "훈계로 양육한다"는 의미를 가진 "무사르"(מוּסָר)다. 그리스어에서는 이 단어를 권면(νουθετημα), 교훈(διδασκαλια), 율법(νομος), 지혜(σοφια) 등으로 번역하는데, 신약성경에서는 특별히 훈육(παιδεια)이라고 표현된다. 신구약의 개념 모두 일반적으로 무언가 어리고, 연하고, 작고, 연약한 것을 성심으로 돌본다는 의미를 가지고 있다. 자녀를 양육하는 일은 성장과 발달을 저해하는 옳지 못한 것들에 맞서는 일

---

132) H. Bavinck, *Reformed Dogmatics*, IV, 147-49 (#462).

133) 장로의 직분에 관해서는 다음을 보라. J. Calvin, *Institutes*, IV.i.22; A. Kuyper, *Encyclopaedie der heilige godgeleerdherd*, 2nd ed., 3 vols. (Kampen: Kok, 1908-9), III, 524; P. Biesterveld, *Het huisbezoek*.

을 포함하고 있기 때문에 "훈육"이라는 말은 교정, 징벌의 의미를 획득하게 되었고, 신약성경에서도 그런 의미로 사용된다(딤후 3:16; 히 12:5-11; 계 3:19). 이 말이 이스라엘 내에서 죄에 대한 교회적 형벌—신앙 공동체로부터의 추방을 포함하여(스 10:8)—만을 배타적으로 가리키게 된 것은 이스라엘이 회당 중심의 공동체가 되고서부터다. 예수가 천국의 열쇠를 베드로에게(마 16:19), 교회에게(마 18:18), 사도들에게(요 20:23) 주신 것은 회당 공동체를 기반으로 한 치리 개념을 염두에 두신 것일 수도 있다. 마태복음 18:15-17은 어떻게 치리가 행사되어야 하는지를 보여준다. 먼저 형제를 얻기 위해 개인적으로 책망하고, 그것이 효과가 없을 경우 증인을 대동해서 권면하고, 최후에는 그가 온 교회 앞에서 책망을 받도록 해야 한다. 그래도 회개하지 않으면 그 사람을 이방인이나 세리와 같이 여겨야 한다. 그런가 하면 하나님이 직접 징벌하시기도 하는데, 경우에 따라서는 그 징벌이 하나님의 이름으로 사도들에 의해 시행되기도 한다. 아나니아와 삽비라의 죽음(행 5:1-11), 엘루마를 쳐서 소경이 되게 한 것(행 13:11), 교회 안에서 근친상간을 범한 사람에 대한 심판(고전 5장), 성찬에 합당하게 참여하지 않음으로 찾아온 질병과 죽음(고전 11:30) 등을 예로 들 수 있다. 고린도전서 5장과 디모데전서 1:20과 디모데후서 2:17에서 우리는 일반적인 출교의 행위가 아니라 특별한 사도적 권위가 행사되는 것을 볼 수 있는데, 이는 마태복음 18:17 말씀의 실례가 되는 것이다. 우리는 모든 악한 사람들과 완전히 단절된 채 살아가도록 부름받은 것이 아니다. 우리가 이 땅에 거하는 한 그것은 불가능하다. 하지만 이전에 신자였다가 출교를 당하고도 회개하지 않은 사람과는 교제하는 것을 삼가야 한다(롬 16:17; 고후 2:5-10; 살후 3:6, 14; 딛 3:10; 계 2:2, 14, 20, 24).

개혁파 교회만큼 권징에 대한 성경의 가르침을 성실하게 적용한 이들도 없다. 이들은 항상 세례와 신앙고백을 통해 교회의 회원이 된 개인만을 권징의 합당한 대상으로 보았고, 회중 사이에서 저질러진 범과만을 다루었으며, 개인적이고 사적인 드러나지 않은 죄—마태복음 18장의 원칙에 따라 다루어져야 하는 죄—와 공적인 죄를 분명히 구분한다. 공적인 죄의 경우에는 분명한 절차가 뒤따르는데, 가해지는 형벌의 종류는 수찬정지와 같은 영적인 것으로 제한된다. 출교는 공적으로 죄를 고백하고 돌이키는 경우에만 다시 입회를 허락하는 가장 극단적인 최후의 처방이다(마 16:19; 18:18; 요 20:23; 고후 2:5-10).

[516] 하늘에 계시는 그리스도는 지금도 이 땅의 교회에서 자비의 능력을 특징으로 하는 제사장의 직분을 수행하신다. 우리 주님은 백성들을 치료하시고, 제자들을 파송해 복음을 선포하게 하시고, 악한 영을 추방하시고, 각색 병든 자들을 치료하시고(마 10:1, 8; 막 3:15; 눅 9:1-2; 10:9, 17), 그의 교회로 하여금 그의 이름으로 왕성한 구제 사역을 행하게 하셨다. 예수가 친히 약속하신 대로(막 16:17-18), 제자들에게는 다양한 치유의 은사와 능력들이 주어졌다(행 2:44-45; 4:35; 롬 12:7-8; 고전 12:28). 그들은 가르침과 치리의 은사들을 발휘했을 뿐 아니라 구제 사역도 게을리하지 않았다. 시간이 흐르면서 직분도 세분화되었다. 가르치는 일은 교사($\delta\iota\delta\alpha\sigma\kappa\alpha\lambda o\varsigma$)에게, 치리하는 일은 장로에게, 그리고 섬기고 돌보는 일은 집사에게 맡겨졌다(행 6장). 은사들은 점차 단순하고 일상적인 것들로 전환되었다. 그리스도가 자기 교회에 풍성하게 부으신 자비와 사랑의 보화가 은밀한 베풂과 선행을 통해 분명히 드러났다. 로마 교회의 구제 사역에 아직 더 정비해야 할 부분들이 있는 것은 사실이지만, 로마 교회는 이 부분에 있어 다른 교회들보다 앞서가는 것이 사실이다. 그 이유는 개혁파 교회들이 집사의 직분을 부활시키고서도 그 역할과 사역을 제대로 규정하고 정의하지 못했을 뿐 아니라 그 외연을 확장하지도 못했기 때문이다. 개혁파 교회들은 그리스도의 제사장적 자비에서 기인한 독립적인 기관으로서의 집사직을 이전보다 더 존중할 필요가 있다.[134]

---

134) 편집자 주—원 저작에 설명된 오늘날 요청되는 바람직한 집사 직분에 대한 이해를 요약해 놓은 이어지는 문장들은 눈여겨볼 만하다. 여기서 Bavinck는 교의적 주석을 넘

사랑과 자비는 기독교에서 가장 탁월한 미덕으로 인정되고 실천되어야 하며, 집사는 모든 교회 지체들, 특별히 재물이 있는 자들이 탐심의 죄에 빠지지 않고 자비를 실천하도록 가르쳐야 한다. 집사는 개인적이고 은밀한 선행을 말살하는 것이 아니라 독려하고, 지도하고, 인도해야 할 책임이 있다. 또한 다른 두 직분을 보조하기 위해 교리문답사와 심방사를 두는 것처럼, 큰 교회들에서는 필요하다면 집사직을 보조하는 직분자들(deaconesses)을 세울 수 있다.

집사들은 모든 가난한 자, 병든 자, 나그네, 갇힌 자, 정신적으로 박약한 자, 정신 질환을 가진 자, 고아와 과부는 물론 도움을 받을 곳이 전혀 없거나 거의 없는 교회 안의 모든 비참한 자들과 궁핍한 자들에게 도움의 손길을 뻗쳐야 한다. 또한 말과 행실을 통해 저들의 고통을 덜어줄 수 있도록 해야 한다. 모든 교회들은 지금까지 해왔던 것보다 구제 사역에 더 큰 비중을 두어야 하고, 집사들에게 중요한 회의에 참석하여 구제 사역과 관련된 모든 문제에 투표권을 행사할 수 있는 권한을 주어야 한다. 이런 회의들에서 구제 사역은 일반적인 원칙을 따라 조직되어야 하고, 지역 교회들의 독특한 차이를 고려해야 한다. 전반적인 필요에 대해서는 공동으로 대응하고, 지역 교회들에게 해외의 가난하고 박해받는 동료 신자들을 돌아보는 일에 동참해달라고 요청함으로써 사역의 지평을 넓혀가야 한다. 하나님의 백성들이 드리는 연보는 회중들이 주님께 드린 것을 주님의 상에서 가져다가 주는 것으로서 그리스도의 이름으로 분배되어야 한다(마 25:40). 교회라는 기관이 행하는 구제 사역은 결코 국가의 복지정책이나 후생시설에 귀속되거나, 융합되거나, 혼합되어서는 안 된다. 교회의 구제 사역은 독립적으로 유지되어야 한다.

[517] 그리스도는 직분과 지역 교회의 당회를 통해 자신의 교회를 통치하신다. 신약성경에 따르면 모든 지역 교회는 독립적이고, "완전한 교

어서 교회사역을 위한 명확하고도 실천적인 제안을 하고 있다.

회"(*ecclesia completa*)다. 그렇기 때문에 지역 교회라 할지라도 전체 교회와 마찬가지로 "하나님의 성전"(고전 3:16-17; 고후 6:16)), "신부"(고후 11:2), "그리스도의 몸"(고전 12:27)이라 일컫는 것이다. 신자들은 서로 분리되어 따로 존재하는 것이 아니며, 처음부터 지역 교회들은 공통의 관심사를 위해 함께 모였다. 신약성경에서 이미 이런 경우들을 발견할 수 있다. 예루살렘 교회가 그랬고(행 1:14; 2:41ff.; 5:12; 6:2; 15:2, 6, 22), 사도들의 모범이 그렇고, 신약성경 다른 곳에서도 그렇게 가르치고 있다(고전 11:4-6, 34; 14:27ff.; 16:1; 딤전 3장; 4:14).

사도행전에서 제자들은 사도 한 명을 새로 선발하기 위해 서로 모였고(1장), 예루살렘 교회가 집사들을 세울 때도 사도들이 한데 모였다(6장). 바울은 디모데전서 4:14에서 장로들의 모임을 "프레스뷔테리온"(πρεσβυτεριον; *presbyterium*)이라 부르는데, 고린도전서 5장에서는 장로들이 권징을 행사할 것을 요청한다. 또한 지역 교회들은 함께 연합체를 구성하며, 이런 교회들의 연합은 교회(ἐκκλησια)라는 단수명사로 불릴 뿐 아니라 온 교회를 지도하고 이끄는 일을 맡은 사도들에게 순종한다. 사도행전 15장에서 안디옥과 예루살렘 교회가 다른 교회들과 더불어 이방인의 할례 문제를 다루기 위해 함께 모였을 때 이런 대규모의 회합이 다시 한번 언급된다.

신약성경에서 말하는 이런 모든 회합은 지역 교회들의 대회였으며, 오직 사도행전 15장에서만 지역 교회의 대표 외의 참가자에 대해 말하고 있다. 처음 3세기 동안 공의회에는 감독뿐 아니라 장로들과 집사들도 함께 참여했다. 심지어 니케아 공의회에는 감독, 장로, 집사들은 물론 논쟁에 관련된 교회 회원도 참여한 것으로 전해진다. 게다가 2세기와 3세기에는 지역 교회의 대표들이 참석한 모든 회의들이 동등한 지위를 가졌다. 이때까지만 해도 아직 회의 체계에 위계구조 같은 것은 없었다. 아직 지방회의, 도시회의, 공의회 같은 구분은 없었다. 하지만 점차 위계구조가 형성되어갔고, 지방회의, 전국회의, 총주교회의, 범교회적 공의회 같은 서열이 생겨나기 시작했다.[135] 위계 개념이 생겨난 결과로 회중의 동의는 점점 그 필요성이 덜해졌고, 장로들과 집사들은 회중과 분리되어 주교를 보좌하는 자리로 전락했으며, 회의를 주재할 권리는 주교에게 집중되었다. 이런 모든 변화로 인해 범교회적 회의가 갖는 독특한 특징을 찾아보기가 어려워졌다. 그러나 로마 가톨릭교회는 범교회적 공의회를 다음과 같이 규정한다. 로마 교회에서 회의가 범교회적 공의회로 인정되기 위해서는 그 결정이 교황에 의해 승인되고 그로 말미암아 무류성과 범세계적 구속력을 가져야만 한다.[136]

개신교 역사에서 점진적으로 노회정치 형태가 특히 개혁파 교회들 내에서 발전했다. 그 역사가 항상 영광스러운 것만은 아니었지만, 모두 나름대로 필요하고 유용하다. 1528년 취리히에서 츠빙글리는 시의회가 소집하는 노회—도시와 시골의 설교자들과 몇몇 시의회 의원으로 구성된—를 설립했고, 여기서는 주로 설교자들의 교리와 삶에 대해 제기된 불만을 검토하는 일이 이루어졌다.[137] 이와 유사하게 칼뱅 역시 "교회 정치"(*Ecclesiastical Ordinances*)에서 설교자들은 3개월마다 모여서 서로 간의 가르침과 행동을 점검해야 한다고 못 박았으며, 이에 덧붙여 1546년에는 연례 교회시찰 제도를 도입했다.[138] 개신교 노회정치 제도는 교회가 급속도로 확장되어 교회 간의 일치가 필요했던 프랑스에서 먼저 도입되었

---

135) R. Sohm, *Kirchenrecht*, 247-344; A. Hauck, "Synoden," in *PRE³*, XIX, 262ff.; A von Harnack, *The Mission and Expansion of Christianity*, II, 172; O. Berzl, *Ursprung, Aufgabe, und Wesen der christlichen Synoden* (Würzburg: Stadenraus, 1908); 편집자 주—Bavinck는 마지막 책의 저자를 G. Osten으로 잘못 인용하고 있다.

136) R. Bellarmine, "De conciliis et ecclesia lib." in *Controversiis*, bks. I and II.

137) J. K. Morikofer, *Ulrich Zwingli, nach den urkundlichen Quellen*, 2 vols. (Leipzig: Hirzel, 1867-69), II, 118ff.

138) F. W. Kampschulte and W. Goetz, *Johann Calvin: Seine Kirche und sein Staat in Genf*, 2 vols. (Leipzig: Duncker & Humblot, 1869-99), I, 408.

고, 1559년 5월 26일에 파리에서 최초로 노회가 열렸다. 이 회의에서 공통된 신앙고백과 교회정치 질서를 도입하기 위한 합의가 도출되었다.[139] 여기서 주목할 만한 사실은 총회가 먼저 열렸고, 이 총회가 지방노회 제도를 도입했으며, 그후 1572년에는 지방노회와 지역 교회의 당회 사이에 시찰회가 도입되었다는 사실이다.[140] 후에 이런 노회정치 형태는 폴란드, 보헤미아, 헝가리, 독일, 네덜란드, 스코틀랜드, 영국, 미국 등 다른 개혁파 교회들에도 도입되었다. 하지만 두 진영으로부터 이에 대한 반발이 일어났다. (1) 노회정치제도가 허용될 수는 있지만 꼭 필요한 것은 아니며 교회가 국가의 권위 아래 있다고 여긴 항변파들이 있었는가 하면, (2) 모든 신자들의 모임이 독립성을 갖는 것으로 여기고 시찰이나 노회와 같은 구속력을 가진 기관과의 모든 연계를 거부한 재세례파와 독립파들이 있었다. 이런 반발은 무의미한 것이 아니었다. 신약성경에 따르면 교회 회중은 그리스도 아래서 독립적으로 존재한다. 역사적으로 보더라도 노회는 항상 유용한 것으로 드러나기보다는 온갖 분란과 분열의 원인을 제공하는 것처럼 비쳐지는 때가 많다. 그래서 나지안주스의 그레고리오스는 그 당시에 벌써 "나는 노회가 유익하게 마무리되는 것을 본 적이 없다"라고 했다. "모든 회의는 분란만 더 일으킨다"라는 말이 생겼을 정도다.

하지만 노회정치제도의 필요성과 효용성을 분명하게 보여주는 다른 모습들도 있다. 초기 교회에서 시찰이나 노회 등과 같은 제도가 발견되지 않는 것은 오직 그 시대에만 존재했던 사도들의 역할에 기인한다. 초기 교회에도 지역 교회들이 모여서 협의하고, 심지어 특정한 논란에 대해서는 결정을 내려줄 것을 요청하는 것이 적어도 허용은 되었다는 증거를 발견

---

139) G. V. Lechler, *Geschichte der Presbyterial- und Synodalverfassung seit der Reformation* (Leiden: Noothoven van Goor, 1854), 69.

140) Ibid., 81; 참조. 스코틀랜드에 관하여는, 97; H. E. von Hoffmann, *Das Kirchenverfassungsrecht der niederländischen Reformierten bis zum Beginne der Dordrechter Nationalsynode von 1618/19* (Leipzig: Hirschfeld, 1902).

할 수 있다(행 1:6; 15:21). 일반적 의미에서 "노회"는 "하나님의 법에 의해 허용된다." 교회의 "존재"를 위해 엄밀하게 노회가 필요한 것은 아니고 하나님의 말씀이 그것을 명시하지 않는다고 해도, 그것은 허용될 수 있으며 또 교회의 "안녕"(*bene esse*)을 위해 필요하기도 하다. 교리와 권징과 예배의 일치에 대한 부름, 질서와 화평과 사랑의 보존, 그리고 교회의 공통 관심사(목사의 훈련과 소명과 파송, 전도, 연약한 교회를 돕는 일 등)와 같은 문제들은 오직 노회를 통해서만 제자리를 찾을 수 있다. 노회는 지역 교회의 독립성을 유지시키고, 교회가 목회자 혹은 다른 형태의 지배 하에 들어가는 것을 막아주고, 상급 회의에 항소할 권리를 부여함으로써 위계적 성직제도를 와해시킨다. 또한 노회는 지상의 교회에서 불가피하게 발생하는 교리, 권징, 목양에 관한 논란에 대해 주의 깊게 조사하고, 충분한 토론을 통해 평화적으로 해결할 수 있도록 노력한다. 노회가 그 목적을 달성하기 위해서는 지역 교회를 대표하는 회원들(목사, 장로, 집사, 그리고 다른 일반 회원)로 구성되어야 하고, 교회들로부터 보내온 지침을 담은 신임장에 구속되어야 한다. 회합들은 상하 관계의 위계질서로 서열이 매겨지면 안 된다. 모두가 동등하게 하나님의 말씀에 매여 있고, 함께 성령의 약속에 참여하고 있기 때문이다. 교회회의는 교회를 대표하는 기구가 아니라 그리스도의 이름으로 교회를 치리하도록 부르심을 입은 직분자들의 모임이다. 모든 교회와 교회회의들의 권위는 교회의 주인이신 그리스도로부터 온다. 그리스도의 말씀만이 결정적이다. 성령이 교회 회원들을 통해 또 그들 가운데서 인정하시는 것만이 그리스도의 교회에서 구속력을 갖는다.

[518] 따라서 모든 교회는 그 고유한 기원과 본질과 활동과 목적을 가지고 이 세상 가운데 존재한다. 교회는 모든 면에서 세상과 구별됨에도 결코 세상과 분리되어 있거나 평행선상에 존재하는 것이 아니라, 유기적·영적·도덕적으로 세상과 연결되어 있다. 기독교는 세상과 교회의 관계를 어떻게 이해하느냐에 따라 크게 세 가지 그룹으로 나뉜다. 재세례파는 세상을 "회피"하고, 로마 가톨릭은 "금욕"을 통해 자연적인 것을 초자연적인 것

으로 고양시킴으로써 완전을 이루려 하고, 개신교, 특히 개혁파 교회는 세상을 "성화, 갱신"하려고 한다. 개신교와 로마 가톨릭의 두 입장이 주류를 이룬다. 로마 교회는 재세례파와 달리 자연적인 것을 죄악된 것으로 보지 않기 때문에 분리나 회피를 주장하지는 않지만, 그것이 사람으로 하여금 쉽게 죄를 짓게 만드는 저급한 질서로 전락했기 때문에 초자연을 통한 절제가 필요하다고 주장한다. 은혜는 기계적으로 자연에 "덧붙여지는 것"이다. 그러므로 로마 교회의 이상에 따라 살고자 하는 사람들은 금욕을 실천하고 자연을 억누르고 전적으로 신앙에 정진해야 한다. 이것을 행하지 못하는 자들은 불가피하게 자연적인 세계에 자리 잡고, 초자연의 세계에서는 그 공간의 한계를 표시해주는 경계선을 차지한다.

교회와 세상의 관계에 대한 개신교(개혁파)의 이해는 창조와 재창조가 동일하신 한 분 하나님의 사역이며, 창조의 하나님과 구약성경의 하나님이 재창조의 하나님보다 열등한 분이 아니라는 확신에서 시작한다. 하나님은 새 언약의 중보자인 그리스도를 통해 천지만물을 지으셨다. 중생과 성화의 주체인 성령은 태초에 수면 위를 운행하시고 하늘에 질서를 부여하신 바로 그 성령이시다. 따라서 창조와 재창조는 열등한 것과 고상한 것으로 나누어지거나 대비될 수 없다. 둘 다 한 분이신 삼위 하나님의 기묘한 작품으로서 선하고 순전한 것이다. 인간이 죄로 타락한 후에 역사한 은혜는 말씀이나 성례에 포함되어 사제들이 나누어줄 수 있는 질료나 물질이 아니라 창조세계 안에서 역사하는 갱신과 변혁의 능력이다. 이 은혜는 악을 억제하기 위한 일반은총과 세상을 새롭게 하기 위한 특별은총의 두 가지 형태로 주어진다. 이 둘은 권세의 영역과 은혜의 영역 모두를 다스리는 왕이신 그리스도 안에서 통일된다. 이 두 가지 은혜는 죄를 대적하고, 창조와 재창조 간의 연결을 공고히 한다. 타락 이후 세상은 홀로 방치된 것도 아니고 모든 은혜를 상실한 것도 아니다. 타락 후에도 세상은 일반은총을 통해 보존되고 그리스도 안에서 주어지는 특별한 은혜를 향해 나아가도록 인도함을 받는다. 회피, 분리, 억압은 있을 수도 없고 있어서도 안

된다. 우리는 그리스도인이기 전에 인간이다. 그리스도인이 된다는 것이 곧 우리의 인간성을 없이하고 인간성 이상의 무엇으로 우리를 고양시키는 것이 아니다. 그리스도인이란 다름 아니라 거듭나고 새롭게 된 참 인간일 뿐이다. 그리스도의 성육신은 인간의 진정한 본성을 온전히 취하는 것을 포함한다. 그리스도는 인간적이고 자연적인 그 어떤 것도 이질적인 것으로 소외시키지 않았다. 따라서 교회와 세상의 관계는 유기적이고 도덕적이고 영적이라고 할 수 있다. 그리스도는 예언자, 제사장, 왕으로서 자신의 말씀과 성령으로 온 세상에 효과적으로 역사하신다. 영적 삶이란 도덕적이고 본성적인 삶을 하나님의 율법이 말씀하는 지평과 깊이로 재조정하는 것을 말한다. 새롭게 된 사람들을 통해 자연적인 삶의 모든 영역들이 변혁된다. 가정이 존귀함을 회복하고, 아내(여자)는 다시금 남편(남자)과 동등한 자로 여겨지고, 학문과 예술이 기독교적 색채를 띠게 되고, 도덕적 삶의 수준이 고양되고, 사회와 국가가 변혁되고, 법과 제도, 도덕과 관습이 기독교화된다.

여기서 가장 큰 난제―신학적으로 그리고 실제적으로―는 교회와 국가 간의 관계를 어떻게 이해할 것인가 하는 점이다. 그리스도는 공직과 제도를 통해서도 자신의 교회를 다스리신다. 문제는 자연적 삶의 여러 영역과 교회의 관계가 공직과 제도를 통해 규정될 수 있는가 하는 점이다. 황제교황주의는 교회가 기독교 국가에 종속되고 교회는 당연히 이런 국가의 법에 따라야 한다고 규정한다. 세속 정부가 기독교적 윤리를 공공의 삶을 위한 중요한 지침으로 간주하는 것은 물론 큰 소득이다. 하지만 교회의 독립성을 상실함으로써 치르는 대가는 너무나 크다. 교회의 진정한 권세인 말씀과 성례가 본질적으로 동일하게 남아 있다 하더라도 그 권세가 실제로 시행되는 양태는 심각하게 변질될 수밖에 없다. 또 다른 견해로는 교황제도를 들 수 있다. 교회의 독립성과 자유를 유지하는 한에서 교황제도도 칭찬을 받아야 할 부분이 있다. 하지만 교황제도는, 온 세상은 아니더라도, 기독교 신앙을 가진 세례받은 모든 사람들을 모든 영역과 관계에서 법률상으로 교황에게 복종하게 만들려고 한다는 데 문제가 있다. 로마 교회의 견해에 따르면 가정, 사회, 국가, 예술, 학문 등은 교회적이어야 한다. 여기서 교회적이라는 말은 기독교적·로마 가톨릭적·교황적이라는 말과 동의어다.

루터와 칼뱅이 종교개혁을 통해 이룬 뛰어난 일 가운데 하나는 은혜의 종교인 기독교 신앙이 가진 종교적·윤리적 의미를 회복하고, 자연의 영역을 이런 기독교 신앙으로부터가 아닌 로마 가톨릭교회의 지배로부터 벗어나게 했다는 것이다. 칼뱅은 교회와 국가 간의 경계를 분명히 했는데, 물론 그 구분은 오늘날과는 다른 방식으로 이루어졌다. 교회와 국가가 공동의 권위를 갖는 영역이 오늘날에 비하면 넓은 편이었다. 또한 통치의 영역과 방법에서 기독교 정부는 하나님의 영예와 교회의 생명력을 수호하고 하나님 나라의 확장을 위해 힘써야 했다. 그럼에도 칼뱅은 교회와 국가의 관계를 계약적이고 자유로운 것으로 묘사한다. 교회는 선택의 여지 없이 반드시 하나님의 말씀을 선포하고, 그의 이름으로 계명을 증거해야만 한다. 하지만 만일 정부나 다른 기관이 그렇게 선포되고 증거된 말씀을 따르기를 거절한다면, 교회뿐 아니라 칼뱅 자신을 포함한 어떤 그리스도인도 그것을 정부에 강제할 권리나 힘을 갖지는 못했다. 설득만이 교회가 가진 유일한 공적 무기였다. 교회에게는 순종을 강요하고 형벌을 부과할 어떤 권한도 없었다. 교회는 순전히 영적인 권세만을 갖는 기관으로 간주되었다.

교회는 자신의 영적 권세를 포괄적인 방식으로 계속해서 행사해야 한다. 교회의 다양성으로 인해 그 증거가 약화되기는 했지만, 그럼에도 교회는 하나님의 말씀에 순종할 것을 모든 피조물, 학문, 과학, 가정, 사회, 그리고 국가에 촉구해야 한다. 이런 요구는 무력이 아니라 오로지 메시지와 윤리적 증거를 통해서 이루어질 뿐이다. 그것은 강제가 아니라 설득이다. 기독교 정부는 하나님의 영예를 높이고, 교회를 보호하고, 적그리스도의 일들을 무력화시킬 책임이 있다. 하지만 그 일은 오로지 복음에 부합하는 방식으로 자신에게 주어진 특정한 영역에서 행해져야 한다. 개인의 자유와 다른 모든 영역에서의 자유는, 그것이 설사 하나님의 법을 거스르는 방향으로 나아간다 하더라도, 기필코 지켜져야 한다. 죄(sin)와 범죄행위(crime) 사이에 분명한 구분이 있어야 하고 그것은 존중되어야 한다. 하지만 이런 경계는 각기 다른 민족과 시대에 따라 달라지고 대중적인 양심의 증거에 따라 어느 정도 기본 방향이 결정될 수 있기 때문에, 그 경계가 모호해지거나 추상적이 되지 않도록 주의를 기울여야 한다. 요컨대 교회의 권위가 세상에 대해 가지는 영향력은 정치적인 것이 아니며, 그 권위는 복음 선포와 설득과 증거를 통해 사회 변혁을 추구한다.

22장

성령의 은혜의 방편들

은혜의 방편들

[519] 구원과 복됨은 전적으로 하나님의 자애로운 성품을 통해 타락한 인생들에게 임한다.[1] 객관적으로 그 은혜와 이에 따른 모든 유익은 그리스도 안에서 나타났는데, 그는 언약이라는 방편을 통해 그것들을 획득하시고 분배하신다. 우리는 그리스도와 그가 주시는 모든 유익을 받아 누리는 사람들의 모임을 "교회" 또는 "기독교 공동체"라 부른다. 그리스도는 어떻게 자기 백성들, 곧 자기 교회에게 이런 유익을 전달하시는가? 그는 특정한 방편을 사용하시는가? 신비주의자들은 이것을 부인한다. 그들은 이원론자로서 은혜가 외적 표지 혹은 행위에 의존하거나 묶여 있다는 생각을 받아들이지 못하고, 하나님이, 또는 우리 안에 계시는 그리스도와 성령이, 또는 내적 말씀이나 빛이 사람들 안에서 은혜의 역사를 이룬다고 생각했다. 말씀과 성례는 그런 내적 은혜를 지시하거나 표현할 뿐이다. 기록

---

1) 편집자 주—Bavinck는 여기서 "은혜를 하나님의 덕"으로(als deugd Gods) 말한다. 이 말을 "속성"으로 번역하는 것은 너무 강하고 제2권에서 하나님의 "속성"을 위해 따로 "에이헨스카픈"(eigenschappen)이라는 말을 쓰고 있기 때문에 여기에도 맞지 않는다. 그래서 여기서는 "하나님의 자애로운 성품"이라고 했다.

된 말씀은 우리 마음에 있는 것들을 표현한 것에 불과하고 성례는 그것을 시각적으로 보여주는 것이다. 신비주의는 여기서 합리주의적인 소키누스주의[2] 및 항변파[3]와 합류하는데, 그들에게 성례는 단지 의례적 지침, 기념을 위한 표지들, 그리고 신앙고백의 행위일 뿐이다. 한편 로마 교회는 이런 방편이 본질적이며, 제도적 교회의 사제직에 주어진 성사적 능력과 결부되어 있다고 주장한다. 로마 가톨릭은 은혜가 절대적으로 방편에 매여 있다고 본다. 그들에 따르면 성령을 통해 유지되는 가시적 교회는 가장 탁월한 성례인 은혜의 실제적이고, 참되고, 완전한 방편이다. 교회는 이 땅에서 특히 제사장 직분을 수행하시는 그리스도시며, 인간을 자연적 질서에서 초자연적 질서로 고양시키는 데 수종드는 그의 은혜와 진리의 충만함을 전달하는 역할을 한다. 성사 안에서 사제에 의해 사효적으로(*ex opere operato*)[4] "자연인"에게 주입되는 것이 바로 고양시키는 은혜, 곧 초자연적·물리적 능력이다.[5] 그런 까닭에 그리스도, 교회, 사제, 성사를 떠나서는 구원이 없다. 선포는 예비적이고 교육적인 요소로서 신앙, 즉 동의를 불러일으키는 역할을 한다. 심지어 믿음도 은혜를 위한 일곱 가지 예비단계 중 하나에 불과하고,[6] 교회의 권징도 단지 도덕법의 준수를 촉진하

---

2) O. Fock, Der Socinianismus (Kiel: C. Schroder, 1847), 559ff.

3) *Apologia pro confessione Remonstrantium* (1629); Apology of the Augsburg Confession, c. 23; P. van Limborch, *Theologia christiana* (Amsterdam: Arnhold, 1735), V, c. 66.

4) 편집자 주―"의식에 참여한 사람에게 결격 사유가 없는 한 그 사람은 교회를 통해 바르게 집전된 의식을 통해 은혜를 전달받는다는 중세 스콜라주의와 로마 가톨릭주의의 가설을 가리키는 말로, 성사 자체에 작용하는 능력(*virtus operativa*)이 있다는 것이다"(Richard A. Muller, *Dictionary of Latin and Greek Theological Terms* [Grand Rapids: Baker Academic, 1985], s.v. *ex opere operato*).

5) 참조. H. Bavinck, *Reformed Dogmatics*, ed. John Bolt (Grand Rapids: Baker Academic, 2003-8), III, 516-17 (#416).

6) 참조. H. Bavinck, *Reformed Dogmatics*, III, 515 (#416); IV, 108-10 (#451), 188-89 (#469).

는 역할을 할 뿐이다. 사제에 의해 집전되는 성사가 은혜의 실제적 방편이다.

종교개혁은 은혜의 방편과 관련하여 신비적 과소평가와 마술적 과대평가 사이의 중도적 입장을 취했다. 종교개혁자들에 따르면 그리스도는 완전한 구원자요 하나님과 인간 사이의 유일한 중보자며, 교회는 우선적으로 성도들의 교제지만 또한 그리스도는 하나님의 말씀을 선포하도록 (사제가 아닌) 목사들이라는 공적 조직을 제정하셨다. 중세 로마 교회에서는 은혜가 사제의 권세로 이해되었지만 이제는 말씀의 영적 권세를 의미하는 것으로 바뀌었다. 교회가 아닌 성경이 은혜의 방편으로 간주되었다. 성례는 말씀에 종속되었고, 말씀을 떠나서는 아무런 의미와 능력을 갖지 못했다. 그리하여 성경과 교회의 관계도 달라졌다.[7] 종교개혁은 교회를 성경보다 우선시하는 대신에, 교회를 다시 성경이라는 토대 위로 돌려놓았고, 교회보다 성경에 더 높은 지위를 부여했다. 교회가 아니라 하나님의 말씀인 성경이 탁월한 은혜의 방편이 되었다. 게다가 말씀은 모든 사람의 손에 들려졌고, 구원을 열망하며 성경을 연구하는 모든 사람이 쉽게 이해할 수 있게 되었고, 공적 선포는 물론 가정에서 성경을 읽고 연구할 때도 강력하고 은혜로운 것으로 여겨졌다. 그리하여 믿음으로 말씀을 받아들인 그리스도인들은 사제주의에서 해방되었다.

하지만 말씀과 성례라는 은혜의 방편의 필요성을 거부한 신비주의와 달리, 종교개혁은 말씀과 성례가 은혜를 분여하기 위한 하나님의 일반적 방편이라고 이해했다. 교회는 신자들의 어머니고 직분은 말씀과 성례를 시행하기 위해 제정되었다. 은혜의 주된 내용은 하나님의 호의로 말미암은 회복, 죄 용서, 그분의 형상을 따른 영적 갱신이다. 은혜의 방편은 자신의 예언자직, 제사장직, 왕직을 지속적으로 수행하시는 그리스도의 인격과 사역으로부터 결코 분리될 수 없으며, 그가 이 땅에 세우신 교회, 그

---

7) 참조. H. Bavinck, *Reformed Dogmatics*, I, 452-59 (##118-19).

리고 자신의 말씀과 성례의 상징을 맡기신 직분자들과도 분리될 수 없다. 물론 하나님은 모든 것을 그의 뜻대로 주관하시는 분이시기 때문에, 개혁파 목사들은 유아기에 죽은 언약의 자녀를 둔 믿음의 부모들을 목회적으로 위로하는 것과 같은 문제에 직면했을 때, 하나님이 말씀과 성례 없이도, 다시 말해서 성령만으로도 사람들을 중생시키시고 구원하실 수 있다고 인정했다.[8] 그럼에도 그들은 이런 사례들을 예외적인 것으로 제시했으며, 장년들에게는 말씀과 성례가 하나님이 자신의 영과 은혜를 분여하시는 일반적 방편이었다고 주장했다. 그러나 이러한 방편들이 우리를 중생에 대한 사변으로 인도해서는 안 되는데, 왜냐하면 그러한 사변이 우리가 그리스도 안에서, 그리스도를 통해 구원의 은혜를 베푸시는 하나님의 기뻐하시는 뜻 안에서 안식을 누린다는 사실을 망각하게 만들 우려가 있기 때문이다. 하나님은 신자들의 교제이자 어머니인 그리스도의 교회에게 자신의 은혜를 분배하는 일을 기꺼이 맡기신다. 하나님은 부모들과 자신의 언약을 세우실 뿐 아니라 그들 안에서 자녀들과도 언약을 세우신다. 그는 언약이라는 방편으로 자신의 유익을 나누어주신다. 교회는 그리스도가 그 안에서 중생의 유익을 포함하여 자신의 모든 유익을 나누어주시는 거룩한 공동체가 되기 위해, 또한 그리스도가 성령으로 구비시키시고, 각양 은사를 부으시고, 그 안에 교회의 직분들을 세우시고, 말씀과 성례의 집행을 위임하시도록 존재하는 것이다. 이 모든 것이 "은혜의 방편"이라는 말에 포함되는데, 그것은 믿음, 회심, 죄와의 싸움, 기도와 같이 우리가 언약의 유익을 지속적으로 누리는 데 필요한 모든 것에까지 확장될 수 있다.[9] 물

---

8) Luther, in R. H. Grutzmacher, *Wort und Geist: Eine historische und dogmatische Untersuchung zum Gnadenmittel des Wortes* (Leipzig: Deichert, 1902), 9ff.; J. Calvin, *Institutes of the Christian Religion,* IV.xvi.17-18 (ed. John T. McNeill and trans. Ford Lewis Battles [Philadelphia: Westminster, 1960], 2:1339-41).

9) J. Calvin, *Institutes,* IV; Second Helvetic Confession, #16; Westminster Confession, chap. 14.1; F. Schleiermacher, *The Christian Faith,* ed. H. R. MacIntosh and J. S. Steward (Edinburgh: T&T Clark,1928), §127.

론 이런 표현은 신중하게 다루어져야 하겠지만 말이다. 엄밀히 말해서 말씀과 성례만이 은혜의 방편, 즉 그리스도가 자신의 교회에게 주시고, 자신의 은혜를 전달하도록 지정하신, 인식 가능한 외적 행위와 표지로 간주될 수 있다. 이 방편들은 잠시라도 그리스도의 인격과 사역에서 분리될 수 없고 유기체와 기관인 교회와도 분리될 수 없다.

말씀의 선포

[520] 가장 중요한 은혜의 방편은 하나님의 말씀이다. 이 말씀은 율법과 복음, 행위언약과 은혜언약 모두를 포함하기 때문에, 심지어 은혜의 방편 중 하나로 교회에서 공적으로 선포되는 것 이상의 보편적인 의미를 갖는다. 기독교 사회에서 하나님의 말씀은 다양한 방식과 형태로, 전방위에서 가장 어릴 때부터 지속적으로 사람들에게 다가간다. 하나님은 내적 부르심을 통하여, 심지어 의식이 알아차리기 전부터 어린아이들의 마음에 빈번히 그 말씀을 전하여 그들로 거듭나고 성화되게 하신다. 마치 하나님이 모든 사람이 존재하기 시작한 최초의 순간부터 그들의 마음에 율법을 새기시고 그들 안에 종교의 씨앗을 심으시는 것처럼 말이다. 이런 이유로 우리는 "하나님의 말씀"과 성경을 구분해야 한다. "하나님의 말씀"은 성경과 공적 선포의 형태로 다가올 뿐만 아니라, 간접적이고 부차적인 방식으로 성경으로부터 흡수되어 교회와 공동체의 의식으로 녹아들었다. 무엇보다 그것은 단순히 소리이기만 한 것이 아니라 또한 능력이며, 하나님의 뜻의 성취이기도 하다(사 55:11). 하나님은 말씀으로 세상을 창조하시고 보존하시며(창 1:3; 시 33:6; 148:5; 사 48:13; 롬 4:17; 고후 4:6; 히 1:3; 11:3), 예수는 바다를 잠잠케 하셨고(막 4:39), 병자를 고치셨고(마 8:16), 마귀를 쫓아내셨고(9:6), 죽은 자를 살리셨다(눅 7:14; 8:54; 요 5:25, 28; 11:42 등). 또한 그는 말씀으로 도덕적 영역과 영적 영역에서도 역사하신다.

하나님은 말씀을 통하여 도덕적 영역과 영적 영역에서 자신의 뜻을 알리시는데, 이 말씀은 율법과 도덕으로 구분되어야 한다. 예수는 세리들과 죄인들, 가난한 자들과 죄수들에게 용서와 구원의 복음을 가져오심으로써 (마 5:1ff.; 11:5, 28-30; 눅 4:18-19; 19:10 등), 자동적으로 당시에 만연해 있던 바리새적이고 율법주의적인 종교관과 충돌하였다. 그가 과거 율법 선생들의 인간적 규례들을 거부하셨고(마 5:21ff.; 15:9), 살인(5:21-22), 간음(5:27-28), 맹세(5:33-37), 금식(6:16-18), 이혼(19:9), 그리고 안식일(막 2:27-28)등에 대해 다른 입장을 가지고 계셨음에도 불구하고, 그는 의식적 요소들을 포함하여 율법 전체의 타당성을 인정하신다(마 5:23-24; 17:24-27; 23:2-3, 23; 막 1:44; 11:16). 또한 그는 영적 의미에서 율법을 설명해주시고(마 5-7장), 그 윤리적 내용을 강조하시며, 하나님과 이웃에 대한 사랑을 율법의 전부로 간주하시고(7:12; 9:13; 12:7; 막 7:15; 12:28-34), 바리새인들의 의와는 다르면서 그것보다 더 풍성한 의를 기대하신다(마 5:20). 그는 율법과 예언자의 글을 성취하러 오셨으며 그것을 폐하지 않으신다(5:17). 비록 하나님 나라의 새 포도주가 새 가죽 부대를 필요로 하고(9:17), 성전과 백성들과 율법의 날들이 계수되었음에도 불구하고(막 13:2), 예수의 의도는 옛 언약을 혁명적으로 전복하는 것이 아니라 그것을 완전히 성취함으로써 자연스럽게 갱신과 변혁을 이루는 것이다.[10] 이 때문에 최초의 예루살렘 교회는 여전히 성전과 율법을 고수했다(행 2:46; 3:1; 10:14; 21:26; 22:12).

이방인들의 회개와 더불어 모세 율법의 의미에 대한 물음이 제기되었다. 바울은 기록된 법전으로서의 율법이 그리스도의 죽음으로 폐기되었다는 사실을 온전히 깨달은 최초의 인물이었다(골 2:14). 바울은 언제나—추가적인 조항이 달리 지칭하지 않는 한(예. 롬 3:27; 갈 6:2)—모세의 율법, 즉 의식법을 포함하는 토라 전체를 "율법"(νομος)으로 이해한다(롬 9:4; 갈 2:12; 4:10; 5:3; 빌 3:5-6). 바울은 여전히 율법을 하나님의 뜻의 계시, 종교적/윤리적 자격과 요건, 하나님이 자신과 인간 사이에 의도하신 계시의 규정으로

---

10) 참조. H. Bavinck, *Reformed Dogmatics*, III, 222 (#348).

이해한다. 율법은 바리새인들이 주장하는 것처럼 의를 낳을 수 없고, 육신에 의해 무기력하게 되며(롬 8:3), 잠시 동안 몽학선생 역할을 할 뿐이고(롬 5:20; 갈 3:19, 24; 4:2-3), 죄를 증가시키며(롬 5:20; 갈 3:19), 진노와 저주와 죽음을 낳지만(롬 4:15; 고후 3:6; 갈 3:10), 그럼에도 율법은 하나님이 주신 거룩하고 선한 것이다(롬 2:18; 7:22, 25; 9:4; 고후 3:3, 7). 그리스도 안에서 율법은 그 목적(τελος, 롬 10:4)을 달성했고, 신자들은 율법에서 자유롭게 되고(갈 4:26-5:1), 율법의 저주에서 해방되고(3:13; 4:5), 양자의 영, 곧 자유의 영을 받았다(롬 8:15; 고후 3:16-17; 갈 5:18). 그러나 이런 믿음의 자유는 율법을 폐기하는 것이 아니라 오히려 확증한다(롬 3:31). 율법의 의로운 요구조건은 성령에 의해 새롭게 된 신자들이 내면에서 하나님의 법을 기뻐하고 그분의 거룩하신 뜻이 무엇인지 알고자 힘쓸 때(롬 7:22; 12:2; 엡 5:10; 빌 1:10), 다시 말해 성령을 따라 행하는(롬 8:4) 사람들의 삶 속에서 이루어진다.

[521] 말씀은 율법과 복음으로 구분된다. 다양한 반율법주의(영지주의, 마니교, 제세례파 등)가 율법과 복음의 대립을 격화시키는 반면에, 다양한 종류의 율법주의(펠라기우스주의, 반펠라기우스주의, 로마 가톨릭, 소키누스주의, 합리주의 등)는 이 대립을 약화시키거나 상쇄시킨다. 로마 교회는 옛 언약과 새 언약을 각각 율법 및 복음과 동일시했고―모세뿐만 아니라 예수도 입법자였다―구약성경에서 복음의 존재와 신약성경에서 율법의 존재를 부인했다. 하지만 로마 교회는 신약의 법규들과 위협들을 받아들임으로써 복음을 새로운 또 하나의 율법으로 변질시켰고 결과적으로 "율법 대 복음"이라는 바울 서신의 대립관계를 제거하였다. 그뿐 아니라 율법은 요구할 뿐이고 복음은 약속할 뿐이라는 의미에서 율법과 복음은 다르지 않은 것으로 인정되었다. 왜냐하면 율법과 복음이 동일하게 계명들과 위협들과 약속들, 신비들과 약속들과 교훈들, 믿어야 할 것들과 소망해야 할 것들을 포함하고 있기 때문이다. 더욱이 새로운 율법인 신약성경의 복음은 모든 점에서 옛 율법인 구약성경의 율법을 훨씬 능가한다. 율법은 미완성의 복음이다. 복음은 완성된 율법이다. 복음은 씨앗 안에 숨겨진 나무와 이삭

안에 숨겨진 알곡처럼 율법 속에 포함되어 있었다.[11]

　　"율법"과 "복음"을 이렇게 구분하는 것은, 비록 전적으로는 아니더라도 상당 부분 지지받을 수 있다. 종교개혁은 두 시대(dispensations)를 아우르는 은혜언약의 통일성을 견지하는 동시에 율법과 복음을 뚜렷히 대비시켰다. 한편으로 종교개혁자들은 제세례파에 대항하여 두 시대를 아우르는 은혜언약의 통일성을 고수했던 반면, 다른 한편으로는 율법과 복음의 뚜렷한 대비를 하나님의 뜻에 대한 두 가지 본질적으로 다른 계시로 간파했고, 이를 통해 은혜의 종교로서 기독교가 갖는 독특성을 다시 회복시켰다. 아브라함에게 주어진 약속은(갈 3:17, 21) 옛 언약 안에서 선포된 복음이었으며(갈 3:8), 그것은 오직 믿음으로부터, 믿음에 의해서 의를 얻는다는 것이었다(롬 4:11-12; 11:32; 갈 3:6-7). 율법과 복음은 서로를 상쇄하지 않으며, 율법과 복음의 구분이 옛 언약과 새 언약의 구분과 동일한 것도 아니다. 이 두 언약 모두에 율법과 복음이 있기 때문이다. 율법도 하나님의 뜻으로서(롬 2:18, 20) 거룩하고, 지혜롭고, 선하고, 영적이며(7:12, 14; 12:10), 그것을 따르는 자들에게 생명을 가져다준다(2:13; 3:2). 율법으로 하여금 탐욕을 자극하고, 죄를 증가시키고, 진노를 불러일으키고, 죽이고, 저주하고, 정죄하게 만들었던 것은 바로 죄였다(롬 3:20; 4:15; 5:20; 7:5, 8-9, 13; 고후 3:6ff.; 갈 3:10, 13, 19). 이 율법과 대비되는 자리에 그리스도의 복음(εὐαγγελιον)이 있는데, 그것은 구약성경의 약속에 대한 성취를 담고 있으며(막 1:15; 행 13:32; 엡

---

11) 참조. H. Bavinck, *Reformed Dogmatics*, III, 206-12 (#345); J. C. Suicerus, *Thesaurus ecclesiasticus* (Amsterdam: J. H. Wetsten, 1682), s.v. νομος and εὐαγγελιον; Augustine, *City of God*, VIII, 11; idem, *Sermon 30 on the Gospel of John*; idem, *On the Spirit and the Letter*, 19-20; P. Lombard, *Sententiae in IV librisdistinctae*, 3rd ed., 2 vols. (Grottaferrata: Colleggi S. Bonaventurae ad Claras Aquas, 1971-81), III, dist. 25, 40; T. Aquinas, *Summa Theol.*, III, qu. 106-8; Council of Trent, VI, can. 19-21; Robert Bellarmine, "De justif.," in *Decontroversiischristianae fidei adversushuius temporishaereticos* (Cologne: G. Gualtheri, 1617-20), IV, c. 2ff.

3:6), 그리스도로로부터 우리에게 이르고(롬 1:1-2; 고후 11:7), 그리스도를 그 내용으로 삼으며(롬 1:3; 엡 3:6), 다른 무엇보다 은혜(행 20:24), 화해(고후 5:18), 용서(롬 4:3-8), 의로움(롬 3:21-22), 평강(엡 6:15), 자유(갈 5:13), 생명(롬 1:17; 빌 2:16)을 담고 있다. 이 본문들에서 율법과 복음은 요구와 선물, 명령과 약속, 죄와 은혜, 질병과 치료, 사망과 생명으로 대조된다. 율법은 하나님의 거룩하심에서 나오고, 본성적으로 알려지고, 모든 사람에게 주어지고, 완전한 의를 요구하고, 행위로 말미암는 영생을 주고, 정죄한다. 이와 대조적으로 복음은 하나님의 은혜에서 나오고, 오직 특별계시를 통해서만 알려지고, 귀를 기울이는 자들에게만 주어지고, 완전한 의를 제공하고, 믿음 안에서 선한 행위를 양산하고, 무죄를 선고한다.

율법과 복음에 대한 이런 이해는 어찌 됐든 조건과 요구처럼 보이는 믿음과 회개에 대한 선포가 참으로 복음에 속한 것이고 율법으로 간주되어서는 안 되는 것인지 하는 의문을 불러일으킨다. 엄밀히 말해 복음에는 요구나 조건 같은 것들이 전혀 없고 오직 약속들과 선물들만 있을 뿐이다. 믿음과 회개는 칭의와 마찬가지로 은혜언약의 유익이다. 하지만 실제적인 관점에서 복음은 항상 율법과 결합되어 있으며, 그 결과 성경 전반에 걸쳐 언제나 율법과 얽혀서 등장한다. 복음은 언제나 율법을 전제하는데, 왜냐하면 복음은 하나님의 형상으로 지음 받아 하나님 앞에 이성적 피조물로 서 있고 외적 증거와 양심의 내적 부르심을 통해 율법을 알고 있는 사람들에게 다가오기 때문이다. 하나님은 복음이 사람들에게 도달할 때까지 그들에게 부재하신 것이 아니다. 복음의 부르심은 하나님으로부터의 첫 번째 부르심이 아니다. 모든 사람은 복음에 의해서가 아니라 먼저 본성과 율법에 의해 하나님을 그분의 말씀대로 믿고, 그분이 우리 인간에게 말씀하시는 복음을 암묵적으로 받아들일 의무가 있다. 복음이 요구하고 명령하는 형태를 갖는 것은 율법에서 기인한다. 그러므로 믿음과 회개는 하나님의 율법의 이름으로, 또한 하나님 형상의 담지자들로서 그들이 하나님과 갖는 관계로 말미암아 사람에게 요구되는 것인데, 그 요구는 택자와 거듭난 자들뿐만 아니라 모든 사람에게 차별 없이 주어진다. 그럼에도 믿음과 회개는 언제나 율법이 아닌 복음의 구성 요소들이다. 그러므로 복음은 항상 율법을 전제하지만, 특히 내용에서 율법과 다르다. 왜냐하면 율법은 하나님에 대한 일반적인 믿음을 요구하기는 하지만 그리스도로 향하게 하는 구체적인 믿음을 요구하지는 않으며, 율법이 뉘우침(μεταμελεια)을 낳을 수는 있지만 믿음의 열매인 회심(μετανοια)을 낳지는 못하기 때문이다. 그런 까닭에 우리는 믿음의 법, 믿음의 계명, 믿음의 순종(롬 1:5; 3:27; 요일 3:23), 복음에 대한 불순종과 복음에 의한 심판(롬 2:16; 10:16 등)에 대해 이야기할 수 있다. 율법과 복음은 명령하고 약속한다는 점에서는 동일하다. 차이점이라면 율법은 인간이 자신의 의를 이룰 것을 요구하는 반면, 복음은 그들이 모든 자기의를 버리고 그리스도의 의를 받아들이도록 초청하고, 심지어 이를 위해 믿음의 선물을 제공한다는 점이다.

하지만 이 부분에서 개혁파는 루터파와 다른 입장을 견지했다. 루터파는 거의 배타적일 정도로 정죄하고 고소하는 율법의 기능에 주목했으며, 그 결과 그들에게 가장 큰 복은 율법으로부터의 해방이었다. 율법은 단지 죄 때문에 필요할 뿐이다. 루터파는 율법의 삼중 용도, 곧 죄를 억제하기 위한 정치적·공민적(political, civil) 용도, 죄에 대한 지식을 불러일으키기 위한 교육적(pedagogical) 용도, 신자의 삶의 규칙으로서 율법의 교훈적(didactic) 용도에 대해 언급한다. 하지만 이 마지막 용도는 오로지 신자들이 계속해서 죄인으로 남아 있고, 율법에 의해 억제되어야 하고, 계속해서 죄를 알아가는 경우에 한해서만 필요할 뿐이다. 믿음과 은혜가 모습을 드러낼 때 자동적으로 율법은 소멸되고 모든 의미를 상실한다. 율법과 복음이 회심의 순간부터 임종 때까지 그리스도인의 경험의 일부로 남아 있는 것은 바로 죄 때문이다. 개혁파의 견해에 따르면 율법은 하나님의 존재의 표현이기 때문에, 인간은 당연히 율법의 지배를 받는다. 율법은 영속적이다. 율법은 아담의 마음에 새겨졌고, 다시 성령으로 말미암아 신자들의 마음에 새겨진다. 모든 신자는 천국에서 율법에 부합한 삶을 살 것이다. 따라서 율법으로부터의 자유란 그리스도인이 더 이상 율법과 아무 상관이 없음을 의미하는 것이 아니라, 율법이 더 이상 신자들에게 구원의 조건으로 아무것도 요구할 수 없고 더 이상 그들을 심판하고 정죄하지 못한다는 것을 의미한다. 신자들은 남은 생애 동안 그들의 속 사람으로 율법을 즐거워하고(롬 7:22), 주야로 그것을 묵상한다(시 1:2). 복음은 한시적이다. 하지만 율법은 영속적이며, 엄밀히 말해 복음에 의해 회복된 것이다. 그러므로 개혁파 신학에서 비참함의 교리보다는 감사의 교리에서 훨씬 더 비중 있는 역할을 차지하는 율법은 교회 안에서 복음과 더불어 항상 선포되어야한다.

성령과 말씀 그리고 권세

[522] 의견차는 율법과 복음의 관계에 대해서뿐만 아니라 종종 말씀의 능력과 유효성의 관계, 그리고 말씀과 성령의 관계에 대해서도 발견된다. 율법주의(유대교, 펠라기우스주의, 합리주의, 로마 가톨릭)는 성령의 특별한 초자연적 능력이 불필요하다고 보는 반면, 반율법주의(재세례파, 신비주의)는 성령의 내적 조명에 모든 기대를 걸고 말씀에서는 오로지 상징과 그림자만을 발견할 뿐이다. 반율법주의는 처음에는 율법과 구약성경에 대해서만 반대를 표명했지만 이내 모든 외적 말씀과 구원의 객관적·역사적 매개(mediation) 전체를 거부하고, 오직 성령의 역사와 우리 안에 계신 그리스도 그리고 내적 말씀과 내면의 빛에 전적으로 의존한다. 따라서 말씀 자체에 대한 지식은 우리에게 아무것도 제공하지 못하며 우리를 냉랭하고 무감각한 채로 내버려둘 뿐이다. 말씀은 우리 안에 이미 내적으로 기록되어 있던 것을 표현하는 하나의 기호, 그림자, 형상, 그리고 상징에 불과하다. 따라서 내적 말씀이 성경보다 앞서고 성경보다 뛰어나다. 성경은 단지 종이에 기록된 문자에 불과하며, 게다가 모호하고 모순들로 가득하다. 이 내적 말씀이 바로 하나님, 그리스도, 성령이시며, 그분은 모든 사람이 거듭나

는 순간부터 그들 안에 동일하게 거하시며, 때로 그들 안에 내적인 빛으로서 본성적으로 거하시고, 온전한 의미에서 진리로 충만하신 분이시다. 따라서 하나님을 발견하고 진리를 알기 위해 우리는 우리 바깥에 존재하는 성경이나 역사적 그리스도에게로 나아갈 필요가 없으며, 단지 우리 자신에게로 내려가서 세상으로부터 물러나 지성과 의지를 죽이고 내적이고 직접적인 계시를 수동적으로 기다림으로써 하나님을 발견하고 그분과의 교제 가운데 살아가면서 그분을 묵상하는 가운데 구원을 얻을 수 있다. 이 재세례파는 사실상 범신론적 신비주의의 발흥이었는데, 그들은 유한자를 무한자의 현시로서 영원히 변화하는 것으로 간주하고, 하나님과 사람이 하나가 되는 감정의 내밀한 심층부에서 하나님과의 교제를 추구한다.

이와 대조적으로, 루터파와 개혁파는 동일하게 율법주의와 반율법주의에 대항하여 성령이 말씀과 상관없이 역사하실 수 있다 하더라도 일반적으로 말씀과 성령은 함께한다고 가르쳤다. 그러나 루터파가 "말씀을 통해"(*per verbum*) 역사하는 성령에 대해 말하기를 선호한 반면, 개혁파는 "말씀과 더불어"(*cum verbo*)라는 표현을 선호한다. 우리는 하나님의 말씀이 율법을 통해 오는 경우에도 항상 능력과 함께 온다는 점을 기억해야 한다. 그것은 사람의 말이 아니라 하나님의 말씀이기 때문에(행 4:29; 살전 2:13), 살아 있고 영원하며(벧전 1:25), 살아서 역사하고(히 4:12), 어두운 곳을 밝히는 등불이 된다(벧후 1:19). 또한 그것은 사람의 마음속에 뿌려진 씨앗으로서(마 13:3) 자라고 번식하는데(행 12:24), 씨를 뿌리고 물을 준 자들은 아무것도 아닐지라도 씨앗 자체는 대단한 가치를 지닌 것이다(고전 3:7). 요컨대 그것은 "구원을 주시는 하나님의 능력"이다(롬 1:16; 고전 1:18; 2:4-5; 15:2; 엡 1:13). 우리는 온갖 형태의 신령주의(spiritualism)에 대항하여 이러한 진리의 풍성하고 온전한 의미를 지켜내야 한다. 더불어 우리는 만사를 내적인 것과 외적인 것, 영적인 것과 물질적인 것, 영원성과 시간, 본질과 형상 등으로 대립시키는 모든 이원론을 거부해야 한다. 하나님은 하늘과 땅, 영혼과 육체, 물질과 정신을 만드신 창조주시다. 하나님에게서 나온 말씀은 창조하고 보존하고, 심판하고 죽이고, 재창조하고 새롭게 하고, 항상 그 뜻하신 바를 이루고, 결코 헛되이 돌아오는 법이 없다. 사람의 말은 화자가 그 말에 얼마만큼의 마음과 정신을 쏟느냐에 따라 능력이 좌우되지만, 하나님은 언제나 자신의 능력의 말씀 속에 충만히 임재하신다. 성경에 기초하여 자유롭게 선포된 말씀은 그것이 비록 성경 자체의 말씀과 동일하지는 않지만 여전히 하나님에게서 나온 말씀이고, 인간에게서 나오지만 본질적으로 하나님에게서 나온 말씀이며, 성령의 능력으로 말해지는 것이기 때문에 항상 바람직한 결과를 낳는다. 하나님의 말씀은 결코 하나님, 그리스도, 성령으로부터 분리되지 않는다. 말씀은 결코 영속적이거나 자존적이지 않으며, 말씀을 그 창조자 및 저자로부터 이신론적으로 분리시킬 수도 없다. "성령은 항상 말씀과 더불어 계신다." 성령은 의식이 없는 능력이 아니라, 늘 동일한 방식으로는 아니지만 언제나 말씀과 함께 거하시면서 그것을 보존하시고 역사하게 하시는 인격이시다.

이처럼 말씀이 항상 동일한 효과를 낳지 않는다는 사실은, 우리가 성령의 사역이 가지는 독특성을 인정하지 않고서는 중생시키고 새롭게 하는 말씀의 역사를 이해할 수 없다는 점을 상기시켜준다. 새롭게 하시는 성령은 언제나 그리스도의 영일 뿐이며, 그리스도가 정하신 방편을 통해 역사하신다. 말씀은 항상 효력을 가지며 결코 무력하지 않다. 복음은 심지어 잃어버린 자들 안에서도 그 효력을 발휘한다. 그들에게는 복음이 넘어짐의 원인이고, 거슬리는 것과 어리석은 것이며, 부딪치는 돌이고, 죽음에 이르게 하는 사망의 냄새다(눅 2:34; 롬 9:32; 고전 1:23; 고후 2:16; 벧전 2:8). 측량할 수 없는 하나님의 선하신 뜻에 따라 성령은 말씀을 통해 사람들을 회개하게 하실 뿐만 아니라 강퍅하게도 하신다. 이처럼 말씀은 사람들을 세우기도 하고 넘어지게도 한다. 그는 항상 말씀을 통해 역사하시지만 언제나 동일하게 역사하시는 것은 아니다. 성령이 말씀을 통해 사람들을 믿음과 회개로 이끌기를 원하실 때 그는 말씀에 객관적으로 어떤 것을 더하실 필요가 없다. 말씀은 선하고 지혜롭고 거룩한 하나님의 말씀이자 그리스도의 말씀이며, 성령은 모든 것을 그리스도에게서 취하신다.

그럼에도 말씀의 씨앗이 좋은 열매를 맺기 위해서는 잘 준비된 토양에 떨어져야 한다. 그 땅은 말씀의 씨앗을 받을 준비가 되어 있어야 하며, 성령의 주관적 행위가 객관적 말씀에 더해져야 한다. 이처럼 마음을 열고(행 16:14) 지각을 밝히는(엡 1:18; 골 1:9-11) 일은 구별된 성령의 사역이지만, 완전히 분리된 사역은 아니다. 거듭나게 하시는 영은 일반적으로 하나님의 영이 아니라 그리스도의 영, 성령, 또는 그리스도에 의해 획득된 영이신데, 그를 통해 그리스도가 통치하시고, 그는 오직 그리스도로부터 모든 것을 취하시고, 그리스도가 그를 교회에 부으심으로 말미암아 그는 신앙 공동체의 영이 되신다. 특별한 예외가 있기는 하지만, 성령은 일반적으로 언약 공동체와 같은 인간의 방편을 통해 역사하심으로써 사람들을 믿음으로 이끄신다. 성령은 그리스도가 역사 속에 운행하실 때 그를 따르신다. 중생의 과정에서 그리스도의 말씀과 능력과 공로를 적용하시는 성령은 또한 자연스럽게 사람들의 의식적인 삶을 그가 그리스도에게서 취하시고 예언자들과 사도들로 하여금 기록하게 하신 말씀으로 이끌어가신다.

성례

[523] 말씀에 더하여 성례는 은혜의 두 번째 방편이다. 성경은 "성례"(sacraments)라는 표현을 사용하지 않을뿐더러 성례 일반에 관한 교리도 제공하지 않는다. 또한 성경은 할례와 유월절, 세례와 성찬에 대해 언급하지만, 이런 규례들을 하나의 용어로 요약하지 않는다. 우리는 예루살렘 교회가 함께 모여 "사도의 가르침을 받아 서로 교제하고 떡을 떼며 오로지 기도하기를 힘썼다"는 말씀 외에는 그 교회의 모임이 조율된 방식에 대해 아는 바가 별로 없다(행 2:42). 사도행전 6:4은 "말씀의 사역"을 언급하는데, 우리는 고린도전서 11:1-14:40에서 좀 더 많은 것을 배울 수 있다. 그들은 개인적 신앙고백을 근거로, 세례를 통하여, 그리스도의 이름으로 교회에

받아들여진 후에("한 몸으로"; 롬 6:3-5; 고전 12:13; 갈 3:27) 주의 날에 정기적으로 모임을 가졌다(행 20:7; 고전 16:2; 계 1:10).

두 가지 모임이 있었던 것으로 보이는데, 하나는 말씀 사역을 위한 모임으로서 비회원들도 출입이 허락되었고(고전 14:23), 성경 읽기와 기도와 찬송으로 이루어졌다(행 2:42; 롬 12:12; 고전 14:14-15, 26). 다른 하나는 성찬을 기념하기 위한 모임으로서("먹으러 모일 때에", 고전 11:33) 신자들만 참석이 허용되었다(10:66ff.; 11:20ff.). 이 모임은 기도와 감사로 시작하여 신자들 스스로 준비한 선물들로 이루어진 공동 식사(*agape*, 유 12절; 벧후 2:13)로 이어졌고, 또 한 번의 기도와 감사(εὐχαριστια) 후에 성찬이 거행되었다. 일부 학자들은 사도 시대에 성찬이 공동 식사와 분리되지 않았고 애찬 전체가 감사(εὐχαριστια)요 "주의 만찬"이었다고 주장하지만, 바울은 고린도전서 11:20-21에서 이 두 가지를 구분하면서 가정에서 미리 일반 식사를 함으로써 그 둘을 전적으로 분리시켜야 한다고 제안한다(고전 11:22).[12]

2세기에 이르러 이 두 사역은 합병되었고 성찬은 정기 예배 안에 통합되었다.[13] 예배의 두 번째 부분인 성찬은 오직 세례받은 회원들만을 위한 것이었기 때문에 점차 신비적인 특징을 얻었다. 기독교에 미친 그리스 신비주의 종교들의 영향력은 신약성경에 등장하는 "신비"(μυστηριον)라는 용어의 의미를 이해하는 데 변화를 가져왔다. 정확히 말해서 이 단어는 이전에 감춰져 있다가 이제 계시된 하나님의 전능하고 놀라운 행위를 가리킨다.[14] 교회는 이제 이 용어를 "불가해한 것"(the incomprehensible)과 동의어로 받아들이게 되었으며, 라틴어로는 "사크라멘툼"(*sacramentum*; 성사)이라고 번역되었는데, 그 결과 모든 신성한 행위들, 사제 서품, 혼인, 축귀, 안식일, 할례 및 모든 예식들뿐만 아니라 계시의 어떤 내용이라도 성

---

12) T. Zahn, "Agapen," in *PRE³*, I, 234-37; P. Drews, "Eucharistie," in *PRE³*, V, 560-72.

13) 참조. P. Drews, "Eucharistie," in *PRE³*, V, 562.

14) 참조. H. Bavinck, *Reformed Dogmatics,* I, 619-21 (#160).

사(sacrament)라고 불릴 수 있었다.[15] 아우구스티누스도 이 용어를 그처럼 포괄적인 의미에서 사용했으며, 위 디오니시우스와 스콜라주의가 그 뒤를 따랐다. 비록 세례와 성찬이 "성사들"로 칭해지는 신성한 행위들 가운데서 탁월한 위치를 점하기는 했지만, 그러한 용어의 모호성으로 인해 성사들의 수효는 오랜 기간 확정되지 않은 채로 남겨지게 되었다.

교부들이 명확한 성사론을 발전시키지 않았던 반면, 중세 스콜라주의는 성사 문제에 많은 공을 들이고 그것을 상세하게 다루었다. 롬바르두스가 우리에게 익숙한 7성사를 최초로 열거한 후에도,[16] 신학자들과 교회회의(예를 들어 1179년 제3차 라테란 공의회)는 여전히 포괄적 의미에서 성사를 다룬다. 이런 상황은 롬바르두스의 『명제집』(Sentences)이 신학 연구를 위한 일반 안내서가 되고 피렌체 공의회(1439)가 7성사로 그 수를 확립할 때까지 지속된다.[17] 용어에 대한 정의와 숫자상의 제한은 서로 밀접한 관련을 갖는데, 이에 관한 로마 가톨릭의 교리는 트리엔트 공의회에서 확정되었다.[18] 중세의 일치된 합의사항에는 그리스도가 새 언약 안에 7성사―세례,

---

15) Edwin Hatch, *The Influence of Greek Ideas on Christianity* (1890; repr., New York: Harper, 1957); 기독교 성례들의 기원을 전적으로 또는 부분적으로 이교도들의 신비종교에서 찾으려고 했던 종교사학파의 모든 시도는 전혀 실효를 거두지 못했다. F. Kattenbusch는 전혀 영향이 없었다고 할 수는 없겠지만, "이교도들의 신비종교가 약간의 영향을 끼친 것은 부인할 수 없는 사실이지만, 그것이 기독교에 중대한 변화를 초래했을 가능성은 거의 없다"라고 말한다, F. Kattenbusch, "Sakrament," in *PRE³*, XVII, 349-81.

16) P. Lombard, *Sent.*, IV, dist. 2

17) J. Schwane, *Dogmengeschichte,* 4 vols. (Freiburg i.B.: Herder, 1882-95), III, 584ff.; F. Loofs, *Leitfaden zum Studium der Dogmengeschichte,* 4th ed. (Halle a.S.: M. Niemeyer, 1906), 568ff.

18) Council of Trent, sess. VII; Roman Catechism, II, chap. 1. 편집자 주―*The Roman Catechism*이라는 제목으로 번역 출판된 후기 바티칸 제2판은 성사의 수효를 나열하는 서론을 빼고 세례를 주제로 제1장을 시작한다. 따라서 본 각주의 표기는 II, "Introduction"으로 해야 맞을 것이다, *The Roman Catechism,* trans. Robert I. Bradley, SJ, and Eugene Kevane (Boston: Daughters of St. Paul, 1985). 그리스 정교회의 성례신학에 대해서는 다음을 보라, F. Kattenbusch, *Lehrbuch der*

견진, 성체, 고해, 종부, 신품, 혼인—를 제정하셨으며, 이 7성사가 특별한 은혜를 수여하고, 가치에 차등이 있으며, 구원을 위해 필요하고, "사효적으로"(*ex opere operato*) 은혜를 전달하고, 교회의 참된 목적에 따라 행동하는 서품 받은 사제에 의해서만 합법적으로 집행되고, 교회가 수여하는 것을 수령자가 받고자 의도할 때만 참으로 받아들여질 수 있다는 주장이 포함된다. 모든 성사는 특별한 은혜를 수여하고, 세례와 견진 그리고 신품성사는 "제거할 수 없는 특성"(*character indelebilis*)을 부여한다.

[524] 성사 교리의 발전은 성경에서 점점 더 멀어지는 방향으로 나아갔다. 로마 가톨릭은 성사가 단지 성화의 은혜를 부여할 뿐이라고 함으로써 죄책과 사죄로부터 은혜를 거의 전적으로 제거하고, 그것을 외부에서 사람들에게 내려오는 초월적 은사로 변형시킨다. 로마 가톨릭은 성례와 말씀 간의 연결고리를 거의 완벽하게 차단하고 후자에게 단지 일시적이고 예비적인 의미만을 부여한다. 그리하여 성례의 은혜가 말씀으로부터 독립했으며, 심지어 그 가치에 있어 말씀을 능가하게 되었다. 신앙은 더 이상 성사 수혜자에게 요구되는 조건이 아니다. 성화의 은혜로서의 은혜는 성사를 통해 사효적으로(*ex opere operato*) 주어지며, 단지 수혜자가 극복하기 어려운 장애물을 두지만 않는다면 문제될 것이 없다. 따라서 성사는 하나님이 사제에게 부여하신 능력에 의해 사제의 손에 들린 도구로서 물리적으로 그리고 마술적으로 작용한다.

종교개혁은 성경에 따라 로마 가톨릭의 가르침을 수정하였다. 츠빙글리와 루터 그리고 칼뱅은 모두 성례가 사죄의 은혜를 부여하고, 말씀이 없이는 무가치하며, 그 작용은 수혜자의 신앙을 전제한다고 가르쳤다. 그러나 종교개혁자들 역시 성례 교리에 대해 서로 다른 견해를 가지고 있었는데, 성례가 실제로 그들의 신학적 가르침을 구체적으로 표현하는 것이었기 때문이다. 루터는 재세례파에 맞서 성례의 객관적 성격을 강조했고, 츠

---

vergleichenden Confessionskunde (Freiburg i.B.: Mohr [Siebeck], 1892), I, 393ff.

빙글리는 성례가 믿음의 상징이라고 가르쳤으며, 칼뱅은 성례가 은혜언약 안에 있는 하나님의 약속의 상징이요 인침이라고 가르쳤다. 루터파의 이해에 따르면, "하늘의 실체"가 성례의 요소들 안에, 요소들과 함께, 요소들 아래 감춰져 있다. 마치 성령의 능력이 말씀 안으로 들어가서, 은혜가 성례를 통해 작용하는 것처럼 말이다. 여기서 성례는 은혜의 도구, 매개체, 도움, 수단, 기관이 된다.[19] 츠빙글리에게 성례란 오직 믿음을 가지고 그 믿음을 통해 그리스도와 그분의 모든 유익을 공유하는 사람들에게만 시행되는 것이기 때문에, 성례는 무엇보다 믿음의 상징이자 증거이며, 신앙고백의 행위다. 성례는 단지 우리의 믿음이 고대하는 유익들을 상기시킨다는 점에서만 부차적으로 믿음을 강화하는 방편이 된다. 성례는 우리의 믿음이 우리 자신을 벗어나 점차 그리스도 안에서 주어진 하나님의 은혜로 향하게 하며, 그렇게 함으로써 그 믿음을 훈련시키고 강화한다.[20] 물론 칼뱅 역시 성례를 신앙고백의 행위, 즉 "하나님을 향한 우리의 경건에 대한 상호 증거"로 본다. 하지만 그것은 부차적인 요소일 뿐이며, 일차적으로 성례는 "외적 표지를 통해 확증된, 우리를 향한 하나님의 은혜에 대한 증거", 말씀 안에 주어진 하나님의 약속들에 대한 표지들과 인침들, 우리

---

19) J. Köstlin, *The Theology of Luther in Its Historical Development and Inner Harmony*, trans. Charles E. Hay, 2 vols. (Philadelphia: Lutheran Publication Society, 1897), II, 511; Joseph T. Muller, *Die symbolischen Bucher der evangelisch-lutherischen Kirche*, 8th ed. (Gutersloh: Bertelsmann, 1898), 39, 41, 202, 264, 321; 편집자 주—이런 구체적인 언급은 다음의 루터파 문서들을 따른 것이다: Augsburg Confession, art. 5, in *The Book of Concord,* ed. R. Kolb and T. J. Wengert (Minneapolis: Fortress, 2000), 40; ibid., art. 13 (Kolb and Wengert), 46; Apology of the Augsburg Confession, art.13, pars. 1-5 (Kolb and Wengert), 219-20; ibid., art. 24, pars. 69-70, 270-71; Smalcald Articles, part III, art. 7 (Kolb and Wengert), 321.

20) U. Zwingli, *An Account of the Faith of Huldreich Zwingli* (Fidei ratio, 1530), in *On Providence and Other Essays,* ed. S. M. Jackson and W. J. Hinke (1922; repr., Durham, NC: Labyrinth, 1983), 7th article on the sacraments; idem, *Exposition ofthe Christian Faith*, "Sacraments."

가 그분의 은혜의 풍성함을 묵상하게 하는 거울들이다. 성례는 그 자체로 본유적인 능력을 전혀 갖지 못하며, 다만 신자들에게 은혜를 나눠주기 위해 하나님이 택하신 도구들에 불과하다. 하나님은 이런 방식으로 신자들의 믿음을 강화하고 장려하신다. 불신자들은 단지 표지만 받을 뿐, 그 표지가 가리키는 실체는 받지 못한다. 그러나 칼뱅과 이후의 개혁파 전통은 하나님이 어떻게 성례 가운데 은혜를 나누어주시는지에 대해서는 명확히 밝히지 않았다. 루터파와 개혁파 전통을 벗어난 재세례파, 소키누스주의, 항변파, 합리주의자, 퀘이커교도들 사이에서는 점차 츠빙글리의 성례 교리가 받아들여졌다. 성례는 이제 덕의 증진을 목적으로 하고 다른 엄숙한 의식들로 쉽사리 대체될 수 있는 기념물과 신앙고백적 상징으로 전락해 버렸다. 슐라이어마허가 성례의 객관적 성격을 유지시키고 다양한 견해들을 하나로 통합하려 시도했지만, 그는 성례에서 가장 우선적이고 중요한 것이 무엇인지에 대해 유보적인 입장을 취했기 때문에 그의 설명은 교회를 만족시키지 못했고 화해를 이루지도 못했다.[21]

[525] 이런 점에서 많은 사람들이 "성례"라는 말을 거부하고 그것을 상징, 인침, 암호어, 신비 같은 용어로 대체하려 했던 것도 납득할 만하다. 어쨌거나 이 용어는 성경에 나오지 않으며, 게다가 라틴어에서 "성사"(*sacramentum*)로 번역된 "신비"(μυστηριον)라는 단어의 그리스적 의미가 "성사"라는 용어로 묘사된 교회 의식들을 이해하는 데 영향을 미쳤다는 사실로 인해 반대가 더욱 거세졌다. 하지만 그것은 성례라는 용어를 거부할 이유가 전혀 되지 못하며, 이 용어는 성경에 등장하는 특별한 규례들이 공유하는 요소들을 요약하는 데 여전히 유용하다. 주지하다시피 신학

---

21) Schleiermacher는 성례를 "교회의 행위 속에 간직된 그리스도의 지속적인 행위로서 아주 밀접한 방식으로 교회와 연결되어 있다. 그리스도는 성례의 도구들을 통해 개인들에 대한 자신의 제사장적 행위를 계속해가시며, 우리와 살아 있는 교제를 유지, 전파하시는데, 그 교제로 인해 하나님은 각 개인을 오직 그리스도 안에서만 보신다."(F. Schleiermacher, *The Christian Faith*, §143).

은 성경에 등장하지 않지만 각 영역에서 전문적 의미를 획득한 많은 용어들을 사용한다. 만일 신학이 그런 용어의 사용을 삼가야 한다면, 하나님의 말씀에 대한 모든 학문적 노력과 설교와 석의를 그만둬야 할 것이고, 심지어 성경 번역마저도 허용되지 않는다. 동일한 이유로 우리는 세례와 성찬 교리에 앞서 성례에 대한 [일반적인] 교리를 다루기를 주저해서는 안 된다. 성경에 "성례"라는 통칭적 표현은 등장하지 않는다. 다만 할례와 유월절, 세례와 성찬 같은 구체적이고 특별한 규례들을 언급할 뿐이다. 그럼에도 "성례 일반"(sacraments in general)에 대한 논의는 우리로 하여금 이런 특별한 규례들이 성경에서 공통으로 가지는 요소가 구체적으로 무엇인지를 정리할 수 있게 해주며, 한편으로는 성례와 관련하여 기독교회에 스며들어온 불건전한 교리에 맞서 올바른 성경적 이해를 갖도록 도와준다.

성례를 정의할 때 개혁파는 성경과 최대한 보조를 맞추고자 했다. 로마 가톨릭이 성례를 "성스럽고, 은밀하고, 감춰진 것"으로 이해한 반면, 성경은 성례를 언약의 표지와 인침으로 언급한다(창 9:12-13, 17; 17:11; 롬 4:11). 이에 따라 개혁파 신학은 성례를 표현할 때, 하나님 편에서는 신자들로 하여금 은혜언약의 약속들과 유익들을 더욱 분명히 이해하고 안심할 수 있게 만들어주고, 신자들 편에서는 하나님과 천사들과 사람들 앞에서 자신의 믿음과 사랑을 고백하고 확증하도록 하나님이 제정하신 가시적이고 거룩한 표지와 인침으로 묘사하였다. 여기서 주목할 것은 성례를 제정하신 분이 하나님이라고 말한다는 점이다. "인간이 하나님에 대한 예배를 제정하고 만드는 것이 아니다. 오히려 그들의 임무는 하나님이 전해주신 것을 받아들이고 보존하는 것이다."[22] 일반적으로 이 부분에서는 기독교 내에 이견이 없다고 말할 수 있다. 여기서 로마 가톨릭은 한 가지 문제를 안고 있는데, 오직 그리스도만 세례와 성찬을 제정하셨기 때문이다. 트리엔트 공의회 이전에 많은 신학자들은 성사―예를 들어 견진과 고해성사―

---

22) Second Helvetic Confession, 19.

가 그리스도에 의해 직접 제정된 것이 아니라 사도들에 의해 제정되었다고 주장했다.[23] 그러나 트리엔트 공의회는 7성사 모두 중재자를 통해서가 아니라 우리 주 예수 그리스도에 의해 직접적으로[24] 제정되었다고 분명히 선언했다.[25] 왜냐하면 이것은 모두에게 인정된 것이며, 그 경우 어떤 공의회의 결정도 불필요하기 때문이다. 공의회는 그런 선언을 통해 도저히 수행할 수 없는 책무를 신학에 부여했다. 하지만 공의회는 성례를 제정할 권한이 심지어 하나님에 의해서라도 피조물들에게 양도될 수 없다고 인식한 점에서는 옳았다. 인간은 단지 성례를 알리고(출 12:1ff.; 막 1:4; 11:30; 고전 11:23), 이를 통해 수여된 하나님의 은혜를 선포할 수 있을 뿐이다. 이런 은혜를 실제적으로 수여하는 일은 본질상 인간이 할 수 없는 것이다. 왜냐하면 하나님의 호의와 교제는 하나님과 분리될 수 없는 까닭에 인간과 천사를 막론하고 그 어떤 피조물도 그것을 나누어줄 수는 없기 때문이다. 그리스도는 성령으로 말미암아 성례의 유일한 "제정자"이신 동시에 유일한 "분여자"시다. 물론 그리스도가 인간을 도구로 사용하시지만, 그의 교회 안에서 세례와 성찬을 시행하시는 분은 그리스도 자신이시다.[26]

두 번째로 성례에 대한 개혁파의 정의에서 주목할 것은 성례가 표지, 인침, 심상, 상징, 모형, 또는 예표(antitypes)의 통칭적 개념인 표지(signs)로 묘사된다는 것이다. 이와 반대로 루터파는 성례를 무엇보다 표지 안에

---

23) P. Lombard, *Sent.*, IV, dist. 3; Hugh of St. Victor, *On the Sacraments of the Christian Faith*, trans. R. J. Deferrari (Cambridge, MA: Mediaeval Academy of America, 1951), II, 15, 2. Hales, Bonaventure도 보라; J. Schwane, *Dogmengeschichte*, III, 597.

24) R. Bellarmine, "De sacr.," in *Controversiis*, I, c. 23.

25) Council of Trent, sess. VII, can. 1.

26) Second Helvetic Confession, 19; A. Rivetus, in H. Bavink, ed., *Synopsis purioris theologiae*, 6th ed. (Leiden: Donner, 1881), disp. 43, 8; F. Turretin, *Institutes of Elenctic Theology*, trans. G. M. Giger, ed. J. T. Dennison (Phillipsburg, NJ: Presbyterian & Reformed, 1992), XIX, 1, 14.

서, 표지와 더불어, 표지 아래서 은혜가 전달되는 행위로 간주한다. 개혁파도 성례 안에서 어떤 행위가 일어난다는 점을 참으로 인정하지만, 그것은 성령을 통해 신자들의 마음에 내적으로 은혜를 수여하시는 그리스도의 숨겨진 비가시적 행위다. 여기서는 집례자의 행위─마치 그 행위가 공재설(consubstantiation)과 화체설(transubstatiation)을 불러일으킬 정도로 많은 의미를 담고 있기라도 한 것처럼─에 초점이 맞춰져서는 안 되고, 성례가 우리에게 그리스도의 행위를 연상시키고 확신시키는 표지라는 사실이 강조되어야 한다. 세 번째로 성례에 대한 개혁파의 정의는 성례 안에서 일어나는 하나님의 행위와 신자들의 고백을 통합시킨다는 점에서 특별하다. 이런 방식으로 칼뱅은 루터와 츠빙글리를 화해시킨다.[27] 칼뱅은 루터와 뜻을 같이하여 성례에서 하나님의 행위가 우선이라고 말하는 한편, 츠빙글리와 더불어 성례에서 신자들은 자신의 믿음과 사랑을 하나님과 천사들과 사람들 앞에서 고백한다고 주장했다. 성례에서 하나님은 먼저 신자들에게 다가오셔서 그의 유익들을 나타내시고 인치신다. 하나님은 자신이 그들과 그 자녀들의 하나님이시라는 사실을 가시적 징표들로 그들에게 보증하신다. 그는 말씀 안에서 그들의 믿음을 강화하기 위해 자신의 말씀을 인치신다(창 9:11-15; 17:11; 출 12:13; 막 1:4; 16:16; 눅 22:19; 롬 4:11 등). 다른 한편으로 성례는 신자들이 자신의 회심, 믿음, 순종, 그리스도와의 교제, 그리고 서로 간의 교제를 고백하는 고백의 행위다. 성례의 준수는 언약 갱신의 행위, 신실함의 서약, 그리스도께 봉사하기 위해 그것을 취한 자들을 구속하는 맹세다(막 1:5; 16:16; 행 2:41; 8:37; 롬 6:3ff.; 고전 10:16ff.).[28]

[526] 표지와 인침이라는 말은 성례가 "말씀"과 "요소"라는 두 부분으로 구성된다는 것을 의미한다. 표지는 자연적인 것(예를 들어 연기, 발자국)일

---

27) J. Calvin, *Institutes*, IV.xiv.1.

28) 참조. Belgic Confession, art. 36; 편집자 주─Bavinck는 이외에도 세례와 성찬을 위한 네덜란드 개혁교회 예식모범을 참고한다.

수도 있고 제정된 것(예를 들어 알파벳, 표어, 깃발)일 수도 있다. 또한 표지는 과거, 현재, 혹은 미래의 일들과 관련하여 평범한 것이나 특별한 것(예를 들어 기적적)으로 구분된다. 성경에서 후자는 종종 "표적"($\sigma\eta\mu\varepsilon\iota\alpha$)이라는 말로 표현되는데, 이는 그것들이 하나님의 임재, 하나님의 은혜와 능력, 하나님의 진리와 의에 대한 증거와 표지이기 때문이다. 더 나아가 표지는 과거를 회상시키는(수 4:6) 기념적 표지(memorial signs), 장래 일에 관한(창 4:15) 예고적 표지(predictive signs), 그리고 현재적이고 항구적인(신 6:8) 다른 많은 표지들로 세분된다. 성례는 비가시적이고 영원한 선(goods)을 나타내기 위해 가시적인 것들로부터 취해진 선행 유비(preformed analogy)적인 특별한 표지다. 성례가 인침인 이유는 그것이 하나님의 신뢰성을 확증하고 우리를 위해 그의 모든 유익들 및 복과 더불어 중보자 그리스도 안에 집약된 은혜언약의 "요소"를 강화하기 때문이다. 성례는 표지인 동시에 확증하고 강화하는 "인침"이다. 인침의 역할은 진품임을 증명하고 타당성을 확인하고 확증하는 것이다. 상표와 문서의 도장처럼, 인은 참과 거짓, 진짜와 가짜를 판별하는 역할을 한다. 성경에서도 어떤 것을 참된 것으로 표시하여 위조, 침범, 모독으로부터 보호할 필요가 있을 때 인침을 언급하는 것을 볼 수 있다(왕상 21:8; 느 9:38; 에 3:12; 사 8:16; 렘 32:10; 단 6:17; 12:4; 마 27:66; 계 7:2; 22:10). 하나님은 모든 신자들이 자신의 후사로서 장래의 구원을 위해 보존되도록 그들을 성령으로 인치신다(고후 1:22; 엡 1:13; 4:30). 하나님은 바울의 수고에 복을 주실 때 그에게 사도직에 대한 인침과 확증을 주셨다(고전 9:2). 하나님은 교회가 당신의 소유라는 징표로서 교회의 견고한 터 위에 인을 치신다(딤후 2:19). 하나님은 사탄이 더 이상 열국을 기만하지 못하도록 그가 갇혀 있는 무저갱을 봉인하신다(계 20:3). 하나님은 자신의 종들이 마지막 환란 때 더 이상 해를 받지 않도록 그들을 인치신다(7:3; 9:4). 이처럼 인침은 항상 사람과 사물의 참됨을 보증하거나 그것들이 해를 당하지 않도록 보호하기 위한 방편이다. 따라서 성례는 표지일 뿐만 아니라 또한 하나님이 자신의 말씀에 주시는 인침인데, 그것은 우리의 유익을 위해 우리의 마음에 말씀의 신뢰성을 부각시키기 위해 덧붙여진 것이다. 성례의 요소들—물, 떡, 포도주—과 그것들을 수반하는 다양한 의식적 행위들—물뿌림이나 침례, 축사, 떡을 떼고 나누고 받는 것—은 모두 지시하고(significative) 인치는 힘을 가지고 있다. 그 행위들은 아무래도 좋은 자의적 관습이 아니라, 서로 결합하여 성례의 구성 요소를 이루고, 우리로 하여금 언약의 약속들과 유익들을 더 잘 이해할 수 있게 하며, 그 요소들과 함께 성례를 구속의 비가시적 유익들에 대한 표지와 인침으로 만들어준다.[29]

성례의 "내적 요소", 즉 그 안에서 그려지고 봉인된 비가시적 실체는 은혜언약(창 9:12-13; 17:11), 믿음으로 말미암는 의(롬 4:11), 죄 사함(막 1:4; 마 26:28), 믿음과 회개(막 1:4; 16:16), 그리스도의 죽음과 부활 안에서(롬 6:3ff.) 그의 살과 피를 통해(고전 10:16) 누리는 그리스도와의 교통 등이다. 바꾸어 말하면, 그리스도는 성례의 "내적 요소"요 "천상의 실체"며 성례 안에 지시된 내용이다. 종교개혁 초기에 루터파 교의학자들은 성례의 두 가지 구성 성분을 "말씀"과 "요소"라고 했으며, 따라서 성례도 말씀에 의해 주어진 것과 똑같은 은혜를 나누어주는 것으로 이해했다. 하지만 시간이 흐르면서 공재설은 점차 말씀에 덧붙여 "천상의 실체" 또는 신적 능력이 성례를 통해 나누어진다는 견해로 이어졌고, 그 결과 말씀과 성례는 서로 다른 유익들을 나누어주는 것으로 이해되었다. 현대신학은 반복적으로 그런 성례관을 주창하였고, 말씀과 성례를 분리시켜서 전자의 영향은 인격 중심적이고 후자의 영향은 자연적이라는 견해를 피력했다. 곧 전자는 성령의 "회심"(metanoetic) 사역의 수단이고 후자는 성령의 "진보"(anagenetic) 사역의 수단이라는 것이다. 말씀은 의식을 변화시키지만, 성례는 한 인격의 지성, 자아, 정신물리적인 본성을 변화시킨다.[30]

---

29) Campegius Vitringa, *Doctrina christianae religionis, per aphorismos summatim descripta*, 6th ed., 8 vols. (Leiden: Joannis le Mair; Arnheim: J. H. Moelemanni, 1761-86), VI, 352.
30) 참조. H. Bavinck, *Reformed Dogmatics*, IV, 62-63, 67-68, 73-75 (##441-43).

이러한 견해는 로마 가톨릭의 가르침을 들여온 것으로 성경에 위배되는 것이다. 왜냐하면 믿는 자는 이미 거듭났고(요 1:12-13), 영생을 가졌고(요 3:36), 의롭게 되었고(롬 3:28; 5:1), 거룩하게 되었고(요 15:3; 행 15:9), 영화롭게 되었을 뿐만 아니라(롬 8:30), 그리스도(엡 3:17), 그의 몸과 피(요 6:47-51), 성부(요일 1:3), 성령(요 7:39; 갈 3:2, 5) 등과 교제를 누리고 있기 때문이다. 말씀은 하나님의 모든 약속을 포함하고, 믿음은 그 모든 것들을 붙든다. 말씀의 내용은 그리스도, 즉 그리스도 전부이며, 또한 그는 성례의 내용이 되신다. 은혜의 모든 유익들 가운데 말씀 안에서는 우리에게 유보되고 이제 성례라는 특별한 방식으로만 신자들에게 나누어지는 것은 단 하나도 없다. 말씀을 떠나서는 세례의 은혜도 없고 성찬의 은혜도 없다. 말씀과 성례의 내용은 동일하다. 외적 형태와 방식이 다르지만, 그럼에도 이 둘은 동일한 중보자, 동일한 언약, 동일한 유익, 동일한 구원, 동일한 하나님과의 교제를 포함한다. 이 둘이 그리스도와 그의 모든 유익들을 제공하는 방식의 차이로 인해 우리는 성례가 말씀에 종속된다고 말할 수 있다. 성례는 말씀의 내용을 가리키는 표지요, 하나님이 자신의 증거에 덧붙이신 인침이며, 칼뱅이 말한 것처럼 말씀의 토대 위에 세워진 기둥이요, 말씀과 함께 오고 말씀에 첨가된 부록이다. 따라서 말씀은 성례 없이도 가치를 유지하지만, 성례는 말씀이 없으면 아무것도 아니고 아무런 가치나 능력이 없다. 성례는 가시적으로 드러난 말씀 이상도 이하도 아니다. 구원의 모든 유익은 말씀으로부터, 믿음에 의해서만 획득될 수 있는 반면, 말씀과 믿음 없이 단지 성례로부터 얻어지는 유익은 단 하나도 없다. 말씀과 성례를 다르게 규정하고 이 둘로 인해 독특한 은혜의 작용이 이루어진다고 주장하는 사람들은 그리스도의 모든 유익들로부터 그를 분리시키고, 은혜언약의 통일성을 깨뜨리고, 은혜를 유형화하고, 성례를 말씀과 독립적으로, 말씀과 대립하여, 말씀 위에 존재하는 것으로 만들고, 성경과 교회의 관계를 뒤집고, 성례를 구원에 필수적인 것으로 만들고, 사람들을 사제에게 의존하게 만든다. 그런 이유에서 개혁파는 초기 루터파와 마찬가지로 성례가 말씀에 종속되며, 이 둘이 연합하여 우리의 믿음을 구원의 유일한 토대, 즉 십자가 위에서 치러진 그리스도의 희생제사로 향하게 한다고 반복해서 진술하기를 마다하지 않았다.[31]

[527] 기호(the sign)와 기의(thing signified) 사이의 관계는 물리적·공간적·물질적·실체적 관계가 아니다. "성례적 연합"이라는 표현은 엄밀히 말해 "내적이고 외적인 물질", 즉 기호(*signa*)와 사물(*res*, thing signified)의 관계를 표현하는 것이 아니다. 단어와 그 단어가 가리키는 것, 형상(image)과 그 형상이 재현하는 사람, 약속과 그 약속이 담고 있는 내용의 관계를 연합이라고 말하는 사람은 없을 것이다. 그것은 오히려 그리스도와 복음 사이의 관계와 동일한 윤리적 관계다. 우리가 자연적 표지들 안에서 구원이라는 영적 선을 분별해내기 위해서는 하나님께로 말미암은 특별한 말씀이 필수적이었다. 그 말씀은 자연적 표지들을 자의적으로 만드는 것이 아니라, 오히려 하나님이 당신의 말씀 안에서 우리에게 표지를 주신 것이기 때문에 우리는 기호와 기의 사이에서 가장 놀라운 대응관계를 발견할 수 있다. 실제로 자연의 영역과 은혜의 영역을 다스리는 분은 동일한 하나님

---

31) 참조. J. Köstlin, *The Theology of Luther*, II, 511; J. T. Muller, *Die symbolischen Bucher*, 202, 320, 487, 500; 편집자 주—여기서는 다음과 같은 루터파 문헌을 염두에 두고 있다: Apology of the Augsburg Confession, art. 13, pars. 1-5 (Kolb and Wengert), 219-20; Smalcald Articles, part III, arts. 5-6 (Kolb and Wengert), 319-21; The Larger Catechism, part IV, "Concerning Baptism" (Kolb and Wengert), 458; ibid., part V, "The Sacrament of the Altar" (Kolb and Wengert), 467-68. Heinrich Heppe, *Dogmatik des deutschen Protestantismus im sechzehntenJahrhundert*, 3 vols. (Gotha: F. A. Perthes, 1857), II, 36; J. Calvin, Institutes, IV.xiv.3, 5, 6, 14; Consensus Tigurinus (1549), in H. A. Niemeyer, *Collectio confessionum in ecclesiis reformatis publicatarum*, 2 vols. (Leipzig: Iulii Klinkhardti, 1840), 204, 206 (편집자 주—영역본: J. Calvin, *Selected Works of John Calvin: Tracts and Letters* [Grand Rapids: Baker Academic, 1983], II, 223-27); Gallican Confession, art. 34; Belgic Confession, art. 33; Heidelberg Catechism, Q. 66; Second Helvetic Confession, chap. XIX; P. van Mastricht, *Theologia*, VII, 3, 11; F. Turretin, *Institutes of Elenctic Theology*, XIX, 3, 6.

아버지다. 하나님은 가시적 세계를 창조하심으로써 우리가 그것을 통해 비가시적 세계를 이해할 수 있게 하셨다. 자연계는 영적 세계의 형상이다. 따라서 "성례의 형태"는 기호와 기의의 관계, 그리고 이 둘의 관계를 수립한 신적 제정을 포함한다. 로마 가톨릭과 루터교 신학에서는 "제정된 말씀"(words of institution)이 기호를 기의로 변화시키거나 통합시키고, 결과적으로 [제정된] 말씀은 청중들보다는 성례의 요소를 향하게 된다. 이와 반대로 개혁파에서는 공적 말씀이 "숨겨지고, 신비적이고, 마술적인" 힘을 전혀 갖지 않으며, 기호를 변화시키지도 않고, 다만 청중들을 위해 그것을 일반적 용례로부터 구별지을 뿐이다. 말씀이 없으면 물과 떡과 포도주는 평범한 일상의 음식에 불과하다. "말씀을 없애라. 그러면 물은 물 그 이상도 이하도 아닐 것이다. 하지만 성례의 요소에 말씀을 더하라. 그러면 그 요소가 곧 성례가 될 것이다"(Augustine). 개혁파는 성례에서 성직자가 아닌 하나님만이 은혜의 분여자라고 가르치는 반면에, 로마 가톨릭과 루터파에서는 성례의 은혜가 성직자에게 의존한다.

비록 기호와 기의의 관계가 물리적·공간적 연합이 아님에도, 그것은 더할 나위 없이 객관적이고, 실재적이고, 본질적일 수 있다. 그러나 로마 가톨릭과 루터파는 실재(reality)에 대한 이해에 있어 개혁파와 다르다. 기의가 기호와 물리적으로 연합되지 않을 때, 그들은 둘의 관계가 실재적이거나 본질적이지 않으며, 따라서 그리스도가 성례 안에서 그의 유익들과 더불어 주어지고 향유되지 않는다고 생각한다. 그러나 성례론의 차이는 하나님이 참으로 은혜를 분여하시는지가 아니라, 어떤 방식으로 그렇게 하시는가의 문제다. 로마 가톨릭은 성례가 "사효적으로"(ex opere operato) 역사하도록 가시적 표지가 비가시적 은혜를 흡수하는 것으로 보며, 수혜자에게는 단지 소극적으로 그 작용에 장애가 되지 않을 것을 요구할 뿐이다. 개혁파는 은혜의 본질이 영적이며 성례가 은혜언약의 표지와 인침이라고 생각하기 때문에 영적 교통의 입장을 고수한다. 따라서 은혜는 오로지 믿음이 있는 곳에서만 주어진다. 이런 점에서 성례는 말씀과 동일하며,

그리스도는 그를 믿는 자들에게 참되고도 본질적인 방식으로 제공되고 허락된다. 성례는 말씀에서와 동일한 온전한 그리스도를, 말씀에서와 동일하게 믿음이라는 영적 방식으로 수여하신다. 비록 그 방편들이 하나는 듣는 것이고 다른 하나는 보는 것으로서 서로 차이를 보이지만 말이다. 개혁파 신학은 은혜가 표지를 통로로 삼아 우리에게 온다는 가르침을 거부하기는 했지만, 그럼에도 그들은 성례의 진정성은 전혀 손상시키지 않았다. 참으로 그들은 이런 입장을 취함으로써 로마 가톨릭이나 루터파보다 훨씬 효과적으로 은혜의 영적 성격을 유지해왔다. 그 밖에, 하나님이 자신의 은혜를 나누어주실 때 말씀과 성례를 사용하는 방식은 아직까지 신비로 남아 있다. 또한 성경은 하나님의 말씀이 창조하고 재창조하고, 중생시키고 새롭게 하고, 의롭게 하고 성화시킨다고 말한다. 하지만 이 문제에 관하여 하나님이 말씀과 성례를 사용하시는 방식을 설명할 수 있는 사람이 과연 누구겠는가?

[528] 루터파와 로마 가톨릭의 반대에도 불구하고 개혁파 신학은 성례의 실재와 객관성을 보존한다. 루터파와 개혁파 신학은 성사의 은혜가 성향적 은혜, 주입된 은혜, 성화시키는 은혜라는 로마 가톨릭의 개념과, 덧붙여 세 가지 성사—세례, 견진, 신품 성사—가 수혜자의 영혼에 제거할 수 없는 특성(*character indelebilis*)을 새긴다는 그들의 견해를 거부했다. 게다가 그들은 성례가 오직 신자들만을 위한 것이기 때문에 언제나 믿음을 전제한다고 주장했다(막 16:16; 행 8:37-38; 9:11, 17-18; 10:34-35; 롬 4:11 등). 루터파는 로마교와 완전히 결별하지는 않고 말씀과 성례 자체에 어느 정도 유효적 은혜가 내재한다는 견해를 견지하는데, 이것이 그들에게 확고한 기반처럼 보이기도 한다. 그러나 그것은 단지 외견상의 장점일 뿐이다. 성례에서 기호와 기의의 관계는 복음의 말씀과 그리스도의 인격 사이의 관계와 같다. 성례의 영적 실재는 물리적 실재만큼이나 실제적이다. 로마 가톨릭과 루터파 모두 성례의 수행을 위해 믿음을 가질 것을 성인들에게 요구했으며, 심지어 로마 가톨릭은 성례를 받는 자들이 은혜의 길에 장애물

을 두어서는 안 된다고 요청했다. 따라서 루터파와 로마 가톨릭에서 성례가 무조건 사효적으로(*ex opere operato*)만 역사하는 것은 아니다. 성례가 은혜를 산출하지 못하고(다시 말해 역사하지 않고) 그럼에도 그 객관적 특징을 간직하는 경우들이 존재한다. 개혁파만큼이나 로마 가톨릭과 루터파도 성례의 은혜가 참여한 자들에게 분여되는 시점이 언제인지에 관한 난제에 직면해 있다. 개혁파는 비록 그리스도가 성례에 참여한 모든 자들에게 제공되더라도 그 말씀을 듣는 자들에게만 거하시는 것처럼, 그들이 주관적으로 성례의 참된 능력을 향유하기 위해서는 여전히 그들 모두에게 성령의 역사하심이 필요하다고 가르쳤다. "표지는 모든 사람에게 무차별적으로 유익이 되는 것이 아니라, 성령의 내적이고 유효한 작용이 이미 임한 하나님의 택자들에게만 유익이 된다."[32]

믿음 안에서 성례를 받아 누리는 신자들에게 그것은 은혜언약의 표지와 인침이다. 고마루스와 몇몇 신학자들은 성례를 받았음에도 믿지 않는 사람들을 염두에 두고서 내적 언약과 외적 언약을 구분했다.[33] 이런 구분이 전적으로 도움이 되는 것만은 아니다. 가시적 교회와 비가시적 교회가 두 개의 교회가 아닌 것처럼, 내적 언약과 외적 언약도 두 개의 언약이 아니다. 성례는 일반적 진리에 대한 보증이 아니라 언약의 약속에 대한 인침이다. "나는 너의 하나님이며 네 자손들의 하나님이다." 성례는 "하나님이 자신의 말씀으로 우리에게 선포하신 것과 우리 마음에 내적으로 역사하신 것 모두를 우리의 감각에 제시하심으로써, 하나님이 우리에게 나누어 주신 구원을 우리 안에서 확증한다." 성례는 하나님이 십자가 위에서 완성된 그리스도의 희생을 근거로 우리에게 오직 은혜로 죄 사함과 영생을 주

---

32) Consensus Tigurinus (1549), in Niemeyer, *Collectio confessionum*, 209. 편집자 주—영역본: J. Calvin, *Selected Works of John Calvin: Tracts and Letters*, II, 231.

33) Franciscus Gomarus, "Disp. de sacr.," in *Opera theologica Omnia* (Amsterdam: J. Jansson, 1644), disp. 31; A. Essenius, *Compendium theologiae dogmaticum* (Utrecht: Meinhard a Dreunen, 1669), VI, 6 (고전 7:14에 대한 주석).

신다는 사실을 우리가 더 선명하게 이해하고 확증하도록 돕기 위해 고안된 것이다.[34] 믿음이 없이 성례를 받는 사람들은 그로부터 일시적으로 약간의 유익을 누릴지도 모른다. 하나님은 긍휼이 풍성하시기 때문이다. 하지만 성례의 온전하고 참된 유익은 말씀의 유익과 마찬가지로 오직 신자들을 위한 것이다. 신자들은 성례를 통해 자신의 구원을 확신한다.

그러므로 성례에는 대단한 가치가 있다. 성례의 필요성은 내재적인 것이 아닌데, 왜냐하면 하나님이 그것들을 제정하실 필요는 없었으며, 구원에 절대적으로 필요한 것도 아니기 때문이다. 성경은 구원을 오직 믿음에만 붙들어 맨다(요 3:16). 한 사람을 하나님 앞에서 유죄로 만드는 것은 성례의 결여가 아니라 성례에 대한 모독이다. 우리는 [몸이 없는] 영이 아니라 인간적으로 지각 가능한 형태들을 통해 영적 세계를 이해하는 감각적인 피조물이기 때문에, 하나님은 우리가 성례의 표지들을 봄으로써 그의 유익들을 더 잘 이해하고, 그의 약속들을 더 굳게 확신하고, 그리하여 우리의 믿음에 대해 지지와 격려를 얻게 하시기 위해 성례를 제정하셨다. 성례는 믿음을 일으키지 않고 믿음을 강화한다. 마치 결혼 반지가 사랑을 증대시키는 것처럼 말이다. 성례는 신자들이 이미 말씀을 통해 소유한 온전한 그리스도를 다른 방식으로 부여하고, 하나님과 신자들 사이의 언약을 새롭게 하고, 그리스도와의 교제 안에서 그들을 강화하고, 서로를 더욱 친밀하게 연결해주고, 그들을 세상에서 분리하고, 천사들과 그의 동료 인간들에게 그들이 하나님의 백성이요, 그리스도의 교회요, 성도의 교제라는 사실을 [보여주고] 증거한다.[35]

[529] 성례의 수효는 "성례"라는 말을 좀 더 제한적인 의미로 이해하느냐 아니면 좀 더 포괄적인 의미로 이해하느냐에 따라 달라진다. 그래서 개혁파는 행위언약(안식일, 낙원, 선악을 알게 하는 나무, 생명나무)과 은혜언약의

---

34) Belgic Confession, art. 33; Heidelberg Catechism, Q 66ff.
35) C. Vitringa, *Doctr. christ.*, VI, 422-37.

다양한 제도들(할례, 유월절, 낙원 추방, 가죽옷, 아벨의 제사, 노아의 무지개, 홍해를 건넘, 만나, 반석에서 나온 물, 놋뱀, 아론의 지팡이, 기드온의 양털, 히스기야의 해시계 등)을 망라하여 구약성경에서 아주 많은 수의 성례를 열거했다. 그러나 그들은 신약성경에서는 "성례"를 보다 엄밀하게 정의하였다. 로마 가톨릭에 반대하여 개신교는 세례와 성찬에 첨가된 다섯 가지 성사에 대해서는 성경적 근거가 빈약하다고 주장한다. 때때로 개신교는 로마 가톨릭의 다양한 성례들과 의식들을 부러워하기도 했지만 그것은 무익한 일이다. 로마 가톨릭에서는 자신이 은혜의 상태에 있는지 확신할 수 없기 때문에 구원에 대한 확증을 갖지 못하는 현상이 대중적이라는 사실을 생각할 때, 두 개 이상의 성례를 소유하는 것은 그다지 도움을 주지 못한다. 개신교인들에게는 그리스도가 제정하시고 그들이 믿음으로 수용한 두 가지 성례만으로도 그리스도 전부를 그의 완전한 의와 거룩과 더불어 소유하는 데 충분하다. 끝으로 중요한 것은 성례의 수효가 아니라, 그것을 그리스도가 제정하셨다는 사실과 그가 성례 안에서 나누어주시는 은혜의 충만함이다.

세례

[530] 신약성경의 세례는 구약성경의 할례에 토대를 두고 있다(창 17:10ff.). 하나님은 이스라엘에 성전과 제사장과 희생제사와 제단과 율법과 규례들을 제정하실 때 다른 민족들 가운데 존재하는 여러 관습들을 활용하셨던 것처럼, 할례의 경우에도 그렇게 하셨다. 할례가 다른 민족들에서는 종교적 의식인 동시에 위생상의 이유도 가지고 있었겠지만, 구약성경에서 할례는 은혜언약 안에서 주어지는 죄 사함과 성화에 대한 성례전적 표지와 인침이었다. 그 언약을 포괄하는 위대한 약속의 말씀은 이것이다. "내가 너와 네 후손의 하나님이 되리라"(창 17:7). 하나님은 아브라함 시대에 할례를 제정하실 때, 아브라함의 자녀들은 물론 종들을 포함하여 모든 남자가 할례를 받도록 명하셨다. 할례는 태어난 지 팔일 만에 시행되며, 언약의

표지로서 그것을 받지 않은 사람은 언약의 파기자가 되어 그 백성으로부터 "잘려나가"야만 했다. 할례는 언약의 두 가지 유익—믿음으로 말미암은 의(롬 4:11)와 마음의 할례(신 10:16; 30:6; 렘 4:4; 롬 2:28-29; 골 2:11)—을 인친다. 마음의 할례란 의로움이나 죄 사함, 그리고 중생이나 성화의 할례를 가리킨다. 마음의 할례가 없는 외적 할례는 아무런 가치가 없다(행 7:51; 롬 2:28-29; 3:21, 30; 고전 7:19). 그것은 믿음으로 말미암은 의에 대한 인침으로서 믿음을 전제한다.

그런 까닭에 하나님은 예수가 공생애를 시작하시기 전, 세례자 요한을 통해 물세례를 제정하신 것이다. 이 세례 역시 전혀 새로운 것은 아니었다. 모든 고대의 풍습은 물에 종교적-상징적 의미가 있다고 생각하였다. 그중에서도 유프라테스 강, 인더스 강, 갠지즈 강은 치유와 속죄와 성화의 능력을 가진 것으로 간주되었다. 그리스와 로마의 신비종교들은 규정된 세정의식을 통해 사람들을 입회시켰으며,[36] 이스라엘에서도 개종자들이 믿음의 공동체에 들어오기 위해서는 할례를 받아야 할 뿐 아니라 세례를 받고 희생제물을 드려야 했다.[37] 그러나 오직 세례만이 하나님에 의해 제정된 것으로서 성례와 은혜의 표지와 인침이 된다. 신약성경은 "하나님의 말씀"이 요한에게 임하여 그가 세례를 베풀었고(눅 3:2-3), 하나님이 이 목적을 위해 그를 보내셨으며(요 1:33), 그의 세례는 "사람으로부터" 난 것이 아니라 "하늘로부터" 온 것이고(마 21:25), 바리새인과 서기관들은 요한의 세례를 받지 않음으로 "그들을 향하신 하나님의 목적을 거절한" 반면에 세례를 받은 세리들은 "하나님의 의로우심을 드러냈다"(눅 7:29-30)고 분명히 가르친다. 비록 동의하지 않는 자들도 있기는 하지만, 요한의 세례

---

36) T. Pfanner, *Systema theologiae gentilis purioris* (Basel: Joh. Hermann Widerhold, 1679), 346.

37) Emil Schürer, *The History of the Jewish People in the Age of Jesus Christ* (175 B.C.-A.D. 135), rev. and ed. Geza Vermes and Fergus Millar (1885; Edinburgh: T&T Clark, 1979), III, 165.

는 예수의 제자들이 베푼 세례와 동일한 것이었다. 그것은 "죄 사함을 위한" 세례였다(행 2:38). 예수 자신도 요한의 세례를 받으셨고, 그의 제자들이 행한 세례와 요한의 세례를 구별하지 않으셨으며(요 3:22-23; 4:1ff.), 요한의 세례를 받은 제자들을 조건 없이 수용하시고 추가적인 세례를 베푸시지도 않았다(요 1:37; 행 18:25). 어떤 사람들은 마태복음 3:11, 마가복음 1:8, 누가복음 3:16을 근거로 요한의 세례와 기독교의 세례는 물세례와 성령세례/불세례가 그런 것처럼 서로 상반된다고 이의를 제기한다. 하지만 사도행전 1:5에서는 요한의 세례가 기독교의 세례와 대비되는 것이 아니라, 말하자면 비유적으로 오순절 성령 "세례"와 대비되는 것이다. 기독교의 세례는 죄를 씻어내는 것을 뜻하는 물세례다. 요한의 세례도 이와 유사한 물세례지만 회개와 용서를 동시에 인치는 세례다. 따라서 이 두 세례는 기호와 기의에 있어 완벽하게 일치한다. 오순절 이전에 시행된 요한과 그 제자들의 세례는 성령이 부어진 이후에 시행된 기독교의 세례와는 구별되어야 한다. 오순절 이전에 예수가 행하신 세례와 그 제자들의 세례도 마찬가지다! 이스라엘 백성들이 "모세에게 속하여" 세례를 받고(고전 10:2) 에베소에 있는 제자들이 "요한의 세례"를 받았던(행 19:3) 것처럼, 신자들은 "예수의 이름으로" 세례를 받는다. 왜냐하면 신자들은 예수로 말미암아 양자가 되고 예수께만 모든 신뢰를 두기 때문이다. 사도행전 19장의 구분 또한 오순절 이전의 두 세례가 일치된다는 사실과 모순되지 않는다. 바울은 분명히 그들이 이전에 받았던 세례를 참되고 진정한 것으로 여기지 않았는데, 그 정확한 이유는 알 수 없지만, 우리는 요한의 제자 중 아직 예수께로 전향하지 않는 무리 가운데 온갖 종류의 오류가 침투해 있었다는 점은 알고 있다. 결과적으로 에베소에 있는 제자들은 예수의 이름으로 다시 세례를 받을 필요는 없었지만, 최초로 세례를 받는 경우에는 예외였다. 왜냐하면 요한의 이름으로 받은 그들의 세례는 진정한 세례가 아니었고, 참된 기독교적 세례가 아니었으며, 진정한 의미에서 요한의 세례도 아니었기 때문이다.[38] 이미 요한의 사역에서 하나님은 세례를 제정하셨고, 예수는 친히 요한의 세례를 경험하신 후에 그것을 차용하셔서, 제자들이 그것을 시행하게 하셨다(요 3:22; 4:1-2). 마태복음 28:19에서 예수는 새로운 세례를 제정하시는 대신, 열방에까지 그 세례의 대상을 확대하셨다. "성부와 성자와 성령의 이름으로"라는 문구는 사도들이 입으로 말해야 할 것을 지정하는 것이 아니라 그들이 행해야 할 것을 규정한다. 여기서 "이름"은 세례받은 사람이 성부·성자·성령과 관계를 맺게 되었음을 가리킨다.

요한과 예수 모두 "물세례"와 "성령세례"를 대비한다. 오순절 이후로 이 둘의 관계는 어떻게 되는가? 신약성경에서 이 둘은 분명히 관련을 갖지만 그렇다고 서로 분리할 수 없는 것은 아니다. 사도행전 2:33을 보면 모든 제자들은 물세례 없이 성령을 받았고, 사도행전 9:17과 10:44을 보면 심지어 세례 이전에도 성령의 은사가 바울과 고넬료와 그 외의 다른 사람들에게 주어졌다(참조. 11:15-17). 게다가 사도행전 8:15-17, 9:17, 19:6에서 방언과 예언의 은사는 세례가 아니라 안수를 통해 주어진다. 하지만 "밖에" 있는 자들에게는 여전히 회개의 세례가 성령의 은사들을 받는 일반적인 방법이었다(행 2:38; 19:5-6). 하지만 이런 관계는 일시적인 것이었다. 방언과 예언은 세례의 참된 유익이 아니었다. 본질적으로 기독교 세례는 언제나 회개의 세례요, 그리스도 안에서 죄 사함을 위한 믿음의 세례였다. 그리하여 세례는 신약성경 전반에 걸쳐 죄로부터의 구원으로 묘사된다(롬 4:25; 6:3-6, 11, 13; 12:5; 고전 3:1, 13; 6:11; 12:13; 10:1-12; 갈 2:20; 3:27-29; 골 2:12; 엡 5:26; 히 6:2; 9:10; 10:22-23; 벧전 3:20-22). 바울의 관점에서는 물세례가 곧 성령세례며, 방언이나 예언과 같은 영적 은사들을 동반한 세례가 아니라 새 생명의 원리인 성령을 동반한 세례다. 세례 안에서 성령을 통해 이루어지는

---

38) W. Baldensperger는 요한복음 1장 전체의 서언은 세례자 요한을 따르는 자들과의 대비를 위해 쓴 것이라고 믿는다, *Das Prolog des vierten Evangeliums* (Freiburg i.B.: Mohr, 1898).

인간의 이러한 갱신은 믿음으로 말미암은 칭의와 분리된 것도 아니고, 나란히 있는 것도 아니며, 그렇다고 우연히 덧붙여진 것도 아니다. 세례받은 사람들은 그와 동시에 씻기고 성화되고 의로워진, 새롭고 신령한 사람들(πνευματικοι)이다(고전 6:11).

[532] 삼위일체적 세례 문구(trinitarian formula)가 이미 12사도들의 교훈(『디다케』)에 등장하기는 하지만, 고대 교회에는 보편화된 세례 의식이 존재하지 않았다. 하지만 2세기 이후 예배가 공적인 부분과 사적인 부분으로 나누어졌을 때, 세례와 성찬의 집행은 차츰 신비로운 성격을 띠게 되면서 많은 의식들로 치장되었고,[39] 마술적으로 작용하는 은혜의 방편으로 변질되었다. 세례에 사용되는 물이 일반적인 물의 성질을 유지한다고 분명히 선언되었음에도, 기호와 기의의 연결은 종종 신비적인 방식으로 표현되었다. "물 안에 어떤 은혜가 있다면 그것은 물의 성질 때문이 아니라 성령의 현존으로 인한 것이다."[40] "그 물을 통해 하나님의 은혜가 영생을 수여한다."[41] 따라서 세례는 신비적인 것들에서 유래한 다양한 이름들ー조명, 신비, 완성, 성취, 시작, 신비로의 이끌림ー로 묘사되고, "하늘로 가는 수레"나 "하나님께로 가는 수레" 또는 "천국의 열쇠"로 간주된다.[42] 더 이

---

39) 대부모나 후견인의 세례자 봉헌, 신앙고백, 세례자 얼굴에 입김 불기, 십자가 성호, 성별된 소금을 세례 지원자의 입에 넣기, 축사, 세 번 반복하는 침수와 물뿌림, 성유를 바름, 새로운 명명, 흰옷을 입음, 촛불을 건넴, 교회로 받아들임, 형제의 입맞춤과 같은 의식들을 행했다. J. C. Suicerus, *Thesaurus ecclesiasticus*, s.v. βαπτισμα; *The Roman Catechism*, trans. Bradley and Kevane, II, chap. 1, qu. 46; P. Drews, "Taufe, Liturg. Vollzug," in *PRE³*, XIX, 424-50을 보라.

40) Basil, *On the Holy Spirit*, c. 15.

41) Theodoret, *Questions on Genesis*, qu. 26 (편집자 주ーPG, vol. 80; 참조. *Theodoreti cyrensis quaes- tiones in octateuchum*, ed. Natalio Fernandez Marcos and Angel Saenz-Badillos [Madrid: Biblia Poliglota Matritense, 1979]); J. C. Suicerus, *Thesaurus ecclesiasticus*, s.v. βαπτισμα; 참조. Tertullian, On Baptism, 4.

42) J. Schwane, *Dogmengeschichte*, II, 735; E. Hatch, *Griechentum und Christentum* (Freiburg i.B.: Mohr, 1892), 219; J. C. Suicerus, *Thesaurus ecclesiasticus*, s.v. βαπτισμα. F. Kattenbusch는 "그렇다고 해서 사람들이 신비종교들에서 확증을 위한

상 단순성이 표어가 아니었다. 아우구스티누스는 세례가 유아들에게 사효적으로(*ex opere operato*) 역사한다고 가르침으로써 이런 추세에 기여했고, 세례에서 주관적인 요구의 중요성을 경시했던 스콜라주의자들이 그 뒤를 따랐다. 이것은 로마 가톨릭의 견해에 토대가 되었는데, 그들에 따르면 세례는 교회로 들어가는 입구이며 엄밀히 말해 구원에 필수적인 것이다.

[533] 로마 가톨릭의 성례론에 대한 개혁파의 공격은 세례가 아니라 성찬에 집중되었다. 심지어 독일의 개혁자들은 세례가 교황제도 하에서도 거의 본모습을 유지했다고 믿었기 때문에, 약간의 수정을 가한 후에 그것을 그대로 수용했다. 루터파도 로마 가톨릭의 가르침에서 크게 벗어나지 않았고 의식 가운데 많은 부분—세례명, 십자가 성호, 축귀, 후견인 제도, 안수, 흰옷, 축도 등—을 그대로 유지했는데, 이는 부분적으로 루터가 말씀과 물의 객관적·실재적 연합을 강조했기 때문이다. 세례는 "물에 잠기는 행위에 수반하는 하나님의 말씀인데, 그 행위는 하나님이 명령하신 것이고, 말씀의 능력으로 인쳐진 것이다." 루터가 "세례에 관한 설교"(*Sermon on Baptism*)에서 표현한 대로, 세례에서 사용되는 물은 마치 강철이 불의 열기로 이글거리는 것처럼 "하나님의 위엄과 현존으로 가득하다."

그러나 개혁파 전통은 세례와 결합된 대부분의 의식들을 점진적으로 거부하였고 성경의 단순함으로 돌아갔다. 그들은 세례가 신자들을 위해 제정된 것이기 때문에 믿음을 낳는 것이 아니라 믿음을 강화시켜준다는 생각에서 출발하여 그 생각을 고수하고자 했다. 그 결과 그들은 유아세례와 관련하여 이중적인 어려움에 직면하게 되었다. 첫 번째로 그들은 신자의 자녀들이 세례받기 이전에도 신자로 간주되어야 하며, 그렇기 때문에 세례를 받아야 함을—주로 재세례파와, 또한 가톨릭 및 루터파에 대항하

인침이나 계몽으로 간주하는 입문의식들이 세례라는 이름만을 가지고 무분별하게 교회(ἐκκλησία)로 도입되었다는 말은 아니다"라고 바르게 지적한다. 일례로 "인침"이라는 말은 이미 유대인들 사회에서 할례와 관련하여 사용되고 있었다(참조. 롬 4:11).

여—논증해야 했다. 두 번째로 그들은 어린아이들의 경우에서 세례의 은혜로운 작용이 무엇을 포함하는지 대답해야 했다. 왜냐하면 만일 그들이 아직 분별할 수 있는 연령에 이르지 않아서 "실제적 믿음"을 소유하지 못했다면, 그들은 좀처럼 믿음 안에서 강화되거나 확증을 가질 수 없을 것이기 때문이다. 두 번째 질문은 첫 번째에 비해 주목을 덜 받았다. 자녀들은 물론 성인들도 언약의 규범에 비추어 판단 받아야 했다. 사람은 믿음과 회개 때문이 아니라 오직 언약 때문에 세례받을 자격을 얻는다. 이교도의 자녀들에게는 먼저 축귀가 시행되어야 하지만, 신앙을 가진 부모의 자녀들은 이교도의 자녀도 아니고 하나님의 진노 아래 있지도 않으며 사탄의 권세 아래 있지도 않다. 그들은 세례 이전에도 언약의 자녀들이었다. 따라서 세례는 구원을 위해 절대적으로 필요한 조건이 아니었고, 평신도에 의한 응급 세례도 불필요한 것이었다. 결과적으로 이런 주장은 세례를 위한 전제조건으로 간주되던 선택과 언약과 중생의 관계에 대한 논쟁으로 이어졌다. 많은 개혁파 신학자들이 처음에는 선택과 언약의 통일성을 주장한 반면, 교회의 타락으로 인해 세례는 점점 중생과 완전히 분리되면서 그 가치를 상실하고 말았다. 항변파, 합리론자들, 퀘이커교도들, 그리고 현대 개신교도들은 공히 성례를 신적 인침으로가 아니라 인간의 신앙고백 행위로 간주한다. 19세기에는 세례의 객관적 성격을 회복하려는 시도가 여러 번 있었다. 슐라이어마허는 세례가 무엇보다도 개별 신자를 교회 안으로 받아들이는 교회의 행위라고 주장했는데, 여기 내포된 의미는 그와 동시에 그가 그리스도와 온전한 생명의 교통을 누리도록 하나가 된다는 것이다.[43] 다른 신학자들은 성례에 함축된 하나님의 은혜로운 행위를 강조하면서, 세례가 중생을 전제하는 것은 아니지만 그럼에도 세례는 중생의 능력이나 중생 자체를 나누어주는 수단이고, 그리스도와 신자 간의 사랑의 결속을 위해 그리스도에 의해 세워진 첫 접촉점이며, 오직 믿음을 통해

---

43) F. Schleiermacher, *The Christian Faith*, §§136-38.

서만 획득될 수 있는 유익들을 위한 토대가 된다고 가르쳤다.[44] 네덜란드
에서 아브라함 카이퍼는 세례를 특별은총에 속하는 것으로 간주함으로써
세례의 객관적 특징을 유지하려고 했다. 이 은혜는 중생—세례 안에 전제
되어 있기 때문에 새롭게 주어질 필요가 없는—과 같은 것이라기보다는,
다른 방법으로는 얻을 수 없는 특별한 유익, 다시 말해 그리스도의 몸으로
연합하는 것, 곧 홀로 존재하기보다는 그리스도의 온전한 몸과 하나임을
느끼기를 원하는 성향이나 경향을 우리의 믿음에 심어주는 것이라고 할
수 있다.[45]

세례의 양식과 방법; 유아세례

[534] 오늘날 침례교단에 속한 교회들과 선교지를 제외한 대부분의 교회
들은 거의 예외없이 유아세례를 세례로 받아들인다.[46] 하지만 성경은 그
어디에도 유아세례를 언급하지 않고 세례는 언제나 성인세례를 의미하
는 것으로 가정되었다. 구약성경의 예언자들조차 하나님이 장래에 이스라
엘에게 회개와 생명, 새로운 마음과 새로운 영을 주시고, 그들의 모든 죄
를 용서하시고, 그들 위에 성령을 부으시고, 그들 위에 깨끗한 물을 뿌리
시고, 그들을 모든 부정함에서 깨끗케 하실 것이라고 선포하였다(호 6:2; 욜
2:28-29; 미 7:18-20; 사 1:16; 40:1ff.; 렘 31:31-34; 33:8; 겔 11:17-20; 36:25-28; 37:1-14;

---

44) I. A. Dorner, *A System of Christian Doctrine*, trans. A. Cave and J. S. Banks,
4 vols. (Edinburgh: T&T Clark, 1882), IV, 290; 참조. H. Bavinck, *Reformed
Dogmatics*, IV, 67-71, 190 (##442-43, 469).

45) A. Kuyper, "Van de genademiddelen," *De Heraut*, 646ff. (11 May-July 1890). 편
집자 주—Kuyper의 "추정된 중생" 개념에 대한 Bavinck의 사려 깊은 반론과 관련하여
다음을 보라: Herman Bavinck, *Saved by Grace: The Holy Spirit's Work in Calling
and Regeneration*, ed. J. Mark Beach, trans. Nelson D. Kloosterman (Grand
Rapids: Reformation Heritage Books, 2008).

46) 편집자 주—Bavinck 당시는 그랬을지 모르지만, 전세계적으로 복음주의적 오순절주의
가 폭발적으로 성장함에 따라 세 번째 천년기에 들어선 지금은 상황이 많이 달라졌다.

39:29; 슥 13:1 등). 중생, 회개, 믿음은 이방인에게뿐만 아니라 이스라엘 백성에게도 천국에 들어가서 그 모든 유익들에 참여하기 위해서는 반드시 필요한 것이었다. 이것이 세례자 요한과 예수가 이스라엘 백성에게 던진 메시지였고, 이 메시지를 받아들인 자들은 세례를 받았다. 이처럼 복음의 말씀을 제시하고 수용하는 일이 세례에 우선했으며, 성인의 세례에 앞선 신앙고백의 필요성에 대해서는 교회 간에 이견이 없었다. 심지어 로마 가톨릭조차 성인들의 경우에 일곱 가지 예비단계가 세례에 선행되어야 한다고 인정하며, 성사 참여자의 필수조건(*conditio sine qua non*)으로서의 "실제적 의향"(virtual intention)에 의존하는 것은 성사의 객관적 유효성이 아니라 주관적 작용이라고 가르친다.[47] 로마 가톨릭에서 설교와 믿음은 단지 예비적 의미만을 가지고 있는 반면, 성화의 능력을 가진 실제적이고 초자연적인 은혜는 세례라는 성사에 의해서만 나누어지는데, 그것은 엄밀히 말해 어른과 아이 할 것 없이 모든 사람의 구원을 위해 필요하다. 그러한 성사는 심지어 믿음이 없이도 유익을 제공한다. 반면에 종교개혁은 성례가 신자들이 하나님의 말씀을 의지함으로써 이미 소유한 유익만을 나누어준다는 성경적 원리를 채택하였다. 성례와 관계 없이 오직 믿음만이 구원의 모든 유익을 전달하고, 신자들로 하여금 그것들을 누리게 한다. 다음과 같은 개신교의 원리가 여기 적용될 수 있다. 말씀을 통해 믿음으로 획득될 수 없는 은혜의 전달을 세례에 돌리는 사람들은 로마 가톨릭의 성사 교리를 향해 문을 열어놓는 것이다.

세례라는 "형태"는 마치 물로 먼지를 씻어내는 것처럼 영혼에서 부패한 것을 씻어내는 것을 상징하기 위해 의도적으로 선택된 표지다. 따라서 그 표지는 자의적이거나 우연한 것이 아니다. 물이 몸에서 먼지를 씻어내는 것처럼 그리스도의 피가 우리를 모든 죄로부터 깨끗하게 한다. 물은 거

---

47) Council of Trent, sess. VI, can. 5, 7; Roman Catechism (Bradley and Kevane), II, chap. 2, qu. 31, 45.

의 모든 민족과 종교에서 풍성한 상징적 의미를 가지는데, 그것은 모든 종류의 정결 예식에 사용될 뿐 아니라 신과의 교제 속으로 들어가는 데 필요한 영적 청결을 예시한다. 이것은 구약성경의 예배에서도 마찬가지였다(출 30:18-20; 40:30; 레 6:28; 8:6; 11:32; 15:12; 민 8:7; 19:7ff. 등; 참조. 겔 36:25; 37:23; 슥 13:1). 초기 교회에서 세례는 "밥티제인"(βαπτιζειν)이라는 그리스어 동사와 성경의 보도가 이미 보여주는 것처럼 "물에 잠기는 것"(침례)을 의미했다. 따라서 서방 교회에서는 물에 잠기는 세례가 일반적인 관례였고, 물을 뿌리는 세례는 흔하지 않았다. 그러나 13세기 이후에는 물을 뿌리는 세례가 좀 더 보편화되었다. 물론 침례가 세례의 의미를 더욱 분명하게 밝혀주는 것은 사실이지만, 세례의 방식 자체가 본질적인 문제는 아니다.

[535] 세례의 물은 제정의 말씀(word of institution)을 통해서 성례가 된다. 성경에서 세례는 때로 "그리스도의 이름으로" 받는 세례라고 불리는가 하면(행 2:38; 8:16; 10:48; 19:5; 참조. 롬 6:3; 고전 1:13-15; 6:11; 갈 3:27), 어떤 때는 "아버지와 아들과 성령의 이름으로" 받는 세례라고 불리기도 한다(마 28:19). 이러한 표현들은 세례 시에 말로 표현되어야 하는 문구를 제공하기 위한 것이 아니라—이는 어떤 문구도 할례와 유월절, 또는 요한의 세례와 성찬에서 언급되지 않았다는 사실로 보아 분명하다—기독교 세례의 본질을 설명하기 위한 것이었다. 곧 세례는 그리스도의 이름으로 받는 것이며, 따라서 삼위일체 하나님의 이름으로 받는 것이어야 한다는 말이다. 여기서 마태복음 28:19에 나오는 "제정의 말씀"에서 유래한 고정 문구가 공적 용도를 위해 등장한 것은 자연스런 과정에 의한 것이었다. 또 『디다케』(Didache)가 그리스도인들을 가리켜 "주님의 이름으로 세례를 받은 사람들"이라고 부르기는 하지만, 그때에도 이미 삼위일체적 세례 문구가 알려져 있었다.[48] 아마 삼위일체적 세례 문구는 이단들에 대항하여 세례의 기독교적 성격을 변호하고, 시행되는 세례가 참으로 기독교적인 세례임을

---

48) *Did.* 9.5; 7.1, 3; 참조. Justin Martyr, *1 Apology*, 61.

　제6부 | 새로운 공동체를 창조하시는 성령

보증하기 위해, 그리고 예전의 시행에서 일관성과 안정성을 유지하기 위해 점차 필수적인 것으로 간주되었을 것이다.[49] 그러나 이런 삼위일체적 세례 문구가 서로 다른 교회 전통들 내에서 동일한 언어로 표현되지는 않는다. 그리스 정교회는 자신만의 독특한 문구를 사용하는 반면, 라틴 교회들은 그 세례의 타당성을 인정하면서도 "내가 성부와 성자와 성령의 이름으로 세례를 준다"와 같은 단순한 문구를 사용한다. 개신교도들도 라틴 교회의 문구를 이어받았다.

삼위일체적 세례 문구가 마술적으로 물을 그리스도의 피로 바꾸는 것은 아니다. 성례에서 성령의 사역은 말씀에서의 경우와 마찬가지로 물질적이지 않고 영적이다. 로마 가톨릭이 세례에서 성령의 사역을 공간화하여 물을 통해 일어나는 것으로 간주하고, 루터파도 어느 정도 그러한 전통을 이어받은 반면, 개혁파는 공간적이고 물질적인 연합 관념을 거부하고 그 대신 말씀에서와 같은 연합의 존재를 가정한다. 성령이 참으로 말씀과 더불어 역사하시면서도 그의 능력과 작용을 말씀 안에 제한하지 않는 것처럼, 세례의 물에 대한 성령의 역사도 마찬가지다. 에베소서 5:26에서 바울은 의도적으로 말씀을 통한 그리스도의 역사와 물을 통한 그리스도의 역사를 구분하는데, 이는 히브리서 10:22과 베드로전서 3:21에서도 마찬가지다. 교회를 거룩하게 하고 교회에 기의(thing signified)를 제공하는 이는 목회자나 물이 아니라 그리스도시다(마 3:11; 고전 6:11; 히 9:14; 요일 1:7). 만일 세례의 물이 중생에 영향을 끼친 것이었다면 바울은 고린도전서 1:14에서 "그리스도가 나를 보내신 것은 세례를 베풀게 하기 위해서가 아니라 복음을 선포하게 하기 위해서다"라고 말할 수 없었을 것이다. 그럼에도 개혁파 교회들은 그리스도가 세례를 받는 모든 사람에게 그 세례를 통해 "물이 몸에서 먼지를 씻어내는 것만큼 확실하게 그의 피와 그

---

49) Cyprian, *Epistles* 73.16-18; Suicerus, *Thesaurus ecclesiasticus*, s.v. βαπτισμος.

의 영이 영혼의 부정함을 씻어낼 것[50])을 약속하시고 확증하신다고 고백한다. 또한 세례를 통해 성인 신자들에게 주어지는 유익들에 대해서도 상당 부분 합의가 이루어졌다. 여기에는 칭의 또는 죄 사함(막 1:4; 행 2:38; 22:16; 히 10:22; 벧전 3:21), 중생, 회개, 옛 사람의 죽음, 그리스도의 죽음과 부활에 참여함으로 새 사람이 생명을 얻음(막 1:4; 롬 6:2-10; 고전 611; 엡 5:26; 골 2:12), 그리스도 및 그의 몸 된 교회와의 교제(마 28:19; 요 4:1; 행 2:40-41; 롬 6; 고전 12:13) 등이 포함된다. 이런 유익들은 믿음으로 받고 세례를 통해 표시되고 인쳐진 약속의 말씀을 통해 온다. 요약하자면, 하나님의 모든 약속들은 말씀과 세례를 통해 전달된다. 전자를 통해 주어지지 않은 그 어떤 것도 후자를 통해 주어지지 않는다. 세례 안에서, 성부는 그가 우리와 영원한 은혜언약을 맺으시고 우리를 자녀와 후사로 입양하신다는 것을 우리에게 증거하신다(창 17:7, 10; 행 2:39). 성자는 그가 자신의 피로 우리를 씻으시고 우리를 자신의 죽음과 부활에 참여하게 하셨음을 확증하신다(롬 6:3; 갈 3:27). 성령은 자신이 우리 안에 거하시며 우리를 거룩하게 하여 그리스도의 지체로 삼으시는 것을 확증하신다(고전 6:11; 12:13; 딛 3:5).

[536] 기독교 내에서 세례와 관련하여 발생한 커다란 분열은 당연히 유아세례와 관련된 것이다. 유아세례가 처음 도입되었을 때부터 오늘에 이르기까지 상당 부분의 기독교 진영에서 이를 거부하고 있다. 지금까지 유아세례는 주로 두 가지 이유로 거부당해왔다. 먼저 그것은 성경에 나오지 않으며, 또한 어린아이들에게 발생하지 않거나 인지될 수 없는 요소인 믿음과 회개를 전제한다. 1-2세기에 교회 안에서 성인세례가 급속하게 확산되어 일상적인 관례가 되었으며, 테르툴리아누스의 시대까지 유아세례에 대한 직접적인 증거는 발견되지 않는다.[51] 하지만 이런 침묵으로부터

---

50) Heidelberg Catechism, Q 69.
51) 편집자 주—하지만 이런 판단은 새롭게 드러난 역사적 증거에 따르면 잘못된 것이다. J. Jeremias, *Infant Baptism in the First Four Centuries*, trans. David Cairns (London: SCM, 1960).

　　　제6부 | 새로운 공동체를 창조하시는 성령

너무 많은 결론을 이끌어내서는 안 된다. 테르툴리아누스는 처음에는 유아세례를 반대했다. 하지만 그것이 너무 혁신적이며 사도 시대에 일상적인 관습이 아니었다는 이유에서가 아니라, "세례를 미루는 것이 더 합당하다.…세례가 얼마나 무거운 짐인지를 이해하는 사람들은 세례받기보다는 그것을 연기하는 편을 선호할 것이다"라고 확신했기 때문이다.[52] 테르툴리아누스 홀로 이런 확신을 고수한 것은 아니며, 오리게네스는 그 당시에 유아세례가 일반적으로 시행되고 있었고 그것이 사도적 기원을 갖는다고 증거한다. 키프리아누스는 주후 256년에 열린 카르타고 공의회의 결정에 동의하면서 유아세례는 난 지 팔일까지 미뤄서는 안 되고 태어난 지 2-3일 만에 시행되어야 한다는 입장을 옹호했다.[53] 유아세례가 예외 사항이 아니라 규범이 되자, 유아세례의 적법성을 변호해야 할 필요성이 대두되었다. 아우구스티누스는 펠라기우스파를 반박하면서 원죄를 제거하는 데 필요한 것으로서 유아세례를 옹호했고, 이를 위해 부모의 믿음에 호소했다. "이와 관련하여, 어린아이는 세례를 받도록 그를 드리는 [부모]의 믿음에 의해 유익을 얻는다는 바르고 경건한 믿음이 있다."[54] 진실로 온 교회의 믿음이 그들의 유익을 위한 것이다. "어린 자녀들은 영적인 은혜를 받기 위해 그들을 양육한 자들의 손으로 드려진다기보다는—물론 그들이 선한 믿음의 사람들이라면 자녀들이 그들에게서도 은혜를 받겠지만—오히려 성도들과 신자들로 이루어진 보편적 공동체에 의해 드려진다."[55] 아우구스티누스는 이를 토대로 신자들의 자녀들은 세례를 받을 자격이 있으며, 이 세례를 통해 죄 사함과 중생을 얻는다고 말하는 한편, "만일 세례를

---

52) Tertullian, *On Baptism*, 18; 참조. Irenaeus, *Against Heresies*, II, 22, 4.

53) J. W. F. Höfling, *Das Sakrament der Taufe* (Erlangen: Deichert, 1859), I, 104ff.

54) Augustine, *On Free Will*, III, 23.

55) Augustine, *Letter to Boniface* (Letter 98), in *The Works of St. Augustine: A Translation for the 21st Century*, ed. John E. Rotelle, OSA., trans. Roland J. Teske, SJ, vol. II/1 (Hyde Park, NY: New City, 2001), 429.

받은 유아들이 분별할 수 있는 연령에 이르러 믿음을 갖지 못하고 불의한 욕망을 삼가지 못하면 그들이 어린아이 때 받은 것이 그들에게 아무런 유익도 주지 못한다"고 주장했다.[56]

그러나 이처럼 다른 사람의 믿음(*fides aliena*)에 의존하는 것은 어린아이이의 개인적 믿음의 부족을 보상해줄 수는 없으며, 결과적으로 우리가 지각하지 못하는 사이에 세례에 의한 중생의 교리로 이어진다. 트리엔트 공의회는 신약성경의 성사들이 그 자체에 은혜를 포함하고 있으며 그 은혜가 전달되는 통로에 장애물을 두지만 않는다면 모든 자에게 그것을 나누어주기 때문에, 세례 시에 자녀들 역시 사효적으로(*ex opere operato*) 은혜와 덕을 받고, 그들이 이전에 신자가 아니었다 하더라도 세례를 통해 신자가 된다고 선언했다.[57] 루터파는 자녀들이 세례 이전에도 믿음을 가지고 있었다는 생각과, 그들이 "다른 사람의 믿음 위에"(*in aliena fide*) 세례를 받는다는 생각에 반대했다. 대신 루터파는 자녀들이 세례 시에 믿음을 받되 성향이나 능력뿐만 아니라 행위까지도 받는다고 가르쳤다. "참되고, 구원의 능력이 있고, 생명을 주는 '실제적' 믿음이 세례를 통해 또한 성령세례 안에서 생기는데, 세례받은 유아들은 이때부터 참된 믿음을 갖는다."[58] 성공회 가운데 고교회파에 속하는 사람들(High Churchmen)의 교리가 이런 가르침과 유사하다. 이런 견해는 많은 문제점을 지니고 있다. 만일 세례

---

56) Augustine, *The Punishment and Forgiveness of Sins and the Baptism of Little Ones,* I.xxv, in *The Works of St. Augustine,* vol. I/23 (1997), 47-48; 참조. T. Aquinas, *Summa Theol.,* III, qu. 68, art. 9; Bonaventure, *The Breviloquium,* vol. 2 of *The Works of Bonaventure,* trans. Jose DeVinck (Paterson, NJ: St. Anthony Guild Press, 1963), VI, 7; Roman Catechism, II, (Bradley and Kevane): II, chap. 1, qu. 28, 31; J. Köstlin, *The Theology of Luther,* I, 399; II, 45, 510; J. Calvin, *Defensio orthodoxae fidei* (1554), in *Calvini opera* (CR XXXV), VIII, 483, 493.

57) Council of Trent, sess. VII, can. 6-8; "De bapt.," chaps.13-14.

58) J. Quenstedt, *Theologia didactico-polemica sive systema theologicum* (1685), IV, 147.

가 사효적으로(*ex opere operato*) 은혜를 나누어주고, 자녀 안에 있는 "수동적 능력"(passive capacity) 외에는 아무것도 전제하지 않으며, 모든 자녀들의 집단적인 세례를 요청하는 것으로 간주된다면, "다른 사람의 믿음"(*fides aliena*)은 전적으로 불필요한 것이 되어버린다. 만일 세례가 믿음과 말씀에서 멀어지고, 하나님의 약속들에 대한 표지와 인침이 되지 못하고, 스스로 작용하는 독립적인 은혜의 방편이 되거나 심지어 은혜의 방편들 가운데 최우선의 자리를 차지하게 되면 세례는 그 성경적인 성격을 잃어버리게 된다. 세례를 통해 주어지는 유익들은 한편으로는 과장되고 다른 한편으로는 약화된다. 성경의 증거와 우리의 경험에 따르면, 세례받은 모든 자녀들이 나중에 신자가 되거나 구원받는 것은 아니다. 이것은 세례의 유익들이 믿음을 스스로 받아들일 나이에 이를 때까지만 용인될 수 있음을 의미할 것이다. 이 유익들은 유아기에 죽은 자녀들의 경우에는 구원을 얻기에 충분한 반면, 성장기의 자녀들에게는 불충분하며 그들을 신자와 비신자 간의 모호한 범주에 위치시킨다. 그에 대한 응답으로 개혁파는 유아세례를 옹호하면서, 하나님의 약속을 따라 신자들은 물론 그 후손까지도 포함하는 은혜언약의 입장을 취했다. 성인과 유아를 막론하고 모두에게 세례의 권리를 부여하는 것은 중생이나 믿음 또는 회개가 아니며, 하물며 그것들에 대한 우리의 추측들은 더더욱 아니고, 오직 은혜언약뿐이다.[59] 이보다 더 깊고 견고한 토대는 있을 수도 없고 필요하지도 않다.

[537] 유아세례의 타당성은 성경이 신자의 자녀들을 어떻게 간주하는지, 또한 성경이 우리에게 자녀들을 어떻게 대하도록 요청하는지에 전적으로 달려 있다. 만일 성경이 성인 신자들에 대해 말하는 것과 동일한 방식으로 자녀들에 대해 말하고 있다면, 그것으로서 유아세례를 시행할 권리와 그에 따른 의무가 수립된 것이다. 왜냐하면 우리가 어른들에게 허락한 것을 자녀들에게만 거부할 수는 없기 때문이다. 따라서 우리는 유아세

---

59) J. Calvin, *Institutes*, IV.xvi.23-24.

레의 경우에도 성인세례에서 요구하는 것만큼만 요구하도록 허용된다. 재세례파는 유아들이 믿음과 회개를 경험할 수 없다는 이유로 유아세례를 반대한 반면, 개혁파는 비록 아이들이 믿음의 행위를 소유하지는 않았지만 여전히 믿음의 성향(*habitus*)을 소유할 수는 있다고 응답했다. 성인의 경우든 아이의 경우든 수용자의 내적 상태에 대해 절대적인 확실성이 보장되는 것은 아니기 때문에, 요점은 우리가 양자의 경우에 대해 동일한 확실성을 가지는가 하는 것이다. 절대적 확신을 요구하게 되면 결국 어떠한 성례도 시행될 수 없다. 신약성경이 유아세례를 언급하지 않는 것은 전혀 놀라운 일이 아닌데, 왜냐하면 성인세례가 규범이었고 유아세례는 예외 사항이었을 것이기 때문이다. 하지만 그러한 사실이 유아세례를 배제하는 것은 아닌데, 왜냐하면 유아세례가 적법한 추론에 의해 본래의 세례에서 파생되었다고 볼 수 있기 때문이다. 골로새서 2:11-12에 따르면 세례가 구약성경의 할례를 대체했다. 따라서 세례는 본질에서가 아니라 정도에서 할례보다 뛰어난 것이다. 할례가 그리스도의 죽음을 예시하는 반면 세례는 그리스도의 죽음을 기념한다. 전자는 그리스도의 죽음과 더불어 종결되고, 후자는 그의 죽음과 더불어 시작된다. 그러나 만일 언약의 표지인 할례가 유아들에게 시행될 수 있었고 또 시행되어야 한다면, 세례는 더더욱 그러한데, 왜냐하면 세례가 더 풍성한 은혜를 담고 있기 때문이다. 이것은 옛 언약의 성례가 단지 남자들에게만 시행된 반면 새 언약은 여자들에게까지 적용된다는 사실을 통해서도 부분적으로 명백해진다.

할례가 구약성경이 유아를 언약의 참여자로 간주한다는 유일한 증거는 아니다. 결국 언약은 선택이 어떻게 유기적이고 역사적인 방식으로 실현되는지를 보여준다는 점에서 선택과 구별된다. 언약은 개인과만 맺어지는 것이 아니라, 동시에 그 안에서 그의 후손과도 맺어지는 것이다. 부모와 자녀는 죄와 비참에 대해 일종의 연대를 갖는데, 그에 대응하여 하나님은 은혜와 복에 대해서도 부모와 자녀 간에 연대관계를 수립하셨다. 하나님의 언약, 그리고 그에 따른 유익들과 복들은 대대로 영원토록 이어진다(창 9:12; 17:7, 9; 출 3:15; 12:17; 16:32; 신 7:9; 시 105:8 등). 은혜가 자동적으로 유전되는 것은 아니지만, 그것은 대체로 계보를 따라 후손에게 이어진다. "신자의 자녀에게 구원을 위한 가장 중요한 기회는 그들이 믿는 부모에게서 태어났다는 바로 그 사실이다."[60] 이런 견해는 예수가 유대인들의 배척에도 계속 그들의 자녀를 언약의 자녀로 간주하신 것으로 묘사하는 신약성경에서도 지속된다(마 18:2ff.; 19:13ff.; 21:15-16; 막 10:13ff.; 눅 9:48; 18:15ff.). 예수는 아이들을 가까이 부르시고, 그들을 안아주시고, 그들에게 손을 얹으시고, 그들을 축복하시고, 그들에게 천국이 그들의 것이라고 말씀하신다. 게다가 교회는 구약성경의 "이스라엘"을 "아버지이신 하나님의 백성"으로 대체하였으며(마 1:21; 눅 1:17; 행 3:25; 롬 9:25-26; 11:16-21; 고후 6:16-18; 갈 3:14-29; 엡 2:12-13; 딛 2:14; 히 8:8-10; 벧전 2:9; 계 21:3), "온 집안 사람들"이 믿고 세례를 받은 것처럼(눅 10:5; 19:19; 행 5:42; 11:14; 16:15, 31, 34; 18:18; 20:20; 고전 1:16) 신자의 자녀들도 하나님의 백성에 포함되었다. 바울에 따르면(고전 7:14), 심지어 부모 중 한편만 신자인 가정의 자녀도 거룩하다. 여기서 바울의 유일한 관심사는 기독교 신앙이 생명의 자연적 법칙을 상쇄하는 것이 아니라 오히려 그것을 확증하고 거룩하게 함을 보여주는 것이다(참조. 고전 7:18-24). 부부 중에 신앙을 가진 한 사람의 고백에 따라 온 가족이 고려된다. 성경은 중립적인 양육방식, 곧 자녀들이 나이가 들어 전적으로 자유롭게 자신의 신앙을 선택하게 하는 것을 인정하지 않는다.[61] 신자의 자녀들은 이방인이나 세례 전에 축귀가 필요한 마귀의 자녀들이 아니라(로마 가톨릭과 루터파에서 주장하는 것처럼)[62] 언약의 자녀들인데, 그 약속은 성인들만을 위한 것이 아니라 그들을 위한 것이기도 하다. 그들은 언약에 포

---

60) T. Beza, *Resp. ad coll. Mompelg*, 103, in J. Gerhard, *Loci theologici*, ed. E. Preuss, 9 vols. (Berlin: G. Schlawitz, 1863-75), XX, 211.

61) Council of Trent, sess. VII, "De bapt.," chap. 14.

62) 참조. G. Kawerau, "Exorcismus bei der Taufe," in *PRE³*, V, 695-700; F. J. Dolger, *Der Exorcismus in der altchristlichen Taufritual* (Paderborn: Schöningh, 1909).

함되어 있으며, 자연적으로가 아니라(욥 14:4; 시 51:5; 요 3:6; 엡 2:3) 언약으로 인해 거룩하다.[63] 이 모든 것은—특별히 신약성경 시대에—은혜가 죄보다 훨씬 더 풍성하기 때문에 한층 더 설득력을 갖는다(롬 5:12-21). 재세례파는 은혜의 작용에—유아의 나이와 그 아이가 분별할 수 있는 연령에 도달하지 못했다는 사실에, 즉 창조 시에 하나님에 의해 자연 안에 세워진 법률과 규례들에—제한을 두지만, 은혜는 그러한 경계들을 전혀 알지 못한다. 신약성경에서는 민족과 국가와 성과 연령 간의 모든 경계들이 제거되었다. 재세례파는 기독교의 보편성을 인정하지 않는다. 어른들과 마찬가지로 유아들의 마음도 사랑으로 판단받아야 한다. 세례는—유아와 성인을 불문하고—한 개인의 구원을 입증하지 못한다. 세례의 근거는 어떤 사람이 중생했다는 가정(assumption)도 아니고, 중생 자체도 아니며 오직 하나님의 언약뿐이다.

세례의 본질은 결코 그것이 삶에서 빚어내는 결과에 의존적이 되어서는 안 된다. 삶의 현실이 믿음에서의 일탈과 왜곡을 보여줌에도 불구하고 신실한 믿음은 「하이델베르크 교리문답」(제7주일 제21문답)의 묘사에 일치하는 것과 마찬가지로, 세례 역시 성경이 그것에 관해 가르치는 것과 일치한다. 궁극적으로 세례의 열매를 향유할 수 있는 것은 선택받은 자들, 곧 하나님의 때에 믿음에 도달한 자들뿐이다. 모든 사람은 그가 로마 가톨릭 교도든지, 개신교도든지, 루터파든지, 또는 개혁파든지 그 결과를 받아들여야만 한다. 아우구스티누스는 "성례가 의도했던 효력을 발휘하는 것은 오직 택자들 안에서뿐이다"라고 말했다. 택자들은 그것을 붙잡은 반면, 나머지는 오히려 더욱 완고해졌다. "아브라함의 자손으로 여김받는 자들은 언약의 자녀들이다"(롬 9:8, NIV). 세례의 유익들—죄 사함, 중생, 그리스도의 교회에 속함—은 성인들과 자녀들에게 동일하다.

세례는 말씀과 동일한 유익들을 나누어주되, 하나님이 각 사람에게 주

---

63) Heidelberg Catechism, Q 74; Canons of Dort, I, 17.

신 분량에 따라 믿음이 세례에 의해 확증되고 강화되도록 다양한 방식과 형태로 그것들을 나누어준다. 이러한 규범은 어린아이에게나, 새로 신자가 된 성인에게나, 또는 믿음과 생활방식에서 다양한 성숙도를 보이는 그리스도인에게 동일하게 적용된다. 수많은 다른 영역들에서와 마찬가지로 여기서도 신비스러운 상호작용이 목격된다. 마치 빛과 인간의 눈이 서로를 전제하고 지지하는 것처럼, 믿음이 그 강도에 따라 성례를 더 많이 향유하는 것과 동일하게 성례는 믿음을 인치고 강화한다. 따라서 성숙해가는 신자들에게 성례는 그 중요성이 점점 감소되는 것이 아니라 그 가치가 지속적으로 증가한다. 믿음의 눈에 성례는 하나님의 풍성한 은혜를 더욱 아름답고 영광스럽게 드러낸다. 모든 신자와 교회에게 성례는 이미 받은 은혜에 대한 증거요, 하나님의 신실하심에 대한 표지요, 간청하는 기도의 토대요, 신자의 믿음을 지지하는 지주요, 새로운 순종을 위한 권고다.[64]

[538] 이 세례를 시행하시는 분은 그리스도시며, 오직 *그가*—기호와 함께 기의를 부여하시면서—세례를 베푸셔야만 그 사람은 참으로 세례를 받은 것이다. 그런데 그리스도는 세례를 시행하실 때 세움을 입은 사람들을 동원하심으로써 성례가 말씀 선포에 종속된다는 것을 보여주신다. 이것은 구약성경에서 할례의 시행이 특정한 직분에 한정되지 않았던 것과 차이를 보이는데, 신약성경에서는 상황이 변하여 성례의 시행이 직분을 맡은 자들, 즉 요한(막 1:4), 예수의 제자들(요 4:2), 특별히 이것을 행하라고 그리스도께 임무를 부여받은 사도들(행 2:38; 마 28:19), 빌립(행 8:38; 21:8), 아나니아(9:17-18), 그리고 이방인의 사도로서 무엇보다 복음을 전파하도록 부름을 받았기에 비록 간간이 세례를 베풀기는 했지만 그 외의 경우에는 이 직무를 동역자들에게 맡겼던 바울(고전 1:14-17; 참조. 행 10:48)에게 제한

---

64) 유아세례에 대해서는 다음을 보라; J. Calvin, *Institutes*, IV.xvi; F. Turretin, *Institutes of Elenctic Theology*, XIX, qu. 20; J. J. van Oosterzee, *Christian Dogmatics*, trans. J. Watson and M. Evans, 2 vols. (New York: Scribner, Armstrong, 1874), §138.

되었다. 성례의 시행은 말씀 선포에 종속되는 동시에 언제나 그것과 밀접하게 연결되어 있었다. 성례는 말씀을 뒤따르는 것이며, 따라서 성례를 시행할 권한은 사도들과 전도자들로부터 자동적으로 목회자들, 그리고 말씀을 가르치는 사역에 헌신한 장로들에게 전수되었다. 그러므로 성례는 중생의 원인이 아니라 오히려 표지와 인침인데, 중생은 성례 이전에, 그리고 성례와는 별개로 주어진다. 달리 말하자면 성례가 구원에 반드시 필요한 조건은 아니라는 것이다. 성례는 항상 말씀과 긴밀하게 연결되어야 한다. 하나님 앞에서 사람을 유죄로 만드는 것은 그가 세례를 박탈당했다는 사실이 아니라 그가 세례를 경멸한다는 사실이다.

따라서 세례와 관련하여 사도들의 관례를 벗어날 이유가 전혀 없으며, 응급한 상황이라 해서 교회의 목회자가 아닌 사람이 세례를 집례하도록 허락할 이유도 없다.[65] 이와 관련하여 개혁파는 세례가 일관되게 교회 공동체 가운데서 시행되는 것을 선호했다. 물론 세례의 시행이 가정에서 사적으로 이루어지도록 허용될 수 있는 상황들이 존재하지만, 그런 상황은 지극히 예외적인 것으로 다루어져야 한다. 그러한 경우들은 단지 말씀 사역자에 의해서만이 아니라 공동의회(entire church council)에 의해서 결정되어야 하며, 또한 당회(council)의 참관하에 세례가 집행되어야 한다. 성례를 베풂에 있어 중요한 것은 건물이 아니라 교회의 모임이기 때문이다. 성례는 공예배의 구성요소 가운데 하나요 그리스도가 자신의 교회에 주신 선물이기 때문에, 그것은 말씀과 더불어 회중 가운데서 공개적으로 시행되어야 한다.

세례를 시행하는 시기와 관련해서는 그리스 정교회, 로마 가톨릭, 루터파, 개혁파 모두 출생 후 빠른 시일 내에 세례가 시행되어야 한다는 점에 동의한다. 유아세례가 일반적인 관례로 정착하면서 "세례의 증인", "보증인", "후견인", "담보자", "관리인", "영적 부모" 또는 "대부모"라는 제도가

---

65) J. Calvin, *Institutes*, IV xv.20.

도입되었는데, 이미 테르툴리아누스도 그것에 대해 언급하고 있다.[66] 세례 시에는 아이를 대신해서 신앙을 고백하고 일반적인 질문들에 답변할 사람이 필요했는데, 그는 말하자면 아이를 위한 후견인과 보증인 역할을 하고 아이의 세례에 기초하여 그 아이를 기독교적으로 양육하기로 약속하는 사람이다. 루터파와 개혁파 신학자들은 그것을 비본질적인 문제로 취급했지만, 그럼에도 개혁파에서는 세례 시에 질문에 대답하고 자녀들의 관리자와 후견인 역할을 담당해야 할 사람이 일차적으로 부모라는 점을 특히 강조했으며, 후견인 역할을 하기 위해서는 건전한 신앙고백과 생활 방식을 유지해야 한다고 요구했다.[67] 또한 개혁파 교회들은 칼뱅의 제안에 따라 대자녀를 믿음으로 양육해야 할 대부모의 의무를 수세자의 교리 문답 교육으로 대체했으며 그 과제를 그들의 목회자에게 위임했다.

개혁파 신학자들에 의해 발전된 세례 교리 전체는 그들이 얼마나 성경과 밀접하게 보조를 같이하는지를 보여준다. 모든 분파주의를 피하고 진정한 기독교적 관대함과 넓은 안목을 유지하기 위해, 개혁파 교회는 북아프리카 교회들과 투쟁 중에 있던 로마 가톨릭 교회와 뜻을 같이하여, 이단들의 세례라도 그것이 삼위일체 하나님의 이름으로 시행되었다면 인정되어야 한다고 가르쳤다. 하지만 개혁파 신학자들은 세례 문구가 마술적 힘을 가진다는 견해를 받아들이지 않았으며 세례를 교회 및 그 직분들과 분리하지 않았기 때문에, 세례가 기독교회에서 공적으로 인정받은 목회자에 의해 집행되어야 한다는 제한 조건을 첨가했다. 또한 그들은 부모가 죽거나 또는 버려져서 그리스도인 가정에 입양된 아이들, 부적절한 결혼으로

---

66) A. Drews, "Taufe: Liturgischer Vollzug," in *PRE³*, XIX, 447ff.

67) J. Calvin, "Letter to Caspar Olevianus, November 1560," in *Op. ed. Amsterdam* (Schippers), IX, 142. 편집자 주―이 편지는 제네바에서의 교회정치에 관한 문제를 다루고 있다. 다음을 보라: *Calvini opera* (CR XLVI), XVIII, cols. 235-37. C. Hooijer, *Oudekerkenordeningen der Nederlandsche Hervormde gemeenten, 1563-1638* (Zalt-Bommel: Noman, 1865), 7, 11, 17, 46, 69, 105, 153, 205, 265, 314, 344, 456.

출생한 아이들, 파문당한 자의 자녀들, 분파주의자의 자녀들, 그리고 이단의 자녀들이라 하더라도, 만일 언약의 계보가 완전히 끊기지 않았다고 가정할 만한 근거가 조금이라도 있는 경우라면 세례받는 것을 금하지 않았다. 개혁파는 탁월한 방식으로 지상에 있는 그리스도의 교회의 일치성과 보편성을 지켜왔다. 모든 기독교회들은 서로의 세례를 인정하면서, 이 모든 교회들 안에 아주 많은 진리가 남아 있기 때문에 구원의 가능성이 배제되지 않는다고 말한다. 모든 교회가 공유하는 하나의 신앙, 곧 교회가 세워지는 데 기초가 되는 신앙고백이 존재한다. 모든 차이점들과 논란에도 불구하고 그들 모두는 동일한 주님, 동일한 믿음, 동일한 세례를 받아들인다.

성찬

함께 나누는 제사음식

[539-40] 세례에 이은 두 번째 성례는 성찬인데, 구약성경에서 그 모델은 유월절 축제다. 이방인들 중에서와 같이(민 25:2), 이스라엘에서도 식사가 종종 속죄의 행위로서 희생제사와 결합된다. 유월절과 같이 성찬은 하나님이 열납된 희생제물에 기초하여 친히 자기 백성들과 하나가 되시고, 기쁨에 겨운 축제의 장에서 그들을 만나시는 식사 자리다. 주최자이신 하나님 자신이 자기 백성들과 만찬의 열매를 나누신다. 레위기의 정결예식은 하나님이 이스라엘 백성들에게 찾아오실 때, 그들 가운데서 오직 정결한 장소에만 거하시기 때문에 요청되는 것이었다(출 20:24; 29:42-46; 33:7; 민 11:25; 12:5; 17:4; 신 31:15). 이 자리에 참여한 자들은 하나님과의 언약관계에 들어갔다. 따라서 이방인들의 제사음식에 참여하는 것은 이스라엘 백성에게 금지되었다(출 34:15). 왜냐하면 그것은 스스로 거짓 신들과 연합하여 그들의 무리가 되는 일이기 때문이다(민 25:3, 5; 시 106:28). 신약시대에 사도들은 그리스도인들이 그런 식사에 참여하는 것을 금지하거나(행 15:29; 21:25), 또는

연약한 신자들을 위해 자제할 것을 권고했다(고전 8:1ff.; 10:18ff.).

　유월절은 이스라엘의 제의적 삶에서 아주 독특한 자리를 점유했다. 그것은 다른 모든 제사에 앞서 하나님에 의해 특수한 상황에서 제정되었기 때문에 그 자체로서 독특성을 갖는다. 유월절은 무엇보다 제사와 성례지만 또한 식사로 이해되어야 한다. 어린 양이 아빕월 14일 황혼녘에 도살되면, 그 피를 집 문설주에 바르거나, 후대에는 제단에 뿌린 이후에, 그 양은―몸에 있는 뼈가 하나도 부러지지 않은 채로―머리와 다리와 내장이 통째로 불살라져야 했다. 그런 다음에 아빕월 14일 밤 집 안에 있는 모든 사람들이 무교병 및 쓴나물과 함께 그것을 먹어야 했다. 그때 사람들은 띠를 두르고 신을 신고 한 손에는 지팡이를 들고서 집 안에서, 후대에는 성소에서 급히 먹어야 했고, 남은 음식을 불살라야 했다(출 12:1-28, 43-49; 13:3-9; 23:15; 레 23:5-14; 민 9:10-14; 28:16-25; 신 16:1ff.). 그것은 속죄제사이며, 하나님 그리고 이웃과 나누는 친교의 식사다. 그것은 희생제사인 동시에 성례다.[68] 신약성경은 이 유월절에 모형적 의미를 부여했는데, 따라서 그것은 이집트에서의 해방을 기억하기 위한 행위일 뿐 아니라 죄의 속박에서의 해방과 약속된 메시아를 통하여 하나님과 나누는 친교에 대한 표지와 약속이 된다. 예수는 성찬을 제정하실 때 의도적으로 그것을 유월절 축제와 연관시키셨다. 하지만 성찬은 단지 식사일 뿐이다. 성찬의 제사적 성격은 그리스도의 희생으로 단번에 영원히 성취되었다. 비록 현대 학자들이 예수가 친히 성찬을 제정하셨는지에 대해 논쟁을 벌이고 있기는 하지만, 그것을 반박하는 주장들 중 어떤 것도 그리 인상적이지 않다. 이것을 의심하는 것은 곧 예수의 죽음과 그 구원의 의미에 대한 예수 자신의 자기의식을 의심하는 것이다. 예수가 제자들과 함께한 최후의 만찬에 대해 기록한 복음서의 여러 기사들이 이것을 확증해줄 뿐 아니라, 그 제정

---

68) C. Orelli, "Passah," in *PRE*³, XIV, 750-57; W. J. Moulton, "Passover" in *DB*, III, 684-92.

에 대한 바울의 설명(고전 10:16; 11:24-25)이 유월절과 성찬의 긴밀한 연대를 확인해준다. 예수가 진정한 유월절 어린 양으로 죽으셨다는 사실은 요한복음(19:33, 36)은 물론 바울 서신에도 나타나는데, 바울은 우리의 속죄양이신 그리스도가 도살당하셨다는 것과 그로 인해 신자들이 죄의 옛 누룩을 씻어내고 어떤 불의와도 섞이지 않은 "누룩 없는" 자들, 새로운 피조물로 행해야 한다는 것을 고린도전서 5:7에서 명확하게 진술한다. 더불어 우리는 도살자에게 끌려간 어린 양(사 53:7)이 유월절 어린 양에 대한 암시를 담고 있으며, 따라서 신약성경에서 그리스도에게 적용된다는 점을 언급할 수 있을 것이다(요 1:29, 36; 행 8:32; 벧전 1:19; 계 5:6). 세례의 모형이었던 할례가 그리스도의 죽음으로 세례가 된 것처럼, 성찬을 예표하던 유월절도 그리스도의 명령에 따라 성찬으로 대체되었다. 그러나 유월절이 여전히 일차적으로는 제사였던 반면 성찬은 이런 성격을 전적으로 상실했는데, 그 이유는 유월절에 드려지는 희생제사가 그리스도의 죽음을 통해 성취되었기 때문이다. 그리스도는 단번의(once-for-all) 완벽하고 완전한 희생제사를 토대로 은혜언약의 새로운 시대를 여시고, 제자들을 자신의 거룩한 성찬상으로 초청하시고 그들의 믿음을 강하게 하셨다.

주님이 친히 성찬을 제정하셨다는 사실을 우리가 의심할 필요는 없지만—바울도 그가 이 가르침을 "주와 함께(παρα)"가 아니라 "주님으로부터"(ἀπο του κυριου) 받았다고 언급한다(고전 11:23)—우리는 여전히 그리스도가 어떤 식으로 이 만찬을 제정하셨으며, 이것을 통해 무엇을 이루고자 하신 것인지 물어볼 필요가 있다. 우리는 무엇보다도 예수가 유월절 식사 자리에서, 아마도 유월절 어린 양을 드신 후에—"저녁 먹은 후에"(눅 22:20)—감사의 잔인 세 번째 잔과의 관련성 속에서 성찬을 제정하셨다는 점을 주목해야 한다.[69] 예수는 유월절에 사용되는 평범한 떡과 포도주를 취하

---

69) 유월절 만찬은 감사와 더불어 포도주를 돌리면서 시작했다. 쓴나물을 먹고, 유월절 양을 무교병과 같이 차려놓고, 출애굽 이야기를 하고, 할렐의 첫째 부분(시 113-14편)을

셨는데, 성찬에 대해 기록한 4군데의 성경 구절(마 26:26-29; 막 14:22-25; 눅 22:19-20; 고전 11:23-25)에 따르면, 예수는 그것들을 자신의 죽음과 직접 연결했다. 예수 당시에 유월절 행사는 크게 확장되었고 니산월 14일 오후에 성전 뜰에서 레위인들이 유월절 양을 도살하는 중대한 행사를 포함하였다. 예수가 자신의 죽음을 알고 있었고 그것을 예견했으며, 특별히 그것을 희생제사로 해석했다는 것을 의심할 이유는 전혀 없다. 오로지 그런 방식으로만 우리는 성찬의 제정에 수반하는 말씀과 행동을 설명할 수 있다. 제자들이 방금 먹은 유월절 식사는 하나님이 광야에서 이스라엘과 맺으신 언약의 시작과 토대였었다. 유월절 어린 양이 도살당하여 그 피가 제단 위에 쏟아지고 뿌려졌기 때문에, 유월절 의식은 일차적으로 속죄제사 역할을 했고, 다음으로 하나님과 그의 백성과의 교제를 상징하는 희생제사로서의 식사(sacrificial meal)로 사용되었다. 그리스도가 이 모든 역할을 자신에게로 이양하셨다. 그분은 진정한 유월절 어린 양으로서, 자신의 죽음과 자기 몸을 찢으심과 자기 피를 뿌리심으로 하나님에 대한 속죄를 이루시고 새 언약을 위한 토대를 놓으신다. 떡을 떼고 나누실 때 그는 다음과 같이 말씀하셨다. "이것은 내 몸이다"(마태복음과 마가복음). "이것은 너희에게 주는 내 몸이다"(누가복음). 또는 "이것은 너희를 위한 나의 몸이다"(바울). "뗀"(κλωμενον, broken)이라는 단어는 가장 중요한 사본들에서는 발견되지 않으며, 다른 사본들에서는 "쪼개진"(θρυπτομενον, broken into pieces)과 "주어진"(διδομενον, given)이 번갈아 등장한다. 그분은 잔을 나누실 때 다음과 같이 말씀하셨다. "너희가 다 이것을 마시라. 이것은 죄 사함을 얻게 하려고 많은 사람을 위하여 흘리는 바 나의 피 곧 언약의 피니라"(마태복음). "이것은 많은 사람을 위하여 흘리는 나의 피 곧 언약의 피니라"(마가복음).

노래하고, 두 번째 잔을 돌렸다. 이어서 실제 식사가 시작되고, 연이어 세 번째 잔을 들고 가장이 축사한 후에 그와 더불어 모든 참석자들이 잔을 비운다. 네 번째 잔을 따르고, 할렐의 둘째 부분을 부르고(시 115-18편), 시편 118:26으로 가장이 네 번째 잔을 축사하고, 식탁에 둘러앉은 손님들이 이 잔을 비움과 더불어 전체 식사가 마무리된다.

"이 잔은 내 피로 세우는 새 언약이니 곧 너희를 위하여 붓는 것이라"(누가복음). "이 잔은 내 피로 세운 새 언약이다"(고린도전서). 다양한 독법들은 예수가 세례에서와 마찬가지로 성찬에서도 불변하는 고정된 문구를 규정하지 않으셨다는 점을 잘 보여준다. 구체적인 용어와 표현들이 중요한 것이 아니라, 예수가 유월절 식사의 떡과 포도주를 자기 몸과 피, 그리고 오래 전에 죽음에 넘겨진 희생제물의 살과 피를 가리키는 표지로 분명히 삼으신 사실이 더 중요하다. 여기서 예수는 유월절 식사와 구약성경의 제사에서 시작하여 그와 관련된 통상적인 행위와 전문용어를 차용하시고 그것들을 자신의 죽음에 적용하신다. 희생제사에서 피흘림은 주된 요소이기 때문에(히 9:22), 포도주가 상징하는 그리스도의 피는 희생제사의 피, 즉 많은 사람들을 위해 흘려진 속죄의 피이며 따라서 그것은 새 언약의 출발이자 개시다. 유월절과 옛 언약이 연결된 것처럼, 성찬과 새 언약도 한데 묶여 있다. 따라서 잔은 "내 언약의 피" 또는 "내 피로 세운 새 언약", 다시 말해 언약의 피다(출 24:8). 그리스도의 죽음을 이해하지 못하여 슬퍼하고 두려워하는 제자들에게, 예수는 자신의 죽음이 그들에게 유익이라고 설명해주신다. 구약성경에서 예시되고 예언된 바로 그 용서와 언약이 발생한 것은 다름 아닌 그의 죽음 때문이다. 약속의 때는 지나갔고, 성취의 때가 밝아오고 있다. 옛 것이 지나갔으니, 보라, 만물이 새로워졌다.

그러나 예수는 여기서 그치지 않으신다. 그는 자신의 죽음을 떡과 포도주라는 표지 안에서 설명하셨을 뿐 아니라 그것들을 제자들에게 주셨다. "받아 먹으라." 그리고 "이것을 너희가 다 마시라." 예수는 떡과 포도주를 자기 몸과 피를 가리키는 표지로 바꾸셨을 뿐 아니라, 그것을 먹고 마시도록 제자들에게 건내주셨다. 유월절 식사를 마친 후에, 예수는 떡과 포도주로 이루어진 새로운 식사를 제정하셨는데, 떡과 포도주는 그 자체로서가 아니라 그의 찢겨진 몸과 흘려진 피를 가리키는 표지로서의 의미를 갖는다. 유월절과 성만찬 간에는 차이점들이 있다. 유월절 어린 양을 먹는 것은 오늘날 그리스도의 찢겨진 몸을 먹는 것, 다시 말해 성찬식에서 떡을 먹는 것과

　제6부 ｜ 새로운 공동체를 창조하시는 성령

는 달랐다. 옛 언약의 제사에서 피가 흘려지고 뿌려지기는 했지만 그 피를 결코 마시지는 않았다. 따라서 예수의 살을 먹고 피를 마셔야 한다는 생각은 유대인들에게는 너무나 생소한 것이라서 그들은 그것 때문에 분노하여 예수를 떠났다(요 6:52, 60, 66). 성찬은 구약성경의 언약 및 제사 개념과의 관련성 속에서 제정된 것이기는 하지만, 그것들을 훨씬 능가한다. 주의 성찬은 유월절과 유사할 뿐 그것과 동일하지는 않다. 그리스도가 참되고 완전한 희생제사를 드렸기 때문에, 성찬 안에서 하나님과의 교제는 구약시대보다 훨씬 더 풍성하고 충만하다. 성만찬은 식사, 즉 하나님과 그의 백성에게 필수적인 식사다. 그것은 그리스도가 신자들을 위해 자기 생명을 내어주셨던 대로 신자들이 그리스도를 받아들이는 탁월한 희생제사 음식이다. 예수는 제자들이 "누리도록" 그들에게 자신의 찢긴 몸과 흘린 피의 표지로서 떡과 포주를 주시는 행위를 통해 이런 실재를 표현하신다.[70] 그리스도는 자기 백성들을 "위해" 자신을 내어주실 뿐만 아니라 그들"에게" 친히 자기 자신을 주신다. 성찬에서 잔과 떡은 "그리스도의 피와 몸에 참여하는 것"이다(고전 10:16). 그리스도가 유월절 식탁에서 친히 제정하신 성찬은 그의 죽음 이래 현재까지 기독교회 내에서 기념되어온 것과 동일한 식사다. 그리스도는 그 안에서 우리 눈앞에 자신의 희생을 묘사하시는 동시에 우리로 하여금 그것을 향유하게 하신다. 이것이 바로 성찬의 명백한 기능이다. 예수는 우리에게 떡과 포도주라는 표지를 주셨다. 그분은 그것들을 자신의 손에 간직하신 것이 아니라 나누어주셨고, 누가(떡을 나누어 줄 때만)와 바울(잔을 돌릴 때도)에 따르면 "이것을 행하여 나를 기념하라"는 말씀을 덧붙이면서, 그의 제자들에게 집어 먹으라고 말씀하셨다. 이런 말씀은 성찬이 단지 기념하는 식사가 아니라 본질적으로 희생제사의 식사이며, 그리스도와의 교제 의식인 전체 성찬이 그의 죽음에 대한 계속적 선포로서 그를 기억하면서

---

70) 편집자 주―"누린다"(enjoy)는 표현은 Bavinck가 쓴 네덜란드어 geniet, genieten을 번역한 것이다.

행해져야 함을 가리킨다(고전 11:26). 그런 까닭에 바울은 다음과 같이 덧붙이는 것이다. "너희가 이 떡을 먹으며 이 잔을 마실 때마다"(고전 11:25-26).

그리스도는 이 땅의 교회가 그분이 돌아오실 때까지 지속해야 할 영구적인 "선"으로 성찬을 제정하셨다. 그의 죽음은 그가 다시 오실 때까지 선포되어야 한다. 십자가는 모든 복의 원천과 근거요 교회가 기념할 중심으로 언제까지든지 남아 있을 것이다. 예수는 성찬을 제정하시고 시행하실 때부터 그가 아버지의 나라에서 그의 제자들과 그것을 새롭게 마시기 전에는 포도열매로 된 음료를 결코 마시지 않겠다고 말씀하셨다(마 26:29; 막 14:25; 참조. 눅 22:16, 18). 우리가 아는 것처럼 그분은 제자들을 위한 처소를 예비하러 천국에 가셨다. 그는 돌아오셔서 제자들을 자신에게로 인도하신 후에야 어린 양의 혼인 잔치에 그들과 함께 앉으셔서 아버지의 나라가 새 하늘과 새 땅에서 생산할 새 포도주를 그들과 함께 마실 것이다. 그 중간기를 위해 그리스도는 그의 고난을 기억하는 행위로서, 그의 죽음에 대한 선포로서, 그리고 그의 풍성한 은혜의 방편으로서 성찬을 제정하셨다.

[541] 성찬은 처음부터 교회 생활에서 중요한 역할을 해왔다. 그것은 일반적으로 주일 저녁에 교회의 특별한 모임에서 정규 식사 또는 애찬과 더불어 기념되었는데, 그것은 "성찬식"(Eucharist)과 구별되어야 한다. 하나의 예배가 곧이어 두 부분으로 나뉘었다. 첫 번째 부분은 말씀을 전하는 것인데, 이것은 초신자들과 참회자들과 비신자들에게도 공개되었다. 하지만 성찬을 기념하는 두 번째 부분은 세례 받은 자들에게만 공개되었다. 후자는 점점 신비적인 성격을 띠게 되었고, 세례와 성찬 모두 신비($\mu\upsilon\sigma\tau\eta\rho\iota\upsilon$) 또는 성례(sacraments)가 되었다.[71] 교회 초기에는 성례에 대한 논쟁이 전혀 없었고 기호(sign)와 기의(thing signified) 사이의 연합이 갖는 성격에 관한 질문은 제기되지 않았다. 시간이 가면서 성례는 점점 더 신비화되었고 희생제사로 간주되기에 이르렀다. 분명한 것은, 신약성경에

---

71) Tertullian, *Against Marcion*, 4, 34.

서 몸의 성화(롬 12:1), 기도(히 13:15; 참조. 계 5:8; 8:3), 그리고 선행과 구제(빌 4:18; 히 13:16)가 "희생제사들"로 불리기는 하지만, 성찬은 결코 그렇게 불리지는 않는다는 점이다. 이러한 발전은 성찬과 함께 행해지는 식사에 "헌물들"이 드려졌기 때문인데, 그것들은 보다 부유한 회원들에 의한 것으로서, 감사 기도와 함께 받아들여져서 식탁 위에 놓이고, 사역자들의 생계와 가난한 자들의 구제를 위해 배정되었다. 조만간 두 요소뿐 아니라 성찬 자체도 "감사 예물"(εὐχαριστια, thanksgiving)이라 불렸고, 성찬은 『디다케』 (Didache)가 이미 말라기 1:11에 의거해 칭한 것처럼 "깨끗한 제물"로서 회중에 의해 하나님께 드려진 제물로 이해되었다.[72]

성찬이 진정한 식사로 간주되고 감사 기도가 온 회중을 위해 드려지는 한 이 헌물은 순결했다. 제사의 내용은 그리스도의 몸과 피가 아니었고 회중에 의해 모아진 선물들이었다. 그래서 초기에 사람들은 이와 관련하여 속죄제물이 아니라 감사제물에 대해서만 생각했다. 그러나 성찬과 애찬이 분리되었으며 성찬은 점점 회중이 아니라 주교에 의해 드려지는 희생제사의 성격을 띠게 되었다. 그래서 그것은 회중에 의한 봉헌이 아니라 주교에 의한 감사와 성별과 관련되었고, 선물이 아니라 성찬의 요소와 관련이 있었다.[73] 성찬을 희생제사로 보는 이런 견해는 사람들이 성례적 연합에 대해 갖고 있는 생각에 영향을 미쳤으며, 반대로 성례적 연합에 대한 생각은 성찬에 대한 견해에 영향을 미쳤다. 주교가 제사장으로, 감사가 성별로, 성찬이 희생제사로 이해됨에 따라 떡과 포도주가 그리스도의 몸과 피에 대해 갖는 실재적인 연합관계가 보다 설득력을 얻게 되었다. 다른 동방 교부들에게서도[74] 발견되는 오리게네스의 상징적이고 신령주의적인 견해

---

72) Did. 14.3; 참조. F. A. Loofs, "Abendmahl, Kirchenlehre," in *PRE*[3], I, 44; P. Drews, "Eucharistie," in *PRE*[3], V, 560ff.

73) Justin Martyr, *Dialogue with Trypho*, 41, 70; Irenaeus, *Against Heresies*, IV, 18, 5.

74) Eusebius of Caesarea, Cyril, Basil, Gregory of Nazianzus, Gregory of Nyssa, Chrysostom, John of Damascus.

는 실재적 변형(μεταποιησις)이론 때문에 쇠락하였는데, 이 변형론은 나중에 화체론(μετουσιωσις)으로 이어졌다.[75] 이러한 발전은 성찬이 사제주의적이고 성직자 중심적인 교회 구조에 의해 강화된 서방에서도 일어났는데, 떡과 포도주는 임명된 사제의 신비로운 능력으로 인해 그리스도의 실제 몸과 피로 전환된다고 믿어졌다. 아우구스티누스는 성경의 용어들을 사용하면서 떡을 그리스도의 몸으로, 포도주를 그리스도의 피로 부르지만, 그는 장래의 화체론과는 아무 상관이 없었다.[76] 아우구스티누스는 떡과 포도주가 그리스도의 몸과 피의 유사물이자 표지이며, 그것들을 환기시키는 역할을 한다고 주장했다. "주님은 주저하지 않고 말씀하셨다. '이것은 나의 몸이다.' 그는 자신의 몸과 그 몸을 가리키는 표지를 함께 주신다."[77] 그리스도는 더 이상 우리와 육체적으로 함께 거하시지 않고 승천하셨다. "우리는 항상 그리스도의 위엄의 현존과 관련하여 그리스도를 가지고 있지만, 그의 육체의 현존과 관련하여 그리스도는 직접 그의 제자들에게 말씀하셨다. '너희는 항상 나와 함께 있지 아니하리라.'"[78] 그리스도는 성찬의 효용이 그 자체로는 충분하지 않음을 기꺼이 우리에게 확증하신다. 성찬이 신자들에게는 복이 되지만, 다른 사람들에게는 그들을 파멸에 이르게 하는 것이다. 그리스도의 몸을 진실로 먹는 것은 그를 믿는 것이다. 믿음으로 먹으라![79]

아우구스티누스의 가르침은 그 강력한 영향력으로 오랫동안 실재론의 완전한 발전을 억제했으며 카롤링 왕조의 신학자들 사이에서도 여전히 주도적인 견해였다. 시간이 지남에 따라 그의 이런 영향력은 점점 약화

---

75) John of Damascus, *Exposition of the Orthodox Faith,* IV, 14; Orthodox Confession, qu. 107; F. A. Loofs, "Abendmahl, Kirchenlehre," in *PRE³*, I, 44-57.

76) Cyprian, *Epistles*, 63.2, 14.

77) Augustine, *Against Adimantus*, chap. 12.

78) Augustine, *Homilies on the Gospel of John*, tract. 1.

79) Augustine, *Homilies on the Gospel of John*, tract. 25; F. A. Loofs, "Abendmahl, Kirchenlehre," in *PRE³*, I, 61ff.

되었고 마침내 변형 이론으로 대체되었다. "화체"라는 말은 12세기에 처음 등장했으며, 제4차 라테란 공의회(1215)는 그리스도의 몸과 피가 "제단 성사의 떡과 포도주 안에 실제로 포함되어 있고, 떡과 포도주는 각각 신적 능력을 가진 몸과 피로 변한다"라고 결론 지었다.[80] 시간이 지남에 따라 이런 결정은 성체거양, 성체경배, 성체안치 등으로 이어졌다. 구주께서 성찬을 제정하시면서 "이 것은 내 몸이니, 내 피니"라고 하셨을 때만 유일하게 떡과 포도주를 자신의 몸과 피로 바꾸지 않으셨는데, 그때는 이 말을 선언하는 동시에 제자들을 사제로 임명하시고, 떡과 포도주의 실체를 변화시키는 능력을 이 말에 불어넣으셨다고 주장한다. 따라서 성체성사를 집전하는 것은 무엇보다 제사장적인 사역이기 때문에 사제 외에는 어느 누구도 해서는 안된다. 사제가 성별을 선언하면, 떡과 포도주는 그리스도의 몸과 피로 변한다. 떡과 포도주의 부수적 성질들, 이를테면 모양, 맛, 냄새, 색깔, 심지어 영양소는 성별 후에도 지속되지만 그것을 먹고 마신 주체에게는 더 이상 그렇게 지속되지 않는다. 속성이 되는 본질들은 제거되고 그것들과는 전혀 다른 본질로 대체되지만, 단지 사람의 눈에 그렇게 드러나지 않고 감춰어 있을 뿐이다.

따라서 성체성사는 다른 모든 성사들과 구분된다. 성체성사에서는 참여하는 사람의 역할이 없다. 이 경우 성사문구는 성사에 참여하는 사람을 향한 것이 아니라 성사의 요소들을 그리스도의 몸과 피로 변화시키기 위한 것이다. 성체성사는 본질적으로 사제의 행위, 즉 희생제사를 통해 그 자체를 성별하고, 이것을 통해 일어나는 실체의 변화로 이루어진다. 성체성사는 성사일 뿐만 아니라 우선적으로는 희생제사다. 그리스도가 "이것은 나의 몸이니"라고 하셨을 때 그리스도는 자기 자신을 하나님께 드리셨다. "이것을 행하여 나를 기념하라"고 하셨을 때 떡과 포도주라

---

80) H. Denzinger, ed., *The Sources of Catholic Dogma*, trans. from the 30th ed. by R. J. Deferrari (London and St. Louis: Herder, 1955), 298, 357.

고 하는 상징을 통해 자신의 제사장들이 날마다 동일한 희생제사를 반복하도록 하셨다(말 1:11). 사제가 미사를 통해 집전하는 희생제사는 십자가에서 이룬 희생과 같은 것이다. 단순히 이미지나 상징이나 그것을 기억하기 위한 것이 아니라 그것과 동일한 것이다. 완전히 동일한 희생제사며, 차이가 있다면 십자가에서 드려진 희생제사는 피가 낭자한 제물로 드려진 것이었던 반면, 미사를 통해서 드려지는 희생제사는 피 없이 드려진다는 것뿐이다. 그리스도가 친히 사제를 통해 자신을 하나님께 드리는 것이다. 사제들이 "이것은 나의 몸이니"라고 하는 것도 이 때문이다. 미사는 로마 가톨릭 예배의 중심이며, 외경심을 불러일으키는 신비다(*mysterium tremendum*). 떡과 포도주라는 요소에 그리스도가 온전히 육체로 현존하기 때문에 그것들은 조심스럽게 보존되어야 하고, 성체축일에 사람들이 예배할 때도 성체 안치기에 담아 엄숙하게 들고서 모든 순서를 진행해야 한다. 또한 그것은 병든 사람의 집에서 환자를 위해 사용될 수도 있고, 임종을 맞이하는 자들에게 노자성체(*viaticum*)로 주어질 수도 있다.[81]

[542] 종교개혁은 한 목소리로 로마 가톨릭의 화체설 교리와 미사를 거부했다. 하지만 루터의 추종자들 중에서도 츠빙글리의 기념 교리를 받아들인 자들과 성령을 통한 그리스도의 임재 교리를 받아들인 자들 간에는 차이점이 있었다. 루터는 특별히 1524년부터 성찬 제정의 말씀에 대한 제유적 해석을 기반으로 칼슈타트와 츠빙글리에 대항해 그리스도의 몸은 하나님의 뜻과 전능함, 그리고 편재성에 부합하게 실재적이고 본질적으로 성찬의 요소 안에, 성찬의 요소와 더불어, 성찬의 요소 아래 현존한다고 주장했다. 루터는 이것을 마치 달구어진 철에 열이 머무는 것처럼 그리스도의 인성 안에 신성이 머무는 것과 유사한 원리로 이해했다. 츠빙글리는 성찬에 그리스도가 물리적으로 임재한다는 가르침을 거부하고 성찬 제정의 말

---

81) Council of Trent, sess. XIII, XXI-XXII; Roman Catechism, II, chap. 4 (Bradley and Kevane).

씀을 은유적으로 해석하면서, "이것은 나의 몸이니"에서 "이니"(is)를 창세기 41:26; 요 10:9, 15:1에서처럼 "가리킨다"로 이해했다. 따라서 성찬의 떡과 포도주는 그리스도의 죽음을 가리키고 생각나게 하는 표지다. 신자들은 이런 표지를 통해서 그것이 가리키는 실체를 의지하며 그리스도의 몸과 피에 참여한다. 츠빙글리의 이런 이해가 성찬에서 그리스도의 영적 임재를 부정하는 것은 아니었다. 결과적으로 우리는 성찬을 통해 우리가 가진 믿음을 고백하고 믿음으로 그리스도가 계속해서 우리에게 어떤 분이신지와 우리가 그분을 어떻게 누리는지를 표현한다. 우리는 그리스도를 기억하는 가운데 그리스도를 선포하고 그로 말미암은 유익에 감사하기 위해 성찬을 행하는 것이다.[82] 얼마 지나지 않아 독일과 스위스 종교개혁자들 가운데서 이로 인해 분열과 논란이 불거졌고, 마르부르크 종교회의나 개혁파 진영의 마르틴 부처와 루터파 진영의 멜란히톤의 중재 노력에도 불구하고 논란은 쉽게 가라앉지 않았다. "참된 현존"의 문제와 관련하여 서로의 입장 차이를 좁힐 수 없었던 것이다.

여기에 칼뱅까지 가세함으로써 더 이상 화해의 희망은 사라지고 말았다. 비록 그가 둘 사이에서 중도적이면서도 양측 모두를 넘어서는 입장을 취하기는 했지만 말이다. 츠빙글리와 더불어 칼뱅은 떡과 포도주라고 하는 성찬의 표지에 그리스도가 어떤 식으로든 물리적이고, 지역적이고, 본질적으로 현존한다는 생각을 거부했다. 이는 몸의 본질과도 맞지 않고, 그리스도의 참된 인성과도 맞지 않고, 그리스도의 승천과도 맞지 않고, 그리스도와 그의 백성 간의 교제가 갖는 본질에도 맞지 않기 때문이다. 그렇다고 칼뱅이 츠빙글리의 입장에 찬동한 것은 아니다. 칼뱅은 성찬에 대한 츠빙글리의 교리가 하나님의 선물을 신자들이 그것을 통해 행하는 일들 뒤로 감추어버리도록 만듦으로써 성찬을 너무 일방적으로 고백의 행위로만 이해

---

82) U. Zwingli, *Opera*, ed. Schuler and Schulthess, 8 vols. in 7 (Zurich: Schulthessiana, 1828-42), II, 1, 426; II, 2, 1ff.; III, 239-326, 459; IV, 51, 68.

하게 만든다고 반대했다. 츠빙글리는 성찬에서 그리스도의 이름과 그의 죽음을 믿는 행위 외의 다른 어떤 것 또는 그 이상의 것을 보지 못한다. 이 부분에서 칼뱅은 오히려 루터의 편에 더 가까이 서서 그리스도가 성찬에—물리적으로나 논리적으로가 아니라 실제적이고 본질적으로 그분의 몸과 피를 포함한 전인격으로—임재하며 그곳에 주어진다라고 말한다. 칼뱅과 루터 사이에서도 문제가 된 것은 그리스도가 성찬에 현존한다는 사실에 대한 것이 아니라 그 방식에 관한 것이었다. 성찬에서 그리스도의 몸을 먹는다는 것은 그를 믿고 그의 죽음을 의지하는 것을 말하는 것이 아니다. 에베소서 3:17에서 그리스도가 우리 안에 내주하는 것은 믿음을 통해 되는 일이지만 그것 자체가 믿음은 아닌 것처럼, 먹는 것 역시 믿음으로 하는 일, 즉 믿음의 결과지 믿음은 아니다. 칼뱅이 여기서 명백히 우려하는 것은 신자들이 그리스도의 전 인격과 이루는 신비적 연합이다. 이 연합은 성찬을 통해 이루어지는 것이 아니다. 그리스도는 이미 말씀 안에서 우리 영혼의 떡이 되시기 때문이다. 하지만 이 떡은 성찬에서 "보다 특징적으로" 주어지고, 떡과 포도주라는 표지로 확증되고 인쳐진다. 이것은 그리스도의 인격과의 연합인데, 이 연합은 승천하신 그리스도를 다시 이 땅으로 끌어내리는 것도 아니며, 그리스도의 육신과 우리 영혼 간의 혼합이나 융합도 아니다. 오히려 우리의 마음이 하늘을 향해 고양되어 이루어지는 성령 안에서의 그리스도와의 연합이고 "그리스도가 그의 육신의 본체로부터 우리 영혼에 생기를 불어넣으신, 다시 말해 자신의 생명을 부으신 결과로서" 그의 육신과의 연합이다.[83] 모든 측면에서 칼뱅의 설명은 불분명하다. 특별히 그리스도의 살과 피와의 연합과 거기서부터 흘러나오는 생명에 대한 설명은 더더욱 그렇다. 개혁파 교회들과 신학자들의 가르침과 신앙고백은 성찬에 대한 진리를

---

83) J. Calvin, *Institutes*, IV.xvii; 참조. H. Bavinck, "Calvijns leer over het Avondmaal," *De Vrije Kerk* 13 (1887): 459-87; 편집자 주—*Kennis en leven* (Kampen: Kok, 1922), 165-83에도 실려 있다.

다양한 방식으로 표현한다. 하지만 성찬에서 신자들은 성령으로 말미암아 그리스도의 인격과의 교제, 그리스도의 몸과 피와의 교제를 경험하고 이를 통해 영생에 이르는 양식을 공급받고 새롭게 된다는 칼뱅의 개념은 많은 개혁파 신앙고백들에 수용됨으로써[84] 개혁파 신학의 공통 자산이 되었다.

하지만 얼마 지나지 않아 칼뱅의 성찬 교리에 대한 비판이 제기되었다. 차츰차츰 츠빙글리의 견해가 기반을 넓혀갔는데, 그의 견해에 의하면 성찬을 먹는 것은 곧 믿음을 뜻할 뿐이며, 그리스도와의 교제는 그의 유익을 받아 누리는 것을 의미할 뿐이다. 교회의 징계가 느슨해진 틈을 타 성찬의 형식화가 기승을 부렸고 사람들은 성례를 단순히 외적 언약의 표지로만 여겨 도덕적으로 바른 삶을 사는 사람은 누구나 성찬에 참여할 수 있는 것으로 생각했다. 성례를 단지 상징으로만 보는 이런 풍조는 곧 성찬을 은혜의 방편이 아닌 단지 신자들의 고백과 기억을 위한 것으로만 여기는 소키누스주의, 항변파, 메노파와 같은 합리주의로 이어졌다. 일단의 개신교회들, 특별히 영국 국교회는 옥스퍼드 운동에서 볼 수 있는 것처럼 심지어 다시 로마 가톨릭으로 회귀하기도 했다.

성찬의 목적

[543] 성경과 개혁파 전통에서 성찬은 무엇보다도 순례자로서의 그리스도인을 위한 식사요 양식이다. 성찬을 가리키는 용어로는 "주의 만찬"(고전 11:20), "주의 식탁"(10:21), "떡을 뗌"(행 2:42; 20:7), "주의 잔"(고전 11:27), 그리고 "축복의 잔"(10:16) 등이 있다. 루터가 계속해서 "제단의 성사"에 대해 언급하기는 했지만,[85] 개신교인들은 일반적으로 "성찬" 또는 "주의 만찬"이라

---

84) Gallican Confession, art. 36; Belgic Confession, art.35; Heidelberg Catechism, Q 75-80; Scots Confession, art.21; Second Helvetic Confession, ch. XXI; Westminster Confession, chap. 29.

85) Smalcald Articles, part III, art. 6 (Kolb and Wengert), 320-21; The Larger

는 말을 더 선호했으며, 그렇게 함으로써 성찬이 실제 식사라는 원리를 고수했다. 그러나 그것은 주님의 식사다(δειπνον κυριακον). 예수는 성찬을 제정하셨고, 이를 통해 아버지의 뜻을 성취하셨는데, 그것이 곧 그의 양식이었다(요 4:34). 세례와 마찬가지로 성찬도 신적 기원을 가지며 또 그렇기 때문에 성례가 되는 것이다. 하나님만이 은혜의 수여자시며 그분만이 자신에 의해 지정된 방식으로 그 분배를 실행하실 수 있다. 예수는 특별히 중보자의 자격으로 이 만찬을 제정하셨다. 성찬에서 그는 자신의 죽음을 선포하고 해석하심으로써 예언자로 행동하신다. 또한 그는 제사장으로서 자기 백성을 위해 자신을 십자가에 내어주셨다. 그리고 왕으로서 그는 제자들이 보증된 은혜를 자유롭게 활용하고 떡과 포도주라는 표지들 아래에서 그것을 누릴 수 있도록 제자들에게 부여하신다. 그분은 또한 성찬의 주최자요 집행자시다. 그분은 떡과 포도주를 취하시고, 그것들을 축사하시고, 제자들에게―최후의 만찬에서뿐만 아니라 그분의 식사가 기념되는 곳이라면 어디서나―나누어주신다. 모든 성찬은 그분이 제정하신 대로 행해진다면, 모범과 가르침에 의해 주님의 만찬이 된다. 그것은 그분을 기억하는 가운데 나누는 식사요(고전 11:24), 그의 죽음에 대한 선포이며(11:26), 그의 몸과 피에 참여하는 것이다(10:16, 21; 11:27). 성찬에서 그리스도는 그의 교회와 함께하시며, 교회는 그리스도와 함께한다. 그렇게 함으로써 교회는 그들의 영적 교제를 증거한다(참조. 계 3:20).

주재하는 목사들은 그리스도의 도구로서 그리스도의 이름으로 성찬을 집례한다(고전 10:16). 마태복음 28:19에서 말씀의 집행과 함께 세례의 시행은 사도들에게 맡겨졌다. 목사들과 더불어 그들은 하나님의 신비를 나누어주는 배포자이고, 하나님이 그리스도의 복음 안에서 계시하신 "비밀"의 선포자이며(고전 4:1), 하나님의 은혜를 나누어주는 임무를 가진 하나님의 청지기들이다(9:17; 딛 1:7-9). 이런 신비와 관련하여 우리는 의심할 여지 없이 복음의 말씀에 대해 최우선으로 생각해야 한다. 성례는 말씀이신 그리

Catechism, part V, "The Sacrament of the Altar" (Kolb and Wengert), 467ff.

스도를 따르며 항상 그 말씀과 연결된다. 예루살렘에서 사도들은 기도와 말씀 사역에 전념했다(행 6:4). 이처럼 세례와 성찬은 독특하게 말씀과 그 말씀을 선포하는 직분을 맡은 사람들과 연계된다. 목사는 그리스도의 이름으로 행하고 그분의 신비를 맡은 청지기와 분여자 역할을 한다. 성찬은 그리스도가 잔치의 주인으로서 베푸시는 식사다.

그리고 그것은 식사다! 분명한 것은 예수가 그의 제자들과 함께 유월절 식탁에서 누우셨을 때 성찬을 제정하셨다는 사실이다. 성찬에서 떡과 포도주라는 표지는 세례에서 물이라는 표지와 마찬가지로 자의적이거나 우연적인 것이 아니었다. 떡과 포도주라는 표지는 동양에서 통상적인 식사의 메뉴였기 때문에 아주 적합하다. 때와 장소를 불문하고, 심지어 오늘날에도 그것들은 쉽게 구할 수 있는 재료들이다. 그것들은 인간의 마음을 강하게 하고 즐겁게 하기 위한 주요 방편이며(시 104:15), 그리스도와 신자들, 그리고 신자들 서로 간에 함께하는 교제의 생생한 상징이다. 재료에 관한 문제들—떡이 밀로 만들어졌는지 호밀로 만들어졌는지 또는 보리로 만들어졌는지; 포도주가 흰색인지 또는 빨간색인지; 떡에 효모가 들어 있는지(그리스 정교회의 관례) 또는 효모가 들어 있지 않은지(로마 가톨릭교회의 관례); 포도주를 (아르메니아 정교회의 교리에 따라) 물로 희석했는지 또는 희석하지 않았는지—에 대해 논쟁을 일삼는 것은 도움이 안 된다. 이런 쟁점들 가운데 어느 것도 그리스도에 의해 규정된 것이 아니다. 개혁파는 심지어 성찬에서 떡과 포도주가 부족한 경우에 다른 음식과 음료가 성찬에서 표지로 사용될 수 있다고 말하기를 주저하지 않았다.[86] 그러나 이 말은 그리스도가 제정하신 원리에서 자의적으로 벗어나는 것이 허용된다는 의미는 아니다. 이를 테면 금욕주의 원칙을 이유로 포도주를 물로 대체해서는 안

---

86) G. Voetius, *Politicae ecclesiasticae,* 3 vols. (Amsterdam: Joannis a Waesberge, 1663-76), I, 732, 738; B. de Moor, *Commentariusperpetuus in Joh. Marckii Compendium theologiae christianae didactico- elencticum,* 6 vols. (Leiden: J Hasebroek, 1761-71), V, 575; C. Vitringa, *Doctr. christ.,* VIII, 1, 46.

된다는 것이다. 우리는 그리스도보다 더 현명해서는 안 되는데, 그분은 명백하게 포도주를 자신의 피에 대한 표지로 지정하셨고, 이 문제에 관한 그의 명령은 어느 시대에나 기독교회에 의해 수행되어왔다.[87]

식사로서 떡과 포도주는 우리가 향유할 수 있는 대상으로 간주될 수 있었으며, 실제로 다른 그리스도인들과의 교제 속에서 향유되었다. 성찬은 점차 애찬(ἀγαπαι)에서 분리되었고, 저녁예배에서 아침예배로 옮겨졌으며, 회중 모임에서뿐만 아니라 가정에서 환자들과 임종을 앞둔 자들에게도 집행되었다. 성찬식의 횟수는 신자들이 일 년에 세 차례 가량 또는 최소한 일 년에 한 번 이상은 참여하도록 정해졌다.[88] 개혁파 신학자들이 특별한 경우에 성찬이 가정에서 환자들에게 집행될 수 있음을 인정하기는 했지만, 그들은 일반적으로 성찬이 공예배의 일부로서 회중 모임에 속한 것이기 때무에 사적으로 시행되어서는 안 된다고 주장했다. 만일 교회와 한 몸이 되는 것을 의미하는 세례가 신자들의 공적 모임에서 시행되어야 한다면, 성찬은 더더욱 그러하다. 왜냐하면 성찬은 본질적으로 식사요 함께 모이는 것(συναξις)이며 잔치(convivium)이고, 그리스도와의 교제뿐만 아니라 다른 신자들과의 교제까지도 포함하기 때문이다. 비록 이론과 실천 간에 괴리가 있음이 분명하고 성찬의 집행이 일 년에 여섯 차례 내지 네 차례로 제한되기는 했지만,[89] 칼뱅의 바람은 최소한 한 달에 한 차례 이상 성찬을 시행하는 것이었다.[90]

성찬은 희생제사의 제단이 아니라 식탁에서 집행하는 것이 바람직하다. 예수와 그의 제자들도 식탁에서 만찬을 행했으며, 초기 그리스도인들

---

87) C. Vitringa, *Doctr. christ.*, VII, 1, 71-78.

88) Council of Trent, sess. XIII, can. 9.

89) 편집자 주—이 부분에 대한 초기 개혁파 교회들의 교회예식 규약을 위해서 다음을 보라, *Reformed Dogmatics*, IV, 565n67 (#543).

90) F. W. Kampschulte and W. Goetz, *Johann Calvin: Seine Kirche und sein Staat in Genf,* 2 vols. (Leipzig: Duncker & Humblot, 1869-99), I, 460.

은 제단에 대해서 아무것도 알지 못했다. 하지만 점차 구약시대와 신약시대 간의 차이가 희미해지고 성찬이 제사로 변질되면서 목사는 제사장이 되었고, 식탁은 제단이 되었다.[91] 로마 가톨릭교회와 그리스 정교회에서 예배는 이런 견해의 지배를 받았다. 영국 국교회와 성공회는 주로 그러한 전통을 이어받았고 점차 그 방향으로 나아가고 있다. 루터파 교회는 이 문제를 비본질적인 것으로 여기고 제단을 그대로 존속시켰다. 그러나 개혁파는 주님의 식사에 대한 성경적 사상을 회복시켰으며 이를 위해 성찬을 위한 식탁도 마련했다. 그리스도인들에게 필요한 유일한 제단은 그리스도께서 자신을 희생제물로 드리셨던 십자가다(히 13:10; 참조. 7:27; 10:10). 신자들은 그리스도의 이름을 높이는 입술의 열매인 찬미의 제사 외에는 어떤 제사도 드릴 필요가 없다(13:15). 성찬은 희생제사의 식사요, 그리스도의 희생제사에 근거해 그리스도와 함께하는 신자들의 식사요, 따라서 제단이 아닌 식탁 위에서 수행되어야 하는 식사다. "참으로 확실한 것은, 제단이 세워지자마자 그리스도의 십자가가 폐기된다는 것이다."[92]

[544-46] 주의 만찬이 실제로 식사이긴 하지만, 그럼에도 그것은 그 자체로 영적 의미와 목적을 가지고 있다. 이 식사가 상징하는 성례의 본체(기의, the thing signified)는 우리의 죄를 위해 찢기고 흘려진 그리스도의 몸과 피, 즉 그리스도와 그의 모든 유익이다. 성찬을 단지 기념 식사와 고백의 행위로만 간주하는 도덕적·합리적 견해에서는 이런 의미가 제대로 평가받을 수 없다. 성찬은 우선적으로 하나님의 선물이지, 우리의 기념과 고백이 아니다. 성찬을 통해 우리가 받는 유익은 말씀을 통해 받는 것과 다르거나 그보다 더 나은 것이 아니며, 더 못한 것도 아니다. 성찬은 말씀과 세례와 동일한 지위를 갖는 것이기 때문에, 그것들과 마찬가지로 우

---

91) 편집자 주―교황 바오로 6세의 사도헌장(*Missionale Romanum*, 1969)은 사제들로 하여금 사람들을 등지고 제단을 향해 서도록 하는 대신 회중을 보고 서도록 권고함으로써 로마 가톨릭교회 안에서 제단의 식탁으로서의 성격을 사실상 회복했다.

92) J. Calvin, *Institutes*, IV.xviii.3; Muller, "Altar," in *PRE*[3], I, 391-404.

리에게 예수 그리스도와 신자 간의 신비적 연합을 드러내는 하나님의 은혜의 메시지와 확신으로 간주되어야 한다. 우리 주님과 갖는 이러한 교제의 실재성에 대해서는 로마 가톨릭과 루터파와 개혁파 사이에 어떤 불일치도 없다. 그러나 영성체를 받는 사람이 없는 미사와 같은 의식들, 하나의 요소(떡)만을 사용하고 잔을 보류하는 일 등은 교제의 식사로서 성찬이 갖는 의미를 퇴색시킨다. 신비적 연합은 언제나 사람들, 즉 성령을 통해 그리스도와 결합한 신자들 간의 연합이다. 비록 성례의 진리가 믿음에 달려 있는 것은 아니지만, 믿음은 성례를 받는 데 없어서는 안 되는 요건이다. 말씀의 경우에서처럼, 성찬의 경우에도 하나님은 모든 신자에게 진실로 그리스도와 그의 모든 유익들을 베푸시기 위해 스스로에게 의무를 지우셨다. 따라서 사람이 마음으로 말씀과 성례의 약속과 유익을 받아들이기 위해서는 성령의 역사가 필수적이며, 성찬과 별개로 또한 성찬 안에서 그리스도와의 연합을 가능하게 하고 유지시키는 것은 엄밀히 말해서 성령의 이러한 역사다.

이런 관점에서 볼 때, 성찬에서 향유되는 유익들을 추정해보는 것은 어렵지 않다. 첫 번째는 그리스도와 신자들의 교제를 강화하는 것이다. 신자들은 이미 믿음으로 이 교제를 누리는데, 그들이 성찬을 통해 얻는 교제는 이미 믿음으로 누리는 것과 전혀 다르지 않은 것이다. 그러나 그리스도가 떡과 포도주로 상징되는 그의 몸과 피를 먹고 마시도록 집례자를 통해 그들에게 주실 때, 그들은 성령의 교제 안에서 강화되고 확증되며, 그들의 몸과 영혼은 그리스도의 신성과 인성 전부와 보다 친밀한 연합을 경험하게 된다. "그리스도의 몸을 먹는 것은 그리스도와의 가장 긴밀한 연합을 뜻하기" 때문이다.[93] 이와 관련하여, 세례가 합일의 성례인 반면 성찬은 그리스도와의 교제 안에서 누리는 성숙의 성례라는 점에서 세례와 성찬은

---

93) Franciscus Junius, *Theses theol.*, in vol. 1 of *Opuscula theological selecta*, ed. Abraham Kuyper (Amsterdam: F. Muller, 1882), 52, 7.

서로 구별된다. 세례 시에는 우리가 그리스도의 죽으심으로 그와 함께 장사되고 그의 부활을 통해 일으키심을 받는다는 점에서 우리의 역할이 수동적인 반면, 성찬 시에 우리는 능동적으로 그리스도의 몸을 먹고 그의 피를 마심으로 그분과의 교제를 통해 영생에 이른다.[94]

그러나 만일 우리가 그리스도의 인격을 공유한다면, 우리는 또한 당연히 그의 유익들을 공유한다. 이런 유익들 가운데 죄 사함은 성경에서 가장 많이 강조되고 언급되는 것이다. 성찬에서 그리스도는 자기 살과 피를 우리 영혼의 양식으로 주시는데, 그것들은 각각 그 자체의 표지에 의해 개별적으로 밝혀진다. 이런 목적으로 그리스도는 죄 사함을 위해 자기 몸이 주어지고 자기 피가 흘려졌다고 명확하게 말씀하신다. 제단에서 속죄하는 것은 바로 피이며, 믿음을 통해 실현되고 성찬을 통해 강화되는 교제는 여전히 십자가에 달리신 그의 몸과 그가 흘리신 피와의 교제인 것이다. 사죄의 유익에 더해지는 것은 영생의 유익이다. 성찬은 그리스도가 십자가에 달리신 자신의 몸과 흘리신 피로 우리의 영혼에게 베푸시는 영적 식사다. 그것들을 먹고 마시는 것은 우리의 영적 생명, 즉 영원한 생명을 강화시키는 역할을 한다. 인자의 살을 먹고 그의 피를 마시는 자들은 영생을 소유하고 마지막 날에 다시 일어날 것이기 때문이다(요 6:54). 물론 사람들이 영생의 참여자가 되고 부활의 소망을 얻게 되는 것은 문자적으로 먹는 행위에 의한 것이 아니라 바로 믿음에 의해서다. 신자들 안에 내주하시는 성령은 몸의 부활과 구속의 날에 대한 가장 확실한 보증이다(롬 8:11; 엡 1:13-14; 4:30). 참으로 그리스도의 영은 지금도 성찬을 통해 영생과 마지막 날의 복된 부활에 대한 소망으로 신자들을 굳건하게 한다. "영혼이 치유를 받는 곳에서 몸도 도움을 받기 때문이다."[95] 이런 의미에서 성찬은 "불멸성

---

94) H. Weber, "Taufe und Abendmahl als Symbole unserer doppelten Stellung zum Heilsgut" *Zeitschrift für Theologie und Kirche* 19 (1909): 249-79.
95) Julius Muller, *Dogmatische Abhandlungen* (Bremen: C. E. Muller, 1870), 419.

의 치료제"라고 불릴 수 있다.[96] 마지막으로 성찬은 세상 앞에서 우리의 신앙을 고백하는 역할을 하는 동시에 신자들 사이에서 그들의 교제를 강화시키는 역할을 한다. 신자들은 그리스도 안에서 하나이며, 따라서 서로 간에도 하나다. "마치 많은 알곡들로부터 한 끼의 식사를 위한 가루가 빻아져서 하나의 빵이 구워지며, 많은 포도 열매들로부터 한 잔의 포도주를 위한 즙이 흘러나와 한데 섞이는 것처럼, 참 믿음으로 그리스도 안에서 연합된 우리 모두도 온전히 한 몸이 될 것이기 때문이다."[97] 신자들은 그들의 연합을 알지 못하는 세상 앞에서 성찬을 통해 이것을 고백한다.

[547] 세례와 마찬가지로, 성찬은 오로지 신자들을 위해 제정되었다. 예수는 자기 제자들과만 그것을 시행하셨다. 유다가 그때 함께 있었는지, 아니면 성찬의 제정 이전에 그 방을 떠났는지 우리는 확실히 말할 수 없다. 신약성경에서 성찬은 회중 공동체 내에서 오로지 신자들에 의해서만 시행되었다(행 2:42; 20:7). 비신자들은 말씀이 집행되는 회중 모임에는 참여할 수 있었지만(고전 14:22-24), 애찬이 열리고 교제(성찬)가 시행되는 모임들에서는 배제되었다(11:18, 20, 33). 2세기에 이르러 성찬이 차츰 애찬과 분리되어 말씀이 집행되는 오전 모임에서 행해지게 되었을 때에도 이런 전통은 지속되었다. 예배의 전반부는 모두가 참여할 수 있었지만 후반부는 비신자들, 초신자들, 출교된 자들이 자리를 떠난 후에 시작되었다. 이 후반부에 성례가 시행되었으며, 교리문답 공부를 마치고 세례를 받은 사람들이 곧바로 성찬에 참여하는 것이 고대의 일반적인 관습이었다.

교회사는 개혁이 불가피하도록 만들었던 수많은 성찬의 남용과 부패들에 대해 증언한다. 이미 고대에도 죽은 친지들을 위해 기일에 제물을 드리고 그들의 영혼을 위해 기도하는 관습이 있었다. 시간이 지나면서 성례의 효력이 살아 있는 자들에게까지 확장되었을 뿐 아니라 죽은 자들에

---

96) Ign. *Eph*. 20.
97) 편집자 주―네덜란드 개혁교회의 성찬예식 모범에 나오는 말이다.

게도 유익을 주는 것으로 여겨졌다. 교황 그레고리우스 1세에 의해 연옥 교리가 확정되었을 때, 성찬은 그리스도 자신의 몸과 피를 바치는 것으로 이해되었고 회중의 참여는 점차 줄어들었다. 그것은 곧 미사가 살아 있는 자들―미사의 참여 여부에 상관 없이―은 물론 연옥에 있는 망자들의 고 행과 일시적 형벌을 경감시켜 줄 수 있다는 교리로 확정되었다.[98] 이러한 부패로 말미암아 성경으로의 회귀가 불가피해졌는데, 성경에 따르면 성 찬은 참여한 회중이 없이는 생각될 수 없는 것이며, 오로지 신자들을 위 해 의도된 식사다. 개혁파는 다음 두 가지 질문을 제기했다. (1) 성찬에 참 여할 권리와 의무는 누구의 것인가? (2) 교회에 의해 성찬에 허락되거나 금지되어야 할 자는 누구인가?[99] 첫 번째 질문은 성찬에 참여하는 자들 의 의무를 다루고, 두 번째 질문은 교회와 목사들의 의무를 다룬다. 후자 의 질문에 주어진 답변은―성경에 따르자면 이런 대답일 수밖에 없다― 말과 행실로 자신이 불신자요 불경건한 자라는 사실을 드러낸 모든 사람 을 교회가 금해야 한다는 것이었다. 성찬은 그리스도에 의해 그의 백성들 에게 주어진 교회의 선이기 때문에 믿음의 권속들에 의해서만 향유되어 야 한다. 이것은 망자를 위한 모든 미사의 종언을 의미했다. 또한 그것은 환자들과 어린이들에게 사적으로 성찬을 베푸는 일도 제한하였다. 후자의 제한을 지지하기 위해 우리는 할례와 유월절 간에 큰 차이가 있음을 주목 할 필요가 있다. 전자가 모든 남자아이들을 위해 규정된 반면, 후자는 제정 과 동시에 곧바로 시행된 것이 아니라, 일정 기간 후에 팔레스타인 지역의 예루살렘 성전 근처에서 시행되었으며, 따라서 자동적으로 아주 어린 아 이들을 배제하였다. 세례와 성찬의 차이는 크다. 세례에서는 사람의 역할 이 수동적이지만, 성찬은 그리스도와의 교제 안에 있는 성숙의 성례요, 영

---

98) C. Vitringa, *Doctr. christ.*, VIII, 733; P. Drews, "Messe, liturgisch," in *PRE³*, XII, 722ff.; H. A. Köstlin, "Requiem," in *PRE³* XVI, 665-69.
99) Heidelberg Catechism, Q 81-82.

적 삶의 형성이며, 받는 사람들의 편에서 의식적이고 능동적인 참여를 전제한다. 고린도전서 11:26-29에서 바울은 사람들이 주님의 몸을 분변하고 그것을 무가치하게 먹거나 마시지 않도록 성찬에 참여하기 전에 스스로를 살펴야 한다고 주장한다. 이러한 요구는 자동적으로 어린이들을 배제한다. 어린이들을 성찬에 참여시키지 않는 것이 그들로부터 은혜언약 가운데서 어떤 유익을 빼앗는 것은 아니다. 어린이들에게 세례는 시행하되 성찬은 시행하지 않는 사람들은 그들이 언약 안에 있고 언약의 모든 유익들을 공유한다는 점을 인정한다. 그들은 단지 동일한 유익들이 표시되고 인쳐진 특수한 방식에 따라 그들을 금할 뿐인데, 아직 그 방식이 그들의 나이에 적합하지 않기 때문이다. 성찬은 결국 믿음으로 말씀과 세례를 통해 부여받은 유익이 아닌 것은 그 어떤 것도 베풀지 않는다. 또한 성례에 관한 모든 마술적 개념들을 피하기 위해서라도 성찬에 참여하는 자들은 철저하게 준비되어야 하고 그들이 참여하기 전에 자신을 살펴보도록 요청받아야 한다.

종교개혁은 성경적 근거가 없기 때문에 견진성사를 거부하였고, 그것을 교리교육과 공개적인 신앙고백으로 대체했다. 이런 절차로 인해 세례에서 성찬으로의 전이가 이루어졌고 동시에 교회를 부패로부터 보존하였다. 어린이가 교리문답으로 충분히 교육을 받은 후에 자기 자신의 믿음을 공개적으로 고백하도록 하는 것이 칼뱅의 바람이었다. 이와 마찬가지로 네덜란드 개혁교회들의 규범은 당회 앞에서나 회중 가운데서의 신앙고백을 규정했으며, 때로는 당회 앞에서 치르는 예비시험에 대해 말하기도 한다.[100] 이 이론은 매우 건전하다. 곧 신자들의 자녀가 신자로서 세례를 받고, 그런 다음 진리로 양육을 받는다. 충분한 교육을 받고 공개적으로 신

---

100) W. Caspari, "Konfirmation," in *PRE³*, X, 676-80; E. Sachsse, "Katechese, Katechetik," in *PRE³*, X, 121-29; F. Cohrs, "Katechismen und Katechismusunterricht," in *PRE³*, X, 135-64.

앙을 고백한 후에 그들은 성찬에 허입되기도 하고, 반복되는 훈계에도 비기독교적 견해들을 고수하거나 부도덕한 행위를 한 경우에는 출교를 당하기도 한다. 이런 선한 원리들을 실제로 적용하는 것이 언제나 쉬운 것만은 아니다. 경건주의와 합리주의는 줄곧 하나님이 하나로 합쳐놓으신 것을 분리하는 경향이 있고, 성례를 경멸한 채 개인적 회심을 강조하거나 교회적 확인의 실행을 강조하는 경향이 있다. 그러나 언약의 규범은 교회가 젊은 지체들을 양육해야 한다는 것이다. 그들은 언약의 자녀들로 태어났고, 세례에 의해 지체들로 가입되었으며, 독립적이고 개인적으로 신앙을 고백할 수 있고, 교회는 이를 근거로 그들을 성찬에 참여시킬 수 있다. 교회는 사람의 마음을 판단하지 않으며, 판단할 수도 없다.

따라서 교회는 한편으로 자기 말과 행실로 자신을 비신자요 불경건한 자로 드러내는 모든 사람들에게 성찬을 금지하는 반면에, 다른 한편으로는 자신의 죄 때문에 자신에게 화가 나지만 그럼에도 그들의 죄가 그리스도 때문에 용서받았다는 것을 신뢰하는 사람들과 또한 그들의 믿음이 굳건해지고 더 나은 삶을 영위하기를 점점 더 바라는 사람들을 위해서만 성찬이 제정되었다고 진지하게 설교하는 것을 결코 중단하지 않는다.[101]

---

101) 편집자 주—Bavinck가 명시하지는 않지만 명백히 「하이델베르크 교리문답」 제81문의 내용을 담고 있는 말이다.

제7부
만물을 새롭게 하시는
성령

제7부
만물을 새롭게 하시는
성령

23장
___

중간상태

불멸성에 대한 질문

[548] 사물의 기원이나 본질과 마찬가지로 사물의 마지막은 우리에게 알려져 있지 않다. 과학은 사물의 기원에 대해 답하지 못하는 것과 마찬가지로 그것들의 운명에 대해서도 만족할 만한 답변을 제공해주지 못한다. 여전히 종교는 개인과 인류와 세상의 운명에 대해 무언가를 알아야만 하는 긴박한 필요성을 가지고 있다. 사후에 우리에게 어떤 일이 일어나는지를 알고 싶은 욕망은 인간의 보편적 욕구다. 영혼 불멸성과 같은 신념들이 보편적이지 않다고 하는 주장들과,[1] 그 신념들의 원인을 외적이고 우발적인 환경과 세력 때문이라고 하는 진화론적 사상에도 불구하고, 가장 탁월한 종교사가들은 영혼 불멸성에 대한 믿음이 모든 사람들에게 보편적일 뿐만 아니라 가장 원시적인 종교들에서도 핵심적인 요소라는 것을 우리에

---

1) E. Haeckel, *The Riddle of the Universe at the Close of the Nineteenth Century*, trans. J. McCabe (New York: Harper & Brothers, 1900), 192; L. Büchner, *Kraft und Stoff* (Leipzig: T. Thomas, 1902), 156-77. ET: *Force and Matter; or Principles of the Natural Order ofthe Universe*, 4 th ed., translated from the 15th German ed. (New York: P. Eckler, 1891).

게 말해준다.[2] 세상 모든 종교들의 종말론은 죽음이라는 결말을 극복하려는 갈망을 드러낸다. 그것은 이 믿음이 아직 철학적 회의로 인해 손상되거나 다른 요인들로 인해 뒷전으로 밀려나지 않은 곳이라면 어디서든지 인간의 모든 발달단계에서 발견되며, 모든 경우에 그것은 종교와 밀접하게 관련되어 있다. 그것은 심지어 자연적 신념이라고 말할 수 있을 정도다. 틸레(Tiele)는 창세기의 에덴동산 내러티브의 저자처럼 모든 사람이 인간이 본성적으로 불멸하다는 것을 당연시하며, 설명이 필요한 것은 불멸성이 아니라 오히려 죽음이라 여긴다고 주장한다. 부자연스럽게 보이는 것은 바로 죽음이다. 많은 민족들의 무용담은 그 기원과 발달은 다르지만 동일한 생각, 곧 아픔도 죽음도 이 땅에 알려지지 않았던 때가 있었다는 생각을 표현한다. 영혼의 사후 삶에 대한 진술의 형태들은 매우 다채로우며 종종 서로 복잡하게 연결되어 있다. 곧 죽음 이후에 영혼이 무덤 근처에 살면서 음식을 공급받아야 할 필요가 있다고 믿는 자들이 있는가 하면, 영혼이 정화되거나 열반(nirvana)의 완전함에 도달하기 전에 수많은 변형들(metamorphoses)을 경험하거나 다른 몸 안에서 시간을 보낸다고(환생) 믿는 자들도 있다.

개인의 불멸성에 대한 이런 가르침은 종교에서 철학으로 양도되었다. 피타고라스, 헤라클레이토스, 엠페도클레스의 모범을 따라 특별히 플라톤은 (자신의 저서인 『파이돈』[*Phaedo*]에서) 철학적 논변으로 불멸성에 대한 자신의 종교적 신념을 강화하려고 노력했다. 그의 논증들은 기억을 통해 이데아에 대한 지식을 끌어내는 영혼이 몸 안에 거하기 전부터 이미 존재했기 때문에 결국 몸을 떠난 후에도 계속해서 존재한다는 입장으로 귀결된다. 게다가 영혼은 영원한 이데아에 대한 관조를 통해 신적 존재와 유사해지며, 독립적이고 단일한 실체로서 몸과 그 욕망을 제어함으로

---

2) C. P. Tiele, *Elements of the Science of Religion*, 2 vols. (Edinburgh and London: W. Blackwood & Sons, 1899), II, 113-14.

써 몸보다 훨씬 높은 차원에 존재한다. 플라톤은 영혼 불멸성에 대한 자신의 이론에 영혼의 선재성, 타락, 몸과의 연합, 심판, 그리고 영혼의 윤회(transmigration)에 대한 다양한 개념들을 조합하였는데, 이러한 개념들은 대체로 신화적 특징을 지니고 있으며, 순수하게 학문적인 의미에서 보자면 심지어 플라톤 자신에 의해서도 전부가 의도된 것은 아니었다. 플라톤의 이론은 신학과 철학 모두에 엄청난 영향력을 행사하였다. 선재성, 윤회(metempsychosis) 등과 같은 신화적 요소들은 종종 분파적 집단에서 수용되었다. 플라톤의 영향으로 신학은 영혼 불멸성과 관련하여 성경을 넘어서게 되었고, 결국 그것은 혼합논리(*articulus mixtus*)로서 그 진리성에 대한 탐구는 계시보다 이성에 더 많은 비중을 두게 되었다.[3] 계시와 이성 간의 차이에 대한 인식은 여전히 지속되었는데, 성경이 일관되게 삶과 죽음에 종교적-윤리적 의미를 부과하기 때문이다. 삶은 결코 단순히 지속되는 실존이 아니며, 죽음은 결코 소멸이 아니다. 삶은 하나님과의 교제를 포함하는 것이며, 죽음은 하나님의 은혜와 복을 상실하는 것을 의미한다. 따라서 영혼 불멸성이라는 개념을 사용한 저 그리스도인들도 불멸성을 영혼 자체에 내재하는 것이 아니라 하나님이 주신 것으로 보았다. 하나님만이 본질적으로 불멸하시며 영혼은 단지 하나님의 뜻에 따라서만 불멸성을 가질 수 있었다. 또한 이것은 플라톤의 영혼선재설이 거부되어야 한다는 것을 의미했다.

영혼 불멸성은 근대 세계에서 복잡한 평판을 얻었다. 데카르트는 정신과 물질, 영혼과 육체를 두 개의 개별적인 실체로 생각했는데, 이는 각기 그 자체의 속성과 사유와 외연을 갖고서 홀로 존재하며 단지 기계적으로만 연합될 수 있다고 보았다. 18세기 이신론 철학은 하나님, 덕, 불멸성이라는 3요소에 대한 신앙을 견지했는데, 그중에 가장 높이 평가받은 것

---

3) Tertullian, *A Treatise on the Soul*, 22; Origen, *On First Principles*, VI, 36; Irenaeus, *Against Heresies*, II, 34.

은 마지막 요소인 불멸성이었다. 라이프니츠(Leibniz), 볼프(Wolff), 멘델스존(Mendelssohn)을 비롯한 철학자들이 각양각색의 형이상학적·신학적·우주적·도덕적·역사적 논증들을 통해 그 진리성을 입증하고자 했으며, 또한 그것은 죽음 너머에 있는 복된 인식과 재회에 대한 감상적인 관측을 통해 독자들을 독려했다. 인간 영혼의 불멸성과 관련해 고전철학에서 발전한 정교한 논증들과 함께 이 모든 것들은 칸트에 의해 괄목할 만한 도전을 받았는데, 그는 영혼의 불멸성을 위해 제시된 모든 증거들의 부적절성을 드러낸 후에 그것을 실천이성의 가정만큼만 받아들일 수 있다고 주장하였다. 이와 마찬가지로, 피히테(Fichte), 셸링(Schelling), 헤겔(Hegel)의 관념철학은 영혼의 불멸성에 대해 일말의 여지도 남겨두지 않았다. 폭트(Vogt), 몰레쇼트(Moleschott), 뷔흐너(Büchner), 해켈(Haeckel)과 다른 철학자들의 유물론적 논증들은 많은 사람들에게 아주 강한 인상을 남겨서, 급기야 그들은 영혼 불멸성을 포기하거나 또는 기껏해야 영혼 불멸의 가능성이나 그에 대한 희망을 이야기할 뿐이다. 신학자들 역시 영혼 불멸성과 관련된 논증들에 별다른 가치를 부여하지 않거나 또는 그것들을 전혀 받아들이지 않는다.

[549] 영혼 불멸성을 옹호하는 주장들은 역사와 이성에서 비롯되었다. 비록 충분한 개연성이 없기는 하지만 그 주장들이 전혀 가치가 없는 것은 아니다. 불멸성에 대한 믿음과 관련하여 보여준 인민의 합의(*consensus gentium*)가 하나님에 대한 믿음의 경우만큼이나 강력하다는 사실은 의미심장하다.[4] 하나님의 존재에 대한 믿음의 경우와 마찬가지로 영혼 불멸성에 대한 믿음의 경우에도, 우리는 성찰과 추론을 통해서는 얻을 수 없으며, 모든 성찰에 앞서고 인간의 본성으로부터 자연발생적으로 나오는 확신을 다루고 있다. 그것은 자명하고 자연스러우며, 철학적 의심이 그것을 약화시키지 않는 곳이라면 어디서나 발견된다. 독립적이고 개별적인 자

---

4) Cicero, *Tusculan Disputations*, I, 3.

기 자신의 존재에 대한 의식과 더불어 죽음 이후 자아의 존속에 대한 자 각이 우리 안에 일어나는 것을 볼 수 있다. 진정한 자기의식—심리학이 천 착하는 추상적 자의식이 아닌—곧 인간을 개인적·독립적·합리적·도덕적 ·종교적 존재로 여기는 자기의식은 언제 어디서나 불멸성에 대한 믿음 을 포함한다. 소위 불멸성에 대한 논증들은 엄밀한 의미에서의 논증들이 라기보다는 이러한 신념이 스스로에 대해 약간의 설명을 제공하려는 시 도에 다름 아니다. 그 논증들이 가진 약점인 동시에 강점은 그것들이 불 멸성에 대한 믿음의 근거를 제공하는 것이 아니라, 그러한 믿음이 존재 한다는 증거라는 점이다. 마치 하나님이 아무런 증거 없이 자신을 남겨 두지 않으시고 그 손으로 하시는 모든 일들을 통해 우리에게 말씀하시는 것처럼, 한 사람이 들판의 짐승들처럼 소멸해버리지 않는다는 확신 역시 한 인간의 존재 자체로부터 그에게 주어지는 것이다. 이것은 하나님의 존재를 옹호하는 존재론적 논증의 역할과 정확히 일치한다. 그것은 불멸 성에 대한 믿음이 자의적이거나 우연적이지 않고 인간의 본성에 관한 사 실이며 인간들에게 도덕적으로 필연적이라는 의미를 분명히 드러낸다. 영혼 불멸성을 그 본성으로부터 도출하는 모든 형이상학적 논증은, 비록 우리의 육체적 존재로부터 독립되어 그것을 지탱하는 자율적이고 영적 인 원리인 "생명력"으로 우리를 인도하는 데 어느 정도 도움을 주기는 하 지만, 여러가지 면에서 실패할 수밖에 없다. 영혼이 적극적인 생명의 원 리이기는 하지만 그것은 생명 그 자체와 결코 동일하지 않다. 하나님만 이 홀로 생명 그 자체시고 그분만이 불멸하신다(딤전 6:16). 만일 영혼이 계 속해서 존재한다면, 이것은 오로지 편재하시고 전능하신 하나님의 능력 에 의존할 뿐이다. 여기서 가장 심각한 반론은, 우리가 식물에 대해서나 또는 최소한 동물에 대해서도 동일한 종류의 추론을 전개할 수는 있지만, 그럼에도 그것들의 불멸성을 주장하는 것이 타당한 것으로 여겨지지 않 는다는 점이다.

추론에만 의존하는 논증 가운데서 가장 도움이 되는 것은 인간론적 논증인데, 그것은 인간의 정신적인 삶의 독특함에서 출발하여 짐승이나 동물과는 구별되는 영적 실체가 존재한다는 결론에 이르게 된다. 인간은 지각과 관찰력을 소유하고 있을 뿐 아니라, 감각적이고 물질적이고 유한한 세상을 초월할 수 있게 해주는 지성과 이성을 가지고 있다. 인간은 눈으로 볼 수 없고 손으로 만질 수 없고 이 세상이 줄 수 없는 이상, 논리, 진리, 선, 아름다움을 갈망할 뿐 아니라, 이 세상이 줄 수 없는 최고선, 즉 지속적이고 영구한 행복을 추구한다. 인간은 자연의 왕국과는 다른 더 고상한 왕국의 시민이요 거주자다. 인간이 가진 합리적·도덕적·종교적 의식은 그가 가시적 세상 너머에까지 미치는 정신적 존재임을 가리킨다. 본성적으로 영원을 추구하는 존재는 영원을 위해 예정된 존재임에 틀림없다. 결국 여기에 도덕적 논증과 보응의 논증이 더해져야 하는데, 그것은 도덕성(*ethos*)과 자연(*physis*) 사이에 존재하는 부조화를 드러내고 그로부터 양자를 절충하는 또 다른 종류의 존재를 추론한다. 물론 모든 세대의 경건한 자들은 하나님이 어떤 보상을 위해서가 아니라 하나님 되심으로 말미암아 경배를 받으셔야 한다는 것을 깊이 인식하였다.[5] 동시에 그들은 자신들이 그리스도 안에서 소망하는 것이 오직 이생에 관한 것뿐이라면 그들이야말로 모든 사람들 가운데 가장 불쌍한 자들이라는 것도 알고 있다(고전 15:17, 19, 30, 32). 여기서 문제가 되는 것은 정의의 지배와 승리다. 마지막에 승리하는 것은 선인가 악인가, 하나님인가 사탄인가, 그리스도인가 적그리스도인가? 역사는 적절한 답변을 제공하지 못한다. 현 세계(Diesseits)의 관점에서 볼 때, 세상에 대해 만족할 만한 설명은 전혀 없다. 그러나 의로우신 하나님이 인간의 마음속에 깊이 심어놓으신 정의에 대한 감각으로 인해, 인간은 정의가 결국 회복되어 균형을 이루기를 소망한다. 만일

---

5) J. Calvin, *Institutes of the Christian Religion*, III.ii.26; III.xvi.2 (ed. John T. McNeill and trans. Ford Lewis Battles [Philadelphia: Westminster, 1960], 1:572-73, 798-800).

최후에 정의가 승리하지 못한다면 아무런 정의도 존재하지 않는 것이다. 만일 하나님이 마지막에 사탄의 정복자로 드러나지 않는다면, 인생은 살아갈 가치가 없는 것이다. 도덕적 논증에서 표현되는 것은 이기적 욕망이 아니라 심오한 정의감, 조화에 대한 갈망, 거룩과 행복이 하나가 되는 하나님의 총체적 영화(glorification)에 대한 열망이다. 심지어 예술조차도 우리 눈 앞에 이상적 실체를 가시적으로 드러냄으로써 그와 같은 미래를 예견한다. 이 모든 논증들이나 증거들—특히 인간의 완전 가능성 또는 도덕적 성품에 근거한 논증들이나, 수많은 별들과 강신술의 경험 등에 근거한 논증들—은 그것들이 모든 모순을 잠재운다는 의미에서의 증거가 아니다. 오히려 그것들은 불멸성에 대한 믿음이 인간 본성으로부터 철저하게 자연스럽고 자발적으로 발생한다는 증거와 표지다. 그것을 부정하고 맞서는 사람은 누구나 자신의 본성을 거스르는 것이다. "불멸성에 대한 관념은 사실상 불멸성의 첫 번째 행위다."[6]

[550] 기독교 신학에서 영혼 불멸성을 옹호하는 몇몇 전통적 논증들이 어떤 점에서는 유용할 수도 있지만, 성경은 이에 대해 좀 더 신중한 자세를 취한다. 영혼 불멸성이 신앙과 삶에서 가장 중요한 것처럼 보일 수도 있지만, 사실 성경은 그것에 대해 전혀 명시적으로 언급하지 않는다. 죽음에 직면한 상황에서 영혼 불멸성은 전혀 실제적인 위로가 되지 못한다. 죽음이 끝은 아니라 하더라도, 스올이라 불리는 그늘진 사후세계는 (이생에 비해) 위축된 것으로 간주된다. 성경은 하나님이 주신 생명이라는 선물을 복으로 규정하고 환영한다. 죽음은 죄에 대한 형벌이다. 죄와 사망에 대한 그리스도의 승리가 신자들에게는 그리스도의 왕적 통치의 첫 열매를 현세에 누리고 사후에 즉시 하늘에서 그리스도와 함께 예비된 복을 누리게 될 것을 의미하는 반면, 비신자들에게는 고통의 상태에 들어감을 의미한다.

---

6) Von Baer, cited by F. J. Splittgerber, *Tod, Fortleben und Auferstehung*, 3rd ed. (Halle: Fricke, 1879), 93.

하나님은 이스라엘에게 자신을 계시하실 때 이스라엘이 처한 역사적 환경에 스스로를 적응시키셨다. 은혜는 자연을 망가뜨리는 것이 아니라 그것을 새롭게 하고 성별했다. 이는 내세의 삶에 대한 대중의 믿음과 관련해서도 마찬가지다. 매장의 관습이 존재할 뿐 아니라 그것이 상당히 중요하다는 사실은 이미 불멸성에 대한 믿음이 존재한다는 증거가 되었다. 화장은 이스라엘에서 고유한 제도가 아니라 처형당한 자들에게 주로 해당되는 것이었다(창 38:24; 레 20:14; 21:9; 수 7:15). 그러나 매장은 구약성경에서 매우 중시되었다(삼상 17:44, 46; 왕상 14:11, 13; 16:4; 왕하 9:10; 시 79:3; 전 6:3; 사 14:19-20; 렘 7:33; 8:1-2; 9:22; 16:6; 25:33; 겔 29:5). 죽은 사람은 더 이상 살아 있는 자들의 땅에 속하지 않는다. 매장되지 못한 그의 몸은 혐오감을 불러일으킨다. 피 흘림은 복수를 요구하는데(창 4:10; 37:26; 욥 16:18; 사 26:21; 겔 24:7), 그 이유는 피가 영혼의 기반이 되기 때문이다(레 17:11). 따라서 죽은 자들은 덮여지고 가려지고 눈에 띄지 않도록 처리되어야 한다. 죽음을 통해 모든 영혼은 죽은 자들의 처소인 "스올"(שׁאוֹל)에 들어간다. 스올은 땅속 깊은 곳에 위치하기 때문에 죽은 자들은 그곳으로 내려가야 한다(민 16:30; 시 30:3, 9; 55:15; 사 38:18). 그것은 이 땅에서 가장 낮은 곳(시 63:9; 겔 26:20; 31:14; 32:18), 즉 심지어 물과 산들의 기초보다 더 아래에 자리잡고 있다(신 32:22; 욥 26:5; 사 14:15). 그런 까닭에 스올은 무덤(קֶבֶר)이나 구덩이(בוֹר)와 긴밀하게 연관된다. 비록 이 스올이 무덤과 동일한 개념은 아니지만—그럼에도 매장되지 않은 자는 스올에 머무는 것으로 간주된다(창 37:35; 민 16:32~33)—영혼과 육체가 연합하여 사람을 이루고 사후에도 일종의 상호보완 관계에 있는 것으로 여겨지는 것처럼, 무덤과 스올 역시 서로 나누어 생각될 수 없다. 스올은 모든 죽은 자들이 예외 없이 모이는 장소이며(왕상 2:2; 욥 3:13ff.; 30:23; 시 89:48; 사 14:9ff.; 겔 32:18; 합 2:5), 기적이 아니고서는 누구라도 그곳에서 다시 돌아오지 못한다(왕상 17:22; 왕하 4:34; 13:21). 스올에 내려간 자는 다시 올라오지 못한다(욥 7:9-10; 14:7-12; 16:22). 따라서 죽은 자들이 속한 이 영역은 살아 있는 자들의 땅과 정면으로 대치된다(잠 15:24;

겔 26:20; 32:23ff.). 죽은 자들은 그곳에서 아무것도 알지 못하고, 더 이상 일하지도 않고, 더 이상 자신들의 운명을 예측하지도 못하고, 더 이상 지혜와 지식을 소유하지도 못하고, 해 아래서 일어나는 일은 조금도 공유하지 못한다(전 9:5-6, 10). 죽은 자들은 "르파임"(רְפָאִים)이라 불리는데, 이 말은 연약하고(사 14:10), 힘이 없는(시 88:4 KJV) 상태를 가리키는 형용사 "라페"(רָפָה, 허약한; 욥 26:5; 시 88:10; 잠 2:18; 9:18; 21:6; 사 14:9)에서 파생되었다. 스올에 대한 이런 전체적인 설명은 지상에 존재하는 자의 관점에서 형성된 것이며, 지상에 거하는 사람들이 향유하는 풍성한 삶과의 대조를 통해서만 가치를 갖는다. 스올이 비록 한 사람의 존재가 소멸하는 것을 의미하지는 않는다 하더라도, 그것은 여전히 생명이 축소될 뿐만 아니라 이생에서 향유하도록 만들어진 모든 것을 박탈당하는 무시무시한 상태다.

구약성경에는 몸이 죽는 것은 허용한 채 영혼의 불멸성으로 만족하는 입장이 들어설 여지가 전혀 없다. 임종 시에 영이나 "호흡"(시 146:4; 전 12:7), 또는 혼(창 35:18; 삼하 1:9; 왕상 17:21; 욘 4:3)이 그에게서 떠남으로써 전인이 죽는 것이다. 전인이 순종을 통해 생명을 얻도록 정해진 것과 마찬가지로, 동일한 전인은 자신의 범법행위를 통해 몸과 영혼을 죽음에 내어주는 것이다(창 2:17). 이런 생각은 인류의 의식 속에 깊이 새겨졌으며, 따라서 고대에는 모든 민족들 가운데 죽음이 곧 형벌이고 부자연스러운 현상이며, 인간의 본질과 운명에 해로운 것이라는 인식이 보편화되어 있었다. 따라서 하나님이 이스라엘에게 주신 계시는 이러한 이해와 밀접한 관계가 있다. 구약성경의 계시가 수많은 관습과 의식(희생제사, 제사장직, 할례 등)은 전수한 반면 자기훼손(레 19:28; 21:5; 신 14:1)이나 망자에게 조언을 구하는 일(레 19:31; 20:6, 27; 신 18:10-11)과 같은 부정한 첨가물들은 제거했던 것과 동일한 방식으로, 죽음이 부자연스러운 것이라는 개념도 유지되고 전수되었다.

그러나 계시는 그와는 다른, 그리고 그것을 넘어서는 무언가를 보여준다. 계시는 삶과 죽음의 대립을 유지하고 강화할 뿐만 아니라 현세의 삶에 대해 보다 날카로운 대비를 도입한다. 이생은 고통으로 얼룩지고 죽음으로 귀결되는 죄악되고 부정한 삶이라는 점에서 진정한 삶이 아니다. 그것은 오직 야웨를 섬기는 것과 하나님과의 교제를 통해서 진정한 삶이 되고 참된 만족을 얻을 수 있다. 구약성경이 경건과 삶의 관계를 이해하는 방식은, 오래 사는 것을 경건이 가져다주는 유익과 상급으로 간주하는 것이었다(출 20:12; 신 5:16, 29; 6:2; 11:9; 22:7; 30:16; 32:47 등). 보편적으로 알려진 삶과 죽음의 자연스러운 대립의 틀 안에 도덕적이고 영적인 대조—죄를 섬기는 삶과 하나님을 경외하는 삶의 대조—가 짜맞춰진다. 죽음은 악과 관련되며, 삶은 선과 밀접한 관계가 있다(신 30:15). 이스라엘의 하나님은 죽은 자의 하나님이 아니라 산 자의 하나님이시다. 그런 까닭에 이스라엘의 경건한 자들의 종말론적 소망은 거의 전적으로 지상 국가의 미래, 즉 하나님 나라의 실현에 맞춰졌다. 스올에 있는 개인들의 미래에 관한 질문은 완전히 수면 아래 감춰져 있었다. 하나님과 나라와 땅은 서로 불가분리의 관계였으며, 개인들은 그 "언약"의 한 부분으로서 그에 상응하여 이해되었다. 이스라엘이 종교 공동체로 변화되고 종교가 개인의 문제로 간주되었던 포로기 이후에야 각 개인의 장래 운명에 관한 문제가 전면에 부각되었다. 이런 발전을 위한 기본 요소들은 과거의 계시에 이미 내재해 있었다. 하나님을 섬기는 자는 삶을 지속할 수 있다(창 2:17). 생명은 하나님의 계명을 지키는 일과 밀접한 관계가 있다(레 18:5; 신 30:20). 하나님의 말씀은 곧 생명이다(신 8:3; 32:47). 잠언에서 죽음과 스올을 대체로 악인들과만 연계시키고, 그 반대로 생명을 거의 전적으로 의인들에게만 귀속시키는 점을 주목할 필요가 있다(2:18; 5:5; 7:27; 9:18). 지혜, 의 그리고 야웨를 경외함이 생명의 길이다(8:35-36; 11:19; 12:28; 13:14; 14:27; 19:23). 야웨를 자기 하나님으로 삼는 자는 복을 받는다(신 33:29; 시 1:1; 2:12; 32:1-2; 33:12; 34:8 등). 악인들이 아무리 일시적으로 번영할지라도 그들은 망하고 결국 종말을 맞이하게 된다(시 73:18-20). 이런 관점에서 경건한 자들은 일시적으로 겪는 억압과 역경으로부터의 구원을 기대할 뿐만 아니라, 믿음의 눈으로 사물을 바라봄으로써 종종 무덤 너머의 세계를 꿰뚫어보고 하나님과 교제를 누리는 복된 삶을 예견한다.

[551] 구약성경의 이런 가르침이 후기 유대교 문학에서 완전히 사라진 것은 아니지만, 그것은 신구약 중간기에 외부에서 유입된 다양한 요소들에 의해 수정되고 확대되었다. 보다 개인주의적인 종교관이 존재했는데, 그것은 보응사상의 영향으로 죽음 직후에 있을 의인과 악인 간의 잠정적인 분리를 가르칠 뿐만 아니라 그들이 거주하게 될 서로 다른 장소들에 대한 세밀한 묘사를 제공한다. 이때 기록된 책들 중 일부—마카베오서, 바룩서, 에스라4서[불가타 부록에서; NRSV에서는 에스드라2서], 에녹서, 12족장의 유언과 같은 묵시문학적 기록들—는 중간상태에 대해 단지 잠정적인 성격을 부여할 뿐이다. 예를 들어 에녹의 묵시는 스올을 서쪽에 위치시키고 그 장소가 강들에 의해 절개되고 둘러싸인 것으로 묘사하는데, 그 안의 네 구역 중에 둘은 선인들을 위한 장소이며, 둘은 악인들을 위한 장소다(에녹1서 17.5-6; 22.2ff.). 이런 책들의 강조점은 우주적 종말론, 메시아의 도래, 종말에 이루어질 하나님 나라의 완성에 있다. 그때까지 죽은 자들의 영혼은 창고(ταμιεια)이자 영혼의 저장소(*promptuaria animarum*, 바룩2서 21.23; 에스라4서 4:35; 5:37)인 음부(*hades*)에 감금된다. 그들은 안식하고 수면을 취하면서 최후의 심판을 기다린다(에스라4서 7:32-35; 바룩2서 21.23-24; 23.4; 30.2). 일군의 다른 저작들—집회서, 솔로몬의 지혜서, 필론, 요세푸스 등등—은 특별히 개인적 종말을 강조함으로써, 메시아의 도래, 부활, 최후의 심판, 지상의 하나님 나라 같은 개념들을 뒷전으로 몰아내어 주목받지 못하게 만든다. 주된 교의는 영혼 불멸성에 관한 것인데, 필론에 의하면 그것은 선재하는 것이다. 타락으로 인해 영혼은 일시적으로 육체라는 감옥에 갇히게 되었고, 그 행위에 따라 사후에 다른 육체로 옮겨지는데, 어느 경우에나 영혼은 사망 직후에 그에게 숙명적으로 확정된 정착지를 배정받는다(집회서 1:13; 7:17; 18:24; 41:12; 지혜서 1:8-9; 3:1-10). 마지막 때에 영혼은 거룩한 하늘로 가거나 어두운 음부로 간다.[7]

---

7) Fl. Josephus, *Jewish War* III, 8, 5.

그리스도가 사역하실 당시에는 때로 중첩되기도 하는 다양한 종말론적 이미지들이 이스라엘 백성들 사이에 만연해 있었다. 바리새인들은 사후 존재의 지속과 일시적 보응을 믿었으며, 그와 아울러 메시아 대망과 죽은 자들의—전부는 아니더라도 최소한 의인들의—부활 및 하나님 나라 건설에 대한 기대를 고수했다. 사두개인들은 부활을 부인하였고(마 22:23; 막 12:18; 눅 20:27; 행 23:8), 요세푸스에 따르면[8] 사후의 보응과 불멸성 역시 부정했다. 에세네파는 몸은 죽지만 영혼은 불멸한다고 믿었다. 원래 영혼은 가장 순수한 에테르 속에 거했으나 육체적 정욕에 사로잡히게 되어 몸 속에 거하게 되었고, 죽음을 통해 몸으로부터 다시 자유롭게 된다. 선한 영혼들은 비나 눈이나 열기가 닿지 않는 대양 저편에서 복된 삶을 부여받지만, 악한 영혼들은 어둡고 추운 곳에서 영원히 지속되는 고통을 겪어야 한다.[9]

율법 및 예언서들과 일관되게 신약성경은 특수한 종말론보다는 보편적 종말론에 훨씬 더 많은 관심을 쏟는다. 성경이 실제로는 중간상태에 대해 아무것도 언급하지 않는다거나 적어도 우리에게 유효한 어떤 가르침도 포함하고 있지 않다고 말하는 것은 옳지 않다. 성경은 이생에서의 삶을 조명하는 데 필요한 진술들을 충분히 담고 있다. 신약성경은—구약성경보다 훨씬 더 강력하게—죽음이 죄의 결과요 죄에 대한 형벌(롬 5:12; 6:23; 8:10; 고전 15:21)이며, 죽음이 모든 사람들에게 확대된다(고전 15:22; 히 9:27)는 것을 언급하였다. 아주 드물게 에녹과 같은 몇몇 사람만이 죽음을 경험하지 않고 옮겨진다(히 11:5). 그리고 그리스도의 재림(parousia)을 경험하는 자들은 죽음의 개입 없이 순식간에 변화될 것이며(고전 15:51-53; 살전 4:14-17; 참조. 요 21:22-23), 그리하여 그리스도는 죽은 자들뿐 아니라 살아 있는 자들도 심판하실 것이다(행 10:42; 딤후 4:1; 벧전 4:5). 그러나 죽음은 한 사람의 마지막이 아니다. 영혼은 죽임을 당하지 않으며(마 10:28), 육체는 언젠

---

8) Fl. Josephus, *Jewish War* II, 8, 14; *Jewish Antiquities* XVIII, 1, 4.
9) Fl. Josephus, *Jewish War* II, 8, 11.

가 일으킴을 받을 것이고(요 5:28-29; 행 23:6; 계 20:12-13), 신자들은 결국 파멸되지 않는 영원한 생명에 참여할 것이다(요 3:36; 11:25).

신약성경에 따르면 모든 죽은 자들은 부활 때까지 죽은 자들의 영역인 음부에 있게 될 것이다. 마태복음 11:23과 누가복음 10:15에서 "음부에까지 낮아지리라"(καταβηση έως άδου)라는 표현은 교만한 가버나움이 지극히 낮아질 것을 가리킨다. 마태복음 16:18에서 예수는 "음부의 문들"(πυλαι άδου)이 교회를 다스릴 권세가 전혀 없을 것이고 사망이 교회를 결코 이기지 못할 것이라고 그의 교회에 약속하신다. 누가복음 16:23에 따르면, 불쌍한 나사로는 천사들에 의해 아브라함의 품으로 옮겨질 것이고 부자는 그가 죽어 장사지낸 직후에 곧바로 음부로 내려가는데, 여기서 음부는 아직까지는 고통의 장소와 동일시되지 않는데, 왜냐하면 본문에서는 그러한 의미를 담기 위해 "고통 중에 있어"(ύπαρχων έν βασανοις)라는 구절을 덧붙이고 있기 때문이다. 예수 역시 죽음의 상태에 있을 동안 음부에 머물러 계셨다. 비록 음부가 그를 붙들어둘 수는 없었지만 말이다(행 2:27, 31). 결국 예수는 "땅 아래 낮은 곳"으로(είς τα κατωτερα της γης, 엡 4:9) 내려가셨다. 이처럼 모든 죽은 자들은 "땅 아래"에(καταχθονιοι, 빌 2:10) 있다. 악인들뿐 아니라 신자들 역시 사후에 자신이 음부에 있는 것을 발견한다. 그들은 그리스도 안에서 죽은 자들이다(살전 4:16; 참조. 고전 15:18, 23). 부활 때에 바다와 사망과 음부는 그들 안에 있던 모든 죽은 자들을 내어놓아 각자의 행위에 따라 심판을 받게 한다(계 20:13). 음부는 죽음과 함께하고 죽음에 뒤따르기 때문에, 죽음은 언제나 [영혼을] 음부로 격리시킨다(계 6:8). 이런 견해—죽음으로부터 부활의 때까지 신자들 역시 음부에 거한다는 성경적 견해—는 "죽은 자들로부터의 부활"(άναστασις έκ [των] νεκρων, 마 17:9; 막 6:14; 눅 16:30; 요 20:9; 엡 5:14 등)이라는 표현에 의해 강화되는데, 그것은 "죽음으로부터"가 아니라 "죽은 자들로부터", 즉 죽은 자들의 영역으로부터를 의미한다.

그러나 이처럼 신자들과 비신자들이 공통적으로 죽음의 상태에 위치한다는 사실은 그들의 운명이 매우 다르다는 사실을 배제하지 않는다. 예수는 자신과 나란히 십자가에 달린 사람들 중 한 명에게 "오늘 네가 나와 함께 낙원에 있으리라"(눅 23:43)라고 약속하신다. "낙원"이라는 말은 페르시아어에서 기원한 것으로서 일반적으로 (관상용) 정원(느 2:8; 전 2:5; 참조. 아 4:12)을 가리킨다. 70인역은 그것을 창세기 2:8-15의 에덴동산을 가리키는 말로 사용하였고, 유대인들은 하나님이 의인들의 죽음 이후에 그들과 교제를 나누시는 곳을 가리키는 데 이 용어를 사용했다.[10] 고린도후서 12:2, 4에서 "낙원"은 "삼층천"과 교차적으로 사용된다. 요한계시록 2:7과 22:2에서 이것은 장래에 하나님이 자기 백성들 중에 거하실 곳을 의미한다. 같은 맥락에서 요한복음은 이곳 지상에서 이미 영생의 시작을 소유하고 하나님의 심판을 면한(3:15-21; 5:24) 신자들이 그리스도와의 교제를 누리게 될 것이라고 가르치는데, 그 교제는 그리스도의 떠나심(12:32; 14:23)이나 죽음(11:25-26)으로도 깨어지지 않고, 언젠가 영원히 그분과 함께 거하는 것으로 완성될 것이다(6:39; 14:3, 19; 16:16; 17:24). 스데반은 죽음을 목전에 두고서 자기 영을 하늘로 이끌어가시기를 주 예수께 기도하였다(행 7:59). 바울은 신자들이 죽음보다 훨씬 뛰어난 생명에 참여하고 있으며(롬 8:10), 그 무엇도, 심지어 죽음조차도 그리스도 안에 있는 하나님의 사랑으로부터 신자들을 분리시킬 수 없다는 것을 알았다(8:38-39; 14:8; 살전 5:10). 비록 그가 잠시 교회를 위해 육신 가운데 머물러 있어야 했지만, 그는 떠나서 그리스도와 함께 거하기를 소망했다(고후 5:8; 빌 1:23). 요한계시록 6:9과 7:9에 따르면, 순교자들의 영혼은 하늘 성전의 하나님 보좌 앞에 있는 제단 아래서 그리스도와 한 자리에 거한다(참조. 2:7, 10, 17, 26; 3:4-5, 12, 21; 8:3; 9:13; 14:13; 15:2; 16:17; 또한 히 11:10, 16; 12:23을 보라).

신자들이 사후에 즉시 하늘에서 그리스도와 임시적인 복된 상태를 누

---

10) F. W. Weber, *System der altsynagogalen palästinischen Theologie* (Leipzig: Dörffling & Franke, 1880), 330; S. D. F. Salmond, "Paradise," in *DB*, III, 668-772.

리는 것처럼, 비신자들도 죽음의 순간부터 고통의 자리로 들어간다. 부자가 음부에서 눈을 떴을 때 그는 고통 가운데 있었다(눅 16:23). 그리스도를 거부한 비신자들은 하나님의 진노 아래 거하고 이 땅에서도 정죄를 받을 뿐만 아니라(요 3:18, 36), 다른 모든 사람들과 마찬가지로 그들에게는 죽음과 동시에 심판이 예비되어 있다(히 9:27). 하지만 이러한 고통의 장소가 "게헨나"(γεεννα)나 "불못"(λιμνη του πυρος)과 동일한 것은 아니다. 게헨나는 마귀와 그의 사자들을 위해 예비된, 소멸되지 않는 영원한 불이 타오르는 장소이며(마 18:8; 25:41, 46; 막 9:43, 47-48), 불못은 세상 나라와 거짓 예언자(계 19:20)와 사탄(20:10)과 모든 악인들(21:8; 참조. 벧후 2:17; 유 13)이 현재가 아니라 미래에 심판을 받는 자리이기 때문이다. 사실 그들 모두는 지금 "감옥"(φυλακη, 벧전 3:19)이나 "무저갱"(ἀβυσσος; 눅 8:31; 참조. 마 8:29-32; 롬 10:7; 계 9:1-2, 11; 11:7; 17:8; 20:1, 3)에 갇혀 있는 것이다. 선과 악의 중간상태가 가지는 이러한 차이는 그들 모두가 음부에 함께 거한다는 사실과 모순되지 않는다. 모든 죽은 자들은 "땅 아래 있는 자들"(καταχθονιοι)이기 때문이다. 부활 이전에 그들은 모두 죽은 자들의 영역에 속해 있으며, 오직 부활을 통해서만 영혼과 육체 전부가 사망의 지배로부터 완전히 자유로워진다(고전 15:52-55; 계 20:13).

사후에 이어지는 것

[552] 초기 기독교 신학은 중간상태에 대한 성경의 침묵을 존중했다. 속사도 교부들도 여전히 중간상태에 대한 교리를 발전시키지 않았으며, 경건한 자들은 죽음과 함께 천국의 복된 상태를 경험하고 악인들은 지옥의 심판을 경험한다는 보편적인 믿음을 공유하고 있었다. 그리스도의 재림이 대부분의 신자들이 처음 기대했던 것처럼 속히 이루어지지 않고 수많은 이단 사상가들이 마지막 일들에 대한 가르침을 왜곡시키거나 반박하는 일이 발생하면서, 교회의 사상가들은 중간상태에 대해 보다 더 관심을

갖고 이를 성찰하기 시작했다. 에비온주의는 기독교의 보편주의를 포기하고서 이스라엘의 국가적 특권을 고수하려고 노력했으며, 그 결과 일반적으로 천년왕국설(millenarianism)의 경향을 띠었다. 영지주의는 그 근간이 되는 이원론으로 말미암아 기독교 종말론을 완전히 거부하였으며, 물질로부터 영의 해방, 그리고 죽음과 동시에 발생하는 신적 충만(pleroma)으로의 승천 외에는 그 무엇에도 기대와 소망을 두지 않았다. 결과적으로 기독교 신학은 중간상태의 성격, 그리고 중간상태가 이생과 갖는 관계 및 최후의 심판에 이어지는 최종상태와 갖는 관계를 보다 분명하게 이해하려고 노력할 수밖에 없었다. 처음에는 모든 죽은 자들이 머무는 다소 중립적인 장소 개념에서 출발하여 점차 신자들을 위한 즉각적인 지복의 상태와 비신자들을 위한 심판의 장소가 구별되기 시작했다. 이미 유스티누스는 사후에 경건한 자들의 영혼이 더 나은 곳에 머물며 불의한 자들의 영혼은 그보다 못한 곳에서 심판을 기다리고 있다고 진술하였다. 이레나이우스에 따르면 경건한 자의 영혼은 죽음과 동시에 하늘, 낙원, 하나님의 도성—최후의 심판 이후에 의인들이 거하게 될 세 군데의 구별되는 장소들—으로 들어가는 것이 아니라, 하나님이 정하신 비가시적 장소에서 부활과 그에 뒤따르는 하나님과의 대면을 기다린다. 우리는 다른 사상가들[11]에게서도 죽은 자들이 마지막 날을 기다리는 장소인 음부의 다양한 "은신처들"에 대한 동일한 견해를 마주하지만, 그리스도의 재림이 막연해질수록 음부에 대한 고전적인 이해를 고수하면서 그곳에 머무는 것을 임시적이고 다소간 중립적인 짧은 경험으로 간주하는 일이 점점 어려워졌다. 이미 기독교 역사의 초창기에도 순교자들을 위한 예외 규정이 만들어졌는데, 그들은 사후에 즉시 천국에 들어가서 하나님을 대면할 수 있다고 여겨졌다.

이와 관련하여 그리스도가 음부로 내려가신 것은 구약성경 시대의 성

---

11) Hippolytus, Tertullian, Novatian, Commodian, Victorinus, Hilary, Ambrose, Cyril, 또한 Augustine에게서도 여전히.

도들을 선조 림보(*limbus patrum*)에서 해방하여 천국으로 옮기기 위한 수
단으로 이해되었다. 선행의 필요성과 공로주의에 대한 가르침이 교회에
점점 더 영향을 미치면서, 특별히 헌신했던 신자들 역시 죽음과 동시에 하
늘의 복을 받을 만하다는 생각이 자리잡기 시작했다. 그리하여 음부는 점
차로 거주민을 잃게 되었다. 이제는 죽음과 동시에 천국의 영광에 들어갈
수 있을 만큼 성화에 있어 괄목할 만한 진보를 아직까지 이루지 못한 그
리스도인들만이 음부에서 시간을 보내야 하는 것으로 여겨졌다. 시간이
흐르면서 오리게네스가 처음 제안했던 불에 의한 정화(purification)의 개
념이 이러한 발전과 결부되었는데, 그는 모든 형벌을 치료책(φαρμακα)으
로 보았고, 게헨나를 포함하여 음부 전체를 정화의 장소로 간주하였다.[12]
죄가 정화시키는 불(πυρ καθαρσιον)에 의해 구체적으로 소멸됨으로써 사람
들은 청결하게 되는데, 그 불이 이 세대의 마지막에는 세상을 불사를 것
이다.[13] 오리게네스를 따라 동방 교회 신학자들은 죽은 자들 가운데 많은
영혼들이 살아 있는 자들의 중보와 희생을 통해 해방되기까지 슬픔을 겪
어야 한다는 사상을 채택하였다. 하지만 그들은 서방 교회가 가르쳤던 특
별한 정화의 불 개념은 반대하였다.[14] 한편으로 서방 교회에서 오리게네
스가 말했던 정화의 불은 최후의 심판에서 중간상태로 옮겨졌다. 아우구
스티누스는 때때로 보편적 부활 이후에나 또는 최후의 심판 때에 추가적
인 연옥의 고통이 부가될 수도 있다고 종종 말하곤 했다.[15] 한편으로 그는
"신실한 자들 중 일부는 연옥의 불을 통해 구원을 얻는데, 그 기간은 그들
이 장차 소멸할 재화를 얼마나 사랑했느냐에 의해 좌우된다"[16]라는 주장

---

12) Origen, *Against Celsus*, III, 75; VI, 25-26.

13) Ibid., VI, 12-13, 21, 64; V, 15-16; 참조. R. Hofmann, "Fegfeuer," in *PRE*³, V, 788-
92.

14) The Orthodox Confession of the Eastern Church, arts. 64-68, in *Creeds of
Christendom*, ed. Philip Schaff (New York: Harper & Brothers, 1877), II, 342-48.

15) Augustine, *City of God*, XX, 25; XXI, 24.

16) Augustine, *Enchiridion*, 69.

도 불가능한 것으로 여기지 않았다. 다른 신학자들은 특정한 몇몇 사소한 과오들이 이 땅에서 또는 내세에서 속죄될 수 있다는 생각을 발전시켰는데, 이것은 죽은 자들을 위해 중보하고 제사드리는 교회 관행과 결합하여 연옥 교리를 완성시켰으며, 피렌체 공의회(1439)와 트리엔트 공의회(1545-63)[17]는 이것을 교회의 교리로 삼았다. 결과적으로 신자들 간에 공로와 완전성의 수준에 있어 차별화가 더욱 심화되었으며, 신학은 종교생활 및 교회생활과 관련하여 이 교리에 점점 더 큰 중요성을 부과하였다.

로마 가톨릭의 교리에 따르면, 정죄 받은 자들의 영혼은 즉시 지옥(게헨나, 무저갱, 지하세계)으로 들어가 영원히 꺼지지 않는 불 속에서 고통을 받는다. 세례를 받은 후에 죄로 다시 더럽혀지지 않은 사람들의 영혼이나 현세나 내세에서 죄로부터 정화된 사람들의 영혼은 즉시 천국으로 올리워져 각자의 공로에 기초한 완전성의 정도에 따라 하나님의 얼굴을 대면한다.[18] 그리스도의 지옥강하로 인해 이전에 죽은 성도들의 영혼도 선조 림보(아브라함의 품)에서 천국으로 옮겨진다. 대부분의 공통된 견해에 의하면, 세례받기 이전에 죽은 유아들은 특별한 구역(*limbus infantum*, 유아 림보)에서 "영원한 정죄의 형벌"(*aeterna poena damni*)을 받지만 "육체적 형벌"(*poena sensus*)[19]은 받지 않는다. 세례 후에 가벼운 죄를 범하고 이생에서 적절한 일시적 형벌을 받지 못한 사람들은 천국에서의 지복직관이 곧바로 허용되지 않고, 그들이 천국에 들어가는 길을 가로막는 장애물을 제거하기 위해 "연옥"[20]으로 간다. 거기서 그들은 죄 사함을 받은 후에 지은

---

17) Canons and Decrees of the Council of Trent, VI, canon 30; XXII, c. 2, canon 3; XXV.

18) H. Denzinger, ed., *Sources of Catholic Dogma*, trans. from the 30th ed. by R. J. Deferrari (London and St. Louis: Herder, 1955), ##870, 875.

19) Peter Lombard, *Sententiae in IV libris distinctae*, 3rd ed., 2 vols. (Grottaferrata: Colleggi S. Bonaventurae ad Claras Aquas, 1971-81), II, dist. 33; T. Aquinas, *Summa Theol.*, suppl., qu. 69, art. 4.

20) 편집자 주—여기서 Bavinck는 괄호를 통해 "연옥"에 해당하는 네덜란드어 vagevuur는

죄들에 대해 정해진 처벌인 동시에 "가엾은 영혼들"에 대해 정화의 능력을 갖는 수단인 일시적 형벌을 견뎌내야 한다. 성인의 통공(communion of saints) 덕분에 교회는 중보, 미사의 제물, 선행, 그리고 면벌부를 통해 그들의 형벌을 완화시키고 단축시킴으로써 고통받는 영혼들에게 도움이 될 수 있다. 어떤 영혼이 연옥에 가야 하는지, 또는 산 자들의 기도와 희생제사가 얼마나 오랫동안 그리고 어떤 조건 하에서 자신들에게 유익을 주는지를 그들 편에서 전혀 알지 못한 채, 점차 순교자들이나 특별한 성인들과 같은 몇몇 예외를 제외한 대다수의 신자들이 연옥에 가는 것으로 원칙이 정해졌다. 하지만 그들은 아직 연옥을 앞에 두고 있는 산 자들에 비하면 훨씬 앞서 있는 것이다. 비록 그들이 한편으로는 "가엾은 영혼들"이라 할지라도, 다른 각도에서 보면 그들은 절망 가운데 살아가는 자들이 천사들, 지복의 상태에 거하는 자들과 함께 도움을 구할 대상으로 삼을 만큼 "복된" 영혼들이다.[21]

[553] 종교개혁은 이러한 연옥 개념이 그리스도의 공로를 제한한다는 사실을 간파하고서, 인간은—이신칭의의 원리에 의해서—죽음의 분투 가운데서의 특별한 심판 이후에 즉시 천국에서 지복을 누리거나 또는 지옥에서 파멸을 경험하게 된다고 가르쳤다. 개혁신학은 특별히 죽은 자들의 상태가 마지막 날 이전과 이후에 얼마나 다른지를 강조하였다. "영혼의 잠"이라는 글에서 칼뱅이 언급한 바에 따르면, "아브라함의 품"이라는 표현은 신실한 자들의 영혼이 사후에 완전한 평안을 누리기는 하지만 부활의 날까지는 그들이 언제나 갈망하는 하나님의 충만하고 완전한 영광은 아직 경험하지 못할 것이며, 따라서 우리의 구원은 모든 진보가 완결되고 종식되는 날까지는 발전 과정에 있다는 것을 의미한다.[22] 그러나 종교

어원적으로 "정화하다" 또는 "깨끗하게 하다"를 뜻하는 vagen, vegen에서 유래했다고 한다.

21) Roman Catechism, I, c. 6, qu. 3.

22) J. Calvin, *Institutes*, III.xxv.6: "'아브라함의 품'(눅 16:22)이라 불리는 성도들의 영

개혁 이후에 새로운 발상들이 등장했는데, 그중에는 영혼의 잠, 소멸, 환생, 그리고 다양한 형태의 보편구원설이 있다. 18세기 이후의 개신교 신학에서는 이전에 이방인과 그리스도인, 철학자들과 신학자들이 주장했던 모든 사상들이 재등장한다. 로마 가톨릭의 연옥 교리는 또 다시 다수의 신비주의자들 및 뵈메와 같은 경건주의자들, 그리고 라이프니츠, 레싱, J. F. 폰 마이어를 비롯한 수많은 사람들의 지지를 받았다.[23] 소키누스주의자들은 몇몇 고대 그리스도인 저술가들을 좇아서, 마치 육체가 땅으로 되돌아가는 것처럼 영혼은 하나님께로 되돌아가는데, 거기서 부활 때까지 지각이나 사고, 쾌락이나 불안이 없는 상태로 존재한다고 가르쳤다.[24] 이런 견해

혼의 복된 모임은 이 땅의 순례가 끝나면 신자들의 공통적인 아버지가 우리를 맞아주시고 아브라함이 자신의 믿음의 열매를 우리와 함께 나눌 것을 확신시키기에 충분하다. 동시에 성경은 곳곳에서 우리에게 그리스도의 오심을 고대하며 기다리라고 명령하고, 그때까지는 영광의 면류관을 보류하기 때문에, 우리는 하나님이 우리를 위해 두신 한계에 만족해야 한다. 다시 말해 각자의 싸움과 수고를 마친 경건한 자들의 영혼은 복된 안식으로 들어가 약속된 영광을 누릴 날을 손꼽아 기다리고, 마찬가지로 만물들 역시 구속주이신 그리스도가 나타나시기까지 손에 땀을 쥐고 기다린다"(ed. John T. McNeill and trans. Ford Lewis Battles [Philadelphia: Westminster, 1960], 2:998). 참조. Calvin, "*Psychopannychia*" in *Tracts and Treatises*, trans. Henry Beveridge, 3 vols. (Grand Rapids: Eerdmans, 1958), 3:413-90.

23) G. W. von Leibniz, *System der Theologie* (Mainz: Müller, 1820), 345; G. E. Lessing, *Erziehungdes Menschengeschlechts*, ed. Louis Ferdinand Helbig (Bern and Las Vegas: Peter Lang, 1980); J. F. von Meyer, *Blätter für höhere Wahrheit*, 11 vols. (Frankfurt a.M.: H. L. Brönner, 1818-32), VI, 233; J. H. Jung-Stilling, *Theorie der Geister-Kunde* (Leipzig: Dieter, ca. 1890), §211; H. Martensen, *Christian Dogmatics*, trans. W. Urwick (Edinburgh: T&T Clark, 1871), §§276-77; I. A. Dorner, *A System of Christian Doctrine*, trans. A. Cave and J. S. Banks, 4 vols. (Edinburgh: T&T Clark, 1882), IV, §153; J. J. van Oosterzee, *Christian Dogmatics*, trans. J. Watson and M. Evans, 2 vols. (New York: Scribner, Armstrong, 1874), § 142. 특히 성공회 신학자들은 연옥 교리에 대해 상당한 공감을 표현한다; 참조. W. Walsh, *The Secret History of the Oxford Movement*, 6th ed. (London: Church Association, 1899), 281ff.

24) O. Fock, *Der Socinianismus* (Kiel: C. Schroder, 1847), 714ff.

와 밀접하게 관련된 것이 영혼 수면 교리인데, 그것은 과거에 특정 이단들과 후에 재세례파에 의해 옹호되었었고 18세기에 다시 모습을 드러냈다. 적지않은 사상가들이 심지어 고대의 영혼 윤회설로 회귀하여, 영혼이 한 인간의 육체에서 다른 육체로 이동하는 과정을 통해 결국 완전에 도달한다는 주장을 펴기도 했다.[25] 오늘날에는 발전 개념이 너무나 강력한 나머지 그것이 사후의 상태에조차 적용되고 있다. 선조 림보 교리는 다시 마르텐슨, 델리치, 빌마르 등등에[26] 의해 이어졌으며, 새로운 신학에서 가장 인기 있는 개념은 중간상태에서도 여전히 복음 선포와 회심의 가능성이 존재할 것이라는 주장이다.[27] 많은 사람들이 심지어 내세 전체(Jenseits)를 연옥의 지속으로 본다. 그 결과 일부 사람들만이 영원히 멸망할 수 있다는 가설적 보편주의, 끝까지 잘못을 고집하는 자들은 소멸된다는 조건적 불멸성, 또는 결국에 모든 사람이 구원을 얻을 것이라는 만유 구원론이 대두된다.[28]

[554] 중간상태 이론의 역사가 우리에게 보여주는 것은, 신학자와 일반인을 막론하고 성경의 한계 내에 머무르면서 그들이 할 수 있는 것보다 더 지혜로워지려고 시도하지 않는 것이 얼마나 어려운가 하는 점이다. 중간상태에 몰두하는 것은 성경적이지도, 건강하지도 않다. 중간상태에 관한 성경의 자료는 이생에서 우리의 필요를 채우기에 충분하다. 만일 우리

---

25) 영혼윤회설, 환생설, 영혼재생설 등은 전통적으로 힌두교의 가장 근본적인 가르침이었다(J. S. Speyer, *De Indische theosophie en hare beteekenis voor ons* [Leiden: S. C. van Doesburgh, 1910], 86f.), 또한 Herodotus에 따르면 이런 가르침은 또한 이집트인들이 받아들이고 나중에는 Pythagoras, Empedocles, Plato, 스토아 학파, 신플라톤주의, 바리새파, 카발라주의, 영지주의, 마니교가 받아들였고, 이후에는 Lessing, Shlosser, Ungern-Sternberg, Schopenhauer 등이 받아들였다.

26) H. Martensen, *Christian Dogmatics*, §277; Franz Delitzsch, *A System of Biblical Psychology*, trans. Robert E. Wallis, 2nd ed. (Edinburgh: T&T Clark, 1875), 477ff.

27) J. J. van Oosterzee, *Christian Dogmatics*, §142.

28) 더 자세한 논의를 위해서는 본서의 25장("완성")을 보라.

가 계속해서 궁금증을 불러일으키는 아직 답변되지 않은 많은 질문들에 대한 해답을 얻기를 고집한다 해도 우리가 취할 수 있는 방법은 오직 사변과 추측뿐이며, 인간의 지혜로 만들어낸 발명품을 가지고 하나님의 증거를 부정하게 될 위험이 도사리고 있다. 예를 들어 철학은 죽음과 불멸성의 문제를 다룰 때에 죽음을 자연스러운 것으로 간주함으로써, 영혼의 지속적 실존으로서의 불멸성 개념만으로도 충분하다고 생각한다. 그러나 성경은 죽음이 자연스러운 현상이 아니며, 그것이 하나님의 계명(창 2:17)을 위반함으로써, 악마로부터(요 8:44), 죄로부터(약 1:15), 그리고 하나님의 심판으로부터(롬 6:23) 발생한 것이라고 가르친다. 성경에서 죽음은 소멸이나 비존재와 동일시되는 것이 아니라 조화의 파괴, 다시 말해 피조물이 자신의 본성에 순응해가는 다양한 삶의 환경으로부터 단절되는 것을 의미한다.

창조를 통해 인간은 자연, 인간 세계, 가시적인 것들과 비가시적인 것들, 하늘과 땅, 하나님과 천사들과 연결된다. 그들의 삶에서 충만이란 올바른 길에 서는 것, 즉 그들을 둘러싼 모든 환경과 하나님이 의도하신 관계를 수립하는 것이다. 그 본질과 전체 영역에서 죽음은 훼방, 즉 사람들이 본래 유지해오고 있었고 지속적으로 유지해야 하는 모든 관계의 파괴다.[29] 따라서 죽음의 원인은 다른 것이 아니라 하나님과의 올바른 관계를 방해할 뿐 아니라 삶 전체를 아우르는 하나님과의 교제를 파괴하는 죄라 할 수 있다. 이런 의미에서 죄는 죽음을 불러올 뿐 아니라 죽음 그 자체다. 죄는 곧 영적인 의미에서의 죽음이다. 죄를 범하는 자들은 범죄함과 동시에 그리고 그 죄로 말미암아 자신을 하나님과 대적 관계에 놓으며, 하나님과 하나님의 일들에 대해 죽고, 하나님의 뜻을 깨닫는 것을 전혀 기뻐하지 않으며, 적개심과 증오심을 가지고 하나님으로부터 돌아선다. 인간이 하나님의 형상과 모양으로 창조되어 하나님과 관계를 맺게 된 것은 인간 됨

---

29) Henry Drummond, *Natural Law in the Spiritual World* (New York: J. Pott, 1887), 149ff.

의 본질에 속한 것이기 때문에, 이런 관계가 침해되는 것은 필연적으로 인간이 맺는 다른 모든 관계들—자기 자신, 동료 인간들, 자연, 천사들을 비롯한 모든 피조물과의 관계들—에도 파괴적인 영향을 미치게 될 것이다. 사실 죄는 그 성격상 범하는 바로 그 순간에 완전하고도 전면적인 죽음(창 2:17), 곧 온 우주가 원시적 혼돈의 상태로 회귀하는 결과를 낳을 수밖에 없다. 본디 인간성의 모든 요소들이 서로에게 적대적인 영역들로 사분오열되어버렸지만, 하나님은 그의 자비하심으로 말미암아 그 가운데 개입하셔서 먼저 일반은총을 통해 죄와 사망의 권세를 억제하시고, 다음으로 특별은총을 통해 그 권세를 파괴하고 정복하셨다. 육체의 죽음이 연기되고 하나님이 다양한 수단을 동원하셔서 인간의 존속과 발전을 가능하게 하셨을 뿐 아니라, 그리스도 역시 자신의 십자가로 죄와 사망에 대해 근본적인 승리를 이루시고 생명과 불멸성을 밝히 드러내심으로써(롬 5:12ff.; 고전 15:45; 딤후 1:10; 히 2:14; 계 1:18; 20:14) 그를 믿는 모든 사람으로 하여금 영생을 얻고 결코 죽지 않도록 만들어주셨다(요 3:36; 5:24; 8:51-52; 11:25). 성경에서 가장 두드러지는 요소는 바로 이 생명과 불멸성이다.

철학적 의미에서의 불멸성—사후 영혼의 존속—은 성경에서 부수적인 가치를 가질 뿐이다. 성경이 우리에게 가르치는 바는 "있는 그대로의 실존"(naked existence), 즉 고양되지 않은 단순한 존재—무덤 이편에 있거나 특히 무덤 저편에 있는—는 아직 인간이라고 하기에 적합하고 어울리는 "생명"은 아니라는 것이다. 이 땅에서 인간의 삶은 다양한 관계망 안에 존재하며 그 안에서 어느 정도 삶의 내용과 가치를 획득한다. 죽음은 사람들이 이 땅에서 누리던 경이롭고 다양한 유대관계를 파괴한다. 무덤 이편에서의 생명과 비교해볼 때 죽음은 비존재, 즉 이 땅에서의 부요하고 즐거운 삶의 경험을 방해하는 부정으로 귀결된다. 죽은 자들은 해 아래서 일어나는 모든 일에 결코 다시는 참여하지 못한다(전 9:6). 사망은 죄의 열매이며, 죄는 곧 사망이다. 오직 그리스도가 죽으셨다가 다시 살아나심으로 비로소 불멸의 생명이 밝히 드러났다. 따라서 그리스도의 죽음과 부활은 생명

의 회복이다. 그리스도는 영혼의 사후 존속이라는 철학적 의미에서의 불
멸성을 얻거나 드러내신 것이 아니라, 죄로 인해 소진되고 공허해진 인간
의 생명을 하나님과의 교제 가운데서 얻을 수 있는 긍정적인 요소들인 평
강과 희락과 복됨으로 다시 채우셨다. 그리스도 예수 안에 있는 자들에게
죽음은 더 이상 죽음이 아니라 영생으로 가는 통로이며, 무덤은 부활의 날
까지 머무는 거룩한 안식의 장소이다. 이처럼 부요한 성경적 관점은 사망
의 쓰라림을 약화시키려고 하는 모든 시도를 배제한다.

[555] 불멸성에 대한 이러한 성경의 가르침을 알지 못하는 사람들은
많은 오류에 빠지게 된다. 우리가 순수한[육체를 갖지 않은] 영혼—그 존
재와 생명과 활동—에 대해 말할 수 없다는 것은 확고부동한 사실이다. 순
전한 영이신 하나님에 대하여 우리는 오직 성경이 우리에게 보여준 모범
을 따라 신인동형론적인 방식으로 말할 수 있을 뿐이다. 천사들은 영적 존
재지만, 인간의 형태로 소개된다. 천사들은 이 땅에 출현할 때 종종 인간
의 몸을 취한다. 비록 인간이 단지 육체적 존재이기만 한 것은 아닐지라
도, 그의 모든 행위는 식물적이고 동물적인 기능들뿐 아니라 사고하고 의
지하는 지적인 기능들도 육체에 매여 있으며 육체에 의존한다. 육체가 영
혼의 감옥이 아니라 우리 인간성의 본질에 속하기 때문에, 우리는 육체와
분리된 영혼의 생명과 행위에 대한 심상을 형성할 수 없으며, 따라서 이
문제와 관련하여 쉽사리 추측과 짐작으로 기우는 경향이 있다. 대체로 세
가지 가설이 사후 영혼의 존재를 다소간 이해시킬 목적으로 착안되었는
데, 여기에는 영혼 수면설, 중간상태의 육체, 그리고 산 자와 죽은 자 간에
일종의 접촉을 주장하는 가설 등이 있다.

많은 이교도 사상가들과 몇몇 그리스도인들도 영혼이 육체와 분리
된 후에는 단지 수면상태를 유지할 수 있을 뿐이라고 믿었다. 죽음과 함
께 시작되는 변화는 참으로 특별한 중요성을 띠고 있다. 우리의 정신적
삶의 내용 전체는 결국 외부 세계로부터 비롯된다. 모든 지식은 감각 인
식으로부터 시작된다. 우리 사고의 모든 형태는 물질적이다. 우리는 심

지어 영적인 것들에 대해서도 본래 감각적 의미를 지니는 용어들로 표현할 수밖에 없다. 만일 성경이 가르치는 것처럼 죽음이 현세와의 갑작스럽고, 극단적이고, 총체적이고, 절대적인 단절이라면, 영혼이 외부 세계에 대해 철저히 차단되고, 그 모든 내용을 잃어버리고, 자신 속으로 함몰되는 것 외의 다른 가능성은 전혀 없다. 수면 시에도 영혼은 외부 세계로부터 물러나서 상호작용을 중단한다. 하지만 우리의 꿈이 세상과 여전히 연결되어 있기 때문에 그 중단은 상대적인 방식을 띨 수밖에 없을 것이다. 그런 의미에서 사후에 영혼이 잠들어 무의식의 상태로 존재한다는 "영혼 수면" 개념이 널리 받아들여지는 것도 이해할 만하다. 성경은 심지어 죽음을 잠으로 언급함으로써 이런 생각을 지지하는 것처럼 보이기도 한다 (신 31:16[KJV] ; 렘 51:39, 57; 단 12:2; 마 9:24; 요 11:11; 고전 7:39[그리스어 원문에서]; 고전 11:30[KJV]; 15:6, 18, 20, 51; 살전 4:13-15; 벧후 3:4 등). 여전히 영혼 수면설 (psychopannychism)은 많은 반대에 직면한다.

무엇보다도 영혼이 육체에 의존한다고 해서 반드시 영혼의 독립성을 배제할 필요가 있는 것은 아니다. 외부 세계는 우리의 자기의식을 일깨움으로써 우리의 지식에 대한 최초 원천이 될 수도 있다. 사고는 우리 뇌에 매여 있으며 그곳에 자기 자리와 기관을 가지고 있다고 말할 수 있을 것이다. 그러나 인간의 정신적 삶이 육체적 현상들 안에 그 원천과 기원을 가지고 있는지는 아직 밝혀지지 않았고 밝혀질 수도 없다. 사고와 인식은 영혼의 활동이다. 귀를 통해 듣고 눈을 통해 보는 주체는 듣는 귀와 보는 눈이 아니라 한 인간, 즉 정신적인 "나"다. 육체는 마음과 영의 도구다. 왜 영혼이 육체 없이 그 활동을 지속할 수 없는가? 논리적인 측면에서 보자면, 그러한 영의 의식적인 삶을 부인하는 것은 결국 영적이고 비물질적인 존재이면서도 의식과 의지를 가지고 있는 하나님과 천사들의 의식과 의지를 부인하는 데로 나아갈 수밖에 없다. 게다가 비록 성경이 죽음은 이 세상의 모든 생명과의 완전한 단절이라는 사실을 최대한 분명하게 가르칠 뿐 아니라 죽음을 잠, 안식, 침묵으로 묘사하기는 하지만, 성경 어디서도 죽은 자들의 영혼이 잠잔다고 말하지는 않는다. 이와 반대로, 성경은 언제나 사후 세계의 사람들이 다른 세상과 맺는 일단의 관계들을 다소 의식하고 있는 것으로 제시한다. 부자가 사후에 즉시 고통 받는 처지에 놓인 반면에, 불쌍한 나사로는 곧바로 아브라함의 품으로 옮겨진다(눅 16:23). 또한 이 땅에서 이미 영생에 참여한 모든 신자들은 죽음으로 인해 그것을 결코 상실하지 아니하며(요 11:25-26), 사후에도 그리스도와의 교제 속에서 영생을 한층 풍성하고 복되게 누린다(눅 23:43; 행 7:59; 고후 5:8; 빌 1:23; 계 6:9; 7:9-10). 육체에 안주하는 것은 주님에게서 떠나 있는 것이다. 따라서 죽음은 그리스도와 더 가깝고 친밀한 교제로 나아가는 길이다(빌 1:23). 마지막으로, 다시 살아나서 이생으로 돌아온 자들이 저편에서 보고 들은 것에 대해 우리에게 아무것도 말해주지 않는다고 해서 놀랄 필요는 없다. 아마 그들은. 무덤 저편에서의 경험을 전달하는 것이 허용되지 않았거나 아니면 전달할 능력이 없었을 것이다. 우리는 모세와 예언자들로 족하다(눅 16:29). 바울은 자신이 삼층천으로 들려진 후에 말로 표현할 수도 없고 어떤 인생도 반복할 수 없는 것들을 들었을 뿐이라고 말한다(고후 12:4).[30]

[556] 그런가 하면 영혼이 사후에 새로운 육체를 받고서 다시 외부 세계와의 접촉을 시작할 수 있다고 믿는 자들도 있다. 그들이 자신들의 견해의 근거로 삼는 것은, 몸과 별개로 존재하는 영혼의 생명과 활동을 구체화할 수 없다는 사실과, 죽은 자들의 영혼에 육체의 형태를 부여하는 것처럼 보이는 성경구절들이다. 성경에서는 죽은 자들도 그들이 지상에 거할 때와 정확히 동일한 모습으로 등장한다. 사무엘은 겉옷을 입은 노인으로 등장하며(삼상 28:14), 열국의 왕들은 왕좌에 앉아 있다가 바빌론 왕을 맞이하러 나아가고(사 14:9), 이방인들은 할례 받지 못한 자들과 함께 누울 것이다(겔 31:18; 32:19ff.). 예수는 죽은 자들에 대해 말씀하실 때도 그들의 눈과

---

30) 영혼 수면 개념에 반대하는 견해에 대해서는 다음을 보라: Tertullian, *A Treatise on the Soul* 58; J. Calvin, "Psychopannychia."

손가락과 혀를 언급하신다(눅 16:23-24). 바울은 만일 이 땅의 장막이 무너지면 하나님이 지으신 집을 받게 될 것이며, 벗는 것이 아니라 덧입을 것이라고 말한다(고후 5:1-4). 그런가 하면 요한은 허다한 무리가 흰 옷을 입고 손에 종려나무 가지를 들고 보좌와 어린 양 앞에 서 있는 것을 보았다(계 6:11; 7:9). 그러나 성경의 이러한 신인동형론적인 표현 방식이 우리에게 사후 영혼의 육체성을 의미하는 것은 아닌데, 이는 마치 "하나님의 눈"(대하 16:19)에 대한 언급이 육체를 가지고 계신 하나님에 대해 말해주는 것이 아닌 것과 같다. 영혼에 일종의 육체적 속성을 부여하는 자들이 만일 끝까지 일관성을 유지하고자 한다면, 신지학자들(theosophists)처럼 하나님과 천사들도 어떤 의미에서 육체적인 방식으로 표현해야만 할 것이다. 사후 영혼에게 돌려진 육체성이라는 것은 사실 구체적인 내용이 전혀 없는 개념이다. 이에 대한 견해들이 다양한 형태를 띠는 것은 바로 그런 이유 때문이다. 따라서 우리는 사후 영혼의 육체성과 관련하여 더 이상 명확한 그림을 기대하기는 어렵다. 우리는 단지 영과 물질에 대해서만 알 뿐이다. "비물질적 육체성"이라는 표현은 기독교 신학이 신지학으로부터 잘못 채택한 모순이며, 영과 물질, 정립과 반정립이라는 거짓 이원론을 절충하려는 헛된 노력이다.

[557] 세 번째로 사후의 영혼이 여전히 이 땅의 삶과 어떤 종류의 관계를 유지한다고 믿는 많은 사람들이 있다. 많은 민족들에게서 발견되는 보편적인 사상은 사후의 영혼이 무덤 근처에 남아 있다는 것인데, 이로 인해 무덤 안에 있는 죽은 자들을 위한 음식, 무기, 소유물, 심지어 때로는 아내들이나 종들까지 제공하는 관행이 널리 퍼지게 되었다. 일반적으로 죽은 자들에 대한 이런 숭배는 매장일이나 애도 기간에 국한되지 않고 그 이후에도 계속되었으며, 사적·공적 제의 행사로 편입되기도 했다. 사람들이 죽은 자들을 숭배한 목적이 부분적으로는 죽은 자들에게 도움을 주려는 것이었지만, 보다 중요한 목적은 죽은 자들이 끼칠 수 있는 악을 피하는 동시에 그들로부터 얻을 수 있는 축복과 원조를―일상적인 방식으로

든지 비범한 방식으로든지—신탁과 기적을 통해 확실히 하기 위한 것이었다.[31] 2세기 초엽부터 이런 모든 요소들이 기독교 예배에도 침투하기 시작했다. 마치 불교의 승려들이나 이슬람교의 신비주의자들과 마찬가지로 기독교의 순교자들 역시 종교적 숭배의 대상이 되었다. 제단들과 예배처소들과 교회들은 순교자들이 죽임을 당한 장소나 그들의 성유물(relics)이 묻힌 곳에 세워졌다. 4세기 이후로는 동정녀 마리아, 천사들, 족장들, 예언자들, 그리고 순교자들에 대한 이러한 숭배가 더욱 확장되어서, 다양한 성인들과 그들의 성유물과 그들의 화상들뿐 아니라 주교들, 수도사들, 은자들, 고백자들, 그리고 수녀들까지 숭배의 대상이 되었다.[32] 로마 가톨릭교회는 이러한 의식을 통해 실제적인 방식으로 모든 성인들의 공로를 기념한다. 하나의 기독교회는 세 부분, 곧 천상의 승리적 교회(*ecclesia triumphans*), 연옥의 고통받는 교회(*ecclesia patiens*), 지상의 전투적 교회(*ecclesia militans*)로 나뉜다. 천국에 있는 영혼들은 연옥에 있는 자들을 위해 중재한다. 이 땅에 있는 사람들은 그들의 선행으로 자신들의 형벌을 완화시키고 단축시키기 위해 노력한다. 연옥에 있는 영혼들은 그들의 중보가 이 땅에 있는 신자들을 돕고 강화시키도록 요청받을 수 있다. 숭배에 다양한 단계가 있다. 경모(*latria*, adoration)는 하나님께만 당연히 돌려져야 한다. 마리아는 특별숭배(*hyperdulia*)를 받을 자격이 있고, 성인들은 숭배(*dulia*, veneration)를 받을 자격이 있으며, 그들의 성유물은 종교적 헌신의 대상이 될 수 있다. 탁월함의 수준이 다양한 것처럼 경모의 수준도 다양하다.[33]

　이런 많은 개념들—사후에도 영혼과 육체 사이에 특정한 관계가 지속

---

31) P. D. Chantepie de la Saussaye, *Lehrbuch der Religionsgeschichte*, 2 vols. (Freiburg i.B.: Mohr [Siebeck], 1887-89), I, 79-87.

32) Joseph Schwane, *Dogmengeschichte*, 4 vols. (Freiburg i.B.: Herder, 1882-95), I, 389ff.; II, 620ff.

33) H. Bavinck, *Reformed Dogmatics*, ed. John Bolt (Grand Rapids: Baker Academic, 2003-8), II, 468-72 (#267; *In the Beginning,*, ed. John Bolt [Grand Rapids: Baker Academic, 1999], 88ff.); III, 281-82 (#364).

된다거나, 사후 세계의 영혼이 이 세상과 모종의 관계를 유지하고 있으며, 중요한 사건들을 알고 있고, 우리를 위해 기도하고, 우리를 무시하거나 축복하기도 한다는—이 때때로 개신교 신학계에 출몰하기도 했다.[34] 스베덴보리(Swedenborg), 융 스틸링(Jung-Stilling), 오벌린(Oberlin)과 같은 18세기의 사상가들은 자신들이 죽은 자들의 영과 직접적인 접촉을 가진다고 믿었다.[35] 그런 기묘한 현상의 가능성은 칸트(Kant), 레싱(Lessing), 융 스틸링(Jung-Stilling), 피히테(J. H. Fichte) 등과 같은 철학자들에 의해서도 인정되었다. 그리고 1848년 이후에 등장한 강신술(spiritism)은 의도적으로 영계와의 접촉을 시도했으며, 이런 경로로 온갖 종류의 계시를 받을 수 있다고 믿었다.[36]

[558] 강신술의 문제와 관련하여 우리는 이스라엘과 접촉을 가졌던 이집트인들(창 41:8; 출 7:11), 가나안 족속들(신 18:9, 14), 바빌론 사람들(단 1:20; 2:2)을 비롯하여 모든 민족들에게서 미신적 관행들이 나타난다는 사실을 주목할 필요가 있다. 이런 관습들이 이스라엘에도 침투했을 뿐 아니라 때로 번창하기도 했다(삼상 28:9; 왕하 21:6; 사 2:6). 이런 관습들에는 죽은 자들에게 조언을 구하는 일도 포함되었다. 그러한 일을 행하는 자들은 "무당"(אֹבוֹת) 또는 "마술사"(יִדְּעֹנִים)라고 불렸다. 점치는 일은 다양한 방식으로 출현하였는데, 죽은 자들에게 조언을 구하는 것도 그중 한 가지 방법이었다(신 18:11).[37] 그러나 율법과 예언자들은 단호하게 이 관습을 반대하면

---

34) J. T. Beck, *Umriss der biblischen Seelenlehre*, 3rd ed. (Stuttgart: Steinkopf, 1871), 40ff. (편집자 주—영역본: *Outlines of Biblical Psychology* [Edinburgh: T&T Clark, 1877]); F. Delitzsch, *Biblical Psychology*, 444f.

35) 특히 J. C. Wötzel, *Meiner Gattin wirkliche Erscheinung nach ihrem Tode* (Chemnitz: Jacobäer, 1804)을 보라.

36) O. Zöckler, "Spiritismus," in *PRE*³, XVIII, 654-66.

37) B. Stade, *Geschichte des Volkes Israel*, 2 vols. (Berlin: G. Grote, 1887-88), I, 443f.; F. Schwally, *Das Leben nach dem Tode: Nach den Vorstellungen des Alten Israel* (Giessen: J. Ricker, 1892), 69f.

서 백성들에게 주님과 그의 계시와 증언으로 되돌아올 것을 촉구하였다 (출 22:18; 레 19:26, 31; 20:6, 27; 신 18:11; 삼상 28:9; 사 8:19; 47:9-15; 렘 27:9; 29:8; 미 3:7; 5:12; 나 3:4; 말 3:5). 신약성경은 이러한 증거를 확증한다(눅 16:29; 행 8:9ff.; 19:13-20; 갈 5:20; 엡 5:11; 계 9:21; 21:8; 22:15).

우리는 성경이 죽은 자들을 주문으로 불러내어 이생에 모습을 드러내게 만들 가능성을 수용하는지조차 증명할 수 없다. 때로 명백히 하나님의 기적적인 능력에 의해 죽은 자들이 다시 살아나기도 했으며, 성경도 인간의 한계를 능가하는 마귀의 능력과 역사를 인정한다(신 13:1-2; 마 24:24; 살후 2:9; 계 13:13-15). 그러나 성경 어디서도 죽은 자들이 이생에 출현할 가능성이나 실재성을 가르치지 않는다. 이런 견해를 지지하는 것으로 인용될 수 있는 유일한 구절이 사무엘상 28장인데, 본문에 의하면 사울은 엔돌에서 무당(medium)을 찾아낸다. 그러나 비록 우리가 이 이야기에 등장하는 여인이 고의적으로 속임수를 행했다는 합리주의적인 설명은 거부해야겠지만, 우리는 사무엘이 실제적이고 객관적으로 이생에 출현했다는 생각 또한 받아들일 수 없다. 사무엘상 28장에는 최면술(hypnotism)과 몽유병(somnambulism)이라는 낯익은 현상들을 초월하거나 그와 같은 방식으로 설명될 수 없는 요소는 아무것도 없다.

그러나 최면술, 몽유병, 그리고 강신술 등의 현상들로부터 영들의 작용을 추론해야 한다고 믿는 자들이 적지 않다. 물론 아직까지 그런 가설들이 공인되지는 않은 것으로 보인다. 지금까지 이 영역에서 행해져온 수많은 속임수들은 별개로 하더라도, 영들의 출현과 활동에 대한 보고들은 아주 유치하고 미미한 것들이어서, 그런 현상들을 설명하기 위해 굳이 영계의 관여에 대해 추정할 필요조차 없다. 그렇다고 해서 아직 설명되지 않은 광범위한 현상들이 발생한다는 사실을 부정하는 것은 아니다. 그러나 이러한 현상들(예를 들어 별안간 외국어를 이해하고 말할 수 있게 되는 것, 천리안, 최면, 암시, 투시력, 예감, 공시적 원거리 인지, 텔레파시 등등)이 영의 출현을 가정한다고 해서 더 명확하게 설명될 수 있는 것은 아니다.

게다가 성경 전체는 죽음이 무덤 이편에서의 삶과 완전한 단절을 의미한다는 생각을 고수한다. 물론 죽은 자들도 이 세상에서 그들에게 일어났던 일들을 계속 기억하고, 주 안에서 죽은 자들의 행위는 그들을 뒤따른다(계 14:13). 우리가 이 땅에서 행한 일들은 우리의 도덕적 소유가 되며, 죽음 이후에도 우리와 함께한다. 또한 우리가 이 땅에서 알던 자들을 죽음 이후에도 알아본다는 점에는 의심의 여지가 없다. 부자는 나사로를 알아보았다(눅 16장). 우리가 이 땅에서 베푼 선행을 통해 사귄 친구들은 장차 영원한 집에서 기쁨으로 우리를 맞이할 것이다(눅 16:9). 그러나 성경이 일관되게 가르치는 바는 죽음과 함께 이 세상과의 모든 교제가 단절된다는 것이다. 죽은 자들은 더 이상 해 아래서 일어나는 어떤 일들에도 참여하지 못한다(전 9:5-6, 10). 죽은 자들이 살아 있는 자들과 접촉한다는 것을 보여주는 자취는 어디에도 없다. 그들은 이 땅에서 완전히 분리된 또 다른 영역에 속한다.

따라서 성인들에 대한 기도와 숭배가 들어설 여지는 전혀 없다. 성경은 이 땅의 신자들이 중보를 위해 서로에게 호소할 수 있다고 말하지만(민 21:7; 렘 42:2; 살전 5:25), 죽은 자들에게 중보를 요청하는 것에 대해서는 전혀 언급하지 않으며, 천사들이나 사람들도 오직 하나님께만 돌려져야 할 종교적 숭배를 받는 것을 명백히 거부하고 있다(신 6:13; 10:20; 마 4:10; 행 14:10ff.; 골 2:18-19; 계 19:10; 22:9). 성유물 숭배에 대한 언급 또한 전혀 없다. 비록 하나님이 때로 그것들을 통해 기적을 행하실지라도(왕하 13:21; 마 9:21; 눅 6:19; 행 5:15; 19:12), 그것들이 숭배의 대상이 되어서는 안 된다(신 34:6; 왕하 18:4; 고후 5:16). 로마 가톨릭교회의 의식에서 "성인의 통공"(communion of saints) 교리는 하나님과 인간 사이의 중보자를 뒷전으로 밀어내는 상호숭배로 전락했다.

죽음과 부활 사이

[559] 지금까지 우리는 죽은 자들이 이 땅에서의 삶과 여전히 어떤 종류의 접촉을 가지는지의 여부에 대해서만 논의했다. 그렇다면 죽은 자들이 무덤 저편에서 발견하는 새로운 관계들과 상황들은 어떠한가? 성경은 사후에 의인의 운명과 불의한 자의 운명 간에 차이가 있다는 점을 분명히 가르치지만, 구체적인 정황에 대해서는 그리 많은 것을 알려주지 않는다. 우리는 이미 구약에서부터 사후에 의인과 불의한 자의 상태 간에 차이로 이어지는 노선들을 발견할 수 있다. 야웨를 경외하는 자들은 생명을 얻지만, 불경건한 자들은 멸망하고 파멸된다. 성경은 하늘을 "위"라고 표현하고 스올과 음부와 게헨나와 심연을 "아래"라고 부르지만, 이것은 지형학적으로 이해될 수 없고 또 그렇게 이해되어서도 안 된다. 장소적 의미를 갖는 개념들은 매우 상대적이며, 이런 맥락에서 오직 윤리적 의미만을 담고 있다. 우리는 어둠의 나라와 빛의 나라를 첨예하게 대립시키고, 자연스러운 상징적 표현에 따라 전자를 우리 아래에, 후자를 우리 위에 위치시킨다. 죽은 자들의 형벌을 위한 처소로 지명된 모든 장소들ㅡ땅 속, 땅 아래, 바다 속, 태양, 공중, 또는 여러 행성 중 하나ㅡ은 단지 추측에 불과하다. 우리가 말할 수 있는 것은 무덤 너머가 상태일 뿐 아니라 장소이기도 하다는 것이다. 죽은 자들이 형벌 받는 장소에 대하여 성경이 우리에게 많은 자료를 제공하지 않는다는 점을 고려할 때, 이 문제를 결정지으려는 어떠한 시도도 삼가는 것이 적절한 일이다. "그것이 어디에 있는지 묻지 말고 너희가 그것을 어떻게 피할 수 있는지를 물어라"(Chrysostom). 또한 우리는 사후에 비신자들과 불경건한 자들이 마지막 심판 때까지 어떠한 상태로 있는지에 대해 더 이상의 것을 알지 못한다.

하지만 이 땅에서 복음을 들어보지 못했거나 단지 아주 희미하게만 들어본 사람들에게 무덤 저편에서 회개하고 그리스도를 믿을 기회가 다시 주어지는 것은 아닌가라는 문제가 제기되었다. 클레멘스와 오리게네스는 그리스도와 사도들이 음부에서 복음에 영향받기 쉬운 죽은 자들에게 복음을 선포했다고 말하는 베드로전서 3:18-19을 토대로 긍정적인 답변을 제시하였다. 비록 아우구스티누스와 다른 학자들이 이러한 견해에 반대했으며 그리스도의 지옥강하가 일반적으로 다르게 해석되고 있기는 하지만, 그러한 사상은 반복적으로 출현했으며 특히 19세기에 비그리스도인의 숫자가 급속도로 증가하는 것이 체감되면서 다수가 그러한 사상을 수용하기 시작했다. 우리는 이 세상에 그리스도 안에 있는 구원의 길에 대해 전혀 알지 못하여서 믿는 마음으로 그리스도를 포용하거나 단호하게 그를 거부할 위치에 결코 있지 않았던 수백만의 사람들이 있었고 지금도 여전히 존재한다는 사실을 인식함으로써 갖게 되는 부담감을 잊지 말아야 한다. 이런 사람들은 엄밀한 의미에서 비신자들에 포함될 수 없으며, 성경도 그들이 유대인들이나 그리스도인들과는 다른 기준으로 심판 받아야 한다고 말한다(마 10:15; 11:20-24; 눅 10:12-24; 12:47-48; 요 15:22; 롬 2:12; 벧후 2:20-22). 하지만 이러한 사실로부터 저편에서도 복음 선포가 이루어지며 또 이루어져야 한다는 결론이 뒤따르는 것은 아니다. 성경은 이 문제에 대해서 전혀 언급하지 않는다.

음부에서 복음의 전파를 위해 호소할 수 있는 유일한 본문은, 어느 정도 끼워맞추기의 느낌이 있기는 하지만, 베드로전서 3:19-21과 4:6이다. 그러나 이 본문들은 사람들이 그 안에서 찾아내고 싶어하는 내용을 실제로는 포함하고 있지 않다. 비록 그 구절들이 그리스도가 부활 후에 음부에서 노아 당대의 사람들에게 선포하신 것에 대해 말하고 있을지라도, 이것은 단지 그것이 일어났다는 사실을 입증하는 것뿐이며, 결코 이 땅에서 복음을 들어보지 못한 모든 사람들에게 음부에서 복음의 전파가 지속된다는 가르침을 보증하지는 않는다. 결국 진실은 노아 당대의 사람들이, 엄밀히 말해서 그들 평생에 이 땅에서 하나님의 말씀을 전혀 들어보지 못한 종류의 사람들이 아니었다는 것이다. 우리가 이 본문을 가지고 무엇을 하든지 간에, 우리는 여기서 더욱 상세한 결론에 대해 어떤 근거도 제공하지 못하는 매우 특별한 사례를 다루고 있다. 또한 부정과거인 "선포했다"(ἐκήρυξεν, 벧전 3:19)가 사용된 것은 그리스도에 의한 이 선포가 일회적인 것이며, 그것이 구원으로 인도하는 복음의 선포가 될 수 없다는 것을 보여 준다. 다른 난제들도 많이 있다. 베드로전서 3:18-19에 따르면, 그리스도는 정확히 그가 살아나시고 일으켜지신 후에 그 설교를 전달하셨다. 그리스도는 그때 육신으로 음부에 가셨는가? 그 일은 언제 일어났는가? 그는 얼마나 오랫동안 거기에 머무셨는가? 이 모든 것이 실제로 일어났다고—비록 그랬을 것 같지는 않지만—가정하자. 그렇다면 그 후로는 누가 지속적으로 음부에서 이러한 복음 전파 사역을 이어가고 있는가? 지하 세계에도 교회가 존재하는가? 지속되는 선교와 사역으로의 부르심, 그리고 목회자의 임직이 존재하는가? 사후에 음부에서 복음을 선포하는 자들은 인간들인가 천사들인가, 아니면 사도들인가 말씀 사역자들인가? 음부에 선교를 위한 전진 기지가 존재한다는 이론은 여러 면에서 성경과 충돌하고 있다. 우리가 이 성경 구절을 다루는 가장 좋은 방법은 그것을 베드로전서 4:6과 결부시키는 것인데, 그 구절에서 "복음을 전파했다"(εὐηγγελίσθη)라는 부정과거 동사는 그것이 계속되는 전파가 아니라 특정한 한 사건을 가리킨다. 복음 전파는 단회적으로 일어났으며, 그 복음을 들은 자들로 하여금 다른 모든 사람들처럼 "육체에 대하여" 심판을 받고(다시 말해 죽고), 하나님이 사신 것처럼 "영에 대하여" 살게 하실 목적으로 일어났다. 그러므로 복음 전파는 그들의 죽음에 선행했다. 따라서 "죽은 자들"(νεκροί)은 지금은 죽었지만 살아 있는 동안 복음을 들었던 자들이다. 바로 앞절(5절)로부터 우리는 왜 베드로가 그들을 "죽은 자들"(νεκροί)이라고 부르는지를 깨닫는다. 거기서 우리는 그리스도가 "산 자와 죽은 자를 심판하기로 예비하신" 것을 알아챈다. 그렇다면 마치 복음이 오늘날 살아 있는 자들에게 전파되는 것처럼, 복음은 과거에도 지금은 죽었지만 [그 당시에 살아 있던] 자들에게 전파되었다. 그래서 그들이 여전히 [다른 모든 사람들처럼] 육체에 대하여 죽은 자들이지만, 그럼에도 영으로는 하나님 앞에서 산 자들이 되게 하는 것이다.

성경에 근거한 이러한 반대들을 고려할 때 중간상태에서의 복음 전파 이론 전체가 붕괴된다. 우리는 여기에 "그런 설교는 누구를 대상으로 한 것인가?" 또는 "만일 모두를 대상으로 한 것이 아니라면, 그 이유는 무엇인가?"와 같은 질문들을 첨가할 수 있을 것이다. 이것은 이 세상에서의 삶과 우리가 하는 선택들을 완전히 무가치하거나 무의미하게 만들지 않는가? 이러한 사고방식의 배후에 놓인 전제는 모든 사람들을 구원하는 것이 하나님의 의도이며, 복음의 전파가 절대적으로 보편적이어야 하며, 모든 사람들이 인격적으로 그리고 개별적으로 복음을 찬성하거나 반대하는 선택에 직면해야 하며, 그러한 선택의 결정을 할 권한이 사람에게 있으며, 원죄와 자범죄가 사람을 정죄하기에 불충분하며, 복음에 대한 의도적인 불신앙만이 한 사람을 영원한 멸망에 이르게 할 수 있다는 믿음에 초점을 맞춘다. 이 모든 가정들은 확고한 성경의 진술들과 모순되며, 따라서 중간상태에서의 복음 전파 이론은 받아들일 수 없는 것이다. 이것은 가혹한 결론이 아닌가? 우리는 어떻게 그들 자신의 잘못이 아님에도 복음을 들어본 적 없는 많은 사람들이 영원히 잃어버린 자들이 된다는 사실을 받아들일 수 있는가? 여기서 이처럼 엄중한 문제를 결정하는 것은 우리의 감정이 아니라 하나님의 말씀이다. 죽은 자들에게 복음을 전파한다는 이론은 결코 이 난제를 해결하지 못한다. 그것은 이 세상에서 이미 믿음을 갖도록 준비된 사람들에게만 해당될 뿐이기 때문이다. 심지어 그 이론은 문제를 더욱 악화시키기도 하는데, 그 이유는 그것이 유아기에 죽은 수백만의 아이들이 처한 상황에는 전혀 관심을 기울이지 않고, 사실상 그들이 구원받을 가능성에서 배제시키고 있기 때문이다. 마지막으로 이 이론은 하나님의 주권적 자유와 전능하심을 전혀 고려하지 않는데, 무한히 자유롭고 전능하신 하나님은 말씀의 외적 전파 없이 내적 부르심과 성령으로 말미암은 중생만으로도 구원을 이루신다.

[560] 마찬가지로, 로마 가톨릭의 연옥 교리를 포함하여 일견 매혹적

인 사후의 정화라는 개념 역시 성경적 근거가 없다. 그러한 정화상태 개념은 이교적 기원을 가지고 있는데, 특히 두 가지 형태로 나타난다. 인도, 이집트, 그리스, 유대 민족 가운데서 발견되는 영혼전생설(theory of transmigration of souls)에 의하면 영혼은 인간의 몸으로 들어가기 전에 이미 다른 신체 안에서 살고 있었다고 한다. 영혼은 인간의 몸을 떠난 후에 새로운 유기체들—자기정화를 향한 전망을 갖고 궁극적으로는 완전에 이르는 모든 것들—안으로 들어간다. 이 이론은 성경과 너무나 배치되기 때문에 기독교 진영 내에서는 소수의 분파들과 몇몇 개인을 제외하고는 전혀 받아들여지지 않았다. 그것은 결국 영혼선재설에서 비롯되었으며, 그리스도에 의해 성취된 구속이라는 교리와도 모순된다. 왜냐하면 그것이 정화와 완전을 인간의 행위로 간주하기 때문이다. 마지막으로 이 이론은 어떻게 영혼이 반복적으로 다른 육체 안에 들어감으로써 죄에서 자유로워지고 거룩하게 훈련받을 수 있는지에 대해 전혀 명료하게 설명하지 못한다.

기독교에 지대한 영향을 끼친 또 다른 사상은 사후에 영혼들이 여전히 지복의 수준에 도달하기 전에 잠시 동안 각양 형벌에 의해 정화되어야 할 필요가 있다는 것인데, 이런 사상은 조로아스터교(Parsism)[38)]와 유대교[39)]에서도 발견된다. 이러한 개념은 오리게네스 이래로 그리스도인들 사이에 널리 확산되어서 로마 가톨릭의 연옥 교리 또는 정화의 기간에 관한 이론으로 발전했는데, 정화의 기간에 관한 이론은 많은 개신교도들에 의해서도 받아들여졌다. 얼핏 보기에 이러한 사상은 상당히 설득력이 있다. 어쨌거나 신자들은 죽는 순간에 모든 죄를 떠안는다. 심지어 가장 성스러운 사람들조차 여전히 완전한 순종의 미미한 시작을 가지고 있을 뿐이다. 어떻게 죽음이 영혼 안에 있는 죄의 모든 부패를 순식간에 제거하겠는가? 우리의 경험은 이생에서의 모든 변화가 더디다는 것을 가르쳐준다. 점진적

---

38) P. D. Chantepie de la Saussaye, *Lehrbuch der Religionsgeschichte*, II, 51.
39) F. W Weber, *System der altsynagogalen palästinischen Theologie*, 327.

인 성장과 발전이 어디에나 존재한다. 따라서 사후에 신자들의 영혼이 천국으로 들어올려지고 하나님을 직관하는 것이 허락되기 전에 정화의 과정을 겪을 필요가 있다는 사상이 여러가지 면에서 지지를 얻는 것이다.

하지만 아무리 인간의 논증이 그러한 연옥 교리를 선호한다 하더라도, 가장 중요하고 결정적인 반대는 성경 어디서도 그것을 언급하지 않는다는 점이다. 이 사상을 옹호하기 위해 제시된 본문들(마 5:22-25; 12:32; 고전 3:12-15)도 영혼들의 연옥을 명시적으로 언급하지는 않는다. 다만 풍부한 상상력에 기반을 둔 석의적 확대해석이 그와 유사한 결론을 산출할 뿐이다. 구약 외경 중 한 구절(마카베오하 12:41-45)만이 당시 유대인들이 죄 가운데 죽은 자들을 위해 드린 제물과 기도를 선하고 필요한 것으로 여겼다는 사실을 보여주는데, 우리는 다른 원자료를 통해서도 그러한 사실을 확인할 수 있다. 따라서 유대인들 사이에 이미 만연해 있던 이러한 민간신앙이 구약성경이나 신약성경에서 인정받지 못하고 더구나 보도조차 되지 않았다는 사실은 한층 더 주목할 만하다.

연옥 교리는 칭의와 가장 밀접하게 관련되어 있다. 로마 가톨릭의 이해에 따르면 칭의란 사람들로 하여금 선을 행할 수 있게 하고 그리하여 영생을 얻게 해주는 초자연적인 성화의 은총을 주입하는 것이다. 이러한 성화의 은총은 증가하기도 하고 감소하기도 하기 때문에, 대죄의 결과로 은총을 잃어버리고 죽은 자는 파멸하며, 계명과 권고들을 준행함으로써 완전해진 자는 죽음과 동시에 천국에 들어간다. 하지만 여전히 소죄로 인해 일시적 형벌을 당함으로써 빚을 지불해야 하는 사람이나, 고해성사를 통해 대죄의 결과로 잃어버렸던 주입된 은총을 돌려받았지만 임종 시에 일시적 형벌을 "지불"하는 데 있어 체불금이 남아 있는 사람은 연옥으로 인도되어 마지막 동전을 갚을 때까지 거기에 머문다. 로마 교회에서 칭의와 성화와 영화는, 비록 그것이 그들에게 주입된 초자연적 은총에 기초하고 있다 할지라도, 여전히 인간의 행위다. 그들은 주입된 초자연적 은총을 받은 후에 "당연한 또는 온전한 은덕"(condign or full merit)으로 천국에서의 영생과 지복직관을 누릴 가치가 있도록 스스로를 준비시켜야 한다.[40] 만일 그들이 이 세상에서 이것을 이루지 못한다면 그들은—사실 이것은 이교도들의 생각과 동일한 것인데—완전함을 이룰 때까지 장차 이 세상에서 그 일을 계속해야 한다.

그러나 종교개혁은 성경을 통해 죄인들이 믿음으로 의롭게 된다는 것을 다시 깨닫게 되었기에 정화의 불을 거부해야만 했다. 그리스도가 모든 것을 이루셨다. 그는 죄의 형벌을 당하셨을 뿐 아니라 율법을 친히 준행하심으로써 우리를 위해 영생을 얻기까지 하셨다. 그리스도가 고난과 죽음을 통해 얻으셨으며, 완전하신 그분 안에 있고, 그분 안에서 효력을 가지는 모든 유익들이 진리를 믿는 자들에게 즉각적으로 주어진다. 믿는 자는 영생을 얻는다. 칭의 안에서 그리스도의 소극적 순종의 공로뿐만 아니라 적극적 순종의 공로까지도 전가된다. 바로 그러한 자비로 말미암아 신자들은 죄 사함, 곧 형벌의 면제를 받는다. 여기서 성화는 천국에 들어가기 위해 스스로를 준비하고 완전해지는 것을 의미하는 것이 아니라, 단지 신자들이 이미 그리스도 안에서 소유한 것을 펼쳐보이는 것, 즉 하나님이 그리스도 안에서 [그들을 위해] 마련하신 선한 일 가운데서 행하는 것이다 (엡 2:10). 믿는 자들은 죄 사함과 영생을 얻었다. 그들은 천국에 들어가기에 합당하고 이생에도 내생에도 연옥을 거칠 필요가 없다. 그들이 여전히 자주—심지어 죄의 결과로서—이 땅에서 견뎌야 하는 고통조차도 형벌이나 벌금 또는 율법의 요구에 따라 지불해야만 하는 후불금이 아니라, 그들의 성숙을 돕기 위한 아버지의 징계다.

개혁파가 이 문제에 대해 제기하는 유일한 질문은 다음과 같다. 신자들은 그리스도가 그들에게 주신 유익들을 언제 온전히 소유하게 되는가?

---

40) 편집자 주—참조. Richard Muller, *Dictionary of Latin and Greek Theological Terms* (Grand Rapids: Baker Academic, 1985), s.v. *meritum de condigno and meritum de congruo*, 191f.

법정적 의미에서는 신자들이 즉시 이런 유익들을 받는다고 말할 수 있다. 그리스도 안에서 그들은 언약의 모든 유익들, 곧 총체적 구원을 받을 자격이 있지만, 이 땅에서는 아직 그 유익들을 온전히 소유하지 못한다. 그렇다면 언제 그것들을 온전히 소유하게 되는가? 신자들이 나그네로서의 삶을 접고 본향에 이르는 때는 언제인가? 이 물음에 대한 성경의 답변은 하나다. 그들은 죽음과 동시에 나그네의 삶을 접고 본향에 들어간다(시 73:24-25; 눅 23:43; 행 7:59; 고후 5:1; 빌 1:23; 딤후 4:7). 물론 거룩함의 상태가 신자들의 죽음과 동시에 어떤 방식으로 시작되는지는 이해될 수도, 명확하게 설명될 수도 없다. 이 세상에서 중생과 성화가 성령에 의해 어떻게 이루어지는지 역시 신비다. 이것은 몸으로부터 영혼의 단순한 해방이 이미 영혼의 성화를 포함한다는 플라톤식 이원론을 의미하지 않는다. 죄는 엄밀히 말해 영혼에 뿌리박고 있기 때문이다. 또한 이것은 죽음이 평화의 사자로서 사람을 천사로 변화시킨다는 감상적 합리주의를 의미하지도 않는다. 죽음 자체는 하나님의 진노에 대한 계시요 죄의 삯이기 때문이다. 그러나 죽음은 우리를 성화시키는 데 분명 도움을 준다. 그것은 신자들에게 죄에 대한 죽음을 의미한다. 윤리적 죽음, 즉 그리스도와의 교제 가운데 죄에 대해 죽는 것의 결과는 한 사람이 죄에서 자유롭게 되고 죄에 대해 죽음으로 말미암아 그리스도 안에서 하나님을 위해 살아가게 되는 것이다(롬 6:6-11; 8:10; 벧전 2:24). 이 윤리적 죽음은 육체적 죽음에서 절정에 이른다(롬 7:24; 고후 5:1; 빌 1:21, 23). 하나님이 고통을 다루심에 있어 신자의 영혼을 거룩하게 하고 그를 모든 죄의 얼룩으로부터 깨끗게 하시는 수단으로 죽음을 사용하신다는 것은 전혀 새삼스럽지 않다.[41] 실제로 여기서 연옥 교리는 전혀 도움이 안 된다. 연옥은 선교 센터나 회심을 위한 기관이나 성화의 학교가 아니라, 단지 일시적 형벌을 "청산"하는 곳이다. 연옥은 죄가 사해지는 곳이 아니라 단지 소죄로 인해 증가된 빚이 "청산"되는 곳에

---

41) Westminster Larger Catechism, Q 85.

불과한데, 어떻게 연옥이 영혼의 성화를 불러일으킬 수 있겠는가? 만일 연옥에 있는 영혼들이 여전히 다소 죄로 얼룩져 있다면, 우리는 어떻게 그들이 계속해서 죄를 짓지 않고 은혜의 완전한 상실을 겪지 않을 것이라고 확신할 수 있는가? 반면에 만약 영혼들이 본유적으로 순결하고 거룩한데 그들이 이 땅에서는 견딜 수 없었던 어떤 일시적 형벌을 연옥에서 견뎌야만 하는 것이라면, 어째서 완전히 의로운 사람들이 천국으로 들어가는 것이 잠시 배제되고 연옥의 고통을 받아야 하는지 역시 이해할 수 없다. 위의 두 가지 경우에서 어떻게 연옥이 "정화하는 불"(*ignis purgatorius*)이 될 수 있는지는 여전히 수수께끼다. 그것은 단지 보응의 불(*ignis vindicativus*)에 불과하다. 오스왈드는 연옥에 정화의 성격이 있는가라는 문제는 가장 해결하기 어려운 난제 가운데 하나라고 정확히 지적한다.[42]

제사와 기도로 죽은 자들을 숭배하는 것은 이교도들 사이에서 흔한 일이다. 죽은 자들을 위한 중보기도는 후기 유대인들 사이에서 하나의 관행이 되었고(마카베오하 12:40-45), 오늘날까지도 잔존한다.[43] 곧이어 기독교회에서도 죽은 자들을 위해 평화와 빛과 위안(*refrigerium*)을 빌거나, 기도와 성찬 중에 그들을 기억하는 관습이 생겨났다. 처음에 이런 제물과 제사는 단순히 기념의 성격을 띠었지만, 시간이 흐르면서 천국으로 즉시 들어올려질 영혼들과 연옥에서 시간을 보내야 하는 영혼들을 구분하기 시작했다. 그리하여 전자와의 교제는 점차 기도(invocation)와 숭배로 시행되었고, 후자와의 교제는 중보, 선행, 면벌부, 영혼을 위한 미사로 시행되었다.[44] 개혁파는 죽은 자들의 운명이 그들의 죽음과 함께 변경 불가능하게 결정되었다는 것을 근거로 그들을 위한 중보기도를 시종일관 거부하였다.[45]

---

42) J. H. Oswald, *Eschatologie* (Paderborn: F. Schöningh, 1869), 116.

43) F. Schwally, *Das Leben nach dem Tode*, 188-90.

44) Canons and Decrees of the Council of Trent, XXII, 2, 3; XXV.

45) J. C. Suicerus, *Thesaurus ecclesiasticus* (Amsterdam: H. H. Wetsten, 1682), s.v. ταφη; B. de Moor, *Commentarius perpetuus in Joh. Marckii Compendium*

사실 구약성경이나 신약성경도 그런 중보기도에 대해 전혀 언급하지 않는다. 호소할 수 있는 유일한 구절은 고린도전서 15:29인데, 여기서 바울은 죽은 자들을 위해(ὑπερ νεκρῶν) 스스로 세례를 받는 자들에 대해 언급한다. 하지만 이러한 구절로부터 살아 있는 자들이 죽은 자들의 유익을 위해 세례를 받았다고 단정지을 수는 없다. 여기서 사도는 단지 세례가 신자들과 그리스도의 부활을 믿는 믿음을 전제한다는 생각을 표현하고 있을 뿐이다. 부활을 제거하라. 그러면 세례는 공허한 의식이 될 것이다. 죽은 자를 위한 세례의 관행이 바울 당시에나 후대에 존재했다는 증거는 전혀 없다.

[561] 죽은 자들을 위해 드리는 모든 제물과 중보는 무익하며, 그리스도의 희생과 그의 효력 있는 중보의 충분성을 약화시킨다. 그럼에도 이 땅의 전투적 교회와 하늘의 승리적 교회 사이에는 결코 파괴될 수 없는 교류가 항상 존재한다. 이 땅에 있는 신자들은 그리스도인이 됨으로써 우리 모두의 어머니인 천상의 예루살렘에 이르렀고, 거기서 하나님을 섬기고 찬양하는 수없이 많은 천사들에게 이르렀고, 장자들의 총회 즉 천국에 등록되고 시민권을 얻은 구약성경의 경건한 자들에게 이르렀고, 의인의 영들 즉 이미 죽어서 온전함과 완성에 이른 그리스도인들에게 이르렀고, 신약성경의 중보자이신 그리스도와 만유의 심판자이신 하나님께 이르렀다(히 12:22-24). 신자들의 영혼이 천상에서 어떤 신분상의 변화를 경험하는 것은 아닐지라도, 그들은 하나님을 아는 지식과 사랑 안에서 확신을 얻고 성장한다. 천상의 교회와 지상의 교회 간의 교류가 직접적인 상호작용을 뜻하지 않는 것은 인격적 접촉의 결핍이 하나의 거룩하고 보편적인 기독교회 안에서 인류의 유대나 신자들의 일치성을 손상시키지 않는 것과 마찬가지다. 산 자와 죽은 자를 포함한 모든 그리스도인들을 한데 엮어 주는 일치성은 그리스도께 닻을 내리고 있으며, 그리스도를 통하여 동일한

---

theologiae christianae didactico-elencticum, 6 vols. (Leiden: J. Hasebroek, 1761-71), V, 30-32.

하나님과 교제를 누리고, 동일한 성령을 소유하고, 동일한 구원의 보화에 함께 참여하는 것이다. 우리가 그리스도와 나누는 사랑은 앞서간 성도들에 대한 깊은 존경으로 이어지는데, 우리는 그들의 선한 본을 따르기 위해 진력하고 장차 그들에게 나아갈 것을 고대하는 가운데 살아감으로써 그들을 포함하여 모든 피조물과 더불어 주님을 찬미하게 된다.

우리의 교제에는 장차 무덤 저편에서 갖게 될 재회의 소망이 포함되어 있다. 이것은 완전히 자연스럽고 진실로 인간적이며 성경에도 부합한다. 왜냐하면 성경은 우리에게 실체가 없는 영혼들의 적나라한 불멸성이 아니라 개개인의 영생을 가르쳐주기 때문이다. 분명한 것은 천국의 기쁨이 무엇보다도 그리스도와의 교제에서뿐만 아니라, 나아가 복된 영혼들 간의 교제에도 있다는 것이다. 이와 마찬가지로, 천상의 복된 자들이 지상의 신자들을 동경한다는 생각은 불합리한 것이 아니다. 그들은 이 땅에서 알고 지냈던 사람들과 사건들에 대한 기억을 가지고 있다(눅 16:27-31). 제단 아래에서 영혼들은 그들이 흘린 피에 대해 보응해달라고 부르짖는다(계 6:10). 신부, 즉 하늘과 땅에 거하는 모든 신자들의 공동체는 주 예수의 오심을 위해 기도한다(22:17). 천상의 복된 자들이 지상에서 일어나는 모든 일을 알고 있다고 믿을 만한 어떤 근거도 성경이 우리에게 제시하지는 않지만, 그들은 지상 교회에 속한 자들이 그들에 대해 아는 것만큼은 지상의 전투적 교회에 대해 알고 있는 것처럼 보인다. 따라서 천상의 복된 자들의 상태는 잠정적인 성격을 띠고 있다. 그들에게는 여전히 믿음과 소망의 여지가 있고, 갈망과 기도의 여지가 있다(계 6:10; 22:17). 지상의 신자들과 마찬가지로 그들도 역시 그리스도의 재림과 죽은 자들의 부활과 만물의 회복을 간절히 기다린다. 그때야 비로소 끝이 올 것이다(고전 15:24). 따라서 우리는 천상의 영혼들이 비활동적이라고 생각해서는 안 된다. 지상에서 그들의 사역은 끝이 났지만, 천상에서는 그들이 해야 할 또 다른 일들이 있는 것이다. 성경은 이 사실을 분명히 가르친다. 주 안에서 죽은 자들은 예수와 함께 거하며(빌 1:23), 하나님과 어린 양의 보좌 앞에 서고(계 7:9, 15),

소리 높여 기도하며, 하나님을 찬양하고 예배한다(6:10; 7:10, 15; 22:17).

우리는 구약성경의 성도들을 위한 은신처(*limbus patrum*)나 유아기에 죽은 자녀들을 위한 은신처(*limbus infantum*)에 관한 교리를 전혀 필요로 하지 않는다. 개혁파에 따르면, 언약의 자녀들은 세례와 상관없이 죽음과 동시에 천국으로 간다. 그러나 언약 바깥에 있는 자들의 운명에 대해서는 우리에게 계시된 것이 많지 않기 때문에, 우리는 단정적인 판단을 삼갈 필요가 있다.[46]

이와 관련하여 로마 가톨릭의 교리에서 옳은 점이 있다면, 불경건한 자들의 형벌과 경건한 자들의 복된 상태에 다양한 등급이 있다는 생각이다. 천사들과 모든 피조물, 특별히 인간들의 세계에는 지위와 활동에 있어 명백한 구분이 존재한다. 그리스도의 교회 안에도 신분과 임무의 구분이 있다. 지상의 모든 신자는 자신만의 은사를 가지고 있으며, 그에 합당한 자신만의 임무를 부여받는다. 주 안에서 죽은 자들의 행위는 임종 시에 그를 뒤따른다. 의심할 여지 없이, 이러한 다양성이 천국에서 손상되기는 커녕 오히려 모든 죄악된 것으로부터 정결케 되고 더욱 풍성하게 증진될 것이다(눅 19:17-19). 하지만 이러한 정도의 차이는 각자가 그 자신의 능력에 맞게 누리는 복된 상태를 손상시키지 않는다. 왜냐하면 모두가 동일한 주님과 한 집에 거하며(고후 5:8), 동일한 하늘로 들어올려지며(계 7:9), 동일한 안식을 누리며(히 4:9), 동일한 하나님을 섬기면서 기쁨을 발견할 것이기 때문이다(계 7:15).

---

46) B. B. Warfield, "The Development of the Doctrine of Infant Salvation," in his *Two Studies in the History of Doctrine* (New York: Christian Literature, 1897).

24장

그리스도의 재림

종말의 비전

[562] 사람이 한 번 죽는 것이 정해진 것처럼, 세상의 역사도 종말을 맞이할 것이다. 종교는 물론 과학도 언제나 이것을 확신한다. 우주는 유한하고 그 역사는 끝을 보게 될 것이다. 세상이 영원하고 시작도 끝도 없다는 신념들은 우주에 대한 현대의 지식으로 인해 훨씬 더 지지받기 어려워진 것처럼 보인다. 지구의 자전 속도는 최소한 60만 년마다 1초씩 줄어드는데, 이것이 지극히 작게 보일지도 모르지만 수십억 년 후에는 지구의 낮과 밤이 뒤바뀌고 모든 생명체가 죽게 된다. 게다가 지구의 자전이 밀물과 썰물의 교차로 인해 계속 느려짐에 따라 지구는 태양에 훨씬 더 가까워지고 종국에는 틀림없이 그 안으로 사라질 것이다. 태양도 영원히 지속되지 못할 것이다. 태양이나 지구 중 어느 쪽이 더 오래 지속될 것인지가 관건일 뿐이다. 만일 태양이 더 오래 지속된다면 지구는 결국 태양에 집어 삼켜지고 큰 화재로 모든 것이 끝나게 될 것이다. 만일 지구가 더 오래 지속된다면 열 공급이 언젠가는 중단될 것이고 생명체는 극심한 한파로 인해 멸종할 것이다.[1]

---

1) Clausius가 일은 완전히 열로 전환되지만 열이 다시 일로 완전히 전환되는 일은 없고,

또한 세계의 자원에도 한계가 있다. 지속적으로 불어나는 인구와 소비의 증가로 인해 자원은 고갈되고 말 것이다. 따라서 과학적 견지에서 보자면, 미래에 대한 낙관적 전망은 들어설 자리가 전혀 없다. 하지만 이러한 사실에도 불구하고 사람들은 이 세상(Diesseits)에서의 지속적 진보와 장차 이루어질 인류의 지상낙원에 대한 꿈을 포기하지 않았다. 인본주의자들과 유물론자들은 경쟁적으로 허상을 조장한다. 그들은 우주적 진화의 원리를 토대로 자신들의 전문가적인 예언이 틀릴 리가 없다고 굳게 믿는다. 그들이 견해에 의하면, 인류의 행복은 과학, 예술, 도덕성과 같은 관념적 재화의 증대를 통해, 또는 물질적 부요의 진보, 즉 의식주의 풍요를 통해 언젠가 완전히 구현될 것이다. 칸트, 레싱, 헤르더(Herder), 피히테(Fichte), 셸링 등은 윤리적 하나님 나라가 모든 인류를 품에 안게 될 미래를 상상한다. 모든 사람이 계몽될 것이며, 온전한 인간성이 그들 모두의 삶의 원리가 될 것이다. 심지어 다윈조차도 자신의 저작인 『종의 기원』(*The Origin of Species*) 말미와 『인간의 혈통』(*Descent of Man*) 마지막 장에서, 인간성은 그 동물적 기원으로부터 지금까지 현저히 진화해왔으며, 먼 미래의 훨씬 더 고상한 운명을 향해 나아가고 있다고 피력한다. 무신론적 천년왕국주의자들인 사회주의자들의 기대는 훨씬 더 터무니없는데, 그들은 자신들이 꿈꾸는 장래에 모든 죄와 다툼이 사라질 것이고 근심이 없는 만족한 삶이 모든 사람의 특권이 될 것이라고 생각한다.

그런가 하면 보다 비관적인 견해를 보이는 이들도 있다. 문화조차도 무한한 것으로 간주될 수 없다. 물론 자의적으로 수십억 년 전의 과거나

결국 열을 일로 전환하는 데 필요한 온도차가 사라지는 상태에 도달한다는 엔트로피의 법칙을 우주에 적용함에 따라 이 법칙은 종말을 위한 논증으로 계속 사용될 뿐 아니라 세상의 시작을 위한 논증으로도 사용되었다. 심지어 하나님의 존재의 증거로 사용되기까지 한다. C. Isenkrahe, *Energie, Entropie, Weltanfang, Weltende* (Trier: Lintz, 1910). 그러나 H. Bavinck, "Das Entropiegesetz und die Endlichkeit der Welt," *Der Geisteskampf der Gegenwart* 45 (1909): 260-67는 그러한 논증의 유효성에 의문을 제기한다. 참조. "Entropie" in *Meyers kleines Konversations-Lexikon*.

다가올 수십억 년의 세계를 상정할 수는 있겠지만, 그것을 구체적 내용이 있는 역사로 묘사할 수는 없다. 인류는 유한하다. 따라서 인간의 문명 역시 무한한 것으로 간주될 수 없다. 지구와 인류 모두에게 무한이라는 기간은 이방 종교의 신화를 통해 우리에게 친숙한 수백만년이라는 기간의 어리석음보다 훨씬 더 명백하게 터무니없는 것이다. 과학적인 측면에서 보자면 쇼펜하우어(Schopenhauer)와 하르트만(Eduard von Hartmann)의 염세주의를 받아들이는 것이 훨씬 더 타당한데, 그것은 세상의 구원을 의지의 절대 부정, 즉 세상 자체의 소멸에 걸고 있다. 그러나 그때조차도 절대 의지의 부정이 성공하여 다른 세계 과정으로 넘어가지 않고 무한히 다시 시작하리라는 것을 결코 장담할 수 없다. 그리하여 헤네 암 린(Otto Henne Am Rhyn)은 전 인류가 언젠가는 그 문화와 더불어 흔적도 없이 사라질 것이라는 예측으로 그의 문화사를 끝맺는다. "언젠가 우리가 이루어놓은 모든 것은 그 어디서도 발견되지 않을 것이다." 그리고 그러한 미래를 직시한 인간은, 그런 일이 [지금 당장이 아니라] 오랜 시간이 지난 후에야 일어날 것이라는 사실로 위안을 삼을 수 있을 뿐이다.[2] 하나님도 없고 소망도 없이 살아가면서 오직 모든 것을 현세(Diesseits)로부터, 우주의 내재적 힘으로부터 기대할 수밖에 없는 사람들은 세계의 유한성을 받아들이는 것이 어려우며, 종종 진보라고 하는 가공의 꿈에 기대거나 절망 가운데 모든 것을 포기한다. 마지막으로 몇몇 그리스 철학자들을 따라 현세에 앞서는 다수의 세계를 상정하는 자들이 있다. 빈델반트(Windelband)는 그것을 가리켜 "만물의 주기적 회귀 가운데 인간의 성품 역시 그의 모든 행위 및 고통과 함께 다시 돌아올 것"이라는 고통스러운 생각이라고 올바로 지적한다.[3]

---

2) Th. Ziegler는 *Sittliches Sein und sittliches Werden* (Strassburg: K. J. Trübner, 1890)에서 "역사 자체의 결말과 목적이 무엇인지 나는 모르며 우리 가운데 아무도 알지 못한다"(141)라고 진술했다.

3) W. Windelband, *Geschichte und Wissenschaft*, 3rd ed. (Strassburg: Heitz, 1904),

[563] 종교는 세상이 무한히 발전한다거나 세상이 전적으로 파괴된다는 철학적 이론들과 조화를 이루어본 적이 없다. 이런 모든 이론들은 개개인의 가치를 정당하게 인식하지 않고 전체로서의 세상을 위해 희생시키는 경향이 있다. 더 나아가 이런 이론은 도덕적·종교적 삶의 중요성을 정당하게 평가하지 못하고 그것을 문화보다 하위에 둔다. 이런 이론들은 오직 우주의 내재적 힘만을 토대로 하고 신적 실체나 능력은 고려하지 않는다. 그러므로 모든 종교들은 미래에 대해 이런 이론들과는 다른 이해를 가지고 있다. 모든 종교는 선악 간에 크든 작든 갈등과 다툼이 있음을 분명히 할 뿐만 아니라 선이 승리한다는 희망을 품고 있는데, 그에 따르면 덕이 높은 사람들은 보상을 받고 악인들은 심판을 받을 것이다. 게다가 이런 미래는 오직 초자연적인 능력의 역사를 통해서만 이루어질 수 있는 것으로 간주된다.[4]

조로아스터교에서는 세 번째 세상의 끝자락에 자라투스트라(Zarathushtra)의 세 번째 아들인 사오쉬안트(Saoshyant)가 나타나 평화로운 천년왕국을 가져오고 자기 아버지의 구속의 역사를 완성할 것을 기대한다.[5] 이슬람교에서는 예수의 재림에 대한 신앙과 더불어 신자들을 "네 사람의 의로운 칼리프"가 다스리는 황금시대로 인도할 구세주(Mahdi)에 대한 기대가 점차 되살아났다.[6] 이스라엘에서 장래의 소망은 하나님이 아브라함 및 그의 후손들과 세우신 언약을 토대로 한다. 이 언약은 영원한 언약이고 인간이

22; 참조. H. Bavinck, *The Philosophy of Revelation* (New York: Longmans, Green, 1909), 242-315.

4) H. Bavinck, *Reformed Dogmatics*, ed. John Bolt (Grand Rapids: Baker Academic, 2003-8), III, 238-40 (#351); A. Kuyper, *Van de voleinding* (Kampen: Kok, 1928-31), I, 64-127을 보라.

5) E. Lehmann, in P. D. Chantepie de la Saussaye, *Lehrbuch der Religionsgeschichte*, 2 vols. (Freiburg i.B.: Mohr [Siebeck], 1887-89), II, 225.

6) C. Snouck Hurgronje, *Der Mahdi* (Amsterdam, 1885; *Revue Coloniale Internationale*, 1 [1885])의 요약.

신실하지 못하다고 해서 파기되는 것이 아니다.

구약성경의 소망은 이 땅이 하나님 나라로 회복될 것이라는 기대에 근거를 두고 있다. 모든 예언자들은 이스라엘과 유다에게 심판과 형벌의 날을 선언한다. 예언자들은 야웨가 자기 백성들을 불쌍히 여기시고 그들의 원수에게 보응하시는 때인 "여호와의 날"(יום יהוה)을 백성들과는 다른 시각에서 바라본다. 백성들은 자신들이 영적으로 어떠한 상태에 있는지 고려하지 않은 채 이러한 기대를 오해하여 야웨가 자신들을 모든 위험에서 지켜줄 것이라고 생각한다(렘 28-29장; 겔 22:23ff.; 암 5:18; 6:13). 그러나 예언자들은 주의 날이 이스라엘 역시 심판을 당하는 날이라고 선언했다. 백성들은 포로로 잡혀가고 그들이 떠난 땅은 황폐하게 될 것이다(사 2:11ff.; 5:5ff.; 7:18; 렘 1:11-16; 호 1:6; 2:11; 3:4; 8:13; 9:3, 6; 10:6; 11:5; 13:12; 13:16; 욜 2:1ff.; 암 2:4ff.; 5:16, 18, 27; 6:14 등; 미 3:12; 4:10; 7:13; 합 1:5-11; 습 1:1-18 등).

하지만 이러한 형벌은 일시적인 것이다. 자기 백성을 벌하시는 하나님의 징계는 신중하게 측량된 것이다(사 27:7ff.; 렘 30:11). 하나님은 잠시 동안만 그들을 내버려두신다. 하나님의 진노는 한순간이지만 하나님의 인애는 영원하다(사 54:7-8). 바빌론 포로에서의 귀환, 이스라엘의 돌이킴, 성전 예배의 갱신 등을 통해 예표된 이스라엘의 소망에 관한 최종적 표현은 우주적인 것이어서, 이방인들도 이 땅이 정화되고 변화되는 온전한 복에 참여한다. 구약성경은 메시아의 나라를 하나님 나라의 온전한 수립으로 간주하여 하나님이 다윗의 집을 통해 메시아를 보내시는 것으로 여길 뿐 아니라, 장차 도래할 더욱 큰 실체 즉 하나님의 영원하고 영적인 통치를 예견한다. 중요한 것은 예언자들이 이스라엘의 포로 귀환을 한편으로는 윤리적 회복, 즉 회심으로 간주한다는 사실이다. 열국 중에서 한데 모이는 일과 마음의 할례가 함께 간다(신 30:3-6). 모두가 돌아오는 것은 아니며(겔 20:34ff.; 호 2:13; 암 9:8-10), 오직 남은 자만 돌아온다(사 4:3; 6:13; 7:3-25; 10:21; 11:11). 하나님은 교만한 자들을 진멸하시는 반면 가난하고 불쌍한 자들은 건지시고(습 3:12), 주의 일을 부흥케 하실 것이다(합 3:2). 성읍에서 하나와 족속 중에서 둘이 돌아올 것이다(렘 3:14). 삼분의 이는 멸망하고 삼분의 일은 정결케 될 것이다(슥 13:8-9). 그리하여 남은 자들은 주님께 성별된 백성, 즉 하나님이 영원히 약혼자로 삼으신 백성이 될 것이다(사 4:3-4; 11:9; 호 1:10-11; 2:15, 18, 22). 하나님은 그들을 용서하시고, 그들을 정결케 하시고, 그들에게 새 마음을 주시고, 그들에게 성령을 부으시고, 그들과 새 언약을 세우실 것이다(사 43:25; 44:21-23; 렘 31:31; 겔 11:19; 36:25-28; 37:14; 욜 2:28; 미 5:11-14; 슥 13:2 등). 모든 것이 거룩할 것이며 심지어 말방울까지 성결해질 것이다(슥 14:20-21). 야웨의 영광이 그들 위로 높여질 것이며(사 60:1; 슥 2:5), 하나님이 친히 그들 가운데 거하실 것이다(호 2:22; 욜 3:17; 옵 21; 슥 2:10; 8:8 등).

바빌론 포로 귀환에 덧붙여 예언자들은 성전과 성전 예배의 회복을 말한다. 시온 산은 피난처가 될 것이다(옵 17, 21절). 야웨가 거기 거하시며 예루살렘을 거룩하게 하실 것이다(욜 3:17, 20). 시온은 밭처럼 갈아 엎어지고 예루살렘은 돌무더기가 될 것이지만, 여전히 야웨의 집의 산은 가장 높은 산처럼 견고히 설 것이다. 율법이 시온에서, 야웨의 말씀이 예루살렘에서 나오고 야웨는 시온에 거하실 것이다(미 3:12; 4:1-2; 7:11). 예언자 이사야도 같은 방식으로 말한다(2:2; 3:16-17; 28:16; 30:18, 19; 31:38; 33:18, 21; 33:5; 35:10; 52:1; 56:6-7; 60:7; 61:6; 66:20-23). 학개는 두 번째 성전이 첫번째 성전보다 더 영광스러울 것이라고 예언한다(2:6-10). 스가랴는 예루살렘이 다시 세워지고 더 확장될 것이며, 제사장들과 성전이 새롭게 되고, 하나님이 자기 백성 가운데서 예루살렘에 거하실 것이라고 말한다(1:17; 2:1-5; 3:1-8; 6:9-15; 8:3ff.). 하지만 그 어느 예언자도 에스겔과 같이 상세하게 미래의 비전을 발전시키지는 않았다(34-37장; 40-48장). 여기서 그것을 상세히 말할 수는 없지만, 이스라엘이 하나님의 규례에 부합하게 살 때 놀라운 복을 누리게 될 것이라는 점은 분명하다. 성전 문지방 아래서 솟아난 물이 점점 더 깊어져 마른 땅을 적시고, 심지어 사해의 고인물마저 새롭게 한다. 양편 강둑에 심긴 나무들의 열매는 양식이 되고 그 잎사귀는 치료제

가 될 것이다.[7]

이 땅에서의 유형적이고 물질적인 복 역시 간과되어서는 안 된다. 다윗 가문에서 난 평강의 왕 아래서 이스라엘은 안위를 누릴 것이다. 더 이상 전쟁은 없을 것이다. 활과 칼은 꺾일 것이다(호 2:18). 말들이 멸절하고 병거가 훼파되고, 그 땅의 성읍들은 멸망하고 견고한 성은 무너질 것이다(미 5:10-11). 칼을 쳐서 보습을 만들고 창을 쳐서 낫을 만들 것이다. 모두가 자기 포도원과 무화과나무 아래 앉아서 먹을 것이다(사 2:4; 미 4:3-4). 왜냐하면 그 나라는 야웨의 것이요, 그가 친히 저들의 산성이 되실 것이기 때문이다(욜 3:16-17; 옵 21절). 땅은 이루 말할 수 없이 비옥해져서 산들이 달콤한 포도주를 흘려보내고 골짜기마다 우유가 넘쳐날 것이다. 야웨의 집에서 난 샘이 마른 땅을 적셔서 그 땅을 에덴동산과 같이 변모시킬 것이다. 들짐승들이 쫓겨나고, 원수들은 더 이상 추수할 것을 약탈하지 못할 것이며, 모든 나무들이 때를 따라 내리는 단비를 머금고 소성함으로써 많은 열매를 맺을 것이다(사 32:15-20; 51:3; 60:17-18; 62:8-9; 65:9, 22; 렘 31:6, 12-14; 겔 34:14, 25-26, 29; 36:29; 47:1-12; 호 2:15, 18-19; 14:5-7; 욜 3:18; 암 9:13-14; 슥 8:12; 14:8, 10). 자연에도 큰 반전이 일어날 것이다. 짐승들의 본성도 달라질 것이다(사 11:6-8; 65:25). 천지가 새롭게 되고, 이전 것은 더 이상 기억되지 않을 것이다(34:4; 51:6; 65:17; 66:22). 해와 달도 달라질 것이다. 달은 해와 같이 빛을 내고, 햇빛은 칠배나 강하게 될 것이다(30:26). 진실로 더 이상 해와 달이 비추지 않을 것이며 한 날이 계속될 것이다. 야웨가 자기 백성의 영원한 빛이 되실 것이기 때문이다(60:19-20; 슥 14:6-7).

인간 세상도 크게 달라질 것이다. 이스라엘이 모임으로 팔레스타인에서 다시 사람 소리가 들릴 것이다(미 2:12-13). 이스라엘 자손의 수효는 바다의 모래와 같을 것이며, 특히 다윗 가문과 레위 지파 자손이 번성할 것

---

7) 이 환상에 대한 바른 이해를 위해서는 다음을 보라; A. B. Davidson, *The Theology of the Old Testament* (New York: Charles Scribner's Sons, 1914), 343ff.

이다(사 9:3; 렘 3:16; 33:22; 호 1:10). 예루살렘은 장차 수많은 사람들과 육축들로 인해 측량할 수도 없고 성곽도 없는 성읍이 될 것이다(슥 2:1-4). 얼마의 이스라엘 사람이 먼저 돌아오겠고, 그 후에 다수가 돌아와서 이스라엘의 복에 참여할 것이다(렘 3:14, 16, 18; 슥 2:4-9; 8:7-8). 이스라엘 백성 중 이미 죽은 자들도 이러한 복을 누릴 것이다. 그리하여 온 이스라엘이 생명으로 옮겨졌다고 말할 수 있을 것이다(사 25:8; 겔 37:1-14; 호 6:2). 이사야(26:19)와 다니엘(12:2)은 패배한 이스라엘 사람들이 죽음의 잠에서 깨어나서, 적어도 부분적으로는 영생으로 일깨워질 것이라고 말한다. "거기는 날 수가 많지 못하여 죽는 어린이와 수한이 차지 못한 노인이 다시는 없을 것이라. 곧 백 세에 죽는 자를 젊은이라 하겠고 백 세가 못되어 죽는 자는 저주 받은 자이리라"(사 65:20; 참조. 슥 8:4-5). 더 이상 아픈 것이나 슬픈 것이나 우는 것이 없을 것이다(사 25:8; 30:19; 65:19). 야웨께서 심지어 죽음을 멸하셔서 승리에 삼킨 바 되게 하실 것이다(25:8).

마지막으로 이방인들 역시 하나님 나라의 복에 참여할 것이다. 하나님이 자기 종들의 피를 보수하실 것이라는 사상은 구약성경의 예언 전반에서 발견된다. 하나님의 예언자들이 이스라엘 주변의 여러 민족들—블레셋, 두로, 모압, 암몬, 에돔, 아시리아, 바빌론—을 향해 하나님의 심판을 선언하는 것도 이 때문이다. 하지만 이런 심판의 최종 목적은 이방인들의 멸절이 아니라 그들의 구원에 있다. 아브라함의 씨를 통해 이 땅의 모든 나라가 복을 받을 것이다(창 12:3). 물론 이스라엘에 대한 이방인의 종속이 시사하는 정치적 측면을 부각시키는 예언자가 있는가 하면, 종교적·영적 측면을 부각시키는 예언자도 있다. 그러나 분명한 것은 모든 예언들이 메시아의 통치가 모든 민족으로 확대될 것을 기대하고 있다는 것이다(참조. 시 2편; 21편; 24편; 45-48편; 68편; 72편; 86편; 89편; 96편; 98편 등). 이스라엘은 상속권에 의해 만국(이방인)을 소유할 것이다(암 9:12; 계 17-21장). 그들은 심판을 받겠지만(욜 3:2-15) 주의 이름을 부르는 자는 누구나 구원을 얻을 것인데, 이는 구원이 시온에서 나기 때문이다(욜 2:32). 베들레헴에서 나올 통치자는 창대하여 땅끝까지 이르고 이스라엘을 그 원수에게서 건져낼 것이다(미 5:3ff.). 그럼에도 이방인들은 야웨의 도를 배우기 위해 시온 산으로 모여들 것이다(미 4:1-2). 에티오피아는 야웨께 드릴 예물을 가지고 시온으로 나아올 것이다(사 18:7). 이집트와 아시리아 사람들이 야웨를 섬길 것이다(19:18-25). 두로는 자기가 얻은 이익을 야웨께 드릴 것이며(23:15-18), 야웨는 시온 산에서 모든 민족들을 위해 풍성한 잔치를 베푸실 것이다(25:6-10). 진실로 야웨의 종은 이방인들에게도 빛이 될 것이다. 야웨의 사자들이 이 땅의 열국들에게 그를 알리고, 그들은 야웨를 섬길 것이다. 야웨의 집은 만민의 기도하는 집이 될 것이다. 모든 사람들이 거기서 희생제사를 드리고 야웨를 예배할 뿐 아니라 그의 이름을 따라 스스로를 칭할 것이다. 그들이 이스라엘의 양떼를 치고 이스라엘의 밭을 경작할 것이므로 이스라엘은 제사장으로서 오로지 야웨를 섬기는 일에만 매진할 수 있을 것이다(사 40-66장 등). 이스라엘이 회복되고 예루살렘이 야웨의 보좌가 되면, 모든 이방인들이 야웨의 이름으로 모여 복을 빌고 야웨로 인해 자랑할 것이다(렘 3:17; 4:2; 16:19-21; 33:9). 종국에는 모든 민족이 야웨가 하나님이신 것을 인정할 것이다(겔 16:62; 17:24; 25:5ff.; 26:6; 28:22; 29:6; 30:8-26). 모든 이방인들은 자신들의 보물을 예루살렘으로 가져오고 야웨의 집은 영광으로 가득하게 될 것이다(학 2:7-10). 민족들이 와서 서로를 향하여 "우리가 가서 야웨의 은혜를 찾고 구하자" 할 것이며, "열 사람이 유다 사람 한 명의 옷자락을 부여잡고 '하나님이 너와 함께 계시므로 우리가 너와 함께 가려한다'"라고 말할 것이다(슥 8:21-23; 참조. 2:11; 14:16-19). 거룩한 이들로 이루어진 백성이 이 땅의 모든 나라를 다스리는 권세를 받을 것이다(단 7:14, 27).

[564] 구약성경을 읽는 사람이라면 누구나 곧바로 발견할 수 있는 메시아에 대한 이런 기대는 아주 독특하다. 그것은 이 땅에서 누릴 미래의 복된 상태로 한정된다. 구약성경에서 때때로 신자가 자신이 죽은 후에 영원한 영광으로 들어올려질 것이라는 소망을 표현하기도 하지만, 이런 기대는 본질상 개별적인 것이다. 일반적으로 예언은 이스라엘 백성이 팔레

스타인에서 다윗 왕조의 보호 아래 안연히 거하고 이 땅의 모든 민족을 다스리는 때를 지향한다. 마지막 때에 신자들이 영광스러운 천국으로 들어올려진다는 개념은 구약성경의 조망과는 무관하다. 구원은 하늘이 아니라 이 땅에서 이루어지는 것으로 기대되었다. 이와 관련하여 구약성경의 예언은 메시아의 일회적 도래에 대해 말할 뿐이다. 그는 이 땅의 통치자들과는 전혀 다른 왕이 될 것이다. 그는 겸손하고, 온유하며, 의를 행하고, 자기 백성을 보호할 것이다. 그는 왕일 뿐만 아니라 예언자이며 제사장이기도 하다. 그런데 구약성경의 예언은 메시아의 비천의 상태와 승귀의 상태를 명확히 구분하는 법이 없다. 이 두 가지 상태를 하나의 이미지로 담아낼 뿐, 구원을 위한 첫 번째 오심과, 오랜 시간이 흐른 뒤에 일어날 심판을 위한 두 번째 오심을 구분하지 않는다. 메시아가 자기 백성에게 의와 복을 나누어주시고 그들에게 이 땅의 모든 민족에 대한 통치권을 부여하시는 일은 단 한 번의 오심을 통해 이루어진다. 따라서 그가 오셔서 세우시는 나라는 완성된 하나님의 나라다. 그는 왕으로서 자기 백성을 다스리시지만, 자신의 힘으로 다스리시는 것이 아니라 하나님의 통치에 대한 확고한 의식 속에서 신정정치를 펼치는 왕이실 뿐이다. 또한 구약성경의 예언은 그리스도의 통치와 하나님의 통치를 시간적으로 구분하지 않으며, 메시아의 나라에 투영된 미래를 장차 천국에서의 하나님의 통치에 자리를 내어주기 위한 중간 단계로 여기지도 않는다. 구약성경의 예언은 메시아의 나라를 최종적인 상태로 간주하며, 원수들에 대한 하나님의 심판과, 그들의 최후 공격을 무찌르는 것과, 자연을 새롭게 함과, 죽은 자들의 부활과 같은 사건들이 일어난 후에 이 나라가 최초로 완전하게 수립되는 것으로 본다. 또한 예언자들은 자신들이 살았던 시대의 역사적 환경에서 비롯된 다양한 색채와 형태를 통해 이 나라를 묘사한다. 한마디로 이스라엘 국가의 역사를 통해 모든 것이 묘사된다. 때로 이 얼개 안에 구약성경 자체를 관통하는 영속적인 의미를 갖는 내용이 담기기도 한다. 포로에서의 귀환은 참된 회심과 일맥상통한다. 이스라엘이 원수들에 대해 거둔 승리의 정치적 측면과 종교적 측면은 서로 긴밀하게 연결되어 있다. 메시아는 이 땅의 통치자일 뿐 아니라 영원한 왕, 의의 왕, 자기 백성의 아버지, 평화의 왕, 제사장-왕이시다. 이스라엘의 원수들은 야웨가 하나님이심을 인정하고 그의 성전에서 그를 섬김으로써 이스라엘에게 굴복한다. 제사장 제도 및 희생제사와 더불어 이 성전은 그 나라의 모든 백성들이 새로운 마음과 새로운 영으로 하나님을 섬기고 그의 길로 행한다는 것을 보여주는 가시적 증거다. 또한 놀랍도록 비옥한 땅은 자연의 완전한 변화, 의로 충만한 새 하늘과 새 땅의 창조를 전제한다.

천년왕국설

천년왕국설에 대한 주된 반론은 신약성경이 구약성경의 예언을 영적으로 적용한다는 사실을 천년왕국설이 간과한다는 것이다. 구원 역사에서 실제로 간주곡의 역할을 하는 것은 새 언약이 아니라 옛 언약이다. 나중에 유대교는 구약성경의 이러한 전망에 다양한 변화를 도입했다. 정치적 주권을 빼앗기고 열국으로 흩어진 후로 유대교는 개인들의 장래 운명에 대해 관심을 가지기 시작했으며, 점차 지평을 넓혀 모든 인간과 온 세계의 운명까지도 그 관심사에 포함시키기에 이르렀다. 그들은 이스라엘이 엄격한 율법 준수를 통해 얻는 의를 토대로 언젠가는 메시아의 주도하에 모든 나라들에 대한 정치적 통치권을 획득할 것이라 믿었다. 하지만 이런 메시아의 나라는 잠정적이고 일시적인 것이어서, 종국에는 모든 인류의 부활과 우주적 심판을 통해 세워질 하나님 나라와 하늘에서 의인들이 누릴 복된 상태로 대체될 것이다. 이런 식으로 장래에 대한 예언적 비전에서는 서로 긴밀하게 통합되어 있던 정치적 측면과 종교적 측면이 서로 분리된다. 예수 당시의 이스라엘 백성들은 구약 예언의 형상과 이미지를 통해 그 모습을 짐작할 수 있는 물리적인 지상 왕국을 기대했다. 하지만 이런 형상과 이미지를 문자적으로 받아들임으로써 천년왕국 교리가 등장하게 되었다.

천년왕국 교리가 자주 등장하는 곳은 메시아 왕국이 가진 영광이 영원하지도 않고 최종적인 것도 아니라는 주장이 발견되는 곳인데, 대표적으로 바룩의 묵시와 에스라4서를 들 수 있다. 메시아 왕국은 종종 (예를 들어 탈무드에 따라) 4백년 또는 천년으로 계산되는 특정한 시간이 흐른 뒤에 하나님 나라에서 누리는 천상의 복된 상태에 자리를 내어준다. 이처럼 천년왕국설은 기독교적 기원을 갖는다기보다는 유대교와 페르시아 종교에 기원을 둔다고 할 수 있다.[8] 천년왕국설은 언제나 지상의 구원에 대한 기대와 천상의 복된 상태에 대한 기대 간의 절충에 기반을 둔다. 천년왕국설은 구약에 예언된 지상의 메시아 왕국을 받아들인다는 점에서 구약의 예언을 정당하게 다루고자 하면서도, 이 왕국이 일정 시간이 지나면 하나님 나라로 대체될 것이라고 주장한다. 기독교적 천년왕국설에서는 그리스도의 이중 재림과 두 번의 부활을 가정한다. 첫 번째 재림과 부활을 통해서는 이 땅에 천년왕국을 세우고 두 번째 재림과 부활을 통해서는 최종적으로 이 왕국을 완성한다.

구약성경은 결코 천년왕국설을 뒷받침하지 않는다. 구약성경은 심판과 부활과 세계 갱신 이후에 메시아 왕국이 영원히 계속되는 것으로(단 2:44) 묘사하기 때문이다. 그럼에도 유대인들과 많은 그리스도인들이 천년왕국설을 신봉한다. 세상이 하나님을 대항하여 세력을 키워가고 핍박과 압제로 교회에 고통을 안겨줄 때 천년왕국설은 계속해서 고개를 들었다. 우리는 초기 교회 역사의 케린투스(Cerinthus), 열두 족장의 유언(*Testament of the Twelve Patriarchs*), 『바나바 서신』(*Epistle of Barnabas*)에 나타난 에비온파의 사상, 파피아스(Papias), 이레나이우스(Irenaeus), 히폴리투스(Hippolytus), 아폴리나리스(Apollinaris), 콤모디아누스(Commodian), 락탄티

---

8) 참조. 천년왕국설의 역사에 대해서는 K. G. Semisch (rev. and enl. by E. Bratke), "Chiliasmus" in *PRE³*, III, 805-17; and G. E. Post, "Millennium," in *DB*, III, 370-73과 거기에 실린 참고문헌을 보라.

우스(Lactantius), 빅토리누스(Victorinus) 등에게서 천년왕국설을 접할 수 있다. 교회가 점차 세속 권력을 얻어가고 그로 말미암아 교회가 스스로를 지상에 세워진 하나님 나라로 간주할 만큼 상황이 바뀌자 천년왕국설은 완전히 자취를 감추었는데, 누구보다 아우구스티누스가 천년왕국설을 가장 강력하게 거부했다. 천년왕국설은 종교개혁 직전과 종교개혁 기간 동안 많은 사람들이 로마 교회를 요한계시록에 나오는 음녀로, 교황을 적그리스도로 여기면서 다시 등장했다. 재세례파, 요리스파(David-Jorists), 소키누스파에게서 다시 일어난 천년왕국설은 공인된 교회들이 천년왕국설을 부정했음에도 사라지지 않고 명맥을 이어갔다. 계속되는 정치적 혼란과 종교전쟁, 핍박, 분파적 운동들이 천년왕국설에 새로운 생명을 불어넣었다. 심지어 일단의 개혁파 신학자들―피스카토르(Piscator), 알스테드(Alsted), 콕세이우스(Cocceius), 브라켈(Brakel) 등―조차 온건한 형태의 천년왕국설을 받아들이는 경향을 보였다.

18세기와 19세기의 정치사회적 격랑 아래서 스베덴보리파, 다아비파, 어빙파, 모르몬교도들, 재림파 같은 그룹뿐 아니라 개혁파 교회의 많은 신학자들 역시 천년왕국설을 받아들였다.[9] 천년왕국설이 다양한 형태를 띠기는 하지만 기본 개념은 사실상 동일하다. 그들은 그리스도의 이중 재림과 두 번의 부활을 구분해야 한다고 주장한다. 그들은 첫 번째 재림을 통해 그리스도가 적그리스도의 세력을 이기고, 사탄을 결박하고, 죽은 신자들을 죽음에서 일으키고, 교회를 자기에게로 모으실 것인데, 특히 회개하고 팔레스타인으로 돌이킨 이스라엘 공동체를 불러들이실 것이라고 말한다. 그리스도는 이 공동체를 통해 세상을 다스리실 것이며, 영적 번영과 물질적 풍요의 시대를 여실 것이다. 이 시대가 끝나갈 무렵 그는 다시 오

---

9) 예를 들어 H. Martensen, *Christian Dogmatics*, trans. W. Urwick (Edinburgh: T&T Clark, 1871), §280; J. J. van Oosterzee, *Christian Dogmatics*, trans. J. Watson and M. Evans, 2 vols. (New York: Scribner, Armstrong, 1874), §146.

셔서 모든 인간을 죽음에서 불러일으켜 심판하시고 그들의 영원한 운명을 결정하실 것이다.

하지만 이런 기본적인 사상은 서로 상충하는 다양한 변이를 초래했는데, 이로 인해 천년왕국설에 대해 많은 반론이 제기되었다. 심지어 천년왕국설은 자신이 의존하고 있는 구약성경의 예언과도 어긋날 때가 많았다. 천년왕국설은 구약성경의 예언을 자의적으로 해석한다는 비난을 피할 수 없다. 해석의 원리나 방법론도 없이 해석자의 주관적 견해에 따라 자의적으로 판단한다. 구약 예언의 한 측면은 문자적으로 해석하고 다른 측면은 영적으로 해석하는 변덕스러움을 보여주기도 한다. 구약의 예언이 그려내는 미래상은 한 가지다. 이 그림을 문자적으로 취하든지—그럴 경우 당신은 기독교와 단절하고 유대교로 회귀한다—아니면 동일한 그림에 대해 천년왕국설이 시도하는 것과는 전혀 다른 해석을 적용하든지 선택해야 한다. 이 문제에 대한 해석은 성경 자체를 통해 이루어져야 하며 우리는 성경으로부터 주어진 해석을 받아들여야만 한다.

[565] 구약성경에는 예언적 소망에 대해 천년왕국설이 제공하는 것보다 탁월하고 새로운 해석을 가능하게 해주는 다양한 지침들이 있다. 심지어 이스라엘 역사에 대한 현대적 견해들도 예언자들의 야웨 신앙이 그 도덕적 성격으로 인해 자연종교들과 구분될 뿐만 아니라 점진적으로 이스라엘의 종교적 규례와 관습들에게 영적인 의미를 부여했다는 사실을 인정한다. 진정한 할례는 마음의 할례다(신 10:16; 30:6; 렘 4:4). 하나님이 기뻐하시는 제사는 상한 마음과 통회하는 심령이다(삼상 15:22; 시 40:6; 50:8ff.; 51:17; 사 1:11ff.; 렘 6:20; 7:21ff.; 호 6:6; 암 5:21ff.; 미 6:6ff.). 진정한 금식은 불의의 결박을 끊는 것이다(사 58:3-6; 렘 14:12). 예언자들은 백성들의 자기의를 부추기는 형식적이고 외형적인 예배를 비판하는 데 큰 비중을 두었다. 따라서 앞으로 다가올 시대의 본질은 야웨가 자기 백성과 새로운 언약을 맺으실 것이라는 사실에 있다. 야웨가 그들에게 새 마음을 주고 자기 율법을 그들의 마음에 기록하실 것이다. 모든 백성에게 성령을 부으셔서 그들

로 하여금 온 마음으로 야웨를 사랑하고 그의 길을 따라 행하게 하실 것
이다(신 30:6; 렘 31:32-24; 32:38; 겔 11:19; 36:26; 욜 2:28; 슥 12:10). 예언자들은 자
신들의 역사적 정황에서 가져온 이미지들로 이러한 미래를 묘사하는데, 마
찬가지로 우리도 하나님과 그의 행위를 이야기할 때 동일한 방법을 사용한
다. 신약성경 역시 그들의 언어를 그대로 이어받아 장차 임할 하나님 나라
를 이야기할 때 시온과 예루살렘, 성전과 제단, 예언자와 제사장을 언급한
다. 또한 문자주의적 사실주의는 예언서가 사용하는 운문적 언어의 성격을
간과하고 있다. "이새의 줄기에서 한 싹이 나며"라는 메시아적 왕을 묘사하
는 운문적 표현을 문자적으로 받아들인다면 이스라엘의 언어가 가진 놀라
운 이미지를 도무지 이해할 수가 없을 것이다. 지나치게 사실주의적인 해석
은 예언의 본질과도 맞지 않는 모순적인 것이며, 본문에 대한 잘못된 해석
으로 이어진다.

예언자들 자신도 이 사실을 잘 알고 있었다. 자신들이 주장하는 내용
과 그것을 묘사하기 위한 이미지 간의 차이를 알았던 것이다. 그들은 소
돔, 고모라, 에돔, 모압, 블레셋, 이집트, 아시리아, 바빌론과 같은 이름들을
통해 장차 이스라엘에게 투항하여 그들이 받을 복에 동참하게 될 이방 세
력들을 가리키고자 했다(사 34:5; 겔 16:46ff.; 단 2:17ff.; 욥 16-17절; 슥 14:12-21).
시온은 하나님을 믿는 신앙 공동체를 가리키기 위해 자주 사용된 이름이
다(사 49:14; 51:3; 52:1). 비록 구약성경의 예언에서 성전과 제사가 없는 미래
의 하나님 나라라는 개념을 발견할 수 없다는 것은 사실이지만, 예언은 되
풀이해서 모든 국가적·지상적 조건들을 초월한다. 예를 들어 예언은 다음
과 같은 것들을 선포한다. 예루살렘이 하나님의 보좌가 될 것이기 때문에
더 이상 언약궤가 없을 것이다(렘 3:16-17). 메시아의 나라는 영원한 나라요
온 세상을 포함할 것이다(시 2:8; 72:8, 17; 단 2:44). 예루살렘의 모든 거주민이
예언자와 제사장이 될 것이다(사 54:13; 61:6; 렘 31:31). 모든 부정함과 죄, 모
든 질병과 죽음이 사라질 것이다(시 104:35; 사 25:8; 33:24; 52:1, 11; 슥 14:20-21).
새 하늘과 새 땅에 이 나라가 세워질 것이며 더 이상 해와 달이 필요 없

을 것이다(사 60:19-20; 65:17; 66:22). 심지어 미래에 대한 에스겔의 사실적 묘사—일례로 각 지파의 구성원이 다름에도 모든 지파에게 동일한 몫이 배분되는 것—조차도 상징적 해석이 필요한 요소들을 담고 있다. 하지만 문제는 예언자들이 그들의 예언이 갖는 상징적인 성격을 전적으로 의식하고 있었느냐 아니면 부분적으로만 의식하고 있었느냐 하는 것이 아니다. 심지어 고전 작가들이 사용하는 말에조차 그들이 생각하고 의도했던 것 이상의 의미가 담겨 있는 경우가 비일비재하기 때문이다. 오히려 요지는 그들 안에서 역사하신 그리스도의 성령이 이런 예언을 통해 선포하고 계시하고자 하셨던 것이 무엇인가 하는 것인데, 그것은 구약성경의 성취와 완성과 해석인 신약성경을 통해 결정된다. 나무의 정체성은 그 열매를 통해 드러난다. 심지어 현대 비평주의조차 유대교가 아닌 기독교가 구약 예언자들의 신앙을 온전히 성취하고 있다고 인정한다.

신약성경 자체가 스스로를 영적이며 따라서 완전하고 진정한 구약성경의 성취라고 보고 있는데 이에 대해서는 의문의 여지가 없다. 구약성경을 영적으로 이해하는 것은 기독교 신학의 고안물이 아니라, 올바로 지적하자면 신약성경에서 기원한 것이다. 영적 형태의 구약성경, 다시 말해 구약성경에서 시대적이고 감각적인 형태를 제거한 것이 바로 신약성경이다. 옛 시대가 갖는 독특성은 은혜언약이 국가적·감각적 형태를 띤 회화적 이미지로 제시되었다는 점이다. 레위기의 정결의식은 죄를 상징적으로 드러낸다. 죽임당한 짐승의 제사를 통해 속죄가 이루어졌으며, 씻는 행위를 통해 정결함이 표현되었다. 하나님과의 교제는 예루살렘으로의 순례와 관계가 있다. 하나님의 호의를 입고 하나님과 친밀해지기를 원하는 마음은 하나님의 궁정을 사모하는 것으로 표현되었다. 이 땅에서의 장수는 영생을 상징적으로 예표한다. 율법이라는 몽학선생 아래 있는 이스라엘의 이해 수준을 감안하여, 영적이고 천상적이고 영원한 모든 것이 이 땅에 속한 그림자들을 덧입었다. 대부분의 이스라엘 백성들이—오늘날 성례에 참여하는 많은 그리스도인들이 외적 상징에만 집착하는 것처럼—영적 실체의 그림자인 외형적인 것들에서 벗어나지 못하는 경우가 많았던 반면, 경건한 이스라엘 사람들은 겉모습 속에 담긴 영적 실체를 꿰뚫어보고 진심으로 그것을 사모했다는 것은 사실이지만, 그들이 영적인 내용과 핵심을 볼 수 있었던 것은 다름 아니라 바로 그림자와 이미지를 통해서였다.

그래서 신약성경은 구약성경이 "장래 일의 그림자이나 몸은 그리스도의 것"(σκια των μελλοντων, το δε σωμα του Χριστου, 골 2:17)이며 "하늘에 있는 것의 모형과 그림자"(ὑποδειγμα και σκια των ἐπουρανιων, 히 8:5)라고 하였다. 그림자는 실체가 아니면서도 실체를 암시해주지만, 실체가 나타나면 곧바로 사라진다. 신약성경이 바로 구약성경의 진리와 핵심과 본질이며, 전하고자 하는 실제 내용이다. 신약성경은 구약성경 안에 숨겨져 있으며, 구약성경은 신약성경을 통해 드러난다(*Vetus Testamentum in Novo patet, Novum Testamentum in Vetere latet*). 이런 이유로 신약성경은 종종 "진리"라고 불린다. 모세를 통해 주어진 율법과 예수 그리스도를 통해 주어진 진리가 대비된다(요 1:14, 17). 예수 그리스도는 진리다(14:6). 그가 보내신 성령은 진리의 영이다(16:13; 요일 5:6). 그가 선포하신 하나님의 말씀은 진리의 말씀이다(요 17:17). 구약성경에서 약속되고 암시된 구원의 유익은 그리스도 안에서 영원하고 진정한 실체로 드러났다. 하나님의 모든 약속은 그리스도 안에서 "예"와 "아멘"이 된다(고후 1:20) 구약성경은 폐기된 것이 아니라 새로운 시대를 맞아 성취되었으며, 현재에도 한결같이 성취되고 있고, 장차 그리스도의 재림 때까지 계속해서 성취될 것이다. 구약성경의 모든 개념들은 이스라엘 국가와 관련된 외적 의미를 표출하는 동시에 영적이고 영원한 의미도 확연하게 드러낸다. 따라서 그리스도는 진정한 예언자, 제사장, 왕이시다. 야웨의 참된 종, 참된 화목제물(롬 3:25), 참된 할례(골 2:11), 참된 유월절 양(고전 5:7), 참된 희생제물(엡 5:2)이며, 그의 몸을 이루는 지체로서의 신자들은 아브라함의 참된 후손이요, 진정한 이스라엘이요, 하나님의 참된 백성이다(마 1:21; 눅 1:17; 롬 9:25-26; 고후 6:16-18; 갈 3:29; 딛 2:14; 히 8:8-10; 약 1:1, 18; 벧전 2:9; 계 21:3, 12). 신약은 구약의 특수한 개념들에 보편적이고 우주적인 의미를 가져다주었다.

따라서 신약성경을 이스라엘이 메시아를 거절함으로 말미암아 하나님이 마련하신 우회도로나 간주곡 정도로 여기고 구약성경의 지속과 성취가 오직 그리스도의 재림으로만 시작될 수 있다고 주장하는 천년왕국설의 관점은 전적으로 잘못된 것이다. 사실은 그 반대다. 신약성경이 아니라 구약성경이 간주곡 역할을 한다는 것이다. 이스라엘과의 언약은 일시적인 것이었다. 율법이 아브라함에게 주신 "약속"과 그리스도 안에서의 그 약속의 "성취" 사이에 가입한 것은 범죄를 더하게 하고 몽학선생을 통해 우리를 그리스도께로 인도하기 위해서였다(롬 5:20; 갈 3:24ff.). 바울이 언제나 아브라함에게로 돌아가고(롬 4:11ff.; 갈 3:6ff.) 복음을 아브라함에게 주신 약속과 연결하는 것도 이 때문이다. 아브라함은 믿음의 조상이다. 그는 유대인들 가운데서 믿게 된 자들뿐만 아니라 이방인들 중 믿게 된 자들까지 포함하여 모든 믿는 자들의 조상이다(롬 4:11). 약속의 자녀들은 그의 후손들이다(9:6-8). 그리스도 안에서 아브라함의 복이 이방인들에게 이르렀다(창 3:14). 그리스도께 속한 자들은 아브라함의 후손이고 그에게 주신 약속에 따른 후사다(3:29).

이스라엘은 열국을 괴롭게 하기 위해서가 아니라 그들의 유익을 위해 택정함을 입었다. 아담과 노아에게 주어진 약속은 처음부터 온 세상을 염두에 둔 보편적인 것이었다. 그리스도 안에서 휘장이 찢어졌고, 유대인과 이방인을 가르는 벽이 무너졌으며, 손으로 기록한 율법은 십자가에 못 박혔다. 이제는 이방인 신자들도 유대인과 동등한 상속자요, 동등한 천국 시민이요, 동등한 성도요, 동등한 하나님의 권속으로서 그리스도 안에서 하나가 되며, 사도와 예언자라는 동일한 기초 위에 한 집으로 지어진다(엡 1:9-11; 2:11-12).

따라서 신약성경은 간주나 막간이 아닐뿐더러 옛 언약의 길에서 돌아가거나 어긋난 우회로도 아니다. 오히려 오래전부터 꿈꾸고 바랐던 목표이자 구약성경의 직접적인 계승이며 진정한 성취다. 신약성경에 대해 이와 다른 이해를 갖는 천년왕국설은 기독교 신앙과 정면으로 배치된다. 원리적으로 천년왕국설은 유대교와 하나이기 때문에 기독교 신앙과 그리스도의 역사적 인격과 그의 고난과 죽음에 대해 일시적이고 잠정적인 가치만을 부여하며, 그리스도가 영광 중에 이 땅에 임하는 재림을 통해서만 참된 구원을 기대한다. 천년왕국설은 유대인들이 구약성경을 읽을 때 그들의 마음의 눈을 가리고 있는 암막을 더 두텁게 하고, 아브라함의 육신적 후손들이 여전히 천국에서 특권을 누릴 것이라는 잘못된 생각을 부추긴다. 반면에 성경은 주 그리스도께로 회개하고 돌이킨 자들만이 구약성경을 바로 읽고 해석할 수 있다고 가르친다(고후 3:14-16). 또한 성경은 내면적 유대인이 유대인이며 할례는 마음의 문제라고 말한다(롬 2:29). 그리스도 안에서는 남자나 여자, 유대인이나 헬라인의 구분이 없으며, 모두가 그리스도 예수 안에서 하나다(고전 12:13; 갈 3:28; 골 3:11). 그리스도인이 된 유대인은 태생적으로 아브라함의 자손이었던 것이 아니라 믿음으로 그렇게 된 것이다(갈 3:29).[10]

---

10) 천년왕국설(chiliasm)에 대한 반대로는 또한 다음을 참고하라: Augustine, *City of God*, XX, chaps. 6-9; Luther in Julius Köstlin, *The Theology of Luther*, trans. Charles E. Hay, 2 vols. (Philadelphia: Lutheran Publication Society, 1897), II, 575; J. Gerhard, *Loci theologici*, ed. E. Preuss, 9 vols. (Berlin: G. Schlawitz, 1863-75), XXIX, chap. 7; Johann Andreas Quenstedt, *Theologia didactico-polemica sive systema theologicum* (1685), IV, 649; J. Calvin, *Institutes of the Christian Religion*, III.xxv.5 (ed. John T. McNeill and trans. Ford Lewis Battles [Philadelphia: Westminster, 1960], 2:994-96); A. Walaeus, *Opera omnia* (Leiden, 1643), I, 537-54; Gisbert Voetius, *Selectae disputations theologicae*, 5 vols. (Utrecht, 1648-69), II, 1248-72; F. Turretin, *Institutes of Elenctic Theology*, trans. G. M. Giger, ed. J. T. Dennison, 3 vols. (Phillipsburg, NJ: Presbyterian & Reformed, 1992), XX, q. 3; B. de Moor, *Comm. theol.*, VI, 149-62; E. W. Hengstenberg, *Openbaring van Johannes* ('s Hertogenbosch: Muller, 1852); C. F. Keil, *Biblical Commentary on the Prophecies of Ezekiel*, trans. J. Martin (repr., Grand Rapids: Eerdmans, 1970), II, 382-434; Th. Kliefoth, *Christliche Eschatologie* (Leipzig: Dörffling & Franke, 1886), 147ff.; F. A. Philippi, *Kirchliche Glaubenslehre*, 3rd ed., 7 vols. (Gütersloh: Bertelsmann, 1883-1902), VI, 214ff.; C. Hodge, *Systematic Theology* (New York:

이스라엘, 천년왕국, 그리스도의 재림

[566] 앞 부분에서 천년왕국설이 신약성경과 부합하지 않는다는 사실을 개략적으로 살펴보았지만,[11] 이를 보다 자세히 살펴볼 필요가 있다. 팔레스타인 땅으로 회복된 이스라엘 국가가 모든 나라들을 다스릴 것이라는 천년왕국설을 신봉하는 자들의 기대는 성경에 기반하지 않은 것이다. 이스라엘의 회심이 팔레스타인으로의 귀환에 앞서는가, 또는 귀환이 회심에 앞서는가에 따라 천년왕국주의자들이 갈리기는 하지만,[12] 시온주의와 유대인들의 귀환을 포함하는 일체의 시나리오는 신약성경이 말하는 종말론과는 아무런 상관이 없다. 때가 차매 국가로서의 유대인들 역시 이방인들과 마찬가지로 정죄받을 운명에 놓여 있기는 마찬가지였다. 그런 까닭에 하나님은 그들에게 요한을 보내서서 회개의 세례를 선포하도록 하셨고 예수는 그의 사역을 이어갔다. 예수는 요한의 세례를 이어받아 자신의 제자들로 하여금 세례를 베풀도록 했다. 세례자 요한과 마찬가지로 예수 역시 하나님 나라가 가까웠음을 공개적으로 선포했지만, 예수가 이해하는 하나님 나라는 당시 유대인들이 생각하던 것과는 판이하게 달랐다. 예수에게 하나님 나라는 정치적 통치가 아닌 종교적·윤리적 통치가 이루어지는 나라이며, 아브라함의 육신적 후손이라 해서 들어갈 수 있는 것이 아니라 물과 성령으로 거듭나야만 들어갈 수 있는 나라다. 결과적으로 예수

Charles Scribner's Sons, 1888), III, 805; B. B. Warfield, "The Millennium and the Apocalypse," *Princeton Theological Review* 2 (October 1904): 599–617; G. Vos, "The Pauline Eschatology and Chiliasm," *Princeton Theological Review* 9 (January 1911): 26–60; H. Hoekstra, *Het chiliasme* (Kampen: Kok, 1903); A. Kuyper, *Van de voleinding*, IV, 254–62, 318–48.

11) A. Kuenen, *The Prophets and Prophecy in Israel*, trans. Adam Milroy (London: Longmans, Green, 1877; repr., Amsterdam: Philo, 1969).

12) E. Guers, *Israel in the Last Days*, trans. Aubrey Price (London: Wertheim, MacIntosh, & Hunt, 1862), 155–57.

는 점차 자신의 주변에 유대 사람들과 구별되는 일단의 제자들을 모으셨다. 그들이야말로 진정한 "에클레시아"(ἐκκλησια, 교회), 즉 진정한 하나님의 백성이었으며, 이스라엘 국가는 메시아를 영접해야 했음에도 오히려 그를 거부함으로써 스스로 하나님의 백성이 아님을 증명했다. 국가로서의 이스라엘의 정치적 운명과 무관하게, 하나님의 백성인 참된 "에클레시아"는 인종적 경계를 초월한다.

신약성경의 "에클레시아"와 유대인 사이의 분리는 점점 분명해졌다. 유대 민족 전체가 그리스도를 배척했다. 어떤 사람들에게는 그리스도가 흥함이 되었지만 대부분의 사람들에게 그리스도는 비방을 받는 표적이 되었다(눅 2:34). 그리스도가 자기 백성에게 찾아왔지만 그들은 그리스도를 영접하지 않았다(요 1:11). 예수는 친히 "선지자가 자기 고향과 자기 집 외에서는 존경을 받지 않음이 없느니라" 하고 말씀하셨다(마 13:57). 그리스도는 유대인들이 자기에게 나아오기를 원치 않는다는 것을 거듭 확인하셨다(요 5:37-47; 6:64). 그리스도는 그들이 자신들의 죄 가운데 망할 것이고(8:21), 그들이 마귀를 아비로 둔 자식들이며(8:44), 성부께서 심지 않은 자들이라는 사실을 증거하셨다(마 15:13-14). 그리스도는 그들의 이런 불신앙이 예기치 못한 우연한 사건이 아니라 구약 예언의 성취라고 여기셨다(마 13:13-15; 요 12:37ff.). 예수는 당시에도 유대인에게서 아무것도 기대하지 않으셨을 뿐 아니라, 장래에도 그들을 위해 무언가를 기대하시기는커녕 오히려 예루살렘 도성과 성전이 완전히 훼파되어 돌 하나도 돌 위에 남지 않을 것이라고 선언하셨다(마 22:7; 23:37-39; 24:1ff.; 막 13; 눅 21:6ff.; 요 2:18-21). 그리스도는 예루살렘에 입성하실 때 이 도성으로 인해 눈물을 흘리셨다(눅 19:41-44). 그는 십자가로 나아가시면서 여인들에게 자신을 위해 울지 말고 예루살렘의 백성들을 위해 울라고 하셨다(눅 23:28). 심지어 이스라엘이 거절한 구원을 이방인이 나눠 갖게 될 것이라 하셨다. 하나님 나라는 이스라엘로부터 취해져서 그 나라의 열매를 맺는 백성들에게 주어질 것이다(마 21:43). 포도원은 다른 농부들에게 임대될 것이다(21:41). 청함을 받은 자들은 혼인 잔치에 오지 않으며, 잔치는 거리의 사람들로 채워진다(22:9). 집을 나간 잃어버린 아들이 큰 아들보다 우선권을 얻는다(눅 15). 이와 유사하게 예수는 많은 사람들이 동서로부터 와서 아브라함, 이삭, 야곱과 함께 하늘나라에 앉을 것이라고 하셨으며(마 8:10-12), 그에게는 이 우리에 들지 않은 다른 양들도 있다고 말씀하셨다(요 10:16). 예수는 일단의 헬라인들이 그를 보고 싶어한다는 말씀을 듣고 기뻐하셨다. 조금 있으면 그분은 한 알의 밀알로 땅에 떨어지고 죽어서 많은 열매를 맺을 것이었다(요 12:24). 그런 까닭에 예수는 부활하신 후에 제자들에게 모든 민족에게 복음을 전파하라고 명령하신다(마 28:18-20).

사도들 역시 이스라엘에 대해 동일한 판결을 선언한다. 그들은 예수의 증인들로서 그들의 사역을 예루살렘에서 시작하지만, 이어서 땅끝까지 그 일을 지속해야만 했다(행 1:8). 그리하여 베드로는 복음을 먼저 유대인들에게 전하지만(2:14; 3:19; 5:31), 이내 환상을 통해서 세상에 부정한 자는 아무도 없으며 어느 민족 누구라도 하나님을 경외하는 자가 그리스도의 영접을 받을 것이라는 사실을 깨닫는다(10:35, 43). 바울은 어디를 가든 항상 먼저 유대인들에게 복음을 전파하고, 그들이 복음을 거부할 경우 이방인들에게로 발걸음을 돌렸다(13:46; 18:6; 28:25-28). 그의 선교 여행 내내 그가 고수한 원칙은 "먼저는 유대인에게, 이어서 헬라인에게"라는 것이었다(롬 1:16; 고전 1:21-24). 유대인과 헬라인 모두가 하나님 앞에서 멸망을 받아 마땅하기 때문에 이들 모두가 동일한 복음을 필요로 한다(롬 3:19ff.). 어느 누구에게나 구원에 이르는 길은 오직 믿음뿐이다. 아브라함은 율법이 주어지기도 전에 그 믿음을 발휘했으며, 그로 말미암아 의롭다 여김을 받았다(롬 4:22; 갈 3). 그리스도를 거부하는 유대인들은 진정한 유대인이 아니다(롬 2:28-29). 서머나 교회를 비방했던 유대인들은 스스로를 유대인이라 부르지만 실상은 유대인이 아니었다. 오히려 저들은 사탄의 모임이었다(계 2:9; 3:9). 아브라함의 참된 후손인 진정한 유대인은 그리스도를 믿는 자들이다(롬 9:8; 갈 3:29 등). 이것이 바로 유대인에 대한 신약성경의 판단이다.

신자들의 공동체가 모든 측면에서 육신적·민족적 이스라엘을 대체했다. 구약성경은 신약성경을 통해 성취된다.[13]

[567] 성경에는 이러한 일관된 가르침과 차이를 보이면서 무언가 다른 것을 의미하는 것처럼 보이는 몇몇 구절들이 있다. 첫 번째 구절은 예수가 예루살렘 거민들에게, 그들의 거처가 황폐케 될 것이며 그들이 "찬송하리로다 주의 이름으로 오시는 이여"라고 할 때까지 그를 보지 못하리라고 말씀하시는 마태복음 23:37-39(눅 13:34-35)이다. 사실상 예수는 이 구절을 통해 유대인들이 언젠가는, 즉 그의 재림 때에 그를 알아볼 것이라는 기대를 표현하신다. 하지만 이 구절은 예수의 재림 이전에 벌어질 유대인들의 단체적 회심이나 성전과 예루살렘 도성의 재건에 대해 말하는 것이 결코 아니다. 분명한 것은 그때까지 예루살렘이 황폐하게 남아 있을 것이라는 사실이다. 여기서 예수는 자신의 재림 이전에 예루살렘이 짓밟히는 일이 끝날 것이라고 말씀하시는 것이 아니다. 오히려 예수는 예루살렘에 대한 심판을 선언하신 후에 곧바로 자신의 재림 전에 그리고 재림 시에 나타날 징조를 말씀하신다(눅 21:25ff.). 그리스도가 재림하시기까지는 이방인의 때가 계속된다. 또 만일 신약성경이 예수의 이중 재림을 가르치는 것으로 본다면 이 구절을 그런 관점에서 해석할 수도 있겠지만, 조금만 자세히 살펴보면 신약성경이 이런 입장을 지지하는 근거를 전혀 제공하지 않는다는 사실이 분명해질 것이다. 두 번째 구절은 이방인의 수효가 다 차기까지 예루살렘이 짓밟힐 것이라고 말씀하시는 누가복음 21:24이다. 여기서 "…까지"(until, ἄχρι)라는 접속사는 이어지는 구절이 묘사하는 기간이 시작됨과 동시에 전과 반대되는 일(유대인들이 예루살렘을 재건하고 그곳에 거주하는 일)이 일어날 것을 암시하는 표현이 아니다. 하지만 설사 그렇다고 하더라도 예수는 예루살렘이 짓밟히는 일이 재림 전에 그칠 것이라고 말씀하

---

13) 참조. A. Harnack, *The Mission and Expansion of Christianity*, trans. J. Moffatt (New York: Harper, 1908), 53ff.

시는 것이 절대 아니다. 이 구절 바로 뒤에 그의 재림 이전과 그의 재림 시에 일어날 표적에 대한 논의가 뒤따른다.

세 번째 구절은 베드로가 유대인들에게 회개를 촉구하는 사도행전 3:19-21이다. 여기서 베드로는 유대인들의 죄가 사해지고 새롭게 되는 때($\kappa\alpha\iota\rho\omicron\iota\ \dot{\alpha}\nu\alpha\psi\upsilon\xi\epsilon\omega\varsigma$)가 주께로부터 이를 것이며, 하나님이 유대인들을 위해 세우신 그리스도 예수를 보내실 것이고, 하늘은 만물을 회복할 때까지 그 예수를 받아둘 것이라고 말한다. 그러나 여기서 "새롭게 되는 때"가 유대인들이 돌이키고 만물이 천년왕국에서 본래의 목적에 맞춰 회복됨과 동시에 시작된다거나, 이 "때"가 그리스도의 두 번째 재림 시까지 계속된다고 보기는 어렵다. 만물의 보편적 회복의 때($\chi\rho\omicron\nu\omicron\iota\ \dot{\alpha}\pi\omicron\kappa\alpha\tau\alpha\sigma\tau\alpha\sigma\epsilon\omega\varsigma\ \pi\alpha\nu\tau\omega\nu$)를 천년왕국주의자들이 고대하는 자연적·도덕적 관계의 회복으로 이해하는 데는 많은 어려움이 있다. 이 구절에서는 이런 일들이 예수가 하늘에 머무는 기간이 끝날 때에 일어날 것이라고 분명히 말하고 있다. 그때까지 예수는 성부의 보좌 우편에 계실 것이다. 성경은 그리스도의 재림이 단 한 번뿐이라고 말하기 때문에, 만물이 회복되는 때가 곧 세상의 종말이다. 더구나 "만물의 회복"($\dot{\alpha}\pi\omicron\kappa\alpha\tau\alpha\sigma\tau\alpha\sigma\iota\varsigma\ \pi\alpha\nu\tau\omega\nu$)이라는 표현은 천년왕국주의자들이 기대하는 유대 국가의 회복을 가리키기에는 너무나 강한 표현이다. 따라서 새롭게 되는 때는 만물이 회복되는 때와 동일한 때가 아니라 그에 앞서는 어느 때를 가리킨다. "새롭게 되는 때"는 하나님의 복과 은혜가 임하는 장래의 어느 때를 가리킨다는 것이 가장 개연적인 해석이다. 그래서 베드로는 지금 여기서 이렇게 선언하고 있는 것이다. "오, 유대인들아 너희 죄가 씻겨지도록 회개하라. 그리하면 그리스도를 넘겨주고 거부하고 죽였던(행 3:13-15) 백성인 너희에게도 주의 임재로부터 회복의 때가 임할 것이며, 이후에 하나님이 너희의 구원과 만물의 회복을 위해 그리스도를 보내실 것인데, 그는 무엇보다도 너희를 위하여 세움을 입으신 분이다"(행 3:26). 베드로는 유대인들에게 그런 날이 정말로 찾아올 것인지에 대해서는 아무 말도 하지 않는다. 이것은 그들의 회개에 달린 문제인데, 그러한 회개를 기대할 수 있다는 암시는 전혀 없다.

　가장 어려운 구절은 로마서 11:11-32, 그중에서도 특히 26절이다. "그리하여 온 이스라엘이 구원을 받으리라." 로마서 9-11장에서 바울은 이스라엘에 대한 하나님의 약속과 이스라엘의 대다수가 복음을 거부하는 사실을 어떻게 조화시킬 것인가라는 중차대한 문제를 다루고 있다. 여기서 바울은 하나님의 약속이 아브라함의 육신적 후손이 아니라 영적 후손들에게 주어진 것이라고 대답하면서, 로마서 9-10장을 통해 이 문제를 상세하게 논한다. 두 번째로 그는 이스라엘 가운데 여전히 하나님의 택하신 자들이 있기 때문에 하나님이 이 백성을 거부하신 것은 아니라고 주장한다. 바울 자신을 포함하여 다른 많은 유대인 신자들이 그 증거다. 많은 유대인들이 완고하게 되고 눈이 어두워졌음에도 불구하고, 택함을 받은 자들은 구원을 얻는다. 은혜로 택함을 받은 남은 자들은 여전히 존재한다(롬 11:1-10). 비록 대다수의 유대인들의 마음이 이렇게 완고해지기는 했지만, 이것이 하나님의 최종 목표는 아니다. 오히려 이 또한 하나님의 손에서 이방인을 구원하기 위한 도구로 쓰이며, 이렇게 구원받은 이방인들이 유대인들의 마음에 질투를 불러일으키게 될 것이다(11:11-15). 바울은 이 사상을 더욱 발전시키는데, 그는 이방인 신자들을 향하여 자신들이 누리는 특권을 자랑하지 말라고 경고한 후에(11:16-24), 구원받기로 작정된 이방인의 수효($\pi\lambda\eta\rho\omega\mu\alpha$)가 다 차기까지 일부 이스라엘 사람들의 완고함이 계속될 것이라고 말한다(11:25). 이런 식으로 온 이스라엘이 구원을 얻을 것인데, 이는 하나님의 약속에 부합하는 것이다. 그러므로 비록 지금은 믿지 않는 유대인들이 거부한 복음이 이방인에게 전파되게 하기 위하여 유대인들이 복음에 대해 하나님과 원수 되었지만, 선택의 관점에서 보자면 그들은 조상들로 말미암아 하나님의 사랑을 입은 자들이다. 왜냐하면 하나님의 약속은 변개할 수 없기 때문이다. 따라서 이방인들에게 일어난 일이 완고해진 유대인들에게도 동일하게 일어날 것이다. 처음에는 이방인들이 불순종했지만 지금은 긍휼을 입었다. 마찬가지로 지금 유대인들도 불순종하지만,

이방인들에게 주어진 긍휼을 통해 그들도 긍휼을 입을 것이다. 하나님은 유대인과 이방인 모두를 불순종 가운데 가두어두심으로써 그들 모두가 긍휼을 입도록 하신다(11:25-32).

대부분의 해석가들은 하나님이 과연 자기 백성을 거부하신 것인가라는 질문에 대해, 이스라엘 가운데는 언제나 하나님의 선택을 받은 자들이 존재했으며 하나님이 수세기에 걸쳐 그들을 성공적으로 이끌어오셨다(11:1-10)는 주장이 충분한 답을 제공하지 못한다고 생각한다. 따라서 이들은 "온 이스라엘"(πας Ἰσραηλ)이라는 말이 마지막 때에 이스라엘 민족 전체가 회개하고 야웨게로 돌이킬 것을 가리키는 것으로 이해한다. 하지만 아무리 많은 사람들이 이런 주장을 받아들인다고 해도 여기에는 심각한 반론이 도사리고 있다. 가장 분명한 것은 이러한 주장이 바울을 자기모순에 빠뜨린다는 것이다. 9:6 이하에서 바울은 하나님의 약속이 아브라함의 영적 자손들에 관한 것이기 때문에 그 약속은 결코 실패한 것이 아니라고 주장하면서 이스라엘 가운데 있는 이런 영적 자손들을 통해 이 약속이 계속 이루어져갈 것이라고 말한다(11:1-10). 그렇다면 로마서 11:25-32에서 바울이 혈통적 이스라엘의 구원을 포함하는 새롭고 보충적인 대답을 제공하려 한다고 말하는 것은 곧 바울의 주장이 시작과 결말 간에 논리적으로 모순된 것이라고 말하는 것과 같다. 하지만 바울이 뒤에 가서 자신의 주장을, 하나님의 약속들이 영적 이스라엘의 구원을 통해서는 완전히 실현된 것이 아니라 오히려 마지막 날에 있을 이스라엘의 국가적 회심을 통해서만 완전히 실현될 것이라는 의미로 재구성하고 보충했다는 것은 논리적으로 말이 안 된다. 더구나 로마서 9:1-11:10에서 바울은 이스라엘 민족에 대한 이런 기대를 조금도 내비치지 않는다. 이런 민족적 회심을 암시하거나 염두에 둔 말은 한 군데도 없으며, 게다가 11:11-24 역시 전혀 이런 내용을 담고 있지 않다. 설령 이 구절들이 사실을 묘사하는 것이라고 이해한다 하더라도, 이 말씀들은 단지 이스라엘이 그리스도를 거부한 사실이 이방인들에게는 커다란 득이 되었다는 점을 지적할 뿐이다. 이를 통해 그리

　　제7부 | 만물을 새롭게 하시는 성령

스도의 죽음으로 말미암은 화해가 이방인들에게 역사했기 때문이다. 그렇다면 이스라엘 가운데 선택받은 충만한 수가 구원에 이르렀을 때 이방인들이 받는 유익은 얼마나 더 크겠는가? 왜냐하면 그때에야 이방인의 충만한 수가 채워짐으로써 죽은 자들의 부활이 일어날 것이기 때문이다. 간접적으로 말해서 이방 세계의 화해는 이스라엘의 실패에서 기인하며, 장차 이방 세계가 죽은 자들 가운데서 생명으로 나아오게 되는 것 역시 이스라엘의 충만한 수효(pleroma)가 채워짐으로 말미암을 것이다.

로마서 11:26에서 바울은 새로운 사실을 전달하려고 하지 않는다. 때문에 그는 "그리고 나서"(and then)나 "그래서"(thereupon)라는 표현을 사용하지 않는 것이다. 다시 말하면, 그는 이방인의 충만한 수효가 채워진 후에 온 이스라엘이 구원을 받으리라고 말하는 대신 "그리하여 온 이스라엘이 구원을 얻으리라"(και ούτως πας Ίσραηλ σωθησεται)라고 말한다. 이 말이 지시할 수 있는 것은 바로 앞 절뿐이다. 25절에서 바울은 전체 이스라엘이 아닌 이스라엘 중 일부(άπο μερους)가 우둔하게 된 것이라고 말한다. 이방인 신자들이 (이스라엘 백성들의 본을 따라) 자신들만 하나님의 택한 백성이고 이스라엘은 완전히 거부되었다고 생각하지 않도록, 바울은 그런 생각이 잘못되었다고 분명하게 말한다! 이스라엘은 거부당한 것이 아니다. 일부 이스라엘 사람들이 우둔해지고 완고해진 것은 신비(μυστηριον, 11:25)에 속하는 일이다. 이스라엘 가운데는 항상 은혜로 택함을 입은 남은 자들이 있다. 원 감람나무인 이스라엘의 가지 일부가 떨어져 나갔고 그 자리에 돌감람나무 가지가 접붙여졌다. 하지만 원 감람나무의 줄기는 그대로 보존되었다. 이방인의 충만한 수효가 채워지면 이스라엘의 충만한 수효 역시 채워진다. 이스라엘은 그런 식으로 구원을 얻는다. 바울은 자신이 다른 곳에서 말했던 것처럼 여기서도, 이방인들이 성도들과 함께 후사와 시민이 되었으며, 함께 하나님 나라의 권속이 되었다고 말한다. 이 세대의 끝이 오기까지 하나님은 결코 자신의 옛 백성을 완전히 거절하지 않으신다. 하나님은 언제나 이스라엘 가운데 일부를 이방 세계의 일부와 함께 그리스도를 믿는 믿음 안으로 불러들이신다. 유대인들뿐 아니라 이방인들도 이처럼 구원을 얻는 것과는 전혀 다른 운명에 처해지는 것이 마땅하다. 하지만 하나님은 긍휼이 풍성하시다. 이는 참으로 위대한 신비다. 그리하여 하나님은 열방에서 자신의 택한 자를 부르실 뿐 아니라 자신을 거부한 유대민족에게서도 택한 자를 부르신다. 그분은 모든 사람들에게 긍휼을 베푸시고자 모든 이들을 불순종에 가두어두셨다. 이러한 하나님의 신비가 사도를 흥분시켰으며 그로 하여금 하나님의 지혜와 지식의 깊이에 탄복하고 그것을 더욱 앙모하게 했다(11:33-36). 따라서 11:26의 "온 이스라엘"(πας 'Ισραηλ)은 천년왕국주의자들이 주장하는 것처럼 마지막 때에 집단으로 돌이키게 될 이스라엘 민족을 가리키는 것이 아니다. 또한 이는 유대인들과 이방인들이 함께 있는 교회를 가리키는 것도 아니다. 그것은 수 세기에 걸쳐 이스라엘로부터 돌이킬 충만한 수(*plēroma*)를 가리킨다. 이스라엘에서뿐만 아니라 이방인들로부터도 충만한 수가 돌이킬 것이며, 바로 그 충만한 수가 "온 이스라엘"(*pas Israēl*)이 될 것이다. 전체 교회 안에서 온 인류가 구원을 받는 것처럼, 이 충만한 수 안에서 온 이스라엘이 구원을 받는다.

결론적으로 바울이 종말에 있을 이스라엘의 민족적인 회심을 기대했다 하더라도, 그가 유대인의 팔레스타인 귀환이나 예루살렘 성전의 재건, 그리스도의 가시적 통치 같은 것들에 대해서 일절 언급하지 않는다는 사실을 주목할 필요가 있다. 바울이 염두에 두고 있는 미래에는 그런 것들이 들어설 자리가 없다.

[568] 이스라엘 민족의 미래에 관한 신약성경의 기대를 논의하는 가운데, 지금까지 인용된 구절들을 제외하고서 신약성경이 현 시대와 모든 세대의 마지막 사이의 중간상태에 대해 가르치는 다른 구절이 있는가 하는 문제는 미결 상태로 남겨두었다. 만일 그런 본문이 신약성경에 있다고 한다면, 마태복음 23:37-39, 누가복음 21:24, 사도행전 3:19-21과 같은 구절들이, 그 자체로 그런 과도기적 상태를 받아들일 근거를 제공하는 것은 아니라 하더라도 최소한 그런 맥락에서 이해되고 설명될 수 있는 본문이

라고 할 수 있을 것이다. 그렇다면 이제는 이런 질문을 던져볼 필요가 있다. 예수와 사도들은 모든 죽은 자의 부활과 세상의 심판에 앞서 교회가 권세와 영광을 누릴 때가 있을 것이라고 말하는 것인가? 우리는 이 문제와 관련하여 예수가 공생애 끝자락에 제자들에게 하신 종말 담화(마 24장; 막 13장; 눅 21장)에 이러한 내용이 담겨 있을 것이라고 기대해볼 수도 있다. 하지만 우리는 여기서 그런 나라에 대한 어떤 언급이나 암시도 발견할 수 없다. 신약성경 그 어디서도 그리스도의 교회가 구약성경의 이스라엘과 같이 지상의 권세와 통치를 획득할 것을 암시하는 구절을 찾을 수 없다. 오히려 순례자로서의 교회는 그 머리 되신 주님과 마찬가지로 핍박과 고난의 십자가만을 기대할 수 있을 뿐이다. 신약성경은 신자들에게 세상을 정복하는 것이 미덕이라 가르치지 않고 오히려 인내로 원수들을 이기라고 권면한다.

종말 담화에서 예수는 제자들의 두 가지 질문에 대답하신다. 하나는 예루살렘의 멸망에 관한 것이고, 다른 하나는 예수의 재림에 관한 것이다. 첫 번째 질문에 대해 예수는 예루살렘의 멸망 전에 나타날 징조(막 13:1-8; 참조. 마 24:1-8; 눅 21:5-11)에 대해 설명하신 후 제자들의 운명에 대해(막 13:9-13; 참조. 마 24:9-14; 눅 21:12-19), 그리고 마지막으로 유대 땅에 있을 대재앙에 대해(막 13:14-23; 참조. 마 24:15-28; 눅 21:20-24) 말씀하신다. 예수의 재림과 세상의 종말에 관한 두 번째 질문에 대한 답변은 마가복음 13:24-31에 나타나 있다(참조. 마 24:29-35; 눅 21:25-33). 여기서 예수는 자신의 재림을 곧바로 예루살렘의 멸망과 연결한다. 그는 이 도성의 파괴가 세상의 종말에 대한 선언이자 준비 단계라고 여기신다(마 24:29, "즉시"[εὐθέως]; 막 13:24, "그때에"[ἐν ἐκείναις ταῖς ἡμέραις]). 예수는 심지어 "이 세대가 지나가기 전에 이 일이 다 일어나리라"라고 말씀하신다(마 24:34; 막 13:30; 눅 21:32). 예수의 이런 기대를 어떻게 이해하든지 간에 한 가지 분명한 사실은 이 담화가 지상에서의 영광스러운 천년왕국이라는 개념과는 무관하다는 것이다. 예수는 오로지 현 시대와 미래 시대를 말씀하실 뿐인데, 현 시대에는 선과 악, 알곡과 가라지가 나란히 자리잡고 있다(마 13:37-43, 47-50). 현 시대에서 예수의 제자들을 기다리고 있는 것은 핍박과 억압뿐이며, 그들은 그리스도를 위해 모든 것을 포기해야만 할 것이다. 예수는 그 어디서도 세상의 종말이 오기 전에 지상에 영광스러운 미래가 있을 것이라고 말씀하시지 않는다. 제자가 스승보다, 종이 주인보다 낫지 못하다. 예수의 제자들도 예수가 이 땅에서 당하신 것과 동일한 고난을 당할 것이다. 그들은 장차 도래할 시대에 이르러서야 영생과 더불어 모든 것을 돌려받을 것이다(마 19:27-30; 참조. 마 5:3-12; 8:19-20; 10:16-42; 16:24-27; 요 16:2, 33; 17:14-15 등). 그런 까닭에 사도행전 1:6에서 제자들이 "주께서 이스라엘 나라를 회복"하실 때가 언제인지를 물었을 때, 예수는 이 사실을 부인하시지는 않으면서 언젠가 그런 일이 있을 것이라고 암묵적으로 인정하신 것이다. 하지만 때와 기한은 성부께서 자기 권한으로 정하셨기 때문에 지금 제자들이 할 일은 예루살렘에서 땅끝까지 그리스도의 증인이 되는 것이다.

　"십자가를 진 교회"의 관점에서 기록된 신약성경 전체가 동일한 언어를 사용한다. 신자들 중에는 세상을 따라 지혜롭고, 능력 있고, 문벌 좋은 자가 많지 않으며(고전 1:26), 또한 그들은 이 땅에서 고난과 압제 이외의 다른 것을 기대해서는 안 된다(롬 8:36; 빌 1:29). 세상에서 그들은 나그네와 이방인이다(히 11:13). 그들의 시민권은 하늘에 있다(빌 3:20). 그들은 눈에 보이는 것을 따라 살지 않으며(고후 4:18), 위엣 것을 바라보고 산다(골 3:2). 이 땅에는 이들을 위한 영구한 도성이 없기 때문에 그들은 장차 도래할 도성을 바라본다(히 13:14). 그들은 소망 가운데 구원을 얻었으며(롬 8:24), 그리스도와 함께 고난을 당함으로써 그들 역시 그리스도와 함께 영화롭게 될 것을 알고 있다(롬 6:8; 8:17; 골 3:4). 따라서 그들은 탄식하고 신음하는 창조세계와 더불어 그리스도가 나타나시고 하나님의 자녀들의 영광이 드러날 미래를 고대한다(롬 8:19, 21; 고전 15:48ff.). 그들은 현재의 고난과는 비교할 수 없는 영광을 기다린다(롬 8:18; 고후 4:17). 신약성경 그 어디에도 그리스도의 교회가 이 땅의 권세와 통치를 다시 회복할 것이라는 인상을 주는 대목은 없다. 오히려 가장 바람직하게 여겨지는 것은 교회가 왕과 권세 자들 아래서 모든 경건과 단정함으로 고요하고 평화롭게 살아가는 것이 었다(롬 13:1; 딤전 2:2). 이처럼 신약성경은 신자들이 세상을 정복하는 것을 미덕으로 권하지 않으며, 모든 잘못된 금욕주의를 피할 것을 요청하고(롬 14:24; 딤전 4:4-5; 딛 1:15), "사랑, 희락, 화평, 오래 참음, 자비, 양선, 충성, 온 유, 절제"와 같은 성령의 열매들을 미덕으로 나열한다(갈 5:22-23; 엡 4:32; 살 전 5:14ff.; 벧전 3:8ff.; 벧후 1:5-7; 요일 2:15 등).

신약성경이 줄기차게 예고하는 것은 십자가의 복음이 전파될수록 세 상의 적개심도 그만큼 증대될 것이라는 점이다. 그리스도는 많은 사람의 흥함뿐 아니라 패함을 위해서도 세우심을 입으셨고, 많은 사람에게 비방 을 받는 표적이 되도록 결정되었다. 그리스도는 보지 못하는 자들을 보게 하고 보는 자들을 소경으로 만드는 심판을 위해 이 땅에 오셨다(마 21:44; 눅 2:34; 요 3:19-21; 8:39; 롬 9:32-33; 고전 1:23; 고후 2:16; 히 4:12; 벧전 2:7-8). 마지막 때, 곧 그리스도의 재림 직전에는 인간의 악함이 극에 달할 것이다. 노아의 때가 다시 도래하여 정욕, 감각적 쾌락, 무법, 탐욕, 불신앙, 교만, 조롱, 비 방이 끔찍한 방식으로 분출될 것이다(마 24:37ff.; 눅 17:26ff.; 딤후 3:1ff.; 벧후 3:3; 유 18절). 신자들 사이에서도 심각한 배교가 일어날 것이다. 유혹이 너무나 강력해서, 그것은 할 수만 있으면 택함을 받은 자들도 넘어뜨리려 할 것이 다. 많은 사람의 사랑이 식어지고, 지혜로운 처녀들조차 미련한 처녀들과 같이 잠에 빠질 정도로 깨어 있는 사람을 찾아보기가 어렵게 될 것이다. 예수께서 "인자가 올 때에 이 땅에서 믿음을 보겠느냐"라고 말씀하실 정도 로 배교가 만연할 것이다(마 24:24, 44ff.; 25:1ff.; 눅 18:8; 딤전 4:1).

사도 요한도 그가 기록한 요한계시록에서 동일한 교훈을 주고 있다. 일곱 교회에 보낸 편지들은 당시 각 교회가 처한 구체적이고 지배적인 상 황을 다루고 있으며, 무엇보다 이런 교회들로 하여금 깨어서 임박한 핍박 과 그리스도의 재림에 대비할 것을 촉구한다. 하지만 이 편지들을 보낸 의 도는 훨씬 더 포괄적이다. 요한계시록에서 상징적 의미를 가지고 지속적으로 사용되는 일곱이라는 숫자는 이미 이런 방향을 내포하고 있다. 일곱은 완전수이며 소아시아의 많은 교회들 중 특정된 이 일곱 교회는 단지 이 교회들뿐만이 아닌 전체 기독교회의 유형들을 대표한다고 할 수 있다. 사도 요한이 교회들에게 쓴 이 편지들은 각각 따로 존재했던 것이 아니라 하나의 편지로 작성되어 전체 교회에게 보내졌다. "누구든지 귀 있는 자는 성령이 교회들에게 하시는 말씀을 들을지어다." 그러나 이 편지들이 포괄적인 중요성을 갖는 이유는 그것들이 예수의 교회의 역사를 시대별로 순차적으로 묘사하거나 교회사 전반에 대한 개요로서 기록되었기 때문이 아니다. 오히려 이 편지들은 당시 교회의 상태는 물론 그리스도의 전체 교회에 반복적으로 등장하고 특히 종말에 드러나게 될 교회의 상태를 묘사하고 있다. 이 편지들은 한결같이 임박한 핍박과 그리스도의 재림을 염두에 두고 기록된 것이다. 모든 편지들이 재림을 언급하고 있으며, 그로 인해 교회들이 더욱 깨어 있어야 하고 신실해야 한다고 촉구한다. 이 편지들은 갈수록 세속화되어가는 기독교회를 향하여 처음 사랑을 회복하고, 무감각과 무정함에서 깨어나고, 장차 얻게 될 면류관을 바라보면서 싸움에 대비하고, 심지어 죽음까지 각오하는 변함없는 신실함과 충성으로 끝까지 견딜 것을 촉구하고 있다.

요한은 독자들에게 이 땅과 하늘에서 일어날 일들을 번갈아가면서 이야기한다. 하늘에서는 모든 것이 이미 정해지고 결정되었다. 영광과 존귀가 이미 하나님과 어린 양에게 귀속되었다. 싸움도 이미 승리로 끝났다(계 4-5장). 순교자들의 영혼은 이미 흰옷을 입고 그들의 수효가 채워질 때를 기다린다(6:9-11). 여기서 요한은 보좌 앞에 선 구속함을 받은 전체 무리를 미리 내다본다(7:9-17). 성도들의 기도를 하나님이 이미 들으셨다(8:1-4). 인침을 받은 144,000의 사람들(7:1-8)이 하늘로 취함을 입었다. 이들은 모든 구속받은 자들의 첫 열매로서 다른 성도들보다 먼저 하나님과 어린 양께 속하고(14:1-5) 짐승과 그의 형상에 대해 이미 승리를 얻었다(15:1-4). 구속함을 입은 전체 무리가 이미 하나님께 영광을 돌린다. 어린 양의 혼인잔치가 이미 이르렀기 때문이다(19:1-8).

따라서 이 땅의 교회는 하나님이 마지막 때에 세상에 행하실 심판을 두려워할 필요가 없다. 이스라엘 자손의 모든 지파 가운데서 144,000에 이르는 하나님의 종들이 보증으로서 미리 인침을 받았다(계 7:1-8). 기독교회는 그리스도로 말미암아 사탄에게 핍박을 받겠지만, 광야에서 피할 곳을 찾는다(12:1-14). 원칙적으로 싸움은 이미 결판났고, 패배한 사탄이 이 땅에 머물 시간은 이제 얼마 남지 않았다(12:12). 사탄은 무저갱으로부터 짐승을 불러 올리고(11:7; 13:1; 17:8), 그에게 권세와 영광을 준다. 이 짐승(로마 제국; 13:1-10)은 한 개인 안에서 완전한 실현을 이룬(13:3, 12, 18; 17:8, 10-11) 땅의 짐승―거짓 예언자, 거짓 종교, 적그리스도(13:11-18)―의 지원을 받으며, 온 민족들을 다스리는 거대한 음녀인 "바빌론"(로마)에 근거지를 둔다(계 17-18장). 하지만 그의 권세가 아무리 거대해진다 해도 그것은 헛될 뿐이다. 일곱 인봉을 떼고, 일곱 나팔을 불고, 일곱 대접을 쏟음으로써 하나님은 자신의 진노를 나타내시고, 자연과 인간을 심판하시며, 최후의 심판을 준비하신다. 가장 먼저 "바빌론"이 무너지고(계 18장), 뒤따라 그리스도가 오셔서(19:11-16) 바다로부터 나오는 짐승과 이 땅의 짐승을 이기시고(19:19-21), 이내 사탄도 정복하신다(20:1-3).

[569] 사탄을 이기는 최후의 승리가 두 단계에 걸쳐서 일어난다는 사실은 상당히 특이하다. 먼저 천년 동안 결박되어 무저갱에 던져진 사탄은 그 후에 다시 만국을 기만하고 교회에 대해 전쟁을 일삼는다. 하지만 결국은 영원히 패하고 유황과 불못에 던져진다(계 20:1-10). 천년왕국설을 옹호하는 자들은 구약성경에 더하여 이 본문을 근거로 자신들의 목소리를 높이지만, 그에 반대하는 자들은 이에 아랑곳하지 않고 자신들의 모든 주석적 기술을 동원해 이 본문을 해석해왔다. 세상 왕국을 정복한 후에도 아직 열국들의 최종 공격을 물리치는 일이 남아 있다는 생각은 틀림없이 사도 요한이 에스겔서에서 빌려온 것이다. 에스겔은 이스라엘이 자신들의 고토로 돌아와 평안히 살고 있을 때 다시 한 번 메섹과 두발의 왕인 마곡 땅의

곡(북쪽과 동쪽과 남쪽의 다른 많은 민족들과 연합한 스구디아의 왕)이 이스라엘을 공격할 것이라고 말한다. 하지만 하나님이 친히 진노 가운데 이 나라들을 이스라엘의 산에서 멸하심으로써 이 공격은 끝이 난다(겔 38-39장). 이제 주의 날을 선포했던 구약성경의 예언자들은 하나님이 이스라엘을 둘러싼 역사상의 열국들뿐만이 아니라 먼 이방의 나라들까지 심판하실 것이라고 지적한다(사 25:5-8; 26:21; 렘 12:14-16; 30:23-24; 단 11:40-45; 욜 2:32; 3:2, 11ff.; 미 4:5, 11-13; 5:7-9; 슥 12-14장). 예언이 갖는 기대는 이중적이다. 먼저 이스라엘을 둘러싼 열국들에 대한 하나님 백성의 승리를 예견한 이후에, 그때까지 세계 역사의 무대에 아직 나타나지 않은 나라들에 대한 승리를 예견한다. 이런 이중적 기대는 묵시문학[14]과 신약성경에 그대로 이어진다. 물론 첫 번째 기대가 전면에 자리잡고 있다. 그리스도의 나타나심은 적그리스도의 세력을 일깨워 움직이게 한다. 예수는 그리스도와 그의 나라를 대적하는 거짓 예언자들(ψευδοπροφηται)과 거짓 그리스도(ψευδοχριστοι)에 대해 말씀하신다(마 7:15; 24:5, 24; 막 13:21-22; 눅 17:23). 데살로니가후서 2장에서 바울은 먼저 배교가 일어나고 불법의 사람이 등장한 후에야 그리스도의 날이 도래할 것이라고 말한다. 그리스도를 방해하는 무언가가 있는데, 불법의 비밀(το μυστηριον της ανομιας)이 이미 역사하고 있다. 요한계시록은 적그리스도의 세력이 바다로부터 올라온 짐승(로마 제국)으로 구체화되었으며 그 머리는 특정한 황제를 가리키는 것으로 보는데, 이와 병행하여 이 땅의 짐승으로 구체화된 적그리스도의 세력은 사람들을 미혹해 이 세상 제국과 황제를 숭배하도록 하는 거짓 예언자다. 요한은 자신의 서신에서 이처럼 그리스도를 적대하는 세력을 적그리스도(ἀντιχριστος)라 부르며, 그리스도가 육체로 오신 것을 부인하는 자들에게서 적그리스도의 본질이 구체화된 것

---

14) Emil Schürer, *The History of the Jewish People in the Age of Jesus Christ (175 B. C.-AD. 135)*, rev. and ed. G. Vermes and F. Millar (Edinburgh: T&T Clark, 1979), II, 525-26.

으로 본다(요일 2:22; 4:2-3; 요이 7).

성경은 적그리스도를 다양하게 묘사하고 있기 때문에, "적그리스도"라는 표현을 대할 때 배타적으로 한 인물이나 특정 그룹—로마 제국, 네로, 유대인들, 무함마드, 교황, 나폴레옹 등—으로 생각하기보다는, 그 자체의 역사를 갖고서 다양한 시대에 다양한 모습으로 등장하며 마침내 일반적인 배교로 드러나고, 거짓 교회를 이용하는 세계적인 제국 내에서 구체화되고, 이 제국의 머리를 신격화함으로써 스스로를 신성화하는 세력을 가리키는 것으로 생각해야 한다. 이렇게 적그리스도의 세력이 절정에 이르렀을 때 그리스도가 나타나 그를 멸망시키실 것이다.[15] 하지만 이것이 최종적인 승리는 아니다. 그 본성상 적그리스도의 원리는 복음을 알고서도 의식적이고 의도적으로 그것을 거부하는 나라들 안에서 발휘된다. 예수가 복음이 모든 민족들에게 다 전파된 후에야 끝이 오리라고 하신 것도 이런 이유에서다(마 24:24). 이 말은 곧 기독교가 모든 민족들의 주류 종교가 되는 날이 온다거나 모든 사람이 기독교를 알게 된다는 뜻이 아니라, 복음이 마침내 모든 민족에게 전파될 것이라는 뜻이다. 하지만 이런 사실이 복음이 땅끝까지 전파되는 방법이나 한계를 규정하는 것은 아니다.

요한계시록 20장은 바로 이런 실재를 반영하고 있다. 여기에는 사탄이 천 년 동안 결박되고 그 기간 동안 순교자들이 그리스도와 더불어 왕 노릇한다는 표현이 등장하는데, 이 때문에 많은 사람들은 이 본문이 부인할 수 없는 분명한 언어로 천년왕국에 대해 가르친다고 생각해왔다. 하지만 요한계시록 20장에 대한 이런 해석은 묵시문학의 유비에는 부합할지 몰라도 성경의 유비에는 부합하지 않는다.[16] 요한계시록 20장은 그 자체로

---

15) 참조. F. A. E. Sieffert, "Antichrist," in *PRE*³, I, 577-84; M. R. James, "Man of Sin and Antichrist," in *DB*, III, 226-28과 거기에 실린 참고문헌을 보라.

16) 편집자 주—여기서 Bavinck는 불분명하고, 난해하고, 모호한 구절은 같은 주제를 다루는 보다 선명하고 모호하지 않은 구절들과 비교해서 해석해야 한다는 "성경의 유비"(*analogia Scripturae*)라는 해석학적 원리에 대해 말하고 있다.

천년왕국 신앙의 본질에 속하는 그 어떤 것도 포함하고 있지 않다. 왜 그런가? 이 장은 유대인들의 귀환과 회심, 예루살렘의 재건, 성전과 성전 예배의 회복, 세상의 새로운 시작에 대해 일절 언급하지 않는다. 죽었던 그리스도인들이 다시 일어나 예루살렘에서 살 것이라는 말은 전혀 찾아볼 수 없다. 이 땅의 예루살렘을 때로 거룩한 성읍이라고도 하고, 예루살렘에 있는 성전을 하나님의 전이라고 부르기는 하지만(계 11:1-2), 예루살렘은 여전히 비유적으로 "소돔"과 "애굽"이라 불린다(11:8). 참된 예루살렘은 하늘에 있다(3:12; 21:2, 10). 하나님의 성전(3:12; 7:15; 11:19 등), 법궤(11:19), 제단(6:9; 8:3, 5; 9:13; 14:18; 16:7)도 마찬가지다. 이 예루살렘이 하늘에서 내려오는 것은 요한계시록 20장에서가 아니라 21장에서다.

분명한 사실은 큰 환난 중에도 신실하게 남아 있는 신자들이 살아서 왕노릇하는 일이 지상이 아니라 하늘에서 이루어진다는 점이다. 그 일이 이 땅에서 이루어진다는 말은 어디서도 찾아볼 수 없다. 요한은 사탄을 결박한 천사가 하늘로부터 내려오는 것을 보았다(20:1). 그가 본 보좌는 하늘에 자리한 보좌다(4:4; 11:16). 다른 구절들에서와 마찬가지로(6:9; 7:9; 14-15; 11:12; 14:1-5; 18:20; 19:1-8) 순교자들의 영혼은 하늘에 자리하고 있다(20:4). 그리스도는 이미 지상에서 이 신자들을 왕으로, 또한 하나님을 섬기는 제사장으로 세우셨다(1:6). 그들은 하늘에서와 같이 언젠가는 땅에서도 그렇게 될 것을 기대하는데(5:10), 단 이런 기대는 위로부터 내려오는 새 예루살렘에서만 성취된다. 그제서야 그들은 영원히 왕노릇할 것이다(22:5). 하지만 지금 하늘에서의 왕노릇은 천 년 동안만 지속되는 일시적인 것이다.

마지막으로 이중 부활—천년왕국 이전과 이후에 두 번에 걸쳐 이루어지는 육체적 부활—은 성경에서도 사도 요한에게도 전혀 낯선 것이다. 성경에는 죄로부터의 영적 부활에 대한 언급이 있을 뿐이다(요 5:25-26; 롬 6:4 등). 죽은 자들로부터의 부활(ἀνάστασις ἐκ νεκρων)이라는 표현은 그리스도의 부활(벧전 1:3; 참조. 행 26:23; 고전 15:23)과 같은 개인적 부활을 가리키거나 신자들의 부활만을 가리킨다(눅 20:35-36; 행 4:2). 하지만 이 경우 죽은 자들로부터의 부활이 천년왕국을 통한 죽은 자들로부터의 보편적 부활(ἀναστασις νεκρων, 마 22:31; 요 5:28-29; 행 24:15; 고전 15:13, 42)과 시기적으로 구분되는 것은 결코 아니다. 신자의 부활은 그리스도의 재림과 동시에 일어나며, 곧 이어서 종말과 함께 왕국을 아버지께 돌려드리는 일이 뒤따른다. 이제 하나님의 모든 원수들은 사라졌고, 마지막 원수인 사망은 멸망했다(고전 15:20-28). 심지어 요한계시록 20장도 이중 부활을 가르치는 것은 아니다. 요한이 여기서 언급하는 순교자들의 영혼(τας ψυχας, 20:4)은 6:9에 나오는 순교자들의 영혼과 동일한데, 6장에서는 육신의 부활을 언급하지 않는다. 하지만 요한은 더 나아가 환난을 견딘 신자들의 영혼이 살아서 즉시로 그리스도와 함께 천 년 동안 다스릴 것이라고—다시 일으킴을 받았다거나 부활했다거나 생명 가운데로 들어갔다는 것이 아니라—말할 뿐 아니라, 나머지 죽임을 당한 자들(οἱ λοιποι των νεκρων)에 대해서도 언급한다. 이런 모든 사실들은 요한이 하늘에서 본 영혼들의 주인인 신자들은 어떤 의미에서 죽은 자들 가운데 있지만, 그럼에도 여전히 살아서 다스린다는 것을 가정하고 있다. 지금까지 논의된 것을 살펴보면 천년왕국 이전의 육체적 부활에 대한 주장과 정반대의 결론이 도출된다는 것을 감지할 수 있을 것이다. 여기서 첫 번째 부활은 천년왕국 이전의 육체적 부활을 말하는 것이 아니라, 끝까지 신실하게 믿음을 지킨 신자들이 그리스도와 더불어 하늘에서 "살아" "왕노릇"하는 것을 가리킨다. 요한의 편지를 받는 신자들은 머지않아 환난을 대면할 것인데, 그들은 구원이 마지막 때에만 경험될 수 있다고 생각해서는 안 된다. 전혀 그렇지 않다. "지금 이후로(ἀπ᾽ ἀρτι) 주 안에서 죽은 자들은 복이 있도다"(계 14:13). 이들은 즉시 수고를 그치고 안식을 얻는다. 그들은 죽음과 동시에 면류관을 받을 것이며, 죽음 이후에 그리스도와 더불어 살아서 하늘에서 왕노릇할 것이다. 그래서 이들은 담대하게 다가올 환난을 대면한다. 생명의 면류관이 그들을 기다리고 있다(2:10). 요한계시록 20:4-5에서 요한은 자신이 앞에서 일곱 교회들에게 했던 말을 간략히 되풀이한다(2:7, 17, 26, 28; 3:5, 12, 20, 21). 그가 일찍이 약속의 형태로 보았던 것을 이제 20장에서는 성취된 형태로 본다. 죽기까지 신실하게 믿음을 지킨 자들은 즉시 하늘에서 그리스도와 함께 살아서 왕노릇할 것이다. 그들은 이미 생명의 면류관을 받았고 생명의 만나를 먹은 자들이기 때문에 더 이상 다가올 심판을 두려워할 필요가 없다. 이것이 바로 첫 번째 부활이다. 이런 사실은, 불못에 던져지는 것을 가리키는 "두 번째 사망"에 대한 요한의 언급을 통해 확증된다(20:14). "이기는 자는 둘째 사망의 해를 받지 아니하리라"(2:11). 둘째 사망은 최후의 심판으로 말미암는 사망을 가리킨다. 마지막까지 견딘 자들에게는 즉시 면류관이 주어진다. 첫 번째 사망이 이들의 몸에 역사한다는 것은 사실이지만, 두 번째 사망은 이들을 건드리지도 못한다.

[570] 여기서 우리는 요한계시록 19장에 이어지는 20장에서 환상이 나타난 장소가 시간적 순서와는 아무런 상관이 없다는 사실을 주목할 필요가 있다. 일반적으로 말하자면, 글은 실제로는 동시에 일어나는 일이라 해도 그림과는 달리 연속적인 사건들로 기술할 수밖에 없다. 성경도 예외는 아니다. 실제로는 함께 일어나는 일들임에도 순차적으로 서술되는 경우가 많다. 예언서들을 보면 동시에 일어났거나, 일어날 일들을 연속적으로 기술하거나 또는 전혀 다른 순서로 기술하기도 한다. 우리가 계속 살펴본 것처럼 요한계시록의 서술은 더더욱 그렇다. 일곱 교회에 보낸 편지들에서 순차적으로 주어진 교회적 상황들에 대한 묘사가 실제 순서를 반영하는 것은 아니다. 일곱 인, 일곱 나팔, 일곱 대접 역시 순차적으로 등장하는 것이 아니라 동시에 이루어지는 것으로서, 각 항목은 마지막 때, 즉 적그리스도의 세력이 최후의 사투를 벌이는 때로 우리를 인도한다. 따라서 요한계시록 20장이 기술하는 내용을 이전 장들에서 일어난 사건들과 시간적으로 병행하는 것으로 가정한다 해도 이의를 제기할 수 없다. 우리는 요한이 세상 왕국을 언급할 때 그가 구체적으로 로마 제국을 염두에 두었다는 사실을 인식할 필요가 있다. 다니엘서가 안티오코스 에피파네스를 들어 하나님과 그의 백성을 향한 적대감이 의인화된 것으로 간주하는 것

  제7부 | 만물을 새롭게 하시는 성령

처럼, 요한은 당시의 로마 제국으로부터 세상 왕국을 묘사하기 위해 필요한 특징들을 취한다. 지금까지 기록된 모든 것이 우리를 교훈하기 위한 것임은 틀림없는 사실이지만, 그럼에도 요한계시록은 일차적으로 그 당시의 환난 중에 있는 교회를 위로하기 위한 책이며, 그들을 위해 예비된 면류관을 증거함으로써 교회로 하여금 끝까지 싸우도록 촉구하고 격려하기 위한 것이다.

설사 요한이 개인적으로 로마 제국이 수년 내에 그리스도의 나타나심으로 말미암아 멸망할 것이라고, 다시 말해 그리스도가 로마 제국을 파멸시키기 위해 수년 내에 오실 것이라고 실제로 믿었다 해도, 그것은 예언의 정신에 위배되는 괴이한 일은 아닐 것이다. 우리에게 중요한 것은 요한의 개인적 견해가 아니라 그를 통한 예언의 말씀이다. 역사에 빛을 비춰주는 예언은 또한 역사를 통해 해석되고 밝혀진다.

하지만 일곱 교회에 보낸 편지와 일곱 인, 일곱 나팔, 일곱 대접이 일차적으로 요한 당시의 사건 및 상황과 관계되는 동시에 전체 세상 역사와 모든 시대의 교회들을 함축하고 있는 것처럼, 요한계시록에 묘사된 세상 왕국 역시 마찬가지다. 세상 왕국이 1세기의 로마 제국을 전형으로 삼기는 했지만, 로마 제국을 통해 완전히 실현된 것은 아니다. 세상 나라는 끊임없이 발흥하고 그리스도의 나타나심에 굴복되기를 반복할 것인데, 이 일은 마지막 거대한 싸움에서 자신의 힘을 최대한 펼치다가 그리스도의 오심으로 패배하여 영원히 소멸하기까지 계속될 것이다. 이런 이해가 옳은 것이라면, 요한계시록 20장의 환상은 19장의 사건들이 벌어진 후에 시간적 순서에 따라 나타날 일들을 묘사하기 위한 것이 아니라, 앞의 사건들과 동시에 일어날 일들을 우리에게 알리기 위한 것이다. 세계사의 궁극적 종말은 이중적으로 묘사될 수밖에 없다. 한편으로는 역사적으로 기독교가 왕성하게 활동했던 국가들의 종말이 있는가 하면, 다른 한편으로는 요한계시록 20:8에 기록된 것처럼 "땅의 사방"에 속하여서 역사의 중심에서 배제된 채 살아가는 야만 민족들의 종말이 있을 것이다. 사탄은 계속해서 교회를 공격하고서도 패퇴하자 이제는 다른 장소에서 새로운 수단을 강구한다. 먼저 그는 하늘에서 쫓겨나고, 다음으로 지상에서 그리스도를 대항하는 세상 왕국을 일으킨 후에, 마지막으로 전세계로부터 야만스런 민족들을 불러 모아 그리스도를 대항하는 최후의 일전을 준비한다. 하지만 이런 모든 묘사는 시간의 추이를 나타내는 것이 아니라 논리적이고 영적인 의미를 내포하는 것이다. 오늘날 일반적으로 받아들여지는 것처럼 천 년은 상징적인 개념이다. 그것은 이 땅의 신실한 남은 자들이 압제와 핍박을 당하는 기간인 몇 날과 대비될 뿐 아니라(계 12:17) 영원히 지속될 성취된 영광과도 대비되는 말이다(22:5). 천 년이라는 기간은 죽은 신자들이 하늘에서 그리스도와 누리는 거룩하고 복된 안식과 더불어 자신들의 피가 신원될 날(6:10)을 고대하는 열망을 상징하는데, 그 기간 동안에도 이 땅에서는 그리스도를 대적하는 세상 나라와 열국들의 투쟁이 계속 이어진다. 19:21에 의하면 사람들은 칼로 죽임을 당하며, 20:9에 의하면 그들은 하늘에서 내려온 불에 살라진다. 하지만 세상 왕국과 거짓 예언자와 사탄이 정죄를 받고 불못에 던져지고 나면(19:20; 20:10), 모든 죽은 자들이 일어나고 각자의 행위를 따라 심판을 받는다(20:11-15).

지금까지 전개된 성경의 가르침을 보면, 세계사의 추이와 결과는 사람들이 흔히 생각하는 방식과 상당히 다르게 나타난다는 것이 분명하다. 하나님의 길은 우리의 길보다 높고 하나님의 생각은 우리의 생각보다 높다는 사실을 우리는 만물의 종말과 관련해서 가장 분명하게 인식할 수 있다. 겨자씨와 누룩의 비유를 통해 깨달을 수 있는 것처럼 하나님 나라가 사람들이 인식하지 못하는 사이에 싹트고 자란다는 것은 사실이지만(마 13:31, 33; 막 4:27) 그렇다고 해서 하나님 나라가 점진적 발전이나 윤리적 과정을 통해 완성되는 것은 아니다. 논란의 여지가 없는 성경의 증거에 따르면, 문명화된 민족과 그렇지 못한 민족을 아우르는 인류 전체의 역사는 전방위적 배교와 모든 사탄적 세력이 결집하여 하나님 나라와 하나님을 대적하여 벌이는 치열한 마지막 싸움으로 끝이 난다.

종말은 그런 식으로 찾아온다. 세상과 그 권세는 심판을 향하여 무르익었고, 그리스도의 나타나심으로 순식간에 붕괴될 것이다. 마지막에는 하나님의 개입으로 말미암은 대재앙이 사탄의 지상 통치를 종식시킬 것이며, 이 땅에 흔들리지 않는 하나님 나라의 완성을 가져올 것이다. 신자들의 완성이 점진적 성화를 통해서가 아니라 죽음과 동시에 즉각적으로 이루어지는 것처럼, 인류와 세상의 완성 역시 점진적으로가 아니라 그리스도의 나타나심과 더불어 갑자기 이루어질 것이다. 세상과 인류 역사를 종식시키기 위해 성부께서 특별히 세우신 분이 바로 그리스도시다. 그에게 이런 역할이 주어진 이유는 그가 바로 구원자, 곧 완전한 구원자이시기 때문이다. 심판을 위한 그리스도의 재림은 이전까지 행해온 그의 사역과 분리되는, 임의적으로 덧붙여진 독자적 사역이 아니라 그리스도의 사역에서 빠져서는 안 되는 필수불가결한 요소다. 재림은 그리스도의 사역의 완성이자 면류관이며, 그의 승귀된 상태가 갖는 마지막 단계이자 최고의 단계다. 세상의 구주인 그리스도는 언젠가 세상의 심판자로 오실 것이다. 그의 초림으로 시작된 심판(κρισις)은 그의 재림으로 완성된다. 성부께서 그에게 심판의 권세를 주셨다(κρισιν ποιειν). 그가 인자이기 때문이다(요 5:27). 이 심판은 예언자, 제사장, 왕으로서 그리스도가 행하시는 중보 사역의 완결이다. 성경에 따르면 우리는 아버지께로 돌아간다. 성자는 세상의 죄로 말미암아 화해의 중보자(*mediator reconciliationis*)가 되실 뿐 아니라, 심지어 죄와 상관 없이 하나님과 그의 피조물 간의 연합을 위한 중보자(*mediator unionis*)가 되신다. 아들 안에서 세상은 그 기초와 모범과 목적을 갖는다. 세상은 그로 말미암아 지어졌을 뿐 아니라 그를 위해 지어졌다(골 1:16). 창조는 그의 사역이기 때문에 결코 사탄의 노획물로 남아 있을 수 없다. 따라서 그리스도의 초림은 그리스도의 재림을 요구한다. 그리스도의 초림은 재림을 내포하는데, 재림은 내적 필연성에 의해 시간상으로 초림에서 비롯된다. 그리스도의 재림은 초림을 완성하기 때문에 구약성경의 예언은 그리스도의 재림과 초림을 하나의 그림으로 이해한다. 그리스도의 초림과 재림은 실질적으로 연결되어 있다. 구약성경은 끊임없이 자기 백성에게 찾아오시는 하나님을 그리고 있는데, 이 일은 하나님이 그리스도 안에서 육신으로 자기 백성 가운데 거하시게 될 때까지 지속된다. 그런가 하면 신약성경 시대는 구약에 이어 그리스도가 자기 기업에 오심으로써 마침내 그것을 영원히 소유하시는 때를 그리고 있다. 그리스도는 장차 오실 분으로 구약성경 시대에 예언된 분이며, 실제로 때가 차매 자기 백성에게 오셨다. 그리스도는 "오시는 분"(ὁ ἐρχόμενος)이시자 "오실 분"(ὁ ἐρχόμενος ἥξει, 히 10:37; 참조. 계 1:4, 8)이시다.[17] 그리스도의 재림은 초림의 완성이다.

[571] 그리스도의 초림과 재림을 이처럼 관념적으로나 실질적으로 연결하는 것은 신약성경이 그리스도의 재림의 때를 말하는 방식을 설명해 준다. 관련 본문들 전체가 그리스도의 재림을 임박한 사건으로 간주한다. 예수는 세상의 완성에 대한 예언을 예루살렘의 파괴에 대한 예언과 즉시 연결한다(마 24:29ff.와 병행구절). 바울은 자신과 동료 신자들이 그리스도의 재림을 맞이할 수 있을 것이라고 생각했다(고전 15:51; 살전 4:15). 모든 사도들은 자신들이 마지막 때를 살고 있으며 주님의 때가 가까웠다고 주장하면서, 이러한 기대로부터 깨어 있어야 할 동기부여를 이끌어낸다(롬 13:11; 고전 10:11; 히 3:14; 6:11; 10:25, 37; 약 5:7-9; 벧전 1:6, 20; 4:17; 5:10; 요일 2:18; 계 1:3; 3:11, 20; 22:7, 10, 12, 20).

그리스도의 임박한 재림에 대한 신약성경의 기대를 해석하는 데는 양방향의 오류가 존재해왔다. 신약성경은 그리스도의 재림의 시기와 관련하여 어떠한 가르침도 제공하지 않는다. 예루살렘이 파괴되기 직전이나 직후에 그리스도의 재림이 있으리라고 말하는 구절은 신약성경에 단 한 군데도 없다. 예수는 자신의 오심을 다양한 방식으로 표현하셨다. 요한복

---

17) 편집자 주—오시는 분으로서의 그리스도에 대한 이런 기독론적/종말론적 개념의 현대적 발전을 위해서는 다음을 보라, Adrio König, *The Eclipse of Christ in Eschatology: Toward a Christ-Centered Approach* (Grand Rapids: Eerdmans, 1989).

음 14:18-24(참조. 10:16-18)에서 예수는 제자들에게 자신이 오순절 이후에 성령 안에서 오실 것이라고 말씀하셨거나, 또는 다른 해석자들에 따르면 부활 후에 잠시 동안 제자들에게 나타나실 것을 말씀하셨다. 마태복음 26:64에서는 유대인들의 공회 앞에서 자신의 메시아 되심을 맹세로 확인하셨을 뿐 아니라, 이제 후로는(ἀπ' ἄρτι) 그들로 하여금 그가 하나님의 보좌 우편에 앉으신 것과 구름을 타고 오시는 것을 보게 하심으로써 자신이 메시아이신 것을 확신시키실 것이라고 하셨다. 다른 본문에서도 예수가 영광 가운데 오실 것을 말한다. 마태복음 16:28(참조. 막 9:1; 눅 9:27)은 이 사실에 대해 의심의 여지를 남겨두지 않는다. 여기서 예수는 자신의 곁에 선 자들 중 어떤 이는 그가 왕권을 가지고 오는 것을 보기 전에는 죽음을 맛보지 않을 것이라고 말씀하신다.

그리스도는 부활과 승천을 통해 성부에 의해 머리와 왕과 주로 임명되셨으며(행 2:33; 5:31) 그때 이후로 자신의 왕국이 이 땅에 세워지고 확장됨에 따라 끊임없이 왕적 권위를 가지고 오시기 때문에, 마태복음 10:23, 마가복음 9:1, 누가복음 9:27 같은 구절들은 많은 사람들이 하나님 나라를 보기 전이나 또는 그 나라가 권능으로 임하는 것을 보기 전에는 죽음을 맛보지 않을 것이라고 말하는 것으로 이해할 수 있다. "이 세대가 지나가기 전에 이 일이 다 일어나리라"(마 24:34)라고 하신 예수의 말씀이 설명을 확인해준다(참조. 막 13:30; 눅 21:32). "이 세대"(ἡ γενεα αὐτη)라는 말은 유대 민족을 가리키는 것이 아니라, 의심할 여지 없이 당시 세대를 가리키는 것이다. 반면에 "이 일들"(παντα ταυτα)은 예수의 재림 자체를 포함한다기보다는 재림에 앞서 재림을 선언하는 표적들을 가리킨다고 볼 수 있다. 따라서 예수는 자신의 재림이 그 당시 세대가 가기 전에 일어날 것이라고 말씀하시는 것이 아니다. 그가 말씀하시는 것은 예루살렘의 파괴와 그에 수반하는 사건들을 통해 드러나는 표적과 징조들이 당시 세대에도 나타나기 시작하리라는 것이다. 예수는 천지가 없어질지언정 자신의 말은 어느 하나도 헛되이 드러나는 것이 없을 것이라고 말씀하실 만큼 이 사실을 확신하셨다. 예수가 이 말씀을 하신 것은 제자들에게 재림의 정확한 때를 알려주시기 위한 것이 아니라 그들로 하여금 깨어 있도록 촉구하기 위함이었다. 시대의 징조를 분별하는 것은 예수의 제자들이 수행해야 할 의무였지만, 그리스도의 재림의 정확한 때를 계산하는 것은 제자들이 해야 할 일도 아니고 할 수 있는 일도 아니었다. 예수는 제자들이 시대를 분별할 수 있도록 장차 일어날 일들을 조명해주실 필요가 있었고 또 실제로 그렇게 하셨다. 예수 이전의 예언자들과 그의 뒤를 이은 사도들이 담당했던 일도 동일한 것이었다. 재림의 시간표를 아는 것은 제자도의 책무가 아니다. 예수는 예루살렘이 파괴되고 나서 얼마만큼의 시간이 지난 후에 재림이 일어날지를 말씀하시지 않는다. 깨어있으라는 경고는 이런 기대가 무의미함을 말해준다. 예언이 항상 그랬던 것처럼, 예수는 당시 사건들을 통해 종말이 임박했음을 선언하셨다. 이런 예수의 모범을 따라 사도들은 이단과 속임수, 환난과 심판들, 예루살렘의 멸망과 로마 제국의 등장 같은 사건들을 통해 그리스도의 재림의 전조들과 그에 대한 예언의 초기 성취를 우리에게 보여준다. 모든 신자들은 항상 그리스도의 재림이 임박한 것처럼 살아야 한다. "재림이 가까웠다고 말하는 것은 그리스도의 재림의 확실성을 달리 표현한 것뿐이다."[18] 하지만 동일한 이유로 그리스도의 재림의 정확한 때를 계산하는 것은 그리스도인에게 합당하지 않다. 결국 예수는 의도적으로 이 문제를 전혀 불확실한 상태로 남겨두신 것이다. 그리스도의 재림은 밤에 도둑이 드는 것처럼 예기치 못한 때에 갑작스럽게 닥치는 놀라운 사건일 것이다(마 24:43; 눅 12:39; 눅 12:39; 참조. "덫과 같이", 눅 21:35).

세상의 끝이 오기 전에 많은 일이 일어나야 할 것이다(마 24:6). 먼저 복음이 온 세상에 전파되어야 한다(24:14). 추수 때까지 알곡과 가라지가 함

---

18) "Die Nähe der Parusie ist gewissermassen nur ein anderer Ausdruck für die absolute Gewissheit derselben" (Baldensperger in H. J. Holtzmann, *Lehrbuch der neutestamentlichen Theologie* [Freiburg i.B. and Leipzig: Mohr, 1897], I, 312).

　　제7부 | 만물을 새롭게 하시는 성령

께 자랄 것이며(13:30), 겨자씨가 자라서 나무가 될 것이고, 누룩이 반죽 전체를 부풀어오르게 할 것이다(13:32-33). 예수는 자신이 다시 오시는 때와 날은 아무도 모른다고 분명히 말씀하셨다(막 13:32). 모든 사도들의 생각도 전혀 다르지 않다. 그리스도는 밤에 도적같이 오실 것인데(살전 5:1-2; 벤후 3:10; 계 3:3; 16:15), 그전에 먼저 적그리스도가 나타날 것이다(살후 2:2ff.). 부활은 정해진 순서대로 진행될 것이다. 먼저 그리스도의 부활이 있을 것이고, 그가 다시 오신 후에 신자들의 부활이 있을 것이다(고전 15:23). 재림이 더딘 이유는 한편으로는 주님이 우리와 다른 시간의 척도를 가지고 계시기 때문이며, 다른 한편으로는 그가 길이 참으시는 중에 모두가 회개하기를 바라시기 때문이다(벤후 3:8-9).

예수가 재림하시는 "방식"에 대해서도 성경은 때에 대해서만큼이나 신중하게 말한다. 신약성경에서 그리스도의 재림은 "파루시아"($\pi\alpha\rho\sigma\upsilon\sigma\iota\alpha$)라는 이름으로 자주 언급되는데, 이 용어는 독립적으로 쓰이기도 하고 "주 예수 그리스도의 오심"(마 24:27, 37, 39; 살전 3:13; 4:15; 5:23; 등) 또는 "하나님의 날의 임함"(벤후 3:12)에서와 같이 상세한 묘사와 함께 쓰이기도 한다. 여기서 "파루시아"라는 말은 재림의 의미를 포함하지 않으며, 예수가 일정 기간 떠나 있거나 또는 감추어져 있다가(행 3:21; 골 3:3-4) 다시 돌아오셔서(마 16:27; 24:30 등; 참조. 눅 19:12, 15) 계속 머물러 계실 것을 가리킨다. 따라서 파루시아는 "에피파네이아"($\dot{\epsilon}\pi\iota\phi\alpha\nu\epsilon\iota\alpha$, 현현; 딤전 6:14; 딛 2:13), "아포칼립시스"($\dot{\alpha}\pi\sigma\kappa\alpha\lambda\upsilon\psi\iota\varsigma$, 계시, 또는 동사형으로; 눅 17:30; 고전 1:7; 살후 1:7; 벤전 1:7, 13), "파네로시스"($\phi\alpha\nu\epsilon\rho\omega\sigma\iota\varsigma$, 나타남, 또는 동사형으로; 골 3:4; 벤전 5:4; 요일 2:28) 등과 번갈아가면서 쓰이고, 데살로니가후서 2:8은 심지어 "강림하여 나타나심으로"($\dot{\eta}$ $\dot{\epsilon}\pi\iota\phi\alpha\nu\epsilon\iota\alpha$ $\tau\eta\varsigma$ $\pi\alpha\rho\sigma\upsilon\sigma\iota\alpha\varsigma$ $\alpha\dot{\upsilon}\tau\sigma\upsilon$)라고 표현하기도 한다. 파루시아는 하나님이 그의 기름 부음 받은 자를 보내시고 이 목적을 위해 때와 시기를 정하신다는 점에서 성부의 사역이라 할 수 있다(행 1:7; 3:20-21; 딤전 6:14-16). 하지만 이는 인자로서의 그리스도의 사역이기도 한데, 성부께서 그에게 심판할 권세를 주셨고, 그의 원수들을 발아래 두기까지 그가 왕으로 다스리실 것이기 때문이다(요 5:17; 고전 15:25). 이 땅을 떠나실 때 하늘로 들려지신 그리스도는 자신의 파루시아 때에 하늘로부터 다시 오실 것이다(빌 3:20; 살전 1:10; 살후 1:7; 계 19:11). 그가 하늘로 올려지실 때 구름이 그를 가리워 제자들이 더 이상 그를 볼 수 없었던 것처럼(행 1:9), 그리스도는—구약 성경의 표현을 빌자면—개선마차와 같은 하늘의 구름을 타고 오실 것이다(마 24:30; 26:64; 막 13:26; 14:62; 눅 21:27; 계 1:7; 14:14). 그가 다시 오실 때는 더 이상 종의 모양으로가 아니라, "만왕의 왕과 만주의 주"로서(계 17:14; 19:11-16) 천사들의 호위를 받으며(마 16:27; 25:31; 막 8:38; 눅 9:26; 살후 1:7; 계 19:14) 천상의 복된 자들을 포함하는 자기 백성들과 더불어(살전 3:13; 살후 1:10; 유 14절) 위대한 권능과 자신의 영광과 아버지의 영광을 가지고(마 16:27; 24:30; 막 8:38; 13:26; 눅 21:27; 골 3:3-4; 살후 1:9-10; 딛 2:13) 오실 것이다. "파루시아"가 예측 불가능한 성격을 지닌다는 점에서 밤의 도적에 비유되기는 했지만, 그것은 모든 자들이 볼 수 있도록 일어날 것이며(마 24:27; 눅 17:24; 계 1:7), 하늘 이편에서 저편을 순식간에 밝히는 번개와 같을 것이고, 천사장의 소리와 천사들의 나팔 소리로 만천하에 알려질 것이다(마 24:31; 고전 15:52; 살전 4:16).

요컨대 예수의 제자들은 파루시아를 알리는 징조에 대해 깨어 있어야 하지만, 그 시기를 계산하려고 해서는 안된다. 모든 신자들은 항상 예수의 재림이 임박한 것처럼 살아가야 한다.

25장

완성

주의 날

[572] "주의 날"(יום יהוה) 또는 "우리 주 예수 그리스도의 날"(ἡ ἡμερα του κυριου ἡμων Ἰησου Χριστου)은 그리스도가 구름을 타고 오심으로 시작된다(마 24:36ff.; 눅 17:24ff.; 21:34; 행 17:31; 고전 1:8; 5:5 등). "날"을 지나치게 문자적으로 받아들여 열두 시간 또는 스물네 시간을 의미하는 것으로 생각해서는 안 된다. 구약성경 시대에 주의 날은 하나님이 놀랍고 영광스러운 방법으로 자기 백성에게 왕으로 찾아오셔서 그들을 모든 원수들로부터 구원하시고, 그들로 하여금 예루살렘에서 평안히 거하도록 함께하시는 때를 가리켰다. 이 날은 옛 시대가 새 시대로 바뀌고, 세상의 자연적이고 인간적인 모든 상황과 관계가 전혀 달라지는 위대한 전환점이었다. 신약성경에 따르면 "현 시대"(αἰων οὑτος)의 마지막 자락은 그리스도의 초림과 더불어 시작된 것이기 때문에 우리는 지금 종말 또는 마지막 때를 살고 있으며(고전 10:11; 히 1:2; 9:26; 요일 2:18), "오는 시대"(αἰων μελλων)는 그의 재림과 더불어 시작된다(마 19:28-29; 막 10:30; 눅 18:30; 20:35; 고전 15:23; 히 2:5 등). 오는 시대는 "주의 날"(ἡμερα του κυριου), 즉 그리스도가 나타나시고, 죽은 자들을 일으키시고, 세상을 심판하시고, 세상을 새롭게 하시는 날과 함께 시작된다.

신약성경은 이 기간이 길게 지속된다고 말하지 않는다. 일례로 고린도전서 15:52에서 바울은 살아 있는 신자들이 변화되고 죽은 신자들이 부활하는 일은 순식간에 일어날 것이라고 말한다(참조. 살전 4:15-17). 부활과 최후의 심판은 하나의 사건으로 긴밀하게 연결되어 있다(눅 14:14; 고후 4:14; 계 20:11-13).

심판을 위한 날이 정해져 있는 것은 물론이고(마 10:15; 11:22; 등), 그 시간까지도 정해져 있다(계 14:7). 하지만 여기서 "시간"이라는 용어는 성경이 그리스도의 재림과 관련된 모든 사건들을 결코 스물네 시간 또는 육십 분이라는 틀에 끼워넣지 않는다는 것을 증거한다. "시간"($\omega\rho\alpha$, 본래는 계절을 의미한다)이라는 말은 육십 분으로 이루어진 한 시간보다 긴 시간을 나타내는 때가 많다(마 26:45; 요 4:21; 5:25; 16:2, 32; 롬 13:11; 요일 2:18). 그리스도의 재림 시에 일어날 사건들은 전방위적인 성격을 갖기 때문에 상당한 시간이 걸릴 수밖에 없다. 상호 연락과 의사소통과 원거리 통신을 위한 지난 세기의 발명들로 인해 거리 개념이 많이 줄어든 것이 사실이다. 하지만 이런 모든 발명들은 앞으로 출현할 많은 발명들의 시작과 전조일 가능성이 크다. 종말의 일들에 관한 교리는 이런 점들을 염두에 두고 해석해야 한다. 모든 사람이 볼 수 있도록 그리스도가 임하는 것, 모든 죽은 자들이 부활하고 아직 살아 있는 자들은 변화되는 것, 모든 사람이 각자의 행위에 따라 심판을 받는 것, 세상이 불타고 새로워지는 것과 같은 엄청난 일들이 일어나기 위해서는 일정한 시간이 필요하다.

그리스도의 나타나심에 따르는 첫 번째 사건은 하나님의 전능하신 창조의 능력으로 죽은 자들이 일어나는 것이다(마 22:29; 고전 6:14; 15:38; 고후 1:9). 성부께서는 특별히 이 일을 죽은 자 가운데서 처음 사신 자요, 부활과 생명이시며(요 11:25; 행 26:23; 고전 15:20; 골 1:18; 계 1:5), 자기에게 속한 자들을 다시 살리실(요 6:39-40; 고전 15:20-23, 47-49) 성자를 통해 이루실 것이다. 성경은 분명히 신자들만이 아닌 불신자들을 포함하는 모든 인간의 보편적 부활을 가르치는데(단 12:2; 마 5:29-30; 10:28; 요 5:29; 행 24:15; 계 20:12-13),

이 부활 역시 그리스도께로 돌린다(요 5:29).

죽은 자들의 보편적 부활은 일차적으로 하나님의 심판 행위다. 하지만 신자들은 이러한 하나님의 행위로 인해 많은 위로를 얻는다. 신자 공동체의 부활은 성경 어디에서나 전면에 부각된다. 그래서 종종 인류 전체의 보편적 부활은 언급되지 않거나 고의로 간과되기까지 한다(욥 19:25-27; 시 73:23-26; 사 26:19-20; 겔 37장; 호 6:2; 13:14; 막 12:25; 고후 5장; 빌 3:11; 살전 4:16). 신자 공동체의 부활이 실제적이고 진정한 부활이다. 그것은 영혼과 육신이 결합된 신자들이 그리스도와의 교제에 참여하고 하나님의 형상을 따라 재창조되는 사건이다(롬 8:11, 29; 빌 3:21). 그래서 바울은 신자의 부활과 살아 있는 자들이 변화되는 일이 동시에 일어나는 것으로 묘사한다. 전자에 비해 후자에게 우선권이 주어지는 것도 아니다. 왜냐하면 살아 있는 자들이 변화되는 일보다 부활이 먼저 일어나며, 이들이 함께 공중에서 주를 뵐 것이기 때문이다(고전 15:51-52; 고후 5:2, 4; 살전 4:15-17). 여기서 부활한 육체와 죽어서 장사된 육체 간에는 동일한 정체성이 유지될 것이다. 예수는 십자가에서 고난당하고 아리마대 사람 요셉의 무덤에 장사되신 것과 동일한 육체로 부활하셨다. 예수가 장사되셨을 때 많은 성도들의 육신이 다시 살아나 무덤에서 나왔다(마 27:52). 마지막 날의 부활 시에는 무덤에 있는 모든 자들이 예수의 음성을 듣고 나올 것이다(요 5:28-29; 계 20:13). 바울은 씨앗이 땅에 뿌려짐으로 새로운 알곡이 자라는 것처럼 부활체도 죽은 육체에서 비롯될 것이라고 가르친다(고전 15:36ff.).

죽어서 장사된 육체 그대로 부활한다는 기독교 신앙의 가르침은 육체가 단지 영혼의 좌소 또는 감옥이라고 주장하는 모든 이원론을 정면으로 부정하는 아주 중요한 의미를 갖는다. 무엇보다도 인간 존재의 본질은 한 인격 안에서 이루어지는 육체와 영혼의 가장 궁극적인 연합에 있다. 개인으로서의 인간 존재의 연속성은 영혼의 정체성에서와 마찬가지로 육체의 정체성에서도 지속된다. 따라서 그리스도의 구속은 두 번째 창조나 새로운 창조가 아니라 재창조다. 타락한 세상을 다시 일으키고 범죄한 인간을 죄에서 해방시키는 것이 바로 하나님이 기뻐하시는 뜻이다. 여기서 구원은 죽음에 대한 완전한 승리를 포함하여 죄의 모든 결과로부터의 용서를 의미한다.[1] 사망은 제거해야 할 마지막 원수다. 그리스도의 권세는 그가 자기 백성들에게 영생을 주시고, 그 결과로 마지막 날에 그들을 다시 일으키신다는 사실에서 드러난다. 그리스도는 완전한 구원자다. 물과 성령으로 거듭나는 일은 만물이 재탄생함으로 완성된다(마 19:28). 죄로부터의 영적 구속은 마지막 때에 있을 육신의 구속으로 완성된다. 따라서 기독교회와 기독교 신학은 부활할 육체와 죽은 육체가 동일하다는 주장을 끝까지 견지해야 한다.

이런 사실은 죽은 자의 육체를 어떻게 다룰 것인가와도 직접 연관된다. 화장을 반대해야 하는 이유는 그것이 하나님의 전능을 제한하고 죽은 육체의 부활을 불가능하게 만드는 것으로 여겨지기 때문은 아니다. 그럼에도 화장은 이교적 기원을 가지고 있다. 이스라엘이나 기독교 국가에서는 전혀 화장을 행하지 않았고 기독교 윤리관에도 맞지 않다. 반면에 매장은 성경과 신조와 역사와 예전과도 훨씬 잘 조화를 이룬다. 그것은 육체를 통해서도 드러나는 하나님의 형상 교리와도 조화를 이루고, 죄에 대한 형벌로서의 죽음 교리와도 조화를 이루고, 죽은 자에 대한 존중과 마지막 날에 있을 부활에도 부합한다. 그리스도인들은 이집트 사람들처럼 인위적으로 시신을 보존하지도 않으며, 오늘날 많은 사람들이 바라는 것처럼 기계적으로 육체를 파괴하지도 않는다. 오히려 죽은 몸을 땅의 품에 맡기고 부활의 날이 이르기까지 거기서 쉬도록 한다.

[573] 우리 주님의 부활이 보여주는 것처럼, 마지막 부활 시에는 이 땅에서의 육체와 영화롭게 된 부활체 간에 연속성이 유지된다. 사람들은 저마다 개인으로서의 정체성을 보존한다. 그런 일이 어떻게 가능한지 우리로서는 정확히 알 수 없으며 억측을 해서도 안 된다. 중요한 것은 사도가

---

1) 편집자 주—여기서 Bavinck는 종말론적으로, 즉 최후의 심판에 대해 말하고 있다.

"육의 몸"이라고 부르는 것과 "신령한 몸"이라고 부르는 것 사이에 본질적인 동질성과 함께 질적 차이가 존재한다는 점이다(고전 15). 엄밀하게 말해서, 성경은 육(flesh)의 부활이 아니라 육체(body, 몸)의 부활을 가르친다. 우리 주님의 부활을 포함하여 성경에 나오는 모든 부활의 실례들은 온전한 상태로서 육체의 부활을 보여준다. 심지어 그리스도의 육체의 경우 아직 부패도 시작되지 않은 상태에서 부활이 이루어졌다(행 2:31). 하지만 예수의 재림과 더불어 부활할 육체들은 완전히 썩어서 이미 다른 피조물의 일부가 되어버린 육체들이다. 이런 경우 우리는 문자적 의미에서의 육(flesh)을 말할 수 없다. 육(flesh)은 항상 살아 있는 것을 의미하기 때문이다. 살아 움직이지 않는 것은 더 이상 육이 아니라 이미 흙으로 돌아간 것이다(창 3:19). 이것은 엄밀한 의미에서의 육의 부활—사람의 신체를 이루는 원자와 분자들의 실제적인 재결합—을 입증하는 것도 아니며, 그렇다고 죽은 몸이 부활하는 것이 아니라 사람이 죽는 바로 그 순간에 부활이 일어난다고 주장하는 애매모호한 주석적 추론을 입증하지도 않는다.

하지만 이것은 엄밀한 의미에서의 육의 부활을 입증하기에는 여전히 충분하지 않다. 욥의 육체를 구성했던 육(flesh)이 부활체의 토대가 된다 하더라도 그것이 아직 부활체의 본질을 형성한 것은 아니었기 때문이다. 예수는 장사되신 육체 그대로 부활하셨고, 부패를 경험하시지 않았을 뿐 아니라 승천하시기까지 과도기적 상태로 남아 계셨기 때문에 음식도 드실 수 있었다. 바울은 썩어질 혈과 육(고전 15:50)은 썩지 않을 하나님 나라를 유업으로 받을 수 없다고 분명히 가르친다. 홀스텐(Holsten)과 홀츠만(Holtzmann)을 비롯한 몇몇 사람들은 이를 근거로, 죽은 육체는 더 이상 부활하지 않는다는 것이 바울의 가르침이라고 잘못 결론짓는다. 바울 사도는 육체의 부활에 대한 자신의 믿음을 분명히 증거하는 동시에 고린도 교회 내에서 육체의 부활을 부인하는 자들에 대항하여 이 신앙을 확실하게 변호하였고, 또한 무덤에 안치된 바로 그 육체가 부활 시에 다시 일어날 것을 철두철미 확신했다. 이와 동시에 그는 부활이 갱생(rehabilitation)

을 의미하는 것이 아니라, 연약하고 썩어질 육체가 불멸과 영광을 덧입는 육체로 새롭게 형성되는 것(re-formation)이라고 단언한다(고전 15:35-54).[2] 따라서 아담과 그리스도의 대조에서 분명해지는 것처럼, 현재의 육체와 장래의 육체 사이에는 큰 차이가 있다(고전 15:42-49). 전자는 변화에 굴복할 수밖에 없고 영혼을 통해 활기를 얻는, 피와 살로 이루어진 자연적 육체($\sigma\omega\mu\alpha\ \psi\upsilon\chi\iota\kappa\omicron\nu$)고, 후자는 신령한 육체($\sigma\omega\mu\alpha\ \pi\nu\varepsilon\upsilon\mu\alpha\tau\iota\kappa\omicron\nu$)다. 그것은 비록 육체이기는 하지만 더 이상 혼(soul)에 의해 다스려지지 않고 영(spirit, $\pi\nu\varepsilon\upsilon\mu\alpha$)에 의해 다스려진다. 신령한 육체는 더 이상 피와 살로 이루어지지 않는다. 성적 존재로서의 삶을 초월하고(마 22:30), 양식과 음료도 필요로 하지 않는다(고전 6:13). 그런 의미에서 이 육체는 인간이 타락하기 전에 가졌던 육체와도 구별된다. 그것은 불멸하고, 소멸될 수 없고, 신령하고 영화롭게 된 육체다(고전 15:42ff.; 빌 3:21). 요컨대 바울에 따르면 부활체와 땅에 매장된 육체가 동일한 정체성을 갖기는 하지만, 부활체는 더 이상 신체를 구성하는 물질이나 그것의 지속적 변화와는 무관하다. 인간의 육체를 포함하여 모든 유기체는 그 수효에 있어서가 아니라 종류에 있어서 동일한 재료들로 구성된다. 따라서 부활체를 구성하는 원자의 숫자가 무덤에

---

2) 편집자 주―여기서 Bavinck는 restauratie(갱생)와 reformatie를 구분한다. Bavinck는 그리스도 안에서의 구속의 성취는 단순히 아담이 본래 창조되었던 타락 이전의 상태로 돌리는 것 이상을 의미한다는 중요한 주장을 하기 위해 이런 구분―이를 위해 그는 restauratie와 herstel(재창조)의 대조를 더 많이 사용한다―을 계속해서 사용한다. 은혜가 자연을 파괴하기보다는 회복하는 것이 맞기는 하지만 영광의 상태(*status gloriae*)는 순전한 상태(*status integratis*)보다 더 탁월하다. 참조. H. Bavinck, *Our Reasonable Faith*, trans. H. Zylstra (Grand Rapids: Eerdmans, 1956), 218-20. Bavinck가 이해하는 은혜와 자연의 관계에 관한 보다 유익한 논의를 위해서는 다음을 보라: Jan Veenhof, *Revelatie en Inspiratie* (Amsterdam: Buijten & Schipperheijn, 1968), 345-65. Veenhof의 저작의 이 부분은 Albert Wolters가 영어로 번역했고 토론토에 있는 기독교 학문연구소(Institute for Christian Studies)가 출판했으며, 다음과 같은 제목으로 재출간되었다. *Nature and Grace in Herman Bavinck* (Sioux Center, IA: Dordt College Press, 2006).

안치될 때의 육체를 구성했던 원자의 숫자가 동일할 필요는 없다. 하지만 부활체와 무덤에 안치된 육체가 동일한 정체성을 갖기 위해서는 특정한 사람의 육체를 구성하는 동일한 구조와 모양, 동일한 기본 윤곽과 형태를 가져야 한다. 그 어떤 피조물도 변화를 피해갈 수는 없지만, 그럼에도 각각의 정체성과 연속성은 보존된다. 사람이 죽어서 그 육체가 매장되면 그것은 분해되어 성분에 따라 각각 다른 유기체로 변하지만, 그 가운데 부활체를 구성하는 기본적 토대가 되는 어떤 것들은 여전히 남아 있다. 그것이 무엇인지 우리는 지금도 알 수 없고 앞으로도 그럴 것이다. 하지만 우리가 만물을 구성하는 궁극적 요소들―원자를 구성하는 가장 미세한 요소들을 포함하여―이 무엇인지 전혀 알지 못한다는 점을 고려하면 그와 같은 무지는 전혀 생소한 것이 아니다. 하지만 인체를 포함한 모든 유기체에는 지속적인 변화의 과정에도 불구하고 그 정체성을 유지해주는 무언가가 존재해야만 한다. 그렇다면 육체의 "유기적 틀"이나 "개별성의 패턴"이 죽음 후에도 남아서 부활체를 위한 "씨"로 작용한다고 믿는다 해도 전혀 불합리할 것이 없지 않은가? 부활체는 하늘에서 내려오는 것이 아니라 땅에서 나는 것이다. 그것은 영(*pneuma*)이나 혼(*psyche*)의 자생적 산물이 아니라 무덤에 장사되었던 육체에서 비롯된 것이다. 따라서 부활체가 영적이라는 말은 그 실체(substance)가 영이라는 의미가 아니다. 그 실체는 예나 지금이나 물질일 뿐이다. 그러나 이제는 이 물질이 썩어 없어질 피와 살을 구성하는 것이 아니라 영화롭게 된 육체를 이루는 것이다.

[574] 이 부활 후에 심판이 있다. 우리가 사는 세상과 역사에 이미 심판이 임박했지만, 그 심판을 세상 역사에 대한 것으로만 제한하는 것은 범신론적 오류다. 복음과 그리스도의 통치가 범지구적·공개적으로 입증되고 승리하는 사건이 바로 최후의 심판이다. 악인들에 대한 영원한 심판을 반대하는 다양한 입장들, 예를 들어 가설적이고 무조건적인 보편구원론이나 조건적 불멸성과 같은 이론들은 인간의 감성에 자연스러운 것으로 다가가지만, 성경적으로는 전혀 근거가 없는 것이다. 우리에게는 하나님의

공의의 일관성에 대한 확신과 성경의 명백한 가르침만 있으면 충분하며, 더 이상의 불합리하고 부당한 사색은 불필요하다. 하나님은 언제나 영광을 받으시기에 합당하신 분이시다.

부활 후에 심판이 있다. 구약성경은 이것을 이스라엘의 모든 원수들에 대한 메시아의 승리로 그리고 있지만, 신약성경은 이것을 그리스도가 만민에게 주어진 하나님의 율법에 따라 모든 사람을 심판하고 판결을 내리시는 사건으로 보다 영적으로 묘사한다. 예수의 초림은 분명히 세상을 심판하기 위한 것이 아니라 구원하기 위한 것이었다(요 3:17; 12:47). 그런데도 예수는 등장과 동시에 심판(χρισις)을 선언하셨는데, 그 심판의 목적은 보지 못하는 자로 보게 하고 보는 자로 보지 못하게 하는 것이었다(3:19-20; 9:39). 예수는 줄곧 인자로서 심판을 행하셨는데, 그는 이미 믿는 자들에게 이 땅에서 영생을 허락하시고, 믿지 않는 자들 위에 하나님의 진노가 계속 머물러 있도록 하셨다(3:36-5:32-38). 확실한 것은 내재적·영적 심판이 시행되고 있다는 점인데, 그것은 현세에 속한 인간의 양심에서 일어나는 본유적 심판으로서 자손 대대로 행해지고 있는 것이다. 신앙과 불신앙은 이미 이 땅에서부터 각기 열매를 맺고 그에 합당한 보응을 받는다. 성경과 역사가 서로 앞다투어 가르치는 바는 복과 저주, 연민과 화, 은혜와 심판의 표지들이 개인과 민족들의 삶 가운데서 번갈아 출현한다는 것이다. "세계사가 곧 세상의 심판을 알린다"(die Weltgeschichte ist das Weltgericht)라는 실러(Shiller)의 말은 위대한 진리를 담고 있다.

그러나 이 말이 부분적으로는 진리지만 또한 거짓이기도 하다. 그것은 심판을 인정하고 존중하기보다는 모든 심판을 약화시키는, 유신론이 아니라 범신론에서 기원한 말이다. 왜냐하면 만일 세계사가 세상의 심판을 의미한다면, 그것은 더 이상 심판이 아니라 자연적인 하나의 과정이 되어버리기 때문이다. 결과적으로 선과 악의 극렬한 대비는 관심의 대상이 되지 못하고 잠시 동안 양심의 뒤켠으로 자취를 감추어버린다. 그렇게 되면 남는 것이라고는 자연의 힘 밖에 없다. 여기서는 도덕적 선이 독립적인 능력을 갖지 못하며, 자연적 질서를 도덕적 질서에 굴복시키실 수 있는 하나님도 존재하지 않는다. 범신론자들에 의하면 그것은 전혀 문제될 것이 없는데, 왜냐하면 선을 행하는 이유가 상급에 대한 기대나 형벌에 대한 두려움 때문이 아니라 선 자체를 위한 것이어야 하기 때문이다. 하지만 선과 정의의 승리에 대한 영혼의 바람은 세상적인 행복과 감각적인 만족을 위한 이기적인 기대와는 무관하다. 성경은 항상 우리 앞에 "하늘에 마련된 위대한" 상을 말한다(마 5:12). 물론 그 상급이 하나님의 이름을 영화롭게 하는 일에 종속되고, 신자들의 선행과 그리스도에 의해 보증되는 것이기는 하지만 말이다(엡 2:10). 하나님의 이름을 영화롭게 하는 일은 하나님으로 말미암은 (그리고 우리로 말미암은) 승리와 관련된다.[3] 모든 역사가 세상의 심판을 위해 부르짖는다. 온 피조물이 그것을 열망한다. 모든 민족이 이 사실을 증거한다. 천국에 있는 순교자들은 큰 소리로 심판을 요청한다. 신자들의 공동체는 그리스도의 오심을 위해 기도한다. 알파와 오메가 되신 그리스도가 친히 "보라, 내가 속히 오리니 내가 줄 상이 내게 있어 각 사람에게 그가 행한 대로 갚아 주리라"라고 말하신다(계 22:12). 이처럼 성경—특히 요한복음—이 역사 전반에 걸쳐 진행되는 영적 심판을 인정하기는 하지만, 그것은 여전히 모든 불의를 이기고 그리스도의 나라에 최후의 승리를 가져다주는 최후의 심판을 말하고 있다. 세계사는 세상에 대한 "한 차례의 심판"(a judgment)일 수 있다. 하지만 진정한 심판(the judgment)은 그리스도가 산 자와 죽은 자를 심판하러 오시는 세상의 마지막 날에 이루어질 것이다.

이와 관련하여 성경은 반복해서 이 심판을 성부께 돌린다(마 18:35; 살후 1:5; 히 11:6; 약 4:12; 벧전 1:17; 2:23; 계 20:11-12). 하나님은 그리스도를 통해 이 모든 일을 행하실 것이다. 모든 심판의 권세가 그리스도에게 주어졌고 또한 그는 재판장으로 지명되었는데(요 5:22, 27; 행 10:42; 17:31; 롬 14:9), 그는 장차 모든 인간을 심판대 앞으로 불러모아 각자의 행위에 따라 그들을 심

---

3) 편집자 주—괄호는 「벨기에 신앙고백서」 제 37조에 따라 편집자가 덧붙인 것이다.

판하실 것이다(마 25:32; 롬 14:9-13; 고후 5:10; 딤후 4:1, 8; 벧전 4:5; 계 19:11-21). 이 사실은 너무나 중요하다. 각 사람이 그리스도와 맺는 관계가 그 사람의 영원한 복과 화를 판가름할 것이기 때문이다. 그리스도는 산 자와 죽은 자에 대한 심판을 통해 자신의 지고한 승리를 기리시고, 자기 나라의 완성을 실현하시고, 모든 원수를 완전히 굴복시키신다. 그렇기 때문에 최후의 심판에서 가장 중요한 문제는 믿음을 가졌느냐 가지지 못했느냐 하는 것이다. 그리스도를 믿게 하는 것은 하나님이 행하시는 가장 탁월한 사역이다 (요 6:29; 요일 3:23). 믿는 자는 심판에 이르지 않으며(요 5:24), 믿지 않는 자는 이미 정죄를 받았고 하나님의 진노 아래 머문다(요 3:18, 36). 따라서 최후 심판의 기준은 무엇보다 복음이 될 것이다(요 12:48). 하지만 이 복음은 율법에 반하는 것이 아니며, 게다가 율법과 상관없이는 복음을 받을 수도 없다. 믿으라는 요구 자체가 율법에 토대를 두고 있으며, 복음은 율법의 회복과 성취다. 또한 최후의 심판은 하나님 앞에 놓인 책에 낱낱이 기록된 각자의 행위에 따라 이루어질 것이다(전 12:14; 고후 5:10; 엡 6:8; 벧전 1:17; 계 20:12; 22:12). 이런 행위는 결국 마음에서 역사하는 생명의 원리의 표현이자 산물이며(마 7:17; 12:33; 눅 6:44), 중간상태에서가 아니라 이 땅에서 육신 가운데 살 때 행한 모든 것을 포함하며, 겉으로 드러나는 행위(마 25:35ff.; 막 9:41-42; 눅 6:35; 14:13-14; 고전 3:8; 살전 4:6 등)뿐 아니라 말과(마 12:36) 마음 속으로 은밀히 바란 것들(롬 2:16; 고전 4:5)까지도 포함한다. 그 날에는 아무 것도 감추인 것이 없이 모든 것이 드러날 것이다(마 6:4, 6, 18; 10:26; 엡 5:11-14; 딤전 5:24-25). 따라서 최후의 심판에서 판결의 기준은 율법과 복음으로 이루어진 하나님의 말씀 전체가 될 것이다.

하지만 성경은 각자가 받은 계시의 분량도 고려될 것이라고 분명히 밝힌다. 주의 뜻을 알면서도 행하지 않은 자들은 "더 많이 맞을 것"이다(눅 12:47). 심판 날에는 예루살렘과 가버나움보다 차라리 두로와 시돈이 더 견디기 쉬울 것이다(마 10:15; 11:22, 24; 막 6:11; 눅 10:12, 14). 복음을 듣지 못한 자들은 복음이 아닌 율법을 따라 심판을 받을 것이다. 모세의 율법을 모르고 본성적으로 알고 있는 율법을 거스른 자들은 모세의 율법과 상관없이 멸망할 것이지만, 유대인들은 무엇보다 율법을 따라 심판을 받을 것이다(롬 2:12). 성경이 비록 심판을 모든 사람에게 예외 없이 행해질 것으로 이야기하는 것은 맞지만(마 25:32; 행 17:31; 롬 2:6; 14:10; 고후 5:10; 딤후 4:1; 계 20:12), 그럼에도 심판은 복음을 알았으면서도 결국에는 그리스도를 대적하는 것으로 끝난 나라들과 그리스도에 대해서 전혀 들어보지 못한 다른 나라들간의 차별은 있을 것이고 이에 따라 달리 이루어질 것이다. 더 나아가 성경은 특별히 악한 천사들의 심판과, 최후의 심판에서 신자들과 선한 천사들이 하는 역할을 이야기한다.

심판을 정확히 이해하기란 결코 쉬운 일이 아니다. 인간의 양심에서만 일어나는 순전히 내적이고 영적인 사건은 없다. 심판은 외적으로도 실현되고 모든 피조물 앞에 가시적으로 드러난다. 성경은 그리스도의 나타나심, 부활, 심판과 관련된 모든 것들을 너무도 사실적으로 묘사하고 있기 때문에 모든 것을 영적으로 해석할 여지가 그렇게 많지는 않다. 그렇기 때문에 이런 심판이 시행되기 위해서는 특정한 장소와 시간이 필요하다. 성경을 읽다보면 이런 일들이 시간적인 순서를 따라 일어나는 것으로 생각하기 쉽기 때문이다. 천사들이 의인들을 모으고, 의인들로부터 악인을 갈라놓고, 이들을 쫓아낸다(마 13:30, 49; 24:31). 죽은 신자들이 부활하고 그때까지 살아 있는 신자들이 변화된 후 이들은 모두 공중에서 그리스도를 뵈옵기 위해 구름 속으로 들려 올린다(살전 4:17). 그리스도의 부활과 승천이 40일의 간격을 두고 일어난 것처럼, 마지막 때에 있을 죽은 자들의 부활과 산 자들의 변화 또한 천지가 새롭게 되고 세상이 새롭게 된 후에 받을 온전한 영광과 바로 직결되지 않을 가능성도 배제할 수 없다. 하지만 설사 그렇다 할지라도, 신자의 부활과 변화는 그리스도로 말미암아 이전에도 그랬던 것처럼 여전히 그들의 칭의를 포함한다.

성경은 모든 인간이 예외 없이 그리스도의 심판대 앞에 서야 한다고 말한다. 신자라고 예외는 아니다. 하지만 성경은 신자들은 정죄를 받지 않고 심판에 이르지 않는다고 가르친다. 왜냐하면 그들은 이미 영생을 받은 자들이기 때문이다(요 3:18; 5:24). 세상을 떠난 신자들은 벌써 그리스도와 함께 거하며 흰 옷을 입고 있다(고후 5:8; 빌 1:23; 계 6:11; 7:9, 14). 그리스도가 자기 성도들 가운데로 오셔서 영광을 받으실 것이고 모든 믿는 자들이 경탄해 마지 않을 것이다(살후 1:10). 또한 신자들은 그리스도가 악한 천사들과, 기독교 신앙을 대적하는 세상과 야만인들을 심판하시는 일에도 함께한다(고전 6:2-3; 마 19:28; 눅 22:30, 계 4:4; 11:16; 20:4, 6). 천사들 역시 장차 임할 하나님의 나라에서 그리스도와 그의 교회를 섬긴 것과 관련하여 자리를 차지할 것이다. 요한의 환상에 따르면, 그리스도는 자기 군대들과 더불어 적그리스도의 세력들을 물리치러 나가신다(계 19:11-21). 승리한 교회는 그리스도의 통치에 참여한다(20:4-6). 땅의 사방의 모든 민족들을 심판하시는 그때에 그리스도는 마침내 모든 대적들을 멸하신다(20:7-10).

[575] 신약성경은 심판 받은 악인들이 가게 되는 곳을 "게헨나"(Gehenna)라고 부른다. 히브리어 "게-힌놈"(גֵּי הִנֹּם)은 원래 예루살렘 남서쪽에 자리한 힌놈의 골짜기를 일컫는 말이었다. 여호수아 15:8과 18:16에 따르면 이 골짜기는 두 지파 간의 경계선을 이루고 있었다. 아하스와 므낫세 치하에서 이 골짜기는 자녀를 불살라 바치는 몰렉을 숭배하는 자리가 되었다(왕하 16:3; 21:6; 대하 28:3; 33:6; 렘 32:34-35). 요시아 때에 이곳은 훼파되고 제사장들에 의해 부정하다고 선언되었다(왕하 23:10). 예레미야는 많은 이스라엘 사람들이 이곳에서 끔찍하게 도륙당할 것이고, 도벳 골짜기가 살육의 골짜기로 불릴 것이라고 예언했다(렘 7:32; 19:6). 묵시문학인 에녹1서는 이 골짜기에서 악인들이 심판받기 위해 모일 것이라고 했다. 이런 이유로 "게-힌놈"은 죽은 후 악인들이 심판 받는 자리를 일컫는 이름이 되었다. 후기 유대인들에 따르면, 요시아가 힌놈의 골짜기를 훼파한 후에 이곳은 온갖 종류의 쓰레기를 버리고 태우는 곳으로 전락했다고 한다. "간(גַּן, 정원)-에덴"이 의인들이 죽은 후에 가는 곳을 가리킨 것처럼, "게-힌놈"은 부정하고 불경건한 자들이 죽은 후에 영원한 불로 심판을 받는 곳을 가리키는 말이

되었다.

고대로부터 불은 야웨의 진노와 화를 드러내는 상징이었다. 이스라엘의 하나님은 소멸하는 불이시며, 영원한 화염이시다(신 4:24; 9:3; 사 33:14). 하나님은 불 가운데서 이스라엘의 자녀들에게 말씀하셨다(신 4:12, 33; 5:4, 22-26; 9:10; 10:4; 참조. 출 3:2, 4). 그분의 진노는 코로부터 나오는 화염이다(시 18:8; 79:5; 89:46; 렘 4:4). 야웨 앞에서 나온 불이 제물을 살랐다(레 9:24). 하나님은 불로 나답과 아비후(10:2)와 그의 백성 중에서 불평하는 자들을 죽이셨고(민 11:1; 시 106:18), 고라 자손들(민 16:35), 엘리야에게 보내진 50명의 군인들을 죽이셨다(왕하 1:10ff.). 그분은 장차 이 땅의 정의를 신원하러 타는 불—스올의 깊은 곳에서 타오르는 불(신 32:22)이며 결코 꺼지지 않고 영원히 타는 불(사 66:24; 렘 17:4)—가운데 오셔서 악인들을 벌하실 것이다(신 32:22; 시 11:6; 83:14-15; 97:3; 140:10; 사 30:33; 31:9; 66:15-16, 24; 렘 4:4; 15:14; 17:4; 욜 2:30; 암 1:4ff.). 이런 심판의 표현은 신약성경으로 전해진다. 심판 후에 형벌을 당하는 장소인 게헨나는 음부(ἅδης)나 감옥(φυλακη)이나 구덩이(ἄβυσσος)와는 구별되지만 풀무불(καμινος του πυρος, 마 13:42, 50)과 불못(λιμνη του πυρος, 계 19:20; 20:10, 14-15; 21:8)과는 같은 곳이다. 이곳은 구덩이에서 올라온 짐승과 거짓 예언자(19:20)를 위한 곳이고, 사탄과 그의 천사들(20:10), 사망과 음부(20:14), 모든 악인들을 위해 예비된 곳이다(20:15; 21:8). 그들은 모두 부활 후에 이곳으로 던져질 것이다(마 5:29-30; 10:28). 이때가 오기 전까지는 음부, 감옥(φυλακη, 벧전 3:19; 계 20:7), 구덩이(ἄβυσσος)가 저들이 거하는 장소고, 영원한 불의 심판과 바깥 어두운 데가 저들을 기다리고 있다(마 8:29-32; 25:41; 벧후 2:17; 유 13절). 게헨나의 불은 영원하고 꺼지지 않는 불이다(마 18:8; 막 9:43-44, 48). 구더기도 죽지 않고(막 9:44, 46, 48), 영원토록 고통을 당하는 곳이다(마 25:46; 살후 1:9; 계 14:11). 이곳은 게헨나 또는 풀무불(마 5:22; 13:42, 50; 18:9)이며 동시에 가장 어두운 바깥 장소다(마 8:12; 22:13; 25:30; 벧후 2:17; 유 13절; 참조. 신 5:22; 시 97:2-3). 이곳은 "바깥"에 있고(계 22:15), 가장 깊은 곳에 위치하기 때문에 그곳으로 던져진다고 말해지는 것이다

(마 5:29-30; 계 19:20; 20:10, 14-15).

그곳은 어린 양의 혼인 잔치 자리와 무관하며(마 8:11-12; 22:13), 하나님과 그리스도와의 교제와도 전혀 상관이 없다(7:23; 25:41; 눅 13:27-28; 살후 1:9). 그곳은 사탄과 그의 사자들이 있는 곳이며(마 25:41; 계 20:10, 15), 하나님의 진노가 이곳에서 극명하게 드러난다(롬 2:5-8; 9:22; 살전 1:10; 히 10:31; 계 6:16-17). 이처럼 게헨나는 박탈의 장소일 뿐 아니라 영혼과 육신 모두가 비탄과 고통에 처해지는 자리다. 그곳은 형벌(κολασις, 마 25:46; 계 14:10-11)의 자리, 슬피 우는(κλαυθμος) 자리, 이를 가는(βρυγμος των ὀδοντων, 마 8:12; 13:42 등) 자리, 분노와 곤고(θλιψς, στενοχωρια, 롬 2:9; 살후 1:6)의 자리, 파괴(ἀπωλεια, 마 7:13; 롬 9:22; 빌 1:28; 3:19; 벧후 3:7; 계 17:8, 11)의 자리, 썩어짐(φθορα, 갈 6:8)의 자리, 멸망(ὀλεθρος, 살전 5:3; 살후 1:9; 딤전 6:9)의 자리다. 게헨나는 두 번째 사망 이후에 내려가는 자리다(계 2:11; 20:6, 14-15; 21:8).

영원한 형벌의 대안들

이런 견고한 성경적 토대 위에서 기독교회는 지옥의 영원한 형벌 교리를 확립했다. 종종 사람들은 강단과 신학, 회화와 시문학 등을 동원하여 몸과 영혼이 영원한 불 가운데서 겪는 고통을 사실적이고 생생하게 묘사하기 위해 애썼다. 그럼에도 이 교리에 대한 반론이 제기되는 경우가 많았다. 18세기 계몽주의를 통해 죄와 범죄에 대해 보다 온건하게 접근하고, 고문 도구들을 없애고, 형벌을 완화하고, 곳곳에서 인본주의적 감성이 일깨워진 후로 덩달아 지옥의 형벌에 대해서도 아주 다른 접근이 이루어졌다. 많은 사람들이 지옥에 대한 자신들의 이해를 달리하거나 완전히 거부했다. 사람들이 지옥의 영원한 고통에 반대하는 이유는 대동소이하다.

    a. 영원한 형벌은 하나님의 선하심, 사랑, 자비와 조화되지 않을 뿐 아니라 하나님을 고통과 괴로움을 가하는 데서 즐거움을 찾고 수많은 불행한 피조물들의 영원한 신음을 통해 칭송을 받으려 하는 폭군으

로 전락시킨다.

b. 영원한 형벌은 하나님의 정의와도 맞지 않는다. 죄를 지었다고 그것 때문에 영원히 형벌을 받는다는 것은 하나님의 정의와 무관하며 전혀 공평하지 못하다.

c. 영원한 형벌은 상상할 수도 받아들일 수도 없다. 문자적으로 받아들여진 불과 구더기와 어둠과 같은 이미지 자체가 서로를 배제한다. 그렇게 영원토록 형벌을 당하는 것이 무슨 의미가 있는가?

d. 따라서 성경은 지옥에서의 외적이고 영원한 형벌 같은 것은 가르치지 않는다. "영원한"이라는 말은 "끝이 없음"을 의미하는 것이 아니라 우리가 헤아리거나 계산할 수 없는 기간을 가리킨다. 길거나 짧은 시대($\alpha i\omega\nu$)를 넘어서는 것은 영원한($\alpha i\omega\nu\iota o\varsigma$) 것이다. 그 대신 잃어버린 자들의 상태는 "망함"($\dot{\alpha}\pi\omega\lambda\epsilon\iota\alpha$), "썩어짐"($\phi\theta o\rho\alpha$), "멸망"($\dot{o}\lambda\epsilon\theta\rho o\varsigma$), "사망"($\theta\alpha\nu\alpha\tau o\varsigma$) 등으로 이야기되는데, 이는 곧 완전한 소멸이나 전적인 회복을 가리킨다.

e. 성경이 그리스도는 온 세상의 죄를 위한 속죄제물이며(골 1:19-20; 요일 2:2) 하나님이 이런 그리스도를 통해 모든 인간이 구원에 이르기를 바라신다(딤전 2:4; 4:10)고 가르치는 것은 곧 회복의 소망을 말하는 것이다. "아담 안에서 모든 사람이 죽은 것 같이 그리스도 안에서 모든 사람이 삶을 얻으리라"(롬 5:18; 고전 15:22). 이제 하나님은 머리이신 그리스도 아래로 만물이 통일되게 하심으로써(엡 1:10) 모든 무릎이 그리스도 앞에 꿇고(빌 2:10) 하나님이 만유의 주가 되시는 날이 이르도록 하실 것이다(고전 15:28). "하나님이 모든 사람을 순종하지 아니하는 가운데 가두어 두심은 모든 사람에게 긍휼을 베풀려 하심이로다"(롬 11:32).

우리는 여기서 불신자들의 종국에 대한 문제를 다루기 위해 이들이 취하는 세 가지 가설을 발견할 수 있다.

1. 가설적 보편구원론: 지옥과 영원한 형벌은 전적으로 인간의 결정에

달렸다고 가르친다. 여기서 회개의 가능성은 죽은 후 심판 날까지의 중간상태뿐 아니라[4] 그 이후로도 영원히 열려 있다. 회개와 믿음이 지속적으로 전파될 것이고 인간은 언제나 자유로울 것이다. 사람들은 결국 모두가 회개하고 영생에 들어갈 것이라는 소망으로 우쭐할 것이다. 이런 가설적 보편구원론은 지속적인 정화 이론과 영혼 윤회로 귀결될 수밖에 없다. 차이가 있다면 영혼 윤회설은 영혼의 정화가 현세(Diesseits)에 일어나는 것으로 말하고, 가설적 보편구원론은 그 후에(Jenseits) 계속되는 것으로 말한다는 것뿐이다.

2. 무조건적 보편구원론: 종국에는 모든 피조물이 영원한 구원과 영광에 참여하게 될 것이라는 믿음이다. 앞에서 바라고 소망하던 것이 여기서는 확실히 기대되는 교의로서 선포되었다. 만물이 하나님 안으로 돌아간다는 교리는 인도 사람들과 그리스 철학자들 사이에서 이미 논의되어오던 것이다. 이런 확신은 영지주의와 신플라톤주의로 이어졌으며, 오리게네스가 처음으로 기독교 신학에 도입했다. 여기서 문제가 되는 것은 자유의지가 항상 동일하게 남아 있기 때문에, 자유의지가 악에서 선으로 돌아가는 것과 마찬가지로 다시 선에서 악으로 돌아갈 여지가 있으며, 따라서 만물의 배교와 회복, 물질세계의 창조와 소멸이 끝없이 계속된다는 점이다.[5] 이런 입장을 견지한 사람들로 고대에는 나지안주스의 그레고리오스(Gregory of Nazianzus), 니사의 그레고리오스(Gregory of Nyssa), 디디모스(Didymus), 타르수스의 디오도로스(Diodorus of Tarsus), 몹수에스티아의 테오도로스(Theodore of Mopsuestia)등이 있었으며, 중세에는 스코투스 에리우게나(Scotus Erigena), 자유파의 형제자매들(Brothers and

---

4) 참조. H. Bavinck, *Reformed Dogmatics*, ed. John Bolt (Grand Rapids: Baker Academic, 2003-8), IV, 629-32 (#559).

5) L. Atzberger, *Geschichte der christlichen Eschatologie* (Freiburg i.B. and St. Louis: Herder, 1896), 366-456.

Sisters of the Free Spirit)이 있었고, 종교개혁 이후에는 뎅크(Denck)와 많은 재세례파들, 융 스틸링(Jung-Stilling), 스베덴보리(Swedenborg) 등이 있었다. 그리고 현대에는 슐라이어마허를 포함한 여러 학자가 이 입장을 견지한다.[6]

3. 조건적 불멸성: 우리는 유한한 존재로 지어졌다. 영혼의 불멸성은 순종할 때만 주어지는 하나님의 선물이다. 소키누스주의자들이 이렇게 가르쳤고, 로크와 다른 사람들이 이를 받아들였다. 이런 이해는 특별히 에드워드 화이트(Edward White)가 그의 책『그리스도 안에 있는 생명』(*Life in Christ*)에서 지지를 표명한 후 많은 추종자들을 얻게 되었다.[7]

[576] 인간의 감성이 영원한 형벌의 교리에 대해 최종적 판단을 내린다면, 이 교리는 보존되기도 힘들뿐더러 오늘날에는 더더욱 이 교리를 옹호하는 사람을 찾아보기가 어려울 것이다. 첫째로 우리가 감사하게 인정해야 할 것이 있는데, 18세기 박애주의 사상과 인간에 대한 동정심이 강하게 일깨워진 덕분에 이전에 특히 형법을 적용하는 부분에서 만연했던 잔인함이 종식되었다는 점이다. 하지만 이런 인본주의적 이해를 통해 초래된 불균형과 위험 또한 간과할 수 없는 사실이다. 이로 인한 엄청난 변화는 한 문장으로 요약될 수 있다. 즉 이전에는 정신적으로 질환이 있는 사람들을 범죄자로 취급했다고 한다면, 지금은 범죄자들의 문제를 정신적인 문제로 본다. 그 전까지는 모든 일탈을 죄와 죄책의 관점에서 다루었다.

---

6) Friedrich Schleiermacher, *The Christian Faith*, ed. H. R. MacIntosh and J. S. Stewart (Edinburgh: T&T Clark, 1928), §§117-20, 163, 720-22, "영원한 저주"를 다루는 부록; 참조. J. Köstlin, "Apokatastasis," in *PRE³*, I, 616-22.

7) E. White, *Life in Christ: A Study of the Scripture Doctrine on the Nature of Man, the Object of the Divine Incarnation and the Conditions of Human Immortality*, 3rd, rev. and enlarged ed. (London: ElliotStock, 1878). 편집자 주―이것은 또한 제7일안식일교회(Seventh-Day Adventists)와 여호와의 증인(Jehovah's Witnesses) 같은 재림론자들의 관점이기도 하다.

하지만 지금은 모든 죄책과 범죄와 책임과 과오성 등이 실체를 도둑맞아 버렸다.[8] 의와 정의, 범법과 죄책에 대한 감각이 심각하게 약화되었고 심지어 이런 모든 것들에 대한 기준이 하나님으로부터 사람들과 사회의 의견으로 옮겨가는 지경이 되었다. 이런 과정에서 모든 확실성과 안전성이 점점 약화되었다. 사회의 기득권과 이득이 결정적 요인이 될 때, 선악 간의 모든 경계가 허물어질뿐더러 정의 또한 권력에 희생될 위험에 처한다. 그렇게 되면 "한 사람이 백성을 위하여 죽어서 온 민족이 망하지 않게 되는 것이 너희에게 유익한 줄을 생각하지 아니하는도다 하였으니"(요 11:50)라는 말이 정의를 집행하는 언어가 된다. 처음에는 범죄자를 인격적으로 대우할 것을 요구하던 감성은 머지않아 고문으로 무고한 자를 죽이는 일도 마다하지 않게 될 것이다. 호산나라고 외치던 함성이 십자가로 가는 길을 연다. 자주 하나님의 소리(*vox Dei*)로 잘못 떠받들어지는 소위 여론(*vox populi*)이라고 하는 것은 어떤 끔찍한 일도 마다하지 않고 자행하게 될 것이다. 의로운 사람은 여전히 자기 가축의 필요를 생각하는 반면에, 악인은 마음과 생각이 항상 잔인할 뿐이다(잠 12:10). 따라서 어떤 경우에도 인간의 감정과 느낌을 토대로 삼아서는 안된다. 인간의 감정은 결코 법과 정의를 규정하는 데 결정적 역할을 해서도 안 되고 할 수도 없다. 사람들에게 드러나는 모습에도 불구하고, 야웨의 손에 빠지는 것이 사람의 손에 빠지는 것보다 무한히 낫다(대상 21:13). 영원한 지옥의 형벌에 대해서도 같은 말을 할 수 있다.

교회와 신학에서 영원한 지옥 형벌의 교리가 때로 지나치게 상세하게 묘사되는 경우가 있기는 하지만, 그럼에도 그것이 성경에 토대를 두고 있는 것은 사실이다. 우리 주 예수 그리스도보다 이 사실을 더 빈번하고 세밀하게 언급하는 이는 없다. 그가 가진 깊은 연민과 긍휼, 온유함과 겸손함을 부인할 사람은 없을 것이다. 인간이 당할 가장 처참한 형벌의 위협을

---

8) See H. Bavinck, *Reformed Dogmatics*, III, 163-64 (#336).

경고하는 것보다 더 큰 사랑은 없다. 그는 자신에게 속한 자들을 위해 친히 획득하신 영생의 복락 이상으로 악인들에게 닥칠 영원한 멸망의 재앙을 경고하신다. 구약성경에서는 이 두 가지 모두가 그림자로 가려져 있고 이미지들로만 묘사된다. 하지만 신약성경에서는 그리스도가 바깥 어두움의 깊이와 영원한 빛 가운데 거하는 복락에 대해 친히 조명해주신다.

성경을 아는 사람이라면 바깥 어두운 곳에서의 영원한 형벌을 의심할 수 없다. 형용사인 "아이오니오스"($ai\omega\nu\iota o\varsigma$; $ai\omega\nu$이라는 명사에서 파생; 히브리어 עוֹלָם; 현세[$ai\omega\nu$ $o\dot{v}\tau o\varsigma$]; 내세[$ai\omega\nu$ $\mu\epsilon\lambda\lambda\omega\nu$])는 자주 인간이 계산할 수 없는 기간을 가리키기는 하지만, "끝이 없는"이나 "영원한"이라는 의미는 아니다. 하지만 신약성경에서 "아이오니오스"라는 말은 그리스도가 획득하신 구원의 유익들이 갖는 썩지 않는 본성을 가리킬 때 함께 쓰이고, 특별히 그리스도가 믿는 각 사람에게 나누어주신 영생을 뜻하는 "생명"($\zeta\omega\eta$)이라는 말과 함께 쓰일 때가 많다. 이 생명은 이 땅에서 시작되지만 장래에 온전히 드러날 것이다. 이 영생은 본질적으로 내세($ai\omega\nu$ $\mu\epsilon\lambda\lambda\omega\nu$, 눅 18:30)에 속하고 파괴될 수 없다(요 11:25-26). 그래서 하나님, 그리스도, 성령을 부를 때의 "영원한"이라는 수식어가 된 것이다(롬 16:26; 히 9:14; 13:8 등). 이에 대비되는 악인들의 형벌은 영원한 불(τo $\pi v\rho$ τo $ai\omega\nu\iota o\nu$, 마 18:8; 25:41; 유 7절), 영원한 형벌($\kappa o\lambda a\sigma\iota\varsigma$ $ai\omega\nu\iota o\varsigma$, 마 25:46), 영원한 파멸($\dot{o}\lambda\epsilon\theta\rho o\varsigma$ $ai\omega\nu\iota o\varsigma$, 살후 1:9), 영원한 심판($\kappa\rho\iota\sigma\iota\varsigma$ $ai\omega\nu\iota o\varsigma$, 막 3:29)으로 이루어진다. 영생과 마찬가지로, 영원한 형벌 역시 더 이상 변화가 불가능한 내세($ai\omega\nu$ $\mu\epsilon\lambda\lambda\omega\nu$)에 속한 것으로 묘사된다. 이렇게 시작된 영원한 형벌의 끝을 언급하는 말은 성경에서 단 한 마디도 찾아볼 수 없다. 오히려 거기서 타오르는 불은 꺼지지 않는 불(마 3:12)이고, 구더기도 죽지 않는 곳이며(막 9:48), 고난의 연기가 세세토록 올라가는 곳(계 14:11)이며, 세세토록 밤낮 고통을 받는 곳(20:10)이며, 의인들이 누리는 영생과 대비되는 영원한 고통의 곳이라고 묘사된다(마 25:46). 편견을 가진 성경주석이 아니라면 영원하고 끝이 없는 지옥의 형벌을 이야기하지 않을 수 없을 것이다.

성경은 잃어버린 자들의 상태를 파멸(ἀπωλεια, 마 7:13), 썩어짐(φθορα, 갈 6:8), 멸망(ὄλεθρος, 살후 1:9), 사망(θανατος, 계 2:11 등)이라고 말한다. 이는 악인들은 파괴되고, 뿌리뽑히고, 멸망하고, 배제되고, 쫓겨나고, 끊어지고, 겨와 같이 살라질 것이라는 구약의 묘사와도 부합한다. 조건적 불멸성을 주장하는 자들은 이런 묘사를 완전한 소멸로 이해하려고 하겠지만,[9] 성경은 결코 생명을 단순한 존재로 보거나 사망을 단순한 소멸로 보지 않는다. 왜냐하면 죄라는 것이 존재하는 사물을 파괴하는 단순한 물질이 아니라 그것을 하나님과 멀어지는 잘못된 방향으로 몰아가는 것이기 때문이다. 육신의 죽음은 단순히 자연적 결과가 아니라 하나님이 죄에 대해 보다 적극적으로 경고하시고 시행하시는 형벌이다. 죽음이라는 이 사건을 통해 하나님은 인간 존재를 소멸하시는 것이 아니라 일시적으로 영혼을 몸과 분리시킨 채 이 둘을 유지하시고 마지막 부활의 때에 그것들을 다시 결합시키신다. 조건적 불멸성은 죄의 형벌로서의 파멸(ἀπωλεια)을 인간 실체의 소멸로 봄으로써 윤리적 존재와 물리적 존재를 혼동한다. 하나님이 첫 번째 사망을 통해 인간을 소멸시키시지 않는 것처럼, 두 번째 사망을 통해서도 그렇게 하시지 않는다. 악인들의 상태를 성경은 파멸(ἀπωλεια), 썩어짐(φθορα), 멸망(ὄλεθρος), 사망(θανατος)이라고 한다. 도덕적이고 영적인 의미에서 죽은 자들은 완전히 파선되었으며, 절대적 의미에서 이들은 그리스도가 신자들에게 주신 생명의 충만함을 잃어버렸기 때문이다. 탕자를 "죽었다가"(νεκρος), "잃어버렸다가"(ἀπολωλως) 다시 찾은 자라 부르고, 에베소 교인들의 처음 상태를 죄와 허물 가운데 "죽은"(νεκροι) 것이라 부르고, 사데 교인들을 "죽은"(νεκροι) 자들이라고 부르는 것도 이 때문이다. 하지만 이 말씀을 보고서 이들을 존재하지 않는 자로 여길 사람은 아무도 없다.

만물의 회복(ἀποκαταστασις, 보편구원론)을 주장하는 자들 역시 죄의 윤리적 성격을 제대로 인식하지 못하는 동일한 실패를 반복하고 있다. 성경 어

---

9) E. White, *Life in Christ*, 358-90.

디에도 모든 인간과 심지어 모든 마귀들이 구원받는 날에 대해 말하지 않는다. 물론 성경이 이따금씩 보편구원론적 언어를 사용하는 것은 사실이지만, 그것은 그리스도의 사역이 갖는 무한한 가치를 표현하고 유기적으로 존재하는 온 인류와 온 세상에 이 사역의 유익이 돌아가는 것을 강조하기 위한 것일 뿐이다. 하지만 성경은 모든 인간이나 마귀가 언젠가 하나님 나라의 시민이 될 것이라는 생각은 분명하게 배제하고 있다. 그래서 보편구원론을 가르친 자들은 역사적으로 그렇게 많지 않았다. 심지어 오늘날에는 만물의 회복을 말하는 이론보다는 조건적 불멸성 이론이 신학자들 사이에 호응을 얻고 있다. 어쨌든 이런 가르침은 기독교가 아닌 이교적 기원을 가지고 있다. 그 성격에 있어 성경적이라기보다는 철학적이며, 저변에는 만물이 하나님으로부터 나와서 다시 그에게로 돌아간다는 범신론이 자리한다. 이런 관점에서 보면 하나님은 율법의 수여자도 아니고 언젠가 세상을 공의로 심판하실 재판장도 아니다(시 9:8). 그저 만물을 종말로 몰아가서 마침내 자신에게로 다시 돌아오게 하는 의식 없는 내재적 힘일 뿐이다. 이 이론에서 죄는 불법(ἀνομια)이 아니라 세상의 진화 과정에서 필요한 순간일 뿐이다. 그리스도 안에서의 구속은 법정적 회복과 윤리적 갱신이 아닌 모든 것을 주장하는 물리적 과정일 뿐이다.

영원한 형벌을 제대로 이해하기 위해서는 무엇보다 성경이 말하는 대로 하나님의 정의가 순전하다는 점과 죄가 심히 죄악되다는 점을 인식해야 한다. 죄는 연약함도, 결여도, 점진적으로 사라질 일시적 불완전함도 아니다. 죄는 그 기원과 본질에 있어서 불법(ἀνομια)이요, 율법을 거스르는 것이요, 하나님을 대항하는 반역과 적개심이요, 하나님의 정의와 권위는 물론 심지어 그의 존재까지도 부정하는 것이다. 이 땅에서는 모든 죄가 동일하게 심판받는 것은 아니다. 경범죄를 저지른 사람은 범칙금만 물고 마는 반면에, 살인을 저지른 사람에게는 사형이 언도되고 세속 정부를 통해 다시 돌이킬 수 없는 상태에 이른다. 하나님도 동일하게 행하신다. 이 땅에서 사형을 당하는 것과 유사하게, 지옥의 형벌은 최후의 심판이다. 하나님은 죄가 가진 본유적인 성격에 따라 그것을 판단하고 심판하신다. 우리의 사랑과 예배를 받으시기에 합당하신 지존자를 거슬러 범해진다는 점에서 죄는 무한한 것이다. 하나님은 우리의 순종과 헌신을 받기에 합당하신 분이다. 죄를 범하는 자는 죄의 종이다. 그는 죄를 범하는 것 말고는 할수 있는 것도 없고 하고 싶은 것도 없다. 그가 자신의 죄악된 삶을 이어갈 기회를 거부하는 것도 그가 스스로 하는 행동은 아니다. 내면의 욕망으로 말하자면, 이런 사람은 영원히 죄를 지으며 살 수 있기를 바랄 뿐이다. 죄의 이런 성격을 깨닫는다면, 하나님이 일시적인 형벌은 물론 영원한 형벌로 죄를 심판하시는 것을 보고 누가 감히 하나님이 불의하시다고 말할 수 있겠는가?

영원한 형벌을 반대하는 주장들은 이것이 하나님의 선하심과 사랑과 부합하지 않는다는 확신에서 기인하는 경우가 많다. 하지만 죄를 영원히 심판하시는 것이 하나님의 정의에 어긋나지 않는다면 이는 하나님의 선하심에도 어긋나지 않고 또 그럴 수도 없다. 다른 선택의 여지가 없다. 영원한 형벌이 불의하다면, 그것을 부정하고 정죄하라. 하지만 그런 사람은 더 이상 하나님의 선하심에 호소할 필요도 없다. 하지만 만약 영원한 형벌이 하나님의 정의에 부합한다면, 하나님의 선하심 역시 손상되지 않는다. 의로운 것은 또한 선하기 때문이다. 따라서 영원한 형벌에 대한 반론은 하나님의 선하심에 대한 마르키온적인 이해에 기인한 것으로, 그것은 은밀하게 하나님의 정의와 하나님의 선하심 간의 갈등을 조장하고, 후자를 위해 전자를 희생시킨다. 하지만 정의를 부인하는 선은 더 이상 진정하고 참된 선이 아니다. 인간이 고안한 것을 하나님께 투사하는 것은 그저 인간의 연약함과 변덕에 불과하며, 자연은 물론 성경을 통해 자신을 계시하신 참되고 살아 계신 하나님께 전혀 맞지 않는 일이다. 영원한 형벌이 하나님의 선하심에 부합하지 않는다면, 일시적인 형벌 또한 그렇다고 할 수 있다. 하지만 사실 후자에 대해 그렇게 말할 수 있는 사람은 없다. 인류는 하나님의 진노에 삼키우고 하나님의 진노에 두려워 떤다(참조. 시 90:7). 세상에

   제7부 | 만물을 새롭게 하시는 성령

서 당하는 고통을 하나님의 선하심이나 사랑과 조화시킬 수 있는 사람이 누구겠는가? 하지만 이것은 여전히 가능한데, 왜냐하면 실제로 그런 상황이 존재하기 때문이다. 세상에서 당하는 엄청난 고통이 하나님의 선하심을 의심하게 하는 것이 아니라면, 영원한 형벌 역시 하나님의 선하심을 부정하게 할 수 없다. 이 세상이 하나님의 사랑과 부합한다면—물론 그렇고 또 그래야만 한다—지옥도 마찬가지다. 성경을 제외하고는 이 세상만큼 지옥의 실재를 분명하게 보여주는 증거가 없는데, 성경에 대한 지옥의 묘사도 사실은 이 세상의 비참함에서 빌려온 것이다.[10]

더구나 영원한 형벌의 실재를 문제 삼는 사람은 하나님 앞에서 위선적으로 살아갈 큰 위험이 있다. 이런 사람은 스스로를 지극히 사랑이 많은 사람이요, 심지어 우리 주 예수 그리스도보다 더 선하고 연민이 많은 사람으로 자처하기 때문이다. 그러나 이런 사람은 자신의 명예가 모독을 받는다고 생각되면 그것을 참지 못하고 길길이 날뛰면서, 자신의 명예를 짓밟은 것으로 생각되는 사람이 이 땅에서는 물론 내세에도 모든 해를 당하기를 바란다. 누군가가 자기를 방해하면 사람들의 마음에는 당장 적개심, 증오, 진노, 복수심 등이 일어난다. 그들은 자신의 명예는 중히 여기면서도 하나님의 명예는 안중에도 없다. 자신의 권리를 위해서는 적극적으로 일어나 싸우면서도 다른 사람이 하나님의 권리를 짓밟는 것에는 무관심하다. 이런 사실만 보더라도 우리 인간은 하나님의 말씀과 행위를 판단할 위치에 있지 않은 것이 분명하다. 하지만 우리 자신의 권리와 명예를 옹호하는 모습 속에도 선한 부분이 있기는 하다. 비록 사람들이 잘못 적용하기는 하지만, 이런 사실은 우리의 권리와 명예가 우리의 생명과 선보다도 중요하다는 것을 보여준다. 죽음의 잠에 빠진 죄인임에도 정의감과 명예심

---

10) 참조. A. Strindberg, *The Dance of Death*, trans. A. Paulsen (New York: W. W. Norton, 1976), 41 (act 1, scene 1): "Don't you [believe in hell]? you who are living in one?" (독일어: Glaubst du nicht daran [an die Holle], wo du mitten in ihr bist?).

이 깊이 자리하고 있는 것이다. 그래서 이런 부분이 침해를 받으면 인정사정 보지 않고 물불을 가리지 않는다. 두 사람 또는 두 나라가 정의의 문제로 갈등하거나 분쟁에 빠졌을 때, 그 둘은 각기 하나님이 정의로 승리하게 하시고 이 정의를 짓밟은 상대방을 쳐주실 것을 간절히 기도한다. 심판 날에도 가장 중요한 문제는 개인의 권리 따위가 아니라 바로 이 정의다. 완전한 의미와 범주로서의 정의, 즉 하나님의 정의 말이다. 그리고 하나님은 이 심판을 통해 영원토록 하나님으로서 존귀와 영광을 받으실 것이다.

그러므로 심판의 날에 하나님은 죄인들에게 영원한 형벌을 선언하심으로써 모든 피조물 앞에서 하나님으로서의 자신의 권리를 온전히 주장하실 것이다. 하나님은 그리스도 안에서 장차 도래할 자신의 진노와 영원한 멸망에서 우리를 구원하시는 위대한 사랑을 온전히 드러내셨다. 영원한 형벌을 비판하는 자들은 정죄 받는 것이 마땅한 죄와 하나님의 정의를 정당하게 다루지 못한다. 또한 이들은 그리스도 안에 있는 구원과 하나님 사랑의 위대함을 손상시키고 있다. 만일 영원한 멸망으로부터의 구원이 목적이 아니었다면 이를 위해 하나님의 독생자의 피를 값으로 치를 필요는 없었을 것이다. 그리스도가 대속의 죽음을 통해 우리를 위해 획득하신 천국은 우리가 그분에 의해 건지심을 받은 지옥을 전제한다. 그가 우리에게 나누어주시는 영생은 우리가 그분에 의해 구원을 얻은 영원한 사망을 전제한다. 하나님이 우리로 영원히 누리도록 하신 그분의 선하신 기쁨은, 그렇지 않았을 경우 우리가 영원히 처하게 되었을 진노를 전제한다. 언젠가 그리스도가 심판을 집행하시고 영원한 형벌을 선고하시는 것도 이 때문이다. 가장 온유하시고, 인간이 마음속에 무엇을 품고 있는지를 아시는 완전하시고 참되신 인간이 인류의 심판자가 되실 것이다. 이 심판자는 너무도 정의로워서 모두가 그의 정의로움을 인정할 것이며, 모든 무릎이 그 앞에 꿇게 될 것이고, 모든 입술이 그리스도를 주라 고백하여 하나님 아버지께 영광을 돌릴 것이다(빌 2:10-11). 마침내 모든 만물이 자원함으로든 그렇지 않든 하나님을 하나님으로 인정할 것이다.

우리에게는 이 정도면 충분할 것이다. 지옥의 위치와 규모, 지옥불과 구더기의 본질, 버림받은 자들이 처하게 될 정신적·육체적 상태와 같은 것들에 대한 관심은 아무런 결론에도 다다를 수가 없을 것이다. 성경이 이 부분에 대해 전혀 말하지 않기 때문이다. 우리가 알고 있는 것은 지옥의 형벌이 마지막 심판 날 후에 비로소 시작되며, 이런 형벌은 계속해서 완고하게 하나님의 진리에 저항하는 자들을 위협하고 있는데, 그럼에도 이런 형벌은 각 사람의 불의함의 정도에 따라 차등 적용될 거라는 사실이다. 지옥에서도 여전히 회개하고 죄를 용서받을 여지가 있다는 말은 성경 어디에도 없다. 형벌의 본질은 정의를 보존하는 데 있고 심판 후에는 특별히 모든 사람에게 그들의 행위대로 갚는 것만 있을 뿐, 이 형벌로 무엇이 정화되지는 않는다. 모두가 각자의 행위대로 형벌을 받을 것이다(마 10:15; 11:24; 23:14; 24:51; 눅 10:12, 14; 12:46-47; 고후 5:10 등). 이런 사실은 여전히 어느 정도 하나님의 긍휼을 드러낸다.[11] 모든 죄는 절대적으로 하나님의 정의에 반하지만, 그것을 벌함에 있어 하나님은 죄들 간에 존재하는 상대적 차이를 고려하시기 때문이다. 무덤 저편에도 역시 무한한 다양성이 있다. 영원한 형벌을 통해 하나님의 정의가 항상 하나님의 선하심과 사랑을 손상시킴이 없는 방식으로 나타나기 때문에 어느 누구도 어떤 식으로든 하나님의 정의가 부당하다고 비난할 수 없다. 주께서 인생으로 고생하며 근심하게 하심이 본심이 아니라는 말씀(애 3:33)은 지옥에서도 여전히 적용된다. 죄인에게 고통을 가하는 것이 하나님을 즐겁게 하는 것은 아니다. 그것은 하늘에 있는 복된 자들에게도 마찬가지다. 그것은 다만 하나님의 덕을 영화롭게 하는 방편일 뿐이다. 그러므로 형벌은 하나님의 덕을 영화롭게 한다는 궁극의 목적을 따라 그 정도와 혹독함이 정해진다.[12]

---

11) 참조. H. Bavinck, *Reformed Dogmatics*, II, 386, 388-89 (##244-45).

12) 좀 더 자세한 내용은 다음을 보라: Augustine, *Enchiridion*, 110-13; *City of God*, XXI; Peter Lombard, *Sententiae in IV libris distinctae*, 3rd ed., 2 vols. (Grotta ferrata: Colleggi S. Bonaventurae ad Claras Aquas, 1971-81), IV, dist. 46-50;

창조의 회복

[577] 최후의 심판이 끝나면 세상이 새롭게 된다. 구약성경에 의하면 주의 날에 앞서 많은 끔찍한 징조들이 있고, 온갖 두려운 사건들을 통해 열국에 대한 심판이 이루어진다. 하지만 이스라엘의 원수들에 대한 승리가 성취되고 이스라엘 백성이 자신들의 고토로 돌아와 회복된 후에는 비할 수 없이 풍성한 새로운 땅이 나타날 것이다. 신약성경에서도 심판의 날은 해와 달과 별들이 어두워지고 하늘의 권능들이 흔들리는 것과 같은 많은 징조가 있은 후에 찾아온다고 가르친다(마 24:29). 주의 날이 오고 나서야 이 땅이 불에 탈 것이며(벧후 3:10), 그 후에는 의인들이 살아갈 새 하늘과

T. Aquinas, *Summa Theol.*, suppl., qu. 97-99; A. Dante, "Inferno"; D. Petavius (Petau), "De angelis" III, c. 4-8, in *Opus de theologicus dogmatibus* (Antwerp: Gallet, 1700), IV; Josef Sachs, *Die ewige Dauer der Höllenstrafen* (Paderborn: Schoningh, 1900); J. Bautz, *Die Hölle in Anschluss an die Scholastiek dargestellt* (Mainz: Kirchheim, 1905); J. Stufler, *Die Heiligkeit Gottes und die ewige Tod* (Innsbruck: Rauch, 1903)는 보편구원(*apokatastasis*)의 가능성을 인정하는 H. Schell에 반대한다. F. X. Kiefl은 "Herman Schell und die Ewigkeit der Hölle," *Theologisch-praktischen Monatsschrift* 14 (1904): 685-709에서 Schell을 변호하는데, Stufler는 *Die Verteidigung Schells durch Prof. Kiefl* (Innsbruck: Rauch, 1904)에서 다시 Kiefl에게 답변한다; A. M. Weiss, *Die religiose Gefahr* (Freiburg i.B.: Herder, 1904), 277, 353. 개신교는 영원한 형벌에 관한 교리를 지속적으로 고수했다. 이에 대한 간략한 설명으로는, B. de Moor, *Commentarius perpetuus in Joh. Marckii Compendium theologiae christianae didactico-elencticum*, 6 vols. (Leiden: J. Hasebroek, 1761-71), III, 354-58; Campegius Vitringa, *Doctrina christianae religionis, per aphorismos summatim descripta*, 6th ed., 8 vols. (Leiden: Joannis le Mair; Arnheim: J. H. Möelemanni, 1761-86), IV 175; II, 305, 320. 현대에는 내세에 모든 사람이 복된 상태에 이르는 것은 아니라는 개념이 죄에 대한 책임을 불가피한 것으로 규정하는 도덕법의 절대적 성격이나 보응(karma)의 법을 토대로 큰 환영을 받고 있다. 참조. Bavinck, *Philosophy of Revelation* (New York: Longmans, Green, 1909), 295, 314. 내세에서의 보상과 형벌에 대한 이교도들의 이해를 위해서는 다음을 보라: F. Hettinger, *Apologie du Christianisme*, 5 vols. (Bar-le-Duc: L. Guèrin, 1869-70), IV, 320.

새 땅이 도래한다(3:13). 요한은 심판 후에 새 예루살렘이 하나님으로부터 내려오는 것을 본다(계 21:1ff.). 세상의 갱신에 대한 기대에서 성경은 양 극단의 중간적 입장을 취한다. 한편으로 이 세상이 영원히 현재 형태로 유지될 것이라고 믿는 이들이 많이 있다. 그런가 하면 세상은 그 형태가 새로워질 뿐 아니라 본질까지 완전히 파괴되고 전혀 새로운 세상으로 대체된다고 믿는 사람들도 있다.[13]

그러나 성경에 따르면 현 세상은 영원히 계속되지도 않지만, 완전히 파괴되어 전혀 새로운 세상으로 바뀌는 것도 아니다. 완전한 파괴를 가르치는 것으로 생각되는 구약성경의 구절들이 주의 날 이후에 이루어질 변화를 생생한 언어로 묘사하고 있는 것은 사실이다(시 102:26; 사 34:4; 51:6, 16; 65:17; 66:22). 하지만 이 구절들이 세상의 본질이 완전히 파괴되는 것을 의미하지는 않는다. 무엇보다도 이 구절들의 묘사를 근거로 세상이 아무것도 없는 무로 환원될 거라고(reductio ad nihilum) 추론하기에는 거기 담고 있는 비유적 수사들이 너무나 풍성하다. 더구나 "천지가 없어진다"(אָבַד, 시 102:26)는 말이 그 자체로 본질의 절대적 파괴를 뜻하지 않는다는 것은 세상이 의복과 같이 해지고, 옷과 같이 변하고, 포도나무 이파리와 같이 시들고, 연기처럼 사라진다는 묘사들을 통해 분명해진다(시 102:26; 사 34:4; 51:6). 마지막으로 새 하늘과 새 땅을 가리키는 것으로 쓰인 "창조하다"(בָּרָא, 사 65:7)라는 히브리어 동사는 항상 무로부터의 창조를 가리키기만 하는 것이 아니라 옛것으로부터 새로운 것을 만들어내는 하나님의 사역을 가리킬 때도 많다(41:20; 43:7; 54:16; 57:18). 이 말이 자주 무엇을 심는 일, 기초를 놓는 일, 무엇을 만드는 일을 뜻하는 용어들과 교차적으로 사용되는 것도 이 때문이다(51:16; 66:22).

마찬가지로 신약성경은 천지가 없어지고(마 5:18; 24:35; 벧후 3:10; 요일 2:17; 계 21:1), 의복과 같이 해지고(히 1:11), 멸망하고, 풀어지고(벧후 3:10), 불

---

13) C. Vitringa, *Doctr. christ.*, IV, 194-200.

에 녹고(3:10), 변할 것(히 1:12)이라고 선언한다. 그러나 이런 표현 가운데서 그 어떤 것도 실체의 소멸을 의미하지는 않는다. 예를 들어 베드로는 궁창이 나누인 결과로 생긴 옛 땅은 홍수로 멸망했고(벤후 3:6), 현재 세상 역시 물이 아닌—하나님이 약속하신 대로—불로 멸망할 것이라고 분명히 말한다. 세상이 홍수로 완전히 없어지지 않았기 때문에 불로 멸망하는 세상 역시 완전히 없어질 것이라고 생각할 필요는 없다. 불은 태우고, 깨끗하게 하고, 정화시키지만 사라지게 하지는 않는다. 요한1서 2:17의 대조("이 세상도, 그 정욕도 지나가되 오직 하나님의 뜻을 행하는 자는 영원히 거하느니라")에서 첫 번째 언급은 세상의 실체가 파괴될 것을 의미하는 것이 아니라 죄로 손상된 형태로서의 현재 세상이 사라질 것을 뜻한다. 또한 바울은 매우 분명하게 이 세상의 외형은 지나간다고 말한다(고전 7:31). 이런 형태의 갱신만이 두 번째 새로운 창조가 아닌 기존 세상의 재창조를 말하는 구속에 대한 성경의 가르침과 부합한다. 하나님이 죄로 오염되고 더럽혀진 바로 그 땅, 그 하늘, 그 세상, 그 인간을 새롭게 하시고 구속하시는 것은 하나님의 영광에 정확히 부합하는 일이다. 그리스도 안에 있는 사람은 누구나 "이전 것은 지나가고 모든 것이 새롭게 된 새로운 피조물"인 것처럼(고후 5:17), 이 세상의 현재의 모습 역시 지나가버림으로써 하나님의 권능의 말씀을 따라 새로운 세상을 낳는 모태가 될 것이다. 마지막 때에는 개인뿐만 아니라 세상에 대해서도 재탄생이 이루어질 것인데(마 19:28), 이는 물리적 창조가 아닌 영적 갱신이다.

가시적 세상의 이런 갱신은 장래의 복된 상태를 천상으로만 제한하는 유심론이 얼마나 편파적인 것인지를 보여준다. 하나님 나라는 먼저 인간의 마음에 심기는 반면, 성경이 말하는 성육신과 부활에 뿌리박은 장래에 대한 복된 소망은 창조적이고, 물리적이고, 육신적이고, 이 세상과 관계된 소망이다. 구약성경의 예언을 살펴보면 그것이 이 땅에서 누리는 복을 이야기하고 있는 것임을 의심할 수 없다. 구약의 소망은 위대한 심판의 날 후에 하나님의 백성들이 다윗 왕가의 기름 부음 받은 왕의 통치 아래 주변의 이방 나라들의 섬김을 받으며 팔레스타인에서 안연하게 거하는 것이다. 델리치가 이사야 66:24에 대해 주석하면서 "신약성경이 이 땅의 삶을 장차 도래할 삶으로까지 끌어올린 반면에, 구약성경은 장차 도래할 삶을 이 땅의 삶으로 가져온다"고 한 것은 진리를 담고 있다.[14] 우리가 구약성경에서 신약성경으로 이동할 때 신령화(spiritualization)의 과정이 발생한다.

예수의 나타나심은 첫 번째 오심과 두 번째 오심으로 나뉘는데, 하나님 나라는 먼저 인간의 마음에 영적으로 심기어지기 때문에 그 나라의 유익들(용서, 화평, 의, 영생)은 모두 내적이고 영적이다. 따라서 장래에 누릴 복의 핵심 또한 보다 영적으로 해석된다. 특별히 바울과 요한을 통해 그것은 항상 주와 함께 머무는 것으로 묘사된다(요 12:26; 14:3; 17:24; 고후 5:8; 빌 1:23; 살전 4:17; 5:10; 요일 3:2). 그렇다고 이런 복락을 천상으로만 제한한다는 말은 아니다. 이것은 신약성경이 말씀의 성육신과 그리스도의 육체적 부활을 가르친다는 사실에서 분명히 드러난다. 신약성경은 여기서 머물지 않고 마지막 때에 그리스도의 육체적 재림을 기대할 뿐 아니라 동시에 모든 인간의 육체적 부활, 특별히 신자들의 부활을 그리고 있다. 이런 모든 사실을 볼 때 유심론이 들어설 자리는 없다. 오리게네스가 말하는 것처럼 유심론의 원리를 따르자면 심판 날 후에 남는 것이라고는 "창조되지 않은 하늘"에 거하는 영혼들뿐이다.

그러나 성경의 가르침은 전혀 다르다. 성경에 따르면 세상은 천지로 이루어지고 인간은 영과 육으로 이루어지는데, 마찬가지로 하나님 나라 역시 감추어진 영적 측면과 드러나는 외적 측면으로 이루어진다. 예수의 첫 번째 오심은 영적인 의미에서 하나님 나라를 세우기 위한 것이었지만, 역사의 끝에 다시 오실 때는 이 나라가 눈에 드러나게 임할 것이다. 종교

---

14) F. Delitzsch, *Biblical Commentary on the Prophecies of Isaiah*, trans. J. Martin, 2 vols. (Edinburgh: T&T Clark, 1869-80; repr., Grand Rapids: Eerdmans, 1954), II, 517.

개혁은 내부로부터 외부로 나아간다. 인간의 재탄생은 피조물의 재탄생으로 완성된다. 하나님 나라는 그것이 가시적으로 온 땅에 확장될 때 온전히 실현된다. 예수의 부활 후에 "주께서 이스라엘 나라를 회복하실 때가 지금이니이까?"라고 물었던 제자들의 모습 역시 그들이 이 나라를 그런 식으로 이해하고 있었음을 보여준다. 예수는 이들의 물음에 대답하시면서, 자신이 언젠가 그런 나라를 세우실 것을 부인하지 않으셨지만, 그 시기는 오직 성부만이 아시고, 지금은 제자들이 성령의 능력을 힘입어 땅끝까지 복음을 전파할 때라고 하셨다(행 1:6-8). 다른 곳에서도 예수는 온유한 자들이 땅을 기업으로 받을 것이라고 말씀하신다(마 5:5). 예수는 장래에 누릴 복락을 묘사하실 때, 손님들이 아브라함, 이삭, 야곱과 함께 잔칫상에 앉아(8:11) 먹고 마시고(눅 22:30) 새롭고 완전한 유월절 식사를 하고(눅 22:16), 새로운 포도나무 열매로 만든 포도주를 마시는 것으로(마 26:19) 그리신다. 예수의 재림이 있기까지 이 땅에 사는 신자들은 자신들의 보화가 저장되어 있으며(6:20; 19:21) 자신들의 생명이신 예수가 하나님 보좌 우편에 좌정하여 계시는 천상을 바라본다(요 14:3; 17:24; 골 3:1-3). 이 땅에서는 비록 이방인으로 머물지만, 그들은 하늘의 시민권을 가진 자들이다(빌 3:20; 히 11:13-16).

하늘에 있는 이 유업은 언젠가는 드러나게 될 것이다. 장차 그리스도가 오셔서 모든 신자의 공동체―말 그대로 온 세상―로 하여금 그의 영광에 참여하게 하실 것이다. 그때에는 신자들만 그리스도의 형상을 따라 변화되는 것이 아니라(요 17:24; 롬 8:17-18, 28; 빌 3:21; 골 3:4; 요일 3:2), "피조물도 썩어짐의 종노릇한 데서 해방되어 하나님의 자녀들의 영광의 자유에 이른다"(롬 8:21). 천지가 새롭게 되어 그곳에 정의가 둥지를 틀 것이다(벧후 3:13; 계 21:1). 지금은 위에 있으며 예전에는 지상의 예루살렘의 원형이었던 천상의 예루살렘이 이 땅에 도래할 것이다(갈 4:26; 히 11:10, 13-16; 12:22; 13:14; 계 3:12; 21:2ff.). 천상의 예루살렘은 하나님이 손수 지으신 도성이다(히 11:10). 하나님이 이 도성의 설계자이실 뿐 아니라 하나님이 친히 거하시는 곳이므로 그야말로 하나님의 도성이다(계 21:3). 천사들은 이곳에서 종으로서 위대하신 왕을 섬기고 수행하는 반면(히 12:22), 복된 자들은 이 도성에 시민으로 거주한다(계 21:27: 22:3-4).

새 예루살렘에 대한 요한의 묘사는 이전의 여러 환상들과 마찬가지로 문자적으로 받아들여서는 안된다. 새 예루살렘에 대한 상세한 묘사는 이 도성의 형태에 대한 윤곽을 제공할 목적으로 주어진 것이 아니라, 하나님 나라의 영광이 어떠한지 우리가 이해하도록 웅대한 이미지—사실 이렇게 하는 것 외에 다른 방법이 없었다—를 사용한 것이다. 그래서 요한은 낙원으로부터 강과 나무와 같은 재료들을(21:6: 22:1-2), 예루살렘으로부터는 문들과 거리들을(21:12ff.), 성전으로부터는 하나님이 거하셨던 지성소를(21:3, 22), 그리고 전체 자연으로부터는 금과 보석과 같은 모든 보화들을 빌려왔다(21:11, 18-21). 이런 이미지들은 공상이나 허구라기보다는 내세의 실재들을 현세적인 것들로 그려낸 것이다. 천지와 피조물 가운데 모든 참되고, 존귀하고, 의롭고, 순전하고, 기쁘고, 훌륭한 것들은 이 도성이 갖는 지고의 영광에 걸맞게 새롭게 되고, 재창조되고, 격상되어서 이곳으로 모아들여질 것이다.

하나님의 도성의 실체는 지금 피조계 안에 현존한다. 애벌레가 나비가 되고, 탄소가 다이아몬드로 변화되고, 알곡이 땅에 떨어져 다른 밀알을 산출하고, 봄이면 모든 자연이 소성하여 생기 넘치는 옷으로 갈아입고, 아담의 타락한 족속들로부터 믿음의 공동체가 일구어지고, 죽어 장사된 몸이 부활의 몸으로 일어나는 것처럼, 언젠가는 하나님의 재창조의 능력을 통해 "썩어질 것의 종노릇"(δουλείας της φθοράς, 롬 8:21)하는 데서 영원히 자유롭게 된 영원한 영광으로 빛나는 새 하늘과 새 땅이 불로 정화된 이 세상의 요소들로부터 나타날 것이다. 하나님이 친히 설계하시고 지으신 새 예루살렘의 영광은 아름다운 이 땅의 영광보다 더하고, 지상의 예루살렘의 영광보다 더하고, 심지어 낙원의 영광보다 더한 것으로 드러날 것이다. 영화롭게 된 상태(*status gloriae*)는 단순히 자연적 상태(*status naturae*)의 회복

(*restauratio*)이 아니라[15] 그리스도의 권능으로 모든 질료(ὕλη)가 형상(εἶδος)으로, 모든 잠재력(*potentia, actus*)이 실체로 변화된 것이며, 피조물 전체가 하나님 면전에서 영원한 젊음의 봄을 머금은 쇠하지 않는 찬란함으로 드러나는 상태다. "실체"의 관점에서 보자면 아무것도 잃어버려지는 것은 없다. 바깥 어두운 곳에는 개들과 술객들과 행음자들과 살인자들과 우상 숭배자들과, 거짓을 좋아하고 그것을 상습적으로 일삼는 자들이 있다(계 22:15). 하지만 새 하늘과 새 땅에서 세상은 회복되고, 믿음의 공동체 안에서 인류가 구원을 받는다. 그리스도가 피로 값주고 사신 각 나라와 족속과 방언(계 5:9)으로부터 모인 이 믿음의 공동체 안에서 이스라엘을 포함한 온 민족이 각각의 독특한 자리와 부르심을 유지한다(마 8:11; 롬 11:25; 계 21:24; 22:2). 이런 모든 민족들은 각 나라의 고유한 특색을 따라 하나님으로부터 받은 모든 것을 가지고 영광과 존귀 가운데 새 예루살렘으로 모일 것이다 (계 21:24, 26).

[578] 성도 간의 교제는 물론 하나님과의 교제까지도 포함하는 하나님 나라의 구원은 현재적 복인 동시에 장차 완성될 부요한 영광이다. 하나님 나라는 이미 도래했고 또 장차 도래할 것이다. 하나님의 자비는 광대하다. 이교도의 구원과 영아 때 죽은 아이들의 구원에 대한 섣부른 판단은 자제해야 하겠지만, 개혁파 신앙고백은 이런 부분에 있어서 관대하다. 비록 많은 사람이 도태되기는 하겠지만, 그리스도 안에서 인류와 세상은 구원을 얻는다. 하나님의 자녀들이 누리는 최종적 안식을 아무것도 하지 않고 가만히 있는 것으로 여겨서는 안 된다. 하나님의 자녀들은 하나님의 종으로서 밤낮 기쁨으로 하나님을 섬긴다. 우리가 이 땅에서 파종한 것들을 내세에서 거둔다. 다양성은 내세에서 파괴되는 것이 아니라 죄와 무관하게 되고 하나님과 다른 성도들과의 교제에 유익하게 변모된다. 심지어 성

---

15) 편집자 주—앞의 각주 2번, 또는 다음을 보라, H. Bavinck, *Reformed Dogmatics*, IV, 697n5 (#573).

경은 미래의 왕국에서 누리는 영광의 정도가 이 땅에서 각자가 성취한 행위에 상응한다고 가르치기도 한다. 구원의 복은 모두가 동일하게 누린다. 하지만 영광에는 차이가 있을 것이다. 이런 구분은 선행의 공로에 의한 것이 아니라 주권적이고 값 없이 주어지는 은혜로운 하나님의 언약의 성격에서 비롯되는 것으로, 그리스도의 공로로 말미암아 신자들이 얻어 누리는 것이다. 이처럼 하나님은 이런 역동적 다양성 안에서 자기 속성의 영광이 밝히 드러나도록 하시기 위해 자신의 사역을 영화롭게 하신다. 그때에는 만물이 하나님 안에서 기동하고 각자의 존재를 얻어 누릴 것인데, 하나님은 만유의 주가 되시고, 자신의 사역이라는 거울을 통해 자신의 속성을 반사하시고 그 안에서 스스로를 영화롭게 하신다.

또한 복된 자들이 참여하는 복은 본질적으로 물질적이고 물리적이다. 이교도들과 일단의 천년왕국주의자들을 통해 물질적인 복이 마치 장래에 신자들이 누릴 복의 주된 요소인 양 오해되는 것 이상으로, 천국의 복된 상태에서 누리는 것들에서 물리적 요소를 완전히 배제하는 것 역시 편향적이고 스토아적인 것이다. 성경은 일관되게 영적인 것과 자연적인 것을 긴밀하게 연결하고 있다. 세상이 하늘과 땅으로 이루어지고 사람이 영혼과 육신으로 이루어지는 것처럼, 거룩과 영광, 미덕과 행복, 도덕적인 세상 질서와 자연적인 세상 질서 역시 궁극적으로 조화롭게 서로 통일되어야 한다. 그러므로 복을 받은 자들은 죄로부터 자유롭게 될 뿐 아니라 모든 죄의 결과로부터, 무지와 오류로부터(요 6:45), 죽음으로부터(눅 20:36; 고전 15:26; 계 2:11; 20:6, 14), 가난과 질병으로부터, 고통과 두려움으로부터, 굶주림과 목마름으로부터, 추위와 더위로부터(마 5:4; 눅 6:21; 계 7:16-17; 21:4), 모든 연약함과 수치와 부패로부터도(고전 15:42) 자유하다.

여전히 영적인 복이 더 중요하고, 헤아릴 수 없을 정도로 더 풍성하다. 거룩(계 3:4-5; 7:14; 19:8; 21:27), 구원(롬 13:11; 살전 5:9; 히 1:14; 5:9), 영광(눅 24:26; 롬 2:10; 8:18, 21), 양자 됨(롬 8:23), 영생(마 19:16-17, 29 등), 하나님과 그리스도를 바라고 닮아감(마 5:18; 요 17:24; 롬 8:29; 고전 13:12; 고후 3:18; 빌 3:21;

요일 3:2; 계 22:4), 하나님과 그리스도와 더불어 누리는 교제와 섬김과 찬양
(요 17:24; 고후 5:8; 빌 1:23; 계 4:10; 5:9-13; 7:10, 15-17; 21:3; 22:3) 등이 여기 포함
된다. 그리스 정교회와 로마 가톨릭교회의 추상적인 초자연주의—구원을
완전히 초월적인 것으로만 보기 때문에 수도원주의를 이 땅에서 그리스
도인의 삶을 가장 이상적으로 실현할 수 있는 방법으로 꼽는다—에 대항
하는 이런 [현세 지향적] 이해는 중요한 진리를 내포한다. 성경으로 돌아
가는 것을 원리로 하는 종교개혁은 원칙적으로 삶에 대한 이런 초자연주
의적이고 금욕주의적인 이해를 넘어섰다. 신자들은 믿음을 갖는 바로 그
순간에 사죄와 영생을 얻는다. 이들은 죄를 보상하려는 기대로 고용된 일
꾼이 아니라 사랑과 감사로 성부의 뜻을 행하는 하나님의 자녀다. 세상에
서 도피함으로써 이 뜻을 행하는 것이 아니라 이 땅에서 각자에게 맡겨진
부르심에 신실하게 응함으로써 그렇게 한다. 따라서 천국을 바라는 삶은
결코 이 세상 가운데서의 삶과 대치하지 않는다. 그리스도는 바로 이 세상
한가운데서 그의 제자들을 악한 자로부터 지키신다.

앞에서 이미 말한 것처럼 새 하늘과 새 땅은 지금 존재하는 이 세상의
요소들로 이루어지고, 신앙 공동체는 그리스도를 머리로 하여 회복된 사
람들로 구성된다. 하지만 아직 구원을 온전히 누리지는 못한다. 우리는 소
망으로 구원을 얻었다(롬 8:24). 신자들은 하나님의 자녀다. 하지만 여전히
자신들의 "자녀 됨"이 온전히 실현되기를 기다린다(마 5:9; 롬 8:23). 이들은
영생을 가졌지만 부활 시에도 받아야 할 영생이 있다(요 5:20-29; 6:40, 44-
45). 그러므로 이 두 가지 모두 사실이다. 천국은 이미 도래했고 또 장차
도래할 것이다. 이런 이중적 진리가 영광의 상태가 갖는 전반적인 성격을
결정한다. 새 하늘과 새 땅이 이 세상의 요소들로 형성되고 신자들의 공동
체가 아담 안에서 타락한 인류의 재창조를 통해 이루어지는 것처럼, 구속
된 자들이 내세에서 누리는 삶도 이 땅에서 신자들이 누리는 삶과 연속성
을 갖는 것으로 보아야 한다. 그것은 초자연적으로 덧붙여진 은사(*donum
superadditum*)를 통해 그 본성이 고양된 사람들이 행하는 하나님에 대한

천상적 관조(*visio Dei*)도 아니고, 이 땅에서 누리는 성화의 삶의 단순한 연장도 아니다. 이런 삶에서는 신앙─하나님과의 교제─이 근본이요 중심이다. 그때 하나님과의 교제는 이 땅에서 누릴 수 있는 것보다 훨씬 더 풍성해지고, 깊어지고, 복될 것이다. 어떤 죄로도 방해받지 않고, 어떤 간극도 자리하지 않고, 성경이든 자연이든 간에 그 무엇으로도 중개되지 않는 교제가 될 것이기 때문이다. 과연 이들은 이 땅에서 소망으로만 기대하던 모든 것을 받아 소유할 것이다.

[579] 하나님과의 복된 교제는 성도 간의 교제를 통해 누려지고 고양된다. 이미 이 땅에서도 이런 교제는 신자들이 믿음으로 누리는 놀라운 유익 가운데 하나다. 예수로 인해 집이나 형제나 자매나 아비나 어미나 아내나 자녀나 밭을 버린 신자들은 이 땅에서 집들과 형제들과 자매들과 어미들과 자녀들과 밭을 핍박과 겸하여 받는다(막 10:29-30). 성부의 뜻을 행하는 모든 자는 예수의 형제와 자매와 어미이기 때문이다(마 12:50). 신약성경의 중보자를 통해 신자들은 이 땅에 있는 전투적 교회와 교제하는 것은 물론 완전하게 된 의인의 영들로 이루어진 장자들의 총회인 천상의 교회와 교제하고, 심지어 셀 수 없이 많은 천사들과도 교제한다(히 12:22-24). 원리적으로는 이미 이 땅에서 시작된 교제지만, 천상에서 누리는 이 교제는 모든 언어와 사회 기준과 시간과 공간의 장벽이 무너지고 모든 죄와 오류가 사라진 새 예루살렘에 모인 모든 택정함을 입은 자들과 누리는, 비교할 수 없이 부요하고 영광스러운 교제다. 바로 이때 자신의 모든 양들이 한 목자의 돌봄 아래 한 무리로 모이게 될 것을 바라는 예수의 기도가 온전히 성취된다(요 10:16; 17:21). 모든 성도가 다 함께 그리스도의 사랑의 넓이와 길이와 높이와 깊이를 온전히 헤아리게 될 것이다(엡 3:18-19). 또한 이들은 아브라함, 이삭, 야곱과 한 상에 앉아 한 목소리로 하나님과 어린 양의 영광을 찬양할 것이다(계 4:11; 5:12 등). 이 땅에 있는 믿음의 무리에 대해 성경은 자주 "작은 무리"라는 말을 사용하는데(마 7:14; 22:14; 눅 12:32; 13:23), 이는 지금까지의 교회 역사를 통해 확증된 사실이다. 구약성

경의 예언은 이미 이스라엘의 남은 자들만 회개하고 구원을 얻을 것이라고 단정짓는다. 신약성경 역시 끝까지 이기는 자가 적을 것이라고 말한다(마 24:13; 25:1ff.; 눅 18:8).

하지만 다른 한편으로 성경은 대단히 보편구원론적인 언어를 사용할 때가 자주 있다. 아담 안에서 은혜언약은 전체 인간에게 알려졌다(창 3:15). 노아의 홍수 후에 주어진 자연 언약은 모든 피조물을 포함한다(9:9-10). 아브라함 안에서 이 땅의 모든 세대가 복을 받는다(12:3). 언젠가 이스라엘에게 주어질 구원은 모든 이방인들에게 유익을 가져다준다. 예수는 많은 사람들을 위해 자기 생명을 내어줄 것이라고 말씀하셨고(마 20:28), 하늘나라에서는 동서로부터 나아온 많은 사람들이 아브라함, 이삭, 야곱과 함께 앉을 것이라고 말씀하셨다(8:11). 그리스도 안에서 나타난 은혜는 아담의 범죄보다 훨씬 더 풍성한 것이다. 이 은혜는 생명과 의롭다 함을 위해 모든 사람에게 미친다(롬 5:12-20; 고전 15:22). 이 세대에는 하늘과 땅에 있는 만물이 그리스도 아래서 하나로 통일된다. 마지막 날에는 모든 이가 그리스도 앞에 무릎 꿇고 모든 입술이 그를 주로 고백할 것이다(빌 2:10-11). 아무라도 능히 셀 수 없는 많은 무리가 어린 양의 보좌 앞에 설 것이다(계 7:9; 19:1, 6). 열방들이 구원을 얻고 새 예루살렘의 빛 가운데서 행할 것이다(21:24, 26; 22:2). 이때에는 하나님이 만유의 주로서 드러나실 것이다(고전 15:28).

하나님의 긍휼의 풍성함

이런 일련의 본문들을 근거로 많은 사람들이 결국에는 모든 피조물은 아닐지라도 적어도 모든 사람이―설령 문자 그대로 모든 사람은 아니더라도 대부분의 사람들이―구원을 얻을 것이라고 믿었다. 지옥은 완전히 존재하지 않거나 우주 한 귀퉁이에 아주 조그맣게 자리할 것이다. 심지어 그리스도가 아니면 성부께로 나아올 자가 없고 하늘 아래 구원을 위해 예수 외에 다른 이름을 주신 적이 없다고(요 14:6; 행 4:12) 고백하는 사람들 중에서도 복음과 상관 없이 구원받을 가능성을 인정하는 사람들이 항상 있어왔다. 이들은 언약의 자녀들, 기독교 진영 안이든 밖이든 상관없이 복음 설교를 들을 기회를 실제적으로 갖지 못하는 영아 때 죽은 모든 아이들, 정서적 장애 혹은 발달 장애를 가진 사람들, 청각장애를 가진 사람들과 관련하여 이런 견해를 피력했다. 또한 분명한 통찰력과 덕스러운 삶을 통해 참된 경건의 증거를 보이는 소수의 또는 많은 이방인들에게도 이런 이해를 적용한다. 몇몇 교부들은 이교도들의 세계에서도 로고스가 역사한다고 생각했다.[16] 애초부터 이스라엘뿐 아니라 다른 민족들 가운데도 로고스를 믿고 그의 계명에 부합하게 신실하고 의롭게 산 자들이 있다고 아우구스티누스는 믿었다.[17] 아벨라르두스(Abelard)는 이교도들 역시 구원을 상속받을 수 있다고 주장했다. 츠빙글리는 하나님이 이교도들 가운데도 자신의 택한 자들을 두셨다고 믿었다.[18] 하지만 다른 신학자들은 그럴 가능성만 열어놓았을 뿐 소망과 바람의 수준을 넘어서는 모험을 감수하지는 않았다. 그리고 이런 의견을 개진한 신학자들은 항상 소수에 불과했다.

그들의 신앙고백 안에서 교회들은 이런 문제들에 대해 어떤 선언도 하지 않았고 대부분의 신학자들은 그 생각에 반대했다.[19] 오히려 영아로 죽은 아이들의 구원에 대해서는 보다 호의적이었다. 로마 가톨릭 신학자들은 분명한 의사 표현(*voto*)을 통해서나 또는 부모의 신앙고백으로(*in re*, 본질상으로) 세례를 받고 그리스도인 부모 슬하에서 죽은 모든 자녀들은 구원을

---

16) 참조. H. Bavinck, *Reformed Dogmatics*, I, 229-30 (#68); II, 565-68 (#295); IV, 33-35, 51, 61 (##433, 438, 441).

17) Augustine, *Letters*, 102; *City of God*, XVIII, 47; 참조. H. Reuter, *Augustinische Studien* (Gotha: Perthes, 1887), 90ff.

18) U. Zwingli, *Exposition of the Christian Faith*, chap. x, "Everlasting Life," in *On Providence and Other Essays*, ed. S. M. Jackson and W. J. Hinke (1922; repr., Durham, NC: Labyrinth, 1983), 272.

19) 참조. C. Vitringa, *Doctr. christ.*, I, 29의 참고문헌.

받는 반면, 어려서 죽은 다른 아이들은 유아림보(*limbus infantum*)에서 감각의 형벌(*poena sensus*)이 아닌 정죄의 형벌(*poena damni*)을 받는다고 가르쳤다.[20] 그리스도인 부모를 둔 자녀들과 관련하여 루터파 신학자들은 로마 가톨릭 신학자들과 같은 견해를 가졌고 다른 영아들에 대해서는 하나님의 판단에 맡겼다.[21] 개혁파 신학자들은 은혜언약 아래서 태어나 분별력이 생기기 전에 죽은 모든 자녀들은 천국의 복락에 들어간다고 믿는 경향을 보이기는 했지만,[22] 그들 중 상당수가 택함을 받은 영아들과 그렇지 못한 영아들 간에 구별을 두면서도 구체적으로 개개의 영아들 중에 누구에게 구원을 돌릴지 확실성을 가지고 판단하는 일은 감히 하지 않았다.[23] 언약에 속하지 않은, 유아 때 죽은 아이들에 대해 일부 신학자들은 상당히 온건한 판단을 했다. 예를 들어 유니우스(Junius)는 사랑하는 마음에서 이런 아이들은 버려진 것이 아니라 구원을 받았을 거라 유추했다.[24] 이런 영아들이 버려진 자들인지, 아니면 이들 중 일부는 택함을 받고 죽기 전에 거듭났는지의 여부에 대해 푸치우스(Voetius)는 "나는 부인하고 싶지도 않을뿐더러 긍정할 수도 없다"(*nolim negare, affirmare non possum*)라고 말했다.[25]

성경에 비추어볼 때, 이교도들과 영아 때 죽은 아이들의 구원에 관하

---

20) P. Lombard, *Sent.*, II, dist. 33.

21) J. Gerhard, *Loci theologici*, ed. E. Preuss, 9 vols. (Berlin: G. Schlawitz, 1863-75), XVI, §169; J. F. Buddeus, *Institutiones theologiae dogmaticae* (Frankfurt and Leipzig, 1741), V, 1, 6.

22) Canons of Dort, I, 7; Gisbert Voetius, *Selectae disputations theologicae*, 5 vols. (Utrecht, 164869), II, 417.

23) P. Martyr Vermigli, *Loci communes*, ed. R. Massonius (London, 1576), 76, 436; 그와 유사한 견해를 표명한 이들로는 Beza, Pareus, Zanchius, Perkins 등이 있다.

24) F. Junius, *Opuscula theologica selecta*, ed. A. Kuyper (Amsterdam: F. Muller, 1882), II, 333.

25) G. Voetius, *Select. disp.*, II, 413; further: C. Vitringa, *Doctr. christ.*, II, 51-52. 참조. B. B. Warfield, "The Development of the Doctrine of Infant Salvation," in *Two Studies in the History of Doctrine* (New York: Christian Literature, 1897), 143-299.

여는 긍정이든 부정이든 분명하고 확실한 판단을 내리기가 어렵다. 하지만 주목해야 할 사실은 이런 엄중한 문제에 대해 개혁파 신학은 그 어느 신학보다 상당히 호의적인 판단을 내린다는 점이다. 이런 맥락에서 모든 다른 교회들은 은혜의 방편의 절대적 필요성에 대한 자신들의 교리를 재고함으로써, 또는 죄의 저주스러움에 대한 교리를 어느 정도 유보함으로써 보다 온건하고 합당한 판단을 내릴 수 있다. 하지만 개혁파 신학자들은 사람이 여전히 많은 오류와 죄에 사로잡혀 있으면서도 하나님과의 연합을 누리기 위해서 얼마만큼의 은혜를 필요로 하는지 규정하기를 거부했다. 다시 말해 구원을 위해 절대적으로 필요한 지식의 정도를 결정하기를 거부한 것이다. 더구나 이들은 은혜의 방편이 구원을 위해 꼭 필요한 것이 아니라고 주장했을 뿐만 아니라, 하나님은 말씀과 성례 없이도 영생을 얻도록 사람을 거듭나게 하실 수 있다고 주장했다.

따라서 「제2차 스위스 신앙고백서」 제1조는 이렇게 고백한다. "우리는 하나님이 외적인 사역 없이도 자신이 원하는 때에 원하는 사람을 조명하실 수 있음을 인정한다. 왜냐하면 그것은 하나님의 능력에 속한 것이기 때문이다"(*agnoscimus Deum illuminare posse homines, etiam sine externo ministerio, quos et quando velit; id quod ejus potentiae est*). 또한 「웨스트민스터 신앙고백서」(제10장, 3항)는 "영아 때 죽은 택함을 받은 유아들은 그 기쁘신 뜻을 따라 언제나, 어디서나, 어떤 방법으로든지 역사하시는 그리스도에 의해 성령으로 말미암아 거듭나고 구원받는다"(*Christus, qui quando et ubi et quo sibiplacuerit modo operatur*)라고 선언할 뿐 아니라, 또한 이것이 "말씀 사역을 통해 외적으로 부름을 받을 수 없는 처지에 있는 모든 다른 선택받은 자들"(*quotquot externae vocationisper ministerium verbi sunt incapaces*)에게도 적용될 수 있다고 천명한다. 그래서 로이터(Reuter)는 이 부분에 대한 아우구스티누스의 가르침을 설명한 후에 다음과 같이 바르게 지적한다. "보편구원론을 표명하는 것처럼 보이는 구절들을 가능케 하는 것은 바로 제한구원론적인 예정교리다라는 역설적인 주장이 가능하다."[26] 심지어 보편구원론을 표방하는 듯한 위에 언급한 구절들조차 개혁신학과 별 문제 없이 아름답게 조화를 이룰 수 있다. 물론 이런 본문들은 모든 인간이나 모든 피조물이 구원받는다는 의미에서의 보편구원론을 가르치는 것이 아니며, 어떤 기독교회도 이 본문들을 그렇게 이해하지 않는다. 모든 교회들은 예외 없이 천국과 지옥의 존재를 받아들인다. 다만 차이가 있다면 구원받는 자들의 수와 멸망하는 자들의 수에 관한 것일 뿐이다. 하지만 그것은 오직 하나님만 아시는 일이기 때문에 우리가 그 문제로 논쟁할 필요는 없다. "주여 구원을 받는 자가 적으니이까?"라는 물음에 예수님은 "좁은 문으로 들어가기를 힘쓰라. 내가 너희에게 이르노니 들어가기를 구하여도 못하는 자가 많으니라"라고만 하셨을 뿐이다(눅 13:24). 정작 우리에게 중요한 점은 선택받은 자들의 수효를 우리는 알 필요가 없다는 것이다. 어쨌든 개혁신학이라고 해서 선택받은 자들의 수효가 다른 신학에서보다 적어야 할 이유는 없다. 사실 개혁파 신앙고백들은 다른 어떤 기독교 신앙고백들보다 이 부분에 대해 더 온건하고 포괄적이다. 개혁신학이 말하는 구원의 궁극적이고 가장 심오한 원천은 오직 하나님의 기뻐하시는 뜻과, 그의 영원한 긍휼과, 무한하고 값없는 그의 자비의 측량할 수 없는 부요함뿐이다. 죄로 말미암아 파멸한 인류의 구원을 위해 이보다 더 확실하고 광대한 토대를 어디서 찾을 수 있겠는가? 이로 인해 아무리 많은 사람이 불편함을 느끼고 떨어져나간다 하더라도, 여전히 그리스도 안에서만 신앙 공동체와 인류와 세계가 구원을 얻는다. 유기체적 창조세계가 회복된다. 악인들은 이 땅에서 사라지고(시 104:35) 바깥 어두운 데로 쫓겨난다(요 12:31; 15:6; 계 22:15). 천지만물이 그리스도 안에서 통일된다(엡 1:10). 만물은 그리스도로 말미암아 그리스도를 위하여 지어진다(골 1:16).

---

26) Hermann Reuter, *Augustinische Studien* (Gotha: Perthes, 1887; repr., Aalen: Scientia-Verlag, 1967), 92.

[580] 성도들과의 교제를 통해 누리는 하나님과의 교제는 현세에서와 마찬가지로 내세에서도 행위와 활동을 배제하지 않는다. 사실 기독교 신학은 일반적으로 이러한 사실에 주의를 덜 기울인 채, 하늘에서 누리는 복락이 주로 하나님을 알고 그분을 즐거워하는 것이라고만 가르쳐왔다. 물론 하나님을 알고 그분을 즐거워하는 것이 영생의 핵심과 초점이요 원천과 능력이라는 것은 두말할 여지없는 사실이다. 또한 성경은 천국에서 복락을 누리는 자들이 어떤 활동을 하는지에 대해 우리가 뚜렷한 그림을 그릴 수 있을 만큼의 정보를 제공하지는 않는다. 성경은 이 복락을 묘사할 때 천국에서 어떤 새로운 활동에 참여하는가보다는 이 땅에서의 수고를 그치고 안식한다는 측면을 강조한다(히 4:9; 계 14:13). 그럼에도 새 예루살렘에서 누리는 안식은 하나님 편에서나(요 5:17), 하나님 자녀의 편에서나 복된 휴식으로만 이해되어서는 안 된다. 성경은 영생이란 하나님을 알고, 그분을 섬기고, 그분을 영화롭게 하고, 그분을 찬양하는 것으로 이루어진다고 말한다(요 17:3; 계 4:11; 5:8-10 등). 그곳에서 하나님의 자녀들은 밤낮으로 하나님을 섬기는 하나님의 종들로 살아갈 것이다(계 22:3). 저들은 영원히 세상을 다스릴 제사장과 선지자와 왕이다(1:6; 5:10; 22:5). 이 땅에서 작은 일에 충성한 만큼 저들은 하나님 나라에서 많은 것을 맡게 될 것이다(마 24:47; 25:21, 23). 모두가 각자의 자기정체성을 유지할 것인데, 왜냐하면 새 예루살렘에 입성하는 모든 사람의 이름이 어린 양의 생명책에 기록되어 있는 데다가(계 20:15; 21:27), 모두에게 자신만의 새로운 이름이 주어질 것이기 때문이다(사 62:2; 65:15; 계 2:17; 3:12; 참조. 21:12, 14). 주 안에서 죽은 자들은 모든 수고를 그칠 것이지만, 각자의 행위가 그를 뒤따를 것이다(계 14:13). 다양한 족속과 민족과 나라가 각각 나름대로 새 예루살렘의 삶을 부요하게 하는 데 기여할 것이다(5:9; 7:9; 21:24, 26). 지상에서 뿌린 것들을 내세에서 거둔다(마 25:24, 26; 고전 15:42 이하; 고후 9:6; 갈 6:7-9). 사람들 간에 존재하는 모든 종류의 다양성들은 내세에서도 파괴되는 것이 아니라 모든 죄악으로부터 정결해져서, 하나님과 성도 간의 교제를 더욱 풍요롭

게 만드는 데 도움을 줄 것이다. 이 땅의 신앙 공동체 안에서 드러나는 자연적 다양성이 영적 다양성을 통해 풍성해지는 것처럼(고전 12:7ff.), 이런 자연적이고 영적인 다양성은 천국에서도 거기서 발견되는 영광의 다양성에 의해 더욱 풍성해질 것이다.

어떤 개혁파 신학자들—4세기의 조비아누스(Jovian), 이후에 일단의 소키누스주의자들, 심지어 오늘날 겔라흐(Gerlach)가 그랬던 것처럼—은 선행이 공로로 간주될 것을 우려하여 천국에서 드러날 영광에 차이가 있다는 견해에 반대했다.[27] 모든 신자들이 그리스도 안에서 장래에 동일한 유익을 약속받았다는 것은 사실이다. 이들 모두가 동일한 영생을 받아 새 예루살렘이라는 동일한 거처에서 하나님과 동일한 교제, 동일한 복을 누릴 것이 틀림없다. 그럼에도 성경은 그러한 동등성 및 통일성과 더불어 상당히 방대한 다양성과 차별성이 있을 것을 분명히 밝히고 있다. 심지어 그런 다양성과 차별성이 없다는 주장을 지지하기 위해 자주 인용되는 비유조차 그런 차이를 인정하고 있다(마 20:1-16). 이 비유에서 예수님은 자기 스스로 보기에나 다른 사람들이 보기에 오랫동안 더 열심히 일한 것으로 생각되는 사람들이 장차 도래할 메시아 왕국에서는 포도원에서 훨씬 적게 일한 사람들보다 뒤처지지는 않을 것이라고 말씀하신다. 하지만 후자가 전자를 따라잡고 만다. 수많은 사람들이 하나님 나라에서 섬기도록 부름을 받았지만 결국에는 소수만이 특별한 위상과 탁월한 지위를 누리게 될 것이다.

천국에서 신자들이 받아 누리는 영광에 이처럼 차등이 있다는 점은 성경의 다른 구절들에서 보다 분명해지는데, 특히 모두가 각자의 행위에 합당한 상급을 받을 것이라고 가르치는 구절들이 그렇다. 이 상급은 지금 하늘에 보존되어 있으며(마 5:12; 6:1ff.; 눅 6:23; 딤전 6:19; 히 10:34-37), **그리스**

---

27)예를 들어 P. Martyr Vermigli, *Loci comm.*, III, 17, 8; Cameron, Tilenus, Spanheim 등도 유사한 견해를 보인다.

도의 재림 때에야 모든 사람에게 공개적으로 분배될 것이다(마 6:4, 6, 18; 24:47; 살후 1:7; 벧전 4:13). 이 상급은 예수의 제자들이 지상에서 예수의 이름을 위해 포기했거나 감수했던 것들에 대한 보상으로서 주어질 것이며(마 5:10ff.; 19:29; 눅 6:21ff.; 롬 8:17-18; 고후 4:17; 살후 1:7; 히 10:34; 벧전 4:13), 또한 각 사람의 선행에 대한 상으로서, 예를 들어 각자가 받은 달란트를 잘 활용하고(마 25:14ff.; 눅 19:13ff.), 원수를 사랑하고, 이타적인 관용을 베풀고(눅 6:35), 가난한 자를 돌아보고(마 6:1), 기도와 금식에 힘쓰고(6:6, 18), 성도들을 섬기고(10:40-42), 하나님 나라를 충성되게 섬긴 것(24:44-47; 고전 3:8 등)에 대한 상으로서 주어질 것이다. 이때 상급은 각자의 행위에 준하여 주어질 것이다(마 16:27; 19:29; 25:21, 23; 눅 6:38; 19:17, 19; 롬 2:6; 고전 3:8; 고후 4:17; 5:10; 9:6; 갈 6:8-9; 히 11:26; 계 2:23; 11:18; 20:12; 22:12). 성도들이 천국에서 받아 누리는 복락은 누구에게나 동일하다. 하지만 영광과 "빛남"에는 차이가 있다(단 12:3; 고전 15:41). 하나님의 모든 자녀가 환영받는 아버지 집에는 다양한 거처가 있다(요 14:2). 각 교회는 그들의 신실함과 헌신의 정도에 따라 교회의 머리 되신 왕으로부터 고귀한 증표와 면류관을 받을 것이다(계 1-3장).

상급 개념을 오용하는 경우[28]가 있다고 해서 신자들이 이 땅에서 행한 일들에 따라 영광에 차이가 있다는 진리를 바꿀 수는 없다. 하나님의 율법이 절대적 구속력을 가짐으로 말미암아 율법 준수에 대한 요구가 인간의 자유로운 선택에 좌우되도록 허락되지 않는다면, 본성상 인간에게 주어지는 상급은 존재할 수 없다. 인간이 설령 모든 율법을 준수한다 하더라도, "우리는 무익한 종이라 우리가 하여야 할 일을 한 것뿐이라"라고 말할 수 있을 뿐이다(눅 17:10). 따라서 상급에 대한 모든 요구는 오로지 언약, 즉 전적으로 자유로우시고 자비로우신 하나님의 성품으로부터 또 자유로우시고 은혜로운 하나님의 섭리로부터 나오는 것이며, 따라서 그것은 단지 "주어진" 권리일 뿐이다. 그리스도가 율법의 모든 요구를 이루셨다. 그는 형

---

28) 선행의 공로성에 대한 로마 가톨릭의 견해를 예로 들 수 있다.

벌로 고난을 당하셨을 뿐 아니라 율법을 성취하심으로써 영생을 획득하셨다. 그리스도가 받으신 영원한 복락과 영광은 그의 완전한 순종에 따른 상급이다. 그러나 그가 믿음을 통해 자신의 의를 자기 백성들에게 나눠주시고 그 의를 영생과 결합시키셨기 때문에, 우리가 나눠 받은 의와 장래의 복락, 이 두 가지는 신자의 공로가 개입할 여지가 전혀 없는 그의 은혜의 선물이 된다. 신자들은 하나님이 만드신 존재고, 하나님이 그들의 생활방식으로서 미리 예비하신 선행을 위해 그리스도 안에서 창조된 자들이다(엡 2:10). 그리스도로 말미암아 그를 믿는 일뿐 아니라 그를 위해 고난을 당하는 일까지 그들에게 은혜로 주어졌다(행 5:41; 빌 1:29). 하나님은 모든 믿는 자에게 영생을 주실 뿐 아니라 믿음으로 선행에 힘쓴 자들에게 각각의 행위에 합당한 영광을 나누어주심으로 자신의 사역을 영화롭게 하신다.

하나님이 그처럼 행하시는 이유는 천국에서와 마찬가지로 이 땅에서도 신앙 공동체에 풍부한 다양성이 존재할 뿐 아니라, 그런 다양성 속에서 하나님의 속성들이 갖는 영광이 드러나게 하시기 위함이다. 이런 다양성을 통해 우리가 하나님과 누리는 교제, 천사들과의 교제, 그리고 복된 성도들 서로 간에 누리는 교제의 삶은 깊이와 친밀함을 더해간다. 지상의 신앙 공동체에서와 마찬가지로, 천상의 교제에서도 성도 한 사람 한 사람은 각자의 성품과 개성에 따라 자신만의 자리와 역할을 갖는다(롬 12:4-8; 고전 12). 비록 우리가 복된 성도들이 천상에서 구체적으로 어떤 행위와 활동을 하는지를 묘사할 수는 없지만, 성경은 인간이 본래 가지고 있던 예언자, 제사장, 왕으로서의 역할이 그리스도로 말미암아 그들 안에서 온전히 회복될 것이라고 가르친다. 이런 직분을 어떤 방식으로 감당하고 누리는지에 대해서는 우리가 알 수 없지만, 하나님을 섬기는 일과, 상호 교제와, 새 하늘과 새 땅에 거하는 일이 이런 직분을 수행할 풍성한 기회를 제공한다는 점은 분명하다. 이런 활동은 안식이나 즐거움과 일맥상통한다. 낮과 밤의 차이, 안식일과 평일의 차이는 사라지고 시간은 하나님의 영원으로 충만하고 공간은 하나님의 임재로 충만하다. 영원한 생성과 불변의 존재가 결합한다. 심지어 천지의 차이조차 사라진다. 하늘과 땅의 만물들이 머리이신 그리스도 안에서 통일을 이룬다(엡 1:10). 그때에는 그리스도께서 만유의 주가 되시고(고전 15:28) 자신의 사역이라는 거울을 통해 모든 속성을 드러내시고 그 가운데서 자신을 영화롭게 하시는 하나님 안에서, 만물이 살고 기동하고 존재할 것이다(행 17:28).

구약

창세기

1장 295, 346, 447, 472, 857, 503, 504, 505, 507, 511, 512, 513, 514, 516, 517, 543, 883

1-2 504, 572, 575

1:1 317, 339, 478, 492, 505, 515, 520

1:1-2 506

1:1-3 472

1:1-2:4 492

1:2 245, 301, 387, 395, 396, 472, 475, 503, 504, 505, 511, 513, 515, 882

1:2-3 465

1:3 184, 387, 465, 472, 476, 513, 515, 1085

1:8 492

1:11 534, 669

1:14 340

1:20 492, 534

1:22 534

1:24 534, 543, 669

1:26 291, 380, 482, 496, 543, 549, 554n14, 555, 564, 570

1:26-27 553

1:28 534, 570, 581, 583

1:31 492, 495, 507, 521, 557

2장 346, 543, 551, 552

2:1 330

2:1-2 492

2:2 302, 521, 521n105, 530, 583

2:4 688

2:4b-9 543

2:7 147, 350, 566, 570, 583

2:8 551

2:8-15 570, 1172

2:15 551

2:16 141, 152

2:16-17 557

2:17 537, 1167, 1168, 1180, 1181

2:18 543, 581

2:19-20 557, 570

2:23 583

2:23-24 557

3장 573n37, 591, 592, 593, 606n19, 607, 610, 613

3:1 557

3:5 639

3:7 557

3:8-19 152

3:14 436, 537, 772

3:15 808, 891, 1010, 1284

3:16 678, 931

3:17-19 678

3:19 570, 670, 767, 1253

3:22 591

3:22-24 678

3:23 551

3:24 489, 490, 497

4:3 687

4:5 456

4:6-16 152

4:10 1166

4:13 663

4:14 549n11

4:15 1103

4:16-17 549n11

4:17 687

4:17-24 435
4:20 687
4:25-26 435
4:26 687, 994
5:1 553, 563
5:1-32 435
5:3 583
6장 435
6-9 520
6:2 493
6:2-4 549n11
6:3 389, 493, 549, 600, 650
6:5 610, 611, 632, 643, 687, 864
6:5-7 493
6:6 301, 302, 336
6:6-7 911
6:11-12 610
6:13 152, 436
6:17 145, 687
6:22 891
7:4 535
7:5 891
7:11 492, 506, 536
7:15 145, 687
7:21 549
8-11장 687
8:1 302
8:2 535
8:21 611, 632, 650, 864
8:22 891
9:1 152
9:1-5 580
9:2-3 570
9:3 579
9:4 583

9:5-7 580
9:6 553, 563, 564, 1049
9:8 152
9:9-10 1284
9:11-15 1102
9:12 1127
9:12-13 1100, 1104
9:12-17 142
9:17 1100
9:25 436, 456, 624
9:25-27 435
10장 550
10:32 549
11장 550
11:5 150
12장 435
12:1 808
12:2 436
12:3 1021, 1210, 1284
12:4 891
12:7 148, 150
12:17 302
13:13 643
14:18 325, 346
14:19 346, 472
14:22 329, 346, 472
15:1 152, 808
15:2 329
15:6 809, 891, 957
15:7 329
15:8 329, 680
15:11 152
15:13 436
15:16 536
15:17 150n34
15:18 679

16:6-13 151, 388
16:10-11 151
16:13 151
17:1 150, 326, 327n28, 689, 809
17:1-2 681
17:2 679, 808
17:7 679, 963, 1111, 1122, 1127
17:8 688
17:9-14 679
17:10 1111
17:11 1100, 1102, 1104
17:19-21 435
17:21 891
17:22 150
18장 151, 151n35, 388, 497
18:1 148
18:3 151
18:14 151, 380
18:18 151
18:21 302
18:25 346, 751, 1113
18:27 326, 600, 670
19장 151, 151n35, 497
19:24 389
20장 152n37
20:3 152n37
20:6 536
20:7 152
21:1 302
21:12 456
21:12-13 435
21:17-20 151, 388
21:18 151
22장 151, 761

22:2 891
22:11-19 388
22:12 151
22:16 362, 680
24:3 329
24:7 151, 388
24:12 327
24:27 362
24:40 388
24:49 362
25:23 435, 436
25:23-26 456
26:5 114
26:10 663
26:24 150
26:26 680
27장 536
28장 152n37
28:3 327
28:12 151n35, 497
28:12-13 330
28:13 327, 329
28:13-17 151, 388
28:16 329
31장 152n37
31:7 536
31:9 152n37
31:11-13 151, 388
31:13 151
31:24 152n37
31:44 680
32:1 497
32:1-2 151n35, 330, 491
32:2 330
32:9 329
32:24-30 388

32:24-30 151
32:26 152
32:28 151
32:30 151
33:20 327
35:7 148
35:9 150
35:11 327
35:18 1167
37:5 152n37
37:26 1166
37:35 1166
38:9-10 371
38:24 1166
39:9 643
40장 151, 152n37
40:5 152n37
41장 142, 152n37
41:8 150, 566, 1187
41:15 152n37
41:26 1143
42:17-18 781
42:18 643
43:14 327
45:5 605
45:7-8 537
45:8 536
45:27 566
46:2 152
46:26 583
47:9 667
47:29 362
48:3 327
48:14 1046
48:15-16 151, 388
48:16 151

49장 435
49:8 436
49:25 327
50:20 522, 537, 605

출애굽기
2:24 302
2:24-25 808
3장 175, 328
3:2 150n34, 151, 388, 685, 1261
3:4 1261
3:6 327
3:8 151
3:12 154
3:13 327
3:13-14 350
3:13-15 328
3:14 316, 339
3:15 328, 1127
3:18 327
4-6장 153
4:12 175
4:21 456, 536
4:22 332, 393, 688
4:24 150
5:16 642
6장 142
6:2 150
6:3 327, 329
7:3 456, 536, 603, 605
7:8-12 150
7:11 1187
7:13 456
7:22 456
8:15 456

8:19 301	17:6 150	23:20-23 151, 388, 685
9:12 456	17:9 743	23:21 151
9:20-21 184	17:14 176	24:3 681
9:35 456	19:4 808	24:3-4 176
10:20 456	19:4-6 367	24:3-11 730
10:27 456	19:5 435, 866	24:7 681
11:10 456	19:5-6 393, 681, 688, 983, 1036	24:8 1136
12장 730		24:9-11 150n34
12:1 808	19:6 342, 367, 688, 689, 963, 1050	24:16 150n34, 384
12:1-28 1133		24:17 151, 384
12:12 150, 326	19:8 681	25:8 150n34, 342
12:13 154, 1102	19:9 150n34, 152	25:18 490
12:17 1127	19:16 150n34	25:22 150n34, 178
12:23 150	20장 589, 809	26:33-34 367
12:43-49 1133	20:1 114	28:3 389
12:48 1050	20:2 688, 808, 891	28:30 730
13:3-9 1133	20:3 346	29:10 1046
13:15 456	20:4 350	29:31 367
13:21 150n34, 151, 388, 685	20:5 624, 751, 953	29:42-46 1132
	20:5-6 750	29:43 367, 384
14:4 456	20:6 365, 688	29:45 688
14:19 151, 157, 388, 685	20:11 465, 472, 517, 521, 530, 688	29:45-46 150n34
14:19-24 150n34		29:46 688
14:31 809	20:12 1168	30:12 761
15장 536	20:17 650	30:18-20 1120
15:2 330	20:21 321	31:2-5 147
15:3 302, 330	20:24 321, 1132	31:3 882
15:12 301	21:5-6 326	31:3-5 389
15:13 808	21:13 522	31:13 367
15:16 301, 808	21:30 761	31:17 521, 530
15:17 367	22:7 326	32:7 153
15:26 114, 302	22:18 1051, 1188	32:12 911, 937
16:7 384	22:20 1051	32:14 911
16:10 151, 384	23:7 751, 952, 953	32:34 151, 157, 388, 685
16:23 367	23:15 1133	33:2 151, 157, 388, 685
16:32 1127	23:20 151, 157	33:7 1132

33:9 150n34

33:11 177

33:14 151

33:18 150n34, 384

33:20 301, 350

33:23 301, 350

34장 352

34:1 302

34:6 362, 366

34:6-7 750

34:7 663, 688, 953

34:9 937, 952

34:10 114, 154

34:15 1132

34:27 114, 176

35:21 566

35:30-35 147

35:31-35 389

37:8-9 490

38:21 178

40:20 178

40:30 1120

40:34 150n34, 384, 713

40:34-35 342

40:38 150n34

레위기

1장 730

1:3 786

1:4 1046

3장 730

4-6장 730

4:2 936

4:13 663

4:20 937

4:31 753

5:2 663

5:5 929

5:13 730

6:7 786

6:28 1120

8:6 1120

8:15 367

9:6 151, 384

9:7 1050

9:22 1046, 1050

9:23 150n34, 384, 730

9:23-24 151

9:24 384, 1261

10:2 1261

10:11 1050

10:17 730, 786

11:32 1120

11:44 689, 963

11:44-45 367

15:12 1120

15:15 730, 786

15:30 786

16:2 151n34

16:6 1050

16:8 153n38

16:15-16 367

16:17 937

16:21 761, 929

17:11 612, 730, 1166

18:5 1168

18:30 114

19:2 367, 689, 964

19:22 786

19:26 150, 1188

19:28 1167

19:31 150, 651n14, 1167, 1188

19:32 326

20:2 1051

20:6 651n14, 1051, 1167, 1188

20:7 964

20:8 367

20:14 1166

20:26 367, 964

20:27 150, 651n14, 1051, 1167, 1188

21:5 1167

21:8 367, 730, 1051

21:9 1166

21:15 367

22:9 367

22:16 367

22:32 367

23:5-14 1133

23:10 1050

24:11 168, 300

24:11-16 1051

24:14 1046

24:15 663

24:16 300, 328

25:12 367

25:18 114

25:51-52 761

26:11 301

26:11-12 151n34

26:12 302, 688

26:14 666, 681

민수기

3:46 761

5:7 663, 929

5:11-31 153n38
5:17 367
6:22 1050
6:23 730
6:24 524
6:24-26 389
7:89 151n34, 152
8:7 1120
8:19 786
9:10-14 1133
9:13 663
9:15 713
9:15-23 150n34
9:21 150n34
11:1 1261
11:17 150n34, 389
11:23 301
11:25 150n34, 389, 1132
11:29 175, 389, 396, 800
12:5 150n34, 1132
12:6 114, 149, 152
12:6-8 177
12:14 931
13:8 743
13:16 743
14:10 151, 384
14:13 937
14:14 150n34
14:16 809, 937
14:18 151, 366, 688, 953
14:19 365
14:21 339
14:28 339
14:33 624
15:28 786
15:30 656, 730, 936

16:5 730, 1050
16:19 151, 384
16:22 392, 583
16:28 176
16:30 154, 1166
16:32 624
16:32-33 1166
16:35 1261
16:37 367
16:46 786
17:4 1132
17:7 150n34
18:8-32 1050
19:7 1120
20:6 150n34, 151
20:12 931
20:16 388, 685
21:7 1189
22:8-13 152
22:38 175
23장 153
23:4 150
23:5 175
23:16 150
23:19 362, 363, 381n96
23:21 937
23:23 150
24:2 153
24:2-3 389
24:3 152
24:4 327
24:13 176
24:16 325
25:2 1132
25:3 1132
25:5 1051, 1132

25:7 1051
27:13-14 931
27:18 147
28:16-25 1133
31:50 786
33:2 176
35:31-32 761
36:13 114

신명기

1:31 393
1:33 150n34
2:30 456, 566, 605
3:21 743
4:1 53, 890
4:2 176
4:5-13 808
4:6-8 359
4:12 350, 1261
4:15 350
4:19 492
4:24 1261
4:31 362, 688, 750
4:33 1261
4:37 366
5장 589
5:4 152, 1261
5:5 745
5:8 350
5:16 1168
5:22 1261
5:22-26 1261
5:23 150n34
5:24 384
5:29 681, 1169
5:33 114

개혁파 교의학

6:2 1168
6:4 346, 405
6:8 1103
6:13 501, 1189
6:25 809
7:6 342, 435, 808, 866, 1036, 1050
7:6-9 452
7:7 983
7:8 366, 891
7:9 362, 892, 1127
7:13 366
7:21 379
8:2 670
8:3 301, 1168
8:5 393, 537
8:17-18 380
9:3 1261
9:10 1261
9:15 150n34
9:28 937
10:4 1261
10:12-14 465
10:14 350
10:15 366
10:15-16 809
10:16 864, 1112, 1216
10:17 696
10:20 501, 1189
10:21 155
11:3 155
11:9 1168
11:13 863
11:17 506
11:26 664
12:11 342

12:32 176
13:1-2 150, 1188
13:1-5 1051
13:1-6 152
14:1 332, 393, 688, 891, 1167
14:2 342, 435, 866, 1036
14:23 342
16:1 1133
16:22 302
17:2-7 1051
17:9 730
17:14-20 1050
18:9 1187
18:9-12 1051
18:10-11 150, 651n14, 1167
18:11 488, 1187, 1188
18:14 1187
18:15 696, 731
18:15-18 175
18:18 177
21:8 730
21:23 766
22:7 1168
23:5 366
24:13 809
25:1 953
25:1-2 952
26:5 680
26:8 155
26:15 342
26:18 435, 866
26:18-19 1036
26:19 342
27:10 681

27:26 664
28:1 681
28:9-10 367
28:12 506
28:15 535, 537, 666
28:58 300
29:2 155
29:4 612
29:28 456
29:29 280, 378
30:1 681
30:1-6 864
30:3-6 1207
30:6 810, 879, 882, 1112, 1216, 1217
30:15 1168
30:16 1168
30:19 664
30:20 1168
31:9 178
31:15 150n34, 1132
31:16 1183
31:19 178, 176
31:26 178
32:4 302, 362, 536, 589
32:6 302, 332, 392, 393, 983
32:8 142, 498, 522
32:8-9 983
32:9 1036
32:11 302, 506
32:12 155
32:17 144
32:18 393, 983
32:19 332
32:21 302, 362

32:22 1166, 1261
32:26-27 688, 809
32:27 302, 937
32:35 302, 658
32:36 911
32:39 336, 405
32:40 339, 350, 680
32:47 1168
33:2 151n35, 330, 491
33:2-3 489, 495
33:8-10 730
33:10 301, 1050
33:29 1168
34:4 931
34:6 1189

여호수아

1:1 743
2:14 362
4:6 1103
5:13-14 151
5:14 330, 500
7:1 153n38
7:15 1166
7:19 929
7:24-25 624
10:12-13 509, 516
10:13 178
11:20 456, 605
13:6 153n38
14:2 153n38
15:8 1260
18:16 1260
21:4 153n38
22:5 863
22:16 912

22:18 912
22:23 912
24:25 178

사사기

2:1 688
2:6 4743
2:6-3:6 177
2:7 743
2:18 911
2:19 912
3:10 147, 389
3:20 184
5:8 326
6:11-24 151
6:21 151
6:34 147, 153, 389, 882
7장 152n37
7:13 152n37
9:7 199
9:8 747
9:15 747
9:23-24 605
11:24 147
11:29 389
13:2-23 151
13:3 151
13:25 147, 389
14:6 147, 389, 882
14:19 153
15:14 153, 389
15:19 566
21:6 911
21:15 911

사무엘상

1:3 330
1:11 302
2:25 326, 456
2:27 148
3장 175
3:3 152
3:15 153
3:21 148, 150
4:4 330, 342
6:14 743
6:18 743
9:16 747
10:1 747
10:6 153, 389
10:9 389
10:9-10 747
10:19 153n38
10:25 178, 1050
11:3 489
11:6 389
12:22 809
14:42 153n38
15:2-3 624
15:11 336
15:22 1216
15:23 456
15:25 937
15:26 456
15:29 336, 362, 363, 381n96
16:1 456
16:7 643
16:13 389, 747
17:44 1166
17:45 330

17:46 1166
19:20 153
19:23 153
24:6 643
25:39 643
28장 1188
28:6 152
28:9 1187, 1188
28:14 1184
28:15 152

사무엘하

1:9 1167
1:14 643
1:18 178
2:4 747
2:6 362
5:3 747
5:24 150
6:2 330, 342
7장 393
7:8-16 695
7:15 365
7:27 175
12:10 624
12:11-12 626
12:13 643, 937
12:13-14 931
14:20 494
15:20 362
16:10 456, 603
19:10 747
20:19 892
21:1 624
22:7 342
22:11 490

22:50 365
23:1-3 177
24:1 456, 603, 605
24:10 937
24:14 365

열왕기상

1:21 642
1:34 747
1:39 747
2:2 1166
2:19 785
8:10 151, 342
8:10-11 151, 384
8:11 384
8:27 151, 342, 492
8:32 342, 952
8:35 911
8:39 494
8:43 888
8:51 1036
8:53 1036
11:4 643
11:11-31 626
12:33 176
13:18 151n35
14:11 1166
14:13 1166
15:13 643
16:4 1166
17:1 175
17:21 1167
17:22 1166
18:41 153
19:11 151n34
21:8 1103

21:21 624
21:23 624
21:27 913
22:17 153
22:17-23 152
22:19 330, 489
22:23 456
22:30 626

열왕기하

1:10 1261
3:14 175
4:34 1046, 1166
5:11 1046
5:15 914
5:16 175
5:26 153
6:32 153
8:11 153
9:1-3 747
9:10 1166
11:10 342
11:12 747
11:13 342
13:21 1166, 1189
13:23 809
15:30 743
16:3 1260
17:7-23 177
17:20 456
17:34-41 177
18:4 1189
18:6 809
18:14 642
19:15 342, 465
19:35 497

20:3 809
20:9-11 509
21:6 1187, 1261
21:7 342
23:8 743
23:10 1260
23:27 456
23:30 747

역대상

12:18 153
13:6 342
16:10 368
16:17 809
16:27 384
16:35 368
17:13 365
21:1 456
21:13 1266
23:25 342
24:5 153n38
28:9 888
28:12-19 389
28:18 490
29:29 177

역대하

2:6 342
2:11 366
3:13 490
5:14 342
6:6 342
6:18 492
6:23 952
7:1 151
9:29 177

11:4 536
15:1 153
15:3 362
16:19 1185
18:22 456
20:14 153
20:20 809
20:34 177
28:3 1260
32:31 536
33:6 1260
33:12-13 914
36:13 456
36:15 175
36:22 456

에스라

1:1 456
1:3 342
2:2 743
2:6 743
5:16 342
7:15 342
9:6 624, 926
10:1 929
10:8 1069
10:11 929

느헤미야

1:6 929
2:8 1172
4:15 436
5:19 809
6:8 176
7:7 743
7:11 743

7:39 743
9:2-3 929
9:6 465, 472, 492, 521, 524
9:12 150n34
9:17 366
9:19 150n34, 365
9:20 389, 396
9:33 926
9:35 911
9:38 1103
10:23 743
11:1 153n38
13:14 809

에스더

3:12 1103

욥기

1장 456, 536, 670
1:5 367
1:6 330, 489, 494, 495
1:11-12 605
1:12 537
1:14 489
1:20-22 537
2:1 489
3장 667
3:8 503
3:13 1166
4:17 613
4:17-19 600
4:19 670
5:1 489
5:9 155
5:17 931

6장 667

7장 667

7:9-10 1166

7:12 503

7:21 937

9장 667

9:2 374

9:4 155, 359, 456

9:12 374

9:13 503

9:33 745

10:2 302

10:8-12 569

10:9 374

11:5 301

11:10 374

12:13 359, 436

12:17 359

13:26 611

14장 667

14:4 610, 611, 613, 864, 1128

14:7-12 1166

15:14 613

15:14-15 600

15:15 489

15:16 864

16:17 809

16:18 1166

16:22 1166

17:3 685

19:25 239

19:25-27 1251

21:14 114, 611

21:17 367

25:4 613

25:4-6 600

26:5 1166, 1167

26:8 535

26:12 503

26:13 245, 387, 465, 475, 503

27:3 387

27:4 612

28:20-28 387

28:23 465

28:24 524

28:25 156

28:26 114

28:27 447

28:28 359

30:23 1166

31:33 591

32:2 952

32:8 142, 145, 147, 196, 245, 387, 389, 687

33:4 142, 147, 196, 245, 350, 387, 395, 396, 422, 465, 475, 524

33:6 374

33:13 374

33:16 175

33:23 151n35, 498

33:32 952

34:10 536, 589

34:21 522

36장 142

36:10 175, 911

36:26 339

37장 142, 465

37:6 530

37:24-38:38 359

38장 435

38:4 466

38:7 489, 497

38:22 535

39:19 380

40:4 374

40:24 734

41:1 503

42:6 911

시편

1:1 1168

1:2 1091

2편 394, 696, 778, 1210

2:2 302

2:5 302, 369

2:6 747, 778, 1041

2:7 393, 747

2:8 685, 802, 1021, 1041, 1217

2:8-9 1041

2:12 1168

3:4 368

4:5 809

4:6 113, 355

4:8 760

5:4 589

5:4-6 536

5:6-7 751

5:7 365

6편 926

6:1 369

7편 778

7:1 809

7:8 809

7:9 643

8편 146, 380, 384, 482,
　553, 555, 569
8:3 492
8:5 302
8:6 383n100
8:7-9 570
9:7 302
9:8 1269
9:9 302
9:10 809
9:11 342
9:19-20 524
10:16 522
11:4 301, 342
11:5 342
11:6 1261
11:7 343
12:1 892
12:3 612
14편 610
14:1 281, 611
14:2 530
14:3 634
15:3 612
16:11 301
17:1 809
17:3 643
17:10 612
18:2 809
18:5 780
18:8 1261
18:10 490
18:15 302
18:21 809
18:26 344
18:27 612

18:51 365
19편 146, 465
19:1 156, 482
19:2 154
19:2-4 857
19:7 359, 612
19:9[19:10, MT] 114
19:12 664
19:13 650
20:6 368, 747
21편 1210
22편 667
22:2 685
22:3-4 368
22:23 809
23편 239, 302, 524
23:1 302, 1065
24편 1210
24:2 506
24:7-8 522
24:8 379
24:10 330
25편 926
25:4 114
25:5 524
25:7 611, 961
25:9 524
25:11 937
25:12 809
25:21 809
26:1 809
26:2 643
27:1 302, 355, 385
27:4 151
28:2 368
28:8 747

29편 142, 146
29:1 489
29:3 154, 380, 534
29:4 384
29:10 522, 536
30:3 1166
30:4 368
30:9 1166
31:5-6 362
31:6 362
31:23 892
31:25 809
32편 239, 688, 926
32:1 382, 937, 952
32:1-2 1168
32:2 937, 952
32:5 929
33:4 114, 184, 892
33:5 142
33:6 145, 154, 184, 245,
　317, 350, 387, 395, 396,
　422, 435, 465, 466, 475,
　476, 481, 492, 496, 506,
　687, 857, 882, 1085
33:9 154, 317, 387, 447,
　465, 472, 530
33:10 142, 436, 524, 536
33:11 436, 447
33:12 1168
33:13 342, 530
33:13-14 522
33:13-17 155
33:14 524
33:15 530
33:18 809
33:20 809

34:7 497

34:8 1168

35:24 809

36:5 362

36:6 524

36:9 302, 355, 385, 589,
    888

36:10 334

37:9 342

38편 667

38:1 369

38:16 612

39편 667

39:8 952

39:9-10 456

40:4 [MT] 503

40:6 1216

40:11 362

41:4 612

41:6-7 176

41:12 809

42편 151

43편 151

43:2 362

43:3 355, 384

44:3 385

44:4 522, 524

44:18 809

44:21 809

44:24 537

45편 696, 1210

45:7 389, 589, 747

45:9 785

45:11 631

46편 1210

47편 1210

47:6-7 522

48편 151, 1210

50편 151

50:3 152

50:8 364, 1216

50:16 343

51편 239, 926

51:1 937, 952

51:2 302, 937

51:4 537, 643

51:4-5 961

51:5 650, 611, 632, 864,
    1128

51:7 620n41

51:9 937, 952

51:10 882

51:10-12 864

51:11 368

51:11-12 395

51:12 365, 389, 643

51:14 952

51:17 882, 912, 1216

51:17-19 343

51:19 611

53편 610

53:2 281

53:3 634

53:5 456

54:7 362

55:3 301

55:15 1166

57:3 362

57:7 809

58:1[58:2, MT] 326

58:3 611

58:11 302

61:7 362

62:11 380

63:2 151

63:9 1166

65편 142, 151

65:3 937

65:5 466

65:7 535

65:10 534

66:5 155

67:4 142

67:7 142

68편 1210

68:1 302

68:4[68:5, MT] 330

68:17 151, 491

68:17[68:18, MT] 330

68:33 380

68:35 380

69편 667

69:6(69:7, MT) 330

71:2 809

71:22 362, 368

72편 696, 1210

72:8 802, 1041, 1217

72:17 1217

72:20 178

73편 537, 667

73:18-20 1168

73:23-26 1251

73:24-25 1197

74편 667

74:2 151

74:8 995

74:11 302

74:12 503, 522

74:13-14 155, 504
76:7 369
77:15 155
78:4 155
78:14 150n34
78:23 506
78:38 613, 937
78:39 600
78:40 302
78:67 456
79편 667
79:3 1166
79:5 1261
79:9 937
80:1 330, 342, 490, 1065
80:4-5 330
81:12 536
82:1 326
83:14-15 1261
83:18 330
84편 151
84:1 330
84:8[84:9, MT] 330
84:9 747
84:11 302
85:2 937
86편 1210
86:15 366, 750
87:4 503
88:4 1167
88:10 1167
89편 667, 1210
89:1-5 688, 809
89:3 462, 937
89:5 489
89:5-8[89:6-9, MT] 330

89:6 489
89:7 350, 489
89:8[89:9, MT] 330
89:9 350
89:10 504
89:11 466
89:14 362
89:15 385, 888
89:16 266
89:18 368
89:19 462
89:19-21 747
89:20 747
89:31[89:32, MT] 114
89:37 892
89:38 456, 747
89:46 1261
89:48 670, 1166
90편 142, 667
90:1 350
90:2 156, 317, 339, 472, 478
90:3 591, 670
90:4 339
90:7 369, 1270
91편 498n68
91:1 302
91:11 497
91:14 809
92:15 589
93:1 535
93:2 339
93:3-4 535
94:7 330
94:9 356
94:12 330
95:8 456

95:10 302
96편 1210
96:6 384
96:7 380
96:13 152, 362
97:2-3 1261
97:3 1261
97:11 384
97:12 368
98편 1210
98:1 368
99:1 342, 490
99:7 150n34
100:3 576
101:6 892
102:10 369
102:26 1275
102:26-28 336
102:27 350
102:27-28 339
103편 535, 688
103:1 368
103:3 530, 937
103:7 177
103:8 366
103:13 332, 365, 392, 613
103:14 600, 611, 670
103:20 494, 495, 497
103:20-21 502
103:21 330
104편 142, 155, 386
104:1 384, 465
104:2 506
104:3 490
104:4 495
104:5-9 505

개혁파 교의학

104:7 302

104:15 1147

104:19-20 535

104:24 359, 435, 447, 476

104:26 503

104:29-30 147, 465

104:30 145, 196, 245, 350, 387, 396, 475, 506, 521, 524, 530, 687, 882

104:31 521

104:35 1217, 1288

105:3 368

105:8 688, 1127

105:8-9 937

105:10 809

105:25 456

105:31 530

105:34 530

106:18 1261

106:23 177

106:28 144, 1132

106:45 809

107편 142

107:25 530

107:29 535

110편 696, 731, 778

110:1 389, 785

110:1-3 802, 1041

110:1-4 747

111:3 384

111:5 688, 809, 937

111:10 359

112:8 809

113-14편 1134n69

113:4 384

115-18편 1135n69

115:3 342, 373, 378, 447, 452, 457, 481, 522

115:6 612

115:16 142, 342, 492

118:5-18 537

118:14 330

118:26 1135n69

119:4 114

119:5 114

119:9 184

119:15 114

119:16-17 184

119:67 537, 670

119:71 537, 670

119:75 670

119:105 385

119:114 302

119:121 809

119:122 685

119:137 369

119:156 365

121:2 466

121:5 302

121:7-8 524

122편 151

127:1-2 524

129:4 369

130편 926

130:3 610

132:13 151

132:16 302

132:17 747

134:3 466

135:4 435, 866, 1036

135:6 447, 481

135:8 155

135:17 612

135:21 151, 342

136:3 466

136:5 465

136:6 506

137편 151

138:8 336

139편 344

139:1 350

139:2 494, 687

139:4 494

139:7 196, 245, 343, 350, 387, 396

139:13-17 569

139:23 643

140:10 1261

143편 926

143:1 362

143:2 937

143:10 882

145편 142

145:8 366

145:20 343

145:21 368

146:2 524

146:4 670, 1167

146:6 362

147편 142

147:15 534

147:16 535

147:17-18 184

147:18 387

148:2 330, 497

148:5 466, 521, 524, 465, 476, 1085

148:6 531

148:8 184, 387

잠언

1:7 359

1:16 612

2:18 1167, 1168

3:11 670, 931

3:12 537

3:18 591

3:19 387, 447, 476

4:23 611, 643, 885

4:27 612

5:5 1168

5:21 522

6:18 612

6:35 761

7:27 1168

8장 295, 435

8:14 436

8:15 380

8:15-16 142

8:22 145, 360, 387, 405, 447, 465, 475, 478, 496

8:24 156

8:25-26 472

8:30 361

8:35-36 1168

9:10 359

9:18 1168

11:19 1168

12:10 1266

12:28 1168

13:8 761

13:12 591

13:14 1168

14:27 1168

15:3 522

15:24 1166

16:4 107, 452, 457, 461, 465, 537, 605, 751

16:9 457, 536

16:18 611

16:32 611

16:33 153n38, 522

17:15 953

18:10 302

18:18 153n38

19:7 611

19:16 611

19:21 436

19:23 1168

20:24 457

20:27 142

21:1 371, 373, 457, 522, 536

21:6 1167

21:30 436

23:26 643

24:12 654

24:24 953

25:1 178

26:5 480

28:14 456

전도서

1:9-10 521

2:5 1007

3:19 145, 687

3:20 670

5:1 654

6:3 1166

7:9 611

7:29 555

9:5-6 1167, 1189

9:6 1181

9:10 1167, 1189

12:2-7 569

12:7 583, 591, 670, 1167

12:14 1258

아가

1:8-16 631

2:2 631

3:6 631

4:1 631

4:12 1172

6:9 631

이사야

1:1 153, 744

1:2 332

1:3 611, 888

1:4 327

1:11 1216

1:16 1118

1:24 330, 379

1:25 670

2:1 153

2:2 370, 1021, 1208

2:4 1209

2:6 1187

2:11 1207

2:21 152

3:16-17 1208

3:4 332

3:19 332

4:3 462, 936, 1207

4:3-4 1208

4:5 150n34

5:5 1207

5:9 175

5:16 368, 936

5:19 327

5:23 953

5:24 327

6장 152, 153, 492, 493, 497, 499

6:2 330

6:3 153, 384, 395, 589

6:4 151, 384

6:5 624

6:6-7 499

6:7 937

6:8 153, 175, 1045

6:9 456

6:9-10 626, 861

6:10 612

6:13 368, 937, 1207

7:3 936

7:3-25 1207

7:14 694

7:17 626

7:18 1207

8:1 175, 176

8:11 153

8:16 1103

8:18 342

8:19 1188

8:19-20 651n14

8:20 17, 53, 225, 890

9:1 144, 385

9:3 155, 1210

9:5-6 1041

9:6 436, 694, 802

9:6-7 696

10:5 456

10:5-7 537, 626

10:15 374, 452

10:17 384

10:20 368

10:21 696, 912, 1207

10:24 155

11장 669

11:1-2 696, 731

11:1-5 802

11:2 196, 245, 389, 395, 396, 696, 731, 747, 882

11:6-8 155, 1209

11:9 266, 1208

11:10 696

11:11 1207

11:15 155

12:2 330

14:3 626

14:9 1166, 1167

14:10 1167

14:14 326

14:15 1166

14:19-20 1166

14:24-27 436, 447

14:27 447

18:7 1211

19:18-25 1211

19:25 1036

21:3 175

21:6 152

21:10 175

22:14 175

22:22 1051

23:9 381n96

23:15-18 1211

24:16 155

24:23 342

25:5-8 1236

25:6-10 1211

25:7 1210

25:8 1210, 1217

26:4 330

26:19 1210

26:19-20 1251

26:21 1166

27:1 503

27:7 1207

27:13 368

28:6 882

28:16 809, 1208

28:22 175

28:23 531

28:26 154

28:29 436, 531

29:13 643

29:16 374, 466, 522

29:23-24 368

30:7 503

30:8 175

30:14 374

30:18 1208

30:19 1208, 1209

30:26 1209

30:27 301

30:33 1261

30:40 152

31:3 350

31:4 302

31:9 332

31:38 1208

32:15 147, 389, 396, 861, 882

32:15-20 1209
33:5 1208
33:14 1261
33:18 1208
33:21 1208
33:22 302, 522, 1050
33:24 937, 1217
34:1-2 330
34:4 1210, 1275
34:5 1217
34:16 176
35:10 1208
35:1-2 154
35:5 612
37:16 330, 342, 466, 490
38:8 509
38:11 330
38:14 685
38:17 937, 952
38:18 1166
40장 386, 465
40-60장 696
40-66장 1211
40:1 369, 1118
40:6 600
40:7 387
40:8 184
40:11 1065
40:12 155
40:13 356, 387, 465, 475
40:15 374
40:18 350
40:22 506
40:25 350
40:26 79, 156, 267, 292, 380
40:28 339, 359, 364, 466

41:4 317, 329, 334, 336, 339
41:8 435, 731, 983, 1036
41:14 336, 731, 983, 1036
41:20 1275
41:21-23 435
41:22-23 494
41:29 144
42:1 370, 389, 396, 396, 435, 462, 685, 747, 747, 937
42:5 466
42:7 612
42:8 330
42:9 435
42:17 144
42:19 731
42:24-25 369
43:4 366
43:7 482, 1275
43:9-12 435
43:10 329, 336, 462, 685
43:10-13 317
43:13 329
43:14-15 367
43:15 367
43:16 465
43:16-21 155
43:21 809, 866
43:25 155, 329, 370, 809, 931, 937, 938, 952, 1208
43:26 369
43:27 591, 611
44:1 435
44:3 389, 396, 810, 812
44:6 317, 329, 334, 339

44:7 435
44:21-23 155, 1208
44:22 937
44:24 534
44:28 456, 1065
45:1 456
45:4 435
45:7 457, 521, 536
45:9 374, 452, 465, 521, 536
45:21-25 938
45:22 370
45:24 937
46:1 144
46:4 336
46:5 339
46:10 435, 447, 447, 481
47:9-15 1188
48:1 369
48:3 435
48:8 611
48:8-11 809
48:9-12 938
48:12 317, 329, 334, 336
48:13 465, 472, 476, 1085
48:14 366
48:16 882
49장 685
49:7 367, 892
49:10 1065
49:14 1217
49:16 302
50:2-3 155
50:8 952
51:2 155
51:3 551, 591, 1209, 1217

51:6 1209, 1275
51:9 155, 504
51:9-10 504
51:16 175, 1275
52:1 1208, 1217
52:10 155, 367
52:11 1217
53장 761
53:1 148, 861
53:2 384
53:4 926
53:4-6 955
53:5 760n41
53:6 790
53:7 302, 1134
53:10 685, 731, 772
53:10-12 778
53:11 369, 888, 952
53:11-12 794
54:5 367, 369
54:7 369
54:7-8 1207
54:10 114, 177, 688, 809
54:13 864, 889, 1217
54:16 1275
54:17 937
55:1 302
55:4 180
55:11 302
56:1 180
56:4 177
56:6 177
56:6-7 1208
57:3 611
57:12 369
57:15 268, 308, 339, 343,

369, 576, 611
57:18 1275
58:3-6 1216
59:2 344
59:4 369
59:7 612
59:12 926
59:13 176
59:17-19 142
59:19 387
59:20 911
59:21 175, 177, 688, 882
60:1 385, 1208
60:2 144
60:7 1208
60:17-18 1209
60:19-20 385, 1218
60:19-21 1217
60:21 731, 889
61:1 369, 389, 396, 747
61:6 731, 1208
62:2 1289
62:5 302
61:6 731, 1208, 1217
61:10 302
62:8 155
62:8-9 1209
62:12 367
63:8 393
63:8-9 151, 157, 388, 685
63:9 301, 366
63:9-12 389
63:10 302, 389
63:10-11 368, 395
63:11 177, 396
63:15 301, 342

63:16 332, 392, 688
64:5 370
64:7 536
64:8 332, 374, 392, 535,
569
65장 669
65:9 1209
65:12 862
65:15 1289
65:16 892
65:17 155, 370, 1209, 1217,
1275
65:19 301, 1209
65:20 1210
65:22 1209
65:25 155, 591, 1209
66:1 302, 342, 343
66:2 611
66:15 490
66:15-16 1261
66:20-23 1208
66:22 155, 1209, 1218, 1275
66:24 1261, 1277

예레미야
1장 153, 175
1:4-5 1045
1:7 176
1:9 175
1:11-14 152
1:11-16 1207
1:13 153
1:17 176
2:8 1065
2:13 302
2:28 144

3:4 332
3:6 175
3:10 926
3:14 1208, 1210
3:15 1065
3:16 1210
3:16-17 1217
3:17 342, 1021, 1211
3:18 1208
3:19 332, 392
3:25 926
4:2 342
4:4 1112, 1216, 1261
4:22 611, 888
4:23 153
5:3 670
5:14 175
5:21 612
5:22 155
6:20 1216
6:30 456
7:4 151
7:20 369
7:21 1216
7:32 1260
7:33 1166
8:1-2 1166
8:6 911
9:3 612
9:5 612
9:7 670
9:22 1166
10:10 347, 362
10:12 359, 387, 447, 465, 476
10:23 457, 522

10:24 369, 537
11:4 342
11:5 937
11:6 177
11:20 643
12:7-8 1036
12:14-16 1236
13:23 864
14:7 809
14:12 1216
14:14 176
14:18 153
14:19 457
14:20 926
14:20-21 809
14:21 177
14:22 155
15:1 177
15:14 1261
15:16 175
16:6 1166
16:19-21
17:4 1261
17:5 600
17:9 611, 632, 650
17:10 643
18장 457
18:1 374
18:5 536
18:6 452, 466, 522
18:8 730
18:17 301
18:18 1050
18:23 730, 937
19:6 1260
19:7 436

20:12 643
21:5 369
21:10 153
22:9 177
23:1 1065
23:5 696
23:6 731, 937
23:16 175
23:18 175
23:21 1045
23:23-24 350
23:26 175
24:1 153, 155
24:7 643, 731, 810, 864, 937
25:3 177
25:13 176
25:33 1166
26:2 177
26:5 176
27:5 155
27:6 456
27:9 651n14, 1188
27:15 175
28:14 456
28-29 1207
29:8 1188
29:8-9 651n14
29:9 176
29:15 176
30:2 176
30:9 1041
30:11 537, 1207
30:21 696, 731
30:23-24 1236
31:3 366
31:6 155, 1209

31:9 332, 392, 393
31:10 1065
31:12-14 155, 1209
31:18 670, 864
31:19 911
31:20 301, 332, 393
31:21 912
31:31 155, 177, 731, 810,
   964, 879, 912, 937,
   1208, 1217
31:31-34 964, 1118
31:32-34 1217
31:33 961, 862, 882
31:33-34 370, 796, 800
31:34 246, 266, 731, 889,
   952
31:37 456
32:8 864, 1118
32:10 1103
32:18 379, 624, 696
32:19 436
32:20 155
32:27 380
32:31 370
32:34-35 1260
32:37 937
32:38 1217
32:39 643, 862
32:39-40 370
33:9 725
33:8 370
33:16 937
33:17 696
33:20-22 696
33:22 1210
34:19 680

36장 190
36:2 176
36:10 176
36:11 177
36:24 176
36:27-32 176
42:2 1189
42:4 177
42:18 369
46:27 912
49:14 175
50:6-8 626
50:29 368
51:5 368
51:14 680
51:15 387, 447, 476
51:39 1183
51:57 1183

예레미야애가

2:2 369
3:27 672
3:33 1273
3:38 536
3:39 926
3:40 624
3:43 369
5:7 624

에스겔

1장 490
1-3 152,175
1:3 153
1:24 153
1:28 153
2:2 153

2:8 175
3:1-3 175
3:10 175, 176
3:12 153
3:14 1208
3:17 175
3:19 392
3:22 153
3:26 175
4-6장 153
4:17 666
5:13 369
7:3 369
7:4 151
7:9 369
7:26 730
7:27 369
8장 153
8-11 152
8:1 153
8:3 153
8:18 369
9:10 369
11:5 937
11:17-20 1118
11:19 370, 643, 810, 861,
   864, 882, 937, 964,
   1208, 1217
11:20 643
13:1 370
13:2-3 175
13:6 175
13:17 175
16:3 611
16:8 177
16:11 302

16:14 384, 983
16:46 1217
16:60 810, 937
16:62 1211
17:22 731
17:24 1211
18:23 730, 794, 937
18:24 986
18:31 810
18:32 937
20:12 367
20:34 1207
20:43-44 809
22:12 330
23장 1065
24:2 176
24:7 643
25:5 1211
26:6 1211
26:20 1166
28:13 551
28:13-15 591
28:22 1211
29:3 503
29:5 1166
29:6 1211
30:8-26 1211
31:8-9 551
31:9 551
31:14 1166
31:18 1184
32:2 155
32:18 1166
32:19 1184
32:23 1166
33:7 175

33:11 730, 794
33:23 1207
33:31 643
34:2 1065
34:14 1209
34:15 1065
34:23-24 696
34:25-26 1209
34:29 155, 1209
34-37장 1208
36:11 937
36:23 368, 937
36:24 937
36:25 246, 368, 370, 731, 882, 912, 1120, 1208
36:25-27 796, 865
36:25-28 155, 1118, 1207
36:26 611, 632, 643, 810, 861, 879, 1217
36:26-27 389
36:27 396, 731, 882, 1209
36:29 155, 1209
36:32 809
37장 1251
37:1 153, 882
37:1-14 1118, 1210
37:14 1208
37:22-24 696
37:23 1120
37:24 1041
37:25 696
37:27 643
37:28 367
38-39 1236
39:7 368
39:29 389, 810, 812, 882,

1118
40장 152
40-48장 1208
40:1 153
40:4 175
43:1 153
44:5 175
44:23 1050
44:23-24 730
47:1-12 1209

다니엘

1:17 152
1:20 1187
2장 152n37
2:2 1187
2:17 1217
2:19 152
2:44 1217
4장 152n37
4:13 489
4:17 378
4:23 489
4:24 436
4:25 378
4:32 378
4:35 371, 373-74, 378, 481, 522
6:11 929
6:17 1103
7장 152, 698
7:10 491
7:13 698
7:14 1211
7:27 1211
8장 152

8:2 153
8:13 151n35, 489
8:15 494
8:16 491
9:2 178
9:4 929
9:5 926
9:20 929
9:21 151n35, 490
9:24 761, 937, 961
10장 152
10:5 151n35
10:5-6 490
10:13 497, 498
10:20 497, 498
10:21 490, 498
11:40-45 1236
12:1 450, 462, 490, 498
12:2 1183, 1210, 1250
12:3 952, 1291
12:4 176, 1103

호세아

1:1 177, 743
1:1-3 177
1:6 1207
1:7 389
1:10 332, 1210
1:10-11 1208
1:11 695-96
2:5 670
2:8 666
2:11 1207
2:13 1207
2:15 1208, 1209
2:16[2:18, MT] 326

2:17 155
2:18 1208, 1209
2:18-19
2:19 888
2:22 1208
3:4 1207
3:5 696
4:1 888
4:6 456, 654, 888
5:7 611
6:1 912
6:2 1210, 1251, 1118
6:6 1216
6:7 591, 572, 575, 679
7:1 148
8:1 679
8:3 177
8:13 1207
9:3 1207
9:6 1207
9:17 456
10:6 1207
11:1 332, 362, 366, 393
11:4 366
11:5 1207
11:8 936
11:8-9 368
12:4 151, 388
12:5 330
12:5-6 330
12:9 329
12:13 680
13:4 329
13:5 450
13:12 1207
13:14 1251

13:16 1207
14:4 366
14:5-7 1209
14:7 912

요엘

2:1 1207
2:3 591
2:11 387
2:12 912
2:13 336, 366
2:17 1036
2:17-19 809
2:28 152, 246, 370, 810, 812, 861, 1208, 1217
2:28-29 389, 396, 1118
2:30 155, 1261
2:32 1210, 1236
3:2 1236
3:2-15 1210
3:3 153n38
3:11 1236
3:16 342
3:16-17 1209
3:17 1208
3:18 1209
3:20 1208

아모스

1:1 153
1:4 1261
2:4 1207
2:11 654
3:1-2 688
3:2 936
3:6 457

3:7 435
3:7-8 175
4:13 521
5:16 1207
5:18 1207
5:21 1216
5:27 1207
6:8 680
6:13 1207
6:14 1207
7-9장 152, 153
7:3 336
7:6 336
7:15 175
8:8 155
9:2 343
9:3 503
9:5 330
9:8-10 1207
9:11 695
9:12 1210
9:13 155
9:13-14 1209

오바댜

11절 153n38
16-17절 1217
17절 1208
21절 1208, 1209

요나

1:7 153n38
3:9 336
4:2 336, 366, 1167
4:3 1167

미가

1:3 157
2:12-13 1209
3:1 654
3:7 1188
3:8 389
3:11 151
3:12 1207, 1208
4:1-2 1208, 1211
4:3-4 1209
4:5 1236
4:7 157
4:10 1207
4:11-13 1236
5:1-2 696, 731
5:2 694
5:3 1211
5:7-9 1236
5:10-11 1209
5:11-14 1208
5:12 1188
6:6 1216
6:8 554
7:8 385
7:11 1208
7:13 1207
7:18 937
7:18-20 1118
7:19 730, 810, 937
7:20 937

나훔

1:2 751
1:3 366
1:4 366
3:4 535

3:10 153n38

하박국

1:1 153
1:5-11 1207
1:12 368
1:13 589
2:1 153
2:2 176
2:4 809, 957
2:5 1166
2:20 364
3장 386
3:2 175, 1208
3:16 175

스바냐

1:1-18 1207
2:2 447
3:8 152
3:12 1207
3:17 366

학개

1:1 743
1:13 489
2:5 396
2:5-6 389
2:6-10 1208
2:7-10 1211
2:7-9 330
2:12 730

스가랴

1-6장 152, 153
1:7-6:5 151n35

1:8-12 388
1:12 498
1:14 330
1:17 1208
2:1-4 1210
2:1-5 1208
2:4-9 1210
2:5 1208
2:10 152, 1208
2:11 1211
3장 696
3:1 494, 743
3:1-8 1208
6:9-15 1208
6:13 685, 696, 731
7:11 612
7:12 369
8:3 1208
8:4-5 1210
8:6 380
8:7-8 121
8:8 1208
8:12 155, 1209
8:21-23 1211
9:10 696
9:12 912
12-14 1236
12:1 389, 465, 566
12:10 389, 396, 882, 1217
13:1 912, 1119, 1120
13:2 1208
13:8-9 1208
14:5 489
14:6-7 1209
14:8 1209
14:9 535

14:10 1209
14:12-21 1217
14:16 330
14:16-19 1211
14:20-21 155, 1208, 1217

말라기

1:2 366, 435, 462
1:2-3 456
1:3 603
1:6 332, 392, 393
1:11 145, 1021, 1139, 1142
1:14 145
2:7 730, 489
2:10 332, 392, 393, 535
3:1 388, 489
3:5 1188
3:6 336
3:10 506
3:17 435, 809
4:5 696, 731
4:6 912

구약외경

바룩

2:28 178
3:9-4:4 389

에스드라2서

9:36 810n4
14:18-47 389

마카베오상

2:50 178
2:57 696
4:46 696
9:27 696
14:41 696

마카베오하

6:23 178
7:28 471
12:40-45 1198
12:41-45 1195

집회서

1:1-30 389
1:5 178
1:13 1169
7:17 1169
10:13 639
17:12 178
18:24 1169
24장 389
24:23 178
39:1 178
41:12 1169
46:15 178

토비트

1:6 178
4:13 639
12:6-22 499
14:7 178

지혜서

1:4 631
1:4-7 389

1:8-9 1169

2:24 639

3:1-10 1169

6:12-25 389

7:22 361

7:25-26 389

8:3-4 389

9:1-2 389

9:5-9 389

9:17 389

11:1 178

12:1 389

16:12 389

18:4 178

18:15-16 389

신약 ────────

마태복음

1:18 391

1:20 151n36, 152n37

1:21 733, 744, 794, 1127, 1219

1:22 196, 197

2:2 732

2:12 152n37

2:13 151n36, 152

2:15 197

2:17 197

2:19 151n36

2:22 151n36

2:23 744

3:2 711

3:2-10 938

3:6 914, 929

3:7 370

3:9 380

3:11 698, 811, 863, 1121

3:12 693, 1008, 1267

3:13 722n42

3:14 766

3:15 754

3:16 154

3:16-17 391

3:17 152, 699, 711, 760n41

4:1 391, 536, 811

4:1-10 811

4:1-11 672, 723

4:2 714

4:3 592

4:4 178

4:5 153

4:6 151n36

4:8 153

4:10 501, 1189

4:11 497

4:14 103

4:16 385

4:23 1051

4:24 673

5-7장 1086

5:1 646, 1086

5:3 698, 699, 811

5:3-12 772, 1232

5:4 857, 1281

5:5 1287

5:8 152, 560, 965, 967

5:9 965, 1282

5:10-12 965, 969n55

5:10 964, 1291

5:11 700

5:12 1257, 1290

5:13 983

5:14 355, 385

5:16 355, 969n55

5:17 178, 1086

5:17-18 752

5:18 179, 1275, 1281

5:20 697, 698, 964, 1086

5:21 1086

5:21-22 664, 1086

5:22 656, 1261

5:22-25 1195

5:23-24 1086

5:27-28 1086

5:28 650, 656

5:29-30 969n55, 1250, 1261, 1262

5:34 342

5:34-37 969n55

5:35 342, 380, 697

5:37 656

5:38-42 658

5:39-41 969n55

5:44 969n55

5:45 142, 156, 460, 534, 857, 965

5:48 364, 965, 984

6:1 1290

6:4 697, 1258, 1291

6:6 697, 1258, 1291

6:9 495, 342, 639, 697

6:10 378, 495, 535, 698

6:12 663

6:12-13 984

6:13 380, 535, 672, 879

6:16 965

6:18 1258, 1291
6:19-21 492
6:20 811
6:23 879
6:24 501
6:26 492
6:31 238, 908, 969n55
6:33 535, 697, 698, 811, 938, 965
6:34 667
7:1 391, 700, 969n55
7:11 392, 697
7:12 644, 1086
7:13 964, 1262, 1268
7:13-14 698
7:14 1283
7:15 1236
7:17 1258
7:18 879
7:21 378, 698
7:22 150
7:23 1262
7:24 965
7:28 115
8:10-12 1224
8:11 811, 1021, 1280
8:11-12 1262
8:12 1261, 1262
8:15 1046
8:16 493, 1085
8:17 748, 764, 766
8:19-20 1232
8:25 909
8:26 238, 908
8:28 494, 495, 592
8:29 698, 699

8:29-32 1173, 1261
8:31 722n42
9:2 697, 938
9:2-8 724
9:6 748
9:8 748
9:13 811, 964, 1086
9:14 965
9:17 1086
9:18 1046
9:21 1189
9:24 1138
9:34 652n15
9:36 764
10:1 1063, 1070
10:2-4 1025
10:7 1063
10:8 1063, 1070
10:10 1030, 1063
10:13 1064
10:15 858, 1191, 1250, 1258, 1273
10:16 965
10:16-42 1232
10:20 180, 371, 395, 396
10:24 772
10:26 1258
10:28 1250, 1261, 1170
10:29 371
10:30 522
10:31 238, 908
10:32 965, 1043
10:32-39 964
10:35-36 965
10:37-38 772
10:38 788

10:39 772, 965
10:40-42 1291
10:41 967
10:41-42 965
11:3-5 155
11:5 766
11:6 645
11:10 488, 489
11:11-12 698
11:12 811
11:19 952, 965
11:20 862
11:20-24 1191
11:22 858, 1250, 1258
11:24 858, 1258, 1273
11:25 379, 437, 481, 697, 889, 260n59
11:25-26 107, 461
11:25-27 154, 800, 889, 904
11:26 436, 447, 462
11:27 128, 152, 184, 211, 268, 280, 355, 391, 396, 434, 700, 711, 888, 889
11:29 700
12:3 179
12:7 1086
12:18 396, 462, 685
12:25-26 452
12:25-30 656
12:26 651
12:28 154, 155, 301, 396, 698, 811
12:29 723
12:31 645, 656, 858
12:31-32 397

12:32 1195
12:33 1258
12:36 656, 1258
12:37 952
12:40 759, 781
12:45 493, 652
12:46-47 713
12:48 1009
12:50 378, 1283
13:3 1092
13:11 698, 260n59
13:13 456
13:13-15 1223
13:19 115, 652n15, 698
13:20-21 913, 986
13:23 698
13:24 698, 811
13:29 693
13:30 698, 1259
13:31 698, 1242
13:32-33 1247
13:33 1053, 1242
13:35 472, 478
13:37-43 1232
13:39 652n15
13:41 497
13:42 1261, 1262
13:43-46 697, 811
13:44-46 697
13:47-50 1232
13:49 497, 1259
13:50 1261
13:52 698
13:55 713
13:57 1223
13:58 724

14:14 764
14:30 909
14:31 238, 908
15:4 178
15:9 1086
15:11 966
15:13-14 1223
15:18-19 644
15:19 611
15:31 331, 697
16:4 781
16:13-20 1028
16:16 699
16:17 260n59, 889, 904
16:18 85, 802, 996, 1007,
    1015, 1022, 1171, 1034,
    1037, 1041
16:19 1038, 1051, 1052,
    1063, 1069, 1070
16:20 759
16:21 780, 781
16:22 732
16:23 723
16:24 772, 788, 938, 969
16:24-26 772, 964
16:24-27 1232
16:25 772, 965
16:26 612
16:27 151n36, 1247, 1248,
    1291
16:28 1245
17:5 152, 699
17:9 1171
17:20 908
17:24-27 1052, 1086
18장 1069

18:2 1127
18:3 698, 811
18:4 811, 967
18:7 601
18:8 1173, 1261, 1267
18:9 1261
18:10 301, 489, 494, 495,
    497, 498, 499
18:11 811
18:15 1009
18:15-17 1069
18:17 996, 1052, 1063,
    1069
18:17-18 1044
18:18 930, 1038, 1063,
    1069, 1070
18:19-20 1043
18:20 152, 964
18:23 697
18:27 365
18:35 1257
19:8 643
19:10-12 965
19:11 982
19:11-12 969
19:13 1127
19:15 1046
19:16 697
19:16-17 1281
19:20 810
19:21 811, 965, 969, 982,
    1278
19:23-24 698
19:26 380
19:27-30 1232
19:28 785, 863, 873n18,

884, 1252, 1260, 1276
19:28-29 1249
19:29 697, 772, 811, 965, 1281, 1291
20:1 965
20:1-7 858
20:1-16 1290
20:13-15 811
20:14-15 965
20:15 374, 452
20:16 967
20:19 780
20:21 785
20:25-26 1036, 1064
20:26-27 811
20:28 732, 734n8, 754, 756, 761, 764, 794, 938, 955, 964, 1284
20:34 365
21:5 732
21:12 722n42
21:15-16 1127
21:19 722n42
21:21 238, 908, 963
21:23 748
21:25 1112
21:29 913
21:32 913
21:37-39 700
21:41 1223
21:42 178
21:43 811, 1224
21:44 1233
22:2 697, 858
22:3 862
22:7 1223

22:13 1262
22:14 858, 1008, 1284
22:21 1053
22:23 1170
22:29 1250
22:30 493, 572, 1254
22:31 1239
22:32 179, 331
22:33 115
22:37-40 644, 965
22:43 178, 395
22:44 785
22:45 179
23장 644
23:2-3 1086
23:8 800, 1009
23:10 800
23:12 697, 778
23:13 722n42
23:14 1273
23:21 342
23:23 1086
23:27 460
23:34 1025, 1027
23:35 624
23:37 302, 862
23:37-39 1223, 1225, 1230
24장 1231
24:1 1223
24:1-8 1231
24:5 1236
24:13 986, 1284
24:14 1246
24:15-18 965
24:15-28 1231

24:21-22 1022
24:22 150
24:24 150, 1188, 1233, 1236, 1237
24:27 1247, 1248
24:29 492, 1231, 1244, 1274
24:29-35 1231
24:30 1247, 1248
24:31 437, 497, 1248, 1259
24:34 1231, 1245
24:35 1275
24:36 489, 494, 1249
24:37 1233
24:40-41 344
24:43 1246
24:44-47 1291
24:45-47 965
24:47 697, 1289, 1291
24:51 1273
25:1 1233, 1284
25:14 967, 1291
25:14-30 965
25:15-30 965
25:21 697, 811, 965, 1291
25:21-23 965
25:23 697, 1291
25:24 967, 1289
25:30 1261
25:31 151n36, 331, 495, 1248
25:32 1258, 1259
25:32-46 965
25:34 450, 472, 478, 698
25:35 1258

25:40 1009, 1071

25:41 652, 1173, 1261, 1262, 1267

25:46 697, 811, 1261, 1262, 1267

26:26 964

26:26-29 1135

26:27 767

26:28 697, 732, 733, 756, 764, 765, 766, 794, 811, 965, 1104

26:29 698, 1138

26:31 773

26:33 1025

26:37-38 759

26:38 714

26:39 405, 759, 760, 766

26:41 566

26:42 378, 685, 732, 754

26:45 1250

26:52 1053

26:53 151n36, 489, 491

26:63 699, 766

26:64 784, 785, 1245, 1248

26:75 926

27:3 153n38, 913

27:11 732, 766

27:19 152n37

27:25 624

27:35 153n38

27:40 699

27:46 393, 405, 719, 721, 764

27:52 1251

27:53 149

27:66 1103

28 497

28:2 151n36

28:5 151n36

28:8 724

28:9 783

28:10 1009

28:16 781

28:18 380, 405, 698, 711, 724, 778, 784, 802, 1041, 1052

28:18-20 801, 1025, 1224

28:19 180, 392, 396, 397, 794, 858, 1015, 1021, 1026, 1052, 1063, 1114, 1120, 1122, 1129, 1146

28:20 698, 802, 964, 1022

마가복음

1:1 115

1:2 489

1:4 1101, 1102, 1104, 1122, 1129

1:5 1102

1:10 747

1:10-11 391

1:12 391

1:13 723

1:14-15 115

1:15 697, 858, 964, 1088

1:21 995, 590, 624, 1051

1:24 368

1:26 673

1:32 673

1:34 673

1:44 1086

2:2 115

2:7 931

2:8 566

2:10 700

2:14 914

2:20 115

3:11 673

3:14 1025

3:15 673, 1063, 1070

3:16-19 1025

3:21 631

3:22 656

3:24 651

3:29 656

3:33 722n42

3:34-35 697

4:11 260n59

4:12 456

4:14 1063

4:26-29 698

4:27 924, 1242

4:39 1085

4:40 238, 908

5:7 326, 331, 592

5:23 1046

5:34 892

5:36 908

6:2 995

6:3-4 713

6:11 1258

6:14 1171

6:30 1025

7:15 644, 1086

7:21 611, 632, 650

8:31 781

8:33 723

8:38 151n36, 331, 497, 1248

9:1 1245

9:24 909

9:41-42 1258

9:43 697, 1173

9:43-44 1261

9:43-47 811

9:44 1261

9:46 1261

9:47-48 1173

9:48 1261, 1267

10:13 1127

10:15 698, 811

10:17-18 723

10:18 364

10:27 909

10:28-29 811

10:29-30 1283

10:30 522, 733, 811, 965, 1249

10:34 781

10:45 732

11:16 1086

11:23-24 909

11:24 975

11:30 1101

12:6 699

12:18 1170

12:25 1251

12:26 178, 331

12:28-34 1086

12:33 964, 1258

12:36 178, 395

13 672, 1223, 1231

13:1-8 1231

13:2 1086

13:9-13 1231

13:11 154

13:20 436

13:21-22 1236

13:24 1231

13:24-31 1231

13:26 1248

13:30 1231, 1245

13:32 405, 494, 1247

14:22-25 1135

14:24 732, 787

14:25 1138

14:33 759

14:38 613

14:50 780

14:62 1248

16:7 781

16:11 781

16:12 783

16:13-14 781

16:15 1063

16:15-16 862

16:16 1063, 1064, 1102, 1104, 1108

16:17 799

16:17-18 1070

16:18 1063

16:20 724

누가복음

1:1 183

1:2 181

1:9 153n38

1:11 151n36

1:13 497

1:16 332

1:17 154, 490, 927, 1127, 1219

1:18 381n97

1:19 494

1:22 152

1:26 490

1:26-28 497

1:28 631

1:32 326, 331, 732

1:33 802, 1041

1:35 391, 396, 475, 713, 747, 811

1:37 380

1:47 566, 631, 750

1:48 697

1:50 365

1:68 331

1:68-73 363

1:68-79 690

1:70 197

1:74 697

1:76 331

1:77 697, 811, 888, 965

1:78 301

1:79 144, 149

2:7 713

2:9 151n36

2:10 497

2:11 733

2:14 71, 331, 436

2:15 149

2:21 766

2:25 697

2:27 154

2:32 385

2:34 201, 436, 456, 536, 603, 1064, 1093, 1223, 1233	7:21 493	10:12-14 1191
2:40 714	7:24 489	10:14 1258, 1273
2:49 699, 722n42	7:27 489	10:15 1171
2:52 405	7:28 698	10:17 1070
3:2-3 1112	7:29 952	10:18 766, 788
3:7 370	7:29-30 1112	10:19 652n15
3:16 1113	7:30 436, 862	10:20 437, 462
3:21-22 391	7:41-42 663	10:21 436
3:22 747	7:48 938	10:23 699
3:38 332, 391, 392, 495, 564	7:50 892	10:26 178
4:1 811	8:2 493, 673	10:29 952
4:1-13 723	8:10 260n59, 456	10:35 972n67
4:13 672, 802	8:19 713	11:15 494
4:14 154	8:25 238	11:17-18 651
4:16 772, 1030	8:28 592	11:22 723, 733
4:17 732	8:30 493	11:26 652
4:18 396, 747, 811	8:31 1173	11:49 1027
4:18-19 396, 1086	8:54 1085	11:50 472
4:21 178, 759	9:1 1063	11:52 1051
4:34 368, 673	9:1-2 1070	12:10 656
4:41 673	9:2 1063	12:12 154, 396
5:1 184	9:10 1025	12:13-14 1064
5:32 858	9:20 393	12:14 1053
6:13 1025	9:23 788	12:32 437, 1283
6:14-16 1025	9:26 151n36, 495, 497, 1248	12:33 965
6:19 724, 1189	9:27 1245	12:37 697
6:21 1281, 1291	9:34 713	12:46-47 1273
6:23 1290	9:48 1127	12:47 202, 1258
6:32 697	9:52 489	12:47-48 1191
6:35 1258, 1291	9:54-55 1053	13:2-3 644
6:38 1291	10장 858	13:4 662, 668
6:44 1258	10:5 1127	13:16 155
7:14 1085	10:7 1030	13:23 1283
	10:9 698	13:24 1288
	10:12 1258, 1273	13:27-28 1262
		13:32 673

13:34-35 1225
14:13-14 1258
14:14 1250
14:16-18 858
14:26 969
15장 1224
15:7 498
15:10 494, 497
15:18 926
16장 1189
16:8 888
16:9 952
16:15 952
16:17 178
16:22 497, 1177n22
16:23 1173, 1184
16:23-24 1185
16:27-31 1200
16:29 1184, 1188
16:30 1171
17:5 1025
17:10 576, 811, 1291
17:21 811
17:23 1236
17:24 1248, 1249
17:26 1233
18:7 437
18:8 1022, 1233, 1284
18:10-14 964
18:11 810
18:13 926
18:14 952
18:15 1127
18:18-19 723
18:19 364, 405
18:27 380

18:30 811, 1249, 1267
18:34 732
18:41 714
19:8 914
19:10 858, 1086
19:12 1247
19:13 1291
19:15 1247
19:17 1291
19:17-19 1201
19:19 1127, 1291
19:21-23 802
19:41 460, 714
19:41-44 1223
20:27 1170
20:35 1249
20:35-36 493, 1238
20:36 489, 495, 1281
20:37 331
21장 672, 1223
21:5-11 1231
21:6 1223
21:15 396
21:20-24 1231
21:23 370
21:24 1225, 1230
21:25 1225
21:25-33 1231
21:27 1248
21:32 1231, 1245
21:34 1249
22:3 672
22:14 1025
22:16 1138, 1278
22:18 1138
22:19 1063, 1102

22:19-20 1135
22:20 1134
22:22 436
22:29 697
22:30 1260, 1278
22:31 672
22:32 801, 1037
22:43 151n36, 497, 724
22:44 759
22:53 672
23:28 1223
23:34 654
23:35 462
23:42 914
23:42-43 802
23:43 1172, 1184, 1197
23:46 566
24:10 1025
24:11 781
24:16 783
24:19 724
24:21 732, 761
24:23 151n36, 152
24:24-25 781
24:26 462, 536, 601, 685,
  773, 778, 783, 1281
24:26-27 784
24:27 784
24:34 781
24:36 783
24:37 783
24:39 493, 783
24:43 783
24:44-46 784
24:47 460, 697, 811, 965,
  1025

24:48 180, 781	**1:33** 1112	**3:19** 355, 385, 456, 536
24:49 396	**1:36** 732, 1134	**3:19-20** 1256
24:50 1046	**1:37** 1113	**3:19-21** 247, 738
24:50-51 784	**1:44** 1028	**3:21** 355
	1:46 914	**3:22** 1114
요한복음	**1:49** 699	**3:22-23** 1113
1장 759, 1114n38	**1:51** 151n36, 497	**3:22-29** 303n48
1:1 154, 180, 339, 395, 478, 555, 685, 700, 711, 857	**2:2** 965	**3:31** 611
	2:3-4 631	**3:32** 180, 245
	2:4 722n42	**3:34** 154, 180, 184, 396, 713, 747
1:3 112, 157, 245, 391, 425, 475, 492, 496, 611, 685, 700, 711, 857	**2:11** 154, 732, 748	
	2:12 713	**3:35** 366, 711, 724
	2:15 722n42	**3:36** 370, 761, 858, 938, 1105, 1171, 1173, 1181, 1258
1:3-5 142	**2:17** 714	
1:4 355, 385	**2:18-21** 1223	
1:4-5 347	**2:19-21** 780	**4:1** 1122
1:5 144, 355, 611, 857	**2:22** 892	**4:1-2** 1114
1:9 145, 347, 355	**2:24-25** 720	**4:6** 700, 724
1:9-10 142, 857	**3:3** 249, 397, 632, 865, 879, 913, 964, 978	**4:10** 302
1:10 611		**4:21** 391, 690, 1250
1:11 1223	**3:5** 333, 861, 865, 1008	**4:24** 350, 395, 569
1:12 558, 962	**3:6** 583, 611, 613, 882, 1128	**4:29** 914
1:12-13 733, 788, 904, 983, 1105		**4:34** 378, 685, 700, 732, 754, 1146
	3:6-8 864	
1:13 862, 865	**3:8** 395, 422, 883, 887, 913	**4:39** 914
1:14 152, 155, 157, 181, 199, 236, 384, 391, 392, 425, 555, 700, 709, 711, 715, 720, 765, 857, 1219		**4:42** 790, 794
	3:14 759, 772	**4:50** 892
	3:15 733	**4:54** 154
	3:15-21 1172	**5:17** 141, 154, 166, 302, 521, 1248, 1289
1:17 1219	**3:16** 366, 391, 460, 462, 560, 750, 760, 865, 893, 962, 989, 1110	
1:17-18 355, 800		**5:18** 700, 711
1:18 154, 180, 268, 302, 350		**5:19** 766
	3:16-17 163, 1053	**5:20** 149, 366, 732
1:26 698	**3:17** 733, 790, 1256	**5:20-29** 1282
1:29 732, 733, 790, 1134	**3:18** 760, 1173, 1258, 1260	**5:22** 1257
1:32 747		**5:23** 724

개혁파 교의학

5:24 184, 893, 1172, 1181,
 1258, 1260
5:25 1085, 1250
5:25-26 1238
5:26 317, 391, 419
5:27 711, 724, 1243, 1257
5:28 1085
5:28-29 1171, 1239, 1251
5:29 1251
5:30 732, 754
5:32 180
5:32-38 1256
5:36 732
5:37-47 1223
5:39 53, 157, 890
5:43 1045
5:47 892
6:14 154
6:15 1064
6:29 959, 1258
6:33 790
6:35 302
6:37 794
6:38 732, 754
6:38-40 685
6:39 794, 1172
6:39-40 1250
6:40 1282
6:44 632, 794, 879, 902,
 904
6:44-45 1282
6:45 154, 178, 800, 889,
 1281
6:46 268, 350
6:47 865, 893
6:47-51 1105

6:51 724, 790
6:52 1137
6:54 893, 1151
6:55 302
6:60 1137
6:62 784
6:63 184, 861
6:64 720, 1223
6:66 1137
6:69 892, 906
6:70 180, 672
7:3 713
7:3-4 906
7:5 713
7:16 721
7:16-17 115
7:17 240, 378
7:38 178
7:39 171, 996, 1105
8:12 355, 385, 733, 788
8:18 180
8:21 670, 1223
8:23 611
8:23 865
8:24 892
8:26 721
8:28 721, 772
8:29 700
8:32 888, 1063
8:34 644, 879
8:36 644
8:38 392, 721
8:39 1233
8:42 180
8:44 494, 591, 592, 607,
 639, 671, 1180

8:46 700
8:47 178
8:51-52 1181
8:56 685, 768
8:58 336, 341, 685, 711
9:1 663
9:2 537
9:3 601, 644, 732
9:16 154
9:38 914
9:39 536, 456, 1256
10장 1007
10:1-2 1045
10:2 1065
10:4 888
10:9 1143
10:11 794, 1065
10:14 888, 1065
10:15 355, 794
10:16 997, 1021, 1224,
 1283
10:16-18 1245
10:17 366, 778
10:17-18 766
10:18 685, 732, 780
10:25 732
10:28 450, 724, 802
10:28-30 724
10:30 391
10:32 732
10:34 179
10:35 178
10:37 711, 732
10:38 732
11:4 732, 772
11:11 1183

11:25 733, 780, 1171, 1181, 1250
11:25-26 1172, 1184, 1267
11:27 699
11:33 700, 566
11:34 405
11:35 714
11:38 700
11:40 732, 772
11:42 892
11:47 154
11:50 1266
11:52 794, 997
12:23 772
12:24 772, 1224
12:26 788, 1043, 1277
12:27 405, 700, 714, 759
12:28-29 152
12:31 671, 672, 766, 802, 1288
12:32 772, 773, 1172
12:34 732
12:37 1223
12:38-40 861
12:40 456, 605
12:47 733, 790, 1256
12:48 1258
12:49 685
12:49-50 721
13:2 672
13:3 720, 724, 784
13:18 180
13:19 892
13:21 405, 700
13:27 672

13:31 772
13:33 784
13:34-35 1009
14:1 238, 724, 908
14:2 342, 733, 1291
14:2-4 784
14:3 1172, 1277, 1278
14:6 115, 180, 302, 347, 362, 396, 685, 733, 800, 1219, 1285
14:9 152, 154
14:10 732
14:12 964, 1043
14:13 724
14:15 964
14:16 391, 396, 801, 812
14:16-17 883, 964
14:17 154, 1008
14:18-24 1245
14:19 1172
14:21-22 149
14:23 152, 268, 343, 366, 397, 815, 977, 1172
14:24 964
14:26 180, 196, 199, 396, 724, 799, 888, 1038
14:28 405, 784
14:30 611, 672, 733, 766, 788
14:31 366, 685
15장 977-78, 1007, 1041
15:1 302, 977
15:1-10 964, 986
15:2 693, 986, 1008
15:3 1105
15:4-10 866

15:5 632, 964
15:6 1288
15:8 964
15:10 685, 700, 964
15:12 1009
15:13 366
15:14-15 1009
15:16 180
15:18 368
15:19 366
15:22 644, 1191
15:24 644
15:26 154, 246, 249, 391, 396, 724, 733, 812, 882, 1038
15:26-27 180, 815, 862
15:27 180, 245
16:2 1232, 1250
16:5 784
16:5-10 784
16:7 180, 396, 812, 882
16:8-9 858
16:8-11 249, 397, 812, 858
16:9 644
16:10 784
16:11 611, 671, 672
16:12-14 196
16:13 154, 197, 396, 799, 861, 888, 1038, 1219
16:13-14 128, 180
16:14 159, 246, 249
16:16 1172
16:17 784
16:23 724
16:27 366

16:28 784
16:32 1250
16:33 733, 766, 788, 802, 1232
17:2 711, 724, 748, 778,
17:3 261, 266, 346, 362, 393, 405, 889, 1024, 1289
17:4 181, 685, 732, 754
17:4-5 685, 778
17:5 339, 392, 394, 472, 700, 724, 711, 778
17:6 180, 154
17:8 184, 892
17:9 795
17:9-10 748
17:11 685
17:12 436
17:13 784
17:14 184
17:14-15 1232
17:15 163
17:17 184, 362, 685, 966, 977, 1219
17:19 368, 978, 1021
17:20 180, 799, 997, 1052
17:20-21 170, 997
17:21 815, 891, 997, 1283
17:22-24 463
17:23 366, 977, 997
17:24 339, 392, 366, 434, 430, 472, 685, 748, 778, 795, 1278, 1281-82
17:25 370
17:26 366, 977, 1009
18:10-11 1053

18:22-23 658
18:33 802, 1041
18:36 1064
18:37 180, 245, 711, 766
19:11 865
19:19 802
19:23 153
19:28 714
19:30 685, 754
19:33 1134
19:35 181
19:36 1134
20:9 1171
20:12 151n36
20:14 783
20:17 393, 685, 783-84
20:19 783, 1025
20:20 783
20:21 1025
20:22 154, 181, 395-96, 799
20:22-23 930, 1063
20:23 1038, 1052, 1063, 1069, 1070
20:27 783
20:28 395, 700, 778
20:29 204
20:31 181, 267, 865, 893
21장 781
21:12 783
21:15-17 1037, 1063, 1065, 1067
21:22-23 1170
21:24 181
21:25 169

사도행전

1장 1072
1:3 783, 784
1:4 781
1:5 663
1:6 1232
1:6-8 1278
1:7 1247
1:8 180-81, 713, 1010, 1038, 1224
1:9 783, 1248
1:10 151, 497
1:11 773, 783
1:13 1025
1:14 713, 1072
1:15 1046
1:15-26 1025
1:16 197, 395
1:19 94
1:21 93, 1046
1:22 781
1:23-26 1046
1:24 494
1:26 153n 38
2장 246, 733, 799
2:2 422
2:4 154, 812-13, 882
2:6 813
2:7 814
2:8 733
2:14 181, 1224
2:16-18 396
2:17 154
2:17-18 396, 1027
2:20 781
2:22 780

2:23 436, 447, 450, 456, 462, 536, 685, 756, 759, 773
2:23-24 783
2:24 780
2:25 781
2:27 768-69, 1171
2:30 714
2:31 769, 1171, 1253
2:32 781
2:32-34 784, 785
2:33 711, 778, 783, 882, 997, 1114, 1245
2:34 700, 785
2:36 405, 715, 757, 773, 778, 781, 783, 892
2:37 814, 914
2:38 611, 773, 892, 113-14, 1120, 1122, 1129
2:39 690, 926, 1122
2:40-41 1122
2:41 1072, 1102
2:42 115, 814, 1094-95, 1145, 1152
2:43 814
2:44 892
2:44-45 1070
2:46 1086
2:47 997
3:1 1086
3:6 814
3:10 814
3:13 331, 537
3:13-15 783, 1226
3:14 368, 700
3:15 781, 778, 781
3:17-18 536

3:17-19 654
3:18 197, 773
3:19 773
3:19-21 1226, 1230
3:20-21 1247
3:21 733, 773, 784, 1241
3:25 690, 1127
3:26 1226
4:2 782, 1238
4:4 892
4:8 814, 8821
4:11 783, 1038
4:12 685, 757, 1285
4:13 814
4:25 197
4:26 781
4:27 368, 747, 780
4:28 447, 456, 536, 685, 756, 773
4:29 1052, 1092
4:31 814, 882
4:32 814
4:35 1070
5:1-11 1069
5:3 858
5:5 814
5:11 814, 996
5:12 814, 1072
5:13 814
5:14 892
5:15 799, 1189
5:15-16 814
5:19 151n36, 494, 497
5:24 814
5:30 715, 756
5:31 611, 700, 757, 773,

778, 781, 783, 784, 796, 815, 892, 1245
5:41 537, 1292
5:42 1127
6장 1029, 1070, 1072
6:2 1063, 1072
6:2-6 1046
6:3 814
6:4 1029, 1094, 1147
6:5 814, 882, 1027
6:6 1046
6:7 892
6:8 1027
6:10 154, 814
7:2 155
7:32 331
7:37 332
7:38 197
7:45 744
7:46 331
7:48 151, 331, 342
7:51 395, 858, 862, 1112
7:53 497
7:55 152, 700, 814
7:56 785
7:59 566, 724, 1172, 1184, 1197
8:4 1045
8:6-7 799
8:7 814
8:9 150, 913, 1188
8:13 799, 814
8:14 181
8:15-17 1114
8:25 184
8:26 151n36, 497

8:32 1134

8:35 914

8:37 914

8:37-38 1108

8:38 1129

8:39 814

9:3 152

9:10-11 153

9:11 1108

9:13 724

9:15 436, 1025

9:17 1114

9:17-18 1108, 1129

9:31 814, 882

9:32 181

10:3 151n36, 152

10:10 152

10:19 814

10:22 495

10:34-35 794, 1108

10:35 690

10:38 747, 780, 812

10:42 711, 773, 1026, 1170, 1257

10:43 892, 957

10:44 1114

10:46 814

10:46-67 813

10:47 812

10:48 1129

11:12 154

11:13 151n36

11:14 1127

11:15-17 1114

11:17 812-13

11:18 796

11:22 181

11:24 814, 882

11:26 747, 996, 1043

11:27 1027

11:28 814

12:7 151n36, 497

12:15 498

12:17 1032n87

12:23 497

12:24 815, 1092

13:1 1027, 1030, 1069

13:1-3 1031

13:2 396, 814

13:2-3 1026

13:3 1046

13:4 1026

13:5 1026

13:6 150

13:7 184

13:11 1069

13:14 1026

13:15 1045

13:17 436

13:30-37 784

13:32 690, 1088

13:33 394, 783

13:36 436

13:39 957

13:46 858, 1026

13:47 1025

13:48 436-38, 450, 461-62

13:52 814-15, 882

14:4 1026

14:10 1189

14:14 1026

14:15 144, 914

14:16 456, 536, 690

14:16-17 142, 145, 687, 857

14:17 267, 292, 460, 846

14:22 931

15장 682, 1072

15:2 1051

15:4 1030

15:7 436

15:8 812-14

15:9 1105

15:10 810

15:13 1032n87

15:18 436

15:19 914

15:21 995, 1051

15:22 181-82

15:22-23 1030

15:28 181, 396, 814

15:29 1132

15:39 1018

16:6 814

16:9 152

16:14 927, 1094

16:15 1127

16:16 150, 672

16:17 326, 331, 1045

16:17-18 673

16:31 1127

16:34 1127

17장 160n38

17:16 566

17:22-30 145

17:23-24 280

17:24 151, 268, 317, 343, 346

17:25 334, 534

17:26 142, 522, 549, 582, 623, 1042

17:27 291, 460, 594, 846, 857

17:27-29 664

17:27-28 268, 350, 687

17:28 304, 332, 391-92, 521, 530, 532, 553, 563-64, 1293

17:30 144, 460, 536

17:31 711, 773, 778, 1249, 1257, 1259

18:18 1127

18:21 371

18:25 115, 1113

19장 1113

19:3 1112

19:5-6 1114

19:6 813-14, 1114

19:9 115

19:12 493, 1189

19:13 150

19:13-20 1188

19:15 592, 673

19:18 929

19:22 1026

19:23 115

19:26 144

19:29 1026

20:7 1095

20:17 1030

20:20 1127

20:22 814

20:23 814

20:24 1029, 1045, 1052,

1089

20:27 436

20:28 767, 794, 1029-30, 1063, 1065, 1066-67

21:8 1026, 1129

21:9-10 1027

21:11 814

21:14 378

21:18 1032n87

21:25 1132

22:4 115

22:16 724

22:17 152-53, 1043

22:21 1025

22:25 658

23:3 658

23:6 1171

23:8 493, 1170

23:9 151n36

23:11 153

24:15 1239, 1250

25:10 658

26:5 114, 116

26:16 181, 1045

26:18 672, 761, 961

26:19 152

26:20 914

26:23 780, 961, 1238, 1250

27:22 987

27:23 151 n36, 153, 497

27:31 987

28:25 154

28:26 456

28:30 730

로마서

1-3장 654

1:1 1045, 1052

1:1-2 1089

1:2 690

1:3 700, 714, 716, 774, 783, 961, 1089

1:3-4 812

1:4 154, 380, 394, 396, 715, 778, 801

1:5 1090

1:7 801, 862, 978

1:8 1021

1:10 144

1:11 1008

1:16 1053, 1092, 1224,

1:17 819, 939, 954-55, 957, 1089

1:18 142, 537, 589, 751, 953

1:18-20 156

1:18-23 156

1:19 291, 460, 482, 687

1:19-20 267, 280

1:19-21 664, 857

1:20 239, 350, 380, 890

1:21 888

1:21-22 600, 611

1:21-28 605

1:22-23 350

1:23 336, 339

1:24 436, 536

1:24-28 144, 626

1:26 536

1:27 537

1:28 536, 664

개혁파 교의학

1:32 456, 670, 752
2:4 365
2:5-6 537
2:5-8 1262
2:6 1259, 1291
2:7-8 986
2:9 1262
2:10 1281
2:12 1191, 1259
2:12-26 642
2:13 953, 1088
2:14 145
2:14-15 142, 589, 611, 857, 910
2:15 291
2:16 1090, 1258
2:18 642, 1087-88
2:20 1088
2:28 599
2:28-29 435, 1112, 1224
2:29 882, 927, 1221
3-5장 764, 815
3:2 184, 197, 1088
3:4 952
3:5 939
3:7 600
3:8 940
3:9 144
3:9-19 861
3:14 612
3:15 612
3:19 664, 752
3:19-20 611, 1224
3:20 600, 644, 648, 845, 939, 1088
3:21 939, 1112

3:21-22 939, 1089
3:21-26 954
3:21-28 893
3:22 865, 892, 939, 954-55, 957
3:24 757, 761, 787, 787n10, 865, 954-55, 976
3:24-26 589, 753
3:25 733, 762, 767, 786, 787, 933, 939, 954-55, 1219
3:25-26 939
3:26 760, 955, 957
3:27 1086, 1090
3:28 939, 953, 955, 1105
3:29 794
3:30 346, 939, 955, 1112
3:31 645, 752, 939-40, 955, 1087
4장 179
4:2 939
4:3 940, 952, 957
4:3-8 1089
4:4 953, 955
4:5 865, 939-40, 952-53, 955, 956
4:8 382, 955
4:9 940
4:11 940, 1100, 1102, 1104, 1112, 1115n42, 1220
4:11-12 1088
4:14 648
4:15 641, 1087-88
4:17 184, 465, 472, 862, 909, 963, 1085

4:18 909
4:20 238, 908
4:20-21 239
4:22 940, 1224
4:24 909
4:25 733, 783, 850, 954, 958, 1114
5장 592, 613, 954
5:1 239, 865, 957, 962, 1105
5:3-5 537
5:5 397, 883, 962, 989
5:8 366, 462, 752, 962
5:8-11 795
5:9 370, 767, 787, 794
5:9-10 786-87
5:11 238
5:12 549, 570, 591, 611, 613, 622, 640, 654, 670, 733, 861
5:12-20 1284
5:12-21 571, 1128
5:13 641
5:13-14 642
5:14 641
5:15 700, 714, 787, 794
5:15-16 1008
5:15-17 957
5:16 627, 952, 955-56
5:17-18 761
5:18 790, 1263
5:18-19 754
5:19 639, 732, 754, 794, 952, 955
5:20 644, 648, 847, 1087-88, 1220

6장 1122
6-8장 764, 788, 815
6:1 940
6:2-10 1122
6:3 733, 865, 913, 1102, 1104, 1120, 1122
6:3-5 1095
6:3-6 1114
6:3-11 966
6:3-14 967
6:4 783, 865, 1238
6:5 937
6:6-11 1197
6:7 613
6:8 1232
6:9 780
6:10 780, 783
6:11 882, 913, 979, 1114
6:12 600
6:12-13 1043
6:13 600, 883, 886, 913, 966, 1114
6:14 646, 979
6:15 940
6:17 115, 879
6:19 600
6:20 644
6:22 733, 966
6:23 570, 670, 967, 1008, 1170, 1180
7장 612, 984
7:1 788
7:4 645, 967
7:5 1088
7:6 501, 600
7:7 611, 644, 648, 650

7:7-13 612
7:7-25 650, 984
7:8 612
7:8-9 1088
7:9 612
7:10-25 612
7:12 939, 1088
7:13 1088
7:14 600, 612, 926, 939, 1088
7:14-25 612
7:15-17 650
7:17-18 600
7:18 644, 984
7:21 983
7:22 1087, 1091
7:24 667, 1197
7:25 613, 1087
8장 798n25
8:1 815, 977
8:2 395, 600, 644, 815, 882
8:3 565, 600, 685, 700, 711, 719, 754, 762, 765, 778, 939, 955, 1087
8:4 612, 645, 913, 939, 966, 977, 1087
8:5 967
8:7
8:7-8 611
8:8-9 612
8:9 152, 343, 395, 600, 882, 1008
8:9-10 815
8:9-11 966, 977, 997
8:10 977, 1170, 1172,

1197
8:10-11 397
8:11 152, 343, 600, 783, 815, 883, 886, 1151, 1251
8:13 887
8:14 249, 560, 600, 865, 962, 1008
8:14-16 883
8:14-17 558
8:15 333, 397, 690, 1087
8:15-16 815, 865, 962
8:15-17 940
8:16 142, 566, 844, 846, 963, 1008
8:17 787, 962, 967, 989, 1232
8:17-18 1278, 1291
8:18 967, 1232, 1281
8:19 667, 789, 1232
8:19-22 666
8:19-23 866
8:20 591
8:21 787n10, 1232, 1278, 1279, 1281
8:22 670
8:23 397, 787n10, 814- 15, 883, 940, 962, 976, 1281-82
8:24 204, 234, 891, 1232, 1282
8:26 887
8:27 396
8:28 295, 436, 522, 537, 663, 862-63
8:28-34 795

8:29 356, 436, 438, 450, 462-63, 555-56, 780, 961, 978, 1009, 1251, 1281
8:29-30 450, 865
8:30 856n61, 862, 976, 978, 989, 1105
8:32 700, 711, 716, 750, 790, 794, 796
8:33 437
8:33-34 952, 957
8:34 773, 784-85, 795
8:36 1232
8:37 366
8:38 239
8:38-39 491, 963, 1172
9장 437
9-10장 1227
9-11장 435, 437, 988, 1227
9:1-11:10 1228
9:4 115, 392, 1086-87
9:5 395, 420, 700, 715, 744, 774, 778
9:6 1228
9:6-8 1220
9:7 456
9:8 1124, 1128
9:10-12 462
9:11 436, 447, 462, 863
9:11-12 435
9:11-22 461
9:13 366, 456, 371, 437, 481
9:15 371, 437, 481
9:15-16 452

9:16 862
9:17 452, 605
9:17-18 603
9:18 456
9:18-19 378
9:19-21 452
9:20 466
9:20-21 374, 447, 522
9:20-24 457
9:21 380, 861
9:22 149, 436, 460, 1262
9:24 862
9:25 1007
9:25-26 1127, 1219
9:29 332
9:32 1093
9:32-33 1233
9:33 1038
10:3 888, 939, 953
10:4 645, 689, 752, 957, 1087
10:6 940
10:7 769, 1173
10:9 909, 940
10:10 927, 957
10:11-13 794
10:12-13 724
10:14-15 1052
10:16 861n4, 1090
10:17 904
10:18 858, 1021
11:1 336
11:1-2 688
11:1-10 1227-28
11:2 436, 450
11:5 436

11:6 953
11:8 456
11:11-15 1227
11:11-24 1228
11:11-32 1227
11:13 1025
11:16-21 1127
11:16-24 1227
11:20 986
11:22 986
11:24 1026
11:25 260n59, 1227, 1229, 1280
11:25-32 1228
11:26 1229
11:28 436, 863
11:29 336, 862, 961
11:32 460, 611, 626, 861, 1088, 1263
11:32-36 537
11:33 260n59, 359, 605
11:33-36 1230
11:34 260n59, 356
11:36 71, 107, 317, 433, 456, 472, 482, 492, 521, 530, 537, 751
12:1 115, 260, 563, 600, 801, 967, 973, 978, 1043, 1139
12:1-2 600
12:2 378, 645, 888, 1087
12:3 797
12:4 977
12:4-8 1292
12:5 815, 997, 1114
12:6 1027

12:6-8 814
12:6-9 1008
12:7 799, 1029, 1030
12:7-8 1070
12:8 1030, 1037, 1067
12:10 966, 1067, 1088
12:12 1095
13:1 142, 1063, 1233
13:1-6 380
13:8 939
13:8-10 645, 966
13:10 939
13:11 1244, 1250, 1281
13:12 355, 967
14:1 940
14:8 1172
14:9 724, 773, 1257
14:9-13 1258
14:10 711, 1259
14:14 966
14:17 962
14:18 501
14:20 862, 882
14:21 982
14:23 982
15:4 173, 178-79, 205, 645, 890
15:6 392
15:7 384
15:8 732
15:13 962
15:14 1067
15:16 815
15:18 799
15:27 1030-31
15:32 371

16:4 996
16:7 1026
16:17 682, 1069
16:18 501
16:20 672
16:25 260n59
16:25-26 260n59
16:26 339, 350, 1267
16:27 359

고린도전서

1:2 724, 862, 978
1:3 801
1:7 1008
1:8 1249
1:9 862, 989
1:10 1018
1:10-4:21 181, 1026
1:13-15 1120
1:14 1121
1:14-17 1065, 1129
1:16 1127
1:18 144, 359, 862-63, 1092
1:18-23 611
1:21 642, 888, 906
1:21-24 1224
1:23 766, 862, 1093, 1233
1:24 359, 778, 1862
1:26 1232
1:27-28 436
1:29 600, 939
1:30 260n59, 347, 589, 733, 757, 761, 787n10, 800, 815, 856n61, 939, 966, 976

1:31 645
2:2 766
2:4 181, 815
2:4-5 1092
2:4-16 395
2:6 144
2:6-10 815
2:7 356, 436, 558
2:8 773, 778
2:9 560, 890
2:9-10 560
2:10 128, 181, 355, 434-35, 889
2:10-11 396
2:10-13 181
2:10-15 815
2:10-16 888
2:11 268, 566
2:11-12 164
2:12 154, 249
2:14 50, 211, 450, 611, 861-62, 879, 902
2:15 882, 1031
2:16 181
3:1 966, 1114
3:3 600
3:5 1036
3:7 1092
3:8 967, 1258, 1291
3:9 862, 883, 1045
3:10-11 1038
3:11 977, 997, 1041
3:12-15 967, 1195
3:13 1114
3:14 967
3:16 150, 152, 268, 343,

397, 883, 966, 997
3:16-17 815, 883, 1072
3:17 1007
3:21-23 295, 463
3:22 1044
3:23 393, 463
4:1 260n59, 882, 955, 1036, 1045, 1146
4:5 1258
4:6 1026
4:7 450, 461, 632, 861, 939
4:9 1026
4:15-16 865
4:17 1027
5장 181, 1069
5:3-5 566
5:4 1052, 1063
5:5 1249
5:7 794, 1134, 1219
5:12 1063
6:2-3 1260
6:3 489
6:10 978
6:11 733, 788, 815, 883, 952, 962, 966, 978, 1115, 1120-21, 1122
6:13 572, 600, 1254
6:14 783, 1250
6:15 600, 967, 997
6:16-17 977
6:17 940
6:19 152, 343, 397, 815, 865, 883, 886, 966, 977, 1043
6:19-20 600

6:20 733, 761, 979
7:5 672
7:7 969, 982
7:8 966
7:14 368, 1127
7:15 862
7:18 682
7:18-24 1127
7:19 1112
7:20 966
7:20-23 966
7:22 862
7:23 733, 761
7:24 196
7:25 181, 969
7:31 1276
7:34 600, 611
7:39 1183
7:40 181, 196
8:1 1133
8:5 144
8:5-6 346
8:6 107, 391-93, 425, 465, 475-76, 496, 700, 711, 800
8:7 645
8:13 982
9:1 181
9:2 1103
9:4 1063
9:5 715, 1026
9:6 1031
9:7 1065
9:11 1031
9:14 969, 1031
9:14-19 982

9:16-17 967
9:17 1146
9:18 967
10:1-12 1114
10:2 1113
10:4 685, 700
10:9 685, 700
10:11 645, 1244, 1249
10:12 986
10:13 536, 605, 989
10:15 181
10:16 1102, 1104, 1134, 1137, 1145-46
10:18 1133
10:20 144
10:21 1145-46
10:23 982
10:25 645
11:1 645
11:1-14:40 1094
11:3 711, 802
11:4-6 1072
11:7 384, 555, 563-64
11:8 583
11:18 996, 1152,
11:18-19 1018
11:19 601, 605
11:20 1095, 1145, 1152
11:20-21 1095
11:22 1095
11:23 774, 1101, 1134
11:23-25 1135
11:24 1146
11:24-25 1134
11:24-26 1063
11:25-26 1138

11:26 1138, 1146
11:26-29 1154
11:27 1145-46
11:30 931, 1069, 1183
11:32 931
11:33 1095, 1152
11:34 1072
12장 1027, 1292
12-14장 152
12:3 211, 249, 396, 773, 778, 796, 814, 862, 883, 902, 904, 1008
12:4-6 396, 397
12:4-11 396
12:6 393
12:7 814, 1290
12:7-11 154
12:8 1065
12:8-10 814
12:8-11 249
12:10 1031
12:11 374, 396, 797, 814, 1027
12:12 977, 1068
12:12-27 997
12:12-28 997
12:12-30 814
12:13 883, 1008, 1095, 1122, 1221
12:26 623
12:27 997, 1007, 1072
12:28 799, 1029, 1030, 1037, 1063, 1067, 1070
12:28-29 1027
12:31-13:13 814
12:28-29 1027

13장 883, 966, 1009
13:1 494
13:8 154, 989
13:12 260n59, 354, 560, 1281
13:13 1067
14:3 1030
14:5 1027
14:12 814, 1008
14:14-15 1095
14:19 996
14:22-24 1152
14:23 1095
14:26 1030, 1045, 1095
14:27 1072
14:28 996
14:29 1031
14:30 1027
14:32 1027
14:34 645
14:35 996
14:37 182
15장 179, 243, 592, 600, 613, 1253
15:2 778
15:3-4 781
15:5 781, 1025
15:6 1183
15:7 1025, 1026
15:8 181
15:9 654, 997
15:10 632
15:12 783
15:13 1239
15:15 788
15:17 1164

15:18 537, 1171, 1183
15:19 136, 663, 667, 967, 1164
15:20 780, 1183, 1250
15:20-23 1250
15:20-28 1239
15:21 549, 570, 714, 733, 778, 1170
15:21-22 780
15:22 571, 622, 670, 790, 1170, 1263, 1284
15:22-28 788
15:23 1171, 1238, 1247, 1249
15:24 392, 535, 652, 672, 802, 1200
15:24-28 733
15:25 773, 785, 1248
15:26 1281
15:27 711, 773, 802, 1041
15:28 152, 405, 588, 815, 1263, 1284, 1293
15:29 1199
15:30 1164
15:32 1164
15:35-54 1254
15:36 1251
15:38 1250
15:39 599
15:41 1291
15:42 1281, 1289
15:42-49 591, 1254
15:44 882
15:45 607, 691, 700, 733, 779, 783, 812, 882, 977, 1181

15:45-49 571, 882

15:47 568

15:47-49 1250

15:48 1232

15:49 555, 565, 978

15:50 611, 1253

15:51 260n59, 978, 1183, 1244

15:51-52 260n59, 1251

15:51-53 1170

15:52 1248, 1250

15:52-55 1173

15:55-56 670, 788

15:56 570, 644

16:1 996, 1072

16:2 1095

고린도후서

1:2 801

1:3 365, 392

1:9 1250

1:11 1008

1:12 645

1:18 963

1:20 180, 363, 688, 732, 1219

1:22 249, 397, 814-15, 865, 883, 962, 1008, 1103

1:24 1037, 1067

2:5-10 1069, 1070

2:9 181

2:11 672

2:14 888

2:15-16 862

2:16 456, 536, 1064, 1093, 1233

2:17 181

3:3 1087

3:5 879

3:6 690, 889, 1087, 1088

3:7 1087

3:14-16 1221

3:16-17 1087

3:17 779, 783, 812, 882, 1063

3:17-18 395, 882

3:18 384, 565, 645, 779, 865, 890, 978, 1281

4:1-2 1036

4:4 394, 555, 652n15, 671, 779, 799

4:5 1044

4:6 355, 779, 799, 888, 906, 1085

4:10 967

4:11 886

4:13 395, 815

4:14 1250

4:17 967, 1232, 1291

4:18 1232

5장 1251

5:1 569, 1197

5:1-4 1185

5:2 1251

5:4 1251

5:5 249, 397, 814-15, 883, 962, 1008

5:7 235, 260n59

5:8 1172, 1184, 1201, 1260, 1277, 1282

5:10 711, 1258, 1259, 1273

5:15 724, 790

5:16 1189

5:17 788, 815, 862, 864, 865, 882, 966, 987, 1276

5:18 978, 1089

5:18-19 750, 786

5:18-21 787

5:19 115, 611, 786, 790, 933, 954, 955

5:20 181

5:21 700, 757, 762, 764, 787, 939, 955

6:8 384

6:16 152, 397, 815, 966, 1007, 1072

6:16-17 1007

6:16-18 1127, 1219

6:18 327, 380

7:1 600, 611, 966, 978

7:8 913

7:10 913, 914, 926

8:9 394, 685, 711, 716, 754, 765, 778, 788, 767

8:19 1031

8:23 1026, 1031

9:6 967, 1289, 1291

9:8 380

9:9 645

10:1 365, 645

10:2-3 600

10:4 1063-64

10:5 202-3, 248

10:8 1064

10:13 181, 1026

10:17 645

11:2 1007, 1072

11:3 414, 591, 671, 1026
11:5 1026
11:7 1089
11:7-9 1031
11:13 1025-26
11:13-15 672
11:14 495
12장 181, 352
12:1 152
12:2 153, 1172
12:4 1172, 1184
12:6 955
12:7 605, 652, 672
12:8 724
12:11 1026
13:3 181
13:4 778, 783
13:5 940, 977
13:10 1064
13:13 389, 392-93, 396, 397, 887

갈라디아서

1-2장 181, 1026
1:1 181, 392, 1045
1:2 996
1:6 862
1:7 181
1:8 1052
1:10 1045
1:12 181
1:13 997
1:15 181, 462, 862
1:15-16 159
1:16 904, 1025
1:19 713, 1026, 1032n87

2:6 1038
2:7-9 1025
2:9 1032n87, 1038
2:11 1018, 1038
2:12 1086
2:16 600, 892, 939-40, 953, 955, 957
2:19 645, 788, 815, 967
2:19-20 913
2:20 366, 397, 612, 733, 764, 788, 846, 865, 883, 887, 892, 940, 977, 983, 997, 1114
2:21 752
3장 179, 1224
3:2 395, 864, 882, 1105
3:5 1105
3:6 940, 957, 1220
3:6-7 1088
3:6-18 957, 955
3:8 940, 1088
3:10 664, 1087-88
3:11 957
3:13 645, 733, 757, 761, 762, 764, 766, 786, 788, 955, 1087-88
3:14 814, 883
3:14-29 1127
3:16 179, 780
3:17 1088
3:19 497, 644, 1087
3:19-20 745
3:21 752, 1088
3:22 611
3:22-24 957
3:23 680, 892

3:23-24 644
3:24 645, 940, 955, 1087, 1220
3:24-26 939
3:25 788, 892
3:26 865, 940, 961
3:27 1095, 1120, 1122
3:27-29 554
3:28 788, 815, 1221
3:29 1220-21
4:1 644, 690
4:1-3 145
4:1-7 939
4:2-3 1087
4:4 685, 700, 710-11, 715-16, 754, 765, 778
4:4-5 690
4:5 761, 788, 865, 961, 1087
4:5-6 733, 788
4:5-7 940
4:6 395 396, 560, 733, 864, 865, 882, 883, 962, 963, 977
4:7 962, 989
4:8 144
4:9 501, 888
4:10 940, 1086
4:14 489
4:19 865, 978
4:22 690
4:26 1278
4:26-5:1 1087
4:30 456
5:1 788, 979
5:3 682, 1086

5:4 986
5:5 940
5:6 979
5:7 650
5:8 862
5:13 1089
5:14 645, 939
5:17 966, 984
5:18 600, 645, 1087
5:20 150, 1188
5:22 249
5:22-23 397, 883, 1233
5:24 865, 966
5:25 815, 865
6:1 882
6:2 1086
6:6 1031
6:7-8 967
6:7-9 1289
6:8 1262, 1268
6:8-9 1291
6:10 892
6:13 682
6:14 733, 766, 865
6:15 690, 978
6:17 865

에베소서

1:1 368
1:3 392, 796, 801, 815
1:3-4 796
1:4 368, 436, 437, 462, 472, 478, 481, 966
1:4-5 356, 863, 450, 461
1:4-12 452
1:5 378, 436, 437, 733

1:6 438
1:7 733, 767, 787, 794, 847, 976
1:9 260n59, 378, 436, 437, 447, 482
1:9-11 1220
1:10 71, 475, 496n98, 798n25, 1020, 1263, 1288, 1293
1:11 370, 397, 436, 437, 447, 482, 522, 904
1:12 438
1:13 249, 362, 397, 815, 865, 883, 1008, 1092, 1103
1:13-14 815, 962, 1151
1:14 787n10, 814, 976
1:15 558
1:17 888
1:18 888, 1094
1:18-20 862
1:20 342, 380, 785
1:20-22 711
1:20-23 778
1:21 491, 494
1:21-22 1041
1:22 463, 711, 733, 802, 997, 1041, 1052
1:23 773, 812, 977, 997
2:1 632, 788, 865, 879, 978
2:1-10 156
2:2 652n15, 672
2:2-3 861
2:3 370, 611, 1128
2:5 788, 847, 865, 882

2:6 733, 764, 879
2:7 365
2:8 450, 461, 847, 904, 940, 967
2:10 788, 815, 862, 865, 882, 966, 967, 978, 1196, 1257, 1292
2:12 281
2:12-13 1127
2:14 690, 733, 1021
2:16 787
2:18 733, 794, 883
2:19 368
2:20 733, 1007, 1015, 1027, 1038
2:20-22 1007
2:21 152, 343, 484, 862, 977
2:22 815, 883, 1043
3:2-8 181
3:3 149, 260n59
3:5 149, 181, 1027
3:6 690, 1089
3:7 797
3:8 1025
3:9 492, 700, 711
3:9-11 496
3:10 149, 359, 490, 494, 496
3:11 436
3:12 238, 724, 733, 794, 892
3:14-15 332, 418
3:15 392, 448
3:16 887
3:17 343, 397, 940, 977,

997, 1105, 1144

3:18 55

3:18-19 448, 1283

3:19 773

3:20 380

4:1 862

4:1-11 1027

4:1-16 815

4:4 862, 883

4:4-6 392, 1008

4:5-6 345

4:6 317, 1008

4:7 797, 1008

4:8 802

4:8-10 784, 812

4:9 769, 1171

4:11 799, 858, 1026, 1027, 1030, 1037, 1052, 1063, 1065, 1066

4:11-13 1022

4:12 1008, 1036, 1044, 1064

4:13 800, 845, 888

4:15 802, 977, 1041

4:16 773, 997, 1041

4:17-19 654

4:18 144, 611, 654, 861, 888

4:22-24 913

4:23 555, 600, 888

4:24 553, 563, 565, 815, 882, 887, 978

4:30 249, 397, 787n10, 814, 615, 865, 883, 962, 976, 1008, 1103, 1151

4:32 1233

5:2 150, 732, 966, 1219

5:4 656

5:6 370

5:8 355, 385, 611, 861, 887, 888, 967

5:10 645, 1087

5:11 1188

5:11-14 1258

5:14 865, 1171

5:23 724, 794, 802, 997, 1007, 1020, 104

5:25 794

5:25-27 1021

5:26 733, 977, 1052, 1114, 1122

5:27 368, 966

5:31-32 988

5:32 997, 1007

6:7 561, 1063

6:8 1258

6:10 887

6:11 494, 592

6:11-18 1164

6:12 490, 493, 652, 672

6:15 1089

6:16 652n15

6:19 260n59

빌립보서

1:1 1029, 1030, 1037

1:2 847

1:6 336, 966, 989, 397

1:8 397

1:10 645, 1087

1:19 395, 882

1:21 397, 1197

1:23 784, 1172, 1184, 1197, 1200, 1260, 1277, 1282

1:28 1262

1:29 450, 461, 537, 796, 904, 1232, 1292

2장 774, 778

2:1 883

2:3 1064

2:4 600

2:5 645, 788

2:6 394, 685, 700, 709, 711, 716, 778

2:6-11 774, 801

2:7 715, 778, 565, 754, 765

2:7-8 565, 754, 765

2:8 700, 732, 766, 774

2:9 405, 483, 711, 724, 778, 783, 784

2:9-10 778

2:9-11 724, 802, 1041

2:10 802, 1171, 1263

2:10-11 1272, 1284

2:11 773

2:12-13 846, 978

2:13 371, 436, 534, 632, 862, 879

2:15 355, 966

2:16 1089

2:21 600

2:25 1026

3:5-6 1086

3:6 997

3:9 892, 939, 940, 953, 955

3:11 1251

3:12 865, 987

3:19 600, 1262

3:20 733, 784, 1232, 1248,
1278

3:21 555, 565, 783, 882,
978, 1251, 1254, 1278,
1280

4:3 437, 462

4:7 962

4:9 962

4:13 981

4:18 1139

골로새서

1:2 368, 847

1:6 1021

1:7 1026, 1045

1:9 882

1:9-11 1094

1:12 385

1:13 672, 733, 966

1:14 787, 794, 976

1:15 112, 152, 157, 350,
360, 394, 405, 476, 521,
555, 700, 779

1:15-17 245, 391, 475,
476, 716

1:16 394, 463, 465, 475,
476, 477, 477n26, 486,
490, 491, 492, 493, 494,
496, 611, 700, 857,
1243, 1288

1:16-17 472, 711

1:17 475, 530, 532

1:18 711, 732, 780, 802,

997, 1007, 1041, 1250

1:19 180, 773, 779

1:19-20 496, 1263

1:20 767, 790, 798,
798n25

1:20-22 787

1:22 368, 966

1:23 986

1:24-25 997

1:26 260n59

1:26-27 260n59

1:27 724

2:2 260n59

2:3 720, 724, 800

2:5 599

2:6 815

2:9 154, 180, 268, 715,
720, 724, 773, 778, 779

2:10 490, 711, 815

2:11 764, 1112, 1219

2:11-12 766, 1126

2:12 888, 1114, 1122

2:14 788, 1086

2:15 652, 672, 733, 766,
788, 802

2:16 600, 682, 940

2:17 690, 1219

2:18 116, 499

2:18-19 501, 1189,

2:19 152, 802, 997, 1041

2:20 690

2:21 682

3:1 784, 785, 865

3:1-2 967

3:1-3 1278

3:1-13 788

3:2 600, 1232

3:3 764, 882, 885

3:3-4 1247, 1248

3:4 883, 978, 1232, 1247,
1278

3:5 913

3:5-7 654

3:6 370

3:9-10 815, 913

3:10 553, 554, 563, 565,
882, 887, 978

3:11 397, 815, 1221

3:12 365, 368

3:14 966

3:16 1067

3:17 107

3:23-24 967

3:24 501, 967

4:3 260n59

4:7 1026

4:11 744

4:16 181, 182

데살로니가전서

1:1 700

1:3 393

1:4 436

1:5-6 815

1:6 645, 962

1:9 501, 914

1:10 370, 784, 1248, 1262

2:5 1031

2:7 1026

2:12 862

2:13 181, 184, 1092

2:14 996

2:16 370

2:18 672, 673

3:2 1026

3:5 592, 672

3:13 151n36, 966, 1247, 1248

4:2 181, 645

4:3 978, 1021

4:4 600, 966

4:6 1258

4:9 966

4:11 181

4:13-15 1183

4:14-16 784

4:14-17 1170

4:15 1244, 1247

4:15-17 1250, 1251

4:16 490, 497, 1171, 1248, 1251

4:17 1259, 1277

5:1-2 1247

5:3 1262

5:5 355, 385, 888

5:9 370, 436, 460, 1281

5:10 1172, 1277

5:11 1067

5:12 1030, 1037

5:14 1233

5:19-21 1031

5:20 1027

5:23 566, 600, 612, 788, 962, 966, 977, 989, 1247

5:25 1189

5:27 181

데살로니가후서

1-2장 537

1:5 1257

1:6 1262

1:7 331, 494, 497, 1248, 1291

1:7-8 497

1:8 858

1:9 1261, 1262, 1267, 1268

1:9-10 1248

1:10 1248, 1260

1:11 436

2장 1236

2:1-12 672

2:2 1247

2:7 260n59

2:8 149, 395, 672, 1247

2:8-11 673

2:9 150, 1188

2:11 456, 536, 603

2:11-12 605, 626

2:13 437, 815, 966

2:13-14 392

2:15 181

3:3 652n15, 989

3:6 1069

3:6-14 181

3:9 1063

3:14 181, 1069

디모데전서

1:1 724, 750

1:3 1026

1:7-8 682

1:8 939

1:10 115

1:11 382, 1030

1:12 181, 1029, 1045

1:13 654

1:13-15 664

1:15 654

1:16 366

1:17 336, 342, 350, 359, 380, 535, 536,

1:18 1031, 1046

1:18-19 1043

1:19 892n6

1:19-20 913, 986

1:20 1069

2:2 1053 1233

2:4 439, 451, 460, 790, 794, 1263

2:5 346, 393, 685, 714, 745

2:6 732, 761, 790, 794, 955

2:7 1025

2:9 966

2:14 591, 671

2:15 678, 700, 966

3장 1029, 1046, 1072

3:1 1030, 1037

3:1-7 1030

3:2 1029, 1030

3:6 592, 607, 639

3:8 1037

3:9 892n6

3:15 1022

3:16 115, 494, 784, 1030

4:1 892n6, 986, 987, 1233

4:3 892, 966

4:3-4 940

4:4-5 1233
4:6 115, 1026
4:8 801
4:10 1263
4:12 892
4:14 1008, 1026, 1030, 1031, 1046, 1072
4:16 115
5장 1029
5:17 799, 1030, 1037, 1066
5:17-18 1031
5:18 1063
5:19 1030
5:21 495
5:22 1046
5:24-25 1258
6:1 115
6:3 115
6:7 169
6:9 1262
6:11 1026
6:12 1031
6:14 149, 1247
6:14-16 1247
6:15 380, 382, 535
6:16 268, 336, 339, 350, 355, 385, 1163
6:19 967, 1290

디모데후서

1:6 1008, 1026, 1031, 1046
1:9 356, 436, 452, 462, 478, 778, 862
1:9-10 437

1:10 149, 780, 788, 1181
1:11 1025
2:2 1030, 1031
2:6 1031
2:10 437
2:12 986, 1043,
2:13 363, 381n96
2:17 913, 1069
2:17-18 986
2:19 1103
2:20 601, 693
2:24 1026
2:25 796
2:26 592
3:1 1022, 1233
3:8 150
3:15 53, 179, 202, 205, 890, 940, 1051
3:16 173n57, 178, 179, 189n16, 194, 195, 197, 1069
3:16-17 205
4:1 74, 149, 1170, 1258, 1259
4:2-3 115
4:5 1026
4:6-8 537
4:7 1043, 1197
4:8 370, 967, 1258
4:10 913, 986
4:13 205
4:16 955

디도서

1:1 1019
1:1-2 437

1:2 363
1:5 1026, 1030, 1046
1:5-9 1030
1:7 1029, 1030
1:7-9 1146
1:9 115, 216, 1030
1:10 682
1:14 682
1:15 612, 1233
2:1 115
2:3 966
2:7 115
2:10 115
2:11 149, 794, 847
2:12 973
2:13 149, 384, 700, 1247, 1248
2:14 761, 794, 977, 1021, 1127, 1219
3:4 365, 778
3:4-5 750
3:5 397, 862, 863, 883, 977, 978, 1122
3:7 847, 952
3:9 682
3:10 1069

빌레몬서

13절 733

히브리서

1:1 149
1:1-3 800
1:1-4 158
1:2 465, 477, 492, 496, 611, 773, 1041, 1249,

1:2-3 394
1:3 157, 184, 342, 391,
    394, 418, 475, 521, 524,
    530, 532, 555, 711, 715,
    778, 785, 800, 801, 857,
    1085
1:3-4 405
1:5 178, 394, 778
1:6 494, 724, 1041
1:7 490, 493
1:8-9 395, 700
1:9 393, 747
1:11 1275
1:11-12 336
1:12 1276
1:13 774
1:14 489, 493, 494, 496,
    498, 1281
1:18 774
2:1 986
2:2 149, 497
2:3 181, 645, 657
2:5 1249
2:7 773
2:7-8 724
2:8 711, 773
2:8-9 785
2:9 773, 784, 790, 794
2:9-10 778
2:10 317, 752, 757, 774,
    794, 800
2:11 794, 966, 1009
2:13-15 794
2:14 565, 670, 672, 700,
    714, 715, 773, 780, 788,
    802, 1181

2:14-15 709
2:15 733, 788, 810
2:17 365, 393, 773, 786,
    794
2:17-18 714, 719, 721
2:18 723n43
3:1 801
3:2 405, 719, 721
3:6 893
3:7 178, 395
3:8 456
3:14 893, 986, 1244
4장 517
4-8장 731
4:1 645, 657, 986
4:1-2 893
4:3 178, 472, 478
4:5 178
4:7 456
4:8 744
4:9 1201, 1289
4:12 201, 566, 961, 1053,
    1092, 1233
4:13 301, 356
4:14 492, 784, 800, 801
4:14-16 794
4:15 700, 714, 773, 800
4:16 238, 800, 893
5:1 393, 714
5:2 654
5:4 1045
5:4-6 747
5:5 149, 394, 800
5:6 773
5:6-7 178
5:7 759

5:7-10 778, 800
5:8 700, 722, 732, 754,
    766, 774
5:9 757, 774, 1281
5:10 774
5:12 197
6:2 1114
6:4 858, 987
6:4-5 645
6:4-8 657, 986, 987
6:11 893, 986, 1244
6:11-12 238
6:12 893
6:13 362
6:17 436, 447, 681, 745
6:18 363, 381n96, 893
6:19 989
6:19-20 784
6:20 800, 801
7장 150
7:1 331
7:3 757
7:9-10 583
7:14 700
7:17 773
7:21 178, 913
7:22 685, 765, 788
7:25 757, 795, 800, 801
7:26 492, 700, 784, 794
7:27 757, 794, 800, 1149
7:28 774, 800
8:1 757, 774, 785, 794,
    801
8:1-2 492
8:5 178, 448, 1219
8:6 745, 765

8:8-9 178, 800
8:8-10 1127, 1219
8:8-12 796
8:10 331, 645, 800, 889,
  989, 1007
8:11 888
8:12 800, 938
9:1 115
9:2 492
9:5 490
9:6 115
9:9 612
9:10 1114
9:11 800
9:12 767, 800
9:12-14 800
9:13-14 732
9:14 154, 396, 612, 757,
  794, 800, 812, 966,
  1121, 1267
9:15 745, 787, 788, 800
9:17 988
9:22 751, 753, 767, 787,
  1136
9:24 784, 800, 801
9:26 472, 757, 800, 1249
9:26-28 800
9:27 1170, 1173
9:28 794, 800
10:5-7 760
10:5-10 754
10:7 393, 700
10:9 393, 700
10:10 800, 966, 1149
10:12 757, 774, 778, 785,
  800

10:12-13 784
10:14 769, 800, 933, 966,
  989
10:15 395, 794
10:16 178, 645, 796
10:17 938
10:18 800
10:19 800, 893
10:20 768, 800
10:22 238, 612, 733, 893,
  938, 1121, 1122
10:22-23 1114
10:23 893
10:25 1244
10:25-29 657
10:26 645, 987
10:26-31 986, 987
10:27-28 733
10:28 656
10:29 966
10:30 178
10:31 1262
10:34 1291
10:34-37 1290
10:35 893, 967
10:36 893
10:37 1244
10:38 957
11장 239
11:1 235, 893, 908, 909,
  989
11:3 184, 287n38, 351,
  447, 465, 472, 857, 1085
11:5 1170
11:6 124, 893, 967, 1257
11:9 893

11:10 302, 1172, 1278
11:11 893
11:13 1232
11:13-16 1278
11:16 331, 1172
11:18-19 893
11:26 700, 893, 967, 1291
11:40 768
12:1 893, 1010
12:2 721, 778, 784, 785,
  893
12:5 537
12:5-11 931, 1069
12:9 332, 351, 391, 392,
  583
12:10 560
12:10-11 537
12:14 966, 967, 978, 1021
12:15-17 657
12:17 456
12:18 150n34, 690
12:22 489, 502, 768, 1278,
  1279
12:22-24 1199, 1283
12:22-28 798
12:23 437, 566, 866, 997,
  1172
12:24 745, 765, 788
12:26 178
12:29 302
13:5 178
13:7 1030, 1037
13:7-8 893
13:8 336, 685, 778, 1267
13:10 1149
13:12 794, 800, 966

13:14 1278, 1232
13:15 1139
13:16 1043, 1139
13:17 1030, 1037
13:20 794, 1065
13:20-21 977
13:24 1030

야고보서

1:1 1219
1:2-4 537
1:4 984
1:6 238, 908
1:13 381n96, 589
1:13-15 606n19
1:14 644
1:15 650, 670, 1180
1:17 268, 332, 336, 341,
  355, 381n96, 385, 447,
  460, 589, 686, 687
1:18 371, 1219
1:20 939
1:25 202
1:27 114, 116
2:1 893, 938
2:5 436
2:10 644, 655, 664
2:14 940
2:17 893
2:19 494
2:22 959
2:25 489
3:2 914, 984
3:5-8 612
3:9 553, 563, 564
4:7 672

4:12 1257
4:15 371
5:4 332
5:7-9 1244
5:16 929, 1067
5:20 670

베드로전서

1:1 437
1:2 392, 436, 437, 450,
  788, 883, 938, 966, 977
1:2-4 450
1:3 773, 879, 1238
1:4 437, 733, 787, 865
1:4-5 989
1:4-13 864
1:6 1244
1:7 893
1:8 238
1:9 437
1:10-11 395
1:10-12 178
1:11 149, 154, 157, 395,
  685, 778, 882
1:12 181, 489, 494, 496,
  815
1:14 144, 654,
1:15 862
1:16 984
1:17 1257, 1258
1:18 757, 761
1:18-19 733, 757, 787n10
1:19 700, 938, 1134
1:20 462, 472, 478, 685,
  778, 1244
1:21 773, 893

1:22 612
1:23 339, 350, 866
1:25 890, 1092
2:4 462
2:4-5 977
2:5 368, 484, 801, 882,
  883, 1007, 1043
2:5-6 1038
2:7-8 436, 1233
2:8 456, 457, 461, 536,
  1093
2:9 154, 311, 368, 862,
  866, 888, 966, 978,
  1021, 1043, 1127, 1219
2:9-10 168, 983, 1007
2:21 757, 766, 788
2:22 700
2:23 1257
2:24 762, 933, 938, 1197
2:25 654, 1029, 1065
3:3 966
3:8 1233
3:9 451
3:15 216, 332
3:17 371
3:18 779, 794, 938
3:18-19 1191, 1192
3:18-22 767
3:19 685, 769, 1173, 1192,
  1261
3:19-20 395
3:19-21 1191
3:19-22 768, 802
3:20 769
3:20-22 1114
3:21 784, 1121, 1122

개혁파 교의학

3:21-22 785

3:22 491, 778, 785, 788,
   802, 803, 812, 1041

4:1 788

4:5 1170, 1258

4:6 670, 1191, 1192

4:11 197, 1029

4:13 1291

4:16 1043

4:17 1244

5:1 181

5:1-2 1030

5:1-3 1030

5:2 1065, 1066, 1067

5:2-3 1067

5:3 1036, 1037, 1064

5:4 1065, 1247

5:5 1029, 1067

5:7 524

5:8 672

5:9 672, 893

5:10 862, 1244

베드로후서

1:1 700, 893, 939, 1045

1:2 558, 888

1:3 380, 794, 796, 862

1:4 160, 560, 983

1:5-7 1233

1:10 436

1:14 149

1:16 181

1:19 53, 178, 890, 1092

1:20 189n16

1:21 154, 164, 178, 195,
   199, 395, 962

2:1 914, 987

2:4 495, 607, 672

2:9 536

2:13 1095

2:14 612

2:17 1173, 1261

2:18-22 986, 987

2:20 987

2:20-22 1191

3:3 1233

3:4 1183

3:5 505

3:6 1276

3:7 1262

3:8 339, 1247

3:9 460, 790, 794

3:10 1247, 1274, 1275

3:12 1247

3:13 733, 1275, 1278

3:15 366

3:16 182

3:18 395, 888

요한1서

1:1 180

1:1-4 181

1:3 170, 245, 799, 1024,
   1052, 1105

1:5 347, 355, 385, 589

1:6 967

1:7 355, 733, 888, 933,
   966, 1121

1:8 611, 865, 914, 984

1:8-9 926

1:9 370, 733, 788, 929,
   938, 961, 984

2:1 700, 933, 966

2:1-2 795, 938

2:2 786, 790, 794, 801,
   1263

2:6 986

2:8-11 385

2:9-11 888

2:12 938

2:13 672

2:13-14 652n15, 1043

2:15 1233

2:15-17 967

2:16 427n55, 600, 612

2:17 611, 1275, 1276

2:18 1244, 1249, 1250

2:19 988

2:20 154, 249, 800, 888,
   889, 983, 1080, 1031,
   1042, 1043

2:20-27 890

2:22 714, 1237

2:24 866, 986

2:27 889, 986, 1031, 1043

2:28 1247

3:1-2 558, 560

3:2 141, 152, 555, 560,
   565, 962, 1277, 1278,
   1282

3:4 641, 645

3:5 700, 733, 938

3:6 560, 966, 986

3:8 163, 494, 592, 672,
   733, 788, 802

3:9 865, 966, 983, 989

3:11 966

3:11-24 866

3:12 652n15

3:14-15 893

3:20 356

3:23 1090, 1258

3:24 249, 396, 986

4:2 893

4:2-3 700, 1237

4:4 672, 733, 802

4:6-13 249

4:7-12 866

4:8 347, 366, 966

4:9 366, 462

4:9-10 750

4:10 786, 794

4:10-11 366

4:12 350, 986

4:13 396

4:14 794

4:19 939, 967

4:20 350

5장 536

5:1 892

5:4 239, 251, 733, 966, 1053

5:4-6 392

5:5 892

5:6 250, 1219

5:7 392n7

5:8 427n55

5:10 858

5:11 893

5:12 893

5:16 657, 987

5:18 652n15, 983

5:19 611, 671, 1059

5:20 362, 395, 700, 888

요한2서

7절 1237

요한3서

12절 181

유다서

4절 436, 457

6절 495, 592, 652, 672

7절 1267

9절 490, 497

12절 1095

13절 1173, 1261

14절 491, 497, 1248

25절 359

요한계시록

1-3장 1291

1:1 494, 497, 1027

1:3 181, 1244

1:4 317, 331, 339, 396, 397, 1244

1:4-6 392

1:5 180, 733, 774, 778, 780, 802, 983, 1250

1:5-6 761, 794, 961

1:6 393, 698, 801, 1043, 1238, 1289

1:7 783, 1248

1:8 268, 317, 331, 332, 334, 339, 350, 379, 380, 395, 1244

1:9 153

1:10 152, 1027, 1095

1:11 331

1:13 784

1:16-18 394

1:17 331, 476

1:17-18 395

1:18 698, 780, 774, 788, 1051, 1181

1:20 260n59, 498

1:20-3:22 1032

2:1 498, 774

2:2 1026, 1031, 1069

2:6 1031

2:7 396, 591, 967, 1172, 1239

2:8 331

2:9 1224

2:10 986, 1172, 1239

2:10-11 967

2:11 396, 1239, 1262, 1268, 1281

2:14 1069

2:14-15 1031

2:17 396, 967, 1172, 1289

2:18 774

2:20 1031, 1069

2:23 1291

2:24 1069

2:26 986, 1043, 1172, 1239

2:28 1239

2:29 396

3:1 1031

3:3 1247

3:4-5 1172, 1281

3:5 437, 462, 1239

3:6 396

3:7 1051

3:9 1224

3:11 1244

3:12 1172, 1238, 1239, 1278, 1289

3:13 396, 882

3:14 180, 360, 476, 711

3:19 537, 931, 1069

3:20 1146, 1239, 1244

3:21 698, 774, 785, 1043, 1172, 1239

3:22 396

4장 490, 1234

4:1 342

4:4 1238, 1260

4:6 490

4:8 317, 327, 332, 380

4:10 1282

4:11 317, 371, 374, 378, 380, 465, 472, 482, 521, 1283, 1289

5장 1234

5:2 497

5:6 396, 784, 1134

5:8 1139

5:8-10 1289

5:9 774, 1280, 1289

5:9-10 794

5:9-13 1282

5:10 698, 1043, 1238, 1289

5:11 491, 497

5:12 359, 380, 384, 724, 1283

5:12-13 774

5:13 536

6:8 1171

6:9 1172, 1184, 1238, 1239

6:9-11 1234

6:10 1200, 1242

6:11 1185, 1260

6:16-17 370, 1262

7:1-8 1234, 1235

7:2 1103

7:3 1103

7:4 153

7:9 1021, 1172, 1185, 1200, 1201, 1238, 1260, 1284, 1289

7:9-10 1184, 1185

7:9-17 1234

7:10 1201, 1282

7:11 331

7:12 331, 359, 380

7:14 733, 774, 1260, 1281

7:14-15 1238

7:15 1200, 1201, 1238

7:15-17 1282

7:16-17 1281

7:17 1065

8:1-4 1234

8:3 499, 1139, 1172, 1238

8:5 1238

8:13 427n55

9:1 1051

9:1-2 1173

9:1-11 673

9:4 1103

9:11 1173

9:13 1172, 1238

9:16 153

9:20 144, 672

9:21 1188

10:6 317, 339, 340, 350

10:7 260n59

11:1-2 1238

11:7 1173, 1235

11:8 1238

11:12 1238

11:15 536, 537

11:16 1238, 1260

11:17 317, 332, 380

11:18 370, 1291

11:19 1238

12장 153, 631, 672, 724

12:1-14 1235

12:7 490, 497, 652

12:9 592, 652, 652n15, 671

12:10 393, 535, 537, 652n15, 672, 788

12:10-11 672, 724

12:11 672

12:12 1235

12:14-15 592, 671

12:17 1242

13:1 1235

13:1-10 1235

13:3 1235

13:8 437, 461, 472, 478, 685

13:11-18 1235

13:12 1235

13:13-15 150, 673, 1188

13:18 1235

14:1 153

14:1-5 1234, 1238

14:2 153

14:7 466, 1250

14:10 370, 495
14:10-11 1262
14:11 1261, 1267
14:13 396, 1172, 1189, 1239, 1289
14:14 784, 1248
14:18 1238
15:1-4 1234
15:2 1172
15:3 332
15:7 339, 350
16:7 332, 1238
16:15 1247
16:17 1172
16:19 370
17-18 1235
17-21 1210
17:5 260n59
17:7 260n59
17:8 472, 1173, 1235, 1262
17:10-11 1235
17:11 1262
17:14 802, 1041, 1248
18장 1235
18:1 498
18:8 666
18:20 1238
19장 1240, 1241
19-21장 698
19:1 153, 380, 1284
19:1-8 1235, 1238
19:5 331
19:6 535, 1284
19:7 1007
19:8 1281

19:10 157, 500, 501, 1189
19:11 1248
19:11-16 784, 1235, 1248
19:11-21 1258, 1260
19:12 451, 774
19:14 491, 1248
19:15 370
19:16 380, 774
19:19-21 1235
19:20 673, 1173, 1242, 1261, 1262
19:21 1242
20장 1237, 1238, 1239, 1240
20:1 1051, 1173, 1238
20:1-3 1235
20:1-10 1235
20:2 592, 652n15, 671, 788
20:3 1031, 1103, 1173
20:4 1238, 1239, 1260
20:4-5 1239
20:4-6 1260
20:6 1043, 1260, 1262, 1281
20:7 1261
20:7-10 1260
20:8 1241
20:9 1242
20:10 671, 672, 1173, 1242, 1261, 1262, 1267
20:11-12 1257
20:11-13 1250
20:11-15 1242
20:12 437, 1258, 1259, 1291

20:12-13 1171, 1250
20:13 1171, 1173, 1251
20:14 670, 788, 1181, 1240, 1261, 1281
20:14-15 1261, 1262
20:15 1261, 1262, 1289
21장 1238
21-22장 156, 798n25
21:1 733, 1275, 1278
21:2 1007, 1238, 1278
21:2-4 1007
21:3 152, 153, 331, 1127, 1219, 1279, 1282
21:4 666, 670, 1281
21:5 733
21:6 331, 476,
21:8 150, 1173, 1188, 1261, 1262
21:10 153, 342, 1238
21:12 1219, 1289,
21:14 1025, 1038, 1289,
21:22 302, 332
21:23 302, 340, 385
21:24 1280, 1284, 1289
21:26 1280, 1284, 1289
21:27 154, 437, 1279, 1281, 1289
22장 883
22:1 784
22:2 591, 1172, 1280, 1284
22:3 1282, 1289
22:3-4 1279
22:4 152, 154, 301, 1282
22:5 332, 379, 385, 1238, 1242, 1289

22:6 151n36, 476
22:7 1244
22:8 153
22:9 500, 501, 1189
22:10 1103, 1244
22:11 953
22:12 1257, 1258, 1261,
  1280, 1291
22:13 268, 331
22:15 150, 154, 1188,
  1261, 1288
22:16 151n36, 302
22:17 396, 724, 1200,
  1201
22:18-19 181
22:19 437
22:20 724, 1244

A

Abelard, Peter(아벨라르두스, 페트루스) 425, 425n49, 508n78, 734, 1285

Achelis, Ernst Christian 1047n108

Acronius, Johannes(아크로니우스, 요한네스) 868n7

Adlhoch, P. B. 281n25

Aeschylus(아이스킬로스) 910

Agrippa of Nettesheim 427n57

Albertus Magnus(알베르투스 마그누스) 92, 93

Alcuin(알퀸) 90

Alexander VII(교황 알렉산드르 7세) 928

Alexander of Hales(알렉산더 할레시우스) 92-93, 161n45

Alsted, J. H.(알스테드, J. H.) 317n14, 445n90, 1002n26, 1215

Alting, Heinrich(알팅, 하인리히) 868n7

Amalric of Bena(아말릭) 93

Ambrose(암브로시우스) 86, 89, 352n57, 500n72, 1174n11

Ames(ius), W.(에임즈, W.) 683, 827, 897n15, 1044n105

Amsdorf, Nicholas von(암스도르프, 니콜라스 폰) 947n27

Amyraut(Amyrald[us]), Moise(아미랄두스, 모이세) 101, 244, 792, 825

Anderson, Robert 813n5

Anselm(안셀무스) 87n16, 92, 139n16, 295, 322n21, 344n41, 360n75, 411n25, 414n29, 430n67, 473n20, 482, 482n40, 653n18, 734-35, 789

Apollinaris(아폴리나리스) 1214

Aristotle(아리스토텔레스) 64, 70, 93, 108, 239, 252, 256, 282, 364, 406, 504, 507-8, 523, 523n107, 973n70, 993n1

Arminius, Jacobus(아르미니우스, 야코부스) 407n15, 445, 790, 791n17

Arnold, Gottfried(아놀드, 고트프리트) 549n11

Asselt, W. J. van 683n4

Athanasius(아타나시오스) 157n42, 204, 269, 269n3, 401-4, 409, 409n21, 417n30, 418nn33-34, 419n35, 420nn36,38, 421n39, 422n41, 425, 425n51, 474n22, 500n71, 508n78, 555n17, 604n15, 646n8

Athenagoras(아테나고라스) 182

Atzberger, Leonhard 631n53, 940n6,

1057, 1057n120, 1264n5

Augustine of Hippo(아우구스티누스, 히
포의) 12, 16, 21, 31n1, 63, 75, 83,
86-89, 87nn14-15, 89n19, 93, 111-
12, 113nn8-9, 139n16, 142, 143n18,
145, 145n27, 146n28, 185n7,
186n10, 203n32, 206n33, 235nn28-
29, 239, 239n33, 242nn38-39, 256,
265, 265n1, 269, 278, 278n21, 282,
282n27, 285, 303, 303n48, 318,
318n15, 322n21, 337, 337nn34-
35, 340, 341n38, 343-45, 343n40,
345n42, 349, 349n48, 352n56,
356nn67-68, 357, 358n71, 359,
360nn73-74, 364n78, 365n80, 366,
374, 374nn85-86, 385, 385n102,
388, 388n1, 401-4, 408n19, 410-
11, 411n24, 414n29, 417nn30-
31, 420n38, 422-23, 422nn42-
43, 428-30, 428nn61-63, 429n65,
438-41, 443-44, 444nn86-
87, 450, 450n98, 451n100, 458,
458n105, 473n20, 475, 475n24,
480, 480nn33-35, 481n37, 484,
484nn44-45, 484nn47-48, 495-96,
500n71, 508n78, 512, 512n88, 514-
16, 514nn93-94, 515n95, 516n96,
521n105, 530n120, 532n121, 551,
551n12, 556n18, 557n20, 565n28,
567, 569n32, 573, 573nn33-34,
573n36, 574n38, 577, 580, 596-97,
603, 603n14, 605nn16-17, 606n19,
608n20, 612, 614, 614n27, 617-18,
618nn32-34, 620, 621n44, 633n56,
634, 639, 639n1, 640n3, 641nn4-5,

649, 649n11, 653n18, 662n26, 729,
729n5, 734, 746n33, 767, 767n46,
786n8, 790, 790nn12-13, 807, 815-
16, 816nn6-9, 817nn10-14, 819n20,
837, 861, 861n4, 872, 878, 878n26,
880, 900, 918n49, 980n82, 986,
999, 999nn19-21, 1000, 1000n22,
1088n11, 1096, 1107, 1116,
1123, 1123nn54-56, 1128, 1140,
1140nn77-79, 1174n11, 1175nn15-
16, 1191, 1215, 1221n10, 1273n12,
1285, 1285n17,

Averroes(이븐 루쉬드; Ibn Rushd) 467

Avicenna(이븐 시나) 467

B

Baader, Franz von(바아더, 프란츠 폰)
308, 431, 573n35, 653

Bacon, Francis(베이컨, 프란시스) 94,
102, 109

Baer, von 1165n6

Baius, Michael(바이우스, 미카엘) 1014

Baldensperger, W. 1114n38, 1246n18

Barclay, Robert 736n12

Baronius, Caesar(바로니우스, 카이사르)
206

Barr, James 286n36

Barrow, Isaac 792n18

Barth, Fritz 183n5

Barth, Karl 286n36, 473n17, 670n36

Basil the Great(바실리오스) 84, 278n20,
279, 352n56, 410, 417nn30-31,
417n32, 417n34, 420n36, 421n39,
422nn40-41, 425, 425n52, 508n79,
604n15, 1115n40, 1139n74,

Basinger, David 841n52

Baur, Ferdinand Christian(바우어, 페르디
　난트 크리스티안) 190, 271n5

Bautz, J. 1274n12

Baxter, Richard(백스터, 리처드) 101,
　792, 827, 792n18

Bayle, Pierre 549n11

Beaton, D. 897n15

Beattie, Francis R. 68n32

Beck, Johann Tobias 325n25, 1187n34

Bede(비드) 146

Beeching, H. C. 742n27

Bellarmine, Robert(벨라르미누스, 로베르
　투스) 94, 561, 897, 562n25, 619n37,
　639n1, 906n30, 1000n23, 1013n48,
　1056n117, 1073n136, 1088n11,
　1101n24

Bengel, Johannes Albrecht 173n57

Benrath, K. 745n32

Benroth, D. H. 737n13

Bensdorp, Th. F. 1020n65

Berkhof, Hendrikus 31n2, 42n17, 468n7

Berman, Morris 477n28

Bernard of Clairvaux 334n32

Beron(베론) 709

Beryll(베릴) 709

Berzl, O. 1073n135

Beyschlag, W. 437n76

Beza, Theodore(베자, 테오도루스) 100,
　445n90, 868n7, 1127n60, 1286n23

Biel, Gabriel(비엘, 가브리엘) 93

Biesterveld, P. 1058n124, 1068n133

Bigg, Charles 82n12

Billuart, Charles Rene 272n9

Boethius(보에티우스) 90, 365n80

Böhl, Eduard 446n93

Böhme, Jacob(뵈메, 야콥) 93, 408, 431,
　599, 736, 1178, 573n35, 736n11

Bolsec, Jerome(볼섹, 히에로니무스) 442

Bonaparte, Napoleon(나폴레옹, 보나파르
　트) 1237

Bonaventure(보나벤투라) 61n28, 64,
　71, 93, 161, 161n45, 204, 285, 303,
　304n49, 365, 322n21, 333, 344n41,
　353n62, 360n75, 364n78, 365n79,
　385n103, 411n25, 423n45, 430n67,
　431, 431n69, 525n114, 647n9,
　655n20, 790n11, 819, 1101n23,
　1124n56

Boniface VIII(교황 보니파키우스 8세)
　1056, 1035

Bornhauser, Karl 723n43

Boston, Thomas 104, 445, 683, 792

Bousset, Wilhelm 708n33

Bouwman, H. 808n2

Box, G. H. 712n34

Boyd, Gregory A. 450n99, 842n52

Brahé, Jan Jacob 445

Brakel, Willem à(브라켈, 빌렘 아) 827,
　897n15, 1016n59, 1215

Brandes de Roos, J. R. 659n23

Braun, W. 946n25

Breckinridge, Robert J.(브레킨리지, 로버
　트 J.) 106

Brés, Guy de 868n7

Bretschneider, Karl Gottlieb 164n50,
　273n11, 383n99, 610n26

Briggs, Charles(브릭스, 찰스) 106

Bruce, Alexander Balmain 293n42,
　297n46

Brunner, Emil 286n36

Bucanus, Guillaume 498n69, 868n7

Bucer, Martin(부처, 마르틴) 822,
　949n36, 1143

Buchanan, James 826n32

Büchner, Ludwig 282n26, 510n85,
　1159n1, 1162

Buddeus, Johann Franz 281n24, 281n25

Bullinger, Heinrich(불링거, 하인리히)
　100, 354n63, 683

Bultmann, Rudolf 167n56

Bunsen, Ernst von(분젠, 에른스트 폰)
　255, 255n52

Burnet, Thomas 514n92

Bushnell, Horace(부쉬넬, 호레이스) 741,
　741n27

Buxtorf, Johannes 189n19

C

Caesar Augustus(카이사르 아우구스투스)
　694

Cajetan, Thomas de Vio 508n78

Calixtus, Georg(칼릭스투스, 게오르크)
　253

Calvin, John(칼뱅, 장) 31n1, 58n26,
　65, 100, 111n14, 118n16, 127,
　140, 146n30, 156n41, 189n16, 203,
　203n32, 215, 215n4, 236n30, 239,
　240n34, 246n43, 253n49, 256,
　256n56, 273n12, 286, 286n34,
　287n38, 288n40, 304, 304n50,
　354n64, 381, 381n97, 388, 408n19,
　414nn28-29, 441, 444nn88-89,
　457, 457n103, 459n106, 484n49,
　498n68, 500n74, 521n105, 525n113,
　528n119, 535n126, 565n26,
　569n32, 579n45, 601, 604n15, 620,
　620n38, 620n41, 640n2, 655n21,
　682, 689n9, 735, 735n9, 755n40,
　760n41, 786, 786nn7-8, 821, 822,
　822n23, 822n25, 824n29, 840,
　861n4, 868n7, 874n22, 875n23, 895,
　895nn11-12, 905, 905n28, 909n35,
　931nn74,76, 932n78, 933, 941n9,
　948, 948nn30-31, 949, 949nn33,36,
　959nn42,43, 960n44, 963n48, 973,
　973n69, 980n82, 1002n27, 1008n42,
　1015n55, 1016, 1016nn57-58,
　1023n72, 1036n97, 1041n104, 1047,
　1048n109, 1057-58, 1058n123,
　1059n127, 1067n131, 1068n133,
　1073, 1078, 1084nn8-9, 1097-98,
　1102, 1102n27, 1104n31, 1109n32,
　1124n56, 1125n59, 1129n64,
　1130n65, 1131n67, 1143-44, 1148,
　1149n92, 1164n5, 1177, 1177n22,
　1221n10

Cameron, John(카메론, 존) 792, 825,
　1290n27

Campbell, John McLeod(캠벨, 존 맥레오
　드) 793, 741, 741n27,

Campbell, R. J.(Campbell, R. J.) 597n8,
　741, 742n27

Candlish, R. S. 742n29

Canisius, Peter(카니시우스, 페트루스) 94

Canus, Melchior(카누스, 멜키오르) 94,
　508n78

Carlstadt, Andreas Bodenstein(칼슈타트,
　안드레아스 보덴슈타인) 736, 1142

Caspari, Walter 930n73, 1033n88,

1036n97, 1154n100

Cassian, John(카시아누스, 요한네스) 86,
89

Cassiodorus, Flavius Magnus Aurelius(카
시오도루스) 90

Caven, William 721n41

Celestius(코엘레스티우스) 89, 89n18

Celsus(켈수스) 190

Chantepie de la Saussaye, P. D. 528n118,
594n3, 741n24, 994n3, 1005n36,
1186n31, 1194n38, 1206n5

Chauncy, Isaac 826n32

Christ, P. 297n46

Chrysostom, John(크리소스토모스) 84,
203, 203n32, 352n58, 999n20, 1037,
1139n74, 1190

Cicero, Marcus Tullius(키케로) 283n31,
297, 522, 523n106, 523n109,
910n36, 1162n4

Clarke, G. W. 269n4

Classen, Johannes 736n11

Claus, Manfred 77n6

Clausius, Rudolf 1204n1

Clemen, Carl 489, 489n87

Clement XIV(교황 클레멘스 14세) 95

Clement of Alexandria(알렉산드리아의
클레멘스) 145, 269n3, 360n75, 555,
555n15, 565n26

Cloppenburg, Johannes(클로펜부르크, 요
한네스) 868n7

Cocceius, Johannes(콕세이우스, 요한네
스) 66, 101, 253, 580n45, 683, 1215

Cohrs, F. 1154n100

Coleridge, Samuel Taylor(콜리지, 새뮤얼
테일러) 738

Commodian(콤모디아누스) 1174n11,
1214

Comrie, Alexander(콤리, 알렉산더) 103,
445, 896, 907n32

Comte, Auguste 109, 130, 275

Constantine I (콘스탄티누스 황제) 83

Copernicus, Nicolaus(코페르니쿠스, 니콜
라우스) 508

Crell, Johann 527n116

Cremer, Hermann 149n33, 260n59,
324n23, 359n72, 369n82, 370n83,
413n27, 813n5, 1009n43, 1033n88

Crisp, Samuel 826n32

Crisp, Tobias 826n32

Crispini, Samuelis 189n18, 215n5

Cromwell, Oliver(크롬웰, 올리버) 533

Cumont, Franz 77n6

Cunningham, W. 633n56, 793n21,
794n22

Curaeus, Joachim 953n38

Cyprian(키프리아누스) 79, 86, 269n4,
998, 999n18, 1033, 1033n91,
1039n101, 1121n49, 1140n76

Cyril of Alexandria(알렉산드리아의 키릴
로스) 76n5, 1139n74, 1174n11

Cyril of Jerusalem(예루살렘의 키릴로스)
352n58

Cyrus II (고레스 대왕) 694

D

Daane, James 437n76

Dabney, Robert L.(대브니, 로버트 L.)
106

Dale, R. W. 741n26

Dante, Alighieri(단테, 알리기에리) 428,

1274n12

Darby, John(다비, 존) 1003

Darwin, Charles(다윈, 찰스) 124, 124n20, 284n32, 293, 545-46, 546n4, 547, 669, 669n33, 1204

Darwin, G. H. 519n101

Dathenus, Peter 868n7

Dausch, P. 185n7

Davidson, A. B. 154n40, 292n41, 325n25, 350n52, 370n83, 624n48

Dawkins, Richard 76n4

Deferrari, Roy J. 1101n23

Deharbe, Joseph 162n47

Deissmann, Gustav Adolf 694n13, 787n9

Delitzsch, Franz(델리치, 프란츠) 325, 327n28, 383n100, 427n59, 428n60, 513, 554n14, 565n26, 573n35, 621n43, 669n35, 671n38, 706n30, 871n15, 1179n26, 1187n34, 1277n14

Delitzsch, Friedrich(델리치, 프리드리히) 135n12, 552

Denck, Hans(뎅크, 한스) 1265

Dennert, Eberhard 508n82, 511n86

Denney, James 664n28, 743n29

Denzinger, Heinrich 161n46, 186n11, 187n12, 214n3, 237n31, 286n33, 353n61, 423n47, 492n61, 817n15, 818nn16,18, 1013n49, 1014n51, 1014n54, 1022n70, 1035n95, 1054n113, 1054n114, 1141n80, 1176n18

Descartes, René(데카르트, 르네) 45, 94, 109, 218, 281, 283, 288-89, 376, 828, 829n38

Didymus(디디모스) 1264

Dieckhoff, August Wilhelm 446n94

Diestel, Ludwig 642n7

Diodorus of Tarsus(타르수스의 디오도로스) 1264

Dionysius 847n54

Dodwell, Henry(도드웰, 헨리) 103

Doedes, Jacobus Izaak 271n5, 281n25

Dolger, F. J. 1127n62

Dorner, August Johannes 1005n35

Dorner, Isaak August(도르너, 이삭 아우구스트) 134n8, 134n9, 313, 319n18, 348n47, 381n98, 392n7, 401n10, 410n22, 431n70, 479n32, 487n56, 666n31, 704n21, 717, 775n2, 1118n44, 1178n23

Downing, Gerald 136n14

Draper, J. W. 508n81

Drews, Arthur(드레프스, 아르투르) 739, 739n21, 1131n66, 1139n72

Drews, Paul 1057n121, 1095n13, 1115n39, 1153n98

Drummond, Henry 1180n29

DuBois-Reymond, E. H. 533n123

Dubose, W. Porcher 742n27

Duker, A. C. 281n24

Duns Scotus, John(둔스 스코투스, 요한네스) 93, 224, 272n7, 312, 312n3, 375, 375n87, 929n69

Dwight, Timothy(드와이트, 티모시) 106, 738

E

Eaton, John 826n32

Eckhart, Meister(에크하르트, 마이스터) 93, 467

Edwards, Jonathan(에드워즈, 조나단)
105, 445, 482n41, 630n51, 738,
885n30, 925

Einstein, Albert 167n55

Eisenmenger, J. A. 390n6

Eisler, Rudolph 671n38

Empedocles(엠페도클레스) 608, 1160,
1179n25

Ephraem Syrus 508n78

Epiphanes, Antiochus(안티오코스 4세 에
피파네스) 1240

Epiphanius(에피파니우스) 1037, 1038

Episcopius, Simon 513n89, 527n117,
1003n28

Erbkam, H. W. 736n10

Erigena, John Scotus(에리우게나, 존 스
코투스) 91, 93, 270, 270n5, 319,
430n67, 467, 467n4, 473, 473n18,
479n30, 508n78, 573n35, 823, 1264

Erskine, Ebenezer(얼스킨, 에벤에저)
104, 445, 792

Erskine, Ralph(얼스킨, 랄프) 104, 445,
792

Erskine, Thomas 742n27

Essenius, Andreas 1109n33

Eswijler, Johannes 898n17

Eucken, Rudolph(오이켄, 루돌프) 125,
125n22, 870n10, 870n11

Eusebius of Caesarea(카이사레아의 에우
세비오스) 182n3, 186, 269, 269n4,
360n75, 407, 500n73, 1039n101,
1139n74

Eutyches(유티케스) 717

Ewald, Heinrich(에발트, 하인리히) 325

Eyre, William 826n32

F

Faber, H. 1005n37

Felix, Minucius 269n4

Feuerbach, Ludwig Andreas(포이어바흐,
루트비히 안드레아스) 130, 136

Fichte, Johann Gottlieb(피히테, 요한 고
틀리프) 109, 132, 163n49, 218, 274,
274n14, 276, 276n19, 288, 313, 428,
468n7, 557, 557n21, 635, 635n59,
704, 704n22, 722n42, 830, 1162,
1187, 1204

Ficker, Johannes 942n12

Finney, Charles(피니, 찰스) 925

Fischer, Franz Friedrich Karl 910n36

Fischer, Kuno 276n19, 831n41

Fisher, Edward 104, 104n27

Fiske, John 601n11

Flacius Illyricus, Matthias 645

Flint, Robert 281n25, 293n42

Fock, Otto 191n22, 527n116, 1082n2,
1178n24

Forbes, John 354n63

Forrest, D. W. 722n41

Fox, George(폭스, 조지) 253

Franck, A.(프랑크 A.) 427n57, 736

Francke, August Hermann(프랑케, 아우
구스트 헤르만) 96

Frank, Franz Herrmann Reinhold(프랑
크, 프란츠 헤르만 라인홀트) 220,
220nn6-7, 221, 221n10, 221n12,
223, 467, 1007n40

Fremery, H. N. de 487n55

Fulgensius of Ruspe 458n105

G

Gall, A. Freiherr von 383n100

Gander, M. 516n97

Garvie, Alfred E. 706n30

Gennrich, Paul 609n22, 873n19

Gerhard, Johann(게르하르트, 요한) 96, 273n11, 344n41, 364n78, 365n80, 383n99, 386n104, 500n74, 640n2, 1221n10, 1286n21

Gerlach, Stephen(겔라흐, 스테펜) 1290

Gerretsen, Jan Hendrik 593n2

Gervinus, Georg Gottfried(게르비누스, 게오르크 고트프리트) 621

Gladstone, W. E. 1020n65

Glaser, E. 1005n38

Godet, F. L. 706n30, 742n27

Goethe, Johann Wolfgang von(괴테, 요한 볼프강 폰) 313, 585, 764, 830

Goetz, L. K. 1017n64

Goetz, W. 824n29, 1073n138, 1148n90

Gomarus, Franciscus(고마루스, 프란키스쿠스) 190n20, 445n90, 1109, 1109n33

Gonzales, Joh. 508n78

Gordon, Richard 77n6

Gore, C. 593n1, 742n27

Gottschalk(고트샬크) 91

Gould, Stephen Jay 546n5

Grabill, Stephen J. 286n36

Gregory I(교황 그레고리우스 1세) 89, 357n69, 494n63, 915, 1153

Gregory VII(교황 그레고리우스 7세) 1035

Gregory of Nazianzus(나지안주스의 그레고리오스) 84, 418nn33-34, 420n36, 421n39, 422n41, 734, 734n7, 1139n74, 1264

Gregory of Nyssa(니사의 그레고리오스) 84, 352n58, 508nn78-79 569n32, 573n34, 646n8, 734n8, 1139n74, 1264

Grill, Julius 77n6

Groe, Theodorus van der 899n18

Groot, Hofstede de 706n28

Grutzmacher, R. H. 1084n8

Guder, Eduard 1027n77

Guers, E. 1222n12

Gunning, Johannes H. 1017n63

Gutberlet, Constantin 281n25, 383n99, 385n103, 847n54, 1034n93

H

Haeckel, Ernst(해켈, 에른스트) 130, 136n13, 282n26, 510n85, 546n5, 1159n1, 1162

Hagenbach, K. R. 186n11

Hahn, A. 804n28

Hall, Christopher A. 842n52

Hall, G. Stanley 839, 839n48, 923n56

Hamann, Johann Georg(하만, 요한 게오르크) 97, 132

Haring, Theodor 748n36

Harnack, Adolph von(하르낙, 아돌프 폰) 35, 35nn7-8, 73n1, 74n2, 81n11, 183n5, 213n1, 224n15, 253n50, 255n53, 281n23, 347n45, 404n11, 405n13, 406n14, 410n22, 555n16, 618n34, 703n20, 707, 707n32, 740, 740n23, 783n6, 935n2, 996n6, 1001n24, 1025n75, 1027n78,

1034n92, 1057n119, 1073n135, 1225n13

Harris, Samuel 76n4, 293n42

Hart, John W. 286n36

Hartensen, H. 1178n23

Hartmann, Eduard von(하르트만, 에두아르트 폰) 126n23, 127, 297n46, 470, 709, 739n20, 830, 1205

Hase, K. von 1056n118

Hasker, William 842n52

Hatch, Edwin 253n50, 1096n15, 1115n42

Haupt, Erich 192n24

Heer, Oswald 511n86

Hegel, Georg Wilhelm Friedrich(헤겔, 게오르크 빌헬름 프리드리히) 45, 95, 97, 109, 120, 121n19, 135, 217-19, 288-89, 313, 338, 351, 351n53, 408, 426, 428, 467, 469n13, 473, 473n19, 479n30, 599, 635, 635n60, 684, 704, 705n24, 709, 714, 717, 739, 739n19, 830, 832n42, 833n43, 869

Hegesippus(헤게시푸스) 1038

Heidegger, Johann Heinrich 249n46, 580n45, 868n7

Heinrich, Johann Baptist 281n25, 383n99, 385n103, 847n54, 1034n93

Hencke, F. 813n5

Henderson, H. F. 793n21

Hengel, W. van 813n5

Hengstenberg, E. W. 1221n10

Heppe, Heinrich 215n5, 240n35, 498n69, 578n42, 620n41, 683n4, 827n36, 953n38, 973n68, 1106n31

Heraclitus(헤라클레이토스) 1160

Herbert of Cherbury 102

Herder, Johann Gottfried(헤르더, 요한 고트프리트) 97, 132, 313, 1204

Hermas(헤르마스) 498

Hermogenes(헤르모제네) 709

Herodotus 1179n25

Herrmann, W.(헤르만, W.) 192n24, 740, 871, 875n24, 901n23

Hesiod(헤시오도스) 544n1, 553

Hesselink, I. John 266n2

Hettinger, F. 1274n12

Heymans, G. 728n3

Hilary of Poitiers(푸아티에의 힐라리우스) 86, 278n22, 352n56, 402, 418n33, 421n39 1174n11

Hinschius, P. 1020n65

Hippolytus(히폴리투스) 80, 1038, 1174n11, 1214

Hitchens, Christopher 76n4

Hobbes, Thomas(홉스, 토마스) 284, 635, 738

Hodge, Archibald Alexander 623n47, 742n29, 755n40, 787n8

Hodge, Charles 53n24, 59n27, 281n25, 319n18, 381n98, 446n93, 451n101, 574n40, 634n57, 742n29, 874n21, 1221n10

Hoedemaker, P. J. 1050n111

Hoekstra, H. 1222n10

Hoekstra, S. 144n25, 281n25

Hoffmann, H. E. 1074n140

Hofmann, R. H. 1033n89, 1175n13

Hog, James 792

Hollaz, David 96, 190n20, 383n99

Holsten, Carl(홀스텐, 카를) 1253

Holtius, Nicolaus 445

Holtzmann, H. J.(홀츠만, H. J.) 1246n18,
1253

Holzhey, C. 516n97

Homer(호메로스) 624, 667, 677

Hommel, F. 549n9

Honig, A. G. 584n47

Hooijer, C. 1131n67

Hoppe, Edmund 545n2

Hugo[Hugh] of St. Victor(성 빅토르의 후고)
93

Hume, David(흄, 데이비드) 103, 293

Hummelauer, Franz 516n97

Hurgronje, C. Snouck 1206n6

Huss, John(후스, 얀) 94, 1001

Hyperius, Andreas 33n5, 335n33, 683

I

Ignatius of Antioch(안티오크의 이그나티
우스) 44n18, 1032

Ihmels, L. 963n48

Illingworth, J. R. 597n8

Innocent III (교황 인노켄티우스 3세)
272, 917n48

Irenaeus(이레나이우스) 44n18,19,
80nn9-10, 81, 120n18, 182, 183n6,
185nn7-8, 186, 312n1, 356n67, 399,
418n34, 425n50, 473n20, 475n23,
483n42, 500n71, 555n17, 734,
998n13, 998nn13-14,17, 1033n90,
1038, 1038n100, 1123n52, 1139n73,
1214

Isenkrahe, C. 1204n1

Isidore of Seville 90, 185n7, 352n58

J

Jackson, G. 911n38

Jacobi, Friedrich H.(야코비, 프리드리히
H.) 95, 97, 132, 308, 313

James, M. R. 1237n15

James, William(제임스, 윌리엄) 853,
926n60

Jansen, Cornelius(얀센, 코넬리우스) 94

Jansen, G. M. 272n9, 1056n116

Jellinhaus, Theodor 975n76

Jeremias, A. 144n25

Jeremias, J. 1122n51

Jerome(히에로니무스) 86, 89, 185-86,
352n58

Joachim of Fiore(피오레의 요아힘) 408,
467

John of Damascus(다마스쿠스의 요한) 84,
252n48, 319, 319n16, 333, 417n30,
418n33, 419n35, 420n38, 424,
424n48, 491n60, 508n78,79 573n34,
646n8, 734n8, 791n15, 1139n74,
1140n75

John Paul II (교황 요한 바오로 2세)
95n21, 1004n31

Jones, John Cynddylan 629n49

Josephus 1169n7, 1170nn8-9

Jovian(조비아누스) 1290

Julian, the Apostate(배교자 율리아누스;
로마 황제) 76n5, 190

Julian of Eclanum 89n19

Jung-Stilling, J. H.(융 스틸링, J. H.)
1178n23, 1187, 1264-65

Junius, Franciscus(유니우스, 프란키
스쿠스) 189n18, 1150n93, 1286,
1286n24

Justin Martyr(순교자 유스티누스) 44n18, 139, 139n15, 145, 182n3, 213n2, 224n15, 269, 269n3, 427, 734, 868n7, 998n12, 1120n48, 1139n73

K

Kaftan, Julius(카프탄, 율리우스) 39n13, 98, 192, 192nn24-25, 253nn50- 51, 446n92, 648n10, 659n22, 740, 872n17

Kahl, W. 661n25

Kahler, M. 383n99

Kahnis, F. A. 706n28

Kalb, E. 828n37

Kampschulte, F. W. 824n29, 1073n138, 1148n90

Kant, Immanuel(칸트, 임마누엘) 36, 45, 67, 98, 97n22, 109, 132, 140, 163n49, 216, 220, 223-27, 224n16, 225n19, 226nn21,23, 240-41, 240n37, 274-76, 274n13, 278, 288, 293, 294n43, 319, 340, 340n37, 343, 408, 428, 479, 486, 556n19, 582, 601, 621, 635n58, 662, 704n21, 714, 722n42, 829-30, 832, 869, 1187, 1204

Kattenbusch, F. 1003n29, 1096n15, 1096n18, 1115n42

Kawerau, G. 1127n62

Keerl, P. F.(케얼, P. F.) 513

Keil, C. F. 1221n10

Keim, T. 782n6

Kellner, K. A. 76n4

Kiefl, F. X. 1274n12

Kittel, R. 664n28

Kleutgen, Joseph 285n33, 478n29, 534n125, 720n40

Kliefoth, Th. 1221n10

Kluge, F. 324n23

Kleutgen, Joseph 349n50

Knieschke, W. 808n3

Knox, John(녹스, 존) 100

Koelman, Jac. 899n18

Koeppel, W. 183n5

Kolde, T. 828n37

Kolling, Wilhelm 186n11

Konig, Adrio 1244n17

Köstlin, Julius 188n14, 236n30, 253n49, 273n9,10 286n35, 324n23, 370n83, 430n67, 500n74, 577n41, 620n39, 1036n97, 1057n121, 1059n125, 1098n19, 1106n31, 1124n56, 1153n98, 1221n10

Kromsigt, J. C. 900n19

Krug, Heinrich 385n103

Kuenen, A. 176n1, 1222n11

Kuyper, Abraham 59n27, 189n18, 307n51, 348n47, 389n4, 397n8, 430n67, 470n14, 475n25, 719nn38- 39, 804n29, 1048n109, 1068n133, 1118, 1118n45, 1206n4, 1222n10

Kuyper, Herman H. 466n2

L

Labadie, Jean de(라바디, 장 드) 1003

Lacassagne, Alexandre 659

Lactantius, Lucius C.(락탄티우스, 루키 우스 C.) 31n1, 79, 83, 114, 114n12, 124, 124n21, 269n4, 369n82, 485, 486n51, 1215

Ladd, G. T. 145n26

Laidlaw, J. 608n21

Lake, Kirsopp 783n6

Lamennais, F. R. de 610n26

Lampe, F. A. 899n18

Lange, F. A. 469n12, 510n85

Lange, Johann Peter 427n59, 430n67, 573n35

La Peyrere, Isaac de 549n11

La Rochefoucauld, Francois de 635

Lasco, John a 868n7

Lauvergne 671n38

Lechler, G. V. 1074n139

Lehmann, E. 823n27, 1206n5

Leibniz, Gottfried Wilhelm(라이프니츠, 고트프리트 빌헬름) 94, 108, 163n49, 288, 430n67, 1178n23

Lemme, L. 982n84

Leo I(교황 레오 1세) 1034

Leo XIII(교황 레오 13세) 95, 187n12, 1056

Lessing, Gotthold Ephraim(레싱, 고트홀트 에프라임) 163n49, 170, 216, 313, 430n67, 1178n23, 1179n25, 1187, 1204

Lidgett, J. Scott 743n29, 755n40, 787n8

Limborch, Philippus van 407n15, 513n89, 1082n3

Lobstein, P. 827n34

Lock, W. 706n30

Locke, John(로크, 존) 102, 109, 284, 738

Lodenstein, J. van 898n16

Lodge, Oliver 597n8

Loescher, Valentin 183n4

Loofs, F. A. 974n74, 1140n75

Lotze, H. 174, 782n6

Lucian of Samosata 76n3

Luther, Martin(루터, 마르틴) 51, 96, 140, 170, 204, 252, 256, 286, 286n35, 388, 430n67, 500n74, 573n37, 577n41, 640n2, 736, 819-22, 819n20, 837, 875n24, 933, 941-45, 942n12, 946n25, 1001, 1036n97, 1039, 1057n121, 1058, 1060, 1078, 1084n8, 1097-99, 1102, 1116, 1142, 1144, 1145, 1221n10

Luttge, W. 949n36

Lyttelton, A. C. 742n27

M

Macauley, A. B. 960n46

Maccovius, Johannes 445n90, 498n69, 827, 851n58, 868n7, 902n25

Mackintosh, H. R. 960n46

Maimonides, Moses 318, 508n78

Maistre, Joseph Marie de 621

Major, Georg 947n27

Malebranche, Nicolas 289

Manen, W. C. van 984n87

Marcellus of Ancyra 803

Marcion(마르키온) 190, 370

Marck, Johannes a 574n39, 579n44, 640n3

Maresius, Samuel 1044n106

Martensen, Hans L. 134nn8-9, 383n99, 477n26, 479n32, 565n26, 706n30, 1179n26, 1215n9

Martin, David 126n24

Mastricht, Peter van 335n33, 386n104, 569n32, 604n15, 641n5, 655n21,

868n7, 897n15, 907n31, 1059n127, 1106n31
Maurice, F. D.(모리스, F. D.) 741, 742n27
Mayer, J. 295n45
McComb, Samuel 926n60
McCosh, J. 293n42
McGiffert, Arthur C.(맥기퍼트, 아더 C.) 106
Melanchthon, Philipp(멜란히톤, 필립) 31-32, 31n1, 96, 253n49, 256, 820, 946n26, 973n70, 1143
Menno Simons(메노 시몬스) 1003
Merkel 659n24
Meyer, H. A. W. 477n26
Meyer, J. F. von 1178n23
Middleton, J. Richard 275n16
Mill, John Stuart(밀, 존 스튜어트) 109, 911n38
Milton, John(밀턴, 존) 407, 407n17
Mirandola, Pico(미란돌라, 피코) 431
Moberly, R. C. 741, 742n27, 927n63
Modderman, A. E. J. 659n23
Mohler, J. A. 619n36
Moleschott, Jacob(몰레쇼트, 야콥) 1162
Molinos, Miguel de(몰리노스, 미구엘 데) 93
Moltmann, Jürgen 298n47
Moncrieff, Alexander 793
Montanus(몬타누스) 426
Moody, Dwight(무디, 드와이트) 925
Moor, Bernhard de(모어, 베르나르두스 디) 103, 318n15, 327n28, 383n99, 580n45, 951n37, 1147n86, 1221n10, 1274n12

Morris, J. 293n42
Mosheim, J. L. von(모스하임, J. L. 폰) 441
Muhammad(무함마드) 129, 808, 1237
Mulder, R. 910n36
Müller, C. T. 671n40
Müller, Ernst F. K. 446n96, 459n108, 1002n26
Müller, Eugen 166n54
Müller, Friedrich Karl 442n83
Müller, G. F. Karl 683n4
Müller, Johann von(뮐러, 요한 폰) 550
Müller, Joseph T. 167, 620n40, 718n36, 745n32, 791n16, 822n24, 1059n125, 1098n19, 1106n31
Müller, Julius 134n8, 431n70, 609n23, 616n30, 1151n95
Müller, K. 1057n121
Müller, Max(뮐러, 막스) 144n25, 547, 807n1
Muller, Richard A. 45n19, 99n25, 108n1, 559n24, 894n8, 1082n4, 1196n40, 1237n16
Munscher, Wilhelm 604n15
Musculus, Wolfgang 442, 443n84, 868n7

N

Nairne, A. 742n27
Neander, J. A. 134n8, 1009n43
Nero(네로) 1237
Nestle, E. 744n30
Nestorius(네스토리우스) 715, 717, 722
Newton, Isaac 167n55, 514n92
Nicholas of Cusa(니콜라우스 쿠자누스) 272

Niemeyer, H. A. 1060n128, 1106n31

Nietzsche, Friedrich(니체, 프리드리히)
825

Nitzsch, Carl Emmanuel 134nn8-9, 190,
192n24, 652n16, 706n28, 1004n34

Nitzsch, Friedrich A. B. 316n12, 652n16

Noetus(노에투스) 709

Noordzij, M. 325n24

Northcote, Spencer 631n53

Novatian(노바티아누스) 269n4, 1174n11

Nuelsen, John L. 828n37, 975n76

O

Oberlin, Johann Friedrich(오벌린, 요한
프리드리히) 1187

Oehler, G. F. 325, 325n25, 327n28,
311n29, 350n52, 369n82, 370n83

Oettingen, Alexander von 383n99,
573n35, 653n17

Oldenberg, Hermann 808n2

Olevianus, Caspar(올레비아누스, 카스파
르) 682

Oosterzee, J. J. van 407n16, 743n29,
986n89, 1005n35,36 1129n64,
1178n23, 1179n27, 1215n9

Opzoomer, C. W.(옵조우머, C. W.) 104,
127

Orchard, W. E. 597n8

Orelli, C. 1133n68

Origen(오리게네스) 31n1, 63, 76n5,
79, 83, 91, 186, 269, 269n4, 357,
360n75, 399-400, 407, 420n37,
479n31, 495n64, 498, 498n67,
500n71, 555, 555n15, 582, 604n15,
609, 734n8, 790, 972-75, 1175,

1175n12, 1194, 1277

Orr, James 548n8, 593n1, 671n39

Osiander, A.(오시안더, A.) 565n26,
947n27, 949

Osten, G. 1073n135

Ostwald, W. 597n7

Oswald, J. H. 491n60, 916n44, 917n47,
1198n42

Ovid(오비디우스) 544n1, 553

Owen, John(오웬, 존) 102, 397n8,
703n19

P

Paley, William(페일리, 윌리엄) 103

Papias(파피아스) 182n3, 1214

Paracelsus(파라켈수스) 431, 467

Pareus, David 1286n23

Parmenides(파르메니데스) 108

Pascal, Blaise(파스칼, 블레즈) 203,
247n44, 635, 798

Paschasius, Radbert(파스카시우스, 라드
베르투스) 91

Patrick, W. 1028n78

Paul VI (교황 바오로 6세) 1149n91

Paul of Samosata(사모사타의 바울) 404

Pecaut, F. 722n42

Pelagius(펠라기우스) 89n18, 440, 556,
567n29, 595, 597, 614-16, 791, 815,
818

Perkins, William(퍼킨스, 윌리엄) 445n90,
683, 827, 1286n23

Pesch, Christian 197n28, 198n30, 272n9,
285n33, 847n53, 941n10

Petavius, Dionysius 272n9, 315n10,
349n49, 352n57, 357n70, 385n103,

1274n12

Peter Lombard(페트루스 롬바르두스)
31n1, 63, 92, 93, 322n21, 353n62,
360n75, 432n75, 508n80, 557n20,
791n14, 942n11, 1088n11, 1096n16,
1101n23, 1176n19, 1273n12,
1286n20

Pfaff, Friedrich 519nn100-101, 521n103

Pfanner, T. 610n26, 1112n36

Pfleiderer, O. 144n25, 145n26

Philip of Macedon(마케도니아의 필리포
스) 694

Philippi, Friedrich Adolph 383n99,
702n18, 1007n40, 1221n10

Philo of Alexandria(알렉산드리아의 필론)
82, 312, 359, 389, 427, 508n78, 823

Pieper, Fr. 188n14

Pighius, Albertus(피기우스, 알베르투스)
442

Pinnock, Clark H. 451n99, 842n52

Piscator, J.(피스카토르, J.) 445n90,
737n14, 827, 1215

Pius IX(교황 피우스 9세) 1014, 1056

Placaeus, Josua(플라카이우스, 조슈아)
621, 621n42, 826

Plantz, S. 762n43

Plato(플라톤) 82, 92, 109, 282, 288,
315, 381, 389, 523n107, 582, 595,
608, 645, 694, 823, 1161, 1179n25

Plotinus(플로티노스) 582, 823

Plutarch 523n107

Pobedonoszew, K. P. 1004n30

Pohle, J. 929n69, 930n71

Polanus, Amandus(폴라누스, 아만두
스) 100, 189n18, 215n5, 323n21,

344n41, 354n63, 364n78, 365n80,
386n104, 445n90, 921n54, 1016n60

Polyander a Kerckhoven, Johannes
354n63, 420n38, 525n113, 569n32

Porphyry(포르피리오스) 190

Porretan, Gilbert(포레타누스, 길베르투스)
315

Post, G. E. 1214n8

Praxeas(프락세아스) 709

Preuss, E. 632n55

Priestley, Joseph(프리슬리, 조셉) 738

Prosper of Aquitaine(아퀴텐의 프로스페
루스) 353n59

Pseudo-Dionysius(위 디오니시우스) 84,
93, 270, 271n5, 319-20, 319nn16-
17, 321, 321n19, 383n99, 385n103,
428, 467n3, 491, 646n8, 823, 874

Ptolemy(프톨레마이오스) 507

Pythagoras(피타고라스) 608, 1160,
1179n25

Q

Quenstedt, Johann Andreas(크벤슈테
트, 요한 안드레아스) 96, 190n20,
500n74, 776n3, 1124n58, 1221n10

R

Ramus, Peter 826, 827n34

Raschke, Carl 35n6

Raubsch, R. E. 331n29

Rauschenbush, Walter 98n23

Rauwenhoff, L. W. E. 144n25, 226n20,
227n26

Raymond of Sabunde 139n16, 147n32

Reinhart, L. 32n3

Reinke, J. 516n97

Renan, E.(르낭, E.) 190, 722n42

Reuchlin, Johann(로이힐린, 요한) 431

Reuter, Hermann 439n78, 746n33, 1288n26

Rhyn, Otto Henne Am(린, 오토 헤네 암) 1205

Richard of St. Victor(성 빅토르의 리샤르) 93, 431n68

Ridderbos, J. 445n91, 925n58

Ritschl, Albrecht(리츨, 알브레히트) 37, 45, 98, 132, 134, 134n10, 192, 192n24, 227-31, 314, 314n5, 348n47, 596, 596n6, 615, 648n10, 666n31, 670n36, 706, 707n31, 430-31, 746n35, 748n36, 789, 834, 834n45, 871, 900, 900nn19,22, 901n24, 948, 983n85, 1004n32

Ritschl, Otto 946n26

Rivet, Andreas 388n3, 420n38, 525n113, 569n32, 1101n26

Robertson, A. 793n21

Robertson, J. 326n26

Rohden, G. von 659n24

Rohnert, W. 190n20

Rollock, Robert 683

Ross, Hugh J. 513n90

Rothe, R. 313, 558n22, 706n28, 871n14

Rousseau, Jean-Jacques 163n49, 216, 614n28, 622n45

Rufinus of Aquileia(아퀼레이아의 루피누스) 86

Rutgers, F. L. 1011n47

Rutherford, Samuel(러더포드, 새뮤얼) 102

S

Sabatier, Auguste 255n54, 282n25, 742n28

Sabellius(사벨리우스) 406, 709

Sachs, Josef 1274n12

Sachsse, E. 1154n100

Sadoleto, Jacopo 941n9

Salmond, S. D. F. 1172n10

Saltmarsh, John 826n32

Sanday, W. 97n11, 699n15

Sanders, John 451n99, 842n52

Scannell, Thomas Bartholomew 321n19, 930n71, 1037n99

Schaepman, H. J. A. M. 159n44

Schaff, David S. 33n4

Schaff, Philip 33n4, 442nn81-82, 446n95, 828n37, 1175

Scheeben, Matthias Joseph(쉐이벤, 마티아스 조제프) 321n19, 353n62, 383n99, 385n103, 558n23, 631n53, 940, 1057, 1057n120

Schell, H. 1274n12

Schelling, F. W. J.(셸링, F. W. J.) 95, 97, 109, 135, 144n25, 313, 372, 372n84, 408, 425n54, 427n59, 428, 431, 430n67, 431n71, 468, 468nn8-10, 469n13, 477n27, 513, 573n35, 599, 601, 601nn11-12, 621, 635, 635n61, 667, 667n32, 704, 704n23, 709, 739, 739n18, 830, 869, 869n9, 1162, 1204

Schiller, Johann(실러, 요한) 668

Schleiermacher, Friedrich(슐라이어마허, 프리드리히) 37n11, 45, 51, 67, 67n30, 117n15, 121, 127, 133-

34, 133n7, 144n24, 191n23, 216, 217-20, 223, 274, 274n15, 319, 359n72, 446, 468, 468n11, 486n54, 526n115, 629n50, 648n10, 654n19, 666n31, 670n36, 684, 684n5, 705-06, 705n27, 740, 776n4, 789, 833, 37, 834n44, 871n12, 900, 900n21, 993n2, 1004, 1024n73, 1099n21, 1117n43, 1265, 1265n6

Schlosser, Friedrich Christoph 1179n25

Schmid, Heinrich F. F. 215n5, 240n35, 256n55, 273n11, 441n79, 822n24

Schmid, R. 508n82

Schmidt, W. 854n60

Schmolder, R. 1018n64

Schmoller, O. 697n14

Schneckenburger, Matthew 949n36

Schnehen, W. von 671n39

Schneider, R. 910n37

Schneider, W. 671n37

Scholten, J. H. 104, 746n34

Scholz, H. 983n86

Schopenhauer, Arthur(쇼펜하우어, 아르투르) 227n25, 470, 621, 635, 636n62, 830, 869, 1179n25

Schortinghuis, Willem(스콜팅하위스, 빌렘) 827

Schultz, H. 663n27

Schulze, M. 949n36

Schurer, Emil 523n107, 787n9, 995n5, 1112n37, 1236n14

Schuts, Jac. 899n19

Schwally, F. 1198n43

Schwane, Joseph 803n27, 1096n17, 1101n23, 1115n42, 1186n32

Schwartzkopff, P. 749n37

Schweizer, Alexander 68n31, 441n80, 776n4, 782n6

Schwenckfeld, Caspar(슈벵크펠트, 카스파르) 467, 736

Seeberg, R. 98, 703n18

Sehling, E. 1037n98

Semisch, K. G. 1214n8

Seneca, L. A.(소 세네카) 523n107, 595

Servetus, Michael(세르베투스, 미카엘) 408, 467

Shakespeare, William(셰익스피어, 윌리엄) 150

Shaw, Luci 42n16

Shedd, William G. T.(쉐드, 윌리엄 G. T.) 106, 348n47, 381n98, 430n67, 446n93, 515n95, 586, 586n50, 608n21, 634n57, 719n39, 742n29, 787n8

Siebeck, Hermann 113n7

Sieffert, F. A. E. 1237n15

Smeaton, G. 397n8

Smend, R. 533n124, 679n1

Smith, W. Robertson 326n27, 332n30, 729n6

Smitt, P. A. E. Sillevis 1025n74

Smyth, N. 671n40

Socrates(소크라테스)82, 523n107, 595

Sohm, R. 1057n121, 1057n122, 1073n135

Soto, Peter de(소토, 페드로 데) 94

Spanheim, Friedrich 1290n27

Spath, A. 446n94

Spencer, Herbert(스펜서, 허버트) 275, 275n17, 278, 284, 284n32

Spener, Philipp J.(슈페너, 필립 J.) 96-97, 253, 827

Speyer, J. S. 936n3

Spinoza, Baruch(스피노자, 바룩) 108, 163n49, 218, 313, 313n4, 338, 408, 467, 479n30, 526n115, 829, 829n39

Splittgerber, F. J. 1165n6

Spruyt, Cornelius B. 284n32

Stade, B. 1187n37

Staerk, W. 1025n75

Stalker, J. 699n15

Stancarus, Franciscus 947n27

Stanton, V. H. 1027n76

Starbuck, Edwin Diler 839n48, 924n57

Stendahl, Krister 85n13

Stevens, G. B. 742n27

Stevenson, W. B. 664n28

Stockl, Albert 272n8, 427n57, 467n6

Strack, Herman L. 178n2, 183n4

Strauss, David Friedrich(슈트라우스, 다비트 프리드리히) 130, 135, 135n11, 164n52, 167n56, 190, 408, 483n43, 703n20, 705n25, 705n26, 722n42, 776n4

Strindberg, A. 1271n10

Stufler, J. 1274n12

Sturm, J.(슈투름, J.) 827

Suárez, Francisco(수아레즈, 프란치스코) 94, 242n40

Suicerus, Johann Caspar 260n59, 280n23, 524n110, 1005n38, 1088n11, 1115nn39,41-42, 1121n49, 1198n45

Swedenborg, Emanuel(스베덴보리, 에마누엘) 408, 486n53, 549n11, 1187, 1264-65

Sweet, L. M. 712n34

Sylvius, Franciscus 272n9

T

Tacitus 76n3

Tatian 269n4

Tauler, Johannes(타울러, 요한네스) 467

Taylor, John(테일러, 존) 738

Taylor, Nathaniel W.(테일러, 나다니엘 W.) 106

Teellinck, Willem 868n8, 898n16

Tennant, F. R. 597n8, 598n9

Tennent, Gilbert 925n59

Tennyson, Alfred 42n17

Tertullian(테르툴리아누스) 79, 80n9, 81, 86, 110, 110n2, 182, 224, 224n14, 252, 252n47, 360n75, 369n82, 399, 400, 400n9, 403, 406, 410, 410n23, 423, 423n46, 427, 473n16, 480n35, 482, 482n39, 508n79, 565n26, 640, 640n3, 684n6, 701, 734, 969, 980n82, 998nn13,15,17, 1038, 1039n101, 1115n41, 1122-23, 1123n52, 1131, 1138n71 1161n3, 1174n11, 1184n30

Testard, Paul(테스타르, 폴) 792

Theodore of Mopsuestia(몹수에스티아의 테오도루스) 722, 1264

Theodoret of Cyrrhus(키로스의 테오도레토스) 352n58, 1037, 1115n41

Theophilus of Antioch(안티오크의 테오필루스) 182, 185n9, 269n4

Tholuck, August(톨룩, 아우구스트) 190, 190n21, 427n59, 608n21

Thomas a Kempis(토마스 아 켐피스)

개혁과 교의학

606, 606n19

Thomas Aquinas(토마스 아퀴나스)
21, 31n1, 36, 36n9, 64, 93-
95, 93n20, 111nn4-5, 112-13,
112n6, 113nn10-11, 116, 143,
143n22, 146, 146n29, 158n43, 161,
161n45, 166, 166n54, 204, 237n32,
242n40, 243, 243n42, 271, 272n6,
285n33, 322n21, 323n22, 337,
338n36, 341n39, 344n41, 347n46,
349n50, 353n62, 356n67, 358,
360n75, 361n76, 364n78, 365n80,
377n95, 383n99, 408n19, 411n25,
420n38, 423, 423n45, 430n67, 432,
432n75, 443, 448, 448n97, 473n20,
474n21, 491n60, 494nn62-63,
496n65, 503n75, 506n76, 508n80,
514n94, 515, 515n95, 516n96,
521n105, 525n114, 530n120,
532n122, 565n28, 568n30, 569n32,
573nn33,36, 585n48, 604n15,
605n17, 606n18, 630n52, 631,
632n54, 634n57, 639, 640n1, 641n5,
641, 653n18, 662n26, 689n8, 763,
763n44, 786n8, 818, 878, 895n9,
918n49, 932n77, 970nn56,58,60,
971nn63,65, 972n66, 1088n11,
1124n56, 1176n19, 1274n12

Thomasius, Gottfried 220n6, 706n28,
706n30

Thornwell, James H.(손웰, 제임스 H.) 106

Thuynen, Theod. van 899n19

Thysius, Antoine 420n38, 525n113,
569n32, 952n38

Tiele, C. P.(틸레, C. P.) 127, 129n1,
131n4, 145n26, 671n37, 693n12,
728n4, 993n2, 994n3, 1160, 1160n2

Til(enus), Solomon van 1290n27

Tindal, Matthew(틴들, 매튜) 103

Toland, John(톨런드, 존) 103

Toplady, Augustus 974n73

Torrey, R. A. 975n75

Traub, F. 297n46

Tremellius, John Immanuel(트레멜리우
스, 존 임마누엘) 827

Trip, Christian J. 388nn2-4

Trissl, A. 518n98

Troeltsch, Ernst(트뢸치, 에른스트) 37,
46n20, 98, 98n24, 216

Tschackert, P. 1018n64

Turretin, Francis(투레티누스 프란키스쿠
스) 106, 347n46, 448n97, 459n109,
501n74, 585n49, 604n15, 630n51,
651n13, 655n21, 717n35, 719n39,
745n32, 755n40, 786n8, 868n7,
897n15, 907n33, 960n46, 1059n127,
1101n26, 1106n31, 1129n64,
1221n10

Twisse, W. 445n90

U

Ulansey, David 77n6

Ulrici, H. 470n14

Ungern-Sternberg, Alexander 1179n25

Ursinus, Zacharias 189n18, 215n5,
525n112, 682, 850n57, 868n7,
1002n27

V

Veenhof, Jan 1254n2

Venema, Cornelis P. 102n26

Vermigli, Peter Martyr 318n15, 1286n23, 1290n27

Veuillot, Louis 1056n118

Victor I(교황 빅토르 1세, Zephyrinus) 1039

Victorinus, Marius(빅토리누스, 마리우스) 357n70, 1174n11, 1215

Vincent of Lerins(레랭의 빈켄티우스) 89

Virgil(베르길리우스) 553

Visscher, H. 827n35

Vitoria, Francisco de(비토리아, 프란치스코 데) 94

Vitringa, Campegius(피트링가, 캄페기우스) 103, 306, 327n28, 498n69, 609n24, 1017n60, 1104n29, 1110n35, 1147n86, 1148n87, 1153n98, 1274n12, 1275n13, 1286n25

Voetius, Gisbert(푸치우스, 히스베르투스) 101, 190n20, 280, 281n25, 287, 287n39, 360n75, 377n94, 445n90, 520, 520n102, 579n43, 580n45, 585n49, 630n51, 868n7, 896, 896n14, 927n62, 960n45, 973n68, 1016n59, 1064n129, 1147n86, 1221n10, 1286, 1286n22

Vogt, Karl C.(폭트, 카를, C.) 1162

Volkel, J. 527n116

Voltaire(볼테르) 163n49, 190

Vos, Geerhardus. 679n2, 686n7, 1222n10

Vossius, G. J. 281n25, 438n77

Vries, Hugo de 548n7

W

Wagenmann, J. 702n18

Walaeus, Antonius 420n38, 525n113, 569n32, 868n7, 919n51, 1016n60, 1221n10

Walker, D. 813n5

Walker, J. 793n21

Wallace, Alfred R. 488n58, 509n84, 548n6

Walsh, Brian J. 275n16

Walsh, W. 1178n23

Ware, Bruce A. 451n99

Warfield, Benjamin B. 68n32, 195n27, 197n29, 389n5, 400n9, 742n29, 745n31, 792n18, 816n6, 891n4, 892n6, 983n84, 1201n46, 1222n10, 1286n25

Wasmann, Erich 546n3

Waters, Guy Prentiss 101n26

Weber, F. W. 427n56, 573n35, 1172n10, 1194n39

Weber, H. 1151n94

Weber, O. 651n14

Wegscheider, J. A. L. 740n22, 746n34, 829n40

Weigel, Valentin(바이겔, 발렌틴) 736

Weingarten, H. 825n30

Weiss, A. M. 673n41, 1274n12

Weiss, C. H. 782n6

Weiss, J. 697n14, 708n33

Welch, Claude 37n10

Wellhausen, J. 679n1

Wernle, Paul 935n1

Wesley, John(웨슬리, 존) 104, 253, 827, 974, 975n76

Whiston, William 514n92

Whitaker, W. 445n90

White, Edward 1265n7, 1268n9

White, N. J. D. 1027n76

Whitefield, George(휘트필드, 조지) 105,
827

Whitgift, John(휘트기프트, 존) 442

Wiggers, Gustav Friedrich 618n34

Wilberforce, R. I. 549n11

Wildeboer, G. 178n2, 193n26

Wilhelm, Joseph 321n19, 930n71,
1037n99

Willard, G. W. 634n57

Willegen, Adriaan van der 899n18

William of Ockham(윌리엄 오컴) 93,
103, 376

Williams, Roger(윌리엄스, 로저) 1061

Wilson, Bryan R. 126n24

Winckler, H. 144n25

Windelband, Wilhelm(빈델반트, 빌헬름)
429n64, 1205, 1206n3

Wisnefske, Ned 286n36

Witsius, Herman(빗치우스, 헤르만) 827,
860n3, 874n22, 898n16

Wolff, Christian(볼프, 크리스티안) 94,
1162

Woolston, Thomas 164n51

Wordsworth, William 911n38

Wotzel, J. C. 1187n35

Wycliffe, John(위클리프, 존) 94, 1001,
1037

X

Xenophon 523n107

Y

Young, Davis A. 513n90

Z

Zahn, Theodor 183n5, 220n6, 996n8,
997n9, 1051n112, 1095n12

Zanchi(us), Jerome(잔키우스, 히에로니
무스) 100, 189n18, 215n5, 323n21,
327n28, 344n41, 360n75, 364n78,
365n80, 485n50, 498n69, 1286n23

Zane, Bernardus 353n60

Zeller, Eduard 282n28, 297n46, 312n2,
315n9, 523n108, 549n10

Ziegler, Theobald 1205n2

Zimmern, H. 427n58, 552n13

Zinzendorf, Nicholas von(친첸도르프, 니
콜라스 폰) 96, 253, 408, 827, 1003

Zittel, A. 519n99

Zöckler, Otto 347n46, 427n59, 428n60,
466n1, 486n52, 488n57, 507n77,
513n91, 516n97, 1187n36

Zwingli, Ulrich(츠빙글리, 훌드리히)
65, 100, 116, 117n13, 140n17,
252, 500n74, 682, 1058n124, 1060,
1061n128, 1073, 1098-99, 1098n20,
1102, 1142, 1143n82, 1285, 1285n18

39개조(Thirty-nine Articles) 105
95개조 반박문(Ninety-five Theses) 933

ㄱ
"가르치는 교회"(*ecclesia docens*) 1000,
    1031, 1033
가설적 보편주의(hypothetical universalism)
    792n28, 1179
가시적 교회(visible church) 88, 1001-04,
    1011-12, 1023, 1082, 1109
가현설(Docetism) 398, 718
간과(preterition) 454
갈대아의 점성학(Chaldean astrology) 77
감독자(overseers) 1029-31, 1037, 1045,
    1068
감리교(Methodism) 104-5, 792, 826-28,
    835, 841-42, 849, 924, 950, 973-75,
    981, 985, 1003
    와 성화 973-975
감사(gratitude) 386, 466, 576, 728-29, 981,
    1025, 1091, 1095, 1139
감정(feelings) 38, 53, 67, 97, 117-9, 121-27
강신술(spiritism) 130, 149, 167, 275, 487-88
개신교(Protestantism) 31, 44, 160, 1021,
    1178

와 교회 33, 973
와 교회의 표지 1001, 1013-20
와 성례 1080-85
와 신앙 1094
와 신앙조항 143, 768
와 에덴동산 551, 1209
와 영감 175-208
와 일반계시 147
와 창조 376
와 초자연주의 1282
개연주의(probabilism) 94
개혁파 신학(Reformed theology)
    과 교의학 99-106
    과 교회 1002, 1039-40, 1044
    과 성경 189
    과 성례 1100, 1108
    과 성찬 1145-48
    과 세례 1131
    과 영혼의 창조 583-86
    과 자존성 328, 334
    과 중간지식 357
    과 하나님을 아는 지식 273, 312, 319,
        321
    에서 교회와 국가 1058-61, 1078
객관성(objectivity) 40, 46-47, 60, 120

객관적 계시(objective revelation) 50, 52, 53, 60, 88, 115, 118, 171, 177, 211

객관적 구원(objective salvation) 171

객관적 순종(objective atonement) 789

객관적 종교(objective religion) 116, 126, 233

거듭남(rebirth) (참조. "중생") 246, 397, 613, 788, 861-72, 874,

"거룩한 하나의 교회"(*Unam Sanctum*) 1035

거룩함(holiness) 355, 367-71, 384, 495, 833, 840, 855, 874, 883-84, 893, 931, 963-67, 975, 977

거짓 예언자(false prophets) 176, 1045, 1173, 1235-36, 1242, 1261

거짓된 교회(false church) 1015-19, 1237

게헨나(*Gehenna*) 1173, 1175, 1190, 1260-62

견인(perseverance) 454, 577, 856, 879, 967, 980, 986-89, 999

견진성사(confirmation) 1097, 1154

결정론(determinism) 438, 443, 445-46, 449, 587

겸손(humility) 203, 247, 253-54, 260, 308, 354, 376, 432

경건(godliness) 533, 717, 1168

경건(piety) 105, 114-15

경건주의(Pietism) 121, 238
   루터교회에서의 96-97, 946
   신율법주의로서의 167-68
   와 성경신학 45
   와 성례 1155
   와 신앙 253, 257
   와 중생 849-50, 871
   의 율법주의 825-26
   의 주관성 841-42, 871

경륜적 삼위일체(economic Trinity) 424-26, 475

경륜적 은혜(economic grace) 487-88

경험(experience) 55, 203-5, 223
   과 거듭남 874
   과 종교 124-25

경험주의(empiricism) 41, 108, 109, 219, 487

계몽주의(Enlightenment) 96, 477n28, 509, 509n83, 829, 832, 869, 1262,

계시(revelation) 22, 40, 42-43, 46-48, 50-53, 60, 68-70, 81, 102-4, 107-8, 114-16, 127-28, 129, 222, 285, 289, 569
   개념 129-138
   의 권위 193-94
   와 신앙 48, 69, 132, 168, 596
   와 은혜 131, 159
   와 성육신 710
   와 지식 60-61
   와 종교 159
   의 역사 176-77
   초자연적 140-41

고난받는 종(Suffering Servant) 731, 761

고통(suffering) 537, 559, 624, 663, 666-68, 769, 781, 931, 1173-75, 1262

고해성사(penance) 655, 815, 819, 915-18, 928-32, 1053, 1097, 1100

공로(merit) 80, 139, 353, 444, 452, 462, 559-61, 760, 779, 789, 815-16, 848

공산주의(communism) 580

공유적 속성(communicable attributes) 301, 321-22, 349-371

공재설(consubstantiation) 1102, 1104

관념주의(idealism) 132, 217, 276-77, 283, 417, 545, 830, 833, 869

관용칙령(Edict of Toleration) 83
교리문답 교육(catechetical instruction)
　1131
교의(dogma)
　에 대한 비평 255
　와 성경 74-75
　의 형성 73-75
　초기 교회에서의 75-83
교제(communion)
　그리스도와의 743-44, 820, 822, 863,
　948, 965, 1001, 1024, 1039, 1102, 1110,
　1137, 1145, 1148, 1153, 1172, 1184,
　1197, 1200, 1251
　성도의 55, 1043, 1110, 1280, 1283, 1289
　하나님과의 128, 617, 728-30, 810, 874,
　　939, 951, 972, 1137, 1161, 1182,
　　1218, 1280, 1283, 1289
교황(pope) 74, 170, 915-16, 1000, 1011,
　1013, 1021, 1024, 1034-36, 1054-57,
　1215, 1237
교황권(papacy, 교황직) 95, 1020, 1031
교황의 무류성(papal infallibility) 95, 170,
　272, 817, 915, 928, 1000, 1011, 1013,
　1022, 1034, 1055-56
교회 정치(church government) 1033, 1074,
　1131n67
교회(church)
　교제로서 56
　보편 [교회] 997-1000, 1010, 1014,
　　1026-27, 1031, 1041
　영적 본질 993-96
　와 성경 48, 172, 1082
　와 세상 1076-77
　와 하나님의 백성 1003-1007
　유기체와 제도로서 1022-1039

　의 거룩성 1020
　의 고난과 박해 1230-33
　의 권위 33, 187-88, 240, 1079
　의 다양성 1078
　의 보편성 551, 1013, 1030
　의 분파 595, 682, 824-25, 973, 998,
　　1000, 1003, 1018
　의 사도성 1020-21, 1027
　의 세속화 968
　의 속성 1020-22
　의 영적 권세 1049-57, 1064
　의 왕으로서 예수 1039-44
　의 위계체계 1001, 1013, 1036, 1046-47
　의 직분 1062-63, 1084
　의 통일성 997-98, 1130, 1200
　의 표지 1001, 1013-18,
　지역 [교회] 997, 1071-75
교회와 국가(church and state) 995, 1040,
　1049, 1057-58, 1061, 1078
교회의 권세(ecclesiastical power) 930,
　1060, 1063-64
교회의 치리(church discipline) 1002, 1045,
　1053, 1058, 1060, 1065-67
교훈적인 뜻(preceptive will) 378
구전(oral tradition) 176, 185
구속언약(covenant of redemption) 685-
　93, 765
구속(redemption) 727-42, 787-89,
　787nn9-10, 797, 808, 829-31
　과 성령 837
구약성경(Old Testament)
　과 예수 642-43, 645, 731-32
　교회의 토대로서의 994
　의 권위 177
　의 정경 178

구원 협약(*pactum salutis*) (참조. "구속언약") 684, 746, 820, 957

구원(salvation)
과 삼위일체 434, 837-47, 872
과 성례 1109-11, 1114-17
과 신앙 892
과 지식 889-891
은혜의 선물로서의 951
의 방편(서정) 820-22, 856n61
의 보증 239, 500
의 성취 811, 818
의 유익들 854-55, 1219
의 적용 31n2, 244, 795, 811, 821, 824, 845-46,
이방인의 1210, 1220, 1223, 1227
주관적 측면 421

구원의 서정(*ordo salutis*) 46n21, 807, 820, 840-41

구원하는 능력(saving power) 158

구원하는 믿음(saving faith) 41, 195, 905-6, 891n4

"권위를 가지고"(*ex cathedra*) 1054-56

귀신 숭배(demonism) 347

그노시스(*gnosis*) 75, 77-82, 91, 120, 771n1

그룹들(*cherubim*) 489-91

그리스 철학(Greek philosophy) 239, 254, 256, 282, 359, 399, 406, 466, 544, 608, 1264

그리스도와의 연합(union with Christ) 463, 1150, 1243

그리스도인 세속 통치자(christian magistrate) 1047, 1060

그리스도인의 자유(Christian liberty) 982, 1001, 1061

근대철학(modern philosophy) 45, 66, 110, 120, 218, 232, 283, 288, 360, 413, 428, 432, 467, 512, 714

근대성(modernity) 119, 122, 218, 508

근대주의(modernism) 227, 556

금욕주의(asceticism) 86, 163, 599-600, 754, 759, 772, 815, 837, 968, 973, 1147, 1233, 1282

긍정의 신학(kataphatic theology) 271, 279, 319

기계적 영감(mechanical inspiration) 198

기독론(Christology) 80, 83, 85-86, 230, 405, 413, 476, 702, 706, 715, 718, 775

기록과정(inscripturation, process of) 204

기적들(miracles) 76, 104, 214, 221, 509, 526, 532, 557

기호와 기의(sign and thing signified) 1106-8, 1115, 1129

ㄴ

나사렛파(Nazarenes) 682

낙관주의(optimism) 379, 485, 834

낙원(paradise) 1010, 1110, 1172, 1204, 1279

낭만주의(Romanticism) 97, 121, 123, 132, 217, 670

낳으심(filiation) 400

내생(future life) 945, 979n80, 1196

내세(age to come) 506, 1179, 1267, 1271, 1274n12, 1279-81, 1289

내재(immanence) 125, 195, 304, 308, 322, 341

내적 시간(intrinsic time) 340

내적 원리(principium internum) 209, 233, 246

내향적 사역(*ad intra* works) 435, 525

냉소주의(cynicism) 379

네덜란드 개혁교회(Dutch Reformed Church) 104, 681n3, 898n16, 1006, 1102n28, 1152n97, 1154

네스토리우스주의(Nestorianism) 91, 413, 701, 703, 717

노회(synods) 1073-75

논제(*loci*) 31, 65, 69-70

뉘우침(attrition) 916, 916n45, 928-31

능동적 순종(active obedience) 578, 763, 1089

니케아 공의회(Council of Nicaea) 83, 85, 91, 401, 479, 500, 1034, 1072

니케아 신조(Nicene Creed) 403, 419, 423

니케아-콘스탄티노플 신조(Niceno-Constantinopolitan Creed) 421, 803

ㄷ

다수기원론(polygeneticism) 549, 552

다신론(polytheism) 314, 346-47, 427, 504

다윈주의(Darwinism) 545, 550, 609, 669

단성론(Monophysitism) 83, 413, 701, 715, 720

단의론(Monotheletism) 83

단일기원론(monogeneticism) 550

단일신교(henotheism) 144, 267

단일신론(monarchianism) 82-83, 406

당연한 은덕(condign merit) 440, 452n102, 559, 561, 587, 1195, 1196n40

대리속죄(vicarious atonement) 193, 259, 737, 758

대신속죄(substitutionary atonement) 738, 764

대립(antithesis)

　율법-복음 1088

자연-은혜 1059, 1064, 1076

대죄와 소죄(venial sins versus mortal) 655, 915n42, 917, 929, 932

덧붙여진 은사(*donum superadditum*) 559, 561, 577, 614, 618, 1282

데카르트주의(Cartesianism) 101, 215, 481

도나투스파(Donatists) 998-99

도덕성(morality) 138, 224, 359, 547, 593, 633, 723n43, 740, 753, 939, 969, 981-82, 1204

　과 영성 1085

　의 본질 346-47

도덕적 논증[불멸성에 관한](moral argument; immortality) 1164-65

도덕적 논증[하나님의 존재에 관한](moral argument; existence of God) 224, 296

도덕적 무정부주의(moral anarchism) 981

도덕적 신앙(moral faith) 226, 240

도덕주의(moralism) 79, 123, 313, 594, 636, 728, 843, 900, 915,

도르트 신조(Canons of Dort) 101, 458n104, 574, 791-92, 860n3

도르트 총회(Synod of Dort) 327n28, 445, 879, 1021

도미니크파(Dominicans) 94, 187

동방 교회(Eastern Church) 85, 92, 402-4, 410n23, 423, 701, 867, 1030, 1032-34, 1054, 1139, 1175,

동서방의 분열(east-west schism) 85, 92

동정녀 탄생(virgin birth) 631, 711-13, 777

두 번째 사망(second death) 1240, 1268

두 시대(two aeons) 1231-32

"듣는 교회"(*ecclesia audiens*) 1000, 1012, 1031, 1033

디다케(*Didache*) 44n18, 1026, 1031, 1115,

1120, 1139
디아스포라(*diaspora*) 995
땅의 회복(earth, restoration of) 1207,
     1222, 1232
떡과 포도주(bread and wine) 1107, 1134,
     1136-37, 1139-43, 1146-48, 1150

ㄹ
라오디케아 공의회(Synod of Laodicea) 182
라테란 공의회(Lateran Council) 272, 492,
     917, 929, 1014, 1096, 1141
램버스 신조(Lambeth Articles) 442
로고스(Logos) 78-79, 82, 91, 108, 110-13,
     127, 145, 154, 157, 171, 180, 184, 213,
     245, 254, 289, 292, 359, 376, 388, 390,
     391, 393, 394, 397, 398-99, 400, 405,
     418, 419, 428, 463, 475, 476, 477, 682,
     685, 701, 704, 710, 720, 722, 734, 775,
     776, 803, 857, 858, 1285,
로마 가톨릭(Roman Catholicism) 88-89,
     1036
     과 고해성사 819, 915-18, 928
     과 공재설 1104
     과 교의 74, 92-95
     과 교황의 무류성 1022, 1055-56
     과 권위 33
     과 뉘우침 916-17, 928
     과 덧붙여진 은사 559
     과 마리아 631, 710
     과 맹목적 신앙 257
     과 면벌부 891, 916, 941, 972, 1177,
          1198
     과 미사 1142
     과 보증 211-12, 895
     과 비관용 1014

과 선행 969-72
과 성경 54
과 성령 423-24
과 성례 257, 1097, 1099-1100, 1105-9,
     1110-11
과 성인의 통공 1177, 1189
과 성찬 1141, 1147
과 세례 867, 872, 1116, 1119, 1121,
     1130-31
과 속성들의 교류 718
과 신앙 236-37, 244, 894, 901, 906
과 에덴동산 551
과 영감 187-88, 197
과 원죄 618
과 유아 1127
과 은혜의 방편들 999
과 의 954
과 일반계시 143
과 자유의지 595
과 자존성 33435
과 제한속죄 791
과 주입된 은혜 558-59, 847
과 중간상태 1176
과 중간지식 357
과 지옥강하 1176
과 창조 508, 583-87
과 천사 490-92, 494, 498-501
과 초자연주의 160-61, 163
과 칭의 940-41
과 통일성 1003-5, 1013
과 하나님을 아는 지식 319
과 확신 909
교리문답 499, 500
교회론 210-12, 214
그리스도의 양성 701-3

대죄와 소죄 1098-1101
사도적 전승(계승) 1022
외적인 합법적 종교로서의 89
원의 563
율법과 복음 1807
의 계급구조 1024
의 미신 672
의 정치 1033
정욕에 대하여 649
죽은 자의 숭배 1189
로마 제국(Roman Empire) 1236-37, 1240-41
루터교 미주리 총회(Lutheran Church, Missouri Synod) 446
루터파(Lutherans) 55, 99
교의학 96-99
교회와 국가 1058
그리스도의 양성 702-3
기독론 775-78
성경론 54
성례론 1101-2, 1105, 1108-9
성찬론 1149
세례론 867, 872, 1115-16, 1121, 1131
속성교류 718
예정론 441
와 신앙고백 930
와 유아 1124
와 제한속죄 791
와 중생 878
와 지옥강하 768
와 하나님을 아는 지식 319
원의론 577
원죄론 620
율법과 복음 1091
의 공재설 1105

천사론 500
칭의론 948-49
하나님의 형상 33, 586-87
회심 920
리츨주의자들(Ritschlians) 230, 706-8, 834

ㅁ

마니교(Manichaeism) 77, 89n19, 304, 528, 642, 647, 824, 1087, 1179n25
마르키온주의(Marcionism) 259, 750, 752, 968
마리아(Mary) 713
로마 가톨릭에서의 630, 710
하나님의 어머니로서의 716
숭배 710
만물의 회복(restoration of all things) 1226, 1268
매장(burial) 1166, 1185, 1252
맹목적 신앙(implicit faith) 256, 257
메노파(Mennonites) 1059, 1145
메시아 왕국(messianic kingdom) 1214, 1290
메시아(Messiah) 148, 150, 155, 370, 389, 391, 395, 435, 462, 682, 685, 694-96, 698-99, 707, 713, 724, 731-32, 756, 766, 780, 783, 810, 892, 914, 937-38, 996, 1028, 1133, 1169-70, 1207, 1210, 1212-14, 1217, 1220, 1223, 1245, 1256, 1290
면벌부(indulgences) 819, 916, 1177, 1198
멸절(annihilation) 373, 594, 677, 1209, 1210
명제적 진리(propositional truth) 35n6
모라비아파(Moravians) 104, 121
모사적 지식(ectypal knowledge) 108, 306,

322

모세의 율법(Mosaic law) 642, 682, 980n82, 1086, 1258, 1259

모순율(contradiction, law of) 601

모형론(typology) 695, 731

목적론적 논증(teleological argument) 293, 294-95

목회자[목사](minister) 499, 624, 634, 636, 790, 799, 852, 1016, 1024, 1037, 1040, 1044-45, 1059, 1064-65, 1067, 1068, 1075, 1083, 1084, 1146-47, 1121, 1130-31, 1149, 1153

몬타누스주의(Montanism) 186, 813n5, 968, 1027

몽유병(somnambulism) 1188

무관심주의(indifferentism) 137

"무로부터의"(*ex nihilo*) 81, 467-68, 471-78, 531, 1275

무신론(atheism) 48, 275, 280-86, 299, 528, 545

무염시태(immaculate conception) 95, 631, 710

문예부흥[르네상스](Renaissance) 252, 549

문화(culture) 73, 76, 90, 105, 122, 163, 254, 284, 304, 545, 590, 596, 687, 727-28, 834, 857, 869, 1204-6

물(water) 1115
    과 세례 1112-15, 1119-20

물리적 은혜(physical grace) 788

물뿌림(sprinkling) 1120

물질 세계(material world) 288, 343, 502-4

뮌스터인들(Münsterites) 1003

미신(superstition) 53, 90, 130, 214, 251, 347, 485, 487-88, 636, 651n14, 672-73, 771, 853, 1017

미트라(Mithraism) 863

믿음의 순종(obedience of faith) 906n30, 972, 1090

ㅂ

바리새인들(Pharisees) 656, 722n42, 764, 1086-87, 1170

바빌론 1235

박해(persecution) 100, 296, 1011, 1071

반율법주의(antinomianism) 577, 663, 824, 825, 842, 843, 850, 900, 950, 960, 978, 981, 1087, 1091

반펠라기우스주의(semi-Pelagianism) 38, 248, 304, 344, 356-57, 574, 647
    와 감각 인식 110-11, 1183
    와 제한속죄 791

발케스 신조(Walcheren Articles, 1693) 574

방언(glossolalia) 812-14, 1027, 1114

배교(apostasy) 986, 1233, 1236, 1237

범신론(pantheism)
    과 무신론 280
    과 삼위일체 430-34
    과 섭리 526-29, 532-33
    과 성육신 709-11
    과 영혼 373
    과 예정 445-46
    과 일원론 165
    과 자율성 52
    과 죄 645-46
    과 중생 870
    과 진화 135
    과 창조 304, 466-70, 473, 478, 487, 587
    과 천사들 492-93
    과 하나님을 아는 지식 289-90, 294, 356
    과 하나님의 뜻 377

    개혁파 교의학

과 하나님의 속성들 321-22, 335-36,
343-44, 350
반율법주의에서의 842-43
의 보편주의 1268-69
범죄학(criminology) 660-61
법과 관습(law and custom) 110
법정적 권세(juridical power) 1053
법정적 은혜(juridical grace) 787
베다 종교(Vedic religion) 728
베드로의 수위성(Peter, primacy of) 1038
벨기에 신앙고백서(Belgic Confession) 58,
112, 574, 1060, 1257n3
변증가(apologists) 78-79, 85, 213, 216,
224, 398, 511
변증학(apologetics) 43, 68, 212, 216
변형론[성찬에서의](transformation,
doctrine of) 1140
보복(retribution) 302, 643, 658, 660-61,
786
보상(expiation) 750, 757-58, 761, 819
보응(karma, 카르마) 881, 936, 1274
보증(assurance) 239, 500
보편 속죄(universal atonement) 755, 794
보편구원론(universalism) 796-97, 858,
1255, 1268, 1288
보편자와 실재(universals and realism)
110-13
보편적 동의로부터의 논증(universal
consent, argument from) 297
복과 저주(blessing versus curse) 582, 625,
664, 1256
복됨(blessedness) 364, 382
의 정도 1201
복수 아담론(coadamitism) 549
복원 이론(restitution theory) 513

복음(gospel) 255
과 율법 752
의 능력 1053
본유관념(innate ideas) 111
본질(essence) 42, 56, 254, 344, 395, 620
부두교(voodoo) 149
부르심(calling)
내적 1085
외적 대 내적 857-62, 879, 959
부성(paternity) 415-16
부정의 신학(apophatic theology) 277
부정의 신학(negative theology) 277
부패(corruption; depravity) 87, 89, 118,
604, 664, 879
부활(resurrection) 76, 81, 223, 397, 427,
497, 569, 593, 758, 779, 961-62, 1171
과 세례 1151
부흥주의(revivalism) 828, 849, 852, 925
분리주의(separatism) 102, 748, 1003
분별과 성찬(discernment and Lord's
Supper) 1152-54
불가시성(invisibility) 352-55
불가지론(agnosticism) 56, 97, 276, 279
불가항력적 은혜(irresistible grace) 89,
878n27
불교(Buddhism) 105, 130, 138, 231, 275,
373, 594, 599, 667, 873, 891, 994
불멸성(immortality) 495, 570, 1159-73
영혼의 1162, 1167, 1265
조건적 1255, 1265, 1268-69
불법의 사람(man of sin) 797, 1236
불변성(immutability) 301, 322, 335-38,
478, 681, 715
불순종으로서의 원죄(disobedience,
original sin as) 639-41

불신앙(unbelief) 53, 201, 202, 204, 238,
  247, 281, 449, 458n104, 514, 627, 640,
  644, 656, 693, 797, 858, 942, 1014,
  1017, 1051, 1193, 1223, 1233, 1256
불신자와 교회(unbelievers and the church)
  1010-11
브라만교(Brahmanism) 823
비가시적 교회(invisible church) 1004,
  1011-12
비공유적 속성(incommunicable attributes)
  301, 321-24, 333-49
비관주의(pessimism) 204, 457, 602, 666
비본질적인 문제(*adiaphora*) 982, 1120,
  1131, 1040
비하(exinanition) 702, 777

ㅅ

사도들(apostles) 1025-27
사도신경(Apostles' Creed) 65, 69, 75, 86,
  91, 222, 767-69, 774, 1021
사도적 계승(apostolic succession) 1022,
  1036-38
사도적 증언(apostolic witness) 179-81,
  200, 244, 255, 893
사두개인들(Sadducees) 1170
사벨리우스주의(Sabellianism) 404-8, 409
사변(speculation) 50, 83, 91, 212, 217, 218,
  219, 228, 254, 255, 273, 274, 275, 313,
  354, 400, 408, 430, 432, 433, 443, 479,
  488, 546, 579, 598, 609, 705, 714, 833,
  871, 1084, 1180
사보이 선언(Savoy Declaration) 102
사탄(Satan)
  과 죄 646-47
  악으로서의 652-53

을 이기는 최후의 승리 1235
  의 타락 592
  의 통치 671-73
  의 패퇴 1242
사회 복음(social gospel) 98
사회주의(socialism) 580, 1204
"사효적으로"(*ex opere operato*) 1001, 1053,
  1082, 1097, 1107, 1109, 1124, 1125
산상설교(Sermon on the Mount) 74, 658,
  707, 969n55, 982
살림(vivification) 822, 920-27
삼신론(tritheism) 279, 411-12
삼위일체(Trinity) 128, 193, 217, 259, 325,
  333, 353
  간의 관계 392-93
  경륜적 424-26, 475
  교의 397, 398-401
  내의 구분 399-400 415-24
  내의 통일성 399-400
  성경에서의 387-97
  신앙고백 412
  에 대한 사변 432-33
  와 구원의 서정 843-56
  와 단순성 349
  와 성육신 708
  와 창조 471-78
  의 언어 408-15
  의 유비 427-32
  존재론적 400, 408, 424, 426
삼중성(triplicity) 428-29
상급(reward) 811, 912, 965, 971, 1257,
  1290-92
상대주의(relativism) 138
상징(symbol) 164, 306-7, 308
상징신학(theologia symbolica) 306

새 생명(new life) 133, 156, 220, 815, 864, 866, 884, 887, 890, 919

새 언약(new covenant) 684-85, 689-90, 756-57, 765, 809, 1135-36, 1208

새 예루살렘(new Jerusalem) 581, 1238, 1275, 1279-80, 1283, 1284, 1289-90

새 창조(new creation) 686, 848, 857, 862-66, 882, 1251, 1276

새 하늘과 새 땅(new heaven and new earth) 1274-1282

새롭게 되는 때(times of refreshing) 1226

생득설(nativism) 284

선(goodness) 364-66

선조 림보(limbo of the fathers) 1175-76, 1179, 1201

선택(election) 99, 460-463, 858, 900, 948-50, 1011
　과 믿음 442
　과 은혜언약 692

선포(preaching) 855, 861, 904, 915
　중간상태에서의 1191-92

선행(good works) 634, 753, 763, 808n1, 817, 820, 838, 842, 886, 893, 896, 909, 920, 931-33, 1000, 1281, 1290-92

선행적 은혜 89, 440, 613, 818, 880

설득(persuasion) 1078-79

섭리(providence) 154, 196, 298, 449-52, 521-38, 672-73
　와 죄 602-4
　와 창조 521-28

성경(Scripture; Bible)
　과 교의 74-75
　과 교회 61-62, 1083
　과 언어 854
　과 인간 저자 196-98
　과 장르 199
　과 지질학 512-21
　과 회심 918
　신학의 토대로서 57-58
　에 굴복 43
　에서의 삼위일체 387-97
　유기적 54
　의 권위 50, 59, 178-80, 251, 292
　의 세계관 150
　의 신성 250
　의 영감 170, 173
　의 완전성 59
　의 유비 1237
　의 중심점으로서 예수 69
　의 충족성 59, 204-8, 1066
　자증적 57, 179, 193-208, 246
　하나님의 말씀으로서 68

성경신학(biblical theology) 45, 53-54, 66, 100, 103, 409, 683

성공회(Anglicans) 1036
　의 성찬론 1149
　의 세례론 1124

성령(Holy Spirit)
　과 구속 843-845
　과 중생 855-56, 876-77, 881-886, 1093-94
　과 지혜 196
　과 창조 506
　삼위일체에서의 395-96
　에 의한 받아쓰기 185
　의 나오심 396, 415, 420, 422, 478
　의 내주 79, 326-27, 156, 568-69
　의 부으심 812-15
　의 사역 976-77
　의 은사들 1007

의 은총 237-38

의 인도하심 55, 57

의 조명 52, 57, 108, 153, 154, 172, 196,
234, 243, 244, 246, 247, 249, 290

의 증언 60, 62, 212, 217, 241-51

훼방 656-57, 987

성령세례(Spirit Baptism) 1114-15

성례(sacraments; 성사) 99, 259, 848, 916-
18, 999-1000, 1001, 1020, 1053-54,
1065, 1082-83, 1094-1111

와 성경 1094-95, 1104-6

표지와 인침으로서의 1102-4

성부수난설(patripassianism) 406 708-9

성서지질학(geology and the Bible) 512-
20

성욕(sexual desire) 579, 591

성육신(incarnation)

과 개혁파 신학 703

과 계시 168-69

과 계시사 426

과 말씀 199, 1277

과 온전한 인성 1077

과 유명론 375

과 이원론 162

과 하나님의 형상 569, 709

기적으로서의 155-56

모든 종교에서의 693

비하로서의 719, 765-66

의 필요성 476, 562, 750-52

의 중심성 97, 105, 708-16

성전의 회복(temple, restoration of) 1208

성찬(Eucharist; Lord's Supper) 702, 923,
1025, 1058, 1094, 1095, 1096, 1100,
1132-45

성례로서의 1138

식사로서의 1147-50

의 목적 1145-55

희생제사로서의 1148-49

성화(sanctification) 154, 172, 366-68, 421,
883, 891

선물과 보상으로서의 963-72

수동적, 능동적 977-79

와 연옥 1195-98

와 영화 949

와 칭의 834, 901, 941, 949, 957, 972-79

와 회심 920

세계 제국(world empire) 1237

세계관(worldview) 70, 216

기독교 478, 483-86, 507, 659

성경의 150

세례 문구(baptismal formula) 392, 1120-
21, 1131

세례(baptism) 551, 57475, 608, 626, 636,
651, 653, 655, 662-67, 934, 970, 1025,
1053, 1069, 1093, 1094, 1096, 1100,
1111-18

와 거듭남 866-67

와 고해성사 917-18

와 부활 1199

와 은혜언약 904

와 회심 913-14, 922-23

의 양태와 방식 1118-31

의 유익 1128-29

세례자 요한 611, 912, 938, 1025, 1222

세움(ordination) 1045-46

소망(hope) 1207

소명(vocation) 1045

소뮈르 학파(Saumur school) 101, 621, 825,
877

소키누스주의(Socinianism)

개신교 신학에서의 215

과 원죄 614

와 대속 762

와 개혁파 신학 103

와 계시 140

와 교회 1003

와 구약성경 682

와 본유관념 284

와 성령 244

와 속죄 737

와 승귀 778

와 아리우스주의 407

와 은혜의 방편들 1082

와 제한속죄 791

와 중생 878

와 천사들 388

와 타락후선택설 445

와 하나님을 아는 지식 274

와 하나님의 뜻 313, 481

와 하나님의 속성들 350

와 하나님의 형상 556

율법주의로서의 1087

의 이원론 778

이성주의(합리주의)로서의 1145

소피스트(sophists, 궤변론자) 276

속사도 교부들(Apostolic Fathers) 75, 85,
185, 398, 1029, 1173

속성들의 교류(communication of properties)
701, 718

속전(ransom) 730, 732, 734, 758, 761, 766,
787n9, 791n14, 808n1

속죄(atonement) 370, 730-42, 746, 752-
65, 785-804

속죄에 관한 통치적 [공의] 이론
(governmental theory of atonement)
738

송영으로서의 신학(doxology, theology as)
57, 71

수도원주의(monasticism) 86, 162, 1001,
1282

수동적 순종(passive obedience, 소극적 순
종) 1196

수피즘(Sufism) 467, 823

수호천사(guardian angels) 497-499, 672

순교(martyrdom) 213, 971

순진무구함(innocence) 568, 615-6

순환론(circular reasoning, 순환논리) 243,
519, 679

숭배(veneration)

죽은 자의 1185-6, 1198

천사 499-500

스랍들(*seraphim*) 490-1, 499

스베덴보리파(Swedenborgians) 1215

스올(Sheol) 1165-69, 1190, 1261

스위스 종교개혁(Swiss Reformation) 100,
1143

스위스 합의서(Helvetic Consensus Formula,
1675) 101, 106, 574

스콜라주의(Scholasticism)

와 개혁파 신학자들 55

와 그리스도의 양성 701

와 본유관념 285

와 삼위일체 411, 413

와 성경신학 683

와 성례 1096

와 세례 1110

와 신앙 214, 253

와 영혼 354

와 자유의지 440

와 자존성 334-5

와 제한속죄 790

와 창조 474, 508

와 천사들 494

와 초자연주의 161

와 하나님에 대한 지식 319

와 하나님의 불가지성 271-72

의 기독론 775

의 사변 353

중세 시대의 44, 92-93, 100

스토아주의(Stoicism) 283, 523

시간(time; 때) 338-42, 447, 478-80, 512

[때]가 차매 1244

내세에서의 1289

창조의 505

시대(dispensations) 171

시대의 징조(signs of the times) 1246

시온 산(Mount Zion) 1208, 1211

시온주의(Zionism) 1222

시험적 명령(probationary command) 360, 573, 577, 582, 589, 591

신구약 중간기(intertestamentary period) 1169

신들의 계보학(theogony, 신들의 기원) 426, 431, 466, 468, 477

신령주의(spiritualism, 유심론) 487, 568, 1092

신령한 몸(spiritual body, 영화롭게 된 몸) 1253-55

신령한 은사들(spiritual gifts) 1042

신뢰(trust) 235

신비(mystery) 260-1, 265, 279, 332

신비적 연합(mystical union) 161, 236, 764, 824, 901, 1144, 1150

신비적 은혜(mystical grace) 787

신비주의(mysticism, 수수께끼)

와 계시 134, 172

와 구원 420

와 그리스도의 제사장직 749

와 본유관념 287-88

와 삼위일체 424

와 신학 254

와 영혼 373

와 은혜의 방편들 1081-82

와 자율성 53

와 종교 853

와 중생(거듭남) 873, 876

와 창조 471, 544

와 하나님을 아는 지식 272

와 하나님의 속성들 322

중세 시대의 94, 100

신성 사문자(tetragrammaton) 328

신성에 대한 감각(*sensus divinitatis*) 127, 146, 209, 286

신성화(divinization) 491, 701, 847, 1237

신앙 조항(articles of faith) 68, 256-57

신앙 지식(faith knowledge) 39

신앙(faith; *pistis*; 믿음) 119, 122, 165, 203-4, 420, 592-93, 972

과 거듭남 875

과 계시 132, 167

과 구원 891

과 선택 442

과 신학 47, 252-61

과 신학 방법론 209-12

과 일반계시 146

과 지식 232, 887-901, 904-5

과 칭의 897-99, 920, 940, 955-57

과 회개 822, 1089-90, 1093

의 대상으로서의 예수 892

의 토대 233-41

타인(다른 사람)의 1124-25
신앙고백(confession) 565, 104, 514
신앙의 성향(disposition of faith) 285, 291,
    896, 907, 919, 1126
신앙의 원리들(*principia fidei*, 신앙의 토대
    들) 68
신앙의 척도(rule of faith) 44
신앙주의(fideism) 243
신약성경(New Testament)
    구약성경의 성취로서의 1218-20
    의 권위 179
신율법주의(neonomianism) 824-26, 850
신인동형론(anthropomorphism) 299, 301-
    5, 323, 1102, 1185
신인협력설(synergism) 445, 534, 820
신적 직관(visio dei; 지복직관) 141, 161,
    288, 352
신정국가(theocracy)
    로서의 이스라엘 1050
신존재증명(proofs for existence of God)
    292-93, 299
신지학(theosophy) 98, 149, 275, 579, 599,
    873, 1185
신품[성사](holy orders) 1053, 1097
신플라톤주의(Neoplatonism) 77, 86, 91,
    93, 288, 304, 338, 352, 385, 431, 467,
    558, 562, 823, 1264
신피타고라스주의(Neopythagoreanism) 77
신학(theology)
    과 신앙 47, 252-61
    과 철학 255
    의 구성 59-71
    의 토대(원리) 108
    학문으로서의 39-48
신학적 윤리학(theological ethics) 43-44

신현(theophany) 141, 149-50, 161, 388
신화(mythology) 164
실용주의(pragmatism) 853
실재(subsistence, 현존) 409, 413, 416, 703
실재론(realism, 사실성) 102, 166, 622-37
    과 보편자 110-3
실제적 믿음(actual faith) 908, 1117
실증신학(positive theology, 긍정의 신학)
    277
실증주의(positivism) 275
"실천적" 신학(practical theology) 36
실체(substance) 409, 703
심리학(psychology) 413
심판(형벌) 1250, 1255, 1272, 1274
    의 정도 1273
심판의 날(day of judgment) 1271, 1274
십자가를 짐(cross bearing) 964
쌍방적(bilateral) 680

ㅇ

아들 됨(sonship; 자녀 됨) 415, 416, 437,
    688, 699, 715, 733, 865, 963
아르미니우스주의(Arminianism) 101, 215,
    446, 791-92, 841n51
아리스토텔레스주의(Aristotelianism) 406,
    508
아리우스주의(Arianism) 398, 404-8, 411,
    474
아미랄두스주의(Amyraldianism) 101,
    792n18, 825
아브라함의 후손 1220-22
아우구스티누스주의(Augustinianism) 89,
    580, 621
아일랜드 신조(Irish Articles, 1615) 442,
    574

아타나시오스 신조(Athanasian Creed) 404
아폴리나리스주의자들(Apollinarians) 720
아헨 공의회(Synod of Aachen) 91
악(evil) 634-35
　과 하나님의 존재 654
　의 문제 377-79
악인들의 파멸(wicked, destruction of)
　1267-68
안식일(Sabbath) 367, 517, 683, 936, 995,
　1086, 1095, 1110, 1292
알렉산드리아의 신학자들(Alexandrian
　theologians) 81
알비파(Albigensians) 1000
알파와 오메가(Alpha and Omega) 331,
　334, 476, 1257
야웨 체바오트(YHWH *Sabaoth*) 329-32
야웨(YHWH) 327-29
얀센파(Jansenists) 187
양보론(concessionism) 188
양심의 자유(conscience, freedom of) 121
양자(adoption, 입양) 249-50, 333, 397,
　715, 787, 865, 883, 940, 956, 960-62,
　977, 989, 1087, 1113, 1122, 1281
양자론(adoptionism) 91, 405
양태론(modalism) 406
어린 양의 혼인 잔치(marriage table of the
　Lamb) 1138
어빙파(Irwingians) 1215
언약(covenant) 65-66, 114, 808-10, 1166-
　68
　과 장래의 희망 1206-7
　내적, 외적 1109
　의 의미 680-81
　자연과의 686-87, 690
언약론(federalism) 622-37

언약신학(covenant theology) 683-84
언약적 머리 됨(federal headship) 581, 587,
　621-22, 717
언어(language) 168, 270, 323, 547, 549-50,
　552
　삼위일체의 408-15
　와 교회 1005-6
　와 성경 854
　와 영감 201-2
　와 하나님 302
에덴동산(Eden, garden of) 543, 551, 579,
　673
에베소 공의회(Council of Ephesus) 83,
　439
에비온주의(Ebionitism) 82, 398, 682, 700,
　1124, 1174
에클레시아(*ekklesia*) 995-97, 1005-6
엘 샤다이(*El Shaddai*) 529-30
엘(*El*) 325-26
역사(history) 208, 298, 435, 552
　계시의 177
　교회의 57
　와 계시 168-73
　의 종말 1203, 1240-42
역사기술(historiography) 207
역사비평(historical criticism) 67, 164, 188,
　194, 216, 220, 229-30, 253, 592, 706
역사적 신앙(historical faith) 237, 258, 851
역사적 예수(historical Jesus) 707-8, 739-
　40, 775
역사적-발생적 방법(historical-genetic
　method) 70
역사적-변증적 방법(historical-apologetic
　method) 212-19
역사적-분석적 방법(historical-analytical

method) 62

역사적-신학적 논증(historical-theological argument) 293, 298-99

연대(solidarity) 587

연옥(purgatory) 916, 931, 932, 1153, 1175-78, 1186, 1193, 1195-98

열방의 구원(nations, salvation of) 1284

영(spirit) 599, 611

　과 영혼 566

　과 육 1060

영감(inspiration) 168-69, 173

　과 언어 201

　과 오류 192, 196

　영감의 역사 175-93

영광(glory) 343, 381-86

　의 상태 1283

　의 정도 1281, 1289-90

영국 독립주의자들(English Independentists) 1003

영벌(eternal punishment) 1262-73

영생(eternal life) 1152, 1200, 1260, 1267, 1280-82, 1289

영성(spirituality) 349-52

　과 도덕성 1085-86

영원성(eternity) 301, 339-42, 478-81

영원한 나심(eternal generation) 400, 418-20, 475

영원한 나오심(eternal procession) 427

영원한 불(eternal fire) 1267

영원한 칭의(eternal justification) 850-51

영지주의(gnosticism)

　와 금욕주의 967

　와 기독론 700, 713-14, 735-36, 749, 774

　와 반율법주의 1087, 1264

와 보편주의 1263-64

와 삼위일체 398, 401, 408-9, 430-31

와 신학 219

와 언약 682

와 이원론 389-90

와 죄 642

와 중간상태 1173-74

와 중세 시대 94

와 창조 305, 466, 473

와 철학 121, 256

와 초기 교회 75-83

와 하나님의 불가지성 268, 280

영혼(soul) 565, 568, 582-83

　불멸성 1159-73, 1182, 1200

　선재설 608-9, 1160

　전생설 1194

영혼수면설(psychopannychism; soul sleep) 1182-83

영혼유전설(traducianism) 583-87, 628

영혼전생설(transmigration of souls) 1194

영혼창조설(creationism [soul]) 583-88

영화(glorification) 171, 963-64, 977-78

　와 성화 949-50

예견(prediction) 148-49

예루살렘 공회(Council of Jerusalem) 1030

예루살렘(Jerusalem) 1138

　의 파괴 1225, 1231, 1244-46

예배(worship) 116, 265, 352, 499-50, 724-25

　와 세례 1129-30

예비적 은혜(preparatory grace) 860-61

예수 그리스도(Jesus Christ)

　능동적, 수동적 순종 752-69, 1196

　대제사장으로서의 799-800

　두 본성 259, 701-8

두 상태 765-66
둘째 아담으로서의 690-93, 717, 718-20
로고스로서의 180, 184
삼중직 747-48, 798-804, 1064
성경의 초점으로서의 70
신앙의 대상으로서의 892
신현으로서의 152
예언자로서의 799
와 구약성경 644-45, 732
와 성례 1099-1100
와 성찬 1132-38
와 세례 1129
와 파루시아 171, 1203
와의 연합 1144, 1150, 1243
왕으로서의 746, 801-4, 1039-49
우편에 앉으심 784-85
유월절 양으로서의 1135-36
의 거룩성 976
의 도덕적 발전 720-22
의 무죄성 724
의 부활 214, 243, 255, 380, 394, 497,
    593, 699, 704, 715, 724, 733, 736,
    737, 758, 767, 773-74, 778, 779-85,
    1259
의 비하와 승귀 765-66, 771-79, 798-99
의 사역 733-42
의 순종 1291-92
의 승천 223, 783-84
의 신성 711, 713-25
의 십자가 처형 223
의 위격성 706
의 육체와 피 1141
의 의 952
의 이름들 744
의 인성 51-63

의 재림 1231, 1233-34, 1239, 1243-48,
    1249-50, 1253, 1277-78, 1291
의 전가된 의 736, 825, 956-57
의 초림 1243-44
의 충족성 1199
이중 재림 1214-15, 1225
중보자로서의 157, 394, 462-63, 1199,
    1243
지옥강하 767, 1176, 1191
예술(art) 483-84
예언(prophecy) 130, 150, 152-54, 164,
    173, 176-77, 208, 214, 243, 246, 389,
    391 527, 681, 690, 694-96, 713, 721,
    759, 784, 813-14, 1027, 1065, 1114,
    1204, 1210, 1211-13, 1216-18, 1223,
    1236, 1241, 1243-44, 1246, 1276, 1284
예언자들(prophets) 1026-27, 1206-13,
    1216-18
예정(predestination; foreordination) 87-
    89, 96, 358, 435, 436, 438-52, 948-49,
    988
과 유기 452-63
이중예정 91, 443, 455
절대적 820
예정론(predestinarianism) 441-46
예지(foreknowledge) 355-58, 435, 436,
    438, 440, 443, 444, 450, 453, 454, 524-
    26, 988
오랑주 공의회(Synod of Orange) 89
오류와 영감(error and inspiration) 191,
    196-98
오리게네스주의(Origenism) 256
오순절(Pentecost) 55, 181, 185, 223, 246,
    396, 426, 686, 759, 812-13, 845, 855,
    861, 882, 965, 996, 1040, 1113-14, 1245

오순절파(Pentecostals) 55

오염(pollution) 626-27, 665

오직 믿음(*sola fide*) 237

옥스퍼드 운동(Oxford Movement) 1145

온 이스라엘("all Israel") 1227-30

완전영감(plenary inspiration) 116

완전주의(perfectionism) 915, 980, 982, 984

완전함(perfection) 161, 271, 317, 320, 323,
　　364, 381-83, 531, 467, 570, 751, 752,
　　1160, 1196

왈도파(Waldensians) 94, 1000, 1037

왕권(kingship of power) 803, 1041

왕국의 열쇠(keys of the kingdom) 1051

외경문서 696

외적 시간(extrinsic time) 340

외적 원리(*principium externum*) 127, 209,
　　233, 246

외향적 사역(*ad extra* works) 157, 481, 525

용서(forgiveness) 753, 756, 762, 787, 800,
　　809-11, 815, 819, 821, 837, 843, 847,
　　858, 866, 888, 892, 897, 900, 915, 918,
　　931, 933-34, 938-51, 958, 960-61, 979,
　　984, 1083, 1086, 1273

우상숭배(idolatry) 99, 118, 119, 144, 214,
　　273, 654, 936, 1050, 1060

우주론(cosmology) 83, 403, 508-10

우주론적 논증(cosmological argument)
　　293-94

우주생성론(cosmogony) 426, 466, 468,
　　477, 503-4

운명론(fatalism) 616

원리들(*principia*) 107-8, 114

원죄(original sin) 438, 444, 551, 559-
　　62, 586, 595-96, 598, 613-14, 616-21,
　　625-26, 629-31, 639-40, 666, 836, 946,

1123, 1193

원형적 지식(archetypal knowledge) 108,
　　306

웨스트민스터 대·소요리문답(Westminster
　　Larger and Shorter Catechisms) 101

웨스트민스터 회의(Westminster Assembly)
　　(1643-46) 448

웨스트민스터 신앙고백서(Westminster
　　Confession of Faith) 106, 446, 574, 682

위격(person) 69, 80, 83, 157, 271, 312, 348,
　　392, 397, 399-400, 402-4, 406, 408,
　　410-11, 413-15, 424-26, 429, 432, 434,
　　475, 684-86, 709, 715, 717-18, 796,
　　844,

위격성(personality) 412, 415, 717
　　성령의 395, 420-21
　　예수의 63, 69, 75, 88, 115, 346, 708-9,
　　　716, 854
　　하나님의 69, 268, 276-77, 403, 431

유교(Confucianism) 594

유기(reprobation) 371, 435, 439, 441, 443

유기적 영감(organic inspiration) 193-208

유니테리언주의(Unitarianism) 82-83, 406

유대인(Jews)
　　의 불신앙 1222-23
　　의 회복 1225-30, 1238

유대주의 181, 682, 1026

유명론(nominalism) 93, 102, 109, 112, 272,
　　375-76, 380, 439, 481, 616

유물론(materialism) 110, 136, 143, 165,
　　294, 445, 469-71, 483, 485, 486, 544,
　　545, 547, 566, 584, 586, 596, 598, 628,
　　1162

유물숭배(relics, veneration of) 1189

유비(analogy) 195, 245-46, 279, 306, 308,

316-17, 319-20, 322-23, 335, 341, 343-44, 351, 385, 402-3, 412, 414, 418-19, 424, 427-33, 488, 565, 567, 570, 575, 625, 694, 695, 764, 896, 956, 985, 1057, 1103, 1237,

유비적 지식(analogical knowledge) 277-78, 289

유신론(theism) 160, 164-65, 245, 299, 313, 322, 335, 379, 446, 469, 529, 1256

유신론적 세계관(theistic worldview) 165

유아 림보(limbo of infants) 1286

유아(children)

　와 성찬 1153-54

　와 세례 1128

　의 구원 1185-87

유아론(solipsism) 228

유아세례(infant baptism) 598, 1116, 1118-32

유월절(Passover) 730, 1094, 1111, 1120, 1132, 1133-37, 1153, 1278

유일신론(monotheism) 144, 346, 415, 504, 642

유전과 원죄(heredity and original sin) 627-30

유출론(emanationism) 91, 150, 466, 474

유토피아주의(utopianism) 615

유효적 소명(effectual calling) 857-62

육(flesh) 599-600, 607, 611-12, 966, 1060

윤리적-심리적 방법론(ethical-psychological method) 223-33

윤리학(ethics) 43, 63, 92, 94, 274, 973

율법(law) 291, 346, 359, 363, 367-68, 647-49, 981

　과 복음 1087-90

　과 죄 641-42

　의 교훈적 중요성 643

율법의 삼중 용도(threefold use of the law) 1090

율법주의(nomism; legalism) 688, 728, 753, 810, 819, 822, 824, 825, 828, 841-43, 912, 939-40, 950, 959, 968, 970, 975, 978, 981-82, 984, 1086-87, 1091-92

은비학(occultism) 485

은총(grace) 237-38, 818-19, 1195

　과 계시 143, 159-60

　과 성례 1108-10

　와 자연 161-63

　의 보편적 제공 793

　의 왕권 1040

　의 유익들 848

　하나님의 329, 936-37

은혜언약(covenant of grace) 66, 560, 574, 581-82, 606, 617, 625, 643, 677-88, 690-93, 730, 797, 821, 848, 855, 857, 872, 881, 904, 908, 923, 935, 936, 957, 988, 1007, 1085, 1088-89, 1098, 1100, 1103-4, 1107, 1109, 1125, 1134, 1154, 1218, 1284, 1286

　과 성찬 689

　과 세례 1111, 1122

　의 통일성 1087-89

은혜의 방편들(means of grace) 999, 1081-85, 1125

음부(hades) 1171-73, 1174, 1190, 1261

의(righteousness) 368-71, 927, 1168

　전가된 468, 940-44 555-57, 559, 945

의도(volition) 372

의심(doubt) 56, 67, 183, 203-4, 214, 230-31, 238, 239-41, 255, 266, 298, 307, 579, 627, 640, 657, 782, 821, 838, 895,

898, 908, 909, 951, 961, 963, 1133, 1267,

이교 철학(pagan philosophy) 292

이교도들(pagans) 77, 224, 280, 446, 553, 594, 664, 677, 687, 923, 1198, 1281
의 구원 1285-86

이교주의(paganism) 477, 843

이기주의(egoism) 126

이단(heresy) 44, 80, 82, 83, 106, 279, 409, 451, 928, 1018-19, 1030-32, 1051, 1061, 1120, 1131-32, 1173, 1179, 1246

이방인의 구원(Gentiles, salvation of) 1210-11, 1220, 1224, 1227

이생(present world) 663, 985, 1164, 1167, 1170, 1174, 1176, 1179, 1188, 1194, 1196

이성(reason) 39, 52, 53, 66, 67, 87, 91, 96, 103, 112, 113, 132, 139-40, 143, 163, 209, 210, 213-18, 224-25, 233, 237, 243, 252, 258, 260-61, 271-72, 283, 289, 305, 308, 360, 390, 419, 429, 432- 33, 487, 560, 650, 807, 829-30, 853, 890, 1161-62, 1164

이성주의(rationalism; 합리주의)
루터파 교회에서의 946-47
신학에서의 67
와 계시 132, 139-41, 160, 163-64, 217
와 교회 1003
와 구원 824
와 로마 가톨릭 94
와 보편주의 101
와 본유관념 111, 283-84, 288-90
와 성경신학 44
와 성령 244
와 성례 1081, 1116, 1154-56

와 성찬 1145-46
와 신앙 258
와 영감 41
와 의 954
와 자율성 52, 97-98
와 중생 873-74, 876-77, 973
와 칭의 950
의 기독론 737-38, 749-50
주체 지향적 108
청교도 신학에서의 215-16

이스라엘(Israel) 267
신정국가로서의 1050
의 그림자 1219
의 특별은총 687

이슬람교(Islam) 138, 231, 404, 481

이신론(deism)
과 계시 132, 140, 114, 163, 166
과 로마 가톨릭 94
과 삼위일체 418-19, 431, 433
과 섭리 526-28, 529, 534
과 영국교회 104
과 영혼 1160
과 자연신학 215
과 자율 52
과 창조 473
과 청교도 혁명 102
과 펠라기우스주의 445
과 하나님의 속성들 312, 321-22, 336- 37, 338-39
과 하나님의 주권 376-77

이원론(dualism) 77, 82, 258, 301, 304, 390, 466, 467, 1060

이중 도덕(double morality) 564, 981-82

이중 부활(double resurrection) 1238

이중 예정(double predestination) 455

이혼(divorce) 1086
인간의 본성(human nature) 553-71
인간의 책임(human responsibility) 535
인간학(anthropology) 136
인과율(causality) 319
인격성(personality2) 276, 415, 468, 558,
　　성령의 396, 656, 843
　　예수의 706,
　　하나님의 268
인류(humanity)
　　의 본성적 선 614-15, 627-28
　　의 신격화 353-55
　　의 운명 558-580
　　인류의 기원 543-53
인문주의(humanism; 인본주의) 252, 275,
　　973
인식론(epistemology) 204, 228
인자(Son of Man) 696, 698, 744-45
인종학(ethnology) 552
인침으로서의 성례(seal, sacrament as)
　　1099, 1101, 1109
일곱(seven[number]) 1234
일반계시(general revelation) 50, 131, 134,
　　139-48
　　와 신앙 147-48
　　의 불충분성 142-44
일반은총(common grace; general grace)
　　146, 238, 286, 980, 1076, 1181
일방적(unilateral) 680-81, 692
일원론(monism) 165, 470, 545
일치신조(Formula of Concord) 620

ㅈ

자기부인(self-denial) 202, 248, 754, 771-
　　72, 968, 982,

자기지식(self-knowledge) 300, 356
자기희생(self-sacrifice) 968
자비(mercy) 157, 318, 365, 454, 523, 576,
　　606, 636-37, 644, 657, 658, 903, 905-6,
　　924, 937, 941, 945, 951, 965, 1070-71,
　　1096, 1233, 1262, 1280, 1288
　　와 정의 452, 459
자연 언약(covenant of nature) 857, 1284
자연(nature) 695
　　과 은총 162-63
　　의 타락 668
자연계시 -〉 "일반계시"
자연 대 초자연(natural versus supernatural)
　　160-66
자연선택(natural selection) 544, 546
자연신학(natural theology) 215, 228, 284,
　　286-92, 293, 524
자연적 육체(natural body) 1252-55
자연주의(naturalism) 41, 94, 136, 138, 141,
　　160, 163, 281, 282, 487, 544-45, 596
자유사상(libertinism) 467
자유의지(free will) 94, 357, 373, 375-77,
　　483, 440, 595, 598, 614, 617, 619, 659-
　　60, 791, 797, 816-17, 878, 881, 919,
　　1264
　　와 부패 632-34
자유의지론(libertarianism) 438
자유주의(liberalism) 227, 824, 925
자율(autonomy) 40, 53, 96, 211, 217, 528,
　　579, 590, 753, 923, 1058, 1163
자의식(self-consciousness) 875, 1163
자존(self-existence) 294, 350, 651
자존성(aseity) 316, 328-29, 333, 334-35
작정(decree) 434-37, 447
장로교(Presbyterianism) 106, 1047

장로들(presbyters; elders) 1029-30, 1032,
  1036, 1047, 1065, 1068, 1072-73, 1130
장티이 공의회(Synod of Gentilly) 91
재림파(Adventists) 1215
재세례파(Anabaptists)
  와 교회의 치리 1059
  와 교회회의 1074-75
  와 구원의 서정 849
  와 범신론 467, 1092
  와 성화 576
  와 세속 정부 1062-64
  와 신학 253
  와 언약신학 682
  와 영혼수면설 1179
  와 원죄 614, 617
  와 자유의지 556
  와 참회 821
  의 계시론 140
  의 기독론 476, 714, 776
  의 세례론 867, 1116, 1126
  의 이원론 1003
  의 중생 교리 875
  의 천년왕국설 1215
재창조(re-creation) 71, 157-58, 169, 184,
  234, 292, 387-90, 393, 396-97, 425,
  455, 476, 554-55, 558, 564, 581, 691,
  732, 745, 788-89, 797, 821, 848-49,
  866, 884, 1040, 1076, 1093, 1108, 1215,
  1276, 1279, 1282
  로서의 중생 887-88
저주(curse) 456, 497, 535, 570, 578, 582,
  613, 625, 645, 658, 664, 667-70, 680,
  733, 762, 764, 766, 821, 1087-88, 1210,
  1256
적그리스도(antichrist) 714, 797, 1003,

  1060, 1078, 1215, 1235-37, 1247
적응(accommodation) 169, 299-309
전 아담론(preadamitism) 549
전가된 의(imputed righteousness) 736,
  825, 956, 957
전적 부패(depravity, total) 617, 620, 634
전제들(presuppositions) 278, 470
전통(tradition) 33, 44, 45, 46, 51, 54, 57,
  58, 68, 73-75, 89, 91, 94
  과 성경 45
전투적 교회(militant church) 1010, 1186,
  1283
절대주의(absolutism) 1016
젊은 지구(young earth) 512
점성술(astrology) 57, 673
점치는 일(soothsaying) 1187
정경(canon) 44, 177-79
정교회(Orthodox) 1036
  와 성찬 1147, 1149
  와 세례 1130
  와 일치 1004
  와 지옥강하 768
  와 창조 583-86
  의 정치 1033
정령 신앙(animism) 144
정신(mind) 567, 611
정언명령(categorical imperative) 225, 648
정욕(concupiscence) 87, 536, 559-60, 593,
  599, 600, 607, 617-20, 626, 649-50,
  967, 973, 1170, 1276, 1233,
정의(justice) 116, 344, 348, 368-71, 549,
  555, 658, 659-62, 749, 797, 810, 932,
  936, 971, 1060, 1164-65, 1257, 1261,
  1263, 1266, 1269-70, 1272-73, 1278
  와 자비 678

통치적 738
하나님의 458-60, 657-59, 749-50, 1263, 1269-72
정치(polity) 1039, 1062
정화(purification) 1160, 1175-77, 1194-96
제1차 바티칸 공의회(First Vatican Council, 1870) 95, 161, 187, 214, 237, 878, 1022, 1035, 1054-56
제1차 스위스 신앙고백서(First Helvetic Confession, 1536) 100
제2차 스위스 신앙고백서(Second Helvetic Confession, 1566) 100, 442, 1287
제2원인(secondary causes) 526, 531-32, 533, 534
제2차 바티칸 공의회(Second Vatican Council) 20, 162n48, 867n6, 971n62, 1020n66
제2차 오랑주 공의회(Second Council of Orange) 818
제3차 라테란 공의회(Third Lateran Council, 1179) 1096
제4차 라테란 공의회(Fourth Lateran Council, 1215) 492, 917, 929, 1014, 1141
제4차 콘스탄티노플 공의회(Council of Constantinople IV) 85
제7차 세계공의회(Seventh Ecumenical Council = Nicea II) 91
제거할 수 없는 특성(indelible mark) 1097, 1108
제네바 교리문답(Genevan Catechism) 265, 735
제네바 합의서(Consensus of Geneva) 442
제사장직(priesthood) 562, 643, 1023-25, 1083, 1167
제자도(discipleship) 35n6, 75, 869, 927, 1246
제한 속죄(limited atonement; particular atonement) 791-93, 797, 858, 897,
제한적 영감(limited inspiration) 187
조로아스터교(Parsism; 파시교) 595, 1194, 1206
조명(illumination) 52, 58, 60, 108, 145, 153, 154, 156, 158, 161, 172, 195, 234, 243-44, 246, 247-48, 249, 290
조화(concordism) 428, 433, 513-14
존재론적 논증(ontological argument) 293, 295-96, 1163
존재론적 삼위일체(ontological trinity) 408, 424-25, 426
존재론적 실재(ontological existence) 311, 602
종교(religion)
　와 경험 124-27
　와 계시 160
　와 공동체 993
　의 기원 144-45
　의 보편성 163
　의 본질 71
　의 연구 38
　의 자유 1062
　의 토대 114-28
종교개혁(Reformation) 51, 162-63
　과 보증 895
　과 속죄 735
　과 신앙 215, 237-39
　과 영감 188-89
　과 은혜 847-48
　과 전통 74
　과 중간상태 1177

종교심리학(psychology of religion) 313,
    835-38, 851-53, 875-76, 911, 927
종교의 보편성(universality of religion)
    127, 131, 164
종교의 씨앗(semen religionis) 124, 1085
종교적 감정(religious feeling) 66, 122, 127
종교적-경험적 방법(religious-empirical
    method) 219-23
종교철학 48, 66, 876
종말(consummation) 1231, 1244
종말론(eschatology) 873, 1160, 1169-70,
    1174, 1222
종부성사(extreme unction) 1097
종속론(subordinationism) 400-1, 405-6,
    424
종합적 방법(synthetic method) 443
종합적-발생적 방법(synthetic-genetic
    method) 62
죄(sin) 261, 578
    대죄와 소죄 655-56, 915-16, 929, 984,
      987
    불법으로서의 641, 645
    사적, 공적 1069-70
    와 죽음 1165, 1181
    의 기원 589-610
    의 보편성 610-22, 630, 861
    의 본질적 특성 645-51
    의 부패성 206
    의 성격 639-45, 1270
    의 심판 657-66
    의 용서 809, 1053
    의 정도 651-57
    의 조성자 378, 453-54
    의 영원성 600-2
죄의 고백(confession of sin) 925-34, 984

죄책(guilt) 617, 654, 663-66, 821
    과 오염 626-28
    의 고백 636
주관적 종교(subjective religion) 115, 126
주관주의(subjectivism) 38, 41, 45, 101,
    222, 233
주교(bishops) 1031-39, 1073
주물 숭배(fetishism) 144
주술(witchcraft) 149
주의 날(Day of the Lord) 155, 1249
주의 사자(angel of the Lord) 388
주입된 신학(infused theology) 256
주입된 은혜(infused grace) 237, 558-59
죽은 자(dead)
    를 보살핌 1252
    를 위한 중보와 숭배 1199
    에게 조언을 구함 1186-88
죽음(death) 657, 670-73, 1160, 1268
    의 소멸 1210
    잠으로서 1183
    죄에 대한 형벌로서 1165, 1170
    죄의 결과로서 1180-82
죽이는 것(mortification) 920-27
중간지식(middle knowledge) 242n40,
    355-58, 440
중간상태(intermediate state) 1169-1201
중간상태의 육체(intermediate corporeality)
    1182, 1184
중보기도와 희생제사(intercession and
    sacrifice) 795
중생(regeneration) 99, 154, 172, 197, 199,
    249, 421, 849-50, 891, 1084
    과 구원의 서정 902
    과 성령 1094
    과 세례 1117-18, 1121, 1123-24, 1128-29

과 회개 866-72
의 목적 882
중재신학(mediating theology) 134, 200,
219, 871
지상의 왕국(kingdom of earth) 148
지상의 천년왕국(earthly millennial
kingdom) 1213-14
지성주의(intellectualism) 38, 79, 132, 171,
545, 905
지식(knowledge) 107, 112, 224, 355-58
과 신앙 232, 887-901, 904-6
심어진, 획득된 290-92
과 계시 60
지식 없는 믿음(uninformed faith) 894
지옥(hell) 1273
지옥강하(descent into hell) 767-69, 802,
1174-77, 1190-93
지적 설계(intelligent design) 295
지혜(wisdom) 359-61, 389-90, 475, 1168
직분(office) 758, 1045, 1046-49, 1064-65
진노와 은혜(wrath and grace) 678
진리(truth) 38, 244, 346, 361-64, 1219
진화(evolution) 105
와 범신론 135
와 본유관념 284
와 심리학 837-38
와 영혼 582-84
와 인간의 본성 556
와 인류의 기원 544-48, 552
와 종교의 기원 124, 267
와 창조 466, 511, 519
와 타락 591-97, 609-10, 627-28
와 하나님의 존재 293, 296, 299
집사(deacons) 1029, 1032, 1047-48, 1064,
1070-73

ㅊ

참된 종교(true religion) 51, 116-17, 123,
137, 465, 575-76, 709, 717, 753
참회(contrition) 16, 296, 820, 822, 833,
843,
참회(penitence) 916
창조(creation) 169, 474, 518
교리 111, 433, 465, 467, 476, 483
와 삼위일체 65
와 섭리 314, 380, 447, 527
의 날들 517
의 시기와 목적 478-86
의 주간 505-11
중생으로서의 883-86
창조의 회복 884, 1274-84
창조주-피조물의 구분(Creator-creature
distinction) 336
천년왕국설(millennialism; Chiliasm) 1174,
1213-16, 1220-22, 1235
천문학(astronomy) 57, 207, 509
천사들(angels) 69, 388, 491, 494, 498, 500,
566, 586, 812, 824, 1259
과 영적 세계 487-89
과 하나님의 형상 566
성경에서의 489-95
숭배 500
의 사역 495-502
의 타락 607
철학(philosophy) 77, 100, 212, 227, 255-6,
260, 359, 537, 1161
과 신학 314, 512
청교도주의(Puritanism) 682
초월(transcendence) 271, 487, 836
초자연주의(supernaturalism) 1282
최면술(hypnotism) 167, 673, 1188

개혁파 교의학

최종적 상태(final state) 1212
최초의 부활(first resurrection) 1240
축귀(exorcism) 1116-7, 1127
축자 영감(verbal inspiration) 187, 201
충족(satisfaction) 65, 737, 789, 825
침례(immersion) 1104, 1120
침례교도(Baptists) 792
칭의(justification) 956-63, 972-74, 976
    능동적 943-44, 947, 958-9, 962
    수동적 943-44, 947, 950, 958, 962
    법정적 938
    와 성화 840, 856, 1007
    와 신앙 970
    와 연옥 916
    와 중생 887-91
    의 정의 940

ㅋ

카르타고 공의회[256](Council of Carthage)
    1123
카르타고 공의회[397](Synod of Carthage)
    182
카르타고 공의회[418](Synod of Carthage)
    817
카리스마타(*charismata*) 1042
카발라(Kabbalism) 338, 431
카파도키아 신학자들(Cappadocians) 84
칼뱅주의(Calvinism) 104-6, 443, 446, 457
칼케돈 공의회(Council of Chalcedon) 83,
    200, 701, 703, 706, 715-16, 1034
컴벌랜드 장로교회(Cumberland Presbyterian
    Church) 446
케노시스 기독론(Kenoticism) 715
케노시스(*kenosis*; 자기비움) 777
코페르니쿠스적 세계관(Copernican

worldview) 510
콘스탄츠 공의회(Council of Constance) 94
퀘이커교도(Quakers) 792, 1003, 1099,
    1117
크리스천 사이언스(Christian Science) 925

ㅌ

타락(fall) 50, 63, 157, 206, 438, 444-45,
    453, 463, 536, 555, 557-58, 562, 568,
    572-73, 575, 577-79, 586
타락전선택설(supralapsarianism) 443-48
타락후선택설(infralapsarianism) 443-48
토라(Torah) 177, 1086
토마스주의(Thomism) 95, 443
통치(government, 섭리[providence]) 529
트리엔트 공의회(Council of Trent) 94, 186,
    440, 442, 500, 561, 617-19, 818, 878,
    916, 928, 930, 969, 971, 1014, 1096,
    1101, 1124, 1176
특별계시(special revelation) 50, 132, 134,
    139, 140, 142, 147, 148-60
특별은총(special grace) 286, 1076, 1118

ㅍ

페니키아 신화(Phoenician mythology) 77
페르시아 종교(Persian religion) 1214
펠라기우스주의(Pelagianism) 791, 817
    와 구원의 서정 841
    와 반율법주의 815-16
    와 섭리 970
    와 성육신 709
    와 신앙 900
    와 예정 438-43
    와 원죄 610-1
    와 자연신학 144-45

와 자유의지 357-58

와 중생 877-78

중세 시대의 94

칸트에게서의 121

평강의 경륜(counsel of peace) 691

포도주와 떡 1104, 1107, 1134, 1136-44

포로 귀환(exile, return from) 1207-8

표지로서의 성례(signs, sacrament as)
1101-11

풍유(allegory) 164, 591

프랑스 혁명(French Revolution) 614

플라톤식 이원론(platonic dualism) 1197

플라톤주의(Platonism) 312

피(blood) 731-32

그리스도의 790, 1119, 1121, 1136-37,
1140

언약의 732, 765, 1135-36

피렌체 공의회(Council of Florence) 353,
929, 1096, 1176

필리오케(*filioque*) 85, 91

ㅎ

하나님 (참조. "삼위일체")

불가시성 352-55

아버지로서 332-33

에 대한 지식 52, 58, 70-71, 124

의 가지성 130, 211, 266, 278

의 경륜 434-38, 445-48, 691

의 권위 34, 50

의 내재성 195, 304, 308, 322, 337

의 단순성 301, 314-15, 318, 322, 346-49

의 뜻 52, 119, 168, 240n37, 274, 313,
371-74, 377-81, 402, 437, 450, 454,
457, 459-62, 481-82, 526, 528, 601,
603, 645, 649, 707, 731-32, 746,

748, 753-54, 759, 776, 794, 795n23,
796, 821, 823, 859, 863, 872, 921,
954, 979n80, 981, 1085-86, 1088

의 무한성 338-41, 349, 354

의 불가해성 265-80

의 불변성 478

의 사랑 373, 1262, 1270-72

의 속성 311, 314-24, 606

의 신실함 328, 361-64

의 아름다움 385

의 영광 330, 482

의 완전성 338, 348-49, 351, 381-86

의 은혜 936-39

의 이름들 299-309, 311-14, 324-33

의 자유 375

의 전능 379-81

의 절대성 268, 276-77

의 정의 458-59, 657, 659, 1269-72

의 존재 48, 69, 223, 226, 240, 381, 653

의 주권 371-79, 461, 1040-41

의 초월성 308, 319, 324, 337

의 충족성 349

의 통일성 81, 268, 346-47, 831

의 편재 301, 342-45

진리이신 87

창조주이신 245

하나님 나라(Kingdom of God) 74, 132,
148, 158, 324, 696-98, 1168, 1169,
1207-8, 1279

와 교회 1005-7

의 완성 1212

하나님과의 연합(union with God) 161

하나님을 경외함(fear of the Lord) 1168

하나님의 경륜(counsel of God) 434-38,
447-48, 691

개혁파 교의학

하나님의 말씀(Word of God)
   과 성례 1104-7
   성경과 구별되는 1087, 1092
   의 선포 1085-91
하나님의 아들(Son of God) 159, 392, 696-
   700, 711, 713, 723, 744-45, 962
하나님의 자기의식(consciousness of God)
   135-36
하나님의 진노(wrath of God) 1173, 1207,
   1236, 1256, 1258, 1261, 1270
하나님의 형상(image of God)
   과 삼위일체 426-32
   과 성육신 569, 709-10
   과 율법 1089
   과 이방 종교 145
   과 종교 50, 209
   과 창조 543, 547, 582
   과 천사들 495-96, 586, 1009
   과 타락 577, 665, 678, 1180
   과 하나님을 아는 지식 308
   이신 예수 그리스도 392, 394
   인 인류 128, 141, 147, 156, 289, 292,
   553-71, 884, 993
하늘(heaven) 342, 891, 1172, 1199, 1234
하이델베르크 교리문답(Heidelberg
   Catechism) 66, 100, 119, 529, 574, 769,
   896, 906, 908, 978, 1043, 1128
학문(science) 40, 112
할례(circumcision) 643, 1094, 1111-12
   와 세례 1126, 1134
   와 유월절 1153
합리성(rationality) 413, 447, 555
항변파(Remonstrants) 103, 244, 388, 513,
   556, 617, 1002, 1074, 1117
   5개 조항 441

와 구원의 서정 849
와 성찬 1145
와 은혜의 방편들 1082
와 중생 879-80
와 충족 738
와 회심 919
의에 대하여 954
행복주의(eudaemonism) 276
행위 의(works righteousness) 90
행위언약(covenant of works) 572-77, 606,
   690
허용(permission) 443, 453-54, 603
   신적 536
협력(concurrence) 524-25, 529, 531-35
형벌(punishment)
형이상학(metaphysics) 38, 48, 68, 254,
   274, 834
형이상학적 논증[영혼의 불멸성에 관한]
   (metaphysical argument) 1163
혼인(marriage 1095, 1097
혼합주의(syncretism) 1017
홍수(flood) 520, 610
화체설(transubstantiation) 1139-42
화해(reconciliation) 785-804, 902, 958
   의 중보직 803
   중보자 그리스도 1243
확신(certainty) 220, 234, 238, 240-41, 908-
   9, 963
   과 세례 1126
   의 문제점 48-59
환난(tribulation) 1238
환상설(illusionism) 228
환생(metempsychosis; reincarnation, 윤회)
   873, 1160, 1178, 1264
회개(repentance) 421, 933

와 신앙 821, 1089-90, 1093

　와 중생 866-71

　와 회심 909-20

　와 후회 927

회당(synagogue) 995-97

회심(conversion) 199, 247, 421, 836-38,
　851, 876, 921-22, 1090

　과 성경 918

　과 성화 920

　과 신앙고백 924-27

　과 회개 909-20

회의주의(skepticism) 93, 103, 234, 276,
　280, 298

획득된 신학(acquired theology) 256

후대 종교개혁(Nadere Reformatie) 898n16

희생제사(sacrifice) 727-33

　로서의 성찬 1139, 1148-49

　로서의 유월절 1132-34

　와 중보기도 793-95

히포 레기우스 공의회(Synod of Hippo
　Regius) 182

『개혁파 교의학』 출간에
도움을 준 분들

강경석 강대수 강민수 강성효 강신광 강신철 강일권 강지찬(강지율) 강진수 강치형 강 훈

고경미 고광민 고명훈 고성규 고승희 고영석 고 훈 공민구 공민상 곽영준 곽 호 구영록

구온유 구 원 권민수 권석훈 권순익 권종렬 기광서 김경보 김경아 김규태 김근식 김기백

김기형 김기호 김난희 김남인 김대망 김대중 김덕호 김동영 김동현 김동환 김두식 김두현

김명건 김명수 김명식 김명효 김무경 김미연 김민석 김민수A 김민수B 김민순 김민웅 김바울

김방원 김범수 김범헌 김병두 김봉식 김상로 김상범 김상철 김상훈 김석현A 김석현B 김석희

김선배 김성로 김성열 김성옥 김성우 김성욱 김성진 김성호 김성환 김수재 김승관 김승길

김승원 김신구 김신득 김연근 김영균 김영범 김영채 김영철 김영헌 김영환 김예성 김완숙

김요셉 김요종 김요한 김용규 김용식 김용준 김용휘 김우진 김원식 김원태 김은성 김은주

김의환 김이섭 김이한 김재성 김정용 김정은 김종욱 김주숙 김주안 김주형 김준영 김준철

김지만 김지숙 김지환 김지훈 김지희 김진혁 김찬성 김창환 김철동 김청화 김태민 김태영A

김태영B 김태훈 김하준(김하민) 김현민 김현정 김현직 나경조 나성한 나영균 남건우 남선우

남성현 남윤국 노제현 노태완 노태종 도형훈 류정열 마정흔 맹인영 모중현 문용제 문종인

문창원 박강국 박광영 박기훈 박다니엘 박대정 박대혁 박문기 박민서(박정서, 박진서) 박민수

박상영 박성민 박성욱 박세현 박요섭 박원규 박원주 박인용 박재익 박정규 박정웅 박종환

박종흔 박주하 박준수 박준형 박 진 박진형 박철우(송미옥) 박형준A 박형준B 박회규 반세례

방영민 방창순 배상군 배상진 배순광 배정술 배훈일 백강훈 백 민 백상엽 봉만형 서상진

서성욱 서양순 서요한A 서요한B 서원택 서인동 서지현 석찬권 설영찬 손상환 송경섭 송기성

송병수 송아진 송윤주 송하균 송현석 수노은주 신동열 신동일 신병철 신원조 신재근 신재우

신준영 신지철 신창옥 신해수 신혜광 신호섭 심경보 심상윤 심재훈 심창보 심호섭 안 녕

안병철 안성대 안수영 안신명 안진윤 안창호 양동욱 양두승 양상윤 양성빈 양영수 양은찬

양한모 양현승 엄재환 엄정애 여운송 염의섭 오명재 오민석 오민식 오정섭 오직환 오창민

오치환 옥경호 우영호 유경선 유경필 유광옥 유석철 유수용 유영민 유영성 유유상 유정훈

유 혁 윤경원 윤 명 윤미례 윤미향 윤영석 윤요담 윤웅열 윤정열 윤준호 윤춘식 윤치원

윤태호 윤홍경 이강선 이경진 이광수 이광하 이귀영 이규복 이규봉 이길무 이대영 이대웅

이대종 이대환 이동조 이두행 이명성 이명준 이민우 이병철 이병헌 이병호 이비오 이상범

이상수 이상신 이상윤 이상헌 이선우 이성수 이성욱 이성철 이수빈(박세진) 이승기 이승현

이신혜 이영숙 이영월 이영춘 이외솔 이요셉 이용대 이우원 이 욱 이웅석 이윤주 이은선

이은성 이재민 이재혁 이재현 이재훈 이정길 이정도 이정일 이정태 이종민 이종환 이주일

이준식 이준혁 이지경 이지훈 이진호 이진환 이찬복 이창무 이철규 이택주 이학상 이한나

이혁중 이현래 이현문 이현민 이형우 이혜천 이홍규 이화정 임관장 임교신 임만호 임봉수

임상민 임성영 임성희 임순규 임승길 임용민 임종기 임종환 임준상 임창대 임형규 임홍일

장성철 장세영 장승순 장재우 장중덕 장지현 장행봉 장현일 장혜영A 장혜영B 장희섭 전경옥

전성은 전성현 전은영 전종득 전준표 전창훈 정단비 정동건 정두주 정라함 정상민 정영민

정요한 정유석 정은아 정인근 정재경 정재형 정주영 정지호 정진욱 정천성 정필상 정현석

정현철 정훈재 조경문 조규석 조명옥 조상우 조승희 조 안 조약돌 조영수 조영탁 조예성

조요셉 조의훈 조재성 조정재 조한규 조항석 조현길 조현상 조홍창 주안에교회 주영일

주창수 지미영 차동엽(사은주) 차승준 차은해 차정호 채승경 채일례 천성은 최 강 최광일

최기성 최동훈 최명규 최민구 최바엘 최성원 최성은 최성호A 최성호B 최영아 최원일 최월식

최유진 최윤호 최정규 최정열 최종길 최종훈 최지연 최천봉 최충산 최 형 최형준 태기남

하계성 하동균 하선록 하성권 한상남 한선우 한신석 한 용 한재현 한태봉 허동진 허수정

허 신 허인식 허임복 허태진 허 훈 현재희 현지식 홍대진 홍도영 홍사명 홍성호 홍성훈

홍준기 황명자 황석목 황세영 황신영 황은규 황현돈 황혜경 David Hong Jonas Kim

Joseph Lee Robin Hosung Bae Watson Kim Youjin Kim 무명

개혁파 교의학

Copyright ⓒ 새물결플러스 2015

1쇄 발행 2015년 11월 12일
5쇄 발행 2025년 6월 13일

지은이 헤르만 바빙크
엮은이 존 볼트
옮긴이 김찬영 장호준
펴낸이 김요한
펴낸곳 새물결플러스

편 집 왕희광 정인철 노재현 이형일 나유영 노동래
디자인 황진주 김은경
마케팅 박성민
총 무 김명화 이성순
영 상 최정호
아카데미 차상희

홈페이지 www.holywaveplus.com
이메일 hwpbooks@hwpbooks.com
출판등록 2008년 8월 21일 제2008-24호
주 소 (우) 04114 서울시 마포구 신촌로28가길 29
전 화 02) 2652-3161
팩 스 02) 2652-3191

ISBN 979-11-86409-34-3 93230

책값은 뒤표지에 있습니다.